А	**а**	*А*	*а*	*р*	*Р*	**р**	**Р**
Б	**б**	*Б*	*б*			**с**	**С**
В	**в**	*В*	*в*			**т**	**Т**
Г	**г**						**У**
Д	**д**					**ф**	**Ф**
Е	**е**			*х*	*Х*	**х**	**Х**
Ж	**ж**	*Ж*		*ц*	*Ц*	**ц**	**Ц**
З	**з**	*З*	*з*	*ч*	*Ч*	**ч**	**Ч**
И	**и**	*И*	*и*	*ш*	*Ш*	**ш**	**Ш**
Й	**й**	*Й*	*й*	*щ*	*Щ*	**щ**	**Щ**
К	**к**	*К*	*к*	*ъ*	*Ъ*	**ъ**	**Ъ**
Л	**л**	*Л*	*л*	*ы*	*Ы*	**ы**	**Ы**
М	**м**	*М*	*м*	*ь*	*Ь*	**ь**	**Ь**
Н	**н**	*Н*	*н*	*э*	*Э*	**э**	**Э**
О	**о**	*О*	*о*	*ю*	*Ю*	**ю**	**Ю**
П	**п**	*П*	*п*	*я*	*Я*	**я**	**Я**

Collection Apollo

DICTIONNAIRE

FRANÇAIS RUSSE

APOLLO

par P. Pauliat
Agrégé de l'Université
professeur au lycée Voltaire

Larousse

17, rue du Montparnasse
75298 Paris Cedex 06

TABLE DES MATIÈRES

Le présent volume appartient à la dernière édition (revue et corrigée) de cet ouvrage.

ISBN 2-03-401736-6

ABRÉVIATIONS ET SIGNES UTILISÉS

A.	accusatif
acc.	accusatif
adj.	adjectif
adj. d'appart.	adjectif d'appartenance
adv.	adverbe
anat.	anatomie
arch.	archaïque
astr.	astronomie
autom.	automobile
bot.	botanique
comp.	comparatif
conj.	conjonction
D.	datif
dat.	datif
dial.	dialectal
dim.	diminutif
électr.	électricité
ex.	exemple
f.	substantif féminin
fam.	familier
fig.	au figuré
G.	génitif
gén.	génitif
géogr.	géographie
gramm.	grammaire
hist.	histoire
I.	instrumental
id.	*idem*
impér.	impératif
impf.	imperfectif
indécl.	indéclinable

ABRÉVIATIONS ET

indét.	indéterminé
inf.	infinitif
instr.	instrumental
interj.	interjection
intr.	intransitif
iron.	ironique
L.	locatif
loc.	locatif
m.	substantif masculin
math.	mathématiques
méd.	médecine
mil.	militaire
mus.	musique
myth.	mythologie
N.	nominatif
n.	substantif neutre
n. cl.	non classé
nom.	nominatif
p., pp.	page, pages
part.	participe passé passif
pers.	personne
pf.	perfectif
phys.	physique
pl.	pluriel
pl. t.	*plurale tantum*
poét.	poétique
pop.	populaire
prép.	préposition
propr.	au propre
qqch.	quelque chose
qqn	quelqu'un
sg.	singulier

SIGNES UTILISÉS (fin)

subst.	substantivé ou substantif
superl.	superlatif
techn.	technique
tr.	transitif
unipers.	unipersonnel
v.	voir
vulg.	vulgaire
zool.	zoologie

/	le verbe précédé de ce signe est perfectif
//	sépare deux nuances de traduction ou d'emploi
*	le mot suivi de ce signe est irrégulier
(*)	le mot suivi de ce signe est irrégulier dans certaines de ses acceptions ou de ses nuances stylistiques
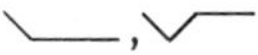 . . .	voir pp. XVI et XVII les schémas d'accentuation
●	ce signe introduit des expressions figées ou des cas particuliers

Introduction.

Ceux qui abordent l'étude d'une langue ont besoin d'instruments maniables et précis. Un petit dictionnaire ne répond pas à ces exigences s'il est conçu comme le résumé squelettique d'ouvrages plus volumineux. Dépouillé de ses exemples, il devient inutilisable; la plupart des mots ne révèlent, en effet, leur sens exact que dans un contexte donné. Aussi nous sommes-nous limité aux mots les plus courants afin que chacun d'eux puisse être accompagné de tous les éléments que nécessite son emploi correct.

Nous avons tenu cependant à ce que le nombre des exemples ne soit pas un obstacle à la recherche rapide.

Dans ce but, nous avons fait précéder de tableaux tous les articles longs ou complexes. En outre, des remarques en retrait nous ont permis d'attirer l'attention sur la construction de certains mots et sur les confusions qu'il convient d'éviter.

Le dictionnaire français-russe est divisé en deux parties :

1° les noms communs, pp. 1 à 452, parmi lesquels sont cités les noms des habitants de certains pays;

2° les noms propres, à partir de la p. 453.

Les catégories grammaticales de la langue russe, les formes irrégulières, l'aspect des verbes, l'accentuation, etc., sont présentés selon les principes exposés ci-après.

Classification grammaticale des mots.

Les catégories grammaticales (noms, adjectifs, verbes) et le genre (masculin, féminin, neutre) ne sont indiqués que lorsque les mots s'écartent du schéma suivant :

NOMS TERMINÉS ORTHOGRAPHIQUEMENT PAR	CATÉGORIE
une consonne	noms masculins
а, я	noms féminins
о, е	noms neutres
ый, ой, ий	adjectifs
ть, чь, ти, ться, чься, тись	verbes

Noms.

Le tableau ci-dessus n'inclut ni les noms terminés par « ь » ou « й », ni les noms indéclinables d'origine étrangère, ni les noms masculins en « а », ni les noms masculins et neutres rattachés à la troisième déclinaison. Leur appartenance à la catégorie des substantifs ainsi que leur genre sont indiqués par l'une des abréviations suivantes :

	m.	*nom masculin*
	f.	*nom féminin*
	n.	*nom neutre*
Ex.:	**JUIN** июнь	*m.*
	SAPIN ель	*f.*
	MUSÉE музéй	*m.*
	ORPHELIN сиротá	*m.*

Sont également suivis de l'abréviation *m.* les substantifs masculins désignant un nom de métier pratiqué par des femmes, lorsque ce nom correspond en français à un substantif féminin.

SPEAKERINE ди́ктор *m.*

Les substantifs qui n'ont pas de singulier, appelés généralement *pluralia tantum*, sont accompagnés de leur génitif et de leur datif et suivis de la mention *pl. t.*

LUGE са́нки, са́н*о*к, са́нкам... *pl. t.*

Les voyelles mobiles sont imprimées en italique. Elles sont mises en valeur toutes les fois que l'exige la présentation du mot, de sa flexion, de son accentuation, et également lorsque l'emploi de ces voyelles mobiles ne se conforme pas aux règles exposées page XII.

BOISSON напи́т*о*к.

DESTIN судьба́, *gén. pl.* су́д*е*б.

Les noms irréguliers, c'est-à-dire ceux dont la déclinaison s'écarte des modèles donnés pp. XVIII à XX, sont suivis d'un astérisque et accompagnés de leurs formes anomales. Les génitifs partitifs en « у », dont l'emploi est de plus en plus limité, ne sont cités que dans les exemples. Ils sont, eux aussi, accompagnés d'un astérisque.

Noms de nombre.

Leur déclinaison et leur accentuation sont données pp. XXIII et XXIV.

Les ordinaux se rattachent à la catégorie des adjectifs.

Les collectifs sont accompagnés de la mention *nom de nombre collectif.* Leur déclinaison et leur accentuation sont données p. XXIV.

Pronoms.

Leur déclinaison est donnée pp. XXI et XXII. Ceux qui sont employés le plus souvent en valeur d'adjectif sont accompagnés de la mention *pronom-adjectif.*

Adjectifs.

Leur déclinaison est donnée p. xxv. Les formes courtes ne sont mentionnées que lorsque la présentation de l'accentuation l'exige ou lorsque l'apparition d'une voyelle mobile s'écarte des règles énoncées p. xii.

Aspect des verbes.

Contrairement à une tradition fort répandue, nous avons accordé la priorité à l'aspect imperfectif. C'est celui que rencontrent les débutants au cours de leurs premières semaines d'études; en outre, il est le seul à posséder à l'indicatif une gamme complète de temps (passé, présent et futur).

DESSINER рисовáть / нарисовáть.

Classification des verbes.

Le système adopté est une variante de la classification Leskien-Boyer, mise au point en 1955, sous l'impulsion de M. José Johannet avec la collaboration de MM. J. Lépissié et L. Robel.

Les verbes réguliers sont répartis en trois classes et quatre modèles que l'on trouvera p. xxvi. Les verbes irréguliers sont suivis d'un astérisque et accompagnés des indications nécessaires à leur conjugaison[1].

ÉCRIRE писáть* II, пишý, пи́шешь...

Toutefois, lorsque à l'intérieur d'un tableau un verbe irrégulier est cité plus d'une fois, sa conjugaison n'est pas répétée; seul l'astérisque rappelle qu'il présente des formes anormales.

Nous avons considéré comme connue la conjugaison de « быть* ». Elle n'est mentionnée qu'aux mots « être », « avoir » et « posséder ».

---

1. Il convient toutefois de savoir que les verbes en « нуть » ne présentent jamais d'autre irrégularité que la chute du suffixe « ну » au passé.

Accentuation.

Les variations d'accent sont indiquées à l'aide des huit signes suivants :

Les tableaux des pp. XVI et XVII donnent les bases de cette représentation graphique.

En ce qui concerne l'accent des verbes en « ова́ть » (alternance « ова́ » / « у́ ») et des participes en « ённый » (forme courte « ён », « ена́ », « ено́ », « ены́ »), voir les notes des pp. XXVII et XXIX.

Prononciation.

Partant de l'orthographe, il est en général possible de déterminer la prononciation grâce à des règles simples. Nous donnons pp. XIII à XV les tableaux des rapports qui existent entre la graphie et les sons de la langue. Dans le corps du dictionnaire, les anomalies sont indiquées entre crochets à la suite des mots qu'elle concernent.

Bibliographie.

Академия наук СССР, *Словарь современного русского литературного языка* (Москва, 1950-1965).

Академия наук СССР, *Словарь русского языка* (Москва, 1957-1961).

Ганшина, *Французско-русский словарь* (издание третье, Москва, 1957).

Ожегов, *Словарь русского языка* (издание четвертое, Москва, 1960).

Ушаков, *Толковый словарь русского языка* (Москва, 1935-1940).

Kobrina, Reutenberg, Khalifman, Gak, *Petit Dictionnaire pratique français-russe* (Moscou, 1963).

Zalizniak, *Petit Dictionnaire pratique russe-français* (Moscou, 1961).

Dictionnaire du français contemporain (Larousse, Paris, 1965).

Nouveau Petit Larousse (Paris).

Matoré, *Dictionnaire du vocabulaire essentiel* (Larousse, Paris, 1963).

Davydoff, Pauliat, *Précis d'accentuation russe* (Didier, Paris, 1959).

Remerciements.

Nous exprimons notre profonde gratitude à M. A. P. Witt, qui a bien voulu se charger de la mise au point de notre manuscrit et de la lecture des épreuves. Nos remerciements vont également à tous ceux qui nous ont aidé de leurs conseils et de leurs suggestions, en particulier à Mmes L. S. Debernardy et V. I. Pavlova, dont la collaboration nous a permis d'éviter bien des écueils.

Mémento grammatical.

Incompatibilités orthographiques.

1. On n'écrit pas « **ы** », mais toujours « **и** »,

après	les gutturales :	к,	г,	х;	
	les chuintantes :	ж,	ш,	ч,	щ.

2. On n'écrit pas « **я** », « **ю** », mais toujours « **а** », « **у** »,

après	les gutturales :	к,	г,	х;	
	les chuintantes :	ж,	ш,	ч,	щ;
	la sifflante :	ц.			

3. Lorsque la syllabe n'est pas accentuée, on n'écrit pas « **о** », mais toujours « **е** »,

après	les chuintantes :	ж,	ш,	ч,	щ;
	la sifflante :	ц.			

Les voyelles mobiles.

Lorsque la base d'un nom ou d'un adjectif se termine par un groupe de consonnes, une voyelle dite « mobile » sépare souvent les deux dernières consonnes au cas présentant la désinence « zéro »[1].

Cette voyelle est

un **е**	après chuintante,	devant н,
	après « yod »,	devant ц,
		devant ль;

un **о** devant к *(sauf si la consonne précédente est une chuintante ou un « yod »)*.

Dans les autres cas, il n'y a pas de voyelle mobile.

1. Font exception, sauf mention contraire, les adjectifs en
-енный, *forme courte* -ен, -енна, -енно, -енны,
-ённый, *forme courte* -ён, -ённа, -ённо, -ённы,
-анный, *forme courte* -ан, -анна, -анно, -анны,
-янный, *forme courte* -ян, -янна, -янно, -янны.

Éléments de phonétique.

I. LES CONSONNES

GRAPHIE	PHONÈMES CORRES-PONDANTS	RÉALISATION DE CES PHONÈMES
« б »	/б/ /б′/	[б] [б′](1) [п](2) [б′] [п′](2)
« п »	/п/ /п′/	[п] [п′](1) [п′]
« в »	/в/ /в′/	[в] [в′](1) [ф](2) [в′] [ф′](2)
« ф »	/ф/ /ф′/	[ф] [ф′](1) [ф′]
« м »	/м/ /м′/	[м] [м′](1) [м′]
« д »	/д/ /д′/	[д] [д′](1) [т](2) [д′] [т′](2)
« т »	/т/ /т′/	[т] [т′](1) [д](3) [т′] [д′](3)
« н »	/н/ /н′/	[н] [н′](1) [н′]
« з »	/з/ /з′/	[з] [з′](1) [с](2) [ж](7) [з′] [с′](2)
« с »	/с/ /с′/	[с] [с′](1) [з](3) [ш](8) [с′] [з′](3)

1. Devant /e/ ou devant consonne mouillée.
2. En finale ou devant consonne sourde.
3. Devant consonne sonore.
4. Devant /e/ et /и/.
5. Devant [к].
6. Devant [к′].
7. Devant [ж].
8. Devant [ш].

I. LES CONSONNES (fin)

GRAPHIE	PHONÈMES CORRES-PONDANTS	RÉALISATION DE CES PHONÈMES
« ц »	/ц/	[ц]
« ж »	/ж/	[ж] [ш](2)
« ш »	/ш/	[ш]
« ч »	/ч′/	[ч′]
« щ »	/щ′/	[щ′]
« г »	/г/	[г] [г′](4) [к](2) [х](5) [х′](6)
« к »	/к/	[к] [к′](4) [г](3) [г′](3)
« х »	/х/	[х] [х′](4)
« л »	/л/ /л′/	[л] [л′](1) [л′]
« р »	/р/ /р′/	[р] [р′](1) [р′]

1. Devant /e/ ou devant consonne mouillée.
2. En finale ou devant consonne sourde.
3. Devant consonne sonore.
4. Devant /e/ et /и/.
5. Devant [к].
6. Devant [к′].

Cas particuliers.

1. La graphie « г » correspond à un [в] dans les désinences flexionnelles « ого » et « его ».
2. Les groupes « ться » et « тся » sont prononcés [цə].
3. Les groupes « сч » et « жч » sont prononcés [щ′].
4. Dans les groupes « стн » et « здн », la consonne médiane n'est pas prononcée.
5. La consonne finale des préverbes « **над** », « от », « перед », « под » est prononcée dure même devant une consonne mouillée.

II. LE « YOD »

Le phonème /j/ peut se présenter dans la langue écrite :

1. soit inclus dans е, ё, ю, я (après une voyelle, un « ь », un « ъ » et également au début des mots);
2. soit sous la forme d'un « й ».

III. LES VOYELLES

GRAPHIE	PHONÈMES CORRES-PONDANTS	RÉALISATION DE CES PHONÈMES					
« а » « я »	/а/	[а́]	[а]	[ʌ]	[ə]	[и]	
« э » « е »	/е/	[έ]	[έ|]	[и]	[ы]	[и^{e}]	[ы^{e}]
« ы » « и »	/и/	[и́]	[ы́]	[и]	[ы]		
« о » « ё »	/о/	[ó]	[а]	[ʌ]	[ə]	[и]	
« у » « ю »	/у/	[у́]	[у]				

Réalisation des phonèmes voyelles.

Les différentes réalisations d'un même phonème voyelle sont fonction :

1. de la place de l'accent tonique;
2. de la position initiale ou finale de la voyelle et de son entourage (consonnes dures ou mouillées précédant ou suivant cette voyelle);
3. de quelques particularités concernant les désinences flexionnelles.

L'ACCENT TONIQUE

Un mot dont on ignore l'accentuation est très souvent inutilisable. En effet :

1. la prononciation des voyelles en dépend;
2. certains mots ne se distinguent les uns des autres que par leur accentuation.

1	2	3	4
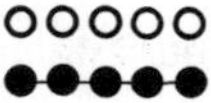	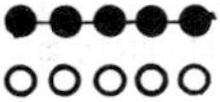	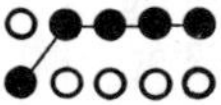	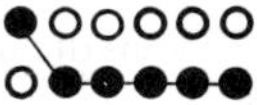
пу́д пу́да пу́ду пу́дом пу́де	пуды́ пудо́в пуда́м пуда́ми пуда́х	сто́л стола́ столу́ столо́м столе́	люблю́ лю́бишь лю́бит лю́бим лю́бите лю́бят
о́кна о́кон о́кнам о́кнами о́кнах	окно́ окна́ окну́ окно́м окне́	во́лки волко́в волка́м волка́ми волка́х	учу́*сь* у́чишь*ся* у́чит*ся* у́чим*ся* у́чите*сь* у́чат*ся*
		бо́лен больна́ больно́ больны́	
		нё*сся* несла́*сь* несло́*сь* несли́*сь*	

En règle générale, l'accent mobile passe de la dernière syllabe à la syllabe initiale, ou inversement. Cependant :

1. le signe ____ indique un recul d'accent d'une syllabe et d'une syllabe seulement (ex. : люблю́, лю́бишь... ____ ; полюблю́, полю́бишь... ____);

L'accent est généralement fixe, c'est-à-dire qu'il frappe une seule et même syllabe au cours de la flexion. Cependant, de nombreux mots courants présentent un accent mobile d'une plus ou moins grande complexité; dans la plupart des cas, ces variations peuvent être figurées d'une manière précise et claire à l'aide des signes graphiques ci-dessous.

5	6	7	8
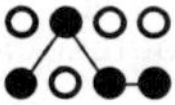	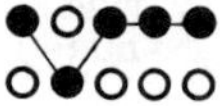	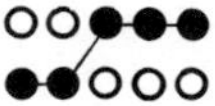	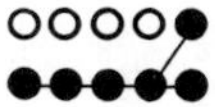
бра́л брала́ бра́ло бра́ли	дела́ де́л дела́м дела́ми дела́х	ру́ки ру́к рука́м рука́ми рука́х	две́рь две́ри две́ри две́рью в двери́
ро́бок робка́ ро́бко ро́бки	рука́ ру́ку руки́ руке́ руко́й руке́		о две́ри
ста́р стара́ ста́ро ста́ры			са́д са́да са́ду са́дом в саду́
			о са́де

2. les noms masculins singuliers accompagnés du signe ╱‾‾‾ ont toujours un accent final au nominatif (ex. : сто́л, стола́... ╱‾‾‾ ; слова́рь, словаря́... ╱‾‾‾);

3. quelques cas particuliers font l'objet d'indications complémentaires dans le corps même du dictionnaire.

DÉCLINAISON DES SUBSTANTIFS

		I	
		TYPE DUR	TYPE MOUILLÉ
SINGULIER	Nominatif	ро́з**а**	ды́н**я**
	Accusatif[1]	ро́з**у**	ды́н**ю**
	Génitif	ро́з**ы**	ды́н**и**
	Datif	ро́з**е**	ды́н**е**
	Instrumental[2]	ро́з**ой**	ды́н**ей**
	Locatif	ро́з**е**	ды́н**е**
PLURIEL	Nominatif	ро́з**ы**	ды́н**и**
	Génitif	роз	дын**ь**
	Datif	ро́з**ам**	ды́н**ям**
	Instrumental	ро́з**ами**	ды́н**ями**
	Locatif	ро́з**ах**	ды́н**ях**

1. L'accusatif n'a de forme propre qu'au singulier de la 1re déclinaison. Au singulier de la 3e déclinaison, il ne diffère pas du nominatif. Partout ailleurs, et notamment au pluriel, l'accusatif est semblable au nominatif pour les

II				III
MASCULINS		NEUTRES		
TYPE DUR	TYPE MOUILLÉ	TYPE DUR	TYPE MOUILLÉ	
класс	дождь	сло́во	по́ле	мысль
				мысль
кла́сса	дождя́	сло́ва	по́ля	мы́сли
кла́ссу	дождю́	сло́ву	по́лю	мы́сли
кла́ссом	дождём	сло́вом	по́лем	мы́слью
кла́ссе	дожде́	сло́ве	по́ле	мы́сли
кла́ссы	дожди́	слова́	поля́	мы́сли
кла́ссов	дожде́й	слов	поле́й	мы́слей
кла́ссам	дождя́м	слова́м	поля́м	мы́слям
кла́ссами	дождя́ми	слова́ми	поля́ми	мы́слями
кла́ссах	дождя́х	слова́х	поля́х	мы́слях

noms désignant des objets, semblable au génitif pour les noms désignant des êtres animés.

2. À l'instrumental singulier de la 1re et de la 2e déclinaison, le type mouillé présente un « ё » si la syllabe est accentuée, un « е » dans le cas contraire.

Cas particuliers.

<table>
<tr><td colspan="2">noms terminés par -й</td><td>Leur génitif pluriel est en -ев.
Ex. : трамва́й, gén. pl. трамва́ев.

REMARQUE. Aux autres cas, leur déclinaison est celle des noms masculins en -ь.</td></tr>
<tr><td colspan="2">noms terminés par -ье ou -ие</td><td>Leur génitif pluriel est en -ий.
Ex. : уще́лье, gén. pl. уще́лий.</td></tr>
<tr><td rowspan="5">noms ayant une base terminée par</td><td>к, г, х</td><td>V. incompatibilité n° 1, p. XII.
Ex. : учени́к, nom. pl. ученики́.</td></tr>
<tr><td>ц</td><td>V. incompatibilité n° 3, p. XII.
Ex. : учени́ца, instr. sg. учени́цей.</td></tr>
<tr><td>ж, ш, ч, щ</td><td>1. V. incompatibilité n° 1, p. XII.
Ex. : каранда́ш, nom. pl. карандаши́.
2. V. incompatibilité n° 2, p. XII.
Ex. мышь, dat. pl. мыша́м.
3. V. incompatibilité n° 3, p. XII.
Ex. : това́рищ, instr. sg. това́рищем.
4. S'ils font partie des noms masculins de la 2e déclinaison, leur génitif pluriel est en -ей.
Ex. : мяч, gén. pl. мяче́й.</td></tr>
<tr><td>и</td><td>1. Leur locatif singulier est en -и.
Ex. : Фра́нция, loc. sg. Фра́нции.
2. Leur génitif pluriel est en -й.
Ex. : зда́ние, gén. pl. зда́ний.
3. S'ils appartiennent à la 1re déclinaison, leur datif singulier est en -и.
Ex. : Росси́я, dat. sg. Росси́и.</td></tr>
<tr><td>plusieurs consonnes</td><td>Aux cas présentant la désinence « zéro », une voyelle dite mobile sépare souvent les deux dernières consonnes (voir p. XII « les Voyelles mobiles »).</td></tr>
</table>

DÉCLINAISON DES PRONOMS

I. Pronoms personnels.

a) Pronoms de la 1re et de la 2e personne; pronom réfléchi « себя́ ».

		1re PERS.	2e PERS.	RÉFLÉCHI
singulier	N.	я	ты	
	A. G.	меня́	тебя́	себя́
	D.	мне	тебе́	себе́
	I.	мной	тобо́й	собо́й
	L.	мне	тебе́	себе́
pluriel	N.	мы	вы	
	A. G.	нас	вас	
	D.	нам	вам	
	I.	на́ми	ва́ми	
	L.	нас	вас	

b) Pronom de la 3e personne.

	MASCULIN	NEUTRE	FÉMININ	PLURIEL
N.	он	оно́	она́	они́
A. G.	**н**его́		**н**её	**н**их
D.	**н**ему́		**н**ей	**н**им
I.	**н**им		**н**е́ю	**н**и́ми
L.	**н**ём		**н**ей	**н**их

Remarques.

1. L'accusatif et le génitif sont toujours semblables, même au neutre.

2. Quand il dépend d'une préposition, le pronom personnel de la 3e personne est toujours précédé d'un « **н** ».

Ex. : Я ви́дел **его́**. Я смотре́л на **него́**.
Я дал **ему́** кни́гу. Я подошёл к **нему́**.

3. L'instrumental féminin présente une double forme « **не́ю** » et « **ней** ». Lorsqu'il est employé sans préposition, la forme « **е́ю** » est préférable pour éviter la confusion avec le datif. Lorsqu'il est précédé d'une préposition, la forme « **не́й** » est la plus fréquente, la préposition suffisant à indiquer le cas.

II. Pronoms-adjectifs en -ый, -ой, -ий.

Ils suivent la déclinaison des adjectifs.

III. Autres pronoms.

		1re DÉCLINAISON		2e DÉCLINAISON	
		TYPE DUR	TYPE MOUILLÉ	TYPE DUR	TYPE MOUILLÉ
masc. et n.	N.	тот, то	весь, всё	э́тот, э́то	мой, моё
	G.	тогó	всегó	э́того	моегó
	D.	томý	всемý	э́тому	моемý
	I.	тем	всем	э́тим	мои́м
	L.	том	всём	э́том	моём
fém.	N.	та	вся	э́та	моя́
	A.	ту	всю	э́ту	мою́
	G. D. I. L.	той	всей	э́той	моéй
pluriel	N.	те		э́ти	
	G.	тех		э́тих	
	D.	тем		э́тим	
	I.	тéми		э́тими	
	L.	тех		э́тих	
suivent la même déclinaison		кто et leurs composés	что	один[1] сам[2]	твой[1] свой[1] наш[3] ваш[3] чей[4]

Remarque. Au masculin singulier et au pluriel des trois genres, l'accusatif est semblable au nominatif lorsqu'il s'agit d'objets. Il est semblable au génitif lorsqu'il s'agit d'êtres animés.

---

1. Accent final.
2. Accent final, sauf au nominatif pluriel.
3. Accent initial (наш, нáшего...).
4. La base de « чей » est « чь » à toutes les formes, sauf au nominatif masculin singulier. Son accent est final.

DÉCLINAISON DES NOMS DE NOMBRE

A. Cardinaux.

I. Оди́н (1) suit la même déclinaison que lorsqu'il est employé comme pronom (voir p. XXII).

II. Два, три, четы́ре.

	2	3	4
N.	два	три	четы́ре
G.	двух	трёх	четырёх
D.	двум	трём	четырём
I.	двумя́	тремя́	четырьмя́
L.	двух	трёх	четырёх

III. Пять, шесть..., девятна́дцать, два́дцать, три́дцать, пятьдеся́т, шестьдеся́т suivent la 3e déclinaison (singulier), mais présentent des particularités dans leur accentuation.

	5, 6, 7	8	9, 10, 20, 30	11, 12, 13, 14, 15, 16, 17, 18, 19	50, 60, 70, 80
N.	пять	во́семь	де́вять	двена́дцать	пятьдеся́т
G. D. L.	пяти́	восьми́	девяти́	двена́дцати	пяти́десяти
I.	пятью́	восьмью́	девятью́	двена́дцатью	пятью́десятью

IV. Со́рок, девяно́сто, сто ont la désinence -а aux cas obliques. Со́рок a un accent mobile.

	40	90	100
N.	со́рок	девяно́сто	сто
G. D. I. L.	сорока́	девяно́ста	ста

Dans la langue parlée, девяно́сто est indéclinable.

V. Dans двéсти, трúста..., девятьсóт, les deux éléments se déclinent.

	200, 300, 400, 500, 600, 700, 800, 900	
N.	трúста	пятьсóт
G.	трёхсóт	пятисóт
D.	трёмстáм	пятистáм
I.	тремястáми	пятьюстáми
L.	трёхстáх	пятистáх

Aux cas obliques, le second élément porte l'accent principal.

VI. Ты́сяча (1 000) et **миллиóн (1 000 000)** sont des substantifs (l'instrumental de ты́сяча peut être ты́сячей ou ты́сячью).

B. Óба.

	MASCULIN ET NEUTRE	FÉMININ
N.	óба	óбе
G.	обóих	обéих
D.	обóим	обéим
I.	обóими	обéими
L.	обóих	обéих

C. Les collectifs.

	двóе, трóе	**чéтверо, пя́теро, шéстеро**
N.	двóе	чéтверо
G.	двоúх	четверы́х
D.	двоúм	четверы́м
I.	двоúми	четверы́ми
L.	двоúх	четверы́х

DÉCLINAISON DES ADJECTIFS

I. Adjectifs qualificatifs.

		TYPE DUR	TYPE MOUILLÉ
masculin et neutre	N.	но́в**ый** | но́в**ое**	си́н**ий** | си́н**ее**
	G.	но́в**ого**	си́н**его**
	D.	но́в**ому**	си́н**ему**
	I.	но́в**ым**	си́н**им**
	L.	но́в**ом**	си́н**ем**
féminin	N.	но́в**ая**	си́н**яя**
	A.	но́в**ую**	си́н**юю**
	G. D. I. L.	но́в**ой**	си́н**ей**
pluriel	N.	но́в**ые**	си́н**ие**
	G.	но́в**ых**	си́н**их**
	D.	но́в**ым**	си́н**им**
	I.	но́в**ыми**	си́н**ими**
	L.	но́в**ых**	си́н**их**

REMARQUES. 1. Au masculin singulier et au pluriel des trois genres, l'accusatif est semblable au nominatif lorsqu'il s'agit d'objets. Il est semblable au génitif lorsqu'il s'agit d'êtres animés.

2. Si l'accent est final, le nominatif masculin singulier est en **-о́й**.

3. V. « Incompatibilités orthographiques », p. XII.

II. Adjectifs d'appartenance.

	MASCULIN	NEUTRE	FÉMININ	PLURIEL
N.	ры́б**ий**	ры́б**ье**	ры́б**ья**	ры́б**ьи**
A.	N. ou G.	ры́б**ье**	ры́б**ью**	N. ou G.
G. ...	ры́бь**его...**		ры́б**ьей...**	ры́б**ьих...**

REMARQUE. Aux cas obliques, ces adjectifs suivent la déclinaison des adjectifs qualificatifs type mouillé.

CONJUGAISON DES VERBES RÉGULIERS

Classe	I
infinitif terminé par	ить : вари́ть (1)
passage du radical de l'infinitif au radical du présent	вари вар
conjugaison du présent	вар**ю́** ва́р**ишь** ва́р**ит** ва́р**им** ва́р**ите** ва́р**ят**

1. L'alternance est de règle pour les verbes terminés à l'infinitif par

-бить	:	-блю,	-бишь...;
-вить	:	-влю,	-вишь...;
-дить	:	-жу,	-дишь...;
-зить	:	-жу,	-зишь...;
-мить	:	-млю,	-мишь...;
-пить	:	-плю,	-пишь...;

II		III
type simple	type à alternance	
ать : читáть ять : гулять еть : умéть	овать : рисовáть (2)	нуть : вернýть
чита чита	рисова рису	верну верн
читá**ю** читá**ешь** читá**ет** читá**ем** читá**ете** читá**ют**	рисý**ю** рисý**ешь** рисý**ет** рисý**ем** рисý**ете** рисý**ют**	вер**нý** верн**ёшь** верн**ёт** верн**ём** верн**ёте** верн**ýт**

-сить : -шу, -сишь... ;
-стить : -щу, -стишь... ;
-тить : -чу, -тишь... ;
-фить : -флю, -фишь...

2. Si l'accent est final à l'infinitif, il tombe sur le suffixe « у » au présent.
Ex. : рисовáть, рисýю, рисýешь...

L'IMPÉRATIF

Pour le former, on ajoute au radical du futur simple ou du présent :

	APRÈS VOYELLE	APRÈS CONSONNE	
		sous l'accent ou après un groupe de consonnes	forme atone
sg.	**й**	**и**	**ь**
pl.	**йте**	**ите**	**ьте**

L'accent est celui de l'infinitif.

Les formes aberrantes sont mentionnées dans le dictionnaire lui-même à propos des mots qu'elles concernent.

LES GÉRONDIFS ET LES PARTICIPES

Les gérondifs ont une valeur adverbiale. Ils sont invariables.

Les participes sont des adjectifs; ils en suivent la déclinaison. Les participes actifs ne sont employés que comme épithètes. Les participes passifs peuvent être employés comme attributs; dans ce cas, ils sont toujours à la forme courte.

Formation des gérondifs et des participes.

1. Gérondif imperfectif.

Ajouter au radical du présent le suffixe -я (sauf incompatibilité, voir p. XII).

2. Gérondif perfectif.

Remplacer le « л » du passé par « в » (« вшись » si le verbe est pronominal).

3. Participe présent actif.

Remplacer le « т » final de la 3e personne du pluriel du présent par « щий ».

4. Participe passé actif.

Remplacer le « л » du passé imperfectif ou perfectif par « вший ».

5. Participe présent passif.

Ajouter « ый » à la première personne du pluriel du présent.

6. Participe passé passif.

Partir de l'infinitif perfectif.

a) Verbes en -ать et -ять.

Remplacer -ать ou -ять par « анный » ou « янный » (atones).

b) Verbes en -ить.

Remplacer -ить par « ённый[1] » si le verbe a un accent entièrement final au futur, par « енный » (atone) dans le cas contraire.

c) Verbes en -нуть.

Remplacer -нуть par « нутый » (atone).

Les formes aberrantes sont mentionnées dans le dictionnaire lui-même à propos des mots qu'elles concernent. Toutefois, les participes passés actifs, d'emploi souvent limité, n'ont pas été mentionnés (consulter une grammaire).

---

1. Accentuation de la forme courte : -ён, -ена́, -ено́, -ены́ ⁄—— .

NOMS PROPRES

1. Noms propres indéclinables.

Ils sont masculins lorsqu'ils désignent une personne du sexe masculin, une ville, une île ou, d'une manière générale, si le nom commun qui leur correspond est masculin.

Ils sont féminins lorsqu'ils désignent une personne du sexe féminin, un fleuve ou, d'une manière plus générale, si le nom commun qui leur correspond est au féminin.

Sont neutres les noms propres indéclinables désignant un lac.

2. Déclinaison des noms de famille russes.

1. Les noms de famille terminés par ый, ий, ой, ая, яя se déclinent comme des adjectifs.

2. Les noms de famille terminés par ов, ёв, ев, ин, ова, ёва, ева, ина se déclinent comme l'indique le tableau ci-dessous :

	MASCULIN	FÉMININ	PLURIEL
N.	Бори́сов	Бори́сова	Бори́совы
A.	Бори́сова	Бори́сову	Бори́совых
G.	Бори́сова	Бори́совой	Бори́совых
D.	Бори́сову	Бори́совой	Бори́совым
I.	Бори́совым	Бори́совой	Бори́совыми
L.	Бори́сове	Бори́совой	Бори́совых

3. Adjectifs en -ский formés sur des noms géographiques.

On forme des adjectifs en -ский sur les noms de villes, de provinces, de fleuves, d'îles à condition que ces noms soient déclinables. Le suffixe est accolé à la base du nom.

Ex. : Leningrad, Ленингра́д; de Leningrad, ленингра́дский;
Kama, Ка́ма; de la Kama, ка́мский;
Tomsk, Томск; de Tomsk, то́мский.

Les cas particuliers les plus usités sont cités à propos des mots qu'ils concernent.

4. Adjectifs d'appartenance en **-ов, -ев, -ин** formés sur les noms propres.

Aux cas obliques, ils suivent la déclinaison des adjectifs du type dur. Aux cas directs, ils ont des désinences courtes.

	MASCULIN	FÉMININ	NEUTRE	PLURIEL
N.	Но́ев	Эвкли́дова	Ма́рсово	А́вгиевы
A.	Но́ев	Эвкли́дову	Ма́рсово	А́вгиевы
G.	Но́ева	Эвкли́довой	Ма́рсова	А́вгиевых
D.	Но́еву	Эвкли́довой	Ма́рсову	А́вгиевым
I.	Но́евым	Эвкли́довой	Ма́рсовым	А́вгиевыми
L.	Но́евом	Эвкли́довой	Ма́рсовом	А́вгиевых

5. Emploi de la lettre « ё » dans la transcription des noms étrangers.

Dans la transcription de certains noms étrangers, « ё » peut être atone.

NEUILLY Нёйи*...

À

1. (*attribution*) *datif sans prép.*
2. (*emplacement*) *en règle générale,* в (+ *loc.*) // на (+ *loc.*) *avec un certain nombre de substantifs* // у (+ *gén.*) *au sens de « près de ».*
3. (*direction*) *en règle générale,* в (+ *acc.*) // на (+ *acc.*) *avec un certain nombre de substantifs.*
4. (*origine*) из (+ *gén.*).
5. (*moment de l'action*) в + *acc.* (*dans l'indication de l'heure et de ses subdivisions, sauf lorsqu'il s'agit de la demie; avec les mots traduisant « midi », « minuit », « moment », « instant », « époque »*) // в + *loc.* (*dans l'indication de la demi-heure; avec les mots traduisant « début », « milieu », « fin »*).
6. (*moment d'une nouvelle rencontre*) до (*régissant le génitif ou suivi d'un adverbe*).
7. (*vitesse*) в (+ *acc.*).
8. (*répartition*) *en règle générale,* по + *acc.* // по + *dat. s'il s'agit d'une répartition par ensembles de « un ».*
9. (*prix*) *en règle générale,* по + *acc.* // по + *dat. si le prix est égal à une unité.*
10. (*moyen*) *instrumental sans préposition.*
11. (*suivi d'une indication concernant la forme grammaticale d'un mot ou d'un groupe de mots*) в (+ *loc.*).
12. (*dans l'expression « de ... à ... »*) до (+ *gén.*).
13. (*suivi d'un infinitif*) *ne se traduit pas.*

Remarque. Voir en outre les mots dont la rection exige l'emploi de cette préposition (en particulier, les verbes comme « s'adresser à », « s'habituer à », « se mettre à », « renoncer à », etc.).

1. *Il a envoyé deux cents roubles à son fils,* он послáл сы́ну двéсти рублéй. *Écris à ton frère qu'il vienne,* Напиши́ брáту, чтóбы он приéхал. *J'ai expliqué à ma femme ce qui s'était passé,* я объясни́л женé, что случи́лось. *Le film a plu à Serge,* фильм понрáвился Серёже. **2.** *Nous étions à l'hôtel,* мы бы́ли в гости́нице. *Il habite à Moscou,* он живёт в Москвé. *À deux pas de la barrière,* в двух шагáх от забóра. *À quatre kilomètres du village,* в четырёх киломéтрах от дерéвни. *À cinq minutes de marche de l'hôtel,* в пяти́ минýтах ходьбы́ от гости́ницы. *Des douleurs à l'estomac,* бóли в желýдке. // *À la gare,* на вокзáле. *À l'usine,* на завóде *ou* на фáбрике. *À la poste,* на пóчте. *Au stade,* на стадиóне. *Au marché,* на ры́нке. *À la station de taxis,* на стоя́нке такси́. *Au prochain arrêt,* на слéдующей остановке. *À l'exposition,* на вы́ставке. *À la réunion,* на собрáнии. *À la conférence,* на конферéнции. *Au festival,* на фестивáле. *Au soleil,* на сóлнце. *Au service militaire,* на воéнной слýжбе. *Au front,* на фрóнте. // *À l'entrée du théâtre,* у вхóда в теáтр. **3.** *Aller à l'école,* ходи́ть в шкóлу. *Aller à Moscou,* поéхать в Москвý. *Entrer à l'université,* поступи́ть в университéт. // *Aller à son travail,* ходи́ть на рабóту. *Aller à l'usine,* идти́ на завóд *ou* идти́ на фáбрику. *Aller au marché,* идти́ на ры́нок. *Aller à la poste,* идти́ на пóчту. *Aller à la gare,* поéхать на вокзáл. *Aller à l'aérodrome,* поéхать на аэродрóм. *Aller au stade,* éздить на стадиóн. *Aller à l'exposition,* идти́ на вы́ставку. **4.** *Boire à la bouteille,* пить пря́мо из буты́лки. **5.** *À neuf heures,* в дéвять часóв. *À une heure,* в час. *À trois heures et quart,* в чéтверть четвёртого. *À cinq heures dix,* в дéсять минýт шестóго. *À midi,* в пóлдень. *À minuit,* в пóлночь. *Au moment du départ,* в момéнт отъéзда. *À cet instant-là,* в э́то мгновéние. *À l'époque féodale,* в эпóху феодали́зма. // *À quatre heures et demie,* в полови́не пя́того. *Au début du mois de mai,* в начáле мáя. *Au milieu du XIXe siècle,* в середи́не

XIX вéка. *À la fin du spectacle*, в концé спектáкля. **6.** *À jeudi*, до четвергá. *À demain*, до зáвтра. **7.** *Cent kilomètres à l'heure*, сто километров в час. *Onze kilomètres à la seconde*, одиннадцать километров в секу́нду. **8.** *Deux à deux*, пó двое. *Cinq à cinq*, по пять. // *Un à un*, по одному́. *Goutte à goutte*, по кáпле. **9.** *Des timbres à quatre kopeks*, мáрки по четы́ре копéйки. // *Un timbre à un kopek*, мáрка по одно́й копéйке. **10.** *Écrire au crayon*, писáть карандашóм. **11.** *Le verbe était au passé*, глагóл был в прошéдшем врéмени. *Mettre à l'accusatif les noms entre parenthèses*, Существи́тельные, взя́тые в скóбки, постáвьте в вини́тельном падежé. **12.** *De Paris à Moscou, il y a à peu près 3 000 km*, от Пари́жа до Москвы́ óколо 3 000 км. *Du matin au soir*, с утрá до вéчера. *De trois heures à six heures*, с трёх до шести́. **13.** *Il n'y a rien à faire*, дéлать нéчего. *Chambre à louer tout confort*, Сдаётся кóмната со всéми удóбствами. ● **À l'étranger 1.** (*direction*) за грани́цу. *Ils sont partis à l'étranger*, они́ уéхали за грани́цу. **2.** (*emplacement*) за грани́цей. *Ils ont longtemps vécu à l'étranger*, они́ дóлго жи́ли за грани́цей. **À l'exception de**, за исключéнием (+ *gén.*). **À votre santé!**, За вáше здорóвье! **Au revoir**, до свидáния.

ABAISSER (*faire descendre*) спускáть / спусти́ть ___ . *Abaisser le rideau*, спусти́ть зáнавес.

ABANDON ● **Laisser à l'abandon**, запускáть / запусти́ть ___. *Un jardin laissé à l'abandon*, запу́щенный сад.

ABANDONNER

> **1.** (*changer de résidence*) покидáть / поки́нуть.
> **2.** (*quitter, délaisser*) бросáть / брóсить.
> **3.** (*livrer à l'ennemi...*) отдавáть* II, отдаю́, отдаёшь...; отдавáй, отдавáя / отдáть* *n. cl.*, отдáм, отдáшь, отдáст, отдади́м, отдади́те, отдаду́т; óтдал, отдалá, óтдало, óтдали /___ ; отдáй; óтданный, óтдан, отданá, óтдано, óтданы /___ .
> **4.** (*faire défaut*) оставля́ть / остáвить.
> **5.** (*renoncer à un projet...*) откáзываться / отказáться* II, откажу́сь, откáжешься.... ___ .

1. *Abandonner sa ville natale*, поки́нуть роднóй гóрод. **2.** *Abandonner sa femme*, брóсить жену́. *Abandonner ses amis*, брóсить друзéй. *Abandonner son travail*, брóсить рабóту. **3.** *Abandonner la ville à l'ennemi*, отдáть гóрод неприя́телю. **4.** *Ses forces l'ont abandonné*, си́лы остáвили егó. **5.** *Abandonner ses projets*, отказáться от свои́х намéрений.

ABAT-JOUR абажу́р.

ABATTRE

> **1.** (*couper, déraciner*) вали́ть ___ / свали́ть ___ .
> **2.** (*démolir*) сноси́ть ___ / снести́* IV, снесу́, снесёшь...; снёс, снеслá... /‾‾‾ ; снесённый.
> **3.** (*des fruits, un avion...*) сбивáть / сбить* II, собью́, собьёшь...; сбей; сби́тый.
> **4.** (*tuer*) убивáть / уби́ть* II, убью́, убьёшь...; убéй; уби́тый.
> **5.** (*affaiblir*) вали́ть с ног (вали́ть ___ / свали́ть ___).

1. *Le vent a abattu les arbres*, вéтер свали́л дерéвья. **2.** *Abattre un mur*, снести́ стéну. **3.** *Abattre les noix*, сбить орéхи. *Abattre un avion*, сбить самолёт. **4.** *Abattre un chien*, уби́ть собáку. **5.** *La fièvre l'a abattue*, жар свали́л её с ног. ● **Ne pas se laisser abattre**, не унывáть.

ABBAYE аббáтство.

ABBÉ аббáт.

A B C áзбука.

ABCÈS нары́в. *Ouvrir un abcès*, вскрыть нары́в.

ABDIQUER (*en parlant d'un souverain*) отрéчься от престóла (отрекáться / отрéчься* IV, отреку́сь, отречёшься..., отреку́тся; отрёкся, отреклáсь... /‾‾‾).

ABEILLE пчела́, *pl.* пчёлы, пчёл, пчёлам... ‾‾‾‾ ___ .

ABÎMER по́ртить / испо́ртить. *L'eau a abîmé cette montre*, часы́ испо́ртились от воды́. *S'abîmer la vue*, по́ртить себе́ зре́ние.

ABOIEMENT(S) лай *m.* *Au loin, on entendit un aboiement*, вдали́ послы́шался лай.

ABOLITION отме́на. *L'abolition du servage*, отме́на крепостно́го пра́ва. *L'abolition de la peine de mort*, отме́на сме́ртной ка́зни.

ABOMINABLE ужа́сный. *Un crime abominable*, ужа́сное преступле́ние. *Un temps abominable*, ужа́сная пого́да.

ABONDANCE изоби́лие. *En abondance*, в изоби́лии.

ABONDANT оби́льный. *Une récolte abondante*, оби́льный урожа́й. *Une nourriture abondante*, оби́льная пи́ща.

ABONNEMENT (*à un journal*) подпи́ска. *Renouveler son abonnement à la « Pravda »*, возобнови́ть свою́ подпи́ску на « Пра́вду ».

ABONNER подпи́сывать / подписа́ть* II, подпишу́, подпи́шешь...___ . *S'abonner à un journal*, подписа́ться на газе́ту.

ABORD • **Au premier abord**, с пе́рвого взгля́да. **D'abord**, снача́ла.

ABORDABLE (*fig.*) досту́пный. *À un prix abordable*, по досту́пной цене́.

ABORDER 1. (*atteindre le rivage*) пристава́ть* II, пристаю́, пристаёшь...; пристава́й; пристава́я / приста́ть* *n. cl.*, приста́ну, приста́нешь... *La barque a abordé le rivage*, ло́дка приста́ла к бе́регу. **2.** (*accoster qqn*) подходи́ть___ / подойти́* IV, подойду́, подойдёшь...; подошёл, подошла́...; подойдя́ (к + *dat.*). *Un passant m'a abordé pour me demander son chemin*, ко мне подошёл прохо́жий, спроси́л о доро́ге. **3.** (*commencer l'étude d'une question*), приступа́ть / приступи́ть ___ (к + *dat.*). *Ils ont enfin abordé l'étude de cette question*, они́ приступи́ли наконе́ц к рассмотре́нию э́того вопро́са.

ABOUTIR 1. (*avoir pour résultat*) приводи́ть ___ / привести́* IV, приведу́, приведёшь...; привёл, привела́... /‾‾‾ ; приведённый. *Cela n'aboutira à rien*, э́то ни к чему́ не приведёт. **2.** (*réussir*) увенча́ться успе́хом (уве́нчиваться / увенча́ться). *La tentative a abouti*, попы́тка увенча́лась успе́хом.

ABOYER ла́ять* II, ла́ю, ла́ешь... / зала́ять* II (*id.*). *Le chien aboie après les passants*, соба́ка ла́ет на прохо́жих. *Le chien aboie à la lune*, соба́ка ла́ет на луну́. • **Les chiens aboient, la caravane passe**, соба́ка ла́ет — ве́тер но́сит.

ABRÉGÉ • **En abrégé**, в сокраще́нии.

ABRÉGER сокраща́ть / сократи́ть (т → щ). *Abréger son discours*, сократи́ть свою́ речь.

ABREUVER пои́ть ___ / напои́ть ___ . *Abreuver le troupeau*, пои́ть ста́до.

ABRÉVIATION сокраще́ние. *Liste des abréviations*, спи́сок сокраще́ний.

ABRI (*mil.*) убе́жище. *Alerte aérienne. Il faut aller aux abris*, Возду́шная трево́га. На́до идти́ в убе́жище. • **Se mettre à l'abri**, укрыва́ться / укры́ться* II, укро́юсь, укро́ешься... (от + *gén.*). *Se mettre à l'abri de la pluie*, укры́ться от дождя́.

ABRICOT абрико́с.

ABRICOTIER абрико́с.

ABRITER укрыва́ть / укры́ть* II, укро́ю, укро́ешь...; укры́тый. *S'abriter de la pluie sous un arbre*, укры́ться от дождя́ под де́ревом.

ABRUPT круто́й /___ , *comp.* кру́че*. *Une rive abrupte*, круто́й бе́рег.

ABSENCE отсу́тствие. *En votre absence*, в ва́ше отсу́тствие. *Briller par son absence*, блиста́ть свои́м отсу́тствием. *L'absence de goût*, отсу́тствие вку́са.

ABSENT *adj.* отсу́тствующий.

Un regard absent, отсу́тствующий взгляд. || (*Subst.*) *La liste des absents*, спи́сок отсу́тствующих. ● **Être absent**, не быть (*au sujet de la proposition française correspond en russe un nom ou un pronom au génitif*); отсу́тствовать (*livresque*). *Qui est absent?*, Кого́ нет? *Tu étais absent*, тебя́ не́ было. *Il n'a pas été absent plus de deux semaines*, он отсу́тствовал не бо́льше двух неде́ль.

ABSOLU абсолю́тный. *Le pouvoir absolu*, абсолю́тная власть. *La majorité absolue*, абсолю́тное большинство́.

ABSOLUMENT **1.** (*tout à fait*) соверше́нно. *C'est absolument impossible*, э́то соверше́нно невозмо́жно. *Vous avez absolument raison*, вы соверше́нно пра́вы. **2.** (*nécessairement*) обяза́тельно. *Il faut absolument travailler*, на́до обяза́тельно рабо́тать.

ABSORBER (*propr. et fig.*) поглоща́ть / поглоти́ть (т → щ). *Absorber l'humidité*, поглоща́ть вла́гу. *Il était absorbé par ses occupations*, он был поглощён заня́тиями.

ABSTENIR (S') **1.** (*en règle générale*) возде́рживаться / воздержа́ться* I, воздержу́сь, возде́ржишься... ____ (от + *gén.*). *S'abstenir de boire de l'alcool*, воздержа́ться от спиртны́х напи́тков. **2.** (*ne pas voter*) воздержа́ться от голосова́ния (возде́рживаться / воздержа́ться* I, воздержу́сь, возде́ржишься... ____). *Il s'est abstenu*, он воздержа́лся от голосова́ния.

ABSTRACTION абстра́кция. ● **Faire abstraction de**, не счита́ть. *Si l'on fait abstraction des dépenses*, е́сли не счита́ть расхо́дов.

ABSTRAIT отвлечённый. *Une notion abstraite*, отвлечённое поня́тие. ● **L'art abstrait**, абстра́ктное иску́сство.

I. ABSURDE *subst.* абсу́рд. *Tomber dans l'absurde*, дойти́ до абсу́рда. ● **Raisonnement par l'absurde**, доказа́тельство от проти́вного.

II. ABSURDE *adj.* **1.** (*non raisonnable*) неле́пый. *Une réponse absurde*, неле́пый отве́т. *Une hypothèse absurde*, неле́пая гипо́теза. **2.** (*qui n'a pas de sens*) бессмы́сленный. *Une phrase absurde*, бессмы́сленная фра́за.

ABSURDITÉ неле́пость *f.* *Dire des absurdités*, говори́ть неле́пости.

ABUS злоупотребле́ние (+ *instr.*). *L'abus de l'alcool*, злоупотребле́ние спиртны́ми напи́тками. *Un abus de pouvoir*, злоупотребле́ние вла́стью. *Un abus de confiance*, злоупотребле́ние дове́рием.

ABUSER злоупотребля́ть / злоупотреби́ть (+ *instr.*). *Il abuse de votre patience*, он злоупотребля́ет ва́шим терпе́нием.

ACADÉMIE акаде́мия. *L'Académie des sciences*, Акаде́мия нау́к.

ACAJOU (*bois*) кра́сное де́рево. *Des meubles en acajou*, ме́бель из кра́сного де́рева.

ACCABLER **1.** (*oppresser*) угнета́ть / угнести́* IV, угнету́, угнетёшь...; *passé inusité;* угнетённый; *ou* удруча́ть / удручи́ть. *Un sombre pressentiment l'accablait*, его́ угнета́ло мра́чное предчу́вствие. *Elle était accablée par le chagrin*, она́ была́ удручена́ го́рем. **2.** (*couvrir*) осыпа́ть / осы́пать* II, осы́плю, осы́плешь... *Accabler qqn de reproches*, осы́пать кого́-нибудь упрёками.

ACCALMIE (*propr. et fig.*) зати́шье.

ACCÉLÉRATEUR (*autom.*) акселера́тор. *Appuyer sur l'accélérateur*, нажа́ть на акселера́тор.

ACCÉLÉRER **1.** (*rendre plus rapide*) ускоря́ть / уско́рить. *Accélérer le rythme*, уско́рить темп. **2.** (*augmenter la vitesse d'une voiture, d'un moteur*) нажа́ть на акселера́тор (нажима́ть / нажа́ть* IV, нажму́, нажмёшь...).

ACCENT **1.** (*manière de prononcer*) акце́нт. *Parler avec l'accent anglais*, говори́ть с англи́йским акце́нтом. *Parler sans accent*, говори́ть без акце́нта. **2.** (*d'intensité*) ударе́ние. *L'accent frappe la dernière syllabe*, ударе́ние па́дает на после́дний слог.

ACCENTUATION ударе́ние.

Mettre l'accentuation, поставить ударение.

ACCENTUÉ 1. (*qui porte l'accent tonique*) ударяемый. *La syllabe accentuée*, ударяемый слог. **2.** (*dans lequel les accents toniques sont indiqués*) с ударениями. *Un texte accentué*, текст с ударениями.

ACCEPTER 1. (+ *subst.: ne pas refuser*) принимать / принять* IV, приму, примешь... ＼___ ; принял, приняла, приняло, приняли ／＼___ ; принятый, принят, принята, принято, приняты ／＼___ . *Accepter un cadeau*, принять подарок. *Accepter une proposition*, принять предложение. **2.** (+ *subst.: se résigner à*) примиряться / примириться (с + *instr.*). *Accepter son sort*, примириться со своей судьбой. **3.** (*de* + *inf.*) соглашаться / согласиться (+ *inf.*). *Il a accepté de venir*, он согласился приехать.

ACCÈS 1. (*possibilité d'approcher, d'atteindre*) доступ. *Avoir accès à des documents secrets*, иметь доступ к секретным документам. **2.** (*de fièvre...*) приступ. *Un accès de malaria*, приступ малярии. **3.** (*de colère...*) порыв. *Dans un accès de colère*, в порыве гнева.

ACCESSIBLE доступный. *Des hauteurs accessibles seulement pour les alpinistes*, высоты, доступные только для альпинистов. *Un homme accessible*, доступный человек.

ACCIDENT (*événement malheureux*) несчастный случай (случай *m.*); катастрофа (*uniquement pour un accident grave*). *Il nous est arrivé un accident*, с нами произошёл несчастный случай. *Un accident de chemin de fer*, железнодорожная катастрофа.

ACCIDENTEL случайный. *Une erreur accidentelle*, случайная ошибка.

ACCIDENTELLEMENT случайно.

ACCLAMATION(S) овация. *Il fut accueilli par les acclamations du public*, публика встретила его овацией.

ACCLAMER устроить овацию (устраивать / устроить). *Il a été acclamé*, ему устроили овацию.

ACCOMPAGNER 1. (*longuement*) сопровождать / сопроводить, *part.* сопровождённый*. *Il était accompagné de deux officiers*, его сопровождали два офицера. *Accompagner une délégation*, сопровождать делегацию. **2.** (*pour un court trajet*) провожать / проводить ＼___ . *Nous allons l'accompagner à la gare*, мы проводим её на вокзал. **3.** (*mus.*) аккомпанировать (+ *dat.*). *Accompagner le chanteur au piano*, аккомпанировать певцу на рояле.

ACCOMPLI ● Avoir... ans accomplis, / исполниться (*au sujet de la proposition française correspond en russe un nom ou un pronom au datif*). *Elle a seize ans accomplis*, ей исполнилось шестнадцать лет. **Le fait accompli**, совершившийся факт. *Mettre qqn devant le fait accompli*, поставить кого-нибудь перед совершившимся фактом.

ACCOMPLIR 1. (*son devoir...*) исполнять / исполнить. *Accomplir son devoir*, исполнить свой долг. **2.** (*une tâche*) выполнять / выполнить. *Accomplir un travail*, выполнить работу. **3.** (*un exploit*) совершать / совершить. *Accomplir un exploit*, совершить подвиг.

ACCOMPLIR (S') [*en parlant des désirs...*] исполняться / исполниться. *Ses désirs se sont accomplis*, её желания исполнились.

ACCORD

1. (*bonne entente*) согласие.
2. (*consentement*) согласие.
3. (*juridique*) соглашение.
4. (*gramm.*) согласование.
5. (*mus.*) аккорд.

1. *Vivre en bon accord*, жить в согласии. **2.** *Il a donné son accord*, он дал своё согласие. *D'un commun accord*, с общего согласия. **3.** *Parvenir à un accord*, прийти к соглашению. *Signer un accord commercial*, подписать торговое соглашение. **4.** *L'accord du verbe avec le sujet*, согласование глагола с подлежащим. **5.** *Frapper* *un accord*, взять аккóрд. ● **D'accord!**, Лáдно! **Être d'accord**, соглáсен *et le verbe* быть; / согласи́ться (*surtout à l'infinitif*). *Elle est d'accord*, онá соглáсна. *Comment ne pas être d'accord avec ce qu'il a dit*, как не согласи́ться с тем, что он сказáл. **Se mettre d'accord**, / договори́ться. *Il faut que nous nous mettions d'accord*, нам с вáми нáдо договори́ться.

ACCORDÉON гармóника *et* (*fam.*) гармóшка. *Jouer de l'accordéon*, игрáть на гармóшке.

ACCORDÉONISTE гармони́ст.

ACCORDER 1. (*concéder*) давáть* II, даю́, даёшь...; давáй; давáя / дать* *n. cl.*, дам, дашь, даст, дади́м, дади́те, даду́т; дал, далá, дáло, дáли ∧—— *et, avec négation*, нé дал, не далá, нé дало, нé дали ∧—— ; дай; дáнный, дан, данá... ⁄—— *et, avec négation*, нé дан, не данá, нé дано, нé даны ∧—— . *Accorder une autorisation*, дать разрешéние. **2.** (*mus.*) настрáивать / настрóить. *Accorder une guitare*, настрóить гитáру. **3.** (*gramm.*) / согласовáть. *Accordez l'adjectif avec le substantif*, Согласу́йте прилагáтельное с существи́тельным. ● **Accorder de l'importance**, придавáть значéние (придавáть* II, придаю́, придаёшь...; придавáй; придавáя / придáть* *n. cl.*, придáм, придáшь, придáст, придади́м, придади́те, придаду́т; при́дал, придалá, при́дало, при́дали ∧—— ; придáй; при́данный, при́дан, приданá, при́дано, при́даны ∧——). *Il n'accorda aucune importance aux paroles de son grand-père*, он не при́дал никакóго значéния словáм дéдушки.

ACCORDER (S') 1. (*vivre en bonne entente*) жить в соглáсии (жить* IV, живу́, живёшь...; жил, жилá, жи́ло, жи́ли ∧—— *et, avec négation*, нé жил, не жилá, нé жило, нé жили ∧——). *Ils s'accordent bien avec leurs voisins*, они́ с сосéдями живу́т в соглáсии. **2.** (*gramm.*) согласовáться. *L'adjectif s'accorde avec le substantif*, прилагáтельное согласу́ется с существи́тельным.

ACCOUCHEMENT рóды, рóдов, рóдам... *pl.t.* *Un accouchement prématuré*, преждеврéменные рóды.

ACCOUCHER (*mettre au monde*) роди́ть, рождáть *ou* рожáть (*fam.*) / роди́ть, *passé* роди́л, родилá, роди́ло, роди́ли ∧—— , *part.* рождённый (+ *acc.*). *Elle a accouché d'une fille*, онá родилá дóчку. *La montagne a accouché d'une souris*, горá родилá мышь.

ACCOURIR прибегáть / прибежáть* *n. cl.*, прибегу́, прибежи́шь..., прибегу́т; прибеги́. *Accourir à l'aide*, прибежáть на пóмощь.

ACCROCHER 1. (*suspendre*) вéшать / повéсить. *Accrochez le tableau sur ce mur*, Повéсьте карти́ну на э́ту стéну. **2.** (*atteler*) прицепля́ть / прицепи́ть ╲—— . *Accrocher un wagon au train*, прицепи́ть вагóн к пóезду. **3.** (*endommager*) зацепля́ть / зацепи́ть ╲—— . *Il y a un clou qui dépasse; j'ai accroché ma manche*, там торчи́т гвоздь; я зацепи́л рукáв.

ACCROCHER (S') [*se cramponner, propr. et fig.*] цепля́ться / уцепи́ться ╲——(за + *acc.*) *ou* хватáться / ухвати́ться ╲——(за + *acc.*). *S'accrocher à une branche*, цепля́ться за вéтку. *Elle s'accrochait à ce dernier espoir*, онá цепля́лась за э́ту надéжду. *S'accrocher à un brin de paille*, хватáться за солóминку.

ACCROISSEMENT (*augmentation*) увеличéние. *L'accroissement des échanges commerciaux*, увеличéние торгóвых обмéнов.

ACCROUPIR (S') присéсть на кóрточки (присáживаться / присéсть* IV, прися́ду, прися́дешь...; присéл, присéла...).

ACCUEIL приём. ● **Faire bon accueil**, хорошó приня́ть [+ *acc.*] (принимáть / приня́ть* IV, приму́, при́мешь... ╲—— ; при́нял, принялá, при́няло, при́няли ∧—— ; при́нятый, при́нят, принятá, при́нято, при́няты ∧——). *On lui a fait bon accueil*, егó хорошó при́няли.

ACCUEILLIR (*recevoir*) встречáть / встрéтить. *Bien accueillir ses hôtes*, раду́шно встрéтить гостей. *Aller accueillir une délégation à la gare*, встретить делегацию на вокзале.

ACCUMULER накапливать / накопить ⟍___. *Accumuler les marchandises*, накапливать товары.

ACCUSATIF винительный падеж (падеж ⟋___). *Mettre un mot à l'accusatif*, поставить слово в винительном падеже.

ACCUSATION обвинение.

ACCUSÉ (*inculpé*) подсудимый *adj. subst. m. Sur le banc des accusés*, на скамье подсудимых.

ACCUSÉE подсудимая *adj. subst. f.*

ACCUSER обвинять / обвинить. *Accuser qqn d'un crime*, обвинить кого-нибудь в убийстве. *On l'accusait d'avoir tué une jeune fille*, его обвиняли в том, что он убил девушку.

ACHAT покупка. *Faire des achats*, делать покупки. ● **Le pouvoir d'achat**, покупательная способность.

ACHETER (*acquérir*) покупать / купить ⟍___. *Elle a acheté un livre*, она купила книгу. *Il s'est acheté une moto*, он купил себе мотоцикл.

ACHETEUR покупатель *m.*

ACHEVER (*terminer*) заканчивать / закончить. *Achever un travail*, закончить работу.

I. **ACIDE** *adj.* кислый, кисел, кисла, кисло, кислы ⟋⟍___. *Un goût acide*, кислый вкус.

II. **ACIDE** *subst.* кислота, *pl.* кислоты, кислот, кислотам... ___ ___. *L'acide acétique*, уксусная кислота.

ACIER сталь *f. Acier inoxydable*, нержавеющая сталь. ● **D'acier, en acier** (*propr. et fig.*), стальной. *Un câble d'acier*, стальной канат. *Des muscles d'acier*, стальные мускулы.

ACOMPTE задаток. *Verser un acompte*, внести задаток.

ACQUÉRIR приобретать / приобрести* IV, приобрету, приобретёшь...; приобрёл, приобрела... ⟋___; приобретённый. *Acquérir de l'expérience*, приобрести опыт.

ACQUITTER (*déclarer non coupable*) оправдывать / оправдать. *Le tribunal l'a acquitté*, суд оправдал его.

ACQUITTER (S') ● **S'acquitter de ses dettes**, расплатиться с долгами (расплачиваться / расплатиться ⟍___).

ÂCRE едкий ⟋⟍___. *Une odeur âcre*, едкий запах.

ACTE 1. (*action*) поступок. *Un acte héroïque*, героический поступок. **2.** (*théâtre*) действие. *Un drame en cinq actes*, драма в пяти действиях. **3.** (*certificat*) свидетельство. *Acte de mariage*, свидетельство о браке. ● **Acte d'accusation**, обвинительный акт.

ACTEUR актёр.

ACTIF *adj.* **1.** (*en parlant d'une personne*) деятельный. *Un homme actif*, деятельный человек. **2.** (*en parlant d'un produit...*) действенный. *Un poison actif*, действенный яд.

ACTION

1. (*acte*) поступок.
2. (*effet*) действие.
3. (*activité*) действие.
4. (*marche des événements*) действие.
5. (*titre négociable*) акция.

1. *Une mauvaise action*, дурной поступок. **2.** *L'action du médicament*, действие лекарства. **3.** *Un plan d'action*, план действия. *La pièce manque d'action*, в пьесе мало действия. **4.** *L'action se passe au début du XVIe siècle*, действие происходит в начале XVI века. *L'unité d'action*, единство действия. **5.** *Acheter des actions*, купить акции.

ACTIVITÉ деятельность *f. L'activité pédagogique*, педагогическая деятельность. ● **Il n'est plus en activité**, он вышел на пенсию.

ACTRICE актриса.

ACTUALITÉS (*reportage*) хроника.

ACTUEL современный. *Les événements actuels*, современные события. ● **À l'heure actuelle**, в настоящее время.

ACTUELLEMENT тепе́рь.

ADAPTER приспособля́ть / приспосо́бить (к + *dat.*). *S'adapter aux circonstances*, приспосо́биться к обстоя́тельствам.

ADDITION 1. (*opération arithmétique*) сложе́ние. **2.** (*au restaurant*) счёт. *L'addition, s'il vous plaît!*, Да́йте счёт, пожа́луйста.

ADHÉRER (*s'inscrire*) вступа́ть / вступи́ть ╲___ (в + *acc.*). *Adhérer au parti communiste*, вступи́ть в компа́ртию *ou, simplement*, вступи́ть в па́ртию.

ADIEU! *interj.* Проща́й! (*si l'on s'adresse à une personne que l'on tutoie*); Проща́йте! (*dans les autres cas*). ● **D'adieux**, проща́льный. *Une visite d'adieux*, проща́льный визи́т. **Faire ses adieux**, проща́ться / попроща́ться (с + *instr.*). *Je suis venu vous faire mes adieux*, Я пришёл попроща́ться с ва́ми.

ADJECTIF прилага́тельное *adj. subst. n.*

ADJOINT *adj. ou subst.* замести́тель *m. Le directeur adjoint*, замести́тель дире́ктора.

ADMETTRE 1. (*considérer comme vrai*) допуска́ть / допусти́ть ╲___. *Admettons qu'il en soit ainsi*, Допу́стим, что э́то так. **2.** (*laisser accéder; tolérer*) принима́ть / приня́ть* IV, приму́, при́мешь... ╲___; при́нял, приняла́, при́няло, при́няли ╱╲___; при́нятый, при́нят, принята́, при́нято, при́няты ╱╲___. *Il a été admis à entrer à l'université*, его́ при́няли в университе́т. *Ce n'est pas admis*, э́то не при́нято.

ADMINISTRATEUR управля́ющий *adj. subst. m.*

ADMINISTRATION ____

> **1.** (*action d'administrer*) управле́ние (+ *instr.*).
> **2.** (*personnel assurant la gestion d'une entreprise*) администра́ция.
> **3.** (*organisme officiel*) учрежде́ние.
> **4.** (*ensemble des services publics*) госуда́рственные учрежде́ния (учрежде́ния, учрежде́ний, учрежде́ниям... *pl.*).

1. *L'administration de l'État* управле́ние госуда́рством. **2.** *L'administration de l'usine a pris une décision importante*, администра́ция заво́да приняла́ ва́жное реше́ние. **3.** *Il travaille dans une administration*, он рабо́тает в одно́м учрежде́нии. **4.** *Les dépenses de l'Administration*, расхо́ды госуда́рственных учрежде́ний.

ADMINISTRER 1. (*gérer*) управля́ть (+ *instr.*). *Administrer un pays*, управля́ть страно́й. **2.** (*donner*) дава́ть* IV, даю́, даёшь...; дава́й; дава́я / дать* *n. cl.*, дам, дашь, даст, дади́м, дади́те, даду́т; дал, дала́, да́ло, да́ли ╱╲___ *et, à la forme négative*, не́ дал, не дала́, не́ дало, не́ дали ╱╲___; дай; да́нный, дан, дана́... ╱‾‾‾ *et, avec négation*, не́ дан, не дана́, не́ дано, не́ даны ╱╲___. *Administrer un médicament*, дать лека́рство.

ADMIRABLE великоле́пный. *Un portrait admirable*, великоле́пный портре́т.

ADMIRATEUR покло́нник.

ADMIRATION восхище́ние. *Provoquer l'admiration*, вы́звать восхище́ние.

ADMIRATRICE покло́нница.

ADMIRER любова́ться / полюбова́ться (+ *instr. ou, dans le style familier*, на + *acc.*). *Admirer la nature*, любова́ться приро́дой. *S'admirer dans la glace*, любова́ться на себя́ в зе́ркале. *S'admirer* (*être content de soi*), любова́ться собо́й.

ADOLESCENT, ADOLESCENTE подро́сток.

ADOPTER 1. (*un enfant*) усыновля́ть / усынови́ть. **2.** (*un projet...*) принима́ть / приня́ть* IV, приму́, при́мешь... ╲___; при́нял, приняла́, при́няло, при́няли ╱╲___; при́нятый, при́нят, принята́, при́нято, при́няты ╱╲___. *Adopter un projet*, приня́ть прое́кт.

ADOPTIF приёмный. *Le fils adoptif*, приёмный сын. *La mère adoptive*, приёмная мать.

ADORABLE преле́стный. *Une*

petite fille adorable, преле́стная де́вочка.

ADORER 1. (*vouer un culte*) поклоня́ться (+ *dat.*). *Ils adoraient des idoles,* они́ поклоня́лись и́долам. **2.** (*aimer avec passion*) обожа́ть. *Elle adorait son frère,* она́ обожа́ла своего́ бра́та.

ADOUCIR (*propr. et fig.*) смягча́ть / смягчи́ть. *Adoucir la peau,* смягча́ть ко́жу. *Adoucir les mœurs,* смягча́ть нра́вы.

I. ADRESSE (*domicile*) а́дрес*, *nom. pl.* адреса́ ____ . *Écrivez-moi à mon adresse personnelle,* Напиши́те мне по дома́шнему а́дресу. ● **Se tromper d'adresse,** обраща́ться не по а́дресу.

II. ADRESSE (*habileté*) ло́вкость *f.* *Avec beaucoup d'adresse,* с большо́й ло́вкостью.

ADRESSER (*envoyer*) посыла́ть / посла́ть* II, пошлю́, пошлёшь... *Je vous ai adressé un paquet,* Я посла́л вам посы́лку.

ADRESSER (S') обраща́ться / обрати́ться [т → щ] (к + *dat.*). *Je ne savais pas à qui m'adresser,* я не знал, к кому́ обрати́ться.

ADROIT ло́вкий /___ , *comp.* ло́вче*. *Des mains adroites,* ло́вкие ру́ки.

ADULTE *adj. ou subst.* взро́слый *adj.* ou *adj. subst.*

ADVERBE наре́чие.

ADVERSAIRE проти́вник. *Battre son adversaire,* разби́ть проти́вника.

AÉRER прове́тривать / прове́трить. *Aérer une pièce,* прове́трить ко́мнату.

AÉRIEN возду́шный. *Les lignes aériennes,* возду́шные ли́нии. *Une alerte aérienne,* возду́шная трево́га.

AÉRODROME аэродро́м. *Aller à l'aérodrome,* пое́хать на аэродро́м.

AÉROPORT аэропо́рт*, *loc.* аэропорту́; *pl.* аэропо́рты, аэропо́ртов, аэропо́ртам... *Nous étions à l'aéroport,* мы бы́ли в аэропорту́.

AFFAIBLIR ослабля́ть / ослаби́ть. *La maladie l'a affaibli,* боле́знь осла́била его́.

AFFAIRE 1. (*divers sens*) де́ло ___\\/___ . *Connaître son affaire,* знать своё де́ло. *C'est une autre affaire,* э́то друго́е де́ло. *Ce n'est pas mon affaire,* э́то не моё де́ло. *C'est une affaire de goût,* э́то де́ло вку́са. *Le ministère des Affaires étrangères,* Министе́рство иностра́нных дел. **2.** (*pl.: objets usuels*) ве́щи, веще́й, веща́м... /‾‾‾ *pl.* *Avoir soin de ses affaires,* бере́чь свои́ ве́щи. ● **Avoir affaire à,** име́ть де́ло с (+ *instr.*). **L'affaire est dans le sac,** де́ло в шля́пе. **Se tirer d'affaire,** вы́йти из положе́ния.

AFFAMÉ голо́дный, го́лоден, голодна́, го́лодно, го́лодны /___ . *Un chien affamé,* голо́дная соба́ка.

AFFECTION 1. (*attachement*) привя́занность *f.* *Son affection pour moi,* её привя́занность ко мне. **2.** (*maladie*) заболева́ние. *Une affection nerveuse,* не́рвное заболева́ние.

AFFECTUEUX ла́сковый. *Un enfant affectueux,* ла́сковый ребёнок. *Un regard affectueux,* ла́сковый взгляд.

AFFICHE 1. (*publicitaire*) рекла́ма. **2.** (*annonçant un spectacle*) афи́ша. **3.** (*électorale*) предвы́борный плака́т.

AFFIRMATIF утверди́тельный. *Une réponse affirmative,* утверди́тельный отве́т.

AFFIRMATION утвержде́ние. *Une affirmation gratuite,* необосно́ванное утвержде́ние.

AFFIRMATIVEMENT утверди́тельно.

AFFIRMER утвержда́ть. *Il affirme que c'est vrai,* он утвержда́ет, что э́то пра́вда.

AFFLIGER огорча́ть / огорчи́ть. *Cette nouvelle l'a affligée,* э́то изве́стие её огорчи́ло.

AFFLUENT прито́к. *Un affluent de gauche de la Volga,* ле́вый прито́к Во́лги.

AFFREUSEMENT ужа́сно. *Il était affreusement vexé,* он ужа́сно оби́делся.

AFFREUX ужа́сный. *Un rêve affreux*, Ужа́сный сон. *C'est affreux!*, Это ужа́сно! *Un temps affreux*, ужа́сная пого́да.

AFFRONTER идти́ навстре́чу (+ *dat.; l'expression peut être renforcée par un adverbe comme* « сме́ло »; идти́* IV, иду́, идёшь...; шёл, шла... / пойти́* IV, пойду́, пойдёшь...; пошёл, пошла́...). *Affronter le danger*, идти́ навстре́чу опа́сности.

AFIN ● **Afin de**, для того́, что́бы (+ *inf.*). *Afin de garantir le succès*, для того́, что́бы обеспе́чить успе́х. **Afin que**, для того́, что́бы (+ *passé*). *Afin qu'elle accepte*, для того́, что́бы она́ согласи́лась.

I. AFRICAIN *subst.* африка́нец.

II. AFRICAIN *adj.* африка́нский.

AGACER раздража́ть / раздражи́ть. *Ses plaisanteries m'agaçaient*, её шу́тки меня́ раздража́ли.

ÂGE 1. (*temps écoulé depuis la naissance*) во́зраст. *Un homme d'âge mûr*, челове́к зре́лого во́зраста. *À l'âge de vingt ans*, в во́зрасте двадцати́ лет. *À ton âge*, в твоём во́зрасте. **2.** (*ère*) век*, *nom. pl.* века́ ______. *L'âge de la pierre*, ка́менный век. *Le Moyen Âge*, Сре́дние века́. ● **À la fleur de l'âge**, во цве́те лет. **Du même âge**, одни́х лет. *Nous sommes du même âge*, мы с ним одни́х лет. **D'un certain âge**, немолодо́й, пожило́й. **Quel âge...?**, Ско́лько... лет? *Quel âge avez-vous?*, Ско́лько вам лет?

ÂGÉ 1. (*qui a tel ou tel âge*) *ne se traduit pas*. *Une petite fille âgée d'environ cinq ans*, де́вочка лет пяти́. **2.** (*très vieux*) в лета́х. *Une dame âgée*, же́нщина в лета́х. ● **Moins âgé**, моло́же. *Il est moins âgé que moi*, он моло́же меня́. **Plus âgé**, ста́рше. *Elle est plus âgée que vous*, она́ ста́рше вас.

AGENCE аге́нтство. *Une agence d'information*, телегра́фное аге́нтство.

AGENOUILLER (S') стать на коле́ни (станови́ться ______ / стать* *n. cl.*, ста́ну, ста́нешь...).

AGENT (*employé*) аге́нт. *Un agent d'assurances*, страхово́й аге́нт. *Un agent secret*, секре́тный аге́нт. ● **Agent de police**, милицио́не́р. *L'agent de police dirige la circulation*, милиционе́р регули́рует движе́ние.

AGGRAVANT отягча́ющий. *Des circonstances aggravantes*, отягча́ющие обстоя́тельства.

AGGRAVER ухудша́ть / уху́дшить. *La situation s'est aggravée*, положе́ние уху́дшилось.

AGILE прово́рный. *Des doigts agiles*, прово́рные па́льцы.

AGIR 1. (*avoir un effet*) де́йствовать / поде́йствовать. *Le médicament n'agit pas immédiatement*, лека́рство не сра́зу де́йствует. **2.** (*exécuter une ou plusieurs actions*) де́йствовать. *Agir ouvertement*, де́йствовать открове́нно. **3.** (*avoir une attitude*) поступа́ть / поступи́ть ______. *Vous avez agi comme il le fallait*, вы пра́вильно поступи́ли.

AGIR (S') ● **Il s'agit de**, речь идёт о (+ *loc.*). *De quoi s'agit-il?*, О чём идёт речь?

AGITATION (*troubles politiques ou sociaux*) волне́ния, волне́ний, волне́ниям... *pl. L'agitation avait gagné toutes les grandes villes*, волне́ния охвати́ли все кру́пные города́.

AGITÉ 1. (*mouvementé*) бу́рный ______. *Une mer agitée*, бу́рное мо́ре. *Une jeunesse agitée*, бу́рная мо́лодость. **2.** (*fiévreux, troublé*) беспоко́йный. *Un sommeil agité*, беспоко́йный сон.

AGITER 1. (*faire des signes*) маха́ть* II, машу́, ма́шешь... ______ / махну́ть (+ *instr.*). *Agiter son mouchoir*, маха́ть платко́м. **2.** (*une potion...*) взба́лтывать / взболта́ть. *Agiter avant de s'en servir*, Пе́ред употребле́нием взба́лтывать.

AGITER (S') [*avoir une activité désordonnée*] суети́ться.

AGNEAU ягнёнок*, *pl.* ягня́та, ягня́т, ягня́там... *Doux comme un agneau*, кро́ткий как ягнёнок.

AGONIE ● **Être à l'agonie**, быть при́ смерти.

AGRANDIR расширя́ть / расшири́ть. *Agrandir une usine*, расши́рить заво́д.

AGRÉABLE **1.** (*en règle générale*) прия́тный. *Une odeur agréable*, прия́тный за́пах. *Il m'a été agréable de la rencontrer*, мне прия́тно бы́ло встре́титься с ней. *Joindre l'utile à l'agréable*, соединя́ть прия́тное с поле́зным. **2.** (*où il est agréable de vivre*) ую́тный. *Une pièce très agréable*, ую́тная ко́мната.

AGRÉER • **Veuillez agréer, Monsieur, l'expression de mes sentiments les meilleurs,** С уваже́нием.

AGRÉGATION « агрега́ция » (*adaptation du mot français*); канди́датский экза́мен (*équivalent approximatif du mot français*).

AGRÉGÉ « агреже́* » *indécl. m.* (*transcription du mot français*); кандида́т (*titre soviétique comparable*).

AGRESSIF агресси́вный (*livresque*). *Une politique agressive*, агресси́вная поли́тика.

AGRESSION агре́ссия (*livresque*).

AGRICOLE земледе́льческий; сельскохозя́йственный.

AGRICULTEUR земледе́лец, земледе́льца... (*livresque*).

AGRICULTURE земледе́лие.

AGRONOME агроно́м.

AGUETS • **Aux aguets,** насторо́же. *Il était aux aguets*, он был насторо́же.

AH! **1.** Ах! *Ah! Que c'est beau!*, Ах, как краси́во! *Ah! Tout est perdu!*, Ах! Всё пропа́ло! **2.** А! (*marque une émotion moins forte que* « Ах! »). *Ah, c'est vous!*, А, э́то вы! *Ah, qu'est-ce que j'ai fait là!*, А, что я сде́лал!

I. AIDE (*secours*) по́мощь *f. Appeler qqn à l'aide*, позва́ть кого́-нибудь на по́мощь. *Demander l'aide de qqn*, проси́ть у кого́-нибудь по́мощи. *Venir en aide à qqn*, оказа́ть кому́-нибудь по́мощь. *Sans l'aide de personne*, без посторо́нней по́мощи. *À l'aide d'un télescope*, с по́мощью телеско́па. • **Aide de camp,** адъюта́нт.

II. AIDE (*personne qui aide*) **1.** *m.* помо́щник [шн]. **2.** *f.* помо́щница [шн].

AIDER помога́ть / помо́чь* IV, помогу́, помо́жешь..., помо́гут; помо́г, помогла́... (+ *dat.*). *Aider un camarade*, помога́ть това́рищу. *Laissez-moi vous aider*, Да́йте я вам помогу́. • **Aide-toi, le ciel t'aidera,** на бо́га наде́йся, а сам не плоша́й.

AÏE! Ай! *Aïe, que ça fait mal!*, Ай, как бо́льно!

AIGLE орёл.

AIGRE ки́слый, ки́сел, кисла́, ки́сло, ки́слы. *Un goût aigre*, ки́слый вкус.

AIGU **1.** (*en parlant d'un angle, d'une douleur, d'une crise*) о́стрый, остр, остра́, о́стро, о́стры. *Un angle aigu*, о́стрый у́гол. *Une douleur aiguë*, о́страя боль. *Une crise aiguë*, о́стрый кри́зис. **2.** (*en parlant d'un son*) высо́кий, высо́к, высока́, высо́ко, высо́ки *ou* высо́к, высока́... ; *comp.* вы́ше*. *Une note aiguë*, высо́кая но́та. *Une voix aiguë*, высо́кий го́лос. **3.** (*en parlant d'un cri*) пронзи́тельный. *Un cri aigu*, пронзи́тельный крик.

AIGUILLE

> **1.** (*à coudre; à injection*) игла́ ; *dim.* иго́лка.
> **2.** (*à tricoter*) спи́ца.
> **3.** (*de cadran*) стре́лка.
> **4.** (*de conifères*) игла́ .
> **5.** (*architecture*) шпиль *m.*

1. *Enfiler une aiguille*, вдеть ни́тку в иго́лку. **2.** *Tricoter avec de grandes aiguilles*, вяза́ть на больши́х спи́цах. **3.** *L'aiguille de la boussole*, стре́лка ко́мпаса. *La grande aiguille* (*d'une montre...*), мину́тная стре́лка. *La petite aiguille* (*d'une montre...*), часова́я стре́лка. **4.** *Des aiguilles de pin*, сосно́вые и́глы. **5.** *L'aiguille de l'Amirauté*, шпиль Адмиралте́йства.

AIGUISER точи́ть / наточи́ть. *Aiguiser un couteau*, точи́ть нож.

AIL чесно́к (*pas de pl.*). *Du saucisson à l'ail*, колбаса́ с чесноко́м.

AILE 1. (*divers sens*) крылó*, *pl.* крылья, крыльев, крыльям... ——. *Les ailes d'un papillon*, крылья бáбочки. *Les ailes d'un avion*, крылья самолёта. *Les ailes d'une voiture*, крылья автомобиля. *L'aile droite d'un bâtiment*, прáвое крылó здáния. *Battre des ailes*, махáть крыльями. *Rogner les ailes à qqn*, подрéзать комý-нибудь крылья. **2.** (*de bâtiment*) флигель*, *nom. pl.* флигеля́ ——.

AILLEURS *utiliser une périphrase adaptée au contexte.* Ex. : *Vous ne trouverez pas ça ailleurs*, В другúх магазúнах вы э́того не найдёте *ou* в другúх райóнах вы э́того не найдёте. • **D'ailleurs**, впрóчем. *D'ailleurs, je l'ai vue il n'y a pas longtemps*, впрóчем я её вúдел совсéм недáвно.

AIMABLE любéзный. *Un accueil aimable*, любéзный приём. *C'est bien aimable de votre part*, Э́то óчень любéзно с вáшей стороны́.

AIMANT (*barreau aimanté*) магнúт. *Les pôles d'un aimant*, пóлюсы магнúта.

AIMER 1. (*sentiment, penchant durable*) любúть ╲——. *Elle l'aime*, онá лю́бит егó. *Il aime la musique*, он лю́бит мýзыку. *Il n'aime pas la plaisanterie*, он не лю́бит шýток. *Ils n'aiment pas travailler*, онú не лю́бят рабóтать. *Ces fleurs aiment la chaleur*, э́ти цветы́ лю́бят теплó. **2.** (*impressions passagères*) *traduire par une périphrase comportant le verbe* « нрáвиться / понрáвиться », « *plaire* ». *J'aime beaucoup ce film*, э́тот фильм мне óчень нрáвится. **3.** (*au conditionnel, avec le sens de désirer, souhaiter*) *employer selon le contexte le verbe* « хотéть », « *vouloir* » (хотéть* *n. cl.*, хочý, хóчешь, хóчет, хотúм, хотúте, хотя́т), *ou l'adverbe* « охóтно », « *volontiers* ». *J'aimerais le voir*, я бы хотéл егó вúдеть. *J'aimerais aller au cinéma*, я бы охóтно пошлá в кинó. • **Aimer mieux**, *traduire comme* PRÉFÉRER. *J'aime mieux le cinéma que le théâtre*, я предпочитáю кинó теáтру. **2.** (*si « aimer » est employé au sens 2*) *traduire par* « нрáвиться / понрáвиться » *précédé de l'adverbe* « бóльше ». *J'aime mieux les romans modernes*, мне бóльше нрáвятся совремéнные ромáны. *J'aime mieux y aller à pied*, я лýчше пойдý пешкóм.

AÎNÉ 1. (*le premier-né*) стáрший. *C'est mon frère aîné*, э́то мой стáрший брат. **2.** (*qui est plus âgé qu'un autre*) стáрше (*comparatif de* « стáрый »). *Il est mon aîné de trois ans*, он стáрше меня́ на три гóда.

AINSI 1. *adv.* (*de cette manière*) так. *Quelques minutes passèrent ainsi*, так прошлó нéсколько минýт. *S'il en est ainsi, je ne peux rien faire pour lui*, éсли так, то я ничегó не могý сдéлать для негó. **2.** *conj.* (*en conséquence*) такúм óбразом. *Ainsi personne n'a pu l'aider*, такúм óбразом никтó не смог ей помóчь. • **Ainsi que** (*et également*), а тáкже. *J'ai écrit à Patrick ainsi qu'à son frère*, я написáл письмó Патрúку, а тáкже егó брáту. **Et ainsi de suite**, и так дáлее. **Pour ainsi dire**, так сказáть.

I. AIR (*gaz formant l'atmosphère*) вóздух. *Respirer l'air frais*, дышáть свéжим вóздухом. • **C'est une idée qui flotte dans l'air**, э́то нóсится в вóздухе. **Courant d'air**, сквозня́к ╱—— ——. *Prendre froid dans un courant d'air*, простудúться на сквозняќе. **En plein air**, на откры́том вóздухе.

II. AIR (*manière d'être*) вид. *Prendre un air sérieux*, приня́ть серьёзный вид. *Avoir un air sévère*, имéть стрóгий вид. *Il a l'air fatigué*, у негó устáлый вид.

III. AIR (*de musique*) **1.** (*motif*) мотúв. *L'air de cette chanson me plaît*, мне нрáвится мотúв э́той пéсни. **2.** (*dans un opéra...*) áрия.

AIRELLE чернúка (*pas de pl.*). *De la confiture d'airelles*, варéнье из чернúки.

AISE 1. *sg.* удовóльствие. *Sourire d'aise*, улыбáться от удовóльствия. **2.** *pl.* удóбства жúзни (удóбства, удóбств, удóбствам... *pl.*). *Aimer ses aises*, любúть удóбства жúзни. • **À votre aise**, как вам угóдно. **Bien aise** (*employé comme attribut*) óчень рад *et le verbe* быть (*l'adjectif* « рад, рáда, рáды » *n'ayant pas de forme longue, cette expression ne peut être employée à l'infinitif*). *Je suis bien aise de vous voir*, я óчень рáда вас ви́деть. **En prendre à son aise**, всё дéлать по-своéму. *Il en prend à son aise*, он всё дéлает по-своéму. **Mettez-vous à votre aise**, Не стесня́йтесь, бу́дьте как дóма. **Pas à son aise**, не по себé (*au sujet de la proposition française correspond en russe un nom ou un pronom au datif*). *Il n'était pas à son aise*, емý бы́ло не по себé.

AISÉ (*qui a une certaine fortune*) зажи́точный. *Une famille aisée*, зажи́точная семья́.

AJOUTER прибавля́ть / прибáвить. *Ajouter cent roubles*, прибáвить сто рублéй. *Ajouter du sucre*, прибáвить сáхару. « *Au fond, je ne sais pas* », *ajouta-t-il*, « Впрóчем, я не знáю » — прибáвил он.

ALARME тревóга. *Donner l'alarme*, подня́ть тревóгу. *Le signal d'alarme*, сигнáл тревóги.

ALBUM альбóм.

ALCOOL спирт; алкогóль *m.* (*livresque ou employé au sens de* « *spiritueux* »). *De l'alcool de vin*, ви́нный спирт.

I. ALCOOLIQUE *subst.* алкогóлик.

II. ALCOOLIQUE *adj.* (*qui contient de l'alcool*) спиртнóй. *Les boissons alcooliques*, спиртны́е напи́тки.

ALCOOLISME алкоголи́зм.

ALENTOURS окрéстности, окрéстностей, окрéстностям... *pl. Aux alentours de la ville*, в окрéстностях гóрода.

ALERTE (*alarme*) тревóга. *Donner l'alerte*, подня́ть тревóгу. *Une alerte aérienne*, возду́шная тревóга. *Une fausse alerte*, лóжная тревóга.

ALGÈBRE áлгебра.

ALGUE вóдоросль *f.*

ALIMENT пи́ща (*pas de pl.*). *Un aliment sain* ou *des aliments sains*, здорóвая пи́ща.

ALIMENTATION (*manière d'alimenter*) питáние. *Alimentation diététique*, диети́ческое питáние. ● **Magasin d'alimentation**, продовóльственный магази́н.

ALIMENTER (*nourrir*) корми́ть _____ / накорми́ть _____ *Alimenter un malade avec du bouillon*, корми́ть больнóго бульóном.

ALLÉE дорóжка; аллéя (*allée bordée d'arbres*). *Les allées d'un jardin*, дорóжки сáда. *Une allée ombragée*, тени́стая аллéя.

I. ALLEMAND *subst.* **1.** (*homme*) нéмец. **2.** (*langue*) немéцкий язы́к (язы́к /‾‾‾‾). *Étudier l'allemand*, изучáть немéцкий язы́к. *Un livre en allemand*, кни́га на немéцком языкé. ● **En allemand** *et, dans le même emploi*, **allemand** (*accompagnant généralement un verbe*), по-немéцки. *Parler allemand*, говори́ть по-немéцки. *Tout était écrit en allemand*, всё бы́ло напи́сано по-немéцки.

II. ALLEMAND *adj.* немéцкий. *La littérature allemande*, немéцкая литератýра.

III. ALLEMAND- (*élément de formation*) немéцко-. *Un dictionnaire allemand-français*, немéцко-францу́зский словáрь.

ALLEMANDE нéмка.

I. ALLER *verbe*

I. Au sens de « se déplacer » en parlant d'êtres animés:
1. (*à pied*) идти́* IV, идý, идёшь...; шёл, шла... / пойти́* IV (*id.*); *indét.* ходи́ть _____ .
2. (*en utilisant un véhicule; à cheval*) éхать* IV, éду, éдешь... / поéхать* IV, поéду, поéдешь...; поезжáй; *indét.* éздить.
Remarque. Dans ces deux premiers cas, s'il s'agit de visites répétées, on emploie très couramment le verbe « бывáть », « être souvent ». Ex.: *Nous allons souvent au théâtre*, мы чáсто бывáем в теáтре.
3. (*en parlant d'animaux qui se déplacent ordinairement en courant*) бежáть* *n. cl.*, бежи́т, бегýт; беги́ / побежáть* *n. cl.* (*id.*); *indét.* бéгать.
4. (*en nageant*) плыть* IV, плывý, плывёшь...; плыл, плылá,

плы́ло, плы́ли / поплы́ть* IV (*id.*); *indét.* пла́вать.
5. (*en volant*) лете́ть* I, лечу́, лети́шь... / полете́ть* I (*id.*); *indét.* лета́ть.
6. (*en avion*) лете́ть* / полете́ть*; *indét.* лета́ть.
7. (*en bateau, dans le langage de la marine ou des sports nautiques*) идти́* / пойти́*; *indét.* ходи́ть.
8. (*au sens figuré*) идти́* / пойти́*.
II. Au sens de « se déplacer » en parlant d'objets et notamment de véhicules: идти́* / пойти́*; *indét.* ходи́ть.
III. Autres sens:
1. (*se dérouler, fonctionner*) идти́* / пойти́*.
2. (*se sentir*) быть* *n. cl., présent inusité; passé* бы́ло *et, avec négation,* не́ было; *futur* бу́дет (*au sujet de la proposition française correspond en russe un nom ou un pronom au datif*).
3. (*convenir*) идти́* / пойти́*.
IV. Employé comme auxiliaire pour la formation du futur: *se traduit par le futur perfectif précédé de l'adverbe* « сейча́с ».

I.-I. 1. *Aller à pied,* идти́ пешко́м. *Ils vont trop vite,* они́ иду́т сли́шком бы́стро. *Le cheval allait au pas,* ло́шадь шла ша́гом. *Aller à la chasse,* ходи́ть на охо́ту. *Aller se promener,* пойти́ гуля́ть. **2.** *Nous allons là-bas en autobus,* мы е́здим туда́ на авто́бусе. *Nous irons à Moscou, à la mi-juin,* мы пое́дем в Москву́ в середи́не ию́ня. **3.** *Où va donc ce chien?,* Куда́ же бежи́т э́та соба́ка? **4.** *Le nageur allait très vite,* плове́ц плыл о́чень бы́стро. **5.** *Où vont ces oiseaux?,* Куда́ летя́т э́ти пти́цы? **6.** *Nous allions à Moscou,* мы лете́ли в Москву́. **7.** *Nous allions de Kronstadt en Angleterre,* мы шли из Кроншта́дта в А́нглию. **8.** *Aller droit à son but,* идти́ пря́мо к це́ли.

II. *Les lettres vont très lentement,* пи́сьма иду́т о́чень ме́дленно. *La voiture va vite,* маши́на идёт бы́стро.

III. 1. *Tout va bien,* всё идёт хорошо́. *L'horloge va bien,* часы́ иду́т хорошо́. **2.** *Elle va mal,* ей пло́хо. *Je vais mieux aujourd'hui,* мне сего́дня лу́чше. **3.** *Le bleu ne lui va pas,* ей не идёт си́ний цвет. *Ce chapeau te va bien,* Тебе́ идёт э́та шля́па.

IV. *Il va arriver,* он сейча́с придёт. ● **À la va-vite,** на ско́рую ру́ку. **Aller chercher 1.** (*sens général*) идти́ за [+ *instr.*] (идти́* IV, иду́, идёшь...; шёл, шла... / пойти́* IV [*id.*]; *indét.* ходи́ть). *Elle est allée chercher de l'eau,* она́ пошла́ за водо́й. **2.** (*aller attendre qqn à la gare, à l'aérodrome...*) встреча́ть / встре́тить. *Aller chercher une délégation à l'aérodrome,* встре́тить делега́цию на аэродро́ме. **Ça va de soi,** само́ собо́й разуме́ется. **Comment allez-vous?** (*formule de politesse*), Как самочу́вствие?, Как пожива́ете? *et, plus familièrement,* Как дела́? *ou* Как живёте? **Comment vas-tu?** (*formule de politesse*), Как дела́? *ou* Как живёшь? **S'en aller 1.** (*à pied*) уходи́ть / уйти́* IV, уйду́, уйдёшь...; ушёл, ушла́... *Je ne veux pas vous déranger, je m'en vais,* Не хочу́ вам помеша́ть; я ухожу́. **2.** (*en utilisant un véhicule*) уезжа́ть / уе́хать* IV, уе́ду, уе́дешь... *Ils s'en vont dans le Midi,* они́ уезжа́ют на юг.

II.-ALLER *subst.* биле́т в оди́н коне́ц. ● **Aller et retour,** биле́т туда́ и обра́тно.

ALLIAGE сплав. *Un alliage de cuivre et de plomb,* сплав ме́ди со свинцо́м.

ALLIANCE 1. (*accord*) сою́з. *Conclure une alliance,* заключи́ть сою́з. **2.** (*anneau*) обруча́льное кольцо́ (кольцо́).

I. ALLIÉ *adj.* сою́зный. *Les puissances alliées,* сою́зные держа́вы.

II. ALLIÉ *subst.* сою́зник.

ALLOCATION посо́бие. *Allocations familiales,* посо́бия многоде́тным матеря́м. *Allocation de chômage,* посо́бие безрабо́тным.

ALLONGER 1. (*rendre plus long*) удлиня́ть / удлини́ть. *Allonger une jupe,* удлини́ть ю́бку. **2.** (*étendre un membre*) вытя́гивать / вы́тянуть. *Allonger ses jambes,* вы́тянуть но́ги.

ALLONGER (S') **1.** v. ALLONGER. **2.** (*se coucher un instant*) / прилéчь* IV, прилягу, приля́жешь..., приля́гут; прилёг, прилеглá... ⁄——; *impér.* приля́г, приля́гте. *S'allonger sur le divan,* прилéчь на тахтé.

ALLUMER 1. (*un feu, une lumière*) зажигáть / зажéчь* IV, зажгу́, зажжёшь..., зажгу́т; зажёг, зажглá...; зажжённый. *Allumer un feu de bois,* зажéчь костёр. *Allumer une lampe,* зажéчь лáмпу. **2.** (*un poêle...*) затáпливать / затопи́ть ⁀——. *Allumer le poêle,* затопи́ть печь.

ALLUMER (S') загорáться / загорéться* I, загори́тся, загоря́тся; *ou* зажигáться / зажéчься* IV, зажжётся, зажгу́тся; зажёгся, зажглáсь... *Au loin, des lumières s'allumèrent,* вдали́ загорéлись огни́.

ALLUMETTE спи́чка. *Une boîte d'allumettes,* корóбка спи́чек. *Craquer une allumette,* чи́ркнуть спи́чкой.

ALLURE

> **1.** (*façon de marcher*) похóдка.
> **2.** (*vitesse*) *peut être rendu par une périphrase utilisant un adverbe comme* « бы́стро », « мéдленно »... // *pour traduire les expressions « accélérer son allure », « ralentir son allure », on emploie généralement les substantifs* « шаг » *s'il s'agit d'une personne et* « ход » *s'il s'agit d'un véhicule.*
> **3.** (*air*) вид.
> **4.** (*manière dont une affaire évolue*) оборóт.

1. *Je l'ai reconnue de loin à son allure,* я и́здали узнáл её по похóдке. **2.** *Il marchait à vive allure,* он шёл óчень бы́стро. // *Il a ralenti son allure,* он замéдлил шаг. *Accélérer son allure,* прибáвить шáгу*. *Le train ralentit son allure,* пóезд замéдлил ход. **3.** *Elle a une drôle d'allure,* у неё стрáнный вид. **4.** *L'affaire prend une bien mauvaise allure,* дéло принимáет весьмá дурнóй оборóт.

ALLUSION намёк. *Une petite allusion,* тóнкий намёк. *Une allusion à sa situation,* намёк на егó положéние. ● **Faire allusion à,** намекáть / намекну́ть (на + *acc.*). *À quoi faisait-il allusion?,* На что он намекáл?

ALORS 1. *adv.* тогдá. *Nous habitions alors à Marseille,* мы жи́ли тогдá в Марсéле. *Il ne veut pas? Alors, ce n'est pas la peine,* Он не хóчет? Тогдá не нáдо. **2.** *interj.* ну! *Alors, qu'est-ce que tu attends?,* Ну, чегó ждёшь? ● **Alors que,** в то врéмя, как; тогдá, как. *Alors que j'étais sur le chemin du retour,* в то врéмя, как я возвращáлся домóй.

ALPHABET алфави́т. *L'alphabet latin,* лати́нский алфави́т. ● **L'alphabet cyrillique,** кири́ллица.

ALPHABÉTIQUE алфави́тный. *Index alphabétique,* алфави́тный указáтель. *En ordre alphabétique,* в алфави́тном поря́дке.

ALPINISME альпини́зм.

ALPINISTE 1. *m.* альпини́ст. **2.** *f.* альпини́стка.

I. ALSACIEN *subst.* эльзáсец.

II. ALSACIEN *adj.* эльзáсский.

ALSACIENNE эльзáска.

ALTITUDE высотá. *L'avion prend de l'altitude,* самолёт набирáет высоту́.

ALUMINIUM алюми́ний *m.*

AMABILITÉ любéзность *f.* *Avec une grande amabilité,* с большóй любéзностью.

AMANDE 1. ((*fruit de l'amandier*) **a.** (*au sing.*) минда́лина. **b.** (*au pl.*) минда́ль ⁄—— *m.*(*singulier à sens collectif*). *Un gâteau aux amandes,* пирóжное с миндалём. **2.**(*graine contenue dans un noyau*) ядрó, *gén. pl.* я́дер ——.

AMANT любóвник (*peu usité*). *Il a tué l'amant de sa femme,* он уби́л любóвника своéй жены́.

AMASSER копи́ть ⁀—— / накопи́ть⁀——. *Amasser de l'argent,* копи́ть дéньги.

AMATEUR люби́тель *m.* *Un amateur de musique,* люби́тель му́зыки. *Un photographe amateur,* фотóграф-люби́тель. ● **D'amateurs,** люби́тельский. *Un spec-*

tacle d'amateurs, люби́тельский спекта́кль.

AMBASSADE посо́льство. *L'ambassade de France à Moscou*, Францу́зское посо́льство в Москве́. *L'ambassade de l'Union soviétique*, Сове́тское посо́льство.

AMBASSADEUR посо́л. *L'ambassadeur de France à Moscou*, францу́зский посо́л в Москве́. *L'ambassadeur de l'Union soviétique à Paris*, сове́тский посо́л в Пари́же.

AMBIANCE (*atmosphère*) обстано́вка. *Il est difficile de travailler dans une ambiance pareille*, тру́дно рабо́тать в тако́й обстано́вке.

AMBIGU двусмы́сленный. *Une réponse ambiguë*, двусмы́сленный отве́т.

I. AMBITIEUX *adj.* честолюби́вый (*qui recherche les honneurs; livresque*); властолюби́вый (*qui recherche la puissance; livresque*).

II. AMBITIEUX *subst.* карьери́ст.

AMBITION 1. (*trait de caractère*) честолю́бие (*recherche des honneurs*); властолю́бие (*recherche de la puissance*). **2.** (*désir ardent*) жела́ние. *Il n'a qu'une ambition: prendre sa retraite et se consacrer entièrement à la peinture*, у него́ то́лько одно́ жела́ние : вы́йти на пе́нсию и всеце́ло посвяти́ть себя́ жи́вописи.

Remarque. Le mot « амби́ция » signifie « amour-propre chatouilleux ».

AMBRE (*jaune*) янта́рь ╱‾‾‾ *m.*

AMBULANCE ско́рая по́мощь (по́мощь *f.*). *Appeler l'ambulance*, вы́звать ско́рую по́мощь.

ÂME душа́ ╲╱‾‾‾ ___. *L'âme et le corps*, душа́ и те́ло. *Rendre son âme à Dieu*, отда́ть бо́гу ду́шу. *Jusqu'au fond de l'âme*, до глубины́ души́. *Il est poète dans l'âme*, он поэ́т в душе́. *Il n'y avait pas âme qui vive*, не́ было ни души́. « *Les Âmes mortes* » *de Gogol*, « Мёртвые ду́ши » Го́голя. • **Être comme une âme en peine**, не находи́ть себе́ ме́ста.

AMÉLIORATION улучше́ние. *Une amélioration de la qualité*, улучше́ние ка́чества.

AMÉLIORER улучша́ть / улу́чшить. *La situation s'est améliorée*, положе́ние улу́чшилось. *Sa santé s'est améliorée*, здоро́вье его́ улу́чшилось.

AMENDE штраф. *Une amende de dix francs*, штраф в 10 фра́нков. • **Mettre une amende à qqn**, оштрафова́ть кого́-нибудь (штрафова́ть / оштрафова́ть). *Pourquoi lui a-t-on mis une amende?*, За что его́ оштрафова́ли?

AMENER 1. (*sans utiliser un moyen de transport*), приводи́ть ╲___ / привести́* IV, приведу́, приведёшь...; привёл, привела́... ╱‾‾‾; приведённый. *Amener un enfant à l'école*, привести́ ребёнка в шко́лу. *Le sentier nous a amenés dans une clairière*, тропи́нка привела́ нас на лужа́йку. **2.** (*en utilisant un moyen de transport*) привози́ть ╲___ / привезти́* IV, привезу́, привезёшь...; привёз, привезла́... ╱‾‾‾; привезённый. *Il a amené un tas de livres*, он привёз ма́ссу книг. **3.** (*le pavillon, les voiles...*) спуска́ть / спусти́ть ╲___. *Amener les couleurs*, спусти́ть флаг. *Amener les voiles*, спусти́ть паруса́. • **Quel bon vent vous amène?**, Каки́ми судьба́ми?

AMER го́рький, го́рек, горька́, го́рько, го́рьки ╱╲___; *comp.* го́рче* (*au sens propre*) *et* го́рше* (*au sens figuré*). *Un goût amer*, го́рький вкус. *Verser des larmes amères*, пролива́ть го́рькие слёзы. *Une amère déception*, го́ркое разочарова́ние.

AMÈREMENT го́рько, *comp.* го́рше*. *Pleurer amèrement*, го́рько пла́кать.

I. AMÉRICAIN *subst.* америка́нец.

II. AMÉRICAIN *adj.* америка́нский.

AMÉRICAINE америка́нка.

AMERTUME (*propr. et fig.*) го́речь *f. Dire qqch. avec amertume*, сказа́ть что́-нибудь с го́речью.

AMI 1. (*intime*) друг*, *pl.* друзья́, друзе́й, друзья́м... ___‾‾‾. *Un vieil ami*, ста́рый друг. *Un ami* *d'enfance*, друг де́тства. **2.** (*personne avec laquelle on entretient de bonnes relations*) прия́тель *m.* **3.** (*amant*) ми́лый дружо́к.

AMICAL 1. (*relations entre personnes*) дру́жеский. *Une conversation amicale*, дру́жеский разгово́р. *Avec mes salutations amicales*, С дру́жеским приве́том. **2.** (*relations entre États...*) дру́жественный. *Établir des relations amicales entre nos peuples*, установи́ть дру́жественные отноше́ния ме́жду на́шими стра́нами.

AMICALEMENT дру́жески. *Il m'a frappé sur l'épaule*, он похло́пал меня́ по плечу́.

AMIE 1. (*intime*) подру́га. *Une amie d'enfance*, подру́га де́тства. *Une amie d'école*, шко́льная подру́га. **2.** (*personne avec laquelle on entretient de bonnes relations*) прия́тельница. • **Petite amie,** симпа́тия (*fam.*). *C'est sa petite amie*, э́то его́ симпа́тия.

AMITIÉ 1. *sg.* дру́жба. *Ils étaient liés par une solide amitié*, их свя́зывала про́чная дру́жба. **2.** *pl.* (*salutations amicales*) приве́т. *Transmettez-lui mes amitiés*, Переда́йте ему́ мой приве́т. • **Se lier d'amitié,** / подружи́ться ___ .

AMOUR любо́вь, *instr.* любо́вью *f. Le premier amour*, пе́рвая любо́вь. *Se marier par amour*, жени́ться по любви́. *L'amour maternel*, матери́нская любо́вь. *L'amour de la musique*, любо́вь к му́зыке. *Par amour pour la peinture*, из любви́ к жи́вописи.

AMOUREUX (*passionné*) **1.** *adj.* влюблённый, влюблён, влюблена́, влюблены́ /‾‾‾ . *Il est amoureux de Tania*, он влюблён в Та́ню. *Un regard amoureux*, влюблённый взгляд. **2.** *subst.* влюблённый (*adjectif substantivé*). *Un couple d'amoureux*, па́ра влюблённых. • **Tomber amoureux de,** влюбля́ться / влюби́ться ___ (в + *acc.*). *Tomber amoureux d'une jolie fille*, влюби́ться в краса́вицу. *Il est tombé follement amoureux*, он влюби́лся по́ уши.

AMOUR-PROPRE самолю́бие. *Cette remarque a blessé son amour-propre*, э́то замеча́ние оскорби́ло его́ самолю́бие.

AMPHITHÉÂTRE (*dans une université*) аудито́рия.

AMPOULE 1. (*de lampe*) ла́мпочка. *L'ampoule a brûlé*, ла́мпочка перегоре́ла. *Une ampoule de 60*, ла́мпочка в 60 ватт. **2.** (*sur la peau*) пузы́рь /‾ ‾‾ *m. Je me suis fait une ampoule au pied*, я натёр себе́ пузы́рь на ноге́. **3.** (*pharmaceutique*) а́мпула.

AMUSANT 1. (*comique*) заба́вный. *Un récit amusant*, заба́вный расска́з. **2.** (*distrayant bien qu'instructif*) занима́тельный. « *La Physique amusante* », « Занима́тельная фи́зика ».

AMUSER забавля́ть. *Il amusait tout le monde avec ses anecdotes*, он всех забавля́л свои́ми анекдо́тами.

AMUSER (S') 1. (*jouer*) игра́ть. *Les enfants s'amusent dans la cour*, де́ти игра́ют во дворе́. **2.** (*passer agréablement son temps*) ве́село проводи́ть вре́мя (проводи́ть ___ / провести́* IV, проведу́, проведёшь...; провёл, провела́... /‾‾‾). *On s'est bien amusé au club*, мы о́чень ве́село провели́ вре́мя в клу́бе.

AN год*, *loc.* году́; *gén. pl.* лет __∠ _/‾‾. *J'ai vingt-deux ans*, мне два́дцать два го́да. *Elle a quinze ans*, ей пятна́дцать лет. *L'an passé*, в про́шлом году́. *L'an prochain*, в бу́дущем году́. *Il y a cinq ans*, пять лет тому́ наза́д. *Dans deux ans*, через два го́да. *Fêter le nouvel an*, встреча́ть Но́вый год. • **De ... ans,** ...ле́тний (*accolé à un nom de nombre au génitif, sauf s'il s'agit des nombres un, quatre-vingt-dix, cent et mille respectivement traduits dans ce cas par* одно..., девяносто..., сто... *et* тысяче...). *Une petite fille de cinq ans*, пятиле́тняя де́вочка.

ANALYSE 1. (*sciences*) ана́лиз. *Analyse du sang*, ана́лиз кро́ви. **2.** (*gramm.*) разбо́р. *L'analyse grammaticale d'une proposition*, граммати́ческий разбо́р предложе́ния.

ANALYSER 1. (*sciences*) анализи́ровать / проанализи́ровать. **2.** (*gramm.*) разбира́ть / разобра́ть* IV, разберу́, разберёшь...; разобра́л, разобрала́, разобра́ло, разобра́ли. *Analyser une proposition*, разобра́ть предложе́ние.

ANANAS анана́с.

ANARCHIE ана́рхия.

ANATOMIE анато́мия.

ANCÊTRE пре́док. *Ses ancêtres étaient des serfs*, его́ пре́дки бы́ли крепостны́ми.

ANCIEN 1. (*de l'Antiquité; très vieux*) дре́вний. *L'histoire ancienne*, дре́вняя исто́рия. **2.** (*ex-*) бы́вший. *Notre ancien directeur*, наш бы́вший дире́ктор. ● **L'Ancien Testament**, Ве́тхий Заве́т.

ANCRE я́корь*, *nom. pl.* якоря́ *m. Jeter l'ancre*, бро́сить я́корь. *Lever l'ancre*, сня́ться с я́коря. *Notre bateau était à l'ancre*, наш кора́бль стоя́л на я́коре.

ÂNE осёл. *Un âne sauvage*, ди́кий осёл. *Il est têtu comme un âne*, он упря́м как осёл.

ANÉANTIR уничтожа́ть / уничто́жить. *Anéantir l'armée ennemie*, уничто́жить неприя́тельскую а́рмию.

ANECDOTE анекдо́т. *Raconter une anecdote*, рассказа́ть анекдо́т.

ÂNERIE 1. (*que l'on dit*) вздор (*pas de pl.*). *Dire des âneries*, говори́ть вздор. **2.** (*que l'on fait*) глу́пость *f.* (*traduction faible*). *Faire des âneries*, де́лать глу́пости.

ANGE а́нгел. *Un ange gardien*, а́нгел-храни́тель. *Un ange de bonté*, а́нгел доброты́. ● **Être aux anges**, быть на седьмо́м не́бе.

ANGINE анги́на.

I. ANGLAIS *subst.* **1.** (*homme*) англича́нин*, *pl.* англича́не, англича́н, англича́нам... **2.** (*langue*) англи́йский язы́к (язы́к). *Étudier l'anglais*, изуча́ть англи́йский язы́к. *Un livre en anglais*, кни́га на англи́йском языке́. ● **En anglais** *et, dans le même emploi*, **anglais** (*accompagnant généralement un verbe*), по-англи́йски. *Parler anglais*, говори́ть по-англи́йски. *Tout était écrit en anglais*, всё бы́ло напи́сано по-англи́йски.

II. ANGLAIS *adj.* англи́йский. *La cuisine anglaise*, англи́йская кулина́рия.

III. ANGLAIS- (*élément de formation*) а́нгло-. *Un dictionnaire anglais-français*, а́нгло-францу́зский слова́рь.

ANGLAISE англича́нка.

ANGLE у́гол. *Un angle droit*, прямо́й у́гол. *Un angle aigu*, о́стрый у́гол. *Un angle obtus*, тупо́й у́гол. *Un angle de dix degrés*, у́гол в 10 гра́дусов.

ANGOISSE трево́га. *Elle fut saisie par l'angoisse*, её охвати́ла трево́га.

ANIMAL 1. (*domestique ou non*) живо́тное *adj. subst. n.* (*bien qu'il s'agisse d'un être animé, l'accusatif singulier est semblable au nominatif; par contre, l'accusatif pluriel est semblable au génitif*). *Les animaux domestiques*, дома́шние живо́тные. **2.** (*sauvage*) зверь *m. Les animaux à fourrure*, пушны́е зве́ри.

ANIMER оживля́ть / оживи́ть. *La conversation s'est animée*, разгово́р оживи́лся.

ANNEAU 1. (*divers sens*) кольцо́. *Un anneau d'or*, золото́е кольцо́. **2.** (*de chaîne*) звено́, *pl.* зве́нья, зве́ньев, зве́ньям... *Les anneaux de la chaîne*, зве́нья це́пи.

ANNÉE год*, *loc.* году́ **1.** (*en règle générale*) *gén. pl.* лет. *L'année dernière*, в про́шлом году́. *L'année prochaine*, в бу́дущем году́. *Cette année*, в э́том году́. *Cette année-là*, в тот год. *D'année en année*, из го́да в год. *Toute l'année*, кру́глый год. *Elle est dans sa vingtième année*, ей пошёл двадца́тый год. *L'année scolaire*, уче́бный год. **2.** (*pl. seulement: ensemble des années d'une décade*) *gén. pl.* годо́в. *La génération des années quarante*, лю́ди сороковы́х годо́в. **3.** (*année d'étude dans l'enseignement supérieur*) курс. *Elle est en deuxième année*, она́ на второ́м ку́рсе. ● **Bonne année**, С Но́вым го́дом! *Souhaiter la bonne année à qqn*, поздравля́ть кого́-нибудь с Но́вым го́дом.

ANNIVERSAIRE 1. (*d'un événement*) годовщи́на. *L'anniversaire de notre mariage*, годовщи́на на́шей сва́дьбы. *Le cinquantième anniversaire de la Révolution*, пятидеся́тая годовщи́на Револю́ции. **2.** (*d'une personne*) день рожде́ния (день *m.*). *C'est demain mon anniversaire*, за́втра мой день рожде́ния.

ANNONCE (*réclame*) объявле́ние. *Mettre une annonce dans le journal*, дать объявле́ние в газе́ту.

ANNONCER 1. (*faire connaître*) сообща́ть / сообщи́ть (+ *acc. si le complément direct est le mot* « но́вость » *ou un de ses synonymes*, о + *loc. ou* что *dans les autres cas*). *Annoncer une nouvelle*, сообщи́ть но́вость. *Annoncer l'arrivée de l'ambassadeur soviétique*, сообщи́ть о прие́зде сове́тского посла́. *On a annoncé à la radio que l'accord avait été signé hier soir*, сообщи́ли по ра́дио, что догово́р был подпи́сан вчера́ ве́чером. **2.** (*être le signe avant-coureur*) предвеща́ть. *Ces nuages annonçaient la pluie*, э́ти ту́чи предвеща́ли дождь.

ANNUAIRE • **Annuaire téléphonique**, телефо́нная кни́га.

ANNUEL годово́й. *Une fête annuelle*, годово́й пра́здник.

ANNULER аннули́ровать / аннули́ровать. *Annuler un contrat*, аннули́ровать догово́р.

ANONYME анони́мный. *Une lettre anonyme*, анони́мное письмо́.

ANORMAL ненорма́льный; анорма́льный (*livresque*). *Une situation anormale*, ненорма́льное положе́ние.

ANSE (*de tasse, de panier...*) ру́чка. *L'anse de la théière*, ру́чка ча́йника. *L'anse de la tasse s'est cassée*, ру́чка у ча́шки отби́лась.

ANTENNE (*radio, télévision...*) анте́нна. *Les antennes de télévision*, телевизио́нные анте́нны.

ANTÉRIEUR 1. (*de devant*) пере́дний. *Les pattes antérieures*, пере́дние ла́пы. **2.** (*qui précède dans le temps*) пре́жний. *Dans ses lettres antérieures, il y faisait allusion*, он намека́л на э́то в пре́жних свои́х пи́сьмах. • **Antérieur à**, *employer le verbe* предше́ствовать (+ *dat.*). *C'est une décision antérieure à la réunion générale*, реше́ние предше́ствовало о́бщему собра́нию.

ANTIBIOTIQUE антибио́тик.

ANTIGEL антифри́з.

ANTIPATHIQUE несимпати́чный; антипати́чный (*livresque*). *Un homme antipathique*, несимпати́чный челове́к.

ANTIQUAIRE антиква́р. • **Chez un antiquaire** (*dans un magasin d'antiquités*) **1.** (*direction*) в антиква́рный магази́н. **2.** (*emplacement*) в антиква́рном магази́не.

ANTIQUE (*de l'Antiquité*) анти́чный. *L'art antique*, анти́чное иску́сство.

ANTIQUITÉ 1. (*époque ancienne*) дре́вность *f.* *Dans l'Antiquité*, в дре́вности. **2.** (*en parlant d'objets d'art*) стари́нный предме́т.

ANTIRELIGIEUX антирелигио́зный. *La propagande antireligieuse*, антирелигио́зная пропага́нда.

AOÛT а́вгуст. *Au mois d'août*, в а́вгусте. *Il est arrivé le 2 août*, он прие́хал 2-го а́вгуста.

APAISER 1. (*qqn*) успока́ивать / успоко́ить. *Pour apaiser le malade*, что́бы успоко́ить больно́го. **2.** (*la douleur*) успока́ивать / успоко́ить; смягча́ть / смягчи́ть (*plus faible*). *Apaiser la douleur*, смягча́ть боль. **3.** (*la faim...*) утоля́ть / утоли́ть. *Apaiser la faim*, утоли́ть го́лод. *Apaiser sa soif*, утоли́ть жа́жду.

APAISER (S') утиха́ть / ути́хнуть* III. *Le vent s'est apaisé*, ве́тер ути́х.

APERCEVOIR ви́деть* I, ви́жу, ви́дишь... / уви́деть* I, уви́жу, уви́дишь...; уви́денный. *Brusquement, je l'ai aperçu dans la foule*, вдруг я уви́дел его́ в толпе́.

APERCEVOIR (S') ви́деть* I, ви́жу, ви́дишь... *et, pour le perfectif*, / заме́тить (*bien que ces deux verbes ne forment pas un couple*). *Je m'aperçois que je me suis trompé*, я ви́жу, что оши́бся. *Je me suis aperçu que Sacha n'était pas là*, я заме́тил, что Са́ши нет.

APERÇU не́которое представле́ние. *Pour vous donner un aperçu de* *ce problème*, чтóбы дать вам нéкоторое представлéние об этом вопрóсе.

APÉRITIF « аперитúв » (*ce terme n'est guère utilisé que dans les traductions*).

APLANIR (*fig.*) устранять / устранúть. *Aplanir les difficultés*, устранúть затруднéния.

APLOMB (*assurance*) аплóмб. *Répondre avec beaucoup d'aplomb*, отвечáть с большúм аплóмбом. ● **Pas d'aplomb 1.** (*en équilibre instable*) непрóчно (*adv.*). *Il n'était pas d'aplomb sur ses jambes*, он непрóчно стоя́л на своúх ногáх. **2.** (*de travers*) крúво (*adv.*). *L'armoire n'est pas d'aplomb*, шкаф стоúт крúво. **3.** (*en mauvais état de santé*) нездорóвиться (*verbe unipersonnel signifiant « être en mauvaise santé »; faire précéder ce verbe d'un adverbe comme* « чтó-то » *pour en atténuer le sens; au sujet de la proposition française correspond en russe un nom ou un pronom au datif*). *Je ne suis pas d'aplomb aujourd'hui*, мне сегóдня чтó-то нездорóвится.

APPARAÎTRE появля́ться / появúться ___ (*survenir*); покáзываться / показáться* II, покажу́сь, покáжешься...___ (*devenir visible*). *Un inconnu apparut sur le seuil*, на порóге появúлся незнакóмый. *De nouvelles difficultés sont apparues*, появúлись нóвые затруднéния. *Au loin une barque apparut*, вдалú показáлась лóдка.

APPAREIL 1. (*de prises de vue, etc.*) аппарáт, ...аппарáт. *Un appareil de photo*, фотоаппарáт. **2.** (*appareil de mesure; appareil ménager*) прибóр, ...прибóр. *Un appareil de mesure*, измерúтельный прибóр. *Des appareils électriques*, электроприбóры.

APPAREMMENT по-вúдимому. *Apparemment, il va faire chaud*, жáрко бу́дет, по-вúдимому.

APPARENCE 1. *sg.* вид. *Avoir une apparence sévère*, имéть стрóгий вид. **2.** *pl.* внéшность *f.* (*pas de pl.*). *Sous des apparences agréables*, под прия́тной внéшностью. *Juger sur les apparences*, судúть по внéшности.

APPARENT внéшний. *Un calme apparent*, внéшнее спокóйствие. *Une ressemblance apparente*, внéшнее схóдство.

APPARTEMENT квартúра. *Un appartement de trois pièces*, квартúра в три кóмнаты. *Louer un appartement*, снять квартúру.

APPARTENIR 1. (*être la propriété de*) принадлежáть* I, принадлежу́, принадлежúшь... (+ *dat.*); чей *pronom possessif interrogatif* (*dans une proposition interrogative seulement*). *À qui appartient cette voiture?*, Кому́ принадлежúт эта машúна? *ou* Чья это машúна? **2.** (*être du nombre*) принадлежáть* I, принадлежу́, принадлежúшь... (к + *dat.*). *Appartenir à un groupe*, принадлежáть к гру́ппе.

APPAUVRIR (S') беднéть / обеднéть. *Ils continuaient à s'appauvrir*, онú всё беднéли.

APPEL (*cri*) крик. *Un appel au secours*, крик о пóмощи. ● **Faire appel à**, обратúться к [+ *dat.*] (обращáться / обратúться [т → щ]). *Faire appel à un spécialiste*, обратúться к специалúсту. **Faire l'appel**, сдéлать переклúчку (дéлать / сдéлать).

APPELER 1. (*crier à qqn de venir*) звать* IV, зову́, зовёшь...; звал, звалá, звáло, звáли ∧___ / позвáть* IV (*id.*). *Appeler qqn à l'aide*, звать когó-нибудь на пóмощь. **2.** (*convoquer*) вызывáть / вы́звать* IV, вы́зову, вы́зовешь... *Appeler un médecin*, вы́звать врачá. *Appeler l'ambulance*, вы́звать скóрую пóмощь. **3.** (*donner un nom*) назывáть / назвáть* IV, назову́, назовёшь...; назвáл, назвалá, назвáло, назвáли ∧___. *Ils ont appelé leur fils Boris*, онú назвáли сы́на Борúсом.

APPELER (S') 1. (*en parlant d'un être animé*) звать* IV, зову́т; звáли (*au sujet de la proposition française correspond en russe un nom ou un pronom à l'accusatif*). *Comment vous appelez-vous?*, Как вас зову́т? *Il s'appelle Sacha*, егó зову́т Сáшей. **2.** (*en parlant d'un objet*) назывáться. *Comment ça s'appelle?*, Как это назывáется?

APPÉTISSANT аппети́тный.

APPÉTIT аппети́т. *Bon appétit!*, Прия́тного аппети́та! *Couper l'appétit à qqn*, переби́ть кому́-нибудь аппети́т.

APPLAUDIR аплоди́ровать (+ *dat.*). *Il a été longuement applaudi*, ему́ до́лго аплоди́ровали.

APPLAUDISSEMENTS аплодисме́нты, аплодисме́нтов, аплодисме́нтам... *pl. t. Un tonnerre d'applaudissements*, бу́ря аплодисме́нтов.

APPLICATION (*utilisation*) примене́ние. *L'application de nouvelles méthodes*, примене́ние но́вых ме́тодов.

APPLIQUER 1. (*mettre*) накла́дывать / наложи́ть _____ . *Appliquer une compresse*, наложи́ть компре́сс. **2.** (*utiliser*) применя́ть / примени́ть _____ , *part.* применённый. *Appliquer un nouveau procédé*, применя́ть но́вый спо́соб.

APPLIQUER (S') 1. (*être utilisé*) v. APPLIQUER. **2.** (*travailler avec soin*) стара́ться. *Il s'applique tant qu'il peut*, он стара́ется изо всех сил.

APPORTER 1. (*amener avec soi*) приноси́ть _____ / принести́* IV, принесу́, принесёшь...; принёс, принесла́... /_____ ; принесённый. *Il va apporter tout de suite votre valise*, Он сейча́с принесёт ваш чемода́н. **2.** (*introduire; provoquer*) вноси́ть _____ / внести́* IV, внесу́, внесёшь...; внёс, внесла́... /_____ ; внесённый. *Apporter des modifications à un projet*, внести́ измене́ния в прое́кте. *Apporter de l'animation*, внести́ оживле́ние.

APPRÉCIER 1. (*évaluer*) определя́ть / определи́ть. *Apprécier la distance*, определи́ть расстоя́ние. **2.** (*faire grand cas de*) цени́ть _____ / оцени́ть _____ , *part.* оценённый. *Apprécier vivement sa liberté*, до́рого цени́ть свою́ свобо́ду.

APPRENDRE

> **1.** (*étudier une leçon*) учи́ть _____ / вы́учить.
> **2.** (*étudier une matière, contracter une habitude*) учи́ться _____ / научи́ться _____ *ou* вы́учиться.
> **3.** (*en parlant d'un acteur*) разу́чивать / разучи́ть _____ .
> **4.** (*enseigner*) учи́ть _____ / научи́ть _____ *ou* вы́учить (*le complément désignant la personne à laquelle s'adresse cet enseignement se met à l'accusatif; le complément désignant la chose enseignée peut être soit un nom au datif, soit un verbe à l'infinitif*).
> **5.** (*informer*) сообща́ть / сообщи́ть.
> **6.** (*être informé*) узнава́ть* II, узнаю́, узнаёшь...; узнава́й; узнава́я / узна́ть.

1. *Apprendre sa leçon*, учи́ть уро́к. **2.** *Apprendre le russe*, учи́ться ру́сскому языку́. *Il a très vite appris à écrire*, он бы́стро научи́лся писа́ть. **3.** *Apprendre un rôle*, разу́чивать роль. *Apprendre une romance*, разу́чивать рома́нс. **4.** *Elle apprenait le français aux enfants*, она́ учи́ла дете́й францу́зскому языку́. *Il nous apprenait à jouer aux échecs*, он нас учи́л игра́ть в ша́хматы. **5.** *Il nous a appris une nouvelle étonnante*, он нам сообщи́л удиви́тельную но́вость. **6.** *J'ai appris qu'il était tombé malade*, я узна́л, что он заболе́л. *J'ai appris ça par la radio*, я узна́л об э́том по ра́дио.

APPROBATION одобре́ние. *Des cris d'approbation*, во́згласы одобре́ния.

APPROCHER 1. (*mettre plus près*) придвига́ть / придви́нуть (к + *dat.*). *Il approcha sa chaise de la fenêtre*, он придви́нул стул к окну́. **2.** (*être de plus en plus proche*) приближа́ться / прибли́зиться. *L'automne approchait*, приближа́лась о́сень.

APPROCHER (S') 1. (*à pied*) подходи́ть _____ / подойти́* IV, подойду́, подойдёшь...; подошёл, подошла́...; подойдя́ (к + *dat.*). *Elle s'approcha de la fenêtre*, она́ подошла́ к окну́. **2.** (*en utilisant un véhicule; à cheval*) подъезжа́ть / подъе́хать* IV, подъе́ду, подъе́дешь... (к + *dat.*). *Nous nous approchions de la gare*, мы подъезжа́ли к вокза́лу.

3. (*sans préciser de quelle manière*) приближа́ться / прибли́зиться (к + *dat.*). *L'ennemi s'approchait de Moscou*, враг приближа́лся к Москве́.

APPROUVER одобря́ть / одо́брить. *Il a approuvé mon choix*, он одо́брил мой вы́бор.

APPROXIMATIF приблизи́тельный. *Un calcul approximatif*, приблизи́тельный подсчёт. *Avoir une idée approximative*, име́ть приблизи́тельное представле́ние.

APPROXIMATIVEMENT приблизи́тельно.

APPUI опо́ра. *Un point d'appui*, то́чка опо́ры. • **À l'appui de,** в подтвержде́ние (+ *gén.*). *À l'appui de ce que je disais*, в подтвержде́ние мои́х слов.

APPUYER 1. (*peser sur qqch.*) нажима́ть / нажа́ть* IV, нажму́, нажмёшь... (+ *acc. ou* на + *acc.*). *Appuyer sur le bouton*, нажа́ть на кно́пку. **2.** (*trouver un point d'appui*) прислоня́ть / прислони́ть. *Appuyer qqch. contre le mur*, прислони́ть что́-нибудь к стене́.

APPUYER (S') 1. (*sur*) опира́ться / опере́ться* IV, обопру́сь, обопрёшься...; опёрся, оперла́сь... /‾‾‾ (на + *acc.*). *S'appuyer sur sa canne*, опира́ться на па́лку. **2.** (*contre*) прислоня́ться / прислони́ться (к + *dat.*). *S'appuyer contre la porte*, прислони́ться к две́ри.

I. APRÈS *prép.* **1.** (*régissant un nom ou un pronom*) по́сле (+ *gén.*). *Après la guerre*, по́сле войны́. **2.** (*régissant un infinitif*) *ne se traduit pas dans le style de la conversation* (*les propositions sont alors le plus souvent coordonnées par* «и»); *peut être rendu dans un style plus livresque par un gérondif perfectif. Après être rentré chez lui, il s'est mis au travail*, он пришёл домо́й и взя́лся за рабо́ту. *Il est parti après avoir terminé son travail*, он ко́нчил свою́ рабо́ту и ушёл. *Après avoir terminé son travail, il est parti à la campagne*, ко́нчив рабо́ту, он уе́хал в дере́вню. • **Après que,** по́сле того́, как. *Après qu'elle fut partie*, по́сле того́, как она́ уе́хала. **Après tout,** в конце́ концо́в. **D'après,** по (+ *dat.*). *D'après Tolstoï*, по Толсто́му. *À en juger d'après sa mine*, су́дя по его́ ви́ду. **D'après nature,** с нату́ры. *Peindre d'après nature*, писа́ть с нату́ры.

II. APRÈS *adv.* по́сле (*fam.*). *On en parlera après*, об э́том по́сле. • **Peu après,** вско́ре по́сле э́того. *Je suis parti peu après*, я уе́хал вско́ре по́сле э́того.

APRÈS-MIDI 1. (*en règle générale*) по́сле обе́да (*expression ayant une valeur adverbiale*). *Demain après midi*, за́втра по́сле обе́да. *Cet après-midi*, сего́дня по́сле обе́да. *Où irons-nous cet après-midi?*, Куда́ мы пойдём по́сле обе́да? **2.** (*précédé de l'indication de l'heure*) дня (*de 1 h à 4 h*); ве́чера (*au-delà*). *À une heure de l'après-midi*, в час дня. *À cinq heures de l'après-midi*, в пять часо́в ве́чера.

A PRIORI с пе́рвого взгля́да. *A priori, il est bien difficile de trouver une solution*, с пе́рвого взгля́да о́чень тру́дно найти́ вы́ход из положе́ния.

APTITUDE спосо́бность *f.* *Il n'a pas d'aptitudes pour les langues*, у него́ нет спосо́бностей к языка́м.

AQUARELLE акваре́ль *f.*

AQUARIUM аква́риум.

AQUATIQUE водяно́й. *Des plantes aquatiques*, водяны́е расте́ния.

I. ARABE *subst.* **1.** (*homme*) ара́б. **2.** (*femme*) ара́бка. **3.** (*langue*) ара́бский язы́к (язы́к /‾‾‾). *Étudier l'arabe*, изуча́ть ара́бский язы́к. *Un livre en arabe*, кни́га на ара́бском языке́. • **En arabe,** *et, dans le même emploi,* **arabe** (*accompagnant généralement un verbe*), по-ара́бски. *Parler arabe*, говори́ть по-ара́бски. *Tout était écrit en arabe*, всё бы́ло напи́сано по-ара́бски.

II. ARABE *adj.* ара́бский.

ARAIGNÉE пау́к /‾‾‾ ‾‾‾. • **Une toile d'araignée,** паути́на.

ARBITRAIRE *adj.* произво́льный. *Une décision arbitraire*, произво́льное реше́ние.

ARBITRE (*sport*) судья́, *pl.* су́дьи, суде́й, су́дьям... ‾‾‾ /\‾‾.

ARBRE де́рево; *pl.* дере́вья, дере́вьев, дере́вьям... . *Des arbres fruitiers*, фрукто́вые дере́вья. // (*Fig.*) *L'arbre généalogique*, родосло́вное де́рево.

ARBUSTE деревцо́*, *gén. pl.* деревцо́в.

ARC 1. (*arme*) лук. *Tirer à l'arc*, стреля́ть из лу́ка. **2.** (*figure géométrique*) дуга́ . *Un arc de cercle*, дуга́ окру́жности. ● **Arc de triomphe**, триумфа́льная а́рка.

ARC-EN-CIEL ра́дуга. *Les couleurs de l'arc-en-ciel*, цвета́ ра́дуги.

ARCHITECTE архите́ктор.

ARCHITECTURE архитекту́ра.

ARCHIVES архи́в. *Mettre aux archives*, сдать в архи́в.

ARDU тру́дный . *Un problème ardu*, тру́дная зада́ча.

ARÊTE (*de poisson*) ры́бная кость. (кость *f.*). *S'étrangler avec une arête de poisson*, подави́ться ры́бной ко́стью.

ARGENT 1. (*métal*) серебро́. **2.** (*monnaie*) де́ньги, де́нег, деньга́м... *pl. t.* *Gagner beaucoup d'argent*, зараба́тывать мно́го де́нег. *Jeter de l'argent par les fenêtres*, броса́ть де́ньги на ве́тер. *Changer de l'argent au bureau de change*, обменя́ть де́ньги в обме́нном пу́нкте. *L'argent de poche*, карма́нные де́ньги. *Le temps c'est de l'argent*, вре́мя — де́ньги.

ARGOT жарго́н. *L'argot scolaire*, шко́льный жарго́н.

ARGUMENT до́вод; аргуме́нт (*livresque*). *Un argument de poids*, ве́ский до́вод. *Avancer des arguments peu convaincants*, привести́ неубеди́тельные до́воды.

ARME 1. (*instrument*) ору́жие (*pas de pl.*). *Les armes blanches*, холо́дное ору́жие. *Les armes à feu*, огнестре́льное ору́жие. *L'arme atomique*, а́томное ору́жие. *Aux armes!*, К ору́жию! *Compagnons d'armes*, това́рищи по ору́жию. // (*Fig.*) *L'arme de l'ironie*, ору́жие иро́нии. **2.** (*pl.: emblème*) герб. *Les armes de Paris*, пари́жский герб. ● **C'est une arme à double tranchant**, па́лка о двух конца́х.

ARMÉ (*muni d'armes*) вооружённый, вооружён, вооружена́... . *Un détachement armé*, вооружённый отря́д. *Un soulèvement armé*, вооружённое восста́ние.

ARMÉE а́рмия. *L'armée soviétique*, Сове́тская а́рмия.

ARMEMENT (*préparatifs de guerre*) вооруже́ние. *La course aux armements*, го́нка вооруже́ний.

I. ARMÉNIEN *subst.* **1.** (*homme*) армяни́н*, *pl.* армя́не, армя́н, армя́нам... . **2.** (*langue*) армя́нский язы́к (язы́к). *Étudier l'arménien*, изуча́ть армя́нский язы́к. *Un livre en arménien*, кни́га на армя́нском языке́. ● **En arménien** *et, dans le même emploi*, **arménien** (*accompagnant généralement un verbe*), по-армя́нски. *Parler arménien*, говори́ть по-армя́нски. *Tout était écrit en arménien*, всё бы́ло напи́сано по-армя́нски.

II. ARMÉNIEN *adj.* армя́нский.

ARMÉNIENNE армя́нка.

ARMER (*pourvoir d'armes*) вооружа́ть / вооружи́ть. *Armer une forteresse*, вооружи́ть кре́пость. // (*Fig.*) *S'armer de patience*, вооружи́ться терпе́нием.

ARMOIRE шкаф*, *loc.* шкафу́ . *Une armoire à glace*, зерка́льный шкаф.

ARMOIRIES герб. *Les armoiries de l'U.R.S.S. comportent une faucille et un marteau*, на ге́рбе СССР изображены́ серп и мо́лот.

ARRACHER 1. (*enlever de terre*) копа́ть / вы́копать. *Arracher des pommes de terre*, копа́ть карто́шку. **2.** (*enlever par la force*) вырыва́ть *ou* рвать* IV, рву, рвёшь...; рвал, рвала́, рва́ло, рва́ли / вы́рвать* IV, вы́рву, вы́рвешь... *Arracher une page d'un livre*, вы́рвать страни́цу из кни́ги. *Arracher une dent*, вы́рвать зуб. *Elle lui a arraché le journal*, она́ вы́рвала у него́ газе́ту. // (*Fig.*) *Arracher un secret à qqn*, вы́рвать у кого́-нибудь секре́т. ● **S'arracher les cheveux**, рвать на себе́ во́лосы (рвать* IV, рву, рвёшь...; рвал, рвала́, рва́ли).

ARRANGER 1. (*convenir à qqn*) устра́ивать / устро́ить. *Ça ne l'arrange pas du tout*, э́то его́ совсе́м не устра́ивает. **2.** (*combiner*) устра́ивать / устро́ить. *Arranger une entrevue*, устро́ить свида́ние. **3.** (*régler*) ула́живать / ула́дить. *Arranger une affaire*, ула́дить де́ло.

ARRANGER (S') 1. (*en parlant d'une affaire*) ула́живаться / ула́диться; *ou* устра́иваться / устро́иться. *L'affaire s'est arrangée*, де́ло ула́дилось. *Tout s'est arrangé*, всё устро́илось. **2.** (*en parlant du temps*) нала́живаться / нала́диться. *Le temps va s'arranger*, пого́да должна́ нала́диться. ● **S'arranger pour que**, устро́ить де́ло так, что́бы (устра́ивать / устро́ить). *Je vais m'arranger pour que vous receviez le film à temps*, Я устро́ю де́ло так, что́бы вы получи́ли фильм во́время.

ARRESTATION аре́ст. *Être en état d'arrestation*, находи́ться под аре́стом.

ARRÊT 1. (*action de s'arrêter; endroit où s'arrête un véhicule public*) остано́вка. *Parler sans arrêt*, говори́ть без остано́вки. *Après un bref arrêt, le train repartit*, по́сле коро́ткой остано́вки по́езд тро́нулся. *L'arrêt de l'autobus est là-bas en face*, остано́вка авто́буса там напро́тив. **2.** (*arrestation*) аре́ст. *Mandat d'arrêt*, о́рдер на аре́ст.

ARRÊTER 1. (*immobiliser*) остана́вливать / останови́ть ⟍___. *Arrêter une voiture*, останови́ть маши́ну. *Arrêter l'ennemi*, останови́ть врага́. **2.** (*appréhender*) заде́рживать / задержа́ть* I, задержу́, заде́ржишь... ⟍___; *ou* аресто́вывать / арестова́ть (*livresque*). *Arrêter un voleur*, задержа́ть во́ра.

ARRÊTER (S') 1. (*cesser de se mouvoir*) остана́вливаться / останови́ться ⟍___. *La voiture s'est arrêtée devant la maison*, маши́на останови́лась пе́ред до́мом. *Le réveil s'est arrêté*, буди́льник останови́лся. **2.** (*dans les autres cas*) перестава́ть* II, перестаю́, перестаёшь...; перестава́й; перестава́я / переста́ть* *n. cl.*, переста́ну, переста́нешь... *Ils se sont arrêtés de faire du bruit*, они́ переста́ли шуме́ть.

I. ARRIÈRE *subst.* **1.** (*partie postérieure*) за́дняя часть (часть *f.*). *L'arrière de l'autobus*, за́дняя часть авто́буса. **2.** (*partie du territoire située en arrière de la zone des combats*) тыл*, *loc.* тылу́ ___⟋. *Envoyer les blessés à l'arrière*, отпра́вить ра́неных в тыл. ● **En arrière 1.** (*emplacement*) позади́. *Il est resté en arrière*, он оста́лся позади́. **2.** (*direction*) наза́д. *Faire un pas en arrière*, сде́лать шаг наза́д. **En arrière de**, позади́ (+ *gén.*). *En arrière du détachement*, позади́ отря́да.

II. ARRIÈRE *adj.* за́дний. *Les roues arrière*, за́дние колёса. *Faire marche arrière*, дать за́дний ход.

ARRIÈRE-GRAND-MÈRE праба́бушка.

ARRIÈRE-GRAND-PÈRE пра́дед.

ARRIÈRE-PENSÉE за́дняя мысль (мысль *f.*). *Sans aucune arrière-pensée*, без вся́кой за́дней мы́сли.

ARRIÈRE-PETITE-FILLE пра́внучка.

ARRIÈRE-PETIT-FILS пра́внук.

ARRIVÉE 1. (*par un moyen de transport*) прие́зд. *Avant notre arrivée à Moscou*, до на́шего прие́зда в Москву́. **2.** (*à pied; en parlant des moyens de transport*) прихо́д. *Avant l'arrivée de nos invités*, до прихо́да на́ших госте́й. *Avant l'arrivée du train*, до прихо́да по́езда. **3.** (*en parlant d'une saison*) наступле́ние. *L'arrivée du printemps*, наступле́ние весны́.

ARRIVER

1. (*à pied // en parlant d'un envoi // au figuré*) приходи́ть ⟍___ / прийти́* IV, приду́, придёшь...; пришёл, пришла́...; придя́; *ou* доходи́ть ⟍___ / дойти́* IV, дойду́, дойдёшь...; дошёл, дошла́...; дойдя́ (*parvenir enfin*).
2. (*en utilisant un véhicule; à*

cheval) приезжа́ть / прие́хать* IV, прие́ду, прие́дешь...; доезжа́ть / дое́хать* IV, дое́ду, дое́дешь... (*arriver enfin*).
3. (*en volant, en avion*) прилета́ть / прилете́ть* I, прилечу́, прилети́шь...
4. (*en parlant des moyens de transport*) приходи́ть ⟍___ / прийти́*.
5. (*en parlant des saisons, de la nuit...*) наступа́ть / наступи́ть, насту́пит; *ou* приходи́ть, прихо́дит / прийти́* (*le sujet est généralement inversé*).
6. (*obtenir un résultat*) удава́ться* II, удаётся, удаю́тся / уда́ться* *n. cl.*, уда́стся, удаду́тся; уда́лся, удала́сь... ⟋___ (*au sujet de la proposition française correspond en russe un nom ou un pronom au datif*).
7. (*avoir lieu*) быва́ть; *ou* случа́ться / случи́ться (с + *instr.*).

1. *Elle vient d'arriver*, она́ то́лько что пришла́. *Enfin nous sommes arrivés à la gare*, наконе́ц мы дошли́ до ста́нции. *Nous voilà arrivés*, Вот мы и дошли́. // *La lettre n'est pas encore arrivée*, письмо́ ещё не дошло́. // *Voilà où on en est arrivé!*, Вот до чего́ де́ло дошло́! **2.** *Nous arriverons à Leningrad demain soir*, мы прие́дем в Ленингра́д за́втра ве́чером. *Je suis enfin arrivé*, наконе́ц я дое́хал. **3.** *Les hirondelles sont arrivées*, прилете́ли ла́сточки. *A quelle heure nous arriverons à Moscou?*, Во ско́лько мы прилети́м в Москву́? **4.** *Le train est arrivé*, по́езд пришёл. **5.** *L'automne est arrivé*, наступи́ла о́сень *ou* пришла́ о́сень. *La nuit arriva*, наступи́ла ночь. **6.** *Je suis arrivé à avoir des billets*, мне удало́сь доста́ть биле́ты. **7.** *Qu'est-ce qui lui est arrivé?*, Что с ним случи́лось? *Il lui est arrivé un malheur*, с ним случи́лось несча́стье. *Ça arrive parfois*, э́то быва́ет. *Ça arrive à tout le monde*, э́то со все́ми быва́ет. ● **Arriver à dormir**, спа́ться* I, спи́тся; спало́сь. *Je n'arrive pas à dormir*, мне не спи́тся.

ARRIVISTE карьери́ст.

ARRONDISSEMENT 1. (*dans une ville*) райо́н. *Le XXe arrondissement*, двадца́тый райо́н. **2.** (*subdivision du département*) о́круг*, *nom. pl.* округа́ ___⟋___

ARROSER 1. (*des plantes*) полива́ть / поли́ть* II, полью́, польёшь...; по́лил, полила́, по́лило, по́лили ⟋⟍___; поле́й; поли́тый, по́лит, полита́, по́лито, по́литы ⟋⟍___. *Arroser les fleurs*, полива́ть цветы́. **2.** (*un succès*) / спры́снуть. *Il faut arroser ça*, э́то на́до спры́снуть.

ART иску́сство. *L'art russe*, ру́сское иску́сство. *L'art militaire*, вое́нное иску́сство. *Pour l'amour de l'art*, из любви́ к иску́сству. *Selon toutes les règles de l'art*, по всем пра́вилам иску́сства.

ARTÈRE арте́рия.

ARTICHAUT артишо́к.

ARTICLE ___

1. (*de journal; d'une loi...*) статья́.
2. (*dans le commerce*) това́р // (*si l'on précise la branche*) изде́лие // (*ensemble d'accessoires*) принадле́жности, принадле́жностей, принадле́жностям... *pl.*
3. (*gramm.*) арти́кль *m.*

1. *Un article scientifique*, нау́чная статья́. *Un article du code pénal* статья́ уголо́вного ко́декса. **2.** *Des articles de consommation courante*, това́ры широ́кого потребле́ния. // *Des articles de bonneterie*, трикота́жные изде́лия. *Des articles de bijouterie*, ювели́рные изде́лия. // *Des articles de bureau*, пи́сьменные принадле́жности. **3.** *Il n'y a pas d'article en russe*, в ру́сском языке́ нет арти́кля.

ARTIFICIEL иску́сственный. *Un réservoir artificiel*, иску́сственный водоём. *De la soie artificielle*, иску́сственный шёлк.

ARTILLERIE артилле́рия. *L'artillerie lourde*, тяжёлая артилле́рия.

ARTISAN реме́сленник. *Les petits artisans*, ме́лкие реме́сленники.

ARTISANAL куста́рный. *Une industrie artisanale*, куста́рная промы́шленность.

ARTISTE

> **1.** (*peintre*) худо́жник.
> **2.** (*acteur*) актёр (*métier*); арти́ст (*de talent*).
> **3.** (*actrice*) актри́са (*métier*); арти́стка (*de talent*).
> **4.** (*personne habile*) ма́стер*, *nom. pl.* мастера́ .

1. *Picasso est un des plus grands artistes de notre époque*, Пикассо́ — оди́н из са́мых вели́ких худо́жников на́шего вре́мени. **2.** *Un artiste de cinéma*, киноактёр. *Un artiste du Bolchoï*, арти́ст Большо́го теа́тра. **3.** *Une artiste de cinéma*, киноактри́са. *Une grande artiste*, вели́кая арти́стка. **4.** *C'est un artiste dans son métier*, он ма́стер своего́ де́ла.

ARTISTIQUE худо́жественный. *Les goûts artistiques du public*, худо́жественные вку́сы пу́блики.

AS 1. (*aux cartes*) туз (*ce mot appartient au sous-genre animé*). **2.** (*de l'aviation*) ас. **3.** (*dans une autre profession*) ма́стер своего́ де́ла (ма́стер*, *nom. pl.* мастера́).

ASCENSEUR лифт. *Monter par l'ascenseur*, поднима́ться на ли́фте.

ASIATIQUE азиа́тский.

ASILE прию́т; убе́жище (*livresque*). *Trouver un asile*, найти́ прию́т. *Le droit d'asile*, пра́во убе́жища.

ASPECT 1. (*allure*) вид. *Avoir un aspect étrange*, име́ть стра́нный вид. **2.** (*face d'une affaire*) сторона́, *acc.* сто́рону; *pl.* сто́роны, сторо́н, сторона́м... . *L'aspect technique du projet*, техни́ческая сторона́ прое́кта. **3.** (*gramm.*) вид. *L'aspect du verbe*, вид глаго́ла.

ASPERGE спа́ржа.

ASPIRATEUR пылесо́с.

ASPIRINE аспири́н. *Un comprimé d'aspirine*, табле́тка аспири́на.

ASSASSIN *subst.* уби́йца *m. Condamner à mort un assassin*, пригovори́ть уби́йцу к сме́ртной ка́зни.

ASSASSINAT уби́йство.

ASSASSINER убива́ть / уби́ть* II, убью́, убьёшь...; убе́й; уби́тый. *Kirov a été assassiné en 1934*, Ки́ров был уби́т в 1934 году́.

ASSAUT при́ступ, штурм. *Prendre d'assaut*, взять при́ступом *ou* взять шту́рмом. *Partir à l'assaut*, идти́ на при́ступ *ou* идти́ на штурм.

ASSEMBLÉE (*corps constitué*) собра́ние. *L'Assemblée nationale*, Национа́льное собра́ние.

ASSEMBLER (*mettre ensemble; faire tenir ensemble*) собира́ть / собра́ть* IV, соберу́, соберёшь...; собра́л, собрала́, собра́ло, собра́ли . *Assembler un poste de radio*, собра́ть радиоприёмник.

ASSEOIR сажа́ть / посади́ть . *Asseoir un enfant sur ses genoux*, посади́ть ребёнка на свои́ коле́ни.

ASSEOIR (S') сади́ться / сесть* IV, ся́ду, ся́дешь...; сел, се́ла...; сядь. *S'asseoir sur un banc*, сесть на скаме́йку. *S'asseoir près de la fenêtre*, сесть у окна́. ● **Faire asseoir**, сажа́ть / посади́ть . *Je l'ai fait asseoir à côté de moi*, я посади́л её во́зле себя́.

Remarque. Ne pas confondre « s'asseoir » avec « être assis » (v. assis).

ASSEZ

> **1.** (+ *adj. ou adv.*) дово́льно.
> **2.** (+ *verbe*) мно́го, уже́ мно́го.
> **3.** (+ *subst.*)
> **a.** (*précédé du verbe « avoir »*) хвата́ть / хвати́ть, хва́тит (*au sujet de la proposition française correspond en russe un nom ou un pronom au génitif régi par la préposition* « у »; *le complément de « assez » est traduit par un génitif*)
> **b.** (*précédé d'un verbe autre qu' « avoir »*) на... (*accolé à un verbe comme* « де́лать », « твори́ть », *etc.; le verbe ainsi formé est perfectif et régit le génitif*).

1. *Un écrivain assez connu*, дово́льно изве́стный писа́тель.

Assez bien, довольно хорошо́. **2.** *Il a assez mangé*, он уже́ мно́го ел. **3. a.** *Je n'ai pas assez d'argent*, у меня́ не хвата́ет де́нег. *On a bien assez de soucis*, забо́т хвата́ет вполне́. *Aurai-je assez de forces?*, Хва́тит ли у меня́ сил? **b.** *Il a fait assez de bêtises*, Наде́лал он глу́постей. ● **Assez!**, Бу́дет! (*fam.*), Дово́льно! *ou* Хва́тит! (*ce dernier plus impératif*). **En avoir assez**, надоеда́ть / надое́сть* *n. cl.*, надое́ст, надоедя́т; надое́л, надое́ла... (*au sujet de la proposition française correspond en russe un nom ou un pronom au datif; le nom ou le pronom désignant ce qui importune se met au nominatif*). *J'en ai assez*, э́то мне надое́ло. *J'en ai assez de te voir*, Надое́л ты мне.

ASSIÉGER (*propr. et fig.*) осажда́ть / осади́ть ＼＿＿, *part.* осаждённый. *Assiéger une ville*, осади́ть го́род.

ASSIETTE таре́лка. *Une assiette plate*, ме́лкая таре́лка. *Une assiette creuse*, глубо́кая таре́лка. *Une assiette à dessert*, десе́ртная таре́лка. // (*Fig.*) *Ne pas être dans son assiette*, быть не в свое́й таре́лке.

ASSIMILER (*la nourriture; des connaissances*) усва́ивать / усво́ить. *Mal assimiler la nourriture*, пло́хо усва́ивать пи́щу. *Il a rapidement assimilé les règles essentielles*, он бы́стро усво́ил основны́е пра́вила.

ASSIS ● **Être assis**, сиде́ть* I, сижу́, сиди́шь...; си́дя / посиде́ть* I, посижу́, посиди́шь... *Être assis sur une chaise*, сиде́ть на сту́ле. **Place assise**, сидя́чее ме́сто.

ASSISTER (*être présent*) прису́тствовать (на + *loc.*). *J'ai assisté à la réunion*, я прису́тствовал на собра́нии.

ASSOCIATION (*société*) о́бщество. *Une association sportive*, спорти́вное о́бщество. *L'Association France-U.R.S.S.*, О́бщество Фра́нция-СССР.

ASSOURDISSANT оглуши́тельный. *Un coup de tonnerre assourdissant*, оглуши́тельный уда́р гро́ма.

ASSURANCE 1. (*aplomb; confiance en soi*) уве́ренность *f.*, самоуве́ренность *f.* *Parler avec assurance*, говори́ть с уве́ренностью. *Il manque d'assurance*, у него́ не хвата́ет самоуве́ренности. **2.** (*contrat*) страхова́ние *et* (*fam.*) страхо́вка. *L'assurance contre l'incendie*, страхова́ние от огня́. *Les assurances sociales*, социа́льное страхова́ние. *Payer l'assurance*, плати́ть страхо́вку.

ASSURER 1. (*rendre sûr*) обеспе́чивать / обеспе́чить. *Le succès est assuré*, успе́х обеспе́чен. **2.** (*mettre sous garantie*) страхова́ть / застрахова́ть. *Assurer ses bien contre l'incendie*, застрахова́ть иму́щество от пожа́ра. *S'assurer contre l'incendie*, застрахова́ться от пожа́ра. **3.** (*affirmer*) уверя́ть / уве́рить. *Je vous assure*, Уверя́ю вас!

ASTÉRISQUE звёздочка. *Les mots accompagnés d'un astérisque*, слова́, отме́ченные звёздочкой.

ASTHME а́стма.

ASTRONAUTE космона́вт.

ASTRONOME астроно́м.

ASTRONOMIE астроно́мия.

ATELIER

> **1.** (*dans une usine*) цех ＿ ╱‾‾.
> **2.** (*d'artisan*) мастерска́я (*adj. subst. f.*).
> **3.** (*de peintre...*) мастерска́я *adj. subst. f.*, ателье́* *indécl.*, *n.*
> **4.** (*de modes...*) ателье́* *indécl. n.*

1. *L'atelier de montage*, сбо́рочный цех. **2.** *Un atelier de menuiserie*, столя́рная мастерска́я. **3.** *L'atelier du peintre*, мастерска́я худо́жника *ou* ателье́ худо́жника. **4.** *Atelier de modes*, ателье́ мод.

ATHÉE ате́ист.

ATHÉISME атеи́зм.

ATHLÈTE атле́т.

ATLAS а́тлас.

REMARQUE. Ne pas confondre « а́тлас » avec le mot « атла́с » (satin), dont il ne diffère que par l'accentuation.

ATMOSPHÈRE 1. (*propr.*) атмосфе́ра. **2.** (*fig.*) обстано́вка; атмосфе́ра (*livresque*). *Il est difficile de* *travailler dans une atmosphère pareille*, тру́дно рабо́тать в тако́й обстано́вке. *L'atmosphère de la capitale*, столи́чная атмосфе́ра.

ATOME а́том.

ATOMIQUE а́томный. *L'énergie atomique*, а́томная эне́ргия. *La bombe atomique*, а́томная бо́мба.

ATOUT ко́зырь, *pl.* ко́зыри, козыре́й, козыря́м... ___/‾‾‾ *m.* *Quel est l'atout?*, Что у нас ко́зырь? // (*Fig.*) *C'est un atout important dans la vie*, э́то большо́й ко́зырь в жи́зни.

ATROCE ужа́сный. *Un crime atroce*, ужа́сное преступле́ние.

ATTACHÉ атташе́*, *indécl. m.* *L'attaché culturel*, культу́рный атташе́.

ATTACHER 1. (*à qqch.*) привя́зывать / привяза́ть* II, привяжу́, привя́жешь... ___ . *On l'attacha à un arbre*, его́ привяза́ли к де́реву. **2.** (*assembler*) свя́зывать / связа́ть* II, свяжу́, свя́жешь... ___ . *Attacher les deux bouts d'une ficelle*, связа́ть концы́ верёвки. **3.** (*attribuer*) придава́ть* II, придаю́, придаёшь...; придава́й; придава́я / прида́ть* *n. cl.*, прида́м, прида́шь, прида́ст, придади́м, придади́те, придаду́т; при́дал, придала́, при́дало, при́дали /___; прида́й; при́данный, при́дан, придана́, при́дано, при́даны /___ . *Je n'y attache aucune importance*, я не придаю́ э́тому никако́го значе́ния.

ATTAQUE

> **1.** (*assaut, incursion*) при́ступ; нападе́ние.
> **2.** (*offensive*) наступле́ние.
> **3.** (*attentat*) нападе́ние.
> **4.** (*pl.; critiques*) напа́дки, напа́док, напа́дкам... *pl.*
> **5.** (*congestion cérébrale*) уда́р.

1. *Aller à l'attaque*, идти́ на при́ступ. *Repousser une attaque*, отрази́ть нападе́ние. **2.** *Passer à l'attaque*, перейти́ в наступле́ние. **3.** *Une attaque à main armée*, вооружённое нападе́ние. **4.** *Les attaques d'un critique mal intentionné*, напа́дки недоброжела́тельного кри́тика. **5.** *Il a eu une attaque et il en est mort*, он у́мер от уда́ра.

ATTAQUER (*porter des coups*) напада́ть / напа́сть* IV, нападу́, нападёшь...; напа́л, напа́ла... *Attaquer l'ennemi*, напа́сть на врага́. ● **Attaquer en justice**, привле́чь к суду́ (привлека́ть / привле́чь* IV, привлеку́, привлечёшь..., привлеку́т; привлёк, привлекла́... /‾‾‾ ; привлечённый).

ATTEINDRE 1. (*un but, un sommet...*) достига́ть / дости́гнуть* III (+ *gén.*). *Atteindre son but*, дости́гнуть це́ли. *Les alpinistes ont atteint le sommet sans encombre*, альпини́сты благополу́чно дости́гли верши́ны. **2.** (*frapper*) попада́ть / попа́сть* IV, попаду́, попадёшь...; попа́л, попа́ла... *La balle l'a atteint au front*, пу́ля попа́ла ему́ в лоб.

ATTENDRE ждать* IV, жду, ждёшь...; ждал, ждала́, жда́ло, жда́ли /___ / подожда́ть* IV (*id.*); ожида́ть (*plus livresque*). *J'attends une réponse*, жду отве́та. *Elle attend Tania*, она́ ждёт Та́ню. *Elle ne s'est pas fait attendre*, она́ не заста́вила себя́ ждать. ● **En attendant**, пока́. *En attendant, je vais les mettre dans le tiroir*, я их положу́ пока́ в я́щик.

Remarque. « Ждать / подожда́ть », et de même « ожида́ть », régissent généralement le génitif. Toutefois, celui-ci est remplacé par l'accusatif lorsque le complément est un nom singulier appartenant à la première déclinaison et désignant un être animé.

ATTENTE ожида́ние. *Dans l'attente de nouveaux événements*, в ожида́нии но́вых собы́тий. *La salle d'attente*, зал ожида́ния.

ATTENTIF внима́тельный. *Un élève attentif*, внима́тельный учени́к.

ATTENTION 1. *subst.* внима́ние. *Écouter avec attention*, слу́шать со внима́нием. **2.** *interj.* Осторо́жно! *ou* Внима́ние! (*un peu plus livresque*). ● **Attention à**, Осторо́жно (*et une explication juxtaposée*). *Attention à la voiture!*, Осторо́жно, маши́на! *Attention à la peinture!* Осторо́жно, окра́шено! **Faire attention 1.** (*tenir compte*) обраща́ть внима́ние (обраща́ть / обрати́ть [т → щ]). *Faire attention à l'accentuation*, обраща́ть внима́ние на ударе́ние. *Ne faites pas attention*, не обраща́йте внима́ния. **2.** (*éviter un danger*) остерега́ться / остере́чься* IV, остерегу́сь, остережёшься..., остерегу́тся; остерёгся, остерегла́сь... ╱‾‾‾ (+ *gén.*). *Faites attention aux voitures!*, Остерега́йтесь маши́н!

REMARQUE. On emploie également l'impératif « Смотри́ », « Смотри́те » au sens de « Fais attention », « Faites attention ». *Fais attention à ne pas tomber*, Смотри́, не упади́. *Faites attention qu'il n'y ait pas d'histoires*, Смотри́те, что́бы не́ было неприя́тностей.

ATTENTIVEMENT внима́тельно.

ATTERRIR приземля́ться / приземли́ться. *Atterrir sans encombre*, благополу́чно приземли́ться.

ATTERRISSAGE (*d'un avion, d'un hélicoptère...*) поса́дка. *Un atterrissage forcé*, вы́нужденная поса́дка.

ATTESTATION удостовере́ние. *Délivrer une attestation*, вы́дать удостовере́ние.

ATTIRER (*susciter l'intérêt*) привлека́ть / привле́чь* IV, привлеку́, привлечёшь..., привлеку́т; привлёк, привлекла́... ╱‾‾‾ ; привлечённый. *Attirer la clientèle*, привлека́ть покупа́телей. *Attirer l'attention*, привлека́ть внима́ние.

ATTITUDE 1. (*position du corps*) по́за. *Prendre une attitude nonchalante*, приня́ть небре́жную по́зу. **2.** (*conduite*) поведе́ние. *L'attitude de Boris à cette réunion me semblait incompréhensible*, поведе́ние Бори́са на э́том собра́нии каза́лось мне непоня́тным. **3.** (*manière d'envisager les rapports*) отноше́ния, отноше́ний, отноше́ниям... *pl. L'attitude du directeur à l'égard de ses subordonnés*, отноше́ния дире́ктора к подчинённым.

ATTRAPER 1. (*saisir*) лови́ть ╲___ / пойма́ть. *Le chat attrape des souris*, ко́шка ло́вит мыше́й. **2.** (*contracter*) схва́тывать / схвати́ть ╲___ . *J'ai attrapé un rhume*, я схвати́л на́сморк.

ATTRIBUER 1. (*imputer*) припи́сывать / приписа́ть* II, припишу́, припи́шешь... ╲___ . *Poème attribué à Lermontov*, стихотворе́ние, припи́санное Ле́рмонтову. *S'attribuer les mérites d'autrui*, приписа́ть себе́ чужи́е заслу́ги. **2.** (*décerner*) присужда́ть / присуди́ть, *part.* присуждённый*. *On lui a attribué le premier prix*, ему́ присуди́ли пе́рвую пре́мию.

ATTRIBUT (*gramm.*) имення́я часть сказу́емого.

ATTRIBUTIONS компете́нция. *Cela n'entre pas dans mes attributions*, э́то не вхо́дит в мою́ компете́нцию.

AU voir À.

AUBE рассве́т. *À l'aube*, на рассве́те.

AUCUN 1. (*pronom-adjectif, au sens de « pas un seul »*) никако́й. *Il n'y a aucun doute*, нет никако́го сомне́ния. *Je n'en ai aucune idée*, об э́том я не име́ю никако́го представле́ния. **2.** (*pronom, au sens de « pas un seul »*) ни оди́н. *Aucun d'entre eux n'est venu*, ни оди́н из них не пришёл. **3.** (*pronom, au sens de « l'un ou l'autre »*) кто́-нибудь. *Je doute qu'aucun d'entre eux ait accepté*, сомнева́юсь, что́бы кто́-нибудь из них согласи́лся. ● **En aucun cas**, ни в ко́ем слу́чае. **Sans aucun**, без вся́кого, без вся́кой, без вся́ких (*selon le genre ou le nombre du substantif utilisé*). *Sans aucun doute*, без вся́кого сомне́ния.

AUDACE 1. (*courage*) сме́лость *f*. *J'ai manqué d'audace*, не хвати́ло сме́лости. **2.** (*impertinence*) на́глость *f*. *Il a eu l'audace de me dire ça en face*, он име́л на́глость сказа́ть мне э́то в глаза́.

AUDACIEUX сме́лый ∧___ . *Des gens audacieux*, сме́лые лю́ди. ● **La fortune sourit aux audacieux**, сме́лость города́ берёт.

AU-DELÀ (*plus loin*) да́льше. *Vous voyez le kiosque là-bas? La pharmacie est un peu au-delà*, Ви́дите там кио́ск? Апте́ка немно́жко да́льше. ● **Au-delà de**, по ту сто́рону (+ *gén.*). *Au-delà de la rivière*, по ту сто́рону реки́.

Dans l'au-delà **1.** (*direction*) на тот свет. **2.** (*emplacement*) на том свéте.

AU-DESSOUS **1.** (*en bas*) внизý. *Ils habitent au-dessous*, они́ живýт внизý. **2.** (*moins cher; moins haut*) ни́же. *Les timbres de seize kopeks et au-dessous*, мáрки по шестнáдцать копéек и ни́же. **3.** (*plus jeune*) молóже. *Les enfants de cinq ans et au-dessous*, дéти пяти́ лет и молóже. ● **Au-dessous de** (*régissant un complément de lieu*) **1.** (*direction*) под (+ *acc.*). *Regarder au-dessous du lit*, заглянýть под кровáть. **2.** (*emplacement*) под (+ *instr.*). *La valise est au-dessous de l'armoire*, чемодáн под шкáфом. **Au-dessous de zéro**, ни́же нуля́ *ou* (*fam.*) морóза. *Quarante degrés au-dessous de zéro*, сóрок грáдусов ни́же нуля́ *ou* сóрок грáдусов морóза.

AU-DESSUS **1.** (*en haut*) наверхý. *Ils habitent au-dessus*, они́ живýт наверхý. **2.** (*plus cher; plus haut*) вы́ше. *Les mandats de dix roubles et au-dessus*, перевóды в дéсять рублéй и вы́ше. **3.** (*plus âgés*) стáрше. *Les enfants de dix ans et au-dessus*, дéти десяти́ лет и стáрше. ● **Au-dessus de** (*régissant un complément de lieu*), над (+ *instr.*). *Les corneilles tournoyaient au-dessus de la forêt*, ворóны кружи́лись над лéсом. **Au-dessus de zéro**, теплá. *Dix degrés au-dessus de zéro*, дéсять грáдусов теплá.

AUDIO-VISUEL аудио-визуáльный. *Les moyens audio-visuels*, аудио-визуáльные пособия.

AUDITEUR слýшатель *m*.

AUGMENTATION **1.** (*croissance*) рост. *L'augmentation de la population*, рост населéния. **2.** (*hausse*) повышéние. *La hausse des prix*, повышéние цен. *La hausse des salaires*, повышéние зарплáты. *L'augmentation de la température*, повышéние температýры. **3.** (*élévation du salaire*) прибáвка (*fam.*). *Obtenir une augmentation*, получи́ть прибáвку.

AUGMENTER **1.** (*transitif*) увели́чивать / увели́чить (*accroître*); повышáть / повы́сить (*hausser*). *Augmenter la productivité*, увели́чить производи́тельность трудá. *Augmenter les salaires*, повы́сить зарплáту. **2.** (*intransitif*) увели́чиваться / увели́читься (*s'accroître*); повышáться / повы́ситься (*monter*). *La population augmente*, населéние увели́чивается. *Le danger a augmenté*, опáсность увели́чилась. *La productivité a augmenté*, производи́тельность трудá увели́чилась *ou* производи́тельность трудá повы́силась. *Le niveau de vie augmente*, ýровень жи́зни повышáется.

AUJOURD'HUI сегóдня [с'и вод'н'ə]. *Il arrivera aujourd'hui à cinq heures*, он приéдет сегóдня в пять часóв.

AUMÔNE ми́лостыня. *Demander l'aumône*, проси́ть ми́лостыню. *Vivre d'aumônes*, собирáть ми́лостыню.

AUMÔNIER (*généralement accompagné d'un adjectif précisant les fonctions de ce prêtre*) свящéнник. *L'aumônier du régiment*, полковóй свящéнник. *L'aumônier du lycée*, лицéйский свящéнник.

AUPARAVANT **1.** (*dans le passé*) прéжде. *Ce n'était plus comme auparavant*, э́то бы́ло ужé не так как прéжде. **2.** (*d'abord*) сначáла. *Sans aucun doute, mais il faudrait le prévenir auparavant*, безуслóвно, но нáдо бы сначáла предупреди́ть егó.

AUPRÈS ● **Auprès de** **1.** (*près de*) óколо (+ *gén.*), у (+ *gén.*). *Elle a passé toute la nuit auprès de son fils malade*, онá провелá всю ночь у больнóго сы́на *ou* онá провелá всю ночь óколо больнóго сы́на. **2.** (*en s'adressant à*) перед (+ *instr.*). *S'excuser auprès du directeur*, извини́ться пéред дирéктором.

Remarque. V. également près.

AUQUEL v. lequel.

AURORE ýтренняя заря́ *ou*, *simplement*, *si le contexte le permet*, заря́ (заря́, *pl.* зóри, зорь, заря́м... ——— —⁄——). ● **Aurore boréale**, сéверное сия́ние.

AUSCULTER выслу́шивать / вы́слушать. *Ausculter un malade*, выслу́шивать больно́го.

AUSSI

> **I. Adverbe:**
> **1.** (*également*) то́же (*porte généralement sur le mot qui précède*); та́кже (*livresque; porte généralement sur le mot qui suit*).
> **2.** (*dans une comparaison*) так же *et, dans une phrase négative,* так (*s'emploient devant un adverbe ou un adjectif à la forme courte*); // тако́й же *et, dans une phrase négative,* тако́й (*s'emploient devant un adjectif à la forme longue*).
> **II. Conjonction:**
> вот почему́.

I. 1. *Lui aussi est tombé malade*, он то́же заболе́л. *Mon frère s'occupait aussi de numismatique*, мой брат занима́лся та́кже нумизма́тикой. **2.** *Macha chante aussi bien que toi*, Ма́ша поёт так же хорошо́, как и ты. *Macha ne chante pas aussi bien que toi*, Ма́ша не так хорошо́ поёт, как ты. *Il n'est pas aussi fort que son frère*, он не так силён, как его́ брат. // *Il est aussi fort que son frère*, он тако́й же си́льный, как его́ брат.

II. *Il manque de persévérance, aussi n'a-t-il pas grand succès*, упо́рства у него́ не хвата́ет, вот почему́ он ни в чём не успева́ет. ● **Aussi bien ... que,** как ..., так и. *Aussi bien dans les vieux quartiers que dans les nouveaux*, как в ста́рых райо́нах, так и в но́вых.

AUSSITÔT неме́дленно. *Ils sont partis aussitôt*, они́ неме́дленно уе́хали. ● **Aussitôt après** (+ *inf.*), как то́лько (+ *passé perfectif*). *Aussitôt après être arrivé à Moscou, il a envoyé un télégramme*, как то́лько он прие́хал в Москву́, он посла́л телегра́мму. **Aussitôt dit, aussitôt fait,** Ска́зано — сде́лано. **Aussitôt que,** как то́лько. *Aussitôt qu'il arrivera, appelez-moi*, Как то́лько он прие́дет, позови́те меня́.

AUTANT 1. (*la même chose*) то же са́мое. *J'en ferais autant*, я бы то же са́мое сде́лал. **2.** (*il vaut mieux*) лу́чше бы. *Autant s'en aller*, лу́чше бы уе́хать. ● **Autant..., autant... 1.** (*quantité*) ско́лько..., сто́лько... *Autant de têtes, autant d'avis*, ско́лько голо́в, сто́лько умо́в. **2.** (*intensité*) наско́лько..., насто́лько... *Autant j'aime la musique, autant je ne peux souffrir des œuvres de ce genre*, наско́лько я люблю́ му́зыку, насто́лько я не могу́ терпе́ть произведе́ний тако́го ро́да. **Autant de** (*une telle quantité*), так мно́го (+ *gén.*); сто́лько (+ *gén.*) [*plus livresque*]. *Je n'ai jamais vu autant de monde*, я никогда́ не ви́дел так мно́го наро́ду. **Autant de ... que,** сто́лько же (+ *gén.*) ..., ско́лько, *et, si « autant » est accompagné d'une négation,* так мно́го (+ *gén.*) ..., как. *Il a autant de disques que moi*, у него́ сто́лько же пласти́нок, ско́лько у меня́. *Il n'a pas autant de disques que moi*, у него́ не так мно́го пласти́нок, как у меня́. **Autant que** *et* **autant ... que 1.** (*dans la mesure où*) наско́лько. *Je les aide autant que je peux*, я им помога́ю наско́лько могу́. *Autant que je sache*, наско́лько мне изве́стно. **2.** (*de la même manière*) так же ..., как и. *J'aime autant Essenine que Maïakovski*, я так же люблю́ Есе́нина, как и Маяко́вского. **D'autant plus que,** тем бо́лее, что. *D'autant plus qu'il s'est trompé*, тем бо́лее, что он оши́бся. **D'autant** (+ *comparatif*) **... que,** тем (+ *comparatif*) ..., что. *Un travail d'autant plus facile pour vous que vous êtes déjà habitués*, рабо́та тем бо́лее лёгкая для вас, что вы уже́ привы́кли.

AUTEL (*dans une église chrétienne*) престо́л.

AUTEUR (*d'un ouvrage*) а́втор. *L'auteur du roman*, а́втор рома́на.

AUTHENTIQUE по́длинный. *Un document authentique*, по́длинный докуме́нт.

AUTO маши́на. *Ils sont là-bas dans l'auto*, они́ там в маши́не. *On ira en auto*, мы пое́дем туда́ на маши́не.

AUTOBIOGRAPHIE автобиогра́фия.

AUTOBIOGRAPHIQUE автобиографи́ческий. *Un roman auto-*

biographique, автобиографический роман.

AUTOBUS автобус. *Prendre l'autobus*, сесть в автобус. *Dans l'autobus, il n'y avait que cinq personnes*, в автобусе было всего пять человек. *J'y vais en autobus*, я езжу туда на автобусе.

AUTOCAR автобус. *Nous étions vingt-cinq dans l'autocar*, нас было двадцать пять человек в автобусе. *Nous allons à Leningrad en autocar*, мы едем в Ленинград на автобусе.

REMARQUE. « Автокар » désigne les chariots électriques que l'on utilise notamment dans les gares.

AUTOCRATIE самодержавие.

AUTOCRITIQUE самокритика.

AUTODIDACTE самоучка.

AUTOMATE автомат.

AUTOMATIQUE автоматический. *Une arme automatique*, автоматическое оружие.

AUTOMATIQUEMENT автоматически. *Ça se fait automatiquement*, это делается автоматически.

AUTOMATISME (*acquis*) навык. *Acquérir un automatisme*, приобрести навык.

AUTOMNE осень *f*. *L'automne arriva*, наступила осень. *Au début de l'automne*, в начале осени. ● **Cet automne**, осенью. *Cet automne, j'irai dans le Midi*, осенью я поеду на юг. **D'automne**, осенний. *Un temps d'automne*, осенняя погода. **En automne**, осенью (*adv.*). *Il est arrivé en automne*, он приехал осенью.

AUTOMOBILE автомобиль *m*. *La production d'automobiles*, производство автомобилей.

AUTOMOBILISTE водитель *m*. *L'accident est dû à l'imprudence d'un automobiliste*, несчастный случай был вызван неосторожностью одного водителя.

AUTONOME (*politique*) автономный. *La République autonome du Daghestan*, Дагестанская автономная республика.

AUTOPORTRAIT автопортрет.

AUTORAIL автомотриса.

AUTORISATION разрешение. *Demander l'autorisation*, попросить разрешения. *Obtenir l'autorisation*, получить разрешение.

AUTORISER разрешать / разрешить (*on met au datif le nom ou le pronom désignant la personne à qui l'autorisation est accordée*). *On l'a autorisé à visiter l'usine*, ему разрешили осмотреть завод.

AUTORITAIRE 1. (*en parlant d'une personne, de son caractère...*) властный. *Un caractère autoritaire*, властный характер. **2.** (*en parlant d'un régime politique*) авторитарный (*livresque*). *Un régime autoritaire*, авторитарный режим.

AUTORITÉ 1. (*sg. seulement: pouvoir*) власть *f*. *L'autorité paternelle*, родительская власть. **2.** (*pl. seulement: représentants de la puissance publique*) власти, властей, властям.../‾‾‾ *pl*. *Les autorités locales*, местные власти. *Les autorités militaires*, военные власти. **3.** (*ascendant dû au mérite ou aux circonstances*) авторитет. *Avoir de l'autorité*, иметь авторитет. **4.** (*personne jouissant d'une grande autorité*) авторитет. *Tous le considèrent comme une autorité dans ce domaine*, он является для всех авторитетом в этой области.

AUTOROUTE автомагистраль *f*., автодорога (*termes usités pour désigner toutes les voies à grande circulation*); автострада (*terme rare*).

AUTO-STOP ● **En auto-stop**, на попутной машине *et, si l'on prend place successivement dans plusieurs voitures*, на попутных машинах. *Il est venu de Kiev en auto-stop*, он приехал из Киева на попутных машинах. **Faire de l'auto-stop 1.** (*faire signe aux voitures qui passent*) голосовать / проголосовать *et* голоснуть (*très familier, en particulier* « голоснуть »). *Nous étions au bord de la route et nous faisions de l'auto-stop*, мы стояли у дороги и « голосовали ». **2.** (*voyager dans une voiture que l'on a* *arrêtée*) éхать на попýтной машúне *et, si l'on prend place successivement dans plusieurs voitures,* éхать на попýтных машúнах (éхать* IV, éду, éдешь... / поéхать* IV [*id.*]; *indét.* éздить). *J'allais à Iaroslavl en auto-stop,* я éхал в Яросла́вль на попýтных машúнах.

AUTO-STOPPEUR *ce mot n'ayant pas d'équivalent en russe,* v. AUTO-STOP.

AUTOUR • **Autour de,** вокрýг (+ *gén.*). *La Terre tourne autour du Soleil,* Землá вращáется вокрýг Сóлнца. *Un voyage autour du monde,* путешéствие вокрýг свéта. • **Tourner autour du pot,** ходúть вокрýг да óколо (ходúть ╲_____).

AUTRE 1. другóй. *Donnez-moi un autre livre,* Дáйте мне другýю кнúгу. *C'est une autre paire de manches,* э́то совсéм другóе дéло. *Sur l'autre rive,* на другóм берегý. *En d'autres termes,* другúми словáми. *Nous parlions de choses et d'autres,* мы говорúли о том, о другóм. **2.** (*pl. seulement, au sens de* « *tous les autres* ») остальны́е *adj. subst. pl. Les autres se taisaient,* остальны́е молчáли. • **Comme un autre** (*après un substantif*), как *précédé et suivi du même substantif. Une ville comme une autre,* гóрод как гóрод. **De temps à autre,** врéмя от врéмени. **D'un jour à l'autre,** со дня нá день. *On l'attendait d'un jour à l'autre,* егó ждáли со дня нá день. **Entre autres** (*accompagné d'une énumération*), в том числé. *Plusieurs écrivains, entre autres Pasternak, Soljenitsyne, Aksionov,* рáзные писáтели, в том числé Пастернáк, Солженúцын, Аксёнов. **L'autre jour,** на днях. **L'un l'autre, les uns les autres...** друг дрýга (*pronom dont le premier élément est invariable; le second élément suit la déclinaison des substantifs masculins*). *Nous sommes restés satisfaits l'un de l'autre,* мы остáлись довóльны друг дрýгом. *Ils s'aident les uns les autres,* онú помогáют друг дрýгу.

AUTREFOIS когдá-то. *Autrefois, il y avait un bouleau derrière la maison,* когдá-то за дóмом рослá берёза.

AUTREMENT 1. (*d'une autre façon*) инáче, по-другóму. *Peut-on faire autrement?,* Мóжно ли поступúть инáче? **2.** (*dans le cas contraire*) инáче. *Il faut te reposer, autrement tu tomberas malade,* Тебé нáдо отдохнýть, инáче заболéешь.

I. AUTRICHIEN *subst.* австрúец, австрúйца...

II. AUTRICHIEN *adj.* австрúйский.

AUTRICHIENNE австрúйка.

AUTRUI • **D'autrui,** чужóй. *S'attribuer les mérites d'autrui,* приписывать себé чужúе заслýги.

AUXQUELLES, AUXQUELS v. LEQUEL.

AVALANCHE лавúна. *Une avalanche de neige,* снéжная лавúна.

AVALER проглáтывать / проглотúть╲_____ . *Avaler un médicament,* проглотúть лекáрство.

AVANCE (*payement anticipé*) авáнс. *Recevoir une avance,* получúть авáнс. • **À l'avance 1.** зарáнее. *Préparer qqch. à l'avance,* приготóвить чтó-нибудь зарáнее. *Je m'en réjouissais à l'avance,* я зарáнее рáдовался э́тому. **2.** (*en parlant d'un payement*) вперёд. *Payer à l'avance pour deux mois,* заплатúть за два мéсяца вперёд. **Avoir de l'avance,** быть впередú. *Il a une avance considérable,* он далекó впередú. **D'avance,** v. ci-dessus À L'AVANCE. **En avance,** рáньше врéмени. *Je suis arrivé en avance,* я пришёл рáньше врéмени. *J'étais dix minutes en avance,* я пришёл дéсять минýт рáньше врéмени. **Faire des avances à qqn,** сдéлать комý-нибудь авáнсы.

AVANCER

1. (*pousser en avant*) пододвигáть / пододвúнуть.
2. (*tendre*) протя́гивать / протянýть ╲_____ .
3. (*prêter de l'argent*) одáлживать / одолжúть.

4. (*hâter*) ускоря́ть / уско́рить.
5. (*aller en avant*) идти́ * IV, иду́, идёшь...; шёл, шла... / пойти́ * IV (*id.*); *ou* дви́гаться / дви́нуться; *ou* подвига́ться / подви́нуться (*tous ces verbes peuvent être renforcés par l'adverbe* « вперёд »).

REMARQUE. Le suffixe « ать » est atone dans « дви́гаться » et accentué dans « подвига́ться ».

6. (*approcher de son terme*) подвига́ться / подви́нуться (*accompagné éventuellement de l'adverbe* « вперёд »).
7. (*en parlant d'une montre*) спеши́ть.
8. (*faire saillie*) выдава́ться * II, выдаётся, выдаю́тся / вы́даться * *n. cl.*, вы́дастся, вы́дадутся.

1. *Il m'a avancé une chaise*, он пододви́нул мне стул. 2. *Elle a avancé la main pour prendre le livre*, она́ протяну́ла ру́ку, что́бы взять кни́гу. 3. *Tu m'avais avancé cinquante roubles*, ты мне одолжи́л пятьдеся́т рубле́й. 4. *Nous avons décidé d'avancer notre départ*, мы реши́ли уско́рить свой отъе́зд. 5. *Les soldats avancent*, солда́ты иду́т вперёд. *Le wagon n'avançait pas*, ваго́н не дви́гался. *La foule avançait lentement*, толпа́ ме́дленно дви́галась. *Elle a avancé un peu pour faire de la place aux autres*, она́ немно́жко подви́нулась вперёд, что́бы освободи́ть ме́сто для други́х. *La barque avançait lentement*, ло́дка ме́дленно подвига́лась. 6. *Mon travail a avancé*, моя́ рабо́та подви́нулась. *L'affaire n'avance pas*, де́ло не подвига́ется. 7. *Ma montre avance de cinq minutes*, мои́ часы́ спеша́т на пять мину́т. 8. *Le rocher avance au-dessus de l'eau*, скала́ выдаётся над пове́рхностью воды́. ● **Ça n'avance à rien**, э́то ни к чему́.

AVANT

I. Préposition:
1. (*dans la période qui a précédé*) до (+ *gén.*).
2. (*juste auparavant*) пе́ред (+ *instr.*) *et, si le nombre d'heures, de jours, etc., est indiqué*, за (+ *acc.*) ... до (+ *gén.*).
3. (*plus tôt que d'autres*) ра́ньше (+ *gén.*), пре́жде (+ *gén.*).
4. (*lieu*) до (+ *gén.*) *et, si la distance est précisée*, за (+ *acc.*) ... до (+ *gén.*) // не доходя́ до (+ *gén.*) *ou* не доезжа́я до (+ *gén.*) [*sans aller jusqu'à*].

II. Adverbe:
1. (*dans le passé*) ра́ньше, пре́жде.
2. (*à l'avance*) зара́нее; снача́ла (*d'abord*).

III. Substantif:
(*partie antérieure*) пере́дняя часть (часть *f.*).

IV. Adjectif:
(*antérieur*) пере́дний.

I. 1. *Avant la guerre, ils vivaient richement*, до войны́ они́ жи́ли бога́то. 2. *Avant son départ, il a tout avoué*, пе́ред отъе́здом он призна́лся во всём. *Deux jours avant son départ, il m'a téléphoné*, за два дня до своего́ отъе́зда он мне позвони́л. 3. *Il est rentré avant moi*, он верну́лся ра́ньше меня́. *Ils sont arrivés avant tous les autres*, они́ прие́хали пре́жде всех. 4. *Avant le pont*, до моста́. *Cinq kilomètres avant le village*, за пять киломе́тров до дере́вни. // *C'est là-bas, juste avant les feux rouges*, э́то там не доходя́ до светофо́ра.

II. 1. *Ce n'était plus comme avant*, э́то бы́ло уже́ не так как пре́жде. 2. *Prévenez-le avant*, Предупреди́те его́ зара́нее. *Il faudrait lui en parler avant*, на́до бы снача́ла поговори́ть с ним.

III. *L'avant du camion*, пере́дняя часть грузовика́.

IV. *Les roues avant*, пере́дние колёса.

● **Avant de**, пре́жде чем (+ *inf.*). *Avant de partir*, пре́жде чем уе́хать. **Avant J.-C.**, до на́шей э́ры, *très souvent abrégé dans la langue écrite:* до н. э. *Au IXe siècle avant J.-C.*, в IX ве́ке до н. э. **Avant que**, до того́, как. *Nous avons tout préparé avant qu'il ne parte*, мы всё пригото́вили до того́, как он уе́хал. *Nous préparerons tout avant qu'il ne parte*, мы всё пригото́вим до того́, как он уе́дет. **Avant tout,** пре́жде всего́. **Bien avant,** задо́лго до (+ *gén.*). *Bien avant son départ*, задо́лго до его́ отъе́зда. **En avant 1.** (*direction*) вперёд. *Tendre les bras en avant*, вы́тянуть ру́ки вперёд. *C'est un grand pas en avant*, э́то большо́й шаг вперёд. *En avant !*, Вперёд! **2.** (*emplacement*) впереди́. *Il est quelque part en avant*, он где́-то там впереди́. **En avant de,** впереди́ (+ *gén.*). *En avant du détachement*, впереди́ отря́да. **Peu avant,** незадо́лго до (+ *gén.*). *Peu avant son départ*, незадо́лго до его́ отъе́зда.

AVANTAGE 1. (*ce qui est profitable*) вы́года (*pas de pl.*); по́льза (*pas de pl.*). *Des avantages matériels*, материа́льная вы́года. *Quel avantage cela peut-il avoir ?*, Кака́я от э́того по́льза? **2.** (*supériorité*) преиму́щество. *Présenter un grand avantage*, име́ть большо́е преиму́щество.

AVANTAGEUX вы́годный. *Des conditions avantageuses*, вы́годные усло́вия. *Présenter qqch. sous un jour avantageux*, предста́вить что́-нибудь в вы́годном све́те.

AVANT-DERNIER предпосле́дний. *L'accent frappe l'avant-dernière syllabe*, ударе́ние па́дает на предпосле́дний слог.

AVANT-GARDE (*divers sens*) аванга́рд. ● **D'avant-garde,** передово́й. *Une technique d'avant-garde*, передова́я те́хника.

AVANT-HIER позавчера́. *C'était avant-hier soir*, э́то бы́ло позавчера́ ве́чером.

AVANT-PROPOS предисло́вие.

AVARE скупо́й ∧—. *« L'Avare » de Molière*, « Скупо́й » Молье́ра.

AVEC

> **1.** (*moyen*) *se traduit par l'instrumental sans préposition.*
> **2.** (*accompagnement; manière*) с (+ *instr.*).
> **3.** (*matière*) из (+ *gén.*).

1. *Écrire avec un crayon*, писа́ть карандашо́м. **2.** *Avec qui joue-t-il ?*, С кем он игра́ет? *Un homme de haute taille avec une barbe noire*, высо́кий челове́к с чёрной бородо́й. *Elle me regardait avec étonnement*, она́ смотре́ла на меня́ с удивле́нием. **3.** *Il a fait ça avec du papier fin*, он э́то сде́лал из то́нкой бума́ги. ● **Avec l'autorisation,** с разреше́ния. *Avec l'autorisation du gouvernement*, с разреше́ния прави́тельства.

AVENIR бу́дущее *adj. subst. n.* *Dans l'avenir le plus proche*, в ближа́йшем бу́дущем.

AVENTURE приключе́ние. *Il lui est arrivé une triste aventure*, с ним случи́лось печа́льное приключе́ние. ● **À l'aventure,** науда́чу. *Aller à l'aventure*, идти́ науда́чу. **Dire la bonne aventure,** гада́ть. **Diseuse de bonne aventure,** гада́лка. **Roman d'aventures,** приключе́нческий рома́н.

AVENTURIER 1. (*sens non péjoratif*) иска́тель приключе́ний (иска́тель *m.*). **2.** (*péjoratif*) авантюри́ст.

AVENUE 1. (*en France ou dans les pays anglo-saxons*) авеню́* *indécl. f.* **2.** (*en U.R.S.S., dans les pays de l'Europe de l'Est...*) проспе́кт.

AVÉRER (S') ока́зываться / оказа́ться* II, ока́жется, ока́жутся (*verbe d'emploi très courant*). *Il s'est avéré que ces bruits étaient non fondés*, э́ти слу́хи оказа́лись ло́жными.

AVERSE ли́вень *m.* *Il y a eu une averse*, хлы́нул ли́вень.

AVERTIR предупрежда́ть / предупреди́ть, *part.* предупреждённый*. *Pour les avertir du danger*, что́бы предупреди́ть их об опа́сности. ● **Un homme averti en vaut deux,** за учёного двух неучёных даю́т.

AVEU призна́ние. *Faire des aveux à qqn*, сде́лать кому́-нибудь призна́ние.

AVEUGLANT ослепи́тельный. *Une lumière aveuglante*, ослепи́тельный свет.

AVEUGLE 1. *adj.* слепо́й ∧—. *Elle est aveugle de naissance*, она́ слепа́ от рожде́ния. // (*Fig.*) *Une confiance aveugle*, слепо́е дове́рие. **2.** *subst. m.* слепо́й *adj. subst. m.* *Une école pour aveugles*, училище для слепы́х. **3.** *subst. f.* слепа́я *adj. subst. f.*

AVIATEUR лётчик.

AVIATION авиа́ция.

AVIATRICE лётчица.

AVIDE жа́дный ⁀——. *Avec une curiosité avide*, с жа́дным любопы́тством.

AVIDITÉ жа́дность *f. Manger avec avidité*, есть с жа́дностью.

AVION самолёт. *Nous rentrons à Paris en avion*, мы возвраща́емся в Пари́ж на самолёте. *L'avion part à deux heures précises*, самолёт ухо́дит ро́вно в два. *Un avion à réaction*, реакти́вный самолёт. *Un avion supersonique*, сверхзвуково́й самолёт. ● **Par avion** (*sur un envoi postal*), авиапо́чтой, *le plus souvent abrégé en* авиа.

AVIS 1. (*opinion*) мне́ние. *De l'avis des spécialistes*, по мне́нию специали́стов. *À mon avis*, по моему́ мне́нию. **2.** (*avis au public*) объявле́ние. ● **À mon avis, à ton avis, à votre avis**, по-мо́ему, по-тво́ему, по-ва́шему. *À mon avis, il a raison*, по-мо́ему он прав. *Eh bien, qu'est-ce que c'est alors, à votre avis?* Что же э́то тогда́, по-ва́шему? **Autant de têtes, autant d'avis**, ско́лько голо́в, сто́лько умо́в. **Deux avis valent mieux qu'un**, ум хорошо́, а два лу́чше.

AVOCAT адвока́т.

AVOINE овёс.

AVOIR *verbe*

1. (*possession; appartenance*)
a. *si le sujet de la proposition française désigne un être animé, « avoir » est le plus souvent traduit par le verbe* « быть » *utilisé dans une périphrase dont nous donnons ci-dessous le schéma au présent:*
« у » + *gén.* + « есть » + *nom.*
ou
« у » + *gén.* + « нет » + *gén.*, *selon que la proposition est affirmative ou négative. Au passé,* « есть » *est remplacé par* « был », « была́ », « бы́ло » *ou* « бы́ли », *selon que le sujet de la proposition russe est au masculin singulier, au féminin singulier, au neutre singulier ou au pluriel;* « нет » *est remplacé par* « не́ было ». *Au futur,* « есть » *est remplacé par* « бу́дет » *ou* « бу́дут », *selon que le sujet de la proposition russe est au singulier ou au pluriel;* « нет » *est remplacé par* « не бу́дет ».

REMARQUES.
1. Au complément direct d'objet de la proposition française correspond en russe le sujet.
2. Au présent, dans les propositions affirmatives, la forme « есть » est omise lorsque l'accent logique porte sur le sujet ou sur l'un des qualificatifs du sujet.
3. Dans le cas particulier où le complément direct de la proposition française est un infinitif introduit par « de », on utilise en russe « что » (+ *inf.*) pour la forme affirmative, « не́чего » (+ *inf.*) pour la forme négative.

b. *Si le sujet de la proposition française désigne un objet, « avoir » est souvent traduit au présent par le verbe* « быть » *utilisé dans une périphrase dont nous donnons ci-dessous le schéma au présent:*
в / на / при } + *loc.* + есть + *nom.*
ou
в / на / при } + *loc.* + нет + *gén.*,
selon que la proposition est affirmative ou négative.

REMARQUES.
1. L'emploi de « на », de « в » ou de « при » est conditionné par le sens ou par l'usage (voir éventuellement les prépositions « на », « в » ou « при » dans le dictionnaire russe-français).
2. En ce qui concerne le passé et le futur, ainsi que l'omission éventuelle de la forme « есть » au présent, voir ci-dessus les explications données au paragraphe **a.**

c. *Dans le style livresque et également lorsque le complément du verbe « avoir » désigne une notion abstraite, on le traduit par* « име́ть ».

2. (*porter tel ou tel vêtement*) *utiliser la périphrase dont nous*

donnons ci-dessous le schéma au présent:
« на » + *loc.* + « есть » + *nom.*
ou
« на » + *loc.* + « нет » + *gén.*, *selon que la proposition est affirmative ou négative.*

REMARQUE. En ce qui concerne le passé et le futur, ainsi que l'omission éventuelle de la forme « есть » au présent, voir les explications données ci-dessus au paragraphe **1, a.**

3. (*une sensation, un sentiment*) быть*; *présent inusité; passé* бы́ло; *futur* бу́дет (*ce qui est ressenti est le plus souvent exprimé par un adjectif au neutre et à la forme courte; au sujet de la proposition française correspond en russe un nom ou un pronom au datif*).
4. (*tel ou tel âge*) быть* *n. cl.; présent inusité; passé* бы́ло; *futur* бу́дет (*au sujet de la proposition française correspond en russe un nom ou un pronom au datif*).
5. (*en parlant de qqn qui est malade, qui est troublé...*) быть* *n. cl.; présent inusité; passé* бы́ло (*au sujet de la proposition française correspond en russe un nom ou un pronom à l'instrumental précédé de* « с »).
6. (*recevoir*) получа́ть / получи́ть ⟍___ .
7. (*autres sens*) *chercher quel mot ou quelle expression peut remplacer le verbe « avoir » et traduire en conséquence.*
8. (*auxiliaire*) *tous les temps formés avec l'auxiliaire « avoir » sont rendus en russe par des temps simples.*

1. a. *J'ai des cartes postales*, у меня́ есть откры́тки. *Je n'ai pas de timbres*, у меня́ нет ма́рок. *Vous avez des enveloppes ?*, Конве́рты у вас есть? *Il avait une gibecière*, у него́ был ягдта́ш. *Il avait un chien*, у него́ была́ соба́ка. *Il avait un fusil*, у него́ бы́ло ружьё. *Il avait des cartouches*, у него́ бы́ли патро́ны. *Vous aurez une place pour moi ?*, У вас бу́дет ме́сто для меня́? *Vous aurez des billets ?*, У вас бу́дут биле́ты? *Vous n'aurez pas le temps ?*, У вас не бу́дет вре́мени? *C'est un frère que j'ai en Angleterre. Ma sœur est en Argentine*, У меня́ брат в А́нглии. А сестра́ в Аргенти́не. *J'ai deux voitures*, у меня́ две маши́ны. *J'ai un grand appartement*, у меня́ больша́я кварти́ра. *Nous aurons de quoi parler*, у нас бу́дет о чём говори́ть. *Ils n'ont pas de quoi se plaindre*, им не́ на что жа́ловаться. **b.** *La maison a un ascenseur*, в до́ме есть лифт. *La ville n'avait pas de jardin zoologique*, в го́роде не́ было зоологи́ческого са́да. *Le livre aura 300 pages*, в кни́ге бу́дет 300 страни́ц. *L'enveloppe n'avait pas de timbres*, на конве́рте не́ было ма́рок. *L'usine a un cercle d'art dramatique*, на заво́де есть драмкружо́к. *L'université a plusieurs terrains de sport*, при университе́те есть спорти́вные площа́дки. **c.** *La maison a trois étages*, дом име́ет три этажа́. *Ils ne voulaient pas avoir d'enfants*, они́ не хоте́ли име́ть дете́й. *Avoir la possibilité*, име́ть возмо́жность. *J'ai eu la bêtise de me mettre en colère contre lui*, я име́л глу́пость рассерди́ться на него́. *Avoir une grande importance*, име́ть большо́е значе́ние. *Avoir un air sévère*, име́ть стро́гий вид. *Avoir une dent contre qqn*, име́ть зуб про́тив кого́-нибудь. *Tu n'as pas le droit*, ты не име́ешь пра́ва. *Je n'ai rien contre*, я ничего́ не име́ю про́тив. *Ne pas avoir l'occasion*, не име́ть слу́чая. *Avoir un grand succès*, име́ть большо́й успе́х. **2.** *Il avait un costume gris*, на нём был се́рый костю́м. **3.** *Elle avait froid*, ей бы́ло хо́лодно. *J'ai honte*, мне сты́дно. *Tu auras trop chaud*, тебе́ бу́дет сли́шком жа́рко. *Vous n'avez pas mal ?*, Вам не бо́льно? *Tu n'as pas peur ?*, Тебе́ не стра́шно? *J'avais pitié d'elle*, мне бы́ло жаль её. **4.** *Quel âge avez-vous ?*, Ско́лько вам лет? *Serge avait alors treize ans*, Серёже бы́ло тогда́ трина́дцать лет. *Elle aura bientôt dix-huit ans*, ей бу́дет ско́ро восемна́дцать лет. **5.** *Qu'est-ce que vous avez ?*, Что с ва́ми? *Qu'est-ce qu'il avait ?*, Что с ним бы́ло? **6.** *Il a eu un prix*, он получи́л пре́мию. **7.** *J'ai eu mon train de justesse*, я чуть не опозда́л на пóезд. **8.** *J'ai fait ma valise*, я уложи́л чемодáн. *Tu aurais déjà fini*, Ты бы ужé кóнчил. ● **Avoir ... à** (*être obligé de*), нáдо *et le verbe* быть (*au sujet de la proposition française correspond en russe un nom ou un pronom au datif*). *J'ai une rédaction à faire*, мне нáдо написáть сочинéние. **Avoir beau** (+ *inf.*), как ... ни (+ *indicatif*). *Mais elle avait beau crier, personne ne répondait*, но как онá ни кричáла, никтó не отвечáл. **Avoir de la chance**, везти́* IV, везёт; везлó / повезти́* IV [*id.*] (*au sujet de la proposition française correspond en russe un nom ou un pronom au datif*). *Tu as de la chance*, Тебé везёт. **Avoir envie**, хóчется; хотéлось / захóчется; захотéлось (*infinitifs inusités; au sujet de la proposition française correspond en russe un nom ou un pronom au datif*). *Elle avait envie de pleurer*, ей хотéлось плáкать. *J'ai envie de dormir*, мне хóчется спать. **Avoir faim**, быть голóдным (голóдный, гóлоден, голоднá, гóлодны). *Elle a faim*, онá голоднá. **Avoir lieu**, / состоя́ться* I, состои́тся, состоя́тся. *Le spectacle n'a pas eu lieu*, спектáкль не состоя́лся. **Avoir raison**, быть прáвым (прáвый, прав, правá, прáвы). *Vous avez raison*, вы прáвы. **Avoir soif**, хóчется пить (*infinitifs inusités;* хóчется; хотéлось / захóчется; захотéлось; *au sujet de la proposition française correspond en russe un nom ou un pronom au datif*). *Tu as soif?*, Тебé хóчется пить? **Avoir sommeil**, хóчется спать (*infinitifs inusités;* хóчется; хотéлось / захóчется; захотéлось; *au sujet de la proposition française correspond en russe un nom ou un pronom au datif*). *J'avais sommeil*, мне хотéлось спать. **Avoir tort**, быть неправым (непрáвый, непрáв, неправá, непрáвы). *Il avait tort*, он был непрáв. **En avoir assez**, надоедáть / надоéсть* *n. cl.*, надоéм, надоéшь, надоéст, надоеди́м, надоеди́те, надоедя́т; надоéл, надоéла... (*au sujet de la proposition française correspond en russe un nom ou un pronom au datif; ce qui importune est exprimé soit par un nom ou un pronom au nominatif, soit par un infinitif*). *J'en ai assez de ce travail*, мне надоéла э́та рабóта. *J'en ai assez de travailler*, мне надоéло рабóтать. **Il y a 1.** (*indiquant l'existence, la présence*) быть *et éventuellement un adverbe de lieu comme* « там », « тут », « здесь » (быть* *n. cl.; au présent, la forme affirmative* « есть » *n'est exprimée que si elle porte l'accent logique; la forme négative est* нет; *passé* был, былá, бы́ло, бы́ли /_ *et, à la forme négative*, нé был, не былá, нé было, нé были /_ ; *futur* бýдет, бýдут *et, à la forme négative*, не бýдет; *à tous les temps, la forme affirmative est régie par son sujet, la forme négative régit le génitif*). *Il y a des verres*, есть стакáны. *Il y avait une réunion*, бы́ло собрáние. *Il y aura des difficultés*, бýдут затруднéния. *Il n'y a pas de sel*, сóли нет. *Il n'y avait pas de chaises*, там нé было стýльев. *Il n'y aura personne*, никогó не бýдет. **2.** (*introduisant un complément de temps*) томý назáд [+ *acc.*] (« томý назáд » *suit presque toujours le mot ou le groupe de mots qu'il régit*). *Il y a une semaine qu'il est rentré*, он вернýлся недéлю томý назáд. *C'était il y a deux mois*, э́то бы́ло два мéсяца томý назáд. **Il n'y a pas à dire**, нéчего сказáть. **N'avoir plus qu'à**, оставáться тóлько (оставáться* II, остаётся / остáться* *n. cl.*, остáнется; *au sujet de la proposition française correspond en russe un nom ou un pronom au datif*). *Je n'ai plus qu'à m'en aller*, мне остаётся тóлько уйти́. **N'avoir qu'à**, стóить тóлько (*au sujet de la proposition française correspond en russe un nom ou un pronom au datif*). *Tu n'as qu'à lui écrire*, тебé стóит тóлько емý написáть. **N'avoir rien à**, нéчего (*au sujet de la proposition française correspond en russe un nom ou un pronom au datif*). *Je n'ai rien à faire*, мне нéчего дéлать. **On a beau dire**, кто что ни говори́.

AVOUER признавáться* II, признаю́сь, признаёшься...; признавáйся; признавáясь / признáться (в + *loc.*); сознавáться* II, сознаю́сь, сознаёшься...; сознава́йся; сознава́ясь / созна́ться (в + *loc.*). *Le coupable a tout avoué*, престу́пник созна́лся во всём. ● **Je l'avoue** (*je reconnais volontiers*), признаю́сь. *Je n'en ai jamais entendu parler, je l'avoue*, признаю́сь, я об э́том никогда́ не слы́шал.

AVRIL апре́ль *m*. *Au mois d'avril*, в апре́ле. *Elle est arrivée le 5 avril*, она́ прие́хала 5-го апре́ля.

AXE ось *f*. *Tourner autour de son axe*, враща́ться вокру́г свое́й о́си.

B

I. BAC v. BACCALAURÉAT.

II. BAC (*bateau*) паро́м. *Traverser le fleuve par le bac*, переплы́ть реку́ на паро́ме.

BACCALAURÉAT *et, familièrement*, **bac, bachot 1.** (*titre*) аттеста́т зре́лости *et* (*fam.*) аттеста́т. **2.** (*examen*) экза́мен на аттеста́т зре́лости. *Passer son baccalauréat*, сдать экза́мен на аттеста́т зре́лости (*pour rendre le caractère familier de l'expression « passer son bac », omettre dans la phrase le mot* « экза́мен » : сдать на аттеста́т зре́лости).

BACHELIER, BACHELIÈRE бакала́вр (*terme ancien peu usité qui n'a pas de féminin*); *on utilise plus couramment une périphrase indiquant que la personne concernée a terminé ses études secondaires* ко́нчить сре́днюю шко́лу. *Elle est bachelière*, она́ ко́нчила сре́днюю шко́лу.

BACHOT v. BACCALAURÉAT.

BÂCLER сде́лать на ско́рую ру́ку (де́лать / сде́лать); ко́мкать / ско́мкать. *Ç'a été bâclé*, э́то бы́ло сде́лано на ско́рую ру́ку. *Bâcler un exposé*, ско́мкать докла́д.

BAFOUILLER бормота́ть* II, бормочу́, бормо́чешь... / пробормота́ть* II (*id.*). *Qu'est-ce qu'il bafouille ?*, Что он там бормо́чет?

BAGAGE бага́ж (*pas de pl.*). *Mettre ses bagages à la consigne*, сдать бага́ж на хране́ние. ● **Faire ses bagages**, укла́дываться / уложи́ться. *Il a fait ses bagages à la hâte et il est parti*, он поспе́шно уложи́лся и уе́хал.

BAGARRE дра́ка. *Chercher la bagarre*, лезть в дра́ку.

BAGATELLE пустя́к. *Il s'est mis en colère pour des bagatelles*, он рассерди́лся из-за пустяко́в.

BAGNARD 1. (*de droit commun*) ка́торжник. **2.** (*détenu politique*) каторжа́нин*, *pl.* каторжа́не, каторжа́н, каторжа́нам...

BAGNE ка́торга. *Envoyer qqn au bagne*, сосла́ть кого́-нибудь на ка́торгу. *S'enfuir du bagne*, бежа́ть с ка́торги. *C'est un vrai bagne*, э́то настоя́щая ка́торга.

BAGUE кольцо́. *Une bague avec des brillants*, кольцо́ с бриллиа́нтами.

BAGUETTE 1. па́лочка. *Baguette de chef d'orchestre*, дирижёрская па́лочка. *Une baguette magique*, волше́бная па́лочка. **2.** (*de pain*) бато́н.

I. BAIE (*géogr.*) бу́хта. *Une baie profonde*, глубо́кая бу́хта.

II. BAIE (*petit fruit*) я́года. *Les enfants allaient dans la forêt ramasser des baies*, де́ти ходи́ли в лес за я́годами.

BAIGNER (*faire prendre un bain*) купа́ть / вы́купать. *Baigner un enfant*, купа́ть ребёнка.

BAIGNER (SE) купа́ться / вы́купа́ться. *Se baigner dans un lac*, купа́ться в о́зере.

BAIGNOIRE (*pour le bain*) ва́нна, *gén. pl.* ванн. *Se laver dans une baignoire*, мы́ться в ва́нне.

BÂILLER зева́ть / зевну́ть. *Bâiller d'ennui*, зева́ть от ску́ки.

BAIN ва́нна, *gén. pl.* ванн. *Prendre un bain*, приня́ть ва́нну. *Prendre des bains de soleil*, принима́ть со́лнечные ва́нны. ● **Caleçon de bain**, пла́вки, пла́вок, пла́вкам... *pl. t.* **Maillot de bain**, купа́льный костю́м. **Salle de bains**, ва́нная *adj. subst. f.* *Il est allé dans la salle de bains se raser*, он пошёл в ва́нную, что́бы побри́ться.

I. BAISER *subst.* поцелу́й *m.* *Couvrir de baisers*, осы́пать поцелу́ями.

II. BAISER (*donner un baiser*) целова́ть / поцелова́ть. *Il lui a baisé la main*, он поцелова́л ей ру́ку.

BAISSE сниже́ние; пониже́ние (*baisse légère ou progressive*). *Une baisse de la qualité*, сниже́ние ка́чества. *Une baisse de la température*, пониже́ние температу́ры.

BAISSER ______

> **I. Transitif:**
> **1.** (*un rideau...; la tête...*) опуска́ть / опусти́ть _____ .
> **2.** (*les prix...; le ton...*) снижа́ть / сни́зить.
> **II. Intransitif:**
> **1.** (*en parlant des prix, de la température...*) па́дать / спасть* IV, спадёт, спаду́т; спал, спа́ла...; *ou* снижа́ться / сни́зиться.
> **2.** (*en parlant de marchandises dont le prix baisse*) стать деше́вле (/ стать* *n. cl.*, ста́нет, ста́нут).
> **3.** (*en parlant du niveau d'un cours d'eau*) спада́ть / спасть*.

I. 1. *Baisser le rideau*, опусти́ть за́навес. *Baisser les yeux*, опусти́ть глаза́. **2.** *Baisser les prix*, сни́зить це́ны. *Baisser le ton*, сни́зить тон.
II. 1. *Les prix baissent*, це́ны па́дают. *La température a baissé*, температу́ра сни́зилась. *Le baromètre baisse*, баро́метр па́дает. **2.** *Les disques baissent*, пласти́нки ста́ли деше́вле. **3.** *L'eau baisse*, вода́ спада́ет. ● **Le jour baisse**, темне́ет (темне́ть / стемне́ть).

BAISSER (SE) нагиба́ться / нагну́ться. *Il s'est baissé pour ramasser la feuille de papier*, он нагну́лся, что́бы подня́ть лист бума́ги.

BAL бал*, *loc.* балу́ ___/ ___ . *Aller au bal*, идти́ на бал.

BALAI 1. (*en forme de brosse*) щётка (*accompagné éventuellement de l'adjectif* « полова́я »). **2.** (*en faisceau*) метла́, *pl.* мётлы, мётел, мётлам... ___ ___ .

BALALAÏKA балала́йка.

BALANCE (*instrument*) весы́, весо́в, веса́м... *pl. t.* *Peser qqch. sur une balance*, взве́шивать что́-нибудь на веса́х.

BALANCER кача́ть / качну́ть. *Se balancer sur une chaise*, кача́ться на сту́ле. ● **Balancer les bras**, разма́хивать рука́ми. **Balancer les jambes**, болта́ть нога́ми.

BALANÇOIRE каче́ли, каче́лей, каче́лям... *pl. t.* *Faire de la balançoire*, кача́ться на каче́лях.

BALAYER 1. (*propr.*) подмета́ть *ou* мести́* IV, мету́, метёшь...; мёл, мела́.../‾‾‾/ подмести́* IV, подмету́, подметёшь...; подмёл, подмела́.../‾‾‾; подметённый. *Balayer la chambre*, подмести́ ко́мнату. **2.** (*en parlant du vent*) мести́* IV, метёт; мёл / подмести́* IV, подметёт; подмёл. *Le vent balaye les feuilles sur la route*, ве́тер метёт ли́стья по доро́ге.

BALBUTIER лепета́ть* II, лепечу́, лепе́чешь...____/ пролепета́ть* II (*id.*). « *Personne ne m'y a forcé* », *balbutia-t-il*, « Меня́ никто́ не заставля́л », — пролепета́л он.

BALCON (*archit.; théâtre*) балко́н.

BALEINE (*zool.*) кит /‾‾‾ ‾‾‾ .

BALLADE (*poésie; mus.*) балла́да.

BALLE 1. (*petit ballon*) мяч /‾‾‾ ‾‾‾. *Jouer à la balle*, игра́ть в мяч. **2.** (*projectile*) пу́ля. *Une balle de pistolet*, пистоле́тная пу́ля.

BALLERINE балери́на.

BALLET (*spectacle; œuvre musicale*) бале́т.

BALLON 1. (*à jouer*) мяч. *Jouer au ballon*, игра́ть в мяч. *Un ballon de football*, футбо́льный мяч. **2.** (*aérostat*) возду́шный шар (шар ; *gén. sg.* шара́ *après* « два », « три » *et* « четы́ре »).

Remarque. Le mot « балло́н » désigne soit une bouteille à gaz, soit un pneu.

BALNÉAIRE ● **Station balnéaire,** куро́рт. *Passer son congé dans une station balnéaire*, провести́ о́тпуск на куро́рте.

BALUSTRADE пери́ла, пери́л, пери́лам... *pl. t. S'accouder à la balustrade*, облокоти́ться на пери́ла.

BANAL бана́льный. *Un sujet banal*, бана́льная те́ма.

BANALITÉ бана́льность *f. Dire des banalités*, говори́ть бана́льности.

BANANE бана́н.

BANC скаме́йка; скамья́, *gén. pl.* скаме́й (*livresque*). *Nous étions dans le jardin, assis sur un banc*, мы сиде́ли в саду́ на скаме́йке. *Sur le banc des accusés*, на скамье́ подсуди́мых. ● **Banc de sable,** мель *f. Échouer sur un banc de sable*, сесть на мель.

BANDE

> **1.** (*de papier, d'étoffe...; de terre...*) полоса́, *pl.* по́лосы, поло́с, полоса́м... ; *dim.* поло́ска.
> **2.** (*pansement*) бинт.
> **3.** (*magnétique*) ле́нта, плёнка.
> **4.** (*sur un envoi postal*) бандеро́ль *f.*
> **5.** (*de brigands, de gamins...*) ша́йка.
> **6.** (*d'oiseaux*) стая́.

1. *Une bande d'étoffe*, полоса́ мате́рии. *Une étroite bande de terre*, у́зкая полоса́ земли́. **2.** *Il faudrait mettre une bande sur la plaie*, на́до бы наложи́ть бинт на ра́ну. **3.** *Je l'ai enregistré sur bande magnétique*, я э́то записа́л на магнитофо́нную ле́нту. **4.** *J'ai fait sauter la bande du journal*, я разорва́л бандеро́ль газе́ты. **5.** *Une bande de brigands*, ша́йка разбо́йников. *Une bande de gamins*, ша́йка ребя́т. **6.** *Une bande de canards*, стая́ у́ток. ● **Bandes dessinées,** ко́миксы, ко́миксов, ко́миксам... *pl. t.*

BANDIT банди́т.

BANLIEUE при́город. *Habiter en banlieue*, жить в при́городе.

BANQUE банк. *Banque d'État*, госуда́рственный банк.

BANQUET банке́т. *Organiser un banquet*, устро́ить банке́т.

BANQUETTE 1. (*sorte de banc; siège dans un wagon*) ла́вка. *Être assis sur la banquette*, сиде́ть на ла́вке. **2.** (*dans une automobile*) сиде́нье. *Sur la banquette arrière*, на за́днем сиде́нье.

BANQUIER банки́р.

BAPTÊME креще́ние. *Recevoir le baptême*, приня́ть креще́ние. // (*Fig.*) *Le baptême du feu*, боево́е креще́ние. ● **Baptême de l'air,** пе́рвый полёт.

BAPTISER крести́ть / крести́ть *ou* окрести́ть. *Faire baptiser un enfant*, крести́ть ребёнка.

BAR (*débit de boissons*) бар.

BARAQUE бара́к.

BARATIN трепотня́.

I. BARBARE *subst.* ва́рвар.

II. BARBARE *adj.* ва́рварский. *Des mœurs barbares*, ва́рварские нра́вы.

BARBARIE ва́рварство.

BARBE борода́, бо́роду, бороды́... ; *pl.* бо́роды, боро́д, борода́м... *Se laisser pousser la barbe*, отрасти́ть себе́ бо́роду. ● **Barbe Bleue,** Си́няя борода́. **Rire dans sa barbe,** смея́ться в бо́роду.

BARBELÉ *adj.* колю́чий. *Fil de fer barbelé*, колю́чая про́волока.

BARBICHE боро́дка.

BARBITURIQUE барбитура́т.

BARBOUILLER па́чкать / запа́чкать, испа́чкать *ou* напа́чкать. *Se barbouiller la figure*, испа́чкать себе́ лицо́. ● **Barbouiller du papier,** мара́ть бума́гу (мара́ть / замара́ть).

I. BARBU *subst.* борода́ч /‾‾‾ ‾‾‾ .

II. BARBU *adj.* борода́тый.

BARINE (*hist.*) ба́рин*, *pl.* господа́, госпо́д, господа́м...

BARIOLÉ пёстрый ^‾‾. *Une étoffe bariolée*, пёстрая мате́рия.

BAROMÈTRE баро́метр. *Le baromètre monte*, баро́метр поднима́ется. *Le baromètre baisse*, баро́метр па́дает.

BAROQUE (*style*) баро́кко* *indécl. n.* • **De style baroque**, в сти́ле баро́кко.

BARQUE ло́дка. *Faire une promenade en barque*, ката́ться на ло́дке.

BARRAGE 1. (*digue*) плоти́на. *Construire un barrage en béton*, постро́ить бето́нную плоти́ну. **2.** (*obstacle artificiel*) загражде́ние. *Un barrage de mines*, ми́нное загражде́ние. **3.** (*de police, de douane...*) кордо́н. *Il y avait des barrages de police sur les routes*, на доро́гах бы́ли полице́йские кордо́ны.

BARRE (*pièce de métal*) полоса́, *pl.* по́лосы, поло́с, полоса́м... ‾‾‾/‾‾‾ ; сли́ток (*lingot*). *Une barre d'acier*, стальна́я полоса́. *De l'or en barres*, зо́лото в сли́тках. • **Barre fixe**, турни́к /‾‾‾ ‾‾‾. **Barres parallèles**, паралле́льные бру́сья (бру́сья, бру́сьев, бру́сьям... *pl.*).

BARREAU перекла́дина.

BARRER 1. (*empêcher le passage*) загора́живать / загороди́ть\‾‾‾. *La sentinelle lui barra la route*, часово́й загороди́л ему́ доро́гу. **2.** (*biffer*) вычёркивать / вы́черкнуть. *Barrer un mot*, вы́черкнуть сло́во.

BARRICADE баррика́да.

BARRIÈRE 1. (*clôture*) забо́р. **2.** (*de chemin de fer*) шлагба́ум. *La barrière est fermée*, шлагба́ум опу́щен.

BARYTON барито́н.

I. BAS (*contraire de « haut »*)

I. Adjectif:
1. (*peu élevé*) ни́зкий ^‾‾, *comp.* ни́же*, *superl.* ни́зший*.
2. (*inférieur*) ни́жний.
3. (*en parlant de la voix*) ти́хий ^‾‾, *comp.* ти́ше*.

II. Adverbe:
(*en parlant de la voix*) ти́хо, *comp.* ти́ше*.

III. Substantif:
(*partie inférieure*) ни́жняя часть (часть *f.*); низ*, *loc.* низу́ ‾‾/ .

I.-I. 1. *Un plafond bas*, ни́зкий потоло́к. *Des talons bas*, ни́зкие каблуки́. *Un front bas*, ни́зкий лоб. *À basse température*, при ни́зкой температу́ре. *À bas prix*, по ни́зкой цене́. **2.** *Basses-Alpes*, Ни́жние А́льпы. **3.** *À voix basse*, ти́хим го́лосом.

II. *Parler bas*, говори́ть ти́хо.

III. *Le bas du visage*, ни́жняя часть лица́. *Je ne distingue pas le bas du haut*, не зна́ю где низ, где верх. • **À bas**, доло́й (+ *acc.*). *À bas les tyrans !*, Доло́й тира́нов ! *À bas la tyrannie !*, Доло́й тира́нию! **Bas les pattes!**, Ру́ки прочь! **En bas 1.** (*direction*) вниз. *Regarder en bas*, смотре́ть вниз. **2.** (*emplacement*) внизу́. *Il habite en bas*, он живёт внизу́. **Là-bas**, там.

II.-BAS (*vêtement*) чуло́к*, *gén. pl.* чуло́к. *Une paire de bas*, па́ра чуло́к.

BASCULER (*se renverser*) опроки́дываться / опроки́нуться. *Le camion a basculé et est tombé dans le ravin*, грузови́к опроки́нулся и свали́лся с обры́ва.

BASE 1. (*math.*) основа́ние. *La base du triangle*, основа́ние треуго́льника. **2.** (*principe fondamental*) осно́ва. *Les bases de la physique moderne*, осно́вы совреме́нной фи́зики. *Prendre pour base*, взять за осно́ву. **3.** (*centre de ravitaillement*) ба́за. *Base aérienne*, возду́шная ба́за.

BASER осно́вывать / основа́ть. *Sur quoi sont basées ses conclusions ?*, На чём осно́вываются его́ вы́воды?

BASKET-BALL баскетбо́л. *Jouer au basket-ball*, игра́ть в баскетбо́л.

BASSE-COUR пти́чий двор (пти́чий *adj. d'appart.;* двор

/‾‾‾ ‾‾‾). *Dans la basse-cour*, на пти́чьем дворе́.

BASSIN (*géogr.*) бассе́йн. *Un bassin houiller*, у́гольный бассе́йн. *Le bassin de la Volga*, бассе́йн Во́лги.

BATACLAN барахло́. *Pourquoi traînes-tu tout ce bataclan?*, Заче́м ты та́щишь всё э́то барахло́?

BATAILLE 1. би́тва; сраже́ние (*plus livresque*). *Gagner la bataille*, вы́играть сраже́ние. *Sur le champ de bataille*, на по́ле сраже́ния. *La bataille de Koulikovo*, Кулико́вская би́тва. *La bataille de la Kalka*, би́тва на Ка́лке. *La bataille de Poltava*, би́тва под Полта́вой. *La bataille de la Moskova*, би́тва при Бородине́. *La bataille de Tsoushima*, би́тва при Цуси́ме. **2.** (*bagarre*) дра́ка. *Le jeu a dégénéré en bataille*, игра́ преврати́лась в дра́ку.

Remarque. Les noms de batailles sont le plus souvent formés à l'aide d'adjectifs en « ский ». On peut également avoir les prépositions на + *loc.* si la bataille porte le nom d'un fleuve, под + *instr.* (quelquefois при + *loc.*) si elle a eu lieu aux abords d'une ville, при + *loc.* lorsqu'il s'agit d'une bataille navale.

BATAILLON батальо́н.

BATEAU 1. (*de petite taille*) ло́дка. *Faire un tour en bateau*, поката́ться на ло́дке. *Un bateau à moteur*, мото́рная ло́дка. *Un bateau à voile*, па́русная ло́дка. **2.** (*de grande taille*) су́дно, *pl.* суда́, судо́в, суда́м... ‾‾‾ ‾‾‾ (*quel que soit le mode de propulsion*); парохо́д (*bateau à vapeur*); теплохо́д (*bateau à moteur Diesel*). *Un bateau de pêche*, рыболо́вное су́дно. *Un bateau de commerce*, торго́вое су́дно. *Un bateau à voiles*, па́русное су́дно. *Aller aux États-Unis en bateau*, пое́хать в США на парохо́де. *Nous sommes revenus par le bateau soviétique « Nadiejda Kroupskaïa »*, мы верну́лись на теплохо́де « Наде́жда Кру́пская ». ● **Bateau-mouche**, речно́й трамва́й (трамва́й *m.*).

BÂTIMENT (*édifice*) зда́ние. *Un bâtiment de grande taille*, большо́е зда́ние.

BÂTIR (*propr. et fig.*) стро́ить / постро́ить. *Bâtir un pont*, стро́ить мост. *Bâtir sur le sable*, стро́ить на песке́.

BÂTON 1. (*de bois*) па́лка. *S'appuyer sur un bâton*, опира́ться на па́лку. **2.** (*d'agent de police, de maréchal...*) жезл /‾‾‾ ‾‾‾. *Le bâton blanc des agents de police*, бе́лый жезл милиционе́ров. ● **Mettre des bâtons dans les roues**, ста́вить па́лки в колёса. **Parler à bâtons rompus**, разгова́ривать из пя́того в деся́тое.

BATTEMENTS бие́ние. *Les battements du cœur*, бие́ние се́рдца. ● **Battements de cœur**, сердцебие́ние. *J'ai souvent des battements de cœur*, у меня́ ча́сто быва́ет сердцебие́ние.

BATTERIE (*mil.; électr.*) батаре́я. *Une batterie de D.C.A.*, зени́тная батаре́я. *Une batterie d'accumulateurs*, батаре́я аккумуля́торов.

BATTRE

> **1.** (*donner des coups*) бить* II, бью, бьёшь...; бей / поби́ть* II, побью́, побьёшь...; побе́й; поби́тый.
> **2.** (*à la guerre, dans une lutte*) бить* II, бью, бьёшь...; бей / разби́ть* II, разобью́, разобьёшь...; разбе́й; разби́тый.
> **3.** (*au jeu*) выи́грывать / вы́играть (у + *gén. et l'indication de ce qu'on a gagné*).
> **4.** (*le blé...*) молоти́ть ___ / смолоти́ть ___ .
> **5.** (*en parlant du cœur*) би́ться* II, бьётся.

1. *Il bat sa femme*, он бьёт свою́ жену́. *Battre qqn à coups de poings*, бить кого́-нибудь кулака́ми. **2.** *Battre l'ennemi*, разби́ть врага́. *Battre qqn à plate couture*, разби́ть кого́-нибудь на́голову. **3.** *Il m'a battu aux échecs*, он вы́играл у меня́ ша́хматную па́ртию. **4.** *Battre le seigle*, молоти́ть рожь. **5.** *Le cœur bat*, се́рдце бьётся. ● **Battre des ailes**, маха́ть кры́льями (маха́ть* II, машу́, ма́шешь... ___ ; *gérondif* махая́). **Battre des mains**, бить в ладо́ши (бить* II, бью, бьёшь...; бей) *ou* хло́пать в ладо́ши. **Battre du**

tambour, бить в бараба́н (бить* II, блю, бьёшь...; бей). **Battre en retraite**, отступа́ть / отступи́ть ⟍——. *L'ennemi battait en retraite*, враг отступа́л. **Battre son plein**, быть в са́мом разга́ре. *La fête battait son plein*, пра́здник был в са́мом разга́ре. **Battre un record**, поби́ть реко́рд (/ поби́ть* II, побью́, побьёшь...; побе́й). **Il faut battre le fer pendant qu'il est chaud**, куй желе́зо, пока́ горячо́.

BATTRE (SE) дра́ться* IV, деру́сь, дерёшься...; дра́лся, драла́сь... ⟋—— / подра́ться* IV (*id.*); *ou* би́ться* II, бьюсь, бьёшься...; бейся / поби́ться* II (*id.*). *Les gamins se battent*, ма́льчики деру́тся. *Se battre en duel*, дра́ться на дуэ́ли. *Se battre à l'épée*, би́ться на шпа́гах. • **Je m'en bats l'œil**, мне начиха́ть.

BAVARD *subst.* болту́н ⟋—— ——. *Je n'ai jamais vu un bavard pareil*, никогда́ не ви́дел тако́го болтуна́.

BAVARDAGE болтовня́.

BAVARDE болту́нья.

BAVARDER болта́ть / поболта́ть. *Bavarder sans arrêt*, болта́ть без у́молку.

BAZAR 1. (*en Occident*) ма́ленький универма́г. **2.** (*bataclan*) барахло́. *Mets donc en ordre ton bazar*, Приведи́ в поря́док своё барахло́.

Remarque. Le mot « база́р » signifie « marché ».

BEAU *adj.* **1.** (*sur le plan esthétique*) краси́вый. *Une belle fleur*, краси́вый цвето́к. *Un beau paysage*, краси́вый пейза́ж. *Une belle voix*, краси́вый го́лос. *De la belle musique*, краси́вая му́зыка. // (*Iron.*) *De belles paroles*, краси́вые слова́. **2.** (*dans les autres cas*) хоро́ший; *comp.* лу́чше*; *comp. et superl.* лу́чший*. *Un beau temps*, хоро́шая пого́да. *Vous avez un bel appartement*, у вас хоро́шая кварти́ра. *Manger une belle portion de gâteau*, съесть хоро́шую по́рцию то́рта. • **Au beau milieu 1.** (*direction*) в са́мую середи́ну. **2.** (*emplacement*) в са́мой середи́не. **Avoir beau** (+ *inf.*), как... ни (+ *indicatif*). *Mais elle avait beau crier, personne ne répondait*, но как она́ ни крича́ла, никто́ не отвеча́л. **Faire beau** (*en parlant du temps*), *on traduira au présent par* пого́да хоро́шая, *au passé par* пого́да была́ хоро́шая *ou* была́ хоро́шая пого́да, *au futur par* бу́дет хоро́шая пого́да, *à l'hypothétique par* (е́сли) бы была́ хоро́шая пого́да. *Il faisait beau temps avant-hier*, позавчера́ была́ хоро́шая пого́да. *S'il fait beau demain, nous irons à la chasse*, е́сли за́втра бу́дет хоро́шая пого́да, мы пойдём на охо́ту. *S'il avait fait beau, je serais allé au stade*, е́сли бы была́ хоро́шая пого́да, я бы пое́хал на стадио́н. **La Belle au bois dormant**, Спя́щая краса́вица. **Le beau!** (*ordre donné à un chien*), Служи́ть! *Médor, le beau!*, Медо́р, служи́ть! **Le beau sexe**, прекра́сный пол. **Un beau jour** (*inopinément*), в оди́н прекра́сный день.

BEAUCOUP

> **1.** (*quantité*) мно́го (*dans le cas où* « мно́го » *régit un substantif, celui-ci se met au génitif;* « мно́го » *peut être précédé de* « о́чень » *qui en renforce le sens*) // (*au sens de* « *bien des personnes* ») мно́гие, мно́гих, мно́гим... *pronom-adjectif pl.* // (*au sens de* « *bien des choses* ») мно́гое *pronom neutre singulier*.
> **2.** (*intensité*) о́чень.
> **3.** (*suivi d'un comparatif*) намно́го; гора́здо (*livresque*).

1. *C'est beaucoup*, э́то мно́го. *Beaucoup de travail*, мно́го рабо́ты. *Beaucoup de bruit pour rien*, мно́го шу́ма из ничего́. *Il est passé beaucoup d'eau sous les ponts depuis ce temps-là*, мно́го воды́ утекло́ с тех пор. *Parler beaucoup*, мно́го говори́ть. *Il a beaucoup de soucis*, у него́ о́чень мно́го забо́т. *Je lis beaucoup*, я о́чень мно́го чита́ю. // *Beaucoup pensent qu'il ne reviendra pas*, мно́гие ду́мают, что он не вернётся. *C'est indispensable pour beaucoup*, э́то необходи́мо для мно́гих. // *Ils ont fait beaucoup pour toi*, они́ мно́гое сде́лали для тебя́. **2.** *Je l'aime* *beaucoup*, я его́ о́чень люблю́. *Ça lui plaît beaucoup*, э́то ей о́чень нра́вится. **3.** *Beaucoup plus vite*, намно́го быстре́е. *Ils sont beaucoup plus nombreux*, их намно́го бо́льше. *Elle est beaucoup plus intelligente que lui*, она́ гора́здо умне́е его́. ● **Beaucoup trop**, сли́шком мно́го (*dans le cas où* « мно́го » *régit un substantif, celui-ci se met au génitif*). *Tu travailles beaucoup trop*, ты сли́шком мно́го рабо́таешь. *Il y a beaucoup trop de lait dans la soupe*, в су́пе сли́шком мно́го молока́.

BEAU-FILS 1. (*enfant d'un premier lit*) па́сынок. **2.** (*gendre*) зять*, *pl.* зятья́, зятьёв, зятья́м... ——— *m.*

BEAU-FRÈRE *la terminologie complexe exprimant les divers liens de parenté par alliance tend à être oubliée; on emploie le plus souvent une périphrase.* Ex. : *votre beau-frère*, брат ва́шей жены́. Termes spécifiques : **1.** (*mari de la sœur*) зять*, *pl.* зятья́, зятьёв, зятья́м... ——— *m.*; **2.** (*frère du mari*) де́верь*, *pl.* деверья́, деверéй, деверья́м... ——— *m.*; **3.** (*frère de la femme*) шу́рин; **4.** (*le mari d'une sœur du mari; le mari de la sœur de la femme*) своя́к ———.

BEAU-PÈRE *la terminologie complexe exprimant les divers liens de parenté par alliance tend à être oubliée; on emploie souvent une périphrase.* Ex. : *mon beau-père*, оте́ц мое́й жены́. Termes spécifiques: **1.** (*père de la femme*) тесть *m.*; **2.** (*père du mari*) свёкор; **3.** (*second mari de la mère*) о́тчим.

BEAUTÉ 1. (*caractère de ce qui est beau*) красота́, *pl.* красо́ты... ——— . *Je fus frappé par sa beauté*, меня́ порази́ла её красота́. *Les beautés de la nature*, красо́ты приро́ды. **2.** (*femme très belle*) краса́вица. *C'est une beauté*, она́ краса́вица.

BEAUX-PARENTS 1. (*parents du mari*) роди́тели му́жа (роди́тели, роди́телей, роди́телям... *pl. t.*). **2.** (*parents de la femme*) роди́тели жены́ (роди́тели, роди́телей, роди́телям... *pl. t.*).

BÉBÉ ма́ленький ребёнок (ребёнок*, *pl.* де́ти, дете́й, де́тям, детьми́, де́тях). *Il se conduit comme un bébé*, он ведёт себя́ как ма́ленький ребёнок.

BEC (*d'oiseau, d'animal*) клюв.

BÊCHE лопа́та.

BÊCHER копа́ть / вскопа́ть. *Bêcher le jardin*, копа́ть• огоро́д.

BÉGAYER (*être bègue*) заика́ться.

BEIGE (*couleur*) беж* *indécl.* (*peu usité; employé comme épithète, cet adjectif est placé après le substantif qu'il qualifie*). *Des chaussettes de couleur beige*, носки́ цве́та беж.

BEIGNET ола́дья.

BEL, BELLE v. BEAU.

I. BELGE *subst.* **1.** *m.* бельги́ец, бельги́йца... **2.** *f.* бельги́йка.

II. BELGE *adj.* бельги́йский. *Le gouvernement belge*, бельги́йское прави́тельство.

BELLE-FILLE *la terminologie complexe exprimant les divers liens de parenté par alliance tend à être oubliée; on emploie le plus souvent une périphrase.* Ex. : *ma belle-fille*, жена́ моего́ сы́на. Termes spécifiques : **1.** (*bru*) неве́стка (*pour sa belle-mère*); сноха́ ——— (*pour son beau-père*); **2.** (*fille d'un premier lit*) па́дчерица.

BELLE-MÈRE *la terminologie complexe exprimant les divers liens de parenté par alliance tend à être oubliée; on emploie souvent une périphrase.* Ex. : *ma belle-mère*, мать мое́й жены́. Termes spécifiques : **1.** (*mère du mari*) свекро́вь *f.*; **2.** (*mère de la femme*) тёща; **3.** (*seconde femme du père*) ма́чеха.

BELLE-SŒUR *la terminologie complexe exprimant les divers liens de parenté par alliance tend à être oubliée; on emploie le plus souvent à sa place une périphrase.* Ex. : *sa belle-sœur*, сестра́ её му́жа. Termes spécifiques : **1.** (*femme du frère; femme du frère du mari*) неве́стка; **2.** (*sœur de la femme; femme du frère de la femme*) своя́ченица; **3.** (*sœur du mari*) золо́вка.

BELLIQUEUX вои́нственный. *Avec un air belliqueux*, с вои́нственным ви́дом.

BÉNÉFICE (*avantage financier*) при́быль *f. Le bénéfice net*, чи́стая при́быль. *Revendre avec un gros bénéfice*, перепрода́ть с большо́й при́былью.

BÉNIR благословля́ть / благослови́ть. *Bénir le destin*, благослови́ть судьбу́.

BÉNIT • **Eau bénite**, свята́я вода́ (вода́ \/‾‾).

BÉQUILLE косты́ль /‾‾ ‾‾ *m. Marcher avec des béquilles*, ходи́ть на костыля́х.

BERCER кача́ть. *La nounou berçait ma sœur*, ня́ня кача́ла мою́ сестру́.

BÉRET бере́т.

BERGE бе́рег*, *loc.* берегу́, *nom. pl.* берега́ _∠‾‾ . *Près de la berge*, недалеко́ от бе́рега.

BERGER пасту́х /‾‾ ‾‾ . *Le berger suivait son troupeau*, пасту́х шёл за ста́дом.

BERGÈRE (*personne qui garde les moutons*) пасту́шка. *La bergère gardait ses moutons*, пасту́шка пасла́ ове́ц.

BESOIN 1. (*nécessité*) потре́бность *f. Satisfaire les besoins de la population*, удовлетвори́ть потре́бности населе́ния. **2.** (*indigence*) нужда́. *Être dans le besoin*, жить в нужде́. • **Avoir besoin**, ну́жный /_ (*au sujet de la proposition française correspond en russe un nom ou un pronom au datif*); нужда́ться (в + *loc.*) [*livresque*]. *Il a besoin de repos*, ему́ ну́жен о́тдых. *Tu as besoin de ce livre ?*, Тебе́ нужна́ э́та кни́га? *J'ai besoin de dormir*, мне ну́жно спать. *Il a trouvé le livre dont tu as besoin*, он нашёл ну́жную тебе́ кни́гу. *Il a besoin d'aide*, он нужда́ется в по́мощи. **En cas de besoin**, в слу́чае на́добности.

BÉTAIL скот /‾‾ . *Le gros bétail*, кру́пный рога́тый скот. *Le menu bétail*, ме́лкий скот.

I. BÊTE *subst.* **1.** (*domestique ou sauvage*) живо́тное *adj. subst. n.* (*l'accusatif singulier de* « живо́тное » *est semblable au nominatif; l'accusatif pluriel est semblable au génitif*). **2.** (*sauvage seulement*) зверь __ /‾‾ *m. Les bêtes sauvages*, ди́кие зве́ри. • **Bête à bon Dieu**, бо́жья коро́вка (бо́жья *adj. d'appart.*). **Chercher la petite bête**, придира́ться к пустяка́м (придира́ться / придра́ться* IV, придеру́сь, придерёшься...; придра́лся, придрала́сь... /‾‾).

II. BÊTE *adj.* глу́пый /_ . *Elle était bête*, она́ была́ глупа́. *Il est bête à manger du foin*, он глуп как про́бка.

BÊTISE 1. (*ce qui est bête*) глу́пость *f. Il a fait ça par bêtise*, он сде́лал э́то по глу́пости. *Dire des bêtises*, говори́ть глу́пости. *Faire des bêtises*, де́лать глу́пости. **2.** (*bagatelle*) пустя́к /‾‾ ‾‾ . *Il s'est mis en colère pour des bêtises*, он рассерди́лся из-за пустяко́в.

BÉTON бето́н. • **Béton armé**, железобето́н. **En béton**, бето́нный.

BETTERAVE свёкла (*pas de pl.*). *Betterave rouge*, столо́вая свёкла. *Betterave à sucre*, са́харная свёкла.

BEURRE ма́сло (*parfois accompagné de l'adjectif* « сли́вочное »). *Une tartine de beurre*, хлеб с ма́слом. • **Œil au beurre noir**, фона́рь под гла́зом (фона́рь /‾‾ ‾‾ *m.*). *Il avait un œil au beurre noir*, у него́ был фона́рь под гла́зом.

BIBELOT безделу́шка. *Des bibelots en porcelaine*, фарфо́ровые безделу́шки.

BIBLE би́блия.

BIBLIOPHILE библиофи́л.

BIBLIOTHÉCAIRE 1. (*homme*) библиоте́карь *m.* **2.** (*femme*) библиоте́карь *m.*; библиоте́карша (*fam.*).

BIBLIOTHÈQUE 1. (*ensemble de livres*) библиоте́ка. *Prendre des livres à la bibliothèque*, взять кни́ги в библиоте́ке. **2.** (*armoire à livres*) кни́жный шкаф (шкаф*, *loc.* шкафу́ _∠‾‾). *Il y a une bouteille de vodka dans la bibliothèque*, есть буты́лка во́дки в кни́жном шкафу́.

BICYCLETTE велосипе́д. *J'irai là-bas en bicyclette*, я пое́ду туда́ на велосипе́де. *Faire une promenade en bicyclette*, ката́ться на велосипе́де.

I. BIEN *adv.*

1. (*d'une manière satisfaisante*) хорошо́.
2. (*une quantité*) мно́го *et, après une préposition exigeant un cas oblique*, мно́гих, мно́гим, мно́гими *pronom-adjectif* (*inusité au sg.*).
3. (*considérablement, vraiment*) о́чень.
4. (*entièrement*) соверше́нно, вполне́.
5. (*effectivement*) в са́мом де́ле, действи́тельно.
6. (*pas moins de*) не ме́нее (+ *gén.*).
7. (*devant un comparatif*) намно́го; гора́здо (*livresque*).

1. *Elle chante bien*, она́ хорошо́ поёт. *Il se trouve bien ici*, ему́ здесь хорошо́. **2.** *Il a bien du travail*, у него́ мно́го рабо́ты. *Ça nous a donné bien du tracas*, э́то наде́лало нам мно́го хлопо́т. *À bien des égards*, во мно́гих отноше́ниях. **3.** *Je suis bien fatigué*, я о́чень уста́л. *Je l'aime bien*, я его́ о́чень люблю́. **4.** *Il a bien raison*, он соверше́нно прав. *Il l'a bien mérité*, он э́то вполне́ заслужи́л. **5.** *Oui, c'est bien lui*, Да, в са́мом де́ле, э́то он. *C'est bien le cas*, э́то действи́тельно так. **6.** *Il y avait bien deux cents personnes*, бы́ло не ме́нее двухсо́т челове́к. **7.** *Il est bien plus âgé que son frère*, он намно́го ста́рше своего́ бра́та. ● **Bien des choses,** мно́гое *pronom neutre singulier. Ils ont fait bien des choses pour nous*, они́ мно́гое сде́лали для нас. **Bien des personnes,** мно́гие *pronom* (*inusité au sg.*). *Bien des personnes sont de cet avis*, мно́гие так ду́мают. **Bien entendu,** разуме́ется. **Bien que,** хотя́. *Bien qu'il nous rendît visite tous les jours, nous ne savions presque rien à son sujet*, хотя́ он ка́ждый день быва́л у нас, мы почти́ ничего́ не зна́ли о нём. **Dites-lui bien des choses de ma part,** Переда́йте ему́ приве́т. **Eh bien,** ну. *Eh bien, que faire à présent?*, Ну, что тепе́рь де́лать? **Ou bien,** и́ли. **Si bien que,** так что. *Il faisait noir et elle me tournait le dos, si bien que je ne l'ai pas reconnue*, бы́ло темно́ да и она́ стоя́ла ко мне спино́й, так что я её не узна́л. **Tant bien que mal,** с грехо́м попола́м. **Vouloir bien** (*accepter*), согла́сен *et le verbe* быть (согла́сен). *Elle veut bien*, она́ согла́сна.

II. BIEN *subst.*

1. (*ce que la morale prescrit*) добро́.
2. (*état satisfaisant, prospérité*) добро́; бла́го (*en parlant de l'intérêt général*).
3. (*richesses*) бла́га, благ, бла́гам... *pl.*; иму́щество (*pas de pl.; propriété*).
4. (*paroles favorables*) до́брое *adj. subst. n.*

1. *Le bien et le mal*, добро́ и зло. *Elle vous veut du bien*, она́ жела́ет вам добра́. *Faire le bien*, де́лать добро́. **2.** *Le mieux est l'ennemi du bien*, от добра́ добра́ не и́щут. *Pour le bien de la patrie*, на бла́го Ро́дины. **3.** *La production des biens matériels*, произво́дство материа́льных благ. *La confiscation des biens*, конфиска́ция иму́щества. **4.** *Je n'ai dit de lui que du bien*, я говори́л о нём то́лько до́брое.

BIEN-ÊTRE благополу́чие. *Beaucoup ne pensent qu'à leur bien-être*, мно́гие ду́мают то́лько о своём благополу́чии.

BIENTÔT ско́ро. *Il arrivera bientôt*, он ско́ро придёт. ● **À bientôt,** До ско́рого.

BIENVENU ● **Soyez le bienvenu, Soyez la bienvenue, Soyez les bienvenus,** Добро́ пожа́ловать.

BIÈRE (*boisson*) пи́во. *Bière blonde*, све́тлое пи́во. *Bière brune*, тёмное пи́во.

BIFTECK бифште́кс.

BIJOU драгоце́нность *f. Elle avait des bijoux*, у неё бы́ли драгоце́нности.

BIJOUTERIE (*magasin*) ювели́рный магази́н.

BILAN 1. (*commerce, économie*) бала́нс. *Le bilan annuel*, годово́й бала́нс. *Le bilan de l'économie nationale*, бала́нс наро́дного хозя́йства. *Faire le bilan*, подвести́ бала́нс. **2.** (*autres domaines*) ито́г. *Faire le bilan*, подвести́ ито́г. *Un triste bilan*, печа́льный ито́г.

BILE жёлчь *f*. ● **Se faire de la bile**, по́ртить себе́ кровь.

BILINGUE *adj*. двуязы́чный. *Un dictionnaire bilingue*, двуязы́чный слова́рь.

BILLARD бильярд. *Jouer au billard*, игра́ть на билья́рде.

BILLE ша́рик. ● **À bille, à billes**, ша́риковый. *Un stylo à bille*, ша́риковая авторучка. *Des roulements à billes*, ша́риковые подши́пники.

BILLET биле́т. *Un billet de cirque*, биле́т в цирк. *Un billet de théâtre*, биле́т в теа́тр. *Un billet d'avion*, биле́т на самолёт. *Un billet de chemin de fer*, железнодоро́жный биле́т. *Un billet d'autobus*, авто́бусный биле́т. *Un billet de loterie*, лотере́йный биле́т.

BIOGRAPHIE биогра́фия.

BIS! *interj*. бис!

BISCOTTE суха́рь ⁄—— —— *m*.

BISCUIT пече́нье (*pas de pl*).

BISTROT каба́к ⁄—— ——. *Faire les bistrots*, шля́ться по кабака́м.

BIZARRE стра́нный, стра́нен, странна́, стра́нно, стра́нны ⁄\\——. *Une idée bizarre*, стра́нная мысль. *C'est bizarre qu'il ne soit pas venu*, стра́нно, что он не пришёл. *Si bizarre que ça puisse paraître*, как ни стра́нно.

BLAGUE (*plaisanterie*) шу́тка. *Blague à part*, шу́тки в сто́рону. ● **Dire des blagues, raconter des blagues**, врать* IV, вру, врёшь...; врал, врала́, вра́ло, вра́ли ⁄\\——/ навра́ть* IV (*id*.). *Ne le croyez pas, il raconte des blagues*, Не ве́рьте ему́, он врёт.

BLÂME (*réprimande*) стро́гий вы́говор. *Recevoir un blâme*, получи́ть стро́гий вы́говор.

I. BLANC *adj*.

> **1.** (*de couleur blanche*) бе́лый ⁄\\——.
> **2.** (*en parlant des cheveux, des poils*) седо́й ⁄\\——.
> **3.** (*qui n'est pas sale*) чи́стый ⁄\\——, *comp*. чи́ще*.

1. *Un drapeau blanc*, бе́лый флаг. *Blanc comme neige*, бе́лый как снег. *Du pain blanc*, бе́лый хлеб. *Vin blanc*, бе́лое вино́. *La race blanche*, бе́лая ра́са. **2.** *Avec une barbe blanche*, с седо́й бородо́й. **3.** *Une page blanche*, чи́стая страни́ца. ● **Arme(s) blanche(s)**, холо́дное ору́жие (*pas de pl*.). **L'armée blanche**, бе́лая а́рмия. **Nuit blanche 1.** (*nuit sans sommeil*) бессо́нная ночь (ночь ——∠ ⁄—— *f*.). *Passer une nuit blanche*, провести́ бессо́нную ночь. **2.** (*nuit d'été très claire au voisinage du cercle polaire; plus fréquent au pl. qu'au sg*.) бе́лая ночь (ночь ——∠ ⁄—— *f*.).

II. BLANC *subst*. **1.** (*de l'œuf, de l'œil*) бело́к. **2.** (*homme de race blanche*) бе́лый *adj. subst. m*. **3.** (*couleur*) бе́лое *adj. subst. n*. *S'habiller en blanc*, оде́ться в бе́лое.

BLANCHISSERIE пра́чечная *adj. subst. f*. *Une blanchisserie automatique*, механи́ческая пра́чечная.

BLANCHISSEUSE пра́чка.

BLÉ пшени́ца. *Un sac de blé*, мешо́к пшени́цы. *Blé d'hiver*, ози́мая пшени́ца. *Blé de printemps*, ярова́я пшени́ца.

BLESSÉ *subst*. ра́неный *adj. subst. m*. *On transporta le blessé à l'hôpital*, ра́неного отвезли́ в го́спиталь.

BLESSÉE ра́неная *adj. subst. f*.

BLESSER 1. (*causer une blessure*) ра́нить / ра́нить. *Il a été blessé à la jambe*, его́ ра́нило в но́гу. **2.** (*en parlant des chaussures*) жать* IV, жму, жмёшь... (*la personne concernée par l'action du verbe est exprimée par un nom ou un pronom au datif*). *Ce soulier me blesse*, э́тот боти́нок мне жмёт. **3.** (*l'amour-propre...*) задева́ть / заде́ть* *n. cl*., заде́ну, заде́нешь...; заде́тый. *Blesser l'amour-propre*, заде́ть самолю́бие.

BLESSER (SE) [*se faire une blessure*] **1.** (*sans indication concernant la partie du corps atteinte par la blessure*) пора́нить себя́ (/ пора́нить). *Il s'est blessé au fil de fer barbelé*, он пора́нил себя́ о колю́чую про́волоку. **2.** (*avec indica-*

tion de la partie du corps atteinte par la blessure) поранить себé *et un accusatif désignant la partie du corps touchée* (/ порáнить). *Il s'est blessé à la jambe*, он порáнил себé нóгу.

BLESSURE рáна. *Une blessure légère*, лёгкая рáна. *Panser une blessure*, перевязáть рáну. *La blessure a guéri rapidement*, рáна бы́стро зажилá.

I. BLEU *adj.* **1.** (*clair*) голубóй. *Des yeux bleus*, голубы́е глазá. *Le ciel bleu*, голубóе нéбо. **2.** (*foncé*) си́ний (*forme courte presque inusitée*). *Un costume bleu*, си́ний костю́м.

II. BLEU *subst.* **1.** (*marque d'un coup*) синя́к. *Tout couvert de bleus*, весь в синякáх. **2.** (*couleur*) голубóе *adj. subst. n.* (*bleu clair*); си́нее *adj. subst. n.* (*bleu foncé*).

BLEUET василёк, василькá...

BLOC 1. (*masse*) глы́ба. *Un bloc de pierre*, кáменная глы́ба. **2.** (*en politique*) блок. *Le bloc des communistes et des socialistes*, блок коммуни́стов и социали́стов.

BLOCUS блокáда. *Le blocus économique* экономи́ческая блокáда. *Pendant le blocus de Leningrad*, во врéмя ленингрáдской блокáды.

I. BLOND *adj.* белокýрый; рýсый (*châtain clair*). *Des cheveux blonds*, белокýрые вóлосы. *Une jeune fille blonde*, белокýрая дéвушка.

II. BLOND *subst.* блонди́н.

BLONDE блонди́нка. *Une fausse blonde*, крáшеная блонди́нка.

BLOQUER (*les prix, un crédit...*) заморáживать / заморóзить. *Bloquer les crédits*, заморóзить креди́ты.

BLOUSE (*de travail*) халáт. *Nous fûmes accueillis dans la salle d'attente par une infirmière en blouse blanche*, в приёмной нас встрéтила медсестрá в бéлом халáте.

BLOUSON кýртка.

BLUE-JEAN тéхасские брю́ки (брю́ки, брюк, брю́кам... *pl. t.*).

BLUFF блеф (*livresque*).

BLUFFER пускáть пыль в глазá (пускáть / пусти́ть).

BOBINE катýшка. *Une bobine de fil*, катýшка ни́ток.

BOCAL бáнка. *Un bocal à confitures*, бáнка для варéнья.

BŒUF 1. (*animal*) вол. *Travailler comme un bœuf*, рабóтать как вол. **2.** (*viande*) говя́дина. *Du bœuf bouilli*, варёная говя́дина.

I. BOHÉMIEN *subst.* цыгáн*, *pl.* цыгáне, цыгáн, цыгáнам...

II. BOHÉMIEN *adj.* цыгáнский.

BOHÉMIENNE цыгáнка.

BOIRE пить* II, пью, пьёшь...; пил, пилá, пи́ло, пи́ли ; пей / вы́пить* II; вы́пью, вы́пьешь...; вы́пей. *Boire de l'eau minérale*, пить минерáльную вóду. *Boire de la vodka*, пить вóдку. *Buvons à sa santé*, Вы́пьем за егó здорóвье.

BOIS 1. (*forêt*) лес*, *loc.* лесý, *nom. pl.* лесá . *Se promener dans les bois*, гуля́ть в лесý. **2.** (*matériau*) дéрево. *Gravure sur bois*, гравю́ра на дéреве. **3.** (*de chauffage*) дровá, дров, дровáм... *pl. t. Fendre du bois*, наколóть дров. • **Bois mort**, валéжник. **En bois**, деревя́нный. *Une maison en bois*, деревя́нный дóмик. **Je vais lui montrer de quel bois je me chauffe**, я емý покажý, где рáки зимýют.

BOISSON напи́ток. *Les boissons alcoolisées*, спиртны́е напи́тки.

BOÎTE корóбка. *Une boîte d'allumettes*, корóбка спи́чек. *Une boîte de bonbons*, корóбка конфéт. *La boîte de vitesses*, корóбка скоростéй. • **Boîte aux lettres 1.** (*de l'administration des postes*) почтóвый я́щик. **2.** (*dans une maison*) я́щик для пи́сем.

BOITER хромáть / захромáть. *Boiter du pied gauche*, хромáть на лéвую нóгу.

BOITEUX хромóй . *Un cheval boiteux*, хромáя лóшадь. *Une chaise boiteuse*, хромóй стул. // (*Subst.*) *Soigner un boiteux*, лечи́ть хромóго.

BOL *cet objet étant inusité en Russie, traduire selon le contexte par* « чáшка », « *tasse* », *ou* « ми́ска », « *écuelle* ». *Un bol de thé*, чáшка чáю. *Un bol de bouillon*, мúска с бульóном.

BOLCHEVIK большевúк /‾‾ ‾‾.

BOLCHEVIQUE большевúстский.

BOMBARDEMENT бомбёжка (*fam.*); бомбардирóвка (*livresque*).

BOMBARDER бомбúть / разбомбúть (*fam.*); бомбардировáть / бомбардировáть (*livresque*). *Les Allemands bombardaient la ville*, нéмцы бомбúли гóрод.

BOMBARDIER бомбардирóвщик.

BOMBE бóмба. *Bombe atomique*, áтомная бóмба. *Bombe H*, водорóдная бóмба. *Lancer des bombes*, сбрóсить бóмбы.

I. BON *adj.*

> **1.** (*plein de bonté*) дóбрый, добр, добрá, дóбро, дóбры ^‾‾ .
> **2.** (*qui a les qualités souhaitables*) хорóший, хорóш, хорошá, хорошó, хорошú /‾‾ .
> **3.** (*agréable au goût*) вкýсный ^‾‾ .
> **4.** (*agréable à l'odorat*) приятный.
> **5.** (*avec un nom indiquant une quantité*) дóбрый.

1. *Un bon garçon*, дóбрый мáлый. **2.** *Un bon repas*, хорóший обéд. *Une bonne idée*, хорóшая идéя. *Un bon conseil*, хорóший совéт. *Manger une bonne part de gâteau*, съесть хорóшую пóрцию тóрта. **3.** *Un bon plat*, вкýсное блюдо. *C'est très bon*, это óчень вкýсно. **4.** *Une bonne odeur*, приятный зáпах. **5.** *Une bonne moitié*, дóбрая половúна. ● **À quoi bon?**, Зачéм? *À quoi bon discuter avec lui?*, Зачéм с ним спóрить? **Bon appétit!**, Приятного аппетúта! **Bon marché, à bon marché 1.** (*s'accordant avec un substantif ou un pronom*) дешёвый, дёшев, дешевá, дёшево, дёшевы ^‾‾ . *Des disques bon marché*, дешёвые пластúнки. *Des éditions à bon marché*, дешёвые издáния. **2.** (*accompagnant un verbe*) дёшево. *Acheter à bon marché*, дёшево купúть. **Au bon moment**, кстáти. **Bon pour le service**, гóдный к воéнной слýжбе. **Bon voyage!**, Счастлúвого путú! **Bonne année!**, С Нóвым гóдом! *Souhaiter la bonne année à qqn*, поздрáвить когó-нибудь с Нóвым гóдом. **Bonne nuit!**, Спокóйной нóчи! **Dire la bonne aventure**, гадáть. **La bonne volonté**, дóбрая вóля. *Les hommes de bonne volonté*, люди дóброй вóли. **Le bon sens** (*faculté d'apprécier*), здрáвый смысл. *Pas un brin de bon sens*, ни кáпельки здрáвого смысла. **Pour de bon**, не на шýтку. *Il s'est fâché pour de bon*, он рассердúлся не на шýтку. **S'en tirer à bon compte**, дёшево отдéлаться (отдéлываться / отдéлаться). **Un bon mot**, каламбýр. **Une bonne femme**, какáя-то тётя. *Il y a une bonne femme là-bas sur le banc*, там на скамéйке сидúт какáя-то тётя. **Une bonne fièvre**, сúльная лихорáдка. **Une bonne occasion**, благоприятный слýчай. **Une vieille bonne femme**, какáя-то старýшка. *Il y avait une vieille bonne femme*, там сидéла какáя-то старýшка.

II. BON *adv.* ou *interj.* хорошó. *Il fait bon ici*, хорошó здесь. *Ça sent bon*, хорошó пáхнет. *Bon, j'irai!*, Хорошó, я придý.

III. BON *subst.* талóн. *Bon d'essence*, талóн на горючее.

BONBON конфéта. *Un bonbon au chocolat*, шоколáдная конфéта. *Une boîte de bonbons*, корóбка конфéт.

BOND скачóк. *Un bond de côté*, скачóк в стóрону. ● **Faire un bond** (*passer rapidement chez qqn*), забегáть / забежáть* *n. cl.*, забегý, забежúшь..., забегýт; забегú. *Je ferai un bond chez lui*, я забегý к немý. **Faire un bond en arrière**, отскочúть назáд (отскáкивать / отскочúть \‾‾).

BONDÉ биткóм набúтый. *Le wagon était bondé*, вагóн был биткóм набúт.

BONDIR 1. (*en avant, en haut*) вскáкивать / вскочúть \‾‾ . *Il bondit sur son cheval*, он вскочúл на коня. **2.** (*s'approcher d'un bond*) подскáкивать / подскочúть

——. *Il bondit vers la fenêtre*, он подскочи́л к окну́.

BONHEUR сча́стье. *Envier le bonheur des autres*, зави́довать чужо́му сча́стью. *Par bonheur*, к сча́стью. ● **Au petit bonheur**, наудачу. *Aller au petit bonheur*, идти́ наудачу.

BONHOMME како́й-то дя́дя. *Il y a un bonhomme là-bas sur le banc*, там на скаме́йке сиди́т како́й-то дя́дя. ● **Un bonhomme de neige**, сне́жная ба́ба. **Un vieux bonhomme**, како́й-то стари́к (стари́к ——). *Il y a un vieux bonhomme là-bas sur le banc*, там на скаме́йке сиди́т како́й-то стари́к.

BONJOUR здра́вствуй (*en s'adressant à une personne que l'on tutoie*); здра́вствуйте [здрáствуjт'иᵉ] (*dans les autres cas*) *et, également*, до́брый день (*quel que soit l'interlocuteur*) *et* до́брое у́тро (*le matin seulement*).

BONNE го́рничная *adj. subst. f.* ● **Bonne d'enfants**, ня́ня.

BONNET ша́пка. *Un bonnet fourré*, мехова́я ша́пка. ● **Un bonnet de cuisinier**, поварско́й колпа́к (колпа́к ——). **Un bonnet de nuit**, ночно́й колпа́к (колпа́к ——).

BONSOIR до́брый ве́чер.

BONTÉ доброта́. *Un homme d'une grande bonté*, челове́к большо́й доброты́.

BOOM бум.

BORD

1. (*d'une surface quelconque*) край*, *loc.* краю́, *nom. pl.* края́ —— *m.*
2. (*d'un navire*) борт*, *loc.* борту́, *nom. pl.* борта́ ——.
   REMARQUE. L'accent passe sur la préposition dans les groupes « за́ борт », « на́ борт » *et* « борт о́ борт ».
3. (*rivage*) бе́рег*, *loc.* берегу́, *nom. pl.* берега́ ——.
   REMARQUE. L'accent passe généralement sur la préposition dans le groupe « на́ берег ».

1. *Le bord du trottoir*, край тротуа́ра. *En suivant le bord du ravin*, по кра́ю обры́ва. *Être au bord de la tombe*, быть на краю́ моги́лы. 2. *À bord d'un navire*, на борту́ корабля́. *Prendre qqn à bord*, взять кого́-нибудь на́ борт. *Jeter qqch. par-dessus bord*, вы́бросить что́-нибудь за́ борт. 3. *Au bord du lac*, на берегу́ о́зера.

BORGNE *adj.* (*qui ne voit que d'un œil*) криво́й. *Un cheval borgne*, крива́я ло́шадь. // (*Subst.*) *Je ne sais pas, répondit le borgne*, Не зна́ю, — отве́тил криво́й. ● **Au royaume des aveugles les borgnes sont rois**, на безры́бье и рак ры́ба.

BORNE ● **Borne kilométrique**, киломе́тровый столб (столб ——).

BORNÉ 1. (*en parlant d'une personne*) недалёкий, недалёк, недалека́, недалёки; ограни́ченный (*livresque*). *Il est borné*, он недалёк. 2. (*en parlant des facultés*) ограни́ченный. *Un esprit borné*, ограни́ченный ум.

BORNER (SE) ограни́чиваться / ограни́читься (+ *instr.*). *Nous allons nous borner aujourd'hui à présenter le projet dans ses grandes lignes*, ограни́чимся сего́дня тем, что предста́вим прое́кт в о́бщих черта́х.

BOSQUET ро́ща.

BOSSE 1. (*d'un bossu, d'un chameau...*) горб*, *loc.* горбу́ ——. 2. (*endroit tuméfié*) ши́шка. *Se faire une bosse*, наби́ть себе́ ши́шку. 3. (*sur une surface plate*) неро́вность *f.* *Que de bosses sur la route!*, Ско́лько неро́вностей на доро́ге!

I. BOTANIQUE *subst.* бота́ника.

II. BOTANIQUE *adj.* ботани́ческий. *Le jardin botanique*, ботани́ческий сад.

I. BOTTE (*chaussure*) 1. (*de cuir, de caoutchouc...*) сапо́г*, *gén. pl.* сапо́г ——. *Des bottes de cuir*, ко́жаные сапоги́. *Mettre ses bottes*, наде́ть сапоги́. 2. (*de feutre*) ва́ленок, *gén. pl.* ва́ленок. ● **Les bottes de sept lieues**, сапоги́-скорохо́ды (сапоги́-скорохо́ды, сапо́г-скорохо́дов, сапога́м-скорохо́дам... *pl. t.*).

II. BOTTE (*plantes liées ensemble*) **1.** (*de paille, de foin...*) оха́пка. *Une botte de paille*, оха́пка соло́мы. **2.** (*de légumes*) пучо́к. *Une botte de radis*, пучо́к реди́ски.

BOUC (*animal*) козёл. • **Bouc émissaire**, козёл отпуще́ния.

BOUCHE рот*, *loc.* рту. *Respirer par la bouche*, дыша́ть ртом. *Bouche bée*, рази́нув рот.

I. BOUCHER *subst.* мясни́к .

II. BOUCHER *verbe* **1.** (*fermer en mettant un bouchon*) заку́поривать / заку́порить. *Boucher une bouteille*, заку́порить буты́лку. **2.** (*colmater*) затыка́ть / заткну́ть. *Boucher un trou*, заткну́ть дыру́. **3.** (*condamner une ouverture*) закла́дывать / заложи́ть . *Boucher l'ouverture avec des briques*, заложи́ть отве́рстие кирпичо́м. • **Boucher le passage**, загороди́ть доро́гу (загора́живать / загороди́ть).

BOUCHER (SE) 1. (*s'obstruer*) засоря́ться / засори́ться. *Le lavabo s'est bouché*, ра́ковина засори́лась. **2.** (*le nez, les oreilles...*) затыка́ть / заткну́ть. *Se boucher le nez*, заткну́ть нос. *Se boucher les oreilles*, заткну́ть у́ши.

BOUCHERIE 1. (*magasin*) мясно́й магази́н (*l'enseigne du magasin comporte en général l'indication* « мя́со », « *viande* »). **2.** (*à la guerre...*) бо́йня.

BOUCHON (*divers sens*) про́бка. *Un bouchon en matière plastique*, про́бка из пластма́ссы. *Il s'est formé un bouchon dans le tuyau*, в трубе́ образова́лась про́бка.

BOUCLE 1. (*anneau de métal, de bois...*) пря́жка. *Une boucle en matière plastique noire*, пря́жка из чёрной пластма́ссы. **2.** (*spirale de cheveu*) ло́кон (*naturelle*); завито́к. • **Boucle d'oreille**, серьга́, *gén. pl.* серёг .

BOUCLIER щит .

BOUE грязь *f. Il y avait sur la route une boue épaisse*, на доро́ге стоя́ла непрола́зная грязь.

BOUÉE • **Bouée de sauvetage**, спаса́тельный круг (круг).

BOUEUX гря́зный . *Un sentier boueux*, гря́зная тропи́нка.

BOUGER дви́гаться / дви́нуться *ou, s'il s'agit de petits mouvements*, шевели́ться / зашевели́ться, пошевели́ться *ou* шевельну́ться. *Il était couché et ne bougeait pas*, он лежа́л и не дви́гался. *Il n'est pas mort, il bouge encore*, он не у́мер, ещё шевели́тся.

BOUGIE (*sorte de chandelle; unité d'intensité lumineuse; appareil d'allumage dans un moteur à explosion*) свеча́, *gén. pl.* свече́й . *Allumer une bougie*, заже́чь свечу́. *Une ampoule de 75 bougies*, ла́мпочка в 75 свече́й. *Il faut changer les bougies*, на́до замени́ть све́чи.

BOUILLANT 1. (*propr.*) горя́чий, горя́ч, горяча́... . *De l'eau bouillante*, горя́чая вода́. **2.** (*fig.*) кипу́чий. *Un caractère bouillant*, кипу́чий хара́ктер.

BOUILLIR (*propr. et fig.*) кипе́ть* I, киплю́, кипи́шь... / вскипе́ть* I (*id.*). *L'eau bout*, вода́ кипи́т. *Bouillir de colère*, кипе́ть гне́вом. • **Faire bouillir 1.** (*porter à ébullition*) кипяти́ть / вскипяти́ть. *Faire bouillir le lait*, вскипяти́ть молоко́. **2.** (*faire cuire dans l'eau*) вари́ть / свари́ть . *Faire bouillir des pommes de terre*, вари́ть карто́шку.

BOUILLOIRE ча́йник. *Une bouilloire électrique*, электри́ческий ча́йник.

BOUILLON (*soupe*) бульо́н. *Du bouillon avec des petits pâtés à la viande*, бульо́н с пирожка́ми. • **Boire le bouillon** (*en nageant*), захлёбываться / захлебну́ться. *Il a bu le bouillon et a coulé*, он захлебну́лся и утону́л.

BOUILLOTTE гре́лка. *Une bouillotte en caoutchouc*, рези́новая гре́лка.

BOULANGER бу́лочник.

BOULANGÈRE бу́лочница.

BOULANGERIE бу́лочная *adj. subst. f.* (*l'enseigne des boulangeries* *comporte, en général, l'indication* « хлеб », « *pain* »).

BOULE шар ——‾‾‾ (*après les noms de nombre* « два », « три », « четы́ре », *le génitif de* « шар » *est accentué sur la syllabe finale*). *Une boule de billard*, билья́рдный шар. ● **Boule de neige**, снежо́к. *Jouer aux boules de neige*, игра́ть в снежки́.

BOULEAU берёза.

BOULETTE **1.** (*petite boule*) ша́рик. *Une boulette de pain*, хле́бный ша́рик. **2.** (*art culinaire*) котле́та. *Des boulettes de riz*, ри́совые котле́ты.

BOULEVARD бульва́р. *Le boulevard de la Madeleine*, бульва́р Мадле́н.

REMARQUE. Bien qu'il soit utilisé pour la traduction du français « boulevard », le mot « бульва́р » désigne dans son sens habituel une promenade bordée d'arbres située dans l'axe d'une grande artère.

BOULEVERSEMENT переворо́т. *Un bouleversement économique*, экономи́ческий переворо́т.

BOULEVERSER **1.** (*mettre en désordre*) переверну́ть вверх дном (перевора́чивать / переверну́ть, *part.* перевёрнутый). *Ils ont tout bouleversé dans la chambre*, в ко́мнате они́ всё переверну́ли вверх дном. **2.** (*troubler profondément*) потряса́ть / потрясти́* IV, потрясу́, потрясёшь...; потря́с, потрясла́... /‾‾‾‾ ; потрясённый. *Tous les spectateurs étaient bouleversés*, все зри́тели бы́ли потрясены́.

BOULIER счёты, счётов, счётам... *pl. t. Compter sur un boulier*, счита́ть на счётах.

BOUQUET (*de fleurs*) буке́т. *Un bouquet de roses*, буке́т роз. ● **Ça, c'est le bouquet**, Э́того ещё не хвата́ло.

BOUQUINISTE букини́ст. ● **Chez un bouquiniste** **1.** (*emplacement*) в букинисти́ческом магази́не. *J'ai trouvé cette gravure chez un bouquiniste*, я нашёл э́ту гравю́ру в букинисти́ческом магази́не. **2.** (*direction*) в букинисти́ческий магази́н.

BOURDON (*insecte*) шмель /—— ——‾ *m.* « *Le Vol du bourdon* » *de Rimski-Korsakov*, « Полёт шмеля́ » Ри́мского-Ко́рсакова.

BOURDONNER **1.** (*en parlant d'insectes...*) жужжа́ть* I, жужжи́т, жужжа́т... / прожужжа́ть* I (*id.*). *Les mouches bourdonnaient*, жужжа́ли му́хи. **2.** (*en parlant des oreilles*) гуде́ть* I, гуди́т / загуде́ть* I (*id.*). *J'ai les oreilles qui bourdonnent*, в уша́х гуди́т.

BOURG посёлок.

I. BOURGEOIS *subst.* буржу́й *m.* (*péjoratif*); буржуа́* *indécl. m.* (*livresque*). ● **Petit-bourgeois**, мещани́н*, *pl.* меща́не, меща́н, меща́нам... **De petit-bourgeois**, меща́нский. *Des goûts de petit-bourgeois*, меща́нские вку́сы.

II. BOURGEOIS *adj.* **1.** (*de la bourgeoisie*) буржуа́зный. *Une éducation bourgeoise*, буржуа́зное воспита́ние. *La société bourgeoise au XIXe siècle*, буржуа́зное о́бщество в XIX ве́ке. **2.** (*peu distingué*) меща́нский. *Des goûts bourgeois*, меща́нские вку́сы.

BOURGEOISIE буржуази́я. *La grande bourgeoisie*, кру́пная буржуази́я. *La petite bourgeoisie*, ме́лкая буржуази́я.

BOURGEON (*bot.*) по́чка. *Les bourgeons des arbres s'ouvrent*, по́чки на дере́вьях распуска́ются.

BOURREAU пала́ч /—— ——.

I. BOURSE **1.** (*sac à argent*) кошелёк, кошелька́... *Une bourse bien garnie*, ту́го наби́тый кошелёк. **2.** (*d'enseignement*) стипе́ндия. *Cet élève a une bourse*, э́тот шко́льник получа́ет стипе́ндию.

II. BOURSE (*lieu où se font les opérations financières*) би́ржа. *Jouer à la Bourse*, игра́ть на би́рже. ● **La Bourse du travail**, би́ржа труда́.

REMARQUE. À la différence de son équivalent français, le mot « би́ржа » ne prend pas de majuscule.

BOURSIER (*écolier ou étudiant bénéficiant d'une bourse*) стипендиа́т. *La liste des étudiants bour-*

siers, спи́сок студе́нтов-стипендиа́тов.

BOUSCULER (*pousser en tous sens*) толка́ть / толкну́ть. *Les élèves se bousculaient*, шко́льники толка́ли друг дру́га.

BOUSSOLE ко́мпас. *Se diriger à l'aide d'une boussole*, идти́ по ко́мпасу.

BOUT

1. (*partie extrême d'un objet considéré dans sa longueur*) коне́ц, *dim.* ко́нчик.
2. (*fin d'une durée*) коне́ц.
3. (*extrémité d'une partie du corps*) ко́нчик.
4. (*morceau, fragment*) кусо́к; клочо́к (*de qqch. que l'on peut déchirer*).

1. *L'autre bout de la ficelle*, друго́й коне́ц верёвки. *Le bout de la rue*, коне́ц у́лицы. *À l'autre bout de la ville*, в друго́м конце́ го́рода. **2.** *Le bout de l'année*, коне́ц го́да. *Faire son devoir jusqu'au bout*, до конца́ вы́полнить свой долг. **3.** *Le bout du nez*, ко́нчик но́са. *Du bout du doigt*, ко́нчиком па́льца. **4.** *Un bout de craie*, кусо́к ме́ла. *Un bout de pain*, кусо́к хле́ба. *Un bout de papier*, кусо́к бума́ги *ou* клочо́к бума́ги. ● **À bout portant**, в упо́р. *Tirer à bout portant*, стреля́ть в упо́р. **Au bout de**, че́рез [+ *acc.*] (« через » *peut être soit atone, soit accentué sur la première syllabe*). *Au bout d'une heure, tous étaient partis*, че́рез час все уе́хали. **Au bout du monde 1.** (*direction*) на край све́та. **2.** (*emplacement*) на краю́ све́та. **Être à bout de forces**, вы́биться из сил (выбива́ться / вы́биться* II, вы́бьюсь, вы́бьешься...). **Joindre les deux bouts** (*fig.*), своди́ть концы́ с конца́ми (своди́ть ╲—— / свести́* IV, сведу́, сведёшь...; свёл, свела́... ╱——). *Ils avaient de la peine à joindre les deux bouts*, они́ едва́ своди́ли концы́ с конца́ми. **Ne pas voir plus loin que le bout de son nez**, не ви́деть да́льше своего́ но́са. **Venir à bout de**, спра́виться с [+ *instr.*] (справля́ться / спра́виться). *Venir à bout de son adversaire*, спра́виться со свои́м проти́вником.

BOUTEILLE буты́лка. *Une bouteille de lait*, буты́лка молока́.

BOUTIQUE 1. (*point de vente*) ла́вка. *Une petite boutique où l'on vend des légumes et des fruits*, небольша́я ла́вка, где продаю́тся о́вощи и фру́кты. **2.** (*atelier de réparations*) мастерска́я *adj. subst. f. La boutique du cordonnier*, сапо́жная мастерска́я.

BOUTON

1. (*bot.*) по́чка // буто́н (*fleur avant son épanouissement*).
2. (*sur la peau*) прыщ ╱—— ——, *dim.* пры́щик.
3. (*sur un vêtement*) пу́говица // кно́пка (*bouton-pression*).
4. (*techn.*) кно́пка.

1. *Les boutons ne s'ouvrent pas encore*, по́чки ещё не распуска́ются. // *Un bouton de rose*, буто́н ро́зы. **2.** *J'ai un petit bouton sur le nez*, у меня́ пры́щик на носу́. **3.** *J'ai un bouton qui a sauté*, пу́говица у меня́ оторвала́сь. *Coudre un bouton*, приши́ть пу́говицу. // *Le bouton s'est défait*, кно́пка растегну́лась. **4.** *Appuyez sur le bouton*, Нажми́те кно́пку. ● **Bouton de manchette**, за́понка.

BOUTONNER застёгивать / застегну́ть, *part.* застёгнутый. *Boutonner son pardessus*, застегну́ть пальто́.

BOUTON-PRESSION кно́пка. *Le bouton-pression s'est défait*, кно́пка растегну́лась.

BOXE бокс. *Faire de la boxe*, занима́ться бо́ксом.

BOXEUR боксёр.

BOYARD боя́рин*, *pl.* боя́ре, боя́р, боя́рам...

BRACELET брасле́т. *Un bracelet en or*, золото́й брасле́т.

BRACONNAGE браконье́рство.

BRACONNER браконье́рствовать.

BRACONNIER браконье́р.

BRAILLER ора́ть* IV, ору́, орёшь... *Il braillait tant qu'il pouvait*, он ора́л во всё го́рло.

BRANCARD 1. (*civière*) носи́лки, носи́лок, носи́лкам... *pl. t. Transporter un blessé sur un brancard*, нести́ ра́неного на носи́лках. **2.** (*d'attelage*) оглобля́.

BRANCHE 1. (*bot.*) ве́тка; сук*, *loc.* суку́, *pl.* су́чья, су́чьев, су́чьям... (*grosse branche*). *Une des branches de l'arbre*, одна́ из ве́ток де́рева. *Être assis sur une grosse branche*, сиде́ть на суку́. **2.** (*champ d'activité*) о́трасль *f. Dans toutes les branches de l'industrie*, во всех о́траслях промы́шленности.

BRANCHER (*mettre en fonctionnement*) включа́ть / включи́ть. *Brancher la radio*, включи́ть ра́дио.

BRAQUER (*tourner un objet vers un point*) наводи́ть / навести́* IV, наведу́, наведёшь...; навёл, навела́... ; наведённый. *Braquer ses jumelles dans la direction d'une loge*, навести́ бино́кль на ло́жу.

BRAS

> **1.** (*partie du corps*) рука́ (*l'accent passe sur la préposition dans les groupes* « за́ руку », « за́ руки », « на́ руку », « на́ руки », « по́д руку », « по́д руки », « рука́ о́б руку »).
> **2.** (*étreinte*) объя́тие.
> **3.** (*de fauteuil...*) ру́чка.
> **4.** (*de fleuve...*) рука́в*, *nom. pl.* рукава́ .

1. *Le bras gauche*, ле́вая рука́. *Tenir un enfant dans ses bras*, держа́ть ребёнка на рука́х. *Prendre qqn par le bras*, взять кого́-нибудь за́ руку. *Donner le bras à qqn*, идти́ с ке́м-нибудь по́д руку. **2.** *Se jeter dans les bras de qqn*, бро́ситься кому́-нибудь в объя́тия. *Recevoir qqn à bras ouverts*, принима́ть кого́-нибудь с распростёртыми объя́тиями. **3.** *Les bras du fauteuil*, ру́чки кре́сла. **4.** *La rivière se divise en deux bras*, река́ де́лится на два рукава́. ● **À tour de bras**, изо всех сил. *Taper à tour de bras*, ударя́ть изо всех сил. **Bras dessus, bras dessous**, по́д руку. *Ils allaient bras dessus, bras dessous*, они́ шли по́д руку. **En bras de chemise**, без пиджака́. **Le bras droit** (*fig.*), пра́вая рука́. *C'est son bras droit*, э́то его́ пра́вая рука́. **Rester les bras croisés**, сиде́ть сложа́ ру́ки.

BRASSARD повя́зка на рукаве́. *Avec un brassard rouge*, с кра́сной повя́зкой на рукаве́.

BRASSE (*nage*) брасс. *Nager la brasse*, пла́вать бра́ссом.

BRAVE *adj.* **1.** (*qui ne craint pas le danger*) хра́брый . **2.** (*bon*) до́брый . *De braves gens*, до́брые лю́ди. *Un brave garçon*, до́брый ма́лый.

BRAVER сме́ло идти́ навстре́чу [+ *dat.*] (идти́* IV, иду́, идёшь...; шёл, шла... / пойти́* IV, пойду́, пойдёшь...; пошёл, пошла́...; пойдя́; *indét.* ходи́ть). *Braver le danger*, сме́ло идти́ навстре́чу опа́сности.

BRAVO *interj.* бра́во.

BREBIS овца́ . *Un troupeau de brebis*, ста́до ове́ц. *La brebis égarée*, заблу́дшая овца́.

BREDOUILLER бормота́ть* II, бормочу́, бормо́чешь... / пробормота́ть* II (*id.*).

I. BREF *adj.* кра́ткий , *comp.* кра́тче*, *superl.* кратча́йший*. *Une brève explication*, кра́ткое объясне́ние. *Dans le délai le plus bref*, в кратча́йший срок.

II. BREF *adv.* одни́м сло́вом.

BRETELLES подтя́жки, подтя́жек, подтя́жкам... *pl. t.*

I. BRETON *subst.* **1.** (*homme*) брето́нец. **2.** (*langue*) брето́нский язы́к (язы́к). *On y parle le breton*, там говоря́т на брето́нском языке́.

II. BRETON *adj.* брето́нский. *Les coutumes bretonnes*, брето́нские обы́чаи.

BRETONNE брето́нка.

BREVET 1. (*professionnel*) дипло́м на зва́ние (*suivi d'un génitif indiquant la profession à laquelle s'est préparé le titulaire de ce diplôme*). *Brevet de pilote*, дипло́м на зва́ние лётчика. **2.** (*sportif*) ю́ношеский разря́д (*décerné aux jeunes*). **3.** (*brevet élémentaire*) « бреве́* » *indécl. n.* (*translittération incompré-*

hensible pour un Russe non initié aux réalités françaises); свидéтельство об окончáнии восьмилéтней шкóлы (*explication ne correspondant à aucune dénomination de diplôme soviétique*). ● **Brevet d'invention,** патéнт; патéнт на изобретéние (*suivi d'un génitif indiquant ce qui a été inventé*). *Il a obtenu un brevet d'invention*, он получи́л патéнт *ou, en supposant qu'il s'agit d'un nouveau moteur*, он получи́л патéнт на изобретéние нóвого дви́гателя.

BRICOLE (*chose sans importance*) пустя́к ⁄—— ——. *Tout ça, c'est des bricoles*, всё э́то пустяки́.

BRIDGE (*jeu de cartes*) бридж. *Jouer au bridge*, игрáть в бридж.

BRIÈVEMENT крáтко, *comp.* крáтче*. *Répondre brièvement*, крáтко отвéтить.

BRIÈVETÉ крáткость *f*. *La brièveté de la vie*, крáткость жи́зни.

BRIGAND разбóйник.

BRILLAMMENT блестя́ще. *Être reçu brillamment à son examen*, блестя́ще вы́держать экзáмен.

BRILLANT *adj*. блестя́щий (*propr. et fig.*) *Des yeux brillants*, блестя́щие глазá. *Un brillant orateur*, блестя́щий орáтор. *Un succès brillant*, блестя́щий успéх.

BRILLER блестéть* I, блещý, блести́шь... / блеснýть; сверкáть / сверкнýть (*luire*); сия́ть / засия́ть (*poétique*); свети́ться, свéтится, свéтятся / засвети́ться, засвéтится, засвéтятся (*briller faiblement*). *Le soleil brillait*, сóлнце блестéло *ou* сóлнце сия́ло. *La neige brillait au soleil*, снег блестéл на сóлнце *ou* снег сверкáл на сóлнце. *Ses yeux brillaient de colère*, глазá егó сверкáли гнéвом. *De pâles étoiles brillaient dans le ciel*, на нéбе тýскло свети́лись звёзды. ● **Briller par son absence,** блистáть свои́м отсýтствием.

BRIO ● **Avec brio,** с блéском. *Parler avec brio*, говори́ть с блéском.

BRIOCHE сдóбная бýлка.

BRIQUE кирпи́ч ⁄—— ——. *Brique rouge*, крáсный кирпи́ч. ● **En brique, en briques,** кирпи́чный. *Un bâtiment en briques*, кирпи́чное здáние.

BRIQUET зажигáлка.

BRISE-GLACE (*navire*) ледокóл. *Le brise-glace atomique « Lénine »*, áтомный ледокóл « Лéнин ».

BRISER бить* II, бью, бьёшь...; бей *ou* разбивáть / разби́ть* II, разобью́, разобьёшь...; разбéй; разби́тый. *Briser une glace*, разби́ть зéркало. *Le navire s'est brisé contre les récifs*, корáбль разби́лся о скáлы. // (*Fig.*) *Briser le cœur*, разби́ть сéрдце. *Briser les espérances*, разби́ть надéжды. ● **Briser la résistance,** сломи́ть сопротивлéние (слáмывать / сломи́ть ╲——).

BROCHE (*bijou*) брóшка. *Une broche en or*, золотáя брóшка.

BROCHET щýка.

BROCHURE брошю́ра.

BRODER вышивáть / вы́шить* II, вы́шью, вы́шьешь...; вы́шей; вы́шитый. *Broder un oreiller*, вышивáть подýшку.

BRONCHITE бронхи́т.

BRONZE (*métal; sujet en bronze*) брóнза. *Un beau bronze*, хорóшая брóнза. ● **De bronze, en bronze,** брóнзовый. *Une statue en bronze*, брóнзовая стáтуя.

BRONZÉ загорéлый. *Un visage bronzé*, загорéлое лицó.

BRONZER загорáть / загорéть* I, загорю́, загори́шь... *Tu as bien bronzé pendant l'été*, ты óчень загорéл за лéто.

BROSSE щётка. *Une brosse à chaussures*, щётка для óбуви. *Une brosse à habits*, платянáя щётка. *Une brosse à dents*, зубнáя щётка. ● **En brosse** (*en parlant des cheveux*), ёжиком. *Il a les cheveux en brosse*, у негó вóлосы ёжиком.

BROSSER чи́стить / почи́стить (*accompagné éventuellement de* « щёткой »). *Brosser un costume*, чи́стить костю́м щёткой. *Brosser ses souliers*, чи́стить боти́нки.

BROSSER (SE) чи́стить / почи́стить (*suivi du nom désignant ce qu'il convient de brosser*). *Il faudrait* *vous brosser*, вам на́до бы почи́стить костю́м. *Se brosser les dents deux fois par jour*, чи́стить зу́бы два ра́за в день.

BROUETTE та́чка.

BROUILLARD тума́н. *Le brouillard est devenu encore plus épais*, тума́н стал ещё гу́ще. *Le brouillard se lève*, тума́н поднима́ется.

BROUILLER (SE) 1. (*se fâcher*) ссо́риться / поссо́риться. *Ils se sont brouillés avec les voisins*, они́ поссо́рились со свои́ми сосе́дями. **2.** (*en parlant du temps*) по́ртиться / попо́ртиться. *Le temps se brouille*, пого́да по́ртится.

BROUILLON чернови́к /——— ———. *Le brouillon d'une lettre*, чернови́к письма́.

BROUTER щипа́ть* II, щиплю́, щи́плешь...\\——— / пощипа́ть* II [*id.*] (*verbe uniquement transitif*). *Les vaches broutaient* ou *les vaches broutaient l'herbe*, коро́вы щипа́ли траву́.

BRU неве́стка (*pour la belle-mère*); сноха́ ——— ——— (*pour le beau-père*).

BRUISSEMENT ше́лест, шо́рох. *Le bruissement des feuilles*, ше́лест ли́стьев.

BRUIT

1. (*confus*) шум.
2. (*plus ou moins organisé*) звук (*bruit sonore, simple et net*); звон (*tintement*); стук (*frappement régulier*), *etc.*
3. (*retentissement qu'a une affaire*) шум.
4. (*nouvelle qui se répand*) слух.

1. *Le bruit du vent*, шум ве́тра. *Le bruit de la pluie*, шум дождя́. *Le bruit de la mer*, шум мо́ря. *Entrer sans bruit*, войти́ без шу́ма. **2.** *Le bruit des pas*, звук шаго́в. *Le bruit des cloches*, звон колоколо́в. *Le bruit d'une tasse cassée*, звон разби́той ча́шки. *Le bruit d'une machine à écrire*, стук пи́шущей маши́нки. **3.** *Beaucoup de bruit pour rien*, мно́го шу́ма из ничего́. **4.** *Le bruit court qu'il a été arrêté*, слух идёт, что его́ аресто́вали. *Faire courir un bruit*, пусти́ть слух.

BRÛLANT 1. (*en parlant d'un liquide*) горя́чий, горя́ч, горяча́, горячо́, горячи́ /———. *Un café brûlant*, горя́чее ко́фе. **2.** (*dans les autres cas, au propr. et au fig.*) жгу́чий. *Les rayons brûlants du soleil*, жгу́чие лучи́ со́лнца. *Une question brûlante*, жгу́чий вопро́с.

BRÛLER

1. (*détruire par le feu; utiliser comme combustible*) жечь* IV, жгу, жжёшь..., жгут; жёг, жгла... / сжечь* IV, сожгу́, сожжёшь..., сожгу́т; сжёг, сожгла́...; сожжённый; *ou* сжига́ть / сжечь*.
2. (*causer une douleur*) жечь* / сжечь*.
3. (*être détruit par le feu*) горе́ть* I, горю́, гори́шь... / сгоре́ть* I (*id.*); *ou* сгора́ть / сгоре́ть*.
4. (*être allumé en parlant d'une source de lumière*) горе́ть*.
5. (*éprouver un sentiment très vif*) горе́ть* *ou* сгора́ть.
6. (*subir un feu trop vif en parlant des aliments*) подгора́ть / подгоре́ть* I, подгори́т, подгоря́т.

1. *Brûler des papiers*, сжечь бума́ги. *Ils brûlent beaucoup de bois*, они́ жгут мно́го дров. **2.** *Le froid nous brûlait le visage*, моро́з жёг лицо́. **3.** *La maison a brûlé*, дом сгоре́л. **4.** *L'électricité brûle encore*, электри́чество ещё гори́т. **5.** *Il brûlait du désir d'arriver au plus vite à Moscou*, он горе́л жела́нием поскоре́е прие́хать в Москву́. *Brûler d'impatience*, горе́ть от нетерпе́ния. *Brûler de curiosité*, сгора́ть от любопы́тства. **6.** *La kacha a brûlé*, ка́ша подгоре́ла. ● **Brûler un feu rouge**, пое́хать на кра́сный свет (е́хать* IV, е́ду, е́дешь... / пое́хать* IV [*id.*]).

BRÛLER (SE) 1. (*sans l'indication de la partie du corps atteinte*) обжига́ться / обже́чься* IV, обожгу́сь, обожжёшься..., обожгу́тся; обжёгся, обожгла́сь... *Elle s'est brûlée avec l'eau bouillante*, она́ обожгла́сь горя́чей водо́й. **2.** (*en indiquant la partie du* *corps atteinte*) обже́чь себе́ (обжига́ть / обже́чь* IV, обожгу́, обожжёшь..., обожгу́т; обжёг, обожгла́...; обожжённый). *Je me suis brûlé le doigt*, я обжёг себе́ па́лец.

BRÛLURE ожо́г. *Une brûlure grave*, тяжёлый ожо́г.

BRUME тума́н. *Une brume épaisse couvrait la mer*, густо́й тума́н покрыва́л мо́ре.

I. BRUN *adj.* **1.** (*en règle générale*) кори́чневый. **2.** (*en parlant du pelage d'un animal*) бу́рый ∧—. *Un ours brun*, бу́рый медве́дь. **3.** (*en parlant des cheveux, de la barbe...*) чёрный. *Des cheveux bruns*, чёрные во́лосы. **4.** (*en parlant de personnes qui ont des cheveux bruns*) черноволо́сый. *Une femme brune*, черноволо́сая же́нщина. ● **Bière brune**, тёмное пи́во.

II. BRUN *subst.* (*qui a des cheveux bruns*) брюне́т.

BRUNE брюне́тка.

BRUNIR (*devenir brun, bronzer*) загора́ть / загоре́ть* I, загорю́, загори́шь... *Tu as bien bruni pendant l'été*, Ты о́чень загоре́л за ле́то.

BRUSQUE 1. (*rude*) ре́зкий ∧—, *comp.* ре́зче*. *Des gestes brusques*, ре́зкие же́сты. *Un ton brusque*, ре́зкий тон. **2.** (*soudain*) внеза́пный. *Un brusque départ*, внеза́пный отъе́зд.

BRUSQUEMENT (*soudain*) вдруг. *Brusquement un coup de feu retentit*, вдруг разда́лся вы́стрел.

BRUTAL 1. (*grossier; sans ménagements*) гру́бый ∧—. *Des mœurs brutales*, гру́бые нра́вы. **2.** (*brusque*) ре́зкий ∧—, *comp.* ре́зче*. *Un coup brutal*, ре́зкий уда́р.

BRUTALEMENT 1. (*sans ménagements; avec grossièreté*) гру́бо, *comp.* грубе́е. *Il l'a repoussée brutalement*, он её гру́бо оттолкну́л. **2.** (*d'une manière brusque*) ре́зко, *comp.* ре́зче*. *Freiner brutalement*, ре́зко затормози́ть.

BRUTE скоти́на *f. ou, plus rarement, m.* *Son frère est une vraie brute*, её брат — настоя́щая скоти́на.

BRUYAMMENT шу́мно, *comp.* шумне́е. *Les enfants jouaient bruyamment dans la chambre*, де́ти шу́мно игра́ли в ко́мнате.

BRUYANT шу́мный ∧—. *Une rue bruyante*, шу́мная у́лица.

BÛCHE (*propr.*) поле́но*, *pl.* поле́нья, поле́ньев, поле́ньям...

BÛCHERON лесору́б. *Le dur travail des bûcherons*, тяжёлая рабо́та лесору́бов.

BUDGET бюдже́т. *Le budget de l'État*, госуда́рственный бюдже́т.

BUÉE пар*, *loc.* пару́ —∠. *Les vitres se sont couvertes de buée*, стёкла покры́лись па́ром.

BUFFET (*meuble; petit restaurant*) буфе́т. *Dans le buffet, il y a des boîtes de conserves*, в буфе́те есть консе́рвные ба́нки. *Au buffet, on vend des pains d'épice*, в буфе́те продаю́тся пря́ники.

Remarque. À la différence de son équivalent français, le mot « буфе́т » ne comporte qu'un « ф ».

BUISSON куст ⁄— —. *Un lièvre sortit du buisson*, из-под куста́ вы́бежал за́яц.

BULLDOZER бульдо́зер.

BULLE пузы́рь ⁄— — *m.* *Faire des bulles de savon*, пуска́ть мы́льные пузыри́. *Une bulle d'air*, пузы́рь во́здуха.

BULLETIN

1. (*de vote*) бюллете́нь *m.*
2. (*publication*) бюллете́нь *m.*
3. (*scolaire*) та́бель*, *nom. pl.* табеля́ — — *m.* (*quelquefois explicité par le mot* « успева́емости »).
4. (*récépissé*) квита́нция.

1. *Bulletin de vote*, избира́тельный бюллете́нь. **2.** *Le bulletin de l'Académie des sciences*, бюллете́нь Акаде́мии нау́к. **3.** *Mes parents ont reçu mon bulletin trimestriel*, роди́тели получи́ли та́бель за че́тверть. **4.** *Vous avez votre bulletin de bagages ?*, Есть у вас бага́жная квита́нция? ● **Le bulletin d'informations**, после́дние изве́стия (изве́стия, изве́стий, извéстиям... *pl.*). **Le bulletin météorologique,** свóдка о погóде.

BUREAU

1. (*meuble*) пи́сьменный стол (стол ⁄——— ———).
2. (*cabinet de travail*) кабинéт (*quelquefois précédé du qualificatif* « рабóчий »).
3. (*le plus souvent au pl. en français: secrétariat dans son ensemble*) канцеля́рия (*secrétariat d'une administration*) // контóра (*secrétariat d'une entreprise à fonction commerciale ou financière*).
4. (*section d'un ministère ou d'une grande entreprise*) отдéл.
5. (*section étroitement spécialisée*) бюрó* *indécl. n.*
6. (*agence*) бюрó* *indécl. n.*
7. (*organe directeur d'une association, d'une assemblée...*) бюрó* *indécl. n.*

1. *Il s'est installé à son bureau,* он сел за пи́сьменный стол. **2.** *Le directeur m'a reçu dans son bureau,* дирéктор при́нял меня́ в своём кабинéте. **3.** *Dans les bureaux vous obtiendrez les renseignements dont vous avez besoin,* в канцеля́рии вы полу́чите ну́жную вам спрáвку. // *Les bureaux de l'usine ne sont pas encore ouverts,* контóра завóда ещё не откры́та. **4.** *Chef de bureau au ministère des Affaires étrangères,* начáльник отдéла в Министéрстве инострáнных дел. **5.** *Le bureau des objets trouvés,* бюрó нахóдок. *Le bureau des renseignements,* спрáвочное бюрó. **6.** *Un bureau d'information,* информациóнное бюрó. **7.** *Élire le bureau,* избрáть бюрó. ● **Articles de bureau,** канцеля́ские принадлéжности (принадлéжности, принадлéжностей, принадлéжностям... *pl. t.*). **Bureau de poste,** почтóвое отделéние. **Bureau de tabac 1.** (*magasin comme ceux que l'on trouve en France*) табáчная лáвка. **2.** (*kiosque comme on en trouve en U.R.S.S.*) табáчный киóск *ou, simplement,* киóск. **Bureau de vote,** избирáтельный учáсток (учáсток).

BUREAUCRATE бюрокрáт.

BUREAUCRATIE 1. (*ensemble des bureaucrates*) бюрокрáтия. **2.** (*routine des bureaux*) бюрократи́зм.

BUREAUCRATIQUE бюрократи́ческий.

BUSTE бюст. *Un buste en bronze,* брóнзовый бюст.

BUT 1. (*ce que l'on vise, propr. et fig.*) цель *f. Manquer le but,* не попадáть в цель. *Atteindre son but,* дости́чь цéли. *Dans quel but?,* С какóй цéлью? *Avoir pour but,* имéть цéлью. *Aller droit au but,* идти́ пря́мо к цéли. **2.** (*pl.; au football, endroit où l'on cherche à lancer le ballon*) ворóта, ворóт, ворóтам... *pl. t. Envoyer le ballon dans les buts,* заби́ть мяч в ворóта. **3.** (*au football, point gagné*) гол. *Marquer un but,* заби́ть гол. ● **De but en blanc,** ни с тогó, ни с сегó.

BUTIN добы́ча. *Ils avaient ramassé un riche butin,* они́ захвати́ли богáтую добы́чу.

I. BUVARD *subst.* (*papier poreux*) промокáшка (*fam.*).

II. BUVARD *adj.* ● **Papier buvard,** промокáтельная бумáга.

BYZANTIN византи́йский. *L'art byzantin,* византи́йское искýсство.

C

C' v. CE.

I. ÇA *pronom* э́то *pronom neutre. Donnez-moi ça,* Дáйте мне вот э́то. *Ça m'est égal,* Э́то мне всё равнó. *Il ne manquait plus que ça!,* Э́того тóлько недоставáло. ● **Ça va de**

soi, это само́ собо́й. **Comme ça**, так. *Il a fait ça comme ça, sans aucune mauvaise intention*, он э́то сде́лал так, без вся́кого наме́рения. **Comme ci, comme ça**, та́к себе. « *Comment allez-vous ? — Bah, comme ci, comme ça* », « Как пожива́ете? — Ничего́, та́к себе. » **Comment ça va?**, Как дела́?

II. ÇÀ *adv.* ● **Çà et là**, ко́е-где.

CABANE (*maison grossièrement construite*) лачу́га, *dim.* лачу́жка. ● **Cabane à lapins**, крольча́тник.

CABARET 1. (*débit de boissons*) каба́к ⁄‾‾‾ ‾‾‾ . **2.** (*avec spectacle*) кабаре́* *indécl. n.*

CABINE 1. (*sur un bateau*) каю́та. *Cabine de seconde*, каю́та второ́го кла́сса. **2.** (*sur une plage*) каби́нка. ● **Cabine téléphonique 1.** (*dans un bureau de poste*) телефо́нная каби́на. **2.** (*dans la rue*) телефо́нная бу́дка.

CABINET 1. (*lieux d'aisances*) убо́рная *adj. subst. f.* **2.** (*de travail*) кабине́т, рабо́чий кабине́т.

CÂBLE 1. (*gros cordage*) кана́т. **2.** (*de télécommunication*) ка́бель *m.* *Un câble téléphonique*, телефо́нный ка́бель. *Un câble sous-marin*, подво́дный ка́бель.

CABOCHE башка́.

CABRER (SE) встать на дыбы́ (встава́ть* II, встаёт, встаю́т; встава́й; встава́я / встать* *n. cl.*, вста́нет, вста́нут). *Le cheval s'est cabré*, конь встал на дыбы́.

CACAO кака́о* [ао] *indécl. n.*

CACHE-CACHE ● **Jouer à cache-cache**, игра́ть в пря́тки.

CACHE-NEZ шарф. *Mettre un cache-nez*, наде́ть шарф.

CACHER 1. (*propr., mettre ou tenir dans un lieu secret*) пря́тать* II, пря́чу, пря́чешь... / спря́тать* II (*id.*); *ou* скрыва́ть / скрыть* II, скро́ю, скро́ешь...; скры́тый. *Elle cacha la lettre derrière son dos*, она́ спря́тала письмо́ за́ спину. *Les enfants se cachaient dans les buissons*, де́ти пря́тались в куста́х. *Des partisans se cachaient dans la forêt*, в лесу́ скрыва́лись партиза́ны. **2.** (*propr.: voiler*) закрыва́ть / закры́ть* II, закро́ю, закро́ешь...; закры́тый. *Cacher son visage entre ses mains*, закрыва́ть лицо́ рука́ми. **3.** (*fig.: dissimuler*) скрыва́ть / скрыть* II, скро́ю, скро́ешь...; скры́тый. *Cacher sa joie*, скрыва́ть свою́ ра́дость.

Remarque. Avec les verbes « пря́тать / спря́тать » et « скрыва́ть / скрыть », un complément de lieu à l'accusatif correspond à la nuance « mettre dans un lieu secret ». Lorsque le verbe signifie au contraire « tenir dans un lieu secret », le complément de lieu se met au locatif ou à l'instrumental.

CACHET 1. (*petit sceau gravé, son empreinte*) ште́мпель*, *nom. pl.* штемпеля́ ___ ‾‾‾ [тɛ] *m.* *Le cachet de la poste*, почто́вый ште́мпель. **2.** (*en pharmacie*) табле́тка. *Des cachets d'aspirine*, табле́тки аспири́на.

CACHETTE скры́тое ме́сто (ме́сто ___ \/‾‾). ● **En cachette**, потихо́ньку. *S'en aller en cachette*, уйти́ потихо́ньку.

CADAVRE труп. *Le champ de bataille était jonché de cadavres*, по́ле би́твы бы́ло усе́яно тру́пами.

CADEAU пода́рок. *Un cadeau de nouvel an*, нового́дний пода́рок. *Faire un cadeau à qqn*, сде́лать кому́-нибудь пода́рок. ● **Faire cadeau de**, дари́ть___ / подари́ть___ (+ *acc.*). *Mon père m'a fait cadeau d'une montre*, оте́ц подари́л мне часы́.

CADENAS вися́чий замо́к (замо́к).

CADENCE 1. (*rythme de travail*) ритм. *La cadence de la production*, ритм произво́дства. **2.** (*dans les autres cas*) такт. *En cadence*, в такт.

I. CADET *adj.* мла́дший. *Son frère cadet*, его́ мла́дший брат.

II. CADET *subst.* (*le plus jeune de la famille*) мла́дший *adj. subst. m.*

CADETTE мла́дшая *adj. subst. f.*

CADRAN цифербла́т. *Le cadran de l'horloge*, цифербла́т часо́в. ●

Cadran solaire, со́лнечные часы́ (часы́, часо́в, часа́м... *pl. t.*).

CADRE 1. (*bordure...*) ра́мка. *Un tableau avec un cadre doré*, карти́на в золото́й ра́мке. **2.** (*employé exerçant une fonction de direction*) кадр (*sous-genre inanimé*). *Former des cadres*, воспита́ть ка́дры. ● **Dans le cadre de** (*fig.*), в ра́мках (+ *gén.*). *Dans le cadre de la loi*, в ра́мках зако́на.

I. CAFARD (*insecte*) тарака́н.

II. CAFARD (*idées noires*) мра́чное настрое́ние. *J'avais le cafard*, я был в мра́чном настрое́нии.

CAFÉ 1. (*boisson*) ко́фе* *indécl. m.* *Une tasse de café*, ча́шка ко́фе. *Du café au lait*, ко́фе с молоко́м. *Un café noir*, чёрный ко́фе. **2.** (*lieu public*) кафе́* *indécl. n.*

CAFETIÈRE кофе́йник.

CAGE (*divers sens*) клётка. *Mettre un oiseau en cage*, посади́ть пти́цу в клётку. *La cage thoracique*, грудна́я клётка.

CAHIER тетра́дь *f.*, *dim.* тетра́дка. *Cahier de brouillon*, черова́я тетра́дь. *Cahier de mathématiques*, тетра́дь по матема́тике. *Cahier de textes*, о́бщая тетра́дь.

CAILLOU ка́мешек.

CAISSE 1. (*coffre en bois*) я́щик. **2.** (*dans un magasin*) ка́сса. *Payer à la caisse*, заплати́ть в ка́ссу. **3.** (*organisme*) ка́сса. *La caisse d'épargne*, сберка́сса. ● **Grosse caisse**, бараба́н.

CAISSIER касси́р.

CAISSIÈRE касси́рша.

CAKE кекс.

CALCUL 1. (*opération*) счёт. *Se perdre dans ses calculs*, сби́ться со счёта. **2.** (*combinaison*) расчёт. *Il s'est trompé dans ses calculs*, он оши́бся в свои́х расчётах. **3.** (*méd.*) ка́мень ___ ⁄___ *m.* *Des calculs biliaires*, ка́мни в пе́чени.

CALCULER 1. (*faire une opération arithmétique*) счита́ть. *Calculer de tête*, счита́ть в уме́. **2.** (*déterminer par le calcul*) высчи́тывать / вы́считать. *Calculer le prix de revient*, вы́считать сто́имость. **3.** (*prévoir*) рассчи́тывать / рассчита́ть. *Il a mal calculé*, он пло́хо рассчита́л. ● **Machine à calculer**, счётная маши́на. **Règle à calculer**, счётная лине́йка.

CALEÇON кальсо́ны, кальсо́н, кальсо́нам... *pl. t.*

CALENDRIER календа́рь ⁄___ ___ *m.* *Le calendrier grégorien*, грегориа́нский календа́рь.

CALIBRE кали́бр. *Des obus de gros calibre*, снаря́ды кру́пного кали́бра.

I. CALME *subst.* споко́йствие. *Le calme régnait dans la forêt*, в лесу́ цари́ло споко́йствие. *Conserver son calme*, сохрани́ть споко́йствие.

II. CALME *adj.* споко́йный; ти́хий ⁄___, *comp.* ти́ше*. *Une vie calme*, споко́йная жизнь *ou* ти́хая жизнь. *Une rue calme*, ти́хая у́лица.

CALMER успока́ивать / успоко́ить. *Calmer un malade*, успоко́ить больно́го. *Calmez-vous!*, Успоко́йтесь! *Calmer les maux de dents*, успоко́ить зубну́ю боль.

CALOMNIE клевета́ (*pas de pl.*). *Une basse calomnie*, гря́зная клевета́.

CAMARADE 1. *m.* (*compagnon*) това́рищ. *Un camarade d'école*, шко́льный това́рищ. *Un camarade d'enfance*, това́рищ де́тства. **2.** *f.* (*amie*) подру́га. *Une camarade d'école*, шко́льная подру́га. **3.** (*au sens de « monsieur » ou de « madame »*) това́рищ *m.* *Sous la direction du camarade Ivanov*, под руково́дством това́рища Ивано́ва. *Le discours de la camarade Petrova*, выступле́ние това́рища Петро́вой.

CAMBRIOLER гра́бить / огра́бить *et un substantif désignant le local cambriolé*. *Ils ont été cambriolés*, их кварти́ра была́ огра́блена.

CAMÉLÉON (*propr. et fig.*) хамелео́н. *Quel caméléon!*, Что за хамелео́н!

CAMELOTE дрянь *f.* *C'est tout de la camelote*, всё э́то дрянь. *Pourquoi tu as acheté cette camelote?*, Заче́м ты купи́л э́ту дрянь?

CAMÉRA 1. (*de cinéma*) кинока́мера. **2.** (*de télévision*) телека́мера.

CAMION грузови́к. *Charger la marchandise sur un camion*, погрузи́ть това́р на грузови́к. *Nous irons là-bas en camion*, мы поéдем туда́ на грузовикé.

CAMIONNETTE лёгкая грузова́я маши́на; пика́п.

CAMP ла́герь(*) *m.*

> **1.** *nom. pl.* лагеря́ (*camps de pionniers, de campeurs, de militaires*).
> **2.** *nom. pl. régulier, accent fixe;* ou *nom. pl.* лагеря́, *accent mobile:* (*camps de prisonniers, de détenus*).
> **3.** *nom. pl. régulier, accent fixe* (*groupe politique ou idéologique*).

1. *Un camp de pionniers*, пионе́рский ла́герь. *Dans le camp, il n'y avait plus une seule place libre*, в ла́гере ужé нé было ни одного́ свобо́дного ме́ста. *Un camp militaire*, воéнный ла́герь. **2.** *Un camp de prisonniers*, ла́герь для военнопле́нных. *Un camp de redressement par le travail*, исправи́тельно-трудово́й ла́герь. *Un camp de concentration*, концентрацио́нный ла́герь *ou, plus simplement*, концла́герь. **3.** *Le monde est divisé en deux camps*, мир разделён на два ла́геря.

CAMPAGNE

> **1.** (*village, dans l'expression « à la campagne »*) в дере́вню (*direction*); в дере́вне (*emplacement*).
> **2.** (*environs de la ville, dans l'expression « à la campagne »*) за́ город (*direction*); за́ городом (*emplacement*).
> **3.** (*rase campagne*) поля́, поле́й, поля́м... *pl.*
> **4.** (*expédition militaire*) похо́д.
> **5.** (*effort de propagande, de publicité*) кампа́ния.

1. *Nous allons à la campagne*, мы éдем в дере́вню. *J'ai passé trois semaines à la campagne*, я провёл три недéли в дере́вне. **2.** *Hier nous sommes allés à la campagne*, вчера́ мы уéхали за́ город. *Nous avons passé quelques heures à la campagne*, мы провели́ нéсколько часо́в за́ городом. **3.** *Je voyais de ma fenêtre la campagne environnante*, из окна́ я ви́дел окрéстные поля́. **4.** *Partir en campagne*, вы́ступить в похо́д. **5.** *La campagne électorale*, избира́тельная кампа́ния. ● **De la campagne,** деревéнский. *Le calme de la campagne*, деревéнская тишина́. **En rase campagne 1.** (*direction*) в откры́тое по́ле. **2.** (*emplacement*) в откры́том по́ле. **Une maison de campagne,** да́ча. *Au mois d'août, ils sont toujours dans leur maison de campagne*, в а́вгусте они́ всегда́ на да́че.

CAMPER (*vivre sous la tente*) жить в пала́тке (*s'il y a une seule tente*); жить в пала́тках (*s'il y a plusieurs tentes*) [жить* IV, живу́, живёшь...; жил, жила́, жи́ло, жи́ли *et, à la forme négative*, нé жил, не жила́, нé жило, нé жили]. *Nous avons campé tout l'été*, мы всё лето жи́ли в пала́тках.

CAMPEUR тури́ст. *Dans le camp, toutes les places étaient occupées: il y a beaucoup de campeurs au mois d'août*, в ла́гере все места́ бы́ли за́няты : в а́вгусте мно́го тури́стов.

CAMPING (*camp*) тури́стский ла́герь (ла́герь*, *nom. pl.* лагеря́ *m.*). *Dans le camping qui est de l'autre côté de la rivière*, в тури́стском ла́гере за реко́й. ● **Faire du camping,** жить в пала́тке (*s'il y a une seule tente*), жить в пала́тках (*s'il y a plusieurs tentes*) [жить* IV, живу́, живёшь...; жил, жила́, жи́ло, жи́ли *et, à la forme négative*, нé жил, не жила́, нé жило, нé жили]. *Cet été nous ferons du camping*, ле́том мы бу́дем жить в пала́тках.

I. CANADIEN *subst.* кана́дец.

II. CANADIEN *adj.* кана́дский.

CANADIENNE (*habitante du Canada*) кана́дка.

CANAL кана́л. *Un canal d'irrigation*, ороси́тельный кана́л.

CANARD 1. (*oiseau*) у́тка. *Des canards sauvages*, ди́кие у́тки. **2.** (*fausse nouvelle*) у́тка. *Lancer un canard*, пусти́ть у́тку.

CANCER рак. *Le cancer du foie*, рак пе́чени.

CANDIDAT 1. (*celui qui postule un emploi, une place...*) кандида́т. *Le candidat député*, кандида́т в депута́ты. **2.** (*celui qui se présente à un examen*) студе́нт. *Le candidat a été recalé*, студе́нт провали́лся.

CANDIDATURE кандидату́ра. *Poser sa candidature*, вы́двинуть свою́ кандидату́ру. *Retirer sa candidature*, снять свою́ кандидату́ру.

CANIF перочи́нный нож (нож ⁄‾‾ ‾‾) *ou* перочи́нный но́жик.

CANIVEAU (*pour l'écoulement des eaux*) кана́вка.

CANNE (*pour s'appuyer*) па́лка. *S'appuyer sur sa canne*, опира́ться на па́лку. ● **Canne à sucre,** са́харный тростни́к (тростни́к ⁄‾‾ ‾‾).

CANNIBALE канниба́л.

CANON 1. (*arme*) пу́шка. *Tirer des coups de canon*, стреля́ть из пу́шки. **2.** (*tube par où passe le projectile*) ствол ⁄‾‾ ‾‾.

CANOT ло́дка; шлю́пка (*grand canot*). *Un canot à moteur*, мото́рная ло́дка. *Un canot de sauvetage*, спаса́тельная ло́дка *ou* спаса́тельная шлю́пка.

CANTATRICE певи́ца.

CANTINE (*lieu où l'on sert à manger*) столо́вая *adj. subst. f. À la cantine de l'usine*, в заводско́й столо́вой.

CANTON канто́н (*transcription du mot français*); о́круг*, *nom. pl.* округа́ ‾‾ ‾‾ (*division administrative soviétique comparable au canton*).

CAOUTCHOUC рези́на. *Des objets en caoutchouc*, изде́лия из рези́ны. ● **Du caoutchouc, en caoutchouc,** рези́новый. *L'industrie du caoutchouc*, рези́новая промы́шленность. *Une semelle en caoutchouc*, рези́новая подо́шва.

CAP (*promontoire*) мыс. *Le cap de Bonne-Espérance*, мыс До́брой Наде́жды.

CAPABLE 1. (*apte*) спосо́бный. *Un homme capable*, спосо́бный челове́к. **2.** (*qui n'hésite pas*) спосо́бный (на + *acc.*). *Il est capable de tout*, он спосо́бен на всё.

CAPACITÉ 1. (*aptitude*) спосо́бность *f. Faire preuve de grandes capacités*, прояви́ть больши́е спосо́бности. **2.** (*contenance*) ёмкость *f. Les mesures de capacité*, ме́ры ёмкости.

CAPITAINE капита́н. *Capitaine d'aviation*, капита́н авиа́ции. *Capitaine au long cours*, капита́н да́льнего пла́вания.

I. CAPITAL *adj. peut être traduit selon le contexte par* реши́тельный (*décisif*), гла́вный (*principal*), необходи́мый (*indispensable*), ва́жный (*important*), *etc. Il a joué un rôle capital dans cette affaire*, он сыгра́л реши́тельную роль в э́том де́ле. *C'est son œuvre capitale*, э́то его́ гла́вное произведе́ние. ● **La peine capitale,** сме́ртная казнь. **Un péché capital,** сме́ртный грех.

II. CAPITAL *subst.* капита́л. *Amasser un petit capital*, накопи́ть небольшо́й капита́л.

CAPITALE (*ville*) столи́ца. *En 1918, Moscou est devenue la capitale de l'Union soviétique*, в 1918 году́ Москва́ ста́ла столи́цей Сове́тского Сою́за.

CAPITALISME капитали́зм.

I. CAPITALISTE *subst.* капитали́ст.

II. CAPITALISTE *adj.* капиталисти́ческий.

CAPITULATION капитуля́ция. *Après la capitulation de la ville*, по́сле капитуля́ции го́рода.

CAPITULER капитули́ровать / капитули́ровать. *Capituler devant les difficultés*, капитули́ровать пе́ред тру́дностями.

CAPORAL 1. (*dans une armée occidentale*) капра́л. **2.** (*dans l'armée soviétique*) ефре́йтор.

CAPRICE капри́з. *Des caprices d'enfant*, де́тские капри́зы. *Les* *caprices de la mode*, капри́зы мо́ды. • **Faire des caprices**, капри́зничать. *L'enfant fait des caprices*, ребёнок капри́зничает.

CAPRICIEUX капри́зный. *Un enfant capricieux*, капри́зный ребёнок. *Un temps capricieux*, капри́зная пого́да.

CAPTIVITÉ плен, *loc.* плену́ ———. *Être en captivité*, быть в плену́.

I. CAR *conj.* и́бо. *On peut compter sur lui car c'est un homme consciencieux*, мо́жно на него́ положи́ться, и́бо он челове́к исполни́тельный.

II. CAR *subst.* авто́бус. *Nous étions vingt-cinq personnes dans le car*, нас бы́ло два́дцать пять челове́к в авто́бусе. *Nous prendrons le car*, мы поéдем туда́ на авто́бусе.

CARACTÈRE хара́ктер. *Elle a mauvais caractère*, у неё плохо́й хара́ктер. *Ce n'est pas dans son caractère*, э́то не в его́ хара́ктере.

CARACTÉRISTIQUE *adj.* характе́рный. *Une odeur caractéristique*, характе́рный за́пах.

CARAFE графи́н. *Une carafe d'eau*, графи́н с водо́й.

CARAVANE 1. (*troupe de voyageurs...*) карава́н. **2.** (*roulotte de camping*) « карава́н » (*néologisme*). • **Les chiens aboient, la caravane passe**, соба́ка ла́ет, ве́тер но́сит.

CARBONE 1. (*corps chimique*) углеро́д. *L'oxyde de carbone*, о́кись углеро́да. **2.** (*papier carbone*) копи́рка. *Un texte tapé avec un carbone*, текст, напеча́танный под копи́рку.

CARBURANT горю́чее *adj. subst. n. Utiliser un carburant liquide*, потребля́ть жи́дкое горю́чее.

CARBURATEUR карбюра́тор.

CARCASSE о́стов. *La carcasse d'un navire*, о́стов корабля́. *La carcasse d'un cheval*, ко́нский о́стов.

CARDIAQUE *subst. traduire par une périphrase utilisant les mots* « боле́знь се́рдца », « maladie de cœur ». *Elle était cardiaque*, у неё была́ боле́знь се́рдца.

CARDINAL *adj.* • **Les quatre points cardinaux**, четы́ре страны́ све́та.

CARESSANT ла́сковый. *Un regard caressant*, ла́сковый взгляд.

CARESSE (*essentiellement au sens de « marque d'affection »*) ла́ска, *gén. pl.* ласк. *Les caresses de sa mère*, матери́нская ла́ска.

CARESSER (*passer la main doucement en signe d'affection*) гла́дить / погла́дить. *Caresser un chat*, гла́дить ко́шку. *Caresser la joue d'un enfant*, гла́дить ребёнка по щеке́.

CARGAISON груз (*n'est jamais suivi d'un complément de nom*). *Ils transportaient une lourde cargaison de minerai de fer*, они́ перевози́ли тяжёлый груз, желе́зную руду́.

CARGO торго́вое су́дно (су́дно*, *pl.* суда́, судо́в, суда́м... ———).

CARICATURE карикату́ра. *Faire une caricature*, нарисова́ть карикату́ру.

CARICATURISTE карикатури́ст.

CARIE ка́риес. *Cette dent a une petite carie*, э́тот зуб име́ет небольшо́й ка́риес.

CARIÉ карио́зный. *Une dent cariée*, карио́зный зуб.

CARNASSIER *adj.* хи́щный. *La zibeline est un animal carnassier*, со́боль — хи́щный зверь. || (*Subst.*) *Parmi les carnassiers, il y a une grande quantité d'animaux utiles*, среди́ хи́щных име́ется значи́тельное число́ поле́зных живо́тных.

CARNAVAL карнава́л. *Le carnaval de Venise*, венециа́нский карнава́л.

CARNET 1. (*de notes*) записна́я кни́жка. *J'en ai pris note dans mon carnet*, я э́то записа́л в записну́ю кни́жку. **2.** (*à souches*) кни́жка; кни́жечка (*carnet de petite taille*). *Un carnet de chèques*, че́ковая кни́жка. *Un carnet d'autobus*, авто́бусная кни́жечка. **3.** (*scolaire*) дневни́к ———. **4.** (*dans le titre d'un ouvrage*) запи́ски, запи́сок, запи́скам... *pl.*

Les Carnets du major Thompson, « Запи́ски майо́ра То́мсона ».

CAROTTE морко́вь *f.* (*pas de pl.*). *Acheter des carottes*, купи́ть морко́вь.

CARPE (*poisson*) карп.

I. CARRÉ *adj.* (*qui a une forme quadrangulaire; en parlant d'une mesure de surface; employé avec le mot « racine »*) квадра́тный. *Une table carrée*, квадра́тный стол. *Un mètre carré*, квадра́тный метр. *La racine carrée*, квадра́тный ко́рень.

II. CARRÉ *subst.* (*quadrilatère; produit d'un nombre par lui-même*) квадра́т. *Des carrés noirs et blancs*, чёрные и бе́лые квадра́ты. *Trois au carré égale neuf*, три в квадра́те равно́ девяти́.

CARREAU

> **1.** (*petite dalle*) пли́тка.
> **2.** (*verre de fenêtre*) стекло́, *pl.* стёкла, стёкол, стёклам...
> **3.** (*dessin de forme carrée sur une étoffe...*) кле́тка.
> **4.** (*aux cartes*) бу́бны, бубён, бубна́м... *pl. t.*

1. *Des carreaux de céramique*, керами́ческие пли́тки. **2.** *Casser un carreau*, разби́ть стекло́. **3.** *Les grands carreaux noirs et blancs de cette étoffe*, чёрные и бе́лые кле́тки на э́той тка́ни. **4.** *Le roi de carreau*, коро́ль бубён. ● **À carreaux**, кле́тчатый *ou* в кле́тку. *Une étoffe à carreaux*, кле́тчатая мате́рия *ou* мате́рия в кле́тку. *Un mouchoir à carreaux*, кле́тчатый плато́к.

CARREFOUR (*propr.*) перекрёсток. *Nous nous sommes arrêtés au carrefour*, мы останови́лись на перекрёстке.

CARRÉMENT (*sans détours*) пря́мо, *comp.* пряме́е. *Il leur a dit carrément qu'ils étaient des voleurs*, он им пря́мо сказа́л, что они́ во́ры.

CARRIÈRE 1. (*profession*) карье́ра (*livresque*). *Choisir une carrière*, вы́брать карье́ру. *Faire carrière*, сде́лать карье́ру. **2.** (*lieu d'où on extrait des matériaux de construction*) каменоло́мня*, *gén. pl.* каменоло́мен.

CARROSSE каре́та. *La tsarine y allait dans un carrosse doré*, цари́ца е́хала туда́ в золото́й каре́те.

CARTABLE (*d'écolier*) су́мка. *Mettre ses livres et ses cahiers dans son cartable*, уложи́ть в су́мку тетра́ди и кни́ги.

CARTE

> **1.** (*géogr.*) ка́рта.
> **2.** (*à jouer*) ка́рта.
> **3.** (*de visite*) ка́рточка.
> **4.** (*d'alimentation...*) ка́рточка.
> **5.** (*d'appartenance à un groupe, à un parti*) биле́т.
> **6.** (*d'invitation à un spectacle*) биле́т.
> **7.** (*au restaurant*) меню́* *indécl. n.*

1. *La carte de la France*, ка́рта Фра́нции. **2.** *Jouer aux cartes*, игра́ть в ка́рты. *Battre les cartes*, тасова́ть ка́рты. *Tirer les cartes*, гада́ть на ка́ртах. // (*Fig.*). *Jouer cartes sur table*, раскры́ть свои́ ка́рты. *La dernière carte*, после́дняя ка́рта. *Jouer sa vie sur une carte*, поста́вить свою́ жизнь на ка́рту. **3.** *Une carte de visite*, визи́тная ка́рточка. **4.** *Les cartes d'alimentation*, продово́льственные ка́рточки. **5.** *Une carte d'étudiant*, студе́нческий биле́т. *La carte du parti*, парти́йный биле́т *ou, plus familièrement*, партбиле́т. **6.** *Une carte d'invitation*, пригласи́тельный биле́т. **7.** *Apportez-nous la carte, s'il vous plaît*, Пожа́луйста, принеси́те нам меню́. ● **Carte postale**, откры́тка. *Des cartes postales avec des vues de Paris*, откры́тки с ви́дами Пари́жа.

CARTON 1. (*papier fort*) карто́н. *Un morceau de carton*, кусо́к карто́на. **2.** (*boîte en carton*) карто́нка. *Un carton à chapeaux*, карто́нка для шля́пы. ● **En carton**, карто́нный.

CARTOUCHE (*d'un projectile*) патро́н.

CAS 1. (*circonstance*) слу́чай *m.* *Dans ce cas*, в тако́м слу́чае. *Dans le cas contraire*, в проти́вном слу́чае. *En tout cas*, во вся́ком слу́чае. *En aucun cas*, ни в ко́ем слу́чае. *En cas de besoin*, в слу́чае на́добности. *Au cas où il viendrait*, в том слу́чае, е́сли он придёт. **2.** (*motif*) по́вод. *Un cas de divorce*, по́вод для разво́да. **3.** (*gramm.*) паде́ж . ● **Faire ... cas,** придава́ть ... значе́ние (придава́ть* II, придаю́, придаёшь...; придава́й; придава́я / прида́ть* *n. cl.*, прида́м, прида́шь, прида́ст, придади́м, придади́те, придаду́т; при́дал, придала́, при́дало, при́дали ; прида́й; при́данный, при́дан, придана́, при́дано, при́даны). *Il n'en fait aucun cas*, он не придаёт э́тому никако́го значе́ния. *Il en fait grand cas*, он придаёт э́тому большо́е значе́ние.

CASCADE водопа́д.

CASERNE каза́рма.

CASQUE шлем; ка́ска (*de pompier, de soldat*). *Le casque des aviateurs*, шлем лётчиков. *Le motocycliste enleva son casque*, мотоцикли́ст снял шлем. *Un casque de pompier*, пожа́рная ка́ска.

CASQUETTE 1. (*civile*) ке́пка. **2.** (*d'uniforme*) фура́жка. *La casquette de l'écolier*, фура́жка шко́льника.

CASSE-NOISETTES 1. (*pince*) щипцы́ для оре́хов (щипцы́, щипцо́в, щипца́м... *pl. t.*). **2.** (*personnage du conte d'Hoffmann d'où est tiré le ballet de Tchaïkovski*) Щелку́нчик.

CASSER

1. (*mettre en miettes*) бить* II, бью, бьёшь...; бей; *ou* разбива́ть / разби́ть* II, разобью́, разобьёшь...; разбе́й; разби́тый.
2. (*mettre en deux morceaux un objet dur*) лома́ть / слома́ть.
3. (*mettre en deux morceaux un fil, une corde...*) обрыва́ть / оборва́ть* IV, оборву́, оборвёшь...; оборва́л, оборвала́, оборва́ло, оборва́ли .
4. (*se mettre en morceaux en parlant d'un objet dur*) лома́ться / слома́ться.
5. (*se mettre en morceaux en parlant d'un fil, d'une corde...*) обрыва́ться / оборва́ться* IV, оборву́сь, оборвёшься...; оборва́лся, оборвала́сь... .
6. (*arracher*) рвать* IV, рву, рвёшь...; рвал, рвала́, рва́ло, рва́ли ; *ou* срыва́ть / сорва́ть* IV, сорву́, сорвёшь...; сорва́л, сорвала́, сорва́ло, сорва́ли .

1. *Casser les vitres*, бить стёкла. *Le verre s'est cassé*, стака́н разби́лся. **2.** *Le vent a cassé les branches*, ве́тер слома́л ве́тки. *La chaise s'est cassée*, стул слома́лся. **3.** *Casser le fil*, оборва́ть ни́тку. **4.** *La branche a cassé et Patrick est tombé*, ве́тка слома́лась, и Патри́к упа́л. **5.** *La corde a cassé*, верёвка оборвала́сь. **6.** *Casser une branche*, сорва́ть ве́тку. ● **Casser la croûte,** заку́сывать / закуси́ть . *Nous avons cassé la croûte en chemin*, мы закуси́ли по доро́ге. **Casser la gueule à qqn,** наби́ть кому́-нибудь мо́рду (набива́ть / наби́ть* II, набью́, набьёшь...; набе́й).

CASSER (SE) 1. (*être cassé*) v. CASSER. **2.** (*avoir un membre brisé*) слома́ть себе́ (лома́ть / слома́ть). *Je me suis cassé la jambe*, я слома́л себе́ но́гу. ● **Se casser la tête sur qqch.** (*fig.*), лома́ть себе́ го́лову над (+ *instr.*). *Je me suis cassé la tête sur ce problème*, я лома́л себе́ го́лову над э́той зада́чей.

CASSEROLE кастрю́ля. *Nettoyer les casseroles*, чи́стить кастрю́ли.

CASSE-TÊTE (*travail ou jeu fatigant*) головоло́мка.

CASSIS (*arbuste ou fruit*) чёрная сморо́дина (*pas de pl.*).

CASTOR 1. (*animal*) бобр . **2.** (*fourrure*) бобро́вый мех.

CATALOGUE катало́г. *Le catalogue des journaux soviétiques*, катало́г сове́тских журна́лов и газе́т.

CATASTROPHE катастро́фа. *Une catastrophe ferroviaire*, железнодоро́жная катастро́фа.

CATASTROPHIQUE катастрофи́ческий. *La situation était cata-*

strophique, положéние бы́ло катастрофи́ческое.

CATÉGORIE категóрия. *Les catégories grammaticales*, граммати́ческие категóрии.

CATHÉDRALE собóр (*quelquefois précisé par l'adjectif* « кафедрáльный »). *La cathédrale de Reims*, Рéймский собóр.

CATHOLICISME католи́ческая вéра.

I. CATHOLIQUE *subst.* **1.** *m.* катóлик. **2.** *f.* католи́чка.

II. CATHOLIQUE *adj.* католи́ческий. *Un prêtre catholique*, католи́ческий свящéнник.

CAUCASIEN кавкáзский. *Les langues caucasiennes*, кавкáзские языки́.

CAUCHEMAR кошмáр (*propr. et fig.*). *J'ai eu des cauchemars toute la nuit*, Мне всю ночь сни́лись кошмáры. *C'est un vrai cauchemar!*, Это пря́мо кошмáр!

CAUSE причи́на. *Il n'y a pas d'effet sans cause*, нет дéйствия без причи́ны. • **À cause de**, из-за (+ *gén.*). *À cause de la pluie*, из-за дождя́. **En tout état de cause**, как бы то ни́ было. **La juste cause**, прáвое дéло. *Combattre pour la juste cause*, борóться за прáвое дéло.

I. CAUSER (*être l'origine*) вызывáть / вы́звать* IV, вы́зову, вы́зовешь... (*provoquer, déclencher*); доставля́ть / достáвить (*procurer, occasionner*). *Qu'est-ce qui a causé cet incendie?*, Чем вы́зван пожáр? *Causer une grande joie*, достáвить большу́ю рáдость. *Ça nous a causé bien des ennuis*, это достáвило нам мнóго хлопóт.

II. CAUSER (*converser*) разговáривать; бесéдовать / побесéдовать; говори́ть / поговори́ть (*tous ces verbes sont moins familiers que « causer »*). *Nous causions de choses et d'autres*, мы разговáривали о том, о другóм *ou* мы говори́ли о том, о другóм. *Nous avons causé un peu*, мы побесéдовали немнóжко.

CAVALERIE кавалéрия. *Des détachements de cavalerie*, отря́ды кавалéрии.

CAVALIER 1. (*homme à cheval*) всáдник. **2.** (*militaire servant dans la cavalerie*) кавалери́ст. **3.** (*monsieur qui accompagne une dame*) кавалéр.

CAVE (*partie souterraine d'une maison*) подвáл. *Dans la cave, il n'y avait que du charbon et du bois*, в подвáле ничегó нé было крóме у́гля и дров.

CAVERNE пещéра. *Les cavernes servaient d'habitation*, пещéры служи́ли жили́щем. • **Des cavernes**, пещéрный. *L'homme des cavernes*, пещéрный человéк.

CAVIAR икрá. *Caviar noir*, чёрная икрá. *Caviar rouge*, крáсная икрá.

I. CE, C' (*pronom accompagné du verbe « être »*)

> **1.** (*construction du type* « C'était Brigitte », *dans laquelle le verbe « être » est suivi d'un nom ou d'un pronom*) это *en fonction de particule de présentation; le verbe* « быть » *a pour sujet le nom ou le pronom placés après lui.*
> **2.** (*construction du type* « C'était beau », « C'était en été », *dans laquelle le verbe « être » est suivi d'un adjectif, d'un adverbe ou d'un complément circonstanciel*) это *en fonction de sujet.*
> **3.** (*construction du type* « C'est aujourd'hui sa fête », *dans laquelle les mots « hier », « aujourd'hui », « demain », etc., sont suivis d'un substantif désignant soit un jour de la semaine, soit tel ou tel événement*) *« ce » n'est pas traduit; les mots* « вчерá », « сегóдня », « зáвтра », *etc., ont la fonction d'un complément circonstanciel de temps; le verbe s'accorde avec le substantif désignant le jour de la semaine ou l'événement mentionné.*

1. (*présent*) *C'est Ivanov*, это Ивано́в. *C'est lui*, это он. *C'est moi*, это я. // (*Passé*) *C'était Boris*, это был Бори́с. *C'était Brigitte*, это былá Брижи́т. *C'était une folie de sa part*, это бы́ло безу́мие с егó стороны́. *C'étaient des étudiants en médecine*, это бы́ли студéнты-мéдики. // (*Futur*) *Ce sera sans doute lui*, это бу́дет, навéрно, он. *Ce seront, peut-être, d'autres* *ingénieurs*, это бу́дут, мо́жет быть, други́е инжене́ры. **2.** *C'était beau*, э́то бы́ло краси́во. *C'était loin*, э́то бы́ло далеко́. *C'était l'an dernier*, э́то бы́ло в про́шлом году́. *C'était il y a deux ans*, э́то бы́ло два го́да тому́ наза́д. *C'était il y a bien longtemps*, э́то бы́ло давны́м-давно́. *Ce sera demain à trois heures*, э́то бу́дет за́втра в три часа́. *C'est aujourd'hui dans la matinée*, э́то бу́дет сего́дня у́тром. **3.** *C'était hier sa fête*, вчера́ был его́ день рожде́ния. *C'était hier samedi?*, Вчера́ была́ суббо́та? *C'est aujourd'hui dimanche*, сего́дня воскресе́нье. *Ce sera après-demain l'enterrement*, послеза́втра бу́дут по́хороны. • **Ce que 1.** (*la chose que*) то, что. *C'est ce que je voulais dire*, э́то то, что я хоте́л сказа́ть. **2.** (*à quel point*) как. *Ce que j'ai froid!*, Как мне хо́лодно! **Ce qu'il y a, c'est que**, де́ло в том, что. *Ce qu'il y a, c'est que je manque d'expérience*, де́ло в том, что у меня́ не хвата́ет о́пыта. **C'est pour ça**, вот почему́. *Il est sourd, c'est pour ça qu'il n'a rien compris*, он глух; вот почему́ он ничего́ не по́нял. **C'est pourquoi**, поэ́тому. *La blessure était grave, c'est pourquoi on l'a envoyé à l'arrière*, ра́на была́ тяжёлая, поэ́тому его́ отпра́вили в тыл. **C'est que**, де́ло в том, что. *C'est que tout le monde était mécontent*, де́ло в том, что все бы́ли недово́льны. **C'est ... que 1.** (*mettant en valeur un nom ou un pronom*) *ne pas traduire « que », mettre le nom ou le pronom en valeur soit à l'aide d'un mot approprié, soit en utilisant l'accent logique*. *C'est André que je veux voir*, хочу́ ви́деть Андре́я. *C'est lui qui est rentré*, э́то он верну́лся. **2.** (*encadrant un adjectif*) *« c'est » ne se traduit pas*. *C'est étrange qu'il ne soit pas encore arrivé*, стра́нно, что он ещё не пришёл. **3.** (*encadrant le pronom « ce »*) э́то ..., что. *C'est ce que je voulais dire*, э́то то, что я хоте́л сказа́ть. **C'est ... qui**, *mettre en valeur le substantif ou le pronom personnel en utilisant l'accent logique; « c'est » peut être traduit par* « э́то »; *« qui » ne se traduit pas*. *C'est lui qui a gagné*, э́то он вы́играл *ou* он вы́играл. **N'est-ce-pas?**, не пра́вда ли? *Ce n'était pas difficile, n'est-ce pas?*, Э́то бы́ло нетру́дно, не пра́вда ли? **Qu'est-ce que 1.** (*quelle chose*) что. *Qu'est-ce qu'il fait?*, Что он де́лает? *Qu'est-ce qu'il y a?*, Что случи́лось? **2.** (*à quel point*) как. *Qu'est-ce que j'ai froid!*, Как мне хо́лодно! **Si ..., c'est que**, е́сли..., зна́чит. *S'il n'est pas venu, c'est qu'il est malade*, е́сли он не пришёл, зна́чит он бо́лен.

II. CE, CET, CETTE, CES *pronom-adjectif* э́тот. *Prenez ce livre*, Возьми́те э́ту кни́гу. *Cette pièce a un grand succès*, э́та пье́са по́льзуется больши́м успе́хом. • **Ce ...-ci, cette ...-ci, ces ...-ci**, э́тот. *Prenez ces livres-ci*, Возьми́те э́ти кни́ги. **Ce ...-là, cette ...-là, ces ...-là**, тот. *Montrez-moi plutôt ce livre-là, relié en vert*, Покажи́те мне скоре́й ту кни́гу, в зелёном переплёте. **Ce matin**, сего́дня у́тром. *Il est arrivé ce matin*, он прие́хал сего́дня у́тром. **Ce printemps**, весно́й. **Ce soir**, сего́дня ве́чером. *J'irai ce soir*, я пойду́ туда́ сего́дня ве́чером. **Cet après-midi**, сего́дня по́сле обе́да. **Cet automne**, о́сенью. **Cet été**, ле́том. **Cet hiver**, зимо́й.

III. CE *pronom antécédent d'un relatif* v. CELUI. • **Ce qu'il y a, c'est que**, де́ло в том, что. *Ce qu'il y a, c'est que je manque d'expérience*, де́ло в том, что у меня́ не хвата́ет о́пыта. **Sur ce**, а тепе́рь. *Sur ce, permettez-moi de prendre congé*, А тепе́рь разреши́те мне попроща́ться.

CECI э́то *pronom neutre*.

CÉDER 1. (*tr.: abandonner*) уступа́ть / уступи́ть ⟍——. *Céder sa place à qqn*, уступи́ть кому́-нибудь своё ме́сто. *Céder un livre pour vingt kopeks*, уступи́ть кни́гу за два́дцать копе́ек. **2.** (*intr.: se soumettre; plier, rompre*) поддава́ться* II, поддаю́сь, поддаёшься...; поддава́йся; поддава́ясь / подда́ться* *n. cl.*, подда́мся, подда́шься, подда́стся, поддади́мся, поддади́тесь, поддаду́тся; подда́лся, поддала́сь... ⟋—— ; подда́йся. *Ne pas céder* *aux menaces*, не поддава́ться угро́зам. *La porte a cédé*, дверь подда́ла́сь.

CEINTURE по́яс*, *nom. pl.* пояса́ ———. *Une ceinture de cuir*, ко́жаный по́яс. *Dans l'eau jusqu'à la ceinture*, по по́яс в воде́. *Une ceinture de sécurité*, предохрани́тельный по́яс.

CELA э́то *pronom neutre*.

CÉLÈBRE изве́стный; знамени́тый (*plus fort*). *Un écrivain célèbre*, изве́стный писа́тель *ou* знамени́тый писа́тель.

CÉLÉBRER (*fêter*) пра́здновать / отпра́здновать. *Célébrer la victoire*, отпра́здновать побе́ду.

CÉLERI сельдере́й *m*.

I. CÉLIBATAIRE *adj.* холосто́й, хо́лост, холоста́, хо́лосты. *L'un est marié, l'autre célibataire*, оди́н жена́тый, друго́й холосто́й.

II. CÉLIBATAIRE *subst.* холостя́к ———. *Mener une vie de célibataire*, жить холостяко́м.

CELLE, CELLES v. CELUI.

CELLOPHANE целлофа́н. *Des fleurs enveloppées de Cellophane*, цветы́, завёрнутые в целлофа́н.

CELLULE

> 1. (*dans un monastère*) ке́лья.
> 2. (*dans une prison*) ка́мера.
> 3. (*biologie*) кле́тка.
> 4. (*groupement de militants*) яче́йка.
> 5. (*pour mesurer l'intensité lumineuse*) экспоно́метр.

1. *Les cellules des moines*, мона́шеские ке́льи. **2.** *Il y avait deux prisonniers dans chaque cellule*, в ка́ждой ка́мере бы́ло по́ дваареста́нта. **3.** *Une cellule nerveuse*, не́рвная кле́тка. **4.** *La cellule du parti*, парти́йная яче́йка. **5.** *Elle ne sait pas se servir de sa cellule*, она́ не уме́ет по́льзоваться экспоно́метром.

CELUI, CELLE, CEUX, CELLES, CE

> **I. Antécédent d'un relatif:** тот.
> REMARQUE. Le pronom peut être omis dans la traduction :
> 1. s'il est complément direct d'objet;
> 2. s'il est précédé du pronom « tout »;
> 3. s'il est placé en tête de la proposition.
>
> **II. Régissant la préposition « de »:**
> **1.** (*si le pronom est précédé de la conjonction « et »*) *ne se traduit pas*.
> **2.** (*dans les autres cas*) *se traduit par un substantif*.

I. *C'est celui dont je vous ai parlé*, э́то тот, о кото́ром я вам говори́л. *Avec celle qu'il a choisie*, с той, кото́рую он вы́брал. *Ce que je vous ai proposé*, то, что я вам предложи́л. // (*Omission du pronom*) *Je connais celui dont vous voulez parler*, я зна́ю, кого́ вы име́ете в виду́. *Vous avez oublié ce que je vous ai dit*, вы забы́ли, что я вам сказа́л. *C'est tout ce que je sais*, э́то всё, что я зна́ю. *Ceux qui n'ont jamais voyagé n'ont pas idée de ces difficultés*, кто никогда́ не путеше́ствовал, не име́ет об э́том никако́го поня́тия.

II. 1. *J'ai lu les œuvres de Dostoïevski et celles de Tolstoï*, я чита́л произведе́ния Достое́вского и Толсто́го. **2.** *Comparez la musique de Moussorgski avec celle de Stravinski*, Сравни́те му́зыку Му́соргского с му́зыкой Страви́нского.

CELUI-CI, CELLE-CI, CEUX-CI, CELLES-CI

> **1.** (*celui qui est ici*) э́тот.
> **2.** (*évoquant simplement un substantif du contexte*) он.
> **3.** (*dans le couple « celui-ci... celui-là... » lorsqu'il signifie « l'un... l'autre... »*) оди́н.

1. *Prenez celle-ci*, Возьми́те э́ту. *Je vais m'acheter un autre dictionnaire, celui-ci ne convient pas pour mon travail*, я куплю́ себе́ друго́й слова́рь, э́тот не подхо́дит для мое́й рабо́ты. **2.** *Nous comptions sur l'ingénieur en chef, mais celui-ci était déjà parti en congé*, мы расс́читывали на гла́вного инжене́ра, но он уже́ уе́хал в о́тпуск. **3.** *Ceux-ci arrivent, ceux-là s'en* *vont*, однй приезжáют, другйе уезжáют.

CELUI-LÀ, CELLE-LÀ, CEUX-LÀ, CELLES-LÀ

1. (*celui qui est là-bas*) э́тот (*précédé de* « вот »).
2. (*celui qui est ici*) э́тот.
3. (*dans le couple « celui-ci... celui-là..., lorsqu'il signifie « l'un... l'autre... »*) другóй.

1. *Donnez-moi plutôt celle-là*, Дáйте мне скорéй вот э́ту. **2.** *Apportez-moi une autre fourchette, celle-là n'est pas propre*, Принесйте мне другýю вйлку, э́та нечйстая. **3.** *Ceux-ci arrivent, ceux-là s'en vont*, однй приезжáют, другйе уезжáют.

CENDRE пéпел (*poudre grise et légère; pas de pl.*); золá (*résidus de combustion; pas de pl.*). *Secouer la cendre d'une cigarette*, стряхнýть пéпел с папирóсы. *Tirer les cendres du poêle*, выгребáть золý из пéчки. // (*Fig.*) *Réduire en cendres*, обратйть в пéпел.

CENDRIER (*pour fumeurs*) пéпельница. *Faire tomber la cendre dans le cendrier*, стряхнýть пéпел в пéпельницу.

CENSEUR (*dans un établissement scolaire*) зáвуч.

CENSURE цензýра. *La censure ne laisse pas passer des œuvres de ce genre*, цензýра не пропускáет произведéний такóго рóда.

CENT сто (*l'accent passe sur la préposition dans les groupes* « вó сто », « дó ста », « зá сто », « нá сто » *et* « пó сто » *lorsque* « сто » *n'est pas suivi d'un autre nom de nombre*). *Cent fois plus*, вó сто раз бóльше. *À cent kilomètres d'ici*, в ста киломéтрах отсю́да. ● **Pour cent**, процéнт. *Un pour cent*, одйн процéнт. *Deux pour cent*, два процéнта. *Cinq pour cent*, пять процéнтов. *Exécuter le plan à cent pour cent*, выполня́ть план на сто процéнтов. **Deux cents**, двéсти. *Deux cents francs*, двéсти фрáнков. *À deux cents kilomètres de là*, в двухстáх киломéтрах оттýда. **Trois cents**, трйста. *Trois cents roubles*, трйста рублéй. *Plus de trois cents pages*, бóльше трёхсóт странйц. **Quatre cents**, четы́реста. *Quatre cents hommes*, четы́реста человéк. *Près de quatre cents mètres carrés*, бóльше четырёхсóт квадрáтных мéтров. **Cinq cents**, пятьсóт. *Cinq cents mots*, пятьсóт слов. *À cinq cents kilomètres de Moscou*, в пятистáх киломéтрах от Москвы́. **Six cents**, шестьсóт. *Six cents boîtes*, шестьсóт корóбок. *Plus de six cents pages*, бóльше шестисóт странйц. **Sept cents**, семьсóт. *Sept cents soldats*, семьсóт солдáт. *À sept cents kilomètres de Novosibirsk*, в семистáх киломéтрах от Новосибйрска. **Huit cents**, восемьсóт. *Huit cents tonnes*, восемьсóт тонн. *Avec huit cents tanks*, с восемьюстáми тáнками. **Neuf cents**, девятьсóт. *Neuf cents kilos*, девятьсóт килогрáммов. *Près de neuf cents hectares*, óколо девятисóт гектáров.

CENTAINE сто (*précédé du substantif qu'il régit*); óколо ста; сóтня*, *gén. pl.* сóтен (*seule traduction possible si l'emploi d'un cas oblique est exigé par le contexte*). *Une centaine de personnes*, человéк сто *ou* óколо ста человéк. *À une centaine de pas*, в сóтне шагóв.

I. CENTENAIRE *adj.* столéтний. *Un vieillard centenaire*, столéтний старйк.

II. CENTENAIRE *subst.* **1.** (*personne âgée de cent ans*) столéтний старйк (старйк ⁄—— ——); столéтняя старýшка. **2.** (*centième anniversaire*) столéтие. *Le centenaire de la naissance d'Apollinaire*, столéтие со дня рождéния Аполлинéра.

I. CENTIÈME *adj.* (*qui occupe la centième place*) сóтый.

II. CENTIÈME *subst.* (*la centième partie*) сóтая часть (часть —— ⁄—— *f.*).

CENTIME сантйм.

CENTIMÈTRE сантимéтр. *Dix centimètres sur quatorze*, дéсять сантимéтров на четы́рнадцать.

I. CENTRAL *adj.* центрáльный. *La partie centrale*, центрáльная часть. ● **Le chauffage central**, центрáльное отоплéние.

II. CENTRAL *subst.* (*bureau des télécommunications*) ста́нция. *Le central téléphonique*, телефо́нная ста́нция.

CENTRALE • **Une centrale atomique,** а́томная электроста́нция. **Une centrale électrique,** электроста́нция. **Une centrale hydraulique,** гидроста́нция *ou, en abréviation*, ГЭС* *indécl. f.* **Une centrale thermique,** теплова́я электроста́нция.

CENTRE центр. *Le centre de la ville*, центр го́рода. // (*Fig.*) *Un centre culturel*, культу́рный центр.

CÈPE бе́лый гриб (гриб ___ ___).

CEPENDANT одна́ко. *Il faisait encore plus froid, cependant il décida de partir*, ста́ло ещё холодне́е, одна́ко он реши́л уе́хать.

CERCLE

> **1.** (*math., sciences*) круг ___ .
> **2.** (*ce qu'embrasse l'esprit*) круг*, *loc.* кругу́ ___ ___ .
> **3.** (*ensemble de personnes d'une même famille, groupe d'amis*) круг*, *loc.* кругу́ ___ ___ .
> **4.** (*association*) кружо́к.

1. *Calculer la surface d'un cercle*, вы́числить пло́щадь кру́га. *La quadrature du cercle*, квадрату́ра кру́га. *Le cercle polaire*, поля́рный круг. *Un cercle vicieux*, поро́чный круг. **2.** *Le cercle des connaissances humaines*, круг челове́ческих зна́ний. **3.** *Dans le cercle de la famille*, в кругу́ семьи́. **4.** *Un cercle littéraire*, литерату́рный кружо́к.

CERCUEIL гроб*, *loc.* гробу́ ___ ___ .

CÉRÉMONIE 1. (*acte solennel*) церемо́ния. *La cérémonie du mariage*, сва́дебная церемо́ния. **2.** (*politesse excessive*) церемо́нии, церемо́ний, церемо́ниям... *pl.* *Sans cérémonie*, без церемо́ний. • **Faire des cérémonies,** церемо́ниться.

CERF оле́нь *m.*

CERF-VOLANT (*jouet*) змей *m.* (*ce mot appartient au sous-genre animé*). *Lancer un cerf-volant*, запусти́ть змея́.

CERISE ви́шня*, *gén. pl.* ви́шен. *Confiture de cerises*, варе́нье из ви́шни.

CERISIER ви́шня*, *gén. pl.* ви́шен. *Un cerisier sauvage*, ди́кая ви́шня.

CERNÉ • **Les yeux cernés,** круги́ под глаза́ми (круги́, круго́в, круга́м... *pl.*). *Il a les yeux cernés*, у него́ круги́ под глаза́ми.

CERTAIN

> **I. Adjectif employé comme attribut ou placé après le substantif:**
> **1.** (*sans complément*) *selon la nuance:* устано́вленный (*établi*) // несомне́нный (*indubitable*) // обеспе́ченный, обеспе́чен, обеспе́чена... (*garanti*) // достове́рный (*digne de foi*).
> **2.** (*régissant un complément ou une subordonnée*) уве́ренный, уве́рен, уве́рена... (в + *loc.*).
> **II. Adjectif précédant le substantif:**
> **1.** (*suivi d'un nom commun concret*) оди́н (*pour le singulier*) // не́которые (*pour le pluriel*).
> **2.** (*suivi d'un nom commun abstrait*) не́который.
> **3.** (*suivi d'un nom de famille*) не́кий.
> Remarque. Le pronom « не́кий » présente une alternance « нек... / не́ко... ». La base « нек... » est celle des nominatifs et de l'accusatif féminin singulier (« не́кий », « не́кая », « не́кие », « не́кую »). La base « не́ко... » est celle de toutes les autres formes (« не́коего », « не́коему »...).
> **III. Pronom** (*pluriel seulement*): не́которые *pl.*; ко́е-кто *sg.*

I. 1. *C'est un fait certain*, э́то устано́вленный факт. // *Un succès certain*, несомне́нный успе́х. *Un fait certain*, несомне́нный факт. // *Le succès est certain*, успе́х обеспе́чен. // *De source certaine*, из достове́рных исто́чников. **2.** *En êtes-vous certain?*, Вы в э́том уве́рены? *Je suis certain que ce sera* *possible*, я уве́рен в том, что э́то бу́дет возмо́жно.

II. 1. *Je me souviens d'un certain film que nous avons vu ensemble*, я по́мню оди́н фильм, кото́рый мы смотре́ли вме́сте. // *Dans certains pays*, в не́которых стра́нах. **2.** *Ils restèrent un certain temps assis sur le banc*, они́ посиде́ли не́которое вре́мя на скаме́йке. *Jusqu'à un certain point*, до не́которой сте́пени. *Dans certains cas*, в не́которых слу́чаях. **3.** *Un certain Biegounkov*, не́кий Бегунко́в.

III. *Certains d'entre eux*, не́которые из них. *Je connais certains d'entre eux*, ко́е-кого́ из них я зна́ю. ● **D'un certain âge**, немолодо́й. *C'est un homme d'un certain âge*, он челове́к немолодо́й.

CERTAINEMENT безусло́вно, несомне́нно. *Il a certainement raison*, он, безусло́вно, прав. « *Ça demandera plus de deux semaines. — Certainement* », « Э́то потре́бует бо́льше двух неде́ль. — Несомне́нно. »

CERTES v. CERTAINEMENT.

CERTIFICAT свиде́тельство. *Délivrer un certificat*, вы́дать свиде́тельство.

CERTITUDE (*conviction*) уве́ренность *f*. *Mes soupçons se sont transformés en certitude*, мои́ подозре́ния преврати́лись в уве́ренность.

CERVEAU мозг*, *loc*. мозгу́ __∠ ——. *La physiologie du cerveau*, физиоло́гия мо́зга. ● **Rhume de cerveau**, на́сморк. *J'ai attrapé un rhume de cerveau*, я схвати́л на́сморк. *Il avait un rhume de cerveau*, у него́ был на́сморк.

CERVELLE (*alimentation*) мозги́, мозго́в, мозга́м... *pl*. *De la cervelle de veau*, теля́чьи мозги́. ● **Se faire sauter la cervelle**, пусти́ть себе́ пу́лю в лоб.

CES v. CE II.

CESSE ● **Sans cesse**, всё вре́мя; беспреста́нно (*livresque*). *Elle pleurait sans cesse*, она́ всё вре́мя пла́кала. *La pluie tombait sans cesse depuis le matin*, с утра́ беспреста́нно лил дождь.

CESSER 1. *tr*. прекраща́ть / прекрати́ть (т → щ). *Cesser le travail*, прекрати́ть рабо́ту. **2.** *intr*. перестава́ть* II, перестаю́, перестаёшь...; перестава́й; перестава́я / переста́ть* *n. cl.*, переста́ну, переста́нешь... *Cessez de faire du bruit !*, Переста́ньте шуме́ть! *La pluie a cessé*, дождь переста́л.

C'EST-À-DIRE то есть, *par abréviation* т. е. *La phonologie, c'est-à-dire la phonétique fonctionnelle*, фоноло́гия, т. е. функциона́льная фоне́тика.

CET, CETTE v. CE II.

CEUX v. CELUI.

CHACUN ка́ждый. *Chacun d'entre vous*, ка́ждый из вас.

CHAGRIN го́ре. *Un chagrin inconsolable*, безуте́шное го́ре. *Elle est tombée malade de chagrin*, она́ с го́ря заболе́ла.

CHAÎNE 1. (*ensemble d'anneaux métalliques*) цепь __∠ ∕—— (*l'accent passe sur la préposition dans le groupe* « на́ цепь ») *f*.; *dim*. цепо́чка. *Attacher un chien à sa chaîne*, посади́ть соба́ку на́ цепь. *Une montre avec une chaîne en or*, часы́ на золото́й цепо́чке. // (*Par extension*) *Une chaîne de montagnes*, цепь гор. **2.** (*dans les programmes de télévision*) програ́мма. *La première chaîne*, пе́рвая програ́мма.

CHAIR (*viande*) мя́со. *De la chair fraîche*, све́жее мя́со. ● **Ça vous donne la chair de poule**, моро́з по ко́же подира́ет. **De la chair à canon**, пу́шечное мя́со. **En chair et en os**, со́бственной персо́ной. **Ni chair ni poisson**, ни ры́ба, ни мя́со.

CHAISE стул*, *pl*. сту́лья, сту́льев, сту́льям... *Une chaise pliante*, складно́й стул.

CHALEUR 1. (*chaleur non pénible*) тепло́. *Le poêle répand une douce chaleur*, от пе́чи идёт прия́тное тепло́. **2.** (*chaleur pénible*) жара́. *Une chaleur insupportable*, невыноси́мая жара́.

CHAMBRE

1. (*chambre à coucher*) спа́льня*, *gén. pl.* спа́лен; ко́мната (*pièce*).

2. (*dans un hôtel*) но́мер*, *nom. pl.* номера́ ___ .
3. (*assemblée; organisation*) пала́та.
4. (*techn.*) ка́мера.

1. *Ils ont une grande chambre*, у них больша́я спа́льня. *Faire la chambre*, убира́ть ко́мнату. **2.** *Y a-t-il encore des chambres libres?*, Есть еще свобо́дные номера́? *J'ai retenu une chambre pour vous*, Я заброни́ровал но́мер для вас. *Une chambre pour une personne*, но́мер на одного́. *Une chambre pour deux personnes*, но́мер на двои́х. *Une chambre tout confort*, но́мер со все́ми удо́бствами. **3.** *La Chambre des députés*, пала́та депута́тов. *La Chambre des lords*, пала́та ло́рдов. *La Chambre des communes*, пала́та о́бщин. *La chambre de commerce*, торго́вая пала́та. **4.** *Chambre à air*, возду́шная ка́мера. ● **Femme de chambre**, го́рничная *adj. subst. f.* **Musique de chambre**, ка́мерная му́зыка. **Robe de chambre**, хала́т. *Elle se leva, mit sa robe de chambre et s'en alla dans la cuisine*, она́ вста́ла, наде́ла хала́т и пошла́ в ку́хню.

CHAMEAU верблю́д.

CHAMP (*divers sens*) по́ле ___ (*l'accent passe sur la préposition dans le groupe* « по́ полю »). *Un champ de seigle*, ржано́е по́ле. *Labourer le champ*, паха́ть по́ле. *Aller à travers champs*, идти́ по́ полю. *Le champ de bataille*, по́ле би́твы. *Un vaste champ d'action*, широ́кое по́ле де́ятельности. *Les Champs-Élysées*, Елисе́йские поля́. *Le Champ-de-Mars*, Ма́рсово по́ле. *Le champ visuel*, по́ле зре́ния. *Le champ magnétique*, магни́тное по́ле. ● **Sur-le-champ**, неме́дленно.

CHAMPAGNE шампа́нское *adj. subst. n.* *On a débouché une bouteille de champagne*, мы отку́порили буты́лку шампа́нского.

CHAMPIGNON гриб ___ . *Les champignons comestibles*, съедо́бные грибы́. *Les champignons vénéneux*, ядови́тые грибы́. *Pousser comme des champignons*, расти́ как грибы́. ● **Champignon de couche** ou **champignon de Paris**, шампиньо́н.

CHAMPION чемпио́н. *Un champion de natation*, чемпио́н по пла́ванию. *Le champion du monde*, чемпио́н ми́ра.

CHAMPIONNAT чемпиона́т. *Un championnat de football*, чемпиона́т по футбо́лу.

CHAMPIONNE чемпио́нка. *Une championne de natation*, чемпио́нка по пла́ванию. *La championne du monde*, чемпио́нка ми́ра.

CHANCE 1. (*bonne fortune*) сча́стье. *La chance au jeu*, сча́стье в игре́. *Tenter sa chance*, попыта́ть сча́стья. *Ça vous portera chance*, Это принесёт вам сча́стье. **2.** (*probabilité*) шанс (*après le mot « chance », la préposition « de » suivie d'un verbe à l'infinitif est rendue par* « на » *suivi d'un substantif à l'accusatif*). *Elle a bien des chances de réussir*, у неё больши́е ша́нсы на успе́х. ● **Avoir de la chance**, везти́* IV, везёт; везло́ / повезти́* IV [*id.*] (*au sujet de la proposition française correspond en russe un nom ou un pronom au datif*). *Je n'ai pas de chance*, мне не везёт. *Il n'a pas eu de chance*, ему́ не повезло́. **Avoir la chance de** (+ *inf.*), удава́ться* II, удаётся / уда́ться* *n. cl.*, уда́стся; удало́сь (*au sujet de la proposition française correspond en russe un nom ou un pronom au datif*). *Il a eu la chance d'obtenir des billets*, ему́ удало́сь доста́ть биле́ты.

CHANDAIL сви́тер.

CHANDELLE свеча́*, *gén. pl.* свече́й ___ (*accompagné éventuellement d'un qualificatif comme* « са́льная », « *de suif* », *pour distinguer* « *chandelle* » *de* « *bougie* »). *Sur la table, il y avait une simple chandelle*, на столе́ горе́ла одна́ са́льная свеча́. ● **Il en a vu trente-six chandelles**, у него́ и́скры из глаз посы́пались. **Le jeu n'en vaut pas la chandelle**, игра́ не сто́ит свеч.

REMARQUE. Le génitif pluriel de « свеча́ » est régulier dans l'expression proverbiale « Игра́ не сто́ит свеч ».

CHANGE ● **Bureau de change,** обме́нный пункт. *Pardon, pourriez-vous me dire où est le bureau de change?,* Скажи́те, пожа́луйста, где обме́нный пункт?

CHANGEMENT переме́на (*le plus souvent, changement radical*); измене́ние (*transformation, modification*). *Un brusque changement de température,* ре́зкая переме́на температу́ры. *Un changement de direction,* измене́ние направле́ния. ● **Changement de train,** переса́дка. **Changement de vitesse** (*levier*), рыча́г переключе́ния скоросте́й.

CHANGER

> **1.** (*remplacer l'un par l'autre*) меня́ть / смени́ть, *part.* сменённый; *ou* переменя́ть / перемени́ть, *part.* переменённый.
> **2.** (*modifier, transformer*) меня́ть *ou* изменя́ть / измени́ть, *part.* изменённый.
> **3.** (*au bureau de change...*) меня́ть *ou* обме́нивать / обменя́ть, *part.* обменённый*.
> **4.** (*changer le linge de qqn*) смени́ть бельё [+ *dat.*] (меня́ть / смени́ть).
> **5.** (*se transformer*) меня́ться / измени́ться; переменя́ться / перемени́ться (*changement radical*).
> **6.** (*prendre un autre véhicule*) переса́живаться / пересе́сть* IV, переся́ду, переся́дешь...; пересе́л, пересе́ла...

1. *Changer de chemise,* смени́ть руба́шку. *Ça ne change rien,* э́то ничего́ не меня́ет. *Changer d'adresse,* перемени́ть а́дрес. *Changer de profession,* перемени́ть профе́ссию. *Changer de conversation,* перемени́ть разгово́р. **2.** *Changer d'opinion,* измени́ть свои́ убежде́ния. *Nous n'avons rien changé à nos plans,* мы ничего́ не измени́ли в свои́х пла́нах. **3.** *J'ai changé cinq cents francs,* я обменя́л пятьсо́т фра́нков. **4.** *Changer un malade,* смени́ть бельё больно́му. **5.** *Tout change,* всё меня́ется. *Le temps a changé,* пого́да измени́лась *ou* пого́да перемени́лась. **6.** *À la place de la Révolution, nous avons changé d'autobus,* на пло́щади Револю́ции мы пересе́ли на друго́й авто́бус. ● **Changer d'avis,** переду́мывать / переду́мать. *Je me préparais à aller au théâtre, mais j'ai changé d'avis,* я собира́лся бы́ло пойти́ в теа́тр, но переду́мал. **Faire changer d'avis,** переубежда́ть / переубеди́ть, *part.* переубеждённый* (*le verbe* « переубеди́ть » *est inusité à la première personne du futur*). *Il est impossible de le faire changer d'avis,* его́ переубеди́ть невозмо́жно.

CHANSON 1. пе́сня*, *gén. pl.* пе́сен; *dim.* пе́сенка. *Chanter une chanson populaire,* петь наро́дную пе́сню. **2.** (*épopée*) песнь *f.* « *La Chanson de Roland* », « Песнь о Рола́нде ».

CHANT 1. (*action de chanter; art de chanter*) пе́ние. *Le chant du rossignol,* пе́ние соловья́. *Professeur de chant,* учи́тель пе́ния. **2.** (*œuvre poétique destinée à être chantée*) песнь *f.* « *Le Chant des Nibelungen* », « Песнь о Нибелу́нгах ».

CHANTAGE шанта́ж .

CHANTER петь* II, пою́, поёшь... / спеть* II, спою́, споёшь...; спе́тый. *Chanter en chœur,* петь хо́ром. *Chanter une chanson,* петь пе́сню. *Le coq chante,* пету́х поёт.

CHANTEUR певе́ц. *Un chanteur d'opéra,* о́перный певе́ц.

CHANTEUSE певи́ца. *Une chanteuse bien connue,* о́чень изве́стная певи́ца.

CHANTIER (*de construction*) стро́йка. *Travailler sur un chantier,* рабо́тать на стро́йке. ● **Chantier naval,** верфь *f.*

CHAOS хао́с.

CHAPEAU шля́па. *Un chapeau de feutre,* фе́тровая шля́па. *Mettre son chapeau,* наде́ть шля́пу. *Ôter son chapeau,* снять шля́пу.

CHAPELLE часо́вня*, *gén. pl.* часо́вен.

CHAPITRE глава́ . *Dans le premier chapitre,* в пе́рвой главе́.

CHAQUE ка́ждый. *Dans chaque maison,* в ка́ждом до́ме. *À chaque instant,* ка́ждую мину́ту.

CHAR (*véhicule blindé*) танк. *Un char léger*, лёгкий танк.

CHARABIA тарабáрщина.

CHARBON ýголь *m*. *La production de charbon*, добы́ча ýгля. *Le charbon de bois*, древéсный ýголь. ● **Être sur des charbons ardents**, как на ýглях сидéть *ou* как на ýгольях сидéть.

CHARCUTERIE 1. (*marchandises*) колбáсные издéлия (издéлия, издéлий, издéлиям... *pl.*) [*livresque*]. **2.** (*magasin*) колбáсная *adj. subst. f.* (*arch.*).

CHARCUTIER колбáсник.

CHARCUTIÈRE колбáсница.

CHARGE

> **1.** (*ce que l'on peut porter ou transporter*) груз.
> **2.** (*quantité de poudre, d'électricité...*) заря́д.
> **3.** (*obligations onéreuses*) расхóды, расхóдов, расхóдам... *pl.*
> **4.** (*dépenses dues à l'entretien d'une personne*) иждивéние.

1. *Charge utile*, полéзный груз. **2.** *Une charge électrique*, электри́ческий заря́д. **3.** *Des charges imprévisibles*, непредви́денные расхóды. **4.** *Être à la charge de ses enfants*, жить на иждивéнии свои́х детéй.

CHARGER

> **1.** (*un véhicule*) грузи́ть ＼___ *ou* нагружáть / нагрузи́ть ＼___ .
> **2.** (*une marchandise*) грузи́ть ＼___ / погрузи́ть ＼___ *ou* нагрузи́ть ＼___ ; нагружáть / нагрузи́ть ＼___ .
> **3.** (*une arme; un accumulateur...*) заряжáть / заряди́ть.
> **4.** (*confier une mission*) поручáть / поручи́ть (*on met au datif le nom ou le pronom désignant la personne à qui est confiée la mission; ce dont elle est chargée est exprimé soit par un substantif à l'accusatif, soit par un verbe à l'infinitif*).

1. *Charger une péniche*, нагрузи́ть бáржу. *Charger de sacs un camion*, нагрузи́ть грузови́к мешкáми. **2.** *Charger des caisses dans un wagon*, погрузи́ть я́щики в вагóн. *Charger des tonneaux sur un camion*, нагрузи́ть бóчки на грузови́к. **3.** *Charger son fusil*, заряди́ть ружьё. *Charger la batterie*, заряди́ть батарéю. **4.** *On m'a chargé de cette affaire*, мне поручи́ли э́то дéло. *Il avait été chargé d'établir un contact avec les partisans*, емý поручи́ли установи́ть связь с партизáнами.

CHARGER (SE) 1. v. CHARGER. **2.** (*prendre la responsabilité de*) взять на себя́ [+ *acc.*] (брать* IV, берý, берёшь...; брал, бралá, брáло, брáли ∧___ / взять* IV, возьмý, возьмёшь...; взял, взялá, взя́ло, взя́ли ∧___; взя́тый, взят, взятá, взя́то, взя́ты ∧___). *Je vais m'en charger*, я э́то на себя́ возьмý.

CHARIOT 1. (*automoteur*) автокáр. **2.** (*sans moteur*) телéжка.

CHARITÉ (*aumône*) ми́лостыня. *Demander la charité*, проси́ть ми́лостыню. *Faire la charité*, подáть ми́лостыню.

CHARLATAN шарлатáн.

CHARMANT прелéстный; очаровáтельный (*plus fort que* « прелéстный »). *C'est un coin charmant*, э́то прелéстный уголóк. *Un homme charmant*, очаровáтельный человéк.

CHARME 1. (*attrait, agrément*) прéлесть *f*. *Le charme de la nouveauté*, прéлесть новизны́. **2.** (*effet magique*) очаровáние, обая́ние. *Ils ont perdu pour moi tout leur charme*, они́ потеря́ли для меня́ всё очаровáние. *Sous le charme de la musique*, под обая́нием мýзыки.

CHAROGNE 1. (*propr.*) пáдаль *f*. (*pas de pl.*). **2.** (*injure*) стéрва.

CHARRETTE 1. (*tirée par une bête de trait*) повóзка. **2.** (*à bras*) телéжка. *Une charrette à bras*, ручнáя телéжка.

CHARRUE плуг ＿‾‾ . *Labourer avec une charrue*, пахáть плýгом.

CHASSE охóта. *Aller à la chasse*, идти́ на охóту. *Il était à la chasse*, он был на охóте. *La chasse à* *l'ours*, охóта на медвéдя. *La chasse au canard*, охóта за ýтками. ● **Avion de chasse**, истреби́тель *m.* **De chasse**, охóтничий *adj. d'appart. Un chien de chasse*, охóтничья собáка. *Un fusil de chasse*, охóтничье ружьё. *Le permis de chasse*, охóтничий билéт. **L'ouverture de la chasse**, откры́тие охóтничьего сезóна.

CHASSE-NEIGE снегоочисти́тель *m.*

CHASSER 1. (*aller à la chasse*) охóтиться [на + *acc.* ou за + *instr.*] (*livresque*) *ou une périphrase utilisant le mot* « охóта », « *la chasse* ». *Chasser l'ours*, охóтиться на медвéдя. *Il aime chasser*, он лю́бит ходи́ть на охóту. **2.** (*expulser*) выгоня́ть / вы́гнать* I, вы́гоню, вы́гонишь... *On l'a chassé de l'atelier*, егó вы́гнали из мастерскóй. **3.** (*éloigner, faire partir*) прогоня́ть / прогнáть* I, прогоню́, прогóнишь...╲——. *Chasser un chien*, прогнáть собáку. *Le vent a chassé les nuages*, вéтер прогнáл тýчи. *Chasser l'ennui*, прогнáть скýку.

CHASSEUR 1. охóтник. « *Les Récits d'un chasseur* » *de Tourguéniev*, « Запи́ски охóтника » Тургéнева. **2.** (*avion de chasse*) истреби́тель *m. Un chasseur à réaction*, реакти́вный истреби́тель.

CHAT 1. (*nom générique*) кóшка. *Un chat sauvage*, ди́кая кóшка. *Le chat miaule*, кóшка мяýкает. *Le chat m'a griffé*, кóшка меня́ оцарáпала. *Le chat a attrapé une souris*, кóшка поймáла мышь. **2.** (*mâle*) кот ╱—— ——. ● **À bon chat bon rat**, нашлá косá на кáмень. **Chat échaudé craint l'eau froide**, обжёгшись на молокé, бýдешь дуть и нá воду. **Écrire comme un chat**, писáть как кýрица лáпой. **Il n'y a pas un chat**, нет ни души́. **Jouer à chat perché**, игрáть в кóшки-мы́шки. **La nuit tous les chats sont gris**, нóчью все кóшки сéры. **Le Chat botté**, Кот в сапогáх (Кот ╱——). **Petit chat** (*chaton*), котёнок*, *pl.* котя́та, котя́т, котя́там... **S'entendre comme chien et chat**, жить как кóшка с собáкой.

CHÂTAIN темнорýсый. *Les cheveux châtains*, темнорýсые вóлосы.

CHÂTEAU 1. (*château fort*) зáмок. *Un château féodal*, феодáльный зáмок. *Le château de Vincennes*, Венсéнский зáмок. *Les châteaux de la Loire*, Луáрские зáмки. *Le château de Coucy*, зáмок Куси́. **2.** (*palais*) дворéц. *Le château de Versailles*, Версáльский дворéц. ● **Château d'eau**, водонапóрная бáшня (бáшня*, *gén. pl.* бáшен). **Construire des châteaux en Espagne**, строи́ть воздýшные зáмки.

Remarque. Ne pas confondre « зáмок », « château », avec « замóк », « serrure ». Ces deux mots diffèrent par leur accentuation.

CHÂTIMENT наказáние. « *Crime et châtiment* » *de Dostoïevski*, « Преступлéние и наказáние » Достоéвского.

CHATON (*jeune chat*) котёнок*, *pl.* котя́та, котя́т, котя́там...

CHATOUILLER щекотáть* II, щекочý, щекóчешь...╲—— / пощекотáть* II (*id.*). *Ça me chatouille dans le nez*, у меня́ щекóчет в носý.

CHATTE v. chat et femelle.

I. CHAUD *adj.*

> **1.** (*modérément chaud*) тёплый, тёпел, теплá, тепló, тёплы.
> **2.** (*très chaud, en parlant de liquides*) горя́чий, горя́ч, горячá... ╱——.
> **3.** (*très chaud, en parlant d'autre chose que d'un liquide*) жáркий ╱—— ; *comp.* жáрче*.
>
> Remarque. Les mots « горя́чий » et « жáркий » peuvent traduire à eux seuls « très chaud ».

1. *Un temps chaud*, тёплая погóда. *Une pluie chaude*, тёплый дождь. *Une couverture chaude*, тёплое одея́ло. **2.** *De l'eau chaude*, горя́чая водá. *Du thé très chaud*, горя́чий чай. **3.** *Un été chaud*, жáркое лéто. *Un climat très chaud*, жáркий кли́мат. ● **Il faut forger le fer pendant qu'il est chaud**, куй желéзо, покá горячó. **Les pays chauds**, тёплые стрáны. **Pleurer à chaudes larmes**, гóрько плáкать.

II. CHAUD *adv.* • **Avoir chaud** **1.** (*en parlant d'une douce chaleur*) теплó (*au sujet de la proposition française correspond en russe un nom ou un pronom au datif*). *J'avais chaud*, мне бы́ло теплó. **2.** (*en parlant d'une chaleur pénible*) жáрко, *comp.* жáрче* (*au sujet de la proposition française correspond en russe un nom ou un pronom au datif*). *Vous aurez chaud* ou *vous aurez très chaud*, вам бу́дет жáрко. **Il fait chaud** **1.** (*en parlant d'une douce chaleur*) теплó. *Il fait chaud dehors*, на у́лице теплó. *Hier il faisait chaud*, вчерá бы́ло теплó. **2.** (*en parlant d'une chaleur pénible*) жáрко, *comp.* жáрче*. *Oh, ce qu'il fait chaud, aujourd'hui!*, Ой, как жáрко сегóдня! *Il faisait chaud hier* ou *il faisait très chaud hier*, вчерá бы́ло жáрко.

III. CHAUD *subst.* теплó. *Tenir ses pieds au chaud*, держáть нóги в теплé.

CHAUFFAGE отоплéние. *Les dépenses de chauffage*, расхóды на отоплéние. *Le chauffage central*, центрáльное отоплéние.

CHAUFFER **1.** (*faire du feu*) топи́ть╲___ / затопи́ть╲___ *ou* истопи́ть╲___. *Chauffer une pièce*, топи́ть кóмнату. **2.** (*rendre plus chaud*) согревáть / согрéть, *part.* согрéтый*. *Le soleil chauffe la terre*, сóлнце согревáет зéмлю. **3.** (*devenir chaud*) нагревáться / нагрéться. *L'eau chauffe*, водá нагревáется.

CHAUFFER (SE) грéться / согрéться. *Se chauffer près du feu*, грéться у огня́. *Se chauffer au soleil*, грéться на сóлнце. • **Je vais lui montrer de quel bois je me chauffe**, я емý покажý, где рáки зимýют.

CHAUFFEUR **1.** (*de véhicule*) води́тель *m.*; шофёр. **2.** (*chargé du chauffage d'un immeuble*) истопни́к ╱‾‾ ‾‾ .

CHAUSSÉE (*partie d'une rue ou d'une route réservée aux voitures*) мостовáя *adj. subst. f.* *Descendre du trottoir sur la chaussée*, сойти́ с тротуáра на мостовýю.

Remarque. Le mot « шоссé » désigne une route asphaltée ou pavée par opposition aux chemins de terre.

CHAUSSE-PIED рожóк.

CHAUSSETTE носóк. *Une paire de chaussettes*, пáра носкóв.

CHAUSSURE óбувь *f.* (*pas de pl.*). *Le rayon des chaussures*, отдéл óбуви.

CHAUVE лы́сый ╱╲___. *Un crâne chauve*, лы́сый чéреп. « *Une nuit sur le mont Chauve* » *de Moussorgski*, « На лы́сой горé » Мýсоргского.

CHAUVE-SOURIS летýчая мышь (мышь ___ ╱‾‾ *f.*). *L'opérette « la Chauve-Souris » de Johann Strauss*, оперéтта « Летýчая мышь » Иогáнна Штрáуса.

CHAUVINISME шовини́зм.

CHAVIRER (*en parlant d'un bateau...*) опроки́дываться / опроки́нуться. *La barque a chaviré*, лóдка опроки́нулась.

CHEF

> **1.** (*celui qui a la charge morale*) главá ‾‾ ‾‾ .
> **2.** (*personne qui assure le fonctionnement*) начáльник (*chargé de la gestion d'une entreprise, d'une section*) // завéдующий *adj. subst. m.* [+ *instr.*] (*chargé d'organiser le travail d'une section*) // руководи́тель *m.* (*chargé d'organiser les activités d'un groupe*).
> **3.** (*meneur d'hommes*) вождь ╱‾‾ ‾‾ *m.*
> **4.** (*chef élu d'un petit groupe*) стáроста.

1. *Le chef de famille*, главá семьи́. *Le chef du gouvernement*, главá прави́тельства. **2.** *Le chef de gare*, начáльник стáнции. *Le chef d'atelier*, начáльник цéха. // *Le chef de service*, завéдующий отдéлом. // *Le chef de la délégation*, руководи́тель делегáции. **3.** *Le chef de la tribu*, вождь плéмени. **4.** *Le chef de classe*, стáроста клáсса. • **Chef cuisinier**, шеф-пóвар*, *nom. pl.* шеф-поварá

——. **Chef d'orchestre,** дирижёр. *Sous la direction d'un chef d'orchestre japonais,* под управлением япо́нского дирижёра. **En chef,** гла́вный. *L'ingénieur en chef,* гла́вный инженер.

CHEF-D'ŒUVRE шеде́вр [дɛ]. *Un chef-d'œuvre de la littérature mondiale,* шеде́вр мирово́й литерату́ры.

CHEMIN 1. (*propr.*) доро́га; *dim.* доро́жка. *Un chemin vicinal,* просёлочная доро́га. *Au bord du chemin,* на краю́ доро́ги. *Demander son chemin,* спроси́ть доро́гу. **2.** (*fig.*) путь*, *gén., dat., loc.* пути́, *instr.* путём; *pl.* пути́, путе́й, путя́м... ——. *Remettre sur le droit chemin,* напра́вить на путь и́стинный. ● **Chemin de fer,** желе́зная доро́га. **De chemin de fer,** железнодоро́жный. *Un pont de chemin de fer,* железнодоро́жный мост. **En chemin,** по доро́ге; доро́гой. *En chemin, il commença à me questionner sur cette affaire,* доро́гой он стал расспра́шивать меня́ о де́ле. **La droite est le plus court chemin d'un point à un autre,** пряма́я — кратча́йшее расстоя́ние между́ двумя́ то́чками. **Rebrousser chemin,** поверну́ть наза́д (повора́чивать / поверну́ть). **Sur le chemin du retour,** на обра́тном пути́. **Tous les chemins mènent à Rome,** все доро́ги веду́т в Рим.

CHEMINÉE 1. (*conduit*) труба́ ——. *Une cheminée d'usine,* фабри́чная труба́. **2.** (*âtre et manteau*) ками́н. *Faire du feu dans la cheminée,* развести́ ого́нь в ками́не.

CHEMISE (*vêtement*) руба́шка. *Une chemise blanche,* бе́лая руба́шка. *Une chemise de nuit,* ночна́я руба́шка. *Une chemise russe,* ру́сская руба́шка.

CHÊNE дуб ——. ● **De chêne,** дубо́вый. *Une feuille de chêne,* дубо́вый лист. *Une table de chêne,* дубо́вый стол.

CHÈQUE чек. *Un chèque sans provision,* чек без покры́тия. ● **De chèques,** че́ковый. *Un carnet de chèques,* че́ковая кни́жка.

CHER (*divers sens*) дорого́й, до́рог, дорога́, до́рого, до́роги ——, *comp.* доро́же*. *C'est trop cher pour moi,* э́то сли́шком до́рого для меня́. *Ça coûte cher,* э́то до́рого сто́ит. *Chers amis,* дороги́е друзья́. ● **Coûter cher** (*fig.*), да́ром не пройти́ (/ пройти́* IV, пройдёт, пройду́т; прошёл, прошла́...). *Ça va lui coûter cher,* э́то ему́ да́ром не пройдёт.

CHERCHER

> **1.** (*suivi d'un complément direct: s'efforcer de trouver*) иска́ть* II, ищу́, и́щешь... —— / поиска́ть* II [*id.*] (+ *acc. ou gén., selon que le substantif utilisé est concret ou abstrait; toutefois l'accusatif tend à s'étendre aux dépens du génitif*).
> **2.** (*suivi de la préposition « à » et d'un infinitif: s'efforcer de*) стара́ться / постара́ться.
> **3.** (*précédé des verbes « aller », « envoyer »...: aller à l'endroit où se trouvent une chose, une personne et les ramener avec soi*) за (+ *instr.*).
> **4.** (*précédé des verbes « aller », « venir »...: accueillir qqn à son arrivée*) встреча́ть / встре́тить.

1. *Chercher un appartement,* иска́ть кварти́ру. *Chercher qqn des yeux,* иска́ть кого́-нибудь глаза́ми. *Chercher du travail,* иска́ть рабо́ты. *Chercher une occasion,* иска́ть слу́чая. *Chercher la vérité,* иска́ть пра́вду. **2.** *Je cherche à le convaincre,* я стара́юсь его́ убеди́ть. **3.** *Elle est allée le chercher,* она́ пошла́ за ним. *Allez chercher de la craie,* Иди́те за ме́лом. *Ils ont envoyé chercher le médecin,* они́ посла́ли за до́ктором. **4.** *Nous irons le chercher à la gare,* мы пойдём на вокза́л встреча́ть его́. ● **Chercher la bagarre,** лезть в дра́ку (лезть* IV, ле́зу, ле́зешь...; лез, ле́зла...). **Chercher midi à quatorze heures,** иска́ть вчера́шнего дня. **Chercher la petite bête,** придира́ться к пустяка́м.

CHEVAL 1. (*animal*) ло́шадь(*), *instr. pl.* лошадьми́ *ou* лошадя́ми —— *f.* (*cheval ou jument*); конь —— *m.* (*presque unique-*

ment en parlant d'un mâle; terme de cavalerie ou appartenant au style poétique). *Atteler un cheval*, запря́чь ло́шадь. *Seller un cheval*, оседла́ть ло́шадь. *Un cheval de course*, бегова́я ло́шадь. *L'officier retint son cheval*, офице́р придержа́л коня́. *Le cheval va au trot*, ло́шадь идёт ры́сью. *Le cheval va au galop*, ло́шадь идёт гало́пом. *Lancer un cheval au galop*, пусти́ть ло́шадь гало́пом. **2.** (*cheval-vapeur*) лошади́ная си́ла. *Un moteur de soixante chevaux*, мото́р в шестьдеся́т лошади́ных сил. ● **À cheval,** верхо́м. *Aller à cheval*, е́здить верхо́м. *Être à cheval*, сиде́ть верхо́м. *Être à cheval sur une chaise*, сиде́ть верхо́м на сту́ле. **Chevaux de bois,** карусе́ль *f*. *Faire un tour de chevaux de bois*, крути́ться на карусе́ли.

CHEVEU во́лос*, *gén. pl.* воло́с, *accentuation du pluriel:* во́лосы, воло́с, волоса́м... (*l'accent passe sur la préposition dans les groupes* « за́ волос », « за́ волосы », « на́ волос », « на́ волосы »). *Des cheveux blonds, roux, noirs, blancs*, ру́сые, ры́жие, чёрные, седы́е во́лосы. *Attraper quelqu'un par les cheveux*, схвати́ть кого́-нибудь за́ волосы. *S'arracher les cheveux*, рвать на себе́ во́лосы. ● **Aux cheveux blancs,** седо́й . *Un vieillard aux cheveux blancs*, седо́й стари́к. **Ça fait dresser les cheveux sur la tête,** от э́того во́лосы ды́бом стано́вятся.

CHÈVRE коза́ . ● **Ménager la chèvre et le chou,** сде́лать так, чтобы и во́лки бы́ли сы́ты и о́вцы це́лы.

CHEWING-GUM жева́тельная рези́на.

CHEZ

I. Règle générale:
1. (*direction*) к (*dat.*).
2. (*emplacement*) у (*gén.*).
3. (*précédé de la préposition* « *de* ») *ne se traduit pas.*
II. Cas particulier: le pronom régi par la préposition « chez » et le sujet de la proposition désignent une seule et même personne.
L'ensemble « chez » + pronom ou « de chez » + pronom est traduit de l'une des manières suivantes:
1. (*direction*) домо́й, к себе́ *ou* к себе́ домо́й.
2. (*emplacement*) до́ма, у себя́ *ou* у себя́ до́ма.
3. (« *chez* » *étant précédé de la préposition* « *de* ») и́з дому.

I. 1. *Je vais chez un camarade à Leningrad*, я е́ду к това́рищу в Ленингра́д. *Viens chez moi demain soir*, Зайди́ ко мне за́втра ве́чером. **2.** *J'étais chez lui samedi*, я был у него́ в суббо́ту. // (*Par extension*) *C'est chez moi une habitude*, э́то у меня́ привы́чка. *J'ai lu ça chez Balzac*, я э́то чита́л у Бальза́ка. **3.** *Il habite près de chez vous*, он живёт недалеко́ от вас. *Je rentre de chez lui*, я возвраща́юсь от него́.

II. 1. *Je rentrais chez moi*, я возвраща́лся домо́й. **2.** *Il était chez lui*, он был до́ма. *Il n'était pas chez lui*, его́ не́ было до́ма. **3.** *On vous téléphone de chez vous*, вам звоня́т и́з дому.

I. CHIC *subst.* ● **Avec chic,** шика́рно. *Elle s'habille avec chic*, она́ одева́ется шика́рно.

II. CHIC *adj.* шика́рный. *Un restaurant chic*, шика́рный рестора́н. *Les quartiers chic*, шика́рные кварта́лы. ● **Un chic type,** симпатя́га *m*.

CHIEN 1. (*termes génériques*) соба́ка, *dim.* соба́чка; пёс (*ce dernier, le plus souvent en parlant d'un mâle*). *Le chien aboyait*, соба́ка ла́яла. *Un chien de chasse*, охо́тничья соба́ка. *Un chien de race*, поро́дистая соба́ка. *Un chien de garde*, сторожева́я соба́ка *ou* сторожево́й пёс. **2.** (*mâle*) кобе́ль *m*. ● **De chien,** соба́чий *adj. d'appart*. *Une vie de chien*, соба́чья жизнь. *Fils de chien!*, Соба́чий сын! **Petit chien** (*chiot*), щено́к. **Les chiens aboient, la caravane passe,** соба́ка ла́ет, ве́тер но́сит. **S'entendre comme chien et chat,** жить как ко́шка с соба́кой.

CHIENNE су́ка.

CHIFFON 1. (*vieux morceau d'étoffe*) тря́пка. *Un chiffon* *humide*, мо́края тря́пка. **2.** (*tout ce qui concerne les vêtements féminins*) тря́пки, тря́пок, тря́пкам... *pl. Parler chiffons*, говори́ть о тря́пках.

CHIFFRE ци́фра. *Les chiffres arabes*, ара́бские ци́фры. *Les chiffres romains*, ри́мские ци́фры.

CHIMIE хи́мия. *La chimie organique*, органи́ческая хи́мия.

CHIMIQUE хими́ческий. *Une formule chimique*, хими́ческая фо́рмула.

CHIMISTE хи́мик.

I. CHINOIS *subst.* **1.** (*homme*) кита́ец, кита́йца... **2.** (*langue*) кита́йский язы́к (язы́к ⁄‾‾‾‾). *Étudier le chinois*, изуча́ть кита́йский язы́к. *Un livre en chinois*, кни́га на кита́йском языке́. ● **En chinois** *et, dans le même emploi*, **chinois** (*accompagnant généralement un verbe*), по-кита́йски. *Tout était écrit en chinois*, всё бы́ло напи́сано по-кита́йски. *Parler chinois*, говори́ть по-кита́йски.

II. CHINOIS *adj.* кита́йский. *La porcelaine chinoise*, кита́йский фарфо́р.

CHINOISE китая́нка.

CHIRURGIEN хиру́рг.

CHOC 1. (*contact brusque*) толчо́к *Un choc violent me réveilla*, я просну́лся от си́льного толчка́. **2.** (*émotion violente*) уда́р. *Ça a été un choc pour lui*, для него́ э́то был уда́р. ● **Brigade de choc**, уда́рная брига́да.

CHOCOLAT шокола́д. *Une tablette de chocolat*, пли́тка шокола́да. ● **Au chocolat**, шокола́дный. *Des bonbons au chocolat*, шокола́дные конфе́ты.

CHŒUR хор. *Chanter en chœur*, петь хо́ром. ● **Pour chœur**, хорово́й. *De la musique pour chœur*, хорова́я му́зыка.

CHOISIR выбира́ть / вы́брать* IV, вы́беру, вы́берешь... *Choisir une profession*, вы́брать профе́ссию. *De deux maux il faut choisir le moindre*, из двух зол на́до вы́брать ме́ньшее.

CHOIX вы́бор. *Le choix d'une profession*, вы́бор профе́ссии. *Un grand choix de marchandises*, большо́й вы́бор това́ров. *Je n'ai pas le choix*, у меня́ нет вы́бора. *Le choix tomba sur lui*, вы́бор пал на него́. ● **De choix**, отбо́рный. *Une marchandise de choix*, отбо́рный това́р.

CHOLÉRA холе́ра.

CHÔMAGE безрабо́тица. *Chômage total*, по́лная безрабо́тица. *Chômage partiel*, части́чная безрабо́тица. ● **Les allocations de chômage**, посо́бие безрабо́тным.

CHÔMEUR безрабо́тный *adj. subst. m.*

CHOQUER (*produire une impression désagréable*) шоки́ровать. *Ça ne vous choque pas?*, Э́то вас не шоки́рует?

CHOSE 1. (*objet, histoire, action...*) вещь ___ ⁄‾‾‾ *f. C'est une chose qui coûte cher*, э́то дорога́я вещь. *Il racontait des choses étranges*, он расска́зывал стра́нные ве́щи. *Il se passe ici des choses étonnantes*, здесь происхо́дят удиви́тельные ве́щи. **2.** (*situation*) де́ло (*pas de pl.*). *Elle est rentrée? C'est une bonne chose*, Она́ верну́лась? Хоро́шее де́ло. *Où en sont les choses?*, Как обстои́т де́ло? ● **Beaucoup de choses, bien des choses**, мно́гое *pronom neutre singulier*. *Ils ont fait bien des choses pour nous*, они́ мно́гое сде́лали для нас. **Ça, c'est une autre chose**, э́то совсе́м друго́е де́ло. **C'est dans l'ordre des choses**, э́то в поря́дке веще́й. **Chaque chose en son temps**, всё в своё вре́мя. **De deux choses l'une**, одно́ из двух. **Dites-lui bien des choses de ma part**, Переда́йте ему́ приве́т от меня́. **La même chose**, одно́ и то же. *Il répète toujours la même chose*, он всё повторя́ет одно́ и то же. **Parler de choses et d'autres**, говори́ть о том, о друго́м. **Pas une seule chose**, ничего́. *Il n'y avait pas une seule chose qui pouvait l'intéresser*, ничего́ не могло́ его́ интересова́ть. **Peu de choses**, немно́гое *pronom neutre singulier*. *Il a oublié le peu de choses qu'on lui avait appris*, он забы́л то немно́гое, чему́ его́ научи́ли. **Quel-**

que chose 1. (*telle ou telle chose au choix*) что́-нибудь *pronom neutre singulier. Il y a là quelque chose d'autre*, тут есть что́-нибудь друго́е. *Prenez quelque chose de mieux*, Возьми́те что́-нибудь полу́чше. **2.** (*une certaine chose*) что́-то *pronom neutre singulier. Il s'est passé quelque chose d'épouvantable*, произошло́ что́-то ужа́сное. *Il y a là quelque chose qui ne va pas*, тут что́-то не так. *Il y a quelque chose qui la contrarie*, она́ че́м-то недово́льна.

CHOU капу́ста. *Chou de Bruxelles*, брю́ссельская капу́ста. ● **Ménager la chèvre et le chou**, сде́лать так, что́бы и во́лки бы́ли сы́ты и о́вцы це́лы.

CHOUCROUTE ки́слая капу́ста.

CHOUETTE сова́ ―― ―― .

CHOU-FLEUR цветна́я капу́ста.

I. CHRÉTIEN *subst.* христиани́н*, *pl.* христиа́не, христиа́н, христиа́нам...

II. CHRÉTIEN *adj.* христиа́нский. *La religion chrétienne*, христиа́нская рели́гия.

CHRÉTIENNE христиа́нка.

CHRISTIANISME христиа́нская ве́ра.

I. CHRONIQUE *subst.* **1.** (*annales*) ле́топись *f. Le musée conserve des chroniques anciennes*, в музе́е храня́тся дре́вние ле́тописи. **2.** (*article de journal...*) хро́ника. *La chronique théâtrale*, театра́льная хро́ника.

II. CHRONIQUE *adj.* хрони́ческий. *Une bronchite chronique*, хрони́ческий бронхи́т.

CHUCHOTER шепта́ть* II, шепчу́, ше́пчешь...╲――/ прошепта́ть* II (*id.*) *et* шепну́ть. *Ne parlez pas si fort, chuchota-t-il*, « Не говори́те так гро́мко, — прошепта́л он. »

CHUINTANT ● **Les chuintantes**, шипя́щие, шипя́щих, шипя́щим... *adj. subst. pl.*

CHUT! ш-ш!

CHUTE 1. (*propr. et fig.*) паде́ние. *Une chute de cheval*, паде́ние с ло́шади. *La chute des prix*, паде́ние цен. **2.** (*chute d'eau*) водопа́д. *Les chutes du Niagara*, Ниага́рский водопа́д.

CI *postposé*) v. CE **II**, CELUI-CI, PAR.

CIBLE (*propr. et fig.*) мише́нь *f. Une cible mobile*, подвижна́я мише́нь. *Servir de cible aux railleries*, служи́ть мише́нью для насме́шек.

CICATRICE шрам. *Il m'est resté une cicatrice sur le front*, у меня́ оста́лся шрам на лбу.

CIDRE сидр.

CIEL не́бо*, *pl.* (*rare, poétique*) небеса́, небе́с, небеса́м... *Un ciel bleu*, голубо́е не́бо. *Être au septième ciel*, чу́вствовать себя́ на седьмо́м не́бе.

CIERGE свеча́*, *gén. pl.* свече́й ―― ╱╲―― . *Mettre un cierge devant une icône*, поста́вить свечу́ пе́ред ико́ной.

CIGARE сига́ра.

CIGARETTE 1. (*ordinaire*) сигаре́та. *Fumer une cigarette*, кури́ть сигаре́ту. **2.** (*à bout cartonné*) папиро́са. *Acheter un paquet de cigarettes*, купи́ть па́чку папиро́с.

CIGOGNE а́ист. *Les cigognes sont arrivées*, а́исты прилете́ли.

CIL ресни́ца. *De longs cils noirs*, дли́нные чёрные ресни́цы.

CIMENT цеме́нт.

CIMETIÈRE кла́дбище. *Au cimetière*, на кла́дбище.

CINÉ кино́* *indécl. n. Si on allait au ciné?*, Дава́й пойдём в кино́.

CINÉMA 1. (*salle*) кинотеа́тр. *Au cinéma « Sébastopol »*, в кинотеа́тре « Севасто́поль ». **2.** (*art*) кино́* *indécl. n. Le cinéma muet*, немо́е кино́. *Le cinéma parlant*, звуково́е кино́.

CINQ

1. (*en règle générale*) пять.
2. (*régissant un* plurale tantum, *un pronom ou éventuellement un nom de personne masculin*) пя́теро *nom de nombre collectif*.
3. (*au sens de « cinquième » et en particulier dans l'expression de la date*) пя́тый.
4. (*aux cartes*) пятёрка.

1. *Cinq roubles*, пять рублéй. *À cinq kilomètres de la ville*, в пяти́ киломéтрах от гóрода. **2.** *Cinq traîneaux*, пя́теро санéй. *Ils étaient cinq*, их бы́ло пя́теро. *Cinq enfants*, пя́теро детéй. **3.** *À la page cinq*, на пя́той страни́це. *Le tome cinq*, пя́тый том. *Acte cinq*, дéйствие пя́тое. *Le 25 janvier*, 25-го января́. **4.** *Un cinq de cœur*, пятёрка червéй. • **À cinq**, впятерóм. *Nous avons fait tout ça à cinq*, мы всё э́то сдéлали впятерóм. **Cinq cent..., cinq cents**, пятьсóт. *Cinq cents personnes*, пятьсóт человéк. *À cinq cents kilomètres de Paris*, в пятиста́х киломéтрах от Пари́жа. **Cinq-centième**, пятисóтый. **De cinq ans**, пятилéтний. *Un plan de cinq ans*, пятилéтний план. **Les Cinq** (*groupe de compositeurs*), Могу́чая ку́чка.

CINQUANTAINE *n'a pas d'équivalent en russe; traduire en fonction du contexte. Une cinquantaine de tentatives infructueuses*, óколо пяти́десяти неуда́чных попы́ток. *Une cinquantaine de personnes*, человéк пятьдеся́т. *Elle approche de la cinquantaine*, ей под пятьдеся́т. *Il a dépassé la cinquantaine*, ему́ за пятьдеся́т.

CINQUANTE пятьдеся́т. *Cinquante roubles*, пятьдеся́т рублéй. *À cinquante kilomètres de la ville*, в пяти́десяти киломéтрах от гóрода. • **Cent cinquante**, сто пятьдеся́т; полтора́ста, *cas obliques* полу́тораста. *Cent cinquante roubles*, полтора́ста рублéй.

CINQUANTIÈME пятидеся́тый.

I. CINQUIÈME *adj.* **1.** (*en règle générale*) пя́тый. *Le cinquième volume*, пя́тый том. *La cinquième roue du char*, пя́тое колесó в телéге. **2.** (*en parlant des étages*) шестóй. *Nous habitons au cinquième étage*, мы живём на шестóм этажé.

II. CINQUIÈME *subst.* **1.** (*classe*) пя́тый класс (*traduction précise du français*); шестóй класс (*nom de la classe correspondante dans les écoles soviétiques*). **2.** (*étage*) шестóй эта́ж (эта́ж ⁄——). *Ils habitent au cinquième*, они́ живу́т на шестóм этажé. **3.** (*fraction*) пя́тая *adj. subst. f. Les deux cinquièmes de cette somme*, две пя́тых э́той су́ммы.

CIRAGE крем для óбуви.

CIRCONFÉRENCE окру́жность *f. Le centre de la circonférence*, центр окру́жности.

CIRCONSTANCE обстоя́тельство. *Un concours de circonstances*, стечéние обстоя́тельств. *Des circonstances atténuantes*, смягча́ющие обстоя́тельства. *Des circonstances aggravantes*, отягча́ющие обстоя́тельства. *Selon les circonstances*, смотря́ по обстоя́тельствам.

CIRCULAIRE *subst.* циркуля́р. *Le secrétaire a envoyé les circulaires*, секрета́рь разосла́л циркуля́ры.

CIRCULATION (*sur les voies de communication*) движéние. *La circulation automobile*, автомоби́льное движéние. *Respecter les règles de la circulation*, соблюда́ть пра́вила у́личного движéния. • **La circulation du sang**, кровообращéние.

CIRE **1.** (*naturelle*) воск. **2.** (*à cacheter*) сургу́ч ⁄—— .

CIRER (*les chaussures*) чи́стить / почи́стить *et* вы́чистить (*sens exact: « nettoyer »*). *Cirer ses chaussures*, чи́стить óбувь.

CIRQUE цирк. *Allons au cirque*, Пойдём в цирк.

CISEAUX нóжницы, нóжниц, нóжницам... *pl. t. Une paire de ciseaux*, па́ра нóжниц.

CITADELLE цитадéль *f.* (*livresque*).

CITATION (*passage cité*) цита́та. *Faire une citation*, привести́ цита́ту.

CITER **1.** (*faire une citation*) привести́ цита́ту из [+ *gén.*] (приводи́ть ⁀—— / привести́* IV, приведу́, приведёшь...; привёл, привела́... ⁄——; привéдённый); цити́ровать / процити́ровать (*livresque*). *Citer Dostoïevski*, привести́ цита́ту из Достоéвского *ou* процити́ровать Достоéвского. **2.** (*désigner*) называ́ть / назва́ть* IV, назову́, назовёшь...; назва́л, назвала́, назва́ло, назва́ли ∧—. *Citer les villes principales de la Sibérie orientale*, назва́ть гла́вные города́ Восто́чной Сиби́ри.

CITOYEN граждани́н*, *pl.* гра́ждане, гра́ждан, гра́жданам... ——. *Un citoyen soviétique*, сове́тский граждани́н.

CITOYENNE гражда́нка. *Une citoyenne soviétique*, сове́тская гражда́нка.

CITRON лимо́н. *Du thé au citron*, чай с лимо́ном.

I. CIVIL *adj.* (*qui concerne les citoyens*) гражда́нский. *Le droit civil*, гражда́нское пра́во. *La guerre civile*, гражда́нская война́.

II. CIVIL *subst.* **1.** (*en parlant d'une personne*) шта́тский *adj. subst. m. Les civils et les militaires*, шта́тские и вое́нные. **2.** (*en parlant d'une tenue*) шта́тское *adj. subst. n. S'habiller en civil*, оде́ться в шта́тское.

CIVILISATION культу́ра; цивилиза́ция. *La civilisation de l'Égypte ancienne*, культу́ра дре́внего Еги́пта.

CIVILISÉ цивилизо́ванный. *Les peuples civilisés*, цивилизо́ванные наро́ды.

I. CLAIR *adj.*

> **1.** (*par opposition à « sombre »*) све́тлый, све́тел, светла́, све́тло, све́тлы ∧— // све́тло- *élément de formation* (*employé avec les adjectifs désignant une couleur*).
> **2.** (*sonore*) зво́нкий ∧—, *comp.* зво́нче*.
> **3.** (*limpide, en parlant de l'eau*) чи́стый ∧—, *comp.* чи́ще*.
> **4.** (*en parlant du temps, du ciel...*) я́сный ∧—.
> **5.** (*que l'on comprend bien; qui comprend bien*) я́сный ∧—.

1. *Une nuit claire*, све́тлая ночь. *Une pièce claire*, све́тлая ко́мната. *Une couleur claire*, све́тлая кра́ска. *Une robe claire*, све́тлое пла́тье. // *Jaune clair*, светло-жёлтый. **2.** *Une voix claire*, зво́нкий го́лос. **3.** *De l'eau claire*, чи́стая вода́. **4.** *Par temps clair*, в я́сную пого́ду. *Un ciel clair*, я́сное не́бо. **5.** *Des idées claires*, я́сные мы́сли. *C'est clair*, э́то я́сно. *Un esprit clair*, я́сный ум. ● **Au clair de la lune**, при све́те луны́. **Il fait clair**, светло́, *comp.* светле́е. *Il faisait déjà clair quand je me suis réveillé*, бы́ло уже́ светло́, когда́ я просну́лся. **Un clair de lune**, лу́нный свет.

II. CLAIR *adv.* ● **Voir clair 1.** (*bien voir*) хорошо́ ви́деть. **2.** (*bien comprendre*) хорошо́ разбира́ться.

REMARQUE. Le comparatif de « хорошо́ » est « лу́чше* ».

CLAIREMENT я́сно, *comp.* ясне́е. *Il a clairement exposé son point de vue*, он я́сно изложи́л свою́ то́чку зре́ния.

CLAIRIÈRE поля́на. *Dans une petite clairière*, на небольшо́й поля́не.

CLANDESTIN та́йный (*secret*); подпо́льный (*hostile au pouvoir*). *Une réunion clandestine*, та́йное собра́ние. *Une organisation clandestine*, подпо́льная организа́ция.

CLANDESTINEMENT та́йно. *Elle correspondait clandestinement avec l'un des détenus*, она́ та́йно перепи́сывалась с одни́м из заключённых.

CLAQUER 1. *intr.* щёлкать / щёлкнуть (+ *instr.*). *Claquer des dents*, щёлкать зуба́ми. *Claquer des doigts*, щёлкать па́льцами. **2.** *tr.* хло́пать / хло́пнуть (+ *instr.*). *Claquer la porte*, хло́пнуть две́рью. ● **Faire claquer** (*faire entendre*), щёлкать / щёлкнуть (+ *instr.*). *Faire claquer son fouet*, щёлкать кнуто́м.

CLARTÉ 1. (*luminosité; intelligibilité*) я́сность *f. La clarté du ciel*, я́сность не́ба. *Pour plus de clarté*, для бо́льшей я́сности. **2.** (*lumière*) свет. *À la clarté de la lampe*, при све́те ла́мпы.

CLASSE (*divers sens*) класс. *Être en classe*, сиде́ть в кла́ссе. *Les petites classes*, мла́дшие кла́ссы. *Les classes supérieures*, ста́ршие кла́ссы. *En classe terminale*, в выпускно́м кла́ссе. *La classe ouvrière*, рабо́чий класс.

REMARQUES.

1. En Union soviétique, les enfants entrent à l'âge de sept ans dans une classe nommée « пе́рвый класс ». Ils terminent leurs études secondaires vers dix-sept ans à l'issue de la classe nommée « деся́тый класс ».

2. Dans les chemins de fer soviétiques, il n'y a pas de classes, mais il existe deux catégories de voitures: « мя́гкие ваго́ны » et « жёсткие ваго́ны ».

I. CLASSIQUE *adj.* класси́ческий. *La littérature classique*, класси́ческая литерату́ра. *L'enseignement classique*, класси́ческое образова́ние.

II. CLASSIQUE *subst.* кла́ссик. *Les classiques russes*, ру́сские кла́ссики.

CLEF ключ /‾‾ ‾‾. *La clef de l'appartement*, ключ от кварти́ры. *La clef de l'armoire*, ключ от шка́фа. *La clef de tous les secrets*, ключ ко всем та́йнам. ● **Fermer à clef**, запере́ть на ключ *ou*, *simplement*, запере́ть (запира́ть / запере́ть* IV, запру́, запрёшь...; за́пер, заперла́, за́перло, за́перли /__; за́пертый, за́перт, заперта́, за́перто, за́перты /__). **Tenir sous clef**, держа́ть под замко́м.

CLERGÉ духове́нство. *Le clergé orthodoxe*, правосла́вное духове́нство.

CLIENT клие́нт (*livresque*); покупа́тель *m.* (*dans un magasin*).

CLIENTE покупа́тельница.

CLIENTÈLE клиенту́ра.

CLIGNER ● **Cligner de l'œil à qqn**, мига́ть / мигну́ть (+ *dat.*). *Cligner de l'œil à son voisin*, мигну́ть сосе́ду. **Cligner des yeux**, мига́ть глаза́ми (мига́ть / мигну́ть).

CLIGNOTANTS *subst.* сигна́лы поворо́тов (сигна́лы, сигна́лов, сигна́лам... *pl.*).

CLIMAT кли́мат. *Un climat tempéré*, уме́ренный кли́мат. *Le dur climat de la Sibérie*, суро́вый кли́мат Сиби́ри.

CLIN ● **En un clin d'œil**, в оди́н миг; ми́гом.

CLINIQUE *subst.* кли́ника.

CLOCHARD ни́щий *adj. subst. m.* *Il y avait beaucoup de clochards*, там бы́ло мно́го ни́щих.

CLOCHE ко́локол*, *nom. pl.* колокола́ __‾‾. *Sonner les cloches* (*propr.*), звони́ть в колокола́.

CLOCHER колоко́льня*, *gén. pl.* колоко́лен. *Avoir l'esprit de clocher*, смотре́ть на всё со свое́й колоко́льни.

CLOCHETTE колоко́льчик. *Dans l'entrée, on entendit retentir la clochette*, в прихо́жей зазвене́л колоко́льчик. *Le président secoua sa clochette*, председа́тель позвони́л в колоко́льчик.

CLOISON перегоро́дка. *Une cloison en planches*, доща́тая перегоро́дка.

CLÔTURE 1. (*enceinte*) огра́да. *Une clôture de pierre*, ка́менная огра́да. 2. (*fin*) заключе́ние. *Avant la clôture du congrès*, до заключе́ния съе́зда. ● **De clôture** (*final*), заключи́тельный. *Le discours de clôture*, заключи́тельное сло́во.

CLOU 1. (*tige métallique*) гвоздь /‾‾/‾‾ *m.* *Enfoncer des clous*, вбива́ть гво́зди. 2. (*attraction principale*) гвоздь /‾‾ *m.* *Le clou de la saison*, гвоздь сезо́на. ● **Clou de girofle**, гвозди́ка. **Un clou chasse l'autre**, клин кли́ном вышиба́ют.

CLOUER прибива́ть / приби́ть* II, прибью́, прибьёшь...; прибе́й; приби́тый. *Clouer le couvercle de la caisse*, приби́ть кры́шку к я́щику.

CLOUTÉ ● **Passage clouté**, перехо́д. *Traverser au passage clouté*, перейти́ у́лицу на перехо́де.

CLOWN кло́ун.

CLUB клуб. *Un club sportif*, спорти́вный клуб.

COBAYE 1. (*cochon d'Inde*) морска́я сви́нка. 2. (*sujet d'expérience*) подо́пытный кро́лик.

COCCINELLE бо́жья коро́вка (бо́жья *adj. d'appart. f.*).

COCHER ку́чер*, *nom. pl.* кучера́ ; ямщи́к (*cocher de poste*). *On l'engagea comme cocher*, его́ на́няли ку́чером.

COCHÈRE • **Porte cochère,** воро́та, воро́т, воро́там... *pl. t. Nous nous arrêtâmes devant une large porte cochère*, мы останови́лись пе́ред широ́кими воро́тами.

COCHON 1. (*animal; en parlant d'un homme*) свинья́. *Élever des cochons*, разводи́ть свине́й. *C'est un vrai cochon*, э́то настоя́щая свинья́. **2.** (*viande*) свини́на. • **Cochon de lait,** моло́чный поросёнок (поросёнок*, *pl.* порося́та, порося́т, порося́там...). **Cochon d'Inde,** морска́я сви́нка. **Donner de la confiture aux cochons,** мета́ть би́сер пе́ред сви́ньями. **Jouer un tour de cochon à qqn,** подложи́ть кому́-нибудь свинью́. **Se soûler comme un cochon,** напи́ться как свинья́.

CODE 1. (*recueil de lois ou de règlements*) ко́декс. *Le code civil*, гражда́нский ко́декс. *Le code pénal*, уголо́вный ко́декс. **2.** (*langage artificiel*) код. *Un code secret*, секре́тный код. • **Le code de la route,** пра́вила движе́ния (пра́вила, пра́вил, пра́вилам... *pl.*).

CŒUR

1. (*organe*) се́рдце [рц].
2. (*dispositions, sentiments...*) се́рдце [рц]; душа́.
3. (*milieu des choses*) середи́на.
4. (*aux cartes*) че́рви, черве́й, червя́м... *pl. t.*

1. *Il a une maladie de cœur*, у него́ боле́знь се́рдца. **2.** *Elle a un cœur d'or*, се́рдце у неё золото́е. *Il n'a pas de cœur*, у него́ нет се́рдца. *De tout cœur*, от всего́ се́рдца *ou* от всей души́. *Prendre qqch. à cœur*, принима́ть что́-нибудь к се́рдцу. *Il en a gros sur le cœur*, у него́ тяжело́ на се́рдце. *Il a le cœur sur les lèvres*, у него́ душа́ нараспа́шку. *Se soulager le cœur*, отвести́ ду́шу. *Il n'avait pas le cœur tranquille*, у него́ на душе́ ко́шки скребли́. **3.** *Au cœur de l'hiver*, в середи́не зимы́. **4.** *Le roi de cœur*, коро́ль черве́й. • **À cœur vaillant rien d'impossible,** сме́лость города́ берёт. **Avoir mal au cœur** (*avoir des nausées*), тошни́ть / стошни́ть *unipersonnel* (*au sujet de la proposition française correspond en russe un nom ou un pronom à l'accusatif*). *J'ai mal au cœur*, меня́ тошни́т. *Il avait mal au cœur*, его́ тошни́ло. **De bon cœur,** охо́тно. *Il travaillait de bon cœur*, он охо́тно рабо́тал. **Loin des yeux, loin du cœur,** с глаз доло́й — из се́рдца вон. **Par cœur,** наизу́сть. *Savoir ses leçons par cœur*, знать уро́ки наизу́сть. **Sans cœur,** бессерде́чный. *Un homme sans cœur*, бессерде́чный челове́к.

COEXISTENCE сосуществова́ние. *La coexistence pacifique*, ми́рное сосуществова́ние.

COFFRE 1. (*sorte de caisse ou de malle*) сунду́к. *Un coffre métallique*, металли́ческий сунду́к. **2.** (*à bagages*) бага́жник. *Les valises sont dans le coffre*, чемода́ны в бага́жнике. **3.** v. COFFRE-FORT.

COFFRE-FORT несгора́емый шкаф (шкаф*, *loc.* шкафу́). *Les passeports sont dans le coffre-fort*, паспорта́ в несгора́емом шкафу́.

COGNAC конья́к. *Un verre de cognac*, рю́мка коньяку́.

COGNER (SE) сту́каться / сту́кнуться. *Se cogner contre la porte*, сту́кнуться об дверь.

COIFFER (*arranger la coiffure*) причёсывать / причеса́ть* II, причешу́, приче́шешь... ; причёсанный. *Il m'a bien coiffé*, он хорошо́ причеса́л меня́. *Elle est bien coiffée*, она́ хорошо́ причёсана. *Je n'ai pas eu le temps de me coiffer*, я не успе́ла причеса́ться.

COIFFEUR 1. (*personne qui coiffe*) парикма́хер. *C'est un bon coiffeur*, э́то хоро́ший парикма́хер. **2.** (*salon de coiffure*) парикма́херская *adj. subst. f. Je vais chez le coiffeur*, я иду́ в парикма́херскую. *Il y a un coiffeur là-bas au coin,* там на углу́ есть парикма́херская.

COIFFEUSE парикма́хер *m.*; парикма́херша (*fam.*). *C'est une bonne coiffeuse,* она́ хоро́ший парикма́хер.

COIFFURE 1. (*manière de disposer les cheveux*) причёска. *Une coiffure à la mode,* мо́дная причёска. **2.** (*ce qui sert à couvrir la tête*) головно́й убо́р.

COIN у́гол*, *loc.* углу́ ⁄— —; *dim.* уголо́к. *Au coin,* на углу́. *Dans le coin,* в углу́. *Dans un coin noir,* в тёмном углу́. *Un petit coin charmant,* прекра́сный уголо́к. ● **Coin perdu,** глушь ⁄— *f. Vivre dans un coin perdu,* жить в глуши́.

COÏNCIDENCE совпаде́ние. *C'est une simple coïncidence,* э́то чи́стое совпаде́ние.

COÏNCIDER совпада́ть / совпа́сть* IV, совпадёт, совпаду́т; совпа́л... *Son mariage a coïncidé avec mon arrivée,* его́ сва́дьба совпа́ла с мои́м прие́здом.

COL 1. (*partie de vêtement*) воротни́к ⁄— —. *Un col de fourrure,* мехово́й воротни́к. *Relever son col,* подня́ть воротни́к. **2.** (*en montagne*) перева́л.

COLÈRE гнев. *Dans un accès de colère,* в поры́ве гне́ва. ● **En colère,** серди́тый. *Elle était en colère contre moi,* она́ была́ серди́та на меня́. **Mettre en colère,** серди́ть∖— / рассерди́ть∖—. *Vous l'avez mis en colère,* вы его́ рассерди́ли. **Se mettre en colère,** серди́ться∖— / рассерди́ться∖—. *Il s'est mis en colère contre moi,* он рассерди́лся на меня́.

COLIQUE ко́лики, ко́лик, ко́ликам... *pl. t. Il a la colique,* у него́ ко́лики.

COLIS посы́лка. *J'ai reçu votre colis hier,* вчера́ получи́л ва́шу посы́лку.

COLLABORATEUR сотру́дник. *Il avait deux collaborateurs,* он рабо́тал с двумя́ сотру́дниками.

COLLABORATION сотру́дничество. *En collaboration avec un journaliste,* в сотру́дничестве с журнали́стом.

COLLABORATRICE сотру́дница.

COLLABORER сотру́дничать. *Collaborer à un journal,* сотру́дничать в газе́те.

COLLE (*substance*) клей*, *loc.* клею́ —⁄ *m. Colle forte,* столя́рный клей.

COLLECTIF *adj.* коллекти́вный. *Un travail collectif,* коллекти́вный труд.

COLLECTION колле́кция. *Une collection de timbres,* колле́кция ма́рок. ● **Faire collection de,** собира́ть [*tr.*]; коллекциони́ровать [*tr.*] (*livresque*). *Faire collection de timbres,* собира́ть ма́рки.

COLLECTIONNER собира́ть; коллекциони́ровать (*livresque*). *Elle collectionne les cartes postales,* она́ собира́ет откры́тки.

COLLECTIONNEUR коллекционе́р.

COLLECTIVISATION коллективиза́ция. *La collectivisation de l'agriculture,* коллективиза́ция се́льского хозя́йства.

COLLECTIVISME коллективи́зм.

COLLÈGUE колле́га *m.* ou *f. Cher collègue,* дорого́й колле́га. *Chère collègue,* дорога́я колле́га.

COLLER 1. (*faire adhérer*) склеи́вать / скле́ить (*réunir avec de la colle*); накле́ивать / накле́ить (*coller sur quelque chose*). *Coller les deux moitiés,* скле́ить о́бе полови́ны. *Coller un timbre sur l'enveloppe,* накле́ить ма́рку на конве́рт. **2.** (*adhérer*) кле́иться. *Les étiquettes collent bien,* этике́тки хорошо́ кле́ятся. **3.** (*fam.: bien marcher*) кле́иться. *Il y a quelque chose qui ne colle pas,* тут что́-то не кле́ится.

COLLIER (*ornement*) бу́сы, бус, бу́сам... *pl. t.* (*fam.*); ни́тка (*rang de perles*); ожере́лье (*livresque*). *Un collier de corail,* кора́лловые бу́сы. *Un collier de perles,* ни́тка же́мчуга. *Un collier de diamants,* бриллиа́нтовое ожере́лье.

COLLINE холм. *Des collines boisées*, леси́стые холмы́.

COLONEL полко́вник.

COLONIAL *adj.* колониа́льный. *Les puissances coloniales*, колониа́льные держа́вы.

COLONIE (*territoire dépendant*) коло́ния. *Une ancienne colonie française*, бы́вшая францу́зская коло́ния.

COLONNE 1. (*archit.*) коло́нна, *dim.* коло́нка. *Des colonnes de marbre*, мра́морные коло́нны. *De petites colonnes de bois*, деревя́нные коло́нки. **2.** (*dans un journal, un livre...*) коло́нка. *En trois colonnes*, в три коло́нки. **3.** (*de fumée...*) столб. *Une colonne de fumée*, столб ды́ма. • **Colonne vertébrale**, позвоно́чник.

COLOSSAL колосса́льный. *Une fortune colossale*, колосса́льное состоя́ние.

COMBAT бой*, *loc.* бою́ *m. Un combat aérien*, возду́шный бой. *Un combat naval*, морско́й бой. *Des combats de rue*, у́личные бои́. *Un combat de coqs*, бой петухо́в. *Accepter le combat*, приня́ть бой. • **Mettre hors de combat**, вы́вести из стро́я.

COMBATTANT • **Ancien combattant**, ветера́н войны́.

COMBATTRE боро́ться* II, борю́сь, бо́решься... / побоpо́ться* II [*id.*] (*au complément direct français correspond généralement en russe un instrumental précédé de la préposition* « с »). *Combattre l'ennemi*, боро́ться с враго́м *ou* боро́ться про́тив врага́. *Combattre les préjugés*, боро́ться с предрассу́дками. *Combattre pour la liberté*, боро́ться за свобо́ду.

COMBIEN ско́лько. *Combien de litres?*, Ско́лько ли́тров? *Combien ça coûte?*, Ско́лько э́то сто́ит? *Après combien de tentatives infructueuses!*, По́сле ско́льких неуда́чных попы́ток! • **Le combien sommes-nous aujourd'hui?**, Како́е сего́дня число́?

REMARQUES.

1. Après les prépositions exigeant un cas oblique, « ско́лько » (*adv.*) est remplacé par « ско́льких », « ско́льким »... (*pronom-adjectif pl.*).

2. Les substantifs régis par « ско́лько » se mettent au génitif. Par contre, les formes « ско́льких », « ско́льким »... subissent l'accord propre aux adjectifs. Ex.: *Combien de volumes?*, Ско́лько томо́в? *En combien de volumes?*, Во ско́льких тома́х?

3. On emploie très couramment « почём » pour traduire « combien coûte... », « combien coûtent... », lorsqu'il s'agit de marchandises se vendant au kilo, au litre, etc. Ex.: *Combien coûtent ces pommes?*, Почём э́ти я́блоки? *Vous savez combien coûte l'essence chez nous?*, Вы зна́ете, почём у нас бензи́н?

COMBINAISON

1. (*ensemble*) сочета́ние; комбина́ция (*livresque*).
2. (*machination*) комбина́ция.
3. (*sous-vêtement féminin*) комбина́ция.
4. (*vêtement de travail*) комбинезо́н.

1. *Une heureuse combinaison de couleurs*, уда́чное сочета́ние кра́сок. *Une combinaison de chiffres*, комбина́ция цифр. **2.** *Des combinaisons financières*, фина́нсовые комбина́ции. **3.** *Une combinaison en soie*, шёлковая комбина́ция. **4.** *Une combinaison d'aviateur*, комбинезо́н лётчика.

COMBINER (*assembler*) сочета́ть / сочета́ть; комбини́ровать / скомбини́ровать (*livresque*). *Combiner les couleurs avec habileté*, уда́чно сочета́ть кра́ски.

I. COMBLE *subst.* • **Au comble de**, на верху́ (+ *gén.*). *Il se sentait au comble de la félicité*, он чу́вствовал себя́ на верху́ блаже́нства. **Ça c'est un comble!**, Ну, э́то уж сли́шком! **Pour comble de**, в доверше́ние (+ *gén.*). *Pour comble de malheur*, в доверше́ние всех бед.

II. COMBLE *adj.* перепо́лненный, перепо́лнен, перепо́лнена... *La salle était comble*, зал был перепо́лнен.

COMBLER 1. (*remplir*) засыпа́ть / засы́пать* II, засы́плю, засы́плешь... *Combler une fosse*, засы́пать я́му. **2.** (*satisfaire*) исполня́ть / испо́лнить. *Ses désirs ont été comblés*, жела́ния его́ испо́лнились. **3.** (*donner à profusion*) осыпа́ть / осы́пать* II, осы́плю, осы́плешь... *Elle l'a comblé de cadeaux*, она́ его́ осы́пала пода́рками.

COMÉDIE коме́дия. *Une comédie de Molière*, коме́дия Молье́ра. *Jouer la comédie*, игра́ть коме́дию.

COMESTIBLE съедо́бный.

COMÈTE коме́та. *La queue de la comète*, хвост коме́ты.

COMIQUE *adj.* **1.** (*qui appartient au genre de la comédie*) коми́ческий. *Un rôle comique*, коми́ческая роль. **2.** (*qui fait rire*) смешно́й, смешо́н, смешна́... *Se trouver dans une situation comique*, попа́сть в смешно́е положе́ние.

COMITÉ комите́т. *Un comité d'action*, комите́т де́йствия. ● **Comité central**, центра́льный комите́т, *ou, par abréviation*, ЦК [цɛка]. *Le Comité central du parti communiste de l'U.R.S.S.*, Центра́льный Комите́т Коммунисти́ческой па́ртии Сове́тского Сою́за *ou, par abréviation*, ЦК КПСС. **En petit comité**, в те́сном кругу́.

COMMANDANT 1. (*grade*) майо́р. **2.** (*officier placé à la tête d'un navire, d'une garnison...*) команди́р. *Le commandant du cuirassé*, команди́р бронено́сца.

COMMANDE (*demande de marchandises*) зака́з. *Passer une commande*, дать зака́з. *Exécuter une commande*, вы́полнить зака́з. *Votre commande est prête*, Ваш зака́з гото́в.

COMMANDEMENT (*pouvoir de celui qui commande*) кома́ндование. *Prendre le commandement*, приня́ть кома́ндование. *Le commandement suprême*, верхо́вное кома́ндование. *Sous le commandement du général N.*, под кома́ндованием генера́ла Н.

COMMANDER

1. (*ordonner*) прика́зывать / приказа́ть* II, прикажу́, прика́жешь...⌣ .
2. (*être à la tête*) кома́ндовать (+ *instr.*).
3. (*faire une commande par écrit*) выпи́сывать / вы́писать* II, вы́пишу, вы́пишешь...
4. (*faire une commande de vive voix*) зака́зывать / заказа́ть* II, закажу́, зака́жешь...⌣ .

1. *Il nous a commandé d'ouvrir le feu*, он приказа́л нам откры́ть ого́нь. **2.** *Commander un régiment*, кома́ндовать полко́м. **3.** *J'ai reçu le catalogue et je vais commander quelques disques*, я получи́л катало́г, вы́пишу не́сколько пласти́нок. **4.** *Elle s'est commandé une robe*, она́ заказа́ла себе́ пла́тье.

COMME

1. (*à quel point; à la manière de; de la manière que*) как.
a. « Как » *est le plus souvent employé seul.*
b. « Как » *est renforcé par* « и » *lorsque l'on veut marquer qu'il y a eu un précédent ou que la chose était parfaitement prévisible.*
c. « Как » *est annoncé par* «так » *lorsque, employé après un verbe d'action, il exprime la nuance « de la même manière que ».*
d. « Как » *est annoncé par* « тако́й » *lorsqu'il introduit un exemple, une énumération.*
e. « Как » *peut être remplacé par* « сло́вно » (*nuance: « comme s'il s'agissait de »*) *ou par* « вро́де » (*nuance: « dans le même genre que »*).
2. (*en qualité de*) *« comme » est rendu par l'instrumental seul.*
3. (*puisque*) так как.
4. (*au moment où*) в тот моме́нт, когда́.

1. a. *Comme c'est gentil de votre part!*, Как э́то ми́ло с ва́шей стороны́. *Comme je suis content de vous voir!*, Как я рад вас ви́деть! *Si vous saviez comme je le déteste!*, Е́сли бы вы зна́ли, как я его́ ненави́жу! *Blanc comme neige*, бе́лый как снег. *Faites comme* *chez vous*, Будьте как до́ма. **b.** *Vous oublierez comme tous les autres*, Вы забу́дете, как и все остальны́е. *Comme on pouvait s'y attendre*, как и мо́жно бы́ло ожида́ть. **c.** *Il n'a pas fait ça comme je voulais*, он э́то сде́лал не так, как я хоте́л. *J'ai fait comme vous me l'aviez conseillé*, я поступи́л так, как вы мне посове́товали. **d.** *Des villes anciennes comme Pskov et Novgorod*, таки́е дре́вние города́ как, наприме́р, Псков и Но́вгород. **e.** *Il pleure comme un gosse*, он пла́чет сло́вно ребёнок. *Il est comme toi, il n'aime pas beaucoup travailler*, он вро́де тебя́ : не лю́бит рабо́ту. **2.** *On l'avait engagé comme cocher*, его́ на́няли ку́чером. *Il était considéré comme le meilleur pilote*, он счита́лся лу́чшим пило́том. *Considérer comme son devoir*, счита́ть свои́м до́лгом. *Considérer comme indispensable*, счита́ть необходи́мым. **3.** *Comme il n'y avait pas de places libres, nous sommes allés plus loin*, так как не́ было свобо́дных мест, мы пошли́ да́льше. **4.** *Le téléphone a sonné juste comme j'entrais dans mon appartement*, телефо́н зазвони́л как раз в тот моме́нт, когда́ я вошёл в кварти́ру. • **C'est tout comme**, э́то одно́ и то же. **Comme ça**, так. *C'est comme ça*, э́то так. *J'ai dit ça comme ça, sans aucune arrière-pensée*, я э́то сказа́л так, без вся́кой за́дней мы́сли. **Comme ci comme ça**, та́к себе. « *Comment allez-vous? — Bah! Comme ci comme ça* », « Ну, как живёте? — Ничего́, та́к себе. » **Manger comme quatre**, есть за четверы́х.

Remarque. Ne pas confondre « так, как » (v. 1 *c*) et « так как » (v. 3).

COMMENCEMENT нача́ло. *Au commencement de l'année*, в нача́ле го́да. *C'est le commencement de la fin*, э́то нача́ло конца́. • **Au commencement** (*non suivi de la préposition « de »*), внача́ле. *C'était comme ça au commencement*, так бы́ло внача́ле.

COMMENCER

1. *tr.* начина́ть / нача́ть* IV, начну́, начнёшь...; на́чал, начала́, на́чало, на́чали ^— ; на́чатый, на́чат, начата́, на́чато, на́чаты ^— .
2. *intr.* начина́ться / нача́ться* IV, начнётся, начну́тся; начался́, начала́сь...
3. (*suivi de la préposition* « à »)
a. (*en règle générale*) начина́ть / нача́ть*.
b. (« *à* » *suivi des verbes* « *pleuvoir* », « *neiger* »...) / пойти́* IV, пойдёт; пошёл *suivi des substantifs* « дождь », « снег »... *employés au nominatif*.
c. (« *à* » *suivi d'expressions comme* « *faire froid* », « *faire chaud* »...) *soit* уже́ *accompagnant le verbe* « быть », *soit* « / стать* *n. cl.*, ста́нет ».
4. (*suivi de la préposition* « *par* ») начина́ть / нача́ть* (с + *gén.*); *ou* начина́ться / нача́ться* (с + *gén.*) *selon que le verbe est transitif ou intransitif; mais, si le contexte le permet, alléger la phrase en utilisant, au lieu du verbe, l'adverbe* « снача́ла ».

1. *Il a commencé ce travail depuis longtemps*, он уже́ давно́ на́чал э́ту рабо́ту. **2.** *La guerre commença*, начала́сь война́. **3. a.** *Vous avez commencé à travailler?*, Вы на́чали рабо́тать? **b.** *Il commence à pleuvoir* ou *Il a commencé à pleuvoir*, Пошёл дождь. *Il commençait à neiger*, Пошёл снег. **c.** *Il commence à faire plus chaud*, Тепле́е ста́ло. *Il commençait à faire froid*, Бы́ло уже́ хо́лодно. *Quand il commencera à faire plus froid*, когда́ бу́дет холодне́е. **4.** *Par quoi allons-nous commencer?*, С чего́ мы начнём? *Je commence par la fin*, я начина́ю с конца́. *Je commence par lire les journaux*, я начина́ю с того́, что чита́ю газе́ты *ou* снача́ла я чита́ю газе́ты. *La pièce commence par un long monologue*, пьеса начина́ется с дли́нного моноло́га.

COMMENT как. *Comment travaille-t-il?*, Как он рабо́тает? *Comment ça va?*, Как дела́? *Comment! Il est déjà ici?*, Как! Он уже́ здесь?

COMMENTAIRE коммента́рий

m. Les commentaires sont superflus, комментáрии изли́шни.

I. **COMMERÇANT** *subst.* коммерсáнт (*gros commerçant*); торгóвец (*petit commerçant*).

II. **COMMERÇANT** *adj.* торгóвый. *Une rue commerçante*, торгóвая ýлица.

COMMERCE (*achat et vente*) торгóвля. *Le commerce en gros*, оптóвая торгóвля. *Le commerce de détail*, рóзничная торгóвля. *Le commerce extérieur*, внéшняя торгóвля. ● **Faire le commerce de**, торговáть (+ *instr.*). *Faire le commerce des fourrures*, торговáть мехáми.

COMMERCIAL торгóвый. *Une chaîne commerciale*, торгóвая сеть. *Un accord commercial*, торгóвый договóр.

COMMETTRE (*une faute, un crime...*) совершáть / соверши́ть. *Commettre une faute*, соверши́ть оши́бку. *Commettre un crime*, соверши́ть преступлéние.

COMMISSAIRE ● **Commissaire de police**, начáльник отделéния. **Commissaire du peuple**, нарóдный комиссáр (*à la différence du français « commissaire », le mot* « комиссáр » *ne comporte qu'un* « м »).

COMMISSARIAT ● **Commissariat de police**, отделéние мили́ции.

COMMISSION 1. (*groupe de personnes*) коми́ссия (*à la différence du français « commission », le mot* « коми́ссия » *ne comporte qu'un* « м »). *Une commission de quatre membres*, коми́ссия в состáве четырёх человéк. 2. (*mission*) поручéние. *Charger qqn d'une commission*, дать комý-нибудь поручéние. 3. (*au pl.: achats*) покýпки, покýпок, покýпкам... *pl. Elle est allée faire ses commissions*, онá пошлá за покýпками. *Faire ses commissions*, дéлать покýпки.

I. **COMMODE** *subst.* комóд. *Une commode Louis XV*, комóд в сти́ле Людóвика XV.

II. **COMMODE** *adj.* (*d'un usage facile*) удóбный. *C'est très commode*, э́то óчень удóбно.

COMMUN óбщий. *Nous avons des amis communs*, у нас óбщие друзья́. *Des intérêts communs*, óбщие интерéсы. *D'un commun accord*, с óбщего соглáсия. *Je n'ai rien de commun avec eux*, я не имéю ничегó óбщего с ни́ми. *Un lieu commun*, óбщее мéсто. ● **Le sens commun**, здрáвый смысл.

COMMUNARD коммунáр.

COMMUNE (*circonscription administrative en France et dans quelques autres pays*) коммýна. ● **La Chambre des communes**, Палáта óбщин. **La Commune**, Пари́жская коммýна.

COMMUNICATION (*information*) сообщéние. *Faire une communication*, сдéлать сообщéние. ● **Les voies de communication**, пути́ сообщéния.

COMMUNIQUÉ сообщéние. *Le communiqué officiel*, официáльное сообщéние. *Un communiqué de l'agence Tass*, сообщéние ТАСС.

COMMUNIQUER (*faire savoir*) сообщáть / сообщи́ть. *Communiquer les dernières nouvelles*, сообщи́ть послéдние извéстия.

COMMUNISME коммуни́зм.

I. **COMMUNISTE** *subst.* (*membre du parti communiste*) 1. *m.* коммуни́ст. 2. *f.* коммуни́стка.

II. **COMMUNISTE** *adj.* коммунисти́ческий. *Les principes communistes*, коммунисти́ческие при́нципы. ● **Le parti communiste**, компáртия; коммунисти́ческая пáртия (*livresque*). **Les jeunesses communistes** (*organisation*), комсомóл. *S'inscrire aux jeunesses communistes*, вступи́ть в комсомóл. **Membre des jeunesses communistes** 1. *m.* комсомóлец, комсомóльца... 2. *f.* комсомóлка.

COMPAGNIE 1. (*réunion de personnes; présence de qqn*) компáния. *En joyeuse compagnie*, в весёлой компáнии. *Tenez-nous compagnie*, Составьте нам компáнию. 2. (*société*) óбщество. *Une compagnie d'assurances*, страховóе óбщество. 3. (*mil.*) рóта.

COMPAGNON товáрищ. *Compagnon d'armes*, товáрищ по орýжию. *Compagnon d'infortune*, товáрищ по несчáстию. ● **Compagnon de voyage**, попýтчик.

COMPARAISON сравне́ние. *En comparaison avec le niveau d'avant-guerre*, по сравне́нию с довое́нным у́ровнем.

COMPARATIF (*gramm.*) сравни́тельная сте́пень (сте́пень *f.*).

COMPARER сра́внивать / сравни́ть. *Comparer la traduction avec l'original*, сра́внивать перево́д с по́длинником.

COMPARTIMENT 1. (*d'une caisse, d'un tiroir...*) отделе́ние. *Un tiroir à compartiments*, я́щик с отделе́ниями. **2.** (*dans un wagon*) купе* [пɛ] *indécl. n.*; отделе́ние. *Un compartiment à quatre places*, четырёхме́стное купе́.

COMPATRIOTE 1. *m.* сооте́чественник. **2.** *f.* сооте́чественница.

COMPÉTENT компете́нтный. *C'est un homme très compétent*, э́то о́чень компете́нтный челове́к.

COMPLÉMENT дополне́ние. *En complément à ce que je vous ai dit*, в дополне́ние к тому́, что я уже́ сказа́л. *Les compléments directs et indirects*, прямы́е и ко́свенные дополне́ния.

COMPLET *adj.* **1.** по́лный /__ *ou* /‾‾‾. *Les œuvres complètes*, по́лное собра́ние сочине́ний. *Dans l'obscurité complète*, в по́лной темноте́. **2.** (*sur la porte d'un restaurant, d'un hôtel...*) Мест нет. ● **Au complet**, в по́лном соста́ве.

COMPLÈTEMENT соверше́нно. *J'ai complètement abandonné la musique*, я соверше́нно бро́сил му́зыку.

COMPLÉTER дополня́ть / допо́лнить. *Ils se complètent l'un l'autre*, они́ дополня́ют друг дру́га.

I. COMPLEXE *adj.* сло́жный /__. *C'est un problème fort complexe*, э́то о́чень сло́жная зада́ча.

II. COMPLEXE *subst.* (*architecture, psychologie*) ко́мплекс. *Un complexe architectural*, архитекту́рный ко́мплекс. *Un complexe d'infériorité*, ко́мплекс неполноце́нности. *Un complexe de supériorité*, ко́мплекс превосхо́дства.

COMPLEXITÉ сло́жность *f.* *D'une grande complexité*, большо́й сло́жности.

COMPLICATION (*difficulté nouvelle*) осложне́ние. *Des complications dues à son état de santé*, осложне́ния, вы́званные его́ состоя́нием здоро́вья.

COMPLICE соуча́стник.

COMPLIMENT комплиме́нт. *Faire des compliments*, сде́лать комплиме́нты.

COMPLIQUÉ сло́жный /__. *C'est bien compliqué*, всё э́то о́чень сло́жно.

COMPLOT за́говор. *Découvrir un complot*, откры́ть за́говор.

COMPOSER 1. (*en règle générale*) составля́ть / соста́вить. *Composer un bouquet*, соста́вить буке́т. *Composer le menu*, соста́вить меню́. **2.** (*écrire une œuvre musicale*) писа́ть* II, пишу́, пи́шешь... ___ / написа́ть* II (*id.*). *Composer une sonate*, писа́ть сона́ту. **3.** (*un numéro de téléphone*) набира́ть / набра́ть* IV, наберу́, на́берёшь...; набра́л, набрала́, набра́ло, набра́ли /__. *Composer le numéro*, набра́ть но́мер.

COMPOSER (SE) состоя́ть* I, состои́т, состоя́т (из + *gén.*). *L'appartement se compose de deux pièces et d'une cuisine*, кварти́ра состои́т из двух ко́мнат и ку́хни.

COMPOSITEUR компози́тор.

COMPOSITION 1. (*ensemble d'éléments*) соста́в. *La composition chimique d'un corps*, хими́ческий соста́в те́ла. *La composition de la délégation*, соста́в делега́ции. **2.** (*travail scolaire*) контро́льная *adj. subst. f.* *Une composition de physique*, контро́льная по фи́зике. *Une composition de russe*, контро́льная по ру́сскому языку́.

COMPRÉHENSIBLE поня́тный. *C'est parfaitement compréhensible*, э́то вполне́ поня́тно.

COMPRENDRE 1. (*saisir par la pensée*) понима́ть / поня́ть* IV, пойму́, поймёшь...; по́нял, поняла́, по́няло, по́няли /__; по́нятый, по́нят, понята́, по́нято, по́няты /__. *Je ne vous comprends pas*, я вас не понима́ю. *Il comprend le russe?*, Он понима́ет по-ру́сски? *Si je comprends bien*, наско́лько я понима́ю. **2.** (*contenir en soi*) состоя́ть* I, состои́т, состои́т (из + *gén.*). *L'appartement comprend deux pièces et une cuisine*, кварти́ра состои́т из двух ко́мнат и ку́хни. ● **Non compris**, не включа́я (+ *acc.*). *Les enfants non compris*, не включа́я дете́й. **Y compris**, включа́я (+ *acc.*). *Y compris les enfants*, включа́я дете́й.

COMPRIMÉ (*médicament*) табле́тка. *Un comprimé d'aspirine*, табле́тка аспири́на.

COMPROMETTRE компромети́ровать / скомпромети́ровать. *Il a peur de me compromettre*, он бои́тся скомпромети́ровать меня́.

COMPROMIS *subst.* компроми́сс. *Accepter un compromis*, пойти́ на компроми́сс.

REMARQUE. À la différence du français « compromis », le mot « компроми́сс » comporte deux « с ».

COMPTABLE *subst.* бухга́лтер.

COMPTANT ● **Argent comptant**, нали́чные де́ньги. **Payer comptant**, плати́ть нали́чными. **Prendre pour argent comptant**, приня́ть за чи́стую моне́ту.

COMPTE 1. (*calcul*) счёт*, *loc.* счету́ (*après la préposition* « на » *seulement*) _∠ ___. *Se perdre dans ses comptes*, сби́ться со счёта. **2.** (*sommes placées, somme à régler*) счёт*, *loc.* счету́ (*après la préposition* « на » *seulement*); *nom. pl.* счета́ ___∠‾‾‾‾. *J'ai un compte courant à la banque*, у меня́ теку́щий счёт в ба́нке. **3.** (*sujet de discussion*) счёты, счётов, счётам... *pl. J'ai des comptes à régler avec lui*, у нас с ним счёты. ● **Ça n'entre pas en ligne de compte**, э́то не в счёт. **En fin de compte**, в конце́ концо́в *ou* в коне́чном счёте. **S'en tirer à bon compte**, дёшево отде́латься. **Rendre compte de qqch.**, дать отчёт о чём-нибудь. **Se rendre compte de qqch.**, дать себе́ отчёт в чём-нибудь. **Tenir compte de**, учи́тывать / уче́сть* IV, учту́, учтёшь...; учёл, учла́...; учтя́. *Tenir compte de la situation*, учи́тывать обстано́вку. *Sans tenir compte des possibilités réelles*, не учи́тывая реа́льных возмо́жностей.

COMPTER

> **1.** (*effectuer un calcul; dénombrer*) счита́ть / сосчита́ть.
> **2.** (*contenir*) насчи́тывать.
> **3.** (*avoir l'intention de*) намерева́ться.
> **4.** (*avoir confiance en*) рассчи́тывать (на + *acc.*).
> **5.** (*importer*) быть ва́жным.

1. *Compter sur ses doigts*, счита́ть по па́льцам. *Compter de tête*, счита́ть в уме́. *Compter jusqu'à cent*, счита́ть до ста. *Compter son argent*, счита́ть де́ньги. *Sans compter les jours de repos*, не счита́я выходны́х дней. **2.** *La ville compte plus de deux millions d'habitants*, го́род насчи́тывает бо́лее двух миллио́нов жи́телей. **3.** *Je comptais aller à Moscou cet été*, я намерева́лся пое́хать в Москву́ ле́том. **4.** *Nous comptions sur toi*, Мы рассчи́тывали на тебя́. *Je compte là-dessus*, я на э́то рассчи́тываю. **5.** *Ça compte beaucoup de nos jours*, в на́ши дни э́то о́чень ва́жно.

COMPTEUR счётчик. *Le compteur à gaz*, га́зовый счётчик.

COMTE граф. *Le comte Tolstoï*, граф Толсто́й.

COMTESSE графи́ня. *La comtesse Tolstoï*, графи́ня Толста́я.

CONCENTRATION ● **Camp de concentration**, концла́герь *m. Il est mort dans un camp de concentration*, он поги́б в концла́гере.

CONCENTRER сосредото́чивать / сосредото́чить. *Concentrer des troupes*, сосредото́чить войска́. *Concentrer son attention sur l'essentiel*, сосредото́чивать своё внима́ние на са́мом гла́вном.

CONCEPTION взгляд. *Des conceptions erronées*, оши́бочные взгля́ды.

CONCERNER каса́ться (+ *gén.*). *Ça ne me concerne pas*, э́то меня́ не каса́ется. *En ce qui concerne mon voisin*, что каса́ется моего́ сосе́да.

CONCERT конце́рт. *Nous n'allons jamais au concert*, мы никогда́ не хо́дим на конце́рты. *Donner un concert*, дава́ть конце́рт.

CONCERTO конце́рт. *Concerto pour piano et orchestre*, конце́рт для фортепья́но с орке́стром.

CONCESSION (*abandon de ses droits...*) усту́пка. *Faire des concessions*, пойти́ на усту́пки.

CONCEVOIR 1. (*inventer*) приду́мывать / приду́мать. *On peut concevoir une autre solution*, мо́жно приду́мать друго́й вы́ход из положе́ния. **2.** (*comprendre*) понима́ть / поня́ть* IV, пойму́, поймёшь...; по́нял, поняла́, по́няло, по́няли ^_. *Je ne peux pas concevoir comment on peut dire des choses pareilles*, я не понима́ю, как мо́жно говори́ть таки́е ве́щи.

CONCIERGE 1. (*homme*) дво́рник; консье́рж (*en parlant des réalités françaises*). *Le concierge balaye la cour*, дво́рник подмета́ет двор. **2.** (*femme*) дво́рник; дво́рничиха (*fam.*); консье́ржка (*en parlant des réalités françaises*).

REMARQUE. En U.R.S.S., les immeubles ont un gardien-gérant que l'on appelle « управдо́м ». Le féminin « управдо́мша » appartient au style familier.

CONCLURE заключа́ть / заключи́ть. *Conclure une alliance*, заключи́ть сою́з. *Conclure un traité de paix*, заключи́ть ми́рный догово́р. *J'en ai conclu qu'il ne m'avait pas compris*, из э́того я заключи́л, что он меня́ не по́нял.

CONCLUSION заключе́ние. *Nous sommes arrivés à la conclusion suivante*, мы пришли́ к сле́дующему заключе́нию. *La conclusion du traité de paix*, заключе́ние ми́рного догово́ра. *En conclusion*, в заключе́ние.

CONCOMBRE огуре́ц. *Une salade de concombres*, сала́т из огурцо́в.

CONCOURS 1. (*participation*) уча́стие. *Diverses organisations ont prêté leur concours à cette manifestation*, ра́зные организа́ции при́няли уча́стие в э́том фестива́ле. **2.** (*examen*) ко́нкурс. *Un concours d'entrée*, вступи́тельный ко́нкурс. ● **Hors concours**, вне ко́нкурса. **Passer un concours**, сдать ко́нкурсные экза́мены (экза́мены, экза́менов, экза́менам... *pl.*). **Un concours de circonstances**, стече́ние обстоя́тельств.

CONCRET конкре́тный. *Donner un exemple concret*, дать конкре́тный приме́р.

CONCURRENCE конкуре́нция. *Soutenir la concurrence*, вы́держать конкуре́нцию.

REMARQUE. À la différence du français « concurrence », le mot « конкуре́нция » ne comporte qu'un « р ».

CONDAMNATION пригово́р. *Une condamnation à mort*, сме́ртный пригово́р.

CONDAMNÉ *subst.* приговорённый *adj. subst. m.*

CONDAMNER 1. (*frapper d'une peine*) пригова́ривать / приговори́ть. *Il a été condamné à mort*, его́ приговори́ли к сме́ртной ка́зни. **2.** (*désapprouver*) осужда́ть / осуди́ть _, *part.* осуждённый*. *Tous condamnent son attitude*, все осужда́ют его́ поведе́ние.

CONDITION усло́вие. *Quelles sont vos conditions?* Каки́е ва́ши усло́вия? *Les conditions de vie*, усло́вия жи́зни. *Lorsque les conditions sont favorables*, при благоприя́тных усло́виях. ● **À condition que**, е́сли. *À condition qu'il l'accepte*, е́сли он согласи́тся.

CONDOLÉANCES соболе́знование. *Présenter ses condoléances*, вы́разить своё соболе́знование.

CONDUCTEUR (*de véhicule*) води́тель *m*. *Le conducteur du camion*, води́тель грузовика́.

CONDUIRE

1. (*mener qqn à pied*) вести́* IV, веду́, ведёшь...; вёл, вела́... /‾ / повести́* IV (*id.*); *indét.* води́ть _ // *ou, avec certaines nuances*, отводи́ть _ / отвести́* IV, отведу́, отведёшь...; отвёл, отвела́... /‾; отведённый (*emmener*) // приводи́ть _ / привести́* IV, приведу́, приведёшь...; привёл, привела́... /‾; приведённый (*amener*) // проводи́ть _ / провести́* IV, проведу́, проведёшь...; провёл, провела́... /‾; проведённый (*par un passage étroit*)

// провожа́ть / проводи́ть ____ (*accompagner*).
2. (*mener qqn autrement qu'à pied*) везти́* IV, везу́, везёшь...; вёз, везла́... /‾‾‾ / повезти́* IV (*id.*); *indét.* вози́ть ____ // *ou, avec certaines nuances,* отвози́ть ____ / отвезти́* IV, отвезу́, отвезёшь...; отвёз, отвезла́.../‾‾‾; отвезённый (*emmener*) // привози́ть ____ / привезти́* IV, привезу́, привезёшь...; привёз, привезла́... /‾‾‾; привезённый (*amener*).
3. (*être à la tête de*) руководи́ть (+ *instr.*).
4. (*une voiture*) вести́* / повести́*; *indét.* води́ть ____ .
5. (*en parlant d'une route...*) вести́* / повести́*; / привести́* (*amener*).

1. *Où nous conduis-tu?*, Куда́ ты нас ведёшь? *Tous les jours, elle conduisait les enfants à la promenade*, она́ ка́ждый день води́ла детей на прогу́лку. // *Je l'ai conduit à l'école*, я его́ отвёл в шко́лу. // *Il nous a conduit ici*, он нас привёл сюда́. // *Elle l'a conduit à la cuisine*, она́ его́ провела́ в ку́хню. // *Mon frère les a conduits à la gare*, мой брат проводи́л их на вокза́л. **2.** *Il m'y conduira en voiture*, он повезёт меня́ туда́ на маши́не. *On les conduit à l'école en autobus*, их во́зят в шко́лу на авто́бусе. // *Je peux vous y conduire en moto*, я могу́ отвезти́ вас туда́ на мотоци́кле. // *On l'a conduit ici en traîneau*, его́ привезли́ сюда́ на саня́х. **3.** *Il conduit la délégation*, он руководи́т делега́цией. **4.** *Savez-vous conduire?*, Вы уме́ете води́ть? *Il conduisait le camion à une vitesse folle*, он вёл грузови́к с бе́шеной ско́ростью. **5.** *Ce sentier conduit dans la forêt*, э́та тропи́нка ведёт в лес. *Le chemin nous a conduits à une petite maison*, доро́жка привела́ нас к до́мику. • **Le permis de conduire**, води́тельские права́ (права́, прав, права́м... *pl.*). *Passer le permis de conduire*, сдать на води́тельские права́.

CONDUIRE (SE) вести́ себя́ (вести́* IV, веду́, ведёшь...; вёл, вела́.../‾‾‾). *Il se conduit mal*, он ведёт себя́ пло́хо.

CONDUITE (*comportement*) поведе́ние. *Un zéro de conduite*, едини́ца по поведе́нию. • **Une conduite d'eau**, водопрово́д.

CÔNE ко́нус. *Un cône tronqué*, усечённый ко́нус.

CONFECTION (*prêt à porter*) гото́вое пла́тье. *Un magasin de confection*, магази́н гото́вого пла́тья.

CONFÉRENCE 1. (*réunion*) конфере́нция. *Une conférence internationale*, междунаро́дная конфере́нция. **2.** (*exposé*) ле́кция. *Faire une conférence*, чита́ть ле́кцию. • **Conférence de presse**, пресс-конфере́нция.

CONFÉRENCIER докла́дчик.
Remarque. Le mot « конферансье́ » signifie « présentateur ».

CONFESSION и́споведь *f.* « *La Confession d'un enfant du siècle* » *de Musset*, « И́споведь сы́на ве́ка » Мюссе́.

CONFETTI конфетти́* *indécl. n.* *Une pluie de confettis*, дождь конфетти́.
Remarque. Ne pas confondre « конфетти́ », « les confettis », avec « конфе́ты », « les bonbons ».

CONFIANCE 1. (*par opposition à « méfiance »*) дове́рие. *Une confiance aveugle*, слепо́е дове́рие. *Ne pas inspirer confiance*, не внуша́ть дове́рия. *Un abus de confiance*, злоупотребле́ние дове́рием. **2.** (*par opposition à « doute »*) ве́ра (в + *acc.*). *La confiance en soi*, ве́ра в себя́. *La confiance en l'avenir*, ве́ра в бу́дущее. • **Avoir confiance en qqn**, доверя́ть (+ *dat.*). *Je n'ai pas confiance en lui*, я ему́ не доверя́ю.

CONFIDENCE призна́ние. *Faire une confidence à qqn*, сде́лать кому́-нибудь призна́ние.

CONFIER доверя́ть / дове́рить. *Confier de l'argent à qqn*, дове́рить кому́-нибудь де́ньги. *Confier un secret à qqn*, дове́рить кому́-нибудь та́йну.

CONFIRMER подтвержда́ть / подтверди́ть, *part.* подтверждённый*. *Nos craintes se sont confirmées*, на́ши опасе́ния подтверди́лись.

CONFISCATION конфиска́ция. *La confiscation des biens*, конфиска́ция иму́щества.

CONFISERIE 1. (*magasin*) конди́терская *adj. subst. f.* **2.** (*produits vendus par les confiseurs*) конди́терские изде́лия (изде́лия, изде́лий, изде́лиям... *pl.*).

CONFIT • **Fruits confits,** заса́харенные фру́кты.

CONFITURE варе́нье. *Confiture de framboises*, мали́новое варе́нье.

CONFLIT столкнове́ние. *Un conflit armé*, вооружённое столкнове́ние. *Un conflit d'intérêts*, столкнове́ние интере́сов. *Entrer en conflit avec qqn*, вступи́ть с ке́м-нибудь в столкнове́ние.

CONFONDRE (*prendre l'un pour l'autre*) пу́тать / перепу́тать. *Je les confonds tout le temps: ils se ressemblent tellement*, я их всегда́ пу́таю : они́ так похо́жи. *Tu la confonds sans doute avec une autre*, ты её наве́рно пу́таешь с друго́й.

CONFORMÉMENT согла́сно (+ *dat.*). *Conformément à vos indications*, согла́сно ва́шим предписа́ниям.

CONFORMER (SE) руково́дствоваться (+ *instr.*). *Se conformer aux règles générales*, руково́дствоваться о́бщими пра́вилами.

CONFORT удо́бства, удо́бств, удо́бствам... *pl.*; комфо́рт (*plus livresque*). *Un appartement tout confort*, кварти́ра со все́ми удо́бствами.

CONFORTABLE удо́бный. *Un fauteuil confortable*, удо́бное кре́сло. *Un appartement confortable*, удо́бная кварти́ра.

CONFORTABLEMENT удо́бно. *S'installer confortablement dans un fauteuil*, удо́бно усе́сться в кре́сле.

CONFUS нея́сный, нея́сен, нясна́, нея́сно, нея́сны ⁀___ (*peu clair*); сму́тный ⁀___ (*trouble*); тума́нный (*nébuleux*); невня́тный (*indistinct*). *Des idées confuses*, нея́сные мы́сли. *La situation restait confuse*, обстано́вка остава́лась нея́сной. *Des souvenirs confus*, сму́тные воспомина́ния. *Des explications confuses*, тума́нные объясне́ния. *Un bruit confus*, невня́тный шум. • **Être confus** (*éprouver un sentiment de gêne*), нело́вко *accompagné du verbe* быть (*au sujet de la proposition française correspond en russe un nom ou un pronom au datif*). *J'étais confus*, мне бы́ло нело́вко.

CONFUSION (*erreur*) *employer une périphrase avec le verbe* « пу́тать / перепу́тать », « *confondre* ». *Il y a eu une confusion dans les adresses*, они́ перепу́тали адреса́.

CONGÉ о́тпуск*, *loc.* отпуску́ *ou* о́тпуске, *nom. pl.* отпуска́ ___∠___ *ou* ___ ___. *Prendre un congé*, взять о́тпуск. *Elle est partie en congé*, она́ уе́хала в о́тпуск. • **Prendre congé de,** проща́ться / попроща́ться (с + *instr.*). *Je suis venu prendre congé*, я пришёл попроща́ться с ва́ми.

CONGRÈS съезд; конгре́сс (*plus livresque*). *À un congrès de chirurgiens*, на съе́зде хиру́ргов.

CONGRESSISTE уча́стник съе́зда.

CONJONCTION (*gramm.*) сою́з.

CONJUGAISON спряже́ние. *La conjugaison des verbes de la classe II*, спряже́ние глаго́лов второ́го кла́сса.

CONJUGUER спряга́ть / проспряга́ть. *Comment se conjugue ce verbe?*, Как спряга́ется э́тот глаго́л?

CONNAISSANCE (*savoir*) зна́ние. *La connaissance d'une langue*, зна́ние языка́. *Élargir ses connaissances*, расши́рить свои́ зна́ния. • **À ma connaissance,** наско́лько мне изве́стно. **En connaissance de cause,** со зна́нием де́ла. *Parler en connaissance de cause*, говори́ть со зна́нием де́ла. **Faire connaissance de qqn,** познако́миться с ке́м-нибудь (знако́миться / познако́миться). *Enchanté de faire votre connaissance*, О́чень рад познако́миться. *J'ai fait sa connaissance il y a deux ans*, мы с ним познако́мились два го́да тому́ наза́д. **Perdre connaissance,** потеря́ть созна́ние. **Prendre**

connaissance de qqch., знакóмиться с чéм-нибудь (знакóмиться / ознакóмиться). *J'ai pris connaissance de cette affaire*, я ознакóмился с э́тим дéлом. **Reprendre connaissance,** прийти́ в себя́. **Sans connaissance,** без пáмяти; без чувств; без сознáния. *Il était étendu sans connaissance*, он лежáл без пáмяти. **Une vieille connaissance 1.** *m.* стáрый знакóмый (знакóмый *adj. subst. m.*). **2.** *f.* стáрая знакóмая (знакóмая *adj. subst. f.*).

CONNAISSEUR *subst.* знатóк . *Faire le connaisseur*, притворя́ться знатокóм.

CONNAÎTRE знать; быть знакóмым (*uniquement en parlant de personnes*). *Connaître son affaire*, знать своё дéло. *Il connaissait mal le russe*, он плóхо знал по-рýсски. *Vous connaissez Dupont?*, Вы знáете Дюпóна? *Non, je ne le connais pas*, Нет, я с ним не знакóм. *Moi je le connais de vue*, А я его́ знáю в лицó. ● **Ne rien y connaître,** ничегó·не понимáть. **S'y connaître,** знать толк (в + *loc.*). *Il s'y connaît en bons vins*, он знáет толк в ви́нах.

CONNU извéстный. *Des événements connus de tous*, извéстные всем собы́тия. *Un écrivain connu*, извéстный писáтель.

CONQUÉRIR 1. (*propr.*) завоёвывать / завоевáть* II, завою́ю, завою́ешь... *Conquérir un territoire*, завоевáть территóрию. *Conquerir un marché*, завоевáть ры́нок. **2.** (*fig.*) покоря́ть / покори́ть. *Pour conquérir son cœur*, чтóбы покори́ть её сéрдце.

CONQUÊTE завоевáние; покорéние (*assujettissement*). *La conquête du Caucasc*, завоевáние Кавкáза. *La conquête de la Sibérie par Iermak*, покорéние Сиби́ри Ермакóм. *Les grandes conquêtes de la science*, вели́кие завоевáния наýки.

CONSCIEMMENT сознáтельно. *Il m'a trompé consciemment*, он сознáтельно обманýл меня́.

CONSCIENCE 1. (*sens du bien et du mal*) сóвесть *f. Des remords de conscience*, угрызéния сóвести. *Agir selon sa conscience*, поступáть по сóвести. **2.** (*connaissance de l'existence de qqch.*) сознáние. *La conscience de sa faiblesse*, сознáние своéй слáбости. ● **Avoir conscience de,** сознавáть* II, сознаю́, сознаёшь...; сознавáй; сознавáя (*tr.*). *Avoir conscience de ses erreurs*, сознавáть свои́ оши́бки. **La liberté de conscience,** свобóда сóвести. **Par acquit de conscience,** для очи́стки сóвести. **Perdre conscience,** потеря́ть сознáние. **Prendre conscience de,** начинáть сознавáть [+ *acc.*] (начинáть / начáть* IV, начнý, начнёшь...; начал, началá, нáчало, нáчали ). *Il a enfin pris conscience du danger*, наконéц он нáчал сознавáть опáсность. **Reprendre conscience,** прийти́ в себя́.

CONSCIENCIEUSEMENT добросóвестно. *Il a toujours travaillé consciencieusement*, он всегдá рабóтал добросóвестно.

CONSCIENCIEUX добросóвестный. *Un employé consciencieux*, добросóвестный рабóтник.

CONSCIENT сознáтельный. *Un être conscient*, сознáтельное существó. ● **Être conscient de,** сознавáть* II, сознаю́, сознаёшь...; сознавáй; сознавáя (*tr.*). *Il était conscient du danger*, он сознавáл опáсность.

CONSEIL 1. (*avis*) совéт. *Je veux vous demander conseil*, Хочý попроси́ть у вас совéта. *Vous m'avez donné un bon conseil*, Вы мне дáли хорóший совéт. *J'ai suivi votre conseil*, я послéдовал вáшему совéту. **2.** (*assemblée*) совéт. *Le Conseil des ministres*, Совéт мини́стров. *Le président du Conseil*, председáтель Совéта мини́стров. *Le conseil municipal*, горсовéт. *Le Conseil de sécurité*, Совéт Безопáсности. *Un conseil de classe*, педсовéт. ● **Conseil de guerre,** воéнный суд. **Conseil de révision,** призывнáя коми́ссия. **La nuit porte conseil,** ýтро вéчера мудренéе.

I. CONSEILLER *verbe* совéтовать / посовéтовать. *Le médecin m'a* *conseillé de me reposer*, врач посоветовал мне отдохну́ть.

II. CONSEILLER *subst.* сове́тник. *Le conseiller culturel*, культу́рный сове́тник.

CONSENTEMENT согла́сие. *Sans le consentement de tes parents*, без согла́сия твои́х роди́телей.

CONSENTIR *intr.* соглаша́ться / согласи́ться. *Il a consenti à venir*, он согласи́лся прие́хать. ● **Qui ne dit mot consent**, молча́ние — знак согла́сия.

CONSÉQUENCE после́дствие. *Quelles peuvent être les conséquences ?*, Каки́е мо́гут быть после́дствия?

CONSÉQUENT ● **Par conséquent**, сле́довательно.

I. CONSERVATEUR *adj.* консервати́вный. *Le parti conservateur*, консервати́вная па́ртия.

II. CONSERVATEUR *subst.* **1.** (*appartenant au parti conservateur*) консерва́тор. *Victoire des conservateurs aux élections*, побе́да консерва́торов на вы́борах. **2.** (*fonctionnaire*) храни́тель *m.* *Le conservateur du musée*, храни́тель музе́я.

CONSERVATOIRE консервато́рия. *Elle est entrée au conservatoire*, она́ поступи́ла в консервато́рию.

CONSERVES консе́рвы, консе́рвов, консе́рвам... *pl. t.* *Des conserves de poisson*, ры́бные консе́рвы. *Des conserves de légumes*, овощны́е консе́рвы. ● **Boîte de conserves**, консе́рвная ба́нка.

CONSERVER (*ne pas perdre*) храни́ть *ou* сохраня́ть / сохрани́ть. *Conserver son calme*, сохрани́ть споко́йствие.

CONSIDÉRABLE 1. (*notable, important*) значи́тельный. *Une somme considérable*, значи́тельная су́мма. **2.** (*nombreux*) многочи́сленный. *Une foule considérable*, многочи́сленная толпа́.

CONSIDÉRER (*estimer que; tenir pour*) счита́ть / счесть * IV, сочту́, сочтёшь...; счёл, сочла́, сочло́, сочли́; сочтённый. *Je considère qu'il a tort*, я счита́ю, что он непра́в. *Considérer comme son devoir*, счита́ть свои́м до́лгом. *Considérer comme indispensable*, счита́ть необходи́мым.

CONSIGNE (*pour le dépôt des bagages*) ка́мера хране́ния. *Mes bagages sont à la consigne*, мой бага́ж в ка́мере хране́ния. ● **Mettre en consigne**, сдать на хране́ние. *J'ai mis ma valise en consigne*, я сдал чемода́н на хране́ние.

CONSISTER состоя́ть * I, состои́т, состоя́т (в + *loc.*). *En quoi consistent ses obligations ?*, В чём состоя́т его́ обя́занности?

CONSOLATION утеше́ние. *C'était sa seule consolation*, э́то бы́ло её еди́нственное утеше́ние.

CONSOLER утеша́ть / уте́шить. *Elle pleurait et nous ne savions pas comment la consoler*, она́ пла́кала, и мы не зна́ли, чем её уте́шить.

CONSOMMATION (*le fait de consommer*) потребле́ние. *La consommation d'électricité augmente*, потребле́ние электроэне́ргии увели́чивается.

CONSOMMER (*utiliser*) потребля́ть / потреби́ть. *Consommer beaucoup de viande*, потребля́ть мно́го мя́са.

CONSONNE согла́сный *adj. subst. m.* *Les consonnes dures*, твёрдые согла́сные. *Les consonnes mouillées*, мя́гкие согла́сные.

CONSPIRATEUR загово́рщик. *Après l'arrestation des conspirateurs*, по́сле аре́ста загово́рщиков.

CONSPIRATION за́говор. *La conspiration du silence*, за́говор молча́ния.

CONSTAMMENT постоя́нно. *Il est constamment soûl*, он постоя́нно пьян.

CONSTANT постоя́нный. *Un souci constant*, постоя́нная забо́та.

CONSTATATION констата́ция. *La constatation d'un fait*, констата́ция фа́кта.

CONSTATER констати́ровать / констати́ровать. *Constater un fait*, констати́ровать факт.

CONSTIPATION запо́р. *Souffrir de constipation*, страда́ть запо́ром.

CONSTITUER (*créer, former*) составля́ть / соста́вить. *Constituer le nouveau gouvernement*, соста́вить но́вое прави́тельство. *Constituer une bibliothèque*, составля́ть библиоте́ку.

CONSTITUTION (*loi fondamentale*) конститу́ция. *La Constitution française*, францу́зская конститу́ция.

CONSTRUCTION 1. (*action de construire*) строи́тельство. *La construction de maisons d'habitation*, строи́тельство жилы́х домо́в. **2.** (*édifice*) постро́йка. *Une construction en bois*, деревя́нная постро́йка. • **De construction**, строи́тельный. *Les matériaux de construction*, строи́тельные материа́лы.

CONSTRUIRE стро́ить / постро́ить. *Construire un pont*, постро́ить мост. *Il s'est construit une maison*, он постро́ил себе́ до́мик. *Une phrase bien construite*, пра́вильно постро́енная фра́за.

CONSTRUIRE (SE) 1. v. CONSTRUIRE. **2.** (*gramm.*) тре́бовать (+ *gén.*). *Ce verbe se construit avec le datif*, э́тот глаго́л тре́бует да́тельного падежа́.

CONSUL ко́нсул.

CONSULAT ко́нсульство. *Le consulat de France*, францу́зское ко́нсульство.

CONSULTATION консульта́ция. *Demander une consultation à un spécialiste*, обрати́ться к специали́сту за консульта́цией.

CONSULTER 1. (*qqn*) сове́товаться / посове́товаться. *Elle a consulté le médecin*, она́ посове́товалась с врачо́м. *Consultez un juriste*, Посове́туйтесь с юри́стом. **2.** (*qqch.*) смотре́ть* I, смотрю́, смо́тришь...____ / посмотре́ть* I (*id.*). *Il a consulté sa montre*, он посмотре́л на часы́. *Il faudrait consulter le journal*, На́до бы посмотре́ть в газе́те.

CONTACT (*fig.*) конта́кт. *Établir un contact*, установи́ть конта́кт.

CONTAGIEUX 1. (*propr.*) зара́зный. *Une maladie contagieuse*, зара́зная боле́знь. **2.** (*fig.*) зарази́тельный. *Un exemple contagieux*, зарази́тельный приме́р. *Un rire contagieux*, зарази́тельный смех.

CONTAGION зара́за.

CONTE ска́зка. *Les contes de Perrault*, ска́зки Перро́. *Des contes de fées*, волше́бные ска́зки.

I. CONTEMPORAIN *adj.* совреме́нный, совреме́нен, совреме́нна... *La littérature contemporaine*, совреме́нная литерату́ра. *Les poètes contemporains de Maïakovski*, совреме́нные Маяко́вскому поэ́ты.

II. CONTEMPORAIN *subst.* совреме́нник.

CONTENANCE (*capacité*) ёмкость *f. La contenance d'un récipient*, ёмкость сосу́да. • **Perdre contenance**, растеря́ться / растеря́ться.

CONTENIR (*renfermer, comporter*) содержа́ть* I, содержу́, соде́ржишь...____. *Le paquet contenait des documents secrets*, паке́т содержа́л та́йные докуме́нты. *Les fruits contiennent des vitamines*, фру́кты соде́ржат витами́ны.

CONTENT 1. (*de ce qui est, de ce qui a été*) дово́льный (+ *instr.*). *Je suis content de vous*, я дово́лен ва́ми. *Je suis content de moi*, я дово́лен собо́й. **2.** (*de ce qui commence, de ce qui va arriver*) рад, ра́да, ра́ды. *Je suis content de vous voir*, Рад вас ви́деть.

Remarques.

1. L'adjectif « рад » n'ayant pas de forme longue, il ne peut être employé que comme attribut.

2. « Рад » peut à lui seul traduire « content de voir » ou « content de voir arriver ». Dans ce cas il se construit avec le datif. Ex. : *Ils seront contents de te voir*, они́ тебе́ ра́ды бу́дут.

CONTENTER угожда́ть / угоди́ть (+ *dat.*). *Il est difficile à contenter*, ему́ тру́дно угоди́ть. • **On ne peut pas contenter tout le monde et son père**, на всех не угоди́шь.

CONTENTER (SE) дово́льствоваться / удово́льствоваться (+ *instr.*). *Se contenter de peu*, дово́льствоваться немно́гим.

CONTENU 1. (*d'un récipient...*) содержи́мое *adj. subst. n. Le contenu du paquet*, содержи́мое паке́та. **2.** (*d'un texte*) содержа́ние. *Le contenu de votre exposé*, содержа́ние ва́шего докла́да.

CONTESTER оспа́ривать / оспо́рить. *Contester certains arguments*, оспа́ривать не́которые до́воды.

CONTEXTE 1. (*ensemble du texte*) конте́кст. *Comprendre un mot nouveau grâce au contexte*, поня́ть незнако́мое сло́во в конте́ксте. **2.** (*circonstances*) обстано́вка. *Le contexte historique*, истори́ческая обстано́вка.

CONTINENT *subst.* матери́к. *Le continent africain*, африка́нский матери́к.

CONTINENTAL континента́льный. *Un climat continental*, континента́льный кли́мат.

CONTINU непреры́вный. *Un flot continu*, непреры́вный пото́к. *Une ligne continue*, непреры́вная ли́ния.

CONTINUER

> **1.** (*tr.*) продолжа́ть / продо́лжить.
> **2.** (*intr.*) продолжа́ться / продо́лжиться.
> **3.** (*suivi de la préposition « à »*) всё ещё; ещё; всё.

1. *Continuer son travail*, продолжа́ть рабо́ту. **2.** *Les discussions continuaient*, спо́ры продолжа́лись. **3.** *Vous continuez à travailler?*, Вы всё ещё рабо́таете? *Il continuait à faire froid*, бы́ло ещё хо́лодно. *Il continue à neiger*, Всё ещё идёт снег. *Et il continue à pleuvoir*, А дождь всё идёт.

CONTRADICTION противоре́чие. *L'esprit de contradiction*, дух противоре́чия. *Ne pas souffrir la contradiction*, не терпе́ть противоре́чий. *Être en contradiction avec la théorie*, находи́ться в противоре́чии с тео́рией.

I. CONTRAIRE *adj.* проти́вный. *Dans le cas contraire*, в проти́вном слу́чае. *Un vent contraire*, проти́вный ве́тер. ● **C'est contraire à mes habitudes**, э́то не в мои́х привы́чках. **Être contraire à**, противоре́чить (+ *dat.*). *C'est contraire à la logique*, э́то противоре́чит ло́гике.

II. CONTRAIRE *subst.* проти́вное *adj. subst. n. et, avec des nuances*, противополо́жное *adj. subst. n.* (*l'opposé*); обра́тное *adj. subst. n.* (*l'inverse*); совсе́м друго́е [друго́е *adj. subst. n.*] (*tout autre chose*). *Démontrer le contraire*, доказа́ть проти́вное. *C'est le contraire qui est vrai*, ве́рно как раз противополо́жное. *Hier vous souteniez le contraire*, вчера́ вы утвержда́ли обра́тное. *Il dit une chose et fait tout le contraire*, он говори́т одно́ и де́лает совсе́м друго́е. ● **Au contraire**, напро́тив, наоборо́т. « *Je vous dérange? — Au contraire, nous sommes très contents de vous voir* », « Я вам меша́ю? — Напро́тив, мы о́чень ра́ды вас ви́деть. » *Non, au contraire, il travaille très bien*, Нет, наоборо́т, он о́чень хорошо́ у́чится.

CONTRAIREMENT вопреки́ (+ *dat.*). *Contrairement aux règles établies*, вопреки́ при́нятым пра́вилам. *Contrairement à toute attente*, вопреки́ всем ожида́ниям.

CONTRALTO контра́льто* *indécl. n.*

CONTRASTE контра́ст. *Le contraste était frappant*, контра́ст был порази́тельный.

CONTRAT догово́р. *Signer un contrat*, подписа́ть догово́р. *Rompre un contrat*, расто́ргнуть догово́р.

CONTRAVENTION 1. (*procès-verbal*) протоко́л. *Dresser une contravention*, соста́вить протоко́л. **2.** (*amende*) штраф. *J'ai payé la contravention*, я заплати́л штраф.

CONTRE

> **1.** (*direction, contact*) к (+ *dat.*).
> **2.** (*après des verbes comme « frapper », « se cogner »...*) о, об *ou* обо (+ *acc.*).
>
> Remarque. La répartition des formes « о », « об », « обо » est déterminée par le mot qui suit et, le plus souvent, par le son initial

de ce mot. « Обо » est employé devant les pronoms « что », « всё », « всю », « все ». « Об » est employé devant les voyelles, mais aussi devant le *yod* et toutes les consonnes sauf « б ». « О » peut être employé devant toutes les consonnes y compris le *yod*.
3. (*opposition, lutte*) прóтив (+ *gén.*).
4. (*après des mots comme « colère », « fâché », « se fâcher »...*) на (+ *acc.*).
5. (*échange*) на (+ *acc.*).

1. *Serrer un enfant contre sa poitrine*, прижáть ребёнка к груди́. *S'appuyer contre la porte*, прислони́ться к двéри. **2.** *Contre quoi s'est-il cogné?*, Обо что он удáрился? *Contre l'angle*, об ýгол. *Se cogner la tête contre le mur*, удáриться головóй óб стену. *Elle a trébuché contre une pierre*, онá стýкнулась о кáмень. **3.** *La lutte contre l'arbitraire*, борьбá прóтив произвóла. *Un médicament contre la grippe*, лекáрство прóтив гри́ппа. // (*Sans génitif exprimé*) *Je n'ai rien contre*, Я ничегó не имéю прóтив. *Non, je suis contre*, Нет, я прóтив. **4.** *Elle est fâchée contre moi*, онá серди́та на меня́. *Pourquoi vous êtes-vous mis en colère contre moi?*, Почемý вы рассерди́лись на меня́? **5.** *Échanger un fusil contre un chien*, обменя́ть ружьё на собáку. ● **Par contre**, затó. *En été, je travaille beaucoup, mais par contre, en hiver, je me repose*, лéтом я мнóго рабóтаю, но затó зимóй я отдыхáю.

CONTRE-ATTAQUE контратáка.
Remarque. À la différence du français « contre-attaque », « контратáка » ne comporte pas de double « т ».

CONTRE-ATTAQUER контратаковáть/контратаковáть. *Contre-attaquer l'adversaire*, контратаковáть проти́вника.
Remarque. À la différence du français « contre-attaquer », « контратаковáть » ne comporte pas de double « т ».

CONTREBANDE контрабáнда. *Faire de la contrebande*, занимáться контрабáндой.

CONTREBANDIER контрабанди́ст.

CONTRECŒUR ● **À contrecœur**, неохóтно. *Ils exécutaient les ordres à contrecœur*, они́ неохóтно исполня́ли прикáзы.

CONTREDIRE противорéчить (+ *dat.*). *Sa femme ne le contredit jamais*, женá емý никогдá не противорéчит.

CONTRE-ESPIONNAGE контрразвéдка. *Le contre-espionnage avait arrêté un agent secret*, контрразвéдка задержáла тáйного агéнта.

CONTREMAÎTRE мáстер*, *nom. pl.* мастерá. *Il est contremaître dans une usine textile*, он рабóтает мáстером на тексти́льной фáбрике.

CONTRE-OFFENSIVE контрнаступлéние. *Passer à la contre-offensive*, перейти́ в контрнаступлéние.

CONTRE-PLAQUÉ фанéра. *Une petite boîte en contre-plaqué*, мáленькая корóбка из фанéры.

CONTRE-RÉVOLUTION контрреволю́ция. *Les bolcheviks ont écrasé la contre-révolution*, большевики́ подави́ли контрреволю́цию.

CONTRIBUER (*favoriser*) спосóбствовать / поспосóбствовать (+ *dat.*). *Contribuer au succès*, спосóбствовать успéху.

CONTRÔLE контрóль *m.* *Le contrôle de la production*, контрóль над произвóдством. ● **Le contrôle de soi**, самообладáние. *La colère lui a fait perdre le contrôle de lui-même*, от гнéва он потеря́л самообладáние.

CONTRÔLER контроли́ровать / проконтроли́ровать. *Contrôler les billets*, контроли́ровать билéты.

CONTRÔLEUR контролёр.

CONTUMACE ● **Par contumace**, зáочно. *Condamner à la peine de mort par contumace*, приговори́ть зао́чно к сме́ртной ка́зни.

CONVAINCRE (*persuader*) убежда́ть / убеди́ть (*la première personne du futur est inusitée*), *part.* убеждённый*. *Il voulait nous convaincre des avantages de cette méthode*, он хоте́л нас убеди́ть в преиму́ществах э́того ме́тода.

CONVENIR 1. (*se mettre d'accord*) догова́риваться / договори́ться *ou* усло́вливаться / усло́виться. *Convenir d'un rendez-vous*, договори́ться о встре́че. *Nous avons convenu d'y aller ensemble*, мы усло́вились пое́хать туда́ вме́сте. **2.** (*reconnaître comme vrai*) сознава́ться* II, сознаю́сь, сознаёшься...; сознава́йся; сознава́ясь / созна́ться (в + *loc.*). *Il a bien été obligé de convenir de son erreur*, ему́ пришло́сь созна́ться в свое́й оши́бке. **3.** (*être approprié, être satisfaisant*) подходи́ть ⟍___ / подойти́* IV, подойду́, подойдёшь...; подошёл, подошла́... *Ça me convient parfaitement*, э́то мне вполне́ подхо́дит. *Il ne convient pas parfaitement pour un travail de ce genre*, он не совсе́м подхо́дит для тако́й рабо́ты. ● **Il convient** (*il faut*), на́до *et le verbe* быть. *Qu'est-ce qu'il convenait de faire dans de telles circonstances?*, Что на́до бы́ло де́лать при таки́х обстоя́тельствах?

CONVENTIONNEL усло́вный. *Un signe conventionnel*, усло́вный знак.

CONVERSATION разгово́р, бесе́да. *Lier conversation avec qqn*, завяза́ть с ке́м-нибудь разгово́р. *Une agréable conversation*, прия́тная бесе́да.

CONVERTIR (*faire changer de religion*) обраща́ть / обрати́ть (т → щ). *Convertir au christianisme*, обрати́ть в христиа́нскую ве́ру.

CONVICTION убежде́ние. *Agir par conviction*, де́йствовать по убежде́нию.

CONVOCATION (*à une réunion...*) приглаше́ние. *Je n'ai pas reçu de convocation*, я не получи́л приглаше́ния.

CONVOQUER (*qqn à une réunion*) приглаша́ть / пригласи́ть. *Nous les avons convoqués à la réunion*, мы их пригласи́ли на собра́ние.

COPIE 1. (*reproduction d'un document*) ко́пия. *La copie du plan*, ко́пия пла́на. **2.** (*imitation d'une œuvre d'art*) ко́пия (с + *gén.*). *C'est une copie d'un tableau de Rouault*, э́то ко́пия с карти́ны Руо́.

COPIER 1. (*un texte*) спи́сывать / списа́ть* II, спишу́, спи́шешь... ⟍___. *Copier des poèmes interdits*, списа́ть запре́тные стихи́. *Copier le devoir d'un camarade*, списа́ть сочине́ние у това́рища. **2.** (*un tableau; les gestes de qqn...*) копи́ровать / скопи́ровать. *Copier un tableau*, копи́ровать карти́ну. *Il te copie dans tous les domaines*, он тебя́ копи́рует во всём.

COPIEUX оби́льный. *Un repas copieux*, оби́льный обе́д.

COQ пету́х ⟋‾‾ ‾‾. *Le coq gaulois*, га́лльский пету́х. ● **Être comme un coq en pâte**, ката́ться как сыр в ма́сле.

COQUE ● **Œuf à la coque**, яйцо́ всмя́тку.

COQUELICOT мак. *Rouge comme un coquelicot*, кра́сный как мак.

COQUELUCHE (*maladie*) коклю́ш.

COQUET коке́тливый. *Une jeune fille très coquette*, о́чень коке́тливая де́вушка.

COQUILLAGE ра́ковина; раку́шка (*fam.*). *Ramasser des coquillages*, собира́ть ра́ковины.

COQUILLE 1. (*d'un mollusque*) ра́ковина. *Une coquille d'escargot*, ра́ковина ули́тки. **2.** (*de noix, de noisette; d'œuf*) скорлупа́, *pl.* скорлу́пы... ‾‾___. *La coquille de l'œuf*, скорлупа́ яйца́. **3.** (*fig.*) скорлупа́; ра́ковина. *S'enfermer dans sa coquille*, уходи́ть в свою́ скорлупу́. *Sortir de sa coquille*, выходи́ть из свое́й ра́ковины.

I. COR (*de chasse*) рог*, *nom. pl.* рога́ ___‾‾. *Un cor de chasse*, охо́тничий рог. *Sonner du cor*, труби́ть в рог.

II. COR (*durillon*) мозо́ль *f.* *J'ai un cor au pied*, я натёр себе́ мозо́ль.

CORBEAU во́рон. *Noir comme un corbeau*, чёрный как во́рон.

CORBEILLE корзи́на. *Une corbeille à linge*, бельева́я корзи́на. *La corbeille à papier*, корзи́на для бума́г.

CORBILLARD катафа́лк.
Remarque. « Катафа́лк » s'emploie également au sens de « catafalque ».

CORDE 1. (*grosse ficelle*) верёвка. *On l'attacha à un arbre avec une corde*, его́ привяза́ли к де́реву верёвкой. **2.** (*d'instrument de musique*) струна́ ——— ——— . *Les cordes de la guitare*, стру́ны гита́ры. • **À cordes**, стру́нный. *Un instrument à cordes*, стру́нный инструме́нт. *Un quatuor à cordes*, стру́нный кварте́т. **Corde raide**, кана́т. **Échelle de corde**, верёвочная ле́стница. **Sauter à la corde**, пры́гать че́рез скака́лку.

CORDIAL *adj.* серде́чный. *Un accueil cordial*, серде́чный приём. *Avec mes sentiments les plus cordiaux* (*formule de politesse*), С серде́чным приве́том.

CORDONNERIE сапо́жная мастерска́я [мастерска́я *adj. subst. f.*] (*l'enseigne des cordonniers comporte en général l'indication* « Ремо́нт о́буви », « *Réparation de chaussures* »).

CORDONNIER сапо́жник.

CORNE рог*, *nom. pl.* рога́ ——— . *Des cornes de cerf*, оле́ньи рога́. // (*Fig.*) *Prendre le taureau par les cornes*, взять быка́ за рога́.

CORNEILLE воро́на. • **Bayer aux corneilles**, счита́ть воро́н.

CORNICHON 1. (*à la française*) корнишо́н. **2.** (*à la russe*) огуре́ц (*parfois accompagné des adjectifs* « малосо́льный » *ou* « солёный »).

CORPS 1. (*corps d'un être animé; substance*) те́ло ——— . *Les parties du corps*, ча́сти те́ла. *Trembler de tout son corps*, дрожа́ть всем те́лом. *Un corps solide*, твёрдое те́ло. **2.** (*corps d'armée, corps diplomatique*) ко́рпус*, *nom. pl.* корпуса́ ——— . *Un corps de cavalerie*, кавалери́йский ко́рпус. *Le corps diplomatique*, дипломати́ческий ко́рпус. • **Un corps de bâtiment**, ко́рпус*, *nom. pl.* корпуса́ ——— . *Les écuries forment un corps de bâtiment à part*, коню́шни составля́ют отде́льный ко́рпус.

CORRECT (*conforme aux règles*) пра́вильный. *Une prononciation correcte*, пра́вильное произноше́ние.

CORRECTION 1. (*le fait de rectifier*) исправле́ние. *La correction des fautes*, исправле́ние оши́бок. **2.** (*modification apportée à un texte*) popра́вка. *Relire et faire des corrections*, перечита́ть и внести́ попра́вки. **3.** (*manière de se conduire conforme à la politesse*) корре́ктность *f.*

CORRESPONDANCE 1. (*épistolaire*) перепи́ска. *Entretenir avec qqn une correspondance active*, вести́ с ке́м-нибудь оживлённую перепи́ску. **2.** (*changement de train, d'autobus...*) переса́дка. *Nous aurons encore à prendre une correspondance*, нам опя́ть ну́жно бу́дет де́лать переса́дку. **3.** (*concordance*) соотве́тствие. • **Être en correspondance**, быть в перепи́ске (с + *instr.*) *ou* перепи́сываться (с + *instr.*). *J'ai été pendant longtemps en correspondance avec lui*, мы с ним до́лго перепи́сывались. **Par correspondance**, зао́чный (*accompagnant un substantif*); зао́чно (*accompagnant un verbe*). *L'enseignement par correspondance*, зао́чное обуче́ние. *Faire des études par correspondance*, учи́ться зао́чно.

CORRESPONDANT *subst.* корреспонде́нт. *Il a des correspondants dans le monde entier*, у него́ есть корреспонде́нты во всём ми́ре. *De notre correspondant spécial*, от на́шего специа́льного корреспонде́нта.

CORRESPONDANTE корреспонде́нтка.

CORRESPONDRE 1. (*être en correspondance*) перепи́сываться (с + *instr.*). *Il continue à correspondre avec ses amis*, он всё ещё перепи́сывается со свои́ми друзья́ми. **2.** (*concorder, avoir un rap-*

port de symétrie...) соотве́тствовать (+ *dat.*). *Cela ne correspond pas à la réalité*, э́то не соотве́тствует действи́тельности.

CORRIGER поправля́ть / попра́вить (*le mieux possible*); исправля́ть / испра́вить (*totalement*). *Corriger un dessin*, попра́вить рису́нок. *Corriger un élève*, попра́вить ученика́. *Corriger une faute*, испра́вить оши́бку. *Il essaye de se corriger*, он стара́ется испра́виться.

CORSAGE блу́зка. *Un corsage en Nylon*, нейло́новая блу́зка.

I. CORSE *subst.* **1.** (*homme*) корсика́нец. **2.** (*femme*) корсика́нка. **3.** (*langue*) корсика́нский язы́к (язы́к).

II. CORSE *adj.* корсика́нский.

CORVÉE (*à l'époque du servage*) ба́рщина. *Les paysans allaient à la corvée six fois par semaine*, шесть раз в неде́лю мужики́ ходи́ли на ба́рщину. • **Quelle corvée!**, Ну и работёнка!

I. COSAQUE *subst.* **1.** (*homme*) каза́к. *Les cosaques du Don*, донски́е казаки́. **2.** (*femme*) каза́чка.

II. COSAQUE *adj.* каза́цкий. *Les troupes cosaques*, каза́цкие войска́.

COSMIQUE косми́ческий. *L'espace cosmique*, косми́ческое простра́нство. *Un vaisseau cosmique*, косми́ческий кора́бль.

COSMODROME космодро́м.

COSMONAUTE космона́вт. *L'un des cosmonautes est sorti de la cabine*, оди́н из космона́втов вы́шел из каби́ны. *Une femme cosmonaute*, же́нщина-космона́вт.

COSMOS ко́смос. *La conquête du cosmos*, завоева́ние ко́смоса.

COSTUME 1. (*manière de s'habiller particulière à un pays, à une époque*) оде́жда. *En costume national*, в национа́льной оде́жде. **2.** (*ensemble des différentes pièces d'un vêtement d'homme*) костю́м. *Il avait un nouveau costume*, на нём был но́вый костю́м.

CÔTE 1. (*partie du squelette*) ребро́, *pl.* рёбра, рёбер, рёбрам... *Il s'est cassé trois côtes*, он слома́л себе́ три ребра́. **2.** (*rive*) бе́рег*, *loc.* берегу́; *nom. pl.* берега́ (*l'accent passe sur la préposition dans le groupe* « на́ берег »). *Une côte rocheuse*, скали́стый бе́рег. *La Côte d'Azur*, Лазу́рный бе́рег. **3.** (*pente*) подъём. *Une forte côte*, круто́й подъём. • **Côte à côte**, ря́дом. *Ils étaient assis côte à côte*, они́ сиде́ли ря́дом. **Monter la côte**, поднима́ться в го́ру.

CÔTÉ 1. (*flanc*) бок*, *loc.* боку́, *nom. pl.* бока́ (*l'accent passe sur la préposition dans les groupes* « за́ бок » *et* « на́ бок »). *Dormir sur le côté*, спать на боку́! *J'ai un point de côté*, у меня́ ко́лет в боку́. **2.** (*autres sens*) сторона́, *acc.* сто́рону; *pl.* сто́роны, сторо́н, сторона́м... *De tous côtés on entendait des cris*, со всех сторо́н слы́шались кри́ки. *Les côtés d'un triangle*, сто́роны треуго́льника. *Mettre de côté*, отложи́ть в сто́рону. *Laisser de côté*, оставля́ть в стороне́. *De mon côté, je ferai tout mon possible*, со свое́й стороны́ я сде́лаю всё возмо́жное. • **À côté 1.** (*placé à proximité*) ря́дом. *Ils habitent à côté*, они́ живу́т ря́дом. **2.** (*passant à proximité*) ми́мо. *La balle est passée à côté*, пу́ля пролете́ла ми́мо. **À côté de 1.** (*placé à proximité de*) о́коло (+ *gén.*); ря́дом с (+ *instr.*). *À côté du musée*, о́коло музе́я. *Elle était assise à côté de lui*, она́ сиде́ла ря́дом с ним. **2.** (*passant à proximité de*) ми́мо (+ *gén.*). *Il est passé à côté de nous*, он прошёл ми́мо нас. *S'asseoir à côté de la chaise*, сесть ми́мо сту́ла.

COTON 1. (*brut*) хло́пок. *La récolte du coton*, урожа́й хло́пка. **2.** (*tissu de coton*) хлопчатобума́жная ткань (ткань *f.*). **3.** (*ouate*) ва́та. *Du coton hydrophile*, гидроскопи́ческая ва́та. • **De coton, du coton**, хлопчатобума́жный. *L'industrie du coton*, хлопчатобума́жная промы́шленность.

COU ше́я. *Un long cou*, дли́нная ше́я. *Se jeter au cou de qqn*, бро́ситься кому́-нибудь на ше́ю.

COUCHE (*ensemble d'éléments situés à un même niveau*) слой *m.* *Les couches supé-*

rieures de l'atmosphère, ве́рхние слои́ атмосфе́ры. *De larges couches de la population*, широ́кие слои́ населе́ния.

COUCHÉ ● **Être couché**, лежа́ть* I, лежу́, лежи́шь...; *gérondif* лёжа / полежа́ть* I, полежу́, полежи́шь... *Être couché par terre*, лежа́ть на полу́.

I. COUCHER *subst.* ● **Au coucher du soleil**, на зака́те.

II. COUCHER *verbe* **1.** (*mettre au lit*) укла́дывать / уложи́ть╲___ . *Il va falloir coucher les enfants*, пора́ уложи́ть дете́й. **2.**(*passer la nuit*) ночева́ть* II, ночу́ю, ночу́ешь... / переночева́ть* II (*id.*). *J'ai couché chez quelqu'un que je connais*, я переночева́л у одного́ знако́мого.

COUCHER (SE) 1. (*en parlant d'un être animé*) ложи́ться / лечь* IV, ля́гу, ля́жешь..., ля́гут; лёг, легла́...⁄‾‾‾ ; *impér.* ляг, ля́гте. *Se coucher sur le lit*, лечь на крова́ть. *Se coucher sur le dos*, лечь на́ спину. **2.** (*en parlant d'un astre*) заходи́ть╲___ /зайти́*IV, зайду́, зайдёшь...; зашёл, зашла́...; зайдя́. *Le soleil se couchait*, со́лнце заходи́ло. ● **Aller se coucher**, идти́ спать (идти́* IV, идёт, иду́т; шёл, шла... / пойти́* IV [*id.*]). *Ils sont tous allés se coucher*, они́ все пошли́ спать.

Remarque. Il ne faut pas confondre « ложи́ться / лечь », « se coucher », avec « лежа́ть / полежа́ть », « être couché » (v. couché).

COUCOU (*oiseau*) куку́шка. *Dans le bois, le coucou chante*, в лесу́ куку́ет куку́шка.

COUDE 1. (*partie du corps*) ло́коть ___⁄‾‾‾ *m. Mettre les coudes sur la table*, класть ло́кти на стол. *Jouer des coudes*, рабо́тать локтя́ми. **2.** (*d'un cours d'eau, d'une route*) поворо́т.

COUDRE 1. (*faire de la couture*) шить* II, шью, шьёшь...; шей. *Le soir, elle coud à la machine*, ве́чером она́ шьёт на маши́не. **2.** (*fixer*) пришива́ть / приши́ть* II, пришью́, пришьёшь...; прише́й; приши́тый. *Coudre un bouton*, приши́ть пу́говицу. **3.** (*assembler*) сшива́ть / сшить* II, сошью́, сошьёшь...; сшей; сши́тый. *Coudre des peaux*, сшива́ть шку́ры. ● **Une machine à coudre**, шве́йная маши́на.

COULER

> **I. Transitif:**
> **1.** (*mouler*) отлива́ть / отли́ть* II, отолью́, отольёшь...; о́тлил, отлила́, о́тлило, о́тлили ⁄╲___ ; отле́й; отли́тый, о́тлит, отлита́, о́тлито, о́тлиты ⁄╲___ .
> **2.** (*submerger*) топи́ть╲___ / потопи́ть╲___ .
> **II. Intransitif:**
> **1.** (*en parlant d'un liquide*) течь* IV, теку́, течёшь..., теку́т; тёк, текла́...⁄‾‾‾/ поте́чь* IV (*id.*).
> **2.** (*en parlant d'un bateau*) тону́ть╲___ / потону́ть╲___; идти́ ко дну (идти́* IV, идёт, иду́т; шёл, шла... / пойти́* IV [*id.*]).

I. 1. *Couler des statues*, отлива́ть ста́туи. **2.** *Couler un navire ennemi*, потопи́ть вра́жеский кора́бль.

II. 1. *L'eau coule*, вода́ течёт. *Des larmes coulaient de ses yeux*, из её глаз текли́ слёзы. **2.** *Notre barque a coulé*, на́ша ло́дка пошла́ ко дну. *Le navire a commencé à couler*, кора́бль на́чал тону́ть.

COULEUR (*teinte*) цвет*, *nom. pl.* цвета́ ___‾‾‾ . *Les couleurs fondamentales*, основны́е цвета́. *Des couleurs sombres*, тёмные цвета́. *De couleur sombre*, тёмного цве́та. ● **En couleur(s), de couleur**, цветно́й. *Un film en couleurs*, цветно́й фильм.

COULEUVRE уж ⁄‾‾‾ ‾‾‾ .

COULISSES (*au théâtre*) кули́сы, кули́с, кули́сам... *pl. t.* ● **Dans les coulisses 1.** (*direction*) за кули́сы. *L'acteur disparut dans les coulisses*, актёр удали́лся за кули́сы. **2.** (*emplacement*) за кули́сами. *Qui sait ce qui se passe dans les coulisses ?*, Кто зна́ет, что де́лается за кули́сами?

COULOIR 1. (*dans une maison*) коридо́р. *Nous suivions un long couloir*, мы шли по дли́нному коридо́ру. **2.** (*dans un wagon*) прохо́д. *Il n'y avait personne dans* *le couloir*, в прохо́де никого́ не́ было.

COUP

1. (*choc*) уда́р.
2. (*décharge d'une arme à feu*) вы́стрел.
3. (*suivi d'un nom désignant un instrument*) *n'a pas d'équivalent en russe*.
4. (*fois*) раз*, *gén. pl.* раз —— ✓—— .

REMARQUE. De nombreuses locutions françaises dans la composition desquelles entre le mot « coup » n'ont pas d'équivalent en russe.

1. *Asséner un coup*, нанести́ уда́р. *Parer un coup*, отвести́ уда́р. *Un coup de poing*, уда́р кулако́м. // (*Par extension*) *Un coup du sort*, уда́р судьбы́. 2. *Un coup de fusil*, руже́йный вы́стрел. *Un coup de canon*, пу́шечный вы́стрел. 3. *Donne-toi un coup de brosse*, Возьми́ щётку и почи́сти пальто́. *Je te passerai un coup de fil demain soir*, я тебе́ позвоню́ за́втра ве́чером. *Il a donné un grand coup de frein*, он ре́зко затормози́л. *Il s'est donné un coup de marteau sur le doigt*, он уда́рил себя́ молотко́м по па́льцу. *Il faudrait donner un petit coup de balai dans la chambre*, на́до бы немно́го подмести́ ко́мнату. 4. *Du premier coup*, с пе́рвого ра́за. *Encore un coup*, ещё раз. • **À coup sûr**, наверняка́. *Agir à coup sûr*, де́йствовать наверняка́. **Avoir un coup dans le nez**, быть под гра́дусом. **Boire un coup**, выпива́ть / вы́пить* II, вы́пью, вы́пьешь...; вы́пей. *Ils étaient installés à table et buvaient un coup*, они́ сиде́ли за столо́м и выпива́ли. **Boire un coup de trop**, хвати́ть ли́шнего (/ хвати́ть ╲——). **Ça ne vaut pas le coup**, игра́ не сто́ит свеч. **Coup d'essai**, пе́рвая попы́тка. **Coup d'État**, госуда́рственный переворо́т. **Coup d'œil**, взгляд. *Jeter un coup d'œil*, бро́сить взгляд. *Du premier coup d'œil*, с пе́рвого взгля́да. **Coup de sifflet**, свисто́к. *On entendit un coup de sifflet*, разда́лся свисто́к. **Coup de théâtre**, совсе́м неожи́данная развя́зка. **Coup de tonnerre**, уда́р гро́ма. **Coup de vent**, поры́в ве́тра. **Faire d'une pierre deux coups**, одни́м уда́ром уби́ть двух за́йцев. **Tout à coup**, вдруг. **Tuer sur le coup**, уби́ть напова́л. *Il a été tué sur le coup*, он был уби́т напова́л.

I. **COUPABLE** *adj.* вино́вный. *Il se sentait coupable*, он чу́вствовал себя́ вино́вным.

II. **COUPABLE** *subst.* 1. *m.* вино́вный *adj. subst. m. Le coupable a avoué*, вино́вный созна́лся. 2. *f.* вино́вная *adj. subst. f.*

COUPER

1. (*avec un couteau, des ciseaux...*)
a. (*mettre en morceaux*) ре́зать* II, ре́жу, ре́жешь... / разре́зать* II (*id.*).
b. (*détacher un morceau de l'ensemble*) отреза́ть / отре́зать* II, отре́жу, отре́жешь...
c. (*enlever ce qui recouvre; cueillir*) среза́ть / сре́зать* II, сре́жу, сре́жешь...
2. (*à la hache*) коло́ть* II, колю́, ко́лешь...╲—— / расколо́ть II, расколю́, раско́лешь...╲——; раско́лотый.
3. (*à la faucille...*) коси́ть ╲—— / скоси́ть ╲—— .
4. (*en tournant un robinet, en manipulant un commutateur...*) выключа́ть / вы́ключить.
5. (*tailler les cheveux, les ongles*) стричь* IV, стригу́, стрижёшь..., стригу́т; стриг, стри́гла... / остри́чь* IV, остригу́, острижёшь..., остригу́т; остри́г, остри́гла...; остри́женный.
6. (*barrer la route*) пересека́ть / пересе́чь* IV, пересеку́, пересечёшь..., пересеку́т; пересе́к, пересекла́...╱——; пересечённый.
7. (*mettre fin à une communication téléphonique*) разъединя́ть / разъедини́ть.
8. (*causer une douleur aiguë*) ре́зать*.

1. a. *Elle coupait la viande*, она́ ре́зала мя́со. *Elle a coupé le pain en morceaux*, она́ разре́зала хлеб на куски́. b. *Couper un morceau de pain*, отре́зать кусо́к

хлéба. *Coupez-moi une tranche de jambon, s'il vous plaît*, Отрéжьте мне, пожáлуйста, ломóть ветчины́. **c.** *Couper la croûte du fromage*, срéзать кóрку с сы́ра. *Vous coupez les fleurs avec des ciseaux?*, Вы срезáете цветы́ нóжницами? **2.** *Couper du bois*, колóть дровá. **3.** *Couper du foin*, кosи́ть сéно. **4.** *Couper l'électricité*, вы́ключить электри́чество. *Couper le gaz*, вы́ключить газ. *Couper la radio*, вы́ключить рáдио. **5.** *Des cheveux coupés court*, кóротко остри́женные вóлосы. **6.** *Les ennemis leur ont coupé la route*, враги́ пересекли́ им дорóгу. **7.** *On nous a coupés*, нас разъедини́ли. **8.** *La ficelle me coupe les mains*, верёвка рéжет рýки. ● **Avoir le souffle coupé**, дух захвати́ть (захвáтывать / захвати́ть ; *au sujet de la proposition française correspond en russe un nom ou un pronom au génitif précédé de la préposition* « у »; *au passé le verbe prend la forme du neutre*). *J'ai eu le souffle coupé*, у меня́ дух захвати́ло. **Couper la parole à qqn**, переби́ть когó-нибудь (перебивáть / переби́ть* II, перебью́, перебьёшь...). **Ne coupez pas** (*au téléphone*), Не вéшайте!

COUPER (SE) 1. v. COUPER. **2.** (*se blesser*) рéзать себé (*suivi d'un complément désignant la partie du corps blessée;* рéзать* II, рéжу, рéжешь... / порéзать* II [*id.*]). *Il s'est coupé le doigt* ou *il s'est coupé*, он порéзал себé пáлец.

COUPLET куплéт.

COUPOLE кýпол*, *nom. pl.* куполá . *Les coupoles dorées des églises*, золоты́е куполá церквéй.

COUR 1. (*d'un bâtiment*) двор . *Les enfants jouent dans la cour*, дéти игрáют во дворé. *La deuxième porte dans la cour*, вторáя дверь во дворé. **2.** (*d'un souverain*) двор . *La cour du roi*, королéвский двор. *Avoir une charge à la cour*, имéть дóлжность при дворé. ● **Faire la cour à qqn**, ухáживать за (+ *instr.*). *Il y a déjà longtemps qu'il lui fait la cour*, он ужé давнó ухáживает за ней.

COURAGE

1. (*bravoure*) хрáбрость *f.*, мýжество.
2. (*force d'âme*) мýжество.
3. (*dureté de cœur*) дух.
4. (*opiniâtreté*) упóрство.

1. *Les assiégés ont fait preuve d'un courage extraordinaire*, осаждённые прояви́ли удиви́тельную хрáбрость. **2.** *Avoir le courage de dire toute la vérité*, имéть мýжество сказáть всю прáвду. **3.** *Elle n'a pas le courage de refuser*, у неё нехватáет дýху* отказáть. **4.** *Il travaille avec courage*, он ýчится с упóрством. ● **Perdre courage**, пасть дýхом (пáдать / пасть* IV, падý, падёшь...; пал, пáла...).

COURAGEUSEMENT 1. (*avec bravoure*) хрáбро, *comp.* храбрée; мýжественно. *Se défendre courageusement*, хрáбро защищáться. **2.** (*avec force d'âme*) мýжественно. *Supporter courageusement la douleur*, мýжественно переноси́ть боль. **3.** (*avec opiniâtreté*) упóрно. *Travailler courageusement*, упóрно труди́ться.

COURAGEUX 1. (*brave*) хрáбрый , мýжественный. *Un soldat particulièrement courageux*, исключи́тельно хрáбрый солдáт. **2.** (*énergique*) мýжественный. *Une femme courageuse*, мýжественная жéнщина.

COURAMMENT 1. (*avec facilité*) свобóдно. *Parler russe couramment*, свобóдно говори́ть по-рýсски. **2.** (*fréquemment*) чáсто, *comp.* чáще*. *C'est une question qu'on me pose couramment*, мне чáсто задаю́т э́тот вопрóс.

I. COURANT *subst.* **1.** (*d'un liquide...*) течéние. *Un courant sous-marin*, подвóдное течéние. *Descendre le courant*, плыть по течéнию. *Remonter le courant*, плыть прóтив течéния. **2.** (*d'idées...*) направлéние. *Un nouveau courant littéraire*, нóвое литератýрное направлéние. *Un courant libéral*, либерáльное направлéние. **3.** (*électrique*) ток. *Un courant à haute tension*, ток высóкого напряжéния. *Couper le courant*, вы́ключить ток. ●

Être au courant, быть в ку́рсе де́ла. *Vous n'êtes pas au courant ?*, Вы не в ку́рсе де́ла? **Mettre au courant**, ввести́ в курс де́ла.

II. COURANT *adj.* **1.** (*en cours*) теку́щий. *Les affaires courantes*, теку́щие дела́. **2.** (*habituel*) обы́чный. *C'est une chose courante chez nous*, э́то у нас обы́чное явле́ние.

COURBE 1. *adj.* криво́й. *Une ligne courbe*, крива́я ли́ния. **2.** *subst.* крива́я *adj. subst. f. Tracer une courbe*, провести́ криву́ю. *La courbe des prix*, крива́я цен.

COURBER (*rendre courbe*) гнуть / погну́ть; сгиба́ть / согну́ть. *Les arbres se courbaient sous le vent*, дере́вья гну́лись от ве́тра. *Courber l'échine devant qqn*, гнуть спи́ну перед ке́м-нибудь.

COUREUR 1. (*à pied*) бегу́н . *Un bon coureur*, хоро́ший бегу́н. **2.** (*à vélo, en voiture...*) го́нщик. *Un coureur cycliste*, велосипеди́ст-го́нщик. **3.** (*de jupons*) ба́бник.

COURGE ты́ква.

COURGETTE кабачо́к.

COURIR бежа́ть* *n. cl.*, бегу́, бежи́шь..., бегу́т; беги́ / побежа́ть* *n. cl.* (*id.*); *indét.* бе́гать. *Courir à toutes jambes*, бежа́ть со всех ног. *Courir à perdre haleine*, бежа́ть во весь дух. ● **Le bruit court**, хо́дит слух (ходи́ть, хо́дит). *Le bruit court qu'il a été arrêté*, хо́дит слух, что его́ аресто́вали. **Il ne faut pas courir deux lièvres à la fois**, за двумя́ за́йцами пого́нишься, ни одного́ не пойма́ешь. **Tu peux toujours courir pour le retrouver**, ищи́ свищи́.

COURONNE 1. (*de fleurs...*) вено́к. *Une couronne de lauriers*, лавро́вый вено́к. **2.** (*diadème*) коро́на. *La couronne des tsars*, ца́рская коро́на. *Renoncer à la couronne*, отказа́ться от коро́ны. **3.** (*dentaire*) коро́нка. *Mettre une couronne*, поста́вить коро́нку.

COURRIER (*postal*) по́чта. *Le courrier est arrivé*, пришла́ по́чта. *Répondre par retour du courrier*, отве́тить обра́тной по́чтой.

COURS

1. (*suite de faits*) ход.
2. (*taux*) курс.
3. (*heure d'enseignement dans un établissement secondaire*) уро́к.
4. (*exposé fait par un professeur dans l'enseignement supérieur*) ле́кция.
5. (*série de leçons données dans telle ou telle matière*) курс.
6. (*pl.: ensemble des activités scolaires ou universitaires*) заня́тия, заня́тий, заня́тиям... *pl.*
7. (*ouvrage ou ensemble pédagogique*) курс.

1. *Le cours des événements*, ход собы́тий. **2.** *Le cours officiel du rouble*, официа́льный курс рубля́. **3.** *Pendant le cours de russe*, на уро́ке ру́сского языка́. *Avant le début du cours de physique*, пе́ред нача́лом уро́ка фи́зики. **4.** *Faire des cours de linguistique*, чита́ть ле́кции по языкозна́нию. *Suivre des cours de chimie*, слу́шать ле́кции по хи́мии. **5.** *Organiser des cours de vacances*, организова́ть ле́тние ку́рсы. **6.** *Les cours dans les universités sont maintenant terminés*, заня́тия в университе́тах тепе́рь ко́нчились. **7.** *Un cours audio-visuel*, аудио-визуа́льный курс. ● **Au cours de 1.** (*à un certain moment de*) во вре́мя (+ *gén.*). *Au cours d'une promenade*, во вре́мя прогу́лки. **2.** (*pendant la durée de*) на протяже́нии (+ *gén.*); за (+ *acc.*). *Au cours des deux derniers siècles*, на протяже́нии двух после́дних столе́тий. *Au cours des trois derniers mois*, за после́дние три ме́сяца. **Avoir cours** (*être répandu*), име́ть хожде́ние. *Des théories qui ont encore cours*, тео́рии, кото́рые ещё име́ют хожде́ние. **Capitaine au long cours**, капита́н да́льнего пла́вания. **Cours d'eau**, река́ . **Donner libre cours**, дать во́лю (+ *dat.*). *Donner libre cours à ses larmes*, дать во́лю слеза́м. **En cours de route**, по пути́.

COURSE

1. (*à pied*) бег*, *loc.* бегу́ .
2. (*de chevaux*) ска́чки, ска́чек, ска́чкам... *pl. t.*

3. (*automobile, cycliste...*) го́нки, го́нок, го́нкам... *pl. t.*
4. (*achat*) поку́пка.

1. *Une course de vitesse*, бег на ско́рость. 2. *Course d'obstacles*, ска́чки с препя́тствиями. 3. *Une course automobile*, автомоби́льные го́нки. *Une course cycliste*, велосипе́дные го́нки *ou*, *par abréviation*, велого́нки. 4. *J'ai encore quelques courses à faire*, мне ну́жно сде́лать ещё ко́е-каки́е поку́пки. ● **Au pas de course**, бего́м. **Champ de courses**, ипподро́м. *Nous étions au champ de courses*, мы бы́ли на ипподро́ме. **Course de taureaux**, бой быко́в (бой*, *loc.* бою́ *m.*). **De course** 1. (*ayant trait aux courses automobiles, cyclistes...*) го́ночный. *Une auto de course*, го́ночный автомоби́ль. *Un vélo de course*, го́ночный велосипе́д. 2. (*ayant trait aux courses hippiques*) скаково́й. *Un cheval de course*, скакова́я ло́шадь. **La course aux armements**, го́нка вооруже́ний.

I. COURT *adj.* коро́ткий, ко́роток, коротка́, ко́ротко, ко́ротки; *comp.* коро́че*. *Des cheveux courts*, коро́ткие во́лосы. *Dans le délai le plus court*, в са́мое коро́ткое вре́мя. ● **Les formes courtes de l'adjectif**, кра́ткие фо́рмы прилага́тельного.

II. COURT *adv.* ко́ротко, *comp.* коро́че*. *Des cheveux coupés court*, ко́ротко остри́женные во́лосы.

COURT-CIRCUIT коро́ткое замыка́ние.

COUSIN двою́родный брат (брат*, *pl.* бра́тья, бра́тьев, бра́тьям...).

COUSINE двою́родная сестра́ (сестра́, *pl.* сёстры, сестёр, сёстрам...).

COUSSIN поду́шка. *Se mettre un coussin sous la tête*, подложи́ть под го́лову поду́шку.

COUTEAU нож, *dim.* но́жик. *Un couteau de table*, столо́вый нож. *Un couteau de poche*, карма́нный но́жик. ● **Être à couteaux tirés avec qqn**, быть на ножа́х с ке́м-нибудь. **Mettre le couteau sur la gorge** (*fig.*), с ножо́м к го́рлу приста́ть.

COÛTER сто́ить *et, si l'usage du perfectif s'impose*, / обойти́сь* IV, обойдётся, обойду́тся; обошёлся, обошла́сь... *Combien ça coûte?*, Ско́лько э́то сто́ит? *Ça coûte cher*, Э́то до́рого сто́ит. *Ça coûte mille francs*, Э́то сто́ит ты́сячу фра́нков. *Combien ça coûtera?*, Ско́лько э́то бу́дет сто́ить? *ou* Во ско́лько э́то обойдётся? *Ça ne m'a pas coûté cher*, Э́то мне не до́рого обошло́сь. *Ça a coûté mille roubles*, Э́то обошло́сь в ты́сячу рубле́й. ● **Coûte que coûte**, во что бы то ни ста́ло.

REMARQUES.

1. Le complément indiquant la valeur est à l'accusatif si l'on emploie le verbe « сто́ить », à l'accusatif précédé de « в » si l'on emploie le verbe « обойти́сь ».

2. On emploie très couramment « почём » pour traduire « combien coûte... », « combien coûtent... » lorsqu'il s'agit de marchandises se vendant au kilo, au litre, etc. Ex. : *Combien coûtent ces pommes?*, Почём э́ти я́блоки? *Vous savez combien coûte l'essence chez nous?*, Вы зна́ете, почём у нас бензи́н?

COUTUME обы́чай *m.* *Les coutumes d'autrefois*, стари́нные обы́чаи.

COUTURE 1. (*le fait de coudre; ce qui est cousu*) шитьё. 2. (*ligne d'assemblage de deux morceaux d'étoffe*) шов. ● **La haute couture parisienne**, пари́жские ателье́ мод (ателье́* *indécl. n.*).

COUTURIÈRE портни́ха.

COUVENT монасты́рь *m.* ● **Entrer au couvent**, постри́чься в мона́хини.

COUVERCLE кры́шка. *Le couvercle de la boîte*, кры́шка коро́бки.

I. COUVERT *adj.* 1. (*ayant un toit*) кры́тый. *Un marché couvert*, кры́тый ры́нок. 2. (*nuageux*) па́смурный. *Un temps couvert*, па́смурная пого́да.

II. COUVERT *subst.* прибо́р.

Mettre six couverts, накры́ть стол на шесть прибо́ров.

COUVERTURE 1. (*de lit*) одея́ло. *Il ramena la couverture jusque sur sa tête*, он натяну́л одея́ло на́ голову. **2.** (*de livre, de cahier...*) обло́жка. *Un livre avec une couverture rouge*, кни́га в кра́сной обло́жке.

COUVRIR

> **1.** (*recouvrir* // *parcourir* // *contrebalancer* // *dépasser en intensité*) покрыва́ть / покры́ть* II, покро́ю, покро́ешь...; покры́тый.
> **2.** (*parsemer*) усыпа́ть / усы́пать* II, усы́плю, усы́плешь...
> **3.** (*donner à profusion*) осыпа́ть / осы́пать* II, осы́плю, осы́плешь...
> **4.** (*étouffer les sons*) заглуша́ть / заглуши́ть.

1. *Une table couverte d'une nappe blanche*, стол, покры́тый бе́лой ска́тертью. *Le ciel se couvre de nuages*, не́бо покрыва́ется ту́чами. *Se couvrir de gloire*, покры́ть себя́ сла́вой. // *Ils ont couvert cette distance en trois heures*, они́ покры́ли э́то расстоя́ние за три часа́. // *Couvrir les frais*, покры́ть расхо́ды. // *Les applaudissements couvraient sa voix*, аплодисме́нты покрыва́ли его́ го́лос. **2.** *Un visage couvert de taches de rousseur*, лицо́, усы́панное весну́шками. *Une allée couverte de sable*, доро́жка, усы́панная песко́м. **3.** *Elle le couvrit de baisers*, она́ осы́пала его́ поцелу́ями. **4.** *Couvrir la voix du chanteur*, заглуши́ть го́лос певца́.

COW-BOY ковбо́й *m*.

C.Q.F.D. что и тре́бовалось доказа́ть.

CRABE краб. *Une boîte de crabe*, ба́нка кра́бов.

CRACHER плева́ть* II, плюю́, плюёшь... / плю́нуть. *Cracher par terre*, плю́нуть на́ пол.

CRAIE мел*, *loc.* мелу́ ⸻. *Écrire à la craie*, писа́ть ме́лом. *Un morceau de craie*, кусо́к ме́ла.

CRAINDRE боя́ться* I, бою́сь, бои́шься... / побоя́ться* I (*id.*). *Elle craint sa mère*, она́ бои́тся ма́тери. *Je crains de prendre froid*, Бою́сь простуди́ться. *Je crains qu'il ne vienne*, Бою́сь, что он придёт. *Je crains qu'il ne vienne pas*, Бою́сь, что он не придёт.

Remarque. Le verbe « боя́ться / побоя́ться » régit soit un nom ou un pronom au génitif, soit un infinitif, soit la conjonction « что ».

CRAINTE страх; боя́знь *f*. (*livresque*). *Inspirer la crainte*, внуша́ть страх. *De crainte d'être en retard*, из боя́зни опозда́ть.

CRAMPE су́дорога. *Une crampe à la jambe*, су́дорога в ноге́.

CRÂNE (*partie du squelette*) че́реп*, *nom. pl.* черепа́ ⸻. *Il s'est fracturé le crâne*, он пролома́л себе́ че́реп.

CRAPAUD жа́ба.

CRAQUEMENT треск. *On entendit un craquement*, послы́шался треск.

CRAQUER 1. (*produire un bruit sec*) треща́ть* I, трещу́, трещи́шь... / затреща́ть* I (*id.*). *La glace craque*, лёд трещи́т. **2.** (*se briser*) лома́ться / слома́ться. *La branche a craqué et Patrick est tombé*, ве́тка слома́лась и Патри́к упа́л. ● **Plein à craquer**, напо́лненный до отка́за (напо́лненный, напо́лнен, напо́лнена...). *Le sac était plein à craquer*, су́мка была́ напо́лнена до отка́за.

CRAVATE га́лстук. *Faire son nœud de cravate*, завяза́ть га́лстук.

CRAWL кроль *m*. *Nager le crawl*, пла́вать кро́лем.

CRAYON каранда́ш ⸻. *Écrire au crayon*, писа́ть карандашо́м. *Des crayons de couleur*, цветны́е карандаши́.

CRÉATION созда́ние. *La création d'une armée moderne*, созда́ние совреме́нной а́рмии. ● **La création du monde**, сотворе́ние ми́ра.

CRÈCHE (*établissement*) я́сли, я́слей, я́слям... *pl. t.* (*souvent accompagné de l'adjectif* « де́тские »). *Emmener un enfant à la crèche*, отвести́ ребёнка в я́сли.

CRÉDIT 1. (*prêt*) креди́т. *Accorder un crédit*, откры́ть креди́т. **2.** (*délai*) рассро́чка. *Acheter à crédit*, купи́ть в рассро́чку.

CRÉER создава́ть* II, создаю́, создаёшь...; создава́й; создава́я / созда́ть* *n. cl.*, созда́м, созда́шь, созда́ст, создади́м, создади́те, создаду́т; со́здал, создала́, со́здало, со́здали ; созда́й; со́зданный, со́здан, создана́, со́здано, со́зданы . *Créer une armée*, созда́ть а́рмию. *Créer des conditions favorables*, созда́ть благоприя́тные усло́вия. *Créer un rôle*, созда́ть роль.

CRÉMAILLÈRE • **Pendre la crémaillère** (*fig.*), справля́ть новосе́лье (справля́ть / спра́вить).

CRÉMATOIRE • **Four crématoire**, кремацио́нная печь (печь *f.*).

CRÈME 1. (*matière grasse du lait*) сли́вки, сли́вок, сли́вкам... *pl. t.* *De la crème fouettée*, сби́тые сли́вки. **2.** (*entremets*) крем. *Une crème à la vanille*, вани́льный крем. **3.** (*pâte pour l'entretien de la peau, du cuir...*) крем. *Une crème à raser*, крем для бритья́.

CRÊPE (*galette*) блин . *Faire des crêpes*, испе́чь блины́.

CRÉPUSCULE су́мерки, су́мерек, су́меркам... *pl. t.* *Le crépuscule tombait*, на зе́млю спуска́лись су́мерки.

CRESSON кресс.

CRÉTIN крети́н.

CREUSER рыть* II, ро́ю, ро́ешь... / вы́рыть* I, вы́рою, вы́роешь...; вы́рытый. *Creuser un trou*, вы́рыть я́му.

CREUSER (SE) • **Se creuser la tête**, лома́ть себе́ го́лову. *Je me suis creusé la tête sur ce problème*, лома́л себе́ го́лову над э́той зада́чей.

CREUX *adj.* **1.** (*vide*) пусто́й . *Le ventre creux*, с пусты́м желу́дком. **2.** (*amaigri*) впа́лый. *Des joues creuses*, впа́лые щёки. *Une poitrine creuse*, впа́лая грудь. • **Assiette creuse**, глубо́кая таре́лка. **Aux heures creuses**, когда́ ма́ло наро́ду.

CREVER 1. (*mourir*) до́хнуть* III / сдо́хнуть* III. *La vache a failli crever*, коро́ва чуть не сдо́хла. **2.** (*éclater*) ло́паться / ло́пнуть. *Le pneu a crevé*, ши́на ло́пнула. *L'abcès a crevé*, нары́в ло́пнул. • **Crever un œil**, вы́колоть глаз (выка́лывать / вы́колоть* II, вы́колю, вы́колешь...; вы́колотый). **Faire crever de faim**, мори́ть го́лодом. *Elle nous faisait crever de faim*, она́ нас мори́ла го́лодом.

CREVETTE креве́тка.

CRI крик. *Un cri de désespoir*, крик отча́яния. *Des cris de joie*, ра́достные кри́ки. • **Le dernier cri** (*de la mode*), после́дний крик мо́ды.

CRIER крича́ть* I, кричу́, кричи́шь... / закрича́ть* I [*id.*] (*commencer à crier*) *et* кри́кнуть (*pousser un cri*). *Crier de douleur*, крича́ть от бо́ли. *Crier à tue-tête*, крича́ть во весь го́лос. *Elle me cria d'approcher*, она́ кри́кнула мне, что́бы я подошёл.

CRIME преступле́ние. *Commettre un crime*, соверши́ть преступле́ние.

I. CRIMINEL *subst.* престу́пник. *Un criminel de droit commun*, уголо́вный престу́пник. *Un criminel de guerre*, вое́нный престу́пник.

II. CRIMINEL *adj.* престу́пный. *Un acte criminel*, престу́пный посту́пок.

CRISE 1. (*trouble physique ou moral*) припа́док. *Une crise de nerfs*, не́рвный припа́док. *Une crise cardiaque*, серде́чный припа́док. *Une crise d'appendicite*, припа́док апендици́та. **2.** (*période difficile*) кри́зис. *Une crise économique*, экономи́ческий кри́зис. *Une crise gouvernementale*, прави́тельственный кри́зис. *La crise du logement*, жили́щный кри́зис.

CRISTAL 1. (*corps ayant une certaine forme géométrique*) криста́лл. *Des cristaux de sel*, криста́ллы со́ли. **2.** (*pas de pl.: substance*) хруста́ль *m.* *La fabrication du cristal*, произво́дство хрусталя́. *Le cristal de roche*, го́рный хруста́ль. • **En cristal**, хрустáльный. *Un verre en cristal*, хрустáльный стакáн.

CRITÈRE критéрий *m. Trouver un critère valable*, найтѝ вéрный критéрий.

I. CRITIQUE *subst.* **1.** *f.* крѝтика. *La critique est aisée mais l'art est difficile*, крѝтика легкá, искýсство трýдно. **2.** *m.* крѝтик.

II. CRITIQUE *adj.* (*divers sens*) критѝческий. *L'esprit critique*, критѝческий ум. *La situation était critique*, положéние бы́ло критѝческим.

CRITIQUER критиковáть / раскритиковáть. *Il est facile de critiquer*, легкó критиковáть.

CROCHE-PIED • **Faire un croche-pied à qqn,** подстáвить комý-нибудь нóжку.

CROCHET 1. (*métallique*) крюк*, крюкá...; *pl.* крю́чья, крю́чьев, крю́чьям.../‾‾‾ ___ ; *dim.* крючóк. **2.** (*signe graphique*) квадрáтная скóбка. *Mettre entre crochets*, заключѝть в квадрáтные скóбки. **3.** (*détour*) крюк /‾‾‾ ‾‾‾. *Faire un crochet*, сдéлать крюк.

CROCODILE крокодѝл. • **Des larmes de crocodile,** крокодѝловы слёзы (крокодѝлов *adj. d'appart.*; слёзы, слёз, слезáм... ___/‾‾‾ *pl.*).

CROIRE

> **1.** (*construit avec « que » ou avec un infinitif sans complément*)
> **a.** (*estimer*) дýмать / подýмать.
> **b.** (*avoir l'impression*) казáться* II, кáжется / показáться* II [*id.*] (*au sujet de la proposition française correspond en russe un nom ou un pronom au datif; toutefois, si le sujet est le pronom de la première personne, il peut être omis dans la traduction; ce verbe ne régit jamais un infinitif*).
> **2.** (*construit avec un complément direct: considérer comme vrai ou considérer comme sincère*) вéрить / повéрить (+ *dat.*).
> **3.** (*construit avec les prépositions « à » ou « en »: avoir foi*) вéрить (в + *acc.*).

1. a. *Je crois que c'est une erreur*, я дýмаю, что э́то оши́бка. *Il croyait que j'étais au ciné*, он дýмал, что я в кинó. *Tu crois?*, Ты дýмаешь? **b.** *Je crois que c'est Ivanov*, мне кáжется, что э́то Ивáнов. *Je crois qu'il n'est pas encore rentré*, кáжется, он ещё не вернýлся. *Il croit avoir trouvé une solution*, емý кáжется, что он нашёл вы́ход из положéния. **2.** *Il ne me croit pas*, он мне не вéрит. *Je l'ai cru sur parole*, я емý повéрил нá слово. *Tu as cru ce qu'il te racontait?*, Ты повéрил томý, что он тебé рассказáл? *Je n'en crois rien*, я э́тому не вéрю. *Ne pas en croire ses oreilles*, не вéрить своѝм ушáм. *Ne pas en croire ses yeux*, не вéрить своѝм глазáм. **3.** *Croire en Dieu*, вéрить в бóга. *Croire à la médecine*, вéрить в медицѝну.

CROISADE крестóвый похóд.

CROISÉ *adj.* • **Mots croisés,** кроссвóрд. *Faire des mots croisés*, решáть кроссвóрд.

CROISEMENT перекрёсток (*si le mot « croisement » n'est pas suivi d'un complément de nom*); пересечéние (*livresque*). *Arrête-toi au croisement*, Остановѝсь на перекрёстке. *Au croisement de deux routes*, на пересечéнии двух дорóг.

CROISER • **Croiser les bras,** сложѝть рýки (склáдывать / сложѝть ___). *Croiser les bras sur la poitrine*, сложѝть рýки на грудѝ. **Croiser les jambes,** положѝть нóгу нá ногу (класть* IV, кладý, кладёшь...; клал, клáла... / положѝть ___). **Rester les bras croisés** (*fig.*), сидéть сложá рýки.

CROIX 1. (*instrument de supplice; symbole de la chrétienté*) крест /‾‾‾ ‾‾‾. *Une croix en bronze*, брóнзовый крест. **2.** (*décoration*) óрден*, *nom. pl.* орденá ___‾‾‾. *La croix de guerre*, óрден « За боевы́е заслýги ». • **Faire le signe de croix,** крестѝться ___ / перекрестѝться ___. **La Croix-Rouge,** Крáсный крест (крест /‾‾‾).

CROÛTE (*de pain...; sur une plaie...*) кóрка. *Enlever la croûte du fromage*, срéзать кóрку с сы́ра. *Une croûte s'est formée sur la plaie*, на ра́не образова́лась ко́рка. ● **Casser la croûte,** переку́сывать / перекуси́ть \\——— .

CRU (*qui n'est pas cuit*) сыро́й /\\—. *De la viande crue*, сыро́е мя́со. *Des pommes crues*, сы́рые я́блоки.

CRUAUTÉ жесто́кость *f*.

CRUCIFIX распя́тие.

CRUEL жесто́кий, жесто́к, жестока́, жесто́ко, жесто́ки /\\—; *superl.* жесточа́йший*. *Des mœurs cruelles*, жесто́кие нра́вы.

CRUELLEMENT жесто́ко. *Il a été cruellement puni*, он был жесто́ко нака́зан.

I. CUBE *subst.* **1.** (*math.*) куб. **2.** (*jeu d'enfant*) ку́бик. *Jouer aux cubes*, игра́ть в ку́бики.

II. CUBE *adj.* куби́ческий. *Deux mètres cubes*, два куби́ческих ме́тра.

CUBISME куби́зм.

CUEILLIR **1.** (*ramasser*) собира́ть / собра́ть* IV, соберу́, соберёшь...; собра́л, собрала́, собра́ло, собра́ли /\\—. *Cueillir des fraises*, собира́ть земляни́ку. **2.** (*en brisant ou en coupant les tiges*) рвать* IV, рву, рвёшь...; рвал, рвала́, рва́ло, рва́ли /\\— / сорва́ть* IV (*id.*); срыва́ть / сорва́ть* IV, сорву́, сорвёшь...; сорва́л, сорвала́, сорва́ло, сорва́ли /\\— . *Cueillir des fleurs*, рвать цветы́.

CUILLÈRE ло́жка. *Cuillère à soupe*, столо́вая ло́жка. *Petite cuillère*, ча́йная ло́жка.

CUIR ко́жа. *Du cuir épais*, то́лстая ко́жа. ● **De cuir, en cuir,** ко́жаный. *Une veste en cuir*, ко́жаная ку́ртка.

CUIRASSÉ (*navire*) броненосец. « *Le Cuirassé Potemkine* », « Бронено́сец Потёмкин ».

CUIRE

> **I. Intransitif:**
> **1.** (*au four*) пе́чься* IV, печётся, пеку́тся; пёкся, пекла́сь... /——/ испе́чься* IV (*id.*).
> **2.** (*à la poêle, sur le gril*) жа́риться / изжа́риться.
> **3.** (*cuisson à l'eau*) вари́ться, ва́рится, ва́рятся / свари́ться, сва́рится, сва́рятся.
>
> **II. Transitif:**
> *Se traduit comme l'expression « faire cuire » (voir ci-dessous).*
> ● **Faire cuire:**
> **1.** (*au four*) печь* IV, пеку́, печёшь..., пеку́т; пёк, пекла́... /—— / испе́чь* IV, испеку́, испечёшь..., испеку́т; испёк, испекла́... /——; испечённый.
> **2.** (*à la poêle, sur le gril*) жа́рить / изжа́рить.
> **3.** (*cuisson à l'eau*) вари́ть \\——— / свари́ть \\——— .

I. 1. *Le gâteau cuit*, пиро́г печётся. **2.** *Les boulettes cuisent*, котле́ты жа́рятся. **3.** *La soupe cuit*, суп ва́рится. // (*Par extension*) *Cuire dans son propre jus*, вари́ться в со́бственном соку́.

II. ● **1.** *Elle fait cuire des gâteaux*, она́ печёт пироги́. **2.** *Faire cuire un poulet*, жа́рить цыплёнка. *Faire cuire le poisson dans une poêle*, жа́рить ры́бу на сковоро́де. **3.** *Tu fais cuire des pommes de terre ?*, Ты ва́ришь карто́шку?

CUISINE (*pièce où l'on cuisine; art de cuisiner*) ку́хня*, *gén. pl.* ку́хонь. *Ma mère était à la cuisine*, мать была́ на ку́хне. *Dans la cuisine, il y avait un grand buffet*, в ку́хне стоя́л большо́й буфе́т. *La cuisine française*, францу́зская ку́хня. ● **Faire la cuisine,** гото́вить. *Tu sais faire la cuisine ?*, Ты уме́ешь гото́вить?

> REMARQUE. L'emploi des prépositions « в » et « на » avec le mot « ку́хня » correspond dans l'ensemble à la nuance qu'il y a en français entre « dans la cuisine » et « à la cuisine ».

CUISINIER по́вар*, *nom. pl.* повара́ ——‾‾‾ . *Le chef cuisinier*, шеф-по́вар.

CUISINIÈRE **1.** (*personne*) куха́рка. *La cuisinière prépare le souper*, куха́рка гото́вит у́жин. **2.** (*appareil*) плита́ ‾‾‾—— . *Une cuisinière à gaz*, га́зовая плита́.

CUISSE ля́жка. *Il se frappait les cuisses*, он хло́пал себя́ по ля́жкам. ● **Une cuisse de poulet,** но́жка цыплёнка.

CUIVRE медь *f*. *Cuivre rouge*, кра́сная медь. ● **De cuivre, en**

cuivre, ме́дный. *Le minerai de cuivre*, ме́дная руда́. *Une pièce de monnaie en cuivre*, ме́дная моне́та.

CULOTTE штаны́, штано́в, штана́м... *pl. t. Porter des culottes courtes*, носи́ть коро́ткие штаны́. ● **C'est sa femme qui porte la culotte**, он у жены́ под башмако́м.

CULTE культ. *Le culte catholique*, католи́ческий культ. *Le culte orthodoxe*, правосла́вный культ. *Le culte de la personnalité*, культ ли́чности.

CULTIVATEUR (*personne qui cultive la terre*) земледе́лец, земледе́льца... *Une manifestation de cultivateurs*, демонстра́ция земледе́льцев.

CULTIVÉ (*instruit*) образо́ванный. *Un homme cultivé*, образо́ванный челове́к.

CULTIVER 1. (*la terre*) обраба́тывать / обрабо́тать. *Cultiver la terre*, обраба́тывать зе́млю. **2.** (*les plantes*) выра́щивать / вы́растить. *Cultiver des fleurs*, выра́щивать цветы́.

CULTURE (*divers sens*) культу́ра. *La culture du lin*, культу́ра льна. *La culture physique*, физи́ческая культу́ра *ou, par abréviation*, физкульту́ра. *Un homme d'une haute culture*, челове́к высо́кой культу́ры.

CULTUREL культу́рный. *Les relations culturelles*, культу́рные свя́зи. *Le conseiller culturel*, культу́рный сове́тник.

CURÉ « кюре́ »* *m.* (*transcription du mot français*); поп (*familier ou même péjoratif*).

CURE-DENT зубочи́стка.

CURIEUX (*mû par la curiosité; étrange*) любопы́тный. *Elle est trop curieuse*, она́ сли́шком любопы́тна. *Je serais curieux de savoir ce qu'elle fait*, мне бы́ло бы любопы́тно знать, что она́ де́лает. *Un livre curieux*, любопы́тная кни́га. // (*Subst.*) *La foule des curieux*, толпа́ любопы́тных.

CURIOSITÉ 1. (*désir de savoir*) любопы́тство. *Exciter la curiosité*, возбуди́ть любопы́тство. **2.** (*choses rares*) достопримеча́тельность *f. Les curiosités de la ville*, достопримеча́тельности го́рода.

CUVETTE (*récipient*) таз*, *loc.* тазу́ ; *dim.* та́зик. *Une cuvette émaillée*, эмалиро́ванный та́зик.

I. CYCLISTE *subst.* велосипеди́ст. *La voiture a renversé un cycliste*, маши́на сби́ла велосипеди́ста.

II. CYCLISTE *adj.* велосипе́дный. *Une course cycliste*, велосипе́дные го́нки.

CYGNE ле́бедь *m. Un cygne blanc*, бе́лый ле́бедь. ● **Du cygne, des cygnes**, лебеди́ный. *Le chant du cygne*, лебеди́ная пе́сня. *Le ballet « le Lac des cygnes »*, бале́т « Лебеди́ное о́зеро ».

CYLINDRE цили́ндр. *En forme de cylindre*, в ви́де цили́ндра.

CYLINDRIQUE цилиндри́ческий. *Un récipient cylindrique*, цилиндри́ческий сосу́д.

CYRILLIQUE ● **Alphabet cyrillique**, кири́ллица.

D

DACTYLO машини́стка. *La dactylo tapait une lettre*, машини́стка печа́тала письмо́.

DACTYLOGRAPHIÉ ● **Un texte dactylographié**, машинопи́сный текст.

DAHLIA георги́н.

DAME

1. (*femme*) да́ма.
2. (*aux cartes*) да́ма.
3. (*aux échecs*) ферзь ⁄— — m. (*sous-genre animé*).
4. (*pion doublé au jeu de dames*) да́мка.
5. (*pl.: jeu*) ша́шки, ша́шек, ша́шкам... *pl. t.*

1. *Une dame très élégante*, очень элега́нтная да́ма. **2.** *La dame de pique*, пи́ковая да́ма. **3.** *Avancer la dame*, пойти́ ферзём. **4.** *Aller à dame*, пойти́ в да́мки. **5.** *Jouer aux dames*, игра́ть в ша́шки. ● **De dame, pour dames**, да́мский. *Un coiffeur pour dames*, да́мский парикма́хер.

DANGER опа́сность *f.* *Être en danger de mort*, быть в смерте́льной опа́сности. *Être hors de danger*, быть вне опа́сности. *Courir un grand danger*, подверга́ться большо́й опа́сности.

DANGEREUX опа́сный. *Un homme dangereux*, опа́сный челове́к. *Une maladie dangereuse*, опа́сная боле́знь. *C'est dangereux pour les enfants*, э́то опа́сно для дете́й.

I. DANOIS *subst.* **1.** (*personne*) датча́нин*, *pl.* датча́не, датча́н, датча́нам... **2.** (*langue*) да́тский язы́к (язы́к ⁄—). *Étudier le danois*, изуча́ть да́тский язы́к.

II. DANOIS *adj.* да́тский.

DANOISE датча́нка.

DANS

1. (*emplacement*) в (+ *loc.*) // на (+ *loc.*) *avec les noms qui exigent cette préposition (les principaux d'entre eux sont cités dans les exemples)*.
2. (*direction*) в (+ *acc.*) // на (+ *acc.*) *avec les noms qui exigent cette préposition (les principaux d'entre eux sont cités dans les exemples)*.
3. (*en suivant; en parcourant; çà et là*) по (+ *dat.*).
4. (*origine*) из (+ *gén.*).
5. (*état*) в (+ *loc.*).
6. (*changement d'état*) в (*acc.*).
7. (*au bout de*) че́рез (+ *acc.*).
8. (*au temps de*) в (+ *loc.*).

1. *Le livre est dans l'armoire*, кни́га в шкафу́. *Je l'ai vu dans un magasin*, я его́ ви́дел в магази́не. // *Elle était dans la rue*, она́ была́ на у́лице. *Dans le Midi, dans le Nord, dans l'Est, dans l'Ouest*, на ю́ге, на се́вере, на восто́ке, на за́паде. *Dans l'Oural ou dans le Caucase*, на Ура́ле или на Кавка́зе. *Dans une île déserte*, на необита́емом о́строве. *Dans une usine d'automobiles*, на автомоби́льном заво́де. *Dans une fabrique de draps*, на суко́нной фа́брике. **2.** *Entrer dans un magasin*, войти́ в магази́н. *Tomber dans l'eau*, упа́сть в во́ду. *Mettre dans sa poche*, положи́ть в карма́н. // *Sortir dans la rue*, вы́йти на у́лицу. *Aller dans le Midi, dans le Nord, dans l'Est, dans l'Ouest*, пое́хать на юг, на се́вер, на восто́к, на за́пад. *Dans l'Oural ou dans le Caucase*, на Ура́л или на Кавка́з. *Dans l'île de la Cité*, на о́стров Сите́. *Dans une usine d'automobiles*, на автомоби́льный заво́д. *Dans une fabrique de draps*, на суко́нную фа́брику. **3.** *Je marchais dans la rue*, я шёл по у́лице. *Nous nous promenions dans la forêt*, мы гуля́ли по́ лесу. *Les papiers étaient dispersés dans la chambre*, бума́ги бы́ли разбро́саны по ко́мнате. **4.** *Boire dans une tasse*, пить из ча́шки. **5.** *Être dans une colère épouvantable*, быть в стра́шном гне́ве. *Dans l'esprit de l'époque*, в ду́хе эпо́хи. *Dans ce cas*, в тако́м слу́чае. **6.** *Se plonger dans la réflexion*, погружа́ться в размышле́ния. **7.** *Je reviendrai dans un mois*, я верну́сь че́рез ме́сяц. **8.** *Dans ma jeunesse*, в мое́й мо́лодости.

DANSANT танцева́льный. *Une soirée dansante*, танцева́льный ве́чер.

DANSE та́нец. *Les danses modernes*, совреме́нные та́нцы. *Les danses populaires*, наро́дные та́нцы. ● **De danse**, танцева́льный. *Musique de danse*, танцева́льная му́зыка.

DANSER танцева́ть (*ce verbe appartient à la catégorie des verbes comportant le suffixe* « овать » *modifié ici dans sa graphie par l'incompatibilité* « ц » + « о » *en* *position atone*). *Vous savez danser?*, Вы умéете танцевáть?

DANSEUR 1. (*amateur*) танцóр. *Un bon danseur*, хорóший танцóр. **2.** (*professionnel*) танцóвщик.

DANSEUSE танцóвщица.

DATE дáта (*indication du temps non limitée au quantième du mois*); числó (*quantième du mois*). *Mettre la date*, постáвить дáту. *Une date historique*, истори́ческая дáта. *À quelle date?*, Какóго числá? • **La date limite**, предéльный срок.

DATIF дáтельный падéж (падéж ⁄‾‾‾‾). *Mettre un mot au datif*, постáвить слóво в дáтельном падежé.

DATTE фи́ник. *Des dattes sèches*, сушёные фи́ники.

DAUPHIN (*animal*) дельфи́н.

DAVANTAGE бóльше. *Maintenant il travaille davantage que l'an passé*, тепéрь он рабóтает бóльше, чем в прóшлом годý. *Nous n'allons pas attendre davantage*, мы не бýдем бóльше ждать.

I. DE *prép.*

I. Introduisant un complément de nom:
1. *génitif sans préposition* (*contenu, possession et diverses formes de détermination*).
2. *adjectif d'appartenance* (*ces adjectifs sont formés sur la base des prénoms et de quelques noms désignant des êtres animés*).
3. *adjectif* (*appartenance, catégorie, matière; « de » suivi d'un nom de localité*).
4. из + *gén.* (*matière, composition*).
II. Lieu (*sortie, descente, éloignement*) :
1. из (+ *gén.*) *si, dans la situation envisagée, l'emplacement et la direction peuvent être exprimés à l'aide de la préposition* « в ».
2. с (+ *gén.*) *si, dans la situation envisagée, l'emplacement et la direction peuvent être exprimés à l'aide de la préposition* « на ».
3. от (+ *gén.*) *dans les autres cas.*
III. Temps:
1. (*à partir de*) с (+ *gén.*).
2. (*daté de*) от (+ *gén.*).
3. (*durée*) за (+ *acc.*).
4. (*valeur distributive*) в (+ *acc.*).
5. (*retard, avance*) v. ci-dessous IV, 4.
• Expressions diverses.
IV. Mesure:
1. (*suivi des mots « longueur », « largeur », « hauteur », « poids », « prix », etc., et de l'évaluation de cette mesure*) *instrumental sans préposition suivi de* « в » *et de l'indication chiffrée.*
2. (*suivi des mots « long », « large », « haut »*) *génitif des mots* « длинá », « ширинá », « высотá » *sans préposition.*
3. (*appréciation de la mesure dans les cas non envisagés ci-dessus*) в (+ *acc.*) // *et également, avec une valeur distributive,* по (*en règle générale,* « по » *régit l'accusatif; il régit le datif si la valeur envisagée est égale à une unité*).
4. (*appréciation de la différence entre deux mesures*) на (+ *acc.*).
V. Origine, élément pris à un ensemble, cause, agent, moyen, manière:
1. (*origine, provenance*) от (+ *gén.*).
2. (*élément pris à son ensemble*) из (+ *gén.*).
3. (*cause*) от (+ *gén.*) // *et devant certains substantifs* с (+ *gén.*).
4. (*agent*) *instrumental sans préposition.*
5. (*moyen*) *instrumental sans préposition.*
6. (*manière*) с (+ *instr.*).
7. (*ayant contenu*) из-под (+ *gén.*).
VI. Régissant un infinitif:
1. (*infinitif présent*) *ne se traduit pas.*
2. (*infinitif passé*) что *et le passé perfectif.*
VII. Introduisant une apposition: *ne se traduit pas. On ne traduit généralement pas non plus le mot qui précède la préposition « de ».*

REMARQUE. Voir en outre les mots dont la rection exige l'emploi de la préposition « de »:
1. verbes comme « parler », « jouer », « s'occuper », « s'approcher », « se mo-

quer », « remercier », etc.; **2.** substantifs comme « amour », « passion », etc., auxquels il faut rattacher quelques cas particuliers comme « bataille », « clef », « entrée »...; **3.** mots appartenant à diverses catégories grammaticales et formant l'élément essentiel d'expressions comme « à cause de », « près de », « hors de », etc.

I.-I. 1. *Un verre d'eau*, стака́н воды́. *Une caisse de livres*, я́щик книг. *Un paquet de cigarettes*, па́чка папиро́с. *Une bande de brigands*, ша́йка разбо́йников. *Le livre du maître*, кни́га учи́теля. *L'anse de la théière*, ру́чка ча́йника. *Le centre de la ville*, центр го́рода. *La surface de la sphère*, пове́рхность сфе́ры. *La prise de la Bastille*, взя́тие Басти́лии. *La place de la Concorde*, пло́щадь Согла́сия. *Un homme d'une grande intelligence*, челове́к большо́го ума́. **2.** *Le livre de Serge*, Серёжина кни́га. *Les lunettes de grand-mère*, ба́бушкины очки́. *Des larmes de crocodile*, крокоди́ловы слёзы. *Un appétit de loup*, во́лчий аппети́т. **3.** *La maison de son père*, отцо́вский дом. *Des souliers de dame*, да́мские ту́фли. *Le vent du nord*, се́верный ве́тер. *Un enfant de cinq ans*, пятиле́тний ребёнок. *La cellule du parti*, парти́йная яче́йка. *Une boule de billard*, билья́рдный шар. *Une maladie de la peau*, ко́жная боле́знь. *Un bateau de guerre*, вое́нный кора́бль. *Un cadre de bois*, деревя́нная ра́мка. *Une plaque de marbre*, мра́морная доска́. *Le bois de Boulogne*, Були́нский лес. *La gare de Lyon*, Лио́нский вокза́л. **4.** *Un cadre de bois*, ра́мка из де́рева. *Une commission de trois membres*, коми́ссия из трёх челове́к.

II. 1. *Tirer un carnet de sa poche*, вы́нуть из карма́на записну́ю кни́жку. *Il est rentré de Leningrad hier soir*, он верну́лся из Ленингра́да вчера́ ве́чером. *De ma chambre, je vois la tour Eiffel*, из моей ко́мнаты я ви́жу Э́йфелеву ба́шню. *Elle saigne du nez*, у неё кровь течёт и́з носу. *Un extrait du roman*, отры́вок из рома́на. *Un professeur de Lyon*, профе́ссор из Лио́на. **2.** *Tomber du toit*, упа́сть с кры́ши. *Traduire du russe en français*, перевести́ с ру́сского языка́ на францу́зский. *De la tête aux pieds*, с головы́ до ног. *Rentrer de son travail*, верну́ться с рабо́ты. *Il revient à l'instant de la gare*, он то́лько что верну́лся с вокза́ла. *Revenir de l'usine*, верну́ться с заво́да *ou* верну́ться с фа́брики. *Du front*, с фро́нта. *Du stade*, со стадио́на. *Du Midi, du Nord, de l'Ouest, de l'Est*, с ю́га, с се́вера, с за́пада, с восто́ка. *Du Caucase, de l'Oural*, с Кавка́за, с Ура́ла. *D'Ukraine*, с Украи́ны. **3.** *S'écarter de l'arbre*, отойти́ от де́рева. *Loin de la ville*, далеко́ от го́рода.

III. 1. *Du matin au soir*, с утра́ до ве́чера. *De la fin du mois de janvier au milieu du mois de mars*, с конца́ января́ до середи́ны ма́рта. *De deux à cinq heures*, с двух до пяти́. *Je l'ai reconnue du premier coup d'œil*, я её узна́л с пе́рвого взгля́да. **2.** *Une lettre du vingt mars*, письмо́ от 20-го ма́рта. **3.** *Il n'a rien fait de toute la semaine*, он ничего́ не сде́лал за всю неде́лю. **4.** *Ils gagnent vingt francs de l'heure*, они́ зараба́тывают два́дцать фра́нков в час. ● **De bon matin**, ра́но у́тром. **De... en...**, из (+ *gén.*)... в (+ *acc.*)... *D'année en année*, из го́да в год. **De jour**, днём. *Nicole est arrivée de jour*, Нико́ль прие́хала днём. **De naissance**, от рожде́ния. *Aveugle de naissance*, слепо́й от рожде́ния. **De nos jours**, в на́ши дни. **De nuit**, но́чью. *Nous arriverons de nuit*, мы прие́дем но́чью.

IV. 1. *D'une longueur de cinq kilomètres*, длино́й в пять киломе́тров. *D'une largeur de huit mètres*, ширино́й в во́семь ме́тров. *D'une hauteur de trois centimètres*, высото́й в три сантиме́тра. *D'un poids de deux tonnes*, ве́сом в две то́нны. *D'une valeur de cinq roubles*, цено́й в пять рубле́й. **2.** *Avoir vingt mètres de long*, име́ть два́дцать ме́тров длины́. *Trois kilomètres de large*, три киломе́тра ширины́. *Cinq centimètres de haut*, пять сантиме́тров высоты́. **3.** *Une température de vingt degrés au-dessous de zéro*, температу́ра в два́дцать гра́дусов моро́за. *Un appartement de quatre-vingt-dix mètres carrés*, кварти́ра в девяно́сто квадра́тных ме́тров. // *Trois billets de cinq roubles*, три биле́та по пять рубле́й. *Deux billets d'un rouble*, два биле́та по одному́ рублю́. **4.** *La montre retarde de trois minutes*, часы́ отстаю́т на три мину́ты. *Le train était en retard de deux heures*, по́езд опозда́л на два часа́. *J'ai reçu deux roubles de moins*, я получи́л на два рубля́ ме́ньше. *La robe est plus courte de deux centimètres*, пла́тье коро́че на два сантиме́тра.

V. 1. *Qu'est-ce qu'on peut exiger de lui?*, Что мо́жно потре́бовать от него́? *De tout cœur*, от всего́ се́рдца. **2.** *L'un de vous*, оди́н из вас. **3.** *Rougir de honte*, красне́ть от стыда́. *Bâiller d'ennui*, зева́ть от ску́ки. // *Elle est tombée malade de chagrin*, она́ заболе́ла с го́ря. **4.** *L'allée était couverte de neige*, доро́жка была́ осы́пана сне́гом. **5.** *Frapper du pied*, уда́рить ного́й. *Faire signe de la tête*, кива́ть голово́й. **6.** *Manger de bon appétit*, есть с больши́м аппети́том. *D'un air sérieux*, с серьёзным ви́дом. **7.** *Une boîte de crabe*, ба́нка из-под кра́бов. ● **De mémoire**, по па́мяти.

VI. 1. *Je crains de le rencontrer*, я бою́сь его́ встре́тить. *Il sera content de vous voir*, он бу́дет рад вас ви́деть. *Ils ont fini de crier*, они́ переста́ли крича́ть. **2.** *Patrick est content d'avoir fini son travail*, Патри́к дово́лен, что ко́нчил свою́ рабо́ту.

VII. *Dans la ville de Moscou*, в Москве́. *Au mois de janvier*, в январе́.

II.-DE *article, ne se traduit pas. Il y avait des oranges*, бы́ли апельси́ны. *Voulez-vous du thé?*, Хоти́те ча́ю?

DÉ 1. (*à jouer*) игра́льная кость (кость ___ ⁄‾‾‾ *f.*). **2.** (*à coudre*) напёрсток.

DÉBARCADÈRE (*marine*) при́стань *f*.

DÉBARQUER 1. (*descendre d'un bateau...*) выса́живаться / вы́садиться. *Les troupes ont débarqué en Normandie*, войска́ вы́садились в Норма́ндии. **2.** (*faire descendre d'un bateau...*) выса́живать / вы́садить. *Débarquer des troupes*, вы́садить войска́. **3.** (*décharger des marchandises*) выгружа́ть / вы́грузить. *Débarquer des armes*, вы́грузить ору́жие.

DÉBARRASSER 1. (*d'un encombrement*) освобожда́ть / освободи́ть, *part.* освобождённый*. *J'ai débarrassé l'armoire*, я освободи́л шкаф. **2.** (*d'un souci...*) избавля́ть / изба́вить. *Débarrasser de tout souci*, изба́вить от вся́ких забо́т. ● **Débarrasser la table,** убра́ть со стола́ (убира́ть / убра́ть* IV, уберу́, уберёшь...; убра́л, убрала́, убра́ли).

DÉBORDER 1. (*en parlant d'un cours d'eau*) выходи́ть из берего́в (выходи́ть, выхо́дит, выхо́дят / вы́йти* IV, вы́йдет, вы́йдут; вы́шел, вы́шла...). *La Seine a débordé*, Се́на вы́шла из берего́в. **2.** (*en parlant d'un liquide qui s'échappe d'un récipient*) перелива́ться че́рез край (перелива́ться / перели́ться* II, перельётся, перелью́тся; перели́лся, перелила́сь... ⁄‾‾‾). *L'eau déborde*, вода́ перелива́ется че́рез край.

DÉBOUCHER (*enlever le bouchon*) отку́поривать / отку́порить. *Déboucher une bouteille*, отку́порить буты́лку.

DEBOUT 1. сто́я. *Manger debout*, есть сто́я. **2.** *interj.* Встань! (*à une personne que l'on tutoie*); Вста́ньте! (*dans les autres cas*). ● **Être debout, rester debout,** стоя́ть* I, стою́, стои́шь... / постоя́ть* I (*id.*). *Asseyez-vous, asseyez-vous, pourquoi restez-vous debout?*, Сади́тесь, сади́тесь, что вы стои́те? **Ça ne tient pas debout,** э́то ерунда́.

DÉBOUTONNER расстёгивать / расстегну́ть, *part.* растёгнутый. *Déboutonner son pardessus*, расстегну́ть пальто́.

DÉBRANCHER выключа́ть / выключить. *Débrancher la radio*, вы́ключить ра́дио.

DÉBRIS обло́мок. *Des débris de caisses*, обло́мки я́щиков.

DÉBROUILLARD *adj.* нахо́дчивый. *Un garçon débrouillard*, нахо́дчивый па́рень.

DÉBROUILLER (SE) [*se tirer d'affaire*] вы́йти из затрудне́ния (выходи́ть ╲___ / вы́йти* IV, вы́йду, вы́йдешь...; вы́шел, вы́шла...). *Il a su se débrouiller*, он суме́л вы́йти из затрудне́ния.

DÉBUT нача́ло. *Au début de l'année scolaire*, в нача́ле уче́бного го́да. *Du début à la fin*, от нача́ла до конца́.

DÉBUTANT начина́ющий *adj. subst. m. C'est un cours pour débutants*, э́то курс для начина́ющих.

DÉBUTANTE начина́ющая *adj. subst. f.*

DÉBUTER 1. (*le sujet est un nom de chose*) начина́ться / нача́ться* IV, начнётся, начну́тся; начался́, начала́сь... *La pièce débute par un monologue*, пье́са начина́ется с моноло́га. **2.** (*le sujet est un nom de personne*) начина́ть / нача́ть* IV, начну́, начнёшь...; на́чал, начала́, на́чали; *ou* дебюти́ровать / дебюти́ровать (*en parlant d'un artiste*). *Quand j'ai débuté, je gagnais 600 francs par mois*, когда́ я на́чал, я зараба́тывал в ме́сяц 600 фра́нков. *Elle a débuté dans une pièce d'Ostrovski*, она́ дебюти́ровала в пье́се Остро́вского.

DÉCADENCE упа́док. *Tomber en décadence*, прийти́ в упа́док.

DÉCADENT *adj.* декаде́нтский. *Un poète décadent*, декаде́нтский поэ́т.

DÉCÉDER / сконча́ться. *Décédé le 30 décembre 1856*, Сконча́лся 30-го декабря́ 1856 г.

DÉCEMBRE дека́брь ╱___ *m. En décembre*, в декабре́. *Il est arrivé le 2 décembre*, он прие́хал 2-го декабря́.

DÉCENTRALISATION децентрализа́ция.

DÉCEPTION разочарова́ние. *Une profonde déception*, глубо́кое разочарова́ние.

DÉCÈS кончи́на.

DÉCEVOIR разочаро́вывать / разочарова́ть. *Il m'a déçu*, он меня́ разочарова́л.

DÉCHARGER 1. (*un véhicule*) разгружа́ть / разгрузи́ть ╲___ . *Décharger une péniche*, разгружа́ть ба́ржу. **2.** (*le contenu d'un véhicule*) выгружа́ть / вы́грузить. *Decharger des caisses*, вы́грузить я́щики.

DÉCHAUSSER (SE) [*quitter ses chaussures*] снима́ть *suivi du nom de la chaussure que l'on quitte* (снима́ть / снять* IV, сниму́, сни́мешь...╲___; снял, сняла́, сня́ло, сня́ли ╱╲___; сня́тый, снят, снята́, сня́то, сня́ты ╱╲___). *Elle s'est déchaussée*, она́ сняла́ ту́фли.

DÉCHIFFRER разбира́ть / разобра́ть* IV, разберу́, разберёшь...; разобра́л, разобрала́, разобра́ло, разобра́ли ╱╲___ ; *ou* расшифро́вывать / расшифрова́ть (*livresque*). *Je n'arrive pas à déchiffrer ce qu'il a écrit*, не могу́ разобра́ть, что он тут написа́л. *Déchiffrer une inscription ancienne*, расшифрова́ть дре́внюю на́дпись.

DÉCHIRER 1. (*propr.*) рвать* IV, рву, рвёшь...; рвал, рвала́, рва́ло, рва́ли ╱╲___ *ou* разрыва́ть / разорва́ть* IV, разорву́, разорвёшь...; разорва́л, разорвала́, разорва́ло, разорва́ли ╱╲___ ; / порва́ть* IV [*id.*] (*faire une déchirure*). *Déchirer une lettre en petits morceaux*, разорва́ть письмо́ на ме́лкие куски́. *Cette étoffe se déchire facilement*, э́та ткань легко́ рвётся. *Déchirer sa robe*, порва́ть пла́тье. **2.** (*fig.: torturer*) терза́ть. *Il était déchiré par le remords*, его́ терза́ли угрызе́ния со́вести.

DÉCIDER 1. (*prendre une décision*) реша́ть / реши́ть. *J'ai décidé de refuser*, я реши́л отказа́ться. *C'est déjà décidé*, э́то уже́ решено́. *Elle s'est décidée à partir*, она́ реши́лась уе́хать. **2.** (*amener qqn à une décision*) / уговори́ть. *Nous l'avons décidé à rester avec nous*, мы его́ уговори́ли оста́ться с на́ми.

DÉCIMAL десяти́чный. *Le système décimal*, десяти́чная систе́ма.

DÉCISIF реши́тельный. *Des événements décisifs,* реши́тельные собы́тия.

DÉCISION (*action de décider, de se décider, résultat de cette action*) реше́ние. *Prendre une décision,* приня́ть реше́ние.

DÉCLARATION 1. (*en général*) деклара́ция. *Faire une déclaration,* вы́ступить с деклара́цией. *Une déclaration d'impôts,* деклара́ция о нало́гах. *La Déclaration des droits de l'homme et du citoyen,* Деклара́ция прав челове́ка и граждани́на. **2.** (*témoignage*) показа́ние. *Les déclarations des témoins,* показа́ния свиде́телей. ● **Déclaration d'amour,** призна́ние в любви́. **Déclaration de guerre,** объявле́ние войны́.

DÉCLARER 1. (*faire connaître*) заявля́ть / заяви́ть ___ . *Il a déclaré qu'il resterait ici,* он заяви́л, что оста́нется здесь. **2.** (*décréter*) объявля́ть / объяви́ть ___ . *Déclarer la guerre,* объяви́ть войну́.

DÉCLINAISON склоне́ние. *Un substantif de la troisième déclinaison,* существи́тельное тре́тьего склоне́ния.

DÉCLINER склоня́ть / просклоня́ть. *Comment se décline ce mot?,* Как склоня́ется э́то сло́во?

DÉCOLLER 1. (*séparer ce qui est collé*) откле́ивать / откле́ить. *Décoller un timbre,* откле́ить ма́рку. **2.** (*en parlant d'un avion...*) подня́ться в во́здух (поднима́ться / подня́ться* IV, подни́мется, подни́мутся; подня́лся́, подняла́сь...).

DÉCOMPOSER разлага́ть / разложи́ть ___ . *Le prisme décompose la lumière,* при́зма разлага́ет свет. *Décomposer un mot en racine, préfixe et suffixe,* разложи́ть сло́во на ко́рень, приста́вку и су́ффикс. *Le cadavre s'est décomposé,* труп разложи́лся.

DÉCORS (*pl.: théâtre*) декора́ция. *Les décors du troisième acte,* декора́ция тре́тьего а́кта.

DÉCORATIF декорати́вный. *Des plantes décoratives,* декорати́вные расте́ния. *Les arts décoratifs,* декорати́вное иску́сство.

DÉCORATION (*insigne*) о́рден*, *nom. pl.* ордена́ ___‾‾‾ . *On lui a décerné une décoration,* его́ награди́ли о́рденом.

DÉCORER 1. (*orner*) украша́ть / укра́сить. *La salle était décorée de guirlandes et de drapeaux,* зал был укра́шен гирля́ндами и фла́гами. **2.** (*attribuer une décoration*) награди́ть о́рденом (награжда́ть / награди́ть, *part.* награждённый*). *On l'a décoré de l'ordre de Lénine,* его́ награди́ли о́рденом Ле́нина.

DÉCOUPER (*couper en morceaux*) разреза́ть / разре́зать* II, разре́жу, разре́жешь... *Découper un poulet,* разре́зать цыплёнка.

DÉCOURAGEMENT уны́ние. *Il se laisse aller au découragement,* он впал в уны́ние.

DÉCOURAGER ● **Être découragé, se décourager,** упа́сть ду́хом (па́дать / упа́сть* IV, упаду́, упадёшь...; упа́л, упа́ла...).

DÉCOUVERTE откры́тие. *La découverte de l'Amérique,* откры́тие Аме́рики. *Faire une découverte,* сде́лать откры́тие.

DÉCOUVRIR 1. (*ôter ce qui couvrait*) снима́ть / снять* IV, сниму́, сни́мешь... ___ ; снял, сняла́, сня́ло, сня́ли /___ ; сня́тый, снят, снята́, сня́то, сня́ты /___ (*le verbe a comme complément direct le nom désignant ce qui couvrait; le nom désignant ce qui était couvert est exprimé au génitif précédé de* « с »). *Découvrir la casserole,* снять кры́шку с кастрю́ли. *Découvrir le malade,* снять одея́ло с больно́го. **2.** (*faire une découverte*) открыва́ть / откры́ть* II, откро́ю, откро́ешь...; откры́тый. *Découvrir un nouveau procédé,* откры́ть но́вый спо́соб. *Christophe Colomb a découvert l'Amérique,* Христофо́р Колу́мб откры́л Аме́рику.

DÉCRET декре́т.

DÉCRIRE опи́сывать / описа́ть* II, опишу́, опи́шешь... ___ . *Les événements décrits par l'historien,* собы́тия, опи́санные исто́риком.

I. DEDANS *adv.* внутри́ (*emplacement*); внутрь (*direction*); *mais, le plus souvent, « dedans » est traduit par un adverbe de lieu ou* *par* « в » *suivi d'un substantif ou d'un pronom* (« в » *régit le locatif ou l'accusatif selon qu'il s'agit de l'emplacement ou de la direction*). *Dedans, il faisait plus froid qu'au-dehors*, внутри́ бы́ло холодне́е, чем снару́жи. *Dehors je grelottais, mais dedans il fait chaud*, на дворе́ я дрожа́л от хо́лода, но здесь тепло́. *Tu sais où est le panier? Les cigarettes sont dedans*, Ты зна́ешь, где корзи́нка? Сигаре́ты там. *Tu vois le tiroir? Mets ça dedans*, Ви́дишь там я́щик? Положи́ э́то туда́. ● **Au-dedans, du dedans, en dedans, là-dedans** *se traduisent selon les mêmes procédés que « dedans »*.

II. DEDANS *subst.* вну́тренность *f.* (*livresque, souvent remplacé par* внутри́). *Le dedans est richement décoré*, вну́тренность помеще́ния бога́то укра́шена.

DÉESSE боги́ня.

DÉFAIRE 1. (*dénouer*) развя́зывать / развяза́ть* II, развяжу́, развя́жешь...\\——. *Défaire un nœud*, развяза́ть у́зел. **2.** (*ouvrir un paquet*) развёртывать / развернýть, *part.* развёрнутый. *Défaire un paquet*, разверну́ть паке́т. **3.** (*déballer*) раскла́дывать / разложи́ть \\——. *Défaire sa valise*, разложи́ть чемода́н.

DÉFAITE пораже́ние. *Infliger une défaite*, нанести́ пораже́ние. *Subir une défaite*, потерпе́ть пораже́ние.

DÉFAITISTE *subst.* капитуля́нт.

DÉFAUT недоста́ток. *C'est son principal défaut*, э́то его́ гла́вный недоста́ток. ● **À défaut de,** за неиме́нием (+ *gén.*). *À défaut de mieux*, за неиме́нием лу́чшего.

DÉFAVORABLE неблагоприя́тный. *Un avis défavorable*, неблагоприя́тный о́тзыв.

DÉFENDRE 1. (*protéger*) защища́ть / защити́ть (т → щ). *Défendre la ville*, защища́ть го́род. *Se défendre contre l'ennemi*, защища́ться от неприя́теля. **2.** (*interdire*) запреща́ть / запрети́ть (т → щ). *Le docteur lui a défendu de fumer*, врач запрети́л емý кури́ть. *Il est défendu de marcher sur les pelouses*, ходи́ть по газо́нам запрещено́.

DÉFENDU *adj.* ● **Le fruit défendu,** запре́тный плод (плод /——).

DÉFENSE

1. (*résistance militaire*) оборо́на.
2. (*sauvegarde*) защи́та.
3. (*suivi d'un infinitif: interdiction*) запреща́ется; воспреща́ется (*livresque*).
4. (*d'éléphant*) би́вень *f.*

1. *La défense de Sébastopol*, оборо́на Севасто́поля. **2.** *La défense de nos intérêts communs*, защи́та на́ших о́бщих интере́сов. **3.** *Défense de fumer*, Кури́ть воспреща́ется. **4.** *Les défenses de l'éléphant*, би́вни слона́. ● **Prendre la défense de,** вступи́ться за [+ *acc.*] (вступа́ться / вступи́ться \\——). *Il a pris la défense de son camarade*, он вступи́лся за това́рища.

DÉFENSEUR защи́тник. *Les défenseurs de Stalingrad*, защи́тники Сталингра́да.

DÉFI вы́зов. *Lancer un défi*, бро́сить вы́зов. *Relever le défi*, приня́ть вы́зов.

DÉFICIT дефици́т. *L'augmentation du déficit budgétaire*, увеличе́ние бюдже́тного дефици́та.

DÉFICITAIRE дефици́тный. *Une entreprise déficitaire*, дефици́тное предприя́тие. *Une marchandise déficitaire*, дефици́тный това́р.

DÉFILÉ (*de troupes, de manifestants*) пара́д. *Le défilé du Premier-Mai*, первома́йский пара́д.

DÉFINIR определя́ть / определи́ть. *Définir l'objet de la psychologie*, определи́ть предме́т психоло́гии.

DÉFINITIF оконча́тельный. *Donner une réponse définitive*, дать оконча́тельный отве́т.

DÉFINITION определе́ние. *Donner une définition exacte*, дать то́чное определе́ние.

DÉFINITIVE ● **En définitive,** в коне́чном счёте.

DÉFINITIVEMENT оконча́тельно. *La question est définitivement réglée*, вопро́с решён оконча́тельно.

DÉFORMER (*fig.*) извращáть / извратить (т → щ). *Déformer la vérité*, извращáть и́стину.

DÉGÂTS поврежде́ния, повреждéний, повреждéниям... *pl.* (*dommages*); разрушéния, разрушéний, разрушéниям... *pl.* (*destructions*). *Nous avons eu le temps de réparer les dégâts pendant la nuit*, зá ночь мы успéли испрáвить поврежде́ния. *Dans le centre de la ville, les dégâts étaient considérables*, в цéнтре гóрода разрушéния бы́ли огрóмны.

DÉGEL óттепель *f*. *C'était le dégel*, былá óттепель.

DÉGONFLER спускáть / спусти́ть ⌐——. *Dégonfler un pneu*, спусти́ть ши́ну.

DÉGONFLER (SE) [*propr.*] спускáть / спусти́ть ⌐——. *Le pneu se dégonfle*, ши́на спусти́ла.

DÉGOÛT отвращéние. *Avoir du dégoût pour qqch.*, чýвствовать отвращéние к чемý-нибудь. *Un sentiment de dégoût*, чýвство отвращéния.

DÉGOÛTANT отврати́тельный. *C'est dégoûtant de travailler dans de telles conditions*, отврати́тельно рабóтать при таки́х услóвиях.

DÉGOÛTER 1. (*provoquer la répugnance*) быть проти́вным (*au complément direct d'objet français correspond en russe un nom ou un pronom au datif*). *Il me dégoûte*, он мне проти́вен. *Ça ne vous dégoûte pas?*, Вам э́то не проти́вно? **2.** (*provoquer la lassitude*) / надоéсть* *n. cl.*, надоéст, надоедя́т; надоéл, надоéла... *Tout me dégoûte*, всё мне надоéло.

DEGRÉ 1. (*unité de mesure*) грáдус. *Hier il faisait vingt-cinq degrés au-dessous de zéro*, вчерá бы́ло двáдцать пять грáдусов морóза. *Un angle de dix degrés*, ýгол в дéсять грáдусов. *Un cognac à cinquante degrés*, коня́к в пятьдеся́т грáдусов. **2.** (*intensité*) стéпень, *pl.* стéпени, степенéй, степеня́м... —— ⁄—— *f*. *Au plus haut degré*, в вы́сшей стéпени.

I. DEHORS *adv.* снарýжи (*emplacement*); нарýжу (*direction*); *mais le plus souvent, « dehors » est traduit d'une manière descriptive, notamment à l'aide des substantifs* « двор » *et* « ýлица ». **1.** (*emplacement*) *Dehors il faisait froid*, на дворé бы́ло хóлодно. *Galia nous attend dehors*, Гáля нас ждёт на ýлице. *Dehors le vent siffle*, за óкнами вéтер вóет. *Ils ont couché dehors*, они́ спáли под откры́тым нéбом. *Dans la caverne, il faisait plus froid que dehors*, в пещéре бы́ло холоднéе, чем снарýжи. **2.** (*direction*) « *Où vas-tu?* — *Dehors* », « А ты кудá? — На двор. » *Il se précipita dehors*, он вы́бежал на ýлицу. *Ne te penche pas dehors*, не высóвывайся из окнá. • **Au-dehors**, снарýжи *mais le plus souvent, « au-dehors » est traduit d'une manière descriptive, notamment à l'aide des substantifs* « двор » *et* « ýлица ». *Au-dehors, il faisait froid*, на дворé бы́ло хóлодно. *Dedans il faisait plus froid qu'au-dehors*, внутри́ бы́ло холоднéе, чем снарýжи. **Au dehors de**, вне (+ *gén.*). *Au-dehors de la ville*, вне гóрода. **De dehors, du dehors** *se traduisent d'une manière descriptive, notamment à l'aide des substantifs* « двор » *et* « ýлица ». *Venir de dehors*, вернýться со дворá. *Quand on regarde du dehors*, éсли смотрéть со стороны́. **En dehors de 1.** (*à l'extérieur*) вне (+ *gén.*). *En dehors de l'usine*, вне завóда. **2.** (*à l'exception de*) крóме (+ *gén.*).

II. DEHORS *subst. pl.* (*aspect extérieur*) внéшность *f*. *Sous des dehors agréables*, под прия́тной внéшностью.

DÉJÀ ужé. *Ils sont déjà arrivés*, они́ ужé приéхали.

I. DÉJEUNER *verbe* **1.** (*le matin*) зáвтракать / позáвтракать. *Il déjeune et s'en va à l'école*, он зáвтракает и идёт в шкóлу. **2.** (*au milieu de la journée*) обéдать / пообéдать. *Nous déjeunons habituellement à une heure*, мы обéдаем обы́чно в час.

II. DÉJEUNER *subst.* **1.** (*du matin*) зáвтрак. *Après le déjeuner, je vais à mon travail*, пóсле зáвтрака я идý на рабóту. **2.** (*du milieu de la journée*) обéд. *Un déjeuner copieux*, плóтный обéд.

DELÀ • **Au-delà.** V. ce mot.

DÉLAI 1. (*temps accordé pour faire qqch.*) срок. *En un délai très court,* за о́чень коро́ткий срок. **2.** (*sursis*) отсро́чка. *Obtenir un délai,* получи́ть отсро́чку. ● **Sans délai,** неме́дленно. *Il faut partir sans délai,* на́до неме́дленно уе́хать.

DÉLÉGATION (*groupe*) делега́ция. *Le chef de la délégation française,* руководи́тель францу́зской делега́ции.

DÉLÉGUÉ представи́тель *m.*; делега́т (*plus livresque*). *Les délégués ouvriers,* представи́тели рабо́чих.

DÉLIBÉRATION совеща́ние. *Prendre part à la délibération,* приня́ть уча́стие в совеща́нии.

DÉLICAT

> **1.** (*agréable au goût, à l'odorat...*) то́нкий , *comp.* то́ньше*.
> **2.** (*tendre*) не́жный .
> **3.** (*fragile*) хру́пкий .
> **4.** (*fait avec art*) то́нкий , *comp.* то́ньше*.
> **5.** (*embarrassant*) затрудни́тельный.

1. *Un plat délicat,* то́нкое блю́до. *Une odeur délicate,* то́нкий за́пах. **2.** *Une peau délicate,* не́жная ко́жа. **3.** *Une santé délicate,* хру́пкое здоро́вье. **4.** *Un travail délicat,* то́нкая рабо́та. **5.** *Une question délicate,* затрудни́тельный вопро́с. *Une situation délicate,* затрудни́тельное положе́ние.

DÉLICIEUX (*au goût*) о́чень вку́сный (вку́сный). *C'est délicieux,* э́то о́чень вку́сно.

DÉLIRE бред*, *loc.* бреду́ . *Elle a été prise de délire,* у неё появи́лся бред. *Le délire de la persécution,* бред пресле́дования.

DÉLIRER бре́дить. *Le malade délire,* больно́й бре́дит.

DÉLIT (*infraction grave*) преступле́ние. *Prendre qqn en flagrant délit,* пойма́ть кого́-нибудь на ме́сте преступле́ния.

DÉLIVRANCE (*libération*) освобожде́ние. *La délivrance d'un prisonnier,* освобожде́ние пле́нного.

DÉLIVRER 1. (*libérer*) освобожда́ть / освободи́ть, *part.* освобождённый*. *Délivrer un prisonnier,* освободи́ть пле́нного. **2.** (*donner*) выдава́ть* II, выдаю́, выдаёшь...; выдава́й; выдава́я / вы́дать* *n. cl.*, вы́дам, вы́дашь, вы́даст, вы́дадим, вы́дадите, вы́дадут; вы́дай. *Délivrer une attestation,* вы́дать удостовере́ние.

DELTA де́льта. *Le delta du Nil,* де́льта Ни́ла.

DÉLUGE (*propr.*) пото́п. *Avant le déluge,* до пото́па. *Après moi le déluge,* по́сле меня́ хоть пото́п.

DÉMAGOGIE демаго́гия.

DÉMAGOGUE демаго́г.

DEMAIN за́втра *adv.* ou *subst. indécl.* *Demain soir,* за́втра ве́чером. *À demain,* До за́втра. *Il va falloir remettre à demain,* придётся отложи́ть э́то на за́втра. ● **Après-demain,** послеза́втра. *Nous arriverons après-demain soir,* мы прие́дем послеза́втра ве́чером.

DEMANDE 1. (*orale*) про́сьба. *Nous l'avons fait à votre demande,* мы э́то сде́лали по ва́шей про́сьбе. **2.** (*écrite*) заявле́ние. *Faire une demande,* пода́ть заявле́ние. **3.** (*en économie politique*) спрос. *L'offre et la demande,* спрос и предложе́ние. ● **Une demande en mariage,** предложе́ние.

DEMANDER

> **1.** (*faire savoir ce que l'on souhaite obtenir*) проси́ть / попроси́ть .
> Remarque. Le complément désignant la chose demandée est à l'accusatif lorsque le substantif utilisé a un sens concret et qu'il n'est pas employé avec une valeur partitive. Dans tous les autres cas, ce complément est au génitif. Le complément désignant la personne à laquelle est adressée la demande est exprimé au génitif précédé de « у ».
> **2.** (*prier qqn de prêter un objet*) проси́ть / попроси́ть ; спра́шивать / спро-

си́ть ____ (*plus familier*).
REMARQUE. Le complément désignant la personne à laquelle est adressée la demande est exprimé au génitif précédé de « у ».
3. (*prier qqn de venir*) проси́ть ____ / попроси́ть ____ (*au téléphone*); спра́шивать / спроси́ть ____ (*dans les autres cas*).
4. (*poser une question*) спра́шивать / спроси́ть ____ .
REMARQUE. Le complément désignant la personne à laquelle est adressée la question est exprimé à l'accusatif sans préposition. Le complément direct désignant ce qui est demandé est exprimé au locatif précédé de « о ».
5. (*nécessiter*) тре́бовать / потре́бовать (+ *gén.*).

1. *Demander à qqn la permission*, попроси́ть у кого́-нибудь разреше́ния. *Demander conseil*, проси́ть сове́та. *Demander la parole*, проси́ть сло́ва. *Demander l'aumône*, проси́ть ми́лостыню. *Demander de l'eau*, проси́ть воды́. *Demander à boire*, проси́ть пить. **2.** *Demander à son voisin un stylo*, попроси́ть у сосе́да автору́чку *ou* спроси́ть у сосе́да автору́чку. **3.** *On vous demande au téléphone*, Вас про́сят к телефо́ну. *Quelqu'un te demande*, Кто́-то тебя́ спра́шивает. **4.** *Il m'a demandé la route*, он спроси́л меня́ о доро́ге. *Qu'est-ce qu'il t'a demandé?*, О чём он тебя́ спроси́л? *Demande à l'agent qu'il te montre le chemin*, Спроси́ милиционе́ра, как туда́ пойти́. *« Où allez-vous? » demanda-t-il*, « Куда́ вы? » — спроси́л он. *Il m'a demandé si tu viendrais*, он спроси́л, придёшь ли ты. **5.** *Cela demande vérification*, э́то тре́бует прове́рки.

DÉMARCHE 1. (*allure*) похо́дка. *Je l'ai reconnue de loin à sa démarche*, я и́здали узна́л её по похо́дке. **2.** (*tentative*) шаг*, шагу́ ∠ (*peu usité dans ce sens au pl.*); хло́поты, хлопо́т, хло́потам... /___ *pl. t. Une démarche risquée*, риско́ванный шаг. *Ses démarches ont été couronnées de succès*, его́ хло́поты увенча́лись успе́хом. • **Faire des démarches, faire une démarche**, хлопота́ть* II, хлопочу́, хлопо́чешь... ____ / похлопота́ть* II (*id.*). *Faire des démarches pour un ami*, хлопота́ть за дру́га. *Faire des démarches pour obtenir une place*, хлопота́ть о ме́сте.

DÉMARRER (*commencer à rouler*) тро́нуться с ме́ста *ou*, *simplement*, тро́нуться (тро́гаться / тро́нуться). *Le train démarre*, по́езд тро́гается.

DÉMARREUR ста́ртёр.

DÉMÉNAGEMENT *selon la situation* перее́зд на но́вую кварти́ру, перее́зд в но́вый дом, *etc.*

DÉMÉNAGER *selon la situation* перее́хать на но́вую кварти́ру, перее́хать в но́вый дом, *etc.* (переезжа́ть / перее́хать* II, перее́ду, перее́дешь...).

DÉMENTIR (*déclarer inexact*) опроверга́ть / опрове́ргнуть* III. *Démentir une rumeur*, опроверга́ть то́лки.

I. DEMI- *préfixe*

1. (*avec un substantif indiquant une unité de mesure*) пол..., пол-.
REMARQUES.
1. « Пол » est accolé au substantif, sauf lorsque celui-ci commence par un « л » ou par une voyelle.
2. « Пол » est la forme du nominatif et de l'accusatif; aux autres cas, il est remplacé par « полу ».
3. « Пол » régit le génitif; employé avec « полу », le substantif se met au cas exigé par le contexte.
4. Les ensembles ainsi formés sont du neutre. Ils n'ont pas de forme du pluriel mais peuvent cependant, lorsqu'ils sont employés au nominatif ou à l'accusatif, être accompagnés par un pronom-adjectif pluriel comme « ка́ждые ».
2. (*avec tous les autres substantifs, sauf les termes de parenté*) полу...

(*préfixe invariable accolé au substantif*).
3. (*frère, sœur*) сво́дный.

1. *Une demi-minute*, полмину́ты. *Un demi-litre*, пол-ли́тра. *Un demi-tour*, пол-оборо́та. *Près d'une demi-minute*, о́коло полуминуты. *À une demi-heure de marche*, в получа́се ходьбы́. *Toutes les demi-heures*, ка́ждые полчаса́. *Pendant cette demi-heure*, в тече́ние э́того получа́са. **2.** *Un demi-dieu*, полубо́г. *Un demi-cercle*, полукру́г. *Une demi-feuille*, полули́ст. *Des demi-mesures*, полуме́ры. **3.** *C'est son demi-frère*, э́то её сво́дный брат. ● **À demi-mot**, с полуслова. *Comprendre à demi-mot*, понима́ть с полуслова. **Faire demi-tour**, поверну́ть наза́д.

II. DEMI *subst. m.*, **DEMIE** *subst. f.* **1.** (*subst. m.: grand verre de bière*) кру́жка пи́ва. **2.** (*subst. f.: demie de l'heure*) полчаса́ *ensemble neutre. La demie vient de sonner*, полчаса́ то́лько что про́било. ● **Et demi, et demie 1.** (*en règle générale*) с полови́ной (*en général, l'expression est immédiatement précédée du nom de nombre; elle est suivie du substantif au génitif singulier*). *Deux et demi*, два с полови́ной. *Trois semaines et demie*, три с полови́ной неде́ли. *Il y a passé deux heures et demie*, он провёл там два с полови́ной часа́. **2.** (« *et demi* », « *et demie* » *entrent dans un ensemble désignant une unité et la moitié de cette unité*) полтора́, полторы́.

Remarques.

1. « Полтора́ » est employé avec les substantifs masculins et neutres, « полторы́ » avec les substantifs féminins.

2. Les formes « полтора́ » et « полторы́ » sont celles du nominatif et de l'accusatif. Aux autres cas, on emploie la forme « полу́тора » quel que soit le genre du substantif utilisé.

3. Les formes « полтора́ » et « полторы́ » régissent le génitif singulier. Employé avec la forme « полу́тора », le substantif se met au pluriel et au cas exigé par le contexte.

Un et demi, полтора́ *ou* полторы́. *Un mois et demi*, полтора́ ме́сяца. *Un seau et demi*, полтора́ ведра́. *Un tonneau et demi*, полторы́ бо́чки. *À un mètre et demi*, в полу́тора ме́трах. *Plus d'une minute et demie*, бо́льше полу́тора мину́т. **3.** (*dans l'expression de l'heure exacte*) полови́на *ou, plus familièrement*, пол... (*accolé à l'ordinal et invariable*).

Remarques.

1. Au numéral français correspond en russe l'ordinal de rang immédiatement supérieur. À « midi » ou « minuit » correspond l'ordinal « пе́рвый ».

2. L'ordinal est employé au génitif.

« *Quelle heure est-il? — Une heure et demie* », « Кото́рый час? — Полови́на второ́го. » « *À quelle heure il arrive? — À une heure et demie* », « В кото́ром часу́ он приезжа́ет? — В полови́не второ́го. » *Ce sera à deux heures et demie*, э́то бу́дет в полтре́тьего. *À midi et demie*, в полпе́рвого.

DÉMISSION ● **Donner sa démission**, отказа́ться от до́лжности (отка́зываться / отказа́ться* II, откажу́сь, отка́жешься... ⌣).

DÉMISSIONNER отказа́ться от до́лжности (отка́зываться / отказа́ться* II, откажу́сь, отка́жешься... ⌣).

I. DÉMOCRATE *subst.* демокра́т.

II. DÉMOCRATE *adj.* демократи́ческий. *Le parti démocrate*, демократи́ческая па́ртия.

DÉMOCRATIE демокра́тия. ● **Les démocraties populaires**, стра́ны наро́дной демокра́тии (страна́ ———).

DÉMOCRATIQUE демократи́ческий. *Une constitution démocratique*, демократи́ческая конститу́ция.

DÉMODÉ 1. (*épithète*) вы́шедший из мо́ды. **2.** (*attribut*) вы́шел из мо́ды (вы́шел, вы́шла, вы́шло, вы́шли). *C'est démodé*, э́то вы́шло из мо́ды.

DEMOISELLE де́вушка. *Il y a une demoiselle qui vous demande*, Вас спра́шивает одна́ де́вушка.

DÉMOLIR (*abattre*) сноси́ть ╲___ / снести́* IV, снесу́, снесёшь...; снёс, снесла́... ╱‾‾‾; снесённый; снеся́. *Démolir une vieille maison*, снести́ ста́рый дом.

DÉMON де́мон.

DÉMONSTRATION (*raisonnement*) доказа́тельство. *La démonstration par l'absurde*, доказа́тельство от проти́вного.

DÉMONTER (*défaire pièce par pièce*) разбира́ть / разобра́ть* IV, разберу́, разберёшь...; разобра́л, разобрала́, разобра́ло, разобра́ли ╱╲__. *Démonter une horloge*, разобра́ть часы́.

DÉMONTRER дока́зывать / доказа́ть* II, докажу́, дока́жешь... ╲___. *Démontrer son innocence*, доказа́ть свою́ невино́вность. *Démontrer un théorème*, доказа́ть теоре́му. *Ce qu'il fallait démontrer*, что и тре́бовалось доказа́ть.

DÉNONCER (*désigner comme coupable*) доноси́ть ╲___ / донести́* IV, донесу́, донесёшь...; донёс, донесла́... ╱‾‾‾; донесённый (на + *acc.*). *Dénoncer son voisin*, донести́ на сосе́да.

DÉNONCIATION доно́с.

DENSITÉ пло́тность *f*. *La densité de la population*, пло́тность населе́ния.

DENT 1. (*d'être animé*) зуб ___ ╱‾‾ (*l'accent passe sur la préposition dans le groupe* « за́ зуб »). *J'ai mal à une dent*, у меня́ боли́т зуб. *Se laver les dents*, чи́стить зу́бы. *Une dent de lait*, моло́чный зуб. *Une dent de sagesse*, зуб му́дрости. *Une dent plombée*, запломбиро́ванный зуб. **2.** (*d'objet*) зубе́ц. *Les dents de la roue*, зубцы́ колеса́. ● **Armé jusqu'aux dents**, вооружённый до зубо́в. **Avoir une dent contre qqn**, име́ть зуб про́тив кого́-нибудь. **Œil pour œil, dent pour dent**, о́ко за о́ко, зуб за́ зуб.

DENTELLE кружева́, кру́жев, кружева́м... ╲╱‾‾ *pl. t. Garnir une robe de dentelle*, отде́лать пла́тье кружева́ми.

DENTIER иску́ственная че́люсть (че́люсть *f*.). *Enlever son dentier*, вы́нуть иску́ственную че́люсть.

DENTIFRICE (*pâte*) зубна́я па́ста.

DENTISTE зубно́й врач (врач ╱‾‾‾ ‾‾‾). *Elle était dentiste*, она́ была́ зубны́м врачо́м.

DÉPANNER починя́ть / почини́ть ╲___. *Dépanner une voiture*, почини́ть маши́ну.

DÉPANNEUSE авторемо́нтная маши́на.

DÉPART 1. (*à pied*) ухо́д. *Avant le départ de mon frère*, пе́ред ухо́дом моего́ бра́та. **2.** (*autrement qu'à pied*) отъе́зд. *Le jour de mon départ pour Leningrad*, в день отъе́зда в Ленингра́д. **3.** (*en parlant d'un train, d'un bateau...*) ухо́д. *Après le départ du train*, по́сле ухо́да по́езда.

DÉPARTEMENT департа́мент.

DÉPASSER 1. (*laisser derrière soi*) перегоня́ть / перегна́ть* I, перегоню́, перего́нишь... ╲___; перегна́л, перегнала́, перегна́ло, перегна́ли ╱╲__. *Rattraper qqn et le dépasser*, догна́ть и перегна́ть кого́-нибудь. // (*Fig.*) *Il a dépassé tous ses camarades*, он перегна́л всех това́рищей. **2.** (*exécuter au-delà des prévisions*) перевыполня́ть / перевы́полнить. *Dépasser la norme de 20 %*, перевы́полнить но́рму на 20 %. **3.** (*être plus haut, plus long, plus loin...*) *traduire en employant un comparatif. Il te dépasse de deux ou trois centimètres*, он вы́ше тебя́ на два-три сантиме́тра. ● **Ça me dépasse** (*je n'arrive pas à comprendre*), э́то у меня́ в голове́ не укла́дывается. **Le succès a dépassé mes espérances**, успе́х превзошёл мои́ наде́жды.

DÉPÊCHER (SE) спеши́ть / поспеши́ть. *Je me dépêche de rentrer*, спешу́ домо́й.

DÉPENDRE (*être subordonné*) зави́сеть* I, зави́шу, зави́сишь... *Ça ne dépend pas de moi*, э́то от меня́ не зави́сит. ● **Ça dépend**, Смотря́ (*suivi de l'adverbe* « как », *d'un autre adverbe ou d'un pronom*). *Ça dépend*, Смотря́ как. *Ça dépend où*, Смотря́ где. *Ça dépend lequel*, Смотря́ како́й.

DÉPENSE расхо́д. *Des dépenses imprévues*, непредви́денные расхо́ды.

DÉPENSER тра́тить / истра́тить; *ou* расхо́довать / израсхо́довать. *J'ai dépensé plus de cent roubles*, я истра́тил бо́льше ста рубле́й. *Ils ont tout dépensé*, они́ израсхо́довали все де́ньги.

DÉPIT доса́да. *Pleurer de dépit*, пла́кать от доса́ды. ● **En dépit de**, несмотря́ на (+ *acc.*). *En dépit du mauvais temps*, несмотря́ на плоху́ю пого́ду. **En dépit du bon sens**, вопреки́ здра́вому смы́слу.

DÉPLACÉ (*inconvenant*) неуме́стный. *Des questions déplacées*, неуме́стные вопро́сы.

DÉPLACER (*mettre à une autre place*) передвига́ть / передви́нуть. *Déplacer le divan*, передви́нуть тахту́.

DÉPLACER (SE) передвига́ться / передви́нуться. *Se déplacer avec peine*, передвига́ться с трудо́м. *Se déplacer en voiture*, передвига́ться на маши́не.

DÉPLAIRE о́чень не нра́виться (нра́виться / понра́виться). *Cette musique me déplaît*, э́та му́зыка мне о́чень не нра́вится.

DÉPLORABLE плаче́вный. *Ça a donné des résultats déplorables*, э́то привело́ к плаче́вным результа́там.

DÉPORTATION ссы́лка. *Condamner à la déportation*, приговори́ть к ссы́лке.

DÉPORTÉ *subst.* заключённый *participe substantivé masculin. Il y avait quelques déportés politiques*, там бы́ло не́сколько полити́ческих заключённых.

DÉPORTÉE заключённая *participe substantivé féminin.*

DÉPORTER ссыла́ть / сосла́ть* II, сошлю́, сошлёшь... *Il a été déporté en Sibérie*, его́ сосла́ли в Сиби́рь.

DÉPOSER

1. (*un fardeau*) класть* IV, кладу́, кладёшь...; клал, кла́ла... / положи́ть ⟍___ (*dans une position horizontale*); ста́вить / поста́вить (*dans une position verticale*); сбра́сывать / сбро́сить (*déposer sans grand soin*).
2. (*qqn à tel ou tel endroit*) отвози́ть ⟍___ / отвезти́* IV, отвезу́, отвезёшь...; отвёз, отвезла́... ⟋‾‾‾ ; отвезённый.
3. (*de l'argent à la banque*) класть* / положи́ть ⟍___ .
4. (*des bagages à la consigne*) сдава́ть* II, сдаю́, сдаёшь...; сдава́й; сдава́я / сдать* *n. cl.*, сдам, сдашь, сдаст, сдади́м, сдади́те, сдаду́т; сдал, сдала́, сда́ло, сда́ли ⟋⟍___ ; сда́й; сда́нный, сдан, сдана́... ⟋‾‾‾ .

1. *Déposer le malade sur une civière*, положи́ть больно́го на носи́лки. *Déposer son sac à dos par terre*, сбро́сить рюкза́к на зе́млю. 2. *Je vous déposerai chez vous*, я вас отвезу́ домо́й. *Il m'a déposé en ville*, он меня́ отвёз в го́род. 3. *Déposer de l'argent à la caisse d'épargne*, положи́ть де́ньги в сберка́ссу. 4. *Déposer sa valise à la consigne*, сдать чемода́н в ка́меру хране́ния. ● **Déposer une plainte**, пода́ть жа́лобу (подава́ть* II, подаю́, подаёшь...; подава́й; подава́я / пода́ть* *n. cl.*, пода́м, пода́шь, пода́ст, подади́м, подади́те, подаду́т; по́дал, подала́, по́дало, по́дали ⟋⟍__ ; пода́й; по́данный, по́дан, подана́, по́дано, по́даны ⟋⟍__).

DEPÔT (*endroit où sont déposées des marchandises*) склад. *Un dépôt de produits alimentaires*, продово́льственный склад.

DÉPOURVU лишённый, лишён, лишена́... ⟋‾‾‾ . *Non dépourvu de charme*, не лишённый обая́ния. ● **Prendre qqn au dépourvu**, заста́ть кого́-нибудь враспло́х.

DÉPRESSION ● **Dépression nerveuse**, депре́ссия. *Elle a fait une dépression nerveuse*, у неё была́ депре́ссия.

I. DEPUIS *prép.*

I. Durée:
1. (*pendant une durée de*) уже́ *suivi du complément de temps à l'accusatif.*
2. (*en l'espace de*) за (+ *acc.*).
II. Moment précis:

1. (*suivi d'un substantif ou d'une expression servant ordinairement à l'indication du temps*) с (+ *gén.*).
2. (*dans les autres cas*) *selon le contexte* со дня (+ *gén.*) *ou* со вре́мени (+ *gén.*).
III. Lieu, rang, etc.:
1. из (+ *gén.*) *si, dans la situation envisagée, l'emplacement et la direction peuvent être exprimés à l'aide de la préposition* « в ».
2. с (+ *gén.*) *si, dans la situation envisagée, l'emplacement et la direction peuvent être exprimés à l'aide de la préposition* « на ».
3. от (+ *gén.*) *dans les autres cas.*

I.-I. 1. *Elle est ici depuis une semaine entière*, она́ здесь уже́ це́лую неде́лю. *Je ne l'ai pas vue depuis deux ans*, я её уже́ два го́да не ви́дел. **2.** *Il a bien changé depuis deux ans*, он о́чень измени́лся за два го́да. *Vous avez fait de grands progrès depuis trois semaines*, вы сде́лали больши́е успе́хи за три неде́ли.

II. 1. *Depuis mardi*, со вто́рника. *Depuis l'an dernier*, с про́шлого го́да. *Depuis 1953*, с 1953 го́да. *Depuis ce temps-là*, с тех пор. **2.** *Depuis votre arrivée*, со дня ва́шего прие́зда. *Depuis la découverte de l'Amérique*, со вре́мени откры́тия Аме́рики.

III. 1. *Depuis ma chambre, je vois la tour Eiffel*, из моéй ко́мнаты я ви́жу Эйфелеву ба́шню. **2.** *Depuis la tête jusqu'aux pieds*, с головы́ до ног. **3.** *Depuis Moscou jusqu'à Leningrad*, от Москвы́ до Ленингра́да. *Depuis le directeur jusqu'au concierge*, от дире́ктора до дво́рника. • **Depuis longtemps**, давно́ уже́. *Il est à Marseille depuis longtemps*, он давно́ уже́ в Марсе́ле. **Depuis peu**, неда́вно. *Il travaille dans notre institut depuis peu*, он неда́вно рабо́тает в на́шем институ́те. **Depuis quand**, а давно́ ли. *Depuis quand est-elle ici?*, А давно́ ли она́ здесь? **Depuis que**, с тех пор, как. *Depuis que je le connais*, с тех пор, как я его́ зна́ю.

II.-DEPUIS *adv.* с тех пор. *Je ne l'ai pas revue depuis*, с тех пор я её бо́льше не ви́дел.

DÉPUTÉ депута́т. *Les députés du Soviet suprême*, депута́ты Верхо́вного сове́та. *Il a été élu député*, его́ избра́ли депута́том.

DÉRAILLER (*quitter les rails*) сойти́ с ре́льсов (сходи́ть, схо́дит, схо́дят / сойти́* IV, сойдёт, сойду́т; сошёл, сошла́...). *Le train a déraillé*, по́езд сошёл с ре́льсов.

DÉRANGER (*qqn*) меша́ть / помеша́ть [+ *dat.*] (*gêner qqn dans ses occupations*); затрудня́ть / затрудни́ть (*importuner*). *Je vous dérange?*, Я вам меша́ю? *Je ne voudrais pas vous déranger*, Не бу́ду вас затрудня́ть. *Si ça ne vous dérange pas*, е́сли вас не затрудни́т.

DÉRANGER (SE) • **Ne vous dérangez pas**, Не беспоко́йтесь.

DERNIER 1. (*en règle générale*) после́дний. *Le dernier jour de la semaine*, после́дний день неде́ли. *Les dernières nouvelles*, после́дние изве́стия. *Pour la dernière fois*, в после́дний раз. *Au dernier moment*, в после́днюю мину́ту. *Ces derniers temps*, в после́днее вре́мя. *Rendre le dernier soupir*, испусти́ть после́дний вздох. **2.** (*dans les expressions « l'an dernier », « la semaine dernière », « jeudi dernier », etc.*) про́шлый. *L'an dernier*, в про́шлом году́. *La semaine dernière*, на про́шлой неде́ле. *Samedi dernier*, в про́шлую суббо́ту.

DERNIÈREMENT неда́вно. *J'ai appris ça dernièrement*, я неда́вно узна́л об э́том.

DERRIÈRE

I. Préposition:
1. (*direction*) за (+ *acc.*).
2. (*emplacement*) за (+ *instr.*) // *et, au sens de « un peu en arrière »*, позади́ (+ *gén.*).
II. Adverbe:
позади́; сза́ди.

I. 1. *Mettre les mains derrière son dos*, заложи́ть ру́ки за́ спину. *Mettre qqch. derrière l'armoire*, поста́вить что́-нибудь за шкаф. **2.** *On entendit un cri derrière la porte*, за две́рью разда́лся крик. *Un chien courait derrière lui*, за ним бежа́ла соба́ка. // *Elle était assise derrière toi*, она́ сиде́ла позади́ тебя́.

II. *Il marchait devant et moi derrière*, он шёл впереди́, а я позади́. ● **De derrière 1.** (*qualifiant un substantif*) за́дний. *Les pattes de derrière*, за́дние ла́пы. **2.** (*préposition*) из-за (+ *gén.*). *De derrière le mur*, из-за стены́. **Par-derrière**, сза́ди. *Ils nous ont attaqués par-derrière*, они́ напа́ли на нас сза́ди. **Sens devant derrière**, за́дом наперёд.

DES V. DE, LE I, UN.

DÈS

> **1.** (*à partir de*) с (+ *gén.*) // *ou, si l'emploi d'un génitif s'avère impossible*, уже́.
> **2.** (*aussitôt après*) сра́зу по́сле (+ *gén.*).
> REMARQUE. Selon le contexte, l'idée exprimée pourra être renforcée par l'emploi de « уже́ », « начина́я », « ещё » (précédant la préposition), « са́мый » (précédant le substantif), « же » (placé après l'adverbe ou l'adjectif).

1. *Dès le lendemain*, со сле́дующего дня. *Dès le lundi*, уже́ с понеде́льника. *Dès le second échelon*, начина́я со второ́го разря́да. *Dès la fin du XVIIIe siècle*, ещё с конца́ XVIII ве́ка. *Dès le matin*, с са́мого утра́. *Dès les premiers jours*, с пе́рвых же дней. // *Dès aujourd'hui, vous pouvez commencer*, уже́ сего́дня вы мо́жете нача́ть. *Dès maintenant, on peut tirer quelques conclusions*, уже́ тепе́рь мо́жно сде́лать ко́е-каки́е заключе́ния. **2.** *Dès mon retour*, сра́зу по́сле моего́ возвраще́ния. *Dès le début des vacances*, сра́зу же по́сле нача́ла кани́кул. ● **Dès que**, как то́лько. *Dès qu'il arrivera*, как то́лько он прие́дет.

DÉSAGRÉABLE неприя́тный. *Une odeur désagréable*, неприя́тный за́пах.

DÉSAPPROUVER не одобря́ть (одобря́ть / одо́брить). *Elle désapprouve ton choix*, она́ не одобря́ет твой вы́бор.

DÉSARMEMENT разоруже́ние. *Une conférence sur le désarmement*, конфере́нция по разоруже́нию.

DÉSASTRE катастро́фа.

DÉSASTREUX бе́дственный (*lamentable*); ги́бельный (*funeste*). *Une situation désastreuse*, бе́дственное положе́ние. *Des conséquences désastreuses*, ги́бельные после́дствия.

DESCENDRE

> **1.** (*se déplacer de haut en bas*) спуска́ться / спусти́ться ⟍___ // *et, avec diverses nuances*, сходи́ть⟍___/ сойти́* IV, сойду́, сойдёшь...; сошёл, сошла́...; сойдя́ (*sur ses jambes*); сбега́ть / сбежа́ть* *n. cl.*, сбегу́, сбежи́шь..., сбегу́т; сбеги́ (*en courant*); слеза́ть / слезть* IV, сле́зу, сле́зешь...; слез, сле́зла... (*en s'aidant des mains*); выходи́ть ⟍___ / вы́йти* IV, вы́йду, вы́йдешь...; вы́шел, вы́шла... (*sortir*).
> **2.** (*s'arrêter au cours d'un voyage*) остана́вливаться / останови́ться ⟍___ .
> **3.** (*en parlant du baromètre*) па́дать.
> **4.** (*transporter dans un autre lieu*) сноси́ть ⟍___ / снести́* IV, снесу́, снесёшь...; снёс, снесла́... ⟋___ ; снесённый.

1. *Descendre par l'escalier mécanique*, спуска́ться по эскала́тору. *Descendre en parachute*, спуска́ться на парашю́те. // *Vous descendez à la prochaine?*, На сле́дующей схо́дите? *Descendre l'escalier quatre à quatre*, сбежа́ть с ле́стницы. *Descendre de l'arbre*, слезть с де́рева. *Descendre de cheval*, слезть с ло́шади. *Descendre de voiture*, вы́йти из маши́ны. **2.** *Nous descendons à l'Astoria*, мы остано́вимся в Асто́рии. **3.** *Le baromètre descend*, баро́метр па́дает. **4.** *Descendre les sacs à la cave*, снести́ мешки́ в подва́л.

DESCENTE (*pente; action de descendre*) спуск. *Dans une descente rapide*, на круто́м спу́ске. *La descente dans la mine*, спуск в ша́хту.

DESCRIPTION описáние. *Une description détaillée,* подрóбное описáние.

DÉSÉQUILIBRÉ *adj.* неуравновéшенный, неуравновéшен, неуравновéшена... *Un homme déséquilibré,* неуравновéшенный человéк.

I. DÉSERT *adj.* **1.** (*non habité*) необитáемый. *Dans une île déserte,* на необитáемом óстрове. **2.** (*peu fréquenté*) пусты́нный. *Des rues désertes,* пусты́нные ýлицы.

II. DÉSERT *subst.* пусты́ня. *Le désert du Sahara,* пусты́ня Сахáра.

DÉSERTEUR дезерти́р.

DÉSESPÉRER терять надéжду (терять / потерять). *Il ne faut pas désespérer,* не нáдо терять надéжду.

DÉSESPOIR отчáяние. *Être au désespoir,* быть в отчáянии.

DÉSHABILLER раздевáть / раздéть* *n. cl.*, раздéну, раздéнешь...; раздéтый. *Déshabiller un enfant,* раздéть ребёнка. *Il se déshabilla et se coucha,* он раздéлся и лёг спать.

DÉSIGNER 1. (*montrer*) покáзывать / показáть* II, покажý, покáжешь... ____ (на + *acc.*). *C'est lui, me dit-elle, en désignant un homme de haute taille,* Э́то он, — сказáла онá, покáзывая на человéка высóкого рóста. **2.** (*nommer, promouvoir*) назначáть / назнáчить. *Le tribunal a désigné deux experts,* суд назнáчил двух экспéртов.

DÉSILLUSION разочаровáние.

DÉSINENCE окончáние. *La désinence zéro,* нулевóе окончáние.

DÉSIR желáние. *Le désir de partir,* желáние уéхать. *Ses désirs ont été exaucés,* желáния её испóлнились.

DÉSIRER желáть / пожелáть. *Je désire lui parler,* я желáю поговори́ть с ним. *Cela laisse fort à désirer,* э́то оставляéт желáть лýчшего.

Remarque. « Желáть » se construit avec le génitif, un infinitif ou « чтóбы » et le passé.

DÉSOBÉISSANCE непослушáние. *L'enfant a été puni pour sa désobéissance,* ребёнка наказáли за непослушáние.

DÉSORDRE беспоря́док. *En désordre,* в беспоря́дке.

DESQUELS, DESQUELLES v. lequel.

DESSERRER разжимáть / разжáть* IV, разожмý, разожмёшь...; разжáтый. *Ne pas desserrer les dents,* не разжимáть зубóв.

DESSERT слáдкое *adj. subst. n.* *Et comme dessert, je vais prendre une glace,* А на слáдкое я возьмý морóженое.

DESSIN 1. (*ce qui est dessiné*) рисýнок (*dessin artistique*); чертёж /—— —— (*dessin technique*). **2.** (*le fait de dessiner, l'art de dessiner*) рисовáние (*dessin artistique*); черчéние (*dessin technique*). *Professeur de dessin,* учи́тель рисовáния. • **Dessins animés,** мультипликáция.

DESSINER (*dessin artistique*) рисовáть / нарисовáть. *Dessiner d'après nature,* рисовáть с натýры.

I. DESSOUS *adv.* **1.** (*direction*) под *suivi d'un nom ou, plus rarement, d'un pronom à l'accusatif. Il y a une table dans la chambre. Va mettre le panier dessous,* Иди́ в кóмнату и постáвь корзи́нку под стол. **2.** (*emplacement*) под *suivi d'un nom ou, plus rarement, d'un pronom à l'instrumental. Il y a un livre là-bas sur la table. Ma lettre doit être dessous,* Там на столé кни́га. Моё письмó, должнó быть, под ней. *Il y avait une barrière. Je suis passée dessous,* Я прошлá под шлагбáумом, котóрый там был. • **Au-dessous** *se traduit comme « dessous ». Tu vois cet arbre? Nous nous étions mis à l'abri au-dessous,* Ви́дишь э́то дéрево? Мы спря́тались под ним. **Au-dessous de** (*suivi d'une indication d'âge*), до (+ *gén.*). *Au-dessous de seize ans,* до шестнáдцати лет. **Au-dessous de zéro** (*température*), морóза; ни́же нуля́ (*livresque*). *Vingt degrés au-dessous de zéro,* двáдцать грáдусов морóза. **De dessous** (*prép.*), из-под (+ *gén.*). *Tirer qqch. de dessous l'armoire*, вы́тащить что́-нибудь из-под шка́фа. **En dessous de** *se traduit comme « dessous ». Le papier est tombé en dessous de l'armoire*, бума́жка упа́ла под шкаф. *Je l'ai trouvée en dessous de l'armoire*, я её нашёл под шка́фом. **Là-dessous 1.** (*propr.*) тут сни́зу. *Le livre était là-dessous*, кни́га была́ тут сни́зу. **2.** (*fig.*) тут. *Il y a quelque chose là-dessous*, тут что́-то кро́ется. **Par-dessous**, под (+ *instr.*). *Je suis passé par-dessous la barrière* ou *Je suis passé par-dessous*, Я прошёл под шлагба́умом. **Sens dessus dessous**, вверх дном. *Mettre toute la maison sens dessus dessous*, поста́вить весь дом вверх дном.

Remarque. « Dessous », « en dessous », « par-dessous » peuvent être également traduits par « сни́зу ».

II. DESSOUS *subst.* ни́жняя часть (часть *f.*). *Le dessous de l'assiette*, ни́жняя часть таре́лки.

I. DESSUS *adv.* **1.** (*direction*) туда́; на *suivi d'un substantif ou, plus rarement, d'un pronom à l'accusatif. Il y a une table là-bas. Mets la valise dessus*, Положи́ чемода́н туда́ на стол *ou* Там есть стол. Положи́ туда́ чемода́н. **2.** (*emplacement*) там; на *suivi d'un substantif ou, plus rarement, d'un pronom au locatif. Il y a une commode dans le coin. Le journal était dessus*, Газе́та была́ там на комо́де в углу́. ● **Au-dessus** (*lieu*), наверху́. *Ils habitent au-dessus*, они́ живу́т наверху́. **Au-dessus de**, над (+ *instr.*). *Voler au-dessus de la forêt*, лете́ть над ле́сом. **Au-dessus de zéro** (*en parlant de la température*), тепла́; вы́ше нуля́ (*livresque*). *Cinq degrés au-dessus de zéro*, пять гра́дусов тепла́. **Là-dessus 1.** (*direction*) сюда́. *Pose ce livre là-dessus*, Положи́ э́ту кни́гу сюда́. **2.** (*emplacement*) тут све́рху. *Le livre était là-dessus*, кни́га была́ тут све́рху. **3.** (*ensuite*) по́сле э́того. *Là-dessus, il nous a fait ses adieux*, по́сле э́того он попроща́лся с на́ми. **Par-dessus 1.** (*avec des verbes comme « regarder », « voir », « mettre »...*) пове́рх (+ *gén.*). *Il me regardait par-dessus ses lunettes*, он смотре́л на меня́ пове́рх очко́в. *Mettre un pull par-dessus sa chemise*, наде́ть сви́тер пове́рх руба́шки. **2.** (*avec des verbes comme « sauter », « lancer »...*) че́рез (+ *acc.*). *Sauter par-dessus le fossé*, пры́гнуть че́рез кана́ву. *Jeter une pierre par-dessus la palissade*, бро́сить ка́мень че́рез забо́р. **Par-dessus tout**, бо́льше всего́ на све́те. *Ce que j'aime par-dessus tout, c'est la musique de chambre*, бо́льше всего́ на све́те я люблю́ ка́мерную му́зыку. **Sens dessus dessous**, вверх дном. *Mettre toute la maison sens dessus dessous*, поста́вить весь дом вверх дном.

Remarque. « Dessus », « en dessus », « par-dessus » peuvent être également traduits par « све́рху ».

II. DESSUS ве́рхняя часть [часть *f.*] (*livresque*). *Le dessus de la lampe*, ве́рхняя часть ла́мпы.

DESTIN судьба́*, *gén. pl.* су́деб ——— .

DESTINATAIRE адреса́т.

DESTRUCTION разруше́ние. *La destruction de la ville*, разруше́ние го́рода.

DÉTACHEMENT (*groupe*) отря́д. *Un détachement de cosaques*, каза́чий отря́д. *Un détachement de pionniers*, пионе́рский отря́д.

DÉTACHER (*ce qui est lié*) отвя́зывать / отвяза́ть* II, отвяжу́, отвя́жешь... ——— . *Détacher le chien*, отвяза́ть соба́ку.

DÉTAIL 1. (*petit élément*) подро́бность *f. Ne pas entrer dans les détails*, не вдава́ться в подро́бности. **2.** (*bagatelle*) пустя́к ——— . *Ce sont des détails*, э́то пустяки́. ● **Au détail**, в ро́зницу. *Vendre au détail*, продава́ть в ро́зницу. **En détail**, подро́бно. *Décrire en détail*, подро́бно описа́ть.

DÉTENTE ослабле́ние напряже́ния. *La détente internationale*, ослабле́ние междунаро́дного напряже́ния.

DÉTENU *subst.* заключённый *adj. subst. m. Les détenus politiques*, полити́ческие заключённые.

DÉTENUE заключённая *adj. subst. f.*

DÉTERMINÉ 1. (*précis*) определённый. *Pour une période déterminée*, на определённый период. **2.** (*gramm.*) некра́тного подви́да. *Les verbes déterminés comme, par exemple,* « идти́ », глаго́лы некра́тного подви́да как, наприме́р, « идти́ ».

DÉTESTER ненави́деть* I, ненави́жу, ненави́дишь... / возненави́деть* I (*id.*). *Il déteste ses voisins*, он ненави́дит свои́х сосе́дей.

DÉTOUR (*chemin que l'on parcourt quand on s'écarte de la route directe*) крюк ⁄‾‾‾ ‾‾‾ . *Faire un détour*, сде́лать крюк.

DÉTRUIRE 1. (*ce qui a été construit*) разруша́ть / разру́шить. *La ville a été détruite*, го́род был разру́шен. **2.** (*faire périr*) истребля́ть / истреби́ть. *Détruire les insectes nuisibles*, истреби́ть вре́дных насеко́мых. *Détruire les forêts*, истребля́ть леса́. **3.** (*anéantir*) уничтожа́ть / уничто́жить. *Détruire l'armée ennemie*, уничто́жить неприя́тельскую а́рмию.

DETTE долг*, *loc.* долгу́ ∠‾‾. *Payer ses dettes*, расплати́ться с долга́ми. *Être criblé de dettes*, быть по́ уши в долга́х.

DEUIL 1. (*perte d'un parent*) *traduire en utilisant le verbe* « / потеря́ть », « *perdre* », *suivi d'un nom de parenté. J'ai appris qu'elle avait eu un deuil*, я узна́л, что она́ потеря́ла бра́та. **2.** (*signes extérieurs*) тра́ур. *Être en deuil*, быть в тра́уре. ● **Tu peux en faire ton deuil**, пиши́ пропа́ло.

DEUX

> **1.** (*en règle générale*) два (*l'accent passe sur la préposition dans les groupes* « за́ два », « на́ два », « по́ два »).
> **2.** (*régissant un plurale tantum, un pronom ou, éventuellement, un nom de personne masculin*) дво́е *nom de nombre collectif* (*l'accent passe sur la préposition dans le groupe* « по́ двое »).
> **3.** (*au sens de* « *deuxième* » *et, en particulier, dans l'expression de la date*) второ́й.
> **4.** (*aux cartes*) дво́йка.

1. *Deux mètres*, два ме́тра. *Deux places*, два ме́ста. *Deux bouteilles*, две буты́лки. *Raconter en deux mots*, рассказа́ть в двух слова́х. *À deux pas d'ici*, в двух шага́х отсю́да. *Ils se ressemblent comme deux gouttes d'eau*, они́ похо́жи друг на дру́га как две ка́пли воды́. *Deux avis valent mieux qu'un*, ум хорошо́, а два лу́чше. **2.** *Deux traîneaux*, дво́е сане́й. *Deux enfants*, дво́е дете́й. *Nous étions deux*, нас бы́ло дво́е. *Deux fils*, дво́е сынове́й. **3.** *Le 2 février*, 2-го февраля́. *À la page deux*, на второ́й страни́це. *Dans le tome deux*, во второ́м то́ме. *Acte deux*, Де́йствие второ́е. *Catherine II*, Екатери́на II (Екатери́на Втора́я). **4.** *Un deux de cœur*, дво́йка черве́й. ● **À deux**, вдвоём. *À deux, c'est plus gai*, вдвоём веселе́е. **Deux cent(s)**, две́сти. *Deux cents roubles*, две́сти рубле́й. *À deux cents kilomètres de là*, в двухста́х киломе́трах отту́да. **Deux-centième**, двухсо́тый. **Deux fois 1.** (*en règle générale*) два ра́за. **2.** (*suivi d'un nom de nombre*) два́жды. *C'est clair comme deux et deux font quatre*, э́то я́сно как два́жды два четы́ре. **3.** (*suivi d'un comparatif*) вдво́е. *Deux fois moins*, вдво́е ме́ньше. *L'autre pièce est deux fois plus grande*, друга́я ко́мната вдво́е бо́льше. **Deux par deux**, по́ двое. *Ils passaient deux par deux*, они́ проходи́ли по́ двое. **En deux**, попола́м. *Partager qqch. en deux*, раздели́ть что́-нибудь попола́м. **Les deux** (*l'un et l'autre*), о́ба. *Les deux fils sont ingénieurs*, о́ба сы́на инжене́ры. *Des deux mains*, обе́ими рука́ми. **Les deux font la paire**, два сапога́ па́ра. **Tous les deux**, о́ба. *Elles sont parties toutes les deux*, о́бе уе́хали.

DEUXIÈME 1. (*en règle générale*) второ́й. *Dans le deuxième volume*, во второ́м то́ме. **2.** (*en parlant des étages*) тре́тий* (*se décline comme un adjectif d'appartenance*). *Ils habitent au deuxième étage*, они́ живу́т на тре́тьем этаже́.

DEUXIÈMEMENT во-вторы́х.

DÉVALUATION девальва́ция.

DEVANT

> **I. Préposition:**
> **1.** (*emplacement*) пéред (+ *instr.*).
> **2.** (*direction*) к (+ *dat.*).
> **3.** (*en parlant de ce qui passe sans s'arrêter*) мимо (+ *gén.*).
> **4.** (*en tête de*) впереди́ (+ *gén.*).
> **II. Adverbe:**
> **1.** (*direction*) вперёд.
> **2.** (*emplacement*) спéреди; впереди́ (*en tête*).
> **III. Substantif:**
> пере́дняя часть (часть *f.*).

I. 1. *Je me suis arrêté devant le théâtre*, я останови́лся пéред теа́тром. **2.** *Je suis allé devant le théâtre*, я подошёл к теа́тру. **3.** *Je suis passé devant le théâtre*, я прошёл ми́мо теа́тра. **4.** *Hélène marchait devant nous*, Еле́на шла впереди́ нас.
II. 1. *Passez devant*, Проходи́те вперёд. **2.** *Il était devant*, он стоя́л спéреди. *Le petit garçon marchait devant*, ма́льчик шёл впереди́.
III. *Le devant du monument*, пере́дняя часть па́мятника. ● **Au-devant de**, навстре́чу (+ *dat.*). *Il est allé au-devant de nos désirs*, он пошёл навстре́чу на́шим жела́ниям. **De devant** (*qualifiant un substantif*), пере́дний. *Les pattes de devant*, пере́дние ла́пы. **Par-devant**, спéреди. *Par-devant, il y avait un parterre de fleurs*, спéреди была́ клу́мба.

DÉVEINE невезе́ние. ● **Avoir de la déveine**, не везти́ (везти́* IV, везёт; везло́ / повезти́* IV [*id.*]; *au sujet de la proposition française correspond en russe un nom ou un pronom au datif*). *J'ai eu de la déveine*, мне не повезло́. *Il a de la déveine*, ему́ не везёт.

DÉVELOPPEMENT разви́тие (*croissance*); расшире́ние (*élargissement*). *Le développement de l'industrie*, разви́тие промы́шленности. *Le développement des échanges commerciaux*, расшире́ние торго́вых обме́нов.

DÉVELOPPER 1. развива́ть / разви́ть* II, разовью́, разовьёшь...; разви́л, развила́, разви́ло, разви́ли ∧___; разве́й; разви́тый, разви́т, развита́, разви́то, разви́ты ∧___. *Développer la mémoire*, развива́ть па́мять. *Développer une idée*, развива́ть иде́ю. *L'industrie se développe*, промы́шленность развива́ется. **2.** (*photographie*) проявля́ть / прояви́ть ___. *Développer le négatif*, прояви́ть негати́в.

DEVENIR станови́ться ___ / стать* *n. cl.*, ста́ну, ста́нешь... (+ *instr.*). *Elle est devenue pensive*, она́ ста́ла заду́мчивой. *Il est devenu ingénieur*, он стал инжене́ром.
Remarque. « Devenir » suivi d'un adjectif peut également être traduit dans certain cas par un verbe en « еть » formé sur la base de l'adjectif. Ex. : *devenir rouge*, красне́ть / покрасне́ть; *devenir sombre*, темне́ть / потемне́ть; *devenir ivre*, пьяне́ть / опьяне́ть, etc. *À l'est le ciel devenait rouge*, на восто́ке не́бо красне́ло.

DÉVIATIONNISME уклони́зм.

DÉVIATIONNISTE *subst.* уклони́ст.

DEVINER дога́дываться / догада́ться (*ne peut pas être suivi d'un complément direct*); *ou* уга́дывать / угада́ть; разга́дывать / разгада́ть (*déchiffrer, résoudre*). *J'ai deviné à quoi il faisait allusion*, я догада́лся, на что он намека́л. *J'essayais de deviner ses pensées*, я стара́лся угада́ть его́ мы́сли. *Je crois avoir deviné ses intentions*, я, ка́жется, разгада́л его́ наме́рения.

DEVINETTE зага́дка. *Poser une devinette à qqn*, загада́ть кому́-нибудь зага́дку.

DEVISE 1. (*règle de conduite*) деви́з. *La simplicité, c'est ma devise*, простота́ — мой деви́з. **2.** (*pl.: monnaie, valeurs*) валю́та. *Des devises étrangères*, иностра́нная валю́та.

DÉVISSER выви́нчивать / вы́винтить. *Dévisser un écrou*, вы́винтить га́йку.

I. DEVOIR *verbe* **1.** (*avoir des dettes; avoir l'obligation morale; être dans la nécessité; avoir l'intention; être sur le point de*) до́лжен *accompagné du verbe* быть (должен, должна́, должно́, должны́ ⁄—— *adjectif à la forme courte*). *Il me doit deux roubles*, он мне до́лжен два рубля́. *Tous les hommes doivent travailler*, ка́ждый челове́к до́лжен рабо́тать. *Elle devait rentrer avant deux heures*, она́ должна́ была́ верну́ться до двух часо́в. **2.** (*être redevable*) обя́зан *accompagné du verbe* быть (обя́зан, обя́зана... *participe passé passif à la forme courte*). *C'est à lui que je dois mon succès*, я обя́зан ему́ свои́м успе́хом. **3.** (*possibilité, vraisemblance*) должно́ быть; веро́ятно. *Ils doivent être partis*, они́, должно́ быть, уе́хали. *Elle doit être chez elle*, она́, веро́ятно, до́ма.

II. DEVOIR *subst.* **1.** (*moral*) долг. *Faire son devoir*, вы́полнить свой долг. *Considérer comme son devoir*, счита́ть свои́м до́лгом. **2.** (*scolaire*) дома́шнее зада́ние *ou, simplement*, зада́ние.

DÉVOUÉ пре́данный. *Un ami dévoué*, пре́данный друг.

DIABÈTE диабе́т.

DIABLE чёрт*, *pl.* че́рти, черте́й, чертя́м... —— ⁄——. *Va-t'en au diable!*, Иди́ к чёрту! *Le diable l'emporte!*, Чёрт бы его́ побра́л! ● **Habiter au diable**, жить у чёрта на кули́чках.

DIABOLIQUE дья́вольский. *Un caractère diabolique*, дья́вольский хара́ктер.

DIAGNOSTIC диагно́з. *Établir un diagnostic*, поста́вить диагно́з.

DIALECTAL диале́ктный. *Une expression dialectale*, диале́ктное выраже́ние.

DIALECTE го́вор, диале́кт. *Les dialectes du Sud*, ю́жные го́воры.

DIALECTIQUE *adj.* ● **Le matérialisme dialectique**, диалекти́ческий материали́зм.

DIALOGUE диало́г. ● **Un dialogue de sourds**, разгово́р глухи́х с немы́ми.

DIAMANT алма́з.

DIAMÉTRALEMENT ● **Diamétralement opposé**, диаметра́льно противополо́жный. *Des points de vue diamétralement opposés*, диаметра́льно противополо́жные взгля́ды.

DIAMÈTRE диа́метр. *D'un mètre de diamètre*, диа́метром в метр.

DIAPHRAGME диафра́гма.

DIAPOSITIVE диапозити́в. *Des diapositives en couleurs*, цветны́е диапозити́вы.

DICTATEUR дикта́тор.

DICTATORIAL дикта́торский. *Un pouvoir dictatorial*, дикта́торская власть.

DICTATURE диктату́ра. *Une dictature militaire*, вое́нная диктату́ра. *La dictature du prolétariat*, диктату́ра пролетариа́та.

DICTÉE 1. (*exercice*) дикта́нт. *Un recueil de dictées*, сбо́рник дикта́нтов. **2.** (*action de dicter*) дикто́вка. *Sous la dictée de l'auteur*, под дикто́вку а́втора.

DICTER диктова́ть / продиктова́ть. *Dicter une lettre à sa dactylo*, диктова́ть письмо́ машини́стке.

DICTIONNAIRE слова́рь ⁄—— —— *m.* *Dictionnaire français-russe*, францу́зско-ру́сский слова́рь. *Traduire à l'aide d'un dictionnaire*, переводи́ть с по́мощью словаря́.

DIÈTE дие́та. *Faire la diète*, соблюда́ть дие́ту.

DIEU бог —— ⁄——. *Croire en Dieu*, ве́рить в бо́га. *Prier Dieu*, моли́ться бо́гу. *Il traîne Dieu sait où*, шля́ется бог зна́ет где. *Dieu merci!*, Сла́ва бо́гу. ● **Mon Dieu!**, Го́споди!

REMARQUES.

1. La prononciation de « бог » est [бох] au nominatif singulier.

2. Depuis la réforme orthographique de 1917, le mot « бог » ne prend une majuscule que dans les textes de caractère religieux.

DIFFÉRENCE ра́зница. *Une grande différence de prix*, больша́я ра́зница в цене́. *À cette différence près que*, с той ра́зницей, что. *Il n'y a aucune différence*, нет никако́й ра́зницы.

DIFFÉRENT 1. (*varié, divers*) ра́зный, разли́чный. *Des goûts différents*, ра́зные вку́сы. *Des points de vue différents*, разли́чные то́чки зре́ния. **2.** (*tout autre*) совсе́м друго́й. *Il avait des intentions différentes*, у него́ бы́ли совсе́м други́е наме́рения. **3.** (*plusieurs*) не́сколько, *cas obliques* не́скольких, не́скольким... (*la forme* « не́сколько » *régit le génitif; les autres formes s'accordent avec le substantif*). *Différentes personnes sont venues*, пришло́ не́сколько челове́к. *J'ai voyagé dans différents pays*, я побыва́л в не́скольких стра́нах.

DIFFICILE 1. (*qui demande un effort; compliqué*) тру́дный. *Un travail difficile*, тру́дная рабо́та. *Un texte difficile*, тру́дный текст. *Ce n'est pas difficile*, э́то не тру́дно. **2.** (*exigeant*) тре́бовательный. *Vous êtes vraiment difficile*, вы о́чень тре́бовательный.

DIFFICULTÉ 1. (*caractère de ce qui est difficile*) тру́дность *f*. *Ça ne présente aucune difficulté*, э́то не представля́ет тру́дности. **2.** (*complication, obstacle*) тру́дность *f*., затрудне́ние. *Surmonter les difficultés*, преодоле́ть тру́дности. *Des difficultés financières*, фина́нсовые затрудне́ния. **3.** (*peine, effort*) труд. *Il marchait avec difficulté*, он шёл с трудо́м. *Sans difficulté*, без труда́.

DIGESTION пищеваре́ние. *Une mauvaise digestion*, плохо́е пищеваре́ние.

DIGNE досто́йный, досто́ин, досто́йна... (+ *gén.*). *Digne d'une meilleure utilisation*, досто́йный лу́чшего примене́ния.

DIMANCHE воскресе́нье. *Je l'ai vu dimanche*, я ви́дел его́ в воскресе́нье. *Le dimanche, nous allons à la campagne*, по воскресе́ньям мы е́здим за́ город.

DIMENSION 1. (*taille*) разме́р. *Un bâtiment de grandes dimensions*, зда́ние огро́мных разме́ров. **2.** (*math.*) измере́ние. *L'espace à quatre dimensions*, простра́нство с четырьмя́ измере́ниями.

DIMINUER 1. *tr.* уменьша́ть / уме́ньшить. *Diminuer la dose*, уме́ньшить до́зу. *Diminuer les dépenses*, уме́ньшить расхо́ды. **2.** *intr.* уменьша́ться / уме́ньшиться. *Le danger a diminué*, опа́сность уме́ньшилась. **3.** (*en parlant des jours*) стать коро́че (станови́ться, стано́вятся / стать* *n. cl.*, ста́нут). *Les jours ont diminué*, дни ста́ли коро́че.

DIMINUTIF *adj.* уменьши́тельный. *Un suffixe diminutif*, уменьши́тельный су́ффикс.

DINDE инде́йка.

DINDON индю́к.

I. DÎNER *subst.* у́жин. *Pendant le dîner*, за у́жином.

II. DÎNER *verbe* у́жинать / поу́жинать. *Nous avons dîné ensemble au restaurant*, мы вме́сте поу́жинали в рестора́не.

DIPHTÉRIE дифтери́т.

DIPLOMATE диплома́т. *Tu ne feras pas un diplomate*, диплома́та из тебя́ не полу́чится.

DIPLOMATIE диплома́тия. *User de diplomatie*, пуска́ть в ход диплома́тию.

DIPLOMATIQUE дипломати́ческий. *Le corps diplomatique*, дипломати́ческий ко́рпус.

DIPLÔME дипло́м. *Obtenir un diplôme*, получи́ть дипло́м.

DIRE говори́ть / сказа́ть* II, скажу́, ска́жешь... *Dire la vérité*, сказа́ть пра́вду. *Il dit qu'il est malade*, он говори́т, что бо́лен. *Sans dire un mot*, не говоря́ ни сло́ва. ● **À dire vrai**, по пра́вде говоря́. **Aussitôt dit, aussitôt fait**, Ска́зано — сде́лано. **Autrement dit**, други́ми слова́ми. **Cela va sans dire**, само́ собо́й разуме́ется. **C'est-à-dire**, то есть, *par abréviation* т. е. *La phonologie, c'est-à-dire la phonétique fonctionnelle*, фоноло́гия, т. е. функциона́льная фоне́тика. **C'est facile à dire**, легко́ сказа́ть. **Dire la bonne aventure**, гада́ть. **Entendre dire**, слы́шать* I, слы́шу, слы́шишь... *J'ai entendu dire qu'elle s'était mariée*, я слы́шал, что она́ вы́шла за́муж. **Entre nous soit dit**, ме́жду на́ми говоря́. **Et dire que**, и когда́ поду́маешь. *Et dire que nous n'en sommes pas encore à la moitié!*, И когда́ поду́маешь, что мы ещё не дошли́ до полови́ны! **Il n'y a pas à dire**, не́чего сказа́ть. *Il est formidable, il n'y a pas à dire,* Молоде́ц, не́чего сказа́ть. **On dirait que,** ка́жется. *On dirait qu'ils sont déjà arrivés,* ка́жется, они уже́ прие́хали. **Pour ainsi dire,** так сказа́ть. **Que voulez-vous dire par là?,** Что вы хоти́те э́тим сказа́ть? **Qui ne dit mot consent,** молча́ние — знак согла́сия. **Soi-disant,** так называ́емый. *Les soi-disant « rois du pétrole »,* так называ́емые « короли́ не́фти ». **Vouloir dire,** зна́чить. *Qu'est-ce que ça veut dire?,* Что э́то зна́чит?

DIRECT прямо́й. *Les impôts directs,* прямы́е нало́ги. *Un héritier direct,* прямо́й насле́дник. *Le complément direct,* прямо́е дополне́ние.

DIRECTEMENT пря́мо, *comp.* прямее. *Je vais directement chez lui,* я иду́ пря́мо к нему́.

DIRECTEUR дире́ктор*, *nom. pl.* директора́. *Le directeur du théâtre,* дире́ктор теа́тра.

DIRECTION 1. (*sens, orientation*) направле́ние. *Dans la direction de la ville,* по направле́нию к го́роду. *Prendre la direction de l'est,* взять направле́ние на восто́к. **2.** (*action de diriger*) руково́дство. *Sous la direction d'un guide expérimenté,* под руково́дством о́пытного проводника́. ● **Être dans la bonne direction,** быть на пра́вильном пути́.

DIRECTRICE дире́ктор*, *nom. pl.* директора́. *Elle est directrice d'école,* она́ дире́ктор шко́лы.

DIRIGER 1. (*envoyer; tourner*) направля́ть / напра́вить. *On a dirigé les blessés vers l'arrière,* больны́х напра́вили в тыл. *Diriger son regard vers qqn,* напра́вить свой взгляд на кого́-нибудь. **2.** (*commander*) руководи́ть (+ *instr.*). *Diriger les travaux,* руководи́ть рабо́тами. *Diriger un cercle,* руководи́ть кружко́м.

DIRIGER (SE) направля́ться / напра́виться. *Se diriger vers la ville,* напра́виться к го́роду.

DISCIPLE учени́к. *Les disciples de Freud,* ученики́ Фре́йда.

DISCIPLINE дисципли́на. *Une discipline de fer,* желе́зная дисципли́на.

DISCOURS речь *f.* *Prononcer un discours,* произнести́ речь.

DISCRET скро́мный. *Un homme discret,* скро́мный челове́к.

DISCUSSION спор; диску́ссия (*livresque*). *La discussion a été orageuse,* спор был бу́рный. *Une discussion philosophique,* филосо́фская диску́ссия.

DISCUTER (*échanger des idées*) спо́рить / поспо́рить. *Discuter de politique,* спо́рить о поли́тике. *Des goûts et des couleurs on ne discute pas,* о вку́сах не спо́рят.

DISPARAÎTRE 1. (*cesser d'être visible, de se manifester*) исчеза́ть / исче́знуть* III. *Les taches ont disparu,* пя́тна исче́зли. **2.** (*se cacher, s'en aller*) скрыва́ться / скры́ться* II, скро́юсь, скро́ешься... (*ce verbe régit aussi bien des constructions avec l'accusatif marquant la direction que des constructions avec l'instrumental ou le locatif marquant l'emplacement*). *Ils disparurent au coin de la rue,* они́ скры́лись за угло́м. *Le soleil disparut derrière un nuage,* со́лнце скры́лось за ту́чу. **3.** (*être volé; ne plus être à sa place habituelle*) пропада́ть / пропа́сть* IV, пропаду́, пропадёшь...; пропа́л, пропа́ла... *L'argent a disparu,* де́ньги пропа́ли. *Mes lunettes ont disparu,* мои́ очки́ пропа́ли.

DISPOSER (*divers sens*) располага́ть / расположи́ть. *Disposer ses troupes sur le champ de bataille,* расположи́ть войска́ на по́ле би́твы. *Elle était bien disposée à mon égard,* она́ была́ хорошо́ располо́жена ко мне. *Il disposait de grands moyens,* он располага́л больши́ми сре́дствами.

DISPOSITION (*divers sens*) расположе́ние. *La disposition des pièces dans l'appartement,* расположе́ние ко́мнат в кварти́ре. *Elle était dans une heureuse dis-*

position d'esprit, она́ была́ в хоро́шем расположе́нии. ● **À la disposition**, в распоряже́нии (*état*); в распоряже́ние (*changement d'état*). *Il a mis une voiture à ma disposition*, он предоста́вил маши́ну в моё распоряже́ние. *J'avais la voiture à ma disposition*, маши́на была́ в моём распоряже́нии.

DISPUTE ссо́ра. *La dispute a dégénéré en bagarre*, ссо́ра перешла́ в дра́ку.

DISPUTER (SE) ссо́риться / поссо́риться. *Se disputer avec ses voisins*, ссо́риться со свои́ми сосе́дями.

DISQUE 1. (*enregistré*) пласти́нка. *Un disque microsillon*, долгоигра́ющая пласти́нка. **2.** (*sport; astronomie*) диск. *Lancer le javelot et le disque*, мета́ть копьё и диск. *Le disque de la lune*, диск луны́.

DISSERTATION сочине́ние. *Une dissertation de philosophie*, филосо́фское сочине́ние.

DISSIMULER скрыва́ть / скрыть* II, скро́ю, скро́ешь...; скры́тый. *Dissimuler ses intentions*, скрыва́ть свои́ наме́рения.

DISSOUDRE 1. (*faire fondre*) растворя́ть / раствори́ть; *ou* распуска́ть / распусти́ть ╲___. *Dissoudre du sel dans de l'eau*, растворя́ть соль в воде́. **2.** (*supprimer légalement*) распуска́ть / распусти́ть ╲___ . *Dissoudre le parlement*, распусти́ть парла́мент.

DISTANCE расстоя́ние. *À une grande distance de la ville*, на большо́м расстоя́нии от го́рода. *À une distance de trois kilomètres*, на расстоя́нии трёх киломе́тров.

DISTINGUER различа́ть / различи́ть (*discerner*); отлича́ть / отличи́ть (*faire une différence entre*). *Dans l'obscurité, il était difficile de distinguer les objets*, в темноте́ тру́дно бы́ло различи́ть предме́ты. *Je ne saurais pas distinguer une vipère d'une couleuvre*, гадю́ку от ужа́ я не суме́ю отличи́ть.

DISTINGUER (SE) [*se rendre célèbre*] отлича́ться / отличи́ться. *Se distinguer au cours d'une bataille*, отлича́ться в бою́.

DISTRACTION 1. (*divertissement*) развлече́ние. *Là-bas, il y avait beaucoup de distractions*, там бы́ло мно́го развлече́ний. **2.** (*manque d'attention*) рассе́янность *f*. *Par distraction*, по рассе́янности.

DISTRAIRE развлека́ть / развле́чь* IV, развлеку́, развлечёшь..., развлеку́т; развлёк, развлекла́.../¯¯¯; развлечённый. *Ils se distrayaient comme ils pouvaient*, они́ развлека́лись, как могли́.

DISTRAIT рассе́янный. *Il est extrêmement distrait*, он о́чень рассе́янный. *Un regard distrait*, рассе́янный взгляд.

DISTRIBUER раздава́ть* II, раздаю́, раздаёшь...; раздава́й; раздава́я / разда́ть* *n. cl.*, разда́м, разда́шь, разда́ст, раздади́м, раздади́те, раздаду́т; ро́здал, раздала́, ро́здало, ро́здали /╲___; разда́й; ро́зданный, ро́здан, раздана́, ро́здано, ро́зданы /╲___. *Distribuer les cadeaux*, разда́ть пода́рки.

DISTRIBUTION разда́ча. *La distribution des prix*, разда́ча пре́мий.

DIVAN тахта́ (*sans dossier*); дива́н (*canapé*).

DIVERS ра́зный, разли́чный. *Par divers moyens*, ра́зными спо́собами. *Il était occupé à diverses choses*, он был за́нят разли́чными дела́ми.

> REMARQUE. On peut également employer dans certains cas la particule « ко́е ». Celle-ci est généralement liée par un trait d'union à l'adverbe, au pronom ou au pronom-adjectif qu'elle détermine. Toutefois, lorsque le pronom ou le pronom-adjectif sont régis par une préposition, la particule « ко́е » précède la préposition sans s'accoler à elle. Ex. : *J'ai été à divers endroits*, ко́е-где быва́л. *J'ai parlé à diverses personnes*, ко́е с кем поговори́л.

DIVISER дели́ть╲___ / раздели́ть ╲___ . *Diviser vingt par quatre*, дели́ть два́дцать на четы́ре. *Diviser la classe en deux groupes*, раздели́ть класс на две гру́ппы.

DIVISION 1. (*math.*) деле́ние. **2.** (*répartition*) разделе́ние. *La division du travail*, разделе́ние труда́. **3.** (*mil.*) диви́зия. *Une division blindée*, та́нковая диви́зия.

DIVORCE разво́д. *Obtenir le divorce*, получи́ть разво́д.

DIVORCER разводи́ться ⟍___ / развести́сь* IV, разведу́сь, разведёшься...; развёлся, развела́сь... ⟋___ . *Ils ont divorcé*, они́ развели́сь. *Il a divorcé*, он развёлся с жено́й.

REMARQUE. Le verbe « разводи́ться / развести́сь » ne signifie par lui-même que « se séparer ». Il prend le sens de « divorcer » sous l'influence du contexte.

DIX 1. (*en règle générale*) де́сять. *Dix roubles*, де́сять рубле́й. *À dix kilomètres d'ici*, в десяти́ киломе́трах отсю́да. *Ils étaient dix*, их бы́ло де́сять. **2.** (*au sens de « dixième » et, en particulier, dans l'expression de la date*). *Le dix octobre*, 10-го октября́. *À la page dix*, на деся́той страни́це. *Charles X*, Карл X (Карл Деся́тый). **3.** (*aux cartes*) деся́тка. *Un dix de pique*, деся́тка пик.

DIX-HUIT 1. (*en règle générale*) восемна́дцать. *Elle avait dix-huit ans*, ей бы́ло восемна́дцать лет. *À dix-huit kilomètres de Moscou*, в восемна́дцати киломе́трах от Москвы́. **2.** (*au sens de « dix-huitième » et, en particulier, dans l'expression de la date*) восемна́дцатый. *Le 18 octobre*, 18-го октября́. *À la page dix-huit*, на восемна́дцатой страни́це. *Louis XVIII*, Людо́вик XVIII (Людо́вик Восемна́дцатый).

DIX-HUITIÈME восемна́дцатый. *Dans le dix-huitième arrondissement*, в восемна́дцатом райо́не.

DIXIÈME 1. (*en règle générale*) деся́тый. *Au Xe siècle*, в X ве́ке (в деся́том ве́ке). **2.** (*en parlant des étages*) оди́ннадцатый. *J'habite au dixième étage*, я живу́ на оди́ннадцатом этаже́.

DIX-NEUF 1. (*en règle générale*) девятна́дцать. *J'avais dix-neuf ans*, мне бы́ло девятна́дцать лет. *À dix-neuf kilomètres d'ici*, в девятна́дцати киломе́трах отсю́да. **2.** (*au sens de « dix-neuvième » et, en particulier, dans l'expression de la date*) девятна́дцатый. *Le 19 septembre*, 19-го сентября́. *À la page dix-neuf*, на девятна́дцатой страни́це.

DIX-NEUVIÈME девятна́дцатый. *Au XIXe siècle*, в XIX ве́ке (в девятна́дцатом ве́ке).

DIX-SEPT 1. (*en règle générale*) семна́дцать. *J'ai dix-sept ans*, мне семна́дцать лет. **2.** (*au sens de « dix-septième » et, en particulier, dans l'expression de la date*) семна́дцатый. *Il est arrivé le 17 mai*, он прие́хал 17-го ма́рта. *À la page dix-sept*, на семна́дцатой страни́це. *Louis XVII*, Людо́вик XVII (Людо́вик Семна́дцатый).

DIX-SEPTIÈME семна́дцатый. *Au XVIIe siècle*, в XVII ве́ке (в семна́дцатом ве́ке).

DIZAINE 1. (*groupe de dix*) деся́ток. *Des dizaines de kilomètres*, деся́тки киломе́тров. **2.** (*dix environ*) де́сять *placé après le substantif qu'il régit*. *Une dizaine de personnes*, челове́к де́сять.

DO до* *indécl. n. Do dièse*, до дие́з.

DOCTEUR 1. (*médecin*) врач ⟋___ ___ , до́ктор*, *nom. pl.* доктора́ ___ . *Appeler le médecin*, вы́звать врача́. **2.** (*grade*) до́ктор*, *nom. pl.* доктора́. ___ . *Docteur en médecine*, до́ктор медици́нских нау́к. *Docteur en droit*, до́ктор прав. *Docteur ès lettres*, до́ктор филологи́ческих нау́к. *Docteur ès sciences*, до́ктор фи́зико-математи́ческих нау́к.

DOCTRINE уче́ние. *La doctrine marxiste-léniniste*, маркси́стско-ле́нинское уче́ние.

DOCUMENT докуме́нт. *Des documents historiques*, истори́ческие докуме́нты.

DOCUMENTAIRE *subst.* документа́льный фильм.

DOCUMENTATION (*ensemble de documents*) материа́л. *Je réunis une documentation sur ce sujet*, я собира́ю материа́л по э́той те́ме.

DODO *interj.* бай-ба́й; ба́юшки-баю́. ● **Faire dodo**, ба́иньки. *Tu* *veux faire dodo?*, Хочешь баиньки? *Il est temps de faire dodo*, пора баиньки.

DOGMATIQUE *adj.* догматический.

DOGME догма.

DOIGT палец, пальца... *Compter sur ses doigts*, считать по пальцам. ● **À deux doigts de**, на волосок от (+ *gén.*). *Il a été à deux doigts de la mort*, он был на волосок от смерти. **Lever le doigt** (*pour répondre*), поднимать руку. **Ne pas lever le petit doigt**, палец о палец не ударить. **Petit doigt**, мизинец. **Savoir qqch. sur le bout du doigt**, знать что-нибудь на зубок. **Se fourrer le doigt dans l'œil**, попасть пальцем в небо. **S'en mordre les doigts**, кусать себе локти.

DOLLAR доллар.

DOLMEN дольмен.

DOMAINE (*fig.: secteur embrassé par un art, une technique*) область, *pl.* области, областей, областям... *f. Qu'est-ce qu'il y a de nouveau dans ce domaine?*, А что нового в этой области? ● **Ce n'est pas mon domaine**, это не по моей части.

I. DOMESTIQUE *adj.* домашний. *Les animaux domestiques*, домашние животные.

II. DOMESTIQUE *subst.* **1.** *m.* слуга (*arch.*). **2.** *f.* служанка (*arch.*).

DOMICILE местожительство. *Domicile provisoire*, временное местожительство. ● **À domicile** **1.** (*direction*) на дом. *Livraisons à domicile*, доставка на дом. **2.** (*emplacement*) на дому. *Travailler à domicile*, работать на дому.

DOMINO домино* *indécl. n. Jouer aux dominos*, играть в домино.

DOMMAGE (*préjudice*) ущерб. *Ces événements ont causé un grand dommage à l'économie nationale*, эти события нанесли большой ущерб народному хозяйству. ● **C'est dommage**, жаль. *Comme c'est dommage!*, Как жаль! *C'est bien dommage que vous ne restiez pas avec nous*, Очень жаль, что вы не остаётесь с нами. *Ce serait bien dommage qu'elle ne vienne pas*, жаль, если она не придёт.

DOMPTER укрощать / укротить (т → щ). *Dompter un tigre*, укротить тигра.

DOMPTEUR укротитель *m. Un dompteur de lions*, укротитель львов.

DON (*talent*) дарование. *Elle avait des dons exceptionnels*, у неё были редкие дарования.

DONC **1.** (*conséquence*) значит; следовательно (*livresque*). *Il n'a pas téléphoné, donc il n'est pas encore rentré chez lui*, он не звонил, значит он ещё не вернулся домой. **2.** (*transition*) итак. *Donc, je vous disais que la situation était claire*, итак я вам говорил, что положение ясное. **3.** (*renforcement*) же *ou* да... же (*accompagnant un mot interrogatif*); так значит (*dans les autres cas*). *Où est-il donc?*, Да где же он? *Quand donc arrivera-t-il?*, Да когда же он придёт? *C'est donc lui!*, Так значит, это он! *C'est donc dans cette maison qu'est né Victor Hugo?*, Так значит, в этом доме родился Виктор Гюго?

DONNER

1. (*en règle générale*) давать* II, даю, даёшь...; давай; давая / дать* *n. cl.*, дам, дашь, даст, дадим, дадите, дадут; дал, дала, дало, дали *et, à la forme négative*, не дал, не дала, не дало, не дали; дай; дан, дана... *et, à la forme négative*, не дан, не дана, не дано, не даны.
2. (*tendre, offrir*) подавать* II, подаю, подаёшь...; подавай; подавая / подать* *n. cl.*, подам, подашь, подаст, подадим, подадите, подадут; подал, подала, подало, подали; подай; поданный, подан, подана, подано, поданы.
3. (*à conserver ou à remettre en état*) сдавать* II, сдаю, сдаёшь...; сдавай; сдавая / сдать* *n. cl.*, сдал, сдала, сдало, сдали; сдай; сданный, сдан, сдана...
4. (*au théâtre, au cinéma*)

a. (*si le sujet est «on»*) идти́* IV, идёт, иду́т; шёл, шла... (*le complément direct français est remplacé en russe par un sujet*).
b. (*dans le cas contraire*) ста́вить / поста́вить.
5. (*organiser chez soi*) устра́ивать / устро́ить.
6. (*augmenter le courage, l'énergie...*) придава́ть* II, придаю́, придаёшь...; придава́й; придава́я / прида́ть* *n. cl.*, прида́м, прида́шь, прида́ст, придади́м, придади́те, придаду́т; при́дал, придала́, при́дало, при́дали /_; прида́й; при́данный, при́дан, придана́, при́дано, при́даны /_ (+ *gén.*).
7. (*provoquer des soucis, du plaisir...*) доставля́ть / доста́вить.
8. (*provoquer la fièvre...*) вызыва́ть / вы́звать* IV, вы́зову, вы́зовешь...
9. (*avoir vue sur, avoir accès sur*) выходи́ть, выхо́дит, выхо́дят (*la rection dépend des substantifs utilisés ou, quelquefois, de la nuance exprimée*).

1. *J'ai donné cinq francs à Pierre*, я дал Пе́те пять фра́нков. *Donne-moi du pain*, Дай мне хле́ба. *Donner une gifle*, дать пощёчину. *Donner son numéro de téléphone*, дать свой телефо́н. *Donner un concert*, дать конце́рт. *Donner des leçons*, дава́ть уро́ки. *Donner la parole à l'orateur*, дать сло́во ора́тору. *Ne pas donner l'autorisation*, не дава́ть разреше́ния. *Donner son accord*, дать согла́сие. *On ne lui donne pas quarante ans*, ей не даю́т сорока́ лет. *Donner à boire*, дать пить. *Donner libre cours à sa fantaisie*, дать во́лю свое́й фанта́зии. **2.** *Elle m'a donné un verre d'eau*, она́ подала́ мне стака́н воды́. *Donner une chaise à qqn*, пода́ть кому́-нибудь стул. *Donner une aumône*, пода́ть ми́лостыню. **3.** *Donner ses bagages à la consigne*, сдать бага́ж в ка́меру хране́ния. *Donner sa montre à réparer*, сдать часы́ в ремо́нт. *Donner du linge à laver*, сдать бельё в сти́рку. **4. a.** *Qu'est-ce qu'on donne au cinéma aujourd'hui?*, Что идёт сего́дня в кино́? **b.** *Nous avons décidé de donner une pièce de Tchekhov*, мы реши́ли поста́вить пье́су Че́хова. **5.** *Donner une réception*, устро́ить приём. *Donner une soirée*, устро́ить ве́чер. **6.** *Ça lui a donné du courage*, э́то при́дало ему́ му́жества. **7.** *Donner des ennuis*, доста́вить неприя́тности. **8.** *Ça m'a donné une forte fièvre*, э́то вы́звало у меня́ си́льный жар. **9.** *Les fenêtres donnent sur la rue*, о́кна выхо́дят на у́лицу. *Les fenêtres donnent sur le jardin*, о́кна выхо́дят в сад. *Le jardin donne sur la mer*, сад выхо́дит к мо́рю. ● **Donner l'exemple**, подава́ть приме́р (подава́ть* II, подаю́, подаёшь...; подава́й; подава́я / пода́ть* *n. cl.*, пода́м, пода́шь, пода́ст, подади́м, подади́те, подаду́т; по́дал, подала́, по́дало, по́дали /_ ; пода́й; по́данный, по́дан). **Donner un exemple**, привести́ приме́р (приводи́ть _ / привести́* IV, приведу́, приведёшь...; привёл, привела́... /‾ , приведённый). **Donner un rendez-vous**, назна́чить свида́ние (назнача́ть / назна́чить). **Étant donné**, е́сли уче́сть. *Étant donné la situation*, е́сли уче́сть обстоя́тельства. **Étant donné que**, так как. *Étant donné que le spectacle commence à dix heures*, так как спекта́кль начина́ется в де́сять часо́в.

DONT кото́рый. *Le journal dont je parle*, журна́л, о кото́ром я говорю́. *L'écrivain dont le livre vient de paraître*, писа́тель, кни́га кото́рого то́лько что вы́шла. ● **Ce dont**, то, о чём. *C'est ce dont nous parlions hier soir*, э́то то, о чём мы говори́ли вчера́ ве́чером.

DORÉ позоло́ченный. *Un cadre doré*, позоло́ченная ра́мка.

DORMIR спать* I, сплю, спишь...; спал, спала́, спа́ло, спа́ли /_ ; / поспа́ть* I [*id.*] (*dormir un certain temps*); / проспа́ть* I [*id.*] (*avec l'indication du temps que l'on a passé à dormir*). *J'ai bien dormi*, я хорошо́ спал. *J'ai dormi un peu*, поспа́л немно́жко. *J'ai dormi neuf heures d'affilée*, я проспа́л девя́ть часо́в подря́д. *Dormir à poings fermés*, спать как уби́тый.

DORTOIR о́бщая спа́льня, *ou, simplement*, спа́льня (спа́льня*, *gén. pl.* спа́лен).

DOS 1. (*d'un être animé*) спина́, *dim.* спи́нка. *Être couché sur le dos*, лежа́ть на спине́. *Tourner le dos à la lumière*, стоя́ть спино́й к све́ту. *Tourner le dos à qqn*, поверну́ться к кому́-нибудь спино́й. *Un coup de poignard dans le dos*, нож в спи́ну. **2.** (*d'un objet*) спи́нка. *Le dos de la chaise*, спи́нка сту́ла. ● **J'en ai plein le dos,** мне э́то ужа́сно надое́ло.

DOSE до́за. *Augmenter la dose*, увели́чить до́зу.

DOSSIER 1. (*d'un siège*) спи́нка. *Le dossier du fauteuil*, спи́нка кре́сла. **2.** (*contenant des documents*) па́пка. *Apportez-moi, s'il vous plaît, le dossier rouge qui est sur la table*, Принеси́те мне, пожа́луйста, кра́сную па́пку, кото́рая там на столе́. **3.** (*les documents eux-mêmes*) ряд докуме́нтов; де́ло (*affaire que l'on instruit*). *J'ai tout un dossier à ce sujet*, у меня́ це́лый ряд докуме́нтов по э́тому вопро́су. *Le procureur prit dans un tiroir le dossier de l'accusé*, прокуро́р доста́л из я́щика де́ло обвиня́емого.

DOUANE 1. (*administration*) тамо́жня*, *gén. pl.* тамо́жен. *Les employés des douanes*, рабо́тники тамо́жни. **2.** (*droits*) тамо́женная по́шлина. ● **Les droits de douane,** тамо́женные по́шлины.

I. DOUANIER *subst.* тамо́женник.

II. DOUANIER *adj.* тамо́женный. *Une union douanière*, тамо́женный сою́з.

DOUBLE 1. *adj.* двойно́й. *Un double menton*, двойно́й подборо́док. *Un double fond*, двойно́е дно. *Jouer un double jeu*, игра́ть двойну́ю игру́. **2.** *subst.* (*copie*) дублика́т. *Le double de la facture*, дублика́т накладно́й. *Le double de la clef*, дублика́т ключа́. ● **Le double** (*deux fois plus*), вдво́е бо́льше. *J'ai payé le double*, я заплати́л вдво́е бо́льше. **Voir double,** двои́ться в глаза́х (*au sujet de la proposition française correspond en russe un nom ou un pronom au génitif précédé de* « у »). *Je voyais double*, у меня́ двои́лось в глаза́х.

DOUBLER 1. (*multiplier par deux*) удва́ивать / удво́ить. *Doubler le prix*, удво́ить це́ну. **2.** (*dépasser*) обгоня́ть / обогна́ть* IV, обгоню́, обго́нишь... . *Doubler un camion*, обогна́ть грузови́к.

DOUBLURE (*étoffe*) подкла́дка.

DOUCEMENT 1. (*sans bruit*) ти́хо, *comp.* ти́ше*. *Parlez plus doucement!*, Говори́те ти́ше! **2.** (*lentement*) ме́дленно. *Le travail avance tout doucement*, рабо́та ме́дленно подвига́ется вперёд.

DOUCHE 1. (*que l'on prend*) душ. *Prendre une douche*, приня́ть душ. **2.** (*pl.: salle ou établissement*) душева́я *adj. subst. f. Pouvez-vous me dire où sont les douches?*, Скажи́те, пожа́луйста, где тут душева́я?

DOULEUR 1. (*physique*) боль *f. Ressentir une douleur aiguë*, испы́тывать о́струю боль. **2.** (*morale*) го́ре. *Elle était accablée par la douleur*, она́ была́ пода́влена го́рем.

DOULOUREUX боле́зненный. *Une sensation douloureuse*, боле́зненное ощуще́ние.

DOUTE (*incertitude*) сомне́ние. *Ça ne fait aucun doute*, э́то не подлежи́т сомне́нию. ● **Sans aucun doute,** несомне́нно. *Il a raison, sans aucun doute*, он, несомне́нно, прав. **Sans doute,** вероя́тно. *Il a sans doute raison*, он, вероя́тно, прав.

DOUTER сомнева́ться. *Je n'en doute pas*, я в э́том не сомнева́юсь. *Je doute qu'elle vienne*, сомнева́юсь, что́бы она́ пришла́. *Je ne doute pas qu'elle viendra*, я не сомнева́юсь, что она́ придёт.

DOUTER (SE) подозрева́ть (*soupçonner*); ду́мать (*penser*). *Nous ne nous en doutions pas*, мы э́того не подозрева́ли. *Je m'en doutais bien*, я так и ду́мала.

DOUTEUX сомни́тельный. *Un cas douteux*, сомни́тельный слу́чай. *Un linge d'une propreté douteuse*, бельё сомни́тельной све́жести.

DOUX

> **1.** (*agréable au goût*) сла́дкий ⁄\\—, *comp.* сла́ще*.
> **2.** (*agréable à l'œil, à l'oreille*) мя́гкий ⁄\\—, *comp.* мя́гче*; не́жный ⁄\\— (*tendre*).
> **3.** (*agréable au toucher*) мя́гкий ⁄\\—, *comp.* мя́гче* (*mou*); не́жный ⁄\\— (*lisse*).
> **4.** (*qui produit une sensation de bien-être*) сла́дкий ⁄\\—, *comp.* сла́ще*.
> **5.** (*affectueux, tendre*) кро́ткий ⁄\\— (*pas méchant*); не́жный ⁄\\— (*caressant*); мя́гкий ⁄\\—, *comp.* мя́гче* (*pas violent*).
> **6.** (*assez chaud*) тёплый, тёпел, тепла́, тепло́, тёплы.
> **7.** (*non salé*) пре́сный.

1. *Du raisin doux*, сла́дкий виногра́д. **2.** *Une douce lumière*, мя́гкий свет. *Une voix douce*, мя́гкий го́лос *ou* не́жный го́лос. **3.** *Un doux oreiller*, мя́гкая поду́шка. *Une peau douce*, не́жная ко́жа. **4.** *Un doux sommeil*, сла́дкий сон. **5.** *Doux comme un agneau*, кро́ткий как а́гнец. *Un doux regard*, кро́ткий взгляд *ou* не́жный взгляд. *Un doux reproche*, мя́гкий упрёк. **6.** *Un temps doux*, тёплая пого́да. *Un hiver doux*, тёплая зима́. **7.** *De l'eau douce*, пре́сная вода́. ● **Faire les yeux doux**, де́лать гла́зки.

DOUZAINE дю́жина. *Une douzaine de mouchoirs*, дю́жина платко́в.

DOUZE 1. (*en règle générale*) двена́дцать. *Douze roubles*, двена́дцать рубле́й. *À douze kilomètres de la ville*, в двена́дцати киломе́трах от го́рода. **2.** (*au sens de « douzième » et, en particulier, dans l'expression de la date*) двена́дцатый. *Il est arrivé le 12 mai*, он прие́хал 12-го ма́я. *À la page douze*, на двена́дцатой страни́це. *Charles XII*, Карл XII (Карл Двена́дцатый).

DOUZIÈME двена́дцатый. *Au XIIe siècle*, в XII ве́ке (в двена́дцатом ве́ке).

DRAGON (*myth.*) змей *m.*

DRAMATIQUE драмати́ческий. *Une situation dramatique*, драмати́ческое положе́ние.

DRAME дра́ма. *Un drame d'Alexandre Dumas*, дра́ма Алекса́ндра Дюма́. *Un drame de famille*, семе́йная дра́ма.

DRAP 1. (*de lit*) простыня́, *pl.* про́стыни, про́стынь, простыня́м... — ⁄—. **2.** (*tissu*) сукно́, *gén. pl.* су́кон — —.

DRAPEAU флаг; зна́мя*, *gén., dat., loc.* зна́мени, *instr.* зна́менем; *pl.* знамёна, знамён, знамёнам... *n.* (*solennel ou figuré*). *Le drapeau rouge*, кра́сный флаг. *Hisser le drapeau*, подня́ть флаг. *Amener le drapeau*, спусти́ть флаг. *Le drapeau du régiment*, полково́е зна́мя. *Sous le drapeau de la Révolution*, под зна́менем Револю́ции.

DRESSER 1. (*une tente, un camp*) разбива́ть / разби́ть* II, разобью́, разобьёшь...; разбе́й; разби́тый. *Dresser une tente*, разби́ть пала́тку. *Dresser le camp*, разби́ть ла́герь. **2.** (*un animal*) дрессирова́ть / вы́дрессировать. *Dresser un lion*, дрессирова́ть льва. ● **Ça fait dresser les cheveux sur la tête**, от э́того во́лосы ды́бом стано́вятся. **Dresser le bilan**, подвести́ ито́ги (подводи́ть \\— / подвести́* IV, подведу́, подведёшь...; подвёл, подвела́... ⁄—; подведённый). **Dresser l'oreille 1.** (*propr.*) навостри́ть у́ши (/ навостри́ть). **2.** (*se mettre sur ses gardes*) насторо́живаться / насторожи́ться. **Dresser un procès-verbal**, соста́вить протоко́л (составля́ть / соста́вить).

I. DROIT *adj.* **1.** (*qui n'est pas courbe*) прямо́й ⁄\\—. *Une ligne droite*, пряма́я ли́ния. **2.** (*de 90°*) прямо́й. *Un angle droit*, прямо́й у́гол. **3.** (*par opposition à « gauche »*) пра́вый. *La main droite*, пра́вая рука́. *Sur la rive droite*, на пра́вом берегу́. ● **Remettre sur le droit chemin**, напра́вить на путь и́стинный.

II. DROIT *adv.* пря́мо, *comp.* прямее. *Aller droit au but*, идти́ пря́мо к це́ли. *Allez tout droit*, Иди́те пря́мо. *Regarder qqn droit dans les yeux*, смотре́ть кому́-нибудь пря́мо в глаза́.

III. DROIT *subst.* **1.** (*faculté d'agir de telle ou telle manière; ensemble des lois*) пра́во. *De quel droit?*, По како́му пра́ву? *Avoir le droit*, име́ть пра́во. *Le droit au repos*, пра́во на о́тдых. *Le droit de vote*, избира́тельное пра́во. **2.** (*pl.: taxe*) по́шлина. *Les droits de douane*, тамо́женная по́шлина. ● **Droits d'auteur**, а́вторские, а́вторских, а́вторским... *adj. subst., pl. t.;* гонора́р (*forfait*). **Étudiant en droit**, студе́нт юриди́ческого факульте́та. **Faire son droit**, учи́ться на юриди́ческом факульте́те. **La faculté de droit**, юриди́ческий факульте́т.

DROITE 1. (*math.*) пряма́я *adj. subst. f. Tracer une droite*, провести́ пряму́ю. **2.** (*politique*) пра́вые, пра́вых, пра́вым... *adj. subst. pl. La droite a gagné les élections*, пра́вые одержа́ли побе́ду на вы́борах. ● **À droite 1.** (*direction*) напра́во. *Tourner à droite*, поверну́ть напра́во. **2.** (*emplacement*) спра́ва; напра́во. *Ils sont là-bas à droite*, они́ там спра́ва. **À droite de**, напра́во от (+ *gén.*); спра́ва от (+ *gén.*). *À droite de la porte*, напра́во от две́ри. *À droite de la route*, спра́ва от доро́ги. **De droite 1.** (*qualifiant un substantif*) пра́вый. *Les partis de droite*, пра́вые па́ртии. **2.** (*dans les autres cas*) спра́ва. *De droite à gauche*, спра́ва нале́во.

DRÔLE 1. (*comique; amusant*) смешно́й, смешо́н, смешна́, смешно́, смешны́ (*comique*); заба́вный (*amusant*). *Il racontait ça d'une manière fort drôle*, он э́то смешно́ расска́зывал. *Il n'y a rien de drôle*, тут нет ничего́ смешно́го. *Une histoire drôle*, заба́вная исто́рия. **2.** (*étrange*) стра́нный, стра́нен, странна́, стра́нно, стра́нны ∧—. *Drôle d'histoire*, стра́нная исто́рия. *Il avait un drôle d'air*, у него́ был стра́нный вид. *C'est drôle qu'il ne soit pas venu*, стра́нно, что он не пришёл.

DU v. DE *et* LE.

DÛ до́лжное *adj. subst. n. Ils n'exigent que leur dû*, они́ тре́буют то́лько до́лжного.

DUC ге́рцог.

DUCHESSE герцоги́ня.

DUEL дуэ́ль *f. Provoquer en duel*, вы́звать на дуэ́ль. *Se battre en duel*, дра́ться на дуэ́ли. *Un duel à l'épée*, дуэ́ль на шпа́гах.

DUO дуэ́т.

DUQUEL v. LEQUEL.

DUR

1. (*solide, très ferme*) твёрдый, твёрд, тверда́, твёрдо, твёрды ∧—; *comp.* твёрже*.
2. (*pas assez moelleux, pas assez soyeux*) жёсткий ∧—, *comp.* жёстче*.
3. (*pénible*) тру́дный ∧— (*difficile à faire*); тяжёлый, тяжёл, тяжела́, тяжело́, тяжелы́ /— (*pénible à supporter*).
4. (*impitoyable*) чёрствый ∧—.
5. (*en parlant du climat*) суро́вый.

1. *Un morceau de viande dur comme du bois*, кусо́к мя́са, твёрдый как ка́мень. **2.** *Le matelas est dur*, матра́ц жёсткий. *Ta barbe est dure*, борода́ твоя́ жёсткая. **3.** *Un dur travail*, тру́дная рабо́та *ou* тяжёлая рабо́та. *De dures conditions*, тяжёлые усло́вия. **4.** *Un homme dur*, чёрствый челове́к. *Un cœur dur*, чёрствое се́рдце. **5.** *Le dur climat de la Sibérie*, суро́вый кли́мат Сиби́ри. ● **Avoir la tête dure**, быть тупы́м (тупо́й ∧—). **Dur d'oreille**, туго́й на́ ухо (туго́й ∧—, *comp.* ту́же*). *Il est dur d'oreille*, он туг на́ ухо. **Un œuf dur**, круто́е яйцо́. **Le signe dur**, твёрдый знак.

DURÉE продолжи́тельность *f. La durée de la journée de travail*, продолжи́тельность рабо́чего дня. *La durée de la guerre*, продолжи́тельность войны́. ● **Pendant la durée de**, в продолже́ние (+ *gén.*). *Pendant toute la durée du spectacle*, в продолже́ние всего́ спекта́кля.

DURER дли́ться / продли́ться. *L'hiver dure neuf mois*, зима́ дли́тся де́вять ме́сяцев.

DURETÉ 1. (*d'un corps*) твёрдость *f. La dureté du diamant*, твёрдость алма́за. **2.** (*fig.*) чёрствость *f. La dureté de cœur*, чёрствость се́рдца.

DUVET пух*, *loc.* пухý ___ ⁄ . *Du duvet d'oie*, гуси́ный пух.

DYNAMITE динами́т. *Faire sauter qqch. à la dynamite*, взорва́ть что́-нибудь динами́том.

DYNASTIE дина́стия. *La dynastie des Romanov*, дина́стия Рома́новых.

E

EAU вода́ \/‾‾ ___ (*l'accent passe sur la préposition dans le groupe* « на́ воду »). *Eau potable*, питьева́я вода́. *Eau minérale*, минера́льная вода́. *Eau gazeuse*, газиро́ванная вода́. *De l'eau stagnante*, стоя́чая вода́. *De l'eau courante*, прото́чная вода́. *De l'eau de pluie*, дождева́я вода́. *De l'eau salée*, солёная вода́. *De l'eau douce*, пре́сная вода́. *De l'eau bouillie*, кипячёная вода́. • **Chute d'eau**, водопа́д. **Eau de Cologne**, одеколо́н. **Il n'est pire eau que l'eau qui dort**, в ти́хом о́муте че́рти во́дятся. **Il a passé beaucoup d'eau sous les ponts depuis ce temps-là**, мно́го воды́ утекло́ с тех пор. **Ils se ressemblent comme deux gouttes d'eau**, они́ похо́жи как две ка́пли воды́. **Jet d'eau**, фонта́н. **Pêcher en eau trouble**, в му́тной воде́ ры́бу лови́ть. **Se sentir comme un poisson dans l'eau**, чу́вствовать себя́ как ры́ба в воде́.

ÉBLOUISSANT (*propr. et fig.*) ослепи́тельный. *Une lumière éblouissante*, ослепи́тельный свет. *Une beauté éblouissante*, ослепи́тельная красота́.

ÉBRIÉTÉ • **En état d'ébriété**, в пья́ном ви́де.

ÉCAILLE 1. (*de poisson...*) чешуя́ (*pas de pl.*). *Des écailles de poisson*, ры́бья чешуя́. **2.** (*carapace de tortue*) черепа́ха. *Des objets en écaille*, изде́лия из черепа́хи.

ÉCARQUILLER тара́щить / вы́таращить. *Il avait beau écarquiller les yeux, il ne voyait rien*, как он ни тара́щил глаза́, но ничего́ не ви́дел.

ÉCARTER 1. (*l'un de l'autre*) раздвига́ть / раздви́нуть. *Écarter les doigts*, раздви́нуть па́льцы. **2.** (*repousser*) отодвига́ть / отодви́нуть. *Écarter les chaises pour passer*, отодви́нуть сту́лья, что́бы пройти́.

ÉCARTER (S') отодвига́ться / отодви́нуться (от + *gén.*). *Il s'écarta pour me laisser passer*, он отодви́нулся, что́бы меня́ пропусти́ть. • **S'écarter du sujet**, уклони́ться от те́мы (уклоня́ться / уклони́ться ___).

ÉCHAFAUDAGE леса́, лесо́в, леса́м... *pl. t.* *Le bâtiment était entouré d'échafaudages*, зда́ние бы́ло в леса́х.

ÉCHANGE обме́н. *Un échange de prisonniers*, обме́н военнопле́нными. *Un échange d'expérience*, обме́н о́пытом. *Un échange d'opinions*, обме́н мне́ний. *Ils donnaient des fourrures en échange d'armes et d'étoffes*, они́ дава́ли меха́ в обме́н на ору́жие и тка́ни. *Au titre des échanges culturels*, в поря́дке культу́рных обме́нов.

Remarque. « Обме́н » régit l'instrumental ou, plus rarement, le génitif lorsque l'échange concerne des choses ayant la même dénomination. Il régit « на » et l'accusatif dans le cas contraire.

ÉCHANGER 1. (*se donner réciproquement des choses portant une même dénomination*) обме́ниваться / обменя́ться (+ *instr.*). *Échanger des timbres*, обменя́ться ма́рками. *Échanger des regards*, обменя́ться взгля́дами. *Échanger des coups de feu*, обменя́ться вы́стрелами. **2.** (*dans les autres cas*) обме́нивать

/ обменя́ть, *part.* обменённый* (на + *acc.*). *Échanger un fusil contre un chien*, обменя́ть ружьё на соба́ку.

ÉCHAPPER 1. (*ne pas être atteint*) уходи́ть___ / уйти́* IV, уйду́, уйдёшь...; ушёл, ушла́...; уйдя́ [от + *gén.*]; ускольза́ть / ускользну́ть [от + *gén.*] (*en glissant; en se faufilant*). *Échapper aux poursuites*, уйти́ от пресле́дования. *Le poisson m'a échappé des mains*, ры́ба ускользну́ла из мои́х рук. **2.** (*ne pas être remarqué*) ускольза́ть / ускользну́ть (от + *gén.*). *Ça n'a pas échappé à son attention*, э́то не ускользну́ло от его́ внима́ния. ● **L'échapper belle**, счастли́во отде́латься (отде́лываться / отде́латься).

ÉCHAPPER (S') сбега́ть / сбежа́ть* *n. cl.*, сбегу́, сбежи́шь..., сбегу́т; сбеги́. *Le prisonnier s'est échappé*, заключённый сбежа́л.

ÉCHARPE (*cache-nez*) шарф. *Se mettre une écharpe autour du cou*, повяза́ть ше́ю ша́рфом.

ÉCHÉANT ● **Le cas échéant**, е́сли предста́вится слу́чай.

ÉCHEC 1. неуда́ча; прова́л (*échec total*). *Subir un échec*, потерпе́ть неуда́чу. *Après mon échec à l'examen*, по́сле моего́ прова́ла на экза́мене. **2.** (*aux échecs*) шах. *Échec au roi*, шах королю́. *Échec et mat*, шах и мат.

ÉCHECS ша́хматы, ша́хмат, ша́хматам... *pl. t. Jouer aux échecs*, игра́ть в ша́хматы.

ÉCHELLE

1. (*instrument*) ле́стница.
2. (*rapport linéaire*) масшта́б.
3. (*système chiffré permettant un calcul*) шкала́ ___ .
4. (*fig.: importance*) масшта́б.

1. *L'échelle des pompiers*, пожа́рная ле́стница. *Une échelle de corde*, верёвочная ле́стница. **2.** *Échelle: 1 centimètre sur la carte représente 10 kilomètres sur le terrain*, масшта́б — 10 км в сантиме́тре. **3.** *L'échelle des salaires*, шкала́ за́работной пла́ты. **4.** *Sur une grande échelle*. в большо́м масшта́бе. *À l'échelle mondiale*, в миро́во́м масшта́бе.

ÉCHIQUIER ша́хматная доска́ (доска́ \\/— /—).

ÉCHO э́хо.

ÉCHOUER 1. (*subir un échec*) прова́ливаться / провали́ться___. *Nos plans ont échoué*, на́ши пла́ны провали́лись. *Il a échoué à son examen*, он провали́лся на экза́мене. **2.** (*toucher le fond*) сесть на мель (сади́ться / сесть* IV, ся́дет, ся́дут; сел, се́ла...). *Le bateau a échoué* ou *le bateau s'est échoué*, ло́дка се́ла на мель.

ÉCHOUER (S') v. ÉCHOUER 2.

ÉCLAIR 1. мо́лния. *Avec la rapidité de l'éclair*, с быстрото́й мо́лнии. **2.** (*pâtisserie*) экле́р. *Un éclair au chocolat*, шокола́дный экле́р. ● **Une fermeture Éclair**, застёжка мо́лния *ou*, *simplement*, мо́лния.

ÉCLAIRAGE освеще́ние. *L'éclairage électrique*, электри́ческое освеще́ние.

ÉCLAIRER 1. *tr.* освеща́ть / освети́ть (т → щ). *La lueur d'une allumette éclaira son visage*, спи́чка освети́ла его́ лицо́. **2.** *intr.* свети́ть, све́тит, све́тят. *Une bougie éclairait faiblement*, ту́скло свети́ла свеча́.

ÉCLAT

1. (*fragment*) оско́лок.
2. (*bruit soudain*) взрыв.
3. (*intensité de la lumière*) блеск.
4. (*ce qui provoque l'étonnement*) блеск.

1. *Un éclat d'obus*, оско́лок снаря́да. **2.** *Un éclat de rire*, взрыв сме́ха *ou* взрыв хо́хота. **3.** *L'éclat du soleil*, блеск со́лнца. **4.** *L'éclat de la gloire*, блеск сла́вы. ● **Rire aux éclats**, хохота́ть* II, хохочу́, хохо́чешь... ___ / захохота́ть* II (*id.*).

ÉCLATER

1. (*en parlant de ce qui est chargé d'explosif*) рва́ться* IV, рвётся, рву́тся; рвался, рвала́сь.../— / разорва́ться* IV (*id.*); *ou* разрыва́ться / разорва́ться*.
2. (*en parlant de ce qui est trop gonflé*) ло́паться / ло́пнуть.
3. (*commencer brusquement*) вспы-

хивать / вспы́хнуть (*incendie, grève, dispute...*) // разража́ться / разрази́ться (*orage, tempête...*). **4.** (*de rire*) разрази́ться смéхом (разража́ться / разрази́ться).

1. *Les mines éclataient sans arrêt*, беспреры́вно рвали́сь ми́ны. *Un obus éclata à quarante pas de la tranchée*, в сорока́ шага́х от транше́и разорва́лся снаря́д. **2.** *Un des pneus avant a éclaté*, ши́на ло́пнула на пере́днем колесé. **3.** *Un incendie a éclaté*, вспы́хнул пожа́р. *Une dispute a éclaté*, вспы́хнула ссо́ра. // *Un orage a éclaté*, разрази́лась гроза́. **4.** *Il éclata de rire bruyamment*, он разрази́лся гро́мким смéхом.

ÉCLIPSE затмéние. *Une éclipse de soleil*, затмéние со́лнца. *Une éclipse partielle*, части́чное затмéние.

ÉCOLE 1. (*établissement*) шко́ла; учи́лище (*ne s'applique qu'à certaines écoles spéciales*). *Aller à l'école*, ходи́ть в шко́лу. *École primaire*, нача́льная шко́ла. *École secondaire*, срéдняя шко́ла. *École supérieure*, вы́сшая шко́ла. *École professionnelle*, ремéсленное учи́лище. *École militaire*, воéнное учи́лище. *École normale*, педагоги́ческое учи́лище *ou, par abréviation*, педучи́лище. **2.** (*mouvement*) шко́ла. *L'école flamande*, флама́ндская шко́ла.

ÉCOLIER шко́льник.

ÉCOLIÈRE шко́льница.

ÉCONOME *adj.* бережли́вый. *Une ménagère économe*, бережли́вая хозя́йка.

ÉCONOMIE 1. (*sg.: ce qu'on épargne*) эконо́мия. *Cela permettrait une économie sensible*, э́то принесло́ бы большу́ю эконо́мию. *Une économie de temps*, эконо́мия врéмени. **2.** (*pl.: sommes économisées*) сбережéния, сбережéний, сбережéниям... *pl. Conserver ses économies à la caisse d'épargne*, держа́ть сбережéния в сберка́ссе. **3.** (*activité économique*) хозя́йство. *L'économie planifiée*, пла́новое хозя́йство.

ÉCONOMIQUE 1. (*peu coûteux*) эконо́мный. *Un carburant économique*, эконо́мное горю́чее. **2.** (*qui concerne les problèmes économiques*) экономи́ческий. *Une crise économique*, экономи́ческий кри́зис.

ÉCONOMISER эконо́мить / сэконо́мить. *Économiser de l'argent*, эконо́мить дéньги. *Économiser ses forces*, эконо́мить свои́ си́лы.

ÉCORCE кора́. *L'écorce d'un pin*, кора́ сосны́. *L'écorce terrestre*, земна́я кора́.

I. ÉCOSSAIS *subst.* шотла́ндец.

II. ÉCOSSAIS *adj.* шотла́ндский.

ÉCOSSAISE (*habitante de l'Écosse*) шотла́ндка.

ÉCOUTER 1. (*faire attention à ce qu'on entend*) слу́шать / послу́шать *et, avec diverses nuances*, прислу́шиваться / прислу́шаться (*tendre l'oreille*); прослу́шивать / прослу́шать (*auditionner*); выслу́шивать / вы́слушать (*écouter qqn jusqu'au bout*). *Écouter la radio*, слу́шать ра́дио. *Je vous écoute*, Я вас слу́шаю. *Ils parlaient à voix basse et Pierre, dans la pièce voisine, écoutait attentivement leur conversation*, они́ говори́ли вполго́лоса, а Пéтя сидéл в сосéдней ко́мнате и прислу́шивался к их разгово́ру. *Écouter un disque*, прослу́шать пласти́нку. *Il m'a écouté attentivement*, он меня́ внима́тельно вы́слушал. **2.** (*obéir*) слу́шать / послу́шать. *Il n'écoute pas ses parents*, он не слу́шает роди́телей.

ÉCOUTEURS нау́шники, нау́шников, нау́шникам... *pl. t.*

ÉCRAN (*pour projections*) экра́н. *L'écran de la télévision*, экра́н телеви́зора.

ÉCRASER 1. (*un insecte..., un objet...*) дави́ть\\—— / раздави́ть \\——. *Écraser une mouche*, раздави́ть му́ху. *Écraser une boîte*, раздави́ть коро́бку. **2.** (*un animal, une personne*) дави́ть\\—— / задави́ть\\——. *Écraser un piéton*, задави́ть прохо́жего. **3.** (*un soulèvement...*) подавля́ть / подави́ть \\——. *Écraser le soulèvement*, подави́ть восста́ние.

ÉCREVISSE рак. *Rouge comme une écrevisse*, кра́сный как рак.

ÉCRIER (S') [*s'exclamer*] восклица́ть / воскли́кнуть. « *Quelle horreur !* » *s'écria-t-elle*, « Како́й у́жас! » — воскли́кнула она́.

ÉCRIRE писа́ть* II, пишу́, пи́шешь... / написа́ть* II (*id.*). *Écrire comme un chat*, писа́ть как ку́рица ла́пой. *Écrire en prose*, писа́ть про́зой. *Écrire une symphonie*, писа́ть симфо́нию. *Ce stylo écrit bien*, э́та автору́чка хорошо́ пи́шет.

ÉCRIRE (S') 1. (*s'orthographier*) писа́ться* II, пи́шется, пи́шутся. *Comment s'écrit ce mot ?*, Как пи́шется э́то сло́во? **2.** (*être en correspondance*) перепи́сываться. *Il y a longtemps que nous nous écrivons*, мы уже́ давно́ перепи́сываемся.

ÉCRIT (*d'un examen*) пи́сьменный экза́мен *ou*, *simplement*, пи́сьменный *adj. subst. m. Il a échoué à l'écrit*, он провали́лся на пи́сьменном.

ÉCRITURE (*manière personnelle d'écrire*) по́черк. *Une écriture illisible*, неразбо́рчивый по́черк.

ÉCRIVAIN писа́тель *m. Un écrivain célèbre*, изве́стный писа́тель.

ÉCROU га́йка.

ÉCROULER (S') ру́шиться / обру́шиться *ou* ру́хнуть. *Le mur s'est écroulé*, стена́ обру́шилась. *Le pont s'est écroulé*, мост ру́хнул. // (*Fig.*) *Toutes mes espérances se sont écroulées*, все мои́ наде́жды ру́хнули.

ÉCUEIL (*propr.*) подво́дный ка́мень (ка́мень *m.*).

ÉCUREUIL бе́лка. *Tourner comme un écureuil en cage*, кружи́ться как бе́лка в колесе́.

ÉCURIE коню́шня*, *gén. pl.* коню́шен. *Une écurie de courses*, скакова́я коню́шня.

ÉDITEUR изда́тель *m. Passer un contrat avec un éditeur*, заключи́ть догово́р с изда́телем.

ÉDITION (*ce qui est édité*) изда́ние. *Une édition à bon marché*, дешёвое изда́ние. *Une édition de luxe*, роско́шное изда́ние. *La deuxième édition*, второ́е изда́ние. ● **Maison d'édition** ou **éditions**, изда́тельство.

ÉDREDON пери́на.

ÉDUCATION воспита́ние. *L'éducation des enfants*, воспита́ние дете́й. *Une bonne éducation*, хоро́шее воспита́ние. ● **L'éducation physique**, физкульту́ра. **Le ministère de l'Éducation nationale**, Министе́рство наро́дного просвеще́ния.

EFFACER стира́ть / стере́ть* IV, сотру́, сотрёшь...; стёр, стёрла...; стёртый. *Effacer un dessin*, стере́ть рису́нок. *Effacer avec une gomme*, стира́ть рези́нкой. *Effacez le tableau*, Сотри́те с доски́.

EFFECTIF *adj.* действи́тельный. *Un danger effectif*, действи́тельная опа́сность.

EFFECTIVEMENT действи́тельно. *Il est effectivement parti*, он действи́тельно уе́хал. *Effectivement, il a raison*, он, действи́тельно, прав.

EFFET 1. (*influence*) де́йствие. *Le médicament a fait son effet*, лека́рство оказа́ло де́йствие. *Sous l'effet des rayons de soleil*, под де́йствием со́лнечных луче́й. **2.** (*impression*) впечатле́ние. *Ça fait un curieux effet*, э́то произво́дит стра́нное впечатле́ние. ● **En effet**, в са́мом де́ле. *Oui, en effet, j'étais en retard*, Да, в са́мом де́ле, я опозда́л. **Il n'y a pas d'effet sans cause**, нет сле́дствия без причи́ны.

EFFICACE де́йствующий. *Un médicament très efficace*, си́льно де́йствующее лека́рство.

EFFONDRER (S') ру́шиться / обру́шиться *ou* ру́хнуть. *Le toit s'est effondré*, кры́ша обру́шилась. *Le pont s'est effondré*, мост ру́хнул. // (*Fig.*) *Toutes mes espérances se sont effondrées*, все мои́ наде́жды ру́хнули.

EFFORCER (S') стара́ться / постара́ться. *Je m'efforçais de la rattraper*, я стара́лся догна́ть её.

EFFORT уси́лие. *Faire un effort sur soi-même*, сде́лать уси́лие над собо́й. *Un effort de volonté*, уси́лие во́ли.

EFFRAYANT 1. (*qui cause la frayeur*) стра́шный. *Un cri effrayant*, стра́шный крик. **2.**

(*anormal*) ужа́сный. *C'est effrayant !*, Э́то ужа́сно!

EFFRAYER пуга́ть / испуга́ть. *Il a été effrayé par l'explosion*, его́ испуга́л взрыв.

ÉGAL ра́вный ╱╲—. *Des forces égales*, ра́вные си́лы. *Ça m'est égal*, Мне всё равно́.

ÉGALEMENT та́кже. *Il s'occupait également de numismatique*, он занима́лся та́кже нумизма́тикой.

ÉGALITÉ ра́венство. *Liberté, égalité, fraternité*, свобо́да, ра́венство и бра́тство.

ÉGARD • **À l'égard de**, по отноше́нию к (+ *dat.*). *À l'égard de ses amis*, по отноше́нию к свои́м друзья́м. **À certains égards**, в не́которых отноше́ниях. **À cet égard**, в э́том отноше́нии. **À tous égards**, во всех отноше́ниях. **Eu égard à**, принима́я во внима́ние. *Eu égard à son âge*, принима́я во внима́ние его́ во́зраст.

ÉGLISE 1. (*édifice*) це́рковь*, *instr.* це́рковью; *pl.* це́ркви, церкве́й, церква́м... —— ╱‾‾ *f.*; собо́р (*grande église*). *L'église Saint-Nicolas*, це́рковь свято́го Никола́я. *L'église Notre-Dame-de-l'Assomption*, Успе́нский собо́р. **2.** (*communauté*) це́рковь, *instr.* це́рковью; *pl.* це́ркви, церкве́й, церква́м... —— ╱‾‾ *f.* *L'Église catholique*, католи́ческая це́рковь. *L'Église orthodoxe*, правосла́вная це́рковь.

ÉGOÏSME эгои́зм.

ÉGOÏSTE *subst.* *C'est un grand égoïste*, он большо́й эгои́ст.

ÉGORGER ре́зать* II, ре́жу, ре́жешь... / заре́зать* II (*id.*). *Égorger une brebis*, ре́зать овцу́. *Le bruit courait que le tsarévitch avait été égorgé*, ходи́л слух, что царе́вича заре́зали.

ÉGOUT канализа́ция.

I. ÉGYPTIEN *subst.* египтя́нин*, *pl.* египтя́не, египтя́н, египтя́нам...

II. ÉGYPTIEN *adj.* еги́петский.

ÉGYPTIENNE египтя́нка.

EH ! эй! *Eh, Georges !*, Эй, Ю́ра! • **Eh bien**, ну. *Eh bien, que faire à présent ?*, Ну, что тепе́рь де́лать? *Eh bien quoi ?*, Ну так что же?

I. ÉLAN (*mouvement*). • **Prendre son élan**, разбега́ться / разбежа́ться* *n. cl.*, разбегу́сь, разбежи́шься..., разбегу́тся; разбеги́сь. *Il a pris son élan et a sauté*, он разбежа́лся и пры́гнул.

II. ÉLAN (*mammifère*) лось —— ╱‾‾ *m.*

ÉLANCER (S') броса́ться / бро́ситься. *Quand elle l'a vu, elle s'est élancée vers lui*, когда́ она́ его́ уви́дела, она́ бро́силась к нему́.

ÉLARGIR расширя́ть / расши́рить. *Élargir le passage*, расши́рить прохо́д. // (*Fig.*) *Nos connaissances se sont élargies*, на́ши зна́ния расши́рились.

ÉLASTIQUE *adj.* эласти́чный. *Une ceinture élastique*, эласти́чный по́яс. // (*Fig.*, *livresque*) *Une conscience élastique*, эласти́чная со́весть.

ÉLECTEUR избира́тель *m.*

ÉLECTIONS вы́боры, вы́боров, вы́борам... *pl. t.* *Les élections municipales*, вы́боры в горсове́т. *Les élections législatives*, вы́боры в парла́мент.

ÉLECTORAL избира́тельный. *La campagne électorale*, избира́тельная кампа́ния. *Une circonscription électorale*, избира́тельный о́круг.

ÉLECTRICE избира́тельница.

ÉLECTRICIEN эле́ктрик.

ÉLECTRICITÉ электри́чество. *Allumer l'électricité*, заже́чь электри́чество.

ÉLECTRIQUE электри́ческий *ou, avec de nombreux substantifs désignant notamment des appareils*, электро... *Le courant électrique*, электри́ческий ток. *Un moteur électrique*, электродви́гатель. *Un train électrique*, электропо́езд. *L'énergie électrique*, электроэне́ргия.

ÉLECTROCUTER уби́ть электри́ческим то́ком (/ уби́ть* II, убьёт; уби́ло; *au sujet de la proposition française correspond en russe un nom ou un pronom à l'accusatif*). *Il a été électrocuté*, его́ уби́ло электри́ческим то́ком. *Tu pourrais être électrocuté*, тебя́ мо́жет уби́ть электри́ческим то́ком.

ÉLECTRONIQUE *adj.* электро́нный. *Un microscope électronique*, электро́нный микроско́п.

ÉLECTROPHONE электропро́игрыватель *m.* (*livresque*) *ou*, *simplement*, прои́грыватель *m.*

ÉLÉGAMMENT изя́щно; элега́нтно (*avec une élégance recherchée*). *Une dame élégamment vêtue*, изя́щно оде́тая же́нщина.

ÉLÉGANCE изя́щество; элега́нтность *f.* (*élégance recherchée*). *L'élégance des formes*, изя́щество форм.

ÉLÉGANT изя́щный; элега́нтный (*d'une élégance recherchée*). *Une femme élégante*, изя́щная же́нщина *ou* элега́нтная же́нщина. *Une robe élégante*, изя́щное пла́тье.

ÉLÉMENT 1. (*partie d'un tout*) составна́я часть (часть ___ /‾‾‾ *f.*); элеме́нт (*plus livresque*). *Décomposer qqch. en ses éléments*, разложи́ть что́-нибудь на его́ составны́е ча́сти. *Des éléments radioactifs*, радиоакти́вные элеме́нты. **2.** (*milieu*) стихи́я. *Être dans son élément*, быть в свое́й стихи́и. **3.** (*pl.: meuble formé d'éléments standardisés*) секцио́нная ме́бель (ме́бель *f.; pas de pl.*). *Pour notre bibliothèque, nous avons acheté des éléments*, для на́шей библиоте́ки мы купи́ли секцио́нную ме́бель.

ÉLÉMENTAIRE элемента́рный. *Des notions élémentaires*, элемента́рные све́дения. *Les mathématiques élémentaires*, элемента́рная матема́тика.

ÉLÉPHANT слон /‾‾‾ ‾‾‾.

ÉLEVAGE 1. (*élevage du bétail*) скотово́дство. *L'agriculture et l'élevage*, земледе́лие и скотово́дство. **2.** (*élevage de telle ou telle espèce*) разведе́ние; ... водство (*lié par les éléments -o- ou -e- à la base du substantif désignant l'espèce élevée; l'élément -o- est employé après consonne dure, l'élément -e- après consonne mouillée ou en cas d'incompatibilité orthographique*). *L'élevage des poules*, разведе́ние кур *ou* курово́дство. *L'élevage des lapins*, кролиководство. *L'élevage des chevaux*, коневодство. *L'élevage des moutons*, овцево́дство.

I. ÉLÈVE *m.* **1.** (*dans l'enseignement de premier ou de second degré*) учени́к /‾‾‾ ‾‾‾ ; уча́щийся *part. subst. m.* (*livresque et peu usité au singulier*). *Un bon élève*, хоро́ший учени́к. *Les élèves des classes supérieures*, ученики́ ста́рших кла́ссов. **2.** (*dans une école supérieure*) студе́нт; уча́щийся *part. subst. m.* (*livresque et peu usité au singulier*). *Les élèves des écoles supérieures*, уча́щиеся ву́зов.

II. ÉLÈVE *f.* **1.** (*dans l'enseignement de premier ou de second degré*) учени́ца. *Une élève très douée*, о́чень одарённая учени́ца. **2.** (*dans une école supérieure*) студе́нтка. *Une élève de l'école normale*, студе́нтка пединститу́та.

ÉLEVER 1. (*le ton...*) повыша́ть / повы́сить. *Élever le ton*, повы́сить го́лос. **2.** (*des enfants*) расти́ть / вы́растить (*nourrir*); воспи́тывать / воспита́ть (*éduquer*). *Il a élevé cinq filles*, пять дочере́й вы́растил. *Il avait été élevé dans une école libre*, он был воспи́тан в ча́стной шко́ле. **3.** (*des animaux*) разводи́ть ___ / развести́* IV, разведу́, разведёшь...; развёл, развела́.../‾‾‾; разведённый. *Élever des poules*, разводи́ть кур.

ÉLIRE избира́ть / избра́ть* IV, изберу́, изберёшь...; избра́л, избрала́, избра́ло, избра́ли/__. *Il a été élu député*, его́ избра́ли депута́том.

ÉLITE *traduire par un substantif accompagné de l'adjectif* « лу́чший », « *meilleur* ». *L'élite des poètes du XVIe siècle*, лу́чшие поэ́ты XVI ве́ка. • **D'élite**, отбо́рный. *Des troupes d'élite*, отбо́рные войска́.

ELLE v. IL.

ÉLOGE • **Faire l'éloge de qqn**, хвали́ть ___ / похвали́ть ___ (*tr.*).

ÉLOIGNÉ отдалённый (*livresque*). *En ces temps éloignés*, в те отдалённые времена́.

ÉLOIGNER удаля́ть / удали́ть. *Éloigner un objet de ses yeux*, удали́ть предме́т от глаз. *La barque s'éloigna de la rive*, ло́дка удали́лась от бе́рега.

ÉLOQUENT красноречи́вый. *Un orateur éloquent*, красноречи́вый ора́тор. *Un geste éloquent*, красноречи́вый жест.

ÉMAIL эма́ль *f*. *Des objets en émail*, изде́лия из эма́ли. *Une collection d'émaux*, колле́кция эма́лей. • **En émail**, эма́левый. *Une broche en émail*, эма́левая брошь.

EMBALLAGE (*fait d'emballer; ce qui sert à emballer*) упако́вка. *Un emballage en carton*, карто́нная упако́вка. • **Papier d'emballage**, обёрточная бума́га.

EMBALLER (*empaqueter*) упако́вывать / упакова́ть. *Emballer une marchandise*, упакова́ть това́р.

EMBARCADÈRE при́стань *f*. *Il n'y avait encore personne sur l'embarcadère*, ещё никого́ не́ было на при́стани.

EMBARQUEMENT (*dans un bateau, un avion...*) поса́дка. *L'embarquement a commencé*, поса́дка начала́сь.

EMBARQUER 1. (*monter dans un bateau, dans un train...*) сесть на парохо́д, сесть в по́езд... (сади́ться / сесть* IV, ся́ду, ся́дешь...; сел, се́ла...). *Nous avons embarqué à cinq heures*, в пять часо́в мы се́ли на парохо́д. **2.** (*charger des marchandises*) грузи́ть↘—— / погрузи́ть↘——. *Embarquer des marchandises dans un wagon*, погрузи́ть това́р в ваго́н.

EMBARQUER (S') [*monter dans un bateau, dans un avion...*] сесть на парохо́д, сесть в самолёт... (сади́ться / сесть* IV, ся́ду, ся́дешь...; сел, се́ла...). *Nous nous sommes embarqués à cinq heures*, в пять часо́в мы се́ли на парохо́д.

EMBARRAS (*difficulté*) затрудне́ние. *Je suis dans un grand embarras*, я в большо́м затрудне́нии. *Tirer qqn d'embarras*, вы́вести кого́-нибудь из затрудне́ния.

EMBARRASSANT затрудни́тельный. *Une question embarrassante*, затрудни́тельный вопро́с. *Une situation embarrassante*, затрудни́тельное положе́ние.

EMBAUCHER (*engager*) нанима́ть / наня́ть* IV, найму́, наймёшь...; на́нял, наняла́, на́няло, на́няли ∧——; на́нятый, на́нят, нанята́, на́нято, на́няты∧——. *Embaucher des ouvriers*, наня́ть рабо́чих.

EMBÊTEMENT неприя́тность *f*. *Il a eu des embêtements de toutes sortes*, у него́ бы́ли вся́кие неприя́тности.

EMBÊTER надоеда́ть / надое́сть* *n. cl.*, надое́м, надое́шь, надое́ст, надоеди́м, надоеди́те, надоедя́т; надое́л, надое́ла... (+ *dat.*). *Tu m'embêtes*, Надое́л ты мне. *Ça m'embête*, Э́то мне надое́ло.

REMARQUE. L'imperfectif « надоеда́ть » marque la répétition.

EMBOUCHURE (*d'un fleuve*) у́стье. *L'embouchure de la Neva*, у́стье Невы́.

EMBOUTEILLAGE (*dans la circulation*) про́бка. *Il y a un embouteillage au carrefour*, на перекрёстке образова́лась про́бка.

EMBRASSER (*donner des baisers*) целова́ть / поцелова́ть. *Embrasser sur les deux joues*, поцелова́ть в о́бе щеки́. *Embrasser sur la bouche*, поцелова́ть в гу́бы.

EMBRAYAGE сцепле́ние. *La pédale d'embrayage*, педа́ль сцепле́ния.

EMBRAYER включи́ть переда́чу (включа́ть / включи́ть).

EMBROUILLER пу́тать / запу́тать. *Embrouiller les fils*, пу́тать ни́тки. // (*Fig.*) *Elle embrouille tout*, она́ всё пу́тает.

EMBUSCADE заса́да. *Dresser une embuscade*, устро́ить заса́ду. *Tomber dans une embuscade*, попа́сть в заса́ду.

ÉMERVEILLER очаро́вывать / очарова́ть. *Tous étaient émerveillés par ce spectacle*, все бы́ли очаро́ваны э́тим зре́лищем.

ÉMEUTE мяте́ж ⁄—— ——. *Écraser une émeute*, подави́ть мяте́ж.

ÉMIGRATION эмигра́ция. *Il a vécu dix ans en émigration*, он де́сять лет про́жил в эмигра́ции.

ÉMIGRÉ *subst.* эмигра́нт. *Un émigré politique*, полити́ческий эмигра́нт.

ÉMIGRÉE эмигра́нтка.

ÉMIGRER эмигри́ровать / эмигри́ровать. *Ils ont émigré en Suisse*, они эмигри́ровали в Швейца́рию.

ÉMINENT (*en parlant d'une personne*) выдаю́щийся *participe du verbe* « выдава́ться » *employé comme adjectif. Des savants éminents*, выдаю́щиеся учёные.

ÉMISSION (*de radio...*) переда́ча. *Écouter une émission intéressante*, слу́шать интере́сную переда́чу.

EMMENER 1. (*à pied*) уводи́ть _____ / увести́* IV, уведу́, уведёшь... ; увёл, увела́... /‾‾‾‾ ; уведённый. *Emmener les enfants à la maison*, увести́ дете́й домо́й. **2.** (*autrement qu'à pied*) увози́ть _____ / увезти́* IV, увезу́, увезёшь... ; увёз, увезла́... /‾‾‾‾ ; увезённый. *Emmener les enfants à la campagne*, увезти́ дете́й в дере́вню.

ÉMOTION волне́ние. *Elle tremblait d'émotion*, она́ дрожа́ла от волне́ния.

ÉMOUVANT тро́гательный. *Une scène émouvante*, тро́гательная сце́на.

ÉMOUVOIR 1. (*provoquer une forte émotion*) волнова́ть / взволнова́ть. *Elle était très émue*, она́ была́ си́льно взволно́вана. **2.** (*attendrir*) тро́гать / тро́нуть. *Elle était émue jusqu'aux larmes*, она́ была́ тро́нута до слёз.

EMPARER • **S'emparer de** (*prendre par la force*), захва́тывать / захвати́ть _____ (*tr.*). *S'emparer du pouvoir*, захвати́ть власть. *S'emparer d'un immense territoire*, захвати́ть огро́мную террито́рию.

EMPÊCHER меша́ть / помеша́ть (+ *dat.*); не дава́ть (*plus familier;* дава́ть* II, даю́, даёшь... ; дава́й ; дава́я / дать* *n. cl.* дам, дашь, даст, дади́м, дади́те, даду́т; *passé, forme négative* не́ дал, не дала́, не́ дало, не́ дали /___; дай). *Ça ne t'empêche pas de travailler*, Это тебе́ не меша́ет рабо́тать. *L'un n'empêche pas l'autre*, одно́ друго́му не меша́ет. *On m'empêchait de parler*, мне не дава́ли говори́ть. *Il nous empêche de dormir*, он нам не даёт спать. • **N'empêche que**, а всё же. *N'empêche qu'il avait raison*, А всё же он был прав. **Ne pas pouvoir s'empêcher de**, не могу́ удержа́ться (*suivi d'une proposition explicative indépendante; infinitifs inusités*, могу́, мо́жешь..., мо́гут _____ ; мог, могла́... /‾‾‾‾ / смогу́, смо́жешь..., смо́гут _____ ; смог, смогла́... /‾‾‾‾). *Je n'ai pas pu m'empêcher de rire*, не смогла́ удержа́ться, захохота́ла. *Elle n'a pas pu s'empêcher de pleurer*, она́ не смогла́ удержа́ться и запла́кала. *Il ne peut pas s'empêcher de fumer*, он не мо́жет удержа́ться, всё ку́рит и ку́рит.

Remarque. « Не дава́ть » ne peut pas être utilisé pour la traduction du verbe « empêcher » lorsque celui-ci est accompagné d'une négation.

EMPEREUR импера́тор. *Napoléon fut proclamé empereur en 1804*, Наполео́н был и́збран импера́тором в 1804 г.

EMPIRE (*État gouverné par un empereur; ensemble de pays gouvernés par une même autorité*) импе́рия. *Le second Empire*, Втора́я импе́рия. *L'Empire britannique*, Брита́нская импе́рия.

EMPLOI 1. (*le fait d'utiliser*) примене́ние. *L'emploi des engrais chimiques*, примене́ние хими́ческих удобре́ний. **2.** (*la manière d'utiliser*) употребле́ние. *L'emploi du perfectif*, употребле́ние соверше́нного ви́да. *Le mode d'emploi*, спо́соб употребле́ния. **3.** (*poste, travail*) рабо́та. *Chercher un emploi*, иска́ть рабо́ту. • **L'emploi du temps** (*scolaire*), расписа́ние уро́ков *ou, simplement*, расписа́ние.

EMPLOYÉ слу́жащий *adj. subst. m. Un employé des postes*, почто́вый слу́жащий.

EMPLOYÉE слу́жащая *adj. subst. f. Une employée des postes*, почто́вая слу́жащая.

EMPLOYER (*utiliser*) употребля́ть / употреби́ть. *Ce mot ne s'emploie plus*, э́то сло́во уже́ не употребля́ется.

EMPOISONNER отравля́ть / отрави́ть╲____. *Ils se sont empoisonnés avec des champignons*, они́ отрави́лись гриба́ми.

EMPORTER 1. (*en règle générale*) уноси́ть ╲_____ / унести́* IV, унесу́, унесёшь...; унёс, унесла́... ╱‾‾‾‾ ; унесённый. *Tu as emporté la bouteille ?*, Ты унёс буты́лку? *Le vent emportait les feuilles*, ве́тер уноси́л ли́стья. *Elle a emporté ce secret dans la tombe*, она́ унесла́ та́йну в моги́лу. **2.** (*en utilisant un moyen de transport*) увози́ть╲____ / увезти́* IV, увезу́, увезёшь...; увёз, увезла́... ╱‾‾‾; увезённый. *Emporter des caisses dans un camion*, увезти́ я́щики на грузовике́. **3.** (*arracher*) сноси́ть ╲____ / снести́* IV, снесу́, снесёшь...; снёс, снесла́... ╱‾‾‾; снесённый. *Le toit a été emporté par le vent*, ве́тер снёс кры́шу. *Le barrage a été emporté par les eaux*, водо́й снесло́ плоти́ну. ● **Le diable l'emporte!**, Чёрт бы его побра́л!

EMPREINTE отпеча́ток. *Marquer qqch. de son empreinte*, наложи́ть свой отпеча́ток на что́-нибудь. *Les empreintes digitales*, отпеча́тки па́льцев.

EMPRUNT (*d'argent*) заём, за́йма... ╲_____ . *Lancer un emprunt*, вы́пустить заём.

EMPRUNTER 1. (*emprunt concret*) занима́ть / заня́ть* IV, займу́, займёшь...; за́нял, заняла́, за́няло, за́няли ∧___; за́нятый, за́нят, занята́, за́нято, за́няты ∧___; *mais, s'il s'agit d'objets sans grande valeur ou si l'emprunt se fait pour une très courte durée, on emploie très souvent le verbe* брать* IV, беру́, берёшь...; брал, брала́, бра́ло, бра́ли ∧___/ взять* IV, возьму́, возьмёшь...; взял, взяла́, взя́ло, взя́ли ∧___; взя́тый, взят, взята́, взя́то, взя́ты ∧___ (*prendre*); *ou même, lorsque le refus de prêter paraît peu concevable*, проси́ть╲____ / попроси́ть╲____ (*demander*). *Je lui ai emprunté cent roubles*, я за́нял у него́ сто рубле́й. *C'est à lui que j'ai emprunté ce disque*, я у него́ взял э́ту пласти́нку. *Je lui ai emprunté son stylo*, я попроси́л у него́ автору́чку. **2.** (*emprunt abstrait*) заи́мствовать / заи́мствовать. *Emprunter son sujet à un écrivain peu connu*, заи́мствовать те́му у малоизве́стного писа́теля.

I. EN *prép.*

1. (*emplacement*) в (+ *loc.*) // *les noms d'îles et quelques autres se construisent avec* на (+ *loc.*).
2. (*direction, pénétration*) в (+ *acc.*) // *de très rares substantifs se construisent avec* на (+ *acc.*).
3. (*déplacement dans les limites du lieu dont il est question*) по (+ *dat.*).
4. (*état*) в (+ *loc.*) // *de très rares substantifs se construisent avec* на (+ *loc.*).
5. (*changement d'état, de forme, d'aspect*) в (+ *acc.*) // на (+ *acc.*) *avec quelques rares substantifs et après les verbes exprimant une idée de division.*
6. (*moment de l'action*) в (+ *loc.*) // *les noms de saisons précédés de « en » se traduisent par un adverbe ayant la forme d'un instrumental.*
7. (*durée nécessaire à l'action*) за (+ *acc.*).
8. (*moyen de transport*) на [+ *loc.*] (*pour la traduction de « en avion », on emploie le plus souvent l'instrumental sans préposition*).
9. (*manière*) *le substantif précédé de « en » est remplacé par un adverbe // plus rarement ce substantif est employé à l'instrumental sans préposition // le participe précédé de « en » est traduit par un gérondif imperfectif.*
10. (*matière*) *le substantif précédé de « en » est remplacé par un adjectif // on emploie également* из (+ *gén.*), *notamment lorsque le substantif est qualifié par un adjectif.*
11. (*suivi d'un nom de langue*) на (+ *loc.*) // *le nom de langue précédé de « en » peut être également traduit par un adverbe, mais seulement lorsqu'il complète un verbe et qu'il n'est pas qualifié par un adjectif* // в (+ *loc.*) *au sens de « parmi les structures de la langue,*

dans le vocabulaire de la langue... ».
● **Expressions diverses.**

1. *J'ai passé un mois en Union soviétique*, я провёл ме́сяц в Сове́тском Сою́зе. *J'étais en Crimée*, я был в Крыму́. *En classe*, в кла́ссе. // *En Corse*, на Ко́рсике. *En Ukraine*, на Украи́не. **2.** *Rentrer en France*, верну́ться во Фра́нцию. *Envoyer une lettre en Roumanie*, посла́ть письмо́ в Румы́нию. *Entrer en classe*, войти́ в класс. *Passer de mains en mains*, переходи́ть из рук в ру́ки. // *En Ukraine*, на Украи́ну. **3.** *Il voyageait en France*, он путеше́ствовал по Фра́нции. *Il m'a tout raconté en chemin*, он мне всё рассказа́л по доро́ге. **4.** *Les pommiers étaient en fleur*, я́блони бы́ли в цвету́. *Du sucre en morceaux*, са́хар в куска́х. *Le livre est en bon état*, кни́га в хоро́шем ви́де. *Un drame en vers*, дра́ма в стиха́х. *Une tragédie en cinq actes*, траге́дия в пяти́ де́йствиях. *J'étais en costume d'été*, я был в ле́тнем костю́ме. *Il n'est pas en état de travailler*, он не в состоя́нии рабо́тать. *Être en deuil*, быть в тра́уре. *Être en congé*, быть в о́тпуске. // *Être en retraite*, быть на пе́нсии. *Sauter du train en marche*, спры́гнуть с по́езда на по́лном ходу́. **5.** *La glace s'est transformée en eau*, лёд преврати́лся в во́ду. *Mettre en vente*, пусти́ть в прода́жу. *Peindre en vert*, окра́сить в зелёный цвет. *Induire en erreur*, ввести́ в заблужде́ние. // *Partir en vacances*, уе́хать на кани́кулы. *Diviser en trois parties*, раздели́ть на три ча́сти. *Déchirer en petits morceaux*, разорва́ть на ме́лкие куски́. **6.** *En septembre*, в сентябре́. *En 1972*, в 1972 г. (в ты́сяча девятьсо́т се́мьдесят второ́м году́). // *En automne*, о́сенью. *En été*, ле́том. *En hiver*, зимо́й. **7.** *On peut faire ça en une heure*, э́то мо́жно сде́лать за час. *Il a parcouru 10 km en cinq minutes*, он прое́хал 10 км за пять мину́т. **8.** *J'irai en autobus*, я пое́ду туда́ на авто́бусе. *En bateau*, на парохо́де. // *Il est parti pour Moscou en avion*, он полете́л в Москву́ самолётом. **9.** *En détail*, подро́бно. *En cachette*, потихо́ньку. *En un clin d'œil*, ми́гом. // *Écrire en prose*, писа́ть про́зой. // *En voyageant à travers toute l'Europe*, путеше́ствуя по всей Евро́пе. *En s'enfonçant dans l'eau*, погружа́ясь в во́ду. **10.** *Un lit en bois*, деревя́нная крова́ть. *Un câble en acier*, стально́й кана́т. *Une veste en cuir*, ко́жаная ку́ртка. // *Des assiettes en matière plastique*, таре́лки из пластма́ссы. *Un monument en marbre blanc*, па́мятник из бе́лого мра́мора. **11.** *Un livre en russe*, кни́га на ру́сском языке́. *En grec moderne*, на совреме́нном гре́ческом языке́. // *Le professeur expliquait tout en russe*, учи́тель всё объясня́л по-ру́сски. // *En russe, il n'y a pas d'article*, в ру́сском языке́ нет арти́кля. ● **Croire en Dieu**, ве́рить в бо́га. **De... en** (*lieu ou temps*), из (+ *gén.*)... в (+ *acc.*). *De village en village*, из дере́вни в дере́вню. *De jour en jour*, изо дня в день. **Docteur en**, до́ктор (+ *gén.*). *Docteur en médecine*, до́ктор медици́нских нау́к. *Docteur en droit*, до́ктор прав. **En arrière 1.** (*emplacement*) позади́. *Il est resté en arrière*, он оста́лся позади́. **2.** (*direction*) наза́д. *Faire un pas en arrière*, сде́лать шаг наза́д. **En arrière de** позади́ (+ *gén.*). *En arrière du détachement*, позади́ отря́да. **En avant 1.** (*direction*) вперёд. *Tendre les bras en avant*, вы́тянуть ру́ки вперёд. *C'est un grand pas en avant*, э́то большо́й шаг вперёд. *En avant !*, Вперёд! **2.** (*emplacement*) впереди́. *Il est quelque part en avant*, он где́-то впереди́. **En avant de**, впереди́ (+ *gén.*). *En avant du détachement*, впереди́ отря́да. **En bas 1.** (*direction*) вниз. *Regarder en bas*, смотре́ть вниз. **2.** (*emplacement*) внизу́. *Il habite en bas*, он живёт внизу́. **En bas de**, внизу́ (+ *gén.*). *En bas de la page*, внизу́ страни́цы. **En bonne santé**, здоро́вый. *Elle est en bonne santé*, она́ здоро́ва. **En ce temps-là**, в те времена́. **En d'autres termes**, други́ми слова́ми. **En dépit de**, несмотря́ на (+ *acc.*). *En dépit du mauvais temps*, несмотря́ на плоху́ю пого́ду. **En dessous, en des-**

sous de 1. (*direction*) под *régissant un nom ou un pronom à l'accusatif. Mets ta valise en dessous*, положи́ свой чемода́н под дива́н. *Le papier est tombé en dessous de l'armoire*, бума́жка упа́ла под шкаф. **2.** (*emplacement*) под *régissant un nom ou un pronom à l'instrumental. Il y avait une barrière. Je suis passée en dessous*, Там был шлагба́ум. Я прошла́ под ним. *J'ai trouvé ce papier en dessous de l'armoire*, я нашёл э́ту бума́жку под шка́фом. **En effet**, в са́мом де́ле. *Oui, en effet, j'étais en retard*, да, в са́мом де́ле, я опозда́л. **En faveur de**, в по́льзу (+ *gén.*). *Le procès s'est terminé en sa faveur*, де́ло бы́ло решено́ в его́ по́льзу. **En haut 1.** (*direction*) вверх. *Regarder en haut*, смотре́ть вверх. **2.** (*emplacement*) наверху́. *Ils habitent en haut*, они́ живу́т наверху́. **En haut de**, наверху́ (+ *gén.*). *En haut de la page*, наверху́ страни́цы. **En outre**, к тому́ же; кро́ме того́. **En particulier**, в осо́бенности; в ча́стности. **En raison de**, в си́лу (+ *gén.*). *En raison des événements*, в си́лу обстоя́тельств. **En réalité**, в действи́тельности. **En souvenir**, на па́мять. *Prenez ça en souvenir*, Возьми́те э́то на па́мять. **En souvenir de**, в па́мять (о + *loc.*). *En souvenir de nos rencontres*, в па́мять о на́ших встре́чах. **En un mot**, одни́м сло́вом. **Fort en**, си́льный по (+ *dat.*). *Il est fort en math*, он си́лен по матема́тике. **Riche en**, бога́тый (+ *instr.*). *Riche en vitamines*, бога́тый витами́нами. **Se mettre en colère**, серди́ться ⌐—— / рассерди́ться ⌐——. *Il s'est mis en colère contre moi*, он рассерди́лся на меня́.

II. EN *adv.* отту́да. *J'en viens justement*, я как раз отту́да.

III. EN *pronom. Avant de traduire, remplacer « en » par un pronom accompagné d'une préposition (selon le cas, ce pronom sera celui de la troisième personne ou un démonstratif) // mais dans bien des cas, et notamment lorsqu'il a une valeur de renforcement ou un sens partitif, sa traduction doit être omise. Elle connaissait bien Paoustovski, elle en parlait souvent* (*en = de lui*), она́ хорошо́ зна́ла Паусто́вского и ча́сто говори́ла о нём. *Il a fait une ânerie, mais il n'en parle jamais* (= *de cela*), он сде́лал глу́пость, но никогда́ не говори́т об э́том. *Il s'en étonne* (*en = de cela*), он э́тому удивля́ется. // *Il en a une, lui, de voiture*, А у него́ есть маши́на. *J'en prendrai un petit morceau*, я возьму́ кусо́чек. *Il y en a assez pour tous*, на всех хва́тит. *Ne pas en croire ses yeux*, не ве́рить свои́м глаза́м.

IV. EN (*particule formant avec le verbe une locution verbale indissociable: « en avoir assez », « en vouloir à », « s'en aller », « s'en moquer », etc.*) *voir le verbe qui entre dans la composition de cette locution.*

ENCEINTE *adj.* бере́менная. *Lise était enceinte*, Ли́за была́ бере́менна.

ENCERCLER окружа́ть / окружи́ть. *Encercler et anéantir l'ennemi*, окружи́ть и уничто́жить неприя́теля.

ENCHANTÉ 1. (*enthousiasmé*) в восто́рге. *J'étais enchanté de mon voyage*, я был в восто́рге от пое́здки. **2.** (*dans les formules de politesse*) о́чень рад. *Enchanté de faire votre connaissance*, О́чень рад познако́миться. *Je suis enchanté de vous voir*, Я о́чень рад вас ви́деть.

ENCHÈRE ● Aux enchères, с аукцио́на. *Vendre aux enchères*, прода́ть с аукцио́на.

ENCOMBREMENT зато́р. *Des encombrements de voitures*, зато́ры маши́н.

ENCOMBRER загроможда́ть / загромозди́ть, *part.* загромождённый*. *Un couloir encombré de meubles*, коридо́р, загромождённый ме́белью.

ENCORE ещё *et, avec diverses nuances*, опя́ть (*une fois de plus*), всё ещё (*toujours*). *Encore une fois*, ещё раз. *Versez m'en encore un petit verre*, Нале́йте ещё стака́нчик. *C'est encore mieux*, э́то ещё лу́чше. *« Tu as reçu une lettre de lui ? — Pas encore »*, « Ты получи́ла от него́ письмо́? — Нет ещё. » *Il n'est pas encore rentré*, он ещё не вернýлся. *Encore lui!*, Опя́ть он! *Il dort encore*, он всё ещё спит.

ENCOURAGER поощря́ть/поощри́ть. *Encourager un élève*, поощря́ть ученикá.

ENCRE черни́ла, черни́л, черни́лам... *pl. t. De l'encre rouge*, крáсные черни́ла. *Une bouteille d'encre*, буты́лка черни́л.

ENCRIER черни́льница.

ENCYCLOPÉDIE энциклопéдия. *La Grande Encyclopédie soviétique*, Большáя совéтская энциклопéдия.

ENDORMIR (S') засыпáть / заснýть. *Je me suis endormi tard et je me suis réveillé avant le jour*, я заснýл пóздно и проснýлся до рассвéта.

ENDROIT 1. (*lieu*) мéсто. *Par endroits*, местáми. *Ce n'est pas un endroit pour fumer*, здесь не мéсто кури́ть. **2.** (*par opposition à « envers »*) лицевáя сторонá (сторонá).

ÉNERGIE энéргия. *Faire preuve d'énergie*, прояви́ть энéргию. *L'énergie atomique*, áтомная энéргия.

ÉNERGIQUE энерги́чный. *Un homme énergique*, энерги́чный человéк. *Prendre des mesures énergiques*, приня́ть энерги́чные мéры.

ÉNERVÉ раздражённый, раздражён, раздраженá... *Elle était énervée*, онá былá раздраженá.

ÉNERVER дéйствовать на нéрвы (дéйствовать / подéйствовать). *Cette musique m'énerve*, э́та мýзыка дéйствует мне на нéрвы.

ENFANCE дéтство. *Un ami d'enfance*, друг дéтства. *J'y suis habitué depuis l'enfance*, я к э́тому привы́к с дéтства. *Retomber en enfance*, впасть в дéтство.

ENFANT ребёнок*, *pl.* дéти, детéй, дéтям, детьми́, дéтях (*garçon ou fille*); мáльчик (*garçon*); дéвочка (*fille*). *Ils n'ont qu'un enfant*, у них оди́н ребёнок. *Ils ont deux enfants*, у них двóе детéй. *Un film pour enfants*, фильм для детéй. *Une charmante enfant*, прелéстная дéвочка. ● **D'enfants, de l'enfant, pour enfants,** дéтский. *Une voix d'enfant*, дéтский гóлос. *La littérature pour enfants*, дéтская литератýра.

ENFER ад*, *loc.* адý. *L'enfer est pavé de bonnes intentions*, дóбрыми намéрениями ад вы́мощен. ● **D'enfer,** áдский. *Une chaleur d'enfer*, áдская жарá.

ENFERMER (*mettre sous clé*) запирáть / заперéть* IV, запрý, запрёшь...; зáпер, заперлá, зáперло, зáперли; зáпертый, зáперт, запертá, зáперто, зáперты. *On l'a enfermé dans la cuisine*, егó зáперли в кýхне.

ENFIN

1. (*finalement*) наконéц.
2. (*toutefois*) но; но всё-таки.
3. (*en un mot*) одни́м слóвом.
4. (*plus exactement*) и́ли вернéе.
5. (*marquant la résignation*) да (*atone*).

1. *Enfin ils sont partis*, наконéц они́ уéхали. **2.** *C'est à peu près impossible; enfin, vous pouvez toujours essayer*, э́то почти́ невозмóжно, но всё-таки вы мóжете попрóбовать. **3.** *Les lettres, les paquets, enfin tout ce que nous recevions*, пи́сьма, посы́лки, одни́м слóвом всё, что мы получáли. **4.** *Il est absent... enfin, il ne peut pas vous recevoir*, Егó нет, и́ли вернéе он не мóжет вас приня́ть. **5.** *Enfin, qu'est-ce qu'on pouvait faire?*, Да что мóжно бы́ло дéлать?

ENFLER (*devenir plus gros*) пýхнуть* III / опýхнуть* III. *J'ai les jambes qui enflent*, у меня́ нóги пýхнут.

ENFONCER 1. (*plonger dans un liquide, dans un corps meuble*) погружáть / погрузи́ть. *S'enfoncer dans l'eau*, погружáться в вóду. **2.** (*un clou, un pieu...*) вбивáть / вбить* II, вобью́, вобьёшь...; вбей; вби́тый. *Enfoncer un clou*, вбить гвоздь. **3.** (*une porte...*) ломи́ться / вломи́ться (в + *acc.*). *Enfoncer la porte*, вломи́ться в дверь. *Enfoncer une porte ouverte*, ломи́ться в откры́тую дверь.

ENFUIR (S') сбега́ть / сбежа́ть* *n. cl.*, сбегу́, сбежи́шь..., сбегу́т; сбеги́. *S'enfuir de prison*, сбежа́ть из тюрьмы́.

ENGAGER 1. (*lier par une promesse*) обя́зывать / обяза́ть* II, обяжу́, обя́жешь... \—. *Ça n'engage à rien*, э́то ни к чему́ не обя́зывает. **2.** (*prendre à son service*) нанима́ть / наня́ть* IV, найму́, наймёшь...; на́нял, наняла́, на́няло, на́няли ∧—; на́нятый, на́нят, нанята́, на́нято, на́няты ∧—. *Engager un gardien*, наня́ть сто́рожа.

ENGRAIS удобре́ние. *Les engrais chimiques*, хими́ческие удобре́ния.

ÉNIGMATIQUE зага́дочный. *Un sourire énigmatique*, зага́дочная улы́бка.

ÉNIGME зага́дка. *Parler par énigmes*, говори́ть зага́дками. *Poser une énigme*, загада́ть зага́дку.

ENLEVER

> **1.** (*retirer un vêtement; décrocher qqch.*) снима́ть / снять* IV, сниму́, сни́мешь... \—; снял, сняла́, сня́ло, сня́ли ∧—; сня́тый, снят, снята́, сня́то, сня́ты ∧—.
> **2.** (*ranger*) убира́ть / убра́ть* IV, уберу́, уберёшь...; убра́л, убрала́, убра́ло, убра́ли ∧—.
> **3.** (*emporter*) уноси́ть \— / унести́* IV, унесу́, унесёшь...; унёс, унесла́... /—; унесённый.
> **4.** (*extraire*) вытя́скивать / вы́тащить.
> **5.** (*faire disparaître une tache...*) выводи́ть \— / вы́вести* IV, вы́веду, вы́ведешь...; вы́вел, вы́вела...; вы́веденный.
> **6.** (*rapt*) похища́ть / похи́тить (т → щ).

1. *Enlever sa cravate*, снять га́лстук. *Enlever ses lunettes*, снять очки́. *Enlever le tableau*, снять карти́ну. **2.** *Enlever la nappe*, убра́ть ска́терть. *Enlève ce vase; il me gêne*, Убери́ э́ту ва́зу; она́ мне меша́ет. **3.** *Il faut enlever les valises*, на́до унести́ чемода́ны. **4.** *Enlever une écharde*, вы́тащить зано́зу. **5.** *Enlever une tache sur un costume*, вы́вести пятно́ с костю́ма. **6.** *Enlever un enfant*, похи́тить ребёнка.

I. ENNEMI *subst.* враг /— —; неприя́тель *m.* (*livresque*). *Remporter une victoire sur l'ennemi*, одержа́ть побе́ду над враго́м.

II. ENNEMI *adj.* неприя́тельский, вра́жеский. *Les armées ennemies*, неприя́тельские войска́.

ENNUI 1. (*lassitude morale*) ску́ка. *Mourir d'ennui*, умира́ть со ску́ки. *Pour chasser l'ennui*, что́бы разогна́ть ску́ку. **2.** (*souvent au pluriel: désagrément*) неприя́тность *f*. *Il m'est arrivé un petit ennui*, со мной случи́лась ма́ленькая неприя́тность. *Causer des ennuis*, доставля́ть неприя́тности.

ENNUYER 1. (*être fastidieux*) *utiliser l'adjectif* ску́чный [шн] ∧—. *Ce travail m'ennuie*, рабо́та ску́чная. **2.** (*être désagréable*) *utiliser l'adjectif* неприя́тный. *Ça m'ennuierait de partir*, мне бы́ло бы неприя́тно уе́хать. **3.** (*importuner*) надоеда́ть / надое́сть* *n. cl.*, надое́м, надое́шь, надое́ст, надоеди́м, надоеди́те, надоедя́т; надое́л, надое́ла... *Elle m'ennuie avec ses conseils*, она́ мне надоеда́ет свои́ми сове́тами.

ENNUYER (S') ску́чно [шн] *accompagné du verbe* быть (*au sujet de la proposition française correspond en russe un nom ou un pronom au datif*); скуча́ть (*notamment lorsqu'il est nécessaire d'employer un infinitif ou lorsque « s'ennuyer » régit un substantif*). *Je m'ennuyais*, мне бы́ло ску́чно. *Je n'ai pas le temps de m'ennuyer*, мне не́когда скуча́ть. *S'ennuyer de ses amis*, скуча́ть по друзья́м.

ENNUYEUX 1. (*fastidieux*) ску́чный [шн] ∧—. *Un travail ennuyeux*, ску́чная рабо́та. **2.** (*désagréable*) неприя́тный. *C'est ennuyeux qu'il ne vienne pas*, как неприя́тно, что он не придёт.

ÉNORME огро́мный. *Un ours énorme*, огро́мный медве́дь. *Un succès énorme*, огро́мный успе́х. *Une influence énorme*, огро́мное влия́ние.

ENQUÊTE 1. (*judiciaire*) слéдствие. *Mener l'enquête*, вести́ слéдствие. **2.** (*sondage*) анкéта. *Faire une enquête*, провести́ анкéту.

ENREGISTREMENT (*sonore*) зáпись *f*. *Un enregistrement magnétique*, магни́тная зáпись.

ENREGISTRER 1. (*le son*) запи́сывать / записáть* II, запишу́, запи́шешь...____. *Enregistrer un concert*, записáть концéрт. **2.** (*sur un registre officiel*) регистри́ровать / зарегистри́ровать. *Enregistrer un mariage*, зарегистри́ровать брак. ● **Enregistrer ses bagages**, сдать багáж (сдавáть* II, сдаю́, сдаёшь...; сдавáй / сдать* *n. cl.*, сдам, сдашь, сдаст, сдади́м, сдади́те, сдаду́т; сдал, сдалá, сдáло, сдáли ^____; сдáнный, сдан, сданá... /‾‾‾‾).

ENRHUMER (S') схвати́ть нáсморк (схвáтывать / схвати́ть ____).

ENRICHIR обогащáть / обогати́ть (т → щ). *Enrichir le sol*, обогащáть пóчву. *Notre bibliothèque s'enrichit*, нáша библиотéка обогащáется.

ENSEIGNE (*de magasin...*) вы́веска. *L'enseigne du salon de coiffure*, вы́веска парикмáхерской.

ENSEIGNEMENT 1. (*action, manière d'enseigner*) преподавáние. *Les méthodes d'enseignement*, мéтоды преподавáния. **2.** (*ensemble d'établissements*) *traduire à l'aide des mots* « шкóла », « университéт » *ou* « вуз » *employés au pluriel. Dans l'enseignement de premier degré*, в начáльных шкóлах. *L'enseignement privé*, чáстные шкóлы. *Dans l'enseignement supérieur*, в вýзах и в университéтах.

ENSEIGNER преподавáть* II, преподаю́, преподаёшь...; преподавáй; преподавáя. *Il enseigne la physique dans une école supérieure*, он преподаёт фи́зику в вýзе.

ENSEMBLE *adv.* **1.** (*l'un avec l'autre, les uns avec les autres*) вмéсте. *Nous travaillons souvent ensemble*, мы чáсто рабóтаем вмéсте. **2.** (*au même moment*) в однó и то же врéмя; вмéсте. *Les deux paquets sont arrivés ensemble*, óбе посы́лки при́были в однó и то же врéмя.

ENSUITE потóм, затéм.

ENTASSER нагромождáть / нагромозди́ть, *part.* нагромождённый. *Entasser des caisses*, нагромозди́ть я́щики.

ENTENDRE (*percevoir par l'ouïe*) **1.** (*en règle générale*) слы́шать* I, слы́шу, слы́шишь... / услы́шать* I [*id.*] (*les verbes* « слы́шать / услы́шать » *ne régissent jamais un infinitif*). *Je ne vous entends pas*, Я вас не слы́шу. *Vous l'avez entendu chanter?*, Вы слы́шали, как он поёт? *Je ne l'ai pas entendu rentrer*, я не слы́шал, когдá он вернýлся. **2.** (*employé avec le pronom* « *on* ») слы́шаться* I, слы́шится, слы́шатся / послы́шаться* I (*id.*) *ou* слы́шен, слышнá, слы́шно, слы́шны ^____ (*à la forme affirmative, le complément direct est, le plus souvent, remplacé en russe par un nom au nominatif; à la forme négative, le complément direct français est remplacé par un nom au génitif*). *On entendait rire dans la pièce voisine*, слы́шался смех в сосéдней кóмнате. *On entend des pas dans le couloir*, слы́шны шаги́ в коридóре. *On entend un chuchotement*, слы́шен шóпот. *D'ici on entend bien*, отсю́да хорошó слы́шно. *On n'entend pas la musique*, не слы́шно мýзыки. ● **Entendre dire, entendre parler**, слы́шать* I, слы́шу, слы́шишь.... *J'ai entendu dire qu'il reviendrait bientôt à Moscou*, я слы́шал, что он скóро вернётся в Москвý. *Vous n'avez pas entendu parler d'elle?*, Вы не слы́шали о ней? **Entendu!**, Ну, лáдно! **Se faire entendre** (*retentir*), раздавáться* II, раздаётся, раздаю́тся; раздавáясь / раздáться* *n. cl.*, раздáстся, раздаду́тся; раздáлся, раздалáсь.../‾‾‾‾. *Un coup de feu se fit entendre*, раздáлся вы́стрел.

ENTENDRE (S') v. ENTENDRE. ● **Bien s'entendre**, жить в соглáсии (жить* IV, живу́, живёшь...; жил, жилá, жи́ло, жи́ли ^____ *et, à la forme néga-*

tive, нé жил, не жилá, нé жило, нé жили ^—). *Ils s'entendaient bien*, они́ жи́ли в согла́сии.

ENTERREMENT по́хороны, похоро́н, похорона́м... /‾ *pl. t. Nous avons été à son enterrement*, мы бы́ли на его́ похорона́х.

ENTERRER 1. (*inhumer*) хорони́ть _ / похорони́ть _ . *On l'a enterrée au Père-Lachaise*, её похорони́ли на кла́дбище Пер-Лашéз. **2.** (*enfouir*) зака́пывать / закопа́ть. *Enterrer un trésor*, закопа́ть клад.

ENTHOUSIASME энтузиа́зм. *Travailler avec enthousiasme*, рабо́тать с энтузиа́змом.

ENTIER 1. (*avec un nom concret et un article indéfini; attribut d'un nom concret*) це́лый ^— . *J'ai passé un mois entier dans le Midi*, я провёл це́лый ме́сяц на ю́ге. **2.** (*avec un nom concret et un article défini*) весь. *J'ai passé la journée entière sur la plage*, я провёл весь день на пля́же. *Dans le monde entier*, во всём ми́ре. **3.** (*avec un nom abstrait*) по́лный, по́лон, полна́, по́лно, по́лны ^— , *ou* по́лон, полна́... /‾ . *Une liberté entière*, по́лная свобо́да. ● **En entier**, по́лностью *adv. Le château a été détruit en entier*, за́мок был по́лностью разру́шен.

ENTIÈREMENT 1. (*en entier*) по́лностью. *Le château a été entièrement détruit*, за́мок был по́лностью разру́шен. **2.** (*parfaitement*) соверше́нно. *Vous avez entièrement raison*, Вы соверше́нно пра́вы.

ENTONNOIR воро́нка.

ENTORSE (*propr.*) вы́вих ноги́.

ENTOURER окружа́ть / окружи́ть. *Entouré d'arbres*, окружённый дере́вьями. *Entourer qqn de soins*, окружа́ть кого́-нибудь забо́тами.

ENTRACTE антра́кт. *Pendant l'entracte, nous sommes allés au buffet*, в антра́кте мы пошли́ в буфе́т.

ENTRAÎNEMENT (*sportif*) трениро́вка. *Après un long entraînement*, по́сле дли́тельной трениро́вки.

ENTRAÎNER (S') тренирова́ться / натренирова́ться. *S'entraîner avant une épreuve*, тренирова́ться пе́ред состяза́нием.

ENTRE ме́жду (+ *instr.*). *La route entre Moscou et Leningrad*, доро́га ме́жду Москво́й и Ленингра́дом. *Entre la vie et la mort*, ме́жду жи́знью и сме́ртью. ● **Entre nous soit dit**, ме́жду на́ми говоря́. **Parler entre ses dents**, говори́ть сквозь зу́бы.

ENTRÉE 1. (*si l'on entre à pied*) вход. *L'entrée du musée*, вход в музе́й. *À l'entrée du parc*, при вхо́де в парк. *Entrée interdite*, Вхо́да нет. *Entrée gratuite*, беспла́тный вход. **2.** (*si l'on entre autrement qu'à pied*) въезд. *L'entrée de la ville*, въезд в го́род. ● **D'entrée 1.** (*qui concerne l'endroit par lequel on entre*) входно́й. *La porte d'entrée*, входна́я дверь. **2.** (*qui donne l'accès à un établissement...*) вступи́тельный. *L'examen d'entrée*, вступи́тельный экза́мен.

ENTREPÔT склад. *Je travaillais dans un entrepôt*, я рабо́тал на скла́де.

ENTREPRENDRE начина́ть / нача́ть* IV, начну́, начнёшь...; на́чал, начала́, на́чало, на́чали ^— ; на́чатый, на́чат, начата́, на́чато, на́чаты ^— ; предпринима́ть / предприня́ть* IV, предприму́, предпри́мешь... _ ; предпри́нял, предприняла́, предпри́няло, предпри́няли ^— (*livresque*). *J'ai entrepris ce travail il y a sept ans*, я на́чал э́ту рабо́ту семь лет тому́ наза́д. *Il n'osait jamais rien entreprendre*, он никогда́ ничего́ не смел предпринима́ть.

ENTREPRENEUR предпринима́тель *m*.

ENTREPRISE (*divers sens*) предприя́тие. *Une entreprise privée*, ча́стное предприя́тие. *Une entreprise nationalisée*, госуда́рственное предприя́тие. *Une entreprise hasardeuse*, риско́ванное предприя́тие.

ENTRER

1. (*à pied*) входи́ть _ / войти́* IV, войду́, войдёшь...; вошёл,

вошла́...; войдя́ // *et, avec diverses nuances*, вбега́ть / вбежа́ть* *n. cl.*, вбегу́, вбежи́шь..., вбегу́т (*en courant*); влеза́ть / влезть* IV, вле́зу, вле́зешь...; влез, вле́зла... (*entrer avec difficulté; en grimpant, en descendant; entrer dans l'eau...*), *etc.* // вступа́ть / вступи́ть _____ (*en parlant d'une armée, d'un détachement...*).
2. (*en voiture, à cheval...*) въезжа́ть / въе́хать* IV, въе́ду, въе́дешь...
3. (*en volant*) влета́ть / влете́ть* I, влечу́, влети́шь...
4. (*en parlant d'un véhicule*) входи́ть, вхо́дит, вхо́дят / войти́*.
5. (*en parlant d'objets*) входи́ть, вхо́дит, вхо́дят / войти́*; влеза́ть / влезть* (*fam.*) // вмеща́ться / вмести́ться [в + *loc.*] (*être en place*).
6. (*être admis dans un établissement scolaire ou universitaire*) поступа́ть / поступи́ть _____ .
7. (*adhérer à un groupe*) вступа́ть / вступи́ть _____ .
8. (*figuré*) входи́ть, вхо́дит, вхо́дят / войти́*.

1. *Il est entré dans le magasin*, он вошёл в магази́н. *Entrez!*, Войди́те! // *Entrer dans la cabine du camion*, влезть в каби́ну грузовика́. *Entrer par la fenêtre*, влезть в окно́. *Entrer dans l'eau*, влезть в во́ду. // *Nos troupes sont entrées dans la ville*, на́ши войска́ вступи́ли в го́род. **2.** *Entrer dans la forêt*, въе́хать в лес. **3.** *Une guêpe est entrée par la fenêtre*, оса́ влете́ла в окно́. **4.** *Le bateau entre dans le port*, парохо́д вхо́дит в га́вань. **5.** *Tout n'entrera pas dans ma valise*, всё э́то не войдёт в чемода́н. *Ces documents n'entreront pas dans la serviette*, э́ти бума́ги не вле́зут в портфе́ль. // *Tous mes livres entrent dans cette armoire*, все мои́ кни́ги вмеща́ются в э́том шкафу́. **6.** *Entrer à l'université*, поступи́ть в университе́т. **7.** *Entrer au parti*, вступи́ть в па́ртию. **8.** *Ça n'entre pas dans mes intentions*, э́то не вхо́дит в мои́ наме́рения. *Ça n'entre pas en ligne de compte*, э́то не вхо́дит в счёт. ● **Faire entrer** (*qqn*), вводи́ть _____ / ввести́* IV, введу́, введёшь...; ввёл, ввела́... /‾‾‾‾. *Il m'a fait entrer dans la pièce*, он ввёл меня́ в ко́мнату. **Laisser entrer**, впуска́ть / впусти́ть _____ . *Il ne m'a pas laissé entrer*, он меня́ не впусти́л.

ENTRETENIR

1. (*faire durer*) подде́рживать / поддержа́ть* I, поддержу́, подде́ржишь... _____ .
2. (*maintenir en bon état*) содержа́ть* I, содержу́, соде́ржишь... _____ (*accompagné, le plus souvent, d'un complément indiquant dans quel état est conservée la chose*).
3. (*pourvoir à la subsistance*) содержа́ть* I, содержу́, соде́ржишь... _____ .
4. (*avoir une conversation*) бесе́довать / побесе́довать (с + *instr.*).

1. *Entretenir le feu*, подде́рживать ого́нь. *Entretenir la conversation*, поддержа́ть разгово́р. **2.** *Entretenir le parc*, содержа́ть парк в поря́дке. *Entretenir un bâtiment*, содержа́ть зда́ние в хоро́шем состоя́нии. **3.** *Entretenir une famille nombreuse*, содержа́ть многочи́сленную семью́. **4.** *Il m'a entretenu de son projet*, он побесе́довал со мной о своём прое́кте.

ENTRETENIR (S') бесе́довать / побесе́довать. *Nous nous sommes entretenus de ce projet*, мы побесе́довали об э́том прое́кте.

ENVAHIR вторга́ться / вто́ргнуться* III (в + *acc.*). *Envahir un pays*, вто́ргнуться в страну́.

ENVELOPPE (*de lettre*) конве́рт. *Mettre la lettre dans l'enveloppe*, вложи́ть письмо́ в конве́рт. *Coller l'enveloppe*, закле́ить конве́рт.

ENVELOPPER (*emballer*) завёртывать / заверну́ть, *part.* завёрнутый. *Envelopper une bouteille dans du papier*, заверну́ть буты́лку в бума́гу.

I. ENVERS *subst.* оборо́тная сторона́ (сторона́ \\/‾‾‾). *L'envers de la médaille* (*propr. et fig.*), оборо́тная сторона́ меда́ли. ● **À l'envers 1.** (*l'envers à l'extérieur*) наизна́нку. *Mettre sa culotte à* *l'envers*, наде́ть штаны́ наизна́нку; **2.** (*la tête en bas*) вверх нога́ми. *Poser une caisse à l'envers*, поста́вить я́щик вверх нога́ми.

II. ENVERS *prép.* к (+ *dat.*); по отноше́нию к (+ *dat.*) [*plus livresque*]. *Faire preuve d'indulgence envers les enfants*, прояви́ть снисходи́тельность к де́тям.

ENVIE (*convoitise*) за́висть *f*. *Regarder qqn avec envie*, смотре́ть на кого́-нибудь с за́вистью. • **Avoir envie de**, хо́чется (*infinitifs inusités*, хо́чется, хоте́лось / захо́чется, захоте́лось; *au sujet de la proposition française correspond en russe un nom ou un pronom au datif; le verbe régit soit un infinitif, soit* « что́бы » *et la forme du passé*). *Elle avait envie de pleurer*, ей хоте́лось пла́кать. *Je n'ai plus envie d'y aller*, мне бо́льше не хо́чется идти́ туда́. *J'ai envie de vin blanc*, мне хо́чется пить бе́лое вино́. *Je n'ai pas envie qu'il vienne*, мне не хо́чется, что́бы он пришёл.

ENVIER зави́довать / позави́довать (+ *dat.*). *Envier son voisin*, зави́довать сосе́ду.

ENVIRON о́коло (+ *gén.*) *ou, simplement, inversion du nom de nombre et du substantif qu'il régit* (*ce procédé ne peut être utilisé que si le nom de nombre est supérieur à « un »; si le nom de nombre est régi par une préposition, le substantif est placé avant cette préposition*). *Environ deux ans*, о́коло двух лет. *Environ une heure*, о́коло ча́са. *Une demi-heure environ*, о́коло получа́са. *Cinq roubles environ*, о́коло пяти́ рубле́й. *Il avait environ quarante ans*, ему́ бы́ло лет со́рок. *Cinq kilomètres environ*, киломе́тров пять. *Pour deux ans environ*, го́да на́ два.

ENVIRONS окре́стности, окре́стностей, окре́стностям... *pl. t.* *Dans les environs de Lyon*, в окре́стностях Лио́на.

ENVOLER (S') улета́ть / улете́ть* I, улечу́, улети́шь... *Les oiseaux se sont envolés*, пти́цы улете́ли.

ENVOYER посыла́ть / посла́ть* II, пошлю́, пошлёшь... *Envoyer une lettre*, посла́ть письмо́. *On m'a envoyé à la pharmacie chercher des médicaments*, меня́ посла́ли в апте́ку за лека́рствами.

ÉPAIS 1. (*par opposition à « plat »*) то́лстый, *comp.* то́лще*. *Du papier épais*, то́лстая бума́га. *Des lèvres épaisses*, то́лстые гу́бы. **2.** (*dense, touffu...*) густо́й, *comp.* гу́ще*. *Une forêt épaisse*, густо́й лес. *Une fumée épaisse*, густо́й дым. *Un liquide épais*, густа́я жи́дкость. **3.** (*en parlant de la neige ou du sable*) глубо́кий, глубо́к, *comp.* глу́бже*. *La neige était épaisse*, снег был глубо́кий.

ÉPAISSEUR толщина́. *L'épaisseur de la planche*, толщина́ доски́.

ÉPARGNE • **Caisse d'épargne**, сберка́сса. *Mettre de l'argent à la caisse d'épargne*, положи́ть де́ньги в сберка́ссу.

ÉPARGNER 1. (*ménager*) щади́ть / пощади́ть. *Ils n'épargnaient personne*, они́ никого́ не щади́ли. **2.** (*faire des économies*) сберега́ть де́ньги (сберега́ть / сбере́чь* IV, сберегу́, сбережёшь..., сберегу́т; сберёг, сберегла́...). *Ils ont épargné toute leur vie*, они́ всю жизнь сберега́ли де́ньги.

ÉPAULE плечо́*, *nom. pl.* пле́чи. *De larges épaules*, широ́кие пле́чи. *Porter qqch. sur ses épaules*, нести́ что́-нибудь на плеча́х. *Hausser les épaules*, пожа́ть плеча́ми.

ÉPÉE шпа́га (*rapière*); меч (*glaive*). *Se battre à l'épée*, дра́ться на шпа́гах. *L'épée de Damoclès*, Дамо́клов меч.

ÉPELER диктова́ть по бу́квам (диктова́ть / продиктова́ть). *Épeler son nom*, диктова́ть по бу́квам свою́ фами́лию.

ÉPERVIER я́стреб*, *nom. pl.* ястреба́ (*parfois accompagné du mot* « -перепеля́тник »).

ÉPI ко́лос*, *pl.* коло́сья, коло́сьев, коло́сьям... *pl. t.* *Des épis mûrs*, спе́лые коло́сья.

ÉPICERIE (*magasin*) продово́льственный магази́н.

ÉPICIER бакале́йщик (*rare, archaïque*).

ÉPICIÈRE бакале́йщица (*rare, archaïque*).

ÉPIDÉMIE эпиде́мия. *Une épidémie de grippe*, эпиде́мия гри́ппа.

ÉPINARD шпина́т (*sens collectif*). *Des épinards avec des œufs durs*, шпина́т с круты́ми я́йцами.

ÉPINE 1. (*sur une plante*) шип ; колю́чка. *Il n'y a pas de rose sans épines*, нет ро́зы без шипо́в. *Les épines d'un cactus*, колю́чки ка́ктуса. **2.** (*sur un animal*) игла́ ; колю́чка. *Le corps du hérisson est couvert d'épines*, те́ло ежа́ покры́то и́глами. **3.** (*écharde*) зано́за. *Tirer une épine du doigt*, вы́тащить зано́зу из па́льца.

ÉPINGLE була́вка. *Fixer qqch. avec une épingle*, прикрепи́ть что́-нибудь була́вкой. • **Coup d'épingle** (*fig.*), шпи́лька. *Lancer des coups d'épingle*, подпуска́ть шпи́льки. **Épingle à cheveux**, шпи́лька. **Épingle de sûreté**, англи́йская була́вка.

ÉPITHÈTE (*gramm.*) определе́ние.

ÉPLUCHER (*des légumes, des fruits*) чи́стить / очи́стить. *Éplucher des pommes de terre*, чи́стить карто́шку. *Je n'épluche pas les pommes, je les mange avec la peau*, я не чи́щу я́блоки, ем с кожуро́й.

ÉPONGE гу́бка.

ÉPOQUE вре́мя*, *gén., dat., loc.* вре́мени, *instr.* вре́менем; *pl.* времена́, времён, времена́м... *n.* (*lorsqu'il s'agit d'époques reculées, fabuleuses, etc., seul le pluriel est usité*); эпо́ха (*grande période de l'histoire de l'humanité*). *À notre époque*, в на́ше вре́мя. *À la même époque*, в то же вре́мя. *À cette époque-là*, в то вре́мя *ou* в те времена́. *À l'époque d'Ivan le Terrible*, во времена́ Ива́на Гро́зного. *À l'époque féodale*, в эпо́ху феодали́зма.

ÉPOUVANTABLE стра́шный (*qui cause l'épouvante*); ужа́сный (*affreux*). *Un bruit épouvantable*, стра́шный шум. *Un rêve épouvantable*, стра́шный сон *ou* ужа́сный сон. *Une chaleur épouvantable*, стра́шная жара́ *ou* ужа́сная жара́. *Un temps épouvantable*, ужа́сная пого́да. *Un caractère épouvantable*, ужа́сный хара́ктер.

ÉPUISER 1. (*utiliser en totalité*) исче́рпывать / исче́рпать. *Épuiser toutes les provisions*, исче́рпать все запа́сы. *Le sujet est épuisé*, те́ма исче́рпана. **2.** (*au participe: vendu en totalité*) распро́данный, распро́дан, распродана́, распро́дано, распро́даны . *Ce livre est épuisé depuis longtemps*, кни́га уже́ давно́ распродана́.

ÉQUATEUR эква́тор. *Sous l'équateur*, под эква́тором.

ÉQUILIBRE равнове́сие. *Un équilibre instable*, неусто́йчивое равнове́сие. *Perdre l'équilibre*, потеря́ть равнове́сие.

ÉQUIPAGE экипа́ж (*sur un navire, dans un avion, un char...*); кома́нда (*sur un navire*). *L'équipage de l'avion*, экипа́ж самолёта. *Tout l'équipage était sur le pont*, вся кома́нда была́ на па́лубе.

ÉQUIPE

> **1.** (*ensemble des personnes travaillant aux mêmes heures*) сме́на.
> • **2.** (*petit groupe d'ouvriers ayant un chef commun*) брига́да.
> **3.** (*petit groupe ayant un objectif commun*) коллекти́в.
> **4.** (*sportive*) кома́нда.

1. *L'équipe de nuit*, ночна́я сме́на. *L'équipe de jour*, дневна́я сме́на. **2.** *Notre équipe avait un retard considérable dans son travail*, на́ша брига́да си́льно отстава́ла. **3.** *Une équipe de savants*, нау́чный коллекти́в. **4.** *Une équipe de football*, футбо́льная кома́нда.

ÈRE э́ра.

ERRER (*en marchant*) броди́ть . *Errer à travers bois*, броди́ть по́ лесу.

ERREUR 1. (*faute*) оши́бка. *Faire qqch. par erreur*, сде́лать что́-нибудь по оши́бке. *Reconnaître son erreur*, созна́ть свою́ оши́бку. **2.** (*état de celui qui se trompe*) заблужде́ние. *Induire qqn en erreur*, ввести́ кого́-нибудь в заблужде́ние.

ERSATZ суррога́т. *Un ersatz du cuir*, суррога́т ко́жи.

ESCABEAU 1. (*siège*) табуре́тка.

2. (*petite échelle*) складна́я ле́сенка.

ESCADRE эска́дра. *L'escadre rentrait au port*, эска́дра возвраща́лась в га́вань.

ESCALATOR эскала́тор. *Monter par l'Escalator*, подня́ться по эскала́тору.

ESCALIER ле́стница. *Monter par l'escalier*, подня́ться по ле́стнице. ● **Escalier mécanique**, эскала́тор. *Descendre par l'escalier mécanique*, спусти́ться по эскала́тору.

ESCARGOT ули́тка. *Avancer comme un escargot*, ползти́ как ули́тка.

ESCARPÉ круто́й /\—, *comp.* кру́че*. *Une rive escarpée*, круто́й бе́рег.

ESCLAVAGE ра́бство. *L'abolition de l'esclavage*, отме́на ра́бства.

ESCLAVE **1.** *m.* раб /—— ——. *Être l'esclave de ses habitudes*, быть рабо́м свои́х привы́чек. **2.** *f.* рабы́ня.

ESCROQUERIE моше́нничество.

ESPACE **1.** (*étendue indéfinie; surface*) простра́нство. *L'espace et le temps*, простра́нство и вре́мя. *L'espace aérien*, возду́шное простра́нство. *Un espace libre*, свобо́дное простра́нство. *Occuper un grand espace*, занима́ть большо́е простра́нство. **2.** (*étendue de l'univers hors de l'atmosphère terrestre*) ко́смос *ou* косми́ческое простра́нство. *La conquête de l'espace*, завоева́ние ко́смоса. ● **En l'espace de**, за (+ *acc.*). *Il a fait cela en l'espace de deux semaines*, он сде́лал всё э́то за две неде́ли.

I. ESPAGNOL *subst.* **1.** (*homme*) испа́нец. **2.** (*langue*) испа́нский язы́к (язы́к /——). *Étudier l'espagnol*, изуча́ть испа́нский язы́к. *Un livre en espagnol*, кни́га на испа́нском языке́. ● **En espagnol** *et, dans le même emploi*, **espagnol** (*déterminant le plus souvent un verbe*) по-испа́нски. *Tout était écrit en espagnol*, всё бы́ло напи́сано по-испа́нски. *Parler espagnol*, говори́ть по-испа́нски.

II. ESPAGNOL *adj.* испа́нский. *Une danse populaire espagnole*, испа́нский наро́дный та́нец.

III. ESPAGNOL- (*élément de formation*) испа́нско-. *Un dictionnaire espagnol-français*, испа́нско-францу́зский слова́рь.

ESPAGNOLE испа́нка.

ESPÈCE **1.** (*au sens étroit utilisé en biologie*) вид. *Diverses espèces de reptiles*, ра́зные ви́ды пресмыка́ющихся. **2.** (*variété, sorte*) сорт*, *nom. pl.* сорта́ ——. *Des espèces hâtives*, скоросп́елые сорта́. **3.** (*genre, catégorie*) род. *Des marchandises de toutes espèces*, вся́кого ро́да това́ры. ● **Espèce de** (*introduisant un mot injurieux*), *ne se traduit pas, mais une interjection ou l'intonation permettent de renforcer le substantif utilisé. Espèce d'imbécile!*, Эх, дура́к!! **Une espèce de**, что́-то вро́де [+ *gén.*] (*qqch. ressemblant à*); како́й-то (*qqch. ou qqn qu'il faut sans doute considérer comme*). *Il y avait là une espèce de tranchée*, тут бы́ло что́-то вро́де транше́и. *Une espèce d'original*, како́й-то чуда́к. *Une espèce de forteresse*, кака́я-то кре́пость.

ESPÉRANCE наде́жда. *Des espérances déçues*, обма́нутые наде́жды.

ESPÉRANTO эспера́нто* *indécl. n. Parler espéranto*, говори́ть на эспера́нто.

ESPÉRER наде́яться* II, наде́юсь, наде́ешься... *Qu'est-ce que tu espères?*, На что ты наде́ешься? *J'espère rentrer pour le souper*, наде́юсь верну́ться к у́жину. *J'espère qu'il va revenir*, наде́юсь, что он вернётся.

ESPION шпио́н. *L'espion a été arrêté*, шпио́на задержа́ли.

ESPIONNE шпио́нка.

ESPIONNAGE шпиона́ж. *L'espionnage économique*, экономи́ческий шпиона́ж. *Faire de l'espionnage*, занима́ться шпиона́жем.

ESPIONNER шпио́нить. *Espionner ses voisins*, шпио́нить за сосе́дями.

ESPOIR наде́жда. *Il n'y a pas le moindre espoir de le sauver*, нет ни малейшей надежды спасти его. *Perdre tout espoir*, потерять всякую надежду.

ESPRIT дух. *Être contraire à l'esprit de la loi*, противоречить духу закона. *Dans l'esprit de l'époque*, в духе эпохи. *Dans le même esprit*, в том же духе. *Il a l'esprit de contradiction*, в нём сидит дух противоречия. *La présence d'esprit*, присутствие духа. • **Faire de l'esprit**, острить / сострить. **Les grands esprits se rencontrent**, великие умы сходятся. **Plein d'esprit**, остроумный. *Un homme plein d'esprit*, остроумный человек. **Reprendre ses esprits**, прийти в себя (приходить ⁓ / прийти* IV, приду, придёшь...; пришёл, пришла...; придя).

ESSAI 1. (*vérification*) испытание. *Le moteur était à l'essai*, мотор был на испытании. **2.** (*tentative*) попытка. *Un essai infructueux*, неудачная попытка. **3.** (*ouvrage littéraire*) очерк. • **Un vol d'essai**, испытательный полёт.

ESSAYER 1. (*mettre à l'essai*) испытывать / испытать; *ou* пробовать / попробовать. *Essayer un moteur*, испытать мотор. *Essayer ses forces*, испытать свои силы *ou* попробовать свои силы. **2.** (+ *inf.*) пытаться / попытаться; *ou* пробовать / попробовать. *Il a essayé de grimper sur l'arbre*, он попытался влезть на дерево. *Le malade a essayé de se lever*, больной попробовал встать. **3.** (*un vêtement*) примерять / примерить. *Essayer une robe*, примерить платье.

ESSENCE (*combustible*) бензин. *Prendre de l'essence*, заправиться бензином. • **Pompe à essence**, бензоколонка. **Réservoir à essence** (*d'un véhicule*), бензобак. **Station à essence**, заправочная станция.

ESSENTIEL 1. *adj.* главный (*quelquefois renforcé par* « самый »); основной. *C'est la raison essentielle*, это главная причина. *Les défauts essentiels du projet*, основные недостатки проекта. **2.** *subst.* главное *adj. subst. n.* (*souvent renforcé par* « самое »); основное *adj. subst. n. Il est rentré, c'est l'essentiel*, он вернулся, это самое главное. *L'essentiel est fait*, основное уже сделано.

ESSENTIELLEMENT (*principalement*) главным образом. *La délégation est essentiellement composée de médecins*, делегация состоит главным образом из врачей.

ESSOUFFLÉ • **Être essoufflé**, / задохнуться. *Je suis essoufflé*, я задохнулся.

ESSOUFFLER (S') задыхаться / задохнуться.

ESSUIE-GLACE дворник (*fam.*); стеклоочиститель *m.* (*livresque*). *Mettre l'essuie-glace*, включить дворник.

ESSUYER вытирать / вытереть* IV, вытру, вытрешь...; вытер, вытерла...; вытертый. *Essuyer ses mains*, вытереть руки. *Essuyer la vaisselle*, вытереть посуду. *Essuyer ses larmes*, вытереть слёзы.

ESSUYER (S') 1. (*suivi d'un complément direct*) вытирать / вытереть* IV, вытру, вытрешь...; вытер, вытерла... *S'essuyer le visage avec une serviette*, вытирать лицо полотенцем. *Il s'essuya les pieds et entra*, он вытер ноги и вошёл. **2.** (*intr.*) вытираться / вытереться* IV, вытрусь, вытрешься...; вытерся, вытерлась... *Il s'essuya avec sa serviette et s'habilla*, он вытерся полотенцем и оделся.

I. EST *subst.* восток. *Nous allions vers l'est*, мы ехали на восток. *À l'est de la ville*, к востоку от города. • **D'est**, восточный. *Un vent d'est*, восточный ветер.

II. EST *adj.* восточный. *Sur la côte est de l'île*, на восточном берегу острова.

EST-CE QUE *en russe, l'interrogation n'est le plus souvent marquée que par l'intonation ou la présence d'un mot interrogatif; on peut également utiliser* да ... ли *si la proposition ne comporte pas déjà un mot interrogatif. Est-ce qu'il viendra?*, Он придёт? *ou* Да придёт ли он? *Quand est-ce qu'il viendra?*, Когда он придёт?

ESTIMER (*croire*) считáть / счесть* IV, сочтý, сочтёшь...; счёл, сочлá, сочлó, сочли́; сочтённый. *J'estime qu'il a raison*, я считáю, что он прав.

ESTOMAC желýдок. *Des douleurs à l'estomac*, бóли в желýдке.

ESTURGEON 1. (*poisson*) осётр ⁄—— ——. 2. (*chair de ce poisson*) осетри́на.

ET

> 1. (*marquant l'addition*) и.
> 2. (*marquant une certaine opposition*) а.
> 3. (*marquant la transition au début d'une réplique*) а.
> 4. (*coordonnant les pronoms « moi », « toi », « lui » ou « elle » avec un nom ou un pronom désignant une personne*) с [+ *instr.*] (*cette préposition est alors précédée du pronom* « мы », « вы », *ou* « они́ », *qui porte l'accent logique*).
> 5. (*suivi des mots « demi », « demie » ou « quart ») voir les groupes « et demi », « et demie », « et quart » aux mots « demi II » et « quart »*).

1. *Moscou et Leningrad*, Москвá и Ленингрáд. *Elle prend le journal et se met à lire*, она́ берёт газéту и начинáет читáть. *L'hiver arriva et tous quittèrent le camp*, наступи́ла зимá, и все уéхали из лáгеря. *Et vous avez accepté ?*, И вы согласи́лись?! *Et soudain la porte s'ouvrit*, И вдруг дверь отвори́лась. **2.** *Elle riait et moi, je pleurais*, она́ смея́лась, а я плáкала. *Qu'est-ce que tu fais demain?... Et après-demain ?*, Что ты дéлаешь зáвтра?... а послезáвтра? *Il est occupé et c'est pourquoi il ne viendra pas*, он зáнят, а потомý и не придёт. **3.** *Et à propos, vous avez été à l'exposition ?*, А кстáти, вы бы́ли на вы́ставке? *Et où est-ce qu'on ira ?*, А кудá мы пойдём? **4.** *Mon père et moi, nous sommes allés à la chasse*, мы с пáпой пошли́ на охóту. *C'est toi et Patrick*, Э́то вы с Патри́ком. *Son frère et lui, ils ont décidé d'aller en Corse*, они́ с брáтом реши́ли поéхать на Кóрсику. **5.** *Trois semaines et demie*, три с полови́ной недéли. *Un mois et demi*, полторá мéсяца. *À deux heures et demie*, в полови́не трéтьего. *Nous y avons passé deux heures et demie*, мы провели́ там два с полови́ной часá. *À six heures et quart*, в чéтверть седьмóго. *En six heures et quart*, за шесть часóв с чéтвертью.

ÉTABLE хлев*, *loc.* хлевý; *nom. pl.* хлевá ——⁄ —— (*éventuellement accompagné de l'adjectif d'appartenance* « корóвий »). • **Étable à cochons**, свинáрник.

ÉTABLIR

> 1. (*installer*) располагáть / расположи́ть ╲—— .
> 2. (*instituer*) устанáвливать / установи́ть ╲—— .
> 3. (*fixer*) устанáвливать / установи́ть ╲—— .
> 4. (*nouer*) устанáвливать / установи́ть ╲—— .
> 5. (*prouver*) устанáвливать / установи́ть ╲—— .
> 6. (*élaborer*) составля́ть / состáвить.

1. *Établir son état-major dans un petit village*, расположи́ть свой штаб в небольшóй дерéвне. **2.** *Établir un régime dictatorial*, установи́ть диктатýру. *Établir l'ordre*, установи́ть поря́док. **3.** *Établir le prix*, установи́ть цéну. **4.** *Établir des relations diplomatiques*, установи́ть дипломати́ческие отношéния. *Établir des communications téléphoniques*, установи́ть телефóнные свя́зи. **5.** *Établir un fait*, установи́ть факт. **6.** *Établir un projet*, состáвить проéкт. *Établir la liste*, состáвить спи́сок. • **Établir un record**, установи́ть рекóрд (устанáвливать / установи́ть ╲——).

ÉTABLISSEMENT • **Établissement scolaire**, учéбное заведéние.

ÉTAGE этáж ⁄—— ——. *Il habite au premier étage*, он живёт на вторóм этажé. *Au sixième étage*, на седьмóм этажé. • **À... étage(s), de... étages**, ...этáжный (*accolé à un nom de nombre au génitif, sauf s'il s'agit du nombre* « un », *traduit par* « одно́... »). *Une maison à un étage*, двухэтáжный дом. *Une* *maison de cinq étages*, шестиэта́жный дом.

REMARQUE. L'expression « пе́рвый эта́ж » désigne le rez-de-chaussée. De ce fait, le numéro des étages en russe est toujours supérieur d'une unité à ce qu'il est en français.

ÉTAGÈRE этаже́рка. *Mettre des livres sur l'étagère*, поста́вить кни́ги на этаже́рку.

ÉTAIN о́лово. ● **D'étain, en étain**, оловя́нный. *Un chandelier en étain*, оловя́нный подсве́чник.

ÉTALER (*exposer aux regards*) раскла́дывать / разложи́ть ⟍____ . *Étaler les livres sur la table*, разложи́ть кни́ги по столу́.

ÉTANG пруд*, *loc.* пруду́ ____∠____ . *Assécher un étang*, осуши́ть пруд.

ÉTAPE эта́п. *La quatrième étape du Tour de France*, четвёртый эта́п велоту́ра Фра́нции.

I. ÉTAT (*État*) **1.** (*pays; administration centrale*) госуда́рство. *L'État français*, францу́зское госуда́рство. *Un État indépendant*, незави́симое госуда́рство. *Un État dans l'État*, госуда́рство в госуда́рстве. **2.** (*unité administrative*) штат. *Les États-Unis*, Соединённые Шта́ты. ● **D'État, de l'État**, госуда́рственный. *Un secret d'État*, госуда́рственная та́йна. *Un coup d'État*, госуда́рственный переворо́т.

II. ÉTAT (*état*) **1.** (*manière d'être; condition physique ou morale*) состоя́ние. *Être en état de guerre*, быть в состоя́нии войны́. *L'état de santé*, состоя́ние здоро́вья. *Elle n'est pas en état de rentrer chez elle à pied*, она́ не в состоя́нии верну́ться домо́й пешко́м. **2.** (*aspect extérieur*) вид. *Le livre était en mauvais état*, кни́га была́ в плохо́м ви́де. ● **Le bureau de l'état civil**, загс. **En tout état de cause**, во вся́ком слу́чае. **Le tiers état**, тре́тье сосло́вие.

ÉTAT-MAJOR штаб. *Chef d'état-major*, нача́льник шта́ба.

ETC. и т. д. (*abréviation de* « и так да́лее »).

ET CÆTERA и так да́лее.

ÉTÉ *subst.* ле́то. *L'été arriva*, наступи́ло ле́то. ● **Cet été**, ле́том. *Cet été, j'irai dans les Alpes*, ле́том я пое́ду в А́льпы. **D'été**, ле́тний. *Un costume d'été*, ле́тний костю́м. **En été**, ле́том. *En été, je me repose dans une ville d'eau*, ле́том я отдыха́ю на куро́рте. **L'été de la Saint-Martin**, ба́бье ле́то.

ÉTEINDRE 1. (*un feu, un incendie...*) туши́ть ⟍____ / потуши́ть⟍____ . *Éteindre l'incendie*, потуши́ть пожа́р. **2.** (*une lumière...*) гаси́ть⟍____ / погаси́ть ⟍____ ; туши́ть⟍____ / потуши́ть⟍____ . *Éteindre la lampe*, погаси́ть ла́мпу. **3.** (*débrancher*) выключа́ть / вы́ключить. *Éteindre la radio*, вы́ключить ра́дио.

ÉTEINDRE (S') 1. (*en parlant d'un feu*) ту́хнуть* III / поту́хнуть* III; *ou* га́снуть* III / пога́снуть* III. *Le feu s'est éteint*, ого́нь поту́х. **2.** (*en parlant de ce qui éclaire*) га́снуть* III / пога́снуть* III. *La lumière s'est éteinte*, свет пога́с. *Les dernières étoiles se sont éteintes*, после́дние звёзды пога́сли.

ÉTENDRE 1. (*mettre en avant*) протя́гивать / протяну́ть⟍____ . *Étendre les bras*, протяну́ть ру́ки. **2.** (*faire coucher*) укла́дывать / уложи́ть ⟍____ . *Étendre un blessé sur un lit*, уложи́ть больно́го на посте́ль. **3.** (*mettre qqch. à plat*) растя́гивать / растяну́ть⟍____ . *Étendre un tapis sur le sol*, растяну́ть ковёр по́ полу.

ÉTENDRE (S') 1. (*occuper une certaine étendue*) тяну́ться ; простира́ться (*plus livresque*). *Derrière le village s'étendaient des prés et des champs*, за дере́вней тяну́лись луга́ и поля́. *Les forêts s'étendent sur des centaines de kilomètres*, леса́ простира́ются на со́тни киломе́тров. **2.** (*s'allonger*) растя́гиваться / растяну́ться ⟍____ . *S'étendre sur le divan*, растяну́ться на дива́не.

ÉTERNEL ве́чный. *Une gloire éternelle*, ве́чная сла́ва. *Les neiges éternelles*, ве́чные снега́.

ÉTERNELLEMENT ве́чно. *Il répète éternellement la même chose*, он ве́чно повторя́ет одно́ и то же.

ÉTERNITÉ ве́чность *f*. *Ces deux*

heures m'ont paru une éternité, э́ти два часа́ показа́лись мне ве́чностью.

ÉTERNUER чиха́ть / чихну́ть. *La poussière me faisait éternuer et tousser*, от пы́ли я чиха́л и ка́шлял.

ÉTINCELLE и́скра. *Une gerbe d'étincelles*, сноп искр.

ÉTIQUETTE 1. (*que l'on colle*) этике́тка. *La bouteille n'avait pas d'étiquette*, буты́лка была́ без этике́тки. **2.** (*que l'on attache*) би́рочка. *Fixer une étiquette à la poignée de sa valise*, привяза́ть би́рочку к ру́чке чемода́на. **3.** (*que l'on doit respecter*) этике́т. *Les règles de l'étiquette*, пра́вила этике́та.

ÉTOFFE мате́рия. *Un morceau d'étoffe*, кусо́к мате́рии. *Une étoffe de laine*, шерстяна́я мате́рия.

ÉTOILE (*divers sens*) звезда́, *pl.* звёзды, звёзд, звёздам... ——. *Une étoile de première grandeur* (*astr.; théâtre*), звезда́ пе́рвой величины́. *Une étoile filante*, па́дающая звезда́. *Une étoile de mer*, морска́я звезда́. *La place de l'Étoile*, пло́щадь Звезды́. *Croire en son étoile*, ве́рить в свою́ звезду́. *Être né sous une heureuse étoile*, роди́ться под счастли́вой звездо́й. ● **Passer la nuit à la belle étoile**, провести́ ночь под откры́тым не́бом.

ÉTONNANT удиви́тельный. *C'est étonnant*, э́то удиви́тельно. *Une coïncidence étonnante*, удиви́тельное совпаде́ние.

ÉTONNEMENT удивле́ние. *Elle me regardait avec étonnement*, она́ смотре́ла на меня́ с удивле́нием.

ÉTONNER удивля́ть / удиви́ть. *Ça ne m'étonne pas*, э́то меня́ не удивля́ет.

ÉTONNER (S') удивля́ться / удиви́ться. *Il ne s'étonne de rien*, он ничему́ не удивля́ется. *Il n'y a pas de quoi s'étonner*, не́чему удивля́ться.

REMARQUE. Le complément de « удивля́ться / удиви́ться » se met au datif.

ÉTOUFFANT ду́шный. *Un temps étouffant*, ду́шная пого́да.

ÉTOUFFER 1. (*empêcher de respirer*) души́ть ˎ—— / задуши́ть ˎ——. *Les larmes l'étouffaient*, слёзы души́ли её. **2.** (*respirer avec peine*) ду́шно *accompagné du verbe* быть (*au sujet de la proposition française correspond en russe un nom ou un pronom au datif*). *Il fait chaud ici, j'étouffe*, жа́рко здесь, мне ду́шно.

ÉTOURDERIE 1. (*manque d'attention*) рассе́янность *f. Il a fait ça par étourderie*, он э́то сде́лал по рассе́янности. **2.** (*acte d'étourderie*) оплóшность *f. Faire une étourderie*, допусти́ть оплóшность. *Réparer son étourderie*, испра́вить свою́ оплóшность.

ÉTOURDI *adj.* рассе́янный. *Il est tellement étourdi*, он тако́й рассе́янный.

ÉTRANGE стра́нный, стра́нен, странна́, стра́нно, стра́нны ^——. *Un homme étrange*, стра́нный челове́к. *Un temps étrange*, стра́нная пого́да. ● **Si étrange que cela puisse paraître**, как ни стра́нно.

I. ÉTRANGER *adj.* **1.** (*d'une autre nation, concernant une autre nation*) иностра́нный. *Une langue étrangère*, иностра́нный язы́к. *Le ministère des Affaires étrangères*, Министе́рство иностра́нных дел. *Des devises étrangères*, иностра́нная валю́та. **2.** (*d'une autre famille, d'un autre groupe*) чужо́й. *Entre les mains de personnes étrangères*, в рука́х чужи́х люде́й.

II. ÉTRANGER (*homme appartenant à une autre nation*) иностра́нец. ● **À l'étranger 1.** (*direction*) за грани́цу. *Partir à l'étranger*, уе́хать за грани́цу. **2.** (*emplacement*) за грани́цей. *Vivre à l'étranger*, жить за грани́цей. **De l'étranger** (*lieu d'où l'on vient*), из-за грани́цы. *Revenir de l'étranger*, верну́ться из-за грани́цы.

ÉTRANGÈRE иностра́нка.

ÉTRANGLER души́ть ˎ—— / задуши́ть ˎ——. *Elle a failli être étranglée*, её чуть не задуши́ли.

ÉTRANGLER (S') дави́ться ╲___ / подави́ться ╲___ . *S'étrangler avec un os*, подави́ться ко́стью. *S'étrangler de rire*, подави́ться от сме́ха.

I. ÊTRE *verbe* быть*; *présent inusité à la forme affirmative; forme négative* нет; *passé* был, была́, бы́ло, бы́ли ╱╲___, *et, à la forme négative*, не́ был, не была́, не́ было, не́ были ╱╲___; *futur* бу́ду, бу́дешь...; *gérondif* бу́дучи; быва́ть (*avec une idée de répétition*). *Où est-il?*, Где он? *Il n'est pas là*, Его́ нет. *J'étais en congé*, я был в о́тпуске. *Il n'était pas chez lui*, его́ не́ было до́ма. *Il était rarement chez lui*, он ре́дко быва́л до́ма. *Il y aura beaucoup de monde*, бу́дет мно́го наро́ду. *Son père était ingénieur*, его́ оте́ц был инжене́ром. *Elle sera contente*, она́ бу́дет ра́да. ● **C'est... que, c'est... qui**, v. CE. **Est-ce que**, voir ce groupe à son ordre alphabétique. **Il était une fois**, жил-был, жила́-была́, *ou* жи́ли-бы́ли *selon que le sujet est au masculin singulier, au féminin singulier ou au pluriel. Il était une fois une petite fille...*, Жила́-была́ де́вочка...

II. ÊTRE *subst.* существо́. *Un être vivant*, живо́е существо́.

ÉTROIT (*propr. et fig.*) у́зкий ╱╲___, *comp.* у́же*. *Une rue étroite*, у́зкая у́лица. *Un esprit étroit*, у́зкий ум. ● **À l'étroit**, в тесноте́. *Ils sont terriblement à l'étroit*, они́ живу́т в стра́шной тесноте́.

ÉTROITEMENT те́сно; *comp.* тесне́е. *Ces problèmes sont étroitement liés*, э́ти пробле́мы те́сно свя́заны.

ÉTUDE 1. (*travail de l'esprit*) изуче́ние. *L'étude de la nature*, изуче́ние приро́ды. **2.** (*petite œuvre musicale*) этю́д. *Une étude de Chopin*, этю́д Шопе́на. ● **Faire ses études**, учи́ться ╲___. *Il a fait ses études au lycée*, он учи́лся в лице́е.

ÉTUDIANT студе́нт. *Un étudiant de la faculté de droit*, студе́нт юриди́ческого факульте́та. *Un étudiant en médecine*, студе́нт-ме́дик.

ÉTUDIANTE студе́нтка. *Une étudiante de la faculté des lettres*, студе́нтка филологи́ческого факульте́та.

ÉTUDIER 1. *tr.* изуча́ть / изучи́ть ╲___. *Étudier le russe*, изуча́ть ру́сский язы́к. *Étudier une question*, изучи́ть вопро́с. **2.** *intr.* учи́ться ╲___. *Il n'aime pas étudier*, он не лю́бит учи́ться.

ÉTUI футля́р. *Un étui à lunettes*, футля́р для очко́в.

ÉTYMOLOGIE этимоло́гия. *L'étymologie du mot « ethnographie »*, этимоло́гия сло́ва « этногра́фия ».

EUH! э!

EUROPÉEN *adj.* европе́йский. *Les pays européens*, европе́йские стра́ны.

EUX v. IL.

ÉVACUER (*éloigner d'un endroit dangereux*) эвакуи́ровать / эвакуи́ровать. *Évacuer les blessés*, эвакуи́ровать ра́неных.

ÉVADER (S') сбега́ть / сбежа́ть* *n. cl.*, сбегу́, сбежи́шь..., сбегу́т; сбеги́. *S'évader de prison*, сбежа́ть из тюрьмы́.

ÉVANGILE ева́нгелие. *L'Évangile selon saint Jean*, Ева́нгелие от Иоа́нна.

ÉVANOUIR (S') [*perdre connaissance*] упа́сть в о́бморок (па́дать / упа́сть* IV, упаду́, упадёшь...; упа́л, упа́ла...). *Elle s'est évanouie*, она́ упа́ла в о́бморок.

ÉVAPORER (S') испаря́ться / испари́ться. *L'eau s'est évaporée*, вода́ испари́лась.

ÉVASION побе́г. *Après son évasion manquée*, по́сле неуда́чного побе́га.

ÉVÉNEMENT собы́тие. *Un événement historique*, истори́ческое собы́тие.

ÉVENTAIL ве́ер*, *nom. pl.* веера́ ___ ‾‾‾ . *Une barbe en éventail*, борода́ ве́ером.

ÉVÊQUE епи́скоп. *L'évêque d'Orléans*, епи́скоп Орлеа́нский.

ÉVIDEMMENT 1. (*renforçant une affirmation*) коне́чно. « *Et il est parti? — Évidemment* », « И он ушёл? — Коне́чно. » *Il a évidemment raison*, он, коне́чно, прав.

2. (*dans les autres cas*) очеви́дно. *Une conclusion évidemment fausse*, очеви́дно непра́вильный вы́вод.

ÉVIDENT очеви́дный. *Un fait évident*, очеви́дный факт. *Un malentendu évident*, очеви́дное недоразуме́ние. *Il est évident qu'il s'est trompé*, он, очеви́дно, оши́бся.

ÉVIER ра́ковина.

ÉVITER 1. (*contourner un obstacle*) обходи́ть ╲___ / обойти́* IV, обойду́, обойдёшь...; обошёл, обошла́... (*à pied*); объезжа́ть / объе́хать* IV, объе́ду, объе́дешь... (*à cheval, en voiture...*). *Éviter une flaque*, обходи́ть лу́жу. *Nous sommes allés là-bas à cheval, en évitant les endroits marécageux*, мы пое́хали туда́ верхо́м, объезжа́я боло́тистые места́. **2.** (*échapper à*) избега́ть / избе́гнуть* III *ou* избежа́ть* *n. cl.*, избегу́, избежи́шь..., избегу́т; избеги́ (+ *gén.*). *Éviter la mort*, избежа́ть сме́рти. *Il évitait mon regard*, он избега́л моего́ взгля́да. **3.** (*épargner qqch. à qqn*) избавля́ть / изба́вить (*le nom ou le pronom désignant la personne à qui l'on évite quelque chose se met à l'accusatif, le nom ou le pronom désignant ce qui lui est évité se met au génitif précédé de* « от »). *Je voulais vous éviter ce souci*, я хоте́л изба́вить вас от э́тих хлопо́т.

ÉVOLUTION эволю́ция. *L'évolution des mœurs*, эволю́ция нра́вов.

EX- бы́вший. *Notre ex-directeur*, наш бы́вший дире́ктор.

EXACT 1. (*précis, rigoureux*) то́чный ╱╲___. *L'adresse exacte*, то́чный а́дрес. *Les sciences exactes*, то́чные нау́ки. **2.** (*correct*) пра́вильный. *Il nous a donné la réponse exacte*, он дал нам пра́вильный отве́т. *C'est exact*, Пра́вильно.

EXACTEMENT 1. (*en règle générale*) то́чно так. *Ça s'est terminé exactement comme je l'avais prévu*, э́то ко́нчилось то́чно так, как я предви́дел. **2.** (*en guise d'affirmation*) соверше́нно ве́рно. « *C'est ce que vous avez fait ? — Exactement* », « Э́то то, что вы сде́лали? — Соверше́нно ве́рно. »

EXACTITUDE то́чность *f*. *Avec la plus grande exactitude*, с велича́йшей то́чностью.

EXAGÉRATION преувеличе́ние. *Il a tendance à l'exagération*, он скло́нен к преувеличе́нию.

EXAGÉRER преувели́чивать / преувели́чить. *Tu exagères ses mérites*, ты преувели́чиваешь её досто́инства. *Il a tendance à exagérer*, он лю́бит преувели́чивать.

EXAMEN 1. (*étude*) изуче́ние. *Après un examen attentif des documents*, по́сле тща́тельного изуче́ния докуме́нтов. **2.** (*épreuve que subit un candidat*) экза́мен. *Un examen de passage*, перехо́дный экза́мен. *Passer un examen*, сдава́ть экза́мен. *Réussir à un examen*, сдать экза́мен. *Être recalé à un examen*, провали́ться на экза́мене.

EXAMINATEUR экзамена́тор. *Un examinateur trop sévère*, сли́шком стро́гий экзамена́тор.

REMARQUE. À la différence de son équivalent français, « экзамена́тор » s'écrit avec un « e » à la troisième syllabe.

EXAMINER рассма́тривать / рассмотре́ть* I, рассмотрю́, рассмо́тришь... ╲___ . *Examiner un objet*, рассмотре́ть предме́т. *Examiner un projet*, рассмотре́ть прое́кт.

EXCELLENT превосхо́дный. *Une excellente idée*, превосхо́дная иде́я.

EXCEPTÉ за исключе́нием (+ *gén.*). *Tous, excepté les enfants*, все за исключе́нием дете́й.

EXCEPTION исключе́ние. *Il n'y a pas de règle sans exception*, нет пра́вила без исключе́ния. *Tous sans exception*, все без исключе́ния. *À l'exception des enfants*, за исключе́нием дете́й. *À de rares exceptions près*, за ре́дкими исключе́ниями.

EXCEPTIONNEL исключи́тельный. *Des aptitudes exceptionnelles*, исключи́тельные спосо́бности. *Dans des cas exceptionnels*, в исключи́тельных слу́чаях.

EXCEPTIONNELLEMENT 1. (*par exception*) в ви́де исключе́-

ния. *Exceptionnellement, la réunion aura lieu à quatre heures*, в ви́де исключе́ния собра́ние состои́тся в четы́ре часа́. **2.** (*remarquablement*) исключи́тельно. *Un garçon exceptionnellement doué*, исключи́тельно дарови́тый молодо́й челове́к.

EXCÈS • **Faire un excès de vitesse**, превыша́ть ско́рость (превыша́ть / превы́сить).

EXCLAMATION во́зглас. *Une exclamation de joie*, во́зглас ра́дости.

EXCLAMER (S') восклица́ть / воскли́кнуть. « *Quelle horreur !* » *s'exclama-t-elle*, « У́жас како́й! » — воскли́кнула она́.

EXCLURE исключа́ть / исключи́ть. *Exclure un élève*, исключи́ть ученика́. *Une telle éventualité n'est pas exclue*, така́я возмо́жность не исключена́.

EXCLUSIVEMENT (*uniquement*) исключи́тельно. *Je m'occupe exclusivement de cette question*, я занима́юсь исключи́тельно э́тим вопро́сом.

EXCURSION экску́рсия. *Faire une excursion*, соверши́ть экску́рсию. *Aller en excursion*, е́здить на экску́рсию.

EXCUSE 1. (*justification*) оправда́ние. *Trouver des excuses*, найти́ оправда́ния. **2.** (*pl. seulement: regrets exprimés*) извине́ния, извине́ний, извине́ниям... *pl. Il a accepté mes excuses*, он при́нял мои́ извине́ния.

EXCUSER извиня́ть / извини́ть. *Excusez-moi !*, Извини́те! *Excusez-moi de vous avoir dérangé*, Извини́те за беспоко́йство. *Excusez-nous de vous avoir fait attendre*, Извини́те, мы заста́вили вас ждать. *S'excuser auprès de qqn*, извини́ться пе́ред ке́м-нибудь.

EXÉCUTER 1. (*accomplir; jouer*) исполня́ть / испо́лнить. *Exécuter un ordre*, испо́лнить прика́з. *Exécuter un concerto*, испо́лнить конце́рт. **2.** (*mettre à mort*) казни́ть / казни́ть. *Robespierre fut exécuté*, Робеспье́р был казнён.

EXÉCUTIF исполни́тельный. *Le pouvoir exécutif*, исполни́тельная власть.

EXÉCUTION 1. (*réalisation*) исполне́ние. *L'exécution d'un ordre*, исполне́ние прика́за. **2.** (*mise à mort*) казнь *f*. *Une exécution capitale*, сме́ртная казнь.

I. EXEMPLAIRE *adj*. образцо́вый. *Une conduite exemplaire*, образцо́вое поведе́ние.

II. EXEMPLAIRE *subst*. экземпля́р. *La lettre a été tapée en trois exemplaires*, письмо́ бы́ло напеча́тано в трёх экземпля́рах.

EXEMPLE приме́р. *Donner un exemple*, привести́ приме́р. *Donner l'exemple*, подава́ть приме́р. *Donner qqn en exemple*, поста́вить кого́-нибудь в приме́р. *Prendre exemple sur qqn*, взять с кого́-нибудь приме́р. *Servir d'exemple*, служи́ть приме́ром. *À titre d'exemple*, в ка́честве приме́ра. • **Par exemple**, наприме́р. *On pourrait, par exemple, lui offrir un livre*, мо́жно бы, наприме́р, подари́ть ей кни́гу.

EXERCER (S') упражня́ться. *S'exercer à faire de l'escrime*, упражня́ться в фехтова́нии. *S'exercer à tirer*, упражня́ться в стрельбе́.

EXERCICE (*ce qui permet de s'exercer*) упражне́ние. *Des exercices de grammaire*, граммати́ческие упражне́ния. *Des exercices physiques*, физи́ческие упражне́ния.

EXIGEANT тре́бовательный. *Elle est trop exigeante*, она́ сли́шком тре́бовательна.

EXIGENCE (*nécessité*) тре́бование. *Les exigences techniques*, техни́ческие тре́бования.

EXIGER тре́бовать / потре́бовать. *Exiger des explications*, потре́бовать объясне́ний. *À l'entrée, un agent de police exige les cartes d'identité*, у вхо́да милиционе́р тре́бует па́спорт. *Le directeur exige que nous terminions ce travail aujourd'hui*, дире́ктор тре́бует, что́бы мы э́то ко́нчили сего́дня. *Une préposition exigeant le génitif*, предло́г, тре́бующий роди́тельного падежа́.

REMARQUE. « Тре́бовать / потре́бовать » est le plus souvent construit avec le génitif ou avec

« чтóбы ». On emploie l'accusatif lorsque le sens du verbe est « forcer à présenter ».

EXIL изгнáние. *Vivre en exil*, жить в изгнáнии.

EXILER изгонять / изгнáть* I, изгоню, изгóнишь...⌵——; изгнáл, изгналá, изгнáло, изгнáли ⌃—. *Tous furent exécutés ou exilés*, все бы́ли казнены́ или и́згнаны.

EXISTENCE существовáние. *Nier l'existence de Dieu*, отрицáть существовáние бóга. *Elle m'empoisonne l'existence*, онá отравля́ет мне существовáние.

EXISTER существовáть. *Ça n'existe que sur le papier*, э́то существу́ет тóлько на бумáге.

EXOTIQUE экзоти́ческий. *Des plantes exotiques*, экзоти́ческие растéния.

EXPÉDIER (*envoyer*) отправля́ть / отпрáвить. *Expédier une lettre*, отпрáвить письмó.

EXPÉDITEUR отправи́тель *m*. *L'adresse de l'expéditeur*, áдрес отправи́теля.

EXPÉDITION (*excursion, mission*) похóд; экспеди́ция (*livresque*). *Partir en expédition*, отпрáвиться в похóд.

EXPÉRIENCE óпыт. *Il a une grande expérience*, у негó большóй óпыт. *Faire des expériences*, произвести́ óпыты.

EXPÉRIMENTAL экспериментáльный. *Une méthode expérimentale*, экспериментáльный мéтод. *Un laboratoire expérimental*, экспериментáльная лаборатóрия.

EXPÉRIMENTÉ óпытный. *Un homme expérimenté*, óпытный человéк.

EXPLICATION объяснéние. *Donner une explication satisfaisante*, дать удовлетвори́тельное объяснéние. *Exiger de qqn des explications*, потрéбовать от когó-нибудь объяснéний.

EXPLIQUER объясня́ть / объясни́ть. *Expliquer une nouvelle leçon*, объясни́ть нóвый урóк. *Comment cela s'explique-t-il?*, Чем э́то объясня́ется?

EXPLOIT пóдвиг. *Accomplir un exploit*, соверши́ть пóдвиг.

EXPLOITATION эксплуатáция. *L'exploitation des richesses naturelles*, эксплуатáция прирóдных богáтств. *Mettre en exploitation*, ввести́ в эксплуатáцию.

EXPLOITER 1. (*faire valoir*) разрабáтывать / разрабóтать. *Exploiter une mine*, разрабáтывать шáхту. *Exploiter la tourbe*, разрабáтывать торф. **2.** (*profiter abusivement*) эксплуати́ровать. *Exploiter le travail des enfants*, эксплуати́ровать дéтский труд.

EXPLOITEUR эксплуатáтор.

EXPLORER исслéдовать / исслéдовать. *Explorer une île*, исслéдовать óстров. *Explorer le cosmos*, исслéдовать косми́ческое прострáнство.

EXPLOSER взрывáться / взорвáться* IV; взорвётся, взорву́тся; взорвáлся, взорвалáсь... ⁄——. *Une grenade a explosé à cinq pas de lui*, гранáта взорвалáсь в пяти́ шагáх от негó.

EXPLOSION взрыв. *Une explosion atomique*, áтомный взрыв. ● **Faire explosion**, взрывáться / взорвáться* IV, взорвётся, взорву́тся; взорвáлся, взорвалáсь... ⁄——.

EXPORTATION вы́воз. *Cette année, les exportations dépassent les importations*, в э́том году́ вы́воз превышáет ввоз.

EXPORTER вывози́ть⌵—— / вы́везти* IV, вы́везу, вы́везешь...; вы́вез, вы́везла...; вы́везенный. *Exporter des fruits*, вывози́ть фру́кты.

EXPOSÉ доклáд. *Faire un exposé*, читáть доклáд.

EXPOSER 1. (*expliquer*) излагáть / изложи́ть⌵——. *Exposer une théorie*, изложи́ть теóрию. *Exposer son point de vue*, изложи́ть свою́ тóчку зрéния. **2.** (*mettre en vue*) выставля́ть / вы́ставить. *Exposer un tableau*, выставля́ть карти́ну. **3.** (*en photographie*) экспони́ровать / экспони́ровать. *Un cliché bien exposé*, прáвильно экспони́рованный отпечáток.

EXPOSITION (*présentation au public*) вы́ставка. *Une exposition internationale*, междунаро́дная вы́ставка. *Une exposition de peinture*, вы́ставка карти́н. *Aller à l'exposition*, идти́ на вы́ставку.

EXPRÈS *adv.* наро́чно. *Il l'a fait exprès*, он э́то сде́лал наро́чно. • **Comme par un fait exprès**, как наро́чно.

EXPRESS экспре́сс. *L'express de Dijon*, экспре́сс на Дижо́н.

EXPRESSIF вырази́тельный. *Un visage expressif*, вырази́тельное лицо́. *Un geste expressif*, вырази́тельный жест.

EXPRESSION (*divers sens*) выраже́ние. *L'expression d'une pensée*, выраже́ние мы́сли. *L'expression du visage*, выраже́ние лица́. *Employer une expression incorrecte*, употребля́ть непра́вильное выраже́ние.

EXPRIMER (*manifester ses pensées*) выража́ть / вы́разить. *Exprimer une idée*, выража́ть мысль. *Exprimer le désir*, вы́разить жела́ние. *Exprimer son mécontentement*, вы́разить своё неудово́льствие.

EXPRIMER (S') [*exprimer ses pensées*] выража́ть свои́ мы́сли (выража́ть / вы́разить). *Ils ne savent pas encore s'exprimer*, они́ ещё пло́хо выража́ют свои́ мы́сли.

EXTASIER (S') восхища́ться / восхити́ться [т → щ] (+ *instr.*). *S'extasier devant un tableau*, восхища́ться карти́ной.

I. EXTÉRIEUR *adj.* **1.** (*en règle générale*) вне́шний. *Une ressemblance extérieure*, вне́шнее схо́дство. *Le monde extérieur*, вне́шний мир. *Le commerce extérieur*, вне́шняя торго́вля. *La politique extérieure*, вне́шняя поли́тика. **2.** (*donnant sur le dehors en parlant d'une porte, d'un mur...*) нару́жный. *La porte extérieure*, нару́жная дверь. *Le mur extérieur*, нару́жная стена́.

II. EXTÉRIEUR *subst.* • **À l'extérieur**, снару́жи. *À l'extérieur, le bâtiment était intact*, снару́жи зда́ние бы́ло це́ло. **De l'extérieur**, снару́жи. *La lumière ne pénétrait pas de l'extérieur*, свет не проника́л снару́жи.

EXTÉRIEUREMENT вне́шне. *Il n'avait pas changé extérieurement*, он не измени́лся вне́шне.

EXTERMINER истребля́ть / истреби́ть. *Les rats ont été exterminés*, кры́сы бы́ли истреблены́.

EXTRAIRE 1. (*en règle générale*) извлека́ть / извле́чь* IV, извлеку́, извлечёшь..., извлеку́т; извлёк, извлекла́.../‾‾‾; извлечённый. *Extraire une balle de la jambe*, извле́чь пу́лю из ноги́. *Extraire la racine carrée*, извле́чь квадра́тный ко́рень. **2.** (*de terre*) добыва́ть / добы́ть* *n. cl.*, добу́ду, добу́дешь...; добы́л, добыла́, добы́ло, добы́ли ∧‾‾; добу́дь; добы́тый. *Extraire du pétrole*, добы́ть нефть.

EXTRAIT (*d'une œuvre*) отры́вок. *Un extrait du roman « Guerre et paix »*, отры́вок из рома́на « Война́ и мир ».

EXTRAORDINAIRE исключи́тельный. *Des dispositions extraordinaires*, исключи́тельные спосо́бности. *C'est un homme extraordinaire*, э́то челове́к исключи́тельный.

EXTRAORDINAIREMENT исключи́тельно. *Une femme extraordinairement intelligente*, исключи́тельно у́мная же́нщина.

I. EXTRÊME *adj.* кра́йний. *Une simplicité extrême*, кра́йняя простота́.

II. EXTRÊME *subst.* кра́йность *f.* *Pousser à l'extrême*, доводи́ть до кра́йности. *Passer d'un extrême à l'autre*, перейти́ от одно́й кра́йности к друго́й. *Les extrêmes se touchent*, кра́йности схо́дятся.

EXTRÊMEMENT кра́йне. *C'est extrêmement important*, э́то кра́йне ва́жно.

EXTRÉMISTE *subst. m.* экстреми́ст.

F

FA фа* *indécl. n. Fa dièse,* фа диéз.

FABLE бáсня*, *gén. pl.* бáсен. *Les fables de La Fontaine,* бáсни Лафонтéна.

FABRICATION произвóдство. *La fabrication des montres,* произвóдство часóв.

FABRIQUE фáбрика. *Travailler dans une fabrique de draps,* рабóтать на сукóнной фáбрике.

FABRIQUER производи́ть / произвести́* IV, произведу́, произведёшь...; произвёл, произвелá... ; произведённый. *Fabriquer des automobiles,* производи́ть автомоби́ли.

FAÇADE фасáд. *La maison a sa façade sur la place,* дом выхóдит фасáдом на плóщадь.

FACE 1. (*visage*) лицó. *Se trouver face à face avec qqn,* столкну́ться с кéм-нибудь лицóм к лицу́. *J'ai le soleil en face,* сóлнце свéтит мне в лицó. // (*Fig.*) *Regarder le danger en face,* смотрéть опáсности пря́мо в лицó. **2.** (*côté d'une chose*) сторонá, *acc.* стóрону; *pl.* стóроны, сторóн, сторонáм... *La deuxième face du disque,* вторáя сторонá пласти́нки. **3.** (*d'une pièce de monnaie*) орёл. *Pile ou face,* орёл или рéшка (*en russe, les termes de cette expression se trouvent inversés par rapport au français*). ● **En face,** напрóтив. *Ils habitent là-bas en face,* они́ живу́т там напрóтив. **En face de,** напрóтив (+ *gén.*). *En face de l'hôtel,* напрóтив гости́ницы.

FÂCHER серди́ть / рассерди́ть. *Vous l'avez fâché,* Вы егó рассерди́ли.

FÂCHER (SE) 1. (*se mettre en colère*) серди́ться / рассерди́ться. *Il s'est fâché contre moi,* он рассерди́лся на меня́. **2.** (*se brouiller*) ссóриться / поссóриться. *Il s'est fâché avec tous ses amis,* он поссóрился со всéми свои́ми друзья́ми.

FACILE лёгкий, *comp.* лéгче*. *Un travail facile,* лёгкая рабóта. *Une vie facile,* лёгкая жизнь. *Une victoire facile,* лёгкая побéда. *C'est facile,* э́то легкó. *C'est facile à dire!,* Легкó сказáть! ● **Avoir la larme facile,** глазá на мóкром мéсте *et le verbe* быть (*au sujet de la proposition française correspond en russe un nom ou un pronom au génitif régi par la préposition* « у »). *Elle a la larme facile,* у неё глазá на мóкром мéсте.

FACILEMENT легкó, *comp.* лéгче*. *On peut trouver ça facilement,* э́то мóжно легкó найти́.

FAÇON 1. (*procédé*) óбраз. *De quelle façon?,* Каки́м óбразом? *De la façon suivante,* слéдующим óбразом. *D'une façon radicale,* реши́тельным óбразом. **2.** (*pl.: manière d'agir*) манéры, манéр, манéрам... *pl. t. Il a des façons vulgaires,* у негó вульгáрные манéры. **3.** (*pl.: politesses affectées*) церемóнии, церемóний, церемóниям... *pl. t. Sans façons,* без церемóний. ● **À ma façon, à ta façon...,** по-своéму. *J'ai fait ça à ma façon,* я э́то сдéлал по-своéму. **C'est une façon de parler,** так говори́тся. **De façon à,** так, чтóбы. *De façon à ne pas arriver en retard,* так, чтóбы не опоздáть. *De façon à ce qu'il comprenne,* так, чтóбы он пóнял. **De toute façon,** так или инáче.

FACTEUR 1. (*employé des postes*) почтальóн. *Le facteur a apporté deux lettres,* почтальóн принёс два письмá. **2.** (*élément*) фáктор. *Les facteurs de la productivité,* фáкторы производи́тельности.

FACULTATIF факультати́вный. *Une matière facultative,* факультати́вный предмéт.

FACULTÉ 1. (*dans une université*) факультéт. *À la faculté de médecine,* на медици́нском факультéте. *À la faculté de droit,* на юриди́ческом факультéте. *À la faculté des lettres,* на филологи́ческом факультéте. *À la faculté des sciences,* на фи́зико-математическом факульте́те. **2.** (*aptitude*) спосо́бность *f*. *Les facultés intellectuelles*, у́мственные спосо́бности.

FADE (*en parlant d'aliments*) безвку́сный. *Tous les plats lui semblaient fades*, все блю́да каза́лись ему́ безвку́сными.

I. FAIBLE *adj*. сла́бый. *Il est faible de santé*, он слаб здоро́вьем. *Une faible lumière*, сла́бый свет. *Il est faible en physique*, он слаб по фи́зике. *Il ne reste qu'un faible espoir*, оста́лась то́лько сла́бая наде́жда. *C'est son point faible*, э́то его́ сла́бая сторона́. ● **Faible de caractère**, бесхара́ктерный.

II. FAIBLE *subst*. сла́бость *f*. *Il a de toute évidence un faible pour Nicole*, я́сно, что он пита́ет сла́бость к Нико́ль.

FAIBLEMENT сла́бо, *comp*. слабе́е. *Une pièce faiblement éclairée*, сла́бо освещённая ко́мната.

FAIBLESSE сла́бость *f*. *Une sensation de faiblesse*, чу́вство сла́бости. *La faiblesse de caractère*, сла́бость хара́ктера.

FAÏENCE фая́нс. *De la faïence d'art*, худо́жественный фая́нс. ● **De faïence, en faïence**, фая́нсовый. *Des objets en faïence*, фая́нсовые изде́лия.

FAILLIR (*régissant un infinitif*) чуть не (*et le passé perfectif*). *Elle a failli tomber*, она́ чуть не упа́ла.

FAILLITE банкро́тство. *Après la faillite de cette entreprise*, по́сле банкро́тства э́того предприя́тия. ● **Faire faillite**, обанкро́чиваться / обанкро́титься. *L'entreprise a fait faillite*, предприя́тие обанкро́тилось. *Son plan grandiose a fait faillite*, его́ грандио́зный план обанкро́тился.

FAIM го́лод. *Mourir de faim*, умира́ть с го́лоду*. *Faire mourir de faim*, мори́ть го́лодом. ● **Avoir faim**, быть голо́дным (го́лоден, голодна́, го́лодны); *ou* хо́чется есть (*infinitif inusité;* хо́чется; хоте́лось; *au sujet de la proposition française correspond en russe un nom ou un pronom au datif*). *Vous avez faim, sans doute?*, Вы, наве́рно, го́лодны? *J'ai faim*, я го́лоден. *J'ai terriblement faim*, мне стра́шно хо́чется есть. **Ne plus avoir faim**, быть сы́тым (сыт, сыта́, сы́ты); *ou* бо́льше не хо́чется есть (*infinitif inusité;* хо́чется; хоте́лось; *au sujet de la proposition française correspond en russe un nom ou un pronom au datif*). *Je n'ai plus faim*, мне бо́льше не хо́чется есть.

FAINÉANT *subst*. ло́дырь *m*.

FAIRE

1. (*réaliser*) де́лать / сде́лать.
2. (*aller en excursion, en voyage...*) де́лать / сде́лать; соверша́ть / соверши́ть (*livresque*).
3. (*écrire; peindre*) писа́ть* II, пишу́, пи́шешь... / написа́ть* II (*id.*).
4. (*cuire; apprêter*) гото́вить / пригото́вить *et*, *avec diverses nuances*, вари́ть / свари́ть (*cuire à l'eau*); печь* IV, пеку́, печёшь..., пеку́т; пёк, пекла́... / испе́чь* IV, испеку́, испечёшь..., испеку́т; испёк, испекла́...; испечённый (*cuire au four*); жа́рить / зажа́рить *ou* изжа́рить (*cuire à la poêle; rôtir*).
5. (*coudre*) шить* II, шью, шьёшь...; шей / сшить* II, сошью́, сошьёшь...; сшей; сши́тый.
6. (*étudier*) изуча́ть / изучи́ть; учи́ться (*suivi de l'indication de la faculté dans laquelle se font ces études*).
7. (*pratiquer*)
a. (*avoir telle ou telle activité*) занима́ться.
b. (*tel ou tel jeu*) игра́ть / поигра́ть.
c. (*se promener à vélo, à skis...*) ката́ться / поката́ться.
8. (*parcourir*) проходи́ть; пройти́* IV, пройду́, пройдёшь...; прошёл, прошла́...; про́йденный; пройдя́ (*à pied*); пробега́ть / пробежа́ть *n. cl.*, пробегу́, пробежи́шь..., пробегу́т; пробеги́ (*en courant*); проезжа́ть / прое́хать* IV, прое́ду, прое́дешь... (*autrement qu'à pied*); пролета́ть / пролете́ть* I, пролечу́, пролети́шь... (*en volant*); *etc.*
9. (*chercher à paraître*) притворя́ться (+ *instr.*).

10. (*laisser quelque part*) девáть, девáю, девáешь... / деть* *n. cl.*, дéну, дéнешь... (*dans une proposition interrogative introduite par* « кудá »).
11. (*donner comme résultat*) быть.
12. (*indiquant les conditions météorologiques, l'ambiance*) быть.
13. (*suivi d'une indication de temps*) вот ужé... как.
14. (*suivi d'un infinitif*) заставлять / застáвить (*forcer à*) // давáть* II, даю, даёшь...; давáй; давáя / дать* *n. cl.*, дам, дашь, даст, дадúм, дадúте, дадýт; дал, далá, дáло, дáли ⌒— *et, à la forme négative*, нé дал, не далá, нé дало, нé дали ⌒— (*donner la possibilité de*).

1. *Il ne fait rien*, он ничегó не дéлает. *Faire ses devoirs*, дéлать урóки. *Faire des fautes*, дéлать ошúбки. *Faire des bêtises*, дéлать глýпости. *Faire des achats*, сдéлать покýпки. *Faire des expériences*, сдéлать óпыты. *Faire une tentative*, сдéлать попы́тку. *Faire une proposition*, сдéлать предложéние. *Faire un pas en avant*, сдéлать шаг вперёд. *Ça s'est fait très vite*, э́то сдéлалось óчень бы́стро. **2.** *Faire une promenade*, сдéлать прогýлку. *Faire un voyage*, соверши́ть путешéствие. **3.** *Faire un poème*, написáть поэ́му. *Faire une chanson*, написáть пéсню. *Faire un portrait*, написáть портрéт. **4.** *Faire du thé*, приготóвить чай. *Faire de la soupe*, свари́ть суп. *Faire du pain*, испéчь хлеб. *Faire des gâteaux*, испéчь пироги́. *Faire un poulet*, зажáрить цыплёнка. *Faire des pommes de terre à la poêle*, изжáрить картóшку. **5.** *Faire une robe*, сшить плáтье. *Faire un costume*, сшить костю́м. **6.** *Faire du japonais*, изучáть япóнский язы́к. *Faire de la physique*, изучáть фи́зику. *Faire son droit*, учи́ться на юриди́ческом факультéте. *Faire sa médecine*, учи́ться на медици́нском факультéте. **7. a.** *Faire du sport*, занимáться спóртом. *Faire de la politique*, занимáться поли́тикой. **b.** *Faire du tennis*, игрáть в тéннис. **c.** *Faire du ski*, катáться на лы́жах. *Faire du vélo*, катáться на велосипéде. *Faire de la luge*, катáться на сáнках. **8.** *Faire quelques mètres*, пройти́ нéсколько мéтров. *Nous avons fait trois kilomètres à la course*, мы пробежáли три киломéтра. *Nous avons fait cent cinquante kilomètres en auto-stop*, мы проéхали полторáста киломéтров на попýтных маши́нах. *Les oiseaux migrateurs font des milliers de kilomètres*, перелётные пти́цы пролетáют ты́сячи киломéтров. **9.** *Faire le malade*, притворя́ться больны́м. **10.** *Qu'est-ce que j'ai fait de cette lettre?*, Кудá я девáл э́то письмó? **11.** *Trois et deux font cinq*, три и два — пять. *Combien font trois plus deux?*, Скóлько бýдет три плюс два? **12.** *Il fait beau*, погóда хорóшая. *Quel temps fait-il?*, Какáя сегóдня погóда? *Il fait chaud*, жáрко. *Il faisait froid hier*, вчерá бы́ло хóлодно. *Il fera bon se promener par un temps pareil*, хорошó бýдет гуля́ть в такýю погóду. *Il fait déjà sombre*, ужé темнó. **13.** *Ça fait trois semaines que je ne l'ai pas vu*, вот ужé три недéли как я егó не ви́дел. **14.** *Ils m'ont fait travailler*, они́ застáвили меня́ рабóтать. // *Je lui ai fait comprendre que c'était impossible*, я дал емý поня́ть, что э́то невозмóжно. ● **Ça ne fait rien 1.** (*sans l'indication de la personne concernée*) ничегó [н'ич'иво]. *Ça ne fait rien, on se débrouillera sans lui*, Ничегó, мы и без негó обойдёмся. **2.** (*avec l'indication de la personne concernée*) всё равнó. *Ça ne me fait rien*, мне всё равнó. **C'est bien fait pour**, так и нáдо (+ *dat.*). *C'est bien fait pour toi!* Так тебé и нáдо! **Faire l'admiration**, вы́звать восхищéние [*livresque*] (вызывáть / вы́звать* IV, вы́зову, вы́зовешь...). *Votre exposé a fait l'admiration de tous*, вáше выступлéние вы́звало всеóбщее восхищéние. **Faire l'affaire**, подходи́ть⌒——. *Ça fait parfaitement l'affaire*, э́то вполнé подхóдит. **Faire l'affaire de qqn**, устрáивать / устрóить (*le nom ou le pronom désignant la personne concernée est employé à l'accusatif*). *Ça fait parfaitement mon affaire*, э́то меня́ вполне́ устра́ивает. *Ça ne fait pas du tout son affaire,* э́то его́ совсе́м не устра́ивает. **Faire asseoir,** сажа́ть / посади́ть ╲___. *Il la fit asseoir à côté de lui,* он посади́л её во́зле себя́. **Faire attendre qqn,** заста́вить кого́-нибудь ждать (заставля́ть / заста́вить). *Je vous ai fait attendre ?,* Я заста́вил вас ждать? **Faire attention à,** обрати́ть внима́ние [на + *acc.*] (обраща́ть / обрати́ть [т → щ]). *Ne faites pas attention à lui,* не обраща́йте внима́ние на него́. **Faire le bonheur,** составля́ть сча́стье (составля́ть / соста́вить). **Faire cadeau,** дари́ть ╲___ / подари́ть ╲___ (*le nom ou le pronom désignant ce qui a été offert est exprimé à l'accusatif*). *Mon frère m'a fait cadeau d'un disque,* брат подари́л мне пласти́нку. **Faire du chagrin,** огорча́ть / огорчи́ть (*le nom ou le pronom désignant la personne qui a du chagrin est exprimé à l'accusatif*). *Pour ne pas faire de chagrin à ma mère,* что́бы не огорчи́ть мать. **Faire comprendre,** дать поня́ть (дава́ть* II, даю́, даёшь... / дать* *n. cl.*, дам, дашь, даст, дади́м, дади́те, даду́т; дал, дала́, да́ли *et, à la forme négative,* не́ дал, не дала́, не́ дали; дай). *Il m'a fait comprendre qu'il ne reviendrait pas,* он дал мне поня́ть, что не вернётся. **Faire un cours,** чита́ть ле́кцию (чита́ть / прочита́ть). **Faire crever de faim,** мори́ть го́лодом (мори́ть / умори́ть). **Faire croire,** уверя́ть / уве́рить. *Il voulait me faire croire que c'était impossible,* он уверя́л меня́, что э́то невозмо́жно. **Faire son devoir** (*faire ce qu'on doit*), испо́лнить свой долг (исполня́ть / испо́лнить). **Faire un devoir, faire ses devoirs,** гото́вить уро́к, гото́вить уро́ки (гото́вить / пригото́вить). **Faire un discours,** произнести́ речь (произноси́ть ╲___ / произнести́* IV, произнесу́, произнесёшь...; произнёс, произнесла́... ╱‾‾). **Faire entrer,** вводи́ть ╲___ / ввести́* IV, введу́, введёшь...; ввёл, ввела́... ╱‾‾. *Il m'a fait entrer dans la chambre,* он ввёл меня́ в ко́мнату. **Faire un exposé,** чита́ть докла́д (чита́ть / прочита́ть).

Faire faillite, обанкро́чиваться / обанкро́титься. *L'entreprise a fait faillite,* предприя́тие обанкро́тилось. *Ses plans ont fait faillite,* его́ пла́ны обанкро́тились. **Faire du feu,** развести́ ого́нь (разводи́ть ╲___ / развести́* IV, разведу́, разведёшь...; развёл, развела́... ╱‾‾). **Faire feu,** стреля́ть / вы́стрелить. **Faire un feu d'artifice,** устро́ить фейерве́рк (устра́ивать / устро́ить). **Faire un feu de bois,** развести́ костёр (разводи́ть ╲___ / развести́* IV, разведу́, разведёшь...; развёл, развела́... ╱‾‾). **Faire fortune,** богате́ть / разбогате́ть. **Faire la grève,** бастова́ть / забастова́ть. **Faire la guerre,** воева́ть* II, вою́ю, вою́ешь... *Les Slaves faisaient la guerre aux nomades des steppes,* славя́не воева́ли со степны́ми коче́вниками. **Faire honneur,** де́лать честь. *Ça ne lui fait pas honneur,* э́то не де́лает ему́ че́сти. **Faire l'idiot, faire l'imbécile,** валя́ть дурака́. **Faire une impression sur qqn,** произвести́ на кого́-нибудь впечатле́ние (производи́ть ╲___ / произвести́* IV, произведу́, произведёшь...; произвёл, произвела́... ╱‾‾). *Ça lui a fait une forte impression,* э́то произвело́ на него́ си́льное впечатле́ние. **Faire du joli,** налома́ть дров (/ налома́ть). **Faire le lit,** постла́ть посте́ль (стлать* II, стелю́, сте́лешь... ╲___ / постла́ть II [*id.*]). **Faire les magasins,** ходи́ть по магази́нам (ходи́ть ╲___). **Faire mal à qqn,** сде́лать кому́-нибудь бо́льно (де́лать / сде́лать). **Faire le ménage,** убира́ть / убра́ть* IV, уберу́, уберёшь...; убра́л, убрала́, убра́ло, убра́ли ╱╲___. **Faire mieux de,** лу́чше бы (*et la forme du passé*). *Il ferait mieux de s'en aller,* он бы лу́чше уе́хал. **Faire de son mieux,** стара́ться изо всех сил (стара́ться / постара́ться). **Faire naufrage,** потерпе́ть кораблекруше́ние (терпе́ть* I, терплю́, те́рпишь... ╲___ / потерпе́ть* I [*id.*]). **Faire son nid,** свить себе́ гнездо́ (свива́ть / свить* II, совью́, совьёшь...; свил, свила́, сви́ло, сви́ли /\—; свей). **Faire un pari,** держа́ть пари́ (держа́ть* I, держу́, де́ржишь... \—). **Faire partir** (*expédier*), отправля́ть / отпра́вить. *Tu as fait partir la lettre pour l'avocat?*, Ты отпра́вил письмо́ адвока́ту? **Faire passer à qqn l'envie,** отби́ть у кого́-нибудь охо́ту (отбива́ть / отби́ть* II, отобью́, отобьёшь...). *Ça lui fera passer l'envie de se battre,* э́то отобьёт у него́ охо́ту дра́ться. **Faire de la peine,** огорча́ть / огорчи́ть (*le nom ou le pronom désignant la personne qui a de la peine est employé à l'accusatif*). *Je ne voulais pas faire de la peine à ma mère,* я не хоте́л огорчи́ть мать. **Faire penser à** (*présenter une certaine analogie avec*), напомина́ть / напо́мнить. *Il me fait penser à ton frère,* он мне напомина́ет твоего́ бра́та. **Faire peur,** пуга́ть / испуга́ть. *Oh! que vous m'avez fait peur!*, Ой, как вы меня́ испуга́ли! **Faire des pieds et des mains,** из ко́жи вон лезть (лезть* IV, ле́зу, ле́зешь...; лез, ле́зла...). **Faire pitié,** жаль *accompagné du verbe* быть (*au sujet de la proposition française correspond en russe un nom ou un pronom à l'accusatif; toutefois, lorsque « faire pitié » régit un infinitif introduit par « à », le nom ou le pronom sujets de la proposition française sont régis en russe par le verbe employé à l'infinitif*). *Elle me faisait pitié,* мне бы́ло жаль её. *Elle fait pitié à voir,* жаль на неё смотре́ть. **Faire plaisir,** доста́вить удово́льствие (доставля́ть / доста́вить). *Vous m'avez fait grand plaisir,* вы мне доста́вили большо́е удово́льствие. **Faire pousser,** расти́ть / вы́растить. *Faire pousser des fleurs,* расти́ть цветы́. **Faire preuve de,** проявля́ть / прояви́ть \— (+ *acc.*). *Faire preuve de courage,* прояви́ть му́жество. **Faire une proposition,** внести́ предложе́ние (вноси́ть \— / внести́* IV, внесу́, внесёшь...; внёс, внесла́... —/). **Faire provision de,** запасти́сь [+ *instr.*] (запаса́ться / запасти́сь* IV, запасу́сь, запасёшься...; запа́сся, запасла́сь... —/). *Faire provision de bois,* запасти́сь дрова́ми. **Faire la queue,** стоя́ть в о́череди (стоя́ть* I, стою́, стои́шь... / постоя́ть* I [*id.*] *ou, si l'on donne l'indication du temps passé à attendre,* простоя́ть* I [*id.*]). *J'ai fait la queue quarante minutes,* я простоя́л в о́череди со́рок мину́т. **Faire rage,** бушева́ть, бушу́ет. *Le vent faisait rage,* бушева́л ве́тер. **Faire réparer,** отда́ть в ремо́нт (отдава́ть* II, отдаю́, отдаёшь...; отдава́й; отдава́я / отда́ть* *n. cl.*, отда́м, отда́шь, отда́ст, отдади́м, отдади́те, отдаду́т; о́тдал, отдала́, о́тдало, о́тдали /\—; отда́й). *Faire réparer sa montre,* отда́ть часы́ в ремо́нт. **Faire un rêve,** сни́ться / присни́ться (*au sujet de la proposition française correspond en russe un nom ou un pronom au datif; le complément direct d'objet est remplacé en russe par un nom au nominatif*). *J'ai fait un rêve affreux,* мне присни́лся стра́шный сон. **Faire rire,** смеши́ть / рассмеши́ть. *Il faisait rire tout le monde avec ses plaisanteries,* он всех смеши́л свои́ми шу́тками. **Faire sauter** (*avec un explosif*), взрыва́ть / взорва́ть* IV, взорву́, взорвёшь...; взорва́л, взорвала́, взорва́ло, взорва́ли /\—. *Faire sauter un pont,* взорва́ть мост. **Faire savoir,** сообща́ть / сообщи́ть. *Il m'a fait savoir que la réunion aurait lieu demain,* он мне сообщи́л, что собра́ние состои́тся за́втра. **Faire sécher,** суши́ть \— / вы́сушить. *Faire sécher le linge,* суши́ть бельё. *Faire sécher des champignons,* вы́сушить грибы́. **Faire semblant de** (+ *inf.*), де́лать вид, что (де́лать / сде́лать). *Elle fait semblant de dormir,* она́ де́лает вид, что спит. *Il faisait semblant de se laver,* он де́лал вид, что мо́ется. **Faire sortir,** выводи́ть \— / вы́вести* IV, вы́веду, вы́ведешь...; вы́вел, вы́вела... *Faire sortir un cheval de l'écurie,* вы́вести ло́шадь из коню́шни. **Faire suivre** (*le courrier*), переадресо́вывать / переадресова́ть. *J'ai fait suivre le télégramme,* я переадресова́л телегра́мму. **Faire sa toilette,** умыва́ться / умы́ться* II, умо́юсь, умо́ешься... **Faire tomber 1.**

(*qqn*) сбить с ног (сбива́ть / сбить* II, собью́, собьёшь...; сбей). *Il m'a fait tomber*, он сбил меня́ с ног. **2.** (*qqch.*) опроки́дывать / опроки́нуть. *Elle a fait tomber le vase*, она́ опроки́нула ва́зу. **3.** (*des fruits*) сбить с де́рева (сбива́ть / сбить* II, собью́, собьёшь...; сбей). *Ils ont fait tomber les pommes*, они́ сби́ли я́блоки с де́рева. **Faire la vaisselle**, мыть посу́ду (мыть* II, мо́ю, мо́ешь... / вы́мыть* II [*id.*]). **Faire les valises**, уложи́ть чемода́ны (укла́дывать / уложи́ть ╲____). **Faire venir 1.** (*qqch.*) выпи́сывать / вы́писать* II, вы́пишу, вы́пишешь... *Faire venir des livres de Moscou*, вы́писать кни́ги из Москвы́. **2.** (*qqn*) вызыва́ть / вы́звать* IV, вы́зову, вы́зовешь... *Faire venir le médecin*, вы́звать врача́. *Faire venir un élève au tableau*, вы́звать ученика́ к доске́. **Faire voir** (*montrer*), пока́зывать / показа́ть* II, покажу́, пока́жешь... ╲____. *Il m'a fait voir sa collection*, он мне показа́л свою́ колле́кцию. **Fais attention!, Faites attention!**, Осторо́жно! **Faites comme chez vous**, Бу́дьте как до́ма. **Ne faire que**, то́лько и де́лать, что. *Il ne fait que grogner*, он то́лько и де́лает, что ворчи́т. **Ne pas la faire à qqn**, не провести́ кого́-нибудь (/ провести́* IV, проведёшь; *au complément indirect de la proposition française correspond en russe un complément direct d'objet*). *On ne la lui fait pas*, его́ не проведёшь. **On ne peut rien y faire**, ничего́ не поде́лаешь. **Qu'est-ce que ça peut faire? 1.** (*sans complément*) Ну и что же! **2.** (*avec l'indication de la personne concernée*) что за де́ло до э́того. *Qu'est-ce que ça peut bien lui faire?*, Ему́ что за де́ло до э́того? **Qu'est-ce qu'on peut bien y faire?**, Что поде́лаешь? **Que faire?**, Как быть?

FAIRE (SE) 1. v. FAIRE. **2.** (*ordonner de*) приказа́ть *régissant un infinitif complété par* « себе́ » (прика́зывать / приказа́ть* II, прикажу́, прика́жешь... ╲____). *Il s'est fait apporter une tasse de café*, он приказа́л принести́ себе́ ча́шку ко́фе. ● **Ça ne se fait pas**, так не при́нято. **Comment ça se fait?** (*Comment en est-on arrivé là?*), Как э́то случи́лось? **Ne pas s'en faire**, не беспоко́иться; ни о чём не беспоко́иться. *Ne t'en fais pas, tout s'arrangera*, Не беспоко́йся, всё ула́дится. *Il ne s'en fait pas*, он ни о чём не беспоко́ится. **Se faire attendre**, заста́вить себя́ ждать (заставля́ть / заста́вить). **Se faire de la bile, se faire du mauvais sang**, по́ртить себе́ кровь. **Se faire faire**, заказа́ть себе́ (зака́зывать / заказа́ть* II, закажу́, зака́жешь...╲____). *Il s'est fait faire un costume*, он заказа́л себе́ костю́м. **Se faire une idée de qqch.**, соста́вить себе́ представле́ние о чём-нибудь (составля́ть / соста́вить). **Se faire des illusions**, стро́ить себе́ иллю́зии. **Se faire passer pour**, выдава́ть себя́ за [+ *acc.*] (выдава́ть* II, выдаю́, выдаёшь...; выдава́й; выдава́я / вы́дать* *n. cl.*, вы́дам, вы́дашь, вы́даст, вы́дадим, вы́дадите, вы́дадут; вы́дал, вы́дала...; вы́дай). *Il s'est fait passer pour un spécialiste*, он вы́дал себя́ за специали́ста. **Se faire petit**, стара́ться не обрати́ть на себя́ внима́ния (стара́ться / постара́ться). **Se faire pincer**, попада́ться / попа́сться* IV, попаду́сь, попадёшься...; попа́лся, попа́лась... **Se faire rouler**, облапо́шивать / облапо́шить (*au sujet de la proposition française correspond en russe un nom ou un pronom à l'accusatif*). *Il s'est fait rouler*, его́ облапо́шили. **Se faire sentir**, дать себя́ чу́вствовать (дава́ть* II, даёт, даю́т / дать* *n. cl.*, даст, даду́т; дал, дала́, да́ло, да́ли ∧___, *et, à la forme négative*, не́ дал, не дала́, не́ дало, не́ дали∧___). *Cela se fait déjà sentir*, э́то уже́ даёт себя́ чу́вствовать.

FAISAN фаза́н.

FAIT *subst.* факт. *C'est un fait*, э́то факт. *Un fait historique*, истори́ческий факт. *Mettre qqn devant le fait accompli*, поста́вить кого́-нибудь перед соверши́вшимся фа́ктом. ● **Comme par un fait exprès**, как наро́чно. **De ce fait**, в связи́ с э́тим. **En fait**, на сáмом дéле. **Passons au fait,** Блíже к дéлу. **Prendre qqn sur le fait,** поймáть когó-нибудь на мéсте преступлéния.

FAKIR факи́р.

FALAISE отвéсная скалá (скалá ———).

FALLOIR 1. (*obligation*) нáдо *et le verbe* быть (« нáдо » *régit toujours un infinitif ; le nom ou le pronom désignant la personne qui doit faire telle ou telle chose est exprimé au datif*); *la forme négative* не нáдо *est concurrencée par* нельзя́ (*même construction*); дóлжен, должнá, должнó, должны́ ⁄—— *et le verbe* быть (*dans cet emploi,* « дóлжен » *régit toujours un infinitif; le nom ou le pronom désignant la personne qui doit faire telle ou telle chose est exprimé au nominatif*). *Il faut travailler,* нáдо рабóтать. *Il fallait l'aider,* нáдо бы́ло емý помóчь. *Il ne faut pas s'inquiéter,* не нáдо беспокóиться. *Il ne faut pas que tu t'inquiètes,* Тебé не нáдо беспокóиться. *Il ne faut pas fumer ici,* здесь нельзя́ кури́ть. *Il faut que tu travailles,* Ты дóлжен рабóтать. *Il faut que je rentre avant deux heures,* я должнá вернýться до двух. **2.** (*besoin*) нýжен, нужнá, нýжно, нýжны ⁄\\—— *accompagné du verbe* быть (« нýжен » *a pour sujet le mot ou le groupe de mots qui désignent ce qui est nécessaire*). *Il me faut un crayon,* мне нýжен карандáш. *Il lui faut un panier,* ей нужнá корзи́нка. *Qu'est-ce qu'il vous faut ?,* Что вам нýжно? *Il me fallait une assiette,* мне нужнá былá тарéлка. *Il me faudra dix roubles,* мне нýжно бýдет дéсять рублéй. *Il faut que j'aille à la gare,* мне нýжно идти́ на вокзáл. ● **Comme il fallait,** как и слéдовало. *Comme il fallait s'y attendre,* как и слéдовало ожидáть. **Comme il faut 1.** (*en fonction d'adjectif*) поря́дочный. *Un homme comme il faut,* поря́дочный человéк. **2.** (*dans les autres cas*) как слéдует. *Il a tout fait comme il faut,* он всё сдéлал как слéдует. **Il s'en est fallu de peu,** чуть не (*et le passé perfectif*). *Il s'en est fallu de peu que la voiture se renverse,* маши́на чуть не опроки́нулась.

FAMILIAL семéйный. *La vie familiale,* семéйная жизнь. ● **Les allocations familiales,** посóбие многосемéйным.

FAMILIARITÉ (*divers sens*) фамилья́рность *f. Cessez vos familiarités !,* Прекрати́те фамилья́рности!

FAMILIER *adj.* **1.** (*que l'on connaît bien*) знакóмый. *Sa démarche m'a paru familière,* егó похóдка показáлась мне знакóмой. **2.** (*qui est devenu une habitude*) привы́чный. *D'un geste qui lui était familier,* привы́чным жéстом. **3.** (*sans contrainte*) фамилья́рный. *Un ton familier,* фамилья́рный тон.

FAMILIÈREMENT фамилья́рно. *Il le frappa familièrement sur l'épaule,* он фамилья́рно похлóпал егó по плечý.

FAMILLE 1. (*le père, la mère et leurs enfants*) семья́ ——⁄\\——. *Il a une famille nombreuse,* у негó большáя семья́. **2.** (*ensemble de ceux qui ont entre eux un lien de parenté*) рóдственники, рóдственников, рóдственникам... *pl. J'ai de la famille en Limousin,* А у меня́ есть рóдственники в Лимузи́не. **3.** (*zool., bot...*) семéйство. *De la famille des félidés,* из семéйства кошáчьих. ● **De famille, en famille,** семéйный. *Un air de famille,* семéйное схóдство. *La vie en famille,* семéйная жизнь. **Un père de famille,** отéц семéйства.

FAMINE гóлод. *Cette année-là, il y eut une famine épouvantable,* в тот год был стрáшный гóлод.

I. FANATIQUE *subst.* **1.** *m.* фанáтик. **2.** *f.* фанати́чка.

II. FANATIQUE *adj.* фанати́ческий. *Un nationalisme fanatique,* фанати́ческий национали́зм.

FANTAISIE 1. (*originalité dans la conduite*) фантáзия. *Il n'a aucune fantaisie,* у негó нет никакóй фантáзии. *Il lui a pris fantaisie d'aller faire de la luge,* ей пришлá фантáзия покатáться на сáнках. *Donner libre cours à sa fantaisie,* дать вóлю своéй фантáзии. **2.** (*inconséquence*) капри́з (*caprice*); при́хоть *f.* (*lubie*). *Elle lui pardonne* *toutes ses fantaisies*, онá прощáет емý всё егó каприЗы. *Elle satisfait toutes tes fantaisies*, онá исполняет все твои прихоти. ● **À sa fantaisie**, по своемý усмотрéнию. *Agir à sa fantaisie*, поступить по своемý усмотрéнию.

FANTASTIQUE *adj.* фантастический. *Un projet fantastique*, фантастический проéкт.

FANTÔME привидéние.

FARCE 1. (*plaisanterie*) шýтка. *Une bonne farce*, забáвная шýтка. **2.** (*hachis*) фарш. ● **Être le dindon de la farce**, остáться в дуракáх. **Faire une farce à qqn**, подшутить над кéм-нибудь (подшýчивать / подшутить ____).

FARCEUR шутник /‾‾‾ ‾‾‾. *C'est un petit farceur*, он большóй шутник.

FARINE мукá. *De la farine de froment*, пшеничная мукá.

Remarque. Accentué sur la première syllabe, « мука » signifie le « tourment », la « souffrance ».

FASCISME фашизм.

FASCISTE *subst.* фашист.

FATAL роковóй. *Une erreur fatale*, роковáя ошибка.

FATALISME фатализм.

FATALISTE *subst.* фаталист.

FATIGANT утомительный. *Un voyage fatigant*, утомительное путешéствие.

FATIGUE устáлость *f*. *Ressentir une grande fatigue*, почýвствовать большýю устáлость.

FATIGUÉ 1. (*épithète*) устáлый. *Elle a l'air fatigué*, вид у неё устáлый. **2.** (*attribut*) voir l'expression être fatigué. ● **Être fatigué**, уставáть* II, устаю, устаёшь... / устáть* *n. cl.*, устáну, устáнешь... *Elle est très fatiguée*, онá óчень устáла. *Je suis fatigué de marcher*, я устáл от ходьбы. *Il est vite fatigué*, он быстро устаёт. *Tu seras fatigué*, ты устáнешь.

FATIGUER утомлять / утомить. *La lecture fatigue les yeux*, чтéние утомляет глазá.

FATIGUER (SE) уставáть* II, устаю, устаёшь... / устáть* *n. cl.*, устáну, устáнешь... *Il se fatigue vite*, он быстро устаёт.

FAUCHER 1. (*couper*) косить____ / скосить____. *Faucher l'herbe*, косить травý. **2.** (*chiper*) тащить ____/ стащить____. *On lui a fauché sa montre*, у негó стащили часы.

FAUCILLE серп /‾‾‾ ‾‾‾. *La faucille et le marteau*, серп и мóлот.

FAUT ● **Il faut**, v. falloir.

FAUTE 1. (*erreur*) ошибка. *Faire une faute d'orthographe*, сдéлать орфографическую ошибку. *Corriger les fautes*, испрáвить ошибки. *Une faute impardonnable*, непростительная ошибка. **2.** (*culpabilité*) винá ‾‾‾ ____. *C'est ma faute*, это моя винá. *C'est arrivé par sa faute*, это случилось по егó винé. *Rejeter la faute sur qqn*, свалить винý на когó-нибудь. ● **Faute de** (*à cause du manque de*), за неимéнием (+ *gén.*). *Faute de mieux*, за неимéнием лýчшего. **Faute d'impression**, опечáтка. **Sans faute**, непремéнно. *Elle a dit qu'elle viendrait sans faute*, онá сказáла, что непремéнно придёт.

FAUTEUIL крéсло, *gén. pl.* крéсел. *Être assis dans un fauteuil*, сидéть в крéсле. *Un fauteuil de cuir*, кóжаное крéсло.

FAUX *adj.*

1. (*mensonger, feint*) лóжный.
2. (*hypocrite*) фальшивый.
3. (*contrefait*) фальшивый.
4. (*artificiel, fabriqué*) искýсственный.
5. (*postiche*) накладнóй.
6. (*non exact, non logique*) непрáвильный.
7. (*en musique*) фальшивый.

1. *Un faux témoignage*, лóжные показáния. *Une fausse nouvelle*, лóжный слух. *Une fausse modestie*, лóжная скрóмность. **2.** *Un homme faux*, фальшивый человéк. **3.** *Des faux documents*, фальшивые докумéнты. *De la fausse monnaie*, фальшивые дéньги. **4.** *Des fausses dents*, искýсственные зýбы. **5.** *Une fausse barbe*, накладнáя бородá. **6.** *Une solution* *fausse*, непра́вильное реше́ние. *Des conclusions fausses*, непра́вильные вы́воды. **7.** *Une fausse note*, фальши́вая но́та. • **C'est faux!** (*ce n'est pas vrai*), Э́то непра́вда!

II. FAUX *adv.* фальши́во. *Chanter faux*, фальши́во петь.

III. FAUX *subst.* (*instrument*) коса́ ___ . *Aiguiser sa faux*, точи́ть косу́.

FAVEUR ми́лость *f.* (*arch.*). *Combler qqn de faveurs*, осы́пать кого́-нибудь ми́лостями. *Gagner la faveur de qqn*, войти́ к кому́-нибудь в ми́лость. • **À la faveur de la nuit**, под покро́вом но́чи. **En faveur de**, в по́льзу (+ *gén.*). *Une intervention en faveur des candidats*, выступле́ние в по́льзу кандида́тов. *Le procès s'est terminé en sa faveur*, де́ло бы́ло решено́ в её по́льзу.

FAVORABLE 1. (*propice*) благоприя́тный. *Une occasion favorable*, благоприя́тный слу́чай. *Des conditions favorables*, благоприя́тные усло́вия. *Recevoir une réponse favorable*, получи́ть благоприя́тный отве́т. **2.** (*bienveillant*) благоскло́нный. • **Être favorable à qqn**, благоскло́нно отнести́сь к кому́-нибудь.

FÉDÉRAL федера́льный. *Le gouvernement fédéral*, федера́льное прави́тельство.

FÉE фе́я. • **Un conte de fées**, волше́бная ска́зка.

FEINTER надува́ть / наду́ть* II, наду́ю, наду́ешь...; наду́тый. *Il t'a feinté*, он тебя́ надул.

FÉLICITATIONS поздравле́ние. *J'ai reçu de lui des félicitations*, я получи́л от него́ поздравле́ния. • **Présenter ses félicitations à qqn**, поздравля́ть / поздра́вить (+ *acc.*). *Je vous présente mes félicitations*, Поздравля́ю вас.

FÉLICITER поздравля́ть / поздра́вить. *Je vous félicite*, Поздравля́ю вас. *Je vous félicite de votre succès*, Поздравля́ю вас с успе́хом.

FEMELLE са́мка.

I. FÉMININ *adj.* **1.** же́нский. *Une voix féminine*, же́нский го́лос. **2.** (*gramm.*) же́нского ро́да. *Un substantif féminin*, существи́тельное же́нского ро́да.

II. FÉMININ *subst.* (*genre grammatical*) же́нский род.

FEMME 1. (*personne du sexe féminin*) же́нщина. *Les femmes et les hommes*, же́нщины и мужчи́ны. *Une femme mariée*, заму́жняя же́нщина. **2.** (*épouse*) жена́, *pl.* жёны, жён, жёнам... ___ . *Le mari et la femme*, муж и жена́. • **De femme, de femmes**, же́нский. *Une écriture de femme*, же́нский по́черк. **Femme de chambre**, го́рничная *adj. subst. f.* **Femme de ménage**, домрабо́тница. *Se trouver une femme de ménage*, наня́ть домрабо́тницу. **Une bonne femme**, кака́я-то тётя. *Il y a une bonne femme là-bas, sur le banc*, там на скаме́йке сиди́т кака́я-то тётя. **Une maîtresse femme**, бой-ба́ба.

FENDRE коло́ть* II, колю́, ко́лешь... ___ *ou* раска́лывать / расколо́ть* II, расколю́, раско́лешь... ___ ; раско́лотый. *Fendre du bois*, коло́ть дрова́. *Fendre une bûche*, расколо́ть поле́но.

FENÊTRE окно́, *gén. pl.* о́кон ___ . *Fermez la fenêtre, s'il vous plaît*, Закро́йте окно́, пожа́луйста. *Une pièce à deux fenêtres*, ко́мната в два окна́. *Regarder par la fenêtre*, смотре́ть в окно́. *Les fenêtres donnent sur la cour*, о́кна выхо́дят во двор. || (*Fig.*) *Pierre le Grand a ouvert une fenêtre sur l'Europe*, Пётр I прорубил окно́ в Евро́пу.

FENOUIL фе́нхель *m.* (*rare*); укро́п (*aneth*).

FENTE щель ___ *f.*; тре́щина (*fissure, fêlure*). *Regarder par une fente de la porte*, смотре́ть в дверну́ю щель. *Il y a une fente au plafond*, потоло́к дал тре́щину.

FÉODAL феода́льный. *Le régime féodal*, феода́льный строй. *Un château féodal*, феода́льный за́мок.

FÉODALISME феодали́зм.

FER 1. (*métal*) желе́зо. *Il faut battre le fer quand il est chaud*, куй желе́зо, пока́ горячо́. **2.** (*à re-*

passer) утю́г . *Un fer électrique*, электри́ческий утю́г. **3.** (*pl.: chaînes*) кандалы́, канда́л, кандала́м... *pl. t. Mettre aux fers*, закова́ть в кандалы́. ● **De fer,** желе́зный. *Le minerai de fer*, желе́зная руда́. *Le chemin de fer*, желе́зная доро́га. // (*Fig.*) *Une santé de fer*, желе́зное здоро́вье. *Une volonté de fer*, желе́зная во́ля. *Une discipline de fer*, желе́зная дисципли́на. **Fer à cheval,** подко́ва. *En forme de fer à cheval*, в ви́де подко́вы. **Fer à repasser,** утю́г .

I. FERME *subst.* фе́рма. *Ils ont acheté une ferme en Normandie*, они́ купи́ли фе́рму в Норма́ндии.

II. FERME *adj.* твёрдый, твёрд, тверда́, твёрдо, твёрды ; *comp.* твёрже*. *D'un pas ferme*, твёрдым ша́гом. ● **La terre ferme,** су́ша.

FERMENTER броди́ть . *Le vin fermente*, вино́ бро́дит.

FERMER

> **I. Transitif:**
> **1.** закрыва́ть / закры́ть* II, закро́ю, закро́ешь...; закры́тый // *et, avec diverses nuances*, запира́ть / запере́ть* IV, запру́, запрёшь...; за́пер, заперла́, за́перло, за́перли ; за́пертый, за́перт, заперта́, за́перто, за́перты (*à clef, au verrou...*); захло́пывать / захло́пнуть (*en faisant claquer*).
> **2.** (*un appareil électrique*) выключа́ть / вы́ключить.
> **3.** (*une enveloppe*) запеча́тывать / запеча́тать.
> **II. Intransitif:**
> закрыва́ться / закры́ться* II, закро́ется, закро́ются.

I. 1. *Fermer la fenêtre*, закры́ть окно́. *Fermer l'armoire*, закры́ть шкаф. *Fermer le livre*, закры́ть кни́гу. *Fermer le robinet*, закры́ть кран. *Fermer une usine*, закры́ть заво́д. *Fermer la parenthèse*, закры́ть ско́бки. *Fermer les yeux*, закры́ть глаза́. *Vous fermez les yeux sur ses défauts*, Вы закрыва́ете глаза́ на его́ недоста́тки. // *Fermer à clef*, запере́ть на ключ. *Fermer la portière*, захло́пнуть две́рцу. **2.** *Fermer l'électricité*, вы́ключить электри́чество. *Fermer la radio*, вы́ключить ра́дио. **3.** *Fermer une lettre*, запеча́тать письмо́.

II. *La porte ferme mal*, дверь пло́хо закрыва́ется. *Le musée ferme à six heures*, музе́й закрыва́ется в шесть.

FERMIER фе́рмер.

FERMIÈRE фе́рмерша.

FÉROCE хи́щный. *Les bêtes féroces*, хи́щные зве́ри.

FERRÉ ● **Voie ferrée,** желе́зная доро́га.

FERTILE плодотво́рный. *Une terre fertile*, плодотво́рная земля́.

FESTIVAL фестива́ль *m.*; кинофестива́ль *m.* (*festival de cinéma*); музыка́льный фестива́ль [фестива́ль *m.*] (*festival de musique*). *Le festival de la jeunesse*, фестива́ль молодёжи. *Le festival de Cannes*, кинофестива́ль в Ка́ннах. *Le festival de Royan*, музыка́льный фестива́ль в Ройа́не.

FÊTE 1. пра́здник. *À une fête de famille*, на семе́йном пра́зднике. *La fête nationale*, национа́льный пра́здник. *Les fêtes du 1er-Mai*, пра́здники Пе́рвого ма́я. **2.** (*jour du saint dont on porte le nom*) имени́ны, имени́н, имени́нам... *pl. t. Nous célébrions sa fête*, мы справля́ли его́ имени́ны. ● **De fête,** пра́здничный. *Un jour de fête*, пра́здничный день. *Avec un air de fête*, с пра́здничным ви́дом.

FÊTER пра́здновать / отпра́здновать. *Ils fêtèrent leur victoire*, они́ отпра́здновали побе́ду. *Nous fêtons son anniversaire*, мы пра́зднуем его́ день рожде́ния. ● **Fêter le nouvel an,** встреча́ть Но́вый год (встреча́ть / встре́тить).

FEU ого́нь *m. Faire du feu*, развести́ ого́нь. *Éteindre le feu*, потуши́ть ого́нь. *Un feu follet*, блужда́ющий ого́нь. *Jouer avec le feu*, игра́ть с огнём. *Il n'y a pas de fumée sans feu*, нет ды́ма без огня́. *Jeter de l'huile sur le feu*, подлива́ть ма́сла в ого́нь. *Ouvrir le feu*, откры́ть ого́нь. *Mettre à feu et à sang*, преда́ть огню́ и мечу́. *Entre deux feux*, ме́жду двух огне́й. ● **Arme à feu,** огнестре́льное ору́жие.

Au feu!, Пожа́р! **Brûler un feu rouge**, пое́хать на кра́сный свет. **Coup de feu**, вы́стрел. *Un coup de feu retentit*, разда́лся вы́стрел. **En feu** (*tout rouge, brûlant de fièvre*), горе́ть* I, гори́т, горя́т. *Elle avait la tête en feu*, голова́ у неё горе́ла. **Donner le feu vert à qqn**, дать кому́-нибудь зелёную у́лицу. **Faire feu**, стреля́ть / вы́стрелить. **Feu d'artifice**, фейерве́рк. *Faire un feu d'artifice*, устро́ить фейерве́рк. **Feu de bois**, костёр. *Faire un feu de bois*, развести́ костёр. **Feu rouge** (*appareil régularisant la circulation*), светофо́р. *Allez tout droit jusqu'au feu rouge*, Иди́те пря́мо до светофо́ра. **Il n'y a pas le feu**, над на́ми не ка́плет. **Jeter feu et flamme**, мета́ть гром и мо́лнии. **Mettre le feu** (*incendier*), поджига́ть / подже́чь* IV, подожгу́, подожжёшь..., подожгу́т; поджёг, подожгла́, подожгло́, подожгли́ (*tr.*). *Mettre le feu à une maison*, подже́чь дом. **Prendre feu**, загора́ться / загоре́ться* I, загори́тся, загоря́тся. *La maison a pris feu*, дом загоре́лся.

FEUILLE 1. (*végétale*) лист*, *pl.* ли́стья, ли́стьев, ли́стьям... . *Des feuilles sèches*, сухи́е ли́стья. **2.** (*de papier, de métal...*) лист . *Des feuilles de papier*, листы́ бума́ги.

FÉVRIER февра́ль *m. Au mois de février*, в феврале́. *Nous nous sommes rencontrés le 4 février*, мы с ним встре́тились 4-го февраля́.

FIANCÉ жени́х .

FIANCÉE неве́ста. *Une riche fiancée*, бога́тая неве́ста.

FICELLE бечёвка; верёвка (*grosse ficelle*). *Il a solidement noué la ficelle*, он кре́пко завяза́л верёвку.

FIDÈLE *adj.* ве́рный . *Un ami fidèle*, ве́рный друг. *Je suis fidèle à ma parole*, я ве́рен своему́ сло́ву.

FIDÉLITÉ ве́рность *f. La fidélité aux principes*, ве́рность при́нципам.

FIER го́рдый . *Fier de ses succès*, го́рдый свои́ми успе́хами. ● **Être fier de**, горди́ться (+ *instr.*). *Elle est fière de ses enfants*, она́ горди́тся свои́ми детьми́.

FIERTÉ го́рдость *f. Il en parlait avec fierté*, он с го́рдостью говори́л об э́том.

FIÈVRE 1. (*élévation anormale de la température*) жар*, *loc.* жару́ ; температу́ра. *J'avais de la fièvre*, у меня́ был жар *ou* у меня́ была́ температу́ра. **2.** (*maladie*) лихора́дка. *La fièvre jaune*, жёлтая лихора́дка. **3.** (*agitation*) лихора́дка. *Dans la fièvre de l'action*, в лихора́дке де́йствия. ● **Fièvre typhoïde**, брюшно́й тиф.

FIGUE фи́га; инжи́р (*pas de pl.; figues sèches*).

FIGURE 1. (*visage*) лицо́ . *En pleine figure*, пря́мо в лицо́. **2.** (*schéma, forme codifiée*) фигу́ра. *Des figures géométriques*, геометри́ческие фигу́ры.

FIGURÉ ● **Au sens figuré**, в перено́сном смы́сле.

FIGURER (*être cité*) зна́читься. *Son nom ne figure pas dans la liste*, его́ и́мя не зна́чится в спи́ске.

FIGURER (SE) ду́мать / поду́мать (*penser, croire*); вообража́ть / вообрази́ть (*imaginer*). *Elle se figure que nous avons déjà oublié*, она́ ду́мает, что мы уже́ забы́ли.

FIL

1. (*textile*) ни́тка.
2. (*métal*) про́волока.
3. (*conducteur*) про́вод*, *nom. pl.* провода́ .
4. (*figuré*) нить *f.*

1. *Une bobine de fil*, кату́шка ни́ток. **2.** *Un fil de cuivre*, ме́дная про́волока. **3.** *Les fils électriques*, электри́ческие провода́. *Le fil du téléphone*, телефо́нный про́вод. **4.** *Perdre le fil de la conversation*, потеря́ть нить разгово́ра. ● **C'est cousu de fil blanc**, э́то ши́то бе́лыми ни́тками. **Ne tenir qu'à un fil**, держа́ться на волоске́. *Sa vie ne tient qu'à un fil*, жизнь его́ де́ржится на волоске́.

FILE ряд*, *loc.* ряду́ (*après les noms de nombre* « два », « три », « четы́ре », *le génitif de* « ряд » *est accentué sur la syllabe finale*). *Une longue file de voitures,* дли́нный ряд маши́н. *En deux files,* в два ряда́.

FILER 1. (*aller très vite*) мча́ться* I, мчусь, мчи́шься... / помча́ться* I (*id.*). *Le train file,* мчи́тся по́езд. **2.** (*s'enfuir*) удира́ть / удра́ть* IV, удеру́, удерёшь...; удра́л, удрала́, удра́ло, удра́ли. *Il vaut mieux filer,* лу́чше удра́ть.

FILET

> **1.** (*de pêche*) сеть *f.; dim.* се́тка.
> **2.** (*à provisions*) се́тка; аво́ська (*fam.*).
> **3.** (*dans les installations sportives*) се́тка.
> **4.** (*à cheveux*) се́тка, *dim.* се́точка.
> **5.** (*d'eau, de sang...*) стру́йка.
> **6.** (*de viande, de poisson*) филе́* *indécl. n.*

1. *Les pêcheurs ont posé leurs filets,* рыбаки́ расста́вили се́ти. **2.** *J'ai pris mon filet,* захвати́ла с собо́й аво́ську. **3.** *Le ballon est allé dans le filet,* мяч полете́л в се́тку. **4.** *Elle a mis un filet sur ses cheveux,* на причёску она́ набро́сила се́тку. **5.** *Un filet d'eau,* стру́йка воды́. **6.** *Des filets de morue,* филе́ трески́.

FILLE 1. (*par rapport au père et à la mère*) дочь*, *gén., dat., loc.* до́чери, *instr.* до́черью; *pl.* до́чери, дочере́й, дочеря́м, дочерьми́, дочеря́х; *dim.* до́чка. *Ils ont trois filles,* у них три до́чери. *Ma fille vient seulement de rentrer,* до́чка то́лько что верну́лась. **2.** (*petite fille*) де́вочка. *Une fille de quatorze ans à peu près,* де́вочка лет четы́рнадцати. *Il y avait plus de filles que de garçons,* бы́ло бо́льше де́вочек, чем ма́льчиков. **3.** (*jeune fille*) де́вушка. *Une fille de dix-huit ans environ,* де́вушка лет восемна́дцати. ● **Une jeune fille,** де́вушка. **Une jolie fille,** краса́вица. **Un lycée de filles,** же́нский лице́й. **Le nom de jeune fille,** де́вичья фами́лия (де́вичья *adj. d'appart.f.*). **Une petite fille,** де́вочка. **Une vieille fille,** ста́рая де́ва (*arch.*).

FILLETTE де́вочка.

FILM 1. (*œuvre*) фильм. *Un film en couleurs,* цветно́й фильм. *Tourner un film,* снима́ть фильм. **2.** (*pellicule*) плёнка, киноплёнка. ● **Film fixe,** диафи́льм. **Film policier,** детекти́в.

FILMER снима́ть / снять* IV, сниму́, сни́мешь...; снял, сняла́, сня́ло, сня́ли; сня́тый, снят, снята́, сня́то, сня́ты. *Nous filmions la première scène,* мы снима́ли пе́рвую сце́ну.

FILOU жу́лик.

FILS сын*, *pl.* сыновья́, сынове́й, сыновья́м...; *dim.* сыно́к. *Ils ont deux fils,* у них дво́е сынове́й. *L'aîné des fils a vingt ans,* ста́ршему сы́ну два́дцать лет.

FILTRE фильтр. *Un filtre jaune,* жёлтый фильтр.

FILTRER фильтрова́ть / профильтрова́ть. *Filtrer l'eau,* профильтрова́ть во́ду.

I. FIN *subst.* коне́ц. *À la fin du mois,* в конце́ ме́сяца. *La fin du livre,* коне́ц кни́ги. *Discuter sans fin,* спо́рить без конца́. ● **En fin de compte,** в коне́чном счёте.

II. FIN *adj.* **1.** (*en règle générale*) то́нкий, *comp.* то́ньше*. *Une étoffe fine,* то́нкое сукно́. *Des cheveux fins,* то́нкие во́лосы. *Une taille fine,* то́нкая та́лия. *Des traits fins,* то́нкие черты́ лица́. *Il a l'oreille fine,* у него́ то́нкий слух. *Un esprit fin,* то́нкий ум. **2.** (*formé d'éléments très petits*) ме́лкий, *comp.* ме́льче*. *Du sable fin,* ме́лкий песо́к. *Une pluie fine,* ме́лкий дождь. *Une écriture fine,* ме́лкий по́черк. ● **De l'or fin,** чи́стое зо́лото. **Des vins fins,** хоро́шие ви́на.

FINAL *adj.* коне́чный. *Le but final,* коне́чная цель.

FINALEMENT в конце́ концо́в. *Finalement, il est reparti,* в конце́ концо́в он уе́хал обра́тно.

FINANCES фина́нсы, фина́нсов, фина́нсам... *pl. t. Le ministre des*

Finances, мини́стр фина́нсов. *Comment vont tes finances?*, Как у тебя́ с фина́нсами?

FINIR 1. (*mener à son terme*) конча́ть / ко́нчить. *J'ai fini mon travail*, я ко́нчил рабо́ту. *J'ai fini de travailler à cinq heures*, я ко́нчил рабо́тать в пять часо́в. **2.** (*arriver à son terme*) конча́ться / ко́нчиться. *Le travail finit à cinq heures*, рабо́та конча́ется в пять часо́в. *Ça va finir par une catastrophe*, э́то ко́нчится катастро́фой. ● **En finir avec**, / поко́нчить (с + *instr.*). *Il faut en finir avec cette histoire-là*, на́до поко́нчить с э́тим де́лом. **Finir par** (*se décider enfin à*), в конце́ концо́в. *Il a tout de même fini par s'en aller*, в конце́ концо́в он всё-таки уе́хал.

I. FINLANDAIS *subst.* финля́ндец.

II. FINLANDAIS *adj.* финля́ндский.

FINLANDAISE финля́ндка.

FIRME фи́рма. *Une grosse firme internationale*, кру́пная междунаро́дная фи́рма.

FIXE (*qui ne bouge pas*) неподви́жный. *Un regard fixe*, неподви́жный взгляд. ● **Une idée fixe**, навя́зчивая иде́я.

FIXEMENT при́стально. *Regarder qqn fixement*, при́стально смотре́ть на кого́-нибудь.

FIXER

> **1.** (*pendre*) ве́шать / пове́сить.
> **2.** (*assujettir*) прикрепля́ть / прикрепи́ть.
> **3.** (*arrêter longuement*) остана́вливать / останови́ть ⌣___.
> **4.** (*faire connaître*) назнача́ть / назна́чить.
> **5.** (*établir, déterminer*) устана́вливать / установи́ть ⌣___.

1. *Fixer un tableau au mur*, пове́сить карти́ну на сте́ну. **2.** *Fixer un papier avec des punaises*, прикрепи́ть бума́гу кно́пками. **3.** *Fixer son attention sur qqch.*, останови́ть своё внима́ние на чём-нибудь. *Fixer son regard sur qqn*, останови́ть свой взгляд на ко́м-нибудь. **4.** *Fixer le jour du départ*, назна́чить день отъе́зда. *Il m'a fixé un rendez-vous*, он назна́чил мне свида́ние. *Fixer le prix*, назна́чить це́ну. **5.** *Fixer le prix*, установи́ть це́ну. *Fixer l'itinéraire*, установи́ть маршру́т. *Dans le délai fixé*, в устано́вленный срок. ● **Fixer son choix**, останови́ть свой вы́бор (остана́вливать / останови́ть ⌣___).

FIXER (SE) 1. v. FIXER. **2.** (*choisir comme résidence*) поселя́ться / посели́ться. *Ils se sont fixés quelque part dans le Midi*, они́ посели́лись где́-то на ю́ге.

FLAIR нюх. *Ce chien a un flair remarquable*, у э́той соба́ки замеча́тельный нюх. *Un homme qui a du flair*, челове́к с хоро́шим ню́хом.

I. FLAMAND *subst.* флама́ндец.

II. FLAMAND *adj.* флама́ндский. *L'école flamande*, флама́ндская шко́ла.

FLAMANDE флама́ндка.

FLAMME пла́мя*, *gén.*, *dat.*, *loc.* пла́мени, *instr.* пла́менем; *pluriel inusité; n.* (*livresque*). *La flamme d'une bougie*, пла́мя свечи́. *Des flammes sortaient par la fenêtre*, из окна́ вырыва́лось пла́мя.

FLANQUER ● **Flanquer une balle dans la tête**, влепи́ть пу́лю в лоб (влепля́ть / влепи́ть ⌣___). **Flanquer une gifle à qqn**, влепи́ть кому́-нибудь пощёчину (влепля́ть / влепи́ть ⌣___). **Flanquer qqn à la porte**, вы́швырнуть кого́-нибудь за дверь (вышвы́ривать / вы́швырнуть).

FLATTER льстить / польсти́ть (+ *dat.*). *Les succès le flattaient*, успе́хи ему́ льсти́ли.

FLÈCHE 1. (*arme*) стрела́ ‾‾___. *Lancer une flèche*, пусти́ть стрелу́. **2.** (*signe*) стре́лка. *Une flèche indicatrice*, указа́тельная стре́лка. **3.** (*architecture*) шпиль *m.* *La flèche de la cathédrale de Strasbourg*, шпиль стра́сбургского собо́ра.

FLEUR цвето́к*, *pl.* цветы́, цвето́в, цвета́м... *Cueillir des fleurs*, собира́ть цветы́. *Un bouquet de fleurs*, буке́т цвето́в. *Des fleurs artificielles*, иску́сственные цветы́. *Une étoffe à fleurs*, мате́рия в цвета́х. ● **Être en fleur,** цвести́* IV, цвету́, цветёшь...; цвёл, цвела́... /‾‾‾; *ou* быть в цвету́. *Les rosiers sont en fleur,* ро́зы цвету́т. *Les pommiers sont tout en fleur,* я́блони во всём цвету́.

FLEURIR цвести́* IV, цвету́, цветёшь...; цвёл, цвела́... /‾‾‾. *Les roses fleurissent,* ро́зы цвету́т.

FLEUVE 1. (*propr.*) река́ ‾‾ _/‾‾ (*l'accent passe sur la préposition dans les groupes* « за́ реку » *et* « на́ реку »). *Au bord du fleuve,* на берегу́ реки́. **2.** (*fig.*) пото́к. *Des fleuves d'éloquence,* пото́ки красноре́чия.

FLOCON *ne peut être traduit au singulier; pl.* хло́пья*, хло́пьев, хло́пьям... *Des flocons de neige,* хло́пья сне́га. *Des flocons d'avoine,* овся́ные хло́пья. ● **Flocon de neige,** снежи́нка.

FLOTTE флот. *La flotte de guerre,* вое́нный флот. *La flotte de commerce,* торго́вый флот.

FLOTTER 1. (*ne pas couler*) пла́вать. *Le bois flotte,* де́рево пла́вает. **2.** (*onduler au gré du vent*) развева́ться. *Un drapeau noir flotte en haut de la tour,* на ба́шне развева́ется чёрный флаг.

FLÛTE фле́йта. *Jouer de la flûte,* игра́ть на фле́йте.

FOI ве́ра. *La foi chrétienne,* христиа́нская ве́ра. ● **Ma foi,** пра́во. *Ma foi, je ne sais pas,* Пра́во, не зна́ю.

FOIE 1. (*organe*) пе́чень *f. Les maladies du foie,* боле́зни пе́чени. **2.** (*aliment*) печёнка. *Du foie de veau,* теля́чья печёнка. ● **Huile de foie de morue,** ры́бий жир (ры́бий *adj. d'appart.;* жир*, *loc.* жиру́ ___∠).

FOIN се́но. *Une meule de foin,* стог се́на. ● **Bête à manger du foin,** глуп как про́бка.

FOIRE я́рмарка. *Aller à la foire,* е́здить на я́рмарку.

FOIS 1. (*en règle générale*) раз*, *gén. pl.* раз ___ \/‾‾‾. *Cinq fois par semaine,* пять раз в неде́лю. *Pour la première fois,* в пе́рвый раз. *Pour la dernière fois,* в после́дний раз. *Une autre fois, viens un peu plus tôt,* В друго́й раз приди́ пора́ньше. *Ça suffit pour cette fois-ci,* хва́тит на э́тот раз. *Plus d'une fois,* не раз. *Pas une seule fois,* ни ра́зу*. *Une fois pour toutes,* раз и навсегда́. *Deux fois plus,* в два ра́за бо́льше. **2.** (*dans les multiplications*) на (+ *acc.*); *il existe en outre des adverbes à sens multiplicatif* « два́жды », « три́жды », « четы́режды », « пя́тью », « ше́стью », *etc. Trois fois cinq font quinze,* пять на три бу́дет пятна́дцать. *Douze fois douze cent quarante-quatre,* двена́дцать на двена́дцать бу́дет сто со́рок четы́ре. *Deux fois deux font quatre,* два́жды два — четы́ре. *Sept fois sept quarante-neuf,* се́мью семь — со́рок де́вять. **3.** (*suivi d'un comparatif*) *il est toujours possible d'utiliser le mot* « раз », *mais en ce qui concerne la traduction de* « *deux fois* », « *trois fois* », « *quatre fois* », *suivis d'un comparatif, l'emploi des adverbes* « вдво́е », « втро́е », « вчетверо » *est courant. Deux fois plus,* вдво́е бо́льше *ou* в два ра́за бо́льше. *Trois fois moins d'argent,* втро́е ме́ньше де́нег. *Quatre fois plus de place,* вчетверо бо́льше ме́ста. *Cinq fois plus haut,* в пять раз вы́ше. *Huit fois plus loin,* в во́семь раз да́льше. ● **À la fois,** сра́зу. *Ne prenez pas tout à la fois,* Бери́те не всё сра́зу. **Il était une fois,** жил-был, жила́-была́ *ou* жи́ли-бы́ли *selon que le sujet est au masculin singulier, au féminin singulier ou au pluriel. Il était une fois une petite fille...,* Жила́-была́ де́вочка... **Une fois** (*à une certaine époque*), оди́н раз; раз (*fam.*); одна́жды (*livresque*). *Une fois, nous nous sommes rencontrés dans la forêt,* оди́н раз мы встре́тились в лесу́.

FOL v. FOU.

FOLIE 1. (*démence*) сумасше́ствие. **2.** (*extravagance*) безу́мие; сумасше́ствие (*plus rarement*). *C'est une pure folie,* э́то чи́стое безу́мие. *Aimer à la folie,* люби́ть до безу́мия. *Ce serait vraiment une folie de sa part,* с его́ стороны́ э́то бы́ло бы про́сто сумасше́ствие. ● **Faire des folies,** де́лать глу́пости *et, si l'utilisation du perfectif est nécessaire,* наде́лать глу́постей.

La folie des grandeurs, ма́ния вели́чия.

FOLKLORE фолкло́р (*terme rare*); наро́дное тво́рчество (*art populaire*); наро́дная пе́сня (*chanson populaire*).

I. FOLLE *adj.* v. FOU.

II. FOLLE *subst.* сумасше́дшая *adj. subst. f. Rire comme une folle*, хохота́ть как сумасше́дшая.

FONCÉ 1. (*précédé d'un nom de couleur*) тёмно-. *Vert foncé*, тёмно-зелёный. **2.** (*dans les autres cas*) тёмный, тёмен, темна́, темно́, темны́ ⁄——. *De couleur foncée*, тёмного цве́та.

FONCTION 1. (*place, poste*) до́лжность *f. Il a été promu à une nouvelle fonction*, он перешёл на но́вую до́лжность. **2.** (*rôle, activité*) фу́нкция. *Les fonctions du foie*, фу́нкции пе́чени.

FONCTIONNAIRE 1. (*dans les pays non socialistes*) госуда́рственный слу́жащий (слу́жащий *adj. subst. m.*); госуда́рственная слу́жащая (слу́жащая *adj. subst. f.*). *Grève des fonctionnaires en France*, забасто́вка госуда́рственных слу́жащих во Фра́нции. **2.** (*dans les pays socialistes*) слу́жащий *adj. subst. m.*; слу́жащая *adj. subst. f.*

FONCTIONNER рабо́тать; де́йствовать (*livresque*). *Le moteur fonctionne parfaitement*, мото́р рабо́тает безупре́чно. *Le téléphone ne fonctionne pas*, телефо́н не рабо́тает.

FOND

> **1.** (*endroit le plus bas*) дно.
> **2.** (*partie la plus éloignée, la plus cachée*) глубина́.
> **3.** (*le contenu par opposition à la forme*) содержа́ние.
> **4.** (*l'arrière-plan*) фон.

1. *Le fond de la bouteille*, дно буты́лки. *Un double fond*, двойно́е дно. **2.** *Dans le fond de la cour*, в глубине́ двора́. *Au fond du cœur*, в глубине́ се́рдца. **3.** *La forme et le fond*, фо́рма и содержа́ние. **4.** *Les fleurs se détachaient sur un fond sombre*, цветы́ вырисо́вывались на тёмном фо́не. ● **Au fond, dans le fond** (*en réalité*), в су́щности. *Au fond, il a raison*, в су́щности он прав. **Sans fond**, бездо́нный. *Un gouffre sans fond*, бездо́нная про́пасть.

FONDATION 1. (*d'une construction*) фунда́мент, основа́ние. *Faire les fondations*, заложи́ть фунда́мент. *Une maison avec des fondations en béton*, дом на бето́нном основа́нии. **2.** (*création*) основа́ние. *Après la fondation de la ville*, по́сле основа́ния го́рода.

FONDER осно́вывать / основа́ть. *La ville a été fondée au XVIIe siècle*, го́род был осно́ван в XVII ве́ке. ● **Non fondé**, необосно́ванный. *Un reproche non fondé*, необосно́ванный упрёк.

FONDRE

> **1.** (*dégeler*) та́ять* II, та́ет, та́ют / растая́ть* II (*id.*).
> **2.** (*disparaître*) та́ять* / раста́ять*.
> **3.** (*se dissoudre*) растворя́ться / раствори́ться.
> **4.** (*couler, mouler*) отлива́ть / отли́ть* II, отолью́, отольёшь...; о́тлил, отлила́, о́тлило, о́тлили ⁄\\——; отле́й; отли́тый, о́тлит, отлита́, о́тлито, о́тлиты ⁄\\——.

1. *La neige fond*, снег та́ет. **2.** *Nos provisions fondent*, на́ши запа́сы та́ют. **3.** *Le sucre a fondu dans l'eau*, са́хар раствори́лся в воде́. **4.** *Fondre une cloche*, отли́ть ко́локол. ● **Faire fondre 1.** (*dissoudre*) растворя́ть / раствори́ть *ou* распуска́ть / распусти́ть\\——. *Faire fondre du sel*, раствори́ть соль. **2.** (*un métal*) пла́вить / распла́вить. *Faire fondre l'acier*, распла́вить сталь. **Fondre en larmes**, зали́ться слеза́ми (залива́ться / зали́ться* II, зальюсь, зальёшься...; зали́лся, залила́сь... ⁄——). **Fondre sur l'ennemi**, обру́шиться на врага́ (обру́шиваться / обру́шиться).

FONTAINE 1. (*appareil qui distribue l'eau*) коло́нка. *Elle allait chercher de l'eau à la fontaine*, она́ шла к коло́нке за водо́й. **2.** (*édifice où l'eau est un élément de déco-*

ration) фонта́н. *La fontaine des nymphes*, фонта́н нимф.

FONTE (*métal*) чугу́н ⁄‾‾‾ . *La production de fonte*, произво́дство чугуна́. • **De fonte, en fonte,** чугу́нный. *Une plaque de fonte*, чугу́нная плита́.

FOOT, FOOTBALL футбо́л. *Jouer au foot*, игра́ть в футбо́л.

FORCE си́ла. *Frapper de toutes ses forces*, уда́рить изо всех сил. *Être à bout de forces*, вы́биться из сил. *La force de caractère*, си́ла хара́ктера. *La force de l'habitude*, си́ла привы́чки. *La force du vent*, си́ла ве́тра. *Par la force des choses*, си́лой веще́й. *Les forces armées*, вооружённые си́лы. *La force de frappe*, уда́рная си́ла. • **Dans la force de l'âge,** в расцве́те сил.

FORCÉMENT обяза́тельно. *Il reviendra forcément chercher la clef*, он обяза́тельно вернётся за ключо́м.

FORCER (*obliger*) заставля́ть / заста́вить. *Forcer qqn à travailler*, заста́вить кого́-нибудь рабо́тать. *Il m'a forcé à faire demi-tour*, он заста́вил меня́ верну́ться. • **Être forcé,** быть вы́нужденным (вы́нужденный, вы́нужден, вы́нуждена...). *J'ai été forcé de partir*, я был вы́нужден уе́хать.

FORÊT лес*, *loc.* лесу́; *nom. pl.* леса́ __⁄‾‾‾. *Se promener dans la forêt*, гуля́ть в лесу́. *La forêt vierge*, де́вственный лес.

FORGÉ • **En fer forgé,** ко́ваный. *Une grille en fer forgé*, ко́ваная решётка.

FORGERON кузне́ц⁄‾‾‾ ‾‾‾ . *Il a mené son cheval chez le forgeron*, он повёл ло́шадь к кузнецу́.

FORMALISME формали́зм.

FORMALITÉ форма́льность *f.* *C'est une simple formalité*, э́то пуста́я форма́льность. *Il reste seulement à faire quelques formalités*, оста́лось то́лько вы́полнить ко́е-каки́е форма́льности.

FORMAT форма́т. *Un livre de grand format*, кни́га большо́го форма́та.

FORMATION 1. (*naissance, apparition*) образова́ние. *La formation de l'État français*, образова́ние францу́зского госуда́рства. **2.** (*instruction, préparation*) подгото́вка. *La formation professionnelle*, профессиона́льная подгото́вка.

FORME фо́рма. *La forme d'un objet*, фо́рма предме́та. *La forme et le fond*, фо́рма и содержа́ние. • **En forme,** в уда́ре. *Je ne suis pas en forme*, я не в уда́ре. **Pour la forme,** для профо́рмы.

FORMELLEMENT стро́го. *C'est formellement interdit*, э́то стро́го воспреща́ется.

FORMER 1. (*fonder, constituer*) образо́вывать / образова́ть; *ou* составля́ть / соста́вить; формирова́ть / сформирова́ть (*livresque*). *Former une commission*, образова́ть коми́ссию. *C'est au Ve siècle que s'est formé l'État français*, в V ве́ке образова́лось францу́зское госуда́рство. *Comment a été formé ce groupe?*, Как был соста́влен э́тот коллекти́в? *Former le gouvernement*, сформирова́ть прави́тельство. **2.** (*façonner*) формирова́ть / сформирова́ть. *Le caractère se forme peu à peu*, хара́ктер формиру́ется постепе́нно. **3.** (*donner une formation professionnelle*) гото́вить; *ou* подгота́вливать / подгото́вить. *Former des spécialistes*, гото́вить специали́стов.

FORMIDABLE миров́ой (*des meilleurs; fam.*); потряса́ющий (*renversant*); удиви́тельный (*étonnant*). *Pierre est un type formidable*, Пе́тя — па́рень миро́вой. *Ça, c'est un truc formidable!*, Мирова́я вещь! *La pièce a un succès formidable*, пье́са име́ет успе́х потряса́ющий. *Tu as une mémoire formidable*, па́мять у тебя́ удиви́тельная.

FORMULAIRE (*imprimé*) бланк. *Remplir un formulaire*, запо́лнить бланк.

FORMULE 1. (*math., chimie...*) фо́рмула. *Une formule algébrique*, алгебраи́ческая фо́рмула. **2.** (*imprimé*) бланк. *Remplir une formule*, запо́лнить бланк. • **Une formule de politesse,** фо́рма ве́жливости.

I. FORT *adj.*

> **1.** (*en règle générale*) си́льный, си́лен, сильна́, си́льно, си́льны ⋀—— *et* (*fam.*) силён, сильна́, си́льно, сильны́.
> **2.** (*en parlant d'une boisson*) кре́пкий ⋀——, *comp.* кре́пче*.
> **3.** (*en parlant de mets; en parlant d'odeurs*) о́стрый, остр, остра́, о́стро, о́стры ⋀——.
> **4.** (*en parlant de la voix*) гро́мкий ⋀——, *comp.* гро́мче*.
> **5.** (*en parlant d'une somme d'argent*) кру́пный ⋀——.
> **6.** (*en parlant des raisons*) серьёзный.

1. *Il est plus fort que toi*, он сильне́е тебя́. *Une forte chaleur*, си́льная жара́. *Une forte pluie*, си́льный дождь. *Une forte impression*, си́льное впечатле́ние. *En math, il est fort*, по матема́тике он силён. **2.** *Un vin fort*, кре́пкое вино́. *Un thé fort*, кре́пкий чай. *Un café fort*, кре́пкое ко́фе. **3.** *Un fromage fort*, о́стрый сыр. *Une sauce forte*, о́стрый со́ус. *Une odeur forte*, о́стрый за́пах. **4.** *D'une voix forte*, гро́мким го́лосом. **5.** *Il a perdu une forte somme*, он потеря́л кру́пную су́мму. **6.** *Nous avions de fortes raisons de ne pas répondre à sa lettre*, у нас бы́ли серьёзные основа́ния не отве́тить на его́ письмо́. ● **À plus forte raison**, тем бо́лее. **Ça c'est trop fort!**, Э́то уж сли́шком! **C'est plus fort que moi**, э́то вы́ше мои́х сил.

II. FORT *adv.* **1.** (*avec force*) си́льно, *comp.* сильне́е. *Frappez un peu plus fort*, Постучи́те посильне́е. **2.** (*d'une voix forte*) гро́мко, *comp.* гро́мче*. *Parlez plus fort!*, Говори́те гро́мче. **3.** (*beaucoup, extrêmement*) о́чень. *J'en doute fort*, я в э́том о́чень сомнева́юсь. ● **Y aller fort**, перeба́рщивать / переборщи́ть. *Il y est allé un peu fort*, он переборщи́л.

FORTEMENT (*beaucoup, extrêmement*) о́чень. *J'ai été fortement frappé*, э́то меня́ о́чень удиви́ло.

FORTERESSE кре́пость ——╱—— *f.* *Le siège d'une forteresse*, оса́да кре́пости.

FORTIFIER укрепля́ть / укрепи́ть. *Une ville fortifiée*, укреплённый го́род. *L'exercice physique fortifie l'organisme*, физи́ческие упражне́ния укрепля́ют органи́зм.

FORTUNE (*richesse*) состоя́ние. *Il avait une fortune immense*, у него́ бы́ло огро́мное состоя́ние.

FOSSE я́ма. *Creuser une fosse*, вы́рыть я́му. ● **Une fosse commune**, бра́тская моги́ла.

FOSSÉ кана́ва; кюве́т (*au bord des routes*). *Des champs séparés par un fossé*, поля́, разделённые кана́вой. *Le camion est tombé dans le fossé*, грузови́к свали́лся в кюве́т.

FOSSILE 1. *adj.* ископа́емый. *Des plantes fossiles*, ископа́емые расте́ния. **2.** *subst.* ископа́емое *adj. subst. n.* (*l'accusatif singulier est semblable au nominatif; par contre, l'accusatif pluriel est semblable au génitif*).

I. FOU *adj.* **1.** (*en parlant d'une personne*) с ума́ сошёл (сошёл, сошла́, сошло́, сошли́ *passé perfectif*). *Elle est folle*, она́ с ума́ сошла́. **2.** (*en parlant d'une chose*) бе́шеный. *Une vitesse folle*, бе́шеная ско́рость. *Un prix fou*, бе́шеная цена́. *Un succès fou*, бе́шеный успе́х. ● **Une joie folle**, безу́мная ра́дость. **Un monde fou** (*beaucoup de monde*), ма́сса наро́ду.

II. FOU *subst.* **1.** (*aliéné*) сумасше́дший *adj. subst. m.* *Rire comme un fou*, хохота́ть как сумасше́дший. **2.** (*aux échecs*) слон ╱—— ——. ● **De fou, de fous**, сумасше́дший. *C'est une vraie maison de fous!*, Сумасше́дший дом, пра́во!

FOUET кнут ╱—— ——. *Donner des coups de fouet à un cheval*, бить ло́шадь кнуто́м.

FOUGÈRE па́поротник.

FOUILLER 1. (*perquisitionner; visiter les poches*) обы́скивать / обыска́ть* II, обыщу́, обы́щешь... ╲——. *Fouiller tout l'appartement*, обыска́ть всю кварти́ру. *Au commissariat, on l'a fouillé*, в мили́ции его́ обыска́ли. **2.** (*faire des recherches*) ры́ться* II, ро́юсь, ро́ешься... / поры́ться* II (*id.*). *Fouiller dans les archives*, ры́ться в архи́вах.

FOULARD 1. плато́к. *Mets donc un foulard*, Наде́нь плато́к. **2.** (*de pionnier, de scout...*) га́лстук. *Un foulard de pionnier*, пионе́рский га́лстук.

FOULE толпа́ ‾‾‾ ___. *Se frayer un chemin à travers la foule*, пробира́ться сквозь толпу́.

FOUR 1. (*de cuisinière*) духо́вка. *Mettre le poulet au four*, поста́вить цыплёнка в духо́вку. **2.** (*de boulanger*) печь ___∠ /‾‾‾ *f.* *Tirer le pain du four*, вы́нуть хлеб из пе́чи. ● **Petit four** (*pâtisserie*), птифу́р.

FOURCHE ви́лы, вил, ви́лам... *pl. t.*

FOURCHETTE ви́лка. *Il manque une fourchette*, одно́й ви́лки не хвата́ет.

FOURMI мураве́й, муравья́... *Des fourmis rouges*, кра́сные муравьи́. ● **Avoir des fourmis dans une jambe, avoir des fourmis dans les jambes,** отсиде́ть но́гу; отсиде́ть но́ги (/ отсиде́ть* I, отсижу́, отсиди́шь...). *J'ai des fourmis dans les jambes*, я отсиде́л но́ги.

FOURMILIÈRE мураве́йник. *C'est une vraie fourmilière*, э́то настоя́щий мураве́йник.

FOURNEAU (*destiné à la cuisson des aliments*) плита́ ‾‾‾ ___. *Allumer le fourneau*, затопи́ть плиту́. *Un fourneau à gaz*, га́зовая плита́. ● **Haut fourneau,** до́менная печь (печь ___∠ /‾‾‾ *f.*).

FOURNIR 1. (*faire des livraisons*) снабжа́ть / снабди́ть (*au complément d'attribution de la proposition française correspond en russe un complément direct d'objet; au complément direct d'objet de la proposition française correspond en russe un substantif à l'instrumental*). *Fournir les matières premières à une usine*, снабжа́ть фа́брику сырьём. **2.** (*dans les autres cas*) доставля́ть / доста́вить. *Fournir des renseignements*, доста́вить све́дения. *Fournir l'occasion*, доста́вить слу́чай.

FOURRER 1. (*introduire*) сова́ть* II, сую́, суёшь... / су́нуть. *Fourrer ses mains dans ses poches*, сова́ть ру́ки в карма́ны. // (*Fig.*) *Fourrer son nez où il ne faut pas*, сова́ть свой нос, куда́ не сле́дует. **2.** (*égarer*) дева́ть, дева́ю, дева́ешь... / деть* *n. cl.*, де́ну, де́нешь... *Je ne me souviens pas où j'ai fourré les allumettes*, не по́мню, куда́ дева́л спи́чки.

FOURRER (SE) 1. (*se cacher*) дева́ться, дева́юсь, дева́ешься... / де́ться* *n. cl.*, де́нусь, де́нешься... *Je ne savais plus où me fourrer tellement j'avais honte*, я не знал, куда́ де́ться от стыда́. **2.** (*dans la tête*) вбить себе́ (вбива́ть / вбить* II, вобью́, вобьёшь...; вбей). *Quelles idées il s'est fourrées dans la tête!*, Каки́е мы́сли он вбил себе́ в го́лову.

FOURRURE (*peau préparée*) мех*, *loc.* меху́, *nom. pl.* меха́ ___∠ ‾‾‾. *Faire le commerce des fourrures*, торгова́ть меха́ми. **2.** (*vêtement*) мехово́е манто́ (манто́* *indécl. n.*). ● **De fourrure,** мехово́й. *Un bonnet de fourrure*, мехова́я ша́пка. *Un col de fourrure*, мехово́й воротни́к.

FOYER

1. (*lieu où l'on fait du feu*) оча́г /‾‾‾ ‾‾‾.
2. (*demeure familiale*) оча́г /‾‾‾ ‾‾‾.
3. (*siège principal d'un phénomène*) оча́г /‾‾‾ ‾‾‾.
4. (*au théâtre*) фойе́* *indécl. n.*
5. (*dans un établissement d'enseignement*) клуб.
6. (*optique*) фо́кус.

1. *Dans le foyer, le feu brûlait avec ardeur*, в очаге́ я́рко горе́л ого́нь. **2.** *Il n'avait pas de foyer*, у него́ не́ было своего́ очага́. **3.** *Le foyer du séisme*, оча́г землетрясе́ния. *Un foyer de contagion*, оча́г зара́зы. **4.** *Pendant l'entracte, nous irons au foyer*, в антра́кте мы пойдём в фойе́. **5.** *Les élèves des grandes classes se réunissaient souvent au foyer*, ученики́ ста́рших кла́ссов ча́сто собира́лись в клу́бе. **6.** *Le foyer d'une lentille*, фо́кус ли́нзы.

FRACTURE (*d'un os*) перело́м. *Fracture des os du bassin*, перело́м косте́й та́за.

FRAGILE 1. (*qui se casse facilement*) хру́пкий ∧—. *Un jouet fragile*, хру́пкая игру́шка. **2.** (*inscription sur une caisse, sur un emballage*) Осторо́жно, стекло́! **3.** (*en parlant d'une personne ou de sa santé*) сла́бый ∧—; хру́пкий ∧— (*livresque*). *Il a une santé fragile*, у него́ сла́бое здоро́вье.

FRAÎCHE v. FRAIS.

I. FRAIS *adj.* све́жий, свеж, свежа́, свежо́, све́жи. *Un vent frais*, све́жий ве́тер. *Du pain frais*, све́жий хлеб. *Du poisson frais*, све́жая ры́ба. *Des nouvelles fraîches*, све́жие но́вости. ● **Il fait frais**, прохла́дно *ou* свежо́. *Dehors, il faisait frais*, на дворе́ бы́ло прохла́дно.

II. FRAIS *subst.* (*froid agréable*) ● **Mettre qqch. au frais**, поста́вить что́-нибудь в холо́дное ме́сто. **Prendre le frais**, поды-ша́ть све́жим во́здухом.

III. FRAIS *subst.* (*dépenses*) расхо́ды, расхо́дов, расхо́дам... *pl.* *De gros frais*, больши́е расхо́ды. *Des frais de voyage*, расхо́ды на пое́здку. ● **À ... frais, Aux frais de**, на ... счёт. *À mes frais*, на мой счёт. *Aux frais de l'État*, на госуда́рственный счёт.

FRAISE 1. (*petites fraises comme celles que l'on trouve dans les bois*) земляни́ка (*pas de pl.*). *Fraises des bois*, лесна́я земляни́ка. *Ramasser des fraises dans le bois*, собира́ть земляни́ку в лесу́. *De la confiture de fraises*, варе́нье из земляни́ки. **2.** (*à gros fruits*) клубни́ка (*pas de pl.*). *Il y a des fraises dans le jardin*, на огоро́де есть клубни́ка.

Remarque. Pour désigner un seul fruit, on emploie le mot « я́года ». *Voilà encore une fraise*, Вот еще одна́ я́года.

FRAISIER 1. (*des bois*) земляни́ка (*pas de pl.*). **2.** (*à gros fruits*) клубни́ка (*pas de pl.*).

Remarque. Pour la traduction du singulier, v. PIED.

FRAMBOISE мали́на (*pas de pl.*). *De la confiture de framboises*, варе́нье из мали́ны.

Remarque. Pour désigner un seul fruit, on emploie le plus souvent le mot « я́года ». *Voilà encore une framboise*, Вот ещё одна́ я́года.

FRAMBOISIER мали́на (*pas de pl.*).

Remarque. Pour la traduction du singulier, v. PIED.

I. FRANC *subst.* франк. *Deux francs cinquante*, два фра́нка пятьдеся́т санти́мов.

II. FRANC *adj.* **1.** (*en parlant d'une personne*) открове́нный. *C'est un homme franc*, он челове́к открове́нный. **2.** (*en parlant du regard, du caractère...*) откры́тый. *Un regard franc*, откры́тый взгляд. *Un visage franc*, откры́тое лицо́. *Un caractère franc*, откры́тый хара́ктер.

I. FRANÇAIS *subst.* **1.** (*homme*) францу́з. **2.** (*langue*) францу́зский язы́к (язы́к ⁄—). *Étudier le français*, изуча́ть францу́зский язы́к. *Un livre en français*, кни́га на францу́зском языке́. ● **En français** *et, dans le même emploi,* **français** (*accompagnant généralement un verbe*), по-францу́зски. *Tout était écrit en français*, всё бы́ло напи́сано по-францу́зски. *Parler français*, говори́ть по-францу́зски.

II. FRANÇAIS *adj.* францу́зский. *Les vins français*, францу́зские ви́на.

III. FRANÇAIS- (*élément de formation*) францу́зско-. *Un dictionnaire français-russe*, францу́зско-ру́сский слова́рь.

FRANÇAISE францу́женка.

FRANCHE v. FRANC.

FRANCHEMENT открове́нно. *À parler franchement*, открове́нно говоря́.

FRANCHIR

utiliser le préverbe пере...; *le verbe auquel il sera accolé indiquera la manière dont s'est effectuée l'action* (*au complément direct français correspond le plus souvent en russe un accusatif introduit par* « через », *mais l'accusatif seul est souvent possible*).

1. (*à pied*) переходи́ть / перейти́* IV, перейду́, перейдёшь...; перешёл, перешла́...; перейдя́; перейдённый.
2. (*en voiture*) переезжа́ть / перее́хать* IV, перее́ду, перее́дешь...
3. (*en volant; en avion...*) перелета́ть / перелете́ть* I, перелечу́, перелети́шь...
4. (*à la nage; en bateau...*) переплыва́ть / переплы́ть* IV, переплыву́, переплывёшь...; переплы́л, переплыла́, переплы́ло, переплы́ли.
5. (*en courant*) перебега́ть / перебежа́ть* *n. cl.*, перебегу́, перебежи́шь..., перебегу́т; перебеги́.
6. (*en sautant*) перепры́гивать / перепры́гнуть.
7. (*avec peine*) перебира́ться / перебра́ться* IV, переберу́сь, переберёшься...; перебра́лся, перебрала́сь... (*fam.*).
8. (*un endroit très difficile à traverser*) переправля́ться / перепра́виться.

1. *Franchir le pont*, перейти́ че́рез мост *ou* перейти́ мост. 2. *On ne peut pas franchir la montagne en voiture par un temps pareil*, в таку́ю пого́ду нельзя́ перее́хать че́рез го́ры на маши́не. 3. *Franchir un massif montagneux en hélicoptère*, перелете́ть че́рез го́рный масси́в на вертолёте. 4. *Franchir le fleuve en barque*, переплы́ть че́рез реку́ на ло́дке *ou* переплы́ть реку́ на ло́дке. 5. *Les soldats franchissaient la route*, солда́ты перебега́ли че́рез доро́гу. 6. *Franchir la palissade*, перепры́гнуть че́рез забо́р. 7. *On a quand même franchi le ravin*, а всё же мы перебрали́сь че́рез овра́г. 8. *Les soldats ont franchi le fleuve à la nage*, солда́ты перепра́вились вплавь че́рез реку́. *L'armée devait franchir les Alpes*, а́рмия должна́ была́ перепра́виться че́рез А́льпы. • **Franchir le seuil**, переступи́ть поро́г (переступа́ть / переступи́ть).

FRAPPANT порази́тельный. *Un exemple frappant*, порази́тельный приме́р.

FRAPPER 1. (*donner des coups*) ударя́ть / уда́рить. *Frapper du poing sur la table*, уда́рить кулако́м по́ столу. *Frapper qqn en pleine poitrine*, уда́рить кого́-нибудь в грудь. *Quelqu'un l'a frappé au visage*, кто́-то уда́рил его́ по лицу́. **2.** (*à la porte...*) стуча́ть* I, стучу́, стучи́шь... / постуча́ть* I [*id.*] (в + *acc.*). *J'ai frappé à la porte*, я постуча́л в дверь. **3.** (*étonner*) поража́ть / порази́ть. *J'ai été frappé par la qualité de son travail*, я был поражён ка́чеством его́ рабо́ты.

FRATERNEL бра́тский. *Salutations fraternelles*, бра́тский приве́т.

FRATERNITÉ бра́тство.

FRAUDE (*falsification*) фальсифика́ция. *Fraude alimentaire*, фальсифика́ция съестны́х припа́сов.

FRAYEUR страх. *Trembler de frayeur*, дрожа́ть от стра́ха.

FREIN 1. (*propr.*) то́рмоз*, *nom. pl.* тормоза́. *Le frein à main*, ручно́й то́рмоз. *Le frein à pied*, ножно́й то́рмоз. *Appuyer sur les freins*, нажа́ть на то́рмоз. **2.** (*fig.*) то́рмоз. *Être un frein pour le développement de l'industrie*, явля́ться то́рмозом для промы́шленности.

FREINER (*propr. et fig.*) тормози́ть / затормози́ть. *Le chauffeur freina; la voiture s'arrêta sans heurt*, шофёр затормози́л; маши́на пла́вно останови́лась. *Freiner le développement de l'industrie*, тормози́ть разви́тие промы́шленности.

FRÉQUEMMENT ча́сто, *comp.* ча́ще*. *Je le rencontre fréquemment*, я его́ ча́сто встреча́ю.

FRÉQUENCE частота́, *pl.* часто́ты, часто́т, часто́там... . *Un courant à haute fréquence*, ток высо́кой частоты́.

FRÉQUENT ча́стый, *comp.* ча́ще*. *Des rencontres fréquentes*, ча́стые встре́чи.

FRÉQUENTER быва́ть (*au complément direct utilisé en français correspond en russe un complément de lieu*). *Fréquenter les théâtres*, быва́ть в теа́тре. *Ils ne se fré-*

quentent plus, они́ бо́льше не быва́ют друг у дру́га.

FRÈRE брат*, *pl.* бра́тья, бра́тьев, бра́тьям... *Mon frère aîné*, мой ста́рший брат.

FRESQUE фре́ска.

FRILEUX зя́бкий . *Une personne frileuse*, зя́бкий челове́к.

FRIRE жа́рить / зажа́рить *ou* изжа́рить. • **Faire frire**, жа́рить / зажа́рить *ou* изжа́рить. *Faire frire des pommes de terre*, жа́рить карто́шку.

FRISÉ кудря́вый. *Des cheveux frisés*, кудря́вые во́лосы.

FRISER (*en parlant des cheveux, de la barbe qui sont bouclés*) ви́ться* II, вью́тся; вили́сь. *Il a des cheveux qui frisent naturellement*, у него́ во́лосы вью́тся от приро́ды.

FRISSON (*de froid, de fièvre*) дрожь *f.* (*pas de pl.*); озно́б (*pas de pl.*). *J'ai eu des frissons dans le dos*, дрожь пробежа́ла у меня́ по спине́. *Elle a été prise de frissons*, её бро́сило в дрожь.

FRIT жа́реный. *Un poisson frit*, жа́реная ры́ба. *Des pommes de terre frites*, жа́реная карто́шка.

I. FROID *subst.* хо́лод. *Trembler de froid*, дрожа́ть от хо́лода. *Un froid de loup*, соба́чий хо́лод. • **Avoir froid 1.** (*sans l'indication de telle ou telle partie du corps*) хо́лодно *et le verbe* быть (*au sujet de la proposition française correspond en russe un nom ou un pronom au datif*). *Tu n'as pas froid?*, Тебе́ не хо́лодно? *J'avais froid*, мне бы́ло хо́лодно. *Ils auront sûrement froid*, Им наве́рно бу́дет хо́лодно. **2.** (*avec l'indication de la partie du corps concernée*) мёрзнуть* III / замёрзнуть* III (*au sujet de la proposition française correspond en russe un nom ou un pronom au génitif introduit par* « у »; *au complément indirect correspond en russe un sujet*). *J'ai froid aux pieds*, у меня́ но́ги мёрзнут. *Il avait froid aux oreilles*, у него́ у́ши мёрзли. **Ça m'a fait froid dans le dos**, у меня́ моро́з пробежа́л по спине́. **Faire froid**, хо́лодно *et le verbe* быть. *Qu'il fait froid aujourd'hui!*, Как хо́лодно сего́дня! *Il faisait froid hier*, вчера́ бы́ло хо́лодно. **Prendre froid**, простужа́ться / простуди́ться . *Il a pris froid et il est tombé malade*, он простуди́лся и заболе́л.

II. FROID *adj.* холо́дный, хо́лоден, холодна́, хо́лодно, хо́лодны . *De l'eau froide*, холо́дная вода́. *Les nuits sont froides*, но́чи холо́дные. *Du thé froid*, холо́дный чай. *Un regard froid*, холо́дный взгляд. *La guerre froide*, холо́дная война́.

FROISSER 1. (*propr.*) мять* IV, мну, мнёшь... / помя́ть* IV, помну́, помнёшь...; помя́тый (*froisser un peu*) *et* смять* IV, сомну́, сомнёшь...; смя́тый (*froisser complètement*). *Tu as froissé ta robe*, Ты помя́ла пла́тье. *Froisser un papier*, смять бума́гу. **2.** (*fig.*) задева́ть / заде́ть* *n. cl.*, заде́ну, заде́нешь...; заде́тый. *Ça m'a profondément froissé*, э́то меня́ си́льно заде́ло.

FRÔLER задева́ть / заде́ть* *n. cl.*, заде́ну, заде́нешь...; заде́тый. *J'ai à peine frôlé le vase et il est tombé*, я чуть-чу́ть заде́л ва́зу и она́ упа́ла.

FROMAGE 1. (*à l'exception du fromage blanc*) сыр . *Du fromage de brebis*, ове́чий сыр. **2.** (*frais*) творо́г .

FRONT 1. (*partie du visage*) лоб*, *loc.* лбу. *Un front bas*, ни́зкий лоб. **2.** (*ligne de combat; zone de combat*) фронт . *Les soldats partaient pour le front*, солда́ты е́хали на фронт. *Il n'est pas revenu du front*, он не верну́лся с фро́нта.

I. FRONTIÈRE *subst.* грани́ца. *À la frontière polonaise*, на по́льской грани́це. *La frontière entre l'Europe et l'Asie*, грани́ца ме́жду Евро́пой и А́зией.

II. FRONTIÈRE *adj.* пограни́чный. *Le poste frontière*, пограни́чный пост.

FROTTER тере́ть* IV, тру, трёшь...; тёр, тёрла... / потере́ть* IV, потру́, потрёшь...; потёр, потёрла...; потёртый; *et, avec diverses nuances*, протира́ть / протере́ть* IV, протру́, протрёшь...; протёр, протёрла...; протёртый (*nettoyer*); натира́ть / натере́ть* IV, натру́, натрёшь...; натёр, натёрла...; натёртый (*faire briller*); растира́ть / растере́ть* IV, разотру́, разотрёшь...; растёр, растёрла...; растёртый (*frictionner*). *Se frotter le visage*, тере́ть себе́ лицо́. *Frotter ses verres de lunettes*, протира́ть очки́. *Ils frottaient le parquet*, они́ натира́ли парке́т. *Se frotter à l'eau de Cologne*, растира́ть себя́ одеколо́ном.

FROTTER (SE) • **Se frotter les mains**, потира́ть ру́ки (потира́ть / потере́ть* IV, потру́, потрёшь...; потёр, потёрла...). **Se frotter les yeux**, протира́ть себе́ глаза́ (протира́ть / протере́ть* IV, протру́, протрёшь...; протёр, протёрла...).

FRUIT 1. (*propr.*) фрукт. *Des fruits secs*, сушёные фру́кты. **2.** (*fig.*) плод ⟋—— ——. *Le fruit de ses réflexions*, плод его́ размышле́ний. *Porter ses fruits*, приноси́ть плоды́. *Le fruit défendu*, запре́тный плод. • **De fruit, de fruits**, фрукто́вый. *Un jus de fruit*, фрукто́вый сок.

FRUITIER фрукто́вый. *Les arbres fruitiers*, фрукто́вые дере́вья.

FUIR 1. (*s'éloigner le plus vite possible*) бежа́ть* *n. cl.*, бегу́, бежи́шь..., бегу́т / бежа́ть* *n. cl.* (*id.*). *Il faut fuir*, на́до бежа́ть. **2.** (*éviter*) избега́ть / избежа́ть *n. cl.*, избегу́, избежи́шь..., избегу́т (+ *gén.*). *Fuir le danger*, избега́ть опа́сности. **3.** (*être percé*) течь* IV, течёт, теку́т; тёк, текла́... ⟋——. *La casserole fuit*, кастрю́ля течёт.

FUITE 1. (*départ précipité*) бе́гство. *Mettre l'ennemi en fuite*, обрати́ть врага́ в бе́гство. *Prendre la fuite*, обрати́ться в бе́гство. **2.** (*écoulement d'un liquide*) течь *f.* *Il y avait une fuite au tonneau*, в бо́чке была́ течь. **3.** (*écoulement d'un gaz*) уте́чка. *Une fuite de gaz*, уте́чка га́за.

FUMÉ (*séché à la fumée*) копчёный. *Du poisson fumé*, копчёная ры́ба.

FUMÉE дым*, *loc.* дыму́ —⟋ ——. *Une fumée épaisse*, густо́й дым. *Il n'y a pas de fumée sans feu*, нет ды́ма без огня́.

FUMER 1. (*le tabac...*) кури́ть ⟍—— / покури́ть ⟍—— (*processus*); выку́ривать / вы́курить (*résultat*). *Fumer une cigarette*, кури́ть сигаре́ту. *Fumer la pipe*, кури́ть тру́бку. *Défense de fumer*, Кури́ть воспреща́ется. *Il a fumé cinq cigarettes*, он вы́курил пять папиро́с. **2.** (*faire de la fumée*) дыми́ться / задыми́ться. *Les cheminées de l'usine fumaient*, дыми́лись заводски́е тру́бы.

FUMEUR куря́щий *participe subst. m.* *Wagon pour non-fumeurs*, ваго́н для некуря́щих.

FUMIER наво́з. *Un tas de fumier*, ку́ча наво́за.

FUNICULAIRE фуникулёр. *On montera par le funiculaire*, мы подни́мемся на фуникулёре.

FUREUR я́рость *f.* *Cela l'a mis en fureur*, э́то привело́ его́ в я́рость.

FURIEUX 1. (*épithète*) я́ростный. *Il m'a jeté un regard furieux*, он бро́сил на меня́ я́ростный взгляд. **2.** (*attribut*) в я́рости. *Il était furieux*, он был в я́рости.

FUSÉE раке́та. *Lancer une fusée*, запусти́ть раке́ту. *Une fusée spatiale*, косми́ческая раке́та.

FUSIL ружьё, *gén. pl.* ру́жей —— ——. *Un fusil de chasse*, охо́тничье ружьё. *Un fusil à deux coups*, двухство́льное ружьё. *Charger son fusil*, заряди́ть ружьё. *Tirer des coups de fusil*, стреля́ть из ружья́. • **Fusil mitrailleur**, автома́т.

FUSILLER расстре́ливать / расстреля́ть. *Fusiller un espion*, расстреля́ть шпио́на.

I. FUTUR *adj.* бу́дущий. *Notre futur directeur*, наш бу́дущий дире́ктор.

II. FUTUR *subst.* (*gramm.*) бу́дущее вре́мя (вре́мя*, *gén.*, *dat.*, *loc.* вре́мени, *instr.* вре́менем, *n.*). *Mettre un verbe au futur*, поста́вить глаго́л в бу́дущем вре́мени.

FUYARD *subst.* беглец ⟋—— ——. *On a rattrapé les fuyards*, беглецо́в пойма́ли.

G

GAGNER 1. (*par son travail*) зарабáтывать / заработать. *Il gagnait cinq mille francs par mois*, он зарабáтывал пять ты́сяч в мéсяц. *Gagner sa vie*, зарабáтывать на жизнь. *Il gagne bien sa vie*, он хорошó зарабáтывает. **2.** (*par suite d'un effort; par suite du hasard*) вы́игрывать / вы́играть. *Gagner une partie d'échecs*, вы́играть шáхматную пáртию. *Gagner une bataille*, вы́играть бой. *Gagner un procès*, вы́играть дéло. *Gagner du temps*, вы́играть врéмя. *Gagner une voiture à la loterie*, вы́играть в лотерée маши́ну.

GAI весёлый, вéсел, веселá, вéсело, вéселы. *Un homme gai*, весёлый человéк. *Une chanson gaie*, весёлая пéсня.

GAIEMENT вéсело, *comp.* веселée. *Nous avons passé gaiement la soirée*, мы вéсело провели́ вéчер.

GAIETÉ весёлость *f*. *Un homme d'une gaieté inépuisable*, человéк неиссякáемой весёлости. • **De gaieté de cœur**, за здорóво живёшь. *On ne peut pas faire ça de gaieté de cœur*, Этого нельзя́ сдéлать так, за здорóво живёшь.

GALANT (*très poli à l'égard des dames*) галáнтный. *Un homme galant*, галáнтный человéк.

GALERIE (*passage; local*) галерéя. *Une galerie souterraine*, подзéмная галерéя. *Une galerie de peinture*, карти́нная галерéя.

GALIMATIAS галиматья́.

GALLICISME галлици́зм.

GALLO-ROMAIN *adj.* гáлло-ри́мский. *L'art gallo-romain*, гáлло-ри́мское искýсство.

GALON (*signe distinctif des grades*) наши́вка. *Des galons de lieutenant*, лейтенáнтские наши́вки.

GALOP галóп. *En un galop effréné*, бéшеным галóпом.

GAMIN мальчи́шка. *Il se conduit comme un gamin*, он ведёт себя́ как мальчи́шка.

GAMINE девчóнка. *Une sale gamine*, сквéрная девчóнка.

GAMME гáмма. *La gamme chromatique*, хромати́ческая гáмма. *Faire des gammes*, игрáть гáммы.

GANGSTER гáнгстер.

GANT перчáтка. *Mettre des gants*, надéть перчáтки. *Des gants de cuir*, кóжаные перчáтки.

GARAGE 1. (*remise pour les voitures*) гарáж. *Mettre sa voiture au garage*, постáвить маши́ну в гарáж. **2.** (*atelier de réparations*) автобáза. *Mener sa voiture au garage pour une réparation*, отвести́ маши́ну на автобáзу для ремóнта.

GARAGISTE 1. (*propriétaire d'une remise pour voitures*) содержáтель гаражá (содержáтель *m.*). **2.** (*dans un atelier de réparations*) содержáтель автобáзы (содержáтель *m.*).

GARANTIE гарáнтия. *Ils sont vendus avec une garantie de six mois*, они́ продаю́тся с гарáнтией на шесть мéсяцев.

GARANTIR

> **1.** (*s'engager à maintenir en état, à éviter la dépréciation*) гаранти́ровать / гаранти́ровать.
> **2.** (*rendre sûr*) обеспéчивать / обеспéчить.
> **3.** (*se porter garant*) ручáться / поручи́ться (за + *acc.*).
> **4.** (*protéger*) защищáть / защити́ть (т → щ).

1. *Garantir un prêt*, гаранти́ровать заём. **2.** *Le succès est garanti*, успéх обеспéчен. **3.** *J'en garantis la qualité*, ручáюсь за кáчество. **4.** *Garantir de la pluie*, защити́ть от дождя́.

GARÇON

> **1.** (*enfant*) мáльчик.
> **2.** (*jeune homme*) пáрень *m.*
> **3.** (*célibataire*) холостя́к.
> **4.** (*dans un café, un restaurant*) официáнт.

1. *C'est un garçon ou une fille ?*, Э́то ма́льчик или де́вочка? **2.** *C'est un brave garçon*, он па́рень хоро́ший. *Les garçons et les filles étaient allés danser*, па́рни и де́вушки пошли́ на танцплоща́дку. **3.** *Un vieux garçon*, ста́рый холостя́к. **4.** *Le garçon a servi les glaces*, официа́нт по́дал моро́женое. *Garçon, il manque une cuillère*, Това́рищ официа́нт, нехвата́ет одно́й ло́жки. ● **Lycée de garçons**, мужско́й лице́й.

I. GARDE *f.* **1.** (*corps de troupe*) гва́рдия. *La vieille garde*, ста́рая гва́рдия. *Capitaine de la garde*, гва́рдии капита́н. *La garde meurt mais ne se rend pas*, гва́рдия умира́ет, но не сдаётся. **2.** (*défense armée*) охра́на. *La garde des frontières*, охра́на грани́ц. **3.** (*surveillance*) присмо́тр. *Sous la garde de sa grand-mère*, под присмо́тром ба́бушки. ● **De garde**, дежу́рный. *Le médecin de garde*, дежу́рный врач. *La pharmacie de garde*, дежу́рная апте́ка. **Être au garde-à-vous**, стоя́ть навы́тяжку. **Être de garde**, стоя́ть на часа́х. **Être sur ses gardes**, быть настороже́. **Garde à vous, fixe!**, Слу́шайте все — сми́рно! *ou, si l'on s'adresse à un seul soldat*, Слу́шай — сми́рно! **Mettre en garde**, предостерега́ть / предостере́чь* IV, предостерегу́, предостережёшь..., предостерегу́т; предостерёг, предостерегла́... ╱‾‾‾; предостережённый. *Il nous a mis en garde contre de nombreuses erreurs que nous aurions commises sans lui*, он нас предостерёг от мно́гих оши́бок, кото́рые мы бы сде́лали без него́. **Monter la garde**, стоя́ть на часа́х. **La relève de la garde**, сме́на часовы́х.

II. GARDE *m.* ● **Garde champêtre**, се́льский полице́йский (полице́йский *adj. subst. m.*). **Garde du corps**, телохрани́тель *m.* **Garde forestier**, лесни́к ╱‾‾‾ ‾‾‾ .

GARDER

1. (*conserver une chose; ne pas divulguer un secret; ne pas troubler le silence*) храни́ть / сохрани́ть.
2. (*ne pas se départir de*) сохраня́ть / сохрани́ть.
3. (*conserver sur soi en parlant d'un vêtement*) не снима́ть (снима́ть / снять* IV, сниму́, сни́мешь... ╲___; снял, сняла́, сня́ло, сня́ли ╱╲___; сня́тый, снят, снята́, сня́то, сня́ты ╱╲___).
4. (*faire paître*) сторожи́ть / посторожи́ть (*fam.*); стере́чь* IV, стерегу́, стережёшь..., стерегу́т; стерёг, стерегла́... ╱‾‾‾ / постере́чь* IV (*id.*).
5. (*assurer la garde*) сторожи́ть / посторожи́ть.
6. (*surveiller pour éviter tout accident*) смотре́ть за [+ *instr.*] (смотре́ть* I, смотрю́, смо́тришь... ╲___ / посмотре́ть* I [*id.*]).
7. (*être prêt à repousser toute attaque*) охраня́ть / охрани́ть.

1. *Garder le fromage dans un endroit frais*, храни́ть сыр в холо́дном ме́сте. *Il gardait toutes les lettres qu'elle lui envoyait*, он храни́л все пи́сьма, кото́рые получа́л от неё. *Garder un secret*, храни́ть та́йну. *Garder le silence*, храни́ть молча́ние. **2.** *Garder son calme*, сохрани́ть споко́йствие. *Garder son sang-froid*, сохрани́ть хладнокро́вие. *Garder sa présence d'esprit*, сохрани́ть прису́тствие ду́ха. **3.** *Garder son chapeau*, не снима́ть шля́пу. *Garder son manteau*, не снима́ть пальто́. **4.** *Garder des moutons*, сторожи́ть ове́ц. **5.** *Garder un prisonnier*, сторожи́ть пле́нного. *Garder un bâtiment*, сторожи́ть зда́ние. **6.** *Garder des enfants*, смотре́ть за детьми́. **7.** *Garder un bâtiment*, охраня́ть зда́ние. *Garder une route*, охраня́ть доро́гу. ● **Garder la chambre**, не выходи́ть из до́ма (выходи́ть ╲___ / вы́йти* IV, вы́йду, вы́йдешь...; вы́шел, вы́шла...). **Garder le lit**, не встава́ть с посте́ли (встава́ть* II, встаю́, встаёшь...; встава́й; встава́я / встать* *n. cl.*, вста́ну, вста́нешь...).

GARDIEN сто́рож*, *nom. pl.* сторожа́ ___‾‾‾ . *Le gardien de nuit*, ночно́й сто́рож. ● **Ange gardien**, а́нгел-храни́тель *m.* **Gardien de but**, врата́рь ╱‾‾‾ ‾‾‾ *m.*

GARE *subst.* вокза́л (*bâtiment*); ста́нция (*point d'arrêt*). *Nous allons à la gare,* мы е́дем на вокза́л. *Il vient de rentrer de la gare,* он то́лько что с вокза́ла. *La gare maritime,* морско́й вокза́л. *Le train était arrêté dans une petite gare,* по́езд стоя́л на ма́ленькой ста́нции. *Le chef de gare,* нача́льник ста́нции. *La gare de marchandises,* това́рная ста́нция.

GARER (*une voiture*) ста́вить / поста́вить. *Il n'y a pas d'endroit où se garer,* не́где ста́вить маши́ну. *J'ai garé ma voiture dans la cour,* я поста́вил маши́ну во дворе́.

GARNIR (*orner*) отде́лывать / отде́лать. *Garni de dentelles,* отде́ланный кружева́ми.

GARS 1. (*sg.*) па́рень *m. Un brave gars,* сла́вный па́рень. **2.** (*pl.*) ребя́та, ребя́т, ребя́там... *De braves gars,* сла́вные ребя́та. *Eh, les gars!,* Эй, ребя́та!

GASPILLER (*de l'argent*) прома́тывать / промота́ть. *Elle a gaspillé tout son argent,* она́ промота́ла все свои́ де́ньги.

GÂTÉ (*fig.*) избало́ванный. *Des enfants gâtés,* избало́ванные де́ти.

GÂTEAU 1. (*sec*) пече́нье (*pas de pl.*). *Des gâteaux aux amandes,* минда́льное пече́нье. **2.** (*non sec*) пиро́жное *adj. subst. n.;* торт (*de grande taille*). *Un gâteau aux pommes,* я́блочное пиро́жное. *Un gâteau à la crème,* пиро́жное с кре́мом. *Un gâteau au chocolat,* шокола́дный торт. *Un gâteau aux noisettes,* оре́ховый торт.

GÂTER 1. (*altérer*) по́ртить / испо́ртить. *La viande s'est gâtée,* мя́со испо́ртилось. *Le temps s'est gâté,* пого́да испо́ртилась. **2.** (*faire preuve de trop d'indulgence; combler*) балова́ть / избалова́ть. *Gâter les enfants,* балова́ть дете́й.

I. GAUCHE *adj.* **1.** (*par opposition à «droit»*) ле́вый. *La main gauche,* ле́вая рука́. *Se lever du pied gauche,* встать с ле́вой ноги́. **2.** (*malhabile*) неуклю́жий. *Des gestes gauches,* неуклю́жие движе́ния. ● **À gauche 1.** (*emplacement*) сле́ва, нале́во. *À gauche de la route,* сле́ва от доро́ги. *À gauche de la maison,* нале́во от до́ма. *À gauche sur la photo, c'est mon frère,* На фотогра́фии сле́ва э́то мой брат. **2.** (*direction*) нале́во, вле́во. *Allez tout droit et ensuite à gauche,* Иди́те пря́мо, а пото́м нале́во. *Tourner à gauche,* сверну́ть вле́во. **De gauche 1.** (*qualifiant un substantif*) ле́вый. *Les partis de gauche,* ле́вые па́ртии. **2.** (*dans les autres cas*) сле́ва. *De gauche à droite,* сле́ва напра́во.

II. GAUCHE *subst.* ле́вые, ле́вых, ле́вым... *adj. subst. pl. Quand la gauche était au pouvoir,* когда́ у вла́сти бы́ли ле́вые.

GAUFRETTE ва́фля. *Des gaufrettes à la vanille,* вани́льные ва́фли.

I. GAULOIS *subst.* (*habitant de la Gaule*) галл.

II. GAULOIS *adj.* **1.** (*de la Gaule*) га́лльский. *Le coq gaulois,* га́лльский пету́х. **2.** (*d'une gaieté un peu libre*) во́льный. *Des plaisanteries gauloises,* во́льные шу́тки.

GAZ газ. *Le gaz d'éclairage,* свети́льный газ. *Le gaz naturel,* приро́дный газ. *Les gaz d'échappement,* выхлопны́е га́зы. *Les gaz lacrymogènes,* слезоточи́вые га́зы. ● **À gaz,** га́зовый. *Un réchaud à gaz,* га́зовая плита́.

GAZON газо́н.

GAZOUILLER чири́кать / зачири́кать. *Dans le jardin, les oiseaux gazouillaient,* в саду́ чири́кали пти́цы.

I. GÉANT *subst.* гига́нт, велика́н. ● **De géant, de géants,** гига́нтский. *À pas de géant,* гига́нтскими шага́ми.

II. GÉANT *adj.* гига́нтский. *Un avion géant,* гига́нтский самолёт.

GEL (*temps où il gèle*) моро́з. *Craindre le gel,* боя́ться моро́за.

GELÉE 1. (*température inférieure à zéro*) моро́з. *Il y a eu une forte gelée,* был си́льный моро́з. **2.** (*aliment*) желе́* *indécl. n. Gelée de groseilles,* сморо́динное желе́. ● **Gelée blanche,** и́ней *m. L'herbe était couverte de gelée blanche,* трава́ покры́лась и́неем.

GELER (*prendre à glace*) замерза́ть / замёрзнуть* III. *Ici, les rivières ne gèlent pas,* здесь ре́ки не замерза́ют. ● **Être gelé** (*divers sens*),

/ замёрзнуть* III. *La rivière est gelée*, рекá замёрзла. *Les voyageurs étaient gelés*, пассажи́ры замёрзли. **Il gèle** (*en parlant de la température*), морóз *et le verbe* быть. *Il a gelé fort cette nuit*, нóчью был си́льный морóз. **On gèle** (*on a froid*), óчень хóлодно. *On gèle ici*, здесь óчень хóлодно.

GELER (SE) [*suivi de l'indication d'une partie du corps*] отморóзить себé (отморáживать / отморóзить). *Il s'est gelé les doigts*, он отморóзил себé пáльцы.

GÉMIR стонáть / застонáть. *Il a gémi toute la nuit*, он всю ночь стонáл.

GÉMISSEMENT стон. *On entendait les gémissements des blessés*, слы́шались стóны рáненых.

GÊNANT 1. (*physiquement*) неприя́тный. *Un bruit gênant*, неприя́тный шум. **2.** (*moralement*) неудóбный; неприя́тный. *Une situation gênante*, неудóбное положéние.

GENDARME жандáрм.

GENDRE зять*, *pl.* зятья́, зятьёв, зятья́м... ______ .

GÊNER 1. (*déranger*) мешáть / помешáть (*au complément direct de la proposition française correspond en russe un nom ou un pronom au datif*). *La lumière le gêne*, свет емý мешáет. **2.** (*intimider*) нелóвко *et le verbe* быть (*le nom ou le pronom désignant la personne intimidée est exprimé au datif*). *Ça me gêne d'en parler*, мне нелóвко говори́ть об э́том. **3.** (*en parlant des chaussures, des vêtements*) жать* IV, жмёт, жмут. *Cette veste me gêne aux épaules*, пиджáк жмёт в плечáх.

GÊNER (SE) 1. (*l'un l'autre*) мешáть друг дрýгу (мешáть / помешáть). **2.** (*être intimidé*) стесня́ться / постесня́ться. *Il ne faut pas vous gêner, faites comme chez vous, je vous en prie*, Не стесня́йтесь, пожáлуйста, бýдьте как дóма.

I. GÉNÉRAL *adj.* **1.** (*concernant la totalité*) всеóбщий. *La grève générale*, всеóбщая забастóвка. *Un recensement général*, всеóбщая пéрепись. **2.** (*concernant la plupart, un grand nombre*) óбщий. *Une réunion générale*, óбщее собрáние. *L'impression générale*, óбщее впечатлéние. *À la surprise générale*, к óбщему удивлéнию. **3.** (*principal*) генерáльный. *Le secrétaire général*, генерáльный секретáрь. ● **En général**, вообщé. *En général, je me couche très tôt*, вообщé я ложýсь спать óчень рáно. **En règle générale**, как прáвило. **La répétition générale**, генерáльная репети́ция.

II. GÉNÉRAL *subst.* генерáл.

GÉNÉRALEMENT обы́чно. *Généralement, je me couche à onze heures*, обы́чно я ложýсь спать в оди́ннадцать.

GÉNÉRATION (*ensemble de personnes qui sont nées à peu près à la même époque*) поколéние. *La jeune génération*, молодóе поколéние. *Les générations futures*, бýдущие поколéния.

GÉNÉREUX (*qui donne largement*) щéдрый /__. *Distribuer d'une main généreuse*, раздавáть щéдрой рукóй.

GÉNIAL гениáльный. *Une œuvre géniale*, гениáльное произведéние. *Une idée géniale*, гениáльная идéя.

GÉNIE (*aptitudes exceptionnelles; homme exceptionnellement doué*) гéний *m.* *Le plus grand génie de notre temps*, величáйший гéний нáшей эпóхи. ● **De génie**, гениáльный. *Un peintre de génie*, гениáльный худóжник.

GÉNITIF роди́тельный падéж (падéж /‾‾‾). *Mettre un mot au génitif*, постáвить слóво в роди́тельном падежé.

GENOU колéно*, *pl.* колéни, колéней, колéням..., *gén. pl. après préposition ou comparatif* колéн. *Se mettre à genoux*, опусти́ться на колéни. *Être à genoux*, стоя́ть на колéнях. *Mettre un enfant sur ses genoux*, посади́ть ребёнка к себé на колéни.

GENRE

1. (*sorte, catégorie*) род.
2. (*gramm.*) род.
3. (*littérature, art*) жанр.
4. (*manière de se conduire*) манéры, манéр, манéрам... *pl.*

1. *Le genre d'occupations*, род занятий. *Il est unique en son genre*, он единственный в своём роде. *C'est un original en son genre*, это своего рода оригинал. 2. *De quel genre est le mot « кофе »?*, Какого рода слово « кофе »? 3. *Le genre dramatique*, драматический жанр. 4. *Je n'aime pas beaucoup son genre*, мне не нравятся его манеры. ● **Le genre humain**, человеческий род (род, *loc.* роду ⟋). **Le genre de vie**, образ жизни.

GENS люди*, людей, людям, людьми, людях *pl. t. De braves gens*, добрые люди. *Les jeunes gens*, молодые люди.

GENTIL милый ⋀. *Une petite fille si gentille!*, Такая милая девочка! *C'est bien gentil de votre part*, Это очень мило с вашей стороны.

GENTILLESSE любезность *f. Elle l'a fait par gentillesse*, она это сделала из любезности.

GENTIMENT любезно. *Elle nous a accueillis très gentiment*, она нас очень любезно приняла.

GÉOGRAPHIE география. *La géographie physique*, физическая география. *La géographie économique*, экономическая география.

GÉOLOGIE геология.

GÉOMÉTRIE геометрия. *La géométrie dans l'espace*, геометрия в пространстве. ● **La géométrie plane**, планиметрия.

I. GÉORGIEN *subst.* 1. (*homme*) грузин*, *gén. pl.* грузин. 2. (*langue*) грузинский язык (язык ⟋). *Un livre en géorgien*, книга на грузинском языке. ● **En géorgien**, *et, dans le même emploi*, **géorgien** (*accompagnant généralement un verbe*) по-грузински. *Tout était écrit en géorgien*, всё было написано по-грузински. *Parler géorgien*, говорить по-грузински.

II. GÉORGIEN *adj.* грузинский. *Le thé géorgien*, грузинский чай.

GÉORGIENNE грузинка.

GÉRANIUM герань *f. Un géranium rouge*, красная герань.

GÉRANT заведующий (+ *instr.*) *part. subst. m. Le gérant du magasin*, заведующий магазином. ● **Gérant d'immeuble**, управдом.

GERBE сноп ⟋ — —. *Des gerbes de blé*, снопы хлеба. *Une gerbe d'étincelles*, сноп искр.

GERMAIN ● **Cousin germain**, двоюродный брат (брат*, *pl.* братья, братьев, братьям...). **Cousine germaine**, двоюродная сестра (сестра, *pl.* сёстры, сестёр, сёстрам... — ⋀).

GÉRONDIF деепричастие. *Gérondif présent*, деепричастие несовершенного вида. *Gérondif passé*, деепричастие совершенного вида.

GESTE жест. *D'un geste familier*, привычным жестом.

GIBIER дичь *f. Là-bas, il y a toutes sortes de gibier*, там много всякой дичи. *Du gros gibier*, крупная дичь.

GIFLE пощёчина. *Donner une gifle à qqn*, дать кому-нибудь пощёчину. *Recevoir une gifle*, получить пощёчину.

GIGANTESQUE гигантский. *Une entreprise gigantesque*, гигантское предприятие.

GIRAFE жираф.

GISEMENT залежь *f. Un gisement de houille*, залежь каменного угля.

GÎT ● **Ci-gît**, здесь покоится прах (*et le nom du défunt au génitif*).

GIVRE иней *m. Les arbres sont couverts de givre*, деревья покрылись инеем.

GLACE

1. (*eau congelée*) лёд*, льда..., *loc.* льду.
2. (*rafraîchissement*) мороженое (*pas de pl.*) *adj. subst. n.*
3. (*miroir*) зеркало, *pl.* зеркала, зеркал, зеркалам... — ⋁.
4. (*vitre à châssis mobile*) окно, *gén. pl.* окон — (*dans un wagon...*); стекло, *pl.* стёкла, стёкол, стёклам... — (*dans une automobile...*).

1. *Une épaisse couche de glace*, то́лстый слой льда. **2.** *Une glace à la vanille*, вани́льное моро́женое. *Apportez-nous deux glaces*, Принеси́те нам две по́рции моро́женого. **3.** *Se regarder dans la glace*, смотре́ться в зе́ркало. **4.** *Baisser la glace*, опусти́ть окно́. ● **La glace est rompue** (*fig.*), лёд разби́т *ou* лёд сло́ман.

GLACÉ (*très froid*) ледяно́й. *De l'eau glacée*, ледяна́я вода́. *Avec ses doigts glacés*, ледяны́ми па́льцами.

GLACIAL (*propr. et fig.*) ледяно́й. *Un vent glacial*, ледяно́й ве́тер. *D'un ton glacial*, ледяны́м то́ном.

GLAÏEUL гладио́лус.

GLANDE железа́, *pl.* же́лезы, желёз, железа́м... . *Les glandes à sécrétion interne*, же́лезы вну́тренней секре́ции.

GLISSANT ско́льзкий . *Des marches glissantes*, ско́льзкие ступе́ни.

GLISSER 1. (*se déplacer en glissant*) скользи́ть / скользну́ть. *Le traîneau glissait lentement sur la glace*, са́ни ме́дленно скользи́ли по льду. *La barque glisse sur l'eau*, ло́дка скользи́т по воде́. **2.** (*faire un faux pas*) / поскользну́ться. *Elle a glissé et elle est tombée*, она́ поскользну́лась и упа́ла.

GLISSER (SE) [*se faufiler*] проска́льзывать / проскользну́ть. *Il s'est glissé dans la chambre sans se faire remarquer*, он незаме́тно проскользну́л в ко́мнату.

GLOBE (*sphère sur laquelle est représentée la carte de la Terre*) гло́бус. ● **Le globe de l'œil**, глазно́е я́блоко. **Le globe terrestre** (*la Terre*), земно́й шар.

GLOBULE (*du sang*) кровяно́й ша́рик. *Les globules rouges*, кра́сные кровяны́е ша́рики. *Les globules blancs*, бе́лые кровяны́е ша́рики.

GLOIRE сла́ва. *L'auréole de la gloire*, орео́л сла́вы.

GLORIEUX сла́вный. *De glorieux faits d'armes*, сла́вные по́двиги.

GOAL врата́рь .
Remarque. « Гол » signifie « but » (point gagné). Ex. : *Marquer un but*, заби́ть гол.

GOLFE зали́в. *Le golfe du Lion*, Льви́ный зали́в.

GOMME (*à effacer*) рези́нка. *Une gomme à crayon*, рези́нка для карандаша́. *Une gomme à encre*, черни́льная рези́нка.

GONFLER 1. (*remplir*) надува́ть / наду́ть* II, наду́ю, наду́ешь...; наду́тый. *Gonfler un ballon*, наду́ть мяч. *Gonfler un pneu*, наду́ть ши́ну. *Le vent a gonflé les voiles*, ве́тер наду́л паруса́. **2.** (*grossir*) набуха́ть / набу́хнуть* III. *Les bourgeons commencent à gonfler*, по́чки на дере́вьях уже́ набуха́ют.

GORET поросёнок*, *pl.* порося́та, порося́т, порося́там... *Crier comme un goret*, визжа́ть как поросёнок.

GORGE (*gosier; cou*) го́рло. *J'ai mal à la gorge*, у меня́ боли́т го́рло. *Saisir qqn à la gorge*, схвати́ть кого́-нибудь за го́рло. *J'ai la gorge sèche*, у меня́ пересо́хло в го́рле. *Crier à pleine gorge*, крича́ть во всё го́рло.

GORILLE 1. (*animal*) гори́лла. **2.** (*garde du corps*) телохрани́тель *m.* (*n'a pas une nuance familière*).

GOSSE 1. (*gamin*) мальчи́шка. *Il se conduit comme un gosse*, он ведёт себя́ как мальчи́шка. **2.** (*gamine*) девчо́нка. *Quelle sale gosse !*, Прокля́тая девчо́нка! **3.** (*pl.: enfants*) дети́шки, дети́шек, дети́шкам... *Ils ont trois gosses*, у них тро́е дети́шек.

GOTHIQUE *adj.* готи́ческий. *Une cathédrale gothique*, готи́ческий собо́р. *L'écriture gothique*, готи́ческий шрифт.

GOUDRONNER (*une route...*) асфальти́ровать / асфальти́ровать. *Goudronner une route*, асфальти́ровать доро́гу.

GOUFFRE бе́здна. *Au bord du gouffre*, на краю́ бе́здны.

GOURMAND *adj.: utiliser le verbe* люби́ть *et un complément indiquant ce que la personne concernée trouve bon* (люби́ть). *Cet enfant est trop gourmand*, э́тот ребёнок сли́шком лю́бит сла́дости.

GOÛT (*divers sens*) вкус. *Un goût amer*, гóрький вкус. *Agréable au goût*, приятный на вкус. *S'habiller avec goût*, одевáться со вкýсом. *C'est une question de goût*, э́то вопрóс вкýса. *Nous avons les mêmes goûts*, у нас одни́ и те же вкýсы. *Elle s'est choisi une occupation à son goût*, онá вы́брала себé заня́тие по вкýсу. *Des goûts et des couleurs...*, о вкýсах не спóрят.

GOÛTER *verbe* **1.** (*déguster*) прóбовать / попрóбовать. *Goûter un vin*, попрóбовать винó. *Goûtez ces gâteaux*, Попрóбуйте э́то печéнье. **2.** (*prendre un léger repas dans l'après-midi*) пóлдничать / попóлдничать.

GOUTTE кáпля. *Des gouttes de pluie*, кáпли дождя́. *C'est une goutte d'eau dans l'océan*, э́то кáпля в мóре. *Ils se ressemblent comme deux gouttes d'eau*, они́ похóжи как две кáпли воды́. *Prendre des gouttes*, принимáть кáпли. *Goutte à goutte*, кáпля по кáпле.

GOUTTELETTE кáпелька. *Des gouttelettes de rosée*, кáпельки росы́.

GOUVERNEMENT (*ensemble des ministres*) прави́тельство. *Former le gouvernement*, сформировáть прави́тельство. *Un membre du gouvernement*, член прави́тельства.

GOUVERNEMENTAL прави́тельственный. *Une crise gouvernementale*, прави́тельственный кри́зис.

GOUVERNER (*un État*) прáвить (+ *instr.*). *Gouverner le pays*, прáвить странóй.

GRÂCE • **Grâce à**, благодаря́ (+ *dat.*). *Grâce au hasard*, благодаря́ случáйности. **Demander grâce**, проси́ть пощáды.

GRADE 1. (*dans l'armée russe avant la Révolution; dans une armée occidentale*) чин ____‾‾‾‾. *Il était parvenu au grade de capitaine*, он дошёл до чи́на капитáна. **2.** (*dans l'armée soviétique*) звáние. *Parvenu au grade de capitaine*, получи́в звáние капитáна.

GRAIN 1. (*graine*) зернó, *pl.* зёрна, зёрен, зёрнам... ‾‾‾‾____ . *Un grain de blé*, хлéбное зернó. *Du café en grains*, кóфе в зёрнах. **2.** (*petite parcelle*) крупи́нка. *Un grain de sel*, крупи́нка сóли. • **Un grain de beauté**, рóдинка. **Un grain de poussière**, пыли́нка. **Un grain de sable**, песчи́нка.

GRAINE сéмя*, *gén.*, *dat.*, *loc.* сéмени, *instr.* сéменем; *pl.* семенá, семя́н, семенáм... *Graines sélectionnées*, отбóрные семенá.

GRAISSAGE смáзка. *Le graissage des roues*, смáзка колёс.

GRAISSE жир*, *loc.* жирý ___∠‾‾‾‾. *De la graisse d'oie*, гуси́ный жир. • **De graisse**, жи́рный. *Une tache de graisse*, жи́рное пятнó.

GRAISSER смáзывать / смáзать* II, смáжу, смáжешь... *Graisser les roues*, смáзать колёса.

GRAMMAIRE граммáтика. *La grammaire structurale*, структýрная граммáтика. • **De grammaire**, граммати́ческий. *Une faute de grammaire*, граммати́ческая оши́бка. *Les règles de grammaire*, граммати́ческие прáвила.

GRAMME грамм(*), *gén. pl.* грамм *ou* грáммов (*plus livresque*). *Cent grammes de viande*, сто грамм мя́са.

I. GRAND *adj.* **1.** (*en règle générale*) большóй, *comp.* бóльше*. *Une grande maison*, большóй дом. *Une grande ville*, большóй гóрод. *De grands yeux*, больши́е глазá. *C'est un grand garçon*, э́то большóй мáльчик. *Ça joue un grand rôle*, э́то игрáет большýю роль. *Un grand succès*, большóй успéх. *Un grand chagrin*, большóе гóре. *De grands événements*, больши́е собы́тия. *Un grand secret*, большóй секрéт. **2.** (*par l'esprit, par la puissance, l'importance*) вели́кий. *Un grand savant*, вели́кий учёный. *Les grandes puissances*, вели́кие держáвы. *De grands événements*, вели́кие собы́тия. *Une grande découverte*, вели́кое откры́тие. *À mon grand étonnement*, к моемý вели́кому удивлéнию. **3.** (*de haute taille, en parlant d'une personne*) высóкого рóста. *Il est très grand*, он óчень высóкого ро́ста. • **Au grand air,** на откры́том во́здухе. **Grand comme** (*en parlant de la taille d'une personne*), ро́стом с (+ *acc.*). *Il est grand comme toi*, он ро́стом с тебя́. **Les grandes personnes,** взро́слые, взро́слых, взро́слым... *adj. subst. pl. Ne pas obéir aux grandes personnes*, не слу́шаться взро́слых. **Le plus grand,** велича́йший (*livresque*). *Avec le plus grand plaisir*, с велича́йшим удово́льствием. **Serai grand, seras grand...,** вы́расту, вы́растешь... *Quand tu seras grand, tu feras ce que tu voudras*, Когда́ вы́растешь, бу́дешь поступа́ть по своему́ усмотре́нию. **Trop grand** (*employé comme attribut, en parlant de chaussures, de vêtements...*), вели́к, велика́... ╱‾‾‾ . *Ces souliers sont trop grands pour moi*, боти́нки мне велики́.

II. GRAND *adv.* широко́, *comp.* ши́ре*. *Avec des yeux grands ouverts*, с широко́ раскры́тыми глаза́ми.

III. GRAND *subst.* v. GRANDS.

GRAND-CHOSE • **Ça ne vaut pas grand-chose,** э́то дешёвка. **Ce n'est pas grand-chose,** э́то пустяки́. **Il n'y a pas grand-chose à faire,** Что поде́лаешь?

GRANDEUR 1. (*dimension*) величина́, *pl.* вели́чины, вели́чин, вели́чинам... ‾‾‾ ___ . *Une grandeur constante*, постоя́нная величина́. **2.** (*majesté, puissance...*) вели́чие. *Il me regardait du haut de sa grandeur*, он смотре́л на меня́ с высоты́ своего́ вели́чия. *La folie des grandeurs*, ма́ния вели́чия.

GRANDIOSE вели́чественный. *Un spectacle grandiose*, вели́чественное зре́лище.

GRANDIR расти́* IV, расту́, растёшь...; рос, росла́... ╱‾ ; *ou* выраста́ть / вы́расти* IV, вы́расту, вы́растешь...; вы́рос, вы́росла... *Les enfants grandissent à vue d'œil*, де́ти расту́т на глаза́х. *Pierre a grandi de deux centimètres*, Пе́тя вы́рос на два сантиме́тра.

GRAND-MÈRE ба́бушка. *J'ai passé l'été chez ma grand-mère*, я провёл ле́то у ба́бушки.

GRAND-PEINE • **À grand-peine,** с больши́м трудо́м. *C'est à grand-peine qu'il est arrivé au sommet*, он с больши́м трудо́м добра́лся до верши́ны.

GRAND-PÈRE де́душка. *Il est allé rendre visite à son grand-père*, он пошёл в го́сти к де́душке.

GRANDS (*élèves de grandes classes*) ученики́ ста́рших кла́ссов (ученики́, ученико́в, ученика́м... *pl.*); ста́ршие кла́ссы (кла́ссы, кла́ссов, кла́ссам... *pl.*). *C'est un film pour les grands*, э́то фильм для ста́рших кла́ссов.

GRANDS-PARENTS де́душка и ба́бушка. *Mes grands-parents habitent dans le Midi*, де́душка и ба́бушка живу́т на ю́ге.

GRAPPE гроздь ___ ╱‾‾ *f.; le pluriel est le plus souvent remplacé par les formes irrégulières*, гро́здья*, гро́здьев, гро́здьям... *Une grosse grappe de raisin*, больша́я гроздь виногра́да.

GRAS *adj.* жи́рный ╱╲___ . *De la soupe grasse*, жи́рный суп. *Une terre grasse*, жи́рная земля́. *En caractères gras*, жи́рным шри́фтом.

GRASSEYER карта́вить.

GRATIS беспла́тно. *J'ai tout eu gratis*, всё получи́л беспла́тно.

GRATTE-CIEL небоскрёб (*principalement aux États-Unis*); высо́тное зда́ние (*principalement en U. R. S. S.*). *Les nouveaux gratte-ciel de la place de la Défense*, но́вые высо́тные зда́ния на пло́щади Защи́ты.

GRATTER скрести́* IV, скребу́, скребёшь...; скрёб, скребла́... ╱‾‾ . *Gratter qqch. avec l'ongle*, скрести́ что́-нибудь но́гтем. • **Ça gratte,** че́шется (чеса́ться* II, че́шется). *Ça me gratte dans l'oreille*, у меня́ в у́хе че́шется.

GRATTER (SE) 1. (*suivi d'un complément indiquant la partie du corps concernée*) чеса́ть* II, чешу́, че́шешь... ╲___ / почеса́ть* II (*id.*). *Se gratter le menton*, чеса́ть подборо́док. *Se gratter la tête* (*en signe d'embarras*), чеса́ть заты́лок. **2.** (*dans le cas contraire*) чеса́ться* II, чешу́сь, че́шешься...

/ почесáться* II (*id.*). *Le chien se gratte*, собáка чéшется.

GRATUIT 1. (*que l'on ne paie pas*) бесплáтный. *Un billet gratuit*, бесплáтный билéт. *Les soins médicaux gratuits*, бесплáтная медицúнская пóмощь. **2.** (*non fondé*) необоснóванный. *Une supposition gratuite*, необоснóванное предположéние.

GRATUITEMENT бесплáтно. *J'ai tout eu gratuitement*, всё получúл бесплáтно.

GRAVE 1. (*en général*) серьёзный *et, après négation*, стрáшный ╱╲—. *La situation est grave*, положéние серьёзное. *Ce n'est pas grave*, э́то не стрáшно. *De graves difficultés*, серьёзные затруднéния. *Une grave menace*, серьёзная угрóза. **2.** (*maladie, blessure...*) тяжёлый, тяжёл, тяжелá, тяжелó, тяжелы́ ╱——. *Une grave maladie*, тяжёлая болéзнь. *Dans un état grave*, в тяжёлом состоя́нии. **3.** (*en parlant des sons*) нúзкий ╱╲—, *comp.* нúже*. *D'une voix grave*, нúзким гóлосом.

GRAVEMENT (*d'une manière qui menace la santé*) тяжелó. *Elle est tombée gravement malade*, онá тяжелó заболéла.

GRÉ • **Contre son gré**, не по своéй вóле. **De son plein gré**, по дóброй вóле. **De gré ou de force**, вóлей-невóлей.

I. GREC *subst.* **1.** (*homme*) грек. **2.** (*langue*) грéческий язы́к (язы́к ╱——). *Étudier le grec*, изучáть грéческий язы́к. *Un livre en grec*, кнúга на грéческом языкé. • **En grec**, *et, dans le même emploi*, **grec** (*accompagnant généralement un verbe*), по-грéчески. *Tout était écrit en grec*, всё бы́ло напúсано по-грéчески. *Parler grec*, говорúть по-грéчески.

II. GREC, GRECQUE *adj.* грéческий. *La littérature grecque*, грéческая литератýра.

GRECQUE гречáнка.

GREFFE 1. (*agriculture*) привúвка. *La greffe des arbres fruitiers*, привúвка фруктóвых дерéвьев. **2.** (*chirurgie*) пересáдка, трансплантáция. *Greffe du cœur*, трансплантáция сéрдца.

GRÉGAIRE стáдный. *Des instincts grégaires*, стáдный инстúнкт.

GRÊLE град. *Ce n'est pas la pluie, c'est la grêle*, не дождь, а град. *Une grêle de balles*, град пуль.

GRÊLER *traduire par une périphrase utilisant le nom* град, *la grêle*. *Il grêle*, град идёт. *Il s'est mis à grêler*, пошёл град.

GRENADE 1. (*fruit*) гранáт. **2.** (*arme*) гранáта. *Une grenade à main*, ручнáя гранáта.

GRENIER чердáк ╱—— ——. *Au grenier*, на чердакé.

GRENOUILLE лягýшка. *Une grenouille verte*, зелёная лягýшка.

GRÈVE (*interruption de travail*) забастóвка. *Se mettre en grève*, объявúть забастóвку. *La grève générale*, всеóбщая забастóвка. • **Faire grève**, бастовáть / забастовáть. **La grève de la faim**, голодóвка. *Commencer la grève de la faim*, объявúть голодóвку.

GRÉVISTE 1. *m.* забастóвщик. *Les grévistes occupaient l'usine*, забастóвщики занимáли фáбрику. **2.** *f.* забастóвщица.

GRIÈVEMENT тяжелó. *Il a été grièvement blessé*, он был тяжелó рáнен.

GRIFFE кóготь —— ╱—— *m.* *Des griffes acérées*, óстрые кóгти. *Sortir ses griffes*, вы́пустить кóгти. // (*Fig.*) *Montrer ses griffes*, показáть свои́ кóгти.

GRIFFER царáпать / оцарáпать. *Le chat lui a griffé la main*, кóшка оцарáпала емý рýку.

GRILLE (*ensemble de barreaux*) решётка. *La grille du parc*, садóвая решётка.

GRILLER жáрить / зажáрить *ou* изжáрить. • **Faire griller**, жáрить / зажáрить *ou* изжáрить. *Faire griller des pommes de terre*, изжáрить картóшку. **Griller un feu rouge**, поéхать на крáсный свет.

GRIMACE гримáса. *Faire des grimaces*, дéлать гримáсы.

GRIMPER лезть* IV, лéзу, лéзешь...; лез, лéзла... / полéзть*

IV (*id.*); *indét.* лáзить; *ou* влезáть / влезть* IV, влéзу, влéзешь...; влез, влéзла... *Grimper à un arbre*, влезть на дéрево.

GRINCER скрипéть* I, скриплю́, скрипи́шь... / скри́пнуть. *La porte grince*, дверь скрипи́т. *Grincer des dents*, скрипéть зубáми.

GRIPPE грипп. *Attraper la grippe*, схвати́ть грипп.

I. GRIS *adj.* **1.** (*en général*) сéрый ∧—. *Un costume gris*, сéрый костю́м. **2.** (*en parlant des cheveux, de la barbe...*) седóй ∧—. *Avec une barbe grise*, с седóй бородóй. **3.** (*en parlant du temps*) пáсмурный. *Un temps gris*, пáсмурная погóда. ● **Aux cheveux gris**, седóй ∧—. *Un vieillard aux cheveux gris*, седóй стари́к. **Il fait gris, il faisait gris**, пáсмурно *et le verbe* быть. *Il faisait gris*, бы́ло пáсмурно.

•

II. GRIS *subst.* сéрое *adj. subst. n.* *S'habiller en gris*, одéться в сéрое.

GROGNER 1. (*en parlant d'un porc*) хрю́кать / хрю́кнуть. *Le cochon grogne*, свинья́ хрю́кает. **2.** (*dans les autres cas*) ворчáть* I, ворчу́, ворчи́шь... / заворчáть* I (*id.*). *Le chien grogne*, собáка ворчи́т. *La grand-mère grognait contre tout le monde*, бáбушка ворчáла на всех.

I. GROS *adj.*

> **1.** (*épais; gras*) тóлстый ∧—, *comp.* тóлще*.
> **2.** (*de grande taille*) большóй, *comp.* бóльше*.
> **3.** (*important, considérable*) большóй, *comp.* бóльше*; кру́пный ∧— (*plus livresque*).
> **4.** (*en parlant de l'écriture*) кру́пный ∧—.
> **5.** (*grossier*) гру́бый ∧—.

1. *Un homme gros*, тóлстый человéк. *De grosses lèvres*, тóлстые гу́бы. *Un gros livre*, тóлстая кни́га. **2.** *Un gros chien*, большáя собáка. *Le gros orteil*, большóй пáлец. **3.** *Une grosse somme*, большáя су́мма *ou* кру́пная су́мма. *Un gros chagrin*, большóе гóре. *De gros ennuis*, кру́пные неприя́тности. *Une grosse entreprise*, кру́пное предприя́тие. **4.** *En grosses lettres*, кру́пными бу́квами. *Une grosse écriture*, кру́пный пóчерк. **5.** *Une grosse faute*, гру́бая оши́бка. *Des gros mots*, гру́бые словá. ● **La grosse artillerie**, тяжёлая артиллéрия. **Le gros bétail**, кру́пный рогáтый скот.

II. GROS *subst.* (*vente ou achat par grandes quantités*) оптóвая торгóвля. ● **En gros 1.** (*commerce*) óптом. *Vente en gros et au détail*, торгóвля óптом и в рóзницу. **2.** (*dans les autres cas*) в основнóм. *En gros, il a raison*, в основнóм он прав. **Gros comme**, величинóй с (+ *acc.*). *Gros comme un rat*, величинóй с кры́су.

GROSEILLE сморóдина (*pas de pl.*). *Des groseilles rouges*, крáсная сморóдина. *Des groseilles blanches*, бéлая сморóдина. ● **Groseilles à maquereau**, крыжóвник (*pas de pl.*).

GROSSEUR 1. (*en règle générale*) толщинá; величинá (*taille*). *De la grosseur du pouce*, толщинóй в большóй пáлец. **2.** (*tumeur*) óпухоль *f.*

GROSSIER гру́бый ∧—. *Une étoffe grossière*, гру́бая матéрия. *Des manières grossières*, гру́бые манéры. *Une faute grossière*, гру́бая оши́бка.

GROSSIÈRETÉ гру́бость *f.* *Dire des grossièretés*, говори́ть гру́бости.

GROSSIR 1. (*faire paraître plus gros*) увели́чивать. *Ce microscope grossit les objets quarante fois*, микроскóп увели́чивает предмéты в сóрок раз. **2.** (*prendre de l'embonpoint*) толстéть / потолстéть. *J'ai grossi de cinq kilos*, я потолстéл на пять килогрáммов. **3.** (*croître*) расти́* IV, растёт, растýт; рос, рослá... ⁄‾‾ / вы́расти* IV, вы́растет, вы́растут; вы́рос, вы́росла... *Cet arbre continue à grossir*, э́то дéрево всё ещё растёт.

GROTTE 1. (*naturelle*) пещéра; грот (*au bord de la mer*). *La grotte du Chien*, Собáчья пещéра. **2.** (*artificielle*) грот. *Un parc avec des grottes et des cascades*, парк с грóтами и каскáдами.

GROUPE грýппа. *Un groupe de cavaliers*, грýппа всáдников. *Un groupe d'arbres*, грýппа дерéвьев.
REMARQUE. À la différence de son équivalent français, le mot « грýппа » comporte deux « п ».

GRUE 1. (*oiseau*) журáвль ⁄‾‾ ‾‾ *m.* **2.** (*appareil de levage*) кран (*parfois accompagné de l'adjectif* « подъёмный »). *La grue déposait une voiture sur le pont du navire*, подъёмный кран опускáл машúну на пáлубу.

GUÉ брод. ● **À gué**, вброд. *Passer une rivière à gué*, перейтú рекý вброд.

GUÊPE осá ‾‾ __ .

GUÈRE ● **Ne... guère** *se traduit, selon le contexte, comme « peu », « pas beaucoup », « pas bien », « pas longtemps », etc. Il ne travaille guère*, он мáло рабóтает. *Je ne le connais guère*, я егó нехорошó знáю. *Nous n'avons guère joué ensemble*, мы недóлго игрáли вмéсте. **Ne... guère que**, тóлько. *Il n'y a guère que deux ans qu'il est parti*, он уéхал тóлько два гóда томý назáд.

GUÉRILLA партизáнская войнá (войнá, *gén. pl.* войн ‾‾ __). *La guérilla continuait dans la montagne*, в горáх продолжáлась партизáнская войнá.

GUÉRIR

> **I. Transitif:**
> (*délivrer d'une maladie, d'un défaut...*) вылéчивать / вы́лечить.
> **II. Intransitif:**
> **1.** (*en parlant d'une personne, d'un être vivant...*) выздорáвливать / вы́здороветь.
> **2.** (*en parlant d'une maladie*) проходúть, прохóдит, прохóдят / пройтú* IV, пройдёт, пройдýт; прошёл, прошлá...
> **3.** (*en parlant d'une plaie*) заживáть / зажúть* IV, заживёт, заживýт; зажилá, зáжили.

I. *Guérir un malade*, вы́лечить больнóго. *Le médecin l'a guéri du diabète*, врач вы́лечил егó от диабéта. *Guérir qqn de sa timidité*, вы́лечить когó-нибудь от застéнчивости.

II. 1. *On espère qu'il guérira bientôt*, мы надéемся, что он скóро вы́здоровеет. **2.** *Sa grippe a guéri en deux jours*, егó грипп прошёл за два дня. **3.** *Sa plaie guérit rapidement*, егó рáна бы́стро заживáет.

GUÉRISON выздоровлéние. *Je vous souhaite une prompte guérison*, Желáю вам скóрого выздоровлéния.

GUERRE войнá, *gén. pl.* войн ‾‾ __ . *La Seconde Guerre mondiale*, Вторáя мировáя войнá. *La guerre civile*, граждáнская войнá. *La guerre froide*, холóдная войнá. *Déclarer la guerre*, объявúть войнý. *Gagner la guerre*, вы́играть войнý. *Perdre la guerre*, проигрáть войнý. ● **De guerre**, воéнный. *Un bateau de guerre*, воéнный корáбль. *En temps de guerre*, в воéнное врéмя. **La guerre éclair**, блúцкриг.

GUETTER подстерегáть / подстерéчь* IV, подстерегý, подстережёшь..., подстерегýт; подстерёг, подстереглá... ⁄‾‾ ; подстережённый. *Guetter le gibier*, подстерегáть дичь. *Guetter l'occasion*, подстерегáть момéнт.

GUEULE 1. (*d'un animal*) пасть *f.* (*bouche*); мóрда (*visage*). *L'ours ouvrit largement sa gueule*, медвéдь широкó раскры́л пасть. **2.** (*pop.*) мóрда. *Casser la gueule à qqn*, набúть комý-нибудь мóрду. ● **Ferme ta gueule!**, Заткнúсь!

GUI омéла. *Les druides ramassaient le gui*, друúды собирáли омéлу.

GUICHET окóшко. *Les paquets, c'est au troisième guichet*, посы́лки принимáют в трéтьем окóшке.

GUIDE

> **I. Personne:**
> **1.** (*dans un musée, un château...*) экскурсовóд.
> **2.** (*dans les autres cas*) проводнúк ⁄‾‾ ‾‾ (*homme ou femme*); проводнúца (*femme*).
> **II. Ouvrage:**
> **1.** (*concernant le tourisme*) путеводúтель *m.*
> **2.** (*dans les autres cas*) спрáвочник.

I. 1. *Dans ce château, il y a un très bon guide*, в э́том зáмке есть о́пытный экскурсово́д. **2.** *Dans ces montagnes, il faut avoir un guide*, в гора́х нельзя́ обойти́сь без проводника́. *Je vais vous servir de guide*, Бу́ду ва́шим проводнико́м. *Voici la jeune fille qui va nous servir de guide*, Вот и на́ша проводни́ца.

II. 1. *Le guide de Moscou*, путеводи́тель по Москве́. **2.** *Le guide du photographe amateur*, спра́вочник фото́графа-люби́теля.

GUIDER • **Être guidé, se laisser guider** (*fig.*), руково́дствоваться (+ *instr.*). *Se laisser guider par des considérations pratiques*, руково́дствоваться практи́ческими соображе́ниями.

GUILLEMET кавы́чка. *Ouvrir les guillemets*, откры́ть кавы́чки. *Mettre un mot entre guillemets*, поста́вить сло́во в кавы́чках.

GUITARE гита́ра. *Jouer de la guitare*, игра́ть на гита́ре.

GUITARISTE 1. *m.* гитари́ст. **2.** *f.* гитари́стка.

GYMNASTIQUE гимна́стика.

H

HABILE 1. (*en parlant d'une personne*) иску́сный, уме́лый. *Un tailleur habile*, иску́сный портно́й. *Un avocat habile*, уме́лый адвока́т. **2.** (*en parlant des mains, des doigts...*) уме́лый. *D'une main habile*, уме́лой руко́й. *De ses doigts habiles*, уме́лыми па́льцами.

HABILEMENT ло́вко, *comp.* ло́вче*. *Il conduisait habilement les négociations*, он ло́вко вёл перегово́ры.

HABILETÉ 1. (*adresse*) ло́вкость *f.* *Il a sauté sur le marchepied avec une grande habileté*, он с большо́й ло́вкостью вскочи́л на подно́жку. **2.** (*savoir-faire*) уме́ние. *Le travail a été fait avec une grande habileté*, рабо́та была́ сде́лана с больши́м уме́нием.

HABILLER одева́ть / оде́ть* *n. cl.*, оде́ну, оде́нешь...; оде́тый. *Habiller un enfant*, оде́ть ребёнка. *S'habiller avec goût*, одева́ться со вку́сом. *S'habiller en noir*, одева́ться в чёрное.

HABIT v. HABITS.

HABITANT жи́тель *m.* *À Nevers, il y a plus de 40 000 habitants*, в Неве́ре бо́льше 40 000 жи́телей.

HABITER жить* IV, живу́, живёшь...; жил, жила́, жи́ло, жи́ли ∧— *et, à la forme négative*, не́ жил, не жила́, не́ жило, не́ жили ∧—. *Ils habitent à Lyon*, они́ живу́т в Лио́не. *Elle habitait avec sa sœur*, она́ жила́ с сестро́й.

HABITS оде́жда (*pas de pl.*). *Les habits d'hiver*, зи́мняя оде́жда.

HABITUDE привы́чка. *Une mauvaise habitude*, дурна́я привы́чка. *Par habitude*, по привы́чке. *L'habitude est une seconde nature*, привы́чка — втора́я нату́ра. *Ce n'est pas dans mes habitudes*, э́то не в мои́х привы́чках. • **D'habitude**, обы́чно. *Comme d'habitude*, как обы́чно. **Perdre l'habitude**, отвыка́ть / отвы́кнуть* III. *Perdre l'habitude de fumer*, отвы́кнуть кури́ть. **Prendre l'habitude**, привыка́ть / привы́кнуть* III. *J'ai pris l'habitude de fumer*, я привы́к кури́ть.

HABITUEL обы́чный (*constant*); привы́чный (*passé à l'état d'habitude*). *Ma place habituelle*, моё обы́чное ме́сто. *D'un geste qui lui était habituel*, привы́чным же́стом.

HABITUELLEMENT обы́чно. *Habituellement, il se repose après le repas*, обы́чно он отдыха́ет по́сле обе́да.

HABITUER приуча́ть / приучи́ть (+ *inf.* ou к + *dat.*). *Mon père m'a* *habitué à me lever à six heures*, оте́ц приучи́л меня́ встава́ть в шесть. *Habituer un enfant au froid*, приуча́ть ребёнка к хо́лоду. ● **Être habitué**, / привы́кнуть* III. *Il y a longtemps que je suis habitué*, я давно́ привы́к. *J'étais habitué à lui*, я к нему́ привы́к. **S'habituer à**, привыка́ть / привы́кнуть* III (к + *dat.*). *Je m'habituais peu à peu à l'obscurité*, я ма́ло-пома́лу привыка́л к темноте́.

HACHE топо́р .

HAIE и́згородь *f. Haie vive*, жива́я и́згородь.

HAILLONS лохмо́тья*, лохмо́тьев, лохмо́тьям... *pl. t. Un mendiant en haillons*, ни́щий в лохмо́тьях.

HAINE не́нависть *f. Regarder qqn avec haine*, смотре́ть на кого́-нибудь с не́навистью. *Par haine pour sa sœur*, из не́нависти к сестре́.

HALL холл; вестибю́ль *m. Dans l'immense hall de l'hôtel*, в просто́рном хо́лле гости́ницы. *Dans le hall de la gare*, в вестибю́ле вокза́ла.

I. HALTE *subst.* **1.** (*moment d'arrêt pendant une randonnée*) прива́л. *Nous avons fait une halte d'une demi-heure*, мы сде́лали получасово́й прива́л. **2.** (*petite gare*) полуста́нок.

II. HALTE! *interj.* Стой!

HALTÈRE ганте́ль *f. Faire des haltères*, упражня́ться с ганте́лями.

HAMEAU дереву́шка. *Le hameau comptait cinq ou six fermes*, дереву́шка состоя́ла из пяти́-шести́ дворо́в.

HANCHE бедро́, *pl.* бёдра, бёдер, бёдрам... . *De larges hanches*, широ́кие бёдра. *Mettre les mains aux hanches*, положи́ть ру́ки на бёдра.

HARENG сельдь [symbol] *f.*; селёдка (*fam.*). *Un banc de harengs*, кося́к сельде́й. *Comme des harengs en boîte*, как се́льди в бо́чке. *J'ai mangé un hareng fumé*, я съел копчёную селёдку.

HARICOT фасо́ль *f.* (*pas de pl.*). *Des haricots blancs*, бе́лая фасо́ль.

HARMONIE гармо́ния. *L'harmonie des couleurs*, гармо́ния кра́сок.

HASARD слу́чай *m. Un hasard favorable*, благоприя́тный слу́чай. *À tout hasard*, на вся́кий слу́чай. ● **Au hasard**, науда́чу. *Aller au hasard*, идти́ науда́чу. *Ouvrir un livre au hasard*, раскры́ть кни́гу науда́чу. **Jeu de hasard**, аза́ртная игра́. **Par hasard**, случа́йно. *Nous nous sommes rencontrés par hasard*, мы случа́йно встре́тились.

HÂTE ● **À la hâte**, на́скоро. *Faire qqch. à la hâte*, сде́лать что́-нибудь на́скоро.

HÂTER ускоря́ть / уско́рить. *Pour hâter votre départ*, что́бы уско́рить ваш отъе́зд. *Hâter le pas*, уско́рить шаг.

HÂTER (SE) спеши́ть / поспеши́ть; торопи́ться [symbol] / поторопи́ться . *Faire qqch. sans se hâter*, де́лать что́-нибудь не спеша́. *Hâtez-vous!*, Потороπи́тесь!

HAUSSE повыше́ние. *La hausse des prix*, повыше́ние цен. *Une hausse de la température*, повыше́ние температу́ры.

HAUSSER повыша́ть / повы́сить. *Hausser le ton*, повы́сить го́лос. ● **Hausser les épaules**, пожа́ть плеча́ми (пожима́ть / пожа́ть* IV, пожму́, пожмёшь...).

I. HAUT *adj.* **1.** (*en général*) высо́кий, высо́к, высока́, высо́ко, высо́ки [symbol]; *ou* высо́к, высока́, высоко́, высоки́ ; *comp.* вы́ше*. *Une haute montagne*, высо́кая гора́. *De hautes herbes*, высо́кие тра́вы. *Un homme de haute taille*, челове́к высо́кого ро́ста. *Une haute productivité*, высо́кая производи́тельность труда́. *Avoir une haute opinion de qqn*, быть о ко́м-нибудь высо́кого мне́ния. **2.** (*le plus élevé*) вы́сший. *La haute société*, вы́сшее о́бщество. *La haute administration*, вы́сшая администра́ция. **3.** (*géographie*) ве́рхний. *Les Hautes-Alpes*, Ве́рхние А́льпы. *Le Haut-Rhin*, Ве́рхний Рейн. ● **À haute voix**, вслух; гро́мко, *comp.* гро́мче* (*à très haute voix*). *Lire à haute voix*, чита́ть вслух. **Haut comme trois pommes**, от горшка́ три вершка́. **Haut de**, высото́й в (+ *acc.*). *Une tour haute de quarante mètres*, ба́шня высото́й в со́рок ме́тров.

II. HAUT *adv.* высоко́, *comp.* вы́ше. *Les avions volaient haut*, самолёты лете́ли высоко́. • **Haut les mains!**, Ру́ки вверх! **Haut placé**, высокопоста́вленный. *Un personnage haut placé*, высокопоста́вленное лицо́.

III. HAUT *subst.* **1.** (*partie supérieure*) верх*, *loc.* верху́ ______ . *Le haut de la colline*, верх холма́. *Nous occupons tout le haut de la maison*, мы занима́ем весь верх до́ма. **2.** (*hauteur*) *employer le mot* высота́, *hauteur*. *À cent mètres de haut*, на высоте́ ста ме́тров. *Il me regardait du haut de sa grandeur*, он смотре́л на меня́ с высоты́ своего́ вели́чия. • **En haut 1.** (*direction*) наве́рх. *L'escalier qui mène en haut*, ле́стница, веду́щая наве́рх. **2.** (*emplacement*) наверху́. *Ils habitent là-bas en haut*, они́ живу́т там наверху́. **Regarder qqn de haut**, смотре́ть на кого́-нибудь свысока́.

HAUTEUR высота́, *pl.* высо́ты, высо́т, высо́там... ______ . *La hauteur de la tour est de cinquante mètres*, высота́ ба́шни — пятьдеся́т ме́тров. *À une hauteur de trois cents mètres*, на высоте́ трёхсо́т ме́тров. *La hauteur d'un son*, высота́ зву́ка. // (*Fig.*) *Être à la hauteur de la situation*, быть на высоте́ положе́ния.

HAUT-PARLEUR дина́мик.

I. HEBDOMADAIRE *adj.* еженеде́льный. *Un journal hebdomadaire*, еженеде́льный журна́л.

II. HEBDOMADAIRE *subst.* еженеде́льник.

HÉBRAÏQUE v. HÉBREU II.

I. HÉBREU *subst.* (*langue*) евре́йский язы́к (язы́к ______). *Étudier l'hébreu*, изуча́ть евре́йский язы́к. *Un livre en hébreu*, кни́га на евре́йском языке́. • **En hébreu**, *et, dans le même emploi*, **hébreu** (*accompagnant généralement un verbe*), по-евре́йски. *Parler hébreu*, говори́ть по-евре́йски. *Tout est écrit en hébreu*, всё напи́сано по-евре́йски.

II. HÉBREU *adj.* евре́йский. *La littérature hébraïque*, евре́йская литерату́ра.

HECTARE гекта́р.

HEIN! а! *Elle te plaît, hein?*, Нра́вится, а?

HÉLAS! увы́!; к сожале́нию (*malheureusement*). *Mais hélas, il n'y a pas d'espoir!*, Но увы́! нет наде́жды. *Hélas, je ne peux pas vous aider!*, К сожале́нию я не могу́ вам помо́чь!

HÉLICE винт ______ . *Une hélice de bateau*, парохо́дный винт.

HÉLICOPTÈRE вертолёт. *Ils sont partis en hélicoptère*, они́ улете́ли на вертолёте.

HÉMORRAGIE 1. (*externe*) кровотече́ние. *Arrêter une hémorragie*, останови́ть кровотече́ние. **2.** (*interne*) кровоизлия́ние. *Une hémorragie cérébrale*, кровоизлия́ние в мозг.

HERBE трава́ ______ . *Mauvaise herbe*, со́рная трава́. *Brouter l'herbe*, щипа́ть траву́.

HÉRÉSIE е́ресь *f.* *C'était considéré comme une hérésie*, э́то счита́лось е́ресью.

HÉRISSON ёж ______ . *Le hérisson s'est mis en boule*, ёж сверну́лся в клубо́к.

HÉRITAGE насле́дство. *Recevoir un héritage*, получи́ть насле́дство. *Recevoir une maison en héritage*, получи́ть дом в насле́дство.

HÉRITER получи́ть насле́дство *et, s'il faut indiquer ce qui a été reçu en héritage*, получи́ть... в насле́дство (получа́ть / получи́ть ___). *Il a hérité d'un oncle*, он получи́л насле́дство от дя́ди. *Il a hérité d'une maison*, он получи́л дом в насле́дство. *Il a hérité un million de son père*, он получи́л в насле́дство от отца́ миллио́н фра́нков.

HÉRITIER насле́дник. *L'héritier du trône*, насле́дник престо́ла.

HÉRITIÈRE насле́дница. *Une riche héritière*, бога́тая насле́дница.

HÉROÏNE геро́иня. *L'héroïne du roman*, геро́иня рома́на.

HÉROÏQUE геро́ический. *Un acte héroïque*, геро́ический посту́пок. *Une époque héroïque*, геро́ическая эпо́ха.

HÉROÏQUEMENT геро́ически. *Se défendre héroïquement*, геро́ически защища́ться.

HÉROÏSME геро́изм. *Faire preuve d'un véritable héroïsme*, прояви́ть и́стинный геро́изм.

HÉROS геро́й *m*. *Le héros du roman*, геро́й рома́на.

HÉSITATION колеба́ние. *Après de longues hésitations*, по́сле до́лгих колеба́ний. *Sans hésitation*, без колеба́ний.

HÉSITER колеба́ться* II, коле́блюсь, коле́блешься... / поколеба́ться* II (*id.*). *Hésiter entre deux solutions*, колеба́ться ме́жду двумя́ реше́ниями.

Remarque. Dans la conjugaison des verbes « колеба́ться / поколеба́ться » au présent et au futur simple, l'accent recule d'une syllabe par rapport à l'infinitif.

HEURE

1. (*espace du temps égal à soixante minutes*) час ——‾‾‾ (*le génitif singulier est accentué sur la finale après* « два », « три », « четы́ре » *et* « полтора́ ».
2. (*heure précise*) *sauf dans les cas envisagés aux divers paragraphes des remarques ci-dessous, on emploie le mot* час*, *loc.* часу́ ——∠ ‾‾‾ (*le génitif singulier est accentué sur la finale après* « два », « три » *et* « четы́ре ». //

Remarques.

1. Dans les groupes « deux heures », « trois heures », etc., le style de la conversation n'utilise souvent que le nom de nombre (sauf dans le cas où le mot « heure » est précisé par un complément de nom : « deux heures du matin », etc.).
2. On ne traduit pas le mot « heure » lorsqu'il est précisé par les groupes « et quart », « et demie », « moins le quart ».
3. Dans le style de la conversation, on ne traduit pas le mot « heure » lorsqu'il est suivi d'un nom de nombre indiquant les minutes et que le mot « minutes » n'est pas exprimé.

3. (*moment approximatif ou espace de temps non égal à soixante minutes*) вре́мя*, *gén.*, *dat.*, *loc.* вре́мени, *instr.* вре́менем *n.*
4. (*heure commune à tout un fuseau horaire; temps officiel*) вре́мя*, *gén.*, *dat.*, *loc.* вре́мени, *instr.* вре́менем *n.*

1. *J'y ai passé deux heures*, я провёл там два часа́. *Plus d'une heure*, бо́льше ча́са. *Pas plus de deux heures*, не бо́льше двух часо́в. *Je suis en retard d'une heure*, я опозда́л на час. *Il arrivera dans trois heures*, он прие́дет через три часа́. *Cent kilomètres à l'heure*, сто киломе́тров в час. **2.** *À deux heures du matin*, в два часа́ но́чи. *À cinq heures du matin*, в пять часо́в утра́. *À deux heures de l'après-midi*, в два часа́ дня. *À l'heure fixée*, в поло́женный час. *Le train part à 18 heures 15*, по́езд отхо́дит в 18 ч. 15. *Je travaille jusqu'à une heure*, я рабо́таю до ча́са. « *Quelle heure est-il ? — Une heure* », « Кото́рый час? — Час. » // *Je rentre à cinq heures*, я возвраща́юсь в пять. *Je rentre à sept heures du soir*, я возвраща́юсь в семь часо́в ве́чера. // *Il est une heure et quart*, че́тверть второ́го. *Il arrive à deux heures et quart*, он приезжа́ет в че́тверть тре́тьего. *À quatre heures et demie*, в полови́не пя́того *ou* в полпя́того. *À six heures moins le quart*, без че́тверти шесть. // *Il est trois heures dix*, де́сять мину́т четвёртого. *La séance commence à cinq heures vingt*, заседа́ние начина́ется в два́дцать мину́т шесто́го. *À sept heures moins cinq*, без пяти́ семь. **3.** *À n'importe quelle heure*, в любо́е вре́мя. *Pendant les heures de travail*, в рабо́чее вре́мя. *Fixer l'heure de la réunion*, назна́чить вре́мя заседа́ния. **4.** *À huit heures, heure de Moscou*, в во́семь часо́в по моско́вскому вре́мени.
● **À l'heure**, во́время. *Il est arrivé à l'heure*, он прие́хал во́-

время. **À quelle heure?,** В котóром часý?; Во скóлько? (*fam.*). *À quelle heure on arrive?*, Мы во скóлько приéдем? **De bonne heure,** рáно. *Nos invités sont arrivés de bonne heure*, нáши гóсти пришлú рáно. **Demi-heure,** полчасá, *cas obliques*, получáса. *Plus d'une demi-heure*, бóльше получáса. *Une demi-heure avant la fin*, за полчасá до концá. *Toutes les demi-heures*, кáждые полчасá. **Heure exacte,** тóчное врéмя. *Vous avez l'heure exacte?*, Есть у вас тóчное врéмя? **Heures de pointe,** часы́ пик (часы́, часóв, часáм... *pl.;* пик *adj. invariable*). *Aux heures de pointe*, в часы́ пик. **Quelle heure est-il?,** Котóрый час?; Скóлько врéмя? (*fam.*). **Tout à l'heure 1.** (*passé*) тóлько что. *Michel était là tout à l'heure*, Мúша тóлько что был здесь. **2.** (*futur*) скóро (*bientôt*); пóсле (*ensuite*). *Il reviendra tout à l'heure*, он скóро вернётся. *Je vous montrerai les photos tout à l'heure*, Я вам пóсле покажý снúмки.

HEUREUSEMENT (*par bonheur*) к счáстью. *Heureusement, je n'étais pas en retard*, к счáстью я не опоздáл.

HEUREUX счастлúвый, счáстлив, счáстлива... [с'л'и]. *Un homme heureux*, счастлúвый человéк. *Une vie heureuse*, счастлúвая жизнь. *Une heureuse idée*, счастлúвая мысль. ● **Très heureux de faire votre connaissance,** Óчень рад познакóмиться.

HEURTER 1. (*se donner un coup*) ударя́ться / удáриться (об + *acc.*). *Il a heurté le pied de la table*, он удáрился об нóжку столá. **2.** (*se jeter contre*) наскáкивать / наскочúть╲——— (на + *acc.*). *La voiture a heurté un poteau*, машúна наскочúла на столб. **3.** (*blesser moralement*) задевáть / задéть* *n. cl.*, задéну, задéнешь... *Heurter l'amour-propre*, задéть самолю́бие.

HEURTER (SE) 1. (*se cogner*) ударя́ться / удáриться (об + *acc.*). *Il s'est heurté contre l'armoire*, он удáрился об шкаф. **2.** (*rencontrer des difficultés...*) натáлкиваться / натолкнýться (на + *acc.*). *Nous nous sommes heurtés à de grandes difficultés*, мы натолкнýлись на большúе трýдности.

HIBOU совá ——— ——— .

HIER вчерá. *Hier soir*, вчерá вéчером. ● **Avant-hier,** позавчерá. *C'était avant-hier matin*, э́то бы́ло позавчерá ýтром. **D'hier,** вчерáшний. *La pluie d'hier*, вчерáшний дождь.

HIÉRARCHIE иерáрхия. *La hiérarchie militaire*, воéнная иерáрхия.

HIÉROGLYPHE иерóглиф.

HIPPODROME ипподрóм. *À l'hippodrome de Vincennes*, на Венсéннском ипподрóме.

HIPPOPOTAME бегемóт; гиппопотáм (*plus rare*).

HIRONDELLE лáсточка. *Une hirondelle ne fait pas le printemps*, однá лáсточка весны́ не дéлает.

HISTOIRE 1. (*en règle générale*) истóрия. *L'histoire ancienne*, дрéвняя истóрия. *L'histoire de l'art*, истóрия искýсства. *Une histoire amusante*, забáвная истóрия. *C'est toute une histoire*, э́то цéлая истóрия. **2.** (*récits mensongers*) вздор (*pas de pl.*). *C'est des histoires*, Всё э́то вздор. **3.** (*ennui*) неприя́тность *f*. *Il lui est arrivé des histoires*, с ним случúлись неприя́тности. ● **C'est une autre histoire,** э́то другóе дéло. **Chercher des histoires à qqn,** придирáться / придрáться* IV, придерýсь, придерёшься...; придрáлся, придралáсь...╱——— (к + *dat.*). *Il me cherchait des histoires*, он придирáлся ко мне.

HISTORIEN истóрик.

HISTORIQUE истори́ческий. *Un événement historique*, истори́ческое собы́тие.

HIVER зимá ╲╱——— ——— (*l'accent passe sur la préposition dans les groupes* « зá зиму » *et* « нá зиму »). *Un hiver rigoureux*, сурóвая зимá. *Un hiver neigeux*, снéжная зимá. *L'hiver est arrivé*, зимá наступúла. ● **Cet hiver,** зимóй. *Cet hiver, j'irai dans le Midi*, зимóй я поéду на юг. *Cet hiver, j'ai eu la grippe*, зимóй у меня́ был грипп. **D'hiver**, зи́мний. *Les sports d'hiver*, зи́мний спорт. *Les vêtements d'hiver*, зи́мняя оде́жда. **En hiver**, зимо́й. *En hiver, nous faisions du patin*, зимо́й мы ката́лись на конька́х.

HOCKEY хокке́й *m. Hockey sur glace*, хокке́й на льду.

I. HOLLANDAIS *subst.* **1.** (*homme*) голла́ндец. **2.** (*langue*) голла́ндский язы́к (язы́к). *Étudier le hollandais*, изуча́ть голла́ндский язы́к. ● **En hollandais**, *et, dans le même emploi,* **hollandais** (*accompagnant généralement un verbe*) по-голла́ндски. *Parler hollandais*, говори́ть по-голла́ндски.

II. HOLLANDAIS *adj.* голла́ндский. *Du fromage hollandais*, голла́ндский сыр.

HOLLANDAISE голла́ндка.

HOMARD ома́р.

HOMME 1. (*être humain*) челове́к*, *pl.* лю́ди, люде́й, лю́дям, людьми́, лю́дях, *mais après les noms de nombres et après les adverbes de quantité* « не́сколько », « ско́лько » *et* « сто́лько » *le gén. pl. est* челове́к. *Un brave homme*, до́брый челове́к. *Un homme cultivé*, образо́ванный челове́к. *Ce jeune homme*, э́тот молодо́й челове́к. *Les hommes de bonne volonté*, лю́ди до́брой во́ли. *Cinq hommes*, пять челове́к. **2.** (*être humain du sexe masculin*) мужчи́на. *Une femme et deux hommes*, же́нщина и дво́е мужчи́н. *Se conduire comme un homme*, вести́ себя́ как мужчи́на. ● **D'homme, d'hommes**, мужско́й. *Un pardessus d'homme*, мужско́е пальто́.

I. HONGROIS *subst.* **1.** (*homme*) венгр. **2.** (*langue*) венге́рский язы́к (язы́к). *Étudier le hongrois*, изуча́ть венге́рский язы́к. *Un livre en hongrois*, кни́га на венге́рском языке́. ● **En hongrois** *et, dans le même emploi,* **hongrois** (*accompagnant généralement un verbe*), по-венге́рски. *Tout était écrit en hongrois*, всё бы́ло напи́сано по-венге́рски. *Parler hongrois*, говори́ть по-венге́рски.

II. HONGROIS *adj.* венге́рский. *La cuisine hongroise*, венге́рская ку́хня.

HONGROISE венге́рка.

HONNÊTE че́стный . *Un homme honnête*, че́стный челове́к.

HONNÊTETÉ че́стность *f. Faire preuve d'honnêteté*, прояви́ть че́стность.

HONNEUR честь *f. C'est un grand honneur pour nous*, э́то больша́я честь для нас. *C'est tout à votre honneur*, Э́то де́лает вам честь. *En l'honneur du défunt*, в честь поко́йника. ● **D'honneur**, почётный. *Un hôte d'honneur*, почётный гость. *Être à la place d'honneur*, сиде́ть на почётном ме́сте. *La garde d'honneur*, почётный карау́л. **La Légion d'honneur**, о́рден Почётного Легио́на. **Parole d'honneur**, че́стное сло́во. *Donner sa parole d'honneur*, дать че́стное сло́во.

HONTE стыд . *Un sentiment de honte*, чу́вство стыда́. ● **Avoir honte**, сты́дно *et le verbe* быть (*au sujet de la proposition française correspond en russe un nom ou un pronom au datif*). *Vous n'avez pas honte?*, Как вам не сты́дно! *J'en ai honte pour vous*, Мне за вас сты́дно.

HONTEUX (*déshonorant*) позо́рный. *Une conduite honteuse*, позо́рное поведе́ние.

HÔPITAL больни́ца; го́спиталь, *pl.* го́спитали, госпитале́й, госпиталя́м... *m.* (*hôpital militaire*). *Être à l'hôpital*, лежа́ть в больни́це. *Il est sorti de l'hôpital*, он вы́писался из больни́цы.

I. HORAIRE *subst.* расписа́ние. *L'horaire des trains*, расписа́ние поездо́в. *L'horaire des cours*, расписа́ние заня́тий.

II. HORAIRE *adj.* часово́й. *Un fuseau horaire*, часово́й по́яс.

HORDE (*divers sens*) орда́ . *Les hordes fascistes*, фаши́стские о́рды. *La Horde d'or*, Золота́я орда́.

HORIZON горизо́нт. *Apparaître à l'horizon*, появи́ться на горизо́нте. *Disparaître à l'horizon*, скры́ться за горизо́нтом.

HORIZONTAL горизонта́льный. *Dans une position horizontale*, в горизонта́льном положе́нии.

HORLOGE часы́, часо́в, часа́м... *pl. t. L'horloge avance de trois minutes*, часы́ спеша́т на три мину́ты. *L'horloge retarde*, часы́ отстаю́т. *L'horloge parlante*, говоря́щие часы́.

HORLOGER часовщи́к ╱—— ——.
Remarque. L'enseigne des horlogers porte l'indication « Ремо́нт часо́в ».

HORREUR 1. (*effroi, épouvante*) у́жас. *Quelle horreur!*, Како́й у́жас! *Elle fut saisie d'horreur*, её охвати́л у́жас. *Frémir d'horreur*, содрога́ться от у́жаса. *Les horreurs de la guerre*, у́жасы войны́. **2.** (*dégoût*) отвраще́ние. *Un sentiment d'horreur*, чу́вство отвраще́ния. **3.** (*paroles obscènes...*) га́дость *f. Dire des horreurs*, говори́ть га́дости. ● **Avoir en horreur**, не могу́ терпе́ть (*infinitif inusité*, могу́, мо́жешь..., мо́гут ╲——; мог, могла́... ╱——). *J'ai en horreur tous ces bavardages*, не могу́ терпе́ть всю э́ту болтовню́.

HORRIBLE ужа́сный. *Un crime horrible*, ужа́сное преступле́ние. *Un spectacle horrible*, ужа́сное зре́лище.

HORRIBLEMENT ужа́сно. *C'est horriblement cher*, э́то ужа́сно до́рого. *Il fait horriblement froid dehors*, на дворе́ ужа́сно хо́лодно.

HORS, HORS DE вне (+ *gén.*). *Hors concours*, вне ко́нкурса. *Mettre qqn hors la loi*, объяви́ть кого́-нибудь вне зако́на. *Il était hors de danger*, он был вне опа́сности. *Il était hors de lui*, он был вне себя́. ● **À propos et hors de propos**, кста́ти и некста́ти. **Hors ligne**, выдаю́щийся *participe de verbe pronominal ayant pris une valeur d'adjectif. Un ingénieur hors ligne*, выдаю́щийся инжене́р.

HORS-D'ŒUVRE заку́ска.

HOSPITALIER (*accueillant*) гостеприи́мный. *Un peuple hospitalier*, гостеприи́мный наро́д.

HOSTILE вражде́бный. *Un regard hostile*, вражде́бный взгляд.

HÔTE 1. (*celui qui reçoit*) хозя́ин*, *pl.* хозя́ева, хозя́ев, хозя́евам... *Remercier ses hôtes de leur hospitalité*, поблагодари́ть хозя́ев за гостеприи́мство. **2.** (*invité*) гость —— ╱—— *m. Bien recevoir ses hôtes*, хорошо́ принима́ть госте́й.

HÔTEL гости́ница. *S'arrêter à l'hôtel*, останови́ться в гости́нице. ● **Hôtel de ville**, ра́туша.

HÔTESSE ● **Hôtesse de l'air**, бортпроводни́ца.

HOUILLE у́голь *m.* (*souvent accompagné de l'adjectif* « ка́менный »). *L'extraction de la houille*, добы́ча у́гля.

HOURRA! ура́!

HUBLOT иллюмина́тор. *Fermer le hublot*, закры́ть иллюмина́тор.

HUILE ма́сло, *pl.* масла́, ма́сел, масла́м...——╲╱——. *Huile d'olive*, оли́вковое ма́сло. *Huile d'arachide*, ара́хисовое ма́сло. *Jeter de l'huile sur le feu*, подлива́ть ма́сла в ого́нь. ● **Huile de foie de morue**, ры́бий жир (ры́бий *adj. d'appart.*; жир*, *loc.* жиру́ ——╱).

HUIT 1. (*en règle générale*) во́семь. *Huit francs*, во́семь фра́нков. *À huit kilomètres du centre*, в восьми́ киломе́трах от це́нтра. *Ils étaient huit*, их бы́ло во́семь. **2.** (*au sens de « huitième » et en particulier dans l'expression de la date*) восьмо́й. *Le huit mai*, восьмо́го ма́я. *À la page huit*, на восьмо́й страни́це. *Charles VIII*, Карл VIII (Карл Восьмо́й). **3.** (*aux cartes*) восьмёрка. *Un huit de carreau*, восьмёрка бубён. ● **Huit cent, huit cents**, восемьсо́т. *Plus de huit cents roubles*, бо́льше восьмисо́т рубле́й. **Huit-centième**, восьмисо́тый.

I. HUITIÈME *adj.* **1.** (*en règle générale*) восьмо́й. *Le huitième volume*, восьмо́й том. **2.** (*en parlant des étages*) девя́тый. *Ils habitent au huitième étage*, они́ живу́т на девя́том этаже́.

II. **HUITIÈME** *subst.* **1.** (*huitième étage*) девя́тый эта́ж (эта́ж ⁄‾‾). *Ils habitent au huitième,* они́ живу́т на девя́том этаже́. **2.** (*fraction*) восьма́я *adj. subst. f. Les trois huitièmes,* три восьмы́х.

HUÎTRE у́стрица. *Une douzaine d'huîtres,* дю́жина у́стриц.

HUM! гм!

HUMAIN **1.** (*concernant l'homme*) челове́ческий. *Le genre humain,* челове́ческий род. **2.** (*compatissant*) челове́ческий, челове́чный. *Une attitude humaine à l'égard de ses ennemis,* челове́ческое отноше́ние к врага́м.

HUMANITÉ **1.** (*ensemble des hommes*) челове́чество. *Le destin de l'humanité,* судьба́ челове́чества. **2.** (*bienveillance*) гума́нность *f.*

HUMEUR (*disposition d'esprit*) настрое́ние. *Être de mauvaise humeur,* быть в плохо́м настрое́нии.

HUMIDE сыро́й ⁄_; вла́жный ⁄_. *Un climat humide,* сыро́й кли́мат. *Du linge humide,* сыро́е бельё. *Un vent humide,* вла́жный ве́тер. *Des mains humides,* вла́жные ру́ки.

HUMIDITÉ вла́жность *f.;* сы́рость *f.* (*humidité excessive*). *L'humidité du sol,* вла́жность по́чвы. *Des taches d'humidité,* пя́тна сы́рости.

HUMILIATION униже́ние. *Pleurer d'humiliation,* пла́кать от униже́ния.

HUMORISTE юмори́ст.

HUMORISTIQUE юмористи́ческий. *Un récit humoristique,* юмористи́ческий расска́з.

HUMOUR ю́мор. *Le sens de l'humour,* чу́вство ю́мора. *Répondre avec humour,* отве́тить с ю́мором. *Humour noir,* ю́мор ви́сельника.

HURLER **1.** (*en parlant d'un animal, du vent...*) выть* II, во́ю, во́ешь... / завы́ть* II. *Les loups hurlaient,* во́лки вы́ли. *Le vent hurle,* ве́тер во́ет. *Il faut hurler avec les loups,* с волка́ми жить, по-во́лчьи выть. **2.** (*pleurer bruyamment*) реве́ть* IV, реву́, ревёшь... / зареве́ть* IV (*id.*). *L'enfant se mit à hurler,* ребёнок зареве́л. **3.** (*pousser des cris*) крича́ть* I, кричу́, кричи́шь... / кри́кнуть. *Hurler de douleur,* крича́ть от бо́ли.

HUTTE хи́жина (*pauvre chaumière*); шала́ш ⁄‾‾ ‾‾ (*sorte de tente faite de branchages, de roseaux...*).

HYGIÈNE гигие́на. *Les règles de l'hygiène,* пра́вила гигие́ны.

HYMNE гимн. *L'hymne de l'Union soviétique,* гимн Сове́тского Сою́за.

HYPOCRITE лицеме́рный. *Un sourire hypocrite,* лицеме́рная улы́бка.

HYPOTHÈSE гипо́теза. *Faire des hypothèses,* стро́ить гипо́тезы.

I

ICI **1.** (*direction*) сюда́. *Viens ici!,* Иди́ сюда́! **2.** (*emplacement*) здесь; тут (*fam.*). *Ils habitent ici,* они́ живу́т здесь. *La photo était ici, sur la table,* фотогра́фия была́ тут на столе́. **3.** (*suivi d'un nom de station émettrice, d'un nom de personne*) говори́т. *Ici Moscou,* Говори́т Москва́! *Ici Jean,* Говори́т Жан. ● **D'ici** **1.** (*de ce pays, de cette région...*) зде́шний. *Les gens d'ici,* зде́шние лю́ди. **2.** (*éloignement, distance*) отсю́да. *Allez-vous-en d'ici!,* Уходи́те отсю́да! *À cinq kilomètres d'ici,* в пяти́ киломе́трах отсю́да. **3.** (*suivi d'une* *indication de temps*) чéрез (+ *acc.*). *D'ici un mois, j'aurai terminé ce travail*, чéрез мéсяц я закóнчу э́ту рабóту. **D'ici là**, к томý врéмени. *D'ici là, nous aurons sans doute reçu son paquet*, к томý врéмени мы, навéрно, полýчим егó посы́лку. **Jusqu'ici 1.** (*lieu*) до *et un substantif au génitif*. *Ils sont venus jusqu'ici*, они́ дошли́ до нáшего гóрода. **2.** (*temps*) до сих пор. *Jusqu'ici, il ne fait pas grand-chose*, до сих пор он почти́ ничегó не дéлает. **Par ici** *se traduit comme « ici »*. *Il est venu par ici*, он пришёл сюдá. *C'est par ici que sont passés les éclaireurs*, здесь прошли́ развéдчики.

ICÔNE икóна.

I. IDÉAL *subst.* идеáл. *Réaliser son idéal*, осуществи́ть свой идеáл.

II. IDÉAL *adj.* идеáльный. *Des conditions idéales*, идеáльные услóвия.

IDÉE

> **1.** (*pensée*) идéя, мысль *f.*
> **2.** (*aperçu élémentaire*) представлéние, поня́тие.
> **3.** (*esprit*) головá, гóлову, головы́... ⁄— ⁄—— (*tête*).
> **4.** (*opinion, point de vue*) взгляд.
> **5.** (*appréciation*) мнéние.

1. *Il lui est venu une bonne idée*, емý пришлá счастли́вая идéя. *C'est une idée intéressante*, э́то интерéсная мысль. *Une idée préconçue*, предвзя́тая мысль. *Des idées sombres*, мрáчные мы́сли. **2.** *Je n'en ai pas la moindre idée*, я не имéю об э́том никакóго представлéния *ou* я не имéю об э́том ни малéйшего поня́тия. *Pour se faire une idée à ce sujet*, чтóбы состáвить себé нéкоторое представлéние об э́том. *Donner une idée des difficultés*, дать представлéние о трýдностях. **3.** *Voilà ce qui m'est venu à l'idée*, вот что мне пришлó в гóлову. **4.** *Je ne partage pas ses idées*, я не разделя́ю егó взгля́дов. *Ses idées ont beaucoup changé*, егó взгля́ды значи́тельно измени́лись. **5.** *Ne pas avoir une haute idée de qqn*, быть невысóкого мнéния о кóм-нибудь.

IDEM тó же.

IDENTIQUE одинáковый. *Des opinions identiques*, одинáковые взгля́ды.

IDENTITÉ тóждество. *L'identité des points de vue*, тóждество взгля́дов. • **Carte d'identité**, пáспорт*, ____ *nom. pl.* паспортá ____ . *Présenter sa carte d'identité*, предъяви́ть пáспорт. **Pièce d'identité**, удостоверéние ли́чности.

IDÉOLOGIE идеолóгия. *Une idéologie révolutionnaire*, революциóнная идеолóгия.

IDÉOLOGIQUE идеологи́ческий. *Les divergences idéologiques*, идеологи́ческие разноглáсия.

I. IDIOT *subst.* дурáк ⁄—— ——; идиóт (*moins familier; méd.*). *Il fait l'idiot*, он валя́ет дуракá.

II. IDIOT *adj.* **1.** (*en parlant d'une personne*) глýпый ^—. *Elle est idiote*, онá глупá. **2.** (*dans les autres cas*) глýпый ^—(*seul possible en fonction d'attribut*); дурáцкий; идиóтский (*moins familier*). *C'est idiot*, э́то глýпо. *Un rire idiot*, дурáцкий смех. *Se mettre dans une situation idiote*, попáсть в дурáцкое положéние. *Une lettre idiote*, идиóтское письмó.

IDIOTE дýра; идиóтка (*moins familier*). *Quelle idiote!*, Какáя дýра!

IDOLE и́дол. *Ils adoraient des idoles*, они́ поклоня́лись и́долам.

IGNORANCE невéжество. *Excusez mon ignorance*, Извини́те моё невéжество. *Par ignorance*, по невéжеству.

IGNORER 1. (*ne pas savoir*) не знать (*dans le cas où « ignorer » est accompagné d'une négation, il est traduit par* « знать » *sans négation*). *J'ignorais tout de cette affaire*, я ничегó не знал об э́том дéле. *Je n'ignorais pas qu'il était parti*, я знал, что он уéхал. **2.** (*faire exprès de ne pas remarquer*) игнори́ровать. *Il avait, semble-t-il, décidé d'ignorer les décisions prises par ses chefs*, он как бýдто реши́л игнори́ровать распоряжéния начáльства.

I. IL, ELLE, ILS, ELLES он, она́, оно́, они́. *Il lit*, он чита́ет. *Elle jouait*, она́ игра́ла. *C'est eux*, э́то они́. *Il est absent*, его́ нет. *Je me promenais avec elle*, я гуля́л с ней. *Je me promenais avec lui*, я гуля́ла с ним. *Je le vois*, я его́ ви́жу. *Nous les attendons*, мы их ждём. *J'ai oublié de leur dire*, я забы́л им сказа́ть. ● **Chez lui, chez elle, chez eux,** v. CHEZ.

II. IL *impersonnel ne se traduit pas. Il pleut*, дождь идёт. *Il faisait froid*, бы́ло хо́лодно. *Il faut travailler*, на́до рабо́тать. *Il vaut mieux se taire*, лу́чше молча́ть. *Il manque dix francs*, не хвата́ет десяти́ фра́нков. *Il ne reste plus qu'à envoyer le télégramme*, остаётся то́лько посла́ть телегра́мму.

ÎLE о́стров*, *nom. pl.* острова́ ——. *Dans une île déserte*, на необита́емом о́строве.

ILLÉGAL незако́нный. *Une action illégale*, незако́нное де́йствие.

ILLETTRÉ *adj.* безгра́мотный. *Des paysans illettrés*, безгра́мотные крестья́не. // (*Subst.*) *Il y avait encore beaucoup d'illettrés*, бы́ло ещё мно́го безгра́мотных.

ILLISIBLE неразбо́рчивый. *Une écriture illisible*, неразбо́рчивый по́черк. *Une signature illisible*, неразбо́рчивая по́дпись.

ILLOGIQUE нелоги́чный. *Sa conduite est illogique*, поведе́ние его́ нелоги́чно.

ILLUMINATION (*ensemble de lumières*) иллюмина́ция (*rarement employé au pl.*). *Ce soir-là, il y avait des illuminations*, ве́чером была́ иллюмина́ция.

ILLUMINER освеща́ть / освети́ть (т → щ). *Un éclair illumina la moitié du ciel*, мо́лния освети́ла полне́ба. // (*Fig.*) *Un sourire illumina son visage*, улы́бка освети́ла его́ лицо́.

ILLUSION иллю́зия. *Ne pas se faire d'illusions*, не стро́ить себе́ иллю́зий. ● **Une illusion d'optique,** обма́н зре́ния.

ILLUSTRATION иллюстра́ция. *Un livre avec beaucoup d'illustrations*, кни́га со мно́жеством иллюстра́ций.

ILLUSTRE знамени́тый. *Un savant illustre*, знамени́тый учёный.

ILLUSTRÉ *adj.* иллюстри́рованный. *Une édition richement illustrée*, бога́то иллюстри́рованное изда́ние.

IMAGE

1. (*gravure*) карти́нка.
2. (*modèle*) о́браз.
3. (*description*) карти́на.
4. (*reflet*) отраже́ние.

1. *Un livre avec des images*, кни́га с карти́нками. *Des images d'Épinal*, лубо́чные карти́нки. **2.** *Dieu créa l'homme à son image*, Бог со́здал челове́ка по о́бразу своему́. **3.** *Une image exacte des événements*, ве́рная карти́на собы́тий. **4.** *Voir son image dans la glace*, ви́деть своё отраже́ние в зе́ркале.

IMAGINAIRE мни́мый. *Un danger imaginaire*, мни́мая опа́сность. *Un malade imaginaire*, мни́мый больно́й.

IMAGINATION воображе́ние; фанта́зия (*fam.*). *Une riche imagination*, бога́тое воображе́ние *ou* бога́тая фанта́зия. *Laisser libre cours à son imagination*, дать во́лю своему́ воображе́нию *ou* дать во́лю свое́й фанта́зии. ● **Avoir de l'imagination,** име́ть бога́тое воображе́ние *ou* име́ть бога́тую фанта́зию.

IMAGINER 1. (*se représenter*) предста́вить себе́ (представля́ть / предста́вить). *Vous ne pouvez pas vous imaginer ce qu'on était bien là-bas*, Вы не мо́жете себе́ предста́вить, как хорошо́ бы́ло там. **2.** (*inventer de toutes pièces*) выду́мывать / вы́думать. *Qu'est-ce qu'il a encore imaginé?*, Что он ещё вы́думал. **3.** (*faire une invention*) приду́мывать / приду́мать. *Il a imaginé une machine électronique*, он приду́мал электро́нную маши́ну.

IMAGINER (S') вообража́ть / вообрази́ть. *Elle s'imagine que je n'entends rien*, она́ вообража́ет, что я ничего́ не слы́шу.

IMBÉCILE *subst.* **1.** *m.* дурáк ╱—— ——. *Ils nous prennent pour des imbéciles*, они́ принимáют нас за дуракóв. **2.** *f.* дýра.

IMITATION 1. (*en règle générale*) подражáние (*le complément de nom, possible en français, est remplacé en russe par un nom ou un pronom au datif*); имитáция. *L'imitation des classiques*, подражáние клáссикам. *Une imitation du style du XVIIe siècle*, имитáция сти́ля XVII вéка. **2.** (*faux*) поддéлка. *L'imitation de sa signature*, поддéлка егó пóдписи.

IMITER 1. (*en règle générale*) подражáть (+ *dat.*). *Imiter un écrivain célèbre*, подражáть извéстному писáтелю. **2.** (*faire un faux*) поддéлывать / поддéлать. *Imiter la signature du directeur*, поддéлать пóдпись дирéктора.

IMMÉDIAT 1. (*sans intermédiaire*) непосрéдственный. *Son supérieur immédiat*, егó непосрéдственный начáльник. **2.** (*instantané*) немéдленный. *Une réponse immédiate*, немéдленный отвéт.

IMMÉDIATEMENT немéдленно. *Ils sont partis immédiatement*, они́ немéдленно уéхали.

IMMENSE 1. (*très vaste*) необъя́тный. *Des étendues immenses*, необъя́тные простóры. **2.** (*considérable*) огрóмный. *Ça lui a fait un plaisir immense*, э́то достáвило емý огрóмное удовóльствие.

IMMOBILE (*sans bouger*) неподви́жно. *Rester immobile*, сидéть неподви́жно.

IMMORAL безнрáвственный. *Un livre immoral*, безнрáвственная кни́га.

IMMORTALITÉ бессмéртие. *La croyance en l'immortalité de l'âme*, вéра в бессмéртие души́.

IMMORTEL бессмéртный. *Une gloire immortelle*, бессмéртная слáва.

I. IMPAIR *adj.* нечётный. *Un nombre impair*, нечётное числó.

II. IMPAIR *subst.* бестáктность *f.* *Commettre un impair*, сдéлать бестáктность.

IMPARDONNABLE непрости́тельный. *Une faute impardonnable*, непрости́тельная оши́бка.

IMPARTIAL беспристрáстный. *Un juge impartial*, беспристрáстный судья́.

IMPARTIALITÉ беспристрáстность *f.* *L'impartialité des juges*, беспристрáстность судéй.

IMPASSE тупи́к ╱—— ——. *Ils habitent dans une impasse, près de la gare*, они́ живýт в тупикé, недалекó от вокзáла. // (*Fig.*) *Tomber dans une impasse*, попáсть в тупи́к.

IMPASSIBLE бесстрáстный. *Un visage impassible*, бесстрáстное лицó.

IMPATIENCE нетерпéние. *Attendre avec impatience*, ждать с нетерпéнием.

IMPATIENT нетерпели́вый. *Un geste impatient*, нетерпели́вый жест.

IMPENSABLE немы́слимый. *C'est absolument impensable*, э́то совершéнно немы́слимо.

IMPER дождеви́к ╱—— ——.

IMPÉRATIF *subst.* (*mode verbal*) повели́тельное наклонéние. *Mettre un verbe à l'impératif*, постáвить глагóл в повели́тельном наклонéнии.

IMPÉRATRICE императри́ца.

IMPERCEPTIBLE незамéтный. *Des changements imperceptibles*, незамéтные изменéния.

IMPERFECTIF 1. *subst.* несовершéнный вид. *Les formes de l'imperfectif*, фóрмы несовершéнного ви́да. **2.** *adj.* несовершéнного ви́да. *Le gérondif imperfectif*, деепричáстие несовершéнного ви́да.

IMPÉRIAL цáрский. *Le pouvoir impérial*, цáрская власть.

IMPÉRIALISME империали́зм. *Le choc des impérialismes*, столкновéние империали́змов.

I. IMPERMÉABLE *adj.* непромокáемый. *Une étoffe imperméable*, непромокáемая matéрия.

II. IMPERMÉABLE плащ ╱—— —— (*parfois accompagné de l'adjectif* « непромокáемый »).

IMPERSONNEL безли́чный. *Un verbe impersonnel*, безли́чный глаго́л.

IMPERTINENT де́рзкий. *Une réponse impertinente*, де́рзкий отве́т.

IMPITOYABLE безжа́лостный. *Un examinateur impitoyable*, безжа́лостный экзамена́тор.

IMPOLI неве́жливый. *Une réponse impolie*, неве́жливый отве́т.

IMPORTANCE значе́ние; ва́жность *f*. (*plus livresque*). *Ça n'a aucune importance*, э́то не име́ет никако́го значе́ния. *Ne pas accorder d'importance à qqch.*, не придава́ть чему́-нибудь значе́ния. *Accorder une grande importance*, придава́ть большо́е значе́ние. *Une affaire de toute première importance*, де́ло большо́й ва́жности.

IMPORTANT 1. (*qualitativement*) ва́жный; значи́тельный (*assez important*). *Un événement important*, ва́жное собы́тие. *C'est très important*, э́то о́чень ва́жно. *Jouer un rôle important*, игра́ть значи́тельную роль. **2.** (*quantitativement*) кру́пный; значи́тельный (*assez important*). *Il a perdu une somme importante*, он потеря́л кру́пную су́мму *ou* он потеря́л значи́тельную су́мму. **3.** (*vaniteux*) ва́жный. *Prendre un air important*, приня́ть ва́жный вид. • **Le plus important** (*l'essentiel*), са́мое гла́вное. *Le plus important est fait*, са́мое гла́вное уже́ сде́лано.

IMPORTATION ввоз; и́мпорт (*livresque*). *L'importation de pétrole*, ввоз не́фти.

I. IMPORTER (*faire des importations*) ввози́ть / ввезти́* IV, ввезу́, ввезёшь...; ввёз, ввезла́...; ввезённый. *Importer du pétrole*, ввози́ть нефть.

II. IMPORTER (*être important*) быть ва́жным (ва́жный). *Il importe peu que vous le convoquiez ou non*, Не ва́жно, вы́зовете ли вы его́ и́ли нет. • **N'importe**, всё равно́ (*c'est égal*); уго́дно (*suivant un pronom ou un adverbe: « comme il plaira »*); -нибудь (*lié à un pronom ou un adverbe: « que ce soit »*); *voir également ci-dessous la traduction de « n'importe comment » et « n'importe quel »*. *« Lequel est-ce que tu prendras ? — N'importe »*, « Како́й из них ты возьмёшь? — Всё равно́. » *N'importe qui peut entrer*, кто уго́дно мо́жет войти́. *Qu'ils disent n'importe quoi, je m'en moque*, пусть они́ говоря́т что уго́дно, мне наплева́ть. *Je m'en irai n'importe où et je ne reviendrai pas ici*, Куда́-нибудь уе́ду и бо́льше сюда́ не верну́сь. **N'importe comment 1.** (*à la va-vite*) ко́е-как. *Le travail a été fait n'importe comment*, рабо́та была́ сде́лана ко́е-как. **2.** (*quoi qu'il arrive*) так или ина́че. *N'importe comment, je viendrai*, так или ина́че я приду́. **N'importe lequel, n'importe quel**, любо́й. *À n'importe quelle heure*, в любо́е вре́мя.

IMPOSANT внуши́тельный. *Avoir un air imposant*, име́ть внуши́тельный вид.

IMPOSER (*donner par contrainte*) навя́зывать / навяза́ть* II, навяжу́, навя́жешь... . *Imposer ses idées*, навяза́ть свои́ иде́и.

IMPOSSIBLE 1. *adj*. невозмо́жный. *C'est une chose impossible*, э́то невозмо́жное де́ло. *Il n'y a là rien d'impossible*, тут нет ничего́ невозмо́жного. *Il est presque impossible de se tromper*, ошиби́ться почти́ невозмо́жно. *Un caractère impossible*, невозмо́жный хара́ктер. **2.** *subst*. невозмо́жное *adj. subst. n*. *Demander l'impossible*, тре́бовать невозмо́жного. • **À l'impossible nul n'est tenu**, на нет и суда́ нет. **Il m'est impossible, il t'est impossible...**, я не могу́, ты не мо́жешь... (могу́, мо́жешь..., мо́гут; мог, могла́... / смогу́, смо́жешь..., смо́гут; смог, смогла́...).

IMPÔT нало́г. *Les impôts directs*, прямы́е нало́ги. *Les impôts indirects*, ко́свенные нало́ги. *L'impôt sur le revenu*, подохо́дный нало́г.

IMPRESSION 1. (*sensation, sentiment*) впечатле́ние. *Cela a produit sur eux une forte impression*, э́то произвело́ на них си́льное впечатле́ние. *Une impression favorable*, благоприя́тное впечатле́ние. *J'ai l'impression que nous nous sommes égarés*, у меня́ тако́е впечатле́ние, что мы заблуди́лись. **2.** (*le fait d'imprimer*) печа́тание. *L'impression d'ouvrages scientifiques*, печа́тание нау́чных трудо́в.

IMPRESSIONNISME импрессиони́зм.

REMARQUE. À la différence de son équivalent français, « импрессиони́зм » ne comporte qu'un « н ».

IMPRESSIONNISTE *subst.* импрессиони́ст. *Les impressionnistes français*, францу́зские импрессиони́сты.

REMARQUE. À la différence de son équivalent français, « импрессиони́ст » ne comporte qu'un « н ».

IMPRÉVISIBLE непредви́денный. *Un événement imprévisible*, непредви́денное собы́тие.

IMPRÉVU неожи́данный. *Un événement imprévu*, неожи́данное собы́тие.

IMPRIMER (*dans une imprimerie*) печа́тать / напеча́тать. *Imprimer un journal*, напеча́тать журна́л. *Imprimé en caractères gras*, напеча́танный жи́рным шри́фтом.

IMPRIMERIE (*établissement*) типогра́фия. *Le manuscrit est maintenant à l'imprimerie*, ру́копись тепе́рь в типогра́фии.

IMPROVISATION импровиза́ция. *Une brillante improvisation*, блестя́щая импровиза́ция.

IMPROVISER импровизи́ровать / импровизи́ровать. *Elle s'assit au piano et se mit à improviser*, она́ се́ла к роя́лю и начала́ импровизи́ровать.

IMPRUDEMMENT неосторо́жно. *Agir imprudemment*, поступа́ть неосторо́жно.

IMPRUDENCE неосторо́жность *f*. *Par imprudence*, по неосторо́жности. *Faire une imprudence*, сде́лать неосторо́жность.

IMPRUDENT неосторо́жный. *Des paroles imprudentes*, неосторо́жные слова́.

IMPUNI безнака́занный. *Le crime est resté impuni*, преступле́ние оста́лось безнака́занным.

INACCEPTABLE неприе́млемый. *Des conditions inacceptables*, неприе́млемые усло́вия.

INADMISSIBLE недопусти́мый. *C'est inadmissible!*, Э́то недопусти́мо!

INANIMÉ 1. без па́мяти (*en fonction d'attribut*); безжи́зненный (*en fonction d'épithète*). *Il gisait inanimé*, он лежа́л без па́мяти. *Un corps inanimé*, безжи́зненное те́ло. **2.** (*gramm.*) неодушевлённый. *Le sous-genre inanimé*, катего́рия имён неодушевлённых.

INATTENDU неожи́данный. *Une rencontre inattendue*, неожи́данная встре́ча.

INCAPABLE 1. (*pas en état*) не в состоя́нии. *Je suis incapable de rentrer chez moi à pied*, я не в состоя́нии верну́ться домо́й пешко́м. **2.** (*qui n'a pas les qualités ou les défauts nécessaires*) неспосо́бный. *Elle est incapable de mentir*, она́ неспосо́бна лгать. *Il est incapable d'une telle lâcheté*, он неспосо́бен на таку́ю по́длость.

INCENDIE пожа́р. *Un incendie a éclaté*, вспы́хнул пожа́р. *Éteindre un incendie*, потуши́ть пожа́р. *Un incendie de forêt*, лесно́й пожа́р.

INCERTAIN сомни́тельный (*douteux*); ненадёжный (*sur lequel on ne peut pas compter*). *Un résultat incertain*, сомни́тельный результа́т. *Le temps est incertain*, пого́да ненадёжная.

INCIDENT *subst.* происше́ствие; инциде́нт (*livresque; diplomatie*). *Un voyage sans incident*, путеше́ствие без происше́ствий. *L'incident est clos*, инциде́нт исче́рпан. *Un incident de frontière*, пограни́чный инциде́нт.

INCOGNITO инко́гнито. *Voyager incognito*, путеше́ствовать инко́гнито.

INCOHÉRENT бессвя́зный. *Un récit incohérent*, бессвя́зный расска́з.

INCOMPARABLE (*sans égal*) несравне́нный, несравне́нен, несравне́нна... *Un talent incomparable*, несравне́нный тала́нт.

INCOMPARABLEMENT несравне́нно. *Incomparablement mieux*, несравне́нно лу́чше.

INCOMPATIBLE несовмести́мый. *Des décisions incompatibles*, несовмести́мые реше́ния.

INCOMPLET непо́лный, непо́лон, неполна́, непо́лно, непо́лны /\—. *Une série incomplète*, непо́лная се́рия.

INCOMPRÉHENSIBLE непоня́тный. *Des mots incompréhensibles*, непоня́тные слова́.

I. INCONNU *adj.* неизве́стный; незнако́мый (*que l'on n'a jamais vu*). *Une étoile inconnue*, неизве́стная звезда́. *Une artiste inconnue*, неизве́стная арти́стка. *Des visages inconnus*, незнако́мые ли́ца.

II. INCONNU *subst.* **1.** (*en parlant d'une personne*) незнако́мец; незнако́мый *adj. subst. m. Un inconnu entra dans la pièce*, в ко́мнату вошёл незнако́мый. **2.** (*en parlant de qqch.*) неизве́стное *adj. subst. n. Un saut dans l'inconnu*, прыжо́к в неизве́стное.

INCONNUE 1. (*personne inconnue*) незнако́мка; незнако́мая *adj. subst. f.* **2.** (*math.*) неизве́стное *adj. subst. n. Une équation à une inconnue*, уравне́ние с одни́м неизве́стным.

INCONSCIEMMENT бессозна́тельно. *Il m'imitait inconsciemment*, он бессозна́тельно подража́л мне.

INCONSCIENT *adj.* **1.** (*dont on n'a pas conscience*) бессозна́тельный. *Des gestes inconscients*, бессозна́тельные же́сты. **2.** (*qui n'est pas conscient*) несозна́тельный. *Il faut être inconscient pour faire des choses pareilles*, на́до быть несозна́тельным, что́бы сде́лать тако́е.

INCONSOLABLE безуте́шный. *Un chagrin inconsolable*, безуте́шное го́ре.

INCONTESTABLE несомне́нный. *C'est un succès incontestable*, э́то несомне́нный успе́х.

INCONVÉNIENT недоста́ток; ми́нус (*fam.*). *C'est un gros inconvénient*, э́то большо́й недоста́ток. *Ce projet présente bien des inconvénients*, э́тот прое́кт име́ет мно́го ми́нусов. ● **Ne pas y voir d'inconvénients**, ничего́ не име́ть про́тив. *Je n'y vois pas d'inconvénients*, я ничего́ не име́ю про́тив.

INCORRECT 1. (*comportant des erreurs*) непра́вильный. *Une prononciation incorrecte*, непра́вильное произноше́ние. **2.** (*contraire à la bienséance*) некорре́ктный. *Une conduite incorrecte*, некорре́ктное поведе́ние.

INCROYABLE невероя́тный. *Une vitesse incroyable*, невероя́тная ско́рость. *C'est quelque chose d'incroyable*, э́то что́-то невероя́тное.

INDÉCENT неприли́чный. *Qu'est-ce que ça a d'indécent?*, Что же тут неприли́чного?

INDÉCIS 1. (*en parlant d'une personne*) нереши́тельный. *Un homme indécis*, нереши́тельный челове́к. **2.** (*en parlant de qqch.*) сомни́тельный. *Une victoire indécise*, сомни́тельная побе́да.

INDÉCLINABLE несклоня́емый. *Un substantif indéclinable*, несклоня́емое существи́тельное.

INDÉPENDANCE незави́симость *f. L'indépendance nationale*, национа́льная незави́симость. *Aimer son indépendance*, люби́ть незави́симость.

INDÉPENDANT 1. (*en règle générale*) незави́симый. *Un pays indépendant*, незави́симая страна́. *Un caractère indépendant*, незави́симый хара́ктер. **2.** (*en parlant d'un logement...*) отде́льный. *Une chambre indépendante*, отде́льная ко́мната. ● **Indépendant de**, незави́сящий от (+ *gén.*). *Pour des raisons indépendantes de ma volonté*, по незави́сящим от меня́ обстоя́тельствам.

INDESCRIPTIBLE неопису́емый. *Une joie indescriptible*, неопису́емая ра́дость.

INDÉTERMINÉ 1. неопределённый. *Pour une période indéterminée*, на неопределённое вре́мя. **2.** (*gramm.*) кра́тного подви́да. *Les verbes indéterminés comme, par exemple, « ходи́ть »*, глаго́лы кра́тного подви́да, как наприме́р, « ходи́ть ».

INDICATIF *subst.* **1.** (*gramm.*) изъяви́тельное наклоне́ние. **2.**

(*d'une émission radiophonique...*) позывны́е *adj. subst. pl. L'indicatif de la B.B.C.*, позывны́е Би-би-си́.

INDICATION указа́ние. *Donner des indications*, дать указа́ния.

I. INDIEN *adj.* **1.** (*des Indiens d'Amérique*) инде́йский. *Les tribus indiennes*, инде́йские племена́. **2.** (*de l'Inde*) инди́йский. *Un petit port indien*, ма́ленький инди́йский порт.

II. INDIEN *subst.* (*Indien d'Amérique*) инде́ец, инде́йца...

INDIFFÉRENCE равноду́шие. *Regarder qqch. avec indifférence*, смотре́ть на что́-нибудь с равноду́шием.

INDIFFÉRENT равноду́шный. *D'un ton indifférent*, равноду́шным то́ном. *Indifférent à tout*, равноду́шный ко всему́.

INDIGESTE неудобовари́мый. *Une nourriture indigeste*, неудобовари́мая пи́ща.

INDIGESTION расстро́йство желу́дка. *Ça peut donner une indigestion*, э́то мо́жет вы́звать расстро́йство желу́дка.

INDIGNATION возмуще́ние. *Provoquer l'indignation générale*, вы́звать всео́бщее возмуще́ние.

INDIQUÉ (*fixé d'avance*) назна́ченный. *À l'heure indiquée*, в назна́ченное вре́мя.

INDIQUER ука́зывать / указа́ть* II, укажу́, ука́жешь... ⌄___ . *Il m'a indiqué un livre intéressant*, он мне указа́л интере́сную кни́гу. *Indiquer le chemin*, указа́ть доро́гу.

INDIRECT ко́свенный. *Des preuves indirectes*, ко́свенные доказа́тельства. *Les impôts indirects*, ко́свенные нало́ги. *Le discours indirect*, ко́свенная речь.

INDIRECTEMENT ко́свенным о́бразом; ко́свенно. *Ça ne le concerne qu'indirectement*, э́то его́ каса́ется то́лько ко́свенным о́бразом.

INDISCRET нескро́мный, нескро́мен, нескромна́, нескро́мно, нескро́мны ⌃___. *Une question indiscrète*, нескро́мный вопро́с.

INDISCUTABLE бесспо́рный. *Un fait indiscutable*, бесспо́рный факт.

INDISCUTABLEMENT бесспо́рно. *Il a indiscutablement raison*, бесспо́рно, он прав.

INDISPENSABLE необходи́мый. *Une qualité indispensable*, необходи́мое ка́чество. *Il est indispensable de prendre des mesures*, необходи́мо приня́ть ме́ры.

INDIVIDU (*péjoratif*) субъе́кт. *Un individu suspect*, подозри́тельный субъе́кт.

INDIVIDUALISME индивидуали́зм.

INDIVIDUALISTE *subst.* индивидуали́ст.

INDIVIDUEL ли́чный; индивидуа́льный (*livresque*). *La responsabilité individuelle*, ли́чная отве́тственность.

INDO-EUROPÉEN *adj.* индоевропе́йский. *Les langues indo-européennes*, индоевропе́йские языки́.

INDUBITABLE несомне́нный. *Un succès indubitable*, несомне́нный успе́х.

INDUBITABLEMENT несомне́нно. *Il a raison, indubitablement*, он несомне́нно прав.

INDULGENCE снисходи́тельность *f. Faire preuve d'indulgence*, прояви́ть снисходи́тельность. *Votre indulgence à mon égard*, ва́ша снисходи́тельность ко мне.

INDULGENT снисходи́тельный. *Vous êtes trop indulgent pour ses fautes*, Вы сли́шком снисходи́тельны к его́ оши́бкам.

INDUSTRIALISATION индустриализа́ция. *L'industrialisation des pays sous-développés*, индустриализа́ция экономи́чески отста́лых стран.

INDUSTRIE промы́шленность *f. L'industrie lourde*, тяжёлая промы́шленность. *L'industrie légère*, лёгкая промы́шленность. *Le développement de l'industrie*, разви́тие промы́шленности.

I. INDUSTRIEL *adj.* промы́шленный. *Les régions industrielles*, промы́шленные райо́ны. *Les produits industriels*, промы́шленные изде́лия.

II. INDUSTRIEL *subst.* промы́шленник. *Les petits industriels*, ме́лкие промы́шленники.

INÉDIT неи́зданный. *Un article inédit de Tchekhov*, неи́зданная статья́ Че́хова.

INÉGAL 1. (*différent*) нера́вный, нера́вен, неравна́... ⁄‾‾; неодина́ковый. *Des nombres inégaux*, нера́вные чи́сла. *Des forces inégales*, нера́вные си́лы. *De longueur inégale*, неодина́ковой длины́. **2.** (*dans les autres sens: raboteux; mal réglé; de qualité irrégulière; changeant*) неро́вный, неро́вен, неровна́, неро́вно, неро́вны ∧__. *Un sol inégal*, неро́вная по́чва. *Un pouls inégal*, неро́вный пульс. *Ses œuvres sont inégales*, тво́рчество его́ неро́вное. *Un caractère inégal*, неро́вный хара́ктер.

INÉGALITÉ (*sociale...*) нера́венство (*pas de pl.*). *Les inégalités sociales*, социа́льное нера́венство.

INÉVITABLE неизбе́жный. *C'est inévitable*, э́то неизбе́жно. *Un mal inévitable*, неизбе́жное зло.

INEXCUSABLE непрости́тельный. *Une erreur inexcusable*, непрости́тельная оши́бка.

INEXPÉRIMENTÉ нео́пытный. *Un jeune homme inexpérimenté*, нео́пытный молодо́й челове́к.

INEXPLICABLE необъясни́мый. *Un phénomène inexplicable*, необъясни́мое явле́ние.

INFANTERIE пехо́та. *L'infanterie de marine*, морска́я пехо́та.

INFARCTUS инфа́ркт. *Il a eu un infarctus du myocarde*, у него́ был инфа́ркт миока́рда.

INFATIGABLE неутоми́мый. *Un chercheur infatigable*, неутоми́мый иссле́дователь.

INFÉRIEUR 1. (*placé plus bas*) ни́жний. *La mâchoire inférieure*, ни́жняя че́люсть. **2.** (*de moindre importance, de moindre mérite...*) ни́зший. *Une étoffe de qualité inférieure*, мате́рия ни́зшего ка́чества. *À un stade inférieur de développement*, на ни́зшей ста́дии разви́тия.

I. INFINI *adj.* бесконе́чный. *Un espace infini*, бесконе́чное простра́нство.

II. INFINI *subst.* бесконе́чность *f.* *On peut discuter à l'infini*, мо́жно спо́рить до бесконе́чности.

INFINIMENT бесконе́чно. *J'étais infiniment triste*, мне бы́ло бесконе́чно гру́стно.

INFINITIF *subst.* неопределённое наклоне́ние; инфинити́в (*terme rare*). *Un verbe à l'infinitif*, глаго́л в неопределённом наклоне́нии.

INFIRME *subst.* кале́ка *m.* ou *f.*

INFIRMERIE медпу́нкт (*abréviation de* « медици́нский пункт »). *Conduisez-le à l'infirmerie*, Проводи́те его́ в медпу́нкт.

INFIRMIER санита́р. *Les infirmiers entrèrent avec un blessé sur une civière*, санита́ры внесли́ на носи́лках ра́неного.

INFIRMIÈRE медици́нская сестра́, *par abréviation* медсестра́ *et, le plus souvent, simplement* сестра́ (сестра́, *pl.* сёстры, сестёр, сёстрам... ‾‾∧__). *À l'hôpital, il était soigné par une jeune infirmière*, в го́спитале за ним присма́тривала молода́я сестра́. *Elle était infirmière dans une clinique*, она́ служи́ла сестро́й в кли́нике.

INFLATION инфля́ция.

INFLUENCE влия́ние. *Avoir une grande influence sur qqn*, оказа́ть на кого́-нибудь большо́е влия́ние. *Sous l'influence de son ami*, под влия́нием своего́ прия́теля.

INFORMATION 1. информа́ция. *Une source d'information*, исто́чник информа́ции. **2.** (*pl.: dernières nouvelles à la radio*) после́дние но́вости (но́вости, новосте́й, новостя́м... ⁄‾‾ *pl.*). *On donnait les informations à la radio*, по ра́дио передава́ли после́дние но́вости.

INGÉNIEUR инжене́р. *Ingénieur des mines*, го́рный инжене́р.

INGRAT неблагода́рный. *Un fils ingrat*, неблагода́рный сын. *Un sujet ingrat*, неблагода́рная те́ма.

INGRATITUDE неблагода́рность *f.* *Faire preuve d'ingratitude*, прояви́ть неблагода́рность.

INIMITABLE неподража́емый. *Un artiste inimitable!*, Арти́ст неподража́емый!

INITIATIVE инициати́ва. *Faire*

preuve d'initiative, прояви́ть инициати́ву.

INJURE 1. (*juron*) брань *f.* (*pas de pluriel*). *Couvrir qqn d'injures*, осы́пать кого́-нибудь бра́нью. **2.** (*offense*) оскорбле́ние. *Il a considéré ça comme une injure personnelle*, он э́то при́нял за ли́чное оскорбле́ние.

INJURIER руга́ть / вы́ругать. *Il injurie tout le monde*, он всех руга́ет.

INJUSTE несправедли́вый. *Un homme injuste*, несправедли́вый челове́к. *Une décision injuste*, несправедли́вое реше́ние.

INJUSTICE несправедли́вость *f.* (*pas de pl.*). *Les injustices sociales*, социа́льная несправедли́вость.

INNÉ врождённый. *Un penchant inné pour la musique*, врождённая накло́нность к му́зыке.

INNOCENT *adj.* **1.** (*non coupable*) невино́вный. *Mon frère est innocent*, мой брат невино́вен. **2.** (*ingénu, candide*) неви́нный. *Avec un air innocent*, с неви́нным ви́дом. **3.** (*inoffensif*) безоби́дный. *Une créature innocente*, безоби́дное существо́. *Des plaisanteries innocentes*, безоби́дные шу́тки.

INOFFENSIF безоби́дный. *Une créature inoffensive*, безоби́дное существо́.

INONDATION наводне́ние. *Les terribles inondations de 1910*, стра́шные наводне́ния 1910 го́да. // (*Fig.*) *Une inondation de produits étrangers*, наводне́ние иностра́нными това́рами.

INONDER 1. (*propr.*) затопля́ть / затопи́ть ⌄——. *La rivière a inondé les prés*, река́ затопи́ла луга́. **2.** (*fig.*) наводня́ть / наводни́ть. *Inonder le marché de produits étrangers*, наводни́ть ры́нок иностра́нными това́рами.

INOUBLIABLE незабыва́емый. *Des soirées inoubliables*, незабыва́емые вечера́. *Des impressions inoubliables*, незабыва́емые впечатле́ния.

INOUÏ неслы́ханный. *Un succès inouï*, неслы́ханный успе́х.

INQUIET беспоко́йный; трево́жный (*anxieux*). *Un regard inquiet*, беспоко́йный взгляд *ou* трево́жный взгляд. ● **Être inquiet** (*s'inquiéter*), беспоко́иться / побеспоко́иться (о + *loc.*). *Elle est inquiète pour son fils*, она́ беспоко́ится о сы́не.

INQUIÉTANT v. INQUIÉTER.

INQUIÉTER беспоко́ить. *Ne vous inquiétez pas!*, Не беспоко́йтесь! *Son absence m'inquiétait*, её отсу́тствие меня́ беспоко́ило. *C'est inquiétant*, Э́то меня́ беспоко́ит.

INQUIÉTUDE беспоко́йство; трево́га (*anxiété*); опасе́ние (*appréhension*). *J'attendais son retour avec inquiétude*, я с беспоко́йством ждал её возвраще́ния. *Elle fut prise d'inquiétude*, её охвати́ла трево́га. *Son état n'inspire pas d'inquiétudes*, его́ состоя́ние не вызыва́ет опасе́ний.

INSCRIPTION (*ce qui est inscrit*) на́дпись *f.* *Une inscription sur un piédestal*, на́дпись на пьедеста́ле.

INSCRIRE запи́сывать / записа́ть* II, запишу́, запи́шешь...⌄——. *Inscrire qqch. dans un cahier*, записа́ть что́-нибудь в тетра́дку. *S'inscrire à la bibliothèque*, записа́ться в библиоте́ку.

INSECTE насеко́мое *adj. subst. n.* (*bien qu'il s'agisse d'un être animé, l'accusatif singulier est semblable au nominatif; par contre, l'accusatif pluriel est semblable au génitif*). *Écraser un insecte*, раздави́ть насеко́мое.

INSECTICIDE инсектици́д.

INSIGNE *subst.* знaчо́к. *L'insigne des pionniers*, пионе́рский значо́к.

INSISTER наста́ивать (на + *loc.*). *J'insistais sur ce point*, я наста́ивал на э́том. *Elle insiste pour que nous partions*, она́ наста́ивает, что́бы мы уе́хали.

INSOLENCE де́рзость *f.* *Quelle insolence!*, Кака́я де́рзость!

INSOLENT *adj.* де́рзкий ⌃——. *Un garçon insolent*, де́рзкий па́рень. *Une réponse insolente*, де́рзкий отве́т.

INSOMNIE бессо́нница. *Souffrir d'insomnie*, страда́ть бессо́нницей.

INSPECTER инспекти́ровать / инспекти́ровать. *Inspecter un lycée*, инспекти́ровать лице́й.

INSPECTEUR инспе́ктор*, *nom. pl.* инспектора́ ——. *L'inspecteur des finances*, фина́нсовый инспе́ктор.

INSPIRER 1. (*un sentiment*) внуша́ть / внуши́ть. *Il m'inspire le dégoût*, он внуша́ет мне отвраще́ние. *Ne pas inspirer confiance*, не внуша́ть дове́рия. *Inspirer la crainte*, внуша́ть страх. **2.** (*un poète*) вдохновля́ть / вдохнови́ть. *Ces événements ont inspiré le poète*, э́ти собы́тия вдохнови́ли поэ́та.

INSTABLE неусто́йчивый. *Un caractère instable*, неусто́йчивый хара́ктер. *Un élément instable*, неусто́йчивый элеме́нт.

INSTALLER

1. (*fixer à la place qui convient*) устана́вливать / установи́ть ——.
2. (*aménager, munir du nécessaire*) устра́ивать / устро́ить.
3. (*construire*) стро́ить / постро́ить.
4. (*placer les fils, les tuyaux nécessaires*) проводи́ть —— / провести́* IV, проведу́, проведёшь...; провёл, провела́... ——; проведённый.
5. (*dresser, déployer*) разбива́ть / разби́ть* II, разобью́, разобьёшь...; разбе́й; разби́тый.
6. (*faire asseoir*) сажа́ть / посади́ть ——.

1. *Installer une turbine*, установи́ть турби́ну. **2.** *Installer un laboratoire*, устро́ить лаборато́рию. **3.** *Installer une usine*, постро́ить заво́д. **4.** *Installer le gaz*, провести́ газ. *Installer le téléphone*, провести́ телефо́н. **5.** *Installer une tente*, разби́ть пала́тку. *Installer un camp*, разби́ть ла́герь. **6.** *Il a installé sa sœur à côté de lui*, он посади́л сестру́ во́зле себя́.

INSTALLER (S) 1. (*se loger*) поселя́ться / посели́ться. *Ils se sont installés à la campagne*, они́ посели́лись в дере́вне. **2.** (*s'asseoir*) уса́живаться / усе́сться* IV, ундусь... уся́дусь, уся́дешься...; усе́лся, усе́лась...; уся́дься. *S'installer dans un fauteuil*, усе́сться в кре́сло. *S'installer à table*, усе́сться за стол.

INSTANT мину́та, *dim.* мину́тка *et* мину́точка. *Un instant!*, Одну́ мину́ту! *Un tout petit instant!*, Одну́ мину́точку! *Dans un instant*, через мину́ту. *À chaque instant*, ка́ждую мину́ту. *D'un instant à l'autre*, с мину́ты на мину́ту. *On n'a pas un instant de tranquillité*, мину́ты поко́я нет. ● **Au même instant**, в тот же миг. **En un instant**, в оди́н миг *ou* в одно́ мгнове́ние. **Pour l'instant**, пока́ что. *Pour l'instant, il est loin*, он пока́ что далеко́.

INSTINCT инсти́нкт. *L'instinct de conservation*, инсти́нкт самосохране́ния.

INSTINCTIF инстинкти́вный. *Une peur instinctive*, инстинкти́вный страх.

INSTINCTIVEMENT инстинкти́вно. *Il se retourna instinctivement*, он инстинкти́вно оберну́лся.

INSTITUT институ́т. *L'institut pédagogique*, педагоги́ческий институ́т. *L'institut de cybernétique*, институ́т киберне́тики.

INSTITUTEUR учи́тель*, *nom. pl.* учителя́ —— *m.* *Il a été pendant longtemps instituteur dans un petit village*, он до́лго был учи́телем в небольшо́й дере́вне.

INSTITUTRICE учи́тельница. *Elle a été pendant longtemps institutrice dans un petit village*, она́ до́лго была́ учи́тельницей в небольшо́й дере́вне.

INSTRUCTIF поучи́тельный. *Une lecture instructive*, поучи́тельное чте́ние.

INSTRUCTION 1. (*éducation*) образова́ние. *Il a reçu une très bonne instruction*, он получи́л блестя́щее образова́ние. **2.** (*pl.: ordres, indications*) инстру́кции, инстру́кций, инстру́кциям... *pl.* *Recevoir des instructions précises*, получи́ть то́чные инстру́кции. **3.** (*judiciaire*) сле́дствие. *L'instruction a commencé*, начало́сь сле́дствие. ● **Le juge d'instruction**, сле́дователь *m.* (*quelquefois accompagné de l'adjectif* « суде́бный »).

INSTRUIRE (S') учи́ться ╲___. *Beaucoup d'entre eux voulaient s'instruire,* мно́гим хоте́лось учи́ться.

INSTRUIT образо́ванный. *Un homme instruit,* образо́ванный челове́к.

INSTRUMENT инструме́нт; прибо́р (*physique, optique*). *Un instrument de musique,* музыка́льный инструме́нт. *Des instruments de mesure,* измери́тельные инструме́нты *ou* измери́тельные прибо́ры. *Des instruments d'optique,* опти́ческие прибо́ры.

INSTRUMENTAL *subst.* (*gramm.*) твори́тельный паде́ж (паде́ж ╱‾‾‾). *Mettre un mot à l'instrumental,* поста́вить сло́во в твори́тельном падеже́.

INSU • **À l'insu de,** без ве́дома. *À mon insu,* без моего́ ве́дома.

INSUFFISANT недоста́точный. *En quantité insuffisante,* в недоста́точном коли́честве.

INSULTER оскорбля́ть / оскорби́ть (*offenser*); руга́ть / вы́ругать (*injurier*). *Un ivrogne a insulté l'officier qui passait,* челове́к в пья́ном ви́де вы́ругал проходя́щего офице́ра.

INSUPPORTABLE невыноси́мый, несно́сный. *Une chaleur insupportable,* невыноси́мая жара́. *Un caractère insupportable,* несно́сный хара́ктер.

INSURMONTABLE непреодоли́мый. *Des obstacles insurmontables,* непреодоли́мые препя́тствия.

INTACT це́лый ╱╲___. *Il n'y avait pas une seule vitre intacte,* не́ было ни одного́ це́лого стекла́.

I. INTELLECTUEL *adj.* **1.** (*concernant l'activité de l'esprit*) у́мственный. *Les facultés intellectuelles,* у́мственные спосо́бности. *Le travail intellectuel,* у́мственный труд. **2.** (*concernant les activités culturelles*) интеллектуа́льный. *La vie intellectuelle au début du XXe siècle,* интеллектуа́льная жизнь в нача́ле XX ве́ка.

II. INTELLECTUEL *subst.* **1.** *m.* интеллиге́нт. **2.** *f.* интеллиге́нтка. **3.** (*pl. au sens collectif*) интеллиге́нция. *Les intellectuels soviétiques,* сове́тская интеллиге́нция.

INTELLIGENCE ум╱‾‾‾. *Un homme d'une grande intelligence,* челове́к большо́го ума́.

INTELLIGENT у́мный, умён, умна́, у́мно, у́мны *ou* умён, умна́, умно́, умны́. *Un homme intelligent,* у́мный челове́к. *Un conseil intelligent,* у́мный сове́т.

Remarque. « Интеллиге́нтный » signifie « intellectuel ».

INTELLIGENTSIA интеллиге́нция. *Le rôle de l'intelligentsia,* роль интеллиге́нции.

INTENDANCE 1. (*scolaire, universitaire*) бухгалте́рия. *Adressez-vous à l'intendance,* Обрати́тесь в бухгалте́рию. **2.** (*mil.*) интенда́нтство.

INTENDANT (*scolaire, universitaire*) завхо́з (*abréviation de* заве́дующий хозя́йственной ча́стью).

INTENDANTE (*scolaire, universitaire*) завхо́з *m.* (*abréviation de* заве́дующий хозя́йственной ча́стью).

INTENTION наме́рение. *Une intention louable,* похва́льное наме́рение. *Avec l'intention de partir aussitôt,* с наме́рением сейча́с же уе́хать. • **Avoir l'intention de,** быть наме́ренным (наме́рен, наме́рена...); намерева́ться. *Nous avons l'intention d'y aller pour tout l'été,* мы наме́рены пое́хать туда́ на всё ле́то *ou* мы намерева́емся пое́хать туда́ на всё ле́то. **Sans aucune mauvaise intention,** без вся́кого у́мысла.

INTERDICTION запреще́ние. *L'interdiction d'imprimer un livre,* запреще́ние печа́тать кни́гу.

INTERDIRE запреща́ть / запрети́ть (т → щ). *Interdire les boissons alcoolisées,* запрети́ть алкого́льные напи́тки. • **Il est interdit de, il était interdit de...,** нельзя́ *et le verbe* быть; запреща́ется, запреща́лось... (*livresque*); воспреща́ется, воспреща́лось... (*langage administratif*). *Il est interdit de fumer,* Кури́ть воспреща́ется.

INTERDIT *adj.* запрещённый, запрещён, запрещена́... ╱‾‾‾. *Un* *livre interdit*, запрещённая кни́га. *Ce jeu est interdit*, э́та игра́ запрещена́. ● **Zone interdite**, запре́тная зо́на.

INTÉRESSANT интере́сный. *Un roman intéressant*, интере́сный рома́н.

INTÉRESSER интересова́ть / заинтересова́ть. *Ça ne m'intéresse pas*, э́то меня́ не интересу́ет.

INTÉRESSER (S') интересова́ться / заинтересова́ться (+ *instr.*). *S'intéresser à la littérature*, интересова́ться литерату́рой.

INTÉRÊT

> **1.** (*sentiment de curiosité; agrément que l'on prend à connaître*) интере́с.
> **2.** (*originalité, importance d'une chose*) интере́с.
> **3.** (*avantage*) интере́сы, интере́сов, интере́сам... *pl.*
> **4.** (*souci exclusif de ce qui est avantageux*) коры́стная цель (цель *f.*).
> **5.** (*bénéfice que rapporte une somme placée*) проце́нты, проце́нтов, проце́нтам... *pl.*

1. *Écouter qqch. avec intérêt*, слу́шать что́-нибудь с интере́сом. *Manifester de l'intérêt pour l'art*, прояви́ть интере́с к иску́сству. **2.** *Ça ne présente aucun intérêt*, Э́то не представля́ет никако́го интере́са. **3.** *Dans votre intérêt*, в ва́ших интере́сах. *Combiner son intérêt avec celui de la communauté*, сочета́ть ли́чные интере́сы с интере́сами коллекти́ва. **4.** *Il l'a fait par intérêt*, он э́то сде́лал с коры́стной це́лью. **5.** *La caisse d'épargne paie des intérêts*, сберка́сса выпла́чивает проце́нты. ● **Pour cent d'intérêt**, проце́нт (*subst.*). *Un pour cent d'intérêt*, оди́н проце́нт. *Deux pour cent d'intérêt*, два проце́нта. *Cinq pour cent d'intérêt*, пять проце́нтов.

I. INTÉRIEUR *adj.* вну́тренний. *Une cour intérieure*, вну́тренний двор. *La politique intérieure*, вну́тренняя поли́тика.

II. INTÉRIEUR *subst.* вну́тренность *f.* (*livresque*). *L'intérieur du wagon*, вну́тренность ваго́на. ● **À l'intérieur 1.** (*direction*) внутрь. *Jeter un coup d'œil à l'intérieur*, загляну́ть внутрь. **2.** (*emplacement*) внутри́. *Il n'y avait rien à l'intérieur*, ничего́ не́ было внутри́. **À l'intérieur de 1.** (*direction*) в (+ *acc.*); внутрь (+ *gén.*) [*livresque*]. *Nous sommes entrés à l'intérieur du palais*, мы вошли́ во дворе́ц. *Il me conduisit à l'intérieur du local*, он повёл меня́ внутрь помеще́ния. **2.** (*emplacement*) в (+ *loc.*); внутри́ (+ *gén.*) [*livresque*]. *À l'intérieur de la maison*, в до́ме *ou* внутри́ до́ма. **De l'intérieur**, изнутри́. *La porte est fermée de l'intérieur*, дверь заперта́ изнутри́. **D'intérieur**, дома́шний. *Une robe d'intérieur*, дома́шнее пла́тье. **Le ministère de l'Intérieur**, Министе́рство вну́тренних дел, *par abréviation* МВД.

INTERLOCUTEUR собесе́дник.

I. INTERMÉDIAIRE *adj.* промежу́точный. *Un stade intermédiaire*, промежу́точная ста́дия.

II. INTERMÉDIAIRE *subst.* посре́дник. *Servir d'intermédiaire*, служи́ть посре́дником.

INTERNATIONAL междунаро́дный. *Une exposition internationale*, междунаро́дная вы́ставка. *La situation internationale*, междунаро́дное положе́ние.

INTERNE *adj.* вну́тренний. *Les sécrétions internes*, вну́тренние секре́ции.

INTERPLANÉTAIRE межплане́тный. *Un voyage interplanétaire*, межплане́тное путеше́ствие.

INTERPRÈTE 1. (*celui ou celle qui traduit*) перево́дчик (*homme*); перево́дчица (*femme*). *Nous avons besoin d'un interprète*, нам ну́жен перево́дчик. *Elle travaillait comme interprète*, она́ рабо́тала перево́дчицей. **2.** (*celui ou celle qui joue*) исполни́тель (*homme*); исполни́тельница (*femme*).

INTERROGATION ● **Interrogation écrite**, контро́льная *adj. subst. f. Hier, nous avons eu une interrogation écrite de physique*, вчера́ у нас была́ контро́льная по фи́зике. **Point d'interrogation**, вопроси́тельный знак.

INTERROGATOIRE допро́с. *Soumettre qqn à un interrogatoire*, подве́ргнуть кого́-нибудь допро́су.

INTERROGER 1. спра́шивать / спроси́ть╲___. *Interroger les élèves*, спра́шивать ученико́в. **2.** (*soumettre à un interrogatoire*) допра́шивать / допроси́ть╲___. *Interroger l'inculpé*, допра́шивать подсуди́мого.

INTERROMPRE 1. (*faire cesser*) прерыва́ть / прерва́ть* IV, прерву́, прервёшь...; прерва́л, прервала́, прерва́ло, прерва́ли╱╲__. *Interrompre la séance*, прерва́ть заседа́ние. **2.** (*couper la parole à qqn*) перебива́ть / переби́ть* II, перебью́, перебьёшь...; переби́тый. *Excusez-moi, je vous ai interrompu*, Извини́те, я вас переби́л.

INTERRUPTEUR выключа́тель *m. Appuyer sur l'interrupteur*, поверну́ть выключа́тель.

INTERVALLE промежу́ток. *L'intervalle entre les deux fenêtres*, промежу́ток ме́жду о́кнами. *Après un court intervalle, on entendit de nouveau un coup de feu*, по́сле коро́ткого промежу́тка послы́шался опя́ть вы́стрел.

INTERVENIR (*se mêler de*) вме́шиваться / вмеша́ться (в + *acc.*). *Intervenir dans une discussion*, вмеша́ться в спор.

INTERVIEW интервью́* *indécl. n. Donner une interview*, дать интервью́.

INTESTIN кишка́, *gén. pl.* кишо́к. *L'intestin grêle*, то́нкая кишка́. *Le gros intestin*, то́лстая кишка́.

INTIME инти́мный. *Une conversation intime*, инти́мный разгово́р.

INTONATION интона́ция. *Une intonation interrogative*, вопроси́тельная интона́ция.

INTRADUISIBLE непереводи́мый. *Un jeu de mots intraduisible*, непереводи́мая игра́ слов. *Une expression intraduisible*, непереводи́мое выраже́ние.

INTRANSITIF неперехо́дный. *Un verbe intransitif*, неперехо́дный глаго́л.

INTRIGUE интри́га. *Une intrigue complexe*, сло́жная интри́га. *Une intrigue sentimentale*, любо́вная интри́га.

INTRODUCTION введе́ние. *Introduction à la philosophie*, введе́ние в филосо́фию.

INTRODUIRE (*faire entrer; assurer le développement*) вводи́ть╲___ / ввести́* IV, введу́, введёшь...; ввёл, ввела́...╱‾‾; введённый. *Introduire une nouvelle mode*, ввести́ но́вую мо́ду.

INTRODUIRE (S') [*entrer*] влеза́ть / влезть* IV, вле́зу, вле́зешь...; влез, вле́зла... *Des voleurs se sont introduits dans la maison*, во́ры вле́зли в дом.

INTUITION интуи́ция.

INUTILE бесполе́зный; нену́жный, нену́жен, ненужна́, нену́жно, нену́жны ╱╲__; напра́сный (*sans effet*). *Une chose inutile*, нену́жная вещь *ou* бесполе́зная вещь. *Des larmes inutiles*, напра́сные слёзы. *Des efforts inutiles*, напра́сные стара́ния. *Il est inutile d'en parler*, бесполе́зно говори́ть об э́том.

INUTILEMENT напра́сно. *Nous avons perdu deux heures inutilement*, мы напра́сно потеря́ли два часа́.

INVASION наше́ствие. *Les grandes invasions du Ve siècle*, вели́кие наше́ствия V ве́ка. *Une invasion de sauterelles*, наше́ствие саранчи́.

INVENTER 1. (*faire une invention*) изобрета́ть / изобрести́* IV изобрету́, изобретёшь...; изобрёл, изобрела́... ╱‾‾; изобретённый. *Inventer un nouveau procédé*, изобрести́ но́вый спо́соб. **2.** (*imaginer, forger*) выду́мывать / вы́думать; *ou* приду́мывать / приду́мать. *Ce n'est pas vrai, c'est toi qui a inventé ça*, Непра́вда! Э́то ты сам вы́думал. *Ce n'est pas mal inventé*, э́то непло́хо приду́мано. ● **Il n'a pas inventé la poudre,** он по́роха не вы́думает (выду́мывать / вы́думать).

INVENTEUR изобрета́тель *m. Les inventeurs de la radio*, изобрета́тели ра́дио.

INVENTION 1. (*découverte*) изобрете́ние. *Les grandes inventions du XXe siècle*, вели́кие изобретéния XX вéка. *Faire une invention*, сдéлать изобретéние. **2.** (*mensonge*) вы́думка. *Personne ne croira des inventions pareilles*, никтó не повéрит э́тим вы́думкам.

INVERSE 1. *adj.* обрáтный, противоположный. *Dans la direction inverse*, в обрáтном направлéнии. **2.** *subst.* обрáтное *adj. subst. n.*; противоположное *adj. subst. n. C'est justement l'inverse qui s'est produit*, случи́лось как раз противоположное.

INVESTISSEMENT капиталовложéние. *Un investissement inutile*, бесполéзное капиталовложéние.

INVISIBLE неви́димый. *Des ennemis invisibles*, неви́димые враги́.

INVITATION приглашéние. *Recevoir une invitation à un bal*, получи́ть приглашéние на бал. *Accepter l'invitation*, приня́ть приглашéние. *Refuser l'invitation*, отказáться от приглашéния.

INVITÉ *subst.* **1.** *m.* гость —— /—— *m. Recevoir des invités*, принимáть гостéй. **2.** *f.* гóстья.

INVITER (*proposer de venir*) приглашáть / пригласи́ть. *Inviter qqn à un concert*, пригласи́ть когó-нибудь на концéрт. *Inviter à prendre le thé*, пригласи́ть на чáшку чáя.

INVOLONTAIRE невóльный. *Des larmes involontaires*, невóльные слёзы.

INVOLONTAIREMENT невóльно. *Il fit involontairement un pas en arrière*, он невóльно отступи́л на шаг.

INVRAISEMBLABLE невероя́тный. *Une histoire invraisemblable*, невероя́тная истóрия.

IRIS (*fleur*) и́рис.

IRONIE ирóния. *Une ironie du sort*, ирóния судьбы́.

IRONIQUE ирони́ческий. *Avec un sourire ironique*, с ирони́ческой улы́бкой.

IRRÉGULIER 1. (*rythmique*) нерóвный, нерóвен, неровнá, нерóвно, нерóвны /\—. *Un pouls irrégulier*, нерóвный пульс. *Une respiration irrégulière*, нерóвное дыхáние. **2.** (*dans les autres cas*) непрáвильный. *Des traits irréguliers*, непрáвильные черты́ лицá. *Les verbes irréguliers*, непрáвильные глагóлы.

IRRIGATION орошéние. *L'irrigation des prairies*, орошéние лугóв. ● **D'irrigation**, ороси́тельный. *Des canaux d'irrigation*, ороси́тельные канáлы.

IRRIGUER орошáть / ороси́ть. *Irriguer des régions désertiques*, орошáть пусты́нные райóны.

IRRITER раздражáть / раздражи́ть. *Mes plaisanteries l'irritaient*, мои́ шу́тки раздражáли егó. *Irriter l'estomac*, раздражáть желу́док.

ISBA избá —— —— .

I. ISRAÉLIEN *subst.* израильтя́нин*, *pl.* израильтя́не, израильтя́н, израильтя́нам...

II. ISRAÉLIEN *adj.* изрáильский.

ISRAÉLIENNE израильтя́нка.

I. ISRAÉLITE *subst.* **1.** *m.* еврéй *m.* **2.** *f.* еврéйка.

II. ISRAÉLITE *adj.* еврéйский. *Un cimetière israélite*, еврéйское клáдбище.

ISSUE ● **Sans issue**, безвы́ходный. *Une situation sans issue*, безвы́ходное положéние.

I. ITALIEN *subst.* **1.** (*homme*) италья́нец. **2.** (*langue*) италья́нский язы́к (язы́к /——). *Étudier l'italien*, изучáть италья́нский язы́к. *Un livre en italien*, кни́га на италья́нском языкé. ● **En italien** *et, dans le même emploi*, **italien** (*accompagnant généralement un verbe*), по-италья́нски. *Tout était écrit en italien*, всё бы́ло напи́сано по-италья́нски. *Parler italien*, говори́ть по-италья́нски.

II. ITALIEN *adj.* италья́нский. *La peinture italienne*, италья́нская жи́вопись.

ITALIENNE италья́нка.

ITINÉRAIRE маршру́т. *Quel itinéraire suivez-vous?*, Каки́м маршру́том вы éдете?

IVOIRE слоно́вая кость (кость *f.*). *Des objets en ivoire*, изде́лия из слоно́вой ко́сти.

IVRE пья́ный ╱╲__. *Il était ivre et ne pouvait pas se relever*, он был пьян и не мог подня́ться с ме́ста.

IVROGNE пья́ница *m. Un ivrogne invétéré*, го́рький пья́ница.

J

JAILLIR 1. (*en parlant de liquides*) / хлы́нуть; *ou* бры́згать* II, бры́зжет, бры́зжут / бры́знуть. *Le sang jaillit de sa blessure*, кровь хлы́нула из ра́ны. *Des larmes jaillirent de ses yeux*, слёзы хлы́нули у неё из глаз. **2.** (*en parlant de lueurs, de sons...*) сы́паться* II, сы́плется, сы́плются / посы́паться* II (*id.*). *Des étincelles jaillirent*, и́скры посы́пались. *Des réponses jaillirent de toutes parts*, со всех сторо́н посы́пались отве́ты.

JALOUSIE 1. (*dépit amoureux*) ре́вность *f. Tuer qqn par jalousie*, уби́ть кого́-нибудь из ре́вности. **2.** (*envie*) за́висть *f. La jalousie le ronge*, его́ грызёт за́висть.

JALOUX (*animé par un dépit amoureux*) ревни́вый. *Un mari jaloux*, ревни́вый муж. ● **Être jaloux 1.** (*ressentir un dépit amoureux*) ревнова́ть (*le nom de la personne aimée est exprimé à l'accusatif sans préposition*). *Il est jaloux de sa femme*, он ревну́ет жену́. **2.** (*être envieux*) зави́довать / позави́довать (+ *dat.*). *Il est jaloux de son voisin*, он зави́дует сосе́ду.

JAMAIS 1. (*à aucun moment*) никогда́. *Mieux vaut tard que jamais*, лу́чше по́здно, чем никогда́. *Je ne l'ai jamais vu*, я его́ никогда́ не ви́дел. **2.** (*à tel ou tel moment*) когда́-либо. *Moins que jamais*, ме́ньше, чем когда́-либо.

JAMBE нога́ ╲╱‾‾__╱‾‾ (*l'accent passe sur la préposition dans les groupes* « за́ ногу », « на́ ногу », « по́д ногу », « на́ ноги » *et* « по́д ноги »); *dim.* но́жка. *Elle a de belles jambes*, у неё краси́вые но́ги. *Une jambe de bois*, деревя́нная нога́. *S'enfuir à toutes jambes*, удира́ть со всех ног. *Être assis les jambes croisées*, сиде́ть нога́ на́ ногу.

JAMBON ветчина́. *Une tranche de jambon*, ло́мтик ветчины́.

JANVIER янва́рь╱‾‾‾ *m. Au mois de janvier*, в январе́. *Nous sommes arrivés le 8 janvier*, мы прие́хали 8-го января́.

I. JAPONAIS *subst.* **1.** (*homme*) япо́нец. **2.** (*langue*) япо́нский язы́к (язы́к ╱‾‾‾). *Étudier le japonais*, изуча́ть япо́нский язы́к. *Un livre en japonais*, кни́га на япо́нском языке́. ● **En japonais** *et, dans le même emploi*, **japonais** (*accompagnant généralement un verbe*), по-япо́нски. *Tout était écrit en japonais*, всё бы́ло напи́сано по-япо́нски. *Parler japonais*, говори́ть по-япо́нски.

II. JAPONAIS *adj.* япо́нский. *La musique japonaise*, япо́нская му́зыка.

JAPONAISE япо́нка.

JARDIN 1. (*potager*) огоро́д. *Bêcher son jardin*, копа́ть огоро́д. **2.** (*dans les autres sens*) сад*, *loc.* саду́ ___╱ ‾‾‾. *Se promener dans le jardin*, гуля́ть в саду́. *Le jardin municipal*, городско́й сад. *Le jardin botanique*, ботани́ческий сад. ● **C'est une pierre dans mon jardin**, э́то в мой огоро́д ка́мешки летя́т.

JARDINIER садо́вник.

JAUNE *adj.* жёлтый ╱╲__. *Une fleur jaune*, жёлтый цвето́к.

JAUNIR желте́ть / пожелте́ть. *Les feuilles ont jauni*, ли́стья пожелте́ли.

JAUNISSE желту́ха.

JAVEL ● **Eau de Javel**, жаве́лева вода́ (жаве́лев *adj. d'appart.*; вода́ ╲╱‾‾‾).

JAZZ джаз. *Jouer du jazz*, игра́ть джаз. ● **De jazz**, джа́зовый. *Un orchestre de jazz*, джа́зовый орке́стр.

JE я. *Je suis fatigué*, я уста́л. *J'ai froid*, мне хо́лодно. *Je n'ai pas un sou*, у меня́ нет ни копе́йки. *Tania m'a téléphoné ce matin*, Та́ня позвони́ла мне у́тром. *Elle s'occupe de moi*, она́ забо́тится обо мне. « *Qui a répondu? — C'est moi* », « Кто отве́тил? — Э́то я. » ● **Chez moi**, v. CHEZ.

JET ● **Jet d'eau**, фонта́н.

JETER броса́ть / бро́сить *ou, avec diverses nuances*, выбра́сывать / вы́бросить (*jeter dehors*); набра́сывать / набро́сить [на + *acc.*] (*jeter sur*). *Jeter des pierres*, бро́сить ка́мни. *Jeter l'ancre*, бро́сить я́корь. *Se jeter dans l'eau*, бро́ситься в во́ду. *Jeter de l'argent par les fenêtres*, броса́ть де́ньги на ве́тер. *Jeter une cigarette par la fenêtre*, вы́бросить папиро́су за окно́. *Se jeter par la fenêtre*, вы́броситься в окно́. *Elle jeta un châle sur ses épaules*, она́ набро́сила шаль на пле́чи. *Les chiens se jetèrent sur le chat*, соба́ки набро́сились на ко́шку. ● **Jeter de l'huile sur le feu**, подли́ть ма́сла в ого́нь (подлива́ть / подли́ть* II, подолью́, подольёшь...; подли́л, подлила́, подли́ло, подли́ли /__; подле́й). **Jeter de la poudre aux yeux**, пуска́ть пыль в глаза́.

JEU игра́ —— ____. *Les règles du jeu*, пра́вила игры́. *Les jeux de hasard*, аза́ртные и́гры. *Les jeux Olympiques*, Олимпи́йские и́гры. *Un jeu dangereux*, опа́сная игра́. *Jouer un double jeu*, вести́ двойну́ю игру́. *Un jeu de mots*, игра́ слов. *Le jeu n'en vaut pas la chandelle*, игра́ не сто́ит свеч. ● **Un jeu de cartes 1.** (*ensemble de cartes*) коло́да карт. **2.** (*manière de les utiliser*) ка́рточная игра́. **Un jeu de construction**, констру́ктор. **Un jeu de cubes**, ку́бики, ку́биков, ку́бикам...

JEUDI четве́рг /—— ——. *Je l'ai vue jeudi matin*, я её ви́дел в четве́рг у́тром. *Il vient nous voir le jeudi*, он к нам захо́дит по четверга́м. ● **La semaine des quatre jeudis**, по́сле до́ждика в четве́рг.

JEUN ● **À jeun**, натоща́к. *Prendre un médicament à jeun*, принима́ть лека́рство натоща́к.

I. JEUNE *adj.* молодо́й, мо́лод, молода́, мо́лодо, мо́лоды /__; *comp.* моло́же*. *Un jeune homme*, молодо́й челове́к. *Une jeune femme*, молода́я же́нщина. *Il est plus jeune que moi*, он моло́же меня́. ● **Une jeune fille**, де́вушка.

REMARQUE. Le suffixe « ёнок » (« о́нок » après chuintante), remplacé au pluriel par « я́та », « я́т », « я́там »... (« а́та », « а́т », « а́там »... après chuintante), permet de former le nom de la plupart des petits d'animaux. Ex. : *котёнок*, un jeune chat, *тигрёнок*, un jeune tigre, *лисёнок*, un jeune renard, *волчо́нок*, un jeune loup. Il existe, en outre, quelques substantifs isolés comme *щено́к*, un jeune chien.

II. JEUNE *subst.* ● **Les jeunes**, молодёжь *f. Il y avait beaucoup de jeunes*, мно́го бы́ло молодёжи.

JEUNESSE 1. (*par opposition à « vieillesse »*) мо́лодость *f. Dans sa jeunesse, elle était gaie et insouciante*, в мо́лодости она́ была́ весёлой и беззабо́тной. *Elle n'est pas de la première jeunesse*, она́ не пе́рвой мо́лодости. **2.** (*les jeunes*) молодёжь *f. La jeunesse dorée*, золота́я молодёжь.

JOIE ра́дость *f. Sauter de joie*, пры́гать от ра́дости.

JOINDRE 1. (*unir, mettre ensemble*) соединя́ть / соедини́ть (с + *instr.*). *Joindre l'utile à l'agréable*, соедини́ть прия́тное с поле́зным. **2.** (*adjoindre*) прикла́дывать / приложи́ть __ (к + *dat.*). *À la lettre étaient joints des documents*, к письму́ бы́ли прило́жены докуме́нты. **3.** (*parvenir à prendre contact avec qqn*) застава́ть* II, застаю́, застаёшь...; застава́й; застава́я / заста́ть* *n. cl.*, заста́ну, заста́нешь... *J'ai essayé de téléphoner, mais je n'ai pas pu le joindre*, я звони́л, но его́ не заста́л. ● **Ne pas joindre les deux bouts**, не своди́ть концы́ с конца́ми (своди́ть ╲———).

JOINDRE (SE) присоединя́ться / присоедини́ться (к + *dat.*). *Il s'est joint à nous*, он присоедини́лся к нам.

JOLI *adj.* хоро́шенький (*mignon*); краси́вый (*beau*). *Une jolie fille*, хоро́шенькая де́вушка. *Une jolie petite maison*, хоро́шенький до́мик. *Un joli nez*, краси́вый нос. ● **Faire du joli**, налома́ть дров (/ налома́ть).

JONGLER жонгли́ровать. *Jongler avec des bouteilles*, жонгли́ровать буты́лками.

JOUE щека́, *acc.* щёку; *pl.* щёки, щёк, щека́м... ╲╱—— _╱——. *Des joues roses*, румя́ные щёки. *Embrasser qqn sur les joues*, поцелова́ть кого́-нибудь в щёку.

JOUER 1. (*intr.*) игра́ть / поигра́ть. *Les enfants jouent dans la cour*, де́ти игра́ют во дворе́. *Jouer au tennis*, игра́ть в те́ннис. *Jouer à la guerre*, игра́ть в войну́. *Jouer aux cartes*, игра́ть в ка́рты. *Jouer aux échecs*, игра́ть в ша́хматы. *Jouer au billard*, игра́ть на билья́рде. *Jouer à la poupée*, игра́ть в ку́клы. *Jouer du violon*, игра́ть на скри́пке. *Jouer du piano*, игра́ть на роя́ле. // (*Fig.*) *Jouer avec le feu*, игра́ть с огнём. *Jouer sur les mots*, игра́ть слова́ми. **2.** (*tr.*) игра́ть / сыгра́ть. *Jouer une valse*, сыгра́ть вальс. *Jouer une pièce*, игра́ть пье́су. // (*Fig.*) *Jouer la comédie*, игра́ть коме́дию. *Jouer un grand rôle*, игра́ть большу́ю роль. ● **Jouer un tour de cochon à qqn**, подложи́ть кому́-нибудь свинью́ (подкла́дывать / подложи́ть ╲———).

JOUET игру́шка.

JOUEUR игро́к ╱——— ———. *Un joueur de basket*, игро́к в баскетбо́л. ● **Joueur d'échecs**, шахмати́ст.

JOUG (*fig.*) и́го. *Le joug tatar*, тата́рское и́го.

JOUIR 1. (*bénéficier*) по́льзоваться (+ *instr.*). *Jouir d'une bonne réputation*, по́льзоваться хоро́шей репута́цией. **2.** (*tirer grand plaisir*) наслажда́ться (+ *instr.*). *Jouir de la vie*, наслажда́ться жи́знью.

JOUR день *m.* (*l'accent passe sur la préposition dans les groupes* « за́ день » *et* « на́ день »). *J'ai passé trois jours à la campagne*, я провёл три дня в дере́вне. *Il y a trois jours, j'étais encore là-bas*, три дня тому́ наза́д я был ещё там. *Dans cinq jours, ce sera prêt*, че́рез пять дней э́то бу́дет гото́во. *Tous les jours*, ка́ждый день. *Un beau jour* (*inopinément*), в оди́н прекра́сный день. *Le jour de repos*, выходно́й день. *De nos jours*, в на́ши дни. ● **Au petit jour, au point du jour**, на рассве́те. **Ces jours-ci**, на днях. *Il est arrivé ces jours-ci*, он прие́хал на днях. **C'est le jour et la nuit** (*en parlant d'un grand contraste*), э́то не́бо и земля́. **De jour en jour**, со дня на́ день. *Repousser de jour en jour*, откла́дывать со дня на́ день. **En plein jour**, среди́ бе́ла дня. **Faire jour**, светло́ *accompagné du verbe* быть. *Il faisait encore jour*, бы́ло ещё светло́. **Huit jours** (*une semaine*), неде́ля. *Je pars dans huit jours*, я уезжа́ю че́рез неде́лю. **L'autre jour**, на днях. *Nous l'avons vu l'autre jour*, мы его́ ви́дели на днях. **Le jour** (*pendant la journée*), днём (*adv.*). *Ils travaillaient la nuit, et le jour, ils se reposaient*, они́ рабо́тали но́чью, а днём отдыха́ли. **Le jour de l'An**, Но́вый год. *Fêter le jour de l'An*, встреча́ть Но́вый год. **Le jour se lève**, день занима́ется. **Ne pas faire jour**, темно́ *accompagné du verbe* быть. *Il ne faisait pas encore jour*, бы́ло ещё темно́. **Pour les mauvais jours**, на чёрный день. *Mettre de l'argent de côté pour les mauvais jours*, откла́дывать де́ньги на чёрный день. **Un de ces jours**, на днях. *Il va arriver un de ces jours*, он прие́дет на днях. **Un jour** (*dans le passé*), оди́н раз; раз (*fam.*); одна́жды (*livresque*). *Un jour, après le repas, nous sommes allés nous promener dans la forêt*, раз по́сле обе́да мы пошли́ гуля́ть по́ лесу. **Un jour de fête**, пра́здник.

JOURNAL 1. (*au format des quotidiens*) газе́та. *Un journal du soir*, вече́рняя газе́та. **2.** (*revue*) журна́л. *Un journal mensuel*, ежеме́сячный журна́л. *Un journal de modes*, журна́л мод. **3.** (*journal intime*) дневни́к ⁄‾‾ ‾‾. *Tenir son journal*, вести́ дневни́к. ● **Le journal parlé**, после́дние изве́стия (изве́стия, изве́стий, изве́стиям... *pl.*).

JOURNALISTE 1. *m.* журнали́ст. **2.** *f.* журнали́стка.

JOURNÉE день *m.* (*l'accent passe sur la préposition dans les groupes* « за́ день » *et* « на́ день »). *Une journée ensoleillée*, со́лнечный день. *Je travaille toute la journée*, весь день рабо́таю.

JOYEUSEMENT ве́село, *comp.* веселе́е. *Passer joyeusement la soirée*, ве́село провести́ ве́чер.

JOYEUX ра́достный; весёлый, ве́сел, весела́, ве́село, ве́селы ⁄_ (*gai*). *Des cris joyeux*, ра́достные кри́ки. *De joyeuse humeur*, в весёлом настрое́нии.

JUDAÏSME иуде́йство.

JUDICIAIRE суде́бный. *Les organes judiciaires*, суде́бные о́рганы.

JUDO дзю-до* *indécl. n.* (*terme rare*); *un sport voisin est pratiqué en Union soviétique sous le nom de* са́мбо (са́мбо* *indécl. n.*).

JUGE судья́ ‾‾ ⁄_ *m. Le juge a rendu son arrêt*, судья́ постанови́л пригово́р. *Je suis mauvais juge en la matière*, я в э́том де́ле плохо́й судья́. ● **Juge d'instruction**, сле́дователь *m.* (*parfois accompagné de l'adjectif* « суде́бный »).

JUGEMENT 1. (*arrêt du tribunal*) реше́ние (*parfois accompagné de l'adjectif* « суде́бное »). *Rendre un jugement*, вы́нести реше́ние. **2.** (*appréciation*) сужде́ние. *Un jugement sur l'art*, сужде́ние об иску́сстве.

JUGER 1. (*faire passer devant un tribunal*) суди́ть _. *Il était jugé pour meurtre*, его́ суди́ли за уби́йство. **2.** (*porter un jugement*) суди́ть _ (о + *loc.*). *Juger les gens sur les apparences*, суди́ть о лю́дях по нару́жности. *Je ne peux pas en juger*, об э́том я не могу́ суди́ть. **3.** (*considérer, estimer*) счита́ть / счесть* IV, сочту́, сочтёшь...; счёл, сочла́...; сочте́нный. *Juger indispensable*, счита́ть необходи́мым.

I. JUIF *subst.* евре́й *m.*

II. JUIF *adj.* евре́йский. *Le peuple juif*, евре́йский наро́д.

JUILLET ию́ль *m. Au mois de juillet*, в ию́ле. *Nous sommes arrivés ici le 4 juillet*, мы прие́хали сюда́ 4-го ию́ля.

JUIN ию́нь *m. Au mois de juin*, в ию́не. *C'était le 13 juin*, э́то бы́ло 13-го ию́ня.

JUIVE евре́йка.

JUMEAU *adj. ou subst.* близне́ц ⁄‾‾ ‾‾. *Des frères jumeaux*, бра́тья-близнецы́. *Des sœurs jumelles*, сёстры-близнецы́. *C'étaient des jumeaux* ou *C'étaient des jumelles*, э́то бы́ли близнецы́.

JUMELLES 1. (*sœurs*) v. JUMEAU. **2.** (*double lorgnette*) бино́кль *m. Regarder avec des jumelles*, смотре́ть в бино́кль.

JUMENT кобы́ла.

JUPE ю́бка.

JURER 1. (*faire serment*) кля́сться* IV, кляну́сь, клянёшься...; кля́лся, кляла́сь... ⁄‾‾ / покля́сться* IV (*id.*). *Il jurait qu'il tiendrait sa promesse*, он кля́лся, что испо́лнит своё обеща́ние. **2.** (*prononcer des jurons*) руга́ться / вы́ругаться. *Il jure comme un charretier*, он руга́ется, на чём свет стои́т.

JURON руга́тельство. *Lancer des jurons*, отпусти́ть руга́тельства.

JURY жюри́* *indécl. n. Quelle a été la décision du jury ?*, Како́е бы́ло реше́ние жюри́?

JUS сок*, *loc.* соку́ _⁄ ‾‾. *Un jus de fruits*, фрукто́вый сок. *Un jus de tomate*, тома́тный сок. ● **Cuire dans son jus**, вари́ться в со́бственном соку́.

JUSQUE до (+ *gén.*). *Jusqu'à la gare*, до вокза́ла. *Jusqu'au soir*, до ве́чера. *Je suis trempé jusqu'aux os*, я промо́к до косте́й. ● **Jusqu'à ce moment-là**, до того́ вре́мени. **Jusqu'à ce que**, до тех пор, пока́ не. *Jusqu'à ce qu'il accepte ma proposition*, до тех пор, пока́ он не при́мет моё предложе́ние.

Jusqu'à présent, до сих пор. **Jusqu'à quand?,** До каких пор?

JUSTE

> **I. Adjectif:**
> **1.** (*équitable, légitime*) справедли́вый.
> **2.** (*conforme à la raison, à la vérité*) вéрный ⁄—.
> **3.** (*correct*) прáвильный.
> **II. Adverbe:**
> **1.** (*exactement*) тóчно.
> **2.** (*correctement*) прáвильно.

I. 1. *Il est sévère mais juste,* он строг, но справедли́в. *Une juste colère,* справедли́вый гнев. **2.** *Une idée juste,* вéрная мысль. *C'est parfaitement juste,* Совершéнно вéрно. **3.** *Une réponse juste,* прáвильный отвéт.

II. 1. *Juste à six heures,* тóчно в шесть. **2.** *Chanter juste,* прáвильно петь.

● **À juste titre,** не без основáния. **Au juste,** сóбственно говоря́. *Qu'est-ce qui lui est arrivé au juste?,* А что с ним случи́лось, сóбственно говоря́? **La juste cause,** прáвое дéло. *Défendre la juste cause,* стоя́ть за прáвое дéло. **Le juste milieu,** золотáя середи́на.

JUSTEMENT как раз. *C'est justement ce dont nous parlions,* Это как раз то, о чём мы говори́ли.

JUSTICE 1. (*ce qui est équitable; sens de l'équité*) справедли́вость *f.* *Rendre justice à qqn,* отдавáть комý-нибудь справедли́вость. *La justice exige qu'il soit puni,* справедли́вость трéбует, чтóбы егó наказáли. **2.** (*tribunal*) суд ⁄—. *Poursuivre qqn en justice,* подáть на когó-нибудь в суд. **3.** (*ensemble des tribunaux; administration*) юсти́ция. *Le ministère de la Justice,* Министéрство юсти́ции. ● **Un repris de justice,** рецидиви́ст.

JUSTIFIER опрáвдывать / оправдáть. *Pour justifier ce qu'il avait fait,* чтóбы оправдáть свой постýпок.

K

KACHA кáша. *De la kacha de sarrasin,* грéчневая кáша.

KANGOUROU кенгурý* *indécl. m. ou f.*

KÉFIR кефи́р. *Une bouteille de kéfir,* буты́лка кефи́ра.

KÉPI кепи́* *indécl. n.* (*rare*).

KHAN хан. *En 1382, Moscou fut pillée et incendiée par les armées du khan Tokhtamych,* в 1382 годý Москвá былá огрáблена и сожженá войскáми хáна Тохтамы́ша.

KILO килó* *indécl. n. Un kilo de pommes de terre,* килó картóшки. *Cinq kilos,* пять килó.

KILOGRAMME килогрáмм. *Trois kilogrammes,* три килогрáмма.

KILOMÈTRE киломéтр. *À cinq kilomètres d'ici,* в пяти́ киломéтрах отсю́да.

KIOSQUE киóск. *Un kiosque à journaux,* газéтный киóск.

KLAXON гудóк (*parfois accompagné de l'adjectif* « автомоби́льный »).

KLAXONNER (*appuyer sur le Klaxon*) сигнáлить / посигнáлить. *Avant d'arriver au tournant, j'ai klaxonné,* пéред поворóтом я посигнáлил.

KNOUT кнут ⁄— —. *Frapper son cheval à coups de knout,* бить лóшадь кнутóм.

KOLKHOZE колхóз. *Le président du kolkhoze,* председáтель колхóза.

I. KOLKHOZIEN *subst.* колхóзник.

II. KOLKHOZIEN *adj.* колхóзный. *Le marché kolkhozien,* колхóзный ры́нок.

KOLKHOZIENNE колхóзница.

KOMSOMOL 1. (*organisation*) Комсомóл. *S'inscrire au komsomol*, вступи́ть в Комсомóл. **2.** (*jeune homme membre du komsomol*) комсомóлец, комсомóльца... **3.** (*jeune fille membre du komsomol*) комсомóлка.

KOPEK копéйка. *Ça coûte cinq kopeks*, э́то стóит пять копéек.

KOULAK кулáк ⁄—— —— .

L

L' v. LE.

LA 1. (*article*) v. LE. **2.** (*note de musique*) ля* *indécl. n. Sonate en* la *majeur*, сонáта ля мажóр.

LÀ 1. (*par opposition à « ici »*) voir ci-dessous LÀ-BAS. **2.** (*ne s'opposant pas à « ici »*) тут, здесь. *Asseyez-vous là*, Сади́тесь тут. *Vous êtes déjà là?*, Вы ужé здесь? *Ils habitent là*, они́ живýт здесь. *La photo était là, sur la table*, фотогрáфия былá тут на столé. **3.** (*renforcement*) *ne peut être rendu que par l'intonation. Qu'est-ce que tu as fait là!*, Что ты надéлал! ● **Çà et là**, кóе-где; там и сям (*livresque*). *Il y avait çà et là des bouleaux*, кóе-где росли́ берёзы. **Ce ... là**, v. CE II. **Celui-là**, v. CELUI-LÀ. **De là 1.** (*d'ici*) отсю́да. *On peut le voir de là*, егó мóжно ви́деть отсю́да. **2.** (*de là-bas*) оттýда. *Nous irons à l'hôtel et, de là, à la gare*, мы пойдём в гости́ницу и оттýда на вокзáл. **D'ici là**, к томý врéмени. *D'ici là, nous aurons sans doute reçu son paquet*, к томý врéмени мы, навéрно, полýчим егó посы́лку. **Là-bas 1.** (*direction*) тудá. *Nous irons là-bas en autobus*, мы поéдем тудá на автóбусе. **2.** (*emplacement*) там. *Il est là-bas à gauche*, он там налéво. **Là-dedans 1.** (*direction*) сюдá *souvent précisé par un substantif à l'accusatif régi par la préposition* « в ». *Je l'ai mis là-dedans*, я положи́л егó сюдá *ou* я положи́л егó сюдá в я́щик. **2.** (*emplacement*) тут *ou* здесь *souvent précisés par un substantif au locatif régi par la préposition* « в ». *L'argent est sûrement là-dedans*, дéньги, навéрно, здесь *ou* дéньги, навéрно, здесь, в шкафý. **Là-dessous 1.** (*direction*) сюдá *souvent précisé par un substantif à l'accusatif régi par la préposition* « под ». *Le chat est entré là-dessous*, кóшка залéзла сюдá *ou* кóшка залéзла сюдá, под дивáн. **2.** (*emplacement*) тут *ou* здесь *souvent précisés par un substantif à l'instrumental régi par la préposition* « под ». *Les souliers sont là-dessous*, тýфли тут *ou* тýфли тут, под шкáфом. **Là-dessus 1.** (*direction*) сюдá *souvent précisé par un substantif à l'accusatif régi par la préposition* « на ». *J'avais mis les livres là-dessus*, я положи́л кни́ги сюдá *ou* я положи́л кни́ги сюдá, на комóд. **2.** (*emplacement*) тут *ou* здесь *souvent précisés par un substantif au locatif régi par la préposition* « на ». *Les cigarettes étaient là-dessus*, сигарéты бы́ли тут *ou* сигарéты бы́ли тут, на комóде. **3.** (*régi par le verbe « compter »*) на э́то. *Il compte là-dessus*, он рассчи́тывает на э́то. **Là-haut 1.** (*direction*) навéрх. *Tu vas là-haut dans ta chambre?*, Ты идёшь навéрх в спáльню? **2.** (*emplacement*) там наверхý. *Ils habitent là-haut*, они́ живýт там наверхý. **Ne pas être là**, *traduire par le verbe* « быть » *à la forme négative. Elle n'est pas là*, её нет. *Ils n'étaient pas là*, их нé было. **Par là 1.** (*à cet endroit-ci*) здесь. *Quelqu'un est passé par là*, ктó-то прошёл здесь. **2.** (*par ces mots*) э́тим *ou* под э́тим *selon le verbe utilisé. Qu'est-ce qu'il veut dire par là?*, Что он хóчет э́тим сказáть? *Qu'est-ce que vous entendez par là?*, Что вы подразумевáете под э́тим?

LABORATOIRE лаборато́рия. *Le laboratoire de chimie*, хими́ческая лаборато́рия.

LABOURER паха́ть* II, пашу́, па́шешь... ⌄___ / вспаха́ть* II (*id.*). *Labourer un champ*, паха́ть по́ле. *Labourer avec un tracteur*, паха́ть тра́ктором.

LABYRINTHE лаби́ри́нт.

LAC о́зеро, *pl.* озёра, озёр, озёрам... ___⁻⁻⁻ . *Le lac de Genève*, Жене́вское о́зеро. *Le lac d'Annecy*, о́зеро Анне́си́.

LACET (*de chaussures*) шнуро́к. *Des lacets de souliers*, шнурки́ для боти́нок.

LÂCHE *subst.* трус. *Agir comme un lâche*, поступа́ть как трус.

LÂCHER 1. (*laisser partir, laisser s'échapper*) выпуска́ть / вы́пустить. *Lâcher un oiseau*, вы́пустить пти́цу. *Lâcher sa proie*, вы́пустить свою́ добы́чу. **2.** (*laisser tomber involontairement*) роня́ть / урони́ть ⌄___ . *J'ai lâché une assiette et elle s'est cassée*, я урони́л таре́лку и она́ разби́лась. **3.** (*abandonner*) броса́ть / бро́сить. *Il a lâché ses amis*, он бро́сил друзе́й.

LACTÉ ● **La Voie lactée**, Мле́чный путь.

LAID некраси́вый. *Un visage laid*, некраси́вое лицо́. *Une ville laide*, некраси́вый го́род.

LAINE шерсть ___ ⁄⁻⁻⁻ *f*. *Une pelote de laine jaune*, клубо́к жёлтой ше́рсти. ● **De laine, de la laine, en laine**, шерстяно́й. *Une robe de laine*, шерстяно́е пла́тье. *L'industrie de la laine*, шерстяна́я промы́шленность.

LAISSER ___

> **1.** (*ne pas emmener; ne pas modifier...*) оставля́ть / оста́вить. **2.** (*oublier de prendre*) забыва́ть / забы́ть* *n. cl.*, забу́ду, забу́дешь...; забу́дь; забы́тый. **3.** (*accorder; confier la tâche*) предоставля́ть / предоста́вить. **4.** (*régissant un infinitif*) дава́ть* II, даю́, даёшь... / дать* *n. cl.*, дам, дашь, даст, дади́м, дади́те, даду́т; дал, дала́, да́ло, да́ли ⁄⁀___ *et, à la forme négative*, не́ дал, не дала́, не́ дало, не́ дали ⁄⁀___; дай // *lorsque « laisser » accompagne certains verbes de mouvement, on utilise le plus souvent pour sa traduction* « пуска́ть / пусти́ть ⌄___ » *et leurs composés:* впуска́ть / впусти́ть ⌄___ (*laisser entrer*); выпуска́ть / вы́пустить (*laisser sortir; laisser s'échapper*); отпуска́ть / отпусти́ть ⌄___ (*laisser partir*); пропуска́ть / пропусти́ть ⌄___ (*laisser passer*).

1. *J'ai laissé ma valise à la consigne*, я оста́вил чемода́н в ка́мере хране́ния. *Laisser la fenêtre ouverte*, оста́вить окно́ откры́тым. *Laissez-moi tranquille*, Оста́вьте меня́ в поко́е. *Laisser qqn en liberté*, оста́вить кого́-нибудь на свобо́де. **2.** *J'ai laissé mes lunettes à la maison*, я забы́л очки́ до́ма. **3.** *Laisser le choix à qqn*, предоста́вить кому́-нибудь вы́бор. *On a laissé le local à notre disposition*, э́то помеще́ние предоста́вили в на́ше распоряже́ние. *On lui a laissé le soin de résoudre ce problème*, ему́ предоста́вили реши́ть э́тот вопро́с. **4.** *Laissez-nous souffler*, Да́йте нам перевести́ дух. *On ne me laissait pas parler*, мне не дава́ли говори́ть. *Il ne me laisse pas dormir*, он не даёт мне спать. *Laissez-moi passer*, Да́йте мне пройти́. // *J'ai bien peur qu'elle ne me laisse pas partir*, бою́сь, что она́ меня́ не пу́стит. *On ne laissait personne entrer dans la chambre*, в ко́мнату никого́ не пуска́ли. *Ne laissez pas le chat entrer dans la cuisine*, Не впуска́йте ко́шку в ку́хню. *Qui a laissé sortir le chien?*, Кто вы́пустил соба́ку? *On ne me laissait pas aller au théâtre*, меня́ не отпуска́ли в теа́тр. *Le gardien m'a laissé passer*, сто́рож меня́ пропусти́л. *Laisser passer l'humidité*, пропуска́ть сы́рость. ● **Cela laisse fort à désirer**, э́то оставля́ет жела́ть лу́чшего. **Laisser faire**, не меша́ть (меша́ть / помеша́ть [+ *dat.*]). *Laissez-le faire*, Не меша́йте ему́. **Laisser tomber 1.** (*lâcher*) роня́ть / урони́ть ⌄___ . *Il a laissé tomber son verre*, он урони́л стака́н. **2.** (*abandonner*) броса́ть / бро́сить. *Il a tout laissé tomber et il est parti dans le Midi*, он всё бро́сил и уе́хал на юг.

LAISSER (SE) *doit être traduit selon le contexte. Il se laisse vivre*, он ни о чём не беспоко́ится. *Se laisser aller à la rêverie*, впасть в заду́мчивость. *Elle s'est laissé tomber sur le divan*, она́ упа́ла на дива́н. *Ils se sont laissé dépasser*, они́ да́ли себя́ обогна́ть. *Il s'est laissé prendre*, он попа́лся.

LAISSER-PASSER про́пуск*, *pl.* пропуска́ ____ ‾‾‾‾ . *Présenter son laisser-passer*, предъяви́ть про́пуск.

LAIT молоко́. *Du café au lait*, ко́фе с молоко́м. *Du lait de chèvre*, ко́зье молоко́. *Du lait concentré*, сгущённое молоко́. *Du lait en poudre*, сухо́е молоко́. ● **Au lait, de lait**, моло́чный. *Une soupe au lait*, моло́чный суп. *Un cochon de lait*, моло́чный поросёнок. *Les dents de lait*, моло́чные зу́бы.

LAME (*de couteau...*) ле́звие. *Une lame de rasoir*, ле́звие бри́твы. *La lame du couteau*, ле́звие ножа́.

LAMENTABLE плаче́вный. *Dans un état lamentable*, в плаче́вном состоя́нии. *Les résultats sont lamentables*, результа́ты плаче́вны.

LAMPE ла́мпа. *Une lampe de bureau*, насто́льная ла́мпа. *Une lampe à pétrole*, кероси́новая ла́мпа. ● **Une lampe de poche**, карма́нный фона́рик.

LANCE-PIERRES рога́тка.

LANCER ____

> **1.** (*en règle générale*) броса́ть / бро́сить; забра́сывать / забро́сить (*lancer trop loin*).
> **2.** (*sport*) мета́ть / метну́ть.
> **3.** (*une fusée, un vaisseau cosmique...*) запуска́ть / запусти́ть ╲____ .
> **4.** (*un navire*) спуска́ть / спусти́ть ╲____ .
> **5.** (*laisser tomber*) сбра́сывать / сбро́сить.
> **6.** (*émettre*) выпуска́ть / вы́пустить.

1. *Lancer des pierres*, броса́ть ка́мни. *Lancer un regard*, бро́сить взгляд. *Il s'est lancé à mon secours*, он бро́сился ко мне на по́мощь. *Lancer le ballon sur le toit*, забро́сить мяч на кры́шу. **2.** *Lancer le javelot*, мета́ть копьё. *Lancer le disque*, мета́ть диск. **3.** *Lancer une fusée*, запусти́ть раке́ту. **4.** *Lancer un navire*, спусти́ть кора́бль. **5.** *Lancer des bombes*, сбро́сить бо́мбы. **6.** *Lancer un emprunt*, вы́пустить заём.

LANGAGE язы́к ╱‾‾‾‾ . *Le langage de l'enfant*, язы́к дете́й. *Les subtilités du langage*, то́нкости языка́.

LANGUE 1. (*organe*) язы́к╱‾‾‾ ‾‾‾ . *Tirer la langue à qqn*, показа́ть кому́-нибудь язы́к. *De la langue fumée*, копчёный язы́к. || (*Par extension*) *Elle a la langue bien pendue*, у неё язы́к хорошо́ подве́шен. *Tiens ta langue!*, Держи́ язы́к за зуба́ми. *J'ai le mot au bout de la langue*, э́то сло́во ве́ртится у меня́ на языке́. *Une mauvaise langue*, злой язы́к. **2.** (*langage*) язы́к╱‾‾‾ ‾‾‾ . *Les langues étrangères*, иностра́нные языки́. *Une langue morte*, мёртвый язы́к. *Une langue vivante*, живо́й язы́к. *C'est sa langue maternelle*, э́то его́ родно́й язы́к.

LAPIN кро́лик. *Élever des lapins*, разводи́ть кро́ликов.

LAQUE лак.

LAQUÉ лакиро́ванный. *Des meubles laqués*, лакиро́ванная ме́бель.

LAQUELLE v. LEQUEL.

LARD са́ло (*parfois précisé par l'adjectif* « свино́е »). *Un jambon avec une bonne couche de lard*, о́корок с то́лстым сло́ем са́ла.

I. LARGE *adj.* широ́кий, широ́к, широка́... ╱‾‾‾ *ou* широ́к, широка́, широ́ко, широ́ки ╱╲__; *comp.* ши́ре*. *Une rue large*, широ́кая у́лица. *Il est large d'épaules*, он широ́к в плеча́х. *Un large sourire*, широ́кая улы́бка. *De larges possibilités*, широ́кие возмо́жности. *Il a l'esprit large*, у него́ широ́кий взгляд на ве́щи. ● **Dans le sens le plus large**, в широ́ком смы́сле сло́ва. **En long et en large**, взад и вперёд. *Se* *promener en long et en large*, ходи́ть взад и вперёд. **Large de,** шириной в (+ *acc.*). *Large de dix mètres*, шириной в де́сять ме́тров.

II. LARGE *subst.* **1.** (*largeur*) ширина́. *Deux mètres de large*, два ме́тра ширины́. **2.** (*en mer*) откры́тое мо́ре. *Le bateau prend le large*, кора́бль выхо́дит в откры́тое мо́ре. ● **Être au large** (*avoir de la place*), просто́рно *et le verbe* быть (*au sujet de la proposition française correspond en russe un nom ou un pronom au datif*). *Vous êtes au large ici*, вам здесь просто́рно.

LARGEMENT 1. (*sur une grande largeur*) широко́, *comp.* ши́ре*. *Largement utilisés dans l'industrie*, широко́ испо́льзованные в промы́шленности. **2.** (*pleinement*) вполне́. *C'est largement suffisant*, э́то вполне́ доста́точно.

LARGEUR 1. (*propr.*) ширина́. *La largeur du pont*, ширина́ моста́. **2.** (*fig.*) широта́. *La largeur de vue*, широта́ кругозо́ра.

LARME слеза́, *pl.* слёзы, слёз, слеза́м... ______ . *Elle a les larmes aux yeux*, у неё слёзы на глаза́х. *Verser des larmes*, пролива́ть слёзы. *Pleurer à chaudes larmes*, пла́кать го́рькими слеза́ми. *Des larmes de crocodile*, крокоди́ловы слёзы.

I. LATIN *adj.* лати́нский. *La grammaire latine*, лати́нская грамма́тика. *Le Quartier latin*, Лати́нский кварта́л.

II. LATIN *subst.* (*la langue latine*) лати́нский язы́к (язы́к/‾‾‾). *Étudier le latin*, изуча́ть лати́нский язы́к. ● **En latin** *et, dans le même emploi,* **latin** (*accompagnant généralement un verbe*), по-лати́нски. *Parler latin*, говори́ть по-лати́нски.

LATINISTE 1. *m.* латини́ст. **2.** *f.* латини́стка.

LAURIER лавр. *Des branches de laurier*, ве́тки ла́вра. // (*Fig.*) *Se reposer sur ses lauriers*, почива́ть на ла́врах.

LAVABO 1. (*cuvette*) умыва́льник. **2.** (*local*) умыва́льня*, *gén. pl.* умыва́лен.

LAVER 1. (*le linge*) стира́ть / вы́стирать. *Laver des draps*, стира́ть про́стыни. **2.** (*autre chose que du linge*) мыть* II, мо́ю, мо́ешь... / вы́мыть* II, вы́мою, вы́моешь...; вы́мытый. *Laver la vaisselle*, мыть посу́ду. **3.** (*qqn*) умыва́ть / умы́ть* II, умо́ю, умо́ешь...; умы́тый. *Laver un enfant*, умыва́ть ребёнка. ● **Donner du linge à laver,** отдава́ть бельё в сти́рку.

LAVER (SE) 1. (*sans complément direct*) умыва́ться / умы́ться* II, умо́юсь, умо́ешься... *Se laver à l'eau froide*, умыва́ться холо́дной водо́й. **2.** (*avec un complément direct*) мыть* II, мо́ю, мо́ешь... / вы́мыть* II (*id.*). *Se laver les mains*, мыть ру́ки.

LAVERIE пра́чечная *adj. subst. f.*

I. LE, LA, LES *article: ne se traduit pas.*

II. LE, LA, LES *pronom* **1.** (*formes des pronoms « il », « ils », « elle », « elles », lorsqu'ils ne sont pas sujets*) v. IL. **2.** (*au sens de « cela »*) *n'est généralement pas traduit; peut être quelquefois rendu par le pronom* « э́то ». *Je l'espère*, я наде́юсь. *Tu le sais bien*, Ты же зна́ешь. *Je ne l'affirme pas*, я э́того не утвержда́ю.

LÉCHER лиза́ть* II, лижу́, ли́жешь... ___ / лизну́ть. *Lécher son assiette*, лиза́ть таре́лку. ● **Tu t'en lécheras les babines, vous vous en lécherez les babines,** Па́льчики обли́жешь, Па́льчики обли́жете.

LEÇON уро́к. *Une leçon de russe*, уро́к ру́сского языка́. *Apprendre sa leçon*, учи́ть уро́к. *Réciter sa leçon*, отвеча́ть уро́к. *Prendre des leçons de musique*, брать уро́ки му́зыки. *C'est une bonne leçon!*, Э́то хоро́ший уро́к!

LECTEUR 1. (*personne qui lit*) чита́тель *m. Les réactions des lecteurs*, о́тзывы чита́телей. **2.** (*professeur étranger adjoint*) ассисте́нт.

LECTRICE 1. (*personne qui lit*) чита́тельница. **2.** (*professeur étranger adjoint*) ассисте́нтка; ассисте́нт *m.*

LECTURE чте́ние. *Un livre de lecture*, кни́га для чте́ния.

LÉGAL зако́нный. *D'une manière légale*, зако́нным о́бразом.

LÉGALITÉ зако́нность *f. Respecter la légalité*, соблюда́ть зако́нность.

LÉGENDAIRE легенда́рный, ска́зочный. *Un héros légendaire*, легенда́рный геро́й. *Une richesse légendaire*, ска́зочное бога́тство.

LÉGENDE леге́нда. *Des légendes du Moyen Âge*, средневеко́вые леге́нды.

LÉGER 1. (*en règle générale*) лёгкий ∧—, *comp.* ле́гче*. *Une valise légère*, лёгкий чемода́н. *Un vent léger*, лёгкий ветеро́к. *Une nourriture légère*, лёгкая пи́ща. *Un pardessus léger*, лёгкое пальто́. *Une blessure légère*, лёгкая ра́на. *Une démarche légère*, лёгкая похо́дка. *D'un cœur léger*, с лёгким се́рдцем. *L'industrie légère*, лёгкая промы́шленность. *L'artillerie légère*, лёгкая артилле́рия. *De la musique légère*, лёгкая му́зыка. *Un léger sourire*, лёгкая улы́бка. *Des mœurs légères*, лёгкие нра́вы. *Un vin léger*, лёгкое вино́. *Un tabac léger*, лёгкий таба́к. **2.** (*en parlant d'une faute, d'une punition*) небольшо́й. *Une faute légère*, небольша́я оши́бка. *Une légère amende*, небольшо́й штраф. ● **À la légère,** легкомы́сленно. *Agir à la légère*, поступа́ть легкомы́сленно.

LÉGÈREMENT 1. (*d'une manière peu pesante; sans gravité*) легко́, *comp.* ле́гче*. *Légèrement vêtu*, легко́ оде́тый. *Il a été légèrement blessé au bras*, его́ легко́ ра́нило в ру́ку. **2.** (*un peu*) слегка́. *Froncer légèrement les sourcils*, слегка́ нахму́риться.

LÉGÈRETÉ 1. (*contraire de « lourdeur »*) лёгкость *f. La légèreté de l'aluminium*, лёгкость алюми́ния. *La légèreté du style*, лёгкость сти́ля. **2.** (*frivolité*) легкомы́слие. *Il a toujours fait preuve de légèreté dans ses décisions*, он всегда́ проявля́л легкомы́слие в свои́х реше́ниях.

LÉGISLATIF законода́тельный. *Le pouvoir législatif*, законода́тельная власть.

LÉGITIME (*divers sens*) зако́нный. *L'héritier légitime*, зако́нный насле́дник. *Un orgueil légitime*, зако́нная го́рдость.

LÉGUME о́вощ (*singulier presque inusité*), *pl.* о́вощи, овоще́й, овоща́м... ——— ⁄——. *Des légumes frais*, све́жие о́вощи. *De la soupe aux légumes*, суп из овоще́й. ● **Une grosse légume,** кру́пная ши́шка.

LENDEMAIN ● **Le lendemain,** на друго́й день. *Elle est partie le lendemain*, она́ уе́хала на друго́й день. *Le lendemain de mon arrivée*, на друго́й день по́сле моего́ прие́зда. **Du jour au lendemain,** со дня на́ день. *Il peut arriver du jour au lendemain*, он мо́жет прие́хать со дня на́ день.

LÉNINISME ленини́зм.

LENT 1. (*en règle générale*) ме́дленный. *Des mouvements lents*, ме́дленные движе́ния. **2.** (*qui ne se presse pas*) неторопли́вый. *C'est un homme lent*, он челове́к неторопли́вый.

LENTEMENT ме́дленно. *Parler lentement*, говори́ть ме́дленно. *Lentement mais sûrement*, ме́дленно, но ве́рно.

LENTEUR ме́дленность *f. Avec une lenteur mortelle*, с уби́йственной ме́дленностью. ● **Avec lenteur,** ме́дленно. *Ils avançaient avec lenteur*, они́ ме́дленно продвига́лись вперёд. **La lenteur administrative,** волоки́та (*pas de pl.*).

LENTILLE 1. (*plante et sa graine*) чечеви́ца. **2.** (*optique*) ли́нза.

LEQUEL, LAQUELLE, LESQUELS, LESQUELLES *et de même* **AUQUEL, AUXQUELS, AUXQUELLES, DUQUEL, DESQUELS, DESQUELLES 1.** (*relatif*) кото́рый. *Le village dans lequel j'ai passé l'été*, дере́вня, в кото́рой я провёл ле́то. *Le spécialiste auquel je me suis adressé*, специали́ст, к кото́рому я обрати́лся. *C'est le lac à côté duquel se trouve le terrain de camping*, э́то о́зеро, ря́дом с кото́рым нахо́дится турба́за. **2.** (*interrogatif*) како́й. *Laquelle veux-tu?*, Каку́ю ты хо́чешь? *Je ne sais pas lequel prendre*, не зна́ю, како́й я возьму́.

LES 1. *article* v. LE. **2.** *pronom* v. IL.

LESQUELS, LESQUELLES v. LEQUEL.

LESSIVE 1. (*poudre*) стира́льный порошо́к (порошо́к). **2.** (*le fait de laver*) сти́рка. ● **Faire la lessive**, стира́ть.

LETTRE 1. (*de l'alphabet*) бу́ква. *L'alphabet russe comporte trente-deux lettres*, в ру́сском алфави́те три́дцать две бу́квы. **2.** (*écrit adressé à qqn*) письмо́, *gén. pl.* пи́сем. *J'ai reçu une lettre de Paris*, я получи́л письмо́ из Пари́жа. *Une lettre recommandée*, заказно́е письмо́. ● **À la lettre**, в буква́льном смы́сле. *Il prend tout à la lettre*, он всё понима́ет в буква́льном смы́сле. **Boîte aux lettres 1.** (*de l'administration des P.T.T.*) почто́вый я́щик. **2.** (*individuelle*) я́щик для пи́сем. **En toutes lettres**, по́лностью. **Ès lettres**, филологи́ческих нау́к. *Docteur ès lettres*, до́ктор филологи́ческих нау́к. **La faculté des lettres**, филологи́ческий факульте́т. *Il était étudiant à la faculté des lettres*, он учи́лся на филологи́ческом факульте́те. **Papier à lettres**, пи́счая бума́га. **Rester lettre morte**, остава́ться мёртвой бу́квой.

I. LEUR *pronom-adjectif possessif* **1.** (*si le possesseur est sujet de la phrase*) свой (*peut souvent être omis*). *Ils ont pris leurs livres*, они́ взя́ли свои́ кни́ги. *Elles n'en croyaient pas leurs yeux*, они́ не ве́рили свои́м глаза́м. *Ils ont perdu leur père*, они́ потеря́ли отца́. **2.** (*dans le cas contraire*) их. *C'est leur voiture*, э́то их маши́на. *Je connais leur adresse*, я зна́ю их а́дрес.

II. LEUR *pronom possessif*. **1.** (*si le possesseur est sujet de la phrase*) свой (*souvent précisé par le substantif qui est sous-entendu en français*). *Nous avons pris nos valises et eux les leurs*, мы взя́ли свои́ чемода́ны, а они́ свои́. *C'est ta moto? Où ont-ils laissé la leur?*, Э́то твой мотоци́кл? Где же они́ оста́вили свой мотоци́кл? **2.** (*dans le cas contraire*) их (*précisé par le substantif qui est sous-entendu en français*). *C'est notre maison et voici la leur*, Мы здесь живём. А вот их дом.

III. LEUR *pronom personnel* v. IL.

I. LEVER *subst.* (*lever d'un astre*) восхо́д. *Au lever du soleil*, на восхо́де со́лнца.

II. LEVER *verbe* поднима́ть / подня́ть* IV, подниму́, подни́мешь... ; по́днял, подняла́, по́дняло, по́дняли ; по́днятый, по́днят, поднята́, по́днято, по́дняты. *Lever la tête*, подня́ть го́лову. *Lever le doigt*, подня́ть ру́ку. *Lever le rideau*, подня́ть за́навес. ● **Lever l'ancre**, сня́ться с я́коря (снима́ться / сня́ться* IV, сниму́сь, сни́мешься... ; снялся́, сняла́сь...). **Lever la séance**, закры́ть заседа́ние (закрыва́ть / закры́ть* IV, закро́ю, закро́ешь...; закры́тый). **Lever le siège**, снять оса́ду (снима́ть / снять* IV, сниму́, сни́мешь... ; снял, сняла́, сня́ло, сня́ли ; сня́тый, снят, снята́, сня́то, сня́ты).

LEVER (SE) 1. (*en règle générale*) встава́ть* II; встаю́, встаёшь...; встава́й; встава́я / встать* *n. cl.*, вста́ну, вста́нешь... *Se lever tôt*, встава́ть ра́но. *Se lever du pied gauche*, встать с ле́вой ноги́. *Se lever de table*, встать из-за стола́. **2.** (*en parlant des astres*) всходи́ть, всхо́дит, всхо́дят / взойти́* IV, взойдёт, взойду́т; взошёл, взошла́... *Le soleil se lève*, со́лнце всхо́дит. ● **Le jour se lève**, день занима́ется.

LEVIER рыча́г. *Le levier du changement de vitesse*, рыча́г переме́ны скоросте́й.

LÈVRE губа́. *La lèvre supérieure*, ве́рхняя губа́. *Serrer les lèvres*, сжать гу́бы.

LEXIQUE (*dictionnaire abrégé*) слова́рь *m.*

LÉZARD я́щерица. *Un lézard gris*, обыкнове́нная я́щерица. *Un lézard vert*, зелёная я́щерица.

LIAISON связь *f.* *Établir une liaison téléphonique*, установи́ть телефо́нную связь.

I. LIBÉRAL *subst.* либера́л.

II. LIBÉRAL *adj.* либера́льный.

Une tendance libérale, либера́льная тенде́нция.

LIBÉRALISME либерали́зм.

LIBÉRATION освобожде́ние. *La libération d'une ville*, освобожде́ние го́рода. *La libération des serfs en 1861*, освобожде́ние крестья́н в 1861 году́.

LIBÉRER освобожда́ть / освободи́ть, *part.* освобождённый*. *Libérer un pays*, освободи́ть страну́.

LIBERTÉ свобо́да. *Vive la liberté!*, Да здра́вствует свобо́да! *La liberté de conscience*, свобо́да со́вести. *La liberté de la presse*, свобо́да печа́ти. *Rendre la liberté à qqn*, вы́пустить кого́-нибудь на свобо́ду.

LIBRAIRE владе́лец кни́жного магази́на (владе́лец, владе́льца...). ● **Chez un libraire,** *traduire comme « dans une librairie ».*

LIBRAIRIE кни́жный магази́н.

LIBRE свобо́дный. *Les peuples libres*, свобо́дные наро́ды. *Cette place est libre?*, Э́то ме́сто свобо́дно? *Du temps libre*, свобо́дное вре́мя. *Vous êtes libres ce soir?*, Вы свобо́дны сего́дня ве́чером? ● **À l'air libre,** на откры́том во́здухе. **Une traduction libre,** во́льный перево́д.

LIBREMENT 1. (*sans contrainte*) свобо́дно. *Choisir librement*, свобо́дно выбира́ть. *Respirer librement*, свобо́дно дыша́ть. **2.** (*avec franchise*) открове́нно. *Parler librement*, говори́ть открове́нно.

LIBRE-SERVICE 1. (*magasin*) магази́н самообслу́живания. **2.** (*restaurant*) столо́вая самообслу́живания (столо́вая *adj. subst. f.*).

LICENCE (*grade universitaire*) *n'a pas d'équivalent en russe. Il a sa licence*, он ко́нчил университе́т.

LICENCIÉ (*qui a obtenu une licence*) *n'a pas d'équivalent en russe. Elle est licenciée*, она́ ко́нчила университе́т.

LICENCIER увольня́ть / уво́лить. *Licencier un employé*, уво́лить рабо́тника.

LICHEN лиша́й ╱—— —— *m. Se couvrir de lichen*, зарасти́ лиша́ями.

LIEN (*fig.*) связь *f. Les liens de parenté*, ро́дственные свя́зи. *Les liens d'amitié*, дру́жеские свя́зи. *Les liens qu'il y a entre la théorie et la pratique*, связь тео́рии и пра́ктики.

LIER свя́зывать / связа́ть* II, свяжу́, свя́жешь...╲——. *Pieds et poings liés*, свя́занный по рука́м и по нога́м. *Ces questions sont étroitement liées entre elles*, э́ти вопро́сы те́сно свя́заны ме́жду собо́й. ● **Lier conversation,** завяза́ть разгово́р (завя́зывать / завяза́ть* I, завяжу́, завя́жешь... ╲——).

LIERRE плющ ╱—— ——. *L'arbre est couvert de lierre*, де́рево заросло́ плющо́м.

LIEU ме́сто —— ╲╱——. *Lieu de naissance*, ме́сто рожде́ния. *Sur le lieu de la catastrophe*, на ме́сте катастро́фы. *Un lieu commun*, о́бщее ме́сто. ● **Au lieu de** (+ *inf.*), вме́сто того́, что́бы. *Au lieu de t'amuser*, вме́сто того, что́бы игра́ть. **Avoir lieu,** / состоя́ться* I, состои́тся, состоя́тся. *Le spectacle n'a pas eu lieu*, спекта́кль не состоя́лся. **En haut lieu,** в вы́сших сфе́рах. **En premier lieu, en second lieu...,** в пе́рвую о́чередь, во втору́ю о́чередь... **Il y a lieu 1.** (*il y a des raisons*) есть основа́ния. *Il y a lieu de supposer qu'il s'est suicidé*, есть основа́ния полага́ть, что он поко́нчил с собо́й. *Il n'y a pas lieu de s'inquiéter*, нет основа́ний беспоко́иться. **2.** (*il faut*) на́до *et le verbe* быть. *On l'emmènera à la clinique s'il y a lieu*, е́сли на́до, мы его́ отпра́вим в кли́нику.

LIEUTENANT лейтена́нт.

LIÈVRE за́яц, за́йца... *La chasse au lièvre*, охо́та на за́йцев. *Il ne faut pas courir deux lièvres à la fois*, за двумя́ за́йцами пого́нишься, ни одного́ не пойма́ешь.

LIGNE 1. (*en règle générale*) ли́ния. *Une ligne droite*, пряма́я ли́ния. *Une ligne courbe*, крива́я ли́ния. *La ligne de l'horizon*, ли́ния горизо́нта. *Une ligne d'autobus*, авто́бусная ли́ния. *Les lignes aériennes*, возду́шные ли́нии. *Une ligne de conduite*, ли́ния поведе́ния. **2.** (*suite de mots*) строка́ —— ——╱——;

dim. стро́чка. *La cinquième ligne à partir du bas,* пя́тая строка́ сни́зу. *À la ligne,* с но́вой строки́. *Lire entre les lignes,* чита́ть ме́жду строк. ● **Cela n'entre pas en ligne de compte,** э́то не в счёт. **Dans les grandes lignes,** в о́бщих черта́х. *Je connais le projet dans ses grandes lignes,* я зна́ю прое́кт в о́бщих черта́х. **Hors ligne,** выдаю́щийся *participe de verbe pronominal ayant pris une valeur d'adjectif. Un ingénieur hors ligne,* выдаю́щийся инжене́р. **Pêcher à la ligne,** уди́ть .

LILAS *subst.* сире́нь *f.*

I. LIMITE *subst.*

> 1. (*physique*) грани́ца.
> 2. (*terme*) срок; мину́та (*instant*).
> 3. (*entre deux époques*) рубе́ж .
> 4. (*point à ne pas franchir*) грани́ца, преде́л.
> 5. (*point extrême*) преде́л.

1. *La limite des deux domaines,* грани́ца двух владе́ний. **2.** *Terminer un travail avant la limite prévue,* вы́полнить рабо́ту до назна́ченного сро́ка. *Dernière limite: 15 février,* после́дний срок — 15-ое февраля́. *Il attend toujours jusqu'à la dernière limite,* он всегда́ ждёт после́дней мину́ты. **3.** *À la limite de deux époques,* на рубеже́ двух эпо́х. *À la limite du XIe et du XIIe siècle,* на рубеже́ XI и XII ве́ка. **4.** *Ça dépasse les limites,* э́то уже́ перехо́дит грани́цы. *Il y a une limite à tout,* всему́ есть преде́л. **5.** *La limite de la vie humaine,* преде́л челове́ческой жи́зни. ● **Limite d'âge,** преде́льный во́зраст. **Sans limites,** беспреде́льный. *Une étendue sans limites,* беспреде́льное простра́нство.

II. LIMITE *adj.* преде́льный. *La vitesse limite,* преде́льная ско́рость.

LIMITER ограни́чивать / ограни́чить. *Limiter ses dépenses,* ограни́чивать свои́ расхо́ды.

LIN лён, льна... ● **De lin,** льняно́й. *Une étoffe de lin,* льняна́я ткань.

LINGE бельё. *Donner du linge à laver,* отда́ть бельё в сти́рку.

LION лев, льва... *Ils se battaient comme des lions,* они́ дра́лись как львы. ● **De lion, du lion...,** льви́ный. *La crinière du lion,* льви́ная гри́ва. *La part du lion,* льви́ная до́ля.

LIONNE льви́ца.

LIQUEUR ликёр. ● **De liqueur, à la liqueur...,** ликёрный. *Une fabrique de liqueurs,* ликёрный заво́д. *Des bonbons à la liqueur,* ликёрные конфе́ты.

I. LIQUIDE *adj.* жи́дкий ; *comp.* жи́же*. *De la colle liquide,* жи́дкий клей. *Un carburant liquide,* жи́дкое то́пливо. *L'air liquide,* жи́дкий во́здух.

II. LIQUIDE *subst.* жи́дкость *f.* *Un liquide épais,* густа́я жи́дкость.

LIQUIDER ликвиди́ровать / ликвиди́ровать. *Liquider une affaire,* ликвиди́ровать де́ло.

LIRE чита́ть / проче́сть* IV, прочту́, прочтёшь...; прочёл, прочла́...; прочтённый (*fam.*) *ou* прочита́ть. *Lire le journal,* чита́ть журна́л. *Lire Balzac,* чита́ть Бальза́ка. *Lire à haute voix,* чита́ть вслух. *Lire entre les lignes,* чита́ть ме́жду строк.

LISSE гла́дкий , *comp.* гла́же*. *La surface lisse de l'eau,* гла́дкая пове́рхность воды́.

LISTE спи́сок. *Dresser la liste des participants,* соста́вить спи́сок уча́стников.

LIT 1. (*meuble*) крова́ть *f.* *Un lit à une place,* односпа́льная крова́ть. *Un lit à deux places,* двуспа́льная крова́ть. *Un lit d'enfant,* де́тская крова́ть. *Être au lit,* лежа́ть в крова́ти. **2.** (*literie*) посте́ль *f.* *Faire le lit,* постла́ть посте́ль. *Être au lit,* лежа́ть в посте́ли. **3.** (*d'un cours d'eau*) ру́сло. ● **Comme on fait son lit, on se couche,** что посе́ешь, то и пожнёшь.

LITRE литр. *Un litre de lait,* литр молока́.

LITTÉRAIRE литерату́рный. *Une œuvre littéraire,* литерату́рное произведе́ние. *La langue littéraire* литерату́рный язы́к.

LITTÉRATURE литерату́ра. *La littérature française contemporaine*, совреме́нная францу́зская литерату́ра.

LIVRAISON доста́вка. *Livraison à domicile*, доста́вка на́ дом.

I. LIVRE *m.* кни́га. *Un livre de grand format*, кни́га большо́го форма́та. *Le livre des réclamations*, жа́лобная кни́га. *Lire un livre intéressant*, чита́ть интере́сную кни́гу. *Feuilleter un livre*, перели́стывать кни́гу. *Ce livre est paru il y a deux ans*, э́та кни́га вы́шла в позапро́шлом году́.

II. LIVRE *f.* (*demi-kilogramme*) фунт. ● **Livre sterling**, фунт сте́рлингов.

LIVRER 1. (*remettre à l'acheteur*) доставля́ть / доста́вить. *Livrer une marchandise à domicile*, доста́вить това́р на́ дом. **2.** (*dévoiler*) выдава́ть* II, выдаю́, выдаёшь...; выдава́й; выдава́я / вы́дать* *n. cl.*, вы́дам, вы́дашь, вы́даст, вы́дадим, вы́дадите, вы́дадут; вы́дал, вы́дала...; вы́дай. *Livrer un secret*, вы́дать та́йну.

LIVRESQUE кни́жный. *Une expression livresque*, кни́жное выраже́ние.

LIVRET 1. (*petit registre*) кни́жка. *Un livret de caisse d'épargne*, сберкни́жка. **2.** (*d'opéra...*) либре́тто* *indécl. n. Le livret de « Rigoletto »*, либре́тто о́перы « Риголе́тто ».

I. LOCAL *adj.* ме́стный. *Le journal local*, ме́стная газе́та. *La couleur locale*, ме́стный колори́т.

II. LOCAL *subst.* помеще́ние. *Un local trop exigu*, сли́шком те́сное помеще́ние.

LOCATAIRE 1. *m.* жиле́ц, жильца́... **2.** *f.* жили́ца.

LOCATIF предло́жный паде́ж (паде́ж ╱‾‾). *Mettre un substantif au locatif*, поста́вить существи́тельное в предло́жном падеже́.

LOCATION

1. (*d'un logement*) наём, на́йма... ╲__ .
2. (*d'un local, d'un terrain*) аре́нда.
3. (*de meubles, d'objets, d'instruments de musique*) прока́т.
4. (*vente de billets à l'avance*) предвари́тельная прода́жа биле́тов.
5. (*ticket donnant droit à une place numérotée*) плацка́рта.

1. *La location d'un appartement*, наём кварти́ры. **2.** *La location d'une salle*, аре́нда помеще́ния. **3.** *Location de pianos*, прока́т роя́лей. **4.** *La location est ouverte*, откры́лась предвари́тельная прода́жа биле́тов. **5.** *Nous avons nos locations*, есть у нас плацка́рты. ● **Mettre en location** (*un logement*), сдава́ть* II, сдаю́, сдаёшь...; сдава́й; сдава́я / сдать* *n. cl.*, сдам, сдашь, сдаст, сдади́м, сдади́те, сдаду́т; сдал, сдала́, сда́ло, сда́ли ⌃__; сдай; сда́нный, сдан, сдана́... ╱‾‾. *Mettre un appartement en location*, сдава́ть кварти́ру. **Prendre en location** (*un objet, un instrument*), взять напрока́т. *Nous avons pris un téléviseur en location*, мы взя́ли телеви́зор напрока́т.

LOCOMOTIVE ...воз. *Locomotive à vapeur*, парово́з. *Locomotive électrique*, электрово́з. *Locomotive à moteur Diesel*, теплово́з.

LOGEMENT *selon le sens précis* кварти́ра, ко́мната... *Un logement spacieux*, просто́рная кварти́ра. ● **La crise du logement**, жили́щный кри́зис.

LOGER 1. (*tr.*) *selon le sens précis* дать кварти́ру, дать ко́мнату... *On m'a logé au second étage d'un grand immeuble*, мне да́ли кварти́ру на тре́тьем этаже́ большо́го до́ма. **2.** (*intr.*) жить* IV, живу́, живёшь...; жил, жила́, жи́ло, жи́ли ⌃__ *et, à la forme négative*, не́ жил, не жила́, не́ жило, не́ жили ⌃__. *Loger à la belle étoile*, жить под откры́тым не́бом. ● **Être logé** *se traduit comme* « loger » 2. *Être logé à l'hôtel*, жить в гости́нице.

I. LOGIQUE *subst.* ло́гика. *Il n'y a aucune logique dans ce qu'il fait*, в его́ посту́пках нет никако́й ло́гики.

II. LOGIQUE *adj.* логи́чный. *C'est parfaitement logique*, э́то вполне́ логи́чно.

LOI зако́н. *La loi électorale*, избира́тельный зако́н. *Déclarer qqn hors la loi*, объяви́ть кого́-нибудь вне зако́на. *Une loi de la nature*, зако́н приро́ды.

LOIN далеко́, *comp.* да́льше*. *J'habite loin d'ici*, я живу́ далеко́ отсю́да. *Loin de la ville*, далеко́ от го́рода. *La gare est loin*, до вокза́ла далеко́. *Il est loin d'être bête*, он далеко́ не глуп. *Elle est loin d'être une beauté*, она́ далеко́ не краса́вица. *Ne pas voir plus loin que le bout de son nez*, не ви́деть да́льше своего́ но́са. ● **Au loin 1.** (*direction*) вдаль. *Regarder au loin*, смотре́ть вдаль. **2.** (*emplacement*) вдали́. *Au loin, on voit la ligne noire d'une forêt*, вдали́ черне́ет лес. **De loin,** издалека́, и́здали. *On voit l'église de loin*, це́рковь видна́ издалека́. **Loin des yeux, loin du cœur,** с глаз доло́й — из се́рдца вон.

I. LOINTAIN *adj.* далёкий, далёк, далека́... /‾‾; *comp.* да́льше*. *Des pays lointains*, далёкие стра́ны. *Dans un avenir lointain*, в далёком бу́дущем.

II. LOINTAIN *subst.* ● **Dans le lointain 1.** (*direction*) вдаль. *Regarder dans le lointain*, смотре́ть вдаль. **2.** (*emplacement*) вдали́. *Dans le lointain, on voyait les montagnes*, вдали́ видне́лись го́ры.

LOISIR(S) свобо́дное вре́мя (вре́мя*, *gén.*, *dat.*, *loc.* вре́мени, *instr.* вре́менем *n.*). *Mon travail me laisse peu de loisirs*, рабо́та оставля́ет мне ма́ло свобо́дного вре́мени.

I. LONG *adj.* **1.** (*en règle générale*) дли́нный /_. *Des cheveux longs*, дли́нные во́лосы. *Une robe longue*, дли́нное пла́тье. *Une longue journée*, дли́нный день. **2.** (*de longue durée*) до́лгий, *comp.* до́льше*; дли́тельный (*livresque*). *Une longue séparation*, до́лгая разлу́ка. *Une longue maladie*, дли́тельная боле́знь. *Après une longue absence*, по́сле дли́тельного отсу́тствия. ● **Être long à,** до́лго не. *J'ai été long à m'endormir*, я до́лго не засыпа́л. **Long de,** длино́й в (+ *acc.*). *Long de trois kilomètres*, длино́й в три киломе́тра. **Trop long** (*employé comme attribut et en parlant de vêtements*), дли́нен, длинна́, дли́нно, дли́нны /_ *ou* дли́нен, длинна́... /‾‾. *La robe est trop longue*, пла́тье дли́нно. *Les manches sont trop longues*, рукава́ длинны́.

II. LONG *subst.* длина́. *Avoir vingt mètres de long*, име́ть два́дцать ме́тров длины́. ● **À la longue,** со вре́менем. *À la longue, tout s'arrangera*, со вре́менем всё ула́дится. **De long en large,** взад и вперёд. *Se promener de long en large*, ходи́ть взад и вперёд. **Le long de,** вдоль (+ *gén.*), вдоль по (+ *dat.*). *Le long du mur*, вдоль стены́. *Le long de la rive*, вдоль по бе́регу. **Tomber de tout son long,** растяну́ться во весь рост.

LONGTEMPS до́лго, *comp.* до́льше*. *Nous avons attendu longtemps*, мы до́лго жда́ли. ● **Depuis longtemps, il y a longtemps,** давно́ *et, s'il y a une négation*, неда́вно (« неда́вно » *est accentué sur l'avant-dernière syllabe, alors que* « давно́ » *a un accent final*). *Il est rentré depuis longtemps*, он давно́ верну́лся. *Il y a longtemps qu'elle habite ici*, она́ давно́ здесь живёт. *Il n'y a pas longtemps qu'ils sont partis*, они́ неда́вно уе́хали.

LONGUEMENT до́лго, *comp.* до́льше*. *J'ai longuement réfléchi à cette question*, я до́лго размышля́л об э́том вопро́се.

LONGUEUR длина́. *Les mesures de longueur*, ме́ры длины́. *La longueur de la Loire*, длина́ Луа́ры. *Avoir vingt mètres de longueur*, име́ть два́дцать ме́тров длины́.

LONGUE-VUE подзо́рная труба́ (труба́ ‾‾ __).

LORSQUE когда́. *J'allais sortir lorsqu'il m'a téléphoné*, я собира́лся уйти́, когда́ он мне позвони́л.

LOTERIE лотере́я. *Gagner un million à la loterie*, вы́играть миллио́н в лотере́ю.

I. LOUER (*mettre en location, prendre en location*)

I. Mettre en location:

1. (*un logement*) сдава́ть* II, сдаю́, сдаёшь...; сдава́й; сдава́я / сдать* *n. cl.*, сдам, сдашь, сдаст, сдади́м, сдади́те, сдаду́т; сдал, сдала́, сда́ло, сда́ли ∧—; сдай; сда́нный, сдан, сдана́... ╱—.

2. (*un local, un terrain...*) сдать в аре́нду (сдава́ть* / сдать*).

3. (*des objets, des meubles, des instruments de musique...*) отдава́ть напрока́т (отдава́ть* II, отдаю́, отдаёшь...; отдава́й; отдава́я / отда́ть* *n. cl.*, отда́м, отда́шь, отда́ст, отдади́м, отдади́те, отдаду́т; о́тдал, отдала́, о́тдало, о́тдали ∧—; отда́й; о́тданный, о́тдан, отдана́, о́тдано, о́тданы ∧—).

II. Prendre en location:

1. (*un logement*) снима́ть / снять* IV, сниму́, сни́мешь...╲—; снял, сняла́, сня́ло, сня́ли ∧—; сня́тый, снят, снята́, сня́то, сня́ты ∧—.

2. (*un local*) арендова́ть / арендова́ть; взять в аре́нду (брать* IV, беру́, берёшь...; брал, брала́, бра́ло, бра́ли ∧— / взять* IV, возьму́, возьмёшь...; взял, взяла́, взя́ло, взя́ли ∧—; взя́тый, взят, взята́, взя́то, взя́ты ∧—).

3. (*des objets, des meubles, des instruments de musique...*) взять напрока́т (брать* / взять*).

4. (*des places au théâtre*) купи́ть зара́нее биле́ты (покупа́ть / купи́ть ╲—).

5. (*des places de chemin de fer...*) взять плацка́рту, взять плацка́рты (брать* / взять*).

I-I. 1. *Ils louent leurs appartements*, они́ сдаю́т кварти́ры. **2.** *La société loue ce local*, о́бщество сдаёт в аре́нду э́то помеще́ние. **3.** *On y loue des barques*, там отдаю́т напрока́т ло́дки.

II. 1. *Louer une chambre*, снима́ть ко́мнату. *Louer une maison de campagne*, снима́ть да́чу. **2.** *Louer un grand local*, арендова́ть большо́е помеще́ние. **3.** *Louer une barque*, взять ло́дку напрока́т. *Louer un piano*, взять роя́ль напрока́т. **4.** *Nous avons loué nos places*, мы купи́ли биле́ты зара́нее. **5.** *Vous avez loué?*, Вы взя́ли плацка́рты? • **À louer**, сдаётся, сдаю́тся. *À louer chambre tout confort*, сдаётся ко́мната со все́ми удо́бствами.

II.-LOUER (*vanter*) хвали́ть ╲— / похвали́ть ╲—. • **Dieu soit loué!**, сла́ва бо́гу!

LOUP волк —╱—. • **Enfermer le loup dans la bergerie**, пусти́ть козла́ в огоро́д. **Une faim de loup**, во́лчий аппети́т (во́лчий *adj. d'appart.*). **Un froid de loup**, соба́чий хо́лод (соба́чий *adj. d'appart.*). **Il faut hurler avec les loups**, с волка́ми жить, по-во́лчьи выть. **L'homme est un loup pour l'homme**, челове́к челове́ку волк. **Quand on parle du loup...**, лёгок на поми́не.

LOUPE (*lentille*) лу́па.

LOURD тяжёлый, тяжёл, тяжела́... ╱—. *Une valise lourde*, тяжёлый чемода́н. *Des pas lourds*, тяжёлые шаги́. *Une nourriture lourde*, тяжёлая пи́ща. *J'ai la tête lourde*, у меня́ тяжёлая голова́. *Un esprit lourd*, тяжёлый ум. *Un style lourd*, тяжёлый стиль. *Une lourde faute*, тяжёлая вина́. *L'industrie lourde*, тяжёлая промы́шленность. *L'artillerie lourde*, тяжёлая артилле́рия. • **Il fait lourd** (*en parlant du temps*), ду́шно *et le verbe* быть. *Il faisait lourd*, бы́ло ду́шно.

LOURDEMENT (*pesamment*) тяжело́. *Un camion lourdement chargé*, тяжело́ нагру́женный грузови́к.

LOUVE волчи́ца.

LOYER (*prix du logement*) кварти́рная пла́та. *Payer son loyer*, внести́ кварти́рную пла́ту.

LUEUR (*propr.*) *selon le contexte* огонёк (огонёк, огонька́...), свет, *etc.*, *éventuellement accompagnés d'un adjectif comme* « сла́бый », « мя́гкий », *etc. On voyait au loin une lueur*, вдали́ блесте́л огонёк. *À la lueur d'une allumette*, при сла́бом све́те спи́чки. • **Une lueur d'espoir**, луч наде́жды (луч ╱— —).

LUGE са́нки, са́нок, са́нкам... *pl. t. Faire de la luge*, ката́ться на са́нках.

LUI *pronom* **1.** (*non réfléchi*) v. IL. **2.** (*réfléchi*) v. SE.

LUMIÈRE 1. (*sg.*) свет. *Éteindre la lumière*, погаси́ть свет. *Un rayon de lumière*, луч све́та. *La vitesse de la lumière*, ско́рость све́та. // (*Fig.*) *Faire la lumière sur qqch.*, бро́сить свет на что́-нибудь. **2.** (*pl.*) огни́, огне́й, огня́м... *pl. Les lumières de la ville*, огни́ го́рода.

LUMINEUX (*fig.*) блестя́щий. *Une idée lumineuse*, блестя́щая идея.

LUNDI понеде́льник. *Je l'ai rencontrée lundi*, я её встре́тил в понеде́льник. *Nous y allons le lundi*, мы хо́дим туда́ по понеде́льникам.

LUNE луна́. *Envoyer une fusée sur la Lune*, запусти́ть ракету на Луну́. *Au clair de la lune*, при све́те луны́. *La pleine lune*, по́лная луна́. *Une éclipse de lune*, затме́ние луны́. ● **La lune de miel**, медо́вый ме́сяц. **La nouvelle lune**, молодо́й ме́сяц.

LUNETTE ● **Lunette d'approche**, подзо́рная труба́ (труба́ ___ ___).

LUNETTES очки́, очко́в, очка́м... *pl. t. Mettre ses lunettes*, наде́ть очки́.

LUSTRE (*appareil d'éclairage*) лю́стра.

LUTTE борьба́ (*pas de pl.*). *La lutte pour le pouvoir*, борьба́ за власть. *La lutte des classes*, кла́ссовая борьба́. *La lutte contre l'alcoolisme*, борьба́ с алкоголи́змом *ou* борьба́ про́тив алкоголи́зма. *La lutte pour la vie*, борьба́ за существова́ние.

LUTTER боро́ться* II, борю́сь, бо́решься...___ / поборо́ться* II (*id.*). *Lutter pour la liberté*, боро́ться за свобо́ду. *Lutter contre le sommeil*, боро́ться со сном. *Lutter contre l'alcoolisme*, боро́ться с алкоголи́змом *ou* боро́ться про́тив алкоголи́зма.

LUXE ро́скошь *f. Des objets de luxe*, предме́ты ро́скоши. *Il peut se permettre ce luxe*, он мо́жет позво́лить себе́ э́ту ро́скошь. ● **De luxe**, роско́шный. *Une édition de luxe*, роско́шное изда́ние.

LUXUEUSEMENT роско́шно. *Un appartement luxueusement meublé*, роско́шно обста́вленная кварти́ра.

LUXUEUX роско́шный. *Un appartement luxueux*, роско́шная кварти́ра.

LYCÉE гимна́зия; лице́й *m.* (*lycée de garçons*). *Un lycée de garçons*, мужско́й лице́й. *Un lycée de filles*, же́нская гимна́зия. *Un lycée mixte*, гимна́зия совме́стного обуче́ния.

LYCÉEN гимнази́ст, лицеи́ст.

LYCÉENNE гимнази́стка.

M

M' 1. (*non réfléchi*) v. JE. **2.** (*réfléchi*) v. SE.

MA v. MON.

MÂCHER жева́ть* II, жую́, жуёшь...; *ou* разжёвывать / разжева́ть* II, разжую́, разжуёшь... *Bien mâcher ses aliments*, хорошо́ разжева́ть пи́щу.

MACHIN (*en parlant d'objets*) шту́ка. *Qu'est-ce que c'est que ce machin?*, Что э́то за шту́ка?

MACHINAL машина́льный. *Un geste machinal*, машина́льный жест.

MACHINALEMENT машина́льно. *J'ai tendu la main machinalement*, я машина́льно протяну́л ру́ку.

MACHINE маши́на, *dim.* маши́нка. *Une machine agricole*, сельскохозя́йственная маши́на. *Une machine à calculer*, счётная маши́на. *Une machine à coudre*, шве́йная маши́на *ou* шве́йная маши́нка. *Une machine à écrire*, пи́шущая маши́нка. ● **À la machine** (*avec une machine à écrire, une machine à coudre*), на маши́нке. *Taper à la machine*, печа́тать на маши́нке. *Coudre à la machine*, шить на маши́нке. **Faire machine arrière**, дать за́дний ход.

MÂCHOIRE че́люсть *f*. *La mâchoire inférieure*, ни́жняя че́люсть.

MAÇON ка́менщик.

MADAME *n'a plus d'équivalent. Dans le style officiel, on emploie le mot* това́рищ *suivi du nom de famille; ex.: Madame Ivanov*, това́рищ Ивано́ва. *À l'égard des personnes que l'on connaît, on peut utiliser le prénom et le patronyme; ex.: Bonjour, madame Ivanov*, Здра́вствуйте, Наде́жда Петро́вна! *Le mot* госпожа́ (*pas de pl.*), *en usage avant la révolution, s'applique encore aux ressortissantes étrangères, mais il est largement concurrencé par* мада́м *indécl. f.*, ми́ссис *indécl. f.*, фра́у* *indécl. f., etc.; ex.: Madame Pelletier*, мада́м Пельтье́ *ou* госпожа́ Пельтье́. *Madame Johnson*, ми́ссис Джо́нсон *ou* госпожа́ Джо́нсон. ● **Mesdames, Messieurs**, уважа́емые това́рищи; да́мы и господа́ (*en s'adressant à des ressortissants étrangers autres que ceux des démocraties populaires*).

Remarque. En s'adressant à une employée de n'importe quel âge, on emploie couramment le terme « де́вушка »; ex.: *Pardon, madame, est-ce que vous avez de la laine verte?*, Де́вушка, скажи́те, пожа́луйста, есть у вас зелёная шерсть?

MADEMOISELLE *n'a plus d'équivalent, le mot* ба́рышня, *en usage avant la révolution, ne s'employant plus qu'avec une nuance ironique. Dans le style officiel, on emploie le mot* това́рищ *suivi du nom de famille; ex.: Mademoiselle Kouznetsov*, това́рищ Кузнецо́ва. *Dans les rapports avec les personnes que l'on connaît, on peut utiliser le prénom et le patronyme; ex.: Bonjour, mademoiselle Kouznetsov*, Здра́вствуйте, Ири́на Серге́евна! *À l'égard des ressortissantes étrangères, on emploie couramment les mots* мадмуазе́ль* [ʒɛ] *indécl. f.*, мисс* *indécl. f., etc.; ex.: Mademoiselle Vidal*, мадмуазе́ль Вида́ль.

Remarques.

1. En s'adressant à une employée, on emploie généralement le mot « де́вушка »; ex. : *Pardon, mademoiselle, est-ce que vous avez la deuxième symphonie de Borodine?*, Де́вушка, скажи́те, пожа́луйста, есть у вас Втора́я симфо́ния Бородина́?

2. Le mot « де́вушка » peut aussi être utilisé pour rendre le pluriel « mesdemoiselles », lorsque ce mot n'est pas suivi de noms propres. Il est toutefois d'un style familier; ex. : *Bonjour, mesdemoiselles*, Здра́вствуйте, де́вушки!

MAGASIN (*établissement de commerce*) магази́н. *Un magasin d'alimentation*, продово́льственный магази́н. ● **Grand magasin**, универса́льный магази́н, *par abréviation* универма́г.

MAGICIEN волше́бник.

MAGICIENNE волше́бница.

MAGIE волшебство́. *Comme par magie*, как по волшебству́.

MAGIQUE волше́бный. *Une baguette magique*, волше́бная па́лочка.

MAGNÉTIQUE магни́тный. *Enregistrer qqch. sur une bande magnétique*, записа́ть что́-нибудь на магни́тную ле́нту.

MAGNÉTOPHONE магнитофо́н. *Un magnétophone professionnel*, студи́йный магнитофо́н.

MAGNIFIQUE великоле́пный. *Un palais magnifique*, великоле́пный дворе́ц. *Un temps magnifique*, великоле́пная пого́да.

MAI май *m*. *Au mois de mai*, в ма́е. *Le 6 mai*, 6-го ма́я. *Fêter le 1er-Mai*, пра́здновать Пе́рвое ма́я. ● **La parade du 1er-Mai**, первома́йский пара́д.

MAIGRE 1. (*en parlant d'un être vivant*) худо́й ∧—, худоща́вый. *Son visage était maigre*, лицо́ его́ бы́ло худоща́во. *Elle était encore plus maigre que deux ans auparavant*, она́ была́ ещё худе́е, чем два го́да наза́д. **2.** (*en parlant de revenus, de moyens financiers...*) ску́дный . *Un maigre revenu*, ску́дный дохо́д. *De maigres moyens*, ску́дные сре́дства.

MAIGRIR (*perdre du poids*) худе́ть / похуде́ть. *J'ai maigri de trois kilos*, я похуде́ла на три кило́.

MAILLE (*tricotée*) пе́тля. *Laisser échapper une maille*, спусти́ть пе́тлю.

MAILLOT 1. (*sous-vêtement sans manches ni col*) ма́йка. **2.** (*de sportif*) футбо́лка. *Des cyclistes en maillots rouges*, велосипеди́сты в кра́сных футбо́лках. ● **Maillot de bain**, купа́льный костю́м.

MAIN рука́ (*l'accent passe sur la préposition dans les groupes* « за́ руку », « за́ руки », « на́ руку », « на́ руки », « по́д руку », « по́д руки »). *La main droite*, пра́вая рука́. *Mettre les mains derrière son dos*, заложи́ть ру́ки за́ спину. *Avec un journal à la main*, с газе́той в руке́. *Prendre qqn par la main*, взять кого́-нибудь за́ руку. *Haut les mains!*, Ру́ки вверх! *Remettre qqch. en main propre*, отдава́ть что́-нибудь в со́бственные ру́ки. *Avoir qqch. sous la main*, име́ть что́-нибудь под руко́й. *Votre affaire est en de bonnes mains*, Ва́ше де́ло в хоро́ших рука́х.

Remarque. Le mot « рука́ » désigne aussi bien « le bras » que « la main », le contexte permettant le plus souvent d'éviter toute équivoque. Dans des cas exceptionnels, on emploie l'expression « кисть руки́ » (кисть *f.*); ex. : *Il a été blessé à la main*, его́ ра́нило в кисть руки́.

MAIN-D'ŒUVRE рабо́чая си́ла.

MAINTENANT тепе́рь. *Maintenant, il est trop tard*, тепе́рь уже́ по́здно.

MAINTENIR (*faire durer*) подде́рживать / поддержа́ть* I, поддержу́, подде́ржишь... . *Maintenir l'ordre*, поддержа́ть поря́док.

MAIRE мэр.

MAIRIE мэ́рия.

MAIS

1. (*opposition*) а.
2. (*restriction*) но.
3. (*transition*) но.
4. (*renforcement*) да.

1. *Ce n'était pas un chien, mais un loup*, э́то была́ не соба́ка, а волк. **2.** *Il est intelligent mais paresseux*, он умён, но лени́в. *Je lui ai demandé mais il n'a rien répondu*, я его́ спроси́л, но он ничего́ не отве́тил. **3.** *Mais revenons au problème essentiel*, но вернёмся к гла́вной на́шей зада́че. **4.** *Mais non!*, Да нет! *Mais qui donc l'a laissé partir?*, Да кто же его́ вы́пустил? ● **Mais oui!**, Ну да! **Non seulement... mais aussi**, не то́лько... но и. *Nous avons invité non seulement Dupont mais aussi son frère*, мы пригласи́ли не то́лько Дюпо́на, но и его́ бра́та.

MAÏS кукуру́за. *Un champ de maïs*, по́ле кукуру́зы.

MAISON дом*, *nom. pl.* дома́ , *dim.* до́мик. *Une maison de cinq étages*, шестиэта́жный дом. *Une maison en bois*, деревя́нный до́мик. *Une maison de repos*, дом о́тдыха. ● **À la maison 1.** (*direction*) домо́й. *Je rentre à la maison*, я возвраща́юсь домо́й, **2.** (*emplacement*) до́ма. *J'étais à la maison*, я был до́ма. **Une maison de campagne**, да́ча. *Ils étaient dans leur maison de campagne*, они́ бы́ли на да́че.

MAÎTRE 1. (*celui qui dirige*) хозя́ин*, *pl.* хозя́ева, хозя́ев, хозя́евам... *Le maître de maison*, хозя́ин до́ма. *Il est le maître de la situation*, он хозя́ин положе́ния. **2.** (*instituteur*) учи́тель*, *nom. pl.* учителя́ . *Le maître a interrogé un élève*, учи́тель вы́звал ученика́.

MAÎTRESSE 1. (*celle qui dirige*) хозя́йка. *La maîtresse de maison*, хозя́йка до́ма. **2.** (*institutrice*) учи́тельница. *La maîtresse a interrogé une élève*, учи́тельница вы́звала учени́цу. **3.** (*amante*) любо́вница. *Elle devint sa maîtresse*, она́ ста́ла его́ любо́вницей.

● **Une maîtresse femme,** бой-ба́ба.

MAJESTÉ (*titre*) Вели́чество. *Sa majesté,* Его́ Вели́чество.

MAJEUR 1. (*le plus grand, le plus important*) *doit être traduit selon le contexte. En majeure partie* (*= plus grande*), бо́льшей ча́стью. *Les intérêts majeurs du pays* (*= les plus hauts*) вы́сшие интере́сы страны́. *Notre souci majeur* (*= le plus important*) на́ша гла́вная забо́та. *Un empêchement majeur* (*= insurmontable*) непреодоли́мое препя́тствие. **2.** (*qui a atteint sa majorité*) совершенноле́тний. *Un fils majeur,* совершенноле́тний сын.

MAJORITÉ 1. (*le plus grand nombre*) большинство́. *Adopter à une large majorité,* приня́ть значи́тельным большинство́м. *La majorité relative,* относи́тельное большинство́. *La majorité absolue,* абсолю́тное большинство́. *Une majorité écrasante,* подавля́ющее большинство́. **2.** (*âge à partir duquel une personne est responsable de ses actes*) совершенноле́тие.

MAJUSCULE 1. *adj.* прописно́й. *Un O majuscule,* прописно́е О. **2.** *subst.* прописна́я бу́ква.

I. MAL *subst.*

1. (*catégorie morale*) зло, *gén. pl.* зол (*seule forme usitée au pluriel*).
2. (*dégâts*) вред/‾‾‾ (*pas de pl.*).
3. (*douleur*) боль *f.* (*pas de pl.*).
4. (*maladie*) боле́знь *f.*

1. *Le mal est fait,* зло сде́лано. *Faire du mal à qqn,* причини́ть кому́-нибудь зло. *Un mal irréparable,* непоправи́мое зло. *De deux maux il faut choisir le moindre,* из двух зол на́до вы́брать ме́ньшее. **2.** *La grêle a fait beaucoup de mal,* град причини́л мно́го вреда́. **3.** *Des maux de dents,* зубна́я боль. *Des maux de tête,* головна́я боль. **4.** *Le mal de mer,* морска́я боле́знь. ● **Avoir mal 1.** (*sans indication concernant le siège de la douleur*) бо́льно *et le verbe* быть (*au sujet de la proposition française correspond en russe un nom ou un pronom au datif*). *J'avais mal,* мне бы́ло бо́льно. **2.** (*avec l'indication du siège de la douleur*) боле́ть* I, боли́т, боля́т (*au sujet de la proposition française correspond en russe un nom ou un pronom au génitif régi par la préposition* « у »; *le substantif indiquant la partie du corps est exprimé au nominatif*). *Il avait mal à la tête,* у него́ боле́ла голова́. *Tu as mal aux dents?,* У тебя́ боля́т зу́бы? **Avoir mal au cœur** (*avoir la nausée*), тошни́ть (*au sujet de la proposition française correspond en russe un complément direct à l'accusatif*). *Elle a mal au cœur,* её тошни́т. **Avoir du mal à,** с трудо́м (*et l'indicatif*). *J'ai eu du mal à trouver une place,* я с трудо́м нашёл себе́ ме́сто. **Ce n'est qu'un demi-mal,** э́то ещё полбеды́. **Craindre le mal de mer,** не переноси́ть ка́чки. **Faire mal à qqn,** де́лать кому́-нибудь бо́льно. **Le mal du pays,** тоска́ по ро́дине. **Ne pas penser à mal,** нет дурно́го у́мысла (*au sujet de la proposition française correspond en russe un nom ou un pronom au génitif régi par la préposition* « у »). *Il ne pensait pas à mal,* у него́ не́ было дурно́го у́мысла. **Rien de mal,** ничего́ дурно́го. *Il n'y a là rien de mal,* в э́том нет ничего́ дурно́го. **Se donner du mal,** стара́ться / постара́ться.

II. MAL *adv.* пло́хо, *comp.* ху́же*. *Je dessine mal,* я пло́хо рису́ю. *Elle se sent mal,* она́ пло́хо себя́ чу́вствует. *De plus en plus mal,* всё ху́же и ху́же. ● **Être mal à l'aise,** не по себе́ *et le verbe* быть (*au sujet de la proposition française correspond en russe un nom ou un pronom au datif*). *Elle était mal à l'aise,* ей бы́ло не по себе́. **Mal à propos,** некста́ти. **Pas mal 1.** (*beaucoup*) нема́ло. *Nous avons perdu pas mal de temps,* мы потеря́ли нема́ло вре́мени. **2.** (*assez bien*) непло́хо; хорошо́. « *Comment travaille-t-il? — Pas mal* », « Как он рабо́тает? — Непло́хо. » « *Ça va? — Pas mal, merci, et vous?* », « Ну, как живёте? — Спаси́бо, хорошо́, а вы как? » **Se trouver mal,** де́латься ду́рно (*au sujet de la proposition française correspond en russe un nom ou un* *pronom au datif*). *Elle s'est trouvée mal*, ей сде́лалось ду́рно.

I. MALADE *adj*. больно́й /__. *Un enfant malade*, больно́й ребёнок. *Elle est malade*, она́ больна́. ● **Tomber malade**, заболева́ть / заболе́ть. *Elle est tombée malade*, она́ заболе́ла.

II. MALADE *subst*. **1.** *m*. больно́й *adj. subst. m*. *Il y avait beaucoup de malades*, бы́ло мно́го больны́х. **2.** *f*. больна́я *adj. subst. f*.

MALADIE боле́знь *f*. *Une maladie contagieuse*, зара́зная боле́знь. *Une maladie incurable*, неизлечи́мая боле́знь. *Attraper une maladie*, схвати́ть боле́знь.

MALADIF боле́зненный. *Il a un air maladif*, у него́ боле́зненный вид.

MALADRESSE нело́вкость *f*. *Une maladresse dans les gestes*, нело́вкость движе́ний. *Commettre une maladresse*, сде́лать нело́вкость.

MALADROIT нело́вкий, нело́вок, неловка́, нело́вко, нело́вки /__. *Un mouvement maladroit*, нело́вкое движе́ние.

MALADROITEMENT нело́вко. *Il est tombé maladroitement*, он нело́вко упа́л.

MALAISE ● **Avoir un malaise**, де́латься ду́рно [де́латься / сде́латься] (*au sujet de la proposition française correspond en russe un nom ou un pronom au datif*). *Elle a eu un malaise*, ей сде́лалось ду́рно.

MALCHANCE (*mauvaise chance persistante*) невезе́ние. *La malchance le poursuit*, его́ пресле́дует невезе́ние.

MÂLE *subst*. саме́ц.

MALENTENDU недоразуме́ние. *Par suite d'un malentendu*, по недоразуме́нию.

MALGRÉ 1. (*opposition de qqch*.) несмотря́ на (+ *acc*.). *Malgré le mauvais temps*, несмотря́ на плоху́ю пого́ду. **2.** (*opposition de qqn*) *employer une périphrase comportant le mot* « во́ля », « volonté ». *Elle s'est mariée malgré ses parents*, она́ вы́шла за́муж про́тив во́ли роди́телей. **3.** (*involontairement*) нево́льно. *J'ai reculé malgré moi*, я нево́льно отступи́л на шаг. ● **Malgré tout 1.** (*coûte que coûte*) во что бы то ни ста́ло. *Il faut malgré tout que je réussisse à l'examen*, я должна́ сдать экза́мен во что бы то ни ста́ло. **2.** (*quand même*) всё же. *Il a ses défauts mais c'est malgré tout un brave homme*, у него́ свои́ недоста́тки, но всё же он хоро́ший челове́к.

MALHEUR 1. (*événement fâcheux*) беда́ ____ ____ ; несча́стье. *Un malheur irréparable*, непоправи́мая беда́. *Le malheur est qu'il ne fait rien*, беда́ в том, что он ничего́ не де́лает. *Un malheur ne vient jamais seul*, беда́ одна́ не хо́дит *ou* пришла́ беда́, отворя́й ворота́. *Pour comble de malheur*, в доверше́ние всех бед. **2.** (*sort pénible*) несча́стье. *Il lui est arrivé un grand malheur*, с ней случи́лось большо́е несча́стье. ● **À quelque chose malheur est bon**, нет ху́да без добра́. **De malheur**, го́ре- *élément de formation*. *Un critique de malheur*, го́ре-кри́тик. **Jouer de malheur**, стра́шно не везёт [*infinitifs inusités;* везёт; везло́ / повезёт; повезло́] (*au sujet de la proposition française correspond en russe un nom ou un pronom au datif*). *Il a vraiment joué de malheur*, ему́ стра́шно не повезло́. **Malheur à**, го́ре (+ *dat*.). *Malheur aux vaincus*, го́ре побеждённым. **Par malheur**, к несча́стью.

MALHEUREUSEMENT к сожале́нию. *Malheureusement, je ne peux pas vous aider*, К сожале́нию я не могу́ вам помо́чь.

MALHEUREUX несча́стный. *Un homme malheureux*, несча́стный челове́к. *Un amour malheureux*, несча́стная любо́вь.

MALHONNÊTE нече́стный, нече́стен, нечестна́, нече́стно, нече́стны /__. *Un homme malhonnête*, нече́стный челове́к.

MALIGNE v. MALIN.

MALIN *adj*. (*rusé*) хи́трый, хитёр, хитра́, хи́тро, хи́тры *ou* хитёр, хитра́, хитро́, хитры́. *Avec un sourire malin*, с хи́трой улы́бкой. ● **Pas malin 1.** (*peu intelligent*) неу́мный, неумён, неумна́, неу́мно, неу́мны *ou* неумён, неумна́, неумно́, неумны́. *Ce n'est pas malin de sa part*, э́то неу́мно с его́ стороны́. **2.** (*pas difficile*) нетру́дный, нетру́ден, нетрудна́, нетру́дно, нетру́дны /_. *Ce n'est pas malin; un enfant de trois ans saurait le faire*, э́то нетру́дно; трёхле́тний ребёнок суме́л бы э́то сде́лать.

MALLE сунду́к /‾‾ ‾‾ .

MALPROPRE нечи́стый, нечи́ст, нечиста́, нечи́сто, нечи́сты /_. *Un torchon malpropre*, нечи́стая тря́пка.

MALSAIN нездоро́вый. *Un climat malsain*, нездоро́вый кли́мат. // (*Fig.*) *Une atmosphère malsaine*, нездоро́вая обстано́вка.

MALVEILLANT недоброжела́тельный. *Des personnes malveillantes*, недоброжела́тельные лю́ди.

MAMAN ма́ма.

MAMMIFÈRE *subst.* млекопита́ющее *adj. subst. n.* (*bien qu'il s'agisse d'un être animé, l'accusatif singulier est semblable au nominatif; par contre, l'accusatif pluriel est semblable au génitif*).

MAMMOUTH ма́монт.

I. MANCHE *m.* **1.** рукоя́тка (*d'une arme, d'un instrument*); ру́чка (*d'un instrument, d'un objet*). *Le manche du poignard*, рукоя́тка кинжа́ла. *Le manche du marteau*, рукоя́тка мо́лота *ou* ру́чка мо́лота. *Le manche de la casserole*, ру́чка кастрю́ли. **2.** (*d'un instrument de musique*) гриф. *Le manche de la guitare*, гриф гита́ры. ● **Jeter le manche après la cognée,** махну́ть на всё руко́й.

II. MANCHE *f.* **1.** (*partie d'un vêtement*) рука́в*, *nom. pl.* рукава́ /‾‾ ‾‾. *Les manches sont trop longues*, рукава́ дли́нны. **2.** (*au jeu*) тур. *Gagner la première manche*, вы́играть пе́рвый тур. ● **C'est une autre paire de manches,** э́то совсе́м друго́е де́ло. **En manches de chemise,** без пиджака́.

MANDARINE мандари́н.

MANDAT (*postal*) перево́д. *Un mandat de mille francs*, перево́д на ты́сячу фра́нков. *Un mandat télégraphique*, телегра́фный перево́д.

MANÈGE (*de chevaux de bois*) карусе́ль *f. Faire un tour de manège*, крути́ться на карусе́ли.

MANGER есть* *n. cl.*, ем, ешь, ест, еди́м, еди́те, едя́т; ел, е́ла...; ешь, е́шьте (*l'impératif* « ешь », « е́шьте » *est familier; on emploie de préférence, avec une nuance de politesse, l'impératif du verbe* « ку́шать » : « ку́шай », « ку́шайте ») / съесть* *n. cl.* [*id.*] (*manger entièrement*) *et* пое́сть* *n. cl.* [*id.*] (+ *gén.; manger un peu*); *ou* ку́шать / поку́шать (*s'emploie avec une nuance de politesse; les formes du présent et du futur simple sont rares, en particulier à la première personne*). *Manger avec appétit*, есть с больши́м аппети́том. *Il a déjà mangé deux pommes*, он уже́ съел два я́блока. *J'ai mangé de la soupe*, су́пу пое́л. *Mangez donc, je vous en prie*, Ку́шайте, пожа́луйста. *Vous avez déjà mangé?*, Вы поку́шали? ● **Il est bête à manger du foin,** он глуп как про́бка.

MANIE ма́ния.

MANIÈRE

> **I. Singulier:**
> **1.** о́браз.
> **2.** *l'ensemble « manière + adjectif » peut être traduit par un adverbe.*
> **3.** (*régissant un infinitif*) мане́ра.
> **II. Pluriel:**
> мане́ры, мане́р, мане́рам... *pl. t.*

I. 1. *De quelle manière?*, Каки́м о́бразом? *De la manière suivante*, сле́дующим о́бразом. *De la manière la plus étonnante*, са́мым удиви́тельным о́бразом. **2.** *D'une manière inattendue*, неожи́данно. *Se conduire d'une manière irréprochable*, вести́ себя́ безупре́чно. **3.** *Elle a une manière étrange de réciter les vers*, у неё стра́нная мане́ра чита́ть стихи́.

II. *De mauvaises manières*, дурны́е мане́ры. *Des manières vulgaires*, вульга́рные мане́ры.

● **À ma manière, à ta manière...,** по-сво́ему. *Il a résolu cette question à sa manière*, он по-сво́ему реши́л э́тот вопро́с.

De manière à, чтóбы. *J'ai tout fait de manière à lui simplifier la tâche,* я сдéлал всё, чтóбы облегчи́ть емý рабóту. **De telle manière que,** так, что. *Tout s'est fait de telle manière que personne ne s'en est aperçu,* всё сдéлалось так, что никтó ничегó не замéтил. **D'une manière ou d'une autre,** так или ина́че. **Faire des manières,** ломáться.

MANIFESTANT демонстрáнт.

MANIFESTATION (*rassemblement*) демонстрáция. *Le préfet a interdit la manifestation,* префéкт запрети́л демонстрáцию.

MANIVELLE рукоя́тка. *Tourner la manivelle,* вертéть рукоя́тку.

MANNEQUIN 1. (*grande poupée*) манекéн. **2.** (*jeune femme*) манекéнщица.

I. MANŒUVRE *m.* разнорабóчий *adj. subst. m.*

II. MANŒUVRE *f.* **1.** (*exercice militaire*) манёвр. *Les grandes manœuvres de printemps,* больши́е весéнние манёвры. **2.** (*machination*) махинáция.

MANQUE недостáток; нехвáтка (*fam.*). *Le manque de main-d'œuvre,* недостáток рабóчей си́лы. *Le manque d'argent,* недостáток дéнег *ou* нехвáтка дéнег. ● **Le manque de goût,** безвкýсица. **Le manque de respect,** неуважéние. *Le manque de respect à l'égard des autorités,* неуважéние к начáльству. **Le manque de sommeil,** недосыпáние.

MANQUER

Remarque. « Manquer » étant le plus souvent traduit par un verbe à la forme négative, « ne pas manquer » est rendu par le même verbe sans négation.

1. (*faire défaut; ne pas avoir de*) не хватáть [хватáть / хвати́ть ⟍——] (*le substantif désignant ce qui fait défaut est exprimé au génitif; celui qui en souffre est, le plus souvent, désigné par un nom ou un pronom au génitif régi par la préposition* « у »); недоставáть* II, недостаёт / недостáть* *n. cl.,* недостáнет (*le substantif désignant ce qui fait défaut est exprimé au génitif; celui qui en souffre est, le plus souvent, désigné par un nom ou un pronom au génitif régi par la préposition* « у »).

2. (*être absent*) не быть (*ne pas y être*); пропускáть / пропусти́ть ⟍—— (*laisser passer par négligence*); не идти́ [идти́* IV, идý, идёшь...; шёл, шла... / пойти́* IV, пойдý, пойдёшь...; пошёл, пошлá...; *indét.* ходи́ть ⟍——] (*ne pas y aller*).

3. (*arriver trop tard*) опáздывать / опоздáть (на + *acc.*).

4. (*être sur le point de*) чуть не *et un verbe à l'indicatif.*

5. (*ne pas atteindre*) не попадáть (попадáть / попáсть* IV, попадý, попадёшь...; попáл, попáла...).

6. (*oublier*) забывáть / забы́ть* *n. cl.,* забýду, забýдешь...; забýдь.

1. *Je manquais d'audace,* у меня́ не хватáло смéлости. *Le temps manquait,* врéмени не хватáло. *Elle ne manquera pas d'argent,* дéнег у неё хвáтит. *Il manque quelque chose,* чегó-то не хватáет. *Il ne manquait plus que ça !,* Э́того тóлько недоставáло! **2.** *Il manque deux élèves,* двух ученикóв нет. *J'ai manqué quelques cours,* я пропусти́л нéсколько лéкций. *Jean-Paul a manqué l'école pendant trois semaines,* Жан-Поль три недéли не ходи́л в шкóлу. *Tu as manqué la réunion d'hier soir ?,* Ты не ходи́л на собрáние вчерá вéчером? **3.** *Elle a manqué son train,* онá опоздáла на пóезд. *J'ai peur de manquer l'avion,* боюсь опоздáть на самолёт. **4.** *Elle a manqué se noyer,* онá чуть не утонýла. **5.** *Manquer le but,* не попадáть в цель. *Ne pas manquer le but,* попáсть в цель. **6.** *Ne manquez pas de lui téléphoner,* Не забýдьте емý позвони́ть. ● **Manquer son coup,** промáхиваться / промахнýться. *Il a tiré, mais il a manqué son coup,* он вы́стрелил, но промахнýлся. **Manquer à son devoir,** не исполня́ть своегó дóлга (исполня́ть / испóлнить). **Manquer l'occasion,** упусти́ть слýчай (упускáть / упусти́ть ⟍——). **Manquer à sa parole,**

не сдержáть слóва (сдéрживать / сдержáть* I, сдержý, сдéржишь... \\———).

MANTEAU мантó* *indécl. n. Un manteau de fourrure*, меховóе мантó.

I. MANUEL *subst.* учéбник. *Un manuel de russe*, учéбник рýсского языкá.

II. MANUEL *adj.* ● **Travail manuel,** физи́ческая рабóта.

I. MANUSCRIT *subst.* рýкопись *f. Un manuscrit dactylographié*, машинопи́сная рýкопись. *Des manuscrits anciens*, дрéвние рýкописи.

II. MANUSCRIT *adj.* рукопи́сный. *Un texte manuscrit*, рукопи́сный текст.

MAQUEREAU (*poisson*) макрéль *f.* ● **Groseille à maquereau,** крыжóвник (*pas de pl.*).

MAQUETTE макéт, модéль *f. La maquette d'un yacht*, модéль я́хты.

MARAIS болóто. *Assécher un marais*, осуши́ть болóто. ● **Des marais salants,** соляны́е разрабóтки (разрабóтки, разрабóток, разрабóткам... *pl.*).

MARBRE мрáмор. *Un monument en marbre blanc*, пáмятник из бéлого мрáмора. ● **De marbre, en marbre,** мрáморный. *Une statue en marbre*, мрáморная стáтуя.

I. MARCHAND *subst.* торгóвец (*le substantif désignant ce qui est vendu est employé à l'instrumental*). *Un marchand de fruits*, торгóвец фрýктами. *Un marchand en gros*, оптóвый торгóвец.

II. MARCHAND *adj.* торгóвый. *Un navire marchand*, торгóвое сýдно.

MARCHANDE торгóвка (*le substantif désignant ce qui est vendu est employé à l'instrumental*). *Une marchande de fruits*, торгóвка фрýктами. ● **Une marchande de fleurs,** цветóчница.

MARCHANDER торговáться.

MARCHANDISE товáр. *Des marchandises de bonne qualité*, доброкáчественные товáры.

MARCHE

> 1. (*le fait de marcher*) ходьбá.
> 2. (*mouvement de troupes*) марш.
> 3. (*musique*) марш.
> 4. (*d'escalier...*) ступéнька.

1. *La marche m'a fatiguée*, я устáла от ходьбы́. *À dix minutes de marche*, в десяти́ минýтах ходьбы́. **2.** *À marche forcée*, форси́рованным мáршем. **3.** *La « Marche funèbre » de Chopin*, « Трáурный марш » Шопéна. **4.** *Descendre les marches*, спусти́ться по ступéнькам. ● **En avant, marche!,** Шáгом, марш! **En pleine marche,** на пóлном ходý. *Sauter du train en pleine marche*, спры́гнуть с пóезда на пóлном ходý. **Faire marche arrière,** дать зáдний ход. **Mettre en marche,** пускáть / пусти́ть \\——— . *Mettre le moteur en marche*, пусти́ть мотóр. **Se mettre en marche,** дви́нуться в путь.

MARCHÉ ры́нок. *Un marché couvert*, кры́тый ры́нок. *Elle est allée faire son marché*, онá пошлá на ры́нок. *Le marché noir*, чёрный ры́нок. *Le marché intérieur*, внýтренний ры́нок. *Le Marché commun*, Óбщий ры́нок. ● **À bon marché, bon marché 1.** (*en fonction d'adjectif*) дешёвый, дёшев, дешевá, дёшево, дёшевы /\\—, *comp.* дешéвле*. *Une édition bon marché*, дешёвое издáние. *Les pommes sont meilleur marché maintenant*, я́блоки стáли дешéвле. *Des plaisanteries à bon marché*, дешёвые шýточки. **2.** (*en fonction d'adverbe*) дёшево, *comp.* дешéвле*. *Elle a eu cette commode à bon marché*, онá дёшево заплати́ла за э́тот комóд. *Il en a été quitte à bon marché*, он дёшево отдéлался. **De marché,** ры́ночный. *Un jour de marché*, ры́ночный день. **Le marché aux puces,** толкýчка, барахóлка. *J'ai acheté ça au marché aux puces*, я э́то купи́л на толкýчке *ou* я э́то купи́л на барахóлке. **Meilleur marché,** v. ci-dessus BON MARCHÉ. **Par-dessus le marché,** сверх тогó.

MARCHER 1. (*« aller à pied » et également « circuler » en parlant des* *moyens de transport*, « *bien fonctionner* » *en parlant d'une montre, d'une horloge...*, « *se dérouler d'une manière satisfaisante* ») идти́* IV, иду́, идёшь...; шёл, шла... / пойти́* IV (*id.*); *indét.* ходи́ть ___ . *Marcher lentement*, идти́ ме́дленно. *Marcher sur la pointe des pieds*, ходи́ть на цы́почках. *Les autobus marchent jusqu'à minuit*, авто́бусы хо́дят до полу́ночи. *La montre marche bien*, часы́ иду́т хорошо́. *Les affaires marchent bien*, дела́ иду́т хорошо́. *Ça marche comme sur des roulettes*, де́ло идёт как по ма́слу. **2.** (*fonctionner*) рабо́тать; де́йствовать (*livresque*). *L'ascenseur ne marche pas*, лифт не рабо́тает. *Le moteur marche bien*, мото́р рабо́тает хорошо́. ● **Faire marcher qqch.**, привести́ что́-нибудь в де́йствие (приводи́ть ___ / привести́* IV, приведу́, приведёшь...; привёл, привела́... /‾‾‾). *Il est arrivé à faire marcher la pompe*, ему́ удало́сь привести́ насо́с в де́йствие. **Faire marcher qqn** (*lui en faire accroire*), разы́грывать / разыгра́ть. *Ne l'écoute pas, il te fait marcher*, Не слу́шай его́, он тебя́ разы́грывает. **Il ne fait pas bon lui marcher sur les pieds**, с ним шу́тки пло́хи. **Marcher à pas de loup**, кра́сться* IV, краду́сь, крадёшься...; кра́лся, кра́лась... **Marcher à quatre pattes**, ползти́ на четвере́ньках (ползти́* IV, ползу́, ползёшь...; полз, ползла́... /‾‾‾ / поползти́* IV [*id.*]; *indét.* по́лзать). **Marcher sur les pieds de qqn**, наступи́ть кому́-нибудь на́ ноги (наступа́ть / наступи́ть ___). *Il m'a marché sur le pied*, он наступи́л мне на́ ногу. **Marcher à reculons**, пя́титься / попя́титься. *Il a marché à reculons jusqu'à la porte*, он попя́тился к две́ри. **Ne pas marcher** (*ne pas être d'accord*), не быть согла́сным. *Ah non! Je ne marche pas!*, Ах нет! Я не согла́сен.

MARDI вто́рник. *Je l'ai vu mardi*, я его́ ви́дел во вто́рник. *Il vient nous voir le mardi*, он к нам захо́дит по вто́рникам.

MARÉCAGE боло́то.

MARÉCAGEUX боло́тистый. *Une région marécageuse*, боло́тистая ме́стность.

MARÉE (*mouvement de la mer*) ● **L'horaire des marées**, часы́ прили́ва и отли́ва. **La marée descendante**, отли́в. **La marée montante**, прили́в.

MARGE (*d'une page*) по́ле ‾‾‾ . *Des notes dans les marges*, заме́тки на поля́х.

MARGUERITE маргари́тка.

MARI муж*, *pl.* мужья́, муже́й, мужья́м... ‾‾‾ . *Son mari est ingénieur*, её муж — инжене́р.

MARIAGE 1. (*union légale*) брак. *Un mariage d'amour*, брак по любви́. *Un mariage d'argent*, брак по расчёту. **2.** (*noce*) сва́дьба. *Inviter qqn au mariage*, пригласи́ть кого́-нибудь на сва́дьбу. ● **Une demande en mariage**, предложе́ние. **Demander qqn en mariage**, сде́лать кому́-нибудь предложе́ние.

MARIÉ *adj.* **1.** (*en parlant d'un homme*) жена́тый. *Il est marié ?*, Он жена́т? **2.** (*en parlant d'une femme*) заму́жняя (*en fonction d'épithète*), за́мужем (*en fonction d'attribut*). *Une femme mariée*, заму́жняя же́нщина. *Elle est mariée à un médecin*, она́ за́мужем за врачо́м.

MARIER 1. (*unir par le mariage*) жени́ть ___ / жени́ть ___ ; / пожени́ть ___ (*fam.*). *Sa tante avait décidé de les marier*, её тётя реши́ла их жени́ть. **2.** (*donner une fille en mariage*) вы́дать за́муж [за + *acc.*] (выдава́ть* II, выдаю́, выдаёшь...; выдава́й; выдава́я / вы́дать* *n. cl.*, вы́дам, вы́дашь, вы́даст, вы́дадим, вы́дадите, вы́дадут; вы́дай). *Il a marié sa fille à un ingénieur*, он вы́дал до́чку за инжене́ра.

MARIER (SE) 1. (*en parlant d'une femme*) вы́йти за́муж [за + *acc.*] (выходи́ть ___ / вы́йти* IV, вы́йду, вы́йдешь...; вы́шел, вы́шла...; вы́йдя). *Elle s'est mariée avec un ingénieur*, она́ вы́шла за́муж за инжене́ра. **2.** (*en parlant d'un homme*) жени́ться ___ / жени́ться ___ (на +

loc.). *Il s'est marié avec une jeune étudiante*, он жени́лся на молодо́й студе́нтке. **3.** (*en parlant d'un couple*) жени́ться ___ / жени́ться ___ *ou* пожени́ться ___ (*fam.*). *Ils se sont mariés il n'y a pas longtemps*, они́ неда́вно пожени́лись.

I. MARIN *subst.* моря́к /‾‾ ‾‾.

II. MARIN *adj.* морско́й. *L'air marin*, морско́й во́здух.

MARINE флот. *La marine marchande*, торго́вый флот. *La marine de guerre*, вое́нный флот. ● **Le ministère de la Marine**, Министе́рство вое́нно-морски́х сил.

MARIONNETTE марионе́тка. ● **Théâtre de marionnettes**, ку́кольный теа́тр.

MARITIME (*de la mer; concernant la navigation sur mer*) морско́й. *Un climat maritime*, морско́й кли́мат. *Le droit maritime*, морско́е пра́во.

MARK ма́рка.

MARMITE котело́к. *Mettre la marmite sur le feu*, поста́вить на ого́нь котело́к.

MARQUE

> **1.** (*signe servant à reconnaître une chose*) ме́тка // ма́рка (*estampille*).
> **2.** (*d'une entreprise commerciale*) ма́рка.
> **3.** (*trace*) отпеча́ток; след*, *loc.* следу́ ___/ ‾‾‾ (*au génitif, l'accent n'est initial qu'à la forme irrégulière* « сле́ду* »; *la forme* « следа́ », *par contre, est accentuée sur la finale*).
> **4.** (*témoignage*) проявле́ние.

1. *Une marque sur du linge*, ме́тка на бельё. *Faire des marques sur les arbres*, поста́вить ме́тки на дере́вьях. // *Une marque de fabrique*, фабри́чная ма́рка. **2.** *Les meilleures marques de laine*, лу́чшие ма́рки ше́рсти. **3.** *Des marques de doigts sur le verre*, отпеча́тки па́льцев на стака́не. *La marque d'une blessure*, след от ра́ны. **4.** *Des marques de tendresse*, проявле́ние не́жности. ● **De marque 1.** (*en parlant d'une marchandise*) ма́рочный. *Un vin de marque*, ма́рочное вино́. **2.** (*en parlant d'une personne*) почётный. *Un hôte de marque*, почётный гость.

MARQUER 1. (*mettre un signe*) отмеча́ть / отме́тить. *Marquer d'une croix*, отме́тить кре́стиком. **2.** (*laisser une trace*) оста́вить след (оставля́ть / оста́вить). ● **Marquer un but**, заби́ть гол (забива́ть / заби́ть* II, забью́, забьёшь...; забе́й; заби́тый). **Marquer une page**, заложи́ть страни́цу (закла́дывать / заложи́ть ___).

MARRAINE крёстная мать (мать*, *gén.*, *dat.*, *loc.* ма́тери, *instr.* ма́терью; *pl.* ма́тери, матере́й, матеря́м... ___ /‾‾ *f.*).

MARRE ● **En avoir marre**, надоеда́ть / надое́сть* *n. cl.*, надое́ст, надоедя́т; надое́л, надое́ла... (*au sujet de la proposition française correspond en russe un nom ou un pronom au datif; au complément de l'expression française correspond en russe un sujet*). *J'en ai marre de tout ça*, мне надое́ла вся э́та му́зыка.

I. MARRON *subst.* кашта́н. *Des marrons glacés*, заса́харенные кашта́ны.

II. MARRON *adj.* кашта́новый; ка́рий (*en parlant des yeux*). *Un pelage marron*, кашта́новая масть. *Des yeux marron*, ка́рие глаза́.

MARRONNIER кашта́н.

MARS март. *Au mois de mars*, в ма́рте. *C'était le 2 mars*, э́то бы́ло 2-го ма́рта.

MARTEAU молото́к; мо́лот (*de très grande taille*). *Un marteau de cordonnier*, сапо́жный молото́к. *Un marteau piqueur*, отбо́йный молото́к. *Un marteau-pilon à vapeur*, парово́й мо́лот. *La faucille et le marteau*, серп и мо́лот. *Être entre le marteau et l'enclume*, находи́ться ме́жду мо́лотом и накова́льней.

MARTIEN марсиа́нин*, *pl.* марсиа́не, марсиа́н, марсиа́нам...

MARTYR *subst.* му́ченик. *Les martyrs chrétiens*, христиа́нские му́ченики. *Un martyr de la science*, му́ченик нау́ки.

MARXISME марксизм.

MARXISME-LÉNINISME марксизм-ленинизм.

I. MARXISTE *subst.* марксист.

II. MARXISTE *adj.* марксистский.

I. MASCULIN *adj.* **1.** мужской. *Le sexe masculin*, мужской пол. **2.** (*de genre masculin*) мужского рода. *Un substantif masculin*, существительное мужского рода.

II. MASCULIN *subst.* мужской род.

MASQUE маска. *Un masque de carnaval*, карнавальная маска. ● **Un masque à gaz,** противогаз.

MASSAGE массаж. *Faire des massages*, делать массаж.

MASSE масса. *Une masse de gens*, масса народу. *Une masse d'eau*, масса воды. *La masse sombre du navire*, тёмная масса корабля. ● **De masse,** массовый. *Les mouvements de masse*, массовые движения.

I. MASSIF *subst.* (*massif montagneux*) массив. *Le Massif central*, Центральный массив.

II. MASSIF *adj.* **1.** (*lourd; épais*) массивный. *Des meubles massifs*, массивная мебель. **2.** (*concernant une multitude*) массовый. *Des arrestations massives*, массовые аресты.

I. MAT *adj.* матовый. *Un teint mat*, матовый цвет лица.

II. MAT *subst.* мат. *Échec et mat*, шах и мат.

MÂT (*de navire*) мачта. *Un drapeau flottait au mât*, на мачте был поднят флаг.

MATCH матч. *Un match de football*, футбольный матч.

MATELAS матрас. *Un matelas de crin*, волосяной матрас.

MATELOT матрос.

MATÉRIALISME материализм.

MATÉRIALISTE *subst.* материалист.

MATÉRIAU материал. *Des matériaux de construction*, строительные материалы. *Des matériaux pour un exposé*, материалы для доклада.

I. MATÉRIEL *subst.* инвентарь *m.* (*ce dont on dispose*); оборудование (*équipement*). *Le matériel agricole*, сельскохозяйственный инвентарь. *Le matériel sportif*, спортивный инвентарь. *Acheter du matériel nouveau*, приобрести новое оборудование. ● **Le matériel militaire,** военная техника.

II. MATÉRIEL *adj.* материальный. *Une aide matérielle*, материальная помощь.

MATERNEL (*propre à une mère*) материнский. *L'amour maternel*, материнская любовь. ● **L'école maternelle,** детский сад. **La langue maternelle,** родной язык.

MATHÉMATIQUE *adj.* математический. *Une précision mathématique*, математическая точность.

MATHÉMATIQUES математика. *Les mathématiques appliquées*, прикладная математика.

MATIÈRE 1. (*phys.*) материя. *La structure de la matière*, строение материи. **2.** (*substance*) вещество. *Une matière explosive*, взрывчатое вещество. **3.** (*objet d'études scolaires*) предмет. *Il est fort dans toutes les matières*, он силен по всем предметам. ● **La matière plastique,** пластмасса. *Des assiettes en matière plastique*, тарелки из пластмассы. **Les matières premières,** сырьё. *Des matières premières pour l'industrie*, сырьё для промышленности. **Table des matières,** оглавление.

MATIN 1. (*au sens de « pendant la matinée » dans des expressions comme « le matin », « hier matin », « ce matin », « lundi matin » « le 15 au matin », etc.*) утром *adv.* *Le matin, nous avons quatre heures de cours*, утром у нас четыре урока. *Je l'ai vu ce matin*, я его видел сегодня утром. *Demain matin*, завтра утром. *Il arrive samedi matin*, он приезжает в субботу утром. *Le 10 au matin*, 10-го утром. **2.** (*dans les autres emplois*) утро (*l'accent passe sur la syllabe finale après l'indication de l'heure et dans les groupes* « с утра́ », « до утра́ », « к утру́ », « по утра́м » *ainsi que* « с са́мого утра́ », « до са́мого утра́ »...). *Un matin de printemps*, весе́ннее у́тро. *À sept heures du matin*, в семь часо́в утра́. *À plus de huit heures du matin*, в девя́том часу́ утра́. *Du matin au soir*, с утра́ до ве́чера. *Vers le matin*, к утру́. *Jusqu'au matin*, до са́мого утра́. *Le matin, il faisait déjà frais*, по утра́м бы́ло уже́ прохла́дно. ● **De bon matin**, ра́но у́тром. **Du matin** (*qui se fait le matin, qui concerne le matin*) у́тренний. *Les journaux du matin*, у́тренние газе́ты. *La fraîcheur du matin*, у́тренняя све́жесть. **Le lendemain matin**, на сле́дующее у́тро.

REMARQUE. C'est à l'aide du mot « ночь », « la nuit », que l'on traduit le mot « matin » dans les groupes « une heure du matin », « deux heures du matin » et « trois heures du matin ». Ex. : *Trois heures du matin*, три часа́ но́чи, mais *Quatre heures du matin*, четы́ре часа́ утра́.

MATINÉE у́тро. *J'y ai passé toute la matinée*, я провёл там всё у́тро. *Une matinée pluvieuse*, дождли́вое у́тро. ● **Dans la matinée, pendant la matinée**, у́тром.

MAUDIRE проклина́ть / прокля́сть* IV, прокляну́, проклянёшь...; про́клял, прокляла́, про́кляло, про́кляли ⌒; про́клятый, про́клят, проклята́, про́клято, про́кляты ⌒. *Maudire son sort*, проклина́ть свою́ судьбу́. *Qu'il soit maudit !*, Будь он про́клят!

REMARQUE. Dans l'expression « Будь она́ про́клята! », l'accent frappe la première syllabe du participe.

MAUSOLÉE мавзоле́й *m*. *Le mausolée de Lénine*, мавзоле́й Ле́нина.

I. MAUVAIS *adj*. **1.** плохо́й ⌒, *comp*. ху́же*, *superl*. наиху́дший*; дурно́й ⌒ (*emploi plus restreint*). *Le mauvais temps*, плоха́я пого́да. *Une mauvaise réputation*, плоха́я репута́ция. *De mauvaises habitudes*, плохи́е привы́чки. *Dans les conditions les plus mauvaises*, в наиху́дших усло́виях. **2.** (*nuisible pour la santé*) вре́дный ⌒. *C'est mauvais pour la santé*, э́то вре́дно для здоро́вья. ● **Au mauvais moment**, некста́ти. *Il est vraiment arrivé au mauvais moment*, он пришёл во́все некста́ти. **Une mauvaise langue**, злой язы́к.

II. MAUVAIS *adv*. ● **Il fait mauvais**, пого́да плоха́я. **Sentir mauvais**, ду́рно па́хнуть.

MAXIMUM *subst*. ма́ксимум.

MAYONNAISE майоне́з. *Du poisson à la mayonnaise*, ры́ба под майоне́зом.

MAZOUT мазу́т.

ME 1. (*non réfléchi*) v. JE. **2.** (*réfléchi*) v. SE.

MÉCANICIEN 1. (*spécialiste de mécanique; celui qui répare les machines*) меха́ник. *Un ingénieur mécanicien*, инжене́р-меха́ник. *Un mécanicien examinait le moteur*, меха́ник осма́тривал мото́р. **2.** (*conducteur de machine*) машини́ст. *Le mécanicien a arrêté le train*, машини́ст останови́л по́езд. ● **Mécanicien-dentiste**, протези́ст.

MÉCANIQUE *adj*. (*qui se remonte*) заводно́й. *Un jouet mécanique*, заводна́я игру́шка. ● **Escalier mécanique**, эскала́тор. *Monter par l'escalier mécanique*, поднима́ться по эскала́тору.

MÉCANISME механи́зм. *Le mécanisme d'une serrure*, механи́зм замка́.

MÉCHAMMENT зло. *Il riait méchamment de ma mésaventure*, он зло смея́лся над мои́м несча́стьем.

MÉCHANCETÉ (*trait de caractère*) зло́бность *f*.

MÉCHANT злой, *superl*. злейший*. *Attention, chien méchant !*, Осторо́жно, злы́е соба́ки!

MÉCONTENT недово́льный (+ *instr*.). *Je suis très mécontent de votre travail*, Я о́чень недово́лен ва́шей рабо́той.

MÉCONTENTEMENT недово́льство. *Provoquer le mécontentement général*, вы́звать всео́бщее недово́льство.

MÉDAILLE меда́ль *f*. *Une médaille*

en or, золотáя медáль. *L'envers de la médaille*, оборóтная сторонá медáли.

MÉDECIN врач /—— ——. *Faire venir le médecin*, вы́звать врачá.

MÉDECINE медици́на. *Docteur en médecine*, дóктор медици́ны. ● **Un étudiant en médecine**, студéнт-мéдик. **La faculté de médecine**, медици́нский факультéт.

MÉDICAL врачéбный. *Une visite médicale*, врачéбный осмóтр. *Un contrôle médical*, врачéбный контрóль.

MÉDICAMENT лекáрство. *Prendre un médicament*, принимáть лекáрство. *Prescrire un médicament*, прописáть лекáрство.

MÉDIOCRE посрéдственный. *Des capacités médiocres*, посрéдственные спосóбности.

MÉDITATION размышлéние. *Se plonger dans la méditation*, предавáться размышлéниям.

MÉDITER размышля́ть. *Méditer sur son passé*, размышля́ть о своём прóшлом.

MÉDITERRANÉEN средиземномóрский. *Un climat méditerranéen*, средиземномóрский кли́мат.

MEETING ми́тинг. *Organiser un meeting*, устрóить ми́тинг. *Aller à un meeting*, идти́ на ми́тинг.

MÉFIANCE недовéрчивость *f*. *Regarder qqn avec méfiance*, смотрéть на когó-нибудь с недовéрчивостью.

MÉFIANT недовéрчивый. *C'est un homme méfiant*, он человéк недовéрчивый. *Un regard méfiant*, недовéрчивый взгляд.

MÉFIER (SE) 1. (*ne pas croire*) не доверя́ть (+ *dat.*). *Je m'en méfie*, я емý не доверя́ю. **2.** (*prendre des précautions*) остерегáться / остерéчься* IV, остерегýсь, остережёшься..., остерегýтся; остерёгся, остереглáсь... /—— (+ *gén.*). *Méfie-toi des voleurs*, Остерегáйся ворóв.

MÉGARDE ● **Par mégarde**, нечáянно. *Il lui a marché sur les pieds par mégarde*, он нечáянно наступи́л емý нá ногу.

MÉGOT окýрок. *Jeter un mégot par terre*, брóсить окýрок нá пол.

MEILLEUR *et* **LE MEILLEUR**

I. Comparatif (« *meilleur* ») :
1. (*qui a plus de qualités*) лýчший (*épithète*); лýчше (*attribut*).
2. (*plus agréable au goût*) бóлее вкýсный (*épithète*); вкуснée (*attribut*).

II. Superlatif (« *le meilleur* ») :
1. (*qui a les plus grandes qualités*) лýчший, сáмый лýчший.
2. (*qui a la plus grande bonté*) сáмый дóбрый, добрéйший.
3. (*le plus agréable au goût*) сáмый вкýсный.

REMARQUE. Le superlatif peut être substantivé.

I. 1. *Des marchandises de meilleure qualité*, товáры лýчшего кáчества. *Ceux-ci sont bien meilleurs*, э́ти горáздо лýчше. **2.** *Une soupe encore meilleure*, ещё бóлее вкýсный суп. *Ce gâteau est encore meilleur*, э́тот торт ещё вкуснée.

II. 1. *C'est la meilleure élève de la classe*, э́то сáмая лýчшая учени́ца в э́том клáссе. *C'est l'un des meilleurs*, э́то оди́н из лýчших. **2.** *C'est le meilleur des hommes*, добрéйший человéк. **3.** *C'est ce qu'il y a de meilleur*, э́то сáмое вкýсное. ● **Il fait meilleur**, погóда стáла лýчше. **Meilleur marché**, дешéвле. *Les pommes sont meilleur marché maintenant*, я́блоки стáли дешéвле.

MÉLANCOLIQUE меланхоли́ческий. *Prendre un air mélancolique*, приня́ть меланхоли́ческий вид.

MÉLANGE смесь *f*. *Un mélange détonant*, взры́вчатая смесь. ● **Un bonheur sans mélange**, безóблачное счáстье.

MÉLANGER смéшивать / смешáть. *Mélanger les couleurs*, смешáть крáски. *Qui a mélangé tous mes papiers?*, Кто смешáл все мои́ бумáги?

MÊLER 1. (*en règle générale*) смéшивать / смешáть. *Mêler du vin et de l'eau*, смешáть винó с водóй. *Mêler les cartes*, смешáть кáрты. **2.** (*impliquer*) вмéшивать / вмешáть. *Je ne veux pas le mêler à* *cette affaire*, не хочу́ вме́шивать его́ в э́ту исто́рию.

MÊLER (SE) 1. (*s'immiscer*) вме́шиваться / вмеша́ться (в + *acc.*); сова́ться / су́нуться [в + *acc.*] (*fam.*). *Il se mêle de tout*, он во всё вме́шивается. *Ne te mêle pas de ce qui ne te regarde pas!*, Не су́йся не в своё де́ло. **2.** (*se joindre à*) присоединя́ться / присоедини́ться (к + *dat.*). *Il s'est mêlé aux manifestants*, он присоедини́лся к демонстра́нтам.

MÉLODIE мело́дия. *Une mélodie espagnole*, испа́нская мело́дия.

MELON ды́ня.

MEMBRE 1. *pl.* (*bras ou jambes*) чле́ны, чле́нов, чле́нам... *pl.*; коне́чности, коне́чностей, коне́чностям... *pl.* (*livresque*). *Des membres souples*, ги́бкие чле́ны. *Les membres supérieurs*, ве́рхние коне́чности. **2.** (*celui qui fait partie d'un groupe*) член. *Un membre de la famille*, член семьи́. *Membre correspondant de l'Académie des sciences*, член-корреспонде́нт Акаде́мии нау́к.

MÊME

> **I. Adjectif:**
> **1.** (*identité*) тот же *quelquefois renforcé par* са́мый; оди́н *quelquefois renforcé par* и тот же.
> **2.** (*similitude*) тако́й же.
> **3.** (*renforcement*) сам *ou* са́мый (« сам » *s'emploie lorsque le pronom ou le nom désignent des personnes ou des choses personnifiées; dans les autres cas, on emploie* « са́мый ») // да́же (*lorsque le pronom personnel accompagné de l'adjectif « même » peut être remplacé par « même » en fonction adverbiale*).
> **II. Adjectif substantivé:**
> *employé au sens 1 et 2 du paragraphe I, l'adjectif « même » peut être substantivé; en russe, par contre, l'adjectif conserve sa fonction.*
> **III. Adverbe:**
> **1.** (*renforçant un nom ou un pronom*) да́же; и (*le plus souvent en tête de proposition*).
> **2.** (*renforçant un adverbe de temps ou de lieu*) же.

I. 1. *Dans la même ville, il y a eu un festival cette année*, в том же го́роде проходи́л фестива́ль в э́том году́. *Il est arrivé le même jour que nous*, он прие́хал в тот же день, что и мы. *Ce sont les mêmes livres*, э́то те же са́мые кни́ги. *Nous habitons la même maison*, мы живём с ним в одно́м до́ме. **2.** *De la même sorte*, тако́го же ро́да. *De la même taille que vous*, тако́го же ро́ста, как и вы. *De la même manière*, таки́м же о́бразом. **3.** *Il a fait ça lui-même*, он сам э́то сде́лал. *Elle est la bonté même*, она́ сама́ доброта́. *Dans la maison même*, в са́мом до́ме. // *Mon chien lui-même n'en a pas voulu*, да́же моя́ соба́ка отказа́лась есть.

II. *Ce sont les mêmes*, э́то те же са́мые *ou* э́то одни́ и те же. *Il est toujours le même*, он всё тако́й же.

III. 1. *Tous, même les enfants*, все, да́же де́ти. *Il est si fatigué qu'il ne veut même pas manger*, он стра́шно уста́л, да́же есть не хо́чет. *Même dans sa vieillesse, il a continué à travailler*, и в ста́рости он всё ещё рабо́тал. **2.** *Ici même*, здесь же. *Elle arrive aujourd'hui même*, она́ прие́дет сего́дня же. ● **À même**, пря́мо на (+ *loc.*). *Être couché à même le plancher*, лежа́ть пря́мо на полу́. **De même que**, так же, как. **La même chose**, одно́ и то же. *Il répète tout le temps la même chose*, он всё повторя́ет одно́ и то же. **Quand même, tout de même**, всё-таки, всё же. *Ils n'ont tout de même pas accepté*, они́ всё-таки не согласи́лись.

MÉMOIRE *f.* па́мять *f.* *Il a une bonne mémoire*, у него́ хоро́шая па́мять. *Si j'ai bonne mémoire*, е́сли па́мять мне не изменя́ет. *Raconter qqch. de mémoire*, расска́зывать что́-нибудь по па́мяти. *À la mémoire de Pasteur*, в па́мять Пастёра.

MÉMOIRES мемуа́ры, мемуа́ров, мемуа́рам... *pl. t.*

MÉMORABLE па́мятный. *Une journée mémorable*, па́мятный день.

MENACE угро́за. *Une menace de guerre*, угро́за войны́. *De vaines menaces*, пусты́е угро́зы.

MENACER грози́ть (+ *dat.*) *ou* угрожа́ть (+ *dat.*). *Il nous menaçait*, он нам грози́л. *Un grand danger la menace*, ей угрожа́ет больша́я опа́сность. *Menacer qqn du poing*, грози́ть кому́-нибудь кулако́м. *La maison menaçait de s'écrouler*, дом грози́л развали́ться.

MÉNAGE 1. (*conduite de la maison*) хозя́йство (*quelquefois accompagné de l'adjectif* « дома́шнее »). *S'occuper du ménage*, хлопота́ть по хозя́йству. **2.** (*famille*) семья́ ‾‾‾ ∧___. *Un ménage heureux*, счастли́вая семья́. **3.** (*couple*) па́ра, *dim.* па́рочка. *Un jeune ménage*, молода́я па́рочка. ● **Faire bon ménage,** жить в согла́сии. **Faire mauvais ménage,** всё ссо́риться. **Faire le ménage,** убира́ть / убра́ть* IV, уберу́, уберёшь...; убра́л, убрала́, убра́ло, убра́ли ∧___. **Femme de ménage,** домрабо́тница.

MÉNAGER (*verbe*) **1.** (*en user avec modération*) бере́чь* IV, берегу́, бережёшь..., берегу́т; берёг, берегла́... ↗‾‾‾ / побере́чь* IV (*id.*). *Ménager sa santé*, бере́чь здоро́вье. *Ménager ses forces*, бере́чь свои́ си́лы. **2.** (*ne pas accabler*) щади́ть / пощади́ть. *Personne ne le ménageait*, никто́ его́ не щади́л.

MÉNAGÈRE хозя́йка (*quelquefois accompagné de l'adjectif* « дома́шняя »). *Une bonne ménagère*, хоро́шая хозя́йка.

MENDIANT ни́щий *adj. subst. m.* *Il y avait beaucoup de mendiants*, там бы́ло мно́го ни́щих.

MENDIANTE ни́щая *adj. subst. f.* *Une mendiante tendait la main*, ни́щая протя́гивала ру́ку.

MENDIER проси́ть ми́лостыню (проси́ть ↘___ / попроси́ть ↘___).

MENER 1. (*en règle générale*) вести́* IV, веду́, ведёшь...; вёл, вела́... ↗‾‾‾ / повести́* IV (*id.*); *indét.* води́ть ↘___ *ou, avec certaines nuances*, отводи́ть ↘___ / отвести́* IV, отведу́, отведёшь...; отвёл отвела́... ↗‾‾‾; отведённый (*accompagner quelque part*); заводи́ть ↘___ / завести́* IV, заведу́, заведёшь...; завёл, завела́... ↗‾‾‾; заведённый (*mener trop loin, se tromper d'endroit*); доводи́ть ↘___ / довести́* IV, доведу́, доведёшь...; довёл, довела́... ↘___; доведённый (*amener à un certain but, à un certain résultat*); проводи́ть ↘___ / провести́* IV, проведу́, проведёшь...; провёл, провела́... ↗‾‾‾; проведённый (*accompagner; mener à travers; faire franchir des difficultés*). *Mener qqn par la main*, вести́ кого́-нибудь за́ руку. *Toutes les routes mènent à Rome*, все доро́ги веду́т в Рим. *Ça ne mène à rien*, э́то ни к чему́ не ведёт. *Mener les enfants à l'école*, отвести́ дете́й в шко́лу. *Où est-ce que vous nous avez menés ?*, Куда́ вы нас завели́? *Mener une affaire à son terme*, довести́ де́ло до конца́. *Il a très bien mené l'affaire*, он замеча́тельно провёл де́ло. **2.** (*conduire en voiture*) везти́* IV, везу́, везёшь...; вёз, везла́... ↗‾‾‾ / повезти́* IV (*id.*); *indét.* вози́ть ↘___; отвози́ть ↘___ / отвезти́* IV, отвезу́, отвезёшь...; отвёз, отвезла́... ↗‾‾‾; отвезённый (*se déranger pour conduire quelque part*). *Il m'y mènera en voiture*, он повезёт меня́ туда́ на маши́не. *Il a mené Pierre à la gare*, он отвёз Пе́тю на вокза́л.

MENSONGE ложь, *instr.* ло́жью. *C'est un mensonge évident*, э́то я́вная ложь.

MENSUEL 1. (*d'un mois*) ме́сячный. *Le salaire mensuel*, ме́сячная зарпла́та. **2.** (*qui paraît chaque mois*) ежеме́сячный. *Une revue mensuelle*, ежеме́сячный журна́л.

MENTAL ● **Calcul mental,** у́стный счёт. **Maladie mentale,** душе́вная боле́знь.

MENTEUR *subst.* лгун ↗‾‾‾ ‾‾‾. *Je n'ai pas confiance en lui; c'est un menteur*, я ему́ не доверя́ю — он лгун.

MENTEUSE лгу́нья.

MENTHE мя́та.

MENTIONNER упомина́ть / упомяну́ть ↘___. *Leurs noms ont été mentionnés dans l'ordre du jour*, их имена́ бы́ли упомя́нуты в прика́зе.

MENTIR лгать * IV, лгу, лжёшь..., лгут; лгал, лгала́, лга́ло, лга́ли /_ / солга́ть * IV (*id.*). *Tu n'as pas honte de mentir!*, Как тебе́ не сты́дно лгать!

MENTON подборо́док. *Un double menton*, двойно́й подборо́док.

I. MENU *subst.* меню́* *indécl. n. Changer le menu*, измени́ть меню́.

II. MENU *adj.* ме́лкий /_, *comp.* ме́льче*, *superl.* мельча́йший*. *Les menues dépenses*, ме́лкие расхо́ды.

MENUISIER столя́р /‾‾ ‾‾.

MÉPRIS презре́ние. *Inspirer le mépris*, возбужда́ть презре́ние. *Le mépris de la mort*, презре́ние к сме́рти.

MÉPRISER презира́ть. *Ils se méprisaient l'un l'autre*, они́ презира́ли друг дру́га. *Mépriser le danger*, презира́ть опа́сность.

MER мо́ре __ ‾‾. *La mer Méditerranée*, Средизе́мное мо́ре. *La mer Noire*, Чёрное мо́ре. *La mer Baltique*, Балти́йское мо́ре. *La mer Caspienne*, Каспи́йское мо́ре. *Partir en plein mer*, вы́йти в откры́тое мо́ре. ● **De mer**, морско́й. *L'eau de mer*, морска́я вода́. *Une étoile de mer*, морска́я звезда́. *Le mal de mer*, морска́я боле́знь. **Un homme à la mer!**, Челове́к за бо́ртом!

MERCERIE (*marchandise*) галантере́я.

MERCI спаси́бо. *Merci pour votre conseil*, Спаси́бо за сове́т. *Merci bien*, Большо́е спаси́бо.

MERCREDI среда́ \/‾‾ _/‾‾. *Je l'ai vu mercredi soir*, я ви́дел его́ в сре́ду ве́чером. *Il vient nous voir le mercredi*, он захо́дит к нам по среда́м.

Remarque. Accentué selon le schéma ‾‾ __, « среда́ » signifie « le milieu », « l'environnement ».

MÈRE мать*, *gén.*, *dat.*, *loc.* ма́тери, *instr.* ма́терью; *pl.* ма́тери, матере́й, матеря́м... __ /‾‾. *La mère allaite son enfant*, мать ко́рмит ребёнка.

MÉRIDIONAL *adj.* ю́жный. *Un climat méridional*, ю́жный кли́мат.

MÉRITE заслу́га. *Récompenser qqn selon ses mérites*, награди́ть кого́-нибудь по заслу́гам.

MÉRITER заслу́живать / заслужи́ть __. *Mériter une récompense*, заслужи́ть награ́ду. *Cela mérite une attention particulière*, э́то заслу́живает осо́бого внима́ния.

Remarque. L'imperfectif « заслу́живать » régit le génitif.

MERVEILLE чу́до*, *pl.* чудеса́, чуде́с, чудеса́м... *La merveille des merveilles*, чу́до из чуде́с. *Les sept merveilles du monde*, семь чуде́с све́та. *C'est la huitième merveille du monde*, э́то восьмо́е чу́до све́та. ● **Promettre monts et merveilles**, сули́ть золоты́е го́ры.

MERVEILLEUX чуде́сный. *Un temps merveilleux*, чуде́сная пого́да.

MES v. mon.

MÉSAVENTURE злоключе́ние (*livresque*).

MESSE обе́дня*, *gén. pl.* обе́ден. *Aller à la messe*, идти́ к обе́дне.

MESURE 1. (*en règle générale*) ме́ра. *Mesure de longueur*, ме́ра длины́. *À mesure que nous nous approchions*, по ме́ре того́, как мы приближа́лись. *Le sens de la mesure*, чу́вство ме́ры. *Prendre les mesures nécessaires*, приня́ть необходи́мые ме́ры. *Des mesures de sécurité*, ме́ры предосторо́жности. *Dans la mesure du possible*, по ме́ре возмо́жности. **2.** (*pour la confection d'un vêtement*) ме́рка. *Prendre les mesures*, снять ме́рку. *Faire un costume sur mesure*, сшить костю́м по ме́рке. **3.** (*mus.*) такт. *Battre la mesure*, отбива́ть такт. ● **Être en mesure de**, быть в состоя́нии.

MESURER 1. (*évaluer une grandeur*) измеря́ть / изме́рить. *Mesurer la longueur*, изме́рить длину́. *Mesurer une salle*, изме́рить зал. **2.** (*avoir pour mesure*) *se traduit en russe par une périphrase utilisant les mots* « длина́ », « *longueur* », « высота́ », « *hauteur* », *etc. Le pont mesure cent cinquante mètres*, длина́ моста́ сто пятьдеся́т ме́тров. *La pièce mesure quatre mètres sur cinq*, пло́щадь ко́мнаты четы́ре ме́тра на пять. *Je mesure un mètre quatre-vingts*, мой рост — сто во́семьдесят сантиме́тров.

MÉTAL мета́лл. *Les métaux non ferreux*, цветны́е мета́ллы. *Les métaux précieux*, драгоце́нные мета́ллы.

MÉTALLIQUE металли́ческий. *Un fil métallique*, металли́ческая про́волока. *Une voix métallique*, металли́ческий го́лос.

MÉTALLURGIE металлурги́я.

MÉTALLURGIQUE металлурги́ческий, металлообраба́тывающий. *L'industrie métallurgique*, металлообраба́тывающая промы́шленность *ou* металлурги́ческая промы́шленность.

MÉTÉOROLOGIE метеороло́гия.

MÉTÉOROLOGIQUE метеорологи́ческий. *Une station météorologique*, метеорологи́ческая ста́нция. ● **Le bulletin météorologique**, сво́дка пого́ды.

MÉTHODE ме́тод. *De nouvelles méthodes d'enseignement*, но́вые ме́тоды обуче́ния.

MÉTHODIQUE методи́ческий. *Il est méthodique*, он челове́к методи́ческий.

MÉTHODIQUEMENT методи́чески. *Travailler méthodiquement*, методи́чески занима́ться.

MÉTIER 1. (*occupation manuelle*) ремесло́, *pl.* ремёсла, ремёсел, ремёслам... ‾‾‾ ___ . *Le métier de menuisier*, столя́рное ремесло́. 2. (*profession quelconque*) профе́ссия. *Il est ingénieur de son métier*, по профе́ссии он инжене́р. *Changer de métier*, перемени́ть профе́ссию.

MÈTRE метр. *À deux mètres du mur*, в двух ме́трах от стены́. *Un mètre carré*, квадра́тный метр. *Un mètre pliant*, складно́й метр.
REMARQUE. On exprime généralement la taille des personnes en centimètres (jusqu'à 1,99 m). Ex. : *Je mesure un mètre quatre-vingts*, мой рост — сто во́семьдесят сантиме́тров.

MÉTRIQUE метри́ческий. *Le système métrique*, метри́ческая систе́ма.

MÉTRO метро́* *indécl. n. Allons-y en métro*, Пое́дем туда́ на метро́.

METTRE

1. (*couché*) класть* IV, кладу́, кладёшь...; клал, кла́ла... / положи́ть ___ .
2. (*dressé*) ста́вить / поста́вить.
3. (*mettre sur soi un vêtement, des lunettes...*) надева́ть / наде́ть* *n. cl.*, наде́ну, наде́нешь...; наде́тый.
4. (*de l'argent en dépôt*) класть* / положи́ть ___ .
5. (*des condiments dans les aliments*) класть* / положи́ть ___ .
6. (*un liquide*) налива́ть / нали́ть* II, налью́, нальёшь...; на́лил, налила́, на́лило, на́лили /___; нале́й; на́литый, на́лит, налита́, на́лито, на́литы /___ // подлива́ть / подли́ть* II, подолью́, подольёшь...; по́длил, подлила́, по́длило, по́длили /___; подле́й; подли́тый, подли́т, подлита́, подли́то, подли́ты /___ (*ajouter*) // влива́ть / влить* II, волью́, вольёшь...; влил, влила́, вли́ло, вли́ли /___; влей; вли́тый, влит, влита́, вли́то, вли́ты /___ (*faire entrer*).
7. (*un certain temps pour faire qqch.*) тра́тить / потра́тить.
8. (*un mot à la forme voulue*) ста́вить / поста́вить.
9. (*qqch. dans tel ou tel état; qqn dans tel ou tel état d'esprit*) приводи́ть ___ / привести́* IV, приведу́, приведёшь...; привёл, привела́.../‾‾‾; приведённый.

1. *Mets le livre sur la table*, положи́ кни́гу на стол. *Mettre les mains dans ses poches*, положи́ть ру́ки в карма́ны. *On l'a mis à l'hôpital*, его́ положи́ли в больни́цу. 2. *Mets le livre sur le rayon*, поста́вь кни́гу на по́лку. *Mettre les verres dans le buffet*, поста́вить стака́ны в буфе́т. 3. *Mettre une robe noire*, наде́ть чёрное пла́тье. *Mettre ses bottes*, наде́ть сапоги́. *Mettre ses lunettes*, наде́ть очки́. 4. *Mettre de l'argent à la caisse d'épargne*, положи́ть де́ньги в сберка́ссу. 5. *Mettre du sel dans la soupe*, положи́ть со́ли в суп.

Mettre trois morceaux de sucre, положи́ть три куска́ са́хару. **6.** *Mettre du vin dans les verres*, нали́ть вина́ в стака́ны. // *Mettre de l'eau dans le vin*, подли́ть воды́ в вино́. // *Mettre le jus de fruit dans une bouteille*, влить фрукто́вый сок в буты́лку. **7.** *Nous avons mis pas mal de temps*, мы потра́тили на э́то нема́ло вре́мени. **8.** *Mettre au cas voulu les noms entre parenthèses*, Существи́тельные, взя́тые в ско́бки, поста́вьте в ну́жном падеже́. **9.** *Mettre ses affaires en ordre*, привести́ свои́ ве́щи в поря́док. *Mettre qqn de bonne humeur*, привести́ кого́-нибудь в хоро́шее настрое́ние. *Mettre qqn au désespoir*, привести́ кого́-нибудь в отча́яние. ● **En mettre plein la vue**, пусти́ть пыль в глаза́ (пуска́ть / пусти́ть ___). **Mettre des bâtons dans les roues**, вставля́ть па́лки в колёса (вставля́ть / вста́вить). **Mettre du beurre sur son pain**, ма́зать хлеб ма́слом (ма́зать* II, ма́жу, ма́жешь... / нама́зать* II [*id.*]). **Mettre en colère**, серди́ть ___ / рассерди́ть ___. **Mettre de côté**, откла́дывать / отложи́ть ___. *Nous avons mis ces livres de côté pour vous*, Мы отложи́ли для вас э́ти кни́ги. **Mettre au courant**, ввести́ в курс (вводи́ть ___ / ввести́* IV, введу́, введёшь...; ввёл, ввела́... /‾‾; введённый). **Mettre à la disposition**, предоста́вить в распоряже́ние (предоставля́ть / предоста́вить). *On a mis ce local à notre disposition*, э́то помеще́ние предоста́вили в на́ше распоряже́ние. **Mettre en doute**, ста́вить под сомне́ние (ста́вить / поста́вить). **Mettre un enfant à l'école**, отда́ть ребёнка в шко́лу (отдава́ть* II, отдаю́, отдаёшь...; отдава́й; отдава́я / отда́ть* *n. cl.*, отда́м, отда́шь, отда́ст, отдади́м, отдади́те, отдаду́т; о́тдал, отдала́, о́тдало, о́тдали /_; отда́й; о́тданный, о́тдан, отдана́, о́тдано, о́тданы /_). **Mettre à feu et à sang**, преда́ть огню́ и мечу́ (предава́ть* II, предаю́, предаёшь...; предава́й; предава́я / преда́ть* *n. cl.*, преда́м, преда́шь, преда́ст, предади́м, предади́те, предаду́т; пре́дал, предала́, пре́дало, пре́дали /_; преда́й; пре́данный, пре́дан, предана́, пре́дано, пре́даны /_). **Mettre le feu**, поджига́ть / подже́чь* IV, подожгу́, подожжёшь..., подожгу́т; поджёг, подожгла́, подожгло́, подожгли́; подожжённый (*tr.*). *Mettre le feu à une maison*, подже́чь дом. **Mettre fin à qqch.**, положи́ть чему́-нибудь коне́ц (/ положи́ть ___). **Mettre qqn hors la loi**, объяви́ть кого́-нибудь вне зако́на (объявля́ть / объяви́ть ___). **Mettre qqn en liberté**, отпусти́ть кого́-нибудь на свобо́ду (отпуска́ть / отпусти́ть ___). **Mettre qqn au lit**, уложи́ть кого́-нибудь в посте́ль *ou*, *simplement*, уложи́ть кого́-нибудь (укла́дывать / уложи́ть ___). *Elle a mis les enfants au lit*, она́ уложи́ла дете́й. **Mettre qqch. en marche**, пуска́ть / пусти́ть ___. *Mettre le moteur en marche*, пусти́ть мото́р. **Mettre qqn à même de**, дать кому́-нибудь возмо́жность (дава́ть* II, даю́, даёшь...; дава́й; дава́я / дать* *n. cl.*, дам, дашь, даст, дади́м, дади́те, даду́т; дал, дала́, да́ло, да́ли /_; дай; дана́). **Mettre en musique**, положи́ть на му́зыку (класть* IV, кладу́, кладёшь...; клал, кла́ла... / положи́ть ___). **Mettre entre parenthèses**, поста́вить в ско́бках (ста́вить / поста́вить). **Mettre en pièces**, разорва́ть на куски́ (разрыва́ть / разорва́ть* IV, разорву́, разорвёшь...; разорва́л, разорвала́, разорва́ло, разорва́ли /_). **Mettre au point**, разраба́тывать / разрабо́тать; *ou* выраба́тывать / вы́работать. *Mettre un projet au point*, вы́работать прое́кт. **Mettre à profit**, испо́льзовать / испо́льзовать. *Il faudrait mettre à profit son expérience*, на́до бы испо́льзовать его́ о́пыт. **Mettre qqch. au programme**, включи́ть что́-нибудь в програ́мму (включа́ть / включи́ть). **Mettre à sac**, гра́бить / огра́бить. **Mettre qqn dans telle ou telle situation**, поста́вить кого́-нибудь в то или в друго́е положе́ние (ста́вить / поста́вить). *Vous m'avez mis dans une situation délicate*, вы меня́ поста́вили в тру́дное положе́ние. **Mettre qqn à la tête,** поста́вить кого́-нибудь во главе́ (ста́вить / поста́вить). **Mettre tout en œuvre,** пусти́ть в ход все сре́дства (пуска́ть / пусти́ть ╲____). **Mettre aux voix,** поста́вить на голосова́ние (ста́вить / поста́вить). **Ne pas mettre le nez dehors,** не высо́вывать но́са из ко́мнаты (высо́вывать / вы́сунуть).

METTRE (SE) 1. (*commencer*) бра́ться* IV, беру́сь, берёшься...; бра́лся, брала́сь...╱‾‾‾ / взя́ться* IV, возьму́сь, возьмёшься...; взя́лся, взяла́сь... ╱‾‾‾ (за + *acc.*); *ou* начина́ть / нача́ть* IV, начну́, начнёшь...; на́чал, начала́, на́чало, на́чали ╱╲__ (+ *infinitif imperfectif*); *ou* за... *accolé à certains verbes simples qui deviennent ainsi perfectifs. Elle s'est mise au travail*, она́ взяла́сь за рабо́ту. *Je me suis mis à fumer*, я на́чал кури́ть. *Il s'est mis à rire*, он засмея́лся. *Elle s'est mise à pleurer*, она́ запла́кала. **2.** (*dans telle ou telle position*) станови́ться╲____ / стать* *n. cl.*, ста́ну, ста́нешь...; / встать* *n. cl.*, вста́ну, вста́нешь... *Se mettre à genoux*, встать на коле́ни. *Se mettre sur la pointe des pieds*, встать на цы́почки. *Se mettre à quatre pattes*, стать на четвере́ньки. **3.** (*revêtir*) надева́ть / наде́ть* *n. cl.*, наде́ну, наде́нешь... *Il s'est mis une perruque*, он наде́л пари́к. ● **Se mettre à l'abri,** укрыва́ться / укры́ться* II, укро́юсь, укро́ешься... *Il y a un vieux moulin où nous nous sommes mis à l'abri de la pluie*, там есть ста́рая ме́льница, где мы укры́лись от дождя́ *ou* там есть ста́рая ме́льница, куда́ мы укры́лись от дождя́. **Se mettre d'accord,** прийти́ к соглаше́нию (приходи́ть ╲____ / прийти́* IV, приду́, придёшь...; пришёл, пришла́...). **Se mettre debout,** встава́ть* II, встаю́, встаёшь...; встава́й; встава́я / встать* *n. cl.*, вста́ну, вста́нешь... **Se mettre au lit,** лечь в посте́ль *ou* лечь спать (ложи́ться / лечь* IV, ля́гу, ля́жешь..., ля́гут; лёг, легла́...╱‾‾‾; *impér.* ляг, ля́гте). **Se mettre à la place de qqn,** войти́ в чьё-либо положе́ние (входи́ть ╲____ / войти́* IV, войду́, войдёшь...). *Mettez-vous à ma place*, Войди́те в моё положе́ние. **Se mettre en quatre,** из ко́жи вон лезть (лезть* IV, ле́зу, ле́зешь...; лез, ле́зла...). **Se mettre en route,** дви́нуться в путь (дви́гаться / дви́нуться). **Se mettre à table,** сесть за стол (сади́ться / сесть* IV, ся́ду, ся́дешь...; сел, се́ла...; сядь).

MEUBLE *subst.* **1.** *sg.: v. selon le cas* ARMOIRE, COMMODE, *etc.* **2.** *pl.* ме́бель *f. Des meubles anciens*, стари́нная ме́бель. *Des meubles de style*, сти́льная ме́бель.

MEUGLER мыча́ть* I, мычу́, мычи́шь... / замыча́ть* I (*id.*). *Les vaches meuglaient*, коро́вы мыча́ли.

I. MEULE (*outil*) **1.** (*à aiguiser*)точи́льный____ круг (круг ____ ____). **2.** (*de moulin*) жёрнов*, *nom. pl.* жернова́ ____ ____.

II. MEULE (*tas de foin...*) стог*, *nom. pl.* стога́ ____ ‾‾‾‾. *Des meules de foin*, стога́ се́на.

MEUNIER ме́льник.

MEURTRE уби́йство. *Il était accusé de meurtre*, его́ обвиня́ли в уби́йстве.

I. MEURTRIER *adj.* (*sanglant*) крова́вый. *Un combat meurtrier*, крова́вый бой.

II. MEURTRIER *subst.* уби́йца *m. Le meurtrier a été arrêté le soir même*, уби́йцу арестова́ли в тот же ве́чер.

MI ми* *indécl. n. Mi bémol*, ми бемо́ль.

MI- середи́на. *À la mi-juillet*, в середи́не ию́ля. ● **À mi-chemin** (*propr. ou fig.*), на полпути́. **À mi-voix,** вполго́лоса. *Chanter à mi-voix*, петь вполго́лоса.

MIAOU мя́у.

MIAULER мя́укать / мя́укнуть. *Le chat miaule*, ко́шка мя́укает.

MICRO v. MICROPHONE.

MICROBE микро́б.

MICROPHONE микрофо́н.

MICROSCOPE микроско́п. *Un*

microscope électronique, электрóнный микроскóп.

MICROSILLON 1. *adj.* долгоигрáющий. *Les disques microsillons*, долгоигрáющие пластúнки. **2.** *subst.* долгоигрáющая пластúнка.

MIDI 1. (*douze heures*) *traduire comme « douze heures ». Midi moins le quart*, без чéтверти двенáдцать. *Midi*, двенáдцать часóв. *Midi cinq*, пять минýт пéрвого. **2.** (*point cardinal*) юг. *Les fenêtres donnent sur le midi*, óкна выхóдят на юг. **3.** (*pays méridionaux*) юг. *S'en aller dans le Midi*, уéхать на юг. ● **Après-midi,** пóсле обéда (*expression ayant une valeur adverbiale*). *Demain après-midi*, зáвтра пóсле обéда. *Où irons-nous cet après-midi?*, Кудá пойдём пóсле обéда? **Chercher midi à quatorze heures,** искáть вчерáшнего дня.

Remarque. Lorsqu'il n'est pas accompagné de mots ou de groupes de mots comme « moins le quart », « moins cinq », « cinq », « et demie », etc., « midi » peut parfois être traduit par пóлдень *m.* (*l'élément de formation* « пол… » *peut soit prendre la forme* « полý… » *aux cas obliques, soit rester invariable*).

MIEL мёд*, *loc.* медý. *Miel d'acacia*, акáциевый мёд. ● **Au miel, de miel,** медóвый. *Une odeur de miel*, медóвый зáпах. *La lune de miel*, медóвый мéсяц.

MIEN 1. (*si le possesseur est sujet de la proposition*) свой (*souvent précisé par le substantif qui est sous-entendu en français*). *Il a pris son livre et moi le mien*, он взял своió кнúгу, а я своió. *C'est ton parapluie? Où est-ce que j'ai mis le mien?*, Это твой зóнтик? Где же я оставúл свой зóнтик? **2.** (*si le possesseur n'est pas sujet de la proposition*) мой (*souvent précisé par le substantif qui est sous-entendu en français*). *C'est votre chapeau, ce n'est pas le mien*, это вáша шлáпа, а не моя́.

MIETTE крóшка. *Des miettes de pain*, крóшки хлéба.

MIEUX 1. *adv.* лýчше [утш]. *Elle va mieux*, ей лýчше. *De mieux en mieux*, всё лýчше и лýчше. *Il vaut mieux ne pas faire de bruit*, лýчше не шумéть. *Le mieux possible*, как мóжно лýчше. *On ne peut mieux*, как нельзя́ лýчше. *Mieux vaut tard que jamais*, лýчше пóздно, чем никогдá. *Deux avis valent mieux qu'un*, ум хорошó, а два лýчше. *Tant mieux*, тем лýчше. **2.** *subst.* лýчшее [утш] *adj. subst. n. Tout est pour le mieux*, всё к лýчшему. *Faute de mieux*, за неимéнием лýчшего.

MIGNON 1. (*gentil*) мúлый. *Un enfant bien mignon*, óчень мúлый ребёнок. **2.** (*joli*) хорóшенький. *Un mignon petit nez*, хорóшенький нóсик.

MIGRATEUR перелётный. *Les oiseaux migrateurs*, перелётные птúцы.

MILIEU 1. (*centre*) середúна. *Au milieu de la pièce*, в середúне кóмнаты. *Au milieu de la semaine*, в середúне недéли. *Le juste milieu*, золотáя середúна. **2.** (*entourage*) средá. *Le milieu géographique*, географúческая средá. *Un milieu ouvrier*, рабóчая средá. **3.** *pl.* (*groupes influents*) кругú, кругóв, кругáм... *pl. Dans les milieux gouvernementaux*, в правúтельственных кругáх. *Dans les milieux littéraires*, в литератýрных кругáх. ● **Au milieu,** посередúне. *Avec un grand trou au milieu*, с большóй дырóй посередúне. **Au milieu de** *peut se traduire mot à mot (v. les exemples ci-dessus au paragraphe 1), mais il existe également des prépositions:* посередúне (+ *gén.*); средú [+ *gén.*] (*parmi*). *Au milieu de la pièce*, посередúне кóмнаты. *Au milieu des ruines*, средú развáлин.

MILITAIRE 1. *adj.* воéнный. *Les opérations militaires*, воéнные оперáции. *Une école militaire*, воéнное учúлище. *Il faisait son service militaire*, он был на воéнной слýжбе. **2.** *subst.* воéнный *adj. subst. m. Les civils et les militaires*, штáтские и воéнные.

MILLE ты́сяча *subst. Mille francs*, ты́сяча фрáнков. *Avec deux mille hommes*, с двумя́ ты́сячами солда́т. « *Les Mille et Une Nuits* », « Ты́сяча и одна́ ночь ».

MILLIARD миллиа́рд.

MILLIÈME 1. *adj.* ты́сячный. *La millième fois*, ты́сячный раз. *La millième partie*, ты́сячная до́ля. **2.** *subst.* ты́сячная *adj. subst. f.*

MILLIER ты́сяча. *Des milliers de personnes*, ты́сячи люде́й.

MILLIGRAMME миллигра́мм.

MILLIMÈTRE миллиме́тр.

MILLION миллио́н. *Neuf millions d'habitants*, де́вять миллио́нов жи́телей.

MILLIONNAIRE 1. *m.* миллионе́р. *Son père était millionnaire*, его́ оте́ц был миллионе́ром. **2.** *f.* миллионе́рша.

MINCE (*peu épais; élancé*) то́нкий /__, *comp.* то́ньше*. *Une couche mince*, то́нкий слой. *Une taille mince*, то́нкая та́лия.

I. MINE (*apparence du visage*) ● **Avoir... mine**, вы́глядеть* I, вы́гляжу, вы́глядишь... (*bien qu'imperfectif, ce verbe est accentué sur le préverbe* « вы »). *Elle a mauvaise mine*, она́ пло́хо вы́глядит.

II. MINE (*gisement exploité*) **1.** (*charbon*) ша́хта. *Une mine de charbon*, у́гольная ша́хта. **2.** (*minerais précieux*) при́иск. *Des mines d'or*, золоты́е при́иски. *Des mines de diamants*, алма́зные при́иски. **3.** (*autres minerais*) рудни́к /___ ____. *Des mines de fer*, желе́зные рудники́.

III. MINE (*charge explosive, engin explosif*) ми́на. *Une mine antichar*, противота́нковая ми́на.

MINERAI руда́ _____ _____. *Le minerai de fer*, желе́зная руда́.

MINÉRAL *adj.* минера́льный. *Une bouteille d'eau minérale*, буты́лка минера́льной воды́.

I. MINEUR *subst.* (*ouvrier qui travaille dans une mine de charbon*) шахтёр.

II. MINEUR *subst.* (*personne qui n'a pas atteint sa majorité*) несовершенноле́тний *adj. subst. m.*

III. MINEUR *adj.* (*qui n'a pas atteint sa majorité*) несовершенноле́тний. *Une jeune fille mineure*, несовершенноле́тняя де́вушка.

MINEURE (*qui n'a pas atteint sa majorité*) несовершенноле́тняя *adj. subst. f.*

MINIATURE миниатю́ра. *Une collection de miniatures du XIe*, колле́кция миниатю́р XI ве́ка.

MINIME незначи́тельный. *Une somme minime*, незначи́тельная су́мма.

I. MINIMUM *subst.* ми́нимум. *Le minimum vital*, прожи́точный ми́нимум. ● **Au minimum**, ми́нимум *adv.* *Nous y avons passé au minimum trois heures*, мы провели́ там ми́нимум три часа́.

II. MINIMUM *adj.* минима́льный. *La distance minimum*, минима́льное расстоя́ние.

MINISTÈRE (*département d'un ministre*) министе́рство. *Le ministère de l'Intérieur*, Министе́рство вну́тренних дел. *Le ministère des Affaires étrangères*, Министе́рство иностра́нных дел. *Le ministère de l'Éducation nationale*, Министе́рство наро́дного просвеще́ния.

MINISTRE мини́стр. *Le ministre des Affaires étrangères*, мини́стр иностра́нных дел. *Le Premier ministre*, премье́р-мини́стр.

MINORITÉ меньшинство́. *Une infime minorité*, ничто́жное меньшинство́.

MINUIT *traduire comme* « *douze heures* » *en précisant, si besoin est, par le mot* « но́чи » (*c'est la seule traduction possible lorsque* « *minuit* » *est accompagné de mots ou de groupes de mots comme* « *moins le quart* », « *moins cinq* », « *cinq* », « *et demie* », *etc.*) *ou employer le mot* по́лночь *f.* (*l'élément de formation* « пол... » *peut soit prendre la forme* « полу... » *aux cas obliques, soit rester invariable; l'accent passe sur la préposition dans le groupe* « за́ полночь »). *Minuit moins le quart*, без че́тверти двена́дцать. *Il arrive à minuit*, он прие́дет в двена́дцать часо́в но́чи. *À minuit et demi*, в полови́не пе́рвого. *Travailler jusqu'à minuit*, занима́ться до полу́ночи. *Il est rentré après minuit*, он верну́лся по́сле полу́ночи.

I. MINUSCULE *adj.* **1.** (*très petit*) кро́шечный. *Des arbres minuscules*, кро́шечные дере́вья. **2.** (*par opposition à « majuscule »*) строчно́й. *Un a minuscule*, строчно́е а.

II. MINUSCULE *subst.* строчна́я бу́ква.

MINUTE мину́та, *dim.* мину́тка *et* мину́точка. *Dans cinq minutes*, через пять мину́т. *On n'a pas une minute de tranquillité*, мину́ты поко́я нет. *Attendez une petite minute*, Подожди́те мину́точку. ● **D'une minute, des minutes,** мину́тный. *L'aiguille des minutes*, мину́тная стре́лка. *Une conversation d'une minute au téléphone*, мину́тный разгово́р по телефо́ну. *C'est l'affaire d'une minute*, э́то мину́тное де́ло.

MIRACLE чу́до*, *pl.* чудеса́, чуде́с, чудеса́м... *Il s'est produit un miracle*, произошло́ чу́до. *C'est un pur miracle*, э́то про́сто чу́до.

MIRACULEUX чуде́сный. *Une guérison miraculeuse*, чуде́сное исцеле́ние.

MIROIR зе́ркало, *pl.* зеркала́, зерка́л, зеркала́м... *Se regarder dans un miroir*, смотре́ться в зе́ркало.

MISÉRABLE *adj.* (*très pauvre*) о́чень бе́дный (бе́дный ∧—). *Une famille misérable*, о́чень бе́дная семья́.

MISÈRE (*pauvreté extrême*) нищета́. *Tomber dans la misère*, впасть в нищету́. *Vivre dans la misère*, жить в нищете́.

MISSION 1. (*tâche*) поруче́ние. *Charger quelqu'un d'une mission*, дать кому́-нибудь поруче́ние. *Exécuter une mission*, вы́полнить поруче́ние. **2.** (*déplacement professionnel*) командиро́вка. *Partir en mission*, уе́хать в командиро́вку. *J'étais en mission*, я был в командиро́вке. **3.** (*groupe*) делега́ция; коми́ссия (*livresque*). *On y enverra une mission scientifique*, туда́ бу́дет отпра́влена нау́чная делега́ция.

MITRAILLETTE автома́т.

MITRAILLEUSE пулемёт.

MI-VOIX ● **À mi-voix,** вполго́лоса. *Chanter à mi-voix*, петь вполго́лоса.

MOBILE *adj.* подвижно́й. *Un accent mobile*, подвижно́е ударе́ние.

MOBILISATION мобилиза́ция. *La mobilisation générale*, о́бщая мобилиза́ция.

I. MODE *f.* мо́да. *Être à la mode*, быть в мо́де. *Devenir à la mode*, войти́ в мо́ду. *Passer de mode*, вы́йти из мо́ды. ● **À la mode** (*qualifiant un substantif*), мо́дный ∧—. *Une coiffure à la mode*, мо́дная причёска. *Une chanson à la mode*, мо́дная пе́сня.

II. MODE *m.* о́браз. *Le mode de vie*, о́браз жи́зни. ● **Le mode d'emploi,** спо́соб употребле́ния.

MODÈLE *subst.* **1.** (*que l'on reproduit, que l'on imite*) образе́ц. *Servir de modèle*, служи́ть образцо́м. **2.** (*personne qui pose pour un peintre, un sculpteur...*) нату́рщик (*homme*); нату́рщица (*femme*). ● **Modèle réduit,** моде́ль *f. Le modèle réduit d'un avion*, моде́ль самолёта.

MODÉRÉ *adj.* уме́ренный. *Une vitesse modérée*, уме́ренная ско́рость.

MODÉRÉMENT уме́ренно. *Boire modérément*, уме́ренно пить.

MODERNE *adj.* совреме́нный. *La technique moderne*, совреме́нная те́хника. *Le style moderne*, совреме́нный стиль. ● **L'histoire moderne,** но́вая исто́рия.

MODERNISATION модерниза́ция. *La modernisation de l'agriculture*, модерниза́ция се́льского хозя́йства.

MODERNISER модернизи́ровать / модернизи́ровать. *Moderniser l'agriculture*, модернизи́ровать се́льское хозя́йство.

MODESTE скро́мный ∧—. *Un homme modeste*, скро́мный челове́к. *Des exigences modestes*, скро́мные тре́бования.

MODESTIE скро́мность *f. Sans fausse modestie*, без ло́жной скро́мности.

MODIFIER изменя́ть / измени́ть ∖—, *part.* изменённый. *Modifier l'itinéraire*, измени́ть маршру́т.

MŒURS нра́вы, нра́вов, нра́-

вам... *pl. t. Les mœurs du XVIe siècle*, нра́вы XVI ве́ка.

MOI 1. (*non réfléchi*) v. JE. **2.** (*réfléchi*) v. SE.

MOINDRE 1. (*comp.*) ме́ньший. *Avec une force moindre*, с ме́ньшей си́лой. **2.** (*superl.*) мале́йший. *Je n'en ai pas la moindre idée*, не име́ю ни мале́йшего поня́тия. **3.** (*superl. subst.*) ме́ньший *superl. subst. m.;* ме́ньшая *superl. subst. f.;* ме́ньшее *superl. subst. n. De deux maux choisir le moindre*, из двух зол вы́брать ме́ньшее.

MOINE мона́х. *Se faire moine*, постри́чься в мона́хи. *Vivre comme un moine*, жить мона́хом.

MOINEAU воробе́й, воробья́... *m.*

MOINS

> **1.** (*régissant un adjectif ou un adverbe et formant ainsi le comparatif d'infériorité*) ме́нее (*régit un adjectif à la forme longue ou un adverbe*); не тако́й (*régit un adjectif à la forme longue*); не так (*régit un adjectif à la forme courte ou un adverbe*); *on peut également remplacer l'adjectif que régit « moins » par son antonyme et le traduire en russe à la forme du comparatif synthétique.*
> **2.** (*précédé de l'article défini et servant à former le superlatif d'un adjectif*) са́мый *et l'antonyme russe de l'adjectif utilisé en français.*
> **3.** (*déterminant un verbe*) ме́ньше; не так (*intensité*); не так мно́го (*quantité*).
> **4.** (*précédé de l'article défini et déterminant un verbe*) ме́ньше всего́ (*moins que tout*); ме́ньше всех (*moins que tous*).
> **5.** (*régissant un substantif par l'intermédiaire de la préposition « de »*) ме́ньше; ме́нее (*plus livresque*).
> **6.** (*soustraction*) ми́нус.
> **7.** (*dans l'indication de la température au-dessous de zéro*) моро́за (*placé après l'indication du nombre de degrés*); ми́нус (*plus livresque*).
> **8.** (*dans l'indication de l'heure exacte*) без (+ *gén.*).

1. *Non moins beau*, не ме́нее краси́вый. *Elle est moins habile*, она́ не така́я ло́вкая. *C'est moins étonnant*, э́то не так удиви́тельно. *C'est moins loin*, э́то не так далеко́. *C'est moins cher*, э́то деше́вле. *Ils sont un peu moins durs*, они́ помя́гче. **2.** *Une des moins grandes*, одна́ из са́мых ма́леньких. **3.** *Il souffre moins qu'hier*, он не так страда́ет, как вчера́ *ou* он ме́ньше страда́ет, чем вчера́. *Elle travaille moins*, она́ ме́ньше рабо́тает *ou* она́ не так мно́го рабо́тает. **4.** *C'est ce qui me plaît le moins*, э́то мне ме́ньше всего́ нра́вится. *C'est lui qui travaille le moins*, он рабо́тает ме́ньше всех. **5.** *J'ai moins de livres*, у меня́ ме́ньше книг. *Moins de deux semaines*, ме́ньше двух неде́ль. *En moins de deux heures*, ме́нее, чем в три часа́. **6.** *Cinq moins deux égale trois*, пять ми́нус два бу́дет три. **7.** *Moins quarante*, со́рок гра́дусов моро́за. *Avant-hier, il faisait moins vingt*, позавчера́ бы́ло ми́нус два́дцать. **8.** *Trois heures moins cinq*, без пяти́ три. *Quatre heures moins le quart*, без че́тверти четы́ре. ● **A moins que**, *traduire comme « si... ne... pas ». Je n'irai pas l'attendre à moins qu'il ne m'écrive*, я не пойду́ встреча́ть его́, е́сли он мне не напи́шет. **Au moins**, по ме́ньшей ме́ре *ou* по кра́йней ме́ре; не ме́ньше (+ *gén.*). *Au moins cinq heures*, по кра́йней ме́ре пять часо́в *ou* не ме́ньше пяти́ часо́в. **Avoir... ans de moins**, быть на ... лет моло́же. *Elle a cinq ans de moins que moi*, она́ на пять лет моло́же меня́. **Le moins possible**, как мо́жно ме́ньше. **Pas le moins du monde**, нисколько. « *Je vous dérange ? — Pas le moins du monde* », « Я вам меша́ю? — Нет, ниско́лько. »

MOIS 1. (*suivi du nom du mois*) *ne se traduit généralement pas. Au mois d'août*, в а́вгусте. **2.** (*dans les autres cas*) ме́сяц. *Dans cinq mois*, че́рез пять ме́сяцев.

MOISISSURE пле́сень *f.* (*pas de pl.*). *Se couvrir de moisissures*, покрыва́ться пле́сенью.

MOISSON жа́тва.

MOISSONNER жать* IV, жну,

жнёшь... / сжать* IV (*id.*). *Moissonner le seigle*, жать рожь.

MOISSONNEUSE - BATTEUSE комба́йн.

MOITIÉ 1. *subst.* полови́на. *Une bonne moitié*, до́брая полови́на. **2.** *adv.* наполови́ну. *Moitié noir, moitié jaune*, наполови́ну чёрный, наполови́ну жёлтый. ● **À moitié**, наполови́ну; полу... (*accolé à un adjectif ou à un participe*). *Ce n'est fait qu'à moitié*, э́то сде́лано то́лько наполови́ну. *À moitié saoul*, полупья́ный. *À moitié oublié*, полузабы́тый. *À moitié fou*, полусумасше́дший. **À moitié prix**, за полцены́. **De moitié**, наполови́ну. *Diminuer les impôts de moitié*, уме́ньшить нало́ги наполови́ну.

MOL, MOLLE v. MOU.

MOLAIRE коренно́й зуб (зуб ——— ⁄———).

MOLLET *subst.* икра́ ——— ———. *Le mollet droit*, пра́вая икра́.

MOMENT мину́та; моме́нт (*sans idée de brièveté*). *D'un moment à l'autre*, с мину́ты на мину́ту. *Au moment voulu*, в подходя́щий моме́нт. *Au moment du départ*, в моме́нт отъе́зда. *Au moment de prendre congé de lui*, в тот моме́нт, когда́ я собира́лся попроща́ться с ним. ● **Du moment que**, раз. *Du moment que vous l'avez retrouvé, tout va bien*, раз вы его́ нашли́, всё в поря́дке. **Par moments**, вре́мя от вре́мени. **Pour le moment**, пока́ что. *Pour le moment, il n'y a pas à se plaindre de lui*, мы пока́ что на него́ не жа́луемся.

MOMIE му́мия.

MON 1. (*si le possesseur est sujet de la proposition*) свой (*peut souvent être omis*). *J'ai pris mon livre*, я взял свою́ кни́гу. *J'ai perdu mon père*, я потеря́ла отца́. **2.** (*dans le cas contraire*) мой. *Où est mon dictionnaire?*, Где мой слова́рь?

MONARCHIE мона́рхия. *Une monarchie absolue*, абсолю́тная мона́рхия. *Une monarchie constitutionnelle*, конституцио́нная мона́рхия.

MONASTÈRE монасты́рь ⁄——— ——— *m.* *Se retirer dans un monastère*, уйти́ в монасты́рь.

MONDE ———

> 1. (*univers; ensemble de planètes*) мир ——— .
> 2. (*la Terre*) мир // свет (*dans un certain nombre d'expressions*).
> 3. (*le Ciel*) свет.
> 4. (*foule*) наро́д.
> 5. (*invités*) го́сти, госте́й, гостя́м... ⁄——— *pl.*
> 6. (*milieux*) круги́, круго́в, круга́м... *pl.*

1. *La création du monde*, сотворе́ние ми́ра. *Tout est pour le mieux dans le meilleur des mondes*, всё к лу́чшему в э́том лу́чшем из миро́в. **2.** *Dans le monde entier*, во всём ми́ре. *Champion du monde*, чемпио́н ми́ра. *Que le monde est petit!*, Мир те́сен. // *Faire le tour du monde*, соверши́ть путеше́ствие вокру́г све́та. *Au bout du monde*, на краю́ све́та. *Les cinq parties du monde*, пять часте́й све́та. *Depuis que le monde est monde*, с тех пор как свет стои́т. *Pour rien au monde*, ни за что́ на све́те. **3.** *Envoyer qqn dans l'autre monde*, отпра́вить кого́-нибудь на тот свет. **4.** *Il y avait beaucoup de monde*, там бы́ло мно́го наро́ду. **5.** *Nous avions du monde*, у нас бы́ли го́сти. **6.** *Le monde littéraire*, литерату́рные круги́. ● **Mettre au monde**, роди́ть / роди́ть, *passé* роди́л, родила́, роди́ло, роди́ли ⁄——; *part.* рождённый (*au passé, les deux aspects diffèrent par leur accentuation à la forme du féminin*). *Elle a mis au monde une fille*, она́ родила́ дочь. **Pas le moins du monde**, ниско́лько. « *Je vous dérange? — Pas le moins du monde* », « Я вам меша́ю? — Нет, ниско́лько. » **Tout le monde**, все. *Tout le monde est là?*, Все пришли́? *On ne peut pas contenter tout le monde*, на всех не угоди́шь.

MONDIAL мирово́й; всеми́рный (*universel*). *La Première Guerre mondiale*, Пе́рвая мирова́я война́. *D'importance mondiale*, всеми́рного значе́ния.

MONÉTAIRE де́нежный. *La réforme monétaire*, де́нежная рефо́рма.

I. MONGOL *subst.* (*homme*) монгóл.

II. MONGOL *adj.* монгóльский. *Le folklore mongol*, монгóльские нарóдные пéсни.

MONGOLE монгóлка.

MONNAIE 1. (*argent*) дéньги, дéнег, деньгáм... *pl. t. Fausse monnaie*, фальши́вые дéньги. **2.** (*menue monnaie*) мéлочь *f. Je n'ai pas de monnaie*, мéлочи у меня́ нет. **3.** (*trop perçu que l'on rend*) сдáча. *Rendre la monnaie*, сдать сдáчу. ● **Faire de la monnaie,** разменя́ть дéньги (размéнивать / разменя́ть). **Faire la monnaie de,** размéнивать / разменя́ть (*tr.*). *Faire la monnaie de cent roubles*, разменя́ть сто рублéй. **Petite monnaie,** мéлочь *f.* **Pièce de monnaie,** монéта. **Rendre à qqn la monnaie de sa pièce,** отплати́ть комý-нибудь той же монéтой.

MONOLOGUE монолóг.

MONOTONE однообрáзный, монотóнный. *Un travail monotone*, однообрáзная рабóта.

Remarque. À la différence de son équivalent français, « монотóнный » comporte deux « н ».

MONSIEUR *n'a plus d'équivalent. Dans le style officiel, on emploie le mot* товáрищ *suivi du nom de famille; ex.: Monsieur Ivanov*, товáрищ Ивáнóв. *À l'égard des personnes que l'on connaît, on peut utiliser le prénom et le patronyme; ex.: Bonjour, monsieur Ivanov*, Здрáвствуйте, Сергéй Петрóвич! *Le mot* господи́н*, *pl.* господá, госпóд, господáм..., *en usage avant la Révolution, s'applique encore aux ressortissants étrangers, mais en s'adressant à un Français, on emploie couramment le mot* мсье* *indécl. m.; ex.: Monsieur Dupont*, мсье Дюпóн *ou* господи́н Дюпóн.

MONSTRE 1. (*être fantastique*) чудóвище. *Un monstre marin*, морскóе чудóвище. **2.** (*créature affligée d'une malformation importante; personne d'une grande laideur*) урóд. *Elle a épousé un monstre*, онá вы́шла зáмуж за урóда. **3.** (*tyran*) и́зверг.

MONT ● **Le Mont-Blanc,** Монблáн. **Promettre monts et merveilles,** сули́ть золоты́е гóры.

MONTAGNE горá (*l'accent passe sur la préposition dans les groupes* « зá гору », « нá гору », « пóд гору »). *Au pied de la montagne*, у поднóжия горы́. *Dans la montagne*, в горáх. ● **De montagne, des montagnes,** гóрный. *Un lac de montagne*, гóрное óзеро.

MONTAGNEUX гори́стый. *Une région montagneuse*, гори́стая мéстность.

MONTER

I. Intransitif:

1. (*en règle générale*) поднимáться / подня́ться* IV, поднимýсь, поднимешься...; поднялся, поднялáсь... .
2. (*grimper*) лезть* IV, лéзу, лéзешь...; лез, лéзла... / полéзть* IV (*id.*); *indét.* лáзить; *ou* влезáть / влезть* IV, влéзу, влéзешь...; влез, влéзла...
3. (*s'installer dans ou sur un véhicule, s'asseoir sur sa monture*) сади́ться / сесть* IV, ся́ду, ся́дешь...; сел, сéла...; сядь.
4. (*se déplacer sur un véhicule, sur sa monture*) éздить (*indét.*).

II. Transitif:

1. (*transporter en un lieu plus élevé*) поднимáть / подня́ть* IV, поднимý, подни́мешь...; пóднял, поднялá, пóдняло, пóдняли; пóднятый, пóднят, поднятá, пóднято, пóдняты // *et, avec diverses nuances*, относи́ть / отнести́* IV, отнесý, отнесёшь...; отнёс, отнеслá... ; отнесённый (*emporter*); приноси́ть / принести́* IV, принесý, принесёшь...; принёс, принеслá... ; принесённый (*apporter*).
2. (*assembler*) собирáть / собрáть* IV, соберý, соберёшь...; собрáл, собралá, собрáло, собрáли .
3. (*une pièce de théâtre*) стáвить / постáвить.

I. 1. *Monter au cinquième par l'escalier*, подня́ться на шестóй этáж по лéстнице. *Monter par l'ascenseur*, поднúться на лúфте. *L'eau montait*, водá поднимáлась. *Le baromètre monte*, барóметр поднимáется. *Les prix ont monté*, цéны поднялúсь. **2.** *Monter sur un arbre*, лезть на дéрево. *Monter sur une chaise*, влезть на стул. *Monter sur le toit*, влезть на крыщу. **3.** *Monter sur son cheval*, сесть на лóшадь. *Monter sur son vélo*, сесть на велосипéд. *Monter dans le wagon de tête*, сесть в перéдний вагóн. **4.** *Vous savez monter à cheval?*, Вы умéете éздить верхóм?

II. 1. *Monter les bagages par l'ascenseur*, поднúть багáж на лúфте. // *Je monte tout de suite vos valises*, Сейчáс отнесý вáши чемодáны в нóмер. *Le garçon va nous monter le déjeuner*, официáнт принесёт нам зáвтрак. **2.** *Monter un poste de télévision*, собрáть телевúзор. **3.** *Monter une pièce*, постáвить пьéсу. ● **Monter la garde**, стоя́ть на часáх (стоя́ть* I, стою́, стоúшь...). **Monter à la tête**, удáрить в гóлову (ударя́ть / удáрить). *Le vin lui est monté tout de suite à la tête*, винó срáзу удáрило емý в гóлову. **Monter une tente**, разбúть палáтку (разбивáть / разбúть* IV, разобью́, разобьёшь...; разбéй; разбúтый).

MONTRE часы́, часóв, часáм... *pl. t. Ta montre avance de cinq minutes*, Твой часы́ спешáт на пять минýт. *Votre montre retarde*, Вáши часы́ отстаю́т. *J'ai mis ma montre à l'heure*, я вы́верил часы́. *Ma montre est à l'heure*, мой часы́ идýт вéрно.

MONTRE-BRACELET ручны́е часы́ (часы́, часóв, часáм... *pl. t.*).

MONTRER 1. (*en règle générale*) покáзывать / показáть* II, покажý, покáжешь...⌣——. *Je vais vous montrer le chemin*, Я покажý вам дорóгу. // (*Avec* на + *acc.*, *marque l'incitation à faire quelque chose*). *Il lui a montré la porte*, он показáл емý на дверь. **2.** (*démontrer*) докáзывать / доказáть* II, докажý, докáжешь...⌣——. *Je vais vous montrer qu'il s'est trompé*, Я вам докажý, что он ошúбся.

MONTURE (*de lunettes...*) опрáва. *Des lunettes à monture en or*, очкú в золотóй опрáве.

MONUMENT пáмятник. *Le monument de Beethoven*, пáмятник Бетхóвену. *Un monument historique*, истори́ческий пáмятник.
REMARQUE. « Пáмятник Ивáнову (*dat.*) » signifie « un monument à la mémoire d'Ivanov »; « пáмятник Ивáнова (*gén.*) » signifie « un monument érigé par Ivanov ».

MOQUER ● Se moquer de 1. (*tourner en ridicule*) смея́ться* II, смею́сь, смеёшься... / посмея́ться* II [*id.*] (над + *instr.*); *ou* насмехáться (над + *instr.*). *Il se moque de nous*, он смеётся над нáми. **2.** (*ne faire aucun cas*) наплевáть *et le verbe* быть (на + *acc.; au sujet de la proposition française correspond en russe un nom ou un pronom au datif*). *Je me moque pas mal des traditions*, мне наплевáть на обы́чаи. *Il se moquait de tout*, емý наплевáть бы́ло на всё.

I. MORAL *adj.* нрáвственный, морáльный. *Une satisfaction morale*, нрáвственное удовлетворéние. *La responsabilité morale*, морáльная отвéтственность.

II. MORAL *subst.* (*état d'esprit*) настроéние. *Le moral est bon*, настроéние прекрáсное. *Démonter le moral*, испóртить настроéние.

MORALE морáль *f. Faire des leçons de morale*, читáть морáль.

MORCEAU кусóк, *dim.* кусóчек; клочóк (*papier déchiré...*). *Un morceau de pain*, кусóк хлéба. *Un morceau de sucre*, кусóк сáхару. *Déchirer en petits morceaux*, разорвáть в клочкú. ● **Casser en mille morceaux**, разбúть вдребезги. **Un morceau de musique**, пьéса. **Des morceaux choisis**, сбóрник тéкстов.

MORDRE 1. (*tr.*) кусáть / укусúть ⌣——. *Le chien a mordu un passant*, собáка укусúла прохóжего. **2.** (*intr.*) кусáться. *Ce chien ne mord pas*, э́та собáка не кусáется. **3.** (*en parlant du poisson*) клевáть* II, клюёт, клюю́т / клю́нуть. *Ça mord?*, Клюёт? ●

S'en mordre les doigts, кусáть себé лóкти.

MORPHOLOGIE морфолóгия.

MORSURE укýс. *La morsure d'un serpent,* укýс змей.

I. MORT *f.* смерть ___⁄‾‾‾ *f.* (*l'accent passe sur la préposition dans le groupe* « прú смерти »). *Une mort naturelle,* естéственная смерть. *Une mort violente,* насúльственная смерть. *Condamner à mort,* приговорúть к смéрти. ● **Une condamnation à mort,** смéртный приговóр.

II. MORT *adj.* мёртвый ⁄___ (*sens propre*) et ⁄‾‾‾ (*sens figuré*). *Des arbres morts,* мёртвые дерéвья. *Une langue morte,* мёртвый язы́к. *Plus mort que vif,* ни жив, ни мёртв. *Le point mort,* мёртвая тóчка. *Rester lettre morte,* оставáться мёртвой бýквой. ● **Une nature morte,** натюрмóрт.

III. MORT *m.* мёртвый *adj. subst. m. Il lui sembla que le mort le regardait,* емý показáлось, что мёртвый смóтрит на негó. *Faire le mort,* притворя́ться мёртвым.

MORTALITÉ смéртность *f. La mortalité infantile,* дéтская смéртность.

MORTEL *adj.* **1.** (*qui doit mourir un jour*) смéртный. *Tous les hommes sont mortels,* все лю́ди смéртны. **2.** (*qui cause la mort*) смертéльный. *Une blessure mortelle,* смертéльная рáна. // (*Par extension*) *Un ennui mortel,* смертéльная скýка. ● **Un ennemi mortel,** смертéльный враг. **Un péché mortel,** смéртный грех.

MORTELLEMENT смертéльно. *Mortellement blessé,* смертéльно рáненый.

MORUE трескá. ● **Huile de foie de morue,** ры́бий жир (ры́бий *adj. d'appart.;* жир*, *loc.* жирý ___∠).

MOSAÏQUE мозáика.

MOSCOVITE 1. (*habitant de Moscou*) москвúч ⁄‾‾‾ ‾‾‾. **2.** (*habitante de Moscou*) москвúчка.

MOT слóво ___\\⁄‾‾‾ (*l'accent passe sur la préposition dans l'expression* « вéрить нá слово »). *L'ordre des mots dans la proposition,* поря́док слов в предложéнии. *Il n'a pas dit un seul mot,* он не сказáл ни слóва. *J'ai deux mots à vous dire,* Мне нýжно сказáть вам два слóва. *J'ai le mot sur le bout de la langue,* у меня́ э́то слóво вéртится на языкé. *En un mot,* однúм слóвом. *Traduire mot à mot,* перевестú слóво в слóво. *Un jeu de mots,* игрá слов. ● **Les mots croisés,** кроссвóрд. *Faire des mots croisés,* решáть кроссвóрд. **Un petit mot,** запúска, *dim.* запúсочка. *Elle m'a envoyé un petit mot,* я получúл от неё запúсочку. **Qui ne dit mot consent,** молчáние — знак соглáсия.

MOTEL мотéль *m.*

MOTEUR *subst.* двúгатель *m.;* мотóр (*au sens propre seulement*). *Un moteur à combustion interne,* двúгатель внýтреннего сгорáния. *Un moteur électrique,* электрúческий двúгатель. *Le moteur de l'avion,* мотóр самолёта. // (*Fig.*) *Le moteur du progrès,* двúгатель прогрéсса.

MOTIF причúна. *Sans aucun motif,* без вся́кой причúны.

MOTO v. MOTOCYCLETTE.

MOTOCYCLETTE мотоцúкл. *Aller à motocyclette,* éздить на мотоцúкле.

MOTOCYCLISTE мотоциклúст.

MOU *adj.* **1.** мя́гкий ⁄___, *comp.* мя́гче*, *superl.* мягчáйший*. *Un métal mou,* мя́гкий метáлл. **2.** (*qui manque de vigueur*) вя́лый. *C'est un homme mou,* он человéк вя́лый. ● **Le signe mou,** мя́гкий знак.

MOUCHE мýха. *Quelle mouche l'a piqué ?,* Какáя мýха егó укусúла? *Il ne ferait pas de mal à une mouche,* он и мýхи не обúдит. *On aurait entendu une mouche voler,* слы́шно бы́ло, как мýха пролетúт. *Regarder les mouches voler,* считáть мух.

MOUCHER (SE) сморкáться / вы́сморкаться.

MOUCHOIR платóк (*éventuellement précisé par l'adjectif* « носовóй »). *Tirer un mouchoir de sa poche,* вы́нуть из кармáна плато́к. *Il nous faisait signe avec son mouchoir*, он маха́л нам платко́м.

MOUDRE моло́ть* II, мелю́, ме́лешь... / смоло́ть* II (*id.*). *Moudre le grain*, моло́ть зерно́. *Moudre le café*, моло́ть ко́фе.

MOUETTE ча́йка.

MOUILLÉ мо́крый . *Du linge mouillé*, мо́крое бельё. *Une poule mouillée*, мо́края ку́рица.

MOUILLER (*rendre humide*) мочи́ть / промочи́ть . *Elle ne veut pas se mouiller les pieds*, она́ не хо́чет мочи́ть себе́ но́ги.

MOUJIK мужи́к .

I. MOULE *m.* фо́рма. *Un moule à gâteaux*, фо́рма для пирога́.

II. MOULE *f.* (*coquillage*) ми́дия.

MOULIN ме́льница. *Un moulin à vent*, ве́тряная ме́льница. *Un moulin à eau*, водяна́я ме́льница. *Un moulin à café*, кофе́йная ме́льница. *Mener le blé au moulin*, свезти́ хлеб на ме́льницу. *Apporter de l'eau au moulin de qqn*, лить во́ду на чью́-нибудь ме́льницу. *Combattre les moulins à vent*, сража́ться с ве́тряными ме́льницами.

MOURIR умира́ть / умере́ть* IV, умру́, умрёшь...; у́мер, умерла́, у́мерло, у́мерли . *Il est mort d'un cancer*, он у́мер от ра́ка. // (*Fig.*) *Mourir d'ennui*, умира́ть со ску́ки. ● **On ne meurt qu'une fois**, двум смертя́м не быва́ть, а одно́й не минова́ть.

I. MOUSSE *f.* **1.** (*plante*) мох*, *loc.* мху. *Un toit couvert de mousse*, кры́ша, заро́сшая мхом. **2.** (*écume*) пе́на. *De la mousse de savon*, мы́льная пе́на.

II. MOUSSE *m.* ю́нга.

MOUSTACHE ус . *Avec de longues moustaches*, с дли́нными уса́ми.

MOUSTIQUE кома́р . *En été, il y a beaucoup de moustiques ici*, ле́том здесь мно́го комаро́в. ● **De moustique, de moustiques**, комари́ный. *Une piqûre de moustique*, комари́ный уку́с.

MOUTARDE горчи́ца.

MOUTON 1. (*animal*) овца́ . *Un troupeau de moutons*, ста́до ове́ц. **2.** (*viande*) бара́нина. *Une tranche de mouton grillé*, кусо́к жа́реной бара́нины. ● **De mouton, de moutons**, бара́ний *adj. d'appart. Une peau de mouton*, бара́нья шку́ра. *Une côtelette de mouton*, бара́нья котле́та. **Les moutons de Panurge**, Пану́ргово ста́до.

MOUVEMENT 1. (*en règle générale*) движе́ние. *Faire un mouvement brusque*, сде́лать ре́зкое движе́ние. *Mettre en mouvement*, привести́ в движе́ние. *Se mettre en mouvement*, прийти́ в движе́ние. *Un mouvement révolutionnaire*, революцио́нное движе́ние. **2.** (*courant littéraire, philosophique*) направле́ние. *Un nouveau mouvement littéraire*, но́вое литерату́рное направле́ние. *Un mouvement libéral*, либера́льное направле́ние.

I. MOYEN *subst.* **1.** (*procédé*) спо́соб, сре́дство. *Trouver le meilleur moyen*, найти́ лу́чший спо́соб. *La fin justifie les moyens*, цель опра́вдывает сре́дства. *Un moyen radical*, радика́льное сре́дство. **2.** (*ressources*) сре́дство. *Vivre au-dessus de ses moyens*, жить не по сре́дствам. **3.** (*capacité*) спосо́бность *f. Il ne manque pas de moyens*, у него́ больши́е спосо́бности. ● **Au moyen de**, посре́дством (+ *gén.*). *Au moyen d'un microscope*, посре́дством микроско́па.

II. MOYEN *adj.* **1.** (*qui tient le milieu*) сре́дний. *De taille moyenne*, сре́днего ро́ста. *La vitesse moyenne*, сре́дняя ско́рость. **2.** (*médiocre*) посре́дственный. *Des dons bien moyens*, посре́дственное дарова́ние. ● **Le Moyen Âge**, сре́дние века́.

MOYENNE сре́дний *accompagné du substantif approprié. La moyenne a été de cent kilomètres à l'heure*, сре́дняя ско́рость была́ сто киломе́тров в час. ● **En moyenne**, в сре́днем.

MUET немо́й . *Un enfant muet*, немо́й ребёнок. *Un film muet*, немо́й фильм. *Une carte muette*, нема́я ка́рта.

MUGUET ла́ндыш.

MULTIPLICATION умноже́ние. *La table de multiplication*, табли́ца умноже́ния.

MULTIPLIER умножа́ть / умно́жить. *Neuf multiplié par sept*, де́вять, умно́женное на семь.

MULTITUDE мно́жество. *Une multitude d'événements*, мно́жество собы́тий.

MUNICIPAL городско́й. *Les règlements municipaux*, городски́е постановле́ния. • **Le conseil municipal**, городско́й сове́т *ou*, *par abréviation*, горсове́т. **Les élections municipales**, вы́боры в городско́й сове́т.

MUNIR снабжа́ть / снабди́ть. *Munir qqn de tout le nécessaire*, снабди́ть кого́-нибудь всем необходи́мым.

MUNIR (SE) захвати́ть с собо́й (захва́тывать / захвати́ть ╲___). *Se munir d'un parapluie*, захвати́ть с собо́й зо́нтик.

MUNITIONS боевы́е припа́сы (припа́сы, припа́сов, припа́сам... *pl. t.*). *Des munitions pour l'artillerie*, боевы́е припа́сы для артилле́рии.

MUR стена́ ╲╱‾‾ _╱‾‾ (*l'accent passe sur la préposition dans le groupe* « о́б стену »). *Il y avait au mur un grand tableau*, на стене́ висе́ла больша́я карти́на. • **Le mur du son**, звуково́й барье́р.

MÛR 1. (*propr.*) спе́лый ╱╲_, зре́лый ╱╲_. *Des pommes mûres*, спе́лые я́блоки. **2.** (*fig.*) зре́лый. *Un esprit mûr*, зре́лый ум. *Une femme d'âge mûr*, же́нщина зре́лых лет.

MÛRE (*fruit de la ronce*) ежеви́ка (*pas de pl.*).

MÛRIR *intr.* зреть / созре́ть. *Les framboises mûrissent*, мали́на зре́ет.

MURMURE *selon le cas* шёпот (*chuchotement*), го́вор (*bruit de voix*); ро́пот (*grondement d'une foule mécontente*); журча́ние (*bruit de l'eau qui coule*); гул (*grondement des vagues*), ше́лест, шо́рох (*bruissement, frottement*), *etc. Un murmure de protestation parcourut la foule*, ро́пот пробежа́л по толпе́. *Le murmure du ruisseau*, журча́ние ручья́. *Le murmure des feuilles*, ше́лест ли́стьев.

MURMURER 1. (*en parlant de l'eau*) журча́ть* I, журчи́т, журча́т / зажурча́ть* I (*id.*). *Le ruisseau murmure sous les arbres*, под дере́вьями журчи́т руче́й. **2.** (*en parlant du vent, des feuilles agitées par le vent, etc.*) шелесте́ть* I, шелести́т, шелестя́т / зашелесте́ть* I (*id.*). *Le vent murmure dans les feuilles*, ве́тер шелести́т в ли́стьях. **3.** (*chuchoter*) шепта́ть* II, шепчу́, ше́пчешь... ╲___ / прошепта́ть* II (*id.*) *et* шепну́ть. *Il m'a murmuré qqch. à l'oreille*, он прошепта́л мне что́-то на́ ухо.

MUSCLE мы́шца, му́скул. *Les muscles des bras*, мы́шцы рук. *De gros muscles*, больши́е му́скулы. *Tu n'as pas de muscles*, У тебя́ совсе́м нет му́скулов.

MUSEAU мо́рда. *L'ourson frappa le chien en plein sur le museau*, медвежо́нок уда́рил соба́ку пря́мо по мо́рде.

MUSÉE музе́й *m. Le musée ethnographique*, этнографи́ческий музе́й. • **De musée**, музе́йный. *Une pièce de musée*, музе́йная ре́дкость.

MUSICAL музыка́льный. *La vie musicale*, музыка́льная жизнь.

MUSICIEN *subst.* музыка́нт. *C'est un bon musicien*, он хоро́ший музыка́нт.

MUSICIENNE музыка́нтша.

MUSIQUE му́зыка. *Faire de la musique*, занима́ться му́зыкой. *La musique contemporaine*, совреме́нная му́зыка. *La musique de chambre*, ка́мерная му́зыка. *La musique symphonique*, симфони́ческая му́зыка.

I. MUSULMAN *subst.* мусульма́нин*, *pl.* мусульма́не, мусульма́н, мусульма́нам...

II. MUSULMAN *adj.* мусульма́нский.

MUTILER кале́чить / искале́чить; *ou* уро́довать / изуро́довать. *Dans le parc, il y a une statue qui a été mutilée*, в па́рке изуро́довали ста́тую.

I. MYOPE *adj.* близору́кий. *Un œil myope*, близору́кий глаз.

II. MYOPE *subst.* **1.** *m.* близору́кий *adj. subst. m. Des lunettes pour myopes*, очки́ для близору́ких. **2.** *f.* близору́кая *adj. subst. f.*

MYOSOTIS незабу́дка.

MYSTÈRE **1.** (*énigme*) зага́дка. *C'était un mystère pour moi*, э́то была́ для меня́ зага́дка. **2.** (*secret*) та́йна. *Un voyage entouré de mystère*, путеше́ствие, окружённое та́йной.

MYSTÉRIEUX таи́нственный. *Un mystérieux inconnu*, таи́нственный незнако́мец. *D'un air mystérieux*, с таи́нственным ви́дом.

MYTHE миф. *Le mythe d'Icare*, миф об Ика́ре.

MYTHOLOGIE мифоло́гия. *La mythologie antique*, анти́чная мифоло́гия.

N

N' v. NE.

NAGE пла́вание. *La nage sur le dos*, пла́вание на спине́. • **Être en nage**, облива́ться по́том.

NAGER плыть* IV, плыву́, плывёшь...; плыл, плыла́, плы́ло, плы́ли /‾__ / поплы́ть* IV (*id.*); *indét.* пла́вать. *Je ne savais pas nager*, я не уме́л пла́вать. *Nager comme une paire de tenailles*, пла́вать как топо́р. *Nager comme un poisson*, пла́вать как ры́ба. *Nager sur le dos*, плыть на спине́. *Nager le crawl*, плыть кро́лем. *Nager à contre-courant*, плыть про́тив тече́ния.

NAGEUR плове́ц. *Un bon nageur*, хоро́ший плове́ц.

NAGEUSE пловчи́ха.

NAÏF наи́вный. *Un enfant naïf*, наи́вный ребёнок. *Une question naïve*, наи́вный вопро́с.

I. NAIN *adj.* ка́рликовый. *Des arbres nains*, ка́рликовые дере́вья.

II. NAIN *subst.* ка́рлик. • **Blanche-Neige et les sept nains**, Белосне́жка и семь гно́мов.

NAINE ка́рлица.

NAISSANCE рожде́ние. *Date de naissance*, да́та рожде́ния. *Aveugle de naissance*, слепо́й от рожде́ния.

NAÎTRE рожда́ться *ou* роди́ться / роди́ться, *passé* роди́лся, родила́сь... /‾‾‾ . *Il est né en 1922*, он роди́лся в 1922 году́. *Je suis né le 2 mai 1948*, я роди́лся 2-го ма́я 1948 го́да. *Être né sous une bonne étoile*, роди́ться под счастли́вой звездо́й.

NAÏVEMENT наи́вно.

NAÏVETÉ наи́вность *f. Avec une naïveté touchante*, с тро́гательной наи́вностью.

NAPPE ска́терть ___ /‾‾‾ *f. Une table couverte d'une nappe blanche*, стол, покры́тый бе́лой ска́тертью.

NARINE ноздря́*, *gén. pl.* ноздре́й ‾‾‾ /‾‾‾ . *La narine droite*, пра́вая ноздря́.

NATAL родно́й. *Ma ville natale*, мой родно́й го́род.

NATALITÉ рожда́емость *f. Une augmentation de la natalité*, рост рожда́емости.

NATATION пла́вание. *Faire de la natation*, занима́ться пла́ванием.

NATION на́ция.

NATIONAL национа́льный; наро́дный (*de tout le peuple*); госуда́рственный (*de l'État*). *L'hymne national*, национа́льный гимн *ou* госуда́рственный гимн. *La fête nationale*, национа́льный пра́здник. *Le revenu national*, наро́дный дохо́д. *Le budget national*, госуда́рственный бюдже́т.

NATIONALISATION национализа́ция. *La nationalisation de l'industrie*, национализа́ция промы́шленности.

NATIONALISER национализи́ровать / национализи́ровать. *Nationaliser les moyens de production*, национализи́ровать сре́дства произво́дства.

NATIONALISME национали́зм.

NATIONALITÉ гражда́нство. *De nationalité française*, францу́зского гражда́нства.

Remarque. « Национа́льность » désigne le fait d'appartenir à tel ou tel peuple.

NATURALISER ● **Se faire naturaliser**, приня́ть ... гражда́нство (принима́ть / приня́ть* IV, приму́, при́мешь...╲__; при́нял, приняла́, при́няло, при́няли ∧__). *Se faire naturaliser Français*, приня́ть францу́зское гражда́нство.

NATURE приро́да; нату́ра (*surtout au sens de « essence d'un être »*). *Les phénomènes de la nature*, явле́ния приро́ды. *C'est dans la nature des choses*, э́то в приро́де веще́й. *La nature humaine*, челове́ческая приро́да. *Ce n'était pas dans sa nature de se faire de la bile*, беспоко́иться бы́ло не в его́ нату́ре. *L'habitude est une seconde nature*, привы́чка — втора́я нату́ра. ● **Grandeur nature**, в натура́льную величину́. *Un portrait grandeur nature*, портре́т в натура́льную величину́. **Nature morte**, натюрмо́рт.

NATUREL есте́ственный. *Les richesses naturelles*, есте́ственные бога́тства. *Une mort naturelle*, есте́ственная смерть. *La sélection naturelle*, есте́ственный отбо́р. *Les sciences naturelles*, есте́ственные нау́ки. *Un geste naturel*, есте́ственный жест. *C'est bien naturel*, э́то вполне́ есте́ственно. ● **Le gaz naturel**, приро́дный газ.

NATURELLEMENT (*évidemment*) коне́чно. « *Vous viendrez ? — Naturellement* », « Вы придёте? — Да, коне́чно. »

NAUFRAGE кораблекруше́ние. *Faire naufrage*, потерпе́ть кораблекруше́ние.

NAVAL морско́й. *Une bataille navale*, морска́я би́тва.

NAVET ре́па.

NAVIGATION навига́ция.

NAVIGUER плыть* IV, плыву́, плывёшь...; плыл, плыла́, плы́ло, плы́ли ∧__; *indét.* пла́вать. *Nous naviguions en haute mer*, мы плы́ли в откры́том мо́ре.

NAVIRE кора́бль ╱—— —— *m.*; су́дно*, *pl.* суда́, судо́в, суда́м... —— ——(*navire marchand; le pluriel tend à être remplacé par « корабли́ »*). *Un navire de guerre*, вое́нный кора́бль. *Un navire cosmique*, косми́ческий кора́бль. *Un navire marchand*, торго́вое су́дно.

NE не; нет (*lorsqu'il convient d'employer le verbe « быть » au présent et à la forme négative*). *Je ne sais pas* я не зна́ю. *Je ne vois rien*, я ничего́ не ви́жу. *Il n'y a pas un seul livre*, нет ни одно́й кни́ги. *Il n'y a personne*, никого́ нет. *Elle n'est pas là*, её нет. *Il n'y a rien de plus difficile*, нет ничего́ трудне́е. ● **Ne... que**, то́лько. *Je n'ai que trois roubles*, у меня́ то́лько три рубля́.

Remarque. La négation « не » est atone. Dans les cas exceptionnels où elle est accentuée, le verbe est atone. Le passage de l'accent sur la négation est limité aux groupes « не́ был », « не́ было », « не́ были », « не́ дал », « не́ дало », « не́ дали », « не́ дан », « не́ дано », « не́ даны », « не́ жил », « не́ жило », « не́ жили ».

NÉCESSAIRE 1. *adj.* ну́жный ∧__ ; необходи́мый (*indispensable*). *Il n'a pas jugé nécessaire de me prévenir*, он не нашёл ну́жным предупреди́ть меня́. *Une condition nécessaire*, необходи́мое усло́вие. **2.** *subst.* необходи́мое *adj. subst. n. J'ai fait tout le nécessaire*, я сде́лал всё необходи́мое.

NÉCESSITÉ необходи́мость *f. Des objets de première nécessité*, предме́ты пе́рвой необходи́мости. *Elle le fait par nécessité*, она́ э́то де́лает по необходи́мости. *En cas de nécessité*, в слу́чае необходи́мости.

I. NÉGATIF *adj.* отрица́тельный.

Une réponse négative, отрица́тельный отве́т. *Une grandeur négative*, отрица́тельная величина́.

II. NÉGATIF *subst.* негати́в. *Développer le négatif*, прояви́ть негати́в.

NÉGATION отрица́ние.

NÉGLIGÉ небре́жный. *Un travail négligé*, небре́жная рабо́та.

NÉGLIGENCE небре́жность *f*. *Une négligence impardonnable*, непрости́тельная небре́жность.

NÉGLIGENT небре́жный. *Il est négligent dans son travail*, он небре́жен в рабо́те.

NÉGLIGER небре́жно относи́ться [к + *dat.*] (относи́ться / отнести́сь* IV, отнесу́сь, отнесёшься...; отнёсся, отнесла́сь...); пренебрега́ть / пренебре́чь* IV, пренебрегу́, пренебрежёшь..., пренебрегу́т; пренебрёг, пренебрегла́... [+ *instr.*] (*livresque*). *Négliger son travail*, небре́жно относи́ться к свое́й рабо́те. *Négliger ses obligations*, пренебрега́ть свои́ми обя́занностями.

NÉGOCIATION перегово́ры, перегово́ров, перегово́рам... *pl. t.* *Mener des négociations diplomatiques*, вести́ дипломати́ческие перегово́ры.

NÈGRE негр.

NÉGRESSE негритя́нка.

NEIGE снег*, *loc.* снегу́; снега́, снего́в, снега́м... *pl. t.* (*poét.*). *Une neige épaisse*, глубо́кий снег. *Il est tombé de la neige cette nuit*, но́чью вы́пал снег. *Les neiges éternelles*, ве́чные снега́. ● **Un bonhomme de neige,** сне́жная ба́ба. **Une boule de neige,** снежо́к. *S'amuser à lancer des boules de neige*, игра́ть в снежки́. **Un flocon de neige,** снежи́нка. *Des flocons de neige tournoyaient dans l'air*, в во́здухе кружи́лись снежи́нки. **Une tempête de neige,** мете́ль *f*. *Une tempête de neige s'éleva*, подняла́сь мете́ль.

NEIGER *traduire par une périphrase utilisant le nom* « снег ». *Il neige*, снег идёт. *Il neigeait très fort*, шёл си́льный снег. *Il s'est mis à neiger*, пошёл снег. *Il ne neigeait plus*, снег переста́л.

NÉON нео́н. ● **Au néon,** нео́новый. *Des enseignes au néon*, нео́новые вы́вески.

NERF нерв. *Il faut avoir les nerfs solides*, нужны́ кре́пкие не́рвы. *Elle me porte sur les nerfs*, она́ мне де́йствует на не́рвы. ● **Une crise de nerfs,** не́рвный припа́док.

NERVEUX не́рвный. *Le système nerveux*, не́рвная систе́ма. *Des gestes nerveux*, не́рвные же́сты.

N'EST-CE PAS (*n'est-il pas vrai*) пра́вда. *Un homme étonnant, n'est-ce pas?*, Удиви́тельный челове́к, пра́вда?

I. NET *adj.* **1.** (*clair*) я́сный; отчётливый (*distinct*). *Des idées nettes*, я́сные мы́сли. *Une réponse nette*, я́сный отве́т. *Une image nette*, отчётливое изображе́ние. *Une prononciation nette*, отчётливое произноше́ние. **2.** (*propre*) чи́стый, *comp.* чи́ще*. *Du linge net*, чи́стое бельё. **3.** (*en parlant du poids, du bénéfice...*) чи́стый. *Poids net*, чи́стый вес. *Le bénéfice net*, чи́стая при́быль.

II. NET *adv.* **1.** (*brusquement*) сра́зу. *Elle s'est arrêtée net*, она́ сра́зу останови́лась. **2.** (*sur le coup*) напова́л. *Il a été tué net*, он был уби́т напова́л. **3.** (*carrément*) на́чисто. *Refuser net*, отказа́ться на́чисто.

NETTEMENT 1. (*distinctement*) отчётливо. *On voyait nettement chaque objet*, ка́ждый предме́т отчётливо видне́лся. **2.** (*de beaucoup*) намно́го. *Il est nettement plus fort que moi*, он намно́го сильне́е меня́.

NETTOYAGE чи́стка. *Donner un costume au nettoyage*, отда́ть костю́м в чи́стку.

NETTOYER 1. (*en règle générale*) чи́стить / почи́стить *ou* вы́чистить. *Nettoyer un costume*, почи́стить костю́м. *Nettoyer ses chaussures*, почи́стить боти́нки. **2.** (*essuyer*) протира́ть / протере́ть* IV, протру́, протрёшь...; протёр, протёрла...; протёртый. *Nettoyer ses lunettes*, протере́ть очки́. **3.** (*faire le ménage*) убира́ть

| убра́ть* IV, уберу́, уберёшь...; убра́л, убрала́, убра́ло, убра́ли. *Nettoyer la chambre*, убра́ть ко́мнату. ● **Donner qqch. à nettoyer**, отда́ть что́-нибудь в чи́стку. *J'ai donné ma robe à nettoyer*, я отдала́ пла́тье в чи́стку.

I. NEUF *adj.* (*nouveau*) но́вый. *Ce costume est encore tout neuf*, костю́м ещё совсе́м но́вый. || (*Subst.*) *Quoi de neuf?*, Что у вас но́вого?

II. NEUF (*nom de nombre*) **1.** (*en règle générale*) де́вять. *Neuf kopeks*, де́вять копе́ек. *À neuf kilomètres de la ville*, в девяти́ киломе́трах от го́рода. *Nous étions neuf*, нас бы́ло де́вять. **2.** (*au sens de « neuvième » et, en particulier, dans l'expression de la date*) девя́тый. *Il est arrivé le 9 octobre*, он прие́хал 9-го октября́ (девя́того октября́). *À la page neuf*, на девя́той страни́це. *Charles IX*, Карл IX (Карл Девя́тый). **3.** (*aux cartes*) девя́тка. *Un neuf de cœur*, девя́тка черве́й. ● **Neuf cent..., neuf cents**, девятьсо́т. *Neuf cents ans*, девятьсо́т лет. *Avec neuf cents soldats*, с девятьюста́ми солда́тами. **Neuf-centième**, девятисо́тый.

NEUTRALITÉ **1.** (*droit international*) нейтралите́т. *Garder la neutralité*, сохрани́ть нейтралите́т. **2.** (*dans les autres cas*) нейтра́льность *f*.

I. NEUTRE *adj.* **1.** нейтра́льный. *Les pays neutres*, нейтра́льные стра́ны. **2.** (*gramm.*) сре́днего ро́да. *Un substantif neutre*, существи́тельное сре́днего ро́да.

II. NEUTRE *subst.* (*genre grammatical*) сре́дний род.

I. NEUVIÈME **1.** (*en règle générale*) девя́тый. *Le neuvième volume*, девя́тый том. **2.** (*en parlant des étages*) деся́тый. *J'habite au neuvième étage*, я живу́ на деся́том этаже́.

II. NEUVIÈME *subst.* **1.** (*neuvième étage*) деся́тый эта́ж (эта́ж). *Nous habitions au neuvième*, мы жи́ли на деся́том этаже́. **2.** (*fraction*) девя́тая *adj. subst. f. Les quatre neuvièmes*, четы́ре девя́тых.

NEVEU племя́нник.

NEZ нос*, *loc.* носу́ (*l'accent passe sur la préposition dans toutes les expressions figées comportant les groupes* « за́ нос », « на́ нос », « по́ носу » *et* « по́д носом »). *Un nez en pomme de terre*, нос карто́шкой. *Mener qqn par le bout du nez*, води́ть кого́-нибудь за́ нос. *Parler du nez*, говори́ть в нос. *Ne pas voir plus loin que le bout de son nez*, не ви́деть да́льше своего́ но́са. *Fourrer son nez où il ne faut pas*, сова́ть свой нос, куда́ не сле́дует. *Se trouver nez à nez avec qqn*, столкну́ться с ке́м-нибудь но́сом к но́су.

NI

> **I. Non répété:**
> **1.** (*et*) да и *ou simplement* и.
> **2.** (*ou bien*) или.
> **II. Répété:**
> **1.** (*en règle générale*) ни... ни...
> **2.** (*introduisant des adjectifs attributs*) не... но и не...

I. 1. *Il ne veut ni ne peut renoncer*, он не мо́жет отказа́ться, да и не хо́чет. **2.** *Ne croyez pas que j'accepterai ni que je laisserai faire*, Не ду́майте, что я соглашу́сь или что я махну́ руко́й.

II. 1. *Ni à moi ni à toi*, ни мне ни тебе́. *Ni l'un ni l'autre*, ни тот ни друго́й. *Ni chair ni poisson*, ни ры́ба ни мя́со. **2.** *Il n'était ni riche ni pauvre*, он не́ был бога́т, но и не бе́ден. ● **Sans rime ni raison**, ни с того́ ни с сего́.

NICHE (*à chien*) конура́. *Le chien est couché dans sa niche*, соба́ка лежи́т в конуре́.

NICKEL ни́кель *m.* ● **De nickel, en nickel**, ни́келевый. *Du minerai de nickel*, ни́келевая руда́.

NID гнездо́, *pl.* гнёзда... . *Faire son nid*, свить себе́ гнездо́. || (*Fig.*) *Un nid de mitrailleuses*, пулемётное гнездо́.

NIÈCE племя́нница.

NIER отрица́ть. *Nier l'évidence*, отрица́ть очеви́дность.

NIHILISME нигили́зм.

NIHILISTE **1.** *m.* нигили́ст. **2.** *f.* нигили́стка.

NIVEAU у́ровень *m. À une altitude de 4 000 mètres au-dessus du niveau de la mer*, на высоте́ 4 000 ме́тров над у́ровнем мо́ря. *Le niveau de vie de la population*, жи́зненный у́ровень населе́ния. ● **Un passage à niveau**, перее́зд. *Au passage à niveau, la barrière était fermée*, на перее́зде был опу́щен шлагба́ум.

I. NOBLE *subst.* **1.** *m.* дворяни́н*, *pl.* дворя́не, дворя́н, дворя́нам... ——— . **2.** *f.* дворя́нка.

II. NOBLE *adj.* **1.** (*qui a de grandes qualités morales*) благоро́дный. *De nobles sentiments*, благоро́дные чу́вства. **2.** (*appartenant à la noblesse*) дворя́нский. *D'origine noble*, дворя́нского происхожде́ния.

NOBLESSE **1.** (*générosité*) благоро́дство. *La noblesse de l'âme*, благоро́дство души́. **2.** (*condition de noble; classe des nobles*) дворя́нство. *La noblesse héréditaire*, пото́мственное дворя́нство.

NOCE (*réjouissances qui accompagnent un mariage*) сва́дьба, *gén. pl.* сва́деб. *Inviter qqn à la noce*, пригласи́ть кого́-нибудь на сва́дьбу.

NOCTURNE *adj.* ночно́й. *Une promenade nocturne*, ночна́я прогу́лка.

NOËL рождество́. *Peu avant Noël*, незадо́лго до рождества́. ● **Un arbre de Noël**, ёлка. *Décorer l'arbre de Noël*, укра́сить ёлку. **Le Père Noël**, дед-моро́з.

> REMARQUE. Depuis la réforme orthographique de 1917, le mot « рождество́ » ne prend une majuscule que dans les textes de caractère religieux.

NŒUD **1.** (*en général*) у́зел /——— . *Défaire un nœud*, развяза́ть у́зел. *Un nœud ferroviaire*, железнодоро́жный у́зел. *Trancher le nœud gordien*, разруби́ть го́рдиев у́зел. **2.** (*de ruban*) бант. ● **Nœud coulant**, пе́тля. **Nœud papillon**, ба́бочка.

I. NOIR *adj.* чёрный ^—— ; мра́чный ^—— (*en parlant des idées, de l'état d'âme...*); тёмный, темна́ (*en parlant de la nuit*). *Une robe noire*, чёрное пла́тье. *Une barbe noire*, чёрная борода́. *La race noire*, чёрная ра́са. *Du pain noir*, чёрный хлеб. *Au marché noir*, на чёрном ры́нке. *Des idées noires*, мра́чные мы́сли. *Une nuit noire*, тёмная ночь. ● **Il fait noir**, темно́ *accompagné du verbe* быть. *Comme il fait noir!*, Как темно́! *Il faisait noir*, бы́ло темно́.

II. NOIR *subst.* **1.** (*personne de race noire*) негр; африка́нец (*Africain*). **2.** (*couleur*) чёрное *adj. subst. n. S'habiller en noir*, оде́ться в чёрное.

NOIRCIR (*devenir noir*) черне́ть / почерне́ть. *Le plafond a noirci*, потоло́к почерне́л.

NOISETIER оре́шник (*pas de pl.*).

NOISETTE оре́х (*parfois accompagné de l'adjectif* « лесно́й »). *Casser des noisettes*, коло́ть оре́хи.

NOIX оре́х (*parfois accompagné de l'adjectif* « гре́цкий »). *Casser des noix*, коло́ть оре́хи. ● **Noix de coco**, коко́совый оре́х.

NOM

> **1.** (*de personne*) и́мя*, *gén., dat, loc.* и́мени, *instr.* и́менем; *pl.* имена́, имён, имена́м... (*principalement lorsqu'il s'agit du prénom*); фами́лия (*uniquement lorsqu'il s'agit du nom de famille*).
> **2.** (*d'animal*) кли́чка.
> **3.** (*d'objet*) назва́ние.
> **4.** (*gramm.*) существи́тельное *adj. subst. n.;* и́мя существи́тельное (и́мя*).
>
> REMARQUE. Ces substantifs sont souvent remplacés par un verbe (v. les exemples ci-dessous au paragraphe 5 et, au besoin, les verbes APPELER et APPELER [s']) ou NOMMER et NOMMER [SE].

1. *Son nom est Pierre*, его́ и́мя — Пе́тя. *Comment savez-vous mon nom?*, Как вы узна́ли моё и́мя? *Son nom de jeune fille*, её деви́чья фами́лия. *Son nom est Dupont*, его́ фами́лия — Дюпо́н. **2.** *Milou, c'est le nom de mon chien*, Милу́ — кли́чка мое́й соба́ки. **3.** *Le nom de cette plante*, назва́ние э́того расте́ния. **4.** *Un nom féminin*, существи́тельное же́нского ро́да. **5.** *Tu sais son nom?*, Ты зна́ешь, как его́ зову́т? *J'ai oublié le nom de la rue*, я забы́л, как называ́ется у́лица. • **Au nom de 1.** (*de la part de*) от и́мени (+ *gén.*). *Au nom de tout notre groupe*, от и́мени на́шей делега́ции. **2.** (*en considération de*) во и́мя (+ *gén.*). *Au nom de notre amitié*, во и́мя на́шей дру́жбы. **3.** (*dans l'expression « au nom de la loi »*) и́менем (+ *gén.*). *Au nom de la loi*, и́менем зако́на. **Un nom commun,** и́мя нарица́тельное (и́мя*, *gén.*, *dat.*, *loc.* и́мени, *instr.* и́менем; *pl.* имена́, имён, имена́м...). **Le nom de famille,** фами́лия. **Un nom de nombre,** и́мя числи́тельное (и́мя*, *gén.*, *dat.*, *loc.* и́мени, *instr.* и́менем; *pl.* имена́, имён, имена́м...). **Un nom propre,** и́мя со́бственное (и́мя*, *gén.*, *dat.*, *loc.* и́мени, *instr.* и́менем; *pl.* имена́, имён, имена́м...).

I. NOMADE *adj.* кочево́й. *Les peuples nomades*, кочевы́е наро́ды. *Une vie nomade*, кочева́я жизнь.

II. NOMADE *subst. m.* коче́вник. *Les Tatars étaient des nomades*, тата́ры бы́ли коче́вниками.

NOMBRE число́ ‾‾‾ ___ . *Un nombre entier*, це́лое число́. *Un nombre fractionnaire*, дро́бное число́. *Un nombre pair*, чётное число́. *En grand nombre*, в большо́м числе́.

NOMBREUX 1. (*épithète*) большо́й; многочи́сленный (*livresque*). *Une famille nombreuse*, больша́я семья́. *Une armée nombreuse*, многочи́сленное во́йско. **2.** (*attribut*) мно́го (+ *gén.*), *comp.* бо́льше*. *Nous étions nombreux*, нас бы́ло мно́го. *Cette année, les difficultés ont été encore plus nombreuses*, в э́том году́ затрудне́ний бы́ло ещё бо́льше.

NOMINATIF имени́тельный паде́ж (паде́ж ╱‾‾). *Le nominatif de l'adjectif*, имени́тельный паде́ж прилага́тельного.

NOMINATION назначе́ние. *Recevoir sa nomination à l'université*, получи́ть назначе́ние в университе́т.

NOMMER 1. (*donner un nom*) называ́ть / назва́ть* IV, назову́, назовёшь...; назва́л, назвала́, назва́ло, назва́ли ╱╲__. *Ils ont nommé leur fils Nicolas*, они́ назва́ли своего́ сы́на Никола́ем. **2.** (*désigner à un emploi*) назнача́ть / назна́чить. *On l'a nommé inspecteur*, его́ назна́чили инспе́ктором. *On m'a nommé membre de la commission*, меня́ назна́чили в коми́ссию.

NOMMER (SE) звать* IV, зову́т; зва́ли (*au sujet de la proposition française correspond en russe un nom ou un pronom à l'accusatif*). *Cet enfant se nomme Sacha*, э́того ребёнка зову́т Са́шей.

NON 1. (*le contraire de « oui »*) нет. *Non, il a tort*, Нет, он не прав. *Il prétend que non*, он уверя́ет, что нет. **2.** (*régissant un adjectif, un participe, un adverbe; régissant un nom, éventuellement par l'intermédiaire d'une préposition*) не... (*accolé à un adjectif, à un participe, à un adverbe tiré d'adjectif, à un nom*); не (*suivi d'une préposition ou d'un adverbe non tiré d'adjectif*). *Une maladie non contagieuse*, неза́разная боле́знь. *Des champignons non comestibles*, несъедо́бные грибы́. *Non fumeurs* (*inscription dans les voitures de chemin de fer*), ваго́н для некуря́щих. *La non-intervention*, невмеша́тельство. *Non seulement lui, mais tous ses camarades*, не то́лько он, но и все его́ това́рищи. *Non sans difficultés*, не без труда́. • **Non plus,** то́же. *Je ne l'ai pas vu non plus*, я то́же не ви́дел его́. *Vous n'êtes pas partis? Moi non plus*, Вы не уе́хали? Я то́же оста́лся.

NONANTE девяно́сто.

NON-SENS бессмы́слица. *Un non-sens absolu*, соверше́нная бессмы́слица.

I. NORD *subst.* се́вер. *Au nord de Paris*, к се́веру от Пари́жа. *Nous habitions alors dans le Nord*, мы жи́ли тогда́ на се́вере. • **Du nord,** се́верный. *Le vent du nord*, се́верный ве́тер.

II. NORD *adj.* се́верный. *La côte nord de l'île*, се́верный бе́рег о́строва. *Le pôle Nord*, Се́верный по́люс.

III. NORD- (*élément de formation* се́веро-. *Nord-est*, се́веро-восто́к.

La côte nord-ouest, се́веро-за́падный бе́рег.

NORMAL норма́льный. *Sa température est normale*, его́ температу́ра норма́льная. ● **École normale**, педагоги́ческое учи́лище, *par abréviation* педучи́лище. **École normale supérieure**, педагоги́ческий институ́т, *par abréviation* пединститу́т.

NORMALEMENT норма́льно. *Tout se passe normalement*, всё идёт норма́льно.

I. NORMAND *subst.* **1.** (*habitant de la Normandie*) норма́ндец. **2.** (*envahisseur scandinave*) норма́нн.

II. NORMAND *adj.* **1.** (*concernant la Normandie ou ses habitants*) норма́ндский. **2.** (*concernant les envahisseurs scandinaves*) норма́нский.

I. NORVÉGIEN *subst.* **1.** (*homme*) норве́жец. **2.** (*langue*) норве́жский язы́к (язы́к ⁄———). *Étudier le norvégien*, изуча́ть норве́жский язы́к. *Un livre en norvégien*, кни́га на норве́жском языке́. ● **En norvégien** *et, dans le même emploi*, **norvégien** (*accompagnant généralement un verbe*), по-норве́жски. *Parler norvégien*, говори́ть по-норве́жски.

II. NORVÉGIEN *adj.* норве́жский. *Les fjords norvégiens*, норве́жские фио́рды.

NORVÉGIENNE норве́жка.

NOS v. NOTRE.

NOTAIRE нота́риус.

NOTAMMENT в ча́стности. *Il avait une riche collection et notamment de très belles icônes*, у него́ была́ бога́тая колле́кция и, в ча́стности, великоле́пные ико́ны.

NOTE

1. (*ce que l'on note de peur de l'oublier*) заме́тка.
2. (*commentaire imprimé au bas d'une page, à la fin d'un ouvrage*) примеча́ние.
3. (*compte à acquitter*) счёт.
4. (*à l'école, à l'université*) отме́тка (*voir la remarque*).
5. (*diplomatie*) но́та.
6. (*musique*) но́та.

1. *Des notes de voyage*, путевы́е заме́тки. *Des notes marginales*, заме́тки на поля́х кни́ги. **2.** *Les notes sont à la fin du livre*, примеча́ния помещены́ в конце́ кни́ги. **3.** *Où est la note du gaz?*, Где счёт за газ? **4.** *Avoir de bonnes notes*, получа́ть хоро́шие отме́тки. **5.** *Un échange de notes diplomatiques*, обме́н дипломати́ческими но́тами. **6.** *La note « fa »*, но́та « фа ». ● **Prendre des notes**, ко́е-что запи́сывать (запи́сывать / записа́ть* II, запишу́, запи́шешь... ⟍———).

Remarque. En Union soviétique, les notes scolaires et universitaires sont, de la meilleure à la plus mauvaise : 5 (пять; пятёрка), 4 (четы́ре; четвёрка), 3 (три; тро́йка), 2 (два; дво́йка), 1 (едини́ца). Ex. : О́ля у́чится на пять. И сего́дня она́ получи́ла пятёрку по фи́зике. А у тебя́ дво́йка с ми́нусом.

NOTER 1. (*consigner par écrit*) запи́сывать / записа́ть* II, запишу́, запи́шешь...⟍——— . *J'ai noté son adresse*, я записа́л его́ а́дрес. **2.** (*prendre garde*) замеча́ть / заме́тить. *Notez que ce n'est pas sans danger*, Заме́тьте, что э́то не безопа́сно.

NOTION поня́тие. *Je n'en ai pas la moindre notion*, я не име́ю об э́том ни мале́йшего поня́тия.

NOTRE *et* **NÔTRE 1.** (*si le possesseur est sujet de la proposition*) свой (*peut souvent être omis*). *Nous avons tout acheté avec notre argent*, мы всё купи́ли на свои́ де́ньги. *Nous avons amené avec nous notre fille*, мы до́чку привели́ с собо́й. *Vous avez vos habitudes et nous les nôtres*, У вас свои́ привы́чки, а у нас свои́. **2.** (*dans le cas contraire*) наш. *Dans notre ville, il y a une église du XIIe siècle*, в на́шем го́роде есть це́рковь XII ве́ка. *Ce n'est pas votre voiture, c'est la nôtre*, Э́то не ва́ша маши́на, а на́ша.

NOUER завя́зывать / завяза́ть* II, завяжу́, завя́жешь... ⟍——— . *Nouer sa cravate*, завяза́ть га́лстук. // (*Fig.*) *Nouer une amitié avec qqn*, завяза́ть с ке́м-нибудь дру́жбу.

NOUILLES лапша́. *Des nouilles au gratin*, запека́нка из сухаре́й с лапшо́й.

NOURRICE корми́лица. *Se faire nourrice*, идти́ в корми́лицы.

NOURRIR 1. (*propr.*) корми́ть ___ / накорми́ть ___. *Nourrir un enfant à la cuiller*, корми́ть ребёнка с ло́жки. **2.** (*fig.*) пита́ть. *Nourrir l'espoir*, пита́ть наде́жду.

NOURRIR (SE) пита́ться. *Se nourrir de viande*, пита́ться мя́сом.

NOURRITURE 1. (*aliment*) пи́ща (*pour les hommes*); корм (*pour les animaux*). *Une nourriture saine*, здоро́вая пи́ща. *Donner aux chevaux leur nourriture*, дать лошадя́м корм. **2.** (*alimentation*) пита́ние. *Combien dépensez-vous pour la nourriture?*, Ско́лько вы тра́тите на пита́ние?

NOUS 1. (*en règle générale*) мы. *C'est nous*, э́то мы. *Nous venons de rentrer*, мы то́лько что верну́лись. *Nicole était avec nous au théâtre*, Нико́ль была́ с на́ми в теа́тре. *Nous étions cinq*, нас бы́ло пять челове́к. *Vous ne nous avez pas vus?*, Вы нас не ви́дели? *Vous avez parlé de nous, sans doute?*, Вы, наве́рно, поговори́ли о нас. *La pièce nous a beaucoup plu*, пье́са нам о́чень понра́вилась. **2.** (*réfléchi*) v. SE. • **Chez nous**, v. CHEZ.

I. NOUVEAU *adj.* но́вый /___. *Un nouveau médicament*, но́вое лека́рство. *Une nouvelle méthode*, но́вый ме́тод. *Pour le nouvel an*, к Но́вому го́ду. *Rien de nouveau sous le soleil*, ничто́ не но́во под со́лнцем. • **La nouvelle lune**, молодо́й ме́сяц. **Nouveau-né 1.** *adj.* новорождённый. *Un enfant nouveau-né*, новорождённый ребёнок. **2.** *subst.* новорождённый *adj. subst. m.* **Des pommes de terre nouvelles**, молодо́й карто́фель.

II. NOUVEAU *subst.* **1.** (*nouvel élève*) новичо́к. *Le nouveau se leva et dit son nom*, новичо́к встал и назва́л свою́ фами́лию. **2.** (*ce qui est récent*) но́вое *adj. subst. n.* *Qu'est-ce qu'il y a de nouveau?*, Что у вас но́вого? • **À nouveau**, **de nouveau** (*une fois encore*), сно́ва. *Il est de nouveau malade*, он сно́ва заболе́л.

NOUVEAU-NÉ 1. *adj.* новорождённый. *Un enfant nouveau-né*, новорождённый ребёнок. **2.** *subst.* новорождённый *adj. subst. m.*

NOUVEAUTÉ но́вость ___ /‾‾‾ *f.* (*divers sens*); нови́нка (*livre, disque récemment parus...*); новизна́ (*caractère de ce qui est nouveau*). *Les nouveautés de la technique*, но́вости те́хники. *Les nouveautés de la saison*, но́вости сезо́на. *Les dernière nouveautés de la littérature*, после́дние нови́нки литерату́ры. *La nouveauté de cette affaire*, новизна́ э́того де́ла.

NOUVELLE 1. (*première annonce*) но́вость ___ /‾‾‾ *f.*, изве́стие. *Une agréable nouvelle*, прия́тная но́вость. *Nous avons reçu de ses nouvelles avant-hier*, от неё мы получи́ли изве́стия позавчера́. **2.** (*petit récit*) по́весть ___ /‾‾‾ *f.* *Un recueil de nouvelles*, сбо́рник повесте́й. • **Donne-nous de tes nouvelles, Donnez-moi de vos nouvelles...**, Пиши́ о себе́, Пиши́те о себе́. **Il aura de mes nouvelles**, Бу́дет он меня́ по́мнить!

NOVEMBRE ноя́брь /‾‾‾ *m.* *Au mois de novembre*, в ноябре́. *C'était le 7 novembre*, э́то бы́ло 7-го ноября́.

NOYAU 1. (*de fruit*) ко́сточка. *Des noyaux de cerise*, вишнёвые ко́сточки. **2.** (*phys.*) ядро́, *gén. pl.* я́дер ‾‾‾ ___. *Le noyau atomique*, а́томное ядро́.

I. NOYER *subst.* **1.** (*arbre*) гре́цкий оре́х *ou simplement* оре́х. **2.** (*bois*) оре́ховое де́рево *ou simplement* оре́х. *Une armoire en noyer*, шкаф из оре́ха.

II. NOYER *verbe* топи́ть ___ / утопи́ть ___. *On a noyé les petits chats dans l'étang*, котя́т утопи́ли в пруду́. // (*Fig.*) *Noyer son chagrin dans l'alcool*, утопи́ть го́ре в вине́.

NOYER (SE) 1. (*involontairement*) тону́ть ___ / утону́ть ___. *Il ne savait pas nager, il s'est noyé*, он не уме́л пла́вать — утону́л. **2.**

(*volontairement*) топи́ться / утопи́ться . *Il s'est noyé de chagrin*, с го́ря утопи́лся.

NU *adj.* го́лый . *Tout nu*, соверше́нно го́лый. *La poitrine nue*, с го́лой гру́дью. *Des murs nus*, го́лые сте́ны. ● **À l'œil nu**, невооружённым гла́зом. **Nu-pieds, pieds nus**, босо́й (*adj.*); босико́м (*adv.*). *Un garçon pieds nus*, босо́й ма́льчик. *Aller nu-pieds*, идти́ босико́м. **Nu-tête, la tête nue**, с непокры́той голово́й.

NUAGE о́блако*, *gén. pl.* облако́в (*petit nuage clair*); ту́ча (*gros nuage noir*). *Des nuages blancs*, бе́лые облака́. *Un nuage d'orage*, грозова́я ту́ча. // (*Par extension*) *Un nuage de fumée*, о́блако ды́ма. *Un nuage de poussière*, о́блако пы́ли *ou, plus rarement*, ту́ча пы́ли. *Un nuage radio-actif*, радиоакти́вное о́блако. ● **Être dans les nuages** (*fig.*), вита́ть в облака́х. **Sans nuages**, безо́блачный. *Un ciel sans nuages*, безо́блачное не́бо. *Un bonheur sans nuages*, безо́блачное сча́стье.

NUAGEUX (*couvert de nuages*) о́блачный. *Un ciel nuageux*, о́блачное не́бо.

NUANCE отте́нок; нюа́нс (*livresque*). *Diverses nuances de rouge*, ра́зные отте́нки кра́сного цве́та. *Avec une nuance d'ironie*, с отте́нком иро́нии. *Les nuances de l'intonation*, нюа́нсы интона́ции.

NUCLÉAIRE я́дерный. *La physique nucléaire*, я́дерная фи́зика. *Les armes nucléaires*, я́дерное ору́жие.

NUÉE (*multitude*) ту́ча. *Une nuée de mouches*, ту́ча мух.

NUIRE вреди́ть / повреди́ть. *Cela nuit à sa santé*, э́то вреди́т его́ здоро́вью.

NUISIBLE вре́дный . *Des insectes nuisibles*, вре́дные насеко́мые.

NUIT 1. (*au sens de « au cours de la nuit » dans des expressions comme « dans la nuit », « de nuit », « la nuit », « cette nuit, « pendant la nuit », etc., lorsque ces expressions ne sont pas précisées par un adjectif, un pronom ou un complément circonstanciel*) но́чью *adv. Il est arrivé de nuit*, он прие́хал но́чью. *Tard dans la nuit*, по́здно но́чью. *La nuit, je dors*, но́чью я сплю. *Mon frère rentre cette nuit*, мой брат возвраща́ется сего́дня но́чью. *Nuit et jour*, днём и но́чью. **2.** (*dans les autres emplois*) ночь *f.* (*l'accent passe sur la préposition dans les groupes* « до́ ночи », « за́ ночь » *et dans les expressions figées comportant le groupe* « на́ ночь »). *J'ai travaillé toute la nuit*, я рабо́тал всю ночь. *Dans la nuit de mardi à mercredi*, в ночь со вто́рника на сре́ду. *La nuit tomba*, наступи́ла ночь. ● **Bonne nuit!**, Споко́йной но́чи! **De nuit** (*qualifiant un substantif*), ночно́й. *Un train de nuit*, ночно́й по́езд. *Un oiseau de nuit*, ночна́я пти́ца. **La nuit porte conseil**, у́тро ве́чера мудрене́е. **La nuit, tous les chats sont gris**, но́чью все ко́шки се́ры.

NUL 1. (*non valable*) недействи́тельный. *Le testament est nul*, завеща́ние недействи́тельно. **2.** (*très faible*) о́чень сла́бый (сла́бый). *Un devoir nul*, о́чень сла́бая рабо́та. *Il est nul en physique*, он о́чень слаб по фи́зике. ● **À l'impossible nul n'est tenu**, на нет и суда́ нет. **Nulle part 1.** (*direction*) никуда́. *Nous n'irons nulle part*, мы никуда́ не пое́дем. **2.** (*emplacement*) нигде́. *Vous ne trouverez nulle part des stylos comme ça*, Вы нигде́ не найдёте таки́х авторучек. **Nul n'est prophète en son pays**, нет проро́ка в оте́честве своём. **Partie nulle**, ничья́ *pronom subst. f.* (*se décline comme le féminin de* « чей »).

NUMÉRO но́мер*, *nom. pl.* номера́ . *Le numéro de téléphone*, но́мер телефо́на. *Le numéro de la maison*, но́мер до́ма. *Ils habitent au numéro 20*, они́ живу́т в до́ме но́мер 20. *Le numéro d'une voiture*, но́мер маши́ны. *Dans le dernier numéro du journal*, в после́днем но́мере журна́ла.

NUMÉROTER нумерова́ть / пронумерова́ть. *Numéroter les pages d'un cahier*, пронумерова́ть страни́цы тетра́ди.

NU-PIEDS босико́м. *Marcher nu-pieds*, ходи́ть босико́м.

NUQUE затылок.

NU-TÊTE с непокрытой головой.

NYLON нейлон. • **De Nylon, en Nylon,** нейлоновый. *Des bas en Nylon,* нейлоновые чулки.

O

OBÉIR слушаться / послушаться (+ *gén.*). *Obéir à ses parents,* слушаться родителей.

OBÉISSANT послушный. *Un enfant obéissant,* послушный ребёнок.

OBÉLISQUE обелиск. *L'obélisque de Louxor,* Луксорский обелиск.

I. OBJECTIF *adj.* объективный. *Un jugement objectif,* объективное суждение.

II. OBJECTIF *subst.* (*en optique*) объектив. *L'objectif du microscope,* объектив микроскопа.

OBJECTION возражение. *Une objection de poids,* веское возражение.

OBJET (*divers sens*) предмет. *Des objets de première nécessité,* предметы первой необходимости. *L'objet de la discussion,* предмет спора. *Être l'objet de railleries,* быть предметом насмешек.

OBLIGATION (*prescription morale*) обязанность *f. Remplir ses obligations,* выполнять свои обязанности.

OBLIGATOIRE обязательный. *L'enseignement obligatoire,* обязательное обучение. *Une matière obligatoire,* обязательный предмет.

OBLIGATOIREMENT обязательно. *Il doit obligatoirement arriver avant six heures,* он должен обязательно прийти до шести.

OBLIGER заставлять / заставить (*à ne pas employer au passif*); вынужден *part. Il m'a obligé à travailler,* он заставил меня работать. *J'ai été obligée de partir,* я была вынуждена уехать.

OBLIQUE косвенный. *Les rayons obliques du soleil,* косвенные лучи солнца.

OBSCUR тёмный, тёмен, темна, темно, темны ⁄‾‾‾. *Un escalier obscur,* тёмная лестница. // (*Fig*) *Il y a encore un passage obscur pour moi dans ce texte,* остаётся ещё одно тёмное для меня место в этом тексте. *Un obscur pressentiment,* тёмное предчувствие.

OBSCURITÉ (*absence de lumière*) темнота. *Rester dans l'obscurité totale,* сидеть в полной темноте.

I. OBSERVATEUR *subst.* наблюдатель *m. Un observateur impartial,* беспристрастный наблюдатель.

II. OBSERVATEUR *adj.* наблюдательный. *Un regard observateur,* наблюдательный взгляд.

OBSERVATION 1. (*étude, examen*) наблюдение. *Des observations du plus haut intérêt,* очень ценные наблюдения. **2.** (*remarque; réprimande*) замечание. *Je voudrais faire une observation,* я хотел бы сделать одно замечание. *Faire une observation à qqn,* сделать кому-нибудь замечание. **3.** (*le fait de se conformer à ce que prescrit la loi, le règlement*) соблюдение. *Veiller à l'observation de la loi,* следить за соблюдением закона. • **Un poste d'observation,** наблюдательный пункт.

OBSERVATOIRE обсерватория.

OBSERVER 1. (*respecter*) соблюдать. *Observer les règles,* соблюдать правила. *Observer la diète,* соблюдать диету. **2.** (*examiner, étudier*) наблюдать (+ *acc.,* за + *instr. ou une subordonnée introduite par* « что » *ou* « как »). *Observer la nature,* наблюдать природу. *Observer le vol d'une abeille,* наблюдать за полётом пчелы.

OBSTACLE препя́тствие. *Surmonter tous les obstacles*, преодоле́ть все препя́тствия.

OBSTINER (S') *employer l'adverbe* « упо́рно », « *obstinément* ». *Elle s'obstine à ne rien dire*, она́ упо́рно молчи́т.

OBTENIR получа́ть / получи́ть ___ ; добива́ться / доби́ться* II, добью́сь, добьёшься...; добе́йся (+ *gén.*). *J'obtiens un résultat inexact*, результа́т я получи́л непра́вильный. *Il a enfin obtenu ce qu'il voulait*, он, наконе́ц, доби́лся своего́.

OBUS снаря́д. *Un obus éclata tout près*, ря́дом разорва́лся снаря́д. *Un éclat d'obus*, оско́лок снаря́да. ● **Un trou d'obus**, воро́нка.

OCCASION слу́чай *m.*; возмо́жность *f.* (*possibilité*). *Profiter de l'occasion*, воспо́льзоваться слу́чаем. *Acheter qqch. d'occasion*, купи́ть что́-нибудь по слу́чаю. *À la première occasion*, при пе́рвом слу́чае *ou* при пе́рвой возмо́жности. *Si l'occasion se présente*, е́сли предста́вится слу́чай *ou* е́сли предста́вится возмо́жность. *Manquer une occasion*, упусти́ть возмо́жность. ● **D'occasion** (*qualifiant un substantif*), поде́ржанный. *Des meubles d'occasion*, поде́ржанная ме́бель.

OCCIDENT за́пад. *Les relations commerciales entre l'Occident et l'Extrême-Orient*, торго́вые отноше́ния ме́жду За́падом и Да́льним Восто́ком. *La situation est différente en Occident*, на За́паде положе́ние друго́е.

OCCIDENTAL за́падный. *La côte occidentale*, за́падный бе́рег. *Les pays occidentaux*, за́падные стра́ны.

OCCIDENTALISTE за́падник. *Les occidentalistes et les slavianophiles*, за́падники и славянофи́лы.

OCCUPATION 1. (*activité*) заня́тие. *Il a trouvé une occupation à son goût*, он нашёл себе́ заня́тие по вку́су. **2.** (*domination militaire*) оккупа́ция. ● **D'occupation**, оккупацио́нный. *Les troupes d'occupation*, оккупацио́нные войска́.

OCCUPER 1. (*en règle générale*) занима́ть / заня́ть* IV, займу́, займёшь...; за́нял, заняла́, за́няло, за́няли /___; за́нятый, за́нят, занята́, за́нято, за́няты /___. *L'armoire occupe beaucoup de place*, шкаф занима́ет мно́го ме́ста. *Je suis très occupé*, я о́чень за́нят. *La place est occupée*, ме́сто за́нято. *Occuper une place forte*, заня́ть кре́пость. **2.** (*soumettre un territoire, un pays, à une domination militaire*) оккупи́ровать / оккупи́ровать. *Les territoires occupés par l'ennemi*, террито́рии, оккупи́рованные непри́ятелем.

OCCUPER (S') 1. (*faire qqch.*) занима́ться / заня́ться* IV, займу́сь, займёшься...; заня́лся́, заняла́сь... (+ *instr.*). *Demain, je vais m'occuper de cette affaire*, за́втра займу́сь э́тим де́лом. **2.** (*se soucier de*) забо́титься / позабо́титься (о + *loc.*). *Il faudrait s'occuper du malade*, на́до бы позабо́титься о больно́м.

OCÉAN океа́н. *L'océan Atlantique*, Атланти́ческий океа́н. ● **C'est une goutte dans l'océan**, э́то ка́пля в мо́ре.

OCTANTE во́семьдесят.

OCTOBRE октя́брь /___ *m.* *C'était au mois d'octobre*, э́то бы́ло в октябре́. *Nous sommes arrivés le 6 octobre*, мы прие́хали 6-го октября́. ● **D'octobre**, октя́брьский. *Un temps d'octobre*, октя́брьская пого́да. *La révolution d'Octobre*, Октя́брьская револю́ция.

OCULISTE окули́ст.

ODEUR за́пах. *Répandre une mauvaise odeur*, распространя́ть дурно́й за́пах.

ODIEUX гну́сный /___. *Une odieuse calomnie*, гну́сная клевета́.

ŒIL 1. глаз*, *loc.* глазу́, *nom. pl.* глаза́, *gén. pl.* глаз___∠\\/___; *dim.* глазо́к*, *gén. pl.* гла́зок ___ ___. *Des yeux bleus*, голубы́е глаза́. *Des yeux marron*, ка́рие глаза́. *Fermer les yeux*, закры́ть глаза́. *Cligner des yeux*, мига́ть глаза́ми. *Chercher qqn des yeux*, иска́ть кого́-нибудь глаза́ми. *Écarquiller les yeux*, вы́таращить глаза́. *Baisser modestement les yeux*, скро́мно опуска́ть глаза́. *Ça saute aux yeux*, Э́то броса́ется в глаза́. *À l'œil nu*, невооружённым глáзом. *Tu fermes les yeux sur ses défauts*, Ты закрывáешь глазá на егó недостáтки. *Ne pas en croire ses yeux*, не вéрить своúм глазáм. *Ne pas quitter qqn des yeux*, не спускáть глаз с когó-нибудь. *Dévorer qqn des yeux*, пожирáть когó-нибудь глазáми. *Pour ses beaux yeux*, рáди её прекрáсных глаз. *Loin des yeux, loin du cœur*, с глаз долóй — из сéрдца вон. *Entre quatre yeux*, с глáзу* на глаз. *Regarder de tous ses yeux*, смотрéть во все глазá. *Jeter de la poudre aux yeux*, пускáть пыль в глазá. **2.** (*arch., poét.*) óко*, *pl.* óчи, очéй, очáм... ——/——. *Œil pour œil, dent pour dent*, óко за óко, зуб зá зуб. « *Les Yeux noirs* » (*chanson tsigane*), Óчи чёрные. ● **Coup d'œil**, взгляд. *Jeter un coup d'œil*, брóсить взгляд. *Au premier coup d'œil*, с пéрвого взгля́да. **En un clin d'œil**, в однó мгновéние. **Faire les yeux doux**, стрóить глáзки.

ŒUF **1.** (*d'oiseaux, d'insectes...; objet ayant la même forme*) яйцó, *pl.* я́йца, яи́ц, я́йцам...——/\\——. *La poule pond des œufs*, кýрица несёт я́йца. *Des œufs de poule*, кури́ные я́йца. *Un œuf cuit dur*, крутóе яйцó. *Un œuf à la coque*, яйцó всмя́тку. *Un œuf en chocolat*, шоколáдное яйцó. *Des œufs de Pâques*, пасхáльные я́йца. **2.** (*de poissons, de batraciens et autres animaux aquatiques*) икри́нка (*si l'on veut parler d'un œuf ou de quelques œufs isolés*); икрá (*collectif; pas de pl.*). *Les poissons pondent des œufs*, ры́бы мéчут икрý. ● **D'œuf, d'œufs**, яи́чный. *Une coquille d'œuf*, яи́чная скорлупá. **Des œufs sur le plat**, яи́чница-глазýнья.

ŒUVRE **1.** (*travail*) рабóта, дéло. *Il est temps de se mettre à l'œuvre*, порá взя́ться за рабóту *ou* порá взя́ться за дéло. **2.** (*production artistique, littéraire...*) произведéние; твóрчество (*pas de pl.: ensemble des ouvrages*); сочинéние (*dans la traduction de l'expression « œuvres complètes »*). *Œuvres choisies de Victor Hugo*, и́збранные произведéния Виктóра Гюгó. *Une œuvre d'art*, произведéние искýсства. *L'œuvre d'Apollinaire*, твóрчество Аполлинéра. *Œuvres complètes de Balzac*, пóлное собрáние сочинéний Бальзáка. ● **Mettre tout en œuvre**, пусти́ть в ход все срéдства.

OFFENSER оскорбля́ть / оскорби́ть. *Son refus m'a profondément offensé*, егó откáз меня́ глубокó оскорби́л.

OFFENSIVE наступлéние. *Passer à l'offensive*, перейти́ в наступлéние.

OFFICIEL официáльный. *Un communiqué officiel*, официáльное сообщéние. *Un ton officiel*, официáльный тон.

OFFICIER (*dans l'armée*) офицéр. *Un officier de liaison*, офицéр свя́зи. *Un officier de marine*, офицéр флóта.

OFFRE предложéние. *La demande dépasse l'offre*, спрос превышáет предложéние.

OFFRIR **1.** (*proposer*) предлагáть / предложи́ть \\——. *Offrir une chaise*, предложи́ть стул. *Offrir ses services*, предложи́ть свои́ услýги. **2.** (*donner en cadeau*) дари́ть \\—— / подари́ть \\——; подноси́ть \\—— / поднести́* IV поднесý, поднесёшь...; поднёс, поднеслá...——/——; поднесённый (*remettre en main*); преподноси́ть \\——/ преподнести́* IV, преподнесý, преподнесёшь...; преподнёс, преподнеслá... ——/——; преподнесённый (*livresque*). *Mon père m'a offert des skis*, отéц подари́л мне лы́жи. *Offrir un bouquet*, поднести́ букéт. *On lui a solennellement offert une coupe d'argent*, емý торжéственно преподнесли́ серéбряный кýбок. **3.** (*comporter*) представля́ть / предстáвить. *Cela n'offre pas de difficultés*, э́то не представля́ет затруднéний.

OH! **1.** ох. *Oh! Que je voudrais la voir*, Ох, как я бы хотéл её ви́деть. **2.** ой (*marque une émotion plus forte que* « ох »). *Oh! que j'ai mal!*, Ой, как бóльно!

OIE **1.** (*mâle ou femelle*) гусь ——/—— *m.* *Des oies sauvages*, ди́кие гýси. **2.** (*femelle seulement*) гусы́ня.

OIGNON 1. (*légume*) лук. *Une tête d'oignon*, голо́вка лу́ка. **2.** (*bulbe de certaines plantes*) лу́ковица. *Un oignon de tulipe*, лу́ковица тюльпа́на.

OISEAU пти́ца, *dim.* пти́чка. *Les oiseaux migrateurs*, перелётные пти́цы. *Un oiseau de proie*, хи́щная пти́ца. *L'Oiseau de feu*, Жа́р-пти́ца. • **D'oiseau,** пти́чий *adj. d'appart. Un bec d'oiseau*, пти́чий клюв. *À vol d'oiseau*, с пти́чьего полёта.

OISIF пра́здный. *Une vie oisive*, пра́здная жизнь.

OLIVE (*fruit*) масли́на, оли́вка. • **D'olive,** оли́вковый. *De l'huile d'olive*, оли́вковое ма́сло.

OLIVIER оли́вковое де́рево (де́рево*, *pl.* дере́вья, дере́вьев, дере́вьям...), оли́ва.

OLYMPIQUE олимпи́йский. *Les jeux Olympiques*, Олимпи́йские и́гры.

OMBRE тень ⎯∠/‾‾ *f. Au soleil et à l'ombre*, на со́лнце и в тени́. *Trente degrés à l'ombre*, три́дцать гра́дусов в тени́. *Les ombres des arbres*, те́ни от дере́вьев. // (*Fig.*) *Il n'y avait pas l'ombre d'un doute*, не́ было ни те́ни сомне́ния.

OMELETTE омле́т. *Une omelette aux pommes de terre*, омле́т с карто́фелем. • **On ne fait pas d'omelette sans casser les œufs,** лес ру́бят — ще́пки летя́т.

ON

> **1.** (*quelqu'un, quelques personnes*) *employer la troisième personne du pluriel sans pronom* // кто́-то (*uniquement au sens de* « quelqu'un »).
> **2.** (*les gens*) лю́ди, люде́й, лю́дям, людьми́, лю́дях *pl. t.*
> **3.** (*n'importe quelle personne*) *employer la deuxième personne du singulier sans pronom.*
> **4.** (*correspondant au passif*) *employer les tournures servant à rendre le passif.*
> **5.** (*remplaçant le pronom personnel « nous » et parfois « je », « tu », etc.*) мы; я; ты... (*ces pronoms peuvent parfois être omis*).

1. *On dit qu'il va bientôt arriver*, говоря́т, что он ско́ро прие́дет. *On ne les a pas trouvés*, их не нашли́. *On m'a remis cette lettre pour vous*, Мне пе́редали для вас э́то письмо́. // *On te demande au téléphone*, Тебя́ кто́-то про́сит к телефо́ну. **2.** *Autrefois, on se contentait de peu*, в старину́ лю́ди дово́льствовались немно́гим. **3.** *On travaille, on travaille et personne ne vous en sait gré*, рабо́таешь, рабо́таешь, а благода́рности ни от кого́ не́ту. **4.** *L'an passé, on a construit de nouvelles stations de métro*, в про́шлом году́ бы́ли постро́ены но́вые ста́нции метро́. *Combien produit-on d'automobiles par an?*, Ско́лько выпуска́ется автомоби́лей в год? *Comment ouvre-t-on la portière?*, Как открыва́ется две́рца? **5.** *On parlait de vous*, Мы о вас говори́ли. *On a les mêmes goûts*, У нас одина́ковые вку́сы. *Si on y allait?*, Пойдём, что ли? *Oui, oui, oui, on arrive*, Да, да, да, я сейча́с. *Alors, on joue aux cartes?*, А! в ка́рты игра́ете? • **On dirait** (*il semble*), ка́жется. *On dirait qu'elle va mieux*, ей, ка́жется, лу́чше. **On entend 1.** (*avec un complément direct d'objet ne régissant pas lui-même un infinitif*) *forme affirmative:* слы́шен, слышна́, слы́шно, слы́шны/\⎯ *et le verbe* быть (*au complément direct de la proposition française correspond en russe un sujet*); *forme négative:* не слы́шно (+ *gén.*) *et le verbe* быть. *On entend un chuchotement*, слы́шен шо́пот. *On entend tout*, всё слы́шно. *On entendait des pas dans le couloir*, слы́шны бы́ли шаги́ в коридо́ре. **2.** (*dans tous les autres cas*) слы́шно. *D'ici on entend bien*, отсю́да хорошо́ слы́шно. *On entendait Pierre jouer du violon*, слы́шно бы́ло, как Пе́тя игра́л на скри́пке. **On peut,** *forme affirmative:* мо́жно; *forme négative:* нельзя́. *Ici on peut fumer*, здесь мо́жно кури́ть. *Il fait tellement sombre qu'on ne peut pas lire*, здесь так темно́, что нельзя́ чита́ть. *On ne peut pas ne pas être d'accord avec elle*, нельзя́ не согласи́ться с ней. *Ne peut-on pas l'aider?*, Нельзя́ ли ей помо́чь? **On voit 1.** (*avec un complément direct ne régissant pas lui-même un infinitif*) *forme affirmative:* ви́ден, видна́, ви́дно, ви́дны et le *verbe* быть (*au complément direct de la proposition française correspond en russe un sujet*); *forme négative:* не ви́дно (+ *gén.*). *On voit la maison de loin*, дом ви́ден издалека́. *On voyait sur la colline un petit village*, на горе́ видна́ была́ небольша́я дереву́шка. *On ne voit de traces nulle part*, следо́в не ви́дно нигде́. **2.** (*dans tous les autres cas*) ви́дно. *On voit qu'il n'est pas en bonne santé*, ви́дно, что он нездоро́в. *On voyait les enfants se baigner dans le lac*, ви́дно бы́ло, как де́ти купа́лись в о́зере. *On verra à ce moment-là*, там ви́дно бу́дет.

ONCLE дя́дя *m. Mon oncle André, le frère de ma mère*, мой дя́дя Андре́й, брат мое́й ма́тери.

ONDE (*divers sens*) волна́, *gén. pl.* волн . *La longueur d'onde*, длина́ волны́. *Les ondes courtes*, коро́ткие во́лны. *Les ondes moyennes*, сре́дние во́лны. *Les grandes ondes*, дли́нные во́лны.

ONGLE но́готь *m. Se couper les ongles*, обре́зать себе́ но́гти. *Se ronger les ongles*, грызть но́гти.

ONZE 1. (*en règle générale*) оди́ннадцать. *Onze francs*, оди́ннадцать фра́нков. *À onze mètres du mur*, в оди́ннадцати ме́трах от стены́. **2.** (*au sens de « onzième » et, en particulier, dans l'expression de la date*) оди́ннадцатый. *Je suis rentré le 11 mars*, я верну́лся 11-го ма́рта. *À la page onze*, на оди́ннадцатой страни́це. *Louis XI*, Людо́вик XI (Людо́вик Оди́ннадцатый).

ONZIÈME оди́ннадцатый. *Au XI*[e] *siècle*, в XI ве́ке (в оди́ннадцатом ве́ке).

OPÉRA 1. (*œuvre musicale*) о́пера. *Un opéra de Wagner*, о́пера Ва́гнера. **2.** (*bâtiment*) о́перный теа́тр. • **D'opéra**, о́перный. *Un chanteur d'opéra*, о́перный певе́ц.

OPÉRATION 1. (*en règle générale*) опера́ция. *Nous avons mis au point le plan de l'opération*, мы разрабо́тали план опера́ции. *Une opération financière*, фина́нсовая опера́ция. *Elle a subi une grave opération*, она́ перенесла́ тяжёлую опера́цию. **2.** (*opérations militaires*) де́йствия, де́йствий, де́йствиям... *pl. t. Les opérations militaires*, вое́нные де́йствия. • **Faire une opération** (*faire un calcul*), произвести́ вычисле́ние. **Salle d'opération**, операцио́нная *adj. subst. f.*

OPÉRETTE опере́тта; опере́тка (*fam.*). *Les opérettes d'Offenbach*, опере́тты О́ффенбаха.

OPINION 1. (*avis*) мне́ние. *Une opinion préconçue*, предвзя́тое мне́ние. *Partager l'opinion de qqn*, раздели́ть чьё-нибудь мне́ние. *Ne pas avoir une haute opinion de qqn*, быть невысо́кого мне́ния о ко́м-нибудь. **2.** (*pl.: convictions*) убежде́ния, убежде́ний, убежде́ниям... *pl. Ses opinions politiques*, его́ полити́ческие убежде́ния.

OPPOSÉ *adj.* противополо́жный. *Sur la rive opposée*, на противополо́жном берегу́. *Des intérêts opposés*, противополо́жные интере́сы.

OPPOSITION 1. (*résistance*) сопротивле́ние. *Rencontrer une forte opposition*, встреча́ть си́льное сопротивле́ние. **2.** (*coalition ou groupe antigouvernemental*) оппози́ция. • **De l'opposition** (*antigouvernemental*), оппозицио́нный. *Les partis de l'opposition*, оппозицио́нные па́ртии.

OPPRIMÉ *adj.* угнетённый, угнетён, угнетена́... . *Les peuples opprimés*, угнетённые наро́ды.

OPPRIMER угнета́ть / угнести́* IV, угнету́, угнетёшь...; *passé inusité;* угнетённый. *Opprimer le peuple*, угнета́ть наро́д.

OPTICIEN • **Chez un opticien**, в опти́ческий магази́н (*direction*); в опти́ческом магази́не (*emplacement*).

OPTIMISME оптими́зм. *Je ne partage pas son optimisme*, я не разделя́ю его́ оптими́зма.

I. OPTIMISTE *subst.* **1.** *m.* оптими́ст. **2.** *f.* оптими́стка.

II. OPTIMISTE *adj.* оптимисти́ческий. *Un point de vue optimiste*, оптимисти́ческие взгля́ды. ● **Être optimiste**, быть оптими́стом; быть оптими́сткой. *Il est optimiste*, он оптими́ст. *Elle est optimiste*, она́ оптими́стка.

I. OR *subst.* зо́лото. *Un bracelet en or pur*, брасле́т из чи́стого зо́лота. *Tout ce qui brille n'est pas or*, не всё то зо́лото, что блести́т. ● **D'or, en or**, золото́й. *Des mines d'or*, золоты́е при́иски. *Une montre en or*, золоты́е часы́.

II. OR *conjonction* а. *À huit heures, nous attendions toujours, or il était parti*, в во́семь часо́в мы всё ещё жда́ли, а он уе́хал.

ORAGE гроза́ ——— ——— . *Un orage éclata*, разрази́лась гроза́.

ORAGEUX 1. (*accompagné d'orages*) грозово́й. *Un été orageux*, грозово́е ле́то. **2.** (*agité*) бу́рный. *Une séance orageuse*, бу́рное заседа́ние.

I. ORAL *adj.* у́стный. *Un examen oral*, у́стный экза́мен.

II. ORAL *subst.* у́стный экза́мен; у́стный *adj. subst. m.* (*fam.*). *Elle a échoué à l'oral*, она́ провали́лась на у́стном.

I. ORANGE *subst.* апельси́н. ● **D'orange, d'oranges**, апельси́нный. *De la confiture d'oranges*, апельси́нное варе́нье. *Jus d'orange*, апельси́нный сок.

II. ORANGE *adj.* ора́нжевый. *Une couverture orange*, ора́нжевая обло́жка.

ORANGER апельси́новое де́рево (де́рево*, *pl.* дере́вья, дере́вьев, дере́вьям... ——— ———).

ORATEUR ора́тор.

ORBITE (*trajectoire*) орби́та. *Mettre sur orbite*, вы́вести на орби́ту.

ORCHESTRE орке́стр. *Un orchestre à cordes*, стру́нный орке́стр. *Un orchestre symphonique*, симфони́ческий орке́стр.

ORDINAIRE (*habituel*) обыкнове́нный. *C'est leur nourriture ordinaire*, э́то их обыкнове́нная пи́ща. ● **D'ordinaire**, обы́чно, обыкнове́нно. *Comme d'ordinaire*, как обы́чно.

ORDINATEUR электро́нная вычисли́тельная маши́на, *par abréviation* ЭВМ; компью́тер.

ORDONNANCE (*médicale*) реце́пт. *Faire une ordonnance*, написа́ть реце́пт.

ORDONNÉ *adj.* ● **Être ordonné** (*aimer l'ordre*), люби́ть поря́док.

ORDONNER 1. (*donner des ordres*) прика́зывать / приказа́ть* II, прикажу́, прика́жешь...╲———. *Le directeur a ordonné à tous de se préparer au départ*, дире́ктор приказа́л всем пригото́виться к отъе́зду. **2.** (*prescrire*) предпи́сывать / предписа́ть* II, предпишу́, предпи́шешь... ╲——— . *Le docteur lui a ordonné une diète absolue*, врач предписа́л ему́ стро́гую дие́ту.

ORDRE 1. (*disposition harmonieuse*) поря́док. *Mettre en ordre*, привести́ в поря́док. *Mettre de l'ordre*, навести́ поря́док. *En ordre alphabétique*, в алфави́тном поря́дке. *C'est dans l'ordre des choses*, э́то в поря́дке веще́й. **2.** (*ce qu'il est ordonné de faire*) прика́з. *Donner un ordre*, отда́ть прика́з. *Exécuter un ordre*, испо́лнить прика́з.

ORDURES (*ménagères*) му́сор. *Le ramassage des ordures*, сбор му́сора. ● **Le vide-ordures**, мусоропро-во́д.

OREILLE 1. (*organe*) у́хо*, *pl.* у́ши, уше́й, уша́м...——— ╱——— (*l'accent passe sur la préposition dans les groupes* « за́ ухо », « за́ уши », « на́ ухо » *et* « по́ уши »). *De longues oreilles*, дли́нные у́ши. *Se boucher les oreilles*, заткну́ть у́ши. *Tirer les oreilles à qqn*, драть кого́-нибудь за́ уши. *Rougir jusqu'aux oreilles*, покрасне́ть до уше́й. *Dire qqch. à l'oreille*, сказа́ть что́-нибудь на́ ухо. *Je l'ai entendu de mes propres oreilles*, я э́то слы́шал свои́ми уша́ми. *Ne pas en croire ses oreilles*, не ве́рить свои́м уша́м. *Dresser l'oreille*, навостри́ть у́ши. **2.** (*ouïe*) слух; у́хо (*dans certaines expressions*). *Il a l'oreille fine*, у него́ то́нкий слух. *Une oreille musicale*, музыка́льный слух. *Elle n'a pas d'oreille*, у неё нет слу́ха. *Il est dur d'oreille*, он туг на́ ухо. *Faire la sourde oreille*, пропуска́ть что́-нибудь ми́мо уше́й.

OREILLER поду́шка.

ORGANE о́рган. *Les organes des sens*, о́рганы чувств.

Remarque. Accentué sur la deuxième syllabe, « орган » signifie « orgues ».

ORGANISATEUR *subst.* организáтор. *L'organisateur de cette expédition*, организáтор э́той экспеди́ции.

ORGANISATION организáция. *L'organisation du travail*, организáция трудá. *Une organisation sportive*, спорти́вная организáция.

ORGANISER устрáивать / устрóить; организóвывать / организовáть (*livresque*). *Organiser un spectacle*, устрóить спектáкль. *Organiser une excursion*, организовáть экскýрсию.

ORGANISME (*d'un être vivant*) органи́зм. *Le développement de l'organisme*, разви́тие органи́зма.

ORGE ячмéнь ⁄—— *m.*

ORGUE *ou* **ORGUES** (*pl. t.*) оргáн. *Jouer de l'orgue*, игрáть на оргáне. *Préludes pour orgue*, прелю́дии для оргáна. ● **Orgue de Barbarie**, шармáнка.

Remarque. Accentué sur la première syllabe, « орган » signifie « organe ».

ORGUEIL **1.** (*fierté*) гóрдость *f.* *Tu en parlais avec orgueil*, Ты с гóрдостью говори́л об э́том. **2.** (*fatuité*) чвáнство.

ORIENT востóк. *Le Moyen-Orient*, Срéдний Востóк. *En Extrême-Orient*, на Дáльнем Востóке. *Revenir du Proche-Orient*, вернýться с Бли́жнего Востóка.

ORIENTAL востóчный. *Sur la frontière orientale du pays*, на востóчной грани́це страны́.

ORIENTER ориенти́ровать / ориенти́ровать. *S'orienter d'après les étoiles*, ориенти́роваться по звёздам.

I. ORIGINAL *subst.* **1.** (*en parlant d'un objet*) оригинáл. *C'est l'original, nous n'achetons pas de copies*, э́то оригинáл; мы кóпий не покупáем. **2.** (*en parlant d'une personne*) оригинáл (*non péjoratif*); чудáк ⁄—— —— (*légèrement péjoratif*). *Notre voisin est un original comme on en voit peu*, наш сосéд большóй оригинáл.

II. ORIGINAL *adj.* **1.** (*authentique*) пóдлинный, оригинáльный. *Voilà le texte original*, Вот пóдлинный текст. *L'exemplaire original*, оригинáльный экземпля́р. **2.** (*singulier*) оригинáльный. *Un point de vue original*, оригинáльная тóчка зрéния.

ORIGINALITÉ оригинáльность *f.* *Ses œuvres sont d'une grande originalité*, егó произведéния отличáются большóй оригинáльностью.

ORIGINE (*provenance, ascendance*) происхождéние. *L'origine de la vie*, происхождéние жи́зни. *D'origine russe*, рýсского происхождéния.

ORNER украшáть / укрáсить. *Un sapin orné de guirlandes*, ёлка, укрáшенная гирля́ндами.

ORPHELIN сиротá, <u>pl.</u> сирóты сирóт, сирóтам... —— —— *m.* *Un orphelin de père et de mère*, крýглый сиротá.

ORPHELINE сиротá, <u>pl.</u> сирóты, сирóт, сирóтам... —— —— . *Une orpheline de père et de mère*, крýглая сиротá.

I. ORTHODOXE *adj.* **1.** (*des Églises chrétiennes d'Orient*) правослáвный. *Se convertir à la religion orthodoxe*, приня́ть правослáвную вéру. *L'Église orthodoxe*, Правослáвная цéрковь. **2.** (*conforme au dogme*) ортодоксáльный. *Un marxiste orthodoxe*, ортодоксáльный маркси́ст.

II. ORTHODOXE **1.** *m.* правослáвный *adj. subst. m.* **2.** *f.* правослáвная *adj. subst. f.*

ORTHOGRAPHE правописáние, орфогрáфия. *Les difficultés de l'orthographe française*, трýдности францýзской орфогрáфии. ● **D'orthographe**, орфографи́ческий. *Des fautes d'orthographe*, орфографи́ческие оши́бки.

OS кость —— ⁄—— *f.* *Ronger un os*, грызть кость. *Il n'a que les os et la peau*, у негó тóлько кóжа да кóсти. *J'étais trempé jusqu'aux os*, я промóк до мóзга костéй. *Il est égoïste jusqu'à la moelle des os*, он эгои́ст до мóзга костéй.

OSER сметь / посмéть; *ou* осмéливаться / осмéлиться. *Il n'osait pas* *entrer*, он не смел войти́. *Je n'ai pas osé lui dire ce que je pensais*, я не осме́лился сказа́ть ему́ то, что я ду́мал.

ÔTER 1. (*en règle générale*) снима́ть / снять* IV, сниму́, сни́мешь... ╲___ ; снял, сняла́, сня́ло, сня́ли ∧__ , сня́тый, снят, снята́, сня́то, сня́ты ∧__ . *Ôter son manteau*, снять пальто́. **2.** (*entre deux noms de nombre*) из (+ *gén.*). *Quatre ôté de six*, четы́ре из шести́.

OU 1. (*en règle générale*) и́ли. *Maintenant ou jamais*, тепе́рь и́ли никогда́. **2.** (*entre deux noms de nombre*) *ne se traduit pas* (*réunir les deux noms de nombre par un trait d'union*). *Deux ou trois semaines*, две-три неде́ли. ● **Ou bien**, и́ли. *Ou bien lui ou bien moi*, и́ли он и́ли я. *A-t-il maigri ou bien est-ce seulement une impression?*, Он похуде́л и́ли э́то то́лько ка́жется?

OÙ

> **I. Adverbe:**
> **1.** (*direction*) куда́.
> **2.** (*emplacement*) где.
> **II. Pronom relatif:**
> **1.** (*lieu*) кото́рый; где (*emplacement*) *ou* куда́ (*direction*).
> **2.** (*temps*) когда́.

I. 1. *Où va-t-il?*, Куда́ он идёт? *Je ne sais pas où ils sont partis*, я не зна́ю, куда́ они́ уе́хали. **2.** *Où habitez-vous?*, Где вы живёте? *Où que ce soit*, где бы э́то ни́ было. *Je ne me souviens pas où je l'ai vue*, я не по́мню, где я её ви́дел.

II. 1. *Le village où nous avons passé l'été*, дере́вня, в кото́рой мы провели́ ле́то *ou* дере́вня, где мы провели́ ле́то. *Dans la pièce où nous sommes entrés, il n'y avait ni table ni chaises*, в ко́мнате, в кото́рую мы вошли́, не́ было ни стола́ ни сту́льев *ou* в ко́мнате, куда́ мы вошли́, не́ было ни стола́ ни сту́льев. **2.** *Le jour où je vous ai rencontré*, в тот день, когда́ я вас встре́тил. ● **D'où**, отку́да. *D'où viens-tu?*, Отку́да ты? *D'où tenez-vous cela?*, Отку́да вы э́то зна́ете?

OUBLI *modifier la phrase de manière à utiliser le verbe « oublier ».*

OUBLIER 1. забыва́ть / забы́ть* *n. cl.*, забу́ду, забу́дешь...; забу́дь; забы́тый (+ *acc.*, о + *loc.*, *inf. ou* что). *J'ai oublié votre adresse*, Я забы́л ваш а́дрес. *Tu as oublié ton livre à la maison?*, Ты забы́л свою́ кни́гу до́ма? *Elle a oublié la réunion*, она́ забы́ла о собра́нии. *Vous avez oublié de fermer la porte à clef*, Вы забы́ли запере́ть дверь. *Vous avez oublié qu'André n'est pas à la maison*, Вы забы́ли, что Андре́я нет до́ма. **2.** (*omettre*) пропуска́ть / пропусти́ть ╲___ . *J'ai oublié deux mots dans ce paragraphe*, я пропусти́л два сло́ва в э́том абза́це.

OUEST за́пад. *À l'ouest s'étendaient des forêts*, на за́паде тяну́лись леса́. *À l'ouest de la ville*, к за́паду от го́рода. *La chambre donne à l'ouest*, ко́мната выхо́дит на за́пад. ● **D'ouest**, за́падный. *Le vent d'ouest*, за́падный ве́тер.

OUF! уф!

OUI да; *on peut également se contenter de répéter le mot ou les mots sur lesquels porte la question.* « *Il est à la maison? — Oui* », « Он до́ма? — Да. » *Ah oui!*, Ах да! « *Tu as compris? — Oui* », « По́нял? — По́нял. » « *Tu as trouvé le livre que tu cherchais? — Oui* », « Ты нашёл кни́гу, кото́рую иска́л? — Нашёл. »

OUÏE *subst.* слух. *Elle à l'ouïe fine*, у неё то́нкий слух.

OUKASE ука́з.

OURS 1. (*animal*) медве́дь *m.* *Un ours brun*, бу́рый медве́дь. *Un ours blanc*, бе́лый медве́дь. *Vendre la peau de l'ours avant de l'avoir tué*, дели́ть шку́ру неуби́того медве́дя. **2.** (*jouet en peluche*) медвежо́нок*, *pl.* медвежа́та, медвежа́т, медвежа́там... ● **D'ours**, медве́жий *adj. d'appart.* *Une peau d'ours*, медве́жья шку́ра. *Le pavé de l'ours*, медве́жья услу́га.

OURSE медве́дица. ● **La Grande Ourse**, Больша́я Медве́дица. **La Petite Ourse**, Ма́лая Медве́дица.

OURSON медвежо́нок*, *pl.* медвежа́та, медвежа́т, медвежа́там...

OUTIL инструме́нт. *Des outils de menuisier,* столя́рные инструме́нты.

OUTRE кро́ме (+ *gén.*). *Outre le vase, il y avait sur la table des papiers éparpillés,* кро́ме ва́зы на столе́ бы́ли разбро́саны бума́ги. ● **En outre,** кро́ме того́; к тому́ же.

OUVERT откры́тый. *Une porte ouverte,* откры́тая дверь. *Enfoncer les portes ouvertes,* ломи́ться в откры́тую дверь. // (*Fig.*) *Une lutte ouverte,* откры́тая борьба́.

OUVERTURE 1. (*orifice*) отве́рстие. *Passer sa main par l'ouverture,* просу́нуть ру́ку в отве́рстие. **2.** (*inauguration*) откры́тие. *Avant l'ouverture du congrès,* до откры́тия съе́зда. **3.** (*mus.*) увертю́ра. *L'ouverture des « Noces de Figaro »,* увертю́ра к « Сва́дьбе Фи́гаро ».

OUVRAGE 1. (*travail*) рабо́та. *Se mettre à l'ouvrage,* взя́ться за рабо́ту. **2.** (*livre*) произведе́ние. *Quelques ouvrages de Paul Valéry,* не́которые произведе́ния По́ля Валери́.

I. OUVRIER *adj.* рабо́чий. *La classe ouvrière,* рабо́чий класс. *Un quartier ouvrier,* рабо́чий райо́н.

II. OUVRIER *subst.* рабо́чий *adj. subst. m. Les ouvriers de l'industrie lourde,* рабо́чие тяжёлой промы́шленности.

OUVRIÈRE рабо́тница. *Les ouvrières du textile,* рабо́тницы тексти́льной промы́шленности.

OUVRIR

> **I. Transitif:**
> **1.** (*en règle générale*) открыва́ть / откры́ть* II, откро́ю, откро́ешь...; откры́тый // раскрыва́ть / раскры́ть* II, раскро́ю, раскро́ешь...; раскры́тый (*ouvrir grand*).
> **2.** (*une enveloppe...*) вскрыва́ть / вскрыть* II, вскро́ю, вскро́ешь...; вскры́тый.
> **3.** (*un tiroir*) выдвига́ть / вы́двинуть.
> **4.** (*un appareil électrique*) включа́ть / включи́ть (*n'a pas le caractère familier de son équivalent français*).
> **II. Intransitif:**
> открыва́ться / откры́ться* II, откро́ется, откро́ются.

I. 1. *Ouvrez la fenêtre,* Откро́йте окно́. *Ouvrir une boîte de conserves,* откры́ть ба́нку консе́рвов. *Ouvrir une bouteille,* откры́ть буты́лку. *Ouvrir le robinet,* откры́ть кран. *Ouvrir les yeux,* откры́ть глаза́. *Ouvrir un livre,* откры́ть кни́гу. *Ouvrir son parapluie,* откры́ть зо́нтик. *Ouvrir un nouveau magasin,* откры́ть но́вый магази́н. *Ouvrir le feu,* откры́ть ого́нь. // *Ouvrir les portes toutes grandes,* раскры́ть две́ри. *Ouvre plus grand la bouche,* Раскро́й рот пошире. *Ouvrir un parapluie,* раскры́ть зо́нтик. **2.** *Ouvrir une lettre,* вскрыть письмо́. **3.** *Ouvrir le tiroir,* вы́двинуть я́щик. **4.** *Ouvrir l'électricité,* включи́ть электри́чество. *Ouvrir la radio,* включи́ть ра́дио.
II. *Le musée ouvre à dix heures,* музе́й открыва́ется в де́сять часо́в. ● **Ouvrir l'œil** (*faire très attention*), гляде́ть в о́ба.

OXYGÈNE кислоро́д.

P

PACIFIQUE миролюби́вый. *Un peuple pacifique,* миролюби́вый наро́д. ● **L'océan Pacifique,** Ти́хий океа́н.

PACTE пакт. *Un pacte de non-agression,* пакт о ненападе́нии.

PAGANISME язы́чество.

PAGE *f.* страни́ца. *À la page cinq,* на пя́той страни́це. *Arracher la page d'un livre,* вы́рвать страни́цу из кни́ги.

PAIE зарпла́та. *Recevoir sa paie,* получи́ть зарпла́ту.

PAIEMENT упла́та. *En paiement de ma dette,* в упла́ту до́лга.

I. PAÏEN *subst.* язы́чник.

II. PAÏEN *adj.* язы́ческий. *Les croyances païennes,* язы́ческие ве́рования. *Les coutumes païennes,* язы́ческие нра́вы.

PAÏENNE язы́чница.

PAILLE *subst.* **1.** соло́ма. *Une meule de paille,* стог соло́мы. **2.** (*brin de paille utilisé pour boire*) соло́минка. *Boire avec une paille,* пить че́рез соло́минку. ● **C'est la paille et la poutre,** сучо́к в глазу́ замеча́ет. **De paille, en paille,** соло́менный. *Un chapeau de paille,* соло́менная шля́па. **Tirer la courte paille,** тяну́ть жре́бий.

PAIN хлеб. *Un morceau de pain,* кусо́к хле́ба. *Du pain noir,* чёрный хлеб. *Du pain blanc,* бе́лый хлеб. *Du pain de seigle,* ржано́й хлеб. *Du pain rassis,* чёрствый хлеб. *Gagner son pain à la sueur de son front,* добыва́ть хлеб в по́те лица́. *L'homme ne vit pas que de pain,* не о хле́бе еди́ном жив бу́дет челове́к (*arch.*). ● **Pain d'épice,** пря́ник. **Petit pain,** бу́лка, *dim.* бу́лочка. *Un petit pain aux raisins,* бу́лочка с изю́мом.

PAIR *adj.* чётный. *Un nombre pair,* чётное число́.

PAIRE па́ра. *Une paire de bas,* па́ра чуло́к. *Les deux font la paire,* два сапога́ па́ра.

PAISIBLE ми́рный. *Un homme paisible,* ми́рный челове́к. *Une vie paisible,* ми́рная жизнь. *Dormir d'un sommeil paisible,* спать ми́рным сном.

PAIX мир. *La paix armée,* вооружённый мир. *Vivre en paix avec ses voisins,* жить в ми́ре со свои́ми сосе́дями. *Qu'il repose en paix,* Мир его́ пра́ху. ● **De paix,** ми́рный. *Le traité de paix,* ми́рный догово́р. *En temps de paix,* в ми́рное вре́мя. *Fichez-moi la paix,* Оста́вьте меня́ в поко́е.

PALAIS (*résidence*) дворе́ц. *Le palais de l'Élysée,* Елисе́йский дворе́ц. *Le Grand Palais,* Большо́й дворе́ц.

PÂLE бле́дный /_; бле́дно- *élément de formation* (*avec les adjectifs désignant une couleur*). *Son visage était pâle de fatigue,* его́ лицо́ бы́ло бле́дно от уста́лости. *Pâle comme un linge,* бле́дный как полотно́. *Vert pâle,* бле́дно-зелёный.

PALIER (*d'escalier*) площа́дка (*éventuellement complété par* « ле́стничная » *ou* « ле́стницы » : « ле́стничная площа́дка » *ou* « площа́дка ле́стницы »). *Nous habitons sur le même palier,* мы живём с ни́ми на одно́й площа́дке.

PÂLIR бледне́ть / побледне́ть. *La peur l'a fait pâlir,* он побледне́л от стра́ха.

PALMIER па́льма. *Un palmier-dattier,* фи́никовая па́льма.

PAMPLEMOUSSE грейпфру́т.

PAN бац! *Pan! pan! on entendit des coups de feu,* Бац! бац! раздали́сь вы́стрелы.

PANCARTE плака́т. *Les ouvriers portaient d'immenses pancartes,* рабо́чие несли́ огро́мные плака́ты.

PANIER корзи́нка. *Ramasser les champignons dans un panier,* собира́ть грибы́ в корзи́нку. ● **Un panier percé** (*une personne dépensière*), бездо́нная бо́чка.

PANIQUE *subst.* па́ника. *Provoquer la panique,* вы́звать па́нику. *La foule fut prise de panique,* толпу́ охвати́ла па́ника.

PANNE ава́рия (*avarie*) *ou une périphrase utilisant des mots comme* « по́ртиться / испо́ртиться », « *se détériorer* »; « отка́зывать / отказа́ть* II, отка́жет, отка́жут », « *cesser de fonctionner* »; « не рабо́тать », « *ne pas fonctionner* »; « остана́вливаться / останови́ться, остано́вится, остано́вятся », « *s'arrêter* »; *etc. Nous sommes tombés en panne,* мы потерпе́ли ава́рию. *Ma montre est* *en panne*, мои́ часы́ испо́ртились. *Le carburateur est en panne*, карбюра́тор отказа́л. *L'ascenseur est en panne*, лифт не рабо́тает. *Le moteur est en panne*, мото́р останови́лся. *Nous avons une panne d'électricité*, у нас нет све́та. *Je suis en panne d'essence*, у меня́ ко́нчился бензи́н.

PANNEAU (*d'affichage ou de signalisation*) щит. *Un panneau avec des photos*, щит с фотогра́фиями.

PANORAMA панора́ма. *De ce belvédère on découvre un panorama splendide*, с бельведе́ра открыва́ется замеча́тельная панора́ма.

PANSEMENT (*bandage, compresse*) перевя́зка. *On lui a fait un pansement*, ему сде́лали перевя́зку.

PANSER (*mettre un pansement*) перевя́зывать / перевяза́ть* II, перевяжу́, перевя́жешь... . *Panser une blessure*, перевяза́ть ра́ну. *Panser un blessé*, перевяза́ть ра́неного.

PANTALON брю́ки, брюк, брю́кам... *pl. t.* (*pantalon de coupe classique*); штаны́, штано́в, штана́м... *pl. t. Un pantalon à carreaux*, клётчатые брю́ки. *Un pantalon de ski*, лы́жные штаны́.

PANTHÈRE панте́ра.

PANTOUFLE ту́фля (*souvent accompagné de l'adjectif* « дома́шняя »). *Mettre ses pantoufles*, наде́ть ту́фли.

PAON павли́н.

PAPA па́па *m.*

PAPE па́па *m.* (*souvent accompagné de l'adjectif* « ри́мский »).

PAPETERIE 1. (*magasin*) писчебума́жный магази́н. **2.** (*articles*) писчебума́жные принадле́жности (принадле́жности, принадле́жностей, принадле́жностям... *pl.*).

PAPIER 1. (*en règle générale*) бума́га. *Une feuille de papier*, лист бума́ги. *Du papier à lettres*, пи́счая бума́га. *Du papier à musique*, но́тная бума́га. *Du papier d'emballage*, обёрточная бума́га. *Du papier hygiénique*, туале́тная бума́га. *Du papier buvard*, промока́тельная бума́га. *Du papier carbone*, копирова́льная бума́га. *Du papier de verre*, нажда́чная бума́га. **2.** (*pl.: pièces d'identité*) докуме́нты, докуме́нтов, докуме́нтам... *pl. Vos papiers*, Ва́ши докуме́нты. ● **De papier, en papier**, бума́жный. *Des serviettes en papier*, бума́жные салфе́тки. **Papiers peints**, обо́и, обо́ев, обо́ям... *pl. t.*

PAPILLON ба́бочка. *Un papillon de nuit*, ночна́я ба́бочка. ● **Un nœud papillon**, ба́бочка.

PAQUEBOT парохо́д (*à vapeur*); теплохо́д (*à moteur Diesel*). *Nous sommes allés à New York en paquebot*, мы пое́хали в Нью-Йо́рк на парохо́де.

PÂQUES па́сха. *Fêter Pâques*, пра́здновать па́сху. *Mon père m'a fait ce cadeau pour Pâques*, оте́ц мне э́то подари́л на па́сху. ● **De Pâques**, пасха́льный. *Des œufs de Pâques*, пасха́льные я́йца. **Les vacances de Pâques**, весе́нние кани́кулы.

REMARQUE. Depuis la réforme orthographique de 1917, le mot « па́сха » ne prend une majuscule que dans les textes de caractère religieux.

PAQUET

1. (*marchandises enveloppées à la fabrication*) па́чка.
2. (*sac en papier destiné à l'emballage de certains produits*) кулёк, кулька́...
3. (*marchandises enveloppées pour faciliter leur transport*) свёрток, паке́т; связка (*choses liées ensemble*).
4. (*baluchon de linge*) у́зел.
5. (*envoi postal*) бандеро́ль *f.* (*envoi contenant des imprimés, des journaux, des livres*); посы́лка (*autres envois*).

1. *Un paquet de cigarettes*, па́чка папиро́с. *Un paquet de gaufrettes*, па́чка ва́фель. *Un paquet de thé*, па́чка ча́я. **2.** *Un paquet de semoule*, кулёк крупы́. *Un paquet de bonbons*, кулёк с конфе́тами. **3.** *Elle est sortie du magasin avec trois paquets*, она́ вы́шла из магази́на с тремя́ свёртками. *J'ai fait deux* *paquets avec vos livres*, я завернýл вáши кнúги в два пакéта. *Emporter un paquet de livres chez le bouquiniste*, отнестú свя́зку книг в букинистúческий магазúн. **4.** *Emporter un paquet de linge à la blanchisserie*, отнестú ýзел белья́ в прáчечную. **5.** *J'ai reçu votre paquet de livres*, Я получúл Вáшу бандерóль с кнúгами. *Je vous ai envoyé un paquet de disques*, Я Вам послáл посы́лку с пластúнками.

PAR

1. (*introduisant un complément d'agent*) *instrumental sans préposition si le tour passif est conservé dans la traduction* // *nominatif dans le cas contraire.*
2. (*moyen, manière*) *instrumental sans préposition.*
3. (*cause*) по (+ *dat.*).
4. (*raison d'agir*) из (+ *gén.*).
5. (*source d'information*) от (+ *gén.*) *ou* чéрез (+ *acc.*) *si l'information vient d'une personne* // из (+ *gén.*) *dans le cas contraire.*
6. (*lieu de passage*) по (+ *dat.*); чéрез [+ *acc.*] (*en traversant*).
7. (*moyen de transport*) на (+ *loc.*) // *instrumental sans préposition dans un nombre de cas limité.*
8. (*moyen de transmission*) по (+ *dat.*).
9. *suivi d'un nom désignant une partie du corps*) за (+ *acc.*).
10. (*moment de l'action*) в (+ *acc.*).
11. (*rythme des répétitions*) в (*acc.*).
12. (*dans une répartition*) с [+ *gén.*] (*origine*) // на [+ *acc.*] (*destination*) // в [+ *loc.*] (*emplacement*) // по [+ *acc.*] (*lorsque « par » est suivi d'un nom de nombre*).

Remarque. Dans les trois premiers cas envisagés au paragraphe 12, la notion de répartition peut être soulignée par l'emploi de « кáждый » ou de « по » (*voir les exemples*).

13. (*après les verbes « commencer », « recommencer »*) с (+ *gén.*).
14. (*après les verbes « finir », « terminer », « se terminer »...*) *instrumental sans préposition* (*toutefois, lorsque ces verbes régissent un infinitif, on fait souvent appel à une périphrase utilisant un adverbe comme* « наконéц ») // на [+ *acc.*] (*en parlant d'un mot*).

1. *Le centre de la ville a été détruit par l'aviation*, центр гóрода был разрýшен авиáцией. *Être guidé par des principes nouveaux*, руководúться нóвыми прúнципами. // *Il a été piqué par les moustiques*, егó укусúли комары́. *J'ai été frappé par cette coïncidence*, меня́ поразúло э́то совпадéние. **2.** *Par tous les moyens*, всéми спóсобами. *Répondre par retour du courrier*, отвéтить обрáтной пóчтой. **3.** *Il a fait ça par bêtise*, он э́то сдéлал по глýпости. *Par nécessité*, по необходúмости. *C'est arrivé par ta faute*, э́то случúлось по твоéй винé. *J'ai dit ça par erreur*, я э́то сказáл по ошúбке. **4.** *Par curiosité*, из любопы́тства. *Par amour de l'art*, из любвú к искýсству. **5.** *C'est par lui que j'ai appris cette nouvelle*, я э́то узнáл от негó *ou* я э́то узнáл чéрез негó. // *J'ai appris cela par les journaux*, я узнáл об э́том из газéт. **6.** *Descendre par l'escalier*, спустúться по лéстнице. *Nous passerons par la forêt*, мы проéдем чéрез лес. **7.** *Nous y allons par l'autobus ou par le métro ?*, Мы éдем тудá на автóбусе или на метрó? *Vous êtes montés par l'ascenseur ?*, Вы на лúфте поднялúсь? // *Par le train*, пóездом. **8.** *Envoyer qqch. par la poste*, послáть чтó-нибудь по пóчте. *Il me l'a fait savoir par téléphone*, он мне сообщúл об э́том по телефóну. **9.** *Prendre qqn par la main*, взять когó-нибудь зá руку. *Attraper qqn par les cheveux*, схватúть когó-нибудь зá волосы. *Mener qqn par le bout du nez*, водúть когó-нибудь зá нос. **10.** *Qu'est-ce qu'on peut faire par un temps pareil ?*, Что мóжно дéлать в такýю погóду? **11.** *Cinq fois par semaine*, пять раз в недéлю. *Il gagne 5 000 francs par mois*, он зарабáтывает 5 000 фрáнков в мéсяц. **12.** *Récolter vingt quintaux par hectare*, собирáть двáдцать цéнтнеров с гектáра. *Ramasser quatre roubles par personne*, собирáть по четы́ре рубля́ с кáждого человéка. // *Distribuer cinq roubles par personne*, раздавáть по пять рублéй на человéка. // *Vingt élèves par classe*, двáдцать учеників в кáждом клáссе. // *Ils se groupaient par deux ou par trois*, они́ собирáлись пó двое или пó трое. **13.** *Vous commencez par la fin?*, Вы начинáете с концá? *Par quoi est-ce que ça commence?*, С чегó э́то начинáется? **14.** *Cela va se terminer par une catastrophe*, э́то кóнчится катастрóфой. *Il a fini par s'en aller*, наконéц-то он уéхал. // *Les mots qui se terminent par un signe mou*, словá, котóрые кончáются на мя́гкий знак. ● **Appeler qqn par son nom**, назвáть когó-нибудь по и́мени. **Par avion** (*envoi postal*), авиапóчтой, *par abréviation* áвиа. **Par bonheur**, к счáстью. **Par-ci, par-là**, там и сям. **Par cœur**, наизу́сть. *J'ai tout appris par cœur*, я всё вы́учил наизу́сть. **Par conséquent**, слéдовательно. **Par contumace**, заóчно. *Condamner par contumace à la peine de mort*, приговори́ть заóчно к смéртной кáзни. **Par-derrière**, сзáди. *Ils nous ont attaqués par-derrière*, они́ напáли на нас сзáди. **Par-dessous**, под (+ *instr.*). *Je suis passé par-dessous la barrière*, ou *Je suis passé par-dessous*, я прошёл под шлагбáумом. **Par-dessus 1.** (*avec des verbes comme « regarder », « voir », « mettre »...*)повéрх (+ *gén.*). *Il me regardait par-dessus ses lunettes*, он смотрéл на меня́ повéрх очкóв. *Mettre un pull par-dessus sa chemise*, надéть сви́тер повéрх рубáшки. **2.** (*avec des verbes comme « sauter », « lancer »...*) чéрез (+ *acc.*). *Sauter par-dessus le fossé*, пры́гнуть чéрез канáву. *Jeter une pierre par-dessus la palissade*, брóсить кáмень чéрез забóр. **Par-dessus tout**, бóльше всегó на свéте. *Ce que j'aime par-dessus tout, c'est la musique de chambre*, бóльше всегó на свéте я люблю́ кáмерную му́зыку. **Par-devant**, спéреди. *Par-devant, il y avait un parterre de fleurs*, спéреди былá клу́мба. **Par écrit**, пи́сьменно. **Par endroits**, местáми. *Par endroits, le livre est très intéressant*, кни́га местáми óчень интерéсная. **Par exemple**, напримéр. **Par hasard**, случáйно. *Nous nous sommes rencontrés par hasard*, мы случáйно встрéтились. **Par ici**, *traduire comme « ici »*. **Par là**, *traduire comme « là »*. **Par malheur**, к несчáстью. **Par moments**, иногдá. **Par terre 1.** (*direction*) нá пол (*sur le plancher*); на зéмлю *ou* нá землю (*sur le sol*). *Jeter un mégot par terre*, брóсить оку́рок нá пол. **2.** (*emplacement*) на полу́ (*sur le plancher*); на землé (*sur le sol*). *Être assis par terre*, сидéть на полу́. **Regarder par la fenêtre**, смотрéть в окнó.

PARACHUTE парашю́т. *Sauter en parachute*, пры́гнуть с парашю́том. *Descendre en parachute*, спусти́ться на парашю́те.

PARACHUTISTE 1. *m.* парашюти́ст. **2.** *f.* парашюти́стка.

PARADIS рай*, *loc.* раю́ ——∠ *m.* *Le paradis terrestre*, рай земнóй.

PARADOXAL парадоксáльный. *Cela peut sembler paradoxal*, э́то мóжет показáться парадоксáльным.

PARADOXE парадóкс.

PARAGRAPHE абзáц. *Lisez le deuxième paragraphe*, прочитáйте вторóй абзáц.

PARAÎTRE 1. (*sembler*) казáться* II, кажу́сь, кáжешься...⟍—— / показáться* II (*id.*). *Il paraît plus jeune que son frère*, он кáжется молóже своегó брáта. **2.** (*se montrer*) покáзываться / показáться* II, покажу́сь, покáжешься... ⟍—— . *Le président paraît au balcon*, на балкóне покáзывается президéнт. **3.** (*être publié*) выходи́ть, выхóдит, выхóдят / вы́йти* IV, вы́йдет, вы́йдут; вы́шел, вы́шла... (*parfois accompagné de l'expression* « в свет »). *Le deuxième numéro est paru*, вы́шел вторóй нóмер. ● **Il paraît que**, говоря́т, что. *Il paraît que la situation est sans issue*, говоря́т, что положéние безвы́ходное.

I. PARALLÈLE *subst. m. ou f.* **1.** (*math., géogr.*) паралéль *f.* *Tracer la parallèle*, провести́ паралéль. *Au-dessus du 42ᵉ parallèle*, вы́ше 42-й параллéли. **2.** (*comparaison*) аналóгия. *Faire un parallèle*, провести́ аналóгию.

II. PARALLÈLE *adj.* паралле́льный. *Des barres parallèles*, паралле́льные бру́сья.

PARALYSER парализова́ть / парализова́ть. *La peur le paralysait*, страх его́ парализова́л.

PARALYSIE парали́ч . *La paralysie infantile*, де́тский парали́ч. *Il a été frappé de paralysie*, его́ разби́л парали́ч. // (*Fig.*) *Paralysie totale des transports*, по́лный парали́ч тра́нспорта.

PARAPLUIE зо́нтик; зонт . *Ouvrir son parapluie*, раскры́ть зо́нтик.

PARASITE *subst.* **1.** парази́т. *Les punaises et autres parasites*, клопы́ и други́е парази́ты. **2.** (*pl.; radio*) поме́хи, поме́х, поме́хам... *pl. t.*

PARAVENT ши́рма. *Derrière le paravent, il y avait un divan*, за ши́рмой стоя́л дива́н.

PARC парк. *Se promener dans le parc*, гуля́ть в па́рке.

PARCE QUE потому́ что. *Je ne suis pas venu parce que j'étais malade*, я не пришёл, потому́ что был бо́лен.

PARCOURIR

I. Au sens de « franchir »:
1. (*à pied; en parlant des moyens de transport*) проходи́ть / пройти́* IV, пройду́, пройдёшь...; прошёл, прошла́...; про́йденный; пройдя́.
2. (*en courant*) пробега́ть / пробежа́ть* *n. cl.*, пробегу́, пробежи́шь..., пробегу́т; пробеги́.
3. (*autrement qu'à pied*) проезжа́ть / прое́хать* IV, прое́ду, прое́дешь...
II. Au sens de « visiter »:
1. (*à pied*) обходи́ть / обойти́* IV, обойду́, обойдёшь...; обошёл, обошла́...; обойдённый; обойдя́.
2. (*en courant*) обега́ть / обежа́ть* *n. cl.*, обегу́, обежи́шь..., обегу́т; обеги́.
3. (*autrement qu'à pied*) объезжа́ть / объе́хать* IV, объе́ду, объе́дешь...; *et* (*fam.*) объе́здить.
III. Au sens de « examiner superficiellement »: пробега́ть / пробежа́ть* *n. cl.*, пробегу́, пробежи́шь..., пробегу́т; пробеги́.

I. 1. *J'ai parcouru dix kilomètres en deux heures*, я прошёл де́сять киломе́тров за два часа́. *La voiture a parcouru deux mille kilomètres*, маши́на прошла́ две ты́сячи киломе́тров. *Regarder le chemin parcouru*, огляну́ться на про́йденный путь. **2.** *Nous avons parcouru trois kilomètres au pas de course*, мы пробежа́ли три киломе́тра. **3.** *Ils avaient déjà parcouru cinq kilomètres*, они́ уже́ прое́хали пять киломе́тров.

II. 1. *Parcourir toute la ville*, обойти́ весь го́род. **2.** *Parcourir tous les magasins*, обежа́ть все магази́ны. **3.** *Il a parcouru tout le pays*, он объе́здил всю страну́.

III. *Parcourir le journal*, пробежа́ть газе́ту.

PAR-DERRIÈRE сза́ди. *Ils nous ont attaqués par-derrière*, они́ напа́ли на нас сза́ди.

PAR-DESSOUS под (+ *instr.*). *Je suis passé par-dessous la barrière* ou *Je suis passé par-dessous*, я прошёл под шлагба́умом.

PAR-DESSUS 1. (*avec des verbes comme « regarder », « voir », « mettre »...*) пове́рх (+ *gén.*). *Il me regardait par-dessus ses lunettes*, он смотре́л на меня́ пове́рх очко́в. *Mettre un pull par-dessus sa chemise*, наде́ть сви́тер пове́рх руба́шки. **2.** (*avec des verbes comme « sauter », « lancer »...*) че́рез (+ *acc.*). *Sauter par-dessus le fossé*, пры́гнуть че́рез кана́ву. *Jeter une pierre par-dessus la palissade*, бро́сить ка́мень че́рез забо́р. ● **Par-dessus tout**, бо́льше всего́ на све́те. *Ce que j'aime par-dessus tout, c'est la musique de chambre*, бо́льше всего́ на све́те я люблю́ ка́мерную му́зыку.

PARDESSUS пальто́* *indécl. n.* *Enlever son pardessus*, снять пальто́.

PAR-DEVANT спе́реди. *Par-devant, il y avait un parterre de fleurs*, спе́реди была́ клу́мба.

I. PARDON *subst.* проще́ние. *Demander pardon*, проси́ть проще́ния.

II. PARDON *interj.* прости́ *ou* извини́ (*en s'adressant à une personne que l'on tutoie*); прости́те *ou* извини́те (*dans les autres cas*).

PARDONNABLE прости́тельный. *Une erreur pardonnable,* прости́тельная оши́бка.

PARDONNER проща́ть / прости́ть. *Il lui a tout pardonné,* он прости́л ей всё. *Pardonnez-moi,* Прости́те меня́.

REMARQUES.
1. L'impératif imperfectif a pris le sens de « adieu ».
2. La personne à qui l'on pardonne est exprimée par un accusatif si l'on n'indique pas ce que l'on pardonne. Elle est exprimée par un datif dans le cas contraire (voir les exemples).

PARE-CHOCS ба́мпер. *Le pare-chocs avant,* пере́дний ба́мпер.

I. PAREIL *adj.* **1.** (*épithète*) тако́й. *Il n'y a jamais eu un vent pareil,* тако́го ве́тра ещё никогда́ не́ было. **2.** (*attribut*) тако́й же; одина́ковый (*absolument identique*). *Sa maison est pareille à la nôtre,* у него́ тако́й же дом как у нас. *Nos pardessus sont absolument pareils,* на́ши пальто́ одина́ковые.

II. PAREIL *subst.* ра́вный *adj. subst. m. Il n'a pas son pareil.* ему́ нет ра́вного.

PAREILLE ра́вная *adj. subst. f. Elle n'a pas sa pareille,* ей нет ра́вной. ● **Rendre la pareille,** отплати́ть тем же.

PARENT(S) 1. (*pl. t.: le père et la mère*) роди́тели, роди́телей, роди́телям... *pl. t.* **2.** (*dans les autres cas*) ро́дственник. *Un parent éloigné,* да́льний ро́дственник. *C'est un parent du côté de ma mère,* он мне ро́дственник со стороны́ ма́тери.

PARENTE ро́дственница. *Une parente éloignée,* да́льняя ро́дственница. *C'est une parente du côté de mon père,* она́ мне ро́дственница со стороны́ отца́.

PARENTHÈSE ско́бка. *Ouvrir la parenthèse,* откры́ть ско́бки. *Mettre entre parenthèses,* заключи́ть в ско́бки. // (*Fig.*) *Entre parenthèses, je vous ferai remarquer,* заме́чу в ско́бках.

PARESSE лень *f. Par paresse,* из ле́ни.

PARESSEUSE лентя́йка.

I. PARESSEUX *subst.* лентя́й *m. C'est un paresseux,* он лентя́й.

II. PARESSEUX *adj.* лени́вый. *Un élève paresseux,* лени́вый учени́к.

PARFAIT

> 1. (*sans défaut*) безукори́зненный.
> 2. (*excellent*) превосхо́дный.
> 3. (*total*) по́лный.
> 4. (*au sens de « c'est bien »*) прекра́сно.

1. *Un travail parfait,* безукори́зненная рабо́та. *Une conduite parfaite,* безукори́зненное поведе́ние. *C'est un homme parfait,* он челове́к безукори́зненный. **2.** *De qualité parfaite,* превосхо́дного ка́чества. **3.** *Une tranquillité parfaite,* по́лное споко́йствие. **4.** *« Tout est prêt. — Parfait »,* « Всё гото́во. — Прекра́сно. »

PARFAITEMENT 1. (*à la perfection*) прекра́сно. *Il parle parfaitement le français,* он прекра́сно говори́т по-францу́зски. **2.** (*totalement*) соверше́нно. *Vous avez parfaitement raison,* Вы соверше́нно пра́вы. **3.** (*certainement*) коне́чно. *« Tu y crois? — Parfaitement »,* « А ты э́тому ве́ришь? — Коне́чно. »

PARFOIS иногда́. *Je vais parfois les voir,* я иногда́ захожу́ к ним.

PARFUM 1. (*odeur*) за́пах; арома́т. *Le parfum des fleurs,* за́пах цвето́в. **2.** (*produit odorant*) духи́, духо́в, духа́м... *pl. t. Un flacon de parfum,* флако́н духо́в.

PARI пари́* *indécl. n. Gagner un pari,* вы́играть пари́. *Perdre son pari,* проигра́ть пари́. ● **Faire un pari,** держа́ть пари́ (держа́ть* I, держу́, де́ржишь...↘——); спо́рить / поспо́рить (*en parlant à la fois des deux parties en présence*). *Je fais le pari qu'il sera le premier,* держу́ пари́, что он бу́дет пе́рвым. *On fait le pari de savoir* *quelle est l'équipe qui gagnera?*, Дава́й поспо́рим, кака́я кома́нда вы́играет.

PARIER 1. (*faire un pari*) держа́ть пари́ (держа́ть* I, держу́, де́ржишь... ╲___); спо́рить / поспо́рить (*en parlant à la fois des deux parties en présence*). *Je parie qu'elle gagne*, держу́ пари́, что она́ вы́играет. *Je parie mille francs*, держу́ пари́ на ты́сячу фра́нков. *On parie quelle équipe gagnera?*, Дава́й поспо́рим, кака́я кома́нда вы́играет. **2.** (*être sûr*) наве́рно. *Je parie qu'il a oublié son rendez-vous*, он, наве́рно, забы́л о свида́нии.

I. PARISIEN *adj.* пари́жский. *La mode parisienne*, пари́жская мо́да.

II. PARISIEN *subst.* парижа́нин*, *pl.* парижа́не, парижа́н, парижа́нам...

PARISIENNE парижа́нка.

PARKING 1. (*à la surface du sol*) стоя́нка. *La voiture est au parking*, маши́на на стоя́нке. **2.** (*en sous-sol*) подзе́мный гара́ж (гара́ж ╱‾‾‾ ‾‾‾).

PARLÉ ● La langue parlée, разгово́рный язы́к.

PARLEMENT парла́мент.

PARLEMENTAIRE *adj.* парламента́рный. *Un régime parlementaire*, парламента́рный строй.

PARLER 1. (*en règle générale*) говори́ть / поговори́ть. *Parler couramment le français*, свобо́дно говори́ть по-францу́зски. *Parler d'affaires avec qqn*, поговори́ть с ке́м-нибудь о дела́х. *Il y a longtemps qu'ils ne se parlent plus*, они́ давно́ не говоря́т друг с дру́гом. *À proprement parler*, со́бственно говоря́. **2.** (*raconter*) расска́зывать / рассказа́ть* II, расскажу́, расска́жешь... ╲___ . *Il m'a parlé de son séjour dans le Caucase*, он мне рассказа́л о своём пребыва́нии на Кавка́зе. **● Entendre parler**, слы́шать* I, слы́шу, слы́шишь... *Je n'en ai jamais entendu parler*, я никогда́ не слы́шал об э́том.

PARMI среди́ (+ *gén.*). *Parmi les ruines*, среди́ разва́лин.

PAROLE 1. (*ce que l'on dit*) сло́во ___ ╲╱‾‾‾ (*l'accent passe sur la préposition dans l'expression* « ве́рить на́ слово »). *Une romance de Borodine sur des paroles de Pouchkine*, рома́нс Бородина́ на слова́ Пу́шкина. *La parole est d'argent mais le silence est d'or*, сло́во — серебро́, молча́ние — зо́лото. *Histoire sans paroles*, без слов. *Demander la parole*, проси́ть сло́ва. *Prendre la parole*, взять сло́во. *La parole est à monsieur Dupont*, сло́во предоставля́ется това́рищу Дюпо́ну. *Croire qqn sur parole*, пове́рить кому́-нибудь на́ слово. *Ma parole d'honneur*, че́стное сло́во. *Tenir sa parole*, сдержа́ть сло́во. **2.** (*faculté de parler*) речь *f*. *Le don de la parole*, дар ре́чи. **● Couper la parole à qqn**, переби́ть кого́-нибудь (перебива́ть / переби́ть* II, перебью́, перебьёшь...; перебе́й). *Elle m'a tout de suite coupé la parole*, она́ сра́зу переби́ла меня́.

PARQUET (*revêtement de sol*) парке́т. *Un parquet de chêne*, дубо́вый парке́т.

PARRAIN крёстный оте́ц (оте́ц).

PART 1. (*partie*) часть ___ ╱‾‾‾ *f*. *Diviser en cinq parties égales*, раздели́ть на пять ра́вных часте́й. **2.** (*côté*) сторона́, сто́рону, стороны́...; *pl.* сто́роны, сторо́н, сторона́м... ╲╱‾‾‾ ╱‾‾‾. *De toutes parts on entendait des cris*, со всех сторо́н слы́шались кри́ки. *D'autre part*, с друго́й стороны́. **● À part 1.** (*à l'exception de*) за исключе́нием (+ *gén.*). *À part les enfants*, за исключе́нием дете́й. **2.** (*séparé*) отде́льный. *Une chambre à part*, отде́льная ко́мната. **Autre part** *doit être traduit en fonction du contexte. Le livre n'est pas là, il faut chercher autre part*, э́той кни́ги здесь нет; на́до поиска́ть в друго́м ме́сте. **De la part de 1.** (*au nom de*) от и́мени (+ *gén.*). *De la part de tous mes camarades*, от и́мени всех мои́х това́рищей. **2.** (*provoqué par*) со стороны́ (+ *gén.*) *ou* с ... стороны́. *Ce n'est pas bien de sa part*, э́то нехорошо́ с его́ стороны́. **Faire part**, сообща́ть / сообщи́ть. *Il vous a fait part de ses intentions?*, Он сообщи́л вам о свои́х наме́рениях? **La part du lion**, льви́ная до́ля. **Nulle part**

1. (*direction*) никудá. *Nous n'irons nulle part*, мы никудá не пойдём. 2. (*emplacement*) нигдé. *Vous ne trouverez nulle part des stylos comme ça*, Вы нигдé не найдёте такúх авторýчек. **Pour ma part** (*quant à moi*), что менá касáется. **Prendre part à,** принáть учáстие в (+ *loc.*). *Prendre part à la conversation*, принáть учáстие в разговóре. **Quelque part** 1. (*direction*) кудá-нибудь (*n'importe où*); кудá-то (*à un certain endroit*). *Je m'en irai quelque part*, уéду кудá-нибудь. *Il est parti quelque part*, он кудá-то ушёл. 2. (*emplacement*) гдé-нибудь (*n'importe où*); гдé-то (*à un certain endroit*). *Nous mangerons quelque part*, гдé-нибудь пообéдаем. *On entendait quelque part aboyer les chiens*, гдé-то лáяли собáки.

PARTAGER разделáть / разделúть ____ , *part.* разделённый. *Partager un gâteau en deux*, разделúть пирóг пополáм. // (*Fig.*) *Je partage son opinion*, я разделáю егó мнéние. *Elle partageait son chagrin*, онá разделáла егó гóре.

PARTENAIRE 1. *m.* партнёр. 2. *f.* партнёрша.

PARTI (*politique*) пáртия. *Un parti de droite*, прáвая пáртия. *Un parti de gauche*, лéвая пáртия. *Le parti communiste*, коммунистúческая пáртия, *par abréviation* компáртия. *Adhérer à un parti*, вступúть в пáртию. ● **Parti pris,** предвзáтое мнéние. **Prendre un parti**, решáться / решúться. *Je ne sais quel parti prendre*, я не знáю, на что решúться. **Prendre le parti de qqn,** встать на чью-нибудь стóрону. **Tirer parti de,** извлéчь пóльзу из (+ *gén.*). *Tirer parti d'un voyage*, извлéчь пóльзу из поéздки.

PARTIAL пристрáстный. *Une opinion partiale*, пристрáстное мнéние.

PARTICIPATION учáстие. *Avec la participation d'artistes célèbres*, с учáстием извéстных артúстов.

PARTICIPE причáстие. *Participe passé passif*, страдáтельное причáстие прошéдшего врéмени.

PARTICIPER учáствовать (в + *loc.*). *Participer au spectacle*, учáствовать в спектáкле.

PARTICULARITÉ осóбенность *f*. *Les particularités des dialectes méridionaux*, осóбенности ю́жных диалéктов.

PARTICULE (*phys.*, *gramm.*) частúца. *Un accélérateur de particules*, ускорúтель частúц.

I. PARTICULIER *adj.* 1. (*privé*) чáстный. *Les intérêts particuliers*, чáстные интерéсы. *Des leçons particulières*, чáстные урóки. 2. (*spécial*) осóбенный. *Des circonstances particulières*, осóбенные обстоя́тельства. *Je ne vois là rien de particulier*, тут я не вúжу ничегó осóбенного.

II. PARTICULIER (*subst.: individu*) чáстное лицó (лицó ‾‾‾ ___). ● **En particulier,** в чáстности.

PARTICULIÈREMENT осóбенно. *Pas particulièrement facile*, не осóбенно лёгкий.

PARTIE 1. (*fraction*, *élément*) часть ___ /‾‾‾ *f*. *Une grande partie du public*, большáя часть пýблики. *Les parties du corps*, чáсти тéла. 2. (*au jeu*) пáртия. *Une partie d'échecs*, пáртия в шáхматы. *Gagner la partie*, вы́играть пáртию. 3. (*en droit*) сторонá, стóрону, сторонь́і...; *pl.* стóроны, сторóн, сторонáм... \/‾‾ /‾‾ . *La partie adverse*, протúвная сторонá. ● **En partie,** частúчно. **Partie nulle,** ничья́ *pronom substantivé féminin* (*se décline comme le féminin de* « чей »). *Faire une partie nulle*, сыгрáть в ничью́.

PARTIEL частúчный. *Un succès partiel*, частúчный успéх.

PARTIELLEMENT частúчно.

PARTIR

1. (*à pied*) уходúть ____ / уйтú* IV, уйдý, уйдёшь...; ушёл, ушлá...; уйдя́.
2. (*autrement qu'à pied*) уезжáть / уéхать* IV, уéду, уéдешь...; выезжáть / вы́ехать* IV, вы́еду, вы́едешь... (*quitter une ville*).
3. (*en volant*, *en avion*) улетáть / улетéть* I, улечý, улетúшь...;

вылета́ть / вы́лететь* I, вы́лечу, вы́летишь... (*sortir; quitter une ville*).
4. (*en parlant d'une voiture, d'un train...*) уходи́ть, ухо́дит, ухо́дят / уйти́* IV, уйдёт, уйду́т; ушёл, ушла́...; уйдя́; отходи́ть, отхо́дит, отхо́дят / отойти́* IV, отойдёт, отойду́т; отошёл, отошла́...; отойдя́ (*quitter la gare*).

1. *Il est parti à la chasse*, он ушёл на охо́ту. **2.** *Nous partons dans dix minutes*, мы уезжа́ем че́рез де́сять мину́т. *Je suis parti de Paris à sept heures*, я вы́ехал из Пари́жа в семь часо́в. **3.** *Les oiseaux sont partis*, пти́цы улете́ли. *Mes amis sont partis en Angleterre*, мои́ друзья́ улете́ли в А́нглию. *Nous partons de Moscou à trois heures*, мы вылета́ем из Москвы́ в три часа́. *L'avion est parti*, самолёт улете́л. **4.** *L'autobus est parti*, авто́бус ушёл. *Le train est parti*, по́езд ушёл. *Le train part à 18 h 15*, по́езд отхо́дит в 18 ч. 15. ● **À partir de**, с (+ *gén.*); начина́я с (+ *gén.*). *À partir du 20 janvier*, с 20-го января́ *ou* начина́я с 20-го января́.

PARTISAN 1. (*adepte*) сторо́нник. *Il a plus d'adversaires que de partisans*, у него́ бо́льше проти́вников, чем сторо́нников. **2.** (*maquisard*) партиза́н*, *gén. pl.* партиза́н. *Les partisans ont fait sauter un pont*, партиза́ны взорва́ли мост.

PARTOUT везде́, повсю́ду. *Nous avons cherché partout*, иска́ли мы везде́. ● **De partout**, отовсю́ду. *Il venait des gens de partout*, приезжа́ли лю́ди отовсю́ду.

PARVENIR доходи́ть ⏑ / дойти́* IV, дойду́, дойдёшь...; дошёл, дошла́...; дойдя́. *Sa lettre est parvenue à temps*, его́ письмо́ дошло́ во́время. ● **Parvenir à ses fins**, доби́ться своего́ (/ доби́ться* II, добью́сь, добьёшься...).

PARVENU *subst.* вы́скочка.

I. PAS *subst.* шаг*, *loc.* шагу́ ⏑ (*mais après les noms de nombre* « два », « три », « четы́ре », *le génitif de* « шаг » *est accentué sur la syllabe finale*). *Faire un pas en arrière*, сде́лать шаг наза́д. *Deux pas*, два шага́. *Marcher à grands pas*, идти́ больши́ми шага́ми. *Hâter le pas*, приба́вить ша́гу*. *On entendit des pas précipités dans le couloir*, в коридо́ре послы́шались тороплі́вые шаги́. *À dix pas du mur*, в десяти́ шага́х от стены́. // (*Fig.*) *L'affaire avance à grands pas*, де́ло дви́гается вперёд больши́ми шага́ми. *Faire un pas décisif*, сде́лать реши́тельный шаг. *Pas à pas*, шаг за ша́гом. *Faire le premier pas*, сде́лать пе́рвый шаг. *Faire ses premiers pas*, сде́лать пе́рвые шаги́. ● **Au pas**, ша́гом. *Les chevaux allaient au pas*, ло́шади шли ша́гом. **Au pas de course**, бего́м. **Faire les cent pas**, расха́живать взад и вперёд. **Il n'y a que le premier pas qui coûte**, лиха́ беда́ нача́ло. **Marcher au pas**, идти́ в но́гу. **Retourner sur ses pas**, верну́ться наза́д.

II. PAS *adverbe* **1.** (*réponse à une question ou à une remarque*) нет. « *Tu as accepté?* — *Absolument pas* », « Ты согласи́лся? — Нет, что ты! » « *Il est rentré?* — *Pas encore* », « Он верну́лся? — Ещё нет. » « *On va au cinéma?* — *Pourquoi pas?* », « Пойдём в кино́? — Почему́ же нет? » « *Je suis contente* — *Pas moi* », « Я дово́льна. — А я нет. » **2.** (*dans les autres cas*) не; не... (*accolé à un adjectif, un adverbe tiré d'adjectif et quelquefois à un substantif*). *Pas toujours*, не всегда́. *Pas plus tard qu'hier*, не да́льше, как вчера́. *Faut pas s'en faire*, не на́до беспоко́иться. *Pas loin du centre*, недалеко́ от це́нтра. *Pas pour longtemps*, ненадо́лго. *Pas vrai!*, Непра́вда! ● **Ne pas, ne... pas**, не. *Je ne sais pas*, Не зна́ю. **Pas de**, нет, не́ было *ou* не бу́дет *selon que la phrase est au présent, au passé ou au futur. Il n'y a pas de places libres*, свобо́дных мест нет. *Il n'y avait pas de sucre*, са́хара не́ было. **Pas du tout, pas ... du tout 1.** (*locution indépendante*) нет, ниско́лько *ou*, *simplement*, ниско́лько. « *Je vous dérange?* — *Pas du tout* », « Я вам меша́ю? — Нет, ниско́лько. » **2.** (*dans une* *proposition*) совсе́м (*renforçant la négation*). *Il ne fait pas froid du tout aujourd'hui*, сего́дня совсе́м не хо́лодно. *Il n'y en a pas du tout*, их совсе́м нет. **Pas mal** (*une assez grande quantité*), нема́ло. *Nous avons eu pas mal de difficultés*, у нас бы́ло нема́ло тру́дностей. **Pas un**, ни. *Pas un mot*, ни сло́ва. *Pas un seul n'est venu*, ни оди́н из них не пришёл.

PASSABLE сно́сный. *Des résultats passables*, сно́сные результа́ты.

PASSAGE 1. (*en règle générale*) перехо́д. *Le passage de la Berezina*, перехо́д францу́зских войск че́рез Березину́. *Un passage souterrain*, подзе́мный перехо́д. **2.** (*fragment*) ме́сто ＿╲╱‾‾. *Un passage intéressant*, интере́сное ме́сто. ● **Examen de passage**, перехо́дный экза́мен. **Passage à niveau**, шлагба́ум. **Passage clouté**, перехо́д.

I. PASSAGER *subst.* пассажи́р.

II. PASSAGER *adj.* мимолётный. *Un bonheur passager*, мимолётное сча́стье.

PASSAGÈRE пассажи́рка.

PASSANT *subst.* прохо́жий *adj. subst. m. Demander à un passant*, спроси́ть у прохо́жего.

PASSANTE прохо́жая *adj. subst. f. Demander à une passante*, спроси́ть у прохо́жей.

I. PASSÉ *adj.* **1.** про́шлый. *L'an passé*, в про́шлом году́. **2.** (*accompagné de l'indication de l'heure*) за (+ *acc.*). *Il est minuit passé*, уже́ за́ полночь.

II. PASSÉ *subst.* **1.** про́шлое *adj. subst. n. Le passé lointain*, далёкое про́шлое. **2.** (*gramm.*) проше́дшее вре́мя (вре́мя*, *gén.*, *dat.*, *loc.* вре́мени, *instr.* вре́менем *n.*). *Mettre un verbe au passé*, поста́вить глаго́л в проше́дшем вре́мени.

PASSEPORT па́спорт*, *nom. pl.* паспорта́ ＿ ‾‾. *Votre passeport est périmé*, Ваш па́спорт просро́чен.

PASSER

1. (*passer de l'autre côté*) переходи́ть ╲＿ / перейти́* IV, перейду́, перейдёшь...; перешёл, перешла́...; перейдя́ (*à pied*); переезжа́ть / перее́хать* IV, перее́ду, перее́дешь... (*autrement qu'à pied*); перелета́ть / перелете́ть* I, перелечу́, перелети́шь... (*en volant*), *etc.*

2. (*passer à côté; passer à travers*) проходи́ть ╲＿ / пройти́* IV, пройду́, пройдёшь...; прошёл, прошла́...; пройдя́ (*à pied*); проезжа́ть / прое́хать* IV, прое́ду, прое́дешь... (*autrement qu'à pied*), *etc.*

3. (*entrer pour un instant*) заходи́ть ╲＿ / зайти́* IV, зайду́, зайдёшь...; зашёл, зашла́...; зайдя́ (*à pied*); заезжа́ть / зае́хать* IV, зае́ду, зае́дешь... (*autrement qu'à pied*), *etc.*

4. (*changement de situation, d'attitude...*) переходи́ть ╲＿ / перейти́*.

5. (*employer un certain temps*) проводи́ть ╲＿ / провести́* IV, проведу́, проведёшь...; провёл, провела́... ╱‾‾; проведённый.

6. (*s'écouler; cesser*) проходи́ть ╲＿ / пройти́*.

7. (*donner*) передава́ть* II, передаю́, передаёшь...; передава́й; передава́я / переда́ть* *n. cl.*, переда́м, переда́шь, переда́ст, передади́м, передади́те, передаду́т; пе́редал, передала́, пе́редало, пе́редали ╱╲＿; переда́й.

8. (*introduire, faire pénétrer*) просо́вывать / просу́нуть.

9. (*un examen*) сдава́ть* II, сдаю́, сдаёшь...; сдава́й; сдава́я / сдать* *n. cl.*, сдам, сдашь, сдаст, сдади́м, сдади́те, сдаду́т; сдал, сдала́, сда́ло, сда́ли ╱╲＿.

10. (*être égaré*) дева́ться / де́ться.

11. (*être représenté en public*) идти́* IV, идёт, иду́т; шёл, шла...

12. (*perdre ses couleurs*) линя́ть / полиня́ть.

13. (*tamiser*) просе́ивать / просе́ять* II, просе́ю, просе́ешь...

1. *Passer d'une pièce dans l'autre*, перейти́ из одно́й ко́мнаты в другу́ю. *Est-ce qu'on peut passer sur l'autre rive en voiture?*, А на маши́не мо́жно перее́хать на тот бе́рег? *L'oiseau est passé sur un autre arbre*, пти́ца перелете́ла на друго́е де́рево. **2.** *Passer à côté de la maison*, пройти́ ми́мо до́ма. *Quand nous sommes passés dans cette ville*, когда́ мы проезжа́ли че́рез э́тот го́род. **3.** *Je suis passé chez le coiffeur*, я зашла́ к парикма́херу. *Passez donc nous voir*, Заходи́те к нам. *Je passe à la bibliothèque prendre un livre*, зайду́ в библиоте́ку за кни́гой. *Je passerai vous prendre en voiture*, Я зае́ду за ва́ми. **4.** *Passer en troisième*, перейти́ в тре́тий класс. *Passer à l'offensive*, перейти́ в наступле́ние. **5.** *J'ai passé l'été à la campagne*, я провёл ле́то в дере́вне. **6.** *Le temps passe vite*, вре́мя бы́стро прохо́дит. *L'orage est passé*, гроза́ прошла́. **7.** *Passe-moi le sel*, Переда́й мне соль. **8.** *Passer une lettre sous la porte*, просу́нуть письмо́ под дверь. **9.** *Ils passent leur examen*, они́ сдаю́т экза́мен. **10.** *Où donc est passé ce livre?*, Куда́ де́лась э́та кни́га? **11.** *Il passe un film intéressant au Métropole*, в Метропо́ле идёт интере́сный фильм. **12.** *Cette étoffe a passé*, э́та мате́рия полиня́ла. **13.** *Passer la farine*, просе́ять муку́. ● **Faire passer à qqn l'envie de**, отби́ть у кого́-нибудь охо́ту (отбива́ть / отби́ть* II, отобью́, отобьёшь...). *Ça lui fera passer l'envie de se battre*, э́то отобьёт у него́ охо́ту дра́ться. **Faire passer pour**, выдава́ть за [+ *acc.*] (выдава́ть* II, выдаю́, выдаёшь...; выдава́й; выдава́я / вы́дать* *n. cl.*, вы́дам, вы́дашь, вы́даст, вы́дадим, вы́дадите, вы́дадут; вы́дай). *Se faire passer pour un spécialiste*, выдава́ть себя́ за специали́ста. **Laisser passer**, пропуска́ть / пропусти́ть ╲___ . *Je l'ai laissé passer devant*, я пропусти́л её вперёд. *Laisser passer l'humidité*, пропуска́ть сы́рость. **Passer la main sur**, провести́ руко́й по [+ *dat.*] (проводи́ть ╲___ / провести́* IV, проведу́, проведёшь...; провёл, провела́... ╱‾‾‾). *Se passer la main sur les cheveux*, провести́ руко́й по волоса́м. **Passer de mode**, вы́йти из мо́ды (выходи́ть, выхо́дит, выхо́дят / вы́йти* IV, вы́йдет, вы́йдут; вы́шел, вы́шла...). **Passer pour**, счита́ть [+ *instr.*] (*au sujet de la proposition française correspond en russe un nom ou un pronom à l'accusatif*). *Il passe pour un brillant spécialiste*, его́ счита́ют блестя́щим специали́стом. **Passer qqch. sous silence**, обойти́ что́-нибудь молча́нием (обходи́ть╲___/ обойти́* IV, обойду́, обойдёшь...; обошёл, обошла́...).

PASSER (SE) 1. (*avoir lieu*) происходи́ть╲___ / произойти́* IV, произойдёт, произойду́т; произошёл, произошла́... *Que s'est-il passé?*, Что произошло́? **2.** (*ne pas avoir besoin de*) обойти́сь без [+ *gén.*] (обходи́ться ╲___ / обойти́сь* IV, обойду́сь, обойдёшься...; обошёлся, обошла́сь...). *On se passera de lui*, обойдёмся и без него́.

PASSE-TEMPS времяпрепровожде́ние. *Un agréable passe-temps*, прия́тное времяпрепровожде́ние.

I. PASSIF *adj.* **1.** пасси́вный. *Un rôle passif*, пасси́вная роль. **2.** (*gramm.*) страда́тельный. *La voix passive*, страда́тельный зало́г. *Une tournure passive*, страда́тельный оборо́т.

II. PASSIF *subst.* (*gramm.*) страда́тельный зало́г.

PASSION страсть ___ ╱‾‾‾ *f.* *Les passions se sont déchaînées*, стра́сти разгоре́лись. *Avec passion*, со стра́стью. *La passion de la peinture*, страсть к жи́вописи.

PASSIONNANT увлека́тельный. *Un livre passionnant*, увлека́тельная кни́га.

PASSIONNÉMENT стра́стно, *comp.* страстне́е. *Aimer passionnément la musique*, стра́стно люби́ть му́зыку.

PASSIONNER (SE) увлека́ться / увле́чься* IV, увлеку́сь, увлечёшься..., увлеку́тся; увлёкся, увлекла́сь... ╱‾‾‾. *Se passionner pour les échecs*, увлека́ться ша́хматами.

PASSIVITÉ пасси́вность *f.* *Faire preuve de passivité*, прояви́ть пасси́вность.

PASTÈQUE арбу́з.

PASTEUR (*dans la religion protestante*) пáстор.

PÂTE (*farine délayée et pétrie*) тéсто. *Une pâte feuilletée*, слоёное тéсто. • **De la pâte à modeler**, пластили́н. **Être comme un coq en pâte**, катáться как сыр в мáсле. **Une pâte dentifrice**, зубнáя пáста.

PÂTÉ (*art culinaire*) **1.** (*en croûte*) пирóг ⁄—— ——; *dim.* пирожóк. *Des petits pâtés à la viande*, пирожки́ с мя́сом. **2.** (*dans les autres cas*) паштéт. *Du pâté de foie*, печёночный паштéт.

PATERNEL (*concernant le père*) отцóвский. *La maison paternelle*, отцóвский дом. *Des sentiments paternels*, отцóвские чу́вства.

PATHOLOGIQUE патологи́ческий. *Un cas pathologique*, патологи́ческий слу́чай.

PATIEMMENT терпели́во. *Attendre patiemment*, терпели́во ждать.

PATIENCE терпéние. *S'armer de patience*, запасти́сь терпéнием. *Perdre patience*, потеря́ть терпéние. *Il m'a fait perdre patience*, он вы́вел меня́ из терпéния.

PATIENT *adj.* терпели́вый. *Un homme patient*, терпели́вый человéк.

PATIN (*à glace*) конёк, конькá... • **Patins à roulettes**, рóлики, рóликов, рóликам... *pl. t. Faire du patin à roulettes*, катáться на рóликах.

PATINER 1. (*en parlant d'une personne*) катáться на конькáх (катáться / покатáться). **2.** (*en parlant des roues d'un véhicule*) буксовáть / забуксовáть. *Les roues patinent*, колёса буксу́ют.

PATINEUR конькобéжец.

PATINOIRE катóк. *Nous allons à la patinoire*, мы идём на катóк.

PÂTISSERIE 1. (*magasin*) конди́терская *adj. subst. f. Acheter des gâteaux dans une pâtisserie*, купи́ть пирóжное в конди́терской. **2.** (*gâteau*) пирóжное *adj. subst. n.*

PÂTISSIER конди́тер.

PATOIS гóвор. *Le patois savoyard*, савóйский гóвор.

PATRIARCHE (*divers sens*) патриáрх. *Une tribu conduite par un patriarche*, плéмя, управля́емое патриáрхом.

PATRIE рóдина; отéчество (*livresque*). *L'amour de la patrie*, любóвь к рóдине.

PATRIOTE *subst.* патриóт.

PATRIOTIQUE патриоти́ческий. *Des chants patriotiques*, патриоти́ческие пéсни.

PATRON 1. (*propriétaire*) хозя́ин*, *pl.* хозя́ева, хозя́ев, хозя́евам... *Les patrons sont partis pour un mois*, хозя́ева уéхали на мéсяц. **2.** (*chef*) шеф. *Les assistants parlaient de leur « patron », le docteur Schwartz*, ассистéнты говори́ли о своём « шéфе », дóкторе Швáрце.

PATRONNE хозя́йка. *La patronne est très exigeante*, хозя́йка óчень трéбовательна.

PATTE лáпа. *Se dresser sur ses pattes de derrière*, подня́ться на зáдние лáпы. • **Bas les pattes!**, Ру́ки прочь! **Des pattes de mouche** (*en parlant de l'écriture*), карáкули, карáкуль, карáкулям... *pl.* **À quatre pattes**, на четверéньках (*position*); на четверéньки (*changement de position*). *Marcher à quatre pattes*, ходи́ть на четверéньках. *Se mettre à quatre pattes*, стать на четверéньки.

PAUPIÈRE вéко*, *nom. pl.* вéки.

PAUSE пáуза; переры́в (*uniquement au sens de « repos momentané »*). *Les pauses sont marquées par des barres penchées*, пáузы отмечáются наклóнными чертáми. *Une pause de dix minutes*, переры́в на дéсять мину́т. *Pendant la pause de midi*, во врéмя обéденного переры́ва.

PAUVRE бéдный ⁄\—. *Un village pauvre*, бéдная дерéвня. *Pauvre en vitamines*, бéдный витами́нами. || (*Subst.*) *La pauvre, elle souffre tant!*, Бéдная, ей так бóльно!

PAUVREMENT бéдно, *comp.* беднéе. *Une femme pauvrement vêtue*, бéдно одéтая жéнщина.

PAUVRETÉ бéдность *f. Pauvreté n'est pas vice*, бéдность не порóк.

PAVILLON 1. (*maison individuelle*) до́мик. *Ils ont acheté un pavillon en banlieue*, они́ купи́ли себе́ до́мик в при́городе. **2.** (*à une exposition*) павильо́н. *Le pavillon de la France à l'exposition d'Osaka*, павильо́н Фра́нции на вы́ставке в Оса́ке. **3.** (*drapeau*) флаг. *Hisser le pavillon tricolore*, подня́ть францу́зский флаг.

PAYE v. PAIE.

PAYEMENT v. PAIEMENT.

PAYER 1. плати́ть____ / заплати́ть ____ . *Payez à la caisse, s'il vous plaît*, Плати́те в ка́ссу, пожа́луйста. *Il ne m'a pas payé*, он мне не заплати́л. *Payer ses dettes*, плати́ть долги́. *Payer une amende*, плати́ть штраф. **2.** (*acheter*) покупа́ть / купи́ть____ . *Il s'est payé une machine à écrire*, он купи́л себе́ пи́шущую маши́нку.

REMARQUE. Régi par le verbe « плати́ть », l'accusatif indique ce que l'on a payé, le datif la personne qui en a bénéficié.

PAYS 1. (*territoire d'une nation*) страна́ ‾‾‾‾ ____ . *Les pays occidentaux*, за́падные стра́ны. **2.** (*région*) край*, *loc.* краю́, *nom. pl.* края́ ___∠ ‾‾‾‾ (*le locatif est* « кра́е » *et non* « краю́ » *lorsque la préposition et le substantif sont séparés par un adjectif; font exception à cette règle quelques expressions comme* « в родно́м краю́ »). *Les oiseaux sont partis dans les pays chauds*, пти́цы улете́ли в тёплые края́. *Le pays natal*, родно́й край. ● **Le mal du pays**, тоска́ по ро́дине.

PAYSAGE пейза́ж. *Un paysage montagneux*, го́рный пейза́ж.

I. PAYSAN *subst.* крестья́нин*, *pl.* крестья́не, крестья́н, крестья́нам... *La situation des paysans au début du XIXe siècle*, положе́ние крестья́н в нача́ле XIX ве́ка. ● **De paysan, des paysans**, крестья́нский. *Le travail des paysans*, крестья́нский труд.

II. PAYSAN *adj.* крестья́нский. *L'agitation paysanne*, крестья́нские волне́ния.

PAYSANNE крестья́нка.

PEAU 1. (*de l'homme, des animaux*) ко́жа; шку́ра (*fourrure comprise*). *Elle a une peau fine*, у неё ко́жа не́жная. *Il n'a que les os et la peau*, у него́ ко́жа да ко́сти. *Une peau de renard*, ли́сья шку́ра. *Vendre la peau de l'ours* (*fig.*), дели́ть шку́ру неуби́того медве́дя. **2.** (*des fruits*) кожура́. *Enlever la peau de l'orange*, очи́стить апельси́н от кожуры́.

PEAU-ROUGE 1. *m.* краснoко́жий *adj. subst. m.* **2.** *f.* красноко́жая *adj. subst. f.*

I. PÊCHE (*action de pêcher*) ры́бная ло́вля. *Aller à la pêche*, ходи́ть на ры́бную ло́влю. ● **Un bateau de pêche**, рыба́цкое су́дно.

II. PÊCHE (*fruit*) пе́рсик.

PÉCHÉ грех ⁄‾‾‾ ‾‾‾ . *Commettre un péché*, соверши́ть грех. *Un péché mortel*, сме́ртный грех. *Les sept péchés capitaux*, семь сме́ртных грехо́в. *Des péchés de jeunesse*, грехи́ мо́лодости.

I. PÊCHER (*prendre du poisson*) лови́ть ры́бу (лови́ть ____ / пойма́ть). *Pêcher en eau trouble*, в му́тной воде́ ры́бу лови́ть.

II. PÊCHER (*arbre*) пе́рсик.

PÉCHER (*commettre un péché, une faute*) греши́ть / согреши́ть. *Pécher contre la vérité*, греши́ть про́тив и́стины.

PÉCHERESSE гре́шница.

PÉCHEUR (*celui qui a commis des péchés*) гре́шник.

PÊCHEUR 1. (*professionnel*) рыба́к ⁄‾‾‾ ‾‾‾ . **2.** (*amateur*) рыболо́в.

PÉDAGOGIE мето́дика препода-ва́ния. *La pédagogie des langues vivantes*, мето́дика преподава́ния иностра́нных языко́в.

PÉDAGOGIQUE педагоги́ческий. *Des dons pédagogiques*, педагоги́ческие спосо́бности. *Un institut pédagogique*, педагоги́ческий институ́т, *ou, par abréviation*, пединститу́т.

PÉDALE педа́ль *f.* *La pédale de la bicyclette*, педа́ль велосипе́да.

PÈGRE шпана́.

PEIGNE гребёнка; расчёска (*fam.*). *Planter un peigne dans ses cheveux*, воткну́ть гребёнку в во́лосы.

PEIGNER причёсывать / причеса́ть* II, причешу́, приче́шешь... ╲____. *Peigner un enfant*, причеса́ть ребёнка. *Je n'ai pas eu le temps de me peigner*, я не успе́л причеса́ться.

PEINDRE 1. (*mettre de la peinture*) кра́сить / покра́сить, окра́сить *ou* вы́красить. *Peindre la porte*, покра́сить дверь. *Peindre qqch. en vert*, окра́сить что́-нибудь в зелёный цвет. **2.** (*faire un tableau*) писа́ть* II, пишу́, пи́шешь... ╲____ / написа́ть* II (*id.*). *Qui a peint ce tableau?*, Кто написа́л эту карти́ну? **3.** (*dépeindre*) изобража́ть / изобрази́ть. *L'auteur a peint la société de son temps*, а́втор изобрази́л о́бщество своего́ вре́мени.

PEINE 1. (*douleur morale*) огорче́ние. *Plus de peines que de joies*, бо́льше огорче́ний чем ра́достей. **2.** (*effort*) труд ╱____. *Marcher avec peine*, с трудо́м ходи́ть. *Sans peine*, без труда́. **3.** (*châtiment*) наказа́ние. *Une peine corporelle*, теле́сное наказа́ние. ● **À peine**, едва́. *Elle sait à peine lire*, она́ едва́ уме́ет чита́ть. *Un couloir à peine éclairé*, едва́ освещённый коридо́р. *À peine était-il parti que son frère rentrait*, едва́ он ушёл, как его́ брат верну́лся. **Avoir de la peine, avoir peine à**, *traduire par une périphrase utilisant le substantif* « труд » *ou l'adverbe* « тру́дно ». *Il n'aura pas de peine à trouver tout ce qui est nécessaire*, он без труда́ найдёт всё необходи́мое. *J'ai peine à vous croire*, Мне тру́дно вам пове́рить. **Faire de la peine**, огорча́ть / огорчи́ть. *Pour ne pas faire de peine à ma mère*, что́бы не огорчи́ть мать. **La peine de mort**, сме́ртная казнь (казнь *f.*). **Valoir la peine**, сто́ить. *Ça vaut la peine de voir ce film?*, Э́тот фильм сто́ит посмотре́ть? *Non, ça ne vaut pas la peine*, Нет, не сто́ит.

PEINTRE 1. (*en bâtiment*) маля́р ╱____ ____. **2.** (*artiste*) худо́жник (*peut désigner également un sculpteur*); живопи́сец (*d'emploi plus rare*). *Un peintre italien du XVIe siècle*, италья́нский худо́жник XVI ве́ка.

PEINTURE 1. (*matière*) кра́ска. *Une boîte de peinture jaune*, ба́нка жёлтой кра́ски. **2.** (*art*) жи́вопись *f. La peinture hollandaise*, голла́ндская жи́вопись. **3.** (*représentation*) изображе́ние. *La peinture de la réalité*, изображе́ние действи́тельности. ● **Attention à la peinture!**, Осторо́жно, окра́шено! **Une galerie de peinture**, карти́нная галере́я.

PÉJORATIF уничижи́тельный. *Un suffixe péjoratif*, уничижи́тельный су́ффикс.

PELLE 1. (*sans bords*) лопа́та, *dim.* лопа́тка. *Ramasser l'argent à la pelle*, загреба́ть де́ньги лопа́той. *Une pelle d'enfant*, де́тская лопа́тка. **2.** (*à bords*) сово́к.

PELLICULE (*photographique*) плёнка. *Une pellicule très sensible*, о́чень чувстви́тельная плёнка. *Développer une pellicule*, прояви́ть плёнку.

PELOUSE газо́н. *Il est interdit de marcher sur les pelouses*, По газо́нам не ходи́ть.

PENCHER 1. (*tr.*) наклоня́ть / наклони́ть ╲____, *part.* наклонённый. *Pencher la tête*, наклони́ть го́лову. **2.** (*intr.: n'être pas d'aplomb*) коси́ться; клони́ться к земле́ [клони́ться, кло́нится, кло́нятся] (*en parlant de plantes*). *Le mur penche*, стена́ коси́тся. *L'arbre penche*, де́рево кло́нится к земле́.

PENCHER (SE) наклоня́ться / наклони́ться ╲____; *ou* нагиба́ться / нагну́ться (*se courber*). *Il s'est penché vers moi*, он наклони́лся ко мне *ou* он нагну́лся ко мне.

PENDANT *prép.*

I. Durée: *accusatif sans préposition* // в тече́ние [+ *gén.*] (*plus livresque*).
II. Moment de l'action:
1. (*suivi des noms* « *été* », « *automne* », « *hiver* », « *nuit* », *etc.*) *employer les adverbes* « ле́том », « о́сенью », « зимо́й », « но́чью », *etc.*
2. (*suivi des noms* « *petit déjeuner* », « *déjeuner* », « *dîner* »,

« *souper* », *etc.*) за (+ *instr.*). **3.** (*dans les autres cas*) во врéмя (+ *gén.*).

I. *Il a été malade pendant deux semaines*, он две недéли болéл. *Pendant plusieurs semaines, ils ont travaillé dix heures par jour*, нéсколько недéль они́ рабóтали дéсять часóв в день. *Qu'est-ce que tu as fait pendant tout ce temps?*, Что ты дéлал всё э́то врéмя? // *Pendant deux mois, nous avons voyagé à travers la Sibérie*, в течéние двух мéсяцев мы путешéствовали по Сиби́ри. *Pendant toute cette journée*, в течéние всегó э́того дня. *Pendant quelques secondes*, в течéние нéскольких секу́нд.

II. 1. *Pendant l'été, j'ai passé quelques jours dans une ville d'eau*, лéтом я провёл нéсколько дней на курóрте. *Il est arrivé pendant la nuit*, он приéхал нóчью. **2.** *Pendant le dîner*, за у́жином. **3.** *Pendant la guerre*, во врéмя войны́. ● **Pendant longtemps**, дóлгое врéмя. **Pendant que**, покá. *Pendant que je mets la table, va chercher le pain*, Покá я накрывáю на стол, иди́ за хлéбом. **Pendant ce temps-là**, тем врéменем *ou* мéжду тем. **Pendant les vacances**, на кани́кулах.

PENDRE 1. (*suspendre qqch.; exécuter qqn*) вéшать / повéсить. *Pendre un tableau au mur*, повéсить карти́ну на стéну. *Il a été pris et pendu*, егó поймáли и повéсили. **2.** (*être suspendu*) висéть* I, вишу́, виси́шь... *Un énorme tableau pendait au mur*, на стенé висéла огрóмная карти́на. // (*Par extension*) *Être pendu au téléphone*, висéть на телефóне. ● **Avoir la langue bien pendue**, хорошó подвéшен язы́к (*au sujet de la proposition française correspond en russe un nom ou un pronom au génitif régi par* « у »). *Elle a la langue bien pendue*, у неё хорошó подвéшен язы́к. **Pendre la crémaillère**, справля́ть новосéлье (справля́ть / спрáвить).

I. PENDULE *f.* часы́, часóв, часáм... *pl. t.*

II. PENDULE *m.* мáятник. *Le pendule de Foucault*, мáятник Фукó.

PÉNÉTRER (*s'introduire*) проникáть / прони́кнуть* III. *La lumière ne pénétrait pas dans la cave*, свет не проникáл в подвáл.

PÉNIBLE 1. (*fatigant; difficile à supporter*) тяжёлый, тяжёл, тяжелá, тяжелó, тяжелы́ ⁄‾‾ *ou* тя́жкий ⁄__ (*livresque*). *Un travail pénible*, тяжёлая рабóта. *Un sentiment pénible*, тяжёлое чу́вство. *Il a un caractère pénible*, у негó тяжёлый харáктер. **2.** (*triste*) печáльный. *J'ai appris une pénible nouvelle*, я узнáл печáльную нóвость.

PÉNIBLEMENT с трудóм. *Elle se déplace péniblement*, онá с трудóм передвигáется.

PÉNICHE бáржа.

I. PENSÉE (*idée*) мысль *f.* *Une pensée profonde*, глубóкая мысль. *Une arrière-pensée*, зáдняя мысль.

II. PENSÉE (*bot.*) аню́тины глáзки (аню́тины *adj. d'appart.;* глáзки, глáзок, глáзкам... *pl. t.*).

PENSER ду́мать / поду́мать. *À quoi pensez-vous?* О чём вы ду́маете? *Qu'est-ce que vous en pensez?*, Что вы об э́том ду́маете? *Il pense partir pour Leningrad*, он ду́мает поéхать в Ленингрáд.

PENSIF заду́мчивый. *Un air pensif*, заду́мчивый вид.

PENSION 1. (*allocation*) пéнсия. *Toucher une pension d'invalidité*, получáть пéнсию по инвали́дности. **2.** (*autres sens*) пансиóн. ● **Pension alimentaire**, алимéнты, алимéнтов, алимéнтам... *pl. t.* *Payer à qqn une pension alimentaire*, плати́ть комý-нибудь алимéнты.

PENTE склон. *Une pente rapide*, крутóй склон. *Sur la pente ouest de la colline*, на зáпадном склóне холмá.

PÉPIN сéмечко*, *nom. pl.* сéмечки. *Les pépins de la pomme*, сéмечки я́блока.

PERÇANT 1. (*en parlant du regard*) зóркий, *comp.* зóрче*. *Un regard perçant*, зóркий взгляд. **2.** (*en parlant d'un cri...*) пронзи́тельный. *Un cri perçant*, пронзи́тельный крик.

PERCER 1. (*faire un trou*) *selon le cas*, пробива́ть / проби́ть* II, пробью́, пробьёшь...; пробе́й; проби́тый (*en donnant des coups*); просве́рливать / просверли́ть (*avec une vrille*); прока́лывать / проколо́ть* II, проколю́, проко́лешь... ___ ; проко́лотый (*en piquant*); прорыва́ть / прорва́ть* IV, прорву́, прорвёшь...; прорва́л, прорвала́, прорва́ло, прорва́ли /___ (*en déchirant; en mettant en pièces*), *etc. Percer un mur*, проби́ть сте́ну. *Percer une ouverture dans le mur*, проби́ть отве́рстие в стене́. *Percer une planche*, просверли́ть до́ску. *Percer un abcès*, проколо́ть нары́в. *Percer les lignes ennemies*, прорва́ть ли́нии проти́вника. **2.** (*construire une rue, une route, un tunnel...*) прокла́дывать / проложи́ть ___ . *Percer une rue*, проложи́ть у́лицу. *Percer un tunnel*, проложи́ть тунне́ль. **3.** (*un secret*) разга́дывать / разгада́ть. *Percer un secret*, разгада́ть та́йну.

PERDRE 1. (*en règle générale*) теря́ть / потеря́ть. *J'ai perdu mes clefs*, я потеря́ла свои́ ключи́. *Il a perdu son père*, он потеря́л отца́. *Il y a longtemps que je l'ai perdue de vue*, я её уже́ давно́ потеря́л и́з виду. *Nous perdons notre temps pour rien*, мы напра́сно теря́ем вре́мя. *Perdre l'équilibre*, потеря́ть равнове́сие. *Perdre conscience*, потеря́ть созна́ние. *Il a perdu la tête*, он потеря́л го́лову. **2.** (*ne pas gagner*) прои́грывать / проигра́ть. *Perdre son pari*, проигра́ть пари́. *Perdre cent francs au jeu*, проигра́ть сто фра́нков. *Perdre un match*, проигра́ть матч. *Perdre un procès*, проигра́ть проце́сс. *Perdre la bataille*, проигра́ть сраже́ние. • **À perdre haleine**, во весь дух. *Courir à perdre haleine*, бежа́ть во весь дух. **Perdre courage**, па́дать ду́хом.

PERDRE (SE) 1. (*s'égarer*) / заблуди́ться ___ . *Ils se sont perdus dans la forêt*, они́ заблуди́лись в лесу́. **2.** (*disparaître*) теря́ться / потеря́ться. *Se perdre dans la foule*, теря́ться в толпе́. • **Se perdre en conjectures**, теря́ться в дога́дках.

PÈRE оте́ц. • **Le Père Noël**, дед-моро́з.

PERFECTION соверше́нство. *Savoir qqch. à la perfection*, знать что́-нибудь в соверше́нстве.

PÉRIMÉ просро́ченный *participe passé passif. Le visa est périmé*, ви́за просро́чена.

PÉRIODE пери́од. *La période d'incubation*, инкубацио́нный пери́од. *Une période de décadence*, пери́од упа́дка.

PÉRIR ги́бнуть* III / поги́бнуть* III. *Ils ont péri pendant un incendie*, они́ поги́бли во вре́мя пожа́ра.

PERLE 1. (*sg.*) бу́сина; жемчу́жина (*perle fine*). **2.** (*pl.*) бу́сы, бус, бу́сам... *pl.*; же́мчуг (*perles fines*). *Les pêcheurs de perles*, иска́тели же́мчуга. *Un collier de perles*, ни́тка же́мчуга.

PERMANENT *adj.* постоя́нный. *Une exposition permanente*, постоя́нная вы́ставка.

PERMANENTE перманéнт. *Faire une permanente*, сде́лать перманéнт.

PERMETTRE позволя́ть / позво́лить. *Permettez-moi de m'en aller*, Позво́льте мне уйти́.

PERMIS • **Le permis de chasse**, охо́тничий биле́т. **Le permis de conduire**, води́тельские права́ (права́, прав, права́м... *pl.*). **Le permis de pêche**, рыболо́вный биле́т.

PERMISSION 1. (*autorisation*) разреше́ние. *Demander la permission*, попроси́ть разреше́ния. *Avec votre permission*, с ва́шего разреше́ния. **2.** (*congé*) о́тпуск*, *loc.* отпуску́ *ou* о́тпуске; *nom. pl.* отпуска́ ___/ ‾‾‾ . *Il est venu en permission pour trois jours*, он прие́хал в о́тпуск на три дня.

PERQUISITION о́быск. *Faire une perquisition*, произвести́ о́быск.

PERROQUET попуга́й *m. Répéter comme un perroquet*, повторя́ть как попуга́й.

PERRUQUE пари́к /‾‾‾ ‾‾‾ . *Porter une perruque*, носи́ть пари́к.

PERSÉCUTER преслéдовать. *Persécuter ses adversaires*, преслéдовать своúх протúвников.

PERSÉCUTION преслéдование. *Le délire de la persécution*, мáния преслéдования.

PERSIENNE стáвень *m. Fermer les persiennes*, закры́ть стáвни.

PERSIL петрýшка.

PERSONNAGE 1. (*dans une œuvre littéraire*) дéйствующее лицó (лицó ———). *Le personnage principal*, глáвное дéйствующее лицó. **2.** (*personne*) лицó ——— . *Un personnage influent*, влия́тельное лицó. *Un personnage historique*, истори́ческое лицó.

PERSONNALITÉ 1. (*caractère personnel*) ли́чность *f. Le développement de la personnalité*, развúтие ли́чности. *Une forte personnalité*, си́льная ли́чность. **2.** (*personne influente*) дéятель *m.* (*accompagné d'un qualificatif indiquant la sphère d'activité de la personne concernée*); высокопостáвленное лицó [лицó ———] (*personne haut placée*). *Les personnalités politiques*, полити́ческие дéятели. *C'est une personnalité*, э́то высокопостáвленное лицó.

I. PERSONNE *subst.* **1.** (*en règle générale*) человéк*; *pl.* лю́ди, людéй, лю́дям, людьми́, лю́дях (*après les noms de nombre et les adverbes de quantité* « нéсколько », « скóлько » *et* « стóлько », *on utilise le génitif pluriel irrégulier* « человéк »). *Vingt kilos par personne*, двáдцать килогрáммов на человéка. *Certaines personnes préfèrent le théâtre*, нéкоторые лю́ди предпочитáют теáтр. *Il y avait cinq ou six personnes*, бы́ло пять-шесть человéк. **2.** (*iron.*) осóба. *Une jeune personne*, молодáя осóба. **3.** (*gramm.*) лицó ——— . *À la première personne du singulier*, в пéрвом лицé еди́нственного числá. ● **En personne**, сам. *J'ai été reçu par le directeur en personne*, меня́ при́нял сам дирéктор. **Les grandes personnes**, взрóслые, взрóслых, взрóслым... *adj. subst. pl. Ne pas obéir aux grandes personnes*, не слýшаться взрóслых.

II. PERSONNE *pronom* **1.** (*aucun*) никтó. « *Qui a frappé? — Personne* », « Кто стучáл? — Никтó. » *Personne ne le connaissait*, никтó егó не знал. *Il ne s'adressait à personne*, он ни к комý не обращáлся. **2.** (*n'importe qui*) ктó-нибудь. *Il le sait mieux que personne*, он э́то знáет лýчше, чем ктó-нибудь. ● **Il n'y a personne... qui**, нéкого (*la forme* « нéкого » *est un génitif; le pronom n'a pas de nominatif; il inclut le verbe* « быть »; *voir dans le dictionnaire russe-français la remarque I, 3 faisant suite à ce verbe*). *Il n'y avait personne avec qui se promener*, нé с кем бы́ло гуля́ть. *Il n'y a personne à qui je puisse me plaindre*, нéкому жáловаться.

I. PERSONNEL *adj.* ли́чный. *C'est son affaire personnelle*, э́то егó ли́чное дéло. *Les pronoms personnels*, ли́чные местоимéния.

II. PERSONNEL *subst.* штат, персонáл (*termes livresques*); рабóтники, рабóтников, рабóтникам... *pl.;* слýжащие, слýжащих, слýжащим... *adj. subst. pl.;* сотрýдники, сотрýдников, сотрýдникам... *pl., etc.* (*selon la nuance à exprimer*). *Une compression du personnel*, сокращéние штáта. *Le personnel administratif*, администрати́вный персонáл. *Le personnel enseignant*, преподавáтельский персонáл. *Le personnel du laboratoire*, рабóтники лаборатóрии. *Le personnel de la banque*, слýжащие бáнка. *Le personnel du centre de recherches*, сотрýдники исслéдовательского институ́та.

PERSONNELLEMENT ли́чно. *Personnellement, je n'ai rien contre*, ли́чно я ничегó не имéю прóтив.

PERSPECTIVE 1. (*en règle générale*) перспекти́ва. *Les lois de la perspective*, закóны перспекти́вы. *De nouvelles perspectives s'ouvrent devant nous*, пéред нáми открывáются нóвые перспекти́вы. **2.** (*nom donné aux avenues dans certaines villes russes*) проспéкт. *La perspective Nevski*, Нéвский проспéкт.

PERSUADER убеждáть / убеди́ть (*la première personne du futur est inusitée*). *Nous l'avons persuadé de rester*, мы убеди́ли его́ остáться. *Je les ai persuadés qu'il n'y avait rien à craindre*, я убеди́л их в том, что боя́ться не́чего. ● **Être persuadé**, быть уве́ренным. *Je suis persuadé qu'il s'est trompé*, я уве́рен, что он оши́бся.

PERTE 1. (*en règle générale*) поте́ря. *Une perte de temps*, поте́ря вре́мени. *Quelle perte pour la science!*, Какáя поте́ря для нау́ки! *Subir de fortes pertes*, понести́ больши́е поте́ри. **2.** (*dommages financiers*) убы́ток. *Vendre à perte*, продáть с убы́тком. **3.** (*au jeu*) про́игрыш. *Une perte de deux cents francs*, про́игрыш в две́сти фрáнков. ● **Courir à sa perte**, идти́ на ве́рную ги́бель. **En pure perte**, зря. *Dépenser son argent en pure perte*, зря трáтить де́ньги.

PESER 1. (*mesurer le poids*) взве́шивать / взве́сить. *Peser les bagages*, взве́сить багáж. *Peser le pour et le contre*, взве́шивать все за и про́тив. **2.** (*avoir un poids*) ве́сить. *Combien pèse cette lettre?*, Ско́лько ве́сит э́то письмо́? *La valise pèse vingt kilos*, чемодáн ве́сит двáдцать килогрáммов.

PESSIMISME пессими́зм. *Se laisser aller au pessimisme*, впасть в пессими́зм.

I. PESSIMISTE *subst.* **1.** *m.* пессими́ст. **2.** *f.* пессими́стка.

II. PESSIMISTE *adj.* пессимисти́ческий. *Un point de vue pessimiste*, пессимисти́ческие взгля́ды. ● **Être pessimiste**, быть пессими́стом; быть пессими́стской. *Il est pessimiste*, он пессими́ст. *Elle est pessimiste*, онá пессими́стка.

PESTE (*maladie*) чумá.

I. PETIT *adj.*

1. (*en règle générale*) мáленький, *comp.* ме́ньше*; небольшо́й (*pas grand*) // *en outre, un certain nombre de substantifs admettent un suffixe diminutif* (*en général, celui-ci n'exclut pas la possibilité d'utiliser l'un ou l'autre des adjectifs ci-dessus*).
2. (*en parlant de la taille*) невысо́кий, невысо́к, невысокá, невысо́ко, невысо́ки *ou* невысо́к, невысокá, невысоко́, невысоки́.
3. (*qui occupe une place peu élevée dans la hiérarchie*) ме́лкий, *comp.* ме́льче*.
4. (*cadet*) млáдший.
5. (*jeune, en parlant d'un animal*) *le suffixe* « ёнок » (« о́нок » *après chuintante*), *remplacé au pluriel par* « я́та », « я́т », « я́там »... (« áта », « áт », « áтам »... *après chuintante*), *permet de former le nom de la plupart des petits d'animaux; il existe quelques cas particuliers comme* « *petit chien* », « щено́к », « *petit oiseau* », « птене́ц », *etc.*

1. *Un petit village*, мáленькая дере́вня. *De petits désagréments*, мáленькие неприя́тности. *De petits enfants*, мáленькие де́ти. *L'autre chambre est plus petite que celle-ci*, другáя ко́мната ме́ньше э́той. *Une petite salle*, небольшо́й зал. *Une petite somme*, небольшáя су́мма. // *Une petite chaise*, сту́льчик. *Un petit oiseau*, пти́чка. *Un petit coin charmant*, преле́стный уголо́к. *Une petite minute*, мину́точка. *Dans une petite maison*, в мáленьком до́мике. *Une petite bouteille*, мáленькая буты́лочка. **2.** *Elle est de petite taille*, онá невысо́кого ро́ста. **3.** *Un petit fonctionnaire*, ме́лкий чино́вник. *Une petite entreprise*, ме́лкое предприя́тие. *La petite bourgeoisie*, ме́лкая буржуази́я. **4.** *Mon petit frère*, мой млáдший брат. *Ma petite sœur*, моя́ млáдшая сестрá. **5.** *Le chat a attrapé une petite souris*, ко́шка поймáла мышо́нка. *Le voisin m'a fait cadeau d'un petit chat*, сосе́д подари́л мне котёнка. *Des petits chiens noirs*, чёрные щенки́. *Les petits oiseaux sont tombés du nid*, птенцы́ вы́валились из гнездá. ● **Le monde est petit**, мир те́сен. **Petit bonhomme** (*en parlant d'un enfant*), мальчугáн; малы́ш. *Quel drôle de petit bonhomme!*, Како́й забáвный малы́ш! **Petit-bourgeois,**

мещани́н*, *pl.* меща́не, меща́н, меща́нам... **Les petits-enfants,** вну́ки, вну́ков, вну́кам... *pl.* **Un petit garçon,** ма́льчик. **Une petite fille,** де́вочка. **Une petite-fille,** вну́чка. *Une grand-mère avec sa petite-fille,* ба́бушка со свое́й вну́чкой. **Un petit-fils,** внук. **La petite monnaie,** ме́лочь *f.* **Un petit pain,** бу́лка, *dim.* бу́лочка. *Un petit pain aux raisins,* бу́лочка с изю́мом. **Petit à petit,** ма́ло-пома́лу. *Petit à petit, je m'habituais à ma nouvelle vie,* ма́ло-пома́лу я привыка́л к но́вой жи́зни. **Un petit peu,** немно́го *ou* немно́жко. **Un tout petit peu,** немно́жечко.

II. PETIT *subst.* **1.** (*enfant*) ма́льчик (*petit garçon*); сыно́к (*fils*). *Pauvre petit!,* Бе́дный ма́льчик! *Le petit va bientôt rentrer de l'école,* сыно́к ско́ро вернётся из шко́лы. **2.** (*petit d'animal*) детёныш; *en outre, le suffixe* « ёнок » (« о́нок » *après chuintante*), *remplacé au pluriel par* « я́та », « ят », « я́там »... (« а́та », « а́т », « а́там »... *après chuintante*), *permet de former le nom de nombreux petits d'animaux; il existe quelques cas particuliers comme* « щено́к », « petit chien », « птене́ц », « petit oiseau », *etc. Défendre ses petits,* защища́ть свои́х детёнышей. *La chatte nourrit ses petits,* ко́шка ко́рмит свои́х котя́т.

PETIT-BOURGEOIS мещани́н*, *pl.* меща́не, меща́н, меща́нам... ● **De petit-bourgeois,** меща́нский. *Des goûts de petits-bourgeois,* меща́нские вку́сы.

PETITE (*enfant*) де́вочка (*petite fille*); до́чка (*fille : féminin de « fils »*). *Pauvre petite!,* Бе́дная де́вочка! *La petite n'est pas encore rentrée de l'école,* до́чка ещё не верну́лась из шко́лы.

PETITE-FILLE вну́чка. *Une grand-mère avec sa petite-fille,* ба́бушка со свое́й вну́чкой.

PETIT-FILS внук.

PETITS-ENFANTS вну́ки, вну́ков, вну́кам... *pl.*

PÉTROLE 1. (*brut*) нефть *f.* *L'extraction du pétrole,* добы́ча не́фти. **2.** (*lampant*) кероси́н. ● **De pétrole,** нефтяно́й. *Un puits de pétrole,* нефтяна́я сква́жина. **Une lampe à pétrole,** кероси́новая ла́мпа.

PEU

> **1.** (*non accompagné d'un article*) ма́ло.
> **2.** (*précédé de l'article indéfini*) немно́го, *dim.* немно́жко *et* немно́жечко.
> **3.** (*précédé de l'article défini*) **a.** *pronom* то немно́гое *pronoms neutres* // **b.** *pronom-adjectif* тот немно́гий *pronoms-adjectifs* (*livresque*).

1. *Il parlait peu,* он говори́л ма́ло. *Je gagne trop peu,* я сли́шком ма́ло зараба́тываю. *Peu d'argent,* ма́ло де́нег. **2.** *Un peu de sel,* немно́го со́ли. *J'ai un peu mal à la tête,* у меня́ голова́ немно́го боли́т. *Attendez un petit peu,* Подожди́те немно́жко. *Un petit peu mieux,* немно́жко лу́чше. **3. a.** *Il a oublié le peu qu'on lui avait appris,* он забы́л то немно́гое, чему́ его́ учи́ли. // **b.** *Le peu d'argent que j'avais conservé,* те немно́гие де́ньги, кото́рые я сохрани́л. ● **À peu d'exceptions près,** за немно́гими исключе́ниями. **À peu près 1.** (*presque*) почти́. *Il est à peu près rétabli,* он почти́ здоро́в. **2.** (*environ*) о́коло (+ *gén.*). *À peu près cent personnes,* о́коло ста челове́к. **Avant peu,** в ско́ром вре́мени. **C'est peu de chose,** э́то пустяки́. **De peu 1.** (*à peine*) ненамно́го. *Il est mon aîné de peu,* он ненамно́го ста́рше меня́. *Je l'ai manqué de peu,* я ненамно́го опозда́л. **2.** (*de quantités minimes*) немно́гим. *Se contenter de peu,* дово́льствоваться немно́гим. **Depuis peu,** неда́вно (*suivi d'un verbe perfectif; si l'utilisation d'un verbe imperfectif est nécessaire, le faire précéder de* « нача́ть » *ou* « стать »). *Il est rentré depuis peu,* он неда́вно верну́лся. *Elle travaille depuis peu,* она́ неда́вно начала́ рабо́тать. **D'ici peu,** ско́ро. *D'ici peu, il y aura une nouvelle école dans le quartier,* ско́ро откро́ется но́вая шко́ла в э́том райо́не. **En peu de**

mots, в немно́гих слова́х. **En peu de temps,** за коро́ткое вре́мя. **Peu à peu,** ма́ло-пома́лу. *Peu à peu, je m'habitue à ce travail,* ма́ло-пома́лу я привыка́ю к э́той рабо́те. **Peu après,** вско́ре; вско́ре по́сле (+ *gén.*). *Il est parti peu après,* вско́ре он уе́хал. *Peu après son départ,* вско́ре по́сле его́ отъе́зда. **Peu avant,** незадо́лго пе́ред (+ *instr.*). *Elle était partie peu avant,* она́ уе́хала незадо́лго пе́ред э́тим. *Peu avant son départ,* незадо́лго пе́ред её отъе́здом. **Peu importe,** всё равно́. *Peu lui importe,* ему́ всё равно́. **Peu nombreux 1.** (*attribut*) ма́ло (+ *gén.*). *Ils sont peu nombreux,* их ма́ло. **2.** (*épithète*) немногочи́сленный. *Des remarques peu nombreuses,* немногочи́сленные замеча́ния.

Remarques.

1. « Un peu » suivi d'un comparatif peut être traduit par le préfixe по. Celui-ci s'accole à la forme synthétique. Ex. : *Ils sont là-bas un peu plus loin,* они́ там пода́льше.

2. Dans certains verbes, le préverbe « по » signifie « un peu ». Ex. : *Pleurer un peu,* попла́кать.

PEUPLE наро́д. *Le peuple français,* францу́зский наро́д.

PEUPLER населя́ть / насели́ть.

PEUPLIER то́поль*, *nom. pl.* тополя́ *m.*

PEUR страх; боя́знь *f.* (*plus faible*). *Trembler de peur,* дрожа́ть от стра́ха. *De peur d'être en retard,* из боя́зни опозда́ть. ● **Avoir peur,** боя́ться* I, бою́сь, бои́шься... (*régit un nom au génitif, un verbe à l'infinitif ou une subordonnée introduite par* « что »); / испуга́ться (+ *gén.*). *Elle a peur de sa mère,* она́ бои́тся ма́тери. *J'avais peur de prendre froid,* я боя́лся простуди́ться. *J'ai peur qu'il prenne froid,* бою́сь, что он просту́дится. *J'ai peur qu'il ne vienne pas,* бою́сь, что он не придёт. *Il a eu peur du chien,* он испуга́лся соба́ки. **Faire peur,** пуга́ть / испуга́ть. *Oh, que vous m'avez fait peur!,* Ой, как вы меня́ испуга́ли! **Prendre peur,** / испуга́ться.

PEUT-ÊTRE мо́жет быть; пожа́луй (*admettons*). *Il est peut-être déjà rentré,* он, мо́жет быть, уже́ верну́лся. *Après tout, il a peut-être raison,* пожа́луй, он прав. *Après tout, j'irai peut-être avec vous,* я, пожа́луй, пойду́ с ва́ми.

PHARAON фарао́н.

PHARE 1. (*pour guider les navires*) мая́к. **2.** (*de véhicule*) фа́ра. *Allumer ses phares,* включи́ть фа́ры.

PHARMACIE (*magasin*) апте́ка.

PHARMACIEN апте́карь *m.*

PHARMACIENNE апте́карша (*fam.*); апте́карь *m.*

PHÉNOMÈNE (*fait naturel*) явле́ние. *Les phénomènes de la nature,* явле́ния приро́ды.

PHILATÉLIE филатели́я.

PHILATÉLISTE 1. *m.* филатели́ст. **2.** *f.* филатели́стка.

PHILOSOPHE фило́соф.

PHILOSOPHIE филосо́фия.

PHILOSOPHIQUE филосо́фский. *Des réflexions philosophiques,* филосо́фские размышле́ния. *Avec un calme philosophique,* с филосо́фским споко́йствием.

I. PHONÉTIQUE *subst.* фоне́тика.

II. PHONÉTIQUE *adj.* фонети́ческий. *La transcription phonétique,* фонети́ческая транскри́пция.

PHOQUE тюле́нь *m.*

PHOTO сни́мок; фотока́рточка *ou, simplement,* ка́рточка (*reproduction sur papier*); фо́то* *indécl. n.* (*moins usité*). *Faire une photo,* сде́лать сни́мок. *J'avais sa photo sur mon bureau,* на моём пи́сьменном столе́ стоя́ла её ка́рточка. *Une belle photo,* краси́вое фо́то. ● **Un appareil de photo,** фотоаппара́т.

PHOTOGRAPHE фото́граф.

PHOTOGRAPHIE (*divers sens*) фотогра́фия.

PHOTOGRAPHIER снима́ть / снять* IV, сниму́, сни́мешь... ; снял, сняла́, сня́ло, сня́ли ; сня́тый, снят, снята́, сня́то, сня́ты ; фотографи́ровать / сфотографи́ровать (*li-*

vresque). *Où est-ce que tu l'as photographiée?*, Где ты её снима́л?

PHOTOGRAPHIQUE фотографи́ческий. *Une reproduction photographique*, фотографи́ческая репроду́кция.

PHRASE фра́за.

PHYSICIEN фи́зик.

PHYSIONOMIE физионо́мия.

I. PHYSIQUE *subst.* **1.** *f.* фи́зика. *La physique nucléaire*, я́дерная фи́зика. **2.** *m.* нару́жность *f.* *Un jeune homme au physique agréable*, молодо́й челове́к прия́тной нару́жности.

II. PHYSIQUE *adj.* физи́ческий. *Des exercices physiques*, физи́ческие упражне́ния. *La géographie physique*, физи́ческая геогра́фия. ● **La culture physique,** физкульту́ра. *Faire de la culture physique*, занима́ться физкульту́рой.

PIANISTE 1. *m.* пиани́ст. **2.** *f.* пиани́стка.

PIANO *subst.* пиани́но* *indécl. n.* (*piano droit*); роя́ль *m.* (*piano à queue*); фортепья́но* *indécl. n.* (*dans la dénomination des œuvres écrites pour cet instrument*). *Jouer du piano*, игра́ть на пиани́но *ou* игра́ть на роя́ле. *Un concerto pour piano et orchestre*, конце́рт для фортепья́но с орке́стром. ● **Piano à queue,** роя́ль *m.*

PIC 1. (*instrument*) кирка́. **2.** (*sommet*) пик. *Le pic d'Aneto*, пик Ане́то. **3.** (*oiseau*) дя́тел. ● **À pic 1.** (*vertical*) отве́сный. *Une falaise à pic*, отве́сная скала́. **2.** (*verticalement*) отве́сно. *Le sentier descend presque à pic*, тропи́нка спуска́ется почти́ отве́сно. **3.** (*au bon moment*) кста́ти. *Vous arrivez à pic*, Вы пришли́ кста́ти. **4.** (*en allant droit au fond*) ко дну. *La barque a coulé à pic*, ло́дка пошла́ ко дну.

PIE *subst.* соро́ка. *Jacasser comme une pie*, треща́ть как соро́ка.

PIÈCE

1. (*morceau*) кусо́к.
2. (*d'un mécanisme*) часть *f.*
3. (*morceau d'étoffe pour un raccommodage*) запла́та.
4. (*unité*) шту́ка.
5. (*dans un appartement*) ко́мната.
6. (*pièce de monnaie*) моне́та.
7. (*ouvrage dramatique*) пье́са.
8. (*document*) докуме́нт.
9. (*canon*) ору́дие.

1. *Une pièce d'étoffe*, кусо́к мате́рии. **2.** *Les pièces de rechange*, запасны́е ча́сти. **3.** *Mettre une pièce*, поста́вить запла́ту. **4.** *Vingt-cinq francs pièce*, два́дцать пять фра́нков за шту́ку. **5.** *Un appartement de trois pièces*, кварти́ра из трёх ко́мнат. **6.** *Une pièce de cinq francs*, моне́та в пять фра́нков. **7.** *Une nouvelle pièce d'Anouilh*, но́вая пье́са Ану́я. **8.** *Une pièce justificative*, оправда́тельный докуме́нт. **9.** *Une pièce de D.C.A.*, зени́тное ору́дие. ● **Mettre en pièces** (*déchirer*), разорва́ть в клочки́ (разрыва́ть / разорва́ть* IV, разорву́, разорвёшь...; разорва́л, разорвала́, разорва́ло, разорва́ли). **Une pièce d'identité,** удостовере́ние ли́чности.

PIED

1. (*partie du corps*) нога́ (*l'accent passe sur la préposition dans les groupes* « за́ ногу », « на́ ногу », « по́д ногу », « на́ ноги » *et* « по́д ноги »). //
Remarque. Le mot « нога́ » désigne aussi bien « la jambe » que « le pied », le contexte permettant généralement d'éviter toute équivoque. Dans des cas exceptionnels, on emploie les mots « ступня́ » ou « стопа́ » (*livresques*).
2. (*d'un meuble, d'un objet...*) но́жка.
3. (*d'une montagne, d'un arbre*) подно́жие.
4. (*plante*) куст.

1. *Le pied droit*, пра́вая нога́. *De la tête aux pieds*, с головы́ до ног. *Être sur pied*, быть на нога́х. *Marcher sur les pieds de qqn* (*propr. ou fig.*), наступи́ть кому́-нибудь на́ ноги. *Se lever du pied gauche*, встава́ть с ле́вой ноги́. *Avoir un pied dans la tombe*, стоя́ть одно́й ного́й в моги́ле. // *La roue lui a écrasé le pied*, колесо́ раздави́ло ему́ ступню́. *Des pieds plats*, пло́ские ступни́. *Les os du pied*, ко́сти стопы́. **2.** *Le pied de la table*, но́жка стола́. *Le pied du champignon*, но́жка гриба́. **3.** *Au pied de la montagne*, у подно́жия горы́. **4.** *Un pied de fraisier*, куст земляни́ки. ● **À pied** (*pédestrement*), пешко́м. *Aller à pied*, идти́ пешко́м. **Au pied de la lettre**, в буква́льном смы́сле сло́ва. **Avoir pied**, достава́ть до дна. **Faire un pied de nez à qqn**, показа́ть кому́-нибудь нос.

PIÈGE (*propr. et fig.*) западня́*, *gén. pl.* западне́й. *Tendre un piège*, поста́вить западню́. *Tomber dans le piège*, попа́сть в западню́.

PIERRE ка́мень ___ /‾‾‾ *m. Une pierre à aiguiser*, точи́льный ка́мень. *Une pierre précieuse*, драгоце́нный ка́мень. ● **C'est une pierre dans mon jardin**, э́то в мой огоро́д ка́мешки летя́т. **De pierre, en pierre**, ка́менный. *Une maison en pierre*, ка́менный дом. **Faire d'une pierre deux coups**, одни́м вы́стрелом двух за́йцев уби́ть. **Geler à pierre fendre**, треску́чий моро́з *et le verbe* быть. *Il gelait à pierre fendre*, был треску́чий моро́з.

PIÉTON пешехо́д. *Renverser un piéton*, сбить пешехо́да с ног.

PIEU кол*, *pl.* ко́лья, ко́льев, ко́льям... /‾‾‾ ___ . *Enfoncer un pieu dans la terre*, вбить в зе́млю кол.

PIGEON го́лубь ___ /‾‾‾ *m. Un pigeon voyageur*, почто́вый го́лубь.

PILE ___

> **1.** (*d'objets*) сто́пка // шта́бель, *nom. pl.* штабеля́ ___ *m.* (*bois, matériaux de construction*).
> **2.** (*d'un pont*) бык /‾‾‾ ‾‾‾ .
> **3.** (*électrique*) батаре́я, *dim.* батаре́йка.
> **4.** (*atomique*) реа́ктор.
> **5.** (*côté d'une pièce de monnaie*) ре́шка.

1. *Une pile de cahiers*, сто́пка тетра́дей. *Une pile de disques*, сто́пка пласти́нок. // *Une pile de bois*, шта́бель дров. *Une pile de briques*, шта́бель кирпиче́й. **2.** *Il ne restait du pont que les piles en pierre*, от моста́ оста́лись то́лько ка́менные быки́. **3.** *Une pile de 9 volts*, батаре́я в 9 вольт. *Une pile pour lampe de poche*, батаре́йка для карма́нного фонаря́. **4.** *Une pile à uranium*, ура́новый реа́ктор. **5.** *Pile ou face*, орёл и́ли ре́шка (*en russe, les termes de cette expression se trouvent inversés par rapport au français*).

PILIER столб /‾‾‾ ‾‾‾ . *Les piliers métalliques de la salle d'exposition*, металли́ческие столбы́ вы́ставочного за́ла.

PILLAGE грабёж /‾‾‾ ‾‾‾ .

PILLER гра́бить / огра́бить. *Des nomades pillaient les caravanes*, кочёвники гра́били карава́ны.

PILOTE 1. (*d'avion, d'hélicoptère, de navire cosmique...*) пило́т. *Le pilote du bombardier*, пило́т бомбардиро́вщика. **2.** (*de voiture de course, d'engin blindé*) води́тель *m.* **3.** (*de bateau*) ло́цман. ● **Un pilote d'essai**, лётчик-испыта́тель *m.*

PILULE пилю́ля. *Pilule contraceptive*, противозача́точная пилю́ля. *Dorer la pilule*, позолоти́ть пилю́лю.

PIN сосна́ ‾‾‾ ___ . ● **De pin**, сосно́вый. *Une pomme de pin*, сосно́вая ши́шка.

PINCE 1. (*outil*) щипцы́, щипцо́в, щипца́м... *pl. t. Serrer avec des pinces*, сжима́ть щипца́ми. **2.** (*de homard, d'écrevisse...*) клешня́*, *gén. pl.* клешне́й. ● **Pince coupante**, куса́чки, куса́чек, куса́чкам... *pl. t.* **Pince à linge**, зажи́м для белья́. **Pince plate**, плоскогу́бцы, плоскогу́бцев, плоскогу́бцам... *pl. t.*

PINCEAU кисть ___ /‾‾‾ *f.*; *dim.* ки́сточка.

PINCER 1. (*en règle générale*) щипа́ть* II, щиплю́, щи́плешь... ___ / ущипну́ть. *Elle m'a pincé le bras*, она́ ущипну́ла меня́ за́ руку. *Le froid vous pince les oreilles*, моро́з щи́плет у́ши. **2.**

(*coincer*) прищемля́ть / прищеми́ть. *Se pincer le doigt dans la porte*, прищеми́ть себе́ па́лец в двери́. ● **Pincer les lèvres**, сжать гу́бы (сжима́ть / сжать* II, сожму́, сожмёшь...; сжа́тый).

PINGOIN пингви́н.

PING-PONG пинг-по́нг. *Jouer au Ping-Pong*, игра́ть в пинг-по́нг.

PIOCHE моты́га.

PIONNIER (*divers sens*) пионе́р. *Les pionniers de l'aviation*, пионе́ры авиа́ции. *Il y a cinq cents pionniers dans ce camp*, в э́том ла́гере пятьсо́т пионе́ров. ● **De pionnier, de pionniers**, пионе́рский. *Un camp de pionniers*, пионе́рский ла́герь. *Un détachement de pionniers*, пионе́рский отря́д. *Un foulard de pionnier*, пионе́рский га́лстук.

PIPE тру́бка. *Fumer la pipe*, кури́ть тру́бку.

PIPE-LINE нефтепрово́д.

PIQUE (*aux cartes*) пи́ки, пик, пи́кам... *pl. t.* ● **De pique**, пи́ковый. *La dame de pique*, пи́ковая да́ма.

PIQUE-NIQUE пикни́к. *Organiser un pique-nique*, устро́ить пикни́к.

PIQUER

1. (*blesser légèrement avec qqch. de pointu*) коло́ть* II, колю́, ко́лешь... / кольну́ть *ou* уколо́ть* II, уколю́, уко́лешь...; уко́лотый.
2. (*en parlant d'un insecte, d'un serpent...*) куса́ть / укуси́ть (*mordre*); жа́лить / ужа́лить (*plus livresque*).
3. (*en parlant du froid*) щипа́ть* II, щи́плет.
4. (*en parlant de la fumée*) есть* *n. cl.*, ест; ел.
5. (*descendre en piqué*) пики́ровать / пики́ровать.
6. (*éveiller un sentiment*) возбужда́ть / возбуди́ть.

1. *Se piquer le doigt avec une aiguille*, уколо́ть себе́ па́лец игло́й. **2.** *Un serpent l'a piquée*, её укуси́ла змея́. *Quelle mouche te pique?*, Кака́я му́ха тебя́ укуси́ла? *Une abeille l'a piqué*, его́ ужа́лила пчела́. **3.** *Le froid pique les oreilles*, моро́з щи́плет у́ши. **4.** *La fumée nous piquait les yeux*, дым ел глаза́. **5.** *Les bombardiers piquaient sur leur but*, бомбардиро́вщики пики́ровали на цель. **6.** *Piquer la curiosité*, возбуди́ть любопы́тство. ● **Piquer au vif**, заде́ть за живо́е (задева́ть / заде́ть* *n. cl.*, заде́ну, заде́нешь...; заде́л, заде́ла...; заде́тый).

PIQUET 1. (*petit pieu*) кол*, *pl.* ко́лья, ко́льев, ко́льям... *Enfoncer un piquet dans la terre*, вбить кол в зе́млю. **2.** (*de grève*) пике́т. *Un piquet de grève*, ста́чечный пике́т.

PIQÛRE 1. (*faite avec un instrument pointu*) уко́л. *Faire des piqûres à un malade*, сде́лать больно́му уко́лы. **2.** (*d'insecte, de serpent...*) уку́с. *La piqûre d'un moustique*, уку́с комара́.

PIRATE пира́т. *Les pirates de l'air*, возду́шные пира́ты.

PIRE ху́же. *C'est de pire en pire*, де́ло идёт всё ху́же и ху́же. ● **Le pire 1.** (*le plus mauvais*) наиху́дший, са́мый ху́дший. *Dans les pires conditions*, в наиху́дших усло́виях. // (*Subst.*) *Des deux solutions, il a choisi la pire*, из двух возмо́жностей он вы́брал наиху́дшую. **2.** (*le plus grand*) са́мый большо́й. *Il a rencontré les pires difficultés*, он натолкну́лся на са́мые больши́е затрудне́ния. **Il n'est pire eau que l'eau qui dort**, в ти́хом о́муте че́рти во́дятся.

PIS ● **Au pis-aller**, в ху́дшем слу́чае. **Tant pis**, всё равно́. **Tant pis pour**, тем ху́же для (+ *gén.*).

PISCINE бассе́йн. *Une piscine couverte*, зи́мний бассе́йн.

PISTE

1. (*trace*) след*, *loc.* следу́ (*au génitif, l'accent n'est initial qu'à la forme irrégulière* « сле́ду* »; *la forme* « следа́ », *par contre, est accentuée sur la finale.*
2. (*pour une épreuve sportive*) доро́жка.
3. (*pour le ski*) диста́нция.

4. (*sur un aérodrome*) полоса́, *pl.* по́лосы, поло́с, полоса́м... .

1. *Nous sommes tombés sur sa piste*, мы напа́ли на его́ след. *Suivre la piste*, идти́ по следа́м. **2.** *Une piste pour la course à pied*, бегова́я доро́жка. *Une piste cyclable*, велосипе́дная доро́жка. **3.** *Une piste de slalom*, диста́нция сла́лома. **4.** *La piste d'envol*, взлётная полоса́. ● **Une fausse piste** (*fausse direction*), ло́жный путь (путь*, *gén.*, *dat.*, *loc.* пути́, *instr.* путём; *pl.* пути́, путе́й, путя́м... *m.*). *Être sur une fausse piste*, идти́ по ло́жному пути́.

PISTOLET пистоле́т. *Tirer un coup de pistolet*, вы́стрелить из пистоле́та.

PITEUX жа́лкий . *Des résultats piteux*, жа́лкие результа́ты.

PITIÉ жа́лость *f*. *Elle a fait cela par pitié pour lui*, она́ э́то сде́лала из жа́лости к нему́. ● **Avoir pitié de**, жа́лко *ou* жаль *et le verbe* быть (*au sujet de la proposition française correspond en russe un nom ou un pronom au datif; «* жа́лко *» et «* жаль *» régissent l'accusatif*); жале́ть / пожале́ть (+ *acc.*). *J'avais pitié d'elle*, мне бы́ло жа́лко её *ou* мне бы́ло жаль её. *Avoir pitié d'un orphelin*, пожале́ть сироту́. **Faire pitié 1.** (*ne régissant pas un infinitif*) жа́лко *ou* жаль *et le verbe* быть (*au sujet de la proposition française correspond en russe un nom ou un pronom à l'accusatif*). *Il me fait pitié*, мне жаль его́. **2.** (*régissant un infinitif*) жа́лко *ou* жаль *et le verbe* быть. *Elle faisait pitié à voir*, жа́лко бы́ло на неё смотре́ть.

PITTORESQUE живопи́сный. *Une route pittoresque*, живопи́сная доро́га. *Un récit pittoresque*, живопи́сный расска́з.

PLACARD (*armoire*) стенно́й шкаф *ou*, *simplement*, шкаф (шкаф*, *loc.* шкафу́).

PLACE 1. (*divers sens*) ме́сто . *Le livre n'est pas à sa place*, кни́га не на ме́сте. *Il n'y avait pas une seule place libre*, не́ было ни одного́ свобо́дного ме́ста. *Réserver des places*, заброни́ровать места́. *À ta place, je lui écrirais*, на твоём ме́сте я бы ему́ написа́л. *On me propose une place à la banque*, мне предлага́ют ме́сто в ба́нке. **2.** (*place publique*) пло́щадь, *pl.* пло́щади, площаде́й, площадя́м... *f*. *La place de la Concorde*, пло́щадь Согла́сия. *Sur la place Rouge*, на Кра́сной пло́щади. **3.** (*billet*) биле́т. *Deux places, s'il vous plaît*, Два биле́та, пожа́луйста. ● **À la place de**, вме́сто (+ *gén.*). *Travailler à la place d'un camarade*, рабо́тать вме́сто това́рища.

PLACER

1. (*couché*) класть* IV, кладу́, кладёшь...; клал, кла́ла... / положи́ть .
2. (*dressé*) ста́вить / поста́вить.
3. (*faire asseoir*) сажа́ть / посади́ть .
4. (*répartir*) расставля́ть / расста́вить.
5. (*procurer un emploi*) устра́ивать / устро́ить.
6. (*prêter à intérêt*) вкла́дывать / вложи́ть .

1. *Placer ses pieds sur un tabouret*, положи́ть но́ги на табуре́т. **2.** *Placer les pots de confiture sur l'étagère*, поста́вить ба́нки варе́нья на по́лку. **3.** *Elle a placé le colonel à côté de moi*, она́ посади́ла полко́вника ря́дом со мной. **4.** *Placer les pièces sur l'échiquier*, расста́вить ша́хматы на доске́. **5.** *Il a placé son fils à la banque*, он устро́ил сы́на в ба́нке. **6.** *Placer quelques millions dans la construction*, вложи́ть не́сколько миллио́нов в строи́тельство. ● **Placer son espoir en**, возложи́ть свои́ наде́жды на [+ *acc.*] (возлага́ть / возложи́ть). **Placer un mot**, вста́вить сло́во (вставля́ть / вста́вить). *Il ne me laissait pas placer un seul mot*, он мне ни сло́ва не дава́л вста́вить.

PLAFOND потоло́к; плафо́н (*plafond sculpté ou décoré*). *Un plafond bas*, ни́зкий потоло́к.

PLAGE пляж. *Se faire bronzer sur la plage*, загора́ть на пля́же.

PLAIDOIRIE речь *f.* (*quelquefois accompagné de l'adjectif* « защити́тельная »). *La longue plaidoirie de l'avocat*, дли́нная речь адвока́та.

PLAIE ра́на. *Panser une plaie*, перевяза́ть ра́ну.

PLAINDRE жа́лко *ou* жаль (*au sujet de la proposition française correspond en russe un nom ou un pronom au datif*); жале́ть / пожале́ть (*plus livresque*). *Je plains sa sœur*, мне жа́лко его́ сестру́.

PLAINDRE (SE) жа́ловаться / пожа́ловаться. *Il y avait déjà longtemps qu'ils se plaignaient de leurs voisins*, они́ уже́ давно́ жа́ловались на сосе́дей. *Elle se plaignait de ne pas pouvoir travailler*, она́ жа́ловалась, что не мо́жет рабо́тать. *Le malade se plaignait de maux de tête*, больно́й жа́ловался на головну́ю боль.

PLAINE равни́на. *Une vaste plaine*, обши́рная равни́на.

PLAINTE 1. (*gémissement*) стон. *On entendait les plaintes des blessés*, слы́шались сто́ны ра́неных. **2.** (*récrimination; déclaration en justice*) жа́лоба. *J'en ai assez de ses plaintes incessantes*, мне надое́ли её постоя́нные жа́лобы. *Porter plainte contre qqn*, пода́ть жа́лобу на кого́-нибудь. ● **Pousser une plainte**, стона́ть / застона́ть.

PLAIRE нра́виться / понра́виться. *Ce livre me plaît*, мне нра́вится э́та кни́га. ● **Comme il vous plaira**, Как вам уго́дно. **S'il te plaît, s'il vous plaît**, пожа́луйста [пʌжалустə]. *Donne-moi un morceau de pain, s'il te plaît*, Дай мне, пожа́луйста, кусо́к хле́ба.

PLAIRE (SE) [*se trouver bien*] нра́виться (*au sujet de la proposition française correspond en russe un nom ou un pronom au datif*). *Je me plais ici*, мне здесь нра́вится.

PLAISANTER шути́ть / пошути́ть (*jamais transitif*); *dans toute une série d'expressions, « plaisanter » se traduit à l'aide du substantif* « шу́тка ». *On s'amuse bien avec lui, il aime plaisanter*, с ним ве́село, он лю́бит шути́ть. *Ses amis la plaisantaient sur son nouveau chapeau*, друзья́ шути́ли над ней из-за её но́вой шля́пы. *Elle a dit ça pour plaisanter*, она́ сказа́ла э́то в шу́тку. *Je n'ai pas envie de plaisanter*, мне не до шу́ток. *Il ne fait pas bon plaisanter avec lui*, с ним шу́тки пло́хи.

PLAISANTERIE шу́тка. *Elle ne comprend pas la plaisanterie*, она́ не понима́ет шу́ток.

PLAISIR удово́льствие; *on peut également, dans bien des cas, traduire par une périphrase utilisant* прия́тно *et le verbe* быть. *Avec le plus grand plaisir*, с велича́йшим удово́льствием. *Vous lui avez fait grand plaisir*, Вы доста́вили ему́ большо́е удово́льствие. *Ça m'a fait plaisir de la rencontrer*, мне прия́тно бы́ло встре́титься с ней.

PLAN *subst.* **1.** (*divers sens*) план. *Le plan de la ville*, план го́рода. *Le plan de l'exposé*, план докла́да. *Exécuter le plan*, вы́полнить план. *Au premier plan*, на пе́рвом пла́не. **2.** (*en géométrie*) пло́скость, *pl.* пло́скости, плоскосте́й, плоскостя́м... *f. Un plan incliné*, накло́нная пло́скость. ● **Le plan quinquennal**, пятиле́тний план, *par abréviation* пятиле́тка.

PLANCHE (*morceau de bois*) доска́. *Une planche de pin*, сосно́вая доска́.

PLANCHER пол*, *loc.* полу́ (*l'accent passe sur la préposition dans les groupes* « на́ пол », « о́б пол » *et* « по́ полу »). *La balle roule sur le plancher*, мяч ка́тится по́ полу.

PLANÈTE плане́та.

PLANIFICATION плани́рование. *La planification de l'économie*, плани́рование наро́дного хозя́йства.

PLANIFIER плани́ровать. *Planifier la recherche scientifique*, плани́ровать нау́чные иссле́дования. ● **L'économie planifiée**, пла́новое хозя́йство.

PLANTE расте́ние. *Une plante aquatique*, водяно́е расте́ние. *Des plantes d'appartement*, ко́мнатные растéния. ● **Le jardin des plantes,** ботани́ческий сад.

PLANTER 1. (*une plante*) сажа́ть / посади́ть . *Planter des fleurs,* сажа́ть цветы́. **2.** (*un pieu...*) втыка́ть / воткну́ть. *Planter un pieu en terre,* воткну́ть кол в зе́млю.

PLAQUE табли́чка, доще́чка. *La plaque indiquant le nom de la rue,* табли́чка с назва́нием у́лицы. ● **Plaque commémorative,** мемориа́льная доска́ (доска́).

PLASTIQUE *adj.* ● **Matière plastique,** пластма́сса. *Des assiettes en matière plastique,* таре́лки из пластма́ссы. **En matière plastique,** пластма́ссовый. *Un imperméable en plastique,* пластма́ссовый плащ.

I. PLAT *adj.* **1.** (*uni*) ро́вный . *Une région plate,* ро́вная ме́стность. *Une route plate,* ро́вная доро́га. **2.** (*sans épaisseur*) пло́ский , *comp.* пло́ще*. *Une caisse plate,* пло́ский я́щик. *Une poitrine plate,* пло́ская грудь. **3.** (*lisse*) гла́дкий , *comp.* гла́же*. *Des cheveux plats,* гла́дкие во́лосы. ● **À plat ventre,** ничко́м. *Se coucher à plat ventre,* лечь ничко́м. *Être à plat ventre,* лежа́ть ничко́м. **Battre à plate couture,** разби́ть на́голову. **Une assiette plate,** ме́лкая таре́лка.

II. PLAT *subst.* блю́до. *Un plat de porcelaine,* фарфо́ровое блю́до. *Un bon plat,* вку́сное блю́до. *Mon plat préféré,* моё люби́мое блю́до. ● **En faire tout un plat,** де́лать из му́хи слона́.

PLATANE плата́н.

PLATEAU 1. (*ustensile*) подно́с. *Sur un plateau d'argent,* на сере́бряном подно́се. **2.** (*géogr.*) плоского́рье.

PLATE-FORME (*d'un wagon...*) площа́дка. *Sur la plate-forme arrière du tram,* на за́дней площа́дке трамва́я.

PLATONIQUE платони́ческий. *Un amour platonique,* платони́ческая любо́вь.

PLÂTRE 1. (*à mouler*) гипс. *Une statuette en plâtre,* статуэ́тка из ги́пса. *On lui a mis un plâtre,* ему́ наложи́ли гипс. **2.** (*sur les murs*) штукату́рка. *Le plâtre s'effrite,* штукату́рка обва́ливается.

PLÉBISCITE плебисци́т.

I. PLEIN *adj.* по́лный, по́лон, полна́, по́лно, по́лны *ou* по́лон, полна́... . *Un plein verre d'eau,* по́лный стака́н воды́. *Le théâtre est plein,* теа́тр по́лон. *La pleine lune,* по́лная луна́. ● **À pleine voix,** во весь го́лос. **En plein** *doit être traduit différemment selon le contexte. En pleine nuit,* среди́ но́чи. *En plein hiver,* среди́ зимы́. *En plein jour,* среди́ бе́ла дня. *En plein air,* на откры́том во́здухе. *Le bateau était déjà en pleine mer,* кора́бль был уже́ в откры́том мо́ре. *Les fenêtres donnent en plein nord,* о́кна выхо́дят пря́мо на се́вер. *Les bombes sont tombées en plein sur la gare,* бо́мбы попа́ли пря́мо на вокза́л. **Plein à craquer,** битко́м наби́тый. *La salle est pleine à craquer,* зал битко́м наби́т. **Les pleins pouvoirs,** полномо́чия, полномо́чий, полномо́чиям... *pl.*

II. PLEIN *subst.* ● **Battre son plein,** быть в са́мом разга́ре. *La fête battait son plein,* пра́здник был в са́мом разга́ре.

PLEINEMENT вполне́. *Cela me satisfait pleinement,* э́то меня́ устра́ивает вполне́.

PLEURER пла́кать* II, пла́чу, пла́чешь... / запла́кать* II (*id.*). *Pleurer amèrement,* го́рько пла́кать. *Pleurer de joie,* пла́кать от ра́дости.

PLEUVOIR *traduire par une périphrase utilisant le mot* дождь (дождь *m.*). *Il pleut,* идёт дождь. *Il pleuvait très fort,* шёл си́льный дождь. *Il s'est mis à pleuvoir,* пошёл дождь. *Il ne pleut pas,* нет дождя́. *Il ne pleut plus,* дождь переста́л. *Il pleut à seaux,* дождь льёт как из ведра́.

PLI (*partie repliée*) скла́дка. *Les plis de la robe,* скла́дки пла́тья.

PLIER 1. (*rabattre sur lui-même*) скла́дывать / сложи́ть . *Plier sa serviette,* сложи́ть салфе́тку. *Plier le journal,* сложи́ть газе́ту. *Plier une feuille de papier en deux, en quatre,* сложи́ть лист бумáги пополáм, вчéтверо. **2.** (*courber*) сгибáть / согнýть. *Plier les doigts*, согнýть пáльцы.

PLOMB 1. (*métal*) свинéц. **2.** (*de chasse*) дробь *f.* (*pas de pl.*). *Des plombs de petit calibre*, мéлкая дробь. **3.** (*fusible*) прóбка. *Les plombs ont sauté*, прóбка перегорéла. ● **Un soldat de plomb**, оловя́нный солдáтик.

PLOMBER пломбировáть / запломбировáть. *Plomber une dent*, запломбировáть зуб.

PLONGER 1. (*faire un saut dans l'eau*) пры́гать / пры́гнуть. **2.** (*s'enfoncer dans l'eau*) ныря́ть / нырнýть. **3.** (*enfoncer dans un liquide; mettre dans telle ou telle situation*) погружáть / погрузи́ть. *Plonger ses mains dans l'eau*, погрузи́ть рýки в вóду. *Se plonger dans la lecture*, погружáться в чтéние.

PLUIE дождь ⁄——— ——— *m.; dim.* дóждик. *La pluie s'est arrêtée*, дождь перестáл. *Une pluie torrentielle*, проливнóй дождь. *Une petite pluie*, мéлкий дóждик. ● **Une pluie de balles**, град пуль.

PLUME перó*, *pl.* пéрья, пéрьев, пéрьям... ——— ——— . *Léger comme une plume*, лёгкий как перó. *Tremper sa plume dans l'encre*, обмакнýть перó в черни́ла.

PLUPART (LA) большинствó. *Dans la plupart des cas*, в большинствé слýчаев. ● **La plupart du temps**, чáще всегó.

PLURIEL мнóжественное числó. *Mettre le nom au pluriel*, постáвить существи́тельное во мнóжественном числé.

PLUS

1. (*régissant un adjectif ou un adverbe et formant ainsi le comparatif de supériorité*) бóлее // *le comparatif de l'adjectif attribut ou de l'adverbe peut être formé à l'aide du suffixe* « ее » (*forme familière* « ей ») // *il existe un assez grand nombre de formes irrégulières* // *citons enfin l'adjectif* « бóльший », « *plus grand* », *qui ne peut être utilisé qu'en fonction d'épithète.*
2. (*précédé de l'article défini et servant à former le superlatif d'un adjectif*) сáмый // *il existe également des formes suffixales en* « айший », « ейший », *ainsi que des formes irrégulières; elles ne sont employées qu'en fonction d'épithète.*
3. (*comparatif de* « *beaucoup* ») бóльше (*lorsque* « бóльше » *régit un nom ou un pronom, ceux-ci se mettent au génitif*).
4. (*suivi de la préposition* « *de* » *et d'un nom de nombre*) бóльше (+ *gén.*).
5. (*précédé de l'article et déterminant un verbe*) бóльше всегó (*plus que tout*); бóльше всех (*plus que tous*).
6. (*accompagné de la négation et marquant la cessation d'une action, d'un état*) ужé (*déjà*); бóльше (*davantage*).
7. (*addition*) плюс.
8. (*dans l'indication de la température au-dessus de zéro*) теплá (*placé après l'indication du nombre de degrés*); плюс (*livresque*).
9. (*dans l'évaluation de l'âge d'une personne adulte*) за (+ *acc.*).

1. *Des livres plus chers*, бóлее дороги́е кни́ги. *C'est un phénomène plus rare*, э́то бóлее рéдкое явлéние. *Elle parlait plus tranquillement*, онá говори́ла бóлее спокóйно // *ou* онá говори́ла спокóйнее. *Il fait plus clair*, светлéе стáло. *Je marchais plus lentement*, я шёл мéдленнее. *Il est de plus en plus fort*, он всё сильнéе и сильнéе. // *Les livres sont plus chers que l'an passé*, кни́ги дорóже, чем в прóшлом годý. *Parlez plus fort*, Говори́те грóмче. *C'est encore plus facile*, э́то ещё лéгче. *Le parc est là-bas, un peu plus loin*, парк там подáльше. // *Ils m'ont fait une impression encore plus grande*, они́ произвели́ на меня́ ещё бóльшее впечатлéние. **2.** *Le film le plus intéressant*, сáмый интерéсный фильм. *Un des plus beaux monuments*, оди́н из сáмых краси́вых пáмятников. // *Dans l'avenir le plus proche*, в ближáйшем бýдущем. *Avec le plus grand plaisir*, с величáйшим удовóльствием. **3.** *Il travaille encore plus*, он рабóтает ещё бóльше. *De plus en plus*, всё бóльше и бóльше. *Donnez-*

moi plus de temps, Дайте мне бóльше врéмени. *Il y a plus de monde qu'hier*, нарóду бóльше, чем вчерá. *Il y en a encore plus*, их ещё бóльше. **4.** *Pas plus de deux heures*, не бóльше двух часóв. **5.** *C'est ce qui m'étonne le plus*, э́то меня́ бóльше всегó удивля́ет. *C'est lui qui travaille le plus*, он рабóтает бóльше всех. **6.** *Ce n'est plus un gosse*, он ужé не мáленький. *Elle ne pleure plus*, онá ужé не плáчет *ou* онá бóльше не плáчет. *Il ne m'écoutait plus*, он меня́ ужé не слýшал *ou* он меня́ бóльше не слýшал. **7.** *Deux plus trois*, два плюс три. **8.** *Il faisait plus deux*, бы́ло два грáдуса теплá. **9.** *Elle a plus de quarante ans*, ей зá сорок. ● **Au plus tard,** не пóзже (+ *gén.*). *Lundi au plus tard*, не пóзже понедéльника. **Au plus tôt,** не рáньше (+ *gén.*). *Au plus tôt au mois d'août*, не рáньше áвгуста. **D'autant plus que,** тем бóлее, что. **De plus 1.** (*en outre*) крóме тогó. **2.** (*précédé du mot « an »*) стáрше. *Il a cinq ans de plus que moi*, он стáрше меня́ на пять лет. **Et qui plus est,** мáло тогó. **Le plus possible,** как мóжно бóльше. *Je travaille le plus possible*, я рабóтаю как мóжно бóльше. **Le plus ... possible,** как мóжно *et un comparatif*. *Le plus loin possible*, как мóжно дáльше. **N'en parlons plus,** довóльно об э́том. **Non plus,** тóже не. *Moi non plus, je ne l'ai pas vu*, я тóже не ви́дел егó. *Vous n'êtes pas parti? Moi non plus*, Вы не уéхали? Я тóже остáлся. **Plus ou moins,** бóлее и́ли мéнее. *Ils se ressemblent plus ou moins*, они́ бóлее и́ли мéнее похóжи друг на дрýга. **Plus..., plus...,** чем (+ *comparatif*)..., тем (+ *comparatif*)... *Plus nous avancions, plus la forêt était épaisse*, чем дáльше мы éхали, тем гýще станови́лся лес. **Tout au plus,** сáмое бóльшее. *Elle a trente ans tout au plus*, ей сáмое бóльшее три́дцать лет.

Remarque. Ne pas confondre « не бóльше », « pas plus », et « бóльше не », « ne ... plus ».

PLUSIEURS 1. (*adjectif indéfini*) нéсколько (+ *gén.*) *ou, s'il est régi par une préposition exigeant un cas oblique*, нéскольких, нéскольким... *C'était il y a plusieurs années*, э́то бы́ло нéсколько лет томý назáд. *En plusieurs endroits*, в нéскольких местáх. **2.** (*pronom indéfini*) нéкоторые из них (нéкоторые, нéкоторых, нéкоторым... *pl.*). *J'ai acheté des œufs, mais plusieurs se sont cassés*, я купи́ла я́йца, но нéкоторые из них разби́лись.

PLUTÔT 1. (*en règle générale*) скорéй; вернéе (*plus précisément*). *Non, c'est plutôt la grippe*, Нет, э́то скорéй грипп. *Il ressemble plutôt à son père qu'à sa mère*, он скорéй похóж на отцá, чем на мать. *Un dessin ou plutôt une esquisse*, рисýнок и́ли вернéе эски́з. **2.** (*passablement*) довóльно. *Un récit plutôt ennuyeux*, довóльно скýчный расскáз.

PLUVIEUX дождли́вый. *Un automne pluvieux*, дождли́вая óсень.

PNEU ши́на. *Le pneu avant est dégonflé*, перéдняя ши́на спусти́ла вóздух. *Il faut changer le pneu*, нáдо смени́ть ши́ну. *Gonfler le pneu*, накачáть ши́ну.

POCHE кармáн. *Tirer un mouchoir de sa poche*, достáть платóк из кармáна. // (*Fig.*) *Se remplir les poches*, наби́ть себé кармáн. ● **De poche,** кармáнный. *De l'argent de poche*, кармáнные дéньги. *Un dictionnaire de poche*, кармáнный словáрь. **Des poches sous les yeux,** мешки́ под глазáми (мешки́, мешкóв, мешкáм... *pl.*).

I. POÊLE *m.* (*appareil de chauffage*) печь *f.*; *dim.* пéчка. *Un poêle russe*, рýсская печь. *Allumer le poêle*, затопи́ть печь. *Se chauffer près du poêle*, грéться у пéчки.

II. POÊLE *f.* (*ustensile de cuisine*) сковородá, *pl.* скóвороды, сковорóд, сковородáм... ; *dim.* сковорóдка. *Faire frire qqch. à la poêle*, сжáрить чтó-нибудь на сковородé.

POÈME поэ́ма.

POÉSIE 1. (*art d'écrire les vers*) поэ́зия. **2.** (*ouvrage court écrit en vers*) стихотворéние. *Une poésie* *de Rimbaud*, стихотворе́ние Рембо́. **3.** (*caractère de ce qui touche le cœur*) поэти́чность *f*.

POÈTE поэ́т.

POÉTESSE поэте́сса.

POÉTIQUE 1. (*ayant trait à l'art de la poésie*) поэти́ческий. *L'inspiration poétique*, поэти́ческое вдохнове́ние. **2.** (*plein de charme*) поэти́чный; поэти́ческий. *Une nature poétique*, поэти́чная нату́ра *ou* поэти́ческая нату́ра.

POIDS

1. (*en règle générale*) вес.
2. (*fardeau*) тя́жесть *f*.
3. (*morceau de métal d'un poids déterminé servant à peser d'autres corps*) ги́ря.
4. (*poids à lancer*) ядро́, *gén. pl.* я́дер.

1. *Le poids net*, чи́стый вес. || (*Fig.*) *Un homme de poids*, челове́к с больши́м ве́сом. **2.** *Plier sous le poids d'un énorme sac*, сгиба́ться под тя́жестью огро́много мешка́. || (*Fig.*) *Le poids des soucis*, тя́жесть забо́т. **3.** *Le poids de deux kilos*, двухкилогра́ммовая ги́ря. **4.** *Le lancement du poids*, мета́ние ядра́. ● **Un argument de poids**, ве́ский до́вод. **Un poids lourd** (*camion*), грузови́к.

POIGNARD кинжа́л.

POIGNÉE 1. (*ce que contient la main fermée; une petite quantité*) горсть *f.*; *dim.* го́рсточка. *Une poignée de sable*, горсть песка́. *Une petite poignée de sel*, го́рсточка со́ли. *Une poignée d'hommes*, го́рсточка люде́й. **2.** (*d'un objet, d'une porte...*) ру́чка. *La poignée de la valise*, ру́чка чемода́на. *La poignée de la porte*, дверна́я ру́чка. **3.** (*d'une arme blanche*) эфе́с. *La poignée de l'épée*, эфе́с шпа́ги. ● **Donner à qqn une poignée de mains**, пожа́ть кому́-нибудь ру́ку (пожима́ть / пожа́ть* IV, пожму́, пожмёшь...; пожа́тый).

POIGNET запя́стье (*mot rare; parfois précisé par le mot* « рука́ », *par lequel il convient de le remplacer d'ailleurs toutes les fois qu'il est possible de le faire*); рука́ [*l'accent passe sur la préposition dans les groupes* « за́ руку », « за́ руки », « на́ руку », « на́ руки »] (*main ou bras*). *Se fouler le poignet droit*, вы́вихнуть себе́ запя́стье пра́вой руки́. *Il m'a pris par le poignet*, он взял меня́ за́ руку.

POIL 1. (*chez l'homme*) во́лос*, *gén. pl.* воло́с (*accentuation du pluriel:* во́лосы, воло́с, волоса́м...). *Il a beaucoup de poils sur la poitrine*, у него́ мно́го воло́с на груди́. **2.** (*chez les animaux*) шерсть *f.* (*pas de pl., sens collectif*); шерсти́нка. *Un chien aux longs poils*, соба́ка с дли́нной ше́рстью.

POING кула́к. *Serrer les poings*, сжать кулаки́. *Menacer qqn du poing*, грози́ть кому́-нибудь кулако́м. *Frapper du poing sur la table*, сту́кнуть кулако́м по́ столу. ● **Pieds et poings liés** (*propr. et fig.*), свя́занный по рука́м и по нога́м.

POINT

1. (*math., ponctuation, signe*) то́чка.
2. (*endroit*) то́чка; пункт (*livresque*).
3. (*question*) вопро́с.
4. (*degré*) сте́пень, *pl.* сте́пени, степене́й, степеня́м... *f*.
5. (*au jeu*) очко́*, *pl.* очки́, очко́в, очка́м...

1. *Le point d'intersection des droites A et B*, то́чка пересече́ния прямы́х А и В. *Un point ou un point-virgule*, то́чка и́ли то́чка с запято́й. *Mettre les points sur les « i »*, поста́вить то́чки над « и ». **2.** *Le point d'appui*, то́чка опо́ры. *À mon point de vue*, с моей то́чки зре́ния. *Ses affaires sont au point mort*, дела́ его́ на мёртвой то́чке. *Le point culminant*, кульминацио́нный пункт. *Le point de départ*, исхо́дный пункт. **3.** *Je ne veux pas insister sur ce point*, не бу́ду остана́вливаться на э́том вопро́се. **4.** *Jusqu'à un certain point*, до не́которой сте́пени. *Au plus haut point*, в вы́сшей сте́пени. **5.** *Ils ont déjà 45 points et nous 22 seulement*, они́ уже́ набра́ли 45 очко́в, а мы то́лько 22.

● **À point** (*au bon moment*), кстáти. *Vous arrivez à point*, Вы пришли́ кстáти. **À tous points de vue**, во всех отношéниях. **Avoir un point de côté**, колóть в бокý (колóть* II, кóлет; *au sujet de la proposition française correspond en russe un nom ou un pronom au génitif régi par la préposition* « у »). *J'ai un point de côté*, у меня́ кóлет в бокý. **Deux-points** (*signe de ponctuation*), двоетóчие. **Être sur le point de** *doit être traduit en fonction du contexte. Ils sont sur le point de partir en congé*, они́ собирáются в óтпуск. *Je suis sur le point de terminer ce travail*, я скóро закóнчу э́ту рабóту. **Mettre au point**, разрабáтывать / разрабóтать; *ou* вырабáтывать / вы́работать. *Mettre un projet au point*, вы́работать проéкт. **Les points cardinaux**, стрáны свéта (стрáны, стран, стрáнам... *pl.*). **Un point d'exclamation**, восклицáтельный знак. **Le point faible**, слáбое мéсто (мéсто, *pl.* местá, мест, местáм... —\/—). **Un point d'interrogation**, вопросúтельный знак. **Le point du jour**, рассвéт. *Au point du jour*, на рассвéте. **Des points de suspension**, многотóчие. **Un point de vue 1.** (*façon de voir*) тóчка зрéния. *Du point de vue théorique*, с теоретúческой тóчки зрéния. **2.** (*opinion*) взгляд; тóчка зрéния. *Exprimer son point de vue*, вы́сказать свою́ тóчку зрéния. *Je ne partage pas son point de vue*, я не разделя́ю егó взгля́да. **3.** (*paysage*) вид. *D'ici on a un beau point de vue sur la vallée*, отсю́да открывáется красúвый вид на долúну.

POINTE 1. (*extrémité pointue*) остриё. *La pointe d'une aiguille*, остриё иглы́. **2.** (*sorte de clou*) гвоздь /‾‾ /‾‾ *m. Enfoncer des pointes*, вбивáть гвóзди. ● **Aux heures de pointe**, в часы́ пик. **Sur la pointe des pieds 1.** (*changement de position*) на цы́почки. *Se dresser sur la pointe des pieds*, встать на цы́почки. **2.** (*position*) на цы́почках. *Marcher sur la pointe des pieds*, ходúть на цы́почках.

POINTU óстрый, остр, острá, óстро, óстры /\—; остроконéчный (*au sommet pointu*). *Des pierres pointues*, óстрые кáмни. *Des dents pointues*, óстрые зýбы. *Une barbiche pointue*, óстрая борóдка. *Un toit pointu*, остроконéчная кры́ша.

POINTURE размéр. *Quelle est votre pointure?*, Какóй ваш размéр?

POINT-VIRGULE тóчка с запятóй.

POIRE грýша.

POIREAU лук-поррéй *m.* (*rare*).

POIRIER грýша.

POIS горóх, *dim.* горóшек (*pas de pl., sens collectif*); горóшина. *Une purée de pois*, пюрé из горóха. *Il est resté un petit pois sur la table*, на столé остáлась горóшина. ● **À pois**, горóшком. *Une chemise à pois*, рубáшка горóшком. **Aux pois, de pois**, горóховый. *Une soupe aux pois*, горóховый суп. **Pois de senteur**, душúстый горóшек (горóшек).

POISON яд. *Un poison mortel*, смертéльный яд.

POISSON ры́ба (*peut avoir un sens collectif*); *dim.* ры́бка. *Un poisson d'eau douce*, пресновóдная ры́ба. *Des poissons de mer*, морскáя ры́ба. *Un poisson rouge*, золотáя ры́ба. *Nager comme un poisson*, плáвать как ры́ба. *Se sentir comme un poisson dans l'eau*, чýвствовать себя́ как ры́ба в водé. *Ni chair ni poisson*, ни ры́ба, ни мя́со. ● **De poisson**, ры́бный; ры́бий *adj. d'appart. Une odeur de poisson*, ры́бный зáпах. *Des conserves de poisson*, ры́бные консéрвы. *Une écaille de poisson*, ры́бья чешуя́.

POITRINE грудь —∠ /‾‾ *f.* (« грудь » *est accentué sur la syllabe finale au génitif et au datif singuliers après les prépositions* « до », « из », « от », « у », « к » *et* « по »). *Serrer qqn sur sa poitrine*, прижáть когó-нибудь к своéй грудú.

POIVRE пéрец. *Mettez du poivre*, Сы́пьте пéрцу*.

POLAIRE поля́рный. *Au-delà du*

cercle polaire, за поля́рным кру́гом. *La nuit polaire*, поля́рная ночь. *L'étoile Polaire*, Поля́рная звезда́.

PÔLE по́люс. *Une expédition au pôle Sud*, экспеди́ция на Южный по́люс. *Le pôle magnétique*, магни́тный по́люс.

POLI 1. (*lisse*) шлифо́ванный. *Des outils en pierre polie*, ору́дия из шлифо́ванного ка́мня. **2.** (*bien élevé*) ве́жливый. *Un jeune homme très poli*, о́чень ве́жливый молодо́й челове́к.

POLICE (*administration*) мили́ция; поли́ция (*dans un pays non socialiste*). *Le commissariat de police*, отделе́ние мили́ции. *Le commissaire de police*, лейтена́нт мили́ции. *Le préfet de police*, префе́кт поли́ции. ● **Un agent de police**, милиционе́р.

POLICHINELLE полишине́ль *m*. *C'est le secret de polichinelle*, э́то секре́т полишине́ля.

I. POLICIER *adj*. полице́йский. *Un régime policier*, полице́йский режи́м. ● **Un roman policier**, детекти́вный рома́н.

II. POLICIER *subst*. полице́йский *adj. subst. m.*

POLIMENT ве́жливо. *Il s'est adressé à moi poliment*, он ве́жливо обрати́лся ко мне.

POLITESSE ве́жливость *f*. *Par politesse*, из ве́жливости.

I. POLITIQUE *subst*. поли́тика. *La politique étrangère de la France*, вне́шняя поли́тика Фра́нции.

II. POLITIQUE *adj*. полити́ческий. *Un homme politique*, полити́ческий де́ятель. *Le régime politique*, полити́ческий режи́м.

POLKA по́лька.

I. POLONAIS *subst*. **1.** (*homme*) поля́к. **2.** (*langue*) по́льский язы́к (язы́к /——). *Étudier le polonais*, изуча́ть по́льский язы́к. *Un livre en polonais*, кни́га на по́льском языке́. ● **En polonais** *et, dans le même emploi*, **polonais** (*accompagnant généralement un verbe*), по-по́льски. *Tout était écrit en polonais*, всё бы́ло напи́сано по-по́льски. *Parler polonais*, говори́ть по-по́льски.

II. POLONAIS *adj*. по́льский. *La musique polonaise contemporaine*, совреме́нная по́льская му́зыка.

POLONAISE 1. (*femme*) по́лька. **2.** (*danse*) полоне́з. *Les polonaises de Chopin*, полоне́зы Шопе́на.

POLYCOPIER размножа́ть / размно́жить. *Polycopier une circulaire à mille exemplaires*, размно́жить циркуля́р на ты́сячу экземпля́ров.

POMMADE мазь *f*. *Une pommade contre les brûlures*, мазь от ожо́га.

POMME (*fruit du pommier*) я́блоко*, *nom. pl*. я́блоки. *Une pomme pourrie*, гнило́е я́блоко. ● **Aux pommes, de pommes, de pomme**, я́блочный. *Une tarte aux pommes*, я́блочный пиро́г. *Une odeur de pommes*, я́блочный за́пах. **De pommes de terre**, карто́фельный. *Purée de pommes de terre*, карто́фельное пюре́. **Haut comme trois pommes**, от горшка́ три вершка́. **La pomme d'Adam**, Ада́мово я́блоко. **Une pomme de pin**, сосно́вая ши́шка. **Pomme de terre**, карто́фель *m*. (*pas de pl., sens collectif*); карто́шка (*fam.; a souvent un sens collectif*); карто́фелина. *Arracher des pommes de terre*, копа́ть карто́фель. *Peler des pommes de terre*, чи́стить карто́шку. *Pommes de terre en robe de chambre*, карто́фель в мунди́ре. *Deux pommes de terre*, две карто́шки *ou* две карто́фелины.

POMMIER я́блоня. *Les pommiers sont en fleur*, я́блони в цвету́.

I. POMPE (*appareil*) насо́с. *Pompe à incendie*, пожа́рный насо́с.

II. POMPE ● **Pompes funèbres**, похоро́нное бюро́ (бюро́* *indécl. n.*).

POMPIER пожа́рный *adj. subst. m*. *Faire venir les pompiers*, вы́звать пожа́рных. ● **De pompiers, des pompiers**, пожа́рный. *La voiture des pompiers*, пожа́рная маши́на. *L'échelle des pompiers*, пожа́рная ле́стница.

PONCTUATION пунктуа́ция. ● **Les signes de ponctuation**, зна́ки препина́ния.

PONDRE нести́* IV, несёт, несу́т; нёс, несла́... /—— / снести́*

IV, снесёт, снесу́т; снёс, снесла́... /—— ; снесённый. *La poule a pondu un œuf*, ку́рица снесла́ яйцо́.

PONT 1. (*construction*) мост*, *loc.* мосту́ /—— —— *ou* ——∠ ——. *Un pont sur la Volga*, мост че́рез Во́лгу. *Un pont suspendu*, вися́чий мост. *Un pont-levis*, подъёмный мост. *Un pont de chemin de fer*, железнодоро́жный мост. **2.** (*de navire*) па́луба. ● **Il a passé beaucoup d'eau sous les ponts depuis ce temps-là,** мно́го воды́ утекло́ с тех пор.

POPE поп /—— —— (*familier ou même péjoratif*).

POPULAIRE 1. (*issu du peuple*) наро́дный. *Une chanson populaire*, наро́дная пе́сня. *Les démocraties populaires*, наро́дные демокра́тии. **2.** (*connu du grand nombre*) популя́рный. *Une romance très populaire*, о́чень популя́рный рома́нс.

POPULATION населе́ние. *La population de la ville a doublé*, населе́ние го́рода удво́илось.

PORC 1. (*animal; en parlant d'un homme*) свинья́ —— /\——. *Élever des porcs*, разводи́ть свине́й. *C'est un vrai porc*, э́то настоя́щая свинья́. **2.** (*viande*) свини́на. *Du porc rôti*, жа́реная свини́на.

PORCELAINE фарфо́р. *De la porcelaine de Chine*, кита́йский фарфо́р. ● **De porcelaine, en porcelaine,** фарфо́ровый. *Un vase en porcelaine*, фарфо́ровая ва́за.

PORT (*pour bateaux*) порт*, *loc.* порту́ ——∠ ——. *Un port de mer*, морско́й порт. *Un port fluvial*, речно́й порт. *Un port de guerre*, вое́нный порт. ● **À bon port,** благополу́чно. *Nous sommes arrivés à bon port*, мы благополу́чно при́были.

PORTANT ● **À bout portant,** в упо́р. *Il a tiré à bout portant*, он вы́стрелил в упо́р. **Bien portant,** здоро́вый.

PORTATIF портати́вный. *Un téléviseur portatif*, портати́вный телеви́зор.

PORTE

1. (*de maison, de pièce...*) дверь ——∠ /——*f*.
2. (*de meuble*) две́рца.
3. (*d'une ville*) воро́та, воро́т, воро́там... *pl. t.*
4. (*cochère*) воро́та, воро́т, воро́там... *pl. t.*
5. (*dans une clôture*) кали́тка.

1. *Ferme la porte*, Закро́й дверь. *Frapper à la porte*, постуча́ть в дверь. *La porte donne sur le jardin*, дверь выхо́дит в сад. *Enfoncer des portes ouvertes*, ломи́ться в откры́тую дверь. **2.** *La porte du buffet*, две́рца буфе́та. **3.** *Porte d'Orléans*, Орлеа́нские воро́та. **4.** *Nous nous sommes arrêtés devant une immense porte cochère*, мы останови́лись пе́ред широ́кими воро́тами. **5.** *Il ouvrit la petite porte et entra dans le jardin*, он откры́л кали́тку и вошёл в сад.

PORTE-AVIONS авиано́сец.

PORTE-BAGAGES бага́жник.

PORTE-CLEFS кольцо́ для ключе́й [кольцо́ —— /\——] (*anneau*); брело́к (*pendentif décorant un porte-clefs*).

PORTEFEUILLE (*étui pour papiers et billets*) бума́жник.

PORTEMANTEAU ве́шалка. *L'imperméable est pendu au portemanteau*, плащ виси́т на ве́шалке.

PORTE-MONNAIE кошелёк, кошелька́... *Un porte-monnaie bien garni*, ту́го наби́тый кошелёк. *Il tira de sa poche son porte-monnaie*, он вы́нул из карма́на кошелёк.

PORTE-PLUME ру́чка.

PORTER 1. (*en règle générale*) нести́* IV, несу́, несёшь...; нёс, несла́... /—— / понести́* IV, понесу́, понесёшь...; понёс, понесла́... /—— ; понесённый; *indét.* носи́ть \——, относи́ть \—— / отнести́* IV, отнесу́, отнесёшь...; отнёс, отнесла́... /—— ; отнесённый (*emporter*). *Porter une valise*, нести́ чемода́н. *Porter un sac sur son dos*, нести́ мешо́к на спине́. *Porter des lunettes*, носи́ть очки́. *Porter des souliers à talons hauts*, носи́ть ту́фли на высо́ких каблука́х. *Porter la moustache*, носи́ть усы́. *Porter des lettres à la poste*, отнести́ пи́сьма на по́чту. **2.** (*concerner*) каса́ться (+ *gén.*). *Le différend ne porte que sur de petits détails*, спор каса́ется то́лько ме́лких подро́бностей. ● **Porter bonheur, porter malheur,** приноси́ть сча́стье, приноси́ть несча́стье. (приноси́ть / принести́* IV, принесу́, принесёшь...; принёс, принесла́...). **Porter plainte,** пода́ть жа́лобу (подава́ть* II, подаю́, подаёшь...; подава́й; подава́я / пода́ть* *n. cl.*, пода́м, пода́шь, пода́ст, подади́м, подади́те, подаду́т; по́дал, подала́, по́дало, по́дали ; по́данный, по́дан, подана́, по́дано, по́даны). *Il a porté plainte contre son voisin*, он по́дал жа́лобу на сосе́да. **Porter préjudice,** нанести́ уще́рб (наноси́ть / нанести́* IV, нанесу́, нанесёшь...; нанёс, нанесла́... ; нанесённый). **Porter sur les nerfs,** действова́ть на не́рвы.

PORTER (SE) [*en parlant de l'état de santé*] чу́вствовать себя́. *Il se porte bien*, он чу́вствует себя́ хорошо́. ● **Comment vous portez-vous?,** Как самочу́вствие?

PORTEUR (*de bagages*) носи́льщик. *Le porteur a pris ma valise*, носи́льщик взял мой чемода́н.

PORTIÈRE (*de véhicule*) две́рца (*porte*); окно́ (*fenêtre*). *Claquer la portière*, захло́пнуть две́рцу. *Se pencher à la portière*, вы́сунуться в окно́.

PORTION по́рция. *Deux portions de caviar*, две по́рции икры́.

PORTRAIT портре́т. *Un portrait en pied*, портре́т во весь рост.

I. PORTUGAIS *subst.* **1.** (*homme*) португа́лец, португа́льца... **2.** (*langue*) португа́льский язы́к (язы́к). *Étudier le portugais*, изуча́ть португа́льский язы́к. *Un livre en portugais*, кни́га на португа́льском языке́. ● **En portugais** *et, dans le même emploi*, **portugais** (*accompagnant généralement un verbe*), по-португа́льски. *Tout était écrit en portugais*, всё бы́ло напи́сано по-португа́льски. *Parler portugais*, говори́ть по-португа́льски.

II. PORTUGAIS *adj.* португа́льский. *La littérature portugaise*, португа́льская литерату́ра.

PORTUGAISE португа́лка.

POSE (*attitude du corps*) по́за. *Une pose indolente*, лени́вая по́за. ● **Temps de pose,** вы́держка. *Mettre un centième de temps de pose*, поста́вить вы́держку в одну́ со́тую секу́нды.

POSER

> **1.** (*couché*) класть* IV, кладу́, кладёшь...; клал, кла́ла... / положи́ть .
> **2.** (*debout*) ста́вить / поста́вить.
> **3.** (*une question*) задава́ть* II, задаю́, задаёшь...; задава́й; задава́я / зада́ть* *n. cl.*, зада́м, зада́шь, зада́ст, зададим, задади́те, зададу́т; за́дал, задала́, за́дало, за́дали ; зада́й; за́данный, за́дан, задана́, за́дано, за́даны .
> **4.** (*devant un artiste*) пози́ровать.

1. *Pose le livre sur la table*, Положи́ кни́гу на стол. **2.** *J'ai posé le vase sur la table*, я поста́вил ва́зу на стол. **3.** *Quelles questions t'a-t-il posées?*, Каки́е вопро́сы он тебе́ за́дал? **4.** *Elle posait pour le photographe*, она́ пози́ровала фото́графу. ● **Poser sa candidature,** вы́двинуть свою́ кандидату́ру (выдвига́ть / вы́двинуть).

POSER (SE) 1. (*en parlant des oiseaux, des avions...*) сади́ться / сесть* IV, ся́ду, ся́дешь...; сел, се́ла...; сядь. *L'oiseau s'est posé sur une branche*, пти́ца се́ла на ве́тку. **2.** (*en parlant d'une question*) встава́ть* II, встаёт, встаю́т / встать* *n. cl.*, вста́нет, вста́нут. *Une nouvelle question s'est posée: comment répartir le travail?*, Пе́ред на́ми встал но́вый вопро́с — как распредели́ть рабо́ту?

POSITIF *adj.* положи́тельный. *Un nombre positif*, положи́тельное число́. *Cela donne des résultats positifs*, э́то приво́дит к положи́тельным результа́там.

POSITION 1. (*en règle générale*) положе́ние; пози́ция (*livresque*). *Déterminer la position du sous-marin*, определи́ть положе́ние подво́дной ло́дки. *Il est resté trois heures dans cette position*, он три часа́ просиде́л в э́том положе́нии. **2.** (*emplacement occupé par des troupes*) пози́ция. *Une position imprenable*, непристу́пная пози́ция. **3.** (*point de vue*) пози́ция. *Rester sur ses positions*, остава́ться на свои́х пози́циях.

POSSÉDER

1. (*avoir à sa disposition*)
a. *si le sujet de la proposition française désigne un être animé, « posséder » est le plus souvent traduit par le verbe* « быть » *utilisé dans une périphrase dont nous donnons ci-dessous le schéma au présent:*

у + *gén.* + есть + *nom.*

ou

у + *gén.* + нет + *gén.*,

selon que la proposition est affirmative ou négative. Au passé, « есть » *est remplacé par* « был », « была́ », « бы́ло », « бы́ли » *selon que le sujet de la proposition russe est au masculin singulier, au féminin singulier, au neutre singulier ou au pluriel;* « нет » *est remplacé par* « не́ было ». *Au futur,* « есть » *est remplacé par* « бу́дет » *ou* « бу́дут » *selon que le sujet de la proposition russe est au singulier ou au pluriel;* « нет » *est remplacé par* « не бу́дет ».

Remarques.
1. Au complément direct d'objet de la proposition française correspond en russe le sujet.
2. Au présent, dans les propositions affirmatives, la forme « есть » est omise lorsque l'accent logique porte sur le sujet ou sur l'un des qualificatifs du sujet.

b. *Si le sujet de la proposition française désigne un objet, « posséder » est souvent traduit au présent par le verbe* « быть » *utilisé dans une périphrase dont nous donnons ci-dessous le schéma au présent:*

в / на / при } + *loc.* + есть + *nom.*

ou

в / на / при } + *loc.* + нет + *gén.*

selon que la proposition est affirmative ou négative.

Remarques.
1. L'emploi de « на », de « в » ou de « при » est conditionné par le sens ou l'usage (voir éventuellement ces prépositions dans le dictionnaire russe-français).
2. En ce qui concerne le passé et le futur, ainsi que l'omission éventuelle de la forme « есть » au présent, voir ci-dessus les explications données au paragraphe **a**.

c. *Dans un style plus livresque, on emploie le verbe* « име́ть ».
2. (*avoir une bonne connaissance de*) владе́ть (+ *instr.*).

1. a. *Je te laisse cent francs, c'est tout ce que je possède*, Оставля́ю тебе́ сто фра́нков, э́то всё, что у меня́ есть. *Ils ne possèdent plus rien*, у них бо́льше нет ничего́. *Elle possédait un grand appartement dans le centre de Paris*, у неё была́ больша́я кварти́ра в це́нтре Пари́жа. **b.** *L'usine possède une grande bibliothèque*, на заво́де есть больша́я библиоте́ка. *L'université possède un immense terrain de sport*, при университе́те есть огро́мная спорти́вная площа́дка. **c.** *Posséder une maison*, име́ть дом. **2.** *Posséder plusieurs langues*, владе́ть не́сколькими языка́ми.

POSSIBILITÉ возмо́жность *f.* *Donner la possibilité*, дать возмо́жность. *Avoir la possibilité*, име́ть возмо́жность.

POSSIBLE 1. возмо́жный. *Tout lui semblait possible*, всё каза́лось ему́ возмо́жным. *Nous ferons tout ce qu'il est possible de faire*, мы сде́лаем всё, что возмо́жно. *C'est bien possible*, э́то вполне́ возмо́жно. *Il est possible que personne ne le remarque*, возмо́жно, что никто́ э́того не заме́тит. **2.** (*déterminant un comparatif*) как мо́жно. *Le plus possible*, как мо́жно бо́льше. *Le mieux possible*, как мо́жно лу́чше. ● **Est-il possible que**, неуже́ли. *Est-il possible que vous ayez oublié?*, Неуже́ли вы не по́мните? **Il est possible de**, *traduire comme le verbe « pouvoir »*. *Savez-vous où il est possible de trouver des bandes magnétiques?*, Зна́ете ли вы, где мо́жно доста́ть магнитофо́нные ле́нты? *Il n'est pas possible de la voir aujourd'hui*, нельзя́ с ней встре́титься сего́дня. *Il ne nous est pas possible de rentrer avant lundi*, мы не мо́жем верну́ться до понеде́льника. **Pas possible!**, Неуже́ли?

POSTAL почто́вый. *Le wagon postal*, почто́вый ваго́н. ● **Une carte postale**, откры́тка.

I. POSTE *f*. по́чта. *Aller à la poste*, идти́ на по́чту. *Envoyer un paquet par la poste*, посла́ть посы́лку по по́чте. ● **Des postes**, почто́вый. *Un employé des postes*, почто́вый слу́жащий. **Poste restante**, до востре́бования.

II. POSTE *m*.

1. (*endroit où quelqu'un est placé pour remplir une fonction*) пост*, *loc*. посту́ ; пункт (*spécialement aménagé pour cette fonction*).
2. (*emploi*) пост*, *loc*. посту́ .
3. (*de police*) отделе́ние.
4. (*de radio*) приёмник (*récepteur*); ста́нция (*émetteur*).

1. *Être à son poste*, находи́ться на своём посту́. *Un poste d'observation*, наблюда́тельный пункт. *Le poste de secours*, пункт пе́рвой по́мощи. *Le poste frontière*, пограни́чный пост. **2.** *Le poste de directeur*, пост дире́ктора. **3.** *On l'a emmené au poste*, его́ отпра́вили в отделе́ние. **4.** *Tu branches le poste?*, Ты включа́ешь приёмник? *J'écoute toujours le même poste*, я всё слу́шаю одну́ и ту же ста́нцию. ● **Poste à essence 1.** (*distributeur*) бензоколо́нка. **2.** (*station*) запра́вочная ста́нция. **Poste frontière**, пограни́чный пост (пост*, *loc*. посту́). **Poste de radio 1.** (*récepteur*) радиоприёмник. **2.** (*émetteur*) радиоста́нция. **Poste de télévision**, телеви́зор.

POSTIER почто́вый слу́жащий (слу́жащий *adj. subst. m.*).

POSTIÈRE почто́вая слу́жащая (слу́жащая *adj. subst. f.*).

POST-SCRIPTUM постскри́птум, *par abréviation* P.S.

POT

1. (*en forme de vase*) горшо́к.
2. (*en forme de cruche*) кувши́н.
3. (*récipient à anse dans lequel on boit*) кру́жка.
4. (*en verre et sans anse*) ба́нка.
5. (*pour plantes d'appartement...*) вазо́н.
6. (*de chambre*) горшо́к.

1. *Un pot de terre*, гли́няный горшо́к. **2.** *On m'apporta un pot d'eau glacée*, мне принесли́ кувши́н студёной воды́. **3.** *Un pot de bière*, кру́жка пи́ва. **4.** *Un pot de confiture*, ба́нка варе́нья. **5.** *Sur le balcon, il y avait des pots de géraniums*, на балко́не стоя́ли вазо́ны с гера́ниями. **6.** *Un pot de chambre*, ночно́й горшо́к. ● **Tourner autour du pot**, ходи́ть вокру́г да о́коло.

POTABLE (*que l'on peut boire*) питьево́й. *De l'eau potable*, питьева́я вода́.

POT-DE-VIN взя́тка. *Donner des pots-de-vin*, дава́ть взя́тки.

POTEAU столб . *Un poteau télégraphique*, телегра́фный столб.

POU вошь*, *instr*. во́шью *f*.

POUBELLE му́сорный я́щик.

POUCE (*doigt*) большо́й па́лец (па́лец, па́льца...).

POUDRE 1. (*substance finement broyée*) порошо́к. *De la poudre d'œufs*, яи́чный порошо́к. **2.** (*explosive*) по́рох. *Un tonneau de poudre*, бо́чка с по́рохом. **3.** (*à maquiller*) пу́дра. ● **Il n'a pas inventé la poudre**, он по́роха не вы́думает. **Jeter de la poudre aux yeux**, пуска́ть пыль в глаза́.

Sucre en poudre, сáхарная пýдра.

POULAILLER 1. (*pour les poules*) курятник. **2.** (*au théâtre*) галёрка.

POULAIN жеребёнок*, *pl.* жеребя́та, жеребя́т, жеребя́там...

POULE (*oiseau*) кýрица*, *pl.* кýры, кур, кýрам... *La poule pond,* кýрица несётся. ● **La chair de poule,** гуси́ная кóжа. *J'ai la chair de poule,* у меня́ дéлается гуси́ная кóжа. **Une poule mouillée,** мóкрая кýрица. **Quand les poules auront des dents,** когдá рак сви́стнет.

POULET цыплёнок*, *pl.* цыпля́та, цыпля́т, цыпля́там... *Un poulet rôti,* жáреный цыплёнок.

POULS пульс. *Tâter le pouls du malade,* пощýпать пульс у больнóго.

POUMON лёгкое *adj. subst. n. Le poumon droit,* прáвое лёгкое. ● **Respirer à pleins poumons,** дышáть всей грýдью.

POUPÉE кýкла, *gén. pl.* кýкол. *Jouer à la poupée,* игрáть в кýклы. *Les petites filles habillent leurs poupées,* дéвочки одевáют кýкол. *Nous lui avons acheté des poupées,* мы ей купи́ли кýклы.

Remarque. Le mot « кýкла » appartient au sous-genre animé lorsque la poupée est personnifiée.

POUR

I. Régissant un verbe:
чтóбы (*au début d'une phrase ou dans un style plus livresque,* « чтóбы » *peut être introduit par le pronom* « то » *précédé d'une préposition*).

II. Régissant un nom, un pronom, un adverbe:
1. (*direction*) на (+ *acc.*) *ou* в (+ *acc.*).

Remarques.
1. L'emploi de « на » ou de « в » est conditionné par l'usage; voir éventuellement « на » et « в » dans le dictionnaire russe-français.
2. Après les noms de moyens de transport (« пóезд », « самолёт »...), on emploie la préposition « на ».

2. (*durée*) на (+ *acc.*); на... (*accolé à un adverbe de temps*).
3. (*terme d'un délai*) на (+ *acc. ou suivi d'un adverbe*).
4. (*occasion*) к (+ *dat.*).
5. (*en faveur de*) для (+ *gén.*) // на [+ *acc.*] (*avec une idée de distribution, de répartition*) // рáди [+ *gén.*] (*poétique: pour l'amour de*).
6. (*but poursuivi*) для (+ *gén.*) // на [+ *acc.*] (*avec une idée de distribution, de répartition*) // к [+ *dat.*] (*suivi d'un nom de repas*).
7. (*conséquence envisagée*) для (+ *gén.*).
8. (*du point de vue de*) для (+ *gén.*).
9. (*en dépit de*) для (+ *gén.*).
10. (*à cause de*) из-за (+ *gén.*) // по [+ *dat.*] (*en vertu de, en se basant sur*).
11. (*réciprocité, échange, substitution, compensation*) за (+ *acc.*).
12. (*après des verbes et des expressions comme* « *s'inquiéter* », « *se réjouir* », « *lutter* », « *voter* », *etc.*) за (+ *acc.*).
13. (*après des substantifs comme* « *passion* », « *amour* ») к (+ *dat.*).
14. (*évaluation d'une somme, d'une quantité*) на (+ *acc.*).
15. (*guérissant de*) от (+ *gén.*).

I. *Il est venu pour passer son examen,* он приéхал, чтóбы сдавáть экзáмен. *J'ai dit ça pour qu'elle accepte,* я э́то сказáл, чтóбы онá согласи́лась. *Pour mener l'affaire à son terme, il a fallu plus de deux mois,* для тогó, чтóбы довести́ дéло до концá, потрéбовалось бóльше двух мéсяцев.

II. 1. *Mon frère est parti pour Leningrad,* мой брат уéхал в Ленингрáд. *Je pense partir bientôt pour le Caucase,* я дýмаю скóро уéхать на Кавкáз. *De quel quai part le train pour Smolensk?,* С какóй платфóрмы отхóдит пóезд на Смолéнск? **2.** *Michèle est à Moscou pour trois mois,* Мишéль в Москвé на три мéсяца. *Vous êtes ici pour longtemps?,* Вы здесь надóлго? *Pas pour longtemps,* Ненадóлго. *Se séparer pour toujours,* расстáться навсегдá. **3.** *Devoir pour samedi,* домáшнее задáние на суббóту. *Pour le deux octobre,* на 2-ое октября́. *Pour après-demain*, на послеза́втра. **4.** *Un cadeau pour son anniversaire*, пода́рок к её дню рожде́ния. **5.** *J'ai acheté ces livres pour la bibliothèque de l'école*, я купи́л э́ти кни́ги для шко́льной библиоте́ки. *Tu as fait ça pour elle?*, Ты э́то сде́лал для неё? // *Un repas pour six personnes*, обе́д на шесть челове́к. *Il y en aura assez pour tout le monde*, на всех хва́тит. // *Pour ses beaux yeux*, ра́ди её прекра́сных глаз. **6.** *Pour l'exécution du plan*, для выполне́ния пла́на. // *De l'étoffe pour un costume*, мате́рия на костю́м. // *La table est mise pour le souper*, стол накры́т к у́жину. **7.** *C'est mauvais pour la santé*, э́то вре́дно для здоро́вья. **8.** *Pour nous, c'est trop cher*, для нас э́то сли́шком до́рого. **9.** *Il est grand pour son âge*, он большо́й для своего́ во́зраста. **10.** *Se fâcher pour rien*, рассерди́ться из-за пустяко́в. // *Pour diverses raisons*, по ра́зным соображе́ниям. **11.** *Œil pour œil, dent pour dent*, о́ко за о́ко, зуб за́ зуб. *Pour rien au monde*, ни за что на све́те. *Je vous remercie pour votre aide*, Благодарю́ вас за по́мощь. *J'ai honte pour toi*, мне сты́дно за тебя́. *Il s'est fait passer pour un ingénieur*, он вы́дал себя́ за инжене́ра. *Pour qui me prenez-vous?*, За кого́ вы меня́ принима́ете? **12.** *Je suis inquiet pour lui*, беспоко́юсь за него́. *Lutter pour la liberté*, боро́ться за свобо́ду. *Mourir pour la patrie*, умере́ть за ро́дину. *Je vote pour lui*, я голосу́ю за него́. **13.** *Une vraie passion pour la peinture*, настоя́щая страсть к жи́вописи. **14.** *J'ai acheté de la viande pour 30 francs*, я купи́ла мя́са на 30 фра́нков. **15.** *Un bon médicament pour la grippe*, хоро́шее лека́рство от гри́ппа. ● **N'y être pour rien**, тут ни при чём быть. *Je n'y suis pour rien*, я тут ни при чём. **Peser le pour et le contre**, взве́шивать все « за » и « про́тив ». **Pour ainsi dire**, так сказа́ть. **Pour l'amour de**, из любви́ к (+ *dat.*). *Pour l'amour de l'art*, из любви́ к иску́сству. **Pour cent**, проце́нт *subst.* *Deux pour cent*, два проце́нта. *Cinq pour cent*, пять проце́нтов. **Pour cette fois-ci**, на э́тот раз. *Ça suffit pour cette fois-ci*, хва́тит на э́тот раз. **Pour la ... fois**, в ... раз. *Pour la première fois*, в пе́рвый раз. *Pour la dernière fois*, в после́дний раз. **Pour l'instant, pour le moment**, пока́ что́. *Pour le moment, il faut la laisser tranquille*, её на́до пока́ что оста́вить в поко́е. **Pour rire**, ра́ди сме́ха. **Tout est pour le mieux**, всё к лу́чшему. *Tout est pour le mieux dans le meilleur des mondes*, всё к лу́чшему в э́том лу́чшем из миро́в. **Une fois pour toutes**, раз навсегда́.

POURBOIRE чаевы́е, чаевы́х, чаевы́м... *adj. subst. pl.* ● **Donner un pourboire**, дать на чай.

POURCENTAGE проце́нт. *Quel est le pourcentage?*, Како́й проце́нт?

POURPARLERS перегово́ры, перегово́ров, перегово́рам... *pl. t.* *Mener des pourparlers*, вести́ перегово́ры.

POURQUOI 1. (*cause*) почему́. *Pourquoi n'êtes-vous pas venus?*, Почему́ вы не пришли́? *Pourquoi pas?*, Почему́ же нет? *Voilà pourquoi j'ai pris cette décision*, Вот почему́ я при́нял э́то реше́ние. **2.** (*but*) заче́м. *Pourquoi a-t-il pris tant d'argent?*, Заче́м он взял с собо́й сто́лько де́нег? ● **C'est pourquoi**, поэ́тому. *Ce n'était pas rentable, c'est pourquoi il a fallu renoncer à ce projet*, э́то бы́ло нерента́бельно; поэ́тому пришло́сь отказа́ться от э́того прое́кта.

POURRI *adj.* гнило́й /_. *Une pomme pourrie*, гнило́е я́блоко.

POURRIR (*intr.*) гнить* II, гнию́, гниёшь...; гнил, гнила́, гни́ло, гни́ли /_/ сгнить* II (*id.*). *Le poisson pourrissait*, ры́ба гнила́.

POURSUITE (*tentative faite pour rattraper*) пого́ня. *On se lança à la poursuite des fuyards*, пусти́лись в пого́ню за беглеца́ми.

POURSUIVRE 1. (*chercher à rattraper*) гна́ться* I, гоню́сь, го́нишься... _ ; гна́лся, гнала́сь.../‾ / погна́ться* I (*id.*); *indét.* гоня́ться (за + *instr.*). *Poursuivre l'ennemi*, гна́ться за неприя́телем. **2.** (*continuer*) продолжа́ть. *Ils poursuivent leur voyage*, они́ продолжа́ют путеше́ствие.

POURTANT *n'a pas d'équivalent en russe, doit être traduit en fonction du contexte. Tout allait bien et pourtant elle était inquiète*, всё шло хорошо́, одна́ко она́ всё ещё беспоко́илась. *Il n'est pas là? Il a pourtant dit qu'il arriverait avant sept heures*, Его́ нет? Он же сказа́л, что придёт до семи́. *Elle n'est pourtant pas belle, mais elle a beaucoup de charme*, она́ преле́стна, хотя́ и некраси́ва. *L'eau n'avait pas encore gelé et pourtant il faisait froid*, вода́ ещё не замерза́ла, а ведь уже́ хо́лодно бы́ло.

POURVU QUE лишь бы. *Pourvu qu'il s'en aille*, лишь бы он уе́хал. *Pourvu qu'on ne soit pas en retard*, лишь бы не опозда́ть.

POUSSER

1. (*cogner, bousculer*) толка́ть / толкну́ть // *et, avec diverses nuances*, вта́лкивать / втолкну́ть (*faire entrer*); выта́лкивать / вы́толкнуть (*faire sortir*), *etc.*
2. (*faire rouler*) толка́ть пе́ред собо́й (толка́ть / толкну́ть).
3. (*déplacer*) сдвига́ть / сдви́нуть // *et, avec diverses nuances*, отодвига́ть / отодви́нуть (*éloigner*); пододвига́ть / пододви́нуть (*rapprocher*).
4. (*inciter*) побужда́ть / побуди́ть, *part.* побуждённый*.
5. (*croître, grandir*) расти́* IV, расту́, растёшь...; рос, росла́... / вы́расти* IV, вы́расту, вы́растешь...; вы́рос, вы́росла...

1. *Pousser qqn du coude*, толка́ть кого́-нибудь ло́ктем. // *On le poussa dans une pièce obscure*, его́ втолкну́ли в тёмную ко́мнату. *Ils m'ont poussé dehors*, они́ вы́толкнули меня́ вон. **2.** *Elle poussait une petite voiture*, она́ толка́ла пе́ред собо́й теле́жку. **3.** *Nous avons poussé la grosse armoire*, мы сдви́нули большо́й шкаф. // *On manquait de place; nous avons poussé la table*, те́сно ста́ло; мы отодви́нули стол. *J'ai poussé une chaise vers la fenêtre*, я пододви́нул стул к окну́. **4.** *Qu'est-ce qui l'a poussé à partir aussi précipitamment?*, Что побуди́ло его́ так поспе́шно уе́хать? **5.** *Les concombres y poussent bien*, там хорошо́ расту́т огурцы́. *Ma barbe pousse*, борода́ растёт. ● **Faire pousser**, расти́ть / вы́растить. *Faire pousser des fleurs*, расти́ть цветы́. **Pousser des cris**, крича́ть* I, кричу́, кричи́шь... **Pousser un cri**, / вскри́кнуть. **Pousser des soupirs, pousser un soupir**, вздыха́ть / вздохну́ть. *La petite fille poussait de profonds soupirs*, де́вочка тяжело́ вздыха́ла. **Poussez!** (*inscription sur une porte*), От себя́. **Se laisser pousser**, отра́щивать / отрасти́ть (*souvent accompagné du pronom* « себе́ »). *Se laisser pousser la barbe*, отрасти́ть себе́ бо́роду.

POUSSIÈRE пыль *f.* (*pas de pl.; sens collectif*); пыли́нка (*grain de poussière*). *Des poussières radio-actives*, радиоакти́вная пыль. *Une poussière dans l'œil*, пыли́нка в глазу́.

POUSSIÉREUX пы́льный. *Une route poussiéreuse*, пы́льная доро́га.

POUSSIN цыплёнок*, *pl.* цыпля́та, цыпля́т, цыпля́там... *Une poule et ses poussins*, ку́рица с цыпля́тами.

POUTRE ба́лка. *Des poutres métalliques*, желе́зные ба́лки. ● **C'est la paille et la poutre**, сучо́к в глазу́ замеча́ет.

I. POUVOIR *verbe* мочь* IV, могу́, мо́жешь..., мо́гут ; мог, могла́... / смочь* IV [*id.*] (*les infinitifs* « *мочь* » *et* « *смочь* » *sont inusités*). *Je ne peux pas lire sans lunettes*, без очко́в я не могу́ чита́ть. ● **N'en plus pouvoir**, вы́биться из сил (/ вы́биться*). *Je n'en peux plus*, я вы́бился из сил. **On n'y peut rien**, Что поде́лаешь? **On peut**, мо́жно, *forme négative* нельзя́. *Ici, on peut fumer?*, Здесь мо́жно кури́ть? *Il fait tellement sombre ici qu'on ne peut pas lire*, здесь так темно́, что нельзя́ чита́ть. *Ne peut-on pas l'aider?*, Нельзя́ ли ему́ помо́чь? *On ne peut mieux*, как нельзя́ лу́чше.

II. POUVOIR *subst.* власть *f. Arriver au pouvoir*, прийти́ к вла́сти. *Prendre le pouvoir*, захвати́ть власть. *Il était au pouvoir*, он был у вла́сти. *Le pouvoir législatif*, законода́тельная власть. *Le pouvoir exécutif*, исполни́тельная власть. ● **Le pouvoir d'achat**, покупа́тельная спосо́бность (спосо́бность *f.*).

PRAESIDIUM прези́диум. *Le Praesidium du Soviet suprême*, Прези́диум Верхо́вного Сове́та.

PRAIRIE луг*, *loc.* лугу́, *nom. pl.* луга́ (*l'accent passe sur la préposition dans le groupe* « по́ лугу »). *Des vaches paissaient paisiblement dans la prairie*, на лугу́ ми́рно пасли́сь коро́вы.

I. PRATIQUE *subst.* пра́ктика. *La théorie et la pratique*, тео́рия и пра́ктика. *Mettre qqch. en pratique*, применя́ть что́-нибудь на пра́ктике. *Il faut de la pratique*, нужна́ пра́ктика.

II. PRATIQUE *adj.* **1.** (*par opposition à « théorique »*) практи́ческий. *Des conclusions pratiques*, практи́ческие вы́воды. **2.** (*qui a le sens des réalités*) практи́чный. **3.** (*commode*) удо́бный. *C'est très pratique*, э́то о́чень удо́бно. ● **Le sens pratique**, практи́чность *f. Elle a un grand sens pratique*, она́ отлича́ется большо́й практи́чностью.

PRATIQUEMENT практи́чески. *Il ne s'en occupe pratiquement jamais*, он практи́чески никогда́ не занима́ется э́тим.

PRÉ луг*, *loc.* лугу́; *nom. pl.* луга́ (*l'accent passe sur la préposition dans le groupe* « по́ лугу »). *Des vaches broutent dans le pré*, на лугу́ пасу́тся коро́вы.

PRÉCAUTION 1. (*prudence, circonspection*) предосторо́жность *f. Par précaution*, из предосторо́жности. **2.** (*disposition prise*) ме́ра предосторо́жности. *Prendre des précautions*, приня́ть ме́ры предосторо́жности. ● **Avec précaution**, осторо́жно.

PRÉCÉDENT *adj.* предыду́щий. *Dans les pages précédentes*, на предыду́щих страни́цах.

PRÉCÉDER 1. (*lieu*) впереди́ (+ *gén.*) *et un verbe de mouvement. Le prince précédait son armée*, князь е́хал впереди́ своего́ во́йска. **2.** (*temps*) предше́ствовать (+ *dat.*). *Cette décision a été précédée par une réunion générale*, э́тому реше́нию предше́ствовало о́бщее собра́ние.

PRÉCIEUX (*de grande valeur*) драгоце́нный. *Des pierres précieuses*, драгоце́нные ка́мни. *Perdre un temps précieux*, потеря́ть драгоце́нное вре́мя.

PRÉCIPITAMMENT поспе́шно. *Ils sont partis précipitamment*, они́ поспе́шно уе́хали.

PRÉCIPITATION (*hâte*) поспе́шность *f.*

PRÉCIPITER (SE) броса́ться / бро́ситься. *Il s'est précipité à notre rencontre*, он бро́сился к нам навстре́чу.

PRÉCIS *adj.* **1.** то́чный. *Une réponse précise*, то́чный отве́т. **2.** (*accompagnant l'indication de l'heure*) ро́вно. *À trois heures précises*, ро́вно в три.

PRÉCISÉMENT как раз, и́менно. *C'est précisément ce que je disais*, э́то как раз то, что я говори́л. *Voilà précisément ce qu'il demande*, он об э́том и́менно и про́сит.

PRÉCISER (*rendre plus précis*) уточня́ть / уточни́ть. *Il faudrait préciser certains points du contrat*, на́до бы уточни́ть не́которые пу́нкты догово́ра.

PRÉCISION 1. (*caractère de ce qui est précis*) то́чность *f. La précision du calcul*, то́чность исчисле́ния. **2.** (*renseignement complémentaire*) дополни́тельное све́дение.

PRÉCURSEUR предше́ственник. *Un précurseur de la peinture abstraite*, предше́ственник абстракциони́зма.

PRÉDÉCESSEUR предше́ственник. *Mon prédécesseur a laissé ici une petite valise*, мой предше́ственник оста́вил здесь небольшо́й чемода́н.

PRÉDICTION предсказа́ние. *Ses prédictions se sont réalisées*, предсказа́ния его́ сбы́лись.

PRÉDIRE предска́зывать / предсказа́ть* II, предскажу́, предска́жешь... ╲___ . *On lui a prédit un brillant avenir*, ему́ предсказа́ли блестя́щую судьбу́.

PRÉFABRIQUÉ сбо́рный. *Des éléments préfabriqués*, сбо́рные элеме́нты. *Une maison préfabriquée*, сбо́рный дом.

PRÉFACE предисло́вие.

PRÉFÉRÉ *adj.* люби́мый. *Mon plat préféré*, моё люби́мое блю́до.

PRÉFÉRER предпочита́ть / предпоче́сть* IV, предпочту́, предпочтёшь...; предпочёл, предпочла́...; предпочтённый (*livresque, en particulier au perfectif*); *dans le style de la conversation, on emploie le plus souvent des comparatifs comme* « лу́чше », « бо́льше », *etc. Il préfère le cinéma au théâtre*, он предпочита́ет кино́ теа́тру. *Je préfère ce roman*, мне бо́льше нра́вится э́тот рома́н. *Nous préférons y aller à pied*, мы лу́чше пойдём пешко́м.

PRÉFIXE приста́вка.

PRÉHISTORIQUE доистори́ческий. *L'homme préhistorique*, доистори́ческий челове́к.

PRÉJUDICE уще́рб. *Causer un préjudice à qqn*, нанести́ кому́-нибудь уще́рб. *Au préjudice de sa santé*, в уще́рб своему́ здоро́вью.

PRÉJUGÉ предрассу́док. *Des préjugés bourgeois*, меща́нские предрассу́дки.

PRÉMÉDITÉ умы́шленный. *Un crime prémédité*, умы́шленное уби́йство.

PREMIER **1.** (*en règle générale*) пе́рвый. *Le premier volume*, пе́рвый том. *La première impression*, пе́рвое впечатле́ние. *Il est arrivé le 1er février*, он прие́хал 1-го февраля́. *Pour la première fois*, в пе́рвый раз. *À la première occasion*, при пе́рвом слу́чае. *Au premier coup d'œil*, с пе́рвого взгля́да. **2.** (*en parlant des étages*) второ́й. *Au premier étage*, на второ́м этаже́. ● **Un jeune premier** (*au théâtre*), пе́рвый любо́вник. **Les matières premières**, сырьё. *Des matières premières pour l'industrie*, сырьё для промы́шленности. **Première classe 1.** (*en chemin de fer*) мя́гкий ваго́н. **2.** (*dans les autres moyens de transport*) пе́рвый класс. **Le premier ministre**, премье́р-мини́стр. **Le premier venu** (*n'importe qui*), пе́рвый встре́чный. **La tête la première**, голово́й вниз.

PREMIÈRE (*à l'école*) пе́рвый класс (*traduction mot à mot*); деся́тый класс (*nom de la classe correspondante dans les écoles soviétiques*).

PREMIÈREMENT во-пе́рвых.

PRENDRE

1. (*en règle générale*) брать* IV, беру́, берёшь...; брал, брала́, бра́ло, бра́ли ╱╲___ / взять* IV, возьму́, возьмёшь...; взял, взяла́, взя́ло, взя́ли ╱╲___; взя́тый, взят, взята́, взя́то, взя́ты ╲___ // хва́тывать / схвати́ть ╲___ (*saisir*).
2. (*voler*) красть* IV, краду́, крадёшь...; крал, кра́ла... / укра́сть* IV, украду́, украдёшь...; укра́л, укра́ла...; укра́денный.
3. (*attraper un animal, une personne*) лови́ть ╲___ / пойма́ть.
4. (*un moyen de transport*) сади́ться / сесть* IV, ся́ду, ся́дешь...; сел, се́ла...; сядь (*s'asseoir*) // е́хать* IV, е́ду, е́дешь... / пое́хать* IV (*id.*); *indét.* е́здить (*aller*); приезжа́ть / прие́хать* IV, прие́ду, прие́дешь... (*venir*) *ou un autre verbe de mouvement.* //
Remarque. Avec le mot « такси́ », on emploie aussi couramment брать* / взять*.
5. (*suivre un itinéraire*) идти́* IV, иду́, идёшь...; шёл, шла... / пойти́* IV, пойду́, пойдёшь...; пошёл, пошла́...; *indét.* ходи́ть ╲___ (*à pied*); е́хать* IV, е́ду, е́дешь... / пое́хать* IV (*id.*); *indét.* е́здить (*autrement qu'à pied*) *ou un autre verbe de mouvement.*
6. (*venir chercher qqn*) заходи́ть ╲___ / зайти́* IV, зайду́, зайдёшь...; зашёл, зашла́...

[за + *instr.*] (*à pied*); заезжа́ть / зае́хать* IV, зае́ду, зае́дешь... [за + *instr.*] (*autrement qu'à pied*).
7. (*« occuper » dans ses divers sens*) занима́ть / заня́ть* IV, займу́, займёшь...; за́нял, заняла́, за́няло, за́няли /___; за́нятый, за́нят, занята́, за́нято, за́няты /___ // *et, au sens de « faire perdre du temps »*, отнима́ть / отня́ть* IV, отниму́, отни́мешь... _____; о́тнял, отняла́, о́тняло, о́тняли /___; о́тнятый, о́тнят, отнята́, о́тнято, о́тняты /___.
8. (*une tournure, une attitude, une forme d'action*) принима́ть / приня́ть* IV, приму́, при́мешь... _____; при́нял, приняла́, при́няло, при́няли /___; при́нятый, при́нят, принята́, при́нято, при́няты /___.
9. (*confondre avec*) принима́ть / приня́ть* (за + *acc.*).
10. (*une douche, un bain*) принима́ть / приня́ть*.
11. (*un médicament*) принима́ть / приня́ть*.
12. (*des mets*) есть* *n. cl.*, ем, ешь, ест, еди́м, еди́те, едя́т; ел, е́ла...; ешь, е́шьте / съесть* *n. cl.* [*id.*] (*manger*).
Remarque. L'impératif « ешь », « е́шьте » est familier. On emploie de préférence, avec une nuance de politesse, « ку́шай », « ку́шайте ».
13. (*une boisson*) пить* II, пью, пьёшь...; пил, пила́, пи́ло, пи́ли /___; пей / вы́пить* II, вы́пью, вы́пьешь...; вы́пей; вы́питый (*boire*).
14. (*du poids*) приба́вить в ве́се на [+ *acc.*] (прибавля́ть / приба́вить).
15. (*en parlant d'un plant, d'un vaccin...*) принима́ться / приня́ться* IV, при́мется, при́мутся; приня́лся́, приняла́сь...

1. *Prendre un livre*, взять кни́гу. *Prendre son parapluie*, взять зо́нтик. *Prendre qqn par la main*, взять кого́-нибудь за́ руку. *Prendre un congé*, взять о́тпуск. *Prendre l'affaire en main*, взять де́ло в свои́ ру́ки. *J'ai pris les billets*, я взял биле́ты. *Prendre des leçons*, взять уро́ки. *Ils ne prennent pas cher*, они́ дёшево беру́т. *Prendre le taureau par les cornes*, взять быка́ за рога́. // *Il l'a prise par les cheveux*, он схвати́л её за́ волосы. **2.** *On lui a pris sa valise*, у него́ укра́ли чемода́н. **3.** *Prendre du poisson*, лови́ть ры́бу. *Prendre qqn en flagrant délit*, пойма́ть кого́-нибудь на ме́сте преступле́ния. *Prendre qqn au mot*, пойма́ть кого́-нибудь на сло́ве. **4.** *Prendre le train*, сесть в по́езд. *Prendre l'autobus*, сесть в авто́бус. *Prendre le bateau*, сесть на парохо́д. // *Nous prendrons le trolleybus pour y aller*, мы пое́дем туда́ на тролле́йбусе. *J'ai pris le train pour venir ici*, я прие́хал сюда́ по́ездом. *Ils prennent l'avion à deux heures*, они́ вылета́ют в два часа́. // *Nous avons pris un taxi*, мы взя́ли такси́. **5.** *Nous prendrons le chemin le plus court*, мы пойдём са́мым коро́тким путём. *Je vais prendre la rue de la République*, я пое́ду по у́лице Респу́блики. **6.** *Je passerai te prendre et nous irons au cinéma*, я зайду́ за тобо́й, и мы пойдём в кино́. *Nous vous prendrons en passant*, мы зае́дем за ва́ми. **7.** *Les livres prennent beaucoup de place*, кни́ги занима́ют мно́го ме́ста. *Ça m'a pris beaucoup de temps*, э́то за́няло у меня́ мно́го вре́мени. *Il est très pris*, он о́чень за́нят. *Toutes les places sont prises*, все места́ за́няты. // *Le trajet nous a pris beaucoup de temps*, доро́га отняла́ у нас мно́го вре́мени. **8.** *L'affaire prend une mauvaise tournure*, де́ло принима́ет дурно́й оборо́т. *Prendre qqch. au sérieux*, приня́ть что́-нибудь всерьёз. *Prendre qqch. à cœur*, принима́ть что́-нибудь к се́рдцу. *Prendre une décision*, приня́ть реше́ние. *Prendre des mesures*, приня́ть ме́ры. *Prendre part à la conversation*, приня́ть уча́стие в разгово́ре. *Prendre qqch. en considération*, приня́ть что́-нибудь во внима́ние. **9.** *Je l'ai pris pour un officier*, я его́ при́нял за офице́ра. *Pour qui se prend-il?*, За кого́ он себя́ принима́ет? *Prendre pour argent comptant*, приня́ть за чи́стую моне́ту. **10.** *Prendre un bain*, приня́ть ва́нну. *Prendre une douche*, приня́ть душ. **11.** *Prendre un médicament*, приня́ть лека́рство. **12.** *Qu'est-ce que vous voulez prendre?*, Что вы бу́дете есть? **13.** *J'ai pris un verre de vodka*, я вы́пил рю́мку во́дки. **14.** *J'ai encore pris deux kilos*, я ещё приба́вил в ве́се на два килогра́мма. **15.** *Le pommier a pris*, я́блоня приняла́сь. *Le vaccin a pris*, о́спа приняла́сь. ● **En prendre son parti**, примири́ться с э́тим (примиря́ться / примири́ться). *Il faut en prendre son parti*, на́до примири́ться с э́тим. **Prendre l'air**, подыша́ть све́жим во́здухом (дыша́ть* I, дышу́, ды́шишь... ╲___ / подыша́ть* I [*id.*]). **Prendre congé**, проща́ться / попроща́ться (с + *instr.*). **Prendre connaissance de**, знако́миться / ознако́миться с (+ *instr.*). *J'ai pris connaissance de ces documents*, я ознако́мился с э́тими докуме́нтами. **Prendre qqn au dépourvu**, заста́ть кого́-нибудь враспло́х (застава́ть* II, застаю́, застаёшь...; застава́й; застава́я / заста́ть* *n. cl.*, заста́ну, заста́нешь...). **Prendre de l'essence**, запра́виться бензи́ном (заправля́ться / запра́виться). **Prendre feu**, загора́ться / загоре́ться* I, загори́тся, загоря́тся. *La maison a pris feu*, дом загоре́лся. **Prendre fin**, конча́ться / ко́нчиться. **Prendre froid**, простужа́ться / простуди́ться ╲___ . **Prendre la fuite**, обрати́ться в бе́гство (обраща́ться / обрати́ться [т → щ]). **Prendre garde**, остерега́ться / остере́чься* IV, остерегу́сь, остережёшься..., остерегу́тся; остерёгся, остерегла́сь... ╱‾‾ . **Prendre une habitude**, усво́ить привы́чку (усва́ивать / усво́ить). *Il a pris une mauvaise habitude*, он усво́ил дурну́ю привы́чку. **Prendre les jambes à son cou**, удира́ть во все лопа́тки (удира́ть / удра́ть* IV, удеру́, удерёшь...; удра́л, удрала́, удра́ло, удра́ли ╱╲___). **Prendre note**, запи́сывать / записа́ть* II, запишу́, запи́шешь... ╲___ . *J'en ai pris note*, я э́то записа́л. **Prendre patience**, запасти́сь терпе́нием (запаса́ться / запасти́сь* IV, запасу́сь, запасёшься...; запа́сся, запасла́сь... ╱‾‾). **Prendre peur**, пуга́ться / испуга́ться (+ *gén.*). **Prendre qqn en photo**, снима́ть / снять* IV, сниму́, сни́мешь... ╲___ ; снял, сняла́, сня́ло, сня́ли ╱╲___; сня́тый, снят, снята́, сня́то, сня́ты ╱╲___. *Voulez-vous que je vous prenne en photo?*, Хоти́те, я вас сниму́? **Prendre une photo**, сде́лать сни́мок (де́лать / сде́лать). **Prendre le pouvoir**, захвати́ть власть (захва́тывать / захвати́ть ╲___). **Prendre sa retraite**, уйти́ на пе́нсию (уходи́ть ╲___ / уйти́* IV, уйду́, уйдёшь...; ушёл, ушла́...). **Prendre soin**, бере́чь* IV, берегу́, бережёшь..., берегу́т; берёг, берегла́... ╱‾‾ / побере́чь* IV [*id.*] (+ *acc.*). *Prendre soin de sa santé*, бере́чь своё здоро́вье. **Prendre la température de qqn**, изме́рить кому́-нибудь температу́ру (измеря́ть / изме́рить). **Prendre son temps**, не спеши́ть. **Prendre du ventre**, отрасти́ть себе́ брюшко́ (отра́щивать / отрасти́ть). **Prendre de la vitesse**, набра́ть ско́рость (набира́ть / набра́ть* IV, наберу́, наберёшь...; набра́л, набрала́, набра́ло, набра́ли ╱╲___). **Qu'est-ce qui te prend?, Qu'est-ce qui vous prend?**, Что с тобо́й?, Что с ва́ми? **Savoir s'y prendre**, уме́ть / суме́ть (+ *inf.*). **Se faire prendre** (*tomber dans un piège*), попада́ться / попа́сться* IV, попаду́сь, попадёшься...; попа́лся, попа́лась...

PRÉNOM и́мя*, *gén.*, *dat.*, *loc.* и́мени, *instr.* и́менем; *pl.* имена́, имён, имена́м... *n.* *Le nom et le prénom*, фами́лия и и́мя.

PRÉPARATIF приготовле́ние. *Les préparatifs de départ*, приготовле́ния к отъе́зду.

PRÉPARATION (*le fait de préparer ou de se préparer*) подгото́вка. *La préparation d'une leçon*, подгото́вка уро́ка. *La préparation à un examen*, подгото́вка к экза́мену.

PRÉPARER гото́вить / пригото́-

вить; готóвить / подготóвить (*donner les connaissances nécessaires*). *Préparer le repas*, приготóвить обéд. *Préparer une surprise à qqn*, готóвить комý-нибудь сюрпрúз. *Se préparer au départ*, готóвиться к отъéзду. *Se préparer aux examens*, подготóвиться к экзáменам.

PRÉPOSITION предлóг. *Une préposition exigeant le génitif*, предлóг, трéбующий родúтельного падежá.

PRÈS блúзко, *comp.* блúже*; рядом (*tout près*). *Mettez-vous un peu plus près*, Стáньте поблúже. *J'habite tout près*, я живý совсéм блúзко *ou* я живý рядом. ● **À peu près 1.** (*déterminant un verbe*) почтú. *J'ai à peu près terminé*, я почтú кóнчил. **2.** (*déterminant un substantif*) óколо (+ *gén.*). *Nous avons dépensé à peu près deux cents francs*, мы истрáтили óколо двухсóт фрáнков. **De près**, вблизú. *De loin, tout semble plus beau que de près*, úздали всё кáжется лýчше, чем вблизú. **Près de 1.** (*placé à proximité de*) óколо (+ *gén.*); рядом с [+ *instr.*] (*tout près*). *Près du musée*, óколо музéя. *Elle était assise tout près de moi*, онá сидéла рядом со мнóй. **2.** (*passant à proximité de*) мúмо (+ *gén.*). *Il est passé près de moi*, он прошёл мúмо меня. **3.** (*environ*) óколо (+ *gén.*). *Près de mille francs*, óколо тысячи фрáнков. **4.** (*déterminant un infinitif*) *doit être traduit en fonction du contexte. Je suis près de terminer mon travail*, я почтú кóнчил свою рабóту *ou* я скóро кóнчу свою рабóту. *Tu as été près de manquer ton train*, Ты чуть не опоздáл к пóезду. *Elle était près d'abandonner*, онá готóва былá брóсить это дéло.

PRESCRIRE (*un médicament*) прописывать / прописáть* II, пропишý, прописешь... ⌄——— . *Le médecin lui a prescrit un nouveau médicament*, врач прописáл емý нóвое лекáрство.

PRÉSENCE присýтствие. *Je ne veux pas parler en sa présence*, я не хочý говорúть в егó присýтствии. *La présence d'esprit*, присýтствие дýха.

I. PRÉSENT *adj.* (*actuel*) тепéрешний. *Dans les circonstances présentes*, при тепéрешних услóвиях. ● **Être présent**, присýтствовать (*livresque*). *J'étais présent à la réunion*, я присýтствовал на собрáнии. **Les personnes présentes**, присýтствующие, присýтствующих, присýтствующим... *adj. subst. pl.*

II. PRÉSENT *subst.* **1.** (*époque présente*) настоящее *adj. subst. n. Le présent et l'avenir*, настоящее и бýдущее. **2.** (*gramm.*) настоящее врéмя (врéмя*, *gén.*, *dat.*, *loc.* врéмени, *instr.* врéменем). ● **À présent**, тепéрь. **Jusqu'à présent**, до сих пор.

PRÉSENTER представлять / представить. *Présenter une attestation*, представить спрáвку. *Cela ne présentera aucune difficulté*, это не представит затруднéний. *Permettez-moi de me présenter*, Разрешúте мне представиться. *Il s'est présenté une occasion favorable*, представился удóбный слýчай.

PRÉSIDENT председáтель *m.*; президéнт (*de la République, d'une société*). *Le président de la commission*, председáтель комúссии. *Le président de la République*, президéнт Респýблики. *Le président de l'Académie des sciences*, президéнт Акадéмии наýк.

PRÉSIDENTIEL президéнтский. *Les élections présidentielles*, президéнтские выборы.

PRÉSIDIUM президиум. *Le présidium du Soviet suprême*, презúдиум Верхóвного совéта.

PRESQUE почтú. *J'ai presque terminé*, я почтú кóнчил.

PRESQU'ÎLE полуóстров*, *nom. pl.* полуостровá ——— .

PRESSE (*journaux*) печáть *f.*; прéсса (*plus livresque*). *La liberté de la presse*, свобóда печáти. *La presse soviétique*, совéтская печáть. *La presse occidentale*, зáпадная прéсса.

PRESSÉ (*urgent*) срóчный; к спéху (*généralement accompagné de la négation*). *C'est très pressé*, это óчень срóчно. *Ce n'est pas pressé*, это не к спéху. ● **Être pressé** (*en* *parlant d'une personne*), спеши́ть. *Je ne suis pas pressé*, я не спешу́.

PRESSENTIMENT предчу́вствие. *Elle avait le pressentiment qu'il ne reviendrait jamais*, у неё бы́ло предчу́вствие, что он никогда́ не вернётся.

PRESSER 1. (*un fruit*) выжима́ть / вы́жать* IV, вы́жму, вы́жмешь... *Presser un citron*, вы́жать лимо́н. **2.** (*faire aller plus vite*) торопи́ть ⸜____ / поторопи́ть ⸜____ . *Il me pressait d'écrire un article sur ce problème*, он торопи́л меня́ написа́ть об э́том статью́. ● **Ça ne presse pas**, э́то не к спе́ху. **Presser le pas**, уско́рить шаг (ускоря́ть / уско́рить). **Le temps presse**, вре́мя не те́рпит.

PRESSER (SE) 1. (*se hâter*) торопи́ться ⸜____ / поторопи́ться ⸜____; спеши́ть / поспеши́ть (*sans excès*). *Il n'y a pas besoin de se presser*, не́чего торопи́ться. *Faire qqch. sans se presser*, де́лать что́-нибудь не спеша́. **2.** (*être en foule*) толпи́ться / столпи́ться. *Les gens se pressaient à l'entrée du théâtre*, у вхо́да в теа́тр толпи́лся наро́д.

PRESSION давле́ние. *La pression atmosphérique*, атмосфе́рное давле́ние. *Exercer des pressions sur qqn*, оказа́ть на кого́-нибудь давле́ние.

PRESTIDIGITATEUR иллюзиони́ст; фо́кусник (*familier*).

PRESTIGE прести́ж. *Pour soutenir son prestige*, для поддержа́ния прести́жа.

PRÊT *adj.* гото́вый. *Le repas est prêt*, обе́д гото́в. *Prêt au départ*, гото́вый к отъе́зду. *Je suis prêt à travailler*, я гото́в рабо́тать. *Il est prêt à tout*, он гото́в на всё.

Remarque. Employé avec к (+ *dat.*), « гото́вый » signifie « qui s'est préparé à », avec на (+ *acc.*), « qui s'attend à ».

PRÉTENDRE (*affirmer*) уверя́ть; утвержда́ть (*livresque*). *Il prétendait que nous nous étions trompés*, он уверя́л, что мы оши́блись.

PRÉTENTION (*visée*) притяза́ние. *Ne pas avoir la prétention d'être spirituel*, не име́ть притяза́ний на остроу́мие.

PRÊTER ода́лживать / одолжи́ть. *Il m'a prêté ce disque*, он одолжи́л мне э́ту пласти́нку. *Prête-moi cent francs*, Одолжи́ мне сто фра́нков.

PRÉTEXTE предло́г. *Trouver un prétexte pour refuser*, найти́ предло́г для отка́за. *Sous divers prétextes*, под ра́зными предло́гами.

PRÊTRE свяще́нник.

PREUVE доказа́тельство. *Fournir des preuves indiscutables*, привести́ неоспори́мые доказа́тельства. ● **Faire preuve de**, проявля́ть / прояви́ть ⸜____ (+ *acc.*). *Faire preuve de courage*, прояви́ть му́жество. **Faire ses preuves 1.** (*en parlant de qqch.*) оправда́ть себя́ (опра́вдывать / оправда́ть). *Cette méthode a fait ses preuves*, э́тот ме́тод себя́ оправда́л. **2.** (*en parlant de qqn*) прояви́ть себя́ (проявля́ть / прояви́ть ⸜____).

PRÉVENIR (*avertir*) предупрежда́ть / предупреди́ть, *part.* предупреждённый*. *Prévenir qqn du danger*, предупреди́ть кого́-нибудь об опа́сности.

PRÉVISION предви́дение. *Mes prévisions se sont réalisées*, мои́ предви́дения оправда́лись. ● **Les prévisions météorologiques**, прогно́з пого́ды.

PRÉVOIR 1. (*deviner à l'avance*) предви́деть* I, предви́жу, предви́дишь... *Prévoir l'avenir*, предви́деть бу́дущее. **2.** (*prendre des mesures*) предусма́тривать / предусмотре́ть* I, предусмотрю́, предусмо́тришь... ⸜____ . *Ce n'est pas prévu par la loi*, э́то не предусмо́трено зако́ном.

PRIER 1. (*demander*) проси́ть ⸜____ / попроси́ть ⸜____ . *Ne vous inquiétez pas, je vous en prie*, Прошу́ вас не беспоко́иться. **2.** (*s'adresser à Dieu, à un saint*) моли́ться ⸜____ / помоли́ться ⸜____ (+ *dat.*). *Prier Dieu*, моли́ться Бо́гу. ● **Je vous en prie**, пожа́луйста [пʌжалустэ]. « *Excusez-moi ! — Je vous en prie* », « Извини́те! — Пожа́луйста ».

PRIÈRE 1. (*adressée à Dieu, à un saint*) моли́тва. *Dire sa prière*, чита́ть моли́тву. **2.** (*demande* *adressée à qqn*) прóсьба. *Prière de ne pas fumer*, Прóсьба не курúть.

PRIMAIRE (*du premier degré*) начáльный. *À l'école primaire*, в начáльной шкóле.

PRIME *subst.* прéмия; премиáльные, премиáльных, премиáльным... *adj. subst. pl.* (*argent donné en prime pour le rendement*). *Des primes à l'exportation*, э́кспортная прéмия. *Tous les ouvriers ont touché des primes*, все рабóчие получúли премиáльные.

PRIMITIF *adj.* **1.** (*du début*) первоначáльный. *Le projet primitif*, первоначáльный проéкт. **2.** (*antérieur à la civilisation*) первобы́тный. *L'homme primitif*, первобы́тный человéк. *Des tribus primitives*, первобы́тные племенá. **3.** (*trop élémentaire*) примитúвный. *Une technique primitive*, примитúвная тéхника.

PRIMORDIAL первостепéнный. *Jouer un rôle primordial*, игрáть первостепéнную роль. *Accorder à qqch. une importance primordiale*, придавáть чемý-нибудь первостепéнное значéние.

PRINCE князь*, *pl.* князья́, князéй, князья́м... ―― ―― (*en Russie*); принц (*dans tous les autres cas*). *Les princes de Kiev*, Кúевские князья́. *Le grand-prince de Moscou*, велúкий князь Москóвский. « *Le Petit Prince* » *de Saint-Exupéry*, « Мáленький принц » Сент-Экзюперú.

PRINCESSE **1.** (*femme d'un prince russe*) княгúня. **2.** (*fille d'un prince russe*) княжнá, *gén. pl.* княжóн. **3.** (*dans les autres cas*) принцéсса.

PRINCIPAL *adj.* глáвный. *La rue principale*, глáвная ýлица. *Le principal danger*, глáвная опáсность. *La proposition principale*, глáвное предложéние. // (*Subst.*) *C'est le principal*, э́то глáвное.

PRINCIPALEMENT глáвным óбразом.

PRINCIPE (*idée directrice*) прúнцип. *C'est contraire à mes principes*, э́то прóтив моúх прúнципов. *En principe, je suis d'accord*, в прúнципе я соглáсен.

PRINTEMPS веснá, *pl.* вёсны, вёсен, вёснам... ―― ――. *Le printemps approche*, веснá приближáется. *Une hirondelle ne fait pas le printemps*, однá лáсточка весны́ не дéлает. ● **Au printemps**, веснóй. **De printemps**, весéнний. *Les pluies de printemps*, весéнние дождú.

PRIORI ● **A priori**, с пéрвого взгля́да. *A priori, il est bien difficile de trouver une solution*, с пéрвого взгля́да óчень трýдно найтú вы́ход из положéния.

PRISE **1.** (*le fait de prendre*) взя́тие. *La prise de la Bastille*, взя́тие Бастúлии. **2.** (*de courant*) розéтка. ● **Prise de courant**, розéтка.

PRISON тюрьмá, *gén. pl.* тю́рем ―― ――. *On l'a mis en prison*, егó посадúли в тюрьмý. *Il s'est enfui de prison*, он бежáл из тюрьмы́.

PRISONNIER **1.** (*dans une prison*) заключённый *adj. subst. m.* *Un prisonnier politique*, политúческий заключённый. **2.** (*de guerre*) плéнный *adj. subst. m.* *Ils ont fait de nombreux prisonniers*, онú взя́ли мнóго плéнных. *Des prisonniers de guerre*, военноплéнные. ● **Être fait prisonnier**, попáсть в плен. **Faire qqn prisonnier**, взять когó-нибудь в плен.

PRIVÉ *adj.* чáстный. *La propriété privée*, чáстная сóбственность. *La vie privée*, чáстная жизнь.

PRIVER лишáть / лишúть (*livresque*) *ou une périphrase utilisant la préposition* без (+ *gén.*). *Priver qqn de ses droits civils*, лишúть когó-нибудь граждáнских прав. *Priver un enfant de dessert*, остáвить ребёнка без слáдкого. ● **Ne se priver de rien**, ни в чём себé не откáзывать.

PRIVER (SE) *doit être traduit en fonction du contexte. Il ne se prive de rien*, он себé ни в чём не откáзывает. *Elle voudrait bien se priver de mes services*, онá бы хотéла обойтúсь без меня́. *Ils ont dû se priver pour élever leurs enfants*, онú терпéли лишéния, чтóбы воспитáть своúх детéй.

PRIVILÈGE привилéгия.

PRIVILÉGIÉ *adj.* привилегирóва́нный. *Une situation privilégiée,* привилегиро́ванное положе́ние.

PRIX 1. (*somme que l'on doit payer*) цена́. *Le prix du billet,* цена́ биле́та. *Augmentation du prix des denrées alimentaires,* повыше́ние цен на продово́льственные това́ры. *Le prix de location d'un piano,* цена́ за прока́т роя́ля. *Le prix de gros,* опто́вая цена́. *Le prix de détail,* ро́зничная цена́. *Un prix fabuleux,* басносло́вная цена́. *À moitié prix,* за полцены́. // (*Fig.*) *Au prix d'un travail opiniâtre,* цено́й упо́рного труда́. **2.** (*récompense*) пре́мия. *Obtenir le premier prix de mathématiques,* получи́ть пе́рвую пре́мию по матема́тике. *Le prix Nobel,* Но́белевская пре́мия. ● **À bas prix,** за бесце́нок. **À tout prix,** во что бы то ни ста́ло. **Augmenter de prix,** дорожа́ть / вздорожа́ть. **Diminuer de prix,** дешеве́ть / подешеве́ть.

PROBABLE вероя́тный. *Cela semble probable,* э́то ка́жется вероя́тным. ● **Il est probable que,** вероя́тно. *Il est probable qu'elle viendra,* она́ вероя́тно придёт. **Il est peu probable que,** вряд ли. *Il est peu probable qu'il trouve une place,* он вряд ли найдёт себе́ ме́сто.

PROBABLEMENT вероя́тно. *Il est probablement parti,* он вероя́тно уе́хал.

PROBLÈME 1. (*mathématiques*) зада́ча. *Résoudre un problème,* реши́ть зада́чу. *Un problème insoluble,* неразреши́мая зада́ча. **2.** (*chose complexe*) вопро́с (*question*); зада́ча, пробле́ма. *Les problèmes économiques,* экономи́ческие вопро́сы. *Le problème est complexe,* э́то сло́жный вопро́с *ou* э́то сло́жная зада́ча. *Les problèmes de l'automation,* пробле́мы автоматиза́ции.

PROCÉDÉ (*méthode*) приём. *Utiliser de nouveaux procédés,* по́льзоваться но́выми приёмами.

PROCÈS де́ло ; проце́сс (*livresque*). *Gagner son procès,* вы́играть де́ло. *Perdre son procès,* проигра́ть де́ло.

PROCÈS-VERBAL протоко́л. *Dresser un procès-verbal,* соста́вить протоко́л.

PROCHAIN *adj.* **1.** сле́дующий. *Au prochain arrêt,* на сле́дующей остано́вке. *La prochaine fois,* в сле́дующий раз. **2.** (*qualifiant les mots « semaine », « mois », « année »...*) бу́дущий. *La semaine prochaine,* на бу́дущей неде́ле. *Le mois prochain,* в бу́дущем ме́сяце. *L'an prochain,* в бу́дущем году́. **3.** (*qualifiant un nom de mois*) *n'a pas d'équivalent; on précisera éventuellement s'il s'agit d'un mois de l'année en cours ou de l'année suivante. En décembre prochain,* в декабре́ *ou* в декабре́ э́того го́да. *En mars prochain,* в ма́рте *ou* в ма́рте бу́дущего го́да.

PROCHAINEMENT ско́ро. *Nous nous reverrons prochainement,* мы ско́ро уви́димся опя́ть.

PROCHE *adj.* бли́зкий , *comp.* бли́же*, *superl.* ближа́йший. *La victoire est proche,* побе́да близка́. *Un proche parent,* бли́зкий ро́дственник. *Le bureau de poste le plus proche,* ближа́йшее почто́вое отделе́ние. *Dans l'avenir le plus proche,* в ближа́йшем бу́дущем. ● **Le Proche-Orient,** Бли́жний Восто́к.

PROCLAMER провозглаша́ть / провозгласи́ть. *Proclamer la république,* провозгласи́ть респу́блику.

PROCURER 1. (*qqch. qui peut être transporté*) достава́ть* II, достаю́, достаёшь...; достава́й; достава́я / доста́ть* *n. cl.,* доста́ну, доста́нешь... *Il nous a procuré des billets,* он доста́л нам биле́ты. **2.** (*dans les autres cas*) находи́ть / найти́* IV, найду́, найдёшь...; нашёл, нашла́... *Il m'a procuré un appartement,* он нашёл для меня́ кварти́ру.

PROCURER (SE) достава́ть* II, достаю́, достаёшь...; достава́й; достава́я / доста́ть* *n. cl.,* доста́ну, доста́нешь... *Je me suis enfin procuré ce livre,* я наконе́ц доста́л э́ту кни́гу.

PROCUREUR прокуро́р.

PRODUCTION произво́дство; добы́ча (*extraction*). *La production industrielle,* промы́шленное произво́дство. *La production automobile*, произво́дство автомоби́лей. *La production d'acier*, произво́дство ста́ли. *La production de charbon*, произво́дство у́гля *ou* добы́ча у́гля.

PRODUCTIVITÉ производи́тельность *f*. *Augmenter la productivité du travail*, повы́сить производи́тельность труда́.

PRODUIRE 1. производи́ть ⟍___ / произвести́* IV, произведу́, произведёшь...; произвёл, произвела́... ⟋‾‾‾; произведённый. *Produire des camions*, производи́ть грузовики́. *Cela a produit sur moi une forte impression*, э́то произвело́ на меня́ си́льное впечатле́ние. **2.** (*un son*) издава́ть* II, издаю́, издаёшь...; издава́й; издава́я / изда́ть* *n. cl.*, изда́м, изда́шь, изда́ст, издади́м, издади́те, издаду́т; изда́л, издала́, изда́ло, изда́ли ⋀___; изда́й; и́зданный, и́здан, издана́, и́здано, и́зданы ⋀___. *Produire un son étrange*, издава́ть стра́нный звук.

PRODUIRE (SE) [*survenir*] происходи́ть ⟍___ / произойти́* IV, произойдёт, произойду́т; произошёл, произошла́... *Que s'est-il produit?* Что произошло́?

PRODUIT (*agricole, industriel*) проду́кт. *Les produits de l'industrie*, проду́кты промы́шленности. *Les produits alimentaires*, съестны́е проду́кты. *Le produit du travail*, проду́кт труда́.

PROFESSEUR 1. (*dans l'enseignement supérieur*) профе́ссор*, *nom. pl.* профессора́ ___ ‾‾‾ (*professeur titulaire*); преподава́тель *m*. **2.** (*dans les autres cas*) **a.** (*homme*) учи́тель*, *nom. pl.* учителя́ ___ ‾‾‾ *m*.; преподава́тель *m*. (*plus livresque*). *Le professeur de russe*, учи́тель ру́сского языка́. *Le professeur d'escrime*, учи́тель фехтова́ния. *Il est devenu professeur de physique*, он стал преподава́телем фи́зики. **b.** (*femme*) учи́тельница; преподава́тельница (*plus livresque*). *Le professeur de mathématiques*, учи́тельница матема́тики. *Elle est maintenant professeur d'histoire dans un lycée*, она́ тепе́рь преподава́тельница исто́рии в одно́м лице́е. ● **Salle des professeurs**, учи́тельская *adj. subst. f*.

PROFESSION профе́ссия. *Choisir une profession*, избра́ть профе́ссию.

PROFIL про́филь *m*. *De profil, son visage semblait sévère*, в про́филь лицо́ его́ каза́лось суро́вым.

PROFIT 1. (*avantage financier*) при́быль *f*. *La recherche du profit*, пого́ня за при́былями. **2.** (*avantage non financier*) по́льза. *Tirer profit d'un voyage*, извле́чь по́льзу из пое́здки.

PROFITER (*tirer un profit*) по́льзоваться / воспо́льзоваться (+ *instr.*). *Profiter de l'occasion*, воспо́льзоваться слу́чаем.

PROFOND глубо́кий, глубо́к, глубока́, глубо́ко, глубо́ки ⋀___ *ou* глубо́к, глубока́... ⟋‾‾‾, *comp.* глу́бже*, *superl.* глубоча́йший*. *Un fleuve profond*, глубо́кая река́. *Une blessure profonde*, глубо́кая ра́на. *Un sentiment profond*, глубо́кое чу́вство. *Une profonde tristesse*, глубо́кая печа́ль. *Je vous prie, Monsieur, d'accepter l'expression de mon profond respect*, С глубо́ким уваже́нием. ● **Profond de**, глубино́й в (+ *acc.*). *Profond de vingt mètres*, глубино́й в два́дцать ме́тров.

PROFONDÉMENT глубоко́, *comp.* глу́бже*. *Je suis profondément convaincu que c'est une erreur*, я глубоко́ убеждён, что э́то оши́бка.

PROFONDEUR глубина́, *pl.* глуби́ны, глуби́н, глуби́нам... ‾‾‾ ___. *À une profondeur de vingt mètres*, на глубине́ двадцати́ ме́тров. *Dans les profondeurs de la forêt*, в глубине́ ле́са. *La profondeur de champ*, глубина́ ре́зкости. *La profondeur d'un sentiment*, глубина́ чу́вства.

PROGRAMME програ́мма. *Le programme des théâtres*, театра́льная програ́мма. *Le programme des examens*, програ́мма экза́менов. *Mettre qqch. au programme*, включи́ть что́-нибудь в програ́мму.

PROGRÈS 1. (*en règle générale*) прогре́сс. *Le progrès technique*, техни́ческий прогре́сс. **2.** (*scolaire*) успе́х. *Il a fait de grands progrès*, он сде́лал больши́е успе́хи.

PROGRESSIF (*graduel*) постепе́нный. *Un refroidissement progressif*, постепе́нное охлажде́ние.

PROIE добы́ча. *Guetter sa proie*, подстерега́ть добы́чу. *La ville devint la proie des flammes*, го́род стал добы́чей огня́. ● **De proie**, хи́щный. *Un oiseau de proie*, хи́щная пти́ца.

PROJECTEUR прое́ктор.

PROJECTION (*sur écran*) пока́з. *La projection du film*, пока́з фи́льма. ● **Un appareil de projection**, проекцио́нный аппара́т.

PROJET прое́кт (*livresque*); план (*plan*). *Un projet de contrat*, прое́кт догово́ра. *Établir un projet de loi*, соста́вить прое́кт зако́на. *Quels sont vos projets de vacances ?*, Каки́е у вас пла́ны на ле́то?

PROLÉTAIRE пролета́рий *m*. « *Prolétaires de tous les pays, unissez-vous* », « Пролета́рии всех стран соединя́йтесь ».

PROLÉTARIAT пролетариа́т.

PROLONGATION продле́ние. *Prolongation de visa*, продле́ние ви́зы.

PROLONGER 1. (*dans le temps*) продлева́ть / продли́ть. *Prolonger un visa*, продли́ть ви́зу. **2.** (*dans l'espace*) продолжа́ть / продо́лжить. *On a prolongé la ligne d'autobus jusqu'à notre village*, авто́бусную ли́нию продо́лжили до на́шего села́.

PROMENADE прогу́лка. *Une promenade à pied*, прогу́лка пешко́м. *Une promenade en vélo*, велосипе́дная прогу́лка. *Une promenade en bateau*, прогу́лка на ло́дке. *Faire une promenade à travers Moscou*, соверши́ть прогу́лку по Москве́.

PROMENER (*emmener en promenade*) **1.** (*à pied*) вести́ гуля́ть (вести́* IV, веду́, ведёшь...; вёл, вела́... /‾‾‾ / повести́* IV [*id.*]; *indét.* води́ть ___). *La bonne le promenait tous les jours*, ка́ждый день ня́ня води́ла его́ гуля́ть. **2.** (*autrement qu'à pied*) ката́ть / поката́ть. *Mon père me promenait en barque*, оте́ц ката́л меня́ на ло́дке.

PROMENER (SE) 1. (*à pied*) гуля́ть / погуля́ть. *Nous nous promenions dans le parc*, мы гуля́ли в па́рке. **2.** (*autrement qu'à pied*) ката́ться / поката́ться. *Se promener en voiture*, ката́ться на маши́не. *Se promener en barque*, ката́ться на ло́дке.

PROMESSE обеща́ние. *Faire une promesse*, дать обеща́ние. *Tenir ses promesses*, сдержа́ть свои́ обеща́ния.

PROMETTRE обеща́ть / обеща́ть *ou* пообеща́ть. *Il a promis de revenir avant le souper*, он обеща́л верну́ться до у́жина. *Elle a promis de venir*, она́ обеща́ла, что придёт. *On lui promet une place de directeur*, ему́ обеща́ют ме́сто дире́ктора.

PROMETTRE (SE) [*prendre une résolution*] дать себе́ сло́во (дава́ть* II, даю́, даёшь...; дава́й; дава́я / дать* *n. cl.*, дам, дашь, даст, дади́м, дади́те, даду́т; дал, дала́, да́ло, да́ли /___ *et, à la forme négative*, не́ дал, не дала́, не́ дало, не́ дали /___ ; дай). *Je me suis promis de ne plus m'en occuper*, я дал себе́ сло́во, что бо́льше не бу́ду э́тим занима́ться.

PRONOM местоиме́ние. *Un pronom personnel*, ли́чное местоиме́ние.

PRONONCER (*des sons; un discours*) произноси́ть ___ / произнести́* IV, произнесу́, произнесёшь...; произнёс, произнесла́... /‾‾‾ ; произнесённый; произнеся́. *Mal prononcer un mot*, пло́хо произноси́ть сло́во. *Prononcer un discours*, произнести́ речь.

PRONONCIATION произноше́ние. *Vous avez une bonne prononciation*, У вас хоро́шее произноше́ние.

PROPAGANDE агита́ция; пропага́нда (*travail de vulgarisation*). ● **Faire de la propagande**, агити́ровать. *Faire de la propagande dans les milieux ouvriers*, агити́ровать среди́ рабо́чих. *Il me faisait de la propagande pour son candidat*, он меня́ агити́ровал за своего́ кандида́та.

PROPHÈTE проро́к. *Je ne suis pas prophète*, я не проро́к. *Nul n'est prophète en son pays*, нет проро́ка в оте́честве своём.

PROPHÉTIQUE проро́ческий. *Des paroles prophétiques*, проро́ческие слова́.

PROPICE благоприя́тный. *Des conditions propices*, благоприя́тные усло́вия. *Au moment propice*, в са́мый благоприя́тный моме́нт.

PROPORTION (*rapport entre les parties d'un tout*) пропо́рция. *Mélanger des produits dans une certaine proportion*, сме́шивать вещества́ в изве́стных пропо́рциях.

PROPOS (*paroles*) сло́во. *Des propos en l'air*, пусты́е слова́. *Des propos déplacés*, неуме́стные слова́. ● **À propos,** кста́ти. *Mais à propos, où est-il donc passé?*, Да кста́ти, куда́ же он пропа́л? **À ... propos,** по ... по́воду. *À quel propos?*, По како́му по́воду? **À propos de,** по по́воду (+ *gén.*). *À propos de ce roman*, по по́воду э́того рома́на. **Mal à propos,** некста́ти. *Il est tombé bien mal à propos*, он пришёл совсе́м некста́ти.

PROPOSER предлага́ть / предложи́ть. *Proposer un verre de thé*, предложи́ть стака́н ча́ю. *Proposer ses services*, предложи́ть свои́ услу́ги.

PROPOSITION предложе́ние. *Faire une proposition concrète*, внести́ конкре́тное предложе́ние. // (*Gramm.*) *La proposition principale*, гла́вное предложе́ние.

I. PROPRE *adj.* **1.** (*net, qui n'est pas sali*) чи́стый, *comp.* чи́ще*. *Du linge propre*, чи́стое бельё. *Des assiettes propres*, чи́стые таре́лки. **2.** (*appartenant à un seul*) со́бственный. *Je l'ai vu de mes propres yeux*, я э́то ви́дел со́бственными глаза́ми. *Remettre qqch. en mains propres*, отда́ть что́-нибудь в со́бственные ру́ки. // (*Gramm.*) *Un nom propre*, и́мя со́бственное. ● **Le sens propre,** прямо́й смысл.

II. PROPRE *subst.* ● **Mettre au propre,** переписа́ть на́чисто.

PROPREMENT чи́сто, *comp.* чи́ще*. *C'est fait proprement*, э́то чи́сто сде́лано. ● **À proprement parler,** со́бственно говоря́.

PROPRETÉ чистота́.

PROPRIÉTAIRE 1. *m.* владе́лец, владе́льца...; хозя́ин*, *pl.* хозя́ева, хозя́ев, хозя́евам... (*moins livresque, mais ne s'applique qu'aux propriétaires de biens immobiliers*). *Le propriétaire de l'usine*, владе́лец фа́брики *ou* хозя́ин фа́брики. *Le propriétaire du livre*, владе́лец кни́ги. **2.** *f.* владе́лица; хозя́йка (*moins livresque, mais ne s'applique qu'aux propriétaires de biens immobiliers*). *La propriétaire de l'atelier*, владе́лица мастерско́й *ou* хозя́йка мастерско́й. *La propriétaire du livre*, владе́лица кни́ги.

PROPRIÉTÉ 1. (*droit*) со́бственность *f. La propriété privée*, ча́стная со́бственность. **2.** (*domaine*) име́ние. *Ils ont acheté une belle propriété*, они́ купи́ли хоро́шее име́ние. **3.** (*particularité*) сво́йство. *Les propriétés chimiques d'un corps*, хими́ческие сво́йства те́ла.

PROSE про́за. *Un poème en prose*, стихотворе́ние в про́зе.

PROSTITUÉE проститу́тка.

PROTECTION *avec diverses nuances* покрови́тельство (*intercession*), защи́та (*défense*), охра́на (*sauvegarde*). *Prendre qqn sous sa protection*, взять кого́-нибудь под своё покрови́тельство *ou* взять кого́-нибудь под свою́ защи́ту. *La protection du travail*, охра́на труда́. *La protection des forêts* охра́на лесо́в.

PROTÉGER 1. (*défendre*) защища́ть / защити́ть (т → щ). *Protéger contre le vent*, защища́ть от ве́тра. **2.** (*patronner*) покрови́тельствовать (+ *dat.*). *Protéger les arts*, покрови́тельствовать иску́сству.

PROTESTANT *subst.* протеста́нт. *Les catholiques et les protestants*, като́лики и протеста́нты.

PROTESTATION (*contestation*) проте́ст. *Élever une protestation*, вы́разить проте́ст.

PROTESTER протестова́ть. *Protester contre l'injustice*, протестова́ть про́тив несправедли́вости.

PROUVER дока́зывать / доказа́ть* II, докажу́, дока́жешь... ⌣——. *Prouver son innocence*, доказа́ть свою́ невино́вность.

PROVENIR (*résulter*) происходи́ть ⌣—— / произойти́* IV, произойдёт, произойду́т; произошёл, произошла́... *Je ne sais pas d'où cela provient*, я не зна́ю, отку́да э́то происхо́дит.

PROVERBE посло́вица.

PROVINCE (*par opposition à la capitale*) прови́нция (*arch.; peut être employé en parlant de pays autres que l'U.R.S.S.*); перифери́я (*régions très éloignées*). *Elle n'est plus à Paris; elle est en province*, она́ уе́хала из Пари́жа, живёт тепе́рь в прови́нции. *Il a fait ses études à Moscou, mais maintenant, il est en province*, он учи́лся в Москве́, но его́ назна́чили на перифери́ю.

PROVISEUR дире́ктор*, *nom. pl.* директора́ ——.

Remarque. Le mot « прови́зор » signifie « employé de pharmacie diplômé ».

PROVISION запа́с. *Une provision de farine*, запа́с муки́. *Une provision de bois*, запа́с дров. ● **Des provisions alimentaires**, съестны́е припа́сы (припа́сы, припа́сов, припа́сам... *pl. t.*). **Faire provision de**, запаса́ться / запасти́сь* IV, запасу́сь, запасёшься...; запа́сся, запасла́сь... ⌢—— (+ *instr.*). *Faire provision de bois*, запасти́сь дрова́ми.

PROVISOIRE вре́менный. *Une attestation provisoire*, вре́менное удостовере́ние.

PROVISOIREMENT на вре́мя; вре́менно (*plus livresque*).

PROVOCATION провока́ция.

PROVOQUER вызыва́ть / вы́звать* IV, вы́зову, вы́зовешь... *La bombe a provoqué un incendie*, бо́мба вы́звала пожа́р. *Provoquer le mécontentement*, вы́звать недово́льство. *Provoquer qqn en duel*, вы́звать кого́-нибудь на дуэ́ль.

PROXIMITÉ ● **À proximité**, побли́зости. *Il n'y avait personne à proximité*, никого́ не́ было побли́зости. *À proximité de la gare*, побли́зости от вокза́ла.

PRUDEMMENT осторо́жно.

PRUDENCE осторо́жность *f*. *Faire preuve de prudence*, прояви́ть осторо́жность.

PRUNE сли́ва.

PRUNIER сли́ва.

PSEUDONYME псевдони́м.

PSYCHANALYSE психоана́лиз.

PSYCHIATRE психиа́тр.

PSYCHIQUE психи́ческий. *Un phénomène psychique*, психи́ческое явле́ние.

PSYCHOLOGIE психоло́гия.

PSYCHOLOGIQUE психологи́ческий. *Un drame psychologique*, психологи́ческая дра́ма.

PSYCHOLOGUE психо́лог.

I. PUBLIC *adj.* **1.** (*de la collectivité*) обще́ственный. *L'opinion publique*, обще́ственное мне́ние. *L'ordre public*, обще́ственный поря́док. **2.** (*qui relève de l'État*) госуда́рственный. *Les entreprises publiques*, госуда́рственные предприя́тия. *Les affaires publiques*, госуда́рственные дела́. *Le droit public*, госуда́рственное пра́во. **3.** (*ouvert à tous*) публи́чный. *Une séance publique*, публи́чное заседа́ние.

II. PUBLIC *subst.* пу́блика; зри́тели, зри́телей, зри́телям... (*les spectateurs*). *Le public a longuement applaudi*, пу́блика до́лго аплоди́ровала *ou* зри́тели до́лго аплоди́ровали.

PUBLICATION **1.** (*le fait de publier*) опубликова́ние. *Après la publication de cet article*, по́сле опубликова́ния э́той статьи́. **2.** (*ouvrage*) изда́ние. *Des publications scientifiques*, нау́чные изда́ния.

PUBLICITÉ (*réclame*) рекла́ма. *Les frais de publicité*, расхо́ды на рекла́му.

PUBLIER публикова́ть / опубликова́ть. *Publier un article*, опубликова́ть статью́.

PUCE блоха́ .

PUER воня́ть (+ *instr.*). *Il pue l'ail*, от него́ воня́ет чесноко́м.

PUIS зате́м, пото́м. *Une lampe s'est allumée, puis une autre*, зажгла́сь ла́мпа, зате́м друга́я.

PUISQUE раз. *Puisqu'il est déjà sorti de l'hôpital, il n'y a pas de raison de s'inquiéter à son sujet*, раз он уже́ вы́писался из го́спиталя, не́чего о нём беспоко́иться.

PUISSANCE

1. (*force physique*) си́ла.
2. (*force morale*) могу́щество, си́ла.
3. (*énergie développée par une machine*) мо́щность *f.*
4. (*math.*) сте́пень *f.*
5. (*état souverain*) держа́ва.

1. *La puissance de la déflagration*, си́ла взры́ва. **2.** *La puissance de son inspiration*, могу́щество его́ вдохнове́ния. **3.** *D'une puissance de 60 chevaux*, мо́щностью в 60 лошади́ных сил. **4.** *Élever huit à la puissance huit*, возвести́ во́семь в восьму́ю сте́пень. **5.** *Les grandes puissances*, вели́кие держа́вы. ● **La puissance de travail**, работоспосо́бность *f.*

PUISSANT 1. (*en règle générale*) могу́чий. *Des épaules puissantes*, могу́чие пле́чи. *Une voix puissante*, могу́чий го́лос. *Un pays puissant*, могу́чая страна́. **2.** (*en parlant d'une machine*) си́льный. *Un moteur puissant*, си́льный мото́р. *Un télescope puissant*, си́льный телеско́п.

PUITS 1. (*eau*) коло́дец. *Tirer de l'eau du puits*, достава́ть во́ду из коло́дца. **2.** (*pétrole*) сква́жина. *Un puits de pétrole*, нефтяна́я сква́жина. **3.** (*mine*) ша́хта.

PULL, PULL-OVER пуло́вер, дже́мпер.

PUNAISE 1. (*insecte*) клоп . *Punaise des lits*, посте́льный клоп. **2.** (*petit clou*) кно́пка. *Fixer qqch. avec des punaises*, прикрепи́ть что́-нибудь кно́пками.

PUNIR нака́зывать / наказа́ть* II, накажу́, нака́жешь... . *Punir le coupable*, наказа́ть вино́вного.

PUNITION наказа́ние. *Une punition sévère*, стро́гое наказа́ние.

PUPITRE 1. (*d'instrumentiste*) пюпи́тр. *La partition est sur le pupitre*, но́ты на пюпи́тре. **2.** (*de chef d'orchestre*) пульт. *Le pupitre du chef d'orchestre*, дирижёрский пульт. **3.** (*d'écolier*) па́рта.

PUR чи́стый , *comp.* чи́ще*. *Respirer l'air pur*, дыша́ть чи́стым во́здухом. *De l'or pur*, чи́стое зо́лото. *Un pur hasard*, чи́стая случа́йность. *C'est la pure vérité*, э́то чи́стая пра́вда. ● **En pure perte**, зря. *Dépenser son argent en pure perte*, зря тра́тить де́ньги. **Un pur-sang**, чистокро́вный жеребе́ц.

PURÉE пюре́* *indécl. n.* *Une purée de pommes de terre*, карто́фельное пюре́.

PUREMENT чи́сто. *Une coïncidence purement fortuite*, чи́сто случа́йное совпаде́ние. ● **Purement et simplement**, про́сто-на́просто.

PURETÉ чистота́. *La pureté de l'eau*, чистота́ воды́. *La pureté des intentions*, чистота́ наме́рений.

PUS гной *m.* *Il est sorti beaucoup de pus de l'abcès*, из нары́ва вы́шло мно́го гно́я.

PYGMÉE пигме́й *m.*

PYJAMA пижа́ма. *Un pyjama d'homme*, мужска́я пижа́ма.

PYRAMIDE пирами́да. *Les pyramides d'Égypte*, еги́петские пирами́ды.

Q

QUADRATURE квадрату́ра. *La quadrature du cercle*, квадрату́ра кру́га.

QUAI 1. (*au bord de l'eau et sans débarcadère*) на́бережная *adj. subst. f. Sur les quais, il y a de nombreux bouquinistes*, на на́бережной мно́го букини́стов. **2.** (*au bord de l'eau et avec débarcadère*) при́стань ——— /——— *f. Le bateau est à quai*, парохо́д у при́стани. **3.** (*de chemin de fer, de métro*) перро́н; платфо́рма (*quai numéroté*). *Nous étions sur le quai et nous attendions le train*, мы стоя́ли на перро́не и жда́ли по́езда. *De quel quai part le train pour Kiev?*, С како́й платфо́рмы отхо́дит по́езд на Ки́ев? • **Un ticket de quai**, перро́нный биле́т.

QUALITÉ ка́чество. *Une étoffe de première qualité*, ткань пе́рвого ка́чества. *En qualité de journaliste*, в ка́честве журнали́ста.

QUAND когда́. *Quand viendra-t-il?*, Когда́ он придёт? *Je ne sais pas quand est-ce qu'il viendra*, я не зна́ю, когда́ он придёт. *Quand il est ici, je ne peux pas travailler*, когда́ он здесь, я не могу́ рабо́тать. • **Depuis quand**, с каки́х пор. **Jusqu'à quand**, до каки́х пор. **Quand même**, всё-таки. *J'ai quand même raison*, я всё-таки прав.

QUANT À что каса́ется (+ *gén.*). *Quant à mon voisin*, что каса́ется моего́ сосе́да.

QUANTITÉ 1. (*ce qui est mesurable*) коли́чество. *Une grande quantité de charbon*, большо́е коли́чество у́гля. **2.** (*grand nombre*) ма́сса (*fam.*); большо́е коли́чество. *J'ai une quantité de disques*, у меня́ ма́сса пласти́нок.

QUARANTAINE *n'a pas d'équivalent; traduire comme « environ quarante ». Une quarantaine de personnes*, челове́к со́рок. *Elle a dépassé la quarantaine*, ей за́ сорок.

QUARANTE со́рок. *Quarante kopeks*, со́рок копе́ек. *À quarante kilomètres de Paris*, в сорока́ киломе́трах от Пари́жа.

QUARANTIÈME сороково́й.

QUART (*la quatrième partie*) че́тверть, *pl.* че́тверти, четверте́й, четвертя́м... ——— /——— *f. Un quart d'heure*, че́тверть часа́. *« Quelle heure est-il? — Une heure et quart »*, « Кото́рый час? — Че́тверть второ́го. » *« À quelle heure arrive-t-il? — À trois heures moins le quart »*, « Во ско́лько он прие́дет? — Без че́тверти три. »

QUARTIER (*dans une ville*) райо́н. *Dans un quartier ouvrier*, в рабо́чем райо́не. • **Le Quartier latin**, Лати́нский кварта́л.

QUATORZE 1. (*en règle générale*) четы́рнадцать. *Quatorze francs*, четы́рнадцать фра́нков. *À quatorze kilomètres de la ville*, в четы́рнадцати киломе́трах от го́рода. **2.** (*au sens de « quatorzième » et, en particulier, dans l'expression de la date*) четы́рнадцатый. *Ils sont arrivés le 14 juin*, они́ прие́хали 14-го ию́ня. *À la page quatorze*, на четы́рнадцатой страни́це. *Louis XIV*, Людо́вик XIV (Людо́вик Четы́рнадцатый).

QUATORZIÈME четы́рнадцатый. *Au XIVe siècle*, в XIV ве́ке (в четы́рнадцатом ве́ке).

QUATRE

> **1.** (*en règle générale*) четы́ре.
> **2.** (*régissant un plurale tantum, un pronom ou, éventuellement, un nom de personne masculin*) че́тверо.
> **3.** (*au sens de « quatrième » et, en particulier, dans l'expression de la date*) четвёртый.
> **4.** (*aux cartes*) четвёрка.

1. *Deux fois deux font quatre*, два́жды два — четы́ре. *À quatre heures*, в четы́ре часа́. *À quatre kilomètres d'ici*, в четырёх киломе́трах отсю́да. **2.** *Ils étaient quatre*, их бы́ло че́тверо. *Quatre enfants*, че́тверо дете́й. **3.** *Elle est* *arrivée le 4 décembre*, онá приéхала 4-го декабря́. *À la page quatre*, на четвёртой странúце. *Henri IV*, Гéнрих IV (Гéнрих Четвёртый). **4.** *Un quatre de cœur*, четвёрка червéй. ● **À quatre,** вчетверóм. *Dîner à quatre*, обéдать вчетверóм. **En quatre,** вчéтверо. *Plier une feuille de papier en quatre*, сложúть лист бумáги вчéтверо. **Entre quatre yeux,** с глáзу на глаз. **Manger comme quatre,** есть за четверы́х. **Quatre-centième,** четырёхсóтый. **Quatre cents,** четы́реста. *Quatre cents roubles*, четы́реста рублéй. *Plus de quatre cents kilomètres*, бóльше четырёхсóт километров. **Quatre fois 1.** (*en règle générale*) четы́ре рáза. *Je l'ai vu quatre fois*, я егó вúдел четы́ре рáза. **2.** (*suivi d'un nom de nombre*) четы́режды. *Quatre fois cinq vingt*, четы́режды пять — двáдцать. **3.** (*suivi d'un comparatif*) вчéтверо. *Quatre fois plus grand*, вчéтверо бóльше. **Se mettre en quatre,** из кóжи вон лезть.

QUATRE-VINGT-, QUATRE-VINGTS вóсемьдесят. *Quatre-vingt-deux*, вóсемьдесят два. *Quatre-vingts pour cent*, вóсемьдесят процéнтов. *À quatre-vingts kilomètres d'ici*, в восьмúдесяти километрах отсю́да. ● **Quatre-vingt-dix,** девянóсто. *Il a quatre-vingt-dix ans*, емý девянóсто лет. *À quatre-vingt-dix kilomètres de Moscou*, в девянóста километрах от Москвы́. **Quatre-vingt-dixième,** девянóстый.

Remarque. Le mot « девянó-сто », 90, est également utilisé pour la traduction de « quatre-vingt-onze », « девянóсто один », « quatre-vingt-onzième », « девянóсто пéрвый », « quatre-vingt-douze », « девянóсто два », etc.

QUATRE-VINGTIÈME восьмидесятый.

QUATRE-VINGTS v. QUATRE-VINGT-.

I. QUATRIÈME *adj.* **1.** (*en règle générale*) четвёртый. *Pour la quatrième fois*, в четвёртый раз. **2.** (*en parlant des étages*) пятый. *Nous habitons au quatrième étage*, мы живём на пятом этажé.

II. QUATRIÈME *subst.* **1.** (*classe*) четвёртый класс (*traduction précise du français*); седьмóй класс (*nom de la classe correspondante dans les écoles soviétiques*). **2.** (*étage*) пятый этáж (этáж ⁄———). *Ils habitent au quatrième*, онú живýт на пятом этажé.

QUATUOR квартéт.

QUE

I. Pronom relatif: котóрый.
II. Pronom interrogatif: что.
III. Adverbe:
1. (*à quel point*) как.
2. (*quelle quantité; quel nombre*) скóлько (+ *gén.*).
IV. Conjonction:
1. (*introduisant une subordonnée complétive*) что.
2. (*conséquence*) что.
3. (*volonté, souhait*).
a. (*introduisant une subordonnée*) чтóбы (+ *passé*).
b. (*au début d'une proposition indépendante ou principale*) пусть (+ *présent ou futur*).
4. (*après un comparatif de supériorité*) чем *ou, lorsqu'il est possible, le génitif*.
5. (*après un comparatif d'égalité ou d'infériorité*) как // какóй (*lorsque le premier élément de la comparaison est l'adverbe « tel »*).
6. (*après une proposition temporelle, un complément de temps, un adverbe de temps*) как.
7. (*répété et introduisant une hypothèse*) ... ли ... или...
8. (*précédé de « et », de « ou » et faisant pendant à une autre conjonction*) *ne se traduit pas*.
9. (*concession*) *ne se traduit pas*.

I. *Les livres que j'ai achetés*, кнúги, котóрые я купúл. *La méthode que nous avons employée*, мéтод, котóрым мы пóльзовались.

II. *Que s'est-il passé?*, Что случúлось? *Que faire?*, Что дéлать? *Qu'attendez-vous?*, Чегó вы ждёте? *Qu'utilisez-vous?*, Чем вы пóльзуетесь?

III. 1. *Que je suis content de vous voir!*, Как я рад вас вúдеть! *Qu'elle chante bien!*, Как онá хорошó поёт! **2.** *Que de difficultés!*, Скóлько затруднéний!

Que de fois je l'ai vu!, Ско́лько раз я его́ ви́дел!
IV. 1. *Elle a dit qu'elle viendrait*, она́ сказа́ла, что придёт. *Il me semble qu'il est temps*, мне ка́жется, что пора́. **2.** *Il était si petit que je ne le voyais pas*, он был тако́й ма́ленький, что я его́ не ви́дел. **3. a.** *Je ne veux pas qu'il vienne*, я не хочу́, что́бы он пришёл. **b.** *Qu'il entre!*, Пусть он войдёт! *Qu'il se promène!*, Пусть он гуля́ет. **4.** *Mieux qu'avant-hier*, лу́чше, чем позавчера́. *Plus que je ne pensais*, бо́льше, чем я ду́мал. *Plus jeune que moi*, моло́же меня́. **5.** *Il était aussi habile que les autres*, он был тако́й же ло́вкий, как и други́е. *Elle ne chante pas si bien que toi*, она́ не так хорошо́ поёт, как ты. || *Je l'ai retrouvé tel qu'il était il y a dix ans*, я нашёл его́ таки́м же, каки́м он был де́сять лет тому́ наза́д. **6.** *Voilà déjà deux ans que j'apprends le russe*, вот уже́ два го́да, как я учу́сь ру́сскому языку́. *Depuis qu'il est ici*, с тех пор, как он здесь. *Alors que j'étais sur le chemin du retour*, в то вре́мя, как я возвраща́лся домо́й. *Il était dans un coin et rêvassait tandis que tous les autres travaillaient*, он сиде́л в углу́ и мечта́л, ме́жду тем как остальны́е рабо́тали. *Avant qu'il arrive*, до того́, как он прие́дет. **7.** *Qu'il s'en aille ou qu'il reste, peu importe*, Уе́дет ли он и́ли оста́нется, не всё ли равно́? **8.** *Quand j'ai eu terminé mon travail et que je suis rentré*, когда́ я ко́нчил рабо́ту и верну́лся домо́й. **9.** *Quoi qu'il en soit*, как бы то ни́ было. *Quel que soit cet inconnu*, кто бы ни́ был э́тот незнако́мый. *À quelque moment que ce soit*, когда́ бы то ни́ было. ● **Afin que**, что́бы (+ *passé*). *Afin qu'il le sache*, что́бы он знал об э́том. **À moins que**, е́сли не. *Je n'irai pas l'attendre à moins qu'il ne m'écrive*, я не пойду́ встреча́ть его́, е́сли он мне не напи́шет. **Bien que**, хотя́. *Bien qu'il nous rendît visite très souvent, nous ne savions presque rien à son sujet*, хотя́ он о́чень ча́сто быва́л у нас, мы почти́ ничего́ не зна́ли о нём. **Ce que 1.** (*la chose que*) то, что; что (*lorsque l'accent logique ne porte pas sur l'antécédent*). *C'est ce que je voulais dire*, э́то то, что я хоте́л сказа́ть. *Nous parlions de ce qui s'est passé hier*, мы говори́ли о том, что произошло́ вчера́. *Voici ce que j'ai appris*, вот что я узна́л. *Je ne sais pas ce qu'il fait*, я не зна́ю, что он де́лает. **2.** (*à quel point*) как. *Ce que j'ai froid!*, Как мне хо́лодно! **C'est que**, де́ло в том, что. *C'est que tout le monde était mécontent*, де́ло в том, что все бы́ли недово́льны. **C'est ... que 1.** (*encadrant un nom ou un pronom*) *si « c'est ... que » ne sert qu'à mettre en valeur le nom ou le pronom, ne pas traduire « que », mettre en valeur le nom ou le pronom ou le substantif soit à l'aide d'un mot approprié, soit en utilisant l'accent logique; dans le cas contraire, traduire les deux mots. C'est Natacha qui est arrivée*, э́то Ната́ша прие́хала. *C'est justement lui que je voulais voir*, я как раз хоте́л ви́деть его́. *C'est le livre que j'ai reçu hier*, э́то кни́га, кото́рую я получи́л вчера́. **2.** (*encadrant un adjectif*) *ne pas traduire « c'est ». C'est étrange qu'il ne soit pas encore arrivé*, стра́нно, что он ещё не пришёл. **3.** (*encadrant le pronom « ce »*) э́то ..., что. *C'est ce que je voulais dire*, э́то то, что я хоте́л сказа́ть. **Est-ce que**, *en russe, l'interrogation n'est le plus souvent marquée que par l'intonation ou par la présence d'un mot interrogatif; on peut également utiliser* да ... ли *si la proposition ne comporte pas déjà un mot interrogatif. Est-ce qu'il viendra?*, Он придёт? *ou* Да придёт ли он? *Quand est-ce qu'il viendra?*, Когда́ он придёт? **Il y a ... que 1.** (*durée*) *accusatif sans préposition. Il y a déjà quatre ans que je travaille ici*, я рабо́таю здесь уже́ четы́ре го́да. **2.** (*moment précis*) тому́ наза́д (*précédé de l'accusatif*) *ou, simplement*, наза́д (*précédé de l'accusatif*). *Il y a une semaine qu'elle est rentrée*, она́ верну́лась неде́лю тому́ наза́д. **Ne ... que**, то́лько. *Il n'y avait que cinq personnes*, бы́ло то́лько пять челове́к. **Ne serait-ce que**, хотя́ бы. *C'est démontré, ne serait-ce que par les faits suivants*, э́то дока́зывают хотя́ бы сле́дующие фа́кты. **Parce que**, потому́

что. **Pendant que,** пока́. *Pendant qu'ils étaient à la montagne, je me suis reposée,* я отдохну́ла, пока́ они́ бы́ли в гора́х. **Pour que,** что́бы (+ *passé*). *J'ai tout fait pour qu'elle accepte,* я всё сде́лал, что́бы она́ согласи́лась. **Pourvu que,** лишь бы (+ *passé*). *Pourvu qu'il parte,* лишь бы он уе́хал. **Que je sache,** наско́лько мне изве́стно. **Que si,** то́лько в том слу́чае, е́сли. *Je n'irai là-bas que s'il m'écrit,* я пое́ду туда́ то́лько в том слу́чае, е́сли он мне напи́шет. **Qu'est-ce que, qu'est-ce qui,** *se traduit comme « que » pronom interrogatif ou adverbe (voir ci-dessus II et III). Qu'est-ce que c'est?,* Что э́то тако́е? *Qu'est-ce qu'il dit?,* Что он говори́т? *Qu'est-ce qu'il fait froid aujourd'hui!,* Как хо́лодно сего́дня! *Qu'est-ce que je l'ai rencontré souvent là-bas!,* Ско́лько раз я с ним встреча́лся там! *Qu'est-ce qui s'est passé?,* Что случи́лось? *Qu'est-ce qui vous prend?,* Что с ва́ми? **Qu'importe!,** Всё равно́! **Tant que,** пока́. *Tant qu'elle est malade, nous ne pouvons rien entreprendre,* пока́ она́ больна́, мы ничего́ не мо́жем предприня́ть. **Toutes les fois que,** ка́ждый раз, как. *Toutes les fois que je le rencontre,* ка́ждый раз, как я с ним встреча́юсь.

QUEL како́й. *Quel temps fait-il aujourd'hui?,* Кака́я сего́дня пого́да? *Quel bavard!,* Како́й болту́н! *Je ne sais pas quel livre prendre,* я не зна́ю, каку́ю кни́гу взять. *De quelle manière?,* Каки́м о́бразом? *En quelle année est-il né?,* В како́м году́ он роди́лся? *Quelles que soient les difficultés,* каки́е бы ни́ бы́ли затрудне́ния. ● **À quelle heure?,** В кото́ром часу́; Во ско́лько (*fam.*). *À quelle heure il arrive?,* Во ско́лько он приє́дет? **Quel âge...,** ско́лько... лет. *Quel âge a-t-elle?,* Ско́лько ей лет? **Quelle heure est-il?,** Кото́рый час?; Ско́лько вре́мени? (*fam.*).

QUELCONQUE 1. (*n'importe lequel*) како́й-нибудь. *Donnez-moi un livre quelconque sur Moscou,* Да́йте мне каку́ю-нибудь кни́гу о Москве́. **2.** (*médiocre*) посре́дственный. *Un livre assez quelconque,* дово́льно посре́дственная кни́га.

QUELQUE ● **Quelque chose 1.** (*une certaine chose*) что́-то *pronom neutre. Il s'est passé quelque chose d'épouvantable,* произошло́ что́-то ужа́сное. *Il y a quelque chose qui ne va pas,* тут что́-то не так. **2.** (*une chose ou une autre*) что́-нибудь. *Prenez quelque chose de mieux,* Возьми́те что́-нибудь полу́чше. **Quelque part 1.** (*emplacement*) где́-то (*à un certain endroit*); где́-нибудь (*à un endroit ou à un autre*). *On entendait quelque part aboyer les chiens,* где́-то ла́яли соба́ки. *Nous mangerons quelque part,* где́-нибудь пообе́даем. **2.** (*direction*) куда́-то (*à un certain endroit*); куда́-нибудь (*à un endroit ou à un autre*). *Il a emporté les médicaments quelque part,* он куда́-то унёс лека́рства. *Nous nous en irons quelque part, mais où?,* Мы куда́-нибудь уе́дем, но куда́?

REMARQUE. Voir également QUELQUES.

QUELQUEFOIS иногда́. *Je vais quelquefois à la chasse,* хожу́ иногда́ на охо́ту.

QUELQUES (*un certain nombre*) не́сколько *adv.* (+ *gén.*) *et, s'il est régi par une préposition exigeant un cas oblique,* не́скольких, не́скольким... *pronom-adjectif pluriel. Il y a quelques années,* не́сколько лет тому́ наза́д. *En quelques mots,* в не́скольких слова́х.

QUELQU'UN 1. (*une certaine personne*) кто́-то *pronom masculin. Quelqu'un a téléphoné,* кто́-то звони́л. **2.** (*une personne ou une autre*) кто́-нибудь *pronom masculin. Il faudrait appeler quelqu'un,* на́до бы кого́-нибудь позва́ть.

QUELQUES-UNS не́которые, не́которых, не́которым... *pronom-adjectif pluriel. Quelques-uns d'entre eux ne sont pas encore revenus,* не́которые из них ещё не верну́лись.

QUESTION вопро́с. *En voilà une question!,* Что за вопро́с? *Poser une question,* зада́ть вопро́с. *Répondre à une question,* отве́тить на вопро́с. *La question paysanne,* крестья́нский вопро́с. *C'est une question de temps*, э́то вопро́с вре́мени. *C'est une question de vie ou de mort*, это вопро́с жи́зни и сме́рти. *Là n'est pas la question*, вопро́с не в э́том. • **Il est question de**, речь идёт о (+ *loc.*). *De quoi est-il question?*, О чём идёт речь? *Voilà le livre dont il est question*, Вот кни́га, о кото́рой идёт речь. **Il ne peut pas en être question**, об э́том не мо́жет быть и ре́чи.

QUESTIONNAIRE анке́та. *Remplir un questionnaire*, запо́лнить анке́ту.

QUESTIONNER спра́шивать. *Il m'a longuement questionné au sujet de ce voyage*, он меня́ до́лго спра́шивал об э́той пое́здке.

QUEUE **1.** (*d'animal*) хвост. *La queue du poisson*, хвост ры́бы. // (*Par extension*) *La queue de la comète*, хвост коме́ты. **2.** (*d'un ustensile*) ру́чка. *La queue de la casserole*, ру́чка кастрю́ли. **3.** (*file de personnes qui attendent*) о́чередь *f*. *Faire la queue*, стоя́ть в о́череди.

QUI **1.** (*pronom interrogatif*) кто *pronom masculin*. *Qui était-ce?*, Кто э́то был? *Avec qui étais-tu?*, С кем ты была́? *Je ne sais pas de qui elle parle*, я не зна́ю, о ком она́ говори́т. **2.** (*relatif*) кото́рый; кто (*lorsque l'antécédent est un pronom exprimé ou sous-entendu*). *La petite fille qui vient de sortir*, де́вочка, кото́рая то́лько что вы́шла. *Je donnerai cent francs à celui qui saura le faire*, я дам сто фра́нков тому́, кто суме́ет э́то сде́лать. *Tous ceux qui le connaissent*, все, кто его́ зна́ет. • **À qui...?** (*marquant la possession*), чей. *À qui est ce livre?*, Чья э́то кни́га? **C'est ... qui**, *mettre en valeur le substantif ou le pronom personnel en utilisant l'accent logique; « c'est » peut être traduit par* « э́то »; *« qui » ne se traduit pas. C'est lui qui a gagné*, э́то он вы́играл *ou* он вы́играл. **Qui est-ce qui** *se traduit comme « qui » interrogatif. Qui est-ce qui a fait ça?*, Кто э́то сде́лал?

QUINQUENNAL • **Le plan quinquennal**, пятиле́тний план, *par abréviation* пятиле́тка.

QUINZAINE *n'a pas d'équivalent; traduire en fonction du contexte. Une quinzaine de personnes*, челове́к пятна́дцать. *Il arrive dans une quinzaine*, он прие́дет неде́ли че́рез две.

QUINZE **1.** (*en règle générale*) пятна́дцать. *Quinze francs*, пятна́дцать фра́нков. *Plus de quinze mètres*, бо́льше пятна́дцати ме́тров. **2.** (*au sens de « quinzième » et, en particulier, dans l'expression de la date*) пятна́дцатый. *Ils sont arrivés le 15 mai*, они́ прие́хали 15-го ма́я. *Louis XV*, Людо́вик XV (Людо́вик Пятна́дцатый).

QUINZIÈME пятна́дцатый.

QUITTANCE распи́ска; квита́нция (*plus livresque*). *Remettre qqch. contre quittance*, дать что́-нибудь под распи́ску.

QUITTE квит, кви́ты *adjectif ne possédant que ces deux formes courtes. Maintenant, nous sommes quittes*, тепе́рь мы кви́ты. • **En être quitte à bon marché**, дёшево отде́латься. **En être quitte pour la peur**, отде́латься лёгким испу́гом.

QUITTER

1. (*abandonner qqn*) броса́ть / бро́сить.
2. (*s'en aller*) уходи́ть / уйти́* IV, уйду́, уйдёшь...; ушёл, ушла́... (*à pied*); уезжа́ть / уе́хать* IV, уе́ду, уе́дешь... (*autrement qu'à pied*).
3. (*se lever*) встава́ть* II, встаю́, встаёшь...; встава́й; встава́я / встать* *n. cl.*, вста́ну, вста́нешь... (*suivi d'un complément de lieu introduit par une préposition*).
4. (*enlever un vêtement*) снима́ть / снять* IV, сниму́, сни́мешь...; снял, сняла́, сня́ло, сня́ли; сня́тый, снят, снята́, сня́то, сня́ты.

1. *Quitter sa famille*, бро́сить семью́. **2.** *Il a quitté la réunion*, он ушёл с собра́ния. *Nous avons quitté la ville*, мы уе́хали из го́рода. **3.** *Ne pas quitter le lit*, не встава́ть с посте́ли. *Quitter la* *table*, встать из-за стола́. **4.** *Quitter sa veste*, снять пиджа́к. *Quitter ses gants*, снять перча́тки. **• Ne pas quitter qqn des yeux,** не спуска́ть с кого́-нибудь глаз. **Ne quittez pas** (*au téléphone*), Не ве́шайте тру́бку *ou, simplement*, Не ве́шайте.

QUOI 1. (*en règle générale*) что. *De quoi parlaient-ils?*, О чём они́ говори́ли? *De quoi s'agit-il?*, В чём де́ло? *C'est ce à quoi je pensais*, э́то то, о чём я ду́мал. *Quoi que vous disiez*, что бы вы ни говори́ли. **2.** (*Comment!*) Как! *Quoi! Vous êtes encore là?*, Как! Вы ещё здесь? **• Il n'y a pas de quoi, pas de quoi** (*en réponse à un remerciement*), пожа́луйста [пл-жалустә]; не́ за что. **Il n'y a pas de quoi** (+ *inf.*), не́чего (+ *inf.; la forme* « не́чего » *est un génitif; le pronom n'a pas de nominatif*). *Il n'y a pas de quoi être fier*, не́чем горди́ться. *Il n'y a pas de quoi se réjouir*, не́чему ра́доваться. **Quoi qu'il en soit,** как бы то ни́ бы́ло.

QUOIQUE хотя́.

QUOTIDIEN *adj.* ежедне́вный. *Un journal quotidien*, ежедне́вная газе́та.

R

RABAIS ски́дка. *Il m'a fait un rabais*, он мне э́то про́дал со ски́дкой.

RACCOMMODER (*des bas...*) што́пать / зашто́пать. *Raccommoder ses bas*, зашто́пать чулки́.

RACCOMPAGNER провожа́ть / проводи́ть ___. *Je vais vous raccompagner jusqu'au métro*, я вас провожу́ до метро́.

RACCOURCIR 1. (*rendre plus court*) укора́чивать / укороти́ть, *part.* укоро́ченный. *Raccourcir une robe*, укороти́ть пла́тье. **2.** (*devenir plus court*) стать коро́че (станови́ться, стано́вится, стано́вятся / стать* *n. cl.*, ста́нет, ста́нут). *Les jours ont raccourci*, дни ста́ли коро́че.

RACCROCHER (*au téléphone*) ве́шать тру́бку *ou, simplement*, ве́шать (ве́шать / пове́сить). *Il a raccroché*, он пове́сил тру́бку.

RACE 1. (*humaine*) ра́са. *La race jaune*, жёлтая ра́са. **2.** (*d'animaux*) поро́да. *Un cheval de race arabe*, ло́шадь ара́бской поро́ды. **• De race,** поро́дистый. *Un chien de race*, поро́дистая соба́ка.

RACINE ко́рень ___ /___ *m.* *Les racines des arbres*, ко́рни дере́вьев. *La racine d'une dent*, ко́рень зу́ба. *La racine d'un mot*, ко́рень сло́ва. *Extraire la racine carrée*, извле́чь квадра́тный ко́рень.

RACISME раси́зм.

RACONTER расска́зывать / рассказа́ть* II, расскажу́, расска́жешь...___. *Je vous ai raconté ce qui m'est arrivé?*, Я вам рассказа́л, что со мной случи́лось?

RADAR радиолока́тор.

RADEAU плот*, *loc.* плоту́ /___ ___. *Traverser le fleuve sur un radeau*, перепра́виться че́рез реку́ на плоту́.

RADIATEUR 1. (*de chauffage central*) батаре́я, радиа́тор. *Les radiateurs sont froids*, батаре́и холо́дные. **2.** (*électrique*) обогрева́тель *m.* *Un radiateur électrique*, электри́ческий обогрева́тель. **3.** (*de véhicule*) радиа́тор. *Mettre de l'eau dans le radiateur*, нали́ть воды́ в радиа́тор.

RADIATION радиа́ция, излуче́ние. *Les radiations atomiques*, а́томные радиа́ции.

RADICAL *adj.* радика́льный. *Un moyen radical*, радика́льное сре́дство.

RADIO *f.* **1.** (*radiodiffusion*) ра́дио* *indécl. n. Écouter la radio*, слу́шать ра́дио. *Transmettre un concert par radio*, передава́ть конце́рт по ра́дио. **2.** (*poste récepteur*) радиоприёмник; ра́дио* *indécl. n.* (*fam.*). *Nous avons la radio*, у нас есть радиоприёмник. *Fermer la radio*, вы́ключить ра́дио. **3.** (*radioscopie ou radiographie*) рентге́н. *Aller à la radio*, идти́ на рентге́н.

RADIO-ACTIF радиоакти́вный. *Des produits radio-actifs*, радиоакти́вные вещества́.

RADIS реди́ска.

RAFRAÎCHIR **1.** (*une boisson*) охлажда́ть / охлади́ть, *part.* охлаждённый. *Rafraîchir l'eau*, охлади́ть во́ду. **2.** (*l'air*) освежа́ть / освежи́ть. *L'orage a rafraîchi l'air*, гроза́ освежи́ла во́здух. **3.** (*quelqu'un, son visage...*) освежа́ть / освежи́ть. *La bière m'a rafraîchi*, пи́во меня́ освежи́ло. *La pluie m'a rafraîchi le visage*, дождь освежи́л мне лицо́.

RAGE бе́шенство. *Le vaccin contre la rage*, приви́вка про́тив бе́шенства. *Cette remarque l'a mis dans une rage folle*, э́то замеча́ние привело́ его́ в бе́шенство. ● **Faire rage**, свире́пствовать. *L'incendie faisait rage*, пожа́р свире́пствовал.

RAIDE

1. (*qui ne plie pas*) *employer les formes appropriées du verbe* « гну́ться », « *plier* » (гну́ться* II, гнётся, гну́тся).
2. (*tendu*) туго́й, *comp.* ту́же*.
3. (*en parlant des cheveux...*) жёсткий, *comp.* жёстче*.
4. (*escarpé*) круто́й, *comp.* кру́че*.

1. *J'ai la jambe raide*, нога́ не гнётся. **2.** *La corde raide*, туго́й кана́т. **3.** *Des cheveux raides*, жёсткие во́лосы. **4.** *L'escalier est raide*, ле́стница крута́я.

RAIE **1.** (*bande*) полоса́, *pl.* по́лосы, поло́с, полоса́м... *Avec des raies noires*, с чёрными полоса́ми. **2.** (*séparation des cheveux*) пробо́р. **3.** (*poisson*) скат.

RAIL рельс. *Les rails de tramway*, трамва́йные ре́льсы.

RAISIN **1.** виногра́д. *Une grappe de raisin*, гроздь виногра́да. **2.** (*sec*) изю́м (*sens collectif, pas de pl.; pour désigner un grain de raisin sec, employer le mot* « изю́минка »). *Un petit pain aux raisins*, бу́лочка с изю́мом. ● **De raisin**, виногра́дный. *Du jus de raisin*, виногра́дный сок. **Raisins secs**, изю́м (*sens collectif, pas de pl.; pour désigner un grain de raisin sec, employer le mot* « изю́минка »).

RAISON

1. (*bon sens*) ра́зум (*sagesse*) // рассу́док (*faculté de juger*).
2. (*cause*) причи́на.
3. (*fondement*) основа́ние.
4. (*circonstance*) обстоя́тельство.
5. (*considérations*) соображе́ния, соображе́ний, соображе́ниям... *pl.*
6. (*argument*) до́вод.

1. *La voix de la raison*, го́лос ра́зума. // *Perdre la raison*, потеря́ть рассу́док. *Il avait toute sa raison*, он был в по́лном рассу́дке. **2.** *Rire sans raison*, смея́ться без причи́ны. *Il n'y a pas de raison de refuser*, нет причи́ны отказа́ться. *Pour la bonne raison qu'il est déjà parti*, по той просто́й причи́не, что он уже́ уе́хал. *Sans aucune raison apparente*, без вся́кой ви́димой причи́ны. **3.** *Sans aucune raison*, без вся́кого основа́ния. *Non sans raison*, не без основа́ния. *Ne pas avoir de raisons de se plaindre*, не име́ть основа́ний жа́ловаться. **4.** *Pour des raisons indépendantes de ma volonté*, по незави́сящим от меня́ обстоя́тельствам. **5.** *Pour des raisons financières*, по фина́нсовым соображе́ниям. *Pour des raisons politiques*, по полити́ческим соображе́ниям. **6.** *Une raison peu convaincante*, неубеди́тельный до́вод. ● **À plus forte raison**, тем бо́лее. **À raison de**, по (+ *acc.*, *en règle générale;* + *dat. lorsque cette expression est suivie du nombre*

« *un* »). *À raison de dix francs par mètre*, по де́сять фра́нков за метр. *À raison d'un rouble par personne*, по рублю́ на челове́ка. **Avoir raison 1.** (*ne pas avoir tort*) быть пра́вым (прав, права́, пра́вы). *Elle a raison de refuser*, она́ права́, что отка́зывается. **2.** (*bien faire*) хорошо́ де́лать. *Tu as bien eu raison de venir*, ты хорошо́ сде́лал, что пришёл. **Donner raison à qqn,** быть согла́сным с ке́м-нибудь. *Je lui donne raison*, я с ним согла́сен. **En raison de,** всле́дствие (+ *gén.*). *En raison du mauvais temps*, всле́дствие дурно́й пого́ды. **Il n'y a pas de raison de,** не́чего, не́чему... (*ce pronom n'a pas de nominatif; marque la cause*); не́зачем (*adv.; marque le but*). *Il n'y a pas de raison de se réjouir*, не́чему ра́доваться. *Il n'y a pas de raison d'y aller*, не́зачем туда́ е́здить.

RAISONNABLE 1. (*sensé*) разу́мный. *Un être raisonnable*, разу́мное существо́. **2.** (*sage*) благоразу́мный. *Sois donc raisonnable*, Будь благоразу́мным. *Des conseils raisonnables*, благоразу́мные сове́ты.

RAISONNER (*former un jugement*) рассужда́ть. *Il raisonne de travers*, он непра́вильно рассужда́ет.

RAJEUNIR 1. (*redevenir jeune*) молоде́ть / помолоде́ть. **2.** (*faire paraître plus jeune*) молоди́ть. *Ce chapeau te rajeunit*, Э́та шля́па тебя́ молоди́т.

RALENTIR 1. (*rendre plus lent*) замедля́ть / заме́длить. *Ralentir le rythme*, замедля́ть темп. **2.** (*aller plus lentement*) замедля́ть ход (замедля́ть / заме́длить). *Le camion a ralenti*, грузови́к заме́длил ход.

RALLUMER 1. (*un feu, une lumière*) сно́ва заже́чь (зажига́ть / заже́чь* IV, зажгу́, зажжёшь..., зажгу́т; зажёг, зажгла́...; зажжённый). *Rallumer la lampe*, сно́ва заже́чь ла́мпу. **2.** (*un poêle...*) снова́ затопи́ть (зата́пливать / затопи́ть \\——). *Rallumer le poêle*, сно́ва затопи́ть печь.

RAMASSER 1. (*rassembler*) собира́ть / собра́ть* IV, соберу́, соберёшь...; собра́л, собрала́, собра́ло, собра́ли ∧—. *Ramasser des champignons*, собира́ть грибы́. **2.** (*relever ce qui est à terre*) подбира́ть / подобра́ть* IV, подберу́, подберёшь...; подобра́л, подобрала́, подобра́ло, подобра́ли ∧—; *ou* поднима́ть / подня́ть* IV, подниму́, подни́мешь... \\——; по́днял, подняла́, по́дняло, по́дняли ∧—; по́днятый, по́днят, поднята́, по́днято, по́дняты ∧—. *Les papiers étaient tombés par terre; elle les a ramassés*, бума́ги упа́ли на́ пол; она́ их подобрала́.

RAME (*aviron*) весло́, *pl.* вёсла, вёсел, вёслам... —— ——.

RAMENER

> **I. Au sens de « amener », « apporter »:**
> **1.** (*en portant*) приноси́ть \\—— / принести́* IV, принесу́, принесёшь...; принёс, принесла́... /‾‾; принесённый.
> **2.** (*en transportant*) привози́ть \\—— / привезти́* IV, привезу́, привезёшь...; привёз, привезла́... /‾‾; привезённый.
> **3.** (*en accompagnant*) приводи́ть \\—— / привести́* IV, приведу́, приведёшь...; привёл, привела́... /‾‾; приведённый.
> **II. Au sens de « emmener », « emporter »:**
> **1.** (*en portant*) относи́ть \\—— / отнести́* IV, отнесу́, отнесёшь...; отнёс, отнесла́... /‾‾; отнесённый.
> **2.** (*en transportant*) отвози́ть \\—— / отвезти́* IV, отвезу́, отвезёшь...; отвёз, отвезла́... /‾‾; отвезённый.
> **3.** (*en accompagnant*) провожа́ть / проводи́ть \\——.
> REMARQUE. L'idée de retour peut être exprimée par « обра́тно ».

I. 1. *Il nous a ramené les livres*, он принёс нам кни́ги обра́тно. *Votre valise est à la consigne; je vais vous la ramener*, ваш чемода́н в ка́мере хране́ния; я вам сейча́с принесу́ его́. **2.** *Ce sont les disques que j'ai ramenés de Moscou*, э́то пласти́нки, кото́рые я привёз из Москвы́. **3.** *Ramener un enfant à la maison*, привести́ ребёнка домо́й.

II. 1. *J'ai ramené les livres à la bibliothèque*, я отнёс кни́ги в библиоте́ку. **2.** *Je peux vous ramener à votre hôtel*, я могу́ отвезти́ вас в гости́ницу. **3.** *Nous allons vous ramener à votre hôtel*, мы вас прово́дим до гости́ницы.

RAMER (*manœuvrer les rames*) грести́* IV, гребу́, гребёшь...; грёб, гребла́... /‾‾‾ / погрести́* IV (*id.*). *Ramer contre le courant*, грести́ про́тив тече́ния.

RAMPER ползти́* IV, ползу́, ползёшь...; полз, ползла́... /‾‾‾ / поползти́* IV (*id.*); *indét.* по́лзать. *Ramper sur le ventre*, ползти́ на животе́.

RANG 1. (*rangée; groupe*) ряд*, *loc.* ряду́ ___∠‾‾‾ (*après les noms de nombre* « два », « три », « четы́ре », *le génitif de* « ряд » *est accentué sur la syllabe finale*). *Au second rang*, во второ́м ряду́. *Se mettre en rang*, постро́иться в ряды́. *Dans les rangs de l'armée française*, в ряда́х францу́зской а́рмии. **2.** (*place*) ме́сто ___\/‾‾. *Le deuxième rang au monde pour la production de réfrigérateurs*, второ́е ме́сто в ми́ре по произво́дству холоди́льников.

RANGÉE ряд*, *loc.* ряду́ ___∠‾‾‾ (*après les noms de nombre* « два », « три », « четы́ре », *le génitif de* « ряд » *est accentué sur la syllabe finale*). *Dans la première rangée*, в пе́рвом ряду́. *En deux rangées*, в два ряда́.

RANGER 1. (*mettre dans un certain ordre*) привести́ в поря́док (приводи́ть ___ / привести́* IV, приведу́, приведёшь...; привёл, привела́... /‾‾‾; приведённый). *J'ai rangé mes affaires*, я привёл свои́ ве́щи в поря́док. **2.** (*enlever*) убира́ть / убра́ть* IV, уберу́, уберёшь...; убра́л, убрала́, убра́ло, убра́ли /___. *Range la nappe*, Убери́ ска́терть. **3.** (*mettre à une place convenable*) *selon le cas:* класть* IV, кладу́, кладёшь...; клал, кла́ла... / положи́ть ___ (*couché*); ста́вить / поста́вить (*debout*), *etc. J'ai rangé les documents sur l'étagère*, я положи́л бума́ги на по́лку.

RAPATRIER репатрии́ровать / репатрии́ровать.

I. RAPIDE *adj.* **1.** (*en règle générale*) бы́стрый /___. *Un rythme rapide*, бы́стрый темп. **2.** (*en parlant d'une automobile*) быстрохо́дный. *Une voiture rapide*, быстрохо́дная маши́на.

II. RAPIDE *subst.* (*train rapide*) ско́рый по́езд (по́езд*, *nom pl.* поезда́ ___ ‾‾‾).

RAPIDEMENT бы́стро, *comp.* быстре́е. *Il a rapidement terminé son travail*, он бы́стро зако́нчил рабо́ту.

RAPIDITÉ быстрота́. *Avec la rapidité d'un éclair*, с быстрото́й мо́лнии.

RAPPELER 1. (*faire penser à*) напомина́ть / напо́мнить. *Ça me rappelle ma jeunesse*, э́то мне напомина́ет мою́ мо́лодость. **2.** (*téléphoner de nouveau*) опя́ть позвони́ть (звони́ть ___ / позвони́ть ___). *Je vous rappellerai demain soir*, я позвоню́ опя́ть за́втра ве́чером. **3.** (*appeler qqn qui s'en va*) звать* IV, зову́, зовёшь...; звал, звала́, зва́ло, зва́ли /___ / позва́ть* IV (*id.*). *Elle a oublié ses gants, il faut la rappeler*, она́ забы́ла свои́ перча́тки, на́до её позва́ть. ● **Rappeler qqn à l'ordre**, призва́ть к поря́дку (призыва́ть / призва́ть* IV, призову́, призовёшь...; призва́л, призвала́, призва́ло, призва́ли /___).

RAPPELER (SE) по́мнить / вспо́мнить (*tr. ou* о + *loc.*); вспомина́ть / вспо́мнить (*se remettre en mémoire*). *Je ne me rappelle pas*, я не по́мню. *Brusquement, je me suis rappelé cette rencontre*, я вдруг вспо́мнил об э́той встре́че. *Il se rappelait sa jeunesse*, он вспомина́л свою́ мо́лодость.

RAPPORT 1. (*information transmise*) докла́д (*exposé*); отчёт (*compte rendu*); ра́порт (*style officiel*). *Faire un rapport sur la situation de l'agriculture*, вы́ступить с докла́дом о се́льском хозяйстве. *Le rapport financier*, финансовый отчёт. *Signer le rapport*, подписать рапорт. **2.** (*lien, relation*) отношение. *Cela n'a aucun rapport avec ce procès*, это не имеет отношения к делу. *Des rapports amicaux*, дружеские отношения. ● **Par rapport à**, по сравнению с (+ *instr.*). *Par rapport à ce que nous faisions l'an passé*, по сравнению с тем, что мы делали в прошлом году.

RAPPORTER

> **1.** (*amener en portant*) приносить ___ / принести* IV, принесу, принесёшь...; принёс, принесла... /‾‾‾ ; принесённый.
> **2.** (*amener en transportant*) привозить ___ / привезти* IV, привезу, привезёшь...; привёз, привезла... /‾‾‾ ; привезённый.
> **3.** (*emmener en portant*) относить ___ / отнести* IV, отнесу, отнесёшь...; отнёс, отнесла... /‾‾‾ ; отнесённый.
> **4.** (*emmener en transportant*) отвозить ___ / отвезти* IV, отвезу, отвезёшь...; отвёз, отвезла... /‾‾‾ ; отвезённый.
> **5.** (*assurer un revenu*) принести ... дохода (приносить ___ / принести*).
>
> REMARQUE. Aux sens 1, 2, 3 et 4, l'idée de retour peut être exprimée par l'adverbe « обратно ».

1. *Je rapporterai ce livre demain*, завтра принесу обратно эту книгу. **2.** *Ce sont les jouets que j'ai rapportés de Leningrad*, это игрушки, которые я привёз из Ленинграда. **3.** *Rapporte-lui son briquet*, Отнеси ему зажигалку. **4.** *Je vais lui rapporter son tonneau*, я отвезу ему бочку. **5.** *Cela rapporte mille francs par an*, это приносит в год тысячу франков дохода.

RAPPORTER (SE) относиться ___ / отнестись* IV, отнесётся, отнесутся; отнёсся, отнеслась... /‾‾‾ . *À quoi cela se rapporte-t-il?*, К чему это относится?

RAPPROCHER 1. (*mettre plus près de*) пододвигать / пододвинуть. *Rapprocher le lit du mur*, пододвинуть кровать к стене. **2.** (*mettre plus près l'un de l'autre*) сближать / сблизить. *Cela a rapproché leurs points de vue*, это сблизило их взгляды.

RAPPROCHER (SE) 1. (*devenir plus proche*) приближаться / приблизиться. *Nous nous rapprochons de notre but*, мы приближаемся к нашей цели. **2.** (*se mettre plus près l'un de l'autre*) сближаться / сблизиться. *Leurs points de vue se sont rapprochés*, их взгляды сблизились.

RAQUETTE ракетка.

RARE редкий /___ , *comp.* реже*. *Un livre très rare*, очень редкая книга. *Une femme d'une rare beauté*, женщина редкой красоты.

RAREMENT редко, *comp.* реже*. *Elle nous écrit rarement*, она нам редко пишет.

RARETÉ редкость *f. Une rareté bibliographique*, библиографическая редкость.

RAS ● **À ras bords**, до краёв. *Remplir un verre à ras bord*, налить стакан до краёв. **En rase campagne**, в открытом поле.

RASER 1. (*qqn*) брить* II, брею, бреешь... / побрить* II, побрею, побреешь...; побритый. *Je me rase tous les matins*, каждое утро бреюсь. **2.** (*la barbe, la moustache...*) сбривать / сбрить* II, сбрею, сбреешь...; сбритый. *Il s'est rasé la moustache*, он сбрил себе усы.

RASOIR бритва. *Un rasoir électrique*, электрическая бритва. *Un rasoir mécanique*, безопасная бритва.

RASSEMBLER собирать / собрать* IV, соберу, соберёшь...; собрал, собрала, собрало, собрали /___ . *Rassembler les élèves dans la cour*, собирать учеников во дворе. *Rassembler des documents*, собирать документы. ● **Rassembler tout son courage**, собраться с духом (собираться / собраться* IV, соберусь, соберёшься...; собрался, собралась... /‾‾‾).

RASSIS (*en parlant du pain*) чёрствый. *Du pain rassis*, чёрствый хлеб.

RASSURER успока́ивать / успоко́ить. *Ça rassure le malade*, э́то успока́ивает больно́го.

RAT кры́са. *Un rat gris*, се́рая кры́са. // (*Par extension*) *Un rat de bibliothèque*, библиоте́чная кры́са. ● **À bon chat bon rat**, нашла́ коса́ на ка́мень.

RÂTEAU гра́бли, *gén*. гра́бель *ou* гра́блей, *dat*. гра́блям... *pl. t.*

RATER 1. (*ne pas aboutir*) срыва́ться / сорва́ться* IV, сорвётся, сорву́тся; сорва́лся, сорвала́сь... ╱___. *L'affaire a raté*, де́ло сорвало́сь. **2.** (*manquer par négligence, par distraction*) прозёвывать / прозева́ть. *Rater son train*, прозева́ть по́езд. *Rater une occasion*, прозева́ть слу́чай. **3.** (*ne pas atteindre avec son arme; ne pas arriver à temps*) не попа́сть [в + *acc.*] (попада́ть / попа́сть* IV, попаду́, попадёшь...; попа́л, попа́ла...; « *ne pas rater* » *sera rendu par le même verbe sans négation*). *Il a raté le but*, он не попа́л в цель. *Elle a raté son train*, она́ не попа́ла на по́езд. ● **Rater son coup** (*frapper à côté*), прома́хиваться / промахну́ться. *J'ai tiré, mais j'ai raté mon coup*, я вы́стрелил, но промахну́лся.

RATION паёк, пайка́... *La ration mensuelle*, ме́сячный паёк.

RATTRAPER 1. (*attraper; attraper de nouveau*) лови́ть ╲___ / пойма́ть; хвата́ть / схвати́ть ╲___ (*saisir*) [*l'idée de répétition peut être exprimée par l'adverbe* « сно́ва »]. *Il s'est enfui mais on l'a rattrapé*, он убежа́л, но его́ сно́ва пойма́ли. *La petite fille était sur le point de tomber, mais sa mère l'a rattrapée par le bras*, де́вочка упа́ла бы́ло, но мать схвати́ла её за́ руку. **2.** (*rejoindre*) догоня́ть / догна́ть* I, догоню́, дого́нишь... ╲___. *Continuez, nous vous rattraperons*, Иди́те, иди́те, мы вас дого́ним. ● **Rattraper le temps perdu**, наверста́ть потерянное вре́мя (навёрстывать / наверста́ть).

RATTRAPER (SE) 1. (*se raccrocher*) хвата́ться / ухвати́ться ╲___. *Se rattraper à la balustrade*, ухвати́ться за пери́ла. **2.** (*compenser le temps perdu*) наверста́ть поте́рянное вре́мя (навёрстывать / наверста́ть). *Je me rattrape peu à peu*, я понемно́гу навёрстываю поте́рянное вре́мя.

RATURE пома́рка.

RAVIN овра́г.

RAVISSANT очарова́тельный. *Une femme ravissante*, очарова́тельная же́нщина.

RAYÉ (*à raies*) полоса́тый. *Une étoffe rayée*, полоса́тая ткань.

RAYON

1. (*radiation*) луч ╱___ ___.
2. (*rayon d'un cercle; espace circulaire*) ра́диус.
3. (*de roue*) спи́ца.
4. (*planche*) по́лка.
5. (*dans un magasin*) отде́л.

1. *Un rayon de soleil*, луч со́лнца. *Les rayons X*, рентге́новы лучи́. *Les rayons ultraviolets*, ультрафиоле́товые лучи́. **2.** *Le rayon du cercle*, ра́диус окру́жности. *Le rayon d'action*, ра́диус де́йствия. *Dans un rayon de vingt kilomètres*, в ра́диусе двадцати́ киломе́тров. **3.** *Le rayon de la roue*, спи́ца колеса́. **4.** *J'ai mis le livre sur le rayon*, я положи́л кни́гу на по́лку. **5.** *Le rayon de la confection*, отде́л гото́вого пла́тья. ● **Ce n'est pas mon rayon**, э́то не по мое́й ча́сти.

RÉ ре* *indécl. n. Ré dièse*, ре дие́з.

RÉACTION (*phys., chimie, physiologie...; politique*) реа́кция. *Provoquer une réaction en chaîne*, вы́звать цепну́ю реа́кцию. *Une réaction chimique*, хими́ческая реа́кция. *Une réaction de l'organisme*, реа́кция органи́зма. ● **À réaction**, реакти́вный. *Un avion à réaction*, реакти́вный самолёт.

I. RÉACTIONNAIRE *adj*. реакцио́нный. *Une théorie réactionnaire*, реакцио́нная тео́рия.

II. RÉACTIONNAIRE *subst.* **1.** *m.* реакционе́р. **2.** *f.* реакционе́рка.

RÉAGIR реаги́ровать / отреаги́ровать (*livresque*). *Réagir au froid*, реаги́ровать на хо́лод.

RÉALISATION 1. (*le fait de réaliser*) осуществле́ние. *Pour la réalisation de ton projet*, для осуществле́ния твоего́ прое́кта. **2.** (*résultat obtenu*) достиже́ние. *Les réalisations de la science*, достиже́ния нау́ки.

RÉALISER осуществля́ть / осуществи́ть. *Ses prédictions se sont réalisées*, предсказа́ния его́ осуществи́лись.

RÉALISME реали́зм.

I. RÉALISTE *subst.* реали́ст.

II. RÉALISTE *adj.* **1.** (*qui tient compte des réalités*) реалисти́чный. *Ce projet est réaliste*, прое́кт реалисти́чен. **2.** (*appartenant au mouvement réaliste*) реалисти́ческий. *Un peintre réaliste*, реалисти́ческий худо́жник.

RÉALITÉ действи́тельность *f*. *Cela n'a rien de commun avec la réalité*, э́то не име́ет ничего́ о́бщего с действи́тельностью. ● **En réalité**, на са́мом де́ле *ou* в действи́тельности.

REBELLE *subst.* повста́нец. *Les rebelles assiègent la capitale*, повста́нцы осажда́ют столи́цу.

RECALER прова́ливать / провали́ть ___ . *Recaler un candidat*, провали́ть студе́нта. ● **Être recalé**, прова́ливаться / провали́ться ___ . *J'ai été recalé à l'examen*, я провали́лся на экза́мене.

RÉCEMMENT неда́вно. *Nous l'avons vu récemment*, мы его́ ви́дели неда́вно.

RECENSEMENT пе́репись населе́ния (пе́репись *f*.). *Il n'y a pas longtemps, on a fait un recensement*, неда́вно произвели́ пе́репись населе́ния.

RÉCENT неда́вний. *Des événements récents*, неда́вние собы́тия.

RÉCEPTION 1. (*de qqch.*) получе́ние. *Confirmer la réception du paquet*, подтверди́ть получе́ние посы́лки. **2.** (*de qqn*) приём. *Organiser une réception*, устро́ить приём.

RECEVEUR (*d'autobus...*) конду́ктор*, *nom. pl.* кондуктора́ ______ ¯¯¯¯¯¯ . *Le receveur de l'autobus*, конду́ктор авто́буса.

RECEVOIR 1. (*qqch.*) получа́ть / получи́ть ___ . *J'ai reçu une lettre d'elle*, я получи́л от неё письмо́. *Recevoir une gifle*, получи́ть пощёчину. *Il a reçu une bonne instruction*, он получи́л хоро́шее образова́ние. **2.** (*qqn*) принима́ть / приня́ть* IV, приму́, при́мешь... ___ ; при́нял, приняла́, при́няло, при́няли /___ ; при́нятый, при́нят, принята́, при́нято, при́няты /___ . *Recevoir des amis*, принима́ть друзе́й. *J'ai été fort mal reçu*, меня́ о́чень пло́хо при́няли.

RECHANGE ● **Pièces de rechange**, запасны́е ча́сти *ou*, *par abréviation*, запча́сти.

RÉCHAUD пли́тка. *Un réchaud électrique*, электри́ческая пли́тка. *Un réchaud à gaz*, га́зовая пли́тка. ● **Un réchaud à alcool**, спирто́вка.

RÉCHAUFFER (*divers sens*) разогрева́ть / разогре́ть, *part.* разогре́тый*. *J'ai fait réchauffer les nouilles de midi*, я разогре́ла лапшу́, кото́рая оста́лась от обе́да. *Le soleil a réchauffé la terre*, со́лнце разогре́ло зе́млю. *Réchauffer le cœur*, разогре́ть се́рдце.

RECHERCHE 1. (*le fait de rechercher*) по́иски, по́исков, по́искам... *pl. t.* *L'enfant a disparu dans la matinée, les recherches ont commencé aussitôt*, ребёнок исче́з сего́дня у́тром; по́иски начали́сь неме́дленно. « *À la recherche du temps perdu* » *de Proust*, « В по́исках утра́ченного вре́мени » Пру́ста. **2.** (*travail scientifique*) иссле́дование. *Des recherches dans le domaine de l'utilisation de l'énergie atomique*, иссле́дования в о́бласти испо́льзования а́томной эне́ргии.

RECHERCHER 1. (*faire des recherches*) иска́ть* II, ищу́, и́щешь... ___ ; разы́скивать (*chercher de toutes parts*). *Nous en recherchons la cause*, мы и́щем причи́ну. *On recherche le criminel*, престу́пника разы́скивают. **2.** (*tâcher d'obtenir*) добива́ться (+ *gén.*). *Rechercher le succès*, добива́ться успе́ха.

RÉCIPIENT сосу́д.

RÉCIPROQUE взаи́мный. *Une confiance réciproque*, взаи́мное дове́рие.

RÉCIT расска́з. *Un récit de Maupassant*, расска́з Мопасса́на.

RÉCITER 1. (*sa leçon*) отвеча́ть / отве́тить. *Réciter sa leçon*, отвеча́ть уро́к. **2.** (*un texte par cœur*) чита́ть наизу́сть (чита́ть / прочита́ть). *Réciter des vers*, чита́ть стихи́ наизу́сть.

RÉCLAMATION жа́лоба. *Faire une réclamation*, пода́ть жа́лобу. ● **Le livre des réclamations**, жа́лобная кни́га.

RÉCLAME рекла́ма. *La réclame lumineuse*, светова́я рекла́ма. *Mettre de la réclame dans un journal*, помести́ть рекла́му в журна́ле. ● **Faire de la réclame pour**, реклами́ровать / реклами́ровать (+ *acc.*). *Faire de la réclame pour un produit*, реклами́ровать това́р.

RECOIFFER (SE) [*réparer le désordre d'une coiffure*] попра́вить причёску (поправля́ть / попра́вить).

RÉCOLTE 1. (*le fait de récolter*) сбор (*suivi d'un substantif désignant ce qui est récolté*); сбор урожа́я. *La récolte du coton*, сбор хло́пка. *La récolte va bientôt commencer*, ско́ро начнётся сбор урожа́я. **2.** (*produits récoltés*) урожа́й *m*. *Une belle récolte*, хоро́ший урожа́й.

RÉCOLTER (*faire la récolte*) **1.** (*avec des machines*) убира́ть / убра́ть* IV, уберу́, уберёшь...; убра́л, убрала́, убра́ло, убра́ли ⌃— . *Récolter le maïs*, убира́ть кукуру́зу. *Récolter le coton*, убира́ть хло́пок. **2.** (*à la main*) собира́ть / собра́ть* IV, соберу́, соберёшь...; собра́л, собрала́, собра́ло, собра́ли ⌃— . *Récolter les pommes de terre*, собира́ть карто́шку.

RECOMMANDATION 1. (*conseil*) сове́т. *Il a suivi vos recommandations*, он после́довал ва́шим сове́там. **2.** (*appui, protection*) рекоменда́ция. *Grâce à la recommandation d'un lointain parent*, по рекоменда́ции да́льнего ро́дственника.

RECOMMANDÉ заказно́й. *Une lettre recommandée*, заказно́е письмо́.

RECOMMANDER 1. (*conseiller*) рекомендова́ть / рекомендова́ть. *Je vous recommande ce médicament*, рекоменду́ю вам э́то лека́рство. **2.** (*envoyer sous recommandation*) *utiliser l'adjectif* « заказно́й », « *recommandé* ». *Recommander une lettre*, посла́ть заказны́м письмо́м. *Recommander un paquet*, посла́ть заказно́й бандеро́лью.

RECOMMENCER 1. (*transitif*) сно́ва нача́ть *ou* опя́ть нача́ть (начина́ть / нача́ть* IV, начну́, начнёшь...; на́чал, начала́, на́чало, на́чали ⌃— ; на́чатый, на́чат, начата́, на́чато, на́чаты ⌃—). *Nous allons recommencer les expériences*, мы сно́ва начнём экспериме́нты. **2.** (*intransitif*) сно́ва нача́ться *ou* опя́ть нача́ться (начина́ться / нача́ться* IV, начнётся, начну́тся; начался́, начала́сь...); опя́ть идти́ (идти́* IV, идёт; шёл / пойти́* IV, пойдёт; пошёл) [*en parlant de la pluie, de la neige...*]. *Les cours ont recommencé*, опя́ть начали́сь заня́тия. *La pluie recommence*, опя́ть идёт дождь. ● **Recommencer à 1.** (*en règle générale*) сно́ва нача́ть *ou* опя́ть нача́ть (начина́ть / нача́ть* IV, начну́, начнёшь...; на́чал, начала́, на́чало, на́чали ⌃—). *Vous avez recommencé à travailler?*, Вы опя́ть на́чали рабо́тать? **2.** (*suivi de verbes comme « pleuvoir », « neiger »...*) опя́ть идти́ *suivi des substantifs* « дождь », « снег »... *employés au nominatif* (идти́* IV, идёт; шёл / пойти́* IV, пойдёт; пошёл). *Il a recommencé à pleuvoir*, опя́ть пошёл дождь. **3.** (*suivi d'expressions comme « faire froid », « faire chaud »...*) опя́ть стать *et un comparatif* (/ стать* *n. cl.*, ста́нет). *Il recommence à faire froid*, опя́ть холодне́е ста́ло.

RÉCOMPENSE награ́да. *En récompense pour les services qu'il a rendus*, в награ́ду за его́ заслу́ги.

RÉCOMPENSER (*accorder une récompense*) награжда́ть / награди́ть, *part.* награждённый*. *Les soldats ont été récompensés pour* *leur courage*, солда́т награди́ли за их герои́ческий посту́пок.

RECOMPTER пересчи́тывать / пересчита́ть. *Recompter l'argent*, пересчита́ть де́ньги.

RÉCONCILIER мири́ть / помири́ть. *Réconcilier tout le monde*, помири́ть всех.

RECONDUIRE 1. (*raccompagner à pied*) провожа́ть / проводи́ть ___ (*l'idée de retour peut être exprimée par l'adverbe* « обра́тно »). *Je vais vous reconduire jusqu'à votre hôtel*, я вас провожу́ до гости́ницы. **2.** (*ramener en voiture*) отвози́ть ___ / отвезти́* IV, отвезу́, отвезёшь...; отвёз, отвезла́... /‾‾ (*l'idée de retour peut être exprimée par l'adverbe* « обра́тно »). *Je vais vous reconduire à votre hôtel*, я вас отвезу́ в гости́ницу.

RECONNAISSANCE 1. (*gratitude*) благода́рность *f*. *En signe de reconnaissance*, в знак благода́рности. **2.** (*opération visant à obtenir des renseignements*) разве́дка. *Partir en reconnaissance*, отпра́виться в разве́дку.

RECONNAISSANT благода́рный. *Je vous en suis très reconnaissant*, я вам о́чень благода́рен.

RECONNAÎTRE 1. (*identifier*) узнава́ть* II, узнаю́, узнаёшь...; узнава́й; узнава́я / узна́ть. *Je l'ai reconnue tout de suite à sa voix*, я её сра́зу узна́л по го́лосу. **2.** (*avouer*) признава́ть* II, признаю́, признаёшь...; признава́й; признава́я / призна́ть; признава́ться* II, признаю́сь, признаёшься...; признава́йся; признава́ясь / призна́ться [в + *loc.*] (*ouvertement*); сознава́ться* II, сознаю́сь, сознаёшься...; сознава́йся; сознава́ясь / созна́ться [в + *loc.*] (*à contre-cœur*). *Reconnaître ses fautes*, признава́ть свои́ оши́бки *ou* признава́ться в свои́х оши́бках. *Se reconnaître coupable*, призна́ть себя́ вино́вным. *Il faut bien le reconnaître*, на́до созна́ться.

RECONSTRUIRE за́ново постро́ить (стро́ить / постро́ить). *Reconstruire une ville*, за́ново постро́ить го́род.

RECOPIER перепи́сывать / переписа́ть* II, перепишу́, перепи́шешь... ___ . *Recopier un texte*, переписа́ть текст.

RECORD *subst.* реко́рд. *Établir un record*, установи́ть реко́рд. *Battre le record*, поби́ть реко́рд. *Le record du monde*, мирово́й реко́рд.

RECOUVRIR (*couvrir complètement*) покрыва́ть / покры́ть* II, покро́ю, покро́ешь...; покры́тый. *La neige recouvre la campagne*, снег покрыва́ет поля́.

RÉCRÉATION (*à l'école*) переме́на. *Pendant la récréation, les élèves jouent au ballon*, во вре́мя переме́ны шко́льники игра́ют в мяч.

RECRUTER вербова́ть / завербова́ть; *ou* набира́ть / набра́ть* IV, наберу́, наберёшь...; набра́л, набрала́, набра́ло, набра́ли ∧___. *Recruter des volontaires*, завербова́ть доброво́льцев *ou* набра́ть доброво́льцев.

RECTANGLE *subst.* прямоуго́льник.

REÇU квита́нция. *Délivrer un reçu*, вы́дать квита́нцию.

RECUEIL сбо́рник. *Un recueil de chansons*, сбо́рник пе́сен.

RECUEILLIR 1. (*qqch.*) собира́ть / собра́ть* IV, соберу́, соберёшь...; собра́л, собрала́, собра́ло, собра́ли ∧___. *Recueillir des matériaux*, собира́ть материа́л. **2.** (*qqn*) приня́ть к себе́ (принима́ть / приня́ть* IV, приму́, при́мешь... ___; при́нял, приняла́, при́няло, при́няли ∧___; при́нятый, при́нят, принята́, при́нято, при́няты ∧___). *Recueillir un orphelin*, приня́ть к себе́ сироту́.

RECULER 1. (*aller en arrière*) отступа́ть / отступи́ть ___ . *Il a reculé d'un pas*, он отступи́л на шаг. *L'ennemi reculait*, неприя́тель отступа́л. **2.** (*repousser*) отодвига́ть / отодви́нуть. *Reculer la date de l'examen*, отодви́нуть экза́мен.

RECULONS • **Aller à reculons**, пя́титься / попя́титься.

RÉDACTEUR (*membre de la rédaction d'un journal*) реда́ктор. *Le* *rédacteur en chef*, гла́вный реда́ктор.

RÉDACTION 1. (*en règle générale*) реда́кция. *Une nouvelle rédaction du premier chapitre*, но́вая реда́кция пе́рвой главы́. *Je suis allé à la rédaction pour voir un des journalistes*, я зашёл в реда́кцию, что́бы поговори́ть с одни́м из сотру́дников. **2.** (*scolaire*) сочине́ние.

REDEMANDER 1. (*demander une nouvelle fois*) ещё раз спроси́ть (спра́шивать / спроси́ть ╲___). *En chemin, il faudra redemander*, по доро́ге на́до бу́дет ещё раз спроси́ть. **2.** (*demander à qqn de rendre ce qu'on lui a prêté*) попроси́ть кого́-нибудь, что́бы он верну́л (проси́ть ╲___ / попроси́ть ╲___). *Je vais lui redemander mon livre*, попрошу́ его́, что́бы он верну́л мне мою́ кни́гу.

REDESCENDRE 1. (*aller vers le bas*) спуска́ться / спусти́ться ╲___ (*l'idée de répétition peut être exprimée par un adverbe comme* « опя́ть » *ou* « сно́ва »). *Redescendre dans la vallée*, спусти́ться в доли́ну. *La température redescend*, температу́ра опя́ть спуска́ется. **2.** (*emmener en bas*) сноси́ть ╲___ / снести́* IV, снесу́, снесёшь...; снёс, снесла́... ╱‾‾; снесённый. *Redescendre les caisses à la cave*, снести́ я́щики в подва́л.

REDIRE 1. (*répéter*) повторя́ть / повтори́ть. *Il redit toujours la même chose*, он всё повторя́ет одно́ и то же. **2.** (*critiquer*) придира́ться / придра́ться* IV, придеру́сь, придерёшься...; придра́лся, придрала́сь... ╱‾‾. *Il n'y a rien à redire*, не́ к чему придра́ться. *Elle trouve toujours à redire*, она́ ко всему́ придира́ется.

REDOUBLER (*une classe*) оста́ться на второ́й год (остава́ться* II, остаю́сь, остаёшься...; остава́ясь / оста́ться* *n. cl.*, оста́нусь, оста́нешься...). *Il a redoublé la cinquième*, в пя́том кла́ссе он оста́лся на второ́й год.

RÉDUCTION 1. (*en règle générale*) сокраще́ние. *Une réduction des dépenses*, сокраще́ние расхо́дов. *Une réduction des heures de travail*, сокраще́ние рабо́чего дня. **2.** (*rabais*) ски́дка. *Il me l'a vendu avec une réduction de 20 %*, он мне э́то про́дал со ски́дкой в 20 %.

RÉDUIRE сокраща́ть / сократи́ть (т → щ). *Réduire ses dépenses*, сократи́ть свои́ расхо́ды. ● **Réduire à**, свести́ к [+ *dat.*] (своди́ть ╲___ / свести́* IV, сведу́, сведёшь...; свёл, свела́... ╱‾‾; сведённый). *Les dépenses ont été réduites au minimum*, расхо́ды бы́ли сведены́ к ми́нимуму.

RÉÉDITER переиздава́ть* II, переиздаю́, переиздаёшь...; переиздава́й; переиздава́я / переизда́ть* *n. cl.*, переизда́м, переизда́шь, переизда́ст, переиздади́м, переиздади́те, переиздаду́т; переизда́л, переиздала́, переизда́ло, переизда́ли ∧___; переизда́й; переи́зданный, переи́здан, переиздана́, переи́здано, переи́зданы ∧___. *Rééditer un manuel de russe*, переизда́ть уче́бник ру́сского языка́.

RÉEL *adj.* действи́тельный; реа́льный (*livresque*). *Un fait réel*, действи́тельный факт. *Un danger réel*, действи́тельная опа́сность.

RÉELLEMENT действи́тельно. *C'est réellement le meilleur*, э́то действи́тельно лу́чший из всех.

RÉEXPÉDIER переадресо́вывать / переадресова́ть. *Réexpédier une lettre*, переадресова́ть письмо́.

REFAIRE 1. (*faire encore une fois*) сде́лать сно́ва (де́лать / сде́лать). *Je refais les mêmes expériences*, я сно́ва де́лаю одни́ и те же о́пыты. **2.** (*transformer*) переде́лывать / переде́лать. *L'auteur a refait la pièce*, а́втор переде́лал пье́су. **3.** (*remettre en état*) ремонти́ровать / отремонти́ровать. *Il faut refaire le toit*, на́до отремонти́ровать кры́шу.

RÉFECTOIRE столо́вая *adj. subst. f.*

RÉFÉRENDUM рефере́ндум.

REFERMER закрыва́ть / закры́ть* II, закро́ю, закро́ешь...; закры́тый (*l'idée de répétition peut* *être exprimée par un adverbe comme* « снóва »). *Referme donc la fenêtre*, Закрóй окнó.

RÉFLÉCHI (*gramm.*) возвра́тный. *Le pronom réfléchi*, возвра́тное местоиме́ние. *Un verbe réfléchi*, возвра́тный глагóл.

RÉFLÉCHIR 1. (*refléter*) отража́ть / отрази́ть. *Réfléchir la lumière*, отража́ть свет. **2.** (*penser*) *selon la nuance:* размышля́ть (*penser longuement*); заду́мываться / заду́маться (*se plonger dans la réflexion*); ду́мать / поду́мать (*penser*). *J'ai longuement réfléchi à cette question*, я дóлго размышля́л об э́том вопрóсе. *Réfléchir à l'avenir*, заду́маться о бу́дущем. *J'ai réfléchi un peu et j'ai accepté*, я поду́мал и согласи́лся.

REFLET 1. (*image d'un objet*) отраже́ние. *Le reflet des étoiles dans l'eau*, отраже́ние звёзд в воде́. **2.** (*éclat lumineux*) óтблеск. *Avec un reflet doré*, с золоты́м óтблеском.

REFLÉTER отража́ть / отрази́ть. *Les arbres se reflétaient dans l'eau*, дере́вья отража́лись в воде́.

RÉFLEXE *subst.* рефле́кс. *Un réflexe conditionné*, услóвный рефле́кс.

RÉFLEXION 1. (*action de l'esprit*) размышле́ние. *Elle était plongée dans ses réflexions*, она́ предава́лась размышле́ниям. **2.** (*changement de direction des ondes*) отраже́ние. *La réflexion de la lumière*, отраже́ние све́та.

REFLUX отли́в. *Le flux et le reflux*, прили́в и отли́в.

RÉFORME рефóрма. *Faire une réforme*, провести́ рефóрму. *La réforme de l'orthographe*, рефóрма правописа́ния.

RÉFORMER реорганизова́ть / реорганизова́ть. *Réformer l'enseignement supérieur*, реорганизова́ть вы́сшее образова́ние.

REFRAIN припе́в.

RÉFRIGÉRATEUR холоди́льник.

REFROIDIR 1. (*rendre plus froid*) охлажда́ть / охлади́ть, *part.* охлаждённый*. *Faire refroidir l'eau*, охлади́ть вóду. // (*Fig.*) *Cet aveu a refroidi mon ardeur*, э́то призна́ние меня́ охлади́ло. **2.** (*devenir plus froid*) остыва́ть / осты́ть* *n. cl.*, осты́нет, осты́нут. *Le thé refroidit*, чай остыва́ет.

REFROIDIR (SE) 1. (*en règle générale*) стать холоднée (станови́ться, станóвится, станóвятся / стать* *n. cl.*, ста́нет, ста́нут); охлажда́ться / охлади́ться (*plus livresque*). *Le temps se refroidit*, холоднée ста́ло. **2.** (*en parlant de mets, de boissons*) остыва́ть / осты́ть* *n. cl.*, осты́нет, осты́нут. *La soupe s'est refroidie*, суп осты́л.

REFUGE прию́т. *Trouver un refuge*, найти́ прию́т.

RÉFUGIÉ бе́женец.

RÉFUGIER (SE) 1. (*s'enfuir*) убега́ть / убежа́ть* *n. cl.*, убегу́, убежи́шь..., убегу́т; убеги́. *Il s'est réfugié à Paris*, он убежа́л в Пари́ж. **2.** (*s'abriter*) укрыва́ться / укры́ться* IV, укрóюсь, укрóешься... *Nous nous sommes réfugiés sous un arbre*, мы укры́лись под де́ревом.

REFUS отка́з. *Essuyer un refus*, получи́ть отка́з.

REFUSER отка́зывать / отказа́ть* IV, откажу́, отка́жешь... ⟍—— (*le nom de la personne à qui l'on refuse quelque chose est exprimé au datif; le nom de la chose que l'on refuse se met au locatif introduit par la préposition* « в »); отка́зываться / отказа́ться* IV, откажу́сь, отка́жешься...⟍—— (*le nom de la personne à qui l'on refuse quelque chose ne peut pas être exprimé; ce qu'on refuse peut être exprimé par un infinitif ou un génitif introduit par la préposition* « от »). *Il ne se refuse rien*, он себе́ ни в чём не отка́зывает. *Elle refuse de travailler*, она́ отка́зывается рабóтать. *Elle a refusé le cadeau*, она́ отказа́лась от пода́рка.

REGARD взгляд; взор (*livresque*). *Jeter un regard sur qqn*, брóсить на когó-нибудь взгляд.

REGARDER 1. (*en règle générale*) смотре́ть* I, смотрю́, смóтришь...

╲____ / посмотре́ть* I (*id.*). *Regarder sa montre*, смотре́ть на часы́. *Elle me regardait avec étonnement*, она́ смотре́ла на меня́ с удивле́нием. *Regarder par la fenêtre*, смотре́ть в окно́. *Se regarder dans la glace*, смотре́ться в зе́ркало. *Regarder le danger en face*, смотре́ть опа́сности в глаза́. *Regarder la télévision*, смотре́ть телеви́зор. **2.** (*concerner*) каса́ться (+ *gén.*). *Ça ne te regarde pas*, Э́то тебя́ не каса́ется.

REMARQUE. Au sens de « suivre un spectacle », « смотре́ть / посмотре́ть » régit l'accusatif sans préposition. Par contre, lorsqu'il signifie « porter ses regards sur », ce verbe s'emploie avec la préposition « на » régissant l'accusatif.

RÉGIME 1. (*forme de gouvernement*) строй *m.* (*lorsqu'il n'est qualifié par aucune autre épithète,* « строй » *est accompagné de l'adjectif* « госуда́рственный »); режи́м. *Le régime démocratique*, демократи́ческий строй. *Le régime des tsars*, ца́рский режи́м. **2.** (*prescriptions concernant l'alimentation*) дие́та. *Être au régime*, быть на дие́те.

RÉGIMENT полк*, *loc.* полку́ ╱____ ____. *Un régiment d'infanterie*, пехо́тный полк.

RÉGION 1. (*géographique ou administrative*) *par odre de taille croissant* райо́н; о́бласть, *pl.* о́бласти, областе́й, областя́м... ════ ╱____ *f.* (*province*); страна́ ____ (*pays*). *Une région industrielle*, промы́шленный райо́н. *Les régions frontalières*, пограни́чные райо́ны. *Une région montagneuse*, го́рная о́бласть. *Les régions tropicales*, тропи́ческие стра́ны. **2.** (*touristique*) места́, мест, места́м... *pl. Une région pittoresque*, живопи́сные места́. *Vous avez visité cette région?*, Вы уже́ бы́ли в э́тих места́х? **3.** (*partie du corps*) о́бласть, *pl.* о́бласти, областе́й, областя́м... ____ ╱____ *f. Dans la région du cœur*, в о́бласти се́рдца.

RÉGIONAL областно́й. *Les archives régionales*, областно́й архи́в.

RÈGLE 1. (*instrument*) лине́йка. *Une règle à calculer*, счётная лине́йка. **2.** (*principe*) пра́вило. *Une règle de grammaire*, граммати́ческое пра́вило. *Il n'y a pas de règle sans exception*, нет пра́вила без исключе́ния. *Selon toutes les règles de l'art*, по всем пра́вилам иску́сства. ● **Tout est en règle,** всё в поря́дке.

RÉGLER 1. (*un mécanisme, un instrument*) настра́ивать / настро́ить. *Régler le microscope*, настро́ить микроско́п. **2.** (*une affaire*) ула́живать / ула́дить. *Régler une affaire*, ула́дить де́ло. **3.** (*ses dettes; qqn*) рассчи́тываться / рассчита́ться (с + *instr.*). *J'ai réglé mes dettes*, я рассчита́лся с долга́ми. *J'ai réglé le chauffeur*, я рассчита́лся с шофёром. ● **Régler l'addition,** распла́чиваться / расплати́ться ╲____. **Régler une note,** заплати́ть по счёту (плати́ть ╲____ / заплати́ть ╲____). **Régler son compte à qqn** (*fig.*), свести́ с ке́м-нибудь счёты (своди́ть ╲____ / свести́* IV, сведу́, сведёшь...; свёл, свела́... ╱____; сведённый).

RÈGNE (*d'un souverain*) ца́рствование; княже́ние (*d'un prince russe*). *Sous le règne de François Ier*, в ца́рствование Франци́ска I.

RÉGNER 1. (*gouverner*) ца́рствовать (*en parlant d'un tsar, d'un roi, d'un empereur*); кня́жить (*en parlant d'un prince russe*). *Saint Louis commença à régner en 1226*, Людо́вик Свято́й на́чал ца́рствовать в 1226 году́. *Vladimir commença à régner à Kiev en 978*, Влади́мир стал кня́жить в Ки́еве в 978 году́. **2.** (*fig.*) цари́ть. *Il régnait un profond silence*, цари́ла глубо́кая тишина́.

REGRET сожале́ние. *Se rappeler qqch. avec regret*, вспомина́ть что́-нибудь с сожале́нием.

REGRETTER жале́ть / пожале́ть (о + *loc. ou* что); сожале́ть (о + *loc. ou* что) [*plus livresque*]; жаль *et le verbe* быть (*au sujet de la proposition française correspond en russe un nom ou un pronom au datif;* « жаль » *régit le génitif ou une subordonnée introduite par* « что ») [*familier*]; жа́лко *et le verbe* быть (*au sujet de la proposi-*

tion française correspond en russe un nom ou un pronom au datif; « жáлко » *régit le génitif*) [*familier*]. *Je ne le regrette pas*, я не жалéю об э́том. *Je regrette de ne pas être parti tout de suite*, Жалéю, что не срáзу уéхал *ou* Жаль, что я не срáзу уéхал. *Elle a regretté de ne pas être venue*, онá пожалéла, что не пришлá. *Il regrettait le temps perdu*, он сожалéл о потéрянном врéмени *ou* емý жáлко бы́ло потéрянного врéмени. *Je regrette bien que nous ne nous soyons pas rencontrés*, Óчень сожалéю, что нам не удалóсь повидáться *ou* Как жаль, что мы с вáми не повидáлись.

RÉGULARITÉ (*caractère de ce qui est périodique*) регуля́рность *f*. *Cela se répète avec une certaine régularité*, э́то повторя́ется с извéстной регуля́рностью.

RÉGULIER ______

1. (*dont la cadence, le rythme ne changent pas*) рóвный ⌃___.
2. (*se répétant à jour fixe, à heure fixe*) регуля́рный.
3. (*harmonieux*) прáвильный.
4. (*gramm.*) прáвильный.

1. *Un pouls régulier*, рóвный пульс. *Une respiration régulière*, рóвное дыхáние. *Un vent régulier*, рóвный вéтер. **2.** *Des réunions régulières*, регуля́рные собрáния. **3.** *Des traits réguliers*, прáвильные черты́ лицá. **4.** *Un verbe régulier*, прáвильный глагóл.

RÉGULIÈREMENT 1. (*avec une certaine périodicité*) регуля́рно. *Le bureau se réunit régulièrement*, бюрó регуля́рно собирáется. **2.** (*sans à-coups*) рóвно. *Son cœur bat régulièrement*, егó сéрдце бьётся рóвно.

RÉHABILITER реабилити́ровать / реабилити́ровать.

REIN (*organe*) пóчка. *Le rein gauche*, лéвая пóчка.

REINE 1. (*souveraine*) королéва; цари́ца (*dans l'Antiquité*). *La reine d'Angleterre*, англи́йская королéва. *La reine de Saba*, Сáвская цари́ца. **2.** (*aux échecs*) ферзь ⁄___ ___ *m*. (*appartient au sous-genre animé*).

REINE-MARGUERITE áстра.

REJETER ______

1. (*relancer à sa place antérieure*) брóсить обрáтно (бросáть / брóсить).
2. (*se débarrasser de; repousser par les armes*) отбрáсывать / отбрóсить.
3. (*renvoyer hors de soi*) выбрáсывать / вы́бросить.
4. (*ne pas admettre*) отвергáть / отвéргнуть* III.
5. (*rendre quelqu'un d'autre responsable*) свáливать / свали́ть ⌄___ .

1. *Le poisson était tout petit; le pêcheur l'a rejeté dans la rivière*, ры́бка былá совсéм мáленькая; рыболóв брóсил её обрáтно в рекý. **2.** *Rejeter ses cheveux en arrière*, отбрóсить вóлосы назáд. *Rejeter l'ennemi hors de la ville*, отбрóсить неприя́теля зá город. **3.** *Les débris ont été rejetés sur le rivage*, облóмки вы́бросило на бéрег. **4.** *Rejeter une proposition*, отвéргнуть предложéние. **5.** *Rejeter la faute sur qqn*, свали́ть винý на когó-нибудь.

REJOINDRE (*retrouver qqn*) *doit être traduit selon le contexte. Allez-y, je vous rejoins tout de suite*, Иди́те, иди́те, я вас сейчáс догоню́. *Ils rejoignent leur famille dans les Alpes*, они́ éдут к роди́телям в Áльпы. *Il rejoint son régiment*, он возвращáется в полк.

RÉJOUIR рáдовать / обрáдовать. *Cette nouvelle a réjoui tout le monde*, э́то извéстние обрáдовало всех.

RÉJOUIR (SE) рáдоваться / обрáдоваться (+ *dat.*). *Se réjouir du malheur des autres*, рáдоваться чужóй бедé.

RELÂCHER (*qqn*) выпускáть / вы́пустить. *On l'a relâché, il est maintenant en liberté*, егó вы́пустили, он тепéрь на свобóде.

RELATIF относи́тельный. *Un succès relatif*, относи́тельный успéх. *Le pronom relatif*, относи́тельное местоимéние. ● **Relatif**

à, относя́щийся к [+ *dat.*] (относя́щийся *participe présent actif*). *Des documents relatifs à la Première Guerre mondiale*, докуме́нты, относя́щиеся к пе́рвой мирово́й войне́.

RELATION (*entre États, entre personnes*) отноше́ние. *Rompre les relations diplomatiques*, порва́ть диплома́ти́ческие отноше́ния. *Établir des relations amicales*, установи́ть дру́жеские отноше́ния.

RELATIVEMENT относи́тельно. *Elle était relativement calme*, она́ была́ относи́тельно споко́йной.

RELÈVE сме́на. *La relève de la garde*, сме́на часовы́х.

RELEVER

1. (*remettre debout; remonter; augmenter; dresser*) поднима́ть / подня́ть* IV, подниму́, подни́мешь... ; по́днял, подняла́, по́дняло, по́дняли ; по́днятый, по́днят, поднята́, по́днято, по́дняты (*l'idée de répétition est quelquefois exprimée par un adverbe comme* « опя́ть » *ou* « сно́ва »).
2. (*remonter légèrement*) приподнима́ть / приподня́ть* IV, приподниму́, приподни́мешь... ; припо́днял, приподняла́, припо́дняло, припо́дняли ; припо́днятый, припо́днят, приподнята́, припо́днято, припо́дняты .
3. (*retrousser*) засу́чивать / засучи́ть .
4. (*remettre en état*) восстана́вливать / восстанови́ть .
5. (*prendre note de*) запи́сывать / записа́ть* II, запишу́, запи́шешь... .
6. (*relayer*) сменя́ть / смени́ть , *part.* сменённый.
7. (*libérer d'un engagement*) освобожда́ть / освободи́ть, *part.* освобождённый*.

1. *Relever la chaise*, подня́ть стул. *Relever le rideau*, подня́ть за́навес. *Relever les salaires*, подня́ть зарпла́ту. *Relever la tête*, подня́ть го́лову. 2. *Relever sa robe*, приподня́ть пла́тье. 3. *Relever ses manches*, засучи́ть рукава́. 4. *Relever l'économie du pays ruinée par la guerre*, восстанови́ть разру́шенное войно́й хозя́йство. 5. *Tu as relevé l'adresse?*, А́дрес записа́л? 6. *Relever les sentinelles*, смени́ть часовы́х. 7. *Relever qqn de ses fonctions*, освободи́ть кого́-нибудь от до́лжности.

RELEVER (SE) 1. (*se remettre debout; se redresser*) поднима́ться / подня́ться* IV, подниму́сь, подни́мешься... ; подня́лся, поднила́сь... . *Il est tombé, mais s'est relevé presque aussitôt*, он упа́л, но бы́стро подня́лся. 2. (*se rétablir*) оправля́ться / опра́виться. *Le pays a mis du temps à se relever*, страна́ не ско́ро опра́вилась.

RELIEF 1. (*ce qui fait saillie*) релье́ф. *Un relief montagneux*, го́рный релье́ф. 2. (*impression née du contraste*) релье́фность *f.* ● **Un bas-relief**, барелье́ф. **Mettre en relief**, подчёркивать / подчеркну́ть, *part.* подчёркнутый. *Pour mettre en relief l'importance de ces événements*, что́бы подчеркну́ть ва́жность э́тих собы́тий.

RELIER 1. (*réunir*) соединя́ть / соедини́ть. *Les lacs sont reliés par un canal*, озёра соединены́ кана́лом. 2. (*faire une reliure*) переплета́ть / переплести́* IV, переплету́, переплетёшь... ; переплёл, переплела́... ; переплетённый. *Relier un livre*, переплести́ кни́гу.

RELIGIEUSE (*nonne*) мона́хиня.

RELIGIEUX *adj.* 1. (*concernant la religion*) религио́зный. *Les problèmes religieux*, религио́зные вопро́сы. 2. (*concernant les rites chrétiens*) церко́вный. *De la musique religieuse*, церко́вная му́зыка. *Les fêtes religieuses*, церко́вные пра́здники. 3. (*monastique*) мона́шеский. *Un ordre religieux*, мона́шеский о́рден.

RELIGION рели́гия (*livresque*); ве́ра (*foi*). *La religion des Aztèques*, ацте́кская рели́гия. *La religion catholique*, католи́ческая ве́ра. *La religion orthodoxe*, правосла́вная ве́ра.

RELIRE перечи́тывать / перечита́ть. *Elle relisait d'anciennes lettres*, она́ перечи́тывала ста́рые пи́сьма.

RELIURE переплёт. *Une reliure en cuir*, ко́жаный переплёт.

REMARQUABLE замеча́тельный. *Une femme remarquable*, замеча́тельная же́нщина. *Une mémoire remarquable*, замеча́тельная па́мять.

REMARQUABLEMENT исключи́тельно. *Un homme remarquablement doué*, исключи́тельно даро-ви́тый челове́к.

REMARQUE 1. (*en règle générale*) замеча́ние. *Faire une remarque pertinente*, сде́лать ве́рное замеча́ние. **2.** (*observation imprimée*) примеча́ние.

REMARQUER замеча́ть / заме́тить. *J'ai remarqué des empreintes*, я заме́тил следы́. *Vous avez remarqué comme il a rougi*, Вы заме́тили, как он покрасне́л. *Je vous ferai remarquer que c'est dangereux*, Я вам заме́чу, что э́то опа́сно. ● **Chercher à se faire remarquer**, стара́ться обрати́ть на себя́ внима́ние.

REMBOURSER возвраща́ть / верну́ть (*suivi de l'indication de ce que l'on rend*). *Je l'ai remboursé*, я ему́ верну́л де́ньги. *J'ai déjà remboursé six cents francs*, я уже́ верну́л шестьсо́т фра́нков.

REMÈDE сре́дство. *Un remède contre les maux de tête*, сре́дство от головно́й бо́ли.

REMERCIEMENT благода́рность *f*. (*rarement employé au pluriel*). *Avec mes remerciements sincères*, с и́скренней благода́рностью.

REMERCIER 1. (*dire merci*) благодари́ть / поблагодари́ть. *Remercier qqn de son aide*, поблагодари́ть кого́-нибудь за по́мощь. **2.** (*congédier*) увольня́ть / уво́лить. *Remercier un employé*, уво́лить слу́жащего.

REMETTRE

> **1.** (*couché*) класть* IV, кладу́, кладёшь...; клал, кла́ла... / положи́ть ╲___ (*l'idée de retour peut être exprimée par l'adverbe* « обра́тно », *l'idée de répétition par un adverbe comme* « сно́ва » *ou* « опя́ть »).
> **2.** (*dressé*) ста́вить / поста́вить (*l'idée de retour peut être exprimée par l'adverbe* « обра́тно », *l'idée de répétition par un adverbe comme* « сно́ва » *ou* « опя́ть »).
> **3.** (*suspendu*) ве́шать / пове́сить (*l'idée de retour peut être exprimée par l'adverbe* « обра́тно », *l'idée de répétition par un adverbe comme* « сно́ва » *ou* « опя́ть »).
> **4.** (*un vêtement, des lunettes...*) надева́ть / наде́ть* *n. cl.*, наде́ну, наде́нешь...; наде́тый (*l'idée de répétition peut être exprimée par un adverbe comme* « сно́ва » *ou* « опя́ть »).
> **5.** (*des condiments dans les aliments*) прибавля́ть / приба́вить.
> **6.** (*un liquide*) подлива́ть / подли́ть* II, подолью́, подольёшь...; по́длил, подлила́, по́длило, по́длили ╱╲___ ; подле́й; по́длитый, по́длит, подлита́, по́длито, по́длиты... ╱╲___.
> **7.** (*donner*) вруча́ть / вручи́ть.
> **8.** (*repousser*) откла́дывать / отложи́ть ╲___ .

1. *J'ai remis le livre sur la table*, я положи́ла кни́гу обра́тно на стол. *On l'a remis à l'hôpital*, его́ положи́ли сно́ва в больни́цу. **2.** *Tu as remis les verres dans le buffet?*, Ты поста́вила стака́ны в буфе́т? **3.** *J'ai remis votre manteau au porte-manteau*, я пове́сил ва́ше пальто́ на ве́шалку. **4.** *Elle a remis ses bottes*, она́ наде́ла сапоги́. *J'ai remis mes lunettes*, я сно́ва наде́л очки́. **5.** *J'ai remis du sel*, я приба́вила со́ли. **6.** *Il faut remettre de l'eau dans le vin*, на́до подли́ть воды́ в вино́. **7.** *On lui a remis une décoration*, ему́ вручи́ли о́рден. **8.** *Nous avons remis le voyage à l'an prochain*, мы отложи́ли пое́здку на бу́дущий год. ● **Remettre en marche**, пусти́ть в ход (пуска́ть / пусти́ть ╲___ ; *l'idée de répétition peut être exprimée par un adverbe comme* « сно́ва »). **Remettre en état**, привести́ в поря́док (приводи́ть ╲___ / привести́* IV, приведу́, приведёшь...; привёл, привелá... ; приведённый).

REMETTRE (SE) 1. (*recommencer*) брáться * IV, берýсь, берёшься... ; брáлся, бралáсь... / взя́ться * IV, возьмýсь, возьмёшься... ; взя́лся, взялáсь... (за + *acc.*); начинáть / начáть * IV, начнý, начнёшь... ; нáчал, началá, нáчало, нáчали (+ *infinitif imperfectif*); за... *accolé à certains verbes simples qui deviennent ainsi perfectifs* (*dans ces trois cas, l'idée de répétition est exprimée par un adverbe comme* « снóва » *ou* « опя́ть »). *Elle s'est remise à travailler*, онá снóва взялáсь за рабóту. *Je me suis remis à fumer*, я снóва нáчал курйть. *Elle s'est remise à pleurer*, онá опя́ть заплáкала. **2.** (*se rétablir*) поправля́ться / попрáвиться. *Elle se remet rapidement de sa grippe*, онá бы́стро поправля́ется от грйппа.

REMONTER

I. Intransitif:

1. (*s'élever*) поднимáться / подня́ться * IV, поднимýсь, поднймешься... ; подня́лся, поднялáсь... (*l'idée de répétition peut être exprimée par un adverbe comme* « снóва » *ou* « опя́ть »).

2. (*grimper de nouveau*) лезть * IV, лéзу, лéзешь... ; лез, лéзла... / полéзть * IV (*id.*); *ou* влезáть / влезть * IV, влéзу, влéзешь... ; влез, влéзла... (*l'idée de répétition peut être exprimée par un adverbe comme* « снóва » *ou* « опя́ть »).

3. (*s'installer de nouveau dans ou sur un véhicule; s'asseoir de nouveau sur sa monture*) садйться / сесть * IV, ся́ду, ся́дешь... ; сел, сéла... (*l'idée de répétition peut être exprimée par un adverbe comme* « снóва » *ou* « опя́ть »).

II. Transitif:

1. (*soulever; relever*) поднимáть / подня́ть * IV, поднимý, поднймешь... ; пóднял, подняла́, пóдняло, пóдняли ; пóднятый, пóднят, поднятá, пóднято, пóдняты .

2. (*tirer une couverture, des draps*) натя́гивать / натянýть .

3. (*reporter en un lieu plus élevé*) относйть / отнестй * IV, отнесý, отнесёшь... ; отнёс, отнеслá... ; отнесённый *ou* сносйть / снестй * IV, снесý, снесёшь... ; снёс, снеслá... ; снесённый [*emporter*]; приносйть / принестй * IV, принесý, принесёшь... ; принёс, принеслá... ; принесённый [*apporter*] (*l'idée de retour peut être exprimée par l'adverbe* « обрáтно »; *l'idée de montée est quelquefois exprimée par un adverbe comme* « навéрх »).

4. (*voguer vers la source d'un cours d'eau*) плыть вверх по [+ *dat.*] (плыть * IV, плывý, плывёшь... ; плыл, плылá, плы́ло, плы́ли / поплы́ть * IV [*id.*]).

5. (*remettre en place les pièces d'une machine...*) собирáть / собрáть * IV, соберý, соберёшь... ; собрáл, собралá, собрáло, собрáли (*l'idée de répétition peut être exprimée par un adverbe comme* « снóва » *ou* « вновь »).

6. (*tendre le ressort d'un mécanisme*) заводйть / завестй * IV, заведý, заведёшь... ; завёл, завелá... ; заведённый.

I. 1. *Remonter au cinquième par l'escalier*, снóва подня́ться на шестóй этáж по лéстнице. *Le baromètre remonte*, барóметр снóва поднимáется. **2.** *Remonter sur l'échelle*, снóва влезть на стремя́нку. **3.** *Remonter sur son cheval*, сесть на лóшадь. *Remonter dans l'autobus*, снóва сесть в автóбус.

II. 1. *Remonter le rideau*, подня́ть зáнавес. // (*Fig.*) *Remonter le courage*, подня́ть настроéние. **2.** *Remonter la couverture*, натянýть одея́ло. **3.** *Je remonte ma valise dans ma chambre*, сейчáс снесý чемодáн обрáтно в нóмер. **4.** *Remonter la Volga*, поплы́ть вверх по Вóлге. **5.** *Remonter le poste de radio*, собрáть радиоприёмник. **6.** *Remonter sa montre*, завестй часы́. *Remonter la sonnerie du réveil*, завестй будйльник на бой.

REMONTER (SE) [*reprendre des forces*] набирáть сил (набирáть / набрáть* IV, наберý, наберёшь...; набрáл, набралá, набрáло, набрáли ⁄‾__).

REMORDS угрызéния сóвести (угрызéния, угрызéний, угрызéниям... *pl.*). *Avoir des remords*, испы́тывать угрызéния сóвести. *Le remords le rongeait*, егó мýчили угрызéния сóвести.

REMORQUE (*véhicule remorqué*) прицéп.

REMORQUER тащи́ть _____ / потащи́ть _____ .

REMPLACER заменя́ть / замени́ть _____, *part.* заменённый. *Remplacer le bois par la matière plastique*, замени́ть дéрево пластмáссой.

REMPLIR 1. (*rendre plein*) наполня́ть / напóлнить; набивáть / наби́ть* II, набью́, набьёшь...; набéй; наби́тый (*en tassant*). *Remplir un panier de champignons*, напóлнить корзи́нку грибáми. *Remplir un verre de vin*, напóлнить рю́мку винóм. *Ses yeux se remplirent de larmes*, её глазá напóлнились слезáми. *Remplir sa pipe de tabac*, наби́ть трýбку табакóм. // (*Fig.*) *Se remplir les poches*, наби́ть кармáн. **2.** (*inscrire les indications nécessaires*) заполня́ть / запóлнить. *Remplir un questionnaire*, запóлнить анкéту. **3.** (*ses obligations...*) исполня́ть / испóлнить. *Remplir ses obligations*, испóлнить свои́ обя́занности.

REMUER

> **1.** (*une partie du corps*) дви́гать / дви́нуть (+ *instr.*); шевели́ть / пошевели́ть [+ *instr.*] (*remuer un peu*).
> **2.** (*mélanger*) мешáть / помешáть.
> **3.** (*être animé d'un certain mouvement*) дви́гаться / дви́нуться.
> **4.** (*ne pas tenir en place*) не сидéть на мéсте (сидéть* I, сижý, сиди́шь...).

1. *Je ne pouvais pas remuer les doigts*, я не мог дви́гать пáльцами. *Remuer les lèvres*, пошевели́ть губáми. **2.** *Remuer le thé avec sa cuillère*, мешáть чай лóжкой. **3.** *Il ne remuait plus*, он бóльше не дви́гался. **4.** *Cet enfant remue tout le temps*, ребёнок не сиди́т на мéсте. ● **Remuer la queue**, виля́ть хвостóм.

RENARD 1. (*animal*) лиси́ца; Лисá (*dans les contes populaires*). **2.** (*fourrure*) ли́сий мех (ли́сий *adj. d'appart.*; мех*, *loc.* мехý, *nom. pl.* мехá ___⁄ _____). ● **Renard bleu**, песéц.

RENCONTRE встрéча. *Une rencontre inattendue*, неожи́данная встрéча. *Rencontre de deux équipes de football*, встрéча двух футбóльных комáнд. ● **Aller à la rencontre de qqn**, пойти́ к комý-нибудь навстрéчу.

RENCONTRER встречáть / встрéтить. *Je l'ai rencontré par hasard*, я егó случáйно встрéтил. *Nous nous sommes rencontrés à la gare*, мы встрéтились на вокзáле. *Rencontrer des difficultés*, встрéтить затруднéния.

RENDEMENT продукти́вность *f.*; урожáйность *f.* (*agricole*). *Augmenter le rendement*, повы́сить продукти́вность.

RENDEZ-VOUS 1. (*en règle générale*) свидáние. *Fixer un rendez-vous à qqn*, назнáчить комý-нибудь свидáние. *Nous nous sommes donné rendez-vous*, мы уговори́лись о свидáнии. *Un rendez-vous d'affaires*, деловóе свидáние. **2.** (*chez un médecin, un avocat...*) *employer l'expression* записáться на приём (запи́сываться / записáться* II, запишýсь, запи́шешься... _____). *J'ai pris un rendez-vous avec le dentiste*, я записáлся на приём к зубнóму врачý.

RENDORMIR (SE) снóва заснýть (засыпáть / заснýть).

RENDRE 1. (*restituer*) возвращáть / вернýть; *ou* отдавáть* IV, отдаю́, отдаёшь...; отдавáй; отдавáя / отдáть* *n. cl.*, отдáм, отдáшь, отдáст, отдади́м, отдади́те, отдадýт; óтдал, отдалá, óтдало, óтдали ⁄‾__; отдáй; óтданный, óтдан, отданá, óтдано, óтданы ⁄‾__). *Je lui ai rendu son argent*, я вернýл емý дéньги *ou* я о́тдал ему́ де́ньги. *Tu as rendu le livre à la bibliothèque?*, ты верну́л кни́гу в библиоте́ку? **2.** (*vomir*) рвать* IV, рвёт; рва́ло / вы́рвать* IV, вы́рвет; вы́рвало (*au sujet de la proposition française correspond en russe un nom ou un pronom à l'accusatif; au complément direct correspond un complément indirect à l'instrumental*). *Elle a vomi*, её вы́рвало. *Elle vomit de la bile*, её рвёт жёлчью. **3.** (*faire devenir*) *doit être traduit différemment selon le contexte. Son invention l'a rendu célèbre*, его́ изобрете́ние принесло́ ему́ сла́ву. *Cette nouvelle l'a rendu pensif*, узна́в об э́том, он заду́мался. ● **Rendre courage à qqn**, ободри́ть кого́-нибудь (ободря́ть / ободри́ть). **Rendre le dernier soupir**, испусти́ть дух (испуска́ть / испусти́ть \—). **Rendre justice à qqn**, возда́ть кому́-нибудь до́лжное (воздава́ть* II, воздаю́, воздаёшь...; воздава́й; воздава́я / возда́ть* *n. cl.*, возда́м, возда́шь, возда́ст, воздади́м, воздади́те, воздаду́т; во́здал, воздала́, во́здало, во́здали ∧—; возда́й; во́здано). **Rendre la monnaie**, дать сда́чу (дава́ть* II, даю́, даёшь...; дава́й; дава́я / дать* *n. cl.*, дам, дашь, даст, дади́м, дади́те, даду́т; дал, дала́, да́ло, да́ли ∧—, *forme négative* не́ дал, не дала́, не́ дало, не́ дали ∧—; сда́нная, сдана́). *Rendre la monnaie d'un rouble*, дать сда́чу с рубля́. **Rendre à qqn la monnaie de sa pièce**, отплати́ть кому́-нибудь той же моне́той (отпла́чивать / отплати́ть \—). **Rendre visite à qqn**, пойти́ к кому́-нибудь в го́сти (идти́* IV, иду́, идёшь...; шёл, шла... / пойти́* IV [*id.*]).

RENDRE (SE) 1. (*aller*) отправля́ться / отпра́виться. *Se rendre en ville*, отпра́виться в го́род. **2.** (*capituler*) сдава́ться* II, сдаю́сь, сдаёшься...; сдава́йся; сдава́ясь / сда́ться* *n. cl.*, сда́мся, сда́шься, сда́стся, сдади́мся, сдади́тесь, сдаду́тся; сда́лся, сдала́сь... /— ; сда́йся. *L'armée s'est rendue*, а́рмия сдала́сь. **3.** (*se faire, se montrer*) *doit être traduit en fonction du contexte. Il a tellement mangé qu'il s'est rendu malade*, до того́ нае́лся, что заболе́л. *Il sait se rendre agréable*, прия́тно с ним. ● **Se rendre compte de qqch.**, дать себе́ отчёт в чём-нибудь (дава́ть* II, даю́, даёшь...; дава́й; дава́я / дать* *n. cl.*, дам, дашь, даст, дади́м, дади́те, даду́т; дал, дала́, да́ло, да́ли ∧—, *forme négative* не́ дал, не дала́, не́ дало, не́ дали ∧—; дай).

I. RENFERMÉ *adj.* за́мкнутый. *Un caractère renfermé*, за́мкнутый хара́ктер.

II. RENFERMÉ *subst.* ● **Sentir le renfermé**, па́хнуть за́тхлым.

RENFERMER (*contenir*) содержа́ть* I, соде́ржит, соде́ржат. *Renfermer des vitamines*, содержа́ть витами́ны.

RENFORT подкрепле́ние. *Des troupes envoyées en renfort*, войска́, по́сланные в подкрепле́ние.

RENNE оле́нь *m.* (*accompagné parfois du qualificatif* « се́верный »).

RENONCER отка́зываться / отказа́ться* II, откажу́сь, отка́жешься... \— (от + *gén.*). *Renoncer à son projet*, отказа́ться от прое́кта.

RENOUVELER возобновля́ть / возобнови́ть. *Renouveler son abonnement*, возобнови́ть подпи́ску.

RENSEIGNEMENT спра́вка; све́дение (*livresque*). *Obtenir un renseignement*, получи́ть спра́вку. *Des renseignements précis sur cette affaire*, то́чные све́дения об э́том де́ле. ● **Bureau de renseignements**, спра́вочное бюро́.

RENSEIGNER (SE) справля́ться / спра́виться. *Se renseigner sur le prix*, спра́виться о цене́.

RENTABILITÉ рента́бельность *f. La rentabilité d'une entreprise*, рента́бельность предприя́тия.

RENTABLE рента́бельный. *Une entreprise rentable*, рента́бельное предприя́тие.

RENTRÉE (*scolaire*) нача́ло уче́бного го́да.

RENTRER 1. (*revenir*) возвраща́ться / верну́ться. *Je suis rentré chez moi très tard*, я о́чень по́здно верну́лся домо́й. **2.** (*synonyme familier de « entrer »*) v. ENTRER. *Nous sommes rentrés dans un cinéma*, мы вошли́ в кино́. *L'ennemi est rentré dans la ville*, неприя́тель вступи́л в го́род. *Ces documents ne rentreront pas dans ma serviette*, э́ти бума́ги не влéзут в портфе́ль. *Il est rentré dans l'armée*, он поступи́л в а́рмию.

RENVERSER 1. (*faire tomber*) опроки́дывать / опроки́нуть; сбить с ног (сбива́ть / сбить* II, собью́, собьёшь...; сбей; сби́тый) [*un piéton...*]. *Renverser une tasse*, опроки́нуть ча́шку. *La barque s'est renversée*, ло́дка опроки́нулась. *Renverser un piéton*, сбить пешехо́да с ног. **2.** (*répandre*) пролива́ть / проли́ть* II, пролью́, прольёшь...; про́лил, пролила́, про́лило, про́лили /__; проле́й; про́литый, про́лит, пролита́, про́лито, про́литы /__ (*un liquide*); просыпа́ть / просы́пать* II, просы́плю, просы́плешь... (*un corps poudreux, granuleux...*). *Renverser le vinaigre sur la nappe*, проли́ть у́ксус на ска́терть. *Renverser du sel sur la table*, просы́пать соль на стол. **3.** (*obtenir la démission*) сверга́ть / све́ргнуть* III. *Renverser le gouvernement*, све́ргнуть прави́тельство.

RENVOYER

1. (*envoyer à l'expéditeur*) отосла́ть обра́тно (отсыла́ть / отосла́ть* II, отошлю́, отошлёшь...).
2. (*congédier*) увольня́ть / уво́лить.
3. (*exclure*) исключа́ть / исключи́ть.
4. (*ajourner*) откла́дывать / отложи́ть __.

1. *Nous lui avons renvoyé le paquet*, мы ему́ отосла́ли посы́лку обра́тно. **2.** *Renvoyer un employé*, уво́лить слу́жащего. **3.** *Renvoyer un élève*, исключи́ть ученика́. **4.** *Nous avons renvoyé la réunion à vendredi prochain*, мы отложи́ли собра́ние на пя́тницу.

RÉORGANISATION реорганиза́ция.

RÉORGANISER реорганизова́ть / реорганизова́ть. *Réorganiser l'industrie*, реорганизова́ть промы́шленность.

RÉPANDRE

1. (*un liquide*) пролива́ть / проли́ть* II, пролью́, прольёшь...; про́лил, пролила́, про́лило, про́лили /__; проле́й; про́литый, про́лит, пролита́, про́лито, про́литы /__.
2. (*un corps farineux, granuleux, meuble*) посыпа́ть / посы́пать* II, посы́плю, посы́плешь... (*ce que l'on répand est exprimé à l'instrumental; l'endroit où on le répand est exprimé à l'accusatif sans préposition*) [*saupoudrer*] // просыпа́ть / просы́пать* II, просы́плю, просы́плешь... (*laisser échapper*).
3. (*un bruit*) распространя́ть / распространи́ть.
4. (*une odeur*) издава́ть* II, издаёт, издаю́т; издава́я / изда́ть* *n. cl.*, изда́ст, издаду́т; изда́л, издала́, изда́ло, изда́ли /__; и́зданный, и́здан, издана́, и́здано, и́зданы /__.

1. *Répandre du vinaigre sur la nappe*, проли́ть у́ксус на ска́терть. *Répandre des larmes*, пролива́ть слёзы. **2.** *Répandre du sable dans l'allée*, посы́пать доро́жку песко́м. // *Répandre du sel sur la table*, просы́пать соль на стол. **3.** *Répandre un bruit*, распространи́ть слух. *La nouvelle s'est vite répandue*, но́вость бы́стро распространи́лась. **4.** *Répandre une mauvaise odeur*, издава́ть неприя́тный за́пах.

RÉPANDU *adj.* распространённый, распространён, распространена́... /‾‾. *Une opinion très répandue*, о́чень распространённое мне́ние.

RÉPARATION (*remise en état*) ремо́нт. *Ma montre est en réparation*, часы́ в ремо́нте.

RÉPARER (*remettre en état*) ремонти́ровать / отремонти́ровать *ou* починя́ть / почини́ть ⸜_____ . *Réparer un pont*, отремонти́ровать мост. *Réparer une montre*, отремонти́ровать часы́ *ou* почини́ть часы́. • **Donner qqch. à réparer**, отда́ть что́-нибудь в ремо́нт.

REPARLER ещё поговори́ть (говори́ть / поговори́ть). *Nous en reparlerons*, мы об э́том ещё поговори́м.

REPARTIR 1. (*à pied; en parlant d'un véhicule*) уходи́ть ⸜_____ / уйти́* IV, уйду́, уйдёшь...; ушёл, ушла́...; уйдя́. *Il était ici, mais il est reparti*, он был здесь, но ушёл. **2.** (*autrement qu'à pied*) уезжа́ть / уе́хать* IV, уе́ду, уе́дешь... *Elle est repartie aux États-Unis*, она́ уе́хала обра́тно в США. **3.** (*en volant; en avion*) улета́ть / улете́ть* I, улечу́, улети́шь... *Tu repars en avion pour Londres?*, Ты улета́ешь опя́ть в Ло́ндон?

Remarque. Quel que soit le verbe utilisé, l'idée de retour peut être exprimée par l'adverbe « обра́тно ». L'idée de répétition peut être exprimée par un adverbe comme « сно́ва » *ou* « опя́ть ».

RÉPARTIR распределя́ть / распредели́ть. *Répartir le travail entre les membres de la commission*, распредели́ть рабо́ту ме́жду чле́нами коми́ссии.

RÉPARTITION распределе́ние. *La répartition des revenus*, распределе́ние дохо́дов.

REPAS *selon le cas* за́втрак (*petit déjeuner*), обе́д (*repas de midi*), у́жин (*repas du soir*). *Pendant le repas*, за обе́дом. *Servir le repas*, подава́ть у́жин. • **Repas froid** (*à emporter*), сухо́й паёк (паёк, пайка́...).

REPASSER

1. (*franchir de nouveau*) переходи́ть ⸜_____ / перейти́* IV, перейду́, перейдёшь...; перешёл, перешла́...; перейдя́ (*à pied*); переезжа́ть / перее́хать* IV, перее́ду, перее́дешь... (*autrement qu'à pied*); перелета́ть / перелете́ть* I, перелечу́, перелети́шь... (*en volant*); etc. (*l'idée de répétition peut être exprimée par un adverbe comme* « сно́ва »).

Remarque. Lorsque ce verbe est transitif dans cet emploi, ses équivalents russes sont construits soit avec l'accusatif sans préposition, soit avec че́рез (+ *acc.*).

2. (*passer de nouveau à côté; passer de nouveau à travers*) проходи́ть ⸜_____ / пройти́* IV, пройду́, пройдёшь...; прошёл, прошла́...; пройдя́ (*à pied*); проезжа́ть / прое́хать* IV, прое́ду, прое́дешь... (*autrement qu'à pied*); etc. (*l'idée de répétition peut être exprimée par un adverbe comme* « сно́ва » *ou* « опя́ть »).
3. (*venir de nouveau pour un instant*) заходи́ть ⸜_____ / зайти́* IV, зайду́, зайдёшь...; зашёл, зашла́...; зайдя́ (*à pied*); заезжа́ть / зае́хать* IV, зае́ду, зае́дешь... (*autrement qu'à pied*) [*l'idée de répétition peut être exprimée par un adverbe comme* « сно́ва » *ou* « опя́ть »].
4. (*du linge*) гла́дить / вы́гладить.

1. *Repasser de l'autre côté*, перейти́ на ту сто́рону. *Repasser le pont*, сно́ва перейти́ мост. *Repasser les Alpes*, сно́ва перее́хать че́рез А́льпы. **2.** *Il repasse devant le magasin*, он сно́ва прохо́дит ми́мо магази́на. *Les pompiers repassent devant la maison*, пожа́рные сно́ва проезжа́ют ми́мо до́ма. **3.** *Je repasserai te prendre à six heures*, Зайду́ за тобо́й в шесть часо́в *ou* Зае́ду за тобо́й в шесть часо́в. **4.** *Repasser une chemise*, вы́гладить руба́шку.

I. REPENTIR *subst.* раска́яние. *Un repentir tardif*, по́зднее раска́яние.

II. REPENTIR (SE) раска́иваться / раска́яться* II, раска́юсь, раска́ешься... (в + *loc.*). *Se repentir de son crime*, раска́яться в своём преступле́нии.

RÉPERCUSSION после́дствие. *Cela peut avoir des répercussions fâcheuses*, э́то мо́жет име́ть дурны́е после́дствия.

RÉPÉTER **1.** (*en règle générale*) повторя́ть / повтори́ть. *Répétez cette phrase*, Повтори́те э́ту фра́зу. *La même histoire s'est répétée*, повтори́лась та же исто́рия. *Répéter son rôle avant le spectacle*, повтори́ть роль пе́ред спекта́клем. **2.** (*au théâtre*) репети́ровать / прорепети́ровать. *Répéter une pièce*, репети́ровать пье́су.

RÉPÉTITION **1.** (*en règle générale*) повторе́ние. *Dans ce récit, il y a beaucoup de répétitions*, в э́том расска́зе мно́го повторе́ний. **2.** (*au théâtre*) репети́ция. *La répétition générale*, генера́льная репети́ция.

RÉPLIQUER возража́ть / возрази́ть. *Non, je ne suis pas d'accord, répliqua-t-il*, Нет, я не согла́сен, — возрази́л он.

RÉPONDRE отвеча́ть / отве́тить. *Il ne répondit rien*, он ничего́ не отве́тил. *Répondre à une question*, отве́тить на вопро́с.

RÉPONSE отве́т. *Donner une réponse affirmative*, дать положи́тельный отве́т. *En réponse à sa lettre*, в отве́т на его́ письмо́.

REPORTAGE репорта́ж.

REPORTER *verbe* **1.** (*porter une chose à l'endroit où elle était auparavant*) относи́ть ╲___ / отнести́* IV, отнесу́, отнесёшь...; отнёс, отнесла́... ╱‾‾ ; отнесённый; отнеся́ (*l'idée de retour peut être exprimée par l'adverbe* « обра́тно »). *J'ai reporté le livre à la bibliothèque*, я отнёс кни́гу в библиоте́ку. **2.** (*repousser à un moment ultérieur*) переноси́ть ╲___ / перенести́* IV, перенесу́, перенесёшь...; перенёс, перенесла́... ╱‾‾ ; перенесённый, перенеся́. *Nous avons reporté la réunion à la semaine prochaine*, мы перенесли́ собра́ние на бу́дущую неде́лю.

I. REPOS *subst.* о́тдых. *Le jour de repos*, день о́тдыха. *Une maison de repos*, дом о́тдыха.

II. REPOS! *interj.* Во́льно!

REPOSER (SE) отдыха́ть / отдохну́ть. *Je me suis assis pour me reposer un peu*, я сел, что́бы отдохну́ть немно́жко. ● **Se reposer sur ses lauriers**, почива́ть на ла́врах.

REPOUSSER

I. Verbe transitif:
1. (*pousser en arrière; faire reculer*) отодвига́ть / отодви́нуть; отта́лкивать / оттолкну́ть (*avec force*); отбра́сывать / отбро́сить (*avec violence*).
2. (*résister victorieusement à l'ennemi*) отбива́ть / отби́ть* II, отобью́, отобьёшь...; отбе́й; отби́тый.
3. (*rejeter de son esprit*) отбра́сывать / отбро́сить.
4. (*remettre à plus tard*) откла́дывать / отложи́ть ╲___ .
5. (*ne pas accepter une proposition, un projet...*) отклоня́ть / отклони́ть ╲___ , *part.* отклонённый.
II. Verbe intransitif:
1. (*croître de nouveau, en parlant des plantes*) сно́ва расти́ (расти́* IV, растёт, расту́т; рос, росла́... ╱‾‾ / вы́расти* IV, вы́растет, вы́растут; вы́рос, вы́росла...).
2. (*croître de nouveau, en parlant des cheveux, de la barbe...*) отраста́ть / отрасти́* IV, отрастёт, отрасту́т; отро́с, отросла́... ╱‾‾ (*l'idée de recommencement est exprimée par un adverbe comme* « сно́ва »).

I. 1. *J'ai repoussé les chaises et je suis passé*, я отодви́нул сту́лья и прошёл. *Il a repoussé le gardien et s'est enfui*, он оттолкну́л сто́рожа и убежа́л. *Repousser l'ennemi*, отбро́сить неприя́теля. **2.** *Repousser l'ennemi*, отби́ть неприя́теля. *Repousser une attaque*, отби́ть нападе́ние. **3.** *Repousser une idée*, отбро́сить мысль. **4.** *Nous avons repoussé la réunion d'une semaine*, мы отложи́ли собра́ние на неде́лю. **5.** *Repousser une demande*, отклони́ть про́сьбу.

II. 1. *Les feuilles repoussent*, ли́стья сно́ва расту́т. **2.** *Ta barbe a repoussé*, Твоя́ борода́ сно́ва отросла́.

REPRENDRE

1. (*saisir de nouveau*) брать* IV, беру́, берёшь...; брал, брала́, брáло, брáли ⌃— / взять* IV, возьмý, возьмёшь...; взял, взялá, взя́ло, взя́ли ⌃— ; взя́тый, взят, взятá, взя́то, взя́ты ⌃— (*l'idée de répétition est exprimée par un adverbe comme* « снóва » *ou* « опя́ть »; *l'idée de retour est exprimée par un adverbe comme* « обрáтно » *ou* « назáд ») // снóва поймáть (/ поймáть) [*rattraper une personne ou un animal*].

2. (*occuper de nouveau*) занимáть / заня́ть* IV, займý, займёшь...; зáнял, занялá, зáняло, зáняли ⌃—; зáнятый, зáнят, занятá, зáнято, зáняты ⌃— (*l'idée de répétition est exprimée par un adverbe comme* « снóва » *ou* « опя́ть »).

3. (*recommencer, transitif*) начинáть / начáть* IV, начнý начнёшь...; нáчал, началá, нáчало, нáчали ⌃—; нáчатый, нáчат, начатá, нáчато, нáчаты ⌃— (*l'idée de répétition est exprimée par un adverbe comme* « снóва » *ou* « опя́ть »); возобновля́ть / возобнови́ть (*livresque*).

4. (*recommencer, intransitif*) начинáться / начáться* IV, начнётся, начнýтся; начался́, началáсь... (*l'idée de répétition est exprimée par un adverbe comme* « снóва » *ou* « опя́ть »); возобновля́ться / возобнови́ться (*livresque*).

1. *Il a repris son argent*, он взял свои́ дéньги назáд. *J'ai repris l'affaire en mains*, я снóва взял дéло в свои́ рýки. // *Le voleur a été repris*, вóра снóва поймáли. **2.** *L'armoire a repris sa place*, шкаф снóва зáнял своё мéсто. **3.** *Nous avons repris les expériences*, мы снóва нáчали экспериméнты. *Reprendre ses occupations*, возобнови́ть свои́ заня́тия. **4.** *Les travaux reprennent*, рабóты начинáются опя́ть. *Les pourparlers ont repris*, возобнови́лись перегóворы. ● **Reprendre ses esprits**, прийти́ в себя́ (приходи́ть ╲___ / прийти́* IV, придý, придёшь...; пришёл, пришлá...; придя́). **Reprendre ses forces**, собрáться с си́лами (собирáться / собрáться* IV, соберýсь, соберёшься...; собрáлся, собралáсь... ╱‾‾).

REPRÉSENTANT *subst.* представи́тель *m. Les représentants du peuple*, представи́тели нарóда. *Un représentant de commerce*, торгóвый представи́тель.

REPRÉSENTATION (*spectacle*) представлéние. *Donner une représentation*, дать представлéние.

REPRÉSENTER 1. (*dépeindre*) изображáть / изобрази́ть. *Le tableau représente une tempête*, карти́на изображáет бýрю. **2.** (*être le représentant*) представля́ть. *Qui représente le comité?*, Кто представля́ет комитéт?

REPRÉSENTER (SE) [*imaginer*] представля́ть себé (представля́ть / предстáвить). *Vous vous représentez quelle a été leur surprise?*, Вы себé представля́ете, как они́ удиви́лись?

RÉPRIMER (*écraser*) подавля́ть / подави́ть ╲___ . *Réprimer une révolte*, подави́ть восстáние.

REPRISE (*fois*) раз*, *gén. pl.* раз. *À plusieurs reprises*, нéсколько раз.

REPROCHE упрёк. *Couvrir qqn de reproches*, осы́пать когó-нибудь упрёками.

REPROCHER упрекáть / упрекнýть (*le complément désignant la personne à laquelle s'adressent les reproches se met à l'accusatif; le complément désignant les faits reprochés se met au locatif introduit par la préposition* « в »). *Reprocher à qqn sa cruauté*, упрекáть когó-нибудь в жестóкости.

REPRODUCTION 1. (*biologie*) размножéние. **2.** (*imitation très exacte*) репродýкция. *Une reproduction en couleurs*, цветнáя репродýкция. *La reproduction d'un tableau célèbre*, репродýкция извéстной карти́ны.

REPRODUIRE 1. (*faire une copie*) воспроизводи́ть ╲___ / воспроизвести́* IV, воспроизведý, воспроизведёшь...; воспроизвёл, воспроизвелá... ╱‾‾ ; воспроизведённый. *Reproduire un tableau*, воспроизвести́ карти́ну. **2.** (*tirer à plusieurs exemplaires*) размножа́ть / размно́жить. *Reproduire à mille exemplaires*, размно́жить на ты́сячу экземпля́ров.

REPRODUIRE (SE) [*biologie*] размножа́ться / размно́житься. *Les lapins se reproduisent rapidement*, кро́лики бы́стро размножа́ются.

REPTILE пресмыка́ющееся *participe substantivé neutre* (*l'accusatif singulier de* « пресмыка́ющееся » *est semblable au nominatif; l'accusatif pluriel est semblable au génitif*).

I. RÉPUBLICAIN *adj.* республика́нский. *Une constitution républicaine*, республика́нская конститу́ция.

II. RÉPUBLICAIN *subst.* республика́нец.

RÉPUBLIQUE респу́блика. *La République française*, францу́зская респу́блика.

RÉPUTATION репута́ция. *Avoir une bonne réputation*, по́льзоваться хоро́шей репута́цией.

REQUIN аку́ла.

RÉSEAU сеть *f. Le réseau ferroviaire*, железнодоро́жная сеть. *Le réseau routier*, сеть шоссе́йных доро́г.

RÉSERVE 1. (*ce que l'on a mis de côté*) запа́с. *Des réserves de denrées alimentaires*, продово́льственные запа́сы. // (*Mil.*) *Un officier de réserve*, офице́р запа́са. **2.** (*restriction*) огово́рка. *Faire quelques réserves*, сде́лать огово́рки.

RÉSERVER (*des places*) брони́ровать / заброни́ровать. *Réserver des places*, заброни́ровать места́. *Des places réservées*, заброни́рованные места́.

RÉSERVOIR (*récipient*) бак. *Des réservoirs à pétrole*, нефтяны́е ба́ки. *Le réservoir à essence*, бензоба́к.

RÉSIDENCE 1. (*adresse habituelle*) местожи́тельство. **2.** (*demeure luxueuse*) резиде́нция. *La résidence d'été du président de la République*, ле́тняя резиде́нция президе́нта респу́блики.

RÉSIGNER (SE) примиря́ться / примири́ться (с + *instr.*). *Se résigner à son sort*, примири́ться со свое́й судьбо́й.

RÉSISTANCE 1. (*opposition*) сопротивле́ние. *Opposer une résistance acharnée*, оказа́ть упо́рное сопротивле́ние. **2.** (*endurance*) выно́сливость *f.*

I. RÉSISTANT *adj.* **1.** (*solide*) про́чный. *Un matériau résistant*, про́чный материа́л. **2.** (*endurant*) выно́сливый. *Un homme résistant*, выно́сливый челове́к.

II. RÉSISTANT *subst.* партиза́н*, *gén. pl.* партиза́н; уча́стник движе́ния Сопротивле́ния (*livresque*).

RÉSISTER

> **1.** (*s'opposer par la force, ne pas se laisser faire*) сопротивля́ться.
> **2.** (*ne pas être endommagé*) выде́рживать / вы́держать* I, вы́держит, вы́держат (*tr.*).
> **3.** (*surmonter une difficulté, supporter une souffrance*) сноси́ть / снести́* IV, снесу́, снесёшь...; снёс, снесла́...; снеся́ (+ *acc.*); переноси́ть / перенести́* IV, перенесу́, перенесёшь...; перенёс, перенесла́...; перенеся́ (+ *acc.*) [*supporter longuement*].
> **4.** (*ne pas succomber à une tentation*) устáивать / устоя́ть* I, устою́, устои́шь... (про́тив + *gén.*).

1. *Résister à la pression des armées ennemies*, сопротивля́ться на́тиску неприя́тельских войск. *Résister à la maladie*, сопротивля́ться боле́зни. **2.** *Le pont ne résistera pas à un tel poids*, мост не вы́держит тако́й нагру́зки. **3.** *Résister au froid*, сноси́ть хо́лод. *Résister à la sécheresse*, перенести́ за́суху. **4.** *Il n'a pas résisté à la tentation*, он не устоя́л про́тив искуше́ния.

RÉSOLUTION (*décision*) реше́ние. *Ma résolution était prise*, я уже́ при́нял реше́ние.

RÉSOUDRE (*trouver la solution*) реша́ть / реши́ть. *Résoudre un problème*, реши́ть зада́чу.

RESPECT 1. (*déférence*) уважéние. *Inspirer le respect*, внушáть уважéние. *Par respect pour votre père*, из уважéния к вáшему отцý. **2.** (*observance*) соблюдéние. *Le respect des lois*, соблюдéние закóнов.

RESPECTER 1. (*avoir du respect*) уважáть. *Se faire respecter*, застáвить себя́ уважáть. **2.** (*se conformer à*) соблюдáть / соблюсти́* IV, соблюдý, соблюдёшь...; соблю́л, соблюлá... ╱‾‾‾ ; соблюдённый. *Respecter la loi*, соблюдáть закóн.

RESPECTUEUX почти́тельный. *Un ton respectueux*, почти́тельный тон.

RESPIRATION дыхáние. *Retenir sa respiration*, сдéрживать дыхáние. *La respiration artificielle*, искýсственное дыхáние.

RESPIRER дышáть* I, дышý, ды́шишь... ╲____ / подышáть* I [*id.*] (+ *instr.*). *Respirer l'air frais*, дышáть свéжим вóздухом. *Respirer la santé*, дышáть здорóвьем.

RESPONSABILITÉ отвéтственность *f. Porter la responsabilité*, нести́ отвéтственность.

RESPONSABLE *adj.* отвéтственный. *Une personne responsable*, отвéтственное лицó.

RESSEMBLANCE схóдство. *Une ressemblance apparente*, внéшнее схóдство.

RESSEMBLER быть похóжим (на + *acc.*). *André ressemble à son grand-père*, Андрéй похóж на своегó дéдушку. *Ces deux sœurs se ressemblent beaucoup*, э́ти сёстры óчень похóжи друг на дрýга. *Elles se ressemblent comme deux gouttes d'eau*, они́ похóжи как две кáпли воды́.

RESSENTIR ощущáть / ощути́ть (т → щ). *Ressentir une forte douleur*, ощущáть си́льную боль.

RESSORT (*techn.*) пружи́на. *Un ressort de montre*, часовáя пружи́на.

RESSORTIR (*sortir de nouveau*) выходи́ть ╲____ / вы́йти* IV, вы́йду, вы́йдешь...; вы́шел, вы́шла...; вы́йдя (*l'idée de répétition peut être exprimée par un adverbe comme* « снóва »). *Il était ici mais il est ressorti*, он был здесь, но он снóва вы́шел.

RESSOURCES 1. (*moyens pécuniaires*) срéдства, средств, срéдствам... *pl. Rester sans ressources*, остáться без срéдств. **2.** (*richesses naturelles*) прирóдные богáтства (богáтства, богáтств, богáтствам... *pl.*). *Les ressources de la France*, прирóдные богáтства Фрáнции.

RESSUSCITER 1. *intr.* воскресáть / воскрéснуть* III. **2.** *tr.* воскрешáть / воскреси́ть.

I. RESTANT *subst.* (*ce qui reste*) остальнóе *adj. subst. n. Je vous payerai le restant dans une semaine*, Остальнóе я вам заплачý чéрез недéлю.

II. RESTANT *adj.* ● **Poste restante**, до востребования.

RESTAURANT ресторáн; столóвая *adj. subst. f.* (*restaurant modeste; cantine*). *Nous avons mangé au restaurant*, мы поýжинали в ресторáне. *Le restaurant universitaire*, студéнческая столóвая.

RESTAURER (*faire les travaux de restauration*) реставри́ровать / реставри́ровать. *Restaurer un monument*, реставри́ровать пáмятник.

RESTE остáток. *Le reste de la somme*, остáток сýммы. *Les restes d'une ancienne forteresse*, остáтки дрéвней крéпости. ● **Du reste**, впрóчем. *Du reste, vous le connaissez mieux que moi*, Впрóчем, вы егó лýчше знáете.

RESTER

1. (*ne pas s'en aller; ne pas changer; se trouver dans telle ou telle situation*) оставáться* II, остаю́сь, остаёшься...; оставáйся; оставáясь / остáться* *n. cl.*, остáнусь, остáнешься...
2. (*rester assis, rester enfermé*) сидéть* I, сижý, сиди́шь... / посидéть* I (*id.*); проси́живать / просидéть* I, просижý, просиди́шь... (*longuement*).
3. (*rester debout*) стоя́ть* I, стою́, стои́шь... / постоя́ть* I (*id.*); простáивать / про-

стоя́ть* I, простою́, простои́шь... (*longuement*).
4. (*rester couché*) лежа́ть* I, лежу́, лежи́шь... / полежа́ть* I (*id.*); пролёживать / пролежа́ть* I, пролежу́, пролежи́шь... (*longuement*).
5. (*séjourner*) пробыва́ть / пробы́ть* *n. cl.*, пробу́ду, пробу́дешь...; про́был, пробыла́, про́было, про́были ⌒.
6. (*rester en plan; rester planté*) застрева́ть / застря́ть* *n. cl.*, застря́ну, застря́нешь...

1. *Il reste cinq minutes*, остаётся пять мину́т. *Elle est restée orpheline*, она́ оста́лась сирото́й. *Il ne te reste plus qu'à t'excuser*, Тебе́ остаётся то́лько извини́ться. *Ils sont restés chez nous deux ou trois jours*, они́ остава́лись у нас два-три дня. *Rester lettre morte*, остава́ться мёртвой бу́квой. **2.** *Rester à la maison*, сиде́ть до́ма. *Rester sans rien faire*, сиде́ть без де́ла. *Reste tranquille*, Сиди́ сми́рно. *Il est resté trois ans en prison*, три го́да в тюрьме́ просиде́л. **3.** *Elle est restée un instant à la fenêtre*, она́ постоя́ла у окна́. *Le train est resté deux heures dans cette gare*, по́езд два часа́ простоя́л на э́той ста́нции. **4.** *Combien de temps va-t-il encore rester à l'hôpital?*, Ско́лько вре́мени он бу́дет ещё лежа́ть в больни́це? *Le paquet est resté deux semaines à la poste*, бандеро́ль пролежа́ла две неде́ли на по́чте. **5.** *Elle n'est pas restée plus d'une semaine à Paris*, в Пари́же она́ пробыла́ не бо́льше неде́ли. **6.** *L'arête lui est restée dans la gorge*, кость застря́ла у него́ в го́рле. ● **Il n'en reste pas moins que**, а всё-таки. *Il n'en reste pas moins que son retard a été considérable*, а всё-таки он намно́го опозда́л. **Rester assis**, *voir dans le tableau le paragraphe 2. Je suis resté assis pendant deux heures dans la salle d'attente*, я два часа́ просиде́л в приёмной. **Rester couché**, *voir dans le tableau le paragraphe 4. Elle est restée couchée toute la journée*, весь день пролежа́ла в посте́ли. **Rester debout**, *voir dans le tableau le paragraphe 3. Je peux rester debout encore un moment*, я могу́ ещё постоя́ть.

RESTRICTION (*limitation*) ограниче́ние. *Sans aucune restriction*, без вся́ких ограниче́ний.

RÉSULTAT результа́т. *Cela a donné des résultats positifs*, э́то привело́ к положи́тельным результа́там.

RÉSUMÉ резюме́* *indécl. n.;* конспе́кт (*résumé écrit*). *Le secrétaire nous a fait un résumé de l'exposé*, секрета́рь дал нам резюме́ докла́да. *Faire le résumé d'un cours*, соста́вить конспе́кт ле́кции.

RÉSUMER соста́вить резюме́ (составля́ть/соста́вить); конспекти́ровать / сконспекти́ровать (*par écrit*). *Résumer un exposé*, сконспекти́ровать докла́д.

RÉSURRECTION воскресе́ние.

RÉTABLIR восстана́вливать / восстанови́ть ⌒. *Rétablir l'ordre*, восстанови́ть поря́док.

RÉTABLIR (SE) поправля́ться / попра́виться. *Elle se rétablit et sortira bientôt de l'hôpital*, она́ поправля́ется и ско́ро вы́пишется из го́спиталя.

RETARD 1. (*le fait de dépasser le moment fixé*) опозда́ние. *La réunion a commencé avec un certain retard*, собра́ние начало́сь с не́которым опозда́нием. **2.** (*état arriéré*) отста́лость *f*. *Le retard économique*, экономи́ческая отста́лость. ● **Avoir ... de retard, avoir du retard**, опа́здывать / опозда́ть. *Le train a du retard*, по́езд опа́здывает. *L'avion a eu trois heures de retard*, самолёт опозда́л на три часа́. **Être en retard, prendre du retard 1.** (*en règle générale*) опа́здывать / опозда́ть. *Ils sont toujours en retard*, они́ всегда́ опа́здывают. *Je suis en retard de cinq minutes*, я опозда́л на пять мину́т. *Nous prenons du retard*, мы опа́здываем. **2.** (*en parlant d'une montre, d'un réveil...*) отстава́ть* II, отстаёт, отстаю́т. *La pendule retarde de dix minutes*, часы́ отстаю́т на де́сять мину́т. *Ma montre a pris une minute de retard*, мои́ часы́ отстаю́т на одну́ мину́ту.

RETARDER **1.** (*faire prendre du retard*) заде́рживать / задержа́ть* I, задержу́, заде́ржишь... ╲___. *Toutes ces démarches nous ont retardés*, все э́ти хло́поты нас задержа́ли. **2.** (*indiquer une heure moins avancée*) отстава́ть* II, отстаёт, отстаю́т. *Ta montre retarde*, Твои́ часы́ отстаю́т.

RETENIR

> **1.** (*empêcher de partir; empêcher de passer; empêcher de couler*) заде́рживать / задержа́ть* I, задержу́, заде́ржишь... ╲___.
> **2.** (*empêcher de tomber; empêcher d'agir*) уде́рживать / удержа́ть* I, удержу́, уде́ржишь... ╲___.
> **3.** (*empêcher de se manifester, réprimer*) сде́рживать / сдержа́ть* I, сдержу́, сде́ржишь... ╲___.
> **4.** (*garder dans sa mémoire*) запомина́ть / запо́мнить // в уме́ (*expression placée après le nom de nombre et utilisée dans les opérations arithmétiques*).
> **5.** (*réserver, louer*) брони́ровать / заброни́ровать; *ou* зака́зывать / заказа́ть* II, закажу́, зака́жешь... ╲___.

1. *Il a été retenu par des affaires*, его́ задержа́ли дела́. *Je ne vous retiens pas*, Я вас бо́льше не заде́рживаю. *Retenir l'ennemi*, задержа́ть неприя́теля. *Le barrage retient l'eau*, плоти́на заде́рживает во́ду. **2.** *Elle n'a pas pu retenir le verre; il est tombé et s'est cassé*, она́ не смогла́ удержа́ть стака́н; он упа́л и разби́лся. *Retenir son cheval*, удержа́ть коня́. *C'est la crainte qui le retenait*, его́ уде́рживал страх. **3.** *Retenir ses larmes*, сдержа́ть слёзы. *Retenir sa respiration*, сдержа́ть дыха́ние. **4.** *Retenir des vers*, запо́мнить стихи́. *Je n'ai pas retenu son nom*, я не запо́мнил его́ и́мени. // *Je pose trois, je retiens cinq*, три пи́шем, пять в уме́. **5.** *J'ai retenu une chambre*, я заказа́л но́мер. *Vous avez retenu les places?*, Вы заброни́ровали места́?

RETENIR (SE) **1.** (*s'accrocher à qqch.*) хвата́ться / ухвати́ться ╲___. *Se retenir à une branche*, ухвати́ться за ве́тку. **2.** (*s'empêcher*) сде́рживаться / сдержа́ться* I, сдержу́сь, сде́ржишься... ╲___. *Elle n'a pas pu se retenir; elle a éclaté en sanglots*, она́ не смогла́ сдержа́ться — зарыда́ла.

RETIRER

> **1.** (*reprendre*) брать* IV, беру́, берёшь...; брал, брала́, бра́ло, бра́ли ⌃___ / взять* IV, возьму́, возьмёшь...; взял, взяла́, взя́ло, взя́ли ⌃___.
> **2.** (*extraire, tirer*) выта́скивать / вы́тащить.
> **3.** (*enlever un vêtement...*) снима́ть / снять* IV, сниму́, сни́мешь... ╲___; снял, сняла́, сня́ло, сня́ли ⌃___; сня́тый, снят, снята́, сня́то, сня́ты ⌃___.
> **4.** (*renoncer à présenter*) снима́ть / снять*.
> **5.** (*obtenir pour soi*) извлека́ть / извле́чь* IV, извлеку́, извлечёшь..., извлеку́т; извлёк, извлекла́... ╱‾‾; извлечённый.
> **6.** (*tirer brusquement en arrière*) отдёргивать / отдёрнуть.

1. *Retirer de l'argent de la caisse d'épargne*, взять де́ньги из сберка́ссы. *Retirer ses bagages de la consigne*, взять бага́ж из ка́меры хране́ния. **2.** *Retirer une écharde*, вы́тащить зано́зу. *Retirer un noyé de l'eau*, вы́тащить уто́пленника из воды́. **3.** *Retirer sa cravate*, снять га́лстук. **4.** *Retirer sa candidature*, снять свою́ кандидату́ру. *Retirer sa proposition*, снять своё предложе́ние. **5.** *Retirer un grand profit de qqch.*, извле́чь из чего́-нибудь бо́льшую по́льзу. **6.** *Retirer sa main*, отдёрнуть ру́ку.

RETIRER (SE) [*s'en aller*] уходи́ть ╲___ / уйти́* IV, уйду́, уйдёшь...; ушёл, ушла́...; уйдя́ (*à pied*); уезжа́ть / уе́хать* IV, уе́ду, уе́дешь... (*autrement qu'à pied*). *Ils se sont retirés à la campagne*, они́ уе́хали в дере́вню.

RETOMBER **1.** (*propr.: tomber; tomber une nouvelle fois*) па́дать / упа́сть* IV, упаду́, упадёшь...;

упа́л, упа́ла... (*l'idée de répétition peut être exprimée par un adverbe comme* « сно́ва »). *La fusée est retombée dans l'océan*, раке́та упа́ла в океа́н. *Elle s'est relevée, mais est retombée aussitôt*, она́ подняла́сь, но сра́зу же упа́ла сно́ва. **2.** (*fig.: tomber; tomber de nouveau*) впада́ть / впасть* IV, впаду́, впадёшь...; впал, впа́ла... (*l'idée de répétition peut être exprimée par un adverbe comme* « сно́ва »). *Retomber en enfance*, впасть в де́тство. *Retomber dans le désespoir*, сно́ва впасть в отча́яние. ● **Retomber malade**, заболева́ть / заболе́ть (*l'idée de répétition est exprimée par un adverbe comme* « сно́ва »).

RETOUR (*le fait de revenir*) возвраще́ние. *Retour au pays natal*, возвраще́ние в родно́й край. ● **Par retour du courrier**, обра́тной по́чтой.

RETOURNER 1. (*tourner dans un autre sens*) перевёртывать / переверну́ть, *part.* перевёрнутый. *Retourner un tiroir*, переверну́ть я́щик. **2.** (*revenir*) возвраща́ться / верну́ться. *Je retourne chez moi*, я возвраща́юсь домо́й. *Nous sommes retournés sur nos pas*, мы верну́лись наза́д.

RETOURNER (SE) повора́чиваться / поверну́ться. *Elle s'est retournée vers moi*, она́ поверну́лась ко мне.

RETRAITE 1. (*d'une armée*) отступле́ние. *La retraite commença le 6 octobre*, 6-го октября́ начало́сь отступле́ние. **2.** (*état d'une personne retirée de la vie active*) пе́нсия; отста́вка (*pour un militaire*). *Prendre sa retraite*, уйти́ на пе́нсию *ou* уйти́ в отста́вку. *Il y a longtemps que son mari est à la retraite*, её муж уже́ давно́ на пе́нсии. **3.** (*pension*) пе́нсия. *Toucher sa retraite*, получи́ть пе́нсию. ● **Battre en retraite**, отступа́ть / отступи́ть ╲___ . *L'ennemi battait en retraite*, враг отступа́л.

RETRAITÉ *subst.* пенсионе́р.

RETRAITÉE пенсионе́рка.

RETROUSSER засу́чивать / засучи́ть ╲___ . *Retrousser ses manches*, засучи́ть рукава́.

RETROUVER (*trouver ce qui est perdu*) находи́ть ╲___ / найти́* IV, найду́, найдёшь...; нашёл, нашла́...; на́йденный; найдя́. *J'ai retrouvé mon porte-monnaie*, я нашёл кошелёк.

RÉTROVISEUR зе́ркало за́днего ви́да (зе́ркало, *pl.* зеркала́, зерка́л, зеркала́м...).

RÉUNION (*assemblée*) собра́ние. *Tu vas à la réunion?*, Ты идёшь на собра́ние? *Une réunion syndicale*, профсою́зное собра́ние.

RÉUNIR 1. (*grouper*) собира́ть / собра́ть* IV, соберу́, соберёшь...; собра́л, собрала́, собра́ло, собра́ли ∧___ . *On a réuni les élèves dans la cour*, ученико́в собра́ли во дворе́. **2.** (*joindre*) соединя́ть / соедини́ть. *Réunir les deux extrémités du fil*, соедини́ть концы́ про́вода.

RÉUSSIR 1. (*en règle générale*) удава́ться* II, удаётся, удаю́тся / уда́ться* *n. cl.*, уда́стся, удаду́тся; уда́лся, удала́сь... ╱‾‾ (*le nom ou le pronom désignant ce qui réussit est exprimé au nominatif; le nom ou le pronom désignant la personne concernée par cette réussite est exprimé au datif*). *La tentative n'a pas réussi*, попы́тка не удала́сь. *J'ai réussi à obtenir des billets*, мне удало́сь доста́ть биле́ты. **2.** (*à un examen*) выде́рживать / вы́держать* I, вы́держу, вы́держишь... *Elle a réussi?*, Она́ вы́держала? *J'ai réussi à mon examen*, я вы́держал экза́мен.

REVANCHE рева́нш. *Prendre sa revanche*, взять рева́нш.

RÊVE 1. (*durant le sommeil*) сон. *Voir qqch. en rêve*, ви́деть что́-нибудь во сне. **2.** (*projet peu réalisable*) мечта́. *Un rêve irréalisable*, несбы́точная мечта́. *Réaliser son rêve*, осуществи́ть свою́ мечту́. ● **Faire un rêve, faire des rêves** (*en dormant*), сни́ться / присни́ться (*au sujet de la proposition française correspond en russe un nom ou un pronom au datif; au complément direct correspond un nom au nominatif*). *J'ai fait un rêve affreux*, мне присни́лся стра́шный сон.

RÉVEIL (*réveille-matin*) буди́льник. *Remonter la sonnerie du réveil*, завести́ буди́льник на бой. *Mettre le réveil à six heures*, поста́вить буди́льник на шесть часо́в.

RÉVEILLER буди́ть / разбуди́ть . *On m'a réveillé à six heures*, меня́ разбуди́ли в шесть часо́в.

RÉVEILLER (SE) просыпа́ться / просну́ться. *Je me suis réveillé à six heures*, я просну́лся в шесть часо́в.

RÉVÉLER (*dévoiler*) раскрыва́ть / раскры́ть* II, раскро́ю, раскро́ешь...; раскры́тый. *Révéler un secret*, раскры́ть та́йну.

REVENDRE перепродава́ть* II, перепродаю́, перепродаёшь...; перепродава́й; перепродава́я / перепрода́ть* *n. cl.*, перепрода́м, перепрода́шь, перепрода́ст, перепродади́м, перепродади́те, перепродаду́т; перепро́дал, перепродала́, перепро́дало, перепро́дали ; перепрода́й; перепро́данный, перепро́дан, перепродана́, перепро́дано, перепро́даны . *Revendre qqch. à perte*, перепрода́ть что́-нибудь с убы́тком.

REVENIR 1. (*retourner*) возвраща́ться / верну́ться. *Revenir de son travail*, верну́ться с рабо́ты. *Revenir de l'étranger*, верну́ться из-за грани́цы. *Il est revenu au bout de deux heures*, он верну́лся че́рез два часа́. *Nous reviendrons sur cette question*, к э́тому вопро́су мы ещё вернёмся. **2.** (*coûter*) обходи́ться, обхо́дится, обхо́дятся / обойти́сь* IV, обойдётся, обойду́тся; обошёлся, обошла́сь... *À combien ça va revenir ?*, Во ско́лько э́то обойдётся? ● **Revenir à soi,** прийти́ в себя́ (приходи́ть / прийти́* IV, приду́, придёшь...; пришёл, пришла́...; придя́).

REVENU дохо́д. *Le revenu annuel*, годово́й дохо́д. *Le revenu national*, национа́льный дохо́д.

RÊVER 1. (*faire des rêves*) ви́деть сны (ви́деть* I, ви́жу, ви́дишь...). *J'ai rêvé toute la nuit*, всю ночь ви́дел сны. **2.** (*voir en rêve*) ви́деть во сне [+ *acc.*] (ви́деть* I, ви́жу, ви́дишь...); сни́ться / присни́ться (*au sujet de la proposition française correspond en russe un nom ou un pronom au datif; ce à quoi on rêve est exprimé par un nominatif ou une complétive*). *J'ai rêvé à mon grand-père*, я ви́дел во сне де́душку. *J'ai rêvé à toi*, ты мне присни́лся. *J'ai rêvé que nous partions à l'étranger*, мне присни́лось, что мы уезжа́ем за грани́цу. **3.** (*méditer*) мечта́ть / помечта́ть. *Rêver à l'avenir*, мечта́ть о бу́дущем. *Il rêvait d'entrer à l'université*, он мечта́л поступи́ть в университе́т.

RÊVEUR *adj.* заду́мчивый. *Un air rêveur*, заду́мчивый вид.

REVIENT ● **Le prix de revient,** себесто́имость *f*. *Vendre une marchandise au prix de revient*, отпусти́ть това́р по себесто́имости.

RÉVISION (*scolaire*) повторе́ние про́йденного. ● **Faire des révisions,** повтори́ть про́йденное (повторя́ть / повтори́ть).

RÉVISIONNISME ревизиони́зм.
Remarque. À la différence de son équivalent français, « ревизиони́зм » ne comporte qu'un « н ».

RÉVISIONNISTE *subst.* ревизиони́ст.
Remarque. À la différence de son équivalent français, « ревизиони́ст » ne comporte qu'un « н ».

I. REVOIR *verbe* **1.** (*voir de nouveau*) ви́деть* I, ви́жу, ви́дишь... / уви́деть* I [*id.*] (*l'idée de répétition peut être exprimée par un adverbe comme* « сно́ва »). *J'espère que nous nous reverrons bientôt*, Наде́юсь, что мы ско́ро уви́димся сно́ва. **2.** (*apprendre de nouveau*) повторя́ть / повтори́ть. *Elle revoyait sa leçon*, она́ повторя́ла уро́к.

II. REVOIR *subst.* ● **Au revoir,** до свида́ния.

RÉVOLTE восста́ние. *Une révolte a éclaté*, вспы́хнуло восста́ние. *Écraser une révolte*, подави́ть восста́ние.

RÉVOLUTION революция. *La Révolution française*, Французская революция. *La révolution d'Octobre*, Октябрьская революция.

I. RÉVOLUTIONNAIRE *adj.* революционный. *Un mouvement révolutionnaire*, революционное движение.

II. RÉVOLUTIONNAIRE *subst.* **1.** *m.* революционер. **2.** *f.* революционерка.

REVOLVER револьвер.

REVUE 1. (*publication*) журнал. *Une revue mensuelle*, ежемесячный журнал. *Une revue hebdomadaire*, еженедельный журнал. **2.** (*parade*) парад. *La revue du 14-Juillet*, парад 14-го июля. **3.** (*inspection des troupes*) смотр*, *loc.* смотру ___/ ___ . *Passer les troupes en revue*, произвести смотр войскам.

REZ-DE-CHAUSSÉE первый этаж (этаж /___). *Nous habitons au rez-de-chaussée*, мы живём на первом этаже.

RHABILLER (SE) одеваться / одеться* *n. cl.*, оденусь, оденешься... *Vous pouvez vous rhabiller*, Вы можете одеться.

RHUM ром. • **Au rhum**, ромовый. *Un baba au rhum*, ромовая баба.

RHUMATISME ревматизм.

RHUME (*de cerveau*) насморк. *J'avais un rhume*, у меня был насморк. *Tu as attrapé un rhume*, Ты схватил насморк.

RICHE богатый, *comp.* богаче*. *C'est une région riche en blé*, это край, богатый хлебом. *Une riche expérience*, богатый опыт.

RICHEMENT богато, *comp.* богаче*. *Richement vêtu*, богато одетый.

RICHESSE богатство. *Les richesses naturelles*, природные богатства.

RIDE морщина. *Des rides sur le front*, морщины на лбу.

RIDEAU 1. (*aux fenêtres*) занавеска. *Des rideaux de tulle*, тюлевые занавески. **2.** (*au théâtre...*) занавес. *Lever le rideau*, поднять занавес. • **Le rideau de fer**, железный занавес.

RIDICULE *adj.* смешной, смешон, смешна, смешно, смешны. *Se mettre dans une situation ridicule*, попасть в смешное положение. • **Tourner en ridicule**, поднять на смех.

I. RIEN *pronom* **1.** (*en règle générale*) ничто (*la forme* « ничто » *est d'emploi assez rare dans la langue de la conversation; on lui préfère généralement* « ничего » *en fonction de nominatif*). *Il ne fait rien*, он ничего не делает. *Rien ne l'intéresse*, его ничего не интересует. *Je ne pense à rien*, я ни о чём не думаю. *Je n'y suis pour rien*, я тут ни при чём. *Pour rien au monde*, ни за что на свете. *Comme si de rien n'était*, как ни в чём не бывало. **2.** (*régissant un infinitif introduit par la préposition* « *à* ») нечего (*la forme* « нечего » *est un génitif; le pronom n'a pas de nominatif; il inclut le verbe* « быть » : *voir dans le dictionnaire russe-français la remarque I, 3 faisant suite à ce verbe; au sujet de la proposition française correspond généralement en russe un nom ou un pronom au datif; toutefois, le pronom impersonnel* « *il* » *n'est pas traduit*). *Je n'ai rien à faire*, мне нечего делать. *Il n'y a rien à faire*, делать нечего. *Il n'y a rien à regretter*, не о чем жалеть. • **Ça ne fait rien** (*qu'importe*), ничего. **Ce n'est rien**, это пустяки. **De rien** (*après un remerciement*), пожалуйста [пʌжалустә]; не за что. **Perdre son temps pour rien**, терять время попусту.

II. RIEN *subst.* пустяк /___ ___ . *Se mettre en colère pour des riens*, рассердиться из-за пустяков.

RIGOUREUX 1. (*inflexible*) строгий /___ , *comp.* строже*. *Suivre un régime rigoureux*, соблюдать строгую диету. **2.** (*très froid*) суровый. *Un hiver rigoureux*, суровая зима.

RIME рифма.

RINCER полоскать* II, полощу, полощешь... ___ / прополоскать* II (*id.*) *et* выполоскать* II, выполощу, выполощешь...

Rincer le linge, полоска́ть бельё. *Se rincer la bouche*, полоска́ть рот.

I. RIRE *verbe* смея́ться* II, смею́сь, смеёшься... / засмея́ться* II (*id.*); хохота́ть* II, хохочу́, хохо́чешь... / захохота́ть* II (*id.*) [*aux éclats*]. *Rire aux larmes*, смея́ться до слёз *ou* хохота́ть до слёз. *Il n'y a pas de quoi rire*, не́чего смея́ться. *Vous voulez rire*, Вы смеётесь. ● **Faire rire**, смеши́ть / рассмеши́ть. *Il faisait rire tout le monde avec ses plaisanteries*, он всех смеши́л свои́ми шу́тками. **Pour rire**, в шу́тку. *J'ai dit ça pour rire*, я э́то сказа́л в шу́тку.

REMARQUE. Le verbe « rire » est souvent traduit en russe par le substantif correspondant. Ex. : *Ne pas pouvoir s'empêcher de rire*, не удержа́ться от сме́ха. *Éclater de rire*, покати́ться со́ смеху. *Mourir de rire*, помира́ть со́ смеху*...

II. RIRE *subst.* смех; хо́хот (*gros rire*). *Un rire irrésistible*, неудержи́мый смех.

RISQUE риск. *Courir un grand risque*, подверга́ться большо́му ри́ску. *À ses risques et périls*, на свой страх и риск.

RISQUER рискова́ть / рискну́ть (+ *instr.*). *Risquer sa vie*, рискова́ть свое́й жи́знью.

RIVAGE бе́рег*, *loc.* берегу́, *nom. pl.* берега́ (*l'accent passe généralement sur la préposition dans le groupe* « на́ берег »). *Sur le rivage du lac*, на берегу́ о́зера.

RIVAL *subst.* сопе́рник.

RIVALE сопе́рница.

RIVE бе́рег*, *loc.* берегу́, *nom. pl.* берега́ (*l'accent passe généralement sur la préposition dans le groupe* « на́ берег »). *Sur une rive escarpée*, на круто́м берегу́.

RIVIÈRE река́ (*l'accent passe sur la préposition dans les groupes* « за́ реку » *et* « на́ реку »). *Au bord d'une rivière*, на берегу́ реки́.

RIZ рис. ● **De riz**, ри́совый. *Un gâteau de riz*, ри́совый пиро́г.

ROBE 1. (*vêtement féminin*) пла́тье*, *gén. pl.* пла́тьев. *Une robe en soie*, шёлковое пла́тье. *Une robe de soirée*, вече́рнее пла́тье. *Allonger sa robe*, удлини́ть пла́тье. **2.** (*vêtement que portent les juges, les avocats...*) то́га. ● **Robe de chambre**, хала́т. **Des pommes de terre en robe de chambre**, карто́фель в мунди́ре.

ROBINET кран. *Ouvrir le robinet*, откры́ть кран.

ROBOT ро́бот.

ROBUSTE кре́пкий, *comp.* кре́пче*. *Une santé robuste*, кре́пкое здоро́вье. *Une femme robuste*, кре́пкая же́нщина.

ROCHER скала́; утёс. *Un rocher abrupt*, крута́я скала́. *Un rocher de granite*, грани́тный утёс.

ROI 1. (*monarque dans un pays occidental; producteur le plus important dans tel ou tel secteur; pièce du jeu d'échecs; figure de jeu de cartes*) коро́ль *m.* *Les rois de France*, францу́зские короли́. *Le roi d'Angleterre*, англи́йский коро́ль. *Le roi du pétrole*, коро́ль не́фти. *Échec au roi*, шах королю́. *Le roi de pique*, пи́ковый коро́ль. **2.** (*dans les autres cas*) царь *m.* *Le roi Salomon*, царь Соломо́н. *Le roi des animaux*, царь звере́й.

RÔLE роль *f.* *Jouer le rôle principal dans la pièce*, игра́ть гла́вную роль в пье́се. *Cela joue un grand rôle*, э́то игра́ет большу́ю роль.

I. ROMAIN *subst.* ри́млянин*, *pl.* ри́мляне, ри́млян, ри́млянам...

II. ROMAIN *adj.* ри́мский. *Le droit romain*, ри́мское пра́во.

I. ROMAN *subst.* рома́н. *Un roman historique*, истори́ческий рома́н. *Un roman d'aventures*, приключе́нческий рома́н. *Un roman policier*, детекти́вный рома́н.

II. ROMAN *adj.* рома́нский. *Le style roman*, рома́нский стиль.

ROMANCE рома́нс. *Une romance de Fauré sur des paroles de Verlaine*, рома́нс Форе́ на слова́ Верле́на.

ROMANESQUE романи́ческий. *Une histoire romanesque*, романи́ческая исто́рия.

I. ROMANTIQUE *adj.* романти́ческий. *Le drame romantique*, романти́ческая дра́ма.

II. ROMANTIQUE *subst.* рома́нтик.

ROMANTISME романти́зм.

ROMPRE ____________

> **1.** (*casser*) лома́ть / слома́ть (*casser en deux*); разбива́ть / разби́ть* II, разобью́, разобьёшь...; разбе́й; разби́тый (*mettre en morceaux*).
> **2.** (*faire une brèche*) прорыва́ть / прорва́ть* IV, прорву́, прорвёшь...; прорва́л, прорвала́, прорва́ло, прорва́ли ∧—.
> **3.** (*interrompre*) прерыва́ть / прерва́ть* IV, прерву́, прервёшь...; прерва́л, прервала́, прерва́ло, прерва́ли ∧—.
> **4.** (*rendre nul*) расторга́ть / расто́ргнуть.
> **5.** (*cesser de fréquenter*) рвать* IV, рву, рвёшь...; рвал, рвала́, рва́ло, рва́ли ∧— / порва́ть* IV (*id.*).

1. *Les branches rompues par le vent*, ве́тки, сло́манные ве́тром. *La glace est rompue*, лёд разби́т. **2.** *L'eau a rompu la digue*, вода́ прорвала́ плоти́ну. **3.** *Rompre les pourparlers*, прерва́ть перегово́ры. *Rompre le silence*, прерва́ть молча́ние. **4.** *Rompre son contrat*, расто́ргнуть догово́р. **5.** *Il a rompu avec ses amis*, он порва́л со свои́ми друзья́ми.

RONCE ежеви́ка.

ROND *adj.* кру́глый ∧—. *Une table ronde*, кру́глый стол. *Un visage rond*, кру́глое лицо́. *Faire les yeux ronds*, де́лать кру́глые глаза́. *Pour faire un compte rond*, для кру́глого счёта.

RONFLER (*en parlant d'un être vivant*) храпе́ть* I, храплю́, храпи́шь... / захрапе́ть* I (*id.*). *Il ronflait si fort qu'on l'entendait dans la pièce voisine*, он храпе́л так, что слы́шно бы́ло из сосе́дней ко́мнаты.

RONGER грызть* IV, грызу́, грызёшь...; грыз, гры́зла... / погры́зть* IV, погрызу́, погрызёшь...; погры́з, погры́зла...; погры́зенный. *Ronger un os*, грызть кость. *Se ronger les ongles*, грызть но́гти. *Il est rongé par le doute*, его́ грызёт сомне́ние.

I. ROSE *subst.* ро́за. *Une rose rouge*, кра́сная ро́за. *Il n'y a pas de rose sans épines*, нет ро́зы без шипо́в. ● **Un teint de lis et de rose,** кровь с молоко́м. *Elle a un teint de lis et de rose*, она́ кровь с молоко́м.

II. ROSE *adj.* ро́зовый. *Une robe rose*, ро́зовое пла́тье. ● **Voir tout en rose,** ви́деть всё в ро́зовом цве́те.

ROSEAU тростни́к /—— —— .

ROSIER ро́за. *De grands rosiers*, высо́кие ро́зы.

ROSSIGNOL (*oiseau*) солове́й, соловья́... *m.* *Chanter comme un rossignol*, петь как солове́й.

I. RÔTI *subst.* жарко́е *adj. subst. n.* *Un rôti de mouton*, жарко́е из бара́нины.

II. RÔTI *adj.* жа́реный. *Un poulet rôti*, жа́реный цыплёнок.

RÔTIR жа́рить / зажа́рить *ou* изжа́рить. *Faire rôtir un poulet*, жа́рить цыплёнка. *Le soleil nous rôtissait sans pitié*, со́лнце жа́рило нас неща́дно.

ROUBLE рубль /—— —— *m.* *Un rouble, quarante kopeks*, рубль, со́рок копе́ек. *Cinq roubles*, пять рубле́й.

ROUE колесо́, *pl.* колёса, колёс, колёсам... —— —— . *La roue de secours*, запасно́е колесо́. *Changer la roue*, смени́ть колесо́. *Mettre des bâtons dans les roues*, вставля́ть па́лки в колёса. *La cinquième roue du char*, пя́тое колесо́ в теле́ге.

I. ROUGE *adj.* кра́сный ∧—. *Une rose rouge*, кра́сная ро́за. *Le drapeau rouge*, кра́сное зна́мя. *Du vin rouge*, кра́сное вино́. *La place Rouge*, Кра́сная пло́щадь. ● **Un poisson rouge,** золота́я ры́бка.

II. ROUGE *subst.* **1.** (*couleur*) кра́сное *adj. subst. n.* *J'aime mieux le rouge*, мне бо́льше нра́вится кра́сное. **2.** (*rouge à lèvres*) губна́я пома́да. ● **Rouge à lèvres,** губна́я пома́да.

ROUGIR (*devenir rouge*) красне́ть / покрасне́ть. *Rougir de honte*, покрасне́ть от стыда́. *Rougir jusqu'aux oreilles*, покрасне́ть до уше́й.

ROUILLE ржа́вчина.

ROUILLER (SE) ржа́веть / заржа́веть. *Mon fusil s'est rouillé*, ружьё заржа́вело.

ROULER

> **1.** (*faire avancer en faisant tourner sur lui-même*) кати́ть ╲___ / покати́ть ╲___, *indét.* ката́ть.
> **2.** (*se déplacer en parlant des moyens de transport*) идти́* IV, идёт, иду́т; шёл, шла... / пойти́* IV (*id.*).
> **3.** (*se déplacer en voiture...*) е́хать* IV, е́ду, е́дешь... / пое́хать* IV (*id.*).
> **4.** (*enrouler sur lui-même*) свёртывать / сверну́ть, *part.* свёрнутый.

1. *Rouler une brouette*, кати́ть та́чку. *Faire rouler un tonneau*, кати́ть бо́чку. **2.** *La voiture roulait de plus en plus vite*, маши́на шла всё быстре́е и быстре́е. **3.** *Nous roulions de plus en plus vite*, мы е́хали всё быстре́е и быстре́е. **4.** *Rouler sa couverture*, сверну́ть одея́ло. *Rouler une cigarette*, сверну́ть папиро́су. ● **Un « r » roulé,** раска́тистое « р ». **Rouler les « r »,** произноси́ть раска́тистое « р » (произноси́ть ╲___).

ROULETTE 1. (*petite roue*) колёсико. *Un fauteuil à roulettes*, кре́сло на колёсиках. **2.** (*jeu*) руле́тка. *Perdre mille francs à la roulette*, проигра́ть ты́сячу фра́нков в руле́тку. ● **Ça marche comme sur des roulettes,** всё идёт как по ма́слу. **Patin à roulettes,** ро́лики, ро́ликов, ро́ликам... *pl. t.* *Faire du patin à roulettes*, ката́ться на ро́ликах.

I. ROUMAIN *subst.* **1.** (*homme*) румы́н*, *gén. pl.* румы́н. **2.** (*langue*) румы́нский язы́к (язы́к ╱‾‾‾). *Étudier le roumain*, изуча́ть румы́нский язы́к. *Un livre en roumain*, кни́га на румы́нском языке́. ● **En roumain** *et, dans le même emploi*, **roumain** (*accompagnant généralement un verbe*), по-румы́нски. *Tout était écrit en roumain*, всё бы́ло напи́сано по-румы́нски. *Parler roumain*, говори́ть по-румы́нски.

II. ROUMAIN *adj.* румы́нский. *Le folklore roumain*, румы́нские наро́дные пе́сни.

ROUMAINE румы́нка.

ROUSSE v. ROUX.

ROUTE доро́га; путь* *gén., dat., loc.* пути́, *instr.* путём; *pl.* пути́, путе́й, путя́м... ╱‾‾‾ ‾‾‾ *m.* (*essentiellement dans des expressions figées*). *Une route goudronnée*, асфальти́рованная доро́га. *Demander sa route à un passant*, расспроси́ть прохо́жего о доро́ге. *Toutes les routes mènent à Rome*, все доро́ги веду́т в Рим. *Se mettre en route*, отпра́виться в путь. *Faire fausse route*, сби́ться с пути́ *ou* сби́ться с доро́ги. ● **Le code de la route,** пра́вила движе́ния (пра́вила, пра́вил, пра́вилам... *pl.*).

ROUTINE (*au sens péjoratif du mot*) рути́на.

ROUX ры́жий ∧___; рыжеволо́сый (*aux cheveux roux*). *Des cheveux roux*, ры́жие во́лосы. *Un garçon roux*, ры́жий па́рень *ou* рыжеволо́сый па́рень.

ROYAL (*du roi*) короле́вский. *Le pouvoir royal*, короле́вская власть.

ROYAUME короле́вство.

RUBAN ле́нта, *dim.* ле́нточка. *Un ruban de soie*, шёлковая ле́нточка.

RUCHE у́лей, у́лья... *m.*

RUDE

> **1.** (*pas lisse*) шерша́вый, шерохова́тый.
> **2.** (*raide*) жёсткий ∧___; *comp.* жёстче*.
> **3.** (*fatigant*) тяжёлый, тяжёл, тяжела́, тяжело́, тяжелы́ ╱‾‾‾.
> **4.** (*rigoureux*) суро́вый.
> **5.** (*peu distingué*) гру́бый ∧___.

1. *Une peau rude*, шершáвая кóжа *ou* шероховáтая кóжа. **2.** *Une barbe rude*, жёсткая бородá. **3.** *Une rude tâche*, тяжёлая рабóта. **4.** *Un hiver rude*, суρóвая зимá. **5.** *Des manières rudes*, грýбые манéры. *Des traits rudes*, грýбые чертьí лицá.

RUE ýлица. *Il habite rue de la République*, он живёт на ýлице Респýблики. ● **De la rue, des rues**, ýличный. *Le bruit de la rue*, ýличный шум. *Un gamin des rues*, ýличный мальчи́шка.

RUGBY рéгби* *indécl. n. Jouer au rugby*, игрáть в рéгби.

RUGUEUX шершáвый, шероховáтый. *Une peau rugueuse*, шершáвая кóжа *ou* шероховáтая кóжа.

RUINE 1. (*construction très délabrée*) развáлины, развáлин, развáлинам... *pl. Les ruines d'un vieux château*, развáлины стари́нного зáмка. **2.** (*perte des biens*) разорéние. *La ruine totale*, пóлное разорéние. ● **Tomber en ruines**, развáливаться / развали́ться ⟍——. *La maison tombe en ruines*, дом развáливается.

RUINER (*faire perdre de l'argent*) разоря́ть / разори́ть. *Ils se sont complètement ruinés*, они́ совсéм разори́лись.

RUISSEAU (*petit cours d'eau*) ручéй, ручья́... *m.*

RUSE хи́трость *f. Agir avec ruse*, дéйствовать с хи́тростью. *Une ruse diplomatique*, дипломати́ческая хи́трость.

RUSÉ хи́трый, хитёр, хитрá, хитрó, хитры́. *Rusé comme un renard*, хи́трый как лисá.

I. RUSSE *subst.* **1.** (*homme*) рýсский *adj. subst. m.* **2.** (*femme*) рýсская *adj. subst. f.* **3.** (*langue*) рýсский язы́к (язы́к ⁄——). *Nous étudions le russe*, мы изучáем рýсский язы́к. *Un livre en russe*, кни́га на рýсском языкé. ● **En russe** *et, dans le même emploi*, **russe** (*accompagnant généralement un verbe*), по-рýсски. *Tout était écrit en russe*, всё бы́ло напи́сано по-рýсски. *Parler russe*, говори́ть по-рýсски.

II. RUSSE *adj.* рýсский. *La littérature russe*, рýсская литератýра. *La musique russe*, рýсская мýзыка.

III. RUSSE- (*élément de formation*) рýсско-. *Un dictionnaire russe-français*, рýсско-францýзский словáрь.

RYTHME ритм.

S

S' v. SE.

SA v. SON.

SABLE песóк. *Des sacs de sable*, мешки́ пескý*. *Les sables mouvants*, зыбýчие пески́. ● **Un banc de sable**, мель ——∠ ⁄—— *f. Échouer sur un banc de sable*, сесть на мель. **Un grain de sable**, песчи́нка.

SABOT 1. (*chaussure de bois*) сабó* *indécl. n.* **2.** (*de cheval...*) копы́то. *Le cheval frappait le sol de ses sabots*, лóшадь би́ла копы́тами зéмлю.

SABOTER (*faire du sabotage*) саботи́ровать. *Saboter son travail*, саботи́ровать рабóту.

SABOTEUR саботáжник.

SABRE сáбля.

SAC мешóк. *Un sac de farine*, мешóк с мукóй. *Un sac de couchage*, спáльный мешóк. ● **Sac à dos**, рюкзáк ⁄—— ——. **Sac à main**, сýмочка. **Sac à provisions**, сýмка. **L'affaire est dans le sac**, дéло в шля́пе.

SACCADÉ преры́вистый. *D'une*

voix saccadée, прерывистым го́лосом.

SACRÉ *adj.* (*consacré au culte; profondément respectable*) свяще́нный. *Les livres sacrés*, свяще́нные кни́ги. *C'est le devoir sacré de tout citoyen*, э́то свяще́нный долг ка́ждого граждани́на.

SACRIFICE же́ртва. *En sacrifice aux dieux*, в же́ртву бога́м. *Elle est prête à tous les sacrifices*, она́ гото́ва на вся́кие же́ртвы. ● **Faire le sacrifice de**, же́ртвовать / поже́ртвовать (+ *instr.*). *Faire le sacrifice de sa vie*, поже́ртвовать свое́й жи́знью.

SACRIFIER же́ртвовать / поже́ртвовать (+ *instr.*). *Tout sacrifier pour atteindre son but*, всем же́ртвовать для достиже́ния свое́й це́ли.

SACRIFIER (SE) же́ртвовать собо́й (же́ртвовать / поже́ртвовать).

SAGE *adj.* **1.** (*plein de discernement*) му́дрый ∧—. *Un homme sage*, му́дрый челове́к. *Une sage décision*, му́дрое реше́ние. **2.** (*en parlant d'un enfant*) *traduire en fonction du contexte* ***par*** послу́шный (*obéissant*); ти́хий ∧—, *comp.* ти́ше* (*peu bruyant*); вести́ себя́ хорошо́ (*bien se conduire*), *etc.* *Pour les enfants sages*, для послу́шных дете́й. *Ils ont été sages aujourd'hui*, сего́дня они́ вели́ себя́ хорошо́.

SAGE-FEMME акуше́рка.

SAGESSE (*discernement*) му́дрость *f.* *La sagesse populaire*, наро́дная му́дрость. *Une dent de sagesse*, зуб му́дрости.

SAIGNER (*laisser échapper le sang; perdre son sang*) кровь идёт (идти́* IV, идёт; шла / пойти́* IV [*id.*]). *La plaie saigne*, кровь идёт из ра́ны. *Je saigne du nez*, у меня́ кровь идёт из но́са.

SAIN 1. (*en bonne santé; bon pour la santé*) здоро́вый. *Un organisme sain*, здоро́вый органи́зм. *Une nourriture saine*, здоро́вая пи́ща. **2.** (*raisonnable*) здра́вый. *Un jugement sain*, здра́вое сужде́ние. ● **Sain et sauf**, цел и невреди́м (*adjectifs à la forme courte;* цел ∧—). *Il en est sorti sain et sauf*, он оста́лся цел и невреди́м.

SAINEMENT (*raisonnablement*) здра́во. *Raisonner sainement*, здра́во рассужда́ть.

I. SAINT *adj.* свято́й ∧—. *Le Saint-Esprit*, Свято́й Дух. *Le jour de la Saint-Serge*, в день свято́го Се́ргия. *La Sainte Russie*, Свята́я Русь.

II. SAINT *subst.* свято́й *adj. subst. m.* « *La Vie des saints* », « Жити́е святы́х ».

SAINTE свята́я *adj. subst. f.*

SAISIR

> **1.** (*empoigner, prendre*) схва́тывать *ou* хвата́ть / схвати́ть \—.
> **2.** (*comprendre*) понима́ть / поня́ть* IV, пойму́, поймёшь...; по́нял, поняла́, по́няло, по́няли ∧—; по́нятый, по́нят, понята́, по́нято, по́няты ∧—.
> **3.** (*mettre à profit*) по́льзоваться / воспо́льзоваться (+ *instr.*).
> **4.** (*en parlant de sentiments*) овладева́ть / овладе́ть (+ *instr.*); поража́ть / порази́ть (*frapper, étonner*).

1. *Saisir qqn par le bras*, схвати́ть кого́-нибудь за́ руку. *Saisir une hache*, схвати́ть топо́р. **2.** *Avez-vous bien saisi son intention?*, Вы по́няли его́ наме́рение? **3.** *Saisir l'occasion*, воспо́льзоваться слу́чаем. *Saisir un prétexte*, воспо́льзоваться предло́гом. **4.** *Elle a été saisie de peur*, ей овладе́л страх. *Elle a été saisie par cette nouvelle à tel point qu'elle en a perdu connaissance*, э́то изве́стие её до того́ порази́ло, что она́ упа́ла без па́мяти.

SAISON (*chacune des quatre divisions de l'année*) вре́мя го́да (вре́мя*, *gén., dat., loc.* вре́мени, *instr.* вре́менем; *pl.* времена́, времён, времена́м... *n.*). *Les quatre saisons*, четы́ре вре́мени го́да.

SALADE 1. (*plante, mets*) сала́т. *Laver la salade*, мыть сала́т. *Une salade de tomates*, сала́т из помидо́ров. **2.** (*mélange confus*) винегре́т. *Quelle salade!*, Како́й винегре́т! ● **Salade russe**, винегре́т.

SALAIRE зарпла́та; за́работная

плáта (*livresque*). *Le salaire mensuel*, мéсячная зáработная плáта.

SALAUD свóлочь —— /—— *f. Quel salaud!*, Какáя свóлочь!

SALE 1. (*malpropre*) грязный ⁄\—. *Des mains sales*, грязные рýки. *Du linge sale*, грязное бельё. **2.** (*fig.*) сквéрный ⁄\—; отврати́тельный (*repoussant*). *Une sale histoire*, сквéрная истóрия. *Un sale type*, отврати́тельный тип. *Il a un sale caractère*, у негó отврати́тельный харáктер. *Un sale temps*, сквéрная погóда *ou* отврати́тельная погóда.

SALER 1. (*assaisonner*) соли́ть \—— / посоли́ть \——. *Saler la soupe*, посоли́ть суп. **2.** (*mettre en conserve*) соли́ть \—— / засоли́ть \—— *ou* посоли́ть \——. *Saler du poisson*, засоли́ть ры́бу.

SALETÉ 1. (*état de ce qui n'est pas propre*) нечистотá. *En dépit de la saleté de la pièce*, несмотря́ на нечистотý кóмнаты. **2.** (*chose malpropre, crasse, ordures*) *traduire en fonction du contexte. Vivre dans la saleté*, жить в грязи́. *Il y a beaucoup de saletés dans la pièce*, в кóмнате грязно. *Il y a un tas de saletés dans le coin*, там в углý кýча мýсора.

SALIÈRE солóнка.

SALIR пáчкать / запáчкать, испáчкать *ou* (*fam.*) вы́пачкать. *Salir sa robe*, испáчкать плáтье. *Se salir les mains*, запáчкать рýки.

SALIVE слюнá. *Avaler sa salive*, проглоти́ть слюнý.

SALLE зал. *La salle d'attente*, зал ожидáния. *La salle de lecture*, читáльный зал. *Une salle de spectacle*, зри́тельный зал. ● **Salle de bains**, вáнная *adj. subst. f.* **Salle de conférences** (*à la faculté*), аудитóрия. **Salle à manger**, столóвая *adj. subst. f.* **Salle d'opérations**, операциóнная *adj. subst. f.* **Salle des professeurs**, учи́тельская *adj. subst. f.*

SALON 1. (*dans un appartement*) гости́ная *adj. subst. f.* **2.** (*exposition*) вы́ставка. *Le Salon de l'automobile*, автомоби́льная вы́ставка. ● **Salon de coiffure**, парикмáхерская *adj. subst. f.*

SALUER 1. (*dire bonjour*) здорóваться / поздорóваться (с + *instr.*); клáняться / поклони́ться \—— [+ *dat.*] (*en courbant la tête*). *Il n'a salué personne*, он ни с кем не поздорóвался. *Nous nous sommes salués*, мы с ним поздорóвались. *Je l'ai saluée*, я ей поклони́лся. **2.** (*transmettre des salutations*) клáняться / поклони́ться \—— (+ *dat.*); передáть привéт [+ *dat.*] (передавáть* II, передаю́, передаём / передáть* *n. cl.*, передáм, передади́м; передáй). *Salue-la de ma part*, Клáняйся ей от меня́ *ou* Передáй ей привéт.

I. SALUT *subst.* **1.** (*action de saluer*) поклóн. *Un salut profond*, глубóкий поклóн. **2.** (*le fait d'échapper à un danger*) спасéние. *L'Armée du Salut*, Áрмия спасéния. ● **Faire le salut militaire**, отдáть честь.

II. SALUT *interj.* Привéт *ou* Здорóво.

SALUTATIONS привéт. *Transmettez-lui mes salutations*, Передáйте емý привéт. *Avec mes salutations amicales*, С дрýжеским привéтом.

SAMEDI суббóта. *Je vous téléphonerai samedi*, Я вам позвоню́ в суббóту. *Elle vient nous voir le samedi*, онá к нам захóдит по суббóтам.

SAMOVAR самовáр. *Allumer le samovar*, постáвить самовáр.

SANDALE сандáлия.

SANDWICH бутербрóд. *Un sandwich au jambon*, бутербрóд с ветчинóй.

SANG кровь —— ∠ *f. Il est tout en sang*, он весь в крови́. *Perdre son sang*, истекáть крóвью. *Le sang lui monta au visage*, кровь брóсилась емý в лицó. *Se faire du mauvais sang*, пóртить себé кровь. ● **Mettre à feu et à sang**, предáть огню́ и мечý.

SANG-FROID хладнокрóвие. *Ne pas perdre son sang-froid*, не теря́ть хладнокрóвия. ● **Plein de sang-froid**, хладнокрóвный. *Un homme plein de sang-froid*, хладнокрóвный человéк.

SANGLANT (*meurtrier*) крова́вый. *Un combat sanglant*, крова́вый бой.

SANGLIER каба́н. *La chasse au sanglier*, охо́та на кабано́в.

SANS 1. (*régissant un substantif*) без (+ *gén.*); *il existe également des adjectifs comportant le préfixe* « без » *et la base d'un substantif. Une boîte sans couvercle*, коро́бка без кры́шки. *Ils ont commencé sans moi*, они́ на́чали без меня́. *Elle est tombée sans connaissance*, она́ упа́ла без па́мяти. *Non sans difficulté*, не без труда́. *Une situation sans issue*, безвы́ходное положе́ние. *Un gouffre sans fond*, бездо́нная про́пасть. *Un homme sans pitié*, безжа́лостный челове́к. *Une nuit sans lune*, безлу́нная ночь. *Un ciel sans nuages*, безо́блачное не́бо. *Une enfance sans joie*, безра́достное де́тство. **2.** (*régissant un infinitif*) *dans la langue de la conversation, « sans » n'est pas traduit et l'infinitif est remplacé par l'indicatif à la forme négative; l'emploi du gérondif à la forme négative a un caractère plus livresque* (*l'infinitif simple sera le plus souvent traduit par le gérondif imperfectif; l'infinitif composé sera traduit par le gérondif perfectif*). *Il écoute sans comprendre*, он слу́шает, но ничего́ не понима́ет. *Je travaillais sans perdre une minute*, я рабо́тал и не теря́л ни одно́й мину́ты. *Sans penser aux conséquences*, не ду́мая о после́дствиях. *J'ai rendu le livre sans l'avoir lu*, я верну́л кни́гу, не прочита́в её. ● **Sans aucun doute**, несомне́нно. *Il a raison sans aucun doute*, он несомне́нно прав. **Sans cesse**, беспреста́нно. **Sans doute** (*vraisemblablement*), вероя́тно. *Elle est sans doute chez elle*, она́, вероя́тно, до́ма. **Sans que** *doit être traduit différemment selon le contexte. Je voudrais passer sans qu'il m'aperçoive*, я хоте́л бы пройти́ так, что́бы он меня́ не заме́тил. *Je suis passé sans qu'il me voie*, я прошёл так, что он меня́ и не заме́тил. *Je ne peux pas parler sans qu'il me contredise*, ни сло́ва не могу́ сказа́ть без того́, что́бы он мне противоре́чил. *Nous avons passé ensemble une demi-heure sans qu'il me dise un mot*, мы с ним провели́ вме́сте полчаса́, но он ни сло́ва не пророни́л. **Sans quoi**, а то. *Il faut que tu te reposes, sans quoi tu tomberas malade*, Тебе́ на́до отдохну́ть, а то заболе́ешь.

SANTÉ здоро́вье. *C'est mauvais pour la santé*, э́то вре́дно для здоро́вья. *À votre santé!*, За ва́ше здоро́вье! ● **En bonne santé**, здоро́вый. *Il est en bonne santé*, он здоро́в.

SAOUL (*ivre*) пья́ный. ● **Tout son saoul**, до́сыта. *Se promener tout son saoul*, нагуля́ться до́сыта.

SAOULER (SE) напи́ться допьяна́ (напива́ться / напи́ться* II, напью́сь, напьёшься...; напи́лся, напила́сь...; напе́йся).

SAPIN ель *f.; dim.* ёлка. *Des sapins et des bouleaux*, е́ли и берёзы. *Décorer le sapin de Noël*, укра́сить нового́днюю ёлку *ou, mot à mot*, укра́сить рожде́ственскую ёлку.

SARDINE сарди́на; сарди́нка (*fam.*). *Une boîte de sardines*, коро́бка сарди́н. *Manger des sardines*, есть сарди́нки.

SARRASIN (*bot.*) гречи́ха. ● **De sarrasin**, гре́чневый. *De la farine de sarrasin*, гре́чневая мука́.

SATELLITE спу́тник. *Un satellite artificiel*, иску́сственный спу́тник. *Lancer un satellite*, запусти́ть спу́тник.

SATIRE сати́ра.

SATIRIQUE сатири́ческий. *Une chanson satirique*, сатири́ческая пе́сенка.

SATISFACTION 1. (*assouvissement*) удовлетворе́ние. *Avec un sentiment de satisfaction*, с чу́вством удовлетворе́ния. *Obtenir entière satisfaction*, получи́ть по́лное удовлетворе́ние. **2.** (*contentement*) удово́льствие. *À la satisfaction générale*, к о́бщему удово́льствию.

SATISFAIRE удовлетворя́ть / удовлетвори́ть. *Satisfaire les besoins de la population*, удовлетвори́ть потре́бности населе́ния. *Satisfaire la curiosité*, удовлетвори́ть любопы́тство.

SATISFAISANT удовлетвори́тельный. *Une réponse satisfaisante*, удовлетвори́тельный отве́т.

SATISFAIT дово́льный (+ *instr.*). *Il est très satisfait de lui*, он о́чень дово́лен собо́й. *Je suis satisfaite du résultat*, я дово́льна результа́том.

SAUCE со́ус. *La sauce tomate*, тома́тный со́ус. *La sauce mayonnaise*, со́ус майоне́з.

SAUCISSE соси́ска. *De la choucroute avec des saucisses*, ки́слая капу́ста с соси́сками.

SAUCISSON колбаса́, *pl.* колба́сы, колба́с, колба́сам... ___ ———. *Saucisson fumé*, копчёная колбаса́.

I. SAUF *prép.* **1.** (*à l'exclusion de*) кро́ме (+ *gén.*). *Tous sauf moi*, все кро́ме меня́. **2.** (*excepté le cas où*) *se traduit par une périphrase utilisant la négation si la phrase française est affirmative et supprimant la négation dans le cas contraire. Sauf s'il vient*, е́сли то́лько он не придёт. *Sauf si elle ne vient pas*, е́сли она́ придёт. *Sauf erreur*, е́сли нет оши́бки. • **Sauf que**, то́лько. *Rien n'est changé sauf que les arbres ont été abattus*, ничего́ не измени́лось, то́лько дере́вья сруби́ли.

II. SAUF *adj.* • **Sain et sauf**, цел и невреди́м (цел ∧__).

SAULE и́ва. *Un saule pleureur*, плаку́чая и́ва.

SAUMON 1. (*zool.*) лосо́сь *m.* (*nom générique*); сёмга (*saumon commun*). **2.** (*art culinaire*) лососи́на; сёмга (*saumon commun*).

SAUT прыжо́к. *Saut en hauteur*, прыжо́к в высоту́. *Saut en longueur*, прыжо́к в длину́. *Saut à la perche*, прыжо́к с шесто́м. *Saut en parachute*, прыжо́к с парашю́том. • **Faire un saut** (*passer un court moment*), заходи́ть ⟍___ / зайти́* IV, зайду́, зайдёшь...; зашёл, зашла́...; зайдя́ (*à pied*); заезжа́ть / зае́хать* IV, зае́ду, зае́дешь... (*en utilisant un moyen de transport*). *Je ferai un petit saut chez vous*, Я к вам зайду́.

SAUTER 1. (*en règle générale*) пры́гать / пры́гнуть *et, avec une nuance particulière*, вска́кивать / вскочи́ть ⟍___ (*entrer en sautant; sauter sur qqch.; sauter brusquement*); выска́кивать / вы́скочить (*sortir en sautant*); переска́кивать / перескочи́ть ⟍___ [че́рез + *acc.*] (*franchir en sautant*), *etc. Sauter à cloche-pied*, пры́гать на одно́й ноге́. *Sauter de joie*, пры́гать от ра́дости. *Sauter en parachute*, пры́гнуть с парашю́том. *Sauter dans le wagon*, вскочи́ть в ваго́н. *Sauter sur son cheval*, вскочи́ть на ло́шадь. *Sauter du lit*, вскочи́ть с посте́ли. *Sauter par la fenêtre*, вы́скочить в окно́. *Sauter le fossé*, перескочи́ть че́рез кана́ву. **2.** (*ne pas lire, ne pas écrire...*) пропуска́ть / пропусти́ть ⟍___. *Ce livre est ennuyeux, je saute des pages entières*, кни́га скучная, я пропуска́ю це́лые страни́цы. *Tu as sauté deux mots*, ты пропусти́л два сло́ва. **3.** (*exploser*) взрыва́ться / взорва́ться* IV, взорвётся, взорву́тся; взорва́лся, взорвала́сь... ⁄‾‾‾. *Le pont a sauté*, мост взорва́лся. • **Ça saute aux yeux**, э́то броса́ется в глаза́. **Faire sauter** (*faire exploser*), взрыва́ть / взорва́ть* IV, взорву́, взорвёшь...; взорва́л, взорвала́, взорва́ло, взорва́ли ∧__. *Faire sauter un pont*, взорва́ть мост. **Sauter au cou de qqn**, бро́ситься к кому́-нибудь на ше́ю (броса́ться / бро́ситься). **Se faire sauter la cervelle**, пусти́ть себе́ пу́лю в лоб (пуска́ть / пусти́ть ⟍___).

SAUTERELLE 1. (*proprement dite*) кузне́чик. **2.** (*criquets migrateurs très nuisibles aux cultures*) саранча́ (*sens collectif, pas de pl.*).

I. SAUVAGE *adj.* ди́кий ∧__. *Les animaux sauvages*, ди́кие зве́ри. *Un canard sauvage*, ди́кая у́тка. *Un pommier sauvage*, ди́кая я́блоня. *Des mœurs sauvages*, ди́кие нра́вы.

II. SAUVAGE *subst.* **1.** *m.* дика́рь ⁄‾‾‾ ‾‾‾ *m. Dans cette île* *vivaient des sauvages*, на э́том о́строве жи́ли дикари́. *Il vit comme un sauvage*, он живёт дикарём. **2.** *f.* дика́рка.

SAUVER (*éviter la perte*) спаса́ть / спасти́* IV, спасу́, спасёшь...; спас, спасла́.../‾‾‾; спасённый. *Sauver la vie à qqn*, спасти́ кому́-нибудь жизнь. ● **Sauve qui peut!**, Спаса́йся, кто мо́жет!

SAUVER (SE) [*s'enfuir*] убега́ть / убежа́ть* *n. cl.*, убегу́, убежи́шь..., убегу́т; убеги́ (*s'éloigner en courant*); сбега́ть / сбежа́ть* *n. cl.*, сбегу́, сбежи́шь..., сбегу́т; сбеги́ (*s'échapper*). *Il a pris peur et s'est sauvé*, он испуга́лся и убежа́л. *Se sauver de prison*, сбежа́ть из тюрьмы́.

SAUVETAGE спасе́ние. ● **De sauvetage**, спаса́тельный. *Une bouée de sauvetage*, спаса́тельный круг. *Un canot de sauvetage*, спаса́тельная ло́дка.

SAVANT 1. *adj.* учёный. *Un savant mathématicien*, учёный матема́тик. *Une discussion savante*, учёный спор. *Un chien savant*, учёная соба́ка. **2.** *subst.* учёный *adj. subst. m. Un grand savant*, кру́пный учёный.

SAVOIR *verbe* **1.** (*ne régissant pas un infinitif*) знать; *plus rarement* изве́стно *accompagné du verbe* быть (*au sujet de la proposition française correspond en russe un nom ou un pronom au datif*); / узна́ть о [+ *loc.*] (*être mis au courant d'une nouvelle*). *Savoir sa leçon*, знать уро́к. *Vous savez très bien que j'ai raison*, Вы отли́чно зна́ете, что я прав. *Dieu seul le sait*, бог его́ зна́ет. *Autant que je sache*, наско́лько мне изве́стно. *Je le saurai demain*, за́втра узна́ю об э́том. **2.** (*régissant un infinitif*) уме́ть / суме́ть. *Il ne sait pas nager*, он не уме́ет пла́вать. ● **À savoir** (*introduisant une énumération*), а и́менно. **Faire savoir**, сообща́ть / сообщи́ть (о + *loc.*). *On nous l'a fait savoir par téléphone*, нам сообщи́ли об э́том по телефо́ну. **On sait** (*il est bien connu*), изве́стно *et le verbe* быть. *On savait à l'avance qu'il gagnerait*, изве́стно бы́ло зара́нее, что он вы́играет.

SAVON 1. (*matière*) мы́ло. *Savon de toilette*, туале́тное мы́ло. *Un morceau de savon*, кусо́к мы́ла. **2.** (*réprimande*) нагоня́й *m. Passer un savon à qqn*, дать кому́-нибудь нагоня́й. *Il m'a passé un bon savon*, я получи́л нагоня́й.

SAXOPHONE саксофо́н.

SCANDALE сканда́л. *Quel scandale!*, Како́й сканда́л! *Faire un scandale*, устро́ить сканда́л. *Étouffer un scandale*, замя́ть сканда́л.

SCANDALEUX сканда́льный. *Une histoire scandaleuse*, сканда́льная исто́рия.

SCANDALISER возмуща́ть / возмути́ть (т → щ). *J'ai été scandalisé par sa grossièreté*, меня́ возмути́ла его́ гру́бость.

SCAPHANDRE скафа́ндр.

SCAPHANDRIER водола́з.

SCÉNARIO сцена́рий *m.*

SCÈNE сце́на (*divers sens*); явле́ние (*livresque: subdivision d'un acte*). *Une scène tournante*, враща́ющаяся сце́на. *Faire des scènes de jalousie*, устро́ить сце́ны ре́вности. *La troisième scène du second acte*, тре́тья сце́на второ́го де́йствия. *Acte II, scène* III, Де́йствие второ́е, явле́ние тре́тье.

SCEPTICISME скептици́зм.

SCEPTIQUE *adj.* скепти́ческий. *Un esprit sceptique*, скепти́ческий ум.

SCHÉMA схе́ма.

SCHISME раско́л. *Le Grand Schisme*, Вели́кий раско́л.

SCIE пила́ ‾‾‾ ___ . *Une scie circulaire*, кру́глая пила́.

SCIENCE нау́ка. *Docteur ès sciences*, до́ктор нау́к. *Les sciences naturelles*, есте́ственные нау́ки.

SCIENCE-FICTION нау́чная фанта́стика. ● **De science-fiction**, нау́чно-фантасти́ческий. *Un roman de science-fiction*, нау́чно-фантасти́ческий рома́н.

SCIENTIFIQUE *adj.* нау́чный. *Une découverte scientifique*, нау́чное откры́тие.

SCIER пили́ть ___ *et, avec diverses nuances*, / напили́ть ___ (*scier une grande quantité*);

распи́ливать / распили́ть (*mettre en morceaux*); спи́ливать / спили́ть (*enlever en sciant*). *Scier du bois*, пили́ть дрова́. *Tu en as scié du bois!*, Напили́л ты дров! *Scier une planche*, распили́ть доску́. *Scier une branche*, спили́ть сук.

SCOLAIRE шко́льный. *Les programmes scolaires*, шко́льные програ́ммы. *Les vacances scolaires*, шко́льные кани́кулы. • **L'année scolaire**, учёбный год (год*, *loc.* году́; *gén. pl.* лет).

SCOOTER моторо́ллер.

Remarque. Le mot « ску́тер » signifie « hors-bord ».

SCORBUT цинга́. *Attraper le scorbut*, заболе́ть цинго́й.

SCORPION скорпио́н.

SCOUT ска́ут.

SCRUTIN голосова́ние. *Scrutin à deux tours*, голосова́ние в два ту́ра. • **Le dépouillement du scrutin**, подсчёт голосо́в.

SCULPTEUR ску́льптор.

SCULPTURE скульпту́ра. *Une sculpture en marbre*, скульпту́ра из мра́мора.

I. SCYTHE *subst. m.* скиф.

II. SCYTHE *adj.* ски́фский. *L'art scythe*, ски́фское иску́сство.

SE *ou* **S'**

Remarque préliminaire. Un verbe pronominal français peut correspondre à un verbe non pronominal en russe; l'inverse est également vrai. Ex. : *s'imaginer*, воображА́ть / вообрази́ть; *se venger*, мстить / отомсти́ть; *s'en aller*, уходи́ть / уйти́; *admirer*, любова́ться. Il arrive même qu'un verbe russe soit pronominal à l'imperfectif et non pronominal au perfectif. Ex. : *s'asseoir*, сади́ться / сесть; *se coucher*, ложи́ться / лечь. Dans d'autres cas encore, au verbe pronominal français correspond en russe une structure toute différente. Ex. : *Comment t'appelles-tu?*, Как тебя́ зову́т? Cependant, la traduction de « se » dépend dans une assez grande mesure du type de verbe pronominal utilisé en français :

1. (*verbes spécifiquement pronominaux*) *en règle générale* ...ся.

2. (*verbes pronominaux à sens passif*) ...ся.

3. (*verbes pronominaux à sens réfléchi*) *selon l'usage ou la nuance exprimée* ...ся *ou* себя́ (« себя́ » *exprime plus nettement le sens réfléchi; c'est la seule traduction si le pronom « se » est complément indirect;* « себя́ » *peut être omis, notamment lorsqu'un des compléments du verbe désigne la partie du corps concernée par l'action; ce pronom peut être utilisé avec un verbe comportant la particule* ...ся).

4. (*verbes pronominaux à sens réciproque*) *selon l'usage ou la nuance exprimée* ...ся *ou* друг дру́га (« друг дру́га » *exprime plus nettement le sens réciproque; ce pronom peut être utilisé avec un verbe comportant la particule* ...ся; *le premier élément de* « друг дру́га » *est invariable; le second élément suit la déclinaison des substantifs masculins*).

1. *Je m'occupe de cette affaire*, я занима́юсь э́тим де́лом. *Ne t'étonne pas*, Не удивля́йся. *Le mur s'est écroulé*, стена́ обру́шилась. *Se réjouir du malheur d'autrui*, ра́доваться чужо́й беде́. **2.** *Le livre se vend bien*, кни́га хорошо́ продаётся. *Comment s'écrit ce mot?*, Как пи́шется э́то сло́во? **3.** *Se déshabiller*, раздева́ться. *Se laver*, умыва́ться. *Je me rase tous les matins*, я ка́ждое у́тро бре́юсь. *Se regarder dans la glace*, смотре́ться в зе́ркало. *Mais regarde-toi donc!*, Да посмотри́ же ты на себя́! *Elle s'est acheté une robe bleue*, она́ купи́ла себе́ голубо́е пла́тье. *S'admirer*, любова́ться собо́й. *Je me suis coupé le doigt*, я поре́зал себе́ па́лец. *Je me lave les mains*, мо́ю ру́ки. *Je m'essuie la figure*, вытира́ю лицо́. **4.** *Nous nous sommes rencontrés hier*, вчера́ мы встре́тились. *Ils se sont séparés*, они́ расста́лись. *Vous vous connaissez bien*, вы хорошо́ зна́ете друг дру́га. *Nous nous entraidions*, мы помога́ли друг дру́гу. *Dès la première rencontre, ils se sont plu*, с пе́рвой встре́чи они́ понра́вились друг дру́гу.

SÉANCE 1. (*en règle générale*) сеа́нс. *La séance commence à sept heures*, сеа́нс начина́ется в семь. **2.** (*réunion d'une assemblée*) заседа́ние. *Ouvrir la séance*, откры́ть заседа́ние.

SEAU ведро́, *pl.* вёдра, вёдер, вёдрам... ——— ———. *Un seau d'eau*, ведро́ воды́. *Il pleut à seaux*, льёт как из ведра́.

SEC 1. (*en règle générale*) сухо́й ⁄\—, *comp.* су́ше*. *Du linge sec*, сухо́е бельё. *Une branche sèche*, суха́я ве́тка. *Des fruits secs*, сухи́е фру́кты. *Une peau sèche*, суха́я ко́жа. *Une toux sèche*, сухо́й ка́шель. *Un vent sec*, сухо́й ве́тер. *Un été sec*, сухо́е ле́то. *Un ton sec*, сухо́й тон. **2.** (*brusque, brutal*) ре́зкий ⁄\—, *comp.* ре́зче*. *Un ton sec*, ре́зкий тон. *Un coup sec*, ре́зкий уда́р. ● **Mettre à sec**, осуша́ть / осуши́ть. *Mettre un étang à sec*, осуши́ть пруд.

SÈCHE *adj.* v. SEC.

SÉCHER (*devenir sec*) со́хнуть* III / вы́сохнуть* III. *Le linge sèche*, бельё со́хнет. ● **Faire sécher**, суши́ть \——— / вы́сушить. *Faire sécher le linge*, суши́ть бельё. *Faire sécher des champignons*, суши́ть грибы́.

SÉCHERESSE (*absence de pluie*) за́суха. *Lutter contre la sécheresse*, боро́ться с за́сухой.

I. SECOND *adj.* второ́й. *Au second plan*, на второ́м пла́не.

II. SECOND *subst.* (*deuxième étage*) тре́тий эта́ж (тре́тий *se décline comme un adjectif d'appartenance;* эта́ж ⁄———). *Ils habitent au second*, они́ живу́т на тре́тьем этаже́.

SECONDAIRE 1. (*accessoire*) второстепе́нный. *Jouer un rôle secondaire*, игра́ть второстепе́нную роль. **2.** (*dans l'enseignement*) сре́дний. *L'enseignement secondaire*, сре́днее образова́ние. *Une école secondaire*, сре́дняя шко́ла.

SECONDE 1. (*unité de temps*) секу́нда. *Un dixième de seconde*, деся́тая до́ля секу́нды. **2.** (*classe*) второ́й класс (*traduction mot à mot*); девя́тый класс (*nom de la classe correspondante dans les écoles soviétiques*).

SECOUER 1. (*en règle générale*) трясти́* IV, трясу́, трясёшь...; тряс, трясла́... ⁄——— / потрясти́* IV (*id.*). *Secouer un arbre*, потрясти́ де́рево. **2.** (*faire tomber en secouant*) стря́хивать / стряхну́ть. *Secouer la cendre d'une cigarette*, стряхну́ть пе́пел с сигаре́ты. *Il secouait la poussière qu'il avait sur sa veste*, он стря́хивал пыль с пиджака́. ● **Secouer la tête** (*hocher la tête*), кача́ть голово́й (кача́ть / покача́ть).

SECOURS по́мощь *f.* *Demander du secours*, проси́ть о по́мощи. *Ils se sont précipités à son secours*, они́ бро́сились к нему́ на по́мощь. ● **Au secours!**, Помоги́те! **Sortie de secours**, запа́сный вы́ход.

SECOUSSE толчо́к. *J'ai été réveillé par une forte secousse*, я просну́лся от си́льного толчка́.

I. SECRET *subst.* та́йна, секре́т. *Garder un secret*, храни́ть та́йну *ou* храни́ть секре́т. *Dévoiler un secret*, раскры́ть та́йну *ou* раскры́ть секре́т. *Un secret d'État*, госуда́рственная та́йна. *Les secrets de la nature*, та́йны приро́ды. *Le secret de Polichinelle*, секре́т полишине́ля. ● **En secret**, та́йно.

II. SECRET *adj.* та́йный; секре́тный (*livresque*). *Une société secrète*, та́йное о́бщество. *Des négociations secrètes*, секре́тные перегово́ры.

SECRÉTAIRE 1. (*homme*) секрета́рь ⁄——— ——— *m.* *Le secrétaire général*, генера́льный секрета́рь. **2.** (*femme*) секрета́рь ⁄——— ——— *m.*; секрета́рша (*fam.*).

SECRÉTARIAT канцеля́рия. *Au secrétariat, vous obtiendrez une attestation*, В канцеля́рии вам вы́дадут спра́вку.

SECTARISME нетерпи́мость *f.*

SECTION (*subdivision*) се́кция. *La section littéraire*, литерату́рная се́кция.

SÉCULAIRE веково́й. *Des traditions séculaires*, вековы́е тради́-

ции. *Des chênes séculaires*, вековы́е ду́бы.

SÉCURITÉ безопа́сность *f. Être en sécurité*, быть в безопа́сности. *Assurer la sécurité*, обеспе́чить безопа́сность. ● **La sécurité sociale**, социа́льное страхова́ние.

SÉDUIRE соблазня́ть / соблазни́ть. *Sa proposition m'a séduit*, его́ предложе́ние меня́ соблазни́ло.

SÉDUISANT привлека́тельный; соблазни́тельный. *Une femme séduisante*, привлека́тельная же́нщина. *Des perspectives séduisantes*, соблазни́тельные перспекти́вы.

SEIGLE рожь, *instr.* ро́жью *f.* ● **De seigle**, ржано́й. *Du pain de seigle*, ржано́й хлеб.

SEIGNEUR 1. (*en France, à l'époque féodale*) сеньо́р. **2.** (*en Russie, à l'époque féodale*) боя́рин*, *pl.* боя́ре, боя́р, боя́рам... (*jusqu'à la fin du XVIIe siècle*); дворяни́н*, *pl.* дворя́не, дворя́н, дворя́нам... ‾‾‾ ___ (*à partir du XVIe siècle*); ба́рин*, *pl.* господа́, госпо́д, господа́м... (*dans les textes de caractère non historique*). ● **Seigneur! Seigneur Dieu!**, Го́споди! (*depuis la réforme orthographique de 1918, ce mot ne prend une majuscule que dans les textes de caractère religieux*).

SEIN грудь ___∠ /‾‾‾ (*le mot* « грудь » *est également accentué sur la syllabe finale au génitif et au datif singulier après les prépositions* « из » « от », « у », « к » *et* « по ») *f. Donner le sein à un enfant*, корми́ть ребёнка гру́дью.

SEIZE 1. (*en règle générale*) шестна́дцать. *Elle a seize ans*, ей шестна́дцать лет. *À seize kilomètres d'ici*, в шестна́дцати киломе́трах отсю́да. **2.** (*au sens de « seizième » et, en particulier, dans l'expression de la date*) шестна́дцатый. *Mon frère est arrivé le 16 novembre*, мой брат прие́хал 16-го ноября́. *À la page seize*, на шестна́дцатой страни́це. *Louis XVI*, Людо́вик XVI (Людо́вик Шестна́дцатый).

SEIZIÈME шестна́дцатый. *Au XVIe siècle*, в XVI ве́ке (в шестна́дцатом ве́ке).

SÉJOUR пребыва́ние. *Pendant mon séjour à Moscou*, во вре́мя моего́ пребыва́ния в Москве́. ● **Salle de séjour**, о́бщая ко́мната.

SEL соль ___ /‾‾‾ *f. Mettre du sel dans la soupe*, положи́ть со́ли в суп.

SELF-SERVICE 1. (*magasin*) магази́н самообслу́живания. **2.** (*restaurant*) столо́вая самообслу́живания (столо́вая *adj. subst. f.*).

SELLE седло́, *pl.* сёдла, сёдел, сёдлам... ‾‾‾ ___ . *Monter en selle*, сесть в седло́. *Une selle de bicyclette*, велосипе́дное седло́.

SELON 1. (*d'une manière conforme à*) по (+ *dat.*). *Selon le conseil d'un camarade*, по сове́ту одного́ това́рища. *Selon toute vraisemblance*, по всей вероя́тности. **2.** (*d'une manière ou d'une autre en tenant compte de*) смотря́ по (+ *dat.*). *Selon les circonstances*, смотря́ по обстоя́тельствам. **3.** (*de l'avis de, à ce qu'affirme*) по мне́нию (+ *gén.*), по слова́м (+ *gén.*), *etc.; si « selon » régit l'un des pronoms « moi », « toi », « nous » ou « vous », on emploie le plus souvent l'un des adverbes* « по-мо́ему », « по-тво́ему », « по-на́шему », « по-ва́шему ». *Selon lui, il y a eu une erreur*, по его́ слова́м тут произошла́ оши́бка. *Qu'est-ce que c'est selon vous?*, Что э́то тако́е по-ва́шему? ● **C'est selon**, смотря́ как. **Selon que ... ou**, в зави́симости от того́, ... ли ... или... *Selon qu'il viendra ou non*, в зави́симости от того́, придёт ли он или нет.

SEMAILLES посе́в. *L'époque des semailles*, вре́мя посе́ва.

SEMAINE неде́ля. *La semaine dernière*, на про́шлой неде́ле. *Dans une semaine*, че́рез неде́лю. *Cinq fois par semaine*, пять раз в неде́лю. ● **La semaine des quatre jeudis**, по́сле до́ждика в четве́рг. **Un jour de semaine**, бу́дний день (день *m.*).

SEMBLABLE 1. (*ressemblant*) похо́жий друг на дру́га; похо́жий (на + *acc.*). *Ces deux églises sont semblables à tel point qu'on peut les confondre*, э́ти це́ркви до того́ похо́жи друг на дру́га, что их мо́жно перепу́тать. *Ce buste est semblable à celui que nous avons vu au musée*, э́тот бюст похо́ж на тот, кото́рый мы ви́дели в музе́е. **2.** (*identique, analogue*) подо́бный. *Des triangles semblables*, подо́бные треуго́льники. *Dans des cas semblables*, в подо́бных слу́чаях.

SEMBLANT ● **Faire semblant**, де́лать вид (де́лать / сде́лать). *Il fait semblant de ne pas nous voir*, он де́лает вид, что нас не ви́дит.

SEMBLER каза́ться* II, кажу́сь, ка́жешься... \— / показа́ться* II [*id.*] (*ne régit jamais un infinitif*). *L'étang semble profond*, пруд ка́жется глубо́ким. *Elle semble plus jeune que son frère*, она́ ка́жется моло́же своего́ бра́та. *Il me semble qu'il s'est trompé*, мне ка́жется, что он оши́бся. *C'était, semble-t-il, il y a deux ans*, э́то бы́ло, ка́жется, два го́да наза́д. *Il semble avoir tout compris*, он, ка́жется, всё по́нял. *Il me semble l'avoir vu hier*, мне ка́жется, что я его́ ви́дел вчера́.

SEMELLE подо́шва; подмётка (*talon non compris*). *Des semelles en cuir*, ко́жаные подо́швы. *Remplacer les semelles*, сде́лать но́вые подмётки.

SEMER се́ять* II, се́ю, се́ешь... / посе́ять* II (*id.*). *Semer du seigle*, се́ять рожь. // (*Fig.*) *Semer la discorde*, се́ять раздо́р. *On récolte ce qu'on a semé*, что посе́ешь, то и пожнёшь. *Qui sème le vent récolte la tempête*, кто се́ет ве́тер, пожнёт бу́рю.

SÉMINAIRE 1. (*établissement scolaire*) семина́рия. **2.** (*groupe d'études*) семина́р.

SÉNAT сена́т.

SÉNATEUR сена́тор.

SENS

> **1.** (*fonction grâce à laquelle sont perçues les impressions extérieures*) чу́вство [ч'уствə].
> **2.** (*connaissance intuitive*) чу́вство [ч'уствə].
> **3.** (*signification*) значе́ние, смысл.
> **4.** (*direction*) направле́ние.

1. *Les organes des sens*, о́рганы чувств. **2.** *Le sens du devoir*, чу́вство до́лга. *Le sens de la responsabilité*, чу́вство отве́тственности. *Le sens de l'humour*, чу́вство ю́мора. **3.** *Ce mot a plusieurs sens*, э́то сло́во име́ет не́сколько значе́ний. *Au sens propre*, в прямо́м смы́сле *ou* в прямо́м значе́нии. *Au sens figuré*, в перено́сном смы́сле *ou* в перено́сном значе́нии. *Cela n'a pas de sens*, э́то не име́ет смы́сла. **4.** *Dans le sens inverse*, в обра́тном направле́нии. ● **À double sens**, двусмы́сленный. *Une plaisanterie à double sens*, двусмы́сленная шу́тка. **Le bon sens**, здра́вый смысл. *En dépit du bon sens*, вопреки́ здра́вому смы́слу. **Une rue à sens unique**, у́лица с односторо́нним движе́нием. **Sens dessus dessous**, вверх дном. *Mettre toute la maison sens dessus dessous*, поста́вить весь дом вверх дном. **Sens devant derrière**, за́дом наперёд.

SENSATION ощуще́ние. *Une sensation de douleur*, ощуще́ние бо́ли. ● **Faire sensation**, произвести́ сенса́цию. **À sensation**, сенсацио́нный. *Des nouvelles à sensation*, сенсацио́нные но́вости.

SENSATIONNEL сенсацио́нный. *Des nouvelles sensationnelles*, сенсацио́нные но́вости.

SENSIBILITÉ (*divers sens*) **1.** (*d'un mécanisme*) чувстви́тельность [ч'ус'т'в'] *f*. *La sensibilité d'un récepteur*, чувстви́тельность приёмника. **2.** (*d'une personne*) чу́ткость *f*., восприи́мчивость *f*.

SENSIBLE 1. (*réceptif*) чувстви́тельный [ч'ус'т'в']. *Un appareil très sensible*, о́чень чувстви́тельный прибо́р. **2.** (*compatissant*) чу́ткий ∧—. *Il est sensible au malheur d'autrui*, он чу́ток к чужо́му го́рю. **3.** (*notable*) заме́тный. *Une amélioration sensible*, заме́тное улучше́ние.

SENSIBLEMENT заме́тно. *Son état de santé s'est sensiblement amélioré*, его́ состоя́ние здоро́вья заме́тно улу́чшилось.

SENSUEL чу́вственный [ч'ус'т'в']. *Un regard sensuel*, чу́вственный взгляд.

SENTIER тропи́нка.

SENTIMENT чу́вство [ч'уствə]. *Un sentiment de pitié*, чу́вство жа́лости. *Nourrir de tendres sentiments*, пита́ть не́жные чу́вства. *Le sentiment du devoir accompli*, чу́вство испо́лненного до́лга.

SENTIMENTAL сентимента́льный. *Une nature sentimentale*, сентимента́льная нату́ра. *Un récit sentimental*, сентимента́льный расска́з.

SENTINELLE часово́й *adj. subst. m. Relever la sentinelle*, смени́ть часово́го.

SENTIR 1. (*éprouver une impression*) чу́вствовать [ч'уств] / почу́вствовать [ч'уств]; слы́шать* I, слы́шу, слы́шишь... / услы́шать* I [*id.*] (*fam.*). *C'est seulement maintenant que je sens la fatigue*, то́лько тепе́рь я чу́вствую уста́лость. *Cela se fait déjà sentir*, э́то уже́ даёт себя́ чу́вствовать. *Il y a une drôle d'odeur, vous sentez?*, Стра́нно па́хнет, слы́шите? **2.** (*respirer l'odeur*) ню́хать / поню́хать. *Sentir une rose*, поню́хать ро́зу. **3.** (*avoir une odeur*) па́хнуть* III / запа́хнуть* III (+ *instr.*). *Ça sent la résine*, па́хнет смоло́й.

SENTIR (SE) [*éprouver en soi*] чу́вствовать себя́ [ч'уств]. *Comment vous sentez-vous?*, Как вы себя́ чу́вствуете? *Elle se sentait malheureuse*, она́ чу́вствовала себя́ несча́стной.

SÉPARATION (*le fait d'être séparés*) разлу́ка. *Après une longue séparation*, по́сле до́лгой разлу́ки.

SÉPARÉMENT отде́льно. *Vivre séparément*, жить отде́льно.

SÉPARER

> **1.** (*éloigner une chose d'une autre; faire un tri*) отделя́ть / отдели́ть ╲___, *part.* отделённый.
> **2.** (*partager*) разделя́ть / раздели́ть ╲___, *part.* разделённый.
> **3.** (*être placé entre*) разделя́ть / раздели́ть ╲___, *part.* разделённый.
> **4.** (*faire que des personnes ne soient plus ensemble*) разлуча́ть / разлучи́ть.
> **5.** (*empêcher des personnes de se battre*) разнима́ть / разня́ть* IV, разниму́, разни́мешь... ╲___; разня́л, разняла́, разня́ло, разня́ли ⋀__; разня́тый, разня́т, разнята́, разня́то, разня́ты ⋀__.

1. *Séparer le jaune du blanc*, отдели́ть желто́к от белка́. *La Russie était totalement séparée de l'Europe occidentale*, Росси́я была́ соверше́нно отделена́ от За́падной Евро́пы. *Le jardin est séparé de la cour par une petite palissade*, сад отделён от двора́ невысо́ким забо́ром. **2.** *Séparer ses cheveux par une raie*, раздели́ть во́лосы пробо́ром. **3.** *Une grande distance les séparait*, их разделя́ло большо́е расстоя́ние. **4.** *On l'a séparée de sa mère*, её разлучи́ли от ма́тери. **5.** *Séparer des gamins qui se battent*, разня́ть деру́щихся мальчи́шек.

SÉPARER (SE) [*se quitter*] расстава́ться* II, расстаю́сь, расстаёшься...; расстава́йся; расстава́ясь / расста́ться* *n. cl.*, расста́нусь, расста́нешься... *Il est déjà tard, il est temps de nous séparer*, Уже́ по́здно, пора́ нам расстава́ться.

SEPT 1. (*en règle générale*) семь. *Il a sept ans*, ему́ семь лет. *À sept kilomètres de la ville*, в семи́ киломе́трах от го́рода. **2.** (*au sens de « septième » et, en particulier, dans l'expression de la date*) седьмо́й. *Je suis arrivé le 7 février*, я прие́хал 7-го февраля́. *À la page sept*, на седьмо́й страни́це. *Charles VII*, Карл VII (Карл Седьмо́й). **3.** (*aux cartes*) семёрка. *Un sept de pique*, семёрка пик. ● **Sept cent..., sept cents**, семьсо́т. *Plus de sept cents francs*, бо́льше семисо́т фра́нков. **Sept-centième**, семисо́тый.

SEPTANTE се́мьдесят.

SEPTEMBRE сентя́брь ╱‾‾ *m. C'était au mois de septembre*, э́то бы́ло в сентябре́. *Nous sommes arrivés ici le 8 septembre*, мы прие́хали сюда́ 8-го сентября́.

SEPTENNAL семиле́тний. *Le plan septennal*, семиле́тний план.

I. SEPTIÈME *adj.* **1.** (*en règle générale*) седьмóй. *Dans le septième volume*, в седьмóм тóме. **2.** (*en parlant des étages*) восьмóй. *Au septième étage*, на восьмóм этажé.

II. SEPTIÈME *subst.* **1.** (*septième étage*) восьмóй этáж (этáж ⁄——). *Ils habitent au septième*, они́ живýт на восьмóм этажé. **2.** (*fraction*) седьмáя *adj. subst. f. Les deux septièmes*, две седьмы́х.

SERF 1. *adj.* крепостнóй. *Des paysans serfs*, крепостны́е крестья́не. **2.** *subst.* крепостнóй *adj. subst. m. La libération des serfs*, освобождéние крепостны́х.

SERGENT сержáнт.

SÉRIE сéрия. *Une série de timbres*, сéрия мáрок. *Faire une série d'expériences*, провести́ сéрию óпытов. ● **De série, en série**, сери́йный. *Le passage à la production en série*, перехóд на сери́йное произвóдство.

SÉRIEUSEMENT серьёзно. *Je parle tout à fait sérieusement*, я говорю́ совершéнно серьёзно. *Non mais, sérieusement, il faudrait s'y mettre au plus vite*, Нет, серьёзно, нáдо бы поскорéй взя́ться за дéло.

I. SÉRIEUX *adj.* серьёзный. *Un homme sérieux*, серьёзный человéк. *La situation est sérieuse*, положéние серьёзное.

II. SÉRIEUX *subst.* серьёзность *f. En dépit du sérieux de la situation*, несмотря́ на серьёзность положéния. ● **Prendre qqch. au sérieux**, приня́ть чтó-нибудь всерьёз.

SERMENT кля́тва (*affirmation solennelle*); прися́га (*engagement pris devant témoins*). *Un serment de fidélité*, кля́тва в вéрности. *Faire serment*, дать кля́тву. *Prêter serment*, принести́ прися́гу.

SERPENT змея́ ‾‾‾ ——. *Un serpent l'a mordu*, егó ужáлила змея́. *Un serpent venimeux*, ядови́тая змея́.

SERRER 1. (*en règle générale*) жать* IV, жму, жмёшь... / пожáть* IV, пожмý, пожмёшь...; пожáтый; *ou, avec diverses nuances*, сжимáть / сжать* IV, сожмý, сожмёшь...; сжáтый (*rapprocher en serrant*); *ou* прижимáть / прижáть* IV, прижмý, прижмёшь...; прижáтый (*serrer contre qqch.*); зажимáть / зажáть* IV, зажмý, зажмёшь...; зажáтый (*empêcher tout mouvement*). *Serrer la main à qqn*, пожáть комý-нибудь рýку. *Ces souliers me serrent*, боти́нки жмут. *Cette veste me serre aux épaules*, пиджáк жмёт в плечáх. *Serrer les dents*, сжать зýбы. *Serrer qqn dans ses bras*, сжать когó-нибудь в свои́х объя́тиях. *Serrer qqn sur son cœur*, прижáть когó-нибудь к сéрдцу. *Les enfants se serraient les uns contre les autres*, дéти сидéли прижáвшись друг к дрýгу. *J'étais serré par la foule*, меня́ зажáли в толпé. **2.** (*rendre plus étroit*) затя́гивать / затянýть ∖——. *Serrer un nœud coulant*, затянýть пéтлю. *Serrer sa ceinture*, затянýть пóяс.

SERRURE замóк.

SERRURIER слéсарь*, *nom. pl.* слесаря́ —— ‾‾‾ *m.*

SERVAGE крепостнóе прáво. *L'abolition du servage*, отмéна крепостнóго прáва.

SERVEUSE официáнтка.

SERVICE ——

> **1.** (*activité d'une personne*) слýжба.
> **2.** (*organisme chargé d'une branche d'activité*) слýжба (*emploi limité à quelques expressions*); управлéние (*direction*); отдéл (*section*); *etc.*
> **3.** (*aide que l'on apporte à qqn*) услýга // большáя прóсьба *ou, simplement*, прóсьба (*dans la traduction de l'expression « J'ai un service à... demander »*) // одолжéние (*utilisé principalement dans l'expression* « Сдéлай одолжéние » *ou* « Сдéлайте одолжéние »).
> **4.** (*assortiment de vaisselle*) серви́з.

1. *Aujourd'hui je ne suis pas allé à mon service*, сегóдня я не пошёл на слýжбу. *André est parti au service militaire*, Андрéй ушёл на воéнную слýжбу. **2.** *Le Service des poids et mesures*, слýжба мер и весóв. *Le service cartographique*, картографи́ческая слу́жба. *Le Service du Plan*, Плáновое управлéние. *Le service technique*, техни́ческий отдéл. **3.** *Rendre service à qqn*, оказáть комý-нибудь услýгу. *Proposer ses services à qqn*, предложи́ть комý-нибудь свои́ услýги. // *J'ai un service à vous demander*, У меня́ к вам большáя прóсьба. // *Pourriez-vous me rendre un petit service? Allez chercher mon frère et dites-lui de venir*, Сдéлайте одолжéние, поищи́те брáта и позови́те егó сюдá. **4.** *Un service en porcelaine*, фарфóровый серви́з. ● **À votre service** (*en réponse à un remerciement*), Пожáлуйста [пʌжалустэ]. **L'escalier de service**, чёрный ход. **Être de service**, быть дежýрным. **Une femme de service**, убóрщица. **Mettre qqch. en service**, ввести́ чтó-нибудь в эксплуатáцию.

SERVIETTE 1. (*de table*) салфéтка. **2.** (*de toilette*) полотéнце. **3.** (*porte-documents*) портфéль *m*.

SERVIR

> **1.** (*faire son service*) служи́ть \—— (*le nom ou le pronom désignant le bénéficiaire de ce service est exprimé au datif*).
> **2.** (*un client*) обслýживать.
> **3.** (*un plat, une boisson...*) подавáть* II, подаю́, подаёшь...; подавáй; подавáя / подáть* *n. cl.*, подáм, подáшь, подáст, подади́м, подади́те, подадýт; пóдал, подалá, пóдало, пóдали ∧—; подáй; пóданный, пóдан, поданá, пóдано, пóданы ∧—.
> **4.** (*tenir lieu de, être utilisé comme*) служи́ть \—— / послужи́ть \—— (+ *instr.*).
> **5.** (*être utilisable*) годи́ться / пригоди́ться (на + *acc.*).

1. *Servir dans la marine*, служи́ть во флóте. *Servir son pays*, служи́ть рóдине. **2.** *Servir un client*, обслýживать покупáтеля. **3.** *Le déjeuner est servi*, обéд пóдан. **4.** *Servir d'exemple*, служи́ть примéром. **5.** *À quoi ça peut servir?*, На что э́то мóжет годи́ться?

SERVIR (SE) 1. (*utiliser*) пóльзоваться / воспóльзоваться (+ *instr.*). *Je ne sais pas me servir de cet instrument*, я не умéю пóльзоваться э́тим инструмéнтом. **2.** (*prendre d'un mets*) брать* IV, берý, берёшь...; брал, бралá, брáло, брáли ∧— / взять* IV, возьмý, возьмёшь...; взял, взялá, взя́ло, взя́ли ∧—. *Servez-vous, je vous en prie*, Бери́те, пожáлуйста.

SES v. SON.

SEUIL порóг.

SEUL 1. (*attribut*) оди́н; одинóкий (*solitaire*). *Je suis seule*, я однá. *C'est le seul qui ait terminé*, он оди́н кóнчил рабóту. *Elle se sent très seule*, онá чýвствует себя́ одинóкой. **2.** (*épithète*) оди́н (*peut être renforcé et même parfois remplacé par* « тóлько » *ou par* « лишь »); еди́нственный (*le seul; exclusif*). *Elle n'a pas une seule amie*, у неё нет ни однóй подрýги. *Pas un seul d'entre eux ne soupçonne que je suis ici*, ни оди́н из них не подозревáет, что я здесь. *Lui seul a compris ce qui s'était passé*, он оди́н пóнял, что случи́лось *ou* тóлько он оди́н пóнял, что случи́лось. *C'est la seule difficulté*, э́то еди́нственное затруднéние. *C'est ma seule distraction*, э́то моё еди́нственное развлечéние. **3.** (*au sens de « tout seul, sans aide extérieure »*) сам. *Vous l'avez fait seul?*, Вы сáми э́то сдéлали? ● **Tout seul 1.** (*sans aide extérieure*) сам. *Tu as fait ça tout seul?*, Ты сам э́то сдéлал? **2.** (*sans difficulté*) как по мáслу. *Ça va tout seul*, дéло идёт как по мáслу.

SEULEMENT тóлько. *J'ai seulement trois roubles*, у меня́ тóлько три рубля́.

SÉVÈRE стрóгий ∧—, *comp.* стрóже*, *superl.* строжáйший. *Un professeur sévère*, стрóгий учи́тель. *Une diète sévère*, стрóгая диéта. *De la manière la plus sévère*, строжáйшим óбразом.

SÉVÈREMENT стрóго, *comp.* стрóже*. *Punir qqn sévèrement*, стрóго наказáть когó-нибудь.

SÉVÉRITÉ стрóгость *f*. *Avec toute la sévérité qui s'impose*, с надлежáщей стрóгостью. *La sévérité des lignes*, стрóгость ли́ний.

SEXE пол . *Des personnes des deux sexes*, лица обоего пола. *Le beau sexe*, прекрасный пол. *Le sexe fort*, сильный пол.

SHAMPOOING шампунь *m.*

SHORT шорты, шортов, шортам... *pl. t.*

SI

> **I. Conjonction:**
> **1.** (*irréel*) если бы (*le verbe de la proposition prend la forme du passé*).
> **2.** (*potentiel*) если.
> **3.** (*interrogation indirecte*) ли (*se place après le mot ou le groupe de mots sur lesquels porte l'interrogation*).
> **4.** (*interrogation hypothétique exprimant une incitation à faire qqch.*) давай *ou* давайте *selon que l'on tutoie ou que l'on vouvoie son interlocuteur* (« давай » *et* « давайте » *régissent un futur simple ou un infinitif*).
> **II. Adverbe:**
> **1.** (*d'intensité*) так (*détermine un adverbe ou un adjectif à la forme courte*) // такой (*détermine un adjectif à la forme longue*).
> **2.** (*d'affirmation*) нет (*au début de la proposition*); да (*lorsque « si » est introduit par la conjonction « que »*).
> **III. Substantif** (*note de musique*):
> си* *indécl. n.*

I. 1. *Si j'avais de l'argent, je te rembourserais*, если бы у меня были деньги, я бы тебе заплатил. *Si j'avais eu de l'argent, je t'aurais remboursé*, если бы у меня были деньги, я бы тебе заплатил. *Ah, s'il était encore ici!*, Ах, если бы он был ещё здесь! **2.** *S'il était malade, il fallait appeler le docteur*, если он был болен, надо было вызвать врача. *S'il a été capable de faire ça, je saurais bien le faire moi aussi*, если он смог это сделать, то и я смогу. *Si vous n'avez pas de preuves, je vous dis: je n'y crois pas*, Если у вас нет доказательств, я вам говорю: не верю. *Si vous voulez*, если хотите. *S'il vient, j'irai avec lui au cinéma*, если он придёт, я пойду с ним в кино. *Elle doit bientôt arriver, si elle ne se perd pas en route*, она скоро придёт, если только не собьётся с пути. *S'il vient, dites-lui que je suis malade*, Если он придёт, скажите ему, что я болен. *Et si par hasard il l'apprenait?*, А что, если он узнает об этом? **3.** *Je ne sais pas si elle viendra*, я не знаю, придёт ли она. **4.** *Si on mangeait?*, Давай пообедаем. *Si on jouait aux échecs?*, Давайте играть в шахматы.

II. 1. *Il parle si fort que je l'entends d'ici*, он так громко говорит, что я его слышу отсюда. *Il faisait noir et elle me tournait le dos, si bien que je ne l'ai pas reconnue*, было темно, да и она стояла ко мне спиной, так что я её не узнал. *Elle est si belle!*, Она так красива! *Ce n'est pas si facile!* Это не так то легко. // *Une si jolie fille*, такая красивая девушка. *Elle a des valises si lourdes qu'il va falloir l'aider*, у неё такие тяжёлые чемоданы. что придётся ей помочь. *Dans un si petit village*, в такой маленькой деревне. **2.** « *Ce n'est pas lui? — Si, c'est lui* », « Это не он? — Нет, это он. » *Moi je dis que si*, А я говорю, что да.

III. *Si bémol*, си бемоль.

I. SIBÉRIEN *adj.* сибирский. *Le climat sibérien*, сибирский климат.

II. SIBÉRIEN *subst.* сибиряк .

SIBÉRIENNE сибирячка.

SIÈCLE век*, *nom. pl.* века (*espace de cent ans comptés à partir d'une date fixe*); столетие (*période de cent ans*). *Au XIXe siècle*, в XIX веке. *Huit siècles se sont écoulés*, прошло восемь столетий.

SIÈGE 1. (*pour s'asseoir*) сиденье. *Sur le siège arrière*, на заднем сиденье. **2.** (*opération militaire*) осада. *Le siège d'une forteresse*, осада крепости. *Lever le siège*, снять осаду. ● **Faire le siège** (*assiéger*), осаждать / осадить, *part.* осаждённый* (+ *acc.*). *Faire le siège d'une ville*, осадить город.

SIEN 1. (*si le possesseur est sujet de la proposition*) свой. *J'ai pris mon* *livre et lui le sien*, я взял свою́ кни́гу, а он свою́. **2.** (*si le possesseur n'est pas sujet de la proposition*) его́ (*possesseur masculin ou neutre*); её (*possesseur féminin*). *Ce n'est pas ton parapluie; tu as pris le sien, voilà le tien*, э́то не твой зо́нтик, ты взял его́ зо́нтик, а вот твой.

REMARQUE. Ces pronoms sont souvent précisés par un substantif alors que celui-ci est sous-entendu en français (*voir le second exemple*).

SIFFLEMENT свист (*pas de pl.*). *Le sifflement d'une locomotive*, свист парово́за. *Le sifflement des balles*, свист пуль.

SIFFLER

1. (*faire entendre un sifflement*) свисте́ть* I, свищу́, свисти́шь... / сви́стнуть // шипе́ть* I, шипи́т, шипя́т / зашипе́ть* I [*id.*] (*en parlant d'un serpent, d'un animal*).
2. (*appeler en sifflant*) свисте́ть* / сви́стнуть.
3. (*siffloter un air*) насви́стывать.
4. (*marquer sa désapprobation en sifflant*) освистывать / освиста́ть* II, освищу́, осви́щешь... ⟍——.

1. *L'agent de police a sifflé*, милиционе́р сви́стнул. *La locomotive sifflait*, парово́з свисте́л. *Les balles sifflaient au-dessus de nos têtes*, пу́ли свисте́ли над на́шими голова́ми. // *Le serpent sifflait*, змея́ шипе́ла. **2.** *Siffler son chien*, сви́стнуть соба́ку. **3.** *Siffler une chanson*, насви́стывать пе́сню. **4.** *Siffler un acteur*, освиста́ть актёра.

SIFFLET свисто́к. *Un sifflet en fer-blanc*, жестяно́й свисто́к. ● **Un coup de sifflet**, свисто́к. *On entendit un coup de sifflet*, разда́лся свисто́к.

SIFFLOTER насви́стывать. *Siffloter une chanson*, насви́стывать пе́сню.

SIGNAL сигна́л. *Un signal sonore*, звуково́й сигна́л. *Le signal d'alarme*, сигна́л трево́ги.

SIGNALER 1. (*faire savoir*) сообща́ть / сообщи́ть (*tr. ou* о + *loc.*). *Il a oublié de signaler son départ*, он забы́л сообщи́ть о своём отъе́зде. **2.** (*transmettre des signaux*) сигна́лить / посигна́лить (о + *loc.*). *Signaler le départ du bateau*, сигна́лить об отпра́вке парохо́да.

SIGNATURE (*nom apposé au bas d'un écrit*) по́дпись *f*. *La signature est illisible*, по́дпись неразбо́рчива.

SIGNE знак. *Faire des signes avec la main*, сде́лать зна́ки руко́й. *Les signes de ponctuation*, зна́ки препина́ния. *Le signe mou*, мя́гкий знак. *Le signe dur*, твёрдый знак. *En signe d'amitié*, в знак дру́жбы. ● **Faire le signe de la croix**, крести́ться ⟍—— / перекрести́ться ⟍——.

SIGNER подпи́сывать / подписа́ть* II, подпишу́, подпи́шешь... ⟍—— (*tr.*); подпи́сываться / подписа́ться* II, подпишу́сь, подпи́шешься... ⟍—— (*intr.*). *Signer un document*, подписа́ть докуме́нт. *Signer un accord*, подписа́ть соглаше́ние. *Il a refusé de signer*, он отказа́лся подписа́ться.

SIGNIFICATION значе́ние. *La signification d'un mot*, значе́ние сло́ва.

SIGNIFIER (*avoir tel ou tel sens*) зна́чить; означа́ть (*livresque*). *Qu'est-ce que ça signifie?*, Что э́то зна́чит? *Que signifient ces astérisques?*, Что означа́ют э́ти звёздочки?

SILENCE молча́ние (*le fait de ne pas parler*); тишина́ (*absence de bruit*). *Garder le silence*, храни́ть молча́ние. *Rompre le silence*, прерва́ть молча́ние. *Passer qqch. sous silence*, обойти́ что́-нибудь молча́нием. *La conspiration du silence*, за́говор молча́ния. *La parole est d'argent mais le silence est d'or*, сло́во — серебро́, молча́ние — зо́лото. *Dans le silence de la nuit*, в ночно́й тишине́. ● **En silence**, мо́лча. *Ils se regardaient en silence*, они́ мо́лча смотре́ли друг на дру́га. **Silence!**, Ти́ше!

SILENCIEUX 1. (*qui ne fait pas de bruit*) бесшу́мный. *Un moteur silencieux*, бесшу́мный мото́р. **2.** (*qui ne parle guère*) молчали́вый. *C'est un homme silencieux*, он челове́к молчали́вый.

SILHOUETTE силуэ́т.

SIMPLE просто́й , *comp.* про́ще*. *Un corps simple*, просто́е те́ло. *C'est très simple*, э́то о́чень про́сто. *Des gens simples*, просты́е лю́ди.

SIMPLEMENT про́сто, *comp.* про́ще*. *J'ai simplement envie de dormir*, мне про́сто хо́чется спать.

SIMPLICITÉ простота́. *La simplicité de son style*, простота́ его́ сти́ля.

SIMPLIFICATION упроще́ние. *Une simplification de l'orthographe*, упроще́ние правописа́ния.

SIMPLIFIER упроща́ть / упрости́ть. *Pour simplifier le problème*, что́бы упрости́ть пробле́му.

SIMULTANÉ одновре́ме́нный, одновреме́нен, одновреме́нна... *Des événements simultanés*, одновреме́нные собы́тия. *La traduction simultanée*, одновреме́нный перево́д.

SINCÈRE и́скренний, и́скренен, и́скренна, и́скренно, и́скренны (*cet adjectif est de type mouillé à la forme longue, de type dur à la forme courte*). *Un homme sincère*, и́скренний челове́к. *Un aveu sincère*, и́скреннее призна́ние.

SINCÈREMENT и́скренне. *Parler sincèrement*, говори́ть и́скренне.

SINCÉRITÉ и́скренность *f*. *En toute sincérité*, с по́лной и́скренностью.

SINGE обезья́на.

SINGULIER *subst.* еди́нственное число́. *Mettre un nom au singulier*, поста́вить существи́тельное в еди́нственном числе́.

SINON 1. (*autrement, sans quoi*) ина́че; а то. *Il faut que tu te reposes, sinon tu tomberas malade*, Тебе́ на́до отдохну́ть, ина́че заболе́ешь. *Il faut se dépêcher, sinon nous serons en retard*, на́до спеши́ть, а то опозда́ем. **2.** (*si ce n'est*) е́сли не. *Il est de mon âge, sinon plus jeune*, он моего́ во́зраста, е́сли не моло́же.

SIRÈNE (*appareil avertisseur*) гудо́к, сире́на. *La sirène de l'usine*, фабри́чный гудо́к. *La sirène du bateau*, гудо́к парохо́да. *La sirène d'alerte*, сире́на возду́шной трево́ги.

SIROP сиро́п. *Du sirop de framboise*, мали́новый сиро́п.

SITUATION положе́ние. *La situation est catastrophique*, положе́ние катастрофи́ческое. *Être à la hauteur de la situation*, быть на высоте́ положе́ния.

SITUÉ располо́женный, располо́жен, располо́жена... *La maison est située sur une hauteur*, дом располо́жен на холме́.

SIX 1. (*en règle générale*) шесть. *Six francs*, шесть фра́нков. *Il faudrait rentrer vers six heures*, на́до бы верну́ться к шести́. **2.** (*au sens de « sixième » et, en particulier, dans l'expression de la date*) шесто́й. *À la page six*, на шесто́й страни́це. *Il est arrivé le 6 octobre*, он прие́хал 6-го октября́. *Charles VI*, Карл VI (Карл Шесто́й). **3.** (*aux cartes*) шестёрка. *Un six de cœur*, шестёрка черве́й. ● **À la six-quatre-deux,** спустя́ рукава́. *Faire qqch. à la six-quatre-deux*, де́лать что́-нибудь спустя́ рукава́. **Six cent..., six cents,** шестьсо́т. **Six-centième,** шестисо́тый.

I. SIXIÈME *adj.* **1.** (*en règle générale*) шесто́й. *Le sixième volume*, шесто́й том. **2.** (*en parlant des étages*) седьмо́й. *Ils habitent au sixième étage*, они́ живу́т на седьмо́м этаже́.

II. SIXIÈME *subst.* **1.** (*classe*) шесто́й класс (*traduction précise du français*); пя́тый класс (*nom de la classe correspondante dans les écoles soviétiques*). **2.** (*étage*) седьмо́й эта́ж (эта́ж). *Ils habitent au sixième*, они́ живу́т на седьмо́м этаже́. **3.** (*fraction*) шеста́я *adj. subst. f*. *Les cinq sixièmes*, пять шесты́х.

SKI лы́жа. *Faire du ski*, ката́ться на лы́жах.

SKIEUR лы́жник.

SKIEUSE лы́жница.

I. SLAVE *adj.* славя́нский. *Les peuples slaves*, славя́нские наро́ды.

II. SLAVE *subst.* **1.** *m.* славяни́н*,

pl. славя́не, славя́н, славя́нам... **2.** *f.* славя́нка.

SOBRE (*qui boit avec modération*) непью́щий. *C'est un homme sobre,* он челове́к непью́щий.

SOCIABLE общи́тельный. *Un caractère sociable,* общи́тельный хара́ктер. *Un homme sociable,* общи́тельный челове́к.

SOCIAL социа́льный. *Le progrès social,* социа́льный прогре́сс. *Les assurances sociales,* социа́льное страхова́ние.

SOCIALISME социали́зм.

I. SOCIALISTE *subst.* **1.** *m.* социали́ст. **2.** *f.* социали́стка.

II. SOCIALISTE *adj.* социалисти́ческий. *Le parti socialiste,* социалисти́ческая па́ртия.

SOCIÉTÉ о́бщество. *La société féodale,* феода́льное о́бщество. *Une société anonyme,* акционе́рное о́бщество. *Une société sportive,* спорти́вное о́бщество.

SŒUR сестра́, *pl.* сёстры, сестёр, сёстрам... —— ˅——. *C'est ma sœur aînée,* э́то моя́ ста́ршая сестра́.

SOI себя́ *pronom personnel réfléchi* (*ce pronom n'a pas de nominatif*). *Faire qqch. pour soi,* сде́лать что́-нибудь для себя́. *Prendre qqch. avec soi,* взять что́-нибудь с собо́й. *Ne penser qu'à soi,* ду́мать то́лько о себе́. • **Cela va de soi,** Само́ собо́й разуме́ется. **Chez soi 1.** (*direction*) домо́й. *Rentrer chez soi,* верну́ться домо́й. **2.** (*emplacement*) до́ма. *Rester chez soi,* сиде́ть до́ма.

SOI-DISANT 1. (*prétendu*) так называ́емый. *Les soi-disant « rois du pétrole »,* так называ́емые « короли́ не́фти ». **2.** (*sous prétexte*) бу́дто бы; я́кобы (*livresque*). *On a fermé l'usine, soi-disant parce qu'on manquait de débouchés,* заво́д закры́ли, бу́дто бы за недоста́тком сбы́та.

SOIE шёлк*, *loc.* шелку́ ——↗. *De la soie artificielle,* иску́сственный шёлк. • **De soie, de la soie, en soie,** шёлковый. *Une robe en soie,* шёлковое пла́тье. *L'industrie de la soie,* шёлковая промы́шленность.

SOIF жа́жда. *Étancher sa soif,* утоли́ть жа́жду. // (*Fig.*) *La soif de vengeance,* жа́жда ме́сти. • **Avoir soif,** хо́чется пить (*infinitifs inusités*; хо́чется; хоте́лось / захо́чется; захоте́лось; *au sujet de la proposition française correspond en russe un nom ou un pronom au datif*). *J'ai soif,* мне хо́чется пить.

SOIGNÉ 1. (*fait avec soin*) аккура́тный. *Un travail soigné,* аккура́тная рабо́та. **2.** (*habillé avec soin*) аккура́тно оде́тый. • **Peu soigné** (*négligé*), небре́жный. *Un travail peu soigné,* небре́жная рабо́та.

SOIGNER 1. (*donner des soins médicaux*) лечи́ть ˅—— / полечи́ть ˅——. *Soigner un malade,* лечи́ть больно́го. *Se soigner,* лечи́ться. *Soigner qqn aux barbituriques,* лечи́ть кого́-нибудь барбитура́тами. **2.** (*s'occuper de qqn*) уха́живать (за + *instr.*). *Soigner un enfant malade,* уха́живать за больны́м ребёнком.

SOIN (*application à faire qqch.*) тща́тельность *f.* *Avec un grand soin,* с большо́й тща́тельностью. • **Avoir soin de, prendre soin de** (*ménager*), забо́титься / позабо́титься (о + *loc.*). *Avoir soin de sa santé,* забо́титься о своём здоро́вье. **Donner des soins à qqn,** лечи́ть ˅—— / полечи́ть ˅—— (*tr.*). *Donner des soins à un malade,* лечи́ть больно́го.

SOIR 1. (*au sens de « pendant la soirée », dans des expressions comme « le soir », « hier soir », « ce soir », « mardi soir », « le 20 au soir », etc.*) ве́чером. *Il est rentré tard le soir,* он верну́лся по́здно ве́чером. *Ce soir,* сего́дня ве́чером *ou, simplement,* ве́чером. *Demain soir,* за́втра ве́чером. *Elle arrive lundi soir,* она́ приезжа́ет в понеде́льник ве́чером. *Le 20 au soir,* 20-го ве́чером. **2.** (*dans les autres emplois*) ве́чер*, *nom. pl.* вечера́ —— —— (*l'accent passe sur la préposition dans le groupe* « по́д вечер »). *Du matin au soir,* с утра́ до ве́чера. *À huit heures du soir,* в во́семь часо́в ве́чера. • **Du soir** (*qui se fait le soir, qui concerne le soir*), вече́рний. *Un journal du soir,* вече́рняя газе́та.

REMARQUE. C'est à l'aide du mot « день », « le jour », que l'on traduit le mot « soir » dans le groupe « quatre heures du soir ». Ex.: *à quatre heures du soir*, в четы́ре часа́ дня.

SOIRÉE ве́чер*, *nom. pl.* вечера́. *Les longues soirées d'hiver*, дли́нные зи́мние вечера́. *Une soirée dansante*, танцева́льный ве́чер.

SOIT 1. (*répété*) ли́бо. *Soit l'un soit l'autre*, ли́бо оди́н, ли́бо друго́й. **2.** (*non répété et marquant une supposition*) пусть бу́дет. *Soit un triangle rectangle*, пусть бу́дет прямо́й треуго́льник. **3.** (*non répété et marquant l'acquiescement*) пусть. *Il veut s'en aller? Soit*, Он хо́чет уе́хать? Пусть.

SOIXANTAINE *n'a pas d'équivalent; traduire comme « environ soixante ». Une soixantaine de personnes*, челове́к шестьдеся́т. *Une soixantaine de kilomètres*, о́коло шести́десяти киломе́тров. *Elle a une soixantaine d'années*, ей под шестьдеся́т.

I. SOIXANTE шестьдеся́т. *Soixante francs*, шестьдеся́т фра́нков. *À soixante kilomètres de Paris*, в шести́десяти киломе́трах от Пари́жа. • **Soixante et onze,** се́мьдесят оди́н. **Soixante et onzième,** се́мьдесят пе́рвый.

II. SOIXANTE- • **Soixante-dix,** се́мьдесят. *Soixante-dix pages*, се́мьдесят страни́ц. *À soixante-dix kilomètres de la frontière*, в семи́десяти киломе́трах от грани́цы. **Soixante-dixième,** семидеся́тый.

REMARQUE. Le mot « се́мьдесят » est également utilisé pour la traduction de « soixante-douze », « се́мьдесят два »; « soixante-douzième », « се́мьдесят второ́й »; « soixante-treize », « се́мьдесят три », etc.

I. SOL 1. (*terrain*) по́чва. *Un sol fertile*, плодотво́рная по́чва. **2.** (*surface de la terre*) земля́ (*l'accent passe en général sur la préposition dans le groupe* « на́ землю »). *Creuser le sol*, рыть зе́млю.

II. SOL (*note de musique*) соль* *indécl. n. Sol dièse*, соль дие́з.

SOLDAT солда́т*, *gén. pl.* солда́т. *La tombe du soldat inconnu*, моги́ла неизве́стного солда́та.

SOLDE (*marchandise vendue au rabais*) уценённый това́р.

SOLEIL со́лнце [сонцыᵉ]. *La Terre tourne autour du Soleil*, Земля́ враща́ется вокру́г Со́лнца. *Le soleil se lève*, со́лнце встаёт. *Le soleil se couche*, со́лнце захо́дит. *Se chauffer au soleil*, гре́ться на со́лнце. • **De soleil, du soleil,** со́лнечный. *Les rayons du soleil*, со́лнечные лучи́. *Un bain de soleil*, со́лнечная ва́нна. *Un coup de soleil*, со́лнечный уда́р.

SOLENNEL торже́ственный. *Un ton solennel*, торже́ственный тон.

SOLIDE *adj.*

> **1.** (*peu fragile, résistant, durable*) про́чный.
> **2.** (*robuste*) кре́пкий, *comp.* кре́пче*.
> **3.** (*sérieux, qui mérite d'être pris en considération*) основа́тельный.
> **4.** (*en parlant d'un corps qui a de la consistance*) твёрдый.

1. *Des meubles solides*, про́чная ме́бель. *Une amitié solide*, про́чная дру́жба. **2.** *Une solide santé*, кре́пкое здоро́вье. *Un vieillard solide*, кре́пкий стари́к. *Il a des nerfs solides*, у него́ кре́пкие не́рвы. **3.** *De solides raisons*, основа́тельные причи́ны. **4.** *Un corps solide*, твёрдое те́ло.

SOLITAIRE *adj.* одино́кий. *Une vie solitaire*, одино́кая жизнь. *Une promenade solitaire*, одино́кая прогу́лка.

SOLITUDE одино́чество. *Vivre dans la solitude la plus totale*, жить в соверше́нном одино́честве.

SOLO со́ло* *indécl. n.*

SOLUTION (*d'un problème*) реше́ние; вы́ход (*moyen d'en sortir*). *La solution d'un problème*, реше́ние зада́чи. *Il n'y a pas de solution*, вы́хода нет.

SOMBRE 1. (*obscur; foncé*) тёмный, тёмен, темна́, темно́, темны́. *Une nuit sombre*, тёмная ночь. *Une couleur sombre*, тёмный цвет. **2.** (*en parlant du* *temps*) па́смурный. *Un temps sombre*, па́смурная пого́да. **3.** (*triste, morose*) мра́чный ∧—. *Un air sombre*, мра́чный вид. ● **Il fait sombre,** темно́ *et le verbe* быть. *Dehors il faisait sombre*, на дворе́ бы́ло темно́.

SOMME *subst. f.* су́мма. *Une grosse somme*, кру́пная су́мма. ● **En somme,** в о́бщем. *En somme, on peut considérer qu'il a raison*, в о́бщем мо́жно счита́ть, что он прав.

SOMMEIL сон. *Dormir d'un sommeil profond*, спать кре́пким сном. ● **Avoir sommeil,** хо́чется спать (*infinitifs inusités;* хо́чется; хоте́лось / захо́чется; захоте́лось; *au sujet de la proposition française correspond en russe un nom ou un pronom au datif*). *J'ai sommeil*, мне хо́чется спать.

SOMMET верши́на. *Le sommet de la montagne*, верши́на горы́. *Le sommet de l'arbre*, верши́на де́рева. // (*Fig.*) *Il était au sommet de la gloire*, он был на верши́не сла́вы.

SOMNIFÈRE *subst.* снотво́рное *adj. subst. n. Prendre un somnifère*, приня́ть снотво́рное.

I. SON *pronom-adjectif* **1.** (*si le possesseur est sujet de la proposition*) свой (*peut souvent être omis*). *Elle a pris son livre?*, Она́ взяла́ свою́ кни́гу? *Il a perdu son père*, он потеря́л отца́. **2.** (*dans le cas contraire*) его́ (*si le possesseur est masculin ou neutre*); её (*si le possesseur est féminin*). *Appelle voir André. Son frère vient d'arriver*, Позови́-ка Андре́я. Его́ брат то́лько что прие́хал. *Appelle voir Hélène. Son frère vient d'arriver*, Позови́-ка Еле́ну. Её брат то́лько что прие́хал.

II. SON *subst.* (*onde sonore*) **1.** (*en règle générale*) звук. *La vitesse du son*, ско́рость зву́ка. *Produire un son agréable*, производи́ть прия́тный звук. **2.** (*émis par un objet en métal ou en verre et, en particulier, par une cloche*) звон. *Le son de la cloche*, звон ко́локола.

SONGER ду́мать / поду́мать (*penser*); мечта́ть / помечта́ть (*rêver*). *À quoi songes-tu?*, О чём ты ду́маешь? *ou* О чём ты мечта́ешь?

SONNER 1. (*se faire entendre*) звони́ть / зазвони́ть *ou* прозвони́ть. *La cloche sonne*, ко́локол звони́т. *Le réveil a sonné*, буди́льник прозвони́л. **2.** (*déclencher une sonnerie*) звони́ть / позвони́ть. *Quelqu'un a sonné; va ouvrir la porte*, Кто́-то звони́л; откро́й дверь. **3.** (*indiquer l'heure; être indiqué en parlant de l'heure*) бить* II, бью, бьёшь... / проби́ть* II, пробью́, пробьёшь...; про́бил, про́било, про́били; проби́тый. *L'horloge sonne six heures*, часы́ бьют шесть. *Six heures sonnent*, бьёт шесть часо́в. *Minuit a sonné en ville*, в го́роде про́било по́лночь.

SONNERIE 1. (*mécanisme servant à faire sonner une horloge, un réveil*) бой *m. La sonnerie de l'horloge*, бой часо́в. *Remonter la sonnerie du réveil*, завести́ буди́льник на бой. **2.** (*appareil avertisseur; signaux que donne cet appareil*) звоно́к. *La sonnerie électrique*, электри́ческий звоно́к. *Brusquement on entendit la sonnerie du téléphone*, вдруг разда́лся телефо́нный звоно́к. **3.** (*son d'une cloche, d'une clochette...*) звон. *La sonnerie du réveil*, звон буди́льника.

SONNETTE 1. (*clochette*) колоко́льчик. *Le président a agité la sonnette*, председа́тель позвони́л в колоко́льчик. **2.** (*électrique*) звоно́к. *Appuyer sur la sonnette*, нажа́ть на звоно́к.

SONORE (*qui a un son éclatant*) зво́нкий ∧—, *comp.* зво́нче*. *Une voix sonore*, зво́нкий го́лос.

SOPRANO сопра́но* *indécl. n.*

SORCIER колду́н ╱—— ——

SORCIÈRE колду́нья.

SORT 1. (*destin*) судьба́; у́часть *f.* (*livresque*). *Se plaindre de son sort*, жа́ловаться на свою́ судьбу́. *Abandonner qqn à son triste sort*, бро́сить кого́-нибудь на произво́л судьбы́. *Pour adoucir son sort*, что́бы облегчи́ть его́ у́часть. *Un triste sort*, го́рькая у́часть. **2.** (*hasard*) жре́бий *m. Tirer au sort*, бро́сить жре́бий. *Le sort en est jeté*, жре́бий бро́шен.

SORTE род (*genre*); сорт*, *nom. pl.*

сортá ——— ——— (*catégorie*). *Des marchandises de toutes sortes,* вся́кого ро́да това́ры. *Une nouvelle sorte de thé,* но́вый сорт ча́я. • **Toutes sortes de,** вся́кие, вся́ких, вся́ким... *pronom pluriel. Toutes sortes de gens,* вся́кие лю́ди. **Une sorte de 1.** (*déterminant un nom d'objet, un nom abstrait*) что́-то вро́де (+ *gén.*). *Une sorte de chapeau,* что́-то вро́де шля́пы. **2.** (*déterminant un nom de personne*) како́й-то. *Elle s'est adressée à une sorte d'avocat,* она́ обрати́лась к како́му-то адвока́ту.

SORTIE вы́ход; вы́езд (*endroit par où l'on sort en voiture*). *La sortie de secours,* запа́сный вы́ход. *À la sortie de la ville,* на вы́езде из го́рода.

SORTIR ———

> **1.** (*à pied*) выходи́ть ——— / вы́йти* IV, вы́йду, вы́йдешь...; вы́шел, вы́шла...; вы́йдя // *et avec diverses nuances,* выбега́ть / вы́бежать* *n. cl.,* вы́бегу, вы́бежишь..., вы́бегут; вы́беги (*en courant*); выска́кивать / вы́скочить (*d'un bond*); вылеза́ть / вы́лезть* IV, вы́лезу, вы́лезешь...; вы́лез, вы́лезла... (*sortir en grimpant; avec peine; sortir de l'eau*); *etc.*
> **2.** (*en voiture, à cheval..*) выезжа́ть / вы́ехать* IV, вы́еду вы́едешь...
> **3.** (*en volant*) вылета́ть / вы́лететь* I, вы́лечу, вы́летишь...
> **4.** (*en coulant*) вытека́ть / вы́течь* IV, вы́теку, вы́течешь..., вы́текут; вы́тек, вы́текла...
> **5.** (*en parlant d'un véhicule*) выходи́ть, выхо́дит, выхо́дят / вы́йти*.
> **6.** (*au figuré*) выходи́ть, выхо́дит, выхо́дят / вы́йти*.
> **7.** (*tirer qqch.*) вынима́ть / вы́нуть.

1. *Sortir de l'école,* вы́йти из шко́лы. // *Le loup est sorti du bois,* волк вы́бежал из ле́са. *Un lièvre est sorti du buisson,* из кусто́в вы́скочил за́яц. *Je suis sorti par la fenêtre,* я вы́лез в окно́. *Il est sorti de l'eau,* он вы́лез из воды́. **2.** *Des cavaliers sont sortis du bois,* из ле́са вы́ехали вса́дники. **3.** *L'oiseau est sorti de la cage,* пти́ца вы́летела из кле́тки. **4.** *Le fleuve sort d'un lac,* река́ вытека́ет из о́зера. **5.** *Le bateau sort du port,* парохо́д выхо́дит из по́рта. **6.** *Ça m'est sorti de la tête,* э́то у меня́ вы́шло из головы́. *Sortir de son rôle,* выходи́ть из свое́й ро́ли. **7.** *Sortir un mouchoir de sa poche,* вы́нуть из карма́на плато́к. • **Faire sortir** (*conduire au-dehors*), выводи́ть ——— / вы́вести* IV, вы́веду, вы́ведешь...; вы́вел, вы́вела...; вы́веденный. *Faire sortir un cheval de l'écurie,* вы́вести ло́шадь из коню́шни. **Laisser sortir,** выпуска́ть / вы́пустить. *Tu as encore laissé sortir le chien?,* Соба́ку опя́ть вы́пустил?

S.O.S. СОС [сос].

SOT *adj.* глу́пый ⁀——. *Elle n'est pas sotte,* она́ не глупа́.

SOU • **Pas un sou,** ни копе́йки. *Je n'ai pas un sou,* у меня́ нет ни копе́йки.

SOUCI забо́та. *Elle avait beaucoup de soucis,* у неё бы́ло мно́го забо́т.

SOUCIER (SE) забо́титься / позабо́титься (о + *loc.*). *Il ne se soucie de rien,* он ни о чём не забо́тится.

SOUCOUPE блю́дце. *Une tasse avec une soucoupe,* ча́шка с блю́дцем.

SOUDAIN *adv.* вдруг; внеза́пно (*livresque*). *Soudain, la sonnerie du téléphone retentit,* вдруг зазвони́л телефо́н.

SOUFFLE (*respiration*) дыха́ние. *Retenir son souffle,* сдержа́ть дыха́ние. • **Ça m'a coupé le souffle,** у меня́ дух захвати́ло. **Être à bout de souffle, perdre son souffle,** задыха́ться / задохну́ться. **Reprendre son souffle,** перевести́ дух.

SOUFFLER 1. (*déplacer l'air*) дуть* II, ду́ю, ду́ешь... / поду́ть* II (*id.*). *Le vent souffle,* ве́тер ду́ет. *Souffler sur le thé,* дуть на чай. **2.** (*dire à voix basse*) подска́зывать / подсказа́ть* II, подскажу́, подска́жешь...———. *Souffler à un camarade pendant la* *classe*, подска́зывать това́рищу на уро́ке.

SOUFFRANCE (*douleur, peine*) страда́ние. *Une souffrance morale*, нра́вственное страда́ние.

SOUFFRIR (*éprouver une douleur; subir un dommage*) страда́ть / пострада́ть. *Souffrir de maux de dents*, страда́ть от зубно́й бо́ли. *Le monument a beaucoup souffert pendant la guerre*, па́мятник си́льно пострада́л во вре́мя войны́. ● **Ne pas pouvoir souffrir qqn,** не могу́ терпе́ть. *Je ne peux pas le souffrir*, я его́ терпе́ть не могу́.

SOUHAIT 1. (*désir*) жела́ние. *Réaliser un souhait*, испо́лнить жела́ние. **2.** (*vœu*) пожела́ние. *Des souhaits de nouvel an*, нового́дние пожела́ния. ● **À tes souhaits!,** Будь здоро́в! *ou* Будь здоро́ва! *selon que la personne à laquelle on s'adresse est un homme ou une femme.* **À vos souhaits!,** Бу́дьте здоро́вы!

SOUHAITABLE жела́тельный. *Votre présence est souhaitable*, ва́ше прису́тствие жела́тельно. *Il est souhaitable qu'ils se réconcilient*, жела́тельно, что́бы они́ помири́лись.

SOUHAITER 1. (*en règle générale*) жела́ть / пожела́ть (*régit le génitif, un infinitif ou* « что́бы » *et la forme du passé*). *Je souhaite qu'il revienne*, я жела́ю, что́бы он верну́лся. *Je vous souhaite le succès*, Жела́ю вам успе́ха. **2.** (*une bonne fête*) поздравля́ть / поздра́вить (с + *instr.*). *Je vous souhaite une bonne année*, Поздравля́ю вас с Но́вым го́дом. *Je vous souhaite un bon anniversaire*, Поздравля́ю вас со днём рожде́ния.

SOÛL (*ivre*) пья́ный /___. ● **Tout son soûl,** до́сыта. *Se promener tout son soûl*, нагуля́ться до́сыта.

SOÛLER (SE) напи́ться допьяна́ (напива́ться / напи́ться* II, напью́сь, напьёшься...; напи́лся, напила́сь.../‾‾‾; напе́йся).

SOULÈVEMENT (*insurrection*) восста́ние. *Réprimer un soulèvement*, подави́ть восста́ние.

SOULEVER поднима́ть / подня́ть* IV, подниму́, подни́мешь... ___ ; по́днял, подняла́, по́дняло, по́дняли /___; по́днятый, по́днят, поднята́, по́днято, по́дняты /___; приподнима́ть / приподня́ть* IV, приподниму́, приподни́мешь... ___ ; припо́днял, приподняла́, припо́дняло, припо́дняли /___; припо́днятый, припо́днят, приподнята́, припо́днято, припо́дняты /___ (*soulever légèrement*). *Soulever une lourde caisse*, подня́ть тяжёлый я́щик. *Soulever de la poussière*, поднима́ть пыль. *Soulever légèrement le rideau*, приподня́ть за́навес.

SOULEVER (SE) [*se révolter*] восстава́ть* II, восстаю́, восстаёшь...; восстава́й; восстава́я / восста́ть* *n. cl.*, восста́ну, восста́нешь... *Les paysans se soulevaient contre les propriétaires terriens*, крестья́не восстава́ли про́тив поме́щиков.

SOULIER 1. (*de dames*) ту́фля, *dim.* ту́фелька. *Des souliers à talons hauts*, ту́фли на высо́ких каблука́х. **2.** (*d'hommes*) боти́нок*, *gén. pl.* боти́нок. *Des souliers en cuir*, ко́жаные боти́нки.

SOULIGNER подчёркивать / подчеркну́ть, *part.* подчёркнутый. *Les mots soulignés en rouge*, слова́, подчёркнутые кра́сным карандашо́м. // (*Fig.*) *Pour souligner l'importance de ces événements*, что́бы подчеркну́ть ва́жность э́тих собы́тий.

SOUMETTRE (*ranger sous une autorité*) подчиня́ть / подчини́ть. *Soumettre qqn à sa volonté*, подчини́ть кого́-нибудь свое́й во́ле.

SOUPÇON подозре́ние. *Des soupçons non fondés*, необосно́ванные подозре́ния.

SOUPÇONNER подозрева́ть / заподо́зрить. *Ils se soupçonnaient les uns les autres*, они́ подозрева́ли друг дру́га. *Soupçonner qqn de trahison*, заподо́зрить кого́-нибудь в изме́не.

SOUPE суп __‾‾. *Une soupe de légumes*, суп из овоще́й.

I. SOUPER *verbe* у́жинать / поу́жинать. *Si on soupait ensemble?*, Дава́й поу́жинаем вме́сте.

II. SOUPER *subst.* у́жин.

SOUPIR вздох. *Un profond soupir*, глубо́кий вздох. *Rendre le dernier soupir*, испусти́ть после́дний вздох. ● **Pousser des soupirs, pousser un soupir**, вздыха́ть / вздохну́ть.

SOUPIRER вздыха́ть / вздохну́ть. *La petite fille soupirait profondément*, де́вочка тяжело́ вздыха́ла.

SOUPLE 1. (*en règle générale*) ги́бкий ╱╲__, *comp.* ги́бче*. *Un corps souple*, ги́бкое те́ло. *Une politique souple*, ги́бкая поли́тика. **2.** (*en parlant d'étoffes, du cuir...*) мя́гкий ╱╲__, *comp.* мя́гче*. *Un cuir souple*, мя́гкая ко́жа.

SOURCE 1. (*eau qui sort de terre*) родни́к ╱‾‾‾ ‾‾‾; исто́чник (*en particulier lorsqu'il s'agit d'une source d'eau minérale*). *Boire de l'eau à une source*, напи́ться воды́ из родника́. *Des sources chaudes*, горя́чие исто́чники. **2.** (*d'un fleuve*) исто́к. *De la source à l'embouchure*, от исто́ка до у́стья. **3.** (*origine d'une chose*) исто́чник. *Une source d'énergie*, исто́чник эне́ргии. *La source de tous les maux*, исто́чник всех зол. *De source sûre*, из достове́рных исто́чников. ● **De l'eau de source**, роднико́вая вода́. **Prendre sa source** (*propr. ou fig.*), брать своё нача́ло. *Le fleuve prend sa source dans les glaciers*, река́ берёт своё нача́ло в ледника́х.

SOURCIL бровь __∠ ╱‾‾‾ *f.* *Des sourcils épais*, густы́е бро́ви.

I. SOURD *adj.* (*divers sens*) глухо́й ╱╲__, *comp.* глу́ше*. *Il est sourd d'une oreille*, он глух на одно́ у́хо. *Il était sourd à toutes les prières*, он был глух ко всем про́сьбам. *Une voix sourde*, глухо́й го́лос. *Un mécontentement sourd*, глухо́е недово́льство. ● **Une douleur sourde**, тупа́я боль.

II. SOURD *subst.* глухо́й *adj. subst. m.* ● **Un dialogue de sourds**, разгово́р глухи́х с немы́ми.

SOURD-MUET *adj.* глухонемо́й. *Un enfant sourd-muet*, глухонемо́й ребёнок. // (*Subst.*) *Une école pour sourds-muets*, шко́ла для глухонемы́х.

SOURDE-MUETTE глухонема́я *adj. subst. f.*

I. SOURIRE *subst.* улы́бка. *Un sourire triste*, гру́стная улы́бка.

II. SOURIRE *verbe* улыба́ться / улыбну́ться. *Elle m'a souri*, она́ мне улыбну́лась.

SOURIS мышь ____ ╱‾‾‾ *f.*; *dim.* мы́шка. *Une souris blanche*, бе́лая мышь. *Détruire les souris*, истребля́ть мыше́й.

SOUS 1. (*direction*) под (+ *acc.*). *Mettre sa valise sous la banquette*, положи́ть чемода́н под ла́вку. // (*Par extension*) *Prendre sous sa protection*, взять под свою́ защи́ту. **2.** (*emplacement*) под (+ *instr.*). *Être assis sous un arbre*, сиде́ть под де́ревом. // (*Par extension*) *Sous la surveillance d'un médecin*, под наблюде́нием врача́. *Sous l'influence de Tolstoï*, под влия́нием Толсто́го. **3.** (*à l'époque de*) при (*régissant un nom de souverain au locatif*); во времена́ (+ *gén.*). *Sous Henri IV*, при Ге́нрихе IV. *Sous la IVe République*, во времена́ Четвёртой респу́блики.

SOUS-DÉVELOPPÉ экономи́чески отста́лый. *Les pays sous-développés*, экономи́чески отста́лые стра́ны.

SOUS-MARIN *subst.* подво́дная ло́дка; подло́дка (*fam.*). *Un sous-marin atomique*, а́томная подво́дная ло́дка.

SOUS-SOL 1. (*couche située immédiatement au-dessous de la terre végétale*) подпо́чва. **2.** (*profondeurs de la terre*) не́дра земли́ (не́дра, недр, не́драм... *pl. t.*). *Du sous-sol on extrait du charbon*, из недр земли́ добыва́ют у́голь. **3.** (*dans une habitation*) подва́л.

SOUSTRACTION (*math.*) вычита́ние.

SOUSTRAIRE (*retrancher*) вычита́ть / вы́честь* IV, вы́чту, вы́чтешь...; вы́чел, вы́чла...; вы́чтенный. *De cette somme, il faut soustraire 1 000 francs pour la réparation de la voiture*, из э́той су́ммы на́до вы́честь 1 000 фра́нков за ремо́нт маши́ны.

SOUTENIR 1. (*empêcher de tomber; apporter son aide; ne pas laisser dépérir*) поддéрживать / поддержáть* I, поддержý, поддéржишь... ⁀——. *Soutenir un mur*, поддержáть стéну. *Soutenir une candidature*, поддержáть кандидатýру. *Soutenir la conversation*, поддержáть разговóр. **2.** (*affirmer*) утверждáть. *Il soutient que nous nous sommes trompés*, он утверждáет, что мы ошиблись. • **Soutenir une thèse**, защищáть диссертáцию (защищáть / защитить [т → щ]).

SOUTERRAIN *adj.* подзéмный. *Un passage souterrain*, подзéмный ход.

SOUTIEN поддéржка. *Accorder son soutien à qqn*, оказáть комý-нибудь поддéржку.

SOUTIEN-GORGE бюстгáлтер.

SOUVENIR 1. (*que conserve la mémoire*) воспоминáние. *Des souvenirs d'enfance*, воспоминáния дéтства. *Un agréable souvenir*, приятное воспоминáние. **2.** (*objet*) сувенир, *dim.* сувенирчик. • **En souvenir**, на пáмять; в пáмять о (+ *loc.*). *Offrir qqch. en souvenir*, подарить чтó-нибудь на пáмять. *En souvenir de notre rencontre*, в пáмять о нáшей встрéче.

SOUVENIR (SE) пóмнить / вспóмнить (+ *acc. ou* о + *loc.*). *Je me souviens bien de lui*, я егó хорошó пóмню. *Se souvenir de ses amis*, пóмнить о своих друзьях.

SOUVENT чáсто, *comp.* чáще*. *Nous le rencontrons souvent*, мы егó чáсто встречáем. • **Le plus souvent**, чáще всегó.

SOVIET совéт. *Le Soviet suprême*, Верхóвный совéт.

I. SOVIÉTIQUE *adj.* совéтский. *L'Union soviétique*, Совéтский Союз. *Le gouvernement soviétique*, совéтское правительство. *La littérature soviétique*, совéтская литератýра.

II. SOVIÉTIQUE *subst.* совéтский *et un substantif. Comment vivent les Soviétiques*, как живýт совéтские грáждане. *Les Soviétiques sont arrivés*, совéтские туристы приéхали.

SOVKHOZE совхóз.

SPATIAL (*cosmique*) космический. *Un navire spatial*, космический корáбль.

SPEAKER диктор.

SPEAKERINE диктор *m.*

SPÉCIAL специáльный; осóбенный (*particulier*). *Un train spécial*, специáльный пóезд. *De notre envoyé spécial*, от нáшего специáльного корреспондéнта. *Rien de spécial*, ничегó осóбенного.

SPÉCIALISTE *subst.* специалист.

SPÉCIALITÉ (*ce dont on s'occupe principalement; manie particulière*) специáльность *f. Il a trouvé du travail dans sa spécialité*, он нашёл рабóту по специáльности.

SPECTACLE 1. (*au théâtre, au cinéma...*) спектáкль *m. Un spectacle d'amateurs*, любительский спектáкль. **2.** (*ce qui attire le regard*) зрéлище; спектáкль *m. Un spectacle inattendu*, неожиданное зрéлище *ou* неожиданный спектáкль.

SPECTATEUR зритель *m. Les spectateurs applaudissaient*, зрители аплодировали.

SPECTATRICE зрительница.

SPHÈRE (*propr. et fig.*) сфéра. *En forme de sphère*, в виде сфéры. *La sphère d'influence*, сфéра влияния.

SPHINX сфинкс.

SPIRITUEL 1. (*qui se rapporte au domaine de l'esprit ou de l'âme*) духóвный. *La parenté spirituelle*, духóвное родствó. **2.** (*plein d'esprit, d'humour*) остроýмный. *Une réponse spirituelle*, остроýмный отвéт.

SPLENDIDE великолéпный. *Un palais splendide*, великолéпный дворéц.

SPORT спорт. *Faire du sport*, занимáться спóртом. • **De sport**, спортивный. *Des chaussures de sport*, спортивная óбувь.

I. SPORTIF *adj.* спортивный. *Les épreuves sportives*, спортивные состязáния.

II. SPORTIF *subst.* спортсме́н.

SPORTIVE спортсме́нка.

SPOUTNIK спу́тник. *Le premier spoutnik a été lancé en 1957*, пе́рвый спу́тник был запу́щен в 1957 году́.

SQUELETTE скеле́т. *Un squelette de mammouth*, скеле́т ма́монта.

STABLE усто́йчивый. *Un équilibre stable*, усто́йчивое равнове́сие. *Des prix stables*, усто́йчивые це́ны.

STADE 1. (*terrain de sport*) стадио́н. *Aller au stade*, пойти́ на стадио́н. **2.** (*période*) ста́дия. *Au dernier stade*, в после́дней ста́дии.

STAGE стаж. *Faire un stage*, пройти́ стаж.

STAGIAIRE 1. *m.* стажёр. **2.** *f.* стажёрка.

STALINIEN *adj.* ста́линский.

STALINISME сталини́зм.

STAR кинозвезда́, *pl.* кинозвёзды, кинозвёзд, кинозвёздам... .

STARTER подсо́с.

STATION

> **1.** (*centre de recherches*) ста́нция.
> **2.** (*de métro*) ста́нция.
> **3.** (*de taxis*) стоя́нка.
> **4.** (*lieu de cure*) куро́рт.

1. *Une station expérimentale*, о́пытная ста́нция. **2.** *Une nouvelle station de métro*, но́вая ста́нция метро́. *À la station « Télégraphe »*, на ста́нции « Телегра́ф ». **3.** *À la station de taxis*, на стоя́нке такси́. **4.** *Passer un mois dans une station climatique*, провести́ ме́сяц на климати́ческом куро́рте.

STATIONNEMENT стоя́нка. *Un emplacement pour le stationnement des voitures*, ме́сто для стоя́нки автомоби́лей.

STATION-SERVICE запра́вочная ста́нция.

I. STATISTIQUE *subst.* стати́стика.

II. STATISTIQUE *adj.* статисти́ческий. *Les données statistiques*, статисти́ческие да́нные.

STATUE ста́туя. *Une statue équestre*, ко́нная ста́туя.

STEPPE степь *f.* • **De la steppe, des steppes,** степно́й. *La végétation de la steppe*, степна́я расти́тельность.

STOP! Стоп!

STROPHE строфа́ . *Je sais par cœur la première strophe*, пе́рвую строфу́ я зна́ю наизу́сть.

STRUCTURE структу́ра. *La structure du granite*, структу́ра грани́та.

STYLE стиль *m.* *Un style recherché*, изы́сканный стиль. *Le style gothique*, готи́ческий стиль.

STYLO авторучка *ou, simplement*, ру́чка. *Un stylo à bille*, ша́риковая ру́чка.

SUBIR

> **1.** (*être soumis à*) подверга́ться / подве́ргнуться* III.
> **2.** (*un échec*) терпе́ть* I, терплю́, те́рпишь... / потерпе́ть* I (*id.*).
> **3.** (*une perte*) нести́* IV, несу́, несёшь...; нёс, несла́... / понести́* IV, понесу́, понесёшь...; понёс, понесла́... ; понесённый.
> **4.** (*un examen*) держа́ть* I, держу́, де́ржишь... .

1. *Subir un châtiment*, подверга́ться наказа́нию. **2.** *Subir un échec*, потерпе́ть неуда́чу. *Subir une défaite*, потерпе́ть пораже́ние. **3.** *Subir de lourdes pertes*, понести́ тяжёлые поте́ри. **4.** *Subir un examen*, держа́ть экза́мен.

SUBIT внеза́пный. *Une mort subite*, внеза́пная смерть.

SUBITEMENT внеза́пно. *Ils ont disparu subitement*, они́ внеза́пно исче́зли.

SUBJONCTIF *subst.* сослага́тельное наклоне́ние.

SUBSTANCE (*matière*) вещество́. *Des substances explosives*, взры́вчатые вещества́.

SUBSTANTIF и́мя существи́тельное (и́мя*, *gén.*, *dat.*, *loc.* и́мени, *instr.* и́менем; *pl.* имена́, имён, имена́м... *n.*) *ou, simplement*, существи́тельное *adj. subst. n.*

SUCCÉDER 1. (*suivre*) слéдовать / послéдовать (за + *instr.*). *L'été succède au printemps*, за веснóй слéдует лéто. *Les événements se succèdent*, собы́тия слéдуют друг за дрýгом. **2.** (*hériter*) наслéдовать / наслéдовать (+ *dat.*). *Louis XIII a succédé à Henri IV*, Гéнриху IV наслéдовал Людóвик XIII. *Succéder à son père*, наслéдовать отцý.

SUCCÈS успéх. *Le spectacle a eu un grand succès*, спектáкль прошёл с большúм успéхом. *Je n'ai pas eu de succès*, я не имéл успéха. *Tu es sûr du succès?*, Ты увéрен в успéхе?

SUCCESSIF послéдовательный. *Les étapes successives de ce travail*, послéдовательные этáпы э́той рабóты.

SUCCESSIVEMENT послéдовательно. *Il a été successivement médecin, chirurgien et député*, он был послéдовательно врачóм, хирýргом и депутáтом.

SUCCURSALE филиáл.

SUCER сосáть* IV, сосý, сосёшь... / пососáть* IV (*id.*). *Sucer un bonbon*, сосáть конфéту. *Se sucer le doigt*, сосáть пáлец.

SUCRE сáхар. *Un kilo de sucre*, килó сáхару*. *Du sucre en morceaux*, кусковóй сáхар. *Mettre dans son thé deux morceaux de sucre*, положúть в чай два кускá сáхару*. *Du sucre de canne*, тростникóвый сáхар. *Du sucre de betterave*, свекловúчный сáхар. ● **À sucre, de sucre**, сáхарный. *La betterave à sucre*, сáхарная свёкла. *Une pince à sucre*, сáхарные щипцы́. **Sucre cristallisé**, сáхарный песóк (песóк) *ou simplement* песóк. **Sucre en poudre**, сáхарная пýдра.

SUCRÉ слáдкий /\——, *comp.* слáще*. *Un plat sucré*, слáдкое блю́до.

SUCRER класть сáхар [в + *acc.*] (класть* IV, кладý, кладёшь...; клал, клáла... / положúть \——). *Sucrer son thé*, положúть сáхар в чай.

I. SUD *subst.* юг. *Au sud de Paris*, к ю́гу от Парúжа. ● **Du sud**, ю́жный. *Le vent du sud*, ю́жный вéтер.

II. SUD *adj.* ю́жный. *La côte sud de l'île*, ю́жный бéрег óстрова. *Le pôle Sud*, Ю́жный пóлюс.

III. SUD- (*élément de formation*) ю́го-. *Sud-ouest*, ю́го-зáпад. *La côte sud-est*, ю́го-востóчный бéрег.

I. SUÉDOIS *subst.* **1.** (*homme*) швед. **2.** (*langue*) швéдский язы́к (язы́к ╱——). *Étudier le suédois*, изучáть швéдский язы́к. *Un livre en suédois*, кнúга на швéдском языкé. ● **En suédois** *et, dans le même emploi*, **suédois** (*accompagnant généralement un verbe*), по-швéдски. *Tout était écrit en suédois*, всё бы́ло напúсано по-швéдски. *Parler suédois*, говорúть по-швéдски.

II. SUÉDOIS *adj.* швéдский. *La gymnastique suédoise*, швéдская гимнáстика.

SUÉDOISE швéдка.

SUER потéть / вспотéть (*livresque*). ● **Suer à grosses gouttes**, пот льётся грáдом с [+ *gén.*] (льётся; лúлся). *Il sue à grosses gouttes*, с негó пот грáдом льётся.

SUEUR пот*, *loc.* потý (*sauf dans l'expression* « в пóте лицá ») ——∠ . *Je suis tout en sueur*, я весь в потý. *Travailler à la sueur de son front*, трудúться в пóте лицá.

SUFFIRE (*être suffisant*) хватáть / хватúть \—— (*au sujet de la proposition française correspond en russe un substantif au génitif; la personne concernée est exprimée au génitif introduit par la préposition* « с »); достáточно *et le verbe* быть (*même construction*). *Cette somme suffira pour trois mois*, э́той сýммы хвáтит на три мéсяца. *Ça me suffira*, с меня́ э́того хвáтит. *Cinq minutes suffisent*, пятú минýт достáточно. *Il suffisait d'une goutte*, достáточно бы́ло однóй кáпли. ● **Ça suffit!**, Довóльно!; Хвáтит! **Il suffit de** (+ *inf.*), достáточно *et le verbe* быть. *Il suffisait de le regarder pour comprendre ce qui lui était arrivé*, достáточно бы́ло взглянýть на негó, чтóбы поня́ть, что с ним случúлось.

SUFFISANT (*qui suffit*) доста́точный. *Une quantité suffisante*, доста́точное коли́чество.

SUFFIXE су́ффикс.

SUICIDE самоуби́йство. *Une tentative de suicide*, покуше́ние на самоуби́йство.

SUICIDER (SE) поко́нчить с собо́й (/ поко́нчить).

SUIE са́жа. *Noir comme la suie*, чёрный как са́жа.

I. SUISSE *subst.* швейца́рец.

II. SUISSE *adj.* швейца́рский. *Les montres suisses*, швейца́рские часы́.

SUISSESSE швейца́рка.

SUITE ______

> 1. (*continuation*) продолже́ние.
> 2. (*conséquence*) после́дствие.
> 3. (*série de choses*) ряд ____ ____.
> 4. (*cortège d'accompagnement*) сви́та.

1. *La suite du roman*, продолже́ние рома́на. **2.** *Les suites d'une grave maladie*, после́дствия тяжёлой боле́зни. **3.** *Toute une suite d'événements*, це́лый ряд собы́тий. **4.** *Le tsar et sa suite*, царь со свое́й сви́той. ● **À la suite de,** вслед за (+ *instr.*); по́сле (+ *gén.*). *À la suite de ces événements*, вслед за э́тими собы́тиями *ou* по́сле э́тих собы́тий. **De suite** (*à la suite l'un de l'autre*), подря́д. *Plusieurs mois de suite*, не́сколько ме́сяцев подря́д. **Par la suite**, впосле́дствии. **Par suite de,** всле́дствие (+ *gén.*). *Par suite des pluies*, всле́дствие дожде́й. **Tout de suite 1.** (*dans un instant*) сейча́с. *Elle va venir tout de suite*, она́ сейча́с придёт. **2.** (*aussitôt*) сра́зу, сра́зу же. *Il a cédé tout de suite*, он сра́зу уступи́л. **3.** (*à peu de distance*) сра́зу же. *C'est tout de suite après le carrefour*, э́то сра́зу же по́сле перекрёстка.

I. SUIVANT *adj.* сле́дующий. *Les jours suivants*, в сле́дующие дни. *De la manière suivante*, сле́дующим о́бразом.

II. SUIVANT *prép.* по (+ *dat.*). *Suivant le conseil d'un camarade*, по сове́ту това́рища. *Suivant son habitude*, по обыкнове́нию. ● **Suivant les circonstances,** смотря́ по обстоя́тельствам.

SUIVRE ______

> 1. (*aller derrière*) *employer un verbe de mouvement et* за (+ *instr.*); сле́довать / после́довать (за + *instr.*) [*plus livresque*].
> 2. (*prendre un chemin, un itinéraire*) *employer un verbe de mouvement et* по (+ *dat.*).
> 3. (*se conformer à*) сле́довать / после́довать (+ *dat.*).
> 4. (*être attentif à*) следи́ть / проследи́ть (за + *instr.*).
> 5. (*se laisser aller à*) дать во́лю [+ *dat.*] (дава́ть* II, даю́, даёшь...; дава́й; дава́я / дать* *n. cl.*, дам, дашь, даст, дади́м, дади́те, даду́т; дал, дала́, да́ло, да́ли ⌒ *et, à la forme négative*, не́ дал, не дала́, не́ дало, не́ дали ⌒; дай).
> 6. (*assister à*) слу́шать / прослу́шать.

1. *Nous suivions le guide*, мы шли за экскурсово́дом. *Suivez-moi*, Иди́те за мной. *Il me suivait partout*, он сле́довал за мной повсю́ду. **2.** *Nous avons suivi la rive*, мы пошли́ по бе́регу. **3.** *Suivre les conseils du médecin*, сле́довать сове́там врача́. *Suivre la mode*, сле́довать мо́де. **4.** *Suivre des yeux le bouchon* (*à la pêche*), следи́ть за поплавко́м. *Suivre la marche d'une affaire*, следи́ть за хо́дом де́ла. **5.** *Suivre sa fantaisie*, дать во́лю свое́й фанта́зии. **6.** *Suivre un cours*, слу́шать ле́кцию. ● **À suivre,** Продолже́ние сле́дует. **Faire suivre** (*le courrier*), переадресо́вывать / переадресова́ть. *Faire suivre un télégramme*, переадресова́ть телегра́мму. **Les jours se suivent et ne se ressemblent pas,** день на́ день не прихо́дится.

SUJET *subst.* **1.** (*d'une œuvre littéraire*) сюже́т. *Le sujet de la pièce*, сюже́т пье́сы. **2.** (*d'un exposé, d'une conversation...*) те́ма. *Le sujet de l'exposé*, те́ма докла́да. *Le sujet de la conversation*, те́ма разгово́ра. *Passer d'un sujet à l'autre*, переходи́ть с те́мы на те́му. **3.** (*gramm.*)

подлежа́щее *adj. subst. n.* ● **Au sujet de,** по по́воду. *Voici ce que je peux vous raconter à ce sujet,* Вот что я могу́ вам рассказа́ть по э́тому по́воду. *Au sujet de cette invention,* по по́воду э́того изобрете́ния.

SUPERBE великоле́пный, чуде́сный. *Un palais superbe,* великоле́пный дворе́ц. *Un temps superbe,* чуде́сная пого́да.

SUPERFICIEL пове́рхностный. *Une blessure superficielle,* пове́рхностная ра́на. *Des connaissances superficielles,* пове́рхностные зна́ния. *Un homme superficiel,* пове́рхностный челове́к.

SUPERFLU *adj.* изли́шний. *Un luxe superflu,* изли́шняя ро́скошь.

I. SUPÉRIEUR *adj.* **1.** (*épithète: situé dans la partie la plus haute*) ве́рхний. *Les étages supérieurs,* ве́рхние этажи́. **2.** (*épithète: sens figuré*) вы́сший. *De qualité supérieure,* вы́сшего ка́чества. *L'enseignement supérieur,* вы́сшее образова́ние. *Elle a fait des études supérieures,* она́ получи́ла вы́сшее образова́ние. **3.** (*attribut*) *traduire par un comparatif. La température est supérieure à celle d'hier,* температу́ра вы́ше вчера́шней. *Ce récit est supérieur aux autres,* э́тот расска́з лу́чше други́х.

II. SUPÉRIEUR *subst.* **1.** *sg.* нача́льник. **2.** *pl.* нача́льство (*pas de pl.*). *Obéir à ses supérieurs,* слу́шаться нача́льства.

SUPÉRIORITÉ превосхо́дство. *Montrer sa supériorité,* доказа́ть своё превосхо́дство. *Une supériorité numérique,* чи́сленное превосхо́дство.

SUPERLATIF *subst.* (*gramm.*) превосхо́дная сте́пень (сте́пень *f.*).

SUPERMARCHÉ универса́м.

SUPERSONIQUE сверхзвуково́й. *Une vitesse supersonique,* сверхзвукова́я ско́рость.

SUPERSTITIEUX суеве́рный. *Un homme superstitieux,* суеве́рный челове́к. *Une crainte superstitieuse,* суеве́рный страх.

SUPERSTITION суеве́рие.

SUPPLÉMENT (*somme payée en complément*) допла́та. *Payer un supplément pour voyager en première classe,* внести́ допла́ту за прое́зд в мя́гком ваго́не.

SUPPLÉMENTAIRE дополни́тельный. *Des renseignements supplémentaires,* дополни́тельные све́дения. ● **Heures supplémentaires,** сверхуро́чные часы́.

SUPPLIER умоля́ть. *Un regard suppliant,* умоля́ющий взгляд. *Ne vous inquiétez pas, je vous en supplie,* Не беспоко́йтесь, умоля́ю вас.

SUPPORTER *verbe* **1.** (*porter au-dessus de soi*) подде́рживать. *Des colonnes supportent la voûte,* коло́нны подде́рживают свод. **2.** (*endurer avec courage; résister*) переноси́ть ⟍____ / перенести́* IV, перенесу́, перенесёшь...; перенёс, перенесла́... ⟋‾‾‾ ; перенесённый. *Supporter le froid,* переноси́ть хо́лод. *Ne pas supporter la sécheresse,* не переноси́ть за́сухи. *Comment a-t-elle pu supporter tout cela?,* Как она́ могла́ всё э́то перенести́? **3.** (*avoir à payer*) нести́* IV, несу́, несёшь...; нёс, несла́... ⟋‾‾‾ / понести́* IV, понесу́, понесёшь...; понёс, понесла́... ⟋‾‾‾ ; понесённый. *Supporter les frais,* нести́ расхо́ды.

SUPPOSER полага́ть; предполага́ть / предположи́ть ⟍____ (*plus livresque*). *Je suppose qu'il est parti en congé,* полага́ю, что он уе́хал в о́тпуск.

SUPPOSITION предположе́ние. *Faire diverses suppositions,* сде́лать ра́зные предположе́ния.

SUPPRESSION отме́на. *La suppression des châtiments corporels,* отме́на теле́сных наказа́ний.

SUPPRIMER 1. (*abroger, annuler*), отменя́ть / отмени́ть ⟍____ , *part.* отменённый. *Le spectacle est supprimé,* спекта́кль отменён. **2.** (*éliminer*) устраня́ть / устрани́ть; ликвиди́ровать / ликвиди́ровать (*plus livresque*). *Supprimer les obstacles,* устрани́ть препя́тствия.

SUPRÊME (*qui est au-dessus de tout*) верхо́вный. *Le pouvoir suprême,* верхо́вная власть. *Le Soviet suprême,* Верхо́вный сове́т.

SUR *prép.*

> **1.** (*direction*) на (+ *acc.*). [*contre la partie supérieure ou extérieure de*] // в (+ *acc.*) [*dans les autres cas*].
> **2.** (*emplacement*) на (+ *loc.*) [*contre la partie supérieure ou extérieure de*] // в (+ *loc.*) [*dans les autres cas*].
> **3.** (*en parcourant, en suivant*) по (+ *dat.*).
> **4.** (*au-dessus de*) над (+ *instr.*) // чéрез (+ *acc.*) [*en franchissant un cours d'eau*].
> **5.** (*au sujet de*) о (+ *loc.*).
> **6.** (*en se fondant sur*) по (+ *dat.*).
> **7.** (*rapport entre la longueur et la largeur*) на (+ *acc.*).
> **8.** (*parmi*) из (+ *gén.*).

1. *Mets le livre sur la table*, Положи́ кни́гу на стол. *Il s'est couché sur le divan*, он лёг на дива́н. *Le chat a grimpé sur l'arbre*, ко́шка влéзла на дéрево. *Coller un timbre sur l'enveloppe*, наклéить ма́рку на конвéрт. *Appuyer sur le bouton*, нажа́ть на кно́пку. *Jeter un coup d'œil sur la carte*, взгляну́ть на ка́рту. *S'appuyer sur sa canne*, опира́ться на па́лку. // *On l'a mis sur la liste*, его́ внесли́ в спи́сок. *On nous a dirigés sur Paris*, нас напра́вили в Пари́ж. **2.** *Le livre était sur la table*, кни́га была́ на столé. *Être assis sur une chaise*, сидéть на сту́ле. // *La clef est sur la porte*, ключ в двери́. *Il n'était pas sur la liste*, его́ нé было в спи́ске. **3.** *Voguer sur le lac*, плыть по о́зеру. **4.** *Les nuages qui passent sur nos têtes*, облака́, пронося́щиеся над на́шими голова́ми. // *Un pont sur le Rhône*, мост чéрез Ро́ну. **5.** *Un livre sur la Russie de Kiev*, кни́га о Ки́евской Руси́. *Quelle est votre opinion sur ce problème?*, Како́е ва́ше мнéние об э́том вопро́се? **6.** *Sur le conseil d'un camarade*, по совéту одного́ това́рища. *Juger sur les apparences*, суди́ть по внéшности. *Faire un costume sur mesure*, сшить костю́м по мéрке. **7.** *Trois mètres sur quatre*, три мéтра на четы́ре. **8.** *Sur quinze candidats, deux seulement ont réussi*, из пятна́дцати студéнтов то́лько двóе вы́держали экза́мен. ● **Avoir une influence sur**, оказа́ть влия́ние на (+ *acc.*). *Il a eu sur moi une grande influence*, он оказа́л на меня́ си́льное влия́ние. **Compter sur** (*s'attendre à ce que*), рассчи́тывать на (+ *acc.*). *Ne comptez pas sur moi*, Не рассчи́тывайте на меня́. **Croire qqn sur parole**, вéрить кому́-нибудь на́ слово. **Donner un coup sur**, уда́рить по (+ *dat.*). *Donner un coup de poing sur la table*, уда́рить кулако́м по́ столу. **Être sur ses gardes**, быть настороже́. **Prendre exemple sur**, взять примéр с (+ *gén.*). **Retourner sur ses pas**, верну́ться наза́д. **Serrer qqn sur son cœur**, прижа́ть кого́-нибудь к сéрдцу. **Tirer sur**, стреля́ть в (+ *acc.*). *Il a tiré sur l'agent, mais a raté son coup*, он вы́стрелил в милиционéра, но промахну́лся.

SÛR 1. (*qui ne doute pas*) увéренный, увéрен, увéрена... (в + *loc.*). *Je suis sûr du succès*, я увéрен в успéхе. **2.** (*qui ne trompe pas*) надёжный. *Un ami sûr*, надёжный друг. *Mettre en lieu sûr*, спря́тать в надёжном мéсте. *Le temps n'est pas sûr*, пого́да ненадёжная. **3.** (*indubitable*) несомнéнный (*dans cet emploi, l'adjectif « sûr » accompagné d'une négation sera traduit par* « сомни́тельный »). *Il reviendra, c'est sûr*, он вернётся, э́то несомнéнно. *La nouvelle n'est pas sûre*, извéстие сомни́тельное. ● **À coup sûr**, навéрное. **Bien sûr**, конéчно [шн].

SÛREMENT навéрно. *Ils sont sûrement partis*, они́ навéрно уéхали.

SÛRETÉ безопа́сность *f.* *Être en sûreté*, быть в безопа́сности.

SURFACE 1. (*partie extérieure*) повéрхность *f.* *À la surface de l'eau*, на повéрхности воды́. **2.** (*superficie*) пло́щадь *f.* *La surface du triangle*, пло́щадь треуго́льника. *La surface habitable*, жила́я пло́щадь.

SURLENDEMAIN ● **Le surlendemain**, на трéтий день.

SURMENAGE переутомлéние. *Tomber malade par suite du surmenage*, заболéть от переутомлéния.

SURMONTER (*vaincre*) преодолева́ть / преодоле́ть. *Surmonter les difficultés*, преодоле́ть тру́дности.

SURNATUREL сверхъесте́ственный. *Un phénomène surnaturel*, сверхъесте́ственное явле́ние.

SURNOM про́звище. *On lui a donné le surnom de « la Puce »*, ему́ да́ли про́звище « Блоха́ ».

SURPRENDRE 1. (*prendre à l'improviste*) застига́ть / засти́гнуть* III *ou* засти́чь* *n. cl.* (*ce dernier n'existe qu'à l'infinitif*). *Surprendre un voleur en flagrant délit*, засти́чь во́ра на ме́сте преступле́ния. *En chemin, nous avons été surpris par un orage*, по доро́ге нас засти́гла гроза́. **2.** (*étonner*) удивля́ть / удиви́ть. *Son attitude m'a surpris*, его́ поведе́ние меня́ удиви́ло.

SURPRISE 1. (*étonnement*) удивле́ние. *À ma grande surprise*, к моему́ вели́кому удивле́нию. **2.** (*plaisir inattendu*) сюрпри́з. *Préparer une surprise*, пригото́вить сюрпри́з. *Ah, c'est toi! quelle surprise!*, Ах, э́то ты! Како́й сюрпри́з!

SURSAUTER вздра́гивать / вздро́гнуть. *La sonnerie du téléphone m'a fait sursauter*, от телефо́нного звонка́ я вздро́гнул.

SURSIS 1. (*remise de peine*) *employer, selon le cas, l'adverbe* усло́вно *ou l'adjectif* усло́вный. *Condamner qqn à trois ans de prison avec sursis*, приговори́ть кого́-нибудь на три го́да усло́вно. *Une condamnation avec sursis*, усло́вный пригово́р. **2.** (*d'incorporation; pour le paiement...*) отсро́чка. *Obtenir un sursis*, получи́ть отсро́чку.

SURTOUT *selon la nuance* бо́льше всего́ (*plus que tout*); осо́бенно (*particulièrement*); гла́вным о́бразом (*principalement*); гла́вное (*c'est là l'essentiel*). *Il aime surtout la musique militaire*, он бо́льше всего́ лю́бит вое́нную му́зыку *ou* он осо́бенно лю́бит вое́нную му́зыку. *Il fait surtout du sport*, он занима́ется гла́вным о́бразом спо́ртом. *Il y a un laboratoire et, surtout, une immense bibliothèque*, есть там лаборато́рия и, гла́вное, огро́мная библиоте́ка.

SURVEILLANCE надзо́р. *Sous la surveillance du guide*, под надзо́ром проводника́.

SURVEILLANT 1. (*en règle générale*) надзира́тель *m*. **2.** (*dans une école*) воспита́тель *m*.

SURVEILLANTE 1. (*en règle générale*) надзира́тельница. **2.** (*dans une école*) воспита́тельница.

SURVEILLER следи́ть (за + *instr.*); смотре́ть* I, смотрю́, смо́тришь... ____ [за + *instr.*] (*garder*). *Il se savait surveillé*, он знал, что за ним следя́т. *Surveiller les enfants*, смотре́ть за детьми́.

SUSPECT *adj.* подозри́тельный. *Un bruit suspect*, подозри́тельный шум. *Un individu suspect*, подозри́тельная ли́чность.

SUSPENDRE 1. (*pendre*) ве́шать / пове́сить. *Suspendre son pardessus à un porte-manteau*, пове́сить пальто́ на ве́шалку. **2.** (*arrêter*) прекраща́ть / прекрати́ть (т → щ). *Suspendre les négociations*, прекрати́ть перегово́ры.

SYLLABE слог ____ /‾‾‾‾ . *L'accent frappe la première syllabe*, ударе́ние па́дает на пе́рвый слог.

SYMBOLE си́мвол.

SYMBOLIQUE символи́ческий. *Un signe symbolique*, символи́ческий знак.

SYMÉTRIE симметри́я.

Remarque. À la différence de son équivalent français, « симметри́я » comporte deux « м ».

SYMÉTRIQUE симметри́чный. *La disposition symétrique des fenêtres*, симметри́чное расположе́ние о́кон.

Remarque. À la différence de son équivalent français, « симметри́чный » comporte deux « м ».

SYMÉTRIQUEMENT симметри́чно.

Remarque. À la différence de son équivalent français, « симметри́чно » comporte deux « м ».

SYMPATHIE симпа́тия. *J'ai pour*

lui une grande sympathie, я испы́тываю к нему́ большу́ю симпáтию.

SYMPATHIQUE (*qui inspire la sympathie*) симпати́чный. *Un visage sympathique*, симпати́чное лицó.

SYMPATHISANT *subst.* сочу́вствующий *adj. subst. m. Les membres actifs et les sympathisants*, активи́сты и сочу́вствующие.

SYMPHONIE симфóния.

SYMPHONIQUE симфони́ческий. *Un orchestre symphonique*, симфони́ческий оркéстр.

SYMPTÔME симптóм. *Les premiers symptômes de la maladie*, пéрвые симптóмы болéзни.

SYNAGOGUE синагóга.

SYNDICAL профсою́зный. *Une réunion syndicale*, профсою́зное собрáние.

SYNDICAT профсою́з.

SYNONYME синóним.

SYNTAXE си́нтаксис.

SYNTHÈSE си́нтез.

SYNTHÉTIQUE синтети́ческий. *Une fibre synthétique*, синтети́ческое волокнó.

SYPHILIS си́филис.

SYSTÈME 1. (*en règle générale*) систéма. *Le système métrique*, метри́ческая систéма. *Le système décimal*, десяти́чная систéма. *Le système nerveux*, нéрвная систéма. *Le système solaire*, сóлнечная систéма. **2.** (*politique*) строй *m. Le système féodal*, феодáльный строй.

T

T' v. TU.

TA v. TON.

TABAC табáк. *Un paquet de tabac*, пáчка табакá *ou* пáчка табаку́*.

TABLE 1. (*meuble*) стол (*l'accent passe sur la préposition dans le groupe* « пó столу » *après les verbes signifiant « frapper », « cogner »...*), *dim.* стóлик. *Mettre la table*, накры́ть на стол *ou* накры́ть стол. *Se mettre à table*, сесть за стол. *Être à table*, сидéть за столóм. *Se lever de table*, вставáть из-за столá. *Donner un coup de poing sur la table*, удáрить кулакóм пó столу. **2.** (*tableau méthodique*) таблица. *La table de multiplication*, таблица умножéния. ● **Table de nuit**, ту́мбочка. **Table des matières**, оглавлéние.

TABLEAU

1. (*en classe*) доскá.
2. (*œuvre d'art et, par extension, description*) карти́на.
3. (*série de renseignements disposés en colonnes*) табли́ца.
4. (*de commande, etc.*) щит, *dim.* щитóк.

1. *Aller au tableau*, пойти́ к доскé. *Écrire au tableau*, писáть на доскé. **2.** *Un tableau de Picasso*, карти́на Пикассó. *Un tableau des mœurs paysannes en Russie*, карти́на нрáвов ру́сского крестья́нства. **3.** *Tableau de déclinaison des pronoms*, табли́ца склонéния местоимéний. **4.** *Le tableau de commande*, щит управлéния. ● **Tableau d'affichage**, щит. **Tableau d'honneur**, похвáльный лист (лист).

TABLETTE (*préparation alimentaire*) пли́тка. *Une tablette de chocolat*, пли́тка шоколáда.

TABLIER перéдник. *Mettre un tablier à carreaux*, надéть клéтчатый перéдник.

TABOURET табурéт.

TACHE пятно́ ——— ———. *Des taches d'encre*, черни́льные пя́тна. ● **Tache de rousseur**, весну́шка. *Elle avait des taches de rousseur sur le nez*, у неё бы́ли весну́шки на носу́.

TÂCHE зада́ча; рабо́та (*travail*). *Une tâche complexe*, сло́жная зада́ча. *Remplir sa tâche*, вы́полнить свою́ зада́чу.

TACHER па́чкать / запа́чкать *ou* испа́чкать. *J'ai taché ma robe*, я испа́чкала пла́тье.

TÂCHER стара́ться / постара́ться. *Nous tâcherons de le rattraper*, мы постара́емся его́ догна́ть.

TACITE молчали́вый. *Un accord tacite*, молчали́вое соглаше́ние.

TACT такт. *Manque de tact*, отсу́тствие та́кта. *Se conduire avec tact*, держа́ть себя́ с та́ктом. ● **Plein de tact, qui a du tact**, такти́чный. *C'est un homme qui a du tact*, он челове́к такти́чный. **Qui manque de tact**, беста́ктный. *Il manque de tact*, он челове́к беста́ктный.

TACTIQUE *subst.* та́ктика.

TAÏGA тайга́.

TAILLE ———

> 1. (*stature*) рост.
> 2. (*dimensions*) разме́ры, разме́ров, разме́рам... *pl.*
> 3. (*pointure*) разме́р.
> 4. (*milieu du corps*) та́лия.

1. *Un homme de haute taille*, челове́к высо́кого ро́ста. *Il est de ma taille*, он с меня́ ро́стом. 2. *Un monument de très grande taille*, па́мятник огро́мных разме́ров. 3. *Ce n'est pas ma taille*, э́то не мой разме́р. 4. *Une taille mince*, то́нкая та́лия. *Prendre qqn par la taille*, взять кого́-нибудь за та́лию.

TAILLE-CRAYON точи́лка для карандаше́й *ou*, *simplement*, точи́лка.

TAILLER ———

> 1. (*arbres, arbustes...; cheveux, barbe...*) подре́зывать / подре́зать* II, подре́жу, подре́жешь...; *ou* стричь* IV, стригу́, стрижёшь..., стригу́т; стриг, стри́гла... / остри́чь* IV, остригу́, острижёшь..., остригу́т; остри́г, остри́гла...; остри́женный.
> 2. (*la pierre*) обтёсывать / обтеса́ть* II, обтешу́, обте́шешь... ——— ; *part.* обтёсанный.
> 3. (*une pierre précieuse, le cristal...*) грани́ть / ограни́ть.
> 4. (*une étoffe; un vêtement*) кро́ить / скро́ить.
> 5. (*un crayon*) чини́ть ——— / очини́ть ——— .

1. *Tailler les arbres*, подре́зать дере́вья. *Se tailler la barbe*, остри́чь бо́роду. 2. *Tailler le marbre*, обтёсывать мра́мор. 3. *Tailler un diamant*, грани́ть алма́з. *Tailler le cristal*, грани́ть хруста́ль. 4. *Tailler une robe*, скро́ить пла́тье. 5. *Tailler un crayon*, очини́ть каранда́ш.

TAILLEUR (*celui qui fait des vêtements*) портно́й *adj. subst. m.*

TAIRE ● **Faire taire**, заста́вить замолча́ть (заставля́ть / заста́вить). *Faire taire les bavards*, заста́вить замолча́ть болтуно́в.

TAIRE (SE) молча́ть* I, молчу́, молчи́шь... / замолча́ть* I (*id.*) *et* помолча́ть* I (*id.*). *Vous êtes priés de vous taire*, Прошу́ вас замолча́ть.

TALENT тала́нт. *Elle a beaucoup de talent*, у неё большо́й тала́нт. ● **Plein de talent**, тала́нтливый. *Un artiste plein de talent*, тала́нтливый арти́ст.

TALON 1. (*partie du corps; partie d'un bas, d'une chaussette*) пя́тка. *Le talon droit*, пра́вая пя́тка. *Des bas à talon renforcé*, чулки́ с двойно́й пя́ткой. 2. (*d'une chaussure*) каблу́к ——— ———. *Des souliers à talons hauts*, ту́фли на высо́ких каблука́х. ● **Le talon d'Achille**, ахилле́сова пята́ (ахилле́сов *adj. d'appart.*).

TAMBOUR 1. (*instrument*) бараба́н. *Battre du tambour*, бить в бараба́н. 2. (*celui qui en joue*) бараба́нщик.

TAMPON (*cachet*) ште́мпель*, *nom. pl.* штемпеля́ ——— [тɛ]. *Quelle est la date du tampon* *sur l'enveloppe?*, Какáя дáта штéмпеля на конвéрте?

TANDIS QUE 1. (*marquant l'opposition*) а. *Ils s'amusent, eux, tandis que moi, je travaille*, они́ игрáют, а я рабóтаю. **2.** (*marquant la simultanéité*) в то врéмя как. *La nuit tombait lentement tandis que nous prenions le chemin du retour*, ночь мéдленно опускáлась в то врéмя, как мы поворáчивали обрáтно.

TANIÈRE 1. (*de l'ours*) берлóга. **2.** (*d'un autre animal*) лóгово.

TANK танк.

TANT 1. (*une si grande quantité*) так мнóго (*détermine un verbe ou régit un substantif au génitif*). *Il a tant travaillé!*, Он так мнóго рабóтал! *Et il lui reste encore tant de travail!*, И у негó остáлось ещё так мнóго рабóты! *Je ne travaille pas tant que lui*, я не так мнóго рабóтаю, как он. **2.** (*à un tel degré*) так. *Elle l'aime tant!*, онá егó так лю́бит. **3.** (*une certaine quantité que l'on ne précise pas*) стóлько-то. *Tant pour toi et le reste pour moi*, стóлько-то для тебя́, а остальнóе для меня́. ● **Comme il y en a tant,** как их мнóго. *Un petit restaurant russe comme il y en a tant à Paris*, мáленький рýсский ресторáн, как их мнóго в Пари́же. **En tant que,** в кáчестве (+ *gén.*). *En tant que correspondant d'un journal parisien*, в кáчестве корреспондéнта пари́жской газéты. **Si tant est que,** éсли тóлько. *Si tant est qu'il dise la vérité*, éсли тóлько он говори́т прáвду. **Tant bien que mal,** с грехóм пополáм. **Tant mieux,** тем лýчше. **Tant pis,** всё равнó. **Tant pis pour,** тем хýже для (+ *gén.*). **Tant que** (*pendant que, aussi longtemps que*), покá. *Tant qu'elle est malade, nous ne pouvons rien entreprendre*, покá онá больнá, мы ничегó не мóжем предприня́ть. **Tant ... que** (*aussi bien ... que*), как .... так и. *Tant dans les vieux quartiers que dans les nouveaux*, как в стáрых райóнах, так и в нóвых. **Tant s'en faut,** далекó не. *Il n'est pas millionnaire, tant s'en faut*, он далекó не миллионéр.

TANTE тётка; тётя*, *gén. pl.* тётей (*plus intime*). *C'est ma tante du côté de ma mère*, онá мне тётка со стороны́ мáтери. *Allô, tante Hélène?*, Аллó, тётя Елéна?

TANTÔT... TANTÔT... то..., то... *Tantôt l'un, tantôt l'autre*, то оди́н, то другóй.

TAPER

> **1.** (*frapper un grand coup, de grands coups*) ударя́ть / удáрить.
> **2.** (*frapper à la porte, à la fenêtre...*) стучáть* I, стучý, стучи́шь... / постучáть* I (*id.*).
> **3.** (*donner une tape, des tapes*) хлóпать / похлóпать.
> **4.** (*écrire à la machine*) печáтать / напечáтать.

1. *Taper sur la table à coups de poings*, ударя́ть кулакáми пó столу. **2.** *J'ai tapé trois coups à la fenêtre*, я три рáза постучáл в oкнó. **3.** *Il m'a tapé sur l'épaule*, он похлóпал меня́ по плечý. **4.** *Taper à la machine*, печáтать на маши́нке. *Tu as tapé la lettre?*, Письмó напечáтала? ● **Taper dans l'œil** (*plaire*), / пригляну́ться. *Elle lui a tapé dans l'œil*, онá емý приглянýлась. **Taper des pieds, taper du pied,** тóпать ногáми, тóпать ногóй (тóпать / потóпать). *Il se mettait en colère, tapait des pieds, mais personne ne l'écoutait*, он серди́лся, тóпал ногáми, но егó не слýшались.

TAPIS (*dont on couvre le sol*) ковёр. *Un tapis persan*, перси́дский ковёр. *Un tapis volant*, ковёр-самолёт.

TAPISSERIE (*ouvrage de décoration murale*) ковёр (*éventuellement précisé par l'adjectif* « стеннóй »). *Une tapisserie d'Aubusson*, обюссóнский ковёр.

TAQUINER дразни́ть ╲___ / подразни́ть ╲___ . *Il taquine tout le temps sa sœur*, он всё дрáзнит сестрý.

TARD пóздно, *comp.* позднéе *et* пóзже*. *Je me couchais tard*, я пóздно ложи́лся спать. *Tard le soir*, пóздно вéчером. *Mieux vaut tard que jamais*, лýчше пóздно, чем никогда́. ● **Pas plus tard qu'hier,** не да́лее как вчера́.

REMARQUE. « Plus tard » accompagnant un complément de temps est le plus souvent traduit par la préposition « спустя́ » (+ *acc.*). Cette préposition suit toujours le mot ou le groupe de mots qu'elle régit. Ex. : *Une semaine plus tard,* неде́лю спустя́. *Deux mois plus tard,* два ме́сяца спустя́.

TARDER ● **Ne pas tarder à,** *traduire par une périphrase utilisant l'adverbe* ско́ро. *Elle ne tardera pas à rentrer,* она́ ско́ро вернётся.

TARDIF по́здний. *Le printemps est tardif cette année,* весна́ в э́том году́ по́здняя. *Un repentir tardif,* по́зднее раска́яние.

TARIF тари́ф. *Le tarif de la douane,* тамо́женный тари́ф.

TARTE *traduire comme « gâteau ». Une tarte aux pommes,* я́блочный пиро́г. *Une tarte aux cerises,* вишнёвый торт.

TARTINE бутербро́д. *Une tartine beurrée,* бутербро́д с ма́слом.

TAS 1. (*accumulation d'objets*) ку́ча; гру́да (*objets lourds ou encombrants*). *Un tas de sable,* ку́ча песка́. *Un tas de livres,* ку́ча книг. *Un tas de pierres,* гру́да камне́й. *Un tas de ruines,* гру́да разва́лин. **2.** (*grande quantité*) ма́сса. *Il a un tas de disques,* у него́ ма́сса пласти́нок. *Un tas de soucis,* ма́сса хлопо́т.

TASSE ча́шка. *Boire une tasse de thé,* вы́пить ча́шку ча́я.

TASSER утаптывать / утопта́ть. *Tasser la terre,* утопта́ть зе́млю.

I. TATAR *subst.* тата́рин*, *pl.* тата́ры, тата́р, тата́рам...

II. TATAR *adj.* тата́рский. *Le joug tatar,* тата́рское и́го.

TÂTER щу́пать / пощу́пать. *Tâter le pouls du malade,* пощу́пать пульс у больно́го.

TÂTONS ● **À tâtons,** о́щупью. *Trouver son chemin à tâtons,* о́щупью найти́ свою́ доро́гу.

TATOUAGE татуиро́вка.

TAUDIS трущо́ба.

TAUREAU бык ⁄—— ——. *Une course de taureaux,* бой быко́в. *Prendre le taureau par les cornes,* взять быка́ за рога́.

TAUX 1. (*pourcentage*) проце́нт (*si le mot « taux » est accompagné de l'évaluation du pourcentage, le mot* « проце́нт » *ne sera cependant pas répété dans la traduction*). *Le taux du prêt,* проце́нт за́йма. *Un taux de* 5 %, 5 % (пять проце́нтов). **2.** (*importance relative*) разме́р. *Le taux des impôts,* разме́р нало́гов.

TAXE (*impôt*) нало́г. *Une taxe sur le chiffre d'affaires,* нало́г на торго́вый оборо́т.

TAXI такси́* *indécl. n. À la station de taxis,* на стоя́нке такси́. *Un chauffeur de taxi,* шофёр такси́. *Prendre un taxi,* взять такси́.

I. TCHÈQUE *subst.* **1.** (*homme*) чех. **2.** (*femme*) че́шка. **3.** (*langue*) че́шский язы́к (язы́к ⁄——). *Étudier le tchèque,* изуча́ть че́шский язы́к. *Un livre en tchèque,* кни́га на че́шском языке́. ● **En tchèque** *et, dans le même emploi,* **tchèque** (*accompagnant généralement un verbe*), по-че́шски. *Tout était écrit en tchèque,* всё бы́ло напи́сано по-че́шски. *Parler tchèque,* говори́ть по-че́шски.

II. TCHÈQUE *adj.* че́шский.

TE 1. (*non réfléchi*) v. TU. **2.** (*réfléchi*) v. SE.

TECHNICIEN те́хник.

I. TECHNIQUE *subst.* те́хника. *Une technique d'avant-garde,* передова́я те́хника.

II. TECHNIQUE *adj.* техни́ческий. *Le progrès technique,* техни́ческий прогре́сс.

TEINDRE кра́сить / вы́красить. *Teindre une étoffe en vert,* вы́красить ткань в зелёный цвет. *Se teindre les cheveux,* вы́красить во́лосы.

TEINT (*du visage*) цвет лица́. *Un teint maladif,* боле́зненный цвет лица́.

TEINTURERIE химчи́стка (*abréviation de* хими́ческая чи́стка).

TEL 1. (*identique à, ressemblant à*) тако́й. *Pouvait-on prévoir de telles conséquences?,* Мо́жно ли бы́ло предвидеть такие последствия? *Dans une affaire telle que celle-ci, il faut être prudent*, в таком предприятии надо быть осторожным. *Un homme tel que lui mérite-t-il la confiance?*, Разве такой человек заслуживает доверия? *Je l'ai retrouvé tel qu'il était il y a dix ans*, я нашёл его таким же, каким он был десять лет тому назад. **2.** (*intensité*) такой. *À un tel point*, до такой степени. *Il avait de telles difficultés que j'avais pitié de lui*, у него были такие затруднения, что мне было жалко его. **3.** (*résumant ce qui précède*) таков, такова... ⁄‾‾‾. *Tels sont les faits*, таковы факты. *Telle est mon opinion*, таково моё мнение. ● **De telle façon que, de telle manière que,** таким образом, что; так, что. *Il l'a fait de telle manière que je n'ai pas pu refuser*, он это сделал так, что я не смог ему отказать. **Tel..., tel... 1.** (*dans les expressions figées*) каков ..., таков и... *Tel père, tel fils*, каково дерево, таков и плод. *Tel maître, tel valet*, каков поп, таков и приход. **2.** (*dans les autres cas*) какой..., такой и... *Tel il était dans sa jeunesse, tel il est resté*, какой он был в молодости, таким он и остался.

TÉLÉGRAMME телеграмма. *J'ai envoyé un télégramme de félicitations*, я послал поздравительную телеграмму.

TÉLÉGRAPHE телеграф.

TÉLÉGUIDÉ телеуправляемый. *Une fusée téléguidée*, телеуправляемая ракета.

TÉLÉOBJECTIF телеобъектив.

TÉLÉPHONE телефон. *Elle m'a raconté ça au téléphone*, она мне это рассказала по телефону. ● **Du téléphone,** телефонный. *La sonnerie du téléphone*, телефонный звонок. *L'écouteur du téléphone*, телефонная трубка. *L'annuaire du téléphone*, телефонная книга.

TÉLÉPHONER 1. *intr.* звонить / позвонить (*malgré les efforts des puristes, ce verbe est le plus souvent conjugué avec un accent mobile:* звоню, звонишь...⁀‾‾‾ / позвоню, позвонишь...⁀‾‾‾). *Je vous téléphonerai demain soir*, я вам позвоню завтра вечером. **2.** *tr.* сообщить по телефону (сообщать / сообщить). *Elle nous a téléphoné une importante nouvelle*, она нам сообщила важную новость по телефону.

TÉLÉPHONIQUE телефонный. *Le central téléphonique*, телефонная станция. ● **Une cabine téléphonique 1.** (*à la poste*) телефонная кабина. **2.** (*dans la rue, les lieux publics*) телефон-автомат.

TÉLESCOPE телескоп.

TÉLÉSPECTATEUR телезритель *m.*

TÉLÉSPECTATRICE телезрительница.

TÉLÉVISEUR телевизор.

TÉLÉVISION *ou, par abréviation,* **TÉLÉ 1.** (*procédé de transmission*) телевидение. *La télévision en couleurs*, цветное телевидение. **2.** (*spectacle télévisé*) *employer le substantif* « телевизор », « *téléviseur* ». *Regarder la télé*, смотреть телевизор. *Qu'est-ce qu'on donne à la télé?*, Что передают по телевизору? ● **Appareil de télévision,** телевизор. **De télévision, de la télévision,** телевизионный; теле... (*élément de formation*). *Une antenne de télévision*, телевизионная антенна. *Une émission de télévision*, телевизионная передача *ou* телепередача. *Le programme de la télévision*, телевизионная программа *ou* телепрограмма.

TELLEMENT 1. (*à tel point*) так (*détermine un verbe, un adverbe ou un adjectif à la forme courte*); такой (*détermine un adjectif à la forme longue*). *Elle a tellement changé que je ne l'ai pas reconnue*, она так изменилась, что я её не узнал. *Il joue tellement bien*, он так хорошо играет. *Elle est tellement belle*, она так красива. *J'ai une valise tellement lourde*, у меня такой тяжёлый чемодан. **2.** (*beaucoup*) так уж много (*quantité*); очень (*intensité*). « *Vous avez beaucoup de disques? — Non, pas tellement* », « У вас много пластинок? — Нет, не так уж много. » « *Ça vous plaît? — Pas* *tellement* », « Э́то вам нра́вится? — Не о́чень. »

TÉMOIGNAGE 1. (*déclaration d'un témoin*) свиде́тельство. *Selon le témoignage des voisins*, по свиде́тельству сосе́дей. **2.** (*manifestation, marques extérieures*) проявле́ние. *Un témoignage de tendresse*, проявле́ние не́жности.

TÉMOIGNER 1. (*déposer*) дать показа́ния (дава́ть* II, даю́, даёшь...; дава́й; дава́я / дать* *n. cl.*, дам, дашь, даст, дади́м, дади́те, даду́т; дал, дала́, да́ло, да́ли ⁀ *et, à la forme négative*, не́ дал, не дала́, не́ дало, не́ дали ⁀; дай). *Témoigner en faveur de l'accusé*, дать показа́ния в по́льзу обвиня́емого. **2.** (*être la preuve*) свиде́тельствовать. *Cela témoigne de son honnêteté*, э́то свиде́тельствует о его́ че́стности.

TÉMOIN свиде́тель *m*. *Être témoin d'un accident*, быть свиде́телем несча́стного слу́чая. *Les témoins à charge*, свиде́тели обвине́ния. *Les témoins à décharge*, свиде́тели защи́ты. *Prendre qqn à témoin*, взять кого́-нибудь в свиде́тели.

TEMPE висо́к.

TEMPÉRATURE температу́ра. *La température monte*, температу́ра поднима́ется. *Cet enfant est malade; il faut prendre sa température*, ребёнок бо́лен; на́до изме́рить ему́ температу́ру.

TEMPÉRÉ (*en parlant du climat*) уме́ренный. *Un climat tempéré*, уме́ренный кли́мат.

TEMPÊTE бу́ря (*propr. et fig.*); шторм (*sur la mer*). *Une tempête s'est élevée*, подняла́сь бу́ря *ou* подня́лся шторм. *La tempête s'est calmée*, бу́ря ути́хла. *La tempête a renversé les arbres*, бу́ря повали́ла дере́вья. *Une tempête dans un verre d'eau*, бу́ря в стака́не воды́. ● **Une tempête de neige**, мете́ль *f*.

TEMPLE 1. (*païen; fig.*) храм. *Le temple de Diane*, храм Диа́ны. *Le temple de la science*, храм нау́ки. **2.** (*protestant*) протеста́нтская це́рковь (це́рковь*, *instr.* це́рковью; *pl.* це́ркви, церкве́й, церква́м... ——— ⁄——— *f*.).

TEMPORAIRE вре́менный. *Une incapacité de travail temporaire*, вре́менная нетрудоспосо́бность.

TEMPS 1. (*état de l'atmosphère*) пого́да. *Hier, il a fait beau temps*, вчера́ была́ хоро́шая пого́да. *Un temps gris*, па́смурная пого́да. *Un temps pluvieux*, дождли́вая пого́да. **2.** (*dans les autres sens*) вре́мя*, *gén.*, *dat.*, *loc.* вре́мени, *instr.* вре́менем; *pl.* времена́, времён, времена́м... *n*. *Le temps passe vite*, вре́мя идёт бы́стро. *Comment je passe mon temps?*, Как я провожу́ вре́мя? *Tuer le temps*, убива́ть вре́мя. *Perdre son temps*, теря́ть вре́мя. *Gagner du temps*, вы́играть вре́мя. *Rattraper le temps perdu*, наверста́ть потеря́нное вре́мя. *Je n'ai pas le temps*, у меня́ нет вре́мени. *Nous avons mis pas mal de temps*, мы потра́тили на э́то нема́ло вре́мени. *Cela exige beaucoup de temps*, э́то тре́бует мно́го вре́мени. *En peu de temps*, в коро́ткое вре́мя. *Tout le temps*, всё вре́мя. *Le temps travaille pour nous*, вре́мя рабо́тает на нас. *Les premiers temps*, пе́рвое вре́мя. *Ces derniers temps*, в после́днее вре́мя. *Depuis des temps immémoriaux*, с незапа́мятных времён. *Chaque chose en son temps*, всё в своё вре́мя. *Le temps presse*, вре́мя не ждёт. *De temps en temps*, вре́мя от вре́мени. *Pendant ce temps-là*, тем вре́менем. *En temps de paix*, в ми́рное вре́мя. ● **Arriver à temps**, успева́ть / успе́ть (к + *dat.* *ou* на + *acc.*). *Arriver à temps pour le repas*, успе́ть к обе́ду. *Arriver à temps pour le train*, успе́ть на по́езд. **À temps**, во́время. *Je terminerai ce travail à temps*, я зако́нчу э́ту рабо́ту во́время. *Nous sommes arrivés à temps*, мы пришли́ во́время. **Avoir le temps, ne pas avoir le temps**, *outre le mot* вре́мя (*voir l'exemple donné au paragraphe 2*) *on utilise couramment le verbe* успева́ть / успе́ть. *Je n'ai pas eu le temps*, я не успе́л. *L'absence de temps peut également être rendue par l'adverbe* не́когда *et le verbe* быть (*au sujet de la proposition française correspond en russe un nom ou un pronom au datif*). *Aujourd'hui je n'ai pas le* *temps*, сегóдня мне нéкогда. **Dans le temps** (*autrefois*), когдá-то. **En temps utile**, своеврéменно; заблаговрéменно (*assez à l'avance*). *Nous avons reçu le paquet en temps utile*, посы́лку мы получи́ли своеврéменно. *Elle m'a prévenu en temps utile*, онá меня́ предупреди́ла заблаговрéменно. **Entre-temps**, мéжду тем. **Il est temps**, порá *et le verbe* быть. *Il était temps de partir*, порá бы́ло уезжáть. *Il est temps que je rentre chez moi*, Мне порá домóй. **La plupart du temps**, чáще всегó.

TENAILLE(S) клéщи, клещéй, клещáм... ⁄‾‾‾ *pl. t.*

TENDANCE 1. (*penchant, propension*) склóнность *f. Une tendance à la mélancolie*, склóнность к меланхóлии. *Avoir une tendance à grossir*, имéть склóнность к полнотé. **2.** (*courant*) направлéние. *Une tendance libérale*, либерáльное направлéние.

I. TENDRE *verbe* **1.** (*porter en avant; présenter à qqn; poser sur une certaine longueur*) протя́гивать / протянýть ╲___ . *Tendre la main à qqn*, протянýть комý-нибудь рýку. *Tendre à qqn un paquet de cigarettes*, протянýть комý-нибудь пáчку сигарéт. *Tendre un câble*, протянýть канáт. **2.** (*tirer pour rendre raide*) натя́гивать / натянýть ╲___ . *Tendre son arc*, натянýть лук. *Tendre les cordes d'un instrument de musique*, натянýть стрýны. **3.** (*faire effort pour entendre, pour comprendre*) напрягáть / напря́чь* [р'ɛ] IV, напрягý, напряжёшь..., напрягýт; напря́г [р'ок], напряглá... ⁄‾‾‾ ; напряжённый. *Tendre l'oreille*, напрягáть слух. ● **Tendre à sa fin**, бли́зиться к концý. **Tendre un piège 1.** (*propr.*) постáвить западню́. **2.** (*fig.*) устрóить западню́ (устрáивать / устрóить).

II. TENDRE *adj.* **1.** (*en règle générale*) нéжный ⁄╲___ . *Un tendre regard*, нéжный взгляд. *Une peau tendre*, нéжная кóжа. *De tendres sentiments*, нéжные чýвства. **2.** (*mou*) мя́гкий ⁄╲___ , *comp.* мя́гче*. *Un bois tendre*, мя́гкое дéрево. *Du pain tendre*, мя́гкий хлеб.

TENDREMENT нéжно, *comp.* нежнée. *Aimer qqn tendrement*, нéжно люби́ть когó-нибудь.

TENDRESSE (*sentiment*) нéжность *f. Elle le regardait avec tendresse*, онá с нéжностью смотрéла на негó.

TENDU (*difficile, critique*) натя́нутый. *Des relations tendues*, натя́нутые отношéния.

TENIR

1. (*avoir à la main; garder; maintenir dans une certaine position*) держáть* I, держý, дéржишь... ╲___ / подержáть* I [*id.*] (*un petit instant*) *et* продержáть* I [*id.*] (*accompagné d'un complément de temps*).
2. (*se maintenir; demeurer dans un certain état, à une certaine place*) держáться* I, держýсь, дéржишься... ╲___ .
3. (*avoir*) *utiliser la périphrase servant à exprimer l'idée de possession:*
« у » + *gén.* + « есть » + *nom. Au passé*, « есть » *est remplacé par* « был », « былá », « бы́ло », « бы́ли » *selon que le sujet de la proposition russe est au masculin singulier, au féminin singulier, au neutre singulier ou au pluriel.*
4. (*assurer un travail, remplir une activité*) вести́* IV, ведý, ведёшь...; вёл, велá... ⁄‾‾‾ .
5. (*occuper un certain espace*) занимáть.
6. (*contenir*) содержáть* I, содержý, содéржишь... ╲___ .
7. (*être contenu, trouver place*) помещáться / помести́ться.
8. (*vouloir absolument*) óчень хотéть (хотéть* *n. cl.*, хочý, хóчешь, хóчет, хоти́м, хоти́те, хотя́т / захотéть* *n. cl.* [*id.*]).
9. (*apprécier; avoir un sentiment affectueux*) дорожи́ть [+ *instr.*] (*apprécier*); быть привя́занным [к + *dat.*] (*être attaché à*).
10. (*dépendre de*) зави́сеть* I, зави́шу, зави́сишь...
11. (*apprendre une nouvelle*) узнавáть* II, узнаю́, узнаёшь...; узнавáя / узнáть.

> REMARQUE. Le verbe « tenir » peut avoir une multitude d'autres nuances. Pour le traduire, il convient le plus souvent de chercher le synonyme le plus adéquat. Ex. : *Une couleur qui ne tient pas = une couleur qui passe. À quoi tient son échec? = Qu'est-ce qui a provoqué son échec? La majoration des impôts tient à la situation économique du pays = la majoration des impôts est liée à la situation économique du pays, etc.*

1. *Tenir son chapeau à la main*, держа́ть в руке́ шля́пу. *Tenir un enfant par la main*, держа́ть ребёнка за́ руку. *Elle a tenu l'enfant une heure entière dans ses bras*, она́ це́лый час продержа́ла ребёнка на рука́х. *Tenir en réserve*, держа́ть в запа́се. *Tenir les fenêtres fermées*, держа́ть о́кна закры́тыми. *Tenir sa langue*, держа́ть язы́к за зуба́ми. **2.** *Elle tient à peine sur ses jambes*, она́ е́ле де́ржится на нога́х. *Il y avait beaucoup de tués, mais le détachement tenait encore*, мно́го бы́ло уби́тых, но отря́д всё ещё держа́лся. *Sa vie tient à un fil*, жизнь его́ де́ржится на волоске́. *Cette mode ne tiendra pas longtemps*, э́та мо́да недо́лго бу́дет держа́ться. *Tenir sa droite*, держа́ться пра́вой стороны́. **3.** *Nous en tenons la preuve*, есть у нас доказа́тельство. *Je tiens une bonne grippe*, у меня́ ужа́сный грипп. *Ils tiennent une petite librairie dans le Quartier latin*, у них небольшо́й кни́жный магази́н в Лати́нском кварта́ле. **4.** *Tenir la comptabilité*, вести́ бухгалте́рию. *Tenir son journal personnel*, вести́ дневни́к. **5.** *L'armoire tient beaucoup de place*, шкаф занима́ет мно́го ме́ста. **6.** *Le réservoir tient soixante litres*, бензоба́к соде́ржит шестьдеся́т ли́тров. **7.** *Je ne croyais pas qu'il pouvait tenir tant de monde dans cette salle*, я не ду́мал, что в э́том за́ле мо́жет помести́ться сто́лько наро́ду. **8.** *Il tient à te voir*, Он о́чень хо́чет тебя́ ви́деть. **9.** *Je tiens beaucoup à ce disque*, я о́чень дорожу́ э́той пласти́нкой. *Il tient beaucoup à sa secrétaire*, он о́чень привя́зан к свое́й секрета́рше. **10.** *Cela tient à plusieurs raisons*, э́то зави́сит от мно́гих причи́н. *Si ça ne tenait qu'à moi*, е́сли бы э́то зави́село то́лько от меня́. **11.** *De qui tiens-tu cette nouvelle?*, От кого́ ты узна́л об э́том? ● **Être tenu de,** быть обя́занным. *Nous sommes tenus de l'aider*, мы обя́заны ей помо́чь. **Ne pas pouvoir tenir en place,** не сиди́тся на ме́сте (*infinitif inusité;* сиди́тся; сиде́лось; *au sujet de la proposition française correspond en russe un nom ou un pronom au datif*). *Elle ne peut pas tenir en place*, ей не сиди́тся на ме́сте. **Ne plus pouvoir y tenir,** бо́льше не могу́ (*infinitif inusité;* могу́, мо́жешь..., мо́гут ╲____ ; мог, могла́... ╱‾‾‾). *Qu'il fait chaud ici! Je ne peux plus y tenir. Allons nous promener*, Как жа́рко здесь! Бо́льше не могу́. Пойдём гуля́ть. **Qu'à cela ne tienne,** э́то о́чень про́сто. **Tenir chaud,** быть тёплым. *Ce pardessus me tient bien chaud*, пальто́ о́чень тёплое. **Tenir compagnie,** соста́вить компа́нию (составля́ть / соста́вить). **Tenir compte de,** учи́тывать / уче́сть* IV, учту́, учтёшь...; учёл, учла́...; учтённый (*tr.*). *Nous devons tenir compte de la situation*, мы должны́ уче́сть обстано́вку. **Tenir lieu de,** заменя́ть / замени́ть ╲____ (*tr.*). *Mon sac me tenait lieu d'oreiller*, су́мка заменя́ла мне поду́шку. **Tenir un pari,** держа́ть пари́ (держа́ть* I, держу́, де́ржишь... ╲____). **Tenir sa parole,** сдержа́ть сло́во (сде́рживать / сдержа́ть* I, сдержу́, сде́ржишь... ╲____). *Elle n'a pas tenu sa parole,* она́ не сдержа́ла сло́ва. **Tenir le rôle,** игра́ть роль. *Tenir le rôle principal*, игра́ть гла́вную роль. **Tenir tête à,** дать отпо́р [+ *dat.*] (дава́ть* II, даю́, даёшь...; дава́я / дать* *n. cl.*, дам, дашь, даст, дади́м, дади́те, даду́т; дал, дала́, да́ло, да́ли ╱╲__ *et à la forme négative* не́ дал, не дала́, не́ дало, не́ дали ╱╲__). **Tiens 1.** (*lorsqu'on tend quelque chose*) На *ou* Возьми́. **2.** (*marquant l'étonnement*) А! *Tiens, le voilà!*, А! Вот и он.

TENIR (SE)

> **1.** (*être quelque part*) selon le cas, стоя́ть* I, стою́, стои́шь... (*debout*); сиде́ть* I, сижу́, сиди́шь... (*assis*).
> **2.** (*se cramponner, s'accrocher*) держа́ться* I, держу́сь, де́ржишься... ⟍____ (за + *acc.*).
> **3.** (*ne pas quitter, conserver obstinément*) держа́ться*.
> **4.** (*se conduire*) держа́ть себя́ (держа́ть* I, держу́, де́ржишь... ⟍____).
> **5.** (*avoir lieu*) происходи́ть, происхо́дит, происхо́дят / произойти́* IV, произойдёт, произойду́т; произошёл, произошла́...

1. *Se tenir à l'entrée*, стоя́ть у вхо́да. *Elle se tenait toujours près de la fenêtre et cousait*, она́ всё сиде́ла у окна́ и ши́ла. **2.** *Se tenir à la balustrade*, держа́ться за пери́ла. *Se tenir par la main*, держа́ться за́ руку. **3.** *Se tenir à l'écart*, держа́ться в стороне́. *Se tenir à droite*, держа́ться пра́вой стороны́. *S'en tenir à sa première opinion*, держа́ться пре́жнего мне́ния. **4.** *Il ne sait pas se tenir*, он не уме́ет держа́ть себя́. **5.** *Où se tient la réunion?*, Где происхо́дит собра́ние? ● **Se tenir droit**, держа́ться пря́мо (держа́ться* I, держу́сь, де́ржишься... ⟍____). **Se tenir sur ses gardes**, быть насторо́же. **Se tenir tranquille**, сиде́ть сми́рно (сиде́ть* I, сижу́, сиди́шь...).

TENNIS те́ннис. *Jouer au tennis*, игра́ть в те́ннис.

TÉNOR те́нор*, *nom. pl.* тенора́ ____.

TENSION 1. (*en règle générale*) напряже́ние. *La tension des muscles*, напряже́ние мышц. *La tension internationale*, междунаро́дное напряже́ние. **2.** (*artérielle*) давле́ние; повы́шенное давле́ние (*tension supérieure à la normale*). *La tension artérielle*, кровяно́е давле́ние. *Elle a de la tension*, у неё повы́шенное давле́ние.

TENTATION искуше́ние. *Elle n'a pas résisté à la tentation*, она́ не устоя́ла про́тив искуше́ния.

TENTATIVE 1. (*en règle générale*) попы́тка. *Une tentative infructueuse*, неуда́чная попы́тка. **2.** (*d'assassinat...*) покуше́ние (на + *acc.*). *Une tentative d'assassinat*, покуше́ние на уби́йство. *Une tentative de suicide*, покуше́ние на самоуби́йство.

TENTE пала́тка. *Monter une tente*, разби́ть пала́тку. *Vivre sous la tente*, жить в пала́тке. *Une tente de camping*, тури́стская пала́тка.

TENTER 1. (*essayer*) пыта́ться / попыта́ться. *Nous avons tenté de le sauver*, мы попыта́лись спасти́ его́. **2.** (*attirer*) привлека́ть / привле́чь* IV, привлеку́, привлечёшь..., привлеку́т; привлёк, привлекла́... ⟋____; привлечённый. *Ce travail ne me tente pas*, э́та рабо́та меня́ не привлека́ет. ● **Tenter sa chance**, попыта́ть сча́стья.

TENUE 1. (*uniforme*) фо́рма. *La tenue d'hiver*, зи́мняя фо́рма. **2.** (*vêtement civil*) оде́жда. *En tenue de travail*, в рабо́чей оде́жде.

I. TERME (*délai*) срок. *Avant terme*, до сро́ка. ● **Mettre un terme à qqch.**, положи́ть чему́-нибудь преде́л.

II. TERME 1. (*mot*) сло́во ____⟍⟋____; те́рмин (*livresque*). *Le terme exact*, то́чное сло́во. *En d'autres termes*, други́ми слова́ми. *Un terme scientifique*, нау́чный те́рмин. **2.** (*pl.: relations*) отноше́ния, отноше́ний, отноше́ниям... *pl. Je suis en bons termes avec lui*, я с ним в хоро́ших отноше́ниях.

TERMINAISON оконча́ние. *Les substantifs ayant une terminaison identique*, существи́тельные с одина́ковым оконча́нием.

TERMINAL (*classe*) выпускно́й. *En classe terminale*, в выпускно́м кла́ссе.

TERMINER ока́нчивать / око́нчить. *Terminer un travail*, око́нчить рабо́ту. *J'ai terminé mes études en 1971*, я око́нчил университе́т в 1971 году́.

TERMINUS коне́чная остано́вка

(*autobus, trolleybus, tramway*); конéчная стáнция (*métro, train*). *Je descends au terminus*, выхожý на конéчной останóвке.

TERNE тýсклый. *Des couleurs ternes*, тýсклые крáски. *Un style terne*, тýсклый стиль.

TERRAIN

1. (*modelé de la surface terrestre*) мéстность *f*.
2. (*parcelle de terrain*) учáсток землú (учáсток) *ou, simplement*, учáсток.
3. (*de sport, de jeu*) площáдка.
4. (*sol*) пóчва.
5. (*points de vue communs*) пóчва.

1. *Le relief du terrain*, рельéф мéстности. **2.** *Acheter un terrain*, купúть учáсток землú. **3.** *Un terrain de sport*, спортúвная площáдка. **4.** *Un terrain sec*, сухáя пóчва. **5.** *Je n'arrive pas à trouver un terrain d'entente avec lui*, не могý найтú с ним óбщую пóчву. ● **Un terrain de camping**, турúстский лáгерь (лáгерь*, *nom. pl.* лагерá *m.*) *ou, par abréviation*, турлáгерь*, *nom. pl.* турлагерá *m.*, кэ́мпинг. **Un terrain vague**, пусты́рь *m.* **Un véhicule tous terrains**, вездехóд.

TERRASSE террáса.

Remarque. À la différence de son équivalent français, « террáса » ne comporte qu'un « c ».

TERRE землá (*l'accent passe généralement sur la préposition dans le groupe* « нá землю »). *La Terre tourne autour du Soleil*, Землá вращáется вокрýг Сóлнца. *La terre natale*, роднáя землá. *Labourer la terre*, пахáть зéмлю. *Une poignée de terre*, горсть землú. *J'aurais voulu être à cent pieds sous terre*, я готóв был сквозь зéмлю провалúться. ● **De terre** (*en terre cuite*), глúняный. *Un pot de terre*, глúняный горшóк. **Par terre 1.** (*direction*) нá пол (*sur le plancher*); на зéмлю *ou* нá землю (*sur la terre*). *Jeter un mégot par terre*, брóсить окýрок нá пол. **2.** (*emplacement*) на полý (*sur le plancher*); на землé (*sur la terre*). *Être assis par terre*, сидéть на полý.

TERRESTRE земнóй. *Le globe terrestre*, земнóй шар. *Les biens terrestres*, земны́е блáга.

TERREUR 1. (*épouvante*) ýжас. *Provoquer la terreur*, навестú ýжас. **2.** (*peur collective due à une certaine situation politique*) террóр.

TERRIBLE 1. (*effroyable; très violent*) стрáшный. *Un terrible danger*, стрáшная опáсность. *Un regard terrible*, стрáшный взгляд. *Un froid terrible*, стрáшный хóлод. *Un bruit terrible*, стрáшный шум. **2.** (*turbulent, intenable*) трýдный. *Des enfants terribles*, трýдные дéти. ● **Ivan le Terrible**, Ивáн Грóзный.

TERRIBLEMENT ужáсно. *C'est terriblement cher*, э́то ужáсно дóрого.

TERRITOIRE территóрия. *Sur tout le territoire appartenant à l'usine*, на всей территóрии завóда.

TERRORISME терроризм.

TERRORISTE террорúст.

TES v. ton.

TEST (*épreuve*) тест [tɛ].

TESTAMENT завещáние. *Faire son testament*, написáть завещáние. ● **L'Ancien Testament**, Вéтхий завéт. **Le Nouveau Testament**, Нóвый завéт.

TÊTE 1. (*d'un être vivant*) головá, гóлову, головы́...; *pl.* гóловы, голóв, головáм... (*l'accent passe sur la préposition dans les groupes* « нá голову » *et* « зá голову »); *dim.* головка. *De la tête aux pieds*, с головы́ до ног. *Tomber la tête la première*, упáсть вниз головóй. *J'ai mal à la tête*, у менá болúт головá. *La tête me tourne*, у менá крýжится головá. *Le vin lui est monté à la tête*, винó удáрило емý в гóлову. *Le succès lui a tourné la tête*, успéх вскружúл емý гóлову. *Perdre la tête*, терáть гóлову. *Je ne sais plus où donner de la tête*, у менá головá идёт крýгом. **2.** (*d'un objet*) голóвка. *Une tête d'ail*, голóвка чеснокá. *Une tête d'épingle*, голо́вка була́вки. ● **À la tête de**, во главе́ (+ *gén.*). *Être à la tête d'une délégation*, быть во главе́ делега́ции. **Autant de têtes, autant d'avis**, ско́лько голо́в, сто́лько умо́в. **Avoir la tête dure**, быть тупы́м (тупо́й ⁄⁀—). **Calculer de tête**, счита́ть в уме́. **Crier à tue-tête**, крича́ть во всё го́рло. **De tête** (*concernant la tête*), головно́й. *Des maux de tête*, головна́я боль. **En tête à tête**, с гла́зу на глаз. **J'en ai par-dessus la tête** *ou* **j'en avais par-dessus la tête**, мне э́то ужа́сно надое́ло. **N'en faire qu'à sa tête**, всё де́лать по-сво́ему. **Une tête de mort**, че́реп*, ___ *nom. pl.* черепа́ ___.

TÊTARD голова́стик.

TÉTER соса́ть грудь *ou, simplement*, соса́ть (соса́ть* IV, сосу́, сосёшь... / пососа́ть* IV [*id.*]). *L'enfant tétait, sa mère le regardait*, ребёнок соса́л грудь, а мать смотре́ла на него́.

TÊTU упря́мый. *Il est têtu comme un âne*, он упря́м как осёл.

TEXTE текст. *Le texte dactylographié de l'exposé*, машинопи́сный текст докла́да.

TEXTILE *adj.* тексти́льный. *L'industrie textile*, тексти́льная промы́шленность.

THÉ чай ___ ‾‾‾ *m. Du thé de Chine*, кита́йский чай. *Du thé de Ceylan*, цейло́нский чай. *Du thé géorgien* грузи́нский чай. *Un thé fort*, кре́пкий чай. *Un verre de thé*, стака́н ча́ю*. *Nous sommes invités à prendre le thé*, нас пригласи́ли на ча́шку ча́я. *Faire le thé*, завари́ть чай. ● **À thé, de thé**, ча́йный. *Une tasse à thé*, ча́йная ча́шка. *Une feuille de thé*, ча́йный лист.

THÉÂTRE теа́тр. *Ils habitent à côté du théâtre*, они́ живу́т о́коло теа́тра. *Nous allons souvent au théâtre*, мы ча́сто хо́дим в теа́тр. *Le théâtre d'Anouilh*, теа́тр Ану́я. *Le théâtre des opérations*, теа́тр вое́нных де́йствий.

THÉIÈRE ча́йник. *Une théière en porcelaine*, фарфо́ровый ча́йник.

THÈME 1. (*sujet; fragment mélodique*) те́ма. *Le thème de l'exposé*, те́ма докла́да. *Un thème musical*, музыка́льная те́ма. **2.** (*traduction*) перево́д. *Un thème latin*, перево́д с францу́зского языка́ на лати́нский.

THÉORIE тео́рия. *La théorie de la relativité*, тео́рия относи́тельности.

THÉORIQUE теорети́ческий. *Des considérations théoriques*, теорети́ческие рассужде́ния.

THÉORIQUEMENT теорети́чески. *C'est théoriquement exact*, теорети́чески э́то ве́рно.

THERMOMÈTRE термо́метр; гра́дусник (*fam.*). *Le thermomètre marquait quinze degrés au-dessous de zéro*, термо́метр пока́зывал пятна́дцать гра́дусов моро́за.

THON туне́ц.

TICKET биле́т. *Un ticket de quai*, перро́нный биле́т.

TIÈDE (*assez chaud*) тёплый, тёпел, тепла́, тепло́, тёплы. *De l'eau tiède*, тёплая вода́.

TIEN 1. (*si le possesseur est sujet de la proposition*) свой (*souvent précisé par le substantif qui est sous-entendu en français*). *J'ai mes habitudes et tu as les tiennes*, у меня́ свои́ привы́чки, а у тебя́ свои́. **2.** (*si le sujet n'est pas sujet de la proposition*) твой. *Ma chambre est plus grande que la tienne*, моя́ ко́мната бо́льше твое́й.

I. TIERS *subst.* (*fraction*) треть ___ ⁄‾‾‾ *f. Plus des deux tiers*, бо́льше двух трете́й.

II. TIERS *adj.* тре́тий (*se décline comme un adjectif d'appartenance*). *Le tiers état*, тре́тье сосло́вие.

TIGE (*bot.*) сте́бель ___ ⁄‾‾‾ *m. La tige d'une feuille*, сте́бель листа́.

TIGRE тигр.

TILLEUL ли́па.

TIMBRE (*timbre-poste*) ма́рка. *Cinq timbres de six kopeks*, пять ма́рок по шесть копе́ек. *Coller un timbre sur l'enveloppe*, накле́ить ма́рку на конве́рт. *Faire collection de timbres*, собира́ть ма́рки. *Un album de timbres*, альбо́м ма́рок.

TIMIDE засте́нчивый; ро́бкий ╱╲__, *comp.* ро́бче*. *Un enfant timide*, засте́нчивый ребёнок. *Un regard timide*, ро́бкий взгляд.

TIMIDEMENT ро́бко, *comp.* ро́бче*; засте́нчиво. *Il s'avança timidement vers moi*, он ро́бко подошёл ко мне.

TIMIDITÉ засте́нчивость *f.;* ро́бость *f. Une timidité maladive*, боле́зненная засте́нчивость.

TIR (*le fait de tirer des coups de feu*) стрельба́; ого́нь *m.* (*feu*). *Un tir d'artillerie*, артиллери́йская стрельба́ *ou* артиллери́йский ого́нь.

TIRE-BOUCHON што́пор.

TIRER __________

> **1.** (*amener vers soi; emmener à sa suite*) тяну́ть ╲____ / потяну́ть ╲____ .
> **2.** (*tracer*) проводи́ть ╲____ / провести́* IV, проведу́, проведёшь...; провёл, провела́... ╱‾‾ ; проведённый.
> **3.** (*faire sortir d'un endroit*) вынима́ть / вы́нуть; *ou* достава́ть* II, достаю́, достаёшь...; достава́й; достава́я / доста́ть* *n. cl.*, доста́ну, доста́нешь... // выта́скивать / вы́тащить (*en traînant; avec peine*).
> **4.** (*obtenir un produit; obtenir un résultat; produire un son*) извлека́ть / извле́чь* IV, извлеку́, извлечёшь..., извлеку́т; извлёк, извлекла́... ╱‾‾ ; извлечённый.
> **5.** (*avec une arme*) стреля́ть / вы́стрелить.
> **6.** (*éditer*) издава́ть* II, издаю́, издаёшь...; издава́й; издава́я / изда́ть* *n. cl.*, изда́м, изда́шь, изда́ст, издади́м, издади́те, издаду́т; изда́л, издала́, изда́ло, изда́ли ╱╲__ ; изда́й; и́зданный, и́здан, издана́, и́здано, и́зданы ╱╲__ .

1. *Tirer qqn par la manche*, потяну́ть кого́-нибудь за рука́в. *Le bateau tire une péniche*, парохо́д тя́нет ба́ржу. **2.** *Tirer un trait*, провести́ черту́. **3.** *Tirer de sa poche un porte-monnaie*, вы́нуть из карма́на кошелёк. *Tirer un livre de l'armoire*, доста́ть кни́гу из шка́фа. // *Tirer la barque sur la rive*, вы́тащить ло́дку на бе́рег. *Tirer une écharde du doigt*, вы́тащить зано́зу из па́льца. **4.** *Tirer un suc de la plante*, извле́чь из расте́ния сок. *Tirer profit d'un voyage*, извле́чь по́льзу из пое́здки. *Tirer la leçon des événements*, извле́чь уро́к из собы́тий. *Tirer de l'instrument des sons étranges*, извле́чь из инструме́нта стра́нные зву́ки. **5.** *Tirer des coups de canon*, стреля́ть из пу́шки. *Tirer à l'arc*, стреля́ть из лу́ка. *J'ai tiré sur l'ours mais je l'ai manqué*, я вы́стрелил в медве́дя, но промахну́лся. *Tirer sur l'ennemi*, стреля́ть по неприя́телю. **6.** *Le dictionnaire a été tiré à 15 000 exemplaires*, слова́рь изда́ли тиражо́м в 15 000 экземпля́ров. ● **Quand le vin est tiré, il faut le boire,** взя́вшись за гуж, не говори́, что не дюж. **Tirer les cartes,** гада́ть на ка́ртах. **Tirer une conclusion,** сде́лать вы́вод (де́лать / сде́лать). **Tirer qqn d'embarras,** вы́вести кого́-нибудь из затрудне́ния (выводи́ть ╲____ / вы́вести* IV, вы́веду, вы́ведешь...; вы́вел, вы́вела...). **Tirer la langue à qqn,** показа́ть кому́-нибудь язы́к (пока́зывать / показа́ть* II, покажу́, пока́жешь... ╲____). **Tirer au sort,** бро́сить жре́бий (броса́ть / бро́сить). **Tirez!** (*inscription sur une porte*), К себе́.

TIRER (SE) ● **S'en tirer** (*s'acquitter de sa tâche*) спра́виться со свое́й зада́чей (справля́ться / спра́виться). *Il s'en est bien tiré*, он хорошо́ спра́вился со свое́й зада́чей. **S'en tirer à bon compte,** счастли́во отде́латься (счастли́во [с'л'и]; отде́лываться / отде́латься). **Se tirer d'affaire,** вы́путаться из беды́ (выпу́тываться / вы́путаться). **Se tirer une balle dans la peau,** застре́ливаться / застрели́ться ╲____ .

TIRET тире́* *indécl. n.*

TIROIR я́щик. *Ouvrir le tiroir*, вы́двинуть я́щик.

TISSER ткать* IV, тку, ткёшь...; ткал, ткала́, тка́ло, тка́ли ╱╲__

/ соткать* IV (*id.*). *Tisser la soie*, ткать шёлковую материю. *L'araignée tisse sa toile*, паук ткёт паутину.

TISSU (*étoffe; ensemble de cellules*) ткань *f*. *Un tissu fin*, тонкая ткань. *Le tissu musculaire*, мышечная ткань. ● **Un tissu de mensonges,** сплошная ложь (ложь, *instr*. ложью *f*.).

TITRE

> **1.** (*d'une œuvre*) название (*nom*); заглавие.
> **2.** (*d'un chapitre, d'un article*) заглавие; заголовок.
> **3.** (*nom de dignité*) титул.
> **4.** (*nom de fonction*) звание.
> **5.** (*raison, fondement*) основание.

1. *Le titre de la chanson*, название песни. *Le titre du film*, название фильма. *Le titre du livre*, заглавие книги. **2.** *Le titre de l'article*, заголовок статьи. **3.** *Le titre de prince*, княжеский титул. **4.** *Le titre de professeur*, звание профессора. **5.** *À quel titre?*, На каком основании? *À juste titre*, с полным основанием. ● **À titre de 1.** (*sous forme de*) в виде (+ *gén*.). *À titre d'exception*, в виде исключения. **2.** (*en qualité de*) в качестве (+ *gén*.). *À titre d'ami*, в качестве друга. **Au titre de** (*dans le cadre de*), в порядке (+ *gén*.). *Au titre des échanges culturels*, в порядке культурных обменов.

TITUBER шататься / зашататься. *Il titubait comme un ivrogne*, он шатался как пьяный.

TOAST (*proposition de boire à la santé de qqn, au succès d'une entreprise*) тост. *Porter un toast*, провозгласить тост.

TOC! (*onomatopée*) стук! *Toc, toc!*, стук-стук!

TOCSIN набат. *Sonner le tocsin*, бить в набат.

TOI 1. (*non réfléchi*) v. TU. **2.** (*réfléchi*) v. SE.

TOILE полотно, *pl*. полотна, полотен, полотнам... ——. *Une toile fine*, тонкое полотно. *Nous nous sommes arrêtés devant une immense toile de Rubens*, мы остановились перед огромным полотном Рубенса. ● **Toile d'araignée,** паутина. **Toile cirée,** клеёнка.

TOILETTE (*divers sens*) туалет. *Faire sa toilette du matin*, совершить утренний туалет. *J'admirais sa toilette*, я любовался её туалетом. ● **De toilette,** туалетный. *Du savon de toilette*, туалетное мыло. **Une serviette de toilette,** полотенце.

TOILETTES туалет. *Demande où sont les toilettes*, Спроси, пожалуйста, где туалет.

TOIT крыша. *Un toit en tuiles*, черепичная крыша. *Un toit en ardoise*, шиферная крыша. *Vivre sous le même toit*, жить под одной крышей.

TÔLE (*métal*) железо (*parfois précisé par l'adjectif* « листовое »). *De la tôle ondulée*, гофрированное железо.

TOLÉRANCE терпимость *f*. *La tolérance religieuse*, религиозная терпимость.

TOLÉRANT терпимый. *Une attitude tolérante à l'égard des opinions d'autrui*, терпимое отношение к чужим мнениям.

TOLÉRER терпеть* I, терплю, терпишь... ⌞—— / потерпеть* I (*id*.). *Comment peut-il tolérer un scandale pareil?*, Как он может терпеть такое безобразие?

TOMATE помидор. *Une salade de tomates*, салат из помидоров. ● **La sauce tomate,** томатный соус.

TOMBE могила. *Creuser une tombe*, вырыть могилу. *Avoir un pied dans la tombe*, стоять одной ногой в могиле.

TOMBER

> **1.** (*en règle générale*) падать / упасть* IV, упаду, упадёшь...; упал, упала...
> **2.** (*en parlant des cheveux, des dents...*) выпадать / выпасть* IV, выпадет, выпадут; выпал, выпала...
> **3.** (*en parlant de la pluie, de la neige*) идти* IV, идёт; шёл / пойти* IV, пойдёт; пошёл

(*processus*); выпадáть / вы́пасть* IV, вы́падет; вы́пал (*résultat*).
4. (*être tué dans une bataille*) / пасть* IV, падý, падёшь...; пал, пáла...
5. (*être à la charge de; être le lot de*) пáдать / пасть*.
6. (*tomber dans un fâcheux état*) впадáть / впасть* IV, впадý, впадёшь...; впал, впáла...
7. (*se trouver brusquement dans telle ou telle situation*) попадáть / попáсть* IV, попадý, попадёшь...; попáл, попáла...
8. (*rencontrer brusquement*) натáлкиваться / натолкнýться; попадáть / попáсть* (*plus familier*).
9. (*coïncider avec un certain jour*) приходи́ться, прихóдится, прихóдятся.

1. *Le livre est tombé par terre*, кни́га упáла нá пол. *Patrick est tombé de vélo*, Патри́к упáл с велосипéда. *Tomber de fatigue*, пáдать от устáлости. *L'accent tombe sur la finale*, ударéние пáдает на послéдний слог. **2.** *Ses dents tombent*, у негó зýбы выпадáют. **3.** *La neige tombait*, шёл снег. *Hier est tombée la première neige*, вчерá вы́пал пéрвый снег. *Il est tombé beaucoup de neige*, вы́пало мнóго снéга. **4.** *Il est tombé au champ d'honneur*, он пал на пóле сражéния. **5.** *Les soupçons sont tombés sur lui*, подозрéния пáли на негó. *Tous les soucis tombent sur elle*, все забóты пáдают на неё. *Le sort tomba sur moi*, жрéбий пал на меня́. **6.** *Tomber dans la misère*, впасть в нищетý. *Tomber en enfance*, впасть в дéтство. **7.** *Tomber dans une embuscade*, попáсть в засáду. *Tomber de Charybde en Scylla*, попáсть из огня́ да в пóлымя. **8.** *Je suis tombé sur le directeur*, я натолкнýлся на дирéктора *ou* я попáл на дирéктора. *Nous sommes tombés sur des difficultés inattendues*, мы натолкнýлись на неожи́данные затруднéния. **9.** *Les deux rendez-vous tombent un mercredi*, óба свидáния прихóдятся в срéду. ● **Faire tomber 1.** (*qqn*) сбить с ног (сбивáть / сбить* II, собью́, собьёшь...; сбей). *Il m'a fait tomber*, он сбил меня́ с ног. **2.** (*renverser qqch.*) опроки́дывать / опроки́нуть. *J'ai fait tomber le vase et il s'est cassé*, я опроки́нула вáзу и онá разби́лась. **3.** (*des fruits...*) сбить с дéрева (сбивáть / сбить* II, собью́, собьёшь...; сбей). **Laisser tomber 1.** (*lâcher*) роня́ть / урони́ть ______. *J'ai laissé tomber le verre*, я урони́л стакáн. **2.** (*abandonner*) бросáть / брóсить. *Il a tout laissé tomber et il est parti dans le Midi*, он всё брóсил и уéхал на юг. **La nuit tombe,** темнéет (темнéть / стемнéть). **La pluie tombe à seaux,** льёт как из ведрá. **Le soir tombe,** темнéет (*passé* темнéло). **Tomber en décadence,** прийти́ в упáдок (приходи́ть, прихóдит, прихóдят / прийти́* IV, придёт, придýт; пришёл, пришлá...). **Tomber malade,** заболевáть / заболéть. **Tomber en panne,** v. PANNE. **Tomber en ruines,** развáливаться / развали́ться ______. *La maison tombe en ruines* дом развáливается.

I. TON *pronom-adjectif* **1.** (*si le possesseur est sujet de la proposition*) свой (*peut souvent être omis*). *Où as-tu laissé tes valises?*, Где ты остáвил свои́ чемодáны? *Tu y es allé avec ta sœur?*, Ты éздил тудá с сестрóй? **2.** (*dans le cas contraire*) твой. *Où est ton frère?*, Где твой брат?

II. TON *subst.* тон*, *nom. pl.* тонá ______. *Un ton familier*, фамилья́рный тон. *Élever le ton*, повы́сить тон. *Donner le ton*, задавáть тон. *Des tons clairs*, свéтлые тонá.

TONDRE стричь* IV, стригý, стрижёшь..., стригýт; стриг, стри́гла... / остри́чь* IV, остригý, острижёшь..., остригýт; остри́г, остри́гла...; остри́женный. *Tondre les brebis*, стричь овéц.

TONNE тóнна.

TONNEAU (*récipient en bois; son contenu*) бóчка. *Un tonneau de vin*, бóчка винá.

TONNER ● **Il tonne,** гром греми́т

(греме́ть* I, греми́т / загреме́ть* I [*id.*]).

TONNERRE гром. *Un coup de tonnerre*, уда́р гро́ма. *Un tonnerre d'applaudissements*, гром аплодисме́нтов.

TORCHON 1. (*pour essuyer la vaisselle*) полоте́нце. *Un torchon à vaisselle*, посу́дное полоте́нце. **2.** (*chiffon*) тря́пка.

TORDRE 1. (*mettre en spirale*) выкру́чивать / вы́крутить. *Tordre le linge*, вы́крутить бельё. **2.** (*plier*) сгиба́ть / согну́ть. *Tordre une tringle de fer*, согну́ть желе́зный прут. ● **Tordre le cou** (*étrangler*), сверну́ть ше́ю (свора́чивать / сверну́ть).

TORDRE (SE) 1. v. TORDRE. **2.** (*de douleur*) ко́рчиться / скорчиться. *Il se tordait de douleur*, он ко́рчился от бо́ли. ● **Se tordre de rire**, хохота́ть до упа́ду (хохота́ть* II, хохочу́, хохо́чешь... ⌣——).

TORRENT пото́к. *Un torrent de montagne*, го́рный пото́к. // (*Fig.*) *Des torrents d'éloquence*, пото́ки красноре́чия.

TORT 1. (*faute, erreur*) вина́ (*pas de pl.*). *Reconnaître ses torts*, призна́ть свою́ вину́. **2.** (*préjudice*) уще́рб. *Causer du tort à qqn*, нанести́ кому́-нибудь уще́рб. ● **À tort**, несправедли́во. *On le considérait à tort comme un grand philosophe*, его́ несправедли́во счита́ли вели́ким фило́софом. **À tort et à travers**, кста́ти и некста́ти. **Avoir tort**, быть непра́вым (непра́в, неправа́, непра́вы). *Elle a tort*, она́ неправа́. **Avoir tort de** (+ *inf.*), напра́сно (+ *indicatif*). *Il a tort de s'inquiéter*, напра́сно он беспоко́ится. **Donner tort à qqn**, счита́ть, что кто́-нибудь непра́в (непра́в, неправа́, непра́вы). *Tu me donnes tort sans doute?*, Ты, наве́рно, счита́ешь, что я непра́в? **Être dans son tort, se mettre dans son tort**, непра́вильно поступи́ть (/ поступи́ть ⌣——). *Vous êtes dans votre tort*, Вы поступи́ли непра́вильно.

TORTUE черепа́ха. *Une tortue de mer*, морска́я черепа́ха. *Avancer comme une tortue*, ползти́ как черепа́ха.

TORTURE пы́тка. *Soumettre qqn à la torture*, подверга́ть кого́-нибудь пы́тке.

TORTURER 1. (*soumettre à la torture pour obtenir des aveux*) пыта́ть *ou* подверга́ть пы́тке (подверга́ть / подве́ргнуть* III). *Ils l'ont torturé pendant trois jours*, его́ три дня пыта́ли. **2.** (*faire souffrir*) му́чить / изму́чить. *Torturer des animaux*, му́чить живо́тных. *La faim me torture*, меня́ му́чит го́лод. *Être torturé par le doute*, му́читься сомне́ниями.

TÔT ра́но, *comp.* ра́ньше*. *Je me suis réveillé tôt*, я просну́лся ра́но. *Tôt ou tard, il le saura*, ра́но и́ли по́здно он узна́ет об э́том. *Il est encore trop tôt pour manger*, ещё ра́но обе́дать.

I. TOTAL *subst.* ито́г (*montant*); су́мма (*somme*). *Le caissier a fait le total*, касси́р подвёл ито́г. *Tu as fait le problème? Quel total as-tu trouvé?*, Ты реши́л зада́чу? Каку́ю су́мму ты нашёл? ● **Au total 1.** (*résultat de l'opération*) итого́. *10, 15 et 17 francs, au total 42 francs*, 10, 15 и 17 фра́нков, итого́ 42 фра́нка. **2.** (*en définitive*) в коне́чном счёте.

II. TOTAL *adj.* **1.** (*pris dans son entier*) о́бщий. *La somme totale*, о́бщая су́мма. **2.** (*absolu*) по́лный. *Une liberté totale*, по́лная свобо́да. *Le silence total*, по́лная тишина́.

TOTALEMENT соверше́нно. *J'ai totalement cessé de fumer*, я соверше́нно бро́сил кури́ть.

TOTALITAIRE тоталита́рный. *Un régime totalitaire*, тоталита́рный режи́м.

TOUCHER *verbe*

1. (*entrer en contact; émouvoir*) тро́гать / тро́нуть.
2. (*concerner*) каса́ться (+ *gén.*).
3. (*s'approcher de*) подходи́ть ⌣—— (к + *dat.*).
4. (*recevoir*) получа́ть / получи́ть ⌣—— .

1. *Elle n'avait pas le droit de toucher quoi que ce soit dans la chambre*, ей ничего́ не позволя́ли тро́гать в ко́мнате. *Quelqu'un m'a touché l'épaule*, кто́-то тро́нул меня́ за плечо́. *Cela l'a touchée jusqu'aux larmes*, э́то тро́нуло её до слёз. **2.** *Ça ne me touche pas*, э́то меня́ не каса́ется. **3.** *Toucher à sa fin*, подходи́ть к концу́. **4.** *Toucher une grosse somme*, получи́ть кру́пную су́мму.

TOUJOURS 1. (*en règle générale*) всегда́; всё (*constamment*). *Il n'obéit pas toujours à ses parents*, он не всегда́ слу́шается роди́телей. *Elle travaille toujours*, она́ всё рабо́тает. **2.** (*encore*) всё ещё. *La pluie tombait toujours*, дождь всё ещё лил. **3.** (*en attendant; à tout hasard*) *ne se traduit généralement pas. Tu peux toujours essayer*, Мо́жешь попро́бовать.

TOUNDRA ту́ндра.

I. TOUR *f.* ба́шня*, *gén. pl.* ба́шен. *La tour Eiffel*, Э́йфелева ба́шня. *Les tours du Kremlin*, Кремлёвские ба́шни. *Dans sa tour d'ivoire*, в ба́шне из слоно́вой ко́сти. ● **La tour de Babel**, Вавило́нское столпотворе́ние.

II. TOUR *m.*

1. (*mouvement d'un corps qui tourne sur lui-même*) оборо́т.
2. (*circonférence d'un objet*) окру́жность *f.*
3. (*rang*) о́чередь *f.*
4. (*aux élections*) тур.
5. (*de passe-passe, de cartes...*) фо́кус.

1. *Trente-trois tours à la minute*, три́дцать три оборо́та в мину́ту. **2.** *Une fosse de dix mètres de tour*, я́ма десяти́ ме́тров в окру́жности. **3.** *C'est votre tour*, о́чередь за ва́ми. *Chacun à son tour*, ка́ждый в свою́ о́чередь. *Laisser passer son tour*, пропусти́ть свою́ о́чередь. **4.** *Élections à deux tours*, голосова́ние в два ту́ра. **5.** *Un tour de cartes*, ка́рточный фо́кус. ● **À tour de bras**, изо всех сил. **À tour de rôle**, по о́череди. **Faire le tour de 1.** (*aller à travers*) обходи́ть \\—— / обойти́* IV, обойду́, обойдёшь...; обошёл, обошла́... (+ *acc.*); объезжа́ть / объе́хать* IV, объе́ду, объе́дешь... (+ *acc.*) [*en voiture...*]. *La nouvelle a fait le tour de la ville*, но́вость обошла́ весь го́род. **2.** (*aller autour*) обходи́ть \\—— / обойти́* IV, обойду́, обойдёшь...; обошёл, обошла́... (вокру́г + *gén.*); *ou* объезжа́ть / объе́хать* IV, объе́ду, объе́дешь... (вокру́г + *gén.*) [*en voiture...*]. *Faire le tour du lac*, объе́хать вокру́г о́зера. **Le Tour de France**, Велоту́р Фра́нции. **Le tour est joué**, и де́ло с концо́м. **Tour à tour**, по о́череди.

III. TOUR *m.* (*machine-outil*) тока́рный стано́к (стано́к) *ou, simplement*, стано́к. *Un tour revolver*, револьве́рный стано́к.

TOURISME тури́зм.

TOURISTE 1. *m.* тури́ст. **2.** *f.* тури́стка.

TOURISTIQUE туристи́ческий. *Un voyage touristique*, туристи́ческая пое́здка.

TOURMENTER 1. (*faire souffrir*) му́чить. *La soif le tourmentait*, его́ му́чила жа́жда. **2.** (*préoccuper*) беспоко́ить. *Il ne faut pas vous tourmenter*, Не на́до беспоко́иться.

TOURNANT *subst.* поворо́т. *S'arrêter au tournant*, останови́ться на поворо́те. // (*Fig.*) *Ce fut un tournant décisif dans sa vie*, э́то был реши́тельный поворо́т в его́ жи́зни.

TOURNE-DISQUE прои́грыватель *m.*

TOURNÉE (*voyage*) пое́здка; гастро́ли, гастро́лей, гастро́лям... *pl. t.* (*en parlant d'artistes*). *Il a fait une tournée en province, a fait des conférences dans plusieurs universités*, он соверши́л пое́здку по провинциа́льным города́м, выступа́л с докла́дами в ра́зных университе́тах. *L'orchestre est parti en tournée*, орке́стр вы́ехал на гастро́ли.

TOURNER

I. Transitif:
1. (*imprimer à une chose un mouvement circulaire*) повора́чи-

вать / поверну́ть, *part.* повёрнутый.
2. (*contourner*) обходи́ть ╲___ / обойти́* IV, обойду́, обойдёшь...; обошёл, обошла́...
3. (*retourner sens dessus dessous*) перевора́чивать / переверну́ть, *part.* перевёрнутый.
4. (*une page*) перевора́чивать / переверну́ть, *part.* перевёрнутый.
5. (*un film...*) снима́ть / снять* IV, сниму́, сни́мешь... ╲___ ; снял, сняла́, сня́ло, сня́ли ╱╲___ ; сня́тый, снят, снята́, сня́то, сня́ты ╱╲___ .
II. Intransitif:
1. (*être animé d'un mouvement de rotation autour d'un axe*) враща́ться.
2. (*décrire des cercles*) кружи́ться ╲___ / закружи́ться ╲___ .
3. (*changer de direction*) повора́чивать / поверну́ть.
4. (*fonctionner*) рабо́тать.
5. (*devenir aigre*) ки́снуть* III / ски́снуть* III.
6. (*prendre telle ou telle tournure*) приня́ть ... оборо́т (принима́ть / приня́ть* IV, при́мет, при́мут; при́нял, приняла́, при́няло, при́няли ╱╲___ .

I. 1. *Tourner la clef dans la serrure*, поверну́ть ключ в замке́. *Tourner la poignée*, поверну́ть ру́чку. *Tourner la tête*, поверну́ть го́лову. **2.** *Tourner une difficulté*, обойти́ тру́дность. *Tourner la loi*, обойти́ зако́н. **3.** *Tourner le disque*, переверну́ть пласти́нку. **4.** *Tourner la page*, переверну́ть страни́цу. **5.** *Tourner un film*, снима́ть фильм.
II. 1. *La Terre tourne autour du Soleil*, Земля́ враща́ется вокру́г Со́лнца. *La roue tourne à la vitesse de 2 000 tours à la minute*, колесо́ враща́ется со ско́ростью 2 000 оборо́тов в мину́ту. **2.** *Un avion tournait au-dessus de la ville*, над го́родом кружи́лся самолёт. *Tourner comme un écureuil en cage*, кружи́ться как бе́лка в колесе́. **3.** *Tourner à droite*, поверну́ть напра́во. **4.** *L'usine tourne toute l'année sans interruption*, заво́д рабо́тает кру́глый год. **5.** *Le lait a tourné*, молоко́ ски́сло. **6.** *L'affaire a mal tourné*, де́ло при́няло дурно́й оборо́т. ● **La tête me tourne, la tête te tourne...**, у меня́ кру́жится голова́, у тебя́ кру́жится голова́... (кружи́ться, кру́жится). **Tourner autour du pot**, ходи́ть вокру́г да о́коло (ходи́ть ╲___). **Tourner le dos à qqn**, поверну́ться к кому́-нибудь спино́й (повора́чиваться / поверну́ться). **Tourner qqn en ridicule**, подня́ть кого́-нибудь на́ смех (поднима́ть / подня́ть* IV, подниму́, подни́мешь... ╲___ ; по́днял, подняла́, по́дняло, по́дняли ╱╲___ ; по́днятый, по́днят, поднята́, по́днято, по́дняты ╱╲___).

TOURNER (SE) повора́чиваться / поверну́ться. *Elle s'est tournée vers moi*, она́ поверну́лась ко мне.

TOURNEUR то́карь*, *nom. pl.* токаря́ ___ ___ *m. Tourneur sur métaux*, то́карь по мета́ллу.

TOURNEVIS отвёртка.

TOUSSER ка́шлять / ка́шлянуть. *Tousser d'une toux sèche*, ка́шлять сухи́м ка́шлем.

TOUT ___

I. Pronom:
весь.
II. Pronom-adjectif:
1. (*la totalité de*) весь.
2. (*un ... entier*) це́лый.
3. (*marquant la périodicité*) ка́ждый (*au singulier s'il qualifie un substantif; au pluriel s'il qualifie un nom de nombre*).
4. (*n'importe quel*) любо́й.
III. Adverbe:
1. (*entièrement*) весь *pronom.*
2. (*absolument*) совсе́м.
3. (*très*) о́чень.
IV. Substantif:
1. (*la totalité, l'ensemble*) це́лое *adj. subst. n.*
2. (*l'essentiel*) гла́вное *adj. subst. n.*

Remarque. Lorsque « le tout » peut être remplacé par « tout », on emploie généralement en russe le pronom « весь ». Ex. : *Maintenant, je vais relire le tout*, а сейча́с я всё перечита́ю.

I. *Tous pour un, un pour tous*, все за одного́, оди́н за всех. *Il a peur de tout*, он бои́тся всего́. *C'est pire* *que tout*, э́то ху́же всего́. *Voilà tout*, вот и всё.

II. 1. *Pendant toute la nuit*, всю ночь. *Tous les habitants*, все жи́тели. *De toutes ses forces*, изо всех сил. **2.** *Tout un panier de champignons*, це́лая корзи́нка грибо́в. **3.** *Tous les mois*, ка́ждый ме́сяц. *Toutes les semaines*, ка́ждую неде́лю. *Toutes les trois semaines*, ка́ждые три неде́ли. **4.** *À tout prix*, любо́й цено́й. *À tout moment*, в любу́ю мину́ту. *Par tous les temps*, в любу́ю пого́ду.

III. 1. *Il est tout en sueur*, он весь в поту́. **2.** *Un costume tout neuf*, совсе́м но́вый костю́м. **3.** *Elle est toute contente*, она́ о́чень дово́льна.

IV. 1. *Former un tout*, составля́ть одно́ це́лое. *Le tout et les parties*, це́лое и ча́сти. **2.** *Le tout est de ne pas manquer son coup*, гла́вное — не промахну́ться. ● **À tout hasard**, на вся́кий слу́чай. **De toutes sortes 1.** (*qualifiant un nom*) вся́кие, вся́ких, вся́ким... *pronom-adjectif pluriel*. *Des ennuis de toutes sortes*, вся́кие неприя́тности. **2.** (*en fonction de substantif*) вся́кое *pronom substantif neutre*. *On en voit de toutes sortes*, вся́кое быва́ет. **En tout**, всего́. *Quarante francs en tout*, всего́ со́рок фра́нков. **En tout cas**, во вся́ком слу́чае. **En toute hâte**, на́скоро. **En tout et pour tout**, всего́-на́всего. *Il ne m'est resté en tout et pour tout que deux francs*, у меня́ оста́лось всего́-на́всего два фра́нка. **Malgré tout 1.** (*coûte que coûte*) во что бы то ни ста́ло. *Il faut malgré tout que je réussisse à l'examen*, я должна́ сдать экза́мен во что бы то ни ста́ло. **2.** (*quand même*) всё же. *Il a ses défauts mais c'est malgré tout un brave homme*, у него́ свои́ недоста́тки, но всё же он хоро́ший челове́к. **Pas du tout, pas... du tout 1.** (*locution indépendante*) нет, ниско́лько *ou*, *simplement*, ниско́лько. « *Je vous dérange ? — Pas du tout* », « Я вам меша́ю? — Нет, ниско́лько. » **2.** (*dans une proposition*) совсе́м (*renforçant la négation*). *Il ne fait pas froid du tout aujourd'hui*, сего́дня совсе́м не хо́лодно. *Il n'y en a pas du tout*, их совсе́м нет. **Rien du tout, rien ... du tout**, ничего́. *Je n'ai rien trouvé du tout*, я ничего́ не нашёл. **Tous deux, tous les deux** (*l'un et l'autre*), о́ба. *Ils sont tous les deux malades*, о́ба больны́. *Elles sont toutes les deux ici*, о́бе здесь. **Tous les deux** (*avec une indication de temps*), че́рез [+ *acc.*] (*ne pas traduire le nom de nombre « deux »*). *Je vais à la clinique tous les deux jours*, че́рез день хожу́ в кли́нику. *Donnez-lui trois gouttes toutes les deux heures*, Дава́йте ему́ по три ка́пли че́рез час. **Tout à coup**, вдруг. **Tout à fait** (*entièrement*), совсе́м. *Elle est tout à fait guérie*, она́ совсе́м попра́вилась. **Tout à l'heure 1.** (*passé*) то́лько что. *Michel était là tout à l'heure*, Ми́ша то́лько что был здесь. **2.** (*futur*) ско́ро; по́сле (*ensuite*). *Il reviendra tout à l'heure*, он ско́ро вернётся. *Je vous montrerai les photos tout à l'heure*, я вам по́сле покажу́ сни́мки. **Tout au bord**, на са́мом краю́. **Tout au plus**, са́мое бо́льшее. **Tout autour**, вокру́г. **Tout autour de**, вокру́г (+ *gén.*). **Tout de même**, всё-таки. *Mais j'ai tout de même raison*, А всё-таки я прав. **Tout de suite 1.** (*dans un instant*) сейча́с. *Elle va arriver tout de suite*, она́ сейча́с придёт. **2.** (*aussitôt*) сра́зу; сра́зу же. *Il a cédé tout de suite*, он сра́зу уступи́л. **3.** (*à peu de distance*) сра́зу же. *C'est tout de suite après le carrefour*, э́то сра́зу же по́сле перекрёстка. **Toutes sortes de**, вся́кие, вся́ких, вся́ким... *pronom-adjectif pluriel*. *Toutes sortes de gens*, вся́кие лю́ди. **Tout le monde**, все, всех, всем... *pronom pluriel*. *Tout le monde était content*, все бы́ли дово́льны. **Tout seul** (*sans intervention extérieure*), сам. *Le vase s'est cassé tout seul, sans doute ?*, Ва́за сама́ разби́лась, что ли? **Une fois pour toutes**, раз и навсегда́.

TOUT-À-L'ÉGOUT канализацио́нная систе́ма.

TOUTEFOIS одна́ко.

TOUX ка́шель *m*. *Une toux sèche*, сухо́й ка́шель.

TOXIQUE *adj*. ядови́тый. *Des*

produits toxiques, ядови́тые вещества́.

TRACE след*, *loc.* следу́ (*mais au génitif, l'accent n'est initial qu'à la forme irrégulière* « сле́ду* » *dont l'emploi est limité à quelques expressions figées; la forme* « следа́ », *par contre, est accentuée sur la finale*). *Suivre les traces d'un ours*, идти́ по следа́м медве́дя. *Disparaître sans laisser de traces*, исче́знуть без следа́.

TRACT листо́вка. *Distribuer des tracts*, раздава́ть листо́вки.

TRACTEUR тра́ктор.

TRADITION тради́ция. *Une tradition bien établie*, установи́вшаяся тради́ция.

TRADITIONNEL традицио́нный. *Une fête traditionnelle*, традицио́нный пра́здник.

TRADUCTEUR перево́дчик. *Le traducteur de Balzac*, перево́дчик Бальза́ка.

TRADUCTION перево́д. *Une traduction mot à mot*, досло́вный перево́д. *J'ai lu Dostoïevski dans la traduction*, я чита́ла Достое́вского в перево́де.

TRADUCTRICE перево́дчица.

TRADUIRE (*d'une langue dans une autre*) переводи́ть / перевести́* IV, переведу́, переведёшь...; перевёл, перевела́... ; переведённый. *Traduire du français en russe*, перевести́ с францу́зского на ру́сский.

TRAFIQUANT спекуля́нт.

TRAGÉDIE траге́дия.

TRAGIQUE траги́ческий. *Une scène tragique*, траги́ческая сце́на. *Une situation tragique*, траги́ческое положе́ние.

TRAGIQUEMENT траги́чески. *Ça s'est terminé tragiquement*, э́то ко́нчилось траги́чески.

TRAHIR 1. (*en règle générale*) предава́ть* II, предаю́, предаёшь...; предава́й; предава́я / преда́ть* *n. cl.*, преда́м, преда́шь, преда́ст, предади́м, предади́те, предаду́т; преда́й; *ou* изменя́ть / измени́ть (+ *dat.*). *Trahir sa patrie*, измени́ть Ро́дине *ou* преда́ть Ро́дину. *Trahir un ami*, преда́ть дру́га. *Ses forces l'ont trahi*, си́лы измени́ли ему́. **2.** (*livrer*) выдава́ть* II, выдаю́, выдаёшь...; выдава́й; выдава́я / вы́дать* *n. cl.*, вы́дам, вы́дашь, вы́даст, вы́дадим, вы́дадите, вы́дадут; вы́дай. *Trahir un secret*, вы́дать та́йну. *Ne pas trahir ses camarades*, не выдава́ть това́рищей.

TRAHISON изме́на. *Le crime de haute trahison*, госуда́рственная изме́на.

TRAIN (*ensemble de wagons ou de voitures traînés par une locomotive*) по́езд*, *nom. pl.* поезда́ . *Un train de banlieue*, при́городный по́езд. *Un train de marchandises*, това́рный по́езд. *L'horaire des trains*, расписа́ние поездо́в. *À quelle heure part le train?*, В кото́ром часу́ отхо́дит по́езд? *Manquer son train*, опозда́ть на по́езд. *Le train pour Leningrad*, по́езд на Ленингра́д. ● **En train de** *ne se traduit généralement pas. Elle est en train de faire le ménage*, она́ убира́ет. *Je l'ai trouvé en train de travailler*, я его́ заста́л за рабо́той. **Mettre qqch. en train**, пусти́ть что́-нибудь в ход. **Le train d'atterrissage**, шасси́* *indécl. n. Un train d'atterrissage escamotable*, убира́ющееся шасси́. **Un train de bois**, плот*, *loc.* плоту́ .

TRAÎNEAU са́ни, сане́й, саня́м... ; *dim.* са́нки, са́нок, са́нкам... *pl. t. Aller en traîneau*, е́хать на саня́х. *Il n'y a qu'un seul traîneau là-bas*, там одни́ са́ни.

TRAÎNER

1. (*tirer derrière soi; emmener avec soi; porter sur soi*) тащи́ть / потащи́ть ; *indét.* таска́ть.
2. (*se promener sans but*) шля́ться.
3. (*pendre jusqu'à terre*) волочи́ться, воло́чится, воло́чатся; *ou* тащи́ться, та́щится, та́щатся.
4. (*en parlant d'objets qui ne sont pas à leur place*) валя́ться.
5. (*durer trop longtemps*) тяну́ться ; затя́гиваться / затяну́ться .

1. *Ils traînaient par terre quelque chose de lourd,* они́ тащи́ли по земле́ что́-то тяжёлое. *J'avais de la peine à traîner ma valise,* я с трудо́м тащи́л чемода́н. *Nicole est fatiguée et toi, tu la traînes au théâtre,* Нико́ль уста́ла, а ты её та́щишь в теа́тр. *Ça fait bientôt trois ans que je traîne cette robe,* уже́ тре́тий год таска́ю э́то пла́тье. **2.** *Où as-tu donc traîné?,* Где ты шля́лся? **3.** *Sa robe traînait par terre,* её пла́тье воло́чилось на полу́ *ou* её пла́тье тащи́лось на полу́. **4.** *Les livres traînaient par terre,* кни́ги валя́лись на полу́. **5.** *Il y a déjà trois mois que cette maladie traîne,* боле́знь уже́ три ме́сяца тя́нется. *Les pourparlers traînent,* перегово́ры затяну́лись. • **Faire traîner,** затя́гивать / затяну́ть ⟍___. *Faire traîner une affaire,* затяну́ть де́ло. **Traîner la jambe,** е́ле волочи́ть но́ги. (волочи́ть ⟍___).

TRAÎNER (SE) 1. (*aller en rampant*) ползти́* IV, ползу́, ползёшь...; полз, ползла́.../ / поползти́* IV (*id.*); *indét.* по́лзать. *Se traîner à quatre pattes,* ползти́ на четвере́ньках. **2.** (*aller lentement, avec peine*) е́ле тащи́ться (тащи́ться ⟍___ / потащи́ться ⟍___). *J'étais si fatigué que je me traînais,* я так уста́л, что е́ле тащи́лся.

TRAIT 1. (*ligne; élément caractéristique*) черта́. *Tracer un trait,* провести́ черту́. *Un trait de caractère,* черта́ хара́ктера. **2.** (*ligne du visage*) черта́ лица́ *ou, simplement,* черта́. *Des traits réguliers,* пра́вильные черты́ лица́. • **Boire d'un trait,** вы́пить за́лпом. **Un trait d'union,** дефи́с.

TRAITÉ 1. (*convention*) догово́р. *Conclure un traité de paix,* заключи́ть ми́рный догово́р. **2.** (*ouvrage*) тракта́т.

TRAITEMENT 1. (*manière d'agir envers une personne*) обхожде́ние (*pas de pl.*), обраще́ние (*pas de pl.*). *Elle était habituée aux mauvais traitements,* она́ привы́кла к дурно́му обхожде́нию. **2.** (*salaire*) зарпла́та. *Son traitement se montait à deux mille francs,* он получа́л две ты́сячи фра́нков зарпла́ты. **3.** (*soins médicaux*) лече́ние. *Un traitement aux antibiotiques,* лече́ние антибио́тиками.

TRAITER

> **1.** (*agir d'une certaine manière à l'égard de qqn*) обраща́ться / обрати́ться [т → щ] (с + *instr.*); обходи́ться ⟍___ / обойти́сь* IV, обойду́сь, обойдёшься...; обошёлся, обошла́сь... (с + *instr.*) [*sans se gêner*].
> **2.** (*insulter en donnant tel ou tel nom*) обзыва́ть / обозва́ть* IV, обзову́, обзовёшь...; обозва́л, обозвала́, обозва́ло, обозва́ли ⁄⟍___ (*instr.*).
> **3.** (*exposer*) излага́ть / изложи́ть ⟍___ .
> **4.** (*transformer une substance*) обраба́тывать.

1. *Et comment traite-t-il ses employés?,* А как он обраща́ется со свои́ми слу́жащими? *Elle l'a traité comme un gamin,* она́ с ним обошла́сь как с мальчи́шкой. **2.** *Elle l'a traité de pitre,* она́ его́ обозвала́ шуто́м. **3.** *J'ai traité cette question en détail dans un article,* я подро́бно изложи́л э́тот вопро́с в одно́й статье́. **4.** *Traiter le pétrole,* обраба́тывать нефть.

TRAÎTRE преда́тель *m.* (*celui qui livre qqn, qui livre un secret*); изме́нник (*celui qui cesse d'être loyal*). *Fusiller les traîtres,* расстреля́ть преда́телей.

TRAJECTOIRE траекто́рия.

TRAJET прое́зд (*parcours couvert autrement qu'à pied*); расстоя́ние (*distance*). *Le prix à payer pour le trajet,* пла́та за прое́зд. *Le trajet n'est pas long,* расстоя́ние небольшо́е.

TRAMWAY трамва́й *m.*

TRANCHE (*morceau*) ломо́ть *m.; dim.* ло́мтик. *Une tranche de pain,* ломо́ть хле́ба. *Une tranche de jambon,* ломо́ть ветчины́. *Une tranche de saucisson,* ло́мтик колбасы́.

TRANCHER (*séparer d'un seul coup*) отруба́ть / отруби́ть ⟍___. *On lui trancha la tête,* отруби́ли ему́ го́лову.

TRANQUILLE споко́йный. *Un enfant tranquille*, споко́йный ребёнок. *Une vie tranquille*, споко́йная жизнь. *D'un ton tranquille*, споко́йным то́ном. ● **Laisser qqn tranquille,** оста́вить кого́-нибудь в поко́е. **Rester tranquille,** сиде́ть сми́рно.

TRANQUILLEMENT споко́йно. *Dormir tranquillement*, споко́йно спать.

TRANQUILLISER успока́ивать / успоко́ить. *Cela a tranquillisé le malade*, э́то успоко́ило больно́го.

TRANQUILLITÉ споко́йствие. *Aimer la tranquillité*, люби́ть споко́йствие.

TRANSFORMATION превраще́ние (*conversion*); преобразова́ние (*modification profonde*). *La transformation de la chaleur en énergie*, превраще́ние тепла́ в эне́ргию. *De grandes transformations*, вели́кие преобразова́ния. ● **Une industrie de transformation,** обраба́тывающая промы́шленность.

TRANSFORMER 1. (*convertir*) превраща́ть / преврати́ть (т → щ). *La chenille s'est transformée en papillon*, гу́сеница преврати́лась в ба́бочку. **2.** (*améliorer sensiblement*) преобража́ть / преобрази́ть. *Le printemps est arrivé et tout s'est transformé*, наступи́ла весна́, и всё преобрази́лось.

TRANSISTOR (*divers sens*) транзи́стор.

TRANSITIF перехо́дный. *Un verbe transitif*, перехо́дный глаго́л.

TRANSITION перехо́д. *Une brusque transition*, ре́зкий перехо́д. ● **De transition,** перехо́дный. *Une époque de transition*, перехо́дная эпо́ха.

TRANSMETTRE (*divers sens*) передава́ть* II, передаю́, передаёшь...; передава́й; передава́я / переда́ть* *n. cl.*, переда́м, переда́шь, переда́ст, передади́м, передади́те, передаду́т; пе́редал, передала́, пе́редало, пе́редали ; переда́й; пе́реданный, пе́редан, передана́, пе́редано, пе́реданы . *J'ai transmis la lettre*, я пе́редал письмо́. *Transmettez-lui mes salutations*, Переда́йте ей приве́т от меня́. *Transmettre un concert par radio*, передава́ть конце́рт по ра́дио.

TRANSMISSION переда́ча. *Transmission par courroies*, ремённая переда́ча. *La transmission d'un ordre*, переда́ча прика́за.

TRANSPARENT *adj.* прозра́чный. *De la matière plastique transparente*, прозра́чная пластма́сса. || (*Fig.*) *Une allusion transparente*, прозра́чный намёк.

TRANSPIRER (*propr.*) поте́ть / вспоте́ть.

TRANSPORT 1. (*le fait de transporter*) перево́зка. *Le transport des marchandises et des voyageurs*, перево́зка това́ров и пассажи́ров. **2.** (*moyens permettant le transport*) тра́нспорт (*pas de pl.*). *Les transports ferroviaires*, железнодоро́жный тра́нспорт. ● **Les moyens de transport,** тра́нспорт (*pas de pl.*).

TRANSPORTER перевози́ть / перевезти́* IV, перевезу́, перевезёшь...; перевёз, перевезла́... ; перевезённый. *On a transporté toutes les caisses sur l'autre rive*, все я́щики перевезли́ на друго́й бе́рег.

TRAVAIL рабо́та; труд (*labeur*). *Le travail physique*, физи́ческая рабо́та. *Le travail intellectuel*, у́мственная рабо́та. *Les travaux des champs*, полевы́е рабо́ты. *Un travail de forçat*, ка́торжная рабо́та. *Se mettre au travail*, взя́ться за рабо́ту. *Un travail opiniâtre*, упо́рный труд. ● **De travail,** рабо́чий. *La journée de travail*, рабо́чий день. *Une hypothèse de travail*, рабо́чая гипо́теза. *En vêtement de travail*, в рабо́чей оде́жде.

TRAVAILLER 1. (*en règle générale*) рабо́тать; труди́ться (*travail laborieux*). *Elle travaille lentement*, она́ рабо́тает ме́дленно. *Travailler dans une usine*, рабо́тать на заво́де. *Le temps travaille pour nous*, вре́мя рабо́тает на нас. *Travailler à la sueur de son front*, труди́ться в по́те лица́. *Travailler à un projet*, труди́ться над прое́ктом. **2.**

(*travail scolaire*) занима́ться. *J'ai travaillé toute la soirée*, весь ве́чер занима́лся.

I. TRAVAILLEUR *adj.* трудолюби́вый. *Un élève travailleur*, трудолюби́вый учени́к.

II. TRAVAILLEUR *subst.* трудя́щийся *part. subst. m.* (*salarié*); рабо́тник (*celui qui a telle ou telle profession*). *Le niveau de vie des travailleurs*, у́ровень жи́зни трудя́щихся. *Un travailleur intellectuel*, рабо́тник у́мственного труда́.

TRAVERS • **Aller de travers**, идти́ кри́во и ко́со. *Tout va de travers*, всё идёт кри́во и ко́со. **À tort et à travers**, кста́ти и некста́ти. **À travers**, *selon la nuance*, сквозь [+ *acc.*] (*en se faufilant, en se frayant un passage*); че́рез [+ *acc.*] (*en franchissant*); по [+ *dat.*] (*en passant*). *Se frayer un passage à travers la foule*, пробира́ться сквозь толпу́. *Rire à travers ses larmes*, смея́ться сквозь слёзы. *Aller à travers la foule*, идти́ че́рез толпу́. *La route va à travers la forêt*, доро́га прохо́дит че́рез лес. *Nous allions à travers champs*, мы шли по́ полю. *À travers bois*, по́ лесу. **Comprendre de travers**, непра́вильно понима́ть. **De travers** (*en oblique*), ко́со. *Tenir qqch. de travers*, держа́ть что́-нибудь ко́со. **En travers** (*selon la largeur*), попере́к. *Scier une planche en travers*, пили́ть до́ску попере́к. **En travers de**, попере́к (+ *gén.*). *En travers de la route*, попере́к доро́ги. **Regarder qqn de travers** (*propr. et fig.*), ко́со смотре́ть на кого́-нибудь.

TRAVERSER 1. (*en règle générale*) *employer un verbe de mouvement comportant le préverbe* пере (*exprimant l'idée de franchissement*) *ou* про (*exprimant l'idée de passage*); *ces verbes régissent l'accusatif ou* че́рез (+ *acc.*). *Ex.:* переходи́ть ╲—— / перейти́* IV, перейду́, перейдёшь...; перешёл, перешла́..., *et* проходи́ть ╲—— / пройти́* IV, пройду́, пройдёшь...; прошёл, прошла́... (*à pied*); переезжа́ть / перее́хать* IV, перее́ду, перее́дешь..., *et* проезжа́ть / прое́хать* IV, прое́ду, прое́дешь... (*par un moyen de transport*); перебега́ть / перебежа́ть* *n. cl.*, перебегу́, перебежи́шь..., перебегу́т; перебеги́, *et* пробега́ть / пробежа́ть* *n. cl.*, пробегу́, пробежи́шь..., пробегу́т; пробеги́ (*en courant*); перелета́ть / перелете́ть* IV, перелечу́, перелети́шь..., *et* пролета́ть / пролете́ть* IV, пролечу́, пролети́шь... (*en volant*); переплыва́ть / переплы́ть* IV, переплыву́, переплывёшь...; переплы́л, переплыла́, переплы́ло, переплы́ли ∧——, *et* проплыва́ть / проплы́ть* IV, проплыву́, проплывёшь...; проплы́л, проплыла́, проплы́ло, проплы́ли ∧—— (*en nageant; en bateau*), *etc. Traverser la rue*, перейти́ у́лицу. *Traverser le pont*, перейти́ че́рез мост. *Nous traversions la forêt*, мы проходи́ли че́рез лес. *Nous avons traversé les Alpes*, мы перее́хали че́рез А́льпы. *Traverser la rue en courant*, перебежа́ть че́рез у́лицу. *Traverser le jardin en courant*, пробежа́ть че́рез сад. *Les oiseaux ont traversé le fleuve*, пти́цы перелете́ли че́рез реку́. **2.** (*mouiller de part en part*) промочи́ть наскво́зь (прома́чивать / промочи́ть ╲——). *La pluie avait traversé mon pardessus*, дождь промочи́л наскво́зь моё пальто́.

TRAVERSIN ва́лик.

TRÈFLE 1. (*fourrage*) кле́вер (*pas de pl.*). *Du trèfle incarnat*, кра́сный кле́вер. **2.** (*plante ayant une feuille à trois folioles; ornement géométrique*) трили́стник. **3.** (*aux cartes*) тре́фы, треф, тре́фам... *pl. t.* • **De trèfle** (*aux cartes*), тре́фовый. *Le roi de trèfle*, тре́фовый коро́ль.

TREIZE 1. (*en règle générale*) трина́дцать. *Treize francs*, трина́дцать фра́нков. *À treize kilomètres de la ville*, в трина́дцати киломе́трах от го́рода. **2.** (*au sens de « treizième » et, en particulier, dans l'expression de la date*) трина́дцатый. *Elle est arrivée au Havre le 13 avril*, она́ прибыла́ в Гавр 13-го апре́ля (трина́дцатого апре́ля). *À la page treize*, на трина́дцатой страни́це. *Louis XIII*, Людо́вик XIII (Людо́вик Трина́дцатый).

TREIZIÈME трина́дцатый. *Au XIIIᵉ siècle*, в XIII ве́ке (в трина́дцатом ве́ке).

TREMBLEMENT дрожь *f.* (*pas de pl.*). *Parler avec un tremblement dans la voix*, говори́ть с дро́жью в го́лосе. *Il était pris de tremblements*, его́ би́ла дрожь. ● **Un tremblement de terre**, землетрясе́ние.

TREMBLER дрожа́ть* I, дрожу́, дрожи́шь... / задрожа́ть* I (*id.*); трясти́сь* IV, трясу́сь, трясёшься...; тря́сся, трясла́сь... / затрясти́сь* IV (*id.*) [*trembler fortement*]. *Trembler de froid*, дрожа́ть от хо́лода *ou* трясти́сь от хо́лода. *Trembler de peur*, дрожа́ть от стра́ха *ou* трясти́сь от стра́ха. *Trembler de tout son corps*, дрожа́ть всем те́лом. *Trembler pour qqn*, дрожа́ть за кого́-нибудь.

TREMPER 1. (*plonger un instant dans un liquide*) обма́кивать / обмакну́ть. *Tremper sa plume dans l'encre*, обмакну́ть перо́ в черни́ла. **2.** (*un métal; le caractère...*) закаля́ть / закали́ть. *Tremper l'acier*, закали́ть сталь. *Tremper le caractère*, закали́ть хара́ктер. ● **Être trempé jusqu'aux os**, промо́кнуть до косте́й (/ промо́кнуть* III).

TREMPLIN (*propr. et fig.*) трампли́н. *Servir de tremplin*, служи́ть трампли́ном.

TRENTAINE *n'a pas d'équivalent; traduire comme « environ trente »*. *Une trentaine de personnes*, челове́к три́дцать. *Il a dépassé la trentaine*, ему́ перевали́ло за три́дцать.

TRENTE 1. (*en règle générale*) три́дцать. *Trente francs*, три́дцать фра́нков. *À trente kilomètres de la ville*, в тридцати́ киломе́трах от го́рода. **2.** (*au sens de « trentième » et, en particulier dans l'expression de la date*) тридца́тый. *Ils sont arrivés le 30 janvier*, они́ прие́хали 30-го января́ (тридца́того января́).

TRENTIÈME тридца́тый.

TRÈS о́чень. *Très grand*, о́чень большо́й. *Très vite*, о́чень бы́стро. *Je suis très fatigué*, я о́чень уста́л.

TRÉSOR 1. (*richesses*) сокро́вища, сокро́вищ, сокро́вищам... *pl.*; клад (*trésor caché*). *Les trésors de la peinture mondiale*, сокро́вища мирово́й жи́вописи. *Chercher un trésor*, иска́ть клад. **2.** (*en parlant d'une personne*) сокро́вище. *Dors, mon trésor*, Спи, моё сокро́вище. **3.** (*trésor public*) казна́.

TRÉSORIER казначе́й *m.*

TRÊVE переми́рие. *Conclure une trêve*, заключи́ть переми́рие.

TRIANGLE треуго́льник. *Un triangle rectangle*, прямоуго́льный треуго́льник.

TRIANGULAIRE треуго́льный.

TRIBU пле́мя*, *gén.*, *dat.*, *loc.* пле́мени, *instr.* пле́менем; *pl.* племена́, племён, племена́м... *n.* *Des tribus nomades*, кочевы́е племена́.

TRIBUNAL суд. *Le tribunal militaire*, вое́нный суд. *Comparaître devant le tribunal*, яви́ться в суд.

TRIBUNE (*emplacement élevé*) трибу́на. *Monter à la tribune*, подня́ться на трибу́ну.

TRIBUT дань *f.* *Payer un tribut*, плати́ть дань.

TRICHER (*au jeu*) жу́льничать / сжу́льничать. *Tricher au jeu*, жу́льничать в игре́.

TRICOTER вяза́ть* II, вяжу́, вя́жешь... / связа́ть* II (*id.*). *Elle m'a tricoté des chaussettes*, она́ связа́ла мне носки́. ● **Des aiguilles à tricoter**, вяза́льные спи́цы.

TRIER разбира́ть / разобра́ть* IV, разберу́, разберёшь...; разобра́л, разобрала́, разобра́ло, разобра́ли; *ou* сортирова́ть / рассортирова́ть. *Trier des documents*, разбира́ть бума́ги. *Trier des marchandises*, сортирова́ть това́ры.

TRIMESTRE (*scolaire*) че́тверть, *pl.* че́тверти, четверте́й, четвертя́м... *f.* *Les notes du premier trimestre*, отме́тки за пе́рвую че́тверть.

TRIO три́о* *indécl.* *n.*

TRIOMPHAL торже́ственный. *Une marche triomphale*, торже́ственное ше́ствие.

TRIOMPHER торжествова́ть / восторжествова́ть. *La vérité finit toujours par triompher*, в конце́ концо́в и́стина всегда́ торжеству́ет. *Triompher de son adversaire*, торжествова́ть над враго́м.

TRISTE гру́стный ⁄⁀__ ; печа́льный (*un peu moins usité, plus fort*). *Une chanson triste*, гру́стная пе́сня. *Un sourire triste*, гру́стная улы́бка. *Un triste sort*, печа́льная у́часть. ● **Être triste** (*en parlant d'une personne*), гру́стно *et le verbe* быть (*au sujet de la proposition française correspond en russe un nom ou un pronom au datif*). *Elle était triste*, ей бы́ло гру́стно.

TRISTEMENT гру́стно, *comp.* грустне́е; печа́льно (*plus fort*). *Elle me regardait tristement*, она́ гру́стно смотре́ла на меня́ *ou* она́ печа́льно смотре́ла на меня́.

TRISTESSE грусть *f.* (*mélancolie*); печа́ль *f.* (*tristesse due au chagrin*). *Je ne peux pas me souvenir sans tristesse de ces années-là*, не могу́ без гру́сти вспо́мнить об э́тих года́х.

TROÏKA тро́йка. *Aller en troïka*, е́хать на тро́йке.

TROIS

> **1.** (*en règle générale*) три (*l'accent passe sur la préposition dans les groupes* « за́ три », « на́ три » *et* « по́ три »).
> **2.** (*régissant un plurale tantum, un pronom ou éventuellement un nom de personne masculin*) тро́е *nom de nombre collectif* (*l'accent passe sur la préposition dans le groupe* « по́ трое »).
> **3.** (*au sens de* « *troisième* » *et, en particulier dans l'expression de la date*) тре́тий (*se décline comme un adjectif d'appartenance*).
> **4.** (*aux cartes*) тро́йка.

1. *Dans trois jours*, че́рез три дня. *Vers trois heures*, к трём часа́м. *À trois kilomètres d'ici*, в трёх киломе́трах отсю́да. **2.** *Trois traîneaux*, трое́ сане́й. *Ils ont trois enfants*, у них тро́е дете́й. *Nous étions trois*, нас бы́ло тро́е. **3.** *Ils sont arrivés le 3 mai*, они́ прие́хали 3-го ма́я (тре́тьего ма́я). *À la page trois*, на тре́тьей страни́це. *Acte trois, scène trois*, де́йствие тре́тье, явле́ние тре́тье. *Napoléon III*, Наполео́н III (Наполео́н Тре́тий). **4.** *Un trois de cœur*, тро́йка черве́й. ● **À trois,** втроём. *Nous travaillons à trois*, мы рабо́таем втроём. **Trois cent..., trois cents,** три́ста. *Trois cent quarante francs*, три́ста со́рок фра́нков. *Plus de trois cents pages*, бо́льше трёхсот страни́ц. **Trois-centième,** трёхсо́тый. **Trois fois 1.** (*en règle générale*) три ра́за. **2.** (*suivi d'un nom de nombre*) три́жды. *Trois fois trois font neuf*, три́жды три — де́вять. **3.** (*suivi d'un comparatif*) втро́е. *Trois fois moins d'argent*, втро́е ме́ньше де́нег. **Trois par trois,** по́ трое.

I. TROISIÈME *adj.* **1.** (*en règle générale*) тре́тий (*se décline comme un adjectif d'appartenance*). *Pour la troisième fois*, в тре́тий раз. *Dans le troisième volume*, в тре́тьем то́ме. **2.** (*en parlant des étages*) четвёртый. *Nous habitons au troisième étage*, мы живём на четвёртом этаже́.

II. TROISIÈME *subst.* **1.** (*classe*) тре́тий класс [тре́тий *se décline comme un adjectif d'appartenance*] (*traduction précise du français*); восьмо́й класс (*nom de la classe correspondante dans les écoles soviétiques*). **2.** (*étage*) четвёртый эта́ж (эта́ж ⁄‾‾‾). *Nous habitons au troisième*, мы живём на четвёртом этаже́.

TROISIÈMEMENT в-тре́тьих.

TROLLEYBUS тролле́йбус. *Nous y allons par le trolleybus*, мы е́здим туда́ на тролле́йбусе.

TROMPE (*chez les animaux*) хо́бот.

TROMPER обма́нывать / обману́ть ⁀___ . *Il t'a trompé*, он тебя́ обману́л.

TROMPER (SE) ошиба́ться / ошиби́ться * IV, ошибу́сь, ошибёшься...; оши́бся, оши́блась... *Elle s'est trompée d'étage*, она́ оши́блась этажо́м. *Je me suis trompé dans mes calculs*, я оши́бся в вычисле́нии.

TROMPETTE (*instrument de musique*) труба́ ‾‾‾ ___ .

Jouer de la trompette, игрáть на трубé.

TROMPEUR *adj.* обмáнчивый. *Un discours trompeur*, обмáнчивая речь. *Des apparences trompeuses*, обмáнчивая нарýжность.

TRONC **1.** (*d'un arbre*) ствол. *Les troncs blancs des bouleaux*, бéлые стволы́ берёз. **2.** (*partie du corps*) тýловище.

TRÔNE престóл. *Monter sur le trône*, взойти́ на престóл.

TROP **1.** (*quantité*) сли́шком мнóго (*dans le cas où* « сли́шком мнóго » *régit un substantif, celui-ci se met au génitif*). *J'ai trop travaillé*, я сли́шком мнóго рабóтал. *J'ai trop de travail*, у меня́ сли́шком мнóго рабóты. **2.** (*intensité*) сли́шком. *C'est trop difficile*, э́то сли́шком трýдно. *Trop tard*, сли́шком пóздно. ● **De trop** (*superflu*), ли́шний. *Je n'ai pas d'argent de trop*, ли́шних дéнег у меня́ нет.

TROPICAL тропи́ческий. *Une chaleur tropicale*, тропи́ческая жарá.

TROTTOIR тротуáр.

Remarque. À la différence de son équivalent français, le mot « тротуáр » ne comporte qu'un « т » à l'initiale de la deuxième syllabe.

TROU

> **1.** (*en règle générale*) дырá, *dim.* ды́рка.
> **2.** (*fosse*) я́ма.
> **3.** (*trou d'obus, trou de mine*) ворóнка.
> **4.** (*coin perdu*) дырá.
> **5.** (*dans un emploi du temps*) окнó.

1. *Percer un trou*, просверли́ть дырý. *Vous avez un trou à votre bas*, у вас на чулкé дырá. **2.** *Creuser un trou*, вы́рыть я́му. **3.** *Un trou d'obus*, снаря́дная ворóнка. **4.** *Je voudrais bien sortir de ce trou*, мне бы óчень хотéлось вы́рваться из э́той дыры́. **5.** *J'ai deux trous dans mon emploi du temps*, у меня́ в расписáнии два окнá. ● **Un trou d'air**, воздýшная я́ма. **Le trou de la serrure**, замóчная сквáжина.

TROUBADOUR трубадýр.

I. TROUBLE *adj.* мýтный. *Un regard trouble*, мýтный взгляд. *De l'eau trouble*, мýтная водá. *Pêcher en eau trouble*, в мýтной водé ры́бу лови́ть.

II. TROUBLE *subst.* **1.** (*émotion*) смущéние. *Dissimuler son trouble*, скрывáть своё смущéние. **2.** (*pl.; mauvais fonctionnement*) расстрóйство (*pas de pl.*). *Des troubles nerveux*, нéрвное расстрóйство. *Des troubles de langage*, расстрóйство рéчи. **3.** (*pl.; soulèvements*) волнéния, волнéний, волнéниям... *pl. t.*; беспоря́дки, беспоря́дков, беспоря́дкам... *pl.* (*désordres*). *Il y avait eu des troubles dans la ville*, в гóроде бы́ли волнéния *ou* в гóроде бы́ли беспоря́дки.

TROUBLER **1.** (*rendre trouble*) мути́ть / замути́ть. *Troubler l'eau*, мути́ть вóду. **2.** (*faire cesser, déranger*) нарушáть / нарýшить. *Troubler le silence*, нарýшить тишинý. *Troubler le sommeil*, нарýшить сон. *Troubler l'ordre*, нарýшить поря́док. **3.** (*intimider*) смущáть / смути́ть (т → щ). *Son regard me trouble*, её взгляд смущáет меня́. *Il s'est troublé et ne savait plus que dire*, он смути́лся и ужé не знал, что сказáть.

TROUER продыря́вливать / продыря́вить; *ou* прорывáть / прорвáть* IV, прорвý, прорвёшь...; прорвáл, прорвалá, прорвáло, прорвáли (*en déchirant*). *Trouer ses chaussettes*, продыря́вить носки́ *ou* прорвáть носки́.

TROUPE **1.** (*théâtre*) трýппа (*à la différence de son équivalent français,* « трýппа » *comporte deux* « п »). *Une troupe de ballet*, балéтная трýппа. **2.** (*armée*) войскá, вóйск, войскáм... *pl.* *Les troupes d'occupation*, оккупациóнные войскá.

TROUPEAU стáдо. *Un troupeau de vaches*, стáдо корóв.

TROUVAILLE нахóдка. *Faire une trouvaille*, сдéлать нахóдку. || (*Fig.*) *C'est vraiment une trouvaille*, э́то пря́мо нахóдка.

TROUVER находи́ть ⟍—— / найти́* IV, найду́, найдёшь...; нашёл, нашла́...; на́йденный; найдя́; *ou* застава́ть* IV, застаю́, застаёшь...; застава́й; застава́я / заста́ть* *n. cl.*, заста́ну, заста́нешь... (*trouver par hasard dans tel ou tel endroit, dans telle ou telle situation*). *Nous n'avons pas trouvé un seul champignon*, мы не нашли́ ни одного́ гриба́. *Trouver une solution*, найти́ реше́ние. *Nous l'avons trouvé en bonne santé*, мы нашли́ его́ здоро́вым. *Je l'ai trouvé en train de travailler*, я его́ заста́л за рабо́той. *J'espère la trouver chez elle*, я наде́юсь заста́ть её до́ма.

TROUVER (SE) 1. (*être soudain placé dans telle ou telle situation*) / очути́ться (*la première personne du futur est inusitée; les autres personnes marquent un recul d'accent par rapport à l'infinitif;* очу́тишься, очу́тится...). *Il s'est trouvé dans l'eau jusqu'au cou*, он очути́лся в воде́ по ше́ю. **2.** (*être situé*) находи́ться ⟍——. *Le village se trouve au bord d'un petit lac*, дере́вня нахо́дится на берегу́ небольшо́го о́зера. **3.** (*se sentir*) быть (*au sujet de la proposition française correspond en russe un nom ou un pronom au datif*). *Je me trouve bien ici*, мне здесь хорошо́. ● **Il se trouve que**, ока́зываться / оказа́ться* II, ока́жется. *Il s'est trouvé que tous étaient partis la veille*, оказа́лось, что все уе́хали накану́не. **Se trouver mal** (*perdre connaissance*), де́латься ду́рно (де́латься / сде́латься; *au sujet de la proposition française correspond en russe un nom ou un pronom au datif*). *Elle s'est trouvée mal*, ей сде́лалось ду́рно.

TRUC 1. (*procédé*) спо́соб (*n'a pas le caractère familier du mot « truc »*). *Il a trouvé un truc très commode*, он нашёл о́чень удо́бный спо́соб. **2.** (*objet*) шту́ка. *Donnez-moi ce truc-là*, Да́йте мне э́ту шту́ку.

TRUFFE трю́фель —— ⟋—— *m.* ● **Aux truffes**, трю́фельный. *Du pâté aux truffes*, трю́фельный паште́т.

TRUITE форе́ль *f.*

TRUST трест.

TSAR царь ⟋—— —— *m. Sous le règne du tsar Feodor*, при царе́ Фёдоре. ● **Du tsar, des tsars**, ца́рский. *La couronne des tsars*, ца́рская коро́на.

TSARÉVITCH царе́вич.

TSARINE цари́ца.

T. S. F. ра́дио* *indécl. n.*

I. TSIGANE *subst.* **1.** *m.* цыга́н*, *pl.* цыга́не, цыга́н, цыга́нам... **2.** *f.* цыга́нка.

II. TSIGANE *adj.* цыга́нский. *Des chansons tsiganes*, цыга́нские пе́сни.

TU ты. *Tu le connais?*, Ты его́ зна́ешь? *Tu as froid?*, Тебе́ хо́лодно? *As-tu de l'argent?*, Есть у тебя́ де́ньги? *Elle était avec toi?*, Она́ была́ с тобо́й? *C'est toi qui as téléphoné?*, Э́то ты звони́л? *Je voulais te parler mais je ne t'ai pas vue*, я хоте́л с тобо́й поговори́ть, но я тебя́ не ви́дел. ● **Chez toi**, v. CHEZ.

TUBE (*récipient*) тю́бик. *Un tube de dentifrice*, тю́бик зубно́й па́сты. *De la colle en tube*, клей в тю́бике.

TUBERCULOSE туберкулёз.

TUER убива́ть / уби́ть* II, убью́, убьёшь...; убе́й; уби́тый; ре́зать* II, ре́жу, ре́жешь... / заре́зать* II [*id.*] (*égorger*). *Tuer un ours*, уби́ть медве́дя. *Tuer un poulet*, заре́зать цыплёнка. // (*Fig.*) *Tuer le temps*, уби́ть вре́мя.

TUER (SE) 1. (*suicide*) поко́нчить с собо́й (/ поко́нчить). *Il s'est tué d'une balle dans la tête*, он поко́нчил с собо́й, пусти́л себе́ пу́лю в лоб. **2.** (*accident*) разби́ться на́смерть (разбива́ться / разби́ться* II, разобью́сь, разобьёшься...). *Il est tombé de cheval et a failli se tuer*, он упа́л с ло́шади и чуть не разби́лся на́смерть.

TUE-TÊTE ● **À tue-tête**, во всё го́рло.

TUILE (*pour couvrir les toits*) черепи́ца. *Les toits des maisons sont couverts de tuiles rouges*, кры́ши домо́в покры́ты кра́сной черепи́цей. ● **En tuiles**, черепи́чный. *Un toit en tuiles*, черепи́чная кры́ша.

TULIPE тюльпа́н.

TUMEUR о́пухоль *f*. *Une tumeur maligne*, злока́чественная о́пухоль.

TUNNEL тунне́ль *m*.

I. TURC *subst*. **1.** (*homme*) ту́рок*, *gén. pl*. ту́рок. **2.** (*langue*) туре́цкий язы́к (язы́к ⁄———). *Étudier le turc*, изуча́ть туре́цкий язы́к. *Un livre en turc*, кни́га на туре́цком языке́. • **En turc** *et, dans le même emploi*, **turc** (*accompagnant généralement un verbe*), по-туре́цки. *Tout était écrit en turc*, всё бы́ло напи́сано по-туре́цки. *Parler turc*, говори́ть по-туре́цки.

II. TURC *adj*. туре́цкий.

TURQUE турча́нка.

TUTOYER *traduire par une périphrase utilisant le pronom* « ты ». *Il m'a tutoyé*, он сказа́л мне « ты ». *Nous nous tutoyons*, мы с ним на ты.

TUYAU 1. (*en règle générale*) труба́ ——— ———. *Le tuyau du poêle*, печна́я труба́. *Le tuyau d'échappement*, выхлопна́я труба́. **2.** (*d'arrosage*) рука́в*, *nom. pl*. рукава́ ⁄——— ———. *Un tuyau d'arrosage*, рука́в для поли́вки.

TYPE 1. (*modèle, genre*) тип. *Un avion d'un type nouveau*, самолёт но́вого ти́па. *Le type de l'intellectuel raté*, тип интеллиге́нта-неуда́чника. **2.** (*individu*) *il convient le plus souvent de traduire en fonction du contexte; le mot* « тип » *peut parfois être utilisé, mais il a un sens péjoratif*. *Un drôle de type*, чуда́к. *Un type sympathique*, симпатя́га. *Un type remarquable*. замеча́тельный ма́лый. *Il y a un type qui s'est approché de moi*, ко мне подошёл како́й-то тип.

TYPHOÏDE *subst*. брюшно́й тиф.

TYPHUS сыпно́й тиф.

TYPIQUE типи́чный. *Un cas typique*, типи́чный слу́чай.

TYRAN тира́н.

TYRANNIE тирани́я.

Remarque. À la différence de son équivalent français, « тирани́я » ne comporte qu'un « н ».

TYRANNIQUE тирани́ческий. *Un pouvoir tyrannique*, тирани́ческая власть.

Remarque. À la différence de son équivalent français, « тирани́ческий » ne comporte qu'un « н ».

TZAR v. TSAR.

TZARÉVITCH v. TSARÉVITCH.

TZARINE v. TSARINE.

TZIGANE v. TSIGANE.

U

I. UKRAINIEN *subst*. **1.** (*homme*) украи́нец. **2.** (*langue*) украи́нский язы́к (язы́к ⁄———). *Étudier l'ukrainien*, изуча́ть украи́нский язы́к. *Un livre en ukrainien*, кни́га на украи́нском языке́. • **En ukrainien**, *et, dans le même emploi*, **ukrainien** (*accompagnant généralement un verbe*), по-украи́нски. *Tout était écrit en ukrainien*, всё бы́ло напи́сано по-украи́нски. *Parler ukrainien*, говори́ть по-украи́нски.

UKRAINIENNE украи́нка.

ULCÈRE я́зва. *Un ulcère de l'estomac*, я́зва желу́дка.

ULTÉRIEUR дальне́йший. *Au cours des pourparlers ultérieurs*, в тече́ние дальне́йших перегово́ров.

ULTIMATUM ультима́тум. *Adresser un ultimatum*, предъяви́ть ультима́тум.

ULTRAVIOLET ультрафиоле́товый. *Les rayons ultraviolets*, ультрафиоле́товые лучи́.

I. UN, UNE, DES (*article*) *ne se traduit pas*.

II. UN (*nom de nombre*) **1.** (*en règle générale*) оди́н. *Trois moins un*, три ми́нус оди́н. *Vingt et un ans*, два́дцать оди́н год. *L'un d'entre eux*, оди́н из них. *Les uns s'en vont, les autres arrivent*, одни́ уезжа́ют, други́е приезжа́ют. **2.** (*au sens de « premier »*) пе́рвый. *À la page un*, на пе́рвой страни́це. • **L'un et l'autre**, и тот и друго́й. **L'un l'autre, les uns les autres...,** друг дру́га (*pronom dont le premier élément est invariable tandis que le second suit la déclinaison des substantifs masculins*). *Nous sommes restés satisfaits l'un de l'autre*, мы оста́лись дово́льны друг дру́гом. *Ils s'aident les uns les autres*, они́ помога́ют друг дру́гу. **Ni l'un ni l'autre**, ни тот ни друго́й. **Un de ces jours**, на днях. *Il va arriver un de ces jours*, он прие́дет на днях.

UNANIMITÉ единогла́сие. • **À l'unanimité**, единогла́сно. *La décision a été prise à l'unanimité*, реше́ние бы́ло при́нято единогла́сно.

UNIÈME пе́рвый. *Le quarante et unième*, со́рок пе́рвый.

UNIFORME *subst.* фо́рма. *En uniforme d'officier*, в офице́рской фо́рме.

UNION сою́з. *Une union douanière*, тамо́женный сою́з. *L'Union soviétique*, Сове́тский Сою́з. • **L'union fait la force**, оди́н в по́ле не во́ин.

UNIQUE еди́нственный. *Une fille unique*, еди́нственная дочь. *C'est mon unique distraction*, э́то моё еди́нственное развлече́ние. *Unique en son genre*, еди́нственный в своём ро́де.

UNIQUEMENT то́лько (*seulement*); исключи́тельно (*exclusivement*). *Il pense uniquement à sa voiture*, он ду́мает то́лько о свое́й маши́не.

UNIR соединя́ть / соедини́ть. *Unir ses forces*, соедини́ть свои́ си́лы. *Prolétaires de tous les pays, unissez-vous!*, Пролета́рии всех стран соединя́йтесь! *Les États-Unis d'Amérique*, Соединённые Шта́ты Аме́рики.

UNITÉ 1. (*élément simple; étalon de mesure*) едини́ца. *Les unités, les dizaines, les centaines*, едини́цы, деся́тки, со́тни. *L'unité de mesure*, едини́ца измере́ния. **2.** (*réunion en un tout*) еди́нство. *L'unité de lieu, l'unité de temps et l'unité d'action*, еди́нство ме́ста, еди́нство вре́мени и еди́нство де́йствия. **3.** (*formation militaire*) часть ____ /____ *f*. *Une unité d'infanterie*, пехо́тная часть.

UNIVERS вселе́нная *adj. subst. f*.

UNIVERSEL 1. (*de tous les pays*) всеми́рный. *Exposition universelle*, всеми́рная вы́ставка. **2.** (*de tous*) всео́бщий. *Le suffrage universel*, всео́бщее избира́тельное пра́во.

UNIVERSELLEMENT • **Universellement connu**, общеизве́стный.

UNIVERSITÉ университе́т. *Entrer à l'université*, поступи́ть в университе́т.

URANIUM ура́н. • **À l'uranium, d'uranium**, ура́новый. *Le minerai d'uranium*, ура́новая руда́. *Une bombe à l'uranium*, ура́новая бо́мба.

URGENT сро́чный; неотло́жный (*qu'on ne peut pas différer*). *Une affaire urgente*, сро́чное де́ло *ou* неотло́жное де́ло.

URINER мочи́ться ____ / помочи́ться ____ .

URNE у́рна. *Mettre son bulletin dans l'urne*, опусти́ть бюллете́нь в у́рну.

USAGE 1. (*utilisation*) употребле́ние. *Usage externe*, для нару́жного употребле́ния. **2.** (*coutume*) обы́чай *m*. *Respecter les usages d'autrefois*, приде́рживаться стари́нных обы́чаев.

USER (*détériorer par l'usage*) изна́шивать / износи́ть ____ . *Ce pardessus est usé*, пальто́ изно́шено. *Cette étoffe s'use vite*, э́та ткань бы́стро изна́шивается.

USINE заво́д. *Son père travaille dans une usine*, его́ оте́ц рабо́тает на заво́де. *L'usine à gaz*, га́зовый заво́д. *Une usine d'automobiles*, автомоби́льный заво́д.

USUEL обы́чный. *Des mots usuels*, обы́чные слова́.

UTILE поле́зный. *En quoi puis-je vous être utile?* Чем могу́ быть поле́зен? // (*Subst.*) *Joindre l'utile à l'agréable*, сочета́ть поле́зное с прия́тным. ● **En temps utile**, своевре́менно. *Prévenez-moi en temps utile*, Предупреди́те меня́ своевре́менно.

UTILISATION испо́льзование. *L'utilisation de l'énergie atomique*, испо́льзование а́томной эне́ргии.

UTILISER испо́льзовать / испо́льзовать; по́льзоваться [+ *instr.*] (*se servir de*). *Utiliser l'énergie atomique*, испо́льзовать а́томную эне́ргию *ou* по́льзоваться а́томной эне́ргией. *Utiliser une nouvelle méthode*, по́льзоваться но́вым ме́тодом. *Utiliser des mots étrangers*, по́льзоваться иностра́нными слова́ми.

UTILITÉ по́льза. *L'utilité du sport*, по́льза спо́рта. *Ces mesures ont été d'une grande utilité*, э́ти мероприя́тии принесли́ большу́ю по́льзу.

UTOPIE уто́пия.

UTOPIQUE утопи́ческий. *Des projets utopiques*, утопи́ческие зате́и.

V

VACANCES 1. (*scolaires*) кани́кулы, кани́кул, кани́кулам... *pl. t. Les grandes vacances*, ле́тние кани́кулы. *Les vacances de Noël*, зи́мние кани́кулы. *Les vacances de Pâques*, весе́нние кани́кулы. *Nous sommes en vacances*, у нас тепе́рь кани́кулы. *Ils sont partis en vacances*, они́ уе́хали на кани́кулы. *Pendant les vacances, j'ai appris à nager*, на кани́кулах я научи́лся пла́вать. **2.** (*dans les autres cas*) о́тпуск*, *loc.* отпуску́ *ou* о́тпуске, *nom. pl.* отпуска́ ou . *Je suis en vacances*, я в о́тпуске. *Partir en vacances*, уе́хать в о́тпуск.

VACCIN приви́вка. *Le vaccin contre la rage*, приви́вка про́тив бе́шенства.

VACCINER привива́ть / приви́ть* II, привью́, привьёшь...; приве́й (*sens exact: inoculer*). *Vacciner les enfants contre la variole*, приви́ть де́тям о́спу.

VACHE (*animal*) коро́ва. *Un troupeau de vaches*, ста́до коро́в. ● **De vache**, коро́вий *adj. d'appart. Du lait de vache*, коро́вье молоко́.

VAGABOND *subst.* бродя́га *m.*

I. VAGUE *subst. f.* волна́, *gén. pl.* волн . *De hautes vagues*, высо́кие во́лны. // (*Fig.*) *Une vague de mécontentement*, волна́ недово́льства.

II. VAGUE *adj.* сму́тный. *Je n'en ai qu'une vague idée*, я име́ю об э́том то́лько сму́тное представле́ние. ● **Un terrain vague**, пусты́рь *m.*

VAIN 1. (*sans résultats*) тще́тный; напра́сный (*moins livresque*). *De vains efforts*, тще́тные уси́лия. **2.** (*sans fondement*) напра́сный. *De vaines inquiétudes*, напра́сная трево́га. ● **En vain**, напра́сно; тще́тно (*livresque*). *Ils ont essayé en vain de le sauver*, напра́сно они́ пыта́лись спасти́ его́.

VAINCRE 1. (*l'emporter sur qqn*) побежда́ть / победи́ть (*la première personne du futur est inusitée; on la remplace éventuellement par la périphrase* « я одержу́ побе́ду » [над + *instr.*]); *part.* побеждённый. *Vaincre l'ennemi*, победи́ть врага́. **2.** (*surmonter qqch.*) преодолева́ть / преодоле́ть. *Vaincre les difficultés*, преодоле́ть тру́дности.

VAINCU *subst.* побеждённый *part.*

subst. m. Malheur aux vaincus, го́ре побеждённым.

VAINQUEUR *subst.* победи́тель *m. Sortir vainqueur d'une épreuve*, вы́йти победи́телем в состяза́нии.

VAISSEAU (*navire*) кора́бль *m. Des vaisseaux de guerre*, вое́нные корабли́. *Un vaisseau spatial*, косми́ческий кора́бль.

VAISSELLE посу́да. *Laver la vaisselle*, мыть посу́ду.

VALABLE 1. (*qui n'a pas perdu sa validité*) действи́тельный. *Le billet est valable deux jours*, биле́т действи́телен дво́е су́ток. **2.** (*que l'on peut prendre en considération*) уважи́тельный. *Une raison valable*, уважи́тельная причи́на.

VALET 1. (*serviteur*) слуга́ *m.* **2.** (*aux cartes*) вале́т. *Le valet de pique*, вале́т пик. • **Un valet de chambre**, камерди́нер.

VALEUR це́нность *f. Envoi avec valeur déclarée*, посы́лка с объя́вленной це́нностью. *Un tableau d'une grande valeur*, карти́на большо́й це́нности. *Les valeurs spirituelles*, духо́вные це́нности. • **Apprécier à sa juste valeur** (*fig.*), оце́нивать по досто́инству. **De valeur**, це́нный. *Un cadeau de valeur*, це́нный пода́рок. *Un homme de valeur*, це́нный челове́к. **D'une valeur de**, сто́имостью в (+ *acc.*). *D'une valeur totale de mille francs*, о́бщей сто́имостью в ты́сячу фра́нков.

VALISE чемода́н. *Faire ses valises*, укла́дывать чемода́ны. • **La valise diplomatique**, дипломати́ческая по́чта.

VALLÉE доли́на.

VALOIR 1. (*coûter*) сто́ить. *Combien ça vaut?*, Ско́лько э́то сто́ит? *Ça vaut mille francs*, э́то сто́ит ты́сячу фра́нков. **2.** (*avoir une certaine valeur, un certain intérêt*) сто́ить (+ *gén.*). *Est-ce que ça vaut un tel sacrifice?*, Сто́ит ли э́то тако́й же́ртвы? *Le jeu n'en vaut pas la chandelle*, игра́ не сто́ит свеч. • **Ne rien valoir 1.** (*être inutilisable*) никуда́ не годи́ться. **2.** (*être nuisible*) быть вре́дным (вре́дный). *Ça ne vaut rien pour votre santé*, э́то вре́дно для ва́шего здоро́вья. **Valoir mieux**, лу́чше *et le verbe* быть. *Il vaut mieux ne pas en parler*, лу́чше об э́том не говори́ть. **Valoir la peine**, сто́ить (+ *gén.*). *Est-ce que ça vaut la peine de voir ce film?*, Сто́ит ли смотре́ть э́тот фильм? *Il ne vaut pas la peine qu'on s'y intéresse*, он не сто́ит того́, что́бы им интересова́лись.

VALSE вальс.

VANILLE вани́ль *f.* • **À la vanille**, вани́льный. *Une crème à la vanille*, вани́льный крем.

VANTER расхва́ливать / расхвали́ть. *Vanter une marchandise*, расхвали́ть това́р.

VANTER (SE) хва́статься / похва́статься; хвали́ться / похвали́ться. *Se vanter de ses succès*, хва́статься свои́ми успе́хами *ou* хвали́ться свои́ми успе́хами. *Il se vantait d'avoir tout fait*, он хва́стался, что всё сде́лал *ou* он хвали́лся, что всё сде́лал. *Il n'y a pas de quoi se vanter*, хвали́ться не́чем.

VAPEUR *f.* пар*, *loc.* пару́. *La condensation de la vapeur*, конденса́ция па́ра. *À toute vapeur*, на всех пара́х. • **À vapeur**, парово́й. *Une machine à vapeur*, парова́я маши́на. **Un bateau à vapeur**, парохо́д.

VARÈGUE *subst. m.* варя́г.

VARIABLE *adj.* изме́нчивый. *Un temps variable*, изме́нчивая пого́да.

VARIANTE вариа́нт.

VARIATION 1. (*changement de degré, d'aspect*) переме́на. *Une brusque variation de température*, внеза́пная переме́на температу́ры. **2.** (*pl.: transformations*) измене́ния, измене́ний, измене́ниям... *pl. Subir quelques variations*, потерпе́ть ко́е-каки́е измене́ния. **3.** (*pl.: mus.*) вариа́ции, вариа́ций, вариа́циям... *pl. Variations sur un thème de Paganini*, Вариа́ции на те́му Пагани́ни.

VARIÉ разнообра́зный. *Des impressions variées*, разнообра́зные впечатле́ния.

VARIER 1. (*modifier*) разнообрáзить. *Pour varier la nourriture*, чтóбы разнообрáзить питáние. **2.** (*se modifier*) меня́ться / измени́ться ⌣. *Les goûts varient selon l'âge*, с вóзрастом вкýсы меня́ются.

VARIÉTÉ 1. (*diversité*) разнообрáзие. *Introduire de la variété*, внести́ разнообрáзие. **2.** (*pl.: spectacle*) эстрáда. *J'aime les variétés*, я люблю́ эстрáду. ● **De variétés**, эстрáдный. *Théâtre de variétés*, эстрáдный теáтр.

I. VASE *m.* вáза. *Mettre des fleurs dans un vase*, постáвить цветы́ в вáзу. *Le vase s'est cassé*, вáза разби́лась. *Un vase étrusque*, этрýсская вáза.

II. VASE *f.* ил.

VASELINE вазели́н.

VASISTAS фóрточка. *Ouvrir le vasistas*, откры́ть фóрточку.

VASTE обши́рный. *De vastes champs*, обши́рные поля́. *De vastes connaissances*, обши́рные знáния.

VAURIEN негодя́й *m.*

VA-VITE ● **À la va-vite**, нáскоро. *Faire qqch. à la va-vite*, сдéлать чтó-нибудь нáскоро.

VEAU 1. (*animal*) телёнок*, *pl.* теля́та, теля́т, теля́там... **2.** (*viande*) теля́тина. *Du veau froid*, холóдная теля́тина. ● **De veau**, теля́чий *adj. d'appart. Des pieds de veau*, теля́чьи нóжки.

VEDETTE 1. (*artiste célèbre*) звездá, pl. звёзды, звёзд, звёздам... ⎯⎯. *Les vedettes de l'écran*, кинозвёзды. **2.** (*marine*) кáтер*, *nom. pl.* катерá ⎯⎯. *Une vedette lance-torpilles*, торпéдный кáтер.

VÉGÉTAL *adj.* расти́тельный. *Le monde végétal*, расти́тельный мир.

VÉGÉTARIEN *subst.* вегетариáнец.

VÉGÉTARIENNE вегетариáнка.

VÉGÉTATION (*ensemble des végétaux*) расти́тельность *f. La végétation des Alpes*, альпи́йская расти́тельность.

VÉHICULE (*moyen de transport*) маши́на (*uniquement en parlant de véhicules à moteur*). *Les véhicules utilitaires et de tourisme*, грузовы́е и легковы́е маши́ны.

VEILLE ● **La veille** (*le jour précédent*), наканýне. *La veille de son départ*, наканýне егó отъéзда. *Ils étaient arrivés la veille*, они́ приéхали наканýне.

VEILLER 1. (*ne pas dormir*) *n'a pas d'équivalent; traduire en fonction du contexte. J'ai veillé tard*, я пóздно лёг спать. *Nous avons veillé; nous étions en visite chez des amis*, мы засидéлись в гостя́х у свои́х друзéй. **2.** (*être de garde*) дежýрить. *Veiller un malade*, дежýрить у постéли больнóго. **3.** (*s'occuper de*) забóтиться / позабóтиться (о + *loc.*). *Veiller à sa santé*, забóтиться о своём здорóвье. *Veiller sur les enfants*, забóтиться о дéтях.

VEINE 1. (*vaisseau sanguin*) вéна; жи́ла (*fam.*). *Des veines gonflées*, вы́пуклые вéны. **2.** (*chance*) везéние. *Une veine extraordinaire*, необычáйное везéние. ● **Avoir de la veine**, везти́* IV, везёт; везлó / повезти́* IV [*id.*] (*au sujet de la proposition française correspond en russe un nom ou un pronom au datif*). *J'ai toujours de la veine aux cartes*, мне всегдá везёт в кáрты. *Il a eu bien de la veine dans cette affaire*, емý си́льно повезлó в э́том дéле.

VÉLO велосипéд. *Faire une promenade en vélo*, покатáться на велосипéде.

VÉLOMOTEUR велосипéд с мотóром, мопéд.

VELOURS бáрхат. ● **De velours, en velours**, бáрхатный. *Une robe de velours*, бáрхатное плáтье. *À pas de velours*, на бáрхатных лáпках.

VENDANGE сбор виногрáда. *L'époque des vendanges*, врéмя сбóра виногрáда.

VENDANGER собирáть виногрáд (собирáть / собрáть* IV, соберý, соберёшь...; собрáл, собралá, собрáло, собрáли ⌃⎯).

VENDEUR продавéц. *Il est vendeur dans un grand magasin*, он слýжит продавцóм в универмáге.

VENDEUSE продавщи́ца. *Elle est vendeuse dans une librairie*, она́ продавщи́ца в кни́жном магази́не.

VENDRE продава́ть* II, продаю́, продаёшь...; продава́й; продава́я / прода́ть* *n. cl.*, прода́м, прода́шь, прода́ст, продади́м, продади́те, продаду́т; про́дал, продала́, про́дало, про́дали ╱╲__ ; прода́й; про́данный, про́дан, продана́, про́дано, про́даны ╱╲__. *Le tableau a été vendu deux mille francs*, карти́на была́ продана́ за две ты́сячи фра́нков. *À vendre machine à écrire*, Продаётся пи́шущая маши́нка.

VENDREDI пя́тница. *J'ai été chez eux vendredi*, я был у них в пя́тницу. *Le vendredi, nous allons au théâtre*, по пя́тницам мы хо́дим в теа́тр.

VÉNÉNEUX ядови́тый. *Des champignons vénéneux*, ядови́тые грибы́.

VÉNÉRIEN венери́ческий. *Les maladies vénériennes*, венери́ческие боле́зни.

VENGEANCE месть *f*. *Faire qqch. par vengeance*, сде́лать что́-нибудь из ме́сти.

VENGER мстить / отомсти́ть (за + *acc.*). *Venger son père*, отомсти́ть за отца́. *Venger un affront*, отомсти́ть за оскорбле́ние.

VENGER (SE) **1.** (*de qqn*) мстить / отомсти́ть (+ *dat.*). *Je me vengerai de lui*, я ему́ отомщу́. **2.** (*de qqch.*) мстить / отомсти́ть (за + *acc.*). *Se venger d'un affront*, отомсти́ть за оскорбле́ние.

VENIMEUX ядови́тый. *Un serpent venimeux*, ядови́тая змея́.

VENIN яд.

VENIR ______

I. En parlant de personnes, d'animaux:

1. (*arriver à pied*) приходи́ть ╲___ / прийти́* IV, приду́, придёшь...; пришёл, пришла́...; придя́; *ou* заходи́ть ╲___ / зайти́* IV, зайду́, зайдёшь...; зашёл, зашла́...; зайдя́ (*pour un instant*); прибега́ть / прибежа́ть* *n. cl.*, прибегу́, прибежи́шь..., прибегу́т (*en courant*); идти́* IV, иду́, идёшь...; шёл, шла... / пойти́* IV, пойду́, пойдёшь...; пошёл, пошла́... (*lorsqu'il n'y a que quelques pas à faire*).
2. (*arriver en voiture, à cheval...*) приезжа́ть / прие́хать* IV, прие́ду, прие́дешь...; *ou* заезжа́ть / зае́хать* IV, зае́ду, зае́дешь... (*pour un instant*).
3. (*arriver en volant, en avion...*) прилета́ть / прилете́ть* I, прилечу́, прилети́шь...
4. (*aller avec qqn*) идти́* / пойти́*, *indét.* ходи́ть ╲___ .

II. En parlant d'objets, de notions abstraites:

1. (*arriver*) приходи́ть, прихо́дит, прихо́дят / прийти́*.
2. (*parvenir*) доходи́ть, дохо́дит, дохо́дят / дойти́* IV, дойдёт, дойду́т; дошёл, дошла́...; дойдя́.
3. (*s'etendre jusqu'à*) доходи́ть, дохо́дит, дохо́дят / дойти́*.
4. (*provenir de, émaner de*) *doit être traduit de différentes manières selon le contexte, la provenance étant indiquée par la préposition ou l'adverbe utilisé.*
5. (*survenir, se produire en parlant d'un événement*) случа́ться / случи́ться; *ou, plus rarement*, приходи́ть, прихо́дит, прихо́дят / прийти́*.
6. (*arriver, en parlant des saisons, des parties du jour, etc.*) приходи́ть, прихо́дит, прихо́дят / прийти́*; наступа́ть / наступи́ть, насту́пит, насту́пят (*plus livresque*).
7. (*en parlant d'une idée, d'un sentiment*) приходи́ть, прихо́дит, прихо́дят / прийти́*.

Remarque. Lorsque « venir » renforce un infinitif, il n'est pas traduit en russe; l'intonation seule met en valeur le verbe utilisé. Ex.: *Il est venu se cogner contre le coin de la table*, он уда́рился об у́гол стола́.

I. 1. *Nicole viendra à deux heures*, Нико́ль придёт в два часа́. *Je suis venu voir ce que vous faites*, Я пришёл посмотре́ть, что вы тут де́лаете. *Je viendrai te chercher avant cinq heures*, Зайду́ за тобо́й до пяти́ часо́в. *Je l'ai appelé, il est venu à toute vitesse*, я его́ подозва́л, он прибежа́л во весь дух. *Viens ici*, Иди́ сюда́. *Je viens*, Иду́. **2.** *Nous sommes venus par le train*, мы прие́хали по́ездом. *Ils viendront nous chercher et nous mèneront à l'aérodrome*, они́ зае́дут за на́ми и повезу́т нас на аэродро́м. **3.** *Vous êtes venus en avion?*, Вы прилете́ли самолётом? **4.** *Viens avec moi au cinéma*, Пойдём в кино́.

II. 1. *Il est venu une lettre pour toi*, Пришло́ для тебя́ письмо́. *Le taxi viendra dans un quart d'heure*, такси́ придёт че́рез че́тверть часа́. **2.** *Le tank est venu jusqu'à la lisière du bois, puis il a fait demi-tour*, танк дошёл до опу́шки ле́са и поверну́л обра́тно. **3.** *L'eau est venue jusqu'à cette maison*, вода́ доходи́ла до э́того до́ма. *Notre parc venait jusqu'à la rivière*, наш сад доходи́л до реки́. **4.** *Ces oranges viennent du Maroc*, э́то апельси́ны из Маро́кко. *Le vent vient du nord*, ве́тер ду́ет с се́вера. *Cette collection me vient de mon oncle qui a vécu longtemps en Afrique*, э́ту колле́кцию я получи́л от дя́ди, кото́рый до́лго жил в А́фрике. **5.** *Cet accident est venu juste au moment où je me préparais à partir en Extrême-Orient*, э́та катастро́фа случи́лась как раз в то вре́мя, когда́ я собира́лся уе́хать на Да́льний Восто́к. *Un malheur ne vient jamais seul*, пришла́ беда́, отворя́й ворота́. **6.** *Le printemps viendra bientôt*, ско́ро придёт весна́. *La nuit vient vite*, ночь бы́стро наступа́ет. **7.** *Il m'est venu une idée intéressante*, мне пришла́ в го́лову интере́сная мысль. *L'envie lui est venue de partir à la campagne*, ему́ пришла́ охо́та уе́хать в дере́вню. ● **Faire venir 1.** (*convoquer*) вызыва́ть / вы́звать* IV, вы́зову, вы́зовешь... *Faire venir le médecin*, вы́звать врача́. *Faire venir un élève au tableau*, вы́звать ученика́ к доске́. **2.** (*faire une commande*) выпи́сывать / вы́писать* II, вы́пишу, вы́пишешь... *Faire venir des livres*, вы́писать кни́ги. **Ils en sont venus aux mains**, де́ло дошло́ до дра́ки. **Venir à bout de**, справля́ться / спра́виться (с + *instr.*). *Venir à bout de son adversaire*, спра́виться со свои́м проти́вником. **Venir de** (*marquant le passé immédiat*), то́лько что (*et un verbe à l'indicatif*). *Il vient de rentrer*, он то́лько что верну́лся.

VENT ве́тер*, *loc.* ветру́. *Un vent frais*, све́жий ве́тер. *Un vent fort*, си́льный ве́тер. *Le vent du nord*, се́верный ве́тер. *Le vent souffle*, ве́тер ду́ет. *Le vent s'est calmé*, ве́тер стих. *Être en plein vent*, стоя́ть на ветру́. ● **Un instrument à vent**, духово́й инструме́нт. **Quel bon vent vous amène?**, Каки́ми судьба́ми?

VENTE прода́жа. *Vente en gros*, опто́вая прода́жа. *Vente au détail*, ро́зничная прода́жа. *Vente à crédit*, прода́жа в рассро́чку. *Mettre qqch. en vente*, пусти́ть что́-нибудь в прода́жу. *Ce livre était en vente il n'y a pas longtemps chez un bouquiniste*, э́та кни́га неда́вно была́ в прода́же в букинисти́ческом магази́не.

VENTILATEUR вентиля́тор.

VENTRE живо́т. *J'ai mal au ventre*, у меня́ боли́т живо́т. ● **À plat ventre**, ничко́м. *Ramper à plat ventre*, ползти́ ничко́м. **Prendre du ventre**, отрасти́ть себе́ брюшко́.

VENU ● **Le premier venu**, пе́рвый встре́чный (встре́чный *adj. subst. m.*). *Elle s'est adressée au premier venu*, она́ обрати́лась к пе́рвому встре́чному. **Le premier ... venu**, пе́рвый попа́вшийся. *Nous avons déjeuné dans le premier restaurant venu*, мы пообе́дали в пе́рвом попа́вшемся рестора́не.

VER 1. (*en règle générale*) червь *m.*; червя́к (*fam.*). *J'ai trouvé un ver dans la poire*, в гру́ше я нашёл червяка́. *Un ver de terre*, дождево́й червь. *Un ver à soie*, шелкови́чный червь. **2.** (*parasite intestinal*) глист. ● **Un ver luisant**, светля́к, *dim.* светлячо́к. **Un ver solitaire**, солитёр.

VERBE глаго́л. *Conjuguer un verbe*, проспряга́ть глаго́л. *Un verbe irrégulier*, непра́вильный глаго́л. *Un verbe perfectif*, глаго́л соверше́нного ви́да. *Un verbe imperfectif*, глаго́л несоверше́нного ви́да. *Un verbe pronominal*, возвра́тный глаго́л.

VERDURE зе́лень *f*. *Il y a beaucoup de verdure dans la ville*, в го́роде мно́го зе́лени.

VÉREUX (*qui a des vers*) черви́вый. *Une pomme véreuse*, черви́вое я́блоко.

VERGER фрукто́вый сад *ou*, *simplement*, сад (сад*, *loc.* саду́ ——∠——).

VERGLAS гололе́дица.

VÉRIFICATION прове́рка. *La vérification des comptes*, прове́рка счётов.

VÉRIFIER проверя́ть / прове́рить. *Vérifier un compte*, прове́рить счёт. *Vérifier les papiers de qqn*, прове́рить чьи́-нибудь докуме́нты. *Vérifier un moteur*, прове́рить мото́р.

VÉRITABLE настоя́щий. *Connaissez-vous son véritable nom?*, Зна́ете ли вы его́ настоя́щую фами́лию? *C'est un véritable ami*, э́то настоя́щий друг. *Sa véritable vocation*, его́ настоя́щее призва́ние.

VÉRITABLEMENT действи́тельно. *C'est véritablement le meilleur*, э́то действи́тельно лу́чший из них.

VÉRITÉ пра́вда (*le contraire du mensonge*); и́стина (*la réalité profonde*). *Dire la vérité*, сказа́ть пра́вду. *Cacher la vérité*, скрыва́ть пра́вду *ou* скрыва́ть и́стину. *Déformer la vérité*, искази́ть и́стину. *Une vérité de La Palice*, прописна́я и́стина. *La recherche de la vérité*, стремле́ние к и́стине.

VERMICELLE вермише́ль *f*. *Un potage au vermicelle*, суп с вермише́лью.

VERNIS (*enduit vitreux*) лак.

VERRE 1. (*matière*) стекло́. *En verre incassable*, из небью́щегося стекла́. **2.** (*lentille; verre de montre*...) стекло́, <u>*pl.*</u> стёкла, стёкол, стёклам... ——— ———. *Un verre grossissant*, увеличи́тельное стекло́. *Des verres de contact*, конта́ктные стёкла. *Remettre le verre de la montre*, вста́вить часово́е стекло́. **3.** (*récipient; son contenu*) стака́н, *dim.* стака́нчик *et parfois* рю́мка, *dim.* рю́мочка (*petit verre*); фуже́р (*grand verre à pied*); бока́л (*coupe*). *J'ai bu dans ton verre*, Я вы́пил из твоего́ стака́на. *Boire un verre de vin*, вы́пить стака́н вина́. *Lever son verre à la santé de qqn*, подня́ть бока́л за кого́-нибудь. ● **En verre**, стекля́нный. *Un vase en verre*, стекля́нная ва́за. **Qui casse les verres les paie**, сам завари́л ка́шу, сам и расхлёбывай. **Verre à pied**, фуже́р (*grand verre*); рю́мка, *dim.* рю́мочка (*petit verre*); бока́л (*coupe*).

VERROU (*pour la fermeture d'une porte*) засо́в. *Fermer une porte au verrou*, запере́ть дверь на засо́в. ● **Verrou de sécurité**, англи́йский замо́к (замо́к).

VERRUE борода́вка.

I. VERS *prép.* **1.** (*direction*) к (+ *dat.*). *Il s'est dirigé vers la sortie*, он напра́вился к вы́ходу. *Elle s'est tournée vers moi*, она́ поверну́лась ко мне. **2.** (*emplacement*) недалеко́ от (+ *gén.*); о́коло (+ *gén.*). *Ce bâtiment se trouve vers la gare*, э́то зда́ние нахо́дится недалеко́ от вокза́ла. **3.** (*temps*) к [+ *dat.*] (*un peu avant*); о́коло [+ *gén.*] (*aux environs de*). *Vers trois heures*, к трём часа́м. *Vers le soir*, к ве́черу. *Je quitte mon travail vers six heures*, я ухожу́ с рабо́ты о́коло шести́.

II. VERS *subst.* стих ∕—— ——. *Une tragédie en vers*, траге́дия в стиха́х. *Réciter des vers*, чита́ть стихи́.

VERSANT склон. *Sur le versant ouest de la colline*, на за́падном скло́не холма́.

VERSE ● **Pleuvoir à verse**, лить как из ведра́ (лить* II, льёт; ли́ло / поли́ть* II, польёт; поли́ло).

VERSEMENT взнос. *Un versement à la banque*, взнос в банк.

VERSER 1. (*un liquide*) лить* II, лью, льёшь...; лил, лила́, ли́ло, ли́ли ∧—; лей *et, avec diverses nuances,* налива́ть / нали́ть* II, налью́, нальёшь...; на́лил, налила́, на́лило, на́лили ∧—; нале́й, на́литый, на́лит, налита́, на́лито, на́литы ∧— (*mettre dans un récipient*); вылива́ть / вы́лить* II, вы́лью, вы́льешь...; вы́лей; вы́литый (*en vidant un récipient*); пролива́ть / проли́ть* II, пролью́, прольёшь...; про́лил, пролила́, про́лило, про́лили ∧—; проле́й; про́литый, про́лит, пролита́, про́лито, про́литы ∧— (*répandre*). *J'ai tendu les mains et il s'est mis à verser l'eau,* я протяну́л ру́ки и он стал лить во́ду. *Verser de l'eau dans un verre,* налива́ть воды́ в стака́н. *Verser des larmes,* лить слёзы *ou* пролива́ть слёзы. *Il verse de l'eau à mon moulin,* он льёт во́ду на мою́ ме́льницу. *Je me suis versé un verre de bière,* я на́лил себе́ стака́н пи́ва. *Elle a versé l'eau du seau,* она́ вы́лила во́ду из ведра́. *Qui a versé de l'eau par terre?,* Кто про́лил во́ду на́ пол? *Verser son sang pour la patrie,* проли́ть кровь за Ро́дину. **2.** (*un corps farineux, granuleux, meuble*) сы́пать* II, сы́плю, сы́плешь... *et, avec diverses nuances,* насыпа́ть / насы́пать* IV, насы́плю, насы́плешь... (*en remplissant un récipient*); высыпа́ть / вы́сыпать* II, вы́сыплю, вы́сыплешь... (*en vidant un récipient*); просыпа́ть / просы́пать* II, просы́плю, просы́плешь... (*répandre*). *Verser la farine dans un sac,* сы́пать муку́ в мешо́к *ou* насыпа́ть муку́ в мешо́к. *Verser la farine sur la table,* вы́сыпать муку́ на стол. *Verser du sel sur la table,* просы́пать соль на стол. **3.** (*une somme*) плати́ть \\— / заплати́ть \\—. *J'ai versé ma cotisation,* я заплати́л взнос.

VERSION 1. (*traduction*) перево́д. *Une version latine,* перево́д с лати́нского на францу́зский. **2.** (*variante*) ве́рсия. *Une nouvelle version du récit,* но́вая ве́рсия расска́за.

VERSO обра́тная сторона́ (сторона́, сто́рону, стороны́... ∨—). *Au verso,* на обра́тной стороне́.

VERSTE верста́, *pl.* вёрсты, вёрст, вёрстам... —— —— (*employés avec des noms de nombre, les cas obliques du pluriel sont accentués* верста́м, верста́ми, верста́х). *Cinq verstes,* пять вёрст. *À dix verstes de la ville,* в десяти́ верста́х от го́рода.

I. VERT *adj.* (*de couleur verte; pas mûr*) зелёный, зе́лен, зелена́, зе́лено, зе́лены ∧—. *Une étoffe verte,* зелёная ткань. *Une pomme verte,* зелёное я́блоко. *Ces raisins sont verts* (*fig.*), зе́лен виногра́д. ● **Du bois vert,** сыры́е дрова́. **Des légumes verts,** све́жие о́вощи.

II. VERT *subst.* зелёное *adj. subst. n. S'habiller en vert,* одева́ться в зелёное.

VERTÉBRAL ● **La colonne vertébrale,** позвоно́чник. *Une déformation de la colonne vertébrale,* искривле́ние позвоно́чника

VERTÈBRE позвоно́к. *Les vertèbres cervicales,* ше́йные позвонки́.

VERTICAL вертика́льный. *Une ligne verticale,* вертика́льная ли́ния.

VERTICALEMENT вертика́льно.

VERTIGE головокруже́ние. *Donner le vertige,* вы́звать головокруже́ние. *Avoir le vertige,* чу́вствовать головокруже́ние.

VERTU 1. (*par opposition au vice*) доброде́тель *f.* **2.** (*propriété*) сво́йство. *Les vertus curatives d'une plante,* целе́бные сво́йства расте́ния. ● **En vertu de,** на основа́нии (+ *gén.*). *En vertu de quels principes?,* На основа́нии каки́х при́нципов?

VÉSICULE ● **La vésicule biliaire,** жёлчный пузы́рь (пузы́рь /— *m.*).

VESSIE (*anat.*) мочево́й пузы́рь (пузы́рь /— *m.*). ● **La vessie natatoire,** пла́вательный пузы́рь (пузы́рь /— *m.*).

VESTE 1. (*veston*) пиджа́к /— ——. *La veste et le pantalon,* пиджа́к и брю́ки. **2.** (*blouson, blazer...*) ку́ртка. *Une veste de cuir,* ко́жаная ку́ртка.

VESTIAIRE раздевáлка (*fam.*); гардерóб.

VESTIGE остáток. *Les vestiges d'une ancienne forteresse*, остáтки дрéвней крéпости.

VESTON пиджáк .

VÊTEMENT одéжда *pas de pl.*; плáтье *pas de pl.* (*vêtements de dessus; ce mot est employé dans un nombre limité d'expressions*). *Des vêtements d'hiver*, зи́мняя одéжда. *Un vêtement léger*, лёгкая одéжда. *Des vêtements d'homme*, мужскóе плáтье. *Des vêtements de confection*, готóвое плáтье.

VÉTÉRINAIRE *subst.* ветеринáр.

VETO вéто* [то] *indecl. n. Avoir le droit de veto*, имéть прáво вéто. *Mettre son veto*, наложи́ть вéто.

VÊTU одéтый. *Une femme vêtue de noir*, жéнщина, одéтая в чёрное.

VÉTUSTE вéтхий . *Une maison vétuste*, вéтхий дом.

VEUF *subst.* вдовéц.

VEUVE вдовá .

VEXER (*offenser*) обижáть / оби́деть* I, оби́жу, оби́дишь... *Rien ne pouvait le vexer*, ничтó егó не обижáло. *Il s'est vexé en entendant ces mots et il est parti*, он оби́делся на э́ти словá и ушёл.

VIADUC виаду́к.

VIANDE мя́со. *De la viande grillée*, жáреное мя́со. *De la viande hachée*, ру́бленое мя́со. *Un morceau de viande crue*, кусóк сырóго мя́са. ● **À la viande, de viande,** мяснóй. *Des pâtés à la viande*, мясны́е пирожки́.

Remarque. Il existe en outre des termes particuliers comme « говя́дина », « viande de bœuf », « барáнина », « viande de mouton », « свини́на », « viande de porc », « солони́на », « viande salée », etc.

VICE порóк. *Pauvreté n'est pas vice*, бéдность не порóк.

VICE-PRÉSIDENT вице-президéнт.

VICIEUX порóчный. *Un homme vicieux*, порóчный человéк. *Un cercle vicieux*, порóчный круг.

VICTIME жéртва. *Les victimes de la catastrophe aérienne*, жéртвы авиациóнной катастрóфы. *La victime d'une erreur judiciaire*, жéртва судéбной оши́бки.

VICTOIRE побéда. *Remporter la victoire sur l'ennemi*, одержáть побéду над врагóм.

VICTORIEUX победонóсный. *Une guerre victorieuse*, победонóсная войнá. *Les armées victorieuses*, победонóсные войскá. *Avec un air victorieux*, с победонóсным ви́дом.

VIDANGER (*une voiture*) замени́ть мáсло (заменя́ть / замени́ть).

I. VIDE *adj.* пустóй . *Une bouteille vide*, пустáя буты́лка. *Revenir les mains vides*, верну́ться с пусты́ми рукáми.

II. VIDE *subst.* **1.** (*caractère de ce qui est vide*) пустотá. *Le vide de l'existence*, пустотá жи́зни. **2.** (*emplacement vide*) пустотá, *pl.* пустóты, пустóт, пустóтам... (*livresque*); пустóе мéсто (мéсто). *Il y a des vides dans mon album*, в моём альбóме есть пусты́е местá. ● **À vide** (*non chargé*), порожнякóм. *Le camion rentrait à vide*, грузови́к возвращáлся порожнякóм. **Tourner à vide**, рабóтать на холостóм ходу́. *Le moteur tourne à vide*, мотóр рабóтает на холостóм ходу́.

VIDE-ORDURES мусоропровóд.

VIDER 1. (*en règle générale*) опорожня́ть / опорожни́ть (*livresque*); освобождáть / освободи́ть, *part.* освобождённый* (*libérer*) *ou une périphrase. Vider le tiroir*, опорожни́ть я́щик, освободи́ть я́щик *ou* всё вы́нуть из я́щика. **2.** (*boire entièrement*) осушáть / осуши́ть (*livresque*) *ou une périphrase. Vider son verre*, осуши́ть бокáл *ou* вы́пить до днá. **3.** (*un poulet, un poisson...*) потроши́ть / вы́потрошить. *Vider un poulet*, вы́потрошить цыплёнка.

VIE жизнь *f. La vie des plantes*, жизнь растéний. *Risquer sa vie*, рисковáть жи́знью. *Sauver la vie à qqn*, спасти́ комý-нибудь жизнь. *Être entre la vie et la mort*, находи́ться мéжду жи́знью и смéртью. *Sa vie ne tient qu'à un fil,* жизнь егó дéржится на волоскé. *C'est une question de vie ou de mort,* э́то вопрóс жи́зни и смéрти. *Jamais de la vie,* никогдá в жи́зни. *Pour toute la vie,* на всю жизнь. *Gagner sa vie,* зарабáтывать на жизнь. *Le mode de vie,* óбраз жи́зни. *La vie de famille,* семéйная жизнь. *La vie à la campagne,* деревéнская жизнь. *La vie spirituelle,* духóвная жизнь. • **À vie,** пожи́зненный. *Réclusion à vie,* пожи́зненное заключéние. **Le niveau de vie,** жи́зненный ýровень (ýровень *m.*). *Le niveau de vie de la population,* жи́зненный ýровень населéния. **La vie chère,** дорогови́зна.

VIEIL v. VIEUX I.

VIEILLARD стари́к /‾‾ ‾‾ .

VIEILLE старýха, *dim.* старýшка.

VIEILLESSE стáрость *f. Mourir de vieillesse,* умерéть от стáрости.

VIEILLIR 1. (*prendre de l'âge*) старéть / постарéть. *Elle a bien vieilli ces dernières années,* онá замéтно постарéла в послéдние гóды. **2.** (*tomber en désuétude*) старéть / устарéть. *Cette expression a vieilli,* э́то выражéние устарéло. **3.** (*faire paraître plus âgé*) стáрить / состáрить. *Sa barbe le vieillit,* бородá егó стáрит.

I. VIERGE *adj.* **1.** (*en parlant d'une personne*) дéвственный. **2.** (*en parlant d'une chose*) чи́стый ∧‾‾. *Une feuille de papier vierge,* чи́стый лист бумáги. *Une bande magnétique vierge,* чи́стая магнитофóнная лéнта. • **La forêt vierge,** дéвственный лес. **Des terres vierges,** целинá (*pas de pl.*).

II. VIERGE *subst.* дéва.

I. VIETNAMIEN *subst.* (*homme*) вьетнáмец.

II. VIETNAMIEN *adj.* вьетнáмский.

VIETNAMIENNE вьетнáмка.

I. VIEUX *adj.*

> **1.** (*âgé*) стáрый ∧‾‾, *comp.* стáрше*.
> **2.** (*usé, trop ancien*) стáрый ∧‾‾ (*comp.* старéе).
> **3.** (*que l'on a depuis longtemps*) стáрый ∧‾‾.
> **4.** (*ancien, qui remonte à une époque ancienne*) стари́нный.

1. *Il est plus vieux que toi,* он стáрше тебя́. *Il n'est pas tellement vieux, il n'a que quarante-deux ans,* он ещё не стар, емý тóлько сóрок два гóда. **2.** *Une vieille robe,* стáрое плáтье. **3.** *Un vieil ami,* стáрый друг. *Une vieille habitude,* стáрая привы́чка. **4.** *Une vieille église,* стари́нная цéрковь. • **Une vieille fille,** стáрая дéва. **Un vieux garçon,** стáрый холостя́к *ou, simplement,* холостя́к (холостя́к /‾‾ ‾‾). **Rester vieille fille,** засидéться в дéвках. **Sur ses vieux jours,** на стáрости лет.

II. VIEUX *subst.* стари́к /‾‾ ‾‾ . *Les jeunes et les vieux,* молодёжь и старики́.

VIF

> **1.** (*vivant*) живóй ∧‾‾.
> **2.** (*plein de vivacité*) живóй ∧‾‾.
> **3.** (*éclatant, cru, en parlant de la lumière, des couleurs*) я́ркий ∧‾‾, *comp.* я́рче*.
> **4.** (*fort, considérable*) си́льный ∧‾‾.
> **5.** (*très animé*) оживлённый, оживлён, оживленá... /‾‾ .
> **6.** (*irascible*) вспы́льчивый.
> **7.** (*frais, en parlant de l'air...*) прохлáдный.

1. *Plus mort que vif,* ни жив ни мёртв. *On l'a brûlée vive,* её сожгли́ живóй. **2.** *Un enfant très vif,* óчень живóй ребёнок. *Un regard vif,* живóй взгляд. *Un esprit vif,* живóй ум. *Une imagination vive,* живóе воображéние. *Faire preuve d'un vif intérêt pour qqch.,* прояви́ть живóй интерéс к чемý-нибудь. **3.** *Une lumière vive,* я́ркий свет. *Des couleurs vives,* я́ркие крáски. **4.** *Un froid très vif,* óчень си́льный хóлод. *Faire une vive impression sur qqn,* произвести́ на когó-нибудь си́льное впечатлéние. **5.** *Une vive discussion,* оживлённый спор. **6.** *Un tempérament un peu vif,* вспы́льчивый хара́ктер. **7.** *L'air est vif*, во́здух прохла́дный. ● **De vive voix,** на слова́х.

VIF *subst.* ● **Entrer dans le vif du sujet,** дойти́ до су́ти вопро́са. **Piquer qqn au vif,** заде́ть кого́-нибудь за живо́е. **Pris sur le vif,** взя́тый из жи́зни.

VIGILANCE бди́тельность *f*. *Faire preuve de vigilance*, прояви́ть бди́тельность.

VIGILANT бди́тельный. *Soyez vigilants*, Бу́дьте бди́тельны.

VIGNE 1. (*plante*) виногра́д. *Des coteaux couverts de vigne*, го́ры, покры́тые виногра́дом. **2.** (*terre plantée en ceps de vigne*) виногра́дник. *Des coteaux couverts de vignes*, го́ры, покры́тые виногра́дниками. *Mon père travaillait dans sa vigne*, оте́ц рабо́тал на виногра́днике. ● **De vigne,** виногра́дный. *Une feuille de vigne*, виногра́дный лист.

VIGOUREUX (*d'une grande vigueur physique*) кре́пкий ⁀—, *comp.* кре́пче*; си́льный, си́лен, сильна́, си́льно, си́льны ⁀— *ou* силён, сильна́, си́льно, сильны́ (*fort*). *Un garçon vigoureux*, кре́пкий па́рень.

VIGUEUR си́ла. *Le combat reprit avec une nouvelle vigueur*, бой возобнови́лся с но́вой си́лой. *Cette loi reste en vigueur*, зако́н остаётся в си́ле. ● **Avec vigueur** (*énergiquement*), энерги́чески. *Protester avec vigueur*, энерги́чески протестова́ть. **Les lois en vigueur,** де́йствующие зако́ны.

VIKING ви́кинг.

VILAIN *adj.* скве́рный ⁀— ; дурно́й ⁀—; некраси́вый (*pas joli*). *Un vilain temps*, скве́рная пого́да *ou* дурна́я пого́да. *Une vilaine habitude*, дурна́я привы́чка *ou* скве́рная привы́чка. *Une vilaine histoire*, скве́рная исто́рия. *De vilaines manières*, дурны́е мане́ры. *Une vilaine écriture*, некраси́вый по́черк. *Un vilain garçon*, скве́рный мальчи́шка.

VILLA ви́лла (*rare*).

VILLAGE дере́вня*, *pl.* дере́вни, дереве́нь, деревня́м... — ⁄‾ . *Ils habitent dans un petit village*, они́ живу́т в ма́ленькой дере́вне.

VILLE го́род*, *nom. pl.* города́ — ‾ (*l'accent passe sur la préposition dans les groupes* « за́ город » *et* « за́ городом » *lorsqu'ils ont le sens de « en dehors de la ville »*). *Habiter en ville*, жить в го́роде. *Habiter en dehors de la ville*, жить за́ городом.

Remarque. Lorsqu'il est suivi du nom de la ville, le mot « ville » n'est généralement pas traduit en russe. Ex.: *Dans la ville de Moscou*, в Москве́.

VIN вино́ ‾ — . *Vin rouge*, кра́сное вино́. *Vin blanc*, бе́лое вино́. *Un vin sec*, сухо́е вино́. ● **Quand le vin est tiré, il faut le boire,** взя́вшись за гуж, не говори́, что не дюж.

VINAIGRE у́ксус. *Du vinaigre de vin*, ви́нный у́ксус.

VINGT 1. (*en règle générale*) два́дцать. *Vingt centimes*, два́дцать санти́мов. *À vingt mètres du mur*, в двадцати́ ме́трах от стены́. **2.** (*au sens de « vingtième » et, en particulier, dans l'expression de la date*) двадца́тый. *Elle est arrivée le 20 avril*, она́ прие́хала 20-го апре́ля (двадца́того апре́ля).

VINGTAINE *n'a pas d'équivalent en russe; traduire comme « environ vingt ».* *Une vingtaine de pages*, о́коло двадцати́ страни́ц. *Une vingtaine de personnes*, челове́к два́дцать.

VINGTIÈME двадца́тый.

VIOL изнаси́лование.

VIOLEMMENT (*avec force*) ре́зко, *comp.* ре́зче*. *Il m'a repoussé violemment*, он меня́ ре́зко оттолкну́л.

VIOLENCE 1. (*abus de la force*) наси́лие. *Faire appel à la violence*, употреби́ть наси́лие. **2.** (*force brutale d'une chose*) си́ла. *La tempête continuait, mais avec une violence moindre*, бу́ря продолжа́лась, но уже́ с ме́ньшей си́лой.

VIOLENT 1. (*d'une grande intensité*) си́льный ⁀—; ре́зкий

/\—, *comp.* ре́зче*. *Un vent violent*, си́льный ве́тер *ou* ре́зкий ве́тер. *Une lumière très violente*, о́чень си́льный свет. *Une douleur violente*, ре́зкая боль. **2.** (*sans aucune retenue*) необу́зданный, необу́здан, необу́здана... *Un caractère violent*, необу́зданный хара́ктер. *Une passion violente*, необу́зданная страсть. ● **Mourir de mort violente**, умере́ть наси́льственной сме́ртью.

VIOLER 1. (*la loi, le secret...*) наруша́ть / нару́шить. *Violer la loi*, нару́шить зако́н. **2.** (*une personne*) наси́ловать / изнаси́ловать.

VIOLET *adj.* фиоле́товый. *Une robe violette*, фиоле́товое пла́тье.

VIOLETTE фиа́лка.

VIOLON скри́пка. *Jouer du violon*, игра́ть на скри́пке.

VIOLONCELLE виолонче́ль *f.* *Jouer du violoncelle*, игра́ть на виолонче́ли.

VIOLONCELLISTE 1. *m.* виолончели́ст. **2.** *f.* виолончели́стка.

VIOLONISTE 1. *m.* скрипа́ч /—— ——. **2.** *f.* скрипа́чка.

VIPÈRE гадю́ка.

VIRGULE запята́я *adj. subst. f.* ● **Point-virgule**, то́чка с запято́й. Remarque. Dans les nombres comportant des entiers et des fractions, le mot « virgule » est traduit par « и » (« 2,3 » *se lit* « два и три деся́тых »). Ex.: *Elle a 38,7 de fièvre*, у неё температу́ра, 38,7 (три́дцать во́семь и семь).

VIRUS ви́рус.

VIS винт /—— —— ; *dim.* ви́нтик. *Une vis sans fin*, бесконе́чный винт.

VISA ви́за. *Un visa de transit*, транзи́тная ви́за. *Prolonger un visa*, продли́ть ви́зу.

VISAGE лицо́ —— ——. *Un visage expressif*, вырази́тельное лицо́. *Les traits du visage*, черты́ лица́.

VIS-À-VIS *prép.* **1.** (*en face de*) про́тив (+ *gén.*). *L'un vis-à-vis de l'autre*, друг про́тив дру́га. **2.** (*à l'égard de*) по отноше́нию к (+ *dat.*). *Ses obligations vis-à-vis de toi*, его́ обя́занности по отноше́нию к тебе́.

VISER 1. (*pointer une arme vers un but*) це́литься / прице́литься. *Viser à la tête*, це́литься в го́лову. **2.** (*se fixer qqch. comme objectif*) ме́тить. *Viser la place de président*, ме́тить в председа́тели.

VISIBILITÉ ви́димость *f.* *Une visibilité réduite*, ограни́ченная ви́димость.

VISIBLE ви́димый; заме́тный. *Une différence visible*, ви́димая ра́зница *ou* заме́тная ра́зница.

VISIBLEMENT 1. (*d'une manière sensible*) заме́тно. *Les arbres ont visiblement grandi*, дере́вья заме́тно вы́росли. **2.** (*manifestement*) ви́дно. *Il n'est visiblement pas encore habitué*, он, ви́дно, ещё не привы́к.

VISITE 1. (*le fait d'aller chez qqn*) *s'il s'agit d'une petite réception, on traduira par une périphrase utilisant le mot* « гость », « *visiteur* », « *invité* » (гость —— /—— *m.*) *ou éventuellement son équivalent féminin,* « го́стья », « *visiteuse* », « *invitée* »; *s'il s'agit simplement de passer un petit moment avec quelqu'un, on utilisera une périphrase de caractère descriptif; il existe également les mots* « визи́т » (*généralement, visite officielle*) *et* посеще́ние (*livresque*). *Nous sommes allés lui rendre visite*, мы пое́хали к нему́ в го́сти. *J'étais en visite*, я был в гостя́х. *Je rentre d'une visite*, Возвраща́юсь из госте́й. *Nous avons eu une visite aujourd'hui*, сего́дня у нас был гость *ou* сего́дня у нас была́ го́стья. *Il est à l'hôpital; je lui ai rendu visite*, он в больни́це; я к нему́ зашёл. *Nous attendons la visite du médecin*, мы ждём прихо́да врача́. *Une visite d'adieux*, проща́льный визи́т. **2.** (*le fait d'aller voir qqch.*) посеще́ние (*objectif limité*); экску́рсия (*excursion*). *Après la visite du musée*, по́сле посеще́ния музе́я. *Ce soir, visite de la ville*, сего́дня ве́чером экску́рсия по го́роду. **3.** (*examen approfondi*) осмо́тр. *La visite des bagages à la douane*, осмо́тр багажа́ на тамо́жне. *Une visite* *médicale*, медици́нский осмо́тр. ● **Une carte de visite**, визи́тная ка́рточка.

VISITER посеща́ть / посети́ть [т → щ] (*objectif limité*); соверши́ть экску́рсию по [+ *dat.*; соверша́ть / соверши́ть] (*faire une excursion*); е́здить по [+ *dat.*] (*s'il s'agit d'un voyage*). *Visiter le musée*, посети́ть музе́й. *Visiter la ville*, соверши́ть экску́рсию по го́роду. *Visiter la France*, е́здить по Фра́нции.

VISITEUR посети́тель *m*.

VISITEUSE посети́тельница.

VISSER зави́нчивать / завинти́ть, *part.* зави́нченный. *Visser un écrou*, завинти́ть га́йку.

VISUEL зри́тельный. *La mémoire visuelle*, зри́тельная па́мять.

VITAL жи́зненный. *Une question vitale*, жи́зненный вопро́с. *Les intérêts vitaux*, жи́зненные интере́сы.

VITAMINE витами́н. *La vitamine C*, витами́н С.

VITE *adv.* **1.** (*rapidement*) бы́стро, *comp.* быстре́е. *Vous parlez trop vite*, Вы говори́те сли́шком бы́стро. *Le temps passe vite*, вре́мя бы́стро прохо́дит. **2.** (*très rapidement, le plus rapidement possible*) скоре́й, поскоре́й. *Viens vite!*, Иди́ сюда́ скоре́й! *Il faut vite se préparer*, на́до поскоре́й пригото́виться. **3.** (*bientôt*) ско́ро. *Elle sera vite revenue*, она́ ско́ро вернётся. ● **Le plus vite possible**, как мо́жно скоре́е.

VITESSE ско́рость *f*. *Le train va à la vitesse de 250 kilomètres à l'heure*, по́езд идёт со ско́ростью 250 киломе́тров в час. *Faire un excès de vitesse*, превыша́ть ско́рость. *Une vitesse supersonique*, сверхзвукова́я ско́рость. *Le levier de changement de vitesse*, рыча́г переключе́ния скоросте́й.

VITRAIL витра́ж. *Des vitraux du XIIIe siècle*, витражи́ XIII ве́ка.

VITRE стекло́, *pl.* стёкла, стёкол, стёклам... . *Casser une vitre*, разби́ть стекло́.

VITRÉ (*garni de vitres*) стекля́нный. *Une porte vitrée*, стекля́нная дверь.

VITRINE витри́на.

VIVACITÉ (*entrain, rapidité*) жи́вость *f*. *Plein de santé et de vivacité*, по́лный здоро́вья и жи́вости.

VIVANT *adj.* живо́й. *Un être vivant*, живо́е существо́. *Mon grand-père est encore vivant*, мой де́душка ещё жив. *Une langue vivante*, живо́й язы́к. || (*Subst.*) *Les vivants et les morts*, живы́е и мёртвые.

I. VIVE *adj.* v. VIF.

II. VIVE, VIVENT *interj.* Да здра́вствует (*sg.*); Да здра́вствуют (*pl.*). *Vive la liberté!*, Да здра́вствует свобо́да! *Vivent les vacances!*, Да здра́вствуют кани́кулы!

VIVEMENT (*souhait*) поскоре́й бы. *Vivement les vacances!*, Поскоре́й бы кани́кулы!

VIVRE 1. (*en règle générale*) жить* IV, живу́, живёшь...; жил, жила́, жи́ло, жи́ли *et, à la forme négative*, не́ жил, не жила́, не́ жило, не́ жили; / прожи́ть* IV, проживу́, проживёшь...; про́жил, прожила́, про́жило, про́жили (*un temps déterminé*); / пожи́ть* IV [*id.*] (*peu de temps*). *Il n'a plus longtemps à vivre*, ему́ недо́лго остаётся жить. *Vivre richement*, бога́то жить. *Vivre de son travail*, жить свои́м трудо́м. *Vivre avec 2 000 francs par mois*, жить на 2 000 фра́нков в ме́сяц. *Vivre de dettes*, жить долга́ми. *Vivre d'espoir*, жить наде́ждами. *Il a vécu deux ans en Sibérie*, он два го́да про́жил в Сиби́ри. *Elle a vécu quatre-vingts ans sans jamais être malade*, во́семьдесят лет прожила́ и ни ра́зу не боле́ла. **2.** (*se nourrir de*) пита́ться (+ *instr.*). *Ils vivent de poisson*, они́ пита́ются ры́бой. ● **Être sur le qui-vive**, быть насторожé. **Qui vive?**, Кто идёт? **Qui vivra verra**, поживём — уви́дим. **Vive, vivent** (*interj.*), Да здра́вствует (*sg.*); Да здра́вствуют (*pl.*). *Vive la liberté!*, Да здра́вствует свобо́да! *Vivent les vacances!*, Да здра́вствуют кани́кулы!

VOCABULAIRE 1. (*d'une langue; d'un langage technique; d'un auteur*) ле́ксика. *Le vocabulaire est très riche*, ле́ксика о́чень бога́тая. **2.** (*mots qu'utilise une personne*) запа́с слов. *Il a un vocabulaire très limité*, у него́ о́чень ограни́ченный запа́с слов. **3.** (*petit dictionnaire*) слова́рь *m.*; *dim.* слова́рик. *Des morceaux choisis avec un vocabulaire*, сбо́рник те́кстов со словарём.

VOCATION призва́ние. *Une vocation de peintre*, призва́ние к жи́вописи.

VODKA во́дка.

VŒU (*souhait*) пожела́ние; поздравле́ние (*politesses que l'on échange ou que l'on exprime à l'occasion d'une fête, d'un heureux événement*). *Acceptez mes meilleurs vœux*, Приму́те мои́ лу́чшие пожела́ния. *Merci de vos bons vœux*, Спаси́бо за до́брые пожела́ния. *Des vœux de succès*, пожела́ния успе́ха. *Les vœux de nouvel an*, новогодние поздравле́ния. ● **Présenter ses vœux**, поздравля́ть / поздра́вить *et un nom désignant une fête* (*ce nom est employé à l'instrumental régi par la préposition* « с »); жела́ть (+ *gén.*). *Je vous présente mes meilleurs vœux* (*à l'occasion du nouvel an*), Поздравля́ю вас с Но́вым го́дом. *Je vous présente mes vœux de bonheur et de santé*, Жела́ю вам сча́стья и здоро́вья.

VOICI вот. *Voici notre lycée*, вот наш лице́й. *Le voici qui vient*, вот он идёт. *Me voici*, вот и я.

VOIE путь*, *gén., dat., loc.* пути́, *instr.* путём; *pl.* пути́, путе́й, путя́м... *m. Être sur la bonne voie*, быть на пра́вильном пути́. *Être sur la voie du succès*, быть на пути́ к успе́ху. *Les voies de communication*, пути́ сообще́ния. *Les voies respiratoires*, дыха́тельные пути́. *La Voie lactée*, Мле́чный путь. *Par des voies détournées*, око́льным путём. ● **La voie ferrée**, желе́зная доро́га.

VOILÀ вот. *Me voilà*, вот и я. *La voilà qui arrive*, вот она́ идёт. *Voilà tout*, вот и всё. ● **Ah, voilà!**, Вот как! **En voilà un...!, en voilà une...!**, Ну и. *En voilà un imbécile!*, Ну и дура́к! *En voilà un temps de chien!*, Ну и пого́да! **Et voilà que** (*d'une manière inattendue*), и вдруг. *Et voilà qu'il s'est mis à pleuvoir*, и вдруг пошёл дождь.

I. VOILE *f.* па́рус*, *nom. pl.* паруса́. *Mettre les voiles*, подня́ть паруса́. *Amener les voiles*, убра́ть паруса́. ● **À voiles**, па́русный. *Un bateau à voiles*, па́русная ло́дка. **Vol à voile**, планери́зм.

II. VOILE *m.* **1.** (*pour dissimuler le visage*) вуа́ль *f.*; фата́ (*voile de mariée*). **2.** (*fig.*) заве́са. *Le brouillard formait un voile épais*, тума́н образова́л густу́ю заве́су. *Soulever le voile*, подня́ть заве́су.

VOILIER (*bateau*) па́русная ло́дка (*de petite taille*); па́русное су́дно [су́дно*, *pl.* суда́, судо́в, суда́м...] (*grand voilier*).

VOIR

1. (*en règle générale*) ви́деть* I, ви́жу, ви́дишь... / уви́деть* I, уви́жу, уви́дишь...; уви́денный.

Remarques.

1. Les verbes « ви́деть / уви́деть » ne régissent jamais un infinitif.

2. Le perfectif « уви́деть » signifie surtout « apercevoir ».

2. (*employé avec le pronom* « *on* ») ви́ден, видна́, ви́дно, ви́дны *formes courtes de l'adjectif* « ви́дный » (*à la forme affirmative, le complément direct français est le plus souvent remplacé en russe par un nom au nominatif; à la forme négative, le complément direct français est remplacé par un nom au génitif*). **3.** (*regarder un spectacle*) смотре́ть* I, смотрю́, смо́тришь... / посмотре́ть* I (*id.*). **4.** (*regarder; examiner, envisager*) смотре́ть* / посмотре́ть*. **5.** (*visiter; rendre visite*) быть* *n. cl., futur* бу́ду, бу́дешь...; был, была́, бы́ло, бы́ли *et, à la forme négative*, не́ был,

не была́, не́ было, не́ были ⌒ (*être*); побыва́ть.
REMARQUE. Ces deux verbes sont suivis d'un complément de lieu.
6. (*employé à l'infinitif pour renforcer un impératif*) *ne se traduit généralement pas;* -ка (*très familier*).

1. *Hier, je l'ai vue au théâtre,* вчера́ я ви́дел её в теа́тре. *Ils se voyaient rarement,* они́ ре́дко ви́делись. *Je vois que je me suis trompé,* я ви́жу, что оши́бся. *Je l'ai vu laver la vaisselle,* я ви́дел, как он мыл посу́ду. *Je ne l'ai pas vu partir,* я не ви́дел, когда́ он ушёл. **2.** *On voit la maison de loin,* дом ви́ден и́здали. *D'ici on voit tout le village,* отсю́да видна́ вся дере́вня *ou* отсю́да всю дере́вню ви́дно. *On ne voit de traces nulle part,* следо́в не ви́дно нигде́. *On voit qu'il n'est pas en bonne santé,* ви́дно, что он нездоро́в. **3.** *Tu as déjà vu ce film?,* Ты уже́ смотре́л э́тот фильм? *J'ai vu ce match à la télé,* я смотре́л э́тот матч по телеви́зору. **4.** *Voyez s'il est rentré,* Посмотри́те, верну́лся ли он. *Va voir s'il y a des lettres pour moi,* Иди́ посмотри́, есть ли для меня́ пи́сьма. *Il voit cette affaire d'un bon œil,* он благоскло́нно смо́трит на э́то де́ло. *Nous verrons ce qu'il faut faire,* мы посмо́трим, что на́до де́лать. *Voir p. 3,* См. стр. 3 (Смотри́ страни́цу тре́тью). **5.** *Hier nous avons vu le musée,* Вчера́ мы бы́ли в музе́е. *J'ai vu le médecin,* я был у врача́. *Ils ont vu plusieurs pays,* они́ побыва́ли во мно́гих стра́нах. **6.** *Attendez voir,* Подожди́те. *Regardez voir s'il est ici,* Посмотри́те, здесь ли он. *Donne voir ce livre,* Да́й мне э́ту кни́гу. *Essaye voir un peu!* (*menace*), Попро́буй то́лько! *Viens voir ici,* Иди́-ка сюда́. • **Aller voir 1.** (*rendre visite à qqn*) *s'il s'agit d'une petite réception, on traduira par une périphrase utilisant le mot* « гость » (гость ___ ⌒ *m.*)*; s'il s'agit simplement de passer un petit moment avec quelqu'un, on traduira seulement le verbe « aller ». Nous sommes allés le voir,* мы пошли́ к нему́ в го́сти. *Je viens d'aller la voir,* я то́лько что был у неё в гостя́х. *Il est à l'hôpital; je suis allé le voir,* он в больни́це, я к нему́ зашёл. **2.** (*visiter qqch.*) *traduire seulement le verbe « aller ». Je suis allé voir le musée,* я пошёл в музе́й. **Être bien vu,** быть на хоро́шем счету́. *Il est bien vu de ses chefs,* он у нача́льства на хоро́шем счету́. **Faire voir** (*montrer*), пока́зывать / показа́ть* II, покажу́, пока́жешь... ⌒ . *Il m'a fait voir sa collection,* он показа́л мне свою́ колле́кцию. **Ne rien avoir à voir avec,** ничего́ не име́ть о́бщего с (+ *instr.*). *Ça n'a rien à voir avec notre plan,* э́то не име́ет ничего́ о́бщего с на́шим пла́ном. **Voir double,** двои́ться в глаза́х (*au sujet de la proposition française correspond en russe un nom ou un pronom au génitif précédé de* « у »). *Je voyais double,* у меня́ двои́лось в глаза́х. **Voir trente-six chandelles,** и́скры из глаз посы́пались [*au passé*]; и́скры из глаз посы́плются [*au futur*] (*au sujet de la proposition française correspond en russe un nom ou un pronom au génitif précédé de* « у »). *Il en a vu trente-six chandelles,* у него́ и́скры из глаз посы́пались. **Voyons** (*en fonction d'interjection*) *doit être traduit en fonction du contexte. Voyons, pourquoi étiez-vous en retard?,* Ну, а почему́ вы опозда́ли? *Calmez-vous, voyons!,* Переста́ньте, наконе́ц! **Y voir clair** (*fig.*), хорошо́ разобра́ться (разбира́ться / разобра́ться* IV, разберу́сь, разберёшься...; разобра́лся, разобрала́сь... ⌒). *Maintenant, on y voit plus clair dans cette affaire,* тепе́рь мы лу́чше разбира́емся в э́том вопро́се.

I. VOISIN *subst.* сосе́д*, *pl.* сосе́ди, сосе́дей, сосе́дям... *Se brouiller avec ses voisins,* поссо́риться с сосе́дями.

II. VOISIN *adj.* сосе́дний. *Dans la chambre voisine,* в сосе́дней ко́мнате.

VOISINE сосе́дка. *Elle s'est brouillée avec sa voisine,* она́ поссо́рилась со свое́й сосе́дкой.

VOITURE ————

> **1.** (*charrette*) пово́зка (*hippomobile*) || теле́жка (*à bras*).
> **2.** (*automobile*) маши́на.
> **3.** (*d'enfant*) коля́ска.
> **4.** (*wagon*) ваго́н.

1. *Une voiture chargée de foin*, пово́зка, нагру́женная се́ном. || *Une voiture à bras*, ручна́я теле́жка. **2.** *Nous avons acheté une nouvelle voiture*, мы купи́ли но́вую маши́ну. **3.** *Une voiture d'enfant*, де́тская коля́ска. **4.** *Dans une voiture de première classe*, в мя́гком ваго́не.

VOIX 1. (*en règle générale*) го́лос*, *nom. pl.* голоса́ ——— ‾‾‾. *Il a une belle voix*, у него́ хоро́ший го́лос. *Une voix féminine*, же́нский го́лос. *D'une voix sourde*, глухи́м го́лосом. *D'une voix enrouée*, хри́плым го́лосом. *La voix de la conscience*, го́лос со́вести. *La majorité des voix*, большинство́ голосо́в. **2.** (*gramm.*) зало́г. *La voix passive*, страда́тельный зало́г. ● **À haute voix**, вслух; гро́мко, *comp.* гро́мче* (*à très haute voix*). *Lire à haute voix*, чита́ть вслух. **À mi-voix**, вполго́лоса. *Chanter à mi-voix*, петь вполго́лоса. **À voix basse**, ти́хо, *comp.* ти́ше*. **Mettre qqch. aux voix**, поста́вить что́-нибудь на голосова́ние.

I. VOL (*déplacement dans l'air*) полёт. *Suivre le vol d'un oiseau*, следи́ть за полётом пти́цы. *À vol d'oiseau*, с пти́чьего полёта. *Vol sans escale*, беспоса́дочный полёт. *Le premier vol cosmique*, пе́рвый косми́ческий полёт. ● **Attraper qqch. au vol**, пойма́ть что́-нибудь на лету́. **Le vol à voile**, планери́зм.

II. VOL (*délit*) кра́жа. *Vol avec effraction*, кра́жа со взло́мом. *Commettre un vol*, соверши́ть кра́жу. ● **Vol à main armée**, вооружённый грабёж (грабёж ⁄‾‾‾ ‾‾‾).

VOLAILLE дома́шняя пти́ца.

VOLANT *subst.* (*appareil de direction dans un véhicule*) руль ⁄‾‾‾ ‾‾‾ *m. Le chauffeur était au volant*, шофёр сиде́л за рулём.

VOLCAN вулка́н. *L'éruption du volcan*, изверже́ние вулка́на. *Un volcan en activité*, де́йствующий вулка́н. *Un volcan éteint*, поту́хший вулка́н.

I. VOLER (*se péplacer dans l'air*) лете́ть* I, лечу́, лети́шь... / полете́ть* I (*id.*); *indét.* лета́ть. *Voler bas*, ни́зко лете́ть. ● **On aurait entendu une mouche voler**, слы́шно бы́ло, как му́ха пролети́т. **Voler en éclats**, разби́ться вдре́безги (разбива́ться / разби́ться* II, разобьётся, разобью́тся).

II. VOLER (*délit*) **1.** (*dérober qqch.*) красть* IV, краду́, крадёшь...; крал, кра́ла... / укра́сть* IV, украду́, украдёшь...; укра́л, укра́ла...; укра́денный; угоня́ть / угна́ть* I, угоню́, уго́нишь... ⁀——— (*un animal, un véhicule...*). *On m'a volé ma valise*, у меня́ укра́ли чемода́н. *On lui a volé sa voiture*, у него́ угна́ли маши́ну. **2.** (*dévaliser qqn*) обкра́дывать / обокра́сть* IV, обкраду́, обкрадёшь...; обокра́л, обокра́ла...; обкра́денный. *On m'a volé*, меня́ обокра́ли. ● **Ne pas l'avoir volé**, подело́м (*au sujet de la proposition française correspond en russe un nom ou un pronom au datif*). *Il ne l'a pas volé*, подело́м ему́.

VOLET (*persienne*) ста́вень *m. Fermer les volets*, закры́ть ста́вни.

VOLEUR вор ——— ⁄‾‾‾. *Les voleurs avaient emporté tous ses bijoux*, во́ры унесли́ все её драгоце́нности. *Au voleur!*, Держи́ во́ра!

VOLEUSE воро́вка.

VOLLEY-BALL волейбо́л. *Jouer au volley-ball*, игра́ть в волейбо́л.

I. VOLONTAIRE *subst.* доброво́лец, доброво́льца... *Partir pour le front comme volontaire*, пойти́ на фронт доброво́льцем.

II. VOLONTAIRE *adj.* **1.** (*sans contrainte*) доброво́льный. *Un sacrifice volontaire*, доброво́льное поже́ртвование. **2.** (*intentionnel*) умы́шленный. *Une déformation volontaire de la vérité*, умы́шленное искаже́ние и́стины. **3.** (*plein de volonté*) волево́й. *Un ton volontaire*, волево́й тон.

VOLONTAIREMENT (*délibérément*) наро́чно. *Il a volontairement dissimulé certains détails*, он наро́чно скрыл не́которые подро́бности.

VOLONTÉ во́ля (*pas de pl.*). *Une volonté de fer*, желе́зная во́ля. *Contre la volonté de ses parents*, про́тив во́ли роди́телей. *Les hommes de bonne volonté*, лю́ди до́брой во́ли. *Ce sont ses dernières volontés*, э́то его́ после́дняя во́ля. ● **À volonté** (*autant que l'on veut*), ско́лько уго́дно. **Avec bonne volonté**, охо́тно. **Avec mauvaise volonté**, неохо́тно. **Sans volonté**, безво́льный. *Un homme sans volonté*, безво́льный челове́к.

VOLONTIERS охо́тно; с удово́льствием (*notamment lorsque « volontiers » constitue à lui seul une proposition*). *Il a accepté volontiers*, он охо́тно согласи́лся. « *Venez avec nous. — Volontiers* », « Пойдёмте с на́ми. — С удово́льствием. »

VOLT вольт(*) [*après les noms de nombre, le génitif pluriel est* « вольт »]. *120 volts*, 120 вольт.

VOLUME 1. (*espace occupé; importance*) объём. *Le volume d'un cylindre*, объём цили́ндра. *Le volume de la production*, объём произво́дства. **2.** (*tome*) том*, *nom. pl.* тома́ ——‾‾‾ . *Un livre en deux volumes*, кни́га в двух тома́х.

VOLUMINEUX (*encombrant*) объёмистый. *Une liasse de journaux volumineuse*, объёмистая па́чка газе́т.

VOMIR (*en parlant d'un être vivant*) рвать* IV, рвёт; рва́ло / вы́рвать* IV, вы́рвет; вы́рвало (*au sujet de la proposition française correspond en russe un complément direct à l'accusatif; au complément direct de la proposition française correspond en russe un complément indirect à l'instrumental*). *Il a vomi un peu d'eau*, его́ немно́жко вы́рвало водо́й. ● **Avoir envie de vomir**, тошни́ть (*au sujet de la proposition française correspond en russe un complément direct à l'accusatif*). *J'avais envie de vomir*, меня́ тошни́ло.

VORACE (*glouton*) прожо́рливый. *Un chien vorace*, прожо́рливая соба́ка.

VOS v. VOTRE.

VOTE 1. (*suffrage*) го́лос*, *nom. pl.* голоса́ ——‾‾‾ . *Compter les votes*, сосчита́ть голоса́. **2.** (*scrutin*) голосова́ние. *Vote à main levée*, голосова́ние подня́тием руки́. *Vote secret*, та́йное голосова́ние. **3.** (*adoption*) приня́тие. *Le vote d'une loi*, приня́тие зако́на. ● **De vote**, избира́тельный. *Le droit de vote*, избира́тельное пра́во. *Le bureau de vote*, избира́тельный уча́сток. *Le bulletin de vote*, избира́тельный бюллете́нь.

VOTER 1. (*prendre part à un vote*) голосова́ть / проголосова́ть. *Voter à main levée*, голосова́ть подня́тием руки́. *Voter pour un candidat*, голосова́ть за кандида́та. *Voter contre une résolution*, голосова́ть про́тив предложе́ния. **2.** (*adopter*) принима́ть / приня́ть* IV, приму́, при́мешь... \\—— ; при́нял, приняла́, при́няло, при́няли /\\—; при́нятый, при́нят, принята́, при́нято, при́няты /\\—. *La loi a été votée*, зако́н был при́нят.

VOTRE *et* **VÔTRE 1.** (*si le possesseur est sujet de la proposition*) свой (*peut quelquefois être omis*). *Vous avez pris votre livre?*, Вы взя́ли свою́ кни́гу? *Vous viendrez avec votre fils?*, Вы с сы́ном придёте? *Nous avons nos soucis et vous les vôtres*, у нас свои́ забо́ты, а у вас свои́. **2.** (*dans le cas contraire*) ваш. *Vos amis sont arrivés*, Ва́ши друзья́ прие́хали. *Ce n'est pas notre voiture, c'est la vôtre*, э́то не на́ша маши́на, а ва́ша.

VOULOIR (*verbe*) хоте́ть* *n. cl.*, хочу́, хо́чешь, хо́чет, хоти́м, хоти́те, хотя́т / захоте́ть* *n. cl.* [*id.*] (*régit un substantif, un pronom, un verbe à l'infinitif ou* что́бы *et l'hypothétique*). *Voulez-vous du* *thé?*, Хоти́те ча́ю? *Je veux ce livre*, Хочу́ э́ту кни́гу. *Qu'est-ce qu'il veut?*, Чего́ он хо́чет? *Il veut partir demain*, он хо́чет уе́хать за́втра. *Je ne veux pas qu'il s'en aille*, я не хочу́, что́бы он уе́хал. *Qu'est-ce que je voulais dire?*, Что я хоте́л сказа́ть? ● **En vouloir à qqn**, быть серди́тым на кого́-нибудь. *Elle m'en veut*, она́ на меня́ серди́та. **Sans le vouloir**, нечаянно. *Il a tiré sans le vouloir*, он нечаянно вы́стрелил. **Veuillez accepter, Monsieur, l'expression de mes sentiments respectueux**, С уваже́нием. **Vouloir bien** *doit être traduit en fonction du contexte. Allons au cinéma, tu veux bien?*, Пойдём в кино́, ла́дно? *Je veux bien t'aider*, я охо́тно тебе́ помогу́. *Elle a bien voulu venir au festival*, она́ согласи́лась прие́хать на фестива́ль. **Vouloir c'est pouvoir**, где хоте́нье, там и уме́нье. **Vouloir dire** (*signifier*), зна́чить. *Qu'est-ce que ça veut dire?*, Что э́то зна́чит?

VOUS 1. (*en règle générale*) вы. *Ah, c'est vous!*, Ах, э́то вы! *Jacques était avec vous?*, Жак был с ва́ми? *Vous étiez quatre?*, Вас бы́ло че́тверо? *Je ne vous ai pas vus*, я вас не ви́дел. *Nous parlions de vous*, мы говори́ли о вас. *Le film vous a plu?*, Вам понра́вился фильм? **2.** (*réfléchi*) v. SE. ● **Chez vous**, v. CHEZ.

VOÛTE свод. *Une voûte gothique*, готи́ческий свод.

VOÛTÉ (*courbé*) суту́лый. *Un vieillard voûté*, суту́лый стари́к.

VOUVOYER *traduire par une périphrase utilisant le pronom* « вы ». *Il m'a vouvoyé*, он сказа́л мне « вы ». *Nous nous vouvoyons encore*, мы с ней ещё на вы.

VOYAGE пое́здка; путеше́ствие (*en parlant d'un grand voyage*). *Un voyage d'affaires*, делова́я пое́здка. *Entreprendre un long voyage*, предприня́ть дли́нное путеше́ствие. ● **Bon voyage!**, Счастли́вого пути́ [щ'ʌс'л']. **Un compagnon de voyage**, попу́тчик.

VOYAGER путеше́ствовать *Voyager à travers l'Europe*, путеше́ствовать по Евро́пе.

VOYAGEUR 1. (*touriste; explorateur*) путеше́ственник. *C'est un voyageur infatigable*, э́то неутоми́мый путеше́ственник. **2.** (*passager*) пассажи́р. *Tous les voyageurs sont descendus*, все пассажи́ры вы́шли из ваго́нов. ● **Un pigeon voyageur**, почто́вый го́лубь. **Un train de voyageurs**, пассажи́рский по́езд.

VOYAGEUSE 1. (*touriste, exploratrice*) путеше́ственница. **2.** (*passagère*) пассажи́рка.

VOYELLE гла́сная *adj. subst. f. Les voyelles accentuées*, ударя́емые гла́сные. *Les voyelles atones*, безуда́рные гла́сные.

VOYOU хулига́н.

I. VRAI *adj.* (*véritable*) настоя́щий. *Ce n'est pas son vrai nom*, э́то не настоя́щая его́ фами́лия. *Un vrai héros*, настоя́щий геро́й. ● **Ce n'est pas vrai**, Э́то непра́вда. **C'est vrai**, Э́то пра́вда.

II. VRAI *subst.* пра́вда. *À dire vrai*, по пра́вде говоря́.

VRAIMENT 1. (*très*) о́чень. *Elle est vraiment aimable*, она́ о́чень любе́зна. *Ça m'a vraiment plu*, э́то мне о́чень понра́вилось. **2.** (*réellement*) по-настоя́щему; про́сто (*tout simplement*). *Non, j'étais vraiment malade*, Нет, я был по-настоя́щему бо́лен. *C'est vraiment affreux*, э́то про́сто у́жас. *Il ne sait vraiment pas ce qu'il dit*, он про́сто не зна́ет, что говори́т. **3.** (*dans une proposition interrogative*) неуже́ли. *Vous le croyez vraiment?*, Неуже́ли вы э́тому ве́рите?

VRAISEMBLABLE вероя́тный. *Cela semble vraisemblable*, э́то ка́жется вероя́тным.

VRAISEMBLABLEMENT вероя́тно.

VUE 1. (*l'un des cinq sens*) зре́ние. *Perdre la vue*, потеря́ть зре́ние. *Avoir la vue faible*, име́ть сла́бое зре́ние. *Une bonne vue*, хоро́шее зре́ние. **2.** (*autres significations*) вид*, *loc.* виду́ ——∠——

(*l'accent passe sur la préposition dans le groupe adverbialisé* « и́з виду* »). *Des cartes postales avec des vues de Paris*, откры́тки с ви́дами Пари́жа. *Une chambre avec vue sur la mer*, ко́мната с ви́дом на мо́ре. *Elle prit peur à la vue du pistolet*, она́ испуга́лась при ви́де пистоле́та. *Je n'ai rien en vue*, я ничего́ не име́ю в виду́. *Perdre qqch. de vue*, потеря́ть что́-нибудь и́з виду*. *En accord avec les vues du gouvernement*, в согла́сии с ви́дами прави́тельства. • **À perte de vue**, наско́лько хвата́ет глаз. **À première vue**, с пе́рвого взгля́да. **En jeter plein la vue**, пуска́ть пыль в глаза́. **Connaître qqn de vue**, знать кого́-нибудь в лицо́. **En vue de** (*dans le but de*), для того́, что́бы. **Un point de vue 1.** (*façon de voir*) то́чка зре́ния. *Du point de vue théorique*, с теорети́ческой то́чки зре́ния. **2.** (*opinion*) взгляд; то́чка зре́ния. *Exprimer son point de vue*, вы́сказать свою́ то́чку зре́ния. *Je ne partage pas son point de vue*, я не разделя́ю его́ взгля́да. **3.** (*paysage*) вид. *D'ici, on a un beau point de vue sur la vallée*, отсю́да открыва́ется краси́вый вид на доли́ну.

VULGAIRE *adj.* (*peu distingué*) вульга́рный. *Des manières vulgaires*, вульга́рные мане́ры. *Un mot vulgaire*, вульга́рное сло́во.

VULGARISATION вульгариза́ция. • **De vulgarisation**, нау́чно-популя́рный. *Un film de vulgarisation*, нау́чно-популя́рный фильм.

VULGARITÉ вульга́рность *f.*

VULNÉRABLE уязви́мый. *Le point vulnérable*, уязви́мое ме́сто.

W

WAGON ваго́н.

WAGON-LIT спа́льный ваго́н.

WAGON-RESTAURANT ваго́н-рестора́н.

I. WALLON *subst.* валло́нец.

II. WALLON *adj.* валло́нский.

WALLONNE валло́нка.

WATERS убо́рная *adj. subst. f.*; туале́т (*dans un lieu public*).

WATT ватт*, *gén. pl.* ватт. *Une ampoule de 60 watts*, ла́мпочка в 60 ватт.

W.-C. убо́рная *adj. subst. f.*; туале́т (*dans un lieu public*).

WEEK-END *n'a pas d'équivalent en russe, traduire en fonction du contexte. À chaque week-end, les Parisiens s'en vont à la campagne*, в конце́ неде́ли парижа́не уезжа́ют на о́тдых за́ город.

WHISKY ви́ски* *indécl. n.*

X

XYLOPHONE ксилофо́н. *Jouer du xylophone*, игра́ть на ксилофо́не.

Y

Y

> **I. Adverbe de lieu:**
> **1.** (*là-bas*) туда́ (*direction*); там (*emplacement*).
> **2.** (*ici*) сюда́ (*direction*); тут *ou* здесь (*emplacement*).
> **II. Pronom:**
> **1.** (*remplaçant les pronoms « ceci » ou « cela »*) э́то.
> **2.** (*dans les autres cas*) он.

I. 1. « *Tu y vas? — J'y vais* », « Ты идёшь туда́? — Иду́. » *J'y ai passé deux mois*, я провёл там два ме́сяца. **2.** *Je suis à la campagne et j'y resterai jusqu'à la fin du mois*, я в дере́вне и оста́нусь здесь до конца́ ме́сяца. *J'y étais déjà venu pour deux semaines l'an dernier*, я и в про́шлом году́ прие́хал сюда́ на две неде́ли. || (*Par extension*) *Je n'y suis pour rien*, я тут ни при чём.

II. 1. *Vous y croyez?*, Вы э́тому ве́рите? *N'y comptez pas*, Не рассчи́тывайте на э́то. **2.** *Je ne connais pas ce chirurgien; je ne m'y fierais pas*, я не зна́ю э́того хиру́рга; я бы ему́ не доверя́л. ● **Il y a 1.** (*indiquant l'existence, la présence*) быть *et éventuellement, un adverbe de lieu comme* « там », « тут », « здесь ». *Il y a des verres*, есть стака́ны. *Il y avait une réunion*, бы́ло собра́ние. *Il n'y a pas de sel*, со́ли нет. *Il n'y avait pas de chaises*, там не́ было сту́льев. *Il n'y a personne*, тут нет никого́. **2.** (*introduisant un complément de temps*) тому́ наза́д [+ *acc.*] (« тому́ наза́д » *suit presque toujours le mot ou le groupe de mots qu'il régit*). *Il y a une semaine qu'il est rentré*, он верну́лся неде́лю тому́ наза́д. *C'était il y a deux mois*, э́то бы́ло два ме́сяца тому́ наза́д. **Il n'y a pas à dire**, не́чего сказа́ть. **Y être** (*être prêt*), быть гото́вым. *Vous y êtes?*, Вы гото́вы?

YACHT я́хта. *Un yacht de course*, го́ночная я́хта.

YAOURT югу́рт.

YEUX v. ŒIL.

YIDDISH и́диш* *indécl. m. Parler yiddish*, говори́ть на и́диш.

YOD йот.

I. YOUGOSLAVE *subst.* **1.** *m.* югосла́в. **2.** *f.* югосла́вка.

II. YOUGOSLAVE *adj.* югосла́вский.

YOURTE ю́рта.

Z

ZÈBRE (*animal*) зе́бра.

ZÈLE усе́рдие. *Travailler avec zèle*, рабо́тать с усе́рдием.

ZÉRO ноль *m.* (*peu usité en dehors de cette forme*); нуль *m. Deux moins deux égale zéro*, два ми́нус два бу́дет ноль. ● **En dessous de zéro**, моро́за; ни́же нуля́ (*plus livresque*). *Dix degrés en dessous de zéro*, де́сять гра́дусов моро́за *ou* де́сять гра́дусов ни́же нуля́.

ZIBELINE (*animal*) со́боль *m.* ● **De zibeline**, собо́лий *adj. d'appart. Une fourrure de zibeline*, собо́лий мех.

ZIGZAG зигза́г. *Faire des zigzags*, идти́ зигза́гами.

ZINC (*métal*) цинк. ● **De zinc**, ци́нковый. *Le minerai de zinc*, ци́нковая руда́.

ZONE зо́на. *Une zone interdite*, запре́тная зо́на. *Une zone tempérée*, уме́ренная зо́на. ● **La zone d'influence**, сфе́ра влия́ния.

ZOO зоопа́рк. *Au zoo de Vincennes*, в Венсе́ннском зоопа́рке.

ZOOLOGIE зооло́гия.

ZOOLOGIQUE зоологи́ческий. *Le parc zoologique*, зоологи́ческий сад.

ZUT! Чёрт!

NOMS PROPRES

★

ИМЕНА СОБСТВЕННЫЕ

La liste ci-après comporte plus de 1 230 noms de pays, de régions, de personnages historiques, etc.

● Les remarques grammaticales relatives aux noms propres figurent en tête de cette partie à la page xxx.

A

ADAM Ада́м. • **Dans le costume d'Adam,** в чём мать родила́.

ADRIATIQUE Адриати́ческое мо́ре.

AFGHANISTAN Афганиста́н.

AFRIQUE А́фрика.

AIMÉE **1.** (*transcription*) Эме́* *indécl.* **2.** (*équivalent russe*) Любо́вь *f.*, *dim.* Лю́ба.

AIX-EN-PROVENCE Экс.

AIX-LA-CHAPELLE Аа́хен.

AJACCIO Ая́ччо* [ч'] *indécl.*

ALAIN Але́н.

ALASKA Аля́ска. • **De l'Alaska,** аля́скинский.

ALBANIE Алба́ния.

ALBERT Альбе́р.

ALÉOUTIENNES • **Les îles Aléoutiennes,** Алеу́тские острова́ (острова́*, острово́в, острова́м... *pl.*).

ALÈS Але́с.

ALEXANDRE Алекса́ндр; *dim.* Са́ша *et* Шу́ра. *Alexandre Nevski,* Алекса́ндр Не́вский. *Alexandre Ier*, Алекса́ндр I.

ALEXIS Алексе́й *m.*, *dim.* Алёша.

ALFRED Альфре́д.

ALGER Алжи́р.

ALGÉRIE Алжи́р.

ALLAH Алла́х.

ALLEMAGNE Герма́ния. *Allemagne occidentale,* ФРГ (Федерати́вная Респу́блика Герма́нии) *ou* За́падная Герма́ния. *Allemagne orientale,* ГДР (Герма́нская Демократи́ческая Респу́блика).

ALLIER Алье́* *indécl.*

ALMA-ATA Алма́-Ата́. • **D'Alma-Ata,** Алма́-Ати́нский.

ALPES А́льпы, Альп, А́льпам... *pl. t.*

ALSACE Эльза́с.

ALTAÏ Алта́й *m.*

AMAZONE (*fleuve*) Амазо́нка.

AMÉRIQUE Аме́рика. *L'Amérique du Nord,* Се́верная Аме́рика. *L'Amérique du Sud,* Ю́жная Аме́рика.

AMIENS Амье́н.

AMIRAUTÉ Адмиралте́йство. *L'aiguille de l'Amirauté,* шпиль Адмиралте́йства.

AMOUR (*fleuve*) Аму́р.

AMSTERDAM Амстерда́м.

ANDERSEN А́ндерсен.

ANDRÉ Андре́й *m.*, *dim.* Андрю́ша.

ANGARA Ангара́. • **De l'Angara,** анга́рский.

ANGERS Анже́* *indécl.*

ANGLETERRE А́нглия.

ANGOULÊME Ангуле́м.

ANKARA Анкара́. • **D'Ankara,** анка́рский.

ANNE А́нна, *dim.* А́ня.

ANNECY Аннеси́* *indécl.*

ANNIBAL Ганниба́л.

ANTOINE **1.** (*transcription*) Антуа́н. **2.** (*équivalent russe*) Анто́н, *dim.* То́ня.

ANVERS Антве́рпен.

APOLLON Аполло́н.

ARABIE Ара́вия. *Arabie Saoudite,* Сау́довская Ара́вия.

ARARAT Арара́т.

ARCHIMÈDE Архиме́д. • **D'Archimède,** архиме́дов *adj. d'appart. Le principe d'Archimède,* архиме́дов зако́н.

ARDENNE (*massif*) Арде́нны, Арде́нн, Арде́ннам... *pl. t.*

ARGENTINE Аргенти́на.

ARISTOPHANE Аристофа́н.

ARISTOTE Аристо́тель *m.*

ARKHANGELSK Арха́нгельск.

ARLES Арль *m.*

ARMÉNIE Арме́ния; Армя́нская ССР (ССР* *indécl. f.*).

ARRAS Арра́с.

ASIE А́зия. *L'Asie centrale,* Сре́дняя А́зия. *L'Asie Mineure,* Ма́лая А́зия.

ASSOMPTION Успе́ние. • **De l'Assomption,** успе́нский. *La cathédrale de l'Assomption,* Успе́нский собо́р.

ASTRAKHAN Астрахань *f.* ● **D'Astrakhan**, астраха́нский.

ATHÈNES Афи́ны, Афи́н, Афи́нам... *pl. t.*

ATLANTIQUE Атла́нтика. *Franchir l'Atlantique*, пересе́чь Атла́нтику. ● **L'océan Atlantique**, Атланти́ческий океа́н.

ATTILA Атти́ла.

AUBUSSON Обюссо́н.

AUGIAS А́вгий *m.* ● **Les écuries d'Augias**, а́вгиевы коню́шни (а́вгиев *adj. d'appart.*; коню́шня*, *gén. pl.* коню́шен).

AURILLAC Орийа́к.

AURORE Авро́ра. *Le croiseur « Aurore »*, кре́йсер « Авро́ра ».

AUSTERLITZ А́устерлиц. ● **D'Austerlitz**, а́устерлицкий. *La bataille d'Austerlitz*, А́устерлицкая би́тва.

AUSTRALIE Австра́лия.

AUTRICHE А́встрия.

AUVERGNE Ове́рнь *f.*

AUXERRE Осе́р [сɛ].

AVIGNON Авиньо́н.

AVVAKOUM Аввaку́м.

AZERBAÏDJAN Азербайджа́н.

AZOV ● **La mer d'Azov**, Азо́вское мо́ре.

B

BABEL ● **La tour de Babel**, вавило́нское столпотворе́ние.

BABYLONE Вавило́н.

BACH (Jean-Sébastien) Бах (Иога́нн Себастья́н).

BAGDAD Багда́д.

BAÏKAL Байка́л. ● **Du Baïkal**, байка́льский.

BAKOU Баку́* *indécl.* ● **De Bakou**, баки́нский.

BAKOUNINE Баку́нин.

BALAKIREV Бала́кирев.

BÂLE Ба́зель *m.*

BALÉARES Балеа́рские острова́ (острова́*, острово́в, острова́м... *pl.*).

BALKANS Балка́ны, Балка́нов, Балка́нам... *pl. t.* ● **Des Balkans**, балка́нский. *La péninsule des Balkans*, Балка́нский полуо́стров.

BALTES ● **Les pays baltes**, прибалти́йские респу́блики.

BALTIQUE ● **La mer Baltique**, Балти́йское мо́ре.

BALZAC Бальза́к. *« Eugénie Grandet », « le Père Goriot », « les Illusions perdues », « la Cousine Bette », « le Cousin Pons » de Balzac*, « Евге́ния Гранде́ », « Оте́ц Горио́ », « Утра́ченные иллю́зии », « Кузи́на Бе́тта », « Кузе́н Понс » Бальза́ка.

BARTOK Ба́рток.

BASILE Васи́лий *m. Basile le Bienheureux*, Васи́лий Блаже́нный.

BASTILLE Басти́лия. *La prise de la Bastille*, взя́тие Басти́лии.

BATOU (*khan*) Баты́й *m.*

BATOUM, BATOUMI Бату́ми* *indécl.* ● **De Batoum, de Batoumi**, бату́мский.

BAUDELAIRE Бодле́р.

BAVIÈRE Бава́рия.

BAYONNE Байо́нна.

BAYREUTH Ба́йрейт.

B. B. C. Би-би-си́* *indécl. f.*

BEAUMARCHAIS Бомарше́* *indécl. « Le Barbier de Séville » et « le Mariage de Figaro » de Beaumarchais*, « Севи́льский цирю́льник » и « Жени́тьба Фигаро́ » Бомарше́.

BEAUVAIS Бове́* *indécl.*

BEECHER-STOWE (Harriet) Бичер-Сто́у* *indécl.* (Га́рриет). *« La Case de l'oncle Tom » d'Harriet Beecher-Stowe*, « Хи́жина дя́ди То́ма » Га́рриет Бичер-Сто́у.

BEETHOVEN Бетхо́вен.

BEHRING v. BÉRING.

BELFORT Бельфо́р.

BELGIQUE Бе́льгия.

BELGRADE Белгра́д.

BENELUX Бенилю́кс.

BENOIS (Alexandre) Бенуа́* *indécl.* (Алекса́ндр Никола́евич).

BÉRANGER Беранже́* *indécl.*

BEREZINA Березинá. *Le passage de la Berezina,* перехóд францýзских войск чéрез Березинý.

BERGERAC Бержерáк.

BERIA Бéрия* *indécl.*

BÉRING ● **Le détroit de Béring,** Бéрингов проли́в (Бéрингов *adj. d'appart.*). **La mer de Béring,** Бéрингово мóре (Бéрингово *adj. d'appart.*).

BERLIN Берли́н. *Berlin-Est,* Востóчный Берли́н. *Berlin-Ouest,* Зáпадный Берли́н.

BERLIOZ Берлиóз.

BERNARD (*prénom français*) Бернáр.

BERNE Берн.

BERTHE Бéрта.

BERTRAND Бертрáн.

BESANÇON Безансóн.

BETHLÉEM Вифлеéм.

BÉZIERS Безьé* *indécl.*

BIARRITZ Биарри́ц.

BIÉLORUSSIE Белорýссия.

BIRMANIE Би́рма.

BIRMINGHAM Би́рмингем.

BLANCHE ● **La mer Blanche,** Бéлое мóре.

BOCCACE Боккáччо* *indécl.*

BOCCHERINI Боккери́ни* *indécl.*

BOLCHOÏ (*théâtre*) Большóй теáтр *ou, simplement,* Большóй (Большóй *adj. subst. m.*).

BOLIVIE Боли́вия.

BOMBAY Бомбéй *m.*

BONAPARTE Бонапáрт.

BONN Бонн.

BONNARD Боннáр.

BONNE-ESPÉRANCE ● **Le cap de Bonne-Espérance,** мыс Дóброй Надéжды.

BORDEAUX Бордó* *indécl.*

BORIS Бори́с, *dim.* Бóря. *Boris Godounov,* Бори́с Годунóв.

BORNÉO Борнéо* *indécl.*

BORODINE Бороди́н ⁄——. « *Le Prince Igor* » *et* « *Dans les steppes de l'Asie centrale* » *de Borodine,* « Князь И́горь » и « В Срéдней А́зии » Бородинá.

BORODINO Бородинó. ● **De Borodino,** бороди́нский.

BOSPHORE Босфóр.

BOTTICELLI Боттичéлли* *indécl.*

BOUCHER Бушé* *indécl.*

BOUDDHA Бýдда *m.*

BOUKHARA Бухарá. ● **De Boukhara,** бухáрский.

BOULGAKOV (Mikhaïl) Булгáков (Михаи́л Афанáсьевич). « *La Garde blanche* » *et* « *le Maître et Marguerite* » *de Boulgakov,* « Бéлая гвáрдия » и « Мáстер и Маргари́та » Булгáкова.

BOULOGNE Булóнь *f.*

BOUNINE Бýнин.

BOURBON Бурбóн.

BOURG Бурк.

BOURGES Бурж.

BOURGOGNE Бургýндия.

BRAHMS Брамс.

BRASÍLIA Брази́лия.

BRECHT Брехт. « *Mère Courage* », « *l'Opéra de quat' sous* », « *le Cercle de craie caucasien* » *de Brecht,* « Мáтушка Курáж и её дéти », « Трёхгрошóвая óпера », « Кавкáзский меловóй круг » Брéхта.

BRÉSIL Брази́лия.

BREST (*nom de villes*) Брест.

BRETAGNE Бретáнь *f.*

BREUGHEL v. BRUEGEL.

BRIANSK Брянск.

BRIGITTE Брижи́т* *indécl.*

BRUEGEL Брéйгель *m. Bruegel l'Ancien,* Брéйгель Стáрший. *Bruegel de Velours,* Брéйгель Бáрхатный.

BRUGES Брю́гге* *indécl.*

BRUXELLES Брюссéль *m.*

BUCAREST Бухарéст.

BUCHENWALD Бухенвáльд.

BUDAPEST Будапéшт.

BUENOS AIRES Буэ́нос-А́йрес.

BULGARIE Болгáрия.

BYRON Ба́йрон.

BYZANCE Византи́я.

C

CAEN Кан.

CAHORS Каго́р (*également* Каóр).

CAIRE (LE) Каи́р.

CALAIS Кале́* *indécl.*

CALCUTTA Кальку́тта [т].

CALIFORNIE Калифо́рния.

CALIGULA Кали́гула.

CALVADOS Кальвадо́с.

CAMARGUE Кама́рг.

CAMBODGE Камбо́джа.

CAMBRAI Камбре́* *indécl.*

CAMBRIDGE Ке́мбридж.

CAMEROUN Камеру́н.

CAMILLE **1.** *m.* Ками́л. **2.** *f.* Ками́лла.

CAMUS Камю́* *indécl.* « *La Peste* » *et* « *l'Étranger* » *de Camus*, « Чума́ » и « Посторо́нний » Камю́.

CANADA Кана́да.

CANARIES Кана́рские острова́ (острова́, острово́в, острова́м... *pl.*).

CANNES Канн.

CANTAL Канта́ль *m.*

CANTERBURY Ке́нтербери* *indécl.* ● **De Canterbury**, кентербери́йский. *L'archevêque de Canterbury*, архиепи́скоп Кентербери́йский.

CAP (LE) Кейпта́ун.

CAPET (Hugues) Гуго́ Капе́т (Гуго́* *indécl.*).

CAPÉTIENS капети́нги, капети́нгов, капети́нгам... *pl.*

CAPITOLE Капито́лий *m.*

CARABOSSE (*fée*) ба́ба-яга́.

CARCASSONNE Каркассо́нн.

CARÉLIE Каре́лия.

CAROLINE (*prénom*, *État*) Кароли́на. *La Caroline du Nord*, Се́верная Кароли́на.

CAROLINGIENS кароли́нги, кароли́нгов, кароли́нгам... *pl.*

CARPACCIO Карпа́ччо* *indécl.*

CARPATES Карпа́ты, Карпа́т, Карпа́там... *pl. t.*

CARROUSEL ● **La place du Carrousel**, Карусе́льская пло́щадь.

CARTHAGE Карфаге́н.

CASPIENNE (*mer*) Каспи́йское мо́ре.

CATHERINE Екатери́на; Катери́на (*fam.*); *dim.* Ка́тя. *Catherine de Médicis*, Екатери́на Ме́дичи. *Catherine II*, Екатери́на II.

CAUCASE Кавка́з. *J'ai passé l'été dans le Caucase*, я провёл ле́то на Кавка́зе.

CENDRILLON Зо́лушка.

CENT ● **La guerre de Cent Ans**, столе́тняя война́.

CERVANTÈS Серва́нтес. « *Don Quichotte de la Manche* » *de Cervantès*, « Дон Кихо́т Лама́нчский » Серва́нтеса.

CÉSAR (Jules) Це́зарь *m.* (Ю́лий). « *La Guerre des Gaules* » *de Jules César*, « Запи́ски о га́лльской войне́ » Ю́лия Це́заря.

CÉVENNES Севе́нны, Севе́нн, Севе́ннам *pl. t.*

CEYLAN Цейло́н.

CÉZANNE Сеза́нн.

CHABRIER Шабрие́* *indécl.*

CHAGALL Шага́л.

CHALIAPINE Шаля́пин.

CHÂLONS-SUR-MARNE Шало́н-сюр-Ма́рн* *indécl.*

CHALON-SUR-SAÔNE Шало́н-сюр-Сон* *indécl.*

CHAMBÉRY Шамбери́* *indécl.*

CHAMONIX Шамони́* *indécl.*

CHAMPAGNE Шампа́нь *f.*

CHAMPOLLION Шампольо́н.

CHAMPS-ÉLYSÉES Елисе́йские поля́ (поля́, поле́й, поля́м... *pl.*).

CHANG-HAÏ Шанха́й *m.*

CHANTAL Шанта́ль* *indécl.*

CHANTILLY Шантийи́* *indécl.* ● **Le château de Chantilly**, за́мок Шантийи́.

CHAPLIN (Charles) Ча́плин (Чарлз). « *Charlot patine* », « *la*

Ruée vers l'or », « les Lumières de la ville », « les Temps modernes », « le Dictateur » de Chaplin, « Ча́рли ката́ется на конька́х », « Золота́я лихора́дка », « Огни́ большо́го го́рода », « Но́вые времена́ », « Дикта́тор » Ча́плина.

CHARENTE Шара́нта. *Charente-Maritime,* Шара́нта-Примо́рская.

CHARLEMAGNE Карл Вели́кий.

CHARLES 1. (*transcription*) Шарль *m.* **2.** (*équivalent russe*) Карл. *Charles Martel,* Карл Марте́лл (*à la différence du français « Martel », le mot* « Марте́лл » *comporte deux* « л »). *Charles le Téméraire,* Карл Сме́лый. *Charles Quint,* Карл V.

CHARLEVILLE Шарлеви́ль *m.*

CHARLOT (*personnage créé par Chaplin*) Ча́рли* *indécl.*

CHARPENTIER Шарпантье́* *indécl.*

CHARTRES Шартр.

CHARYBDE • **Tomber de Charybde en Scylla,** из огня́ да в по́лымя.

CHATEAUBRIAND Шатобриа́н. *« Les Mémoires d'outre-tombe » de Chateaubriand,* « Замоги́льные запи́ски » Шатобриа́на.

CHÂTEAUROUX Шатору́* *indécl.*

CHER Шер.

CHERBOURG Шербу́р.

CHEVTCHENKO Шевче́нко* *indécl.*

CHICAGO Чика́го* *indécl.*

CHILI Чи́ли* *indécl.*

CHINE Кита́й *m. La Chine du Nord,* Се́верный Кита́й.

CHOLOKHOV Шо́лохов. *« Le Don paisible » et « Terres défrichées » de Cholokhov,* « Ти́хий Дон » и « По́днятая целина́ » Шо́лохова.

CHOPIN Шопе́н [пɛ]. *Les valses et les polonaises de Chopin,* ва́льсы и полоне́зы Шопе́на.

CHOSTAKOVITCH Шостако́вич.

CHOUÏSKI Шу́йский.

CHRIST Христо́с*, Христа́, Христу́...

CHRISTIAN Христиа́н.

CHRISTIANE Христиа́на.

CHRISTINE Христи́на.

CHRISTOPHE Христофо́р.

CHURCHILL Че́рчилль [л'] *m.*

CHYPRE Кипр.

CICÉRON Цицеро́н.

CITÉ • **L'île de la Cité,** о́стров Сите́ (Сите́* [тɛ] *indécl.*).

CITROËN Ситрое́н [оɛ].

CLAIRE Кла́ра; Светла́на, *dim.* Свéта.

I. CLAUDE (*prénom masculin*) **1.** (*transcription*) Клод. **2.** (*équivalent russe*) Кла́вдий *m.*

II. CLAUDE (*prénom féminin*) **1.** (*transcription*) Клод* *indécl.* **2.** (*équivalent russe*) Кла́вдия, *dim.* Кла́ва.

CLAUDEL Клоде́ль [дɛ] *m.*

CLEMENCEAU Клемансо́* *indécl.*

CLÉMENT (*prénom*) **1.** (*transcription*) Клема́н. **2.** (*équivalent russe*) Климе́нт.

CLÉOPÂTRE Клеопа́тра.

CLERMONT-FERRAND Клермо́н-Ферра́н.

CLOTILDE Клоти́льда.

CLOVIS Хло́двиг.

C. N. R. S. Нау́чно-иссле́довательский центр.

COCTEAU Кокто́* *indécl.*

COLOGNE Кёльн.

COLOMB • **Christophe Colomb,** Христофо́р Колу́мб.

COLORADO Колора́до* *indécl.*

CONCORDE • **Place de la Concorde,** пло́щадь Согла́сия *ou* пло́щадь Конко́рды.

CONFUCIUS Конфу́ций *m.*

CONGO 1. (*pays*) Ко́нго* *indécl. n.* **2.** (*fleuve*) Ко́нго* *indécl. f.*

CONSTANTIN Константи́н; *dim.* Ко́стя.

CONSTANTINOPLE Константино́поль *m.*

COOPER (Fenimore) Ку́пер (Фенимо́р). *« Le Dernier des Mohicans » de Fenimore Cooper,* « Послéдний из могикáн » Фенимóра Кýпера.

COPENHAGUE Копенгáген.

COPERNIC Копéрник.

CORAN Корáн.

CORÉE Корéя. *La Corée du Nord,* Сéверная Корéя. *La Corée du Sud,* Южная Корéя.

CORELLI (Arcangelo) Корéлли* *indécl.* (Аркáнджело).

CORNEILLE Корнéль *m.* « *Le Cid* » *de Corneille,* « Сид » Корнéля.

COROT Корó* *indécl.*

CORRÈGE (le) Коррéджо* [рɛ] *indécl.*

CORRÈZE Коррéз [рɛ].

CORSE Кóрсика. *Nous avons passé l'été en Corse,* мы провели́ лéто на Кóрсике.

CÔTE D'AZUR Лазýрный бéрег (бéрег*, *loc.* берегý ⸺∠). *Nous irons sur la Côte d'Azur,* мы поéдем на Лазýрный бéрег.

COUPERIN Куперéн [рɛ].

COURBET Курбé* [бɛ] *indécl.*

CRANACH Крáнах.

CRÉSUS Крез. *Il est riche comme Crésus,* он богáт как Крез.

CRÈTE Крит. *Un groupe de journalistes est arrivé en Crète,* грýппа журнали́стов прибылá на Крит.

CREUSE Крёз.

CRIMÉE Крым*, *loc.* Крымý ⸺∠ . *Un été en Crimée,* лéто в Крымý.

CRO-MAGNON Кро-Маньóн. ● **La race de Cro-Magnon,** кроманьóнцы, кроманьóнцев, кроманьóнцам... *pl.*

CROMWELL Крóмвель *m.*

CUBA Кýба. *Au XIXe siècle, il y eut de nombreux soulèvements à Cuba,* в XIX вéке бы́ло мнóго восстáний на Кýбе.

CUI (César) Кюи́* *indécl.* (Цéзарь Антóнович).

CURIE (Pierre) Кюри́* *indécl.* (Пьер).

CYRILLE Кири́лл.

D

DAGOBERT Дагобéрт.

DAKAR Дакáр.

DAMOCLÈS Дамóкл. ● **L'épée de Damoclès,** Дамóклов меч (Дамóклов *adj. d'appart.*).

DANEMARK Дáния.

DANIEL 1. (*transcription*) Даниéль *m.* **2.** (*équivalent russe*) Дании́л *ou* (*fam.*) Дани́ло *m.*

DANIELLE Даниéль* *indécl.*

DANTE Дáнте* [тɛ] *indécl.* «*La Divine Comédie*» *de Dante,* « Божéственная комéдия » Дáнте.

DANTON Дантóн.

DANUBE Дунáй *m.*

DARDANELLES *ou* **détroit des Dardanelles,** Дарданéллы, Дарданéлл, Дарданéллам... *pl. t.*

DARGOMYZSKI Даргоми́жский.

DARWIN Дáрвин.

DAUDET (Alphonse) Додé* [дɛ] *indécl.* (Альфóнс). « *Le Petit Chose* », « *Tartarin de Tarascon* », *les* « *Contes du lundi* », « *les Lettres de mon moulin* » *d'Alphonse Daudet,* « Малы́ш », « Тартарéн из Тараскóна », « Расскáзы в понедéльник », « Пи́сьма с мéльницы » Альфóнса Додé.

DAVID Дави́д.

DEBUSSY (Claude) Дебюсси́* *indécl.* (Клод). « *Pelléas et Mélisande* », « *la Mer* », « *Ibéria* » *de Debussy,* « Пелеáс и Мелизáнда », « Мóре », « Ибéрия » Дебюсси́.

DEFOE (Daniel) Дефó* *indécl.* (Даниéль). « *Robinson Crusoé* » *de Daniel Defoe,* « Робинзóн Крýзо » Даниéля Дефó.

DELACROIX Делакруá* *indécl.*

DELHI Дéли* *indécl.* ● **New Delhi,** Нóвый Дéли (Дéли* *indécl.*).

DÉMOSTHÈNE Демосфéн.

DENIS Дени́с.

DESCARTES Декáрт. « *Le Discours de la méthode* » *de Descartes,*

« Рассуждéние о мéтоде » Декáрта.

DIAGHILEV (Serge) Дя́гилев (Сергéй Пáвлович).

DIANE Диáна.

DICKENS Ди́ккенс. *« Les Aventures de M. Pickwick », « David Copperfield », les « Contes de Noël » de Dickens,* « Посмéртные запи́ски Пикви́кского клу́ба », « Дави́д Копперфи́льд », « Рождéственские расскáзы » Ди́ккенса.

DIDEROT Дидрó* *indécl. « La Religieuse », « le Neveu de Rameau », « Jacques le fataliste » de Diderot,* « Монáхиня », « Племя́нник Рамó », « Жак фатали́ст » Дидрó.

DIDIER Дидьé* *indécl.*

DIEPPE Дьепп.

DIJON Дижóн.

DIMITRI Дими́трий *m.* (*forme archaïque de* « Дми́трий »). *Dimitri Donskoï*, Дими́трий Донскóй. ● **Le faux Dimitri,** Лжедими́трий *m.*

DIOGÈNE Диогéн.

DMITRI Дми́трий *m.*, *dim.* Ди́ма *ou* Ми́тя (*voir également « Dimitri »*).

DNIEPR Днепр ⁄———.

DNIESTR Днестр ⁄———.

DOMINIQUE 1. *m.* Домини́к. **2.** *f.* Домини́к* *indécl.*

DON Дон*, *loc.* Дону́ ———⁄. ● **Du Don,** донскóй. *Les cosaques du Don,* донски́е казаки́.

DON JUAN Дон Жуáн.

DON QUICHOTTE Дон Кихóт.

DOSTOÏEVSKI (Fédor) Достоéвский (Фёдор Михáйлович). *« Crime et châtiment », « Souvenirs de la maison des morts », « l'Idiot », « les Frères Karamazov » de Dostoïevski,* « Преступлéние и наказáние », « Запи́ски из мёртвого дóма », « Идиóт », « Брáтья Карамáзовы » Достоéвского.

DOYLE (Conan) Кóнан-Дóйль *m.*

DREYFUS Дрéйфус. *L'affaire Dreyfus,* дéло Дрéйфуса.

DULCINÉE Дульцинéя.

DUMAS (Alexandre) Дюмá* *indécl.* (Алексáндр). *Dumas père,* Дюмá-отéц. *Dumas fils,* Дюмá-сын. *« Les Trois Mousquetaires », « Vingt Ans après », « le Comte de Monte-Christo » d'Alexandre Dumas,* « Три мушкетéра », « Двáдцать лет спустя́ », « Граф Монтé-Кри́сто » Алексáндра Дюмá. *« La Dame aux camélias » d'Alexandre Dumas,* « Дáма с камéлиями » Алексáндра Дюмá.

DUNKERQUE Дюнкéрк.

DÜRER Дю́рер.

DVORAK Дворжáк. *La « Symphonie du Nouveau Monde » de Dvorak,* симфóния « Из Нóвого Свéта » Дворжáка.

E

ÉCOSSE Шотлáндия.

ÉDIMBOURG Э́динбург.

ÉDOUARD Эдуáрд.

ÉGYPTE Еги́пет.

EHRENBOURG Эренбу́рг.

EIFFEL Эйфéль *m.* ● **La tour Eiffel,** Э́йфелева бáшня (Э́йфелев *adj. d'appart.*). *Au premier étage de la tour Eiffel,* на пéрвой площáдке Э́йфелевой бáшни.

REMARQUE. Le nom « Эйфéль » est accentué sur la deuxième syllabe. L'adjectif d'appartenance formé sur ce nom est accentué sur la première syllabe.

EINSTEIN Эйнштéйн.

EISENSTEIN Эйзенштéйн. *Les films d'Eisenstein « le Cuirassé Potemkine » et « Ivan le Terrible »,* фи́льмы Эйзенштéйна « Бронenóсец Потёмкин » и « Ивáн Грóзный ».

ELBE Э́льба.

ÉLISABETH Елизавéта, *dim.* Ли́за. ● **Elisabeth** (*impératrice de Russie*), Елизавéта Петрóвна.

ÉLYSÉE, ÉLYSÉES ● **Les Champs-Élysées,** Елисéйские поля́. **Le palais de l'Élysée,** Елисéйский дворéц.

ENESCO Энéску* *indécl.*

ENGELS Э́нгельс.

ÉPINAL Эпина́ль *m.*

ERIVAN Ерева́н.

ÉSOPE Эзо́п.

ESPAGNE Испа́ния.

ESSENINE Есе́нин.

ESTONIE Эсто́ния *ou* Эсто́нская ССР (ССР* *indécl. f.*).

ÉTATS-UNIS Соединённые Шта́ты (Шта́ты, Шта́тов, Шта́там... *pl.*).

ÉTHIOPIE Эфио́пия.

ÉTIENNE 1. (*transcription*) Этье́нн. **2.** (*équivalent russe*) Степа́н, *dim.* Стёпа.

EUCLIDE Эвкли́д. *Le postulat d'Euclide,* постула́т Эвкли́да. ● **La géométrie d'Euclide,** Эвкли́дова геоме́трия (Эвкли́дова *adj. d'appart.*).

EUGÈNE Евге́ний *m., dim.* Же́ня.

EUGÉNIE Евге́ния, *dim.* Же́ня.

EUROPE Евро́па.

ÈVE Е́ва.

EVEREST Эвере́ст.

EXTRÊME-ORIENT Да́льний Восто́к. *En Extrême-Orient,* на Да́льнем Восто́ке.

F

FALCONET Фальконе́* *indécl.*

FALLA (Manuel de) Фа́лья* *indécl.* (Мануэ́ль де). *« La Vie brève », « le Tricorne », « Nuit dans les jardins d'Espagne » de Manuel de Falla,* « Жизнь коротка́ », « Треуго́лка », « Но́чи в сада́х Испа́нии » Мануэ́ля де Фа́лья.

FAULKNER Фо́лкнер. *« Requiem pour une nonne » de Faulkner,* « Ре́квием для мона́хини » Фо́лкнера.

FAURÉ Форе́* *indécl.*

FAUST Фа́уст.

FEDINE Фе́дин. *« Les Villes et les Années » de Fedine,* « Города́ и го́ды » Фе́дина.

FÉDOR Фёдор, *dim.* Фе́дя.

FÉLIX Фе́ликс.

FIGARO Фигаро́* *indécl.* (*dans les textes traduits du français*) et Фи́гаро* *indécl.* (*dans les textes adaptés de l'italien*).

FINLANDE Финля́ндия.

FIORAVANTI (Aristote) Фиора-ва́нти* *indécl.* (Аристо́тель).

FLANDRE Фла́ндрия.

FLAUBERT Флобе́р. *« Salammbô » et « Madame Bovary » de Flaubert,* « Саламбо́ » и « Мада́м Бовари́ » Флобе́ра.

FLORENCE Флоре́нция.

FOIX Фуа́* *indécl.*

FONTAINEBLEAU Фонтенбло́* *indécl.*

FORD Форд.

FORÊT-NOIRE Шва́рцвальд.

FORMOSE Формо́за.

I. FRANCE (*pays*) Фра́нция.

II. FRANCE (Anatole) Франс (Анато́ль). *« Le Crime de Sylvestre Bonnard », « la Rôtisserie de la reine Pédauque » d'Anatole France,* « Преступле́ние Сильве́стра Бонна́ра », « Харче́вня "Короле́ва Педо́к" » Анато́ля Фра́нса.

FRANCFORT Фра́нкфурт. *Francfort-sur-le-Main,* Фра́нкфурт-на-Ма́йне. *Francfort-sur-l'Oder,* Фра́нкфурт-на-О́дере.

FRANÇOIS Франсуа́* *indécl.* ● **François Ier,** Франци́ск I.

FRANÇOISE Франсуа́з* *indécl.*

FRÉDÉRIC 1. (*prénom français*) Фредери́к. **2.** (*prénom allemand*) Фри́дрих. *Frédéric Ier Barberousse,* Фри́дрих I Барбаро́сса. *Frédéric-Guillaume Ier,* Фри́дрих Вильге́льм I.

FREUD (Sigmund) Фрейд (Зи́гмунд).

G

GABRIEL 1. (*transcription*) Габрие́ль *m.* **2.** (*équivalent russe*) Гаврии́л *ou* (*fam.*) Гаври́ла *m.*

GAGARINE (Iouri) Гага́рин (Ю́рий Алексе́евич).

GALILÉE (*savant italien*) Галиле́й *m.*

GALINA Гали́на, *dim.* Га́ля.

GANDHI Ганди* *indécl.*

GARONNE Гаронна.

GASCOGNE ● **Golfe de Gascogne,** Бискайский залив.

GAUGUIN Гоген.

GAULE Галлия.

GAULLE (Charles de) Голль *m.* (Шарль де).

GAUTIER (Théophile) Готье* *indécl.* (Теофиль).

GÊNES Генуя. ● **De Gênes,** генуэзский.

GENÈVE Женева. ● **Lac de Genève,** Женевское озеро.

GENEVIÈVE Женевьева.

GENGIS KHAN Чингисхан.

GEORGES **1.** (*transcription*) Жорж. **2.** (*équivalent russe*) Юрий *m., dim.* Юра; Георгий *m.* (*moins usité*).

GÉORGIE (*république soviétique*) Грузия; Грузинская ССР (ССР* *indécl. f.*).

GÉRARD Жерар.

GERMAIN (*prénom*) Жермен.

GERMAINE Жермен* *indécl.*

GERSHWIN Гершвин. « *Rhapsody in Blue* », « *Porgy and Bess* », « *Un Américain à Paris* » *de Gershwin,* « Рапсодия в стиле блуз », « Порги и Бесс », « Американец в Париже » Гершвина.

GESTAPO гестапо* *indécl. n.* (*ne prend pas de majuscule*).

GIBRALTAR Гибралтар.

GILBERT Жильбер.

GILBERTE Жильберт* *indécl.*

GILLES Жиль *m.*

GIRONDE Жиронда.

GLAZOUNOV (Alexandre) Глазунов (Александр Константинович).

GLINKA (Mikhaïl) Глинка (Михаил Иванович).

GODOUNOV (Boris) Годунов (Борис).

GOETHE Гёте* *indécl.*

GOGOL (Nicolas) Гоголь *m.* (Николай Васильевич). « *Tarass Boulba* », « *le Revizor* », « *les Âmes mortes* » *de Gogol,* « Тарас Бульба », « Ревизор », « Мёртвые души » Гоголя.

GONTCHAROV Гончаров. « *Oblomov* » *de Gontcharov,* « Обломов » Гончарова.

I. GORKI (Maxime) Горький (Максим). « *L'Enfance* », « *Les Bas-fonds* » *de Gorki,* « Детство », « На дне » Горького.

II. GORKI (*ville*) Горький *adj. subst. m.* ● **De la ville de Gorki,** горьковский.

GOUNOD Гуно* *indécl.* « *Faust* » *de Gounod,* « Фауст » Гуно.

GOYA Гойя *m.*

GRANADOS Гранадос.

GRANDE-BRETAGNE Великобритания.

GRÈCE Греция. *La Grèce antique,* Древняя Греция.

GRENADE Гренада.

GRENOBLE Гренобль *m.*

GRIEG Григ.

GRIMM ● **Les frères Grimm,** братья Гримм (« *Гримм* » *ne se décline qu'au singulier*).

GROENLAND Гренландия.

GUÉPÉOU ГПУ* [гэпэу] *indécl. n.*

GUIGNOL **1.** (*transcription*) Гиньоль *m.* **2.** (*équivalent russe*) Петрушка *m.*

GUILLAUME **1.** (*pronom ou nom de famille français*) Гильом. **2.** (*nom de princes, de rois, de personnages historiques ou légendaires*) Вильгельм. *Guillaume le Conquérant,* Вильгельм Завоеватель. *Guillaume II,* Вильгельм II. *Guillaume Tell,* Вильгельм Телль.

GULF STREAM Гольфстрим.

GULLIVER Гулливер.

GUTENBERG Гутенберг [тɛ].

GUY Ги* *indécl.*

H

HÆNDEL Гендель *m.*

HAÏTI Гаити* *indécl.*

HAMBOURG Гамбург.

HAMLET Гамлет.

HANOI Ханой *m.*

HAVRE (LE) Гавр.

HAYDN (Joseph) Гайдн (Ио́сиф).

HAYE (LA) Га́ага.

HAWAII (*îles*) Гава́йские острова́ (острова́*, острово́в, острова́м... *pl.*).

HEIDELBERG Ге́йдельберг.

HEINE Ге́йне* *indécl.*

HÉLÈNE Еле́на, *dim.* Ле́на.

HELSINKI Хе́льсинки* *indécl.*

HEMINGWAY Хемингуэ́й *ou, plus rarement*, Хе́мингуэй *m.*

HENRI 1. (*transcription actuelle du prénom français*) Анри́* *indécl. Henry de Montherlant*, Анри́ де Монтерла́н. **2.** (*nom de roi*) Ге́нрих. *Henri IV*, Ге́нрих IV.

HENRIETTE Генрие́тта.

HERCULE Геркуле́с.

HÉRODE И́род.

HERZEN Ге́рцен.

HIMALAYA Гимала́и, Гимала́ев, Гимала́ям... *pl. t.*

HIROSHIMA Хироси́ма.

HITLER Ги́тлер.

HOFFMANN Го́фман.

HOLLANDE Голла́ндия.

HOLLYWOOD Голливу́д.

HOMÈRE Гоме́р [mɛ]. *« L'Iliade » et « l'Odyssée » d'Homère*, « Илиа́да » и « Одиссе́я » Гоме́ра.

HONG-KONG Гонко́нг.

HONGRIE Ве́нгрия.

HORACE Гора́ций *m.*

HUBERT Гюбе́р.

HUGO (Victor) Гюго́* *indécl.* (Викто́р). *« Hernani », « Notre-Dame de Paris », « la Légende des siècles », « les Misérables » de Victor Hugo*, « Эрнани́ », « Собо́р Пари́жской богома́тери », « Леге́нда веко́в », « Отве́рженные » Ви́ктора Гюго́.

HUGHES CAPET Гуго́ Капе́т (Гуго́* *indécl.*).

I

IAROSLAVL Яросла́вль *m.* ● **De Iaroslavl**, яросла́вский.

IENISSEÏ Енисе́й *m.*

IESSENINE Есе́нин.

IGOR И́горь *m.*

ILIA Илья́, *dim.* Илью́ша.

ILMEN ● **Le lac Ilmen**, И́льмень-о́зеро.

INDE И́ндия.

INDIEN ● **L'océan Indien**, Инди́йский океа́н.

INDOCHINE Индокита́й *m.*

INDONÉSIE Индоне́зия.

INTERNATIONALE (*chant révolutionnaire; association internationale*) Интернациона́л.

IONESCO Ионе́ску* *indécl. « La Cantatrice chauve » et « Le roi se meurt » de Ionesco*, « Лы́сая певи́ца » и « Коро́ль умира́ет » Юне́ску.

IRAK Ира́к.

IRAN Ира́н.

IRÈNE Ири́на, *dim.* И́ра.

IRKOUTSK Ирку́тск.

IRLANDE Ирла́ндия.

IRTYCH Ирты́ш.

ISAAC Исаа́к. ● **La cathédrale Saint-Isaac**, Исаа́киевский собо́р.

ISABELLE Изабе́лла.

ISEUT Изо́льда.

ISLANDE Исла́ндия.

ISRAËL Изра́иль *m.*

ISTAMBOUL Стамбу́л.

ITALIE Ита́лия.

IVAN Ива́н, *dim.* Ва́ня. *Ivan le Terrible*, Ива́н Гро́зный.

J

JACQUELINE Жакли́н* *indécl.*

JACQUES 1. (*transcription*) Жак. **2.** (*équivalent russe*) Я́ков, *dim.* Я́ша.

JAPON Япо́ния.

JAURÈS Жоре́с.

JAVA Я́ва.

JEAN 1. (*transcription*) Жан; Жан-* *indécl.* (*élément de formation*). *Jean-François*, Жан-

Франсуá. *Jean-Jacques*, Жан-Жáк. *Jean-Louis*, Жан-Луи́. *Jean-Michel*, Жан-Мишéль. *Jean-Paul*, Жан-Пóль. *Jean-Pierre*, Жан-Пьéр. **2.** (*équivalent russe*) Ивáн, *dim.* Вáня.

JEANNE Жáнна.

JEANNE D'ARC Жáнна д'Арк (д'Арк* *indécl.*).

JÉRUSALEM Иерусали́м.

JÉSUS Иисýс.

JOCONDE • **La Joconde,** Джиокóнда.

JOËL Жоэ́ль *m.*

JOHN Джон.

JOSEPH 1. (*transcription*) Жозéф. **2.** (*équivalent russe*) Иóсиф.

JOUKOV Жýков.

JUDAS Иýда.

JULIETTE • **Roméo et Juliette,** Ромéо и Джульéтта.

JUPITER (*astr.; myth.*) Юпи́тер.

JURA Юрá* *indécl.*

K

KALININE Кали́нин.

KALININGRAD Калинингрáд.

KALOUGA Калýга. • **De Kalouga,** калýжский.

KAMA Кáма.

KAMTCHATKA Камчáтка. *La presqu'île du Kamtchatka*, полуóстров Камчáтка. *Envoyer une expédition au Kamtchatka*, отпрáвить экспеди́цию на Камчáтку. • **Du Kamtchatka,** камчáтский.

KANDINSKY (Vassili) Канди́нский (Васи́лий Николáевич).

KANT (Emmanuel) Кант (Иммануи́л).

KAPITSA (Piotr) Кáпица (Пётр Леони́дович).

KARAGANDA Карагандá. • **De Karaganda,** карагáндский.

KARAKOUM Каракýмы, Каракýмов, Каракýмам... *pl. t.*

KARPATES Карпáты, Карпáт, Карпáтам... *pl. t.*

KATAÏEV (Valentin) Катáев (Валенти́н Петрóвич). « *Je veux voir Mioussov* », « *Au loin une voile* », « *le Fils du régiment* » *de Kataïev*, « День óтдыха », « Белéет пáрус одинóкий », « Сын полкá » Катáева.

KAZAKHSTAN Казáхская ССР (ССР* *indécl. f.*).

KAZAN Казáнь *f.*

KAZBEK Казбéк.

KERENSKI (Alexandre) Кéренский (Алексáндр Фёдорович).

KERTCH Керчь *f.* • **Le détroit de Kertch,** Кéрченский проли́в.

KHABAROVSK Хабáровск.

KHARKOV Хáрьков.

KHATCHATOURIAN (Aram) Хачатуря́н (Арáм Ильи́ч).

KHROUCHTCHEV (Nikita) Хрущёв (Ники́та Сергéевич).

KICHINEV Кишинёв.

KIEV Ки́ев.

KIRGHISIE Кирги́зская ССР (ССР* *indécl. f.*).

I. KIROV (*homme politique*) Ки́ров (Сергéй Мирóнович).

II. KIROV (*ville*) Ки́ров.

KOROLENKO (Vladimir) Королéнко* *indécl.* (Влади́мир Галактиóнович).

KOUBAN Кубáнь *f.*

KOUÏBYCHEV (*ville*) Кýйбышев.

KOULIKOVO • **La bataille de Koulikovo,** Куликóвская би́тва. **Le champ de Koulikovo,** Куликóво пóле (Куликóво *adj. d'appart.*).

KOUPRINE (Alexandre) Купри́н ⁄—— (Алексáндр Ивáнович).

KOURILES • **Les îles Kouriles,** Кури́льские островá.

KOURSK Курск.

KOUTOUZOV (Mikhaïl) Кутýзов (Михаи́л Иллариóнович).

KOUZBASS Кузбáсс.

KOUZNETSK Кузнéцк. • **De Kouznetsk,** кузнéцкий.

KRASNODAR Краснодáр.

KRASNOÏARSK Краснoя́рск.

KREMLIN Кремль ⁄—— *m.* • **Du Kremlin,** кремлёвский. *Les* *cathédrales du Kremlin*, кремлёвские собо́ры.

KRONSTADT Кроншта́дт.

KROPOTKINE Кропо́ткин.

KRYLOV Крыло́в.

KU-KLUX-KLAN Ку-Клукс-Кла́н.

L

LADOGA • **Le lac Ladoga,** Ла́дожское о́зеро.

LA FONTAINE Лафонте́н [тɛ].

LALO Лало́* *indécl.*

LAMARTINE Ламарти́н.

LANDES Ла́нды, Ланд, Ла́ндам... *pl.*

LANGEVIN (Paul) Ланжеве́н (Поль).

LANGUEDOC Лангедо́к.

LAPONIE Лапла́ндия.

LA ROCHELLE Ла-Роше́ль [л'а] *f.*

LAROUSSE Лару́сс.

LAURENT 1. (*transcription*) Лора́н. **2.** (*équivalent russe*) Лавре́нтий *m.*

LAUSANNE Лоза́нна.

LE CORBUSIER Ле Корбюзье́* *indécl.*

LÉGER Леже́* *indécl.*

LEIPZIG Ле́йпциг.

LE MANS Ле-Ма́н.

LENA Ле́на.

LÉNINE (Vladimir Ilitch OULIANOV, dit) Ле́нин (Влади́мир Ильи́ч Улья́нов).

LENINGRAD Ленингра́д.

LÉON 1. (*transcription*) Лео́н. **2.** (*équivalent russe*) Лев, Льва..., *dim.* Лёва.

LÉONARD DE VINCI Леона́рдо да Ви́нчи* *indécl.*

LERMONTOV (Mikhaïl) Ле́рмонтов (Михаи́л Ю́рьевич). « *Un héros de notre temps* » *de Lermontov*, « Геро́й на́шего вре́мени » Ле́рмонтова.

LESKOV (Nicolaï) Леско́в (Никола́й Семёнович).

LETTONIE Ла́твия; Латви́йская ССР (ССР* *indécl. f.*).

LEVITAN (Isaac) Левита́н (Исаа́к Ильи́ч).

LIBAN Лива́н.

LIBYE Ли́вия.

LIÈGE Льеж.

LILIANE Лилиа́на.

LILLE Лилль *m.*

LIMOGES Лимо́ж.

LINCOLN Линко́льн.

LISBONNE Лисабо́н.

LISZT (Franz) Лист (Фе́ренц).

LITUANIE Литва́; Лито́вская ССР (ССР* *indécl. f.*).

LIVERPOOL Ли́верпул.

LOBATCHEVSKI Лобаче́вский.

LOIRE Луа́ра.

LOMONOSSOV (Mikhaïl) Ломоно́сов (Михаи́л Васи́льевич).

LONDRES Ло́ндон.

LORRAINE Лотари́нгия.

LOS ANGELES Лос-А́нжелос.

LOTI (Pierre) Лоти́* *indécl.* (Пьер).

LOUIS 1. (*prénom*) Луи́* *indécl.* **2.** (*nom de roi*) Людо́вик. *Saint Louis*, Людо́вик Свято́й. *Louis XV*, Людо́вик XV.

LOUISE Луи́за.

LOUIS-PHILIPPE Луи́-Фили́пп.

LOUVRE Лувр.

LUDMILLA Людми́ла, *dim.* Лю́да.

LULLI *ou* **LULLY** (Jean-Baptiste) Люлли́* *indécl.* (Жан Бати́ст).

LUXEMBOURG Люксембу́рг.

LYON Лио́н.

M

MACBETH Ма́кбет.

MACÉDOINE Македо́ния.

MACHIAVEL Макиаве́лли* *indécl.*

MÂCON Мако́н.

MADAGASCAR Мадагаска́р.

MADELEINE 1. (*transcription*) Мадле́н* *indécl.* **2.** (*équivalent russe*) Магдале́на.

MADRID Мадри́д.

MAGNITOGORSK Магнитого́рск.

MAHLER (Gustav) Ма́лер (Густа́в).

MAHOMET Муха́ммед.

MAÏAKOVSKI (Vladimir) Маяко́вский (Влади́мир Влади́мирович).

MAILLOL Майо́ль *m.*

MAKARENKO Мака́ренко* *indécl.*

MALLARMÉ Малларме́* *indécl.*

MALRAUX Мальро́* *indécl.* « *L'Espoir* » *de Malraux,* « Наде́жда » Мальро́.

MALTE Ма́льта.

MANCHE • **La Manche** (*détroit*), Ла-Ма́нш. *Traverser la Manche,* перейти́ че́рез Ла-Ма́нш.

MANCHESTER Манче́стер.

MANET (Edouard) Мане́* *indécl.* (Эдуа́р).

MANHATTAN Манха́ттан.

MANS • **Le Mans,** Ле-Ма́н.

MAO TSÉ-TOUNG Ма́о Цзе-Ду́н (Ма́о* *indécl.*).

MARC Марк.

MARCEL Марсе́ль [сɛ] *m.*

MARGUERITE Марагари́та, *dim.* Ри́та.

MARIANNE Мариа́нна.

MARIE Мари́я, *dim.* Ма́ша. *Marie-Antoinette,* Мари́я Антуане́тта. *Marie-Louise,* Мари́я Луи́за. *Marie de Médicis,* Мари́я Ме́дичи. *Marie Stuart,* Мари́я Стюа́рт.

MARIVAUX Мариво́* *indécl.* « *Le Jeu de l'amour et du hasard* » *de Marivaux,* « Игра́ любви́ и слу́чая » Мариво́.

MARNE Ма́рна.

MAROC Маро́кко* *indécl.*

MARS (*myth., astr.*) Марс. • **Le Champ-de-Mars,** Ма́рсово по́ле (Ма́рсово *adj. d'appart.*).

MARSEILLAISE Марселье́за.

MARSEILLE Марсе́ль [сɛ] *m.*

MARTIN **1.** (*prénom*) Марти́н. **2.** (*nom de famille*) Марте́н [тɛ].

MARTIN DU GARD (Roger) Марте́н дю Гар [тɛ] (Роже́). « *Les Thibault* » *de Roger Martin du Gard,* « Семья́ Тибо́ » Роже́ Марте́на дю Гар.

MARX (Karl) Маркс (Карл).

MASSIF CENTRAL Центра́льный масси́в.

MATISSE (Henri) Мати́сс (Анри́).

MAUPASSANT (Guy de) Мопасса́н (Ги де).

MAURIAC (François) Мориа́к (Франсуа́).

MAURICE **1.** (*transcription*) Мори́с. **2.** (*équivalent russe*) Маври́кий *m.* (*rare*).

MAUROIS (André) Моруа́* *indécl.* (Андре́).

MAXIME Макси́м.

MAZEPPA Мазе́па.

REMARQUE. « Мазе́па » ne comporte qu'un « п ».

MÉDICIS Ме́дичи* *indécl. Catherine de Médicis,* Екатери́на Ме́дичи.

MÉDITERRANÉE Средизе́мное мо́ре.

MELUN Мелён.

MENCHIKOV (Alexandre) Ме́ншиков (Алекса́ндр Дани́лович).

MENDELEÏEV (Dmitri) Менделе́ев (Дми́трий Ива́нович).

MENDELSSOHN (Félix) Мендельсо́н (Фе́ликс).

MÉPHISTOPHÉLÈS Мефисто́фель *m.*

MÉRIMÉE (Prosper) Мериме́* *indécl.* (Проспе́р). « *Carmen* » *et* « *Colomba* » *de Prosper Mérimée,* « Карме́н » и « Коло́мба » Проспе́ра Мериме́.

MÉROVINGIENS мерови́нги, мерови́нгов, мерови́нгам... *pl.*

MESSIAEN (Olivier) Мессиа́н (Оливье́).

METCHNIKOV Ме́чников.

METZ Мец.

MEUSE Мёз (*en pays de langue française*); Маа́с (*en pays de langue néerlandaise*).

MEXICO Ме́хико* *indécl.*

MEXIQUE Ме́ксика.

MICHEL 1. (*transcription*) Мишéль *m.* **2.** (*équivalent russe*) Михаи́л, *dim.* Ми́ша.

MICHEL-ANGE Микела́нджело* *indécl.*

MICHÈLE Мишéль* *indécl.*

MICKEY Ми́кки Ма́ус (Ми́кки* *indécl.*).

MILAN Мила́н.

MILHAUD (Darius) Мийо́* *indécl.* (Дариу́с).

MILO • La Vénus de Milo, Венéра Ми́лосская.

MINSK Минск.

MIREILLE Мирéй* *indécl.*

MISSISSIPPI Миссиси́пи* *indécl.*
Remarque. « Миссиси́пи » ne comporte de double consonne qu'à l'initiale de la deuxième syllabe.

MODIGLIANI Модилья́ни* *indécl.*

MOGHILEV Могилёв.

MOHAMMED (*prénom arabe*) Муха́ммед.

MOÏSE Моисéй *m.*

MOLDAVIE Молда́вия; Молда́вская ССР (ССР* *indécl. f.*).

MOLIÈRE Мольéр. « *Les Précieuses ridicules* », « *le Misanthrope* », « *l'Avare* », « *le Tartuffe* », « *le Bourgeois gentilhomme* », « *le Malade imaginaire* » *de Molière*, « Смешны́е жема́нницы », « Мизантро́п », « Скупо́й », « Тартю́ф », « Мещани́н во дворя́нстве », « Мни́мый больно́й » Мольéра.

MONACO Мона́ко* *indécl.*

MONET (Claude) Моне́* *indécl.* (Клод).

MONGOLIE Монго́лия. *La Mongolie intérieure*, Вну́тренняя Монго́лия. *La République populaire de Mongolie*, Монго́льская наро́дная респу́блика.

MONTAIGNE Монтéнь [тɛ] *m.* « *Les Essais* » *de Montaigne*, « О́пыты » Монтéня.

MONT-BLANC Монбла́н.

MONTE-CARLO Мо́нте-Ка́рло* [тɛ] *indécl.*

MONTESQUIEU Монтескьё* [тɛ] *indécl.* « *Les Lettres persanes* » *et* « *De l'esprit des lois* » *de Montesquieu*, « Перси́дские пи́сьма » и « О ду́хе зако́нов » Монтескьё.

MONTHERLANT (Henry de) Монтерла́н (Анри́ де). « *La Reine morte* » *et* « *la Ville dont le prince est un enfant* » *de Montherlant*, « Мёртвая королéва » и « Го́ре тебé, земля́, когда́ твой царь о́трок » Монтерла́на.

MONTLUÇON Монлюсо́н.

MONTMARTRE Монма́ртр.

MONTPELLIER Монпелье́* *indécl.*
Remarque. « Монпелье́ » ne comporte qu'un « л ».

MONTRÉAL Монреа́ль *m.*

MONTREUIL-SOUS-BOIS Монтрёй-су-буа́ *m.*

MONT-SAINT-MICHEL (le) Мон-Сен-Мишéль *m.*

MORTE • La mer Morte, Мёртвое мо́ре.

MORVAN Морва́н.

MOSCOU Москва́. **• De Moscou,** моско́вский. *Le Kremlin de Moscou*, Моско́вский Кремль.

MOSELLE Мозéль *m.* (*en France*); Мо́зель *m.* (*en Luxembourg, en Allemagne*).

MOSKOVA Москва́-река́.

MOULINS Мулéн.

MOURMANSK Му́рманск.

MOUSSORGSKI (Modeste) Му́соргский (Модéст Петро́вич). « *Boris Godounov* », « *la Khovanchtchina* », « *Tableaux d'une exposition* », « *Une nuit sur le mont Chauve* » *de Moussorgski*, « Бори́с Году́но́в », « Хова́нщина », « Карти́нки с вы́ставки », « Ночь на Лы́сой горé » Му́соргского.

MOZART Мо́царт. « *Les Noces de Figaro* », « *la Flûte enchantée* », « *la Petite Musique de nuit* » *de Mozart*, « Сва́дьба Фи́гаро », « Волшéбная флéйта », « Ма́ленькая ночна́я му́зыка » Мо́царта.

MULHOUSE Мюлу́з.

MUNICH Мю́нхен.

MURAILLE • **La Grande Muraille,** Вели́кая китáйская стенá (стенá ╲╱‾‾‾).

MUSSET (Alfred de) Мюссé* *indécl.* (Альфрéд де). « *Lorenzaccio* » *de Musset,* « Лорензáччо » Альфрéда де Мюссé.

MUSSOLINI (Benito) Муссо-ли́ни* *indécl.* (Бени́то).

N

NADIA v. NADIEJDA.

NADIEJDA Надéжда, *dim.* Нáдя.

NAGASAKI Нагасáки* *indécl.*

NAKHODKA Нахóдка.

NANCY Нанси́* *indécl.*

NANKIN Нанки́н.

NANTERRE Нантéр [тɛ].

NANTES Нант.

NAPLES Неáполь *m.*

NAPOLÉON Наполеóн. *Napoléon Ier*, Наполеóн I.

NATACHA v. NATALIE.

NATALIE Натáлия, *dim.* Натáша.

NÉANDERTHAL • **L'homme de Néanderthal,** неандертáлец, неандертáльца...

NEKRASSOV Некрáсов.

NÉRON Нерóн.

NERVAL (Gérard de) Нервáль *m.* (Жерáр де).

NEUILLY Нёйи́* *indécl.*

NÉVA Невá.

NEVERS Невéр [нɛвɛр].

NEVSKI • **Alexandre Nevski,** Алексáндр Нéвский. **La perspective Nevski,** Нéвский проспéкт.

NEWTON Ньютóн.

NEW YORK Нью-Йóрк.

NIAGARA • **Les chutes du Niagara,** Ниагáрский водопáд.

NICE Ни́цца.

NICOLAS Николáй *m.*, *dim.* Кóля. *Nicolas Ier*, Николáй I.

NICOLE Никóль* *indécl.*

NIÉMEN Нéман.

NIETZSCHE (Frédéric) Ни́цше* *indécl.* (Фри́дрих). « *Ainsi parlait Zarathoustra* » *et* « *la Volonté de puissance* » *de Nietzsche,* « Так говори́л Заратýстра » и « Вóля к влáсти » Ни́цше.

NIJINSKI Нижи́нский.

NIJNI-NOVGOROD Ни́жний Нóвгород. • **De Nijni-Novgorod,** нижегорóдский.

NIKITA Ники́та *m.*

NIL Нил.

NÎMES Ним.

NINA Ни́на.

NOBEL Нóбель *m.* • **Le prix Nobel,** Нóбелевская прéмия.

NOÉ Ной *m.* • **L'arche de Noé,** Нóев ковчéг (Нóев *adj. d'appart.*).

NOËL • **Le Père Noël,** дед-морóз.

NOIRE • **La mer Noire,** Чёрное мóре.

NORD • **La mer du Nord,** Сéверное мóре.

NORMANDIE Нормáндия.

NORVÈGE Норвéгия.

NOTRE-DAME DE PARIS собóр Пари́жской Богомáтери *ou* собóр Нотр-Дáм.

NOUVELLE-ZÉLANDE Нóвая Зелáндия.

NOUVELLE-ZEMBLE Нóвая Земля́ (Земля́ ╲╱‾‾‾).

NOVGOROD Нóвгород. • **De Novgorod,** новгорóдский.

NOVODIEVITCHI Новодéвичий *adj. d'appart. Au monastère Novodievitchi,* в Новодéвичьем монастырé.

NUREMBERG Нюрнберг.

O

OB *ou* **OBI** Обь ___╱ *f.*

OCCIDENT Зáпад. *En Occident,* на Зáпаде.

OCÉANIE Океáния.

ODÉON Одеóн.

ODER Óдер [дɛ].

ODESSA Одéсса.

OFFENBACH (Jacques) Óффенбах (Жак). *« La Belle Hélène », « Orphée aux enfers », « les Contes d'Hoffmann » d'Offenbach,* « Прекрáсная Елéна », « Орфéй в адý », « Скáзки Гóфмана » Óффенбаха.

OKA Окá. ● **De l'Oka,** óкский.

OLEG Олéг.

OLGA Óльга, *dim.* Óля.

OLIVIER Оливьé* *indécl.*

ONEGA ● **Le lac Onega,** Онéжское óзеро.

O.N.U. ООН* *indécl. f.*

OPÉRA (*à Paris*) Гранд-Оперá* *indécl. m.*

ORAN Орáн.

ORDJONIKIDZE Орджоникидзе* *indécl.*

OREL Орёл. ● **D'Orel,** орлóвский.

ORENBOURG Оренбýрг.

ORLÉANS Орлеáн.

ORLY Орлú* *indécl.*

OSAKA Осáка.

OSLO Óсло* *indécl.*

I. OSTROVSKI (Alexandre) Островский (Алексáндр Николáевич). *« L'Orage » d'Ostrovski,* « Грозá » Островского.

II. OSTROVSKI (Nicolas) Островский (Николáй Алексéевич). *« Et l'acier fut trempé » d'Ostrovski,* « Как закалялась сталь » Островского.

O.T.A.N. НÁТО* *indécl. f.*

OUGLITCH Ýглич.

OULAN-BATOR Улáн-Бáтор.

OULAN-OUDÉ Улáн-Удэ* *indécl.*

OULIANOVSK Ульяновск.

OURAL Урáл. *Dans l'Oural,* на Урáле. ● **De l'Oural,** урáльский.

OUSSOURI Уссурú* *indécl.* ● **De l'Oussouri,** уссурúйский.

OUZBÉKISTAN Узбéкская ССР (ССР* *indécl. f.*).

OXFORD Оксфóрд *et, plus rarement,* Óксфорд.

P

PACIFIQUE ● **L'océan Pacifique,** Тúхий океáн.

PAGANINI Паганúни* *indécl.*

PAGNOL (Marcel) Паньóль *m.* *« Topaze » et « Marius » de Pagnol,* « Топáз » и « Мáриус » Паньóля.

PAKISTAN Пакистáн.

PALESTINE Палестúна.

PAMIR Памúр. *L'expédition est partie dans le Pamir,* наýчная экспедúция уéхала на Памúр.

PANAMA Панáма. ● **Le canal de Panama,** Панáмский канáл.

PANTHÉON Пантеóн.

PANURGE Панýрг. ● **Les moutons de Panurge,** Панýргово стáдо (Панýргово *adj. d'appart.*).

PAOUSTOVSKI (Constantin) Паустóвский (Константúн Геóргиевич).

PARIS Парúж.

I. PASCAL (Blaise) Паскáль *m.* (Блез). *Les « Pensées » de Pascal,* « Мы́сли » Паскáля.

II. PASCAL (*prénom*) Паскáль *m.*

PAS-DE-CALAIS Па-де-Калé* *indécl.*

PASTERNAK (Boris) Пастернáк (Борúс Леонúдович). *« Le Docteur Jivago » de Pasternak,* « Дóктор Живáго » Пастернáка.

PASTEUR Пастéр [тɛ].

PATAGONIE Патагóния.

PATRICE Патрúс.

PATRICK Патрúк.

PAU По* *indécl.*

PAUL 1. (*transcription*) Поль *m.* **2.** (*équivalent russe*) Пáвел; *dim.* Пáвлик *ou* Пáша.

PAULETTE Полéтта.

PAVLOV Пáвлов.

PAYS-BAS Нидерлáнды, Нидерлáндов, Нидерлáндам... *pl. t.*

PEARL HARBOR Пирл-Хáрбор.

PÉGUY (Charles) Пегú* *indécl.* (Шарль).

PÉKIN Пеки́н.

PÉPIN Пипи́н. *Pépin le Bref*, Пипи́н Коро́ткий.

PÈRE-LACHAISE Пер-Лашéз.

PÉRIGUEUX Перигё* *indécl.*

PERM Пермь ⸏ *f.*

PÉROU Пéру* *indécl. n.*

PERPIGNAN Перпинья́н.

PERRAULT (Charles) Перрó* *indécl.* (Шарль). *Les contes de Perrault « le Petit Poucet », « le Petit Chaperon rouge », « le Chat botté », « Cendrillon », « la Belle au bois dormant », « Barbe-Bleue »*, скáзки Перрó « Мáльчик с пáльчик », « Крáсная Шáпочка », « Кот в сапогáх », « Зóлушка », « Спя́щая красáвица », « Си́няя Бородá ».

PERSE Пéрсия.

PETCHORA Печóра.

PETERHOF Петергóф.

PETRACHEVSKI Петрашéвский.

PETRODVORETS Петродворéц.

PETROGRAD Петрогрáд.

PEUGEOT Пёжó *indécl.*

PHILADELPHIE Филадéльфия.

PHILIPPE Фили́пп.

PHILIPPINES Филиппи́ны, Филиппи́н, Филиппи́нам... *pl. t.*

PIATIGORSK Пятигóрск.

PICASSO Пикассó* *indécl.*

PIERRE Пётр ⸏, *dim.* Пéтя. *Pierre le Grand*, Пётр I *ou* Пётр Вели́кий.

PILATE (Ponce) Пилáт (Пóнтий).

PISE Пи́за. ● **La tour de Pise**, Пизáнская бáшня.

PLATON Платóн.

PÔ (le) По* *indécl.*

POE (Edgar) По* *indécl.* (Эдгáр).

POITIERS Пуатьé* *indécl.*

POLICHINELLE Полишинéль *m.*

POLO (Marco) Пóло* *indécl.* (Мáрко).

POLOGNE Пóльша.

POLTAVA Полтáва.

POMPÉI Помпéи* *indécl.*

POPOV Попóв.

PORTUGAL Португáлия.

POTEMKINE Потёмкин.

POUCHKINE (Alexandre) Пу́шкин (Алексáндр Сергéевич). *« Eugène Onéguine », « la Fille du capitaine », « la Dame de pique », « Boris Godounov » de Pouchkine*, « Евгéний Онéгин », « Капитáнская дóчка », « Пи́ковая дáма », « Бори́с Годунóв » Пу́шкина.

POUDOVKINE Пудóвкин.

POUGATCHEV Пугачёв.

PRAGUE Прáга. ● **De Prague**, прáжский.

PRIPET При́пять *f.*

PROKOFIEV (Serge) Прокóфьев (Сергéй Сергéевич). *« Pierre et le loup », « Suite scythe », « le Lieutenant Kijé », « Roméo et Juliette » de Prokofiev*, « Пéтя и волк », « Ски́фская сюи́та », « Пору́чик Кижé », « Ромéо и Джульéтта » Прокóфьева.

PROMÉTHÉE Прометéй [тɛ] *m.*

PROUDHON Прудóн.

PROUST (Marcel) Пруст (Марсéль). *« À la recherche du temps perdu » de Marcel Proust*, « В пóисках утрáченного врéмени » Пру́ста.

PROVENCE Провáнс.

PRUSSE Пру́ссия.

PSKOV Псков.

PUCCINI Пуччи́ни* *indécl.* *« La Tosca » et « Madame Butterfly » de Puccini*, « Тóска » и « Чио-Чио-Сан » Пуччи́ни.

PUY-DE-DÔME Пюи-де-Дóм.

PYRÉNÉES Пиренéи, Пиренéев, Пиренéям... *pl. t. Dans les Hautes-Pyrénées*, в Вéрхних Пиренéях.

PYTHAGORE Пифагóр.

Q

QUÉBEC Квéбек.

QUIMPER Кемпéр.

R

RABAT Рабáт.

RABELAIS (François) Раблé* *indécl.* (Франсуá).

RACHEL (*prénom*) Рахи́ль *f.*

RACHMANINOV (Serge) Рахма́нинов (Серге́й Васи́льевич).

RACINE (Jean) Раси́н (Жан). « *Andromaque* », « *Britannicus* » *et* « *Phèdre* » *de Racine*, « Андрома́ха », « Брита́ник » и « Фе́дра » Раси́на.

RADICHTCHEV Ради́щев.

RAMEAU (Jean-Philippe) Рамо́* *indécl.* (Жан-Фили́пп).

RAMSÈS Рамсе́с.

I. RAPHAËL (*prénom*) **1.** (*transcription*) Рафаэ́ль *m.* **2.** (*équivalent russe*) Рафаи́л (*rare*).

II. RAPHAËL (*peintre italien*) Рафаэ́ль *m.*

RASPOUTINE Распу́тин (Григо́рий Ефи́мович).

RASTRELLI Растре́лли* *indécl.*

RAVEL (Maurice) Раве́ль *m.* (Мори́с). « *Pavane pour une infante défunte* », « *Ma mère l'Oye* », « *l'Heure espagnole* », « *Daphnis et Chloé* » *de Ravel*, « Пава́на на смерть инфа́нты », « Моя́ ма́тушка Гусы́ня », « Испа́нский час », « Дафни́с и Хло́я » Раве́ля.

RAYMOND Ремо́н.

RAZINE (Stéphane, dit Stenka) Ра́зин (Степа́н Тимофе́евич, по про́звищу Сте́нька).

REIMS Реймс.

REMBRANDT Рембра́ндт.

REMI Реми́* *indécl.*

RENAISSANCE Возрожде́ние. *L'époque de la Renaissance*, эпо́ха Возрожде́ния.

RENARD (Jules) Рена́р (Жюль). « *Poil de Carotte* » *de Jules Renard*, « Ры́жик » Жю́ля Рена́ра.

RENAULT Рено́* [рɛ] *indécl.*

RENÉ **1.** (*transcription*) Рене́* *indécl.* **2.** (*équivalent russe*) Рена́т (*rare*).

RENNES Ренн.

RENOIR Ренуа́р.

RÉSISTANCE движе́ние Сопротивле́ния.

RHIN Рейн.

RHÔNE Ро́на.

RIAZAN Ряза́нь *f.*

RICHARD **1.** (*transcription du français*) Риша́р. **2.** (*transcription de l'anglais*) Ри́чард. *Richard Cœur de Lion*, Ри́чард Льви́ное се́рдце. **3.** (*transcription de l'allemand*) Ри́хард.

RICHELIEU Ришелье́* *indécl.*

RIGA Ри́га. ● **De Riga**, ри́жский.

RIMBAUD Рембо́* *indécl.*

RIMSKI-KORSAKOV (Nicolas) Ри́мский-Ко́рсаков (Никола́й Андре́евич).

RIO DE JANEIRO Ри́о-де-Жане́йро* *indécl.*

RIOURIK Рю́рик.

ROANNE Роа́нн.

ROBERT (*prénom français*) Робе́р.

ROBESPIERRE Робеспье́р.

ROBIN HOOD Ро́бин Гуд.

ROCHELLE ● **La Rochelle**, Ла-Роше́ль [л'а] *f.*

RODIN Роде́н [дɛ].

ROGER Роже́* *indécl.*

ROLAND **1.** (*en règle générale*) Рола́н. **2.** (*héros du cycle légendaire de Charlemagne*) Рола́нд. *La Chanson de Roland*, Песнь о Рола́нде.

ROLLAND (Romain) Ролла́н (Роме́н).

ROMAINS (Jules) Роме́н [мɛ] (Жюль).

ROMANOV Рома́нов. *La dynastie des Romanov*, дина́стия Рома́новых.

ROME Рим.

RONSARD Ронса́р.

ROOSEVELT Ру́звельт.

ROSSINI Росси́ни* *indécl.* « *Le Barbier de Séville* » *de Rossini*, « Севи́льский цирю́льник » Росси́ни.

ROSTAND (Edmond) Роста́н (Эдмо́н). « *Cyrano de Bergerac* » *d'Edmond Rostand*, « Сирано́ де Бержера́к » Роста́на.

ROSTOV Росто́в.

ROSTOV-SUR-LE-DON Росто́в-на-Дону́.

ROTHSCHILD Ро́тшильд.

ROTTERDAM Роттердáм [тɛ].

ROUAULT Руó* *indécl.*

ROUBAIX Рубé* *indécl.*

ROUBLIOV (André) Рублёв (Андрéй).

ROUEN Руáн.

ROUGE ● **La mer Rouge,** Крáсное мóре.

ROUMANIE Румы́ния.

ROUSSEAU (Jean-Jacques) Руссó* *indécl.* (Жан-Жáк). *Les « Confessions », « la Nouvelle Héloïse », « les Rêveries du promeneur solitaire » de Jean-Jacques Rousseau,* « Йсповедь », « Нóвая Элоúза », « Мечтáния одинóкого любúтеля прогýлок » Жан-Жáка Руссó.

RUBENS Рýбенс.

RUBINSTEIN (Anton) Рубинштéйн (Антóн Григóрьевич).

RUHR Рур.

RURIK Рю́рик.

RUSSIE Россúя; Русь ——⸝ (*au génitif et au datif l'accent peut être final*) *f.* (*arch. ou poét.*). *La Russie des tsars,* цáрская Россúя. *La Sainte Russie,* Святáя Русь.

RUSSIE BLANCHE Белорýссия.

S

SACRÉ-CŒUR Сакрé-Кёр.

SADE (marquis de) Сад (маркúз де).

SAGAN (Françoise) Сагáн* *indécl.* (Франсуáз).

SAHARA Сахáра.

SAIGON Сайгóн.

SAINT-BARTHÉLEMY ● **La nuit de la Saint-Barthélemy,** варфоломéевская ночь.

SAINT-BRIEUC Сен-Бриё* *indécl.*

SAINT-CLOUD Сен-Клу* *indécl.*

SAINT-DENIS Сен-Денú* *indécl.*

SAINTE - GENEVIÈVE - DES - BOIS Сент-Женевьéв-де-Буá* *indécl.*

SAINTE-HÉLÈNE ● **L'île de Sainte-Hélène,** óстров святóй Елéны.

SAINTES - MARIES - DE - LA - MER Сент-Марú* *indécl.*

SAINTE-SOPHIE (*église*) Софúйский собóр.

SAINT-ÉTIENNE Сент-Этьéнн.

SAINT-EXUPÉRY Сент-Экзюперú* *indécl. « Vol de nuit » et « le Petit Prince » de Saint-Exupéry,* « Ночнóй полёт » и « Мáленький принц » Сент-Экзюперú.

SAINT-GERMAIN-DES-PRÉS Сен-Жермен-де-Прé* *indécl.*

SAINT-MALO Сен-Малó* *indécl.*

SAINT-MANDÉ Сен-Мандé* *indécl.*

SAINT-MAUR Сен-Мóр.

SAINT-NAZAIRE Сен-Назéр.

SAINT-PÉTERSBOURG Петербýрг.

SAINT-QUENTIN Сен-Кантéн.

SAINT-SAËNS Сен-Сáнс.

SAINT-SIMON Сен-Симóн.

SAKHALINE Сахалúн.

SALOMON Соломóн.

SALTYKOV-CHTCHEDRINE Салтыкóв-Щедрúн (Щедрúн ⸍——). *« La Famille Golovliov » de Saltykov-Chtchedrine,* « Господá Головлёвы » Салтыкóва-Щедринá.

SAM ● **L'oncle Sam,** дя́дя Сам.

SAMARA Самáра.

SAMARCANDE Самаркáнд.

SAMSON Самсóн.

SAMUEL Самуúл.

SAND (George) Жорж Занд* *indécl. « La Mare au diable », « la Petite Fadette », « François le Champi » de George Sand,* « Чёртова лýжа », « Мáленькая Фадéтта », « Франсуá-найдёныш » Жорж Занд.

SAN FRANCISCO Сан-Францúско* *indécl.*

SANTIAGO Сант-Я́го* *indécl.*

SAÔNE Сóна.

SARATOV Сарáтов.

SARDAIGNE Сардúния.

SARRE (*territoire*) Саáрская óбласть (óбласть *f.*).

SARTRE (Jean-Paul) Сартр (Жан-По́ль). « *Les Mains sales* » *de Jean-Paul Sartre*, « Гря́зные ру́ки » Жан-По́ля Са́ртра.

SATURNE Сату́рн.

SAVIGNY Савиньи́* *indécl.*

SAVOIE Саво́йя. *La Haute-Savoie*, Ве́рхняя Саво́йя.

SAXE Саксо́ния.

SCANDINAVIE Скандина́вия.

SCEAUX Со* *indécl.*

SCHÉHÉRAZADE Шехереза́да.

SCHILLER Ши́ллер.

SCHOPENHAUER Шопенга́уэр [пɛ].

SCHUBERT Шу́берт.

SCHUMANN Шу́ман.

SCOTT (Walter) Скотт (Ва́льтер). « *Ivanhoé* » *et* « *Quentin Durward* » *de Walter Scott*, « Айве́нго » и « Квенти́н Дорва́рд » Ва́льтера Ско́тта.

SCRIABINE (Alexandre) Скря́бин (Алекса́ндр Никола́евич).

SÉBASTOPOL Севасто́поль *m.*

SÉCESSION • **La guerre de Sécession**, Гражда́нская война́ в США.

SÉGUR • **La comtesse de Ségur, née Rostopchine**, графи́ня де Сегю́р, урождённая Ростопчина́ (Сегю́р* *indécl.*).

SEINE Се́на.

SÉMIRAMIS Семирами́да.

SÉNÉGAL Сенега́л.

SERGE 1. (*transcription*) Серж. **2.** (*équivalent russe*) Серге́й *m.*, *dim.* Серёжа.

SERPOUKHOV Се́рпухов. • **De Serpoukhov**, серпуховско́й.

SÈTE Сет.

SÉVIGNÉ (marquise de) Севинье́* *indécl.* (марки́за де).

SÉVILLE Севи́лья.

SÈVRES Севр.

SHAKESPEARE (William) Шекспи́р (Вилья́м). « *Le Songe d'une nuit d'été* », « *Roméo et Juliette* », « *les Joyeuses Commères de Windsor* », « *Comme il vous plaira* », « *Hamlet* », « *Othello* », « *Macbeth* » *de Shakespeare*, « Сон в ле́тнюю ночь », « Роме́о и Джулье́тта », « Ви́ндзорские прока́зницы », « Как вам э́то понра́вится », « Га́млет », « Оте́лло », « Ма́кбет » Шекспи́ра.

SHANGAI Шанха́й *m.*

SHAW (Bernard) Шо́у* *indécl.* (Бе́рнард).

SHERLOCK HOLMES Ше́рлок Холмс.

SIBELIUS (Jean) Сибе́лиус (Ян).

SIBÉRIE Сиби́рь *f.* • **De la Sibérie**, сиби́рский.

SICILE Сици́лия.

SIEGFRIED Зи́гфрид.

SIENKIEWICZ (Henryk) Сенке́вич (Ге́нрик). *Le roman* « *Quo vadis?* » *de Sienkiewicz*, рома́н « Quo vadis » Сенке́вича.

SIMENON (Georges) Симено́н (Жорж).

SIMFÉROPOL Симферо́поль *m.*

SIMON 1. (*transcription*) Симо́н. **2.** (*équivalent russe*) Семён.

SIMONE Симо́н* *indécl.*

SIMONOV (Constantin) Си́монов (Константи́н Миха́йлович).

SINGAPOUR Сингапу́р.

SMETANA Сме́тана *m.* « *La Fiancée vendue* » *de Smetana*, « Про́данная неве́ста » Сме́таны.

SMOLENSK Смоле́нск.

SOCRATE Сокра́т.

SOFIA Софи́я.

SOLJENITSYNE (Alexandre) Солжени́цын (Алекса́ндр Иса́евич). « *Une journée d'Ivan Denissovitch* », « *la Maison de Matriona* », « *le Pavillon des cancéreux* », « *le Premier Cercle* » *de Soljenitsyne*, « Оди́н день Ива́на Дени́совича », « Матрёнин двор », « Ра́ковый ко́рпус », « В кру́ге пе́рвом » Солжени́цына.

SOPHIE 1. (*transcription*) Софи́* *indécl.* **2.** (*équivalent russe*) Со́фья, *dim.* Со́ня.

SOPHOCLE Софо́кл.

SORBONNE Сорбо́нна.

SOTCHI Со́чи* *indécl.*

SOUDAN Суда́н.

SOUVOROV (Alexandre) Суво́ров (Алекса́ндр Васи́льевич).

SOUZDAL Су́здаль *m.*

SPARTACUS Спарта́к.

SPARTE Спа́рта.

SPINOZA Спино́за *m.*

STALINE (Joseph DJOUGACHVILI, dit) Ста́лин (Ио́сиф Виссарио́нович Джугашви́ли).

STALINGRAD Сталингра́д.

STEINBECK Сте́йнбек. *« Les Raisins de la colère » de Steinbeck*, « Гро́здья гне́ва » Сте́йнбека.

STENDHAL Стенда́ль [тɛ] *m. « Le Rouge et le Noir » et « la Chartreuse de Parme » de Stendhal*, « Кра́сное и чёрное » и « Па́рмская оби́тель » Стенда́ля.

STEVENSON Сти́венсон.

STOCKHOLM Стокго́льм.

STRASBOURG Страсбу́р *et, plus souvent*, Стра́сбург.

STRAUSS Штра́ус. *Les valses de Johann Strauss*, ва́льсы Иога́нна Штра́уса. *« Till Eulenspiegel » et « le Chevalier à la rose » de Richard Strauss*, « Тиль Уленшпи́гель » и « Кавале́р роз » Ри́харда Штра́уса.

STRAVINSKY (Igor) Страви́нский (И́горь Фёдорович). *« L'Oiseau de feu », « Petrouchka », « le Sacre du printemps », « les Noces » de Stravinsky*, « Жар-пти́ца », « Петру́шка », « Весна́ свяще́нная », « Сва́дебка » Страви́нского.

STROGANOV Стро́ганов.

STUTTGART Шту́тгарт.

SUD-AFRICAINE • **La République sud-africaine**, Ю́жно-Африка́нская Респу́блика *ou, par abréviation*, ЮАР (ЮАР* *indécl. f.*).

SUÈDE Шве́ция.

SUEZ Суэ́ц. • **Le canal de Suez**, Суэ́цкий кана́л.

SUISSE Швейца́рия.

SUZANNE **1.** (*transcription*) Сюза́нн. **2.** (*équivalent russe*) Суса́нна.

SVERDLOVSK Свердло́вск.

SVETLANA Светла́на, *dim.* Све́та.

SVIATOSLAV Святосла́в.

SVIRIDOV Свири́дов.

SYDNEY Си́дней [нɛ] *m.*

SYLVIE **1.** (*transcription*) Сильви́* *indécl.* **2.** (*équivalent russe*) Си́львия.

SYRIE Си́рия.

T

TACHKENT Ташке́нт.

TAGANROG Таганро́г.

TAHITI Таи́ти* *indécl.*

TALLIN Та́ллин.

TAMARA Тама́ра.

TAMBOV Тамбо́в.

TAMISE Те́мза.

TANANARIVE Тананари́ве* [вɛ] *indécl.*

TANTALE Тант́ал. • **Le supplice de Tantale**, танта́ловы му́ки (танта́ловы *adj. d'appart. pl.*; му́ки, мук, му́кам... *pl.*).

TARASCON Тараско́н.

TARBES Тарб.

TARZAN Тарза́н.

TATIANA Татья́на, *dim.* Та́ня.

TBILISSI Тбили́си* *indécl.*

TCHAÏKOVSKI (Piotr) Чайко́вский (Пётр Ильи́ч). *« La Dame de pique », « Casse-Noisettes », « le Lac des cygnes » de Tchaïkovski*, « Пи́ковая да́ма », « Щелку́нчик », « Лебеди́ное о́зеро » Чайко́вского.

TCHAPEK (Karel) Ча́пек (Ка́рел).

TCHÉCOSLOVAQUIE Чехослова́кия.

TCHEKHOV (Anton) Че́хов (Анто́н Па́влович). *« La Mouette », « Oncle Vania », « les Trois Sœurs », « la Cerisaie » de Tchekhov*, « Ча́йка », « Дя́дя Ва́ня », « Три сёстры́ », « Вишнёвый сад » Че́хова.

TÉHÉRAN Тегера́н.

TEL-AVIV Тель-Ави́в [тɛ].

TEREK Те́рек.

TERRE-NEUVE Ньюфаундле́нд.

TEXAS Техáс.

THÉRÈSE Терéза.

THIBET Тибéт.

THIERRY Тьеррú* *indécl.*

THIERS Тьер.

THOMAS 1. (*transcription du prénom français*) Томá* *indécl.* **2.** (*équivalent russe*) Фомá *m.*

THOREZ (Maurice) Торéз [рɛ] (Морúс).

TIBET Тибéт.

TIFLIS Тифлúс (*arch.*); Тбилúси* *indécl.*

TINTORET (le) Тинторéтто* [рɛ] *indécl.*

TITIEN Тициáн.

TITO Тúто* *indécl.*

TOBOLSK Тобóльск.

TOKIO, TOKYO Тóкио* *indécl.*

I. TOLSTOÏ (Alexeï) Толстóй (Алексéй Константúнович). « *Le Prince Serebriany* » *d'Alexeï Tolstoï*, « Князь Серéбряный » Алексéя Константúновича Толстóго.

II. TOLSTOÏ (Alexeï) Толстóй (Алексéй Николáевич). « *Pierre I*[er] » *et* « *le Chemin des tourments* » *d'Alexeï Tolstoï*, « Пётр I » и « Хождéние по мýкам » Алексéя Николáевича Толстóго.

III. TOLSTOÏ (Léon) Толстóй (Лев Николáевич). « *Guerre et Paix* », « *Anna Karenine* », « *Résurrection* » *de Tolstoï*, « Войнá и мир », « Áнна Карéнина », « Воскресéние » Толстóго.

TOMSK Томск.

TOULA Тýла. ● **De Toula,** тýльский.

TOULON Тулóн.

TOULOUSE Тулýза.

TOULOUSE-LAUTREC Тулýз-Лотрéк [рɛ].

TOURCOING Туркуэ́н.

TOURGUENIEV (Ivan) Тургéнев (Ивáн Сергéевич). « *Les Récits d'un chasseur* » *et* « *Pères et fils* » *de Tourgueniev*, « Запúски охóтника » и « Отцы́ и дéти » Тургéнева.

TOURS Тур.

TOUTANKHAMON Тутанхамóн.

TRANSSIBÉRIEN Сибúрская магистрáль (магистрáль *f.*).

TRETIAKOV Третьякóв. ● **La galerïe Tretiakov,** Третьякóвская галерéя; Третьякóвка (*fam.*).

TRINITÉ Трóица. ● **Le monastère de la Trinité-Saint-Serge,** Трóице-Сéргиева лáвра (Трóице-Сéргиева *adj. d'appart.*).

TRISTAN Тристáн.

TROIE Трóя. ● **La guerre de Troie,** Троя́нская войнá.

TROTSKI (Leiba BRONSTEIN, dit) Трóцкий (Лéйба Брóнштейн, Лев Давúдович).

TROYAT (Henri) Труайá* *indécl.* (Анрú).

TROYES Труá* *indécl.*

TSARSKOÏE SELO Цáрское Селó.

TUNIS Тунúс.

TUNISIE Тунúс.

TURIN Турúн.

TURKMÉNISTAN Туркмéнская ССР (ССР* *indécl. f.*).

TURQUIE Тýрция.

TVER Тверь ——∠ *f.*

TWAIN (Marc) Твен (Марк).

TYROL Тирóль *m.*

U

UKRAINE Украúна. *Il est né en Ukraine*, он родúлся на Украúне.

UNESCO Юнéско* [нɛ] *indécl. f.*

U. R. S. S. СССР* [ɛс-ɛс-сéр] *indécl. m.*

URUGUAY Уругвáй *m.*

U. S. A. США* [сɛ-ша-á] *indécl. pl. t.*

UTRILLO (Maurice) Утрúлло* *indécl.* (Морúс).

UZBEKISTAN Узбéкская ССР (ССР* *indécl. f.*).

V

VADIM Вадúм.

VALENCE 1. (*ville de France*)

Valáнс. **2.** (*ville d'Espagne*) Валéнсия.

VALENCIENNES Валансьéнн.

VALÉRY (Paul) Валерú* *indécl.* (Поль).

VAN EYCK Ван Э́йк.

VAN GOGH Ван Гóг.

VANNES Ванн.

VARESE Варéзе* (*indécl.*).

VARSOVIE Варшáва.

VATICAN Ватикáн.

VÉLASQUEZ (Diego) Велáскес (Диéго).

VENEZUELA Венесуэ́ла.

VENISE Венéция. ● **De Venise,** венециáнский.

VÉNUS (*myth., astr.*) Венéра. *La Vénus de Milo*, Венéра Мúлосская.

VERCINGÉTORIX Верцингетóрикс.

VERDI (Giuseppe) Вéрди* *indécl.* (Джузéппе). « *La Traviata* », « *le Trouvère* », « *Rigoletto* », « *Aïda* » *de Verdi*, « Травиáта », « Трувéр », « Риголéтто », « Аида » Вéрди.

VERDUN Вердéн [вɛрдɛн].

VERKHOÏANSK Верхоя́нск.

VERLAINE (Paul) Верлéн (Поль).

VERMEER DE DELFT Вермéер [вɛрмɛ] Дéлфтский [дɛ].

VERNE (Jules) Жюль Верн. « *De la Terre à la Lune* », « *Vingt Mille Lieues sous les mers* », « *l'Île mystérieuse* », « *le Tour du monde en 80 jours* », « *Michel Strogoff* » *de Jules Verne*, « Путешéствие на Лунý », « 80 000 киломéтров под водóй », « Таинственный óстров », « Путешéствие вокрýг свéта в 80 дней », « Михаил Строгóв » Жюля Вéрна.

VÉRONÈSE Веронéзе* *indécl.*

VÉRONIQUE Верони́ка.

VERSAILLES Версáль *m.*

VÉSUVE Везýвий *m.*

VICHY Виши́* *indécl.*

VICTOR Ви́ктор, *dim.* Ви́тя.
Remarque. L'accent peut frapper la seconde syllabe s'il s'agit du prénom français.

VIENNE 1. (*capitale de l'Autriche*) Вéна. **2.** (*ville de France*) Вьенн. **3.** (*département, rivière*) Вьéнна. *La Haute-Vienne*, Вéрхняя Вьéнна.

VIERGE Богорóдица ; Богомáтерь, *gén., dat., loc.* Богомáтери, *instr.* Богомáтерью *f.*

VIERZON Вьерзóн.

VIÊT-NAM Вьетнáм.

VIGNY (Alfred de) Виньи́* *indécl.* (Альфрéд де).

VILLA-LOBOS Вилла-Лóбос.

VILLEFRANCHE Вильфрáнш.

VILLEURBANNE Вийёрбáнн *ou* Виллёрбáнн.

VILLON Вийóн.

VILNIOUS Ви́льнюс.

VINCENNES Венсéнн.

VINCI (Léonard de) Леонáрдо да Ви́нчи* *indécl.*

VIRGILE Верги́лий *m.*

VISTULE Ви́сла.

VITEBSK Ви́тебск.

VIVALDI Вивáльди* *indécl.*

VLADICAUCASE Владикавкáз.

VLADIMIR 1. (*prénom*) Влади́мир, *dim.* Волóдя. **2.** (*nom de ville*) Влади́мир.

VLADIVOSTOK Владивостóк.

VNOUKOVO Внýково.

VOLGA Вóлга. ● **De la Volga,** вóлжский.

VOLGOGRAD Волгогрáд.

VOLKHOV Вóлхов.

VOLOGDA Вóлогда. ● **De Vologda,** вологóдский.

VOLTAIRE Вольтéр [тɛ]. « *Zadig* » *et* « *Candide* » *de Voltaire*, « Зади́г » и « Канди́д » Вольтéра.

VORKOUTA Воркутá. ● **De Vorkouta,** воркути́нский.

VORONEJ Ворóнеж.

VOSGES (*massif*) Вогéзские гóры (гóры, гор, горáм... ⁄ *pl.*).

W

WAGNER (Richard) Вáгнер (Ри́хард). « *Le Vaisseau fantôme* »,

« *Tannhäuser* », « *Lohengrin* », « *les Maîtres chanteurs* », « *l'Anneau du Nibelung* », « *Tristan et Iseut* », « *Parsifal* » *de Wagner*, « Летýчий голлáндец », « Тангéйзер », « Лоэнгри́н », « Нюрнбéргские мейстерзи́нгеры », « Кольцó Нибелýнга », « Тристáн и Изóльда », « Пáрсифаль » Вáгнера.

WASHINGTON Вашингтóн.

WATERLOO Ватерлóо* [тɛ] *indécl.*

WATTEAU Ваттó* *indécl.*

WEBER Вéбер [вɛбɛр]. « *Le Freischütz* » *de Weber*, « Вóльный стрелóк » Вéбера.

WEBERN Вéберн [вɛбɛрн].

WELLS (Herbert George) Уэ́ллс (Гéрберт Джордж). « *La Guerre des mondes* » *d'Herbert Wells*, « Борьбá мирóв » Гéрберта Уэ́ллса.

WESTMINSTER Вестми́нстер [тɛ]. ● **L'abbaye de Westminster**, Вестми́нстерское аббáтство (Вестми́нстерское [тɛ]).

WILDE (Oscar) Уáйльд (Оскáр).

WILSON Уи́лсон.

X

XENAKIS (Yannis) Ксенáкис (Я́ннис).

XÉNOPHON Ксенофóн.

Y

YALTA Я́лта. ● **De Yalta**, ялти́нский. **La conférence de Yalta**, Кры́мская конферéнция 1945 гóда.

YANG-TSEU-KIANG Янцзыцзя́н.

YOKOHAMA Иокогáма.

YOUGOSLAVIE Югослáвия.

YSEUT Изóльда.

YVES Ив.

Z

ZAGORSK Загóрск.

ZAGREB Зáгреб.

ZAPOROJIE Запорóжье.

ZÉNAÏDE Зинаида, *dim.* Зи́на.

ZOÏA Зóя.

ZOLA (Emile) Золя́* *indécl.* (Эми́ль). « *Au bonheur des dames* », « *Germinal* », « *la Bête humaine* » *d'Emile Zola*, « Дáмское счáстье », « Жерминáль », « Человéк-зверь » Эми́ля Золя́.

ZURICH Цю́рих.

ZVENIGOROD Звени́город. ● **De Zvenigorod**, звенигорóдский.

DICTIONNAIRE
RUSSE-FRANÇAIS

русско французский словáрь

APOLLO

P. Pauliat
Agrégé de l'Université
professeur au lycée Voltaire

Larousse

17, rue du Montparnasse
75298 Paris Cedex 06

Table des matières.

ABRÉVIATIONS ET SIGNES UTILISÉS

A.	accusatif
acc.	accusatif
adj.	adjectif
adj. d'appart.	adjectif d'appartenance
adv.	adverbe
anat.	anatomie
arch.	archaïque
astr.	astronomie
autom.	automobile
bot.	botanique
comp.	comparatif
conj.	conjonction
D.	datif
dat.	datif
dial.	dialectal
dim.	diminutif
électr.	électricité
ex.	exemple
f.	substantif féminin
fam.	familier
fig.	au figuré
G.	génitif
gén.	génitif
géogr.	géographie
gramm.	grammaire
hist.	histoire
I.	instrumental

ABRÉVIATIONS E

id.	*idem*
impér.	impératif
impf.	imperfectif
indécl.	indéclinable
indét.	indéterminé
inf.	infinitif
instr.	instrumental
interj.	interjection
intr.	intransitif
iron.	ironique
L.	locatif
loc.	locatif
m.	substantif masculin
math.	mathématiques
méd.	médecine
mil.	militaire
mus.	musique
myth.	mythologie
N.	nominatif
n.	substantif neutre
n. cl.	non classé
nom.	nominatif
p., *pp.*	page, pages
part.	participe passé passif
pers.	personne
pf.	perfectif
phys.	physique

SIGNES UTILISÉS (fin)

pl.	pluriel
pl. t.	*plurale tantum*
poét.	poétique
pop.	populaire
prép.	préposition
propr.	au propre
qqch.	quelque chose
qqn	quelqu'un
sg.	singulier
subst.	substantivé ou substantif
superl.	superlatif
techn.	technique
tr.	transitif
unipers.	unipersonnel
v.	voir
vulg.	vulgaire
zool.	zoologie
/	le verbe précédé de ce signe est perfectif
//	sépare deux nuances de traduction ou d'emploi
*	le mot suivi de ce signe est irrégulier
(*)	le mot suivi de ce signe est irrégulier dans certaines de ses acceptions ou de ses nuances stylistiques
╲___, ╲╱‾‾ . . .	voir pp. XVIII et XIX
●	ce signe introduit des expressions figées

Introduction.

Ceux qui abordent l'étude d'une langue ont besoin d'instruments maniables et précis. Un petit dictionnaire ne répond pas à ces exigences s'il est conçu comme le résumé squelettique d'ouvrages plus volumineux. Dépouillé de ses exemples, il devient inutilisable; la plupart des mots ne révèlent, en effet, leur sens exact que dans un contexte donné. Aussi nous sommes-nous limité aux mots les plus courants afin que chacun d'eux puisse être accompagné de tous les éléments que nécessite son emploi correct.

Nous avons tenu cependant à ce que le nombre des exemples ne soit pas un obstacle à la recherche rapide.

Dans ce but, nous avons fait précéder de tableaux tous les articles longs ou complexes. En outre, des remarques en retrait nous ont permis d'attirer l'attention sur la construction de certains mots et sur les confusions qu'il convient d'éviter.

Les catégories grammaticales, les formes irrégulières, l'aspect des verbes, l'accentuation, etc., sont présentés selon les principes exposés ci-après.

Classification grammaticale des mots.

Les catégories grammaticales (noms, adjectifs, verbes) et le genre (masculin, féminin, neutre) ne sont indiqués que lorsque les mots s'écartent du schéma suivant :

NOMS TERMINÉS ORTHOGRAPHIQUEMENT PAR	CATÉGORIE
une consonne	noms masculins
а, я	noms féminins
о, е	noms neutres
ый, ой, ий	adjectifs
ть, чь, ти, ться, чься, тись	verbes

Noms.

Le tableau ci-dessus n'inclut ni les noms terminés par « ь » ou « й », ni les noms indéclinables d'origine étrangère, ni les noms masculins en « а », ni les noms masculins et neutres rattachés à la troisième déclinaison. Leur appartenance à la catégorie des substantifs ainsi que leur genre sont indiqués par l'une des abréviations suivantes :

m. (*nom masculin*), *f.* (*nom féminin*), *n.* (*nom neutre*).

МЕДВЕ́ДЬ *m.* ...

ДВЕРЬ *f.* ...

ВОЙ *m.* ...

МУЖЧИ́НА *m.* ...

СИРОТА́ *m.* ou *f.* ...

Les substantifs qui n'ont pas de singulier, appelés généralement *pluralia tantum*, sont accompagnés de leur génitif et de leur datif et suivis de la mention *pl. t.*

НО́ЖНИЦЫ, но́жниц, но́жницам... *pl. t.*

Certains noms, employés au singulier en russe, doivent être traduits selon le contexte par un singulier ou un pluriel en français. La possibilité d'un tel choix est signalée par un « s » entre parenthèses.

ЗЕМЛЯНИ́КА fraise(s).

Les voyelles mobiles sont imprimées en italique. Elles sont mises en valeur toutes les fois que l'exige la présentation du mot, de sa flexion, de son accentuation et également lorsque l'emploi de ces voyelles mobiles ne se conforme pas aux règles exposées page XIV.

КУСО́К...

СА́НКИ, са́н*о*к, са́нкам... *pl. t...*

СУДЬБА́, *gén. pl.* су́д*е*б...

Les noms irréguliers, c'est-à-dire ceux dont la déclinaison s'écarte des modèles donnés pp. XX à XXII, sont suivis d'un astérisque et accompagnés de leurs formes anomales. Les génitifs partitifs en « y », dont l'emploi est de plus en plus limité, ne sont cités que dans les exemples. Ils sont, eux aussi, accompagnés d'un astérisque.

Noms de nombre.

Les numéraux ne sont suivis d'aucune indication concernant leur catégorie grammaticale, la traduction ne laissant aucun doute sur leur nature. Leur déclinaison et leur accentuation sont données pp. XXV et XXVI.

Les ordinaux se rattachent à la catégorie des adjectifs.

Les collectifs sont accompagnés de la mention *nom de nombre collectif*. Leur déclinaison et leur accentuation sont données p. XXVI.

Pronoms.

Leur déclinaison est donnée pp. XXIII et XXIV. Ceux qui sont employés le plus souvent en valeur d'adjectif sont accompagnés de la mention *pronom-adjectif*.

Adjectifs.

Leur déclinaison est donnée p. XXVII. Les formes courtes ne sont mentionnées que lorsque la présentation de l'accentuation l'exige ou lorsque l'apparition d'une voyelle mobile s'écarte des règles énoncées p. XIV.

Adverbes.

En règle générale, nous n'avons pas détaché de l'adjectif l'emploi adverbial de la forme courte neutre. Les exceptions font l'objet de remarques.

Aspect des verbes.

Contrairement à une tradition fort répandue, nous avons accordé la priorité à l'aspect imperfectif. C'est celui que rencontrent les débutants au cours de leurs premières semaines d'études; en outre, il est le seul à posséder à l'indicatif une gamme complète de temps (passé, présent et futur).

À la place que lui assigne l'ordre alphabétique, l'infinitif perfectif est simplement mentionné avec un renvoi à l'imperfectif correspondant; en se reportant à celui-ci, on trouvera cités les deux infinitifs. Dans l'un comme dans l'autre cas, le perfectif est précédé d'une barre penchée qui lui sert de symbole.

/ **НАРИСОВА́ТЬ** v. рисова́ть.
РИСОВА́ТЬ / **НАРИСОВА́ТЬ** dessiner...

Quelques verbes possèdent plusieurs perfectifs qui correspondent chacun à un sens particulier. Dans ce cas, la présentation de l'aspect est liée à celle de la traduction.

МЕ́РИТЬ 1. / **СМЕ́РИТЬ** *et* **ИЗМЕ́РИТЬ** mesurer...
2. / **ПОМЕ́РИТЬ** *et* **ПРИМЕ́РИТЬ** essayer...

Lorsqu'un même verbe est employé à l'un comme à l'autre aspect, il est donné deux fois, de part et d'autre de la barre penchée.

КОМАНДИРОВА́ТЬ / **КОМАНДИРОВА́ТЬ** envoyer en mission...

Il arrive parfois que le perfectif ne puisse être traduit de la même manière que l'imperfectif. Dans ce cas, le sens de chaque aspect est donné séparément.

ОТЫ́СКИВАТЬ chercher / **ОТЫСКА́ТЬ*** II, отыщу́, оты́щешь... ____ trouver...

Classification des verbes.

Le système adopté est une variante de la classification Leskien-Boyer, mise au point en 1955, sous l'impulsion de M. José Johannet avec la collaboration de MM. J. Lépissier et L. Robel.

Les verbes réguliers sont répartis en trois classes et quatre modèles que l'on trouvera p. XXVIII. Les verbes irréguliers sont suivis d'un astérisque et accompagnés des indications nécessaires à leur conjugaison[1].

РЫТЬ* II, рóю, рóешь...

Les verbes en « ить » présentant une palatalisation slavonne n'ont pas été inclus dans la liste des verbes irréguliers. L'alternance qu'ils présentent à la première personne du futur simple peut, en effet, être déduite de la comparaison entre les deux aspects du verbe. Cependant, pour éviter tout oubli, cette alternance est chaque fois rappelée entre parenthèses.

ПРЕВРАЩÁТЬ / ПРЕВРАТЍТЬ (т → щ) transformer...

Accentuation.

Les variations d'accent sont indiquées à l'aide des huit signes suivants :

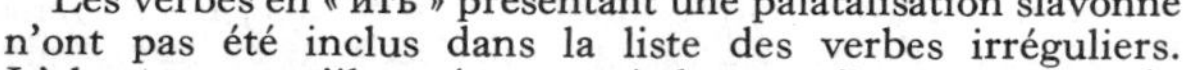

Les tableaux des pp. XVIII et XIX donnent les bases de cette représentation graphique.

En ce qui concerne l'accent des verbes en « овáть » (alternance « овá» / « ý ») et des participes en « ённый » (forme courte « ён », « енá », « енó », « ены́ »), voir les notes des pp. XXIX et XXXI.

---

1. Il convient toutefois de savoir que les verbes en « нуть » ne présentent jamais d'autre irrégularité que la chute du suffixe « ну » au passé.

Prononciation.

Partant de l'orthographe, il est en général possible de déterminer la prononciation grâce à des règles simples. Nous donnons pp. XV à XVII les tableaux des rapports qui existent entre la graphie et les sons de la langue. Dans le corps du dictionnaire, les anomalies sont indiquées entre crochets à la suite des mots qu'elles concernent.

Bibliographie.

Академия наук СССР, *Словарь современного русского литературного языка* (Москва, 1950-1965).

Академия наук СССР, *Словарь русского языка* (Москва, 1957-1961).

Ганшина, *Французско-русский словарь* (издание третье, Москва, 1957).

Ожегов, *Словарь русского языка* (издание четвертое, Москва, 1960).

Ушаков, *Толковый словарь русского языка* (Москва, 1935-1940).

Kobrina, Reutenberg, Khalifman, Gak, *Petit Dictionnaire pratique français-russe* (Moscou, 1963).

Zalizniak, *Petit Dictionnaire pratique russe-français* (Moscou, 1961).

Petit Larousse (Paris, 1962).

Davydoff, Pauliat, *Précis d'accentuation russe* (Didier, Paris, 1959).

Remerciements.

Nous exprimons notre profonde gratitude à M. A. P. Witt, qui a bien voulu se charger de la mise au point de notre manuscrit et de la lecture des épreuves. Nos remerciements vont également à tous ceux qui nous ont aidé de leurs conseils et de leurs suggestions, en particulier à Mmes L. S. Debernardy et V. I. Pavlova, dont la collaboration nous a permis d'éviter bien des écueils.

Mémento grammatical.

Incompatibilités orthographiques.

1. On n'écrit pas « **ы** », mais toujours « **и** »,

après	les gutturales :	к,	г,	х;	
	les chuintantes :	ж,	ш,	ч,	щ.

2. On n'écrit pas « **я** », « **ю** », mais toujours « **а** », « **у** »,

après	les gutturales :	к,	г,	х;	
	les chuintantes :	ж,	ш,	ч,	щ;
	la sifflante :	ц.			

3. Lorsque la syllabe n'est pas accentuée, on n'écrit pas « **о** », mais toujours « **е** »,

après	les chuintantes :	ж,	ш,	ч,	щ;
	la sifflante :	ц.			

Les voyelles mobiles.

Lorsque la base d'un nom ou d'un adjectif se termine par un groupe de consonnes, une voyelle dite « mobile » sépare souvent les deux dernières consonnes au cas présentant la désinence « zéro »[1].

Cette voyelle est

un **е**	après chuintante,	devant н,
	après « yod »,	devant ц,
		devant ль;

un **о** devant к *(sauf si la consonne précédente est une chuintante ou un « yod »)*.

Dans les autres cas, il n'y a pas de voyelle mobile.

1. Font exception, sauf mention contraire, les adjectifs en -енный, *forme courte* -ен, -енна, -енно, -енны, -ённый, *forme courte* -ён, -ённа, -ённо, -ённы, -анный, *forme courte* -ан, -анна, -анно, -анны.

Éléments de phonétique.

I. LES CONSONNES

GRAPHIE	PHONÈMES CORRES-PONDANTS	RÉALISATION DE CES PHONÈMES
« б »	/б/ /б′/	[б] [б′](1) [п](2) [б′] [п′](2)
« п »	/п/ /п′/	[п] [п′](1) [п′]
« в »	/в/ /в′/	[в] [в′](1) [ф](2) [в′] [ф′](2)
« ф »	/ф/ /ф′/	[ф] [ф′](1) [ф′]
« м »	/м/ /м′/	[м] [м′](1) [м′]
« д »	/д/ /д′/	[д] [д′](1) [т](2) [д′] [т′](2)
« т »	/т/ /т′/	[т] [т′](1) [д](3) [т′] [д′](3)
« н »	/н/ /н′/	[н] [н′](1) [н′]
« з »	/з/ /з′/	[з] [з′](1) [с](2) [ж](7) [з′] [с′](2)
« с »	/с/ /с′/	[с] [с′](1) [з](3) [ш](8) [с′] [з′](3)

1. Devant /e/ ou devant consonne mouillée.
2. En finale ou devant consonne sourde.
3. Devant consonne sonore.
4. Devant /e/ et /и/.
5. Devant [к].
6. Devant [к′].
7. Devant [ж].
8. Devant [ш].

I. LES CONSONNES (fin)

GRAPHIE	PHONÈMES CORRES-PONDANTS	RÉALISATION DE CES PHONÈMES
« ц »	/ц/	[ц]
« ж »	/ж/	[ж] [ш](2)
« ш »	/ш/	[ш]
« ч »	/ч′/	[ч′]
« щ »	/щ′/	[щ′]
« г »	/г/	[г] [г′](4) [к](2) [х](5) [х′](6)
« к »	/к/	[к] [к′](4) [г](3) [г′](3)
« х »	/х/	[х] [х′](4)
« л »	/л/ /л′/	[л] [л′](1) [л′]
« р »	/р/ /р′/	[р] [р′](1) [р′]

1. Devant /е/ ou devant consonne mouillée.
2. En finale ou devant consonne sourde.
3. Devant consonne sonore.
4. Devant /е/ et /и/.
5. Devant [к].
6. Devant [к′].

Cas particuliers.

1. La graphie « г » correspond à un [в] dans les désinences flexionnelles « ого » et « его ».
2. Les groupes « ться » et « тся » sont prononcés [цə].
3. Les groupes « сч » et « жч » sont prononcés [щ′].
4. Dans les groupes « стн » et « здн », la consonne médiane n'est pas prononcée.
5. La consonne finale des préverbes « над », « от », « перед », « под » est prononcée dure même devant une consonne mouillée.

II. LE « YOD »

Le phonème /j/ peut se présenter dans la langue écrite :

1. soit inclus dans e, ë, ю, я (après une voyelle, un « ь », un « ъ » et également au début des mots);

2. soit sous la forme d'un « й ».

III. LES VOYELLES

GRAPHIE	PHONÈMES CORRES-PONDANTS	RÉALISATION DE CES PHONÈMES
« а » « я »	/a/	[á] [a] [ʌ] [ə] [и]
« э » « е »	/e/	[έ] [έ|] [и] [ы] [иᵉ] [ыᵉ]
« ы » « и »	/и/	[и́] [ы́] [и] [ы]
« о » « ё »	/o/	[ó] [a] [ʌ] [ə] [и]
« у » « ю »	/у/	[у́] [у]

Réalisation des phonèmes voyelles.

Les différentes réalisations d'un même phonème voyelle sont fonction :

1. de la place de l'accent tonique;

2. de la position initiale ou finale de la voyelle et de son entourage (consonnes dures ou mouillées précédant ou suivant cette voyelle);

3. de quelques particularités concernant les désinences flexionnelles.

L'ACCENT TONIQUE

Un mot dont on ignore l'accentuation est très souvent inutilisable. En effet :

1. la prononciation des voyelles en dépend;
2. certains mots ne se distinguent les uns des autres que par leur accentuation.

1	2	3	4
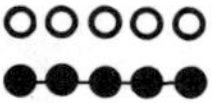	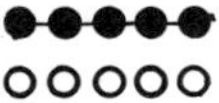	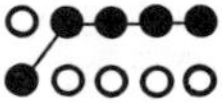	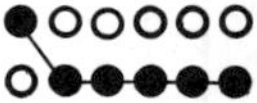
о́кна о́кон о́кнам о́кнами о́кнах	окно́ окна́ окну́ окно́м окне́	во́лки волко́в волка́м волка́ми волка́х	учу́сь у́чишься у́чится у́чимся у́читесь у́чатся
пу́д пу́да пу́ду пу́дом пу́де	пуды́ пудо́в пуда́м пуда́ми пуда́х	сто́л стола́ столу́ столо́м столе́	люблю́ лю́бишь лю́бит лю́бим лю́бите лю́бят
		бо́лен больна́ больно́ больны́	
		нёсся несла́сь несло́сь несли́сь	

En règle générale, l'accent mobile passe de la dernière syllabe à la syllabe initiale, ou inversement. Cependant :

1. le signe ____ indique un recul d'accent d'une syllabe et d'une syllabe seulement (ex. : люблю́, лю́бишь... ____ ; полюблю́, полю́бишь... ____);

L'accent est généralement fixe, c'est-à-dire qu'il frappe une seule et même syllabe au cours de la flexion. Cependant, de nombreux mots courants présentent un accent mobile d'une plus ou moins grande complexité; dans la plupart des cas, ces variations peuvent être figurées d'une manière précise et claire à l'aide des signes graphiques ci-dessous.

5	6	7	8
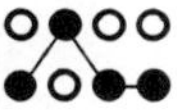	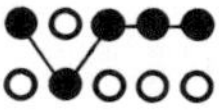	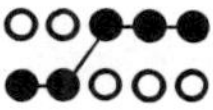	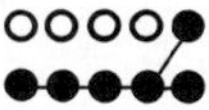
бра́л брала́ бра́ло бра́ли ро́бок робка́ ро́бко ро́бки ста́р стара́ ста́ро ста́ры	дела́ де́л дела́м дела́ми дела́х рука́ ру́ку руки́ руке́ руко́й руке́	ру́ки ру́к рука́м рука́ми рука́х	две́рь две́ри две́ри две́рью в двери́ о две́ри са́д са́да са́ду са́дом в саду́ о са́де

2. les noms masculins singuliers accompagnés du signe ⁄‾‾‾ ont toujours un accent final au nominatif (ex. : сто́л, стола́... ⁄‾‾‾ ; слова́рь, словаря́... ⁄‾‾‾);

3. quelques cas particuliers font l'objet d'indications complémentaires dans le corps même du dictionnaire.

DÉCLINAISON DES SUBSTANTIFS

		I	
		TYPE DUR	TYPE MOUILLÉ
SINGULIER	Nominatif	ро́з**а**	ды́н**я**
	Accusatif[1]	ро́з**у**	ды́н**ю**
	Génitif	ро́з**ы**	ды́н**и**
	Datif	ро́з**е**	ды́н**е**
	Instrumental[2]	ро́з**ой**	ды́н**ей**
	Locatif	ро́з**е**	ды́н**е**
PLURIEL	Nominatif	ро́з**ы**	ды́н**и**
	Génitif	роз	дын**ь**
	Datif	ро́з**ам**	ды́н**ям**
	Instrumental	ро́з**ами**	ды́н**ями**
	Locatif	ро́з**ах**	ды́н**ях**

1. L'accusatif n'a de forme propre qu'au singulier de la 1re déclinaison. Au singulier de la 3e déclinaison, il ne diffère pas du nominatif. Partout ailleurs, et notamment au pluriel, l'accusatif est semblable au nominatif pour les

II				III
MASCULINS		NEUTRES		
TYPE DUR	TYPE MOUILLÉ	TYPE DUR	TYPE MOUILLÉ	
класс	дожд**ь**	сло́в**о**	по́л**е**	мысл**ь**
				мысл**ь**
кла́сс**а**	дожд**я́**	сло́в**а**	по́л**я**	мы́сл**и**
кла́сс**у**	дожд**ю́**	сло́в**у**	по́л**ю**	мы́сл**и**
кла́сс**ом**	дожд**ём**	сло́в**ом**	по́л**ем**	мы́сл**ью**
кла́сс**е**	дожд**е́**	сло́в**е**	по́л**е**	мы́сл**и**
кла́сс**ы**	дожд**и́**	слов**а́**	пол**я́**	мы́сл**и**
кла́сс**ов**	дожд**е́й**	слов	пол**е́й**	мы́сл**ей**
кла́сс**ам**	дожд**я́м**	слов**а́м**	пол**я́м**	мы́сл**ям**
кла́сс**ами**	дожд**я́ми**	слов**а́ми**	пол**я́ми**	мы́сл**ями**
кла́сс**ах**	дожд**я́х**	слов**а́х**	пол**я́х**	мы́сл**ях**

noms désignant des objets, semblable au génitif pour les noms désignant des êtres animés.

2. À l'instrumental singulier de la 1re et de la 2e déclinaison, le type mouillé présente un « ë » si la syllabe est accentuée, un « e » dans le cas contraire.

Cas particuliers.

<table>
<tr><td colspan="2">noms terminés par **-й**</td><td>Leur génitif pluriel est en -ев.
Ex. : трамва́й, *gén. pl.* трамва́ев.
Remarque. Aux autres cas, leur déclinaison est celle des noms masculins en **-ь**.</td></tr>
<tr><td colspan="2">noms terminés par **-ье**</td><td>Leur génitif pluriel est en -ий.
Ex. : уще́лье, *gén. pl.* уще́лий.</td></tr>
<tr><td rowspan="5">noms ayant une base terminée par</td><td>**к, г, х**</td><td>V. incompatibilité n° 1, p. XIV.
Ex. : учени́к, *nom. pl.* ученики́.</td></tr>
<tr><td>**ц**</td><td>V. incompatibilité n° 3, p. XIV.
Ex. : учени́ца, *instr. sg.* учени́цей.</td></tr>
<tr><td>**ж, ш, ч, щ**</td><td>1. V. incompatibilité n° 1, p. XIV.
Ex. : каранда́ш, *nom. pl.* карандаши́.
2. V. incompatibilité n° 2, p. XIV.
Ex. : мышь, *dat. pl.* мыша́м.
3. V. incompatibilité n° 3, p. XIV.
Ex. : това́рищ, *instr. sg.* това́рищем.
4. S'ils font partie des noms masculins de la 2e déclinaison, leur génitif pluriel est en -ей.
Ex. : мяч, *gén. pl.* мяче́й.</td></tr>
<tr><td>**и**</td><td>1. Leur locatif singulier est en -и.
Ex. : Фра́нция, *loc. sg.* Фра́нции.
2. Leur génitif pluriel est en -й.
Ex. : зда́ние, *gén. pl.* зда́ний.
3. S'ils appartiennent à la 1re déclinaison, leur datif singulier est en -и.
Ex. : Росси́я, *dat. sg.* Росси́и.</td></tr>
<tr><td>plusieurs consonnes</td><td>Aux cas présentant la désinence « zéro », une voyelle dite mobile sépare souvent les deux dernières consonnes (voir p. XIV « les Voyelles mobiles »).</td></tr>
</table>

DÉCLINAISON DES PRONOMS

I. Pronoms personnels.

a) Pronoms de la 1re et de la 2e personne; pronom réfléchi « себя́ ».

		1re PERS.	2e PERS.	RÉFLÉCHI
singulier	N.	я	ты	
	A. G.	меня́	тебя́	себя́
	D.	мне	тебе́	себе́
	I.	мной	тобо́й	собо́й
	L.	мне	тебе́	себе́
pluriel	N.	мы	вы	
	A. G.	нас	вас	
	D.	нам	вам	
	I.	на́ми	ва́ми	
	L.	нас	вас	

b) Pronom de la 3e personne.

	MASCULIN	NEUTRE	FÉMININ	PLURIEL
N.	он	оно́	она́	они́
A. G.	**н**его́		**н**её	**н**их
D.	**н**ему́		**н**ей	**н**им
I.	**н**им		**н**е́ю	**н**и́ми
L.	**н**ём		**н**ей	**н**их

REMARQUES.

1. L'accusatif et le génitif sont toujours semblables, même au neutre.

2. Quand il dépend d'une préposition, le pronom personnel de la 3e personne est toujours précédé d'un « **н** ».

Ex. : Я ви́дел **его́**. Я смотре́л на **него́**.
Я дал **ему́** кни́гу. Я подошёл к **нему́**.

3. L'instrumental féminin présente une double forme « **не́ю** » et « **ней** ». Lorsqu'il est employé sans préposition, la forme « **е́ю** » est préférable pour éviter la confusion avec le datif. Lorsqu'il est précédé d'une préposition, la forme « **не́й** » est la plus fréquente, la préposition suffisant à indiquer le cas.

II. Pronoms-adjectifs en -ый, -ой, -ий.

Ils suivent la déclinaison des adjectifs.

III. Autres pronoms.

		1re DÉCLINAISON		2e DÉCLINAISON	
		TYPE DUR	TYPE MOUILLÉ	TYPE DUR	TYPE MOUILLÉ
masc. et n.	N.	тот, то	весь, всё	э́тот, э́то	мой, моё
	G.	того́	всего́	э́того	моего́
	D.	тому́	всему́	э́тому	моему́
	I.	тем	всем	э́тим	мои́м
	L.	том	всём	э́том	моём
fém.	N.	та	вся	э́та	моя́
	A.	ту	всю	э́ту	мою́
	G. D. I. L.	той	всей	э́той	мое́й
pluriel	N.	те		э́ти	
	G.	тех		э́тих	
	D.	тем		э́тим	
	I.	те́ми		э́тими	
	L.	тех		э́тих	
suivent la même déclinaison		кто et leurs composés	что	оди́н[1] сам[2]	твой[1] свой[1] наш[3] ваш[3] чей[4]

Remarque. Au masculin singulier et au pluriel des trois genres, l'accusatif est semblable au nominatif lorsqu'il s'agit d'objets. Il est semblable au génitif lorsqu'il s'agit d'êtres animés.

1. Accent final.
2. Accent final, sauf au nominatif pluriel.
3. Accent initial (наш, на́шего...).
4. La base de « чей » est « чь » à toutes les formes, sauf au nominatif masculin singulier. Son accent est final.

DÉCLINAISON DES NOMS DE NOMBRE

A. Cardinaux.

I. Оди́н (1) suit la même déclinaison que lorsqu'il est employé comme pronom (voir p. XXIV).

II. Два, три, четы́ре.

	2	3	4
N.	два	три	четы́ре
G.	двух	трёх	четырёх
D.	двум	трём	четырём
I.	двумя́	тремя́	четырьмя́
L.	двух	трёх	четырёх

III. Пять, шесть..., девятна́дцать, два́дцать, три́дцать, пятьдеся́т, шестьдеся́т suivent la 3e déclinaison (singulier), mais présentent des particularités dans leur accentuation.

	5, 6, 7	8	9, 10, 20, 30	11, 12, 13, 14, 15, 16, 17, 18, 19	50, 60, 70, 80
N.	пять	во́семь	де́вять	двена́дцать	пятьдеся́т
G. D. L.	пяти́	восьми́	девяти́	двена́дцати	пяти́десяти
I.	пятью́	восьмью́	девятью́	двена́дцатью	пятью́десятью

IV. Со́рок, девяно́сто, сто ont la désinence -а aux cas obliques. Со́рок a un accent mobile.

	40	90	100
N.	со́рок	девяно́сто	сто
G. D. I. L.	сорока́	девяно́ста	ста

Dans la langue parlée, девяно́сто est indéclinable.

V. Dans двéсти, три́ста..., девятьсóт, les deux éléments se déclinent.

	200, 300, 400, 500, 600, 700, 800, 900	
N.	три́ста	пятьсóт
G.	трёхсóт	пятисóт
D.	трёмстáм	пятистáм
I.	тремястáми	пятьюстáми
L.	трёхстáх	пятистáх

Aux cas obliques, le second élément porte l'accent principal.

VI. Ты́сяча (1 000) et **миллиóн (1 000 000)** sont des substantifs (l'instrumental de ты́сяча peut être ты́сячей ou ты́сячью).

B. Óба.

	MASCULIN ET NEUTRE	FÉMININ
N.	óба	óбе
G.	обóих	обéих
D.	обóим	обéим
I.	обóими	обéими
L.	обóих	обéих

C. Les collectifs.

	двóе, трóе	чéтверо, пя́теро, шéстеро
N.	двóе	чéтверо
G.	двои́х	четверы́х
D.	двои́м	четверы́м
I.	двои́ми	четверы́ми
L.	двои́х	четверы́х

I. Adjectifs qualificatifs.

		TYPE DUR	TYPE MOUILLÉ
masculin et neutre	N. G. D. I. L.	но́в**ый** | но́в**ое** но́в**ого** но́в**ому** но́в**ым** но́в**ом**	си́н**ий** | си́н**ее** си́н**его** си́н**ему** си́н**им** си́н**ем**
féminin	N. A. G. D. I. L.	но́в**ая** но́в**ую** но́в**ой**	си́н**яя** си́н**юю** си́н**ей**
pluriel	N. G. D. I. L.	но́в**ые** но́в**ых** но́в**ым** но́в**ыми** но́в**ых**	си́н**ие** си́н**их** си́н**им** си́н**ими** си́н**их**

REMARQUES. 1. Au masculin singulier et au pluriel des trois genres, l'accusatif est semblable au nominatif lorsqu'il s'agit d'objets. Il est semblable au génitif lorsqu'il s'agit d'êtres animés.

2. Si l'accent est final, le nominatif masculin singulier est en **-óй**.

3. V. « Incompatibilités orthographiques », p. XIV.

II. Adjectifs d'appartenance.

	MASCULIN	NEUTRE	FÉMININ	PLURIEL
N.	ры́б**ий**	ры́б**ье**	ры́б**ья**	ры́б**ьи**
A.	N. ou G.	ры́б**ье**	ры́б**ью**	N. ou G.
G. ...	ры́бь**его...**		ры́б**ьей...**	ры́б**ьих...**

REMARQUE. Aux cas obliques, ces adjectifs suivent la déclinaison des adjectifs qualificatifs type mouillé.

CONJUGAISON DES VERBES RÉGULIERS

Classe	I
infinitif terminé par...	**ить : вари́ть** (1)
passage du radical de l'infinitif... au radical du présent...	**вари** **вар**
conjugaison du présent...	**варю́** **ва́ришь** **ва́рит** **ва́рим** **ва́рите** **ва́рят**

1. L'alternance est de règle pour les verbes terminés à l'infinitif par

-бить	:	-блю,	-бишь...;
-вить	:	-влю,	-вишь...;
-дить	:	-жу,	-дишь...;
-зить	:	-жу,	-зишь...;
-мить	:	-млю,	-мишь...;
-пить	:	-плю,	-пишь...;

II		III
type simple	type à alternance	
ать : чита́ть ять : гуля́ть еть : уме́ть	овать : рисова́ть (2)	нуть : верну́ть
чита чита	рисова рису	верну верн
чита́**ю** чита́**ешь** чита́**ет** чита́**ем** чита́**ете** чита́**ют**	рису́**ю** рису́**ешь** рису́**ет** рису́**ем** рису́**ете** рису́**ют**	верн**у́** верн**ёшь** верн**ёт** верн**ём** верн**ёте** верн**у́т**

-сить : -шу, -сишь...;
-стить : -щу, -стишь...;
-тить : -чу, -тишь...;
-фить : -флю, -фишь...

2. Si l'accent est final à l'infinitif, il tombe sur le suffixe « у » au présent.
Ex. : рисова́ть, рису́ю, рису́ешь...

L'IMPÉRATIF

Pour le former, on ajoute au radical du futur simple ou du présent :

	APRÈS VOYELLE	APRÈS CONSONNE	
		sous l'accent ou après un groupe de consonnes	forme atone
sg.	**й**	**и**	**ь**
pl.	**йте**	**ите**	**ьте**

L'accent est celui de l'infinitif.

Les formes aberrantes sont mentionnées dans le dictionnaire lui-même à propos des mots qu'elles concernent.

LES GÉRONDIFS ET LES PARTICIPES

Les gérondifs ont une valeur adverbiale. Ils sont invariables.

Les participes sont des adjectifs; ils en suivent la déclinaison. Les participes actifs ne sont employés que comme épithètes. Les participes passifs peuvent être employés comme attributs; dans ce cas, ils sont toujours à la forme courte.

Formation des gérondifs et des participes.

1. Gérondif imperfectif.

Ajouter au radical du présent le suffixe -я (sauf incompatibilité, voir p. XIV).

2. Gérondif perfectif.

Remplacer le « л » du passé par « в » (« вшись » si le verbe est pronominal).

3. Participe présent actif.

Remplacer le « т » final de la 3e personne du pluriel du présent par « щий ».

4. Participe passé actif.

Remplacer le « л » du passé imperfectif ou perfectif par « вший ».

5. Participe présent passif.

Ajouter « ый » à la première personne du pluriel du présent.

6. Participe passé passif.

Partir de l'infinitif perfectif.

a) Verbes en -ать et -ять.

Remplacer -ать ou -ять par « анный » ou « янный » (atones).

b) Verbes en -ить.

Remplacer -ить par « ённый[1] » si le verbe a un accent entièrement final au futur, par « енный » (atone) dans le cas contraire.

c) Verbes en -нуть.

Remplacer -нуть par « нутый » (atone).

Les formes aberrantes sont mentionnées dans le dictionnaire lui-même à propos des mots qu'elles concernent. Toutefois, les participes passés actifs, d'emploi souvent limité, n'ont pas été mentionnés (consulter une grammaire).

---

1. Accentuation de la forme courte : -ён, -ена́, -ено́, -ены́ /——— .

русско-французский A

I. A *conj.*
1. *Coordonnant deux propositions, deux termes d'une proposition, etc., sert à marquer une certaine opposition:* et // mais (*après négation*).
2. *Suivi le plus souvent de* « как », « какóй », « скóлько », *sert à renforcer une exclamation:* et.
3. *Au début d'une repartie, sert de transition:* et.

1. *Онá смеялась, а я плáкала*, elle riait et moi je pleurais. *Что ты дéлаешь зáвтра? а послезáвтра?*, Qu'est-ce que tu fais demain? et après-demain? *Он зáнят, а потомý не придёт*, il est occupé et c'est pourquoi il ne viendra pas. // *Это былá не собáка, а волк*, ce n'était pas un chien, mais un loup. **2.** *А какúе там лесá!*, Et quelles forêts il y a là-bas! **3.** *А как её зовýт?*, Et comment s'appelle-t-elle? ● **А то 1.** il y a une chose certaine. *Нáдо éхать, а то ужé пóздно*, il faut partir : il est déjà tard. **2.** ou bien; sinon. *Нáдо спешúть, а то опоздáем*, il faut se hâter, sinon nous serons en retard. *Пойдúте тудá, а то пошлúте когó-нибудь*, Allez-y ou bien envoyez quelqu'un. *Нет, не хóчется бóльше.... А то налéйте ещё стакáнчик*, Non, merci... Ou alors juste un petit verre.

II. А *particule* **1.** hein? (*interrogation*). *Нрáвится, а?*, Elle te plaît, hein? **2.** hé (*appel renforcé*). *Фéдя, а Фéдя!*, Fédia, hé, Fédia!

III. А! *interj.* (*marquant l'étonnement, le dépit, etc.*) ah! *А, это вы!*, Ah, c'est vous! *А, что я сдéлал!*, Ah, qu'est-ce que j'ai fait là!

АББРЕВИАТÝРА abréviation; sigle.

АБЗÁЦ paragraphe. *Прочéсть вторóй абзáц*, lire le deuxième paragraphe.

АБОНÉНТ abonné. *Абонéнты телефóнной сéти*, les abonnés du téléphone.

АБÓРТ avortement.

АБРИКÓС 1. abricotier. **2.** abricot.

АБСÝРД absurdité. *Получáется абсýрд*, cela donne quelque chose d'absurde.

АВÁНС acompte. *Вы́дать авáнс*, verser un acompte. *Получúть авáнс*, recevoir un acompte. ● **Сдéлать комý-нибудь авáнсы**, faire des avances à qqn.

АВÁРИЯ panne. *Потерпéть авáрию*, avoir une panne.

ÁВГУСТ août. *В áвгусте*, au mois d'août. *Он приéхал 2-го áвгуста*, il est arrivé le 2 août.

АВИА par avion (*sur une lettre, abréviation de* « авиапóчта »).

АВИАПÓЧТА poste aérienne.

АВÓСЬ *particule* (*exprime un espoir peu fondé*) peut-être, espérons que. *Авóсь не опоздáем*, peut-être arriverons-nous quand même à temps. *Надéяться на авóсь*, compter sur un hasard favorable. ● **На авóсь**, au hasard, en espérant que ça réussira. *Идтú на авóсь*, continuer sa route au petit bonheur.

АВСТРИ́ЕЦ Autrichien.

АВСТРИ́ЙКА Autrichienne.

АВСТРИ́ЙСКИЙ autrichien.

АВТОМÁТ 1. automate. **2.** mitraillette.

АВТОМОТРИ́СА autorail.

ÁВТОР auteur. *Áвтор ромáна*, l'auteur du roman. *Áвтор симфóнии*, l'auteur de la symphonie. *Áвтор проéкта*, l'auteur du projet.

АВТОРИТÉТ 1. autorité, influence. *Пóльзоваться бóльшим авторитéтом*, faire autorité. **2.** autorité (*personne ayant une grande* *influence*). *Он явля́ется для всех авторите́том в э́той о́бласти*, tous le considèrent comme une autorité dans ce domaine.

А́ВТОРСКИЕ *adj. subst., pl. t.* droits d'auteur. *Он получа́ет а́вторские за свой рома́н*, il touche des droits d'auteur pour son roman.

АВТОРУ́ЧКА stylo. *Писа́ть авторучкой*, écrire au stylo.

АГЕ́НТ agent (*employé*). *Секре́тный аге́нт*, agent secret. *Страхово́й аге́нт*, agent d'assurances.

АГЕ́НТСТВО agence. *Телегра́фное аге́нтство*, agence d'information.

АГИТА́ТОР propagandiste.

АГИТАЦИО́ННЫЙ de propagande. *Агитацио́нный плака́т*, une affiche de propagande.

АГИТА́ЦИЯ propagande. *Большеви́стская агита́ция*, la propagande bolchevique.

АГИТИ́РОВАТЬ **1.** (*intr.*) faire de la propagande. *Агити́ровать среди́ рабо́чих*, faire de la propagande dans les milieux ouvriers. *Агити́ровать за вы́двинутого кандида́та*, faire de la propagande pour le candidat à la députation. **2.** (*tr.*) chercher à convaincre. *Он меня́ агити́рует*, il cherche à me convaincre.

АГИТПУ́НКТ centre de propagande.

АД*, *loc.* аду́ —— enfer. *До́брыми наме́рениями ад вы́мощен*, l'enfer est pavé de bonnes intentions.

А́ДРЕС*, *nom. pl.* адреса́ —— adresse (*domicile*). *Напиши́те мне по дома́шнему а́дресу*, Écrivez-moi à mon adresse personnelle. *Вре́менный а́дрес*, adresse provisoire. ● **Обраща́ться не по а́дресу,** se tromper d'adresse (*fig.*).

АДРЕСА́Т destinataire.

А́ДСКИЙ infernal. *А́дский за́мысел*, un projet infernal. *А́дский смех*, un rire diabolique. *А́дская жара́*, une chaleur d'enfer. *А́дский хо́лод*, un froid de loup.

АДЪЮТА́НТ aide de camp.

АЗА́РТ frénésie, emballement. *Войти́ в аза́рт*, se piquer au jeu. *Игра́ть с аза́ртом*, jouer avec passion.

АЗА́РТНЫЙ passionné. *Аза́ртный игро́к*, un joueur passionné. *Аза́ртно спо́рить*, discuter avec passion. ● **Аза́ртная игра́,** jeu de hasard.

А́ЗБУКА **1.** alphabet. *Ру́сская а́збука*, l'alphabet russe. **2.** a b c, abécédaire.

А́ИСТ cigogne.

АЙ! *interj.* **1.** aïe ! (*douleur*, *crainte*). *Ай, как бо́льно!*, Aïe ! que ça fait mal. **2.** oh (*reproche*). *Ай, как нехорошо́!*, Oh, que c'est mal ! **3.** oh, la, la ! (*étonnement*, *approbation*). *Ай, ай, ай! Как она́ поёт!*, Oh, la, la ! ce qu'elle chante bien !

АКАДЕ́МИК académicien.

АККОМПАНИ́РОВАТЬ (+*dat.*) accompagner (*mus.*). *Аккомпани́ровать певцу́ на роя́ле*, accompagner le chanteur au piano.

АККУРА́ТНЫЙ **1.** soigneux, ponctuel. *Аккура́тный ма́льчик*, un garçon soigneux. *Он аккура́тно отсыла́л ей де́ньги*, il lui envoyait régulièrement de l'argent. **2.** soigné. *Аккура́тная рабо́та*, un travail soigné.

АКУ́ЛА requin.

АКЦЕ́НТ accent (*manière de prononcer*). *Говори́ть с англи́йским акце́нтом*, parler avec l'accent anglais. *Говори́ть без акце́нта*, parler sans accent.

А́КЦИЯ action (*finances*). *А́кции поднима́ются*, les actions montent. *А́кции па́дают*, les actions baissent.

АЛИМЕ́НТЫ, алиме́нтов, алиме́нтам... *pl. t.* pension alimentaire. *Плати́ть алиме́нты*, payer une pension alimentaire.

АЛМА́З diamant.

АЛТÁРЬ ⁄— — *m.* 1. autel. 2. (*dans une église orthodoxe*) partie de l'église située derrière l'iconostase.

АЛФАВИ́Т alphabet. *Лати́нский алфави́т*, alphabet latin. *По алфави́ту*, selon l'ordre alphabétique.

АЛФАВИ́ТНЫЙ alphabétique. *В алфави́тном поря́дке*, par ordre alphabétique. *Алфави́тный указа́тель*, index alphabétique.

А́ЛЧНОСТЬ *f.* cupidité. *Из а́лчности*, par cupidité.

А́ЛЧНЫЙ cupide. *А́лчный взгляд*, un regard cupide.

А́ЛЫЙ vermeil, écarlate. *А́лые ро́зы*, des roses vermeilles.

АМБА́Р grange; entrepôt.

АМБИ́ЦИЯ amour-propre chatouilleux. *Она́ заде́ла его́ амби́цию*, elle a blessé son amour-propre. *Челове́к с амби́цией*, un homme très susceptible. *Вломи́ться в амби́цию*, prendre les choses de haut.

А́НГЕЛ ange. *А́нгел доброты́*, un ange de bonté.

А́НГЕЛЬСКИЙ angélique. *А́нгельский хара́ктер*, un caractère angélique. *А́нгельское терпе́ние*, une patience angélique.

АНГЛИ́ЙСКИЙ anglais.

АНГЛИЧА́НИН*, *pl.* англича́не, англича́н, англича́нам Anglais.

АНГЛИЧА́НКА Anglaise.

АНКЕ́ТА 1. enquête. *Провести́ анке́ту*, faire un sondage. 2. questionnaire. *Запо́лнить анке́ту*, remplir un questionnaire.

АПЕЛЬСИ́Н orange.

АПЕЛЬСИ́ННЫЙ d'orange. *Апельси́нное варе́нье*, confiture d'oranges. *Апельси́нный сок*, jus d'orange. *Апельси́нное де́рево*, oranger.

АПРЕ́ЛЬ *m.* avril. *В апре́ле*, au mois d'avril. *Э́то бы́ло 5-го апре́ля*, c'était le 5 avril.

АПТЕ́КА pharmacie.

АПТЕ́КАРЬ *m.* pharmacien.

АРБУ́З pastèque.

АРЕ́НДА 1. bail, fermage. *Взять в аре́нду*, prendre à bail. *Сдать в аре́нду*, céder à bail. 2. fermage (*redevance*). *Плати́ть аре́нду*, s'acquitter du fermage. *Увели́чить аре́нду*, augmenter le fermage.

АРЕ́СТ 1. arrestation. *Находи́ться под аре́стом*, être en état d'arrestation. 2. arrêts (*mil.*). *Посади́ть под аре́ст*, mettre aux arrêts. 3. saisie, séquestre. *Наложи́ть аре́ст на иму́щество*, saisir les biens.

АРЕСТА́НТ (*arch.*) détenu.

/ **АРЕСТОВА́ТЬ** v. аресто́вывать.

АРЕСТО́ВЫВАТЬ / АРЕСТОВА́ТЬ arrêter, appréhender. *Его́ арестова́ли на друго́й день*, il fut arrêté le lendemain.

Remarque. Le futur perfectif « аресту́ю, аресту́ешь... » est également employé en valeur de présent.

А́РИЯ air (*mus., principalement air d'opéra*).

АРМЯНИ́Н*, *pl.* армя́не, армя́н, армя́нам... — — Arménien.

АРМЯ́НКА Arménienne.

АРМЯ́НСКИЙ arménien.

АРТЕ́ЛЬ *f.* coopérative de production, « artel ». *Рыболове́цкая арте́ль*, groupe coopératif de pêcheurs.

АРТЕ́ЛЬНЫЙ coopératif, d'artel. *На арте́льных нача́лах*, sur une base coopérative. *Арте́льный уста́в*, le statut de l'artel.

А́РФА harpe.

АСПИРА́НТ étudiant licencié préparant le diplôme de « candidat » (*sorte de thèse d'université*).

АСПИРАНТУ́РА années de préparation du diplôme de « candidat ».

АТАМА́Н chef cosaque, « ataman ». ● **Атама́н разбо́йников**, chef de bande (*de brigands*).

I. А́ТЛАС atlas. *А́тлас СССР*, atlas de l'U.R.S.S.

II. АТЛА́С satin.

REMARQUE. Les deux mots ci-dessus diffèrent par leur accentuation.

АТТЕСТА́Т • **Аттеста́т зре́лости,** certificat d'études secondaires (*délivré à la fin des études secondaires*).

АУ́ ! *interj.* hou, hou ! coucou !

АУДИТО́РИЯ **1.** salle de conférences, amphithéâtre. **2.** auditoire. *Аплодисме́нты аудито́рии*, les applaudissements de l'auditoire.

АУКЦИО́Н vente aux enchères. *Прода́ть с аукцио́на*, vendre aux enchères.

АУКЦИО́ННЫЙ aux enchères. *Аукцио́нная прода́жа*, vente aux enchères.

АХ ! *interj.* ah! (*étonnement, admiration, crainte, chagrin, reproche...*). *Ах, как краси́во!*, Ah! que c'est beau ! *Ах! Всё пропа́ло!*, Ah ! Tout est perdu ! *Ах ты, злоде́й!*, Ah ! brigand ! • **Ах да,** ah oui, à propos.

А́ХАТЬ / А́ХНУТЬ crier « ah ».

/ А́ХНУТЬ v. а́хать.

Б

Б v. бы.

I. БА́БА paysanne, bonne femme. *Сне́жная ба́ба*, un bonhomme de neige.

II. БА́БА baba. *Ро́мовая ба́ба*, un baba au rhum.

БА́БА-ЯГА́ Baba-Yaga (*vieille sorcière, personnage des contes russes*).

БА́БИЙ *adj. d'appart.* de femme, de bonne femme. *Ба́бьи ска́зки*, des racontars de bonnes femmes. • **Ба́бье ле́то,** l'été de la Saint-Martin.

I. БА́БКА (*fam.*) grand-mère.

II. БА́БКА osselet. *Игра́ть в ба́бки*, jouer aux osselets.

БА́БНИК coureur de jupons.

БА́БОЧКА papillon. *Ночна́я ба́бочка*, un papillon de nuit.

БА́БУШКА grand-mère. • **Э́то ещё ба́бушка на́двое сказа́ла,** Ça, ce n'est pas encore démontré !

БАГА́Ж **1.** bagage(s). *Ручно́й бага́ж*, bagage à main. *Сдать бага́ж на хране́ние*, mettre ses bagages à la consigne. *Сдать ве́щи в бага́ж*, faire enregistrer ses bagages. **2.** bagage (*fig.*). *У́мственный бага́ж*, bagage intellectuel.

БАГА́ЖНИК **1.** porte-bagages (*sur un véhicule à deux roues*). **2.** coffre (*d'une voiture*).

БАГРОВЕ́ТЬ / ПОБАГРОВЕ́ТЬ devenir tout rouge, s'empourprer (v. багро́вый).

БАГРО́ВЫЙ pourpre. *Багро́вое не́бо*, un ciel pourpre. *Багро́вое лицо́*, un visage écarlate.

БАЗА́Р marché. *На база́ре*, au marché. *Колхо́зный база́р*, le marché kolkhozien.

БАЗА́РНЫЙ de marché. *База́рный день*, jour de marché. *База́рная пло́щадь*, la place du marché.

БАК réservoir. *Нефтяны́е ба́ки*, des réservoirs à pétrole.

БАКАЛЕ́ЙНЫЙ • **Бакале́йная ла́вка,** épicerie.

БАКЕНБА́РДЫ, бакенба́рд, бакенба́рдам... *pl. t.* favoris (*coupe de barbe*).

БАКЛАЖА́Н aubergine.

БАЛ*, *loc.* балу́ ___/‾‾‾ bal.

БАЛАГА́Н baraque de foire.

БАЛАГУ́Р plaisantin, baratineur.

БАЛАГУ́РИТЬ plaisanter, faire du baratin.

БАЛАЛА́ЙКА balalaïka (*instrument de musique*).

БАЛАМУ́ТИТЬ / ВЗБАЛАМУ́ТИТЬ troubler, agiter (*propr. et fig.*).

БАЛА́НС bilan. *Годово́й бала́нс*, le bilan annuel. *Бала́нс наро́дного хозя́йства*, le bilan de l'économie nationale. *Подвести́ бала́нс*, faire le bilan.

БАЛБЕ́С nigaud.

БАЛДА́ imbécile, andouille. *Что за балда́!*, Quelle andouille !

I. БА́ЛКА poutre. *Желе́зные ба́лки*, des poutres métalliques.

II. БА́ЛКА petit ravin.

БАЛЛ note (*scolaire*). *Поста́вить хоро́ший балл*, mettre une bonne note.

БАЛЛО́Н (*fam.*) pneu. *Балло́н спусти́л*, le pneu est dégonflé.

БАЛЛОТИ́РОВАТЬ 1. mettre aux voix. *Баллоти́ровать предложе́ние*, mettre une proposition aux voix. **2.** proposer la candidature de qqn aux élections. *Его́ реши́ли баллоти́ровать в депута́ты*, on décida de le proposer comme candidat aux élections.

БАЛЛОТИ́РОВАТЬСЯ se présenter aux élections. *Он баллоти́руется в депута́ты*, il est candidat aux élections.

БАЛО́ВАННЫЙ gâté. *Бало́ванный ребёнок*, enfant gâté.

БАЛОВА́ТЬ / ИЗБАЛОВА́ТЬ gâter. *Балова́ть дете́й*, gâter les enfants.

БАЛОВА́ТЬСЯ (*fam.*) faire des sottises, être polisson. *Ребёнок балу́ется*, l'enfant fait des sottises.

БА́ЛОВЕНЬ *m.* enfant gâté. *Ба́ловень ма́тери*, l'enfant gâté de sa mère.

БАЛОВСТВО́ 1. gâterie (v. балова́ть). *По́ртить дете́й баловство́м*, trop gâter les enfants. **2.** polissonnerie (v. балова́ться).

БАНДЕРО́ЛЬ *f.* **1.** bande (*de papier*). *Он разорва́л бандеро́ль газе́ты*, il fit sauter la bande du journal. **2.** envoi postal au titre « imprimés ». *Посла́ть кни́гу бандеро́лью*, envoyer un livre comme imprimé.

БАНК banque. *Госуда́рственный банк*, banque d'État.

БА́НКА 1. boîte, bocal (*pour les conserves*). *Консе́рвная ба́нка*, une boîte de conserves. *Ба́нка для варе́нья*, un bocal à confitures. **2.** ventouse (*méd.*). *Поста́вить ба́нки*, mettre des ventouses.

БАНКРО́ТСТВО faillite (*propr. et fig.*). *Полити́ческое банкро́тство*, l'échec d'une politique.

БАНТ nœud de ruban. *Де́вочка с ба́нтом в волоса́х*, une petite fille avec un ruban dans les cheveux.

БА́НЯ bains avec étuve. ● **Зада́ть ба́ню,** passer un savon.

БАРАБА́Н tambour. *Бить в бараба́н*, battre du tambour.

БАРАБА́НИТЬ / ЗАБАРАБА́НИТЬ tambouriner. *Дождь бараба́нил в о́кна*, la pluie tambourinait aux fenêtres. *Бараба́нить па́льцами по́ столу*, tambouriner sur la table.

БАРАБА́ННЫЙ de tambour. *Бараба́нный бой*, un roulement de tambour.

БАРАБА́НЩИК tambour (*homme*).

БАРА́Н bélier, mouton.

БАРА́НИЙ *adj. d'appart.* de mouton. *Бара́нья ша́пка*, un bonnet en peau de mouton. *Бара́нья котле́та*, une côtelette de mouton.

БАРА́НИНА viande de mouton. *Кусо́к жа́реной бара́нины*, une tranche de mouton grillé.

БАРА́НКА 1. craquelin. 2. (*fam.*) volant (*d'un véhicule*).

БАРАХЛО́ bric-à-brac. *Вся́кое барахло́*, tout un saint-frusquin.

БАРАХО́ЛКА marché aux puces.

БАРА́ХТАТЬСЯ patauger; se débattre. *Бара́хтаться в воде́*, patauger dans l'eau.

БА́РЖА péniche.

БА́РИН*, *pl.* господа́, госпо́д, господа́м... (*arch.*) barine, seigneur.

БАРО́МЕТР baromètre. *Баро́метр па́дает*, le baromètre descend. *Баро́метр поднима́ется*, le baromètre monte.

БА́РСКИЙ de seigneur. *Ба́рский дом*, la demeure du seigneur. *Ба́рские зама́шки*, des manières de grand seigneur. ● **Жить на ба́рскую но́гу,** mener un grand train de vie.

БАРСУ́К/— — blaireau (*zool.*).

БА́РХАТ velours.

БА́РХАТНЫЙ 1. de velours. *Челове́к в ба́рхатной шу́бе*, un homme en pelisse de velours. 2. velouté. *Ба́рхатный го́лос*, une voix douce comme du velours.

БА́РЩИНА (*hist.*) corvée (*à l'époque du servage*). *Шесть раз в неде́лю мужики́ ходи́ли на ба́рщину*, les paysans allaient à la corvée six fois par semaine.

БА́РЫНЯ (*arch.*) dame (*femme de seigneur*).

БАРЫ́Ш /— — (*arch. ou fam.*) bénéfice, profit. *Быть в барыше́*, avoir du bénéfice. *Бары́ш не вели́к*, le profit n'est pas grand.

БАРЫ́ШНИК (*arch.*) maquignon.

БА́РЫШНЯ (*arch.*) demoiselle.

БАСНОПИ́СЕЦ fabuliste.

БАСНОСЛО́ВНЫЙ fabuleux. *Басносло́вный урожа́й*, une récolte fabuleuse.

БА́СНЯ fable.

БАССЕ́ЙН 1. bassin (*géogr.*). *Бассе́йн Во́лги*, le bassin de la Volga. *У́гольный бассе́йн*, un bassin houiller. 2. piscine. *Зи́мний бассе́йн для пла́вания*, une piscine chauffée.

БАСТОВА́ТЬ / ЗАБАСТОВА́ТЬ faire grève.

БАТАРЕ́ЙКА pile (*de petite taille*). *Батаре́йка для карма́нного фонаря́*, une pile pour lampe de poche.

БАТАРЕ́Я 1. batterie (*mil.*). *Зени́тная батаре́я*, une batterie de D.C.A. 2. batterie (*électr.*). *Батаре́я аккумуля́торов*, une batterie d'accumulateurs. 3. radiateur (*de chauffage central*). *Батаре́и совсе́м не гре́ют*, les radiateurs ne chauffent pas.

БАТО́Н pain long.

БАТРА́К/— — (*arch.*) ouvrier agricole.

БА́ТЮШКА 1. (*arch.*) père (*avec une nuance de respect*). 2. (*arch.*) mon brave. 3. mon père (*en s'adressant à un prêtre*); le prêtre. ● **Ба́тюшки!**, Grand Dieu !

БА́ШЕНКА dim. de «ба́шня».

БАШКА́ (*fam.*) caboche.

БАШМА́К /— — 1. soulier. *Наде́ть башмаки́*, mettre ses souliers. *Снять башмаки́*, enlever ses souliers. *Он у жены́ под башмако́м*, sa femme porte la culotte. 2. patin (*de frein*).

БА́ШНЯ tour. *Кремлёвские ба́шни*, les tours du Kremlin. *Э́йфелева ба́шня*, la tour Eiffel. *В ба́шне из слоно́вой ко́сти*, dans sa tour d'ivoire.

БАЮ́КАТЬ / УБАЮ́КАТЬ bercer un enfant en chantant.

БА́ЮШКИ-БАЮ́ *interj.* dodo (*dans les berceuses*).

БАЯ́Н accordéon (*chromatique*).

БДИ́ТЕЛЬНОСТЬ *f.* vigilance. *Прояви́ть бди́тельность,* faire preuve de vigilance.

БДИ́ТЕЛЬНЫЙ vigilant. *Бу́дьте бди́тельны,* Soyez vigilants.

БЕГ*, *loc.* бегу́, *nom. pl.* бега́ **1.** course. *Задохну́ться от бе́га,* s'essouffler en courant. *Бег на сто ме́тров,* un cent mètres. *Бег вре́мени,* la course du temps. **2.** (*pl. seulement*) courses (*de chevaux*). *Игра́ть на бега́х,* jouer aux courses. ● **В бега́х,** en courses. *Быть це́лый день в бега́х,* passer toute la journée à faire des courses.

БЕ́ГАТЬ indét. de «бежа́ть».

БЕГЛЕ́Ц fuyard, évadé. *Пойма́ли беглецо́в,* on rattrapa les fuyards.

БЕ́ГЛЫЙ **1.** évadé. *Бе́глый ка́торжник,* un bagnard évadé. **2.** rapide. *Бро́сить бе́глый взгляд,* jeter un coup d'œil rapide. *Бе́гло говори́ть по-ру́сски,* parler couramment le russe.

БЕГОВО́Й de course. *Бегова́я ло́шадь,* un cheval de course.

БЕГО́М *adv.* en courant.

БЕГОТНЯ́ temps passé à faire des courses, des démarches. *Весь день прошёл в беготне́,* j'ai passé toute ma journée à courir.

БЕ́ГСТВО **1.** évasion. *Бе́гство из пле́на,* évasion (*d'un soldat prisonnier*). **2.** débandade. *Обрати́ть в бе́гство,* mettre en fuite.

БЕГУ́ v. бег ou бежа́ть.

БЕГУ́Н coureur (*sport*).

БЕДА́ malheur. *Непоправи́мая беда́,* un malheur irréparable. *Э́то не беда́,* ça ne fait rien. *Что за беда́!,* Qu'est-ce que ça peut faire? *Беда́ в том, что он ничего́ не де́лает,* le malheur est qu'il ne fait rien. *Вы́ручить из беды́,* tirer d'affaire. ● **Пришла́ беда́, отворя́й ворота́,** un malheur ne vient jamais seul. **Лиха́ беда́ нача́ло,** il n'y a que le premier pas qui coûte.

БЕДНЕ́ТЬ / **ОБЕДНЕ́ТЬ** s'appauvrir. *Он беднее́т с ка́ждым днём,* il est de plus en plus pauvre.

БЕ́ДНОСТЬ *f.* pauvreté. *Жить в бе́дности,* vivre dans l'indigence. ● **Бе́дность не поро́к,** pauvreté n'est pas vice.

БЕ́ДНЫЙ pauvre. *Бе́дная дере́вня,* un village pauvre. *Бе́дный витами́нами,* pauvre en vitamines. *Бе́дно оде́тая же́нщина,* une femme pauvrement vêtue. *Бе́дная, ей так бо́льно!,* La pauvre, elle souffre tant!

БЕДНЯ́ГА *et* **БЕДНЯ́ЖКА** (*dim.*) *m.* ou *f.* un pauvre homme, un malheureux; une pauvre femme, une malheureuse. *Бедня́га, как жаль его́!,* Le pauvre, comme il fait pitié!

БЕДНЯ́К **1.** un pauvre. **2.** paysan pauvre.

БЕДРО́, *pl.* бёдра, бёдер, бёдрам... hanche. *Широ́кие бёдра,* de larges hanches. *Положи́ть ру́ки на бёдра,* mettre les mains aux hanches.

БЕ́ДСТВЕННЫЙ désastreux. *Бе́дственное положе́ние,* une situation catastrophique.

БЕ́ДСТВИЕ désastre. *Случи́лось бе́дствие,* il est arrivé un désastre.

БЕЖА́ТЬ* *n. cl.,* бегу́, бежи́шь..., бегу́т / **ПОБЕЖА́ТЬ*** *n. cl.* (*id.*); *indét.* **БЕ́ГАТЬ** **1.** courir. *Бежа́ть со всех ног,* courir à toutes jambes. *Бежа́ть во весь дух,* courir à perdre haleine. *Дни бегу́т,* les jours s'enfuient. **2.** / **БЕЖА́ТЬ** *n. cl.,* бегу́, бежи́шь..., бегу́т s'enfuir. *Бежа́ть из тюрьмы́,* s'évader d'une prison.

БЕ́ЖЕНЕЦ refugié.

БЕЗ *prép.* (+ *gén.*) **1.** sans. *Коро́бка без кры́шки,* une boîte sans couvercle. *Сиде́ть без де́нег,* rester sans argent. *Они́ на́чали без меня́,* ils ont commencé sans moi. *Без сомне́ния,* sans aucun doute. *Она́* *упа́ла без па́мяти*, elle est tombée sans connaissance. *Не без инте́ре́са*, non sans intérêt. **2.** moins (*dans l'indication de l'heure exacte*). *Без четверти три*, trois heures moins le quart. *Без десяти́ пять*, cinq heures moins dix. ● **Не без того́,** c'est bien un peu ça.

БЕЗВО́ЛЬНЫЙ sans volonté.

БЕЗБОЛЕ́ЗНЕННЫЙ indolore. *Безболе́зненная опера́ция*, une opération sans douleur.

БЕЗВКУ́СИЦА mauvais goût. *Кака́я безвку́сица!*, Quel manque de goût !

БЕЗВКУ́СНЫЙ **1.** fade, insipide. *Чай показа́лся мне безвку́сным*, le thé m'a paru insipide. **2.** de mauvais goût. *Безвку́сно обста́вленная ко́мната*, une pièce meublée avec un manque total de goût.

БЕЗВЫ́ХОДНЫЙ sans issue. *Безвы́ходное положе́ние*, une situation désespérée.

БЕЗГРА́МОТНЫЙ **1.** illettré *ou* presque illettré. *Безгра́мотный челове́к*, un homme à peu près illettré. **2.** plein de fautes grossières. *Подава́ть безгра́мотные сочине́ния*, remettre des copies pleines de fautes grossières.

БЕЗГРАНИ́ЧНЫЙ illimité, infini. *Безграни́чная степь*, la steppe infinie. *Безграни́чные возмо́жности*, des possibilités infinies.

БЕЗДА́РНЫЙ **1.** incapable. *Безда́рный поэ́т*, un poète sans talent. **2.** fait par un incapable. *Безда́рная карти́на*, un tableau sans valeur.

БЕЗДЕ́ЛИЦА bagatelle. *Де́сять рубле́й для меня́ — не безде́лица*, dix roubles, ce n'est pas une bagatelle pour moi.

БЕЗДЕЛУ́ШКА bibelot. *Фарфо́ровые безделу́шки*, des bibelots de porcelaine.

БЕЗДЕ́ЛЬНИЧАТЬ fainéanter. *Хва́тит безде́льничать!*, Assez fainéanté !

БЕ́ЗДНА, *gén. pl.* бездн **1.** gouffre, abîme. *На краю́ бе́здны*, au bord du gouffre. **2.** une masse de. *Бе́здна дел*, un tas de travail.

БЕЗДО́ННЫЙ sans fond. *Бездо́нная про́пасть*, gouffre sans fond. ● **Бездо́нная бо́чка** **1.** boit-sans-soif. **2.** panier percé (*personne dépensière*).

БЕЗЖА́ЛОСТНЫЙ impitoyable. *Безжа́лостный пала́ч*, un bourreau impitoyable.

БЕЗЗАВЕ́ТНЫЙ sans réserve. *Беззаве́тная пре́данность*, un dévouement sans réserve.

БЕЗЗАКО́ННЫЙ illégal. *Беззако́нный посту́пок*, un acte illégal.

БЕЗЗВУ́ЧНЫЙ insonore, étouffé. *Беззву́чный плач*, des sanglots étouffés.

БЕЗЗЛО́БНЫЙ sans méchanceté. *Беззло́бный смех*, un rire sans méchanceté.

БЕЗЛИ́ЧНЫЙ **1.** qui manque de personnalité. *Безли́чный челове́к*, un homme sans personnalité. **2.** impersonnel (*gramm.*). *Безли́чный глаго́л*, verbe impersonnel.

БЕЗЛУ́ННЫЙ sans lune. *Безлу́нная ночь*, une nuit sans lune.

БЕЗЛЮ́ДНЫЙ dépeuplé. *Пло́щадь была́ безлю́дна*, la place était déserte.

БЕЗМЕ́РНЫЙ immense. *Го́ре её безме́рно*, son chagrin est immense. *Безме́рная ра́дость*, une joie immense.

БЕЗМО́ЗГЛЫЙ stupide. *Безмо́зглый стари́к*, un vieillard stupide.

БЕЗМЯТЕ́ЖНЫЙ serein. *Безмяте́жный сон*, un sommeil paisible.

БЕЗНАДЁЖНЫЙ désespéré. *Безнадёжное положе́ние*, une situation désespérée. *Безнадёжный взгляд*, un regard désespéré. *Безнадёжный больно́й*, un malade incurable. *Безнадёжный дура́к*, un imbécile heureux.

БЕЗНАКА́ЗАННЫЙ impuni. *Преступле́ние оста́лось безнака́занным*, le crime est resté impuni.

БЕЗНРА́ВСТВЕННОСТЬ *f.* immoralité.

БЕЗНРА́ВСТВЕННЫЙ immoral. *Безнра́вственная кни́га*, un livre immoral. *Вести́ безнра́вственную жизнь*, mener une vie déréglée.

БЕЗОБИ́ДНЫЙ inoffensif. *Безоби́дное существо́*, une créature inoffensive. *Безоби́дная шу́тка*, une plaisanterie anodine.

БЕЗО́БЛАЧНЫЙ sans nuages. *Безо́блачное не́бо*, un ciel sans nuages. *Безо́блачное сча́стье*, un bonheur sans nuages.

БЕЗОБРА́ЗИЕ **1.** laideur. *Она́ стыди́лась своего́ безобра́зия*, elle avait honte de sa laideur. **2.** désordre, scandale. *Како́е безобра́зие!*, Quel scandale !

БЕЗОБРА́ЗИТЬ / ОБЕЗОБРА́ЗИТЬ enlaidir. *Э́то пла́тье безобра́зит её*, cette robe l'enlaidit.

БЕЗОБРА́ЗНИЧАТЬ / НАБЕЗОБРА́ЗНИЧАТЬ faire du scandale. *Пья́ный безобра́зничал*, l'ivrogne faisait du scandale.

БЕЗОБРА́ЗНЫЙ hideux. *Безобра́зное лицо́*, un visage affreux. *Безобра́зное поведе́ние*, une conduite révoltante.

БЕЗОПА́СНОСТЬ *f.* sécurité, sûreté. *По́лная безопа́сность*, sécurité totale. *Комите́т госуда́рственной безопа́сности (КГБ)*, Sécurité du territoire (D.S.T.).

БЕЗОПА́СНЫЙ sûr. *В безопа́сном ме́сте*, en lieu sûr. ● **Безопа́сная бри́тва,** un rasoir mécanique.

БЕЗОШИ́БОЧНОСТЬ *f.* infaillibilité. *Безоши́бочность его́ вы́водов*, l'infaillibilité de ses déductions.

БЕЗОШИ́БОЧНЫЙ infaillible. *Безоши́бочный судья́*, un juge infaillible.

БЕЗРАБО́ТИЦА chômage. *По́лная безрабо́тица*, chômage total. *Части́чная безрабо́тица*, chômage partiel.

БЕЗРАБО́ТНЫЙ chômeur. *Посо́бия безрабо́тным*, les allocations de chômage.

БЕЗРА́ДОСТНЫЙ sans joie. *Безра́достное де́тство*, une enfance sans joie.

БЕЗРАЗЛИ́ЧНЫЙ indifférent. *Безразли́чный взгляд*, un regard indifférent. *Э́то безразли́чно*, cela revient au même.

БЕЗРАССУ́ДНЫЙ irréfléchi. *Безрассу́дное поведе́ние*, une conduite déraisonnable.

БЕЗРЕЗУЛЬТА́ТНЫЙ infructueux. *Безрезульта́тные попы́тки*, de vaines tentatives.

БЕЗРО́ПОТНОСТЬ *f.* résignation.

БЕЗРЫ́БЬЕ ● **На безры́бье и рак ры́ба,** faute de grives, on mange des merles.

БЕЗУДА́РНЫЙ atone. *Безуда́рный слог*, syllabe atone.

БЕЗУ́ДЕРЖНЫЙ qu'on ne peut retenir. *Безу́держная фанта́зия*, une imagination débordante. *Безу́держные слёзы*, des larmes intarissables. *Безу́держный смех*, un rire inextinguible.

БЕЗУКОРИ́ЗНЕННЫЙ irréprochable. *Безукори́зненное поведе́ние*, une conduite irréprochable.

БЕЗУ́МИЕ déraison. *Люби́ть до безу́мия*, aimer à la folie. *Э́то чи́стое безу́мие*, c'est une pure folie.

БЕЗУ́МНЫЙ insensé. *Безу́мная ра́дость*, une joie folle.

БЕЗУМО́ЛЧНЫЙ incessant (*bruit*). *Безумо́лчный шум мо́ря*, le bruit incessant de la mer.

БЕЗУПРЕ́ЧНЫЙ irréprochable. *Безупре́чная рабо́та*, un travail irréprochable. *Безупре́чно вести́ себя́*, se conduire d'une manière irréprochable.

БЕЗУСЛО́ВНЫЙ **1.** absolu. *Безусло́вное повинове́ние*, une obéissance absolue. **2.** certain. *Безусло́вный успе́х*, une réussite certaine. *Безусло́вно он прав*, il a évidemment raison.

БЕЗУТЕ́ШНЫЙ inconsolable. *Безуте́шное го́ре*, un chagrin inconsolable.

БЕЗЫЗВЕ́СТНО ● **Вам не безызве́стно, что,** Vous n'êtes pas sans savoir que.

БЕЗЫМЯ́ННЫЙ ● **Безымя́нный па́лец,** annulaire (*doigt*).

БЕЙ, БЕ́ЙТЕ v. бить.

БЕЛЕНА́ jusquiame. ● **Он белены́ объе́лся,** il a un grain.

БЕЛЕ́ТЬ **1.** avoir un reflet blanc. **2.** / **ПОБЕЛЕ́ТЬ** devenir blanc, blanchir.

БЕ́ЛКА écureuil. ● **Кружи́ться, как бе́лка в колесе́,** tourner comme un écureuil en cage.

БЕЛОБРЫ́СЫЙ blondasse.

БЕЛОКУ́РЫЙ blond. *Белоку́рая де́вушка*, une jeune fille blonde. *Белоку́рые во́лосы*, des cheveux blonds.

БЕЛОРУ́ЧКА *m.* ou *f.* personne qui n'aime pas travailler de ses mains.

БЕЛОСНЕ́ЖНЫЙ blanc comme neige. *Белосне́жная ска́терть*, une nappe blanche comme neige.

БЕЛУ́ГА grand esturgeon. ● **Реве́ть белу́гой,** pousser des cris désespérés.

REMARQUE. L'expression « реве́ть белу́гой » est due à une confusion entre le nom du grand esturgeon, « белу́га », et du dauphin blanc, « белу́ха ».

БЕ́ЛЫЙ blanc. *Бе́лый как снег*, blanc comme neige. *Бе́лый хлеб*, du pain blanc. *Бе́лое вино́*, vin blanc. *Бе́лая ра́са*, la race blanche. *Бе́лая а́рмия*, l'armée blanche. *Бе́лые но́чи*, les nuits blanches (*nuits d'été très claires au voisinage du cercle polaire*). ● **Среди́ бе́ла дня,** en plein jour. **Бе́лый гриб,** cèpe de Bordeaux.

БЕЛЬЁ linge, lingerie. *Ни́жнее бельё*, vêtements de dessous. *Отда́ть бельё в сти́рку*, donner du linge à laver.

БЕЛЬМО́ taie (*tache sur l'œil*). ● **Он у меня́ как бельмо́ на глазу́,** j'en ai assez de le voir.

БЕНЗИ́Н essence. *Запра́виться бензи́ном*, prendre de l'essence.

БЕНЗОБА́К réservoir à essence.

БЕНЗОКОЛО́НКА pompe à essence.

БЕ́РЕГ*, *loc.* берегу́, *nom. pl.* берега́ rive. *На круто́м берегу́*, sur une rive escarpée. *Скали́стые берега́*, des côtes rocheuses. *Съе́хать на́ берег, сойти́ на́ берег*, descendre à terre.

REMARQUE. L'accent passe généralement sur la préposition dans le groupe « на́ берег ».

БЕРЁГ, БЕРЕГЛА́... v. бере́чь.

БЕРЕГУ́ v. бе́рег ou бере́чь.

БЕРЕГУ́Т, БЕРЕЖЁШЬ... v. бере́чь.

БЕРЕЖЛИ́ВЫЙ économe, parcimonieux. *Бережли́вая хозя́йка*, une ménagère économe.

БЕ́РЕЖНЫЙ soigneux, attentif.

БЕРЁЗА bouleau.

БЕРЁМ v. брать.

БЕРЕ́МЕННАЯ enceinte. *Ли́за была́ бере́менна*, Lise était enceinte.

БЕРЁТ... v. брать.

БЕРЕ́ЧЬ* IV, берегу́, бережёшь..., берегу́т; берёг, берегла́... / **ПОБЕРЕ́ЧЬ*** IV, поберегу́, побережёшь..., поберегу́т; поберёг, поберегла́... ; побережённый, *et* **СБЕРЕ́ЧЬ*** IV *(id.)* **1.** économiser; épargner. *Он берёг ка́ждую копе́йку*, il épargnait jusqu'au moindre sou. *Бере́чь своё вре́мя*, ne pas perdre son temps. *Бере́чь здоро́вье*, ménager sa santé. **2.** garder, ne pas divulguer. *Бере́чь та́йну*, garder un secret.

БЕРЕ́ЧЬСЯ* IV, берегу́сь, бережёшься..., берегу́тся; берёгся, береглáсь... ⁄⎺⎺ **1.** v. берéчь. **2.** faire attention. *Берегúсь автомобúля!*, Attention, sortie de voitures.

БЕРЁШЬ v. брать.

БЕРЛÓГА tanière.

БЕРУ́, БЕРУ́Т v. брать.

БЕС diable, démon. ● **Рассы́паться мéлким бéсом пéред кéм-либо,** ne pas ménager les courbettes devant qqn.

БЕСÉДА 1. conversation, entretien. *Оживлённая бесéда*, une conversation animée. **2.** causerie, conférence. *Провестú бесéду*, faire une conférence.

БЕСÉДКА tonnelle.

БЕСÉДОВАТЬ / ПОБЕСÉДОВАТЬ causer. *Он дóлго бесéдовал с дóктором*, il s'est longuement entretenu avec le docteur.

БЕСЙТЬ ⎽⎽ **/ ВЗБЕСИ́ТЬ** ⎽⎽, *part.* взбешённый mettre en fureur. *Он бесúлся на себя́*, il était furieux contre lui-même. ● **С жи́ру беси́ться,** devenir capricieux à force de trop bien vivre.

БЕСКОНÉЧНОСТЬ *f.* l'infini. *Спóрить до бесконéчности*, discuter sans fin.

БЕСКОНÉЧНЫЙ 1. infini. *Безконéчно мáлая величинá*, une grandeur infinitésimale. **2.** interminable. *Безконéчный расскáз*, un récit qui n'en finit pas.

БЕСКОРЫ́СТНЫЙ désintéressé. *Бескоры́стный постýпок*, un acte désintéressé.

БЕСКРÁЙНИЙ sans bornes. *Бескрáйний простóр*, une étendue sans bornes.

БЕСНОВÁТЬСЯ se démener comme un beau diable.

БЕСÓВСКИЙ diabolique.

БЕСПАРТИ́ЙНЫЙ qui n'est pas membre du parti communiste.

БЕСПÉЧНОСТЬ *f.* insouciance.

БЕСПÉЧНЫЙ insouciant. *Беспéчный человéк*, un homme insouciant. *Вестú беспéчную жизнь*, vivre sans se faire de soucis.

БЕСПЛÁТНЫЙ gratuit. *Бесплáтный билéт*, un billet gratuit. *Бесплáтное обучéние*, l'enseignement gratuit. *Бесплáтная медицúнская пóмощь*, les soins médicaux gratuits.

БЕСПЛÓДНЫЙ stérile, infructueux. *Бесплóдная пóчва*, un sol infertile. *Бесплóдные попы́тки*, des tentatives infructueuses.

БЕСПОВОРÓТНЫЙ irrévocable. *Бесповорóтное решéние*, une décision irrévocable.

БЕСПОДÓБНЫЙ incomparable. *Э́то бесподóбно!*, C'est admirable! *Бесподóбный гóлос*, une voix incomparable.

БЕСПОКÓИТЬ / ПОБЕСПОКÓИТЬ 1. inquiéter. *Её отсýтствие беспокóило меня́*, son absence m'inquiétait. *Не беспокóйтесь!*, Ne vous inquiétez pas! **2.** déranger. *Шум беспокóит больны́х*, le bruit dérange les malades.

БЕСПОКÓЙНЫЙ 1. inquiet. *Беспокóйный взгляд*, un regard inquiet. *Беспокóйный сон*, un sommeil agité. **2.** plein d'embûches. *Беспокóйное дéло*, une affaire épineuse.

БЕСПОКÓЙСТВО 1. inquiétude. *Им овладéло беспокóйство*, il fut pris d'inquiétude. **2.** dérangement. *Извинúте за беспокойство*, Excusez-moi de vous avoir dérangé.

БЕСПОЛÉЗНОСТЬ *f.* inutilité.

БЕСПОЛÉЗНЫЙ inutile. *Бесполéзно говорúть об э́том*, il est inutile d'en parler.

БЕСПÓМОЩНЫЙ incapable d'agir. *Он беспóмощно опустúл рýки*, il laissa tomber ses bras d'un air découragé.

БЕСПОРЯ́ДОК 1. désordre. *В беспоря́дке*, en désordre. **2.** (*pl. seulement*) troubles. *В гóроде бы́ли беспоря́дки*, il y avait eu des troubles dans la ville.

БЕСПОРЯ́ДОЧНЫЙ désordonné. *Беспоря́дочная стрельбá*, un tir désordonné.

БЕСПОЩА́ДНЫЙ impitoyable. *Беспоща́дная сати́ра*, une satire impitoyable.

БЕСПРЕДЕ́ЛЬНЫЙ sans limites. *Беспреде́льное простра́нство*, une étendue sans limites. *Беспреде́льная отва́га*, une audace sans bornes.

БЕСПРЕКОСЛО́ВНЫЙ sans objections. *Беспрекосло́вное повинове́ние*, une obéissance absolue.

БЕСПРЕПЯ́ТСТВЕННЫЙ sans obstacles. *Беспрепя́тственный до́ступ*, accès libre.

БЕСПРЕРЫ́ВНЫЙ incessant. *Беспреры́вный дождь*, une pluie incessante.

БЕСПРЕСТА́ННЫЙ incessant. *Я беспреста́нно вска́кивал*, je me relevais à chaque instant.

БЕСПРИМЕ́РНЫЙ sans pareil. *Бесприме́рное му́жество*, un courage sans égal.

БЕСПРИНЦИ́ПНОСТЬ *f.* **1.** absence de scrupules. *Беспринци́пность поведе́ния*, une conduite dénuée de tout scrupule. **2.** ignorance des principes marxistes. *Беспринци́пность в теорети́ческих вопро́сах*, une base erronée dans l'étude de problèmes théoriques.

БЕСПРИСТРА́СТИЕ impartialité.

БЕСПРИСТРА́СТНЫЙ impartial. *Беспристра́стный судья́*, un juge impartial.

БЕСПРИЮ́ТНЫЙ sans abri.

БЕСПРОСВЕ́ТНЫЙ **1.** sans la moindre lumière. *Беспросве́тная тьма*, l'obscurité la plus profonde. **2.** sans espoir. *Беспросве́тная тоска́*, une tristesse sans espoir.

БЕСПУ́ТНИК un débauché, un mauvais sujet.

БЕСПУ́ТНИЧАТЬ mener une vie déréglée.

БЕСПУ́ТНЫЙ débauché, déréglé, peu raisonnable. *Беспу́тная жизнь*, une vie déréglée.

БЕССВЯ́ЗНЫЙ décousu, incohérent. *Бессвя́зный разгово́р*, conversation décousue. *Бессвя́зный расска́з*, un récit incohérent.

БЕССЕРДЕ́ЧНЫЙ sans cœur. *Бессерде́чный челове́к*, un homme sans cœur.

БЕССИ́ЛИЕ faiblesse extrême. *Он в бесси́лии упа́л на посте́ль*, il tomba sans forces sur le lit. *Бесси́лие вла́сти*, la faiblesse du pouvoir. *Полово́е бесси́лие*, impuissance (*méd.*).

БЕССИ́ЛЬНЫЙ sans forces. *Бесси́льное бе́шенство*, une rage impuissante.

БЕССЛА́ВНЫЙ sans gloire. *Бессла́вный коне́ц*, une fin peu glorieuse.

БЕССЛЕ́ДНЫЙ qui ne laisse pas de traces. *Он пропа́л бессле́дно*, il a disparu sans laisser de traces.

БЕССМЕ́РТИЕ immortalité. *Ве́ра в бессме́ртие души́*, la croyance en l'immortalité de l'âme. *Он стяжа́л себе́ бессме́ртие*, il s'est acquis l'immortalité.

БЕССМЕ́РТНЫЙ immortel. *Бессме́ртная сла́ва*, une gloire immortelle.

БЕССМЫ́СЛЕННЫЙ dénué de sens. *Бессмы́сленная фра́за*, une phrase dénuée de sens.

БЕССМЫ́СЛИЦА absurdité. *Получа́лась бессмы́слица*, cela donnait quelque chose d'absurde.

БЕССО́ВЕСТНЫЙ malhonnête, impudent. *Бессо́вестный челове́к*, un homme sans conscience. *Бессо́вестная ложь*, un mensonge éhonté.

БЕССОЗНА́ТЕЛЬНЫЙ inconscient. *Он бессозна́тельно подража́л мне*, il m'imitait inconsciemment. *Быть в бессозна́тельном состоя́нии*, être sans connaissance.

БЕССО́ННИЦА insomnie. *Страда́ть бессо́нницей*, souffrir d'insomnie.

БЕССО́ННЫЙ sans sommeil. *Провести́ бессо́нную ночь*, passer une nuit sans sommeil.

БЕССПО́РНЫЙ indiscutable. *Бесспо́рная и́стина*, une vérité indiscutable. *Бесспо́рно, он прав*, il a indiscutablement raison.

БЕССТРА́СТИЕ impassibilité.

БЕССТРА́СТНЫЙ impassible. *Бесстра́стное лицо́*, un visage impassible.

БЕССТРА́ШНЫЙ intrépide. *Бесстра́шный путеше́ственник*, un voyageur intrépide.

БЕССТЫ́ДНЫЙ éhonté, effronté. *Са́мым бессты́дным о́бразом*, de la manière la plus éhontée.

БЕСТА́КТНОСТЬ *f.* inconvenance, absence de tact. *Сде́лать беста́ктность*, faire une gaffe.

БЕСТА́КТНЫЙ inconvenant, qui manque de tact. *Беста́ктный вопро́с*, une question déplacée. *Беста́ктный челове́к*, un homme qui manque de tact.

БЕ́СТИЯ fripouille.

БЕСТОЛКО́ВЫЙ **1.** qui ne comprend rien. *Бестолко́вый учени́к*, un élève borné. **2.** incompréhensible, incohérent. *Бестолко́вое объясне́ние*, une explication inintelligible.

БЕСХАРА́КТЕРНЫЙ faible de caractère. *Бесхара́ктерный челове́к*, une chiffe.

БЕСЦЕ́ЛЬНЫЙ sans but. *Бесце́льно броди́ть*, errer sans but. *Бесце́льный спор*, une discussion inutile.

БЕСЦЕ́НОК • **За бесце́нок,** pour rien, à bas prix. *Он купи́л э́тот дом за бесце́нок*, il a eu cette maison pour rien.

БЕСЦЕРЕМО́ННЫЙ qui ne se gêne pas.

БЕСЧЕЛОВЕ́ЧНЫЙ inhumain. *Бесчелове́чные тре́бования*, des exigences inhumaines.

БЕСЧЕ́СТЬЕ déshonneur.

БЕСЧИ́СЛЕННЫЙ innombrable. *Бесчи́сленное коли́чество*, une quantité innombrable.

БЕСЧУ́ВСТВЕННЫЙ **1.** sans connaissance. *Её, бесчу́вственную, унесли́ в ближа́йший дом*, on l'emporta sans connaissance dans la maison la plus proche. **2.** insensible. *Она́ ко всему́ бесчу́вственна*, elle est indifférente à tout.

БЕСЧУ́ВСТВИЕ perte de connaissance. *Пьян до бесчу́вствия*, ivre-mort.

БЕСШУ́МНЫЙ silencieux. *Бесшу́мный мото́р*, un moteur silencieux.

БЕЧЁВКА ficelle. *Перевяза́ть паке́т бечёвкой*, ficeler un paquet.

БЕ́ШЕНСТВО **1.** rage (*méd.*). *Приви́вка про́тив бе́шенства*, le vaccin contre la rage. **2.** fureur, rage. *Прийти́ в бе́шенство*, se mettre dans une colère folle. *Привести́ в бе́шенство*, mettre en fureur.

БЕ́ШЕНЫЙ **1.** atteint de la rage. *Бе́шеная соба́ка*, un chien enragé. **2.** fou. *Бе́шеное сопротивле́ние*, une résistance farouche. *Бе́шеная ско́рость*, une vitesse folle. *Бе́шеная цена́*, un prix fou.

БИВА́К bivouac. *Стоя́ть бива́ком*, bivouaquer.

БИ́ВЕНЬ défense (*d'éléphant*). *Би́вни слона́*, des défenses d'éléphant.

БИЕ́НИЕ battements. *Бие́ние се́рдца*, les battements du cœur.

БИЛЕ́Т **1.** billet. *Перро́нный биле́т*, un billet de quai. *Биле́т туда́ и обра́тно*, un aller et retour. *Биле́т на самолёт*, un billet d'avion. *Лотере́йный биле́т*, un billet de loterie. *Ба́нковый биле́т*, un billet de banque. **2.** carte, livret. *Парти́йный биле́т*, la carte du parti communiste. *Студе́нческий биле́т*, une carte d'étudiant. *Вое́нный биле́т*, le livret militaire.

БИНО́КЛЬ *m.* jumelles, lorgnette. *Смотре́ть в бино́кль на сце́ну*, regarder la scène avec une lorgnette.

БИНТ bande (*chirurgie et pharmacie*). *Наложи́ть бинт на ра́ну*, bander une plaie.

БИНТОВА́ТЬ / ЗАБИНТОВА́ТЬ bander. *Забинтова́ли ему́ глаза́*, on lui banda les yeux.

БИ́РЖА la Bourse. *Игра́ть на би́рже*, jouer à la Bourse. *Би́ржа труда́*, la Bourse du travail.

БИРЮ́К ⁄‾ ‾ **1.** loup solitaire. **2.** (*fig.*) ours. *Смотре́ть бирюко́м*, avoir un air bourru.

БИ́СЕР petites perles de verre. ● **Мета́ть би́сер пе́ред сви́ньями,** donner de la confiture aux cochons.

БИСИ́РОВАТЬ / БИСИ́РОВАТЬ exécuter en bis. *Пиани́ст биси́ровал сона́ту*, le pianiste a bissé la sonate.

БИ́ТВА bataille. *Кулико́вская би́тва*, la bataille de Koulikovo. *Би́тва на Ка́лке*, la bataille de la Kalka. *Би́тва под Полта́вой*, la bataille de Poltava. *Би́тва при Бородине́*, la bataille de la Moskova. *Би́тва при Цуси́ме*, la bataille de Tsoushima.

> REMARQUE. Les noms de batailles sont le plus souvent formés à l'aide d'adjectifs en « ский ». On peut également avoir les prépositions на + *loc.* si la bataille porte le nom d'un fleuve, под + *instr.* (quelquefois при + *loc.*) si elle a eu lieu aux abords d'une ville, при + *loc.* lorsqu'il s'agit d'une bataille navale.

БИТКО́М *adv.* ● **Битко́м наби́тый,** plein à craquer. *Ваго́н наби́т битко́м*, le wagon est bondé.

БИТО́К boulette (*cuisine*).

БИ́ТЫЙ cassé. *Би́тая посу́да*, de la vaisselle cassée. ● **Би́тый час,** plus d'une heure.

> **БИТЬ*** II, бью, бьёшь...; бей
> **1.** / **ПОБИ́ТЬ*** II, побью́, побьёшь...; побе́й; поби́тый battre, frapper.
> **2.** / **РАЗБИ́ТЬ*** II, разобью́, разобьёшь...; разбе́й; разби́тый casser.
> **3.** / **РАЗБИ́ТЬ*** II (*id.*) battre, vaincre.
> **4.** / **ПРОБИ́ТЬ*** II, пробью́, пробьёшь...; пробе́й; проби́тый battre, faire résonner, sonner.
> **5.** (*intr.*) jaillir.

1. *Бить ребёнка*, battre un enfant. *Бить в лицо́*, frapper au visage. *Би́ться на шпа́гах*, se battre à l'épée. *Би́ться голово́й о́б стену*, se cogner la tête contre le mur. *Бить по́ столу кулака́ми*, donner des coups de poing sur la table. *Дождь бьёт по стёклам*, la pluie frappe les carreaux. *Бить в цель*, frapper au but. *Бить ми́мо це́ли*, manquer le but. **2.** *Бить стёкла*, casser les vitres. **3.** *Бить врага́*, battre l'ennemi. **4.** *Бить в бараба́н*, battre du tambour. *Бить в колокола́*, sonner les cloches. *Часы́ бьют шесть*, l'horloge sonne six heures. // (*Unipers.*) *Бьёт шесть часо́в*, six heures sonnent. *В го́роде про́било по́лночь*, minuit a sonné en ville. **5.** *В саду́ би́ли фонта́ны*, dans le jardin, il y avait des jets d'eau. ● **Бить на эффе́кт,** chercher à faire de l'effet. **Его́ бьёт лихора́дка,** il est torturé par la fièvre.

> REMARQUE. Au passé, le perfectif « проби́ть » est accentué « про́бил, про́било, про́били » dans l'expression de l'heure (voir les exemples).

БИ́ТЬСЯ* II, бьюсь, бьёшься...; бе́йся **1.** / **ПОБИ́ТЬСЯ*** II (*id.*) v. бить. **2.** / **РАЗБИ́ТЬСЯ*** II, разобьётся, разобью́тся; разбе́йся v. бить. **3.** battre, palpiter. *Се́рдце бьётся*, le cœur bat. **4.** se débattre, se casser la tête à. *Ско́лько я ни би́лся...*, j'ai eu beau faire... *Би́ться как ры́ба об лёд*, se débattre désespérément. *Би́ться над разреше́нием зада́чи*, se casser la tête à résoudre un problème.

БИЧ ⁄‾ ‾ **1.** fouet. *Уда́рить бичо́м*, frapper avec un fouet. **2.** (*fig.*) fléau. *Бич бо́жий*, le fléau de Dieu.

БЛА́ГО le bien. *На бла́го Ро́дины*, pour le bien de la patrie. *Земны́е бла́га*, les biens de ce monde. *Ни за каки́е бла́га в ми́ре*, pour rien au monde. ● **Всех благ !,** Bonne chance !

БЛАГОВЕ́ЩЕНСКИЙ de l'Annonciation. *Благове́щенский собо́р*, église de l'Annonciation.

БЛАГОВИ́ДНЫЙ ● **Под благови́дным предло́гом,** en trouvant un bon prétexte.

БЛАГОДАРИ́ТЬ / ПОБЛАГОДАРИ́ТЬ remercier. *Благодарю́ тебя́ за кни́гу*, Je te remercie du livre. ● **Благодарю́,** Merci.

БЛАГОДА́РНОСТЬ *f.* reconnaissance, gratitude. *С глубо́кой благода́рностью*, avec une profonde reconnaissance. *В знак благода́рности*, en signe de reconnaissance.

БЛАГОДА́РНЫЙ reconnaissant. *Я вам о́чень благода́рен*, Je vous en suis très reconnaissant.

БЛАГОДАРЯ́ *prép.* (+ *dat.*) grâce à. *Благодаря́ случа́йности*, grâce au hasard.

БЛАГОДЕ́ТЕЛЬНЫЙ bienfaisant. *Благоде́тельное влия́ние*, une influence bienfaisante.

БЛАГОПОЛУ́ЧИЕ prospérité, bien-être. *Мно́гие ду́мают то́лько о своём благополу́чии*, beaucoup ne pensent qu'à leur bien-être.

БЛАГОПОЛУ́ЧНЫЙ satisfaisant. *Благополу́чный исхо́д*, une issue favorable. *Всё благополу́чно*, tout est au mieux.

БЛАГОПРИЯ́ТНЫЙ favorable, propice. *Благоприя́тный слу́чай*, une occasion favorable. *Благоприя́тные усло́вия*, des conditions favorables. *Получи́ть благоприя́тный отве́т*, recevoir une réponse favorable.

БЛАГОРАЗУ́МНЫЙ raisonnable. *Благоразу́мные сове́ты*, des conseils raisonnables.

БЛАГОРО́ДНЫЙ noble, généreux. *Благоро́дная цель*, un noble but. ● **На благоро́дном расстоя́нии,** à une distance respectueuse.

БЛАГОСОСТОЯ́НИЕ aisance, prospérité. *Подъём материа́льного благосостоя́ния*, une amélioration du bien-être matériel.

БЛАГОТВО́РНЫЙ bienfaisant. *Благотво́рное влия́ние*, une influence bienfaisante.

БЛАГОУСТРО́ЕННЫЙ bien aménagé. *Благоустро́енная кварти́ра*, un appartement bien aménagé.

БЛАЖЕ́ННЫЙ 1. bienheureux. *Блаже́нная улы́бка*, un sourire béat. *Це́рковь Васи́лия Блаже́нного*, l'église Basile-le-Bienheureux. 2. *subst.* innocent, simple d'esprit. *На него́ смотре́ли как на блаже́нного*, on le considérait un peu comme un innocent.

БЛАЖЕ́НСТВО félicité. *Чу́вствовать себя́ на верху́ блаже́нства*, être au comble de la félicité.

БЛАНК formulaire. *Запо́лнить бла́нк*, remplir un formulaire.

БЛЕДНЕ́ТЬ / ПОБЛЕДНЕ́ТЬ pâlir. *Он побледне́л от стра́ха*, la peur le fit pâlir.

БЛЕ́ДНЫЙ  pâle. *Лицо́ его́ бы́ло бле́дно от уста́лости*, son visage était pâle de fatigue. *Бле́дный как полотно́*, pâle comme un linge.

БЛЁКНУТЬ* III / **ПОБЛЁКНУТЬ*** III se faner. *Цветы́ поблёкли*, les fleurs sont fanées.

БЛЕСК éclat, brillant. *Блеск со́лнца*, l'éclat du soleil. *Во всём его́ бле́ске*, dans tout son éclat. ● **С бле́ском,** avec brio. *Говори́ть с бле́ском*, parler avec brio.

/ **БЛЕСНУ́ТЬ** 1. v. блесте́ть. 2. passer comme un éclair. *У меня́ блесну́ла мысль*, une idée m'a traversé l'esprit.

БЛЕСТЕ́ТЬ* / **БЛЕСНУ́ТЬ** 1. I, блещу́, блести́шь... briller (*propr.*). *Снег блесте́л на со́лнце*, la neige brillait au soleil. *Не всё то зо́лото, что блести́т*, tout ce qui brille n'est pas or. *Соба́ка с ше́рстью, блестя́щей как шёлк*, un chien au poil brillant comme de la soie. **2.** II, блещу́, бле́щешь... briller (*fig.*). *Он не бле́щет умо́м*, ce n'est pas un aigle.

БЛЕСТЯ́ЩИЙ brillant. *Блестя́щие глаза́*, des yeux brillants. *Блестя́щий ора́тор*, un orateur brillant. *Блестя́щий успе́х*, un succès brillant. *Блестя́ще вы́держать экза́мен*, être reçu brillamment à un examen.

БЛИЖА́ЙШИЙ (*superl. de* «бли́зкий») le plus proche. *Ближа́йшая по́чта*, le bureau de poste le plus proche. *В ближа́йшем бу́дущем*, dans l'avenir le plus proche. *При ближа́йшем рассмотре́нии*, en regardant les choses de plus près.

БЛИ́ЖЕ comp. de « бли́зкий ».

БЛИ́ЗКИЙ , *comp.* бли́же* proche. *Побе́да близка́*, la victoire est proche. *До го́рода бли́зко*, la ville n'est pas loin. *Бли́зкий ро́дственник*, un proche parent. ● **Бли́же к де́лу,** passons au fait.

БЛИЗНЕ́Ц jumeau. *Бра́тья-близнецы́*, des frères jumeaux.

БЛИЗОРУ́КИЙ myope. *Очки́ для близору́ких*, des lunettes pour myopes. *Близору́кая поли́тика*, une politique à courte vue.

БЛИН crêpe à la russe, « bline ». ● **Пе́рвый блин ко́мом,** le premier essai est toujours raté.

БЛИСТА́ТЬ ● **Блиста́ть свои́м отсу́тствием,** briller par son absence. **Блиста́ть красноре́чием,** briller par son éloquence.

I. БЛОК poulie.

II. БЛОК bloc, coalition.

БЛОКА́ДА blocus. *Экономи́ческая блока́да*, le blocus économique. *Во вре́мя блока́ды Пари́жа*, pendant le siège de Paris.

БЛОНДИ́НКА une blonde.

БЛОХА́ puce.

БЛУ́ДНЫЙ ● **Блу́дный сын,** le fils prodigue.

БЛУЖДА́ТЬ / ПОБЛУЖДА́ТЬ errer. *Блужда́ть в лесу́*, errer à travers bois. ● **Блужда́ющие огни́,** feux follets. **Блужда́ющий взгляд,** œil hagard.

БЛУ́ЗА blouse. *Рабо́чая блу́за*, une blouse de travail.

БЛУ́ЗКА chemisier, corsage. *Капро́новая блу́зка*, un corsage en capron.

БЛЮ́ДО **1.** plat (*vaisselle*). *Фарфо́ровое блю́до*, un plat de porcelaine. **2.** plat (*mets*). *Обе́д из трёх блюд*, un dîner de trois plats. *Вку́сное блю́до*, un bon plat. *Моё люби́мое блю́до*, mon plat préféré.

БЛЮ́ДЦЕ soucoupe. *Ча́шка с блю́дцем*, une tasse avec une soucoupe.

БОБ fève. ● **Оста́ться на боба́х,** être de la revue (*fig.*).

БОБР castor.

БОГ Dieu. *Ве́рить в бо́га*, croire en Dieu. *Моли́ться бо́гу*, prier Dieu. *Шля́ется, бог зна́ет где*, il traîne Dieu sait où. ● **Бог его́ зна́ет,** Dieu seul le sait. **На бо́га наде́йся, а сам не плоша́й,** aide-toi, le ciel t'aidera. **Не дай бог,** Dieu nous en garde. **Ра́ди бо́га,** pour l'amour du ciel. **Сла́ва бо́гу,** Dieu merci ! **Сча́стлив твой бог !**, Tu l'as échappé belle !

REMARQUES. **1.** La prononciation est [бох] au nominatif singulier. **2.** Depuis la réforme orthographique de 1917, le mot « бог » ne prend une majuscule que dans les textes de caractère religieux.

БОГАТЕ́ТЬ / РАЗБОГАТЕ́ТЬ s'enrichir.

БОГА́ТСТВО richesse. *Приро́дные бога́тства*, les richesses naturelles.

БОГА́ТЫЙ, *comp.* бога́че* riche. *Э́то край, бога́тый хле́бом*, c'est une région riche en blé. *Бога́тый урожа́й*, une récolte abondante. *Бога́тый о́пыт*, une riche expérience.

БОГАТЫ́РСКИЙ **1.** héroïque. *Богаты́рские по́двиги*, des hauts faits. **2.** herculéen. *Богаты́рский го́лос*, une voix de stentor. *Богаты́рского сложе́ния*, taillé en athlète. *Спать богаты́рским сном*, dormir d'un sommeil de plomb.

БОГАТЫ́РЬ *m.* preux.

БОГА́Ч richard.

БОГА́ЧЕ comp. de « бога́тый ».

БОГИ́НЯ déesse.

БОГОМО́Л*Е*Ц pèlerin. *То́лпы богомо́льцев шли к монастырю́*, des foules de pèlerins se dirigeaient vers le monastère.

БОГОМО́ЛЬЕ pèlerinage. *Пойти́ на богомо́лье*, aller en pèlerinage.

БОГОРО́ДИЦА la Mère de Dieu.

БО́ДРЫЙ dispos, alerte. *Бодр и свеж*, frais et dispos. *Бо́дрый стари́к*, un vieillard encore vert.

БОЕВО́Й **1.** de combat. *В боево́м поря́дке*, en ordre de combat. *Боево́е креще́ние*, le baptême du feu. **2.** combatif. *Боево́й па́рень*, un garçon qui n'a pas froid aux yeux.

БО*Е́*Ц combattant, soldat.

БО́ЖЕ! *interj.* Dieu ! *Бо́же мой!*, Mon Dieu !

БОЖЕ́СТВЕННЫЙ divin (*propr. et fig.*). *Боже́ственные кни́ги*, les livres divins. *У э́той певи́цы боже́ственный го́лос*, cette cantatrice a une voix divine.

БО́ЖИЙ *adj. d'appart.* de Dieu. *Бо́жья во́ля*, la volonté de Dieu. • **Бо́жья коро́вка,** coccinelle. **Ка́ждый бо́жий день,** tous les jours (*sans exception*).

БОЙ*, *loc.* бою́ *m.* **1.** combat, bataille. *Возду́шный бой*, un combat aérien. *Морско́й бой*, un combat naval. *У́личные бои́*, des combats de rue. *Взять с бо́ю**, prendre d'assaut. *Сда́ться без бо́я*, se rendre sans coup férir. *Приня́ть бой*, accepter le combat. **2.** course, combat. *Бой быко́в*, une course de taureaux. *Бой петухо́в*, un combat de coqs. **3.** son, sonnerie. *Бараба́нный бой*, un roulement de tambour. *Бой часо́в*, la sonnerie de l'horloge. • **Бой-ба́ба** (*fam.*), une maîtresse femme.

БО́ЙКИЙ , *comp.* бо́йче* **1.** déluré, dégourdi. *Бо́йкий па́рень*, un garçon dégourdi. *Име́ть бо́йкий язы́к*, avoir la langue bien pendue. **2.** vif, animé. *Бо́йкая у́лица*, une rue animée.

БО́ЙНЯ **1.** abattoir. *Городски́е бо́йни*, les abattoirs de la ville. **2.** carnage. *Устро́ить бо́йню*, faire un carnage.

БО́ЙЧЕ comp. de « бо́йкий ».

БОК*, loc. боку́, *nom. pl.* бока́ flanc. *У меня́ ко́лет в боку́*, j'ai un point de côté. *Намя́ть бока́*, flanquer une dérouillée. • **Лежа́ть на боку́** **1.** (*propr.*) être étendu sur le flanc. **2.** (*fig.*) ne rien faire.

Remarque. L'accent passe sur la préposition dans les groupes « за́ бок », « на́ бок », « бок о́ бок ».

БОКА́Л coupe, verre. *Подня́ть бока́л за кого́-нибудь*, boire à la santé de qqn.

БОКОВО́Й latéral. *Боковы́е алле́и*, les allées latérales.

БОЛВА́Н abruti, andouille.

БО́ЛЕЕ *adv.* **1.** (+ *adj. ou adv.*) plus. *Бо́лее тёмный*, plus sombre. *Бо́лее споко́йно*, plus tranquillement. **2.** (+ *gén.*) plus, davantage. *Бо́лее двух часо́в*, plus de deux heures. • **Бо́лее и́ли ме́нее,** plus ou moins. *Бо́лее и́ли ме́нее похо́жий*, plus ou moins ressemblant. **Всё бо́лее и бо́лее,** de plus en plus. **Тем бо́лее, что,** d'autant plus que. **Бо́лее того́,** et en outre. **Бо́лее чем,** tout à fait. *Бо́лее чем серьёзно*, tout à fait sérieusement.

Remarque. Il ne faut pas confondre « бо́лее », qui sert à former le comparatif analytique, et « бо́льше » qui est le comparatif synthétique de « мнóго » et de « большóй ». Cependant, leur sens et leur emploi coïncident parfois (v. бóлее 2, бóльше 2 et certaines expressions idiomatiques).

БОЛÉЗНЕННЫЙ **1.** maladif. *У негó болéзненный вид*, il a un air maladif. **2.** morbide. *Болéзненное любопы́тство*, une curiosité morbide. **3.** douloureux. *Болéзненное ощущéние*, une sensation douloureuse.

БОЛÉЗНЬ *f.* maladie. *Зарáзная болéзнь*, une maladie contagieuse. *Неизлечи́мая болéзнь*, une maladie incurable. *Душéвные болéзни*, les maladies mentales. *Схвати́ть болéзнь*, attraper une maladie. ● **Морскáя болéзнь,** le mal de mer.

I. БОЛÉТЬ être malade. *Болéть гри́ппом*, avoir la grippe.

II. БОЛÉТЬ* I, боли́т, боля́т / **ЗАБОЛÉТЬ*** I (*id.*) faire mal. *У меня́ боли́т головá*, j'ai mal à la tête. *Боли́т в у́хе*, j'ai mal dans l'oreille.

БОЛÓТИСТЫЙ marécageux. *Болóтистая мéстность*, une région marécageuse.

БОЛÓТО marécage. ● **Торфянóе болóто,** tourbière.

БОЛТÁТЬ 1. / **ПОБОЛТÁТЬ** *ou* **СБОЛТÁТЬ** (*tr.*) agiter. *Болтáть чай лóжкой*, remuer le thé avec une cuillère. **2.** / **ПОБОЛТÁТЬ** (*intr.*) agiter. *Болтáть ногáми*, remuer les jambes, gigoter. **3.** / **ПОБОЛТÁТЬ** (*intr. ou tr.*) bavarder. *Болтáть без у́молку*, bavarder sans arrêt. *Болтáть глу́пости*, dire des bêtises. ● **Болтáть языкóм,** parler pour ne rien dire.

БОЛТÁТЬСЯ / **ПОБОЛТÁТЬСЯ** **1.** être agité; se balancer. *На верёвке болтáлось бельё*, le linge, étendu sur une corde, était agité par le vent. **2.** errer à l'aventure. *Болтáться без дéла*, rôder sans occupation précise.

БОЛТОВНЯ́ bavardage; verbiage. *Онá былá занятá болтовнёй*, elle était occupée à bavarder.

БОЛТУ́Н /— — bavard.

БОЛЬ *f.* douleur. *Испы́тывать óструю боль*, ressentir une douleur aiguë.

БОЛЬНИ́ЦА hôpital. *Лежáть в больни́це*, être à l'hôpital.

БÓЛЬНО **1.** *adv.* douloureusement. *Бóльно удáриться*, se faire mal en se cognant. **2.** *adj. n. invariable* sensation douloureuse. *Мне бóльно*, j'ai mal. *Ушáм бóльно*, ça fait mal aux oreilles. ● **Сдéлать комý-нибудь бóльно,** faire mal à quelqu'un.

БОЛЬНÓЙ /— **1.** malade. *Больнáя ногá*, la jambe malade. **2.** (*fig.*) maladif. *Больнóе воображéние*, une imagination maladive. **3.** *subst.* un malade. *Навести́ть больнóго*, rendre visite à un malade. ● **Больнóе мéсто,** le point faible. *Э́то егó больнóе мéсто*, c'est son point faible. **Больнóй вопрóс,** une question épineuse.

БÓЛЬШЕ (*comp. de* « большóй » *et de* « мнóго ») **1.** plus grand. *Онá вдвóе бóльше*, elle est deux fois plus grande. **2.** davantage, plus. *Не бóльше двух часóв*, pas plus de deux heures. *Бóльше, чем когдá бы то ни́ было*, plus que jamais. **3.** (*suivi d'une négation*) ne... plus. *Ты бóльше не слу́шаешь меня́*, Tu ne m'écoutes plus. *Чтóбы э́того бóльше нé было!*, Que ça ne se reproduise plus! *Бóльше не бу́ду*, Je ne le ferai plus. ● **Бóльше тогó,** en outre.

REMARQUES. **1.** V. бóлее (2 et remarque). **2.** Il ne faut pas confondre « не бóльше », « pas plus que » ou « pas plus » (v. 2), avec « бóльше не », « ne... plus » (v. 3).

БÓЛЬШИЙ (*comp. de* « большóй ») plus grand. *Бóльшей чáстью*, en majeure partie. *Сáмое бóльшее*, tout au plus.

БОЛЬШИНСТВО́ majorité. *Абсолю́тное большинство́*, la majorité absolue. *Подавля́ющее большинство́*, une majorité écrasante. *В большинстве́ слу́чаев*, dans la plupart des cas.

БОЛЬШО́Й, вели́к*, велика́... , *comp.* бо́льше* *et* бо́льший* **1.** grand, de grande taille. *Большо́й дом*, une grande maison. *Большо́й го́род*, une grande ville. *Больша́я доро́га*, la grand-route. *Большо́й па́лец*, le pouce *ou* le gros orteil. *Больша́я бу́ква*, une majuscule. **2.** grand, important. *Большо́й успе́х*, un grand succès. *Большо́е го́ре*, un grand chagrin. *Больши́е де́ньги*, une grosse somme. *Больши́е собы́тия*, des événements importants. **3.** *subst.* les grandes personnes. *Слу́шаться больши́х*, obéir aux grandes personnes.

БОРЕ́Ц 1. combattant. *Боре́ц за свобо́ду*, un défenseur de la liberté. **2.** (*sport*) lutteur. *Боре́ц тяжёлого ве́са*, un lutteur poids lourd.

БОРЗА́Я *adj. subst. f.* lévrier.

БОРМОТА́ТЬ* II, бормочу́, бормо́чешь... / **ПРОБОРМОТА́ТЬ** (*id.*) marmotter, bredouiller.

БОРОДА́ barbe. *Отпусти́ть себе́ бо́роду*, se laisser pousser la barbe. ● **Смея́ться в бо́роду,** rire dans sa barbe. **Си́няя борода́,** Barbe-Bleue.

БОРОДА́ВКА verrue.

БОРОДА́ТЫЙ barbu.

БОРОЗДА́ sillon.

БОРО́ТЬСЯ* II, борю́сь, бо́решься... / **ПОБОРО́ТЬСЯ** (*id.*) lutter, combattre. *Боро́ться за свобо́ду*, combattre pour la liberté. *Боро́ться с алкоголи́змом* ou *боро́ться про́тив алкоголи́зма*, lutter contre l'alcoolisme. *Боро́ться со сном*, lutter contre le sommeil.

БОРТ*, *loc.* борту́, *nom. pl.* борта́ bord (*d'un navire*). *На борту́ корабля́*, à bord d'un navire. *Взять на́ борт*, prendre à bord. *Вы́бросить за́ борт*, jeter par-dessus bord. *Челове́к за бо́ртом!*, Un homme à la mer !

Remarque. L'accent passe sur la préposition dans les groupes « за́ борт », « на́ борт », « борт о́ борт ».

БОРТПРОВОДНИ́ЦА hôtesse de l'air.

БОРЩ soupe aux betteraves, « borchtch ».

БОРЬБА́ lutte. *Борьба́ за власть*, la lutte pour le pouvoir. *Борьба́ с алкоголи́змом*, la lutte contre l'alcoolisme. *Борьба́ кла́ссов*, la lutte des classes. *Борьба́ за существова́ние*, la lutte pour la vie.

БОСИКО́М *adv.* nu-pieds. *Ходи́ть босико́м*, aller nu-pieds.

БОСО́Й *et* **БОСОНО́ГИЙ** aux pieds nus. *Босоно́гие мальчи́шки*, des gamins aux pieds nus.

БОСЯ́К va-nu-pieds.

БОТ canot. *Мото́рный бот*, canot à moteur.

БОТИ́НОК*, *gén. pl.* боти́нок soulier bas. *Ко́жаные боти́нки*, des souliers en cuir.

БО́ЧКА tonneau, barrique. *Порохова́я бо́чка*, un baril de poudre.

БОЧО́НОК petit tonneau, baril.

БОЯЗЛИ́ВЫЙ craintif, peureux. *Боязли́вый зверёк*, un animal craintif. *Боязли́вый взгляд*, un regard timide.

БОЯ́ЗНЬ *f.* crainte, appréhension. *Из боя́зни опозда́ть*, de crainte d'être en retard.

БОЯ́РИН*, *pl.* боя́ре, боя́р, боя́рам... boyard, noble russe dans l'ancienne Russie (*jusqu'à la fin du XVII*[e] *siècle*).

БОЯ́РЫШНИК aubépine.

БОЯ́ТЬСЯ* I, бою́сь, бои́шься... / **ПОБОЯ́ТЬСЯ*** I (*id.*) **1.** craindre, avoir peur. *Она́ бои́тся ма́тери*, elle craint sa mère. *Боя́ться простуди́ться*, avoir peur de prendre froid. *Я боюсь, что он придёт* ou *я боюсь, как бы он не пришёл* ou *я боюсь, чтобы он не пришёл*, je crains qu'il ne vienne. *Я боюсь, что он не придёт*, je crains qu'il ne vienne pas. **2.** craindre (*pouvoir être endommagé par*). *Бояться сырости*, craindre l'humidité. ● **Боюсь сказать,** je ne saurais dire au juste.

REMARQUE. Le verbe « бояться » est suivi d'un nom au génitif, d'un verbe à l'infinitif ou d'une construction avec « что », « чтобы » ou « как бы... не ».

БРА* *n. indécl.* applique.

I. БРАК mariage. *Брак по любви*, un mariage d'amour.

II. БРАК rebut, pièces défectueuses.

БРАКОВА́ТЬ / ЗАБРАКОВА́ТЬ mettre au rebut (*des pièces défectueuses*).

БРАНИ́ТЬ / ВЫ́БРАНИТЬ gronder. *Он всё бранит меня*, il n'arrête pas de me gronder.

I. БРАНЬ *f.* jurons.

II. БРАНЬ *f.* (*arch.*, *poét.*) guerre, bataille. *На поле брани*, au champ d'honneur.

БРАТ*, *pl.* бра́тья, бра́тьев, бра́тьям... **1.** frère. **2.** cousin. ● **Наш брат,** les gens comme nous.

REMARQUE. S'il est indispensable de distinguer les notions de « frère » et de « cousin », on emploiera respectivement « родной брат » et « двоюродный брат ».

БРА́ТСКИЙ fraternel.

БРА́ТЬ* IV, беру́, берёшь...; брал, брала́, бра́ло, бра́ли / **ВЗЯТЬ*** IV, возьму́, возьмёшь...; взял, взяла́, взя́ло, взя́ли ; взя́тый, взят, взята́, взя́то, взя́ты **1.** prendre. *Взять свою шляпу*, prendre son chapeau. *Она брала детей с собой*, elle emmenait les enfants avec elle. *Взять такси*, prendre un taxi. *Брать уроки*, prendre des leçons. *Взять слово*, prendre la parole. *Меня взял страх*, j'ai pris peur. *Эта работа берёт много времени*, ce travail prend beaucoup de temps. *Взять дело в свои руки*, prendre l'affaire en mains. *Взять в плен*, faire prisonnier. *Взять влево*, tourner à gauche. **2.** mordre (*en parlant des poissons*). *Рыба хорошо берёт*, le poisson mord bien. ● **Взять быка́ за рога́,** prendre le taureau par les cornes. **Взять да и...,** décider brusquement de... *Он взял да и уехал*, brusquement, il lui a pris idée de partir. *Возьму да и скажу*, Et si, brusquement, je racontais tout ?

БРА́ТЬСЯ* IV, беру́сь, берёшься...; бра́лся, брала́сь... / **ВЗЯ́ТЬСЯ*** IV, возьму́сь, возьмёшься...; взя́лся, взяла́сь... **1.** prendre entre ses mains, saisir. *Взяться за голову*, se prendre la tête à deux mains. **2.** se mettre à, entreprendre. *Я взялся за работу*, je me suis mis au travail. *Я не берусь судить*, je ne me permettrai pas de juger. ● **Взя́ться за ум,** devenir plus raisonnable.

БРЕВЕ́НЧАТЫЙ en rondins.

БРЕВНО́, *pl.* брёвна... rondin.

БРЕД*, *loc.* бреду́ délire. *Больной в бреду*, le malade délire.

БРЕ́ДИТЬ **1.** délirer. *Больной бредит*, le malade délire. **2.** (+ *instr.*) être fou de. *Бредить музыкой*, être fou de musique.

БРЕ́ЗГАТЬ / ПОБРЕ́ЗГАТЬ (+ *instr. ou inf.*) avoir de la répugnance pour. *Брезгать сушёной рыбой*, avoir de la répugnance pour le poisson séché. *Он брезгал пить с товарищем из одного стакана*, il lui répugnait de boire dans le même verre que son camarade. *Он ничем не брезгает*, tous les moyens lui sont bons.

БРЕЗГЛИ́ВОСТЬ *f.* dégoût. *Пересилить брезгливость*, surmonter son dégoût.

БРЕ́ЗЖИТЬ / ЗАБРЕ́ЗЖИТЬ briller d'un faible éclat. *Чуть бре́зжило*, le jour commençait seulement à poindre.

БРЕ́МЯ*, *gén.*, *dat.*, *loc.* бре́мени, *instr.* бре́менем, *n.* fardeau (*fig.*). *Под бре́менем забо́т*, sous le poids des soucis. *Под бре́менем лет*, sous le fardeau des ans.

БРЕНЧА́ТЬ* I, бренчу́, бренчи́шь... **1.** (*sans complément*) cliqueter, résonner. *Ключи́ бренча́ли*, les clefs cliquetaient. **2.** (+ *instr.*) faire cliqueter, faire résonner. *Бренча́ть ключа́ми*, faire cliqueter ses clefs. **3.** (на + *loc.*) mal jouer d'un instrument. *Бренча́ть на роя́ле*, pianoter.

БРЕСТИ́* IV, бреду́, бредёшь...; брёл, брела́... / **ПО-БРЕСТИ*** IV (*id.*) aller avec peine, se traîner.

БРИ́ТВА rasoir. *Электри́ческая бри́тва*, un rasoir électrique.

БРИТЬ* II, бре́ю, бре́ешь... / **ПО-БРИ́ТЬ*** II, побре́ю, побре́ешь...; побри́тый raser. *Я бре́юсь ка́ждое у́тро*, je me rase tous les matins.

БРОВЬ *f.* sourcil. *Густы́е бро́ви*, sourcils épais. ● **Попа́сть не в бровь, а пря́мо в глаз,** tomber en plein dans le mille.

БРОД gué. *Идти́ бро́дом*, passer à gué. ● **Не зна́я бро́ду*, не су́йся в во́ду,** il ne faut jamais se lancer à l'aveuglette.

I. БРОДИ́ТЬ aller à l'aventure, au hasard. *Броди́ть по́ лесу*, errer à travers bois.

II. БРОДИ́ТЬ fermenter. *Вино́ бро́дит*, le vin fermente.

БРОДЯ́ГА *m.* vagabond.

БРОДЯ́ЖНИЧАТЬ mener une vie de vagabond.

БРОДЯ́ЧИЙ errant, ambulant. *Бродя́чая жизнь*, une vie errante. *Бродя́чие музыка́нты*, des musiciens ambulants.

БРОЖЕ́НИЕ fermentation (*propr. et fig.*). *Броже́ние умо́в*, la fermentation des esprits.

БРОНЕНО́СЕЦ cuirassé. « *Бронено́сец Потёмкин* », « le Cuirassé Potemkine ».

I. БРОНИ́РОВАТЬ / ЗАБРОНИ́РОВАТЬ réserver. *Брони́ровать места́*, réserver des places. *Брони́ровать но́мер*, retenir une chambre.

II. БРОНИРОВА́ТЬ / ЗАБРОНИРОВА́ТЬ blinder.

Remarque. Les deux verbes ci-dessus diffèrent par leur accentuation.

I. БРО́НЯ place réservée. *Бро́ня на железнодоро́жный биле́т*, place réservée (*chemin de fer*).

II. БРОНЯ́ cuirasse.

Remarque. Les deux noms ci-dessus diffèrent par leur accentuation.

БРОСА́ТЬ / БРО́СИТЬ **1.** jeter, lancer. *Броса́ть ка́мни*, jeter des pierres. *Броса́ть снежка́ми в това́рища*, lancer des boules de neige sur un camarade. *Броса́ться снежка́ми*, se lancer des boules de neige. *Бро́сить взгляд*, lancer un regard. *Бро́сить я́корь*, jeter l'ancre. *Я бро́сился ему́ на по́мощь*, je me suis précipité à son secours. *Бро́ситься на врага́*, se ruer sur l'ennemi. **2.** abandonner; cesser de. *Бро́сить друзе́й*, abandonner ses amis. *Бро́сить рабо́ту*, abandonner son travail. *Брось кури́ть!*, Arrête de fumer! ● **Броса́ть де́ньги на ве́тер,** jeter de l'argent par les fenêtres. **Бро́сить на произво́л судьбы́,** abandonner à son triste sort. **Броса́ть па́лки в колёса,** mettre des bâtons dans les roues. **Э́то броса́ется в глаза́,** cela saute aux yeux.

Remarque. Après le verbe « броса́ть », c'est l'accusatif sans préposition qui correspond au complément direct d'objet en français, mais on trouve quelquefois dans cette fonction l'instrumental. Avec la forme pronominale « бросáться », dans le sens de « se jeter l'un sur l'autre », seul l'instrumental est usité.

БРОСÁТЬСЯ / БРÓСИТЬСЯ 1. v. бросáть. 2. se mettre brusquement à. *Он брóсился бежáть,* il se mit à courir.

/ **БРÓСИТЬ** v. бросáть.

/ **БРÓСИТЬСЯ** v. бросáться.

БРЫ́ЗГАТЬ* II, бры́зжу, бры́зжешь... / **БРЫ́ЗНУТЬ** 1. (*intr.*) gicler. *Кровь бры́знула,* le sang gicla. *Йскры бры́зжут,* des étincelles jaillissent. 2. arroser. *Бры́знуть на прохóжего водóй,* arroser d'eau un passant. ● **Бры́згать слюнóй,** lancer des postillons.

Remarque. Employé dans son deuxième sens, « бры́згать » peut suivre la conjugaison régulière : бры́згаю, бры́згаешь...

БРЫ́ЗГИ, брызг, бры́згам... *pl. t.* gouttelettes ; étincelles... (v. бры́згать).

/ **БРЫ́ЗНУТЬ** v. бры́згать.

БРЮ́КИ, брюк, брю́кам... *pl. t.* pantalon.

БРЮ́ХО (*fam.*) ventre, bedaine. *Наби́ть себé брю́хо,* se remplir la panse.

БРЮШКÓ (*dim. de* « брю́хо ») ventre, petit ventre. *Отрасти́ть себé брюшкó,* prendre du ventre. *Мужчи́на с брюшкóм,* un monsieur bedonnant.

БУБЕНЦЫ́, бубенцóв, бубенцáм... *pl. t.* grelots.

БУГÓР monticule.

БУ́ДЕТ v. быть. ● **Бу́дет !,** Ça suffit ! *Бу́дет вам !,* Arrêtez !

БУДИ́ЛЬНИК réveil (*réveille-matin*). *Завести́ буди́льник на бой,* remonter la sonnerie du réveil.

БУДИ́ТЬ 1. / **РАЗБУДИ́ТЬ**, *part.* разбу́женный réveiller. *Меня́ разбуди́ли в пять часóв,* on m'a réveillé à cinq heures. 2. / **ПРОБУДИ́ТЬ,** *part.* пробуждённый* éveiller, provoquer. *Буди́ть любопы́тство,* éveiller la curiosité.

БУ́ДКА guérite, cabine. *Бу́дка часовóго,* guérite. *Телефóнная бу́дка,* cabine téléphonique (*dans la rue*).

БУ́ДНИ, бу́дней, бу́дням... *pl. t.* jours de semaine. *В бу́дни я рабóтаю с утрá до вéчера,* les jours de semaine, je travaille du matin au soir.

БУ́ДТО *ou* **КАК БУ́ДТО, БУ́ДТО БЫ, КАК БУ́ДТО БЫ** 1. *conj.* comme si. *Он идёт дáльше, бу́дто и не слы́шит,* il continue sa route comme s'il n'entendait rien. 2. *particule* que (*et un contexte marquant le doute*). *Мне как бу́дто лу́чше,* il me semble que je vais mieux. *Ему́ показáлось, бу́дто,* il lui sembla que.

БУ́ДУ, БУ́ДУЧИ... v. быть.

БУ́ДУЩИЙ 1. futur. *На бу́дущей недéле,* la semaine prochaine. *В бу́дущем годý,* l'année prochaine. *Бу́дущие врачи́,* les futurs médecins. *Бу́дущее врéмя,* le futur (*gramm.*). 2. **БУ́ДУЩЕЕ** *subst. n.* l'avenir. *В ближáйшем бу́дущем,* dans l'avenir le plus proche.

БУДЬ v. быть.

БУ́ЙНЫЙ impétueux. *Бу́йный харáктер,* un caractère violent. *Бу́йный вéтер,* un vent impétueux.

БУК hêtre.

БУКÁШКА petit insecte (*s'applique à n'importe quel petit insecte*).

БУ́КВА lettre, caractère. *Прописнáя бу́ква* ou *большáя бу́ква,* majuscule. *Стрóчная бу́ква* ou *мáленькая бу́ква,* minuscule. ● **Оставáться мёртвой бу́квой,** rester lettre morte.

БУКВÁЛЬНЫЙ littéral, textuel. *Буквáльный перевóд,* traduction mot à mot. *Буквáльно всё,* absolument tout.

БУКВА́РЬ *m.* a b c, abécédaire.

БУКСОВА́ТЬ / ЗАБУКСОВА́ТЬ déraper. *Колёса буксу́ют*, les roues patinent.

БУЛА́ВКА épingle. *Англи́йская була́вка*, une épingle de sûreté. *Була́вка для га́лстука*, une épingle de cravate.

БУ́ЛКА petit pain. *Бу́лка с изю́мом*, un petit pain aux raisins.

БУ́ЛОЧКА dim. de «бу́лка».

БУ́ЛОЧНАЯ *adj. subst. f.* boulangerie.

БУ́ЛОЧНИК boulanger.

БУ́ЛОЧНИЦА boulangère.

БУЛЫ́ЖНИК pavé. *Вы́мостить у́лицу булы́жником*, paver une rue.

БУ́ЛЬКАТЬ / БУ́ЛЬКНУТЬ glouglouter.

БУМА́ГА 1. papier. *Бума́га в клётку*, du papier quadrillé. *Обёрточная бума́га*, du papier d'emballage. *Папиро́сная бума́га*, du papier à cigarettes. *Промока́тельная бума́га*, du papier buvard. *Пи́счая бума́га*, du papier à lettres. 2. (*généralement au pl.*) papier, document. *Ры́ться в бума́гах*, fouiller dans les papiers. ● **Остава́ться на бума́ге,** rester sur le papier. *Прое́кт оста́лся на бума́ге*, le projet est resté sur le papier.

БУМА́ЖКА dim. de «бума́га».

БУМА́ЖНИК portefeuille.

БУМА́ЖНЫЙ de papier. *Бума́жные салфе́тки*, des serviettes en papier. ● **Бума́жные де́ньги,** papier-monnaie.

БУНТ émeute. *Пугачёвский бунт*, le soulèvement de Pougatchov.

БУНТА́РЬ *m.* (*arch.*) mutin.

БУНТОВА́ТЬ 1. / **ВЗБУНТОВА́ТЬСЯ** (*intr.*) se soulever. *Бунтова́ли казаки́ на Дону́*, il y avait des émeutes chez les cosaques du Don. 2. / **ВЗБУНТОВА́ТЬ** (*tr.*) inciter à la révolte. *Взбунтова́ть наро́д*, pousser le peuple à la révolte.

БУНТОВЩИ́К mutin.

БУРА́Н (*dial.*) tempête de neige.

БУРИ́ТЬ / ПРОБУРИ́ТЬ forer. *Пробури́ть нефтяну́ю сква́жину*, forer un puits de pétrole.

БУ́РКА pèlerine de feutre (*caucasienne*), « bourka ».

БУ́РКАТЬ / БУ́РКНУТЬ bougonner. *Он бу́ркнул что́-то себе́ под нос*, il marmonna quelque chose dans sa barbe.

/ **БУ́РКНУТЬ** v. бу́ркать.

БУРЛА́К haleur.

БУ́РНЫЙ 1. tempétueux. *Бу́рное мо́ре*, une mer démontée. 2. impétueux, violent. *Бу́рное заседа́ние*, une séance orageuse. *Бу́рные аплодисме́нты*, des applaudissements frénétiques.

БУ́РЫЙ brun. *Бу́рый медве́дь*, un ours brun. ● **Бу́рый у́голь,** lignite.

БУРЬЯ́Н mauvaise(s) herbe(s).

БУ́РЯ tempête. *Подняла́сь бу́ря*, une tempête s'éleva. *Бу́ря утихла*, la tempête s'est calmée. *Бу́рей повали́ло дере́вья*, la tempête a renversé des arbres. ● **Бу́ря в стака́не воды́,** une tempête dans un verre d'eau.

БУ́СЫ, бус, бу́сам... *pl. t.* collier. *Кора́лловые бу́сы*, un collier de corail.

БУТЕРБРО́Д tartine, sandwich. *Бутербро́д с ма́слом*, une tartine beurrée. *Бутербро́д с икро́й*, une tartine de caviar.

БУТЫ́ЛКА bouteille. *Буты́лка молока́*, une bouteille de lait.

БУ́ФЕР*, *nom. pl.* буфера́ tampon (*wagon*); pare-choc (*autom.*).

БУХГА́ЛТЕР comptable.

БУ́ХТА baie (*géogr.*). *Глубо́кая бу́хта*, une baie profonde.

БУ́ХТА-БАРА́ХТА ● **С бу́хты-бара́хты,** sans réfléchir.

БУШЕВА́ТЬ **1.** être déchaîné. *Бушева́л ве́тер,* le vent soufflait avec furie. **2.** faire de l'esclandre. *Пья́ная компа́ния бушева́ла на у́лице,* une bande d'ivrognes faisait du scandale dans la rue.

> **БЫ, Б** (*fam.*) *particule*
> *« Бы » est employé soit avec le passé, soit avec l'infinitif. Toute proposition comportant cette particule est au mode hypothétique qui correspond en français:*
> **1.** *soit à un conditionnel;*
> **2.** *soit à un temps passé de l'indicatif précédé de « si »;*
> **3.** *soit à un subjonctif;*
> **4.** *soit à un infinitif précédé de « pour ». Dans ces deux derniers cas, la particule s'accole presque toujours à la conjonction* « что » *pour former* « что́бы » (voir что́бы).

1. *Я бы охо́тно верну́лся домо́й,* je rentrerais volontiers chez moi. *Ему́ бы погуля́ть,* il ferait bien de faire une petite promenade. **2.** *Е́сли бы она́ была́ здесь, я бы её поздра́вил,* si elle était ici, je la féliciterais. **3.** *Я не хочу́, что́бы он узна́л об э́том,* je ne veux pas qu'il le sache. *Что́бы э́того бо́льше не́ было!,* Que cela ne se reproduise plus ! *Что бы ни случи́лось,* quoi qu'il arrive (v. ни). **4.** *Он прие́хал, что́бы тебя́ поздра́вить,* il est venu pour te féliciter.

I. БЫВА́ЛО v. быва́ть.

> **II. БЫВА́ЛО** (*placé entre virgules*) *particule*
> *« Быва́ло » accompagne:*
> **1.** *soit un verbe imperfectif employé au passé ou au présent;*
> **2.** *soit un verbe perfectif employé au futur. Il exprime une action répétée dans le passé.*

1. *Он, быва́ло, ча́сто е́здил к нам,* il avait l'habitude de venir souvent chez nous. *Она́, быва́ло, нам поёт пе́сни,* souvent, elle nous chantait des chansons. **2.** *Она́, быва́ло, ся́дет у окна́ и начнёт выши́вать,* d'ordinaire, elle s'installait près de la fenêtre et brodait.

БЫВА́ЛЫЙ (*fam.*) qui en a vu de toutes sortes. *Он челове́к быва́лый,* c'est un vieux routier.

БЫВА́ТЬ **1.** être, se trouver. *Ве́чером она́ всегда́ быва́ет до́ма,* le soir, elle est toujours chez elle. **2.** / **ПОБЫВА́ТЬ** aller visiter; faire un séjour. *Мы ча́сто быва́ем в теа́тре,* nous allons souvent au théâtre. *Он побыва́л на ю́ге,* il a fait un séjour dans le Midi. *Я никогда́ не быва́л в Сиби́ри,* je n'ai jamais été en Sibérie. **3.** avoir lieu. *Э́то быва́ет,* cela arrive. *Э́то быва́ет со все́ми,* cela arrive à tout le monde. ● **Как не быва́ло,** il n'en reste pas trace. *Дождя́ как не быва́ло,* on ne croirait pas qu'il a plu. **Как ни в чём не быва́ло,** comme si de rien n'était. *А он споко́йно сиди́т, как ни в чём не быва́ло,* et lui reste assis tranquillement, comme si de rien n'était.

БЫ́ВШИЙ ancien, précédent. *Бы́вший дире́ктор,* l'ancien directeur.

I. БЫК /‾ ‾ taureau. *Бой быко́в,* une course de taureaux. ● **Взять быка́ за рога́,** prendre le taureau par les cornes. **Он здоро́в как бык,** il est solide comme un roc.

II. БЫК /‾ ‾ pile (*d'un pont*).

БЫЛИ́НА chant épique russe, « byline ».

БЫЛИ́НКА brin d'herbe.

I. БЫ́ЛО *ou* **БЫЛО** (*atone*) voir быть.

> **II. БЫЛО** (*atone*) *particule*
> *« Было » accompagne un verbe au passé ou au participe passé actif. Il exprime une action projetée ou entreprise, mais qui ne s'est pas réalisée.*

Он чуть бы́ло не упа́л, il a failli tomber. *Он собра́лся бы́ло по-*

зáвтракать, il était sur le point de déjeuner. *Прекратúвшийся было снег вдруг снóва повалúл*, la neige, qui avait cessé de tomber, reprit soudain de plus belle.

БЫСТРОТÁ promptitude ; vitesse. *С быстротóй мóлнии*, avec la rapidité d'un éclair. *Колёса вращáются с быстротóй сорокá оборóтов в секýнду*, les roues tournent à la vitesse de quarante tours à la seconde.

БЫСТРОХÓДНЫЙ rapide (*en parlant d'un navire, d'une voiture...*). *Быстрохóдная машúна*, une voiture rapide.

БЫ́СТРЫЙ rapide, prompt. *Бы́строе течéние*, un courant rapide. *Врéмя бы́стро прохóдит*, le temps passe vite.

БЫТ*, *loc.* бытý **1.** mode de vie. *Э́то вошлó в быт*, c'est entré dans les mœurs. **2.** vie quotidienne. *Сцéны из воéнного бы́та*, scènes de la vie militaire.

БЫТОВÓЙ de mœurs ; de la vie quotidienne. *Бытовóе явлéние*, un phénomène de la vie courante. *Бытовóй ромáн*, un roman de mœurs. *Комбинáт бытовóго обслýживания*, centre combiné de commerce artisanal.

БЫТЬ * *n. cl., présent inusité, à l'exception de la forme* « есть », voir I, 2; был, былá, бы́ло, бы́ли ; *futur* бýду, бýдешь... ; был, былá, бы́ло, бы́ли ; *gérondif* бýдучи être.

I. Verbe indépendant:
1. exister // avoir lieu // séjourner // être placé;
2. être (*expression de l'appartenance*).

II. Copule:
1. *employée avec un attribut (cet attribut peut être un participe passé passif);*
2. *employée dans une tournure impersonnelle.*

III. Auxiliaire *(suivi d'un infinitif imperfectif).*

I. 1. *Тебя́ ещё нé было на свéте*, Tu n'étais pas encore au monde. *Есть лю́ди, котóрые ничегó не боя́тся*, il y a des gens qui n'ont peur de rien. *Нé было ни одногó свобóдного мéста*, il n'y avait pas une seule place libre. *Есть чемý рáдоваться*, il y a de quoi se réjouir. // *Не бýдет заседáния*, la réunion n'aura pas lieu. *Быть грозé*, un orage se prépare. // *Он был у нас сегóдня ýтром*, il était chez nous ce matin. *Егó нет*, il est absent. // *На столé бы́ли бумáги*, sur la table il y avait des documents. **2.** *У меня́ есть интерéсные кнúги*, j'ai des livres intéressants. *У нас бýдет о чём поговорúть*, nous aurons de quoi parler.

II. 1. *Егó отéц был инженéром*, son père était ingénieur. *Онá бýдет довóльна*, elle sera contente. *Пéтя был высóкого рóста*, Pétia était de haute taille. *Кнúга былá в кóжаном переплёте*, c'était un livre relié cuir. // *Гóрод был взят*, la ville fut prise. **2.** *На ýлице хóлодно*, dans la rue, il fait froid. *Нам бы́ло теплó*, nous avions chaud. *Ей бы́ло три гóда*, elle avait trois ans. *Мóжно бы́ло гуля́ть*, on pouvait se promener. *Нельзя́ бы́ло гуля́ть*, on ne pouvait pas se promener.

III. *Мы бýдем читáть*, nous lirons. ● **Бýдет !,** Ça suffit ! **Будь, что бýдет,** Advienne que pourra ! **Так и быть,** Soit !

REMARQUES.

I. A la forme négative, on a :
1. soit « нет », « нé было », « не бýдет » suivis du génitif (paragraphe I et expression de l'âge; v. également les mots « есть » et « нет »).
Ex : Есть стýлья → Нет стýльев ;
Ей бы́ло три гóда → Ей нé было и трёх лет;
2. soit la négation « не » portant sur le verbe ou quelquefois sur l'attribut (paragraphe II).
Ex. : Он был инженéром → Он нé был инженéром;
Онá бýдет довóльна → Онá бýдет недовóльна.

3. soit, lorsque le sujet est un infinitif, не-, particule séparable entrant dans la composition des pronoms « нéчего », « нéкого » et des adverbes «нéгде», «нéкуда», « нéкогда», etc. Le passé et le futur sont alors exprimés respectivement par les formes « было » (atone) et « бýдет » placées après le pronom ou l'adverbe :
Ex. : Есть чемý рáдоваться → Нéчему рáдоваться; Бы́ло чемý рáдоваться → Нéчему было рáдоваться.
En ce qui concerne l'alternance мóжно / нельзя́, voir les exemples du paragraphe II.
II. L'accent passe sur la particule dans les groupes « нé был », « нé было », « нé были »; « ни́ был », « ни́ было », « ни́ были » (v. не et ни).
III. V. было, II.

БЬЁШЬ, БЬЁТ..., БЬЮ, БЬЮТ v. бить.

В

В, ВО *prép.* dans, en, à.

I. Régissant l'accusatif.	II. Régissant le locatif.
1. *direction, pénétration.*	1. *emplacement, disposition.*
2. *changement d'état, de forme, d'aspect.*	2. *état, forme, aspect.*
3. *changement d'occupation, de profession.*	3. *occupation, profession.*
4. *moment de l'action (jour, heure...) || expressions comportant les noms* « пóлдень », « пóлночь », « минýта », « момéнт », « эпóха », « врéмя », « течéние » *|| noms accompagnés de* « тот » *ou de* « такóй ».	4. *moment de l'action (mois, année, siècle...) || expressions comportant les noms* « дéтство », « мóлодость », « стáрость »...
5. *durée nécessaire à l'action || répétition de l'action en un temps donné || distance parcourue en un temps donné.*	5. *éloignement.*
6. *estimation de la mesure (poids, taille...).*	
7. *but.*	
● Expressions diverses.	● Expressions diverses.

I. 1. *Поéхать в Москвý*, aller à Moscou. *Вернýться во Фрáнцию*, rentrer en France. *Онá вошлá в кóмнату*, elle entra dans la pièce. *Ходи́ть в шкóлу*, aller à l'école. *Поступи́ть в университéт*, entrer à l'université. *Положи́ть в кармáн*, mettre dans sa poche. *Завернýть в бумáгу*, envelopper dans du papier. *Стучáться в дверь*, frapper à la porte. *О́кна в сад*, des fenêtres donnant sur le jardin. *Вмеша́ться в спор*, se mêler à une discussion. *Ввести́ в заблужде́ние*, induire en erreur. *Погружа́ться в размышле́ния*, se plonger dans la réflexion. **2.** *Изорва́ть в клочки́*, mettre en morceaux. *Лёд преврати́лся в во́ду*, la glace s'est transformée en eau. *Оде́ться в шу́бу*, mettre un manteau de fourrure. **3.** (+ *acc. pl. ayant la forme du nom. et non celle du gén.*) *Пойти́ в актри́сы*, se faire actrice. **4.** *В сре́ду ве́чером*, mercredi soir. *В во́семь часо́в*, à huit heures. *В час*, à une heure. *В че́тверть второ́го*, à une heure un quart. *В пять мину́т тре́тьего*, à deux heures cinq. || *В по́лдень*, à midi. *В пе́рвую мину́ту*, au premier instant. *В моме́нт отъе́зда*, au moment du départ. *В настоя́щее вре́мя*, à l'heure actuelle. *Во вре́мя переме́ны*, pendant la récréation. *В тече́ние всего́ дня*, pendant toute la journée. *В эпо́ху феодали́зма*, à l'époque féodale. || *В тот день*, ce jour-là. *В тот год*, cette année-là. **5.** *В одну́ мину́ту*, en un instant. || *Пять раз в неде́лю*, cinq fois par semaine. || *Со́рок киломе́тров в час*, quarante kilomètres à l'heure. **6.** *Ве́сом в два́дцать килогра́ммов*, d'un poids de vingt kilos. *Кварти́ра в се́мьдесят квадра́тных ме́тров*, un appartement de soixante-dix mètres carrés. *Сто́имостью в пять рубле́й*, d'une valeur de cinq roubles. *Ме́сто в пятьдеся́т копе́ек*, une place à cinquante kopeks. *Моро́з в два́дцать гра́дусов*, une température de vingt degrés au-dessous de zéro. || (*Avec un comp.*) *В два ра́за бо́льше*, deux fois plus grand. **7.** *Сказа́ть в шу́тку*, dire en manière de plaisanterie. *Не в оби́ду будь ска́зано*, Ce n'est pas pour vous offenser. *В па́мять на́ших встреч*, en souvenir de nos rencontres. ● **Ве́рить в бо́га,** croire en Dieu. **Во и́мя,** au nom de. *Во и́мя на́шей дру́жбы*, au nom de notre amitié. **В отца́, в мать...,** ressemblant à son père, à sa mère... *Он весь в отца́*, c'est tout le portrait de son père. **Во что бы то ни ста́ло,** à tout prix. **Игра́ть в** (+ *acc.*), jouer à. *Игра́ть в баскетбо́л*, jouer au basket. *Игра́ть в ша́хматы*, jouer aux échecs.

II. **1.** *Жить в Москве́*, habiter à Moscou. *Провести́ ме́сяц в Крыму́*, passer un mois en Crimée. *Служи́ть в а́рмии*, être militaire. *В рома́не пять часте́й*, le roman comporte cinq parties. *Стоя́ть в глубо́кой заду́мчивости*, être plongé dans une profonde rêverie. **2.** *У него́ все па́льцы в черни́лах*, il a les doigts pleins d'encre. *Ни́на была́ в шёлковом пла́тье*, Nina portait une robe de soie. *Я был в ле́тнем костю́ме*, j'étais en costume d'été. *В одно́й руба́шке*, en chemise. *В лохмо́тьях*, en haillons. *Челове́к в очка́х*, un homme portant des lunettes. *Я́блони бы́ли в цвету́*, les pommiers étaient en fleur. *Са́хар в куска́х*, du sucre en morceaux. *Боксёр в лёгком ве́се*, un boxeur poids plume. *В фо́рме квадра́та*, en forme de carré. *Дра́ма в стиха́х*, un drame en vers. *Траге́дия в пяти́ де́йствиях*, tragédie en cinq actes. *В еди́нственном числе́*, au singulier. *В роди́тельном падеже́*, au génitif. *Она́ была́ в у́жасе*, elle était horrifiée. *В си́льном гне́ве*, dans une colère épouvantable. *Я не в состоя́нии рабо́тать*, je ne suis pas en état de travailler. *В пья́ном ви́де*, en état d'ébriété. *Кни́га в хоро́шем ви́де*, le livre est en bon état. *В ду́хе вре́мени*, dans l'esprit de l'époque. **3.** *Служи́ть в меха́никах*, être employé comme mécanicien. **4.** *В сентябре́*, en septembre. *В 1968 году́*, en 1968. *В бу́дущем году́*, l'année prochaine. *В XX ве́ке*, au XXe siècle. || *В своём де́тстве*, dans son enfance. *В мо́лодости*, dans sa jeunesse. **5.** *В двух ме́трах от стены́*, à deux mètres du mur. *В трёх шага́х от меня́*, à trois pas de moi. *В киломе́тре от дере́вни*, à un kilomètre du village. *В десяти́ мину́тах ходьбы́ от вокза́ла*, à dix minutes de marche de la gare. ● **В действи́тельности,** en réalité. **В осо́бенности,** en particulier. **В тако́м слу́чае,** dans ce cas. **Нужда́ться в по́мощи,** avoir besoin d'aide. **Широ́кий в плеча́х,** large d'épaules.

Remarque. C'est le locatif et non l'accusatif que l'on a dans les expressions :
1. *В кото́ром часу́?*, « A quelle heure ? », bien que la réponse exige l'accusatif;
2. *В полови́не пе́рвого*, « A midi et demi », bien que les autres subdivisions de l'heure soient exprimées à l'accusatif.

ВАГОНОВОЖА́ТЫЙ *adj. subst. m.* wattman.

ВА́ЖНИЧАТЬ / ЗАВА́ЖНИЧАТЬ faire l'important.

ВА́ЖНОСТЬ *f.* **1.** importance. *Име́ть большу́ю ва́жность*, avoir une grande importance. *Де́ло большо́й ва́жности*, une affaire de grande importance. *Велика́ ва́жность!*, La belle affaire ! **2.** air prétentieux. *Говори́ть с ва́жностью*, parler sur un ton prétentieux. *Напуска́ть на себя́ ва́жность*, se donner un air important.

ВА́ЖНЫЙ important. *Ва́жное собы́тие*, un événement important. *Ва́жная роль*, un rôle important. *Приня́ть ва́жный вид*, prendre un air important.

ВА́КСА cirage noir. *Чи́стить сапоги́ ва́ксой*, passer ses bottes au cirage noir.

I. ВАЛ*, *loc.* валу́ rempart. *Городско́й вал*, les remparts de la ville.

II. ВАЛ*, *loc.* валу́ haute vague, lame.

III. ВАЛ*, *loc.* валу́ (*techn.*) arbre; cylindre. *Колё́нчатый вал*, vilebrequin.

ВАЛЕ́ЖНИК bois mort.

ВА́ЛЕНОК*, *gén. pl.* ва́ленок botte de feutre.

ВА́ЛИК traversin.

I. ВАЛИ́ТЬ **1.** / **ПОВАЛИ́ТЬ** *et* **СВАЛИ́ТЬ** (*tr.*) abattre, renverser. *Ве́тер повали́л дере́вья*, le vent a abattu des arbres. *Меня́ свали́ли с ног*, j'ai été renversé. **2.** / **СВАЛИ́ТЬ** (*tr.*) jeter. *Свали́ть ве́щи в сунду́к*, jeter des affaires dans un coffre. **3.** / **СВАЛИ́ТЬ** (*tr.*) rejeter (*fig.*). *Свали́ть вину́ на други́х*, rejeter la faute sur les autres.

II. ВАЛИ́ТЬ / ПОВАЛИ́ТЬ (*intr.*) venir, sortir, monter, descendre... en quantité. *Наро́д вали́т по у́лицам*, les gens passent en foule dans la rue. *Снег вали́т хло́пьями*, la neige tombe à gros flocons. *Из трубы́ вали́л чёрный дым*, une fumée noire et épaisse montait de la cheminée.

Remarque. Les deux verbes ci-dessus diffèrent par leur accentuation.

ВАЛИ́ТЬСЯ / ПОВАЛИ́ТЬСЯ **1.** v. вали́ть I. **2.** s'écrouler. *Дом ва́лится*, la maison tombe en ruines. // (*Fig.*) *Вали́ться с ног от уста́лости*, tomber de fatigue. ● **У него́ всё ва́лится из рук,** il n'arrive pas à faire quoi que ce soit correctement.

ВАЛЮ́ТА devises. *Иностра́нная валю́та*, des devises étrangères.

ВАЛЯ́ТЬ rouler. *Валя́ть в муке́*, rouler dans la farine. ● **Валя́ть дурака́,** faire l'imbécile.

ВАЛЯ́ТЬСЯ se rouler, se vautrer, traîner. *Свинья́ валя́ется в грязи́*, le cochon se vautre dans la boue. *Кни́ги валя́лись на полу́*, les livres traînaient par terre. *Он це́лое у́тро валя́лся на дива́не*, il a passé toute la matinée vautré sur son canapé.

ВАМ, ВА́МИ v. вы.

ВА́ННА, *gén. pl.* ванн **1.** baignoire. *Мы́ться в ва́нне*, se laver dans une baignoire. **2.** bain. *Принима́ть* *ва́нну*, prendre un bain. *Принима́ть со́лнечные ва́нны*, prendre des bains de soleil.

ВА́ННАЯ *adj. subst. f.* salle de bains. *Он пошёл в ва́нную, что́бы приня́ть душ*, il est allé dans la salle de bains pour prendre une douche.

ВА́РВАР barbare.

ВАРЁНЫЙ bouilli. *Варёная карто́шка*, pommes de terre cuites à l'eau.

ВАРЕ́НЬЕ confiture. *Мали́новое варе́нье*, confiture de framboises.

ВАРИ́ТЬ / **СВАРИ́ТЬ** faire cuire, faire bouillir. *Вари́ть карто́шку*, faire cuire des pommes de terre à l'eau. *Вари́ться в со́бственном соку́*, cuire dans son jus.

ВАРЯ́Г Varègue.

REMARQUE. On désigne sous le nom de « Varègues » les envahisseurs scandinaves qui, vers la fin du IXe siècle, soumirent une partie des tribus slaves de l'Est.

ВАС v. вы.

ВАСИЛЁК bleuet.

ВА́ТА ouate.

ВА́УЧЕР bon de séjour.

ВА́ФЛЯ gaufre.

ВА́ХТА (*marine*) quart. *Стоя́ть на ва́хте*, être de quart.

ВАШ *pronom-adjectif et pronom possessif* votre. *Ва́ши друзья́ прие́хали*, Vos amis sont arrivés. *Приве́т ва́шим*, Mes salutations à votre famille.

ВБЕГА́ТЬ / **ВБЕЖА́ТЬ*** *n. cl.*, вбегу́, вбежи́шь..., вбегу́т; вбеги́ entrer en courant. *В ко́мнату вбежа́л ма́льчик лет десяти́*, un petit garçon d'une dizaine d'années entra dans la pièce en courant.

/ **ВБЕЖА́ТЬ** v. вбега́ть.

/ **ВЗБЕСИ́ТЬ** v. беси́ть.

ВБИВА́ТЬ / **ВБИ́ТЬ*** II, вобью, вобьёшь...; вбей; вби́тый enfoncer. *Вбить гвоздь*, enfoncer un clou. *Вбить мяч в воро́та*, marquer un but. *Вбить себе́ в го́лову*, se fourrer dans la tête.

/ **ВБИТЬ** v. вбива́ть.

ВБЛИЗИ́ **1**. *adv.* tout près. *Вблизи́ послы́шался треск су́чьев*, un craquement de branches se fit entendre tout près. **2**. (+ *gén.*) *prép.* à proximité de. *Вблизи́ мо́ря*, à proximité de la mer.

REMARQUE. On trouve également « вблизи́ от » (+ *gén.*) au lieu de « вблизи́ » (+ *gén.*).

ВБРОД *adv.* à gué. *Перейти́ реку́ вброд*, passer une rivière à gué.

ВВЕДЕ́НИЕ introduction. *Введе́ние в филосо́фию*, introduction à la philosophie.

/ **ВВЕЗТИ́** v. ввози́ть.

ВВЕК *adv.* de toute la vie. *Ввек э́того не забу́ду*, je n'oublierai jamais cela.

ВВЕРХ *adv.* vers le haut (*direction*). *Вверх по реке́*, en remontant le fleuve. ● **Вверх дном,** sens dessus dessous. *Поста́вить весь дом вверх дном*, mettre toute la maison sens dessus dessous. **Ру́ки вверх!,** Haut les mains !

ВВЕРХУ́ *adv.* en haut (*emplacement*). *Я жил вверху́ под кры́шей*, j'habitais en haut, sous le toit.

/ **ВВЕСТИ́** v. вводи́ть.

ВВИДУ́ *prép.* (+ *gén.*) eu égard à. *Ввиду́ недоста́тка вре́мени*, en raison du manque de temps.

ВВОДИ́ТЬ / **ВВЕСТИ́*** IV, введу́, введёшь...; ввёл, ввела́... ; введённый introduire, faire entrer. *Он ввёл меня́ в ко́мнату*, il me fit entrer dans la pièce. *Ввести́ но́вую мо́ду*, introduire une nouvelle mode. ● **Ввести́ в заблужде́ние,** induire en erreur. **Ввести́ в курс де́ла,** mettre au courant.

ВВОЗИ́ТЬ / **ВВЕЗТИ́*** IV, ввезу́, ввезёшь...; ввёз, ввезла́... ; ввезённый importer. *Ввози́ть хлеб*, importer du blé.

/ **ВВЯЗА́ТЬСЯ** v. ввя́зываться.

ВВЯ́ЗЫВАТЬСЯ / ВВЯЗА́ТЬСЯ* II, ввяжу́сь, ввя́жешься... se mêler de. *Ввяза́ться в разгово́р*, se mêler à une conversation. *Жале́ю, что ввяза́лся в э́ту исто́рию*, je regrette de m'être mêlé de cette affaire.

/ **ВГЛЯДЕ́ТЬСЯ** v. вгля́дываться.

ВГЛЯ́ДЫВАТЬСЯ / ВГЛЯДЕ́ТЬСЯ* I, вгляжу́сь, вгляди́шься... fixer du regard. *Вгля́дываться в лицо́ прохо́жего*, dévisager un passant. *Вглядеться в темноту́*, scruter les ténèbres.

ВДАВА́ТЬСЯ* II, вдаю́сь, вдаёшься...; вдава́йся / **ВДА́ТЬСЯ** *n. cl.*, вда́мся, вда́шься, вда́стся, вдади́мся, вдади́тесь, вдаду́тся; вда́лся, вдала́сь... ; вда́йся faire saillie. *Мыс далеко́ вдаётся в мо́ре*, le cap avance loin dans la mer. • **Вдава́ться в подро́бности,** entrer dans les détails.

ВДАЛИ́ *adv.* au loin (*emplacement*). *Вдали́ черне́ет лес*, au loin, on voit la ligne noire d'une forêt.

ВДАЛЬ *adv.* au loin (*direction*). *Смотре́ть вдаль,* regarder au loin.

/ **ВДА́ТЬСЯ** v. вдава́ться.

ВДВО́Е *adv.* deux fois. *Друга́я ко́мната вдво́е бо́льше*, l'autre pièce est deux fois plus grande.

ВДВОЁМ *adv.* à deux. *Вдвоём веселе́е*, à deux, c'est plus gai.

ВДЕВА́ТЬ / ВДЕТЬ* *n. cl.*, вде́ну, вде́нешь... ; вде́тый enfiler. *Вдеть ни́тку в иго́лку*, enfiler une aiguille.

/ **ВДЕТЬ** v. вдева́ть.

ВДОВА́ veuve.

ВДОВЕ́Ц veuf.

ВДО́ВОЛЬ *adv.* à volonté, à satiété. *Что́бы всего́ бы́ло вдо́воль*, pour qu'il y ait de tout à satiété.

ВДОГО́НКУ *adv.* à la poursuite de. *Пусти́лись за ним вдого́нку*, on se mit à sa poursuite.

ВДОЛЬ (+ *gén.*) *ou* **ВДОЛЬ ПО** (+ *dat.*) *prép.* le long de. *Вдоль стены́*, le long du mur. *Вдоль по бе́регу*, le long de la berge. • **Вдоль и поперёк,** en long et en large. *Изъе́здил страну́ вдоль и поперёк*, j'ai parcouru le pays dans tous les sens.

ВДОХНОВЕ́НИЕ inspiration. *Поэти́ческое вдохнове́ние*, l'inspiration poétique.

/ **ВДОХНОВИ́ТЬ** v. вдохновля́ть.

ВДОХНОВЛЯ́ТЬ / ВДОХНОВИ́ТЬ inspirer. *Э́ти собы́тия вдохнови́ли поэ́та*, ces événements ont inspiré le poète.

ВДРЕ́БЕЗГИ *adv.* en mille morceaux. *Разби́ться вдре́безги*, se briser en mille morceaux.

ВДРУГ *adv.* soudain. *Вдруг разда́лся вы́стрел*, un coup de feu retentit soudain.

/ **ВДУ́МАТЬСЯ** v. вду́мываться.

ВДУ́МЫВАТЬСЯ / ВДУ́МАТЬСЯ bien réfléchir. *Вду́маться в смысл фра́зы*, bien réfléchir au sens de la phrase.

ВЕДЁМ... v. вести́.

I. ВЕ́ДЕНИЕ compétence, juridiction. *Э́то не в моём ве́дении,* ce n'est pas de mon ressort.

II. ВЕДЕ́НИЕ gestion. *Веде́ние де́ла*, la gestion d'une affaire.

> REMARQUE. Les deux mots ci-dessus diffèrent par leur accentuation.

ВЕДЁТ... v. вести́.

ВЕДРО́, *pl.* вёдра, вёдер, вёдрам... seau. *Ведро́ воды́*, un seau d'eau. • **Льёт как из ведра́,** il pleut à seaux.

ВЕДУ́, ВЕДУ́Т v. вести́.

ВЕДУ́ЩИЙ *adj.* principal. *Веду́щая роль*, le rôle principal.

ВЕДЬ *particule* il est évident que, comme chacun sait. *Мне хо́чется спать, ведь уже́ по́здно*, j'ai envie de dormir, c'est qu'il est tard. *Ведь я же вам говори́л, что э́то невозмо́жно,* Je vous avais bien dit que c'était impossible.

ВЕ́ДЬМА sorcière. *Ста́рая ве́дьма*, une vieille sorcière.

ВЕ́ЕР*, *nom. pl.* веера́ éventail. *Обма́хиваться ве́ером*, s'éventer. *Борода́ ве́ером*, une barbe en éventail.

ВЕ́ЖЛИВОСТЬ *f.* politesse. *Из ве́жливости*, par politesse.

ВЕ́ЖЛИВЫЙ poli. *Он ве́жливо обрати́лся ко мне*, il s'est adressé à moi poliment.

ВЕЗДЕ́ *adv.* partout. *Везде́ и всю́ду я сле́дую ва́шему приме́ру*, Partout et en toute occasion je suis votre exemple.

ВЕЗТИ́* IV, везу́, везёшь...; вёз, везла́... / **ПОВЕЗТИ́*** IV (*id.*); *indét.* **ВОЗИ́ТЬ** 1. transporter. *Он повезёт меня́ туда́ на маши́не*, il m'y mènera en voiture. 2. (*unipers.*) avoir de la chance. *Мне си́льно везёт в ка́рты*, j'ai de la chance aux cartes.

ВЕК*, *loc.* веку́ (*après* « на »), *nom. pl.* века́ 1. siècle. *В XVIII ве́ке*, au XVIIIe siècle. *В про́шлом ве́ке*, au siècle dernier. *Мы с тобо́й век не вида́лись*, Il y a une éternité que nous ne nous sommes pas vus. 2. époque, âge. *Ка́менный век*, l'âge de la pierre. *Золото́й век*, l'âge d'or. *Сре́дние века́*, le Moyen Age. 3. (*fam.*) vie. *Я мно́го ви́дел на своём веку́*, j'en ai vu de toutes les couleurs dans ma vie. • **Век живи́, век учи́сь,** on en apprend toute la vie.

ВЕ́КО*, *nom. pl.* ве́ки paupière.

ВЕКОВО́Й séculaire. *Вековы́е ду́бы*, des chênes séculaires. *Вековы́е тради́ции*, des traditions séculaires.

ВЕ́КСЕЛЬ*, *nom. pl.* векселя́ *m.* lettre de change.

ВЁЛ, ВЕЛА́... v. вести́.

ВЕЛЕ́ТЬ* I, велю́, вели́шь... / **ВЕЛЕ́ТЬ*** I (*id.*) ordonner. *Я веле́л ему́ пойти́ за врачо́м*, je lui ai ordonné d'aller chercher le médecin. *Де́лай, что веля́т*, Fais ce qu'on t'ordonne de faire.

REMARQUES. 1. Au passé, « веле́ть » est toujours perfectif. 2. « Веле́ть » accompagné d'une négation prend parfois un sens particulier; « не веле́ть » doit alors être traduit par « interdire » : *Со́весть не вели́т молча́ть об э́том*, ma conscience m'interdit de me taire.

ВЕЛИКА́Н géant.

ВЕЛИ́КИЙ 1. вели́к, вели́ка... grand, puissant. *Вели́кий челове́к*, un grand homme. *Вели́кий князь Моско́вский*, le grand-prince de Moscou. *Вели́кие держа́вы*, les grandes puissances. 2. вели́к, велика́... trop grand, très grand. *Боти́нки мне велики́*, ces souliers sont trop grands pour moi.

REMARQUE. Dans son deuxième sens, l'adjectif ci-dessus n'est employé qu'à la forme courte.

ВЕЛИКОДУ́ШНЫЙ magnanime. *Великоду́шный посту́пок*, un acte généreux.

ВЕЛИКОЛЕ́ПНЫЙ splendide, admirable. *Великоле́пный дворе́ц*, un palais splendide. *Он великоле́пно рису́ет*, il dessine d'une manière admirable.

ВЕЛИЧА́ЙШИЙ (*superl. de* « вели́кий ») très grand, le plus grand. *Велича́йшее собы́тие*, un événement de première importance. *С велича́йшим удово́льствием*, avec le plus grand plaisir.

ВЕЛИ́ЧЕСТВЕННЫЙ majestueux, grandiose. *Вели́чественное зре́лище*, un spectacle grandiose.

ВЕЛИ́ЧЕСТВО Majesté (*titre donné aux monarques*). *Его́ Вели́чество*, Sa Majesté.

ВЕЛИ́ЧИЕ grandeur, majesté. *Испо́лненный вели́чия*, plein de majesté. *Он смотре́л на меня́ с высоты́ своего́ вели́чия*, il me regardait du haut de sa grandeur.

ВЕЛИЧИНА́, *pl.* величи́ны... grandeur, taille. *Постоя́нная величина́*, une grandeur constante.

ВЕЛОГО́НКА course cycliste.

ВЕЛОСИПЕ́Д bicyclette. *Е́хать на велосипе́де*, aller à bicyclette.

ВЕНЕ́РА Vénus (*myth.*, *astr.*).

ВЕНЕ́Ц couronne. *Ца́рский вене́ц*, la couronne royale.

ВЕНО́К couronne (*de fleurs...*). *Вено́к из роз*, une couronne de roses. *Лавро́вый вено́к*, une couronne de lauriers.

ВЕ́НТИЛЬ *m.* (*techn.*) soupape.

ВЕНЧА́ТЬСЯ **1.** / **ВЕНЧА́ТЬСЯ** être couronné. *Венча́ться на ца́рство*, être couronné roi. **2.** / **ОБВЕНЧА́ТЬСЯ** se marier (*à l'église*).

ВЕ́РА **1.** foi. *Христиа́нская ве́ра*, la foi chrétienne. **2.** confiance. *Ве́ра в бу́дущее*, la confiance en l'avenir.

ВЕ́РБА saule.

ВЕРБЛЮ́Д chameau.

ВЕРБОВА́ТЬ / **ЗАВЕРБОВА́ТЬ** recruter. *Вербова́ть доброво́льцев*, recruter des volontaires.

ВЕРЁВКА corde, ficelle. *Он кре́пко завяза́л верёвку*, il a solidement noué la ficelle.

ВЕ́РИТЬ / **ПОВЕ́РИТЬ** **1.** (в + *acc.*) croire (*à*, *en*). *Ве́рить в Бо́га*, croire en Dieu. *Ве́рить в медици́ну*, croire à la médecine. **2.** (+ *dat.*) croire (*qqn*, *qqch.*). *Я тебе́ не ве́рю* ou *я э́тому не ве́рю*, je n'en crois rien. *Охо́тно ве́рю*, je le crois volontiers. ● **Ве́рить на́ слово,** croire sur parole. **Не ве́рить свои́м уша́м,** n'en pas croire ses oreilles.

ВЕРМИШЕ́ЛЬ *f.* vermicelle. *Суп с вермише́лью*, potage au vermicelle.

ВЕ́РНОСТЬ *f.* **1.** fidélité, dévouement. *Ве́рность при́нципам*, la fidélité aux principes. **2.** fidélité, exactitude. *Ве́рность перево́да*, la fidélité d'une traduction.

/ **ВЕРНУ́ТЬ** v. возвраща́ть.

/ **ВЕРНУ́ТЬСЯ** v. возвраща́ться.

ВЕ́РНЫЙ **1.** fidèle, dévoué. *Ве́рный друг*, un ami fidèle. *Я ве́рен своему́ сло́ву*, je suis fidèle à ma parole. **2.** fidèle, exact. *Ве́рный перево́д*, une traduction fidèle. **3.** juste, exact. *Ве́рная мысль*, une idée juste. *Ве́рно ли, что он у́мер?*, Est-il exact qu'il soit mort ? *Соверше́нно ве́рно !*, Tout à fait exact ! *Кусо́к мате́рии или, верне́е, тря́пка*, un morceau d'étoffe ou, plus exactement, un chiffon. **4.** sûr, certain. *Ве́рный спо́соб*, un moyen infaillible. *Идти́ на ве́рную смерть*, aller à une mort certaine.

ВЕРОЛО́МНЫЙ parjure, perfide. *Вероло́мный враг*, un ennemi perfide.

ВЕРОЯ́ТИЕ vraisemblance. *По всему́ вероя́тию*, selon toute vraisemblance.

ВЕРОЯ́ТНО *adv.* probablement. *Он, вероя́тно, до́ма*, il est sans doute chez lui.

ВЕРОЯ́ТНОСТЬ *f.* vraisemblance. *По всей вероя́тности*, selon toute vraisemblance. *Тео́рия вероя́тностей*, le calcul des probabilités.

ВЕРОЯ́ТНЫЙ vraisemblable. *Каза́ться вероя́тным*, sembler vraisemblable.

ВЕ́РСИЯ version, interprétation. *По друго́й ве́рсии*, selon une autre version.

ВЕРСТА́, *pl.* вёрсты... (*arch.*) verste (1,06 km).

ВЕРТЕ́ТЬ* I, верчу́, ве́ртишь... / **ПОВЕРТЕ́ТЬ*** I (*id.*) **1.** (+ *acc.*) faire tourner. *Верте́ть колёса*, faire tourner les roues. **2.** (+ *instr.*) diriger à sa guise. *Она́ ве́ртит им, как хо́чет*, elle le mène par le bout du nez. **3.** (+ *instr.*) tourner. *Верте́ть голово́й*, tourner la tête.

ВЕРТЕ́ТЬСЯ* I, верчу́сь, ве́ртишься... tournoyer, tourner. *Колесо́ ве́ртится*, la roue tourne. ● **Э́то сло́во ве́ртится у меня́ на язы́ке,** j'ai le mot sur le bout de la langue.

ВЕРТОЛЁТ hélicoptère.

ВЕ́РУЮЩИЙ *part. subst. m.* croyant, fidèle. *В толпе́ ве́рующих*, parmi la foule des fidèles.

ВЕРФЬ *f.* chantier naval.

ВЕРХ*, *loc.* верху́ **1.** partie supérieure. *Он живёт на са́мом верху́*, il habite tout en haut. **2.** (*fig.*) comble. *Верх глу́пости*, le comble de la bêtise. **3.** (*pl. seulement*) les milieux dirigeants. *Совеща́ние в верха́х*, conférence au sommet.

> REMARQUE. L'accent passe sur la préposition dans les groupes suivants : « до́ верху », « на́ верх », « по́ верху ».

ВЕ́РХНИЙ supérieur. *Ве́рхний эта́ж*, étage supérieur.

ВЕРХО́ВНЫЙ suprême. *Верхо́вная власть*, le pouvoir suprême. *Верхо́вный Сове́т СССР*, le Soviet suprême.

ВЕРХО́ВЬЕ pays d'amont. *Верхо́вье Во́лги*, la haute Volga.

ВЕРХО́М *adv.* à cheval. *Е́здить верхо́м*, aller à cheval. *Сиде́ть верхо́м на сту́ле*, être à cheval sur une chaise.

ВЕРХУ́ШКА cime, partie supérieure. *Верху́шка де́рева*, la cime de l'arbre. *Верху́шки волн*, le sommet des vagues.

ВЕРШИ́НА **1.** sommet, cime. *Верши́на горы́*, le sommet de la montagne. *Верши́на де́рева*, la cime de l'arbre. **2.** (*fig.*) sommet. *Он был на верши́не сла́вы*, il était au sommet de la gloire.

ВЕС **1.** poids. *Ве́сом в три кило́*, pesant trois kilos. *Уде́льный вес*, poids spécifique. **2.** (*fig.*) poids, importance. *Челове́к с больши́м ве́сом*, un homme de poids. *Име́ть большо́й вес*, avoir une grosse influence. • **Приба́вить в ве́се,** prendre du poids. *Я приба́вил в ве́се на пять кило́*, j'ai pris cinq kilos.

ВЕСЕЛЕ́ТЬ / ПОВЕСЕЛЕ́ТЬ devenir plus gai.

ВЕСЕЛИ́ТЬ / РАЗВЕСЕЛИ́ТЬ divertir, amuser. *Весели́ть пу́блику*, amuser le public.

ВЕСЁЛОСТЬ *f.* gaieté, joie.

ВЕСЁЛЫЙ, ве́сел, весела́, ве́село, ве́селы, *comp.* веселе́е **1.** gai, joyeux. *Весёлое настрое́ние*, joyeuse humeur. *Тебе́ ве́село, а мне гру́стно*, Tu es gai et moi je suis triste. **2.** amusant. *Весёлый спекта́кль*, un spectacle amusant.

ВЕСЕ́ННИЙ printanier. *Весе́нние кани́кулы*, les vacances de Pâques.

ВЕ́СИТЬ peser (*intr.*). *Паке́т ве́сит три килогра́мма*, le paquet pèse trois kilos.

ВЕ́СКИЙ ayant du poids (*propr. et fig.*). *Ве́ский до́вод*, un argument de poids.

ВЕСЛО́, *pl.* вёсла, вёсел, вёслам... rame, aviron.

ВЕСНА́, *pl.* вёсны... printemps. *Весна́ приближа́ется*, le printemps approche. • **Одна́ ла́сточка весны́ не де́лает,** une hirondelle ne fait pas le printemps.

ВЕСНО́Й **1.** v. весна́. **2.** *adv.* au printemps.

ВЕСНУ́ШКА tache de rousseur. *У неё бы́ли весну́шки на носу́*, elle avait des taches de rousseur sur le nez.

ВЕСТИ́* IV, веду́, ведёшь...; вёл, вела́... / **ПОВЕСТИ́*** IV (*id.*); *indét.* **ВОДИ́ТЬ**

1. mener, conduire (*qqn*).
2. conduire, piloter (*qqch.*).
3. mener, permettre l'accès à (*en parlant d'une route...*).
4. gérer, être à la tête de (*entreprise...*).
5. mener, assurer la conduite, la réalisation de.

1. *Вести́ за́ руку*, conduire par la main. **2.** *Вести́ маши́ну*, conduire une voiture. *Вести́ самолёт*, piloter un avion. **3.** *Доро́га ведёт* *в лес*, la route conduit dans la forêt. *Это ни к чемý не ведёт*, cela ne mène à rien. **4.** *Вести́ кружóк*, diriger un cercle. **5.** *Вести́ войнý*, faire la guerre. *Вести́ переговóры*, être en pourparlers. *Вести́ перепи́ску с кéм-нибудь*, être en correspondance avec qqn. • **Вести́ себя́,** se conduire. *Вести́ себя́ как ребёнок*, se conduire comme un gosse.

ВЕСТИ́СЬ v. вести́. • **Так ведётся,** c'est l'usage.

ВЕСТЬ *f.* nouvelle. *Получи́ть печáльную весть*, recevoir une triste nouvelle. • **Пропáсть бéз вести,** disparaître sans laisser de trace (*en parlant d'une personne*).

ВЕСЫ́, весóв, весáм... *pl. t.* balance. *Взвéшивать на весáх*, peser sur une balance.

ВЕСЬ 1. *pronom-adjectif* tout, tout entier. *Весь мир*, le monde entier. *Всю ночь*, pendant toute la nuit. *Все жи́тели*, tous les habitants. *Он весь в потý*, il est tout en sueur. *Он весь в отцá*, Ce qu'il ressemble à son père ! *Во весь гóлос*, à pleine voix. *Во весь дух*, à perdre haleine. *Изо всех сил*, de toutes ses forces. *Со всех сторóн*, de tous côtés (*provenance*). *Во все стóроны*, de tous côtés (*direction*). **2.** *pronom* tout. *Он бои́тся всегó*, il a peur de tout. *Все за одногó, оди́н за всех*, tous pour un, un pour tous. // (*Complément d'un comparatif*) *Чáще всегó*, le plus souvent. *Это хýже всегó*, c'est pire que tout. • **Вот и всё,** et voilà tout. **Всё равнó,** peu importe. *Мне всё равнó*, cela m'est égal. *Всё равнó кто*, peu importe qui. *Дéлай, что хóчешь, я всё равнó не пойдý*, Fais comme tu veux, de toute façon je n'irai pas. **Всегó хорóшего !,** Au plaisir ! **Прéжде всегó,** avant tout.

Remarque. Pour l'emploi adverbial des formes « всё » et « всегó », voir ces mots.

ВЕСЬМÁ *adv.* (*livresque*) très. *Весьмá удовлетвори́тельно*, pleinement satisfaisant.

ВÉТЕР*, *loc.* ветрý vent. *Свéжий вéтер*, un vent frais. *Слáбый, си́льный вéтер*, un vent faible, fort. *Сéверный вéтер*, le vent du nord. *Вéтер стих*, le vent s'est calmé. *Вéтер подня́лся*, le vent s'est levé. *Стоя́ть на ветрý*, être en plein vent. • **У негó вéтер в головé,** il est très étourdi.

ВЕТЕРÓК dim. de « вéтер ».

ВÉТКА branche. *Вéтка берёзы, сирéни*, une branche de bouleau, de lilas.

ВÉТРЕНЫЙ 1. venteux. *Сегóдня вéтрено*, ajourd'hui, il vente. **2.** étourdi. *Вéтреный ю́ноша*, un jeune homme étourdi.

ВÉТХИЙ vieux, délabré. *Вéтхий дом*, une maison délabrée. *Вéтхий стари́к*, un vieillard décrépit. • **Вéтхий Завéт,** l'Ancien Testament.

ВЕТЧИНÁ jambon (*cuit*). *Кусóк ветчины́*, une tranche de jambon.

ВÉЧЕ « vetchié », assemblée populaire dans l'ancienne Russie.

ВÉЧЕР*, *pl.* вечерá **1.** soir, soirée. *Дли́нные зи́мние вечерá*, les longues soirées d'hiver. *Ýтро вéчера мудренéе*, la nuit porte conseil. **2.** soirée (*réunion*). *Танцевáльный вéчер*, une soirée dansante.

Remarque. L'accent passe sur la préposition dans le groupe « пóд вечер ».

ВЕЧÉРНИЙ du soir. *Вечéрняя заря́*, le crépuscule du soir. *Вечéрняя газéта*, un journal du soir.

ВÉЧЕРОМ 1. v. вéчер. **2.** *adv.* le soir. *Он вернýлся пóздно вéчером*, il est rentré tard le soir. *Зáвтра вéчером*, demain soir. *Сегóдня вéчером*, ce soir.

ВÉЧНОСТЬ *f.* éternité. *Мы не види́лись цéлую вéчность*, il y a une éternité que nous ne nous sommes point vus.

ВЕ́ЧНЫЙ 1. éternel. *Ве́чная сла́ва*, gloire éternelle. *Он ве́чно недово́лен*, il est éternellement mécontent. *Ве́чные снега́*, les neiges éternelles. 2. à vie. *Ве́чное заключе́ние*, prison à vie.

ВЕ́ШАЛКА portemanteau. *Висе́ть на ве́шалке*, être pendu au portemanteau.

I. ВЕ́ШАТЬ / ПОВЕ́СИТЬ 1. suspendre. *Пове́сить винто́вку на гвоздь*, pendre la carabine au clou. 2. pendre (*exécution capitale*). *Его́ взя́ли в плен и пове́сили*, il fut fait prisonnier et pendu. ● **Ве́шать го́лову,** perdre courage. **Ве́шать тру́бку,** raccrocher (*au téléphone*).

II. ВЕ́ШАТЬ / СВЕ́ШАТЬ peser (*tr.*). *Ве́шать това́р*, peser la marchandise.

ВЕЩЕСТВО́ substance, matière. *Взры́вчатые вещества́*, substances explosives.

ВЕЩЬ *f.* 1. objet, chose. *Великоле́пная вещь*, une excellente chose. *Расска́зывают удиви́тельные ве́щи*, on raconte des choses étonnantes. *Э́то в поря́дке веще́й*, c'est dans l'ordre des choses. 2. (*pl. seulement*) bagages. *Уложи́ть свои́ ве́щи*, faire ses bagages. 3. œuvre (*littéraire...*). *Сла́бая вещь*, une œuvre sans valeur.

ВЕ́ЯНИЕ tendance (*courant d'opinion, d'idées...*). *Но́вые ве́яния в совреме́нном иску́сстве*, les nouvelles tendances de l'art contemporain.

ВЗАД *adv.* ● **Ходи́ть взад и вперёд,** aller en long et en large.

ВЗАИ́МНОСТЬ *f.* réciprocité. *Люби́ть без взаи́мности*, aimer sans retour.

ВЗАИ́МНЫЙ réciproque. *Взаи́мное дове́рие*, confiance mutuelle.

ВЗАЙМЫ́ *adv.* ● **Взять взаймы́,** emprunter. **Дать взаймы́,** prêter.

ВЗАМЕ́Н 1. *adv.* en échange. *Что он предло́жит взаме́н?*, Qu'est-ce qu'il proposera en échange? 2. (+ *gén.*) *prép.* au lieu de. *Взаме́н стра́стной любви́ кре́пкая дру́жба*, au lieu d'un amour passionné, une solide amitié.

/ ВЗБАЛАМУ́ТИТЬ v. баламу́тить.

/ ВЗБЕСИ́ТЬ v. беси́ть.

ВЗБИРА́ТЬСЯ / ВЗОБРА́ТЬСЯ* IV, взберу́сь, взберёшься...; взобра́лся, взобрала́сь... gravir, escalader. *Взобра́ться на́ гору*, escalader une montagne. *Взобра́ться на де́рево*, grimper dans un arbre.

/ ВЗБУНТОВА́ТЬ v. бунтова́ть.

/ ВЗБУНТОВА́ТЬСЯ v. бунтова́ть.

ВЗВА́ЛИВАТЬ / ВЗВАЛИ́ТЬ 1. charger. *Он взвали́л мешо́к на́ спину*, il prit le sac sur son dos. 2. (*fam.*) rejeter. *Взвали́ть вину́ на кого́-либо*, rejeter la faute sur qqn.

/ ВЗВАЛИ́ТЬ v. взва́ливать.

/ ВЗВЕ́СИТЬ v. взве́шивать.

ВЗВЕ́ШИВАТЬ / ВЗВЕ́СИТЬ peser (*tr.*). *Взве́сить бага́ж*, peser les bagages. *Взве́сить все до́воды*, peser le pour et le contre.

ВЗВИ́ЗГИВАТЬ pousser des cris perçants / **ВЗВИ́ЗГНУТЬ** pousser un cri perçant. *Соба́ка жа́лобно взви́згнула*, le chien poussa un cri plaintif.

/ ВЗВИ́ЗГНУТЬ v. взви́згивать.

/ ВЗВОЛНОВА́ТЬ v. волнова́ть.

ВЗГЛЯД 1. regard. *Бро́сить взгляд*, jeter un coup d'œil. *С пе́рвого взгля́да*, au premier coup d'œil. 2. point de vue. *На мой взгляд*, à mon point de vue. *Вы́сказать свой взгляд*, exprimer son point de vue. *Я не разделя́ю его́ взгля́да*, je ne partage pas son point de vue. *Полити́ческие взгля́ды*, les opinions politiques.

ВЗГЛЯ́ДЫВАТЬ jeter des coups d'œil / **ВЗГЛЯНУ́ТЬ** jeter un coup d'œil. *Он взгляну́л* *на часы́*, il jeta un coup d'œil sur sa montre.

/ **ВЗГЛЯНУ́ТЬ** v. взгля́дывать.

ВЗДОР absurdité. *Говори́ть вздор*, dire des bêtises.

ВЗДО́РНЫЙ **1.** absurde. *Вздо́рный слух*, un bruit absurde. **2.** bête et querelleur. *Вздо́рный челове́к*, un querelleur à l'esprit borné.

/ **ВЗДОРОЖА́ТЬ** v. дорожа́ть.

ВЗДОХ soupir. *Глубо́кий вздох*, un profond soupir. ● **Испусти́ть после́дний вздох,** rendre le dernier soupir.

/ **ВЗДОХНУ́ТЬ** v. вздыха́ть.

ВЗДРА́ГИВАТЬ / **ВЗДРО́ГНУТЬ** tressaillir. *В окно́ постуча́лись; я вздро́гнул*, on frappa à la fenêtre; je sursautai.

/ **ВЗДРЕМНУ́ТЬ** (*fam.*) dormir un peu. *По́сле обе́да вздремну́л немно́жко*, après le repas j'ai piqué un petit somme.

/ **ВЗДРО́ГНУТЬ** v. вздра́гивать.

/ **ВЗДУ́МАТЬ** avoir brusquement l'idée de. *Он взду́мал навести́ть меня́*, il lui a pris brusquement idée de me rendre visite. *Не взду́майте кури́ть здесь*, Qu'il ne vous prenne surtout pas fantaisie de fumer ici.

/ **ВЗДУ́МАТЬСЯ** (*fam.*) venir à l'esprit. *Что ему́ взду́малось прийти́ к нам в го́сти?*, Qu'est-ce qui lui a pris de venir nous rendre visite ?

ВЗДУ́ТЫЙ gonflé. *Взду́тые це́ны*, des prix exorbitants.

ВЗДЫХА́ТЬ / **ВЗДОХНУ́ТЬ** **1.** soupirer. *Де́вочка тяжело́ вздыха́ла*, la petite fille soupirait profondément. // (*Fig.*) *Вздыха́ть по де́вушке*, soupirer d'amour pour une fille. **2.** (*pf. seulement*) se reposer un peu. *Да́йте вздохну́ть!*, Laissez-nous respirer ! ● **Свобо́днее вздохну́ть,** se sentir soulagé.

ВЗЛОМ effraction. *Кра́жа со взло́мом*, vol avec effraction.

ВЗМО́РЬЕ bord de la mer et partie de la mer proche de la rive. *Жить на взмо́рье*, habiter sur le littoral. *Ло́дка плыла́ по взмо́рью*, la barque voguait près du rivage.

ВЗНОС paiement. *Взнос проце́нтов*, le paiement des intérêts. *Уплати́ть чле́нский взнос*, payer sa cotisation.

/ **ВЗОБРА́ТЬСЯ** v. взбира́ться.

/ **ВЗОЙТИ́** v. всходи́ть.

ВЗОР (*livresque*) regard. *Не́жный взор*, un tendre regard.

/ **ВЗОРВА́ТЬ** v. взрыва́ть.

/ **ВЗОРВА́ТЬСЯ** v. взрыва́ться et рва́ться.

ВЗРО́СЛЫЙ adulte. *У них уже́ взро́слые де́ти*, leurs enfants sont déjà grands. // (*Subst.*) *Не слу́шаться взро́слых*, ne pas obéir aux grandes personnes.

ВЗРЫВ **1.** explosion. *Взры́вы снаря́дов*, les explosions des projectiles. **2.** éclat (*bruit soudain*). *Взрыв аплодисме́нтов*, un tonnerre d'applaudissements.

ВЗРЫВА́ТЬ / **ВЗОРВА́ТЬ*** I, взорву́, взорвёшь...; взорва́л, взорвала́, взорва́ло, взорва́ли **1.** faire exploser, faire sauter. *Взорва́ть мост*, faire sauter un pont. **2.** indigner. *Э́то меня́ взорва́ло*, cela m'a mis hors de moi.

ВЗРЫВА́ТЬСЯ / **ВЗОРВА́ТЬСЯ*** I, взорвётся, взорву́тся; взорва́лся, взорвала́сь... exploser. *Грана́та взорвала́сь в пяти́ шага́х от него́*, une grenade explosa à cinq pas de lui.

ВЗРЫ́ВЧАТЫЙ explosif. *Взры́вчатое вещество́*, une substance explosive.

ВЗЯ́ТИЕ prise. *По́сле взя́тия кре́пости*, après la prise de la forteresse.

ВЗЯ́ТКА pot-de-vin. *Дать кому́-нибудь взя́тку*, graisser la patte à qqn. *Брать взя́тки*, accepter volontiers des pots-de-vin. ● **С**

него́ взя́тки гла́дки, il n'y a rien à obtenir de lui.

ВЗЯ́ТОЧНИК personne qui accepte volontiers les pots-de-vin.

/ **ВЗЯТЬ** v. брать.

/ **ВЗЯ́ТЬСЯ** v. бра́ться.

> **I. ВИД** (*)
> **I. Locatif виду́ :**
> **1.** vue (*ce qu'on peut voir*);
> **2.** vue, projet.
> **II. Locatif ви́де :**
> **1.** air, aspect;
> **2.** état.

I. 1. *Откры́тки с ви́дами Москвы́*, des cartes postales avec des vues de Moscou. *Ко́мната с ви́дом на мо́ре*, une chambre avec vue sur la mer. *Она́ испуга́лась при ви́де пистоле́та*, elle prit peur à la vue du pistolet. *Потеря́ть и́з виду**, perdre de vue. *Кого́ вы име́ли в виду́, когда́ говори́ли о лентя́ях?*, A qui faisiez-vous allusion quand vous parliez de paresseux? **2.** *У меня́ нет ничего́ в виду́*, je n'ai rien en vue. *В согла́сии с ви́дами прави́тельства*, en accord avec les vues du gouvernement.

II. 1. *Приня́ть серьёзный вид*, prendre un air sérieux. *Име́ть стро́гий вид*, avoir un air sévère. *В ви́де шу́тки*, en manière de plaisanterie. *Он де́лал вид, что мо́ется*, il faisait semblant de se laver. *На вид я ей не даю́ бо́льше сорока́ лет*, je ne lui donnerais pas plus de quarante ans. **2.** *Кни́ги в плохо́м ви́де*, des livres en mauvais état. *Он был в пья́ном ви́де*, il était soûl. ● **Ни под каки́м ви́дом,** sous aucun prétexte.

Remarque. L'accent passe sur la préposition dans le groupe adverbialisé « и́з виду* ».

II. ВИД 1. espèce, catégorie. *Но́вый вид ору́жия*, une nouvelle catégorie d'armes. **2.** (*gramm.*) aspect. *Несоверше́нный вид*, imperfectif. *Соверше́нный вид*, perfectif.

ВИДА́ТЬ (*fam.*) voir.

Remarque. Le verbe « вида́ть » est employé uniquement au sens propre. Son présent est inusité. Au passé, il peut exprimer une situation qui s'est répétée. Sous la forme interrogative « Вида́л? », il marque l'étonnement: « Tu as vu ça? »

ВИ́ДЕТЬ* I, ви́жу, ви́дишь... / **УВИ́ДЕТЬ*** I, уви́жу, уви́дишь...; уви́денный voir. *Вчера́ я ви́дел её в теа́тре*, hier, je l'ai vue au théâtre. *Мне хоте́лось бы ви́деть това́рища Ивано́ва*, Je voudrais voir monsieur Ivanov. *Они́ ре́дко ви́делись*, ils se voyaient rarement. *Я ви́жу, что оши́бся*, je vois que je me suis trompé. *Я ви́дел, как он мыл посу́ду*, je l'ai vu laver la vaisselle. ● **Ви́деть во сне,** rêver de. *Я его́ ви́дела во сне*, j'ai rêvé de lui. **Ви́деть сон,** rêver. *Я ви́дела стра́шный сон*, j'ai fait un rêve affreux.

Remarque. Le perfectif « уви́деть » correspond le plus souvent au français « apercevoir ».

ВИ́ДИМО *adv.* apparemment. *Он, ви́димо, заболе́л*, il est sans doute tombé malade.

ВИ́ДИМЫЙ 1. visible. *Ви́димая ра́зница*, une différence visible. *С ви́димым удово́льствием*, avec un plaisir évident. **2.** apparent. *Э́то успе́х то́лько ви́димый*, ce n'est qu'un succès apparent.

ВИДНЕ́ТЬСЯ se voir. *Вдали́ видне́лись го́ры*, au loin, on voyait des montagnes.

ВИ́ДНО 1. (*entre virgules*) *adv.* visiblement. *Он, ви́дно, ещё не привы́к*, il n'est visiblement pas encore habitué. **2.** v. ви́дный 1.

ВИ́ДНЫЙ **1.** visible. *Дом ви́ден издалека́*, on voit la maison de loin. *Отсю́да всю дере́вню ви́дно*, d'ici on voit tout le village. *Следо́в не ви́дно нигде́*, on ne voit de traces nulle part. *Ви́дно, что он нездоро́в*, on voit qu'il n'est pas en bonne santé. **2.** éminent. *Ви́дный учёный*, un savant éminent.

ВИ́ЗА visa. *Получи́ть ви́зу*, obtenir son visa.

ВИЗГ cri(s) perçant(s), grincement(s). *Визг поросёнка*, les cris perçants d'un goret.

ВИЗЖА́ТЬ* I, визжу́, визжи́шь... / **ЗАВИЗЖА́ТЬ*** I (*id.*) pousser des cris perçants, faire un bruit aigu. *Порося́та визжа́ли*, les gorets poussaient des cris aigus. *Пила́ визжи́т*, la scie grince.

ВИ́ЛКА 1. fourchette. 2. (*électr.*) fiche mâle.

ВИ́ЛЫ, вил, ви́лам... *pl. t.* fourche.

ВИНА́ faute, tort. *Э́то моя́ вина́*, c'est ma faute. *Э́то случи́лось по его́ вине́*, c'est arrivé par sa faute. *Призна́ть свою́ вину́*, reconnaître ses torts. *Сва́ливать вину́ на кого́-нибудь*, rejeter la faute sur qqn.

ВИНЕГРЕ́Т 1. salade russe (*cette salade peut comporter, outre les légumes, de la viande, du poisson, etc.*). 2. (*fig.*) salade. *Како́й винегре́т!*, Quelle salade !

ВИНИ́ТЕЛЬНЫЙ ● **Вини́тельный падёж,** accusatif.

ВИНИ́ТЬ accuser. *Во всём вини́те себя́ самого́*, Prenez-vous-en à vous-même.

ВИНО́ 1. vin. *Кра́сное вино́*, vin rouge. *Бе́лое вино́*, vin blanc. *Ста́рое вино́*, du vin vieux. *Сухо́е вино́*, un vin sec. 2. (*fam.*) vodka.

ВИНОВА́ТЫЙ coupable. *Он чу́вствовал себя́ винова́тым в том, что не суме́л предупреди́ть това́рищей*, il se sentait coupable de n'avoir pas su prévenir ses camarades. *Я винова́т перед ва́ми*, J'ai des torts à votre égard. *Чем я винова́т?*, En quoi suis-je coupable ? ● **Винова́т!,** Pardon !

ВИНО́ВНИК responsable. *Вино́вник преступле́ния*, l'auteur du crime.

ВИНОГРА́Д 1. vigne(s) [*plante*]. *Го́ры, покры́тые виногра́дом*, des coteaux couverts de vigne. 2. raisin(s). *Сбор виногра́да*, la vendange.

ВИНОГРА́ДНИК vigne(s) [*terre plantée en ceps de vigne*]. *Го́ры, покры́тые виногра́дником*, des montagnes couvertes de vignes.

ВИНОГРА́ДНЫЙ 1. de vigne. *Виногра́дный лист*, une feuille de vigne. 2. de raisin. *Виногра́дная кисть*, une grappe de raisin. *Виногра́дный сок*, jus de raisin.

ВИНТ 1. vis. *Бесконе́чный винт*, une vis sans fin. 2. hélice. *Парохо́дный винт*, une hélice de navire.

ВИ́НТИК dim. de « винт ». ● **У него́ ви́нтика не хвата́ет,** il a une case en moins.

ВИНТО́ВКА carabine.

ВИОЛОНЧЕ́ЛЬ *f.* violoncelle. *Игра́ть на виолонче́ли*, jouer du violoncelle.

ВИ́СЕЛИЦА potence.

ВИСЕ́ТЬ* I, вишу́, виси́шь... 1. être suspendu. *Карти́на виси́т на стене́*, le tableau est pendu au mur. *На двери́ висе́ло объявле́ние*, sur la porte, il y avait un avis. *Его́ жизнь виси́т на воло́ске*, sa vie ne tient qu'à un fil. *Висе́ть на телефо́не*, être pendu au téléphone. 2. surplomber. *Ска́лы вися́т над мо́рем*, les rochers surplombent la mer.

ВИСО́К tempe.

ВИСОКО́СНЫЙ ● **Високо́сный год,** année bissextile.

ВИСЯ́ЧИЙ suspendu. *Вися́чий мост*, un pont suspendu. *Вися́чий замо́к*, un cadenas.

ВИТЬ* II, вью, вьёшь...; вил, вила́, ви́ло, ви́ли ; вей / **СВИТЬ*** II, совью́, совьёшь...; свил, свила́, сви́ло, сви́ли; свей; сви́тый, свит, свита́, сви́то, сви́ты tresser. *Вить верёвку*, tresser une corde. *Вить гнездо́*, se faire un nid. ● **Из него́ мо́жно верёвки вить,** on peut faire de lui ce que l'on veut.

ВИ́ТЬСЯ* II, вью́сь, вьёшься...; ви́лся, вила́сь... ; ве́йся **1.** v. вить. **2.** tournoyer, se tordre. *Над костро́м ви́лся дым*, la fumée montait en tournoyant au-dessus du feu de bois. *Орёл вьётся над ле́сом*, un aigle tournoie au-dessus de la forêt. *Плющ вьётся по де́реву*, le lierre grimpe sur l'arbre. **3.** friser. *У него́ во́лосы вью́тся от приро́ды*, il a des cheveux qui frisent naturellement.

ВИХРЬ *m.* tourbillon. *Сне́жный вихрь*, un tourbillon de neige. *С быстрото́й ви́хря*, comme un tourbillon. *В ви́хре собы́тий*, dans le tourbillon des événements.

ВИШНЁВЫЙ **1.** de cerisier. « *Вишнёвый сад* » *Че́хова*, « la Cerisaie » de Tchekhov. **2.** de cerise. *Вишнёвое варе́нье*, confiture de cerises. **3.** rouge cerise. *Вишнёвое пла́тье*, une robe rouge cerise.

ВИ́ШНЯ **1.** cerisier. **2.** cerise(s). *Варе́нье из ви́шни*, confiture de cerises.

ВКА́ПЫВАТЬ / ВКОПА́ТЬ enfoncer (*dans le sol...*). *Вкопа́ть в зе́млю столб*, planter un poteau. ● **Как вко́панный,** comme cloué sur place. *Он останови́лся, как вко́панный*, il s'arrêta médusé.

ВКЛАД **1.** (*finances*) dépôt. *Вклад де́нег в сберега́тельную ка́ссу*, un dépôt d'argent à la caisse d'épargne. **2.** (*fig.*) apport, contribution. *Це́нный вклад в нау́ку*, une importante contribution au développement de la science.

ВКЛА́ДЫВАТЬ / ВЛОЖИ́ТЬ **1.** introduire. *Вложи́ть письмо́ в конве́рт*, mettre une lettre dans son enveloppe. *Вложи́ть всю ду́шу в де́ло*, y mettre toute son âme. **2.** investir. *Вложи́ть миллио́ны в строи́тельство*, investir des millions dans la construction.

ВКЛЮЧА́ТЬ / ВКЛЮЧИ́ТЬ **1.** inclure. *Включи́ть в спи́сок*, inscrire sur la liste. *Включи́ть в програ́мму*, mettre au programme. **2.** brancher. *Включи́ть свет*, allumer l'électricité. *Включи́ть ра́дио*, brancher la radio. *Включи́ть мото́р*, mettre le moteur en marche.

ВКЛЮЧА́Я **1.** gérondif de « включа́ть ». **2.** *prép.* (+ *acc.*) y compris. *Включа́я дете́й*, y compris les enfants.

/ ВКЛЮЧИ́ТЬ v. включа́ть.

/ ВКОПА́ТЬ v. вка́пывать.

ВКП(б) abréviation de « Всесою́зная Коммунисти́ческая Па́ртия (большевико́в) ».

ВКРА́ТЦЕ *adv.* en abrégé. *Рассказа́ть вкра́тце*, raconter brièvement.

ВКРИВЬ *adv.* ● **Вкривь и вкось,** dans tous les sens.

ВКУС **1.** goût (*saveur*). *Име́ть прия́тный вкус*, avoir un goût agréable. *Плоды́, го́рькие на вкус*, des fruits au goût amer. **2.** goût (*sentiment du beau*). *Одева́ться со вку́сом*, s'habiller avec goût. *Э́то де́ло вку́са*, c'est une question de goût. *У нас одни́ и те же вку́сы*, nous avons les mêmes goûts. *Она́ вы́брала себе́ заня́тие по вку́су*, elle s'est choisi une occupation à son goût. ● **На вкус и на цвет това́рищей нет** *ou* **о вку́сах не спо́рят,** des goûts et des couleurs...

ВКУ́СНЫЙ savoureux. *Вку́сное ку́шанье*, un plat savoureux. *Э́то вку́сно*, c'est bon.

ВЛАДЕ́ЛЕЦ propriétaire, possesseur. *Владе́лец до́ма*, le propriétaire de la maison. *Владе́лец кни́ги*, le propriétaire de ce livre.

ВЛАДЕ́НИЕ possession. *Владе́ния Моско́вских князе́й*, les possessions des princes de Moscou.

ВЛАДЕ́ТЬ / ОВЛАДЕ́ТЬ (+ *instr.*) **1.** posséder (*être propriétaire*). *Владе́ть дома́ми*, posséder des maisons. **2.** posséder (*dominer, savoir manier*). *Владе́ть собо́й*, être maître de soi. *Не владе́ть ле́вой руко́й*, ne pas pouvoir se servir de sa main gauche. *Владе́ть языко́м*, bien connaître une langue.

ВЛАДЫ́ЧЕСТВО domination. *Под влады́чеством тата́р*, sous la domination tatare.

ВЛА́ЖНОСТЬ *f.* humidité. *Вла́жность по́чвы*, l'humidité du sol.

ВЛА́ЖНЫЙ humide. *Вла́жный ве́тер*, un vent humide.

ВЛА́СТНЫЙ autoritaire. *Вла́стный хара́ктер*, un caractère autoritaire.

ВЛАСТЬ **1.** pouvoir. *Верхо́вная власть*, le pouvoir suprême. *Взять власть*, prendre le pouvoir. *Прийти́ к вла́сти*, venir au pouvoir. *Превыше́ние вла́сти*, abus de pouvoir. *Законода́тельная власть*, le pouvoir législatif. *Исполни́тельная власть*, le pouvoir exécutif. *Э́то не в мое́й вла́сти*, cela ne dépend pas de moi. *Во вла́сти страсте́й*, sous l'empire des passions. *Потеря́ть власть над собо́й*, perdre le contrôle de soi-même. **2.** (*généralement au pl.*) les autorités. *Ме́стные вла́сти*, les autorités locales. *Вое́нные вла́сти*, les autorités militaires.

ВЛЕ́ВО *adv.* à gauche. *Поверну́ть вле́во*, tourner à gauche. *Вле́во от ро́щи*, à gauche du bosquet.

ВЛЕЗА́ТЬ / ВЛЕЗТЬ* IV, вле́зу, вле́зешь...; влез, вле́зла... **1.** grimper. *Влезть на де́рево*, grimper à un arbre. *Влезть в трамва́й*, monter dans le tramway. **2.** (*fam.*) entrer. *Во́ры вле́зли в дом*, des voleurs se sont introduits dans la maison. *Влезть в во́ду*, se mettre dans l'eau. *Э́ти кни́ги не вле́зут в портфе́ль*, ces livres n'entreront pas dans la serviette. ● **Влезть в долги́,** faire des dettes.

/ **ВЛЕЗТЬ** v. влеза́ть.

/ **ВЛЕПИ́ТЬ** v. влепля́ть.

ВЛЕПЛЯ́ТЬ / ВЛЕПИ́ТЬ flanquer. *Влепи́ть пощёчину*, flanquer une gifle. *Влепи́ть пу́лю в лоб*, flanquer une balle dans la tempe.

ВЛЕЧЕ́НИЕ inclination, penchant. *Он не чу́вствует влече́ния к рабо́те*, il n'a pas la passion du travail.

ВЛЕЧЬ* IV, влеку́, влечёшь..., влеку́т; влёк, влекла́... / **ПОВЛЕ́ЧЬ*** IV (*id.*) attirer. *Меня́ влекло́ на Во́лгу*, je me sentais attiré par la Volga. ● **Влечь за собо́й,** entraîner. *Преступле́ние влечёт за собо́й наказа́ние*, le crime entraîne le châtiment.

ВЛИВА́ТЬ / ВЛИТЬ* II, волью́, вольёшь...; влил, влила́, вли́ло, вли́ли ; влей; вли́тый, влит, влита́, вли́то, вли́ты **1.** verser. *Влить во́ду в буты́лку*, verser de l'eau dans une bouteille. // (*Par extension*) *Влить молоды́х специали́стов в промы́шленность*, verser de jeunes spécialistes dans l'industrie. **2.** (*fig.*) insuffler. *Э́то изве́стие вли́ло в неё бо́дрость*, cette nouvelle lui rendit son entrain.

/ **ВЛИТЬ** v. влива́ть.

ВЛИЯ́НИЕ influence. *Име́ть большо́е влия́ние*, avoir une grande influence. *Оказа́ть влия́ние на писа́теля*, exercer son influence sur un écrivain. *Попа́сть под влия́ние прия́теля*, tomber sous l'influence d'un ami. *Под влия́нием стра́ха*, sous l'effet de la peur.

ВЛИЯ́ТЕЛЬНЫЙ influent. *Влия́тельное лицо́*, un personnage influent.

ВЛИЯ́ТЬ / ПОВЛИЯ́ТЬ avoir une influence sur. *Повлия́ть на собы́тия*, avoir une influence sur les événements.

ВЛКСМ abréviation de « Всесою́зный Ле́нинский Коммунисти́ческий Сою́з Молодёжи » (v. Комсомо́л).

/ **ВЛОЖИ́ТЬ** v. вкла́дывать.

/ **ВЛОМИ́ТЬСЯ** v. ломи́ться.

/ **ВЛЮБИ́ТЬСЯ** v. влюбля́ться.

ВЛЮБЛЁННЫЙ, влюблён, влюблена́... amoureux. *Он влюблён в Та́ню,* il est amoureux de Tania. *Влюблённый взгляд,* un regard amoureux.

ВЛЮБЛЯ́ТЬСЯ / ВЛЮБИ́ТЬСЯ (в + *acc.*) tomber amoureux, s'amouracher. *Влюби́ться в краса́вицу,* tomber amoureux d'une jolie fille. *Он влюби́лся по́ уши,* il est tombé follement amoureux.

ВМЕ́СТЕ *adv.* 1. ensemble. *Мы ча́сто рабо́таем вме́сте,* nous travaillons souvent ensemble. 2. (*livresque*) en même temps. ● **Вме́сте с тем,** en même temps. *Э́то меня́ удиви́ло и вме́сте с тем расстро́ило,* cela m'a étonné et troublé en même temps.

/ **ВМЕСТИ́ТЬ** v. вмеща́ть.

/ **ВМЕСТИ́ТЬСЯ** v. вмеща́ться.

ВМЕ́СТО *prép.* (+ *gén.*) au lieu de (+ *nom ou pronom*). *Купи́ть одну́ газе́ту вме́сто друго́й,* acheter un journal au lieu d'un autre. *Рабо́тать вме́сто това́рища,* travailler à la place d'un camarade. ● **Вме́сто того́, что́бы,** au lieu de (+ *inf.*). *Вме́сто того́, что́бы игра́ть,* au lieu de jouer.

/ **ВМЕША́ТЬСЯ** v. вме́шиваться.

ВМЕ́ШИВАТЬСЯ / ВМЕША́ТЬСЯ se mêler de. *Он вме́шивается не в своё де́ло,* il se mêle de ce qui ne le regarde pas. *Вмеша́ться в разгово́р,* prendre part à la conversation.

ВМЕЩА́ТЬ / ВМЕСТИ́ТЬ 1. contenir. *Э́тот шкаф вмеща́ет все мои́ кни́ги,* cette armoire contient tous mes livres. 2. (в + *acc.*) faire entrer. *Вмести́ть все кни́ги в шкаф,* faire entrer tous les livres dans l'armoire.

ВМЕЩА́ТЬСЯ / ВМЕСТИ́ТЬСЯ (в + *loc.*) trouver place, entrer. *Все мои кни́ги вмеща́ются в э́том шкафу́,* tous mes livres entrent dans cette armoire.

ВМИГ *adv.* en un clin d'œil. *Они́ вмиг разбежа́лись,* en un clin d'œil, ils se dispersèrent.

ВНАЁМ *ou* **ВНАЙМЫ** *adv.* ● **Взять внаём,** louer (*prendre à loyer*). **Сдать внаём,** louer (*donner à loyer*). *Сдаётся внаём ко́мната со всеми удо́бствами,* à louer chambre tout confort.

ВНАЧА́ЛЕ *adv.* (*livresque*) au début.

ВНЕ *prép.* (+ *gén.*) en dehors de. *Вне го́рода,* en dehors de la ville. *Вне ко́нкурса,* hors concours. *Объяви́ть кого́-нибудь вне зако́на,* mettre qqn hors la loi. *Вне вся́ких сомне́ний,* hors de doute. *Он был вне опа́сности,* il était hors de danger.

ВНЕДРЕ́НИЕ implantation, mise en application. *Внедре́ние но́вой те́хники,* l'introduction de nouvelles techniques.

ВНЕЗА́ПНОСТЬ *f.* soudaineté. *Внеза́пность нападе́ния,* la soudaineté de l'attaque. *Жизнь полна́ внеза́пностей,* la vie est pleine d'imprévu.

ВНЕЗА́ПНЫЙ soudain. *Внеза́пный отъе́зд,* un départ soudain. *Внеза́пная смерть,* une mort subite. *Внеза́пно подняла́сь мете́ль,* soudain, une tempête de neige s'éleva.

/ **ВНЕСТИ́** v. вноси́ть.

ВНЕ́ШНИЙ 1. extérieur (*externe*). *Вне́шний мир,* le monde extérieur. *Вне́шнее схо́дство,* une ressemblance extérieure. *Вне́шнее споко́йствие,* un calme apparent. 2. extérieur (*ayant rapport aux pays étrangers*). *Вне́шняя торго́вля,* le commerce extérieur. *Вне́шняя поли́тика,* la politique extérieure.

ВНЕ́ШНОСТЬ *f.* aspect extérieur. *Под прия́тной вне́шностью,* sous des dehors agréables. *Суди́ть по вне́шности,* juger sur les apparences.

ВНИЗ *adv.* en bas (*direction*). *Вниз по Во́лге,* en descendant la Volga. *Спуска́ться вниз,* descendre.

Смотре́ть на всех све́рху вниз, regarder tout le monde de très haut.

ВНИЗУ́ 1. *adv.* en bas (*emplacement*). *Он живёт внизу́*, il habite en bas. 2. (+ *gén.*) *prép.* au bas de. *Внизу́ страни́цы*, au bas de la page.

ВНИКА́ТЬ / ВНИ́КНУТЬ (в + *acc.*) réfléchir à. *Вника́ть во все дета́ли*, entrer dans tous les détails.

/ ВНИ́КНУТЬ v. вника́ть.

ВНИМА́НИЕ 1. attention. *Слу́шать со внима́нием*, écouter avec attention. *Внима́ние !*, Attention ! *Обрати́ть внима́ние на что-нибу́дь*, faire attention à qqch. *Не обраща́йте внима́ния !*, Ne faites pas attention. *Принима́я во внима́ние его́ поведе́ние*, eu égard à sa conduite. 2. prévenance. *Окружи́ть кого́-нибудь внима́нием*, être plein de prévenance pour qqn.

ВНИМА́ТЕЛЬНЫЙ 1. attentif. *Внима́тельный учени́к*, un élève attentif. *Внима́тельно слу́шать*, écouter attentivement. 2. prévenant. *Он был внима́телен к това́рищам*, il était prévenant à l'égard de ses camarades.

ВНИЧЬЮ́ *adv.* ● **Сыгра́ть вничью́,** faire partie nulle.

ВНОСИ́ТЬ ⟍___ **/ ВНЕСТИ́*** IV, внесу́, внесёшь...; внёс, внесла́... ⟋‾‾‾ ; внесённый 1. apporter. *Внеси́те чемода́ны в ко́мнату*, Apportez les valises dans la chambre. 2. (*fig.*) apporter. *Внести́ оживле́ние*, mettre de l'animation. *Внести́ предложе́ние*, faire une proposition.

ВНУК petit-fils.

ВНУ́ТРЕННИЙ intérieur. *Вну́тренний двор*, une cour intérieure. *Вну́тренняя поли́тика*, la politique intérieure.

ВНУТРИ́ 1. *adv.* à l'intérieur (*emplacement*). *Ничего́ не́ было внутри́*, il n'y avait rien à l'intérieur. 2. (+ *gén.*) *prép.* à l'intérieur de (*emplacement*). *Внутри́ до́ма*, à l'intérieur de la maison.

ВНУТРЬ 1. *adv.* à l'intérieur (*direction*). *Загля́дывать внутрь*, jeter un coup d'œil à l'intérieur. 2. (+ *gén.*) *prép.* à l'intérieur de (*direction*). *Он повёл меня́ внутрь помеще́ния*, il me conduisit à l'intérieur du local.

ВНУ́ЧКА petite-fille. *Ба́бушка со свое́й вну́чкой*, une grand-mère avec sa petite-fille.

ВНУША́ТЬ / ВНУШИ́ТЬ imposer, inspirer. *Он внуша́ет мне отвраще́ние*, il m'inspire le dégoût. *Внуша́ть дове́рие*, inspirer confiance. *Внуша́ть стра́х*, inspirer la crainte.

ВНУШИ́ТЕЛЬНЫЙ imposant. *Име́ть внуши́тельный вид*, avoir un air imposant.

/ ВНУШИ́ТЬ v. внуша́ть.

ВНЯ́ТНЫЙ perceptible, intelligible. *Чуть вня́тный стон*, une plainte à peine perceptible.

ВО v. в.

ВО́ВРЕМЯ *adv.* à temps. *Он прие́хал во́время*, il est arrivé à temps. *Я, мо́жет быть, пришёл не во́время?*, Je tombe peut-être mal ?

ВО́ВСЕ *adv.* ● **Во́все не** *ou* **во́все нет,** pas du tout. *Э́то во́все не ну́жно*, c'est tout à fait inutile. « *Ты серди́т? — Во́все нет* », « Tu es en colère ? — Pas du tout. »

ВО-ВТОРЫ́Х *adv.* deuxièmement.

ВО́ГНУТЫЙ concave. *Во́гнутое зе́ркало*, miroir concave.

ВОДА́ ⟍⟋‾‾ ___ eau. *Питьева́я вода́*, eau potable. *Минера́льная вода́*, eau minérale. *Газиро́ванная вода́*, eau gazeuse. *Стоя́чая вода́*, de l'eau stagnante. *Про́точная вода́*, de l'eau courante. *Дождева́я вода́*, de l'eau de pluie. *Солёная вода́*, de l'eau salée. *Пре́сная вода́*, de l'eau douce. *Кипячёная вода́*, de l'eau bouillie. ● **Быть ти́ше воды́, ни́же травы́,** filer doux. **В му́тной воде́ ры́бу лови́ть,** pêcher en eau trouble. **Мно́го воды́**

утекло́ с тех пор, il a passé beaucoup d'eau sous les ponts depuis ce temps-là. **Они́ похо́жи как две ка́пли воды́,** ils se ressemblent comme deux gouttes d'eau. **Чу́вствовать себя́, как ры́ба в воде́,** se sentir comme un poisson dans l'eau. **Э́то льёт во́ду на мою́ ме́льницу,** cela verse de l'eau à mon moulin.

REMARQUE. L'accent passe sur la préposition dans le groupe « на́ воду ».

ВОДИ́ТЕЛЬ *m.* conducteur. *Води́тель такси́*, un chauffeur de taxi. *Води́тель та́нка*, un conducteur de char (*mil.*).

ВОДИ́ТЬ indét. de « вести́ ». ● **Води́ть за́ нос,** mener par le bout du nez.

ВОДИ́ТЬСЯ **1.** être en abondance. *В реке́ во́дятся щу́ки*, dans la rivière, il y a des brochets. **2.** (с + *instr.*) fréquenter qqn. *Води́ться с подозри́тельными людьми́*, fréquenter des gens suspects.

ВО́ДКА « vodka », eau-de-vie de grain.

ВОДОВОРО́Т tourbillon. *Он попа́л в водоворо́т и утону́л*, il fut pris par un tourbillon et se noya. // (*Fig.*) *Водоворо́т жи́зни*, le tourbillon de la vie. *Водоворо́т собы́тий*, le tourbillon des événements.

ВОДОЛА́З scaphandrier.

ВОДОНАПО́РНЫЙ ● **Водонапо́рная ба́шня,** château d'eau.

ВОДОПА́Д cascade. *Ниага́рский водопа́д*, les chutes du Niagara.

ВО́ДОРОСЛЬ *f.* algue.

I. ВОДЯНО́Й d'eau, à eau. *Водяны́е расте́ния*, les plantes aquatiques. *Водяна́я ме́льница*, un moulin à eau.

II. ВОДЯНО́Й *adj. subst. m.* génie des eaux (*myth.*).

ВОЕВА́ТЬ* II, вою́ю, вою́ешь... faire la guerre. *Славя́не воева́ли со степны́ми кочевни́ками*, les Slaves faisaient la guerre aux nomades des steppes.

ВОЕВО́ДА *m.* chef militaire (*dans l'ancienne Russie*).

ВО́ЕМ v. вой ou выть.

ВОЕ́ННЫЙ **1.** militaire. *Вое́нные опера́ции*, les opérations militaires. *Вое́нное иску́сство*, l'art militaire. *Вое́нное су́дно*, un bateau de guerre. **2.** *subst.* militaire. *Везде́ на скаме́йках сиде́ли вое́нные*, sur tous les bancs, il y avait des militaires.

ВО́ЕТ, ВО́ЕШЬ... v. выть.

ВОЖА́ТАЯ *adj. subst. f.* monitrice (*de pionniers*).

ВОЖА́ТЫЙ *adj. subst. m.* moniteur (*de pionniers*).

ВОЖДЬ chef, conducteur d'hommes.

ВОЗ*, *loc.* возу́ **1.** charrette. *О́коло база́рной пло́щади бы́ло мно́го возо́в*, il y avait de nombreuses charrettes près de la place du marché. **2.** charretée. *Воз се́на*, une charretée de foin.

/ **ВОЗБУДИ́ТЬ** v. возбужда́ть.

ВОЗБУЖДА́ТЬ/ВОЗБУДИ́ТЬ, *part.* возбуждённый* **1.** exciter, stimuler. *Возбуди́ть аппети́т*, stimuler l'appétit. *Возбуди́ть любопы́тство*, piquer la curiosité. *Возбуди́ть негодова́ние*, provoquer l'indignation. **2.** (про́тив + *gén.*) exciter, monter contre. *Возбуди́ть всех про́тив себя́*, se mettre tout le monde à dos.

ВОЗБУЖДЕ́НИЕ excitation. *Быть в си́льном возбужде́нии*, être surexcité.

/ **ВОЗВРАТИ́ТЬ** v. возвраща́ть.

/ **ВОЗВРАТИ́ТЬСЯ** v. возвраща́ться.

ВОЗВРАЩА́ТЬ / ВЕРНУ́ТЬ *et* **ВОЗВРАТИ́ТЬ** (т → щ) **1.** rendre. *Я возвращу́ ему́ де́ньги*, je vais lui rendre son argent. *Верну́ть кни́ги в библиоте́ку*, rapporter des livres à la bibliothèque. **2.** faire revenir. *Меня́ возврати́ли с доро́ги*, on m'a fait rebrousser chemin. *Верну́ть себе́ иму́щество*, récupérer ses biens.

ВОЗВРАЩА́ТЬСЯ / ВЕРНУ́ТЬСЯ *et* **ВОЗВРАТИ́ТЬСЯ** (т → щ) revenir. *Я о́чень по́здно верну́лся домо́й*, je suis rentré chez moi très tard. *Верну́ться из-за грани́цы*, revenir de l'étranger. *Че́рез два часа́ он верну́лся наза́д*, il est revenu au bout de deux heures. *К э́тому вопро́су мы ещё вернёмся*, nous reviendrons sur cette question.

ВОЗВРАЩЕ́НИЕ **1.** retour. *Возвраще́ние в родно́й край*, retour au pays natal. **2.** restitution. *Возвраще́ние иму́щества*, la restitution des biens.

/ **ВОЗВЫ́СИТЬ** v. возвыша́ть.

ВОЗВЫША́ТЬ / ВОЗВЫ́СИТЬ (*livresque*) élever. *Он возвы́сил было го́лос*, il commençait déjà à élever le ton.

ВОЗВЫШЕ́НИЕ **1.** essor. *Возвыше́ние Моско́вского госуда́рства*, le développement de l'État moscovite. **2.** lieu élevé (*colline, tribune...*).

ВОЗВЫ́ШЕННОСТЬ *f.* **1.** hauteur, éminence. *Видне́лись неприя́тельские войска́ на противополо́жных возвы́шенностях*, on voyait l'armée ennemie sur les hauteurs d'en face. **2.** (*fig.*) élévation, noblesse. *Возвы́шенность чувств*, noblesse des sentiments.

ВОЗВЫ́ШЕННЫЙ **1.** élevé. *Возвы́шенное ме́сто*, un lieu élevé. **2.** sublime. *Возвы́шенная цель*, un noble but.

ВО́ЗГЛАС exclamation. *Одобри́тельные во́згласы*, des cris d'approbation.

ВОЗДАВА́ТЬ* II, воздаю́, воздаёшь... ; воздава́й; воздава́я / **ВОЗДА́ТЬ*** *n. cl.*, возда́м, возда́шь, возда́ст, воздади́м, воздади́те, воздаду́т; во́здал, воздала́, во́здало, во́здали /___ ; во́зданный, во́здан, воздана́, во́здано, во́зданы /___ ● **Возда́ть кому́-нибудь до́лжное,** reconnaître les mérites de qqn. **Возда́ть справедли́вость,** rendre justice. **Возда́ть честь,** rendre honneur.

/ **ВОЗДА́ТЬ** v. воздава́ть.

/ **ВОЗДЕРЖА́ТЬСЯ** v. возде́рживаться.

ВОЗДЕ́РЖИВАТЬСЯ / ВОЗДЕРЖА́ТЬСЯ* I, воздержу́сь, возде́ржишься... ___ s'abstenir. *Возде́рживаться от спиртны́х напи́тков*, éviter les boissons alcooliques. *Он не мог воздержа́ться от восклица́ния*, il ne put retenir un cri.

ВО́ЗДУХ air. *Све́жий во́здух*, l'air frais. *Вы́йти на во́здух*, aller prendre l'air. *На во́здухе* ou *на откры́том во́здухе*, en plein air. *Подыша́ть во́здухом*, prendre l'air. ● **Пита́ться во́здухом,** vivre de l'air du temps. **Э́то но́сится в во́здухе,** c'est une idée qui flotte dans l'air.

ВОЗДУ́ШНЫЙ d'air, aérien. *Возду́шная я́ма*, un trou d'air. *Возду́шная ли́ния*, une ligne aérienne. *Возду́шная трево́га*, une alerte aérienne. ● **Посыла́ть возду́шные поцелу́и,** envoyer des baisers avec la main. **Стро́ить возду́шные за́мки,** construire des châteaux en Espagne.

ВОЗИ́ТЬ indét. de « везти́ ».

ВОЗИ́ТЬСЯ ___ s'agiter, se débattre. *Вози́ться с ко́шкой*, s'amuser bruyamment avec le chat. *Вози́ться с багажо́м*, se débattre avec ses bagages. *Ско́лько я вози́лся с ним!*, Que de temps j'ai perdu avec lui!

ВОЗЛАГА́ТЬ / ВОЗЛОЖИ́ТЬ ___ placer (*généralement fig.*). *Возложи́ть свои́ наде́жды на* (+ *acc.*), placer son espoir en. *Возложи́ть отве́тственность, вину́ на кого́-нибудь*, rejeter la responsabilité, la faute sur qqn.

ВО́ЗЛЕ **1.** *adv.* tout près. *Они́ живу́т во́зле*, ils habitent tout près. **2.** (+ *gén.*) *prép.* près de. *Она́ стоя́ла во́зле нас*, elle était près de nous.

/ **ВОЗЛОЖИ́ТЬ** v. возлага́ть.

ВОЗЛЮ́БЛЕННАЯ *part. subst. f.* bien-aimée. *Его́ возлю́бленная*, sa bien-aimée.

ВОЗЛЮ́БЛЕННЫЙ *part. subst. m.* bien-aimé. *Её возлю́бленный*, son bien-aimé.

ВОЗМЕ́ЗДИЕ (*livresque*) châtiment.

/ **ВОЗМЕСТИ́ТЬ** v. возмеща́ть.

ВОЗМЕЩА́ТЬ / ВОЗМЕСТИ́ТЬ dédommager. *Возмести́ли ему́ расхо́ды*, on l'a remboursé de ses frais. *Возмести́ть поте́рянное вре́мя уси́ленной рабо́той*, rattraper le temps perdu en travaillant d'arrache-pied.

ВОЗМО́ЖНО *adv.* **1.** (*entre virgules*) peut-être (*fam.*). *Он, возмо́жно, и не придёт*, il ne viendra peut-être même pas. **2.** possible. *Возмо́жно скоре́е*, le plus vite possible.

ВОЗМО́ЖНОСТЬ *f.* possibilité, occasion. *Упу́щенная возмо́жность*, une occasion manquée. *При пе́рвой возмо́жности*, à la première occasion. *Есть разли́чные возмо́жности*, il y a diverses possibilités. *Дать возмо́жность*, donner la possibilité. *Име́ть возмо́жность*, avoir la possibilité. *По ме́ре возмо́жности*, dans la mesure du possible.

ВОЗМО́ЖНЫЙ possible. *Всё каза́лось ему́ возмо́жным*, tout lui semblait possible. *Мы сде́лаем всё, что возмо́жно*, nous ferons tout ce qu'il est possible de faire.

Remarque. Pour l'emploi adverbial de la forme « возмо́жно », voir ce mot.

ВОЗМУТИ́ТЕЛЬНЫЙ révoltant. *Возмути́тельный посту́пок*, un acte révoltant. *Возмути́тельно вести́ себя́*, se conduire d'une manière révoltante.

/ **ВОЗМУТИ́ТЬ** v. возмуща́ть.

ВОЗМУЩА́ТЬ / ВОЗМУТИ́ТЬ (т → щ) révolter, indigner. *Меня́ возмути́ла его́ гру́бость*, j'ai été indigné par sa grossièreté.

ВОЗМУЩЕ́НИЕ indignation. *Прийти́ в возмуще́ние*, être pris d'indignation.

/ **ВОЗНАГРАДИ́ТЬ** v. вознагражда́ть.

ВОЗНАГРАЖДА́ТЬ / ВОЗНАГРАДИ́ТЬ récompenser. *Вознагради́ть усе́рдие*, récompenser le zèle.

ВОЗНАГРАЖДЕ́НИЕ récompense. *В вознагражде́ние за* (+ *acc.*), en récompense de.

/ **ВОЗНЕНАВИ́ДЕТЬ** v. ненави́деть.

ВОЗНИКА́ТЬ / ВОЗНИ́КНУТЬ* III prendre naissance, apparaître. *У него́ возни́кла мысль*, une idée lui est venue. *У меня́ возника́ет подозре́ние*, j'ai un soupçon.

ВОЗНИКНОВЕ́НИЕ apparition, genèse. *Возникнове́ние жи́зни на Земле́*, l'apparition de la vie sur la Terre. *Возникнове́ние чу́вства*, la naissance d'un sentiment.

/ **ВОЗНИ́КНУТЬ** v. возника́ть.

ВОЗНЯ́ **1.** remue-ménage (*bruit*). *Де́ти по́дняли возню́*, les enfants se sont mis à faire du tapage. **2.** remue-ménage (*tracas*). *Мно́го возни́ с маши́нами*, les voitures, ça donne bien du tracas.

/ **ВОЗОБНОВИ́ТЬ** v. возобновля́ть.

ВОЗОБНОВЛЕ́НИЕ renouvellement. *Возобновле́ние догово́ра*, la reconduction d'un traité.

ВОЗОБНОВЛЯ́ТЬ / ВОЗОБНОВИ́ТЬ renouveler. *Возобнови́ть подпи́ску*, renouveler son abonnement. *Возобнови́ть заня́тия*, reprendre ses occupations. *Разгово́р возобнови́лся*, la conversation a repris.

ВОЗРАЖА́ТЬ / ВОЗРАЗИ́ТЬ objecter. *Лейтена́нт споко́йно возража́л ему́*, le lieutenant lui répliquait tranquillement. *Возрази́ть на кри́тику*, répondre à une critique. *Я возража́ю про́тив э́того предложе́ния*, je ne suis pas d'accord avec cette proposition. *Е́сли вы не возража́ете*, si vous voulez bien.

ВОЗРАЖЕ́НИЕ objection. *Он не терпе́л возраже́ний*, il ne souffrait pas les objections. *То́ном, не допуска́ющим возраже́ний*, d'un ton sans réplique.

/ **ВОЗРАЗИ́ТЬ** v. возража́ть.

ВО́ЗРАСТ âge. *Челове́к зре́лого во́зраста*, un homme d'âge mûr. *В во́зрасте двадцати́ лет*, à l'âge de vingt ans. *В твоём во́зрасте*, à ton âge.

ВОЗРОЖДЕ́НИЕ renaissance. *Эпо́ха Возрожде́ния*, l'époque de la Renaissance.

/ **ВОЗРОПТА́ТЬ** v. ропта́ть.

/ **ВОЗЬМУ́, ВОЗЬМЁШЬ...** v. взять.

ВО́ИН (*livresque*) guerrier, soldat.

ВО́ИНСКИЙ militaire. *Во́инская пови́нность*, le service militaire.

ВОИ́НСТВЕННЫЙ belliqueux. *С вои́нственным ви́дом*, avec un air belliqueux.

I. **ВОЙ** *m*. hurlement(s). *Вой волко́в*, les hurlements des loups. *Вой ве́тра*, le hurlement du vent.

II. **ВОЙ** v. выть.

ВОЙНА́, *gén. pl.* войн guerre. *Втора́я мирова́я война́*, la Seconde Guerre mondiale. *Гражда́нская война́*, la guerre civile. *Партиза́нская война́*, la guerre de partisans, la guérilla. *Холо́дная война́*, la guerre froide. *Вести́ войну́*, faire la guerre. *Объяви́ть войну́*, déclarer la guerre.

ВО́ЙСКО, *pl.* войска́, во́йск, войска́м... **1.** (*arch.*) armée. *Вра́жеское во́йско*, l'armée ennemie. **2.** (*pl.*) troupes. *Оккупацио́нные войска́*, les troupes d'occupation.

/ **ВОЙТИ́** v. входи́ть.

ВОКЗА́Л gare. *Пое́хать на вокза́л*, aller à la gare. *Верну́ться с вокза́ла*, revenir de la gare.

ВОКРУ́Г **1.** *adv.* aux alentours. *Никого́ не́ было вокру́г*, il n'y avait personne aux alentours. **2.** (+ *gén.*) *prép.* autour. *Земля́ враща́ется вокру́г Со́лнца*, la Terre tourne autour du Soleil. *Путеше́ствие вокру́г све́та*, un voyage autour du monde. ● **Ходи́ть вокру́г да о́коло,** tourner autour du pot.

ВОЛ bœuf. *Рабо́тать как вол*, travailler comme un bœuf.

ВО́ЛЕЙ-НЕВО́ЛЕЙ *adv.* bon gré mal gré. *Во́лей-нево́лей прихо́дится остава́ться до́ма*, qu'on le veuille ou non, on est obligé de rester à la maison.

ВОЛК loup. ● **Волко́в боя́ться, в лес не ходи́ть,** quand on a peur du loup, on ne va pas au bois. **С волка́ми жить, по-во́лчьи выть,** il faut hurler avec les loups. **Сде́лать так, что́бы и во́лки бы́ли сы́ты и о́вцы це́лы,** ménager la chèvre et le chou. **Челове́к челове́ку волк,** l'homme est un loup pour l'homme.

ВОЛНА́ **1.** vague. *Высо́кие во́лны*, de hautes vagues. // (*Fig.*) *Волна́ недово́льства*, une vague de mécontentement. **2.** onde (*phys.*). *Длина́ волны́*, la longueur d'onde. *Коро́ткие во́лны*, les ondes courtes. *Сре́дние во́лны*, les ondes moyennes. *Дли́нные во́лны*, les grandes ondes. *Электромагни́тные во́лны*, les ondes électromagnétiques.

ВОЛНЕ́НИЕ **1.** agitation, émotion. *Говори́ть не могла́ от волне́ния*, elle était si émue qu'elle ne pouvait pas parler. **2.** (*pl.*) troubles, soulèvements. *Крестья́нские волне́ния*, des révoltes de paysans.

ВОЛНОВА́ТЬ / **ВЗВОЛНОВА́ТЬ** agiter, troubler. *Ве́тер волну́ет мо́ре*, le vent agite la mer *Мо́ре волну́ется*, la mer est agitée. // (*Fig.*) *Волнова́ться из-за пустяко́в*, s'inquiéter pour des riens.

ВОЛОКИ́ТА lenteur administrative.

ВОЛОКНО́, *pl.* воло́кна, воло́кон, воло́кнам... fibre. *Льняно́е волокно́*, fibre de lin.

ВО́ЛОС*, *gén. pl.* волóс (*accentuation du pl.:* вóлосы, волóс, волосáм...) 1. poil. *У негó мнóго волóс на грудú*, il a beaucoup de poil sur la poitrine. 2. cheveu. *Рýсые, рыжие, чёрные, седые вóлосы*, des cheveux blonds, roux, noirs, blancs. *Схватúть когó-нибудь зá волосы*, attraper qqn par les cheveux. ● **Вóлосы ды́бом станóвятся,** cela fait dresser les cheveux sur la tête. **Рвать на себé вóлосы,** s'arracher les cheveux.

REMARQUE. L'accent passe sur la préposition dans les groupes « зá волос », « зá волосы », « нá волос », « нá волосы ».

ВОЛОСА́ТЫЙ poilu, chevelu. *Волосáтая грудь*, une poitrine velue.

ВОЛОСО́К dim. de « вóлос ». ● **Держáться на волоскé,** ne tenir qu'à un fil. *Жизнь егó держáлась на волоскé*, sa vie ne tenait qu'à un fil. **На волосóк,** à deux doigts. *Он был на волосóк от смéрти*, il a été à deux doigts de la mort.

ВОЛОЧИ́ТЬ traîner. *Её длúнное плáтье волочúлось пó полу*, sa longue robe traînait par terre. *Éле нóги волочúть*, pouvoir à peine se traîner.

ВО́ЛЧИЙ *adj. d'appart.* de loup. *Вóлчий аппетúт*, une faim de loup.

ВОЛЧО́НОК*, *pl.* волчáта, волчáт, волчáтам... louveteau.

ВОЛШЕ́БНИК magicien, enchanteur.

ВОЛШЕ́БНИЦА magicienne, enchanteresse.

ВОЛШЕ́БНЫЙ magique. *Волшéбная пáлочка*, une baguette magique. « *Волшéбная флéйта* », « la Flûte enchantée ». *Волшéбное цáрство*, un pays féerique.

ВОЛШЕБСТВО́ magie. *Как по волшебствý*, comme par enchantement.

ВО́ЛЬНОСТЬ *f.* ● **Поэтúческая вóльность,** licence poétique.

ВО́ЛЬНЫЙ 1. libre. *Вóльный человéк*, un homme libre. *Вóльный как птúца*, libre comme le vent. *Вóльный перевóд*, une traduction libre. 2. osé. *Вóльные шýтки*, des plaisanteries osées.

ВО́ЛЯ 1. volonté. *Усúлие вóли*, un effort de la volonté. *Не по своéй вóле*, contre son gré. *Прóтив вóли родúтелей*, contre la volonté de ses parents. *Э́то в вáшей вóле*, Cela ne dépend que de vous. *Вóля вáша*, Comme vous voulez. *Лю́ди дóброй вóли*, les hommes de bonne volonté. 2. liberté. *Отпустúть крепостны́х на вóлю*, libérer des serfs. *Вы́рваться на вóлю*, s'échapper. 3. (*arch. et dial.*) libération des serfs, réforme de 1861. *Э́то бы́ло незадóлго до вóли*, c'était peu avant la libération des serfs. ● **Дать вóлю,** donner libre cours. *Дать вóлю слезáм*, donner libre cours à ses larmes. *Дать вóлю рукáм*, avoir la main trop leste.

I. ВОН *adv.* hors d'ici. *Пошёл вон!*, Fichez-moi le camp ! *ou* Fiche-moi le camp ! ● **Из рук вон плóхо,** en dépit du bon sens. **Лезть из кóжи вон,** se mettre en quatre.

II. ВОН *adv.* (*fam.*) voilà. *Вон он идёт*, Le voilà qui arrive.

ВОНЬ *f.* puanteur. *Вонь стоя́ла стрáшная*, il s'élevait une puanteur effroyable.

ВОНЯ́ТЬ puer. *От негó воня́ет чеснокóм*, il pue l'ail.

ВООБРАЖА́ТЬ / ВООБРАЗИ́ТЬ 1. se représenter. *Вообразúте себé старикá лет семидесяти*, Représentez-vous un vieillard de soixante-dix ans. *Вообразú, он ужé вернýлся*, Tu te représentes, il est déjà rentré. 2. imaginer, avoir l'illusion. *Онá воображáет, что я ничегó не слы́шу*, elle s'imagine que je n'entends rien. *Он слúшком мнóго о себé воображáет*, il se prend pour quelqu'un.

ВООБРАЖЕ́НИЕ imagination. *Богáтое воображéние*, une riche imagination.

/ **ВООБРАЗИ́ТЬ** v. воображáть.

ВООБЩЕ́ *adv.* **1.** en général. *Обо всех писáтелях вообщé*, sur tous les écrivains en général. *Вообщé э́то вéрно*, dans l'ensemble, c'est exact. **2.** tout à fait. *Кури́ть папирóсы он вообщé запрещáл*, il interdisait absolument de fumer des cigarettes. *Я вообщé не пойдý*, de toute façon, je n'irai pas. • **Вообщé говоря́,** à vrai dire. *Вообщé говоря́, мне не хóчется егó ви́деть*, à vrai dire, je ne tiens pas du tout à le voir.

ВООРУЖА́ТЬ / ВООРУЖИ́ТЬ armer. *Вооружи́ться терпéнием*, s'armer de patience.

ВООРУЖЕ́НИЕ armement. *Гóнка вооружéний*, la course aux armements.

ВООРУЖЁННЫЙ armé. *Вооружённый отря́д*, un détachement armé. *Вооружённое восстáние*, un soulèvement armé. *Вооружённый совремéнной тéхникой*, équipé d'un outillage moderne.

/ **ВООРУЖИ́ТЬ** v. вооружáть.

ВО-ПЕ́РВЫХ *adv.* premièrement.

ВОПИЮ́ЩИЙ criant, révoltant. *Вопию́щая несправедли́вость*, une injustice criante.

/ **ВОПЛОТИ́ТЬ** v. воплощáть.

ВОПЛОЩА́ТЬ / ВОПЛОТИ́ТЬ (т → щ) incarner. *Э́тот человéк — воплощённая чéстность*, cet homme est l'honnêteté même.

ВОПЛЬ *m.* cri déchirant. *Вопль отчáяния*, un cri de désespoir.

ВОПРЕКИ́ *prép.* (+ *dat.*) en dépit de. *Вопреки́ здрáвому смы́слу*, en dépit du bon sens. *Вопреки́ всем прáвилам*, contrairement à toutes les règles.

ВОПРО́С **1.** question (*interrogation*). *Задáть вопрóс*, poser une question. *Отвéтить на вопрóс*, répondre à une question. **2.** question (*affaire, problème*). *Крестья́нский вопрóс*, la question paysanne. *Экономи́ческие вопрóсы*, les problèmes économiques. *Э́то вопрóс врéмени*, c'est une question de temps. *Э́то вопрóс жи́зни и смéрти*, c'est une question de vie ou de mort. *Вопрóс не в э́том*, là n'est pas la question. *Э́то совсéм другóй вопрóс*, c'est une autre histoire. • **Что за вопрóс?,** En voilà une question! **Э́то остаётся под вопрóсом,** le problème n'est pas résolu.

ВОПРОСИ́ТЕЛЬНЫЙ • **Вопроси́тельный знак,** point d'interrogation.

ВОПРОША́ЮЩИЙ interrogateur. *Он пóднял на неё вопрошáющие глазá*, il lui jeta un regard interrogateur.

ВОР **1.** voleur. *Вóры унесли́ все мои́ запáсы*, des voleurs avaient emporté toutes mes provisions. **2.** (*arch.*) brigand, malfaiteur.

/ **ВОРВА́ТЬСЯ** v. врывáться.

ВОРОБЕ́Й, воробья́... *m.* moineau.

ВОРОВА́ТЬ / СВОРОВА́ТЬ voler, chiper. *Ворóвать дéньги*, voler de l'argent.

ВО́РОН corbeau.

ВОРО́НА corneille. • **Ворóн считáть,** bayer aux corneilles.

ВОРО́НКА **1.** entonnoir. **2.** trou d'obus.

ВОРО́ТА, ворóт, ворóтам... *pl. t.* **1.** porte cochère. *Мы останови́лись пéред широ́кими ворóтами*, nous nous arrêtâmes devant une large porte cochère. **2.** but (*sport*). *Заби́ть мяч в ворóта*, marquer un but. • **Пришлá бедá, отворя́й воротá,** un malheur ne vient jamais seul. **Триумфáльные ворóта,** arc de triomphe.

> REMARQUE. L'accent du mot « ворота » porte sur le « а » final dans le proverbe « Пришлá бедá, отворя́й воротá ».

ВОРОТНИ́К col (*partie du vêtement*). *Меховóй воротни́к*, un col de fourrure.

ВО́РОХ*, *nom. pl.* ворохá tas, amas. *Вóрох бумáг на столé*, un tas de papiers sur la table.

ВОРО́ЧАТЬ **1.** (+ *acc.*) remuer, retourner. *Воро́чать ка́мни*, remuer des pierres. **2.** (+ *instr.*) brasser (*fig.*). *Воро́чать дела́ми*, brasser des affaires.

ВОРО́ЧАТЬСЯ / ЗАВОРО́ЧАТЬСЯ se tourner, se retourner. *Он всю ночь воро́чался на посте́ли*, toute la nuit, il s'est tourné et retourné sur son lit.

ВОРЧА́ТЬ* I, ворчу́, ворчи́шь... / **ЗАВОРЧА́ТЬ*** I (*id.*) grogner, bougonner. *Соба́ка ворчи́т*, le chien grogne. *Ба́бушка ворча́ла на всех*, la grand-mère bougonnait contre tout le monde. *Что он ворчи́т себе́ под нос?*, Qu'est-ce qu'il a à bougonner dans sa barbe ?

ВОСЕМНА́ДЦАТЫЙ dix-huitième.

ВОСЕМНА́ДЦАТЬ dix-huit. *Восемна́дцать ме́тров*, dix-huit mètres. *В восемна́дцати киломе́трах*, à dix-huit kilomètres.

ВО́СЕМЬ huit. *Во́семь рубле́й*, huit roubles. *В восьми́ ме́трах*, à huit mètres.

ВО́СЕМЬДЕСЯТ quatre-vingts. *Во́семьдесят проце́нтов*, quatre-vingts pour cent. *В восьми́десяти киломе́трах*, à quatre-vingts kilomètres.

ВОСЕМЬСО́Т huit cents. *Восемьсо́т тонн*, huit cents tonnes. *С восьмьюста́ми солда́тами*, avec huit cents soldats.

ВО́СЕМЬЮ *adv.* huit fois. *Во́семью во́семь шестьдеся́т четы́ре*, huit fois huit soixante-quatre.

> REMARQUE. L'adverbe « во́семью » se distingue par l'accent de « восемью́ », instrumental de « во́семь ».

ВОСК cire.

/ **ВОСКЛИ́КНУТЬ** v. восклица́ть.

ВОСКЛИЦА́ТЕЛЬНЫЙ • **Восклица́тельный знак,** point d'exclamation.

ВОСКЛИЦА́ТЬ / ВОСКЛИ́КНУТЬ s'exclamer. « *У́жас како́й!* » — *воскли́кнула она́*, « Quelle horreur ! » s'exclama-t-elle.

ВОСКРЕСА́ТЬ / ВОСКРЕ́СНУТЬ* III ressusciter (*intr.*), revivre. *Я как бу́дто воскре́с*, je me sens revivre.

ВОСКРЕСЕ́НИЕ résurrection.

ВОСКРЕСЕ́НЬЕ dimanche. *Я его́ ви́дел в воскресе́нье*, je l'ai vu dimanche. *По воскресе́ньям*, le dimanche.

/ **ВОСКРЕСИ́ТЬ** v. воскреша́ть.

/ **ВОСКРЕ́СНУТЬ** v. воскреса́ть.

ВОСКРЕ́СНЫЙ de dimanche. *Воскре́сный о́тдых*, le repos du dimanche. *Воскре́сный день*, le dimanche.

ВОСКРЕША́ТЬ / ВОСКРЕСИ́ТЬ ressusciter (*tr.*), faire revivre. *Па́мять воскреша́ла про́шлое*, ma mémoire faisait revivre le passé.

ВОСПАЛЕ́НИЕ inflammation. *Воспале́ние лёгких*, une fluxion de poitrine.

ВОСПЕВА́ТЬ / ВОСПЕ́ТЬ* II, воспою́, воспоёшь...; воспе́тый chanter (*célébrer*). *Поэ́т воспева́л её в стиха́х*, le poète la célébrait dans ses vers.

/ **ВОСПЕ́ТЬ** v. воспева́ть.

ВОСПИТА́НИЕ éducation. *Хоро́шее воспита́ние*, une bonne éducation.

ВОСПИ́ТАННЫЙ éduqué. *Воспи́танный челове́к*, un homme bien éduqué.

/ **ВОСПИТА́ТЬ** v. воспи́тывать.

ВОСПИ́ТЫВАТЬ / ВОСПИТА́ТЬ **1.** éduquer. *Воспи́тывать ребёнка*, éduquer un enfant. **2.** développer (*par l'éducation*). *Воспи́тывать в де́тях чу́вство отве́тственности*, développer chez les enfants le sens de la responsabilité.

/ **ВОСПО́ЛЬЗОВАТЬСЯ** v. по́льзоваться.

ВОСПОМИНА́НИЕ **1.** souvenir. *Воспомина́ния де́тства*, des souvenirs d'enfance. *Прия́тное вос-*

поминáние, un agréable souvenir. **2.** (*pl.*) mémoires. « *Литератýрные воспоминáния* », « Souvenirs littéraires ».

/ **ВОСПРЕПЯ́ТСТВОВАТЬ** v. препя́тствовать.

/ **ВОСПРЕТИ́ТЬ** v. воспрещáть.

ВОСПРЕЩÁТЬ / ВОСПРЕТИ́ТЬ (т → щ) interdire. *Кури́ть воспрещáется*, il est interdit de fumer. *Вход воспрещён*, entrée interdite.

ВОСПРОИЗВЕДÉНИЕ reproduction. *Воспроизведéние карти́ны Канди́нского*, une reproduction d'un tableau de Kandinsky.

/ **ВОСПРОИЗВЕСТИ́** v. воспроизводи́ть.

ВОСПРОИЗВОДИ́ТЬ ___ / **ВОСПРОИЗВЕСТИ́*** IV, воспроизведý, воспроизведёшь...; воспроизвёл, воспроизвелá... /¯¯¯ ; воспроизведённый reproduire. *Воспроизводи́ть карти́ну*, reproduire un tableau.

ВОССТАВÁТЬ* II, восстаю́, восстаёшь...; восставáй; восставáя / **ВОССТÁТЬ*** *n. cl.*, восстáну, восстáнешь... s'insurger. *Крестья́не восставáли прóтив помéщиков*, les paysans se soulevaient contre les propriétaires terriens.

ВОССТАНÁВЛИВАТЬ / ВОССТАНОВИ́ТЬ ___ **1.** rétablir. *Восстанови́ть поря́док*, rétablir l'ordre. **2.** (прóтив + *gén.*) indisposer. *Восстанови́ть всех прóтив себя́*, se mettre tout le monde à dos.

ВОССТÁНИЕ insurrection. *Крестья́нское восстáние*, une révolte paysanne.

/ **ВОССТАНОВИ́ТЬ** v. восстанáвливать.

/ **ВОССТÁТЬ** v. восставáть.

ВОСТÓК est. *Кóмната выхóдит на востóк*, cette pièce donne sur l'est. *К востóку от гóрода*, à l'est de la ville. *На Бли́жнем Востóке*, dans le Proche-Orient. *На Дáльнем Востóке*, en Extrême-Orient.

ВОСТÓРГ ravissement, extase. *Я был в востóрге от поéздки*, j'étais enchanté de mon voyage. *Прийти́ в востóрг*, s'extasier.

/ **ВОСТОРЖÉСТВОВАТЬ** v. торжéствовать.

ВОСТÓЧНЫЙ oriental, d'est. *Востóчный вéтер*, le vent d'est.

ВОСТРÉБОВАНИЕ • **До вострéбования,** poste restante.

ВОСХИТИ́ТЕЛЬНЫЙ ravissant. *У неё восхити́тельное плáтье*, elle a une robe ravissante. *Онá сегóдня восхити́тельна*, elle est ravissante aujourd'hui.

/ **ВОСХИТИ́ТЬСЯ** v. восхищáться.

ВОСХИЩÁТЬСЯ / ВОСХИТИ́ТЬСЯ (т → щ) [+ *instr.*] s'extasier devant. *Восхищáться карти́ной*, être en admiration devant un tableau.

ВОСХИЩÉНИЕ ravissement. *Быть в восхищéнии*, être ravi.

ВОСХÓД lever. *На восхóде сóлнца*, au lever du soleil.

ВОСХОДИ́ТЬ (*livresque*) v. всходи́ть.

ВОСХОДЯ́ЩИЙ ascendant. *Восходя́щее движéние*, mouvement ascendant. // (*Fig.*) *Э́то восходя́щая звездá*, c'est une étoile qui monte.

ВОСЬМИДЕСЯ́ТЫЙ quatre-vingtième.

ВОСЬМИСÓТЫЙ huit centième.

ВОСЬМÓЙ huitième. *8-го январ́я*, le 8 janvier. *Восьмáя страни́ца*, la page 8.

> **ВОТ** *particule* voici, voilà
> **1.** *présentatif.*
> **2.** *marque une transition.*
> **3.** *souligne le mot sur lequel on veut insister.*

1. *Вот нáша шкóла*, voici notre école. *Вот он идёт*, le voici qui arrive. **2.** *Вот я и говорю́ ему́*, et alors je lui dis. **3.** *Вот посмотри́те на э́ту карти́ну*, Regardez donc ce tableau. *Да́йте мне вот э́ту кни́гу*, Donnez-moi ce livre-ci. *Положи́те его́ вот сюда́*, Mettez-le ici. *Вы вот что сде́лайте*, Voilà ce que je vous conseille de faire. *Вот где я его́ ви́дел*, c'est là que je l'ai vu. ● **Вот и всё,** voilà tout. **Вот как!,** Ah voilà !

Remarque. Lorsqu'il renforce un pronom démonstratif (э́тот, тот, тако́й), un adverbe de lieu ou de manière (там, туда́, тогда́, так...), « вот » est atone. Lorsqu'il renforce un pronom ou un adverbe interrogatifs (кто, что, како́й, как, где, куда́, когда́, почему́...), « вот » est accentué, le pronom ou l'adverbe sont atones.

/ ВОТКНУ́ТЬ v. втыка́ть.

ВО́ТЧИНА (*hist.*) bien patrimonial.

/ ВОЦАРИ́ТЬСЯ v. воцаря́ться.

ВОЦАРЯ́ТЬСЯ / ВОЦАРИ́ТЬСЯ **1.** (*hist.*) monter sur le trône. **2.** (*fig.*) s'établir. *Воцари́лась тишина́*, le silence se fit.

ВОШЬ*, *instr.* во́шью *f.* pou.

ВО́Ю, ВО́ЮТ... v. выть.

ВПАДА́ТЬ / ВПАСТЬ* IV, впаду́, впадёшь... **1.** se jeter (*en parlant d'un fleuve*). *Ока́ впада́ет в Во́лгу*, l'Oka se jette dans la Volga. **2.** tomber (*fig.*). *Впасть в де́тство*, tomber en enfance. *Впасть в заду́мчивость*, se laisser aller à la rêverie. *Впасть в отча́яние*, se livrer au désespoir.

ВПА́ЛЫЙ creux, amaigri. *Впа́лые щёки*, des joues creuses. *Впа́лая грудь*, une poitrine creuse.

/ ВПАСТЬ v. впада́ть.

ВПЕРВЫ́Е *adv.* pour la première fois. *Впервы́е я прие́хал в Москву́ в 1957 году́*, c'est en 1957 que je suis venu à Moscou pour la première fois.

ВПЕРЁД *adv.* **1.** en avant (*direction*). *Вы́тянуть ру́ку вперёд*, tendre le bras en avant. *Э́то большо́й шаг вперёд*, c'est un grand pas en avant. **2.** à l'avance. *Заплати́ть за два ме́сяца вперёд*, payer à l'avance pour deux mois.

ВПЕРЕДИ́ **1.** *adv.* en avant (*emplacement*). *Ма́льчик шёл впереди́*, le petit garçon marchait devant. // (*Fig.*) *У тебя́ це́лая жизнь впереди́*, Tu as toute la vie devant toi. **2.** (+ *gén.*) *prép.* devant. *Он е́хал впереди́ своего́ отря́да*, il était à la tête de son détachement.

ВПЕЧАТЛЕ́НИЕ impression. *Производи́ть си́льное впечатле́ние*, produire une forte impression. *Благоприя́тное впечатле́ние*, une impression favorable.

/ ВПИСА́ТЬ v. впи́сывать.

ВПИ́СЫВАТЬ / ВПИСА́ТЬ* II, впишу́, впи́шешь... inscrire. *Впи́сывать что-нибу́дь в блокно́т*, inscrire qqch. dans son bloc-notes.

ВПЛОТНУ́Ю *adv.* à proximité immédiate. *Подойти́ вплотну́ю к бе́регу*, aller tout près du bord.

ВПОЛГО́ЛОСА *adv.* à mi-voix. *Петь вполго́лоса*, chanter à mi-voix.

ВПОЛНЕ́ *adv.* pleinement. *Я с ним вполне́ согла́сен*, je suis entièrement d'accord avec lui.

ВПОПЫХА́Х *adv.* **1.** le souffle coupé. *Она́ прибежа́ла впопыха́х*, elle accourut hors d'haleine. **2.** en toute hâte. *Они́ всё де́лают впопыха́х*, ils font tout à la hâte. *Впопыха́х О́ля забы́ла до́ма де́ньги*, dans sa hâte, Olia a oublié son argent à la maison.

ВПО́РУ *adv.* à la taille. *Э́ти боти́нки мне впо́ру*, ces souliers me vont bien.

ВПОСЛЕ́ДСТВИИ *adv.* par la suite.

ВПРА́ВО *adv.* à droite. *Сверну́ть впра́во*, tourner à droite. *Впра́во от ро́щи*, à droite du bosquet.

ВПРЕДЬ *adv.* (*livresque*) désormais.

ВПРО́ГОЛОДЬ *adv.* (*fam.*) sans manger à sa faim. *Жить впро́голодь*, manger de la vache enragée.

ВПРОК *adv.* • **Идти́ кому́-нибудь впрок,** être profitable pour qqn.

ВПРО́ЧЕМ *adv.* **1.** (*concession*) d'ailleurs, mais par ailleurs. *Впро́чем вы его́ лу́чше зна́ете*, D'ailleurs, vous le connaissez mieux. *Вот что я бы сде́лал на ва́шем ме́сте; впро́чем как хоти́те*, Voilà ce que je ferais à votre place; mais, en définitive, faites comme vous l'entendez. **2.** (*hésitation*) finalement. *Впро́чем, я не зна́ю на что реши́ться*, finalement, je ne sais pas quelle décision prendre. *Впро́чем, нет, я не пойду́*, finalement non, je n'irai pas.

ВПУСКА́ТЬ / ВПУСТИ́ТЬ laisser entrer, faire entrer. *Его́ впусти́ли в ко́мнату*, on le fit entrer dans la pièce.

/ ВПУСТИ́ТЬ v. впуска́ть.

/ ВПУ́ТАТЬСЯ v. пу́таться et впу́тываться.

ВПУ́ТЫВАТЬСЯ / ВПУ́ТАТЬСЯ (*fam.*) être mêlé à. *Заче́м я впу́тался в э́ту исто́рию*, quelle idée j'ai eue de me mêler de cette histoire.

ВРАГ ennemi. *Одержа́ть побе́ду над враго́м*, remporter une victoire sur l'ennemi.

ВРАЖДЕ́БНЫЙ hostile. *Вражде́бный взгляд*, un regard hostile.

ВРАСПЛО́Х *adv.* à l'improviste. *Нападе́ние врага́ заста́ло их враспло́х*, l'attaque de l'ennemi les prit au dépourvu.

ВРАТА́РЬ *m.* goal (*sport*).

ВРАТЬ* IV, вру, врёшь...; врал, врала́, вра́ло, вра́ли / **НАВРА́ТЬ*** IV (*id.*) *et* **СОВРА́ТЬ*** IV (*id.*) dire des mensonges, dire des blagues. *Бессо́вестно врать*, mentir effrontément. *Не ве́рьте ему́, он врёт*, Ne le croyez pas, il raconte des blagues.

ВРАЧ médecin. *Позва́ть врача́*, faire venir le médecin. • **Зубно́й врач,** dentiste.

ВРАЧЕ́БНЫЙ médical. *Враче́бный контро́ль*, un contrôle médical. *Враче́бный осмо́тр*, une visite médicale.

ВРАЩА́ТЬ faire tourner. *Враща́ть турби́ну*, faire tourner une turbine. • **Враща́ть глаза́ми,** rouler les yeux.

ВРАЩА́ТЬСЯ **1.** tourner (*intr.*). *Земля́ враща́ется вокру́г Со́лнца*, la Terre tourne autour du Soleil. **2.** (*fig.*) fréquenter. *Враща́ться в среде́ рабо́чей молодёжи*, fréquenter la jeunesse ouvrière. *Враща́ться среди́ актёров*, fréquenter les acteurs.

ВРЕД dommage, tort. *Причини́ть вред*, causer du tort. *Они́ осо́бого вреда́ не принесли́*, ils n'ont pas fait de dégâts importants.

ВРЕДИ́ТЬ / ПОВРЕДИ́ТЬ nuire, porter préjudice. *Вреди́ть здоро́вью*, être mauvais pour la santé.

ВРЕ́ДНЫЙ nuisible, nocif. *Вре́дные насеко́мые*, des insectes nuisibles. *Э́то вре́дно для здоро́вья*, c'est mauvais pour la santé.

ВРЕМЕНА́, ВРЕ́МЕНЕМ... v. вре́мя.

ВРЕ́МЕННЫЙ provisoire. *Вре́менное удостовере́ние*, attestation provisoire.

ВРЕ́МЯ*, *gén.*, *dat.*, *loc.* вре́мени; *instr.* вре́менем; *pl.* времена́, времён, времена́м... *n.*
1. temps.
2. époque.
3. heure, moment.
4. saison.
5. (*gramm.*) temps.

1. *Вре́мя идёт бы́стро*, le temps passe vite. *Проводи́ть вре́мя*, passer son temps. *Уби́ть вре́мя*, tuer le temps. *Теря́ть вре́мя*, perdre son temps. *Вы́играть* *время*, gagner du temps. *Наверстáть потéрянное врéмя*, rattraper le temps perdu. *У меня́ нет врéмени*, je n'ai pas le temps. *Э́то трéбует мнóго врéмени*, cela exige beaucoup de temps. *В корóткое врéмя*, en peu de temps. *Всё врéмя*, tout le temps. *Врéмя рабóтает на нас*, le temps travaille pour nous. **2.** *В нáше врéмя*, à notre époque. *В послéднее врéмя*, ces derniers temps. *Во временá Ивáна Грóзного*, à l'époque d'Ivan le Terrible. *С незапáмятных времён*, depuis des temps immémoriaux. *Дух врéмени*, l'esprit du siècle. **3.** *Назнáчить врéмя заседáния*, fixer l'heure de la réunion. *Вóсемь часóв по москóвскому врéмени*, huit heures, heure de Moscou. *В любóе врéмя*, à n'importe quel moment. *В рабóчее врéмя*, pendant les heures de travail. *Всемý своё врéмя*, chaque chose en son temps. **4.** *Четы́ре врéмени гóда*, les quatre saisons. *Временá гóда — веснá, лéто, óсень, зимá*, les saisons sont le printemps, l'été, l'automne et l'hiver. **5.** *Прошéдшее врéмя*, le passé. *Настоя́щее врéмя*, le présent. *Бýдущее врéмя*, le futur. ● **Во врéмя** (+ *gén.*), pendant. *Во врéмя войны́*, pendant la guerre. **Врéмя не ждёт,** le temps presse. **Врéмя от врéмени,** de temps en temps. **В то врéмя, как,** alors que. *В то врéмя, как я возвращáлся домóй*, alors que j'étais sur le chemin du retour. **Тем врéменем,** pendant ce temps-là.

ВРО́ДЕ *prép.* (+ *gén.*) du genre de. *Он врóде тебя́: не лю́бит рабóту*, Il est dans ton genre : il n'aime pas travailler.

ВРОЖДЁННЫЙ inné, congénital. *Врождённый талáнт*, un talent inné. *Врождённый недостáток*, un défaut congénital.

ВРУЧА́ТЬ / ВРУЧИ́ТЬ remettre. *Вручи́ть óрден*, remettre une décoration.

/ ВРУЧИ́ТЬ v. вручáть.

ВРЫВА́ТЬСЯ / ВОРВА́ТЬСЯ* IV, ворвýсь, ворвёшься...; ворвáлся, ворвалáсь... ⁄‾‾ faire irruption. *Вéтер врывáлся в окнó*, le vent s'engouffrait par la fenêtre.

ВРЯД ЛИ *particule* il est peu probable que. *Он вряд ли найдёт себé мéсто*, je doute fort qu'il trouve une place.

ВСА́ДНИК cavalier, homme à cheval.

ВСЁ **1.** *pronom* v. весь. **2.** *adv.* constamment, toujours. *Он всё зáнят*, il est constamment occupé. *Дождь всё ещё лил*, la pluie tombait toujours. *Всё дáльше и дáльше*, de plus en plus loin. ● **Всё же,** tout de même. *А всё же я с вáми не соглáсен*, Mais tout de même, je ne suis pas d'accord avec vous.

ВСЕВОЗМО́ЖНЫЙ tout le ... possible. *Всевозмóжные срéдства*, tous les moyens possibles.

ВСЕГДА́ *adv.* toujours. *Всегдá готóв*, toujours prêt.

ВСЕГО́ [во] **1.** gén. du pronom «весь». **2.** *adv.* en tout, seulement. *Всегó сóрок рублéй*, quarante roubles en tout. *Рабóты начали́сь всегó три недéли томý назáд*, les travaux ont commencé il y a trois semaines seulement. ● **Всегó-нáвсего,** en tout et pour tout. *У меня́ остáлось всегó-нáвсего дéсять копéек*, il ne m'est resté en tout et pour tout que dix kopeks.

ВСЕЛЁННАЯ *adj. subst. f.* l'univers.

/ ВСЕЛИ́ТЬСЯ v. вселя́ться.

ВСЕЛЯ́ТЬСЯ / ВСЕЛИ́ТЬСЯ s'installer. *Всели́ться в нóвую кварти́ру*, s'installer dans un nouvel appartement.

ВСЕМИ́РНЫЙ mondial. *Всеми́рная истóрия*, histoire universelle. *Всеми́рного значéния*, d'importance mondiale.

ВСЕО́БЩИЙ universel, général. *Всеóбщее избирáтельное прáво*, le suffrage universel. *Всеóбщее обучéние*, l'enseignement obligatoire. *Всеобщая забастовка*, une grève générale. *Всеобщая история*, histoire universelle.

ВСЕРЬЁЗ *adv.* pour de bon. *Принимать всерьёз*, prendre au sérieux.

ВСЕСОЮЗНЫЙ de toute l'U.R.S.S.

ВСЁ-ТАКИ *adv.* tout de même. *Всё-таки я прав*, j'ai tout de même raison.

ВСЕУСЛЫШАНИЕ • **Во всеуслышание,** pour que tout le monde entende. *Сказать что-нибудь во всеуслышание*, dire qqch. bien haut.

ВСЕЦЕЛО *adv.* exclusivement. *Он всецело посвятил себя этому делу*, il se consacra entièrement à cette entreprise.

ВСКАКИВАТЬ / ВСКОЧИТЬ ⸜___ bondir, sauter. *Он вскочил на коня*, il sauta sur son cheval. *Она вскочила с постели*, elle sauta à bas du lit.

/ **ВСКАРАБКАТЬСЯ** v. карабкаться.

/ **ВСКИПЕТЬ** v. кипеть.

/ **ВСКИПЯТИТЬ** v. кипятить.

/ **ВСКИПЯТИТЬСЯ** v. кипятиться.

ВСКОЛЬЗЬ *adv.* incidemment. *Упомянуть вскользь*, mentionner en passant.

/ **ВСКОПАТЬ** v. копать.

ВСКОРЕ *adv.* **1.** peu après. *Он вскоре уехал*, il partit peu après. **2.** dans peu de temps. *Он вскоре приедет*, il arrivera bientôt.

/ **ВСКОЧИТЬ** v. вскакивать.

ВСКРИКИВАТЬ pousser des cris / **ВСКРИКНУТЬ** pousser un cri. *Это его до того поразило, что он чуть не вскрикнул*, il fut si étonné qu'il faillit pousser un cri.

/ **ВСКРИКНУТЬ** v. вскрикивать.

/ **ВСКРУЖИТЬ** v. кружить.

ВСКРЫВАТЬ / ВСКРЫТЬ* II, вскрою, вскроешь...; вскрытый **1.** décacheter. *Вскрыть пакет*, ouvrir un paquet. **2.** disséquer. *Вскрыть труп*, disséquer un cadavre. **3.** (*fig.*) déceler. *Вскрыть недостатки*, déceler les imperfections.

ВСКРЫВАТЬСЯ / ВСКРЫТЬСЯ* II, вскроется, вскроются **1.** v. вскрывать. **2.** débâcler. *Река вскрылась*, la débâcle du fleuve a commencé.

/ **ВСКРЫТЬ** v. вскрывать.

/ **ВСКРЫТЬСЯ** v. вскрываться.

ВСЛЕД **1.** (за + *instr.*) *adv.* à la suite de. *Идти вслед за кем-нибудь*, suivre qqn. **2.** (+ *dat.*) *prép.* à la poursuite de. « *Прощай!* » — *крикнула она ему вслед*, « Adieu ! » lui cria-t-elle tandis qu'il s'éloignait. *Она смотрела ему вслед*, elle le regardait s'éloigner. • **Вслед за тем,** aussitôt après. *Вслед за тем я увидел медведя*, l'instant suivant, j'aperçus l'ours.

ВСЛЕДСТВИЕ *prép.* (+ *gén.*) par suite de. *Вследствие дурной погоды*, en raison du mauvais temps.

ВСЛУХ *adv.* à haute voix. *Читай вслух!*, Lis à haute voix !

/ **ВСЛУШАТЬСЯ** v. вслушиваться.

ВСЛУШИВАТЬСЯ / ВСЛУШАТЬСЯ écouter attentivement. *Вслушиваться в разговор*, écouter attentivement une conversation.

ВСМАТРИВАТЬСЯ / ВСМОТРЕТЬСЯ* I, всмотрюсь, всмотришься... ⸜___ fixer du regard. *Он всматривался в незнакомого*, il regardait fixement cet inconnu.

/ **ВСМОТРЕТЬСЯ** v. всматриваться.

ВСМЯТКУ *adv.* • **Яйцо всмятку,** un œuf à la coque.

ВСОВЫВАТЬ / ВСУНУТЬ fourrer, introduire. *Всунуть руки в карманы*, mettre ses mains dans ses poches.

/ **ВСПАХАТЬ** v. пахать.

ВСПОМИНА́ТЬ / ВСПО́МНИТЬ se rappeler; se souvenir. **1.** (*tr.*) *Вспомина́ть свою́ мо́лодость*, se rappeler sa jeunesse. **2.** (о + *loc.*) *Она́ вспо́мнила о письме́*, elle se souvint de la lettre.

ВСПОМИНА́ТЬСЯ / ВСПО́МНИТЬСЯ revenir à la mémoire. *Мне вспо́мнилась стари́нная пе́сня*, je me suis souvenu d'une vieille chanson.

/ ВСПО́МНИТЬ v. вспомина́ть et по́мнить.

/ ВСПО́МНИТЬСЯ v. вспомина́ться.

/ ВСПОТЕ́ТЬ v. поте́ть.

/ ВСПУ́ХНУТЬ v. пу́хнуть.

/ ВСПЫЛИ́ТЬ se mettre en colère, monter comme une soupe au lait. *Вспыли́ть из-за пустяко́в*, se mettre en colère pour des riens.

ВСПЫ́ЛЬЧИВЫЙ irascible. *Вспы́льчивый хара́ктер*, un caractère irascible.

ВСПЫ́ХИВАТЬ / ВСПЫ́ХНУТЬ **1.** s'enflammer. *Бума́га вспы́хнула*, le morceau de papier prit feu. *Вспы́хнул пожа́р*, un incendie éclata. // (*Fig.*) *Вспы́хнула война́*, la guerre éclata. **2.** se mettre en colère. *Он вспы́хнул гне́вом*, il se mit en colère. **3.** piquer un fard. *Де́вочка вспы́хнула*, la petite fille devint toute rouge.

/ ВСПЫ́ХНУТЬ v. вспы́хивать.

ВСТАВА́ТЬ* II, встаю, встаёшь...; встава́й; встава́я / **ВСТАТЬ*** *n. cl.*, вста́ну, вста́нешь...
1. se lever (*se réveiller, sortir du lit*).
2. se lever (*se mettre debout*).
3. se lever (*monter dans le ciel, en parlant des astres*).
4. se lever (*prendre les armes*).
5. apparaître.
6. s'arrêter.
7. se mettre à, se mettre dans.
● Expressions diverses.

1. *Встава́ть ра́но*, se lever tôt. *Встава́ть с ле́вой ноги́*, se lever du pied gauche. **2.** *Встава́ть из-за стола́*, se lever de table. **3.** *Со́лнце встаёт*, le soleil se lève. **4.** *Встава́ть на защи́ту ро́дины*, prendre les armes pour la défense de la patrie. **5.** *Вста́ли но́вые тру́дности*, de nouvelles difficultés se sont présentées. *Карти́ны далёкого про́шлого вста́ли пе́редо мной*, des souvenirs d'un passé lointain me revinrent. **6.** *Часы́ вста́ли*, la montre s'est arrêtée. *Мото́р встал*, le moteur s'est arrêté. **7.** *Встать на рабо́ту*, se mettre à son travail. *Встать в о́чередь*, commencer à faire la queue. ● **Встать на коле́ни,** se mettre à genoux. **Река́ вста́ла,** le fleuve est gelé.

/ ВСТА́ВИТЬ v. вставля́ть.

ВСТАВЛЯ́ТЬ / ВСТА́ВИТЬ placer, introduire. *Вста́вить фотогра́фию в ра́мку*, mettre une photo sous cadre.

/ ВСТАТЬ v. встава́ть.

/ ВСТРЕВО́ЖИТЬ v. трево́жить.

/ ВСТРЕ́ТИТЬ v. встреча́ть.

ВСТРЕ́ЧА **1.** rencontre. *Неожи́данная встре́ча*, une rencontre inattendue. *Встре́ча двух футбо́льных кома́нд*, rencontre de deux équipes de football. **2.** accueil. *Мы гото́вились к встре́че делега́ции*, nous nous apprêtions à aller accueillir la délégation.

ВСТРЕЧА́ТЬ / ВСТРЕ́ТИТЬ **1.** rencontrer. *Я его́ случа́йно встре́тил*, je l'ai rencontré par hasard. *Встре́тить затрудне́ния*, rencontrer des difficultés. **2.** accueillir. *Раду́шно встре́тить госте́й*, bien accueillir ses hôtes. *Встре́тить делега́цию на аэродро́ме*, aller accueillir un groupe à l'aérodrome. **3.** fêter. *Встреча́ть Но́вый Год*, fêter le nouvel an.

ВСТРЕ́ЧНЫЙ **1.** venant en sens contraire. *Встре́чный ве́тер*, un vent contraire. **2.** *subst.* personne que l'on rencontre. *Пе́рвый встре́чный*, le premier venu.

ВСТРЯ́ХИВАТЬ / ВСТРЯХНУ́ТЬ soulever et secouer. 1. (*tr.*) *Встряхну́ть ковёр*, secouer un tapis. 2. (+ *instr.*) *Встряхну́ть волоса́ми*, rejeter ses cheveux en arrière.

/ ВСТРЯХНУ́ТЬ v. встря́хивать.

ВСТУПА́ТЬ / ВСТУПИ́ТЬ ___ 1. entrer (*le plus souvent au sens figuré*). *На́ши войска́ вступи́ли в го́род*, nos troupes sont entrées dans la ville. *Вступи́ть в па́ртию*, adhérer au parti communiste. *Вступи́ть в бой*, engager le combat. *Вступи́ть в перегово́ры*, entrer en pourparlers. *Вступи́ть в строй*, être mis en exploitation. *Вступи́ть в си́лу*, entrer en vigueur. 2. monter (*le plus souvent au sens figuré*). *Вступи́ть на престо́л*, monter sur le trône.

ВСТУПА́ТЬСЯ / ВСТУПИ́ТЬСЯ ___ prendre la défense. *Вступи́ться за това́рища*, prendre la défense d'un camarade.

ВСТУПИ́ТЕЛЬНЫЙ d'entrée. *Вступи́тельный экза́мен*, l'examen d'entrée.

/ ВСТУПИ́ТЬ v. вступа́ть.

/ ВСТУПИ́ТЬСЯ v. вступа́ться.

/ ВСУ́НУТЬ v. всо́вывать.

ВСХОДИ́ТЬ ___ **/ ВЗОЙТИ́*** IV, взойду́, взойдёшь...; взошёл, взошла́... 1. monter. *Всходи́ть на трибу́ну*, monter à la tribune. *Взойти́ на престо́л*, monter sur le trône. 2. se lever (*en parlant des astres*). *Со́лнце всхо́дит*, le soleil se lève.

ВСЮ́ДУ *adv.* partout.

ВСЯ v. весь.

ВСЯ́КИЙ *pronom-adjectif* 1. chaque, chacun. *Вся́кий раз*, toutes les fois. 2. de toutes sortes. *Вся́кие лю́ди*, toutes sortes de gens. *Вся́кое быва́ет*, on en voit de toutes sortes. 3. quel qu'il soit. *На вся́кий слу́чай*, à tout hasard. *Во вся́ком слу́чае*, en tout cas. *Без вся́кой жа́лости*, sans aucune pitié. *Без вся́кого сомне́ния*, sans aucun doute.

ВСЯ́ЧЕСКИ *adv.* par tous les moyens. *Вся́чески стара́ться*, faire tout son possible.

ВТА́ЛКИВАТЬ / ВТОЛКНУ́ТЬ faire entrer (*en poussant*). *Его́ втолкну́ли в тёмную ко́мнату*, on le poussa dans une pièce sombre.

ВТА́СКИВАТЬ / ВТАЩИ́ТЬ ___ faire entrer; faire monter (*en traînant ou avec peine*). *Втащи́ть мешки́ на черда́к*, monter des sacs au grenier.

/ ВТАЩИ́ТЬ v. вта́скивать.

/ ВТОЛКНУ́ТЬ v. вта́лкивать.

ВТОРГА́ТЬСЯ / ВТО́РГНУТЬСЯ* III faire irruption. *Вра́жеские войска́ вто́рглись в го́род*, les troupes ennemies firent irruption dans la ville.

/ ВТО́РГНУТЬСЯ v. вторга́ться.

ВТО́РНИК mardi. *Я его́ ви́дел во вто́рник*, je l'ai vu mardi. *По вто́рникам*, le mardi.

ВТОРО́Й 1. deuxième, second. *Второ́е ме́сто*, la deuxième place. *На второ́м пла́не*, au second plan. *Екатери́на II*, Catherine II. *На второ́м этаже́*, au premier étage. 2. **ВТОРО́Е** *subst. n.* le deuxième plat (*au menu*).

ВТОРОСТЕПЕ́ННЫЙ d'importance secondaire. *Второстепе́нная роль*, un rôle secondaire.

В-ТРЕ́ТЬИХ *adv.* troisièmement.

ВТРО́Е *adv.* trois fois. *Втро́е ме́ньше де́нег*, trois fois moins d'argent.

ВТРОЁМ *adv.* à trois. *Мы гуля́ли в па́рке втроём*, nous nous promenions tous les trois dans le parc.

ВТЫКА́ТЬ / ВОТКНУ́ТЬ enfoncer, piquer. *Воткну́ть кол в зе́млю*, planter un pieu en terre.

ВУЗ abréviation de « вы́сшее уче́бное заведе́ние », école supérieure. *Учи́ться в ву́зе*, faire ses études dans une école supérieure.

ВУЛКА́Н volcan. *Действующий вулка́н*, un volcan en activité. *Поту́хший вулка́н*, un volcan éteint.

ВХОД entrée. *Гла́вный вход*, entrée principale. *Беспла́тный вход*, entrée gratuite. *Вход воспрещён*, entrée interdite.

ВХОДИ́ТЬ ___ / **ВОЙТИ́*** IV, войду́, войдёшь...; вошёл, вошла́...; войдя́ **1.** entrer (*pénétrer*). *Он вошёл в ко́мнату*, il entra dans la pièce. *Войди́те!*, Entrez! *Парохо́д вхо́дит в га́вань*, le bateau entre dans le port. **2.** entrer (*trouver place*). *Всё э́то не войдёт в чемода́н*, tout cela n'entrera pas dans la valise. **3.** entrer (*faire partie*). *Войти́ в прави́тельство*, entrer au gouvernement. **4.** entrer (*fig.*). *Войти́ в подро́бности*, entrer dans les détails. *Э́то не вхо́дит в мои́ наме́рения*, cela n'entre pas dans mes intentions. *На́до войти́ в моё положе́ние*, Il faut vous mettre à ma place. ● **Войти́ в мо́ду,** devenir à la mode. **Войти́ в привы́чку,** devenir une habitude.

ВХОДНО́Й d'entrée. *Входна́я дверь*, la porte d'entrée.

ВЧЕРА́ *adv.* hier. *Вчера́ ве́чером*, hier soir.

ВЧЕРА́ШНИЙ d'hier. *Вчера́шний дождь*, la pluie d'hier. ● **Иска́ть вчера́шнего дня,** chercher midi à quatorze heures.

ВЧЕ́ТВЕРО *adv.* quatre fois. *Вче́тверо бо́льше*, quatre fois plus. *Сложи́ть бума́гу вче́тверо*, plier une feuille en quatre.

ВЧЕТВЕРО́М *adv.* à quatre.

ВЪЕЗД entrée (v. въезжа́ть I). *Въезд в го́род*, l'entrée de la ville.

ВЪЕЗЖА́ТЬ / **ВЪЕ́ХАТЬ*** IV, въе́ду, въе́дешь... **1.** entrer (*en voiture, à cheval...*). *Въе́хать в го́род*, entrer dans la ville. **2.** monter (*en voiture, à cheval...*). *Въе́хать на́ гору*, gravir la colline.

/ **ВЪЕ́ХАТЬ** v. въезжа́ть.

ВЫ *pronom personnel* vous. ● **Быть с кем-нибу́дь на вы,** vouvoyer qqn.

ВЫБЕГА́ТЬ / **ВЫ́БЕЖАТЬ*** *n. cl.*, вы́бегу, вы́бежишь..., вы́бегут; вы́беги sortir (*en courant*). *Она́ вы́бежала на двор*, elle se précipita dans la cour.

/ **ВЫ́БЕЖАТЬ** v. выбега́ть.

ВЫБИВА́ТЬ / **ВЫ́БИТЬ*** II, вы́бью, вы́бьешь...; вы́бей; вы́битый **1.** faire sortir (*en frappant*). *Вы́бить стекло́*, casser une vitre. *Вы́бить проти́вника из го́рода*, chasser l'ennemi de la ville. **2.** frapper (*une médaille...*).

ВЫБИВА́ТЬСЯ / **ВЫ́БИТЬСЯ*** II, вы́бьюсь, вы́бьешься...; вы́бейся ● **Вы́биться из сил,** être à bout de force.

ВЫБИРА́ТЬ / **ВЫ́БРАТЬ*** IV, вы́беру, вы́берешь... **1.** choisir. *Выбира́й ме́жду на́ми двумя́*, Choisis entre nous deux. *Вы́брать профе́ссию*, choisir une profession. **2.** élire. *Вы́брать депута́та*, élire un député.

ВЫБИРА́ТЬСЯ / **ВЫ́БРАТЬСЯ*** IV, вы́берусь, вы́берешься... sortir (*avec peine*), se tirer de. *Вы́браться из боло́та*, sortir du marais.

/ **ВЫ́БИТЬ** v. выбива́ть.

/ **ВЫ́БИТЬСЯ** v. выбива́ться.

ВЫ́БОР **1.** choix. *Вы́бор профе́ссии*, le choix d'une profession. *Большо́й вы́бор това́ров*, un grand choix de marchandises. *У меня́ нет вы́бора*, je n'ai pas le choix. *Вы́бор пал на него́*, le choix tomba sur lui. **2.** (*pl. seulement*) élections. *Вы́боры в Верхо́вный Сове́т*, les élections au Soviet suprême.

/ **ВЫ́БРАНИТЬ** v. брани́ть.

ВЫБРА́СЫВАТЬ / **ВЫ́БРОСИТЬ** jeter dehors. *Вы́броситься в окно́*, se jeter par la fenêtre.

/ **ВЫ́БРАТЬ** v. выбира́ть.

/ **ВЫ́БРАТЬСЯ** v. выбира́ться.

/ **ВЫ́БРОСИТЬ** v. выбра́сывать.

/ **ВЫ́ВЕРНУТЬСЯ** v. вывора́чиваться.

ВЫ́ВЕСКА enseigne. *Вы́веска магази́на*, l'enseigne d'un magasin.

/ **ВЫ́ВЕСТИ** v. выводи́ть.

/ **ВЫ́ВИНТИТЬ** v. выви́нчивать.

ВЫВИ́НЧИВАТЬ / **ВЫ́ВИНТИТЬ** dévisser. *Вы́винтить га́йку*, dévisser un écrou.

ВЫ́ВИХ déboîtement, luxation. *Вы́вих ноги́*, une entorse.

ВЫ́ВОД **1.** évacuation. *Вы́вод войск*, l'évacuation des troupes. **2.** déduction. *Сде́лать вы́вод*, tirer une conclusion.

ВЫВОДИ́ТЬ ⟍___ / **ВЫ́ВЕСТИ*** IV, вы́веду, вы́ведешь...; вы́вел, вы́вела...; вы́веденный **1.** faire sortir. *Выводи́ть ло́шадь из коню́шни*, faire sortir un cheval de l'écurie. // (*Fig.*) *Вы́вести из беды́*, tirer d'affaire. *Вы́вести из терпе́ния*, faire perdre patience. *Вы́вести из себя́*, mettre hors de soi. **2.** faire disparaître. *Вы́вести пятно́ с костю́ма*, enlever une tache à un costume. *Вы́вести клопо́в*, détruire les punaises. **3.** parvenir à une conclusion. *Из э́того вы́вели, что я оби́дчив*, on en a conclu que j'étais susceptible.

ВЫ́ВОЗ exportation. *В э́том году́ ввоз превыша́ет вы́воз*, cette année, les importations dépassent les exportations.

ВЫВОРА́ЧИВАТЬСЯ / **ВЫ́ВЕРНУТЬСЯ** s'échapper adroitement (*propr. et fig.*). *Он хоте́л схвати́ть меня́ за́ волосы, но я вы́вернулся*, il voulait m'attraper par les cheveux, mais je me suis échappé. *Она́ суме́ет вы́вернуться*, elle saura bien se tirer d'affaire.

/ **ВЫ́ГЛАДИТЬ** v. гла́дить.

ВЫ́ГЛЯДЕТЬ* I, вы́гляжу, вы́глядишь... avoir l'air. *Он пло́хо вы́глядит*, il a mauvaise mine. *Она́ вы́глядела совсе́м молодо́й*, elle paraissait toute jeune.

Remarque. Bien qu'imperfectif, ce verbe est accentué sur le préverbe « вы ».

ВЫГЛЯ́ДЫВАТЬ / **ВЫ́ГЛЯНУТЬ** regarder au-dehors. *Вы́глянуть из окна́*, mettre le nez à la fenêtre. // (*Fig.*) *Со́лнце вы́глянуло*, le soleil apparut.

/ **ВЫ́ГЛЯНУТЬ** v. выгля́дывать.

/ **ВЫ́ГНАТЬ** v. выгоня́ть.

ВЫГОВА́РИВАТЬ / **ВЫ́ГОВОРИТЬ** prononcer. *Он не мог вы́говорить ни сло́ва*, il ne pouvait pas dire un seul mot. *Он выгова́ривал слова́ с си́льным акце́нтом*, il prononçait les mots avec un fort accent.

ВЫ́ГОВОР **1.** prononciation. *Чи́стый вы́говор*, une prononciation impeccable. *Говори́ть по-францу́зски с пари́жским вы́говором*, parler français avec l'accent parisien. **2.** réprimande. *Сде́лать кому́-нибудь стро́гий вы́говор*, faire à qqn une sévère réprimande.

/ **ВЫ́ГОВОРИТЬ** v. выгова́ривать.

ВЫ́ГОДА avantage, profit. *Материа́льная вы́года*, un avantage matériel. *А вы́года кака́я?*, Quel est donc l'avantage ? *Нет никако́й вы́годы*, il n'y a aucun avantage.

ВЫ́ГОДНЫЙ avantageux. *Вы́годные усло́вия*, des conditions avantageuses. *Представи́ть что-нибудь в вы́годном све́те*, présenter qqch. sous un jour avantageux. *Ему́ вы́годнее бы́ло отказа́ться*, il lui était plus avantageux de refuser.

ВЫГОНЯ́ТЬ / **ВЫ́ГНАТЬ*** I, вы́гоню, вы́гонишь... chasser, mettre à la porte. *Вы́гнать из шко́лы*, mettre à la porte de l'école. *Вы́гнать ста́до в по́ле*, mener le troupeau aux champs.

ВЫГОРА́ТЬ / **ВЫ́ГОРЕТЬ*** I, вы́горит, вы́горят **1.** être détruit par le feu. *Дере́вня вы́горела дотла́*, le village fut complètement détruit par l'incendie. **2.** passer (*perdre son éclat*). *Вы́горевшая ткань*, une étoffe aux couleurs passées.

/ **ВЫ́ГОРЕТЬ** v. выгора́ть.

ВЫГРУЖА́ТЬ / ВЫ́ГРУЗИТЬ décharger. *Вы́грузить това́ры*, décharger les marchandises.

/ ВЫ́ГРУЗИТЬ v. выгружа́ть.

ВЫДАВА́ТЬ* II, выдаю, выдаёшь...; выдава́й; выдава́я / **ВЫ́ДАТЬ*** *n. cl.*, вы́дам, вы́дашь, вы́даст, вы́дадим, вы́дадите, вы́дадут; вы́дай **1.** donner, délivrer. *Вы́дать про́пуск*, donner un laissez-passer. *Вы́дать удостовере́ние*, délivrer une attestation. **2.** livrer, dénoncer. *Вы́дать секре́т*, livrer un secret. *Не выдава́ть това́рищей*, ne pas trahir ses camarades. *Вы́дать себя́*, se trahir. **3.** faire passer pour. *Вы́дать себя́ за специали́ста*, se faire passer pour un spécialiste. ● **Вы́дать за́муж** marier (*une fille*). *Он вы́дал до́чку за́муж*, il a marié sa fille.

ВЫДАВА́ТЬСЯ* II, выдаётся, выдаю́тся / **ВЫ́ДАТЬСЯ*** *n. cl.*, вы́дастся, вы́дадутся **1.** (*généralement impf.*) saillir; avancer. *У него́ выдаю́тся ску́лы*, il a des pommettes saillantes. **2.** (*impf.*) se distinguer. *Он выдава́лся среди́ всех свои́х това́рищей*, il était beaucoup plus brillant que tous ses camarades. **3.** (*généralement pf.*) se présenter, se produire. *Зима́ вы́далась холо́дная*, ce fut un hiver froid.

/ ВЫ́ДАВИТЬ v. дави́ть.

/ ВЫ́ДАТЬ v. выдава́ть.

/ ВЫ́ДАТЬСЯ v. выдава́ться.

ВЫДАЮ́ЩИЙСЯ *adj.* éminent, exceptionnel. *Выдаю́щиеся учёные*, des savants éminents. *Выдаю́щийся успе́х*, une réussite exceptionnelle.

ВЫДВИГА́ТЬ / ВЫ́ДВИНУТЬ **1.** faire sortir. *Выдвига́ть я́щик*, ouvrir un tiroir. **2.** (*fig.*) proposer. *Выдвига́ть тео́рию*, proposer une théorie. *Вы́двинуть свою́ кандидату́ру*, proposer sa candidature.

ВЫДВИГА́ТЬСЯ / ВЫ́ДВИНУТЬСЯ **1.** v. выдвига́ть. **2.** se distinguer, faire carrière. *Молодо́й пиани́ст ско́ро вы́двинулся*, le jeune pianiste ne tarda pas à percer.

/ ВЫ́ДВИНУТЬ v. выдвига́ть.

/ ВЫ́ДВИНУТЬСЯ v. выдвига́ться.

/ ВЫ́ДЕРЖАТЬ v. выде́рживать.

ВЫДЕ́РЖИВАТЬ / ВЫ́ДЕРЖАТЬ* I, вы́держу, вы́держишь... soutenir (*propr. et fig.*). *Лёд выде́рживает ещё любу́ю нагру́зку*, la glace est encore capable de supporter n'importe quel poids. *Вы́держать оса́ду*, soutenir le siège. *О́ля не вы́держала и разрыда́лась*, Olia n'y put tenir, elle éclata en sanglots. ● **Вы́держать экза́мен,** réussir à un examen.

I. ВЫ́ДЕРЖКА **1.** bonne tenue, maîtrise de soi. *Прояви́ть большу́ю вы́держку*, faire preuve d'une grande fermeté. **2.** temps de pose (*photographie*). *Поста́вить вы́держку в одну́ со́тую секу́нды*, mettre un centième de temps de pose.

II. ВЫ́ДЕРЖКА extrait, citation. *Вы́держка из « Капита́нской до́чки »*, un extrait de « la Fille du capitaine ».

/ ВЫ́ДРАТЬ v. драть.

/ ВЫ́ДУМАТЬ v. выду́мывать.

ВЫ́ДУМКА **1.** invention (*découverte*). *Отли́чная вы́думка*, une belle invention. **2.** invention (*mensonge*). *Никто́ не пове́рит э́тим вы́думкам*, personne ne croira des inventions pareilles.

ВЫДУ́МЫВАТЬ / ВЫ́ДУМАТЬ inventer, imaginer. *Он сам э́то вы́думал*, c'est lui-même qui a inventé ça. ● **Он по́роха не вы́думает,** il n'a pas inventé la poudre.

ВЫ́ЕЗД sortie, départ (v. выезжа́ть). *Вы́езд за грани́цу*, départ pour l'étranger. *На вы́езде из го́рода*, à la sortie de la ville.

ВЫЕЗЖА́ТЬ / ВЫ́ЕХАТЬ* IV, вы́еду, вы́едешь... sortir, partir (*en voiture, à cheval...*). *Выехать из города*, quitter la ville. *Выехать из квартиры*, déménager.

/ **ВЫЕХАТЬ** v. выезжать.

/ **ВЫЖАТЬ** v. жать I.

/ **ВЫЗВАТЬ** v. вызывать.

ВЫЗДОРАВЛИВАТЬ / ВЫЗДОРОВЕТЬ se rétablir. *Я и без лекарств выздоровею*, je me rétablirai même sans prendre de médicaments.

/ **ВЫЗДОРОВЕТЬ** v. выздоравливать.

ВЫЗДОРОВЛЕНИЕ guérison. *Желаю вам скорого выздоровления*, Je vous souhaite une prompte guérison.

ВЫЗОВ 1. convocation. *Получить вызов*, recevoir une convocation. *Вызов свидетелей*, la convocation des témoins. 2. défi. *Бросить вызов*, lancer un défi. *Принять вызов*, relever un défi.

/ **ВЫЗУБРИТЬ** v. зубрить.

ВЫЗЫВАТЬ / ВЫЗВАТЬ* IV, вызову, вызовешь... 1. convoquer. *Вызвать в суд*, citer en justice. *Вызвать скорую помощь*, appeler l'ambulance. *Вызвать ученика*, faire venir un élève au tableau. 2. provoquer. *Бомба вызвала пожар*, la bombe provoqua un incendie. *Вызвать неудовольствие*, provoquer le mécontentement. *Вызвать на дуэль*, provoquer en duel.

/ **ВЫИГРАТЬ** v. выигрывать.

ВЫИГРЫВАТЬ / ВЫИГРАТЬ gagner. *Выиграть шахматную партию*, gagner une partie d'échecs. *Выиграть в лотерее машину*, gagner une voiture à la loterie. *Выиграть время*, gagner du temps. *Выиграть бой*, gagner une bataille. *Выиграть дело*, gagner son procès.

ВЫИГРЫШ 1. lot. *Крупный выигрыш*, un gros lot. 2. gain. *Выигрыш небольшой*, on n'y gagne pas grand-chose.

/ **ВЫЙТИ** v. выходить.

ВЫКАЛЫВАТЬ / ВЫКОЛОТЬ* II, выколю, выколешь...; выколотый crever. *Выколоть глаза*, crever les yeux. • **Темно, хоть глаз выколи,** on n'y voit goutte.

ВЫКИДЫВАТЬ / ВЫКИНУТЬ 1. jeter dehors. *Выкидывать деньги на ветер*, jeter de l'argent par les fenêtres. 2. faire (*des farces...*). *Выкидывать штуки*, faire des tours pendables.

/ **ВЫКИНУТЬ** v. выкидывать.

ВЫКЛАДЫВАТЬ / ВЫЛОЖИТЬ 1. étaler. *Он всё выложил на стол*, il a tout étalé sur la table. 2. (*fam.*) exposer. *Выложить всю правду*, dire tout ce qu'on a à dire. 3. (+ *instr.*) garnir. *Выложенный мрамором*, garni de marbre.

ВЫКЛЮЧАТЕЛЬ *m.* commutateur. *Повернуть выключатель*, tourner le commutateur.

ВЫКЛЮЧАТЬ / ВЫКЛЮЧИТЬ débrancher. *Выключить ток*, couper le courant. *Выключить свет*, éteindre la lumière. *Выключить радио*, débrancher la radio. *Выключить мотор*, arrêter le moteur.

/ **ВЫКЛЮЧИТЬ** v. выключать.

/ **ВЫКОЛОТЬ** v. выкалывать.

/ **ВЫКОПАТЬ** v. копать.

/ **ВЫКРАСИТЬ** v. красить.

/ **ВЫКРАСИТЬСЯ** v. краситься.

ВЫКУП rachat. *Внести выкуп за пленника*, payer une rançon pour la libération d'un prisonnier. *За его голову был обещан большой выкуп*, sa tête avait été mise à prix.

I. **ВЫКУПАТЬ / ВЫКУПИТЬ** racheter. *Выкупить пленника*, racheter un prisonnier.

II. / **ВЫКУПАТЬ** v. купать.

REMARQUE. L'accentuation permet de distinguer « выкупать », racheter (*impf.*), et « выкупать », baigner (*pf.*).

/ **ВЫКУПИТЬ** v. выкупать.

ВЫЛЕЗАТЬ / ВЫЛЕЗТЬ* IV, вылезу, вылезешь...; вылез,

вы́лезла... **1.** sortir (*en grimpant, en rampant*). *Вы́лезть из овра́га*, sortir du ravin. **2.** (*fam.*) descendre; sortir. *Бо́ря вы́лез из трамва́я*, Boria descendit du tramway. *У тебя́ вылеза́ет руба́шка*, On voit ton pan de chemise. **3.** tomber (*en parlant des poils...*). *По́сле ти́фа у него́ вы́лезли во́лосы*, le typhus lui a fait perdre ses cheveux.

/ **ВЫ́ЛЕЗТЬ** v. вылеза́ть.

ВЫЛЕТА́ТЬ / ВЫ́ЛЕТЕТЬ* V, вы́лечу, вы́летишь... sortir, partir (*en volant*). *Пти́ца вы́летела из клётки*, l'oiseau s'est envolé de sa cage. *Ве́чером он вы́летел в Москву́*, le soir, il prit l'avion pour Moscou. // (*Fig.*) *Из-за угла́ вы́летел вса́дник*, brusquement, un cavalier lancé au galop apparut au tournant.

/ **ВЫ́ЛЕТЕТЬ** v. вылета́ть.

ВЫЛЕ́ЧИВАТЬ / ВЫ́ЛЕЧИТЬ guérir (*tr.*). *Вы́лечить больно́го*, guérir un malade.

/ **ВЫ́ЛЕЧИТЬ** v. выле́чивать.

/ **ВЫ́ЛИНЯТЬ** v. линя́ть.

/ **ВЫ́ЛОЖИТЬ** v. выкла́дывать.

/ **ВЫ́МОРИТЬ** v. мори́ть.

/ **ВЫ́МОСТИТЬ** v. мости́ть.

ВЫ́МЫСЕЛ invention (*fiction*). *Поэти́ческий вы́мысел*, l'imagination poétique.

/ **ВЫ́МЫТЬ** v. мыть.

ВЫ́МЫШЛЕННЫЙ inventé. *Вы́мышленный слу́чай*, une histoire inventée.

/ **ВЫ́НЕСТИ** v. выноси́ть.

ВЫНИМА́ТЬ / ВЫ́НУТЬ **1.** tirer, extraire. *Вы́нуть кошелёк из карма́на*, tirer de sa poche son porte-monnaie. **2.** retirer. *Вы́нуть де́ньги из сберка́ссы*, retirer de l'argent de la caisse d'épargne.

ВЫНОСИ́ТЬ ⌊___ / **ВЫ́НЕСТИ*** IV, вы́несу, вы́несешь...; вы́нес, вы́несла...; вы́несенный **1.** emporter, porter dehors. *Вы́нести ме́бель из ко́мнаты*, enlever les meubles d'une pièce. **2.** rendre public. *Вы́нести пригово́р*, rendre une sentence. *Вы́нести резолю́цию*, adopter une résolution. **3.** supporter, endurer. *Пло́хо выноси́ть жару́*, supporter difficilement la chaleur. *Я не могу́ его́ выноси́ть*, je ne peux pas le supporter.

ВЫНО́СЛИВЫЙ endurant. *Выно́сливый челове́к*, un homme résistant.

/ **ВЫ́НУДИТЬ** v. вынужда́ть.

ВЫНУЖДА́ТЬ / ВЫ́НУДИТЬ, *part.* вы́нужденный* **1.** contraindre. *Я вы́нужден был уйти́*, je fus obligé de partir. **2.** obtenir par la force. *Вы́нудить у кого́-нибу́дь согла́сие*, extorquer le consentement de qqn.

/ **ВЫ́НУТЬ** v. вынима́ть.

ВЫНЫ́РИВАТЬ / ВЫ́НЫРНУТЬ revenir à la surface. *Водола́з вы́нырнул*, le scaphandrier fit surface.

/ **ВЫ́НЫРНУТЬ** v. выны́ривать.

ВЫПАДА́ТЬ / ВЫ́ПАСТЬ* IV, вы́паду, вы́падешь...; вы́пал... **1.** tomber, échapper. *Очки́ вы́пали у неё из рук*, elle laissa échapper ses lunettes. // (*Fig.*) *Э́то вы́пало у меня́ из па́мяти*, cela m'est sorti de la mémoire. **2.** tomber (*pluie, neige*). *Вы́пал снег*, il est tombé de la neige. *Вы́пала оби́льная роса́*, il est tombé une abondante rosée. **3.** échoir, arriver. *Ему́ вы́пало тру́дное испыта́ние*, il a connu une rude épreuve. *Ле́то вы́пало жа́ркое*, l'été fut très chaud.

/ **ВЫ́ПАСТЬ** v. выпада́ть et па́дать.

/ **ВЫ́ПИСАТЬ** v. выпи́сывать.

ВЫПИ́СЫВАТЬ / ВЫ́ПИСАТЬ* II, вы́пишу, вы́пишешь... commander (*faire venir*). *Вы́писать кни́ги*, commander des livres.

/ **ВЫ́ПИТЬ** v. пить.

/ **ВЫ́ПЛАТИТЬ** v. выпла́чивать.

ВЫПЛА́ЧИВАТЬ / ВЫ́ПЛАТИТЬ payer (*entièrement*). *Вы́платить долги́*, payer ses dettes.

ВЫПОЛНЕ́НИЕ exécution, réalisation. *Выполне́ние пла́на*, l'exécution du plan. *Выполне́ние рабо́ты*, l'exécution d'un travail.

/ **ВЫ́ПОЛНИТЬ** v. выполня́ть.

ВЫПОЛНЯ́ТЬ / ВЫ́ПОЛНИТЬ exécuter, accomplir. *Вы́полнить рабо́ту*, exécuter un travail. *Вы́полнить маке́т*, construire une maquette. *Вы́полнить обеща́ние*, tenir sa promesse.

/ **ВЫ́ПОЛОСКАТЬ** v. полоска́ть.

/ **ВЫ́ПРЯМИТЬ** v. выпрямля́ть.

ВЫПРЯМЛЯ́ТЬ / ВЫ́ПРЯМИТЬ redresser. *Когда́ я подошёл к нему́, он вы́прямился*, lorsque je m'approchai de lui, il se redressa. *Вы́прямить грудь*, bomber la poitrine.

ВЫ́ПУКЛЫЙ bombé. *Вы́пуклый лоб*, un front bombé.

ВЫ́ПУСК 1. production. *Вы́пуск това́ров ширпотре́ба*, la production d'articles de consommation courante. *Вы́пуск бума́жных де́нег*, l'émission de billets de banque. 2. édition. *Специа́льный вы́пуск*, édition spéciale. 3. fascicule. *В пяти́ вы́пусках*, en cinq fascicules.

ВЫПУСКА́ТЬ / ВЫ́ПУСТИТЬ 1. laisser sortir, laisser partir. *Вы́пустить ста́до из хле́ва*, faire sortir le troupeau de l'étable. *Вы́пустить соба́к на кого́-нибудь*, lancer les chiens sur qqn. *Вы́пустить кого́-нибудь на свобо́ду*, rendre à qqn sa liberté. *Вы́пустить во́ду из ва́нны*, vider la baignoire. *Вы́пустить и́з виду*, perdre de vue. 2. produire, émettre. *Вы́пустить 600 000 автомоби́лей*, produire 600 000 automobiles. *Шко́ла вы́пустила две́сти инжене́ров*, l'école a formé deux cents ingénieurs. *Вы́пустить заём*, lancer un emprunt. 3. publier. *Вы́пустить рома́н*, publier un roman.

ВЫПУСКНО́Й de sortie. *Выпускно́й экза́мен*, l'examen de fin d'études. *Выпускно́й класс*, la classe de fin d'études. *Выпускна́я труба́*, le tuyau d'échappement.

/ **ВЫ́ПУСТИТЬ** v. выпуска́ть.

/ **ВЫ́ПУТАТЬСЯ** v. выпу́тываться.

ВЫПУ́ТЫВАТЬСЯ / ВЫ́ПУТАТЬСЯ • **Вы́путаться из беды́,** se tirer d'affaire.

ВЫПУ́ЧИВАТЬ / ВЫ́ПУЧИТЬ • **Вы́пучить глаза́,** écarquiller les yeux.

/ **ВЫ́ПУЧИТЬ** v. выпу́чивать.

ВЫРАБА́ТЫВАТЬ / ВЫ́РАБОТАТЬ 1. fabriquer, élaborer. *Вы́работать план*, élaborer un plan. 2. (*fig.*) former. *Вы́работать хара́ктер*, former le caractère. *Вы́работать стиль*, former le style. 3. (*fam.*) gagner. *За ле́то он вы́работал две́сти рубле́й*, dans son été, il a gagné deux cents roubles.

/ **ВЫ́РАБОТАТЬ** v. выраба́тывать.

ВЫРАЖА́ТЬ / ВЫ́РАЗИТЬ exprimer. *Вы́разить мысль*, exprimer une idée. *Вы́разить жела́ние*, exprimer le désir. *Вы́разить своё неудово́льствие*, exprimer son mécontentement. • **Мя́гко выража́ясь,** pour ne pas dire plus.

ВЫРАЖЕ́НИЕ expression (*divers sens*). *Выраже́ние мы́сли*, l'expression d'une pensée. *Выраже́ние лица́*, l'expression du visage. *Употребля́ть непра́вильное выраже́ние*, utiliser une expression incorrecte.

ВЫРАЗИ́ТЕЛЬНЫЙ expressif. *Вырази́тельное лицо́*, un visage expressif. *Вырази́тельный жест*, un geste expressif.

/ **ВЫ́РАЗИТЬ** v. выража́ть.

ВЫРАСТА́ТЬ / ВЫ́РАСТИ* IV, вы́расту, вы́растешь...; вы́рос, вы́росла... croître, grandir. *Как Ми́тя вы́рос с тех пор !*, Que Mitia a grandi depuis ce temps-là ! *Ду́бы ме́дленно выраста́ют*, les chênes poussent lentement. *Она́ вы́росла из пла́тья*, sa robe est devenue trop petite pour elle.

/ **ВЫ́РАСТИ** v. выраста́ть et расти́.

/ **ВЫ́РАСТИТЬ** v. выра́щивать et расти́ть.

ВЫРА́ЩИВАТЬ / ВЫ́РАСТИТЬ faire pousser, nourrir. *Выра́щивать цветы́*, cultiver des fleurs. *Вы́растить дете́й*, élever des enfants. *Вы́растить ка́дры*, former des cadres.

/ **ВЫ́РВАТЬ** v. вырыва́ть et рвать.

/ **ВЫ́РВАТЬСЯ** v. вырыва́ться.

/ **ВЫ́РОНИТЬ** laisser tomber. *Вы́ронить плато́к*, laisser tomber son mouchoir.

/ **ВЫ́РУГАТЬ** v. руга́ть.

/ **ВЫ́РУГАТЬСЯ** v. руга́ться.

ВЫРУЧА́ТЬ / ВЫ́РУЧИТЬ 1. venir en aide. *Вы́ручить кого́-нибудь из беды́*, tirer qqn d'affaire. 2. gagner. *Два-три рубля́ вы́ручил*, j'en ai tiré deux ou trois roubles.

/ **ВЫ́РУЧИТЬ** v. выруча́ть.

I. ВЫРЫВА́ТЬ / ВЫ́РВАТЬ* IV, вы́рву, вы́рвешь... arracher. *Вы́рвать страни́цу из кни́ги*, arracher une page à un livre. *Вы́рвать зуб*, arracher une dent. *Она́ вы́рвала у него́ газе́ту из рук*, elle lui arracha le journal des mains. // (*Fig.*) *Вы́рвать у кого́-нибудь секре́т*, arracher un secret à qqn.

II. ВЫРЫВА́ТЬ / ВЫ́РЫТЬ* II, вы́рою, вы́роешь...; вы́рытый 1. creuser. *Вы́рыть я́му*, creuser une fosse. 2. déterrer. *Вы́рыть клад*, déterrer un trésor.

ВЫРЫВА́ТЬСЯ / ВЫ́РВАТЬСЯ* IV, вы́рвусь, вы́рвешься 1. v. вырыва́ть. 2. s'échapper. *Вы́рваться из тюрьмы́*, s'échapper de prison. *Из гру́ди его́ вы́рвался стон*, un gémissement s'échappa de sa poitrine.

/ **ВЫ́РЫТЬ** v. вырыва́ть et рыть.

/ **ВЫ́САДИТЬ** v. выса́живать.

ВЫСА́ЖИВАТЬ / ВЫ́САДИТЬ faire descendre, débarquer (*tr.*). *Вы́садить пассажи́ра*, faire descendre un voyageur. *Вы́садить войска́*, débarquer des troupes.

/ **ВЫ́СЕЧЬ** v. сечь.

/ **ВЫ́СКАЗАТЬ** v. выска́зывать.

/ **ВЫ́СКАЗАТЬСЯ** v. выска́зываться.

ВЫСКА́ЗЫВАТЬ / ВЫ́СКАЗАТЬ* II, вы́скажу, вы́скажешь... dire, exprimer. *Вы́сказать своё мне́ние*, exprimer son opinion.

ВЫСКА́ЗЫВАТЬСЯ / ВЫ́СКАЗАТЬСЯ* II, вы́скажусь, вы́скажешься... donner son opinion. *Да́йте мне вы́сказаться*, Laissez-moi vous donner mon avis. *Вы́сказаться по по́воду резолю́ции*, se prononcer au sujet d'une résolution. *Вы́сказаться о прое́кте*, donner son avis sur un projet. *Вы́сказаться про́тив прое́кта*, se prononcer contre un projet.

ВЫСКА́КИВАТЬ / ВЫ́СКОЧИТЬ sauter, bondir. *Из кусто́в вы́скочил за́яц*, un lièvre sortit brusquement des buissons.

/ **ВЫ́СКОЧИТЬ** v. выска́кивать.

/ **ВЫ́СЛАТЬ** v. высыла́ть.

/ **ВЫ́СЛУШАТЬ** v. выслу́шивать.

ВЫСЛУ́ШИВАТЬ / ВЫ́СЛУШАТЬ 1. écouter (*jusqu'au bout*). *Он меня́ внима́тельно вы́слушал*, il m'écouta attentivement. 2. ausculter. *Вы́слушать се́рдце*, ausculter le cœur.

/ **ВЫ́СМОРКАТЬСЯ** v. сморка́ться.

ВЫСО́ВЫВАТЬ / ВЫ́СУНУТЬ ● **Вы́сунуть нос и́з дому,** mettre le nez dehors. **Вы́сунуть кому́-нибудь язы́к,** tirer la langue à qqn. **Бежа́ть, вы́сунув язы́к,** courir à perdre haleine.

ВЫСО́КИЙ, высо́к, высока́, высо́ко, высо́ки ⁄‾‾ ou высо́к, высока́, высоко́, высоки́ ⁄‾‾ ; *comp.* вы́ше* 1. haut (*de taille élevée*). 2. haut (*qui dépasse le niveau habituel, la norme*).

3. haut (*qui exprime ou mérite le respect*).
4. sublime (*style, sentiments...*).
5. aigu (*son*).

1. *Высóкая горá*, une haute montagne. *Высóкие трáвы*, de hautes herbes. *Человéк высóкого рóста*, un homme de haute taille. 2. *Высóкая производи́тельность трудá*, une haute productivité. *Высóкие цéны*, des prix élevés. *Высóкий процéнт*, un pourcentage important. 3. *Высóкая нагрáда*, une haute distinction. *Высóкая честь*, un grand honneur. *Быть о кóм-нибудь высóкого мнéния*, avoir une haute opinion de qqn. 4. *Высóкий стиль*, un style élevé. 5. *Высóкая нóта*, une note aiguë. *Высóкий гóлос*, une voix aiguë.

ВЫСОКОБЛАГОРÓДИЕ (*arch.*) ● **Вáше высокоблагорóдие,** Votre Haute Noblesse.

ВЫСОКОПОСТÁВЛЕННЫЙ haut placé. *Высокопостáвленное лицó*, un personnage haut placé.

ВЫСОТÁ, *pl.* высóты... —— —— 1. hauteur, altitude. *Высотá бáшни — пятьдеся́т мéтров*, la hauteur de la tour est de cinquante mètres. *На высотé трёхсóт мéтров*, à une hauteur de trois cents mètres. *Самолёт набирáет высотý*, l'avion prend de l'altitude. *Высотá звýка*, la hauteur d'un son. // (*Fig.*) *Быть на высотé положéния*, être à la hauteur de la situation. *Он смотрéл на меня́ с высоты́ своегó вели́чия*, il me regardait du haut de sa grandeur. 2. hauteur, colline. *Неприя́тели заня́ли однý высотý*, les ennemis occupèrent une hauteur.

ВЫСÓТНЫЙ ● **Высóтное здáние,** gratte-ciel (*en U.R.S.S.*).

/ **ВЫ́СОХНУТЬ** v. сóхнуть.

/ **ВЫ́СПАТЬСЯ** v. высыпáться.

/ **ВЫ́СТАВИТЬ** v. выставля́ть.

ВЫ́СТАВКА exposition. *Междунарóдная вы́ставка*, une exposition internationale. *Вы́ставка карти́н*, une exposition de peinture. *Пойти́ на вы́ставку*, aller à l'exposition.

ВЫСТАВЛЯ́ТЬ/ВЫ́СТАВИТЬ 1. avancer. *Вы́ставить стул к окнý*, approcher sa chaise de la fenêtre. 2. (*fig.*) poser, proposer. *Вы́ставить кандидатýру*, proposer une candidature. *Вы́ставить кандидáта*, proposer un candidat. 3. exposer. *Вы́ставить карти́ну*, exposer un tableau. 4. mettre à la porte. *Егó вы́ставили из ресторáна*, il fut expulsé du restaurant.

/ **ВЫ́СТИРАТЬ** v. стирáть I.

ВЫ́СТРЕЛ coup de feu. *Раздáлся вы́стрел*, un coup de feu retentit. *Ружéйный вы́стрел*, un coup de fusil. *Пýшечный вы́стрел*, un coup de canon.

/ **ВЫ́СТРЕЛИТЬ** tirer un coup de feu. *Вы́стрелить из ружья́*, tirer un coup de fusil. *Вы́стрелить в медвéдя*, tirer sur un ours. *Вы́стрелить в вóздух*, tirer en l'air.

ВЫСТУПÁТЬ / ВЫ́СТУПИТЬ 1. sortir, s'avancer. *Из толпы́ вы́ступил молодóй человéк*, un jeune homme sortit de la foule. *На её глазáх вы́ступили слёзы*, des larmes lui vinrent aux yeux. 2. prendre la parole, exécuter une œuvre en public. *Выступáть на собрáнии*, prendre la parole à une réunion. *Выступáть с доклáдом*, faire un exposé. *Выступáть в рóли Хлестакóва*, se produire dans le rôle de Khlestakov. *Выступáть прóтив проéкта*, se prononcer contre un projet. ● **Вы́ступить в похóд,** partir en campagne.

/ **ВЫ́СТУПИТЬ** v. выступáть.

ВЫСТУПЛÉНИЕ 1. discours; interprétation publique d'une œuvre littéraire ou musicale. *Выступлéние орáтора*, le discours de l'orateur. *Выступлéния нарóдного хóра пóльзовались огрóмным успéхом*, à chaque séance, le chœur populaire avait un succès énorme. **2.** départ (*pour une campagne militaire*). *Полк был готóв к выступлéнию,* le régiment était prêt à partir en campagne.

/ **ВЫ́СУНУТЬ** v. высóвывать.

/ **ВЫ́СУШИТЬ** v. суши́ть.

ВЫ́СШИЙ (*superl. de* « высóкий ») supérieur. *Вы́сшего кáчества,* de qualité supérieure. *В вы́сшей стéпени,* au plus haut point. *Вы́сшее образовáние,* l'enseignement supérieur. *Онá получи́ла вы́сшее образовáние,* elle a fait des études supérieures. *Вы́сшее óбщество,* la haute société.

ВЫСЫЛА́ТЬ / ВЫ́СЛАТЬ* II, вы́шлю, вы́шлешь... **1.** envoyer, expédier. *Я написáл емý, чтóбы он нам вы́слал дéнег,* je lui ai écrit pour qu'il nous envoie de l'argent. **2.** exiler. *Егó вы́слали из Москвы́,* il fut exilé de Moscou. *Он был вы́слан в Сиби́рь,* il fut exilé en Sibérie.

ВЫСЫПА́ТЬ / ВЫ́СЫПАТЬ* II, вы́сыплю, вы́сыплешь... répandre. *Мукá высыпáлась из мешкá,* la farine tombait du sac.

Remarque. A l'infinitif et aux formes du passé, les deux aspects ne se distinguent que par l'accent.

I. ВЫСЫПА́ТЬСЯ / ВЫ́СЫПАТЬСЯ v. высыпáть / вы́сыпать.

II. ВЫСЫПА́ТЬСЯ / ВЫ́СПАТЬСЯ* I, вы́сплюсь, вы́спишься... dormir son soûl. *Я наконéц вы́спался,* j'ai pu enfin dormir mon soûl.

/ **ВЫ́ТАРАЩИТЬ** v. тарáщить.

ВЫТА́СКИВАТЬ / ВЫ́ТАЩИТЬ **1.** tirer, extraire. *Вы́тащить лóдку нá берег,* tirer une barque sur la rive. *Вы́тащить гвоздь,* arracher une pointe. *Вы́тащить занóзу,* enlever une écharde. **2.** chiper. *У негó вы́тащили часы́,* on lui a chipé sa montre.

/ **ВЫ́ТАЩИТЬ** v. вытáскивать et тащи́ть.

ВЫТЕКА́ТЬ / ВЫ́ТЕЧЬ* IV, вы́течет, вы́текут; вы́тек, вы́текла... **1.** couler, sortir de. *Водá вытекáет из крáна,* l'eau coule du robinet. *Рекá вытекáет из óзера,* le fleuve sort du lac. **2.** (*fig.*) découler. *Из э́того вытекáет, что,* il en résulte que.

/ **ВЫ́ТЕРЕТЬ** v. вытирáть.

/ **ВЫ́ТЕРПЕТЬ** v. терпéть.

/ **ВЫ́ТЕСНИТЬ** v. вытесня́ть.

ВЫТЕСНЯ́ТЬ / ВЫ́ТЕСНИТЬ déloger, évincer. *Вы́теснить неприя́теля,* déloger l'ennemi. *Вы́теснить из пáмяти,* faire sortir de la mémoire.

/ **ВЫ́ТЕЧЬ** v. вытекáть.

ВЫТИРА́ТЬ / ВЫ́ТЕРЕТЬ* IV, вы́тру, вы́трешь...; вы́тер, вы́терла...; вы́тертый **1.** essuyer. *Вытирáть лицó полотéнцем,* s'essuyer le visage avec une serviette. *Он вы́тер нóги и вошёл,* il s'essuya les pieds et entra. **2.** user (*par le frottement*). *Вы́тертый пиджáк,* une veste élimée.

/ **ВЫ́ТРЯСТИ** v. трясти́.

ВЫТЬ* II, вóю, вóешь... / **ЗАВЫ́ТЬ*** II (*id.*) hurler. *Вóлки вы́ли,* les loups hurlaient. *Вéтер вóет,* le vent hurle. ● **С волкáми жить, по-вóлчьи выть,** il faut hurler avec les loups.

ВЫТЯ́ГИВАТЬ / ВЫ́ТЯНУТЬ **1.** allonger, tendre. *Вы́тянуть нóги,* allonger les jambes. *Вы́тянуть шéю,* tendre le cou. **2.** tirer, faire sortir. *Вы́тянуть нéвод из воды́,* tirer un filet de l'eau. **3.** (*fam.*) tenir le coup. *Он дóлго не вы́тянет,* il ne tiendra pas longtemps.

/ **ВЫ́ТЯНУТЬ** v. вытя́гивать.

/ **ВЫ́УДИТЬ** v. уди́ть.

/ **ВЫ́УЧИТЬ** v. учи́ть.

/ **ВЫ́УЧИТЬСЯ** v. учи́ться.

ВЫ́ХОД **1.** sortie. *Запаснóй вы́ход,* sortie de secours. **2.** issue, résultat. *Найти́ вы́ход из положéния,* trouver le moyen de se tirer d'affaire. *Нет вы́хода*, il n'y a pas de solution. **3.** parution. *До вы́хода в свет рома́на*, avant la parution du roman.

> **ВЫХОДИ́ТЬ** ╲__ / **ВЫ́ЙТИ*** IV, вы́йду, вы́йдешь...; вы́шел, вы́шла...
> **1.** sortir, partir.
> **2.** donner sur.
> **3.** être publié.
> **4.** être dépensé.
> **5.** résulter // réussir.
> **6.** se marier (*en parlant d'une femme*).
> ● Expressions diverses.

1. *Вы́йти из ко́мнаты*, sortir de la pièce. *Вы́йти на прогу́лку*, partir en promenade. *Парохо́д выхо́дит в мо́ре*, le navire quitte le port. // (*Fig.*) Voir ci-dessous « expressions diverses ». **2.** *О́кна выхо́дят на двор*, les fenêtres donnent sur la cour. **3.** *Вы́шел второ́й но́мер*, le deuxième numéro est paru. **4.** *У меня́ вы́шли все де́ньги*, je n'ai plus un sou. **5.** *Вы́шел сканда́л*, ça a fait un scandale. *Выхо́дит, что я был прав*, en définitive, j'avais raison. // *Из э́того ничего́ не вы́шло*, ça n'a rien donné. *Ры́лом не вы́шел*, il a une sale gueule. **6.** *Она́ вы́шла за инжене́ра*, elle a épousé un ingénieur. ● **Вы́йти за́муж,** se marier (*en parlant d'une femme*). *Она́ вы́шла за́муж за инжене́ра*, elle a épousé un ingénieur. **Вы́йти из головы́,** sortir de la tête. *Э́то у меня́ вы́шло из головы́*, je n'y ai plus pensé. **Вы́йти из затрудне́ния,** se tirer d'une difficulté. **Вы́йти из мо́ды,** passer de mode. **Вы́йти из положе́ния,** se tirer d'affaire. **Вы́йти из себя́,** se mettre hors de soi. **Вы́йти из терпе́ния,** perdre patience. **Вы́йти из употребле́ния,** ne plus être usité. **Вы́йти на пе́нсию,** prendre sa retraite.

ВЫ́ХОДКА sortie (*extravagance*). *Мальчи́шеская вы́ходка*, une gaminerie.

ВЫХОДНО́Й de sortie. *Выходно́е пла́тье*, une robe habillée. *Выходно́й день*, le jour de repos. // (*Subst.*) *Я сего́дня выходна́я*, c'est aujourd'hui mon jour de sortie.

ВЫЧЁРКИВАТЬ / ВЫ́ЧЕРКНУТЬ, rayer, barrer. *Вы́черкнуть сло́во*, barrer un mot. ● **Вы́черкнуть кого́-нибудь из па́мяти,** ne plus vouloir entendre parler de qqn.

/ ВЫ́ЧЕРКНУТЬ v. вычёркивать.

/ ВЫ́ЧИСТИТЬ v. чи́стить.

ВЫ́ЧУРНЫЙ baroque, maniéré. *В вы́чурном сти́ле*, dans un style baroque.

ВЫ́ШЕ comp. de « высо́кий ».

ВЫШИВА́ТЬ / ВЫ́ШИТЬ* II, вы́шью, вы́шьешь...; вы́шей; вы́шитый broder.

ВЫШИНА́ hauteur. *Ба́шня вышино́й в со́рок ме́тров*, une tour haute de quarante mètres.

/ ВЫ́ШИТЬ v. вышива́ть.

ВЫ́ШКА tour, charpente en forme de pylône. *Парашю́тная вы́шка*, une tour de parachutage. *Наблюда́тельная вы́шка*, un mirador. *Нефтяна́я вы́шка*, un derrick.

/ ВЫ́ЯСНИТЬ v. выясня́ть.

ВЫЯСНЯ́ТЬ / ВЫ́ЯСНИТЬ élucider. *Де́ло вы́яснилось*, l'affaire s'est éclaircie.

ВЬЁШЬ, ВЬЮ... v. вить.

ВЬЮ́ГА tempête de neige.

ВЯЗА́ТЬ* II, вяжу́, вя́жешь... ╲__ / **СВЯЗА́ТЬ*** II (*id.*) **1.** lier. *Вяза́ть снопы́*, lier des gerbes. **2.** tricoter. *Вяза́ть чулки́*, tricoter des bas. ● **Де́ло не вя́жется,** l'affaire ne marche pas.

ВЯ́ЗКИЙ ⋀__ , comp. вя́зче* visqueux; bourbeux. *Вя́зкая по́чва*, un sol bourbeux.

ВЯ́ЗНУТЬ* III / **ЗАВЯ́ЗНУТЬ*** III s'enfoncer, s'enliser. *Вя́знуть в снегу́*, s'enfoncer dans la neige.

Колёса вя́зли в грязи́, les roues s'embourbaient.

ВЯ́ЗЧЕ comp. de « вя́зкий ».

ВЯ́ЛЫЙ **1.** flétri. *Вя́лое я́блоко*, une pomme flétrie. **2.** (*fig.*) indolent. *Э́то вя́лый ма́льчик*, c'est un mollasson.

ВЯ́НУТЬ* III / **ЗАВЯ́НУТЬ*** III *et* **УВЯ́НУТЬ*** III se flétrir. *Ли́стья вя́нут*, les feuilles se fanent.

Г

ГА abréviation de « гекта́р », hectare.

ГА́ВАНЬ *f.* port. *Есте́ственная га́вань*, un port naturel.

ГАД **1.** (*généralement au pl.*) reptile ou batracien. **2.** (*fig.*) vermine, canaille.

ГАДА́ЛКА diseuse de bonne aventure.

ГАДА́ТЬ **1.** dire la bonne aventure, prédire l'avenir. *Гада́ть на ка́ртах*, tirer les cartes. **2.** faire des suppositions.

ГА́ДИТЬ / **НАГА́ДИТЬ** faire des crasses. *Он всем нага́дил*, il a joué des tours de cochon à tout le monde.

ГА́ДКИЙ  , *comp.* га́же* vilain. *Га́дкий челове́к*, un sale bonhomme.

ГАДЛИ́ВОСТЬ *f.* répugnance. *Чу́вство гадли́вости*, un sentiment de répugnance.

ГА́ДОСТЬ *f.* **1.** saleté, ordure. *Вы́брось э́ту га́дость*, Jette cette ordure. **2.** (*fig.*) saleté, horreur, sale tour. *Кака́я га́дость !*, Quelle horreur ! *Говори́ть га́дости*, dire des horreurs. *Сде́лать кому́-нибудь га́дость*, faire une crasse à qqn.

ГАДЮ́КА vipère.

ГА́ЖЕ comp. de « га́дкий ».

ГАЗ gaz. *Слезоточи́вые га́зы*, les gaz lacrymogènes. *Приро́дный газ*, du gaz naturel. *Кварти́ра с га́зом*, un appartement avec le gaz.

ГАЗЕ́ТА journal. *Вече́рняя газе́та*, un journal du soir.

Remarque. Il convient d'établir une distinction entre « газе́та », journal souvent quotidien, d'assez grand format, et «журна́л», revue se présentant sous la forme d'un livret.

ГА́ЗОВЫЙ à gaz. *Га́зовая плита́*, un réchaud à gaz.

ГА́ЙКА écrou.

ГАЛАНТЕРЕ́ЙНЫЙ de mercerie. *Галантере́йные това́ры*, articles de mercerie. *Галантере́йный магази́н*, une mercerie.

ГАЛАНТЕРЕ́Я articles de mercerie.

ГАЛЕРЕ́Я **1.** galerie. *Карти́нная галере́я*, une galerie de peinture. *Подзе́мная галере́я*, une galerie souterraine. **2.** paradis (*théâtre*).

ГАЛЁРКА poulailler (*théâtre*). *Сиде́ть на галёрке*, être au poulailler.

ГАЛО́ША caoutchouc (*protégeant les chaussures contre l'humidité*).

ГА́ЛСТУК cravate. • **Пионе́рский га́лстук,** foulard de pionnier.

ГАНТЕ́ЛЬ *f.* haltère.

ГАРА́Ж  garage.

ГАРДЕРО́Б **1.** vestiaire. *Сдать пальто́ в гардеро́б*, laisser son pardessus au vestiaire. **2.** penderie. *У окна́ стоя́л гардеро́б*, près de la fenêtre, il y avait une penderie. **3.** garde-robe (*vêtements*). *Гарде-*

роб артистки, la garde-robe d'une artiste.

ГАРМО́НИКА accordéon. *Игра́ть на гармо́нике*, jouer de l'accordéon. ● **Губна́я гармо́ника,** harmonica.

ГАРМОНИ́СТ accordéoniste.

ГАРМО́ШКА (*fam.*) accordéon. *Игра́ть на гармо́шке*, jouer de l'accordéon.

ГАРНИ́Р garniture (*cuisine*). *Котле́ты с гарни́ром*, boulettes garnies.

ГАРЬ *f.* brûlé. *Па́хнет га́рью*, ça sent le brûlé.

ГАСИ́ТЬ ╲___ / **ПОГАСИ́ТЬ** ╲___ éteindre. *Погаси́ть ого́нь*, éteindre le feu. *Погаси́ть свет*, éteindre la lumière. ● **Погаси́ть ма́рку,** oblitérer un timbre.

ГА́СНУТЬ* III / **ПОГА́СНУТЬ*** III s'éteindre. *Свет пога́с*, la lumière s'éteignit. *Ого́нь га́снет*, le feu s'éteint.

ГАСТРОЛИ́РОВАТЬ être en tournée (*théâtre*). *Тру́ппа гастроли́ровала в Сара́тове*, la troupe donnait une représentation à Saratov.

ГАСТРО́ЛЬ *f.* spectacle donné par un artiste, une troupe en tournée. *Выезжа́ть на гастро́ли*, partir en tournée.

ГАСТРОНО́М **1.** magasin d'alimentation. **2.** gastronome.

ГВА́РДИЯ garde (*corps de troupe*). *Гва́рдии капита́н*, capitaine de la garde.

I. ГВОЗДИ́КА œillet (*fleur*).

II. ГВОЗДИ́КА clou de girofle.

ГВОЗДЬ ╱‾‾ ╱‾‾ **1.** clou, pointe. *Вбива́ть гво́зди*, enfoncer des clous, des pointes. **2.** clou (*attraction principale*). *Гвоздь ве́чера*, le clou de la soirée.

ГДЕ *adv.* **1.** où (*emplacement*). *Где вы живёте?*, Où habitez-vous ? *Где бы то ни́ было*, où que ce soit. **2.** (*accompagné d'un datif et d'un infinitif*) il n'est pas possible. *Где ему́ спра́виться!*, Comment pourrait-il s'en tirer !

ГДЕ́-ЛИБО *adv.* à un endroit quelconque. *Бо́льше, чем где́-либо*, plus que n'importe où.

ГДЕ́-НИБУДЬ *adv.* à un endroit quelconque. *Где́-нибудь пообе́даем*, nous mangerons quelque part.

ГДЕ́-ТО *adv.* à un certain endroit. *Где́-то ла́яли соба́ки*, on entendait quelque part aboyer les chiens.

ГЕНЕРА́Л un général.

ГЕНИА́ЛЬНЫЙ génial. *Гениа́льный челове́к*, un homme de génie. *Гениа́льная иде́я*, une idée géniale. *Гениа́льное произведе́ние*, une œuvre géniale.

ГЕ́НИЙ *m.* génie (**1.** *aptitudes exceptionnelles.* **2.** *homme exceptionnellement doué*).

ГЕОГРА́ФИЯ géographie. *Физи́ческая геогра́фия*, géographie physique. *Экономи́ческая геогра́фия*, géographie économique.

ГЕРБ blason. *На ге́рбе СССР изображены́ серп и мо́лот*, les armoiries de l'U.R.S.S. comportent une faucille et un marteau.

ГЕРО́ИНЯ héroïne. *Геро́иня рома́на*, l'héroïne du roman. ● **Мать-геро́иня,** « mère-héroïne » (*titre donné aux femmes qui ont élevé au moins dix enfants*).

ГЕРОИ́ЧЕСКИЙ héroïque. *Герои́ческий посту́пок*, un acte héroïque. *Герои́ческая эпо́ха*, une époque héroïque.

ГЕРО́Й *m.* héros. *Геро́и Вели́кой Оте́чественной войны́*, les héros de la Seconde Guerre mondiale. *Геро́й рома́на*, le héros du roman. ● **Геро́й Сове́тского Сою́за,** « héros de l'Union soviétique » (*titre donné pour récompenser un acte de courage exceptionnel*). **Геро́й Социалисти́ческого Труда́,** « héros du travail socialiste » (*titre donné pour récompenser des réalisations exceptionnelles dans le domaine du travail physique ou intellectuel*).

ГИ́БЕЛЬ *f.* perte. *Ги́бель корабля́*, le naufrage d'un navire. *Траги́ческая ги́бель*, une mort tragique. *Идти́ на ве́рную ги́бель*, courir à sa perte.

ГИ́БЕЛЬНЫЙ désastreux. *Ги́бельные после́дствия*, des conséquences désastreuses.

ГИ́БКИЙ , *comp.* ги́бче* souple (*propr. et fig.*). *Ги́бкое те́ло*, un corps souple. *Ги́бкая поли́тика*, une politique souple.

ГИ́БНУТЬ* III / **ПОГИ́БНУТЬ*** III périr. *Князь поги́б в би́тве*, le prince fut tué pendant la bataille. *Кора́бль поги́б во вре́мя бу́ри*, le navire fit naufrage pendant une tempête. *Всё поги́бло!*, Tout est perdu !

ГИ́БЧЕ comp. de « ги́бкий ».

ГИГИЕ́НА hygiène. *Соблюда́ть пра́вила гигие́ны*, respecter les règles de l'hygiène.

ГИМН hymne. *Госуда́рственный гимн*, l'hymne national.

ГИМНАЗИ́СТ lycéen.

ГИМНАЗИ́СТКА lycéenne.

ГИМНА́ЗИЯ lycée. *Же́нская гимна́зия*, lycée de filles.

ГИМНА́СТИКА gymnastique. *Шве́дская гимна́стика*, la gymnastique suédoise. *Занима́ться гимна́стикой*, faire de la gymnastique.

ГИПО́ТЕЗА hypothèse. *Стро́ить гипо́тезы*, faire des hypothèses.

ГИПС plâtre. *Статуэ́тка из ги́пса*, une statuette de plâtre. *Ему́ наложи́ли гипс на́ ногу*, on lui a plâtré la jambe.

ГИРЕВИ́К haltérophile.

ГИ́РЯ poids (*morceau de métal servant à effectuer des pesées, à entraîner un mécanisme, à faire des exercices sportifs*).

I. ГЛАВА́ **1.** (*fig.*) tête. *Быть во главе́ делега́ции*, être à la tête d'une délégation. *Делега́ция во главе́ с инжене́ром*, une délégation conduite par un ingénieur. **2.** chef. *Глава́ семьи́*, un chef de famille. *Глава́ прави́тельства*, le chef du gouvernement.

II. ГЛАВА́ chapitre. *В пе́рвой главе́*, dans le premier chapitre.

ГЛАВНОКОМА́НДУЮЩИЙ *adj. subst. m.* commandant en chef. *Главнокома́ндующий морски́ми си́лами*, le commandant en chef des forces navales. *Главнокома́ндующий ю́жного фро́нта*, le commandant en chef du front du Sud.

ГЛА́ВНЫЙ principal, essentiel. *Гла́вная у́лица*, la rue principale. *Гла́вная опа́сность*, le principal danger. *Гла́вный врач больни́цы*, le médecin en chef de l'hôpital. *Э́то гла́вное*, c'est l'essentiel. ● **Гла́вным о́бразом,** principalement.

REMARQUE. En dépit de son sens, « гла́вный » s'emploie couramment à la forme du superlatif : *О са́мом гла́вном он никогда́ не говори́л*, il ne parlait jamais du problème essentiel.

ГЛАГО́Л verbe.

ГЛА́ДИТЬ **1.** / **ПОГЛА́ДИТЬ** caresser. *Гла́дить соба́ку*, caresser un chien. *Гла́дить себе́ бо́роду*, se lisser la barbe. *Гла́дить ребёнка по щеке́*, caresser la joue d'un enfant. **2.** / **ВЫ́ГЛАДИТЬ** repasser. *Гла́дить бельё*, repasser du linge.

ГЛА́ДКИЙ , *comp.* гла́же* lisse, uni. *Гла́дкая пове́рхность воды́*, la surface lisse de l'eau. *Гла́дко вы́бритый*, rasé de près. ● **С него́ взя́тки гла́дки,** il n'y a rien à tirer de lui.

ГЛА́ЖЕ comp. de « гла́дкий ».

ГЛАЗ*, *loc.* глазу́, *nom. pl.* глаза́, *gén. pl.* глаз œil. *Голубы́е глаза́*, des yeux bleus. *Ка́рие глаза́*, des yeux marron. *Закры́ть глаза́*, fermer les yeux. *Вы́таращить глаза́*, écarquiller les yeux. *Скро́мно опусти́ть глаза́*, baisser modestement les yeux. *Он по́днял на меня́ вопроша́ющие глаза́*, il me jeta un regard interrogateur. *Име́ть ве́рный глаз*, avoir le compas dans l'œil. ● **Бросáться в глазá,** sauter aux yeux. **В глазá,** en face. *Сказáть комý-нибудь прáвду в глазá,* dire la vérité à qqn sans se gêner. **В глазáх,** aux yeux de, dans l'esprit de. *Высокó стоя́ть в глазáх друзéй,* jouir de la haute estime de ses amis. **Дéлать большúе глазá,** ouvrir de grands yeux. **За глазá,** en l'absence de. *Онá ругáет егó за глазá,* elle le couvre d'injures quand il n'est pas là. **Закрывáть глазá на,** fermer les yeux sur. *Онá закрывáет глазá на егó недостáтки,* elle ferme les yeux sur ses défauts. **Идтú кудá глазá глядя́т,** aller à l'aventure. **На глаз,** au jugé. *Определя́ть на глаз,* déterminer au jugé. **На глазáх,** en présence de. *Он вы́рос у меня́ на глазáх,* je l'ai vu grandir. **Попáсть не в бровь, а пря́мо в глаз,** tomber en plein dans le mille. **Не вéрить своúм глазáм,** ne pas en croire ses yeux. **Не спускáть глаз с** (+ *gén.*), ne pas quitter des yeux. **Пожирáть глазáми,** dévorer des yeux. **Рáди её прекрáсных глаз,** pour ses beaux yeux. **С глаз долóй — из сéрдца вон,** loin des yeux, loin du cœur. **С глáзу на глаз,** entre quatre yeux. **Смотрéть во все глазá,** regarder de tous ses yeux. **С пья́ных глаз,** en état d'ébriété. **Темнó, хоть глаз вы́коли,** on n'y voit goutte. **У стрáха глазá великú,** la peur grossit les obstacles.

ГЛАЗÓК —— ___ dim. de « глаз ». ● **Дéлать глáзки,** faire les yeux doux.

ГЛÁСНЫЙ (*le plus souvent au féminin:* **ГЛÁСНАЯ**) *adj. subst.* voyelle. *Ударя́емые глáсные,* les voyelles accentuées. *Безудáрные глáсные,* les voyelles atones.

ГЛИ́НА argile.

ГЛИ́НЯНЫЙ d'argile, de terre. *Глúняный горшóк,* un pot de terre. *Колóсс на глúняных ногáх,* le colosse aux pieds d'argile.

ГЛОТÁТЬ / ГЛОТНУ́ТЬ avaler. *Глотáть кускú мя́са,* avaler des morceaux de viande. ● **Глотáть слёзы,** rentrer ses larmes.

ГЛÓТКА gosier. *Кричáть во всю глóтку,* crier à tue-tête. *Заткну́ть комý-нибудь глóтку,* couper le sifflet à qqn.

/ **ГЛОТНУ́ТЬ** v. глотáть.

ГЛОТÓК gorgée. *Пить мáленькими глоткáми,* boire à petites gorgées. *Однúм глоткóм,* d'un trait. *Глотóк воды́,* une gorgée d'eau.

ГЛÓХНУТЬ* III / **ОГЛÓХНУТЬ*** III **1.** devenir sourd, ne plus entendre. *Дéдушка глóхнет,* le grand-père devient sourd. **2.** s'assourdir (*son*). *Шум постепéнно глох,* le bruit s'assourdissait peu à peu. **3.** s'éteindre. *Мотóр оглóх,* le moteur a calé.

ГЛУ́БЖЕ comp. de « глубóкий ».

ГЛУБИНÁ, *pl.* глуби́ны... —— ___ profondeur. *На глубинé двадцатú мéтров,* à une profondeur de vingt mètres. *Глубинá рáны,* la profondeur d'une blessure. *В глубинé лéса,* dans les profondeurs de la forêt. *В глубинé душú,* au fond du cœur. *Глубинá чу́вства,* la profondeur d'un sentiment.

ГЛУБÓКИЙ, глубóк, глубокá, глубóко, глубóки /___ *et* глубóк, глубокá, глубокó, глубокú /‾‾‾, *comp.* глу́бже*, *superl.* глубочáйший* profond. *Глубóкая рекá,* un fleuve profond. *Глубóкая рáна,* une blessure profonde. *Глубóкая тарéлка,* une assiette creuse. *Рабóтать до глубóкой нóчи,* travailler très avant dans la nuit. *Былá глубóкая óсень,* on était à la fin de l'automne. *Он у́мер в глубóкой стáрости,* il est mort à un âge avancé. *Глубóкое чу́вство,* un sentiment profond. *Глубóкая печáль,* une profonde tristesse. *Здесь глубокó,* c'est profond ici. *С глубóким уважéнием,* Je vous prie, Monsieur, d'accepter l'expression de mon profond respect.

REMARQUE. La forme adverbiale est « глубокó ».

ГЛУБОЧА́ЙШИЙ superl. de « глубо́кий ».

ГЛУМИ́ТЬСЯ / ПОГЛУМИ́ТЬСЯ se moquer de, bafouer. *Глуми́ться над стару́хой*, se moquer d'une vieille femme.

ГЛУПЕ́ТЬ / ПОГЛУПЕ́ТЬ devenir bête, s'abêtir.

ГЛУ́ПОСТЬ *f.* bêtise. *Он сде́лал э́то по глу́пости*, il a fait cela par bêtise. *Сказа́ть глу́пость*, dire une bêtise. *Де́лать глу́пости*, faire des bêtises. *Наде́лать глу́постей*, faire une série de bêtises. *Он име́л глу́пость поссо́риться с сосе́дом*, il a été assez bête pour se brouiller avec son voisin.

ГЛУ́ПЫЙ bête, stupide. *Она́ была́ глупа́*, elle était bête. *Задава́ть глу́пые вопро́сы*, poser des questions stupides. • **Глуп как про́бка,** bête à manger du foin.

ГЛУХО́Й , *comp.* глу́ше* **1.** sourd (*qui n'entend pas*). *Он глух на одно́ у́хо*, il est sourd d'une oreille. // (*Fig.*) *Он был глух ко всем про́сьбам*, il était sourd à toutes les prières. **2.** sourd, assourdi (*son*). *Глухо́й го́лос*, une voix sourde. // (*Fig.*) *Глухо́е недово́льство*, un mécontentement sourd. **3.** abandonné, sauvage. *Глухо́е ме́сто*, un coin perdu. *Глуха́я тропи́нка*, un sentier peu fréquenté. • **Глуха́я ночь,** une nuit noire.

ГЛУХОНЕМО́Й *adj.* ou *subst.* sourd-muet. *Шко́ла для глухонемы́х*, école pour sourds-muets.

ГЛУ́ШЕ comp. de « глухо́й ».

ГЛУШИ́ТЬ / ЗАГЛУШИ́ТЬ étouffer (*un bruit, une plante...*). *Глуши́ть зву́ки*, étouffer les sons. *Сорняки́ глуши́ли все други́е расте́ния*, les mauvaises herbes étouffaient toutes les autres plantes. *Глуши́ть мото́р*, arrêter le moteur.

ГЛУШЬ *f.* coin perdu. *Жить в глуши́*, vivre dans un coin perdu.

ГЛЫ́БА bloc, motte. *Ка́менная глы́ба*, bloc de pierre.

ГЛЯДЕ́ТЬ* I, гляжу́, гляди́шь...; гля́дя / **ПОГЛЯДЕ́ТЬ*** I, погляжу́, погляди́шь... **1.** (на + *acc. et parfois* в + *acc.*) regarder. *Он ни на кого́ не гляде́л*, il ne regardait personne. *Гляде́ть кому́-нибудь в глаза́*, regarder qqn dans les yeux. **2.** (за + *instr.*) surveiller. *Гляде́ть за детьми́*, surveiller les enfants. • **Гляде́ть на что́-нибудь сквозь па́льцы,** fermer les yeux sur qqch. **Идти́ куда́ глаза́ глядя́т,** aller à l'aventure. **На́ ночь гля́дя,** à la tombée de la nuit. **Того́ и гляди́,** il faut s'y attendre. *Он того́ и гляди́ уйдёт*, il est bien capable de s'en aller.

ГНАТЬ* I, гоню́, го́нишь... ; гнал, гнала́, гна́ло, гна́ли / **ПОГНА́ТЬ*** I (*id.*); *indét.* **ГОНЯ́ТЬ** **1.** conduire (*un troupeau*). *Пасту́х го́нит ста́до*, le berger conduit son troupeau. **2.** faire avancer, pousser. *Ве́тер го́нит ту́чи*, le vent chasse les nuages. *Гнать ло́шадь*, pousser un cheval. *Гнать маши́ну на бе́шеной ско́рости*, rouler à une vitesse folle. **3.** chasser, faire fuir. *Гнать и́з дому*, chasser de sa maison. **4.** distiller. *Гнать во́дку*, fabriquer de la vodka.

ГНА́ТЬСЯ* I, гоню́сь, го́нишься... ; гна́лся, гнала́сь... / **ПОГНА́ТЬСЯ*** I (*id.*); *indét.* **ГОНЯ́ТЬСЯ** (за + *instr.*) poursuivre. *Погна́ться за неприя́телем*, se lancer à la poursuite de l'ennemi. *Гна́ться за сла́вой*, rechercher la gloire.

ГНЕВ colère. *В поры́ве гне́ва*, dans un accès de colère. *Не по́мнить себя́ от гне́ва*, être hors de soi.

ГНЕЗДО́, *pl.* гнёзда... nid. *Свить себе́ гнездо́*, faire son nid.

ГНЕСТИ́* IV, гнету́, гнетёшь... (*passé inusité*) oppresser, accabler. *Гнетёт меня́ тоска́*, l'angoisse m'étreint. *Гнету́щие мы́сли*, des pensées accablantes.

ГНЁТ poids (*fig.*), joug (*fig.*). *Под гнётом тяжёлых воспоминаний*, sous le poids de souvenirs pénibles.

ГНИЛО́Й pourri. *Гнило́е я́блоко*, une pomme pourrie. *Гнило́й зуб*, une dent abîmée. *Гнила́я пого́да*, un temps pourri.

ГНИТЬ* II, гнию́, гниёшь...; гнил, гнила́, гни́ло, гни́ли / **СГНИТЬ*** II (*id.*) pourrir, se putréfier. *Ры́ба гниёт*, le poisson pourrit.

ГНОЙ *m.* pus. *Из нары́ва вы́шло мно́го гно́я*, il est sorti beaucoup de pus de l'abcès.

ГНУ́СНЫЙ ignoble. *Сде́лать гну́сное предложе́ние*, faire une proposition infâme. *Гну́сная клевета́*, une odieuse calomnie.

ГНУТЬ 1. / **ПОГНУ́ТЬ** *et* **СОГНУ́ТЬ** courber, tordre. *Дере́вья гну́лись от ве́тра*, les arbres se courbaient sous le vent. *Гнуть спи́ну перед ке́м-нибудь*, plier l'échine devant qqn. 2. (*pas de pf.*) vouloir en venir à. *К чему́ он гнёт?*, A quoi veut-il en venir?

ГНУША́ТЬСЯ / ПОГНУША́ТЬСЯ avoir du dégoût pour. *Он не гнуша́ется никаки́ми сре́дствами*, tous les moyens lui sont bons. *Гнуша́ться лжи*, avoir horreur du mensonge. *Он не гнуша́лся есть с нами из одного́ блю́да*, il ne refusait pas de manger avec nous dans le même plat.

REMARQUE. Le verbe « гнуша́ться » peut être suivi soit d'un nom à l'instrumental ou au génitif, soit d'un verbe à l'infinitif (voir les exemples ci-dessus).

ГО́ВОР 1. bruit de voix. *Слы́шался ти́хий го́вор*, on entendait un léger bruit de voix. 2. prononciation dialectale; dialecte. *Го́воры Сиби́ри*, les dialectes de la Sibérie.

ГОВОРИ́ТЬ 1. / **ПОГОВОРИ́ТЬ** parler. *Свобо́дно говори́ть по-ру́сски*, parler couramment le russe. *Поговори́ть с ке́м-нибудь о дела́х*, parler d'affaires avec qqn. *Они́ давно́ не говоря́т друг с дру́гом*, il y a longtemps qu'ils ne se parlent plus. *Говори́т Москва́*, Ici Moscou (*radio*). 2. / **СКАЗА́ТЬ*** II, скажу́, ска́жешь... dire. *Говори́ть пра́вду*, dire la vérité. *Говори́ть комплиме́нты*, faire des compliments. *Он говори́т, что бо́лен*, il dit qu'il est malade. *Не говоря́ ни сло́ва*, sans dire un mot. • **Легко́ сказа́ть,** c'est facile à dire. **По пра́вде говоря́,** à dire vrai. **Ска́зано — сде́лано,** aussitôt dit, aussitôt fait. **Со́бственно говоря́,** à proprement parler.

ГОВЯ́ДИНА viande de bœuf.

ГОД*, *loc.* году́ 1. *gén. pl.* лет* an, année. *Мне два́дцать два го́да*, j'ai vingt-deux ans. *Ей пятна́дцать лет*, elle a quinze ans. *Ему́ пошёл двадца́тый год*, il est dans sa vingtième année. *В про́шлом году́*, l'an dernier. *В э́том году́*, cette année. *В бу́дущем году́*, l'an prochain. *В тот год*, cette année-là. *В 1970 году́*, en 1970. *Пять лет тому́ наза́д*, il y a cinq ans. *Кру́глый год*, toute l'année. *Из го́да в год*, d'année en année. *Уче́бный год*, l'année scolaire. 2. *toujours au pl., gén.* годо́в années, époque. *Лю́ди сороковы́х годо́в*, la génération des années quarante. • **В мои́ го́ды,** à mon âge. **Но́вый год,** le nouvel an. *С Но́вым го́дом!*, Bonne année ! *Встреча́ть Но́вый год*, fêter le nouvel an.

REMARQUE. L'accent passe sur la préposition dans les groupes « за́ год » et « на́ год ».

ГОДИ́ТЬСЯ / ПРИГОДИ́ТЬСЯ convenir, être utile. *Э́то никуда́ не годи́тся*, cela ne peut servir à rien. *Э́ти боти́нки мне не годя́тся*, ces souliers ne me conviennent pas. *Она́ годи́лась ему́ во вну́чки*, elle aurait pu être sa petite-fille.

ГО́ДНЫЙ propre à, valable pour. *Вода́, го́дная для питья́*, de l'eau potable. *Го́дный к вое́нной слу́жбе*, bon pour le service. *Го́дный на вся́кую рабо́ту*, apte à n'importe quel travail. *Го́дный в солда́ты*, apte à faire un soldat.

REMARQUE. « Го́дный » se construit avec для + *gén.*, к + *dat.*; на + *acc.*, в + *acc. pl.* (voir les exemples ci-dessus).

ГОДОВО́Й annuel. *Годово́й дохо́д*, le revenu annuel.

ГОДОВЩИ́НА anniversaire (*d'un événement*). *Годовщи́на сва́дьбы*, l'anniversaire d'un mariage. *Годовщи́на револю́ции*, l'anniversaire de la révolution.

ГОЛ but (*sport*). *Заби́ть гол*, marquer un but.

ГОЛЛА́НДЕЦ Hollandais.

ГОЛЛА́НДКА Hollandaise.

ГОЛЛА́НДСКИЙ hollandais. *Голла́ндский сыр*, fromage de Hollande.

ГОЛОВА́, го́лову, головы́...; *pl.* го́ловы, голо́в, голова́м tête. *У меня́ голова́ боли́т*, j'ai mal à la tête. *Ста́до в две́сти голо́в*, un troupeau de deux cents têtes. *Я́сная голова́*, un esprit clair. *В голове́ отря́да*, en tête du détachement. ● **Бежа́ть сломя́ го́лову,** courir comme un dératé. **Вскружи́ть го́лову,** faire tourner la tête. *Успе́х вскружи́л ему́ го́лову*, le succès lui a tourné la tête. **Голова́ идёт кру́гом,** on en perd la tête. *У меня́ голова́ идёт кру́гом*, je ne sais plus où donner de la tête. **Голова́ кру́жится,** la tête tourne. *У меня́ голова́ кру́жится*, la tête me tourne. **Дава́ть го́лову на отсече́ние,** en donner sa tête à couper. **Как снег на́ голову,** d'une manière tout à fait inattendue. *Яви́ться как снег на́ голову*, arriver à l'improviste. **Лома́ть го́лову над че́м-нибудь,** se casser la tête à comprendre qqch. **Намы́лить кому́-нибудь го́лову,** passer un savon à qqn. **Пове́сить го́лову,** se décourager. **Прийти́ в го́лову,** venir à l'esprit. *Мне пришла́ в го́лову мысль*, une idée m'est venue. **Сва́ливать с больно́й головы́ на здоро́вую,** rejeter ses fautes sur autrui. **С голово́й уйти́ в** (+ *acc.*), se plonger entièrement dans qqch. (*propr. et fig.*). *С голово́й уйти́ в рабо́ту*, se plonger dans son travail. **С головы́ до ног,** de la tête aux pieds. *Вооружённый с головы́ до ног*, armé de pied en cap. **Сложи́ть го́лову** (*poét.*), tomber sur le champ de bataille. **С ног до головы́,** des pieds à la tête. **Схвати́ться за́ голову,** se prendre la tête à deux mains. **Теря́ть го́лову,** perdre la tête. **Уда́рить в го́лову,** monter à la tête. *Вино́ уда́рило ему́ в го́лову*, le vin lui est monté à la tête.

REMARQUE. L'accent passe sur la préposition dans les groupes « за́ голову » et « на́ голову ».

ГОЛО́ВКА 1. dim. de « голова́ ». 2. tête (*d'ail, d'épingle...*). *Голо́вка чеснока́*, une tête d'ail. *Голо́вка була́вки*, une tête d'épingle.

ГОЛОВНО́Й de tête. *Головна́я боль*, un mal de tête.

ГОЛОВОКРУЖЕ́НИЕ vertige. *Чу́вствовать головокруже́ние*, avoir le vertige. *Вы́звать головокруже́ние*, donner le vertige.

ГОЛО́ВУШКА dim. de « голова́ » (*avec une nuance affectueuse*).

ГО́ЛОД 1. faim. *Мори́ть го́лодом*, faire mourir de faim. *Умира́ть с го́лоду*, mourir de faim. 2. famine. *В 1601 году́ был стра́шный го́лод*, en 1601, il y eut une famine épouvantable.

ГОЛОДА́ТЬ souffrir la faim.

ГОЛО́ДНЫЙ, го́лоден, голодна́, го́лодно, го́лодны 1. affamé. *Голо́дная соба́ка*, un chien affamé. *Я го́лоден*, j'ai faim. 2. de famine. *Голо́дный год*, une année de disette.

ГОЛОДО́ВКА grève de la faim. *Объяви́ть голодо́вку*, commencer la grève de la faim.

ГОЛОЛЕ́ДИЦА verglas.

ГО́ЛОС*, *nom. pl.* голоса́ voix (*divers sens*). *Же́нский го́лос*, une voix féminine. *Глухо́й го́лос*, une voix sourde. *Хри́плый го́лос*, une voix enrouée. *Возвы́сить го́лос*, élever la voix. *Подня́ть го́лос в защи́ту кого́-нибудь*, prendre la défense de qqn. *Го́лос со́вести*, la voix de la conscience. ● **В оди́н го́лос,** à l'unanimité. *Все в оди́н го́лос говори́ли, что...*, tous étaient unanimes à déclarer que...

ГОЛОСЛО́ВНЫЙ sans fondement. *Голосло́вное обвине́ние*, une accusation gratuite.

ГОЛОСОВА́НИЕ scrutin; vote. *Та́йное голосова́ние*, scrutin secret. *Поста́вить на голосова́ние*, mettre aux voix. *Воздержа́ться от голосова́ния*, s'abstenir.

ГОЛОСОВА́ТЬ / ПРОГОЛОСОВА́ТЬ voter. *Проголосова́ть предложе́ние*, voter une résolution. *Голосова́ть подня́тием руки́*, voter à main levée. *Голосова́ть за кандида́та*, voter pour un candidat. *Голосова́ть про́тив предложе́ния*, voter contre une résolution.

ГОЛУБЕ́Ц (*cuisine*) « goloubiets » (*feuilles de chou farcies de viande hachée, de légumes, etc.*).

ГОЛУБО́Й bleu clair. *Голубы́е глаза́*, des yeux bleus.

ГОЛУ́БУШКА (*dim. affectueux formé sur la même racine que* « го́лубь ») ma chérie, ma petite.

ГО́ЛУБЬ *m.* pigeon. *Почто́вый го́лубь*, un pigeon voyageur. *Го́лубь ми́ра*, la colombe de la paix.

ГО́ЛЫЙ nu. *С го́лой гру́дью*, la poitrine nue. *Го́лый че́реп*, un crâne dénudé. *Го́лые дере́вья*, des arbres dénudés. *Го́лые ска́лы*, des rochers dénudés. *Го́лые сте́ны*, des murs nus. *Спать на го́лом полу́*, dormir à même le plancher. *Го́лые ци́фры*, des chiffres bruts.

ГОНЕ́НИЕ persécution. *Подверга́ться гоне́ниям*, être persécuté.

ГОНЕ́Ц (*arch.*) messager.

ГО́НИМ, ГО́НИТ... v. гнать.

ГО́НКА (*généralement au pl.*) course. *Велосипе́дные го́нки*, courses cyclistes. *Автомоби́льные го́нки*, courses automobiles.

ГО́НОЧНЫЙ de course. *Го́ночный автомоби́ль*, une voiture de course.

ГОНЮ́, ГО́НЯТ v. гнать.

ГОНЯ́ТЬ indét. de « гнать ».

ГОНЯ́ТЬСЯ indét. de « гна́ться ».

ГОРА́ **1.** montagne. *В гора́х*, dans la montagne. *У подно́жия горы́*, au pied de la montagne. *Идти́ в го́ру*, monter (*propr. et fig.*). **2.** tas, amas. *Го́ры книг*, des tas de livres. ● **Гора́ свали́лась с мои́х плеч,** je me suis senti soulagé. **Быть не за гора́ми,** n'être pas loin. *Ле́то не за гора́ми*, l'été n'est pas loin. **Пир горо́й,** un festin à tout casser. **Стоя́ть за кого́-нибудь горо́й,** défendre qqn avec ardeur.

REMARQUE. L'accent passe sur la préposition dans les groupes « за́ гору », « на́ гору », « по́д гору ».

ГОРА́ЗДО (+ *comp.*) *adv.* beaucoup. *Она́ гора́здо моло́же его́*, elle est bien plus jeune que lui.

ГОРБ*, *loc.* горбу́ bosse (*d'un bossu, d'un chameau...*).

ГОРБА́ТЫЙ *adj. et subst.* bossu. *Он был горба́т*, il était bossu.

ГО́РБИТЬСЯ / СГО́РБИТЬСЯ se voûter.

ГОРБУ́Н bossu.

ГОРДИ́ТЬСЯ être fier de. *Горди́ться свои́ми детьми́*, être fier de ses enfants.

ГО́РДОСТЬ *f.* fierté. *Он с го́рдостью говори́л об э́том*, il en parlait avec fierté.

ГО́РДЫЙ fier. *Го́рдый свои́ми успе́хами*, fier de ses succès.

I. ГО́РЕ **1.** chagrin, peine. *Неуте́шное го́ре*, un chagrin inconsolable. *Она́ с го́ря заболе́ла*, elle est tombée malade de chagrin. **2.** malheur. *На моё го́ре*, pour mon malheur. *Го́ре в том, что...*, le malheur est que... *Го́ре мне с тобо́й!*, Ce qu'il faut en voir avec toi ! ● **Ему́ го́ря ма́ло,** ça lui est bien égal.

II. ГОРЕ- *élément de formation* de malheur. *Го́ре-кри́тик*, critique de malheur.

ГОРЕ́ЛЫЙ brûlé. *Горе́лый хлеб*, du pain brûlé. // (*Subst.*) *Па́хнет горе́лым*, ça sent le brûlé.

> **ГОРЕ́ТЬ*** I, горю́, гори́шь... / **СГОРЕ́ТЬ*** I (*id.*)
> **1.** brûler, être détruit par le feu.
> **2.** brûler, être allumé.
> **3.** brûler (*fig.*), éprouver un sentiment très vif.
> **4.** être brûlant de fièvre; être tout rouge (*de chaleur...*).
> **5.** briller.

1. *Дом сгоре́л*, la maison a brûlé. **2.** *Электри́чество горе́ло*, l'électricité était allumée. **3.** *Он горе́л жела́нием поскоре́е прие́хать в Москву́*, il brûlait du désir d'arriver au plus vite à Moscou. *Горе́ть от нетерпе́ния*, brûler d'impatience. **4.** *Голова́ её горе́ла*, elle avait la tête brûlante. *Щёки его́ горе́ли от моро́за*, ses joues étaient rouges de froid. **5.** *Её глаза́ горя́т от ра́дости*, ses yeux brillent de joie. ● **Рабо́та у него́ гори́т в рука́х,** avec lui, le travail se fait tout seul. **Не гори́т,** il n'y a pas le feu (*fig.*).

ГО́РЕЦ montagnard.

ГО́РЕЧЬ *f.* amertume (*propr. et fig.*). *Го́речь во рту*, un goût amer dans la bouche. *Сказа́ть что́-нибудь с го́речью*, dire qqch. avec amertume.

ГОРИЗО́НТ horizon. *Появи́ться на горизо́нте*, apparaître à l'horizon. *Скры́ться за горизо́нтом*, disparaître à l'horizon.

ГОРИ́СТЫЙ montagneux. *Гори́стая ме́стность*, une région montagneuse.

ГО́РЛО gorge. *У меня́ боли́т го́рло*, j'ai mal à la gorge. *Схвати́ть за го́рло*, saisir à la gorge. *У меня́ в го́рле пересо́хло*, j'ai la gorge sèche. *Крича́ть во всё го́рло*, crier à tue-tête. *Он за́нят по го́рло*, il a du travail par-dessus la tête.

ГО́РНИЧНАЯ *adj. subst. f.* femme de chambre.

ГО́РНЫЙ 1. de montagne, montagneux. *Го́рное о́зеро*, un lac de montagne. *Го́рная ме́стность*, une région montagneuse. **2.** des mines. *Го́рный инжене́р*, un ingénieur des mines.

ГО́РОД*, *nom. pl.* города́ ville. *Жить в го́роде*, habiter en ville. *Жить за́ городом*, habiter en dehors de la ville. *Уе́хать за́ город*, aller en banlieue.

Remarque. L'accent passe sur la préposition dans les groupes « за́ город » et « за́ городом » lorsqu'ils ont le sens de « en dehors de la ville ».

ГОРОДСКО́Й urbain, de ville. *Вы́боры в городско́й сове́т депута́тов трудя́щихся*, les élections municipales.

ГОРО́Х petits pois. *Пюре́ из горо́ха*, purée de pois.

ГОРО́ХОВЫЙ de petits pois. *Горо́ховый суп*, soupe aux pois. ● **Чу́чело горо́ховое** *ou* **шут горо́ховый,** un pitre.

ГОРО́ШЕК dim. de « горо́х ». *Зелёный горо́шек*, petits pois. ● **Души́стый горо́шек,** pois de senteur. **Руба́шка горо́шком,** une chemise à pois.

ГОРСОВЕ́Т (*abréviation de* « городско́й сове́т ») **1.** conseil municipal. **2.** mairie.

ГОРСТЬ *f.* poignée. *Горсть со́ли*, une poignée de sel.

ГОРЧИ́ЦА moutarde.

ГОРШО́К pot. *Гли́няный горшо́к*, un pot de terre. *Цвето́чный горшо́к*, un pot à fleurs. *Ночно́й горшо́к*, un vase de nuit.

ГО́РЬКИЙ, го́рек, горька́, го́рько, го́рьки **1.** *comp.*

го́рче* amer (*propr.*). *Го́рький вкус*, un goût amer. *Мне го́рько во рту*, j'ai un goût amer dans la bouche. **2.** *comp.* го́рше* amer (*fig.*). *Го́рькие слёзы*, des larmes amères. *Го́рькое разочарова́ние*, une amère déception. *Го́рькая у́часть*, un triste sort. ● **Го́рький пья́ница,** un ivrogne invétéré. **Пить го́рькую,** boire plus souvent qu'à son tour.

ГОРЮ́ЧЕЕ *adj. subst. n.* carburant. *Запра́виться горю́чим*, faire le plein.

ГОРЯ́ЧИЙ, горя́ч, горяча́, горячо́, горячи́ **1.** chaud, brûlant. *Горя́чая вода́*, de l'eau bouillante. **2.** ardent, fougueux. *Он в мо́лодости был о́чень горя́ч*, dans sa jeunesse, il était très fougueux. *Горя́чая любо́вь*, un amour ardent.

ГО́СПИТАЛЬ, *pl.* го́спитали, госпитале́й... *m.* hôpital (*le plus souvent militaire*).

ГО́СПОДИ! *interj.* Seigneur ! Seigneur Dieu !

ГОСПОДИ́Н*, *pl.* господа́, госпо́д, господа́м... monsieur (*n'est plus utilisé qu'à l'égard des étrangers*). *Мину́ту внима́ния, господа́!*, Un instant d'attention, messieurs ! *Господи́н посо́л*, monsieur l'ambassadeur. *Пожило́й господи́н*, un monsieur d'un certain âge. ● **Сам себе́ господи́н,** son propre maître. *Он сам себе́ господи́н*, il est son propre maître.

ГОСПО́ДСКИЙ de seigneur. *Госпо́дский дом*, une maison de seigneur.

ГОСПО́ДСТВО domination. *Госпо́дство в во́здухе*, la maîtrise des airs.

ГОСПО́ДСТВОВАТЬ dominer. *Госпо́дствовать на мо́ре*, avoir la maîtrise des mers. *Госпо́дствующий ве́тер*, vent dominant. *Его́ госпо́дствующая страсть*, sa passion dominante.

ГОСПОЖА́ madame (*n'est plus usité qu'à l'égard des étrangères*).

ГОСТЕПРИИ́МНЫЙ hospitalier. *Гостеприи́мный наро́д*, un peuple hospitalier. *Гостеприи́мно встре́тить*, faire un accueil hospitalier.

ГОСТИ́НИЦА hôtel. *Останови́ться в гости́нице*, s'arrêter à l'hôtel.

ГОСТЬ *m.* hôte, invité. *Пое́хать в го́сти* ou *пойти́ в го́сти*, aller en visite. *Быть в гостя́х*, être en visite. *Верну́ться из госте́й*, revenir d'une visite.

ГО́СТЬЯ invitée, visiteuse.

ГОСУДА́РСТВЕННЫЙ d'État. *Госуда́рственное предприя́тие*, une entreprise appartenant à l'État. *Госуда́рственная та́йна*, un secret d'État. *Госуда́рственный бюдже́т*, le budget national.

ГОСУДА́РСТВО État. *Госуда́рство в госуда́рстве*, un État dans l'État.

ГОТО́ВИТЬ / ПРИГОТО́ВИТЬ préparer. *Гото́вить кому́-нибудь сюрпри́з*, préparer une surprise à qqn. *Гото́виться к отъе́зду*, se préparer au départ. *Гото́виться к экза́менам*, préparer des examens. *Гото́виться в университе́т*, préparer le concours d'entrée à l'université. *Гото́вить уро́ки*, faire ses devoirs. *Гото́вить обе́д*, préparer le repas. *Она́ хорошо́ гото́вит*, elle sait bien faire la cuisine.

ГОТО́ВЫЙ prêt. *Обе́д гото́в*, le repas est prêt. *Гото́во!*, Ça y est! *Гото́вый к отъе́зду*, prêt au départ. *Я гото́в рабо́тать*, je suis prêt à travailler. *Он гото́в на всё*, il est prêt à tout.

> REMARQUE. Employé avec к + *dat.*, « гото́вый » signifie « qui s'est préparé à », avec на + *acc.*, « qui s'attend à ».

ГРАБЁЖ pillage.

ГРА́БИТЬ / ОГРА́БИТЬ piller. *Коче́вники гра́били карава́ны*, des nomades pillaient les caravanes.

ГРА́БЛИ, *gén.* гра́бель ou гра́блей, *dat.* гра́блям... *pl. t.* râteau.

I. ГРАД grêle. *Град идёт*, il grêle. *Град пуль*, une grêle de balles. *С* *него́ пот гра́дом льётся*, il sue à grosses gouttes. *Уда́ры сы́пались гра́дом*, les coups pleuvaient.

II. ГРАД (*arch.*) ville.

ГРА́ДУС degré (*mesure*). *Вчера́ бы́ло два́дцать пять гра́дусов моро́за*, hier, il faisait vingt-cinq degrés au-dessous de zéro. *У́гол в де́сять гра́дусов*, un angle de dix degrés. *Конья́к в пятьдеся́т гра́дусов*, un cognac à cinquante degrés. ● **Под гра́дусом,** éméché.

ГРА́ДУСНИК (*fam.*) thermomètre. *Поста́вить кому́-нибудь гра́дусник*, prendre la température de qqn.

ГРАЖДАНИ́Н*, *pl.* гра́ждане, гра́ждан, гра́жданам... —— —— **1.** citoyen. *Сове́тский граждани́н*, un citoyen soviétique. **2.** monsieur. *Да́йте, гра́ждане, прохо́д !*, Laissez passer, messieurs ! *Лы́сый граждани́н*, un monsieur chauve.

ГРАЖДА́НКА (*féminin de* « граждани́н ») citoyenne.

ГРАЖДА́НСКИЙ civil. *Гражда́нское пра́во*, le droit civil. *Гражда́нская война́*, la guerre civile.

ГРАЖДА́НСТВО nationalité. *Сове́тского гражда́нства*, de nationalité soviétique. *Приня́ть сове́тское гражда́нство*, se faire naturaliser soviétique.

> REMARQUE. On distingue « гражда́нство », « fait d'être citoyen de tel ou tel État », de « национа́льность », « fait d'appartenir à tel ou tel peuple ».

ГРАММ(*), *gén. pl.* грамм *ou* гра́ммов gramme. *Сто грамм мя́са*, cent grammes de viande.

ГРА́МОТА **1.** art de lire et d'écrire. *Учи́ться гра́моте*, apprendre à lire et à écrire. **2.** charte, document. *Вручи́ть вери́тельные гра́моты*, remettre ses lettres de créance.

ГРА́МОТНЫЙ **1.** qui sait lire et écrire. *Он гра́мотный*, il sait lire et écrire. **2.** ne comportant pas de fautes grossières. *Вполне́ гра́мотное письмо́*, une lettre écrite fort correctement.

ГРАМПЛАСТИ́НКА disque (*enregistré*).

ГРАНА́ТА grenade (*mil.*). *Ручна́я грана́та*, une grenade à main.

ГРАНИ́ЦА **1.** frontière. *На по́льской грани́це*, à la frontière polonaise. *Грани́ца ме́жду Евро́пой и А́зией*, la frontière entre l'Europe et l'Asie. *Есте́ственная грани́ца*, la frontière naturelle. *Уе́хать за грани́цу*, partir à l'étranger. *Жить за грани́цей*, vivre à l'étranger. *Верну́ться из-за грани́цы*, revenir de l'étranger. **2.** (*fig.*) limite. *Всему́ есть грани́ца*, il y a une limite à tout. *Вы́йти из грани́ц благопристо́йности*, franchir les limites de la décence.

ГРАНИ́ЧИТЬ être limitrophe. *По́льша грани́чит с Сове́тским Сою́зом*, la Pologne a des frontières communes avec l'Union soviétique. *Э́то грани́чит с де́рзостью*, cela frise l'insolence.

ГРАНЬ *f.* **1.** limite. *На гра́ни лесо́в и степе́й*, à la limite des forêts et des steppes. *Он нахо́дится на гра́ни жи́зни и сме́рти*, il est entre la vie et la mort. **2.** pan, facette. *Куб име́ет шесть гра́ней*, le cube a six faces.

ГРАФ comte.

ГРАФИ́Н carafe. *Графи́н с водо́й*, une carafe d'eau.

ГРАФИ́НЯ comtesse.

ГРАЧ /—— —— freux (*oiseau voisin du corbeau*).

ГРЕБЁНКА peigne. *Воткну́ть гребёнку в во́лосы*, planter un peigne dans ses cheveux. ● **Стричь всех под одну́ гребёнку,** traiter tout le monde sur le même pied.

ГРЕ́БЕНЬ *m.* **1.** peigne. *Черепа́ховый гре́бень*, un peigne d'écaille. *Воткну́ть в во́лосы гре́бень*, planter un peigne dans ses cheveux. **2.** crête (*d'un coq, des vagues, d'une montagne...*). *Петуши́ный гре́бень*, une crête de coq. *Гре́бни волн*, les crêtes des vagues.

ГРЕБЕ́Ц rameur. *Гребе́ц налёг на вёсла*, le rameur appuya sur les rames.

ГРЁЗА rêve, rêverie. *Мир грёз*, le monde des rêves.

ГРЕК Grec.

ГРЕ́ЛКА bouillotte. *Рези́новая гре́лка*, une bouillotte en caoutchouc.

ГРЕМЕ́ТЬ* I, гремлю́, греми́шь... / **ЗАГРЕМЕ́ТЬ*** I (*id.*) tonner, gronder. *Гром греми́т*, il tonne. *Греме́ли вы́стрелы*, des coups de feu retentissaient. *Греме́ть ключа́ми*, faire du bruit avec les clefs. *И́мя его́ греме́ло по всей Росси́и*, on parlait de lui dans toute la Russie.

ГРЕСТИ́* IV, гребу́, гребёшь...; грёб, гребла́... **1.** / **ПО-ГРЕСТИ́*** IV (*id.*) ramer. *Каза́ки гребли́ мо́лча*, les cosaques ramaient en silence. **2.** / **СГРЕ-СТИ́*** IV (*id.*) ratisser. *Сгрести́ се́но*, ratisser du foin. ● **Грести́ лопа́той де́ньги,** ramasser l'argent à la pelle.

ГРЕТЬ / СОГРЕ́ТЬ, *part.* согре́тый* chauffer, réchauffer. *Батаре́я пло́хо гре́ет*, le radiateur chauffe mal. *Гре́ться на со́лнце*, se chauffer au soleil. *Греть у́жин*, faire réchauffer le souper.

ГРЕХ **1.** péché. *Сотвори́ть грех*, commettre un péché. *Сме́ртный грех*, un péché mortel. *Семь сме́ртных грехо́в*, les sept péchés capitaux. *Грехи́ мо́лодости*, des péchés de jeunesse. **2.** (*fam.*) faute. *Загла́дить свой грех*, réparer sa faute. ● **Как на грех,** comme si c'était fait exprès. **Не́чего греха́ таи́ть,** à quoi bon le cacher. **С грехо́м попола́м,** tant bien que mal.

ГРЕ́ЦКИЙ ● **Гре́цкий оре́х,** noix.

ГРЕЧА́НКА Grecque.

ГРЕ́ЧЕСКИЙ grec.

ГРЕ́ЧНЕВЫЙ de sarrasin. *Гре́чневая ка́ша*, bouillie de sarrasin.

ГРЕШИ́ТЬ / СОГРЕШИ́ТЬ **1.** pécher (*commettre un péché*). **2.** pécher (*commettre une faute ou une erreur*). *Греши́ть про́тив и́стины*, pécher contre la vérité.

ГРЕ́ШНИК pécheur.

ГРЕ́ШНИЦА pécheresse.

ГРЕ́ШНЫЙ **1.** qui a commis des péchés. *Все мы гре́шны*, il arrive à tout le monde de pécher. **2.** coupable. *Я в э́том не гре́шен*, je n'y suis pour rien.

ГРИБ champignon. *Съедо́бные грибы́*, les champignons comestibles. *Ядови́тые грибы́*, les champignons vénéneux. *Расти́ как грибы́*, pousser comme des champignons. ● **Бе́лый гриб,** cèpe de Bordeaux.

ГРИ́ВА crinière. *Лошади́ная гри́ва*, une crinière de cheval.

ГРИ́ВЕННИК dix kopeks, pièce de dix kopeks.

ГРОБ*, *loc.* гробу́ cercueil. *Она́ шла за гро́бом и пла́кала*, elle suivait le cercueil et pleurait. *Ве́рный до гро́ба*, fidèle jusqu'à la tombe.

ГРОБОВО́Й de cercueil. *Гробова́я тишина́*, un silence de mort. *Гробово́й го́лос*, une voix sépulcrale.

ГРОЗА́ orage. *Разрази́лась гроза́*, un orage éclata.

ГРОЗДЬ *f.* grappe. *Гроздь виногра́да*, une grappe de raisin.

ГРОЗИ́ТЬ / ПОГРОЗИ́ТЬ *et* **ПРИГРОЗИ́ТЬ** menacer. *Он нам грози́л*, il nous menaçait. *Грози́ть войно́й*, menacer de guerre. *Грози́ть кулако́м*, menacer du poing. *Дом грози́л развали́ться*, la maison menaçait de s'écrouler.

REMARQUE. Le perfectif « погрози́ть » signifie seulement « faire un geste menaçant ».

ГРО́ЗНЫЙ terrible, redoutable. *Гро́зный взгляд*, un regard menaçant. *Гро́зная опа́сность*, un danger menaçant. *Ива́н Гро́зный*, Ivan le Terrible.

ГРОМ tonnerre, coup de foudre. *Гря́нул гром*, le tonnerre retentit. *Его́ уби́ло гро́мом*, il fut tué par la foudre. // (*Fig.*) *Гром аплодисме́нтов*, un tonnerre d'applaudissements. ● **Как гром среди́ я́сного не́ба,** comme un coup de tonnerre par un ciel sans nuages. **Мета́ть гром и мо́лнии,** tempêter.

ГРОМА́ДНЫЙ énorme, immense. *Грома́дный зал*, une salle immense. *Грома́дная толпа́*, une foule immense.

ГРОМИ́ТЬ / РАЗГРОМИ́ТЬ **1.** saccager. *Разгроми́ть ла́вку*, saccager une boutique. **2.** écraser, mettre en déroute. *Разгроми́ть врага́*, écraser l'ennemi.

ГРО́МКИЙ, *comp.* гро́мче* bruyant, fort. *Гро́мкий смех*, un rire bruyant. *Чита́ть гро́мко*, lire à haute voix.

ГРОМКОГОВОРИ́ТЕЛЬ *m.* haut-parleur.

ГРОМОВО́Й de tonnerre. *Громово́й го́лос*, une voix tonitruante.

ГРОМО́ЗДКИЙ volumineux, encombrant. *Громо́здкая ме́бель*, des meubles encombrants.

ГРО́МЧЕ comp. de « гро́мкий ».

ГРО́ХОТ grondement, fracas. *Гро́хот пу́шек*, le grondement du canon.

ГРОХОТА́ТЬ* II, грохочу́, грохо́чешь... / **ЗАГРОХОТА́ТЬ*** II (*id.*) faire du fracas, gronder. *Грохо́чут пу́шки*, le canon gronde.

ГРОШ **1.** (*arch.*) demi-kopek, « groche ». **2.** sou. *Не име́ть ни гроша́*, n'avoir pas le sou.

ГРУБИ́ТЬ / НАГРУБИ́ТЬ dire des grossièretés. *Он всем нагруби́л*, il a dit des grossièretés à tout le monde.

ГРУ́БОСТЬ *f.* grossièreté. *Говори́ть гру́бости*, dire des grossièretés.

ГРУ́БЫЙ grossier. *Гру́бая мате́рия*, une étoffe grossière. *Гру́бые мане́ры*, des manières grossières. *Гру́бая оши́бка*, une faute grossière.

ГРУ́ДА tas, amas. *Гру́да камне́й*, un tas de pierres.

ГРУДЬ *f.* poitrine. *Прижа́ть кого́-нибудь к свое́й груди́*, serrer qqn sur sa poitrine. *Дыша́ть по́лной гру́дью*, respirer à pleins poumons. *Корми́ть ребёнка гру́дью*, allaiter un enfant.

REMARQUE. Le mot « грудь » est accentué sur la syllabe finale au génitif et au datif singuliers après les prépositions « до », « из », « от », « у », « к » et « по ».

ГРУЗ **1.** fardeau. *С тяжёлым гру́зом*, avec un lourd fardeau. **2.** chargement, cargaison. *Перевози́ть це́нный груз*, transporter un chargement de grande valeur.

ГРУЗИ́Н*, *gén. pl.* грузи́н Georgien.

ГРУЗИ́НКА Géorgienne.

ГРУЗИ́НСКИЙ géorgien.

ГРУЗИ́ТЬ **1.** / **НАГРУЗИ́ТЬ** charger, remplir. *Нагрузи́ть ба́ржу*, charger une péniche. **2.** / **ПОГРУЗИ́ТЬ** charger, empiler. *Грузи́ть я́щики в ваго́ны*, charger des caisses dans des wagons.

ГРУЗОВИ́К camion.

ГРУ́СТНЫЙ triste. *Гру́стная пе́сня*, une chanson triste. *Гру́стные результа́ты*, de tristes résultats. *Мне немно́жко гру́стно*, je suis un peu triste.

ГРУСТЬ *f.* chagrin, tristesse. *Предава́ться гру́сти*, se laisser aller à son chagrin.

ГРУ́ША **1.** poirier. **2.** poire.

ГРЫЗТЬ* IV, грызу́, грызёшь...; грыз, гры́зла... / **ПОГРЫ́ЗТЬ*** IV, погрызу́, погрызёшь...; погры́з, погры́зла...; погры́зенный, *et* **РАЗГРЫ́ЗТЬ*** IV (*id.*) ronger, grignoter. *Грызть кость*, ronger un os. *Грызть но́гти*, se ronger les ongles. *Его́ грызёт сомне́ние*, il est rongé par le doute.

ГРЯ́ДКА plate-bande, carré (*dans un jardin*).

ГРЯ́ЗНЫЙ **1.** boueux, fangeux. *На у́лице гря́зно*, les rues sont pleines de boue. **2.** sale. *Гря́зные ру́ки*, des mains sales. *Гря́зное бельё*, du linge sale. **3.** honteux. *Гря́зная исто́рия*, une affaire honteuse.

ГРЯЗЬ *f.* **1.** boue. *Грязь меси́ть*, patauger dans la boue. *Валя́ться в грязи́*, se rouler dans la fange. *Непрола́зная грязь*, une boue épaisse. **2.** saleté(s), crasse. *В до́ме мно́го гря́зи*, il y a beaucoup de saletés dans la maison. • **Не уда́рить лицо́м в грязь,** s'en tirer tout à son honneur.

/ **ГРЯ́НУТЬ** **1.** tonner, retentir. *Гром гря́нул*, le tonnerre a grondé. *Гря́нул вы́стрел*, un coup de feu retentit. **2.** (*fig.*) éclater. *Гря́нула война́*, la guerre éclata.

ГУБА́ lèvre. *Ве́рхняя губа́*, la lèvre supérieure. *Сжать гу́бы*, serrer les lèvres. • **У него́ гу́ба не ду́ра,** il sait bien choisir ce qu'il y a de mieux.

Remarque. L'accent frappe la première syllabe de la forme « губа » dans l'expression « У него́ гу́ба не ду́ра ».

ГУБЕ́РНИЯ (*arch.*) gouvernement (*division administrative*). *Мы жи́ли в Каза́нской губе́рнии*, nous habitions dans le gouvernement de Kazan.

ГУБИ́ТЕЛЬНЫЙ pernicieux, néfaste. *Губи́тельное влия́ние*, une influence néfaste.

ГУБИ́ТЬ / **ПОГУБИ́ТЬ** causer la perte. *Губи́ть своё здоро́вье*, se ruiner la santé.

ГУ́БКА éponge.

ГУДЕ́ТЬ * I, гужу́, гуди́шь... / **ЗАГУДЕ́ТЬ** * I (*id.*) bourdonner, mugir. *Ко́локол гуде́л*, la cloche bourdonnait. *Ве́тер гуде́л в трубе́*, le vent mugissait dans la cheminée. *В уша́х гуди́т*, j'ai les oreilles qui bourdonnent. *Гуде́л фабри́чный гудо́к*, la sirène de l'usine retentissait.

ГУДО́К sirène, Klaxon. *Фабри́чный гудо́к*, une sirène d'usine. *Гудо́к парохо́да*, une sirène de bateau. *Автомоби́льный гудо́к*, un Klaxon.

ГУЛ bruit sourd. *Подзе́мный гул*, un grondement souterrain. *Гул голосо́в*, le bourdonnement des voix.

ГУЛЯ́ТЬ / **ПОГУЛЯ́ТЬ** **1.** se promener. *Гуля́ть в па́рке*, se promener dans un parc. **2.** faire la noce.

ГУМАНИТА́РНЫЙ humanitaire. *Гуманита́рные нау́ки*, les sciences humanitaires.

ГУМА́ННЫЙ humain, charitable. *Гума́нно поступа́ть*, se montrer humain.

ГУ́СЕНИЦА chenille (*zool.* et *techn.*).

ГУСТО́Й , *comp.* гу́ще* **1.** épais (*dense, concentré*). *Густо́й лес*, une forêt épaisse. *Густы́е во́лосы*, une chevelure épaisse. *Густо́й дым*, une fumée épaisse. *Густа́я жи́дкость*, un liquide épais. **2.** profond (*en parlant de la voix*). *Густо́й бас*, une basse profonde.

ГУСЬ *m.* oie. • **Хоро́ш гусь !,** Un joli coco !

ГУТАЛИ́Н cirage.

ГУ́ЩЕ comp. de « густо́й ».

Д

I. ДА *adv.*
1. *affirmation (l'adverbe est généralement suivi d'un point, d'une virgule ou d'un point-virgule, plus rarement d'un point d'exclamation; l'affirmation peut être soulignée par la répétition de l'adverbe:* « да, да », « да, да, да », *ou, au contraire, affaiblie par une pause sur la consonne initiale:* « д-да ») oui.
2. *interrogation (l'adverbe est suivi d'un point d'interrogation)* n'est-ce pas ? // vraiment ? est-ce possible ? // oui ; j'écoute.
3. *transition (l'adverbe est généralement suivi d'un point d'exclamation)* à propos.
4. *renforcement (l'adverbe n'est suivi d'aucun signe de ponctuation)* mais ; donc.

1. « *Он дóма? — Да* », « Il est à la maison ? — Oui. » *Я э́то пóмню, да, да, да, отли́чно пóмню*, je m'en souviens, mais oui, je m'en souviens parfaitement. « *Вам нрáвится э́тот ромáн? — Д-да* », « Il vous plaît ce roman ? — Bah ! Oui. » *Ах да!*, Ah oui ! **2.** *Ты пойдёшь с нáми, да?*, Tu viens avec nous, n'est-ce pas ? // « *Онá мне позвони́ла. — Да?* », « Elle m'a téléphoné. — Vraiment ? » // « *Вáня, а Вáня! — Да?* », « Vania, hé, Vania ! — Oui ? » **3.** *Да! Чуть бы́ло не забы́л...*, Au fait, j'allais oublier... **4.** *Да нет!*, Mais non ! *Да сади́тесь, сади́тесь!*, Asseyez-vous donc, je vous en prie !

II. ДА *particule marquant le souhait. Да здрáвствует свобóда!*, Vive la liberté ! *Да испóлнятся вáши желáния!*, Puissent vos désirs se réaliser ! *Да чёрт с ним!*, Que le diable l'emporte !

III. ДА *conjonction* **1.** et. *У негó кóжа да кóсти*, il n'a que les os et la peau. **2.** et en outre. *Не хóчется, да и мне нéкогда*, je n'en ai pas envie, et puis je n'ai pas le temps. **3.** mais. *Я бы тудá поéхал, да у меня́ дéнег не хватáет*, j'y serais bien allé, mais je n'ai pas assez d'argent. ● **Да и тóлько**, et voilà tout. *Не хóчет, да и тóлько*, il ne veut pas, un point, c'est tout. *Смеётся, да и тóлько*, il ne fait que rire.

REMARQUE. Prononciation du « a » de « да » :
I, 1, 2 et 3 : [á] (*accentué*);
II : [ʌ] (*atone*);
I, 4 et III : [ə] (*atone et réduit*).

ДАВА́Й *particule* v. давáть, cas particuliers.

ДАВА́ТЬ* II, даю́, даёшь... ; давáй; давáя / **ДАТЬ*** *n. cl.*, дам, дашь, даст, дади́м, дади́те, даду́т; дал, далá, дáло, дáли /_; дай; дан, данá... /‾
1. (*avec une construction nominale ou quelquefois un infinitif*) donner.
2. (+ *inf.*) faire + *inf.*
3. (+ *inf.*) laisser + *inf.*
Cas particuliers:
4. *l'impératif imperfectif* « давáй », « давáйте », *suivi du futur simple ou d'un infinitif, peut exprimer l'invitation à faire qqch.*
5. *l'impératif perfectif* « дай », « дáйте », *suivi du futur simple, peut exprimer l'envie que l'on a de faire qqch.*

REMARQUE. Dans ces deux cas, l'impératif joue le rôle d'une particule modale.

1. *Давáть кни́гу товáрищу*, donner un livre à un camarade. *Давáть дéньги* ou *давáть дéнег*, donner de l'argent. *Давáть хлéба*, donner du pain. *Дать пощёчину*, donner une gifle. *Дать свой телефóн*, donner son numéro de téléphone. *Дава́ть конце́рт*, donner un concert. *Дава́ть уро́ки*, donner des leçons. *Он дал сло́во учи́ться*, il a promis de travailler. *Дать сло́во ора́тору*, donner la parole à l'orateur. *Не дава́ть разреше́ния*, ne pas donner l'autorisation. *Дать согла́сие*, donner son accord. *Дать кля́тву*, faire un serment. *Дать отпо́р врагу́*, résister à l'ennemi. *Дать удовлетворе́ние*, donner satisfaction. *Ей не даю́т сорока́ лет*, on ne lui donne pas quarante ans. *Дать пить*, donner à boire. **2.** *Он дал мне поня́ть, что э́то невозмо́жно*, il m'a fait comprendre que c'était impossible. *Дать знать*, faire savoir. **3.** *Мне не дава́ли говори́ть*, on ne me laissait pas parler. *Он не даёт мне спать*, il m'empêche de dormir. **4.** *Дава́й пообе́даем*, Si on mangeait ? *Дава́йте игра́ть !*, Jouons ! *Дава́йте усло́вимся так*, Voici ce dont nous pourrions convenir. **5.** *Да́йте я вам помогу́*, Je vais vous aider, si vous voulez bien.

Remarque. L'accent passe sur la négation dans les groupes « не́ дал », « не́ дало », « не́ дали », « не́ дан », « не́ дано », « не́ даны ».

ДАВА́ТЬСЯ* II, даю́сь, даёшься...; дава́йся; дава́ясь / **ДА́ТЬСЯ*** *n. cl.*, да́мся, да́шься, да́стся, дади́мся, дади́тесь, даду́тся; да́лся, дала́сь... ╱___ ; да́йся **1.** v. дава́ть. **2.** (*le plus souvent accompagné d'une négation*) se laisser (+ *inf.*). *Не да́ться в обма́н*, ne pas se laisser tromper. **3.** réussir. *Матема́тика ему́ не дава́лась*, les mathématiques ne lui réussissaient pas.

ДАВИ́ТЬ ╲___
1. / **НАДАВИ́ТЬ** ╲___ peser sur, serrer.
2. / **ВЫ́ДАВИТЬ** presser, pressurer.
3. / **ЗАДАВИ́ТЬ** ╲___ *et* **РАЗДАВИ́ТЬ** ╲___ écraser, écrabouiller.
4. / **ЗАДАВИ́ТЬ** ╲___ *ou* **УДАВИ́ТЬ** ╲___ étrangler, égorger (*s'applique au renard et à d'autres carnassiers*).
5. / **ПОДАВИ́ТЬ** ╲___ écraser, étrangler (*fig.*).

1. *Снег да́вит на кры́шу*, la neige pèse sur le toit. *Сапо́г мне да́вит но́гу*, ma botte me blesse le pied. **2.** *Дави́ть лимо́н*, presser un citron. *Дави́ть сок из лимо́на*, presser le jus d'un citron. **3.** *Задави́ть пешехо́да*, écraser un piéton. *Раздави́ть мух*, écraser des mouches. **4.** *Лиса́ удави́ла кур*, le renard a étouffé les poules. **5.** *Тоска́ его́ дави́ла*, la tristesse l'étreignait.

ДАВИ́ТЬСЯ ╲___ **1.** / (*divers perfectifs*) v. дави́ть. **2.** / **ПОДАВИ́ТЬСЯ** ╲___ s'étrangler (*fig.*). *Подави́ться от сме́ха*, s'étrangler de rire.

ДА́ВКА presse, bousculade. *Была́ да́вка у вхо́да*, la foule se pressait à l'entrée.

ДАВЛЕ́НИЕ pression. *Атмосфе́рное давле́ние*, la pression atmosphérique. *Кровяно́е давле́ние*, la tension artérielle. *Оказа́ть давле́ние на кого́-нибудь*, exercer des pressions sur qqn.

ДА́ВНИЙ ancien, de longue date. *Да́вние собы́тия*, des événements anciens. *Да́вняя привы́чка*, une vieille habitude. *С да́вних пор*, depuis fort longtemps.

ДАВНО́ *adv.* depuis longtemps. *Он давно́ верну́лся*, il y a longtemps qu'il est rentré. *Он давно́ здесь живёт*, il y a longtemps qu'il habite ici. ● **Давно́ бы так !**, Ce n'est pas trop tôt !

Remarque. Il convient de bien distinguer « давно́ », « depuis longtemps », et « до́лго », « longuement » : *Она́ давно́ ушла́*, il y a longtemps qu'elle est partie. *Она́ до́лго ждала́*, elle a attendu longtemps.

ДАДИ́М, ДАДУ́Т... v. дать.

ДАЁМ, ДАЁШЬ... v. дава́ть.

ДА́ЖЕ *adv.* même. *Все, да́же де́ти,* tous, même les enfants. *Он стра́шно уста́л, да́же есть не мо́жет,* il est si fatigué qu'il ne peut même pas manger. *Он не смо́жет, да́же е́сли захо́чет,* il n'y arrivera pas, même s'il le veut.

ДАЙ *particule* v. дать, cas particuliers.

ДА́ЛЕЕ *adv.* ● **И так да́лее,** et ainsi de suite. **Не да́лее как,** pas plus loin que. *Не да́лее как вчера́,* pas plus tard qu'hier.

Remarque. « И так да́лее » est le plus souvent écrit en abrégé : *и т. д.*, etc.

ДАЛЁКИЙ, далёк, далека́, далеко́, далеки́ *ou* далёк, далека́, далёко, далёки, *comp.* да́льше* **1.** lointain, éloigné. *Далёкие стра́ны,* des pays lointains. *Далёкое путеше́ствие,* un grand voyage. *В далёком бу́дущем,* dans un avenir lointain. **2.** (*habituellement accompagné d'une négation*) futé. *Па́рень не о́чень далёкий,* un gars qui n'inventera pas la poudre.

Remarque. Pour l'emploi adverbial de « далеко́ », voir ce mot.

ДАЛЕКО́ *adv.* loin. *Я живу́ далеко́ отсю́да,* j'habite loin d'ici. *До вокза́ла далеко́,* la gare est loin. *Далеко́ за́ полночь,* bien après minuit. *Он далеко́ не глуп,* il est loin d'être bête. *Она́ далеко́ не краса́вица,* elle est loin d'être une beauté.

ДАЛЬНЕ́ЙШИЙ ultérieur. *Отказа́ться от дальне́йших перегово́ров,* refuser de poursuivre les pourparlers. ● **В дальне́йшем,** par la suite.

ДА́ЛЬНИЙ lointain, éloigné. *Да́льнее пла́вание,* un long voyage. *Да́льний ро́дственник,* un parent éloigné. *Да́льний Восто́к,* l'Extrême-Orient.

ДА́ЛЬШЕ (*comp. de* « далеко́ ») plus loin. *Да́льше своего́ но́са не ви́деть,* ne pas voir plus loin que le bout de son nez. *Да́льше!,* Continuez ! (*Je vous écoute*).

ДАМ v. да́ма ou дать.

ДА́МА dame. *Да́мы и господа́,* les dames et les messieurs. // (*Aux cartes*) *Пи́ковая да́ма,* la dame de pique.

ДА́ННЫЙ **1.** *part.* v. дава́ть. **2.** *adj.* donné, en question. *Да́нная величина́,* une grandeur donnée. *В да́нный моме́нт,* actuellement. *В да́нном слу́чае,* en l'occurrence. **3.** *subst.* (*pl. seulement*) les données. *Статисти́ческие да́нные,* les données de la statistique.

ДАНЬ *f.* tribut. *Плати́ть дань,* payer un tribut.

ДАР don. *Дар организа́тора,* un talent d'organisateur. *Облада́ть да́ром ре́чи,* avoir le don de la parole.

ДАРИ́ТЬ / **ПОДАРИ́ТЬ** **1.** faire cadeau. *Оте́ц подари́л мне лы́жи,* mon père m'a offert des skis. **2.** (+ *instr.*) gratifier de (*arch. ou iron.*). *Дари́ть улы́бкой,* gratifier d'un sourire.

ДА́РОМ *adv.* **1.** gratuitement. *Он да́ром рабо́тать не лю́бит,* il n'aime pas travailler pour rien. // (*Fig.*) *Э́то ему́ да́ром не пройдёт!,* Ça va lui coûter cher ! **2.** en vain. *Теря́ть да́ром вре́мя,* perdre son temps pour rien.

ДАСТ v. дать.

ДА́ТСКИЙ danois.

ДАТЧА́НИН*, *pl.* датча́не, датча́н, датча́нам... Danois.

ДАТЧА́НКА Danoise.

/ **ДАТЬ** v. дава́ть.

/ **ДА́ТЬСЯ** v. дава́ться.

ДА́ЧА maison de campagne, maison d'été. *Снима́ть да́чу,* louer une maison pour l'été. *Жить на да́че,* être dans sa maison de campagne.

ДАШЬ v. дать.

ДАЮ́, ДАЮ́Т v. дава́ть.

ДВА deux. *Два ме́тра,* deux mètres. *Две буты́лки,* deux bouteilles. *Рассказа́ть в двух слова́х,* raconter en deux mots. *В двух шага́х отсю́да*, à deux pas d'ici. *Они́ похо́жи друг на дру́га как две ка́пли воды́*, ils se ressemblent comme deux gouttes d'eau. ● **В два счёта,** en cinq sec. *Сде́лать что́-нибудь в два счёта*, faire qqch. en un tour de main.

Remarque. L'accent passe sur la préposition dans les groupes « за́ два », « на́ два », « по́ два ».

ДВАДЦА́ТЫЙ vingtième.

ДВА́ДЦАТЬ vingt. *Два́дцать копе́ек*, vingt kopeks. *В двадцати́ ме́трах*, à vingt mètres.

ДВА́ЖДЫ *adv.* deux fois. *Два́жды два — четы́ре*, deux fois deux font quatre. *Э́то я́сно, как два́жды два*, c'est clair comme deux et deux font quatre.

ДВЕНА́ДЦАТЫЙ douzième. *Он прие́хал 12-го апре́ля*, il est arrivé le 12 avril.

ДВЕНА́ДЦАТЬ douze. *Двена́дцать рубле́й*, douze roubles. *В двена́дцати ме́трах*, à douze mètres.

ДВЕ́РЦА portière. *Захло́пнуть две́рцу*, claquer la portière. *Две́рца буфе́та*, la porte du buffet.

ДВЕРЬ (*), *instr. pl.* дверьми́ *ou* дверя́ми ∠ /‾‾ *f.* porte. *Входна́я дверь*, la porte d'entrée. *Стуча́ться в дверь*, frapper à la porte. *Ломи́ться в откры́тую дверь*, enfoncer une porte ouverte.

ДВЕ́СТИ deux cents. *Две́сти фра́нков*, deux cents francs. *В двухста́х киломе́трах отту́да*, à deux cents kilomètres de là.

ДВИ́ГАТЕЛЬ *m.* moteur. *Дви́гатель вну́треннего сгора́ния*, un moteur à combustion interne. *Электри́ческий дви́гатель*, un moteur électrique. *Реакти́вный дви́гатель*, un moteur à réaction. // (*Fig.*) *Дви́гатель прогре́сса*, le moteur du progrès.

ДВИ́ГАТЬ (*) / **ДВИ́НУТЬ** 1. mouvoir, déplacer. *Дви́гать сту́лья*, déplacer les chaises. *Я не мог дви́гать па́льцами*, je ne pouvais pas remuer les doigts. *Дви́гать гора́ми*, remuer des montagnes. // (*Fig.*) *Им дви́жет не́нависть*, il est mû par la haine. 2. faire avancer. *Дви́нуть нау́ку*, faire progresser la science.

Remarques.

1. Les formes irrégulières de ce verbe (дви́жу, дви́жешь...) s'emploient dans des expressions figées ou dans le style élevé.

2. Le verbe est construit avec l'instrumental dans quelques expressions figées et lorsque le complément désigne une partie du corps.

ДВИ́ГАТЬСЯ (*) / **ДВИ́НУТЬСЯ** 1. v. дви́гать. 2. faire des mouvements. *Он лежа́л и не дви́гался*, il était étendu sans mouvement. 3. avancer. *Толпа́ ме́дленно дви́галась*, la foule avançait lentement. *Стре́лка дви́жется по цифербла́ту*, l'aiguille se déplace sur le cadran. *Де́ло не дви́гается*, l'affaire n'avance pas. *Дви́гаться по слу́жбе*, obtenir de l'avancement. ● **Дви́гаться в путь,** se mettre en route.

Remarque. Les formes irrégulières de ce verbe (дви́жется, дви́жутся) s'emploient dans quelques expressions de caractère technique.

ДВИЖЕ́НИЕ 1. mouvement. *Сде́лать ре́зкое движе́ние*, faire un mouvement brusque. *Привести́ в движе́ние*, mettre en mouvement. *Прийти́ в движе́ние*, se mettre en mouvement. // (*Fig.*) *Революцио́нное движе́ние*, un mouvement révolutionnaire. 2. circulation. *Автомоби́льное движе́ние*, la circulation automobile. *Соблюда́ть пра́вила у́личного движе́ния*, respecter les règles de la circulation.

/ **ДВИ́НУТЬ** v. дви́гать.

/ **ДВИ́НУТЬСЯ** v. дви́гаться.

ДВО́Е *nom de nombre collectif* deux. *Дво́е часо́в*, deux montres. *Дво́е су́ток*, deux jours. *Дво́е дете́й*, deux enfants. *Двóе сыновéй*, deux fils. *Нас бы́ло двóе*, nous étions deux. *Есть за двои́х*, manger comme quatre.

REMARQUE. L'accent passe sur la préposition dans le groupe « пó двое ».

ДВОИ́ТЬСЯ se dédoubler. *У меня́ двои́тся в глаза́х*, je vois double.

ДВÓЙКА 1. un deux (*aux cartes*). *Двóйка червéй*, un deux de cœur. 2. note scolaire médiocre (*deux sur cinq*).

ДВОЙНÓЙ double. *Двойнóй подборóдок*, un double menton. *Двойнóе дно*, un double fond. *Вести́ двойну́ю игру́*, jouer double jeu.

ДВОР ⁄‾ ‾ 1. cour. *Вы́йти на двор*, sortir dans la cour. *Войти́ во двор*, entrer dans la cour. *Вторáя дверь во дворé*, la deuxième porte dans la cour. *Игрáть на дворé*, jouer dans la cour. 2. cour (*d'un roi*). *Цáрский двор*, la cour du tsar. *При дворé*, à la cour. 3. (*souvent accompagné d'un nom de nombre ou d'un adverbe de quantité*) ferme. *В дерéвне бы́ло сóрок дворóв*, dans le village, il y avait quarante fermes. ● **На дворé** (*suivi d'une indication concernant le temps qu'il fait*), dehors. *На дворé морóз*, dehors, il gèle. **Постоя́лый двор** (*arch.*), auberge. **Пти́чий двор,** basse-cour.

REMARQUE. Les exemples cités au paragraphe 1 donnent les emplois principaux de « на » et de « в » avec le mot « двор ».

ДВОРÉЦ palais. *Зи́мний дворéц*, le palais d'Hiver. *Дворéц пионéров*, le palais des pionniers.

ДВÓРНИК 1. concierge. *Двóрник подметáет двор*, le concierge balaye la cour. 2. (*fam.*) essuie-glace. *Включи́ть двóрник*, faire fonctionner l'essuie-glace.

ДВОРЦÓВЫЙ du palais. *Дворцóвая плóщадь*, place du palais.

ДВОРЯНИ́Н*, *pl.* дворя́не, дворя́н, дворя́нам... noble.

ДВОРЯ́НСКИЙ noble. *Дворя́нского происхождéния*, d'origine noble.

ДВОРЯ́НСТВО la noblesse, les nobles.

ДВОЮ́РОДНЫЙ ● **Двою́родный брат,** cousin. **Двою́родная сестрá,** cousine.

ДВУМ, ДВУМЯ́ v. два.

ДВУСМЫ́СЛЕННЫЙ équivoque. *Двусмы́сленный отвéт*, une réponse équivoque. *Двусмы́сленная шу́тка*, une plaisanterie équivoque.

ДВУХ v. два.

ДВУХСÓТЫЙ deux centième.

ДÉВА ● **Стáрая дéва,** une vieille fille.

ДЕВÁТЬ, девáю, девáешь... / **ДЕТЬ*** *n. cl.*, дéну, дéнешь... fourrer. *Не пóмню, кудá девáл спи́чки*, je ne me souviens pas où j'ai fourré les allumettes. *Я не знал, кудá дéться от стыдá*, je ne savais plus où me fourrer tellement j'avais honte. *Кудá дéлась кни́га?*, Où donc est passé ce livre?

REMARQUE. « Девáть » n'est imperfectif qu'aux formes de l'infinitif et du présent. Aux formes du passé, il est perfectif.

ДЕВИ́ЦА (*arch.*) jeune fille.

REMARQUE. Dans la poésie populaire, le mot est accentué différemment : дéвица.

ДÉВКА 1. (*arch. ou dial.*) fille, jeune fille. *Засидéться в дéвках*, avoir coiffé la Sainte-Catherine. 2. (*vulg.*) fille (*de mauvaise conduite*).

ДÉВОЧКА petite fille. *Дéвочка лет двенáдцати*, une petite fille d'une douzaine d'années.

ДÉВУШКА jeune fille.

ДЕВЧÓНКА gamine.

ДЕВЯНÓСТО quatre-vingt-dix. *Девянóсто лет*, quatre-vingt-dix ans. *В девянóста киломéтрах*, à quatre-vingt-dix kilomètres.

ДЕВЯНÓСТЫЙ quatre-vingt-dixième.

ДЕВЯТИСÓТЫЙ neuf centième

ДЕВЯТНА́ДЦАТЫЙ dix-neuvième.

ДЕВЯТНА́ДЦАТЬ dix-neuf. *Девятна́дцать лет*, dix-neuf ans. *Девятна́дцати лет*, âgé de dix-neuf ans.

ДЕВЯ́ТЫЙ neuvième.

ДЕ́ВЯТЬ neuf. *Де́вять копе́ек*, neuf kopeks. *В девяти́ киломе́трах от го́рода*, à neuf kilomètres de la ville.

ДЕВЯТЬСО́Т neuf cents. *Девятьсо́т солда́т*, neuf cents soldats. *С девятьюста́ми солда́тами*, avec neuf cents soldats.

ДЁГОТЬ goudron. • **Ло́жка дёгтя в бо́чке мёда,** un peu de fiel gâte beaucoup de miel.

ДЕД grand-père. *Я провёл ле́то у де́да*, j'ai passé l'été chez mon grand-père. • **Дед-моро́з,** le Père Noël.

ДЕ́ДУШКА grand-père. *Он поéхал в го́сти к де́душке*, il est allé chez son grand-père.

ДЕЕПРИЧА́СТИЕ gérondif. *Дееприча́стие несоверше́нного ви́да*, gérondif présent. *Дееприча́стие соверше́нного ви́да*, gérondif passé.

ДЕЖУ́РИТЬ être de garde. *Кто сего́дня дежу́рит?*, Qui est de garde aujourd'hui ? *Дежу́рить у больно́го*, garder un malade.

ДЕЖУ́РНЫЙ **1.** de service. *Дежу́рный врач*, le médecin de service. *Дежу́рная апте́ка*, la pharmacie de garde. **2.** *subst.* personne de service.

ДЕЗЕРТИ́Р déserteur.

ДЕ́ЙСТВЕННЫЙ efficace. *Де́йственное сре́дство*, un moyen efficace. *Де́йственные ме́ры*, des mesures efficaces.

> **ДЕ́ЙСТВИЕ**
> **1.** action (*acte* || *marche des événements* || *effet, influence*).
> **2.** opération (*militaire* || *arithmétique*).
> **3.** fonctionnement.
> **4.** validité.
> **5.** acte (*théâtre*).

1. *План де́йствий*, un plan d'action. *Предоста́вить кому́-нибудь по́лную свобо́ду де́йствий*, donner carte blanche à qqn. *В пье́се ма́ло де́йствия*, la pièce manque d'action. || *Де́йствие рома́на происхо́дит в нача́ле XVI ве́ка*, l'action du roman se passe au début du XVIᵉ siècle. *Еди́нство де́йствия*, l'unité d'action. || *Лека́рство оказа́ло де́йствие*, le médicament a fait son effet. *Благотво́рное де́йствие со́лнечных луче́й*, l'effet bienfaisant des rayons du soleil. *Под де́йствием со́лнечных луче́й*, sous l'effet des rayons du soleil. *Ми́на заме́дленного де́йствия*, une mine à retardement. **2.** *Вое́нные де́йствия*, les opérations militaires. || *Четы́ре де́йствия арифме́тики*, les quatre opérations arithmétiques. **3.** *Привести́ маши́ну в де́йствие*, mettre une machine en marche. *Маши́на была́ в де́йствии*, la machine était en train de fonctionner. **4.** *Входи́ть в де́йствие*, entrer en vigueur. *Зако́н не име́ет обра́тного де́йствия*, la loi n'a pas d'effet rétroactif. *Догово́р сохраня́ет де́йствие в тече́ние трёх лет*, le contrat reste en vigueur pendant trois ans. *Продли́ть де́йствие догово́ра*, prolonger la validité d'un contrat. **5.** *Дра́ма в пяти́ де́йствиях*, drame en cinq actes.

ДЕЙСТВИ́ТЕЛЬНО *adv.* effectivement. *Он действи́тельно уе́хал*, il est effectivement parti. *Действи́тельно, он прав*, effectivement, il a raison.

ДЕЙСТВИ́ТЕЛЬНОСТЬ *f.* **1.** réalité. *Не сон, а действи́тельность*, ce n'est pas un rêve, c'est la réalité. *В усло́виях совреме́нной действи́тельности*, dans les conditions de la vie moderne. *В действи́тельности*, en réalité. **2.** validité. *Действи́тельность па́спорта*, la validité d'un passeport.

ДЕЙСТВИ́ТЕЛЬНЫЙ **1.** effectif. *Действи́тельный факт*, un fait réel. *Действи́тельный член акаде́мии*, membre actif de l'académie. **2.** valable, efficace. *Биле́т* *действи́телен на два ме́сяца*, le billet est valable deux mois.

REMARQUE. Pour l'emploi adverbial de « действи́тельно », voir ce mot.

ДЕ́ЙСТВОВАТЬ **1.** agir. *Де́йствовать открове́нно*, agir ouvertement. *Де́йствовать локтя́ми*, jouer des coudes. **2.** fonctionner. *Телефо́н не де́йствует*, le téléphone ne marche pas. **3.** / **ПОДЕ́ЙСТВОВАТЬ** faire un effet. *Лека́рство си́льно де́йствует*, le médicament a un effet puissant. *Де́йствовать на не́рвы*, porter sur les nerfs.

ДЕ́ЙСТВУЮЩИЙ en vigueur, en action. *Де́йствующие зако́ны*, les lois en vigueur.

ДЕКА́БРЬ *m.* décembre. *В декабре́*, en décembre. *Он прие́хал 2-го декабря́*, il est arrivé le 2 décembre.

ДЕ́ЛАТЬ / **СДЕ́ЛАТЬ** faire. *Что мне де́лать?*, Que dois-je faire ? *Ничего́ не де́лать*, ne rien faire. *Не зна́ю, что де́лать*, je ne sais pas comment faire. *Де́лать поку́пки*, faire des achats. *Де́лать гимна́стику*, faire de la gymnastique. *Де́лать оши́бки*, faire des fautes. *Де́лать глу́пости*, faire des bêtises. *Де́лать попы́тку*, faire une tentative. *Де́лать о́пыты*, faire des expériences. *Сде́лать предложе́ние*, faire une proposition. ● **Де́лать вид,** faire semblant. *Он де́лает вид, что спит*, il fait semblant de dormir. **Не́чего де́лать,** il n'y a rien à faire. **От не́чего де́лать,** pour passer le temps. **Де́лать честь,** faire honneur. *Э́то ему́ не де́лает че́сти*, cela ne lui fait pas honneur.

ДЕЛЕГА́Т délégué. *Делега́ты съе́зда*, les délégués du congrès.

ДЕЛЕГА́ЦИЯ délégation. *Делега́ция францу́зских инжене́ров*, un groupe d'ingénieurs français.

ДЕЛИКА́ТНОСТЬ *f.* tact. *Проявля́ть большу́ю делика́тность*, faire preuve de beaucoup de tact.

ДЕЛИКА́ТНЫЙ **1.** plein de tact. *Он челове́к делика́тный*, c'est un homme plein de tact. **2.** délicat (*embarrassant*). *Делика́тный вопро́с*, une question délicate. *Делика́тное положе́ние*, une situation délicate. **3.** délicat (*fragile*). *Она́ же́нщина делика́тного сложе́ния*, c'est une femme de constitution délicate.

ДЕЛИ́ТЬ / **ПОДЕЛИ́ТЬ** *et* **РАЗДЕЛИ́ТЬ** partager. *Дели́ть попола́м*, partager en deux. *Два́дцать де́лится на четы́ре*, vingt est divisible par quatre. *Дели́ть своё вре́мя ме́жду рабо́той и развлече́ниями*, partager son temps entre le travail et les distractions. *Раздели́ть ученико́в на три гру́ппы*, répartir les élèves en trois groupes. *Дели́ть с ке́м-нибудь го́ре и ра́дость*, partager avec qqn les peines et les joies.

ДЕЛИ́ТЬСЯ / **ПОДЕЛИ́ТЬСЯ** **1.** v. дели́ть. **2.** (+ *instr.*) partager (*souvent au sens figuré*). *Дели́ться впечатле́ниями*, faire part de ses impressions.

ДЕ́ЛО affaire. *Знать своё де́ло*, connaître son affaire. *Э́то друго́е де́ло*, c'est une autre affaire. *Э́то не моё де́ло*, ce n'est pas mon affaire. *Моё де́ло сторона́*, ça ne me regarde pas. *Не су́йся не в своё де́ло*, Ne te mêle pas de ce qui ne te regarde pas. *Э́то де́ло мили́ции*, c'est l'affaire de la police. *Как дела́?*, Comment ça va ? *Вот како́е де́ло*, voilà où en sont les choses. *Пло́хо де́ло*, ça va mal. *Де́ло бы́ло зимо́й*, cela se passait en hiver. *Э́то де́ло вку́са*, c'est une question de goût. *Министе́рство вну́тренних дел*, le ministère de l'Intérieur. *Министе́рство иностра́нных дел*, le ministère des Affaires étrangères. *Возбуди́ть де́ло*, intenter un procès. ● **Име́ть де́ло с,** avoir affaire à. **И де́ло с концо́м,** et on n'en parlera plus. **В са́мом де́ле,** effectivement. **На са́мом де́ле,** en réalité. **В чём де́ло?,** De quoi s'agit-il ? **Де́ло в том,**

что, ce qu'il y a, c'est que. **Дéло в шля́пе,** l'affaire est dans le sac. **То и дéло,** à chaque instant. *То и дéло раздава́лись вы́стрелы*, on entendait à chaque instant des coups de feu.

ДЕЛОВÓЙ d'affaires. *Деловóе письмó*, une lettre d'affaires.

ДÉЛЬНЫЙ **1.** efficace dans son travail. *Дéльный рабóтник*, un homme habile dans son travail. **2.** sensé. *Дéльный совéт*, un conseil pertinent.

ДÉМОН démon.

ДЕМОНСТРА́НТ manifestant. *На плóщади бы́ло нéсколько сóтен демонстра́нтов*, sur la place, il y avait quelques centaines de manifestants.

ДЕМОНСТРА́ЦИЯ **1.** manifestation. *Первомáйская демонстра́ция*, la manifestation du Ier-Mai. *Идти́ на демонстра́цию*, aller à une manifestation. **2.** présentation publique, projection. *Демонстра́ция кинофи́льма*, la présentation d'un film.

ДÉНЕЖНЫЙ financier, monétaire. *Дéнежная рефóрма*, la réforme monétaire.

ДÉНЕШЬ, ДÉНУ... v. деть.

ДЕНЬ *m.* jour, journée. *Он провёл три дня в дерéвне*, il a passé trois jours à la campagne. *Три дня томý назáд он был ещё в дерéвне*, il y a trois jours, il était encore à la campagne. *Цéлый день*, toute la journée. *Кáждый день*, tous les jours. *Чéрез день*, tous les deux jours. *Чéрез нéсколько дней*, au bout de quelques jours. *На другóй день* ou *на слéдующий день*, le lendemain. *В оди́н прекрáсный день*, un beau jour (*inopinément*). *Прáздничный день*, un jour de fête. *Выходнóй день* ou *день óтдыха*, le jour de repos. *Поздрáвить когó-либо с днём рождéния*, souhaiter à qqn un bon anniversaire. *Сóлнечный день*, une journée ensoleillée. *В нáши дни*, de nos jours. • **Дóбрый день!,** Bonjour! **Изо дня в день,** tous les jours. *Изо дня в день дéлать однó и то же*, faire tous les jours la même chose. **На днях,** ces jours-ci. *Он приéхал на днях*, il est arrivé ces jours-ci. *Он приéдет на днях*, il va arriver un de ces jours. **День ото дня,** de jour en jour. *День ото дня онá поправля́лась*, de jour en jour elle se rétablissait. **Со дня нá день,** de jour en jour. *Отклáдывать со дня нá день*, repousser de jour en jour. **Среди́ бéла дня,** en plein jour. **Трéтьего дня,** avant-hier. **На чёрный день,** pour les mauvais jours. *Отклáдывать дéньги на чёрный день*, faire des économies en prévision des mauvais jours.

Remarque. L'accent passe sur la préposition dans les groupes « зá день » et « нá день ».

ДÉНЬГИ, дéнег, деньгáм... *pl. t.* argent (*monnaie*). *Зарабáтывать мнóго дéнег*, gagner beaucoup d'argent. *Бросáть дéньги на вéтер*, jeter de l'argent par les fenêtres. *Обменя́ть дéньги в обмéнном пýнкте*, changer de l'argent au bureau de change. *Разменя́ть дéньги*, faire de la monnaie. *Кармáнные дéньги*, argent de poche. • **Врéмя — дéньги,** le temps, c'est de l'argent. **Дéньги не пáхнут,** l'argent n'a pas d'odeur.

ДЕПУТА́Т député. *Егó избрáли депутáтом*, il a été élu député.

ДЁРГАТЬ / ДЁРНУТЬ tirer brusquement. *Дёрнуть за рукáв*, tirer par la manche. *Егó всегó дёргало*, il était pris de convulsions.

ДЕРЕВÉНСКИЙ de la campagne. *Деревéнская жизнь*, la vie à la campagne.

ДЕРÉВНЯ, *pl.* дерéвни, деревéнь, деревня́м... village. *Жить в мáленькой дерéвне*, habiter dans un petit village. *Жить в дерéвне*, vivre à la campagne. *Поéхать в дерéвню*, aller à la campagne.

ДÉРЕВО* *pl.* дерéвья, дерéвьев, дерéвьям... **1.** arbre.

Фрукто́вые дере́вья, des arbres fruitiers. // (*Fig.*) *Родосло́вное де́рево*, l'arbre généalogique. **2.** bois (*substance*). *Гравю́ра на де́реве*, gravure sur bois. ● **Кра́сное де́рево,** acajou. **Чёрное де́рево,** ébène. **Он из-за дере́вьев ле́са не ви́дит,** les arbres lui cachent la forêt.

ДЕРЕВУ́ШКА hameau. *Дереву́шка состоя́ла из пяти́ — шести́ дворо́в*, le hameau comptait cinq ou six fermes.

ДЕРЕВЯ́ННЫЙ **1.** de bois. *Деревя́нный дом*, une maison en bois. **2.** inexpressif. *Деревя́нное лицо́*, un visage inexpressif.

ДЕРЖА́ВА puissance (*nation*). *Вели́кие держа́вы*, les grandes puissances.

> **ДЕРЖА́ТЬ*** I, держу́, де́ржишь... / **ПОДЕРЖА́ТЬ*** I (*id.*)
> **1.** tenir.
> **2.** soutenir.
> **3.** retenir.
> **4.** maintenir, garder.
> **5.** avoir.

1. *Держа́ть в рука́х ша́пку*, tenir son bonnet à la main. *Держа́ть ребёнка за́ руку*, tenir un enfant par la main. *Держа́ть глаза́ опу́щенными*, tenir les yeux baissés. // (*Fig.*) *Держа́ть язы́к за зуба́ми*, tenir sa langue. *Держа́ть своё сло́во*, tenir sa parole. *Он не уме́ет держа́ть себя́ в о́бществе*, il ne sait pas se tenir en société. **2.** *Кры́шу де́ржат коло́нны*, le toit est soutenu par des colonnes. **3.** *Плоти́на де́ржит во́ду*, le barrage retient l'eau. **4.** *Держа́ть в тюрьме́*, maintenir en prison. *Держа́ть де́ньги в сберка́ссе*, garder de l'argent à la caisse d'épargne. **5.** *Держа́ть соба́к*, avoir des chiens. ● **Держи́ его́ !,** Au voleur ! **Держа́ть пари́,** faire un pari. **Держа́ть экза́мен,** passer un examen.

ДЕРЖА́ТЬСЯ* I, держу́сь, де́ржишься... **1.** se tenir. *Она́ е́ле де́ржится на нога́х*, elle tient à peine sur ses jambes. **2.** s'en tenir à (+ *gén.*). *Держа́ться пра́вой стороны́*, se tenir à droite. *Держа́ться пре́жнего мне́ния*, s'en tenir à sa première opinion.

ДЕ́РЗКИЙ **1.** effronté, impertinent. *Де́рзкий мальчи́шка*, un gamin effronté. *Де́рзкий отве́т*, une réponse impertinente. **2.** (*livresque*) audacieux. *Де́рзкий манёвр*, une manœuvre audacieuse.

ДЕ́РЗОСТЬ *f.* impertinence. *С де́рзостью*, avec impertinence. *Говори́ть де́рзости*, dire des impertinences.

/ **ДЁРНУТЬ** v. дёргать.

ДЕ́СКАТЬ *particule accompagnant des paroles rapportées* (*pop.*), *se traduit selon le contexte.*

ДЕСНА́, *pl.* дёсны... gencive.

ДЕСЯТИ́НА (*arch.*) « déciatine » (*mesure de surface équivalant à 1,092 ha*).

ДЕСЯ́ТОК dizaine. *Деся́ток папиро́с*, une dizaine de cigarettes. ● **Он не ро́бкого деся́тка,** il n'a pas froid aux yeux.

ДЕСЯ́ТЫЙ dixième.

ДЕ́СЯТЬ dix. *Де́сять лет*, dix ans. *В десяти́ шага́х от нас*, à dix pas de nous.

ДЕТА́ЛЬ *f.* détail. *Вдава́ться в дета́ли*, entrer dans les détails.

ДЕ́ТИ*, дете́й, де́тям, детьми́, де́тях *m. pl.* enfants. *Фильм для дете́й*, un film pour enfants. *У него́ бы́ло тро́е дете́й*, il avait trois enfants.

REMARQUE. Le mot « ребёнок » sert de singulier à « дети ».

ДЕ́ТСКИЙ d'enfant. *Де́тский го́лос*, une voix d'enfant. *Де́тский сад*, un jardin d'enfants. *Де́тские боле́зни*, les maladies infantiles.

ДЕ́ТСТВО enfance. *Друг де́тства*, un ami d'enfance. *Я к э́тому привы́к с де́тства*, j'y suis habitué depuis l'enfance. *Впасть в дéтство*, retomber en enfance.

/ **ДЕТЬ** v. девáть.

ДЕФÉКТ défectuosité. *Машúна имéет нéкоторые дефéкты*, la machine a quelques défectuosités.

ДЕШЕВÉТЬ / ПОДЕШЕВÉТЬ devenir meilleur marché. *Кнúги подешевéли*, les livres ont baissé.

ДЕШÉВЛЕ comp. de « дешёвый ».

ДЕШЁВЫЙ, дёшев, дешевá, дёшево, дёшевы /\—, *comp.* дешéвле* bon marché, peu coûteux. *Дешёвое издáние*, une édition à bon marché. *Дёшево купúть*, acheter à bon marché. // (*Fig.*) *Он дёшево отдéлался*, il s'en est tiré à bon compte. *Дешёвые шýточки*, des plaisanteries à bon marché.

ДÉЯТЕЛЬ *m.* homme d'action. *Политúческий дéятель*, un homme politique.

ДÉЯТЕЛЬНОСТЬ *f.* activité. *Педагогúческая дéятельность*, l'activité pédagogique.

ДÉЯТЕЛЬНЫЙ actif. *Дéятельный человéк*, un homme actif.

ДЖÉМПЕР chandail.

ДИВÁН canapé.

ДÚВНЫЙ admirable, merveilleux. *Дúвный гóлос*, une voix admirable.

ДÚВО merveille. *Что за дúво? Онá ещё не вернýлась!*, Elle n'est pas encore rentrée? Voilà qui est bien étonnant! *Э́то сдéлано на дúво*, cela est fait à merveille.

> REMARQUE. Le mot « дúво » n'a pas de pluriel et son emploi est limité à quelques expressions.

ДИКÁРЬ /— — sauvage. *На э́том óстрове жúли дикарú*, sur cette île vivaient des sauvages. *Он живёт дикарём*, il vit comme un sauvage.

ДÚКИЙ /\— **1.** sauvage. *Дúкие звéри*, les animaux sauvages. *Дúкая ýтка*, un canard sauvage. *Дúкие растéния*, les plantes sauvages. *Дúкая я́блоня*, un pommier sauvage. *Дúкие нрáвы*, des mœurs sauvages. **2.** saugrenu, déplacé. *Дúкая мысль*, une idée saugrenue.

ДÚКТОР annonceur, speaker.

ДИНÁМИК haut-parleur.

ДИРИЖЁР chef d'orchestre. *Под управлéнием дирижёра*, sous la direction du chef d'orchestre.

ДИСК disque (*sport, astr.*). *Бросáть копьё и диск*, lancer le javelot et le disque. *Диск луны́*, le disque de la lune.

ДÚСПУТ discussion publique. *Литератýрный дúспут*, un débat public sur un problème littéraire.

ДИТЯ́* *n.* enfant. *Не плачь, дитя́!*, Ne pleure pas, mon enfant!

> REMARQUE. Le mot « дитя́ » est actuellement inusité à toutes les formes autres que celle du nom. sg.

ДИЧЬ *f.* **1.** gibier. *Там мнóго вся́кой дúчи*, là-bas, il y a toute sorte de gibier. **2.** (*fam.*) blagues (*histoires imaginées pour tromper*). *Какáя дичь!*, Quelles blagues! *Такýю дичь несёт, что ýши вя́нут*, il dit des bêtises plus grosses que lui.

ДЛИНÁ longueur. *Мéры длины́*, mesures de longueur. *Длинá Вóлги*, la longueur de la Volga. *Длинóй в два мéтра*, long de deux mètres. *Имéть двáдцать мéтров длины́*, avoir vingt mètres de longueur.

ДЛÚННЫЙ **1.** /\— long. *Длúнные вóлосы*, de longs cheveux. *Длúнный день*, une longue journée. **2.** /\— *et* /— trop long. *Плáтье длúнно*, la robe est trop longue. *Рукавá длинны́*, les manches sont trop longues. *У негó длúнный язы́к*, il a la langue trop longue.

ДЛÚТЕЛЬНЫЙ de longue durée. *Длúтельная болéзнь*, une longue maladie. *Пóсле длúтельного отсýтствия*, après une longue absence.

ДЛÚТЬСЯ / ПРОДЛÚТЬСЯ (*livresque*) durer.

ДЛЯ *prép.* (+ *gén.*) pour (*en faveur de, en vue de, en ce qui concerne*). *Я э́то сде́лал для вас*, J'ai fait cela pour vous. *Я́щик для пи́сем*, boîte aux lettres. *Для меня́ э́то име́ет большо́е значе́ние*, pour moi, cela a une grande importance. ● **Для того́, что́бы** (+ *inf.*), pour (+ *inf.*). *Для того́, что́бы его́ встре́тить*, pour le rencontrer. **Для того́, что́бы** (+ *passé*), pour que (+ *subjonctif*). *Для того́, что́бы он согласи́лся*, pour qu'il accepte.

ДНЕ v. день et дно.

ДНЕВНИ́К ⁄—— —— journal, journal intime. *Вести́ дневни́к*, tenir le journal de sa vie. *Шко́льный дневни́к*, carnet scolaire.

ДНЕВНО́Й de jour. *Дневно́й свет*, la lumière du jour.

ДНЕЙ v. день.

ДНЁМ 1. v. день. 2. *adv.* dans la journée. *Мы рабо́тали но́чью, а днём отдыха́ли*, nous travaillions la nuit et nous nous reposions le jour.

ДНО*, *pl.* до́нья, до́ньев, до́ньям... 1. fond. *Дно буты́лки*, le fond de la bouteille. *Вы́пить до дна*, faire cul sec. *Двойно́е дно*, un double fond. *Переверну́ть вверх дном*, mettre sens dessus dessous. 2. (*arch.*) bas-fonds (*de la société*). « *На дне* » *Го́рького*, « les Bas-Fonds » de Gorki.

> REMARQUE. Le pluriel n'est usité qu'au sens de « fonds de bouteille, de tonneau, de caisse ... ».

ДНЮ, ДНЯ, ДНЯМ... v. день.

ДО *prép.* (+ *gén.*) 1. jusqu'à, à. *От Пари́жа до Москвы́ о́коло 3 000 киломе́тров*, de Paris à Moscou, il y a environ 3 000 kilomètres. *Далеко́ ли до вокза́ла?*, La gare est-elle loin? *С утра́ до ве́чера*, du matin au soir. *С двух до четырёх часо́в*, de deux heures à quatre heures. *Он промо́к до косте́й*, il est trempé jusqu'aux os. *Люби́ть до безу́мия*, aimer à la folie. *До тако́й сте́пени, что*, à tel point que. *До сих пор*, jusqu'à présent. 2. avant. *До войны́*, avant la guerre. *Де́тям до шестна́дцати лет вход воспреща́ется*, interdit aux enfants de moins de seize ans. ● **До за́втра!**, A demain! **До свида́ния!**, Au revoir! **До ско́рого!**, A bientôt! **До тех пор, пока́**, jusqu'à ce que. *До тех пор, пока́ он не вернётся*, jusqu'à ce qu'il revienne. **До того́, как**, avant que. *Мы всё пригото́вили до того́, как он уе́хал*, nous avons tout préparé avant qu'il ne parte. *Мы всё пригото́вим до того́, как он уе́дет*, nous préparerons tout avant qu'il ne parte. **До того́, что**, à tel point que. *До того́, что она́ запла́кала*, à tel point qu'elle se mit à pleurer. **Ему́ не до шу́ток**, il n'est pas d'humeur à plaisanter. **За... до...**, avant. *За три дня до рождества́*, trois jours avant Noël. **Мне нет де́ла до э́того**, ça ne me regarde pas.

/ **ДОБА́ВИТЬ** v. добавля́ть.

ДОБАВЛЯ́ТЬ / ДОБА́ВИТЬ ajouter. *Доба́вить со́ли*, ajouter du sel. *Доба́вить три рубля́*, ajouter trois roubles. *Мне не́чего доба́вить*, je n'ai rien d'autre à dire.

ДОБА́ВОЧНЫЙ supplémentaire. *Доба́вочные расхо́ды*, des dépenses supplémentaires.

ДОБИВА́ТЬСЯ / ДОБИ́ТЬСЯ* II, добью́сь, добьёшься...; добе́йся (+ *gén.*) chercher à atteindre. *Доби́ться успе́ха*, obtenir le succès. *Добива́ться невозмо́жного*, vouloir l'impossible. *Доби́ться своего́*, arriver à ses fins.

ДОБИРА́ТЬСЯ/ДОБРА́ТЬСЯ* IV, доберу́сь, доберёшься...; добра́лся, добрала́сь... ⁄—— 1. parvenir. *Мы наконе́ц добрали́сь до ста́нции*, nous arrivâmes enfin à la gare. 2. régler son compte à qqn. *До всех доберёмся!*, Ils auront tous de nos nouvelles!

/ **ДОБИ́ТЬСЯ** v. добива́ться.

/ **ДОБРА́ТЬСЯ** v. добира́ться.

I. **ДОБРО́** 1. le bien. *Он жела́ет вам добра́*, Il vous veut du bien.

Де́лать добро́, faire le bien. *Из э́того добра́ не вы́йдет*, il n'en sortira rien de bien. *Нет ху́да без добра́*, à quelque chose malheur est bon. *От добра́ добра́ не и́щут*, le mieux est l'ennemi du bien. *Э́то не к добру́*, cela ne présage rien de bon. **2.** les biens, les richesses. *У ха́на мно́го добра́*, le khan a beaucoup de richesses.

II. ДОБРО́ *adv.* ● **Добро́ пожа́ловать,** Soyez le(s) bienvenu(s).

ДОБРОВО́ЛЕЦ volontaire. *Пойти́ на фронт доброво́льцем*, partir pour le front comme volontaire.

ДОБРОВО́ЛЬНЫЙ volontaire. *Доброво́льно пойти́ в а́рмию*, s'engager comme volontaire dans l'armée.

ДОБРОДЕ́ТЕЛЬ *f.* vertu.

ДОБРОДУ́ШНЫЙ bon enfant. *Доброду́шная улы́бка*, un sourire bon enfant.

ДОБРОЖЕЛА́ТЕЛЬНЫЙ bien intentionné. *Доброжела́тельные лю́ди*, des personnes bienveillantes.

ДОБРОКА́ЧЕСТВЕННЫЙ de bonne qualité. *На́ши това́ры доброка́чественны*, nos produits sont de bonne qualité.

ДОБРОСО́ВЕСТНЫЙ consciencieux. *Добросо́вестный рабо́тник*, un employé consciencieux. *Он всегда́ добросо́вестно рабо́тал*, il a toujours travaillé consciencieusement.

ДОБРОТА́ bonté. *Челове́к большо́й доброты́*, un homme d'une grande bonté.

ДО́БРЫЙ, добр, добра́, до́бро, до́бры Λ_ bon. *До́брые лю́ди*, de braves gens. *До́брый ма́лый*, un brave garçon. *Лю́ди до́брой во́ли*, les hommes de bonne volonté. *Вы сли́шком до́бры*, Vous êtes trop aimable ! *Бу́дьте добры́, позови́те А́ню к телефо́ну*, Auriez-vous l'obligeance d'appeler Ania au téléphone ? *До́брое у́тро !* ou *До́брый день !*, Bonjour ! *До́брый ве́чер !*, Bonsoir ! *До́брое ста́рое вре́мя*, le bon vieux temps. *До́брая полови́на*, une bonne moitié. ● **Твоя́ до́брая во́ля,** Fais comme tu veux. **Чего́ до́брого** (*fam.*), il pourrait arriver que (*en parlant de ce qui peut mal tourner*). *Чего́ до́брого, она́ мо́жет поду́мать, что мы э́то наро́чно сде́лали*, elle est bien capable de penser que nous l'avons fait exprès.

REMARQUE. La forme « добры » est accentuée sur la syllabe finale dans l'expression « Бу́дьте добры́ ».

ДОБЫВА́ТЬ / ДОБЫ́ТЬ* *n. cl.*, добу́ду, добу́дешь...; добы́л, добыла́, добы́ло, добы́ли Λ_ ; добу́дь; добы́тый **1.** obtenir. *Я с трудо́м добы́л э́ту кни́гу*, j'ai eu de la peine à me procurer ce livre. **2.** extraire. *Добыва́ть нефть*, extraire du pétrole.

/ ДОБЫ́ТЬ v. добыва́ть.

ДОБЫ́ЧА 1. proie, butin. *Они́ захвати́ли бога́тую добы́чу*, ils avaient ramassé un riche butin. *Го́род стал добы́чей огня́*, la ville devint la proie des flammes. **2.** extraction. *Добы́ча не́фти*, l'extraction du pétrole.

ДОВЕ́РИЕ confiance. *Слепо́е дове́рие*, une confiance aveugle. *Не внуша́ть дове́рия*, ne pas inspirer confiance. *Злоупотребле́ние дове́рием*, un abus de confiance.

/ ДОВЕ́РИТЬ v. доверя́ть.

ДОВЕ́РЧИВЫЙ confiant, crédule. *Она́ сли́шком дове́рчива*, elle est trop crédule.

ДОВЕРЯ́ТЬ 1. avoir confiance. *Я ему́ не доверя́ю*, je n'ai pas confiance en lui. **2. / ДОВЕ́РИТЬ** confier. *Дове́рить кому́-нибудь та́йну*, confier un secret à qqn. *Дове́рить де́ньги*, confier de l'argent.

/ ДОВЕСТИ́ v. доводи́ть.

ДО́ВОД argument. *Ве́ский до́вод*, un argument de poids. *Неубеди́тельный до́вод*, un argument peu convaincant. *Взве́шивать все до́воды за и про́тив*, peser le pour et le contre. *Привести́ до́воды*, avancer des arguments.

ДОВОДИ́ТЬ / **ДОВЕ-СТИ́*** IV, ; едý, доведёшь...; довёл, до ... ; доведённый co re, amener. *Довести́ до гос ицы*, conduire jusqu'à l'hôtel *вести́ дéло до концá*, mener affaire à son terme. *Довести́ до дения*, porter à la connaissan

ДОВОÉННІ d'avant guerre. *Довоéнный овень*, le niveau d'avant gu

ДОВÓЛЬН *dv.* assez. *Довóльно плóхо*, ass al. *Довóльно извéстный пис ь*, un écrivain assez connu. *До но кричáть!*, Assez crié ! *Дов о хлéба*, assez de pain. *Дов о об э́том!*, N'en parlons pl

ДОВÓЛЬН Й content, satisfait. *Мáша дов а тобóй*, Macha est contente d i. *Он довóлен собóй*, il est cont de lui.

ДОВÓЛЬС ОВАТЬСЯ/УДО-ВÓЛЬСТ ВАТЬСЯ se contenter. *льствоваться немнóгим*, s ntenter de peu.

/ **ДОГАДÁ СЯ** v. догáдываться.

ДОГÁДКА pposition. *Терáться в догáдка* e perdre en conjectures.

ДОГÁДЛІ ЫЙ perspicace.

ДОГÁДЫ ТЬСЯ / **ДОГА-ДÁТЬС** eviner. *Я срáзу догадáлся, н то он намекáл*, j'ai deviné t de suite à quoi il faisait all n.

/ **ДОГНÁТ** v. догонáть.

ДОГОВÁ ВАТЬСЯ / **ДОГО-ВОРИ́Т Я** convenir de qqch. *Нам с вс нáдо договори́ться*, Il faut que s nous mettions d'accord. *Д ори́ться о встрéче*, convenir n rendez-vous. *Знáчит, до и́лись?*, Alors, on est d'accord **Договори́ться до абсýрд** n arriver à dire des absurdit

ДОГОВÓ ontrat, pacte. *Заключи́ть ми́ й договóр*, conclure un traité d ix. *Торгóвый договóр*, un acco commercial. *Расторгнуть до р*, rompre un contrat.

/ **ДОГОВОРИ́ТЬСЯ** v. договáриваться.

ДОГОНЯ́ТЬ / **ДОГНÁТЬ*** I, догоню́, догóнишь... ; догнáл, догналá, догнáло, догнáли rattraper. *Догнáть беглецá*, rattraper un fuyard.

ДОЕЗЖÁТЬ / **ДОÉХАТЬ*** IV, доéду, доéдешь... parvenir. *Я благополýчно доéхал*, je suis arrivé sans encombre.

/ **ДОÉХАТЬ** v. доезжáть.

/ **ДОЖДÁТЬСЯ** v. дожидáться.

ДОЖДЕВИ́К (*fam.*) imperméable.

ДОЖДЕВÓЙ de pluie. *Дождевáя водá*, eau de pluie.

ДОЖДЬ *m.* pluie. *Идёт дождь*, il pleut. *Нé было дождя́*, il ne pleuvait pas. *Дождь перестáл*, la pluie a cessé. *Попáсть под дождь*, recevoir une averse. *Мéлкий дождь*, une pluie fine. *Проливнóй дождь*, une pluie torrentielle. // (*Fig.*) *Дождь искр*, une pluie d'étincelles.

ДОЖИВÁТЬ / **ДОЖИ́ТЬ*** IV, доживý, доживёшь...; дóжил, дожилá, дóжило, дóжили ; дóжитый, дóжит, дожитá, дóжито, дóжиты **1.** (*intr.*) vivre jusqu'à. *Здесь доживём до óсени*, nous resterons ici jusqu'à l'automne. *Дожи́ть до седы́х волóс*, parvenir à un âge avancé. *Онá не доживёт до весны́*, elle ne passera pas l'hiver. **2.** (*tr.*) terminer. *Здесь доживём лéто*, nous finirons l'été ici.

ДОЖИДÁТЬСЯ / **ДОЖДÁТЬ-СЯ*** IV, дождýсь, дождёшься...; дождáлся, дождалáсь... (+ *gén.*) attendre jusqu'à l'arrivée. *Дождáться пóезда*, attendre jusqu'à l'arrivée du train.

/ **ДОЖИ́ТЬ** v. доживáть.

/ **ДОЙТИ́** v. доходи́ть.

ДОКАЗÁТЕЛЬСТВО **1.** preuve. *Приводи́ть неоспори́мые доказáтельства*, fournir des preuves indiscutables. **2.** démonstration.

Доказáтельство от протúвного, démonstration par l'absurde.

/ **ДОКАЗÁТЬ** v. докáзывать.

ДОКÁЗЫВАТЬ / ДОКАЗÁТЬ* II, докажý, докáжешь... prouver, démontrer. *Доказáть своió невинóвность*, démontrer son innocence. *Доказáть теорéму*, démontrer un théorème. *Что и трéбовалось доказáть*, c. q. f. d.

ДОКЛÁД exposé, rapport. *Читáть доклáд*, faire un exposé. ● **Войтú без доклáда,** entrer sans se faire annoncer.

ДОКЛÁДЫВАТЬ / ДОЛОЖÚТЬ **1.** (o + *loc., ou, plus rarement, acc.*) exposer. *Доложúть о проéкте*, exposer un projet. *Доложúть результáты*, exposer les résultats. **2.** (o + *loc.*) annoncer. *Доложúть о приéзде посетúтеля*, annoncer un visiteur.

ДОЛГ*, *loc.* долгý **1.** devoir. *Вы́полнить свой долг*, faire son devoir. *Считáть своúм дóлгом*, considérer comme son devoir. **2.** dette. *Взять дéньги в долг*, emprunter de l'argent. *Дать дéньги в долг*, prêter de l'argent. *Влезть в долгú*, s'endetter. *Быть пó уши в долгáх*, être criblé de dettes. *Расплатúться с долгáми*, payer ses dettes. *Не остáться в долгý*, ne pas demeurer en reste.

ДÓЛГИЙ , *comp.* дóльше* long (*de longue durée*). *Дóлгая разлýка*, une longue séparation. *Дóлго ждáть*, attendre longtemps. *Дóлго ли до бедьí!*, Un malheur est si vite arrivé ! ● **Откláдывать в дóлгий я́щик,** faire traîner en longueur.

ДОЛГОИГРÁЮЩИЙ ● **Долгоигрáющая пластúнка,** un disque microsillon.

ДОЛГОТÁ, *pl.* долгóты... longitude (*géogr.*).

ДÓЛЖЕН, должнá, должнó, должны́ (*formes courtes de l'adj.* « дóлжный ») redevable. *Он мне дóлжен два рубля́*, il me doit deux roubles. *Кáждый человéк дóлжен рабóтать*, tout homme doit travailler. *Он дóлжен вернýться до двух часóв*, il doit rentrer avant deux heures. ● **Должнó быть,** sans doute. *Онú, должнó быть, уéхали*, ils sont sans doute partis.

ДÓЛЖНОСТЬ *f.* fonction. *Получúть дóлжность секретаря́*, obtenir une place de secrétaire.

ДÓЛЖНЫЙ dû, convenable. **1.** *adj. Ответить дóлжным óбразом*, répondre de la manière qui convient. **2.** *subst. n. Онú трéбуют тóлько дóлжного*, ils n'exigent que ce qui leur est dû.
REMARQUE. Voir également « дóлжен ».

ДОЛЍНА vallée. *Долúна Енисéя*, la vallée de l'Iénisseï. *Ферráнская долúна*, la vallée de la Ferghana.

/ **ДОЛОЖÚТЬ** v. доклáдывать.

ДОЛÓЙ (+ *acc.*) *adv. à fonction verbale* à bas. *Долóй тирáнов!*, A bas les tyrans ! *Долóй тирáнию!*, A bas la tyrannie ! ● **С глаз долóй — из сéрдца вон,** loin des yeux, loin du cœur.

ДÓЛЬШЕ comp. de « дóлгий ».

ДÓЛЯ*, *gén. pl.* долéй **1.** lot, part. *Делúть на рáвные дóли*, partager en parts égales. *Львúная дóля*, la part du lion. *В э́том нет и дóли úстины*, cela ne contient pas la moindre parcelle de vérité. **2.** lot, sort. *Гóрькая дóля*, un sort amer.

ДОМ*, *nom. pl.* домá maison. *Шестиэтáжный дом*, une maison de cinq étages. *Жилóй дом*, une maison d'habitation. *Дом óтдыха*, une maison de repos. *Онú разошлúсь по домáм*, chacun rentra chez soi. ● **Йз дому** (*expression adverbiale*), du domicile. *Вам úз дому звонúли*, on vous a téléphoné de chez vous. **Нá дом** (*expression adverbiale*), à domicile (*direction*). *Достáвка нá дом*, livraison à domicile. **На домý** (*expression adverbiale*), à domicile (*emplacement*). *Рабóтать на домý*, travailler à domicile.

ДО́МА … soi (*emplacement*). *Сиде́*… ster chez soi. *Его́ нет д*… st pas chez lui.

ДОМА́… qui concerne la maiso… ique. *Дома́шний телеф*… hone personnel. *Дома́*…, adresse personnelle. … *яя хозя́йка*, une ména… *шняя рабо́тница*, une f… énage. *Дома́шние живо*… animaux domestique…

ДО́МИ… aison, maison individ… *проить себе́ до́мик*, … construire une maiso…

ДОМК…

ДОМО́… ez soi (*direction*). *Верн*… *о́й*, rentrer chez soi. … *мо́й*, il est temps que j…

ДОМР… **ЦА** femme de ména… *ь домрабо́тницу*, se tr… mme de ménage.

/ **ДОН**… доно́си́ть.

ДОНО́… ation, délation.

ДОНО… / **ДОНЕСТИ́** … сý, донесёшь…; донё… … ; донесён… + *gén.*) porter (*jusq*… *ти́ чемода́н до ваго́н*… a valise jusqu'au wago… + *loc.*) faire un rappo… *и́ донесли́ о приближ*… *и́вника*, ils avaient anno… che de l'ennemi. **3.** (н… énoncer. *Донести́ на со*… cer son voisin.

ДОПО… **1.** supplément, comp… *дополне́ние к моему́*… *т 4-го а́вгуста*, comm… a lettre du 4 août. **2.** (*g*… plément. *Прямо́е допол*… plément d'objet direc…

/ **ДОП**… v. дополня́ть.

ДОПО… **ДОПО́ЛНИТЬ** comp… *дополня́ют друг дру́га*… ont la pa re.

ДОПР… **ТЬ** / **ДОПРОСИ́Т**… soumettre à un interrogatoire. *Допра́шивать подсуди́мого*, interroger l'inculpé.

ДОПРО́С interrogatoire. *Подве́ргнуть кого́-нибудь допро́су*, soumettre qqn à un interrogatoire. *Допро́с свиде́телей*, l'audition des témoins.

/ **ДОПРОСИ́ТЬ** v. допра́шивать.

ДОПУСКА́ТЬ / **ДОПУСТИ́ТЬ** **1.** laisser entrer. *Он никого́ к себе́ не допуска́ет*, il ne reçoit personne. **2.** admettre, autoriser. *Допуска́ть аза́ртные и́гры*, autoriser les jeux de hasard. **3.** admettre, considérer comme vrai. *Допу́стим, что э́то так*, admettons qu'il en soit ainsi.

/ **ДОПУСТИ́ТЬ** v. допуска́ть.

ДОРО́ГА route, voie. *Шоссе́йная доро́га*, une voie à grande circulation. *Просёлочная доро́га*, un chemin vicinal. *Желе́зная доро́га*, le chemin de fer. *По доро́ге*, en chemin. *Отпра́виться в доро́гу*, se mettre en route. *Сби́ться с доро́ги*, s'égarer. // (*Fig.*) *Дать доро́гу молодёжи*, faire place aux jeunes. *Идти́ свое́й доро́гой*, faire son petit bonhomme de chemin. *Быть на хоро́шей доро́ге*, être sur la bonne voie. ● **Покати́ться по то́рной доро́ге,** ne pas sortir des chemins battus. **Пробива́ть себе́ доро́гу,** se frayer un chemin (*propr. et fig.*). **Туда́ ему́ и доро́га!,** Il n'a que ce qu'il mérite.

I. ДОРОГО́Й, до́рог, дорога́, до́рого, до́роги , *comp.* доро́же* **1.** cher (*coûteux*). *Э́то для меня́ сли́шком до́рого*, c'est trop cher pour moi. *Э́то до́рого сто́ит*, cela coûte cher. *Вре́мя моё до́рого*, mon temps est précieux. **2.** cher (*que l'on aime*). *Дороги́е друзья́*, chers amis.

II. ДОРО́ГОЙ **1.** v. доро́га. **2.** *adv.* en chemin. *Доро́гой он стал расспра́шивать меня́ о де́ле*, en chemin, il commença à me questionner sur cette affaire.

REMARQUE. Les deux mots ci-dessus diffèrent par leur accent.

ДОРОЖА́ТЬ / ВЗДОРОЖА́ТЬ *et* **ПОДОРОЖА́ТЬ** monter (*augmenter de prix*). *Дорожа́ли меха́*, les fourrures augmentaient.

ДОРО́ЖЕ comp. de « дорого́й ».

ДОРОЖИ́ТЬ (+ *instr.*) attacher du prix à. *Он дорожи́т твои́м мне́нием*, Il fait grand cas de ton opinion.

ДОРО́ЖКА (*dim. de* « доро́га ») chemin, allée. *Лесна́я доро́жка*, un chemin dans la forêt. *Доро́жки са́да*, les allées d'un jardin.

ДОРО́ЖНЫЙ de route. *Доро́жная пыль*, la poussière du chemin. *Доро́жные впечатле́ния*, des impressions de voyage.

ДОСА́ДА dépit. *Пла́кать от доса́ды*, pleurer de dépit.

ДОСА́ДНЫЙ fâcheux, contrariant. *Как доса́дно!*, C'est empoisonnant !

ДОСКА́ \/‾/‾ **1.** planche. *Сосно́вая доска́*, planche de pin. **2.** tableau noir. *Писа́ть на доске́*, écrire au tableau. **3.** plaque. *Мра́морная доска́*, plaque de marbre.

ДОСТАВА́ТЬ* II, достаю́, достаёшь...; достава́й; достава́я / **ДОСТА́ТЬ*** *n. cl.*, доста́ну, доста́нешь... prendre, se procurer. *Доста́ть кни́гу из шка́фа*, tirer un livre de l'armoire. *Доста́ть де́ньги из карма́на*, tirer de l'argent de sa poche. *Я с трудо́м доста́л биле́ты*, j'ai eu de la peine à avoir des billets.

ДОСТАВА́ТЬСЯ* II, достаётся, достаю́тся / **ДОСТА́ТЬСЯ*** *n. cl.*, доста́нется, доста́нутся **1.** échoir à. *Дом доста́лся ему́ по насле́дству*, il a eu cette maison par héritage. **2.** se faire disputer, avoir des ennuis. *Ему́ доста́лось за опозда́ние*, il s'est fait disputer pour son retard.

/ **ДОСТА́ВИТЬ** v. доставля́ть.

ДОСТА́ВКА livraison. *Доста́вка на́ дом*, livraison à domicile.

ДОСТАВЛЯ́ТЬ / ДОСТА́ВИТЬ **1.** livrer, fournir. *Доставля́ть на́ дом*, livrer à domicile. *Доста́вить возмо́жность*, donner la possibilité. **2.** être la cause. *Доставля́ть мно́го хлопо́т*, causer bien des ennuis. *Доста́вить кому́-нибудь удово́льствие*, faire grand plaisir à qqn.

ДОСТА́ТОК aisance. *Жить в доста́тке*, vivre dans l'aisance.

ДОСТА́ТОЧНЫЙ **1.** suffisant. *Доста́точное коли́чество*, une quantité suffisante. *Доста́точно си́льный*, assez fort. *Доста́точно пяти́ мину́т*, cinq minutes suffisent.

/ **ДОСТА́ТЬ** v. достава́ть.

/ **ДОСТА́ТЬСЯ** v. достава́ться.

ДОСТИГА́ТЬ / ДОСТИ́ГНУТЬ* III *et* **ДОСТИ́ЧЬ*** *n. cl.* (*ce dernier n'existe qu'à l'infinitif*) [+ *gén.*] atteindre. *Альпини́сты благополу́чно дости́гли верши́ны*, les alpinistes atteignirent le sommet sans encombre. *Дости́чь це́ли*, atteindre son but.

/ **ДОСТИ́ГНУТЬ** v. достига́ть.

ДОСТИЖЕ́НИЕ **1.** obtention. *Для достиже́ния свои́х це́лей*, pour arriver à ses fins. **2.** résultat, succès. *Достиже́ния на́ших учёных*, les résultats obtenus par nos savants.

/ **ДОСТИ́ЧЬ** v. достига́ть.

ДОСТОВЕ́РНЫЙ digne de foi. *Из достове́рных исто́чников*, de source sûre. *Достове́рные све́дения*, des renseignements dignes de foi.

ДОСТО́ИНСТВО **1.** qualité. *Ука́зывать на досто́инства и недоста́тки*, montrer les qualités et les défauts. **2.** dignité. *Она́ держа́ла себя́ с больши́м досто́инством*, elle se conduisait avec une grande dignité. *Он счита́ет э́то ни́же своего́ досто́инства*, Il considère cela comme indigne de lui.

ДОСТО́ЙНЫЙ, досто́ин, достойна... **1.** digne. *Досто́ин лу́чшей у́части*, digne d'un meilleur sort. **2.** mérité. *Досто́йно наказа́ть кого́-нибудь*, infliger à qqn la punition qu'il mérite.

Д[illegible]ЯТНЫЙ mémo-[illegible]памятный вечер, une [illegible]morable.

[illegible]ПРИМЕЧАТЕЛЬ-[illegible] *f* ● Достопримеча-[illegible] города, les curio-[illegible] ville.

[illegible] accès. *Получить доступ* [illegible] *документам*, avoir [illegible] des documents secrets.

[illegible]НЫЙ accessible, abor-[illegible] *доступные только* [illegible], des hauteurs [illegible] seulement aux alpi-[illegible] *Доступная цена*, un prix [illegible]

[illegible] loisir. *В часы досуга* ou [illegible] à ses heures de loisir.

[illegible] *adv.* à satiété. *Наесться* [illegible], manger à satiété. *На-*[illegible] *досыта*, se promener [illegible]

[illegible] *adv.* de fond en comble. [illegible], la maison a été [illegible] en cendres. *Разориться* [illegible] se ruiner complètement.

[illegible]ГИВАТЬСЯ / ДОТРО́-[illegible]СЯ effleurer, toucher. *Он* [illegible] *до моего плеча*, il me [illegible] l'épaule.

[illegible]ОНУТЬСЯ v. дотрáги-[illegible]

[illegible] I. crevé (*mort, en* [illegible] *d'animaux*). *До́хлая кры́-*[illegible] rat crevé. 2. (*fam.*) crevé ([illegible] *en parlant d'un homme*). [illegible], un garçon qui ne [illegible] pas debout.

[illegible]ДОХНУТЬ* III / ИЗДО́Х-[illegible]НУТЬ* I *et* СДО́ХНУТЬ* III [illegible] *чуть не сдо́хла*, la [illegible] crever. *Чтобы тебе* [illegible], Puisses-tu crever ! ● [illegible], on s'ennuie à en [illegible]

[illegible]ДОХНУТЬ respirer, souffler. [illegible] *свежим воздухом*, [illegible] une bouffée d'air frais. [illegible], on n'a pas le [illegible] de souffler.

REMARQUE. Les deux verbes ci-dessus diffèrent par leur accent et par leur aspect. En outre, le premier d'entre eux est irrégulier.

ДОХО́Д revenu. *Годово́й дохо́д*, le revenu annuel. *Национа́льный дохо́д*, le revenu national.

ДОХОДИ́ТЬ ⸜⸏ / **ДОЙТИ́*** IV, дойду́, дойдёшь...; дошёл, дошла́...; дойдя́ parvenir, arriver. *Наконе́ц мы дошли́ до ста́нции*, enfin, nous arrivâmes à la gare. *Вот мы и дошли́*, nous voilà arrivés. *Письмо́ ещё не дошло́*, la lettre n'est pas encore arrivée. *Моро́з дошёл до сорока́ гра́дусов*, la température descendit à moins quarante. *Де́ло дошло́ до дра́ки*, ils en sont venus aux mains. *Вот до чего́ де́ло дошло́!*, Voilà où on en est arrivé !

ДОХО́ДНЫЙ lucratif. *Дохо́дное ме́сто*, une bonne place.

ДОЦЕ́НТ chargé de cours.

ДО́ЧКА dim. affectueux de « дочь ».

ДОЧЬ*, *gén.*, *dat.*, *loc.* до́чери, *instr.* до́черью; *pl.* до́чери, дочере́й, дочеря́м, дочерьми́, дочеря́х ⸏⸝ fille (*par rapport aux parents*). *У них три до́чери*, ils ont trois filles.

ДОЩЕ́ЧКА planchette.

ДРАГОЦЕ́ННОСТЬ *f.* objet précieux.

ДРАГОЦЕ́ННЫЙ précieux. *Драгоце́нные ка́мни*, pierres précieuses. *Теря́ть драгоце́нное вре́мя*, perdre un temps précieux. *Драгоце́нный друг*, cher ami.

ДРАЗНИ́ТЬ / **ПОДРАЗНИ́ТЬ** taquiner. *Не дразни́ соба́ку*, Laisse le chien tranquille !

ДРА́КА bagarre, bataille. *Лезть в дра́ку*, chercher la bagarre.

ДРАТЬ* IV, деру́, дерёшь...; драл, драла́, дра́ло, дра́ли ⸍⸜

1. / РАЗОДРА́ТЬ* IV, раздеру́, раздерёшь...; разодра́л, разодрала́, разодра́ло, разодра́ли ⸍⸜ déchirer.

2. / **СОДРА́ТЬ*** IV, сдеру́, сдерёшь...; содра́л, содрала́, содра́ло, содра́ли arracher, écorcher.

3. / **СОДРАТЬ*** IV (*id.*) écorcher (*un client*), prendre trop cher.

4. **ВЫ́ДРАТЬ*** IV, вы́деру, вы́дерешь... fouetter.

5. / **ВЫ́ДРАТЬ*** IV (*id.*) tirer (*les oreilles, les cheveux...*).

1. *Драть бума́гу*, déchirer du papier. 2. *Драть кору́ с де́рева*, arracher l'écorce d'un arbre. 3. *Драть с кого́-нибудь втри́дорога*, faire payer à qqn trois fois trop cher. 4. *Драть ло́шадь кнуто́м*, donner des coups de fouet à un cheval. 5. *Она́ драла́ его́ за́ уши*, elle lui tirait les oreilles. ● **Драть го́рло,** hurler, s'égosiller.

ДРА́ТЬСЯ* IV, деру́сь, дерёшься...; дра́лся, драла́сь... / **ПОДРА́ТЬСЯ*** IV (*id.*) se battre, se bagarrer. *Дра́ться на дуэ́ли*, se battre en duel. *Ма́льчики деру́тся*, les gamins se battent.

ДРЕ́ВНИЙ 1. ancien. *Дре́вняя исто́рия*, l'histoire ancienne. *Дре́вние языки́*, les langues mortes. 2. très vieux. *Дре́вний стари́к*, un homme très âgé.

ДРЕ́ВНОСТЬ *f.* 1. antiquité. *В дре́вности*, dans l'Antiquité. *В глубо́кой дре́вности*, dans les temps les plus reculés.

ДРЕМА́ТЬ* II, дремлю́, дре́млешь... / **ЗАДРЕМА́ТЬ*** II (*id.*) sommeiller; s'assoupir. *Больно́й задрема́л*, le malade s'est assoupi.

ДРОВА́, дров, дрова́м... *pl. t.* bois (*de chauffage*). *Наколо́ть дров*, fendre du bois.

I. ДРО́ГНУТЬ* III / **ПРОДРО́ГНУТЬ*** III grelotter. *Мы всю ночь дро́гли*, nous avons grelotté toute la nuit.

II. / ДРО́ГНУТЬ tressaillir. *Се́рдце её дро́гнуло*, son cœur tressaillit. *Земля́ дро́гнула*, la terre trembla.

REMARQUE. Les deux verbes ci-dessus diffèrent par leur aspect. En outre, le premier d'entre eux est irrégulier.

ДРОЖА́ТЬ* I, дрожу́, дрожи́шь... / **ЗАДРОЖА́ТЬ*** (*id.*) trembler. *Дрожа́ть всем те́лом*, trembler de tout son corps. *Дрожа́ть от хо́лода*, trembler de froid. *Дрожа́ть за кого́-нибудь*, trembler pour qqn.

ДРОЖЬ *f.* tremblement, frisson. *Дрожь пробежа́ла у меня́ по спине́*, j'ai eu des frissons dans le dos.

I. ДРУГ*, *pl.* друзья́, друзе́й, друзья́м... ami. *Ста́рый друг*, un vieil ami. *Друг де́тства*, un ami d'enfance.

II. ДРУГ* *pronom* ● **Друг дру́га** l'un l'autre. *Мы оста́лись дово́льны друг дру́гом*, nous sommes restés satisfaits l'un de l'autre. *Они́ взгляну́ли друг на дру́га*, ils se regardèrent.

REMARQUE. Le premier élément de « друг » est invariable. Le second élément suit la déclinaison des substantifs masculins.

ДРУГО́Й *pronom-adjectif* autre. *Да́йте мне другу́ю кни́гу*, Donnez-moi un autre livre. *Э́то друго́е де́ло*, c'est une autre paire de manches. *На друго́м бе́регу*, sur l'autre rive. *С друго́й стороны́*, d'un autre côté. *Други́ми слова́ми*, en d'autres termes. *Мы говори́ли о том, о друго́м*, nous parlions de choses et d'autres. ● **На друго́й день,** le lendemain.

ДРУ́ЖБА amitié. *Их связы́вала про́чная дру́жба*, ils étaient liés par une solide amitié.

ДРУЖЕЛЮ́БНЫЙ amical, affable. *Дружелю́бные отноше́ния*, des relations amicales. *Дружелю́бно улыба́ться*, sourire amicalement.

ДРУ́ЖЕСКИЙ d'ami, amical. *Дру́жеский приве́т*, salutation amicales. *Дру́жеский разгово́р*, une conversation amicale. *Мы с ним на дру́жеской ноге́*, nous sommes amis.

ДРУ́ЖЕСТВЕННЫЙ amical, bienveillant. *Дру́жественные отноше́ния*, des relations amicales. *Дру́жественные стра́ны*, des nations amies.

ДРУЖИ́НА 1. (*arch.*) troupe des princes dans l'ancienne Russie, « droujina ». 2. détachement, groupe. *Пионе́рская дружи́на*, un groupe de pionniers.

ДРУЖИ́ТЬ ╲___ être amis. *Мы с ним дру́жим с де́тских лет*, nous sommes amis depuis l'enfance.

ДРУ́ЖНЫЙ 1. uni, qui s'entend bien. *Дру́жный коллекти́в*, une équipe qui travaille en bonne harmonie. 2. simultané. *Разда́лся дру́жный смех*, un rire général éclata.

ДРУЗЕ́Й, ДРУЗЬЯ́... v. друг I.

ДРЯННО́Й (*fam.*) mauvais. *Дрянна́я пого́да*, un temps infect. *Дрянно́й мальчи́шка*, un sale garnement.

ДРЯНЬ *f.* 1. saleté, camelote. *Вы́брось э́ту дрянь!*, Jette-moi cette saleté ! *Пого́да дрянь*, il fait un temps de cochon. 2. sale type, canaille. *Челове́к он дрянь*, il ne vaut pas cher.

ДРЯ́ХЛЫЙ ∧___ décrépit. *Дря́хлый стари́к*, un vieillard décrépit.

ДУБ ___ ‾‾ chêne.

ДУБИ́НА 1. massue. *Уда́рить врага́ дуби́ной*, frapper l'ennemi de sa massue. 2. *m.* et *f.* tête de bois. *Заче́м разгова́ривать с таки́м дуби́ной!*, A quoi bon discuter ? C'est une tête de bois.

ДУБО́ВЫЙ de chêne. *Дубо́вый лист*, une feuille de chêne. *Дубо́вый стол*, une table de chêne. ● **Дубо́вая голова́,** tête de bois.

ДУГА́ ‾‾ ___ 1. arc. *Дуга́ окру́жности*, arc de cercle. *Здесь река́ образу́ет дли́нную дугу́*, à cet endroit, la rivière fait un grand coude. 2. pièce de l'attelage en forme d'arc réunissant les brancards au collier du cheval, « douga ». *На дуге́ висе́л колоко́льчик*, une clochette était pendue à la douga.

ДУ́МА 1. (*arch. ou poét.*) pensée. *Погрузи́ться в ду́му*, se plonger dans la réflexion. 2. assemblée, « douma ». *Боя́рская ду́ма*, le conseil des boyards. *Госуда́рственная ду́ма*, la Douma (*assemblée nationale de 1905 à 1917*).

ДУ́МАТЬ / ПОДУ́МАТЬ 1. penser, réfléchir. *О чём вы ду́маете?*, A quoi pensez-vous ? *Что вы ду́маете об э́том?*, Qu'est-ce que vous en pensez ? 2. penser, croire. *Я ду́маю, что оши́бся*, je crois que je me suis trompé. *Я ду́маю!*, Je m'en doute ! *Мно́го ду́мать о себе́*, ne pas se prendre pour rien. 3. penser, avoir l'intention. *Он ду́мает пое́хать в Ленингра́д*, il pense partir pour Leningrad.

ДУ́РА sotte, imbécile. « *Кака́я я ду́ра!* » — *ду́мала Татья́на*, « Que je suis bête ! » pensait Tatiana. ● **У него́ гу́ба не ду́ра,** il sait bien choisir ce qu'il y a de mieux.

ДУРА́К ╱‾‾ ‾‾ imbécile, crétin. *Он наби́тый дура́к*, il est bête comme ses pieds. *Валя́ть дурака́*, faire l'imbécile. *Оста́ться в дурака́х*, être le dindon de la farce.

ДУРА́ЦКИЙ stupide. *Дура́цкий смех*, un rire stupide. *Дура́цкое положе́ние*, une situation idiote.

ДУРА́ЧИТЬСЯ faire l'imbécile. *По́лно тебе́ дура́читься!*, Arrête de faire l'imbécile !

ДУРИ́ТЬ faire des sottises, dire des bêtises.

ДУРНО́Й ∧___ vilain, laid, mauvais. *Дурна́я пого́да*, le mauvais temps. *Здесь ду́рно па́хнет*, ça sent mauvais ici. *Дурно́й хара́ктер*, un mauvais caractère. *Ду́рно воспи́танный челове́к*, un homme mal élevé. *Дурны́е привы́чки*, de mauvaises habitudes. ●

Ей сде́лалось ду́рно, elle s'est trouvée mal.

ДУТЬ* III, ду́ю, ду́ешь... / **ПО-ДУ́ТЬ*** III (*id.*) souffler. *Ве́тер ду́ет*, le vent souffle. *Дуть на чай*, souffler sur le thé. ● **Он себе́ в ус не ду́ет,** il ne s'en fait pas.

ДУ́ТЬСЯ* III, ду́юсь, ду́ешься... bouder. *Она́ всё ещё ду́ется на меня́*, elle continue à me faire la tête.

> **ДУХ**
> 1. souffle, haleine.
> 2. esprit, être immatériel.
> 3. esprit, principe.
> 4. état d'esprit, humeur.
> 5. courage.
>
> Voir aussi « духи́ ».

1. *Бежа́ть во весь дух*, courir à perdre haleine. *У меня́ дух захвати́ло*, ça m'a coupé le souffle. *Перевести́ дух*, reprendre haleine. 2. *Свято́й дух*, le Saint-Esprit. *Злой дух*, le démon. 3. *Противоре́чить ду́ху зако́на*, être contraire à l'esprit de la loi. *В ду́хе вре́мени*, conforme aux tendances spirituelles de l'époque. *В том же ду́хе*, dans le même esprit. *В нём сиди́т дух противоре́чия*, il a l'esprit de contradiction. 4. *Дух во́йска*, le moral de l'armée. *Быть в ду́хе*, être en forme. *Он не в ду́хе*, il est de mauvaise humeur. 5. *Па́дать ду́хом*, perdre courage. *У него́ не хвати́ло ду́ха сказа́ть всю пра́вду*, il n'a pas eu le courage de dire toute la vérité. ● **Испусти́ть дух,** rendre le dernier soupir. **О нём ни слу́ху ни ду́ху,** il ne donne pas signe de vie. **Прису́тствие ду́ха,** la présence d'esprit.

ДУХИ́, духо́в, духа́м... *pl. t.* parfum. *Флако́н духо́в*, un flacon de parfum.

ДУХОВЕ́НСТВО le clergé. *Правосла́вное духове́нство*, le clergé orthodoxe.

ДУХО́ВНЫЙ 1. de l'esprit, spirituel. *Духо́вные си́лы*, les forces spirituelles. 2. spirituel, sacré. *Духо́вная му́зыка*, musique sacrée.

ДУХО́ТА chaleur étouffante. *Они́ страда́ли от духоты́*, ils souffraient de la chaleur étouffante.

ДУША́ 1. âme. *Душа́ и те́ло*, l'âme et le corps. *Отда́ть бо́гу ду́шу*, rendre son âme à Dieu. *В глубине́ души́*, au fond du cœur. *До глубины́ души́*, jusqu'au fond de l'âme. *От всей души́*, de tout cœur. *Жить душа́ в ду́шу*, s'entendre à merveille. *Скажи́ мне по душе́*, Dis-moi franchement. *Бесе́довать по душа́м* (*accentuation:* душа́м), parler à cœur ouvert. *У него́ душа́ нараспа́шку*, il a le cœur sur les lèvres. *Криви́ть душо́й*, ne pas être franc. *Отвести́ ду́шу*, se soulager le cœur. *Он поэ́т в душе́*, il est poète dans l'âme. *У него́ на душе́ ко́шки скребли́*, il n'avait pas le cœur tranquille. *У него́ душа́ в пя́тки ушла́*, il a eu une peur bleue. 2. âme, habitant. *Не́ было ни души́*, il n'y avait pas un chat. ● **Душа́-челове́к,** c'est un très brave homme. **Душа́ моя́,** Mon chéri, Ma chérie. **Мёртвые ду́ши** (*hist.*), « âmes mortes », serfs morts entre deux recensements et figurant encore comme vivants sur les listes officielles.

ДУШЕ́ВНЫЙ 1. de l'âme. *Душе́вные трево́ги*, les inquiétudes de l'âme. 2. sincère, cordial. *Душе́вный разгово́р*, un entretien à cœur ouvert.

ДУ́ШЕНЬКА (*dim. affectueux de* « душа́ ») ma mignonne, mon amour.

ДУШИ́СТЫЙ parfumé. *Души́стый за́пах цвето́в*, le parfum des fleurs. ● **Души́стый горо́шек,** pois de senteur.

I. ДУШИ́ТЬ / **ЗАДУШИ́ТЬ** étouffer, étrangler. *Шёл слух, что царе́вича задуши́ли*, le bruit courait que le tsarévitch avait été étouffé. *Задуши́ть верёвкой*, étrangler avec une corde. *Его́ души́ла зло́ба*, il s'étouffait de rage. // (*Fig.*) *Души́ть свобо́ду*, étouffer la liberté.

II. ДУШИ́ТЬ ⟍___ / **НАДУШИ́ТЬ** ⟍___ parfumer. *Души́ть во́лосы*, se parfumer les cheveux. *Она́ не ду́шится*, elle ne se parfume pas.

ДУ́ШНЫЙ étouffant. *Ду́шная пого́да*, un temps étouffant. *Бы́ло жа́рко, ду́шно*, il faisait un temps chaud, étouffant. *Мне бы́ло ду́шно*, j'étouffais.

ДЫ́БОМ *adv.* ● **Что во́лосы ды́бом стано́вятся,** à en faire dresser les cheveux sur la tête.

ДЫБЫ́ *terme de la locution adverbiale* « на дыбы́ » ● **Встать на дыбы́,** se cabrer.

ДЫМ*, *loc.* дыму́ __∠ — fumée. *Густо́й дым*, fumée épaisse. *Нет ды́ма без огня́*, il n'y a pas de fumée sans feu.

ДЫМИ́ТЬСЯ / ЗАДЫМИ́ТЬСЯ fumer. *Дыми́лись заводски́е тру́бы*, les cheminées des usines fumaient.

ДЫ́НЯ melon.

ДЫРА́ — ___ **1.** trou. *У вас на чулке́ дыра́*, Vous avez un trou à votre bas. *Заткну́ть дыру́*, boucher un trou (*propr. et fig.*). **2.** trou, coin perdu. *Жить в дыре́*, habiter dans un trou.

ДЫРЯ́ВЫЙ percé. *Дыря́вые сапоги́*, des bottes percées. *У него́ дыря́вая голова́*, c'est une tête de linotte.

ДЫХА́НИЕ respiration. *Иску́сственное дыха́ние*, la respiration artificielle. *Сде́рживать дыха́ние*, retenir son souffle.

ДЫША́ТЬ* I, дышу́, ды́шишь... ⟍___ / **ПОДЫША́ТЬ*** I (*id.*) respirer. *Дыша́ть све́жим во́здухом*, respirer l'air frais. *Дыша́ть здоро́вьем*, respirer la santé.

ДЮ́ЖИНА douzaine. *Дю́жина платко́в*, une douzaine de mouchoirs.

ДЯ́ДЯ *m.* **1.** oncle. *Мой дя́дя Константи́н, брат мое́й ма́тери*, mon oncle Constantin, le frère de ma mère. **2.** bonhomme. *Э́то тако́й здорове́нный дя́дя*, c'est un bonhomme costaud comme pas un.

Е

ЕВА́НГЕЛИЕ Évangile. *Ева́нгелие от Иоа́нна*, l'Évangile selon saint Jean.

ЕВРЕ́Й *m.* Israélite, Juif.

ЕВРЕ́ЙКА Israélite, Juive.

ЕВРЕ́ЙСКИЙ israélite, juif.

ЕВРОПЕ́ЙСКИЙ européen.

ЕГО́ v. он.

ЕДА́ nourriture. *Оби́льная еда́*, une nourriture abondante.

ЕДВА́ *adv.* à peine. *Она́ едва́ уме́ет чита́ть*, elle sait à peine lire. *Едва́ освещённый коридо́р*, un couloir à peine éclairé. *Мы едва́ могли́ удержа́ться от сме́ха*, nous avions peine à nous retenir de rire. *Он едва́ не упа́л*, il a failli tomber. *Едва́ он ушёл, как его́ брат верну́лся*, à peine était-il parti que son frère rentra. ● **Едва́ ли,** c'est douteux. *Он едва́ ли ско́ро вернётся*, il est peu probable qu'il rentre bientôt. **Едва́ ли не,** très probablement. *Он едва́ ли не бо́льше всех страда́л от э́того*, il en souffrait sans doute plus que tous les autres.

Е́ДЕМ, Е́ДЕТ... v. е́хать.

ЕДИ́М, ЕДИ́ТЕ... v. есть I.

ЕДИНИ́ЦА 1. unité. *Едини́цы, деся́тки, со́тни,* les unités, les dizaines, les centaines. 2. un (*la plus basse des notes scolaires*). *Са́ша получи́л едини́цу по а́лгебре,* Sacha a eu un zéro en algèbre.

ЕДИНИ́ЧНЫЙ isolé. *Едини́чный слу́чай,* un cas isolé.

ЕДИНОДУ́ШНЫЙ unanime. *Единоду́шное реше́ние,* une décision unanime.

ЕДИ́НСТВЕННЫЙ unique. *Еди́нственная дочь,* une fille unique. *Э́то моё еди́нственное развлече́ние,* c'est ma seule distraction. *Еди́нственный в своём ро́де,* unique en son genre. ● **Еди́нственное число́,** le singulier (*gramm.*).

ЕДИ́НСТВО unité. *Еди́нство ме́ста, еди́нство вре́мени и еди́нство де́йствия,* l'unité de lieu, l'unité de temps et l'unité d'action. *Еди́нство интере́сов,* la communauté des intérêts.

ЕДИ́НЫЙ seul, unique. *Еди́ное кома́ндование,* un commandement unique. *Ни еди́ной оши́бки,* pas la moindre faute. ● **Все до еди́ного,** tous sans exception.

ЕДИ́ТЕ v. есть I.

ЕДКИЙ caustique. *Е́дкая кислота́,* acide caustique. *Е́дкий за́пах,* une odeur âcre. *Е́дкая иро́ния,* une ironie mordante.

Е́ДУ, Е́ДУТ v. éхать.

ЕДЯ́Т v. есть I.

ЕЁ v. он.

ЁЖ hérisson. *Ёж сверну́лся в клубо́к,* le hérisson s'est mis en boule. ● **Морско́й ёж,** oursin.

ЕЖЕВИ́КА 1. ronce. 2. mûres (*fruits de la ronce*).

ЕЖЕДНЕ́ВНЫЙ quotidien. *Ежедне́вная газе́та,* un journal quotidien. *Ежедне́вные упражне́ния,* des exercices quotidiens.

ЕЖЕМЕ́СЯЧНЫЙ mensuel. *Ежеме́сячный журна́л,* une revue mensuelle.

ЕЖЕМИНУ́ТНЫЙ de chaque instant. *Ежеми́нутно звони́л телефо́н,* le téléphone retentissait sans cesse.

ЁЖИКОМ *adv.* en brosse. *У него́ во́лосы ёжиком,* il a des cheveux en brosse.

ЕЗДА́ voyage, parcours (*faits autrement qu'à pied*). *Така́я до́лгая езда́ утоми́тельна,* un voyage si long est fatigant.

Е́ЗДИТЬ indét. de « éхать ».

ЕЙ v. он.

ЕЙ-БО́ГУ! *interj.* Je vous donne ma parole !

ЕЛ, Е́ЛА v. есть I.

Е́ЛЕ *adv.* à peine. *Мы е́ле успева́ли за ним,* nous arrivions à peine à le suivre. *Е́ле живо́й,* plus mort que vif.

Е́ЛИ v. есть I ou ель.

ЁЛКА 1. sapin. *За до́мом росла́ ёлка,* il y avait un sapin derrière la maison. 2. arbre de nouvel an, arbre de Noël. *Зажéчь ёлку,* allumer le sapin de nouvel an. 3. fête de nouvel an, ou de Noël, organisée autour d'un sapin. *Позва́ть кого́-нибудь на ёлку,* inviter quelqu'un à une fête de nouvel an.

ЕЛЬ *f.* sapin (*bot.*).

ЕМУ́ v. он.

ЕПИ́СКОП évêque.

Е́РЕСЬ *f.* hérésie. *Пропове́довать е́ресь,* défendre des opinions hérétiques. *Э́то счита́лось е́ресью,* cela était considéré comme une hérésie.

ЕРУНДА́ 1. bêtise. *Говори́ть ерунду́,* dire des âneries. *Э́то ерунда́!,* Ça ne tient pas debout ! 2. bagatelle. *Э́то са́мое гла́вное; остально́е всё ерунда́,* C'est l'essentiel ; le reste, ça ne compte pas.

Е́СЛИ *conj.* si. 1. (*non accompagné de* « бы ») *Е́сли он был бо́лен, на́до бы́ло позва́ть до́ктора,* s'il était malade, il fallait appeler le docteur. *Е́сли он смог э́то сде́лать, то и я смогу́,* s'il a été capable de faire cela, je saurai bien le faire moi aussi. *Если у вас нет доказательств, я вам говорю: не верю*, Si vous n'avez pas de preuve, je vous dis : je n'y crois pas. *Если хотите*, si vous voulez. *Если он придёт, я пойду с ним в кино*, s'il vient, j'irai avec lui au ciné. *Она скоро придёт, если только не собьётся с пути*, elle doit bientôt arriver, si elle ne se perd pas en chemin. *Если он придёт, скажите ему, что я болен*, s'il vient, dites-lui que je suis malade. *А что, если он узнает об этом?*, Et si par hasard il l'apprenait ? **2.** (*accompagné de* « бы ») *Если бы у меня были деньги, я бы тебе заплатил*, Si j'avais de l'argent, je te rembourserais *ou* Si j'avais eu de l'argent, je t'aurais remboursé. *Если бы он был жив!*, Ah, s'il était encore en vie ! *Если бы не он, то мы бы давно уехали*, sans lui, nous serions partis depuis longtemps.

Remarques. **1.** Lorsque la principale est au mode hypothétique, la subordonnée l'est aussi (« если » est alors immédiatement suivi de « бы »). En français, on a, dans ce cas, le conditionnel dans la principale et l'indicatif dans la subordonnée. **2.** « Если » suivi du futur est traduit en français par « si » suivi du présent.

ЕСТЕ́СТВЕННЫЙ naturel. *Естественные богатства*, les richesses naturelles. *Естественная смерть*, une mort naturelle. *Естественный отбор*, la sélection naturelle. *Естественные науки*, les sciences naturelles. *Естественный жест*, un geste naturel. *Это естественно*, c'est bien naturel.

I. ЕСТЬ* *n. cl.*, ем, ешь, ест, едим, едите, едят; ел, ела...; ешь, ешьте **1.** / **СЪЕСТЬ*** *n. cl.* (*id.*) *et* **ПОЕ́СТЬ*** *n. cl.* (*id.*) manger. *Есть с аппетитом*, manger avec appétit. *Есть за двоих*, manger comme quatre. *Мне хочется есть*, j'ai faim. // (*Fig.*) *Есть кого-нибудь глазами*, dévorer qqn des yeux. **2.** / **РАЗЪЕ́СТЬ*** *n. cl.* (*id.*) ronger, corroder. *Ржавчина разъела железо*, la rouille a rongé le fer. *Дым ел глаза*, la fumée nous piquait les yeux.

Remarque. L'impératif « ешь », « ешьте » est familier. On emploie de préférence, avec une nuance de politesse, l'impératif du verbe « кушать ».

II. ЕСТЬ (*voir la remarque*) il y a. *Там есть скамейка*, là-bas, il y a un banc. *У него есть карандаш*, il a un crayon. ● **Что есть силы,** de toutes ses forces. **Так и есть,** c'est bien ça.

Remarque. « Есть » est un vestige du présent de « быть »; sa forme négative est « нет ».

Е́ХАТЬ* IV, еду, едешь... / **ПОЕ́ХАТЬ*** IV (*id.*); *indét.* **Е́ЗДИТЬ** **1.** aller (*autrement qu'à pied*). *Ехать на машине*, aller en voiture. *Мы поедем в Москву*, nous irons à Moscou. **2.** (*fam.*) passer, arriver (*en parlant d'un véhicule*). *Вдали ехали сани*, au loin, on voyait passer un traîneau. ● **Дальше ехать некуда,** nous sommes dans une impasse.

Remarque. Les verbes « ехать / поехать » n'ont pas d'impératif usité dans la langue littéraire. Les formes supplétives « поезжай », « поезжайте » en tiennent lieu.

ЕШЬ, Е́ШЬТЕ v. есть I.

ЕЩЁ **1.** encore. *Ещё раз*, encore une fois. *Налейте ещё стаканчик*, Versez m'en encore un petit verre. *Ещё лучше*, encore mieux. « *Ты получила от него письмо? — Нет ещё* », « Tu as reçu une lettre de lui ? — Pas encore. » *Он ещё не вернулся*, il n'est pas encore rentré. *Мы всё ещё ждём*, nous attendons toujours. *Это ещё ничего*, ça, c'est encore rien. **2.** déjà. *Он уехал ещё месяц тому назад*, il est parti il y a un mois déjà. ● **Ещё бы 1.** ça va de soi. « *Она пойдёт с нами?* —

Ещё бы! », « Elle vient avec nous ? — Bien sûr ! » **2.** il ne manquerait plus que ça. *Ещё бы ты был недово́лен!*, Il ne manquerait plus que ça, que tu ne sois pas content !

REMARQUE. Noter l'ordre des mots dans l'expression « ещё не », pas encore.

ÉЮ v. он.

Ж

Ж v. же.

ЖА́БА crapaud.

ЖА́ВОРОНОК alouette.

ЖА́ДНОСТЬ *f.* avidité. *Есть с жа́дностью*, manger avec avidité.

ЖА́ДНЫЙ ∧— avide. *Жа́дный к деньга́м*, âpre au gain. *С жа́дным любопы́тством*, avec une curiosité avide.

REMARQUE. Outre la construction « жа́дный к + *dat.* », on trouve « жа́дный на + *acc.* », « жа́дный до + *gén.* » et « жа́дный + *gén. pl.* ».

ЖА́ЖДА soif. *Утоли́ть жа́жду*, étancher la soif. // (*Fig.*) *Жа́жда ме́сти*, la soif de vengeance.

ЖАЛЕ́ТЬ / ПОЖАЛЕ́ТЬ 1. (+ *acc.*) plaindre, avoir pitié de. *Жале́ть сироту́*, avoir pitié d'un orphelin. **2.** (о + *loc.*, *gén. ou* что) regretter. *Я не жале́ю об э́том*, je ne le regrette pas. *Жале́ю об истра́ченных деньга́х*, je regrette d'avoir dépensé cet argent. *Жале́ю, что не сра́зу уе́хал*, je regrette de ne pas être parti tout de suite. **3.** (+ *acc. ou, après négation, gén.*) ménager. *Не жале́ть сил*, ne pas ménager ses forces.

ЖА́ЛИТЬ / УЖА́ЛИТЬ piquer (*en parlant d'un serpent, d'un insecte*). *Ужа́лила его́ пчела́*, il a été piqué par une abeille.

ЖА́ЛКИЙ ∧— **1.** pitoyable, piteux. *Име́ть жа́лкий вид*, avoir une mine pitoyable. *Жа́лкие результа́ты*, des résultats piteux. **2.** digne de pitié, de regrets. *Мне ста́ло жа́лко её*, j'ai eu pitié d'elle. *Жа́лко потерянного вре́мени*, je regrette le temps perdu.

ЖА́ЛОБА plainte *Пода́ть жа́лобу на кого́-нибудь*, porter plainte contre qqn.

ЖА́ЛОБНЫЙ plaintif. *Жа́лобный го́лос*, une voix plaintive. ● **Жа́лобная кни́га,** le livre des réclamations.

ЖА́ЛОВАНЬЕ appointements. *Он получа́л со́рок рубле́й жа́лованья*, son traitement se montait à quarante roubles.

ЖА́ЛОВАТЬСЯ / ПОЖА́ЛОВАТЬСЯ se plaindre. *Они́ уже́ давно́ жа́ловались на сосе́дей*, il y avait longtemps déjà qu'ils se plaignaient de leurs voisins. *Она́ жа́ловалась, что не мо́жет рабо́тать*, elle se plaignait de ne pas pouvoir travailler. *Больно́й жа́луется на головну́ю боль*, le malade se plaint de maux de tête.

ЖА́ЛОСТЬ *f.* pitié. *Она́ э́то сде́лала из жа́лости к нему́*, elle a fait cela par pitié pour lui. ● **Кака́я жа́лость !,** Comme c'est dommage ! *Кака́я жа́лость, что вас не́ было!*, Comme c'est dommage que vous n'ayez pas été là !

ЖАЛЬ *particule* **1.** (*expression de la pitié*) *Мне бы́ло жаль её*, elle me faisait pitié. *Жаль на неё смотре́ть*, elle fait pitié à voir. **2.** (*expression des regrets*) *Ему́ жаль истра́ченных де́нег*, il regrette l'argent qu'il a dépensé. *Как жаль!*, Comme c'est dommage ! *Как мне жаль, что я вас не* *видел!*, Comme je regrette de ne pas vous avoir vu ! *Очень жаль, что вы не остаётесь с нами*, C'est bien dommage que vous ne restiez pas avec nous. *Жаль, если она не придёт*, ce serait bien dommage qu'elle ne vienne pas.

REMARQUE. Dans le premier cas (expression de la pitié), le complément de la particule se met à l'accusatif. Dans le second cas (expression du regret), il se met au génitif.

ЖАР*, *loc.* жару́
1. (*fam.*) braise.
2. chaleur.
3. ardeur.
4. fièvre.

1. *Выгрести жар из печки*, tirer la braise du poêle. *Чужими руками жар загребать*, laisser les autres tirer les marrons du feu. **2.** *Нестерпимый жар*, une chaleur insupportable. *Они выехали в самый жар*, ils sont partis au moment où il faisait le plus chaud. **3.** *С жаром приняться за работу*, se mettre au travail avec ardeur. **4.** *У меня был жар*, j'avais la fièvre. ● **Меня бросило в жар,** le sang m'est monté au visage. **Жар-птица** (*folklore*), l'oiseau de feu. **Задать жару кому-нибудь,** faire passer à qqn un mauvais quart d'heure.

ЖАРА́ chaleur. *Невыносимая жара*, une chaleur insupportable.

ЖА́РЕНЫЙ rôti. *Жареный цыплёнок*, poulet rôti. *Жареная рыба*, poisson frit. *Жареная картошка*, pommes de terre sautées.

ЖА́РИТЬ / ЗАЖА́РИТЬ *et* **ИЗЖА́РИТЬ** rôtir. *Жарить цыплёнка*, faire rôtir un poulet. *Жарить рыбу*, faire frire un poisson. *Жарить картошку*, faire frire des pommes de terre. *Солнце жарило нас нещадно*, le soleil nous rôtissait sans pitié.

ЖА́РКИЙ , *comp.* жа́рче* chaud, torride. *Жаркое лето*, un été très chaud. *Мне было жарко*, j'avais très chaud. **2.** (*fig.*) ardent. *Жаркие поцелуи*, des baisers ardents.

REMARQUE. Il ne faut pas confondre l'adjectif « жа́ркий » et l'adjectif substantivé « жарко́е ». Ces deux mots diffèrent d'ailleurs par leur accent.

ЖАРКО́Е *adj. subst. n.* un rôti. *Жаркое из баранины*, un rôti de mouton.

ЖА́РЧЕ comp. de « жа́ркий ».

ЖА́ТВА moisson. *В поле шла жатва*, dans les champs, on moissonnait.

I. ЖАТЬ* IV, жму, жмёшь...
1. / **ПОЖА́ТЬ*** IV (*id.*) serrer.
2. être trop étroit (*en parlant des chaussures, des vêtements*).
3. / **ВЫ́ЖАТЬ*** IV, вы́жму, вы́жмешь... presser.

1. *Пожать кому-нибудь руку*, serrer la main à qqn. *Жму тебе руку* (*à la fin d'une lettre*), Salutations amicales. **2.** *Сапог мне жмёт ногу*, ma botte me blesse le pied. *Пиджак жмёт в плечах*, cette veste est trop étroite aux épaules. **3.** *Жать сок из лимона*, exprimer le jus d'un citron.

II. ЖАТЬ* IV, жну, жнёшь... / **СЖАТЬ*** IV (*id.*) moissonner. *Жать рожь*, moissonner le seigle.

ЖА́ТЬСЯ* IV, жмусь, жмёшься... **1.** / **ПРИЖА́ТЬСЯ*** IV (*id.*) se serrer. *Жаться друг к другу*, se serrer l'un contre l'autre *ou* se serrer les uns contre les autres. **2.** / **СЖА́ТЬСЯ*** IV (*id.*) se faire petit, se pelotonner. *Жаться от холода*, se pelotonner de froid.

ЖГЛА, ЖГУ... v. жечь.

ЖГУ́ЧИЙ brûlant. *Жгучие лучи солнца*, les rayons brûlants du soleil. *Жгучий мороз*, un froid piquant. // (*Fig.*) *Жгучий взгляд*, un regard ardent. ● **Жгучий вопрос,** une question d'actualité.

ЖДАТЬ* IV, жду, ждёшь...; ждал, ждалá, ждáло, ждáли ∧_ / **ПОДОЖДÁТЬ*** IV (*id.*) attendre. *Жду отвéта*, j'attends une réponse. *Мы ждáли автóбуса*, nous attendions l'autobus. *Онá ждёт Тáню*, elle attend Tania. *Онá не застáвила себя ждать*, elle ne s'est pas fait attendre. *Врéмя не ждёт*, le temps presse.

Remarque. « Ждать » est généralement suivi du génitif. Toutefois celui-ci est remplacé par un accusatif lorsque le complément est un nom singulier appartenant à la première déclinaison et désignant un être animé.

ЖЕ *ou* **Ж**
I. Conjonction:
1. et;
2. tandis que.
II. Particule:
1. même;
2. pourtant;
3. donc (*renforcement*).

I. 1. *С тех пор, как он уéхал, уéхал же он веснóй, я остáлся одúн в дóме*, depuis qu'il est parti, et il est parti au printemps, je suis resté seul dans cette maison. **2.** *Все взрóслые ушлú на рабóту, дéти же остáлись дóма*, toutes les grandes personnes partirent au travail, tandis que les enfants restaient à la maison.

II. 1. *Онá приéдет сегóдня же*, elle doit arriver aujourd'hui même. *Он приéхал в тот же день*, il est arrivé le même jour. *Мы живём с ним в однóм и том же дóме*, nous habitons dans la même maison que lui. *Э́то те же сáмые кнúги*, ce sont les mêmes livres. *И в стáрости он остáлся такúм же*, dans sa vieillesse, il est resté le même. *Он живёт там же*, il habite au même endroit. *Онú тудá же уéхали*, ils sont partis au même endroit. *Он так же поступúл, как и егó брат*, il a agi de la même manière que son frère. *Такúм же óбразом*, de la même manière. *Такóго же рóда*, de la même sorte. *Онú всё же не соглаcúлись*, ils n'ont pas accepté tout de même. **2.** *Почемý егó не приглаcúли на концéрт? Он же любúтель мýзыки*, Pourquoi ne l'a-t-on pas invité au concert? C'est pourtant un amateur de musique. **3.** *Когдá же он приéдет?*, Quand donc arrivera-t-il?

ЖЕВÁТЬ* II, жую, жуёшь... / **ПОЖЕВÁТЬ*** II (*id.*) mâcher.

ЖЁГ v. жечь.

ЖЕЗЛ ╱‾ ‾ bâton (*d'agent de police*...). *Бéлый жезл милиционéров*, le bâton blanc des agents de police.

ЖЕЛÁНИЕ désir. *Желáние уéхать*, le désir de partir. *Желáния её испóлнились*, ses désirs furent exaucés.

ЖЕЛÁННЫЙ désiré. *Желáнный гость*, un hôte bienvenu.

ЖЕЛÁТЕЛЬНЫЙ souhaitable. *Твоё присýтствие желáтельно*, Ta présence est souhaitable. *Желáтельно, чтóбы онú примирúлись*, il est souhaitable qu'ils se réconcilient.

ЖЕЛÁТЬ / ПОЖЕЛÁТЬ désirer, souhaiter. *Я желáю поговорúть с ним*, je désire lui parler. *Я желáю, чтóбы он вернýлся*, je souhaite qu'il revienne. *Э́то оставля́ет желáть лýчшего*, cela laisse fort à désirer. *Вы желáете невозмóжного*, Vous voulez l'impossible. *Желáю вам успéха*, Je vous souhaite le succès. *Желáю вам всегó хорóшего*, Je vous souhaite bien des choses.

Remarque. « Желáть » se construit avec le génitif, un infinitif ou « чтóбы » et le passé.

ЖЕЛЕЗÁ, *pl.* жéлезы, желёз, железáм... ‾ ╱‾ glande. *Жéлезы внýтренней секрéции*, les glandes à sécrétion interne.

Remarque. Ne pas confondre « железá », « железý », « железé » avec « желéза », « желéзу », « желéзе », formes du mot « желéзо ».

ЖЕЛЕЗНОДОРÓЖНЫЙ de chemin de fer. *Железнодорóжный трáнспорт*, les transports ferroviaires. *Железнодорóжная сеть*, le réseau ferroviaire.

ЖЕЛÉЗНЫЙ de fer. *Желéзная рудá*, le minerai de fer. // (*Fig.*) *Желéзное здорóвье*, une santé de fer. *Желéзная вóля*, une volonté de fer. *Желéзная дисциплúна*, une discipline de fer. • **Желéзная дорóга,** le chemin de fer.

ЖЕЛÉЗО fer. *Куй желéзо покá горячó*, il faut forger le fer pendant qu'il est chaud.

Remarque. Ne pas confondre « желéза », « желéзу », « желéзе » avec « железá », « железý », « железé », formes du mot « железá ».

ЖЕЛТÉТЬ / ПОЖЕЛТÉТЬ 1. jaunir. *Лúстья пожелтéли*, les feuilles ont jauni. 2. avoir une teinte jaune. *Вдалú желтéли пшенúчные поля́*, au loin, on voyait les champs de blé dorés.

ЖЕЛТÝХА jaunisse.

ЖЁЛТЫЙ /‾╲__ jaune. *Жёлтый цветóк*, une fleur jaune.

ЖЕЛÝДОК estomac.

ЖЁЛУДЬ ___ /‾‾ *m.* gland (*fruit du chêne*).

ЖЁЛЧЬ *f.* bile. *Излúть свою́ жёлчь*, décharger sa bile (*fig.*).

ЖÉМЧУГ (*et également* **ЖЕМЧУГÁ***, жемчугóв, жемчугáм... *pl. t.*) perles. *Искáтели жéмчуга*, les pêcheurs de perles. *Нúтка жéмчуга*, un collier de perles.

Remarque. Une perle se dit « жемчýжина ».

ЖЕНÁ, *pl.* жёны... ‾‾ ___ épouse. *Муж и женá*, le mari et la femme.

ЖЕНÁТЫЙ marié (*en parlant d'un homme*). *Он женáт?*, Il est marié? *Он женáт на моéй сестрé*, c'est le mari de ma sœur.

ЖЕНÚТЬСЯ ╲___ 1. / **ЖЕНÚТЬСЯ** ╲___ se marier (*en parlant d'un homme*). *Он женúлся на моéй сестрé*, il a épousé ma sœur. 2. / **ЖЕНÚТЬСЯ** ╲___ *et* **ПОЖЕНÚТЬСЯ** ╲___ se marier (*en parlant d'un homme et d'une femme*). *Онú недáвно женúлись*, ils se sont mariés il n'y a pas longtemps.

ЖЕНÚХ /‾‾ ‾‾ fiancé. • **Смотрéть женихóм,** avoir l'air radieux.

ЖÉНСКИЙ de femme, féminin. *Жéнский гóлос*, une voix féminine. *Жéнская óбувь*, des chaussures pour femmes. • **Жéнский род,** le féminin (*gramm.*).

ЖÉНЩИНА femme. *Жéнщины и мужчúны*, les femmes et les hommes. *Замýжняя жéнщина*, une femme mariée.

ЖЕРЕБЁНОК*, *pl.* жеребя́та, жеребя́т, жеребя́там... poulain.

ЖЁРНОВ*, *n. pl.* жерновá ___ meule (*de moulin*).

ЖÉРТВА 1. sacrifice. *В жéртву богáм*, en sacrifice aux dieux. // (*Fig.*) *Онá готóва на вся́кие жéртвы*, elle est prête à tous les sacrifices. 2. victime. *Жéртвы авиациóнной катастрóфы*, les victimes de la catastrophe aérienne. *Жéртва судéбной ошúбки*, la victime d'une erreur judiciaire.

ЖÉРТВОВАТЬ / ПОЖÉРТВОВАТЬ (+ *instr.*) sacrifier. *Жéртвовать всем для достижéния своéй цéли*, tout sacrifier pour atteindre son but. *Жéртвовать собóй*, se sacrifier.

ЖЁСТКИЙ /‾╲__, *comp.* жёстче* 1. dur. *Жёсткое крéсло*, un fauteuil mal rembourré. *Жёсткий вагóн*, voiture de deuxième classe. *Жёсткие вóлосы*, des cheveux raides. 2. rude. *Жёсткие чертú лицá*, des traits rudes.

ЖЕСТÓКИЙ, жестóк, жестокá жестóко, жестóки /‾╲__ ; *superl.* жесточáйший* 1. cruel. *Жестóкие нрáвы*, des mœurs cruelles. **2.** acharné. *Жестóкое сопротивлéние*, une résistance acharnée.

ЖЕСТÓКОСТЬ *f.* cruauté.

ЖЕСТОЧÁЙШИЙ superl. de « жестóкий ».

ЖЁСТЧЕ comp. de « жёсткий ».

ЖЕСТЬ *f.* fer-blanc.

ЖЕЧЬ* IV, жгу, жжёшь..., жгут; жёг, жгла... / **СЖЕЧЬ*** IV, сожгý, сожжёшь..., сожгýт; сжёг, сожглá... ╱‾‾ ; сожжённый brûler (*tr.*). *Онú жгут мнóго дров*, ils brûlent beaucoup de bois. *К счáстью онú не сожглú дóма*, heureusement, ils ne mirent pas le feu à la maison. *Moróз жёг лицó*, le froid nous brûlait le visage.

ЖЖЁШЬ, ЖЖЁМ... v. жечь.

ЖИВЁМ, ЖИВЁТ... v. жить.

ЖИВÓЙ ∧__ **1.** vivant. *Живóе существó*, un être vivant. *Мой дéдушка ещё жив*, mon grand-père est encore en vie. *Остáться в живы́х*, s'en tirer. *Ни жив ни мёртв*, plus mort que vif. **2.** vif. *Óчень живóй ум*, un esprit très vif. *Проявля́ть живóй интерéс*, manifester un vif intérêt. ● **Задéть за живóе,** piquer au vif.

ЖИВОПИ́СНЫЙ pittoresque. *Живопи́сная дорóга*, une route pittoresque. *Живопи́сный расскáз*, un récit pittoresque.

ЖИ́ВОПИСЬ *f.* peinture (*art*). *Голлáндская жи́вопись*, la peinture hollandaise.

ЖИВÓТ ╱‾‾ ‾‾ ventre. *У меня́ болúт живóт*, j'ai mal au ventre. *Взду́тый живóт*, le ventre gonflé.

ЖИВÓТНОЕ *adj. subst. n.* animal. *Домáшние живóтные*, les animaux domestiques.

> REMARQUE. L'accusatif singulier de « живóтное » est semblable au nominatif. L'accusatif pluriel est semblable au génitif.

ЖИВУ́, ЖИВУ́Т v. жить.

ЖИ́ДКИЙ ∧__ , *comp.* жи́же* **1.** liquide. *Жи́дкий клей*, colle liquide. *Жи́дкое тóпливо*, carburant liquide. *Жи́дкий вóздух*, air liquide. **2.** clairsemé. *Жи́дкие вóлосы*, des cheveux clairsemés.

ЖИ́ДКОСТЬ *f.* liquide. *Густáя жи́дкость*, un liquide épais.

ЖИ́ЖЕ comp. de « жи́дкий ».

ЖИ́ЗНЕННЫЙ **1.** de la vie. *Жи́зненный óпыт*, l'expérience de la vie. **2.** vital. *Жи́зненные интерéсы*, les intérêts vitaux. *Жи́зненный вопрóс*, une question vitale.

ЖИЗНЬ *f.* vie. *Жизнь растéний*, la vie des plantes. *Рисковáть жи́знью*, risquer sa vie. *Спасти́ комý-нибудь жизнь*, sauver la vie à qqn. *Находи́ться мéжду жи́знью и смéртью*, être entre la vie et la mort. *Жизнь егó дéржится на волоскé*, sa vie ne tient qu'à un fil. *Э́то вопрóс жи́зни и смéрти*, c'est une question de vie ou de mort. *Никогдá в жи́зни*, jamais de la vie. *На всю жизнь*, pour toute la vie. *Зарабáтывать на жизнь*, gagner sa vie. *Óбраз жи́зни*, le mode de vie. *Семéйная жизнь*, la vie de famille. *Деревéнская жизнь*, la vie à la campagne. *Духóвная жизнь*, la vie spirituelle.

ЖИ́ЛА veine, artère. *Вы́пуклые жи́лы*, des veines gonflées.

ЖИЛÉЦ locataire. ● **Он не жилéц на бéлом свéте,** il file un bien mauvais coton.

ЖИЛИ́ЩЕ habitation. *Бéдное жили́ще*, une pauvre demeure.

ЖИЛИ́ЩНЫЙ du logement. *Жили́щный кри́зис*, la crise du logement. *Жили́щные услóвия*, les conditions d'habitation.

ЖИЛÓЙ d'habitation. *Жилы́е домá*, des maisons d'habitation.

ЖИР*, *loc.* жирý __∠ ‾‾ graisse. *Гуси́ный жир*, graisse d'oie. *Ры́бий жир*, huile de foie de morue.

ЖИ́РНЫЙ ∧__ gras. *Жи́рный человéк*, un homme gras. *Жи́рный суп*, de la soupe grasse. *Жи́рно есть*, faire bonne chère. *Жи́рное пятнó*, une tache de graisse. *Жи́рная земля́*, une terre grasse. *Жи́рный шрифт*, des caractères gras.

ЖИ́ТЕЛЬ *m.* habitant. *Жи́тели Ку́рска*, les habitants de Koursk.

ЖИ́ТЕЛЬСТВО résidence. *Ме́сто постоя́нного жи́тельства*, résidence habituelle.

ЖИТЬ* IV, живу́, живёшь...; жил, жила́, жи́ло, жи́ли **1.** vivre. *Ему́ недо́лго остаётся жить*, il n'a plus longtemps à vivre. *Бога́то жить*, vivre richement. *Жить свои́м трудо́м*, vivre de son travail. *Жить на пятьдеся́т рубле́й в ме́сяц*, vivre avec cinquante roubles par mois. *Жить долга́ми*, vivre de dettes. *Жить наде́ждами*, vivre d'espoir. **2.** habiter. *Они́ жи́ли в Москве́*, ils habitaient à Moscou. *Она́ жила́ с сестро́й*, elle habitait avec sa sœur. ● **С волка́ми жить, по-во́лчьи выть**, il faut hurler avec les loups. **Жил-был** *ou* **жила́-была́** *ou* **жи́ли-бы́ли**, il était une fois (*dans les contes*).

Remarque. L'accent passe sur la négation dans les groupes « не́ жил », « не́ жило », « не́ жили ».

ЖИ́ТЬСЯ* IV, живётся; жило́сь vivre. *Им непло́хо живётся*, ils ne vivaient pas mal.

ЖМЁШЬ, ЖМУ... v. жать I.

ЖНЁШЬ, ЖНУ... v. жать II.

ЖРЕ́БИЙ *m.* sort. *Бро́сить жре́бий*, tirer au sort. *Жре́бий бро́шен*, le sort en est jeté.

ЖУЖЖА́ТЬ* I, жужжу́, жужжи́шь... / **ПРОЖУЖЖА́ТЬ*** I (*id.*) bourdonner. *Жужжа́т му́хи*, les mouches bourdonnent. *Пу́ли жужжа́ли*, les balles sifflaient.

ЖУК insecte (*du type coléoptère*). ● **Ма́йский жук**, hanneton.

ЖУ́ЛИК filou.

ЖУ́ЛЬНИЧАТЬ / СЖУ́ЛЬНИЧАТЬ filouter. *Жу́льничать в игре́*, tricher au jeu.

ЖУРА́ВЛЬ **1.** grue (*oiseau*). **2.** appareil à bascule employé pour tirer l'eau des puits, « jouravl ». *Достава́ть журавлём во́ду из коло́дца*, tirer l'eau du puits avec un jouravl.

ЖУРНА́Л revue (*journal*).

ЖУРЧА́ТЬ* I, журчи́т, журча́т murmurer (*en parlant de l'eau*). *Под дере́вьями журчи́т руче́й*, on entend sous les arbres le murmure d'un ruisseau.

ЖУ́ТКИЙ sinistre, effrayant. *Жу́ткое зре́лище*, un spectacle effrayant. *Ему́ ста́ло жу́тко в темноте́*, il prit peur dans l'obscurité.

З

ЗА *prép.*

I. Régissant l'accusatif.

1. (*direction*) derrière // au-delà de.

2. par, à (*après des verbes comme « prendre », « s'accrocher »...*).

II. Régissant l'instrumental.

1. (*emplacement*) derrière // au-delà de.

2. à la recherche de.

3. pour (« *à la place de* », *rarement* « *en vue de* »).	3. au compte de.
4. en (*au cours de*).	4. en raison de.
5. *dans l'expression* « за... до », *où* « за » *ne se traduit pas.*	5. *après les verbes exprimant une idée de surveillance, de soins..., où* « за » *ne se traduit pas.*
6. (*dans l'expression* « за... от ») à une distance de.	

III. Régissant le nominatif.

Cet emploi est limité à l'expression « что за », « quel ».

I. 1. *Заложи́ть ру́ки за́ спину*, mettre les mains derrière son dos. *Сесть за стол*, se mettre à table. // *Уе́хать за грани́цу*, partir à l'étranger. *Пое́хать за́ город*, aller à la campagne. *Уже́ за́ полночь*, il est déjà plus de minuit. *Ей за́ сорок*, elle a plus de quarante ans. 2. *Взять за́ руку*, prendre par la main. *Держа́ться за пери́ла*, se tenir à la rampe. *Взя́ться за рабо́ту*, se mettre au travail. 3. *Я заплати́л рубль за пласти́нку*, j'ai payé ce disque un rouble. *О́ко за о́ко, зуб за́ зуб*, œil pour œil, dent pour dent. *Ни за что на све́те*, pour rien au monde. *Благодарю́ вас за пода́рок*, Je vous remercie de votre cadeau. *Мне сты́дно за тебя́*, J'ai honte pour toi. *Есть за четверы́х*, manger comme quatre. *Счита́ть за честь*, considérer comme un honneur. *Вы́дать себя́ за инжене́ра*, se faire passer pour un ingénieur. *За ва́ше здоро́вье*, à votre santé. *Боро́ться за свобо́ду*, lutter pour la liberté. 4. *Э́то мо́жно сде́лать за час*, on peut faire cela en une heure. *За после́дние пять лет*, au cours des cinq dernières années. 5. *За два дня до твоего́ отъе́зда*, deux jours avant ton départ. 6. *За три киломе́тра от го́рода*, à trois kilomètres de la ville.

II. 1. *За две́рью разда́лся крик*, un cri se fit entendre derrière la porte. *Сиде́ть за столо́м*, être à table. *Провести́ ве́чер за рабо́той*, passer sa soirée à travailler. *Иди́те за мной!*, Suivez-moi ! // *За́ го́родом*, à la campagne. *За грани́цей*, à l'étranger. *За исключе́нием*, à l'exception de. 2. *Посла́ть за до́ктором*, envoyer chercher le docteur. 3. *За мной два рубля́*, je dois deux roubles. 4. *За отсу́тствием до́ктора*, en raison de l'absence du médecin. 5. *Гляде́ть за детьми́*, surveiller les enfants. *Наблюда́ть за выполне́нием пла́на*, surveiller l'exécution du plan. *Он за ней уха́живает*, il lui fait la cour.

III. *Что за ерунда́!*, Quelle ânerie !

ЗАБАВЛЯ́ТЬ amuser, divertir. *Он всех забавля́л свои́ми шу́тками*, il amusait tout le monde avec ses plaisanteries.

ЗАБА́ВНЫЙ amusant.

/ **ЗАБАРАБА́НИТЬ** v. бараба́нить.

/ **ЗАБАСТОВА́ТЬ** v. бастова́ть.

ЗАБАСТО́ВКА grève. *Объяви́ть забасто́вку*, se mettre en grève. *Всео́бщая забасто́вка*, la grève générale.

ЗАБАСТО́ВЩИК gréviste.

ЗАБЕГА́ТЬ / ЗАБЕЖА́ТЬ* *n. cl.*, забегу́, забежи́шь..., забегу́т; забеги́ passer, faire un bond. *Я забегу́ к нему́*, je ferai un bond chez lui.

/ **ЗАБЕЖА́ТЬ** v. забега́ть.

ЗАБИВА́ТЬ / ЗАБИ́ТЬ* II, забью́, забьёшь...; забе́й; заби́тый 1. enfoncer. *Заби́ть гвоздь в сте́ну*, enfoncer une pointe dans le mur. 2. boucher. *Заби́ть дверь*, condamner une porte. ● **Заби́ть гол,** marquer un but (*sport*). **Заби́ть трево́гу,** donner l'alarme.

/ **ЗАБИНТОВА́ТЬ** v. бинтова́ть.

ЗАБИРА́ТЬ / **ЗАБРА́ТЬ*** IV, заберу́, заберёшь...; забра́л, забрала́, забра́ло, забра́ли ⁄‾‾ prendre, emporter. *Он забра́л с собо́й кни́гу*, il a emporté le livre.

ЗАБИРА́ТЬСЯ / ЗАБРА́ТЬСЯ* IV, заберу́сь, заберёшься...; забра́лся, забрала́сь... ⁄‾‾ s'introduire avec peine; monter avec peine. *Мальчи́шки забрали́сь на де́рево*, les gamins ont grimpé sur l'arbre.

/ **ЗАБИ́ТЬ** v. забива́ть.

ЗАБЛАГОВРЕ́МЕННО *adv.* en temps utile. *Меня́ извести́ли заблаговре́менно*, on m'a averti en temps utile.

/ **ЗАБЛАГОРАССУ́ДИТЬСЯ** être jugé à propos. *Она́ де́лает всё, что ей заблагорассу́дится*, elle fait tout ce qui lui passe par la tête.

/ **ЗАБЛУДИ́ТЬСЯ** ⁐ faire fausse route. *Они́ заблуди́лись в лесу́*, ils se sont perdus dans la forêt.

ЗАБЛУЖДА́ТЬСЯ (*livresque*) faire fausse route (*fig.*), se tromper.

ЗАБЛУЖДЕ́НИЕ erreur. *Ввести́ в заблужде́ние*, induire en erreur.

I. ЗАБОЛЕВА́ТЬ / ЗАБОЛЕ́ТЬ tomber malade. *Я заболе́л*, je suis tombé malade. *Я заболе́л гри́ппом*, j'ai attrapé la grippe.

II. ЗАБОЛЕВА́ТЬ / ЗАБОЛЕ́ТЬ* I, заболи́т, заболя́т commencer à faire mal. *У меня́ заболе́ла голова́*, j'ai mal à la tête.

/ **ЗАБОЛЕ́ТЬ** v. боле́ть II et заболева́ть.

ЗАБО́Р palissade, enceinte. *Доща́тый забо́р*, une clôture de planches. *Ка́менный забо́р*, un mur de pierre.

ЗАБО́ТА 1. souci. *У неё бы́ло мно́го забо́т*, elle avait beaucoup de soucis. *Э́то уж твоя́ забо́та*, Ça, c'est ton affaire. 2. soin. *Окружи́ть забо́тами*, entourer de soins.

ЗАБО́ТИТЬСЯ / ПОЗАБО́ТИТЬСЯ (о + *loc.*) se préoccuper. *Ни о чём не забо́титься*, ne se soucier de rien.

ЗАБО́ТЛИВЫЙ plein de soin. *Забо́тливый ухо́д*, des soins attentifs.

/ **ЗАБРАКОВА́ТЬ** v. бракова́ть.

I. ЗАБРА́СЫВАТЬ / ЗАБРОСА́ТЬ couvrir. *Заброса́ть цвета́ми*, couvrir de fleurs.

II. ЗАБРА́СЫВАТЬ / ЗАБРО́СИТЬ 1. lancer loin. *Забро́сить мяч на кры́шу*, lancer le ballon sur le toit. 2. abandonner, délaisser. *Она́ забро́сила хозя́йство*, elle ne s'occupe plus de son ménage. *Забро́шенный сад*, un jardin abandonné.

/ **ЗАБРА́ТЬ** v. забира́ть.

/ **ЗАБРА́ТЬСЯ** v. забира́ться.

/ **ЗАБРЕ́ЗЖИТЬ** v. бре́зжить.

I. / **ЗАБРОНИ́РОВАТЬ** v. брони́ровать.

II. / **ЗАБРОНИРОВА́ТЬ** v. бронирова́ть.

/ **ЗАБРОСА́ТЬ** v. забра́сывать I.

/ **ЗАБРО́СИТЬ** v. забра́сывать II.

/ **ЗАБУКСОВА́ТЬ** v. буксова́ть.

ЗАБЫВА́ТЬ / ЗАБЫ́ТЬ* *n. cl.*, забу́ду, забу́дешь...; забу́дь; забы́тый oublier. *Я забы́л ваш а́дрес*, J'ai oublié votre adresse. *Я забы́л о ва́шей про́сьбе*, Je n'ai pas pensé à faire ce que vous m'avez demandé. *Я забы́ла запере́ть дверь*, j'ai oublié de fermer la porte à clef. *Я забы́л кни́гу до́ма*, j'ai laissé mon livre à la maison.

Remarque. Après забыва́ть, quatre constructions sont possibles : *acc.*, о + *loc.*, *inf. ou* что.

/ **ЗАБЫ́ТЬ** v. забыва́ть.

/ **ЗАВА́ЖНИЧАТЬ** v. ва́жничать.

ЗАВЕДЕ́НИЕ établissement. *Учёбное заведе́ние*, établissement scolaire.

ЗАВЕ́ДОВАТЬ (+ *instr.*) gérer. *Заве́довать учрежде́нием*, diriger une organisation.

ЗАВЕ́ДУЮЩИЙ *adj. subst. m.* directeur, gérant, administrateur. *Заве́дующий отде́лом*, le chef de service. *Заве́дующий мастерско́й*, le chef d'atelier.

/ **ЗАВЕРБОВА́ТЬ** v. вербова́ть.

/ **ЗАВЕРНУ́ТЬ** v. завёртывать.

ЗАВЁРТЫВАТЬ / ЗАВЕРНУ́ТЬ, *part.* завёрнутый **1.** envelopper. *Заверну́ть буты́лку в бума́гу*, envelopper une bouteille dans du papier. **2.** tourner. *Такси́ заверну́ло напра́во*, le taxi tourna à droite. **3.** faire un tour, passer. *Заверну́ть к прия́телю*, passer chez un ami.

/ **ЗАВЕСТИ́** v. заводи́ть.

ЗАВЕЩА́НИЕ testament. *Написа́ть завеща́ние*, faire son testament.

ЗАВИВА́ТЬ / ЗАВИ́ТЬ* II, завью́, завьёшь...; зави́л, завила́, зави́ло, зави́ли ⋀__; заве́й; зави́тый, зави́т, завита́, зави́то, зави́ты ⋀__ faire friser.

ЗАВИ́ДНЫЙ enviable. *Зави́дное положе́ние*, une situation enviable.

ЗАВИ́ДОВАТЬ / ПОЗАВИ́ДОВАТЬ (+ *dat.*) envier. *Зави́довать сосе́ду*, envier son voisin. *Я ему́ не зави́дую*, je ne voudrais pas être à sa place.

/ **ЗАВИЗЖА́ТЬ** v. визжа́ть.

ЗАВИ́СЕТЬ* I, зави́шу, зави́сишь... dépendre. *Э́то от меня́ не зави́сит*, cela ne dépend pas de moi.

ЗАВИ́СИМОСТЬ *f.* dépendance. *Жить в зави́симости от кого́-нибудь*, être sous la dépendance de qqn. *В зави́симости от обстоя́тельств*, selon les circonstances.

ЗАВИ́СТЛИВЫЙ [с'л'ив] envieux. *Зави́стливый взгляд*, un regard envieux.

ЗА́ВИСТЬ *f.* envie. *За́висть грызёт его*, l'envie le ronge. *Смотре́ть с за́вистью на кого́-нибудь*, regarder qqn avec envie.

ЗАВИТО́Й, за́вит, завита́, за́вито, за́виты ⋀__ frisé, bouclé. *Завиты́е во́лосы*, des cheveux bouclés.

/ **ЗАВИ́ТЬ** v. завива́ть.

ЗАВЛАДЕВА́ТЬ / ЗАВЛАДЕ́ТЬ (*instr.*) se rendre maître de. *Неприя́тели завладе́ли кре́постью*, les ennemis s'emparèrent de la forteresse.

/ **ЗАВЛАДЕ́ТЬ** v. завладева́ть.

ЗАВО́Д usine. *Га́зовый заво́д*, usine à gaz. *Автомоби́льный заво́д*, usine d'automobiles. *Са́харный заво́д*, sucrerie.

> **ЗАВОДИ́ТЬ** ⟍__ / **ЗАВЕСТИ́*** IV, заведу́, заведёшь...; завёл, завела́... ⁄‾‾; заведённый; заведя́
> **1.** mener.
> **2.** acquérir.
> **3.** établir.
> **4.** commencer.
> **5.** remonter, mettre en marche.

1. *Куда́ вы нас завели́?*, Où nous avez-vous amenés? **2.** *Завести́ друзе́й*, se faire des amis. *У меня́ завели́сь друзья́*, je me suis fait des amis. **3.** *Завести́ библиоте́ку*, organiser une bibliothèque. *Завести́ но́вые поря́дки*, instaurer un ordre nouveau. *Завести́ знако́мство с ке́м-нибудь*, faire connaissance avec qqn. **4.** *Завести́ разгово́р*, engager une conversation. **5.** *Завести́ часы́*, remonter une montre.

ЗАВОЕВА́НИЕ conquête. *Завоева́ние Сиби́ри*, la conquête de la Sibérie.

/ **ЗАВОЕВА́ТЬ** v. завоёвывать.

ЗАВОЁВЫВАТЬ / ЗАВОЕВА́ТЬ* II, завою́ю, завою́ешь...

conquérir. *Завоева́ть страну́*, conquérir un pays. *Завоева́ть ры́нок*, conquérir un marché.

ЗАВОРА́ЧИВАТЬ synonyme de « завёртывать ».

/ **ЗАВОРОТИ́ТЬ** synonyme de « заверну́ть ».

/ **ЗАВОРО́ЧАТЬСЯ** v. воро́чаться.

/ **ЗАВОРЧА́ТЬ** v. ворча́ть.

ЗАВСЕГДА́ТАЙ *m.* habitué. *Завсегда́тай рестора́на*, un habitué du restaurant.

ЗА́ВТРА *adv.* demain. *За́втра ве́чером*, demain soir. // (*Subst. indécl.*) *Придётся отложи́ть э́то на за́втра*, il va falloir remettre ça à demain. *До за́втра!*, A demain !

ЗА́ВТРАК petit déjeuner.

ЗА́ВТРАКАТЬ / **ПОЗА́ВТРАКАТЬ** prendre son petit déjeuner.

ЗА́ВТРАШНИЙ de demain. *Не забо́титься о за́втрашнем дне*, ne pas se soucier du lendemain.

ЗА́ВУЧ censeur (*dans un établissement scolaire*).

ЗАВЫВА́ТЬ / **ЗАВЫ́ТЬ*** II, заво́ю, заво́ешь... se mettre à hurler. *Завы́л ве́тер*, le vent se mit à hurler.

/ **ЗАВЫ́ТЬ** v. завыва́ть et выть.

/ **ЗАВЯЗА́ТЬ** v. завя́зывать.

/ **ЗАВЯ́ЗНУТЬ** v. вя́знуть.

ЗАВЯ́ЗЫВАТЬ / **ЗАВЯЗА́ТЬ*** II, завяжу́, завя́жешь... ⎿___ lier. *Завяза́ть паке́т*, faire un paquet. *Завяза́ть га́лстук*, nouer sa cravate. // (*Fig.*) *Завяза́ть разгово́р*, lier conversation. *Завяза́ть торго́вые отноше́ния*, établir des relations commerciales.

/ **ЗАВЯ́НУТЬ** v. вя́нуть.

ЗАГА́ДКА énigme. *Говори́ть зага́дками*, parler par énigmes.

ЗАГА́ДОЧНЫЙ énigmatique. *Зага́дочная улы́бка*, un sourire énigmatique.

ЗАГЛА́ВИЕ titre. *Загла́вие кни́ги*, le titre d'un livre.

/ **ЗАГЛА́ДИТЬ** v. загла́живать.

ЗАГЛА́ЖИВАТЬ / **ЗАГЛА́ДИТЬ** 1. lisser. *Загла́дить во́лосы руко́й*, se lisser les cheveux avec la main. 2. (*fig.*) effacer. *Загла́дить вину́*, réparer sa faute.

ЗАГЛУША́ТЬ / **ЗАГЛУШИ́ТЬ** étouffer, assourdir. *Заглуша́ть го́лос певца́*, couvrir la voix du chanteur. *Со́рные тра́вы заглуши́ли о́вощи*, les mauvaises herbes ont étouffé les légumes.

/ **ЗАГЛУШИ́ТЬ** v. заглуша́ть et глуши́ть.

ЗАГЛЯ́ДЫВАТЬ / **ЗАГЛЯНУ́ТЬ** ⎿___ jeter un coup d'œil. *Загляну́ть под крова́ть*, jeter un coup d'œil sous le lit. *Я в кни́гу не загляну́л*, je n'ai pas mis le nez dans mon livre. *Я к нему́ загляну́ че́рез два-три дня*, je ferai un bond chez lui un de ces jours.

/ **ЗАГЛЯНУ́ТЬ** v. загля́дывать.

ЗАГОВА́РИВАТЬ / **ЗАГОВОРИ́ТЬ** 1. commencer à parler. *Все сра́зу заговори́ли*, tous se mirent à parler en même temps. // (*Fig.*) *В нём заговори́ла со́весть*, sa conscience s'est réveillée. 2. étourdir les gens à force de parler. *Она́ всех заговори́ла*, tout le monde en avait assez de l'entendre. 3. (*arch.*) user de la magie pour guérir un mal. ● **Заговори́ть кому́-нибудь зу́бы,** en faire accroire à qqn.

ЗА́ГОВОР complot. *Откры́ть за́говор*, découvrir un complot. *За́говор молча́ния*, la conspiration du silence.

/ **ЗАГОВОРИ́ТЬ** v. загова́ривать.

ЗАГОВО́РЩИК conjuré. *Заговорщики аресто́ваны*, les conjurés ont été arrêtés.

ЗАГОРА́ЖИВАТЬ / **ЗАГОРОДИ́ТЬ** 1. mettre une clôture. *Загороди́ть сад доща́тым забо́ром*, entourer un jardin d'une clôture de planches. 2. barricader, barrer. *Загороди́ть вход*, barricader l'entrée. *Часово́й загороди́л ему́ до-*

рóгу, la sentinelle lui barra la route. *Загородить собóй свет*, boucher le jour.

ЗАГОРÁТЬ / ЗАГОРÉТЬ* I, загорю́, загори́шь... brunir au soleil. *Ты óчень загорéл за лéто*, tu as bien bruni pendant l'été.

ЗАГОРÁТЬСЯ / ЗАГОРÉТЬСЯ* I, загорю́сь, загори́шься... prendre feu. *Дом загорéлся*, la maison a pris feu. *Вдали́ загорéлись огни́*, au loin, des lumières s'allumèrent. *Глазá егó загорéлись гнéвом*, ses yeux ont brillé de colère.

ЗАГОРÉЛЫЙ hâlé. *Загорéлое лицó*, un visage hâlé.

/ **ЗАГОРÉТЬ** v. загорáть.

/ **ЗАГОРÉТЬСЯ** v. загорáться.

/ **ЗАГОРОДИ́ТЬ** v. загорáживать.

ЗАГОТÁВЛИВАТЬ / ЗАГОТÓВИТЬ faire provision de. *Заготóвить дровá нá зиму*, faire provision de bois pour l'hiver.

/ **ЗАГОТÓВИТЬ** v. заготáвливать.

ЗАГРАНИ́ЦА l'étranger (*les pays étrangers*). *Торгóвля с заграни́цей*, le commerce avec l'étranger.

ЗАГРАНИ́ЧНЫЙ de l'étranger, pour l'étranger. *Заграни́чные товáры*, marchandises d'importation. *Заграни́чный пáспорт*, passeport (v. пáспорт).

ЗАГРЕБÁТЬ / ЗАГРЕСТИ́* IV, загребу́, загребёшь...; загрёб, загреблá... amasser. *Загребáть сéно*, ramasser le foin. *Он мнóго дéнег загребáет*, il se fait pas mal d'argent. • **Чужи́ми рукáми жар загребáть,** laisser les autres tirer les marrons du feu.

/ **ЗАГРЕМÉТЬ** v. гремéть.

/ **ЗАГРЕСТИ́** v. загребáть.

ЗАГРОМОЖДÁТЬ / ЗАГРОМОЗДИ́ТЬ, *part.* загромождённый* encombrer. *Коридóр, загромождённый мéбелью*, un couloir encombré de meubles.

/ **ЗАГРОМОЗДИ́ТЬ** v. загромождáть.

/ **ЗАГРОХОТÁТЬ** v. грохотáть.

ЗАГС bureau de l'état civil. *Зарегистри́роваться в зáгсе*, se marier (*style officiel*).

/ **ЗАГУДÉТЬ** v. гудéть.

ЗАД*, *loc.* заду́ **1.** partie postérieure. **2.** postérieur. *Он удáрил егó ногóй в зад*, il lui a mis son pied au derrière.

ЗАДАВÁТЬ* II, задаю́, задаёшь...; задавáй; задавáя / **ЗАДÁТЬ*** *n. cl.*, задáм, задáшь, задáст, зададим, зададите, зададу́т; зáдал, задалá, зáдало, зáдали ; задáй ; зáданный, зáдан, заданá, зáдано, зáданы donner, indiquer. *Задáть рабóту*, donner un travail. *Задáть тон*, donner le ton. • **Задавáть вопрóсы,** poser des questions. **Я тебé задáм!,** Je t'apprendrai ! (*menace*).

/ **ЗАДАВИ́ТЬ** v. давить.

ЗАДÁНИЕ tâche. *Не спрáвиться с задáнием*, n'avoir pas pu remplir sa tâche. • **Домáшнее задáние,** devoir (*travail écrit que l'écolier fait à la maison*).

ЗАДÁТОК arrhes. *Внести́ задáток*, verser un acompte.

/ **ЗАДÁТЬ** v. задавáть.

ЗАДÁЧА **1.** problème. *Реши́ть задáчу*, résoudre un problème. *Слóжная задáча*, un problème complexe. *Неразреши́мая задáча*, un problème insoluble. **2.** tâche. *Вы́полнить задáчу*, accomplir sa tâche.

ЗАДЕВÁТЬ / ЗАДÉТЬ* *n. cl.*, задéну, задéнешь...; задéтый **1.** frôler, accrocher. *Я задéл вáзу и опроки́нул её*, j'ai frôlé un vase et l'ai renversé. *Маши́на задéла её*, elle a été accrochée par une voiture. **2.** (*fig.*) blesser. *Задéть самолю́бие*, blesser l'amour-propre. *Задéть за живóе*, piquer au vif.

/ **ЗАДЕРЖÁТЬ** v. задéрживать.

ЗАДЕ́РЖИВАТЬ / ЗАДЕРЖА́ТЬ* I, задержу́, заде́ржишь... ⟍___ **1.** retenir. *Меня́ задержа́ли дела́,* j'ai été retenu par des affaires. *Задержа́ть дыха́ние,* retenir sa respiration. **2.** arrêter. *Во́ра задержа́ли на ме́сте преступле́ния,* le voleur a été pris en flagrant délit.

/ **ЗАДЕ́ТЬ** v. задева́ть.

ЗАДИРА́ТЬ / ЗАДРА́ТЬ* IV, задеру́, задерёшь...; задра́л, задрала́, задра́ло, задра́ли ⋀___ lever. *Лиси́ца бежа́ла, задра́в хвост,* le renard courait, la queue dressée. *Задра́ть пла́тье,* relever sa robe. ● **Задра́ть нос,** faire le fier.

ЗА́ДНИЙ de derrière, postérieur. *За́дние ла́пы,* les pattes de derrière. *За́дние колёса,* les roues arrière. ● **Без за́дних ног,** complètement fourbu. **За́дняя мысль,** arrière-pensée. *Без вся́кой за́дней мы́сли,* sans aucune arrière-pensée. **За́дний ход,** marche arrière. *Маши́на дала́ за́дний ход,* la voiture fit marche arrière. **Он за́дним умо́м кре́пок,** il a de l'esprit à retardement.

ЗАДО́ЛГО *adv.* ● **Задо́лго до,** bien avant. *Задо́лго до рассве́та,* bien avant l'aube.

ЗА́ДОМ *adv.* **1.** à reculons. *Дви́гаться за́дом,* reculer. **2.** sens devant derrière. *Наде́ть штаны́ за́дом напере́д,* mettre sa culotte à l'envers.

/ **ЗАДОХНУ́ТЬСЯ** v. задыха́ться.

/ **ЗАДРА́ТЬ** v. задира́ть.

/ **ЗАДРЕМА́ТЬ** v. дрема́ть.

/ **ЗАДРОЖА́ТЬ** v. дрожа́ть.

/ **ЗАДУ́МАТЬ** v. заду́мывать.

/ **ЗАДУ́МАТЬСЯ** v. заду́мываться.

ЗАДУ́МЧИВОСТЬ *f.* rêverie. *Впасть в заду́мчивость,* se laisser aller à la rêverie.

ЗАДУ́МЧИВЫЙ rêveur. *Заду́мчивый вид,* un air rêveur.

ЗАДУ́МЫВАТЬ / ЗАДУ́МАТЬ projeter de. *Они́ заду́мали пое́хать на юг,* ils ont décidé de partir dans le Midi.

ЗАДУ́МЫВАТЬСЯ / ЗАДУ́МАТЬСЯ **1.** être pensif (*à l'imperfectif*), devenir pensif (*au perfectif*). *Заду́мываться над вопро́сом,* réfléchir à une question. *Заду́мываться о бу́дущем,* réfléchir à l'avenir. **2.** hésiter. *Он, не заду́мываясь, бро́сился вперёд,* il se précipita sans hésiter.

ЗАДУШЕ́ВНЫЙ **1.** intime. *Задуше́вный друг,* un ami intime. *Задуше́вные мы́сли,* des pensées secrètes. **2.** qui touche l'âme. *Задуше́вная пе́сня,* une chanson émouvante.

/ **ЗАДУШИ́ТЬ** v. души́ть I.

/ **ЗАДЫМИ́ТЬСЯ** v. дыми́ться.

ЗАДЫХА́ТЬСЯ / ЗАДОХНУ́ТЬСЯ perdre le souffle. *Задохну́ться от бе́га,* être essoufflé d'avoir couru. *Задыха́ться от волне́ния,* avoir le souffle coupé par l'émotion.

ЗАЕЗЖА́ТЬ / ЗАЕ́ХАТЬ* IV, зае́ду, зае́дешь... **1.** entrer en passant (*autrement qu'à pied*). *Я зае́ду за ва́ми,* Je passerai vous prendre. **2.** s'enfoncer, aller trop loin (*autrement qu'à pied*). *Зае́хать в кана́ву,* aller dans le fossé.

ЗАЁМ, за́йма... ⟍___ emprunt. *Сде́лать заём у това́рища,* emprunter de l'argent à un copain. *Госуда́рственный заём,* emprunt d'État. *Вы́пустить заём,* émettre un emprunt.

/ **ЗАЕ́ХАТЬ** v. заезжа́ть.

/ **ЗАЖА́РИТЬ** v. жа́рить.

/ **ЗАЖА́ТЬ** v. зажима́ть.

/ **ЗАЖЕ́ЧЬ** v. зажига́ть.

ЗАЖИВА́ТЬ / ЗАЖИ́ТЬ* IV, заживу́, заживёшь...; за́жил, зажила́, за́жило, за́жили ⋀___ **1.** commencer à vivre. *Зажи́ть но́вой жи́знью,* commencer une vie nouvelle. **2.** se cicatriser. *Ра́на зажива́ет,* la plaie se cicatrise.

ЗАЖИГА́ЛКА briquet.

ЗАЖИГА́ТЬ / ЗАЖЕ́ЧЬ* IV, зажгу́, зажжёшь..., зажгу́т; зажёг, зажгла́...; зажжённый allumer. *Заже́чь костёр*, allumer un feu de bois. *Заже́чь ла́мпу*, allumer une lampe.

ЗАЖИМА́ТЬ / ЗАЖА́ТЬ* IV, зажму́, зажмёшь...; зажа́тый **1.** serrer. *Зажа́ть в зуба́х папиро́су*, serrer une cigarette entre les dents. **2.** boucher, museler. *Зажа́ть нос*, se boucher le nez. *Зажа́ть у́ши*, se boucher les oreilles. // (*Fig.*) *Зажа́ть инициати́ву*, étouffer toute initiative.

ЗАЖИ́ТОЧНЫЙ aisé (*assez riche*). *Зажи́точная жизнь*, une vie aisée.

/ **ЗАЖИ́ТЬ** v. заживáть.

/ **ЗАЗВЕНЕ́ТЬ** v. звенéть.

/ **ЗАЗВОНИ́ТЬ** v. звони́ть.

/ **ЗАЗВУЧА́ТЬ** v. звучáть.

ЗАЗНАВА́ТЬСЯ* II, зазнаю́сь, зазнаёшься...; зазнава́йся; зазнава́ясь / **ЗАЗНА́ТЬСЯ** devenir arrogant.

/ **ЗАЗНА́ТЬСЯ** v. зазнавáться.

ЗАИКА́ТЬСЯ **1.** bégayer. **2.** / **ЗАИКНУ́ТЬСЯ** dire un mot. *Она́ да́же не заикну́лась об э́том*, elle ne m'en a pas soufflé mot.

/ **ЗАИКНУ́ТЬСЯ** v. заикáться.

ЗАИ́МСТВОВАТЬ / ЗАИ́МСТВОВАТЬ emprunter. *Заи́мствовать те́му у малоизве́стного писа́теля*, emprunter son sujet à un écrivain peu connu.

ЗАЙМЁМ, ЗАЙМЁШЬ... v. заня́ть.

I. ЗА́ЙМУ v. заём.

II. ЗАЙМУ́ v. заня́ть.

/ **ЗАЙТИ́** v. заходи́ть.

ЗАКА́З commande. *Получи́ть зака́зы*, recevoir des commandes. *Ваш зака́з гото́в*, Votre commande est prête. *Пла́тье бы́ло сде́лано на зака́з*, la robe a été faite sur mesure.

/ **ЗАКАЗА́ТЬ** v. закáзывать.

ЗАКАЗНО́Й **1.** sur commande. *Заказно́й костю́м*, un costume fait sur mesure. **2.** recommandé (*envoi postal*). *Заказно́е письмо́*, lettre recommandée.

ЗАКА́ЗЫВАТЬ / ЗАКАЗА́ТЬ* II, закажу́, зака́жешь... ⌞ commander, faire faire. *Зака́зывать себе́ пла́тье*, se faire faire une robe.

ЗАКА́ИВАТЬСЯ / ЗАКА́ЯТЬСЯ jurer de ne plus faire qqch. *Я зака́ялся кури́ть*, j'ai juré de ne plus fumer.

ЗАКАЛЁННЫЙ **1.** trempé (*métal*). *Закалённая сталь*, acier trempé. **2.** (*fig.*) aguerri. *Закалённый челове́к*, un homme aguerri.

/ **ЗАКАЛИ́ТЬ** v. закаля́ть.

ЗАКАЛЯ́ТЬ / ЗАКАЛИ́ТЬ **1.** tremper (*un métal*). *Закаля́ть сталь*, tremper l'acier. **2.** aguerrir, endurcir. *Закаля́ть во́лю*, former la volonté.

ЗАКА́НЧИВАТЬ / ЗАКО́НЧИТЬ achever. *Зако́нчить рабо́ту*, terminer un travail.

ЗАКА́ПЫВАТЬ / ЗАКОПА́ТЬ **1.** enfouir. *Закопа́ть клад*, enfouir un trésor. **2.** combler. *Закопа́ть ров*, combler un fossé.

ЗАКА́Т coucher du soleil. *На зака́те*, au coucher du soleil.

/ **ЗАКА́ШЛЯТЬСЯ** avoir une quinte de toux.

/ **ЗАКА́ЯТЬСЯ** v. закáиваться.

ЗАКЛА́Д • **Би́ться об закла́д**, faire un pari.

ЗАКЛА́ДЫВАТЬ / ЗАЛОЖИ́ТЬ ⌞
1. mettre.
2. boucher.
3. encombrer.
4. poser les fondements.
5. atteler.
6. hypothéquer.
7. marquer.

1. *Заложи́ть ру́ки за́ спи́ну*, mettre les mains derrière le dos. *Заложи́ть но́гу на́ но́гу*, croiser les jambes. *Заложи́ть ми́ну*, poser une mine. *Куда́-то заложи́л кни́гу и ника́к не могу́ её найти́*, je ne sais pas où j'ai fourré ce livre; je n'arrive pas à le retrouver. **2.** *Заложи́ть окно́ кирпичо́м*, murer une fenêtre avec des briques. **3.** *Стол зало́жен кни́гами*, la table est encombrée de livres. **4.** *Заложи́ть дом*, commencer la construction d'une maison. **5.** *Заложи́ть тро́йку в коля́ску*, atteler trois chevaux à la calèche. **6.** *Заложи́ть часы́*, donner sa montre en gage. **7.** *Заложи́ть страни́цу*, marquer une page.

ЗАКЛЮЧА́ТЬ / ЗАКЛЮЧИ́ТЬ **1.** enfermer. *Заключи́ть в тюрьму́*, mettre en prison. *Заключи́ть в ско́бки*, mettre entre parenthèses. **2.** conclure. *Из э́того я заключи́л, что он меня́ не по́нял*, j'en ai conclu qu'il ne m'avait pas compris. *Заключи́ть сою́з*, conclure une alliance. *Заключи́ть ми́рный догово́р*, conclure un traité de paix.

ЗАКЛЮЧА́ТЬСЯ **1.** v. заключа́ть. **2.** consister. *Де́ло заключа́ется в сле́дующем*, Voici ce dont il s'agit. *В э́том заключа́ется тру́дность*, là est la difficulté.

ЗАКЛЮЧЕ́НИЕ **1.** emprisonnement. *Он был приговорён к заключе́нию на пять лет*, il fut condamné à cinq ans de prison. **2.** conclusion. *Мы пришли́ к ва́жному заключе́нию*, nous sommes arrivés à une conclusion des plus importantes. *Заключе́ние ми́ра*, la conclusion d'un traité de paix. *В заключе́ние*, en conclusion.

ЗАКЛЮЧИ́ТЕЛЬНЫЙ final. *Заключи́тельное сло́во*, le discours de clôture.

/ **ЗАКЛЮЧИ́ТЬ** v. заключа́ть.

ЗАКОЛДО́ВАННЫЙ ensorcelé. *Заколдо́ванное ца́рство*, un royaume enchanté. • **Заколдо́ванный круг,** un cercle vicieux.

/ **ЗАКОЛО́ТЬ** v. коло́ть.

ЗАКО́Н loi. *Избира́тельный зако́н*, loi électorale. *Объяви́ть вне зако́на*, déclarer hors la loi. *Зако́н приро́ды*, une loi de la nature.

ЗАКО́ННЫЙ **1.** légal, légitime. *Зако́нный насле́дник*, l'héritier légitime. **2.** justifié, légitime. *Зако́нная го́рдость*, un orgueil légitime.

ЗАКОНОДА́ТЕЛЬНЫЙ législatif. *Законода́тельная власть*, le pouvoir législatif.

/ **ЗАКО́НЧИТЬ** v. зака́нчивать.

/ **ЗАКОПА́ТЬ** v. зака́пывать.

ЗАКОРЕНЕ́ЛЫЙ endurci, enraciné. *Закорене́лые предрассу́дки*, des préjugés profondément enracinés.

ЗАКОЧЕНЕ́ЛЫЙ engourdi. *Закочене́лые па́льцы*, les doigts engourdis.

/ **ЗАКОЧЕНЕ́ТЬ** v. кочене́ть.

/ **ЗАКРЕПИ́ТЬ** v. закрепля́ть.

ЗАКРЕПЛЯ́ТЬ / ЗАКРЕПИ́ТЬ fixer, affermir. *Закрепи́ть доску́ гвоздём*, fixer une planche avec une pointe. *Закрепи́ть свои́ пози́ции*, affermir ses positions. *Закрепи́ть за собо́й ме́сто*, se faire réserver une place. // (*Photographie*) *Закрепи́ть негати́в*, fixer un négatif.

/ **ЗАКРИЧА́ТЬ** v. крича́ть.

/ **ЗАКРУЖИ́ТЬСЯ** v. кружи́ться.

/ **ЗАКРУТИ́ТЬ** v. крути́ть.

/ **ЗАКРУТИ́ТЬСЯ** v. крути́ться.

ЗАКРЫВА́ТЬ / ЗАКРЫ́ТЬ* II, закро́ю, закро́ешь...; закры́тый **1.** fermer. *Закры́ть окно́*, fermer la fenêtre. *Закры́ть дверь на ключ*, fermer la porte à clef. *Закры́ть кни́гу*, fermer le livre. *Закры́ть кран*, fermer le robinet. *Закры́ть заво́д*, fermer une usine. *Закры́ть ско́бки*, fermer la parenthèse. *Закры́ть глаза́*, fermer les yeux. *Она́ закрыва́ет глаза́ на его́ недоста́тки*, elle ferme les yeux sur ses défauts. **2.** cacher. *Закрыва́ть лицо́ рука́ми*, cacher son visage entre ses mains. **3.** terminer, clore. *Закры́ть заседа́ние*, lever la séance.

/ **ЗАКРЫ́ТЬ** v. закрыва́ть.

ЗАКУ́РИВАТЬ / ЗАКУРИ́ТЬ ╲___ commencer à fumer. *Я опя́ть закури́л*, je me suis remis à fumer. // *Он закури́л папиро́су*, il alluma une cigarette.

/ **ЗАКУРИ́ТЬ** v. заку́ривать.

/ **ЗАКУСИ́ТЬ** v. заку́сывать.

ЗАКУ́СКА hors-d'œuvre à la russe, « zakouska ».

ЗАКУ́СОЧНАЯ *adj. subst. f.* snack-bar.

ЗАКУ́СЫВАТЬ / ЗАКУСИ́ТЬ ╲___ **1.** manger après avoir bu, manger pour faire passer le goût de qqch. *Закуси́ть во́дку селёдкой*, manger un hareng après avoir pris un verre de vodka. *Закуси́ть лека́рство конфе́той*, manger un bonbon pour faire passer le goût d'un médicament. **2.** casser la croûte. *Мы закуси́ли по доро́ге*, nous avons cassé la croûte en chemin. **3.** mordiller (*à l'imperfectif*); mordre (*au perfectif*). *Заку́сывать усы́*, se mordiller les moustaches. *Закуси́ть гу́бы*, se mordre les lèvres. ● **Закуси́ть удила́,** prendre le mors aux dents. **Закуси́ть язы́к** (*fig.*), avaler sa langue.

/ **ЗАКУ́ТАТЬ** v. ку́тать.

ЗАЛ salle. *Зал ожида́ния*, salle d'attente. *Конце́ртный зал*, salle de concert.

/ **ЗАЛА́ЯТЬ** v. ла́ять.

ЗАЛЕЗА́ТЬ / ЗАЛЕ́ЗТЬ* IV, зале́зу, зале́зешь...; зале́з, зале́зла... **1.** grimper. *Зале́зть на кры́шу*, grimper sur le toit. **2.** entrer, se faufiler. *Во́ры зале́зли в дом*, des voleurs sont entrés dans la maison. ● **Зале́зть в долги́,** s'endetter.

/ **ЗАЛЕ́ЗТЬ** v. залеза́ть.

ЗАЛИ́В golfe. *Фи́нский зали́в*, le golfe de Finlande.

ЗАЛИВА́ТЬ / ЗАЛИ́ТЬ* II, залью́, зальёшь...; за́лил, залила́, за́лило, за́лили Λ___; зале́й; за́литый, за́лит, залита́, за́лито, за́литы Λ___ **1.** inonder. *Река́ залила́ луга́*, le fleuve a inondé les prés. *Зали́ть черни́лами тетра́дь*, renverser l'encrier sur son cahier. *Зали́ть све́том*, inonder de lumière. *Зали́ть го́ре вино́м*, noyer son chagrin dans l'alcool.

ЗАЛИВА́ТЬСЯ / ЗАЛИ́ТЬСЯ* II, залью́сь, зальёшься...; зали́лся, залила́сь... /‾‾; зале́йся v. залива́ть. ● **Зали́ться слеза́ми,** fondre en larmes. **Зали́ться сме́хом,** éclater de rire.

/ **ЗАЛИ́ТЬ** v. залива́ть.

/ **ЗАЛИ́ТЬСЯ** v. залива́ться.

I. ЗАЛО́Г gage. *Отда́ть в зало́г*, mettre en gage. *В зало́г дру́жбы*, en gage d'amitié.

II. ЗАЛО́Г voix (*gramm.*). *Действи́тельный зало́г*, la voix active. *Страда́тельный зало́г*, le passif.

/ **ЗАЛОЖИ́ТЬ** v. закла́дывать.

ЗАЛП salve. *Дать залп*, tirer une salve.

ЗА́ЛПОМ *adv.* d'un trait. *Вы́пить за́лпом*, boire d'un trait.

ЗАМА́НИВАТЬ / ЗАМАНИ́ТЬ ╲___ attirer. *Замани́ть в заса́ду*, attirer dans une embuscade.

/ **ЗАМАНИ́ТЬ** v. зама́нивать.

ЗАМА́НЧИВЫЙ attrayant. *Зама́нчивое предложе́ние*, une proposition séduisante.

/ **ЗАМАРА́ТЬ** v. мара́ть.

ЗАМА́ХИВАТЬСЯ faire des gestes menaçants / **ЗАМАХНУ́ТЬСЯ** faire un geste menaçant. *Замахну́ться па́лкой на кого́-нибудь*, menacer qqn avec un bâton.

/ **ЗАМАХНУ́ТЬСЯ** v. зама́хиваться.

/ **ЗАМЕ́ДЛИТЬ** v. замедля́ть.

ЗАМЕДЛЯ́ТЬ / ЗАМЕ́ДЛИТЬ **1.** ralentir. *Замедля́ть шаги́*, ralentir le pas. **2.** tarder. *Он не заме́длил яви́ться*, il ne tarda pas à paraître. *Не заме́длить отве́том* ou *не заме́длить с отве́том*, répondre sans tarder.

/ЗАМЕНИ́ТЬ v. заменя́ть.

ЗАМЕНЯ́ТЬ / ЗАМЕНИ́ТЬ ⌐——, *part.* заменённый remplacer. *Замени́ть де́рево пластма́ссой*, remplacer le bois par la matière plastique. *Су́мка заменя́ла мне поду́шку*, mon sac me tenait lieu d'oreiller. *Заменя́ть секретаря́*, remplacer le secrétaire.

/ ЗАМЕРЕ́ТЬ v. замира́ть.

ЗАМЕРЗА́ТЬ / ЗАМЁРЗНУТЬ* III **1.** se transformer en glace, se couvrir de glace. *О́зеро замёрзло*, le lac est gelé. **2.** avoir très froid. *Мы все замёрзли*, nous sommes tous gelés.

/ ЗАМЁРЗНУТЬ v. замерза́ть.

ЗАМЕСТИ́ТЕЛЬ *m.* remplaçant, adjoint. *Замести́тель мини́стра*, vice-ministre. *Замести́тель дире́ктора*, directeur adjoint.

/ ЗАМЕ́ТИТЬ v. замеча́ть.

ЗАМЕ́ТКА note. *Газе́тная заме́тка*, un entrefilet. *Заме́тки на поля́х кни́ги*, des notes marginales.

ЗАМЕ́ТНЫЙ visible, manifeste. *Едва́ заме́тная ра́зница*, une différence à peine sensible.

ЗАМЕЧА́НИЕ observation, remarque. *Ве́рное замеча́ние*, une remarque pertinente.

ЗАМЕЧА́ТЕЛЬНЫЙ remarquable. *Замеча́тельная же́нщина*, une femme remarquable. *Замеча́тельная па́мять*, une mémoire remarquable.

ЗАМЕЧА́ТЬ / ЗАМЕ́ТИТЬ 1. remarquer. *Заме́тить следы́*, remarquer des traces. *Вы заме́тили, как он покрасне́л*, Vous avez remarqué comme il a rougi. **2.** faire remarquer. *Я до́лжен вам заме́тить, что э́то опа́сно*, Je dois vous faire remarquer que c'est dangereux.

ЗАМЕША́ТЕЛЬСТВО confusion, trouble. *Прийти́ в замеша́тельство*, être déconcerté.

/ ЗАМЕША́ТЬ v. заме́шивать.

ЗАМЕ́ШИВАТЬ / ЗАМЕША́ТЬ mêler, impliquer. *Он был заме́шан в э́том де́ле*, il a été mêlé à cette affaire.

ЗАМИНА́ТЬ / ЗАМЯ́ТЬ* IV, замну́, замнёшь...; замя́тый étouffer (*fig.*). *Замя́ть сканда́л*, étouffer un scandale. *Разгово́р замя́лся*, la conversation s'arrêta.

ЗАМИРА́ТЬ / ЗАМЕРЕ́ТЬ* IV, замру́, замрёшь...; за́мер, замерла́, за́мерло, за́мерли ∧—— s'arrêter, être figé. *Она́ замерла́ от волне́ния*, elle fut paralysée par l'émotion. *Гул за́мер*, le grondement se tut.

ЗА́МКНУТЫЙ renfermé, peu communicatif. *За́мкнутый хара́ктер*, un caractère renfermé.

/ ЗАМКНУ́ТЬ v. замыка́ть.

I. ЗАМО́К serrure. *Дверно́й замо́к*, la serrure de la porte. *Держа́ть под замко́м*, tenir sous clef. *Вися́чий замо́к*, cadenas.

II. ЗА́МОК château fort. *Средневеко́вый за́мок*, un château du Moyen Age. *Стро́ить возду́шные за́мки*, bâtir des châteaux en Espagne.

Remarque. Les deux mots cidessus diffèrent par leur accentuation.

ЗАМОЛКА́ТЬ / ЗАМО́ЛКНУТЬ* III se taire. *Он неожи́данно замо́лк*, il s'arrêta soudain. *Разгово́р замо́лк*, la conversation s'arrêta.

/ ЗАМО́ЛКНУТЬ v. замолка́ть.

ЗАМОЛЧА́ТЬ v. молча́ть.

ЗАМОРА́ЖИВАТЬ / ЗАМОРО́ЗИТЬ 1. congeler. *Заморо́женная ры́ба*, poisson congelé. **2.** bloquer. *Заморо́зить креди́ты*, bloquer des crédits.

/ ЗАМОРО́ЗИТЬ v. замора́живать.

ЗА́МУЖ *adv.* • **Вы́йти за́муж,** se marier (*en parlant d'une femme*). *Она́ вы́шла за́муж за врача́*, elle a épousé un médecin.

ЗА́МУЖЕМ *adv.* mariée. *Она́ за́мужем за врачо́м*, elle est mariée à un médecin.

ЗАМУ́ЖЕСТВО mariage (*d'une femme*), état de femme mariée. *До своего́ заму́жества*, avant son mariage.

ЗАМУ́ЖНИЙ 1. de femme mariée. *Заму́жняя жизнь*, la vie d'une femme mariée. **2.** mariée. *Заму́жняя же́нщина*, une femme mariée.

ЗАМУ́ЧИВАТЬ / ЗАМУ́ЧИТЬ 1. torturer à mort. *Его́ заму́чили в концла́гере*, il est mort torturé dans un camp de concentration. **2.** harasser. *Она́ всех заму́чила свои́ми жа́лобами*, elle a fatigué tout le monde avec ses lamentations.

/ ЗАМУ́ЧИТЬ v. заму́чивать.

ЗАМЫКА́НИЕ ● **Коро́ткое замыка́ние,** court-circuit.

ЗАМЫКА́ТЬ / ЗАМКНУ́ТЬ fermer. *Замкну́ть дверь*, fermer la porte à clef. // (*Fig.*) *Замыка́ть ше́ствие*, fermer la marche.

ЗА́МЫСЕЛ dessein, projet. *Грандио́зные за́мыслы*, des plans grandioses. *Осуществи́ть за́мысел*, réaliser un projet.

/ ЗАМЫ́СЛИТЬ v. замышля́ть.

ЗАМЫСЛОВА́ТЫЙ compliqué. *Замыслова́тая фра́за*, une phrase alambiquée.

/ ЗАМЫЧА́ТЬ v. мыча́ть.

ЗАМЫШЛЯ́ТЬ / ЗАМЫ́СЛИТЬ projeter. *Замы́слить побе́г*, projeter une évasion.

/ ЗАМЯ́ТЬ v. замина́ть.

ЗА́НАВЕС rideau (*théâtre*). *Подня́ть за́навес*, lever le rideau. ● **Желе́зный за́навес,** rideau de fer.

ЗАНАВЕ́СКА rideau. *Тю́левые занаве́ски*, des rideaux de tulle.

/ ЗАНЕСТИ́ v. заноси́ть.

ЗАНИМА́ТЕЛЬНЫЙ divertissant. *Занима́тельная фи́зика*, la physique amusante.

ЗАНИМА́ТЬ / ЗАНЯ́ТЬ* IV, займу́, займёшь...; за́нял, заняла́, за́няло, за́няли ; за́нятый, за́нят, занята́, за́нято, за́няты **1.** occuper (*divers sens*). *Шкаф занима́ет мно́го ме́ста*, l'armoire occupe beaucoup de place. *Э́то за́няло у меня́ мно́го вре́мени*, cela m'a pris beaucoup de temps. *Он о́чень за́нят*, il est très occupé. *Ме́сто за́нято*, la place est occupée. *Заня́ть кре́пость*, occuper une place forte. **2.** emprunter. *Я за́нял у него́ пять рубле́й*, je lui ai emprunté cinq roubles.

ЗАНИМА́ТЬСЯ / ЗАНЯ́ТЬСЯ* IV, займу́сь, займёшься...; заня́лся́, заняла́сь... **1.** s'occuper, travailler. *Занима́ться спо́ртом*, faire du sport. **2.** commencer (*poét.*, *en parlant de l'aube*...). *День занима́ется*, le jour se lève. ● **У меня́ дух заня́лся́,** j'en ai eu le souffle coupé.

ЗА́НОВО *adv.* à nouveau. *Переписа́ть за́ново*, recopier à nouveau.

ЗАНО́ЗА 1. écharde. *Вы́тащить зано́зу из па́льца*, tirer une écharde du doigt. **2.** *m.* ou *f.* un empoisonneur, une empoisonneuse (*fig.*). *Он тако́й зано́за !*, Il est tellement empoisonnant !

ЗАНОСИ́ТЬ / ЗАНЕСТИ́* IV, занесу́, занесёшь...; занёс, занесла́... ; занесённый **1.** apporter en passant. *Ка́ждое у́тро в его́ кабине́т заноси́ли донесе́ния*, chaque matin, on apportait des rapports dans son cabinet. **2.** lever. *Занести́ ру́ку для уда́ра*, lever le bras pour frapper. *Занести́ но́гу в стре́мя*, mettre le pied à l'étrier. **3.** inscrire. *Занести́ в протоко́л слова́ свиде́телей*, inscrire au procès-verbal les déclarations des témoins. **4.** couvrir. *Доро́гу занесло́ сне́гом*, la route a disparu sous la neige. ● **Каки́м ве́тром вас сюда́ занесло́?,** Quel bon vent vous amène ?

ЗАНО́СЧИВЫЙ arrogant. *Зано́счивый вид*, un air arrogant.

/ ЗАНЫ́ТЬ v. ныть.

ЗАНЯ́ТИЕ occupation, travail.

Вы́брать себе́ заня́тие по вку́су, choisir une profession selon son goût. *Род заня́тий*, le genre d'occupations. *Заня́тия в университе́тах тепе́рь ко́нчились*, les cours dans les universités sont maintenant terminés.

ЗАНЯ́ТНЫЙ intéressant. *Заня́тная кни́жка*, un livre intéressant.

ЗАНЯТО́Й occupé. *О́чень занято́й челове́к*, un homme très occupé.

/ **ЗАНЯ́ТЬ** v. занима́ть.

/ **ЗАНЯ́ТЬСЯ** v. занима́ться.

ЗАОДНО́ *adv.* **1.** de concert. *Де́йствовать заодно́*, agir de concert. **2.** par la même occasion. *Пойдём гуля́ть, а заодно́ ку́пим себе́ папиро́сы*, Allons faire un tour et en même temps nous achèterons des cigarettes.

ЗАО́ЧНИК élève de cours par correspondance.

ЗАО́ЧНИЦА élève de cours par correspondance.

ЗАО́ЧНЫЙ **1.** par correspondance. *Зао́чное обуче́ние*, l'enseignement par correspondance. **2.** par contumace. *Приговори́ть зао́чно к сме́ртной ка́зни*, condamner par contumace à la peine de mort.

ЗА́ПАД ouest. *Ко́мната выхо́дит на за́пад*, la pièce donne à l'ouest. *К за́паду от го́рода*, à l'ouest de la ville. *На за́паде тяну́лись леса́*, à l'ouest s'étendaient des forêts. *На За́паде*, dans les pays occidentaux.

ЗА́ПАДНИК « occidentaliste », représentant d'un mouvement du XIXe siècle favorable aux influences occidentales.

ЗА́ПАДНЫЙ d'ouest, occidental. *За́падный ве́тер*, le vent d'ouest. *За́падная Евро́па*, l'Europe occidentale.

ЗАПАДНЯ́*, *gén. pl.* западне́й piège. *Поста́вить западню́*, tendre un piège. *Попа́сть в западню́*, tomber dans le piège.

ЗАПА́ЗДЫВАТЬ / ЗАПОЗДА́ТЬ être en retard. *По́езд запозда́л*, le train est arrivé en retard. *Она́ запозда́ла отве́тить*, elle a répondu avec retard.

ЗАПА́С **1.** réserve, provision. *Запа́с дров*, une provision de bois. *Продово́льственные запа́сы*, des provisions alimentaires. *У него́ большо́й запа́с слов*, il a un vocabulaire considérable. **2.** réserve (*mil.*). *Полко́вник запа́са*, un colonel de réserve.

ЗАПАСА́ТЬСЯ / ЗАПАСТИ́СЬ* IV, запасу́сь, запасёшься...; запа́сся, запасла́сь... faire provision de. *Запасти́сь дрова́ми*, faire provision de bois. *Запасти́сь терпе́нием*, prendre patience.

ЗАПАСНО́Й *ou* **ЗАПА́СНЫЙ** **1.** de rechange. *Запасны́е ча́сти*, pièces de rechange. *Запа́сный вы́ход*, sortie de secours. **2.** de réserve (*mil.*). *Запа́сный батальо́н*, un bataillon de réserve.

/ **ЗАПАСТИ́СЬ** v. запаса́ться.

ЗА́ПАХ odeur. *Дурно́й за́пах*, une mauvaise odeur. *За́пах цвето́в*, le parfum des fleurs.

/ **ЗАПА́ХНУТЬ** v. па́хнуть.

/ **ЗАПА́ЧКАТЬ** v. па́чкать.

ЗАПЕВА́ЛА *m.* premier chanteur du chœur.

/ **ЗАПЕРЕ́ТЬ** v. запира́ть.

ЗАПИРА́ТЬ / ЗАПЕРЕ́ТЬ* IV, запру́, запрёшь...; за́пер, заперла́, за́перло, за́перли ⋀‿ ; за́пертый, за́перт, заперта́, за́перто, за́перты ⋀‿ **1.** fermer (*à clef*). *Запере́ть на ключ*, fermer à clef. **2.** enfermer. *Её за́перли в ку́хне*, on l'enferma dans la cuisine.

/ **ЗАПИСА́ТЬ** v. запи́сывать.

ЗАПИ́СКА **1.** note. *Объясни́тельная запи́ска*, note explicative. **2.** petit mot. *Я получи́л от него́ запи́ску*, il m'a envoyé un petit mot. **3.** (*toujours au pluriel*) notes, récits. « *Запи́ски охо́тника* » *Турге́нева*, les « Récits d'un chasseur » de Tourgueniev.

ЗАПИСНО́Й • **Записна́я кни́жка,** carnet.

ЗАПИ́СЫВАТЬ / ЗАПИСА́ТЬ* II, запишу́, запи́шешь... ⟍___ **1.** inscrire. *Записа́ть а́дрес*, noter une adresse. *Записа́ться в библиоте́ку*, s'inscrire à la bibliothèque. *Записа́ться доброво́льцем*, se porter volontaire. **2.** enregistrer. *Записа́ть конце́рт*, enregistrer un concert.

ЗА́ПИСЬ *f.* enregistrement. *Магни́тная за́пись*, un enregistrement magnétique.

/ ЗАПИЩА́ТЬ v. пища́ть.

/ ЗАПЛА́КАТЬ v. пла́кать.

ЗАПЛА́ТА pièce (*petit morceau d'étoffe employé pour le raccommodage*). *Пальто́ в запла́тах*, un pardessus rapiécé.

/ ЗАПЛАТИ́ТЬ v. плати́ть.

ЗАПОВЕ́ДНИК réserve, bois en défens.

/ ЗАПОДО́ЗРИТЬ v. подозрева́ть.

ЗАПОЗДА́ЛЫЙ attardé. *Запозда́лая весна́*, un printemps tardif. *Запозда́лое раска́яние*, un repentir tardif.

/ ЗАПОЗДА́ТЬ v. запа́здывать.

/ ЗАПО́ЛНИТЬ v. заполня́ть.

ЗАПОЛНЯ́ТЬ / ЗАПО́ЛНИТЬ remplir (*divers sens*). *Зал был запо́лнен до отка́за*, la salle était pleine à craquer. *Запо́лнить вре́мя*, meubler son temps. *Запо́лнить анке́ту*, remplir un questionnaire.

ЗАПОМИНА́ТЬ / ЗАПО́МНИТЬ retenir (*garder dans sa mémoire*). *Запо́мнить стихи́*, retenir des vers.

/ ЗАПО́МНИТЬ v. запомина́ть.

ЗА́ПОНКА bouton de manchette.

/ ЗАПРЕТИ́ТЬ v. запреща́ть.

ЗАПРЕ́ТНЫЙ interdit. *Запре́тная зо́на*, zone interdite. *Запре́тный плод*, le fruit défendu.

ЗАПРЕЩА́ТЬ / ЗАПРЕТИ́ТЬ (т → щ) interdire. *Запрети́ть алкого́льные напи́тки*, interdire les boissons alcooliques. *Кури́ть запреща́ется*, il est interdit de fumer.

ЗА́ПРОСТО *adv.* sans cérémonie. *Принима́ть кого́-нибудь за́просто*, recevoir qqn sans cérémonie.

ЗАПРЯГА́ТЬ / ЗАПРЯ́ЧЬ* IV [p'ɛ], запрягу́, запряжёшь..., запрягу́т; запря́г [p'o], запрягла́... ⟋___ ; запряжённый atteler. *Запря́чь ло́шадь в теле́гу*, atteler un cheval à une charrette.

/ ЗАПРЯ́ЧЬ v. запряга́ть.

I. ЗАПУСКА́ТЬ / ЗАПУСТИ́ТЬ ⟍___ **1.** lancer. *Запусти́ть змея́*, lancer un cerf-volant. *Запусти́ть спу́тник*, lancer un spoutnik. **2.** mettre en marche. *Запусти́ть мото́р*, mettre le moteur en marche.

II. ЗАПУСКА́ТЬ / ЗАПУСТИ́ТЬ ⟍___ laisser à l'abandon. *Запу́щенный сад*, un jardin abandonné.

/ ЗАПУСТИ́ТЬ v. запуска́ть I ou II.

ЗАПУ́ТАННЫЙ embrouillé. *Запу́танное де́ло*, une affaire bien compliquée.

/ ЗАПУ́ТАТЬ v. пу́тать.

ЗАПЯТА́Я *adj. subst. f.* virgule.

ЗАРАБА́ТЫВАТЬ / ЗАРАБО́ТАТЬ gagner (*par son travail*). *Зарабо́тать себе́ на жизнь*, gagner sa vie. *Он хорошо́ зараба́тывает*, il gagne bien sa vie.

/ ЗАРАБО́ТАТЬ v. зараба́тывать.

ЗА́РАБОТОК salaire. *Ме́сячный за́работок*, le salaire mensuel.

ЗАРАЖА́ТЬ / ЗАРАЗИ́ТЬ contaminer. *Зарази́ть кого́-нибудь гри́ппом*, passer la gripe à qqn. // (*Fig.*) *Он всех зарази́л свои́м весе́льем*, sa gaieté s'est communiquée à tous.

ЗАРА́ЗА contagion, infection.

ЗАРАЗИ́ТЕЛЬНЫЙ contagieux. *Боле́знь зарази́тельна*, la maladie est contagieuse. // (*Fig.*) *Зарази́-*

тельный приме́р, un exemple contagieux. *Зарази́тельный смех*, un rire contagieux.

/ **ЗАРАЗИ́ТЬ** v. заража́ть.

ЗАРА́ЗНЫЙ contagieux. *Зара́зная боле́знь*, une maladie contagieuse. *Зара́зный больно́й*, un malade contagieux.

ЗАРА́НЕЕ *adv.* d'avance. *Зара́нее приготóвить*, préparer à l'avance. *С зара́нее обду́манным наме́рением*, avec préméditation.

/ **ЗАРЕВЕ́ТЬ** v. реве́ть.

ЗА́РЕВО lueur rouge. *За́рево пожа́ра*, une lueur d'incendie.

/ **ЗАРЕ́ЗАТЬ** v. ре́зать.

/ **ЗАРЖА́ВЕТЬ** v. ржа́веть.

/ **ЗАРЖА́ТЬ** v. ржать.

/ **ЗАРОДИ́ТЬСЯ** v. зарожда́ться.

ЗАРОЖДА́ТЬСЯ / ЗАРОДИ́ТЬСЯ (*fig.*) être conçu, naître. *У него́ зароди́лось сомне́ние*, il lui est venu des doutes.

ЗА́РОСЛЬ *f.* broussailles. *Сквозь густу́ю за́росль*, à travers d'épaisses broussailles.

ЗАРПЛА́ТА salaire. *Получи́ть зарпла́ту*, recevoir sa paye.

ЗАРУБЕ́ЖНЫЙ étranger. *Зарубе́жные стра́ны*, les pays étrangers. *Зарубе́жная печа́ть*, la presse étrangère.

ЗАРУЧА́ТЬСЯ / ЗАРУЧИ́ТЬСЯ (+ *instr.*) s'assurer. *Заручи́ться подде́ржкой това́рищей*, s'assurer le soutien de ses camarades.

/ **ЗАРУЧИ́ТЬСЯ** v. заруча́ться.

ЗАРЫВА́ТЬ / ЗАРЫ́ТЬ* II, заро́ю, заро́ешь...; зары́тый enfouir. *Зары́ть клад*, enfouir un trésor.

/ **ЗАРЫДА́ТЬ** v. рыда́ть.

/ **ЗАРЫ́ТЬ** v. зарыва́ть.

/ **ЗАРЫЧА́ТЬ** v. рыча́ть.

ЗАРЯ́*, *pl.* зо́ри, зорь, заря́м... crépuscule, aube. *Вече́рняя заря́*, le crépuscule (*du soir*). *У́тренняя заря́*, l'aube. *На заре́*, à l'aube. *Заря́ занима́ется*, le jour se lève. *От зари́ до зари́*, du soir au matin. ● **Ни свет ни заря́,** avant le jour.

ЗАРЯ́Д charge (*poudre, quantité d'électricité...*). *Электри́ческий заря́д*, une charge électrique.

/ **ЗАРЯДИ́ТЬ** v. заряжа́ть.

ЗАРЯ́ДКА ● **У́тренняя заря́дка,** le réveil musculaire.

ЗАРЯЖА́ТЬ / ЗАРЯДИ́ТЬ charger. *Заряди́ть ору́жие*, charger une arme. *Заряди́ть батаре́ю*, charger une batterie.

ЗАСА́ДА embuscade. *Устро́ить заса́ду*, dresser une embuscade. *Попа́сть в заса́ду*, tomber dans une embuscade.

/ **ЗАСВИДЕ́ТЕЛЬСТВОВАТЬ** v. свиде́тельствовать.

ЗАСЕДА́НИЕ séance, réunion. *Откры́ть заседа́ние*, ouvrir la séance.

/ **ЗАСИДЕ́ТЬСЯ** v. заси́живаться.

ЗАСИ́ЖИВАТЬСЯ / ЗАСИДЕ́ТЬСЯ* I, засижу́сь, засиди́шься... rester longtemps. *Засиде́ться в гостя́х*, rester trop longtemps en visite.

/ **ЗАСИЯ́ТЬ** v. сия́ть.

/ **ЗАСЛОНИ́ТЬ** v. заслоня́ть.

ЗАСЛОНЯ́ТЬ / ЗАСЛОНИ́ТЬ couvrir, cacher. *Со́лнце заслони́лось ту́чами*, le soleil s'est caché derrière les nuages.

ЗАСЛУ́ГА mérite. *Награди́ть кого́-нибудь по заслу́гам*, récompenser qqn selon ses mérites.

ЗАСЛУ́ЖЕННЫЙ 1. mérité. *Заслу́женный упрёк*, un reproche mérité. 2. éminent. *Заслу́женный учёный*, un savant éminent.

ЗАСЛУ́ЖИВАТЬ / ЗАСЛУЖИ́ТЬ mériter. *Заслужи́ть награ́ду*, mériter une récompense. *Заслужи́ть упрёк*, mériter un reproche.

/ **ЗАСЛУЖИ́ТЬ** v. заслу́живать.

/ **ЗАСМЕЯ́ТЬСЯ** v. смея́ться.

/ **ЗАСНУ́ТЬ** v. засыпа́ть I.

ЗАСО́В verrou. *Запере́ть на засо́в*, fermer au verrou.

ЗАСО́ВЫВАТЬ / ЗАСУ́НУТЬ fourrer, cacher. *Засу́нуть письмо́ в я́щик*, mettre la lettre dans un tiroir. *Засу́нуть ру́ки в карма́ны*, fourrer les mains dans ses poches.

/ **ЗАСОРИ́ТЬ** v. засоря́ть.

ЗАСОРЯ́ТЬ / ЗАСОРИ́ТЬ salir, obstruer. *Засори́ть пол*, salir le plancher. *Засори́ть ра́ковину умыва́льника*, boucher un lavabo.

/ **ЗАСО́ХНУТЬ** v. со́хнуть.

ЗАСТА́ВА 1. (*arch.*) poste de police et octroi à l'entrée d'une ville. 2. poste (*à la frontière*). *Пограни́чная заста́ва*, poste frontière.

ЗАСТАВА́ТЬ* II, застаю, застаёшь...; застава́й; застава́я / **ЗАСТА́ТЬ*** *n. cl.*, заста́ну, заста́нешь... trouver, surprendre. *Мы его́ заста́ли за рабо́той*, nous l'avons trouvé en train de travailler. *Я наде́юсь заста́ть её до́ма*, j'espère la trouver chez elle. *Заста́ть враспло́х*, prendre au dépourvu.

/ **ЗАСТА́ВИТЬ** v. заставля́ть I et II.

I. **ЗАСТАВЛЯ́ТЬ / ЗАСТА́ВИТЬ** forcer. *Заставля́ть рабо́тать*, forcer à travailler. *Он заста́вил меня́ верну́ться*, il m'a forcé à faire demi-tour. *Он не заста́вил себя́ ждать*, il ne s'est pas fait attendre.

II. **ЗАСТАВЛЯ́ТЬ / ЗАСТА́ВИТЬ** encombrer. *Двор заста́влен теле́гами*, la cour est encombrée de télègues.

/ **ЗАСТА́ТЬ** v. застава́ть.

ЗАСТЁГИВАТЬ / ЗАСТЕГНУ́ТЬ, *part.* застёгнутый agrafer; boutonner. *Застегну́ть пальто́*, boutonner son pardessus.

/ **ЗАСТЕГНУ́ТЬ** v. застёгивать.

ЗАСТЁЖКА agrafe. *Боти́нки на застёжках*, des souliers à boucles.

ЗАСТЕ́НЧИВОСТЬ *f.* timidité. *Боле́зненная засте́нчивость*, une timidité maladive.

ЗАСТЕ́НЧИВЫЙ timide. *Засте́нчивый ребёнок*, un enfant timide.

ЗАСТО́Й *m.* marasme. *В дела́х засто́й*, les affaires ne vont pas.

/ **ЗАСТОНА́ТЬ** v. стона́ть.

/ **ЗАСТРАХОВА́ТЬ** v. страхова́ть.

ЗАСТРЕВА́ТЬ / ЗАСТРЯ́ТЬ* *n. cl.*, застря́ну, застря́нешь... rester, rester en plan. *Маши́на застря́ла в грязи́*, la voiture s'est embourbée. *Ло́дка застря́ла на мели́*, la barque s'est trouvée échouée sur un banc de sable. *Я застря́л в гостя́х*, je me suis attardé chez des amis.

ЗАСТРЕ́ЛИВАТЬ / ЗАСТРЕЛИ́ТЬ tuer (*avec une arme à feu*). *Его́ застрели́ли как соба́ку*, on l'a tué comme un chien. *Он застрели́лся*, il s'est tiré une balle dans la peau.

/ **ЗАСТРЕЛИ́ТЬ** v. застре́ливать.

/ **ЗАСТРЯ́ТЬ** v. застрева́ть.

ЗАСТУПА́ТЬСЯ / ЗАСТУПИ́ТЬСЯ ⌞__ prendre la défense, intercéder. *Заступи́ться за кого́-нибудь*, intercéder en faveur de qqn.

/ **ЗАСТУПИ́ТЬСЯ** v. заступа́ться.

ЗАСТЫВА́ТЬ / ЗАСТЫ́ТЬ* *n. cl.*, засты́ну, засты́нешь... se figer, se glacer. *Желе́ засты́ло*, la gelée a pris. // (*Fig.*) *У меня́ кровь засты́ла от у́жаса*, mon sang se glaça d'effroi. *Засты́вшая улы́бка*, un sourire figé.

/ **ЗАСТЫ́ТЬ** v. застыва́ть.

/ **ЗАСУ́НУТЬ** v. засо́вывать.

ЗА́СУХА sécheresse. *Боро́ться с за́сухой*, lutter contre la sécheresse.

ЗАСУ́ЧИВАТЬ / ЗАСУЧИ́ТЬ ⌞__ retrousser. *Засучи́ть рукава́*, retrousser ses manches.

/ **ЗАСУЧИ́ТЬ** v. засу́чивать.

ЗАСУ́ШЛИВЫЙ sec. *Засу́шливый год*, une année de sécheresse.

I. ЗАСЫПА́ТЬ / ЗАСНУ́ТЬ s'endormir. *Я засну́л по́здно и просну́лся до рассве́та*, je me suis endormi tard et me suis réveillé avant le jour.

Remarque. Le verbe « s'endormir », « засыпа́ть / засну́ть » n'est pas pronominal. Il n'en est pas de même du verbe « se réveiller », « просыпа́ться / просну́ться », pronominal dans les deux langues.

II. ЗАСЫПА́ТЬ / ЗАСЫ́ПАТЬ* II, засы́плю, засы́плешь... **1.** combler, couvrir (*en versant qqch.*). *Засы́пать я́му*, combler une fosse. *Двор засы́пан ли́стьями*, la cour est jonchée de feuilles. // (*Fig.*) *Засы́пать кого́-нибудь пода́рками*, combler qqn de cadeaux. *Засы́пать кого́-нибудь вопро́сами*, bombarder qqn de questions.

/ ЗАСЫ́ПАТЬ v. засыпа́ть II.

ЗАСЫПА́ТЬСЯ / ЗАСЫ́ПАТЬСЯ* II, засы́плюсь, засы́плешься... **1.** v. засыпа́ть II. **2.** se déverser. *Засы́пался песо́к в боти́нки*, il est entré du sable dans mes chaussures. **3.** (*fam.*) être refait. *Он засы́пался; тепе́рь суда́ ждёт*, il s'est fait pincer, maintenant il attend sa condamnation. *Я засы́пался на экза́мене*, je me suis fait coller à mon examen.

/ ЗАСЫ́ПАТЬСЯ v. засыпа́ться.

ЗАТА́ИВАТЬ / ЗАТАИ́ТЬ cacher, couver. *Затаи́ть оби́ду*, garder rancune. ● **Затаи́ть дыха́ние,** retenir sa respiration.

/ ЗАТАИ́ТЬ v. зата́ивать.

ЗАТА́ПЛИВАТЬ / ЗАТОПИ́ТЬ ╲__ allumer (*un poêle...*). *Затопи́ть печь*, allumer le poêle.

/ ЗАТВОРИ́ТЬ v. затворя́ть.

ЗАТВОРЯ́ТЬ / ЗАТВОРИ́ТЬ ╲__ fermer, enfermer. *Затвори́ть дверь*, fermer la porte. *Она́ затвори́лась в друго́й ко́мнате*, elle s'enferma dans l'autre pièce.

ЗАТЕВА́ТЬ / ЗАТЕ́ЯТЬ* II, зате́ю, зате́ешь... projeter, entreprendre. *Он что-то затева́ет*, il manigance qqch. *Зате́ять проце́сс*, intenter un procès. *Зате́ять спор*, se lancer dans une discussion.

ЗАТЕ́ЙЛИВЫЙ compliqué; alambiqué. *Зате́йливые украше́ния*, des ornements tarabiscotés.

ЗАТЕКА́ТЬ / ЗАТЕ́ЧЬ* IV, затечёт, затеку́т; затёк, затекла́... ╱‾‾ **1.** entrer (*en coulant*). *Вода́ затекла́ в у́ши*, l'eau m'est entrée dans les oreilles. **2.** s'engourdir. *У меня́ затекли́ но́ги*, j'ai les jambes engourdies.

ЗАТЕ́М *adv.* (*livresque*) **1.** ensuite. *Зате́м он уе́хал*, ensuite, il s'en alla. **2.** (*suivi de* « что́бы ») afin de. *Я пришёл зате́м, что́бы ей переда́ть э́тот пода́рок*, je suis venu afin de lui transmettre ce cadeau.

/ ЗАТЕРЯ́ТЬСЯ se perdre. *Письмо́ затеря́лось*, la lettre s'est perdue. *Он затеря́лся в толпе́*, il disparut dans la foule.

/ ЗАТЕ́ЧЬ v. затека́ть.

ЗАТЕ́Я invention, dessein. *Неле́пая зате́я*, une invention stupide. *Ребя́чьи зате́и*, des amusements de gosses.

/ ЗАТЕ́ЯТЬ v. затева́ть.

ЗАТИХА́ТЬ / ЗАТИ́ХНУТЬ* III s'apaiser. *Бу́ря зати́хла*, la tempête se calma. *Голоса́ зати́хли*, les voix se turent.

/ ЗАТИ́ХНУТЬ v. затиха́ть.

ЗАТИ́ШЬЕ accalmie. *Зати́шье по́сле грозы́*, le calme après l'orage.

/ ЗАТКНУ́ТЬ v. затыка́ть.

ЗАТМЕ́НИЕ éclipse. *Затме́ние со́лнца*, une éclipse de soleil. *Части́чное затме́ние*, une éclipse partielle.

ЗАТО́ *conj.* en revanche. *У них бы́ло мно́го рабо́ты ле́том, но зато́ зимо́й они́ отдыха́ли*, ils avaient beaucoup de travail en été, mais, en revanche, ils se reposaient en hiver.

/ ЗАТОПИ́ТЬ v. зата́пливать, затопля́ть et топи́ть.

ЗАТОПЛЯ́ТЬ / ЗАТОПИ́ТЬ ⌊__ **1.** submerger. *Река́ затопи́ла луга́*, la rivière a inondé les prés. **2.** couler (*un navire*). *Затопи́ть суда́*, couler des navires.

ЗАТО́Р encombrement. *Зато́ры маши́н*, des encombrements de voitures.

/ **ЗАТОРМОЗИ́ТЬ** v. тормози́ть.

ЗАТРА́ГИВАТЬ / ЗАТРО́НУТЬ effleurer, toucher. *Пу́ля затро́нула се́рдце*, la balle avait touché le cœur. // (*Fig.*) *Затра́гивать вопро́с*, effleurer une question. *Затро́нуть самолю́бие*, blesser l'amour-propre.

ЗАТРА́ТА dépense. *Он не остана́вливается ни перед каки́ми затра́тами*, il ne s'arrête devant aucune dépense. *Непроизводи́тельные затра́ты*, des dépenses improductives.

/ **ЗАТРЕПЕТА́ТЬ** v. трепета́ть.

/ **ЗАТРЕЩА́ТЬ** v. треща́ть.

/ **ЗАТРО́НУТЬ** v. затра́гивать.

ЗАТРУДНЕ́НИЕ **1.** difficulté. *Де́нежные затрудне́ния*, des difficultés financières. *Э́то не представля́ет осо́бых затрудне́ний*, cela ne présente pas de difficultés particulières. **2.** embarras. *Быть в большо́м затрудне́нии*, être dans un grand embarras. *Вы́вести кого́-нибудь из затрудне́ния*, tirer qqn d'embarras.

/ **ЗАТРУДНИ́ТЬ** v. затрудня́ть.

ЗАТРУДНЯ́ТЬ / ЗАТРУДНИ́ТЬ **1.** compliquer. *Затрудни́ть де́ло*, compliquer une affaire. **2.** embarrasser, déranger. *Е́сли вас не затрудни́т*, si ça ne vous dérange pas. *Не затрудня́йтесь!*, Ne vous dérangez pas.

/ **ЗАТРЯСТИ́СЬ*** IV, затрясу́сь, затрясёшься...; затря́сся, затрясла́сь... ⌈‾‾ se mettre à trembler. *Он затря́сся от гне́ва*, il a tremblé de colère.

ЗА́ТХЛЫЙ ayant une odeur de renfermé. *За́тхлый за́пах*, une odeur de renfermé. *Здесь па́хнет за́тхлым*, ça sent le renfermé ici.

ЗАТЫКА́ТЬ / ЗАТКНУ́ТЬ **1.** boucher. *Заткну́ть у́ши*, se boucher les oreilles. *Заткну́ть кому́-нибудь гло́тку*, clouer le bec à qqn. **2.** (за + *acc.*) mettre, fourrer. *Заткну́ть кинжа́л за по́яс*, mettre son poignard à la ceinture. ● **Заткну́ть кого́-нибудь за по́яс,** damer le pion à qqn.

ЗАТЫ́ЛОК nuque. *Почеса́ть заты́лок* ou *почеса́ть в заты́лке*, se gratter la tête.

ЗАТЯ́ГИВАТЬ / ЗАТЯНУ́ТЬ ⌊__
1. serrer.
2. enliser.
3. couvrir.
4. faire traîner.
5. entonner (*une chanson*).

1. *Затяну́ть пе́тлю*, serrer un nœud coulant. *Затяну́ть по́яс*, serrer sa ceinture. **2.** *Нема́ло затяну́ло в боло́то скота́*, beaucoup de bétail s'est enlisé dans le marais. // (*Fig.*) *Он затяну́лся в долги́*, il s'est endetté. **3.** *Не́бо затяну́лось ту́чами*, le ciel s'est couvert de nuages. **4.** *Перегово́ры затя́гиваются*, les pourparlers traînent. **5.** *Затяну́ть пе́сню*, entonner une chanson.

ЗАТЯЖНО́Й de longue durée. *Затяжна́я боле́знь*, une longue maladie.

/ **ЗАТЯНУ́ТЬ** v. затя́гивать.

/ **ЗАХВАТИ́ТЬ** v. захва́тывать.

ЗАХВА́ТЫВАТЬ / ЗАХВАТИ́ТЬ ⌊__ prendre; capturer. *Захвати́ть с собо́й де́ньги*, prendre de l'argent avec soi. *Захвати́ть власть*, prendre le pouvoir. *Захвати́ть террито́рию*, s'emparer d'un territoire. *Дождь захвати́л нас по доро́ге*, nous avons été surpris par la pluie. ● **У меня́ дух захвати́ло,** j'ai eu le souffle coupé.

/ **ЗАХЛЕБНУ́ТЬСЯ** v. захлёбываться.

ЗАХЛЁБЫВАТЬСЯ / ЗАХЛЕБНУ́ТЬСЯ **1.** s'étrangler en buvant. *Он захлебну́лся и утону́л*, il a bu le bouillon et a coulé. **2.** exulter. *Захлебну́ться от сча́стья*, exulter de joie.

/ **ЗАХЛО́ПНУТЬ** v. захло́пывать.

ЗАХЛО́ПЫВАТЬ / ЗАХЛО́ПНУТЬ fermer (*en faisant claquer*). *Захло́пнуть две́рцу*, claquer la portière.

ЗАХО́Д • **Захо́д со́лнца,** coucher du soleil.

ЗАХОДИ́ТЬ ⎣__ / ЗАЙТИ́* IV, зайду́, зайдёшь...; зашёл, зашла́...; зайдя́
1. entrer en passant.
2. s'introduire, pénétrer.
3. aller trop loin.
4. commencer (*en parlant d'une conversation, d'une discussion*).
5. se coucher (*en parlant d'un astre*).

1. *Я зашёл в парикма́херскую*, je suis passé chez le coiffeur. *Мы зашли́ к нему́ по доро́ге*, en passant, nous sommes entrés chez lui. *Зайти́ в библиоте́ку за кни́гой*, passer à la bibliothèque prendre un livre. **2.** *Зайти́ в лес*, pénétrer dans la forêt. *Зайти́ в во́ду по по́яс*, entrer dans l'eau jusqu'à la ceinture. **3.** *Куда́ мы зашли́?*, Où sommes-nous tombés? *Бесе́да зашла́ за́ полночь*, la conversation s'est prolongée jusqu'à plus de minuit. *Вы зашли́ сли́шком дале́ко*, Vous y allez fort. **4.** *Спор зашёл о совреме́нной му́зыке*, on s'est mis à discuter de musique contemporaine. **5.** *Со́лнце зашло́*, le soleil s'est couché.

/ **ЗАХОТЕ́ТЬ** v. хоте́ть.

/ **ЗАХОТЕ́ТЬСЯ** v. хоте́ться.

/ **ЗАХОХОТА́ТЬ** v. хохота́ть.

/ **ЗАХРАПЕ́ТЬ** v. храпе́ть.

/ **ЗАХРИПЕ́ТЬ** v. хрипе́ть.

/ **ЗАХРОМА́ТЬ** v. хрома́ть.

ЗАЧЕ́М *adv.* dans quel but; à quoi bon. *Заче́м он прие́хал?*, Pourquoi est-il venu?

ЗАЧЁТ examen probatoire (*dans une université, une école supérieure*). *Гото́виться к зачёту*, se préparer à un examen.

/ **ЗАШАГА́ТЬ** se mettre à marcher. *Он зашага́л прочь*, il s'éloigna à grands pas.

/ **ЗАШЕВЕЛИ́ТЬСЯ** v. шевели́ться.

/ **ЗАШЕЛЕСТЕ́ТЬ** v. шелесте́ть.

/ **ЗАШИПЕ́ТЬ** v. шипе́ть.

/ **ЗАШТО́ПАТЬ** v. што́пать.

/ **ЗАШУМЕ́ТЬ** v. шуме́ть.

/ **ЗАШУРША́ТЬ** v. шурша́ть.

/ **ЗАЩЕБЕТА́ТЬ** v. щебета́ть.

/ **ЗАЩЕМИ́ТЬ** v. защемля́ть.

ЗАЩЕМЛЯ́ТЬ / ЗАЩЕМИ́ТЬ pincer. *Защеми́ть клеща́ми*, pincer avec des tenailles. *У меня́ защеми́ло на се́рдце*, mon cœur s'est serré.

ЗАЩИ́ТА défense. *Защи́та го́рода*, la défense de la ville. *Для защи́ты от со́лнца*, pour se défendre du soleil. *Взять под свою́ защи́ту*, prendre sous sa protection.

/ **ЗАЩИТИ́ТЬ** v. защища́ть.

ЗАЩИ́ТНИК **1.** défenseur. *Защи́тники Сталингра́да*, les défenseurs de Stalingrad. **2.** avocat. **3.** arrière (*sport*). *Пра́вый защи́тник*, arrière droit.

ЗАЩИ́ТНЫЙ **1.** de défense. *Защи́тные очки́*, des lunettes protectrices. **2.** kaki. *Защи́тного цве́та*, de couleur kaki.

ЗАЩИЩА́ТЬ / ЗАЩИТИ́ТЬ (т → щ) défendre. *Защища́ть го́род*, défendre la ville. *Защища́ть от ве́тра*, protéger contre le vent. *Защища́ть диссерта́цию*, soutenir une thèse.

/ **ЗАЯВИ́ТЬ** v. заявля́ть.

ЗАЯВЛЯ́ТЬ / ЗАЯВИ́ТЬ ⎣__ déclarer. *Заяви́ть о своём согла́сии*, déclarer que l'on est d'accord. *Он заяви́л, что уе́дет*, il annonça qu'il allait partir.

ЗАЯ́ДЛЫЙ acharné. *Зая́длый игро́к*, un joueur acharné.

ЗА́ЯЦ, за́йца... **1.** lièvre. *Охо́та на за́йцев*, la chasse au lièvre. *За двумя́ за́йцами пого́нишься, ни одного́ не пойма́ешь*, on ne court pas deux lièvres à la fois. **2.** resquilleur. *Е́хать за́йцем*, voyager sans billet.

ЗВА́НИЕ titre, grade. *Профе́ссорское зва́ние*, le titre de professeur.

ЗВАТЬ* IV, зову́, зовёшь...; звал, звала́, зва́ло, зва́ли ∧—
1. / **ПОЗВА́ТЬ*** IV, позову́, позовёшь...; позва́л, позвала́, позва́ло, позва́ли ∧— ; по́званный, по́зван, позвана́, по́звано, по́званы ∧— appeler, faire venir. *Звать на по́мощь*, appeler à son secours. *Звать к себе́ в го́сти*, inviter. **2.** appeler, nommer. *Как вас зову́т?*, Comment vous appelez-vous? *Его́ зову́т Пе́тей*, il s'appelle Petia.

ЗВЕЗДА́, *pl.* звёзды... ‾‾ __ étoile. *Поля́рная звезда́*, l'étoile Polaire. ● **Ве́рить в свою́ звезду́,** croire en son étoile. **Морска́я звезда́,** étoile de mer. **О́рден Кра́сной Звезды́,** ordre de l'Étoile rouge.

ЗВЕНЕ́ТЬ* I, звени́т, звеня́т... / **ЗАЗВЕНЕ́ТЬ*** I (*id.*) sonner, tinter. *Колоко́льчик зазвене́л*, la clochette tinta. ● **У меня́ звени́т в уша́х,** les oreilles me tintent.

ЗВЕНО́*, *pl.* зве́нья, зве́ньев, зве́ньям... ‾‾ __ **1.** chaînon, maillon (*propr. et fig.*). *Два звена́ одно́й це́пи*, deux maillons d'une même chaîne. **2.** groupe. *Пионе́рское звено́*, un groupe de pionniers.

ЗВЕРИ́НЫЙ 1. de bête sauvage. *Звери́ный вой*, un hurlement de bête sauvage. **2.** bestial. *Звери́ная не́нависть*, une haine féroce.

ЗВЕ́РСКИЙ 1. cruel, bestial. *Зве́рские муче́ния*, un supplice cruel. **2.** (*fig.*) féroce. *Зве́рский аппети́т*, un appétit féroce.

ЗВЕРЬ __/‾‾ *m.* bête sauvage. *Пушны́е зве́ри*, les animaux à fourrure.

ЗВОН son, tintement. *Звон колоколо́в*, le son des cloches.

ЗВОНИ́ТЬ 1. / **ЗАЗВОНИ́ТЬ** *et* **ПОЗВОНИ́ТЬ** sonner (*tr. et intr.*). *Звони́ть в ко́локол*, faire sonner une cloche. *Кто-то звони́л; откро́й дверь*, Quelqu'un a sonné; va ouvrir la porte. *Ко́локол звони́т*, la cloche sonne. *Буди́льник звони́т*, le réveil sonne. *Телефо́н звони́т*, le téléphone sonne. **2.** / **ПОЗВОНИ́ТЬ** téléphoner. *Я вам позвоню́ за́втра ве́чером*, Je vous téléphonerai demain soir.

REMARQUE. Au sens 2, ce verbe présente le plus souvent un accent mobile : звоню́, зво́нишь... \\— / позвоню́, позво́нишь... \\— .

ЗВО́НКИЙ ∧— , *comp.* зво́нче* sonore. *Зво́нкий го́лос*, une voix sonore.

ЗВОНО́К 1. sonnette. *Электри́ческий звоно́к*, une sonnerie électrique. **2.** coup de sonnette, sonnerie. *Разда́лся звоно́к*, la sonnerie retentit.

ЗВО́НЧЕ comp. de « зво́нкий ».

ЗВУК son, bruit. *Звук шаго́в*, un bruit de pas. *Прия́тные зву́ки*, des sons agréables. *Ско́рость зву́ка*, la vitesse du son. *Издава́ть звук*, produire un son.

ЗВУКОПОДРАЖА́НИЕ onomatopée.

ЗВУЧА́ТЬ* I, звучи́т, звуча́т / **ЗАЗВУЧА́ТЬ*** I (*id.*) *et* **ПРОЗВУЧА́ТЬ*** I (*id.*) retentir. *Звуча́ли голоса́*, des voix retentissaient. *Роя́ль хорошо́ звучи́т*, le piano a un son agréable. *В её го́лосе звуча́ла трево́га*, sa voix laissait percer l'inquiétude.

ЗВУ́ЧНЫЙ ∧— sonore, retentissant. *Зву́чный го́лос*, une voix sonore.

ЗГА ● **Ни зги не ви́дно,** on n'y voit goutte.

ЗДА́НИЕ bâtiment, édifice. *Обще́ственные зда́ния*, les édifices publics. *Высо́тное зда́ние*, un gratte-ciel (*en U.R.S.S.*).

ЗДЕСЬ *adv*. ici (*emplacement*). *Они́ живу́т здесь*, ils habitent ici.

ЗДЕ́ШНИЙ d'ici. *Зде́шние лю́ди*, les gens d'ici.

ЗДОРО́ВАТЬСЯ, здоро́ваюсь, здоро́ваешься... / **ПОЗДОРО́ВАТЬСЯ** (*id*.) saluer. *Он ни с кем не поздоро́вался*, il n'a salué personne. *Поздоро́ваться за́ руку*, se serrer la main.

ЗДОРОВЕ́ННЫЙ robuste, costaud. *Здорове́нная ба́ба*, elle est costaud.

I. ЗДО́РОВО *adv*. **1.** singulièrement. *Я здо́рово проголода́лся*, j'ai drôlement faim. **2.** très bien. *Э́то здо́рово сде́лано*, c'est drôlement bien fait.

II. ЗДОРО́ВО! *interj*. Salut !

Remarque. Les deux mots ci-dessus diffèrent par leur accentuation.

ЗДОРО́ВЫЙ sain (*divers sens*). *Здоро́вый ребёнок*, un enfant en bonne santé. *Здоро́вая пи́ща*, une nourriture saine. *Здоро́вое сужде́ние*, un jugement sain. ● **Бу́дьте здоро́вы!,** A vos souhaits !

ЗДОРО́ВЬЕ santé. *Э́то вре́дно для здоро́вья*, c'est mauvais pour la santé. *Как ва́ше здоро́вье?*, Comment allez-vous ? ● **За ва́ше здоро́вье!** *ou* **Ва́ше здоро́вье!**, A votre santé ! *ou* A la vôtre !

ЗДРАВООХРАНЕ́НИЕ santé publique. *Министе́рство здравоохране́ния*, le ministère de la Santé publique.

ЗДРА́ВСТВОВАТЬ [здра́ствəвəт'] bien se porter. ● **Да здра́вствует** *ou* **Да здра́вствуют,** Vive !, Vivent ! *Да здра́вствует свобо́да!*, Vive la liberté !

ЗДРА́ВСТВУЙ! *et* **ЗДРА́ВСТВУЙТЕ!** [здра́ствујт'иᵉ] *interj*. Bonjour!

Remarque. L'interjection « Здра́вствуй ! », « Здра́вствуйте ! » est dérivée de l'impératif du verbe « здра́вствовать », « bien se porter ». Ainsi s'explique l'existence de deux formes distinctes correspondant l'une au tutoiement, l'autre au vouvoiement.

ЗДРА́ВЫЙ raisonnable, judicieux. *Здра́вый смысл*, le bon sens. *Здра́во рассужда́ть*, raisonner sainement.

ЗЕВА́ТЬ / **ЗЕВНУ́ТЬ** bâiller. *Зева́ть от ску́ки*, bâiller d'ennui.

/ **ЗЕВНУ́ТЬ** v. зева́ть.

ЗЕЛЕНЕ́ТЬ / **ПОЗЕЛЕНЕ́ТЬ** **1.** avoir une couleur verte, verdoyer. *Вдали́ зелене́л лес*, au loin on voyait la forêt verte. **2.** devenir vert, verdir. *Медь позелене́ла*, le cuivre a verdi. *Луга́ зелене́ют*, les prés reverdissent.

ЗЕЛЁНЫЙ vert. *Зелёная ткань*, une étoffe verte. *Зелёное я́блоко*, une pomme verte.

ЗЕ́ЛЕНЬ *f*. **1.** verdure. *Там ма́ло зе́лени*, là-bas, il y a peu de verdure. **2.** légumes verts. *Торгова́ть зе́ленью*, faire le commerce des légumes.

ЗЕМЕ́ЛЬНЫЙ terrien. *Земе́льный уча́сток*, un terrain. *Земе́льная рефо́рма*, une réforme agraire.

ЗЕМЛЕВЛАДЕ́ЛЕЦ propriétaire terrien.

ЗЕМЛЕДЕ́ЛИЕ agriculture.

ЗЕМЛЕТРЯСЕ́НИЕ tremblement de terre.

ЗЕМЛЯ́  **1.** Terre. *Земля́ враща́ется вокру́г Со́лнца*, la Terre tourne autour du Soleil. **2.** terre, sol. *Родна́я земля́*, la terre natale. *Цели́нные зе́мли*, les terres vierges. *Бро́сить на́ землю* ou *бро́сить на зе́млю*, jeter par terre. *Жить под землёй*, vivre sous la terre. *Я был гото́в сквозь зе́млю провали́ться*, j'aurais voulu être à cent pieds sous terre.

Remarque. L'accent passe en général sur la préposition dans le groupe « на́ землю ».

ЗЕМЛЯ́К (*fam.*) compatriote.

ЗЕМЛЯНИ́КА **1.** fraisier. **2.** fraise(s). *Лесна́я земляни́ка*, fraises des bois. *Собира́ть земляни́ку в лесу́*, ramasser des fraises dans le bois. *Варе́нье из земляни́ки*, confiture de fraises.

> REMARQUE. On désigne sous le nom de « земляни́ка » le fraisier des bois et les sous-espèces cultivées auxquelles il a donné naissance (v. клубни́ка).

ЗЕМЛЯ́НКА abri ou logis creusé dans la terre. *Солда́ты отдыха́ли в земля́нке*, les soldats se reposaient dans l'abri.

ЗЕМНО́Й terrestre, de la terre. *Земно́й шар*, le globe terrestre. *Земны́е бла́га*, les biens terrestres.

ЗЕ́МСТВО (*hist.*) « ziemstvo » (*assemblée provinciale*).

ЗЕНИ́ТНЫЙ antiaérien. *Зени́тное ору́дие*, une pièce de D.C.A.

ЗЕ́РКАЛО, *pl.* зеркала́, зерка́л, зеркала́м... miroir. *Смотре́ться в зе́ркало*, se regarder dans une glace.

ЗЕРКА́ЛЬНЫЙ **1.** à miroir. *Зерка́льный шкаф*, une armoire à glace. **2.** lisse comme un miroir. *Зерка́льная пове́рхность о́зера*, la surface du lac, lisse comme un miroir.

ЗЕРНИ́СТЫЙ granuleux. *Зерни́стая ма́сса*, une masse granuleuse. *Зерни́стая икра́*, caviar grenu.

ЗЕРНО́, *pl.* зёрна... grain. *Ко́фе в зёрнах*, du café en grains. // (*Fig.*) *Зерно́ и́стины*, un grain de vérité.

ЗИМА́ hiver. *Суро́вая зима́*, un hiver rigoureux. *Сне́жная зима́*, un hiver neigeux. *Зима́ наступи́ла*, l'hiver est arrivé. ● **Ско́лько лет, ско́лько зим !,** Il y a un siècle qu'on ne vous a vu !

> REMARQUE. L'accent passe sur la préposition dans les groupes « за́ зиму » et « на́ зиму ».

ЗИ́МНИЙ d'hiver. *Зи́мний спорт*, les sports d'hiver. *Зи́мняя оде́жда*, les vêtements d'hiver.

ЗИМОВА́ТЬ / ПЕРЕЗИМОВА́ТЬ passer l'hiver. *Они́ перезимова́ли в гора́х*, ils ont passé l'hiver dans les montagnes. ● **Я ему́ покажу́, где ра́ки зиму́ют,** je vais lui montrer de quel bois je me chauffe.

ЗИМО́Й **1.** v. зима́. **2.** *adv.* en hiver. *Зимо́й мы ката́лись на конька́х*, en hiver, nous faisions du patin.

ЗИЯ́ТЬ être béant. *Зия́ющая бе́здна*, un gouffre béant.

ЗЛАТОГЛА́ВЫЙ à coupoles dorées. *Златогла́вые це́ркви*, des églises aux coupoles dorées.

ЗЛЕ́ЙШИЙ (*superl. de* « злой »). ● **Зле́йший враг,** un ennemi acharné.

ЗЛИ́ТЬСЯ être furieux / **РАЗОЗЛИ́ТЬСЯ** se mettre en fureur. *Она́ зли́лась на меня́*, elle était furieuse contre moi.

I. ЗЛО, *gén. pl.* зол (*seule forme usitée au pluriel*) **1.** mal. *Отплати́ть злом за добро́*, rendre le mal pour le bien. *Из двух зол вы́брать ме́ньшее*, de deux maux choisir le moindre. **2.** colère. *Со зла*, de colère. *Его́ зло взя́ло*, la moutarde lui monta au nez.

II. ЗЛО v. злой.

ЗЛО́БА méchanceté, animosité. *Пита́ть зло́бу про́тив кого́-нибудь*, nourrir de l'animosité contre qqn. ● **Зло́ба дня,** le problème du jour.

ЗЛО́БНЫЙ méchant. *Зло́бный взгляд*, un regard haineux.

ЗЛОБОДНЕ́ВНЫЙ d'actualité. *Злободне́вный вопро́с*, une question d'actualité.

ЗЛОВЕ́ЩИЙ sinistre. *Злове́щая тишина́*, un silence lugubre. *Злове́щий вой*, des hurlements sinistres.

ЗЛОВРЕ́ДНЫЙ malfaisant. *Злovре́дный челове́к*, un homme malfaisant.

ЗЛОДЕ́Й *m.* malfaiteur, scélérat.

ЗЛОЙ, *superl.* зле́йший* **1.** méchant. *Злы́е лю́ди,* de mé- [illegible] *...о́жно,* [illegible] chiens [illegible] *язы́к,* [illegible] *. Злой* [illegible] *. (à la* [illegible] colère. [illegible] t'en

[illegible] **...ННЫЙ** mal inten- [illegible] *...наме́ренные лю́ди,* des [illegible] intentionnés.

[illegible] **...АМЯТНЫЙ** rancunier. *...а́мятный челове́к,* un homme [illegible] ...ncunier.

...ОСЛО́ВИЕ médisance.

...ЛОСТЬ *f.* méchante humeur, colère. *Побледне́ть от зло́сти,* pâlir de rage. *Злость меня́ взяла́,* je me sentis emporté par la colère.

ЗЛОУПОТРЕБИ́ТЬ v. зло-...употребля́ть.

...ОУПОТРЕБЛЕ́НИЕ abus. *...употребле́ние дове́рием,* un [illegible] de confiance. *Злоупотребле́-* [illegible] *...ла́стью,* un abus de pouvoir.

...УПОТРЕБЛЯ́ТЬ / ЗЛО- ...ПОТРЕБИ́ТЬ abuser. *Он злоупотребля́ет ва́шим терпе́нием,* Il abuse de votre patience.

ЗМЕЙ *m.* **1.** dragon (*myth.*). **2.** cerf-volant (*jouet*). *Запусти́ть змея́,* lancer un cerf-volant.

> REMARQUE. Le mot « змей » appartient au sous-genre animé, même lorsqu'il est employé au sens de « cerf-volant ».

ЗМЕЯ́ ——— serpent. *Змея́ ужа́лила его́,* un serpent l'a mordu. *Ядови́тая змея́,* un serpent venimeux.

ЗНАК signe. *Сде́лать зна́ки руко́й,* faire des signes avec la main. *Зна́ки препина́ния,* les signes de ponctuation. *Вопроси́тельный знак,* point d'interrogation. *Восклица́тельный знак,* point d'exclamation. *Мя́гкий знак,* signe mou. *Твёрдый знак,* signe dur. *Фи́рменный знак,* la marque de fabrique. *Дурно́й знак,* un mauvais signe. *До́брый знак,* un bon signe. *В знак дру́жбы,* en signe d'amitié. *Под зна́ком дру́жбы,* sous le signe de l'amitié. *Молча́ние — знак согла́сия,* qui ne dit mot consent.

> REMARQUE. Il convient de ne pas confondre « зна́ком », instrumental du mot « знак », et « знако́м », forme courte de l'adjectif « знако́мый ». Ces deux formes diffèrent par leur accent.

ЗНАКО́МИТЬ 1. / ПОЗНАКО́МИТЬ faire faire connaissance, présenter. *Мы его́ познако́мили с дире́ктором,* nous l'avons présenté au directeur. **2. / ОЗНАКО́МИТЬ** *et* **ПОЗНАКО́МИТЬ** mettre au courant. *Я его́ ознако́мил с э́тим вопро́сом,* je l'ai mis au courant de cette affaire.

ЗНАКО́МИТЬСЯ 1. / ПОЗНАКО́МИТЬСЯ faire connaissance. *Мы с ним познако́мились два го́да тому́ наза́д,* j'ai fait sa connaissance il y a deux ans. *О́чень рад познако́миться,* Enchanté de faire votre connaissance. **2. / ОЗНАКО́МИТЬСЯ** *et* **ПОЗНАКО́МИТЬСЯ** se mettre au courant. *Он ознако́мился с э́тим де́лом,* il s'est mis au courant de cette affaire.

ЗНАКО́МСТВО 1. connaissance (*relations*). *Завяза́ть знако́мство с ке́м-нибудь,* lier connaissance avec qqn. *Порва́ть знако́мство с ке́м-нибудь,* cesser toutes relations avec qqn. **2.** connaissance (*résultat de l'étude*). *Знако́мство с языкозна́нием,* la connaissance de la linguistique.

ЗНАКО́МЫЙ connu. *Я с ним не знако́м,* je ne le connais pas. *Э́то и́мя мне знако́мо,* ce nom me dit qqch. **2.** *subst.* connaissance. *Оди́н из мои́х знако́мых,* un de mes amis.

> REMARQUE. Il convient de ne pas confondre « знако́м », forme courte de l'adjectif « знако́мый »,

et « зна́ком », instrumental du mot « знак ». Ces deux formes diffèrent par leur accent.

ЗНАМЕНИ́ТЫЙ illustre. *Знамени́тый учёный*, un illustre savant.

ЗНА́МЯ*, *gén., dat. et loc.* зна́мени, *instr.* зна́менем; *pl.* знамёна, знамён, знамёнам... étendard, drapeau. *Полково́е зна́мя*, le drapeau du régiment.

ЗНА́НИЕ connaissance, savoir. *Зна́ние языка́*, la connaissance d'une langue. *Про́чные зна́ния*, de solides connaissances.

ЗНА́ТНЫЙ  **1.** de haute aristocratie. *Зна́тная да́ма*, une dame de la haute noblesse. **2.** illustre. *Зна́тный адвока́т*, un célèbre avocat. **3.** (*fam.*) excellent. *Зна́тные щи*, une excellente soupe aux choux.

ЗНАТО́К  connaisseur. *Он знато́к в лошадя́х*, il s'y connaît en matière de chevaux. *Он знато́к своего́ де́ла*, il connaît son affaire. *Осма́тривать что́-нибудь с ви́дом знатока́*, examiner qqch. en connaisseur.

ЗНАТЬ connaître, savoir. *Знать уро́к*, savoir sa leçon. *Знать язы́к*, connaître une langue. *Он пло́хо знал по-ру́сски*, il connaissait mal le russe. *Знать своё де́ло*, connaître son affaire. *Вы зна́ете Васи́льева?*, Vous connaissez Vassiliev? *Он зна́ет, что я прав*, il sait que j'ai raison. *Он не зна́ет, как вести́ себя́*, il ne sait pas quelle conduite adopter. *Об э́том я ничего́ не зна́ю*, je n'en ai pas la moindre idée. *Знать тебя́ бо́льше не хочу́*, Je ne veux plus entendre parler de toi. ● **Бог его́ зна́ет** *ou* **кто его́ зна́ет** *ou* **чёрт его́ зна́ет,** Dieu seul le sait. **Дать знать,** faire savoir. *Дать знать о себе́*, donner de ses nouvelles. **Дать себя́ знать,** se faire sentir. *Уста́лость даёт себя́ знать*, la fatigue se fait sentir. **Как зна́ете,** comme vous voulez. *Де́лаете как зна́ете*, Faites comme vous l'entendez. **Знать кого́-нибудь в лицо́,** connaître qqn de vue. **Зна́ете что** *ou* **Зна́ешь что,** si (*invitation à faire qqch.*). *Зна́ешь что, пойдём в кино́*, Si on allait au cinéma? **Наско́лько я зна́ю,** autant que je sache. **Пора́ и честь знать,** il est temps d'arrêter les frais *ou* il est temps de s'en aller. **Почём знать?,** Qui sait?

ЗНА́ТЬСЯ fréquenter, avoir des relations. *Он не хо́чет с на́ми зна́ться*, il ne veut pas nous connaître.

ЗНАЧЕ́НИЕ 1. signification, sens. *Э́то сло́во име́ет не́сколько значе́ний*, ce mot a plusieurs sens. *Прямо́е значе́ние*, le sens propre. *Перено́сное значе́ние*, le sens figuré. **2.** signification, importance. *Э́то не име́ет никако́го значе́ния*, cela n'a aucune importance. *Придава́ть большо́е значе́ние*, accorder une grande importance.

ЗНА́ЧИТ v. зна́чить.

ЗНАЧИ́ТЕЛЬНЫЙ important, considérable. *Значи́тельная су́мма*, une somme considérable. *Игра́ть значи́тельную роль*, jouer un rôle important.

ЗНА́ЧИТЬ 1. signifier, avoir une signification. *Что э́то зна́чит?*, Qu'est-ce que cela veut dire? **2.** avoir une importance. *Э́то ничего́ не зна́чит*, cela n'a aucune importance. *Что зна́чит мо́лодость!*, Ce que c'est tout de même que d'être jeune! ● **Зна́чит** (*généralement entre deux virgules*) alors. *Не отвеча́ют, зна́чит, уе́хали*, Ils ne répondent pas, alors c'est qu'ils sont partis.

ЗНАЧО́К insigne. *Пионе́рский значо́к*, l'insigne des pionniers.

ЗНОБИ́ТЬ donner des frissons. *Её зноби́ло*, elle avait des frissons.

ЗНО́ЙНЫЙ torride. *Зно́йный день*, une journée torride. *Зно́йный ве́тер*, un vent brûlant.

ЗОВЁМ, ЗОВЁТ..., ЗОВУ́... v. звать.

ЗОЛА́ cendre(s). *Выгреба́ть золу́ из пе́чки*, tirer les cendres du poêle.

ЗОЛОТИ́СТЫЙ doré, d'un blond doré. *Золоти́стые во́лосы*, des cheveux dorés. *Золоти́стые коло́сья*, des épis dorés.

ЗО́ЛОТО or. *Брасле́т из чи́стого зо́лота*, un bracelet en or pur. ● **Не всё то зо́лото, что блести́т,** tout ce qui brille n'est pas or.

ЗОЛОТО́Й 1. en or, d'or. *Золоты́е при́иски*, des mines d'or. *Золоты́е часы́*, une montre en or. 2. doré, d'un blond doré. *Золоты́е ку́дри*, des boucles dorées. ● **Золото́й век,** l'âge d'or. **Золота́я молодёжь,** la jeunesse dorée. **Золота́я ры́бка,** un poisson rouge. **Золота́я середи́на,** le juste milieu. **У него́ золоты́е ру́ки,** il fait ce qu'il veut de ses mains. **Сули́ть золоты́е го́ры,** promettre monts et merveilles.

ЗО́НТИК parapluie, ombrelle. *Раскры́ть зо́нтик*, ouvrir son parapluie.

ЗООПА́РК jardin zoologique, zoo.

ЗО́РКИЙ /___ , *comp.* зо́рче* perçant (*regard...*). *Зо́ркий взгляд*, un regard perçant. *Зо́ркий ум*, un esprit pénétrant.

ЗО́РЧЕ comp. de « зо́ркий ».

ЗРАЧО́К pupille (*de l'œil*).

ЗРЕ́ЛИЩЕ spectacle. *Неожи́данное зре́лище*, un spectacle inattendu. *Театра́льное зре́лище*, une représentation théâtrale.

ЗРЕ́ЛОСТЬ *f.* maturité (*propr. et fig.*). *Зре́лость ума́*, la maturité d'esprit. ● **Аттеста́т зре́лости,** certificat de fin d'études secondaires.

ЗРЕ́ЛЫЙ /___ mûr. *Зре́лые плоды́*, des fruits mûrs. *Же́нщина зре́лых лет*, une femme d'âge mûr.

ЗРЕ́НИЕ vue, vision. *Потеря́ть зре́ние*, perdre la vue. *Име́ть сла́бое зре́ние*, avoir la vue faible. *Хоро́шее зре́ние*, une bonne vue. ● **Обма́н зре́ния,** illusion d'optique. **То́чка зре́ния,** point de vue. *С мое́й то́чки зре́ния*, à mon point de vue.

ЗРЕТЬ / СОЗРЕ́ТЬ mûrir. *Мали́на зре́ет*, les framboises mûrissent.

ЗРИ́ТЕЛЬ *m.* spectateur. *Зри́тели аплоди́ровали*, les spectateurs applaudissaient.

ЗРИ́ТЕЛЬНЫЙ 1. visuel. *Зри́тельная па́мять*, une mémoire visuelle. 2. pour spectateurs. *Зри́тельный зал*, salle de spectacle.

ЗРЯ *adv.* en pure perte, inutilement. *Зря тра́тить де́ньги*, dépenser son argent en pure perte. *Болта́ть зря*, parler pour ne rien dire.

ЗУБ ___/‾‾ dent. *У меня́ боли́т зуб*, j'ai mal à une dent. *Чи́стить зу́бы*, se laver les dents. *Моло́чный зуб*, une dent de lait. *Глазно́й зуб*, une canine. *Коренно́й зуб*, une molaire. *Зуб му́дрости*, une dent de sagesse. *Запломби́рованный зуб*, une dent plombée. *Вставны́е зу́бы*, un dentier. ● **Вооружённый до зубо́в,** armé jusqu'aux dents. **Дава́ть по зуба́м,** casser la figure. **Держа́ть язы́к за зуба́ми,** tenir sa langue. **Име́ть зуб про́тив кого́-нибудь,** avoir une dent contre qqn. **О́ко за о́ко, зуб за́ зуб,** œil pour œil, dent pour dent. **Сквозь зу́бы,** entre ses dents. *Проговори́ть сквозь зу́бы*, dire entre ses dents. **У него́ зуб на́ зуб не попада́ет,** il est transi. **Э́то у меня́ в зуба́х навя́зло,** j'en ai plein le dos.

Remarque. L'accent passe sur la préposition dans le groupe « за́ зуб » et dans l'expression « зуб на́ зуб не попада́ет ».

ЗУБНО́Й de dents. *Зубна́я щётка*, une brosse à dents. *Зубна́я па́ста*, pâte dentifrice. *Зубно́й врач*, dentiste.

ЗУБО́К (*dim. de* « зуб ») ● **Знать что́-нибудь на зубо́к,** savoir qqch. sur le bout du doigt.

ЗУБОЧИ́СТКА cure-dent.

ЗУБРИ́ТЬ ___ / **ВЫ́ЗУБРИТЬ** potasser, apprendre par

cœur. *Он зубри́л геоме́трию*, il potassait sa géométrie.

ЗУД démangeaison. *Испы́тывать зуд*, ressentir des démangeaisons.

ЗЫ́БКИЙ /___ vacillant, mouvant. *Зы́бкая по́чва*, un sol mouvant. *Зы́бкие убежде́ния*, des convictions vacillantes.

ЗЯ́БКИЙ /___ frileux. *Зя́бкий челове́к*, une personne frileuse.

ЗЯ́БНУТЬ* III / **ОЗЯ́БНУТЬ*** III avoir froid. *Де́вочка озя́бла*, la petite fille était gelée.

ЗЯТЬ*, *pl.* зятья́, зятьёв, зятья́м... ___‾‾‾ gendre *ou* beau-frère (*mari de la fille ou de la sœur*).

И

И
I. Conjonction:
1. et;
2. (*en corrélation avec* « да », « так », ...) bien.
II. Particule de renforcement:
1. justement, juste;
2. même.

I. 1. *Москва́ и Ленингра́д*, Moscou et Leningrad. *Она́ взяла́ кни́гу и начала́ чита́ть*, elle prit le livre et se mit à lire. *Наступи́ла зима́, и все уе́хали из ла́геря*, l'hiver arriva et tous quittèrent le camp. *Всё ме́ньше и ме́ньше*, de moins en moins. *И вы согласи́лись?*, Et vous avez accepté? // (*Répété*) *И оте́ц и сын*, le père et le fils. *И тот и друго́й*, l'un et l'autre. **2.** *И хо́чется чита́ть, да не́когда*, je voudrais bien lire, mais je n'ai pas le temps.

II. 1. *О ней и говоря́т*, c'est justement d'elle qu'il est question. **2.** *И на со́лнце есть пя́тна*, même le soleil a des taches.

И́БО *conj.* car (*livresque*). *Мо́жно на него́ положи́ться, и́бо он челове́к исполни́тельный*, on peut compter sur lui car c'est un homme consciencieux.

И́ВА saule. *Плаку́чая и́ва*, un saule pleureur.

ИГЛА́ ‾‾‾___ aiguille. *Вяза́льная игла́*, une aiguille à tricoter. *Сосно́вы и́глы*, des aiguilles de pin. *Адмиралте́йская игла́*, l'aiguille de l'Amirauté (*architecture*).

И́ГО joug (*fig.*). *Тата́рское и́го*, le joug tatar.

ИГО́ЛКА dim. de « игла́ ». ● **Сиде́ть как на иго́лках,** être comme sur des charbons ardents.

ИГРА́ ‾‾‾___ jeu. *Пра́вила игры́*, les règles du jeu. *Аза́ртные и́гры*, les jeux de hasard. *Олимпи́йские и́гры*, les jeux Olympiques. *Опа́сная игра́*, un jeu dangereux (*propr. et fig.*). ● **Игра́ не сто́ит свеч,** le jeu n'en vaut pas la chandelle. **Игра́ слов,** un jeu de mots.

ИГРА́ТЬ / **СЫГРА́ТЬ** jouer. *Де́ти игра́ют на дворе́*, les enfants jouent dans la cour. *Игра́ть в баскетбо́л*, jouer au basket. *Игра́ть в те́ннис*, jouer au tennis. *Игра́ть в войну́*, jouer à la guerre. *Игра́ть в ша́хматы*, jouer aux échecs. *Игра́ть в ка́рты*, jouer aux cartes. *Игра́ть на билья́рде*, jouer au billard. *Игра́ть в ку́клы*, jouer à la poupée. *Игра́ть на скри́пке*, jouer du violon. *Игра́ть на роя́ле*, jouer du piano. *Сыгра́ть вальс*, jouer une valse. *Игра́ть пье́су*, jouer une pièce. // (*Fig.*) *Игра́ть коме́дию*, jouer la comédie. *Игра́ть большу́ю роль*, jouer un grand rôle. *Игрáть с огнём*, jouer avec le feu. *Игрáть словáми*, jouer sur les mots.

ИГРÓК ╱‾‾ ‾‾ joueur. *Игрóк в баскетбóл*, un joueur de basket. *Бильярдный игрóк*, un joueur de billard.

ИГРУ́ШКА jouet.

ИГУ́МЕН supérieur (*d'un monastère*).

ИДЕ́ЙНЫЙ **1.** idéologique. *Идéйное влияние*, l'influence idéologique. **2.** fidèle à l'idéologie du parti communiste. *Идéйный рабóтник*, un homme dévoué à l'idéal communiste.

ИДЕ́Я idée. *Емý пришлá счастли́вая идéя*, il lui est venu une bonne idée. *Идéя карти́ны*, le sujet d'un tableau.

> **ИДТИ́*** IV, идý, идёшь...; шёл, шла... / **ПОЙТИ́*** IV, пойдý, пойдёшь...; пошёл, пошлá...; пойдя́; *indét.* **ХОДИ́ТЬ** ╲__
> **Sens général:** aller.
> **1.** *En parlant d'une personne, d'un animal, etc.:* aller à pied, marcher // aller en bateau.
> **2.** *En parlant d'un véhicule, d'un train, etc.:* circuler // arriver // partir.
> **3.** *En parlant d'objets, de phénomènes divers:* aller, se déplacer, arriver, sortir... // bien marcher, fonctionner.
> **4.** *En parlant de réunions, de pièces de théâtre, etc.:* avoir lieu.
> **5.** *En parlant de vêtements, de couleurs, etc.:* convenir, aller.

1. *Идти́ пешкóм*, aller à pied. *Идти́ на лы́жах*, aller à ski. *Идти́ мéдленно*, marcher lentement. *Идти́ на цы́почках*, marcher sur la pointe des pieds. *Лóшадь шла шáгом*, le cheval allait au pas. *Ходи́ть в шкóлу*, aller à l'école. *Ходи́ть на охóту*, aller à la chasse. *Пойти́ домóй*, rentrer chez soi. *Пойти́ гуля́ть*, aller se promener. // *Они́ идýт в откры́тое мóре*, ils s'en vont en pleine mer. **2.** *Маши́на идёт бы́стро*, la voiture va vite. *Автóбусы хóдят до полýночи*, les autobus marchent jusqu'à minuit. // *Мы ждáли; пóезд не шёл*, nous attendions; le train n'arrivait pas. // *Пóезд идёт чéрез двáдцать минýт*, le train part dans vingt minutes. **3.** *Пи́сьма идýт óчень мéдленно*, les lettres ne vont pas vite. *Нáша лóдка пошлá ко днý*, notre barque coula. *Врéмя идёт бы́стро*, le temps passe vite. *Хóдит слух, что* ou *идёт слух, что*, le bruit court que. *Веснá идёт*, le printemps arrive. *Из трубы́ идёт дым*, la fumée sort de la cheminée. // *Часы́ идýт хорошó*, la montre marche bien. *Рабóта идёт хорошó*, le travail marche bien. **4.** *Сегóдня в Мáлом идёт нóвая пьéса*, aujourd'hui, au « Maly », on donne une nouvelle pièce. *Идýт переговóры*, des pourparlers ont lieu. **5.** *Ей óчень идёт си́ний цвет*, le bleu lui va bien. *Тебé идёт э́та шля́па*, Ce chapeau te va bien. ● **Идёт** (*fam.*), D'accord. **Идёт дождь,** il pleut. **Идёт снег,** il neige. **Кто идёт?,** Qui vive? **Речь идёт о,** il est question de. **Ходи́ть вокрýг да óколо,** tourner autour du pot.

ИЖДИВЕ́НИЕ charge (*dépenses dues à l'entretien d'une personne*). *Жить на иждивéнии свои́х детéй*, être à la charge de ses enfants.

> **ИЗ, ИЗО** *prép.* (+ *gén.*)
> **1.** (*origine*) de // dans // par.
> **2.** (*cause*) par.
> **3.** (*matière*) de// (*composition*) de.
> **4.** (*appartenance à un groupe*) de, parmi, entre.

1. *Достáть из кармáна*, tirer de sa poche. *Он приéхал из Ленингрáда*, il est venu de Leningrad. *Он рóдом из Москвы́*, il est originaire de Moscou. *Отры́вок из ромáна*, un extrait du roman. // *Пить из чáшки*, boire dans une tasse. // *Узнáть из газéт*, apprendre par les journaux. **2.** *Из любопы́тства*, par curiosité. *Из любви́* *к искусству*, par amour de l'art. **3.** *Стол из дерева*, une table de bois. // *Комиссия из трёх членов*, une commission de trois membres. **4.** *Один из нас*, l'un d'entre nous. *Некоторые из них*, quelques-uns d'entre eux. *Одно из двух*, de deux choses l'une. ● **Изо всех сил,** de toutes ses forces. **Из... в...,** de... en... *Из года в год*, d'année en année.

ИЗБА́ ⁓⁓ isba.

/ **ИЗБА́ВИТЬ** v. избавля́ть.

ИЗБАВЛЯ́ТЬ / ИЗБА́ВИТЬ délivrer, débarrasser. *Это избавило меня от всяких хлопот*, cela m'a délivré de tout souci.

/ **ИЗБАЛОВА́ТЬ** v. балова́ть.

ИЗБЕГА́ТЬ / ИЗБЕЖА́ТЬ* *n. cl.*, избегу́, избежи́шь..., избегу́т; избеги́; *et* **ИЗБЕ́ГНУТЬ*** III (+ *gén.*) éviter. *Избежать смерти*, éviter la mort. *Он избегал моего взгляда*, il évitait mon regard.

/ **ИЗБЕ́ГНУТЬ** v. избега́ть.

ИЗБЕЖА́НИЕ ● **Во избежание,** pour éviter. *Во избежание неприятностей*, pour éviter les désagréments.

/ **ИЗБЕЖА́ТЬ** v. избега́ть.

ИЗБИВА́ТЬ / ИЗБИ́ТЬ* II, изобью́, изобьёшь...; избе́й; изби́тый rouer de coups. *Его избили до полусмерти*, on le laissa à moitié mort sur le carreau.

ИЗБИРА́ТЕЛЬ *m.* électeur.

ИЗБИРА́ТЕЛЬНИЦА électrice.

ИЗБИРА́ТЕЛЬНЫЙ électoral. *Избирательная система*, le système électoral. *Всеобщее избирательное право*, le suffrage universel. *Избирательная кампания*, la campagne électorale. *Избирательный округ*, une circonscription électorale. *Избирательный участок*, le bureau de vote. *Избирательный бюллетень*, un bulletin de vote.

ИЗБИРА́ТЬ / ИЗБРА́ТЬ* IV, изберу́, изберёшь...; избра́л, избрала́, избра́ло, избра́ли ⁀ **1.** choisir. *Избрать своей специальностью математику*, choisir comme spécialité les mathématiques. **2.** élire. *Избрать кого-нибудь депутатом*, élire qqn député.

ИЗБИ́ТЫЙ (*adj.*) rebattu. *Избитая тема*, un sujet banal.

/ **ИЗБИ́ТЬ** v. избива́ть.

И́ЗБРАННЫЙ choisi. *Избранные сочинения*, œuvres choisies.

/ **ИЗБРА́ТЬ** v. избира́ть.

ИЗБЫ́ТОК superflu. *Избыток материала*, un excédent de matériaux. *Всего было в избытке*, il y avait de tout en abondance.

И́ЗВЕРГ monstre (*tyran*).

ИЗВЕ́СТИЕ nouvelle. *От неё мы получили известия позавчера*, nous avons reçu de ses nouvelles avant-hier. *Последние известия*, le bulletin d'information (*radio*).

ИЗВЕ́СТНОСТЬ *f.* renommée. *Пользоваться мировой известностью*, être connu dans le monde entier.

ИЗВЕ́СТНЫЙ **1.** connu. *Известные всем события*, des événements connus de tous. *Известный писатель*, un écrivain célèbre. *Известное дело*, C'est bien connu. *Известно, что*, on sait que. **2.** certain, déterminé. *До известной степени*, jusqu'à un certain point. *В известный час*, à une heure déterminée.

ИЗВИВА́ТЬСЯ / ИЗВИ́ТЬСЯ* II, изовью́сь, изовьёшься...; изви́лся, извила́сь... se tortiller. *Извива́ться как змея́*, se tordre comme un ver. *Доро́га извива́ется ме́жду гора́ми*, la route serpente entre les montagnes.

ИЗВИНЕ́НИЕ excuse. *Проси́ть извине́ния*, demander pardon. *Я принима́ю ва́ши извине́ния*, J'accepte vos excuses.

/ **ИЗВИНИ́ТЬ** v. извиня́ть.

/ **ИЗВИНИ́ТЬСЯ** v. извиня́ться.

ИЗВИНЯ́ТЬ / ИЗВИНИ́ТЬ excuser. *Извини́те!*, Pardon ! *Извини́те за беспоко́йство*, Excusez-moi de vous avoir dérangé. *Извини́те, я заста́вил вас ждать*, Excusez-moi de vous avoir fait attendre.

ИЗВИНЯ́ТЬСЯ / ИЗВИНИ́ТЬСЯ s'excuser. *Извини́ться пе́ред ке́м-нибудь*, s'excuser auprès de qqn.

/ **ИЗВИ́ТЬСЯ** v. извива́ться.

ИЗВЛЕКА́ТЬ / ИЗВЛЕ́ЧЬ* IV, извлеку́, извлечёшь..., извлеку́т; извлёк, извлекла́... ; извлечённый extraire. *Извле́чь пу́лю из ноги́*, extraire une balle de la jambe. *Извле́чь уро́к из собы́тий*, tirer la leçon des événements. *Извле́чь по́льзу из пое́здки*, tirer profit d'un voyage. *Извле́чь квадра́тный ко́рень*, extraire la racine carrée.

/ **ИЗВЛЕ́ЧЬ** v. извлека́ть.

ИЗВО́ЗЧИК cocher de fiacre. *Сесть на изво́зчика*, prendre un fiacre. *Е́хать на изво́зчике*, aller en fiacre.

ИЗВО́ЛИТЬ (*arch., sauf à l'impératif, ou iron.*) daigner, trouver bon. *Изво́льте сесть*, Ayez donc la bonté de vous asseoir.

/ **ИЗВРАТИ́ТЬ** v. извраща́ть.

ИЗВРАЩА́ТЬ / ИЗВРАТИ́ТЬ (т → щ) dénaturer. *Извраща́ть и́стину*, déformer la vérité.

ИЗВРАЩЁННЫЙ pervers. *Извращённые вку́сы*, des goûts pervers.

ИЗГИ́Б sinuosité. *На изги́бе реки́*, à un tournant de la rivière.

ИЗГНА́НИЕ exil. *Жить в изгна́нии*, vivre en exil.

/ **ИЗГНА́ТЬ** v. изгоня́ть.

ИЗГОЛО́ВЬЕ chevet. *У изголо́вья её сиди́т О́ля*, Olia se trouve à son chevet.

ИЗГОНЯ́ТЬ / ИЗГНА́ТЬ* I, изгоню́, изго́нишь... ; изгна́л, изгнала́, изгна́ло, изгна́ли (*livresque*) chasser, exiler.

И́ЗГОРОДЬ *f.* haie. *Жива́я и́згородь*, une haie vive.

ИЗДАВА́ТЬ* II, издаю́, издаёшь...; издава́й; издава́я / **ИЗДА́ТЬ*** *n. cl.*, изда́м, изда́шь, изда́ст, издади́м, издади́те, издаду́т; изда́л, издала́, изда́ло, изда́ли ; и́зданный, и́здан, издана́, и́здано, и́зданы 1. éditer. *Изда́ть кни́гу*, éditer un livre. 2. promulguer. *Изда́ть ука́з*, promulguer une loi. 3. répandre (*une odeur...*) ; pousser (*un cri...*). *Издава́ть неприя́тный за́пах*, répandre une mauvaise odeur. *Изда́ть сла́бый крик*, pousser un faible cri.

ИЗДАЛЕКА́ *ou* **И́ЗДАЛИ** *adv.* de loin. *Це́рковь видна́ издалека́*, on voit l'église de loin.

ИЗДА́НИЕ édition. *Дешёвое изда́ние*, une édition à bon marché. *Роско́шное изда́ние*, édition de luxe. *Второ́е изда́ние*, deuxième édition.

ИЗДА́ТЕЛЬ *m.* éditeur, maison d'édition. *Заключи́ть догово́р с изда́телем*, passer un contrat avec un éditeur.

ИЗДА́ТЕЛЬСТВО maison d'édition. *Госуда́рственное изда́тельство*, éditions d'État.

/ **ИЗДА́ТЬ** v. издава́ть.

ИЗДЕВА́ТЕЛЬСТВО raillerie. *Гру́бое издева́тельство над людьми́*, une moquerie outrageante à l'égard des gens.

ИЗДЕВА́ТЬСЯ se moquer de, bafouer. *Они́ издева́лись над на́ми*, ils se moquaient de nous.

ИЗДЕ́ЛИЕ article, produit. *Гото́вые изде́лия*, produits finis.

Трикота́жные изде́лия, articles de bonneterie.

ИЗДЕ́РЖКА dépense. *Больши́е изде́ржки*, de grosses dépenses. *Суде́бные изде́ржки*, les frais judiciaires.

/ **ИЗДО́ХНУТЬ** v. до́хнуть.

/ **ИЗЖА́РИТЬ** v. жа́рить.

ИЗ-ЗА *prép.* (+ *gén.*) **1.** de derrière. *Из-за стены́*, de derrière le mur. *Встать из-за стола́*, se lever de table. *Верну́ться из-за грани́цы*, revenir de l'étranger. **2.** à cause de. *Из-за дождя́*, à cause de la pluie. *Из-за пустяко́в*, pour des riens.

ИЗЛАГА́ТЬ / ИЗЛОЖИ́ТЬ ⟍___ exposer. *Изложи́ть тео́рию*, exposer une théorie.

ИЗЛИВА́ТЬ / ИЗЛИ́ТЬ* II, изолью́, изольёшь...; изли́л, излила́, изли́ло, изли́ли ⁄⟍___ ; излей́; изли́тый, изли́т, излита́, изли́то, изли́ты ⁄⟍___ (*fig.*) déverser, répandre. *Изли́ть на кого́-нибудь свой гнев*, passer sa colère sur qqn.

/ **ИЗЛИ́ТЬ** v. излива́ть.

ИЗЛИ́ШНИЙ (*livresque*) superflu. *Изли́шняя ро́скошь*, un luxe superflu.

ИЗЛОЖЕ́НИЕ exposé. *Я́сность изложе́ния*, la clarté d'un exposé.

/ **ИЗЛОЖИ́ТЬ** v. излага́ть.

ИЗМЕ́НА trahison. *Госуда́рственная изме́на*, le crime de haute trahison.

ИЗМЕНЕ́НИЕ changement. *Измене́ние направле́ния*, un changement de direction. *Впредь до измене́ния*, jusqu'à nouvel ordre. *Ввести́ измене́ния в прое́кт*, introduire des modifications dans un projet.

/ **ИЗМЕНИ́ТЬ** v. изменя́ть et меня́ть.

/ **ИЗМЕНИ́ТЬСЯ** v. изменя́ть et меня́ться.

ИЗМЕ́ННИК traître. *Изме́нников расстреля́ли*, les traîtres ont été fusillés.

ИЗМЕ́НЧИВЫЙ changeant. *Изме́нчивая пого́да*, un temps variable. *Изме́нчивый хара́ктер*, un caractère instable.

ИЗМЕНЯ́ТЬ / ИЗМЕНИ́ТЬ ⟍___ , *part.* изменённый **1.** (+ *acc.*) modifier. *Ве́тер измени́л направле́ние*, le vent a changé de direction. **2.** (+ *dat.*) trahir, manquer à. *Измени́ть ро́дине*, trahir sa patrie. *Измени́ть своему́ до́лгу*, manquer à son devoir. *Измени́ть своему́ сло́ву*, manquer à sa parole. *Е́сли па́мять не изменя́ет*, autant que je me souvienne.

ИЗМЕРЕ́НИЕ 1. mesure, mensuration. *Измере́ние температу́ры*, la mesure de la température. **2.** dimension (*math.*). *Простра́нство с тремя́ измере́ниями*, l'espace à trois dimensions.

/ **ИЗМЕ́РИТЬ** v. измеря́ть et ме́рить.

ИЗМЕРЯ́ТЬ / ИЗМЕ́РИТЬ mesurer. *Изме́рить длину́*, mesurer la longueur. *Изме́рить кому́-нибудь температу́ру*, prendre la température de qqn. ● **Изме́рить взгля́дом,** mesurer du regard.

/ **ИЗМУ́ЧИТЬ** v. му́чить.

ИЗНА́НКА envers. *Изна́нка тка́ни*, l'envers d'une étoffe.

/ **ИЗНАСИ́ЛОВАТЬ** v. наси́ловать.

ИЗНА́ШИВАТЬ / ИЗНОСИ́ТЬ ⟍___ user. *Пальто́ изно́шено*, ce pardessus est usé. *Маши́на была́ изно́шена*, la machine était usée.

ИЗНЕ́ЖЕННЫЙ douillet. *Изне́женный челове́к*, une personne douillette. *Изне́женные нра́вы*, des mœurs efféminées.

ИЗНЕМОЖЕ́НИЕ épuisement. *Рабо́тать до изнеможе́ния*, travailler jusqu'à l'épuisement. *В соверше́нном изнеможе́нии*, dans un état d'épuisement total.

/ **ИЗНОСИ́ТЬ** v. изна́шивать.

/ **ИЗНУРИ́ТЬ** v. изнуря́ть.

ИЗНУРЯ́ТЬ / ИЗНУРИ́ТЬ exténuer. *Рабо́та изнури́ла его́*, le travail l'a épuisé.

ИЗНУТРИ́ *adv.* de l'intérieur. *Дверь заперта́ изнутри́*, la porte est fermée de l'intérieur.

ИЗО v. из.

ИЗОБИ́ЛИЕ abondance. *В изоби́лии*, en abondance.

ИЗОБРАЖА́ТЬ / ИЗОБРАЗИ́ТЬ représenter, peindre. *Карти́на изобража́ет бу́рю*, le tableau représente une tempête. *В расска́зе а́втор изобража́ет ру́сское о́бщество при Петре́ Пе́рвом*, dans son récit, l'auteur décrit la société russe sous le règne de Pierre le Grand.

ИЗОБРАЖЕ́НИЕ représentation, description. *Изображе́ние действи́тельности*, la représentation de la réalité.

ИЗОБРАЗИ́ТЕЛЬНЫЙ ● **Изобрази́тельные иску́сства,** les arts plastiques.

/ **ИЗОБРАЗИ́ТЬ** v. изобража́ть.

/ **ИЗОБРЕСТИ́** v. изобрета́ть.

ИЗОБРЕТА́ТЕЛЬ *m.* inventeur. *Изобрета́тели ра́дио*, les inventeurs de la radio.

ИЗОБРЕТА́ТЕЛЬНЫЙ inventif. *Изобрета́тельный ум*, un esprit ingénieux.

ИЗОБРЕТА́ТЬ / ИЗОБРЕСТИ́* IV, изобрету́, изобретёшь...; изобрёл, изобрела́... ⁄‾‾‾‾‾ ; изобретённый inventer. *Изобрета́ть но́вый спо́соб*, inventer un nouveau moyen.

ИЗОБРЕТЕ́НИЕ invention. *Вели́кие изобрете́ния XX ве́ка*, les grandes inventions du XXᵉ siècle.

ИЗ-ПОД *prép.* (+ *gén.*) **1.** de dessous. *Из-под крова́ти*, de dessous le lit. **2.** de la région de. *Колхо́зник из-под Кали́нина*, un kolkhozien de la région de Kalinine. **3.** ayant contenu. *Коро́бка из-под ва́ксы*, une boîte ayant contenu du cirage.

/ **ИЗРАСХО́ДОВАТЬ** v. расхо́довать.

И́ЗРЕДКА *adv.* de temps en temps. *Она́ и́зредка захо́дит к нам*, elle vient nous voir de temps en temps.

ИЗРЯ́ДНЫЙ assez considérable. *Изря́дная су́мма де́нег*, une somme assez considérable. *Изря́дно зараба́тывать*, bien gagner sa vie.

ИЗУВЕ́РСТВО **1.** fanatisme. *Религио́зное изуве́рство*, le fanatisme religieux. **2.** acte de cruauté dû au fanatisme.

ИЗУМИ́ТЕЛЬНЫЙ merveilleux, stupéfiant. *Он изуми́тельно игра́ет на гита́ре*, il joue admirablement de la guitare.

/ **ИЗУМИ́ТЬ** v. изумля́ть.

ИЗУМЛЕ́НИЕ stupéfaction. *Смотре́ть с изумле́нием на что́-нибудь*, regarder qqch. avec stupéfaction.

ИЗУМЛЯ́ТЬ / ИЗУМИ́ТЬ stupéfier. *Все бы́ли изумлены́*, tous étaient stupéfaits.

ИЗУЧА́ТЬ étudier.

ИЗЪЯВИ́ТЕЛЬНЫЙ ● **Изъяви́тельное наклоне́ние,** l'indicatif (*gramm.*).

ИЗЫ́СКАННЫЙ recherché. *Изы́сканные блю́да*, des plats recherchés. *Изы́сканный стиль*, un style recherché. *Изы́сканно оде́тый*, tiré à quatre épingles.

ИЗЮ́М raisins secs. *Бу́лочка с изю́мом*, un petit pain aux raisins.

ИЗЮ́МИНА raisin sec.

ИЗЮ́МИНКА dim. de « изю́мина ». ● **Быть с изю́минкой,** avoir du chien.

ИЗЯ́ЩЕСТВО élégance. *Изя́щество костю́ма*, l'élégance d'un costume.

ИЗЯ́ЩНЫЙ élégant. *Изя́щная же́нщина*, une femme élégante. *Изя́щное пла́тье*, une robe élégante.

ИКА́ТЬ / ИКНУ́ТЬ avoir le hoquet, hoqueter.

/ **ИКНУ́ТЬ** v. ика́ть.

ИКО́НА icône (*peinture religieuse exécutée sur un panneau de bois et représentant le Christ, la Vierge ou les saints*).

ИКОНОСТА́С iconostase (*cloison couverte d'icônes derrière laquelle se trouve l'autel*).

I. ИКРА́ **1.** œufs de poisson, de grenouille, etc. *Ры́бы мéчут икру́*, les poissons pondent des œufs. **2.** caviar. *Чёрная икра́*, caviar noir. *Кра́сная икра́*, caviar rouge. *Осетро́вая икра́*, caviar d'esturgeon. *Кéтовая икра́*, caviar de saumon. *Зерни́стая икра́*, caviar grenu. *Па́юсная икра́*, caviar compact. **3.** légumes finement hachés et assaisonnés.

II. ИКРА́ —— mollet. *Пра́вая икра́*, le mollet droit.

ИЛ limon, vase.

> **И́ЛИ**
> **1.** *Conjonction:* ou bien.
> **2.** *Particule faisant pendant à la particule* « ли » *:* ou bien est-ce que.
> **3.** *Particule employée au début d'une proposition interrogative:* est-ce que vraiment.

1. *Тепéрь и́ли никогда́*, maintenant ou jamais. *И́ли он, и́ли я*, ou bien lui ou bien moi. **2.** *Похудéл ли он, и́ли э́то мне показа́лось*, A-t-il maigri ou bien est-ce seulement une impression? **3.** *И́ли ты не зна́ла?*, Tu ne le savais donc pas?

ИЛЛЮМИНА́ТОР hublot.

ИМ v. он.

ИМЕНА́, И́МЕНЕМ, И́МЕНИ... v. и́мя.

ИМЕ́НИЕ (*arch.*) domaine, propriété. *Он купи́л имéние в Тверско́й губéрнии*, il avait acheté une propriété dans le gouvernement de Tver.

ИМЕНИ́НЫ, имени́н, имени́нам... *pl. t.* fête (*jour du saint; s'emploie de plus en plus au sens d'anniversaire*). *Справля́ть имени́ны*, célébrer la fête de qqn.

И́МЕННО *adv.* **1.** précisément. *Мы и́менно об э́том и говори́ли*, c'est justement de cela que nous parlions. *Вот и́менно!*, C'est justement ça! **2.** notamment, c'est-à-dire. *Все э́ти пресмыка́ющиеся, а и́менно гадю́ка, уж...*, tous ces reptiles, c'est-à-dire la vipère, la couleuvre...

ИМЕ́ТЬ avoir. *Имéть да́чу*, avoir une datcha. *Имéть детéй*, avoir des enfants. *Имéть друзéй*, avoir des amis. *Дом имéет три этажа́*, la maison a trois étages. *Имéть в виду́*, ne pas perdre de vue. *Имéть возмо́жность*, avoir la possibilité. *Имéть впечатлéние*, avoir l'impression. *Имéть глу́пость*, avoir la bêtise. *Я имéл глу́пость рассерди́ться на него́*, j'ai eu la bêtise de me mettre en colère contre lui. *Имéть дéло с кéм-нибудь*, avoir affaire à qqn. *Имéть большо́е значéние*, avoir une grande importance. *Имéть зуб про́тив кого́-нибудь*, avoir une dent contre qqn. *Имéть мéсто*, avoir lieu. *Имéть пра́во*, avoir le droit. *Ничего́ не имéть про́тив*, ne rien avoir contre. *Не имéть слу́чая*, ne pas avoir l'occasion. *Имéть успéх*, avoir du succès.

ИМЕ́ТЬСЯ exister. *У них имéются все возмо́жности для э́того*, ils ont tout ce qu'il faut pour cela.

И́МИ v. он.

ИМУ́ЩЕСТВО bien, avoir. *Конфиска́ция иму́щества*, la confiscation des biens.

И́МЯ*, *gén., dat. et loc.* и́мени, *instr.* и́менем; *pl.* имена́, имён, имена́м... **1.** prénom. *И́мя, о́тчество, и фами́лия*, le prénom, le patronyme et le nom de famille. **2.** nom. *Назва́ть своё и́мя*, dire comment on s'appelle. *Назва́ть вéщи свои́ми имена́ми*, appeler les choses par leur nom. *Шко́ла и́мени Маяко́вского*, l'école Maïakovski. *От моего́ и́мени*, en mon nom. *Во и́мя на́шей дру́жбы*, au nom de notre amitié. *И́менем зако́на*, au nom de la loi. **3.** renom. *До́брое и́мя*, la bonne renommée.

• **Имя прилага́тельное,** adjectif qualificatif. **Имя существи́тельное,** substantif. **Имя числи́тельное,** nom de nombre.

ИНА́ЧЕ 1. *adv.* autrement. *Де́лать ина́че*, faire autrement. *Так или ина́че*, d'une manière ou d'une autre. 2. *conj.* sinon. *Тебе́ на́до отдохну́ть, ина́че заболе́ешь*, Il faut que tu te reposes, sinon tu tomberas malade.

ИНВЕНТА́РЬ ⁄— — 1. matériel. *Спорти́вный инвента́рь*, le matériel sportif. 2. inventaire. *Соста́вить инвента́рь*, faire l'inventaire.

ИНДЕ́ЕЦ, инде́йца... Indien (*d'Amérique*).

REMARQUE. Il ne faut pas confondre « индеец », « Indien d'Amérique », et « инди́ец », « Indien, citoyen de l'Inde ».

ИНДЕ́ЙКА dinde.

ИНДЕ́ЙСКИЙ indien, relatif aux Indiens d'Amérique.

ИНДИА́НКА 1. Indienne (*d'Amérique*). 2. Indienne (*citoyenne de l'Inde*).

ИНДИ́ЕЦ, инди́йца... Indien, citoyen de l'Inde.

REMARQUE. Il ne faut pas confondre « инди́ец », « Indien, citoyen de l'Inde », et « инде́ец », « Indien d'Amérique ».

ИНДИ́ЙСКИЙ indien, relatif aux habitants de l'Inde.

ИНДЮ́К ⁄— — dindon.

И́НЕЙ *m.* givre. *Дере́вья покры́лись и́неем*; les arbres sont couverts de givre.

ИНОГДА́ *adv.* quelquefois, parfois. *Я иногда́ захожу́ к ним*, je vais parfois les voir.

ИНО́Й *pronom-adjectif* 1. autre. *Нет ино́го вы́хода*, il n'y a pas d'autre solution. *Не что ино́е, как*, rien d'autre que. *Ины́ми слова́ми*, en d'autres termes. 2. certain, autre. *В ины́х слу́чаях*, dans certains cas.

ИНОСТРА́НЕЦ un étranger.

ИНОСТРА́НКА une étrangère.

ИНОСТРА́ННЫЙ étranger. *Иностра́нный язы́к*, une langue étrangère. *Министе́рство иностра́нных дел*, le ministère des Affaires étrangères. *Иностра́нная валю́та*, des devises étrangères.

ИНТЕЛЛИГЕ́НТ un intellectuel.

ИНТЕЛЛИГЕ́НТКА une intellectuelle.

ИНТЕЛЛИГЕ́НТНЫЙ intellectuel. *Интеллиге́нтный труд*, un travail intellectuel. *Интеллиге́нтный челове́к*, un homme cultivé.

ИНТЕЛЛИГЕ́НЦИЯ l'« intelligentsia », les intellectuels. *Сове́тская интеллиге́нция*, les intellectuels soviétiques.

ИНТЕРЕ́С intérêt. *Защища́ть свои́ интере́сы*, défendre ses intérêts. *В ва́ших интере́сах*, dans votre intérêt. *Слу́шать с интере́сом*, écouter avec intérêt. *Проявля́ть интере́с к иску́сству*, manifester de l'intérêt pour l'art. *Э́то не представля́ет никако́го интере́са*, cela ne présente aucun intérêt.

ИНТЕРЕ́СНЫЙ 1. intéressant. *Интере́сный рома́н*, un roman intéressant. 2. qui a du charme. *Интере́сная же́нщина*, une jolie femme.

ИНТЕРЕСОВА́ТЬСЯ / ПОИНТЕРЕСОВА́ТЬСЯ (+ *instr.*) s'intéresser à. *Интересова́ться литерату́рой*, s'intéresser à la littérature.

ИСКАЖА́ТЬ / ИСКАЗИ́ТЬ déformer. *Лицо́, искажённое стра́хом*, un visage défiguré par la peur. *Искажа́ть и́стину*, déformer la vérité.

/ ИСКАЗИ́ТЬ v. искажа́ть.

/ ИСКАЛЕ́ЧИТЬ v. кале́чить.

ИСКА́ТЬ* II, ищу́, и́щешь... ∖— **/ ПОИСКА́ТЬ*** II (*id.*) chercher. *Иска́ть кварти́ру*, chercher un appartement. *Иска́ть пра́вду*, chercher la vérité. *Иска́ть кого́-*

нибудь глазáми, chercher qqn des yeux. *Искáть рабóты*, chercher du travail. *Искáть мéста*, chercher une place. *Искáть слýчая*, chercher une occasion. ● **Ищи́ свищи́,** Tu peux toujours courir pour le retrouver.

REMARQUE. Le verbe « искáть » se construit avec l'accusatif et, plus rarement, avec le génitif.

ИСКЛЮЧÁТЬ / ИСКЛЮЧИ́ТЬ exclure. *Исключи́ть ученикá из шкóлы*, renvoyer un élève de l'école. *Такáя возмóжность не исключенá*, une telle éventualité n'est pas exclue.

ИСКЛЮЧÉНИЕ **1.** exclusion. *Пóсле егó исключéния из шкóлы*, après qu'il ait été exclu de l'école. **2.** exception. *Нет прáвила без исключéния*, il n'y a pas de règle sans exception. *Все без исключéния*, tous sans exception. *За исключéнием детéй*, à l'exception des enfants. *За рéдкими исключéниями*, à de rares exceptions près.

ИСКЛЮЧИ́ТЕЛЬНЫЙ exceptionnel. *Исключи́тельные спосóбности*, des aptitudes exceptionnelles. *В исключи́тельных слýчаях*, dans des cas exceptionnels.

/ **ИСКЛЮЧИ́ТЬ** v. исключáть.

/ **ИСКОВÉРКАТЬ** v. ковéркать.

ИСКОПÁЕМЫЙ fossile. *Ископáемые растéния*, plantes fossiles. // (*Subst.*) *Ископáемое*, un fossile (*propr. et fig.*).

/ **ИСКОРЕНИ́ТЬ** v. искоренять.

ИСКОРЕНЯ́ТЬ / ИСКОРЕНИ́ТЬ extirper. *Искорени́ть зло*, extirper le mal.

И́СКРА étincelle. *Электри́ческая и́скра*, une étincelle électrique. // (*Fig.*) *И́скра надéжды*, une lueur d'espoir. ● **У негó и́скры из глаз посы́пались,** il en a vu trente-six chandelles.

И́СКРЕННЕ *adv.* sincèrement. *Говори́ть и́скренне*, parler sincèrement.

И́СКРЕННИЙ*, *forme courte* и́скренен, и́скренна, и́скренно, и́скренны sincère. *И́скренний человéк*, un homme sincère. *И́скреннее признáние*, un aveu sincère.

REMARQUE. L'adjectif « и́скренний » est de type mouillé à la forme longue, de type dur à la forme courte.

И́СКРЕННОСТЬ *f.* sincérité. *С пóлной и́скренностью*, en toute sincérité.

/ **ИСКРОШИ́ТЬ** v. крошить.

I. ИСКУПÁТЬ / ИСКУПИ́ТЬ ___ racheter, expier. *Искупи́ть грехи́ раскáянием*, racheter ses péchés par le repentir. *Искупи́ть свою́ вину́*, racheter sa faute.

II. / ИСКУПÁТЬ v. купáть.

/ **ИСКУПИ́ТЬ** v. искупáть I.

ИСКУ́СНЫЙ **1.** habile, expert. *Иску́сный портнóй*, un tailleur habile. **2.** habile, bien fait. *Иску́сная рабóта*, un travail bien fait.

ИСКУ́ССТВЕННЫЙ artificiel. *Иску́сственный водоём*, un réservoir artificiel. *Иску́сственный шёлк*, de la soie artificielle. *Иску́сственные зу́бы*, des fausses dents. *Иску́сственная улы́бка*, un sourire peu naturel.

ИСКУ́ССТВО art. *Рýсское иску́сство XV вéка*, l'art russe au XVe siècle. *Воéнное иску́сство*, l'art militaire. *Из любви́ к иску́сству*, pour l'amour de l'art. *По всем прáвилам иску́сства*, selon toutes les règles de l'art. *С бóльшим иску́сством*, avec une grande habileté.

ИСКУШÉНИЕ tentation. *Он не устоя́л прóтив искушéния*, il n'a pas résisté à la tentation.

ИСПÁНЕЦ Espagnol.

ИСПÁНКА Espagnole.

ИСПÁНСКИЙ espagnol.

/ **ИСПАРИ́ТЬСЯ** v. испаря́ться.

ИСПАРЯ́ТЬСЯ / ИСПАРИ́ТЬСЯ s'évaporer. *Водá испари́лась*, l'eau s'est évaporée.

/ **ИСПÁЧКАТЬ** v. пáчкать.

/ **ИСПЕ́ЧЬ** v. печь II.

/ **ИСПОВЕ́ДАТЬ** v. исповéдовать.

ИСПОВЕ́ДОВАТЬ / ИСПОВЕ́ДОВАТЬ *ou* **ИСПОВЕ́ДАТЬ** **1.** confesser. *Исповéдать грехи́ свои́*, confesser ses péchés. **2.** professer, pratiquer. *Исповéдовать правосла́вную ве́ру*, être de religion orthodoxe.

И́СПОВЕДЬ *f.* confession. *Идти́ на и́споведь*, aller à confesse. *И́споведь Раско́льникова*, la confession de Raskolnikov.

ИСПОДЛО́БЬЯ *adv.* ● **Смотре́ть исподло́бья,** regarder en dessous (*avec méfiance...*).

ИСПОКО́Н *prép.* (+ *gén.*) ● **Испоко́н веко́в,** depuis des temps immémoriaux.

ИСПОЛКО́М (*abréviation de* « исполни́тельный комитéт ») comité exécutif.

ИСПОЛНЕ́НИЕ exécution, réalisation. *Исполне́ние прика́за*, l'exécution d'un ordre. *Конце́рт Чайко́вского в исполне́нии Гиле́льса*, le concerto de Tchaïkovski exécuté par Guillels.

ИСПОЛНИ́ТЕЛЬНЫЙ **1.** exécutif. *Исполни́тельная власть*, le pouvoir exécutif. *Исполни́тельный комите́т*, le comité exécutif. **2.** consciencieux. *Он челове́к исполни́тельный*, c'est un homme consciencieux.

/ **ИСПО́ЛНИТЬ** v. исполня́ть.

/ **ИСПО́ЛНИТЬСЯ** v. исполня́ться.

ИСПОЛНЯ́ТЬ / ИСПО́ЛНИТЬ exécuter. *Испо́лнить прика́з*, exécuter un ordre. *Исполня́ть свой долг*, accomplir son devoir. *Исполня́ть конце́рт*, exécuter un concerto.

ИСПОЛНЯ́ТЬСЯ / ИСПО́ЛНИТЬСЯ s'accomplir. *Его́ жела́ния испо́лнились*, ses désirs se sont accomplis. *Ему́ испо́лнилось восемна́дцать лет*, il a dix-huit ans révolus.

ИСПО́ЛЬЗОВАТЬ / ИСПО́ЛЬЗОВАТЬ utiliser. *Испо́льзовать материа́л*, utiliser le matériel. *Испо́льзовать слу́чай*, profiter de l'occasion.

/ **ИСПО́РТИТЬ** v. по́ртить.

/ **ИСПРА́ВИТЬ** v. исправля́ть.

ИСПРАВЛЯ́ТЬ / ИСПРА́ВИТЬ corriger, réparer. *Испра́вить оши́бки*, corriger les fautes. *Он постара́лся испра́виться*, il a essayé de se corriger.

ИСПРА́ВНЫЙ ponctuel, consciencieux. *Испра́вный рабо́тник*, un employé consciencieux.

/ **ИСПРО́БОВАТЬ** v. про́бовать.

ИСПУ́Г effroi. *Она́ побледне́ла от испу́га*, elle pâlit d'effroi. *Они́ убежа́ли в испу́ге*, ils s'enfuirent terrifiés.

/ **ИСПУГА́ТЬ** v. пуга́ть.

ИСПУГА́ТЬСЯ v. пуга́ться.

ИСПУСКА́ТЬ / ИСПУСТИ́ТЬ \\—— pousser (*un cri...*); répandre (*une odeur...*). *Испусти́ть вздох*, pousser un soupir. *Испуска́ть неприя́тный за́пах*, répandre une mauvaise odeur. ● **Испусти́ть дух,** rendre le dernier soupir.

/ **ИСПУСТИ́ТЬ** v. испуска́ть.

ИСПЫТА́НИЕ épreuve (*essai, examen, malheur*). *Мото́р был на испыта́нии*, le moteur était à l'essai. *Приёмные испыта́ния*, l'examen d'entrée. *Пройти́ через тяжёлые испыта́ния*, passer par de dures épreuves.

ИСПЫТА́ТЕЛЬНЫЙ d'essai. *Испыта́тельный полёт*, un vol d'essai.

/ **ИСПЫТА́ТЬ** v. испы́тывать.

ИСПЫТУ́ЮЩИЙ scrutateur. *Испыту́ющий взгляд*, un regard scrutateur.

ИСПЫ́ТЫВАТЬ / ИСПЫТА́ТЬ **1.** éprouver, essayer. *Испыта́ть ружьё*, essayer un fusil. *Испыта́ть рабо́тника*, mettre un employé à l'essai. *Испы́тывать свои́ си́лы*, essayer ses forces. **2.**

éprouver, ressentir. *Испы́тывать боль*, ressentir une douleur. *Испы́тывать угрызе́ния со́вести*, avoir des remords de conscience.

ИССЛЕ́ДОВАНИЕ investigation, étude. *Иссле́дование Анта́рктики*, l'étude du continent antarctique.

ИССЛЕ́ДОВАТЕЛЬ *m.* explorateur, chercheur. *Иссле́дователь Сре́дней А́зии*, un explorateur de l'Asie centrale. *Гру́ппа молоды́х иссле́дователей*, un groupe de jeunes chercheurs.

ИССЛЕ́ДОВАТЬ / ИССЛЕ́ДОВАТЬ étudier, explorer. *Иссле́довать о́стров*, explorer une île. *Иссле́довать вопро́с*, étudier une question.

ИССТУПЛЕ́НИЕ frénésie, fureur. *Довести́ кого́-нибудь до исступле́ния*, mettre qqn en fureur.

ИСТЕКА́ТЬ / ИСТЕ́ЧЬ* IV, истеку́, истечёшь..., истеку́т; истёк, истекла́... ⁄—— s'écouler. *Срок истёк*, le délai s'est écoulé. ● **Исте́чь кро́вью,** perdre tout son sang.

ИСТЕ́КШИЙ écoulé. *За исте́кший год*, pendant l'année qui vient de s'écouler.

/ **ИСТЕ́ЧЬ** v. истека́ть.

И́СТИНА vérité (*réalité profonde*). *Стремле́ние к и́стине*, la recherche de la vérité. *Скрыва́ть и́стину*, cacher la vérité. *Изби́тая и́стина*, un lieu commun.

Remarque. Voir le mot « пра́вда ».

И́СТИННЫЙ authentique. *И́стинный друг*, un ami véritable. *И́стинная пра́вда*, la pure vérité. ● **Напра́вить на и́стинный путь,** remettre sur le droit chemin.

ИСТО́К source. *От исто́ка до у́стья*, de la source à l'embouchure. *Исто́ки цивилиза́ции*, les sources de la civilisation.

ИСТОЛКОВА́НИЕ exégèse, interprétation. *Непра́вильное истолкова́ние зако́на*, une interprétation erronée de la loi.

/ **ИСТОЛКОВА́ТЬ** v. истолко́вывать et толкова́ть.

ИСТОЛКО́ВЫВАТЬ / ИСТОЛКОВА́ТЬ interpréter, commenter. *Истолкова́ть зако́н*, interpréter la loi. *Э́то мо́жно истолкова́ть как уго́дно*, on peut comprendre cela comme on veut.

/ **ИСТОМИ́ТЬСЯ** v. томи́ться.

/ **ИСТОПИ́ТЬ** v. топи́ть.

ИСТО́РИК historien.

ИСТО́ЧНИК source. *Исто́чник минера́льной воды́*, une source d'eau minérale. *Исто́чник эне́ргии*, une source d'énergie. *Исто́чник всех зол*, la source de tous les maux. *Из достове́рных исто́чников*, de source sûre.

ИСТОЩА́ТЬ / ИСТОЩИ́ТЬ épuiser. *Истощённый го́лодом*, épuisé par la faim. *Запа́сы истощи́лись*, les réserves se sont épuisées. *Истоща́ть по́чву*, appauvrir le sol. *Бою́сь истощи́ть ва́ше терпе́ние*, Je crains d'abuser de votre patience.

/ **ИСТОЩИ́ТЬ** v. истоща́ть.

/ **ИСТРА́ТИТЬ** v. тра́тить.

ИСТРЕБИ́ТЕЛЬ *m.* **1.** destructeur. *Истреби́тель мыше́й и крыс*, le destructeur des souris et des rats. **2.** chasseur (*aviation*).

/ **ИСТРЕБИ́ТЬ** v. истребля́ть.

ИСТРЕБЛЕ́НИЕ extermination. *Истребле́ние крыс*, l'extermination des rats.

ИСТРЕБЛЯ́ТЬ / ИСТРЕБИ́ТЬ exterminer, détruire. *Истреби́ть вре́дных насеко́мых*, détruire les insectes nuisibles. *Истребля́ть леса́*, détruire les forêts.

ИСТЯЗА́НИЕ torture. *Подве́ргнуть истяза́ниям*, soumettre à la torture.

ИСТЯЗА́ТЬ torturer. *Истяза́ть заключённых*, torturer des détenus.

ИСХО́Д issue, fin. *Исхо́д де́ла*, l'issue d'une affaire. *Исхо́д сраже́ния*, l'issue d'une bataille. ●

Быть на исхо́де, toucher à sa fin. *День на исхо́де,* le jour décline.

ИСХО́ДНЫЙ de départ. *Исхо́дное положе́ние,* la position de départ.

ИСЧЕЗА́ТЬ / ИСЧЕ́ЗНУТЬ* III disparaître. *Всё исче́зло в тума́не,* tout disparut dans le brouillard.

/ **ИСЧЕ́ЗНУТЬ** v. исчеза́ть.

/ **ИСЧЕ́РПАТЬ** v. исче́рпывать.

ИСЧЕ́РПЫВАТЬ / ИСЧЕ́РПАТЬ épuiser. *Исче́рпать все запа́сы,* épuiser toutes les provisions. *Инциде́нт исче́рпан,* l'incident est clos.

ИТА́К *conj.* ainsi. *Ита́к, мы ко́нчили,* ainsi, nous avons terminé.

ИТАЛЬЯ́НЕЦ Italien.

ИТАЛЬЯ́НКА Italienne.

ИТАЛЬЯ́НСКИЙ italien.

И Т. Д. etc.

Remarque. « И т. д. » est l'abréviation de « и так да́лее ».

ИТО́Г 1. total. *Подводи́ть ито́г,* faire le total. 2. bilan, résultat. *Печа́льный ито́г,* un triste bilan. *В коне́чном ито́ге,* en fin de compte.

ИТОГО́ *adv.* au total. *10, 15 и 17 рубле́й, итого́ 42 рубля́,* 10, 15 et 17 roubles, au total 42 roubles.

И Т. П. etc.

Remarque. « И т. п. » est l'abréviation de « и тому́ подо́бное ».

ИХ v. он.

ИЩЕМ, ИЩЕТ, ИЩУ́... v. иска́ть.

ИЮ́ЛЬ *m.* juillet. *В ию́ле,* en juillet. *Мы прие́хали сюда́ 4-го ию́ля,* nous sommes arrivés ici le 4 juillet.

ИЮ́НЬ *m.* juin. *В ию́не,* en juin. *Э́то бы́ло 13-го ию́ня,* c'était le 13 juin.

К

К, КО *prép.* (+ *dat.*)
1. (*direction*) chez.
2. (*direction ou but*) vers, en direction de, de, sur // à, en // pour, de, par.
3. (*approximation du temps*) vers, un peu avant.

1. *Идти́ к това́рищу,* aller chez un camarade. 2. *Он напра́вился к две́ри,* il se dirigea vers la porte. *Она́ поверну́лась к окну́,* elle se tourna vers la fenêtre. *Прибли́зиться к го́роду,* s'approcher de la ville. *Прижа́ть к се́рдцу,* serrer sur son cœur. // *Обрати́ться к милиционе́ру,* s'adresser à un agent de police. *Гото́виться к экза́менам,* se préparer aux examens. *Привы́кнуть к шу́му,* s'habituer au bruit. *К э́тому я ничего́ не приба́влю,* je n'ajouterai rien à cela. *К тому́ же,* en outre. // *Страсть к му́зыке,* une passion pour la musique. *Из любви́ к иску́сству,* pour l'amour de l'art. *Всё к лу́чшему,* tout est pour le mieux. *К сча́стью,* par bonheur. *К сожале́нию,* par malheur. 3. *К трём часа́м,* vers trois heures. *К обе́ду,* pour le repas de midi. *К ве́черу,* vers le soir.

-КА *particule postposée* (*dial. ou pop.*) donc. *Встава́й-ка!,* Lève-toi donc !

КАБА́К ╱— — cabaret. *Шля́ться по кабака́м,* faire les bistrots.

КАБА́Н ╱— — sanglier. *Охо́та на кабано́в,* la chasse au sanglier.

I. КАБАЧО́К dim. de « каба́к », cabaret.

II. КАБАЧО́К courgette.

КАБЛУ́К talon (*de chaussure*). *Ту́фли на высо́ких каблука́х*, des souliers à talons hauts. • **Он у жены́ под каблуко́м,** sa femme le mène par le bout du nez.

КАВАЛЕ́Р **1.** cavalier (*monsieur qui accompagne une dame*). **2.** chevalier (*grade d'un ordre honorifique*). *Кавале́р о́рдена Почётного Легио́на*, chevalier de la Légion d'honneur. *Кавале́р Золото́й Звезды́*, chevalier de l'Étoile d'or (*distinction soviétique*).

КА́ВЕРЗНЫЙ épineux. *Задава́ть ка́верзные вопро́сы*, poser des questions insidieuses.

КАВЫ́ЧКА guillemet. *Откры́ть кавы́чки*, ouvrir les guillemets. *Поста́вить сло́во в кавы́чках*, mettre un mot entre guillemets.

I. КАДР cadre (*employé exerçant une fonction de direction*). *Воспита́ть ка́дры*, former les cadres.

II. КАДР image (*d'un film*). *Кадр из фи́льма « Ива́н Гро́зный »*, une image du film « Ivan le Terrible ».

КА́ЖДЫЙ *pronom-adjectif* chaque. *Ка́ждый учени́к*, chaque élève. *Ка́ждый ме́сяц*, tous les mois. *Ка́ждую неде́лю*, toutes les semaines. *Ка́ждые три неде́ли*, toutes les trois semaines.

КА́ЖЕТСЯ, КА́ЖУТСЯ v. каза́ться.

КАЗА́К cosaque. *Донски́е казаки́*, les cosaques du Don. *Собира́лись бе́глые в ша́йки, называ́ли себя́ казака́ми*, ces fuyards formaient des bandes et se donnaient le nom de cosaques.

Remarque. Le sens du mot « cosaque » a varié au cours des siècles :
1. Du XVe au XVIIe siècle, les cosaques sont des hommes libres vivant aux confins de l'État russe; à l'origine, ce sont pour la plupart des serfs qui ont fui leurs seigneurs et se sont réfugiés dans les steppes du Sud;
2. Du XVIIIe siècle à la révolution, les cosaques forment une caste militaire qui jouit de privilèges particuliers;
3. Au XXe siècle, les cosaques conservent encore certaines coutumes ancestrales.
Il ne faut pas confondre les cosaques avec les Kazakhs d'Asie centrale (v. каза́х).

КАЗА́РМА caserne.

КАЗА́ТЬСЯ* II, кажу́сь, ка́жешься... / **ПОКАЗА́ТЬСЯ*** II (*id.*) sembler. *Пруд ка́жется глубо́ким*, l'étang semble profond. *Он ка́жется моло́же своего́ бра́та*, il semble plus jeune que son frère. *Мне ка́жется, что он ошиба́ется*, il me semble qu'il se trompe. *Э́то бы́ло, ка́жется, в позапро́шлом году́*, c'était, semble-t-il, il y a deux ans.

КАЗА́Х Kazakh.

Remarque. Il ne faut pas confondre les Kazakhs, population turque d'Asie centrale, avec les cosaques (v. каза́к).

КАЗЁННЫЙ **1.** (*arch.*) du Trésor, de l'État. *На казённый счёт*, aux frais de l'État. **2.** bureaucratique. *Казённый стиль*, un style bureaucratique.

КАЗНА́ (*arch.*) le Trésor.

КАЗНИ́ТЬ **I.** / **КАЗНИ́ТЬ** supplicier, mettre à mort. *Пугачёв был казнён в 1775 году*, Pougatchev fut exécuté en 1775. **2.** accabler. *Казни́ть презре́нием*, accabler de son mépris.

КАЗНЬ *f.* exécution, supplice. *Сме́ртная казнь*, la peine de mort. *Приговори́ть к сме́ртной ка́зни*, condamner à mort.

КАК

I. Adverbe :
1. comment (*de quelle manière*);
2. comme, que (*à quel point*).

II. Conjonction :
1. comme (*comparaison*);
2. lorsque, quand;

> **3.** que (*après une proposition temporelle, un complément de temps*);
> **4.** *ne se traduit pas après les verbes* « ви́деть » et « слы́шать » (*dans ce cas,* « *voir* » *ou* « *entendre* » *sont suivis en français d'un infinitif*).

I. 1. *Как он рабо́тает?*, Comment travaille-t-il ? *Как пройти́ туда́?*, Quel chemin faut-il prendre pour aller là-bas ? *Как вы пожива́ете?* ou *Как пожива́ете?*, Comment allez-vous ? *Как дела́?*, Comment ça va ? *Как ва́ше и́мя?*, Comment vous appelez-vous ? ou Quel est votre prénom ? *Как знать?*, Qui sait ? *Как! Он уже́ здесь?*, Comment ! Il est déjà ici ? **2.** *Как э́то ми́ло с ва́шей стороны́!*, Comme c'est aimable de votre part ! *Как я рад вас ви́деть!*, Que je suis content de vous voir ! *Ужа́сно, как хо́чется пить*, J'ai terriblement soif.

II. 1. *Бе́лый как снег*, blanc comme neige. *Бу́дьте, как до́ма!*, Faites comme chez vous. *Я сде́лал, как вы мне сказа́ли*, j'ai fait comme vous m'aviez dit. *Он был так же ве́сел, как и все остальны́е*, il était aussi gai que les autres. *Таки́е города́ как наприме́р Влади́мир и Но́вгород*, des villes comme par exemple Vladimir et Novgorod. *Как е́сли бы он меня́ не ви́дел*, comme s'il ne me voyait pas. **2.** *Мы собира́лись пойти́ за водо́й, как вдруг уда́рил гром*, nous nous préparions à aller chercher de l'eau quand, brusquement, il se mit à tonner. **3.** *Вот уже́ два го́да, как я учу́сь ру́сскому языку́*, voilà deux ans que j'apprends le russe. *С тех пор, как он здесь*, depuis qu'il est ici. *В то вре́мя, как я возвраща́лся домо́й*, alors que j'étais sur le chemin du retour. **4.** *Я ви́дел, как он мыл посу́ду*, je l'ai vu laver la vaisselle. ● **Вот как!**, Ah voilà ! **Как бу́дто,** comme si. *Мне как бу́дто лу́чше сего́дня*, il me semble que je vais mieux aujourd'hui. **Как бы... ни...,** de quelque manière que. *Как бы он ни рабо́тал*, il a beau travailler. *Как бы то ни́ было*, quoi qu'il en soit. **Как мо́жно скоре́е,** le plus vite possible. **Как нельзя́ лу́чше,** on ne peut mieux. **Как ра́з,** tout juste. *Э́то как ра́з то, о чём мы говори́ли*, c'est justement ce dont nous parlions. **Как то́лько,** aussitôt que. *Как то́лько он уе́хал*, à peine était-il parti. **Смотря́ как,** ça dépend.

КА́К-ЛИБО *adv.* (*livresque*) d'une façon ou d'une autre.

КА́К-НИБУДЬ *ou* **КА́К-НИБУ́ДЬ** *adv.* **1.** d'une façon ou d'une autre. *На́до ка́к-нибудь устро́ить э́то де́ло*, il faut tâcher d'arranger ça d'une manière ou d'une autre. **2.** un jour ou l'autre. *Мы э́то ко́нчим в друго́й раз ка́к-нибудь*, nous terminerons ça quand nous aurons le temps. **3.** n'importe comment, à la six-quatre-deux. *Он всё де́лает ка́к-нибу́дь*, il fait tout n'importe comment.

КАКО́В*, какова́, каково́, каковы́ /—— *pronom-adjectif indécl.* quel, de quel genre. *Какова́ пого́да?*, Quel temps fait-il ? *Вот он како́в!*, Voilà comme il est !

КАКО́Й *pronom-adjectif* quel. *Кака́я сего́дня пого́да?*, Quel temps fait-il aujourd'hui ? *Како́й болту́н!*, Quel bavard ! *Я не зна́ю, каку́ю кни́гу взять*, je ne sais pas quel livre prendre. *Каки́м о́бразом?*, De quelle manière ? *В како́м году́ он роди́лся?*, En quelle année est-il né ?

КАКО́Й-ЛИБО *pronom-adjectif* (*livresque*) n'importe quel.

КАКО́Й-НИБУДЬ *pronom-adjectif* **1.** n'importe quel, un quelconque. *Да́йте мне каку́ю-нибудь кни́гу о Москве́*, Donnez-moi un livre quelconque sur Moscou. **2.** quelque, environ. *До го́рода бы́ло всего́ каки́е-нибудь де́сять киломе́тров*, la ville était à quelque dix kilomètres. *Через каки́е-*

нибудь два-три мéсяца, dans quelque deux ou trois mois.

I. КАКÓЙ-ТО *pronom-adjectif* **1.** un certain. *Какóй-то филóсоф*, un certain philosophe. **2.** une sorte de. *Это какóй-то чудáк*, c'est une espèce d'original. **3.** quelque, environ. *В какúе-то два-три часá*, en quelque deux ou trois heures.

II. КАКÓЙ-ТО v. какóй et то III.

I. КÁК-ТО *adv.* **1.** dans une certaine mesure. *Всё это кáк-то стрáнно*, tout cela est assez étrange. **2.** une certaine fois. *Онú кáк-то встрéтились на ýлице*, une fois par hasard, ils se sont rencontrés dans la rue. **3.** à savoir. *Все эти дерéвья, кáк-то: ель, соснá, лúственница*, tous ces arbres, à savoir le sapin, le pin, le mélèze.

II. КÁК-ТО v. как et то III.

КАЛАНЧÁ*, *gén. pl.* каланчéй tour de veille. *Пожáрная каланчá*, la tour de veille des pompiers.

КАЛÁЧ ⁄‾‾ ‾‾ petit pain en forme de cadenas, « kalatch ».

КАЛÉКА *m.* ou *f.* éclopé(e), estropié(e).

КАЛЕНДÁРЬ ⁄‾‾ ‾‾ *m.* calendrier. *Григориáнский календáрь*, le calendrier grégorien.

КАЛÉЧИТЬ / ИСКАЛÉЧИТЬ estropier, mutiler. *Искалéчить стáтую*, mutiler une statue.

КАЛИ́НА obier. *Калúна махрóвая*, boule-de-neige (*bot.*).

КАЛИ́ТКА portillon, petite porte. *Он откры́л калúтку и вошёл в сад*, il ouvrit la petite porte et entra dans le jardin.

КАЛÓША caoutchouc (*protégeant les chaussures contre l'humidité*).

КАЛЬСÓНЫ, кальсóн, кальсóнам... *pl. t.* caleçon.

КÁМЕННЫЙ de pierre. *Кáменный дом*, une maison en pierre. *У негó сéрдце кáменное*, il a un cœur de pierre. *Кáменное лицó*, un visage figé. ● **Кáменный век,** l'âge de la pierre.

КÁМЕНЩИК maçon.

КÁМЕНЬ ___ ⁄‾‾ *m.* **1.** pierre. *Бросáться камня́ми*, se lancer des pierres. *Дорóга вы́мощена кáмнем*, la route est empierrée. *Драгоцéнный кáмень*, une pierre précieuse. *Подвóдный кáмень*, un écueil. *Не оставля́ть кáмня на кáмне*, détruire de fond en comble. *Бросáть в когó-нибудь кáмень*, jeter la pierre à qqn. *У меня́ на сéрдце был кáмень*, j'avais le cœur lourd. *У меня́ кáмень с душú свалúлся*, je me sens soulagé. **2.** calcul (*méd.*). *Кáмни в пéчени*, des calculs biliaires.

КÁМЕРА cellule, local. *Одинóчная кáмера*, cellule (*dans une prison*). ● **Кáмера хранéния,** consigne (*gare, hôtel*).

КÁМЕРНЫЙ de chambre (*mus.*). *Кáмерная мýзыка*, musique de chambre. *Кáмерный концéрт*, concert de musique de chambre.

КÁМЕШЕК dim. de « кáмень ». ● **Это в мой огорóд кáмешки летя́т,** c'est une pierre dans mon jardin.

КАМИ́Н cheminée (*âtre et manteau de cheminée*).

КАМЫ́Ш ⁄‾‾ ‾‾ **1.** jonc. **2.** (*improprement*) roseau.

КАНÁВА fossé. *По сторонáм дорóги тя́нутся канáвы*, la route est bordée de fossés.

КАНÁТ câble. *Стальнóй канáт*, un câble d'acier. *Акробáт идёт по канáту*, l'acrobate marche sur la corde raide.

КАНДАЛЫ́, кандáл, кандалáм... *pl. t.* fers. *Заковáть в кандалы́*, mettre aux fers. *Ножны́е кандалы́*, chaînes (*de forçat*). *Ручны́е кандалы́*, menottes.

КАНДИДÁТ **1.** candidat. *Кандидáт в депутáты*, candidat député. **2.** diplômé de l'Université. *Кандидáт филологúческих наýк*, diplômé de grammaire. *Кандидáт прав*, licencié en droit.

КАНДИДАТÝРА candidature. *Вы́ставить чью-нибудь кандида-*

тýру, proposer la candidature de qqn.

КАНИ́КУЛЫ, кани́кул, кани́кулам... *pl. t.* vacances. *Ле́тние кани́кулы*, les grandes vacances. *Зи́мние кани́кулы*, les vacances de Noël. *По́сле весе́нних кани́кул*, après les vacances de Pâques. *На кани́кулах я поéхал в гóры*, pendant les vacances, je suis parti en montagne. *Они́ уéхали на кани́кулы*, ils sont partis en vacances.

/ **КА́НУТЬ** ● **Как в вóду кáнул,** il a disparu sans laisser de traces.

КАНЦЕЛЯ́РИЯ secrétariat, chancellerie. *В канцеля́рии вам вы́дадут спрáвку*, Au secrétariat, vous obtiendrez une attestation.

КАНЦЕЛЯ́РСКИЙ **1.** de bureau. *Канцеля́рские принадлéжности*, les fournitures de bureau. **2.** bureaucratique. *Канцеля́рский язы́к*, le style bureaucratique. *Канцеля́рская кры́са*, un rond-de-cuir.

КА́ПАТЬ / КА́ПНУТЬ **1.** tomber goutte à goutte. *Из глаз у неё кáпали слёзы*, des larmes coulaient de ses yeux. *С крыш кáпает*, l'eau dégoutte des toits. **2.** (*fam.*) faire tomber des gouttes. *Ты кáпаешь винóм на стол*, Tu fais tomber du vin sur la table. ● **Над нáми не кáплет,** il n'y a pas le feu.

> REMARQUE. La conjugaison irrégulière « кáплю, кáплешь..., кáплют » est archaïque et ne se maintient que dans quelques expressions.

КА́ПЕЛЬКА, *gén. pl.* кáпелек (*dim. de* « кáпля ») **1.** gouttelette. *Кáпельки росы́*, des gouttelettes de rosée. **2.** un brin, un tout petit peu. *Кáпелька винá*, un soupçon de vin. *Емý ни кáпельки не стрáшно*, il n'a pas peur du tout.

КАПИТА́ЛЬНЫЙ capital, d'importance majeure. *Капитáльный вопрóс*, une question capitale. *Капитáльное произведéние*, une œuvre capitale. *Капитáльный ремóнт*, de grosses réparations.

КАПКА́Н traquenard. *Попáсться в капкáн*, tomber dans un piège (*propr. et fig.*).

КА́ПЛЯ goutte. *Кáпли дождя́*, des gouttes de pluie. *Э́то кáпля в мóре*, c'est une goutte dans l'océan. *Они́ похóжи как две кáпли воды́*, ils se ressemblent comme deux gouttes d'eau. *Я ей ни кáпли не вéрю*, je ne la crois pas le moins du monde.

/ **КА́ПНУТЬ** v. кáпать.

КАПРИ́ЗНИЧАТЬ faire des caprices.

КАПРИ́ЗНЫЙ capricieux. *Капри́зный ребёнок*, un enfant capricieux. *Капри́зная погóда*, un temps capricieux.

КАПРО́Н **1.** sorte de Nylon, « capron ». **2.** *adj. indécl.* de capron. *Чулки́ капрóн*, des bas de capron.

КАПРО́НОВЫЙ de capron.

КАПУ́СТА chou. *Цветнáя капýста*, chou-fleur. *Брюссéльская капýста*, chou de Bruxelles. *Ки́слая капýста*, choucroute.

КАРА́БКАТЬСЯ / ВСКАРА́БКАТЬСЯ escalader, grimper. *Карáбкаться по скáлам*, escalader des rochers.

КАРАНДА́Ш crayon. *Писáть карандашóм*, écrire au crayon. *Цветны́е карандаши́*, crayons de couleur. *Рисýнок в карандашé*, un dessin au crayon.

КАРАНТИ́Н quarantaine. *Вы́держать каранти́н*, observer la quarantaine.

КАРА́СЬ carassin (*sorte de carpe*).

КАРА́ТЕЛЬНЫЙ punitif. *Карáтельная экспеди́ция*, une expédition punitive.

КАРАУ́Л garde. *Почётный караýл*, une garde d'honneur. *Нести́ караýл* ou *быть на караýле* ou *стоя́ть на караýле*, monter la garde. *Смени́ть караýл*, relever la garde. ● **Караýл !,** Au secours ! **Кричáть караýл,** appeler au secours. **На карау́л!,** Présentez armes !

КАРАУ́ЛИТЬ 1. / ПОКАРАУ́ЛИТЬ garder, monter la garde. *Карау́лить ста́до от волко́в*, garder un troupeau contre les loups. *Карау́лить бага́ж*, surveiller les bagages. **2. / ПОДКАРАУ́ЛИТЬ** guetter, épier. *Мы карау́лили его́ прихо́д*, nous guettions son arrivée. *Ко́шка карау́лит мышь*, le chat guette la souris.

КАРАУ́ЛЬНЫЙ 1. de garde. *Карау́льное помеще́ние*, le poste de garde. *Карау́льный офице́р*, un officier de garde. **2.** *subst.* sentinelle. *Поста́вить карау́льных*, désigner les sentinelles.

КАРЕ́ТА carrosse. • **Каре́та ско́рой по́мощи,** ambulance.

КА́РИЙ marron (*en parlant des yeux*). *Ка́рие глаза́*, des yeux marron.

КА́РКАТЬ / КА́РКНУТЬ croasser. *Во́роны ка́ркали*, les corbeaux croassaient.

/ КА́РКНУТЬ v. ка́ркать.

КА́РЛИК nain. *Дере́вья-ка́рлики*, des arbres nains.

КАРМА́Н poche. *Вы́нуть плато́к из карма́на*, tirer un mouchoir de sa poche. *Наби́ть себе́ карма́н*, se remplir les poches (*généralement au fig.*). • **Она́ за сло́вом в карма́н не ле́зет,** elle a la langue bien pendue. **Э́то ему́ не по карма́ну,** ses moyens ne le lui permettent pas.

КА́РТА 1. carte (*géogr.*). *Ка́рта СССР*, la carte de l'U.R.S.S. **2.** carte (*à jouer*). *Игра́ть в ка́рты*, jouer aux cartes. *Тасова́ть ка́рты*, battre les cartes. *Гада́ть на ка́ртах*, tirer les cartes. // (*Fig.*) *Раскры́ть свои́ ка́рты*, jouer cartes sur table. *Спу́тать ка́рты*, brouiller les cartes. *После́дняя ка́рта*, la dernière carte. *Поста́вить свою́ жизнь на ка́рту*, jouer sa vie sur une carte.

КАРТА́ВИТЬ grasseyer.

КАРТЕ́ЧЬ *f.* mitraille. *Заряди́ть пу́шку карте́чью*, charger un canon à mitraille.

КАРТИ́НА 1. tableau, peinture. *Карти́на Канди́нского*, un tableau de Kandinsky. // (*Fig.*) *Карти́на нра́вов ру́сского крестья́нства*, un tableau des mœurs paysannes en Russie. **2.** tableau (*théâtre*). *Дра́ма в четырёх де́йствиях и восьми́ карти́нах*, un drame en quatre actes et huit tableaux. **3.** (*fam.*) film.

КАРТИ́НКА image. *Кни́га с карти́нками*, un livre avec des images. • **Переводны́е карти́нки,** décalcomanies. **Лубо́чные карти́нки,** v. лубо́к.

КАРТИ́ННЫЙ 1. de tableaux. *Карти́нная галере́я*, une galerie de peinture. **2.** pittoresque. *Карти́нный беспоря́док*, un désordre pittoresque.

КАРТО́ФЕЛЬ *m.* pommes de terre. *Копа́ть карто́фель*, arracher des pommes de terre. *Чи́стить карто́фель*, peler des pommes de terre. *Жа́реный карто́фель*, pommes de terre sautées. *Карто́фель в мунди́ре*, pommes de terre en robe de chambre.

> REMARQUE. Une pomme de terre se dit « карто́фелина » (voir aussi « карто́шка »).

КА́РТОЧКА 1. carte. *Визи́тная ка́рточка*, carte de visite. *Продово́льственная ка́рточка*, carte de ravitaillement. **2.** (*fam.*) photo. *На роя́ле стоя́ла его́ ка́рточка*, sur le piano, il y avait sa photo.

КАРТО́ШКА (*fam.*) pomme(s) de terre. *Копа́ть карто́шку*, arracher des pommes de terre. *Чи́стить карто́шку*, peler des pommes de terre. *Жа́реная карто́шка*, pommes de terre sautées. *Две карто́шки*, deux pommes de terre. • **Нос карто́шкой,** un nez en pomme de terre.

КАРТУ́З ⁄‾‾ ‾‾ (*arch.*) casquette.

КАРУСЕ́ЛЬ *f.* manège de chevaux de bois. *Крути́ться на карусе́ли*, faire un tour de chevaux de bois.

КАРЬЕ́РА carrière. *Вы́брать карье́ру*, choisir une carrière. *Сде́лать карье́ру*, faire son chemin.

КАРЬЕРИ́СТ arriviste.

КАСА́ТЬСЯ / КОСНУ́ТЬСЯ (+ *gén.*) **1.** toucher, effleurer. *Каса́ться воды́ руко́й*, effleurer l'eau de sa main. **2.** concerner. *Э́то меня́ не каса́ется*, cela ne me concerne pas. *Что каса́ется моего́ сосе́да*, en ce qui concerne mon voisin.

КА́ССА caisse, guichet. *Заплати́ть в ка́ссу*, payer à la caisse. *Сберега́тельная ка́сса*, la caisse d'épargne.

КАССИ́Р caissier.

КАССИ́РША caissière.

КАСТРЮ́ЛЯ casserole. • **Чугу́нная кастрю́ля,** cocotte.

КАТА́ТЬ 1. indét. de « кати́ть ». **2.** / **ПОКАТА́ТЬ** promener (*en voiture, en barque...*). *Оте́ц ката́л меня́ на ло́дке*, mon père me promenait en barque.

КАТА́ТЬСЯ / ПОКАТА́ТЬСЯ se promener (*en voiture, en barque...*); faire (*du patin, du ski...*). *Ката́ться на маши́не*, se promener en voiture. *Ката́ться на велосипе́де*, faire du vélo. *Ката́ться на ло́дке*, se promener en barque. *Ката́ться на конька́х*, patiner. *Ката́ться на лы́жах*, faire du ski. • **Ката́ться как сыр в ма́сле,** être comme un coq en pâte. **Ката́ться со́ смеху,** se tordre de rire.

КАТАФА́ЛК 1. catafalque. **2.** corbillard.

КА́ТЕР*, *nom. pl.* катера́ canot, vedette. *Мото́рный ка́тер*, un canot automobile. *Торпе́дный ка́тер*, une vedette lance-torpilles.

КАТИ́ТЬ / ПОКАТИ́ТЬ 1. *indét.* **КАТА́ТЬ** faire rouler. *Кати́ть бо́чку*, faire rouler un tonneau. **2.** (*intr., fam.*) rouler vite, aller vite. *По доро́ге кати́ла маши́на*, une voiture roulait à vive allure sur la route.

КАТО́К 1. patinoire. *Мы идём на като́к*, nous allons à la patinoire. **2.** rouleau compresseur.

КА́ТОРГА bagne. *Сосла́ть на ка́торгу*, envoyer au bagne. *Бежа́ть с ка́торги*, s'enfuir du bagne. // (*Fig.*) *Э́то настоя́щая ка́торга*, c'est une vie de chien.

КАТОРЖА́НИН*, *pl.* каторжа́не, каторжа́н, каторжа́нам... (*arch.*) **1.** bagnard (*condamné aux travaux forcés pour raisons politiques*). **2.** ancien condamné politique.

КА́ТОРЖНИК (*arch.*) **1.** bagnard (*de droit commun*). **2.** gibier de potence.

КА́ТОРЖНЫЙ de bagne. *Ка́торжные рабо́ты*, les travaux forcés.

КАТУ́ШКА bobine. *Кату́шка ни́ток*, une bobine de fil.

КА́ФЕДРА 1. chaire. *Профе́ссор сошёл с ка́федры*, le professeur descendit de sa chaire. *Он получи́л ка́федру*, il a été nommé professeur à la faculté. **2.** ensemble des professeurs d'une université ayant la même spécialité. *Заседа́ние ка́федры*, une réunion de professeurs de même spécialité.

КАЧА́ТЬ / КАЧНУ́ТЬ 1. balancer (*qqn*), bercer. *Кача́ть ребёнка на качéлях*, balancer un enfant sur une balançoire. *Ня́ня кача́ла мою́ сестру́*, la nounou berçait ma sœur. **2.** balancer (*qqch.*), secouer. *Ве́тер кача́ет дере́вья*, le vent secoue les arbres. *Парохо́д стра́шно кача́ло*, le bateau était horriblement secoué. **3.** pomper. *Кача́ть во́ду*, pomper l'eau. • **Кача́ть голово́й,** hocher la tête.

КАЧА́ТЬСЯ / КАЧНУ́ТЬСЯ se balancer, osciller. *Ма́ятник кача́ется*, le balancier oscille. *Кача́ться на качéлях*, faire de la balançoire.

КАЧЕ́ЛИ, качéлей, качéлям... *pl. t.* balançoire. *Кача́ться на качéлях*, faire de la balançoire.

КА́ЧЕСТВО qualité. *Ткань высо́кого ка́чества*, une étoffe de première qualité. *В ка́честве журнали́ста*, en qualité de journaliste. *Поéхать в Совéтский Сою́з в ка́честве тури́ста*, aller en Union soviétique comme touriste.

КА́ЧКА roulis ou tangage. *Бортова́я ка́чка*, roulis. *Килева́я ка́чка*, tangage. *Не переноси́ть ка́чки*, craindre le mal de mer.

/ **КАЧНУ́ТЬ** v. кача́ть.

/ **КАЧНУ́ТЬСЯ** v. кача́ться.

КА́ША **1.** « kacha » (*grains de céréales dépouillés de leur enveloppe et cuits à l'eau*). *Гре́чневая ка́ша*, kacha de sarrasin. *Ри́совая ка́ша*, plat de riz. *Ма́нная ка́ша*, plat de semoule. **2.** gâchis. *Э́то была́ кака́я-то ка́ша*, c'était un gâchis épouvantable. *У него́ ка́ша в голове́*, C'est un fouillis dans sa tête ! ● **С ним ка́ши не сва́ришь,** il n'y a pas moyen de s'entendre avec lui. **Сам навари́л ка́шу, сам и расхлёбывай,** qui casse les verres, les paye.

КА́ШЕЛЬ *m.* toux. *Сухо́й ка́шель*, une toux sèche.

/ **КА́ШЛЯНУТЬ** v. ка́шлять.

КА́ШЛЯТЬ / **КА́ШЛЯНУТЬ** tousser. *Ка́шлять сухи́м ка́шлем*, tousser d'une toux sèche.

КАЮ́ТА cabine (*de bateau*). *Каю́та второ́го кла́сса*, une cabine de seconde.

КА́ЯТЬСЯ* II, ка́юсь, ка́ешься... / **ПОКА́ЯТЬСЯ*** II (*id.*) reconnaître avec repentir (*ses fautes*). *Пока́яться в свои́х оши́бках*, reconnaître ses fautes. *Ка́ющийся гре́шник*, un pécheur repentant.

КВАДРА́Т **1.** carré (*quadrilatère*). *Чёрные и бе́лые квадра́ты*, des carrés noirs et blancs. **2.** carré (*produit d'un nombre par lui-même*). *Три в квадра́те равно́ девяти́*, trois au carré égale neuf. *Дура́к в квадра́те*, triple idiot.

КВАДРА́ТНЫЙ carré. *Квадра́тный стол*, une table carrée. *Квадра́тный ме́тр*, un mètre carré. *Квадра́тный ко́рень*, une racine carrée.

КВАЛИФИЦИ́РОВАННЫЙ qualifié. *Квалифици́рованный рабо́чий*, un ouvrier qualifié.

КВАРТА́Л **1.** pâté de maisons (*ensemble de maisons délimitées par les diverses rues ou places adjacentes*). *В друго́м кварта́ле*, dans un autre quartier. *Пройти́ два кварта́ла*, aller jusqu'au deuxième carrefour. **2.** trimestre. *В пе́рвом кварта́ле*, au premier trimestre.

КВАРТИ́РА **1.** appartement. *Кварти́ра в три ко́мнаты*, un appartement de trois pièces. *Коммуна́льная кварти́ра*, un appartement occupé par plusieurs locataires. *Отде́льная кварти́ра*, un appartement particulier. *Снять кварти́ру*, louer un appartement. *Плати́ть за кварти́ру*, payer son loyer. **2.** (*mil.*) quartier. *Гла́вная кварти́ра*, le G.Q.G.

КВАС « kvas » **1.** boisson acidulée à base de malt et de farine de seigle. *Хле́бный квас*, kvas ordinaire. **2.** boisson faite avec du jus de fruit fermenté. *Я́блочный квас*, sorte de cidre.

КВИТ, кви́ты *adj.* (*ne possède que ces deux formes courtes*) quitte. *Тепе́рь мы кви́ты*, maintenant nous sommes quittes.

КВИТА́НЦИЯ quittance, reçu. *Вы́дать квита́нцию*, délivrer un reçu.

КЕКС cake.

КЕМ v. кто.

КЕ́ПКА casquette (*civile*).

КЕРОСИ́Н pétrole lampant.

КЕРОСИ́НКА réchaud à pétrole.

КЕРОСИ́НОВЫЙ à pétrole. *Кероси́новая ла́мпа*, une lampe à pétrole.

КЕ́ТА saumon d'Extrême-Orient.

КЕ́ТОВЫЙ de saumon. *Ке́товая икра́*, caviar de saumon.

КЕФИ́Р kéfir (*boisson fermentée préparée avec du lait*).

КИВА́ТЬ / КИВНУ́ТЬ faire un signe de tête (*pour saluer, pour acquiescer, pour montrer qqn ou qqch.*). *Она́ дру́жески кива́ла нам голово́й*, elle nous saluait amicalement. *Он кивну́л в знак согла́сия*, il acquiesça de la tête. *Он кивну́л на Са́шу*, d'un signe de tête il montra Sacha.

/ КИВНУ́ТЬ v. кива́ть.

КИДА́ТЬ / КИ́НУТЬ (*fam.*) lancer. *Кида́ть ка́мни в кого́-нибудь* ou *кида́ть камня́ми в кого́-нибудь*, jeter des pierres à qqn. *Кида́ть оку́рки на́ пол*, jeter des mégots par terre. *Соба́ка кида́ется на прохо́жих*, le chien se jette sur les passants.

Remarque. Après le verbe « кида́ть », c'est l'accusatif sans préposition qui correspond au complément direct d'objet en français, mais on trouve quelquefois dans cette fonction l'instrumental.

КИНЖА́Л poignard.

КИНО́* *indécl. n.* ciné, cinéma. *Ходи́ть в кино́*, aller au ciné. *Звуково́е кино́*, le cinéma parlant. *Немо́е кино́*, le cinéma muet.

КИНОТЕА́ТР salle de cinéma.

/ КИ́НУТЬ v. кида́ть.

КИПЕ́ТЬ* I, киплю́, кипи́шь... **/ ВСКИПЕ́ТЬ*** I (*id.*) **1.** bouillir; bouillonner. *Вода́ кипи́т*, l'eau bout. **2.** battre son plein. *Рабо́та кипи́т*, le travail bat son plein. **3.** écumer (*être furieux*). *Кипе́ть гне́вом*, écumer de rage. *Кипе́ть нетерпе́нием*, bouillir d'impatience.

КИПУ́ЧИЙ 1. bouillonnant. *Кипу́чий пото́к*, un torrent bouillonnant. **2.** bouillant, ardent. *Кипу́чий хара́ктер*, un caractère bouillant. *Кипу́чая де́ятельность*, une activité débordante.

КИПЯТИ́ТЬ / ВСКИПЯТИ́ТЬ faire bouillir. *Вскипяти́ть молоко́*, faire bouillir le lait.

КИПЯТИ́ТЬСЯ / ВСКИПЯТИ́ТЬСЯ 1. bouillir. *Вода́ кипяти́тся*, l'eau bout. **2.** monter comme une soupe au lait. *Он вскипяти́лся из-за пустяко́в*, il s'est mis brusquement en colère pour des bagatelles.

КИПЯТО́К 1. eau bouillante. **2.** eau bouillie.

КИПЯЧЁНЫЙ bouillir. *Кипячёное молоко́*, lait bouilli.

КИРПИ́Ч brique. *Кра́сный кирпи́ч*, brique rouge.

КИРПИ́ЧНЫЙ de brique. *Кирпи́чный дом*, une maison en brique.

КИСЕ́ЛЬ *m.* « kissel », gelée de fruits additionnée de fécule (*à défaut de suc de fruit, on utilise parfois du lait*). *Клю́квенный кисе́ль*, kissel à la canneberge. *Моло́чный кисе́ль*, kissel au lait.

КИСЛОТА́, *pl.* кисло́ты... acide. *У́ксусная кислота́*, acide acétique. *Се́рная кислота́*, acide sulfurique.

КИ́СЛЫЙ, ки́сел, кисла́, ки́сло, ки́слы **1.** aigre, aigrelet. *Ки́слое вино́*, un vin aigrelet. **2.** fermenté. *Ки́слая капу́ста*, choucroute. **3.** contrarié, amer. *Ки́сло улыбну́ться*, rire jaune. *Сде́лать ки́слое лицо́*, faire grise mine. *Ки́слое замеча́ние*, des paroles amères.

КИ́СНУТЬ* III / **СКИ́СНУТЬ*** III **1.** aigrir. *Вино́ ски́сло*, le vin est devenu aigre. **2.** se morfondre, avoir le cafard. *Ки́снуть в глуши́*, mourir d'ennui dans un coin perdu.

КИ́СТОЧКА (*dim. de* « кисть ») petit pinceau. *Ки́сточка для бритья́*, blaireau (*pour se raser*).

КИСТЬ *f.* **1.** pinceau. *Кисть худо́жника*, le pinceau d'un artiste. **2.** grappe. *Кисть виногра́да*, une grappe de raisin. • **Кисть руки́,** main.

КИТ baleine (*zool.*).

КИТА́ЕЦ, кита́йца... Chinois.

КИТА́ЙСКИЙ chinois, de Chine. *Кита́йский фарфо́р*, porcelaine chinoise. *Кита́йская стена́*, la Grande Muraille de Chine.

КИТА́ЯНКА Chinoise.

КИШЕ́ТЬ* I, кишит, кишат **1.** fourmiller *(être en abondance)*, grouiller. *Че́рви киша́т*, les vers grouillent. **2.** (+ *instr.*) fourmiller de *(avoir en abondance)*. *Лес киши́т комара́ми*, la forêt est infestée de moustiques.

КИШЕ́ЧНИК intestin *(ensemble du système intestinal)*.

КИШКА́, *gén. pl.* кишо́к **1.** intestin. *То́нкие кишки́*, l'intestin grêle. *То́лстая кишка́*, le gros intestin. **2.** *(fam.)* tuyau. *Пожа́рная кишка́*, lance d'incendie.

КЛА́ВИШ *ou* **КЛА́ВИША** touche *(de piano, de machine à écrire...)*. *Стуча́ть по кла́вишам маши́нки*, frapper les touches de la machine à écrire.

КЛАД trésor *(généralement caché)*. *Иска́ть клад*, chercher un trésor.

КЛА́ДБИЩЕ cimetière. *На кла́дбище*, au cimetière.

КЛАДЁМ, КЛАДЁТ... v. класть.

КЛАДОВА́Я *adj. subst. f.* **1.** entrepôt. **2.** débarras.

КЛАДУ́, КЛАДУ́Т v. класть.

КЛАЛ, КЛА́ЛА... v. класть.

КЛА́НЯТЬСЯ / ПОКЛОНИ́ТЬСЯ ___ (+ *dat.*) saluer. *Он поклони́лся ей*, il la salua. *Кла́няйтесь ему́ от меня́*, Transmettez-lui mes salutations.

КЛА́ПАН soupape. *Предохрани́тельный кла́пан*, soupape de sûreté.

КЛАСС 1. classe *(d'une école)*. *Сиде́ть в кла́ссе*, être en classe. *Учени́к девя́того кла́сса*, un élève de seconde. *Выпускно́й класс*, classe terminale. *Перейти́ в седьмо́й класс*, passer en quatrième. **2.** classe *(de la société)*. *Рабо́чий класс*, la classe ouvrière. *Борьба́ кла́ссов*, la lutte des classes. **3.** classe *(catégorie)*. *Каю́та пе́рвого кла́сса*, une cabine de première classe.

Remarque. Les écoliers soviétiques entrent à l'âge de sept ans dans une classe qui porte le numéro « un » (пе́рвый класс) et qui correspond à notre classe de dixième. Ils terminent leurs études secondaires à l'issue d'une classe qui porte le numéro « dix » (деся́тый класс) et correspond à notre classe de première.

КЛА́ССНЫЙ de classe *(scolaire)*. *Кла́ссная ко́мната*, salle de classe.

КЛА́ССОВЫЙ de classe *(sociale)*. *Кла́ссовая борьба́*, la lutte des classes.

КЛАСТЬ* IV, кладу́, кладёшь...; клал, кла́ла... / **ПОЛОЖИ́ТЬ** ___ poser, mettre. *Положи́ть кни́гу на стол*, poser le livre sur la table. *Положи́ть на ме́сто*, mettre à sa place. *Положи́ть плато́к в карма́н*, mettre son mouchoir dans sa poche. *Класть но́гу на́ ногу*, croiser les jambes. *Класть са́хар в чай*, mettre du sucre dans le thé. *Класть де́ньги в сберка́ссу*, mettre de l'argent à la caisse d'épargne. *Положи́ть на му́зыку*, mettre en musique. ● **Класть я́йца,** pondre des œufs.

Remarque. Au sens propre, « класть », par opposition à « ста́вить », indique souvent que l'objet posé sera couché et non debout.

КЛЕВА́ТЬ* II, клюю́, клюёшь... / **КЛЮ́НУТЬ 1.** picorer, donner des coups de bec *(à l'imperfectif)*, donner un coup de bec *(au perfectif)*. *Ку́ры клюю́т зерно́*, les poules picorent le grain. **2.** mordre *(à l'hameçon)*. *Сего́дня ры́ба не клюёт*, ça ne mord pas aujourd'hui. ● **Клева́ть но́сом,** sommeiller *(en parlant d'une personne qui résiste en vain au sommeil)*.

КЛЕВЕТА́ calomnie. *Гря́зная клевета́*, une basse calomnie.

КЛЕВЕТА́ТЬ* II, клевещу́, клеве́щешь... ___ / **НАКЛЕВЕТА́ТЬ*** II *(id.)* calomnier, dénigrer. *Клевета́ть на сосе́дей*, calomnier ses voisins. *Вы клеве́щете на себя́*, Vous vous dénigrez.

КЛЕЁНКА toile cirée. *Стол покрыт клеёнкой*, la table est couverte d'une toile cirée.

КЛЕ́ИТЬ / СКЛЕ́ИТЬ coller (*tr.*). *Склеить разбитую вазу*, recoller un vase brisé.

КЛЕ́ИТЬСЯ **1.** coller (*intr.*). *Бумага хорошо клеится*, le papier colle bien. **2.** réussir. *Что-то не клеится*, il y a quelque chose qui ne colle pas. *Дело не клеится*, ça ne marche pas.

КЛЕЙ*, *loc.* клею colle. *Столярный клей*, colle forte.

КЛЕ́ЙКИЙ gluant, poisseux. *Клейкие почки тополей*, les bourgeons gluants des peupliers.

КЛЕЙМО́, *gén. pl.* клейм marque, poinçon. *Фабричное клеймо*, la marque de fabrique.

КЛЁН érable.

КЛЕ́ТКА **1.** cage. *Посадить в клетку*, mettre en cage. **2.** carreau (*sur une étoffe...*). *Ткань в клетку*, une étoffe à carreaux. *Бумага в клетку*, du papier quadrillé. **3.** cellule (*biologie*). *Нервная клетка*, une cellule nerveuse. ● **Грудная клетка,** la cage thoracique.

КЛЕ́ТЧАТЫЙ à carreaux. *Клетчатый платок*, un mouchoir à carreaux.

КЛЁЦКА (*généralement employé au pl.*) « kliotski », boulettes de farine en forme de quenelles. *Суп с клёцками*, soupe aux kliotski.

КЛЕ́ЩИ, клещей, клещам... *pl. t.* tenailles, pinces. *Сжать клещами*, serrer avec des pinces.

КЛИ́МАТ climat. *Суровый климат Сибири*, le dur climat de la Sibérie.

КЛИН*, *pl.* клинья, клиньев, клиньям... **1.** coin (*pour fendre du bois*). *Загнать клин в полено*, enfoncer un coin dans une bûche. **2.** parcelle de terre. ● **Клин клином вышибают,** un clou chasse l'autre.

КЛИ́ЧКА **1.** nom (*donné à un animal domestique*). *Мы дали ему кличку : Архип*, nous l'avons appelé « Arkhip ». **2.** sobriquet. *Петя Иванов, по кличке « Белка »*, Petia Ivanov, surnommé « l'Écureuil ».

КЛОК*, *pl.* клочья, клочьев, клочьям... **1.** touffe, flocon. *Клок волос*, une touffe de cheveux. **2.** lambeau. *Разорвать в клочья*, mettre en lambeaux.

КЛОНИ́ТЬ **1.** / **НАКЛОНИ́ТЬ** faire pencher. *Ветер клонит верхушки деревьев*, le vent fait pencher la cime des arbres. **2.** (*pas de pf.*) pousser à, mener à. *Меня клонит ко сну*, le sommeil me gagne. *Я понял, к чему он клонит*, j'ai compris où il veut en venir.

КЛОНИ́ТЬСЯ **1.** / **НАКЛОНИ́ТЬСЯ** se pencher. *Дерево клонится к земле*, l'arbre penche. **2.** (*pas de pf.*) tendre à, s'approcher de. *День клонился к вечеру*, le jour commençait à décliner. *Дело клонится к развязке*, cette affaire touche à sa fin.

КЛОП **1.** punaise. *Постельный клоп*, punaise des lits. **2.** marmot, petit bonhomme.

КЛОЧО́К morceau, parcelle. *Разорвать в клочки*, mettre en morceaux. *Клочок бумаги*, un morceau de papier. *Клочок земли*, une parcelle de terre.

I. КЛУБ bouffée, tourbillon. *Клубы дыма*, des nuages de fumée. *Клубы пыли*, des tourbillons de poussière.

II. КЛУБ club, cercle. *Спортивный клуб*, club sportif.

КЛУБНИ́КА **1.** fraisier. **2.** fraise(s).
REMARQUE. On désigne sous le nom de « клубника » les fraisiers hybrides à gros fruits (v. земляника).

КЛУБО́К peloton, pelote. *Клубок шерсти*, un peloton de laine. *Свернуться клубком*, se rouler en boule.

КЛУ́МБА parterre, corbeille de fleurs. *Перед домом находились* *клу́мбы цвето́в*, il y avait des parterres de fleurs devant la maison.

КЛЮВ bec (*d'oiseau*).

КЛЮ́КВА canneberge (*airelle des marais*).

/ **КЛЮ́НУТЬ** v. клева́ть.

I. КЛЮЧ /‾‾ ‾‾ clef. *Запере́ть на ключ*, fermer à clef. *Ключ от кварти́ры*, la clef de l'appartement. *Ключи́ ко всем та́йнам*, la clef de tous les secrets.

II. КЛЮЧ /‾‾ ‾‾ source. *Се́рные ключи́*, des sources sulfureuses. • **Бить ключо́м,** bouillonner (*propr. et fig.*). *Вода́ бьёт ключо́м*, l'eau sort en bouillonnant. *Жизнь в нём бьёт ключо́м*, il est débordant de vie.

КЛЯ́КСА tache d'encre, pâté. *Сде́лать кля́ксу*, faire un pâté.

КЛЯ́СТЬСЯ* IV, кляну́сь, клянёшься...; кля́лся, кляла́сь... /‾‾ / **ПОКЛЯ́СТЬСЯ*** IV (*id.*) jurer, faire serment. *Кля́сться в ве́рности*, jurer fidélité. *Он кля́лся, что испо́лнит своё обеща́ние*, il jurait qu'il tiendrait sa promesse. *Кляну́сь че́стью*, Je donne ma parole d'honneur !

КЛЯ́ТВА serment. *Кля́тва ве́рности* ou *кля́тва в ве́рности*, un serment de fidélité. *Дать кля́тву*, faire un serment.

КМ abréviation de « киломе́тр ».

КНИ́ГА livre. *Чита́ть кни́гу*, lire un livre. *Перели́стывать кни́гу*, feuilleter un livre. *Раскры́ть кни́гу*, ouvrir un livre. *Закры́ть кни́гу*, fermer un livre. *То́лстая кни́га*, un livre épais. *Кни́га большо́го форма́та*, un livre de grand format. *Э́та кни́га вы́шла в про́шлом году́*, ce livre a été publié l'an passé.

КНИ́ЖКА (*dim. de* « кни́га »). **1** livre. *Интере́сная кни́жка*, un livre intéressant. **2.** carnet, livret. *Записна́я кни́жка*, un calepin. *Че́ковая кни́жка*, un carnet de chèques. *Сберега́тельная кни́жка*, un livret de caisse d'épargne. **3.** livret de caisse d'épargne. *Положи́ть де́сять рубле́й на кни́жку*, mettre dix roubles à la caisse d'épargne. *Взять де́сять рубле́й с кни́жки*, retirer dix roubles de la caisse d'épargne.

КНИ́ЖНЫЙ 1. de livres. *Кни́жный шкаф*, bibliothèque (*meuble*). *Кни́жный магази́н*, librairie. **2.** livresque. *Кни́жный стиль*, un style livresque. *Кни́жные зна́ния*, des connaissances livresques.

КНО́ПКА 1. punaise (*article de bureau*). *Прикрепи́ть кно́пками*, fixer avec des punaises. **2.** bouton-pression. *Кно́пка расстегну́лась*, le bouton s'est défait. **3.** bouton (*techn.*). *Нажа́ть кно́пку*, appuyer sur le bouton.

КНУТ /‾‾ ‾‾ fouet, « knout ». *Бить ло́шадь кнуто́м*, donner des coups de fouet à un cheval.

КНЯГИ́НЯ princesse (*femme d'un prince*).

> REMARQUE. La fille d'un prince est désignée par le mot « княжна́ ».

КНЯЖЕ́НИЕ règne (*d'un prince*).

КНЯ́ЖЕСКИЙ de prince. *Кня́жеская дружи́на*, l'armée du prince.

КНЯ́ЖЕСТВО principauté. *Су́здальское кня́жество*, la principauté de Souzdal.

КНЯ́ЖИТЬ régner (*en parlant d'un prince*). *Влади́мир стал кня́жить в Ки́еве в 978 году́*, Vladimir commença à régner à Kiev en 978.

КНЯЖНА́, *gén. pl.* княжо́н princesse (*fille d'un prince*).

> REMARQUE. La femme d'un prince est désignée par le nom « княги́ня ».

КНЯЗЬ*, *pl.* князья́, князе́й, князья́м... __ ‾‾ prince. *Вели́кий князь Моско́вский*, le grand-prince de Moscou.

КО v. к.

КОБЫ́ЛА jument.

КОВА́РНЫЙ perfide. *Кова́рный враг*, un ennemi perfide.

КОВА́ТЬ* II, кую́, куёшь... **1.** forger. *Куй желе́зо, пока́ горячо́,* il faut battre le fer pendant qu'il est chaud. **2.** / **ПОДКОВА́ТЬ*** II (*id.*) ferrer (*un cheval*). *Подкова́ть коня́,* ferrer un cheval.

КОВЁР tapis. *Перси́дский ковёр,* un tapis persan. *Ковёр-самолёт,* un tapis volant.

КОВЕ́РКАТЬ / ИСКОВЕ́РКАТЬ mutiler, défigurer. *Искове́ркать игру́шку,* abîmer un jouet. *Кове́ркать ру́сский язы́к,* écorcher le russe.

КОВЫ́ЛЬ ╱‾‾ ‾‾ *m.* stypa (*herbe haute de la steppe, appartenant à la même famille que l'alfa*).

/ **КОВЫЛЬНУ́ТЬ** v. ковыля́ть.

КОВЫЛЯ́ТЬ / КОВЫЛЬНУ́ТЬ clopiner. *Он уходи́л, неуклю́же ковыля́я,* il s'en allait clopin-clopant.

/ **КОВЫРНУ́ТЬ** v. ковыря́ть.

КОВЫРЯ́ТЬ / КОВЫРНУ́ТЬ gratter. *Ковыря́ть зе́млю,* gratter la terre. *Ковыря́ть в носу́,* fourrer les doigts dans son nez.

КОГДА́ 1. *adv.* quand. *Когда́ он придёт?,* Quand viendra-t-il ? *Я не зна́ю, когда́ он придёт,* je ne sais pas quand est-ce qu'il viendra. **2.** *conj.* quand. *Когда́ он здесь, я не могу́ рабо́тать,* quand il est ici, je ne peux pas travailler.

КОГДА́-НИБУДЬ, КОГДА́-НИБУ́ДЬ *adv.* à un moment ou à un autre. *Когда́-нибудь вы раска́етесь в э́том,* Un jour, vous le regretterez. *Жи́ли ли вы когда́-нибудь в дере́вне?,* Avez-vous déjà habité à la campagne ?

КОГДА́-ТО *adv.* autrefois, dans le temps. *Когда́-то за до́мом росла́ берёза,* autrefois, il y avait un bouleau derrière la maison.

КОГО́ v. кто.

КО́ГОТЬ ＿╱‾‾ *m.* griffe, serre. *О́стрые ко́гти,* des griffes acérées. // (*Fig.*) *Показа́ть свои́ ко́гти,* montrer ses griffes.

КО́Е-ГДЕ́ *adv.* çà et là, à divers endroits (*emplacement*). *Ко́е-где́ расту́т е́ли,* par endroits poussent des sapins.

КО́Е-КА́К *adv.* **1.** plutôt mal que bien. *Рабо́та сде́лана ко́е-ка́к,* ce travail a été fait à la va-vite. **2.** avec peine. *Ко́е-ка́к добрали́сь до опу́шки,* nous arrivâmes non sans peine à la lisière du bois.

КО́Е-КАКО́Й *pronom-adjectif* divers, certain. *Ко́е с каки́ми това́рищами,* avec certains camarades.

КО́Е-КТО́ *pronom* certains. *Поговори́ть ко́е с кем,* parler avec diverses personnes.

КО́Е-КУДА́ *adv.* à divers endroits (*direction*). *Нам на́до ещё ко́е-куда́ сходи́ть,* nous avons encore quelques courses à faire.

КО́Е-ЧТО́ [шт] *pronom* diverses choses. *Мне ну́жно вам ко́е-что́ сказа́ть,* j'ai quelque chose à vous dire.

КО́ЖА 1. peau. *У неё ко́жа не́жная,* elle a une peau fine. *У него́ ко́жа да ко́сти,* il n'a que la peau et les os. **2.** cuir. *Портфе́ль из свино́й ко́жи,* une serviette en porc. ● **Гуси́ная ко́жа,** la chair de poule. **Из ко́жи вон лезть,** se mettre en quatre.

КО́ЖАНЫЙ de cuir. *Ко́жаная ку́ртка,* une veste de cuir.

КОЗА́ ‾‾＿ chèvre.

КОЗЁЛ bouc. ● **Козёл отпуще́ния,** le bouc émissaire. **От него́ как от козла́ молока́,** il n'y a rien à tirer de lui. **Пусти́ть козла́ в огоро́д,** lâcher le loup dans la bergerie.

КО́ЗЛЫ, ко́зел, ко́злам... *pl. t.* **1.** siège de cocher. *Ку́чер вскочи́л на ко́злы,* le cocher sauta sur son siège. **2.** chevalet; tréteau. *Пили́ть дрова́ на ко́злах,* scier du bois sur un chevalet.

КОЗЫРЁК, козырька́... visière. *Козырёк фура́жки,* la visière d'une casquette. ● **Сде́лать под козырёк,** faire le salut militaire.

КО́ЗЫРЬ, *pl.* ко́зыри, козыре́й, козыря́м... ＿╱‾‾ *m.* atout. *Что* *у нас ко́зыри?*, Quel est l'atout? || (*Fig.*) *Э́то большо́й ко́зырь в жи́зни*, c'est un atout important dans la vie.

КО́ЙКА lit (*d'hôpital, de caserne, de dortoir...*).

КОЛ* **1.** *pl.* ко́лья, ко́льев, ко́льям... pieu, pal. *Вбить в зе́млю кол*, enfoncer un pieu dans la terre. *Посади́ть на́ кол*, empaler. **2.** *pl.* колы́... (*fam.*) un (*la plus basse des notes scolaires*). *Он мне кол поста́вил*, il m'a flanqué un zéro. ● **Ему́ хоть кол на голове́ теши́,** il a la tête dure comme une bourrique.

> REMARQUE. Dans son deuxième sens, « кол » est l'équivalent familier de « едини́ца » (voir ce mot).

КОЛБАСА́, *pl.* колба́сы... saucisson, saucisse. *Копчёная колбаса́*, saucisson fumé. *Кровяна́я колбаса́*, boudin.

КОЛДУ́Н sorcier.

КОЛДУ́НЬЯ sorcière.

КОЛЕБА́НИЕ **1.** oscillation. *Колеба́ния ма́ятника*, les oscillations d'un balancier. **2.** fluctuation. *Колеба́ние цен*, la fluctuation des prix. **3.** hésitation. *По́сле до́лгих колеба́ний*, après de longues hésitations. *Без колеба́ний*, sans hésitation.

КОЛЕБА́ТЬ* II, коле́блю, коле́блешь... / **ПОКОЛЕБА́ТЬ*** II (*id.*) ébranler, faire chanceler (*propr. et fig.*). *Ве́тер коле́блет верху́шки дере́вьев*, le vent balance légèrement le sommet des arbres. *Поколеба́ть чей-то авторите́т*, porter atteinte à l'autorité de qqn.

> REMARQUE. Au présent et au futur simple, l'accent recule d'une syllabe par rapport à l'infinitif.

КОЛЕБА́ТЬСЯ* II, коле́блюсь, коле́блешься... / **ПОКОЛЕБА́ТЬСЯ*** II (*id.*) **1.** osciller, remuer. *Лёд начина́ет колеба́ться*, la glace commence à remuer. **2.** fluctuer. *Це́ны коле́блются*, les prix varient. **3.** hésiter. *Колеба́ться ме́жду двумя́ реше́ниями*, hésiter entre deux solutions.

> REMARQUE. Au présent et au futur simple, l'accent recule d'une syllabe par rapport à l'infinitif.

КОЛЕ́НО*, *pl.* коле́ни, коле́ней, коле́ням..., *gén. pl. après préposition* коле́н, genou. *Опусти́ться на коле́ни*, se mettre à genoux. *Стоя́ть на коле́нях*, être à genoux. *Встать с коле́н*, se relever. *Посади́ть ребёнка к себе́ на коле́ни*, mettre un enfant sur ses genoux. ● **Ему́ и мо́ре по коле́но,** rien ne lui fait peur.

КОЛЕСО́, *pl.* колёса... roue. *Запасно́е колесо́*, la roue de secours. ● **Вставля́ть па́лки в колёса,** mettre des bâtons dans les roues. **Кружи́ться как бе́лка в колесе́,** tourner comme un écureuil en cage. **Пя́тое колесо́ в теле́ге,** la cinquième roue du char.

КОЛЕЯ́ ornière. *Глубо́кие коле́и*, de profondes ornières. ● **Войти́ в коле́ю,** reprendre sa vie habituelle. **Вы́йти из коле́и** *ou* **вы́биться из коле́и,** être désorienté.

КОЛИ́ЧЕСТВО quantité. *В большо́м коли́честве*, en grande quantité.

КО́ЛКИЙ **1.** piquant. *Ко́лкие тра́вы*, des herbes piquantes. **2.** (*fig.*) mordant, caustique. *Ко́лкий ум*, un esprit caustique.

КОЛЛЕКТИ́В collectivité, groupe. *Нау́чный коллекти́в*, un groupe de savants.

КОЛО́ДЕЗНЫЙ de puits. *Коло́дезная вода́*, de l'eau de puits.

КОЛО́ДЕЦ puits. *Достава́ть во́ду из коло́дца*, tirer de l'eau du puits.

КО́ЛОКОЛ*, *nom. pl.* колокола́ cloche. *Звони́ть в колокола́*, sonner les cloches. *Вечево́й ко́локол*, la cloche du viétche.

КОЛОКО́ЛЬНЯ clocher. *Со своéй колокóльни смотрéть на чтó-нибудь*, avoir l'esprit de clocher.

КОЛОКО́ЛЬЧИК clochette. *В прихóжей зазвенéл колокóльчик*, dans l'entrée, on entendit retentir la clochette. *Председáтель позвони́л в колокóльчик*, le président secoua sa clochette.

КОЛО́НКА (*dim. de* « колóнна »). **1.** petite colonne. *Деревя́нные колóнки*, de petites colonnes de bois. *Колóнки цифр*, des colonnes de chiffres. **2.** cylindre distributeur. *Онá шла к колóнке за водóй*, elle allait chercher de l'eau à la fontaine. *Гáзовая колóнка*, chauffe-eau à gaz. *Бензи́новая колóнка*, poste à essence.

КОЛО́ННА colonne. *Мрáморные колóнны*, des colonnes de marbre. *Колóнны цифр*, des colonnes de chiffres.

КОЛОРИ́ТНЫЙ pittoresque. *Колори́тная фигýра*, un personnage pittoresque. *Колори́тный язы́к*, un langage pittoresque.

КО́ЛОС*, *pl.* колóсья, колóсьев, колóсьям... épi. *Спéлые колóсья*, des épis mûrs.

КОЛО́СС colosse. *Колóсс на гли́няных ногáх*, le colosse aux pieds d'argile.

КОЛОТИ́ТЬ ╲___ / **ПОКОЛОТИ́ТЬ** ╲___ **1.** frapper, battre (*un objet*). *Колоти́ть в дверь*, frapper à la porte. *Колоти́ть ковёр*, battre un tapis. **2.** (*fam.*) battre (*un animal, une personne*). *Колоти́ть лошадéй*, battre les chevaux. **3.** (*fam.*) casser. *Колоти́ть посýду*, casser la vaisselle. ● **Егó колоти́ла лихорáдка** (*fam.*), il était secoué par la fièvre.

> **КОЛО́ТЬ*** II, колю́, кóлешь... ╲___
>
> **1.** / **РАСКОЛО́ТЬ*** II, расколю́, раскóлешь... ╲___ ; раскóлотый fendre.
>
> **2.** / **УКОЛО́ТЬ*** II, уколю́, укóлешь... ╲___ ; укóлотый ; *et* **КОЛЬНУ́ТЬ** piquer.
>
> **3.** / **КОЛЬНУ́ТЬ** donner des élancements.
>
> **4.** / **ЗАКОЛО́ТЬ*** II, заколю́, закóлешь... ╲___ ; закóлотый égorger.

1. *Колóть дровá*, fendre du bois. **2.** *Уколóть булáвкой*, piquer avec une épingle. **3.** *У меня́ кóлет в бокý*, j'ai un point de côté. **4.** *Колóть свинéй*, égorger des cochons. ● **Прáвда глазá кóлет,** il n'y a que la vérité qui blesse.

КОЛПА́К ╱‾‾ ‾‾ **1.** bonnet. *Ночнóй колпáк*, un bonnet de nuit. *Поварскóй колпáк*, une toque de cuisinier. **2.** cloche (*à fromage, etc.*), abat-jour, hotte, etc. *Часы́ под стекля́нным колпакóм*, une pendulette sous globe. *Снять колпáк с лáмпы*, retirer l'abat-jour d'une lampe. *Колпáк над очагóм*, le manteau d'une cheminée. **3.** nigaud.

КОЛХО́З kolkhoze. *Председáтель колхóза*, le président du kolkhoze.

> REMARQUE. « Колхóз » est l'abréviation de « коллекти́вное хозя́йство », « entreprise collective ». On appelle ainsi les coopératives agricoles qui ont la propriété collective de la terre et des instruments de travail (v. совхóз).

КОЛХО́ЗНИК kolkhozien.

КОЛХО́ЗНИЦА kolkhozienne.

КОЛХО́ЗНЫЙ de kolkhoze. *Колхóзные поля́*, les champs du kolkhoze. *Колхóзный ры́нок*, le marché kolkhozien (*marché où les kolkhoziens viennent vendre des légumes et des fruits*).

КОЛЫБЕ́ЛЬ *f.* berceau. ● **С колыбéли,** dès la plus tendre enfance.

КОЛЫХА́ТЬСЯ* II, колы́шется, колы́шутся / **КОЛЫХНУ́ТЬСЯ** se balancer, onduler. *Лóдки колы́шутся на водé*, les barques se balancent sur l'eau. *Травá колы-*

хáлась от вéтра, l'herbe ondulait sous le souffle du vent.

Remarque. Au présent, l'accent du verbe « колыхáться » recule d'une syllabe par rapport à l'infinitif.

/ **КОЛЫХНУ́ТЬСЯ** v. колыхáться.

/ **КОЛЬНУ́ТЬ** v. колóть.

КОЛЬЦЕВО́Й circulaire. *Кольцевáя железная дорóга*, le chemin de fer de ceinture.

КОЛЬЦО́ anneau. *Кольцó для ключéй*, un porte-clefs. *Кольцó с бриллиáнтами*, une bague avec des brillants. *Обручáльное кольцó*, une alliance.

КОЛЮ́ЧИЙ **1.** piquant. *Колючие трáвы*, des herbes piquantes. *Колючая прóволока*, du fil de fer barbelé. **2.** (*fig.*) mordant, caustique. *Колючие замечáния*, des remarques caustiques.

КОЛЯ́СКА **1.** (*arch.*) calèche. **2.** (*le plus souvent accompagné de l'adjectif* « дéтский ») voiture d'enfant. *Продаётся дéтская коляска*, à vendre voiture d'enfant. *Ребёнок вы́пал из коляски*, l'enfant est tombé de sa voiture.

I. КОМ*, *pl.* кóмья, кóмьев, кóмьям... motte, boule. *Кóмья земли́*, des mottes de terre. *Свернýться кóмом*, se rouler en boule. ● **Пéрвый блин кóмом,** on réussit rarement du premier coup.

II. КОМ v. кто.

КОМА́НДА **1.** ordre, commandement. *Стреля́ть по моéй комáнде!*, Tirer à mon commandement ! **2.** commandement, direction. *Под комáндой офицéра*, sous les ordres d'un officier. **3.** détachement, équipe, équipage. *Пожáрная комáнда*, un détachement de pompiers. *Футбóльная комáнда*, une équipe de football. *Вся комáнда сýдна*, tout l'équipage du navire.

КОМАНДИ́Р commandant, chef d'unité. *Командир батальóна*, le chef de bataillon. *Командир броненóсца*, le commandant d'un cuirassé.

КОМАНДИРОВА́ТЬ/КОМАНДИРОВА́ТЬ envoyer en mission. *Командировáть за грани́цу*, envoyer en mission à l'étranger.

КОМАНДИРО́ВКА mission. *Уéхать в командирóвку*, partir en mission. *Я был в командирóвке*, j'étais en mission.

КОМА́НДОВАНИЕ commandement. *Приня́ть комáндование*, prendre le commandement. *Верхóвное комáндование*, le commandement suprême. *Под комáндованием генерáла Н.*, sous le commandement du général N.

КОМА́НДОВАТЬ (+ *instr.*) commander. *Комáндовать полкóм*, commander un régiment.

КОМА́Р moustique. *Лéтом здесь мнóго комарóв*, en été, il y a beaucoup de moustiques ici. ● **Комáр нóса не подтóчит,** il n'y a rien à redire ; c'est impeccable.

КОМБА́ЙН moissonneuse-batteuse (*agriculture*).

КОМБИНА́Т « combinat », complexe industriel.

КОМБИНА́ЦИЯ **1.** combinaison (*ensemble*). *Комбинáция звýков*, un ensemble de sons. **2.** combinaison (*mesures prises, machinations, etc.*). *Полити́ческие комбинáции*, des machinations politiques. **3.** combinaison (*sous-vêtement féminin*). *Шёлковая комбинáция*, une combinaison en soie.

КОМИССИО́ННЫЙ ● **Комиссиóнный магази́н,** magasin d'occasions.

КО́МКАТЬ / СКО́МКАТЬ **1.** froisser. *Скóмкать письмó*, froisser une lettre. **2.** bâcler. *Кóмкать лéкцию*, bâcler un cours.

КОММУНА́ЛЬНЫЙ **1.** communal, municipal. *Коммунáльные вы́боры во Фрáнции*, les élections municipales en France. **2.** collectif. *Коммунáльная кварти́ра*, un appartement occupé par plusieurs locataires.

REMARQUE. Dans son premier sens, « коммуна́льный » ne s'applique qu'à certains pays étrangers (v. « городско́й »).

КОММУНИ́СТ membre du parti communiste. *Коммуни́сты и беспарти́йные*, les membres du parti et ceux qui n'y sont pas inscrits.

КО́МНАТА pièce, chambre. *Кварти́ра из трёх ко́мнат*, un appartement de trois pièces. *Убира́ть ко́мнату*, faire la chambre.

КОМО́К (*dim. de* « ком ») petite boule. *Комо́к бума́ги*, une petite boule de papier. • **Съёжиться в комо́к,** se pelotonner.

КОМПА́РТИЯ (*abréviation de* « коммунисти́ческая па́ртия ») parti communiste. *Францу́зская компа́ртия*, le parti communiste français.

КО́МПАС boussole. *Идти́ по ко́мпасу*, se diriger à l'aide d'une boussole.

КОМПО́Т fruits au sirop.

КОМСОМО́Л (*abréviation de* « Коммунисти́ческий Сою́з Молодёжи ») union des jeunesses communistes. *Вступи́ть в комсомо́л*, s'inscrire aux jeunesses communistes.

КОМСОМО́ЛЕЦ membre des jeunesses communistes.

КОМСОМО́ЛКА membre des jeunesses communistes. *Она́ тепе́рь комсомо́лка*, maintenant, elle fait partie des jeunesses communistes.

КОМСОМО́ЛЬСКИЙ des jeunesses communistes. *Комсомо́льское собра́ние*, une réunion des jeunesses communistes.

КОМУ́ v. кто.

КОНВЕ́РТ enveloppe (*de lettre*). *Положи́ть письмо́ в конве́рт*, mettre la lettre dans l'enveloppe. *Закле́ить конве́рт*, coller l'enveloppe.

КОНВО́Й *m.* escorte. *Вести́ под конво́ем*, mener sous escorte.

КОНДИ́ТЕРСКИЙ **1.** de confiserie, de pâtisserie. *Конди́терские изде́лия*, des produits de confiserie *ou* de la pâtisserie. **2.** *subst. f.* confiserie, pâtisserie (*magasin*). *Купи́ть конфе́ты в конди́терской*, acheter des bonbons dans une confiserie.

КОНДУ́КТОР*, *nom. pl.* кондуктора́ ——— receveur (*d'autobus...*). *Конду́ктор авто́буса*, le receveur de l'autobus.

КОНЁК, конька́... patin (*à glace*). *Ката́ться на конька́х*, patiner.

КОНЕ́Ц **1.** fin, terme. *Коне́ц ме́сяца*, la fin du mois. *Коне́ц кни́ги*, la fin du livre. *Спо́рить без конца́*, discuter sans fin. *Положи́ть чему́-нибудь коне́ц*, mettre un terme à qqch. **2.** bout, extrémité. *Коне́ц у́лицы*, le bout de la rue. *В друго́м конце́ го́рода*, à l'autre bout de la ville. *До конца́ вы́полнить свой долг*, faire son devoir jusqu'au bout. **3.** trajet. *Биле́т в оди́н коне́ц*, un billet aller. • **В конце́ концо́в,** finalement. **И де́ло с концо́м,** et le tour est joué. **И концы́ в во́ду,** ni vu ni connu. **Па́лка о двух конца́х,** c'est une arme à double tranchant. **Своди́ть концы́ с конца́ми,** joindre les deux bouts. **Со всех концо́в,** de toutes parts (*provenance*).

КОНЕ́ЧНО [шн] *adv.* bien sûr. *Он, коне́чно, прав*, il a raison, bien sûr. *Коне́чно нет!*, Bien sûr que non !

КОНЕ́ЧНЫЙ final. *Коне́чная цель*, le but final. • **В коне́чном счёте,** en définitive.

КО́ННИЦА cavalerie. *Отря́ды ко́нницы*, des détachements de cavalerie.

КО́ННЫЙ équestre, hippique. *Ко́нный отря́д*, un détachement de cavalerie. *Ко́нная тропа́*, allée réservée aux cavaliers. *Ко́нный заво́д*, haras.

КО́НСКИЙ de cheval. *Ко́нский табу́н*, un troupeau de chevaux. *Ко́нский во́лос*, crin.

КОНСПЕ́КТ résumé, analyse. *Соста́вить конспе́кт ле́кции*, faire le résumé d'un cours.

КОНТО́РА bureau(x). *Конто́ра заво́да*, les bureaux de l'usine. *Журна́льная конто́ра*, les bureaux d'un journal.

КОНУРА́ niche (*à chien*). *Соба́ка лежи́т в конуре́*, le chien est couché dans sa niche.

КОНФЕРАНСЬЕ́* *indécl. m.* presentateur, annonceur. *Конферансье́ объяви́л второ́й но́мер*, le présentateur annonça le second numéro.

КОНФЕ́ТА bonbon. *Шокола́дная конфе́та*, un bonbon au chocolat. *Набо́р конфе́т*, un choix de bonbons.

КОНФУ́З (*fam.*) **1.** honte, confusion. *К её вели́кому конфу́зу*, à sa grande confusion. **2.** situation embarrassante. *Вот како́й получи́лся конфу́з*, voilà dans quelle situation embarrassante on s'est trouvé.

КОНФУ́ЗИТЬСЯ / СКОНФУ́ЗИТЬСЯ être troublé, être décontenancé. *Она́ сконфу́зилась и поту́пила глаза́*, elle se troubla et baissa les yeux.

КОНЦЕ́РТ **1.** concert. *Быть на конце́рте*, être au concert. *Дать конце́рт*, donner un concert. **2.** concerto. *Конце́рт для фортепья́но с орке́стром*, concerto pour piano et orchestre. ● **Коша́чий конце́рт** **1.** concert de matous. **2.** (*fig.*) chahut. *Устро́ить коша́чий конце́рт*, organiser un chahut.

КОНЧА́ТЬ / КО́НЧИТЬ **1.** (+ *acc.* ou *inf.*) finir (*tr.*), terminer. *Ко́нчить рабо́ту в пять часо́в*, terminer son travail à cinq heures. *Ко́нчить рабо́тать*, finir de travailler. *Всё ко́нчено*, tout est fini. *Он пло́хо ко́нчит*, ce garçon finira mal. **2.** (+ *acc.*) réussir aux examens de sortie (*d'une école, d'une faculté...*). *Он ко́нчил институ́т в 1965 году*, il est sorti de l'école supérieure en 1965.

КОНЧА́ТЬСЯ / КО́НЧИТЬСЯ finir (*intr.*), s'achever. *Рабо́та конча́ется в пять часо́в*, le travail finit à cinq heures. *Чем э́то ко́нчится?*, Comment cela va-t-il finir ? *Э́то ко́нчится катастро́фой*, cela va se terminer par une catastrophe. *Сло́во « тень » конча́ется на мя́гкий знак*, le mot « тень » se termine par un signe mou. *На э́том разгово́р и ко́нчился*, là-dessus, la conversation s'arrêta.

КО́НЧИК (*dim. de* « коне́ц »), bout, pointe. *Ко́нчик но́са*, le bout du nez. *Ко́нчиками па́льцев*, du bout des doigts. *Ко́нчик стола́*, le bout de la table.

КОНЧИ́НА (*livresque*) décès. *Безвре́менная кончи́на*, une mort prématurée.

/ **КО́НЧИТЬ** v. конча́ть.

/ **КО́НЧИТЬСЯ** v. конча́ться.

КОНЬ⁄‾‾ ⁄‾‾ *m.* cheval, coursier. *Оседла́ть коня́*, seller un cheval.

КОНЬКИ v. конёк.

КОНЬКОБЕ́ЖЕЦ patineur.

КОНЮ́ШНЯ écurie. *Скакова́я коню́шня*, une écurie de course.

КОПА́ТЬ **1.** / **ВСКОПА́ТЬ** bêcher, retourner. *Копа́ть огоро́д*, bêcher le jardin. **2.** / **ВЫ́КОПАТЬ** creuser. *Вы́копать я́му*, creuser un trou. **3.** / **ВЫ́КОПАТЬ** déterrer. *Копа́ть карто́фель*, arracher des pommes de terre.

КОПА́ТЬСЯ **1.** fouiller. *Копа́ться в бума́гах*, fouiller dans les papiers. *Ку́рица копа́лась в пыли́*, une poule grattait la poussière. **2.** lambiner. *Ну, ско́ро ли ты? Копа́ешься тут!*, Alors, ça vient ? Tu es là à lambiner.

КОПЕ́ЕЧКА dim. de « копе́йка ». ● **Э́то ему́ в копе́ечку обошло́сь**, ça lui est revenu diablement cher.

КОПЕ́ЙКА kopek. *Э́то сто́ит пять копе́ек*, cela coûte cinq kopeks. *У меня́ нет ни копе́йки*, je n'ai pas un kopek.

КОПИ́РКА (*fam.*) carbone (*papier carbone*). *Письмо́, напеча́танное под копи́рку*, le double d'une lettre fait au carbone.

КОПИРОВА́ЛЬНЫЙ ● **Копирова́льная бума́га,** papier carbone.

КОПИ́ТЬ ╲___ / **НАКОПИ́ТЬ** ╲___ amasser. *Копи́ть де́ньги на мотоци́кл*, économiser de l'argent pour s'acheter une moto.

КОПНА́, *gén. pl.* копён ‾‾/__ meule (*de foin...*). *Сгреба́ть се́но в ко́пны*, mettre le foin en meules.

КО́ПОТЬ *f.* suie. *Чёрный от ко́поти*, noir de suie.

КОПОШИ́ТЬСЯ grouiller, fourmiller. *В углу́ копоши́лись тарака́ны*, dans le coin, les cafards grouillaient.

КОПТИ́ТЬ / **ПРОКОПТИ́ТЬ** fumer (*exposer à la fumée pour faire sécher*). *Прокопти́ть о́корок*, fumer un jambon.

КОПЧЁНЫЙ fumé. *Копчёная ры́ба*, poisson fumé.

КОПЫ́ТО sabot (*de cheval...*). *Ло́шадь бьёт копы́тами зе́млю*, le cheval frappe le sol de ses sabots.

КОПЬЁ, *gén. pl.* ко́пий ‾‾ ___ **1.** pique, épieu. *Охо́тничье копьё*, un épieu de chasseur. **2.** lance, javelot. *Мета́ть копьё*, lancer le javelot.

КОРА́ écorce. *Кора́ сосны́*, l'écorce d'un pin. *Земна́я кора́*, l'écorce terrestre.

КОРАБЛЕКРУШЕ́НИЕ naufrage. *Потерпе́ть кораблекруше́ние*, faire naufrage.

КОРА́БЛЬ /‾‾ ‾‾ *m.* navire. *Вое́нный кора́бль*, un navire de guerre. ● **Косми́ческий кора́бль,** navire cosmique.

КОРЕНА́СТЫЙ trapu. *Корена́стый челове́к*, un homme trapu.

КОРЕННО́Й **1.** fondamental. *Коренно́й вопро́с*, une question essentielle. *Измени́ть что́-нибудь коренны́м о́бразом*, transformer qqch. de fond en comble. **2.** indigène, autochtone. *Коренно́е населе́ние*, la population autochtone. ● **Коренно́й зуб,** molaire.

КО́РЕНЬ ___ /‾‾ *m.* racine (*divers sens*). *Ко́рни дере́вьев*, les racines des arbres. *Пусти́ть ко́рни*, prendre racine. *Ко́рень зу́ба*, la racine d'une dent. *Покрасне́ть до корне́й воло́с*, rougir jusqu'à la racine des cheveux. *Ко́рень сло́ва*, la racine d'un mot. *Извле́чь квадра́тный ко́рень*, extraire la racine carrée. *Ко́рень всех бед*, la source de tous les maux. ● **В ко́рне,** radicalement. *Перерабо́тать в ко́рне*, transformer radicalement.

КОРЗИ́НА, *dim.* **КОРЗИ́НКА** corbeille; panier. *Бельева́я корзи́на*, une corbeille à linge. *Корзи́на для бума́г*, la corbeille à papier. *Собира́ть грибы́ в корзи́нку*, ramasser les champignons dans un panier.

КОРИ́ЧНЕВЫЙ brun, marron. *Кори́чневый костю́м*, un costume marron.

КО́РКА (*dim. de* « кора́ ») **1.** peau (*d'un fruit*). *Апельси́новая ко́рка*, une peau d'orange. **2.** croûte (*de pain...*). *Хле́бная ко́рка*, une croûte de pain. **3.** croûte (*sur une plaie*). *На ра́не образова́лась ко́рка*, une croûte s'est formée sur la plaie.

КОРМА́ poupe. *Сиде́ть на корме́*, se tenir à la poupe.

КОРМИ́ЛИЦА nourrice. *Идти́ в корми́лицы*, se faire nourrice.

КОРМИ́ТЬ ╲___ / **НАКОРМИ́ТЬ** ╲___ **1.** nourrir. *Корми́ть свине́й*, donner à manger aux cochons. *Корми́ть кур зерно́м*, donner du grain aux poules. *Корми́ть ребёнка с ло́жки*, nourrir un enfant à la cuiller. // (*Fig.*) *Корми́ть обеща́ниями*, faire de belles promesses. **2.** (*souvent accompagné du mot* « гру́дью ») allaiter. *Она́ не могла́ сама́ корми́ть ребёнка*, elle ne pouvait pas allaiter son enfant.

КОРО́БИТЬ / **ПОКОРО́БИТЬ**

1. déformer, donner du jeu. *Дверь от сырости покоробило*, l'humidité a déformé la porte. **2.** choquer. *Это вас не коробит?*, Cela ne vous choque pas ?

КОРО́БКА boîte. *Коробка спичек*, une boîte d'allumettes. *Коробка сардинок*, une boîte de sardines. *Коробка конфет*, une boîte de bonbons. *Коробка скоростей*, la boîte de vitesses.

КОРОБО́К petite boîte. *Коробок спичек*, une boîte d'allumettes.

КОРО́ВА vache. *Стадо коров*, un troupeau de vaches.

КОРО́ВИЙ *adj. d'appart.* de vache. *Коровье молоко*, du lait de vache. ● **Коровье масло,** beurre.

КОРО́ВКА dim. de « корова ». ● **Божья коровка,** bête à bon Dieu, coccinelle.

КОРОЛЕ́ВА reine. *Английская королева*, la reine d'Angleterre.

КОРОЛЕ́ВСТВО royaume.

КОРО́ЛЬ ⁄‾‾ ‾‾ *m.* roi. *Французские короли Людовик XI, Франциск I и Генрих IV*, les rois de France Louis XI, François Ier et Henri IV. *Король нефти*, le roi du pétrole. // (*Jeux*) *Пиковый король*, le roi de pique. *Шах королю*, échec au roi.

КОРОМЫ́СЛО palanche. *Женщина несёт на коромысле вёдра с водой*, une femme porte des seaux d'eau avec une palanche. ● **Дым коромыслом,** C'est une foire !

КОРО́НА (*livresque*) couronne. *Царская корона*, la couronne des tsars. *Отказаться от короны*, renoncer à la couronne.

КОРО́НКА couronne (*appareil dentaire*). *Золотая коронка*, une couronne en or. *Поставить коронку*, mettre une couronne.

КОРО́ТКИЙ, кóроток, коротка́, кóротко, кóротки ⁄__ , *et également* кóроток, коротка́, коротко́, коротки́ ⁄‾‾ *ou* корóток, коротка́, корóтко, корóтки ⁄__ , *comp.* корóче* **1.** court, bref. *Короткие волосы*, des cheveux courts. *Короткий ответ*, une brève réponse. *Короткий срок*, un court délai. *Короткие волны*, les ondes courtes. **2.** (*forme courte seulement*) trop court. *Платье ей коротко*, cette robe est trop courte pour elle. ● **Коротко говоря** *ou* **короче говоря,** en un mot. **Короткое замыкание,** un court-circuit.

КОРО́ЧЕ comp. de « корóткий ».

КО́РПУС*, *nom. pl.* корпуса́ __‾‾ corps (*corps de bâtiments, corps d'armée, corps diplomatique...*). *Главный корпус*, le bâtiment principal. *Кавалерийский корпус*, un corps de cavalerie. *Дипломатический корпус*, le corps diplomatique.

КО́РТОЧКИ, кóрточек, кóрточкам... *pl. t.* ● **Сидеть на корточках,** être accroupi. **Присесть на корточки,** s'accroupir.

КО́РЧИТЬ / СКО́РЧИТЬ tordre. *Его корчит от боли* ou *он корчится от боли*, il se tord de douleur. ● **Корчить гримасы,** faire des grimaces. **Корчить дурака,** faire l'imbécile.

КО́РШУН milan.

КОРЫ́СТНЫЙ 1. intéressé (*qui assure un avantage, un profit*). *С корыстной целью*, dans un but intéressé. **2.** intéressé, âpre au gain. *Корыстный человек*, un homme âpre au gain.

КОРЫ́ТО 1. baquet, bassine. *Стирать бельё в деревянном корыте*, laver le linge dans un baquet. **2.** auge. *У корыта толпились свиньи*, les cochons se pressaient autour de l'auge.

КОРЬ *f.* rougeole. *Заболеть корью*, attraper la rougeole.

I. КОСА́ \/‾‾ __ natte (*de cheveux*). *Носить косы*, porter des nattes. *Заплести косу*, tresser une natte.

II. КОСА́ \/‾‾ __ faux. *Точить косу*, aiguiser une faux. ● **Нашла коса на камень,** il a trouvé plus fort que lui.

КОСА́РЬ ╱‾‾ ‾‾ *m.* faucheur.

КО́СВЕННЫЙ **1.** oblique (*ce qui est de biais*). *Ко́свенные лучи́ со́лнца*, les rayons obliques du soleil. *Бро́сить ко́свенный взгляд*, jeter un regard oblique. **2.** oblique (*qui n'est pas direct*). *Ко́свенные доказа́тельства*, des preuves indirectes. *Ко́свенным путём*, indirectement. *Ко́свенные нало́ги*, les impôts indirects. *Ко́свенная речь*, le discours indirect. *Ко́свенные падежи́*, les cas indirects.

I. КОСИ́ТЬ ╲__ / **СКОСИ́ТЬ** ╲__ faucher. *Коси́ть траву́*, faucher l'herbe.

II. КОСИ́ТЬ **1.** / **СКОСИ́ТЬ** (*tr.*) tordre. *Коси́ть рот*, tordre la bouche. **2.** (*intr.*) être de travers. *Пальто́ немно́го коси́т спе́реди*, le pardessus est un peu de travers sur le devant. **3.** (*intr.*) loucher. *Коси́ть на о́ба гла́за*, loucher des deux yeux.

Remarque. Les deux verbes ci-dessus diffèrent par leur accentuation.

КОСМА́ТЫЙ **1.** velu. *Косма́тый зверь*, un animal velu. **2.** hirsute. *Косма́тая голова́*, une tête hirsute. *Косма́тые во́лосы*, des cheveux en broussaille.

/ **КОСНУ́ТЬСЯ** v. каса́ться.

КОСО́Й ╱╲__ **1.** oblique, de travers. *Косы́е лучи́ со́лнца*, les rayons obliques du soleil. *Косо́й по́черк*, une écriture penchée. *Ко́со смотре́ть на кого́-нибудь*, regarder qqn de travers. **2.** bigle. *Косы́е глаза́*, des yeux bigles. *Он косо́й*, il louche. • **Косо́й у́гол,** un angle aigu.

КОСТЁР feu de bois. *Развели́ костёр*, on alluma un feu de bois.

КО́СТНЫЙ d'os, osseux. *Ко́стный мозг*, la moelle des os.

КО́СТОЧКА **1.** dim. de « кость ». **2.** noyau, pépin. *Вишнёвые ко́сточки*, des noyaux de cerises.

КОСТЫ́ЛЬ ╱‾‾ ‾‾ *m.* béquille. *Ходи́ть на костыля́х*, marcher avec des béquilles.

КОСТЬ __╱‾‾ *f.* **1.** os. *Грызть кость*, ronger un os. *У него́ то́лько ко́жа да ко́сти*, il n'a que la peau et les os. *Я промо́к до косте́й*, j'étais trempé jusqu'aux os. *Он эгои́ст до мо́зга косте́й*, il est égoïste jusqu'à la moelle des os. **2.** (*souvent accompagné de l'adjectif* « ры́бная ») arête. **3.** dé (*à jouer*). *Мета́ть ко́сти*, lancer les dés. • **Слоно́вая кость,** ivoire.

КОСЫ́НКА fichu. *Шёлковая косы́нка*, un fichu en soie.

КОТ ╱‾‾ ‾‾ matou.

КОТЁЛ **1.** marmite, chaudron. *Что́-то вари́лось в котле́*, quelque chose cuisait dans la marmite. **2.** chaudière. *Парово́й котёл*, une chaudière à vapeur.

КОТЕЛО́К (*dim. de* « котёл ») **1.** marmite, chaudron. *Поста́вить на ого́нь котело́к*, mettre la marmite sur le feu. **2.** chapeau melon.

КОТЁНОК*, *pl.* котя́та, котя́т, котя́там... chaton, petit chat.

КОТЛЕ́ТА croquette, boulette. *Ру́бленая котле́та*, un bifteck haché. *Карто́фельные котле́ты*, des croquettes de pommes de terre. • **Отбивна́я котле́та,** côtelette.

КОТО́РЫЙ *pronom-adjectif* **1.** (*interrogatif*) quel. *Кото́рый час?*, Quelle heure est-il ? *В кото́ром часу́ он придёт?*, A quelle heure viendra-t-il ? **2.** (*relatif*) qui, que, lequel, auquel, duquel, dont. *Де́вочка, кото́рая то́лько что вы́шла*, la petite fille qui vient de sortir. *Кни́ги, кото́рые я купи́л*, les livres que j'ai achetés. *Дере́вня, в кото́рой я провёл ле́то*, le village dans lequel j'ai passé l'été. *Специали́ст, к кото́рому я обрати́лся*, le spécialiste auquel je me suis adressé. *Журна́л, о кото́ром я говорю́*, le journal dont je parle.

КО́ФЕ* *indécl. m.* café (*boisson*). *Чёрный ко́фе*, du café noir. *Ко́фе с молоко́м*, du café au lait.

КО́ФТА jaquette (*tricot*).

КОЧЕВА́ТЬ* II, кочу́ю, кочу́ешь... mener une vie nomade. *Кочу́ющие наро́ды*, les peuples nomades. *Кочева́ть из го́рода в го́род*, aller de ville en ville.

КОЧЕ́ВНИК nomade. *Тата́ры бы́ли коче́вниками*, les Tatars étaient des nomades.

КОЧЕВО́Й nomade. *Кочевы́е наро́ды*, les peuples nomades. *Кочева́я жизнь*, une vie nomade.

КОЧЕНЕ́ТЬ / ЗАКОЧЕНЕ́ТЬ *et* **ОКОНЧЕНЕ́ТЬ** se raidir, s'engourdir (*sous l'effet du froid*). *Ру́ки коченéют от хо́лода*, j'ai les mains engourdies par le froid. *Лю́ди коченéли от хо́лода*, les gens étaient glacés.

КОЧЕРГА́ tisonnier.

КОША́ЧИЙ *adj. d'appart.* de chat. *Коша́чьи глаза́*, des yeux de chat. ● **Коша́чий конце́рт 1.** concert de matous. **2.** chahut. *Устро́ить коша́чий конце́рт*, organiser un chahut.

КОШЕЛЁК, кошелька́... porte-monnaie. *Он вы́нул из карма́на кошелёк*, il tira de sa poche son porte-monnaie. *Ту́го наби́тый кошелёк*, un porte-monnaie bien garni.

КОШЁЛКА (*fam.*) cabas. *Кошёлка для проду́ктов*, le cabas à provisions.

КО́ШКА chat. *Ди́кая ко́шка*, un chat sauvage. *Ко́шка мяу́кает*, le chat miaule. *Ко́шка меня́ оцара́пала*, le chat m'a griffé. *Ко́шка пойма́ла мышь*, le chat a attrapé une souris. ● **Игра́ть в ко́шки-мы́шки,** jouer à chat perché. **Жить как ко́шка с соба́кой,** s'entendre comme chien et chat. **Но́чью все ко́шки се́ры,** la nuit, tous les chats sont gris. **У него́ ко́шки скребу́т на се́рдце,** il n'a pas le cœur tranquille.

КОЩУ́НСТВЕННЫЙ sacrilège. *Кощу́нственный посту́пок*, un acte sacrilège.

КПСС abréviation de « Коммунисти́ческая па́ртия Сове́тского Сою́за », parti communiste de l'Union soviétique.

КРА́ЖА vol (*délit*). *Соверши́ть кра́жу*, commettre un vol. *Кра́жа со взло́мом*, vol avec effraction.

КРАЙ*, *loc.* краю́, *nom. pl.* края́ — *m.* **1.** bord, extrémité. *На краю́ тротуа́ра*, au bord du trottoir. *На краю́ све́та*, au bout du monde. *Нали́ть стака́н до краёв*, remplir un verre à ras bord. **2.** pays, région. *Родно́й край*, le pays natal. *В на́ших края́х*, dans notre région. **3.** district (*division administrative intermédiaire entre la région*, « о́бласть », *et l'arrondissement*, « райо́н »).

> REMARQUE. Le locatif est « кра́е » et non « краю́ » lorsque la préposition et le substantif sont séparés par un adjectif. Font exception à cette règle quelques expressions comme « в родно́м краю́ »...

КРА́ЙНЕ *adv.* extrêmement. *Кра́йне ва́жно*, extrêmement important.

КРА́ЙНИЙ 1. extrême. *Кра́йний срок*, la limite extrême. *Кра́йний Се́вер*, le Grand Nord. **2.** (*pop.*) dernier (*en parlant de personnes qui font la queue*). ● **В кра́йнем слу́чае,** à la rigueur. **По кра́йней ме́ре,** au moins.

КРА́ЙНОСТЬ *f.* extrême. *Перейти́ от одно́й кра́йности к друго́й*, passer d'un extrême à l'autre. *Доводи́ть до кра́йности*, pousser à l'extrême.

I. КРАН robinet. *Откры́ть кран*, ouvrir le robinet. *Закры́ть кран*, fermer le robinet.

II. КРАН (*parfois accompagné de l'adjectif* « подъёмный ») grue (*techn.*). ● **Мостово́й кран,** pont roulant.

КРАПИ́ВА ortie(s).

КРАСА́ВЕЦ beau garçon, bel homme. *Он краса́вец*, c'est un beau garçon.

КРАСА́ВИЦА jolie fille, jolie

femme. *Она́ краса́вица*, c'est une beauté. ● **Спя́щая краса́вица,** la Belle au bois dormant.

КРАСИ́ВЫЙ beau. *Краси́вый цвето́к*, une belle fleur. *Краси́вый пейза́ж*, un beau paysage. *Краси́вый го́лос*, une belle voix. *Краси́вая му́зыка*, de la belle musique. // (*Iron.*) *Краси́вые слова́*, de belles paroles.

КРА́СИТЬ / ОКРА́СИТЬ, ВЫ́КРАСИТЬ *ou* **ПОКРА́СИТЬ** **1.** peindre. *Кра́сить кры́шу*, peindre le toit. *Кра́сить в зелёный цвет*, peindre en vert. **2.** teindre. *Кра́сить ткань*, teindre une étoffe. ● **Кра́сить гу́бы,** mettre du rouge (*à lèvres*).

КРА́СИТЬСЯ / НАКРА́СИТЬСЯ *et* **ВЫ́КРАСИТЬСЯ** **1.** v. кра́сить. **2.** se farder, mettre du rouge. *Она́ никогда́ не кра́сится*, elle ne se farde jamais.

КРА́СКА **1.** couleur, coloris. *Тёмные кра́ски*, des couleurs sombres. *Описа́ть мра́чными кра́сками*, décrire sous le jour le plus sombre. **2.** teinture. *Отда́ть пла́тье в кра́ску*, donner une robe à teindre.

КРАСНЕ́ТЬ / ПОКРАСНЕ́ТЬ devenir rouge, rougir. *Не́бо краснеет на восто́ке*, à l'est le ciel devient rouge. *Покрасне́ть от стыда́*, rougir de honte. *Покрасне́ть до уше́й*, rougir jusqu'aux oreilles.

КРАСНОРЕЧИ́ВЫЙ éloquent. *Красноречи́вый ора́тор*, un orateur éloquent. *Красноречи́вый жест*, un geste éloquent.

КРА́СНЫЙ /___ **1.** rouge. *Кра́сная ро́за*, une rose rouge. *Кра́сное зна́мя*, le drapeau rouge. *Кра́сное вино́*, du vin rouge. **2.** (*arch.*, *folklore*) beau. *Кра́сное со́лнышко*, le beau soleil. ● **Кра́сная а́рмия,** l'armée rouge (*nom donné à l'armée soviétique jusqu'en 1946*). **Кра́сная ша́почка,** le Petit Chaperon rouge.

Remarque. C'est au deuxième sens que se rattache, par son origine, « кра́сный » dans « Кра́сная пло́щадь », « place Rouge ».

КРАСОТА́, *pl.* красо́ты... —— ___ beauté. *Меня́ порази́ла её красота́*, je fus frappé par sa beauté. *Красо́ты приро́ды*, les beautés de la nature.

КРА́СОЧНЫЙ coloré. *Кра́сочный стиль*, un style coloré.

КРАСТЬ* IV, краду́, крадёшь...; крал, кра́ла... / **УКРА́СТЬ*** IV, украду́, украдёшь...; укра́л, укра́ла...; укра́денный voler (*dérober*). *Укра́сть чемода́н*, voler une valise.

КРА́СТЬСЯ* IV, краду́сь, крадёшься...; кра́лся, кра́лась... / **ПОДКРА́СТЬСЯ*** IV (*id.*) *ou* **ПРОКРА́СТЬСЯ*** IV (*id.*) s'avancer à pas de loup. *Ко́шка крадётся к пти́це*, le chat s'approche tout doucement de l'oiseau. *Он кра́лся вдоль забо́ра*, il s'avançait comme un voleur le long de la palissade.

КРА́ТКИЙ /___ , *comp.* кра́тче*, *superl.* кратча́йший* bref, court. *Кра́ткий разгово́р*, une brève conversation. *Кра́тко отве́тить*, répondre brièvement. *Кратча́йшее расстоя́ние*, la plus courte distance. *Кра́ткие фо́рмы прилага́тельного*, les formes courtes de l'adjectif.

КРАТЧА́ЙШИЙ superl. de « кра́ткий ».

КРА́ТЧЕ comp. de « кра́ткий ».

КРАХ faillite. *Крах предприя́тия*, la faillite d'une entreprise. *Потерпе́ть крах*, subir un échec.

КРЕМЛЁВСКИЙ de citadelle, de kremlin. *Кремлёвские сте́ны*, les murs du kremlin.

КРЕМЛЬ /‾‾ ‾‾ *m.* citadelle, kremlin. *Сте́ны Новгоро́дского кремля́*, les murs du kremlin de Novgorod.

Remarque. En français, le mot « kremlin » prend une majuscule lorsqu'il s'agit du kremlin de Moscou. Ex. : *В Моско́вском кремле́*, au Kremlin.

КРЕ́ПКИЙ, *comp.* кре́пче* fort, vigoureux. *Кре́пкий ма́льчик*, un garçon vigoureux. *Кре́пкое здоро́вье*, une santé robuste. *Кре́пкий сон*, un sommeil profond. *Кре́пкий моро́з*, un froid rigoureux. *Кре́пкое вино́*, un vin fort. *Кре́пкий чай*, un thé fort. *Кре́пко привяза́ть*, attacher solidement. ● **Он за́дним умо́м кре́пок,** il comprend vite mais il lui faut le temps. **Он кре́пок на́ ухо,** il est dur d'oreille.

КРЕПОСТНО́Й serf. *Крепостны́е крестья́не*, les paysans serfs. *Крепостно́й худо́жник*, un peintre serf. *Крепостно́й труд*, le travail des serfs. // (*Subst.*) *Освобожде́ние крепостны́х*, la libération des serfs. ● **Крепостно́е пра́во,** le servage.

КРЕ́ПОСТЬ *f.* forteresse. *Оса́да кре́пости*, le siège d'une forteresse.

КРЕ́ПЧЕ comp. de « кре́пкий ».

КРЕ́СЛО, *gén. pl.* кре́сел fauteuil. *Сиде́ть в кре́сле*, être assis dans un fauteuil. *Ко́жаное кре́сло*, un fauteuil de cuir.

КРЕСТ croix. *Деревя́нный моги́льный крест*, une croix de bois sur une tombe. ● **Кра́сный Крест,** la Croix-Rouge. **Поста́вить крест на чём-нибудь,** faire son deuil de qqch.

КРЕСТИ́ТЬ / **КРЕСТИ́ТЬ** *ou* **ОКРЕСТИ́ТЬ** baptiser. *Крести́ть младе́нца*, baptiser un enfant.

КРЕСТИ́ТЬСЯ 1. / **КРЕСТИ́ТЬСЯ** *ou* **ОКРЕСТИ́ТЬСЯ** v. крести́ть. 2. / **КРЕСТИ́ТЬСЯ** *ou* **ОКРЕСТИ́ТЬСЯ** se convertir au christianisme. *Крести́ться в правосла́вную ве́ру*, se convertir à la religion orthodoxe. 3. / **ПЕРЕКРЕСТИ́ТЬСЯ** faire le signe de croix. *Крести́ться на образа́*, se signer devant les icônes.

КРЁСТНЫЙ ● **Крёстный оте́ц,** parrain. **Крёстная мать,** marraine.

КРЕСТЬЯ́НИН*, *pl.* крестья́не, крестья́н, крестья́нам... paysan. *Положе́ние крестья́н*, la situation des paysans.

КРЕСТЬЯ́НКА paysanne.

КРЕСТЬЯ́НСКИЙ de paysan. *Крестья́нский труд*, le travail de paysan.

КРЕЩЕ́НИЕ 1. baptême. *Приня́ть креще́ние*, recevoir le baptême. *Креще́ние Руси́*, la christianisation de la Russie. *Боево́е креще́ние*, le baptême du feu. 2. (*avec une majuscule*) l'Épiphanie. *В день Креще́ния*, le jour de l'Épiphanie.

КРИВО́Й 1. courbe, tortueux. *Крива́я ли́ния*, une ligne courbe. // (*Subst.*) *Провести́ крив́ую*, tracer une courbe. *Крива́я цен*, la courbe des prix. 2. borgne. *Крива́я ло́шадь*, un cheval borgne. ● **Кри́во улыба́ться,** rire jaune.

КРИ́ЗИС crise. *Экономи́ческий кри́зис*, une crise économique. *Прави́тельственный кри́зис*, une crise gouvernementale.

КРИК cri. *Крик отча́яния*, un cri de désespoir. ● **После́дний крик мо́ды,** le dernier cri (*de la mode*).

/ **КРИ́КНУТЬ** v. крича́ть.

КРИЧА́ТЬ* I, кричу́, кричи́шь... / **ЗАКРИЧА́ТЬ*** I (*id.*) *et* **КРИ́КНУТЬ** 1. crier. *Крича́ть от бо́ли*, crier de douleur. *Крича́ть во всё го́рло*, crier à tue-tête. *Она́ кри́кнула мне, что́бы я подошёл*, elle me cria d'approcher. 2. (на + *acc.*) disputer. *Крича́ть на дете́й*, disputer les enfants.

КРОВА́ВЫЙ sanglant. *Крова́вый бой*, un combat sanglant. *Крова́вый бифште́кс*, un bifteck saignant.

КРОВА́ТЬ *f.* lit. *Односпа́льная крова́ть*, un lit à une place. *Двуспа́льная крова́ть*, un lit à deux places. *Де́тская крова́ть*, un lit d'enfant.

КРО́ВНЫЙ **1.** qui touche au cœur, d'importance vitale. *Кро́вные интере́сы*, les intérêts vitaux. **2.** pur-sang. *Кро́вная ло́шадь*, un cheval pur-sang.

КРОВОТЕЧЕ́НИЕ hémorragie. *Останови́ть кровотече́ние*, arrêter une hémorragie. *Кровотече́ние из но́са*, un saignement de nez.

КРОВЬ __∠ *f.* sang. *Он весь в крови́*, il est tout en sang. *Истека́ть кро́вью*, perdre son sang. *Кровь бро́силась ему́ в лицо́*, le sang lui monta au visage. *По́ртить себе́ кровь*, se faire du mauvais sang. ● **Кровь с молоко́м,** au teint de lis et de rose. *Она́ кровь с молоко́м*, elle a un teint de lis et de rose.

КРОВЯНО́Й de sang. *Кровяны́е следы́*, des traces de sang. ● **Бе́лые кровяны́е ша́рики,** les globules blancs. **Кра́сные кровяны́е ша́рики,** les globules rouges. **Кровяна́я колбаса́,** le boudin. **Кровяно́е давле́ние,** la tension artérielle.

КРО́ЕМ, КРО́ЕТ... v. крыть.

КРОИ́ТЬ / СКРОИ́ТЬ tailler, couper (*une étoffe*). *Скрои́ть пла́тье*, tailler une robe.

КРО́ЛИК lapin. *Дома́шний кро́лик*, le lapin domestique. *Разводи́ть кро́ликов*, élever des lapins.

КРО́МЕ *prép.* (+ *gén.*) **1.** sauf, excepté. *Все бро́сились на двор, кро́ме де́душки*, tous se précipitèrent dans la cour, à l'exception du grand-père. **2.** outre. *Кро́ме ва́зы на столе́ бы́ли разбро́санные бума́ги*, outre le vase, il y avait sur la table des papiers éparpillés. ● **Кро́ме того́,** en outre.

КРОПОТЛИ́ВЫЙ **1.** méticuleux. *Кропотли́вый челове́к*, un homme méticuleux. **2.** minutieux. *Кропотли́вая рабо́та*, un travail minutieux.

КРОССВО́РД mots croisés. *Реша́ть кроссво́рды*, faire des mots croisés.

КРО́ТКИЙ ∧__ doux, tendre. *Кро́ткое се́рдце*, un cœur tendre.

КРО́ХОТНЫЙ (*fam.*) minuscule. *Кро́хотные дере́вья*, des arbres minuscules.

КРОШИ́ТЬ / ИСКРОШИ́ТЬ, НАКРОШИ́ТЬ *ou* **РАСКРОШИ́ТЬ** mettre en miettes. *Кроши́ть хлеб*, émietter du pain. *Кроши́ть карто́шку*, couper les pommes de terre en petits morceaux.

КРО́ШКА **1.** miette. *Кро́шки хле́ба*, des miettes de pain. *Сы́ра у нас нет ни кро́шки*, nous n'avons pas un brin de fromage. **2.** *m.* ou *f.* petit bonhomme, petit bout de femme (*en parlant d'enfants*).

I. КРОЮ́, КРОЮ́Т v. крои́ть.

II. КРО́Ю, КРО́ЮТ v. крыть.

> **КРУГ** (*)
> **I. Locatif « кру́ге »** __ ‾‾ :
> **1.** circonférence, cercle (*math.*, *géogr.*, ...);
> **2.** rondelle, objet ayant une forme ronde.
> **II. Locatif « кругу́ »** __∠ ‾‾ :
> **1.** cycle, ensemble;
> **2.** cercle (*groupe de personnes*).

I. 1. *Вы́числить пло́щадь кру́га*, calculer la surface d'un cercle. *Квадрату́ра кру́га*, la quadrature du cercle. *Поля́рный круг*, le cercle polaire. *Поро́чный круг*, un cercle vicieux. **2.** *Круг колбасы́*, une rondelle de saucisson. *Рези́новый круг*, un rond en caoutchouc.

II. 1. *Круг жи́зни*, le cycle de la vie. *Круг вопро́сов*, un ensemble de questions. *Круг его́ заня́тий*, l'ensemble de ses occupations. **2.** *В кругу́ семьи́*, dans le cercle de famille. *В те́сном кругу́*, en petit comité. || (*Pl. seulement*) *Литерату́рные круги́*, les milieux littéraires. *Прави́тельственные круги́*, les milieux gouvernementaux. ● **Име́ть круги́ под глаза́ми,** avoir les yeux cernés. **Сде́лать круг,** faire un détour. **Спаса́тельный круг,** une bouée de sauvetage.

КРУ́ГЛЫЙ ∧__ **1.** rond (*de*

forme circulaire). *Кру́глый стол*, une table ronde. *Кру́глое лицо́*, un visage rond. *Де́лать кру́глые глаза́*, faire les yeux ronds. **2.** rond (*sans fraction*). *Для кру́глого счёта*, pour faire un compte rond. **3.** entier, total. *Кру́глый год*, toute l'année. *Кру́глые су́тки*, nuit et jour. *Кру́глый сирота́*, un orphelin de père et de mère. *Кру́глый дура́к*, un parfait imbécile.

КРУГОЗО́Р cercle d'intérêt. *Челове́к с широ́ким кругозо́ром*, un homme à l'esprit ouvert. *Челове́к с у́зким кругозо́ром*, un homme borné.

I. КРУГО́М 1. *adv.* à la ronde, aux environs. *Никого́ не́ было круго́м*, il n'y avait personne aux alentours. **2.** *adv.* totalement. *Он круго́м винова́т*, il est entièrement dans son tort. **3.** (+ *gén.*) *prép.* autour de. *Круго́м до́ма*, autour de la maison.

II. КРУ́ГОМ *adv.* ● **У меня́ голова́ идёт кру́гом,** je ne sais où donner de la tête.

REMARQUE. **1.** Les deux mots ci-dessus diffèrent par leur accent.
2. « Кру́гом » peut être également l'instrumental de « круг ».

КРУЖЕВА́, кру́жев, кружева́м... ╲╱‾‾ *pl. t.* dentelle. *Отде́лать пла́тье кружева́ми*, garnir une robe de dentelle.

КРУЖИ́ТЬ ╲__ **1.** (*intr.*) tourner, tournoyer. *Орёл кру́жит над ле́сом*, l'aigle tournoie au-dessus de la forêt. *Мы до́лго кружи́ли по го́роду*, nous avons longtemps tourné en rond dans la ville. **2.** (*tr.*) faire tourner. *Ве́тер кру́жит снег*, le vent fait tournoyer la neige. ● **Кружи́ть / Вскружи́ть кому́-нибудь го́лову,** faire tourner la tête à qqn. *Успе́х вскружи́л ему́ го́лову*, le succès lui a tourné la tête.

КРУЖИ́ТЬСЯ ╲__ / **ЗАКРУЖИ́ТЬСЯ** ╲__ tournoyer, tourner. *Над го́родом кружи́лся самолёт*, un avion tournait au-dessus de la ville. ● **Кружи́ться как бе́лка в колесе́,** tourner comme un écureuil en cage. **У меня́ голова́ кру́жится,** la tête me tourne.

КРУ́ЖКА pot (*de bière*...). *Вы́пить кру́жку пи́ва*, boire un pot de bière.

КРУ́ЖНЫЙ de détour. *Кру́жным путём*, en faisant un détour.

КРУЖО́К (*dim. de* « круг ») **1.** rondelle. *Металли́ческий кружо́к*, une rondelle de métal. **2.** cercle (*groupe de personnes*), club. *Литерату́рные кружки́*, les cercles littéraires.

КРУПА́ ‾‾__ semoule. *Ма́нная крупа́*, semoule de blé. *Гре́чневая крупа́*, semoule de blé noir. *Перло́вая крупа́*, orge perlé.

КРУ́ПНЫЙ ∧__ volumineux, gros, grand. *Кру́пными бу́квами*, en grosses lettres. *Кру́пное предприя́тие*, une grosse entreprise. // (*Fig.*) *Кру́пные неприя́тности*, de gros ennuis. *Кру́пный учёный*, un grand savant. ● **Кру́пным пла́ном,** en gros plan (*photo*).

КРУТИ́ТЬ ╲__ **1.** / **ПОКРУТИ́ТЬ** ╲__ faire tourner. *Крути́ть ру́чку*, tourner la manivelle. *Ве́тер кру́тит пыль*, le vent soulève des tourbillons de poussière. **2.** / **ЗАКРУТИ́ТЬ** ╲__ *et* **СКРУТИ́ТЬ** ╲__ tortiller. *Крути́ть усы́*, se tortiller les moustaches. *Крути́ть папиро́су*, rouler une cigarette. **3.** (+ *instr.*) mener par le bout du nez. *Она́ кру́тит им, как хо́чет*, elle le mène comme elle veut.

КРУТИ́ТЬСЯ ╲__ / **ЗАКРУТИ́ТЬСЯ** ╲__ tourner, tourbillonner. *Колесо́ кру́тится*, la roue tourne. *Вода́ кру́тится*, l'eau tourbillonne.

КРУТО́Й ∧__ , *comp.* кру́че* **1.** abrupt. *Круто́й бе́рег*, une rive abrupte. **2.** subit, brusque. *Кру́то поверну́ть*, tourner brusquement. *Крута́я переме́на*, un changement brusque. **3.** rude, sévère. *Круто́й нрав*, un caractère difficile. ● **Круто́е яйцо́,** un œuf dur.

КРУ́ЧЕ comp. de « крутóй ».

КРУШÉНИЕ **1.** naufrage; catastrophe ferroviaire. *Парохóд потерпéл крушéние*, le bateau a fait naufrage. *Крушéние пóезда*, un grave accident de chemin de fer. **2.** échec. *Крушéние егó плáнов*, l'échec de ses plans. *Потерпéть крушéние*, subir un échec.

КРЫЛÓ*, *pl.* кры́лья, кры́льев, кры́льям... aile (*divers sens*). *Кры́лья бáбочки*, les ailes d'un papillon. *Кры́лья самолёта*, les ailes d'un avion. *Кры́лья автомоби́ля*, les ailes d'une voiture. *Прáвое крылó здáния*, l'aile droite d'un bâtiment. *Махáть кры́льями*, battre des ailes. *Подрéзать комý-нибудь кры́лья*, rogner les ailes à qqn.

КРЫЛЬЦÓ perron. *Постоя́ть на крыльцé*, rester un instant sur le perron.

КРЫ́ЛЬЯ, КРЫ́ЛЬЕВ... v. крылó.

КРЫ́СА rat. ● **Канцеля́рская кры́са,** un rond-de-cuir.

КРЫ́ТЫЙ couvert. *Кры́тый ры́нок*, un marché couvert.

КРЫТЬ* II, крóю, крóешь...; кры́тый couvrir. *Дóмик, кры́тый желéзом*, une maison couverte de tôle.

КРЫ́ТЬСЯ* II, крóется, крóются se cacher. *Тут чтó-то крóется*, il y a là quelque chose qui n'est pas clair.

КРЫ́ША toit. *Желéзная кры́ша*, un toit en tôle. *Жить под однóй кры́шей*, vivre sous le même toit.

КРЫ́ШКА couvercle. *Кры́шка корóбки*, le couvercle de la boîte. ● **Тут емý и кры́шка !,** Alors il est fichu !

КРЮК(*) **1.** piton. *Заби́ть крюк в стéну*, enfoncer un piton dans le mur. *Повéсить карти́ну на крюк*, pendre un tableau à un clou. **2.** *pl.* крю́чья, крю́чьев, крю́чьям... crochet, grappin. **3.** détour, crochet. *Сдéлать крюк*, faire un détour.

КРЮЧÓК (*dim. de* « крюк ») **1.** crochet, agrafe. *Застегнýть на крючки́*, agrafer. **2.** hameçon.

КРЮ́ЧЬЯ, КРЮ́ЧЬЕВ... v. крюк.

КСТÁТИ *adv.* **1.** à propos. *Да кстáти, кудá же он пропáл?*, Mais à propos, où est-il donc passé ? **2.** au bon moment. *Вы пришли́ кстáти*, Vous arrivez à point.

> **КТО** *pronom*
> **1.** (*interrogatif*) qui.
> **2.** (*relatif*) qui.
> **3.** (*indéterminé*) chacun // les uns ... les autres... (*lorsque le pronom est répété*) // quelqu'un (*lorsque le pronom remplace* « ктó-нибудь »).

1. *Кто э́то сдéлал?*, Qui a fait cela ? *Я не знáю, о ком онá говори́т*, je ne sais pas de qui elle parle. *Кто идёт?*, Qui vive ? **2.** *Я дам ты́сячу рублéй томý, кто сумéет э́то сдéлать*, je donnerai mille roubles à celui qui saura le faire. **3.** *Разбежáлись кто кудá*, ils se sont dispersés rapidement chacun de son côté. // *Они́ несли́ кто чемодáны, кто сýмки*, ils portaient les uns des valises, les autres des sacs. // *Éсли кто придёт, скажи́те, что я вернýсь через час*, Si quelqu'un vient, dites que je serai de retour dans une heure. ● **Не кто инóй как,** personne d'autre que.

Remarque. Le pronom « кто » est masculin.

КТÓ-ЛИБО *pronom* (*livresque*) quelqu'un, n'importe qui.

КТÓ-НИБУДЬ *pronom* quelqu'un, n'importe qui. *Нáдо бы когó-нибудь позвáть*, il faudrait appeler quelqu'un.

КТÓ-ТО *pronom* quelqu'un, une certaine personne. *Ктó-то мне позвони́л*, quelqu'un m'a téléphoné.

КУ́БОК coupe, gobelet. *Серéбряный кýбок*, un gobelet d'argent.

КУВШИ́Н pot (*à bec*), cruche. *Кувши́н для воды́*, un pot à eau.

КУВЫРКА́ТЬСЯ faire des culbutes / **КУВЫРНУ́ТЬСЯ** faire une culbute. *Кувырка́ться на траве́*, faire des culbutes dans l'herbe.

КУВЫРКО́М *adv*. en faisant la culbute. *Скати́ться с ле́стницы кувырко́м*, dégringoler dans l'escalier.

/ **КУВЫРНУ́ТЬСЯ** v. кувырка́ться.

КУДА́ *adv*. **1.** où (*direction*). *Куда́ он идёт?*, Où va-t-il ? *В ко́мнате, куда́ мы вошли́, не́ было ни стола́, ни сту́льев*, dans la pièce où nous entrâmes, il n'y avait ni table ni chaises. **2.** (+ *comp.*, *fam.*) beaucoup, sensiblement. *Куда́ лу́чше*, beaucoup mieux. **3.** (*fam.*) pour quoi faire. *Куда́ тебе́ сто́лько де́нег?*, Qu'est-ce que tu feras d'une pareille somme ? ● **Куда́ глаза́ глядя́т,** à l'aventure. **Куда́ тебе́ сравня́ться с ним!,** Tu peux toujours y aller pour faire comme lui.

КУДА́-ЛИБО *adv*. (*livresque*) quelque part, à un endroit ou à un autre (*direction*).

КУДА́-НИБУДЬ *ou* **КУДА́-НИБУ́ДЬ** *adv*. quelque part, à un endroit ou à un autre (*direction*). *Уе́ду куда́-нибудь*, je m'en irai quelque part.

КУДА́-ТО *adv*. quelque part, à un certain endroit (*direction*). *Он куда́-то ушёл*, il est parti quelque part.

КУ́ДРЯ*, *pl*. ку́дри, кудре́й... —— /—— (*peu usité au sg.*) boucle (*de cheveux*). *Во́лосы его́ ви́лись кудря́ми*, ses cheveux étaient bouclés.

КУДРЯ́ВЫЙ frisé, bouclé. *Кудря́вый ма́льчик*, un petit garçon aux cheveux bouclés. *Кудря́вые во́лосы*, des cheveux frisés. *Кудря́вая берёза* (*poét.*), le bouleau au feuillage bouclé.

КУЗНЕ́Ц /—— —— forgeron. *Он повёл ло́шадь к кузнецу́*, il a mené son cheval chez le maréchal-ferrant.

КУ́КЛА, *gén. pl.* ку́кол **1.** poupée. *Игра́ть в ку́клы*, jouer à la poupée. *Де́вочки одева́ют ку́кол*, les petites filles habillent leurs poupées. *Он купи́л ей ку́клы*, il lui a acheté des poupées. **2.** marionnette. *Теа́тр ку́кол*, théâtre de marionnettes.

> REMARQUE. Le mot « ку́кла » appartient au sous-genre animé lorsque la poupée est personnifiée.

КУ́КОЛЬНЫЙ **1.** de poupée. *Ку́кольное лицо́*, un visage de poupée. **2.** de marionnette. *Ку́кольный теа́тр*, théâtre de marionnettes.

КУКУРУ́ЗА maïs. *По́ле кукуру́зы*, un champ de maïs.

КУКУ́ШКА coucou. *В лесу́ куку́ет куку́шка*, dans le bois, le coucou chante.

I. КУЛА́К /—— —— poing. *Сжать кулаки́*, serrer les poings. *Грози́ть кому́-нибудь кулако́м*, menacer qqn du poing. *Сту́кнуть кулако́м по́ столу*, frapper du poing sur la table. *Смея́ться в кула́к*, rire dans sa barbe.

II. КУЛА́К /—— —— paysan riche ayant des ouvriers agricoles à son service, « koulak ».

КУЛЕБЯ́КА pâté au poisson, à la viande, aux choux, etc., « koulebiaka ».

КУЛЁК, кулька́... sac (*en papier*). *Кулёк крупы́*, un paquet de semoule. *Кулёк с конфе́тами*, un paquet de bonbons.

КУЛИ́ЧКИ, кули́чек, кули́чкам... *pl. t.* ● **Жить у чёрта на кули́чках,** habiter au diable. **Посла́ть к чёрту на кули́чки,** envoyer au diable.

КУПА́ЛЬНЫЙ de bain. *Купа́льный костю́м*, costume de bain.

КУПА́ТЬ / **ВЫ́КУПАТЬ, ИСКУПА́ТЬ** *et* **ПОКУПА́ТЬ** baigner. *Купа́ть ребёнка*, baigner un enfant. *Купа́ться в реке́*, se baigner dans la rivière.

КУПЕ́* [пɛ] *indécl. n.* compartiment (*d'un wagon*). *Четырёхме́стное купе́*, un compartiment à quatre places.

КУПЕ́Ц (*arch.*) marchand, négociant. *На Ка́ме посели́лись купцы́ из Но́вгорода*, des négociants de Novgorod se fixèrent sur la Kama.

/ **КУПИ́ТЬ** v. покупа́ть.

КУ́ПОЛ*, *nom. pl.* купола́ ⎯ ⎺ coupole. *Золоты́е купола́ церкве́й*, les coupoles dorées des églises.

КУР, КУ́РАМ... v. ку́рица.

КУРГА́Н « kourgane », tumulus (*amas de terre élevé au-dessus d'une sépulture ancienne*). *Иногда́ над моги́лой насыпа́ли курга́н*, parfois, au-dessus de la tombe on élevait un kourgane. *Ски́фский курга́н*, un kourgane scythe.

КУРИ́ТЬ ⎿ / **ПОКУРИ́ТЬ** ⎿ fumer. *Кури́ть папиро́су*, fumer une cigarette. *Кури́ть тру́бку*, fumer la pipe. *Кури́ть воспреща́ется*, défense de fumer.

КУ́РИЦА*, *pl.* ку́ры, кур, ку́рам... poule. *Ку́рица несёт я́йца*, la poule pond. ● **Мо́края ку́рица,** une poule mouillée. **Писа́ть, как ку́рица ла́пой,** écrire comme un chat.

КУРОПА́ТКА perdrix.

КУРО́РТ station thermale, station balnéaire... *Провести́ ме́сяц на куро́рте*, passer un mois dans une ville d'eaux.

КУРС 1. cours (*divers sens*). *Официа́льный курс рубля́*, le cours officiel du rouble. *Чита́ть курс по ру́сской литерату́ре*, faire un cours de littérature russe. 2. année (*ensemble des cours d'une année scolaire ou universitaire*). *Студе́нт тре́тьего ку́рса*, un étudiant de troisième année. *Он на второ́м ку́рсе*, il est en deuxième année. ● **Быть в ку́рсе,** être au courant. **Ввести́ в курс,** mettre au courant.

КУРСИ́В italique. *Вы́делить сло́во курси́вом*, mettre un mot en italique.

КУ́РТКА blouson, veste. *Ко́жаная ку́ртка*, une veste de cuir.

КУРЧА́ВЫЙ frisé. *Курча́вая борода́*, une barbe frisée.

КУРЯ́ЩИЙ fumeur. *Я не куря́щий*, je ne fume pas.

КУСА́ТЬ / **УКУСИ́ТЬ** ⎿ mordre. *Соба́ка укуси́ла прохо́жего*, le chien a mordu un passant. *Змея́ укуси́ла её*, un serpent l'a piquée. ● **Кака́я му́ха тебя́ укуси́ла?,** Quelle mouche te pique ? **Куса́ть себе́ ло́кти,** s'en mordre les doigts.

КУСА́ТЬСЯ avoir l'habitude de mordre. *Э́та соба́ка не куса́ется*, ce chien ne mord pas.

КУСО́К morceau, parcelle. *Кусо́к хле́ба*, un morceau de pain. *Кусо́к са́хару*, un morceau de sucre. *Кусо́к сукна́*, un morceau d'étoffe. *Ма́ленький кусо́к не́ба*, un petit coin de ciel. *Кусо́к земли́*, une parcelle de terre.

КУСТ ⎾ ⎺ 1. buisson. *Из-под куста́ вы́бежал за́яц*, un lièvre sortit du buisson. 2. arbuste poussant en touffes, plante poussant en touffes. *Куст мали́ны*, un framboisier. *Куст земляни́ки*, un pied de fraisier.

КУСТА́РНИК 1. buissons, broussailles. *Зарасти́ куста́рником*, se couvrir de broussailles. 2. arbuste. *Оре́шник — куста́рник*, le noisetier est un arbuste.

КУСТА́РНЫЙ artisanal. *Куста́рная промы́шленность*, une industrie artisanale. *Куста́рные приёмы*, des procédés de caractère artisanal.

КУ́ТАТЬ / **ЗАКУ́ТАТЬ** emmitoufler. *Ку́таться в шаль*, s'emmitoufler dans un châle.

КУТИ́ТЬ ⎿ / **ПОКУТИ́ТЬ** ⎿ faire la noce.

КУХА́РКА cuisinière (*personne qui fait la cuisine*). *Куха́рка гото́вит у́жин*, la cuisinière prépare le souper.

КУ́ХНЯ*, *gén. pl.* ку́хонь cuisine (*divers sens*). *Мать была́ на ку́хне*, ma mère était à la cuisine. *В ку́хне стоя́л большо́й буфе́т*, dans la cuisine, il y avait un grand buffet. *Францу́зская ку́хня*, la cuisine française.

> Remarque. L'emploi des prépositions « в » et « на » avec le mot « ку́хня » correspond dans l'ensemble à la nuance qu'il y a en français entre « dans la cuisine » et la formule plus familière « à la cuisine ».

КУ́ЧА tas, amas. *Ку́ча песка́*, un tas de sable. *Ку́ча книг*, un tas de livres.

КУ́ЧЕР*, *nom. pl.* кучера́ cocher. *Его́ наня́ли ку́чером*, on l'engagea comme cocher.

КУ́ЧКА (*dim. de* « ку́ча ») petit tas. *Ку́чка песка́*, un petit tas de sable. ● **Могу́чая ку́чка,** le groupe des Cinq (*mus.*).

КУ́ШАТЬ / ПОКУ́ШАТЬ manger. *Ку́шайте, пожа́луйста*, Servez-vous, je vous en prie. *Ку́шать по́дано*, le repas est servi.

> Remarque. Dans la langue littéraire, les formes du présent et du futur simple de « ку́шать / поку́шать » sont rares; la première personne est inusitée (v. есть).

Л

ЛАВИ́НА avalanche. *Лави́на ка́тится с горы́*, une avalanche descend de la montagne.

I. ЛА́ВКА banquette, banc. *Сиде́ть на ла́вке*, être assis sur la banquette.

II. ЛА́ВКА boutique. *Небольша́я ла́вка, где продаю́тся о́вощи и фру́кты*, une petite boutique où l'on vend des légumes et des fruits.

ЛАВР laurier. *Ве́тки ла́вра*, des branches de laurier. // (*Fig.*) *Почива́ть на ла́врах*, se reposer sur ses lauriers.

ЛА́ВРА laure, monastère. *Ки́ево-Пече́рская ла́вра*, la laure Petcherskaïa à Kiev. *Тро́ице-Се́ргиева ла́вра*, le monastère de la Trinité-Saint-Serge.

> **ЛА́ГЕРЬ**(*) *m.*
> **1.** camp (*pionniers, campeurs, militaires*).
> **2.** camp (*prisonniers, détenus*).
> **3.** camp (*groupe politique ou idéologique*).
>
> **1. 2.** *nom. pl.* лагеря́
> **2. 3.** *nom. pl. régulier, accent fixe.*

1. *Пионе́рский ла́герь*, un camp de pionniers. *Тури́стский ла́герь*, un terrain de camping. *Вое́нный ла́герь*, un camp militaire. **2.** *Ла́герь для военнопле́нных*, un camp de prisonniers. *Исправи́тельно-трудово́й ла́герь*, un camp de redressement par le travail. *Концентрацио́нный ла́герь*, un camp de concentration. **3.** *Мир разделён на два ла́геря*, le monde est divisé en deux camps.

ЛАД*, *loc.* ладу́ accord, entente. *Жить в ладу́*, vivre en bonne entente. ● **Де́ло идёт на лад,** l'affaire s'arrange bien.

ЛА́ДНО *particule* d'accord. *Ну, ла́дно !*, Eh bien, d'accord !

ЛАДО́НЬ *f.* paume, main. *Хло́пать ло́шадь ладо́нью*, flatter un cheval.

ЛАДО́ША ● **Бить в ладо́ши,** battre des mains.

ЛА́ЗИТЬ indét. de « лезть ».

ЛАЙ *m.* aboiement. *Вдали́ послы́шался лай*, au loin on entendit un aboiement.

ЛА́КОМИТЬСЯ / ПОЛА́КОМИТЬСЯ (+ *instr.*) se régaler

de. *Ла́комиться мёдом*, se régaler de miel.

ЛА́МПА lampe. *Насто́льная ла́мпа*, une lampe de bureau. *Кероси́новая ла́мпа*, une lampe à pétrole.

ЛА́МПОЧКА (*dim. de* « ла́мпа ») ampoule. *Ла́мпочка перегоре́ла*, l'ampoule a brûlé. *Ла́мпочка в 60 ватт*, une ampoule de 60 watts.

ЛА́ПА patte. *Подня́ться на за́дние ла́пы*, se dresser sur ses pattes de derrière.

ЛАПША́ nouilles. *Суп с лапшо́й*, soupe aux nouilles.

ЛА́СКА, *gén. pl.* ласк caresses, attitude pleine d'amabilité. *Встреча́ть кого́-нибудь с ла́ской*, recevoir qqn avec beaucoup d'amabilité.

ЛАСКА́ТЕЛЬНЫЙ • **Ласка́тельное и́мя,** diminutif hypocoristique, terme affectueux.

ЛАСКА́ТЬ câliner. *Ласка́ть ребёнка*, câliner un enfant.

ЛА́СКОВЫЙ câlin, doux. *Ла́сковый ребёнок*, un enfant câlin. *Ла́сковый взгляд*, un doux regard.

ЛА́СТОЧКА hirondelle. *Одна́ ла́сточка весны́ не де́лает*, une hirondelle ne fait pas le printemps.

ЛА́ЯТЬ* II, ла́ю, ла́ешь... / **ЗАЛА́ЯТЬ*** II (*id.*) aboyer. *Соба́ка ла́ет на прохо́жих*, le chien aboie après les passants. • **Соба́ка ла́ет — ве́тер но́сит,** les chiens aboient, la caravane passe.

ЛГАТЬ* IV, лгу, лжёшь...; лгал, лгала́, лга́ло, лга́ли / **СОЛГА́ТЬ*** IV (*id.*) mentir. *Как тебе́ не сты́дно лгать!*, Tu n'as pas honte de mentir !

ЛГУН menteur.

ЛЕБЕДИ́НЫЙ de cygne. *Бале́т* « *Лебеди́ное о́зеро* », le ballet « le Lac des cygnes ». *Лебеди́ная пе́сня*, le chant du cygne.

ЛЕ́БЕДЬ *m.* cygne. *Бе́лый ле́бедь*, un cygne blanc.

ЛЕВ, льва... lion. *Они́ дра́лись как львы*, ils se battaient comme des lions.

ЛЕВША́*, *gén. pl.* левше́й, *m.* ou *f.* gaucher, gauchère.

ЛЕ́ВЫЙ gauche. *Ле́вая рука́*, la main gauche. *Встать с ле́вой ноги́*, se lever du pied gauche. // (*Politique*) *Ле́вые па́ртии*, les partis de gauche.

ЛЁГ v. лечь.

ЛЁГКИЙ, *comp.* лёгче* **1.** léger. *Лёгкий чемода́н*, une valise légère. *Лёгкий ве́тер*, un vent léger. *Лёгкая пи́ща*, une nourriture légère. *Лёгкое пальто́*, un pardessus léger. *Лёгкая ра́на*, une blessure légère. *Лёгкая похо́дка*, une démarche légère. *С лёгким се́рдцем*, d'un cœur léger. *Лёгкая артилле́рия*, l'artillerie légère. *Лёгкая промы́шленность*, l'industrie légère. *Лёгкая му́зыка*, de la musique légère. *Лёгкий стиль*, un style léger. *Лёгкая улы́бка*, un léger sourire. *Лёгкие нра́вы*, des mœurs légères. **2.** facile. *Лёгкая рабо́та*, un travail facile. *Лёгкая жизнь*, une vie facile. *Лёгкая побе́да*, une victoire facile. *Э́то легко́*, c'est facile. *Легко́ сказа́ть!*, C'est facile à dire ! • **Лёгок на поми́не,** quand on parle du loup...

ЛЕГКОВО́Й • **Легково́й автомоби́ль,** voiture de tourisme.

ЛЁГКОЕ *adj. subst. n.* poumon. *Воспале́ние лёгких*, une congestion pulmonaire.

ЛЕГКОМЫ́СЛЕННЫЙ frivole, étourdi. *Легкомы́сленная же́нщина*, une femme frivole.

ЛЕГЛА́... v. лечь.

ЛЁГЧЕ comp. de « лёгкий ».

ЛЁД*, льда..., *loc.* льду glace (*eau congelée*). *То́лстый слой льда*, une épaisse couche de glace. // (*Fig.*) *Лёд разби́т*, la glace est rompue.

I. ЛЕ́ДНИК glacière. *Поста́вить мя́со в ле́дник*, mettre la viande à la glacière.

II. ЛЕДНИ́К glacier.

Remarque. Les deux mots ci-dessus diffèrent par leur accentuation.

ЛЕДОКО́Л brise-glace (*navire*). *А́томный ледоко́л « Ле́нин »*, le brise-glace atomique « Lénine ».

ЛЕДОХО́Д débâcle (*rupture des glaces*).

ЛЕДЯНО́Й **1.** de glace. *Ледяна́я глы́ба*, un bloc de glace. **2.** glacé, glacial. *Ледяна́я вода́*, de l'eau glacée. *Ледяно́й ве́тер*, un vent glacial. *Ледяны́ми па́льцами*, avec ses doigts glacés. // (*Fig.*) *Ледяно́й тон*, un ton glacial.

ЛЕЖА́ТЬ* I, лежу́, лежи́шь..., *gérondif* лёжа / **ПОЛЕЖА́ТЬ*** I, полежу́, полежи́шь... **1.** (*en parlant d'une personne*) être couché; être; rester. *Лежа́ть на полу́*, être couché par terre. *Он лежа́л в больни́це*, il était à l'hôpital. *Он це́лый ме́сяц лежа́л в больни́це*, il est resté un mois entier à l'hôpital. **2.** (*en parlant d'un objet*) être. *Кни́га лежи́т на столе́*, le livre est sur la table.

Remarque. Il ne faut pas confondre « лежа́ть », « être couché », avec « ложи́ться », « se coucher ».

ЛЕЗТЬ* IV, ле́зу, ле́зешь... / **ПОЛЕ́ЗТЬ*** IV, *indét.* **ЛА́ЗИТЬ** **1.** grimper. *Лезть на де́рево*, grimper à un arbre. **2.** (*fam.*) s'introduire, se glisser, entrer. *Кни́га в портфе́ль не ле́зет*, ce livre n'entre pas dans la serviette. *Лезть в во́ду*, entrer dans l'eau. *Лезть в окно́*, passer par la fenêtre. *Не в своё де́ло ле́зешь*, Tu te mêles de ce qui ne te regarde pas. **3.** (за + *instr.*) chercher. *Лезть в карма́н за папиро́сами*, chercher des cigarettes dans sa poche. *За сло́вом в карма́н не ле́зет*, il a la langue bien pendue. **4.** tomber (*en parlant des cheveux*). *У меня́ во́лосы ле́зут*, je perds mes cheveux. ● **Из ко́жи вон лезть,** se mettre en quatre. **Лезть в дра́ку,** chercher la bagarre.

ЛЕЙ, ЛЕ́ЙТЕ v. лить.

ЛЕКА́РСТВО médicament. *Принима́ть лека́рство*, prendre un médicament. *Лека́рство не де́йствует*, le médicament n'agit pas. *Лека́рство от ка́шля*, quelque chose contre la toux.

ЛЕ́КЦИЯ cours, conférence. *Чита́ть ле́кции*, faire des cours. *Слу́шать ле́кции по фи́зике*, suivre des cours de physique.

ЛЁН, льна... lin.

ЛЕНИ́ВЫЙ paresseux. *Лени́вый учени́к*, un élève paresseux.

ЛЕНИ́ТЬСЯ / **ПОЛЕНИ́ТЬСЯ** être paresseux. *Леню́сь писа́ть*, j'ai la flemme d'écrire. *Я всё у́тро лени́лся*, j'ai paressé toute la matinée.

ЛЕ́НТА **1.** ruban. *С ро́зовой ле́нтой в волоса́х*, avec un ruban rose dans les cheveux. **2.** bande magnétique. *Запи́сывать на ле́нту*, enregistrer sur bande magnétique.

ЛЕНТЯ́Й *m.* paresseux. *Како́й же ты лентя́й!*, Ce que tu es paresseux !

ЛЕНТЯ́ЙКА paresseuse.

ЛЕНЬ *f.* paresse. *Из ле́ни*, par paresse. *Мне лень пойти́ туда́*, j'ai la flemme d'y aller. ● **Все, кому́ не лень,** tous ceux qui veulent bien.

ЛЕПЕСТО́К pétale. *Ро́за распуска́ет свои́ лепестки́*, la rose ouvre ses pétales.

ЛЕПЕТА́ТЬ* II, лепечу́, лепе́чешь... / **ПРОЛЕПЕТА́ТЬ*** II (*id.*) balbutier. « *Меня́ никто́ не заставля́л* », — *пролепета́л он*, « Personne ne m'y a forcé », balbutia-t-il.

ЛЕС*, *loc.* лесу́, *nom. pl.* леса́ **1.** forêt, bois. *Гуля́ть в лесу́*, se promener dans la forêt. **2.** bois (*matériau formé de troncs d'arbres équarris ou non*). *Строево́й лес*, bois de construction. **3.** (*pl. seulement*) échafaudage. *Зда́ние бы́ло в леса́х*, le bâtiment était entouré d'échafaudages.

Remarque. L'accent passe sur la préposition dans le groupe « по́ лесу ».

ЛЕСИ́СТЫЙ boisé. *Леси́стый холм*, une colline boisée.

ЛЕСНИ́К ⁄‾‾ ‾‾ garde forestier.

ЛЕСНО́Й **1.** de forêt. *Лесно́й пожа́р*, un incendie de forêt. **2.** boisé. *Лесно́й край*, une région boisée.

ЛЕ́СТНИЦА **1.** escalier. *Поднима́ться по ле́стнице*, monter par l'escalier. **2.** échelle. *Верёвочная ле́стница*, une échelle de corde. *Пожа́рная ле́стница*, l'échelle des pompiers.

ЛЕ́СТНЫЙ flatteur. *Ле́стное предложе́ние*, une proposition flatteuse.

ЛЕСТЬ *f.* flatterie. *Я вам говорю́ без вся́кой ле́сти*, Je vous le dis sans aucune flatterie.

ЛЕТ v. год.

ЛЕТА́ТЬ indét. de « лете́ть ».

ЛЕТЕ́ТЬ* I, лечу́, лети́шь... / **ПОЛЕТЕ́ТЬ*** I (*id.*); *indét.* **ЛЕТА́ТЬ** voler (*se déplacer dans l'air*). *Пти́ца лети́т*, l'oiseau vole. *Мы лете́ли на се́вер*, nous allions vers le nord (*en avion*).

ЛЕ́ТНИЙ d'été. *Ле́тний костю́м*, un costume d'été. *Ле́тние кани́кулы*, les grandes vacances.

ЛЕ́ТО été. *Наступи́ло ле́то*, l'été arriva. ● **Ба́бье ле́то,** l'été de la Saint-Martin. **На ста́рости лет,** sur ses vieux jours. **Ско́лько лет, ско́лько зим!,** Comme il y a longtemps qu'on ne vous a pas vu !

Remarque. Pour l'emploi de la forme «лет», voir le mot «год».

ЛЕ́ТОМ **1.** v. ле́то. **2.** *adv.* en été. *Ле́том я отдыха́ю в куро́рте*, en été je me repose dans une ville d'eaux.

ЛЕТОПИ́СЕЦ chroniqueur. *Мона́х Не́стор до́лго счита́лся пе́рвым ру́сским летопи́сцем*, le moine Nestor a été considéré pendant longtemps comme le premier chroniqueur russe.

ЛЕ́ТОПИСЬ *f.* chronique. *В музе́е храня́тся дре́вние ле́тописи*, le musée conserve des chroniques anciennes.

ЛЁТЧИК aviateur, pilote. *Лётчик-испыта́тель*, pilote d'essai.

ЛЕЧЕ́БНЫЙ médical. *Лече́бная физкульту́ра*, la culture physique médicale.

ЛЕЧИ́ТЬ ＼___ / **ПОЛЕЧИ́ТЬ** ＼___ soigner. *Лечи́ть больно́го*, soigner un malade. *Лечи́ть се́рдце*, soigner le cœur. *Лечи́ть барбиту́ратами*, soigner aux barbituriques. *Лечи́ться от ревмати́зма*, soigner ses rhumatismes.

/ **ЛЕЧЬ** v. ложи́ться.

ЛЖЕЦ ⁄‾‾ ‾‾ menteur. *Он лжец*, c'est un menteur.

> **ЛИ** *particule*
> **1.** (*interrogation directe*) est-ce que, est-ce.
> **2.** (*interrogation indirecte*) si.

1. *Зна́ете ли вы его́?*, Est-ce que vous le connaissez ? *Верну́лся ли он?*, Est-il rentré ? *Сде́лает ли он э́то или нет?*, Fera-t-il cela ou non ? **2.** *Я не зна́ю, придёт ли она́*, je ne sais pas si elle viendra.

Remarque. « Ли » fait porter l'interrogation sur le mot ou le groupe de mots qui le précède.

I. ЛИ́БО *conj.* (*livresque*) **1.** (*employée seule*) ou bien. **2.** (*répétée* ли́бо... ли́бо...) soit... soit... *Ли́бо оди́н, ли́бо друго́й*, soit l'un, soit l'autre.

II. -ЛИ́БО *particule postposée* que ce soit (*voir les mots dans la composition desquels entre cette particule*).

ЛИБРЕ́ТТО* *n. indécl.* livret (*d'opéra...*). *Либре́тто « Пи́ковой да́мы »*, le livret de « la Dame de pique ».

ЛИ́ВЕНЬ *m.* averse, ondée. *Хлы́нул ли́вень*, une averse commença.

ЛИЗА́ТЬ* II, лижу́, ли́жешь... ＼___ / **ЛИЗНУ́ТЬ** lécher. *Лиза́ть таре́лку*, lécher son assiette.

/ **ЛИЗНУ́ТЬ** v. лиза́ть.

ЛИКОВА́ТЬ jubiler, triompher. *Толпа́ ликова́ла*, la foule jubilait.

ЛИЛО́ВЫЙ lilas. *Лило́вое пла́тье*, une robe lilas.

ЛИМО́Н citron. *Чай с лимо́ном*, du thé au citron.

ЛИНЕ́ЙКА règle (*pour tirer des lignes...*). *Счётная лине́йка*, règle à calculer.

ЛИНЯ́ТЬ **1.** / **ПОЛИНЯ́ТЬ** passer (*perdre sa couleur*). *Э́та мате́рия полиня́ла*, cette étoffe a passé. **2.** / **ВЫ́ЛИНЯТЬ** muer. *За́яц линя́л*, le lièvre perdait son poil.

ЛИ́ПА tilleul.

ЛИ́ПКИЙ gluant. *Ли́пкая грязь*, une boue gluante.

ЛИ́ПНУТЬ *et* **ЛИ́ПНУТЬ*** III / **ПРИЛИ́ПНУТЬ** *et* **ПРИЛИ́ПНУТЬ*** III coller (*intr.*). *Бума́га ли́пнет к па́льцам*, ce papier colle aux doigts.

ЛИСА́ (*livresque*) renard.

ЛИСИ́ЦА renard. *Чернобу́рая лиси́ца*, un renard argenté.

ЛИСТ (*) **1.** *pl.* ли́стья, ли́стьев, ли́стьям... feuille (*d'arbre...*). *Сухи́е ли́стья*, des feuilles sèches. **2.** feuille (*de papier, de métal...*). *Листы́ бума́ги*, des feuilles de papier. *Лист желе́за*, une plaque de tôle. ● **Похва́льный лист,** tableau d'honneur.

ЛИ́СТВЕННЫЙ à feuilles caduques. *Ли́ственное де́рево*, un arbre à feuilles caduques.

ЛИСТО́ВКА tract. *Распространя́ть листо́вки*, distribuer des tracts.

ЛИ́СТЬЯ, ЛИ́СТЬЕВ... v. лист.

ЛИТЬ* II, лью, льёшь...; лил, лила́, ли́ло, ли́ли ; лей **1.** verser. *Лить во́ду в стака́н*, verser de l'eau dans un verre. *Лить слёзы*, verser des larmes. *Он льёт во́ду на мою́ ме́льницу*, il verse de l'eau à mon moulin. *Лить ма́сло в ого́нь*, jeter de l'huile sur le feu. **2.** couler (*intr.*). *Вода́ льёт из кра́на*, l'eau coule du robinet. *Дождь льёт как из ведра́*, il pleut à seaux. *Пот льёт с него́ гра́дом*, il sue à grosses gouttes. **3.** fondre, couler (*tr.*). *Лить меда́ли*, couler des médailles.

ЛИ́ТЬСЯ* II, льётся; ли́лся, лила́сь... ; ле́йся **1.** v. лить. **2.** / **ПОЛИ́ТЬСЯ*** II (*id.*) couler, se répandre. *Кровь лила́сь*, le sang coulait. *Льётся за́пах от цвето́в*, les fleurs répandent leur parfum.

ЛИФТ ascenseur. *Поднима́ться на ли́фте*, monter par l'ascenseur.

ЛИ́ХО (*dial.*) mal. ● **Помина́ть кого́-нибудь ли́хом,** dire du mal de qqn (*expression utilisée presque exclusivement dans les formules d'adieu* « Не помина́йте ли́хом », « Не помина́йте меня́ ли́хом »...).

I. ЛИХО́Й (*pop.*) méchant. ● **Лиха́ беда́ нача́ло,** il n'y a que le premier pas qui coûte.

II. ЛИХО́Й hardi, crâne. *Лихо́й нае́здник*, un hardi cavalier.

ЛИХОРА́ДКА fièvre (*maladie*). *Жёлтая лихора́дка*, la fièvre jaune. // (*Fig.*) *В лихора́дке де́ятельности*, dans la fièvre de l'action.

ЛИХОРА́ДОЧНЫЙ fiévreux, fébrile. *В лихора́дочном состоя́нии*, dans un état fiévreux. // (*Fig.*) *Лихора́дочная де́ятельность*, une activité fébrile.

ЛИЦЕМЕ́РНЫЙ hypocrite. *Лицеме́рная улы́бка*, un sourire hypocrite.

ЛИЦО́ **1.** visage, face. *Вырази́тельное лицо́*, un visage expressif. *Знако́мое лицо́*, un visage connu. *Черты́ лица́*, les traits du visage. *Выраже́ние лица́*, l'expression du visage. *Столкну́ться с ке́м-нибудь лицо́м к лицу́*, se trouver face à face avec qqn. **2.** personnage. *Истори́ческое лицо́*, un personnage historique. *Гла́вное де́йствующее лицо́*, le personnage principal. **3.** (*gramm.*) personne. *Пе́рвое лицо́*, la première personne. ● **Добыва́ть**

свой хлеб в по́те лица́, gagner son pain à la sueur de son front. **Знать в лицо́,** connaître de vue. **На нём лица́ нет,** il a l'air bouleversé. **Не уда́рить лицо́м в грязь,** s'en tirer tout à son honneur. **Смотре́ть опа́сности в лицо́,** regarder le danger en face. **Э́то вам к лицу́,** Cela vous va bien.

Remarque. Dans son deuxième sens et lorsqu'il est employé au pluriel, le mot « лицо́ » appartient actuellement au sous-genre animé. Ex. : « А́втор опи́сывает истори́ческих лиц », « l'auteur décrit des personnages historiques ».

ЛИ́ЧНОСТЬ *f.* **1.** personnalité (*caractère personnel*). *Челове́ческая ли́чность*, la personnalité humaine. **2.** personnalité, personne. *Подозри́тельная ли́чность*, un individu suspect.

ЛИ́ЧНЫЙ personnel. *Э́то его́ ли́чное де́ло*, c'est son affaire personnelle. *Ли́чно я ничего́ не име́ю про́тив*, personnellement, je n'ai rien contre.

ЛИША́Й *m.* lichen. *Зарасти́ лишая́ми*, se couvrir de lichens.

ЛИША́ТЬ / **ЛИШИ́ТЬ** (+ *gén.*) priver de. *Лиши́ть насле́дства*, déshériter.

ЛИШЕ́НИЕ privation. *Лише́ние свобо́ды*, privation de liberté. *Терпе́ть лише́ния*, vivre de privations.

/ **ЛИШИ́ТЬ** v. лиша́ть.

ЛИ́ШНИЙ **1.** superflu, de trop. *Ли́шний расхо́д*, une dépense superflue. **2.** supplémentaire. *Взгляну́ть ли́шний раз*, regarder une fois de plus.

ЛИШЬ **1.** *adv.* seulement. *Нехвата́ет лишь одного́*, il ne manque qu'une chose. **2.** *conj.* à peine. *Лишь то́лько я вы́шел, как пошёл снег*, à peine étais-je sorti qu'il se mit à neiger. ● **Лишь бы,** pourvu que. *Лишь бы он уе́хал*, pourvu qu'il parte. *Лишь бы не опозда́ть*, pourvu qu'on ne soit pas en retard.

ЛОБ*, *loc.* лбу front. *Ни́зкий лоб*, un front bas. *Пусти́ть себе́ пу́лю в лоб*, se loger une balle dans la tête. ● **Быть семи́ пяде́й во лбу,** être d'une intelligence exceptionnelle. **Что в лоб, что по́ лбу,** c'est bonnet blanc et blanc bonnet.

ЛОВИ́ТЬ chercher à saisir, chercher à attraper / **ПОЙМА́ТЬ** saisir, attraper. *Ко́шка ло́вит мыше́й*, le chat attrape des souris. *Пойма́ть на ме́сте преступле́ния*, prendre en flagrant délit. *Лови́ть ры́бу*, prendre du poisson. *В му́тной воде́ ры́бу лови́ть*, pêcher en eau trouble. *Лови́ть слу́чай*, chercher l'occasion. *Пойма́ть кого́-нибудь на сло́ве*, prendre qqn au mot.

ЛО́ВКИЙ , *comp.* ло́вче* adroit, habile. *Ло́вкие ру́ки*, des mains adroites.

ЛО́ВКОСТЬ *f.* habileté, adresse. *С большо́й ло́вкостью*, avec une grande habileté.

ЛО́ВЛЯ ● **Ры́бная ло́вля,** pêche. *Ходи́ть на ры́бную ло́влю*, aller à la pêche.

ЛО́ВЧЕ comp. de « ло́вкий ».

ЛО́ДКА barque, bateau. *Ката́ться на ло́дке*, faire une promenade en bateau. *Па́русная ло́дка*, voilier. *Мото́рная ло́дка*, canot à moteur. *Спаса́тельная ло́дка*, canot de sauvetage. ● **Подво́дная ло́дка,** sous-marin.

ЛО́ДЫРЬ *m.* fainéant. *Гоня́ть ло́дыря*, se tourner les pouces.

ЛОЖИ́ТЬСЯ / **ЛЕЧЬ*** IV, ля́гу, ля́жешь..., ля́гут; лёг, легла́... ; *impér.* ляг, ля́гте se coucher. *Лечь на дива́н*, se coucher sur le canapé. *Лечь спать*, aller se coucher. *Лечь на́ спину*, se coucher sur le dos.

Remarque. Il ne faut pas confondre « ложи́ться », « se coucher », avec « лежа́ть », « être couché ».

ЛО́ЖКА cuiller. *Столо́вая ло́жка*, cuiller à soupe. *Ча́йная ло́жка*, cuiller à café.

ЛО́ЖНЫЙ faux. *Ло́жные показа́ния*, faux témoignage. *Ло́жная скро́мность*, fausse modestie.

ЛОЖЬ*, *instr.* ло́жью *f.* mensonge. *Сказа́ть ложь*, dire des mensonges.

ЛО́ЗУНГ slogan, mot d'ordre.

ЛО́КОТЬ _ /‾ *m.* coude. *Положи́ть ло́кти на стол*, mettre ses coudes sur la table. *Рабо́тать локтя́ми*, jouer des coudes.

ЛОМА́ТЬ / СЛОМА́ТЬ 1. briser, casser en deux. *Ве́тер слома́л сук*, le vent a cassé une branche. *Лома́ть игру́шки*, casser ses jouets. **2.** démolir. *Лома́ть сара́й*, démolir une grange. • **Лома́ть го́лову над че́м-нибудь,** se creuser la tête. **Лома́ть ру́ки с отча́яния,** se tordre les bras de désespoir.

ЛОМИ́ТЬСЯ _ **1.** être trop chargé, être trop plein. *По́лки ломи́лись под кни́гами*, les rayons pliaient sous le poids des livres. *Теа́тр ломи́лся от пу́блики*, le théâtre était plein à craquer. **2.** / **ВЛОМИ́ТЬСЯ** _ (в + *acc.*) pénétrer de force. *Ломи́ться в дверь*, enfoncer une porte. *Ломи́ться в откры́тую дверь*, enfoncer une porte ouverte.

ЛОМО́ТЬ *m.* tranche. *Ломо́ть хле́ба*, une tranche de pain. *Ломо́ть ветчины́*, une tranche de jambon.

ЛОПА́ТА pelle. • **Борода́ лопа́той,** une barbe en éventail. **Загреба́ть де́ньги лопа́той,** ramasser l'argent à la pelle.

ЛОПА́ТКА 1. (*dim. de* « лопа́та ») petite pelle. *Де́тская лопа́тка*, une pelle d'enfant. **2.** truelle. **3.** omoplate. • **Положи́ть кого́-нибудь на о́бе лопа́тки 1.** (*sport*) faire toucher les épaules à qqn. **2.** (*fig.*) faire mordre la poussière à qqn. **Удира́ть во все лопа́тки,** se sauver à toutes jambes.

ЛО́ПАТЬСЯ / ЛО́ПНУТЬ éclater, se rompre. *Балло́н ло́пнул на пере́днем колесе́*, un des pneus avant a éclaté. *Верёвка ло́пнула*, la ficelle s'est cassée. *Банк ло́пнул*, la banque a sauté. *У меня́ ло́пнуло терпе́ние*, j'ai perdu patience. *Ло́пнуть от за́висти*, crever de jalousie.

/ **ЛО́ПНУТЬ** v. ло́паться.

ЛОСК brillant, éclat. *Начи́стить до ло́ска*, faire briller. // (*Fig.*) *Лоск образо́ванности*, un vernis d'éducation.

ЛОСКУ́Т (*) /‾ ‾ *ou pl.* лоску́тья, лоску́тьев, лоску́тьям... /‾ _ **1.** morceau, pièce (*d'étoffe*). *Сшить пла́тье из разноцве́тных лоску́тьев*, faire une robe avec des morceaux d'étoffe de diverses couleurs. **2.** (*pl. seulement*) lambeaux. *В лоску́тьях*, en lambeaux.

ЛО́СОСЬ *ou* **ЛОСО́СЬ** *m.* saumon.

ЛОСЬ _ /‾ *m.* élan (*zool.*).

ЛОТЕРЕ́Я loterie. *Вы́играть в лотере́ю*, gagner à la loterie.

ЛОХМА́ТЫЙ 1. velu, à longs poils. *Лохма́тая соба́ка*, un chien à longs poils. **2.** ébouriffé. *Лохма́тые во́лосы*, des cheveux ébouriffés.

ЛОХМО́ТЬЯ*, лохмо́тьев, лохмо́тьям... *pl. t.* **1.** haillons, guenilles. *Ни́щий в лохмо́тьях*, un mendiant en haillons. **2.** lambeaux. *Изорва́ть в лохмо́тья*, mettre en lambeaux.

ЛО́ШАДЬ (*), *instr. pl.* лошадьми́ *ou* лошадя́ми _ /‾ *f.* cheval. *Запряга́ть ло́шадь*, atteler un cheval. *Седла́ть ло́шадь*, seller un cheval. *Бегова́я ло́шадь*, un cheval de course. *Верхова́я ло́шадь*, un cheval de selle. *Упряжна́я ло́шадь*, un cheval de trait.

ЛОЩИ́НА vallon.

ЛУБО́К 1. « loubok », sorte de publication populaire illustrée comparable à l'image d'Épinal. **2.** éclisse.

ЛУБО́ЧНЫЙ • **Лубо́чная карти́нка,** v. лубо́к.

ЛУГ*, *loc.* лугу́, *nom. pl.* луга́ pré. *На лугу́ пасу́тся коро́вы*, des vaches broutent dans le pré.

REMARQUE. L'accent passe sur la préposition dans le groupe « по́ лугу ».

ЛУ́ЖА **1.** mare. *У́тки пла́вали по лу́же*, des canards nageaient dans la mare. **2.** flaque. *Бы́ли лу́жи на тротуа́рах*, il y avait des flaques d'eau sur les trottoirs. *Лу́жа под умыва́льником*, une flaque d'eau sous le lavabo. ● **Сесть в лу́жу,** faire une ânerie.

ЛУЖА́ЙКА petit pré (*le plus souvent dans une clairière*). *Лесна́я лужа́йка*, un petit pré dans une clairière.

I. ЛУК oignon. *Зелёный лук*, oignon vert. *Голо́вка лу́ка*, une tête d'oignon.

II. ЛУК arc. *Стреля́ть из лу́ка*, tirer à l'arc.

ЛУКА́ВЫЙ **1.** perfide. *Лука́вый челове́к*, un homme perfide. **2.** malin, malicieux. *Лука́вые глаза́*, des yeux malicieux. **3.** *subst.* le Malin. *Лука́вый попу́тал*, c'est le diable qui m'a poussé.

ЛУНА́ lune. *Запусти́ть ракéту на Луну́*, envoyer une fusée sur la Lune. *При свéте луны́*, au clair de lune. *По́лная луна́*, la pleine lune. *Затмéние луны́*, une éclipse de lune.

ЛУ́ННЫЙ de lune. *Лу́нный свет*, la lumière de la lune.

ЛУЧ rayon (*de lumière*...). *Луч со́лнца*, un rayon de soleil. *Рентгéновы лучи́*, les rayons X. || (*Fig.*) *Луч надéжды*, une lueur d'espoir.

ЛУ́ЧШЕ [утш] (*comp. de* « хорошо́ » *et de* « хоро́ший ») mieux, meilleur. *Сего́дня пого́да лу́чше*, aujourd'hui, il fait meilleur. *Лу́чше не шумéть*, il vaut mieux ne pas faire de bruit. *Ей лу́чше*, elle va mieux. *Всё лу́чше и лу́чше*, de mieux en mieux. ● **Как мо́жно лу́чше** *ou* **как нельзя́ лу́чше,** le mieux possible. **Лу́чше по́здно, чем никогда́,** mieux vaut tard que jamais. **Тем лу́чше,** tant mieux. **Ум хорошо́, а два лу́чше,** deux avis valent mieux qu'un.

ЛУ́ЧШИЙ [утш] **1.** (*comp. de* « хоро́ший ») meilleur. *Всё к лу́чшему*, tout est pour le mieux. *За неимéнием лу́чшего*, faute de mieux. *Э́то оставля́ет желáть лу́чшего*, cela laisse fort à désirer. **2.** (*superl: de* « хоро́ший ») le meilleur. *В лу́чшем слу́чае*, dans l'hypothèse la plus favorable.

ЛЫ́ЖА ski. *Ходи́ть на лы́жах* ou *ката́ться на лы́жах*, faire du ski.

ЛЫ́СИНА crâne chauve. *Он вытира́л свою́ лы́сину*, il essuyait son crâne chauve.

ЛЫ́СЫЙ **1.** chauve. *Лы́сый чéреп*, un crâne chauve. **2.** dénudé, dépourvu de végétation. *Лы́сый холм*, une colline dénudée. « *На лы́сой горé* » *Му́соргского*, « Une nuit sur le mont Chauve » de Moussorgski.

ЛЬ forme poétique ou archaïque de « ли ».

ЛЬВА v. лев.

ЛЬВИ́НЫЙ de lion. *Льви́ная гри́ва*, la crinière d'un lion. *Льви́ная до́ля*, la part du lion. ● **Льви́ный зев,** gueule-de-loup (*bot.*).

ЛЬВИ́ЦА lionne.

ЛЬВУ... v. лев.

ЛЬГО́ТНЫЙ avantageux. *Льго́тный тари́ф*, un tarif avantageux. *На льго́тных усло́виях*, à des conditions avantageuses.

ЛЬДА... v. лёд.

ЛЬДИ́НА glaçon, bloc de glace. *Перед на́ми проплыва́ли льди́ны*, des blocs de glace passaient devant nous.

ЛЬЁТ, ЛЬЁШЬ... v. лить.

ЛЬНЯНО́Й de lin. *Льняна́я ткань*, une étoffe de lin.

ЛЬСТЕЦ flatteur. *Иску́сный льстец*, un flatteur habile.

ЛЬСТИ́ВЫЙ flatteur. *Льсти́вые слова́*, des paroles flatteuses.

ЛЬСТИТЬ / ПОЛЬСТИ́ТЬ (+ *dat.*) flatter. *Э́то ему́ льсти́ло*, cela le flattait.

ЛЬЮ, ЛЬЮТ v. лить.

ЛЮБЕ́ЗНЫЙ aimable. *Любе́зный приём*, un accueil aimable. *Э́то о́чень любе́зно с ва́шей стороны́*, C'est bien aimable de votre part. *Бу́дьте любе́зны погаси́ть ла́мпу*, Voulez-vous avoir l'obligeance d'éteindre la lampe.

ЛЮБИ́М*Е*Ц favori, préféré. *Люби́мцем пу́блики был актёр Ивано́в*, Ivanov était l'acteur préféré du public.

ЛЮБИ́МИЦА préférée. *Э́то её люби́мица*, c'est sa préférée.

ЛЮБИ́МЫЙ préféré. *Моё люби́мое блю́до*, mon plat préféré.

ЛЮБИ́ТЕЛЬ *m.* amateur. *Люби́тель му́зыки*, un amateur de musique. *Фото́граф-люби́тель*, un photographe amateur.

ЛЮБИ́ТЕЛЬСКИЙ d'amateur. *Люби́тельский спекта́кль*, un spectacle d'amateurs.

ЛЮБИ́ТЬ__ aimer. *Она́ лю́бит его́*, elle l'aime. *Он лю́бит му́зыку*, il aime la musique. *Он не лю́бит шу́ток*, il n'aime pas la plaisanterie. *Они́ не лю́бят рабо́тать*, ils n'aiment pas travailler. *Э́ти цветы́ лю́бят тепло́*, ces fleurs aiment la chaleur.

ЛЮБОВА́ТЬСЯ / ПОЛЮБОВА́ТЬСЯ (+ *instr.*, *ou* на + *acc.*) admirer. *Любова́ться приро́дой*, admirer la nature. *Любова́ться на себя́ в зе́ркале*, s'admirer dans la glace. *Любова́ться собо́й*, s'admirer (*être content de soi*).

REMARQUE. La construction на + *acc.* appartient au style familier.

ЛЮБО́ВНИК amant. *Он уби́л любо́вника свое́й жены́*, il a tué l'amant de sa femme. ● **Пе́рвый любо́вник,** jeune premier (*théâtre*).

ЛЮБО́ВНИЦА maîtresse (*amante*). *Она́ ста́ла его́ любо́вницей*, elle devint sa maîtresse.

ЛЮБО́ВНЫЙ d'amour. *Любо́вный взгляд*, un regard amoureux. *Любо́вное письмо́*, une lettre d'amour. *Любо́вная запи́ска*, un billet doux. *Любо́вное свида́ние*, un rendez-vous amoureux.

ЛЮБО́ВЬ, *instr.* любо́вью *f.* amour. *Пе́рвая любо́вь*, le premier amour. *Жени́ться по любви́*, faire un mariage d'amour. *Матери́нская любо́вь*, l'amour maternel. *Любо́вь к му́зыке*, l'amour de la musique. *Из любви́ к иску́сству*, pour l'amour de l'art.

ЛЮБО́Й *pronom-adjectif* n'importe quel. *В любо́й час*, à n'importe quelle heure. *Любо́й цено́й*, à tout prix. *Любо́й из них*, n'importe lequel d'entre eux.

ЛЮБОПЫ́ТНЫЙ **1.** curieux (*mû par la curiosité*). *Она́ сли́шком любопы́тна*, elle est trop curieuse. *Мне бы́ло бы любопы́тно знать, что она́ де́лает*, je serais curieux de savoir ce qu'elle fait. // (*Subst.*) *Толпа́ любопы́тных*, la foule des curieux. **2.** curieux (*étrange*). *Любопы́тная кни́га*, un livre curieux. *Любопы́тный слу́чай*, un cas étrange.

ЛЮБОПЫ́ТСТВО curiosité (*désir de connaître*). *Возбуди́ть любопы́тство*, exciter la curiosité. *Из любопы́тства*, par curiosité.

ЛЮ́ДИ*, люде́й, лю́дям, людьми́, лю́дях *pl. t.* gens. *Молоды́е лю́ди*, les jeunes gens. *Бы́ло мно́го люде́й*, il y avait beaucoup de monde. *Лю́ди до́брой во́ли*, les hommes de bonne volonté.

REMARQUE. Le mot « челове́к » sert de singulier à « лю́ди ».

ЛЮ́ДНЫЙ très peuplé, populeux. *Лю́дная у́лица*, une rue animée.

ЛЮДСКА́Я *adj. subst. f.* (*arch.*) local réservé aux gens de service dans une maison de seigneurs.

ЛЮДСКО́Й des hommes, humain. *Людско́й род*, le genre humain.

ЛЮК écoutille; trappe.

ЛЮ́ТЫЙ ⋀— (*livresque*) féroce. *Лю́тый враг*, un ennemi impitoyable. *Лю́тый моро́з*, un froid de loup.

ЛЯГ v. лечь.

ЛЯГА́ТЬ / ЛЯГНУ́ТЬ frapper d'un coup de sabot en ruant.

/ ЛЯГНУ́ТЬ v. лягать.

ЛЯ́ГТЕ, ЛЯ́ГУ, ЛЯ́ГУТ v. лечь.

ЛЯГУ́ШКА grenouille. *Зелёная лягу́шка*, une grenoulle verte.

ЛЯ́ЖЕТ, ЛЯ́ЖЕШЬ... v. лечь.

M

МАВЗОЛЕ́Й *m.* mausolée. *Мавзоле́й Ле́нина*, le mausolée de Lénine.

МАГАЗИ́Н magasin. *Продово́льственный магази́н*, magasin d'alimentation. *Кни́жный магази́н*, librairie.

МАГИСТРА́ЛЬ *f.* grande voie de circulation. *Центра́льная магистра́ль го́рода*, l'artère principale de la ville. *Во́дная магистра́ль*, une grande voie fluviale. *Сиби́рская железнодоро́жная магистра́ль*, le Transsibérien.

МАГНИ́Т aimant. *По́люсы магни́та*, les pôles d'un aimant.

МА́ЗАТЬ* II, ма́жу, ма́жешь... **/ НАМА́ЗАТЬ*** II (*id.*) *et* **ПОМА́ЗАТЬ*** II (*id.*) enduire, badigeonner. *Ма́зать сте́ны кра́ской*, peindre les murs. *Ма́зать хлеб ма́слом*, mettre du beurre sur le pain.

МАЗЬ *f.* **1.** onguent. *Мазь от ожо́га*, une pommade contre les brûlures. **2.** graisse (*pour l'entretien de pièces métalliques, de cuirs...*). ● **Де́ло на мази́,** l'affaire prend bonne tournure.

МАЙ *m.* mai. *В ма́е*, au mois de mai. *6-го ма́я*, le 6 mai. *Пра́здновать Пе́рвое ма́я*, fêter le Premier-Mai.

МА́ЙКА maillot (*sous-vêtement ou vêtement sportif*). *Велосипеди́сты в зелёных ма́йках*, des cyclistes en maillots verts.

МАЙО́Р commandant.

МА́ЙСКИЙ **1.** de mai. *Ма́йский день*, un jour de mai. **2.** du premier mai. *Ма́йский пара́д*, la parade du Premier-Mai. ● **Ма́йский жук,** hanneton.

МАК coquelicot, pavot. *Бу́лочки с ма́ком*, des petits pains au pavot. *Кра́сный как мак*, rouge comme une pivoine.

МАКА́ТЬ / МАКНУ́ТЬ tremper. *Макну́ть перо́ в черни́ла*, tremper sa plume dans l'encre.

/ МАКНУ́ТЬ v. макать.

МАКУ́ШКА **1.** faîte, sommet. *Маку́шка де́рева*, la cime de l'arbre. **2.** (*fam.*) sommet de la tête. *У него́ ша́пка на маку́шке*, il a son bonnet de fourrure sur le haut de la tête. ● **У него́ у́шки на маку́шке,** il se tient sur ses gardes.

МАЛАХИ́Т malachite (*pierre d'une belle couleur verte que l'on trouve principalement dans l'Oural*).

МАЛЕ́ЙШИЙ (*superl. de* « ма́лый » *et de* « ма́ленький ») le moindre.

Не имéю ни малéйшего поня́тия, je n'en ai pas la moindre idée.

МÁЛЕНЬКИЙ, мал, малá, малó, малы́ ⌐ , *comp.* мéньше* *et* мéньший*, *superl.* малéйший* petit. *Мáленькая дерéвня*, un petit village. *Мáленький дóмик*, une petite maison. *Мáленькие óкна*, de petites fenêtres. *Мáленькие неприя́тности*, de petits désagréments. *Мáленькие дéти*, les petits enfants.

Remarque. **1.** « Мáленький », formé par suffixation sur la base de l'adjectif « мáлый », a supplanté celui-ci dans la plupart de ses usages (v. мáлый). **2.** Pour l'emploi de « мéньше », de « мéньший » et de « малéйший », voir ces mots.

МАЛИ́НА 1. framboisier(s). *Мали́на леснáя*, un framboisier sauvage. **2.** framboise(s). *Варéнье из мали́ны*, confiture de framboise.

МÁЛО, *comp.* мéньше*, *adv.* **1.** peu. *Говори́л он мáло*, il parlait peu. *Мáло дéнег*, peu d'argent. *Э́то сли́шком мáло*, c'est trop peu. **2.** trop peu. *Рáзве э́того мáло?*, Cela ne suffit pas ? ● **Мáло ли...,** il y a bien des choses... *Мáло ли что мóжет случи́ться*, Sait-on jamais ce qui peut arriver ? **Мáло тогó,** en outre. **Мáло тогó, что,** outre que. *Мáло тогó, что он глуп, но он считáет себя́ чуть ли не гéнием*, non seulement il est bête, mais il se considère presque comme un génie.

Remarque. Il convient de ne pas confondre dans leurs emplois respectifs « мáло », « peu », et « немнóго », « un peu ».

МАЛОКРÓВИЕ anémie. *Страдáть малокрóвием*, être très anémié.

МÁЛО-ПОМÁЛУ *adv.* peu à peu. *Мáло-помáлу я привыкáл к нóвой жи́зни*, petit à petit, je m'habituais à ma nouvelle vie.

МАЛОЧИ́СЛЕННЫЙ peu nombreux. *Малочи́сленный отря́д*, un petit détachement.

МÁЛЫЙ, мал, малá, малó, малы́ ⌐ , *comp.* мéньше* et мéньший*, *superl.* малéйший*

I. Adjectif:

1. petit;

Remarque. Remplacé par « мáленький », « мáлый » est devenu livresque dans cet emploi. Il subsiste par contre dans quelques expressions figées; certaines d'entre elles comportent des formes grammaticales archaïques.

2. trop petit (*à la forme courte seulement*).

II. Adjectif substantivé:

1. (*neutre*) peu;

2. (*masculin*) gars.

I. 1. *Бесконéчно мáлая величинá*, une grandeur infinitésimale. *С мáлых лет*, depuis la plus tendre enfance. *Дéньги не мáлые*, une somme rondelette. *Мáлый теáтр*, le « Maly » (*théâtre*). *От мáла до вели́ка*, petits et grands. *Кýча детéй, мал малá мéньше*, une ribambelle de gosses de toutes les tailles. **2.** *Э́ти боти́нки малы́*, ces souliers sont trop petits. *Э́то пальтó емý малó*, ce pardessus est trop petit pour lui.

II. 1. *Довóльствоваться мáлым*, se contenter de peu. **2.** *Мáлый лет двадцати́*, un gars de vingt ans. *Дóбрый мáлый*, un brave garçon. *Слáвный мáлый*, un très brave garçon. *У́мный мáлый*, un gars intelligent.

МÁЛЬЧИК petit garçon. *Мáльчик лет двенáдцати*, un petit garçon de douze ans. *Я не мáльчик*, je ne suis plus un gosse. ● **Мáльчик с пáльчик,** le Petit Poucet.

МАЛЬЧИ́ШЕСКИЙ 1. de petit garçon. *Мальчи́шеский гóлос*, une voix de petit garçon. **2.** de gamin. *Мальчи́шеская вы́ходка*, une gaminerie.

МАЛЬЧИ́ШКА gamin. *Он ведёт себя́ как мальчи́шка*, il se conduit comme un gamin.

МАЛЯ́Р peintre en bâtiment. *Маля́р кра́сил сте́ны*, le peintre peignait les murs.

МАНИ́ТЬ **1.** / **ПОМАНИ́ТЬ** faire signe de venir, faire approcher. *Он мани́л его́ па́льцем*, du doigt, il lui faisait signe d'approcher. **2.** (*fig.*) attirer. *Тайга́ его́ мани́ла*, la taïga l'attirait.

МА́ННЫЙ de semoule. *Ма́нная ка́ша*, un plat de semoule.

МАРА́ТЬ / ЗАМАРА́ТЬ souiller. *Мара́ть ру́ки*, se salir les mains. *Мара́ть пла́тье*, salir sa robe. *Мара́ть бума́гу*, barbouiller du papier. // (*Fig.*) *Он не хо́чет мара́ться*, il ne veut pas se compromettre.

> **МА́РКА**
> **1.** timbre.
> **2.** marque (*de fabrique*).
> **3.** mark (*monnaie*).

1. *Почто́вая ма́рка*, timbre-poste. *Ма́рка по четы́ре копе́йки*, un timbre de quatre kopeks. *Накле́ить ма́рку на конве́рт*, coller un timbre sur l'enveloppe. *Собира́ть ма́рки*, collectionner les timbres. *Альбо́м ма́рок*, un album de timbres. *Колле́кция ма́рок*, une collection de timbres. **2.** *Фабри́чная ма́рка*, la marque de fabrique. **3.** *Курс ма́рки*, le cours du mark.

МАРМЕЛА́Д gelée de fruits. *Я́блочный мармела́д*, gelée de pommes.

МАРТ mars. *В ма́рте*, au mois de mars. *Э́то бы́ло 2-го ма́рта*, c'était le 2 mars.

МАРШРУ́Т itinéraire. *Каки́м маршру́том вы е́дете?*, Quel itinéraire suivez-vous ?

МА́СЛЕНИЦА semaine grasse, dernière semaine du carnaval. *На ма́сленице ба́бушка пекла́ блины́*, pour le mardi gras, grand-mère faisait des crêpes.

МА́СЛО, *pl.* масла́, ма́сел, масла́м... **1.** (*parfois accompagné de l'adjectif* « коро́вье ») beurre. *Хлеб с ма́слом*, une tartine de beurre. **2.** huile. *Вазели́новое ма́сло*, huile de vaseline. **3.** peinture à l'huile. *Портре́т ма́слом*, un portrait peint à l'huile. ● **Идёт как по ма́слу,** ça va comme sur des roulettes. **Ката́ться, как сыр в ма́сле,** être comme un coq en pâte. **Подлива́ть ма́сло в ого́нь,** jeter de l'huile sur le feu.

> **МА́СТЕР***, *nom. pl.* мастера́
> **1.** maître :
> (*archaïque*) *ouvrier ou artisan qualifié* // *sportif ou joueur d'échecs ayant obtenu le titre de maître* // *personne d'un savoir, d'un art supérieur.*
> **2.** contremaître.

1. *Сапо́жный ма́стер*, maître cordonnier. *Оруже́йный ма́стер*, maître armurier. // *Заслу́женный ма́стер спо́рта*, maître ès sports. // *Мастера́ совреме́нной литерату́ры*, les grands maîtres de la littérature contemporaine. *Он ма́стер своего́ де́ла*, c'est un artiste dans son métier. *Он ма́стер на все ру́ки*, il fait ce qu'il veut de ses doigts. **2.** *Сме́нный ма́стер*, le contremaître d'une équipe.

МАСТЕРИ́ТЬ / СМАСТЕРИ́ТЬ (*fam.*) fabriquer, faire. *Де́душка мастери́л нам игру́шки*, grand-père nous fabriquait des jouets.

МАСТЕРСКА́Я *adj. subst. f.* atelier. *Столя́рная мастерска́я*, un atelier de menuiserie. *Мастерска́я худо́жника*, l'atelier d'un peintre.

МАСТЕРСТВО́ métier (*ensemble de procédés*), art. *Столя́рное мастерство́*, le métier de menuisier. *Расска́з напи́сан с больши́м мастерство́м*, le récit est écrit d'une main de maître.

МАСТЬ *f.* **1.** pelage. *Ло́шадь гнедо́й ма́сти*, un cheval bai. **2.** couleur (*aux cartes*).

МАСШТА́Б 1. échelle (*ordre de grandeur*). *Масшта́б — 10 км в сантиме́тре*, échelle : 1 centimètre sur la carte représente 10 km sur le terrain. *В большо́м масшта́бе*, sur une grande échelle. *В мирово́м масшта́бе*, à l'échelle mondiale.

МА́ТЕРИ, МАТЕРЕ́Й... v. мать.

МАТЕРИ́К ╱‾‾ ‾‾ continent. *Африка́нский матери́к*, le continent africain.

МАТЕРИ́НСКИЙ maternel. *Матери́нская любо́вь*, l'amour maternel.

МАТЕ́РИЯ 1. matière (*physique, philosophie*). *Строе́ние мате́рии*, la structure de la matière. **2.** étoffe. *Кусо́к мате́рии*, un morceau d'étoffe. *Шерстяна́я мате́рия*, une étoffe de laine. **3.** sujet. thème. *Неинтере́сная мате́рия*, un sujet sans intérêt. *Говори́ть о высо́ких мате́риях*, avoir des sujets de conversation très élevés.

МА́ТЕРЬЮ, МАТЕРЯ́М... v. мать.

МА́ТОВЫЙ 1. mat. *Ма́товый цвет лица́*, un teint mat. **2.** dépoli, non transparent. *Ма́товое стекло́*, verre dépoli.

МАТРА́С *et* **МАТРА́Ц 1.** matelas. *Волосяно́й матра́с*, un matelas de crin. **2.** (*souvent accompagné de l'adjectif* « пружи́нный ») sommier. *Отли́чный пружи́нный матра́с*, un excellent sommier.

МАТРЁШКА « matriochka », poupée représentant une paysanne russe.

> Remarque. Les « matriochkas » sont le plus souvent des poupées gigognes en bois.

МА́ТУШКА 1. dim. de « мать » (*arch.*). **2.** (*fam.*) ma brave dame.

МАТЬ*, *gén.*, *dat.*, *loc.* ма́тери, *instr.* ма́терью, *pl.* ма́тери, матере́й, матеря́м... ___╱‾‾ mère. *Мать ко́рмит ребёнка*, la mère allaite son enfant. ● **В чём мать родила́,** dans le costume d'Adam. **Крёстная мать,** marraine.

МАХА́ТЬ (*) II, машу́, ма́шешь... ╲___, *gérondif* махая, (+ *instr.*) faire des gestes, des mouvements / **МАХНУ́ТЬ** (+ *instr.*) faire un geste, un mouvement. *Маха́ть платко́м*, agiter son mouchoir. *Маха́ть кры́льями*, battre des ailes.

> Remarque. Le langage de la conversation utilise également la conjugaison régulière маха́ю, маха́ешь...

/ **МАХНУ́ТЬ 1.** pf. de « маха́ть ». **2.** faire un bond. *Махну́ть через забо́р*, sauter la palissade. ● **Махну́ть руко́й на** (+ *acc.*), ne plus s'intéresser à. *Они́ уже́ давно́ махну́ли руко́й на него́*, il y a déjà longtemps qu'ils ne s'occupent plus de lui. *Махну́ть на всё руко́й*, jeter le manche après la cognée.

МА́ЧЕХА belle-mère (*marâtre*). // (*Fig.*) *Жизнь оказа́лась для неё злой ма́чехой*, la vie a été ingrate pour elle.

МА́ЧТА mât. *На ма́чте был по́днят флаг*, un drapeau flottait au mât.

МАШИ́НА 1. machine. *Шве́йная маши́на*, machine à coudre. *Счётная маши́на*, machine à calculer. **2.** voiture, auto. *Е́хать на маши́не*, aller en voiture.

МАШИНИ́СТ mécanicien. *Парово́зный машини́ст*, mécanicien de locomotive.

МАШИНИ́СТКА dactylo. *Машини́стка печа́тала письмо́*, la dactylo tapait une lettre.

МАШИ́НКА (*dim. de* « маши́на ») machine. *Пи́шущая маши́нка*, machine à écrire. *Маши́нка для стри́жки воло́с*, tondeuse. *Печа́тать на маши́нке*, taper à la machine. *Шить на маши́нке*, coudre à la machine.

МАЯ́К ╱‾‾ ‾‾ phare.

МА́ЯТНИК balancier. *Ма́ятник Фуко́*, le pendule de Foucault.

МГЛА 1. brume, brouillard, nuage (*de poussière, de fumée...*). *Мгла* *застилáет даль*, la brume couvre le lointain. **2.** (*poét.*) obscurité. *Ночнáя мгла*, l'obscurité de la nuit.

МГНОВÉНИЕ instant. *В однó мгновéние*, en un instant. *В то же мгновéние*, au même instant.

МГНОВÉННЫЙ instantané. *Мгновéнное решéние*, une décision instantanée.

МÉБЕЛЬ *f.* mobilier. *Стильная мéбель*, des meubles de style.

МЁД*, *loc.* медý **1.** miel. *Варéнье на медý*, confiture au miel. **2.** (*archaïque*) hydromel. *Мёд пить*, boire de l'hydromel.

МЕДВÉДИЦА ourse. ● **Большáя Медвéдица,** la Grande Ourse. **Мáлая Медвéдица,** la Petite Ourse.

МЕДВÉДЬ *m.* ours. *Бýрый медвéдь*, ours brun. *Бéлый медвéдь*, ours blanc. ● **Делúть шкýру неубúтого медвéдя,** vendre la peau de l'ours avant de l'avoir tué. **Медвéдь емý нá ухо наступúл,** il n'a pas d'oreille.

МЕДВÉЖИЙ *adj. d'appart.* d'ours. *Медвéжья шкýра*, une peau d'ours. *Медвéжья услýга*, le pavé de l'ours.

МÉДЛЕННОСТЬ *f.* lenteur. *С убúйственной мéдленностью*, avec une lenteur mortelle.

МÉДЛЕННЫЙ lent. *Мéдленные движéния*, des mouvements lents. *Говорúть мéдленно*, parler lentement.

МÉДНЫЙ de cuivre. *Мéдная рудá*, minerai de cuivre. « *Мéдный всáдник* » *Пýшкина*, « le Cavalier d'airain » de Pouchkine.

МЕДÓВЫЙ **1.** de miel, au miel. *Медóвый зáпах*, une odeur de miel. **2.** mielleux (*doucereux*). *Медóвые рéчи*, des paroles mielleuses. ● **Медóвый мéсяц,** la lune de miel.

МЕДПÝНКТ (*abréviation de* « медицúнский пункт ») infirmerie.

МЕДЬ *f.* cuivre. *Крáсная медь*, cuivre rouge. *Жёлтая медь*, cuivre jaune.

МЕЖÁ sillon ou raie qui sépare deux champs.

МÉЖДУ *prép.* (+ *instr.*) entre. *Дорóга мéжду Москвóй и Ленингрáдом*, la route entre Moscou et Leningrad. *Мéжду жúзнью и смéртью*, entre la vie et la mort. ● **Мéжду нáми говоря́,** entre nous soit dit. **Мéжду прóчим** **1.** à l'occasion, par hasard. *Он э́тим занимáется так, мéжду прóчим*, il le fait quand l'occasion se présente. **2.** entre parenthèses (*fig.*). *А он, мéжду прóчим, знакóм с дирéктором*, et lui, entre parenthèses, il connaît le directeur. **Мéжду тем,** pendant ce temps-là. *Мéжду тем вернýлись старикú*, entre-temps, les vieux étaient rentrés. **Мéжду тем как,** alors que. *Он сидéл в углý и мечтáл, мéжду тем как все остальны́е рабóтали*, il était dans un coin et rêvassait alors que tous les autres travaillaient.

> REMARQUE. Le génitif après « мéжду » est archaïque; il ne subsiste que dans quelques expressions.

МЕЖДУНАРÓДНЫЙ international. *Междунарóдная вы́ставка*, une exposition internationale. *Междунарóдное* (*sur une enveloppe*), pour l'étranger.

МЕЖПЛАНÉТНЫЙ interplanétaire. *Межпланéтное путешéствие*, un voyage interplanétaire.

МЕЗОНЙН étage mansardé.

МЕЛ*, *loc.* мелý **1.** craie. *Писáть мéлом*, écrire à la craie. *Кусóк мéла*, un morceau de craie. **2.** chaux. *Белúть стéны мéлом*, blanchir les murs à la chaux.

МÉЛКИЙ , *comp.* мéльче*, *superl.* мельчáйший* **1.** petit, menu. *Мéлкие расхóды*, de menues dépenses. *Мéлкий песóк*, du sable fin. *Мéлкий дождь*, une pluie fine. *Мéлко писáть*, avoir une écriture fine. **2.** petit, de peu d'importance. *Ме́лкие предприя́тия*, les petites entreprises. **3.** peu profond. *Ме́лкая река́*, une rivière peu profonde. *Ме́лкая таре́лка*, une assiette plate.

МЕ́ЛОЧНЫЙ mesquin. *Ме́лочный челове́к*, un homme mesquin. *Ме́лочные интере́сы*, des intérêts mesquins. *Ме́лочные ссо́ры*, des querelles mesquines.

МЕ́ЛОЧЬ *f.* **1.** menus objets, bagatelles. *На этаже́рке бы́ло мно́го вся́кой ме́лочи*, sur l'étagère, il y avait toutes sortes de babioles. **2.** (*fig.*) bagatelles. *Говори́ть о мелоча́х*, parler de bagatelles. **3.** petite monnaie. *Счита́ть ме́лочь*, compter sa monnaie.

МЕЛЬ *f.* banc de sable. *Сесть на мель*, échouer sur un banc de sable. // (*Fig.*) *Сиде́ть на мели́*, rester en rade.

МЕЛЬКА́ТЬ / МЕЛЬКНУ́ТЬ 1. briller (*d'une lumière intermittente*). *Мелька́ли звёзды*, les étoiles scintillaient. *Мелькну́ла мо́лния*, un éclair brilla. **2.** passer (*paraître et disparaître*). *Мчи́тся по́езд. Пе́ред глаза́ми мелька́ют луга́, поля́, дере́вни*, Le train file. Devant nos yeux passent des prés, des champs, des villages. « *Они́ ушли́!* » — *мелькну́ло в его́ голове́*, « Ils sont partis », pensa-t-il brusquement.

/ МЕЛЬКНУ́ТЬ v. мелька́ть.

МЕ́ЛЬКОМ *adv.* en passant. *Я ви́дел его́ то́лько ме́льком*, je l'ai vu seulement en passant.

МЕ́ЛЬНИК meunier.

МЕ́ЛЬНИЦА moulin. *Ве́тряная ме́льница*, un moulin à vent. *Водяна́я ме́льница*, un moulin à eau. *Кофе́йная ме́льница*, un moulin à café. *Свезти́ хлеб на ме́льницу*, mener le blé au moulin. ● **Лить во́ду на чью-нибудь ме́льницу,** apporter de l'eau au moulin de qqn. **Сража́ться с ве́тряными ме́льницами,** combattre les moulins à vent.

МЕЛЬЧА́ЙШИЙ (*superl. de* « ме́лкий ») moindre. *До мельча́йших подро́бностей*, jusqu'aux moindres détails.

МЕ́ЛЬЧЕ comp. de « ме́лкий ».

МЕ́НЕЕ *adv.* **1.** (+ *adj. ou adv.*) moins. *Не ме́нее краси́вый*, non moins beau. *Не ме́нее ва́жно*, non moins important. **2.** (+ *gén. ou* чем) moins. *Ме́нее двух неде́ль*, moins de deux semaines. *Ме́нее, чем в три часа́*, en moins de trois heures. ● **Бо́лее или ме́нее,** plus ou moins. *Бо́лее или ме́нее похо́жий*, plus ou moins ressemblant. **Ме́нее всего́,** le moins. *Э́то вопро́с, кото́рый меня́ ме́нее всего́ интересу́ет*, c'est la question qui m'intéresse le moins. **Тем не ме́нее,** néanmoins.

> REMARQUE. Il ne faut pas confondre « ме́нее », qui sert à former le comparatif analytique d'infériorité, et « ме́ньше », qui est le comparatif synthétique de « ма́ло », de « ма́лый » et de « ма́ленький ». Cependant, leur sens et leur emploi coïncident parfois (v. ме́нее 2 et ме́ньше 2, ainsi que les expressions « ме́нее всего́ » et « ме́ньше всего́ »).

МЕ́НЬШЕ 1. (*comp. de* « ма́лый » *et de* « ма́ленький ») plus petit. *Друга́я ко́мната ме́ньше э́той*, l'autre chambre est plus petite que celle-ci. **2.** (*comp. de* « ма́ло ») moins. *Их бы́ло всё ме́ньше и ме́ньше*, il y en avait de moins en moins. *Как мо́жно ме́ньше*, le moins possible. ● **Ме́ньше всего́,** le moins. *Э́то мне ме́ньше всего́ нра́вится*, c'est ce qui me plaît le moins.

> REMARQUE. Voir la remarque faisant suite à « ме́нее ».

МЕ́НЬШИЙ (*superl. de* « ма́лый » *et de* « ма́ленький ») le plus petit, le moindre. *Из двух зол вы́брать ме́ньшее*, de deux maux choisir le moindre. ● **По ме́ньшей ме́ре 1.** au moins. *Э́то за́няло у меня́ по ме́ньшей ме́ре пять часо́в*, cela m'a pris au moins cinq heures. **2.** (*entre virgules*) pour le moins. *Э́то, по ме́ньшей ме́ре, стра́нно*, c'est pour le moins étrange.

МЕНЬШИНСТВО́ minorité. *Ничто́жное меньшинство́*, une infime minorité.

МЕНЯ́ v. я.

МЕНЯ́ТЬ **1.** / **СМЕНИ́ТЬ** ___ , *part.* сменённый, *et* (*fam.*) **ПОМЕНЯ́ТЬ** changer (*remplacer, échanger*). *Меня́ть руба́шку*, changer de chemise. *Меня́ть кварти́ру*, changer d'appartement. **2.** / **ИЗМЕНИ́ТЬ** ___, *part.* изменённый changer (*d'avis*). *Меня́ть убежде́ния*, changer d'opinion. **3.** / **РАЗМЕНЯ́ТЬ** faire de la monnaie. **4.** / **ОБМЕНЯ́ТЬ** changer (*dans un bureau de change*).

МЕНЯ́ТЬСЯ **1.** / **ПОМЕНЯ́ТЬСЯ** (*seulement au sens propre*) *et* **ОБМЕНЯ́ТЬСЯ** (*tous ces verbes sont construits avec l'instrumental*) échanger. *Дава́й поменя́емся значка́ми*, Echangeons nos insignes. *Меня́ться взгля́дами*, échanger des regards. **2.** / **СМЕНИ́ТЬСЯ** ___ changer, être remplacé. *Часовы́е меня́ются ка́ждый час*, on relève la garde toutes les heures. **3.** / **ИЗМЕНИ́ТЬСЯ** ___ changer, se transformer. *Пого́да меня́ется*, le temps change.

МЕ́РА mesure (*divers sens*). *Ме́ра длины́*, mesure de longueur. *Чу́вство ме́ры*, le sens de la mesure. *Приня́ть ну́жные ме́ры*, prendre les mesures nécessaires. *Ме́ры предосторо́жности*, des mesures de sécurité. ● **В ме́ру,** avec mesure. **По кра́йней ме́ре** *ou* **по ме́ньшей ме́ре**, au moins. *По ме́ньшей ме́ре пять часо́в*, au moins cinq heures. **По ме́ре возмо́жности,** dans la mesure du possible. **По ме́ре того́, как,** à mesure que. *По ме́ре того́, как мы приближа́лись*, à mesure que nous nous approchions.

МЕРЗА́ВЕЦ canaille, gredin.

МЕ́РЗКИЙ /___ abject. *Ме́рзкое предложе́ние*, une proposition infâme. *Ме́рзкая пого́да*, un temps épouvantable.

МЕРЗЛОТА́ partie du sol perpétuellement gelée, « merzlota ». *Райо́ны ве́чной мерзлоты́*, régions où le sol est perpétuellement gelé en profondeur.

МЕ́РИТЬ **1.** / **СМЕ́РИТЬ** *et* **ИЗМЕ́РИТЬ** mesurer. *Ме́рить глубину́*, mesurer la profondeur. **2.** / **ПОМЕ́РИТЬ** *et* **ПРИМЕ́РИТЬ** essayer (*un vêtement...*).

МЕ́РИТЬСЯ **1.** v. ме́рить. **2.** / **ПОМЕ́РИТЬСЯ** se mesurer (*rivaliser*). *Ме́риться си́лами с ке́м-нибудь*, mesurer ses forces avec qqn.

МЕ́РКА mesure (*dimension évaluée*). *Сшить костю́м по ме́рке*, faire un costume sur mesure. *Снять ме́рку*, prendre les mesures.

МЕ́РКНУТЬ* III / **ПОМЕ́РКНУТЬ*** III pâlir (*perdre son intensité*). *Звёзды ме́ркнут*, les étoiles pâlissent.

МЕ́РНЫЙ cadencé. *Ме́рные зву́ки*, un bruit cadencé.

МЕРОПРИЯ́ТИЕ mesure envisagée, plan d'action. *Культу́рные мероприя́тия*, un plan concernant les activités culturelles. *Проведе́ние ва́жного мероприя́тия*, l'exécution d'un projet important.

МЕРТВЕ́Ц /¯¯¯ ¯¯¯ mort. *Бле́дный как мертве́ц*, pâle comme un mort.

МЁРТВЫЙ /___ (*sens propre*) *et* /¯¯¯ (*sens figuré*) **1.** mort (*divers sens*). *Мёртвые дере́вья*, des arbres morts. *Мёртвый язы́к*, une langue morte. // (*Subst.*) *Ему́ показа́лось, что мёртвый смо́трит на него́*, il lui sembla que le mort le regardait. **2.** de mort. *Мёртвая тишина́*, un silence de mort. *Спать мёртвым сном*, dormir à poings fermés. ● **Мёртвая то́чка,** le point mort (*mécanique*). **Мёртвые ду́ши** (*hist.*), « âmes mortes », serfs morts entre deux recensements et figurant encore comme vivants sur les listes officielles. **Ни жив, ни мёртв,** plus mort que vif.

МЕРЦА́ТЬ scintiller. *Звёзды мерца́ют*, les étoiles scintillent.

МЕСИ́ТЬ pétrir. *Меси́ть тéсто*, pétrir la pâte. ● **Меси́ть грязь,** patauger dans la boue.

МЕСТА́МИ *adv.* par endroits. *Кни́га места́ми óчень интерéсна*, par endroits, le livre est très intéressant.

МЕСТÉЧКО 1. dim. de « мéсто ». 2. bourgade (*principalement en Ukraine et en Biélorussie*).

МЕСТИ́* IV, мету́, метёшь...; мёл, мела́... 1. / **ПОДМЕСТИ́*** IV, подмету́, подметёшь...; подмёл, подмела́... ; подметённый balayer. *Мести́ двор*, balayer la cour. 2. balayer (*en parlant du vent*). *Вéтер мёл по дорóге ли́стья*, le vent balayait les feuilles sur la route. // (*Impers.*) *В степи́ метёт*, une tempête de neige souffle sur la steppe.

МÉСТНОСТЬ *f.* contrée. *Гори́стая мéстность*, une région montagneuse.

МÉСТНЫЙ local. *Мéстная газéта*, le journal local. *Мéстный колори́т*, la couleur locale. ● **Мéстный падéж,** le locatif (*gramm.*).

МÉСТО 1. lieu, endroit. *Мéсто рождéния*, lieu de naissance. *На мéсте катастрóфы*, sur le lieu de la catastrophe. *Живопи́сные места́*, une région pittoresque. 2. place. *Кни́га не на мéсте*, le livre n'est pas à sa place. *Положи́ть кни́гу на мéсто*, mettre un livre à sa place. *Нé было ни однoгó свобóдного мéста*, il n'y avait pas une seule place libre. *На твоём мéсте я бы ему́ написа́л*, A ta place, je lui écrirais. *Мне предлага́ют мéсто в ба́нке*, on me propose une place à la banque. 3. unité (*en comptant les bagages*). *Пять мест багажа́*, cinq colis. ● **На мéсте преступлéния,** sur le fait. *Егó пойма́ли на мéсте преступлéния*, il a été pris sur le fait. **Не мéсто,** ce n'est pas l'endroit convenable pour. *Здесь не мéсто кури́ть*, ce n'est pas un endroit pour fumer. **Не находи́ть себé мéста,** être comme une âme en peine. **У негó глаза́ на мóкром мéсте,** il a la larme facile. **Э́то егó сла́бое мéсто,** c'est son point faible.

МЕСТОЖИ́ТЕЛЬСТВО domicile. *Врéменное местожи́тельство*, domicile provisoire.

МЕСТОИМÉНИЕ pronom. *Ли́чное местоимéние*, pronom personnel.

МЕСТЬ *f.* vengeance. *Сдéлать чтó-нибудь из мéсти*, faire qqch. par vengeance.

МÉСЯЦ 1. mois. *Чéрез пять мéсяцев*, dans cinq mois. 2. lune (*poét.*), croissant de lune. *Молодóй мéсяц*, la nouvelle lune. ● **Медóвый мéсяц,** la lune de miel.

МÉСЯЧНЫЙ mensuel. *Мéсячная зарпла́та*, le salaire mensuel.

МЕТА́ТЬ* II, мечу́, мéчешь... / **МЕТНУ́ТЬ** lancer. *Мета́ть грана́ту*, lancer une grenade. ● **Мета́ть би́сер пéред сви́ньями,** donner de la confiture aux cochons. **Мета́ть гром и мóлнии,** jeter feu et flamme. **Мета́ть жрéбий,** tirer au sort. **Мета́ться как угорéлый,** se démener comme un possédé.

REMARQUE. Dans le vocabulaire sportif (« мета́ть копьё », « lancer le javelot », ...), « мета́ть » suit une conjugaison régulière : мета́ю, мета́ешь...

МЕТÉЛЬ *f.* tempête de neige (v. мести́ 2). *Поднялáсь метéль*, une tempête de neige s'éleva.

МЕТÉЛЬЩИК balayeur.

I. МÉТИТЬ / ПОМÉТИТЬ marquer. *Мéтить бельё*, marquer son linge. *Помéтить страни́цу*, marquer une page.

II. МÉТИТЬ viser. *Мéтить в сéрдце*, viser au cœur. *Мéтить в председа́тели*, viser la place de président.

МЕ́ТКА marque, repère. *Ме́тка на бельё*, une marque sur le linge.

МЕ́ТКИЙ qui atteint son but. *Ме́ткий уда́р*, un coup bien envoyé. *Ме́ткий стрело́к*, un bon tireur.

МЕТЛА́, *pl.* мётлы, мётел, мётлам... balai.

/ **МЕТНУ́ТЬ** v. мета́ть.

I. МЕХ*, *loc.* меху́, *nom. pl.* меха́ fourrure. *Шу́ба на ли́сьем меху́*, une pelisse en renard. *Торгова́ть меха́ми*, faire le commerce des fourrures. ● **На ры́бьем меху́,** en piteux état (*en parlant d'une pelisse, d'un pardessus...*). *У меня́ пальто́ на ры́бьем меху́*, j'ai un pardessus qui ne vaut pas tripette.

II. МЕХ **1.** soufflet. *Кузне́чный мех*, un soufflet de forge. **2.** outre. *Влить вино́ в мех*, verser du vin dans une outre.

МЕХОВО́Й de fourrure, fourré. *Мехова́я ша́пка*, un bonnet fourré.

МЕЧ épée, glaive. *Взмахну́ть мечо́м*, brandir son épée. ● **Дамо́клов меч,** l'épée de Damoclès. **Преда́ть огню́ и мечу́,** mettre à feu et à sang.

МЕЧТА́*, *gén. pl.* мечта́ний rêverie, rêve. *Несбы́точная мечта́*, un rêve irréalisable. *Предава́ться мечта́м*, se laisser aller à la rêverie.

МЕЧТА́ТЕЛЬ *m.* rêveur. *Неисправи́мый мечта́тель*, un rêveur incorrigible.

МЕЧТА́ТЬ / ПОМЕЧТА́ТЬ rêvasser, rêver. *Мечта́ть о бу́дущем*, rêver à l'avenir. *Он мечта́л поступи́ть в университе́т*, il rêvait d'entrer à l'université.

I. МЕША́ТЬ / ПОМЕША́ТЬ (+ *dat.*) gêner. *Я вам не меша́ю?*, Je ne vous dérange pas? *Э́то тебе́ не меша́ет рабо́тать*, Ça ne t'empêche pas de travailler. *Вам не меша́ло бы отдохну́ть немно́жко*, Cela ne vous ferait pas de mal de vous reposer un peu.

II. МЕША́ТЬ 1. / ПОМЕША́ТЬ remuer. *Меша́ть чай*, remuer le thé. **2. / СМЕША́ТЬ** mélanger. *Меша́ть кра́ски*, mélanger des couleurs.

МЕ́ШКАТЬ lambiner, traîner.

МЕШО́К sac. *Мешо́к с муко́й*, un sac de farine. *Спа́льный мешо́к*, un sac de couchage.

МЕЩАНИ́Н*, *pl.* меща́не, меща́н, меща́нам... bourgeois, petit bourgeois. « *Мещани́н во дворя́нстве* » *Молье́ра*, « le Bourgeois gentilhomme » de Molière.

МЕЩА́НСКИЙ de petit bourgeois, mesquin. *Меща́нские вку́сы*, des goûts de petit bourgeois.

МИГ instant. *В оди́н миг*, en un clin d'œil. *В тот же миг*, au même instant.

МИГА́ТЬ / МИГНУ́ТЬ 1. cligner. *Мига́ть глаза́ми*, cligner des yeux. *Она́ мига́ла ему́*, elle lui faisait des clins d'œil. **2.** clignoter, scintiller. *Ла́мпа мига́ет*, la lampe clignote. *Звёзды мига́ют*, les étoiles scintillent.

/ **МИГНУ́ТЬ** v. мига́ть.

МИ́ГОМ *adv.* (*fam.*) en un clin d'œil.

МИЗИ́НЕЦ petit doigt.

МИЛИЦИОНЕ́Р agent de police. *Милиционе́р регули́рует движе́ние*, l'agent de police dirige la circulation.

МИЛИ́ЦИЯ police. *Отделе́ние мили́ции*, poste de police.

МИ́ЛОВАТЬ / ПОМИ́ЛОВАТЬ gracier. *Он был поми́лован*, il a été gracié.

МИ́ЛОСТЫНЯ aumône. *Проси́ть ми́лостыню*, demander l'aumône. *Собира́ть ми́лостыню*, vivre d'aumônes.

МИ́ЛОСТЬ *f.* **1.** pitié, clémence. *Заслужи́ть чью-нибудь ми́лость*, mériter la clémence de qqn. *Сде́лать что́-нибудь из ми́лости*, faire qqch. par pitié. **2.** (*arch.*)

faveur, bonté. *Осыпать кого-нибудь милостями*, couvrir qqn de ses bontés. *Войти к кому-нибудь в милость*, gagner les faveurs de qqn. • **Милости просим,** je vous en prie (*invitation à faire qqch.*). **Милостью божьей,** par la grâce de Dieu. **По милости** **1.** grâce à. **2.** (*iron.*) par la faute de. **Скажите на милость !** (*iron.*), Voyez-vous ça !

МИЛЫЙ **1.** gentil. *Такая милая девочка !*, Une petite fille si gentille ! *Это очень мило с вашей стороны*, C'est bien gentil de votre part. **2.** cher. *Милый Александр Иванович*, Cher Monsieur et ami. **3.** *subst.* bien-aimé. *Далеко от милого*, loin de son bien-aimé.

МИМО *prép.* (+ *gén.*) à côté (*en passant*). *Он прошёл мимо нас*, il est passé à côté de nous. *Сесть мимо стула*, s'asseoir à côté de la chaise. *Пропустить мимо ушей*, ne pas faire attention (*à ce qui est dit*) *ou* faire la sourde oreille.

МИМОХОДОМ *adv.* en passant. *Зайти мимоходом*, entrer en passant.

МИНДАЛЬ **1.** amandier(s). *Цветёт миндаль*, les amandiers sont en fleur. **2.** amande(s) [*fruit de l'amandier*]. *Пирожное с миндалём*, un gâteau aux amandes.

МИНИСТЕРСТВО ministère. *Министерство Иностранных Дел*, le ministère des Affaires étrangères. *Министерство Народного Просвещения*, le ministère de l'Éducation nationale.

МИНОВАТЬ / МИНОВАТЬ **1.** passer (*franchir, dépasser*). *Мы миновали мост*, nous passâmes le pont. *Миновать опасность*, éviter le danger. **2.** passer (*s'écouler, s'éloigner*). *Опасность миновала*, le danger est passé. • **Чему быть, того не миновать,** on ne peut fuir son destin. **Двум смертям не бывать, одной не миновать,** on ne meurt qu'une fois.

МИНУС **1.** moins (*signe mathématique*). *Поставить плюс вместо минуса*, mettre le signe plus au lieu du signe moins. // (*Indécl., entre deux nombres ou dans l'indication de la température*). *Девять минус пять — четыре*, neuf moins cinq égale quatre. *Позавчера было минус двадцать*, avant-hier, il faisait moins vingt. **2.** (*fam.*) défaut, inconvénient. *Проект имеет много минусов*, le projet présente bien des inconvénients.

МИНУТА **1.** minute. *Через пять минут*, dans cinq minutes. **2.** instant, moment. *Одну минуту !*, Un instant ! *Каждую минуту*, à chaque instant. *Минуты покоя нет*, on n'a pas un instant de tranquillité.

МИНУТНЫЙ **1.** concernant les minutes. *Минутная стрелка*, l'aiguille des minutes. **2.** d'une minute, d'un instant. *Минутный разговор по телефону*, une conversation d'une minute au téléphone. *Это минутное дело*, c'est l'affaire d'une minute.

/ **МИНУТЬ,** минешь... (*livresque*). **1.** passer (*dépasser, franchir*). *Минув деревню*, après avoir dépassé le village. **2.** passer (*s'écouler, s'éloigner*). *Опасность минула*, le danger est passé. **3.** être accompli (*en parlant des années*). *Мне минуло пятнадцать лет*, j'ai quinze ans accomplis.

> REMARQUE. **1.** La première personne du futur est inusitée. **2.** Au passé, l'accent est минул (sens 1 et 2) ou минул (sens 3).

I. МИР monde. *Во всём мире*, dans le monde entier. *Сотворение мира*, la création du monde. *Чемпион мира*, champion du monde. *Мир животных*, le règne animal.

II. МИР paix. *Заключить мир*, conclure un traité de paix. *Жить в мире*, vivre en bonne entente.

III. МИР (*hist.*) communauté paysanne, « mir ».

МИРИ́ТЬ / ПОМИРИ́ТЬ *et* **ПРИМИРИ́ТЬ** réconcilier. *Мири́ть всех*, réconcilier tout le monde.

МИРИ́ТЬСЯ 1. / ПОМИРИ́ТЬСЯ v. мири́ть. **2. / ПОМИРИ́ТЬСЯ** *et* **ПРИМИРИ́ТЬСЯ** prendre son parti de. *Мири́ться с обстоя́тельствами*, prendre son parti de la situation.

МИ́РНЫЙ 1. de paix. *Ми́рный догово́р*, traité de paix. *В ми́рное вре́мя*, en temps de paix. **2.** paisible. *Ми́рный челове́к*, un homme paisible. *Ми́рная жизнь*, une vie paisible. *Ми́рно спать*, dormir paisiblement.

МИРОВОЗЗРЕ́НИЕ conception du monde. *Мировоззре́ние первобы́тного челове́ка*, la conception du monde de l'homme primitif.

МИРОВО́Й mondial. *Мирово́й реко́рд*, le record du monde. *Пе́рвая мирова́я война́*, la Première Guerre mondiale.

МИРОЛЮБИ́ВЫЙ pacifique. *Миролюби́вый челове́к*, un homme pacifique.

МИ́СКА 1. écuelle. *Деревя́нная ми́ска*, une écuelle en bois. **2.** (*souvent accompagné de l'adjectif* « супова́я ») soupière.

МИШЕ́НЬ *f.* cible. *Подвижна́я мише́нь*, une cible mobile. // (*Fig.*) *Служи́ть мише́нью для*, servir de cible à.

МИ́ШКА (*dim. du prénom* « Михаи́л ») **1.** nom donné parfois par plaisanterie à l'ours. **2.** nom donné aux ours en peluche. *Плю́шевый ми́шка*, un ours en peluche.

МЛАДЕ́НЕЦ (*livresque*) enfant. *Новорождённый младе́нец*, un nouveau-né. *Грудно́й младе́нец*, un nourrisson. *Он су́щий младе́нец*, c'est un vrai gosse.

МЛА́ДШИЙ 1. (*comp.*) plus jeune. *Мой мла́дший брат*, mon frère qui est plus jeune que moi. *Мла́дшее поколе́ние*, la jeune génération. **2.** (*superl.*) le plus jeune, le cadet. *Мла́дший сын*, le fils cadet. // (*Subst.*) *Мла́дшая*, la cadette. **3.** adjoint, subalterne. *Мла́дшие офице́ры*, les officiers subalternes.

МЛЕКОПИТА́ЮЩЕЕ *adj. subst. n.* mammifère.

МНЕ v. я.

МНЕ́НИЕ opinion. *Предвзя́тое мне́ние*, une opinion préconçue. *Раздели́ть чьё-нибудь мне́ние*, partager l'opinion de qqn. *Быть невысо́кого мне́ния о ко́м-нибудь*, ne pas avoir une haute opinion de qqn.

МНИ́МЫЙ imaginaire. *Мни́мая опа́сность*, un danger imaginaire. *Мни́мый больно́й*, un malade imaginaire.

МНИ́ТЕЛЬНЫЙ enclin à voir la vie en noir, méfiant. *Мни́тельный хара́ктер*, un esprit inquiet.

МНО́ГИЙ 1. *pronom neutre singulier* de nombreuses choses. *Они́ мно́гое сде́лали для нас*, ils ont fait bien des choses pour nous. *Он во мно́гом прав*, il a raison sur plus d'un point. **2.** *pronom-adjectif* (*inusité au sg.*) nombreux. *Во мно́гих отноше́ниях*, à plus d'un égard. *В числе́ мно́гих други́х*, parmi beaucoup d'autres. **3.** *pronom* (*inusité au sg.*) de nombreuses personnes. *Мно́гие так ду́мают*, de nombreuses personnes sont de cet avis.

МНО́ГО, *comp.* бо́льше*, *adv.* beaucoup (*exprimant la quantité*). *Мно́го рабо́ты*, beaucoup de travail. *Мно́го шу́ма из ничего́*, beaucoup de bruit pour rien. *Мно́го воды́ утекло́ с тех пор*, il est passé beaucoup d'eau sous les ponts depuis ce temps-là. *Э́то мно́го*, c'est beaucoup. *Мно́го говори́ть*, parler beaucoup. • **Мно́го-мно́го,** tout au plus. *Мно́го-мно́го два ра́за в год*, tout au plus deux fois par an.

МНОГОЗНАЧИ́ТЕЛЬНЫЙ 1. important. *Многозначи́тельное собы́тие*, un événement important. **2.** significatif. *Многозначи́тельная улы́бка*, un sourire significatif.

МНОГОЛЕ́ТНИЙ de plusieurs

années. *Многоле́тний труд*, un travail qui a nécessité de nombreuses années. *Многоле́тнее расте́ние*, une plante vivace.

МНОГОЛЮ́ДНЫЙ où il y a beaucoup de monde. *Многолю́дное собра́ние*, une réunion nombreuse.

МНОГОТО́ЧИЕ plusieurs points (*ponctuation*).

МНОГОЧИ́СЛЕННЫЙ nombreux. *Многочи́сленная толпа́*, une foule nombreuse.

МНО́ЖЕСТВО multitude. *Мно́жество пла́нов*, une quantité de plans. *Вели́кое мно́жество*, une grande quantité.

МНО́ЖИТЬ / ПОМНО́ЖИТЬ multiplier. *Помно́жить шесть на три*, multiplier six par trois.

МНОЙ v. я.

МОГ v. мочь.

МОГИ́ЛА tombe. *Вы́рыть моги́лу*, creuser une tombe. ● **Бра́тская моги́ла,** fosse commune.

МОГЛА́..., МОГУ́... v. мочь.

МОГУ́ЧИЙ puissant. *Могу́чие пле́чи*, des épaules puissantes. *Могу́чий го́лос*, une voix puissante. *Могу́чая страна́*, un pays puissant. ● **Могу́чая ку́чка,** le groupe des Cinq (*mus.*).

МОГУ́ЩЕСТВО puissance, force. *Могу́щество его́ вдохнове́ния*, la puissance de son inspiration.

МО́ДНЫЙ **1.** à la mode. *Мо́дная причёска*, une coiffure à la mode. *Мо́дный писа́тель*, un écrivain à la mode. *Мо́дная пе́сенка*, une chanson à la mode. **2.** de mode. *Мо́дный журна́л*, un journal de mode.

МОЁТ, МО́ЕШЬ... v. мыть.

МО́ЖЕТ, МО́ЖЕШЬ... v. мочь.

МО́ЖНО *particule* on peut. *Здесь мо́жно кури́ть*, ici, on peut fumer. *Мо́жно мне?*, Vous permettez? *Е́сли мо́жно*, si c'est possible. *Как мо́жно бо́льше*, le plus possible.

МОЗГ*, *loc.* мозгу́ **1.** cerveau. *Физиоло́гия мо́зга*, la physiologie du cerveau. **2.** cervelle (*alimentation*). *Теля́чьи мозги́*, de la cervelle de veau. **3.** moelle. *Ко́стный мозг*, la moelle des os. *Я промо́к до мо́зга косте́й*, je suis trempé jusqu'aux os. ● **Пошевели́ть мозга́ми,** se creuser les méninges.

МОЗО́ЛЬ *f.* durillon, cor. *Я натёр себе́ мозо́ль*, j'ai un cor au pied.

I. МОЙ *pronom-adjectif possessif* mon. *Мой слова́рь*, mon dictionnaire.

II. МОЙ v. мыть.

МО́КНУТЬ* III / **ПРОМО́КНУТЬ*** III se mouiller. *Мо́кнуть под дождём*, se faire rincer.

МО́КРЫЙ mouillé, humide. *Мо́крый ве́тер*, un vent humide. *На у́лице мо́кро*, dehors, il fait humide. *Мо́крый от дождя́*, trempé par la pluie. ● **Мо́края ку́рица,** une poule mouillée. **У него́ глаза́ на мо́кром ме́сте,** il a la larme facile.

I. МОЛ*, *loc.* молу́ môle, jetée.

II. МОЛ *particule accompagnant des paroles rapportées* (*pop.*), *se traduit selon le contexte. Я отвеча́ю, что ничего́, мол, обойдётся*, Et moi je lui dis : « Ça ne fait rien, ça s'arrangera. »

МОЛВА́, rumeur publique. *Идёт молва́, что*, le bruit court que.

МОЛИ́ТВА prière. *Чита́ть моли́тву*, dire la prière.

МОЛИ́ТЬ prier (*demander*). *Моли́ть о поща́де*, demander grâce.

МОЛИ́ТЬСЯ / **ПОМОЛИ́ТЬСЯ** **1.** prier (*faire sa prière*). *Моли́ться бо́гу*, prier Dieu. **2.** adorer (*fam.*). *Она́ на него́ пря́мо моли́лась*, elle l'adorait.

МОЛНИЕНО́СНЫЙ rapide comme un éclair. *С молниено́сной быстрото́й*, avec la rapidité d'un éclair.

МО́ЛНИЯ **1.** éclair. *Сверка́ют мо́лнии*, des éclairs brillent dans le ciel. *С быстротой молнии,* avec la rapidité d'un éclair. **2.** (*accompagné parfois du mot* « застёжка ») fermeture à glissière.

МОЛОДЁЖЬ *f.* les jeunes gens. *Советская молодёжь,* la jeunesse soviétique. *Золотая молодёжь,* la jeunesse dorée.

МОЛОДЕ́ТЬ / ПОМОЛОДЕ́ТЬ rajeunir (*redevenir jeune*).

МОЛОДЕ́Ц **1.** beau garçon. *Я редко видел такого молодца,* j'ai rarement vu un aussi beau garçon. **2.** personne qui se tire bien d'affaire. *Она у нас молодец,* elle se débrouille admirablement. ● **Молодец!,** C'est très bien.

Remarque. Avec l'accentuation « молодец », ce mot appartient au vocabulaire folklorique et ne s'applique qu'à un jeune homme.

МОЛОДИ́ТЬ rajeunir (*rendre plus jeune*). *Эта шляпа тебя молодит,* Ce chapeau te rajeunit.

МОЛОДОЖЁН ● **Молодожёны,** les jeunes mariés, le jeune couple.

МОЛОДО́Й, молод, молода, молодо, молоды /__ ; *comp.* моложе* jeune. *Молодое поколение,* la jeune génération. *Молодой щенок,* un jeune chien. *Он моложе меня на два года,* il a deux ans de moins que moi. ● **Молодой картофель,** des pommes de terre nouvelles. **Молодой месяц,** la nouvelle lune. **Молодой человек** **1.** un jeune homme. *Этот молодой человек,* ce jeune homme. **2.** jeune homme (*apostrophe*). *Скажите, молодой человек,* Dites-moi, jeune homme.

МО́ЛОДОСТЬ *f.* jeunesse (*par opposition à* « *vieillesse* »). *В молодости она была весёлой и беззаботной,* dans sa jeunesse, elle était gaie et insouciante. *Она не первой молодости,* elle n'est pas de la première jeunesse.

МОЛО́ЖЕ comp. de « молодой ».

МОЛОКО́ lait. *Кофе с молоком,* café au lait. *Коровье молоко,* lait de vache. *Сгущённое молоко,* lait concentré. *Кислое молоко,* lait caillé. ● **Обжёгшись на молоке, будешь дуть и на воду,** chat échaudé craint l'eau froide. **У него молоко на губах не обсохло,** c'est un blanc-bec.

МОЛОКОСО́С blanc-bec.

МО́ЛОТ marteau (*de grande taille*). *Паровой молот,* marteau-pilon à vapeur. *Серп и молот,* la faucille et le marteau. *Находиться между молотом и наковальней,* être entre le marteau et l'enclume.

МОЛОТИ́ЛКА batteuse.

МОЛОТИ́ТЬ __ battre (*le blé*). *Молотить рожь,* battre le seigle.

МОЛОТО́К (*dim. de* « молот »). *Сапожный молоток,* marteau de cordonnier. *Отбойный молоток,* marteau piqueur.

МОЛО́ТЬ* II, мелю, мелешь... __ / **СМОЛО́ТЬ*** (*id.*) moudre. *Молоть зерно,* moudre le grain. *Молоть кофе,* moudre le café. ● **Молоть вздор,** dire des bêtises.

МОЛО́ЧНЫЙ au lait, de lait. *Молочный суп,* soupe au lait. *Молочный поросёнок,* cochon de lait. *Молочный зуб,* dent de lait.

МО́ЛЧА *adv.* en silence. *Она молча смотрела на меня,* elle me regardait sans rien dire.

МОЛЧАЛИ́ВЫЙ **1.** silencieux, taciturne. *Молчаливый человек,* un homme taciturne. **2.** tacite. *Молчаливое соглашение,* un accord tacite.

МОЛЧА́НИЕ silence. *Гробовое молчание,* un silence de mort. *Прервать молчание,* rompre le silence. *Хранить молчание,* garder le silence. *Обойти что-нибудь молчанием,* passer qqch. sous silence. *Заговор молчания,* la conspiration du silence. ● **Молчание — знак согласия,** qui ne dit mot consent. **Слово — серебро, молчание — золото,** la parole est d'argent mais le silence est d'or.

МОЛЧА́ТЬ* I, молчу́, молчи́шь... / **ЗАМОЛЧА́ТЬ*** (*id.*) *et* **ПОМОЛЧА́ТЬ*** (*id.*) se taire. *Что ты молчи́шь?*, Pourquoi ne dis-tu rien? *Молча́ть!*, Silence !

МОЛЬ *f.* mite(s). *Съе́денный мо́лью*, mangé par les mites.

МОМЕ́НТ instant, moment. *В оди́н моме́нт*, en un instant. *В подходя́щий моме́нт*, au moment voulu.

МОМЕНТА́ЛЬНЫЙ instantané. *Момента́льная смерть*, une mort subite. *Я момента́льно засну́л*, je me suis endormi aussitôt.

МОНАСТЫ́РЬ ⁄‾‾ ‾‾ *m.* monastère. *Новоде́вичий монасты́рь*, le monastère Novodievitchi (*à Moscou*).

МОНА́Х moine. *Постри́чься в мона́хи*, se faire moine. *Жить мона́хом*, vivre comme un moine.

МОНА́ХИНЯ religieuse. *Постри́чься в мона́хини*, se faire religieuse.

МОНЕ́ТА pièce de monnaie. *Моне́та в пять копе́ек*, une pièce de cinq kopeks. ● **Принима́ть за чи́стую моне́ту,** prendre pour argent comptant. **Отплати́ть той же моне́той,** rendre à qqn la monnaie de sa pièce.

МОРГА́ТЬ / **МОРГНУ́ТЬ** (+ *instr.*) cligner. *Морга́ть глаза́ми*, cligner des yeux.

/ **МОРГНУ́ТЬ** v. морга́ть.

МО́РДА 1. museau. *Медвежо́нок уда́рил соба́ку пря́мо по мо́рде*, l'ourson frappa le chien en plein sur le museau. 2. (*pop.*) gueule. *Наби́ть кому́-нибудь мо́рду*, casser la gueule à qqn.

МО́РЕ ___ ‾‾‾ mer. *Балти́йское мо́ре*, la mer Baltique. *Каспи́йское мо́ре*, la mer Caspienne. *Чёрное мо́ре*, la mer Noire. *Средизе́мное мо́ре*, le mer Méditerranée. *Вы́йти в откры́тое мо́ре*, partir en pleine mer. ● **Сиде́ть у́ моря и ждать пого́ды,** attendre le dégel. **Э́то ка́пля в мо́ре,** c'est une goutte d'eau dans l'océan.

REMARQUE. L'accent passe sur la préposition dans les groupes « на́ море », « по́ морю », dans le dicton « сиде́ть у́ моря и ждать пого́ды » et dans les groupes « за́ море », « за́ морем » lorsqu'ils ont le sens archaïque « à l'étranger ».

МОРИ́ТЬ 1. / **ВЫ́МОРИТЬ** faire crever. *Вы́морить тарака́нов*, se débarrasser des cafards. 2. / **УМОРИ́ТЬ** faire souffrir. *Он мори́л нас го́лодом*, il nous faisait crever de faim.

МОРКО́ВЬ *f.* carotte(s). *Купи́ть морко́вь*, acheter des carottes.

МОРО́ЖЕНЫЙ 1. gelé. *Моро́женый карто́фель*, des pommes de terre gelées. 2. congelé. *Моро́женая ры́ба*, du poisson congelé. 3. *subst. neutre* glace(s) [*rafraîchissement à la crème*]. *Шокола́дное моро́женое*, une glace au chocolat.

МОРО́З gel, froid. *Всю зи́му стоя́ли си́льные моро́зы*, tout l'hiver, il a fait très froid. *Со́рок гра́дусов моро́за*, quarante degrés au-dessous de zéro. ● **Дед-моро́з** 1. le Père Noël. 2. personnage des contes populaires, personnification du gel. **Моро́з по ко́же подира́ет,** ça vous donne la chair de poule.

МОРОСИ́ТЬ bruiner. *С утра́ мороси́ло*, il bruinait depuis le matin.

МОРСКО́Й de mer, marin. *Морска́я вода́*, l'eau de mer. *Морско́й во́здух*, l'air marin. *Морско́е учи́лище*, école navale. *Морска́я звезда́*, une étoile de mer. *Морска́я боле́знь*, le mal de mer.

МОРЩИ́НА ride. *Морщи́ны на лбу*, des rides sur le front.

МО́РЩИТЬ / **НАМО́РЩИТЬ** *et* **СМО́РЩИТЬ** froncer. *Намо́рщить лоб*, plisser le front.

МО́РЩИТЬСЯ 1. / **НАМО́РЩИТЬСЯ** froncer les sourcils. 2. / **ПОМО́РЩИТЬСЯ** *et* **СМО́РЩИТЬСЯ** faire la grimace (*de douleur...*). *Он помо́рщился от бо́ли*, la douleur lui fit faire une grimace.

МОРЯ́К marin.

МОСКВИ́Ч Moscovite.

МОСКВИ́ЧКА Moscovite.

МОСКО́ВСКИЙ de Moscou.

МОСТ*, *loc.* мосту́ *ou* pont. *Мост через реку́*, un pont sur le fleuve. *Вися́чий мост*, un pont suspendu. *Подъёмный мост*, un pont-levis. *Железнодоро́жный мост*, un pont de chemin de fer.

МОСТИ́ТЬ / ВЫ́МОСТИТЬ paver.

МОСТОВА́Я *adj. subst.f.* chaussée. *Сойти́ с тротуа́ра на мостову́ю*, descendre du trottoir sur la chaussée.

МОТА́ТЬ / НАМОТА́ТЬ 1. (+ *acc.*) pelotonner. *Намота́ть шерсть в клубо́к*, mettre de la laine en pelote. 2. (+ *instr.*) secouer. *Мота́ть голово́й*, secouer la tête. • **Намота́ть себе́ на ус,** se le tenir pour dit.

МОТИ́В 1. motif. *По ли́чным моти́вам*, pour des motifs personnels. 2. mélodie, air. *Мне нра́вится моти́в э́той пе́сни*, l'air de cette chanson me plaît.

МОТОВСТВО́ prodigalité. *Э́то мотовство́*, c'est jeter de l'argent par les fenêtres.

МОХ*, *loc.* мху mousse (*bot.*). *Кры́ша, заро́сшая мо́хом*, un toit couvert de mousse.

> REMARQUE. Au génitif, au datif et à l'instrumental singulier, la chute de la voyelle mobile est facultative.

МОХНА́ТЫЙ 1. velu. *Мохна́тый медве́дь*, un ours velu. 2. en tissu-éponge. *Мохна́тое полоте́нце*, une serviette de toilette en tissu-éponge.

МОЦИО́Н exercice (*action de se donner du mouvement*). *Де́лать моцио́н*, se donner de l'exercice. *Для моцио́на*, pour se donner du mouvement.

МОЧА́ urine. *Ана́лиз мочи́*, analyse d'urine.

МОЧИ́ТЬ / НАМОЧИ́ТЬ 1. mouiller. *Она́ не хо́чет мочи́ть себе́ но́ги*, elle ne veut pas se mouiller les pieds. 2. faire tremper. *Мочи́ть бельё*, faire tremper du linge.

МОЧИ́ТЬСЯ 1. v. мочи́ть. 2. / **ПОМОЧИ́ТЬСЯ** pisser.

I. **МОЧЬ*** IV, могу́, мо́жешь..., мо́гут ; мог, могла́... / **СМОЧЬ*** IV (*id.*) pouvoir. *Без очко́в я не могу́ чита́ть*, je ne peux pas lire sans lunettes. • **Мо́жет быть** *ou* (*fam.*) **мо́жет,** peut-être. *Он, мо́жет быть, уже́ верну́лся*, il est peut-être déjà rentré. **Не мо́жет быть !,** Pas possible !

> REMARQUE. Les infinitifs « мочь » et « смочь » sont inusités.

II. **МОЧЬ** *f.* • **Изо всей мо́чи,** de toutes ses forces.

МОШЕ́ННИК filou, fripouille.

МО́ЩНОСТЬ *f.* puissance (*techn.*). *Мо́щностью в 60 лошади́ных сил*, d'une puissance de 60 chevaux.

МО́ЩНЫЙ puissant. *Мо́щная ше́я*, un cou puissant. *Мо́щный дви́гатель*, un moteur puissant. *Мо́щное госуда́рство*, un État puissant.

I. **МО́Ю** v. мыть.

II. **МОЮ́** v. мой I.

> REMARQUE. Les deux mots ci-dessus diffèrent par leur accent.

МО́ЮТ v. мыть.

МРАК ténèbres. *Во мра́ке но́чи*, dans les ténèbres de la nuit. *Э́то покры́то мра́ком неизве́стности*, Dieu seul le sait.

МРА́МОР marbre. *Па́мятник из бе́лого мра́мора*, un monument en marbre blanc.

МРА́ЧНЫЙ 1. sombre, obscur. *Мра́чная ночь*, une nuit sombre. 2. sombre, mélancolique. *Мра́чные мы́сли*, des idées noires. *Часово́й мра́чно посмотре́л на них*, la sentinelle les regarda d'un air sombre.

МСТИТЬ / ОТОМСТИ́ТЬ se venger. *Мстить кому́-нибудь*, se venger de qqn. *Мстить за оби́ду*, se venger d'une offense.

МУДРЁНЫЙ, мудрён, мудрена́, мудрено́, мудрены́ (*fam.*) compliqué. *Мудрёная причёска*, une coiffure compliquée. *Что же мудрёного!*, Qu'est-ce que ça a d'extraordinaire? ● **У́тро ве́чера мудрене́е,** la nuit porte conseil.

МУ́ДРОСТЬ *f.* sagesse. *Наро́дная му́дрость*, la sagesse populaire. *Зуб му́дрости*, une dent de sagesse.

МУ́ДРЫЙ sage. *Му́дрый челове́к*, un homme sage. *Му́дрое реше́ние*, une sage décision.

МУЖ*, *pl.* мужья́, муже́й, мужья́м... mari. *Её муж — инжене́р*, son mari est ingénieur.

МУ́ЖЕСТВЕННЫЙ courageux. *Му́жественная же́нщина*, une femme courageuse.

МУ́ЖЕСТВО courage. *Прояви́ть му́жество*, faire preuve de courage. *Име́ть му́жество говори́ть пра́вду*, avoir le courage de dire la vérité.

МУЖИ́К **1.** (*arch.*) moujik, paysan. **2.** moujik, rustre. **3.** (*fam.*) bonhomme. *Э́то де́льный мужи́к*, c'est un type qui connaît son affaire.

МУЖИ́ЦКИЙ de moujik. *Мужи́цкая борода́*, une barbe de moujik.

МУЖСКО́Й **1.** d'homme, pour homme. *Мужско́е пальто́*, un pardessus d'homme. **2.** masculin. *Мужско́й пол*, le sexe masculin. *Мужско́й род*, le masculin (*gramm.*).

МУЖЧИ́НА *m.* homme (*par opposition à femme*). *Мужчи́ны и же́нщины*, des hommes et des femmes.

I. МУ́КА tourment, souffrance. *А́дские му́ки*, des souffrances atroces. *Му́ки го́лода*, les affres de la faim. *Му́ка мне с тобо́й!*, Ce qu'il faut en voir avec toi! ● **Му́ки Танта́ла,** le supplice de Tantale. **Хожде́ние по му́кам** **1.** la Passion (*religion*). **2.** un calvaire (*longues souffrances morales*). **3.** (*titre de la trilogie d'Alexeï Tolstoï*) « le Chemin des tourments ».

II. МУКА́ farine. *Пшени́чная мука́*, farine de froment. ● **Переме́лется, мука́ бу́дет,** ça finira bien par s'arranger.

REMARQUE. Les deux mots ci-dessus diffèrent par leur accentuation.

МУНДИ́Р longue vareuse d'uniforme. *В офице́рском мунди́ре*, en tenue d'officier. ● **Карто́фель в мунди́ре,** des pommes de terre en robe de chambre.

МУРАВЕ́Й, муравья́... fourmi. *Кра́сные муравьи́*, des fourmis rouges.

МУРАВЕ́ЙНИК fourmilière. // (*Fig.*) *Настоя́щий мураве́йник*, une vraie fourmilière.

МУРА́ШКА petite fourmi, petit insecte. ● **У меня́ мура́шки по спине́ бе́гают,** j'en ai des frissons dans le dos.

МУРЛЫ́КАТЬ* II, мурлы́чу, мурлы́чешь... **1.** ronronner (*en parlant du chat*). *Ко́шка мурлы́чет*, le chat ronronne. **2.** fredonner. *Мурлы́кать пе́сню*, fredonner une chanson.

REMARQUE. « Мурлы́кать » suit parfois la conjugaison régulière « мурлы́каю, мурлы́каешь... ».

МУ́СКУЛ muscle. *Больши́е му́скулы*, de gros muscles. *У тебя́ совсе́м нет му́скулов*, Tu n'as pas de muscles.

МУ́СОР ordures, décombres, balayures. *Вы́мести му́сор*, balayer les ordures.

МУ́СОРНЫЙ d'ordures, ordurier. *Му́сорная ку́ча*, un tas d'ordures. *Му́сорный я́щик*, la poubelle.

МУ́ТНЫЙ trouble. *Му́тная вода́*, de l'eau trouble. *Му́тный взгляд*, un regard trouble. ● **В му́тной воде́ ры́бу лови́ть,** pêcher en eau trouble.

МУ́ХА mouche. ● **Быть под му́хой,** être pompette. **Де́лать из му́хи слона́,** en faire tout un plat. **Кака́я му́ха его́ укуси́ла?,** Quelle mouche l'a piqué ? **Му́хи мрут,** c'est à en crever d'ennui. **Он и му́хи не оби́дит,** il ne ferait pas de mal à une mouche. **Слы́шно, как му́ха пролети́т,** on entendrait voler une mouche. **Счита́ть мух,** regarder les mouches voler.

МУЧЕ́НИЕ tourment, martyre. *А́дские муче́ния*, des souffrances atroces. *Муче́ние с ним, да и то́лько*, c'est pénible d'avoir affaire à lui.

МУ́ЧЕНИК **1.** martyr. *Христиа́нские му́ченики*, les martyrs chrétiens. **2.** victime. *Му́ченик нау́ки*, une victime de la science.

МУЧИ́ТЕЛЬНЫЙ douloureux, pénible. *Мучи́тельный ка́шель*, une toux douloureuse.

МУ́ЧИТЬ / **ИЗМУ́ЧИТЬ** torturer, tourmenter. *Му́чить живо́тных*, torturer des animaux. *Му́чит го́лод*, la faim me torture. *Му́читься сомне́ниями*, être torturé par le doute.

МЧА́ТЬСЯ* I, мчусь, мчи́шься... / **ПОМЧА́ТЬСЯ*** (*id.*) aller à grande vitesse. *Мчи́тся по́езд*, le train file.

МЫ *pronom personnel* nous. *У нас нет телеви́зора*, nous n'avons pas la télévision. *Мы с бра́том*, mon frère et moi.

МЫ́КАТЬ ● **Го́ре мы́кать,** tirer le diable par la queue.

МЫ́ЛИТЬ / **НАМЫ́ЛИТЬ** savonner. *Мы́лить бельё*, savonner le linge.

МЫ́ЛО **1.** savon. *Туале́тное мы́ло*, savon de toilette. *Кусо́к мы́ла*, un morceau de savon. **2.** écume (*sueur du cheval*). *Ло́шадь вся в мы́ле*, le cheval est couvert d'écume.

МЫ́ЛЬНЫЙ de savon, savonneux. *Мы́льная вода́*, de l'eau savonneuse. *Мы́льный пузы́рь*, une bulle de savon.

МЫС cap. *Мыс До́брой Наде́жды*, le cap de Bonne-Espérance.

МЫ́СЛЕННЫЙ imaginé, n'existant que dans la pensée. *Я мы́сленно повторя́л его́ слова́*, je me répétais ses paroles en moi-même.

МЫ́СЛИТЬ penser. *Научи́ться мы́слить*, apprendre à raisonner.

МЫСЛЬ *f.* pensée, idée. *Э́то интере́сная мысль*, c'est une idée intéressante. *Глубо́кая мысль*, une pensée profonde. *За́дняя мысль*, une arrière-pensée. *Предвзя́тая мысль*, une idée préconçue.

МЫТЬ* II, мо́ю, мо́ешь... / **ВЫ́МЫТЬ*** (*id.*) *et* **ПОМЫ́ТЬ*** (*id.*) laver. *Мыть посу́ду*, laver la vaisselle. *Мыть ру́ки*, se laver les mains. *Мы́ться холо́дной водо́й*, se laver à l'eau froide.

МЫЧА́ТЬ* I, мычу́, мычи́шь... **1.** / **ЗАМЫЧА́ТЬ*** I (*id.*) *et* **ПРОМЫЧА́ТЬ*** I (*id.*) meugler. *Коро́вы мыча́ли*, les vaches meuglaient. **2.** / **ПРОМЫЧА́ТЬ*** I (*id.*) faire entendre des sons inarticulés. *Он что́-то промыча́л*, il marmonna je ne sais quoi.

МЫШЕЛО́ВКА souricière.

МЫШЛЕ́НИЕ pensée (*le fait de penser*). *Мозг — о́рган мышле́ния*, le cerveau est l'organe de la pensée. *Проце́сс мышле́ния*, le processus de la pensée. *Абстра́ктное мышле́ние*, la pensée abstraite.

МЫШО́НОК*, *pl.* мыша́та, мыша́т, мыша́там... souriceau.

МЫ́ШЦА muscle. *Мы́шцы рук*, les muscles des bras.

МЫШЬ __/‾‾ *f.* souris. *Бе́лая мышь*, une souris blanche. *Истребля́ть мыше́й*, détruire les souris. ● **Лету́чая мышь,** chauve-souris. **Полева́я мышь,** mulot.

МЯ́ГКИЙ /__ , *comp.* мя́гче*, *superl.* мягча́йший* **1.** mou, doux, tendre. *Мя́гкий мета́лл*, un métal mou. *Мя́гкое де́рево*, du bois tendre. *Мя́гкая поду́шка*, un doux oreiller. *Мя́гкий го́лос*, une voix douce. *Мя́гкий кли́мат*, un climat doux. **2.** (*gramm.*) mouillé, mou. *Мя́гкие согла́сные*, les consonnes mouillées. *Мя́гкий знак*, le signe mou. ● **Мя́гкий ваго́н,** une voiture de première classe. **Мя́гко выража́ясь,** c'est le moins qu'on puisse dire.

МЯГЧА́ЙШИЙ superl. de « мя́гкий ».

МЯ́ГЧЕ comp. de « мя́гкий ».

МЯ́МЛЯ*, *gén. pl.* мя́млей poule mouillée. *Не будь мя́млей!*, Ne sois pas si empoté !

МЯСНА́Я *adj. subst. f.* boucherie. *Мясна́я закры́та*, la boucherie est fermée.

МЯСНО́Й de viande, à la viande. *Мясны́е пирожки́*, pâtés à la viande.

МЯ́СО viande. *Варёное мя́со*, viande bouillie. *Жа́реное мя́со*, viande grillée. *Ру́бленое мя́со*, viande hachée. ● **Ни ры́ба ни мя́со,** ni chair ni poisson. **Пу́шечное мя́со,** chair à canon.

МЯ́ТА menthe.

МЯТЕ́Ж ⁄‾‾ ‾‾ émeute. *Подави́ть мяте́ж*, écraser une émeute.

МЯТЕ́ЖНИК émeutier.

МЯТЬ* IV, мну, мнёшь... / **СМЯТЬ*** (*id.*) froisser. *Смять бума́гу*, froisser un papier.

МЯ́УКАТЬ / **МЯ́УКНУТЬ** miauler. *Ко́шка мя́укает*, le chat miaule.

/ **МЯ́УКНУТЬ** v. мя́укать.

МЯЧ ⁄‾‾ ‾‾ balle, ballon. *Игра́ть в мяч*, jouer au ballon. *Футбо́льный мяч*, un ballon de football.

Н

I. НА *prép.*

I. Régissant l'accusatif. **II. Régissant le locatif.**

REMARQUE PRÉLIMINAIRE. On trouvera :
— au paragraphe **I,5** les principaux verbes construits avec на + *acc.*;
— aux paragraphes **I,1** et **II,1** les noms les plus courants devant lesquels on emploie « на » (et non pas « в ») au sens de « dans » ou « à ».

I. Régissant l'accusatif	II. Régissant le locatif
1. *direction:* sur // dans // à, en.	**1.** *emplacement:* sur // dans // à, en.
2. *temps:* pour (*durée*) // pour (*moment précis*) // *sans traduction* (*moment précis*).	**2.** *temps:* à, pendant.
3. *but, destination:* pour, à, en.	**3.** *moyen de transport:* par, en.
4. *évaluation d'une somme, d'une différence:* pour, de *ou sans traduction.*	**4.** *dans telle ou telle langue:* en.
5. *principaux verbes construits avec* на + *acc.*	**5.** doublé de, à base de...
● Expressions diverses.	● Expressions diverses.

I. 1. *Положи́ кни́гу на стол*, Mets le livre sur la table. *Он лёг на дива́н*, il se coucha sur le divan. *Ко́шка влезла на де́рево*, le chat grimpa sur l'arbre. *Накле́ить ма́рку на конве́рт*, coller un timbre sur l'enveloppe. // *Вы́йти на двор, на у́лицу*, sortir dans la cour, dans la rue. *Пое́хать на Ура́л или на Кавка́з*, aller dans l'Oural ou dans le Caucase. *Пое́хать на юг*, aller dans le Midi. *Верну́ться на ро́дину*, rentrer dans son pays. // *Идти́ на рабо́ту*, aller à son travail; *на заво́д* ou *на фа́брику*, à l'usine; *на вокза́л*, à la gare; *на по́чту*, à la poste; *на стадио́н*, au stade; *на ры́нок*, au marché; *на аэродро́м*, à l'aérodrome; *на вы́ставку*, à l'exposition; *на Украи́ну*, en Ukraine. 2. *Он уе́хал на три дня*, il est parti pour trois jours. // *Дома́шнее зада́ние на 2-ое октября́*, un devoir pour le 2 octobre. *На суббо́ту*, pour samedi. // *На друго́й день*, le lendemain. *На шесто́й день по́сле э́того собы́тия*, le sixième jour après cet événement. *На Но́вый год*, le jour du nouvel an. *На э́тот раз я его́ не ви́дел*, cette fois-ci, je ne l'ai pas vu. 3. *Обе́д на шесть челове́к*, un repas pour six personnes. *Мате́рия на костю́м*, de l'étoffe pour un costume. *На всех хва́тит*, il y en aura assez pour tout le monde. *По́езд на Во́логду*, le train pour Vologda. *Учи́ться на инжене́ра* (*fam.*), étudier pour être ingénieur. *На вся́кий слу́чай*, à tout hasard. *На па́мять*, en souvenir. 4. *Купи́ть мя́са на два рубля́*, acheter de la viande pour deux roubles. *Опозда́ть на де́сять мину́т*, être en retard de dix minutes. *Коро́че на два сантиме́тра*, plus court de deux centimètres. *Я получи́л на два рубля́ ме́ньше*, j'ai reçu deux roubles de moins. *На два ме́сяца ра́ньше, чем я ду́мал*, deux mois plus tôt que je ne pensais. 5. *Отвеча́ть на вопро́с*, répondre à une question. *Смотре́ть на цвето́к*, regarder une fleur. *Он взгляну́л на часы́*, il jeta un coup d'œil sur sa montre. *Обменя́ть ма́рки на значки́*, échanger des timbres contre des insignes. *Наде́яться на успе́х*, espérer réussir. *Рассерди́ться на ученика́*, se mettre en colère contre un élève. *Раздели́ть на две ча́сти*, diviser en deux parties. *Разорва́ть на ме́лкие куски́*, déchirer en petits morceaux. ● **Ве́рить кому́-нибудь на́ слово,** croire qqn sur parole. **В ночь на 24-ое ию́ня,** la nuit du 24 juin. **Глух на ле́вое у́хо,** sourd de l'oreille gauche. **Запира́ть на замо́к,** fermer à clef. **На за́втра,** pour demain. **На́ реку,** au bord de la rivière. **Пра́во на о́тдых,** le droit au repos. **Сло́во конча́ется на согла́сную,** le mot se termine par une consonne. **Хрома́ть на пра́вую но́гу,** boiter du pied droit.

II. 1. *Кни́га лежа́ла на столе́*, le livre était sur la table. *Сиде́ть на дива́не*, être assis sur un canapé. *На нём чёрный костю́м*, il a un costume noir. // *Игра́ть на дворе́*, jouer dans la cour. *На у́лице*, dans la rue. *На огоро́де*, dans le jardin. *Провести́ ле́то на ю́ге*, passer l'été dans le Midi. *На Ура́ле*, dans l'Oural. *На Кавка́зе*, dans le Caucase. *На о́строве*, dans une île. *На заво́де* ou *на фа́брике*, dans une usine. // *На вокза́ле*, à la gare. *На по́чте*, à la poste. *На стадио́не*, au stade. *На ры́нке*, au marché. *На вы́ставке*, à l'exposition. *На стоя́нке такси́*, à la station de taxis. *На сле́дующей остано́вке*, au prochain arrêt. *На краю́*, au bord. *На со́лнце*, au soleil. *На вое́нной слу́жбе*, au service militaire. *На Украи́не*, en Ukraine. 2. *На собра́нии*, à la réunion. *На конфере́нции*, à la conférence. *На фестива́ле*, au festival. *На вечёрнем сеа́нсе*, à la séance du soir. *На уро́ке*, pendant la classe. *На экза́мене*, pendant l'examen. 3. *На велосипе́де*, en vélo. *На маши́не*, en voiture. *На метро́*, en métro. *На парохо́де*, en bateau. *На самолёте*, en avion. *На ли́фте*, par l'ascenseur. 4. *На ру́сском языке́*, en russe. **5.** *Пальто́ на меху́*, un pardessus doublé de fourrure. *Варе́нье на меду́*, des confitures au miel. ● **Игра́ть на,** jouer de. *Игра́ть на роя́ле*, jouer du piano. **На бу́дущей неде́ле,** la semaine prochaine. **На днях,** ces jours-ci. **На реке́ 1.** sur la rivière. **2.** au bord de la rivière. **На цы́почках,** sur la pointe des pieds. **Стоя́ть на часа́х,** être de faction.

II. НА *particule* tiens. *На, возьми́*, Tiens, prends.

НАБА́Т tocsin. *Бить в наба́т*, sonner le tocsin.

НАБЕ́Г incursion. *Кня́жество страда́ло от набе́гов тата́р*, la principauté souffrait des incursions des Tatars.

/ **НАБЕЗОБРА́ЗНИЧАТЬ** v. безобра́зничать.

НА́БЕЛО *adv.* au propre. *Переписа́ть на́бело*, mettre au propre.

НА́БЕРЕЖНАЯ *adj. subst. f.* quai (*de rivière...*). *Мы стоя́ли на на́бережной Москвы́-реки́*, nous étions sur les quais de la Moskova.

НАБИВА́ТЬ / НАБИ́ТЬ* II, набью́, набьёшь... ; набе́й ; наби́тый bourrer. *Наби́ть тру́бку табако́м*, remplir sa pipe de tabac. ● **Наби́ть карма́н,** se remplir les poches (*fig.*).

НАБИРА́ТЬ / НАБРА́ТЬ* IV, наберу́, наберёшь...; набра́л, набрала́, набра́ло, набра́ли ^— **1.** (+ *gén.*) ramasser en quantité. *Набра́ть грибо́в*, ramasser beaucoup de champignons. **2.** (+ *acc.*) faire, composer. *Набра́ть буке́т*, faire un bouquet. *Набра́ть но́мер*, composer le numéro (*au téléphone*). **3.** (+ *acc. ou gén.*) recruter. *Набра́ть доброво́льцев*, recruter des volontaires. ● **Набра́ть ско́рость,** prendre de la vitesse.

НАБИ́ТЫЙ v. набива́ть. ● **Битко́м наби́тый,** plein à craquer. *Зал наби́т битко́м*, la salle est pleine à craquer. **Наби́тый дура́к,** un imbécile de premier ordre.

/ **НАБИ́ТЬ** v. набива́ть.

НАБЛЮДА́ТЕЛЬ *m.* observateur. *Беспристра́стный наблюда́тель*, un observateur impartial.

НАБЛЮДА́ТЕЛЬНЫЙ 1. qui sait observer. *Наблюда́тельный взгляд*, un regard observateur. **2.** destiné à l'observation. *Наблюда́тельный пункт*, poste d'observation.

НАБЛЮДА́ТЬ 1. (+ *acc.*, за + *instr.* ou *une subordonnée introduite par* что *ou* как) observer. *Наблюда́ть приро́ду*, observer la nature. *Наблюда́ть за полётом пчелы́*, observer le vol d'une abeille. **2.** (за + *instr.*) surveiller, veiller à. *Наблюда́ть за детьми́*, surveiller les enfants. *Наблюда́ть за поря́дком*, veiller au maintien de l'ordre.

НАБЛЮДЕ́НИЕ 1. observation. *Интере́сное наблюде́ние*, une remarque intéressante. **2.** surveillance. *Под наблюде́нием медсестры́*, sous la surveillance d'une infirmière.

НА́БОК *adv.* sur le côté. *Склони́ть го́лову на́бок*, pencher la tête sur le côté.

НАБРА́СЫВАТЬ 1. / **НАБРО́СИТЬ** jeter. *Набро́сить себе́ на пле́чи шаль*, mettre un châle sur ses épaules. *Соба́ки набро́сились на ко́шку*, les chiens se jetèrent sur le chat. **2.** / **НАБРОСА́ТЬ** (+ *gén.*) jeter çà et là, accumuler. *Наброса́ть оку́рков на пол*, jeter des mégots par terre. **3.** / **НАБРОСА́ТЬ** (+ *acc.*) esquisser. *Наброса́ть план*, esquisser un plan. *Наброса́ть эски́з*, faire une esquisse.

/ **НАБРА́ТЬ** v. набира́ть.

/ **НАБРОСА́ТЬ** v. набра́сывать 2 et 3.

/ **НАБРО́СИТЬ** v. набра́сывать 1.

НАБРО́СОК ébauche, esquisse.

Сде́лать набро́сок, faire une esquisse.

/ **НАВЕ́ДАТЬСЯ** v. наве́дываться.

НАВЕ́ДЫВАТЬСЯ / **НАВЕ́ДАТЬСЯ** (*fam.*) venir voir, venir prendre des nouvelles. *Наве́даться к друзья́м*, venir voir des amis.

НАВЕ́К *et* **НАВЕ́КИ** *adv.* à jamais.

НАВЕ́РНО *adv.* **1.** certainement, sans aucun doute. *Э́то уж наве́рно*, ça ne fait aucun doute. **2.** probablement, sans doute. *Они́ наве́рно уже́ спят*, sans doute dorment-ils déjà.

НАВЕ́РНОЕ *adv.* sans doute, probablement. *Он, наве́рное, никого́ не заста́л*, il n'a sans doute trouvé personne.

/ **НАВЕРСТА́ТЬ** v. навёрстывать.

НАВЁРСТЫВАТЬ / **НАВЕРСТА́ТЬ** rattraper. *Наверста́ть поте́рянное вре́мя*, rattraper le temps perdu.

НАВЕ́РХ *adv.* en haut (*direction*). *Подня́ться наве́рх*, monter à l'étage supérieur.

НАВЕРХУ́ *adv.* en haut (*emplacement*). *Они́ живу́т там наверху́*, ils habitent là-bas en haut.

НАВЕ́С petit toit, appentis. *Наве́с над коло́дцем*, le petit toit au-dessus du puits.

НАВЕСЕЛЕ́ *adv.* éméché (*légèrement ivre*).

/ **НАВЕСТИ́** v. наводи́ть.

/ **НАВЕСТИ́ТЬ** v. навеща́ть.

НАВЕЩА́ТЬ / **НАВЕСТИ́ТЬ** (т → щ) [*tr.*] rendre visite. *Навести́ть това́рищей*, rendre visite à des camarades.

НА́ВЗНИЧЬ *adv.* à la renverse, sur le dos. *Упа́сть на́взничь*, tomber à la renverse. *Лежа́ть на́взничь*, être étendu sur le dos.

НАВИСА́ТЬ/НАВИ́СНУТЬ *III **1.** être suspendu. *Ска́лы нави́сли над мо́рем*, des rochers surplombent la mer. *Во́лосы, нави́сшие на лоб*, des cheveux qui tombent sur le front. **2.** (*livresque*) être menaçant. *Над ва́ми нави́сла опа́сность*, Un danger vous guette.

/ **НАВИ́СНУТЬ** v. нависа́ть.

НАВОДИ́ТЬ ⎣___ / **НАВЕСТИ́** * IV, наведу́, наведёшь...; навёл, навела́... ⎡___ **1.** mener, diriger. *Навести́ на след*, mettre sur la piste. *Навести́ на мысль*, donner une idée. **2.** pointer, braquer. *Навести́ бино́кль на ло́жу*, braquer ses jumelles dans la direction d'une loge. ● **Навести́ поря́док,** mettre de l'ordre. **Навести́ спра́вку,** prendre des renseignements.

НАВОДНЕ́НИЕ inondation.

НАВО́З fumier. *Ку́ча наво́за*, un tas de fumier.

НА́ВОЛОЧКА taie (*d'oreiller*), enveloppe (*de traversin...*). *Одея́ло в бе́лой на́волочке*, une couverture dans une enveloppe blanche.

/ **НАВОСТРИ́ТЬ** ● **Навостри́ть лы́жи,** prendre la poudre d'escampette. **Навостри́ть у́ши,** dresser l'oreille.

/ **НАВРА́ТЬ** v. врать.

НАВСЕГДА́ *adv.* pour toujours. *Он уе́хал навсегда́*, il est parti pour toujours. ● **Раз и навсегда́,** une fois pour toutes.

НАВСТРЕ́ЧУ à la rencontre. **1.** *adv. Мы идём к нему́ навстре́чу*, nous allons à sa rencontre. **2.** (+ *dat.*) *prép. Он пошёл навстре́чу на́шим жела́ниям*, il est allé au-devant de nos désirs.

НА́ВЫК expérience pratique, automatisme. *Приобрести́ на́выки*, acquérir des automatismes. *Э́то тре́бует большо́го на́выка*, cela demande une grande habitude.

/ **НАВЯЗА́ТЬ** v. навя́зывать.

НАВЯ́ЗЧИВЫЙ **1.** importun. *Навя́зчивый посети́тель*, un visiteur importun. **2.** qui obsède. *Навя́зчивая иде́я*, une idée fixe.

НАВЯ́ЗЫВАТЬ / НАВЯЗА́ТЬ* II, навяжу́, навя́жешь... __ imposer. *Навяза́ть свои́ мы́сли*, imposer ses idées. *Навяза́ться в го́сти*, se faire inviter.

/ НАГА́ДИТЬ v. га́дить.

НАГА́ЙКА cravache.

НАГИБА́ТЬ / НАГНУ́ТЬ courber, pencher. *Нагну́ть го́лову*, pencher la tête.

НА́ГЛОСТЬ *f.* impudence. *Он име́л на́глость сказа́ть мне э́то в глаза́*, il a eu l'insolence de me dire cela en face.

НА́ГЛУХО *adv.* hermétiquement. *За на́глухо за́пертыми дверя́ми*, derrière les portes hermétiquement closes.

НА́ГЛЫЙ /__ insolent, effronté. *На́гло смотре́ть на кого́-нибудь*, regarder qqn d'un air effronté.

НАГЛЯ́ДНЫЙ **1.** évident. *Нагля́дное доказа́тельство*, une démonstration convaincante. **2.** concret. *Нагля́дное обуче́ние*, un enseignement concret.

/ НАГНА́ТЬ v. нагоня́ть.

/ НАГНУ́ТЬ v. нагиба́ть.

НАГОВА́РИВАТЬ / НАГОВОРИ́ТЬ **1.** dire (*des quantités de choses*). *Он наговори́л мно́го нену́жного*, il en a dit plus qu'il n'aurait fallu. **2.** (на + *acc.*) médire. *На него́ наговори́ли*, on a médit à son sujet.

/ НАГОВОРИ́ТЬ v. нагова́ривать.

НАГО́Й /__ (*livresque*) nu. *Наги́е дере́вья*, les arbres dénudés.

НА́ГОЛОВУ *adv.* à plate couture. *Разби́ть на́голову*, battre à plate couture.

НАГОНЯ́Й *m.* savon (*réprimande*). *Дать нагоня́й*, passer un savon à qqn. *Я получи́л нагоня́й*, il m'a passé un bon savon.

НАГОНЯ́ТЬ / НАГНА́ТЬ* I, нагоню́, наго́нишь... __ **1.** (+ *acc.*) rattraper. *Беглецо́в нагна́ли на друго́е у́тро*, on rattrapa les fuyards le lendemain matin. **2.** (+ *acc.*) gagner (*du temps*). *Шофёр нагна́л два́дцать мину́т*, le chauffeur a gagné vingt minutes. **3.** (+ *acc. ou gén.*) distiller. *Нагна́ть спи́рта*, distiller de l'alcool. **4.** (+ *acc. ou gén.*) inspirer. *Нагна́ть тоску́*, donner le cafard. *Нагна́л он на меня́ стра́ху*, Ce qu'il m'a fait peur !

/ НАГОРОДИ́ТЬ (+ *gén.*) [*fam.*] accumuler. *Нагороди́ть вздо́ра*, dire des fadaises.

НАГОТА́ nudité.

НАГОТО́ВЕ *adv.* prêt. *Быть наготове*, être prêt. *Держа́ть нагото́ве*, tenir prêt.

НАГРА́ДА **1.** récompense. *В награ́ду за его́ услу́ги*, en récompense pour les services qu'il a rendus. **2.** décoration. *Вручи́ть награ́ды*, remettre des décorations.

/ НАГРАДИ́ТЬ v. награжда́ть.

НАГРАЖДА́ТЬ / НАГРАДИ́ТЬ, *part.* награждённый* **1.** récompenser, gratifier. *Награди́ть кого́-нибудь улы́бкой*, accorder un sourire à qqn. *Награди́ть оплеу́хой*, gratifier d'une gifle. **2.** décorer. *Награди́ть о́рденом Ле́нина*, décorer de l'ordre de Lénine.

НАГРЕВА́ТЬ / НАГРЕ́ТЬ, *part.* нагре́тый* **1.** faire chauffer. *Нагре́ть во́ду*, faire chauffer de l'eau. **2.** (*fam.*) rouler (*escroquer*). *Он тебя́ нагре́л на де́сять рубле́й*, il t'a roulé de dix roubles.

/ НАГРЕ́ТЬ v. нагрева́ть.

НАГРОМОЖДА́ТЬ / НАГРОМОЗДИ́ТЬ, *part.* нагромождённый* (+ *acc. ou gén.*) entasser, amonceler. *Нагромождённые я́щики*, des caisses entassées.

/ НАГРОМОЗДИ́ТЬ v. нагроможда́ть.

/ НАГРУБИ́ТЬ v. груби́ть.

НАГРУЖА́ТЬ / НАГРУЗИ́ТЬ __ charger. *Нагрузи́ть бо́чки на грузови́к*, charger des tonneaux sur un camion. *Нагрузи́ть грузови́к мешка́ми*, charger un camion de sacs.

/ **НАГРУЗИ́ТЬ** v. нагружа́ть et грузи́ть.

НАД *et* **НАДО** *prép.* (+ *instr.*)
1. *lieu:* au-dessus de.
2. *après les mots exprimant une idée de domination, de moquerie, de pitié ou dans un contexte indiquant l'occupation à laquelle on se livre:* sur, de.

1. *Лете́ть над ле́сом*, voler au-dessus de la forêt. **2.** *Побе́да над врага́ми*, la victoire sur l'ennemi. *Смея́ться над това́рищем*, se moquer d'un camarade. *Сжа́литься над сирото́й*, avoir pitié d'un orphelin. *Засыпа́ть над кни́гой*, s'endormir sur un livre.

/ **НАДАВИ́ТЬ** v. дави́ть.

НАДВИГА́ТЬ / **НАДВИ́НУТЬ** enfoncer (*un chapeau...*). *Надви́нуть ша́пку на го́лову*, enfoncer son bonnet sur sa tête.

НАДВИГА́ТЬСЯ / **НАДВИ́НУТЬСЯ** avancer, devenir menaçant. *Надвига́лись ту́чи*, les nuages s'accumulaient. *Надви́нулись вра́жеские войска́*, les armées ennemies étaient tout près.

/ **НАДВИ́НУТЬ** v. надвига́ть.

/ **НАДВИ́НУТЬСЯ** v. надвига́ться.

НА́ДВОЕ *adv.* en deux morceaux. *Расколо́ть на́двое*, fendre en deux morceaux. • **Ба́бушка на́двое сказа́ла,** Ça, ce n'est pas encore démontré!

НАДЕВА́ТЬ / **НАДЕ́ТЬ*** *n. cl.*, наде́ну, наде́нешь...; наде́тый mettre, revêtir. *Наде́ть чёрное пла́тье*, mettre une robe noire. *Наде́ть очки́*, mettre ses lunettes. *Наде́ть сапоги́*, mettre ses bottes.

НАДЕ́ЖДА espoir. *Нет ни мале́йшей наде́жды спасти́ его́*, il n'y a pas le moindre espoir de le sauver.

НАДЁЖНЫЙ sur lequel on peut compter. *Надёжный това́рищ*, un camarade sur lequel on peut compter. *Спря́тать в надёжном ме́сте*, mettre en lieu sûr.

/ **НАДЕ́ЛАТЬ** (+ *gén. et quelquefois acc.*) faire une quantité. *Наде́лать глу́постей*, faire des bêtises. *Что ты наде́лал?*, Qu'est-ce que tu as encore fait? *Наде́лал он нам хлопо́т!*, Il nous en a donné du souci !

/ **НАДЕ́ТЬ** v. надева́ть.

НАДЕ́ЯТЬСЯ* II, наде́юсь, наде́ешься... espérer, compter sur. *На что ты наде́ешься?*, Qu'est-ce que tu espères? *Наде́юсь верну́ться к у́жину*, j'espère rentrer pour le souper. *Наде́юсь, что он вернётся*, j'espère qu'il va revenir. *Не́ на кого наде́яться*, il n'y a personne sur qui on puisse compter.

НАДЗИРА́ТЕЛЬ *m.* surveillant, gardien. *Тюре́мный надзира́тель*, un gardien de prison.

НАДЗО́Р surveillance. *Под надзо́ром проводника́*, sous la surveillance du guide.

НАДЛЕЖА́ТЬ* I • **Надлежи́т** (*livresque*), il faut.

НАДЛЕЖА́ЩИЙ convenable. *Приня́ть надлежа́щие ме́ры*, prendre les mesures qui s'imposent.

НАДМЕ́ННЫЙ hautain, arrogant. *Надме́нный взгляд*, un regard hautain. *Надме́нный тон*, un ton arrogant.

I. НА́ДО *particule* il faut. *На́до бы верну́ться домо́й*, il faudrait rentrer. • **Так ему́ и на́до,** c'est bien fait pour lui.

II. НАДО (*atone*) v. над.

НА́ДОБНОСТЬ *f.* besoin, nécessité. *В слу́чае на́добности*, en cas de besoin. *Без вся́кой на́добности*, sans aucune nécessité.

НАДОЕДА́ТЬ / **НАДОЕ́СТЬ*** *n. cl.*, надое́м, надое́шь, надое́ст, надоеди́м, надоеди́те, надоедя́т; надое́л, надое́ла... (*fam.*) importuner. *Э́то мне надое́ло*, j'en ai assez. *Надое́л ты мне!*, Tu m'embêtes.

НАДОЕ́ДЛИВЫЙ importun *Надое́дливый челове́к*, un raseur

/ **НАДОЕ́СТЬ** v. надоеда́ть.

НАДО́ЛГО *adv.* pour longtemps. *Она́ уе́хала надо́лго*, elle est partie pour longtemps.

НА́ДПИСЬ *f.* inscription. *На́дпись на скале́*, une inscription sur un rocher.

НАДУВА́ТЬ / НАДУ́ТЬ* II, наду́ю, наду́ешь...; наду́тый **1.** gonfler. *Наду́ть балло́н*, gonfler un pneu. **2.** (*fam.*) duper. *Он тебя́ наду́л*, il t'a feinté. ● **Наду́ть гу́бы,** bouder.

НАДУВА́ТЬСЯ / НАДУ́ТЬСЯ* II, наду́юсь, наду́ешься... **1.** v. надува́ть. **2.** (*fam.*) bouder. *Она́ на меня́ наду́лась*, elle me fait la tête.

/ **НАДУ́ТЬ** v. надува́ть.

/ **НАДУ́ТЬСЯ** v. надува́ться.

/ **НАДУШИ́ТЬ** v. души́ть II.

НАЕДА́ТЬСЯ / НАЕ́СТЬСЯ* *n. cl.*, нае́мся, нае́шься, нае́стся, наеди́мся, наеди́тесь, наедя́тся; нае́лся, нае́лась... **1.** manger à sa faim (*intr.*). *Нае́сться до́сыта*, manger tout son soûl. **2.** (+ *gén.* ou *instr.*) se gaver. *Нае́лся хле́ба*, il s'est gavé de pain.

НАЕДИНЕ́ *adv.* en tête-à-tête. *Я оста́лся с ним наедине́*, je suis resté seul à seul avec lui.

НАЕЗЖА́ТЬ / НАЕ́ХАТЬ* IV, нае́ду, нае́дешь... **1.** heurter (*en voiture*). *Он нае́хал на де́рево*, il s'est jeté sur un arbre. *Грузови́к нае́хал на прохо́жего*, le camion a renversé un passant. **2.** arriver en quantité (*en voiture*). *Нае́хало мно́го наро́ду*, il est venu beaucoup de monde.

НАЁМ, на́йма... ⌊__ **1.** location. *Наём кварти́ры*, la location d'un appartement. **2.** embauchage. *Наём рабо́чей си́лы*, l'embauchage de la main-d'œuvre.

/ **НАЕ́СТЬСЯ** v. наеда́ться.

/ **НАЕ́ХАТЬ** v. наезжа́ть.

/ **НАЖА́ТЬ** v. нажима́ть.

НАЖИМА́ТЬ / НАЖА́ТЬ* IV, нажму́, нажмёшь...; нажа́тый **1.** appuyer. *Нажа́ть кно́пку* ou *нажа́ть на кно́пку*, appuyer sur le bouton. **2.** (*fam.*) faire pression. *Нажа́ть на кого́-нибудь*, faire pression sur qqn.

НАЗА́Д **1.** *adv.* en arrière (*direction*). *Сде́лать шаг наза́д*, faire un pas en arrière. *Отда́ть что́-нибудь наза́д*, rendre qqch. **2.** (*précédé de* « тому́ ») v. тому́ наза́д. **3.** (*précédé d'un complément de temps à l'accusatif*) équivalent familier de « тому́ наза́д ». *Два го́да наза́д*, il y a deux ans.

НАЗВА́НИЕ nom, dénomination. *Назва́ние э́того расте́ния*, le nom de cette plante.

/ **НАЗВА́ТЬ** v. называ́ть et звать.

/ **НАЗВА́ТЬСЯ** v. называ́ться.

НАЗЛО́ *adv.* pour contrarier. *Она́ э́то сде́лала ему́ назло́*, elle a fait cela pour le contrarier.

НАЗНАЧА́ТЬ / НАЗНА́ЧИТЬ **1.** fixer. *Назна́чить день отъе́зда*, fixer le jour du départ. *Он назна́чил мне свида́ние*, il m'a fixé un rendez-vous. *Назна́чить це́ну*, fixer le prix. **2.** nommer. *Его́ назна́чили инспе́ктором*, on l'a nommé inspecteur. *Его́ назна́чили в коми́ссию*, on l'a nommé membre de la commission. **3.** prescrire. *Назна́чить лека́рство*, prescrire un médicament.

НАЗНАЧЕ́НИЕ **1.** nomination. *Получи́ть назначе́ние в университе́т*, recevoir sa nomination à l'université. **2.** but, destination. *Како́е назначе́ние э́того прибо́ра?*, A quoi sert cet appareil ?

/ **НАЗНА́ЧИТЬ** v. назнача́ть.

НАЗЫВА́ТЬ / НАЗВА́ТЬ* IV, назову́, назовёшь...; назва́л, назвала́, назва́ло, назва́ли ⋀__ **1.** nommer (*donner un nom*). *Они́ назва́ли сы́на Бори́сом*, ils ont appelé leur fils Boris. **2.** nommer, citer. *Назва́ть гла́вные города́ Восто́чной Сиби́ри*, citer les villes principales de la Sibérie orientale. **3.** considérer comme. *Его́ нельзя́ назва́ть ге́нием*, on ne peut guère le considérer comme un génie. ● **Так называ́емый** **1.** ce qu'on appelle. *Так называ́емые « языковы́е лаборато́рии »*, ce qu'on appelle des « laboratoires de langues ». **2.** (*iron.*) prétendu. *Так называ́емые « короли́ не́фти »*, les soi-disant « rois du pétrole ».

НАЗЫВА́ТЬСЯ **1.** s'appeler (*en parlant d'un objet*). *Как называ́ется э́тот предме́т?*, Comment appelle-t-on cet objet ? **2.** / **НАЗВА́ТЬСЯ*** IV, назову́сь, назовёшься... ; назва́лся, назвала́сь... ⟋‾‾ dire son nom. **3.** / **НАЗВА́ТЬСЯ*** IV (*id.*) se faire passer pour; dire que l'on est... *Назва́ться врачо́м*, se dire médecin.

НАИБО́ЛЕЕ *adv.* (*livresque*) le plus.

НАИЗНА́НКУ *adv.* à l'envers (*en parlant d'un vêtement*). *Наде́ть штаны́ наизна́нку*, mettre sa culotte à l'envers.

НАИЗУ́СТЬ *adv.* par cœur. *Знать наизу́сть*, savoir par cœur. *Чита́ть наизу́сть стихи́ Маяко́вского*, réciter des vers de Maïakovski.

НАИЛУ́ЧШИЙ (*superl. de* « хоро́ший ») le meilleur. *Наилу́чший спо́соб*, le meilleur moyen.

I. НА́ЙМУ v. наём.

II. НАЙМУ́ v. наня́ть.

Remarque. Les deux formes ci-dessus diffèrent par leur accentuation.

/ **НАЙТИ́** v. находи́ть.

/ **НАЙТИ́СЬ** v. находи́ться.

НАКАЗА́НИЕ punition, châtiment. *Заслу́женное наказа́ние*, une punition bien méritée. « *Преступле́ние и наказа́ние* » *Достое́вского*, « Crime et châtiment » de Dostoïevski.

/ **НАКАЗА́ТЬ** v. нака́зывать.

НАКА́ЗЫВАТЬ / **НАКАЗА́ТЬ*** II, накажу́, нака́жешь... ⟍__ punir. *Наказа́ть вино́вного*, punir le coupable.

НАКАНУ́НЕ *adv.* la veille. *Накану́не его́ отъе́зда*, la veille de son départ. *Они́ уе́хали накану́не*, ils étaient partis la veille.

НАКА́ПЛИВАТЬ / **НАКОПИ́ТЬ** ⟍__ (+ *gén. ou acc.*) amasser. *Накопи́ть де́нег*, amasser de l'argent.

НАКИ́ДЫВАТЬ / **НАКИ́НУТЬ** jeter. *Наки́нуть себе́ на пле́чи плато́к*, jeter un fichu sur ses épaules.

/ **НАКИ́НУТЬ** v. наки́дывать.

НАКЛА́ДЫВАТЬ / **НАЛОЖИ́ТЬ** ⟍__ **1.** appliquer. *Наложи́ть компре́сс*, appliquer une compresse. **2.** mettre, laisser. *Наложи́ть свой отпеча́ток на что́-нибудь*, marquer qqch. de son empreinte. **3.** infliger. *Наложи́ть штраф*, infliger une amende.

/ **НАКЛЕВЕТА́ТЬ** v. клевета́ть.

НАКЛЕ́ИВАТЬ / **НАКЛЕ́ИТЬ** coller. *Накле́ить ма́рку на конве́рт*, coller un timbre sur une enveloppe.

/ **НАКЛЕ́ИТЬ** v. накле́ивать.

/ **НАКЛОНИ́ТЬ** v. клони́ть et наклоня́ть.

/ **НАКЛОНИ́ТЬСЯ** v. клони́ться et наклоня́ть.

НАКЛО́ННОСТЬ *f.* penchant, goût. *Накло́нность к му́зыке*, du goût pour la musique. *У него́ дурны́е накло́нности*, il a de mauvais penchants.

НАКЛОНЯ́ТЬ / **НАКЛОНИ́ТЬ** ⟍__ pencher. *Наклони́ть го́лову*, pencher la tête en avant. *Он наклони́лся ко мне*, il se pencha vers moi.

НАКОВА́ЛЬНЯ enclume. ● **Ме́жду мо́лотом и накова́льней**, entre le marteau et l'enclume.

НАКОНЕ́Ц *adv.* enfin. *Наконе́ц они́ уе́хали!*, Enfin ils sont partis ! *Переста́нь же наконе́ц!*, Ça suffit, enfin ! *Наконе́ц-то!*, Enfin !

/ **НАКОПИ́ТЬ** v. копи́ть et нака́пливать.

НАКОПЛЯ́ТЬ synonyme de « нака́пливать ».

/ **НАКОРМИ́ТЬ** v. корми́ть.

НАКРА́ПЫВАТЬ tomber goutte à goutte (*en parlant de la pluie*). *Стал накра́пывать дождь*, quelques gouttes de pluie se mirent à tomber.

/ **НАКРА́СИТЬСЯ** v. кра́ситься.

/ **НАКРОШИ́ТЬ** v. кроши́ть.

НАКРЫВА́ТЬ / НАКРЫ́ТЬ* II, накро́ю, накро́ешь...; накры́тый **1.** couvrir. *Накры́ть ба́нку бума́гой*, couvrir un bocal avec un morceau de papier. **2.** (*fam.*) pincer (*un malfaiteur*). *Накры́ли всю ша́йку*, on a pincé toute la bande. ● **Накры́ть стол** *ou* **накры́ть на стол,** mettre la table.

/ **НАКРЫ́ТЬ** v. накрыва́ть.

/ **НАЛА́ДИТЬ** v. нала́живать.

НАЛА́ЖИВАТЬ / НАЛА́ДИТЬ ajuster, mettre au point. *Де́ло нала́дилось*, l'affaire s'est arrangée.

НАЛЕ́ВО *adv.* à gauche. *Нале́во от окна́*, à gauche de la fenêtre. *Сверну́ть нале́во*, tourner à gauche.

НАЛИВА́ТЬ / НАЛИ́ТЬ* II, налью́, нальёшь...; на́лил, налила́, на́лило, на́лили ⁀‿ ; нале́й; на́литый, на́лит, налита́, на́лито, на́литы ⁀‿ remplir (*avec un liquide*); verser. *Я на́лил себе́ стака́н пи́ва*, je me suis versé un verre de bière. *Нали́ть вам ча́ю?*, Voulez-vous encore du thé ?

/ **НАЛИ́ТЬ** v. налива́ть.

НАЛИЦО́ *adv.* présent, visible. *Результа́ты налицо́*, les résultats sont là.

НАЛИ́ЧИЕ présence, existence. *При нали́чии таки́х ули́к*, étant donné l'existence de telles preuves.

НАЛИ́ЧНЫЙ **1.** disponible. *Нали́чные де́ньги*, argent comptant. **2.** *subst.* argent comptant. *Плати́ть нали́чными*, payer comptant.

НАЛО́Г impôt. *Прямы́е нало́ги*, les impôts directs. *Ко́свенные нало́ги*, les impôts indirects.

НАЛО́ЖЕННЫЙ ● **Нало́женным платежо́м,** contre remboursement.

/ **НАЛОЖИ́ТЬ** v. накла́дывать.

НАМ v. мы.

/ **НАМА́ЗАТЬ** v. ма́зать.

НАМЁК allusion. *То́нкий намёк*, une allusion discrète. *Намёк на его́ положе́ние*, une allusion à sa situation.

НАМЕКА́ТЬ / НАМЕКНУ́ТЬ (на + *acc.*) faire allusion à. *На что он намека́л?*, A quoi faisait-il allusion ?

/ **НАМЕКНУ́ТЬ** v. намека́ть.

НАМЕРЕВА́ТЬСЯ avoir l'intention. *Мы намерева́емся пое́хать туда́ на всё ле́то*, nous avons l'intention d'y aller pour tout l'été.

НАМЕ́РЕНИЕ intention. *С наме́рением сейча́с же уе́хать*, avec l'intention de partir aussitôt. ● **Без вся́кого наме́рения** *ou* **без наме́рения,** sans aucune mauvaise intention. **С наме́рением,** exprès.

I. НАМЕ́РЕННЫЙ, наме́рен, наме́рена... qui a l'intention. *Он наме́рен уе́хать послеза́втра*, il a l'intention de partir après-demain.

II. НАМЕ́РЕННЫЙ intentionnel. *Наме́ренная ложь*, un mensonge intentionnel.

НА́МИ v. мы.

НАМНО́ГО *adv.* de beaucoup. *Их намно́го бо́льше*, ils sont bien plus nombreux.

НАМО́РДНИК muselière. *Соба́ка в намо́рднике*, un chien muselé.

/ **НАМО́РЩИТЬ** v. мо́рщить.

/ **НАМО́РЩИТЬСЯ** v. мо́рщиться.

/ **НАМОТА́ТЬ** v. мота́ть.

/ **НАМОЧИ́ТЬ** v. мочи́ть.

/ **НАМЫ́ЛИТЬ** v. мы́лить.

/ **НАНЕСТИ́** v. наноси́ть.

НАНИМА́ТЬ / НАНЯ́ТЬ* IV, найму́, наймёшь...; на́нял, наняла́, на́няло, на́няли ⁀‿ ; на́нятый, на́нят, нанята́, на́нято, на́няты ∧— **1.** engager, embaucher. *Наня́ть домрабо́тницу*, prendre une femme de ménage. **2.** louer (*prendre à loyer*). *Наня́ть кварти́ру*, louer un appartement.

НАНОСИ́ТЬ ╲— / **НАНЕСТИ́*** IV, нанесу́, нанесёшь...; нанёс, нанесла́... ╱‾ ; нанесённый **1.** apporter, amasser. *Снег, нанесённый ве́тром*, la neige accumulée par le vent. **2.** asséner, infliger. *Нанести́ смерте́льный уда́р*, asséner un coup mortel. *Нанести́ ра́ну*, blesser. **3.** (на + *acc.*) indiquer, mettre. *Нанести́ ре́чку на ка́рту*, représenter une rivière sur la carte. • **Нанести́ кому́-нибудь визи́т** (*fam.*), rendre visite à qqn.

/ **НАНЯ́ТЬ** v. нанима́ть.

НАОБОРО́Т *adv.* au contraire. *Э́то как раз наоборо́т*, c'est juste le contraire. *Нет, наоборо́т, он о́чень хорошо́ у́чится*, non, au contraire, il travaille très bien.

НАОТРЕ́З *adv.* d'une manière catégorique. *Отказа́ться наотре́з*, refuser net.

НАПАДА́ТЬ / **НАПА́СТЬ*** IV, нападу́, нападёшь...; напа́л, напа́ла... **1.** attaquer. *Напа́сть на врага́*, attaquer l'ennemi. **2.** s'emparer de (*en parlant de sentiments*). *На меня́ напа́ла тоска́*, j'ai été pris de cafard. **3.** (*fam.*) tomber sur. *Напа́сть на интере́сную иде́ю*, tomber sur une idée intéressante. *Не на дурака́ напа́ли!*, Vous me prenez pour un imbécile ?

НАПАДЕ́НИЕ attaque. *Отрази́ть нападе́ние*, repousser une attaque.

НАПА́ДКИ, напа́док, напа́дкам... *pl. t.* accusations, attaques. *Напа́дки недоброжела́тельного кри́тика*, les attaques d'un critique mal intentionné.

НАПА́ИВАТЬ / **НАПОИ́ТЬ** ╲— donner à boire. *Она́ вас ча́ем напо́ит*, Elle vous offrira du thé.

/ **НАПА́СТЬ** v. напада́ть.

/ **НАПА́ЧКАТЬ** v. па́чкать.

НАПЕРЕКО́Р *prép.* (+ *dat.*) en dépit de, contre la volonté de. *Наперeко́р всему́*, en dépit de tout. *Наперeко́р всем*, contre la volonté de tous.

НАПЁРСТОК dé à coudre.

/ **НАПЕЧА́ТАТЬ** v. печа́тать.

НАПИВА́ТЬСЯ / **НАПИ́ТЬСЯ*** II, напью́сь, напьёшься...; напи́лся, напила́сь... ╱‾ ; напе́йся boire à sa soif. *Напи́ться ча́ю*, boire du thé. *Напи́ться допьяна́*, se soûler.

НАПИСА́ТЬ v. писа́ть.

НАПИ́ТОК boisson. *Спиртны́е напи́тки*, les boissons alcooliques.

/ **НАПИ́ТЬСЯ** v. напива́ться.

/ **НАПИ́ЧКАТЬ** v. пи́чкать.

/ **НАПЛЕВА́ТЬ** v. плева́ть. • **Мне наплева́ть (тебе́ наплева́ть...),** je m'en fiche (tu t'en fiches...). *Ей наплева́ть на всё*, elle se fiche de tout.

/ **НАПЛЕСТИ́** v. плести́.

НАПОВА́Л *adv.* sur le coup. *Он был уби́т напова́л*, il a été tué sur le coup.

/ **НАПОИ́ТЬ** v. напа́ивать et пои́ть.

/ **НАПО́ЛНИТЬ** v. наполня́ть.

НАПОЛНЯ́ТЬ / **НАПО́ЛНИТЬ** remplir. *Напо́лнить корзи́нку*, remplir un panier. *Глаза́ её напо́лнились слеза́ми*, ses yeux se remplirent de larmes.

НАПОЛОВИ́НУ *adv.* à moitié. *Наполови́ну чёрный, наполови́ну жёлтый*, moitié noir, moitié jaune.

НАПОМИНА́ТЬ / **НАПО́МНИТЬ** **1.** rappeler (*faire revenir à la mémoire*). *Э́то мне напомина́ет мою́ мо́лодость*, cela me rappelle ma jeunesse. **2.** rappeler (*présenter une ressemblance avec*). *Он мне напомина́ет твоего́ бра́та*, il me fait penser à ton frère.

/ **НАПО́МНИТЬ** v. напомина́ть.

НАПО́Р poussée, pression. *Выде́ржать напо́р воды́*, contenir la poussée de l'eau. *Под напóром неприя́тельских войск*, sous la pression des armées ennemies.

/ **НАПРА́ВИТЬ** v. направля́ть.

НАПРАВЛЕ́НИЕ **1.** direction. *Взять направле́ние на востóк*, prendre la direction de l'est. *По направле́нию к гóроду*, dans la direction de la ville. **2.** courant (*fig.*). *Литерату́рное направле́ние*, un courant littéraire. *Либера́льное направле́ние*, un courant libéral.

НАПРАВЛЯ́ТЬ / НАПРА́ВИТЬ **1.** diriger. *Напра́виться к гóроду*, se diriger vers la ville. **2.** envoyer. *Егó напра́вили на завóд*, on l'a envoyé à l'usine.

НАПРА́ВО *adv.* à droite. *Напра́во от двéри*, à droite de la porte. *Поверну́ть напра́во*, tourner à droite.

НАПРА́СНЫЙ vain, inutile. *Напра́сные слёзы*, des larmes inutiles. *Напра́сно он беспокóится*, il a tort de s'inquiéter. *Напра́сные опасе́ния*, des craintes injustifiées.

НАПРА́ШИВАТЬСЯ / НАПРОСИ́ТЬСЯ ⟍___ **1.** faire tout pour obtenir. *Он напра́шивается на неприя́тности*, il cherche à avoir des ennuis. *Напра́шиваться на обéд*, chercher à se faire inviter. **2.** s'imposer. *Вы́воды са́ми собóй напра́шиваются*, les conclusions s'imposent d'elles-mêmes.

НАПРИМÉР *adv.* par exemple. *Мóжно бы, напримéр, подари́ть ей кни́гу*, on pourrait, par exemple, lui offrir un livre.

НАПРОКА́Т *adv.* en location. *Взять роя́ль напрока́т*, louer un piano.

НАПРОЛЁТ *adv.* d'un bout à l'autre. *Не спать всю ночь напролёт*, ne pas dormir de toute la nuit.

/ **НАПРОСИ́ТЬСЯ** v. напра́шиваться.

НАПРÓТИВ **1.** *prép.* (+ *gén.*) ou *adv.* en face. *Напрóтив гости́ницы*, en face de l'hôtel. *Они́ живу́т там напрóтив*, ils habitent là-bas en face. **2.** *adv.* au contraire. « *Я вам меша́ю? — Напрóтив, мы óчень ра́ды вас ви́деть* », « Je vous dérange ? — Au contraire, nous sommes très contents de vous voir. »

НАПРЯГА́ТЬ / НАПРЯ́ЧЬ* [р'ɛ] IV, напрягу́, напряжёшь..., напрягу́т; напря́г [р'ок], напрягла́... ⟋‾‾; напряжённый tendre, raidir. *Напряга́ть лук*, bander son arc. *Напряга́ть слух*, tendre l'oreille.

НАПРЯЖЁННЫЙ tendu. *Напряжённое положе́ние*, une situation tendue.

/ **НАПРЯ́ЧЬ** v. напряга́ть.

НАРАСПА́ШКУ *adv.* non agrafé, non boutonné. *В пальтó нараспа́шку*, en pardessus non boutonné. • **У негó душа́ нараспа́шку,** il a le cœur sur les lèvres.

I. НАРЕ́ЧИЕ adverbe (*gramm.*).

II. НАРЕ́ЧИЕ dialecte. *Мéстное наре́чие*, le dialecte local.

НАРЗА́Н narzan (*eau minérale du Caucase*).

/ **НАРИСОВА́ТЬ** v. рисова́ть.

НАРÓД **1.** peuple. *Ру́сский нарóд*, le peuple russe. **2.** gens, monde. *Там бы́ло мнóго нарóду**, il y avait beaucoup de monde.

НАРÓДНОСТЬ *f.* (*livresque*). **1.** peuplade; nationalité. **2.** caractère national.

НАРÓДНЫЙ **1.** populaire. *Нарóдная пéсня*, une chanson populaire. **2.** du peuple. *Нарóдный комисса́р*, commissaire du peuple (*hist.*). **3.** national. *Нарóдный дохóд*, le revenu national. • **Нарóдная демокра́тия,** démocratie populaire.

НАРÓЧНО [шн] *adv.* **1.** exprès. *Он э́то сдéлал нарóчно*, il l'a fait exprès. *Как нарóчно*, comme par un fait exprès. **2.** (*fam.*) pour rire. *Я э́то сказа́л нарóчно*, j'ai dit cela pour rire.

/ **НАРУБИ́ТЬ** v. руби́ть.

НАРУ́ЖНОСТЬ *f.* extérieur. *Прия́тная нару́жность,* des dehors agréables.

НАРУ́ЖНЫЙ extérieur. *Нару́жная стена́,* le mur extérieur. *Нару́жный вид,* l'aspect extérieur.

НАРУ́ЧНИКИ, нару́чников, нару́чникам... *pl. t.* menottes. *Наде́ть кому́-нибудь нару́чники,* mettre les menottes à qqn.

НАРУША́ТЬ / НАРУ́ШИТЬ 1. troubler. *Нару́шить сон,* troubler le sommeil. **2.** enfreindre. *Нару́шить зако́н,* enfreindre la loi.

НАРУШЕ́НИЕ infraction, violation. *Наруше́ние дисципли́ны,* un manquement à la discipline. *Наруше́ние пра́вил у́личного движе́ния,* une infraction au code.

/ **НАРУ́ШИТЬ** v. наруша́ть.

НАРЫ́В abcès. *Вскрыть нары́в,* ouvrir un abcès.

/ **НАРЯДИ́ТЬ** v. наряжа́ть I et II.

НАРЯ́ДНЫЙ 1. bien vêtu, élégant. *Она́ наря́дно одева́ется,* elle s'habille bien. **2.** beau, élégant (*en parlant d'un vêtement, d'une parure...*). *Наря́дный костю́м,* un costume élégant.

НАРЯДУ́ *adv.* au même titre, aussi bien. *Наряду́ со взро́слыми,* au même titre que les adultes. ● **Наряду́ с э́тим,** en même temps.

I. НАРЯЖА́ТЬ / НАРЯДИ́ТЬ ⸜—— habiller, parer. *Она́ наряжа́ет её как ку́клу,* elle l'habille comme une poupée.

II. НАРЯЖА́ТЬ / НАРЯДИ́ТЬ envoyer (*en mission...*). *Наряди́ть в карау́л,* mettre de garde.

Remarque. Les perfectifs des verbes ci-dessus diffèrent par leur accentuation.

НАС v. мы.

НАСВИ́СТЫВАТЬ siffloter. *Насви́стывать пе́сню,* siffloter une chanson.

НАСЕКО́МОЕ *adj. subst. n.* insecte. *Раздави́ть насеко́мое,* écraser un insecte.

Remarque. L'accusatif singulier de « насеко́мое » est semblable au nominatif. L'accusatif pluriel est semblable au génitif.

НАСЕЛЕ́НИЕ population. *Населе́ние го́рода,* la population de la ville. *Городско́е населе́ние,* la population urbaine.

НАСЕЛЁННЫЙ très peuplé. *Населённый край,* une région très peuplée. ● **Населённый пункт,** localité.

/ **НАСЕЛИ́ТЬ** v. населя́ть.

НАСЕЛЯ́ТЬ / НАСЕЛИ́ТЬ habiter. *Лю́ди, населя́вшие э́тот край,* les gens qui habitaient cette région.

НАСИ́ЛИЕ violence. *Употреби́ть наси́лие,* faire appel à la violence.

НАСИ́ЛОВАТЬ / ИЗНАСИ́ЛОВАТЬ 1. violer (*une femme*). **2.** forcer, violenter. *Не наси́ловать себя́,* ne pas se faire violence.

НАСИ́ЛУ *adv.* à grand-peine. *Он наси́лу вы́рвался,* il a eu grand-peine à s'échapper.

НАСИ́ЛЬНО *adv.* par la force. *Он наси́льно улыбну́лся,* il eut un sourire contraint. ● **Наси́льно мил не бу́дешь,** l'amour ne se commande pas.

НАСИ́ЛЬСТВЕННЫЙ violent. *Наси́льственные ме́ры,* mesures de coercition. *Наси́льственная смерть,* mort violente.

НАСКВО́ЗЬ *adv.* de part en part. *Мы промо́кли насквозь,* nous étions trempés jusqu'aux os.

НАСКО́ЛЬКО *adv.* **1.** (*interrogatif*) à quel point. *Я не зна́ю, наско́лько э́то ве́рно,* je ne sais pas jusqu'à quel point c'est exact. **2.** (*de manière*) autant. *Наско́лько мне изве́стно,* autant que je sache.

НА́СКОРО *adv.* à la hâte, à la va-vite. *Сде́лать что-нибудь на́скоро,* faire qqch. à la hâte. *На́скоро пое́сть,* casser la croûte.

/ **НАСКУ́ЧИТЬ** (*fam.*) ennuyer. *Наску́чил он мне свои́ми жа́лобами,* j'en ai assez de l'entendre se plaindre tout le temps.

/ **НАСЛАДИ́ТЬСЯ** v. наслаждáться.

НАСЛАЖДА́ТЬСЯ / **НАСЛАДИ́ТЬСЯ** (+ *instr.*) jouir de, se délecter de. *Наслаждáться жи́знью*, jouir de la vie. *Наслаждáться му́зыкой*, prendre plaisir à écouter de la musique.

НАСЛАЖДЕ́НИЕ jouissance, délectation. *Пить с наслаждéнием*, boire avec délectation.

НАСЛЕ́ДНИК héritier. *Наслéдник престóла*, héritier du trône.

НАСЛЕ́ДОВАТЬ / **НАСЛЕ́ДОВАТЬ** *et* **УНАСЛЕ́ДОВАТЬ** **1.** (+ *acc.*) recevoir en héritage. *Дом, котóрый он наслéдовал от отцá*, la maison qu'il a héritée de son père. **2.** (+ *dat.*) succéder à. *Наслéдовать отцу́*, succéder à son père.

НАСЛЕ́ДСТВО héritage. *Получи́ть наслéдство*, recevoir un héritage. *Получи́ть дом в наслéдство*, recevoir une maison en héritage.

НАСМЕХА́ТЬСЯ (над + *instr.*) se moquer de. *Онá насмехáлась над нáми*, elle se moquait de nous.

НАСМЕ́ШКА raillerie, moquerie. *Подвергáться насмéшкам*, être en butte aux railleries.

НАСМЕ́ШЛИВЫЙ moqueur. *Насмéшливый человéк*, un homme moqueur. *Насмéшливый тон*, un ton moqueur. *Насмéшливая улы́бка*, un sourire moqueur.

НА́СМОРК rhume. *Схвати́ть нáсморк*, attraper un rhume. *У меня́ был нáсморк*, j'avais un rhume.

/ **НАСОРИ́ТЬ** v. сори́ть.

НАСО́С pompe. *Качáть вóду насóсом*, pomper de l'eau.

НА́СПЕХ *adv.* à la hâte. *Сдéлать чтó-нибудь нáспех*, faire qqch. à la hâte.

/ **НАСПЛЕ́ТНИЧАТЬ** v. сплéтничать.

НАСТАВА́ТЬ* II, настаёт, настаю́т / **НАСТА́ТЬ** *n. cl.*, настáнет, настáнут, (*livresque*) arriver (*commencer*). *Настáла зимá*, l'hiver commença. *Настáла тишинá*, le silence se fit.

НАСТА́ИВАТЬ insister / **НАСТОЯ́ТЬ*** I, настою́, настои́шь... obtenir par son insistance. *Я настáивал на э́том*, j'insistais sur ce point. *Онá настáивает, чтóбы мы уéхали*, elle insiste pour que nous partions. *Он настоя́л на своём*, il a tant insisté qu'il est arrivé à ses fins.

/ **НАСТА́ТЬ** v. наставáть.

НА́СТЕЖЬ *adv.* grand ouvert. *Откры́ть ворóта нáстежь*, ouvrir le portail à deux battants.

НАСТИГА́ТЬ / **НАСТИ́ГНУТЬ*** III *et* **НАСТИ́ЧЬ*** *n. cl.* (*ce dernier n'existe qu'à l'infinitif*) rattraper. *Беглецóв насти́гли*, on rattrapa les fuyards.

/ **НАСТИ́ГНУТЬ** v. настигáть.

/ **НАСТИ́ЧЬ** v. настигáть.

НАСТО́ЙЧИВЫЙ **1.** tenace, persévérant. *Настóйчивый человéк*, un homme tenace. **2.** insistant, pressant. *Настóйчивая прóсьба*, une demande pressante.

НАСТО́ЛЬКО *adv.* à un tel point. *Э́то бы́ло настóлько немы́слимо, что...*, c'était si impensable que... • **Настóлько, наскóлько,** dans la mesure où. *Лишь настóлько, наскóлько э́то бы́ло ну́жно*, juste dans la mesure où cela était nécessaire.

НАСТО́ЛЬНЫЙ de table. *Настóльная лáмпа*, une lampe de bureau. • **Настóльная кни́га,** livre de chevet.

НАСТОРА́ЖИВАТЬСЯ / **НАСТОРОЖИ́ТЬСЯ** se mettre aux aguets. *Собáка насторожи́лась*, le chien dressa l'oreille.

НАСТОРОЖЕ́ *adv.* aux aguets, sur ses gardes. *Мы бы́ли настороже́*, nous étions sur le qui-vive.

/ **НАСТОРОЖИ́ТЬСЯ** v. насторáживаться.

/ **НАСТОЯ́ТЬ** v. настáивать.

НАСТОЯ́ЩИЙ **1.** véritable. *Зна́ете ли вы его́ настоя́щую фами́лию?*, Connaissez-vous son véritable nom ? *Настоя́щий дура́к*, un véritable imbécile. **2.** présent, actuel. *В настоя́щее вре́мя*, à l'heure actuelle. ● **Настоя́щее вре́мя,** le présent (*gramm.*). **По-настоя́щему,** pour de bon. *Взя́ться за рабо́ту по-настоя́щему*, se mettre au travail pour de bon.

НАСТРА́ИВАТЬ / **НАСТРО́ИТЬ** **1.** accorder (*un instrument de musique*). *Настро́ить гита́ру*, accorder une guitare. **2.** mettre dans tel ou tel état d'esprit. *Настро́ить всех про́тив себя́*, se mettre tout le monde à dos. *Он мра́чно настро́ен*, il broie du noir.

НАСТРОЕ́НИЕ humeur, disposition. *Быть в дурно́м настрое́нии*, être de mauvaise humeur.

/ **НАСТРО́ИТЬ** v. настра́ивать.

I. НАСТУПА́ТЬ / **НАСТУПИ́ТЬ** ⌞__ (на + *acc.*) **1.** marcher sur (*mettre le pied sur*). *Он наступи́л мне на́ ногу*, il m'a marché sur le pied. **2.** marcher sur (*attaquer*). *А́рмия наступа́ет*, l'armée attaque. ● **Медве́дь ему́ на́ ухо наступи́л,** il n'a pas d'oreille.

II. НАСТУПА́ТЬ / **НАСТУПИ́ТЬ** ⌞__ arriver, commencer. *Наступи́ла о́сень*, l'automne est arrivé. *Наступи́ла ночь*, la nuit tomba.

/ **НАСТУПИ́ТЬ** v. наступа́ть.

I. НАСТУПЛЕ́НИЕ offensive, attaque. *Перейти́ в наступле́ние*, passer à l'offensive.

II. НАСТУПЛЕ́НИЕ arrivée (*commencement*). *Наступле́ние весны́*, l'arrivée du printemps.

НАСЧЁТ *prép.* (+ *gén.*) à propos de. *Насчёт э́того я соверше́нно споко́ен*, je suis bien tranquille à ce sujet.

/ **НАСЧИТА́ТЬ** v. насчи́тывать.

НАСЧИ́ТЫВАТЬ / **НАСЧИТА́ТЬ** **1.** compter (*évaluer*). *Мы насчита́ли о́коло со́тни маши́н*, nous avons compté près d'une centaine de voitures. **2.** compter (*contenir*). *Го́род насчи́тывает бо́лее двух миллио́нов жи́телей* ou *в го́роде насчи́тывается бо́лее двух миллио́нов жи́телей*, la ville compte plus de deux millions d'habitants.

НАТА́ЛКИВАТЬСЯ / **НАТОЛКНУ́ТЬСЯ** (на + *acc.*) se heurter à, rencontrer (*fig.*). *Натолкну́ться на тру́дности*, rencontrer des difficultés.

/ **НАТВОРИ́ТЬ** en faire de toutes sortes. *Что вы натвори́ли?*, Vous en faites de belles ! *Натвори́ть глу́постей*, faire des bêtises.

/ **НАТЕРЕ́ТЬ** v. натира́ть et тере́ть.

НАТИРА́ТЬ / **НАТЕРЕ́ТЬ*** IV, натру́, натрёшь...; натёр, натёрла...; натёртый **1.** frotter, frictionner, cirer. *Натере́ть ру́ки кре́мом*, se passer de la crème sur les mains. *Натере́ть пол*, frotter le plancher. **2.** (+ *acc. ou gén.*) râper. *Натере́ть сыр*, râper du fromage. **3.** faire une blessure, une enflure... par un frottement prolongé. *Я натёр себе́ пузы́рь на ноге́*, je me suis fait une ampoule au pied.

НА́ТИСК pression, attaque. *Под на́тиском неприя́тельских во́йск*, sous la pression des armées ennemies.

/ **НАТКНУ́ТЬСЯ** v. натыка́ться.

/ **НАТОЛКНУ́ТЬСЯ** v. ната́лкиваться.

/ **НАТОЧИ́ТЬ** v. точи́ть.

НАТОЩА́К *adv.* à jeun. *Принима́ть лека́рство натоща́к*, prendre un médicament à jeun.

/ **НАТРЕНИРОВА́ТЬ** v. тренирова́ть.

НАТЫКА́ТЬСЯ / **НАТКНУ́ТЬСЯ** (на + *acc.*) **1.** se heurter à. *Он наткну́лся на дверь*, il s'est cogné contre la porte. *Наткну́ться на препя́тствие*, rencontrer un obstacle. **2.** tomber sur (*rencontrer par hasard*). *Я вдруг наткну́лся на него́*, brusquement, je suis tombé sur lui.

НАТЯ́ГИВАТЬ / НАТЯНУ́ТЬ ⌐— **1.** tendre. *Натяну́ть лук*, bander son arc. **2.** tirer. *Натяну́ть на себя́ одея́ло*, ramener sur soi la couverture.

НАТЯ́НУТЫЙ tendu (*fig.*). *Натя́нутые отноше́ния*, des relations tendues.

/ НАТЯНУ́ТЬ v. натя́гивать.

НАУГА́Д *adv.* au hasard, au petit bonheur. *Идти́ науга́д*, aller au hasard.

НАУ́КА science. *Есте́ственные нау́ки*, les sciences naturelles. ● **Э́то тебе́ нау́ка,** Que cela te serve de leçon.

/ НАУЧИ́ТЬ v. учи́ть.

/ НАУЧИ́ТЬСЯ v. учи́ться.

НАУ́ЧНЫЙ scientifique. *Нау́чное откры́тие*, une découverte scientifique.

НАХА́Л insolent. *Э́то наха́л*, c'est un effronté.

НАХА́ЛЬНЫЙ insolent. *Наха́льный взгляд*, un coup d'œil insolent.

НАХА́ЛЬСТВО insolence. *С наха́льством*, avec insolence. *Он име́л наха́льство не отве́тить*, il a eu l'impudence de ne pas répondre.

/ НАХМУ́РИТЬ v. хму́рить.

/ НАХМУ́РИТЬСЯ v. хму́риться.

I. НАХОДИ́ТЬ ⌐— **/ НАЙТИ́*** IV, найду́, найдёшь...; нашёл, нашла́...; на́йденный; найдя́ trouver. *Мы не нашли́ ни одного́ гриба́*, nous n'avons pas trouvé un seul champignon. *Найти́ вы́ход из положе́ния*, trouver une solution. *Мы нашли́ его́ здоро́вым*, nous l'avons trouvé en bonne santé.

II. НАХОДИ́ТЬ ⌐— **/ НАЙТИ́*** IV, найду́, найдёшь...; нашёл, нашла́...; найдя́ **1.** heurter. *Парохо́д нашёл на подво́дный ка́мень*, le bateau a heurté un récif. **2.** couvrir, cacher. *О́блако нашло́ на со́лнце*, le soleil a disparu derrière un nuage. **3.** envahir (*fig.*). *На него́ нашла́ тоска́*, la tristesse s'est emparée de lui. ● **Нашла́ коса́ на ка́мень,** il a trouvé plus fort que lui.

НАХОДИ́ТЬСЯ ⌐— **/ НАЙТИ́СЬ*** IV, найду́сь, найдёшься...; нашёлся, нашла́сь... **1.** se trouver (*divers sens*). *Дере́вня нахо́дится на берегу́ небольшо́го о́зера*, le village se trouve au bord d'un petit lac. *Нашло́сь мно́го доброво́льцев*, il y a eu beaucoup de volontaires. *Ключи́ нашли́сь*, on a retrouvé les clefs. **2.** avoir la présence d'esprit nécessaire. *Он не нашёлся*, il ne sut que faire. *Он нашёлся, что ей отве́тить*, il a bien su quoi lui répondre.

НАХО́ДКА trouvaille. *Сде́лать нахо́дку*, faire une trouvaille. // (*Fig.*) *Э́то пря́мо нахо́дка*, c'est vraiment une trouvaille.

НАХО́ДЧИВЫЙ **1.** débrouillard. *Нахо́дчивый па́рень*, un garçon débrouillard. **2.** bien trouvé, ingénieux. *Нахо́дчивый отве́т*, une réponse ingénieuse.

НАЦИОНА́ЛЬНОСТЬ *f.* nationalité. *Ру́сский по национа́льности*, de nationalité russe.

> Remarque. On distingue « национа́льность », « fait d'appartenir à tel ou tel peuple », de « гражда́нство », « fait d'être citoyen de tel ou tel État ».

НАЧА́ЛО **1.** début. *В нача́ле уче́бного го́да*, au début de l'année scolaire. *От нача́ла до конца́*, du début à la fin. **2.** (*le plus souvent au pl.*) principe. *Нача́ла совреме́нной фи́зики*, les bases de la physique moderne. ● **Лиха́ беда́ нача́ло,** il n'y a que le premier pas qui coûte.

НАЧА́ЛЬНИК chef. *Нача́льник ста́нции*, chef de gare.

НАЧА́ЛЬНЫЙ **1.** du début. *Нача́льная ско́рость*, la vitesse initiale. **2.** élémentaire. *Нача́льная шко́ла*, école primaire.

НАЧА́ЛЬСТВО **1.** commandement. *Приня́ть нача́льство*, prendre le commandement. *Под нача́льством генера́ла*, sous le commandement d'un général. **2.** (*fam.*) supérieurs, chefs.

/ **НАЧА́ТЬ** v. начина́ть.

/ **НАЧА́ТЬСЯ** v. начина́ться.

НА́ЧЕРНО *adv.* au brouillon. *Написа́ть на́черно*, écrire au brouillon.

НАЧИНА́ТЬ / **НАЧА́ТЬ*** IV, начну́, начнёшь...; на́чал, начала́, на́чало, на́чали Λ—; на́чатый, на́чат, начата́, на́чато, на́чаты Λ— commencer (*tr.*). *Он на́чал э́ту рабо́ту*, il a commencé ce travail. *Он на́чал рабо́тать*, il a commencé à travailler. *С чего́ я начну́?*, Par quoi vais-je commencer?

НАЧИНА́ТЬСЯ / **НАЧА́ТЬСЯ*** IV, начнётся, начну́тся; начался́, начала́сь... /‾‾ commencer (*intr.*). *Начала́сь война́*, la guerre commença.

НА́ЧИСТО *adv.* **1.** au propre. *Переписа́ть на́чисто*, mettre au propre. **2.** (*fam.*) totalement. *Отказа́ться на́чисто*, refuser tout net. **3.** (*fam.*) à cœur ouvert. *Он рассказа́л всё на́чисто*, il a tout raconté sans rien cacher.

НАЧИСТОТУ́ *adv.* (*fam.*) à cœur ouvert. *Говори́ть начистоту́*, parler à cœur ouvert.

НАЧИ́ТАННЫЙ qui a beaucoup lu. *Он челове́к начи́танный*, c'est un homme qui a beaucoup lu.

/ **НАЧИХА́ТЬ** • **Мне начиха́ть,** je m'en fiche. *Мне начиха́ть на его́ мне́ние*, je me fiche pas mal de son opinion.

НАЧНЁШЬ, НАЧНУ́... v. нача́ть.

НАШ *pronom-adjectif possessif* notre. *В на́шем го́роде*, dans notre ville.

НАШЕ́СТВИЕ invasion. *Тата́рское наше́ствие*, l'invasion tatare.

/ **НАШУМЕ́ТЬ*** I, нашумлю́, нашуми́шь... **1.** faire beaucoup de bruit. *Нашуме́ть на у́лице*, faire du tapage dans la rue. **2.** faire sensation. *Нашуме́вшая кни́га*, un livre qui a fait sensation.

НАЯВУ́ *adv.* dans la réalité. *Э́то бы́ло не во сне, а наяву́*, ce n'était pas en rêve, mais dans la réalité. • **Э́то сон наяву́,** On croit rêver !

I. НЕ *particule* **1.** ne... pas, ne. *Я не зна́ю*, je ne sais pas. *Я ничего́ не ви́жу*, je ne vois rien. **2.** non, non pas, pas. *Э́то Ма́ша, а не Ми́ша*, c'est Macha et non Micha. *Не то́лько*, pas seulement. *Нет, не сего́дня*, Non, pas aujourd'hui. • **Не до,** ce n'est pas le moment de. *Ему́ не до шу́ток*, il n'a pas envie de plaisanter. **Не раз,** plus d'une fois.

REMARQUE. La négation « не » est atone. Dans les cas exceptionnels où elle est accentuée, le verbe est atone. Le passage de l'accent sur la négation est limité au masculin, au neutre et au pluriel de : не́ был, не была́, не́ было, не́ были; не́ дал, не дала́, не́ дало, не́ дали; не́ дан, не дана́, не́ дано, не́ даны; не́ жил, не жила́, не́ жило, не́ жили.

II. НЕ *particule entrant dans la composition d'un grand nombre d'adjectifs et d'adverbes* pas (*négatif*), non. *Небольшо́й*, pas grand. *Недалеко́ от Москвы́*, non loin de Moscou.

III. НЕ *particule séparable entrant dans la composition des pronoms* не́кого *et* не́чего (voir ces deux mots).

REMARQUE. La particule séparable « не » est toujours accentuée.

НЕ́БО*, *pl.* небеса́, небе́с, небеса́м... ciel. *Голубо́е не́бо*, un ciel bleu. • **На седьмо́м не́бе,** au septième ciel. **Не́бу жа́рко ста́нет,** ça va faire des étincelles. **Под откры́тым не́бом,** à la belle étoile. **Попа́сть па́льцем**

в нёбо, se fourrer le doigt dans l'œil. **С нёба свали́ться** 1. arriver d'une manière inattendue. 2. tomber de la lune. **Э́то нёбо и земля́,** c'est le jour et la nuit.

НЁБО palais (*de la bouche*).

НЕБОЛЬШО́Й pas grand, petit. *Небольшо́й зал*, une petite salle. *Небольша́я су́мма*, une petite somme. ● **За небольши́м де́ло ста́ло,** il s'en est fallu de peu que ça marche. **С небольши́м,** à peine plus de. *Ей бы́ло лет со́рок с небольши́м*, elle avait à peine plus de quarante ans.

НЕБОСКЛО́Н voûte du ciel au-dessus de l'horizon.

НЕБРЕ́ЖНЫЙ 1. négligé. *Небре́жная рабо́та*, un travail négligé. 2. dédaigneux. *Небре́жный тон*, un ton dédaigneux.

НЕБЫВА́ЛЫЙ sans précédent. *Небыва́лый успе́х*, un succès sans précédent.

НЕВА́ЖНЫЙ 1. peu important. *Нева́жный вопро́с*, une question de peu d'importance. 2. médiocre. *Дела́ иду́т нева́жно*, les affaires ne vont pas fort.

НЕВЕ́ЖА *m.* ou *f.* personne mal élevée, goujat, malappris.

НЕВЕ́ЖДА *m.* ou *f.* ignorant, ignorante. *Он неве́жда в иску́сстве*, il ne connaît rien à l'art.

НЕВЕ́ЖЕСТВО ignorance. *Обнару́жить по́лное неве́жество*, faire preuve d'une ignorance totale. *Извини́те моё неве́жество*, Excusez mon ignorance.

НЕВЕ́ЖЛИВОСТЬ *f.* impolitesse.

НЕВЕ́ЖЛИВЫЙ impoli. *Неве́жливый челове́к*, un homme malpoli. *Неве́жливый отве́т*, une réponse impolie.

НЕВЕРОЯ́ТНЫЙ invraisemblable, incroyable. *Невероя́тное собы́тие*, un événement invraisemblable. *Невероя́тная ско́рость*, une vitesse incroyable.

НЕВЕ́СТА fiancée. *Бога́тая неве́ста*, une riche fiancée.

НЕВЕ́СТКА 1. belle-sœur. 2. belle-fille.

Remarque. Le mot « неве́стка » désigne une femme mariée par rapport à la famille de son mari.

НЕ́ВИДАЛЬ *f.* une chose qu'on n'a jamais vue. ● **Э́кая не́видаль!,** La belle affaire !

НЕВИ́ДИМЫЙ invisible. *Неви́димые враги́*, des ennemis invisibles.

НЕВИ́ННЫЙ innocent (*divers sens*). *Неви́нная же́ртва*, une victime innocente. *Неви́нная ша́лость*, une espièglerie inoffensive. *С неви́нным ви́дом*, avec un air candide.

НЕВИНО́ВНЫЙ innocent (*non coupable*). *Его́ брат невино́вен*, son frère est innocent.

НЕВМЕНЯ́ЕМОСТЬ *f.* irresponsabilité due à des causes psychiques.

НЕВНЯ́ТНЫЙ indistinct. *Невня́тные голоса́*, des voix indistinctes.

НЕВОЗМО́ЖНЫЙ 1. impossible. *Э́то невозмо́жное де́ло*, c'est une chose impossible. 2. intolérable. *Невозмо́жная боль*, une douleur intolérable. *Они́ веду́т себя́ невозмо́жно*, ils se conduisent d'une manière intolérable.

НЕВО́ЛЬНЫЙ involontaire. *Нево́льные слёзы*, des larmes involontaires. *Он нево́льно отступи́л на шаг*, il fit involontairement un pas en arrière.

НЕВООРУЖЁННЫЙ non armé. *Невооружённый челове́к*, un homme sans armes. ● **Невооружённый гла́зом,** à l'œil nu.

НЕВПОПА́Д *adv.* hors de propos. *Отвеча́ть невпопа́д*, répondre hors de propos.

НЕВРЕДИ́МЫЙ intact, sauf. *Цел и невреди́м*, sain et sauf.

НЕВЫНОСИ́МЫЙ insupportable. *Невыноси́мая жара́*, une chaleur insupportable. *Невыноси́мый хара́ктер*, un caractère insupportable.

НЕ́ГДЕ *adv.* il n'y a pas d'endroit où l'on puisse. *Не́где сесть*, il n'y a pas de place pour s'asseoir.

НЕГО́ v. он.

НЕГОДОВА́НИЕ indignation. *Привести́ кого́-нибудь в негодова́ние*, provoquer l'indignation de qqn.

НЕГОДЯ́Й *m.* gredin, vaurien.

НЕДА́ВНО il n'y a pas longtemps, depuis peu. *Он неда́вно приеха́л*, il n'y a pas longtemps qu'il est arrivé.

Remarque. « Неда́вно » est accentué sur l'avant-dernière syllabe, alors que « давно́ », qui entre dans sa composition, a un accent final.

НЕДАЛЁКИЙ, недалёк, недалека́, недалеко́, недалеки́ *et* недалёк, недалека́, недалёко, недалёки **1.** peu éloigné. *На недалёком расстоя́нии*, à peu de distance. *В недалёком бу́дущем*, dans un avenir proche. **2.** borné. *Недалёкий челове́к*, un homme borné.

Remarque. Pour l'emploi adverbial de « недалеко́ », voir ce mot.

НЕДАЛЕКО́ *adv.* pas loin. *Недалеко́ от це́нтра*, près du centre. *Она́ живёт недалеко́*, elle n'habite pas loin.

НЕДА́РОМ *adv.* **1.** non sans raison. *Он неда́ром боя́лся после́дствий*, il avait raison de craindre les conséquences. **2.** non sans résultat. *Я неда́ром рабо́тал над э́тим це́лую неде́лю*, ce n'est pas en vain que j'y ai travaillé une semaine entière.

НЕДЕЛИКА́ТНОСТЬ *f.* manque de tact, manque de politesse.

НЕДЕ́ЛЯ semaine. *На про́шлой неде́ле*, la semaine dernière. *Че́рез неде́лю*, dans une semaine. *Пять раз в неде́лю*, cinq fois par semaine.

НЕДОБРОЖЕЛА́ТЕЛЬНЫЙ mal intentionné, malveillant. *Недоброжела́тельные лю́ди*, des personnes malveillantes

НЕДОБРОСО́ВЕСТНЫЙ peu consciencieux. *Недобросо́вестный рабо́тник*, un ouvrier peu consciencieux. *Недобросо́вестная рабо́та*, un travail peu consciencieux.

НЕДОВЕ́РИЕ méfiance. *Относи́ться с недове́рием к чему́-нибудь*, être méfiant à l'égard de qqch.

НЕДОВЕ́РЧИВЫЙ méfiant. *Недове́рчивый челове́к*, un homme méfiant. *Недове́рчивый взгляд*, un regard méfiant.

НЕДОВО́ЛЬНЫЙ mécontent. *Он был недово́лен на́ми*, il n'était pas content de nous. *С недово́льным ви́дом*, avec un air mécontent.

НЕДОВО́ЛЬСТВО mécontentement. *Вы́звать всео́бщее недово́льство*, provoquer le mécontentement général.

НЕДО́ЛГО *adv.* **1.** pas longtemps. *Я недо́лго спал*, je n'ai pas dormi longtemps. **2.** (*fam.*) il ne faudrait pas longtemps pour. *Недо́лго и простуди́ться*, on aurait vite fait de prendre froid.

НЕДОПУСТИ́МЫЙ inadmissible. *Э́то недопусти́мо!*, C'est inadmissible !

НЕДОРАЗУМЕ́НИЕ **1.** malentendu. *Я́вное недоразуме́ние*, un malentendu évident. **2.** mésintelligence, dispute. *Ме́жду ни́ми ча́сто быва́ли недоразуме́ния*, les disputes entre eux n'étaient pas rares. ● **По недоразуме́нию,** par suite d'un malentendu.

НЕДОСТАВА́ТЬ* II, недостаёт / **НЕДОСТА́ТЬ*** *n. cl.*, недоста́нет (+ *gén.*) manquer. *Де́нег недостава́ло*, l'argent manquait. *Ему́ чего́-то недостава́ло*, il lui manquait qqch. *Э́того то́лько недостава́ло!*, Il ne manquait plus que cela !

НЕДОСТА́ТОК **1.** défaut (*manque*). *Недоста́ток де́нег*, le manque d'argent. **2.** défaut (*imperfection*). *Его́ гла́вный недоста́ток*, son principal défaut.

НЕДОСТА́ТОЧНО *adv.* insuffisamment. *Де́нег у меня́ недоста́точно*, je n'ai pas assez d'argent.

НЕДОСТА́ТОЧНЫЙ insuffisant. *Недоста́точное коли́чество*, une quantité insuffisante.

REMARQUE. Pour l'emploi de « недоста́точно » comme adverbe, voir ce mot.

/ **НЕДОСТА́ТЬ** v. недостава́ть.

НЕДОТРО́ГА *m.* ou *f.* personne susceptible et chatouilleuse.

НЕДОУМЕВА́ТЬ ne pas comprendre, être perplexe. *Он недоумева́я смотре́л на всех*, il regardait tout le monde sans comprendre.

НЕДОУМЕ́НИЕ perplexité. *Он останови́лся в недоуме́нии*, il s'arrêta, perplexe.

НЕ́ДРА, недр, не́драм... *pl. t.* tréfonds. *Из недр земли́ добыва́ют зо́лото*, du sous-sol, on extrait de l'or.

НЕДРУЖЕЛЮ́БНЫЙ inamical, hostile. *Недружелю́бный взгляд*, un regard hostile.

НЕДУРНО́Й, недурён, недурна́, неду́рно, неду́рны **1.** assez bon. *Он неду́рно пи́шет*, il n'écrit pas mal. **2.** assez beau. *Она́ весьма́ недурна́ собо́й*, elle n'est pas mal du tout.

НЕЁ v. он.

НЕЕСТЕ́СТВЕННЫЙ peu naturel. *Неесте́ственный смех*, un rire peu naturel.

НЕ́ЖНОСТЬ *f.* tendresse, douceur. *Не́жность её го́лоса*, la douceur de sa voix. *Она́ с не́жностью смотре́ла на него́*, elle le regardait avec tendresse. • **Теля́чьи не́жности,** des manifestations de tendresse déplacées.

НЕ́ЖНЫЙ ⁀—— tendre (*divers sens*). *Не́жный взгляд*, un tendre regard. *Не́жная ко́жа*, une peau tendre. *Не́жные чу́вства*, de tendres sentiments.

НЕЗАБУ́ДКА myosotis.

НЕЗАБЫВА́ЕМЫЙ inoubliable. *Незабыва́емые дни*, des jours inoubliables. *Незабыва́емые впечатле́ния*, des impressions inoubliables.

НЕЗАВИ́СИМОСТЬ *f.* indépendance. *Национа́льная незави́симость*, l'indépendance nationale. *Люби́ть незави́симость*, aimer l'indépendance.

НЕЗАВИ́СИМЫЙ indépendant. *Незави́симая страна́*, un pays indépendant. *Незави́симый хара́ктер*, un caractère indépendant.

НЕЗАДО́ЛГО *adv.* peu avant. *Незадо́лго до его́ сме́рти*, peu avant sa mort.

НЕЗАКО́ННЫЙ illégal. *Незако́нное де́йствие*, une action illégale.

НЕЗАМЕ́ТНЫЙ imperceptible, qu'on ne remarque pas. *Незаме́тные измене́ния*, des changements imperceptibles. *Он незаме́тно подошёл*, il s'est approché sans se faire remarquer.

НЕЗАПА́МЯТНЫЙ immémorial. *С незапа́мятных времён*, depuis les temps les plus reculés.

НЕЗАРА́ЗНЫЙ non contagieux. *Незара́зная боле́знь*, une maladie non contagieuse.

НЕЗАСЛУ́ЖЕННЫЙ non mérité. *Незаслу́женная награ́да*, une récompense non méritée. *Незаслу́женное наказа́ние*, un châtiment immérité.

НЕ́ЗАЧЕМ *adv.* il n'y a aucune raison de. *Не́зачем туда́ е́здить*, il n'y a pas de raisons d'y aller.

НЕЗДОРО́ВИТЬСЯ (*impers.*) être en mauvaise santé. *Ему́ нездоро́вится*, il est souffrant.

НЕЗДОРО́ВЫЙ **1.** (*à la forme courte seulement*) indisposé, malade. *Она́ нездоро́ва*, elle est souffrante. **2.** maladif, malade. *У неё нездоро́вый вид*, elle a l'air en mauvaise santé. **3.** malsain. *Нездоро́вый кли́мат*, un climat malsain. // (*Fig.*) *Нездоро́вая обстано́вка*, une atmosphère malsaine.

НЕЗНАКО́МЕЦ (*livresque*) inconnu.

НЕЗНАКО́МЫЙ inconnu. *Незнако́мые ли́ца*, des visages inconnus. *Вошёл незнако́мый мне офице́р*, un officier que je ne connaissais pas entra. *Я с ним незнако́м*, je ne le connais pas. // (*Subst.*) *В ко́мнату вошёл незнако́мый*, un inconnu entra dans la pièce.

НЕИЗБЕ́ЖНЫЙ inévitable. *Неизбе́жное зло*, un mal inévitable. *Э́то неизбе́жно*, c'est inévitable.

НЕИЗВЕ́СТНЫЙ inconnu. *Неизве́стная звезда́*, une étoile inconnue. *Неизве́стный худо́жник*, un artiste inconnu. *Он пропа́л неизве́стно куда́*, on ne sait pas où il a disparu.

НЕИЗМЕ́ННЫЙ, неизме́нен, неизме́нна... **1.** invariable. *Неизме́нная и́стина*, une vérité éternelle. **2.** de toujours, constant. *Неизме́нный друг*, un ami fidèle. *Со своей неизме́нной улы́бкой*, avec son éternel sourire.

НЕИМОВЕ́РНЫЙ incroyable. *Неимове́рная жара́*, une chaleur incroyable.

НЕИСПРАВИ́МЫЙ **1.** irrémédiable. *Неисправи́мые оши́бки*, des erreurs irréparables. **2.** incorrigible. *Неисправи́мый мечта́тель*, un rêveur incorrigible.

НЕЙ v. он.

НЕ́КИЙ* *pronom-adjectif* (*livresque*) un certain. *Не́кий Бегунко́в*, un certain Biegounkov.

Remarque. Le pronom « не́кий » présente une alternance « нек-/не́ко- ». La base « нек- » est celle des nominatifs et de l'accusatif féminin singulier : « не́кий », « не́кая », « не́кое », « не́кие », « не́кую ». La base « не́ко- » est celle de toutes les autres formes (не́коего...).

I. НЕ́КОГДА *adv.* il n'y a pas le temps. *Мне сего́дня не́когда*, aujourd'hui, je n'ai pas le temps.

II. НЕ́КОГДА *adv.* autrefois. *Здесь не́когда была́ деревýшка*, ici, il y avait autrefois un hameau.

НЕ́КОГО *pronom* il n'y a personne qui. *Не́ с кем бы́ло гуля́ть*, il n'y avait personne avec qui se promener. *Мне не́кому жа́ловаться*, il n'y a personne à qui je puisse me plaindre.

Remarque. La forme « не́кого » est un génitif. Le pronom n'a pas de nominatif.

НЕ́КОТОРЫЙ *pronom-adjectif* quelque, certain. *Они́ посиде́ли не́которое вре́мя на скаме́йке*, ils restèrent un certain temps assis sur le banc. *До не́которой сте́пени*, jusqu'à un certain point. *Не́которые из них*, quelques-uns d'entre eux.

НЕКСТА́ТИ *adv.* mal à propos, au mauvais moment. *Он пришёл во́все некста́ти*, il est arrivé au mauvais moment. *Кста́ти и некста́ти*, à propos et hors de propos.

НЕ́КТО *pronom* un certain. *Не́кто Ко́зырев*, un certain Kozyriev.

Remarque. « Не́кто » n'a pas d'autre forme que le nominatif. Pour les formes « не́кого, не́кому... », v. не́кого.

НЕ́КУДА *adv.* il n'y a pas d'endroit où. *Торопи́ться не́куда*, il n'y a pas de raison de se dépêcher. *Дева́ться не́куда*, on ne sait pas quoi devenir.

НЕКУРЯ́ЩИЙ *adj. subst.* non fumeur. *Ваго́н для некуря́щих*, non fumeurs (*inscription dans les voitures de chemin de fer*).

НЕЛА́ДНЫЙ qui ne marche pas bien. *Тут что́-то нела́дно*, il y a là quelque chose qui cloche. *Там происхо́дит что́-то нела́дное*, il se passe là-bas quelque chose d'anormal.

НЕЛЕ́ПОСТЬ *f.* ineptie. *Говори́ть неле́пости*, dire des inepties.

НЕЛЕ́ПЫЙ saugrenu. *Неле́пый отве́т*, une réponse saugrenue.

НЕЛИ́ШНИЙ non superflu. *Я счита́ю э́то нели́шним*, j'estime que ce n'est pas superflu.

НЕЛО́ВКИЙ, нело́вок, неловка́, нело́вко, нело́вки ⋀— **1.** maladroit. *Нело́вкое движе́ние*, un mouvement maladroit. **2.** embarrassant, gênant. *Поста́вить кого́-нибудь в нело́вкое положе́ние*, mettre qqn dans une situation embarrassante. *Нело́вкое молча́ние*, un silence embarrassé.

Remarque. Pour l'emploi de la forme « нело́вко », voir ce mot.

НЕЛО́ВКО **1.** *adv.* maladroitement. *Он нело́вко упа́л*, il est tombé maladroitement. **2.** *adj. invar.* gênant. *Всем ста́ло нело́вко*, tout le monde se sentit gêné. *Мне нело́вко говори́ть об э́том*, cela me gêne d'en parler.

НЕЛЬЗЯ́ *particule* **1.** on ne peut pas. *Здесь так темно́, что нельзя́ чита́ть*, il fait tellement sombre ici qu'on ne peut pas lire. *Нельзя́ не согласи́ться с ней*, on ne peut pas ne pas être d'accord avec elle. *Нельзя́ ли ему́ помо́чь?*, Ne peut-on pas l'aider ? *Как нельзя́ лу́чше*, on ne peut mieux. **2.** il ne faut pas, il est interdit de. *Здесь нельзя́ кури́ть*, il ne faut pas fumer ici.

НЁМ v. он.

НЕМА́ЛО *adv.* beaucoup. **1.** (+ *gén.*). *Мы потеря́ли нема́ло вре́мени*, nous avons perdu pas mal de temps. **2.** (+ *verbe*) *Он нема́ло горди́лся э́тим*, il n'en était pas peu fier.

НЕМАЛОВА́ЖНЫЙ assez important; très important. *Немалова́жные вопро́сы*, des questions fort importantes.

НЕМА́ЛЫЙ assez grand, assez gros. *Нема́лые де́ньги*, d'assez grosses sommes.

Remarque. Pour l'emploi adverbial de « нема́ло », voir ce mot.

НЕМЕ́ДЛЕННЫЙ immédiat. *Неме́дленный отве́т*, une réponse immédiate. *Они́ неме́дленно уе́хали*, ils partirent aussitôt.

НЕ́МЕЦ Allemand.

НЕМЕ́ЦКИЙ allemand. *На неме́цком языке́*, en allemand.

НЕМИ́ЛОСТЬ *f.* disgrâce. *Впасть в неми́лость*, tomber en disgrâce.

НЕМИНУ́ЕМЫЙ inévitable. *Немину́емая беда́*, un malheur inévitable.

НЕ́МКА Allemande.

НЕМНО́ГИЙ *pronom-adjectif* **1.** (*neutre sg.*) peu de chose. *Он забы́л то немно́гое, чему́ его́ учи́ли*, il a oublié le peu qu'on lui avait appris. *За немно́гим де́ло ста́ло*, il s'en est fallu de peu que ça marche. **2.** (*pl.*) quelques. *В немно́гих слова́х*, en quelques mots. *За немно́гими исключе́ниями*, à quelques exceptions près. *Верну́лись лишь немно́гие*, rares furent les survivants.

НЕМНО́ГО *adv.* **1.** un peu. *Немно́го со́ли*, un peu de sel. *Отдохну́ть немно́го*, se reposer un peu. **2.** peu. *Вре́мени остаётся немно́го*, il reste peu de temps. *Немно́го спустя́*, peu après.

НЕМНО́ЖКО *adv.* un petit peu. *Немно́жко бо́льше*, un tout petit peu plus.

НЕМО́Й ∧— muet. *Немо́й ребёнок*, un enfant muet. *Немо́й фильм*, un film muet. *Нема́я ка́рта*, une carte muette.

НЕМУ́ v. он.

НЕМЫ́СЛИМЫЙ inconcevable. *Усло́вия для рабо́ты немы́слимые*, les conditions de travail sont invraisemblables.

НЕНАВИ́ДЕТЬ* I, ненави́жу, ненави́дишь... / **ВОЗНЕНАВИ́ДЕТЬ*** I (*id.*) haïr. *Он ненави́дит свои́х сосе́дей*, il déteste ses voisins.

НЕ́НАВИСТЬ *f.* haine. *Смотре́ть с не́навистью*, regarder avec haine. *Из не́нависти к сестре́*, par haine pour sa sœur.

НЕНАДО́ЛГО *adv.* pas pour longtemps. *Он уе́хал ненадо́лго*, il est parti pour peu de temps.

НЕНА́СТНЫЙ très mauvais (*en parlant du temps*). *В нена́стную пого́ду*, par mauvais temps.

НЕНАСЫ́ТНЫЙ insatiable. *Ненасы́тное любопы́тство*, une curiosité insatiable.

НЕОБДУ́МАННЫЙ inconsidéré. *Необду́манный посту́пок*, un acte inconsidéré.

НЕОБИТА́ЕМЫЙ inhabité. *Необита́емый о́стров*, une île déserte.

НЕОБОСНО́ВАННЫЙ dénué de fondement. *Необосно́ванный упрёк*, un reproche non fondé.

НЕОБРАЗО́ВАННЫЙ peu cultivé. *Они́ ужа́сно необразо́ванны*, ils sont affreusement incultes.

НЕОБУ́ЗДАННЫЙ effréné. *Необу́зданная страсть*, une passion déchaînée.

НЕОБХОДИ́МОСТЬ *f.* nécessité. *Предме́ты пе́рвой необходи́мости*, des objets de première nécessité. *Она́ э́то де́лает по необходи́мости*, elle fait cela par nécessité. *В слу́чае необходи́мости*, en cas de nécessité.

НЕОБХОДИ́МЫЙ indispensable. *Необходи́мо приня́ть ме́ры*, il est indispensable de prendre des mesures.

НЕОБЪЯ́ТНЫЙ immense. *Необъя́тные сиби́рские леса́*, les immenses forêts sibériennes.

НЕОБЫКНОВЕ́ННЫЙ, необыкнове́нен, необыкнове́нна... extraordinaire. *Необыкнове́нное происше́ствие*, un événement extraordinaire.

НЕОБЫЧА́ЙНЫЙ inhabituel, insolite. *Необыча́йный шум*, un bruit inhabituel.

НЕОБЯЗА́ТЕЛЬНЫЙ non obligatoire. *Необяза́тельный предме́т*, une matière facultative.

НЕОГРАНИ́ЧЕННЫЙ illimité. *Неограни́ченная власть*, un pouvoir absolu.

НЕОДНОКРА́ТНЫЙ réitéré. *Они́ неоднокра́тно восстава́ли про́тив князе́й*, à maintes reprises ils se soulevèrent contre les princes.

НЕОЖИ́ДАННЫЙ inattendu. *Неожи́данная весть*, une nouvelle inattendue.

НЕОПИСУ́ЕМЫЙ indescriptible. *Неопису́емая ра́дость*, une joie indescriptible.

НЕОПРЯ́ТНЫЙ malpropre. *Неопря́тное одея́ло*, une couverture d'une propreté douteuse.

НЕОСПОРИ́МЫЙ incontestable. *Неоспори́мая и́стина*, une vérité incontestable.

НЕОСТОРО́ЖНОСТЬ *f.* imprudence. *По неосторо́жности*, par imprudence. *Сде́лать неосторо́жность*, faire une imprudence.

НЕОСТОРО́ЖНЫЙ imprudent. *Неосторо́жный ребёнок*, un enfant imprudent. *Поступа́ть неосторо́жно*, agir imprudemment.

НЕ́ОТКУДА *adv.* il n'y a pas d'endroit d'où. *Их взять не́откуда*, on ne sait pas où les prendre.

НЕОТЛО́ЖНЫЙ qu'on ne peut ajourner. *Неотло́жное де́ло*, une affaire urgente.

НЕОТЛУ́ЧНЫЙ inséparable. *Неотлу́чные друзья́*, des amis inséparables.

НЕПЛОХО́Й, непло́х, неплоха́, непло́хо, непло́хи ⋀— pas mauvais. *Неплохи́е результа́ты*, d'assez bons résultats. *Он непло́хо игра́ет*, il ne joue pas mal.

НЕПОБЕДИ́МЫЙ invincible. *Непобеди́мая а́рмия*, une armée invincible.

НЕПОГО́ДА mauvais temps.

НЕПОДВИ́ЖНЫЙ immobile. *Неподви́жно стоя́ть*, se tenir immobile. *Неподви́жный взгляд*, un regard fixe.

НЕПОДРАЖА́ЕМЫЙ inimitable. *Арти́ст неподража́емый!*, Un artiste inimitable !

НЕПОДХОДЯ́ЩИЙ qui ne convient pas. *Э́то для нас неподходя́щие усло́вия*, ce sont des conditions qui ne nous conviennent pas.

НЕПОНЯ́ТНЫЙ incompréhensible. *Непоня́тные слова́*, des mots incompréhensibles. *Непо-*

нятно, как это случилось, on ne comprend pas comment cela a pu se produire.

НЕПОПРАВИ́МЫЙ irréparable. *Непоправи́мая оши́бка*, une faute irréparable. *Непоправи́мая беда́*, un malheur irréparable.

НЕПОХО́ЖИЙ peu ressemblant. *Он непохо́ж на бра́та*, il ne ressemble pas à son frère. *Э́то на вас непохо́же*, Cela m'étonne de vous.

НЕПРА́ВДА mensonge. *Непра́вда!*, Ce n'est pas vrai. *Говори́ть непра́вду*, mentir.

НЕПРА́ВИЛЬНЫЙ **1.** incorrect. *Непра́вильное произноше́ние*, une prononciation incorrecte. *Он меня́ непра́вильно по́нял*, il ne m'a pas bien compris. **2.** irrégulier (*divers sens*). *Непра́вильные черты́ лица́*, des traits irréguliers. *Непра́вильные глаго́лы*, les verbes irréguliers.

НЕПРА́ВЫЙ, непра́в, неправа́, непра́во, непра́вы ^— **1.** qui a tort. *Он непра́в*, il a tort. **2.** injuste. *Непра́вое де́ло*, une cause injuste.

НЕПРЕДВИ́ДЕННЫЙ imprévu. *Непредви́денные расхо́ды*, des dépenses imprévues.

НЕПРЕМЕ́ННО *adv.* sans faute, sans manquer. *Она́ сказа́ла, что непреме́нно придёт*, elle a dit qu'elle viendrait sans faute.

НЕПРЕРЫ́ВНЫЙ ininterrompu. *Непреры́вным пото́ком*, en un flot ininterrompu.

НЕПРИВЫ́ЧКА manque d'habitude. *С непривы́чки*, par manque d'habitude.

НЕПРИЛИ́ЧНЫЙ indécent, incongru. *Неприли́чные слова́*, des incongruités. *Неприли́чно вести́ себя́*, se conduire d'une manière indécente.

НЕПРИМИРИ́МЫЙ **1.** irréconciliable. *Непримири́мые враги́*, des ennemis irréconciliables. **2.** sans pitié, implacable. *Непримири́мая борьба́*, une lutte impitoyable.

НЕПРИСТУ́ПНЫЙ inaccessible. *Непристу́пные высо́ты*, des hauteurs inaccessibles. *Непристу́пная кре́пость*, une forteresse inexpugnable.

НЕПРИЯ́ТЕЛЬ *m.* ennemi (*armées ennemies*). *Разби́ть неприя́теля*, vaincre l'ennemi.

НЕПРИЯ́ТЕЛЬСКИЙ ennemi. *Неприя́тельские войска́*, les armées ennemies.

НЕПРИЯ́ТНОСТЬ *f.* désagrément. *Со мной случи́лась ма́ленькая неприя́тность*, il m'est arrivé un petit désagrément. *Говори́ть неприя́тности*, dire des choses désagréables.

НЕПРИЯ́ТНЫЙ désagréable. *Неприя́тный за́пах*, une odeur désagréable. *Неприя́тное де́ло*, une affaire ennuyeuse.

НЕПРОМОКА́ЕМЫЙ imperméable. *Непромока́емая мате́рия*, une étoffe imperméable. *Непромока́емый плащ*, un imperméable.

НЕПРОСТИ́ТЕЛЬНЫЙ impardonnable. *Непрости́тельная оши́бка*, une faute impardonnable.

НЕПРОХОДИ́МЫЙ **1.** impénétrable, impraticable. *Непроходи́мые леса́*, des forêts impénétrables. **2.** sans issue, sans espoir. *Непроходи́мая глу́пость*, une bêtise incurable. *Непроходи́мый дура́к*, un âne bâté.

НЕПРО́ШЕННЫЙ non invité, non souhaité. *Непро́шенный гость*, un hôte indésirable. *Непро́шенные слёзы*, des larmes involontaires.

НЕРАБО́ЧИЙ non ouvrable. *В нерабо́чий день*, un jour de congé. *В нерабо́чее вре́мя*, en dehors des heures de travail.

НЕРА́ВЕНСТВО inégalité. *Социа́льное нера́венство*, les inégalités sociales.

НЕРАВНОДУ́ШНЫЙ non indifférent. *Она́ к нему́ неравноду́шна*, elle a pour lui une certaine sympathie.

НЕРАЗБЕРИ́ХА brouillamini.

НЕРАЗБО́РЧИВЫЙ **1.** indéchiffrable. *Неразбо́рчивый по́черк*, une écriture illisible. *Неразбо́рчивая по́дпись*, une signature illisible. **2.** peu regardant. *Он неразбо́рчив в еде́*, il n'est pas difficile pour la nourriture. *Он неразбо́рчив в сре́дствах*, tous les moyens lui sont bons.

НЕРАЗГОВО́РЧИВЫЙ peu loquace.

НЕРАЗЛУ́ЧНЫЙ inséparable. *Неразлу́чные друзья́*, des amis inséparables.

НЕРВ nerf. *Зри́тельный нерв*, le nerf optique. *У неё кре́пкие не́рвы*, elle a les nerfs solides. *Э́то мне де́йствует на не́рвы*, cela me porte sur les nerfs.

НЕ́РВНИЧАТЬ s'énerver.

НЕ́РВНЫЙ nerveux. *Не́рвная систе́ма*, le système nerveux. *Не́рвный припа́док*, une crise de nerfs.

НЕРЯ́ХА *m.* et *f.* personne peu soigneuse, personne malpropre.

НЕРЯ́ШЛИВЫЙ **1.** malpropre, peu soigné. *Неря́шливый челове́к*, une personne malpropre. **2.** peu soigné, mal fait. *Неря́шливая рабо́та*, un travail négligé.

НЁС v. нести́.

НЕСБЫ́ТОЧНЫЙ irréalisable. *Несбы́точные мечты́*, des rêves irréalisables.

НЕСВАРЕ́НИЕ • **Несваре́ние желу́дка,** indigestion.

НЕСГОРА́ЕМЫЙ incombustible. *Несгора́емый материа́л*, un matériau incombustible. • **Несгора́емый шкаф,** coffre-fort.

НЕСЁМ, НЕСЁТ... v. нести́.

НЕСКАЗА́ННЫЙ indicible. *Несказа́нная ра́дость*, une joie indicible. *Несказа́нный успе́х*, un succès inouï.

НЕСКЛА́ДНЫЙ mal bâti. *Нескла́дный расска́з*, un récit peu cohérent. *Нескла́дный па́рень*, un garçon mal bâti.

НЕ́СКОЛЬКО, *cas obliques* не́скольких, не́скольким... *adv. ou* (*s'il est précédé d'une préposition exigeant un cas oblique*) *pronom-adjectif* plusieurs. *Не́сколько лет тому́ наза́д*, il y a quelques années. *Не́сколько челове́к*, quelques personnes. *В не́скольких слова́х*, en quelques mots.

Remarque. La forme « не́сколько » régit le génitif.

НЕСКРО́МНЫЙ, нескро́мен, нескромна́, нескро́мно, нескро́мны ⋀—— **1.** peu modeste. *Нескро́мный челове́к*, une personne peu modeste. **2.** indiscret. *Нескро́мный вопро́с*, une question indiscrète.

НЕСЛА́, НЕСЛО́... v. нести́.

НЕСЛЫ́ХАННЫЙ inouï. *Неслы́ханный успе́х*, un succès inouï.

НЕСМОТРЯ́ НА *prép.* (+ *acc.*) en dépit de. *Несмотря́ на плоху́ю пого́ду*, en dépit du mauvais temps.

НЕСНО́СНЫЙ insupportable. *Несно́сная жара́*, une chaleur insupportable. *Несно́сный хара́ктер*, un caractère insupportable.

НЕСОВЕРШЕННОЛЕ́ТНИЙ mineur (*qui n'a pas atteint l'âge de la majorité*).

НЕСОВЕРШЕ́ННЫЙ, несоверше́нен, несоверше́нна... imparfait. *Несоверше́нная рабо́та*, un travail imparfait. • **Несоверше́нный вид,** l'imperfectif (*gramm.*). *Глаго́л несоверше́нного ви́да*, un verbe imperfectif.

НЕСОГЛА́СНЫЙ pas d'accord. *Я с ва́ми несогла́сен*, je ne suis pas d'accord avec vous. *Я несогла́сен на ва́ше предложе́ние*, Je ne suis pas d'accord avec votre proposition.

НЕСОМНЕ́ННЫЙ, несомне́нен, несомне́нна... indubitable. *Несомне́нный успе́х*, un succès indubitable. *Он несомне́нно прав*, il a raison, sans aucun doute.

НЕСПОСО́БНЫЙ **1.** incapable (*inapte*). *Она́ неспосо́бна к труду́*, elle est incapable de travailler.

2. incapable (*qui n'a pas les qualités ou les défauts nécessaires*). *Она́ неспосо́бна лгать*, elle est incapable de mentir. *Он неспосо́бен на таку́ю по́длость*, il est incapable d'une telle lâcheté.

НЕСПРАВЕДЛИ́ВОСТЬ *f.* injustice. *Социа́льная несправедли́вость*, les injustices sociales.

НЕСПРАВЕДЛИ́ВЫЙ injuste. *Несправедли́вый челове́к*, un homme injuste. *Несправедли́вое реше́ние*, une décision injuste.

НЕСРАВНЕ́ННЫЙ, несравне́нен, несравне́нна... incomparable. *Несравне́нно ху́же*, incomparablement moins bien.

НЕСТЕРПИ́МЫЙ intolérable, insupportable. *Нестерпи́мая жара́*, une chaleur insupportable.

> **НЕСТИ́*** IV, несу́, несёшь...; нёс, несла́... /‾‾ | **ПОНЕСТИ́*** IV, понесу́, понесёшь...; понёс, понесла́.../‾‾; понесённый; понеся́ (*au sens 1, 3, 4, 6*) *et* **СНЕСТИ́** IV, снесу́, снесёшь...; снёс, снесла́... /‾‾ ; снесённый ; снеся́ (*au sens 1 et 5*); *indét.* **НОСИ́ТЬ** __ (*au sens 1 seulement*)
> **1.** porter.
> **2.** assurer; exécuter.
> **3.** subir, endurer.
> **4.** puer.
> **5.** pondre.
> **6.** dire (*des âneries*).

1. *Нести́ чемода́н*, porter une valise. *Нести́ мешо́к на спине́*, porter un sac sur son dos. **2.** *Нести́ карау́л*, monter la garde. *Нести́ обя́занность*, remplir une fonction. **3.** *Понести́ убы́тки*, subir des pertes. **4.** *От него́ несёт во́дкой*, il pue la vodka. **5.** *Ку́рица снесла́ яйцо́*, la poule a pondu un œuf. **6.** *Нести́ вздор* ou *нести́ чепуху́*, dire des bêtises. • **Куда́ вас несёт?,** Où diable allez-vous ?

REMARQUE. Pour les emplois particuliers de l'indéterminé « носи́ть », voir ce mot.

НЕСТИ́СЬ* IV, несу́сь, несёшься...; нёсся, несла́сь... /‾‾ | **ПОНЕСТИ́СЬ*** IV (*id.*); *indét.* **НОСИ́ТЬСЯ** __ **1.** aller à grande vitesse. *Нести́сь вскачь*, être lancé au galop. **2.** se répandre. *Несётся слух, что*, le bruit court que.

НЕСУСВЕ́ТНЫЙ inimaginable. *Несусве́тная чепуха́*, des bêtises inimaginables.

НЕСЧА́СТНЫЙ **1.** malheureux. *Несча́стный челове́к*, un homme malheureux. *Несча́стная любо́вь*, un amour malheureux. **2.** néfaste, *Несча́стный день*, un jour néfaste. • **Несча́стный слу́чай,** un accident.

НЕСЧА́СТЬЕ malheur. *Случи́лось несча́стье*, il est arrivé un malheur. *К несча́стью*, par malheur.

НЕСЪЕДО́БНЫЙ non comestible. *Несъедо́бные грибы́*, les champignons non comestibles.

I. НЕТ *adv.* **1.** non. *Нет, он не прав*, non, il a tort. **2.** (*en réponse à une phrase négative*) si. « *Э́то не он? — Нет, э́то он* », « Ce n'est pas lui ? — Si, c'est lui. »

II. НЕТ *et* (*fam.*) **НЕ́ТУ** *forme négative du verbe* « быть » (*voir ce verbe*), *passé* не́ было, *futur* не бу́дет il n'y a pas de. *Нет ни одно́й кни́ги*, il n'y a pas un seul livre. *Никого́ нет*, il n'y a personne. *Его́ нет*, il n'est pas là. *Нет ничего́ трудне́е*, il n'y a rien de plus difficile. • **На нет и суда́ нет,** à l'impossible nul n'est tenu. **Свести́ на нет,** réduire à néant.

НЕТЕРПЕ́НИЕ impatience. *Ждать с нетерпе́нием*, attendre avec impatience.

НЕТЕРПИ́МОСТЬ *f.* intolérance. *Религио́зная нетерпи́мость*, l'intolérance religieuse.

НЕТРЕ́ЗВЫЙ, нетре́зв, нетрезва́, нетре́зво, нетре́звы /__

éméché (*qui a un peu trop bu*). *В нетре́звом ви́де*, à moitié ivre.

НЕУБЕДИ́ТЕЛЬНЫЙ peu convaincant. *Неубеди́тельные доказа́тельства*, des preuves peu convaincantes.

НЕУВЕ́РЕННЫЙ hésitant, peu sûr. *Неуве́ренной похо́дкой*, avec une démarche hésitante. *Я в э́том неуве́рен*, je n'en suis pas sûr.

НЕУДА́ЧА insuccès, échec. *Потерпе́ть неуда́чу*, subir un échec. *Э́то осуждено́ на неуда́чу*, c'est condamné à un échec.

НЕУДА́ЧЛИВЫЙ malchanceux. *Неуда́чливый челове́к*, un homme qui n'a jamais eu de chance.

НЕУДА́ЧНЫЙ manqué, raté. *Неуда́чная попы́тка*, une tentative malheureuse. *Неуда́чное нача́ло*, un mauvais début. *Неуда́чный портре́т*, un portrait manqué.

НЕУДО́БНЫЙ **1.** inconfortable. *Неудо́бное кре́сло*, un fauteuil peu confortable. **2.** (*fig.*) embarrassant. *Неудо́бное положе́ние*, une situation embarrassante. *Мне неудо́бно бы́ло обрати́ться к нему́ с тако́й про́сьбой*, j'étais fort gêné de lui demander un tel service.

НЕУДОВЛЕТВОРИ́ТЕЛЬНЫЙ peu satisfaisant. *Неудовлетвори́тельная рабо́та*, un travail peu satisfaisant.

НЕУДОВО́ЛЬСТВИЕ mécontentement. *Вы́разить своё неудово́льствие*, exprimer son mécontentement.

НЕУЖЕ́ЛИ *particule* est-il possible que. *Неуже́ли вы не по́мните?*, Est-il possible que vous ayez oublié? *Неуже́ли?*, Pas possible!

НЕУКЛЮ́ЖИЙ lourd, pataud. *Неуклю́жая похо́дка*, une démarche pesante. *Неуклю́жее кре́сло*, un fauteuil aux formes peu élégantes.

НЕУМЕ́СТНЫЙ déplacé, incongru. *Неуме́стные вопро́сы*, des questions déplacées.

НЕУРАВНОВЕ́ШЕННЫЙ déséquilibré. *Неуравнове́шенный челове́к*, un homme déséquilibré.

НЕУРОЖА́Й *m.* mauvaise récolte.

НЕУТОМИ́МЫЙ infatigable. *Неутоми́мый иссле́дователь*, un chercheur infatigable.

НЕФТЬ *f.* pétrole. *Добы́ча не́фти*, l'extraction du pétrole.

НЕХОРО́ШИЙ, нехоро́ш, нехороша́, нехорошо́, нехороши́ ╱‾‾ **1.** mauvais. *Нехоро́шее де́ло*, une sale affaire. *Нехорошо́ спать*, mal dormir. **2.** (*forme courte seulement*) pas beau. *Он нехоро́ш собо́й*, ce n'est pas un beau garçon.

НЕ́ХОТЯ *adv.* à contrecœur. *Он не́хотя взя́лся за э́то де́ло*, il s'est mis à ce travail à contrecœur.

НЕЦЕЛЕСООБРА́ЗНЫЙ non conforme au but poursuivi. *Нецелесообра́зная рабо́та*, un travail inutile.

НЕЧА́ЯННЫЙ **1.** inattendu. *Нечаянная встре́ча*, une rencontre inattendue. **2.** involontaire. *Он неча́янно вы́стрелил*, le coup est parti sans qu'il l'ait fait exprès.

I. НЕ́ЧЕГО *pronom* il n'y a rien. *Не́чем горди́ться*, il n'y a pas de quoi être fier. *Не́чему ра́доваться*, il n'y a pas de quoi se réjouir. ● **Де́лать не́чего,** on n'y peut rien. **Не́чего сказа́ть,** il n'y a pas à dire. **От не́чего де́лать,** par désœuvrement.

> REMARQUE. La forme « нечего » est un génitif. Le pronom n'a pas de nominatif.

II. НЕ́ЧЕГО *adv.* (*fam.*) il n'y a pas lieu de. *Не́чего об э́том говори́ть*, inutile d'en parler. *Не́чего ра́доваться*, il n'y a pas de raison de se réjouir.

НЕЧЕ́СТНЫЙ malhonnête. *Нече́стный челове́к*, un homme malhonnête. *Нече́стный посту́пок*, un acte malhonnête.

НЕЧИСТОПЛО́ТНЫЙ malpropre (*en parlant d'une personne*). *Нечистопло́тный челове́к*, un homme malpropre. // (*Fig.*) Не-

чистоплóтная сдéлка, un arrangement malhonnête.

НЕЧИСТОТÁ **1.** saleté. *Несмотря́ на нечистотý кóмнаты*, en dépit de la saleté de la pièce. **2.** (*au pl. seulement:* нечистóты...) ordures. *Вы́возка нечистóт*, l'enlèvement des ordures.

НЕЧИ́СТЫЙ, нечи́ст, нечистá, нечи́сто, нечи́сты ∧— **1.** sale, impur. *Нечи́стая рубáшка*, une chemise sale. *Нечи́стый вóздух*, un air impur. // (*Fig.*) *Нечи́стое дéло*, une affaire malpropre. **2.** *subst.* le Malin. *Нечи́стый попýтал*, c'est le diable qui m'a poussé. ● **Нечи́стая си́ла,** l'esprit malin. **Он нá руку нечи́ст,** il est d'une honnêteté douteuse.

НÉЧТО *pronom* (*livresque*) quelque chose de. *Нéчто другóе*, quelque chose d'autre.

> REMARQUE. « Нéчто » n'a pas d'autre forme que le nominatif. Pour les formes « нéчего, нéчему... », voir « нéчего I ».

НЕШУ́ТОЧНЫЙ assez sérieux. *Дéло нешýточное*, ce n'est pas une plaisanterie.

НÉЮ v. он.

I. НИ
I. Conjonction:
— (*répété*) ni... ni...
II. Particule de renforcement:
1. *dans une phrase négative;*
2. *après un pronom ou un adverbe.*

I. *Ни мне ни тебé*, ni à moi ni à toi. *Ни тот ни другóй*, ni l'un ni l'autre. *Ни ры́ба ни мя́со*, ni chair ni poisson. *Ни с тогó ни с сегó*, sans rime ni raison.

II. 1. *Ни копéйки не трáтить*, ne pas dépenser un kopek. *Нé было ни одногó автóбуса*, il n'y avait pas un seul autobus. *Нé было ни души́*, il n'y avait pas âme qui vive. *Ни слóва об э́том!*, N'en parlez à personne. **2.** *Но как онá ни старáлась, а волк бежáл скорéй*, elle avait beau faire, le loup courait plus vite. *Кто что ни говори́*, on a beau dire. *Во что бы то ни стáло*, à tout prix.

> REMARQUE. « Ни » est accentué lorsqu'il est suivi de « был », « было » ou « были ». La forme verbale est alors atone.

II. НИ *particule séparable entrant dans la composition des pronoms* никтó, ничтó *ou* никóй (voir ces mots).

> REMARQUE. La particule séparable « ни » est toujours suivie d'une préposition (ex. : ни о чём).

-НИБУДЬ *particule postposée* que ce soit (*voir les mots dans la composition desquels entre cette particule*).

НИГДÉ *adv.* nulle part (*emplacement*). *Вы нигдé не найдёте таки́х авторýчек*, vous ne trouverez nulle part des stylos comme ça.

НИ́ЖЕ **1.** comp. de « ни́зкий ». **2.** (+ *gén.*) *prép.* en dessous de. *Дéсять грáдусов ни́же нуля́*, dix degrés au-dessous de zéro.

НИ́ЖНИЙ inférieur, de dessous. *Ни́жняя чéлюсть*, la mâchoire inférieure. *Ни́жнее бельё*, linge de corps.

НИ́ЗКИЙ ∧— , *comp.* ни́же*, *superl.* ни́зший* bas (*divers sens*). *Ни́зкий потолóк*, un plafond bas. *Ни́зкие каблуки́*, des talons bas. *Ни́зкие облакá*, des nuages bas. *Ни́зкий лоб*, un front bas. *Ни́зкая температýра*, une basse température. *Ни́зкого кáчества*, de mauvaise qualité.

НИЗÓВЬЕ région arrosée par le cours inférieur d'un fleuve. *Низóвье Вóлги*, la basse Volga.

НИ́ЗОСТЬ *f.* bassesse, vilenie.

НИ́ЗШИЙ inférieur. *Ни́зшего кáчества*, de qualité inférieure.

НИКÁК *adv.* nullement. *Я э́того никáк не могý поня́ть*, je n'arrive absolument pas à comprendre cela.

НИКАКÓЙ *pronom-adjectif* aucun. *Нет никакóго сомнéния*, il n'y a aucun doute. *Об э́том я не имéю* *никакóго представлéния*, je n'en ai aucune idée.

НИКОГДÁ *adv.* jamais. *Я его́ никогдá не ви́дел*, je ne l'ai jamais vu. *Лу́чше пóздно, чем никогдá*, mieux vaut tard que jamais.

НИКÓЙ *pronom* • **Ни в кóем слу́чае,** en aucun cas.

НИКТÓ *pronom* personne. *Никтó не знал*, personne ne savait. *Он ни к комý не обращáлся*, il ne s'adressait à personne.

НИКУДÁ *adv.* nulle part (*direction*). *Мы никудá не поéдем*, nous n'irons nulle part. • **Э́то никудá не годи́тся,** cela ne vaut rien.

НИКУДЫ́ШНЫЙ qui ne vaut rien. *Человéк он никуды́шный*, il n'y a rien à en tirer. *Э́то никуды́шная рабóта*, ce n'est ni fait ni à faire.

НИМ, НИ́МИ v. он.

НИОТКУ́ДА *adv.* de nulle part. *Мы ниоткýда не получáем пи́сем*, nous ne recevons de lettres de nulle part.

НИСКÓЛЬКО *adv.* pas du tout. *Он ниско́лько не испугáлся*, il n'a pas eu peur du tout.

НИ́ТКА fil. *Катýшка ни́ток*, une bobine de fil. *Вдеть ни́тку в иго́лку*, enfiler une aiguille. // (*Fig.*) *Э́то ши́то бéлыми ни́тками*, c'est cousu de fil blanc. *Он промóк до ни́тки*, il est trempé jusqu'aux os.

НИТЬ *f.* fil. *Золотáя нить*, un fil d'or. // (*Fig.*) *Потеря́ть нить разговóра*, perdre le fil de la conversation.

НИХ v. он.

I. НИЧЕГÓ *pronom* v. ничтó.

II. НИЧЕГÓ *adv.* **1.** ça n'a pas d'importance, ça ne fait rien. *Ничегó, э́то пройдёт*, ça ne fait rien, ça passera. **2.** pas mal, assez bien. « *Как поживáешь? — Ничегó, спаси́бо, а ты?* », « Comment vas-tu ? —Pas trop mal, merci, et toi ? » *Дóмик — ничегó себé*, c'est une petite maison pas mal du tout.

НИЧТÓ *pronom* rien. *Он ничегó не дéлает*, il ne fait rien. *Онá ни о чём не дýмала*, elle ne pensait à rien. *Ничегó подóбного*, pas le moins du monde.

REMARQUE. La forme « ничтó » est d'emploi assez rare dans la langue parlée; on lui préfère « ничегó » en fonction de nominatif : « Егó ничтó не интересýет » (norme littéraire); « Егó ничегó не интересýет » (style de la conversation).

НИЧТÓЖНЫЙ **1.** infime. *Ничтóжное коли́чество*, une quantité infime. **2.** sans valeur, sans importance. *Ничтóжная роль*, un rôle sans importance. *Ничтóжный человéк*, une nullité.

НИЧУ́ТЬ *adv.* (*fam.*) pas du tout. *Он ничýть не испугáлся*, il n'a pas eu peur du tout.

НИЩЕТÁ misère. *Впасть в нищетý*, tomber dans la misère. *Жить в нищетé*, vivre dans la misère.

НИ́ЩИЙ misérable, réduit à la mendicité. *Ни́щий стари́к*, un vieillard réduit à la mendicité. // (*Subst.*) *Там бы́ло мнóго ни́щих*, il y avait beaucoup de mendiants.

НО *conj.* mais. *Я егó спроси́л, но он ничегó не отвéтил*, je lui ai demandé, mais il n'a rien répondu.

НОВÉЙШИЙ très récent, moderne. *Новéйшая литератýра*, la littérature contemporaine.

НОВИ́НКА nouveauté (*livre récemment paru, etc.*). *Послéдние нови́нки литератýры*, les dernières nouveautés de la littérature.

НОВИЧÓК **1.** novice, débutant. *В э́том дéле он ещё новичóк*, dans ce domaine, c'est encore un novice. **2.** nouveau (*à l'école*). *Новичóк встал и назвáл свою́ фами́лию*, le nouveau se leva et dit son nom.

НОВОГÓДНИЙ de nouvel an. *Новогóдний подáрок*, un cadeau de nouvel an. *Новогóдняя ёлка*, un arbre de nouvel an.

НОВОРОЖДЁННЫЙ nouveau-né. *Новорождённый ребёнок*, un enfant nouveau-né. // (*Subst.*) **1.** nouveau-né. **2.** personne fêtant son anniversaire.

НОВОСЕ́ЛЬЕ **1.** nouveau logement. *Устро́иться на новосе́лье*, s'installer dans son nouveau logement. **2.** réception organisée pour fêter son installation dans un nouveau logement. *Справля́ть новосе́лье*, pendre la crémaillère.

НОВОСТРО́ЙКА construction(s) neuve(s). *Жить в новостро́йке*, habiter dans un immeuble neuf.

НО́ВОСТЬ *f.* **1.** nouveauté (*divers sens*). *Но́вости те́хники*, les nouveautés de la technique. *Но́вости сезо́на*, les nouveautés de la saison (*mode*). **2.** nouvelle. *Прия́тная но́вость*, une agréable nouvelle. *Сообщи́ть после́дние но́вости*, communiquer les dernières nouvelles. • **Э́то не но́вость!,** Ce n'est pas neuf! **Э́то что ещё за но́вости!,** En voilà des inventions!

НО́ВШЕСТВО innovation. *Вся́кое но́вшество его́ пуга́ет*, toute innovation l'effraie.

НО́ВЫЙ **1.** neuf. *Костю́м ещё совсе́м но́вый*, ce costume est encore tout neuf. **2.** nouveau. *Но́вое лека́рство*, un nouveau médicament. *Но́вый ме́тод*, une nouvelle méthode. *Но́вый карто́фель*, des pommes de terre nouvelles. *Но́вый год*, le nouvel an. // (*Subst.*) *Что но́вого?*, Quoi de neuf? **3.** moderne. *Но́вые языки́*, les langues modernes. • **С Но́вым го́дом!,** Bonne année!

НОГА́ pied, jambe. *У неё краси́вые но́ги*, elle a de belles jambes. *Наступи́ть кому́-нибудь на́ ногу*, marcher sur les pieds de qqn (*propr. et fig.*). *Деревя́нная нога́*, une jambe de bois. • **Бежа́ть со всех ног,** s'enfuir à toutes jambes. **Без за́дних ног** *ou* **без ног,** fatigué à ne plus tenir debout. **Быть с ке́м-нибудь на коро́ткой ноге́,** être très intime avec qqn. **Вверх нога́ми,** à l'envers, sens dessus dessous. *Поста́вить я́щик вверх нога́ми*, poser une caisse à l'envers. **Встать с ле́вой ноги́,** se lever du pied gauche. **Идти́ в но́гу,** marcher au pas. **Жить на широ́кую но́гу,** vivre sur un grand pied. **Сиде́ть нога́ на́ ногу,** être assis les jambes croisées. **Стоя́ть одно́й ного́й в моги́ле,** avoir un pied dans la tombe.

Remarque. L'accent passe sur la préposition dans les groupes « за́ ногу », « на́ ногу », « по́д ногу », « на́ ноги » et « по́д ноги ».

НО́ГОТЬ *m.* ongle. *Обре́зать но́гти*, couper les ongles. *Куса́ть но́гти*, se ronger les ongles. • **До конца́ ногте́й,** jusqu'au bout des ongles. *Эгоист до конца́ ногте́й*, égoïste jusqu'au bout des ongles.

НОЖ couteau. *Столо́вый нож*, un couteau de table. *Перочи́нный нож*, un canif. • **Быть на ножа́х с ке́м-нибудь,** être à couteaux tirés avec qqn. **С ножо́м к го́рлу приста́ть,** mettre le couteau sur la gorge (*fig.*).

НО́ЖИК dim. de « нож ».

НО́ЖКА **1.** dim. de « нога́ ». **2.** pied (*d'un objet, d'un champignon*). *Но́жка стола́*, le pied de la table. *Но́жка гриба́*, le pied du champignon. • **Подста́вить кому́-нибудь но́жку** **1.** faire un croche-pied à qqn. **2.** mettre des bâtons dans les roues à qqn.

НО́ЖНИЦЫ, но́жниц, но́жницам... *pl. t.* ciseaux.

НОЗДРЯ́*, *gén. pl.* ноздре́й narine, naseau.

НОЛЬ *m.* zéro. *Ноль гра́дусов*, zéro degré. • **Ноль-ноль,** précise(s) [*en parlant de l'heure*]. *В шесть ноль-ноль*, à six heures précises.

Remarque. Les cas obliques de « ноль » sont peu usités (v. « нуль »).

НО́МЕР*, *nom. pl.* номера́ **1.** numéro. *Но́мер телефо́на*, le numéro de téléphone. *Но́мер до́ма*, le numéro de la maison. *Но́мер автомоби́ля*, le numéro d'une voiture. *В после́днем но́мере журна́ла*, dans le dernier numéro du journal. **2.** chambre (*à l'hôtel*). *Есть ещё свобо́дные номера́?*, Y a-t-il encore des chambres libres ?

НОРА́ terrier. *Выполза́ть из норы́*, sortir de son terrier.

НОС*, *loc.* носу́ **1.** nez. *Нос карто́шкой*, un nez en pomme de terre. **2.** bec (*d'un oiseau*). **3.** proue, avant. *Нос ло́дки*, l'avant d'une barque. ● **Води́ть кого́-нибудь за́ нос,** mener qqn par le bout du nez. **Говори́ть в нос,** parler du nez. **Из-под но́са взять,** prendre qqch. à la barbe de qqn. **Не ви́деть да́льше своего́ но́са,** ne pas voir plus loin que le bout de son nez. **Нос пове́сить,** faire triste mine. **Оста́ться с но́сом,** en être pour ses frais. **Сова́ть нос, куда́ не сле́дует,** fourrer son nez où il ne faut pas. **Столкну́ться с ке́м-нибудь но́сом к но́су,** se trouver nez à nez avec qqn.

Remarque. L'accent passe sur la préposition dans toutes les expressions figées, comportant les groupes « за́ нос », « на́ нос », « по́ носу » et « по́д носом ».

НОСИ́ЛКИ, носи́лок, носи́лкам... *pl. t.* civière. *Нести́ на носи́лках*, porter sur une civière.

НОСИ́ЛЬЩИК porteur. *Носи́льщик взял мой чемода́н*, le porteur a pris ma valise.

НОСИ́ТЬ **1.** indét. de « нести́ ». **2.** porter (*un costume, la barbe, un nom...*). *Носи́ть очки́*, porter des lunettes. *Носи́ть ту́фли на высо́ких каблука́х*, porter des souliers à talons hauts. *Носи́ть усы́*, porter la moustache. ● **Носи́ть на рука́х,** choyer.

НОСИ́ТЬСЯ indét. de « нести́сь ».

НОСОВО́Й du nez, pour le nez. *Носово́й плато́к*, un mouchoir de poche.

НОСО́К **1.** chaussette. *Па́ра носко́в*, une paire de chaussettes. **2.** pointe du pied.

НО́ТА **1.** note (*mus. et diplomatie*). *Но́та « соль »*, la note « sol ». *Но́та проте́ста*, une note de protestation. **2.** (*pl. seulement*) partition. *Те же но́ты лежа́ли на роя́ле*, il y avait la même partition sur le piano.

НОЧЕВА́ТЬ* II, ночу́ю, ночу́ешь... / **ПЕРЕНОЧЕВА́ТЬ*** II (*id.*) passer la nuit. *Ночева́ть под откры́тым не́бом*, coucher à la belle étoile.

НОЧНО́Й nocturne, de nuit. *Ночна́я прогу́лка*, une promenade nocturne. *Ночно́й по́езд*, un train de nuit. *Ночна́я пти́ца*, oiseau de nuit.

НОЧЬ *f.* nuit. *Наступи́ла ночь*, la nuit arriva. *В час но́чи*, à une heure du matin. *Споко́йной но́чи!*, Bonne nuit ! *В ночь на 24 ию́ня*, la nuit du 24 juin. *Бе́лые но́чи*, les nuits blanches (*nuits d'été très claires au voisinage du cercle polaire*).

Remarque. L'accent passe sur la préposition dans les expressions figées comportant les groupes « до́ ночи », « за́ ночь » et « на́ ночь ».

НО́ЧЬЮ **1.** v. ночь. **2.** *adv.* pendant la nuit. *Он прие́хал но́чью*, il est arrivé pendant la nuit.

НО́ША fardeau. *Тяжёлая но́ша*, un lourd fardeau.

НОЯ́БРЬ *m.* novembre. *В ноябре́*, au mois de novembre. *Они́ прие́хали 7-го ноября́*, ils sont arrivés le 7 novembre.

НРАВ **1.** caractère. *Тяжёлый нрав*, un caractère pénible. **2.** (*pl. seulement*) mœurs. *Нра́вы дре́вних славя́н*, les mœurs des Slaves primitifs.

НРА́ВИТЬСЯ / ПОНРА́ВИТЬСЯ plaire. *Мне нра́вится э́тот фильм*, ce film me plaît.

НРА́ВСТВЕННЫЙ moral (*divers sens*). *Нра́вственные пра́вила*, les règles de la morale. *Нра́вственное удовлетворе́ние*, une satisfaction morale.

НУ *interj.* **1.** allons. *Ну, скоре́й!*, Allons, dépêchez-vous ! **2.** eh bien. *Ну, что тепе́рь де́лать?*, Eh bien, que faire à présent ? *Ну так что же?*, Eh bien quoi ? ● **Ну и,** en voilà. *Ну и пого́да!*, En voilà un temps de chien !

НУ́ДНЫЙ ⁄‾_ assommant, fastidieux. *Како́й он ну́дный!*, Quel raseur ! *Ну́дная кни́га* (*fam.*), un livre assommant.

НУЖДА́ ‾‾ ___ **1.** besoin, nécessité. *Из нужды́*, par nécessité. **2.** besoin, indigence. *Жить в нужде́*, vivre dans le besoin.

НУЖДА́ТЬСЯ **1.** vivre dans le besoin. **2.** (в + *loc.*) avoir besoin de. *Нужда́ться в по́мощи*, avoir besoin d'aide.

НУ́ЖНО *adj. invariable* il faut. *Мне ну́жно идти́ на вокза́л*, il faut que j'aille à la gare. *Ему́ ну́жно бы́ло де́сять рубле́й*, il lui fallait dix roubles. *Что тебе́ ну́жно?*, Qu'est-ce que tu veux ? *О́чень ну́жно*, Comme si on en avait besoin !

НУ́ЖНЫЙ ⁄_ nécessaire. *Я нашёл ну́жную тебе́ кни́гу*, J'ai trouvé le livre dont tu as besoin. *Он не нашёл ну́жным предупреди́ть меня́*, il n'a pas jugé nécessaire de me prévenir.

> REMARQUE. Voir aussi « ну́жно ».

НУЛЬ ⁄‾‾ ‾‾ **1.** zéro. *Два́дцать гра́дусов ни́же нуля́*, vingt degrés au-dessous de zéro. **2.** nullité. *Это по́лный нуль*, c'est une parfaite nullité.

> REMARQUE. Le nominatif « нуль » est moins usité que les cas obliques (v. « ноль »).

НЫ́НЕ (*arch.*) *et* **НЫ́НЧЕ** (*fam.*) *adv.* maintenant.

/ **НЫРНУ́ТЬ** v. нырять.

НЫРЯ́ТЬ / **НЫРНУ́ТЬ** plonger.

НЫТЬ* II, но́ю, но́ешь... / **ЗАНЫ́ТЬ*** II (*id.*) **1.** faire mal. *Но́ги но́ют*, j'ai mal aux jambes. *У меня́ се́рдце но́ет*, j'ai le cœur serré. **2.** geindre, pousser des cris plaintifs. *Ве́тер ныл в трубе́*, on entendait dans la cheminée le chant plaintif du vent.

НЮХ flair. *У э́той соба́ки замеча́тельный нюх*, ce chien a un flair étonnant. *Челове́к с хоро́шим ню́хом*, un homme qui a du flair.

НЮ́ХАТЬ / **ПОНЮ́ХАТЬ** **1.** flairer, sentir. *Поню́хать ро́зу*, sentir une rose. **2.** priser. *Ню́хать таба́к*, priser du tabac.

НЯ́НЯ bonne d'enfants, nounou.

О

> **О, ОБ** *et* **ОБО** *prép.*
> **I. Régissant le locatif.**
> au sujet de.
> **II. Régissant l'accusatif.**
> **1.** (*accentué*) contre.
> **2.** (*arch., dial.*) vers (*avec une indication de temps*).

I. *О чём вы говори́ли?*, De quoi parliez-vous ? *Она́ ду́мала о тебе́*, Elle pensait à toi.

II. 1. *Уда́риться голово́й о́б стену*, se cogner la tête contre le mur. **2.** *О ту по́ру*, vers cette époque-là. ● **Па́лка о двух конца́х,** c'est une arme à double tranchant.

Remarque. En règle générale, la forme « о » s'emploie devant consonne et devant yod, « об » devant voyelle, « обо » avec le pronom « мне ». Cependant, au sens **II**, **1**, on trouve « об » devant toutes les consonnes sauf « б ».

ÓБА *nom de nombre* tous les deux, les deux. *Óба спáли*, ils dormaient l'un et l'autre. *Обéими рукáми*, des deux mains. ● **Глядéть в óба,** ouvrir l'œil et le bon.

ОБАЯ́НИЕ charme. *Под обая́нием мýзыки*, sous le charme de la musique.

/ **ОБВЕНЧÁТЬСЯ** v. венчáться.

/ **ОБВИНИ́ТЬ** v. обвиня́ть.

ОБВИНЯ́ТЬ / **ОБВИНИ́ТЬ** accuser. *Егó обвиня́ли в убúйстве*, on l'accusait d'avoir commis un crime.

ОБГОНЯ́ТЬ / **ОБОГНÁТЬ*** IV, обгоню́, обгóнишь... dépasser. *Обогнáть грузовúк*, doubler un camion.

ОБДУ́МЫВАТЬ / **ОБДУ́МАТЬ** bien méditer. *Обдýмать решéние*, peser une décision.

/ **ОБДУ́МАТЬ** v. обдýмывать.

ÓБЕ, ОБÉИХ... v. óба.

ОБÉД déjeuner (*repas de la mi-journée*). *Пригласúть на обéд*, inviter à déjeuner. *Обéд из трёх блюд*, un repas composé de trois plats. *Пóсле обéда мы пошлú в музéй*, après le déjeuner, nous sommes allés au musée.

ОБÉДАТЬ / **ПООБÉДАТЬ** déjeuner (*prendre le repas de la mi-journée*). *Мы обéдаем обы́чно в два часá*, nous déjeunons habituellement à deux heures.

/ **ОБЕДНÉТЬ** v. беднéть.

ОБÉДНЯ messe. *Идтú к обéдне*, aller à la messe.

/ **ОБЕЗОБРÁЗИТЬ** v. безобрáзить.

ОБЕЗЬЯ́НА singe.

/ **ОБЕРНУ́ТЬ** v. обёртывать et оборáчивать.

ОБЁРТЫВАТЬ / **ОБЕРНУ́ТЬ,** *part.* обёрнутый **1.** enrouler. *Обернýть шарф вокрýг шéи*, enrouler une écharpe autour de son cou. **2.** recouvrir, envelopper. *Обернýть кнúгу сúней бумáгой*, recouvrir un livre de papier bleu.

ОБЕСПÉЧИВАТЬ / **ОБЕСПÉЧИТЬ** **1.** garantir, assurer. *Успéх обеспéчен*, le succès est garanti. **2.** approvisionner. *Обеспéчить товáрами*, fournir les marchandises nécessaires.

/ **ОБЕСПÉЧИТЬ** v. обеспéчивать.

ОБЕЩÁНИЕ promesse. *Дать обещáние*, faire une promesse. *Сдержáть своú обещáния*, tenir ses promesses.

ОБЕЩÁТЬ / **ОБЕЩÁТЬ** *et* **ПООБЕЩÁТЬ** promettre. *Он обещáл вернýться до ýжина*, il a promis de revenir avant le souper. *Онá обещáла, что придёт*, elle a promis de venir. *Емý обещáют мéсто дирéктора*, on lui promet une place de directeur.

ОБЗÓР tour d'horizon, examen. *Междунарóдный обзóр*, examen de la situation internationale.

ОБИ́ДА offense, affront. *Нанестú обúду*, faire un affront. *Не давáть себя́ в обúду*, ne pas se laisser marcher sur les pieds. *Не в обúду будь скáзано*, soit dit sans vous vexer.

/ **ОБИ́ДЕТЬ** v. обижáть.

ОБИЖÁТЬ / **ОБИ́ДЕТЬ*** I, обúжу, обúдишь... offenser, vexer. *Ничтó егó не обижáло*, rien ne pouvait le vexer. *Он обúделся на э́ти словá и ушёл*, ces paroles l'ont vexé et il est parti. ● **Он мýхи не обúдит,** il ne ferait pas de mal à une mouche.

ОБИ́ЛЬНЫЙ abondant. *Обúльный урожáй*, une riche moisson. *Обúльный обéд*, un repas copieux.

ОБИНЯ́К ● **Говорúть без обинякóв,** parler sans détours. **Говорúть обинякáми,** parler par allusions.

ОБКРА́ДЫВАТЬ / ОБОКРА́СТЬ* IV, обкраду́, обкрадёшь...; обокра́л, обокра́ла...; обкра́денный voler (*dévaliser*). *Его́ обокра́ли*, il s'est fait voler.

ОБЛАДА́ТЬ + *instr.* (*livresque*) posséder. *Она́ облада́ла прекра́сным го́лосом*, elle possédait une très belle voix.

О́БЛАКО*, *gén. pl.* облако́в —— nuage. *Бе́лые облака́*, des nuages blancs. *О́блако ды́ма*, un nuage de fumée. ● **Вита́ть в облака́х,** être dans les nuages.

ОБЛАСТНО́Й régional. *Областно́й архи́в*, les archives régionales. ● **Областно́й го́род,** chef-lieu de district.

О́БЛАСТЬ, *pl.* о́бласти, областе́й... 1. région (*étendue de pays*). *Го́рная о́бласть*, une région montagneuse. 2. région, district (*division administrative*). *В Моско́вской о́бласти*, dans la région de Moscou. 3. région (*partie du corps*). *В о́бласти се́рдца*, dans la région du cœur. 4. domaine, branche (*partie d'une science*). *Во всех областя́х нау́ки*, dans toutes les branches de la science.

ОБЛЕГЧА́ТЬ / ОБЛЕГЧИ́ТЬ 1. alléger. *Облегчи́ть нагру́зку*, alléger un chargement. 2. rendre plus facile. *Облегчи́ть усло́вия труда́*, améliorer les conditions de travail.

/ ОБЛЕГЧИ́ТЬ v. облегча́ть.

О́БЛИК aspect. *Вне́шний о́блик*, l'aspect extérieur. *Нра́вственный о́блик челове́ка*, la mentalité d'une personne.

ОБЛО́ЖКА couverture. *Кни́га в кра́сной обло́жке*, un livre avec une couverture rouge.

ОБЛОКА́ЧИВАТЬСЯ / ОБЛОКОТИ́ТЬСЯ s'accouder. *Он облокоти́лся о пери́ла*, il s'accouda à la balustrade.

/ ОБЛОКОТИ́ТЬСЯ v. облока́чиваться.

ОБЛО́МОК fragment, débris. *Обло́мки барелье́фа*, des fragments d'un bas-relief.

ОБМА́Н 1. tromperie, duperie. *Не да́ться в обма́н*, ne pas se laisser duper. 2. illusion. *Обма́н зре́ния*, une illusion d'optique.

/ ОБМАНУ́ТЬ v. обма́нывать.

ОБМА́НЧИВЫЙ trompeur. *Обма́нчивая речь*, un discours trompeur. *Нару́жность обма́нчива*, il ne faut pas se fier aux apparences.

ОБМА́НЫВАТЬ / ОБМАНУ́ТЬ 1. tromper, duper. *Он тебя́ обману́л*, il t'a trompé. 2. ne pas tenir ses promesses. *Он не обману́л, пришёл то́чно в шесть*, il a tenu parole, il est arrivé à six heures précises.

ОБМЕ́Н échange. *В поря́дке культу́рных обме́нов*, au titre des échanges culturels.

ОБМЕ́НИВАТЬ / ОБМЕНЯ́ТЬ, *part.* обменённый* 1. échanger. *Обменя́ть ружьё на соба́ку*, échanger un fusil contre un chien. 2. changer (*au bureau de change*). *Обменя́ть де́ньги*, changer de l'argent.

ОБМЕ́НИВАТЬСЯ / ОБМЕНЯ́ТЬСЯ (+ *instr.*) échanger. *Обме́ниваться ма́рками*, échanger des timbres. *Обменя́ться места́ми с ке́м-нибудь*, changer de place avec qqn. *Обменя́ться взгля́дами*, échanger des regards. *Обменя́ться вы́стрелами*, échanger des coups de feu.

ОБМЕ́ННЫЙ de change. *Обме́нный пункт*, bureau de change.

/ ОБМЕНЯ́ТЬ v. меня́ть et обме́нивать.

/ ОБМЕНЯ́ТЬСЯ v. меня́ться et обме́ниваться.

О́БМОРОК évanouissement. *Упа́сть в о́бморок*, s'évanouir. *Лежа́ть в о́бмороке*, être évanoui.

ОБНАЖА́ТЬ / ОБНАЖИ́ТЬ dénuder. *Обнажённые дере́вья*, les arbres dénudés. *С обнажённой голово́й*, tête nue.

/ ОБНАЖИ́ТЬ v. обнажа́ть.

/ **ОБНАРО́ДОВАТЬ** promulguer. *Обнаро́довать ука́з*, promulguer une loi.

ОБНАРУ́ЖИВАТЬ / ОБНАРУ́ЖИТЬ 1. montrer, dénuder. *Обнару́живая свои́ бе́лые зу́бы*, montrant ses dents blanches. // (*Fig.*) *Обнару́жить свои́ чу́вства*, trahir ses sentiments. 2. découvrir. *Обнару́жить преступле́ние*, découvrir un crime.

/ **ОБНАРУ́ЖИТЬ** v. обнару́живать.

ОБНИМА́ТЬ / ОБНЯ́ТЬ* IV, обниму́, обни́мешь... ___ ; о́бнял, обняла́, о́бняло, о́бняли /___ ; о́бнятый; о́бнят, обнята́, о́бнято, о́бняты /___ embrasser. *Она́ меня́ кре́пко обняла́*, elle m'a serré fort dans ses bras. // (*Fig.*) *Обня́ть взгля́дом*, embrasser du regard.

/ **ОБНЮ́ХАТЬ** v. обню́хивать.

ОБНЮ́ХИВАТЬ / ОБНЮ́ХАТЬ flairer. *Соба́ка обню́хивала всех госте́й*, le chien flairait tous les invités.

/ **ОБНЯ́ТЬ** v. обнима́ть.

ОБО voir о.

/ **ОБОГАТИ́ТЬ** v. обогаща́ть.

ОБОГАЩА́ТЬ / ОБОГАТИ́ТЬ (т → щ) enrichir (*propr. et fig.*). *Обогаща́ть по́чву*, enrichir le sol.

/ **ОБОГНА́ТЬ** v. обгоня́ть.

/ **ОБОГНУ́ТЬ** v. огиба́ть.

/ **ОБОДРИ́ТЬ** v. ободря́ть.

ОБОДРЯ́ТЬ / ОБОДРИ́ТЬ donner du courage. *Ободрённый э́тим успе́хом*, encouragé par ce succès.

ОБОЖА́ТЬ adorer. *Она́ обожа́ла своего́ бра́та*, elle adorait son frère.

ОБОЗНАЧА́ТЬ 1. signifier. *Э́то не обознача́ет, что они́ примири́лись*, cela ne signifie pas encore qu'ils se soient réconciliés. 2. / **ОБОЗНА́ЧИТЬ** marquer, indiquer. *Обозна́чить на ка́рте города́ и ре́ки*, indiquer sur la carte les villes et les fleuves.

/ **ОБОЗНА́ЧИТЬ** v. обознача́ть.

ОБОЗРЕ́НИЕ vue d'ensemble. *Междунаро́дное обозре́ние*, la rubrique de politique étrangère. *Литерату́рное обозре́ние*, la page littéraire.

ОБО́И, обо́ев, обо́ям... *pl. t.* papier(s) peint(s). *Окле́ить ко́мнату жёлтыми обо́ями*, tapisser une pièce en jaune.

/ **ОБОЙТИ́** v. обходи́ть.

/ **ОБОЙТИ́СЬ** v. обходи́ться.

/ **ОБОКРА́СТЬ** v. обкра́дывать.

ОБОЛО́ЧКА enveloppe, gaine. *Оболо́чка пшени́чного зерна́*, l'enveloppe d'un grain de blé.

ОБОРА́ЧИВАТЬ / ОБЕРНУ́ТЬ, *part.* обёрнутый tourner. *Оберну́ть лицо́ к сосе́ду*, tourner la tête vers son voisin. *Оберну́ть де́ло в свою́ по́льзу*, faire tourner une affaire à son avantage. *Де́ло хорошо́ оберну́лось*, l'affaire a bien tourné.

ОБО́РВАННЫЙ en loques. *Обо́рванный ма́льчик*, un gamin loqueteux.

/ **ОБОРВА́ТЬ** v. обрыва́ть.

ОБОРО́НА 1. défense. *Оборо́на Севасто́поля*, la défense de Sébastopol. 2. défensive. *Перейти́ от оборо́ны к наступле́нию*, passer de la défensive à l'offensive.

ОБОРОНИ́ТЕЛЬНЫЙ défensif. *Оборони́тельные бои́*, des combats défensifs.

/ **ОБОРОНИ́ТЬ** v. обороня́ть.

ОБОРОНЯ́ТЬ / ОБОРОНИ́ТЬ défendre. *Оборони́ть кре́пость*, défendre une forteresse.

ОБОРО́Т
1. tour, révolution.
2. circulation, roulement.
3. verso.
4. tournure (*manière dont une chose se présente*).
5. tournure (*manière dont les mots sont agencés*).

1. *Трйдцать три оборóта в минýту*, trente-trois tours à la minute. *Два оборóта вокрýг Землй*, deux circonvolutions autour de la Terre. **2.** *Пустйть в оборóт*, mettre en circulation. **3.** *Смотрй на оборóте*, voir au verso. **4.** *Принять дурнóй оборóт*, prendre mauvaise tournure. **5.** *Кнйжный оборóт рéчи*, une tournure livresque.

ОБОРÝДОВАНИЕ installation (*divers sens*). *Закóнчить оборýдование лаборатóрии*, terminer l'installation d'un laboratoire. *Нóвое оборýдование*, un nouvel équipement.

ОБОРÝДОВАТЬ / ОБОРÝДОВАТЬ équiper. *Оборýдовать лабораторию*, installer un laboratoire.

/ ОБОСНОВÁТЬ v. обоснóвывать.

ОБОСНÓВЫВАТЬ / ОБОСНОВÁТЬ donner des preuves, fonder. *Обосновáть свою тóчку зрéния*, justifier son point de vue.

ОБРАБÁТЫВАТЬ / ОБРАБÓТАТЬ travailler (*tr.*). *Обрабáтывать зéмлю*, travailler la terre. *Обрабáтывать свой стиль*, soigner son style.

/ ОБРАБÓТАТЬ v. обрабáтывать.

/ ОБРÁДОВАТЬ v. рáдовать.

/ ОБРÁДОВАТЬСЯ v. рáдоваться.

I. ÓБРАЗ 1. image. *Бог сóздал человéка по óбразу своемý*, Dieu créa l'homme à son image. **2.** type, caractère. *Óбраз Натáши в ромáне « Войнá и мир »*, le personnage de Natacha dans « Guerre et paix ». **3.** manière. *Какйм óбразом?*, De quelle manière ? *Слéдующим óбразом*, de la manière suivante. *Такйм óбразом*, ainsi. *Глáвным óбразом*, principalement. *Американский óбраз жйзни*, le mode de vie américain.

II. ÓБРАЗ*, *nom. pl.* образá icône. *Óбраз Богорóдицы*, une icône de la Vierge.

ОБРАЗÉЦ 1. modèle, exemple. *Служйть образцóм*, servir de modèle. **2.** échantillon. *Образцы́ матéрии*, des échantillons d'étoffe.

ОБРАЗОВÁНИЕ 1. formation. *Образовáние рýсского госудáрства*, la formation de l'État russe. **2.** instruction. *Он получйл вы́сшее образовáние*, il a fait des études supérieures.

ОБРАЗÓВАННЫЙ instruit, cultivé. *Образóванный человéк*, un homme cultivé.

ОБРАЗОВÁТЬ *et* **ОБРАЗÓВЫВАТЬ / ОБРАЗОВÁТЬ 1.** former, organiser. *В IX вéке образовáлось рýсское госудáрство*, c'est au IXe siècle que se forma l'État russe. **2.** (*arch.*) former, éduquer.

Remarque. Au passé, le verbe « образовáть » est toujours perfectif. Par contre, la forme du présent de « образóвывать » est inusitée.

ОБРАЗÓВЫВАТЬ v. образовáть.

ОБРАЗЦÓВЫЙ exemplaire. *Образцóвое поведéние*, une conduite exemplaire.

/ ОБРАТЙТЬ v. обращáть.

/ ОБРАТЙТЬСЯ v. обращáться.

ОБРÁТНО *adv.* en sens inverse. *Повернýть обрáтно*, faire demi-tour. *Он положйл кнйгу обрáтно в я́щик*, il remit le livre dans le tiroir. *Билéт тудá и обрáтно*, un billet aller et retour.

ОБРÁТНЫЙ 1. de retour. *На обрáтном путй*, sur le chemin du retour. *Обрáтный билéт*, le billet de retour. **2.** opposé. *Обрáтная сторонá медáли*, l'envers de la médaille.

ОБРАЩÁТЬ / ОБРАТЙТЬ (т → щ) **1.** tourner, diriger. *Обратйть орýжие прóтив когó-нибудь*, tourner ses armes contre qqn. *Обратйть взгляд на когó-нибудь*, tourner ses regards vers qqn. *Обратйть внимáние на чтó-нибудь*, porter son attention sur qqch. *Обратить когó-нибудь на путь истинный*, remettre qqn sur le droit chemin. **2.** transformer. *Обратить в шутку*, tourner en plaisanterie. **3.** convertir. *Обратить в христианскую веру*, convertir au christianisme. ● **Обратить в бегство,** mettre en fuite. **Чтобы обратить на себя внимание,** pour se faire remarquer.

ОБРАЩАТЬСЯ / ОБРАТИТЬСЯ (т → щ) **1.** (*livresque*) se tourner. *Он обратился лицóм к двери*, il se tourna vers la porte. **2.** s'adresser. *Я не знал, к кому обратиться*, je ne savais pas à qui m'adresser. *Обратиться не по адресу*, se tromper d'adresse. **3.** se transformer. *Жидкость обратилась в пар*, le liquide s'est transformé en vapeur. ● **Обратиться в бегство,** prendre la fuite.

ОБРЕЗАТЬ / ОБРЕЗАТЬ* II, обрежу, обрежешь... **1.** couper, rogner. *Обрезать себе нóгти*, se couper les ongles. **2.** couper, entailler. *Обрезать себе палец*, se couper le doigt.

ОБРÓК (*hist.*) redevance (*impôt en argent ou en nature que les paysans payaient aux propriétaires terriens à l'époque du servage*).

ОБРУШИВАТЬСЯ / ОБРУШИТЬСЯ **1.** s'effondrer. *Крыша обрушилась*, le toit s'est effondré. **2.** fondre sur. *Обрушиться на врагá*, fondre sur l'ennemi.

/ ОБРУШИТЬСЯ v. обрушиваться et рушиться.

ОБРЫВ pente de ravin, endroit coupé à pic.

ОБРЫВАТЬ / ОБОРВАТЬ* IV, оборву, оборвёшь...; оборвал, оборвалá, оборвало, оборвали ^— **1.** déchirer, casser. *Оборвать верёвку*, casser une ficelle. **2.** arracher, cueillir. *Оборвать цветы*, cueillir des fleurs. **3.** interrompre (*faire taire*). *Оборвать когó-нибудь на полуслове*, couper la parole à qqn.

ОБРЯД cérémonie, rite. *Обряды православной церкви*, les rites de l'Église orthodoxe.

ОБСЛУЖИВАТЬ **1.** assurer un service, satisfaire. *Как обслуживают покупателей?*, Comment les clients sont-ils servis ? **2.** assurer le fonctionnement (*d'une machine*). *Обслуживать одновременно два станкá*, faire marcher deux tours à la fois.

ОБСТАНÓВКА **1.** ambiance. *Трудно работать в такóй обстанóвке*, il est difficile de travailler dans une atmosphère pareille. **2.** situation. *Политическая обстанóвка*, la situation politique. *При такóй обстанóвке*, étant donné la situation. **3.** mobilier. *Обстанóвка квартиры роскóшная*, l'appartement est meublé luxueusement.

ОБСТОЯТЕЛЬСТВО circonstance. *Стечение обстоятельств*, un concours de circonstances. *Смотря по обстоятельствам*, selon les circonstances. *Смягчающие обстоятельства*, des circonstances atténuantes. *По независящим от меня обстоятельствам*, pour des raisons indépendantes de ma volonté.

ОБСТОЯТЬ* I, обстоит, обстоят se présenter (*en parlant d'une affaire*). *Плóхо обстояло дело*, l'affaire se présentait mal. *Всё обстоит благополучно*, tout va pour le mieux.

/ ОБСТРИЧЬ v. стричь.

/ ОБСУДИТЬ v. обсуждать.

ОБСУЖДАТЬ / ОБСУДИТЬ \—, *part.* обсуждённый* discuter, examiner en commun. *Обсудить вопрóс*, examiner un problème.

ÓБУВЬ *f.* chaussures. *Отдел óбуви*, le rayon des chaussures.

ОБУЧАТЬ / ОБУЧИТЬ \— apprendre (*enseigner*). *Егó обучали французскому языку*, on lui apprenait le français.

ОБУЧЕНИЕ enseignement. *Обучение инострáнным языкáм*, l'enseignement des langues étrangères.

/ **ОБУЧИ́ТЬ** v. обуча́ть.

ОБХОДИ́ТЬ __ / **ОБОЙ-ТИ́*** IV, обойду́, обойдёшь...; обошёл, обошла́...; обойдённый; обойдя́ **1.** faire le tour de, contourner, éviter. *Обойти́ лу́жу*, éviter une flaque. *Обойти́ го́род с восто́ка*, contourner la ville par l'est. *Обойти́ зако́н*, tourner la loi. **2.** faire le tour de, visiter. *Врач обошёл всех больны́х*, le médecin a vu tous les malades. **3.** faire le tour de, se répandre. *Но́вость обошла́ весь го́род*, la nouvelle a fait le tour de la ville. ● **Обойти́ молча́нием,** passer sous silence.

> **ОБХОДИ́ТЬСЯ**__/ **ОБОЙ-ТИ́СЬ*** IV, обойду́сь, обойдёшься...; обошёлся, обошла́сь...; обойдя́сь
> **1.** se conduire.
> **2.** coûter.
> **3.** s'en tirer.
> **4.** (*fam.*) se contenter de.
> **5.** se passer, se terminer.

1. *Она́ обошла́сь с ним как с ма́льчиком*, elle l'a traité comme un gamin. **2.** *Во ско́лько э́то обойдётся?*, Combien cela va coûter? *В копе́ечку обойти́сь* (*iron.*), coûter diablement cher. **3.** *Обойдёмся ка́к-нибудь*, on se débrouillera tant bien que mal. *Обойдёмся и без де́нег*, on se passera d'argent. **4.** *Обойти́сь десятью́ рубля́ми*, se contenter de dix roubles. **5.** *Всё обошло́сь благополу́чно*, tout s'est arrangé pour le mieux.

ОБШИ́РНЫЙ vaste, étendu (*propr. et fig.*). *Обши́рные поля́*, de vastes champs. *Обши́рные зна́ния*, de vastes connaissances.

ОБЩЕЖИ́ТИЕ maison communautaire. *Студе́нческое общежи́тие*, la cité universitaire.

ОБЩЕ́СТВЕННЫЙ 1. social, de la société. *Обще́ственный строй*, l'organisation sociale. **2.** public. *Обще́ственное мне́ние*, l'opinion publique.

О́БЩЕСТВО société (*divers sens*). *Феода́льное о́бщество*, la société féodale. *Акционе́рное о́бщество*, une société anonyme. *Спорти́вное о́бщество*, une société sportive. *В дурно́м о́бществе*, en mauvaise compagnie.

О́БЩИЙ 1. commun. *У нас о́бщие знако́мые*, nous avons des amis communs. *О́бщие интере́сы*, des intérêts communs. *Я не име́ю ничего́ о́бщего с ни́ми*, je n'ai rien de commun avec eux. *О́бщее ме́сто*, un lieu commun (*banalité*). **2.** général. *О́бщее собра́ние*, une réunion générale. *О́бщее впечатле́ние*, l'impression générale. *К о́бщему удивле́нию*, à la surprise générale. **3.** global, total. *О́бщий ито́г*, la somme totale. ● **В о́бщей сло́жности,** si l'on tient compte de tout. **В о́бщем,** en somme. *В о́бщем мо́жно счита́ть, что он прав*, en somme, on peut considérer qu'il a raison.

ОБЩИ́ТЕЛЬНЫЙ sociable. *Общи́тельный хара́ктер*, un caractère sociable.

ОБЪЕДИНЕ́НИЕ 1. unification. *Объедине́ние ру́сских славя́н*, l'unification des Slaves de l'Est. **2.** société, union. *Объедине́ние писа́телей*, une société littéraire.

/ **ОБЪЕДИНИ́ТЬ** v. объединя́ть.

ОБЪЕДИНЯ́ТЬ / **ОБЪЕДИНИ́ТЬ** unifier, réunir. *Колхо́зы объедини́лись*, ces kolkhozes ont fusionné.

/ **ОБЪЕ́ЗДИТЬ** v. объезжа́ть I et II.

I. ОБЪЕЗЖА́ТЬ / **ОБЪЕ́ЗДИТЬ** dresser (*un cheval de selle*).

II. ОБЪЕЗЖА́ТЬ / **ОБЪЕ́ХАТЬ*** IV, объе́ду, объе́дешь... *et* (*fam.*) **ОБЪЕ́ЗДИТЬ 1.** contourner (*en voiture, à cheval...*). *Объе́хать боло́тистые места́*, contourner des endroits marécageux. **2.** parcourir (*en voiture, à cheval...*). *Объе́хать всю страну́* ou *объе́здить всю страну́*, parcourir tout le pays.

ОБЪЁМ volume, étendue. *Объём цили́ндра*, le volume d'un cylindre. *Объём рабо́т*, l'importance des travaux.

/ **ОБЪЕ́ХАТЬ** v. объезжа́ть II.

/ **ОБЪЯВИ́ТЬ** v. объявля́ть.

ОБЪЯВЛЕ́НИЕ annonce. *Дать объявле́ние в газе́ту*, mettre une annonce dans un journal. ● **Объявле́ние войны́,** déclaration de guerre.

ОБЪЯВЛЯ́ТЬ / ОБЪЯВИ́ТЬ ∖——— déclarer. *Врач объяви́л, что больно́му ну́жно споко́йствие*, le médecin déclara que le malade avait besoin de repos. *Объяви́ть войну́*, déclarer la guerre.

ОБЪЯСНЕ́НИЕ explication. *Объясне́ние уро́ка*, l'explication de la leçon. *Потре́бовать от кого́-нибудь объясне́ния*, exiger de qqn des explications. ● **Объясне́ние в любви́,** une déclaration d'amour.

/ **ОБЪЯСНИ́ТЬ** v. объясня́ть.

/ **ОБЪЯСНИ́ТЬСЯ** v. объясня́ться.

ОБЪЯСНЯ́ТЬ / ОБЪЯСНИ́ТЬ expliquer. *Объясня́ть но́вый уро́к*, expliquer une nouvelle leçon. *Чем э́то объясня́ется?*, Comment cela s'explique-t-il ?

ОБЪЯСНЯ́ТЬСЯ / ОБЪЯСНИ́ТЬСЯ v. объясня́ть. ● **Объясня́ться в любви́,** faire une déclaration d'amour.

ОБЪЯ́ТИЕ étreinte. *Бро́ситься кому́-нибудь в объя́тия*, se jeter dans les bras de qqn. *Приня́ть с распростёртыми объя́тиями*, recevoir à bras ouverts.

ОБЫВА́ТЕЛЬ *m.* esprit mesquin, personne ayant une mentalité de petit bourgeois.

ОБЫКНОВЕ́НИЕ habitude. *Бы́ло у него́ обыкнове́ние кури́ть тру́бку по́сле обе́да*, il avait l'habitude de fumer la pipe après le repas. *По обыкнове́нию*, selon l'habitude. *Про́тив обыкнове́ния*, contrairement à l'habitude.

ОБЫКНОВЕ́ННЫЙ habituel, ordinaire. *Мои́ обыкнове́нные заня́тия*, mes occupations habituelles. *Лу́чше обыкнове́нного*, mieux que d'ordinaire.

О́БЫСК perquisition. *Произвести́ о́быск*, faire une perquisition.

ОБЫ́ЧАЙ *m.* usage, coutume. *Стари́нные обы́чаи*, les coutumes d'autrefois. *Э́то у них в обы́чае*, tel est l'usage chez eux.

ОБЫ́ЧНЫЙ habituel, ordinaire. *Моё обы́чное ме́сто*, ma place habituelle. *Как обы́чно*, comme d'ordinaire. *Са́мые обы́чные явле́ния*, les phénomènes les plus ordinaires.

ОБЯ́ЗАННОСТЬ *f.* **1.** obligation, devoir. *Я счита́ю свое́й обя́занностью предупреди́ть вас*, Je crois être de mon devoir de vous prévenir. **2.** fonction. *Исполня́ющий обя́занности дире́ктора*, faisant fonction de directeur.

ОБЯ́ЗАННЫЙ, обя́зан, обя́зана... obligé. *Мы обя́заны ему́ помо́чь*, nous devons l'aider. *Я обя́зан ему́ свои́м успе́хом*, c'est à lui que je dois mon succès.

ОБЯЗА́ТЕЛЬНО *adv.* sans faute (*à coup sûr*). *Обяза́тельно приду́*, je viendrai sans faute.

ОБЯЗА́ТЕЛЬНЫЙ obligatoire. *Обяза́тельное обуче́ние*, l'enseignement obligatoire. *Обяза́тельный предме́т*, une matière obligatoire.

Remarque. Pour l'emploi adverbial de « обяза́тельно », voir ce mot.

ОБЯЗА́ТЕЛЬСТВО obligation. *Не выполня́ть свои́х обяза́тельств*, ne pas remplir ses obligations. *Взять на себя́ обяза́тельство*, s'engager à.

ОВЁС avoine.

ОВЛАДЕВА́ТЬ / ОВЛАДЕ́ТЬ (+ *instr.*) **1.** s'emparer de. *Овладе́ть кре́постью*, s'emparer d'une forteresse. *Им овладе́ло беспоко́йство*, il fut pris d'inquiétude. **2.** assimiler. *Овладе́ть но́вым ме́тодом*, assimiler une nouvelle technique.

/ **ОВЛАДЕ́ТЬ** v. владе́ть et овладева́ть.

О́ВОЩ, *pl.* о́вощи, овоще́й... légume. *Све́жие о́вощи*, des légumes frais. *Суп из овоще́й*, de la soupe aux légumes. ● **Вся́кому о́вощу своё вре́мя,** chaque chose en son temps.

Remarque. Le singulier de ce mot est presque inusité.

ОВРА́Г ravin (*lit creusé par une ravine*).

ОВСЯ́НЫЙ d'avoine. *Овся́ная ка́ша*, bouillie d'avoine.

ОВЦА́ mouton, brebis. *Ста́до ове́ц*, un troupeau de moutons. *Заблу́дшая овца́*, brebis égarée.

ОГИБА́ТЬ / **ОБОГНУ́ТЬ** contourner. *Обогну́ть Ара́льское мо́ре*, contourner la mer d'Aral.

ОГЛАВЛЕ́НИЕ table des matières.

ОГЛО́БЛЯ brancard (*d'attelage*). *Поверну́ть огло́бли* (*fig.*), tourner bride (*à la suite d'un échec*).

/ **ОГЛО́ХНУТЬ** v. гло́хнуть.

ОГЛУША́ТЬ / **ОГЛУШИ́ТЬ** **1.** assourdir. *Уда́р гро́ма нас оглуши́л*, le coup de tonnerre nous a assourdis. **2.** assommer. *Он оглуши́л часово́го си́льным уда́ром*, d'un coup violent il assomma la sentinelle.

ОГЛУШИ́ТЕЛЬНЫЙ assourdissant. *Оглуши́тельный уда́р гро́ма*, un coup de tonnerre assourdissant.

/ **ОГЛУШИ́ТЬ** v. оглуша́ть.

/ **ОГЛЯДЕ́ТЬ** v. огля́дывать.

ОГЛЯ́ДКА coup d'œil en arrière. ● **Без огля́дки 1.** très vite. *Бежа́ть без огля́дки*, se sauver sans demander son reste. **2.** sans faire attention, imprudemment. *Де́йствовать без огля́дки*, agir à la légère. *С огля́дкой*, avec prudence.

ОГЛЯ́ДЫВАТЬ / **ОГЛЯДЕ́ТЬ*** I, огляжу́, огляди́шь... examiner. *Он огляде́л меня́ с ног до головы́*, il m'examina de la tête aux pieds.

ОГЛЯ́ДЫВАТЬСЯ / **ОГЛЯНУ́ТЬСЯ** se retourner, regarder derrière soi, autour de soi. *Я огляну́лся и уви́дел офице́ра*, je me retournai et aperçus un officier. *Не успе́л огляну́ться, как разда́лся вы́стрел*, je n'eus pas le temps de me retourner que le coup de feu était parti.

/ **ОГЛЯНУ́ТЬСЯ** v. огля́дываться.

О́ГНЕННЫЙ **1.** de feu. *О́гненный пото́к*, un torrent de feu. **2.** ardent. *О́гненная страсть*, une passion ardente.

ОГОНЁК (*dim. de* «ого́нь»). *Вдали́ мелька́ли огоньки́*, au loin on voyait des lumières. ● **Блужда́ющий огонёк,** feu follet.

ОГО́НЬ *m.* **1.** feu (*flamme*). *Развести́ ого́нь*, allumer un feu. **2.** feu (*lumière*). *Вдали́ мерца́ли огни́ го́рода*, au loin on voyait les lumières de la ville. **3.** feu (*tir*). *Откры́ть ого́нь*, ouvrir le feu. *Артиллери́йский ого́нь*, un tir d'artillerie. ● **Блужда́ющий ого́нь,** feu follet. **Игра́ть с огнём,** jouer avec le feu. **Из огня́ да в по́лымя,** ça va de mal en pis. **Ме́жду двух огне́й,** entre deux feux. **Нет ды́ма без огня́,** il n'y a pas de fumée sans feu. **Огнём и мечо́м,** par le fer et par le feu. **Пройти́ ого́нь и во́ду и ме́дные тру́бы,** en avoir vu et fait de toutes sortes.

ОГОРО́Д jardin potager. *Рабо́тать на огоро́де*, travailler dans le jardin. ● **Э́то в мой огоро́д ка́мешки летя́т,** ce sont des pierres dans mon jardin.

ОГОРЧА́ТЬ / **ОГОРЧИ́ТЬ** affliger. *Что́бы не огорчи́ть мать*, pour ne pas faire de peine à ma mère.

ОГОРЧЕ́НИЕ affliction. *Причини́ть кому́-нибудь огорче́ние*, faire de la peine à qqn.

/ **ОГОРЧИ́ТЬ** v. огорча́ть.

/ **ОГРА́БИТЬ** v. гра́бить.

ОГРА́ДА clôture. *Ка́менная огра́да*, une clôture de pierre.

ОГРАНИЧЕ́НИЕ limitation. *Без вся́ких ограниче́ний*, sans aucune restriction.

ОГРАНИ́ЧЕННЫЙ **1.** limité. *Ограни́ченные возмо́жности*, des possibilités limitées. **2.** borné. *Ограни́ченный ум*, un esprit borné.

ОГРАНИ́ЧИВАТЬ / ОГРАНИ́ЧИТЬ limiter. *Ограни́чить расхо́ды*, limiter ses dépenses.

/ ОГРАНИ́ЧИТЬ v. ограни́чивать.

ОГРО́МНЫЙ énorme. *Огро́мный медве́дь*, un ours énorme. *Огро́мное зда́ние*, un bâtiment immense. *Огро́мный успе́х*, un succès considérable. *Огро́мное влия́ние*, une influence énorme.

ОГУРЕ́Ц concombre. *Сала́т из огурцо́в*, une salade de concombres. *Малосо́льные огурцы́*, des cornichons « à la russe ».

ОДА́ЛЖИВАТЬ / ОДОЛЖИ́ТЬ prêter. *Одолжи́ть кому́-нибудь де́ньги*, prêter de l'argent à qqn.

ОДАРЁННЫЙ doué. *О́чень одарённый челове́к*, un homme très doué.

ОДЕВА́ТЬ / ОДЕ́ТЬ* *n. cl.*, оде́ну, оде́нешь...; оде́тый habiller. *Оде́ть ребёнка*, habiller un enfant. *Одева́ться со вку́сом*, s'habiller avec goût. *Оде́ться в чёрное*, s'habiller en noir.

ОДЕ́ЖДА habit(s). *Зи́мняя оде́жда*, les habits d'hiver.

/ ОДЕРЖА́ТЬ v. оде́рживать.

ОДЕ́РЖИВАТЬ / ОДЕРЖА́ТЬ* I, одержу́, оде́ржишь... • **Одержа́ть побе́ду,** remporter la victoire.

/ ОДЕ́ТЬ v. одева́ть.

ОДЕЯ́ЛО couverture. *Он натяну́л одея́ло на́ голову*, il ramena la couverture jusque sur sa tête.

> **ОДИ́Н**
> **I. Nom de nombre:**
> — un.
> **II. Pronom ou pronom-adjectif:**
> **1.** un, l'un;
> **2.** un, un certain;
> **3.** un seul, seul, seulement;
> **4.** le même, même.

I. *Три ми́нус оди́н*, trois moins un. *Два́дцать оди́н рубль*, vingt et un roubles. *Одна́ копе́йка*, un kopek. *Одни́ са́ни*, un traîneau.

II. 1. *Одни́м сло́вом*, en un mot. *Оди́н из них*, l'un d'entre eux. *Я заме́тил одно́*, j'ai remarqué une chose. *То одни́, то други́е*, tantôt les uns, tantôt les autres. *Одно́ из двух*, de deux choses l'une. *Все за одного́, оди́н за всех*, tous pour un, un pour tous. *Одно́ друго́му не меша́ет*, l'un n'empêche pas l'autre. **2.** *Я прочёл э́то в одно́м журна́ле*, j'ai lu ça dans un journal. *И вот в оди́н прекра́сный день*, et voilà qu'un beau jour. **3.** *Я одна́*, je suis seule. *Ни оди́н из них не подозрева́ет, что я здесь*, pas un seul d'entre eux ne soupçonne que je suis ici. *Я одного́ то́лько жела́ю*, je ne désire qu'une chose. *Не одни́ попуга́и уме́ют говори́ть*, les perroquets ne sont pas les seuls oiseaux à pouvoir parler. *В одно́й руба́шке*, en manches de chemise. *Сна ни в одно́м глазу́ нет*, je n'ai pas la moindre envie de dormir. *Оди́н в по́ле не во́ин*, l'union fait la force. **4.** *Мы живём с ним в одно́м до́ме*, nous habitons la même maison. *Он всё повторя́ет одно́ и то же*, il répète toujours la même chose. • **Все до одного́,** tous sans exception.

ОДИНА́КОВЫЙ identique, semblable. *Одина́ковые взгля́ды*, des opinions identiques.

ОДИ́ННАДЦАТЫЙ onzième. *Он прие́хал 11-го ма́рта*, il est arrivé le 11 mars.

ОДИ́ННАДЦАТЬ onze. *Оди́н-*

надцать рублей, onze roubles. *В одиннадцати метрах*, à onze mètres.

ОДИНО́КИЙ solitaire, isolé. *Одино́кий до́мик*, une petite maison isolée. *Чу́вствовать себя́ одино́ким*, se sentir seul. *Одино́кая прогу́лка*, une promenade solitaire.

ОДИНО́ЧЕСТВО solitude. *Жить в соверше́нном одино́честве*, vivre dans la solitude la plus totale.

ОДНА́ЖДЫ *adv.* une fois. *Одна́жды у́тром*, un matin.

ОДНА́КО *adv.* **1.** cependant, mais. *Ему́ ста́ло лу́чше; одна́ко он ещё не мог встава́ть*, il allait mieux, mais il ne pouvait pas encore se lever. **2.** tout de même. *Смотри́, одна́ко, чтоб чего́ не вы́шло*, Fais attention, tout de même, que ça ne fasse pas d'histoires.

ОДНОВРЕМЕ́ННЫЙ, одновреме́нен, одновреме́нна... simultané. *Одновреме́нные собы́тия*, des événements simultanés.

ОДНООБРА́ЗНЫЙ monotone. *Однообра́зная рабо́та*, un travail monotone.

ОДНОСПА́ЛЬНЫЙ pour coucher une personne. *Односпа́льная крова́ть*, un lit à une place.

ОДОБРЕ́НИЕ approbation. *Во́згласы одобре́ния*, des cris d'approbation.

ОДОБРИ́ТЕЛЬНЫЙ approbateur. *Одобри́тельные во́згласы*, des cris d'approbation.

/ **ОДО́БРИТЬ** v. одобря́ть.

ОДОБРЯ́ТЬ / ОДО́БРИТЬ approuver. *Он одо́брил мой вы́бор*, il a approuvé mon choix.

ОДОЛЕВА́ТЬ / ОДОЛЕ́ТЬ surmonter, venir à bout de. *Одоле́ть врага́*, remporter un succès sur l'ennemi. *Сон его́ одоле́л*, il a été vaincu par le sommeil.

/ **ОДОЛЕ́ТЬ** v. одолева́ть.

/ **ОДОЛЖИ́ТЬ** v. ода́лживать.

ОЖЕСТОЧА́ТЬ / ОЖЕСТОЧИ́ТЬ exaspérer, aigrir. *Э́ти постоя́нные напа́дки ожесточи́ли его́*, ces attaques continuelles l'avaient exaspéré.

/ **ОЖЕСТОЧИ́ТЬ** v. ожесточа́ть.

ОЖИВА́ТЬ / ОЖИ́ТЬ* IV, оживу́, оживёшь...; о́жил, ожила́, о́жило, о́жили /_ reprendre vie, se ranimer. *Ого́нь о́жил*, le feu se ranima.

/ **ОЖИВИ́ТЬ** v. оживля́ть.

ОЖИВЛЯ́ТЬ / ОЖИВИ́ТЬ ranimer, devenir plus vif. *Разгово́р оживи́лся*, la conversation devint plus animée.

ОЖИДА́НИЕ **1.** attente. *В ожида́нии но́вых собы́тий*, dans l'attente de nouveaux événements. *Сверх вся́кого ожида́ния*, contre toute attente. *Зал ожида́ния*, la salle d'attente. **2.** (*pl.*) espérances. *Он обману́л на́ши ожида́ния*, il a trompé nos espérances.

/ **ОЖИ́ТЬ** v. ожива́ть.

ОЖО́Г brûlure. *Тяжёлый ожо́г*, une brûlure grave.

ОЗАБО́ЧЕННЫЙ préoccupé, soucieux. *Озабо́ченный вид*, un air soucieux.

/ **ОЗАРИ́ТЬ** v. озаря́ть.

ОЗАРЯ́ТЬ / ОЗАРИ́ТЬ illuminer. *Восходя́щее со́лнце озаря́ло верши́ны дере́вьев*, le soleil levant illuminait la cime des arbres. // (*Fig.*) *Улы́бка озари́ла её лицо́*, un sourire illumina son visage.

О́ЗЕРО, *pl.* озёра... __⌐‾‾ lac. *Ла́дожское о́зеро*, le lac Ladoga. *Жене́вское о́зеро*, le lac de Genève.

ОЗИРА́ТЬСЯ regarder autour de soi. *Озира́ться по сторона́м*, regarder de tous côtés.

/ **ОЗНАКО́МИТЬ** v. знако́мить.

/ **ОЗНАКО́МИТЬСЯ** v. знако́миться.

ОЗНАЧА́ТЬ signifier. *Что означа́ют э́ти звёздочки?*, Que signifient ces astérisques ?

ОЗНО́Б frisson. *Озно́б пробежа́л по моёй спине́*, cela m'a donné un frisson dans le dos.

ОЗОРНО́Й polisson, espiègle. *Озорно́й ма́льчик*, un jeune polisson. *Озорны́е глаза́*, des yeux fripons.

/ **ОЗЯ́БНУТЬ** v. зя́бнуть.

/ **ОКАЗА́ТЬ** v. ока́зывать.

/ **ОКАЗА́ТЬСЯ** v. ока́зываться.

ОКА́ЗЫВАТЬ / ОКАЗА́ТЬ* II, окажу́, ока́жешь... faire preuve de. • **Оказа́ть влия́ние на** (+ *acc.*), avoir une influence sur. **Оказа́ть дове́рие,** faire confiance. **Оказа́ть кому́-нибудь по́мощь,** aider qqn. **Оказа́ть сопротивле́ние врагу́,** opposer de la résistance à l'ennemi. **Оказа́ть услу́гу,** rendre un service. **Оказа́ть честь,** faire honneur.

ОКА́ЗЫВАТЬСЯ / ОКАЗА́ТЬСЯ* II, окажу́сь, ока́жешься... se trouver. *Оказа́лось, что все уе́хали накану́не*, il se trouva que tous étaient partis la veille. *Патро́нов в я́щике не оказа́лось*, il n'y avait pas de cartouches dans la caisse. *Слу́хи э́ти оказа́лись ло́жными*, il s'est révélé que ces bruits étaient faux. *Оказа́ться на высоте́ положе́ния*, se montrer à la hauteur de sa tâche.

ОКА́НЧИВАТЬ / ОКО́НЧИТЬ (*livresque*) achever. *Око́нчить рабо́ту*, terminer un travail. *Я око́нчил университе́т в 1965 году́*, j'ai terminé mes études en 1965.

О́КАНЬЕ prononciation dialectale répandue dans le nord de la Russie.

> REMARQUE. Cette prononciation est caractérisée par une distinction entre les phonèmes /o/ et /a/ en position atone, alors que, selon la norme littéraire, ces deux phonèmes sont réalisés d'une seule et même manière lorsqu'ils ne sont pas accentués.

ОКЛА́Д traitement, appointements. *Повы́сить окла́д*, augmenter le traitement. *Ме́сячный окла́д*, le traitement mensuel.

ОКЛЕ́ИВАТЬ / ОКЛЕ́ИТЬ tapisser. *Ко́мната, окле́енная краси́выми жёлтыми обо́ями*, une pièce tapissée de beau papier jaune.

/ **ОКЛЕ́ИТЬ** v. окле́ивать.

ОКНО́, *gén. pl.* о́кон 1. fenêtre. *Закро́йте окно́, пожа́луйста*, Fermez la fenêtre, s'il vous plaît. *Ко́мната в два окна́*, une pièce à deux fenêtres. *Смотре́ть в окно́*, regarder par la fenêtre. *О́кна выхо́дят на двор*, les fenêtres donnent sur la cour. // (*Fig.*) *Пётр I проруби́л окно́ в Евро́пу*, Pierre le Grand a ouvert une fenêtre sur l'Europe. 2. (*argot scolaire*) trou (*dans l'emploi du temps*). *Во вто́рник по́сле второ́го уро́ка у нас окно́*, le mardi, après la deuxième heure de cours, nous avons un trou.

О́КО*, *pl.* о́чи, оче́й... (*arch. ou poét.*) œil. • **Бере́чь как зени́цу о́ка,** tenir à qqch. comme à la prunelle de ses yeux. **В мгнове́ние о́ка,** en un clin d'œil. **О́ко за о́ко, зуб за́ зуб,** œil pour œil, dent pour dent. **О́чи чёрные,** les Yeux noirs (*chanson tzigane*).

О́КОЛО *prép.* (+ *gén.*) 1. près de, à côté de. *О́коло музе́я*, à côté du musée. 2. environ, à peu près. *О́коло ста рубле́й*, cent roubles environ. • **Ходи́ть вокру́г да о́коло,** tourner autour du pot.

ОКОНЧА́НИЕ 1. achèvement, fin. *Оконча́ние спекта́кля*, la fin du spectacle. 2. (*gramm.*) désinence.

ОКОНЧА́ТЕЛЬНЫЙ définitif. *Дать оконча́тельный отве́т*, donner une réponse définitive.

/ **ОКО́НЧИТЬ** v. ока́нчивать.

О́КОРОК*, *nom. pl.* окорока́ gigot, jambon. *Копчёный о́корок*, un jambon fumé.

/ **ОКОЧЕНЕ́ТЬ** v. коченéть.

ОКО́ШКО dim. de « окно́ ».

ОКРА́ИНА périphérie, confins. *На окра́ине го́рода*, à la limite de la ville, en banlieue.

/ **ОКРА́СИТЬ** v. кра́сить.

/ **ОКРЕСТИ́ТЬ** v. крести́ть.

/ **ОКРЕСТИ́ТЬСЯ** v. крести́ться.

ОКРЕ́СТНОСТЬ *f.* (*généralement au pl.*) alentours, environs. *Окре́стности го́рода*, les environs de la ville.

ОКРОВА́ВЛЕННЫЙ ensanglanté, couvert de sang. *Окрова́вленный кинжа́л*, un poignard couvert de sang.

О́КРУГ*, *nom. pl.* округа́ division administrative. • **Национа́льный о́круг,** district autonome. **Избира́тельский о́круг,** circonscription électorale. **Вое́нный о́круг,** région militaire.

ОКРУЖА́ТЬ / ОКРУЖИ́ТЬ entourer, encercler. *Окружённый со всех сторо́н врага́ми*, cerné de toutes parts par l'ennemi. *Окружи́ть забо́тами*, entourer de soins.

/ **ОКРУЖИ́ТЬ** v. окружа́ть.

ОКРУ́ЖНОСТЬ *f.* circonférence. *Центр окру́жности*, le centre de la circonférence.

ОКТЯ́БРЬ *m.* octobre. *Э́то бы́ло в октябре́*, c'était au mois d'octobre. *Он прие́хал 6-го октября́*, il est arrivé le 6 octobre.

ОКТЯ́БРЬСКИЙ d'octobre. *Октя́брьская пого́да*, un temps d'octobre. *Октя́брьская револю́ция*, la révolution d'Octobre.

О́КУНЬ *m.* perche (*poisson*).

ОКУ́РОК mégot. *Бро́сить оку́рок на́ пол*, jeter un mégot par terre.

/ **ОКУ́ТАТЬ** v. оку́тывать.

ОКУ́ТЫВАТЬ / ОКУ́ТАТЬ emmitoufler, envelopper. *Оку́танная ша́лью*, emmitouflée dans son châle.

ОЛЕ́НЬ *m.* **1.** cerf. **2.** (*avec parfois le qualificatif* « се́верный ») renne.

О́ЛОВО étain.

О́МУТ fosse creusée dans le lit d'une rivière par un tourbillon. *Славя́не ве́рили, что в речны́х о́мутах живёт водяно́й*, les Slaves croyaient que les endroits profonds des rivières étaient hantés par l'esprit des eaux. • **В ти́хом о́муте че́рти во́дятся,** il n'est pire eau que l'eau qui dort.

ОН *pronom personnel* il. *Он чита́ет*, il lit. *Она́ игра́ла*, elle jouait. *Э́то они́*, c'est eux. *Его́ нет*, il est absent. *Я гуля́л с ней*, je me promenais avec elle.

ОПА́ЗДЫВАТЬ / ОПОЗДА́ТЬ être en retard. *Мы опозда́ли на по́езд*, nous avons manqué le train. *По́езд опа́здывает*, le train a du retard. *По́езд опозда́л на три часа́*, le train est arrivé avec trois heures de retard.

ОПА́ЛА (*hist.*) disgrâce. *Быть в опа́ле*, être en disgrâce.

ОПАСА́ТЬСЯ craindre. *Они́ опаса́лись нападе́ния врага́*, ils craignaient une attaque de l'ennemi.

> REMARQUE. Le verbe « опаса́ться » est suivi d'un nom au génitif, d'un verbe à l'infinitif ou d'une construction avec « что ».

ОПАСЕ́НИЕ appréhension. *Вы́звать опасе́ния*, inspirer des craintes.

ОПА́СНОСТЬ *f.* danger. *Быть вне опа́сности*, être hors de danger. *Оте́чество в опа́сности*, la patrie est en danger.

ОПА́СНЫЙ dangereux. *Опа́сное предприя́тие*, une entreprise dangereuse. *Опа́сный престу́пник*, un criminel dangereux. *Опа́сно заболе́ть*, tomber grièvement malade.

ОПЕ́КА tutelle. *Взять под опе́ку*, mettre sous tutelle.

/ **ОПЕРЕ́ТЬСЯ** v. опира́ться.

ОПЕЧА́ТКА faute d'impression, faute de frappe. *Попра́вить опеча́тки*, corriger les fautes. *Спи́сок опеча́ток*, errata.

ОПИРА́ТЬСЯ / ОПЕРЕ́ТЬСЯ* IV, обопру́сь, обопрёшься...; опёрся, оперла́сь... ;

опершись s'appuyer. *Опира́ться на па́лку*, s'appuyer sur sa canne. // (*Fig.*) *Не́ на кого бы́ло опере́ться*, il n'y avait personne sur qui on pût compter.

/ **ОПИСА́ТЬ** v. опи́сывать.

ОПИ́СЫВАТЬ / ОПИСА́ТЬ* II, опишу́, опи́шешь... ⌊—— décrire. *Собы́тия, опи́санные исто́риком*, les événements décrits par l'historien.

/ **ОПЛАКА́ТЬ** v. опла́кивать.

ОПЛА́КИВАТЬ / ОПЛА́КАТЬ* II, опла́чу, опла́чешь... pleurer (*tr.*), regretter. *Опла́кивали его́ все*, tous le pleurèrent. *Опла́кивать смерть жениха́*, pleurer la mort de son fiancé.

REMARQUE. Ne pas confondre « опла́чу », futur du verbe « опла́кать », avec « оплачу́ », futur du verbe « оплати́ть ». Ces deux formes diffèrent d'ailleurs par leur accentuation.

ОПЛА́ТА paiement. *Опла́та труда́*, la rémunération du travail. *Поштучная опла́та*, le travail à la pièce.

/ **ОПЛАТИ́ТЬ** v. опла́чивать.

ОПЛА́ЧИВАТЬ / ОПЛАТИ́ТЬ ⌊—— payer. *Опла́чивать рабо́ту*, rémunérer un travail. *Опла́чивать рабо́чего*, payer un ouvrier. *Телегра́мма с опла́ченным отве́том*, un télégramme avec réponse payée.

REMARQUE. Ne pas confondre « оплачу́ », futur du verbe « оплати́ть », avec « опла́чу », futur du verbe « опла́кать ». Ces deux formes diffèrent d'ailleurs par leur accentuation.

ОПЛО́ШНОСТЬ *f.* erreur, gaffe. *Допусти́ть опло́шность*, faire une gaffe.

/ **ОПОВЕ́СТИТЬ** v. оповеща́ть.

ОПОВЕЩА́ТЬ / ОПОВЕСТИ́ТЬ aviser. *Мы не успе́ли всех оповести́ть*, nous n'avons pas eu le temps d'aviser tout le monde.

/ **ОПОЗДА́ТЬ** v. опа́здывать.

/ **ОПО́МНИТЬСЯ 1.** revenir à soi. *Когда́ она́ опо́мнилась, мать стоя́ла о́коло неё*, lorsqu'elle revint à elle, sa mère était à ses côtés. **2.** (*fig.*) reprendre ses esprits. *Да́йте мне опо́мниться*, Laissez-moi me remettre.

ОПО́РА appui, support. *То́чка опо́ры*, un point d'appui.

/ **ОПОРО́ЖНИТЬ** v. опорожня́ть.

ОПОРОЖНЯ́ТЬ / ОПОРО́ЖНИТЬ vider. *Опоро́жнить буты́лку*, vider une bouteille.

ОПРА́ВА 1. fourreau. *Опра́ва кинжа́ла*, le fourreau d'un poignard. **2.** monture (*de lunettes...*). *Очки́ в чёрной опра́ве*, des lunettes à monture noire.

ОПРАВДА́НИЕ 1. justification. *Найти́ оправда́ние*, trouver des excuses. **2.** acquittement. *Защи́тник доби́лся его́ оправда́ния*, l'avocat a obtenu son acquittement.

/ **ОПРАВДА́ТЬ** v. опра́вдывать.

ОПРА́ВДЫВАТЬ / ОПРАВДА́ТЬ 1. acquitter. *Суд оправда́л его́*, le tribunal l'a acquitté. **2.** justifier. *Что́бы оправда́ть свой посту́пок*, pour justifier ce qu'il avait fait. **3.** réaliser. *Э́та наде́жда не оправда́лась*, cet espoir ne s'est pas réalisé. *Подозре́ния мои́ оправда́лись*, mes soupçons étaient justifiés. **4.** mériter. *Оправда́ть дове́рие*, mériter la confiance.

/ **ОПРА́ВИТЬ** v. оправля́ть I ou II.

/ **ОПРА́ВИТЬСЯ** v. оправля́ться.

I. ОПРАВЛЯ́ТЬ / ОПРА́ВИТЬ remettre en état, rajuster. *Опра́вить причёску*, rajuster sa coiffure.

II. ОПРАВЛЯ́ТЬ / ОПРА́ВИТЬ encadrer, sertir. *Опра́вить драгоце́нный ка́мень*, sertir une pierre précieuse.

ОПРАВЛЯ́ТЬСЯ / ОПРА́ВИТЬСЯ 1. arranger ses vêtements, ses cheveux... *Опра́виться пе́ред зе́ркалом*, retoucher sa toilette devant un miroir. **2.** se rétablir. *Больной оправился*, le malade s'est rétabli.

ОПРЕДЕЛЁННЫЙ, определён, определённа... déterminé, précis. *Дать определённый ответ*, donner une réponse précise. *В определённых случаях*, dans certains cas.

/ **ОПРЕДЕЛИТЬ** v. определять.

ОПРЕДЕЛЯТЬ / ОПРЕДЕЛИТЬ déterminer, fixer. *Определить расстояние*, déterminer la distance.

ОПРИЧНИК (*hist.*) opritchnik (*homme d'armes faisant partie de l'opritchnina*).

ОПРИЧНИНА (*hist.*) opritchnina: **1.** régime de terreur établi par Ivan le Terrible. **2.** troupes chargées d'établir l'ordre nouveau dont rêvait Ivan le Terrible.

ОПРОВЕРГАТЬ / ОПРОВЕРГНУТЬ* III réfuter, démentir. *Опровергнуть теорию*, réfuter une théorie.

/ **ОПРОВЕРГНУТЬ** v. опровергать.

ОПРОКИДЫВАТЬ / ОПРОКИНУТЬ renverser. *Опрокинуть чашку*, renverser une tasse. *Лодка опрокинулась*, la barque s'est renversée.

/ **ОПРОКИНУТЬ** v. опрокидывать.

ОПРЯТНЫЙ propre. *Опрятная комната*, une chambre propre.

ОПТОМ *adv.* en gros. *Продажа оптом и в розницу*, vente en gros et au détail.

/ **ОПУБЛИКОВАТЬ** v. публиковать.

ОПУСКАТЬ / ОПУСТИТЬ ⌞— **1.** abaisser, ramener. *Опустить флаг*, amener le drapeau. **2.** baisser (*la tête, les yeux*...). *Опустить глаза*, baisser les yeux. **3.** introduire. *Опустить письмо в ящик*, mettre une lettre à la boîte.

ОПУСКАТЬСЯ / ОПУСТИТЬСЯ ⌞— tomber, descendre. *На город опустился туман*, le brouillard tomba sur la ville. *Он опустился в кресло*, il se laissa tomber dans un fauteuil.

/ **ОПУСТИТЬ** v. опускать.

/ **ОПУСТИТЬСЯ** v. опускаться.

ОПУСТОШАТЬ / ОПУСТОШИТЬ dévaster. *Край, опустошённый войной*, une région dévastée par la guerre.

/ **ОПУСТОШИТЬ** v. опустошать.

ОПУХАТЬ / ОПУХНУТЬ* III enfler. *Опухшая щека*, une joue enflée.

/ **ОПУХНУТЬ** v. опухать et пухнуть.

ОПУХОЛЬ *f.* tumeur. *Злокачественная опухоль*, une tumeur maligne.

ОПУШКА lisière. *На опушке леса*, à la lisière du bois.

ОПЫТ **1.** expérience (*divers sens*). *Производить опыты*, faire des expériences. *У него большой опыт*, il a une grande expérience. **2.** essai. *Первые опыты молодого писателя*, le premier essai d'un jeune écrivain.

ОПЫТНЫЙ **1.** expérimenté. *Опытный человек*, un homme expérimenté. **2.** expérimental. *Опытная станция*, une station expérimentale.

/ **ОПЬЯНЕТЬ** v. пьянеть.

ОПЯТЬ *adv.* de nouveau. *Завтра мы увидимся опять*, demain, nous nous reverrons.

ОРАТЬ* IV, ору, орёшь... brailler. *Он орал во всё горло*, il braillait tant qu'il pouvait.

I. ОРДЕН*, *nom. pl.* ордена ordre (*décoration*). *Его наградили орденом Ленина*, il a été décoré de l'ordre de Lénine. *Орден Почётного Легиона*, la Légion d'honneur.

II. ОРДЕН ordre (*organisation*). *Рыцарский орден меченосцев*, l'ordre des chevaliers Porte-Glaive.

ОРЁЛ **1.** aigle. **2.** face (*côté d'une pièce de monnaie*). *Орёл или решка?*, Pile ou face?

ОРЕ́Х 1. noisetier. 2. noyer (*arbre et bois de cet arbre*). *Шкаф из оре́ха*, une armoire en noyer. 3. (*avec parfois le qualificatif* « лесно́й ») noisette. 4. (*avec parfois le qualificatif* « гре́цкий ») noix. ● **Ему́ доста́лось на оре́хи,** il en a pris pour son grade.

/ **ОРОСИ́ТЬ** v. ороша́ть.

ОРОША́ТЬ / ОРОСИ́ТЬ 1. (*livresque*) arroser. *Ороси́ть слеза́ми*, arroser de larmes. 2. irriguer. *Ороша́ть пусты́нные райо́ны*, irriguer des régions désertiques.

ОРУ́ДИЕ 1. outil, instrument (*propr. et fig.*). *Сельскохозя́йственные ору́дия*, l'outillage agricole. // (*Fig.*) *Быть слепы́м ору́дием кого́-нибудь*, être l'instrument aveugle de qqn. 2. pièce d'artillerie. *Зени́тное ору́дие*, une pièce de D.C.A.

ОРУ́ЖИЕ arme(s). *Холо́дное ору́жие*, les armes blanches. *Огнестре́льное ору́жие*, les armes à feu. *А́томное ору́жие*, l'arme atomique. *К ору́жию!*, Aux armes! *Това́рищи по ору́жию*, compagnons d'armes. // (*Fig.*) *Ору́жие иро́нии*, l'arme de l'ironie.

ОСА́ ⁻⁻ __ guêpe.

ОСА́ДА siège (*opération militaire*). *Оса́да кре́пости*, le siège d'une forteresse. *Снять оса́ду*, lever le siège.

/ **ОСАДИ́ТЬ** v. осажда́ть.

ОСАЖДА́ТЬ / ОСАДИ́ТЬ⁀__, *part.* осаждённый* assiéger. *Осади́ть го́род*, assiéger une ville.

ОСВА́ИВАТЬ / ОСВО́ИТЬ assimiler, acquérir, conquérir. *Осво́ить ремесло́*, apprendre un métier. *Осво́ить ко́смос*, conquérir le cosmos.

ОСВА́ИВАТЬСЯ / ОСВО́ИТЬСЯ s'habituer. *Осво́иться с но́вой рабо́той*, s'habituer à un nouveau travail.

/ **ОСВЕ́ДОМИТЬ** v. осведомля́ть.

ОСВЕДОМЛЯ́ТЬ / ОСВЕ́ДОМИТЬ informer. *Мы осве́домились о её здоро́вье*, nous avons pris des nouvelles de sa santé.

/ **ОСВЕТИ́ТЬ** v. освеща́ть.

ОСВЕЩА́ТЬ / ОСВЕТИ́ТЬ (т → щ) éclairer. *Спи́чка освети́ла его́ лицо́*, la lueur d'une allumette éclaira son visage. // (*Fig.*) *Лицо́ её освети́лось до́брой улы́бкой*, un bon sourire illumina son visage.

ОСВЕЩЕ́НИЕ 1. éclairage. *Электри́ческое освеще́ние*, l'éclairage électrique. 2. (*fig.*) interprétation. *Пока́зывать фа́кты в но́вом освеще́нии*, donner aux faits une nouvelle interprétation.

/ **ОСВОБОДИ́ТЬ** v. освобожда́ть.

ОСВОБОЖДА́ТЬ / ОСВОБОДИ́ТЬ, *part.* освобождённый* libérer. *Освободи́ть страну́*, libérer un pays. *Освободи́ть ко́мнату*, libérer une pièce.

ОСВОБОЖДЕ́НИЕ libération. *Освобожде́ние го́рода*, la libération d'une ville. ● **Освобожде́ние крестья́н,** la libération des serfs (1861).

/ **ОСВО́ИТЬ** v. осва́ивать.

/ **ОСВО́ИТЬСЯ** v. осва́иваться.

/ **ОСЕДЛА́ТЬ** v. седла́ть.

ОСЁЛ âne. *Ди́кий осёл*, un âne sauvage. // (*Fig.*) *Упря́м как осёл*, il est têtu comme un âne.

ОСЕ́ННИЙ d'automne. *Осе́нняя ночь*, une nuit d'automne.

О́СЕНЬ *f.* automne. *Наступи́ла о́сень*, l'automne arriva.

О́СЕНЬЮ 1. v. о́сень. 2. *adv.* en automne. *Он прие́хал о́сенью*, il est arrivé en automne.

ОСЁТР ⁄⁻⁻ ⁻⁻ esturgeon (*zool.*).

ОСЕТРИ́НА esturgeon (*chair de l'esturgeon*).

ОСИ́НА tremble (*arbre*).

ОСКА́ЛИВАТЬ / ОСКА́ЛИТЬ ● **Оска́лить зу́бы,** montrer les dents.

/ **ОСКА́ЛИТЬ** v. оска́ливать.

ОСКО́ЛОК éclat, fragment. *Оско́лок снаря́да*, un éclat d'obus.

Оско́лок стекла́, un morceau de verre.

ОСКОРБИ́ТЕЛЬНЫЙ injurieux, blessant. *Оскорби́тельный тон*, un ton blessant.

/ **ОСКОРБИ́ТЬ** v. оскорбля́ть.

ОСКОРБЛЕ́НИЕ offense. *Нанести́ кому́-нибудь оскорбле́ние*, offenser qqn.

ОСКОРБЛЯ́ТЬ / ОСКОРБИ́ТЬ offenser. *Она́ его́ глубоко́ оскорби́ла*, elle l'a profondément offensé.

ОСЛАБЕВА́ТЬ / ОСЛАБЕ́ТЬ s'affaiblir. *Зре́ние его́ ослабе́ло*, sa vue a baissé. *Ве́тер ослабе́л*, le vent s'est un peu calmé.

/ **ОСЛАБЕ́ТЬ** v. ослабева́ть et слабе́ть.

/ **ОСЛА́БИТЬ** v. ослабля́ть.

ОСЛАБЛЯ́ТЬ / ОСЛА́БИТЬ 1. affaiblir. *Боле́знь осла́била его́*, la maladie l'a affaibli. 2. diminuer (*tr.*). *Осла́бить давле́ние*, diminuer la pression.

ОСЛЕПИ́ТЕЛЬНЫЙ aveuglant, éblouissant. *Ослепи́тельный свет*, une lumière éblouissante.

/ **ОСЛЕ́ПНУТЬ** v. сле́пнуть.

ОСЛОЖНЕ́НИЕ complication. *Мы встре́тились с но́выми осложне́ниями*, nous avons rencontré de nouvelles difficultés.

ОСМА́ТРИВАТЬ / ОСМОТРЕ́ТЬ* I, осмотрю́, осмо́тришь... ⌞___ 1. examiner. *Осмотре́ть больно́го*, examiner un malade. *Осмотре́ть ра́ну*, examiner une blessure. 2. visiter. *Осмотре́ть вы́ставку*, visiter une exposition.

ОСМЕ́ЛИВАТЬСЯ / ОСМЕ́ЛИТЬСЯ oser. *Он не осме́лился отвеча́ть*, il n'a pas osé répondre.

/ **ОСМЕ́ЛИТЬСЯ** v. осме́ливаться.

ОСМО́ТР visite, inspection. *Медици́нский осмо́тр*, visite médicale. *Осмо́тр багажа́*, inspection des bagages.

/ **ОСМОТРЕ́ТЬ** v. осма́тривать.

ОСНО́ВА base. *Взять за осно́ву*, prendre pour base. *Осно́вы совреме́нной фи́зики*, les bases de la physique moderne.

ОСНОВА́НИЕ 1. fondation (*création*). *Основа́ние Москвы́*, la fondation de Moscou. 2. fondations (*d'un bâtiment*). *Дом на бето́нном основа́нии*, une maison avec des fondations en béton. 3. base. *Основа́ние треуго́льника*, la base du triangle. 4. raison, motif. *Без вся́кого основа́ния*, sans aucune raison. *Не име́ть основа́ний жа́ловаться*, ne pas avoir de raisons de se plaindre.

ОСНОВА́ТЕЛЬНЫЙ 1. bien fondé. *Основа́тельные до́воды*, des arguments de poids. 2. sérieux, profond. *Основа́тельное изуча́ть хи́мию*, étudier sérieusement la chimie.

/ **ОСНОВА́ТЬ** v. осно́вывать.

ОСНОВНО́Й 1. fondamental. *Основна́я цель*, le but fondamental. *Основны́е недоста́тки*, les défauts essentiels. 2. *subst. n.* essentiel. *Основно́е уже́ сде́лано*, l'essentiel est déjà fait.

ОСНО́ВЫВАТЬ / ОСНОВА́ТЬ fonder. *Го́род был осно́ван в XII ве́ке*, la ville a été fondée au XIIe siècle. *Ни на чём не осно́ванные прете́нзии*, des prétentions non fondées.

ОСО́БА (*généralement iron.*) personne, personnage. *Подозри́тельная осо́ба*, un individu suspect. *Ва́жная осо́ба*, une grosse légume.

ОСО́БЕННОСТЬ *f.* trait particulier, particularité. *Осо́бенности се́верных го́воров*, les particularités des dialectes du Nord. ● **В осо́бенности**, en particulier.

ОСО́БЕННЫЙ particulier. *Осо́бенные обстоя́тельства*, des circonstances particulières. *Тут я не ви́жу ничего́ осо́бенного*, je ne vois là rien de particulier. *Осо́бенно хорошо́*, particulièrement bien.

О́СПА variole. *Приви́вка про́тив о́спы*, le vaccin contre la variole.

ОСПА́РИВАТЬ / ОСПО́РИТЬ

contester. *Оспо́рить ко́е-каки́е до́воды*, contester certains arguments.

/ **ОСПО́РИТЬ** v. оспа́ривать.

ОСТАВА́ТЬСЯ* II, остаю́сь, остаёшься...; остава́йся; остава́ясь / **ОСТА́ТЬСЯ*** *n. cl.*, оста́нусь, оста́нешься... rester. *Они́ оста́лись у нас дня три*, ils sont restés chez nous deux ou trois jours. *Остаётся пять мину́т*, il reste cinq minutes. *Он оста́лся сирото́й*, il est resté orphelin. *Тебе́ остаётся то́лько извини́ться*, il ne te reste plus qu'à t'excuser. *Са́ша оста́лся на второ́й год в пя́том кла́ссе*, Sacha a redoublé sa sixième. • **Оста́ться в дурака́х,** être le dindon de la farce. **Оста́ться с но́сом,** en être pour ses frais.

/ **ОСТА́ВИТЬ** v. оставля́ть.

ОСТАВЛЯ́ТЬ / ОСТА́ВИТЬ laisser. *Она́ оста́вила таре́лки на столе́*, elle avait laissé des assiettes sur la table. *Оста́вьте меня́ в поко́е!*, Laissez-moi tranquille! *Си́лы оста́вили его́*, ses forces l'abandonnèrent. *Его́ оста́вили на второ́й год*, on l'a fait redoubler.

ОСТАЛЬНО́Й restant. *Остально́е вре́мя*, le reste du temps. // (*Subst.*) *Остальны́е молча́ли*, les autres se taisaient.

ОСТАНА́ВЛИВАТЬ / ОСТАНОВИ́ТЬ arrêter. *Останови́ть маши́ну*, arrêter une voiture. *Маши́на останови́лась пе́ред до́мом*, la voiture s'est arrêtée devant la maison. *Буди́льник останови́лся*, le réveil s'est arrêté. *На чём мы останови́лись?*, Où en étions-nous ?

/ **ОСТАНОВИ́ТЬ** v. остана́вливать.

ОСТАНО́ВКА arrêt (*divers sens*). *Говори́ть без остано́вки*, parler sans arrêt. *По́сле коро́ткой остано́вки по́езд тро́нулся*, après un bref arrêt, le train repartit. *Авто́бусная остано́вка*, un arrêt d'autobus.

ОСТА́ТОК reste. *Оста́тки запа́сов*, le reste des provisions. *Оста́тки дре́вней кре́пости*, les restes d'une ancienne forteresse.

/ **ОСТА́ТЬСЯ** v. остава́ться.

О́СТОВ carcasse. *О́стов корабля́*, la carcasse d'un navire. *Ко́нский о́стов*, la carcasse d'un cheval.

ОСТОРО́ЖНЫЙ prudent. *Осторо́жный челове́к*, un homme prudent. *Осторо́жный отве́т*, une réponse prudente. *Осторо́жно, окра́шено!*, Attention à la peinture !

ОСТРИ́ТЬ / СОСТРИ́ТЬ faire de l'esprit.

/ **ОСТРИ́ЧЬ** v. стричь.

О́СТРОВ*, *nom. pl.* острова́ île. *На необита́емом о́строве*, dans une île déserte.

ОСТРОУ́МНЫЙ plein d'esprit. *Остроу́мный отве́т*, une réponse spirituelle.

О́СТРЫЙ, остр, остра́, о́стро, о́стры

1. pointu.
2. tranchant.
3. aigu (*angle*).
4. piquant (*goût*); âcre (*odeur*).
5. vif, cuisant (*douleur*).
6. perçant (*regard...*) // pénétrant (*esprit*).
7. mordant, caustique (*propos*).
8. aigu (*crise*); critique (*situation*).

1. *О́стрые ка́мни*, des pierres pointues. *О́стрые зу́бы*, des dents pointues. *О́страя боро́дка*, une barbiche pointue. **2.** *О́стрый нож*, un couteau tranchant. **3.** *О́стрый у́гол*, un angle aigu. **4.** *О́стрый со́ус*, une sauce piquante. *О́стрый за́пах*, une odeur âcre. **5.** *О́страя боль*, une douleur cuisante. **6.** *О́стрые глаза́*, des yeux perçants. // *О́стрый ум*, un esprit pénétrant. **7.** (*forme courte:* остёр, остра́...) *Он остёр на язы́к*, il a la langue bien affilée. **8.** *О́стрый кри́зис*, une crise aiguë. *О́строе положе́ние*, une situation critique. *Наступи́ла* *о́страя мину́та*, le moment critique était arrivé.

ОСТЫВА́ТЬ / ОСТЫ́НУТЬ* III *ou* **ОСТЫ́ТЬ*** *n. cl.*, осты́ну, осты́нешь... se refroidir. *Чай осты́л*, le thé s'est refroidi.

/ ОСТЫ́НУТЬ v. остыва́ть.

/ ОСТЫ́ТЬ v. остыва́ть.

/ ОСУДИ́ТЬ v. осужда́ть.

ОСУЖДА́ТЬ / ОСУДИ́ТЬ ⟍, *part.* осуждённый* **1.** blâmer, condamner. *Все осужда́ют его́ поведе́ние*, tous condamnent son attitude. **2.** condamner (*un inculpé*). *Его́ осуди́ли на смерть*, il a été condamné à mort.

ОСУША́ТЬ / ОСУШИ́ТЬ **1.** assécher. *Осуши́ть боло́то*, assécher un marais. **2.** essuyer. *Осуши́ть глаза́*, essuyer ses larmes. **3.** vider (*un verre...*). *Осуши́ть стака́н*, vider son verre.

/ ОСУШИ́ТЬ v. осуша́ть.

/ ОСУЩЕСТВИ́ТЬ v. осуществля́ть.

ОСУЩЕСТВЛЕ́НИЕ réalisation, exécution. *Осуществле́ние семиле́тнего пла́на*, l'exécution du plan de sept ans.

ОСУЩЕСТВЛЯ́ТЬ / ОСУЩЕСТВИ́ТЬ accomplir, réaliser. *Осуществи́ть своё наме́рение*, mettre ses projets à exécution. *Предсказа́ния её осуществи́лись*, ses prédictions se sont réalisées.

ОСЫПА́ТЬ / ОСЫ́ПАТЬ* II, осы́плю, осы́плешь... saupoudrer, parsemer, couvrir. *Осы́пать муко́й*, saupoudrer de farine. *Осы́пать уда́рами*, rouer de coups. *Осы́пать поцелу́ями*, couvrir de baisers. *Не́бо осы́пано звёздами*, le ciel est parsemé d'étoiles.

ОСЫПА́ТЬСЯ / ОСЫ́ПАТЬСЯ* II, осы́плюсь, осы́плешься... s'émietter, s'ébouler. *Земля́ осыпа́лась под его́ нога́ми*, la terre s'éboulait sous ses pieds.

ОСЬ *f.* **1.** essieu. *За́дняя ось*, l'essieu arrière. **2.** axe. *Враща́ться вокру́г свое́й о́си*, tourner autour de son axe.

ОТ, ОТО *prép.* (+ *gén.*)
1. de (*avec une idée de départ, d'éloignement, de provenance...*).
2. de (*avec un complément de temps*).
3. de (*cause*).
4. contre (*pour se débarrasser de*).

---

1. *Отойти́ от окна́*, s'écarter de la fenêtre. *От Москвы́ до Ленингра́да*, de Moscou à Leningrad. *Далеко́ от го́рода*, loin de la ville. *Мы получи́ли от него́ письмо́*, nous avons reçu une lettre de lui. *Ключ от чемода́на*, la clef de la valise. *От и́мени всей делега́ции*, au nom de toute la délégation. *От всего́ се́рдца*, de tout cœur. **2.** *От двух до четырёх часо́в*, de deux à quatre heures. *Письмо́ от 2-го ма́рта*, une lettre du 2 mars. *Слеп от рожде́ния*, aveugle de naissance. **3.** *Зева́ть от ску́ки*, bâiller d'ennui. *Бле́дный от стра́ха*, pâle de frayeur. **4.** *Сре́дство от головно́й бо́ли*, un remède contre les maux de tête. ● **Вре́мя от вре́мени,** de temps en temps.

ОТБИВА́ТЬ / ОТБИ́ТЬ* II, отобью́, отобьёшь...; отбе́й; отби́тый
1. casser (*enlever en frappant*).
2. enlever, reprendre (*par la force*).
3. parer (*un coup*); repousser (*une attaque...*).
4. faire passer (*le goût, l'envie...*).
5. marquer (*la mesure, le pas...*).

---

1. *Отби́ть ру́чку у ча́йника*, casser l'anse de la théière. **2.** *Отби́ть го́род у врага́*, reprendre une ville à l'ennemi. **3.** *Отби́ть уда́р*, parer un coup. *Отби́ть нападе́ние*, repousser une attaque. *Отби́ть непри́ятеля*, repousser l'ennemi. **4.** *Э́то отобьёт у него́ охо́ту дра́ться*, cela lui fera passer l'envie de se battre. **5.** *Отбива́ть такт*, marquer la cadence.

ОТБИВА́ТЬСЯ / ОТБИ́ТЬСЯ* II, отобью́сь, отобьёшься...; отбе́йся **1.** se casser, se détacher. *Ру́чка у ча́шки отби́лась*, l'anse de la tasse s'est cassée. **2.** se défendre. *Он отбива́лся топоро́м от враго́в*, il se défendait contre ses ennemis à coups de hache. ● **Он совсе́м отби́лся от рук,** il n'y a rien à faire pour qu'il obéisse.

ОТБИВНО́Й ● **Отбивна́я котле́та,** côtelette (v. котле́та).

ОТБИРА́ТЬ / ОТОБРА́ТЬ* IV, отберу́, отберёшь...; отобра́л, отобрала́, отобра́ло, отобра́ли **1.** enlever. *Отобра́ли у него́ кинжа́л*, on lui a enlevé son poignard. **2.** choisir. *Отобра́ть са́мые спе́лые помидо́ры*, choisir les tomates les plus mûres.

/ ОТБИ́ТЬ v. отбива́ть.

/ ОТБИ́ТЬСЯ v. отбива́ться.

ОТБО́Р choix, sélection. *Отбо́р лу́чших семя́н*, le choix des meilleures semences. *Есте́ственный отбо́р*, la sélection naturelle.

ОТБО́РНЫЙ de choix, d'élite. *Отбо́рные войска́*, des troupes d'élite.

ОТБРА́СЫВАТЬ / ОТБРО́СИТЬ rejeter (*propr. et fig.*). *Отбро́сить во́лосы наза́д*, rejeter ses cheveux en arrière. *Отбро́сить проти́вника*, rejeter l'ennemi. *Отбро́сить тео́рию*, rejeter une théorie.

/ ОТБРО́СИТЬ v. отбра́сывать.

ОТБЫВА́ТЬ / ОТБЫ́ТЬ* *n. cl.*, отбу́ду, отбу́дешь...; о́тбыл, отбыла́, о́тбыло, о́тбыли (*style officiel*) **1.** partir. *Отбы́ть за грани́цу*, partir pour l'étranger. **2.** faire, subir. *Отбы́ть вое́нную слу́жбу*, faire son service militaire. *Отбы́ть срок наказа́ния*, purger sa peine.

/ ОТБЫ́ТЬ v. отбыва́ть.

ОТВА́ГА (*livresque*) hardiesse, courage.

ОТВА́ЖНЫЙ hardi, courageux. *Отва́жный челове́к*, un homme intrépide. *Отва́жный посту́пок*, un acte courageux.

/ ОТВЕЗТИ́ v. отвози́ть.

ОТВЕРГА́ТЬ / ОТВЕ́РГНУТЬ* III rejeter. *Отве́ргнуть предложе́ние*, rejeter une proposition.

/ ОТВЕ́РГНУТЬ v. отверга́ть.

/ ОТВЕРНУ́ТЬСЯ v. отвора́чиваться.

ОТВЕ́РСТИЕ orifice, ouverture.

ОТВЁРТКА tournevis.

ОТВЕ́СНЫЙ vertical, à pic. *Отве́сная скала́*, une falaise abrupte.

/ ОТВЕСТИ́ v. отводи́ть.

ОТВЕ́Т réponse. *Дать положи́тельный отве́т*, donner une réponse positive. *В отве́т на его́ письмо́*, en réponse à sa lettre.

/ ОТВЕ́ТИТЬ v. отвеча́ть.

ОТВЕ́ТСТВЕННОСТЬ *f.* responsabilité. *Нести́ отве́тственность*, porter la responsabilité.

ОТВЕ́ТСТВЕННЫЙ **1.** responsable. *Отве́тственное лицо́*, une personne responsable. **2.** comportant des responsabilités. *Отве́тственная рабо́та*, un travail de grande importance.

ОТВЕЧА́ТЬ / ОТВЕ́ТИТЬ **1.** répondre (*donner une réponse*). *Он ничего́ не отве́тил*, il ne répondit rien. **2.** répondre (*être de nature à satisfaire*). *Отвеча́ть потре́бностям*, répondre aux besoins. **3.** réciter. *Отвеча́ть уро́к*, réciter sa leçon. **4.** porter la responsabilité. *Отвеча́ть за рабо́ту*, porter la responsabilité d'un travail.

> REMARQUE. Jusqu'à la fin du XIXe siècle, le verbe « отвеча́ть » pouvait être employé comme perfectif au passé.

ОТВЛЕКА́ТЬ / ОТВЛЕ́ЧЬ* IV, отвлеку́, отвлечёшь..., отвлеку́т; отвлёк, отвлекла́... ; отвлечённый détourner. *Отвле́чь внима́ние*, détourner l'attention. *Отвле́чь от рабо́ты*, détourner de son travail.

ОТВЛЕКА́ТЬСЯ / ОТВЛЕ́ЧЬСЯ* IV, отвлеку́сь, отвлечёшься..., отвлекýтся; отвлёкся, отвлеклáсь... s'écarter. *Отвлéчься от тéмы*, s'écarter du sujet.

ОТВЛЕЧЁННЫЙ abstrait. *Отвлечённое поня́тие*, une notion abstraite.

/ **ОТВЛÉЧЬ** v. отвлекáть.

/ **ОТВЛÉЧЬСЯ** v. отвлекáться.

ОТВОДИ́ТЬ / **ОТВЕСТИ́*** IV, отведý, отведёшь...; отвёл, отвелá... ; отведённый; отведя́ **1.** mener, emmener (*à pied*). *Отвести́ ребёнка в шкóлу*, emmener un enfant à l'école. **2.** écarter, repousser. *Отвести́ удáр*, parer un coup. *Отвести́ кандидатýру*, repousser une candidature. ● **Отвести́ дýшу,** se soulager le cœur.

ОТВОЗИ́ТЬ / **ОТВЕЗТИ́*** IV, отвезý, отвезёшь...; отвёз, отвезлá... ; отвезённый; отвезя́ transporter, emmener (*en voiture...*). *Отвезти́ багáж на вокзáл*, emmener les bagages à la gare.

ОТВОРÁЧИВАТЬСЯ / **ОТВЕРНÝТЬСЯ** se détourner. *Он отвернýлся, чтóбы тебя́ не ви́деть*, il s'est détourné pour ne pas te voir. // (*Fig.*) *Все отвернýлись от негó*, plus personne ne le fréquente.

/ **ОТВОРИ́ТЬ** v. отворя́ть.

ОТВОРЯ́ТЬ / **ОТВОРИ́ТЬ** ouvrir (*une porte, une fenêtre...*). *Отвори́ть фóрточку*, ouvrir le vasistas.

ОТВРАТИ́ТЕЛЬНЫЙ détestable, infect. *Отврати́тельная погóда*, un temps infect.

ОТВРАЩÉНИЕ dégoût. *Чýвство отвращéния*, un sentiment de dégoût.

ОТВЫКÁТЬ / **ОТВЫ́КНУТЬ*** III perdre l'habitude. *Отвы́кнуть от дурнóй привы́чки*, se défaire d'une mauvaise habitude. *Отвы́кнуть кури́ть*, perdre l'habitude de fumer.

/ **ОТВЫ́КНУТЬ** v. отвыкáть.

/ **ОТВЯЗÁТЬ** v. отвя́зывать.

/ **ОТВЯЗÁТЬСЯ** v. отвя́зываться.

ОТВЯ́ЗЫВАТЬ / **ОТВЯЗÁТЬ*** II, отвяжý, отвя́жешь... détacher. *Отвязáть верёвку*, détacher une corde. *Отвязáть собáку*, détacher un chien.

ОТВЯ́ЗЫВАТЬСЯ / **ОТВЯЗÁТЬСЯ*** II, отвяжýсь, отвя́жешься... **1.** v. отвя́зывать. **2.** (*fam.*) se débarrasser. *Наси́лу отвязáлся от неё*, j'ai eu bien de la peine à me débarrasser d'elle. **3.** (*fam.*) laisser tranquille. *Отвяжи́сь от меня́!*, Fiche-moi la paix !

/ **ОТГАДÁТЬ** v. отгáдывать.

ОТГÁДЫВАТЬ / **ОТГАДÁТЬ** deviner. *Нет, вы не отгадáли*, Non, vous n'avez pas deviné.

ОТГОВÁРИВАТЬ / **ОТГОВОРИ́ТЬ** dissuader. *Отговáривать когó-нибудь от поéздки*, déconseiller à qqn de partir. *Отговори́ли егó покупáть мотоци́кл*, on lui a fait renoncer à son intention d'acheter une moto.

/ **ОТГОВОРИ́ТЬ** v. отговáривать.

ОТДАВÁТЬ* II, отдаю́, отдаёшь...; отдавáй; отдавáя / **ОТДÁТЬ*** *n. cl.*, отдáм, отдáшь, отдáст, отдади́м, отдади́те, отдадýт; óтдал, отдалá, óтдало, óтдали ; отдáй **1.** rendre. *Отдáть кни́гу в библиотéку*, rendre un livre à la bibliothèque. *Отдáть долг*, payer ses dettes. **2.** confier. *Отдáть ребёнка в дéтский сад*, mettre un enfant à l'école maternelle. **3.** céder. *Отдáть гóрод неприя́телю*, céder la ville à l'ennemi. *Отдáть что́-нибудь за два рубля́*, céder qqch. pour deux roubles. **4.** consacrer. *Он отдáлся мýзыке*, il a consacré sa vie à la musique.

> REMARQUE. L'accent du passé perfectif à la forme pronominale est отдáлся, отдалáсь... .

ОТДАЛЁННЫЙ éloigné. *От-*

далённый край, une région éloignée. *В те отдалённые времена́*, en ces temps reculés. *Отдалённый ро́дственник*, un parent éloigné. *Отдалённое схо́дство*, une vague ressemblance.

/ **ОТДА́ТЬ** v. отдава́ть.

ОТДЕ́Л section (*subdivision*), rayon. *Гастрономи́ческий отде́л*, le rayon de l'alimentation.

/ **ОТДЕ́ЛАТЬСЯ** v. отде́лываться.

ОТДЕЛЕ́НИЕ **1.** section (*subdivision*). *Хирурги́ческое отделе́ние*, la section chirurgicale. **2.** poste (*de police*). *Его́ отпра́вили в отделе́ние*, on l'a emmené au poste. **3.** compartiment (*d'une voiture de chemin de fer*). *Пя́тое отделе́ние, шесто́е ме́сто*, cinquième compartiment, place n° 6.

/ **ОТДЕЛИ́ТЬ** v. отделя́ть.

ОТДЕ́ЛЫВАТЬСЯ / **ОТДЕ́ЛАТЬСЯ** **1.** se débarrasser. *Что́бы отде́латься от него́*, pour me débarrasser de lui. **2.** s'en tirer. *Отде́латься одни́ми обеща́ниями*, se contenter de faire des promesses. *Счастли́во отде́латься*, s'en tirer à bon compte.

ОТДЕ́ЛЬНЫЙ séparé, isolé. *Ей да́ли отде́льную ко́мнату*, on lui a donné une chambre individuelle.

ОТДЕЛЯ́ТЬ / **ОТДЕЛИ́ТЬ** ╲___, *part.* отделённый séparer. *Кора́ отдели́лась от ствола́*, l'écorce s'est détachée du tronc.

/ **ОТДОХНУ́ТЬ** v. отдыха́ть.

О́ТДЫХ repos. *День о́тдыха*, jour de repos. *Дом о́тдыха*, maison de repos. *Рабо́тать без о́тдыха*, travailler sans relâche.

ОТДЫХА́ТЬ / **ОТДОХНУ́ТЬ** se reposer. *Ба́бушка присе́ла отдохну́ть*, ma grand-mère s'assit pour se reposer un instant.

ОТЕ́Ц père.

ОТЕ́ЧЕСТВЕННЫЙ national. *Оте́чественного произво́дства*, de fabrication nationale. ● **Оте́чественная война́,** la guerre de 1812. **Вели́кая оте́чественная война́** (*livresque*), la guerre de 1941-1945.

ОТЕ́ЧЕСТВО (*livresque*) patrie. *Защища́ть своё оте́чество*, défendre sa patrie.

ОТЗЫВА́ТЬ / **ОТОЗВА́ТЬ*** IV, отзову́, отзовёшь...; отозва́л, отозвала́, отозва́ло, отозва́ли ╱╲___ **1.** appeler, prendre à part. *Он отозва́л меня́ в сосе́днюю ко́мнату*, il me pria de le suivre dans la pièce voisine. **2.** rappeler (*un diplomate...*). *Отозва́ть посла́*, rappeler un ambassadeur.

ОТЗЫВА́ТЬСЯ / **ОТОЗВА́ТЬСЯ*** I, отзову́сь, отзовёшься...; отозва́лся, отозвала́сь... ╱‾‾ **1.** répondre. *Я её позва́л. « Да », — отозвала́сь она́*, Je l'appelai. « Oui », répondit-elle. **2.** (о + *loc.*) donner une appréciation. *Пло́хо отозва́ться о ко́м-нибудь*, dire du mal de qqn. **3.** (на + *loc.*) avoir une influence. *Э́то пло́хо отозвало́сь на её здоро́вье*, cela a eu une mauvaise influence sur sa santé.

ОТКА́З refus. *Получи́ть отка́з*, essuyer un refus. ● **До отка́за,** au-delà de toute limite. *Напо́лнить су́мку до отка́за*, remplir son sac à le faire craquer.

/ **ОТКАЗА́ТЬ** v. отка́зывать.

/ **ОТКАЗА́ТЬСЯ** v. отка́зываться.

ОТКА́ЗЫВАТЬ / **ОТКАЗА́ТЬ*** II, откажу́, отка́жешь... ╲___ **1.** refuser (*qqch. à qqn*). *Мне отказа́ли в мое́й про́сьбе*, on a rejeté ma demande. // (*Fig.*) *В тала́нте ему́ нельзя́ отказа́ть*, il faut reconnaître qu'il a du talent. **2.** (*fam.*) tomber en panne. *Мото́р отказа́л*, le moteur est tombé en panne.

ОТКА́ЗЫВАТЬСЯ / **ОТКАЗА́ТЬСЯ*** II, откажу́сь, отка́жешься... ╲___ refuser (*ne pas accepter qqch.*). *Отказа́ться от пода́рка*, refuser un cadeau.

ОТКЛА́ДЫВАТЬ / **ОТЛОЖИ́ТЬ** ╲___ **1.** mettre de côté. *Мы отложи́ли для вас э́ти* *книги*, Nous avons mis ces livres de côté pour vous. **2.** repousser. *Со дня на́ день откла́дывать*, repousser de jour en jour. ● **Отложи́ть в до́лгий я́щик,** renvoyer aux calendes grecques.

О́ТКЛИК réponse (*à un appel*), écho.

/ **ОТКЛОНИ́ТЬ** v. отклоня́ть.

ОТКЛОНЯ́ТЬ / ОТКЛОНИ́ТЬ ⌒, *part.* отклонённый rejeter, écarter (*propr. et fig.*). *Отклони́ть ве́тку*, écarter une branche. *Отклони́ть про́сьбу*, repousser une demande.

ОТКРОВЕ́ННЫЙ, открове́нен, открове́нна... franc, ouvert. *Открове́нный челове́к*, un homme franc. *Открове́нный разгово́р*, une conversation à cœur ouvert.

ОТКРО́ЕШЬ, ОТКРО́ЮТ... v. откры́ть.

ОТКРЫВА́ТЬ / ОТКРЫ́ТЬ* II, откро́ю, откро́ешь...; откры́тый **1.** ouvrir. *Откро́йте окно́*, Ouvrez la fenêtre. *Откры́ть ба́нку консе́рвов*, ouvrir une boîte de conserves. *Откры́ть буты́лку*, ouvrir une bouteille. *Откры́ть кран*, ouvrir le robinet. *Откры́ть глаза́*, ouvrir les yeux. *Откры́ть кни́гу*, ouvrir un livre. *Откры́ть зо́нтик*, ouvrir son parapluie. *Откры́ть но́вый магази́н*, ouvrir un nouveau magasin. // (*Fig.*) *Откры́ть ого́нь*, ouvrir le feu. **2.** révéler. *Откры́ть кому́-нибудь та́йну*, révéler un secret à qqn. **3.** trouver, découvrir. *Откры́ть но́вый спо́соб*, découvrir un nouveau procédé. *Откры́ть Аме́рику*, découvrir l'Amérique.

ОТКРЫ́ТИЕ **1.** ouverture, inauguration. *Откры́тие вы́ставки*, l'ouverture d'une exposition. **2.** découverte. *Сде́лать откры́тие*, faire une découverte.

ОТКРЫ́ТКА carte-postale. *Откры́тки с ви́дами Москвы́*, des cartes-postales avec des vues de Moscou.

ОТКРЫ́ТЫЙ ouvert. *Откры́тая дверь*, une porte ouverte. *Откры́то призна́ть свою́ оши́бку*, reconnaître ouvertement son erreur. // (*Fig.*) *Откры́тая борьба́*, une lutte ouverte. ● **Ломи́ться в откры́тую дверь,** enfoncer les portes ouvertes. **На откры́том во́здухе,** en plein air. **Откры́тое мо́ре,** la pleine mer. *Вы́йти в откры́тое мо́ре*, prendre le large. **Откры́тое пла́тье,** une robe décolletée. **Под откры́тым не́бом,** à la belle étoile. *Спать под откры́тым не́бом*, dormir à la belle étoile.

/ **ОТКРЫ́ТЬ** v. открыва́ть.

ОТКУ́ДА *adv.* d'où. *Отку́да ты?*, D'où viens-tu ? *Отку́да вы э́то зна́ете?*, D'où tenez-vous cela ?

> REMARQUE. « Отку́да » est accentué sur l'avant-dernière syllabe alors que « куда́ », qui entre dans sa composition, a un accent final.

ОТКУ́ДА-ТО de quelque part, d'on ne sait quel endroit. *Отку́да-то доноси́лись зву́ки гармо́ники*, on entendait quelque part un accordéon.

ОТКУ́ПОРИВАТЬ / ОТКУ́ПОРИТЬ déboucher. *Отку́порить буты́лку*, déboucher une bouteille.

/ **ОТКУ́ПОРИТЬ** v. отку́поривать.

ОТЛИ́В reflux. *Прили́в и отли́в*, le flux et le reflux.

ОТЛИВА́ТЬ / ОТЛИ́ТЬ* II, отолью́, отольёшь...; о́тлил, отлила́, о́тлило, о́тлили ⌒; отле́й; отли́тый, о́тлит, отлита́, о́тлито, о́тлиты ⌒ **1.** laisser couler un peu. *Отли́ть немно́го вина́*, verser un peu de vin. **2.** couler, mouler. *Отли́ть ста́тую*, couler une statue.

/ **ОТЛИ́ТЬ** v. отлива́ть.

ОТЛИЧА́ТЬ / ОТЛИЧИ́ТЬ distinguer. *Гадю́ку от ужа́ не суме́ю отличи́ть*, je ne saurais distinguer une vipère d'une couleuvre.

/ **ОТЛИЧИ́ТЬ** v. отлича́ть.

ОТЛИ́ЧНО *adv.* très bien. *Вы отли́чно зна́ете, что э́то не-*

пра́вда, Vous savez très bien que ce n'est pas vrai. // (*Subst.*) *Учи́ться на отли́чно*, n'avoir que des bonnes notes.

ОТЛИ́ЧНЫЙ parfait, excellent. *Отли́чного ка́чества*, d'excellente qualité.

Remarque. Pour l'emploi adverbial de la forme courte « отли́чно », voir ce mot.

/ **ОТЛОЖИ́ТЬ** v. откла́дывать.

ОТМЕ́НА suppression. *Отме́на крепостно́го пра́ва*, l'abolition du servage.

/ **ОТМЕНИ́ТЬ** v. отменя́ть.

ОТМЕНЯ́ТЬ / **ОТМЕНИ́ТЬ** ___ , *part.* отменённый supprimer, annuler. *Отмени́ть реше́ние*, annuler une décision. *Отмени́ть заседа́ние*, annuler une réunion.

ОТМЕ́ТКА 1. remarque, note. *Сде́лать отме́тки на поля́х кни́ги*, mettre des notes dans les marges d'un livre. 2. note (*scolaire*). *Получа́ть хоро́шие отме́тки*, avoir de bonnes notes.

/ **ОТНЕСТИ́** v. относи́ть.

/ **ОТНЕСТИ́СЬ** v. относи́ться.

ОТНИМА́ТЬ / **ОТНЯ́ТЬ*** IV, отниму́, отни́мешь... ___ ; о́тнял, отняла́, о́тняло, о́тняли /___; о́тнятый, о́тнят, отнята́, о́тнято, о́тняты /___ 1. enlever, ôter. *О́тняли у него́ топо́р*, on lui a enlevé sa hache. 2. faire perdre. *Доро́га отняла́ мно́го вре́мени*, le trajet nous a pris beaucoup de temps.

ОТНОСИ́ТЕЛЬНО 1. *adv.* relativement. *Он был относи́тельно споко́йным*, il était relativement calme. 2. (+ *gén.*) *prép.* à l'égard de, en ce qui concerne. *Он ничего́ не мо́жет сказа́ть относи́тельно э́того де́ла*, il ne peut rien dire au sujet de cette affaire.

ОТНОСИ́ТЕЛЬНОСТЬ *f.* relativité. *Тео́рия относи́тельности*, la théorie de la relativité.

ОТНОСИ́ТЕЛЬНЫЙ relatif. *Относи́тельный успе́х*, un succès relatif.

Remarque. En ce qui concerne l'emploi adverbial de la forme « относи́тельно », voir ce mot.

ОТНОСИ́ТЬ ___ / **ОТНЕСТИ́*** IV, отнесу́, отнесёшь...; отнёс, отнесла́... /‾‾‾ ; отнесённый; отнеся́ porter, emporter. *Отнести́ письмо́ на по́чту*, porter une lettre à la poste.

ОТНОСИ́ТЬСЯ ___ / **ОТНЕСТИ́СЬ*** IV, отнесу́сь, отнесёшься...; отнёсся, отнесла́сь... /‾‾‾ 1. v. относи́ть. 2. avoir un rapport. *Э́то к де́лу не отно́сится*, cela n'a rien à voir avec cette affaire. 3. avoir une attitude. *Как вы к э́тому отно́ситесь?*, Qu'est-ce que vous en pensez ?

ОТНОШЕ́НИЕ 1. rapport, relation (*divers sens*). *Э́то не име́ет отноше́ния к де́лу*, cela n'a aucun rapport avec cette affaire. *Дру́жеские отноше́ния*, des relations amicales. *Дипломати́ческие отноше́ния*, les relations diplomatiques. 2. point de vue. *В э́том отноше́нии*, à ce point de vue. *Во всех отноше́ниях*, à tous égards.

/ **ОТНЯ́ТЬ** v. отнима́ть.

ОТО v. от.

/ **ОТОБРА́ТЬ** v. отбира́ть.

ОТОВСЮ́ДУ *adv.* de toutes parts. *Отовсю́ду слы́шались ра́достные кри́ки*, on entendait de tous côtés des cris joyeux.

ОТОДВИГА́ТЬ / **ОТОДВИ́НУТЬ** 1. écarter, reculer. *Он отодви́нул сту́лья*, il repoussa les chaises. 2. (*fam.*) reculer, remettre à plus tard. *Отодви́нуть экза́мен*, reculer la date de l'examen.

/ **ОТОДВИ́НУТЬ** v. отодвига́ть.

/ **ОТОЗВА́ТЬ** v. отзыва́ть.

/ **ОТОЗВА́ТЬСЯ** v. отзыва́ться.

/ **ОТОЙТИ́** v. отходи́ть.

/ **ОТОМСТИ́ТЬ** v. мстить.

ОТОПЛЕ́НИЕ chauffage. *Расхо́ды на отопле́ние*, les dépenses de chauffage. *Центра́льное отопле́ние*, le chauffage central.

/ **ОТОРВА́ТЬ** v. отрыва́ть.

/ **ОТОСЛА́ТЬ** v. отсыла́ть.

/ **ОТПЕРЕ́ТЬ** v. отпира́ть.

ОТПЕЧА́ТОК empreinte, trace. *Наложи́ть свой отпеча́ток на что́-нибудь*, marquer qqch. de son empreinte.

ОТПИРА́ТЬ / ОТПЕРЕ́ТЬ* IV, отопру́, отопрёшь...; о́тпер, отперла́, о́тперло, о́тперли ; о́тпертый, о́тперт, отперта́, о́тперто, о́тперты ; отпере́в ouvrir (*qqch. qui est fermé à clef*). *Отпере́ть сунду́к*, ouvrir une malle.

/ **ОТПЛАТИ́ТЬ** v. отпла́чивать.

ОТПЛА́ЧИВАТЬ / ОТПЛАТИ́ТЬ s'acquitter de ses dettes (*fig.*), prendre sa revanche. *Отплати́ть зло́м за зло*, rendre le mal pour le mal. *Отплати́ть кому́-нибудь той же моне́той*, rendre à qqn la monnaie de sa pièce.

ОТПО́Р résistance. *Дать кому́-нибудь отпо́р*, opposer à qqn de la résistance. *Встре́тить реши́тельный отпо́р*, rencontrer une résistance farouche.

/ **ОТПРА́ВИТЬ** v. отправля́ть.

/ **ОТПРА́ВИТЬСЯ** v. отправля́ться.

ОТПРАВЛЯ́ТЬ / ОТПРА́ВИТЬ expédier. *Отпра́вить письмо́*, expédier une lettre.

ОТПРАВЛЯ́ТЬСЯ / ОТПРА́ВИТЬСЯ partir. *По́езд уже́ отпра́вился*, le train est déjà parti. *Отпра́виться в путь*, se mettre en route.

/ **ОТПРА́ЗДНОВАТЬ** v. пра́здновать.

О́ТПУСК*, *loc.* отпуску́ *ou* о́тпуске, *nom. pl.* отпуска́ congé, permission. *Быть в о́тпуске*, être en congé. *Уе́хать в о́тпуск*, partir en congé.

ОТПУСКА́ТЬ / ОТПУСТИ́ТЬ **1.** laisser partir. *Меня́ не отпуска́ли в теа́тр*, on ne me laissait pas aller au théâtre. **2.** laisser pousser. *Отпуска́ть себе́ бо́роду*, se laisser pousser la barbe.

/ **ОТПУСТИ́ТЬ** v. отпуска́ть.

ОТРА́ВА poison. *Отра́ва для крыс*, un raticide.

/ **ОТРАВИ́ТЬ** v. отравля́ть.

ОТРАВЛЯ́ТЬ / ОТРАВИ́ТЬ **1.** empoisonner. *Они́ отрави́лись гриба́ми*, ils se sont empoisonnés avec des champignons. **2.** gâter. *Отрави́ть удово́льствие*, gâter le plaisir.

ОТРАЖА́ТЬ / ОТРАЗИ́ТЬ **1.** refléter. *Дере́вья отража́лись в воде́*, les arbres se reflétaient dans l'eau. **2.** repousser. *Штурм был отражён*, l'attaque a été repoussée.

ОТРАЖА́ТЬСЯ / ОТРАЗИ́ТЬСЯ **1.** v. отража́ть. **2.** (на + *loc.*) avoir des conséquences. *Э́то отрази́лось на его́ хара́ктере*, cela a marqué son caractère.

ОТРАЖЕ́НИЕ **1.** réflexion, réverbération. *Отраже́ние све́та*, la réflexion de la lumière. **2.** reflet. *Отраже́ние звёзд в воде́*, le reflet des étoiles dans l'eau. // (*Fig.*) *Отраже́ние жи́зни*, le reflet de la vie.

/ **ОТРАЗИ́ТЬ** v. отража́ть.

/ **ОТРАЗИ́ТЬСЯ** v. отража́ться.

О́ТРАСЛЬ *f.* branche (*champ d'activité*). *Во всех о́траслях промы́шленности*, dans toutes les branches de l'industrie.

ОТРЕЗА́ТЬ / ОТРЕ́ЗАТЬ* II, отре́жу, отре́жешь... couper, trancher. *Отре́зать кусо́к хле́ба*, couper un morceau de pain. // (*Fig.*) *Путь был отре́зан*, la route était coupée.

ОТРЕКА́ТЬСЯ / ОТРЕ́ЧЬСЯ* IV, отреку́сь, отречёшься..., отреку́тся; отрёкся, отрекла́сь... (от + *gén.*) se dédire, renier. *Отре́чься от свои́х слов*, se rétracter. • **Отре́чься от престо́ла,** abdiquer.

/ **ОТРЕМОНТИ́РОВАТЬ** v. ремонти́ровать.

/ **ОТРЕ́ЧЬСЯ** v. отрека́ться.

ОТРИЦА́НИЕ négation (*fait de nier*). || (*Gramm.*) *Глаго́л с отрица́нием*, un verbe à la forme négative.

ОТРИЦА́ТЕЛЬНЫЙ négatif. *Отрица́тельный отве́т*, une réponse négative. *Отрица́тельная величина́*, une grandeur négative. *Отрица́тельно покача́ть голово́й*, dire non de la tête.

ОТРИЦА́ТЬ nier. *Отрица́ть очеви́дность*, nier l'évidence.

ОТРУБА́ТЬ / **ОТРУБИ́ТЬ** ___ couper, trancher. *Отруби́ть ве́тку*, couper une branche. *Отруби́ли ему́ го́лову*, on lui trancha la tête.

/ **ОТРУБИ́ТЬ** v. отруба́ть.

/ **ОТРУГА́ТЬ** v. руга́ть.

ОТРЫВА́ТЬ / **ОТОРВА́ТЬ*** IV, оторву́, оторвёшь...; оторва́л, оторвала́, оторва́ло, оторва́ли /___ arracher. *Оторва́ть листо́к из записно́й кни́жки*, arracher une feuille à un carnet. *Она́ не могла́ оторва́ть глаз от портре́та*, elle ne pouvait pas quitter des yeux ce portrait.

ОТРЫ́ВИСТЫЙ saccadé. *Говори́ть отры́висто*, parler d'une voix saccadée.

ОТРЫ́ВОК fragment, extrait. *Отры́вок из рома́на « Война́ и мир »*, un extrait du roman « Guerre et paix ».

ОТРЯ́Д détachement. *Партиза́нский отря́д*, un détachement de partisans. *Пионе́рский отря́д*, un détachement de pionniers.

ОТРЯ́ХИВАТЬ / **ОТРЯХНУ́ТЬ** secouer, faire tomber. *Отряхну́ть снег с ва́ленок*, secouer la neige de ses bottes.

/ **ОТРЯХНУ́ТЬ** v. отря́хивать.

ОТСКА́КИВАТЬ / **ОТСКОЧИ́ТЬ** ___ **1.** faire un bond (*en arrière, de côté*). *Она́ отскочи́ла наза́д*, elle fit un bond en arrière. **2.** (*fam.*) sauter, tomber. *Все пу́говицы отскочи́ли*, tous les boutons sont tombés.

/ **ОТСКОЧИ́ТЬ** v. отска́кивать.

ОТСРО́ЧКА sursis, prolongation. *Получи́ть отсро́чку*, obtenir un sursis.

ОТСТАВА́ТЬ* II, отстаю́, отстаёшь...; отстава́й; отстава́я / **ОТСТА́ТЬ*** *n. cl.*, отста́ну, отста́нешь... **1.** rester en arrière. *Он отста́л от отря́да*, il est resté en arrière du détachement. **2.** retarder (*en parlant d'une montre...*). *Часы́ отстаю́т на три мину́ты*, ma montre retarde de trois minutes. **3.** (*fam.*) laisser tranquille. *Отста́нь!*, Fiche-moi la paix !

ОТСТА́ВКА retraite; démission. *Вы́йти в отста́вку*, prendre sa retraite. *Пода́ть в отста́вку*, donner sa démission.

ОТСТА́ИВАТЬ défendre / **ОТСТОЯ́ТЬ*** I, отстою́, отстои́шь... réussir à défendre, à sauvegarder. *Отстоя́ть свою́ то́чку зре́ния*, réussir à défendre son point de vue.

ОТСТА́ЛОСТЬ *f.* retard (*état arriéré*). *Экономи́ческая отста́лость*, le retard économique.

ОТСТА́ЛЫЙ arriéré, en retard. *Отста́лая страна́*, un pays sous-développé. *Отста́лый учени́к*, un élève en retard pour son âge.

/ **ОТСТА́ТЬ** v. отстава́ть.

/ **ОТСТОЯ́ТЬ** v. отста́ивать.

/ **ОТСТРАНИ́ТЬ** v. отстраня́ть.

ОТСТРАНЯ́ТЬ / **ОТСТРАНИ́ТЬ** écarter, éloigner. *Отстрани́ть на второ́й план*, reléguer au second plan.

ОТСТУПА́ТЬ / **ОТСТУПИ́ТЬ** ___ **1.** reculer, battre en retraite. *Он отступи́л на шаг*, il fit un pas en arrière. *Враг отступа́л*, l'ennemi battait en retraite. **2.** (*fig.*) s'écarter. *Отступи́ть от те́мы*, s'écarter du sujet.

/ **ОТСТУПИ́ТЬ** v. отступа́ть.

ОТСТУПЛЕ́НИЕ **1.** retraite (*marche en arrière d'une armée*). *Шесто́го октября́ начало́сь отступле́ние*, la retraite commença le 6 octobre. **2.** digression. *Сде́лать небольшо́е отступле́ние*, faire une petite digression. **3.** dérogation, manquement. *Отступле́ние от зако́на*, une dérogation à la loi.

ОТСУ́ТСТВИЕ **1.** absence. *В ва́ше отсу́тствие*, en votre absence. *Блиста́ть свои́м отсу́тствием*, briller par son absence. **2.** manque. *Отсу́тствие вку́са*, le manque de goût.

ОТСУ́ТСТВОВАТЬ être absent. *Он отсу́тствовал не бо́льше двух неде́ль*, il n'a pas été absent plus de deux semaines.

ОТСУ́ТСТВУЮЩИЙ **1.** absent, distrait. *Отсу́тствующий взгляд*, un regard absent. **2.** *subst*. absent. *Спи́сок отсу́тствующих*, la liste des absents.

ОТСЫЛА́ТЬ / ОТОСЛА́ТЬ* II, отошлю́, отошлёшь... **1.** envoyer, expédier. *Отосла́ть телегра́мму*, envoyer un télégramme. **2.** renvoyer. *Он всех отосла́л прочь*, il a demandé à tous de sortir. *Отсыла́ть чита́теля к введе́нию*, renvoyer le lecteur à l'introduction.

ОТСЮ́ДА *adv*. **1.** d'ici. *Далеко́ отсю́да*, loin d'ici. *Уходи́те отсю́да!*, Allez-vous-en d'ici ! **2.** (*livresque*) de cela, de là. *Отсю́да мо́жно заключи́ть, что*, de là on peut conclure que.

Remarque. « Отсю́да » est accentué sur l'avant-dernière syllabe, alors que « сюда́ », qui entre dans sa composition, a un accent final.

ОТТА́ЛКИВАТЬ / ОТТОЛКНУ́ТЬ repousser. *Он оттолкну́л сто́рожа и вы́бежал из ко́мнаты*, il repoussa le gardien et s'enfuit. *Он всех отта́лкивал от себя́ свое́й гру́бостью*, tout le monde l'évitait à cause de sa grossièreté.

ОТТЕ́НОК nuance. *Ра́зные отте́нки кра́сного цве́та*, diverses nuances de rouge. *С отте́нком иро́нии*, avec une nuance d'ironie.

О́ТТЕПЕЛЬ *f*. dégel. *Была́ о́ттепель*, c'était le dégel.

ОТТОГО́ *adv*. de ce fait. *Он простуди́лся на ры́бной ло́вле, оттого́ и заболе́л*, il a pris froid à la pêche et c'est ainsi qu'il est tombé malade. ● **Оттого́, что,** du fait que. *Ей бы́ло гру́стно оттого́, что она́ ни от кого́ не получа́ла пи́сем*, elle était triste parce qu'elle ne recevait aucune lettre.

/ ОТТОЛКНУ́ТЬ v. отта́лкивать.

ОТТУ́ДА *adv*. de là-bas. *Вернётся ли он отту́да?*, En reviendra-t-il ?

Remarque. « Отту́да » est accentué sur l'avant-dernière syllabe, alors que « туда́ », qui entre dans sa composition, est accentué sur la dernière.

ОТХОДИ́ТЬ ⟍___ **/ ОТОЙТИ́*** IV, отойду́, отойдёшь...; отошёл, отошла́...; отойдя́ s'éloigner, s'en aller. *По́езд отхо́дит че́рез два́дцать мину́т*, le train part dans vingt minutes. *Он отошёл в сто́рону*, il s'en alla à l'écart. *Отойти́ от те́мы*, s'écarter du sujet.

ОТЦО́ВСКИЙ paternel. *Отцо́вский дом*, la maison paternelle. *Отцо́вские чу́вства*, des sentiments paternels.

ОТЧА́ИВАТЬСЯ / ОТЧА́ЯТЬСЯ* II, отча́юсь, отча́ешься... (+ *inf*., *ou* в + *loc*.) désespérer.

ОТЧА́СТИ *adv*. en partie. *Э́то оправда́лось то́лько отча́сти*, cela ne s'est réalisé qu'en partie.

ОТЧА́ЯНИЕ désespoir. *Быть в отча́янии*, être au désespoir.

ОТЧА́ЯННЫЙ **1.** désespéré (*sans issue*). *Отча́янное положе́ние*, une situation désespérée. **2.** téméraire. *Челове́к он отча́янный*, il n'a peur de rien. **3.** acharné. *Отча́янный игро́к*, un joueur enragé. *Отча́янное сопротивле́ние*, une résistance acharnée.

/ **ОТЧА́ЯТЬСЯ** v. отча́иваться.

ОТЧЕГО́ 1. *adv.* pourquoi. *Отчего́ же он тако́й гру́стный?*, Pourquoi est-il donc si triste ? « *Не хо́чешь? — Нет, отчего́ же?* », « Tu ne veux pas ? — Si, pourquoi pas ? » **2.** *conj.* pourquoi. *Я не зна́ю, отчего́ мне так гру́стно*, je ne sais pas pourquoi je suis si triste. **3.** (*livresque*) et c'est pourquoi. *У него́ была́ чёрная борода́, отчего́ его́ лицо́ каза́лось угрю́мым*, il avait une barbe noire, ce qui donnait à son visage un aspect sévère.

О́ТЧЕСТВО patronyme. « *Как ва́ше и́мя-о́тчество? — Ива́н Петро́вич* », « Comment vous appelez-vous ? — Ivan Petrovitch. »

> Remarque. Le patronyme est formé sur le prénom du père. On utilise : — au masculin, les suffixes « ович », « евич » et quelquefois « ич » ; — au féminin, « овна », « евна » et quelquefois « ична ».
> L'emploi du prénom suivi du patronyme est la formule de politesse généralement utilisée à l'égard des personnes que l'on connaît lorsqu'on ne peut pas se permettre la familiarité de les appeler simplement par leur prénom.

ОТЧЁТ compte rendu, rapport. *Предста́вить фина́нсовый отчёт*, présenter un compte rendu financier. ● **Дава́ть себе́ отчёт в чём-нибудь,** se rendre compte de qqch.

ОТЧЁТЛИВЫЙ distinct. *Отчётливое произноше́ние*, une prononciation distincte.

ОТЧИ́ЗНА (*arch. ou poét.*) patrie.

/ **ОТШЛИФОВА́ТЬ** v. шлифова́ть.

ОТЪЕ́ЗД départ (*autrement qu'à pied*). *Пе́ред отъе́здом в Ленингра́д*, avant mon départ pour Leningrad.

/ **ОТЫСКА́ТЬ** v. оты́скивать.

ОТЫ́СКИВАТЬ chercher / **ОТЫСКА́ТЬ*** II, отыщу́, оты́щешь... ⟍___ trouver. *До́лго оты́скивал его́ а́дрес и наконе́ц отыска́л*, j'ai longtemps cherché son adresse et je l'ai enfin trouvée.

ОФИЦИА́НТ garçon (*de café...*).

ОФИЦИА́НТКА serveuse.

/ **ОФО́РМИТЬ** v. оформля́ть.

ОФОРМЛЯ́ТЬ / **ОФО́РМИТЬ** **1.** donner une forme, une présentation. *Офо́рмить спекта́кль*, assurer la mise en scène d'un spectacle. **2.** mettre en règle. *Офо́рмить докуме́нт*, faire les formalités nécessaires pour la validation d'un document. *Офо́рмиться на рабо́ту*, obtenir sa nomination à un poste.

О́ХАТЬ / **О́ХНУТЬ** gémir, crier « oh ».

/ **ОХВАТИ́ТЬ** v. охва́тывать.

ОХВА́ТЫВАТЬ / **ОХВАТИ́ТЬ** ⟍___ embrasser, saisir. *Он охвати́л меня́ рука́ми*, il m'a pris dans ses bras. *Весь дом был охва́чен огнём*, la maison tout entière était la proie des flammes. *Меня́ охвати́ло чу́вство жа́лости*, je fus pris d'un sentiment de pitié.

/ **ОХЛАДИ́ТЬ** v. охлажда́ть.

ОХЛАЖДА́ТЬ / **ОХЛАДИ́ТЬ,** *part.* охлаждённый* refroidir. *Охлади́ть во́ду*, faire refroidir l'eau. // (*Fig.*) *Э́то призна́ние меня́ охлади́ло*, cet aveu a refroidi mon ardeur.

/ **О́ХНУТЬ** v. о́хать.

I. ОХО́ТА chasse. *Ходи́ть на охо́ту*, aller à la chasse. *Охо́та на медве́дя*, la chasse à l'ours.

II. ОХО́ТА envie. *У него́ пропа́ла охо́та дразни́ть соба́ку*, cela lui a fait passer l'envie de taquiner le chien. *По свое́й охо́те*, sans y être forcé. ● **Охо́та пу́ще нево́ли,** on fait mieux ce qu'on fait de son plein gré.

I. ОХО́ТНИК chasseur. « *Запи́ски охо́тника* » *Турге́нева*, « les Récits d'un chasseur » de Tourgueniev.

II. ОХО́ТНИК amateur. *Он до э́того не охо́тник*, ce n'est pas le genre de choses qu'il aime.

ОХО́ТНИЧИЙ *adj. d'appart.* de chasse. *Охо́тничье ружьё*, un fusil de chasse. *Охо́тничья соба́ка*, un chien de chasse.

ОХО́ТНО *adv.* volontiers. *Он охо́тно согласи́лся*, il accepta volontiers.

ОХРА́НА **1.** protection. *Охра́на труда́*, la protection du travail. *Охра́на поря́дка*, le maintien de l'ordre. **2.** service de défense. *Пограни́чная охра́на*, troupes frontalières.

/ **ОХРАНИ́ТЬ** v. охраня́ть.

ОХРАНЯ́ТЬ / ОХРАНИ́ТЬ garder, défendre. *Охрани́ть зда́ние*, assurer la garde d'un bâtiment.

/ **ОХРИ́ПНУТЬ** v. хри́пнуть.

/ **ОЦАРА́ПАТЬ** v. цара́пать.

ОЦЕ́НИВАТЬ / ОЦЕНИ́ТЬ ╲— *part.* оценённый **1.** apprécier, évaluer. *Карти́ну оцени́ли в ты́сячу рубле́й*, le tableau a été évalué à mille roubles. **2.** apprécier, estimer. *Оцени́ть по досто́инству*, apprécier à sa juste valeur.

/ **ОЦЕНИ́ТЬ** v. оце́нивать et цени́ть.

ОЧА́Г ╱— — foyer (*divers sens*). *Ого́нь го́рел в очаге́*, le feu brûlait dans l'âtre. *У него́ не́ было своего́ дома́шнего очага́* (*livresque*), il n'avait pas de foyer. *Оча́г зара́зы*, un foyer de contagion.

ОЧАРОВА́НИЕ enchantement, charme. *Они́ потеря́ли для меня́ всё очарова́ние*, ils ont perdu pour moi tout leur charme.

ОЧАРОВА́ТЕЛЬНЫЙ ravissant, charmant. *Очарова́тельная же́нщина*, une femme charmante.

/ **ОЧАРОВА́ТЬ** v. очаро́вывать.

ОЧАРО́ВЫВАТЬ / ОЧАРОВА́ТЬ charmer. *Она́ меня́ очарова́ла*, j'ai été séduit par son charme.

ОЧЕВИ́ДНО *adv.* évidemment. *Он, очеви́дно, оши́бся*, il est évident qu'il s'est trompé.

ОЧЕВИ́ДНЫЙ évident. *Очеви́дный факт*, un fait évident. *Очеви́дное недоразуме́ние*, un malentendu évident.

> REMARQUE. En ce qui concerne l'emploi de la forme adverbiale « очеви́дно », voir ce mot.

ОЧЕЙ... v. о́ко.

О́ЧЕНЬ *adv.* **1.** très. *О́чень большо́й*, très grand. *О́чень бы́стро*, très vite. *Я о́чень уста́л*, je suis très fatigué. **2.** beaucoup (*exprimant l'intensité*). *Я его́ о́чень люблю́*, je l'aime beaucoup. ● **Не о́чень,** pas tellement. « *Ты э́то лю́бишь? — Нет, не о́чень* », « Tu aimes ça ? — Non, pas tellement. » **О́чень мно́го,** beaucoup (*exprimant la quantité*). *О́чень мно́го забо́т*, beaucoup de soucis. *Я о́чень мно́го чита́ю*, je lis beaucoup.

ОЧЕРЕДНО́Й dont le tour est arrivé. *Очередно́й вопро́с*, la question à l'ordre du jour. *Очередно́й но́мер журна́ла*, le dernier numéro de la revue.

О́ЧЕРЕДЬ —╱— *f.* **1.** tour (*ordre de succession*). *О́чередь за ва́ми*, C'est votre tour. *Ка́ждый в свою́ о́чередь*, chacun à son tour. *Пропусти́ть свою́ о́чередь*, laisser passer son tour. **2.** queue (*file de personnes qui attendent*). *Стоя́ть в о́череди*, faire la queue. *Стать в о́чередь*, prendre la file. **3.** rafale. *Пулемётная о́чередь*, une rafale de mitrailleuse.

О́ЧЕРК essai (*littéraire*). *О́черк по ру́сской исто́рии*, étude sur l'histoire de la Russie.

ОЧЕРТА́НИЕ contour, configuration. *Вдали́ показа́лись очерта́ния крепостны́х ба́шен*, au loin apparurent les silhouettes des tours fortifiées.

ОЧЕРТЯ́ *gérondif perfectif*

● **Очертя́ го́лову,** sans réfléchir. *Бро́ситься вперёд очертя́ го́лову*, se jeter en avant tête baissée.

О́ЧИ... v. о́ко.

/ **ОЧИНИ́ТЬ** v. чини́ть.

/ **ОЧИ́СТИТЬ** v. очища́ть et чи́стить.

ОЧИЩА́ТЬ / ОЧИ́СТИТЬ **1.** nettoyer. *Очи́стить двор*, nettoyer la cour. *Очи́стить газ*, purifier un gaz. **2.** peler; écailler. *Очи́стить карто́фель*, peler des pommes de terre. *Очи́стить ры́бу*, écailler le poisson. **3.** vider (*manger ou boire le contenu*). *Очи́стить блю́до*, vider un plat.

ОЧКИ́, очко́в, очка́м *pl. t.* lunettes. *Наде́ть очки́*, mettre ses lunettes.

/ **ОЧНУ́ТЬСЯ** revenir à soi. *Когда́ он очну́лся, бы́ло уже́ темно́*, quand il revint à lui, il faisait déjà sombre. *Очну́ться от испу́га*, se remettre de sa frayeur.

/ **ОЧУТИ́ТЬСЯ** se trouver brusquement. *Я очути́лся в воде́ по ше́ю*, je me suis retrouvé dans l'eau jusqu'au cou.

> REMARQUE. Au futur, la première personne du singulier est inusitée, les autres formes marquent un recul d'accent par rapport à l'infinitif : очу́тишься, очу́тится...

/ **ОШЕЛОМИ́ТЬ** v. ошеломля́ть.

ОШЕЛОМЛЯ́ТЬ / ОШЕЛОМИ́ТЬ **1.** étourdir. *Он был ошеломлён уда́ром*, il fut étourdi par le coup. **2.** (*fig.*) abasourdir, stupéfier. *Все бы́ли ошеломлены́ э́тим неожи́данным происше́ствием*, tous étaient abasourdis par cet incident inattendu.

ОШИБА́ТЬСЯ / ОШИБИ́ТЬСЯ* IV, ошибу́сь, ошибёшься...; оши́бся, оши́блась... se tromper. *Е́сли не ошиба́юсь*, si je ne m'abuse. *Она́ оши́блась этажо́м*, elle s'est trompée d'étage. *Я оши́бся в вычисле́нии*, je me suis trompé dans mes calculs (*propr.*). *Мы в ней оши́блись*, nous nous sommes fait des illusions à son sujet.

/ **ОШИБИ́ТЬСЯ** v. ошиба́ться.

ОШИ́БКА erreur, faute. *Сде́лать орфографи́ческую оши́бку*, faire une faute d'orthographe. *Испра́вить оши́бки*, corriger les fautes. *Созна́ть свою́ оши́бку*, reconnaître son erreur. *Сде́лать что́-нибудь по оши́бке*, faire qqch. par erreur.

/ **ОШТРАФОВА́ТЬ** v. штрафова́ть.

/ **ОЩИПА́ТЬ** v. щипа́ть.

О́ЩУПЬ *f.* ● **На о́щупь,** au toucher. *Прия́тный на о́щупь*, agréable au toucher.

О́ЩУПЬЮ *adv.* à tâtons. *О́щупью найти́ свою́ доро́гу*, trouver son chemin à tâtons.

/ **ОЩУТИ́ТЬ** v. ощуща́ть.

ОЩУЩА́ТЬ / ОЩУТИ́ТЬ (т → щ) **1.** sentir, percevoir. *Не ощуща́ть хо́лода*, ne pas sentir le froid. **2.** ressentir, éprouver. *Ощуща́ть большу́ю ра́дость*, éprouver une grande joie.

ОЩУЩЕ́НИЕ **1.** sensation. *Ощуще́ние бо́ли*, une sensation de douleur. **2.** sentiment. *Ра́достное ощуще́ние*, un sentiment de joie.

П

ПАВЛИ́Н paon.

ПА́ГУБНЫЙ nuisible, funeste. *Па́губное влия́ние*, une influence funeste.

ПА́ДАЛЬ *f.* charogne(s).

> **ПА́ДАТЬ / УПА́СТЬ*** IV, упаду́, упадёшь...; упа́л, упа́ла..., *ou* **ПАСТЬ*** IV (*id.*) *et, quelquefois*, **СПАСТЬ*** IV (*id.*) *ou* **ВЫ́ПАСТЬ*** IV, вы́падет, вы́падут; вы́пал, вы́пала...
> **1.** tomber (*emploi courant; pf.* упа́сть).
> **2.** tomber (*emploi livresque; pf.* пасть).
> **3.** tomber (*précipitations atmosphériques; pf.* вы́пасть).
> **4.** tomber (*en parlant de la chute des cheveux; pf.* вы́пасть).
> **5.** baisser; tomber (*baromètre, prix...; température; pf.* упасть).
> **6.** baisser (*en parlant du niveau d'un fleuve; pf.* спасть).
> **7.** mourir, crever (*en parlant des animaux; pf.* пасть).
> ● Expressions diverses (*pf.* упа́сть).

1. *Кни́га упа́ла на́ пол*, le livre est tombé par terre. *Ма́ша упа́ла с велосипе́да*, Macha est tombée de bicyclette. *Па́дать от уста́лости*, tomber de fatigue. *Во́лосы па́дают ему́ на́ лоб*, les cheveux lui tombent sur le front. *Ударе́ние па́дает на после́дний слог*, l'accent tombe sur la finale. **2.** *Подозре́ния па́ли на него́*, les soupçons sont tombés sur lui. *Жре́бий пал на меня́*, le sort tomba sur moi. **3.** *Дождь переста́л па́дать*, la pluie s'est arrêtée de tomber. **4.** *Во́лосы у него́ па́дают*, il perd ses cheveux. **5.** *Баро́метр па́дает*, le baromètre baisse. *Температу́ра упа́ла*, la température a baissé. *Це́ны па́дают*, les prix baissent. **6.** *Вода́ па́дает*, l'eau baisse. **7.** *Бу́рая коро́ва па́ла*, la vache brune est morte. ● **Па́дать в о́бморок,** s'évanouir. **Па́дать ду́хом,** perdre courage.

ПАДЁЖ cas (*gramm.*). ● **Вини́тельный падёж,** accusatif. **Да́тельный падёж,** datif. **Имени́тельный падёж,** nominatif. **Предло́жный падёж,** locatif. **Роди́тельный падёж,** génitif. **Твори́тельный падёж,** instrumental.

ПАДЕ́НИЕ chute (*propr. et fig.*). *Паде́ние цен*, la chute des prix.

ПА́ДКИЙ (до + *gén. ou* на + *acc.*) enclin à, avide de. *Медве́дь па́док на мёд*, les ours sont très gourmands de miel.

ПАЁК, пайка́... ration. *Ме́сячный паёк*, la ration mensuelle.

ПА́ЗУХА espace situé entre la poitrine et les vêtements, et qui tenait souvent lieu de poche.

ПА́КОСТЬ *f.* **1.** (*fam.*) mauvais tour. *Де́лать па́кости*, jouer des tours de cochon. **2.** (*pl. seulement*) propos inqualifiables. *Говори́ть па́кости*, dire des horreurs. **3.** saleté. *Вы́брось э́ту па́кость*, Jette cette saleté.

ПАЛ, ПА́ЛА... v. пасть.

ПАЛА́ТА 1. palais. *Грано́витая пала́та*, le Palais à facettes. *Ору́жейная пала́та*, le Palais des armures. // (*Au pl. seulement; archaïque*) *Кня́жеские пала́ты*, le palais du prince. **2.** chambre (*lieu où se réunissent certaines assemblées, certains corps professionnels*). *Пала́та депута́тов*, la Chambre des députés. *Пала́та ло́рдов*, la Chambre des lords. *Пала́та о́бщин*, la Chambre des communes. *Торго́вая пала́та*, la chambre de commerce. **3.** salle d'hôpital. ● **У него́ ума́ пала́та,** il est remarquablement intelligent.

ПАЛА́ТКА tente. *Разби́ть пала́тку*, monter une tente. *Жить в пала́тке*, vivre sous la tente.

ПАЛА́Ч bourreau.

ПА́ЛЕЦ doigt. *Большо́й па́лец*, le pouce. *Указа́тельный па́лец*, l'index. • **Па́лец о па́лец не уда́рить,** ne pas lever le petit doigt. **Смотре́ть на что́-нибудь сквозь па́льцы,** fermer les yeux sur qqch.

ПА́ЛКА 1. bâton. *Дли́нная па́лка*, un grand bâton. 2. canne. *Опира́ться на па́лку*, s'appuyer sur sa canne. • **Вставля́ть па́лки в колёса,** mettre des bâtons dans les roues. **Па́лка о двух конца́х,** c'est une arme à double tranchant.

ПА́ЛОЧКА 1. baguette. *Дирижёрская па́лочка*, baguette de chef d'orchestre. *Волше́бная па́лочка*, baguette magique. 2. bacille. *Па́лочка Ко́ха*, le bacille de Koch.

ПА́ЛУБА pont (*d'un navire*).

ПАЛЬТО́* *indécl. n.* pardessus, manteau. *Мехово́е пальто́*, un manteau de fourrure.

ПА́МЯТНИК monument. *Па́мятник Маяко́вскому*, le monument de Maïakovski. *Истори́ческий па́мятник*, un monument historique.

> Remarque. « Па́мятник Медве́деву (*dat.*) » signifie « un monument à la mémoire de Medviedev »; « па́мятник Медве́дева (*gén.*) » signifie « un monument érigé par Medviedev ».

ПА́МЯТНЫЙ 1. mémorable. *Па́мятный день*, une journée mémorable. 2. aide-mémoire. *Па́мятная кни́жка*, carnet (*agenda*).

ПА́МЯТЬ *f.* 1. mémoire (*faculté de se souvenir*). *У него́ хоро́шая па́мять*, il a une bonne mémoire. *Е́сли па́мять мне не изменя́ет*, si j'ai bonne mémoire. *Расска́зывать на па́мять*, raconter de mémoire. 2. mémoire, souvenir. *Подари́ть что́-нибудь на па́мять*, offrir qqch. en souvenir. • **Без па́мяти** 1. sans connaissance. *Она́ лежа́ла без па́мяти*, elle était étendue sans connaissance. 2. (*fam.*) à la folie. *Люби́ть без па́мяти*, aimer à la folie. 3. (*fam.*) follement épris. *Она́ от него́ без па́мяти*, elle l'aime à la folie.

I. ПА́ПА papa.

II. ПА́ПА (*le plus souvent accompagné de l'adjectif* « ри́мский ») pape.

ПА́ПЕРТЬ *f.* parvis.

ПАПИРО́СА cigarette (*à bout cartonné*). *Па́чка папиро́с*, un paquet de cigarettes. *Кури́ть папиро́су*, fumer une cigarette.

ПА́ПОРОТНИК fougère.

ПАР*, *loc.* пару́ vapeur. *Конденса́ция па́ра*, la condensation de la vapeur. • **На всех пара́х,** à toute vapeur.

> Remarque. Il ne faut pas confondre l'instrumental « па́ром » avec le nominatif du substantif « паро́м » (voir ce mot).

ПА́РА 1. paire. *Па́ра чуло́к*, une paire de bas. *Па́ра но́жниц*, une paire de ciseaux. 2. couple. *Влюблённая па́ра*, un couple d'amoureux. 3. (*fam.*) quelques. *Па́ра слов*, quelques mots. *На па́ру дней*, pour quelques jours. • **Два сапога́ — па́ра,** les deux font la paire.

ПАРАЛИ́Ч paralysie. *Её разби́л парали́ч*, elle a été frappée de paralysie.

ПА́РЕНЬ *m.* gars, garçon. *Он па́рень хоро́ший*, c'est un brave garçon.

ПАРИ́К perruque. *Носи́ть пари́к*, porter une perruque.

ПАРИКМА́ХЕР coiffeur.

ПАРИКМА́ХЕРСКАЯ *adj. subst. f.* salon de coiffure. *Идти́ в парикма́херскую*, aller chez le coiffeur.

ПАРОВО́З locomotive (*à vapeur*).

ПАРО́ЛЬ *m.* mot d'ordre. *Спра́шивать паро́ль*, demander le mot d'ordre.

ПАРО́М bac. *Переплы́ть реку́ на паро́ме*, traverser le fleuve dans le bac.

ПАРОХО́Д bateau à vapeur. *Пое́хать в США на парохо́де*, aller aux États-Unis par le bateau.

ПА́РТА pupitre (*d'écolier*). *Ученики́ сиде́ли за па́ртами*, les élèves étaient assis à leurs places.

ПАРТБИЛЕ́Т carte de membre du parti communiste.

ПАРТБЮРО́ bureau du parti communiste.

ПАРТИ́ЙНЫЙ **1.** du parti communiste. *Парти́йное собра́ние*, une réunion du parti communiste. *Парти́йные директи́вы*, les directives du parti. **2.** *subst.* membre du parti communiste.

ПА́РТИЯ
1. parti communiste.
2. parti (*politique*).
3. groupe.
4. lot (*de marchandises*).
5. partie (*jeu*).
6. (*mus.*) rôle (*dans un opéra*); partie (*pour instrument*...).

1. *Член па́ртии*, un membre du parti communiste. **2.** *Либера́льная па́ртия*, le parti libéral. **3.** *Па́ртия путеше́ственников*, un groupe de touristes. **4.** *Полу́чена па́ртия га́лстуков*, on a reçu un lot de cravates. *Ожида́ется но́вая па́ртия*, on attend un nouvel arrivage. **5.** *Па́ртия в ша́хматы*, une partie d'échecs. **6.** *Па́ртия Шу́йского в о́пере « Бори́с Годуно́в »*, le rôle de Chouïski dans l'opéra « Boris Godounov ».

ПА́РУС*, *nom. pl.* паруса́ ‿ ‾ voile (*d'un bateau*). *Ло́дка с паруса́ми*, un bateau à voiles. *Поста́вить паруса́* ou *подня́ть паруса́*, mettre les voiles. *Убра́ть паруса́*, amener les voiles.

ПАС, ПАСЛА́... v. пасти́.

ПА́СМУРНЫЙ **1.** sombre (*en parlant du temps*). *Па́смурная пого́да*, un temps sombre. *Бы́ло па́смурно*, il faisait sombre. **2.** (*fig.*) sombre, morose. *Па́смурный вид*, un air sombre.

ПА́СПОРТ*, *nom. pl.* паспорта́ ‿ ‾ **1.** carte d'identité. *Предъяви́ть па́спорт*, présenter sa carte d'identité. **2.** (*souvent accompagné de l'adjectif* « заграни́чный ») passeport. *Ваш па́спорт просро́чен*, Votre passeport est périmé.

ПАССАЖИ́Р voyageur, passager.

ПА́СТБИЩЕ pâturage. *Го́рные па́стбища*, pâturages de montagne.

ПАСТИ́* IV, пасу́, пасёшь...; пас, пасла́... ⁄‾ faire paître, garder. *Пасти́ коро́в*, garder les vaches.

ПАСТИ́СЬ* IV, пасётся, пасу́тся; па́сся, пасла́сь... ⁄‾ paître. *За реко́й пасли́сь коро́вы*, de l'autre côté de la rivière, des vaches étaient en train de paître.

ПАСТУ́Х ⁄‾ ‾ berger. *Пасту́х шёл за ста́дом*, le berger suivait son troupeau.

I. / ПАСТЬ* IV, паду́, падёшь...; пал, па́ла... **1.** v. па́дать. **2.** tomber (*au champ d'honneur*). *Он пал на по́ле сраже́ния*, il est tombé au champ d'honneur. **3.** tomber (*en parlant d'une place forte*). *Кре́пость па́ла по́сле двухме́сячной оса́ды*, la forteresse tomba après deux mois de siège.

II. ПАСТЬ *f.* gueule. *Медве́дь широко́ раскры́л пасть*, l'ours ouvrit largement sa gueule.

ПА́СХА la pâque, Pâques. *Пра́здновать па́сху*, fêter Pâques *ou* fêter la pâque. *На па́сху*, le jour de Pâques.

REMARQUE. Depuis la réforme orthographique de 1917, le mot « пасха » ne prend une majuscule que dans les textes de caractère religieux.

ПАТРО́Н cartouche.

ПАУ́К ⁄‾ ‾ araignée. • **Водяно́й пау́к,** araignée d'eau.

ПАУТИ́НА toile d'araignée.

ПАХА́ТЬ* II, пашу́, па́шешь... ⌣ / **ВСПАХА́ТЬ*** II (*id.*) labourer. *Паха́ть по́ле*, labourer un champ. *Паха́ть тра́ктором*, labourer avec un tracteur.

ПА́ХНУТЬ* III / **ЗАПА́ХНУТЬ*** III sentir (*répandre une odeur*). *Па́хнет смоло́й*, ça sent la résine. *Па́хнет весно́й*, on sent l'approche du printemps. *Де́ньги не па́хнут*, l'argent n'a pas d'odeur.

ПА́ЧКА 1. paquet. *Па́чка папиро́с*, un paquet de cigarettes. **2.** liasse. *Па́чка газе́т*, une liasse de journaux.

ПА́ЧКАТЬ / ЗАПА́ЧКАТЬ, ИСПА́ЧКАТЬ *et* **НАПА́ЧКАТЬ** salir, tacher. *Испа́чкать пла́тье*, salir sa robe. *Испа́чкать ру́ки черни́лами*, se mettre plein d'encre sur les doigts.

ПА́ШЕТ, ПА́ШУТ... v. паха́ть.

ПАШТЕ́Т pâté (*charcuterie*). *Пече́ночный паште́т*, pâté de foie.

ПА́ЮСНЫЙ • **Па́юсная икра́,** caviar compact.

ПАЯ́ТЬ / СПАЯ́ТЬ souder.

ПЕВЕ́Ц chanteur. *О́перный певе́ц*, un chanteur d'opéra.

ПЕВИ́ЦА cantatrice.

ПЕЛЕНА́, *gén. pl.* пелён ⌣ rideau, voile (*fig.*). *Густа́я пелена́ тума́на*, un épais rideau de brouillard.

ПЕЛЬМЕ́НЬ *m.* oreillette farcie de viande, « pelmène ».

ПЕ́НА écume, mousse. *Мы́льная пе́на*, de la mousse de savon.

ПЕ́НИЕ chant. *Пе́ние соловья́*, le chant du rossignol. *Пе́ние петуха́*, le cri du coq. *Учи́тель пе́ния*, professeur de chant.

ПЕ́НКА peau (*du lait*). *Снять пе́нку с молока́*, enlever la peau du lait.

ПЕ́НСИЯ pension de retraite. *Вы́йти на пе́нсию*, prendre sa retraite. *Он уже́ давно́ на пе́нсии*, il y a longtemps qu'il est à la retraite.

ПЕНЬ *m.* souche (*d'arbre*). • **Стоя́ть как пень,** rester là comme une souche.

ПЕНЯ́ТЬ (на + *acc.*) s'en prendre à. *Пеня́й на себя́*, Tu n'as qu'à t'en prendre à toi-même.

ПЕ́ПЕЛ cendre. *Стряхну́ть пе́пел с папиро́сы*, secouer la cendre d'une cigarette. *Обрати́ть в пе́пел*, réduire en cendres.

ПЕ́ПЕЛЬНИЦА cendrier (*pour fumeurs*). *Стряхну́ть пе́пел в пе́пельницу*, faire tomber la cendre dans le cendrier.

ПЕРВЕ́ЙШИЙ (*fam.*) de premier ordre. *Това́р перве́йшего со́рта*, une marchandise de toute première qualité.

ПЕ́РВЕНСТВО première place (*dans une compétition*). *Завоева́ть пе́рвенство по футбо́лу*, remporter le championnat de football.

ПЕРВОБЫ́ТНЫЙ primitif. *Первобы́тный челове́к*, homme primitif. *Первобы́тные племена́*, des tribus primitives.

ПЕРВОКЛА́ССНЫЙ de premier ordre. *Первокла́ссный худо́жник*, un peintre de premier ordre. *Первокла́ссное обору́дование*, du matériel de toute première qualité.

ПЕРВОМА́ЙСКИЙ du Ier-Mai. *Первома́йский пара́д*, le défilé du Ier-Mai.

ПЕРВОНАЧА́ЛЬНЫЙ initial, primitif. *Первонача́льный прое́кт*, le projet primitif.

ПЕРВОСТЕПЕ́ННЫЙ, первостепе́нен, первостепе́нна... primordial. *Де́ло первостепе́нной ва́жности*, une affaire d'importance primordiale.

ПЕ́РВЫЙ 1. premier. *Пе́рвый том*, le premier volume. *На пе́рвом этаже́*, au rez-de-chaussée. *Пе́рвое впечатле́ние*, la première impression. *Он прие́хал 1-го февраля́*, il est arrivé le Ier février. *В пе́рвый раз*, pour la première fois. *При пе́рвой воз-*

мо́жности ou *при пе́рвом слу́чае*, à la première occasion. *С пе́рвого взгля́да*, au premier coup d'œil. **2. ПЕ́РВОЕ** *subst. n.* le premier plat. *Что у нас на пе́рвое?*, Par quoi allons-nous commencer ?

ПЕРЕБЕГА́ТЬ / ПЕРЕБЕЖА́ТЬ* *n. cl.*, перебегу́, перебежи́шь..., перебегу́т; перебеги́ traverser en courant. *Перебежа́ть че́рез у́лицу*, traverser la rue. *Перебежа́ть мост*, passer le pont. *Перебежа́ть к неприя́телю*, passer à l'ennemi.

/ **ПЕРЕБЕЖА́ТЬ** v. перебега́ть.

ПЕРЕБИВА́ТЬ / ПЕРЕБИ́ТЬ* II, перебью́, перебьёшь...; перебе́й; переби́тый **1.** massacrer, tuer en quantité. *Они́ переби́ли всех офице́ров*, ils massacrèrent tous les officiers. **2.** casser en quantité. *Переби́ть все таре́лки*, casser toutes les assiettes. **3.** interrompre. *Переби́ть собесе́дника*, interrompre son interlocuteur.

ПЕРЕБИВА́ТЬСЯ / ПЕРЕБИ́ТЬСЯ* II, перебью́сь, перебьёшься... **1.** v. перебива́ть. **2.** tirer le diable par la queue. *С трудо́м перебива́ться*, avoir de la peine à joindre les deux bouts.

ПЕРЕБИРА́ТЬ / ПЕРЕБРА́ТЬ* IV, переберу́, переберёшь...; перебра́л, перебрала́, перебра́ло, перебра́ли **1.** trier, passer en revue. *Перебира́ть горо́х*, trier des pois cassés. *Перебра́ть ста́рые пи́сьма*, trier d'anciennes lettres. *Перебра́ть в па́мяти собы́тия после́дних неде́ль*, se remémorer les événements des dernières semaines. **2.** toucher légèrement les uns après les autres. *Перебира́ть кла́виши роя́ля*, pianoter. *Перебира́ть стру́ны гита́ры*, pincer les cordes d'une guitare.

ПЕРЕБИРА́ТЬСЯ / ПЕРЕБРА́ТЬСЯ* IV, переберу́сь, переберёшься...; перебра́лся, перебрала́сь... (*fam.*) **1.** traverser (*avec peine*). *Перебра́ться че́рез овра́г*, franchir un ravin. **2.** changer de résidence. *Перебра́ться на но́вую кварти́ру*, changer d'appartement.

/ **ПЕРЕБИ́ТЬ** v. перебива́ть.

/ **ПЕРЕБИ́ТЬСЯ** v. перебива́ться.

/ **ПЕРЕБОРО́ТЬ*** II, переборю́, перебо́решь... **1.** surmonter. *Переборо́ть страх*, surmonter la peur. **2.** (*fam.*) battre, vaincre. *Переборо́ть проти́вника*, battre son adversaire.

/ **ПЕРЕБРА́ТЬ** v. перебира́ть.

/ **ПЕРЕБРА́ТЬСЯ** v. перебира́ться.

ПЕРЕВА́Л col (*en montagne*).

/ **ПЕРЕВЕЗТИ́** v. перевози́ть.

/ **ПЕРЕВЕРНУ́ТЬ** v. перевёртывать.

/ **ПЕРЕВЕРНУ́ТЬСЯ** v. перевёртываться.

ПЕРЕВЁРТЫВАТЬ / ПЕРЕВЕРНУ́ТЬ, *part.* перевёрнутый **1.** tourner. *Переверну́ть страни́цу*, tourner une page. **2.** retourner, renverser. *Переверну́ть всё вверх дном*, mettre tout sens dessus dessous.

ПЕРЕВЁРТЫВАТЬСЯ / ПЕРЕВЕРНУ́ТЬСЯ 1. se tourner. *Он переверну́лся на друго́й бок и засну́л*, il se retourna de l'autre côté et s'endormit. **2.** se renverser. *Ло́дка переверну́лась вверх дном*, la barque s'est renversée.

ПЕРЕВЕ́С supériorité, avantage. *Чи́сленный переве́с*, supériorité numérique.

/ **ПЕРЕВЕСТИ́** v. переводи́ть.

ПЕРЕВО́Д 1. traduction. *Досло́вный перево́д*, une traduction mot à mot. *Чита́ть Достое́вского в перево́де*, lire Dostoïevski dans la traduction. **2.** mandat. *Перево́д на сто рубле́й*, un mandat de cent roubles.

ПЕРЕВОДИ́ТЬ / ПЕРЕВЕСТИ́* IV, переведу́, переведёшь...; перевёл, перевела́... ; переведя́; переведённый **1.** traduire. *Перевести́ с францу́зского языка́ на ру́сский*, traduire de français en russe. **2.** transférer, envoyer. *Полк перевели́ в друго́й го́род*, le régiment a été transféré dans une autre ville. *Перевести́ де́ньги по по́чте*, envoyer de l'argent par la poste. ● **Перевести́ дух** *ou* **перевести́ дыха́ние,** reprendre son souffle.

ПЕРЕВО́ДЧИК traducteur, interprète. *Рабо́тать перево́дчиком*, travailler comme interprète. *Перево́дчик Пу́шкина*, le traducteur de Pouchkine. *Электро́нный перево́дчик*, une machine à traduire.

ПЕРЕВОЗИ́ТЬ ╲__ / **ПЕРЕВЕЗТИ́*** IV, перевезу́, перевезёшь...; перевёз, перевезла́... ╱‾‾ ; перевезя́; перевезённый transporter. *Все я́щики перевезли́ на друго́й бе́рег*, on transporta toutes les caisses sur l'autre rive.

ПЕРЕВОРА́ЧИВАТЬ synonyme de « перевёртывать ».

ПЕРЕВОРО́Т changement radical. *Госуда́рственный переворо́т*, coup d'État. *Переворо́т в нау́ке*, une révolution dans la science.

/ **ПЕРЕВЫ́ПОЛНИТЬ** v. перевыполня́ть.

ПЕРЕВЫПОЛНЯ́ТЬ / **ПЕРЕВЫ́ПОЛНИТЬ** exécuter au-delà des prévisions. *Перевы́полнить план на 102 %*, exécuter le plan à 102 %.

/ **ПЕРЕВЯЗА́ТЬ** v. перевя́зывать.

ПЕРЕВЯ́ЗКА pansement, bandage. *Ему́ сде́лали перевя́зку*, on lui a fait un pansement.

ПЕРЕВЯ́ЗЫВАТЬ / **ПЕРЕВЯЗА́ТЬ*** II, перевяжу́, перевя́жешь... ╲__ panser, bander. *Перевяза́ть ра́ну*, panser une blessure. *Перевяза́ть ра́неного*, panser un blessé.

ПЕРЕГЛЯ́ДЫВАТЬСЯ / **ПЕРЕГЛЯНУ́ТЬСЯ** ╲__ échanger des coups d'œil. *Они́ вопроси́тельно перегля́дывались*, ils échangeaient des coups d'œil interrogateurs.

/ **ПЕРЕГЛЯНУ́ТЬСЯ** v. перегля́дываться.

/ **ПЕРЕГНА́ТЬ** v. перегоня́ть.

ПЕРЕГОВО́РЫ, перегово́ров, перегово́рам... *pl. t.* pourparlers, négociations. *Ми́рные перегово́ры*, des pourparlers de paix. *Вести́ дипломати́ческие перегово́ры*, mener des négociations diplomatiques.

ПЕРЕГОНЯ́ТЬ / **ПЕРЕГНА́ТЬ*** I, перегоню́, перего́нишь... ╲__ ; перегна́л, перегнала́, перегна́ло, перегна́ли ⋀__ dépasser. *Перегна́ть грузови́к*, dépasser un camion. // (*Fig.*) *Он перегна́л всех това́рищей*, il a dépassé tous ses camarades.

ПЕРЕГОРО́ДКА cloison, séparation. *Доща́тая перегоро́дка*, une cloison en planches. *Я́щик с перегоро́дками*, un tiroir à casiers.

ПЕ́РЕД, ПЕ́РЕДО *prép.* (+ *instr.*) **1.** devant. *Останови́ться пе́ред теа́тром*, s'arrêter devant le théâtre. **2.** avant. *Пе́ред отъе́здом*, avant le départ. **3.** auprès de, à l'égard de. *Извини́ться пе́ред дире́ктором*, s'excuser auprès du directeur.

ПЕРЕДАВА́ТЬ* II, передаю́, передаёшь...; передава́й; передава́я / **ПЕРЕДА́ТЬ*** *n. cl.*, переда́м, переда́шь, переда́ст, передади́м, передади́те, передаду́т; пе́редал, передала́, пе́редало, пе́редали ⋀__ ; переда́й; пе́реданный, пе́редан, передана́, пе́редано, пе́реданы ⋀__ **1.** transmettre, passer, remettre (*un objet*). *Переда́й мне соль*, Passe-moi le sel. *Переда́ть письмо́*, remettre une lettre. **2.** transmettre (*des salutations, une demande...*). *Переда́йте ей мой приве́т*, Transmettez-lui mes salutations. *Она́ попроси́ла меня́ переда́ть вам приве́т*, Elle m'a prié de vous transmettre ses salutations. **3.** transmettre (*par radio...*). *Передава́ть конце́рт по* *pádио*, transmettre un concert par radio. **4.** exprimer, rendre (*ne pas trahir*). *Прáвильно передавáть мысль áвтора*, bien rendre la pensée de l'auteur.

/ **ПЕРЕДÁТЬ** v. передавáть.

ПЕРЕДÁЧА **1.** émission (*de radio*). *Слýшать интерéсную передáчу*, écouter une émission intéressante. **2.** transmission (*mécanique*). *Ремённая передáча*, transmission par courroie.

ПЕРЕДВИГÁТЬСЯ / **ПЕРЕДВÍНУТЬСЯ** se déplacer. *Передвигáться с трудóм*, se déplacer avec peine. *Передвигáться на машúне*, se déplacer en voiture.

ПЕРЕДВÍЖНИК • **Передвúжники,** les « peintres ambulants » (*mouvement artistique russe, 1870-1923*).

/ **ПЕРЕДВÍНУТЬСЯ** v. передвигáться.

/ **ПЕРЕДÉЛАТЬ** v. передéлывать.

ПЕРЕДÉЛЫВАТЬ / **ПЕРЕДÉЛАТЬ** refaire, remanier. *Нам придётся всё передéлать*, nous serons obligés de tout refaire.

ПЕРÉДНИЙ de devant. *Перéдние колёса*, les roues avant. *На перéднем плáне*, au premier plan.

ПЕРÉДНИК tablier. *Надéть клéтчатый перéдник*, mettre un tablier à carreaux.

ПÉРЕДО v. пéред.

ПЕРЕДОВÓЙ **1.** situé en avant. *Передовы́е лúнии*, les premières lignes. **2.** (*fig.*) d'avant-garde. *Передовáя тéхника*, une technique d'avant-garde. • **Передовáя статья́** *ou* **передовáя,** éditorial.

/ **ПЕРЕДОХНУ́ТЬ** v. передыхáть.

/ **ПЕРЕДУ́МАТЬ** v. передýмывать.

ПЕРЕДУ́МЫВАТЬ / **ПЕРЕДУ́МАТЬ** **1.** changer d'avis. *Да, я хотéл тудá поéхать, но передýмал*, Oui, je voulais y aller, mais j'ai changé d'avis. **2.** passer en revue dans son esprit. *Мнóго бы́ло передýмано за э́ти нóчи*, Que de pensées il avait ruminées pendant ces nuits-là !

ПЕРЕДЫХÁТЬ / **ПЕРЕДОХНУ́ТЬ** souffler un peu, s'accorder un instant de repos. *Он нé дал нам передохнýть*, il ne nous a pas laissé le temps de souffler.

ПЕРЕÉЗД **1.** traversée, trajet. *Переéзд из Ленингрáда в Стокгóльм*, la traversée de Leningrad à Stockholm. **2.** changement de résidence. *Переéзд на другýю квартúру*, déménagement. **3.** passage à niveau. *На переéзде был опýщен шлагбáум*, au passage à niveau, la barrière était fermée.

ПЕРЕЕЗЖÁТЬ/ПЕРЕÉХАТЬ* IV, переéду, переéдешь... **1.** traverser (*en voiture...*). *Переéхать рекý на лóдке* ou *переéхать чéрез рекý на лóдке*, traverser le fleuve en barque. **2.** changer de résidence. *Мы переéхали в Ленингрáд*, nous nous sommes installés à Leningrad. *Переéхать в нóвый дом*, déménager.

/ **ПЕРЕÉХАТЬ** v. переезжáть.

ПЕРЕЖИВÁНИЕ forte émotion, épreuve. *Скóлько переживáний!*, Que d'émotions ! *Тяжёлые переживáния*, de dures épreuves.

ПЕРЕЖИВÁТЬ/ПЕРЕЖÍТЬ* IV, переживý, переживёшь...; пéрежил, пережилá, пéрежило, пéрежили /___ ; пéрежитый, пéрежит, пережитá, пéрежито, пéрежиты /___ **1.** éprouver, supporter. *Пережúть большýю рáдость*, éprouver une grande joie. **2.** vivre plus longtemps que. *Онá пережилá своегó мýжа*, son mari est mort avant elle.

ПЕРЕЖÍТОК survivance, séquelle. *Пережúтки язы́ческой старины́*, les survivances de croyances païennes. *Пережúтки капитализма*, les survivances du capitalisme.

/ **ПЕРЕЖÍТЬ** v. переживáть.

/ **ПЕРЕЗИМОВÁТЬ** v. зимовáть.

ПЕРЕИЗДАВА́ТЬ* II, переиздаю́, переиздаёшь...; переиздава́й; переиздава́я / **ПЕРЕИЗДА́ТЬ** *n. cl.*, переизда́м, переизда́шь, переизда́ст, переиздади́м, переиздади́те, переиздаду́т; переизда́л, переиздала́, переизда́ло, переизда́ли ∧— ; переизда́й; переи́зданный, переи́здан, переиздана́, переи́здано, переи́зданы ∧— rééditer. *Переизда́ть учёбник ру́сского языка́*, rééditer un manuel de russe.

/ **ПЕРЕИЗДА́ТЬ** v. переиздава́ть.

/ **ПЕРЕИМЕНОВА́ТЬ** v. переимено́вывать.

ПЕРЕИМЕНО́ВЫВАТЬ / ПЕРЕИМЕНОВА́ТЬ donner un autre nom. *В 1961 году́ Сталингра́д был переимено́ван в Волгогра́д*, en 1961, Stalingrad a pris le nom de Volgograd.

/ **ПЕРЕЙТИ́** v. переходи́ть.

ПЕРЕКВАЛИФИЦИ́РОВАТЬСЯ / ПЕРЕКВАЛИФИЦИ́РОВАТЬСЯ recevoir une nouvelle formation technique et changer de profession. *Переквалифици́роваться в то́кари*, se faire tourneur.

ПЕРЕКЛА́ДИНА barreau transversal, linteau.

ПЕРЕКЛА́ДЫВАТЬ / ПЕРЕЛОЖИ́ТЬ ╲— faire passer (*d'une place à une autre*). *Перекла́дывать буке́т из одно́й руки́ в другу́ю*, faire passer son bouquet d'une main à l'autre.

/ **ПЕРЕКРЕСТИ́ТЬСЯ** v. крести́ться.

ПЕРЕКРЁСТОК carrefour, croisement. *Мы останови́лись на перекрёстке*, nous nous sommes arrêtés au carrefour.

ПЕРЕЛЕТА́ТЬ / ПЕРЕЛЕТЕ́ТЬ* I, перелечу́, перелети́шь... traverser, parcourir (*en volant*). *Пти́ца перелете́ла на друго́е де́рево*, l'oiseau s'envola sur un autre arbre. *Перелете́ть из Ки́ева в Москву́ на самолёте*, faire en avion le trajet de Kiev à Moscou. *Перелете́ть че́рез Кавка́з*, traverser le Caucase. *Мяч перелете́л че́рез забо́р*, la balle est passée par-dessus la palissade.

/ **ПЕРЕЛЕТЕ́ТЬ** v. перелета́ть.

ПЕРЕЛЁТНЫЙ migrateur. *Перелётные пти́цы*, les oiseaux migrateurs.

ПЕРЕЛИВА́ТЬ / ПЕРЕЛИ́ТЬ* II, перелью́, перельёшь...; перели́л, перелила́, перели́ло, перели́ли ∧— ; перелей; перели́тый, перели́т, перелита́, перели́то, перели́ты ∧— **1.** transvaser. *Перели́ть вино́ из одно́й буты́лки в другу́ю*, verser du vin d'une bouteille dans une autre. **2.** faire une transfusion. *Перели́ть кровь ра́неному*, faire une transfusion de sang à un blessé. ● **Перелива́ть из пусто́го в поро́жнее 1.** parler pour ne rien dire. **2.** perdre son temps à des bagatelles.

ПЕРЕЛИВА́ТЬСЯ / ПЕРЕЛИ́ТЬСЯ* II, перельётся, перелью́тся; перели́лся, перелила́сь... ╱— ; переле́йся **1.** v. перелива́ть. **2.** déborder. *Вода́ перелива́ется че́рез край*, l'eau déborde. **3.** être chatoyant.

/ **ПЕРЕЛИСТА́ТЬ** v. перели́стывать.

ПЕРЕЛИ́СТЫВАТЬ / ПЕРЕЛИСТА́ТЬ feuilleter. *Перелиста́ть блокно́т*, feuilleter un bloc-notes.

/ **ПЕРЕЛИ́ТЬ** v. перелива́ть.

/ **ПЕРЕЛИ́ТЬСЯ** v. перелива́ться.

/ **ПЕРЕЛОЖИ́ТЬ** v. перекла́дывать.

ПЕРЕЛО́М 1. fracture. *Перело́м ко́сти*, la fracture d'un os. **2.** brusque changement. *Произошёл перело́м в её жи́зни*, cela a été un tournant dans sa vie.

ПЕРЕМЕ́НА 1. changement. *Ре́зкая переме́на температу́ры*, un brusque changement de température. « *На за́падном фро́нте без* *перемéн* », « A l'ouest rien de nouveau ». **2.** récréation (*à l'école*). *Во врéмя перемéны шкóльники игрáют в мяч*, pendant la récréation les élèves jouent au ballon.

/ **ПЕРЕМЕНИ́ТЬ** v. переменя́ть.

/ **ПЕРЕМЕНИ́ТЬСЯ** v. переменя́ться.

ПЕРЕМÉННЫЙ changeant. *Перемéнная погóда*, un temps changeant.

ПЕРЕМЕНЯ́ТЬ / **ПЕРЕМЕНИ́ТЬ** ___ , *part.* переменённый changer, remplacer. *Переменúть бельё*, changer de linge. *Переменúть квартúру*, changer d'appartement. *Переменúть профéссию*, changer de profession. *Переменúть разговóр*, changer de conversation.

ПЕРЕМЕНЯ́ТЬСЯ / **ПЕРЕМЕНИ́ТЬСЯ** ___ **1.** changer, se transformer. *Погóда переменúлась*, le temps a changé. *Переменúться во вкýсах*, changer de goûts. *Онá переменúлась ко мне*, elle a changé d'attitude à mon égard. **2.** (+ *instr.*) échanger. *Мы с ним переменúлись местáми*, j'ai échangé ma place avec la sienne.

/ **ПЕРЕМЕСТИ́ТЬ** v. перемещáть.

/ **ПЕРЕМЕША́ТЬ** v. перемéшивать.

ПЕРЕМÉШИВАТЬ / **ПЕРЕМЕША́ТЬ** mêler, mélanger. *Глúна, перемéшанная с пескóм*, de l'argile mêlée à du sable. *Все вéщи перемешáлись*, toutes les affaires ont été mises pêle-mêle. *Перемешáть кáрты*, battre les cartes.

ПЕРЕМЕЩА́ТЬ / **ПЕРЕМЕСТИ́ТЬ** déplacer. *Переместúть мéбель*, déplacer les meubles.

ПЕРЕМИ́РИЕ armistice. *Заключúть перемúрие*, signer l'armistice.

/ **ПЕРЕНЕСТИ́** v. переносúть.

ПЕРЕНОСИ́ТЬ ___ / **ПЕРЕНЕСТИ́*** IV, перенесý, перенесёшь...; перенёс, перенеслá... /‾‾‾ ; перенесённый **1.** porter, transférer. *Ваш чемодáн перенесýт в нóмер*, On portera votre valise dans la chambre. **2.** renvoyer, repousser. *Перенестú заседáние со втóрника на срéду*, repousser la réunion du mardi au mercredi. **3.** surmonter, supporter. *Перенестú зáсуху*, supporter la sécheresse. *Как онá моглá всё э́то перенестú?*, Comment a-t-elle pu supporter tout cela ?

ПЕРЕНÓСНЫЙ ● **В перенóсном смы́сле,** au sens figuré.

/ **ПЕРЕНОЧЕВА́ТЬ** v. ночевáть.

ПЕРЕОДЕВА́ТЬ / **ПЕРЕОДÉТЬ*** *n. cl.*, переодéну, переодéнешь...; переодéтый **1.** changer les vêtements. *Переодéть больнóго*, changer un malade. *Я не успéла переодéться*, je n'ai pas eu le temps de me changer. *Переодéться в прáздничное плáтье*, mettre sa robe des dimanches. **2.** travestir. *Переодéть мáльчика дéвочкой*, habiller un garçon en fille.

/ **ПЕРЕОДÉТЬ** v. переодевáть.

/ **ПЕРЕПИСА́ТЬ** v. перепúсывать.

ПЕРЕПИ́СКА correspondance (*échange de lettres*). *Вестú оживлённую перепúску с кéм-нибудь*, entretenir une correspondance active avec qqn.

ПЕРЕПИ́СЫВАТЬ / **ПЕРЕПИСА́ТЬ*** II, перепишý, перепúшешь... ___ **1.** recopier. *Переписáть рýкопись нáбело*, mettre un manuscrit au propre. **2.** taper (*à la machine*). *Переписáть письмó в двух экземпля́рах*, taper une lettre en double exemplaire. **3.** dénombrer, recenser. *Переписáть плéнных*, dénombrer les prisonniers.

ПЕРЕПИ́СЫВАТЬСЯ (с + *instr.*) être en correspondance. *Мы с ним дóлго перепúсывались*, j'ai été pendant longtemps en correspondance avec lui.

ПЕ́РЕПИСЬ *f.* recensement. *Производи́ть пе́репись населе́ния*, faire le recensement de la population.

ПЕРЕПЛЁТ **1.** reliure (*art de relier*). *Отда́ть кни́гу в переплёт*, donner un livre à relier. **2.** reliure (*couverture d'un livre relié*). *Кни́га в ко́жаном переплёте*, un livre relié cuir.

ПЕРЕПЛЫВА́ТЬ / **ПЕРЕПЛЫ́ТЬ*** IV, переплыву́, переплывёшь...; переплы́л, переплыла́, переплы́ло, переплы́ли traverser (*à la nage, en bateau...*). *Переплы́ть че́рез реку́ на ло́дке* ou *переплы́ть реку́ на ло́дке*, traverser le fleuve en barque.

/ **ПЕРЕПЛЫ́ТЬ** v. переплыва́ть.

/ **ПЕРЕПО́ЛНИТЬ** v. переполня́ть.

ПЕРЕПОЛНЯ́ТЬ / **ПЕРЕПО́ЛНИТЬ** remplir au maximum. *Зал был перепо́лнен*, la salle était comble.

ПЕРЕПРА́ВА endroit où l'on peut traverser un fleuve (*à gué, en bac...*).

/ **ПЕРЕПРА́ВИТЬ** v. переправля́ть.

/ **ПЕРЕПРА́ВИТЬСЯ** v. переправля́ться.

ПЕРЕПРАВЛЯ́ТЬ / **ПЕРЕПРА́ВИТЬ** conduire, transporter (*le plus souvent en traversant un fleuve, mais également en franchissant un terrain difficile*). *Перепра́вить отря́д на друго́й бе́рег*, faire passer un détachement sur l'autre rive.

ПЕРЕПРАВЛЯ́ТЬСЯ / **ПЕРЕПРА́ВИТЬСЯ** franchir (*un fleuve...*); traverser (*avec difficulté*). *Перепра́виться вплавь через реку́*, franchir le fleuve à la nage.

/ **ПЕРЕПУ́ТАТЬ** v. перепу́тывать et пу́тать.

ПЕРЕПУ́ТЫВАТЬ / **ПЕРЕПУ́ТАТЬ** **1.** emmêler, embrouiller. *Перепу́тать ни́тки*, emmêler les fils. **2.** confondre. *Перепу́тать фами́лии*, confondre les noms.

ПЕРЕРЕЗА́ТЬ / **ПЕРЕРЕ́ЗАТЬ*** II, перере́жу, перере́жешь... **1.** couper. *Перере́зать кана́т*, couper un câble. // (*Fig.*) *Неприя́тели перере́зали им доро́гу*, l'ennemi leur avait coupé la route. **2.** égorger, tuer (*en quantité*). *Перере́зать всех гусе́й*, tuer toutes les oies.

ПЕРЕРЫ́В pause, relâche. *Переры́в на де́сять мину́т*, une pause de dix minutes. *Во вре́мя обе́денного переры́ва*, pendant la pause de midi.

ПЕРЕСА́ДКА changement (*de train, de bateau...*). *Сде́лать две переса́дки*, changer de train deux fois.

ПЕРЕСА́ЖИВАТЬСЯ / **ПЕРЕСЕ́СТЬ*** IV, переся́ду, переся́дешь...; пересе́л, пересе́ла... **1.** changer de place. *Пересе́сть со сту́ла на дива́н*, se lever de sa chaise pour s'installer sur le divan. **2.** changer (*de train, de bateau...*). *На пло́щади Револю́ции мы пересе́ли на друго́й авто́бус*, à la place de la Révolution, nous avons changé d'autobus.

ПЕРЕСЕКА́ТЬ / **ПЕРЕСЕ́ЧЬ*** IV, пересеку́, пересечёшь..., пересеку́т; пересе́к, пересекла́... ; пересечённый couper (*fig.*). *Враги́ пересекли́ им доро́гу*, les ennemis leur ont coupé la route.

/ **ПЕРЕСЕЛИ́ТЬСЯ** v. переселя́ться.

ПЕРЕСЕЛЯ́ТЬСЯ / **ПЕРЕСЕЛИ́ТЬСЯ** changer de résidence, émigrer. *Пересели́ться в Сиби́рь*, aller se fixer en Sibérie.

/ **ПЕРЕСЕ́СТЬ** v. переса́живаться.

/ **ПЕРЕСЕ́ЧЬ** v. пересека́ть.

ПЕРЕСТАВА́ТЬ* II, перестаю́, перестаёшь...; перестава́й; перестава́я / **ПЕРЕСТА́ТЬ*** *n. cl.*, переста́ну, переста́нешь... cesser. *Переста́ньте шуме́ть!*, Cessez de faire du bruit ! *Дождь переста́л*, la pluie a cessé.

/ **ПЕРЕСТА́ТЬ** v. перестава́ть.

/ **ПЕРЕУБЕДИ́ТЬ** v. переубежда́ть.

ПЕРЕУБЕЖДА́ТЬ / ПЕРЕУБЕДИ́ТЬ, *part.* переубеждённый* faire changer d'avis. *Его́ переубеди́ть невозмо́жно*, il est impossible de le faire changer d'avis.

REMARQUE. Le verbe « переубеди́ть » est inusité à la première personne du futur.

ПЕРЕУ́ЛОК ruelle. *Жить в переу́лке*, habiter dans une ruelle.

ПЕРЕУТОМЛЕ́НИЕ surmenage. *Заболе́ть от переутомле́ния*, tomber malade à la suite de surmenage.

ПЕРЕХО́Д **1.** passage. *Перехо́д че́рез Кавка́з*, la traversée du Caucase. *Перехо́д че́рез реку́*, la traversée du fleuve. **2.** passage (*souterrain...*). *Подзе́мный перехо́д*, passage souterrain. **3.** passage clouté.

ПЕРЕХОДИ́ТЬ ⌣ / **ПЕРЕЙТИ́** IV, перейду́, перейдёшь...; перешёл, перешла́...; перейдя́; перейдённый **1.** traverser. *Перейти́ у́лицу*, traverser la rue. *Перейти́ че́рез мост*, traverser le pont. **2.** passer. *Перейти́ в другу́ю ко́мнату*, passer dans l'autre pièce. *Перейти́ в восьмо́й класс*, passer en troisième. *Перейти́ в наступле́ние*, passer à l'offensive.

ПЕРЕХО́ДНЫЙ **1.** de transition. *Перехо́дный пери́од*, période transitoire. **2.** de passage. *Перехо́дные экза́мены*, les examens de passage.

ПЕ́РЕЦ **1.** poivre. *Сы́пьте пе́рцу**, Mettez du poivre. **2.** poivron(s). *Кра́сный пе́рец*, des poivrons rouges. ● **Зада́ть кому́-нибудь пе́рцу***, passer un savon à qqn.

ПЕ́РЕЧЕНЬ *m.* énumération, liste. *Дли́нный пе́речень необходи́мых предме́тов*, une longue liste d'objets indispensables.

/ **ПЕРЕЧИ́СЛИТЬ** v. перечисля́ть.

ПЕРЕЧИСЛЯ́ТЬ / ПЕРЕЧИ́СЛИТЬ énumérer, dénombrer. *Перечи́слить все недоста́тки прое́кта*, énumérer tous les défauts d'un projet.

/ **ПЕРЕЧИТА́ТЬ** v. перечи́тывать.

ПЕРЕЧИ́ТЫВАТЬ / ПЕРЕЧИТА́ТЬ relire. *Она́ перечи́тывала ста́рые пи́сьма*, elle relisait d'anciennes lettres.

ПЕРИ́ЛА, пери́л, пери́лам... *pl. t.* rampe, balustrade. *Пери́ла ле́стницы*, la rampe de l'escalier. *Облокоти́ться на пери́ла*, s'accouder à la balustrade.

ПЕРИ́НА édredon.

ПЕРО́*, *pl.* пе́рья, пе́рьев, пе́рьям... plume (*divers sens*). *Лёгкий как перо́*, léger comme une plume. *Взя́ться за перо́*, prendre la plume. *Обмакну́ть перо́ в черни́ла*, tremper sa plume dans l'encre.

ПЕРОЧИ́ННЫЙ ● **Перочи́нный нож,** canif.

ПЕРРО́Н quai (*de chemin de fer*). *Ждать на перро́не*, attendre sur le quai.

ПЕ́РСИК **1.** pêche(s) [*fruit*]. **2.** pêcher (*arbre*).

ПЕРЧА́ТКА gant. *Наде́ть перча́тки*, mettre des gants. *Ко́жаные перча́тки*, des gants de cuir. ● **Подня́ть перча́тку,** relever le gant.

ПЕ́РЬЯ, ПЕ́РЬЕВ... v. перо́.

ПЁС chien. *Сторожево́й пёс*, chien de garde. ● **Пёс его́ зна́ет** (*vulg.*), va donc savoir.

ПЕСЕ́Ц renard bleu (*renard polaire*).

ПЕ́СНЯ chanson. *Петь наро́дные пе́сни*, chanter des chansons populaires. ● **Лебеди́ная пе́сня,** le chant du cygne.

ПЕСО́К **1.** sable. *Мешки́ песку́**, des sacs de sable. *Зыбу́чие пески́*, les sables mouvants. **2.** (*accompagné parfois de l'adjectif* « са́харный ») sucre cristallisé, sucre en poudre. *Передай песок*, Fais passer le sucre.

ПЁСТРЫЙ **1.** multicolore, bariolé. *Пёстрая матéрия*, une étoffe bariolée. **2.** disparate. *Пёстрая толпá*, une foule disparate.

ПЕСЧÁНЫЙ sablonneux. *Песчáная пóчва*, un terrain sablonneux.

ПЕТЛИ́ЦА boutonnière. *С цветкóм в петли́це*, avec une fleur à la boutonnière.

ПÉТЛЯ **1.** nœud coulant. *Завязáть пéтлю*, faire un nœud coulant. **2.** maille. *Спусти́ть пéтлю*, laisser échapper une maille. **3.** (*fig.*) boucle, détour, méandre. *Рекá дéлает больши́е пéтли*, la rivière décrit de grands méandres. *Дорóга дéлает пéтли*, la route est en lacets.

I. ПЕТРУ́ШКА persil.

II. ПЕТРУ́ШКА « Petrouchka » (*sorte de Guignol russe*).

ПЕТУ́Х coq. *Запéл петýх*, un coq se mit à chanter. ● **До петухóв,** avant l'aurore.

ПЕТЬ* II, пою́, поёшь... / **СПЕТЬ*** II, спою́, споёшь...; спéтый chanter. *Петь пéсню*, chanter une chanson. *Петь бáсом*, chanter d'une voix de basse. *Петýх поёт*, le coq chante.

ПЕХÓТА infanterie. *Служи́ть в пехóте*, être fantassin.

ПЕЧÁЛЬ *f.* tristesse, chagrin. *Ощущéние лёгкой печáли*, un sentiment de légère tristesse. ● **Нé было печáли,** Ça marchait trop bien ! **Тебé какáя печáль?** (*fam.*), Qu'est-ce que ça peut te faire ?

ПЕЧÁЛЬНЫЙ triste. *Онá печáльно посмотрéла на меня́*, elle me regarda tristement.

ПЕЧÁТАТЬ / НАПЕЧÁТАТЬ **1.** imprimer. *Печáтать газéту*, imprimer un journal. **2.** taper (*à la machine*). *Печáтать на маши́нке*, taper à la machine.

ПЕЧÁТЬ *f.* **1.** sceau, cachet, tampon. *Постáвить печáть на документ*, apposer un cachet sur un document. **2.** presse (*journaux*). *Совéтская печáть*, la presse soviétique. *Инострáнная печáть*, la presse étrangère. *Райóнная печáть*, la presse régionale.

ПЕЧЁНКА foie (*aliment*). *Теля́чья печёнка*, du foie de veau.

ПÉЧЕНЬ *f.* foie (*organe*). *Болéзни пéчени*, les maladies du foie.

ПЕЧÉНЬЕ gâteaux secs. *Миндáльное печéнье*, des gâteaux aux amandes.

ПÉЧКА (*fam.*) poêle. *Затопи́ть пéчку*, allumer le poêle. *Грéться у пéчки*, se chauffer près du poêle.

I. ПЕЧЬ **1.** poêle. *Затопи́ть печь*, allumer le poêle. *Рýсская печь*, poêle russe.

Влезть на печь, monter sur le poêle. *Спать на печи́*, dormir sur le poêle. **2.** four (*de boulanger...*). *Сажáть хлеб в печь*, enfourner le pain. **3.** (*techn.*) fourneau, four. *Дóменная печь*, haut fourneau. *Мартéновская печь*, four Martin.

II. ПЕЧЬ* IV, пекý, печёшь..., пекýт; пёк, пеклá... / **ИСПÉЧЬ*** IV, испекý, испечёшь..., испекýт; испёк, испеклá... ; испечённый **1.** faire cuire (*au four*). *Печь пироги́*, faire cuire des gâteaux. **2.** chauffer violemment (*en parlant du soleil*). *Сóлнце пеклó нам гóлову*, le soleil nous chauffait la tête.

ПЕШЕХÓД piéton. *Сбить пешехóда с ног*, renverser un piéton.

ПЕШКÓМ *adv.* à pied. *Идти́ пешкóм*, aller à pied.

ПЕЩÉРА grotte, caverne.

ПЕЩÉРНЫЙ de caverne. *Пещéрный человéк*, l'homme des cavernes.

ПИ́ВО bière. *Свéтлое пи́во*, bière blonde. *Тёмное пи́во*, bière brune.

ПИДЖÁК veste. *Лéтний пиджáк*, veste d'été.

ПИК **1.** pic (*sommet de montagne*). **2.** (*adj. invariable*) de pointe. *В часы́ пик*, aux heures de pointe.

ПИЛÁ scie. *Кру́глая пилá*, une scie circulaire. **2.** (*fam.*) casse-pieds.

ПИЛИ́ТЬ / **РАСПИЛИ́ТЬ** **1.** scier. *Пили́ть дровá*, scier du bois. **2.** (*fam.*) casser les pieds. *Пили́ть когó-нибудь*, casser les pieds à qqn.

ПИОНÉР **1.** pionnier (*novateur*). *Пионéры авиáции*, les pionniers de l'aviation. **2.** pionnier (*sorte de scout*). *Деви́з пионéров — « Будь готóв ! »*, La devise des pionniers est : « Toujours prêt ! »

> REMARQUE. L'organisation des pionniers accueille les enfants de neuf à quatorze ans.

ПИОНЕРВОЖÁТАЯ *adj. subst. f.* cheftaine de pionniers.

ПИОНЕРВОЖÁТЫЙ *adj. subst. m.* chef de pionniers.

ПИОНÉРСКИЙ de pionnier, de pionniers. *Пионéрский отря́д*, un détachement de pionniers. *Пионéрский лáгерь*, un camp de pionniers. *Пионéрский гáлстук*, un foulard de pionnier. *Пионéрский значóк*, l'insigne des pionniers.

ПИР*, *loc.* пиру́ festin. *Свáдебный пир*, un repas de noces. *Пир горóй*, un festin à tout casser.

ПИРОВÁТЬ (*arch.* ou *iron.*) festoyer, banqueter.

ПИРÓГ pâté, gâteau. *Пирóг с мя́сом*, pâté à la viande. *Слáдкий пирóг*, gâteau.

ПИРÓЖНОЕ *adj. subst. n.* gâteau(x). *Я́блочное пирóжное*, gâteau aux pommes.

ПИРОЖÓК (*dim. de* « пирóг ») petit pâté, petit gâteau. *Пирожки́ с мя́сом*, petits pâtés à la viande. *Пирожки́ с мáком*, petits gâteaux aux graines de pavot.

ПИ́САНЫЙ • **Пи́саная красáвица,** une vraie beauté.

ПИ́САРЬ*, *nom. pl.* писаря́ *m.* (*arch.*) clerc, secrétaire.

ПИСÁТЕЛЬ *m.* écrivain. *Извéстный писáтель*, un écrivain célèbre.

ПИСÁТЬ* II, пишу́, пи́шешь... / **НАПИСÁТЬ** II (*id.*) **1.** écrire. *Писáть неразбóрчиво*, écrire d'une manière illisible. *Писáть прóзой*, écrire en prose. *Писáть симфóнию*, écrire une symphonie. *Э́та автору́чка хорошó пи́шет*, ce stylo écrit bien. **2.** peindre (*des tableaux*). *Кто написáл э́ту карти́ну?*, Qui a peint ce tableau ? *Писáть мáслом*, faire de la peinture à l'huile. • **Писáть как ку́рица лáпой,** écrire comme un chat. **Пиши́ пропáло,** Tu peux en faire ton deuil.

ПИСК piaulement(s). *Слы́шался писк цыплят*, on entendait piauler les poussins.

ПИСЧЕБУМÁЖНЫЙ de papeterie. *Писчебумáжный магази́н*, papeterie (*magasin*). *Писчебумáжные принадлéжности*, papeterie (*marchandise*).

ПИ́СЬМЕННЫЙ **1.** écrit. *Пи́сьменный отвéт*, une réponse écrite. **2.** pour écrire. *Пи́сьменный стол*, bureau (*table de travail*).

ПИСЬМÓ, *gén. pl.* пи́сем lettre. *Я получи́л письмó из Москвы́*, j'ai reçu une lettre de Moscou. *Я давнó не получáла от негó пи́сем*, il y a longtemps que je n'ai pas de nouvelles de lui. *Заказнóе письмó*, lettre recommandée.

ПИСЬМОНО́СЕЦ facteur.

ПИТА́НИЕ alimentation. *Диети́ческое пита́ние*, alimentation diététique.

ПИТА́ТЕЛЬНЫЙ nourrissant. *Пита́тельное блю́до*, un plat nourrissant.

ПИТА́ТЬ alimenter, nourrir. *Пита́ться мя́сом*, se nourrir de viande. // (*Fig.*) *Пита́ть наде́жду*, nourrir l'espoir.

ПИТЬ* II, пью, пьёшь...; пил, пила́, пи́ло, пи́ли ╱╲___ ; пей / **ВЫ́ПИТЬ*** II, вы́пью, вы́пьешь...; вы́пей boire. *Пить минера́льную во́ду*, boire de l'eau minérale. *Пить во́дку*, boire de la vodka. *Мне хо́чется пить*, j'ai soif. *Вы́пьем за его́ здоро́вье*, Buvons à sa santé.

ПИ́ЧКАТЬ / НАПИ́ЧКАТЬ bourrer (*de nourriture...*). *Пи́чкать больно́го лека́рствами*, bourrer un malade de médicaments.

ПИ́ШЕТ, ПИШУ́... v. писа́ть.

ПИ́ЩА nourriture. *Здоро́вая пи́ща*, une nourriture saine.

ПИЩА́ТЬ* I, пищу́, пищи́шь... / **ЗАПИЩА́ТЬ*** I (*id.*) piailler, piauler. *На дворе́ пища́ли цыпля́та*, les poussins piaulaient dans la cour.

ПИЩЕВАРЕ́НИЕ digestion. *Плохо́е пищеваре́ние*, une mauvaise digestion.

ПИЩЕВО́Й alimentaire. *Пищевы́е проду́кты*, les produits alimentaires.

ПЛА́ВАТЬ indét. de « плыть ».

ПЛА́ВИТЬ / РАСПЛА́ВИТЬ fondre (*tr.*). *Пла́вить желе́зную руду́*, traiter le minerai de fer.

ПЛА́ВКИ, пла́вок, пла́вкам... *pl. t.* caleçon de bain.

ПЛАКА́Т pancarte, affiche.

ПЛА́КАТЬ* II, пла́чу, пла́чешь... / **ЗАПЛА́КАТЬ*** II (*id.*) pleurer. *Го́рько пла́кать*, pleurer amèrement. *Пла́кать от ра́дости*, pleurer de joie.

ПЛА́МЕННЫЙ 1. ardent, enflammé. *Пла́менная любо́вь*, un amour ardent. 2. d'un rouge ardent. *Пла́менный зака́т*, un coucher de soleil d'un rouge ardent.

ПЛА́МЯ*, *gén.*, *dat.*, *loc.* пла́мени, *instr.* пла́менем *n.* flamme(s). *Пла́мя свечи́*, la flamme d'une bougie. *Из окна́ вырыва́лось пла́мя*, des flammes sortaient par la fenêtre.

ПЛАСТИ́НКА 1. plaquette. 2. disque. *Долгоигра́ющая пласти́нка*, disque microsillon.

ПЛАСТМА́ССА matière plastique. *Таре́лки из пластма́ссы*, des assiettes en matière plastique.

ПЛА́СТЫРЬ *m.* sparadrap (*contenant un produit antiseptique*).

ПЛА́ТА somme payée. *За́работная пла́та*, salaire. *Кварти́рная пла́та*, loyer. *Пла́та за вход*, prix d'entrée.

ПЛАТИ́ТЬ ╲___ / **ЗАПЛАТИ́ТЬ** ╲___ payer. *Плати́те в ка́ссу, пожа́луйста*, Payez à la caisse, s'il vous plaît. *Он мне не заплати́л*, il ne m'a pas payé. *Плати́ть долги́*, payer ses dettes. *Плати́ть штраф*, payer une amende. *Плати́ть добро́м за зло*, rendre le bien pour le mal. ● **Плати́ть кому́-нибудь той же моне́той**, rendre à qqn la monnaie de sa pièce.

Remarque. Employé après le verbe « плати́ть », l'accusatif indique ce que l'on a payé, le datif la personne qui en a bénéficié.

ПЛА́ТНЫЙ payant. *Пла́тный вход*, entrée payante.

ПЛАТО́К 1. foulard, fichu. *Она́ наки́нула на пле́чи шёлковый плато́к*, elle mit sur ses épaules un foulard de soie. *С платко́м на голове́*, avec un fichu sur la tête. 2. (*parfois accompagné de l'adj.* « носово́й ») mouchoir. *Вы́нуть из карма́на плато́к*, tirer un mouchoir de sa poche. *Он маха́л* *нам платко́м*, il nous faisait signe avec son mouchoir.

ПЛАТФО́РМА **1.** quai. *По́езд отхо́дит с пе́рвой платфо́рмы*, le train part du premier quai. **2.** wagon plate-forme. *Погрузи́ть маши́ну на платфо́рму*, charger une voiture sur un wagon plate-forme. **3.** programme (*électoral*...). *Избира́тельная платфо́рма*, un programme électoral.

ПЛА́ТЬЕ*, *gén. pl.* пла́тьев **1.** vêtements. *Мужско́е пла́тье*, vêtements d'homme. *Вое́нное пла́тье*, vêtements militaires. *Мага́зин гото́вого пла́тья*, magasin de confection. **2.** robe. *Шёлковое пла́тье*, une robe en soie. *Вече́рнее пла́тье*, une robe de soirée.

ПЛАЦКА́РТА ticket de location.

ПЛАЧ pleurs, lamentations.

ПЛАЧЕ́ВНЫЙ **1.** plaintif. *Плаче́вным го́лосом*, d'une voix plaintive. **2.** lamentable. *В плаче́вном состоя́нии*, dans un état lamentable.

ПЛА́ЧЕШЬ v. пла́кать.

I. ПЛА́ЧУ v. пла́кать.

II. ПЛАЧУ́ v. плати́ть.

REMARQUE. Les deux formes ci-dessus diffèrent par leur accentuation.

ПЛАЩ **1.** pèlerine. **2.** (*parfois accompagné de l'adj.* « непромока́емый ») imperméable.

ПЛЕВА́ТЬ* II, плюю́, плюёшь... **1.** / **ПЛЮ́НУТЬ** cracher. *Плева́ть на́ пол воспреща́ется*, il est interdit de cracher par terre. **2.** / **НАПЛЕВА́ТЬ*** II, наплюю́, наплюёшь... se ficher de. *Ему́ на всё наплева́ть*, il se fiche de tout. *Наплева́ть!*, Je m'en fiche !

ПЛЕ́МЯ*, *gén.*, *dat.*, *loc.* пле́мени, *instr.* пле́менем; *pl.* племена́, племён, племена́м... *n.* tribu. *Кочевы́е племена́*, des tribus nomades.

ПЛЕМЯ́ННИК neveu.

ПЛЕМЯ́ННИЦА nièce.

ПЛЕН* *loc.* плену́ captivité. *Быть в плену́*, être prisonnier. *Он попа́л в плен* ou *его́ взя́ли в плен*, il a été fait prisonnier.

ПЛЁНКА **1.** pellicule (*photographie*). *Прояви́ть плёнку*, développer une pellicule. *О́чень чувстви́тельная плёнка*, une pellicule très sensible. **2.** bande (*magnétique*...). *Записа́ть на магнитофо́нную плёнку*, enregistrer sur bande magnétique.

ПЛЕ́ННЫЙ captif, prisonnier. *Пле́нный офице́р*, un officier prisonnier. // (*Subst.*) *Взять мно́го пле́нных*, faire beaucoup de prisonniers.

ПЛЕ́СЕНЬ *f.* moisissure(s). *Покрыва́ться пле́сенью*, se couvrir de moisissure.

ПЛЕСК clapotis. *Плеск воды́*, le clapotis de l'eau.

ПЛЕСКА́ТЬСЯ* II, плещу́сь, пле́щешься... clapoter, faire entendre un clapotis. *Во́лны пле́щутся о бе́рег*, les vagues clapotent en frappant le rivage.

ПЛЕСТИ́* IV, плету́, плетёшь...; плёл, плела́... / **СПЛЕСТИ́*** IV, сплету́, сплетёшь...; сплёл, сплела́... ; сплетя́; сплетённый **1.** tresser. *Плести́ ко́су*, tresser une natte. **2.** / **НАПЛЕСТИ́*** IV (*id.*) [*fig.*] tramer, ourdir. *Плести́ ко́зни про́тив кого́-нибудь*, intriguer contre qqn. **3.** / **НАПЛЕСТИ́*** IV (*id.*) [*fig.*] forger, inventer. *Плести́ небыли́цы*, inventer des histoires à dormir debout.

ПЛЕСТИ́СЬ* IV, плету́сь, плетёшься...; плёлся, плела́сь... **1.** / **СПЛЕСТИ́СЬ*** IV, сплету́сь, сплетёшься...; сплёлся, сплела́сь... ; сплетя́сь, v. плести́. **2.** / **ПОПЛЕСТИ́СЬ*** IV (*id.*) se traîner, avancer avec peine. *Он поплёлся домо́й*, il prit tant bien que mal le chemin du retour. *Плести́сь в хвосте́*, être à la traîne.

ПЛЕТЕ́НЬ *m.* haie.

ПЛЕТЬ *f.* fouet, cravache.

ПЛЕЧÓ*, *nom. pl.* плéчи épaules. *Широ́кие пле́чи*, de larges épaules. *Нести́ что́-нибудь на плеча́х*, porter qqch. sur ses épaules. *Пожима́ть плеча́ми*, hausser les épaules. • **Сло́вно гора́ свали́лась с плеч,** Quel soulagement ! **С плеч доло́й,** un souci de moins. **Э́то ему́ не по плечу́,** il n'est pas de taille pour une affaire de ce genre.

ПЛИТÁ **1.** dalle. *Моги́льная плита́*, pierre tombale. **2.** fourneau, cuisinière. *Га́зовая плита́*, cuisinière à gaz.

ПЛИ́ТКА (*dim. de* « плита́ ») **1.** carreau. *Керами́ческие пли́тки*, des carreaux de céramique. **2.** tablette. *Пли́тка шокола́да*, une tablette de chocolat. **3.** (*parfois accompagné de l'adj.* « электри́ческая ») réchaud électrique. *Гото́вить за́втрак на пли́тке*, préparer son déjeuner sur un réchaud électrique.

ПЛОВ pilaf (*plat oriental*).

ПЛОВÉЦ nageur. *Хоро́ший пловéц*, un bon nageur.

ПЛОД fruit (*propr. et surtout fig.*). *Цветы́ и плоды́*, les fleurs et les fruits. *Плоды́ его́ размышле́ний*, le fruit de ses réflexions. *Приноси́ть плоды́*, porter ses fruits. *Запре́тный плод*, le fruit défendu.

ПЛОДОРÓДНЫЙ fertile. *Плодоро́дная земля́*, une terre fertile.

ПЛОДОТВÓРНЫЙ fécond (*fig.*). *Плодотво́рный труд*, un travail fécond.

ПЛÓСКИЙ, *comp.* пло́ще* **1.** plat. *Пло́ская пове́рхность*, une surface plane. *Пло́ская грудь*, une poitrine plate. **2.** (*fig.*) plat, banal. *Пло́ская шу́тка*, une plaisanterie médiocre.

ПЛОТ*, *loc.* плоту́ **1.** train de bois. *Сплав ле́са в плота́х*, le flottage du bois. **2.** radeau. *Перепра́виться че́рез реку́ на плоту́*, traverser le fleuve sur un radeau.

ПЛОТИ́НА barrage. *Постро́ить бето́нную плоти́ну*, construire un barrage en béton.

ПЛÓТНИК charpentier.

ПЛÓТНЫЙ **1.** compact, épais. *Пло́тный дым*, une fumée épaisse. *Пло́тное населе́ние*, une population dense. **2.** gros, épais. *Пло́тные занаве́ски*, des rideaux épais. **3.** (*fam.*) gros, corpulent. *Пло́тный мужчи́на*, un homme corpulent. **4.** (*fam.*) copieux. *Пло́тно пообе́дать*, prendre un repas copieux.

ПЛÓХО, *comp.* ху́же*, *adv.* mal. *Я пло́хо рису́ю*, je dessine mal. *Она́ себя́ пло́хо чу́вствует*, elle se sent mal. *Всё ху́же и ху́же*, de plus en plus mal. • **Пло́хо лежа́ть,** être facile à voler.

ПЛОХÓЙ, *comp.* ху́же*, *superl.* ху́дший* **1.** mauvais. *Плохо́й обе́д*, un repas médiocre. *Плоха́я пого́да*, le mauvais temps. *Плоха́я привы́чка*, une mauvaise habitude. *Плоха́я репута́ция*, une mauvaise réputation. **2.** (*forme courte seulement*) dans un état grave. *Больно́й о́чень плох*, le malade est bien bas. • **Шу́тки пло́хи** (с + *instr.*), il ne fait pas bon plaisanter. *С ним шу́тки пло́хи*, il ne fait pas bon plaisanter avec lui.

REMARQUE. V. aussi « пло́хо », « ху́дший » et « ху́же ».

ПЛОЩÁДКА **1.** terrain, chantier. *Спорти́вная площа́дка*, terrain de sport. *Строи́тельная площа́дка*, chantier de construction. **2.** palier (*d'escalier*). *Мы живём с ни́ми на одно́й площа́дке*, nous habitons sur le même palier. **3.** plate-forme (*d'un tramway...*). *На за́дней площа́дке трамва́я*, sur la plate-forme arrière du tram.

ПЛÓЩАДЬ, *pl.* пло́щади, площаде́й... *f.* **1.** place publique. *Кра́сная пло́щадь*, la place Rouge. *Пло́щадь Согла́сия*, la place de la Concorde. **2.** surface. *Пло́щадь треуго́льника*, la surface du triangle. *Жила́я пло́щадь*, la surface habitable.

ПЛО́ЩЕ comp. de « пло́ский ».

ПЛУГ charrue. *Паха́ть плу́гом*, labourer avec une charrue.

ПЛЫТЬ* IV, плыву́, плывёшь...; плыл, плыла́, плы́ло, плы́ли / **ПОПЛЫ́ТЬ*** IV (*id.*); *indét.* **ПЛА́ВАТЬ** **1.** nager. *Я не уме́л пла́вать*, je ne savais pas nager. *Плыть на спине́*, nager sur le dos. *Плыть кро́лем*, nager le crawl. *Плыть про́тив тече́ния*, remonter le courant. **2.** voguer, naviguer. *Плыть на парохо́де*, aller en bateau. **3.** couler (*en parlant d'une bougie...*). *Свеча́ плывёт*, la chandelle coule.

/ **ПЛЮ́НУТЬ** v. плева́ть.

ПЛЮС **1.** plus (*dans une addition*). *Два плюс три*, deux plus trois. **2.** élément positif. *Прое́кт име́ет мно́го плю́сов*, le projet a de nombreux éléments positifs.

ПЛЮЩ lierre. *Де́рево заросло́ плющо́м*, l'arbre est couvert de lierre.

ПЛЯСА́ТЬ* IV, пляшу́, пля́шешь... / **СПЛЯСА́ТЬ*** IV (*id.*) danser (*en général des danses populaires*). *Пляса́ть гопа́к*, danser le gopak.

I. ПО *prép.*

I. Régissant le datif.

1. en suivant; en parcourant // dans les limites de, sur.
2. selon; d'après.
3. en utilisant (*un moyen de transmission*).
4. dans le domaine de.
5. par suite de.
6. à chacun.
7. tous les (*avec un complément de temps*).

II. Régissant l'accusatif.
— jusqu'à.

III. Régissant le locatif.
— après.

IV. Suivi d'un nom de nombre.
Idée de distribution, de répartition.
a. *Liste des noms de nombre employés à l'accusatif après* « по ».
b. *Liste des noms de nombre employés au datif après* « по ».
c. *Liste des noms de nombre employés à la forme du génitif après* « по ».

I. 1. *Мы е́хали по у́лице Пу́шкина*, nous suivions la rue Pouchkine. *Идти́ по́ лесу*, aller à travers bois. *Плыть по о́зеру*, voguer sur le lac. *Спуска́ться по ле́стнице*, descendre par l'escalier. *Охо́тники шли по следа́м во́лка*, les chasseurs suivaient les traces du loup. *Бе́гать по магази́нам*, courir les magasins. *Ходи́ть по ко́мнате*, parcourir la pièce de long en large. // *Бума́ги бы́ли разбро́саны по столу́*, les papiers étaient dispersés sur la table. *Уда́рить кулако́м по́ столу*, donner un coup de poing sur la table. *Он бил её по голове́*, il lui tapait sur la tête. **2.** *Суди́ть по вне́шности*, juger sur les apparences. *Рабо́тать по пла́ну*, respecter le plan. *Одева́ться по после́дней мо́де*, s'habiller à la dernière mode. *Он по профе́ссии инжене́р*, il est ingénieur. *По сове́ту одного́ това́рища*, selon le conseil d'un camarade. *Звать кого́-нибудь по и́мени*, appeler qqn par son prénom. *Жени́ться по любви́*, se marier par amour. *По Толсто́му*, d'après Tolstoï. **3.** *Посла́ть по по́чте*, envoyer par la poste. *Он мне сообщи́л об э́том по телефо́ну*, il me l'a fait savoir par téléphone. *По ра́дио передаю́т симфо́нию Бороди́на́*, on donne à la radio une symphonie de Borodine. **4.** *Чемпио́н ми́ра по пла́ванию*, champion du monde de natation. *Специали́ст по ру́сскому языку́*, un spécialiste de russe. *Уче́бник по я́дерной фи́зике*, un manuel de physique nucléaire. **5.** *Я э́то сказа́л по оши́бке*, j'ai dit cela par erreur. **6.** *Де́тям да́ли по пли́тке шокола́да*, on a donné à chacun des enfants une tablette de chocolat. **7.** *По среда́м мы занима́емся* *физкульту́рой*, tous les mercredis, nous faisons de la culture physique.

II. *В воде́ по коле́ни*, dans l'eau jusqu'aux genoux.

III. *По его́ ухо́де*, après son départ.

IV. *Они́ получа́ли по одному́ рублю́*, ils recevaient chacun un rouble. *Ма́рки по четы́ре копе́йки*, des timbres à quatre kopeks. *По́ двое*, deux par deux. **a.** *2, 3, 4, 200, 300, 400 || 5, 6, 7, 8, 9, 10, 11, 12, 13, 14, 15, 16, 17, 18, 19, 20, 30, 40, 50, 60, 70, 80, 90, 100 || les collectifs* « двóе », « трóе »... (*leur accusatif est dans ce cas* « двóе », « трóе », *etc., même s'ils sont suivis d'un substantif appartenant au sous-genre animé*). **b.** 1 || (*emploi livresque*) *5, 6, 7, 8, 9, 10, 11, 12, 13, 14, 15, 16, 17, 18, 19, 20, 30, 40, 50, 60, 70, 80, 90, 100.* **c.** *500, 600, 700, 800, 900 et* « полторá ». ● **По доро́ге** (*dat.*), chemin faisant. **По нём** (*loc.*), selon lui. **Тоска́ по ро́дине** (*dat.*), le mal du pays.

II. ПО- *préfixe à valeur adverbiale* selon, à la manière de (*voir les mots dans la composition desquels entre ce préfixe*).

III. ПО... (*accolé à un comparatif*) *préfixe à valeur adverbiale* un peu. *Поскоре́й*, un peu plus vite. *Повы́ше*, un peu plus haut.

/ **ПОБАГРОВЕ́ТЬ** v. багрове́ть.

ПОБЕ́Г évasion. *Побе́г из тюрьмы́*, une évasion de prison.

ПОБЕ́ДА victoire. *Одержа́ть побе́ду над враго́м*, remporter une victoire sur l'ennemi.

/ **ПОБЕДИ́ТЬ** v. побежда́ть.

ПОБЕДОНО́СНЫЙ victorieux. *Победоно́сная война́*, une guerre victorieuse. *Победоно́сные войска́*, les armées victorieuses. *Победоно́сный вид*, un air victorieux.

/ **ПОБЕЖА́ТЬ** v. бежа́ть.

ПОБЕЖДА́ТЬ / ПОБЕДИ́ТЬ, *part.* побеждённый* vaincre. *Победи́ть врага́*, vaincre l'ennemi. *Победи́ть страх*, vaincre la peur.

REMARQUE. La première personne du futur perfectif est inusitée ; on la remplace éventuellement par la périphrase « я одержу́ побе́ду ».

/ **ПОБЕЛЕ́ТЬ** v. беле́ть.

ПОБЕРЕ́ЖЬЕ littoral. *На побере́жье Чёрного мо́ря*, sur les bords de la mer Noire.

/ **ПОБЕСЕ́ДОВАТЬ** v. бесе́довать.

/ **ПОБЕСПОКО́ИТЬ** v. беспоко́ить.

/ **ПОБИ́ТЬ** v. бить.

/ **ПОБИ́ТЬСЯ** v. би́ться.

/ **ПОБЛАГОДАРИ́ТЬ** v. благодари́ть.

/ **ПОБЛЕДНЕ́ТЬ** v. бледне́ть.

/ **ПОБЛЁКНУТЬ** v. блёкнуть.

ПОБЛИ́ЗОСТИ *adv.* à proximité. *Никого́ не́ было побли́зости*, il n'y avait personne à proximité. *Побли́зости от вокза́ла*, à proximité de la gare.

/ **ПОБЛУЖДА́ТЬ** v. блужда́ть.

/ **ПОБОЛТА́ТЬ** v. болта́ть.

/ **ПОБОЛТА́ТЬСЯ** v. болта́ться.

/ **ПОБОРО́ТЬСЯ** v. боро́ться.

/ **ПОБОЯ́ТЬСЯ** v. боя́ться.

/ **ПОБРЕ́ЗГАТЬ** v. бре́згать.

/ **ПОБРЕСТИ́** v. брести́.

/ **ПОБРИ́ТЬ** v. брить.

/ **ПОБУДИ́ТЬ** v. побужда́ть.

ПОБУЖДА́ТЬ / ПОБУДИ́ТЬ, *part.* побуждённый* (*livresque*) inciter à, pousser à. *Он побуди́л меня́ уе́хать*, il m'a incité à partir. *Что его́ побуди́ло к э́тому?*, Qu'est-ce qui l'a poussé à cela ?

ПОБУЖДЕ́НИЕ incitation, raisons d'agir. *Патриоти́ческие побужде́ния*, des sentiments patriotiques.

/ **ПОБЫВА́ТЬ** v. быва́ть.

/ **ПОВАЛИ́ТЬ** v. вали́ть.

/ **ПОВАЛИ́ТЬСЯ** v. вали́ться.

ПО́ВАР*, *nom. pl.* повара́ cuisinier.

ПО-ВÁШЕМУ *adv.* à votre avis. *Что же э́то тогдá, по-вáшему?*, Eh bien, qu'est-ce que c'est alors, à votre avis ?

ПОВЕДÉНИЕ conduite. *Едини́ца по поведéнию*, un zéro de conduite.

/ **ПОВЕЗТИ́** v. везти́.

/ **ПОВÉРИТЬ** v. вéрить.

/ **ПОВЕРНУ́ТЬ** v. поворáчивать.

/ **ПОВЕРНУ́ТЬСЯ** v. поворáчиваться.

/ **ПОВЕРТÉТЬ** v. вертéть.

ПОВЁРТЫВАТЬ synonyme de « поворáчивать ».

ПОВÉРХ *prép.* (+ *gén.*) par-dessus. *Надéть сви́тер повéрх рубáшки*, mettre un pull par-dessus sa chemise.

ПОВÉРХНОСТЬ *f.* surface. *На повéрхности воды́*, à la surface de l'eau.

/ **ПОВЕСЕЛÉТЬ** v. веселéть.

/ **ПОВÉСИТЬ** v. вéшать.

/ **ПОВЕСТИ́** v. вести́.

ПÓВЕСТЬ —/‾‾ *f.* nouvelle, récit. « *Пóвести Бéлкина* », « les Récits de Bielkine ».

ПО-ВИ́ДИМОМУ *adv.* apparemment. *Онá, по-ви́димому, ошиблась*, elle s'est vraisemblablement trompée.

ПОВИНОВÁТЬСЯ / ПОВИНОВÁТЬСЯ (*non usité au futur simple*) se soumettre, obéir. *Повиновáться закóну*, se soumettre à la loi. *Онá повиновáлась емý во всём*, elle lui obéissait en tout.

/ **ПОВЛÉЧЬ** v. влечь.

/ **ПОВЛИЯ́ТЬ** v. влия́ть.

I. ПÓВОД raison, motif. *Хохотáть без пóвода*, rire sans raison. *Он дал нам пóвод к размышлéниям*, il nous a donné matière à réflexion. ● **По пóводу,** au sujet. *Разговóр по пóводу нóвого изобретéния*, une conversation au sujet d'une nouvelle invention.

II. ПÓВОД*, *loc.* поводу́ _∠_, *pl.* повóдья, повóдьев, повóдьям... ‾‾‾ bride, rêne. *Вести́ коня́ в поводу́*, mener un cheval par la bride.

ПОВОРÁЧИВАТЬ / ПОВЕРНУ́ТЬ, *part.* повёрнутый **1.** tourner (*tr.*). *Повернýть ключ в замкé*, tourner la clef dans la serrure. **2.** tourner (*intr.*). *Повернýть напрáво*, tourner à droite. *Повернýть назáд*, faire demi-tour.

ПОВОРÁЧИВАТЬСЯ / ПОВЕРНУ́ТЬСЯ 1. se tourner, se retourner. *Онá повернýлась ко мне лицóм*, elle s'est tournée vers moi. **2.** prendre une tournure. *Вы знáете, как дéло повернýлось*, Vous savez quelle tournure a pris cette affaire.

ПОВОРÓТ tournant. *На поворóте*, au tournant. // (*Fig.*) *Э́то был реши́тельный поворóт в егó жи́зни*, ce fut un tournant décisif dans sa vie.

/ **ПОВРЕДИ́ТЬ** v. вреди́ть et повреждáть.

ПОВРЕЖДÁТЬ / ПОВРЕДИ́ТЬ, *part.* повреждённый* endommager. *Лóдка былá повреждена́*, la barque a été endommagée.

ПОВСЮ́ДУ *adv.* partout. *Егó разыскивали повсю́ду*, on le cherchait partout.

ПОВТОРÉНИЕ répétition. *В э́том расскáзе мнóго повторéний*, dans ce récit, il y a beaucoup de répétitions. ● **Повторéние прóйденного,** révision (*scolaire*).

/ **ПОВТОРИ́ТЬ** v. повторя́ть.

ПОВТОРЯ́ТЬ / ПОВТОРИ́ТЬ 1. répéter (*redire ou refaire*). *Повтори́те э́ту фрáзу*, Répétez cette phrase. *Повтори́лась та же истóрия*, la même histoire s'est répétée. **2.** répéter (*pour apprendre par cœur*). *Повтори́ть роль пéред спектáклем*, répéter son rôle avant le spectacle. *Повторя́ть урóки*, revoir ses leçons.

/ **ПОВЫ́СИТЬ** v. повышáть.

/ **ПОВЫ́СИТЬСЯ** v. повышáться.

ПОВЫША́ТЬ / ПОВЫ́СИТЬ élever, augmenter (*tr.*). *Повы́сить у́ровень*, faire monter le niveau. *Повы́сить зарпла́ту*, augmenter les salaires. ● **Повы́сить го́лос,** élever le ton.

ПОВЫША́ТЬСЯ / ПОВЫ́СИТЬСЯ monter (*intr.*). *У́ровень повыша́ется*, le niveau monte. *Производи́тельность труда́ повыша́ется*, la productivité augmente. *Повыша́ться по слу́жбе*, obtenir de l'avancement.

ПОВЫШЕ́НИЕ hausse, augmentation. *Повыше́ние цен*, une hausse des prix. *Повыше́ние температу́ры*, une hausse de la température. *Повыше́ние жи́зненного у́ровня*, l'augmentation du niveau de vie.

/ **ПОВЯЗА́ТЬ** v. повя́зывать.

ПОВЯ́ЗКА **1.** bandeau. *Наде́ть повя́зку на глаза́*, mettre un bandeau sur les yeux. *С кра́сной повя́зкой на рукаве́*, avec un brassard rouge. **2.** bandage, pansement. *Врач наложи́л ему́ повя́зку*, le médecin lui a fait un pansement.

ПОВЯ́ЗЫВАТЬ / ПОВЯЗА́ТЬ* II, повяжу́, повя́жешь... ⌞___ nouer. *Повяза́ть га́лстук*, faire son nœud de cravate. *Повяза́ть го́лову платко́м*, mettre un fichu sur sa tête.

ПОГА́НЫЙ **1.** (*arch.*) païen, impur. **2.** mauvais, vénéneux. *Э́то пога́ные гриби́*, ce sont des champignons qui ne se mangent pas. **3.** sale (*propr. et fig.*). *Пога́ное ведро́*, le seau aux ordures. *Пога́ное де́ло*, une sale affaire.

/ **ПОГАСИ́ТЬ** v. гаси́ть.

/ **ПОГА́СНУТЬ** v. га́снуть.

ПОГИБА́ТЬ / ПОГИ́БНУТЬ* III, périr (*divers sens*). *Кора́бль поги́б*, le vaisseau a sombré. *Его́ оте́ц поги́б на фро́нте*, son père est mort au front.

/ **ПОГИ́БНУТЬ** v. ги́бнуть et погиба́ть.

/ **ПОГЛА́ДИТЬ** v. гла́дить.

/ **ПОГЛОТИ́ТЬ** v. поглоща́ть.

ПОГЛОЩА́ТЬ / ПОГЛОТИ́ТЬ (т → щ) absorber. *Поглоти́ть вла́гу*, absorber l'humidité. // (*Fig.*) *Он был поглощён заня́тиями*, il était absorbé par ses occupations.

/ **ПОГЛУМИ́ТЬСЯ** v. глуми́ться.

/ **ПОГЛУПЕ́ТЬ** v. глупе́ть.

/ **ПОГЛЯДЕ́ТЬ** v. гляде́ть.

ПОГЛЯ́ДЫВАТЬ jeter des coups d'œil. *Погля́дывать по сторона́м*, jeter des coups d'œil à droite et à gauche.

/ **ПОГНА́ТЬ** v. гнать.

/ **ПОГНА́ТЬСЯ** v. гна́ться.

/ **ПОГНУ́ТЬ** v. гнуть.

/ **ПОГНУША́ТЬСЯ** v. гнуша́ться.

/ **ПОГОВОРИ́ТЬ** v. говори́ть.

ПОГОВО́РКА dicton.

ПОГО́ДА temps (*état de l'atmosphère*). *Вчера́ была́ хоро́шая пого́да*, hier, il a fait beau temps. *Дождли́вая пого́да*, un temps pluvieux. *Отврати́тельная пого́да*, un temps de chien.

/ **ПОГОДИ́ТЬ** (*fam.*) attendre un peu. *Погоди́те, она́ сейча́с придёт*, Attendez un peu, elle arrive tout de suite.

ПОГО́НЯ poursuite, chasse. *Пусти́лись в пого́ню за беглеца́ми*, on se lança à la poursuite des fuyards.

ПОГРАНИ́ЧНИК soldat garde-frontière.

ПОГРАНИ́ЧНЫЙ frontalier. *Пограни́чный пост*, le poste frontière. *Пограни́чная полоса́*, une zone limitrophe.

ПО́ГРЕБ*, *nom. pl.* погреба́ ___ cellier, cave.

/ **ПОГРЕСТИ́** v. грести́.

/ **ПОГРОЗИ́ТЬ** v. грози́ть.

ПОГРУЖА́ТЬ / ПОГРУЗИ́ТЬ plonger, enfoncer. *Погружа́ться в во́ду*, s'enfoncer dans l'eau. // (*Fig.*) *Погружа́ться в чте́ние*, se plonger dans la lecture.

/ **ПОГРУЗИ́ТЬ** v. грузи́ть et погружа́ть.

/ **ПОГРЫ́ЗТЬ** v. грызть.
/ **ПОГУБИ́ТЬ** v. губи́ть.
/ **ПОГУЛЯ́ТЬ** v. гуля́ть.

ПОД, ПОДО *prép.*
I. Régissant l'accusatif.
1. sous (*direction*) // sous (*rapport abstrait*).
2. vers, près de (*temps*).
3. destiné à.
4. au(x) son(s) de.
5. à l'imitation de.
II. Régissant l'instrumental.
1. sous (*emplacement*) // sous (*rapport abstrait*).
2. aux environs de (*lieu*).
3. par (*après les verbes* « понима́ть », « подразумева́ть »...).

I. 1. *Поста́вить чемода́н под ла́вку*, mettre sa valise sous la banquette. // *Взять под свою́ защи́ту*, prendre sous sa protection. *Отда́ть под вое́нный суд*, traduire devant un tribunal de guerre. **2.** *Под коне́ц*, vers la fin. *По́д вечер*, vers le soir. *Под ста́рость*, sur ses vieux jours. *Мужчи́на лет по́д сорок*, un homme d'une quarantaine d'années. **3.** *Найти́ помеще́ние под склад*, trouver un local pouvant servir de dépôt. **4.** *Петь под гита́ру*, chanter en s'accompagnant à la guitare. **5.** *Под кра́сное де́рево*, imitation d'acajou.

II. 1. *Сиде́ть под де́ревом*, être assis sous un arbre. // *Под наблюде́нием врача́*, sous la surveillance d'un médecin. *Под влия́нием Толсто́го*, sous l'influence de Tolstoï. *Писа́ть под псевдони́мом*, écrire sous un pseudonyme. **2.** *Жить под Во́логдой*, habiter aux environs de Vologda. **3.** *Что вы подразумева́ете под э́тим?*, Qu'est-ce que vous entendez par là ? ● **Би́тва под** (+ *instr.*), la bataille de. *Би́тва под Полта́вой*, la bataille de Poltava (v. би́тва). **Под руко́й,** sous la main (*propr. et fig.*). *Име́ть что́-нибудь под руко́й*, avoir qqch. sous la main. **По́д руку,** sous le bras. *Держа́ть кого́-нибудь по́д руку*, tenir qqn par le bras.

ПОДАВА́ТЬ* II, подаю́, подаёшь...; подава́й; подава́я / **ПОДА́ТЬ*** *n. cl.*, пода́м, пода́шь, пода́ст, подади́м, подади́те, подаду́т; по́дал, подала́, по́дало, по́дали ; пода́й; по́данный, по́дан, по́дана́, по́дано, по́даны **1.** servir, apporter. *Обе́д по́дан*, le déjeuner est servi. *Пода́ть кому́-нибудь стака́н воды́*, apporter à qqn un verre d'eau. **2.** donner, tendre. *Они́ по́дали друг дру́гу ру́ку*, ils se serrèrent la main. *Пода́ть ми́лостыню*, donner une aumône. **3.** donner, transmettre (*fig.*). *Пода́ть приме́р*, donner l'exemple. *Пода́ть жа́лобу*, porter plainte. *Пода́ть в отста́вку*, donner sa démission. ● **Руко́й пода́ть,** tout près. *Отсю́да руко́й пода́ть*, c'est à deux pas d'ici.

ПОДАВА́ТЬСЯ* II, подаю́сь, подаёшься...; подава́йся; подава́ясь / **ПОДА́ТЬСЯ*** *n. cl.*, пода́мся, пода́шься, пода́стся, подади́мся, подади́тесь, подаду́тся; пода́лся, подала́сь... se déplacer. *Пода́ться наза́д*, reculer.

/ **ПОДАВИ́ТЬ** v. дави́ть et подавля́ть.

/ **ПОДАВИ́ТЬСЯ** v. дави́ться.

ПОДАВЛЯ́ТЬ / **ПОДАВИ́ТЬ** **1.** écraser, étouffer. *Подави́ть восста́ние*, écraser un soulèvement. **2.** surmonter. *Подави́ть страх*, vaincre la peur.

/ **ПОДАРИ́ТЬ** v. дари́ть.

ПОДА́РОК cadeau. *Сде́лать пода́рок*, faire un cadeau. *Я получи́л пода́рок*, j'ai reçu un cadeau.

/ **ПОДА́ТЬ** v. подава́ть.

/ **ПОДА́ТЬСЯ** v. подава́ться.

ПОДБИРА́ТЬ / **ПОДОБРА́ТЬ*** IV, подберу́, подберёшь...; подобра́л, подобрала́, подобра́ло, подобра́ли **1.** ramasser. *Бума́ги упа́ли на́ пол; она́ их подобрала́*, les papiers tombèrent par terre; elle les ramassa. **2.** relever, retrousser. *Подобра́ть* *пла́тье*, retrousser sa robe. **3.** choisir. *Подобра́ть га́лстук под цвет костю́ма*, assortir une cravate à son costume.

ПОДБОРО́ДОК menton. *Двойно́й подборо́док*, un double menton.

ПОДВА́Л 1. sous-sol. *Жить в подва́ле*, habiter un sous-sol. **2.** cave. *В подва́ле ничего́ не́ было кро́ме у́гля и дров*, dans la cave, il n'y avait que du charbon et du bois.

ПОДВЕРГА́ТЬ / ПОДВЕ́РГНУТЬ* III soumettre, exposer. *Подверга́ть испыта́ниям*, mettre à l'épreuve. *Подве́ргнуться опа́сности*, courir un danger.

/ **ПОДВЕ́РГНУТЬ** v. подверга́ть.

/ **ПОДВЕСТИ́** v. подводи́ть.

ПО́ДВИГ exploit. *Во́инские по́двиги*, des faits d'armes. *Соверши́ть по́двиг*, accomplir un exploit.

I. ПОДВИГА́ТЬ / ПОДВИ́НУТЬ avancer (*tr.*), faire avancer. *Подви́нуть стул к окну́*, approcher sa chaise de la fenêtre. *Подви́нуть свою́ рабо́ту*, avancer son travail.

II. / ПОДВИ́ГАТЬ remuer un peu. *Подви́гать па́льцами*, remuer les doigts.

REMARQUE. Les deux verbes ci-dessus diffèrent par leur accentuation.

ПОДВИГА́ТЬСЯ / ПОДВИ́НУТЬСЯ s'avancer, avancer (*intr.*). *Ло́дка ме́дленно подвига́лась*, la barque avançait lentement. *Рабо́та бы́стро подвига́ется*, le travail avance rapidement.

ПОДВИЖНО́Й, ПОДВИ́ЖНЫЙ 1. vif, remuant. *Подвижно́й ребёнок*, un enfant remuant. *Подви́жное лицо́*, un visage animé. **2.** mobile, changeant. *Подвижно́е ударе́ние*, accent mobile.

/ **ПОДВИ́НУТЬ** v. подвига́ть.

/ **ПОДВИ́НУТЬСЯ** v. подвига́ться.

ПОДВОДИ́ТЬ ⟍___ , **ПОДВЕСТИ́*** IV, подведу́, подведёшь...; подвёл, подвела́... ⟋‾‾ ; подведённый **1.** amener, faire approcher. *К нему́ подвели́ коня́*, on lui amena un cheval. **2.** réaliser, établir. *Подвести́ ито́ги*, dresser le bilan. **3.** tromper, décevoir. *Она́ нас не подвела́*, elle a tenu sa promesse.

ПОДВО́ДНЫЙ en dessous de la surface des eaux. *Подво́дный ка́мень*, un écueil. *Подво́дная ло́дка*, un sous-marin. *Подво́дное пла́вание*, la navigation sous-marine.

ПОДГОТА́ВЛИВАТЬ / ПОДГОТО́ВИТЬ préparer. *Подгото́вить прое́кт догово́ра*, préparer un projet de contrat. *Подгото́виться к экза́мену*, se préparer à un examen.

/ **ПОДГОТО́ВИТЬ** v. подгота́вливать.

ПОДГОТО́ВКА préparation. *Подгото́вка к экза́менам*, la préparation aux examens.

ПОДГОТОВЛЯ́ТЬ synonyme de « подгота́вливать ».

ПОДДАВА́ТЬСЯ* II, поддаю́сь, поддаёшься...; поддава́йся; поддава́ясь / **ПОДДА́ТЬСЯ*** *n. cl.*, подда́мся, подда́шься, подда́стся, поддади́мся, поддади́тесь, поддаду́тся; подда́лся, поддала́сь... ⟋‾‾ ; подда́йся céder, ne pas résister. *Поддава́ться па́нике*, se laisser aller à la panique. *Не поддава́ться угро́зам*, résister aux menaces.

ПО́ДДАНСТВО citoyenneté. *Приня́ть францу́зское по́дданство*, se faire naturaliser Français.

/ **ПОДДА́ТЬСЯ** v. поддава́ться.

ПОДДЕ́ЛЬНЫЙ contrefait, falsifié. *Подде́льный докуме́нт*, un document falsifié.

/ **ПОДДЕРЖА́ТЬ** v. подде́рживать.

ПОДДЕ́РЖИВАТЬ / ПОДДЕРЖА́ТЬ* I, поддержу́, подде́ржишь... ⟍___ **1.** soutenir. *Поддержа́ть предложе́ние*, soutenir une proposition. **2.** entretenir, maintenir. *Поддержáть разговóр*, entretenir la conversation. *Поддержáть порядок*, maintenir l'ordre.

ПОДДÉРЖКА soutien, aide. *Оказáть материáльную поддéржку*, accorder une aide matérielle.

/ **ПОДÉЙСТВОВАТЬ** v. дéйствовать.

/ **ПОДÉЛАТЬ** (*fam.*) faire. *Что подéлаешь?*, Qu'est-ce qu'on peut y faire? *Ничегó не подéлаешь*, on n'y peut rien.

/ **ПОДЕЛИ́ТЬ** v. дели́ть.

/ **ПОДЕЛИ́ТЬСЯ** v. дели́ться.

/ **ПОДЕРЖÁТЬ** v. держáть.

/ **ПОДЕШЕВÉТЬ** v. дешевéть.

/ **ПОДЖÁТЬ** v. поджимáть.

/ **ПОДЖÉЧЬ** v. поджигáть.

ПОДЖИГÁТЬ / ПОДЖÉЧЬ* IV, подожгý, подожжёшь..., подожгýт; поджёг, подожглá, подожглó, подожгли́; подожжённый mettre le feu. *Поджéчь костёр*, allumer un feu de bois. *Поджéчь дом*, mettre le feu à une maison.

ПОДЖИМÁТЬ / ПОДЖÁТЬ* IV, подожмý, подожмёшь...; поджáтый **1.** ramener en dessous. *Поджáть под себя нóги*, replier ses jambes. *Поджáв хвост, собáка убежáла*, le chien s'enfuit, la queue entre les jambes. **2.** serrer. *Поджáть гýбы*, serrer les lèvres.

ПОДЗÉМНЫЙ souterrain. *Подзéмный перехóд*, passage souterrain.

ПОДЗЫВÁТЬ / ПОДОЗВÁТЬ* IV, подзовý, подзовёшь...; подозвáл, подозвалá, подозвáло, подозвáли /___ appeler qqn, lui demander d'approcher.

/ **ПОДКАРАÝЛИТЬ** v. караýлить.

ПОДКИ́ДЫШ enfant trouvé.

ПОДКЛÁДКА doublure. *На шёлковой подклáдке*, doublé de soie.

ПОДКЛÁДЫВАТЬ / ПОДЛОЖИ́ТЬ ___ mettre en dessous. *Подложи́ть под гóлову подýшку*, se mettre un oreiller sous la tête. *Подложи́ть дров в пéчку*, remettre du bois dans le poêle. ● **Подложи́ть комý-нибудь свинью́,** jouer à qqn un tour de cochon.

ПОДКÓВА fer à cheval.

/ **ПОДКОВÁТЬ** v. ковáть.

ПОДКÓП sape, mine. *Подвести́ подкóп под бáшню*, miner une tour.

ПОДКРÁДЫВАТЬСЯ / ПОДКРÁСТЬСЯ* IV, подкрадýсь, подкрадёшься...; подкрáлся, подкрáлась... s'approcher furtivement. *Подкрáсться к часовóму*, s'approcher furtivement de la sentinelle.

/ **ПОДКРÁСТЬСЯ** v. крáсться et подкрáдываться.

ПОДКРЕПЛÉНИЕ 1. rétablissement, renforcement. *Для подкреплéния сил*, pour reprendre des forces. **2.** renfort. *Войскá, пóсланные в подкреплéние*, des troupes envoyées en renfort.

ПÓДЛЕ *prép.* (+ *gén.*) auprès de. *Друг пóдле дрýга*, l'un auprès de l'autre.

ПОДЛЕЖÁЩЕЕ *adj. subst. n.* sujet (*gramm.*).

ПОДЛÉЦ /‾‾ ‾‾ triste individu.

ПОДЛИВÁТЬ / ПОДЛИ́ТЬ* II, подолью́, подольёшь...; подли́л, подлилá, подли́ло, подли́ли /___; подлéй; подли́тый, подли́т, подлитá, подли́то, подли́ты /___ verser encore. ajouter. *Подли́ть сóуса*, ajouter de la sauce. ● **Подли́ть мáсла в огóнь,** jeter de l'huile sur le feu.

/ **ПОДЛИЗÁТЬСЯ** v. подли́зываться.

ПОДЛИ́ЗЫВАТЬСЯ / ПОДЛИЗÁТЬСЯ* II, подлижýсь, подли́жешься... ___ (к + *dat.*) faire de la lèche.

ПÓДЛИННИК original (*texte primitif*). *Читáть Эврипи́да в* *по́длиннике*, lire Euripide dans le texte.

ПО́ДЛИННЫЙ authentique. *По́длинный докуме́нт*, un document authentique. *По́длинный худо́жник*, un artiste véritable.

/ **ПОДЛИ́ТЬ** v. подлива́ть.

/ **ПОДЛОЖИ́ТЬ** v. подкла́дывать.

ПО́ДЛЫЙ vil, bas. *По́длый посту́пок*, une action indigne.

/ **ПОДМЕСТИ́** v. мести́ et подмета́ть.

ПОДМЕТА́ТЬ / **ПОДМЕСТИ́*** IV, подмету́, подметёшь...; подмёл, подмела́... ; подметённый balayer. *Подмести́ ко́мнату*, balayer la chambre.

ПОДНИМА́ТЬ / **ПОДНЯ́ТЬ*** IV, подниму́, подни́мешь... ; по́днял, подняла́, по́дняло, по́дняли ; по́днятый, по́днят, поднята́, по́днято, по́дняты **1.** lever, soulever. *Подня́ть тяжёлый я́щик*, soulever une lourde caisse. *Подня́ть за́навес*, lever le rideau. *Подня́ть я́корь*, lever l'ancre. *Подня́ть пыль*, soulever de la poussière. *Подня́ть го́лову*, lever la tête. *Подня́ть ру́ку*, lever la main. **2.** relever, ramasser. *Подня́ть бума́гу*, ramasser un papier. • **Подня́ть восста́ние,** organiser un soulèvement. **Подня́ть кого́-нибудь на́ смех,** tourner qqn en ridicule. **Подня́ть трево́гу,** donner l'alarme.

ПОДНИМА́ТЬСЯ / ПОДНЯ́ТЬСЯ* IV, поднимусь, подни́мешься... ; поднялся, поднялась... **1.** monter (*intr.*). *Подня́ться на шесто́й эта́ж по ле́стнице*, monter au cinquième par l'escalier. *Подня́ться на ли́фте*, monter par l'ascenseur. *Вода́ поднима́лась*, l'eau montait. *Баро́метр поднима́ется*, le baromètre monte. *Це́ны подняли́сь*, les prix ont monté. **2.** se lever. *Подня́ться со сту́ла*, se lever de sa chaise. *Подня́ться в пять часо́в*, se lever à cinq heures. *Луна́ подняла́сь*, la lune s'est levée. **3.** se relever. *Он упа́л, но бы́стро подня́лся*, il est tombé, mais s'est relevé presque aussitôt. **4.** s'élever, commencer. *Подняла́сь мете́ль*, une tempête de neige s'éleva. *Подняли́сь проте́сты*, des cris de protestation s'élevèrent.

ПОДНО́ЖИЕ **1.** pied (*d'une montagne*). *У подно́жия горы́*, au pied de la montagne. **2.** piédestal. *Ста́туя на грани́тном подно́жии*, une statue sur son piédestal de granit.

ПОДНО́ЖКА **1.** marchepied. *Вскочи́ть на подно́жку*, sauter sur le marchepied. **2.** (*fam.*) croche-pied. *Дать подно́жку*, faire un croche-pied.

ПОДНО́С plateau (*à servir*). *На серебря́ном подно́се*, sur un plateau d'argent.

/ **ПОДНЯ́ТЬ** v. поднима́ть.

/ **ПОДНЯ́ТЬСЯ** v. поднима́ться.

ПОДО v. под.

ПОДО́БНО *adv.* • **Подо́бно тому́ как,** de même que.

ПОДО́БНЫЙ semblable. *Подо́бные треуго́льники*, des triangles semblables. • **И тому́ подо́бное,** et ainsi de suite. **Ничего́ подо́бного !,** Pas le moins du monde !

Remarque. Pour l'emploi adverbial de la forme « подо́бно », voir ce mot.

/ **ПОДОБРА́ТЬ** v. подбира́ть.

ПОДОГРЕВА́ТЬ / **ПОДОГРЕ́ТЬ,** *part.* подогре́тый* réchauffer. *Подогре́ть суп*, faire réchauffer la soupe.

/ **ПОДОГРЕ́ТЬ** v. подогрева́ть.

/ **ПОДОЗВА́ТЬ** v. подзыва́ть.

/ **ПОДОЖДА́ТЬ** v. ждать.

ПОДОЗРЕВА́ТЬ / **ЗАПОДО́ЗРИТЬ** soupçonner, suspecter.

Они́ подозрева́ли друг дру́га, ils se soupçonnaient les uns les autres. *Мы э́того не подозрева́ли*, nous ne nous en doutions pas.

ПОДОЗРЕ́НИЕ soupçon. *Необосно́ванные подозре́ния*, des soupçons non fondés.

ПОДОЗРИ́ТЕЛЬНЫЙ **1.** suspect. *Подозри́тельный шум*, un bruit suspect. **2.** soupçonneux, méfiant. *Подозри́тельный хара́ктер*, un caractère méfiant.

/ **ПОДОЙТИ́** v. подходи́ть.

ПОДОКО́ННИК appui de fenêtre. *На подоко́ннике стоя́ли цветы́*, il y avait des fleurs sur la fenêtre.

/ **ПОДОРВА́ТЬ** v. подрыва́ть.

/ **ПОДОРОЖА́ТЬ** v. дорожа́ть.

ПОДО́ШВА **1.** semelle. *Ко́жаные подо́швы*, des semelles de cuir. **2.** pied (*d'une montagne*).

/ **ПОДПИСА́ТЬ** v. подпи́сывать.

/ **ПОДПИСА́ТЬСЯ** v. подпи́сываться.

ПОДПИ́СКА souscription, abonnement. *Здесь принима́ется подпи́ска на сове́тские журна́лы*, ici on peut s'abonner aux revues soviétiques.

ПОДПИ́СЧИК abonné (*à un journal*).

ПОДПИ́СЫВАТЬ / ПОДПИСА́ТЬ* II, подпишу́, подпи́шешь... ⟍___ **1.** signer. *Подписа́ть докуме́нт*, signer un document. *Подписа́ть соглаше́ние*, signer un accord. **2.** abonner. *Подписа́ть кого́-нибудь на газе́ту*, abonner qqn à un journal.

ПОДПИ́СЫВАТЬСЯ / ПОДПИСА́ТЬСЯ* II, подпишу́сь, подпи́шешься... ⟍___ **1.** apposer sa signature. *Перечита́в письмо́, он подписа́лся*, il relut sa lettre et la signa. **2.** s'abonner, souscrire. *Подписа́ться на газе́ту*, s'abonner à un journal. *Подписа́ться на по́лное собра́ние сочине́ний Толсто́го*, souscrire aux œuvres complètes de Tolstoï.

ПО́ДПИСЬ *f.* signature. *По́дпись неразбо́рчива*, la signature est illisible.

ПОДПО́ЛЬНЫЙ clandestin. *Подпо́льная организа́ция*, une organisation clandestine.

ПОДРАЖА́ТЬ (+ *dat.*) imiter. *Подража́ть изве́стному писа́телю*, imiter un écrivain célèbre.

/ **ПОДРАЗНИ́ТЬ** v. дразни́ть.

ПОДРАЗУМЕВА́ТЬ sous-entendre. *Что вы подразумева́ете под э́тим?*, Qu'est-ce que vous entendez par là ?

ПОДРАСТА́ТЬ / ПОДРАСТИ́* IV, подрасту́, подрастёшь...; подро́с, подросла́... ⟋‾‾‾ grandir un peu; croître un peu. *За ле́то ма́льчик си́льно подро́с*, pendant l'été, ce garçon a bien grandi.

/ **ПОДРАСТИ́** v. подраста́ть.

/ **ПОДРА́ТЬСЯ** v. дра́ться.

ПОДРО́БНОСТЬ *f.* détail. *Не вдава́ться в подро́бности*, ne pas entrer dans les détails. *Рассказа́ть во всех подро́бностях*, raconter dans tous les détails.

ПОДРО́БНЫЙ détaillé. *Подро́бный отчёт*, un compte rendu détaillé. *Подро́бная ка́рта*, une carte détaillée.

ПОДРО́СТОК adolescent *ou* adolescente (*de douze à seize ans environ*).

ПОДРУ́ГА amie, compagne. *Подру́га де́тства*, une amie d'enfance.

/ **ПОДРУЖИ́ТЬСЯ** se lier d'amitié. *Они́ подружи́лись на вое́нной слу́жбе*, ils se sont liés d'amitié pendant leur service militaire.

ПОДРЫВА́ТЬ / ПОДОРВА́ТЬ* IV, подорву́, подорвёшь...; подорва́л, подорвала́, подорва́ло, подорва́ли ⋀___ **1.** faire sauter. *Подорва́ть мост*, faire sauter un pont. **2.** miner, compromettre. *Подорва́ть здоро́вье*, miner la santé. *Подорва́ть авторите́т*, compromettre l'autorité.

ПОДРЯ́Д *adv.* consécutivement. *Не́сколько ме́сяцев подря́д*, plusieurs mois de suite.

ПОДСВЕ́ЧНИК [шн'] chandelier. *Вста́вить све́чи в подсве́чники*, mettre des bougies dans les chandeliers.

/ **ПОДСКАЗА́ТЬ** v. подска́зывать.

ПОДСКА́ЗЫВАТЬ / ПОДСКАЗА́ТЬ* II, подскажу́, подска́жешь... **1.** souffler (*dire à voix basse*). *Подска́зывать това́рищу на уро́ке*, souffler à un camarade pendant la classe. **2.** suggérer, inspirer. *Реше́ние бы́ло подска́зано обстоя́тельствами*, la solution nous a été dictée par les circonstances.

/ **ПОДСЛУ́ШАТЬ** v. подслу́шивать.

ПОДСЛУ́ШИВАТЬ / ПОДСЛУ́ШАТЬ écouter (*aux portes...*). *Она́ подошла́ к две́ри, что́бы подслу́шать их разгово́р*, elle s'approcha de la porte pour écouter leur conversation.

ПОДСО́БНЫЙ auxiliaire. *Подсо́бный за́работок*, un revenu supplémentaire.

ПОДСО́ЛНЕЧНИК tournesol, soleil.

ПОДСО́ЛНУХ (*fam.*) soleil (*tournesol*). *Грызть подсо́лнухи*, manger des graines de tournesol.

/ **ПОДСТА́ВИТЬ** v. подставля́ть.

ПОДСТА́ВКА support.

ПОДСТАВЛЯ́ТЬ / ПОДСТА́ВИТЬ 1. mettre en dessous. *Подста́вить под сте́ну подпо́ры*, étayer un mur. **2.** tendre. *Подста́вить щёку*, tendre la joue. **3.** approcher (*mettre plus près*). *Подста́вить стул*, approcher une chaise. • **Подста́вить кому́-нибудь но́жку,** faire un croche-pied à qqn.

ПОДСТАКА́ННИК porte-verre.

ПОДСТЕРЕГА́ТЬ / ПОДСТЕРЕ́ЧЬ* IV, подстерегу́, подстережёшь..., подстерегу́т; подстерёг, подстерегла́... ; подстережённый guetter, épier. *Я уве́рен, что он меня́ подстерега́ет*, je suis sûr qu'il m'épie.

/ **ПОДСТЕРЕ́ЧЬ** v. подстерега́ть.

ПОДСТРЕКА́ТЬ / ПОДСТРЕКНУ́ТЬ 1. exciter (*rendre plus vif*). *Подстрека́ть любопы́тство*, exciter la curiosité. **2.** inciter, pousser à.

Remarque. Dans son deuxième sens, « подстрека́ть » se construit avec к + *dat.* ou на + *acc.*, ou avec un infinitif.

/ **ПОДСТРЕКНУ́ТЬ** v. подстрека́ть.

ПОДСТРИГА́ТЬ / ПОДСТРИ́ЧЬ* IV, подстригу́, подстрижёшь..., подстригу́т; подстри́г, подстри́гла...; подстри́женный couper, tailler. *Подстри́чь во́лосы*, couper les cheveux. *Подстри́чь но́гти*, tailler les ongles. *Подстри́чь бо́роду*, tailler la barbe. *Подстри́чь дере́вья*, tailler des arbres.

/ **ПОДСТРИ́ЧЬ** v. подстрига́ть.

ПОДСУДИ́МЫЙ inculpé. *На скамье́ подсуди́мых*, sur le banc des accusés.

ПОДСЧЁТ compte, calcul. *По мойм подсчётам*, d'après mes calculs.

/ **ПОДСЧИТА́ТЬ** v. подсчи́тывать.

ПОДСЧИ́ТЫВАТЬ / ПОДСЧИТА́ТЬ calculer, compter. *Подсчита́ть расхо́ды*, calculer les dépenses.

ПОДТА́ЛКИВАТЬ / ПОДТОЛКНУ́ТЬ pousser (*par en dessous*). *Подтолкну́ть ло́ктем*, pousser du coude.

/ **ПОДТВЕРДИ́ТЬ** v. подтвержда́ть.

ПОДТВЕРЖДА́ТЬ / ПОДТВЕРДИ́ТЬ, *part.* подтверждённый* confirmer. *На́ши опасе́ния подтверди́лись*, nos craintes se sont confirmées.

ПОДТВЕРЖДЕ́НИЕ confirmation. *В подтвержде́ние его́ слов*, à l'appui de ce qu'il disait.

/ **ПОДТОЛКНУ́ТЬ** v. подта́лкивать.

ПОДТЯ́ГИВАТЬ / ПОДТЯНУ́ТЬ ⌞__ **1.** serrer plus fort. *Подтяну́ть га́йку*, serrer un écrou. **2.** tirer. *Подтяну́ть ло́дку к бе́регу*, tirer une barque vers la rive. **3.** concentrer, rassembler. *Подтяну́ть войска́ к фро́нту*, concentrer des troupes à proximité du front.

ПОДТЯ́ЖКИ, подтя́жек, подтя́жкам... *pl. t.* bretelles.

/ **ПОДТЯНУ́ТЬ** v. подтя́гивать.

/ **ПОДУ́МАТЬ** v. ду́мать.

/ **ПОДУ́ТЬ** v. дуть.

ПОДУ́ШКА coussin, oreiller. *Подложи́ть под го́лову поду́шку*, se mettre un coussin sous la tête.

/ **ПОДХВАТИ́ТЬ** v. подхва́тывать.

ПОДХВА́ТЫВАТЬ / ПОДХВАТИ́ТЬ ⌞__ **1.** prendre par en dessous. *Подхвати́ть больно́го по́д руки*, soutenir le malade. **2.** attraper au vol. *Подхвати́ть мяч*, attraper le ballon.

ПОДХО́Д approche (*divers sens*). *На подхо́де к го́роду*, aux approches de la ville. *Своеобра́зный подхо́д*, une méthode originale.

ПОДХОДИ́ТЬ ⌞__ / **ПОДОЙТИ́*** IV, подойду́, подойдёшь...; подошёл, подошла́...; подойдя́ **1.** s'approcher. *Она́ подошла́ к окну́*, elle s'approcha de la fenêtre. // (*Fig.*) *Подойти́ к концу́*, toucher à sa fin. **2.** convenir. *Он не совсе́м подхо́дит для тако́й рабо́ты*, il ne convient pas parfaitement pour un travail de ce genre.

ПОДХОДЯ́ЩИЙ qui convient. *В са́мый подходя́щий моме́нт*, au moment qui convient le mieux.

ПОДЧЁРКИВАТЬ / ПОДЧЕРКНУ́ТЬ, *part.* подчёркнутый souligner (*propr. et fig.*). *Слова́, подчёркнутые кра́сным карандашо́м*, des mots soulignés en rouge. *Что́бы подчеркну́ть ва́жность э́тих собы́тий*, pour souligner l'importance de ces événements.

/ **ПОДЧЕРКНУ́ТЬ** v. подчёркивать.

/ **ПОДЧИНИ́ТЬ** v. подчиня́ть.

ПОДЧИНЯ́ТЬ / ПОДЧИНИ́ТЬ subordonner, soumettre. *Подчини́ться прика́зу*, se soumettre à un ordre.

ПОДЪЕ́ЗД perron. *Останови́ться у подъе́зда*, s'arrêter devant le perron.

ПОДЪЕЗЖА́ТЬ / ПОДЪЕ́ХАТЬ* IV, подъе́ду, подъе́дешь... s'approcher, arriver (*en voiture...; en parlant d'une voiture...*). *Мы подъезжа́ли к вокза́лу*, nous arrivions à la gare. *Маши́на подъезжа́ла к вокза́лу*, la voiture arrivait à la gare.

ПОДЪЁМ **1.** montée (*divers sens*). *Подъём воды́*, la montée des eaux. *Круто́й подъём*, une forte côte. **2.** essor. *Промы́шленный подъём*, l'essor industriel. **3.** enthousiasme. *Он принялся́ за де́ло с больши́м подъёмом*, il se mit au travail avec un grand enthousiasme. ● **Тяжёлый на подъём,** casanier.

ПОДЪЁМНЫЙ ● **Подъёмный кран,** grue (*techn.*). **Подъёмный мост,** pont-levis.

/ **ПОДЪЕ́ХАТЬ** v. подъезжа́ть.

ПОДЫМА́ТЬ synonyme archaïque ou familier de « поднима́ть ».

/ **ПОДЫША́ТЬ** v. дыша́ть.

ПО́ЕЗД*, *nom. pl.* поезда́ train. *При́городный по́езд*, train de banlieue. *Ско́рый по́езд*, rapide. *Това́рный по́езд*, train de marchandises. *Расписа́ние движе́ния поездо́в*, horaire des trains. *В кото́ром часу́ отхо́дит по́езд?*, A quelle heure part le train? *Опозда́ть на по́езд*, manquer son train.

ПОЕ́ЗДКА voyage. *Пое́здка в Москву́*, un voyage à Moscou.

ПОЕЗЖА́Й, ПОЕЗЖА́ЙТЕ v. е́хать.

/ **ПОЕ́СТЬ** v. есть I.

ПОЁМ, ПОЁТ... v. петь.

/ **ПОЕ́ХАТЬ** v. е́хать.

/ **ПОЖАЛЕ́ТЬ** v. жале́ть.

/ **ПОЖА́ЛОВАТЬ** ● **Добро́ пожа́ловать,** Soyez le(s) bienvenu(s).

/ **ПОЖА́ЛОВАТЬСЯ** v. жа́ловаться.

ПОЖА́ЛУЙ *particule* peut-être après tout. *Я, пожа́луй, пойду́ с ва́ми*, Après tout, j'irai peut-être avec vous. *Пожа́луй, он прав*, il a peut-être bien raison.

ПОЖА́ЛУЙСТА *particule* **1.** s'il vous plaît *ou* s'il te plaît. *Дай мне, пожа́луйста, кусо́к хле́ба*, Donne-moi un morceau de pain, s'il te plaît. **2.** je vous en prie *ou* je t'en prie. « *Извини́те! — Пожа́луйста* », « Excusez-moi ! — Je vous en prie. »

ПОЖА́Р incendie. *Вспы́хнул пожа́р*, un incendie a éclaté. *Потуши́ть пожа́р*, éteindre un incendie.

ПОЖА́РНЫЙ **1.** d'incendie. *Пожа́рная маши́на*, voiture de pompiers. *Пожа́рная ле́стница*, l'échelle des pompiers. **2.** *subst.* pompier. ● **На вся́кий пожа́рный слу́чай** (*fam. et iron.*), à tout hasard.

/ **ПОЖА́ТЬ** v. жать et пожима́ть.

/ **ПОЖЕВА́ТЬ** v. жева́ть.

ПОЖЕЛА́НИЕ souhait, vœu. *Спаси́бо за до́брые пожела́ния*, Merci de vos bons vœux.

/ **ПОЖЕЛА́ТЬ** v. жела́ть.

/ **ПОЖЕЛТЕ́ТЬ** v. желте́ть.

/ **ПОЖЕ́РТВОВАТЬ** v. же́ртвовать.

ПОЖИВА́ТЬ aller (*se porter*). *Как пожива́ете?*, Comment allez-vous?

ПОЖИ́ЗНЕННЫЙ à vie. *Пожи́зненное заключе́ние*, réclusion à vie.

ПОЖИЛО́Й d'un certain âge. *Пожило́й челове́к*, un homme d'un certain âge.

ПОЖИМА́ТЬ / ПОЖА́ТЬ* IV, пожму́, пожмёшь...; пожа́тый serrer. *Пожа́ть кому́-нибудь ру́ку*, serrer la main à qqn. ● **Пожима́ть плеча́ми,** hausser les épaules.

/ **ПОЖИ́ТЬ*** IV, поживу́, поживёшь...; по́жил, пожила́, по́жило, по́жили vivre un certain temps, passer un certain temps. *Она́ пожила́ с ним не бо́льше го́да*, elle n'a pas vécu plus d'un an avec lui. ● **Поживём — уви́дим,** Qui vivra, verra.

/ **ПОЗАБО́ТИТЬСЯ** v. забо́титься.

/ **ПОЗАВИ́ДОВАТЬ** v. зави́довать.

/ **ПОЗА́ВТРАКАТЬ** v. за́втракать.

ПОЗАВЧЕРА́ *adv.* avant-hier. *Э́то бы́ло позавчера́ ве́чером*, c'était avant-hier soir.

ПОЗАДИ́ **1.** *adv.* en arrière. *Он оста́лся позади́*, il est resté en arrière. **2.** (+ *gén.*) *prép.* en arrière de. *Она́ сиде́ла позади́ тебя́*, elle était assise derrière toi.

ПОЗАПРО́ШЛЫЙ avant-dernier. *В позапро́шлом году́*, il y a deux ans.

/ **ПОЗВА́ТЬ** v. звать.

/ **ПОЗВО́ЛИТЬ** v. позволя́ть.

ПОЗВОЛЯ́ТЬ / ПОЗВО́ЛИТЬ permettre. *Позво́льте мне уйти́*, Permettez-moi de m'en aller.

/ **ПОЗВОНИ́ТЬ** v. звони́ть.

ПОЗВОНО́ЧНИК colonne vertébrale.

ПО́ЗДНИЙ tardif. *До по́зднего ве́чера*, jusque tard dans la soirée.

ПО́ЗДНО, *comp.* позднее́ *et* по́зже* *adv.* tard. *Он по́здно ложи́лся спать*, il se couchait tard. ● **Лу́чше по́здно, чем никогда́,** mieux vaut tard que jamais.

/ **ПОЗДОРО́ВАТЬСЯ** v. здоро́ваться.

/ **ПОЗДРА́ВИТЬ** v. поздравля́ть.

ПОЗДРАВЛЕ́НИЕ félicitations. *Принима́ть поздравле́ния*, recevoir des félicitations.

ПОЗДРАВЛЯ́ТЬ / ПОЗДРА́ВИТЬ 1. féliciter. *Я вас поздравля́ю*, Je vous félicite. **2.** (с + *instr.*) souhaiter. *Поздра́вить кого́-нибудь с Но́вым го́дом*, souhaiter la bonne année à qqn.

/ **ПОЗЕЛЕНЕ́ТЬ** v. зелене́ть.

ПО́ЗЖЕ comp. de « по́здно ».

/ **ПОЗНАКО́МИТЬ** v. знако́мить.

/ **ПОЗНАКО́МИТЬСЯ** v. знако́миться.

ПОЗО́Р honte, infamie. *Покры́ть себя́ позо́ром*, se couvrir de honte.

ПОЗО́РНЫЙ honteux. *Позо́рное поведе́ние*, une conduite honteuse.

/ **ПОИНТЕРЕСОВА́ТЬСЯ** v. интересова́ться.

ПО́ИСК (*généralement au pl.*) recherche. *Начали́сь по́иски*, les recherches commencèrent.

/ **ПОИСКА́ТЬ** v. иска́ть.

ПОИ́ТЬ ⟍__ / **НАПОИ́ТЬ** ⟍__ donner à boire. *Она́ напо́ит вас ча́ем*, Elle vous offrira du thé.

/ **ПОЙМА́ТЬ** v. лови́ть.

ПОЙМЁШЬ, ПОЙМУ́... v. поня́ть.

/ **ПОЙТИ́** v. идти́.

ПОКА́ 1. *conj.* pendant que, tant que. *Пока́ она́ больна́, мы ничего́ не мо́жем предприня́ть*, tant qu'elle est malade, nous ne pouvons rien entreprendre. // (*Avec la négation et un verbe perfectif*) *Сиди́ здесь, пока́ он не вернётся*, Reste ici jusqu'à ce qu'il rentre. **2.** *adv.* en attendant. *Я их положу́ пока́ в я́щик*, en attendant, je vais les mettre dans le tiroir. ● **Пока́ !** (*fam.*), A bientôt. **Пока́ что** (*fam.*), pour l'instant. *Он пока́ что далеко́*, pour l'instant, il est loin.

ПОКАЗА́НИЕ déclaration, témoignage. *Показа́ния свиде́телей*, les déclarations des témoins.

/ **ПОКАЗА́ТЬ** v. пока́зывать.

/ **ПОКАЗА́ТЬСЯ** v. каза́ться.

ПОКА́ЗЫВАТЬ / ПОКАЗА́ТЬ* II, покажу́, пока́жешь... ⟍__ **1.** montrer. *Я покажу́ вам доро́гу*, Je vais vous montrer le chemin. *Показа́ть па́спорт*, présenter sa carte d'identité. *Показа́ть приме́р*, donner l'exemple. // (*avec* на + *acc.*, *marque l'incitation à faire quelque chose*) *Он показа́л ему́ на дверь*, il lui montra la porte. *Он показа́л ему́ на стул*, il lui fit signe de s'asseoir. **2.** indiquer (*en parlant des appareils de mesure...*). *Термо́метр пока́зывал со́рок гра́дусов в тени́*, le thermomètre indiquait quarante degrés à l'ombre. ● **Показа́ть кому́-нибудь нос,** faire un pied de nez à qqn. **Показа́ть кому́-нибудь язы́к,** tirer la langue à qqn.

/ **ПОКАРАУ́ЛИТЬ** v. карау́лить.

/ **ПОКАТА́ТЬ** v. ката́ть.

/ **ПОКАТА́ТЬСЯ** v. ката́ться.

/ **ПОКАТИ́ТЬ** v. кати́ть.

/ **ПОКА́ЯТЬСЯ** v. ка́яться.

ПОКИДА́ТЬ / ПОКИ́НУТЬ abandonner, quitter. *Поки́нуть жену́*, abandonner sa femme. *Поки́нуть родно́й го́род*, quitter sa ville natale.

/ ПОКИ́НУТЬ v. покида́ть.

ПОКЛО́Н salut, salutation. *Переда́йте ему́ покло́н от меня́*, Transmettez-lui mes salutations.

/ ПОКЛОНИ́ТЬСЯ v. кла́няться.

ПОКЛОНЯ́ТЬСЯ (+ *dat.*) adorer (*vouer un culte*). *Они́ поклоня́лись и́долам*, ils adoraient des idoles.

/ ПОКЛЯ́СТЬСЯ v. кля́сться.

ПОКО́Й *m.* repos, tranquillité. *Больно́му ну́жен поко́й*, la malade a besoin de calme. *Оста́вьте меня́ в поко́е*, Laissez-moi tranquille.

ПОКО́ЙНИК défunt.

REMARQUE. Le mot « поко́йник » appartient grammaticalement au sous-genre animé.

ПОКО́ЙНИЦА défunte.

/ ПОКОЛЕБА́ТЬ v. колеба́ть.

/ ПОКОЛЕБА́ТЬСЯ v. колеба́ться.

ПОКОЛЕ́НИЕ génération. *Молодо́е поколе́ние*, la jeune génération. *Бу́дущие поколе́ния*, les générations futures.

/ ПОКОЛОТИ́ТЬ v. колоти́ть.

/ ПОКО́НЧИТЬ (с + *instr.*) en finir avec. *Что́бы поко́нчить с э́тим де́лом*, pour en finir avec cette histoire-là. • **Поко́нчить с собо́й,** se suicider.

ПОКОРЕ́НИЕ conquête. *Покоре́ние Сиби́ри Ермако́м*, la conquête de la Sibérie par Iermak.

/ ПОКОРИ́ТЬ v. покоря́ть.

ПОКО́РНЫЙ humble, soumis. *С поко́рным ви́дом*, avec un air de soumission. • **Поко́рно благодарю́** (*arch. ou iron.*), Merci bien.

/ ПОКОРО́БИТЬ v. коро́бить.

ПОКОРЯ́ТЬ / ПОКОРИ́ТЬ **1.** conquérir, soumettre. *Тата́ры покори́ли Се́верный Кита́й*, les Tatars conquirent la Chine du Nord. **2.** conquérir, séduire. *Что́бы покори́ть её се́рдце*, pour conquérir son cœur. *Он всех покори́л*, il a séduit tout le monde.

/ ПОКРА́СИТЬ v. кра́сить.

/ ПОКРАСНЕ́ТЬ v. красне́ть.

ПОКРОВИ́ТЕЛЬСТВО protection. *Взять под своё покрови́тельство*, prendre sous sa protection.

/ ПОКРУТИ́ТЬ v. крути́ть.

ПОКРЫВА́ТЬ / ПОКРЫ́ТЬ* II, покро́ю, покро́ешь...; покры́тый couvrir (*propr. et fig.*). *Стол, покры́тый бе́лой ска́тертью*, une table couverte d'une nappe blanche. *Не́бо покрыва́ется ту́чами*, le ciel se couvre de nuages. *Покры́ть поцелу́ями*, couvrir de baisers. *Покры́ть себя́ сла́вой*, se couvrir de gloire. *Покры́ть расхо́ды*, couvrir les frais.

/ ПОКРЫ́ТЬ v. покрыва́ть.

ПОКУПА́ТЕЛЬ *m.* acheteur, client.

ПОКУПА́ТЕЛЬНИЦА cliente.

ПОКУПА́ТЕЛЬНЫЙ d'achat. *Покупа́тельная спосо́бность населе́ния*, le pouvoir d'achat de la population.

I. ПОКУПА́ТЬ / КУПИ́ТЬ acheter. *Купи́ть биле́т*, prendre un billet.

II. / ПОКУПА́ТЬ v. купа́ть.

ПОКУ́ПКА achat. *Де́лать поку́пки*, faire des achats. *Пойти́ за поку́пками*, aller faire des commissions.

/ ПОКУРИ́ТЬ v. кури́ть.

/ ПОКУТИ́ТЬ v. кути́ть.

/ ПОКУ́ШАТЬ v. ку́шать.

ПОКУШЕ́НИЕ tentative (*d'assassinat...*). *Покуше́ние на уби́йство*, une tentative d'assassinat. *Покуше́ние на самоуби́йство*, une tentative de suicide.

I. ПОЛ*, *loc.* полу́ plancher. *Сиде́ть на полу́*, être assis par terre. *Упа́сть на́ пол*, tomber par terre.

REMARQUE. L'accent passe sur la préposition dans les groupes « нá пол », « óб пол », « пó полу ».

II. ПОЛ sexe. *Лúца обóего пóла*, des personnes des deux sexes. *Прекрáсный пол*, le beau sexe. *Сúльный пол*, le sexe fort.

III. ПОЛ..., ПОЛ- *élément de formation.* **1.** *cas obliques* полу..., полу- (*entre dans la composition de mots dont la deuxième partie est un substantif au génitif*) demi. *Полчасá*, une demi-heure. *Бóльше получáса*, plus d'une demi-heure. *Óколо полуминýты*, près d'une demi-minute (*les deux parties du mot sont séparées par un tiret lorsque le substantif commence par un « л » ou par une voyelle: Пол-лúтра*, demi-litre. *Пол-оборóта*, un demi-tour. **2.** (*fam.; peut servir à former des mots composés dont la deuxième partie est un ordinal au génitif*) et demie. *В полвторóго*, à une heure et demie.

ПОЛАГÁТЬ présumer, supposer. *Полагáю, что он уéхал в óтпуск*, je suppose qu'il est parti en congé.

ПОЛАГÁТЬСЯ 1. / **ПОЛОЖÚТЬСЯ** (на + *acc.*) compter sur. *На негó нельзя́ положúться*, on ne peut pas compter sur lui. **2.** (+ *inf.*) être d'usage, convenir. *Здесь курúть не полагáется*, ici il ne faut pas fumer.

/ **ПОЛÁКОМИТЬСЯ** v. лáкомиться.

ПÓЛДЕНЬ *m.* midi. *Бы́ло давнó за пóлдень*, midi était passé depuis longtemps.

REMARQUE. L'élément de formation « пóл... » peut soit prendre la forme « полý... » aux cas obliques, soit rester invariable.

ПÓЛЕ **1.** champ (*divers sens*). *Ржанóе пóле*, un champ de seigle. *Магнúтное пóле*, le champ magnétique. *На пóле бúтвы*, sur le champ de bataille. *Елисéйские поля́*, les Champs-Élysées. **2.** champs, plaine. *Éхать пó полю*, aller à travers champs. **3.** marge. *Замéтки на поля́х*, des notes en marge.

REMARQUE. L'accent passe sur la préposition dans le groupe « пó полю ».

/ **ПОЛЕЖÁТЬ** v. лежáть.

ПОЛÉЗНЫЙ utile. *Чем могý быть полéзен?*, En quoi puis-je vous être utile ? // (*Subst.*) *Сочетáть полéзное с приятным*, joindre l'utile à l'agréable.

/ **ПОЛÉЗТЬ** v. лезть.

/ **ПОЛЕНÚТЬСЯ** v. ленúться.

ПОЛÉНО*, *pl.* полéнья, полéньев, полéньям... bûche.

ПОЛЁТ vol (*déplacement dans l'air...*). *Следúть за полётом птúцы*, suivre le vol d'un oiseau. *Пéрвый космúческий полёт*, le premier vol cosmique. ● **С птúчьего полёта,** à vol d'oiseau.

/ **ПОЛЕТÉТЬ** v. летéть.

/ **ПОЛЕЧÚТЬ** v. лечúть.

ПÓЛЗАТЬ indét. de « ползтú ».

ПОЛЗТÚ* IV, ползý, ползёшь...; полз, ползлá... / **ПОПОЛЗТÚ*** IV (*id.*); *indét.* **ПÓЛЗАТЬ 1.** ramper, se traîner. *Ползтú на животé*, avancer en rampant. **2.** passer lentement. *Тýчи ползлú по нéбу*, les nuages passaient lentement dans le ciel. *Врéмя мéдленно ползёт*, le temps passe lentement.

ПОЛИВÁТЬ / **ПОЛÚТЬ*** II, полью́, польёшь...; пóлил, полилá, пóлило, пóлили; полéй; полúтый, пóлит, политá, пóлито, пóлиты arroser. *Поливáть цветы́*, arroser les fleurs.

/ **ПОЛИНЯ́ТЬ** v. линя́ть.

/ **ПОЛÚТЬ** v. поливáть.

/ **ПОЛÚТЬСЯ** v. лúться.

ПОЛК*, *loc.* полкý régiment. *Кавалерúйский полк*, régiment de cavalerie. ● « **Слóво о**

полку́ И́гореве », « le Dict du régiment d'Igor ».

ПО́ЛКА **1.** rayon (*tablette*). *На по́лке стоя́ли таре́лки и стака́ны*, sur le rayon, il y avait des assiettes et des verres. **2.** banquette (*dans une voiture de chemin de fer*). *Лежа́ть на ве́рхней по́лке*, être couché sur la banquette supérieure.

ПОЛКО́ВНИК colonel.

I. ПО́ЛНО, ПОЛНО́, -ПОЛНО́ v. по́лный.

II. ПО́ЛНО *adv.* (*fam.*) assez, ça suffit. *По́лно тебе́ пла́кать*, Arrête donc de pleurer.

ПО́ЛНОЧЬ *f.* minuit. *Я верну́лся домо́й по́сле полу́ночи*, je suis rentré après minuit.

Remarques. **1.** L'élément de formation « пол... » peut soit prendre la forme « полу́... » aux cas obliques, soit rester invariable. **2.** L'accent passe sur la préposition dans le groupe « за́ полночь ».

ПО́ЛНЫЙ *ou* **1.** plein. *По́лный стака́н воды́*, un plein verre d'eau. *Теа́тр по́лон*, le théâtre est plein. **2.** total, complet. *По́лное собра́ние сочине́ний*, les œuvres complètes. *По́лная свобо́да*, une liberté totale. *По́лная тишина́*, le silence total. **3.** replet. *По́лная да́ма*, une dame ayant un certain embonpoint. ● **По́лная луна́,** la pleine lune. **По́лные фо́рмы прилага́тельных,** les formes longues de l'adjectif. **Полны́м-по́лон, полны́м-полна́...,** plus que plein. *В ваго́не бы́ло полны́м-полно́*, le wagon était bondé.

ПО́ЛОВЕЦ Polovtse.

Remarque. Les Polovtses, appelés encore Kiptchaks ou Coumans, occupèrent les plaines de la Russie méridionale du XIe au XIIIe siècle. Ils furent presque constamment en guerre avec la Russie de Kiev.

ПОЛОВЕ́ЦКИЙ polovtsien. *Лове́цкие пля́ски*, les danses polovtsiennes.

ПОЛОВИ́НА moitié, demi. *До́брая полови́на*, une bonne moitié. *Два с полови́ной*, deux et demi. *В полови́не пя́того*, à quatre heures et demie.

ПОЛОЖЕ́НИЕ **1.** position. *Определи́ть положе́ние подво́дной ло́дки*, déterminer la position du sous-marin. **2.** situation, état. *Междунаро́дное положе́ние*, la situation internationale. *Быть на высоте́ положе́ния*, être à la hauteur de la situation. ● **Вы́йти из положе́ния,** se tirer d'affaire.

ПОЛОЖИ́ТЕЛЬНЫЙ **1.** positif (*divers sens*). *Положи́тельное число́*, un nombre positif. *Положи́тельный результа́т*, un résultat positif. **2.** affirmatif. *Дать положи́тельный отве́т*, donner une réponse affirmative. **3.** absolu, total. *Он положи́тельный дура́к*, c'est un triple imbécile. *Он положи́тельно ничего́ не зна́ет*, il ne sait absolument rien.

/ **ПОЛОЖИ́ТЬ** v. класть.

/ **ПОЛОЖИ́ТЬСЯ** v. полага́ться.

ПОЛОСА́, *pl.* по́лосы, поло́с, полоса́м... bande, raie. *У́зкая полоса́ земли́*, une étroite bande de terre.

ПОЛОСА́ТЫЙ rayé, zébré. *Полоса́тая ткань*, une étoffe à rayures.

ПОЛОСКА́ТЬ* II, полощу́, поло́щешь... / **ПРОПОЛОСКА́ТЬ** II (*id.*) *et* **ВЫ́ПОЛОСКАТЬ** II, вы́полощу, вы́полощешь... rincer. *Полоска́ть бельё*, rincer le linge. *Полоска́ть рот*, se rincer la bouche.

ПОЛОТЕ́НЦЕ serviette de toilette. *Вытира́ть лицо́ полоте́нцем*, s'essuyer le visage avec une serviette.

ПОЛОТНО́, *pl.* поло́тна, поло́тен, поло́тнам... **1.** toile (*tissu*). *Бле́дный как полотно́*, pâle comme un linge. *То́нкое полотно́*, une toile fine. **2.** toile (*tableau*).

ПОЛПУТИ́ *nom composé* (*employé uniquement au locatif*) ● **На полпути́,** à mi-chemin (*propr. et fig.*).

ПОЛТОРА́ (*cas obliques* полу́тора) *et* **ПОЛТОРЫ́** (*cas obliques également* полу́тора...) *nom de nombre* un et demi. *Полторы́ страни́цы*, une page et demie. *Полтора́ часа́*, une heure et demie. ● **Полтора́ челове́ка** (*iron.*), à peu près personne.

REMARQUE. La forme « полтора́ » s'emploie avec les substantifs masculins ou neutres, la forme « полторы́ » avec les substantifs féminins.

ПОЛТОРА́СТА (*cas obliques* полу́тораста) *nom de nombre* cent cinquante.

I. ПОЛУ́ loc. de « пол ».

II. ПОЛУ... demi. **1.** *forme de* пол..., пол- *aux cas obliques.* **2.** *élément de formation (entre dans la composition de mots dont la deuxième partie est un substantif). Полукру́г*, un demi-cercle.

ПОЛУО́СТРОВ, *nom. pl.* полуострова́ ___ presqu'île.

ПОЛУЧА́ТЬ / ПОЛУЧИ́ТЬ___ recevoir. *Я получи́л от неё письмо́*, j'ai reçu une lettre d'elle. *Получи́ть пощёчину*, recevoir une gifle. *Он получи́л хоро́шее образова́ние*, il a reçu une bonne instruction.

ПОЛУЧА́ТЬСЯ / ПОЛУЧИ́ТЬСЯ, полу́чится, полу́чатся **1.** v. получа́ть. **2.** résulter, être obtenu. *Сни́мок получи́лся замеча́тельный*, ça a fait une très belle photo. *Из э́того ничего́ не полу́чится*, cela ne donnera rien.

/ ПОЛУЧИ́ТЬ v. получа́ть.

/ ПОЛУЧИ́ТЬСЯ v. получа́ться.

ПОЛЧАСА́* (v. пол III) demi-heure. *За полчаса́ до конца́*, une demi-heure avant la fin. *Ка́ждые полчаса́*, toutes les demi-heures. *Бо́льше получа́са*, plus d'une demi-heure.

REMARQUE. Les adjectifs accordés avec « полчаса́ » se mettent au pluriel.

ПО́ЛЫМЯ *n.* ● **Из огня́ да в по́лымя,** de mal en pis.

ПО́ЛЬЗА utilité, avantage. *Кака́я от э́того по́льза?*, Quel avantage cela peut-il avoir ? *Э́то принесло́ мне ма́ло по́льзы*, cela ne m'a pas été très utile. ● **В по́льзу,** en faveur. *Де́ло бы́ло решено́ в его́ по́льзу*, le procès s'est terminé en sa faveur.

ПО́ЛЬЗОВАТЬСЯ / ВОСПО́ЛЬЗОВАТЬСЯ (+ *instr.*) se servir de, utiliser. *По́льзоваться но́вым ме́тодом*, utiliser une nouvelle méthode. *По́льзоваться а́томной эне́ргией*, utiliser l'énergie atomique. *Воспо́льзоваться слу́чаем*, profiter de l'occasion. *По́льзоваться больши́м успе́хом*, avoir un grand succès.

ПО́ЛЬКА, *gén. pl.* полек **1.** Polonaise. **2.** polka. *Танцева́ть по́льку*, danser la polka.

ПО́ЛЬСКИЙ polonais.

/ ПОЛЬСТИ́ТЬ v. льстить.

/ ПОЛЮБИ́ТЬ___ se prendre de passion pour. *Полюби́ть де́вушку*, tomber amoureux d'une jeune fille. *Полюби́ть му́зыку*, se prendre de passion pour la musique.

/ ПОЛЮБОВА́ТЬСЯ v. любова́ться.

ПО́ЛЮС pôle. *Экспеди́ция на Ю́жный по́люс*, une expédition au pôle Sud. *Магни́тный по́люс*, le pôle magnétique.

ПОЛЯ́К Polonais.

ПОЛЯ́НА clairière. *На небольшо́й поля́не*, dans une petite clairière.

ПОЛЯ́РНЫЙ polaire. *За поля́рным кру́гом*, au-delà du cercle polaire. *Поля́рная ночь*, la nuit polaire. ● **Поля́рное сия́ние,** une aurore boréale.

/ ПОМА́ЗАТЬ v. ма́зать.

/ ПОМАНИ́ТЬ v. мани́ть.

/ ПОМЕНЯ́ТЬ v. меня́ть.

/ ПОМЕНЯ́ТЬСЯ v. меня́ться.

/ ПОМЕРЕ́ТЬ v. помира́ть.

/ ПОМЕ́РИТЬ v. ме́рить.

/ ПОМЕ́РИТЬСЯ v. ме́риться.

/ **ПОМЕ́РКНУТЬ** v. ме́ркнуть.

/ **ПОМЕСТИ́ТЬ** v. помеща́ть.

ПОМЕ́ТА *et* **ПОМЕ́ТКА** annotation. *Поме́тки на поля́х кни́ги*, des annotations dans les marges d'un livre.

/ **ПОМЕ́ТИТЬ** v. ме́тить et помеча́ть.

ПОМЕЧА́ТЬ / ПОМЕ́ТИТЬ marquer. *Поме́тить абза́ц кра́сным карандашо́м*, marquer un paragraphe au crayon rouge.

/ **ПОМЕЧТА́ТЬ** v. мечта́ть.

ПОМЕ́ШАННЫЙ **1.** part. de « меша́ть ». **2.** toqué, fou. *Поме́шанный стари́к*, un vieux toqué. **3.** (на + *loc.*) passionné de, fanatique de. *Она́ поме́шана на му́зыке*, elle est passionnée de musique.

/ **ПОМЕША́ТЬ** v. меша́ть.

ПОМЕЩА́ТЬ / ПОМЕСТИ́ТЬ **1.** (на *ou* в + *acc.*) mettre, placer, faire entrer. *Они́ помести́ли шкаф в ко́мнату*, ils ont mis l'armoire dans la chambre. *Нас помести́ли в большу́ю ко́мнату*, on nous a trouvé une grande chambre. **2.** (на *ou* в + *loc.*) trouver une place. *Он помести́л кни́ги в шкафу́*, il a rangé ses livres dans l'armoire. *Нас помести́ли в небольшо́й гости́нице*, on nous a trouvé une place dans un petit hôtel. **3.** (в + *loc.*) faire paraître, imprimer. *Помести́ть статью́ в журна́ле*, faire paraître un article dans une revue.

ПОМЕЩЕ́НИЕ local. *Сли́шком те́сное помеще́ние*, un local trop exigu.

ПОМЕ́ЩИК (*hist.*) propriétaire terrien.

ПОМИДО́Р tomate. *Сала́т из помидо́ров*, salade de tomates.

/ **ПОМИ́ЛОВАТЬ** v. ми́ловать. • **Поми́луй** *et* **поми́луйте** (*impér.*), de grâce. *Поми́луйте, что вы де́лаете?*, Qu'est-ce que vous faites là, vous n'y pensez pas ?

ПОМИ́Н • **Его́ нет и в поми́не,** on n'en voit pas trace. **Лёгок на поми́не,** quand on parle du loup...

ПОМИНА́ТЬ / ПОМЯНУ́ТЬ ___ se souvenir de. • **Помина́й, как зва́ли,** on peut toujours courir pour le retrouver. **Помяни́ моё сло́во,** Souviens-toi de ce que je te dis là. **Проща́йте, не помина́йте ли́хом,** v. ли́хо.

ПОМИНУ́ТНО *adv.* à chaque instant. *Помину́тно слы́шались телефо́нные звонки́*, à chaque instant, on entendait sonner le téléphone.

ПОМИРА́ТЬ / ПОМЕРЕ́ТЬ* IV, помру́, помрёшь...; по́мер, померла́, по́мерло, по́мерли /___ (*fam.*) mourir (v. умира́ть).

/ **ПОМИРИ́ТЬ** v. мири́ть.

/ **ПОМИРИ́ТЬСЯ** v. мири́ться.

ПО́МНИТЬ / ВСПО́МНИТЬ (+ *acc.*, *ou* о + *loc.*) se souvenir de. *Я его́ хорошо́ по́мню*, je me souviens bien de lui. *По́мнить о свои́х друзья́х*, se souvenir de ses amis. • **Бу́дет он меня́ по́мнить !,** Il aura de mes nouvelles ! **Не по́мнить себя́,** perdre la tête. *Не по́мнить себя́ от ра́дости*, être transporté de joie.

/ **ПОМНО́ЖИТЬ** v. мно́жить.

ПОМОГА́ТЬ / ПОМО́ЧЬ* IV, помогу́, помо́жешь..., помо́гут ___ ; помо́г, помогла́... /‾‾ (+ *dat.*) **1.** aider. *Помога́ть това́рищу*, aider un camarade. **2.** avoir un effet. *Лека́рство не помогло́*, le médicament n'a rien fait. • **Помоги́те !,** Au secours !

ПО-МО́ЕМУ *adv.* à mon avis. *По-мо́ему он прав*, à mon avis, il a raison.

ПОМО́И, помо́ев, помо́ям... *pl. t.* ordures. *Ведро́ с помо́ями*, un seau d'ordures.

/ **ПОМОЛИ́ТЬСЯ** v. моли́ться.

/ **ПОМОЛОДЕ́ТЬ** v. молоде́ть.

/ **ПОМОЛЧА́ТЬ** v. молча́ть.

/ **ПОМО́РЩИТЬСЯ** v. мо́рщиться.

/ **ПОМОЧИ́ТЬСЯ** v. мочи́ться.

/ **ПОМО́ЧЬ** v. помога́ть.

ПОМО́ЩНИК aide, adjoint. *Помо́щник дире́ктора*, le directeur adjoint.

ПО́МОЩЬ *f.* aide. *Позва́ть кого́-нибудь на по́мощь*, appeler qqn à l'aide. *Проси́ть у кого́-нибудь по́мощи*, demander l'aide de qqn. *Оказа́ть кому́-нибудь по́мощь*, venir en aide à qqn. *Без посторо́нней по́мощи*, sans l'aide de personne. *С по́мощью телеско́па*, à l'aide d'un télescope. ● **Ско́рая по́мощь,** l'ambulance.

/ **ПОМЧА́ТЬСЯ** v. мча́ться.

/ **ПОМЫ́ТЬ** v. мыть.

/ **ПОМЯНУ́ТЬ** v. помина́ть.

/ **ПОНА́ДОБИТЬСЯ** être nécessaire. *Е́сли тебе́ пона́добится э́та кни́га*, si tu as besoin de ce livre.

ПО-НАСТОЯ́ЩЕМУ *adv.* pour de bon.

ПОНЕВО́ЛЕ *adv.* bon gré mal gré. *Пришло́сь понево́ле согласи́ться*, il a fallu accepter bon gré mal gré.

ПОНЕДЕ́ЛЬНИК lundi. *Я её встре́тил в понеде́льник*, je l'ai rencontrée lundi. *Он хо́дит туда́ по понеде́льникам*, il y va le lundi.

ПОНЕМНО́ГУ *et* **ПОНЕМНО́ЖКУ** *adv.* peu à peu. *Развива́ться понемно́гу*, se développer peu à peu.

/ **ПОНЕСТИ́** v. нести́.

/ **ПОНЕСТИ́СЬ** v. нести́сь.

ПОНИМА́ТЬ / **ПОНЯ́ТЬ*** IV, пойму́, поймёшь...; по́нял, поняла́, по́няло, по́няли comprendre. *Наско́лько я понима́ю*, si je comprends bien.

ПОНО́ШЕННЫЙ usagé, râpé. *Поно́шенный костю́м*, un costume râpé.

/ **ПОНРА́ВИТЬСЯ** v. нра́виться.

/ **ПОНЮ́ХАТЬ** v. ню́хать.

ПОНЯ́ТИЕ concept, notion. *Не име́ю ни мале́йшего поня́тия об э́том*, je n'en ai pas la moindre idée.

ПОНЯ́ТНЫЙ compréhensible. *Вполне́ поня́тные тре́бования*, des exigences parfaitement compréhensibles. *Поня́тно?*, Compris ?

/ **ПОНЯ́ТЬ** v. понима́ть.

/ **ПООБЕ́ДАТЬ** v. обе́дать.

/ **ПООБЕЩА́ТЬ** v. обеща́ть.

ПОП (*fam.*) pope.

ПОПАДА́ТЬ / **ПОПА́СТЬ*** IV, попаду́, попадёшь...; попа́л, попа́ла... **1.** atteindre, frapper. *Пу́ля попа́ла ему́ в лоб*, la balle l'a atteint au front. *Не попада́ть в стремена́*, ne pas arriver à mettre ses pieds dans les étriers. **2.** être pris, tomber. *Попа́сть в заса́ду*, tomber dans une embuscade. *Попа́сть под суд*, être poursuivi en justice. **3.** tomber (*en parlant d'une sanction*). *Тебе́ попадёт от учи́теля*, Qu'est-ce que le professeur va te passer ! ● **Попа́сть па́льцем в не́бо,** se fourrer le doigt dans l'œil.

> Remarque. Pour l'emploi de la forme « попа́ло », voir aussi ce mot.

ПОПАДА́ТЬСЯ / **ПОПА́СТЬСЯ*** IV, попаду́сь, попадёшься...; попа́лся, попа́лась... **1.** être pris. *Попа́сться в капка́н*, être pris au piège. **2.** être rencontré par hasard, être trouvé par hasard. *Пе́рвый попа́вшийся*, le premier venu. *Мне попа́лся в ру́ки но́вый уче́бник*, je suis tombé sur un nouveau manuel.

ПОПА́ЛО *particule* n'importe. *Как попа́ло*, n'importe comment. *Чем попа́ло*, avec n'importe quoi.

/ **ПОПА́СТЬ** v. попада́ть.

/ **ПОПА́СТЬСЯ** v. попада́ться.

ПОПЕРЁК **1.** *adv.* en travers. **2.** (+ *gén.*) *prép.* en travers. *Поперёк доро́ги*, en travers de la route. ● **Вдоль и поперёк,** en long et en large.

/ **ПОПЛЕСТИ́СЬ** v. плести́сь.

/ **ПОПЛЫ́ТЬ** v. плыть.

ПОПОЛА́М *adv.* **1.** en deux parties. *Раздели́ть что́-нибудь попола́м*, partager qqch. en deux. **2.** (с + *instr.*) avec moitié de. *Вино́ попола́м с водо́й*, du vin coupé d'eau. ● **С грехо́м попола́м,** tant bien que mal.

/ **ПОПОЛЗТИ́** v. ползти́.

/ **ПОПРА́ВИТЬ** v. поправля́ть.

/ **ПОПРА́ВИТЬСЯ** v. поправля́ться.

ПОПРАВЛЯ́ТЬ / ПОПРА́ВИТЬ **1.** rectifier, remettre en place. *Попра́вить свою́ причёску*, se recoiffer. **2.** corriger. *Попра́вить оши́бку*, corriger une faute. *Попра́вить ученика́*, corriger un élève.

ПОПРАВЛЯ́ТЬСЯ / ПОПРА́ВИТЬСЯ se rétablir. *Дела́ его́ попра́вились*, ses affaires se sont arrangées. *Она́ попра́вилась*, elle va mieux.

ПО-ПРЕ́ЖНЕМУ *adv.* comme auparavant. *Он по-пре́жнему о́чень за́нят*, il est très occupé comme toujours.

ПО́ПРИЩЕ (*livresque*) carrière (*champ d'action*).

/ **ПОПРО́БОВАТЬ** v. про́бовать.

/ **ПОПРОСИ́ТЬ** v. проси́ть.

/ **ПОПРОСИ́ТЬСЯ** v. проси́ться.

/ **ПОПРОЩА́ТЬСЯ** v. проща́ться.

ПОПУГА́Й *m.* perroquet.

ПОПУ́ТНО *adv.* **1.** chemin faisant. *Он попу́тно спра́шивал меня́ о де́ле*, chemin faisant, il me questionnait sur cette affaire. **2.** à cette occasion. *Он чита́л ле́кцию о воспита́нии дете́й, попу́тно затра́гивая ра́зные други́е вопро́сы*, il faisait un exposé sur l'éducation des enfants et abordait à cette occasion divers autres problèmes.

ПОПУ́ТНЫЙ **1.** qui suit le même chemin. *Пое́хать на попу́тной маши́не*, faire de l'auto-stop. *Попу́тный ве́тер*, un vent favorable. **2.** que l'on rencontre en chemin, que l'on fait en chemin. *Попу́тные дере́вни*, les villages qui se trouvaient sur notre route. *Попу́тные замеча́ния*, des remarques incidentes.

REMARQUE. Pour l'emploi de la forme adverbiale « попу́тно », voir ce mot.

ПОПУ́ТЧИК compagnon de route.

/ **ПОПЫТА́ТЬ** (+ *acc. ou gén.*) tenter. *Попыта́ть сча́стье*, tenter sa chance.

/ **ПОПЫТА́ТЬСЯ** v. пыта́ться.

ПОПЫ́ТКА tentative. *Тще́тная попы́тка*, une tentative infructueuse. *Они́ сде́лали попы́тку спасти́ её*, ils ont tenté de la sauver.

/ **ПОПЯ́ТИТЬСЯ** v. пя́титься.

ПОРА́ ● **В ту по́ру,** à ce moment-là. **До сих пор,** jusqu'à présent. **Пора́,** il est temps. *Пора́ на рабо́ту*, il est temps d'aller travailler. **С тех пор,** depuis ce temps-là.

/ **ПОРАБО́ТАТЬ** travailler un peu.

/ **ПОРАВНЯ́ТЬСЯ** (с + *instr.*) arriver à la hauteur de, rattraper. *Мы ско́ро поравня́лись с ним*, nous l'avons rapidement rattrapé.

/ **ПОРА́ДОВАТЬ** v. ра́довать.

ПОРАЖА́ТЬ / ПОРАЗИ́ТЬ frapper (*généralement au sens figuré*). *Э́то изве́стие порази́ло всех*, cette nouvelle a étonné tout le monde.

ПОРАЖЕ́НИЕ défaite. *Нанести́ пораже́ние*, infliger une défaite. *Потерпе́ть пораже́ние*, subir une défaite.

ПОРАЗИ́ТЕЛЬНЫЙ frappant, étonnant. *Порази́тельная па́мять*, une mémoire étonnante.

/ **ПОРАЗИ́ТЬ** v. поража́ть.

/ **ПОРА́НИТЬ** faire une blessure. *Он глубоко́ пора́нил но́гу*, il s'est blessé grièvement à la jambe.

/ **ПОРВА́ТЬ** v. порыва́ть et рвать.

/ **ПОРВА́ТЬСЯ** v. рва́ться.

/ **ПОРЕ́ЗАТЬ** v. ре́зать.

ПО́РОВНУ *adv.* en parties égales. *Раздели́ть по́ровну*, partager en parts égales.

ПОРО́Г **1.** seuil. *Переступи́ть че́рез поро́г*, franchir le seuil. **2.** rapide (*partie d'un fleuve où le courant est rapide*). *Днепро́вские поро́ги*, les rapides du Dniepr.

ПОРО́ДА **1.** race. *Ло́шадь ара́бской поро́ды*, un cheval de race arabe. **2.** roche. *Вулкани́ческие поро́ды*, des roches volcaniques.

ПОРО́ЖНИЙ (*fam.*) vide. *Поро́жний я́щик*, une caisse vide. ● **Перелива́ть из пусто́го в поро́жнее** **1.** parler pour ne rien dire. **2.** perdre son temps à des bagatelles.

ПОРО́К vice (*divers sens*). *Бе́дность не поро́к*, pauvreté n'est pas vice. *Поро́к се́рдца*, une déficience cardiaque.

ПОРОСЁНОК*, *pl.* порося́та, порося́т, порося́там... goret. *Моло́чный поросёнок*, cochon de lait.

ПО́РОХ poudre (*substance explosive*). *Бо́чка с по́рохом*, un tonneau de poudre. ● **По́роха не вы́думает,** il n'a pas inventé la poudre à canon.

ПОРО́ЧНЫЙ **1.** vicieux, dépravé. *Поро́чное поведе́ние*, une conduite dépravée. **2.** vicieux, défectueux. *Поро́чные ме́тоды*, des méthodes défectueuses. ● **Поро́чный круг,** un cercle vicieux.

ПОРОШО́К poudre. *Зубно́й порошо́к*, poudre dentifrice.

ПО́РТИТЬ / ИСПО́РТИТЬ endommager, détériorer. *Мои́ часы́ испо́ртились*, ma montre est détraquée. *Их отноше́ния испо́ртились*, leurs relations se sont détériorées. ● **По́ртить себе́ кровь,** se faire du mauvais sang.

ПОРТНИ́ХА couturière.

ПОРТНО́Й *adj. subst. m.* tailleur, couturier.

ПОРТФЕ́ЛЬ *m.* serviette, porte-documents.

/ ПОРУБИ́ТЬ v. руби́ть.

/ ПОРУГА́ТЬСЯ v. руга́ться.

ПО-РУ́ССКИ *adv.* en russe. *Говори́ть по-ру́сски*, parler russe.

ПОРУЧА́ТЬ / ПОРУЧИ́ТЬ confier. *Она́ поручи́ла мне свои́х дете́й*, elle m'a confié ses enfants. *Ему́ поручи́ли э́то де́ло*, on l'a chargé de cette affaire.

ПОРУЧЕ́НИЕ mission, commission. *Испо́лнить поруче́ние*, exécuter une mission. *Дать кому́-нибудь поруче́ние*, charger qqn d'une mission *ou* charger qqn d'une commission.

/ ПОРУЧИ́ТЬ v. поруча́ть.

/ ПОРУЧИ́ТЬСЯ v. руча́ться.

ПОРЫ́В **1.** rafale. *Поры́в ве́тра*, un coup de vent. **2.** (*fig.*) élan, accès. *В поры́ве гне́ва*, dans un accès de colère.

ПОРЫВА́ТЬ / ПОРВА́ТЬ* IV, порву́, порвёшь...; порва́л, порвала́, порва́ло, порва́ли ∧— **1.** déchirer. *Порва́ть брю́ки*, déchirer son pantalon. **2.** (*fig.*) rompre. *Порва́ть дипломати́ческие отноше́ния*, rompre les relations diplomatiques.

ПОРЫ́ВИСТЫЙ saccadé. *Поры́вистые движе́ния*, des mouvements saccadés.

ПОРЯ́ДОК ordre. *Привести́ в поря́док*, mettre en ordre. *В алфави́тном поря́дке*, en ordre alphabétique. *Э́то в поря́дке веще́й*, c'est dans l'ordre des choses. *Всё в поря́дке*, tout va bien. ● **В поря́дке,** au titre de. *В поря́дке культу́рных обме́нов*, au titre des échanges culturels.

ПОРЯ́ДОЧНЫЙ **1.** convenable, honnête. *Вести́ себя́ поря́дочно*, se conduire d'une manière honnête. **2.** assez considérable. *Он поря́дочно зараба́тывает*, il gagne pas mal.

/ ПОСАДИ́ТЬ v. сажа́ть.

ПОСА́ДКА **1.** plantation. *Поса́дка дере́вьев*, une plantation d'arbres. **2.** embarquement (*dans un train, sur un bateau, en avion...*). *Поса́дка начала́сь*, l'embarquement a commencé. **3.** atterrissage. *Вы́нужденная поса́дка*, atterrissage forcé.

ПОСВИ́СТЫВАТЬ siffloter.

ПО-СВО́ЕМУ *adv.* à ma manière, à ta manière, etc. (*selon le sujet de la proposition*). *Он по-сво́ему реши́л э́тот вопро́с*, il a résolu cette question à sa manière.

/ **ПОСВЯТИ́ТЬ** v. посвяща́ть.

ПОСВЯЩА́ТЬ / ПОСВЯТИ́ТЬ (т→щ) **1.** consacrer. *Посвяти́ть свою́ жизнь нау́ке*, consacrer sa vie à la science. **2.** dédier. *Посвяща́ется Макси́му Го́рькому*, dédié à Maxime Gorki. **3.** initier, mettre au courant. *Она́ посвяти́ла меня́ в свои́ та́йны*, elle m'a confié ses secrets.

ПОСЕ́В semailles. *Вре́мя посе́ва*, l'époque des semailles.

/ **ПОСЕДЕ́ТЬ** v. седе́ть.

/ **ПОСЕЛИ́ТЬСЯ** v. поселя́ться.

ПОСЁЛОК bourg, cité. *Рабо́чий посёлок*, une cité ouvrière.

ПОСЕЛЯ́ТЬСЯ / ПОСЕЛИ́ТЬСЯ s'installer, se fixer. *Посели́ться в небольшо́м городке́*, se fixer dans une petite ville.

ПОСЕРЕДИ́НЕ 1. *adv.* au milieu. *С большо́й дыро́й посереди́не*, avec un grand trou au milieu. **2.** (+ *gén.*) *prép.* au milieu de. *Посереди́не ко́мнаты*, au milieu de la pièce.

ПОСЕТИ́ТЕЛЬ *m.* visiteur.

ПОСЕТИ́ТЕЛЬНИЦА visiteuse.

/ **ПОСЕТИ́ТЬ** v. посеща́ть.

ПОСЕЩА́ТЬ / ПОСЕТИ́ТЬ (т → щ) visiter. *Посети́ть больно́го*, rendre visite à un malade. *Посети́ть музе́й*, visiter un musée.

ПОСЕЩЕ́НИЕ visite. *Цель его́ посеще́ния*, le but de sa visite.

/ **ПОСЕ́ЯТЬ** v. се́ять.

/ **ПОСИДЕ́ТЬ** v. сиде́ть.

/ **ПОСКАКА́ТЬ** v. скака́ть.

/ **ПОСКОЛЬЗНУ́ТЬСЯ** glisser (*faire un faux pas*). *Она́ поскользну́лась и упа́ла*, elle a glissé et elle est tombée.

ПОСКО́ЛЬКУ *adv.* dans la mesure où. *Поско́льку я могу́ суди́ть*, autant que je puisse juger.

/ **ПОСЛА́ТЬ** v. посыла́ть.

ПО́СЛЕ 1. (+ *gén.*) *prép.* après. *По́сле войны́*, après la guerre. *По́сле того́, как он ушёл*, après son départ. **2.** *adv.* après, ensuite. *Об э́том по́сле*, on en parlera après.

ПОСЛЕВОЕ́ННЫЙ d'après-guerre. *В послевое́нные го́ды*, dans les années qui ont suivi la guerre.

ПОСЛЕ́ДНИЙ dernier. *После́дний день неде́ли*, le dernier jour de la semaine. *После́дние изве́стия*, les dernières nouvelles. *В после́дний раз*, pour la dernière fois. *В после́днюю мину́ту*, au dernier moment. *В после́днее вре́мя*, ces derniers temps. *Испусти́ть после́дний вздох*, rendre le dernier soupir.

/ **ПОСЛЕ́ДОВАТЬ** v. сле́довать.

ПОСЛЕ́ДСТВИЕ conséquence. *После́дствия тяжёлой боле́зни*, les suites d'une grave maladie.

ПОСЛЕЗА́ВТРА *adv.* après-demain. *Мы приє́дем послеза́втра ве́чером*, nous arriverons après-demain soir.

ПОСЛО́ВИЦА proverbe.

/ **ПОСЛУЖИ́ТЬ** v. служи́ть.

/ **ПОСЛУ́ШАТЬ** v. слу́шать.

/ **ПОСЛУ́ШАТЬСЯ** v. слу́шаться.

ПОСЛУ́ШНЫЙ obéissant. *Послу́шный ребёнок*, un enfant obéissant.

/ **ПОСЛЫ́ШАТЬСЯ** v. слы́шаться.

/ **ПОСМЕ́ТЬ** v. сметь.

/ **ПОСМОТРЕ́ТЬ** v. смотре́ть.

ПОСО́БИЕ 1. allocation. *Посо́бие многоде́тным матеря́м*, aide aux familles nombreuses. **2.** ouvrage ou matériel pédagogique. *Посо́бие по фи́зике*, manuel de physique. *Нагля́дные посо́бия*, matériel pédagogique.

/ **ПОСОВЕ́ТОВАТЬ** v. сове́товать.

/ **ПОСОВЕ́ТОВАТЬСЯ** v. советоваться.

ПОСО́Л ambassadeur. *Францу́зский посо́л в Москве́*, l'ambassadeur de France à Moscou.

/ **ПОСОЛИ́ТЬ** v. соли́ть.

ПОСО́ЛЬСТВО ambassade. *Францу́зское посо́льство*, l'ambassade de France.

/ **ПОСОСА́ТЬ** v. соса́ть.

ПОСПЕВА́ТЬ / **ПОСПЕ́ТЬ** **1.** mûrir, être à point. *Поспе́ли гру́ши*, les poires sont mûres. **2.** (*fam.*) arriver à temps. *Поспе́ть к по́езду*, ne pas manquer son train.

/ **ПОСПЕ́ТЬ** v. поспева́ть et спеть.

/ **ПОСПЕШИ́ТЬ** v. спеши́ть.

ПОСПЕ́ШНЫЙ hâtif. *Поспе́шное реше́ние*, une décision hâtive.

/ **ПОСПО́РИТЬ** v. спо́рить.

ПОСРЕДИ́ *et* **ПОСРЕДИ́НЕ** **1.** *adv.* au milieu. **2.** (+ *gén.*) *prép.* au milieu de. *Посреди́ ко́мнаты*, au milieu de la pièce.

ПОСРЕ́ДСТВЕННЫЙ médiocre. *Посре́дственные зна́ния*, des connaissances médiocres.

ПОСРЕ́ДСТВОМ *prép.* (+ *gén.*) par le moyen de, à l'aide de. *Посре́дством микроско́па*, à l'aide d'un microscope.

/ **ПОССО́РИТЬСЯ** v. ссо́риться.

/ **ПОСТА́ВИТЬ** v. ста́вить et поставля́ть.

ПОСТАВЛЯ́ТЬ / **ПОСТА́ВИТЬ** livrer (*une marchandise*). *Поста́вить у́голь*, livrer du charbon.

/ **ПОСТАНОВИ́ТЬ** v. постановля́ть.

ПОСТАНО́ВКА mise en scène. *В но́вой постано́вке*, dans une nouvelle mise en scène.

ПОСТАНОВЛЕ́НИЕ arrêt, décision. *По постановле́нию о́бщего собра́ния*, par décision de l'assemblée générale.

ПОСТАНОВЛЯ́ТЬ / **ПОСТАНОВИ́ТЬ** ⌣ décréter.

/ **ПОСТАРА́ТЬСЯ** v. стара́ться.

/ **ПОСТАРЕ́ТЬ** v. старе́ть.

ПО-СТА́РОМУ *adv.* comme autrefois, comme d'ordinaire. *И всё пошло́ по-ста́рому*, et tout a repris comme avant.

/ **ПОСТЕЛИ́ТЬ** v. стели́ть.

ПОСТЕ́ЛЬ *f.* literie, lit. *Постла́ть посте́ль*, faire le lit. *Лежа́ть в посте́ли*, être au lit.

ПОСТЕПЕ́ННО graduellement, progressivement. *Торго́вые отноше́ния постепе́нно развива́лись*, les relations commerciales se développaient peu à peu.

/ **ПОСТЕРЕ́ЧЬ** v. стере́чь.

/ **ПОСТЕСНЯ́ТЬСЯ** v. стесня́ться.

/ **ПОСТЛА́ТЬ** v. стлать.

/ **ПОСТОРОЖИ́ТЬ** v. сторожи́ть.

ПОСТОРО́ННИЙ étranger (*qui ne fait pas partie d'une famille, d'un groupe*). *Посторо́нние лю́ди*, des personnes étrangères. || (*Subst.*) *Посторо́нним вход воспреща́ется*, entrée interdite aux personnes étrangères.

ПОСТОЯ́ННЫЙ constant, permanent. *Постоя́нная вы́ставка*, une exposition permanente. *Он постоя́нно пьян*, il est constamment saoul.

/ **ПОСТОЯ́ТЬ** **1.** v. стоя́ть. **2.** (за + *acc.*) prendre la défense. *Я суме́ю за себя́ постоя́ть*, je saurai bien me défendre. **3.** (*à l'impératif seulement*, *fam.*) attendre un peu. *Посто́й, я сейча́с приду́*, Attends un peu, j'arrive tout de suite.

/ **ПОСТРАДА́ТЬ** v. страда́ть.

/ **ПОСТРО́ИТЬ** v. стро́ить.

ПОСТРО́ЙКА construction (*divers sens*). *Постро́йка гидроста́нции*, la construction d'une centrale hydro-électrique. *Деревя́нная постро́йка*, une construction en bois.

ПОСТУПА́ТЬ / **ПОСТУПИ́ТЬ** ⌣ **1.** agir. *Вы пра́вильно поступи́ли*, Vous avez bien fait. **2.** entrer (*être admis*). *Поступи́ть в университе́т*, entrer à l'université. **3.** être remis, être livré. *К нам поступи́ла жа́лоба*, nous avons reçu une plainte. *Поступи́ть в прода́жу*, être mis en vente.

/ **ПОСТУПИ́ТЬ** v. поступа́ть.

ПОСТУ́ПОК action, acte. *Герои́ческий посту́пок*, un acte héroïque.

/ **ПОСТУЧА́ТЬ** v. стуча́ть.

/ **ПОСТУЧА́ТЬСЯ** v. стуча́ться.

/ **ПОСТЫДИ́ТЬСЯ** v. стыди́ться.

ПОСУ́ДА vaisselle. *Мыть посу́ду*, laver la vaisselle.

ПОСЫЛА́ТЬ / **ПОСЛА́ТЬ*** II, пошлю́, пошлёшь... envoyer. *Посла́ть письмо́*, envoyer une lettre. *Его́ посла́ли в апте́ку за лека́рствами*, on l'a envoyé à la pharmacie chercher les médicaments.

ПОСЫ́ЛКА envoi, paquet. *Почто́вая посы́лка*, un colis postal.

ПОСЫПА́ТЬ / **ПОСЫ́ПАТЬ*** II, посы́плю, посы́плешь... *selon la construction:* répandre *ou* couvrir (*saupoudrer*). *Посыпать соль на творо́г*, mettre du sel sur le fromage blanc. *Посы́пать доро́жки песко́м*, recouvrir de sable les allées.

ПОСЫПА́ТЬСЯ / **ПОСЫ́ПАТЬСЯ*** II, посы́плется, посы́плются **1.** v. посыпа́ть. **2.** jaillir. *И́скры посы́пались*, des étincelles jaillirent. *Посы́пались вопро́сы*, des questions fusèrent de toutes parts. ● **У него́ и́скры из глаз посы́пались,** il en a vu trente-six chandelles.

ПОТ*, *loc.* поту́ (*sauf dans l'expression* « в по́те лица́ ») sueur. *Я весь в поту́*, je suis tout en sueur. *С него́ пот гра́дом льётся*, il transpire à grosses gouttes. ● **В по́те лица́,** à la sueur de son front. *Труди́ться в по́те лица́*, travailler à la sueur de son front.

/ **ПОТАЩИ́ТЬ** v. тащи́ть.

ПО-ТВО́ЕМУ *adv.* à ton avis. *А как по-тво́ему?*, Et toi, qu'est-ce que tu en penses ?

ПОТЁМКИ, потёмок, потёмкам... *pl. t.* ténèbres.

/ **ПОТЕМНЕ́ТЬ** v. темне́ть.

/ **ПОТЕРЕ́ТЬ** v. потира́ть et тере́ть.

/ **ПОТЕРПЕ́ТЬ** v. терпе́ть.

ПОТЕ́РЯ perte. *Кака́я поте́ря для нау́ки!*, Quelle perte pour la science ! *Напра́сная поте́ря вре́мени*, une perte de temps. *Нести́ больши́е поте́ри*, subir de fortes pertes.

/ **ПОТЕРЯ́ТЬ** v. теря́ть.

/ **ПОТЕСНИ́ТЬСЯ** v. тесни́ться.

ПОТЕ́ТЬ / **ВСПОТЕ́ТЬ** suer, transpirer.

/ **ПОТЕ́ЧЬ** v. течь.

ПОТИРА́ТЬ / **ПОТЕРЕ́ТЬ*** IV, потру́, потрёшь...; потёр, потёрла...; потёртый frotter un peu. *Потира́ть ру́ки*, se frotter les mains.

ПОТИХО́НЬКУ *adv.* **1.** tout doucement (*divers sens*). *Петь потихо́ньку*, chanter doucement. *Е́хать потихо́ньку*, aller tout doucement. **2.** sans se faire remarquer. *Уйти́ потихо́ньку*, s'esquiver.

ПОТО́К torrent. *Го́рный пото́к*, un torrent de montagne. // (*Fig.*) *Пото́ки красноре́чия*, des torrents d'éloquence.

/ **ПОТОЛКА́ТЬСЯ** v. толка́ться.

/ **ПОТОЛКОВА́ТЬ** v. толкова́ть.

ПОТОЛО́К plafond. *Ни́зкий потоло́к*, un plafond bas.

/ **ПОТОЛСТЕ́ТЬ** v. толсте́ть.

ПОТО́М *adv.* ensuite. *Пошёл в гастроно́м, а пото́м на по́чту*, je suis allé à l'épicerie et ensuite à la poste.

ПОТОМУ́ *adv.* voilà pourquoi. *Бы́ло заседа́ние и потому́ он никого́ не принима́л*, il y avait une réunion, aussi ne recevait-il personne. ● **Потому́ что** (*conj.*), parce que. *Я не пришёл, потому́ что был бо́лен*, je ne suis pas venu parce que j'étais malade.

/ **ПОТОНУ́ТЬ** v. тону́ть.

ПОТО́П déluge. *До пото́па*, avant le déluge.

/ **ПОТОПИ́ТЬ** v. топи́ть.

/ **ПОТОПТА́ТЬ** v. топта́ть.

/ **ПОТОПТА́ТЬСЯ** v. топта́ться.

/ **ПОТОРОПИ́ТЬ** v. торопи́ть.

/ **ПОТОРОПИ́ТЬСЯ** v. торопи́ться.

ПОТРЕБИ́ТЕЛЬ *m.* consommateur.

ПОТРЕБЛЕ́НИЕ consommation. *Потребле́ние электроэне́ргии*, la consommation d'électricité.

ПОТРЕ́БНОСТЬ *f.* besoin. *Удовлетвори́ть потре́бности солда́т*, satisfaire les besoins des soldats.

/ **ПОТРЕ́БОВАТЬ** v. тре́бовать.

/ **ПОТРЕ́БОВАТЬСЯ** v. тре́боваться.

/ **ПОТРЕВО́ЖИТЬ** v. трево́жить.

ПОТРЁПАННЫЙ défraîchi. *Потрёпанная кни́га*, un livre fatigué. *Потрёпанное лицо́*, un visage fatigué.

/ **ПОТРЕПА́ТЬ** v. трепа́ть.

/ **ПОТРЕ́СКАТЬСЯ** v. тре́скаться.

ПОТРЕ́СКИВАТЬ crépiter. *В печи́ потре́скивали дрова́*, dans la cheminée, le feu de bois crépitait.

/ **ПОТРУДИ́ТЬСЯ** **1.** v. труди́ться. **2.** (+ *inf.*) se donner la peine de, avoir l'amabilité de. *Потруди́тесь переда́ть ему́ э́то письмо́*, Ayez donc l'amabilité de lui remettre cette lettre.

ПОТРЯСА́ТЬ / **ПОТРЯСТИ́*** IV, потрясу́, потрясёшь...; потря́с, потрясла́... ⁄‾‾ ; потрясённый **1.** secouer, agiter. *Си́льный взрыв потря́с зе́млю*, une forte explosion ébranla le sol. **2.** (*fig.*) bouleverser. *Все зри́тели бы́ли потрясены́*, tous les spectateurs étaient bouleversés.

ПОТРЯСА́ЮЩИЙ bouleversant. *Потряса́ющее изве́стие*, une nouvelle bouleversante. *Потряса́ющий успе́х*, un succès éblouissant.

/ **ПОТРЯСТИ́** v. потряса́ть et трясти́.

/ **ПОТУ́ПИТЬСЯ** v. потупля́ться.

ПОТУПЛЯ́ТЬСЯ / **ПОТУ́ПИТЬСЯ** baisser les yeux. *Она́ покрасне́ла и поту́пилась*, elle rougit et baissa les yeux.

ПОТУХА́ТЬ / **ПОТУ́ХНУТЬ*** III s'éteindre. *Ого́нь поту́х*, le feu s'est éteint. *Поту́хший вулка́н*, un volcan éteint. *Поту́хший взгляд*, un regard morne.

/ **ПОТУ́ХНУТЬ** v. потуха́ть et ту́хнуть.

/ **ПОТУШИ́ТЬ** v. туши́ть.

ПОТЯ́ГИВАТЬСЯ / **ПОТЯНУ́ТЬСЯ** ⁀___ s'étirer. *Он потя́гивается и зева́ет*, il s'étire et bâille.

/ **ПОТЯНУ́ТЬ** v. тяну́ть.

/ **ПОТЯНУ́ТЬСЯ** v. потя́гиваться et тяну́ться.

/ **ПОУ́ЖИНАТЬ** v. у́жинать.

/ **ПОУМНЕ́ТЬ** v. умне́ть.

ПОУЧИ́ТЕЛЬНЫЙ instructif.

ПО-ФРАНЦУ́ЗСКИ *adv.* en français. *Говори́ть по-францу́зски*, parler français.

ПОХВАЛА́ louange. *Рассыпа́ться в похвала́х*, se répandre en louanges.

/ **ПОХВАЛИ́ТЬ** v. хвали́ть.

/ **ПОХВАЛИ́ТЬСЯ** v. хвали́ться.

ПОХВА́ЛЬНЫЙ **1.** digne d'éloges. *С похва́льными наме́рениями*, avec des intentions dignes d'éloges. **2.** qui comporte des louanges. *Похва́льный лист*, tableau d'honneur.

/ **ПОХВА́СТАТЬСЯ** v. хва́статься.

/ **ПОХИ́ТИТЬ** v. похища́ть.

ПОХИЩА́ТЬ / **ПОХИ́ТИТЬ** (т → щ) [*livresque*] ravir, enlever.

/ **ПОХЛО́ПАТЬ** v. хло́пать.

/ **ПОХЛОПОТА́ТЬ** v. хлопота́ть.

ПОХО́Д **1.** campagne (*opération militaire*). *Вы́ступить в похо́д*, partir en campagne. *Кресто́вый похо́д*, une croisade. **2.** excursion.

Тури́стский похо́д, excursion touristique.

I. / ПОХОДИ́ТЬ ╲___ marcher un certain temps.

II. ПОХОДИ́ТЬ ╲___ (на + *acc.*) ressembler. *Она́ походи́ла на отца́*, elle ressemblait à son père.

ПОХО́ДКА allure, démarche. *Я и́здали узна́л её по похо́дке*, je l'ai reconnue de loin à sa démarche.

ПОХО́ЖИЙ ressemblant, semblable à. *Он похо́ж на отца́*, il ressemble à son père. *Они́ похо́жи как две ка́пли воды́*, ils se ressemblent comme deux gouttes d'eau. *Э́то на него́ не похо́же*, ce n'est pourtant pas son genre. *Э́то ни на что не похо́же!*, A quoi ça ressemble !

/ ПОХОРОНИ́ТЬ v. хорони́ть.

ПОХОРО́ННЫЙ funèbre. *Похоро́нный марш*, une marche funèbre.

ПО́ХОРОНЫ, похоро́н, похорона́м... ╱‾‾ *pl. t.* enterrement, obsèques. *Мы бы́ли на его́ похорона́х*, nous avons été à son enterrement.

/ ПОХУДЕ́ТЬ v. худе́ть.

/ ПОЦЕЛОВА́ТЬ v. целова́ть.

ПОЦЕЛУ́Й *m.* baiser. *Осыпать поцелу́ями*, couvrir de baisers.

ПО́ЧВА **1.** sol. *Плодотво́рная по́чва*, un sol fertile. **2.** (*fig.*) fondement. *Обвине́ние не име́ет под собо́й по́чвы*, l'accusation n'a pas de fondement.

ПОЧЁМ *adv.* **1.** (*fam.*) à quel prix ? *Почём я́блоки?*, Les pommes, c'est combien ? **2.** (*avec le verbe* « знать », *pop.*) comment. *Почём я зна́ю?*, Comment pourrais-je savoir ?

ПОЧЕМУ́ *adv.* pourquoi. *Почему́ вы не пришли́?*, Pourquoi n'êtes-vous pas venus ?

ПОЧЕМУ́-ТО *adv.* on ne sait pourquoi. *А он вдруг почему́-то уе́хал*, et brusquement il est parti, on ne sait pas pourquoi.

ПО́ЧЕРК écriture (*manière personnelle d'écrire*). *Неразбо́рчивый по́черк*, une écriture illisible.

/ ПОЧЕРНЕ́ТЬ v. черне́ть.

/ ПОЧЕСА́ТЬ v. чеса́ть.

/ ПОЧЕСА́ТЬСЯ v. чеса́ться.

ПОЧЁТ respect, estime. *Окружа́ть кого́-нибудь почётом*, entourer qqn de respect.

ПОЧЁТНЫЙ d'honneur. *Почётный гость*, un hôte d'honneur. *Сиде́ть на почётном ме́сте*, être à la place d'honneur. *Почётный карау́л*, garde d'honneur.

/ ПОЧИНИ́ТЬ v. починя́ть et чини́ть.

ПОЧИНЯ́ТЬ / ПОЧИНИ́ТЬ ╲___ réparer, raccommoder. *Почини́ть часы́*, réparer une montre. *Почини́ть брю́ки*, réparer un pantalon.

/ ПОЧИ́СТИТЬ v. чи́стить.

I. ПО́ЧКА bourgeon, bouton. *Цвето́чная по́чка*, un bouton de fleur.

II. ПО́ЧКА **1.** rein. *Ле́вая по́чка*, le rein gauche. **2.** (*alimentation*) rognon. *Теля́чьи по́чки*, des rognons de veau.

ПО́ЧТА **1.** poste, service postal. *Пойти́ на по́чту*, aller à la poste. *Посла́ть посы́лку по по́чте*, envoyer un paquet par la poste. **2.** courrier (*postal*). *Пришла́ по́чта*, le courrier est arrivé. *Отве́тить обра́тной по́чтой*, répondre par retour du courrier.

ПОЧТАЛЬО́Н facteur (*employé des postes*).

ПОЧТА́МТ (*souvent accompagné de l'adjectif* « гла́вный ») bureau central des postes.

ПОЧТЕ́НИЕ respect, estime. *Относи́ться к кому́-нибудь с почте́нием*, faire preuve de respect à l'égard de qqn. *С соверше́нным почте́нием*, Je vous prie, Monsieur, d'accepter l'expression de mes sentiments profondément respectueux.

ПОЧТЕ́ННЫЙ, почте́нен, почте́нна... respectable. *Лю́ди почте́нные*, des gens respectables.

ПОЧТИ́ *adv.* presque. *Я почти́ ко́нчил*, j'ai presque terminé. ● **Почти́ что** (*fam.*), presque.

ПОЧТИ́ТЕЛЬНЫЙ **1.** respectueux. *Почти́тельный тон*, un ton respectueux. **2.** respectable (*considérable*). *На почти́тельном расстоя́нии*, à une distance respectable.

ПОЧТО́ВЫЙ postal, des postes. *Почто́вый я́щик*, une boîte aux lettres. *Почто́вые ма́рки*, des timbres-poste. *Почто́вый слу́жащий*, un employé des postes.

/ **ПОЧУ́ВСТВОВАТЬ** v. чу́вствовать.

/ **ПОЧУ́ЯТЬ** v. чу́ять.

/ **ПОШАЛИ́ТЬ** v. шали́ть.

/ **ПОША́РИТЬ** v. ша́рить.

/ **ПОШАТА́ТЬСЯ** v. шата́ться.

/ **ПОШАТНУ́ТЬСЯ** v. шата́ться.

/ **ПОШЕВЕЛИ́ТЬ** v. шевели́ть.

/ **ПОШЕВЕЛИ́ТЬСЯ** v. шевели́ться.

ПОШЁЛ v. идти́.

ПОШЛА́, ПОШЛИ́ v. идти́.

ПО́ШЛИНА taxe, droit. *Тамо́женные по́шлины*, droits de douane.

I. ПОШЛО́ v. идти́.

II. ПО́ШЛО v. по́шлый.

REMARQUE. Les deux mots cidessus diffèrent par leur accentuation.

ПО́ШЛОСТЬ *f.* platitude, trivialité. *Говори́ть по́шлости*, dire des platitudes.

ПО́ШЛЫЙ /___ vulgaire. *По́шлый челове́к*, un homme vulgaire. *По́шлые остро́ты*, des plaisanteries vulgaires.

/ **ПОШУМЕ́ТЬ** v. шуме́ть.

/ **ПОШУТИ́ТЬ** v. шути́ть.

ПОЩА́ДА grâce. *Проси́ть поща́ды*, demander grâce.

/ **ПОЩАДИ́ТЬ** v. щади́ть.

/ **ПОЩЕКОТА́ТЬ** v. щекота́ть.

ПОЩЁЧИНА gifle. *Дать пощёчину*, donner une gifle. *Получи́ть пощёчину*, recevoir une gifle.

/ **ПОЩИПА́ТЬ** v. щипа́ть.

/ **ПОЩУ́ПАТЬ** v. щу́пать.

ПОЭ́ТОМУ *adv.* c'est pourquoi. *Ра́на была́ тяжёлая, поэ́тому его́ отпра́вили в тыл*, la blessure était grave, c'est pourquoi on l'envoya à l'arrière.

ПОЮ́, ПОЮ́Т v. петь.

/ **ПОЯВИ́ТЬСЯ** v. появля́ться.

ПОЯВЛЯ́ТЬСЯ / ПОЯВИ́ТЬСЯ ___ apparaître. *На поро́ге появи́лся незнако́мый*, un inconnu apparut sur le seuil. *Появи́лись но́вые препя́тствия*, de nouvelles difficultés sont apparues.

ПО́ЯС*, *nom. pl.* пояса́ ___‾‾‾ **1.** ceinture (*divers sens*). *Ко́жаный по́яс*, une ceinture de cuir. *По по́яс в воде́*, dans l'eau jusqu'à la ceinture. *Спаса́тельный по́яс*, une ceinture de sauvetage. **2.** zone. *Уме́ренный по́яс*, zone tempérée. ● **Кла́няться в по́яс,** saluer profondément.

/ **ПОЯСНИ́ТЬ** v. поясня́ть.

ПОЯСНЯ́ТЬ / ПОЯСНИ́ТЬ expliquer, expliciter. *Поясни́ть свою́ мысль*, expliciter sa pensée.

ПРАБА́БУШКА arrière-grand-mère.

ПРА́ВДА **1.** vérité (*parole prononcée de bonne foi*). *Говори́ть пра́вду*, dire la vérité. *Э́то пра́вда*, C'est vrai. **2.** juste cause. *Стоя́ть за пра́вду*, défendre la juste cause. ● **Не пра́вда ли?,** N'est-ce pas ? **По пра́вде говоря́,** à vrai dire.

REMARQUE. Voir le mot « и́стина ».

ПРАВДИ́ВЫЙ **1.** véridique, digne de foi. *Правди́вый расска́з*, un récit véridique. **2.** sincère. *Правди́вый челове́к*, un homme sincère.

ПРА́ВИЛО règle, principe. *Граммати́ческое пра́вило*, une règle de grammaire. *Нет пра́вила без исключе́ния*, il n'y a pas de règle sans exception. *По всем пра́вилам иску́сства*, dans toutes les règles de l'art.

ПРА́ВИЛЬНЫЙ 1. juste, correct. *Пра́вильное произноше́ние*, une prononciation correcte. *Да, пра́вильно*, Oui, c'est exact. **2.** régulier (*divers sens*). *Пра́вильные черты́*, des traits réguliers. *Пра́вильный глаго́л*, un verbe régulier.

ПРАВИ́ТЕЛЬСТВЕННЫЙ gouvernemental. *Прави́тельственный кри́зис*, une crise gouvernementale.

ПРАВИ́ТЕЛЬСТВО gouvernement (*ensemble des ministres*). *Член прави́тельства*, un membre du gouvernement.

ПРА́ВИТЬ (+ *instr.*) **1.** gouverner. *Пра́вить страно́й*, gouverner un pays. **2.** conduire. *Пра́вить маши́ной*, conduire une voiture.

ПРА́ВНУК arrière-petit-fils.

ПРА́ВНУЧКА arrière-petite-fille.

I. ПРА́ВО droit. *Име́ть пра́во*, avoir le droit. *Пра́во на о́тдых*, le droit au repos. *Избира́тельное пра́во*, le droit de vote.

II. ПРА́ВО *adv.* vraiment. *Я, пра́во, не зна́ю*, à vrai dire, je ne sais pas.

ПРАВОСЛА́ВИЕ la religion orthodoxe.

ПРАВОСЛА́ВНЫЙ orthodoxe (*religion*). *Приня́ть правосла́вную ве́ру*, se convertir à la religion orthodoxe. *Правосла́вная це́рковь*, l'Église orthodoxe.

I. ПРА́ВЫЙ 1. droit (*par opposition à gauche*). *Пра́вая рука́*, la main droite. *На пра́вом берегу́*, sur la rive droite. **2.** de droite (*politique*). *Пра́вая па́ртия*, un parti de droite.

II. ПРА́ВЫЙ ⁄‾‾___ **1.** qui a raison. *Вы пра́вы*, Vous avez raison. **2.** juste (*conforme à l'équité*). *Стоя́ть за пра́вое де́ло*, défendre la juste cause.

ПРА́ДЕД arrière-grand-père.

ПРА́ЗДНИК fête. *Пра́здники Пе́рвого ма́я*, les fêtes du Ier-Mai. *На студе́нческом пра́зднике*, à une fête d'étudiants.

ПРА́ЗДНИЧНЫЙ de fête. *Пра́здничный день*, un jour de fête. *С пра́здничным ви́дом*, avec un air de fête.

ПРА́ЗДНОВАТЬ / ОТПРА́ЗДНОВАТЬ fêter, célébrer. *Они́ отпра́здновали побе́ду*, ils fêtèrent leur victoire. *Пра́здновать Но́вый год*, fêter le nouvel an.

ПРА́ЗДНЫЙ 1. oisif. *Пра́здная жизнь*, une vie oisive. **2.** oiseux. *Пра́здные слова́*, des propos oiseux.

ПРАХ ● **Всё пошло́ пра́хом,** tout s'en est allé à vau-l'eau. **Мир его́ пра́ху,** Paix à ses cendres. **Обрати́ть в прах,** réduire en poussière.

ПРА́ЧЕЧНАЯ *adj. subst. f.* blanchisserie. *Механизи́рованная пра́чечная*, une blanchisserie automatique.

ПРА́ЧКА blanchisseuse.

ПРЕБЫВА́НИЕ 1. séjour. *Во вре́мя моего́ пребыва́ния в Но́вгороде*, pendant mon séjour à Novgorod. **2.** résidence. *Ме́сто постоя́нного пребыва́ния*, résidence habituelle.

/ ПРЕВЗОЙТИ́ v. превосходи́ть.

/ ПРЕВОЗНЕСТИ́ v. превозноси́ть.

ПРЕВОЗНОСИ́ТЬ ___ **/ ПРЕВОЗНЕСТИ́*** IV, превознесу́, превознесёшь...; превознёс, превознесла́... ⁄‾‾‾ ; превознесённый exalter (*vanter*). *Превозноси́ть до небе́с*, porter aux nues.

ПРЕВОСХОДИ́ТЬ ___ **/ ПРЕВЗОЙТИ́*** IV, превзойду́, превзойдёшь...; превзошёл, превзошла́...; превзойдённый surpasser. *Расхо́ды превзошли́ дохо́ды*, les dépenses ont dépassé les recettes. *Превзойти́ все ожида́ния*, dépasser toute attente. *Превзойти́ самого́ себя́*, se surpasser.

ПРЕВОСХО́ДНЫЙ excellent. *Превосхо́дная мысль*, une excellente idée.

ПРЕВОСХО́ДСТВО supériorité. *Чи́сленное превосхо́дство*, supériorité numérique. *Доказа́ть своё превосхо́дство*, montrer sa supériorité.

/ **ПРЕВРАТИ́ТЬ** v. превраща́ть.

ПРЕВРА́ТНЫЙ erroné. *Превра́тное поня́тие о че́сти*, une conception erronée de l'honneur. *Превра́тно понима́ть*, comprendre de travers.

ПРЕВРАЩА́ТЬ / ПРЕВРАТИ́ТЬ (т → щ) transformer. *Гу́сеница преврати́лась в ба́бочку*, la chenille s'est transformée en papillon.

/ **ПРЕВЫ́СИТЬ** v. превыша́ть.

ПРЕВЫША́ТЬ / ПРЕВЫ́СИТЬ dépasser, outrepasser. *Превы́сить реко́рд*, battre un record. *Вы превы́сили ско́рость*, Vous avez fait un excès de vitesse.

ПРЕГРА́ДА obstacle. *Преодоле́ть все прегра́ды*, surmonter tous les obstacles.

/ **ПРЕГРАДИ́ТЬ** v. прегражда́ть.

ПРЕГРАЖДА́ТЬ / ПРЕГРАДИ́ТЬ barrer, fermer. *Прегради́ть путь вра́жеским войска́м*, barrer la route aux armées ennemies.

ПРЕДАВА́ТЬ* II, предаю́, предаёшь...; предава́й; предава́я / **ПРЕДА́ТЬ*** *n. cl.*, преда́м, преда́шь, преда́ст, предади́м, предади́те, предаду́т; пре́дал, предала́, пре́дало, пре́дали ; преда́й; пре́данный, пре́дан, предана́, пре́дано, пре́даны **1.** livrer. *Преда́ть суду́*, traduire en justice. *Преда́ть огню́ и мечу́*, mettre à feu et à sang. **2.** trahir. *Преда́ть дру́га*, trahir un ami.

ПРЕДАВА́ТЬСЯ* II, предаю́сь, предаёшься...; предава́йся; предава́ясь / **ПРЕДА́ТЬСЯ*** *n. cl.*, преда́мся, преда́шься, преда́стся, предади́мся, предади́тесь, предаду́тся; преда́лся, предала́сь... s'abandonner à. *Предава́ться свои́м страстя́м*, donner libre cours à ses passions.

ПРЕДА́НИЕ légende, tradition. *По преда́нию*, selon la légende.

ПРЕ́ДАННЫЙ dévoué. *Пре́данный друг*, un ami dévoué.

ПРЕДА́ТЕЛЬ *m.* traître. *Расстреля́ть преда́телей*, fusiller les traîtres.

ПРЕДА́ТЕЛЬСТВО trahison. *Гну́сное преда́тельство*, une basse trahison.

/ **ПРЕДА́ТЬ** v. предава́ть.

/ **ПРЕДА́ТЬСЯ** v. предава́ться.

ПРЕДВАРИ́ТЕЛЬНЫЙ préalable, préliminaire. *Предвари́тельные объясне́ния*, des explications préliminaires.

ПРЕДВЕЩА́ТЬ prédire, annoncer. *Э́то не предвеща́ло ничего́ хоро́шего*, cela ne présageait rien de bon.

ПРЕДВЗЯ́ТЫЙ préconçu. *Предвзя́тая мысль*, une idée préconçue. *Предвзя́тое мне́ние*, un parti pris.

ПРЕДВИ́ДЕНИЕ prévision. *Мои́ предви́дения оправда́лись*, mes prévisions se sont réalisées.

ПРЕДВИ́ДЕТЬ* I, предви́жу, предви́дишь... prévoir. *Предви́деть бу́дущее*, prévoir l'avenir.

ПРЕДВЫ́БОРНЫЙ préélectoral. *Предвы́борная кампа́ния*, la campagne électorale.

ПРЕДЕ́Л limite (*propr. et fig.*). *Э́тому на́до положи́ть преде́л*, il faut mettre un terme à cela. *Вы́йти из преде́лов благопристо́йности*, passer les bornes de la bienséance.

ПРЕДЕ́ЛЬНЫЙ maximum, limite. *Преде́льная ско́рость*, la vitesse limite.

ПРЕДИСЛО́ВИЕ avant-propos.

ПРЕДЛАГА́ТЬ / ПРЕДЛОЖИ́ТЬ proposer. *Предложи́ть стака́н ча́ю*, proposer un verre de thé. *Предложи́ть свои́ услу́ги*, proposer ses services.

I. ПРЕДЛО́Г prétexte. *Найти́ предло́г для отка́за*, trouver un prétexte pour refuser. *Под ра́зными предло́гами*, sous divers prétextes.

II. ПРЕДЛО́Г (*gramm.*) préposition.

ПРЕДЛОЖЕ́НИЕ 1. proposition. *Внести́ конкре́тное предложе́ние*, faire une proposition concrète. 2. (*gramm.*) proposition. *Гла́вное предложе́ние*, proposition principale. 3. (*économie*) offre. *Спрос превыша́ет предложе́ние*, la demande dépasse l'offre. 4. demande en mariage. *Сде́лать предложе́ние*, faire une demande en mariage.

/ **ПРЕДЛОЖИ́ТЬ** v. предлага́ть.

ПРЕДЛО́ЖНЫЙ • **Предло́жный паде́ж** (*gramm.*), le locatif.

ПРЕДМЕ́СТЬЕ banlieue.

ПРЕДМЕ́Т 1. objet (*chose*). *Предме́ты пе́рвой необходи́мости*, des objets de première nécessité. 2. objet (*ce sur quoi porte une discussion, une réflexion...*). *Предме́т спо́ра*, l'objet de la discussion. 3. matière (*objet d'études scolaires*). *Он си́лен по всем предме́там*, il est fort dans toutes les matières.

ПРЕДНАЗНАЧА́ТЬ / ПРЕДНАЗНА́ЧИТЬ destiner à, affecter à. *Для чего́ они́ предназна́чены?*, A quoi sont-elles destinées ?

/ **ПРЕДНАЗНА́ЧИТЬ** v. предназнача́ть.

ПРЕ́ДОК ancêtre. *Его́ пре́дки бы́ли крепостны́ми*, ses ancêtres étaient des serfs.

/ **ПРЕДОСТА́ВИТЬ** v. предоставля́ть.

ПРЕДОСТАВЛЯ́ТЬ / ПРЕДОСТА́ВИТЬ accorder, laisser. *Предоста́вить вы́бор*, laisser le choix. *Э́то помеще́ние предоста́вили в на́ше распоряже́ние*, on a laissé le local à notre disposition. *Ему́ предоста́вили реши́ть э́тот вопро́с*, on lui a laissé le soin de résoudre ce problème. *Предоста́вить кому́-нибудь сло́во*, donner la parole à qqn.

ПРЕДОСТЕРЕГА́ТЬ / ПРЕДОСТЕРЕ́ЧЬ* IV, предостерегу́, предостережёшь..., предостерегу́т; предостерёг, предостерегла́... ⁄‾‾ ; предостережённый mettre en garde. *Предостере́чь от опа́сности*, prévenir du danger.

/ **ПРЕДОСТЕРЕ́ЧЬ** v. предостерега́ть.

ПРЕДОСТОРО́ЖНОСТЬ *f.* précaution. *Приня́ть ме́ры предосторо́жности*, prendre des mesures de sécurité.

/ **ПРЕДОТВРАТИ́ТЬ** v. предотвраща́ть.

ПРЕДОТВРАЩА́ТЬ / ПРЕДОТВРАТИ́ТЬ (т → щ) prévenir (*un malheur...*). *Предотврати́ть опа́сность*, conjurer le danger.

/ **ПРЕДПИСА́ТЬ** v. предпи́сывать.

ПРЕДПИ́СЫВАТЬ / ПРЕДПИСА́ТЬ* II, предпишу́, предпи́шешь... ╲__ prescrire. *Предписа́ть стро́гую дие́ту*, prescrire une diète absolue.

ПРЕДПОЛАГА́ТЬ / ПРЕДПОЛОЖИ́ТЬ ╲__ 1. admettre, supposer. *Предполо́жим, что э́то возмо́жно*, Admettons que ce soit possible. 2. avoir l'intention. *Мы предполага́ли вы́ехать из Москвы́ сего́дня ве́чером*, nous avions l'intention de quitter Moscou ce soir.

ПРЕДПОЛОЖЕ́НИЕ supposition. *Сде́лать ра́зные предположе́ния*, faire diverses suppositions. *Вы́сказать предположе́ние*, émettre une hypothèse.

/ **ПРЕДПОЛОЖИ́ТЬ** v. предполага́ть.

ПРЕДПОСЛЕ́ДНИЙ avant-dernier. *Ударе́ние па́дает на предпосле́дний слог*, l'accent frappe l'avant-dernière syllabe.

/ **ПРЕДПОЧЕ́СТЬ** v. предпочита́ть.

ПРЕДПОЧИТА́ТЬ / ПРЕДПОЧЕ́СТЬ* IV, предпочту́, предпочтёшь...; предпочтённый préférer. *Предпочéсть кинó теáтру*, préférer le cinéma au théâtre.

ПРЕДПОЧТÉНИЕ préférence. *Отдáть предпочтéние*, accorder la préférence.

ПРЕДПРИЙМЧИВОСТЬ *f.* esprit d'initiative. *Проявúть предприúмчивость*, faire preuve d'initiative.

ПРЕДПРИНИМÁТЬ / ПРЕДПРИНЯ́ТЬ* IV, предпримý, предприúмешь... ⟍___ ; предпрúнял, предприня́лá, предпрúняло, предпрúняли ⁄⟍___; предпрúнятый, предпрúнят, предпринятá, предпрúнято, предпрúняты ⁄⟍___ entreprendre. *Он никогдá ничегó не смел предпринимáть*, il n'osait jamais rien entreprendre.

/ **ПРЕДПРИНЯ́ТЬ** v. предпринимáть.

ПРЕДПРИЯ́ТИЕ entreprise (*divers sens*). *Интерéсное предприя́тие*, une tentative intéressante. *Чáстное предприя́тие*, une entreprise privée.

ПРЕДРАССУ́ДОК préjugé. *Мещáнские предрассýдки*, des préjugés bourgeois.

ПРЕДСЕДÁТЕЛЬ *m.* président. *Председáтель комúссии*, le président de la commission. *Председáтель колхóза*, le directeur du kolkhoze.

ПРЕДСКАЗÁНИЕ prédiction. *Предсказáния егó сбы́лись*, ses prédictions se sont réalisées.

/ **ПРЕДСКАЗÁТЬ** v. предскáзывать.

ПРЕДСКÁЗЫВАТЬ / ПРЕДСКАЗÁТЬ* II, предскажý, предскáжешь...⟍___ prédire. *Емý предсказáли блестя́щую судьбý*, on lui a prédit un brillant avenir.

ПРЕДСТАВИ́ТЕЛЬ *m.* représentant. *Представúтели нарóда*, les représentants du peuple.

ПРЕДСТАВИ́ТЕЛЬСТВО représentation (*organisme*). *Торгóвое представúтельство*, la représentation commerciale.

/ **ПРЕДСТÁВИТЬ** v. представля́ть.

ПРЕДСТАВЛÉНИЕ **1.** représentation (*spectacle*). *Давáть представлéние*, donner une représentation. **2.** idée, notion. *Я не имéю об э́том никакóго представлéния*, je n'en ai pas la moindre idée.

ПРЕДСТАВЛЯ́ТЬ / ПРЕДСТÁВИТЬ présenter. *Представить спрáвку*, présenter une attestation. *Э́то не предстáвит затруднéний*, cela ne présentera aucune difficulté. *Позвóльте предстáвиться*, Permettez-moi de me présenter. *Предстáвился удóбный слýчай*, il s'est présenté une occasion favorable. ● **Предстáвить себé,** se représenter. *Вы не мóжете себé предстáвить*, Vous ne pouvez pas vous imaginer.

ПРЕДСТОЯ́ТЬ* I, предстои́т, предстоя́т être proche, être imminent. *Нам предстоя́ла трýдная рабóта*, nous avions devant nous un dur travail à accomplir.

ПРЕДУБЕЖДÉНИЕ prévention (*idée préconçue*).

/ **ПРЕДУПРЕДИ́ТЬ** v. предупреждáть.

ПРЕДУПРЕЖДÁТЬ / ПРЕДУПРЕДИ́ТЬ, *part.* предупреждённый* **1.** prévenir (*avertir*). *Предупредúть об опáсности*, prévenir du danger. **2.** prévenir (*éviter*). *Предупредúть пожáр*, éviter un incendie. **3.** devancer. *Предупредúть собы́тия*, devancer les événements.

ПРЕДУСМÁТРИВАТЬ/ПРЕДУСМОТРÉТЬ* I, предусмотрю́, предусмóтришь... ⟍___ envisager, prévoir. *Э́то не предусмóтрено закóном*, ce n'est pas prévu par la loi.

/ **ПРЕДУСМОТРÉТЬ** v. предусмáтривать.

ПРЕДЧУ́ВСТВИЕ [ч'ус'т'в'] pressentiment. *У неё бы́ло предчýвствие, что он никогдá не вернётся*, elle avait le pressentiment qu'il ne reviendrait jamais.

ПРЕДЧУ́ВСТВОВАТЬ [ч'ycтв] pressentir. *Она́ предчу́вствовала, что он никогда́ не вернётся*, elle avait le pressentiment qu'il ne reviendrait jamais.

ПРЕДШЕ́СТВЕННИК **1.** précurseur. *Предше́ственник абстракциони́зма*, un précurseur de la peinture abstraite. **2.** prédécesseur. *Мой предше́ственник*, mon prédécesseur.

ПРЕДШЕ́СТВОВАТЬ (+ *dat.*) précéder. *Э́тому реше́нию предше́ствовало о́бщее собра́ние*, cette décision a été précédée par une réunion générale.

ПРЕДЫДУ́ЩИЙ précédent. *На предыду́щих страни́цах*, dans les pages précédentes.

ПРЕ́ЖДЕ **1.** *adv.* auparavant. *Э́то бы́ло уже́ не так как пре́жде*, ce n'était plus comme auparavant. **2.** (+ *gén.*) *prép.* avant, plus tôt. *Они́ пришли́ пре́жде всех*, ils sont arrivés avant tous les autres. *Пре́жде всего́*, avant tout. ● **Пре́жде чем** *conj.* **1.** (+ *inf.*) avant de. *Пре́жде чем уе́хать*, avant de partir. **2.** (+ *passé*) avant que. *Пре́жде чем он уе́хал*, avant qu'il ne parte.

ПРЕЖДЕВРЕ́МЕННЫЙ, преждевре́менен, преждевре́менна... prématuré. *Преждевре́менная ста́рость*, une vieillesse prématurée.

ПРЕ́ЖНИЙ antérieur, d'autrefois. *Всё бы́ло на пре́жнем ме́сте*, tout était à la même place qu'autrefois.

ПРЕЗИ́ДИУМ bureau, présidium. *Прези́диум Верхо́вного Сове́та*, le Présidium du Soviet suprême.

ПРЕЗИРА́ТЬ mépriser. *Они́ презира́ли друг дру́га*, ils se méprisaient l'un l'autre.

ПРЕЗРЕ́НИЕ mépris. *Возбужда́ть презре́ние*, inspirer le mépris. *Презре́ние к сме́рти*, le mépris de la mort.

ПРЕЗРИ́ТЕЛЬНЫЙ méprisant. *Презри́тельный тон*, un ton méprisant.

ПРЕИМУ́ЩЕСТВО avantage. *Име́ть большо́е преиму́щество*, présenter un grand avantage.

ПРЕКЛО́ННЫЙ avancé (*en parlant de l'âge*). *Дойти́ до прекло́нного во́зраста*, parvenir à un âge avancé.

ПРЕКРА́СНО *adv.* très bien. *Она́ прекра́сно поёт*, elle chante très bien.

ПРЕКРА́СНЫЙ **1.** très beau. *Прекра́сные глаза́*, de très beaux yeux. *Пого́да была́ прекра́сная*, il faisait très beau. **2.** très bon. *Прекра́сный обе́д*, un excellent repas. ● **В оди́н прекра́сный день,** un beau jour (*une fois*).

Remarque. Pour l'emploi adverbial de la forme « прекрасно », voir ce mot.

/ **ПРЕКРАТИ́ТЬ** v. прекраща́ть.

/ **ПРЕКРАТИ́ТЬСЯ** v. прекраща́ться.

ПРЕКРАЩА́ТЬ / ПРЕКРАТИ́ТЬ (т → щ) faire cesser, interrompre. *Прекрати́ть перегово́ры*, rompre les négociations.

ПРЕКРАЩА́ТЬСЯ / ПРЕКРАТИ́ТЬСЯ (т → щ) cesser (*intr.*). *Дождь прекрати́лся*, la pluie a cessé.

ПРЕЛЕ́СТНЫЙ charmant, adorable. *Преле́стный уголо́к*, un coin charmant.

ПРЕ́ЛЕСТЬ *f.* charme. *Пре́лесть новизны́*, le charme de la nouveauté. *Кака́я пре́лесть!*, C'est vraiment charmant !

/ **ПРЕЛЬСТИ́ТЬ** v. прельща́ть.

ПРЕЛЬЩА́ТЬ / ПРЕЛЬСТИ́ТЬ (*livresque*) séduire, attirer. *Он прельсти́л всех свое́й любе́зностью*, il a séduit tout le monde par son amabilité.

ПРЕ́МИЯ prix (*récompense*). *Получи́ть Но́белевскую пре́мию*, recevoir le prix Nobel.

ПРЕНЕБРЕГА́ТЬ / ПРЕНЕБРЕ́ЧЬ* IV, пренебрегу́, пренебрежёшь..., пренебрегу́т; пренебрёг, пренебрегла́...

(+ *instr.*) dédaigner, mépriser. *Он пренебрегáл совéтами*, il ne tenait pas compte des conseils qu'on lui avait donnés.

ПРЕНЕБРЕЖÉНИЕ dédain. *Относи́ться к комý-нибудь с пренебрежéнием*, manifester son dédain à l'égard de qqn.

ПРЕНЕБРЕЖИ́ТЕЛЬНЫЙ dédaigneux. *Пренебрежи́тельный тон*, un ton dédaigneux.

/ **ПРЕНЕБРÉЧЬ** v. пренебрегáть.

ПРЕОБЛАДÁТЬ prédominer, être en majorité. *Преобладáющее мнéние*, l'opinion de la plupart.

/ **ПРЕОБРАЗОВÁТЬ** v. преобразóвывать.

ПРЕОБРАЗÓВЫВАТЬ / **ПРЕОБРАЗОВÁТЬ** transformer. *Преобразовáть прирóду*, transformer la nature.

ПРЕОДОЛЕВÁТЬ / **ПРЕОДОЛÉТЬ** surmonter. *Преодолéть все трýдности*, surmonter toutes les difficultés.

/ **ПРЕОДОЛÉТЬ** v. преодолевáть.

ПРЕПОДАВÁНИЕ enseignement. *Мéтоды преподавáния*, les méthodes d'enseignement.

ПРЕПОДАВÁТЕЛЬ *m.* professeur (*homme ou femme*). *Преподавáтель рýсского языкá*, professeur de russe.

ПРЕПОДАВÁТЕЛЬНИЦА professeur (*femme*).

ПРЕПОДАВÁТЬ* II, преподаю́, преподаёшь...; преподавáй; преподавáя enseigner. *Он преподаёт фи́зику в институ́те*, il enseigne la physique dans une école supérieure.

/ **ПРЕПОДНЕСТИ́** v. преподноси́ть.

ПРЕПОДНОСИ́ТЬ / **ПРЕПОДНЕСТИ́*** IV, преподнесу́, преподнесёшь...; преподнёс, преподнеслá...; преподнесённый présenter, offrir. *Преподнести́ подáрок*, offrir un cadeau.

ПРЕПЯ́ТСТВИЕ obstacle. *Преодолéть все препя́тствия*, surmonter tous les obstacles.

ПРЕПЯ́ТСТВОВАТЬ / **ВОСПРЕПЯ́ТСТВОВАТЬ** (+ *dat.*) s'opposer à. *Чтóбы препя́тствовать их намéрениям*, pour mettre obstacle à leurs desseins.

/ **ПРЕРВÁТЬ** v. прерывáть.

ПРЕРЫВÁТЬ / **ПРЕРВÁТЬ*** IV, прервý, прервёшь...; прервáл, прервалá, прервáло, прервáли interrompre (*suspendre*). *Прервáть переговóры*, rompre les pourparlers. *Прервáть молчáние*, rompre le silence. **2.** interrompre (*couper la parole à qqn*). *Онá егó прервалá*, elle lui a coupé la parole.

ПРЕРЫ́ВИСТЫЙ saccadé. *Преры́вистым гóлосом*, d'une voix saccadée.

ПРЕСЛÉДОВАНИЕ poursuite, persécution. *Судéбное преслéдование*, poursuites judiciaires. *Мáния преслéдования*, la manie de la persécution.

ПРЕСЛÉДОВАТЬ poursuivre (*divers sens*). *Преслéдовать непри́ятеля*, pourchasser l'ennemi. *Неудáча егó преслéдует*, la malchance le poursuit. *Какýю цель они́ преслéдуют?*, Quel but poursuivent-ils ?

ПРЕСЛОВУ́ТЫЙ (*iron.*) fameux, trop fameux.

ПРЕСМЫКÁЮЩЕЕСЯ *adj. subst. n.* reptile.

> REMARQUE. L'accusatif singulier de « пресмыкáющееся » est semblable au nominatif. L'accusatif pluriel est semblable au génitif.

ПРÉСНЫЙ doux (*non salé*). *Прéсная водá*, eau douce.

ПРЕСПОКÓЙНО (*fam.*) *adv.* tout à fait tranquillement.

ПРЕСТÓЛ trône. *Взойти́ на престóл*, monter sur le trône.

ПРЕСТУПЛÉНИЕ crime. *Совершúть преступлéние*, commettre un crime. « *Преступлéние и нака-*

зáние » *Достоéвского*, « Crime et châtiment » de Dostoïevski. ● **На мéсте преступлéния,** en flagrant délit. *Поймáть когó-нибудь на мéсте преступлéния*, prendre qqn en flagrant délit.

ПРЕСТУ́ПНИК criminel. *Уголóвный престýпник*, un criminel de droit commun. *Вoéнный престýпник*, un criminel de guerre.

ПРЕТÉНЗИЯ **1.** (*généralement au pl.*) prétentions. *Справедли́вые претéнзии*, des prétentions justifiées. *Человéк с претéнзиями*, un homme prétentieux. **2.** grief. *Быть в претéнзии на когó-нибудь*, avoir des griefs contre qqn.

ПРЕУВЕЛИЧÉНИЕ exagération. *Он склóнен к преувеличéнию*, il a tendance à l'exagération.

ПРЕУВЕЛИ́ЧИВАТЬ / ПРЕУВЕЛИ́ЧИТЬ exagérer. *Ты преувели́чиваешь её достóинства*, Tu exagères ses mérites. *Он лю́бит преувели́чивать*, il a tendance à exagérer.

/ **ПРЕУВЕЛИ́ЧИТЬ** v. преувели́чивать.

> **ПРИ** *prép.* (+ *loc.*)
> *sens général: proximité ou simultanéité.*
> **1.** à côté de.
> **2.** en présence de.
> **3.** à l'intérieur de; dépendant de.
> **4.** en profitant de.
> **5.** à la disposition de.
> **6.** du temps de; à l'époque de.
> **7.** en ayant (*peut prendre selon le contexte le sens de « grâce à » ou, au contraire, de « malgré »*).

1. *При дорóге*, au bord de la route. *При вхóде стои́т часовóй*, à l'entrée, il y a une sentinelle. *Би́тва при Цуси́ме*, la bataille de Tsou-shima. **2.** *При свидéтелях*, en présence de témoins. **3.** *Лабoратóрия при Институ́те металлу́ргии*, le laboratoire de l'Institut de métallurgie. **4.** *При свéте луны́*, au clair de la lune. *При слу́чае*, à l'occasion. **5.** *Имéть при себé дéньги*, avoir de l'argent sur soi. **6.** *При Петрé I*, sous le règne de Pierre le Grand. *При коммуни́зме*, à l'époque du communisme. **7.** *При егó си́ле*, quand on est fort comme lui. *При всём моём желáнии*, en dépit du désir que j'avais. ● **Тут ни при чём быть,** n'y être pour rien. *Я тут ни при чём*, je n'y suis pour rien.

/ **ПРИБÁВИТЬ** v. прибавля́ть.

ПРИБÁВКА augmentation. *Получи́ть прибáвку*, obtenir une augmentation.

ПРИБАВЛЯ́ТЬ / ПРИБÁВИТЬ **1.** ajouter. *Прибáвить сто рублéй*, ajouter cent roubles. *Прибáвить сáхару*, remettre du sucre. « *Впрóчем, я не знáю* », — *прибáвил он*, « Au fond, je ne sais pas trop », ajouta-t-il. **2.** augmenter. *Прибáвить зарплáту*, augmenter le salaire. ● **Прибáвить в вéсе,** prendre du poids. *Онá прибáвила в вéсе на пять килó*, elle a pris cinq kilos. **Прибáвить шáгу,** hâter le pas.

I. ПРИБЕГÁТЬ / ПРИБÉГНУТЬ* III avoir recours à. *Прибéгнуть к хи́трости*, faire appel à la ruse.

II. ПРИБЕГÁТЬ / ПРИБЕЖÁТЬ* *n. cl.*, прибегу́, прибежи́шь..., прибегу́т; прибеги́ arriver (*en courant*), accourir. *Прибежáть пéрвым*, arriver le premier.

/ **ПРИБÉГНУТЬ** v. прибегáть I.

/ **ПРИБЕЖÁТЬ** v. прибегáть II.

ПРИБЛИЖÁТЬСЯ / ПРИБЛИ́ЗИТЬСЯ approcher (*intr.*), s'approcher. *Óсень приближáется*, l'automne approche.

ПРИБЛИЗИ́ТЕЛЬНЫЙ approximatif. *Приблизи́тельный подсчёт*, un calcul approximatif. *Имéть приблизи́тельное представлéние*, avoir une idée approximative.

/ **ПРИБЛИ́ЗИТЬСЯ** v. приближáться.

ПРИБÓР **1.** appareil. *Измери́тельный прибóр*, appareil de mesure. **2.** assortiment, service. *Чáйный прибóр*, un service à thé.

ПРИБЫВА́ТЬ / ПРИБЫ́ТЬ* *n. cl.*, прибу́ду, прибу́дешь...; при́был, прибыла́, при́было, при́были ∧—— arriver. *По́езд при́был*, le train est arrivé.

ПРИ́БЫЛЬ *f.* bénéfice. *Чи́стая при́быль*, le bénéfice net. *Перепрода́ть с большо́й при́былью*, revendre avec un gros bénéfice.

/ ПРИБЫ́ТЬ v. прибыва́ть.

/ ПРИВЕЗТИ́ v. привози́ть.

/ ПРИВЕСТИ́ v. приводи́ть.

ПРИВЕ́Т salutation, salut. *Переда́йте им мой приве́т*, Transmettez-leur mes salutations.

ПРИВЕ́ТЛИВЫЙ accueillant. *Приве́тливый челове́к*, un homme accueillant. *Приве́тливая улы́бка*, un sourire accueillant.

ПРИВЕ́ТСТВОВАТЬ saluer. *Приве́тствовать госте́й*, saluer ses hôtes. // (*Fig.*) *Приве́тствовать инициати́ву*, approuver une initiative.

> REMARQUE. Au passé, le verbe « приве́тствовать » peut être perfectif.

ПРИВИВА́ТЬ / ПРИВИ́ТЬ* II, привью́, привьёшь...; приве́й; приви́л, привила́, приви́ло, приви́ли ∧—— **1.** greffer. *Приви́ть я́блоню*, greffer un pommier. **2.** inoculer. *Приви́ть де́тям о́спу*, vacciner les enfants contre la variole.

ПРИВИДЕ́НИЕ fantôme.

/ ПРИВИ́ТЬ v. привива́ть.

ПРИ́ВКУС arrière-goût.

ПРИВЛЕКА́ТЕЛЬНЫЙ attrayant, captivant. *Привлека́тельный хара́ктер*, un caractère séduisant.

ПРИВЛЕКА́ТЬ / ПРИВЛЕ́ЧЬ* IV, привлеку́, привлечёшь..., привлеку́т; привлёк, привлекла́... ╱‾‾ ; привлечённый attirer. *Привлека́ть покупа́телей*, attirer la clientèle. *Привлека́ть внима́ние*, attirer l'attention. ● **Привле́чь к суду́,** citer en justice.

/ ПРИВЛЕ́ЧЬ v. привлека́ть.

ПРИВОДИ́ТЬ ╲—— **/ ПРИВЕСТИ́*** IV, приведу́, приведёшь...; привёл, привела́... ╱‾‾ ; приведённый **1.** amener. *Привести́ ребёнка домо́й*, ramener un enfant à la maison. *Тропи́нка привела́ нас на лужа́йку*, le sentier nous a conduits dans une clairière. // (*Fig.*) *Э́то ни к чему́ не приведёт*, cela ne mène à rien. **2.** mettre (*dans tel ou tel état*). *Привести́ в поря́док*, mettre en ordre. *Привести́ кого́-нибудь в отча́яние*, mettre qqn au désespoir. *Привести́ кого́-нибудь в чу́вство*, faire reprendre ses sens à qqn. **3.** citer. *Привести́ приме́р*, donner un exemple. *Привести́ в приме́р*, donner en exemple. ● **Привести́ кого́-нибудь к прися́ге,** faire prêter serment à qqn.

ПРИВОЗИ́ТЬ ╲—— **/ ПРИВЕЗТИ́*** IV, привезу́, привезёшь...; привёз, привезла́... ╱‾‾ ; привезённый amener (*par un moyen de transport*). *Кни́ги, кото́рые я привёз из Ленингра́да*, les livres que j'ai ramenés de Leningrad.

ПРИВЫКА́ТЬ / ПРИВЫ́КНУТЬ* III **1.** (к + *dat.*) s'habituer à. *Все к нему́ привы́кли*, tout le monde s'est habitué à lui. **2.** (+ *inf.*) prendre l'habitude de. *Я привы́к кури́ть*, j'ai pris l'habitude de fumer.

/ ПРИВЫ́КНУТЬ v. привыка́ть.

ПРИВЫ́ЧКА habitude. *По привы́чке*, par habitude. *Привы́чка — втора́я нату́ра*, l'habitude est une seconde nature. *Э́то не в мои́х привы́чках*, ce n'est pas dans mes habitudes.

ПРИВЫ́ЧНЫЙ habituel. *Привы́чным же́стом*, d'un geste qui lui était habituel.

ПРИВЯ́ЗАННОСТЬ *f.* attachement. *Привя́занность её к семье́*, l'attachement qu'elle portait à sa famille.

/ ПРИВЯЗА́ТЬ v. привя́зывать.

/ **ПРИВЯЗА́ТЬСЯ** v. привя́зываться.

ПРИВЯ́ЗЫВАТЬ / ПРИВЯЗА́ТЬ* II, привяжу́, привя́жешь... ⟍___ attacher. *Его́ привяза́ли к де́реву*, on l'attacha à un arbre.

ПРИВЯ́ЗЫВАТЬСЯ / ПРИВЯЗА́ТЬСЯ II, привяжу́сь, привя́жешься... ⟍___ **1.** v. привя́зывать. **2.** (*fig.*) s'attacher à (*éprouver de l'affection pour*). *Привяза́ться к ребёнку*, se prendre d'affection pour un enfant. **3.** (*fam.*) casser les pieds, être collant. *Привяза́лся ко мне с вопро́сами*, il n'arrête pas de me poser toutes sortes de questions.

/ **ПРИГЛАСИ́ТЬ** v. приглаша́ть.

ПРИГЛАША́ТЬ / ПРИГЛАСИ́ТЬ inviter. *Пригласи́ть на ча́шку ча́я*, inviter à prendre le thé.

ПРИГЛАШЕ́НИЕ invitation. *Получи́ть приглаше́ние*, recevoir une invitation.

ПРИГОВА́РИВАТЬ / ПРИГОВОРИ́ТЬ (к + *dat.*) condamner. *Его́ приговори́ли к сме́ртной ка́зни*, il a été condamné à mort.

ПРИГОВО́Р verdict. *Сме́ртный пригово́р*, condamnation à mort.

/ **ПРИГОВОРИ́ТЬ** v. пригова́ривать.

/ **ПРИГОДИ́ТЬСЯ** être utile. *Э́то вам ещё пригоди́тся*, Ça peut vous être utile un jour.

ПРИ́ГОРОД banlieue. *Жить в при́городе*, habiter en banlieue.

ПРИГОТА́ВЛИВАТЬ synonyme de « приготовля́ть ».

/ **ПРИГОТО́ВИТЬ** v. гото́вить et приготовля́ть.

ПРИГОТОВЛЕ́НИЕ préparatif. *Приготовле́ния к отъе́зду*, les préparatifs de départ.

ПРИГОТОВЛЯ́ТЬ / ПРИГОТО́ВИТЬ préparer.

/ **ПРИГРОЗИ́ТЬ** v. грози́ть.

ПРИДАВА́ТЬ* II, придаю́, придаёшь...; придава́й; придава́я / **ПРИДА́ТЬ*** *n. cl.*, прида́м, прида́шь, прида́ст, придади́м, придади́те, придаду́т; при́дал, придала́, при́дало, при́дали ⁄⟍__; прида́й; при́данный, при́дан, придана́, при́дано, при́даны ⁄⟍___ attribuer, donner. *Он не при́дал никако́го значе́ния слова́м де́душки*, il n'accorda aucune importance aux paroles de son grand-père.

ПРИДА́НОЕ *adj. subst. n.* dot.

/ **ПРИДА́ТЬ** v. придава́ть.

ПРИДВИГА́ТЬ / ПРИДВИ́НУТЬ approcher (*mettre plus près*). *Он придви́нул стул к окну́*, il approcha sa chaise de la fenêtre.

/ **ПРИДВИ́НУТЬ** v. придвига́ть.

ПРИДИРА́ТЬСЯ / ПРИДРА́ТЬСЯ* IV, придеру́сь, придерёшься...; придра́лся, придрала́сь... ⁄‾‾‾ (к + *dat.*) s'en prendre à. *Придира́ться к пустяка́м*, chercher la petite bête. *Придира́ться к кому́-нибудь из-за пустяко́в*, reprocher à qqn des bagatelles.

/ **ПРИДРА́ТЬСЯ** v. придира́ться.

/ **ПРИДУ́МАТЬ** v. приду́мывать.

ПРИДУ́МЫВАТЬ / ПРИДУ́МАТЬ inventer, imaginer. *Э́то ты непло́хо приду́мал*, C'est une bonne idée.

ПРИЕ́ЗД arrivée (*en voiture, etc.*). *На друго́й день по́сле на́шего прие́зда*, le lendemain de notre arrivée.

ПРИЕЗЖА́ТЬ / ПРИЕ́ХАТЬ* IV, прие́ду, прие́дешь... arriver (*autrement qu'à pied*). *Мы прие́дем за́втра ве́чером*, nous arriverons demain soir.

ПРИЁМ **1.** réception. *Устро́ить приём*, organiser une réception. *Часы́ приёма*, les heures de réception. **2.** admission. *Приём в комсомо́л*, l'admission dans les rangs des Jeunesses communistes. **3.** procédé. *Иску́сные приёмы*, des procédés habiles. **4.** fois, séance, essai. *Сде́лать что́-нибудь в два приёма*, faire qqch. en deux fois.

ПРИЁМНИК récepteur, poste de radio.

ПРИЁМНЫЙ **1.** de réception. *Приёмные часы́*, les heures de réception. **2.** d'admission. *Приёмные экза́мены*, les examens d'entrée. **3.** adoptif. *Приёмная мать*, la mère adoptive. *Приёмный сын*, le fils adoptif.

/ **ПРИЕ́ХАТЬ** v. приезжа́ть.

/ **ПРИЖА́ТЬ** v. прижима́ть.

/ **ПРИЖА́ТЬСЯ** v. жа́ться et прижима́ть.

ПРИЖИМА́ТЬ / **ПРИЖА́ТЬ*** IV, прижму́, прижмёшь...; прижа́тый serrer (*contre qqch.*). *Прижа́ть к се́рдцу*, serrer sur son cœur.

ПРИЗВА́НИЕ vocation. *Призва́ние к живописи*, une vocation de peintre.

/ **ПРИЗВА́ТЬ** v. призыва́ть.

/ **ПРИЗЕМЛИ́ТЬСЯ** v. приземля́ться.

ПРИЗЕМЛЯ́ТЬСЯ / **ПРИЗЕМЛИ́ТЬСЯ** atterrir. *Благополу́чно приземли́ться*, atterrir sans encombre.

ПРИЗНАВА́ТЬ* II, признаю́, признаёшь...; признава́й; признава́я / **ПРИЗНА́ТЬ** **1.** reconnaître, confesser. *Призна́ть свои́ оши́бки*, reconnaître ses erreurs. **2.** (+ *instr.*) considérer comme. *Призна́ть ну́жным*, considérer comme nécessaire.

ПРИЗНАВА́ТЬСЯ* II, признаю́сь, признаёшься...; признава́йся; признава́ясь / **ПРИЗНА́ТЬСЯ** avouer. *Призна́ться в свои́х оши́бках*, reconnaître ses erreurs. *Признаю́сь, я об э́том, никогда́ не слы́шал*, je dois avouer que je n'en ai jamais entendu parler.

ПРИ́ЗНАК signe, symptôme. *Обнару́жить при́знаки нетерпе́ния*, donner des signes d'impatience.

ПРИЗНА́НИЕ **1.** reconnaissance. *Э́та тео́рия получи́ла о́бщее призна́ние*, cette théorie n'est plus mise en doute par personne. **2.** aveu. *Сде́лать кому́-нибудь призна́ние*, faire des aveux à qqn. ● **Призна́ние в любви́,** déclaration d'amour.

/ **ПРИЗНА́ТЬ** v. признава́ть.

/ **ПРИЗНА́ТЬСЯ** v. признава́ться.

ПРИЗО́Р ● **Без призо́ра,** sans surveillance. *Оставля́ть без призо́ра*, laisser sans surveillance.

ПРИЗЫВА́ТЬ / **ПРИЗВА́ТЬ*** IV, призову́, призовёшь...; призва́л, призвала́, призва́ло, призва́ли ⌃—— **1.** appeler, faire venir. *Призва́ть на по́мощь*, appeler à l'aide. **2.** (к + *dat.*) inviter à, inciter à. *Призва́ть к поря́дку*, rappeler à l'ordre.

/ **ПРИЙТИ́** v. приходи́ть.

/ **ПРИЙТИ́СЬ** v. приходи́ться.

ПРИКА́З ordre. *Отда́ть прика́з*, donner un ordre. *Испо́лнить прика́з*, exécuter un ordre.

/ **ПРИКАЗА́ТЬ** v. прика́зывать.

ПРИКА́ЗЫВАТЬ / **ПРИКАЗА́ТЬ*** II, прикажу́, прика́жешь... \\—— ordonner. *Команди́р приказа́л стреля́ть*, le commandant donna l'ordre de tirer.

ПРИКЛА́ДЫВАТЬ / **ПРИЛОЖИ́ТЬ** \\—— **1.** appliquer, mettre. *Приложи́ть ру́ку к се́рдцу*, mettre la main sur son cœur. **2.** appliquer, utiliser. *Приложи́ть все си́лы*, mettre toutes ses forces. **3.** joindre. *К письму́ бы́ли прило́жены докуме́нты*, à la lettre étaient joints des documents. ● **Ума́ не приложу́,** je ne comprends vraiment pas.

ПРИКЛЮЧЕ́НИЕ aventure. *Иска́тель приключе́ний*, un aventurier.

ПРИКЛЮЧЕ́НЧЕСКИЙ d'aventures. *Приключе́нческий рома́н*, un roman d'aventures.

ПРИЛА́ВОК comptoir (*dans un magasin...*).

ПРИЛАГА́ТЕЛЬНОЕ • **И́мя прилага́тельное** *ou, simplement,* **прилага́тельное,** adjectif.

ПРИЛЕ́ЖНЫЙ assidu, appliqué. *Приле́жный учени́к,* un élève travailleur. *Приле́жно рабо́тать,* travailler avec assiduité.

ПРИЛЕТА́ТЬ / ПРИЛЕТЕ́ТЬ* I, прилечу́, прилети́шь... arriver (*en volant*). *Прилете́ли ла́сточки,* les hirondelles sont arrivées. *Самолёт прилете́л,* l'avion est arrivé.

/ ПРИЛЕТЕ́ТЬ v. прилета́ть.

ПРИЛИ́В 1. marée montante. *Прили́в и отли́в,* le flux et le reflux. 2. afflux. *Прили́в тури́стов,* un afflux de touristes.

/ ПРИЛИ́ПНУТЬ v. ли́пнуть.

ПРИЛИ́ЧИЕ décence, convenance. *Не соблюда́ть прили́чий,* ne pas respecter les convenances.

ПРИЛИ́ЧНЫЙ décent, convenable (*divers sens*). *Прили́чно вести́ себя́,* se conduire comme il faut. *Прили́чная су́мма,* une somme convenable.

/ ПРИЛОЖИ́ТЬ v. прикла́дывать.

ПРИМЕНЕ́НИЕ application, utilisation. *Примене́ние но́вых ме́тодов,* l'application de nouvelles méthodes.

/ ПРИМЕНИ́ТЬ v. применя́ть.

ПРИМЕНЯ́ТЬ / ПРИМЕНИ́ТЬ ⸜——, *part.* применённый appliquer. *Применя́ть но́вый спо́соб,* appliquer un nouveau procédé.

ПРИМЕ́Р exemple. *Привести́ приме́р,* donner un exemple. *Показа́ть приме́р,* donner l'exemple. *Ста́вить в приме́р,* donner en exemple. *Взять с кого́-нибудь приме́р,* prendre exemple sur qqn. • **К приме́ру** (*fam.*), à titre d'exemple.

/ ПРИМЕ́РИТЬ v. ме́рить et примеря́ть.

ПРИМЕ́РНО *adv.* 1. d'une manière exemplaire. *Вести́ себя́ приме́рно,* se conduire d'une manière exemplaire. 2. (*fam.*) à peu près, environ. *Приме́рно че́рез ме́сяц,* dans un mois environ.

ПРИМЕ́РНЫЙ 1. exemplaire. *Приме́рное поведе́ние,* une conduite exemplaire. 2. approximatif. *Приме́рный подсчёт,* un calcul approximatif.

Remarque. Pour l'emploi de la forme adverbiale « приме́рно », voir ce mot.

ПРИМЕРЯ́ТЬ / ПРИМЕ́РИТЬ essayer (*un vêtement...*). *Приме́рить пла́тье,* essayer une robe.

ПРИ́МЕМ, ПРИ́МЕТ... v. приня́ть.

ПРИМЕЧА́НИЕ note, remarque. *Примеча́ния помещены́ в конце́ кни́ги,* les remarques se trouvent à la fin du livre.

ПРИМИРЕ́НИЕ réconciliation.

/ ПРИМИРИ́ТЬ v. мири́ть.

/ ПРИМИРИ́ТЬСЯ v. мири́ться et примиря́ться.

ПРИМИРЯ́ТЬСЯ / ПРИМИРИ́ТЬСЯ se résigner à. *Примири́ться со свое́й судьбо́й,* se résigner à son sort.

/ ПРИМКНУ́ТЬ v. примыка́ть.

ПРИМО́РСКИЙ du bord de la mer. *Примо́рский го́род,* une ville du littoral.

ПРИ́МУС réchaud à pétrole.

ПРИМЫКА́ТЬ 1. être contigu. *К до́му примыка́ет сад,* il y a un jardin tout contre la maison. 2. **/ ПРИМКНУ́ТЬ** se joindre à. *Примкну́ть к большинству́,* se ranger à l'avis de la majorité.

ПРИНАДЛЕЖА́ТЬ* I, принадлежу́, принадлежи́шь... 1. (+ *dat.*) appartenir (*être la propriété de*). *Кому́ принадлежи́т э́та да́ча?,* A qui appartient cette datcha ? 2. (к + *dat.*) appartenir (*être du nombre*). *Принадлежа́ть к гру́ппе,* appartenir à un groupe.

ПРИНАДЛЕ́ЖНОСТЬ *f.* 1. (*livresque*) appartenance. 2. (*généralement au pl.*) accessoire. *Пись-*

менные принадле́жности, articles de bureau.

/ **ПРИНЕСТИ́** v. приноси́ть.

ПРИНИМА́ТЬ / ПРИНЯ́ТЬ* IV, приму́, при́мешь... ; при́нял, приняла́, при́няло, при́няли ; при́нятый, при́нят, принята́, при́нято, при́няты
1. accueillir, recevoir (*qqn*).
2. admettre (*laisser accéder; tolérer*).
3. adopter (*un projet*...).
4. prendre (*ce que l'on vous tend*).
5. prendre (*un médicament*...; *un bain*...).
6. prendre (*fig.*).

1. *Приня́ть делега́цию*, recevoir une délégation. *Меня́ о́чень пло́хо при́няли*, j'ai été fort mal reçu. **2.** *Его́ при́няли в университе́т*, il a été admis à entrer à l'université. *Так не при́нято поступа́ть*, ce n'est pas dans les mœurs. **3.** *Приня́ть прое́кт*, adopter un projet. *Приня́ть предложе́ние*, accepter une proposition. **4.** *Приня́ть пода́рок*, accepter un cadeau. **5.** *Приня́ть табле́тку*, prendre un cachet. *Приня́ть душ*, prendre une douche. **6.** *Приня́ть во внима́ние*, prendre en considération. *Приня́ть всерьёз*, prendre au sérieux. *Приня́ть в шу́тку*, prendre pour une plaisanterie. *За кого́ вы меня́ принима́ете?*, Pour qui me prenez-vous? *Принима́ть к се́рдцу*, prendre à cœur. *Приня́ть ме́ры*, prendre des mesures. *Приня́ть реше́ние*, prendre une décision.

ПРИНИМА́ТЬСЯ / ПРИНЯ́ТЬСЯ* IV, приму́сь, при́мешься... ; принялся́, приняла́сь... **1.** v. принима́ть. **2.** (за + *acc.*) se mettre à. *Приня́ться за рабо́ту*, se mettre au travail. **3.** prendre (*commencer à pousser, à se développer*). *Я́блоня приняла́сь*, le pommier à pris. *О́спа приняла́сь*, le vaccin a pris.

ПРИНОСИ́ТЬ / **ПРИНЕСТИ́*** IV, принесу́, принесёшь...; принёс, принесла́... ; принесённый; принеся́ **1.** apporter. *Он сейча́с принесёт ваш чемода́н*, Il va apporter tout de suite votre valise. **2.** amener, attirer. *Э́то прино́сит сча́стье*, cela porte bonheur. *Э́то принесло́ большу́ю по́льзу*, cela a été très utile.

/ **ПРИНЯ́ТЬ** v. принима́ть.

/ **ПРИНЯ́ТЬСЯ** v. принима́ться.

/ **ПРИОБРЕСТИ́** v. приобрета́ть.

ПРИОБРЕТА́ТЬ / ПРИОБРЕСТИ́* IV, приобрету́, приобретёшь...; приобрёл, приобрела́... ; приобретённый **1.** acquérir, se procurer. *Я приобрёл стари́нную ру́копись*, j'ai acheté un manuscrit ancien. *Я приобрёл ре́дкую кни́гу*, j'ai acheté un livre rare. // (*Fig.*) *Приобрести́ о́пыт*, acquérir de l'expérience. **2.** gagner; mériter. *Приобрести́ друзе́й*, se faire des amis.

ПРИПА́ДОК accès. *В припа́дке гне́ва*, dans un accès de colère.

ПРИПЕ́В refrain.

/ **ПРИПИСА́ТЬ** v. припи́сывать.

ПРИПИ́СЫВАТЬ / ПРИПИСА́ТЬ* II, припишу́, припи́шешь... **1.** attribuer (*imputer*). *Приписа́ть себе́ чужи́е заслу́ги*, s'attribuer les mérites d'autrui. **2.** ajouter par écrit.

ПРИПОДНИМА́ТЬ / ПРИПОДНЯ́ТЬ* IV, приподниму́, приподни́мешь... ; припо́днял, приподняла́, припо́дняло, припо́дняли ; припо́днятый, припо́днят, приподнята́, припо́днято, припо́дняты soulever légèrement. *Приподня́ть за́навес*, soulever légèrement le rideau.

/ **ПРИПОДНЯ́ТЬ** v. приподнима́ть.

ПРИПОМИНА́ТЬ / ПРИПО́МНИТЬ 1. se souvenir. *Я стара́лся припо́мнить её лицо́*, je cherchais à me rappeler son visage. **2.** revaloir. *Я тебé это припóмню*, Je te revaudrai ça.

/ **ПРИПÓМНИТЬ** v. припоминáть.

ПРИРÓДА nature (*divers sens*). *Явлéния прирóды*, les phénomènes de la nature. *Это в прирóде вещéй*, c'est dans la nature des choses. *Весёлый по прирóде*, d'un naturel gai.

ПРИРÓДНЫЙ **1.** naturel. *Прирóдные богáтства*, les richesses naturelles. **2.** inné. *Прирóдный талáнт*, un talent inné.

ПРИСÁЖИВАТЬСЯ / **ПРИСÉСТЬ*** IV, присяду, присядешь...; присéл, присéла... s'asseoir un instant. *Онá присéла на однý минýту в крéсло*, elle s'assit un instant dans le fauteuil. ● **Присéсть на кóрточки,** s'accroupir.

ПРИСВÁИВАТЬ / **ПРИСВÓИТЬ** **1.** attribuer, conférer. *Емý присвóено бы́ло звáние Гéроя Совéтского Сою́за*, on lui a donné le titre de héros de l'Union soviétique. **2.** s'approprier. *Присвóить чужи́е мы́сли*, donner comme siennes les idées d'autrui.

/ **ПРИСВÓИТЬ** v. присвáивать.

/ **ПРИСÉСТЬ** v. присáживаться.

/ **ПРИСЛÁТЬ** v. присылáть.

/ **ПРИСЛОНИ́ТЬ** v. прислоня́ть.

ПРИСЛОНЯ́ТЬ / **ПРИСЛОНИ́ТЬ** appuyer. *Прислони́ться к двéри*, s'appuyer contre la porte.

/ **ПРИСЛÝШАТЬСЯ** v. прислýшиваться.

ПРИСЛÝШИВАТЬСЯ / **ПРИСЛÝШАТЬСЯ** tendre l'oreille. *Они́ говори́ли вполгóлоса, а Пéтя сидéл в сосéдней кóмнате и прислýшивался к их разговóру*, ils parlaient à voix basse et Petia, dans la pièce voisine, écoutait attentivement leur conversation.

/ **ПРИСНИ́ТЬСЯ** v. сни́ться.

/ **ПРИСОЕДИНИ́ТЬ** v. присоединя́ть.

ПРИСОЕДИНЯ́ТЬ / **ПРИСОЕДИНИ́ТЬ** joindre. *Он присоедини́лся к нам*, il s'est joint à nous.

/ **ПРИСПОСÓБИТЬ** v. приспособля́ть.

ПРИСПОСОБЛÉНИЕ dispositif, mécanisme.

ПРИСПОСОБЛЯ́ТЬ / **ПРИСПОСÓБИТЬ** adapter. *Приспосóбиться к кли́мату*, s'adapter au climat. *Приспосóбиться к обстоя́тельствам*, s'adapter aux circonstances.

ПРИСТАВÁТЬ* II, пристаю́, пристаёшь...; приставáй; приставáя / **ПРИСТÁТЬ*** *n. cl.*, пристáну, пристáнешь... **1.** coller, adhérer. *Он стряхнýл пристáвший к ногáм песóк*, il secoua le sable collé à ses pieds. **2.** accoster (*en parlant d'une barque*). *К бéрегу пристáла лóдка*, une barque accosta. **3.** importuner. *Он пристáл ко мне с вопрóсами*, il m'importune avec ses questions. ● **Пристáл как бáнный лист,** il est empoisonnant, il n'y a pas moyen de s'en débarrasser.

ПРИСТÁВКА (*gramm.*) préfixe.

ПРИ́СТАЛЬНЫЙ fixe (*en parlant du regard...*). *При́стально смотрéть на когó-нибудь*, regarder qqn fixement.

ПРИ́СТАНЬ *f.* ——⁄—— débarcadère. *На при́стани бы́ло мнóго нарóду*, il y avait beaucoup de monde sur le quai. // (*Fig.*) *Ти́хая при́стань*, un havre de tranquillité.

/ **ПРИСТÁТЬ** v. приставáть.

ПРИСТРÁСТИЕ **1.** (к + *dat.*) penchant pour. *Пристрáстие к мýзыке*, un penchant pour la musique. **2.** partialité. *Пристрáстие в суждéниях*, de la partialité dans ses jugements.

ПРИСТРÁСТНЫЙ partial. *Пристрáстное мнéние*, une opinion partiale.

ПРИ́СТУП **1.** assaut. *Идти́ на при́ступ*, aller à l'attaque. *Взять при́ступом*, prendre d'assaut. **2.**

accès (*de fièvre*), quinte. *При́ступ маля́рии*, un accès de malaria. *При́ступ ка́шля*, une quinte de toux.

ПРИСТУПА́ТЬ / ПРИСТУПИ́ТЬ ⌐ (к + *dat.*) se mettre à. *Приступи́ть к де́лу*, se mettre au travail.

/ **ПРИСТУПИ́ТЬ** v. приступа́ть.

/ **ПРИСУДИ́ТЬ** v. присужда́ть.

ПРИСУЖДА́ТЬ / ПРИСУДИ́ТЬ, *part.* присуждённый* **1.** (к + *dat.*) condamner à. *Его́ присуди́ли к штра́фу*, il a été condamné à une amende. **2.** adjuger, décerner. *Ему́ присуди́ли пе́рвую пре́мию*, on lui a donné le premier prix.

ПРИСУ́ТСТВИЕ présence. *В прису́тствии дипломати́ческого ко́рпуса*, en présence du corps diplomatique. ● **Прису́тствие ду́ха,** présence d'esprit. *Не теря́ть прису́тствия ду́ха*, ne pas manquer de présence d'esprit.

ПРИСУ́ТСТВОВАТЬ être présent. *Я прису́тствовал на заседа́нии*, j'ai assisté à la réunion.

ПРИСЫЛА́ТЬ / ПРИСЛА́ТЬ* II, пришлю́, пришлёшь... envoyer. *Она́ присла́ла мне пода́рок*, elle m'a envoyé un cadeau.

ПРИСЯ́ГА serment. *Принести́ прися́гу*, prêter serment.

ПРИТА́ИВАТЬ / ПРИТАИ́ТЬ dissimuler (*livresque*). ● **Притаи́ть дыха́ние,** retenir son souffle.

/ **ПРИТАИ́ТЬ** v. прита́ивать.

/ **ПРИТВОРИ́ТЬСЯ** v. притворя́ться.

ПРИТВО́РНЫЙ simulé, feint. *Прояви́ть притво́рное равноду́шие*, simuler l'indifférence.

ПРИТВОРЯ́ТЬСЯ / ПРИТВОРИ́ТЬСЯ faire semblant. *Он притворя́ется больны́м*, il fait semblant d'être malade. *Он притворя́лся, бу́дто не слы́шал*, il faisait semblant de ne pas avoir entendu. *Он притворя́лся спя́щим*, il faisait semblant de dormir.

/ **ПРИТЕСНИ́ТЬ** v. притесня́ть.

ПРИТЕСНЯ́ТЬ / ПРИТЕСНИ́ТЬ opprimer. *Защи́тник притеснённых*, le défenseur des opprimés.

ПРИТИХА́ТЬ / ПРИТИ́ХНУТЬ* III **1.** faire moins de bruit, se calmer. *Де́ти прити́хли*, les enfants se sont calmés. **2.** faiblir, se calmer. *Ве́тер прити́х*, le vent s'est calmé.

/ **ПРИТИ́ХНУТЬ** v. притиха́ть.

ПРИТО́К affluent. *Ле́вый прито́к Во́лги*, un affluent de gauche de la Volga.

ПРИТО́М *conj.* avec cela, en outre. *Вещь нену́жная, да прито́м о́чень дорога́я*, une chose inutile et, qui plus est, fort chère.

ПРИ́ТОРНЫЙ 1. douceâtre. *При́торный сиро́п*, un sirop douceâtre. *При́торный за́пах*, une odeur douceâtre. **2.** (*fig.*) doucereux, mielleux. *При́торная улы́бка*, un sourire mielleux.

ПРИТЯЗА́НИЕ prétention. *Не име́ть притяза́ний на остроу́мие*, ne pas avoir la prétention d'être spirituel.

ПРИУЧА́ТЬ / ПРИУЧИ́ТЬ ⌐ (+ *inf.*, *ou* к + *dat.*) accoutumer. *Их мо́жно к э́тому приучи́ть*, on peut les y accoutumer.

/ **ПРИУЧИ́ТЬ** v. приуча́ть.

ПРИХО́Д 1. arrivée. *До прихо́да по́езда*, avant l'arrivée du train. **2.** (*toujours au sg.*) recettes. *Расхо́д превыша́ет прихо́д*, les dépenses dépassent les recettes. **3.** paroisse.

ПРИХОДИ́ТЬ ⌐ / **ПРИЙТИ́*** IV, приду́, придёшь...; пришёл, пришла́...; придя́ venir, arriver (*propr. et fig.*). *Она́ то́лько что пришла́*, elle vient d'arriver. *По́езд пришёл*, le train est arrivé. *Пришла́ о́сень*, l'automne est arrivé. *Мне пришла́ в го́лову интере́сная мысль*, il m'est venu une idée intéressante. ● **Прийти́ в восто́рг,** être ravi. **Прийти́ к заключе́нию,** tirer la conclusion. *Я пришёл к заключе́нию*, *что это невозмо́жно*, j'en suis arrivé à la conclusion que la chose est impossible. **Прийти́ в отча́яние,** se laisser aller au désespoir. **Прийти́ в себя́** 1. reprendre connaissance. 2. se remettre (*de son étonnement...*). **Прийти́ в у́жас,** être saisi d'effroi. **Прийти́ в упа́док,** tomber en décadence.

ПРИХОДИ́ТЬСЯ ⎯⎯ / **ПРИЙТИ́СЬ*** IV, приду́сь, придёшься...; пришёлся, пришла́сь... 1. convenir. *Э́то пришло́сь ей по вку́су*, cela s'est trouvé être à son goût. 2. être inévitable. *Мне придётся уе́хать*, il va falloir que je parte.

ПРИХО́ЖАЯ *adj. subst. f.* entrée, vestibule. *Снять пальто́ в прихо́жей*, quitter son pardessus dans le vestibule.

ПРИ́ХОТЬ *f.* lubie, caprice. *Она́ исполня́ет все твои́ при́хоти*, elle satisfait tous tes caprices.

/ **ПРИЦЕ́ЛИТЬСЯ** v. це́литься.

/ **ПРИЦЕПИ́ТЬ** v. прицепля́ть.

ПРИЦЕПЛЯ́ТЬ / ПРИЦЕПИ́ТЬ ⎯⎯ 1. accrocher (*atteler*). *Прицепи́ть ваго́н к по́езду*, accrocher un wagon au train. 2. (*fam.*) accrocher (*épingler*). *Прицепи́ть бант к пла́тью*, mettre un nœud à sa robe.

ПРИЧА́ЛИВАТЬ / ПРИЧА́ЛИТЬ 1. amarrer. *Прича́лить ло́дку*, amarrer une barque. 2. accoster (*en bateau*). *Прича́лить к при́стани*, s'arrêter à l'embarcadère.

/ **ПРИЧА́ЛИТЬ** v. прича́ливать.

ПРИЧА́СТИЕ (*gramm.*) participe.

ПРИЧЁМ *conj.* et en outre, et avec cela. *Бы́ло собра́ние, причём собра́ние о́чень ва́жное*, il y avait une réunion et, de plus, c'était une réunion très importante.

/ **ПРИЧЕСА́ТЬ** v. причёсывать.

ПРИЧЁСКА coiffure. *Мо́дная причёска*, une coiffure à la mode.

ПРИЧЁСЫВАТЬ / ПРИЧЕСА́ТЬ* II, причешу́, приче́шешь... ⎯⎯ peigner. *Причеса́ть во́лосы*, se peigner. *Я не успе́ла причеса́ться*, je n'ai pas eu le temps de me peigner. *Причеса́ть ребёнка*, coiffer un enfant.

ПРИЧИ́НА 1. cause. *Нет де́йствия без причи́ны*, il n'y a pas d'effet sans cause. 2. raison, motif. *Смея́ться без причи́ны*, rire sans raison. *Нет причи́ны отказа́ться*, il n'y a pas de raison de refuser. *По той просто́й причи́не, что он уже́ уе́хал*, pour la bonne raison qu'il est déjà parti.

/ **ПРИЧИНИ́ТЬ** v. причиня́ть.

ПРИЧИНЯ́ТЬ / ПРИЧИНИ́ТЬ causer, provoquer. *Причини́ть вред*, causer du préjudice.

ПРИЮ́Т refuge. *Найти́ прию́т*, trouver un refuge.

ПРИЯ́ТЕЛЬ *m.* ami.

Remarque. Le mot « прия́тель » désigne une personne avec laquelle on entretient non pas une amitié profonde, mais de bonnes relations (v. друг).

ПРИЯ́ТЕЛЬНИЦА amie.

Remarque. Le mot « прия́тельница » désigne une personne avec laquelle on entretient non pas une amitié profonde, mais de bonnes relations (v. подру́га).

ПРИЯ́ТНЫЙ agréable. *Прия́тный за́пах*, une odeur agréable. *Мне прия́тно бы́ло встре́титься с ней*, il m'a été agréable de la rencontrer. *Соединя́ть прия́тное с поле́зным*, joindre l'utile à l'agréable. • **Прия́тного аппети́та !,** Bon appétit !

ПРО *prép.* (+ *acc.*) 1. (*arch. ou fam.*) au sujet de. *Наро́дная пе́сня про Ива́на Гро́зного*, une chanson populaire sur Ivan le Terrible. 2. (*pop.*) pour. • **Про себя́,** à voix basse. *Говори́ть про себя́*, se dire intérieurement.

ПРОБЕГА́ТЬ / ПРОБЕЖА́ТЬ* *n. cl.*, пробегу́, пробежи́шь..., пробегу́т; пробеги́ 1. passer (*en courant*). *Пробежа́ть по коридо́ру*, passer en courant dans le couloir. *Пробежáть чéрез сад*, traverser le jardin en courant. **2.** faire un certain trajet à la course. *Мы пробежáли три киломéтра*, nous avons fait trois kilomètres à la course. **3.** (*fig.*) parcourir (*des yeux...*). *Пробежáть глазáми*, parcourir des yeux. *Пробежáть газéту*, parcourir le journal.

/ **ПРОБЕЖÁТЬ** v. пробегáть.

ПРОБИВÁТЬ / ПРОБИ́ТЬ* II, пробью́, пробьёшь...; пробéй; проби́тый percer, perforer. *Проби́ть отвéрстие*, percer une ouverture. *Проби́ть себé дорóгу*, se frayer un chemin.

ПРОБИВÁТЬСЯ / ПРОБИ́ТЬСЯ* II, пробью́сь, пробьёшься...; пробéйся user de sa force pour se frayer un passage. *Проби́ться сквозь толпу́*, se frayer un passage à travers la foule en jouant des coudes.

ПРОБИРÁТЬСЯ / ПРОБРÁТЬСЯ* IV, проберу́сь, проберёшься...; пробрáлся, пробралáсь... **1.** se frayer un passage. *Пробирáться чéрез толпу́*, se frayer un passage à travers la foule. **2.** s'introduire furtivement. *Пробрáться чéрез окнó*, pénétrer par la fenêtre sans se faire remarquer.

/ **ПРОБИ́ТЬ** v. бить et пробивáть.

/ **ПРОБИ́ТЬСЯ** v. пробивáться.

ПРÓБКА 1. liège. **2.** bouchon (*divers sens*). *Прóбка из пластмáссы*, un bouchon en matière plastique. *В трубé образовáлась ледянáя прóбка*, il s'est formé un bouchon de glace dans le tuyau. *На перекрёстке образовáлась прóбка*, il y a un embouteillage au carrefour. **3.** fusible. *Прóбка перегорéла*, les plombs ont sauté. ● **Он глуп как прóбка,** il est bête à manger du foin.

ПРÓБОВАТЬ 1. / ИСПРÓБОВАТЬ mettre à l'essai. *Испрóбовать мотóр*, essayer un moteur. **2. / ПОПРÓБОВАТЬ** goûter. *Прóбовать винó*, goûter un vin. **3. / ПОПРÓБОВАТЬ** tenter, essayer de. *Больнóй попрóбовал встать*, le malade a tenté de se lever.

/ **ПРОБОРМОТÁТЬ** v. бормотáть.

/ **ПРОБРÁТЬСЯ** v. пробирáться.

/ **ПРОБУДИ́ТЬ** v. буди́ть.

/ **ПРОБУРИ́ТЬ** v. бури́ть.

/ **ПРОБЫ́ТЬ*** *n. cl.*, пробу́ду, пробу́дешь...; прóбыл, пробылá, прóбыло, прóбыли passer (*séjourner*). *Там он прóбыл не бóльше недéли*, il n'y a pas passé plus d'une semaine.

ПРОВÁЛИВАТЬСЯ / ПРОВАЛИ́ТЬСЯ 1. tomber (*dans un trou*). *Провали́ться в я́му*, disparaître dans un trou. *Как сквозь зéмлю провали́ться*, disparaître comme par enchantement. *Он готóв был сквозь зéмлю провали́ться*, il aurait voulu être à cent pieds sous terre. **2.** s'écrouler. *Мост провали́лся*, le pont s'est écroulé. **3.** échouer (*fig.*). *Нáши плáны провали́лись*, nos plans ont échoué. *Провали́ться на экзáмене*, échouer à un examen.

/ **ПРОВАЛИ́ТЬСЯ** v. провáливаться.

/ **ПРОВÉРИТЬ** v. проверя́ть.

ПРОВÉРКА vérification, contrôle. *Провéрка счётов*, la vérification des comptes.

ПРОВÉРОЧНЫЙ de contrôle. *Провéрочная коми́ссия*, commission de contrôle.

ПРОВЕРЯ́ТЬ / ПРОВÉРИТЬ vérifier, contrôler. *Провéрить счёт*, vérifier un compte. *Провéрить докумéнты*, vérifier les papiers. *Провéрить часы́*, vérifier l'heure.

/ **ПРОВЕСТИ́** v. проводи́ть.

ПРОВÉТРИВАТЬ / ПРОВÉТРИТЬ aérer. *Провéтрить кóмнату*, aérer une pièce.

/ **ПРОВÉТРИТЬ** v. провéтривать.

/ **ПРОВИНИ́ТЬСЯ** se rendre

coupable. *В чём я провинился перед ней?*, En quoi me suis-je rendu coupable à son égard ?

ПРО́ВОД*, *nom. pl.* провода́ —— fil conducteur. *Электри́ческие провода́*, les fils électriques. *Телефо́нный про́вод*, le fil du téléphone.

> **I. ПРОВОДИ́ТЬ / ПРОВЕСТИ́*** IV, проведу́, проведёшь...; провёл, провела́... ; проведённый
> **1.** conduire.
> **2.** passer (*faire glisser*).
> **3.** passer (*un certain temps*).
> **4.** tracer.
> **5.** réaliser // installer // construire (*quelque chose de long*).
> **6.** (*fam.*) feinter.

1. *Он нас провёл через лес*, il nous a fait traverser la forêt. *Она́ провела́ его́ в ку́хню*, elle l'a conduit à la cuisine. **2.** *Провести́ руко́й по волоса́м*, se passer la main sur les cheveux. **3.** *Я провёл ле́то в дере́вне*, j'ai passé l'été à la campagne. **4.** *Провести́ пряму́ю*, tracer une droite. **5.** *Провести́ огро́мную рабо́ту*, faire un travail énorme. *Провести́ в жизнь свою́ мечту́*, réaliser son rêve. // *Провести́ электри́чество*, installer l'électricité. *Провести́ телефо́н*, installer le téléphone. // *Провести́ доро́гу*, construire une route. *Провести́ кана́л*, construire un canal. **6.** *Меня́ не проведёшь!*, On ne me la fait pas !

II. / ПРОВОДИ́ТЬ v. провожа́ть.

ПРОВОДНИ́К —— **1.** guide (*personne qui indique le chemin*). **2.** contrôleur-steward, « provodnik » (*dans les voitures de chemin de fer*). *Проводни́к прове́рил биле́ты*, le contrôleur a vérifié nos billets. *Проводни́к принёс нам стака́ны ча́ю*, le provodnik nous a apporté du thé. **3.** (*physique*) corps conducteur. *Медь — хоро́ший проводни́к электри́чества*, le cuivre est un bon conducteur de l'électricité.

ПРОВОДНИ́ЦА **1.** guide (*personne qui indique le chemin*). **2.** hôtesse de l'air; contrôleuse-hôtesse du rail (*dans les voitures de chemin de fer*). *Проводни́ца принесла́ нам стака́ны ча́ю*, l'hôtesse nous a servi le thé.

ПРОВОЖА́ТЬ / ПРОВОДИ́ТЬ —— accompagner. *Мы провожа́ли её на вокза́л*, nous l'avons accompagnée à la gare.

/ ПРОВОЗГЛАСИ́ТЬ v. провозглаша́ть.

ПРОВОЗГЛАША́ТЬ / ПРОВОЗГЛАСИ́ТЬ proclamer. *Провозгласи́ть респу́блику*, proclamer la république. *Провозгласи́ть тост*, porter un toast.

ПРО́ВОЛОКА fil (*métallique*). *Колю́чая про́волока*, fil de fer barbelé. *Ме́дная про́волока*, fil de cuivre.

ПРОВО́РНЫЙ leste, agile. *Прово́рными шага́ми*, d'un pas leste.

ПРОГЛА́ТЫВАТЬ / ПРОГЛОТИ́ТЬ —— avaler. *Проглоти́ть лека́рство*, avaler un médicament.

/ ПРОГЛОТИ́ТЬ v. прогла́тывать.

/ ПРОГНА́ТЬ v. прогоня́ть.

ПРОГОВА́РИВАТЬ / ПРОГОВОРИ́ТЬ **1.** dire, prononcer. *Он ни сло́ва не проговори́л*, il n'a pas dit un mot. **2.** parler, causer. *Проговори́ли мы до утра́*, nous avons bavardé jusqu'au matin.

ПРО̀ГОВА́РИВАТЬСЯ / ПРОГОВОРИ́ТЬСЯ avoir la langue trop longue. *Я по́нял тогда́, что проговори́лся*, j'ai compris alors que j'en avais trop dit.

/ ПРОГОВОРИ́ТЬ v. проговáривать.

/ ПРОГОВОРИ́ТЬСЯ v. проговáриваться.

/ ПРОГОЛОДА́ТЬСЯ commencer à avoir faim.

/ ПРОГОЛОСОВА́ТЬ v. голосова́ть.

ПРОГОНЯ́ТЬ / ПРОГНА́ТЬ* I, прогоню́, прого́нишь... ╲___ ; прогна́л, прогнала́, прогна́ло, прогна́ли ∧___ chasser. *Прогна́ть ко́шку*, chasser le chat. *Ве́тер прогна́л ту́чи*, le vent a chassé les nuages. *Прогна́ть ску́ку*, chasser l'ennui.

ПРОГУ́Л absence injustifiée. *Де́лать прогу́лы*, être souvent absent sans raison valable.

ПРОГУ́ЛКА promenade. *Ходи́ть на прогу́лку*, aller se promener.

ПРОДАВА́ТЬ* II, продаю́, продаёшь...; продава́й; продава́я / **ПРОДА́ТЬ*** *n. cl.*, прода́м, прода́шь, прода́ст, продади́м, продади́те, продаду́т; про́дал, продала́, про́дало, про́дали ∧___; прода́й; про́данный, про́дан, продана́, про́дано, про́даны ∧___ vendre. *Карти́на была́ продана́ за две́сти рубле́й*, le tableau a été vendu deux cents roubles.

ПРОДАВЕ́Ц **1.** vendeur. *Он слу́жит продавцо́м в универма́ге*, il est vendeur dans un grand magasin. **2.** (*style officiel*) vendeuse.

ПРОДАВЩИ́ЦА vendeuse. *Она́ продавщи́ца в кни́жнем магази́не*, elle est vendeuse dans une librairie.

ПРОДА́ЖА vente. *Ро́зничная прода́жа*, vente au détail. *Э́та кни́га неда́вно была́ в прода́же в букинисти́ческом магази́не*, ce livre était en vente il n'y a pas longtemps chez un bouquiniste.

/ **ПРОДА́ТЬ** v. продава́ть.

ПРОДЛЕВА́ТЬ / ПРОДЛИ́ТЬ prolonger. *Продли́ть ви́зу*, prolonger un visa.

/ **ПРОДЛИ́ТЬ** v. продлева́ть.

/ **ПРОДЛИ́ТЬСЯ** v. дли́ться.

ПРОДОВО́ЛЬСТВЕННЫЙ d'alimentation. *Продово́льственный магази́н*, magasin d'alimentation.

ПРОДОВО́ЛЬСТВИЕ alimentation. *Расхо́ды на продово́льствие*, les dépenses d'alimentation.

ПРОДОЛЖА́ТЬ / ПРОДО́ЛЖИТЬ continuer (*tr.*). *Продолжа́ть рабо́ту*, continuer son travail. *Продолжа́ть рабо́тать*, continuer à travailler.

ПРОДОЛЖА́ТЬСЯ / ПРОДО́ЛЖИТЬСЯ continuer (*intr.*). *Продолжа́лись спо́ры*, les discussions continuaient.

ПРОДОЛЖЕ́НИЕ prolongement, suite. *Продолже́ние рома́на*, la suite du roman. *Продолже́ние сле́дует*, à suivre. ● **В продолже́ние** (+ *gén.*), pendant la durée de. *В продолже́ние всего́ го́да*, pendant toute l'année.

ПРОДОЛЖИ́ТЕЛЬНЫЙ de longue durée. *Продолжи́тельная боле́знь*, une longue maladie.

/ **ПРОДО́ЛЖИТЬ** v. продолжа́ть.

/ **ПРОДО́ЛЖИТЬСЯ** v. продолжа́ться.

/ **ПРОДРО́ГНУТЬ** v. дро́гнуть.

ПРОДУ́КТ **1.** produit. *Проду́кты промы́шленности*, les produits de l'industrie. *Проду́кт труда́*, le produit du travail. **2.** (*pl. seulement*) denrées alimentaires. *Запа́сы проду́ктов на ме́сяц*, des provisions pour un mois.

ПРОЕ́ЗД **1.** passage (*pour voitures*). *У́зкий прое́зд*, un passage étroit. *Прое́зда нет*, passage interdit aux voitures. **2.** trajet. *Пла́та за прое́зд*, le prix à payer pour le trajet.

ПРОЕЗЖА́ТЬ / ПРОЕ́ХАТЬ* IV, прое́ду, прое́дешь... **1.** passer (*en voiture*...). *Мы прое́хали че́рез го́род*, nous avons traversé la ville. **2.** parcourir (*en voiture*...). *Прое́хать три киломе́тра*, faire trois kilomètres.

ПРОЕ́КТ projet, plan. *Прое́кт зако́на*, projet de loi. *Приня́ть прое́кт*, adopter un projet.

/ **ПРОЕ́ХАТЬ** v. проезжа́ть.

ПРОЖИВА́ТЬ / ПРОЖИ́ТЬ* IV, проживу́, проживёшь...; про́жил, прожила́, про́жило, про́жили ∧___ ; про́житый.

про́жит, прожита́, про́жито, про́житы ⁄‾‾ **1.** vivre. *Если у него́ нет запа́сов, челове́к не мо́жет прожи́ть бо́льше неде́ли в тайге́*, s'il n'a pas de provisions avec lui, un homme ne peut pas survivre plus d'une semaine dans la taïga. **2.** séjourner. *Год про́жил на Кавка́зе*, j'ai passé un an dans le Caucase. **3.** (*fam.*) manger (*de l'argent*). *Все де́ньги про́жил*, il a mangé tout son argent.

ПРОЖИ́ТОЧНЫЙ • **Прожи́точный ми́нимум,** le minimum vital.

/ **ПРОЖИ́ТЬ** v. прожива́ть.

ПРОЖО́РЛИВЫЙ vorace.

/ **ПРОЖУЖЖА́ТЬ** v. жужжа́ть.

ПРО́ЗВИЩЕ surnom. *Ему́ да́ли про́звище « Блоха́ »*, on lui a donné le surnom de « la Puce ».

/ **ПРОЗВУЧА́ТЬ** v. звуча́ть.

/ **ПРОЗЕВА́ТЬ** **1.** passer son temps à bâiller. *Прозева́ть весь ве́чер*, passer toute la soirée à bâiller. **2.** (*fam.*) manquer (*laisser échapper*). *Прозева́ть слу́чай*, manquer une occasion.

ПРОЗРА́ЧНЫЙ transparent. *Прозра́чная пластма́сса*, de la matière plastique transparente. // (*Fig.*) *Прозра́чный намёк*, une allusion transparente.

/ **ПРОИГРА́ТЬ** v. прои́грывать.

ПРОИ́ГРЫВАТЕЛЬ *m.* tourne-disques.

ПРОИ́ГРЫВАТЬ / **ПРОИГРА́ТЬ** **1.** perdre (*au jeu, dans une compétition...*). *Проигра́ть пари́*, perdre son pari. *Проигра́ть сто рубле́й*, perdre cent roubles au jeu. *Проигра́ть матч*, perdre un match. *Проигра́ть проце́сс*, perdre un procès. *Проигра́ть сраже́ние*, perdre la bataille. **2.** jouer, exécuter. *Проигра́ть вальс*, jouer une valse.

ПРО́ИГРЫШ perte (*au jeu, dans une compétition...*). *Про́игрыш в две́сти рубле́й*, une perte de deux cents roubles.

ПРОИЗВЕДЕ́НИЕ œuvre. *Произведе́ние иску́сства*, une œuvre d'art. *Литерату́рное произведе́ние*, une œuvre littéraire. *И́збранные произведе́ния Достое́вского*, œuvres choisies de Dostoïevski.

/ **ПРОИЗВЕСТИ́** v. производи́ть.

ПРОИЗВОДИ́ТЕЛЬНОСТЬ *f.* rendement. *Повы́сить производи́тельность труда́*, augmenter la productivité.

ПРОИЗВОДИ́ТЕЛЬНЫЙ productif. *Производи́тельный труд*, un travail productif.

ПРОИЗВОДИ́ТЬ ‾‾\ / **ПРОИЗВЕСТИ́*** IV, произведу́, произведёшь...; произвёл, произвела́... ⁄‾‾ ; произведённый **1.** faire, exécuter. *Производи́ть о́быск*, faire une perquisition. **2.** produire, fabriquer. *Производи́ть автомоби́ли*, fabriquer des automobiles. **3.** (*fig.*) produire, faire. *Производи́ть си́льное впечатле́ние на кого́-нибудь*, produire une forte impression sur qqn. • **Произвести́ на свет,** mettre au monde.

ПРОИЗВО́ДСТВО production. *Произво́дство ста́ли*, la production d'acier. *Автомоби́льное произво́дство*, la production automobile. *Сре́дства произво́дства*, les moyens de production.

ПРОИЗВО́Л pouvoir discrétionnaire. *Реша́ть дела́ по произво́лу*, prendre des décisions arbitraires. *Пусти́ть кого́-нибудь на со́бственный произво́л*, laisser qqn agir à sa guise. • **Бро́сить кого́-нибудь на произво́л судьбы́,** abandonner qqn à son triste sort.

ПРОИЗВО́ЛЬНЫЙ arbitraire. *Произво́льное реше́ние*, une décision arbitraire.

/ **ПРОИЗНЕСТИ́** v. произноси́ть.

ПРОИЗНОСИ́ТЬ ‾‾\ / **ПРОИЗНЕСТИ́*** IV, произнесу́, произнесёшь...; произнёс, произнесла́... ⁄‾‾ ; произнесённый prononcer. *Непра́вильно произноси́ть сло́во*, mal prononcer un mot. *Произнести́ речь*, prononcer un discours.

ПРОИЗНОШЕ́НИЕ prononciation. *У вас о́чень хоро́шее произноше́ние*, Vous avez une très bonne prononciation.

/ **ПРОИЗОЙТИ́** v. происходи́ть.

ПРОИСХОДИ́ТЬ ╲___ / **ПРОИЗОЙТИ́*** IV, произойдёт, произойду́т; произошёл, произошла́... avoir lieu. *Что произошло́?*, Que s'est-il passé ?

ПРОИСХОЖДЕ́НИЕ origine, provenance. *Происхожде́ние жи́зни*, l'origine de la vie. *Францу́з по происхожде́нию*, d'origine française. *Дворя́нского происхожде́ния*, de famille noble.

ПРОИСШЕ́СТВИЕ événement. *Необыкнове́нное происше́ствие*, un événement extraordinaire.

ПРОЙДО́ХА roublard.

/ **ПРОЙТИ́** v. проходи́ть.

/ **ПРОЙТИ́СЬ** v. проха́живаться.

ПРОКА́Т location (*de meubles, d'instruments*...). *Заплати́ть за прока́т роя́ля*, payer la location du piano.

ПРОКЛА́ДЫВАТЬ / **ПРОЛОЖИ́ТЬ** ╲___˙ construire (*une route*...), frayer. *Проложи́ть доро́гу че́рез лес*, construire une route dans la forêt. • **Проложи́ть себе́ доро́гу,** se frayer un passage.

ПРОКЛИНА́ТЬ / **ПРОКЛЯ́СТЬ*** IV, прокляну́, проклянёшь...; про́клял, прокляла́, про́кляло, про́кляли ╱╲___; про́клятый, про́клят, проклята́, про́клято, про́кляты ╱╲___ maudire. *Проклина́ть свою́ жизнь*, maudire le sort. • **Будь про́клят,** Que soit maudit. *Будь она́ про́клята!*, Qu'elle soit maudite !

Remarque. Dans l'expression « Будь про́клят », la forme du féminin est accentuée sur la première syllabe (voir l'exemple).

/ **ПРОКЛЯ́СТЬ** v. проклина́ть.

ПРОКЛЯ́ТИЕ malédiction. *Осыпа́ть проклья́тиями*, couvrir de malédictions.

/ **ПРОКОПТИ́ТЬ** v. копти́ть.

ПРОКРА́ДЫВАТЬСЯ / **ПРОКРА́СТЬСЯ*** IV, прокраду́сь, прокрадёшься...; прокра́лся, прокра́лась... se glisser à pas de loup. *Прокра́сться в дом*, s'introduire furtivement dans une maison.

/ **ПРОКРА́СТЬСЯ** v. кра́сться et прокра́дываться.

/ **ПРОЛЕПЕТА́ТЬ** v. лепета́ть.

ПРОЛИ́В détroit. *Гибралта́рский проли́в*, le détroit de Gibraltar.

ПРОЛИВА́ТЬ / **ПРОЛИ́ТЬ*** II, пролью́, прольёшь...; про́лил, пролила́, про́лило, про́лили ╱╲___; проле́й; про́литый, про́лит, пролита́, про́лито, про́литы ╱╲___ verser. *Проли́ть во́ду на́ пол*, verser de l'eau par terre. *Проли́ть кровь за Ро́дину*, verser son sang pour la patrie.

ПРОЛИВНО́Й • **Проливно́й дождь,** une pluie battante.

/ **ПРОЛИ́ТЬ** v. пролива́ть.

/ **ПРОЛОЖИ́ТЬ** v. прокла́дывать.

ПРОМА́ТЫВАТЬ / **ПРОМОТА́ТЬ** gaspiller, dilapider. *Он бы промота́л це́лое состоя́ние*, il serait capable de dilapider une fortune.

ПРО́МАХ coup raté. *Стреля́ть без про́маха*, tirer sans rater un seul coup. *Дать про́мах*, rater son coup.

ПРОМА́ХИВАТЬСЯ / **ПРОМАХНУ́ТЬСЯ** manquer le but. *Он вы́стрелил, но промахну́лся*, il a tiré, mais il a manqué son coup.

/ **ПРОМАХНУ́ТЬСЯ** v. прома́хиваться.

ПРОМА́ЧИВАТЬ / **ПРОМОЧИ́ТЬ** ╲___ mouiller. *Промочи́ть но́ги*, se mouiller les pieds.

ПРОМЕЖУ́ТОК intervalle (*distance ou espace de temps*). *Промежу́ток ме́жду о́кнами*, l'espace séparant les fenêtres. *По́сле коро́ткого промежу́тка послы́шался опя́ть вы́стрел*, après un court intervalle, on entendit de nouveau un coup de feu.

ПРОМЕЖУ́ТОЧНЫЙ intermédiaire. *Промежу́точная ста́дия*, un stade intermédiaire.

ПРОМОКА́ТЕЛЬНЫЙ • **Промока́тельная бума́га,** papier buvard.

ПРОМОКА́ТЬ / ПРОМО́КНУТЬ* III être trempé. *Я промо́к до косте́й*, je suis trempé jusqu'aux os.

/ **ПРОМО́КНУТЬ** v. мо́кнуть et промока́ть.

/ **ПРОМОТА́ТЬ** v. прома́тывать.

/ **ПРОМОЧИ́ТЬ** v. прома́чивать.

ПРОМТОВА́РЫ, промтова́ров, промтова́рам.. *pl. t.* (*abréviation de* « промы́шленные това́ры ») objets manufacturés.

/ **ПРОМЫЧА́ТЬ** v. мыча́ть.

ПРОМЫ́ШЛЕННОСТЬ *f.* industrie. *Тяжёлая промы́шленность*, l'industrie lourde. *Лёгкая промы́шленность*, l'industrie légère. *Разви́тие промы́шленности*, le développement de l'industrie.

ПРОМЫ́ШЛЕННЫЙ industriel. *Промы́шленные райо́ны*, les régions industrielles.

ПРОНЗИ́ТЕЛЬНЫЙ strident, perçant. *Пронзи́тельный крик*, un cri perçant.

ПРОНИКА́ТЬ / ПРОНИ́КНУТЬ* III pénétrer, s'infiltrer. *Свет не проника́л в подва́л*, la lumière ne pénétrait pas dans la cave. *Им удало́сь прони́кнуть в теа́тр без биле́тов*, ils sont arrivés à entrer au théâtre sans billets. *Мы стара́лись прони́кнуть в их наме́рения*, nous nous efforcions de saisir leurs intentions.

/ **ПРОНИ́КНУТЬ** v. проника́ть.

ПРОНИЦА́ТЕЛЬНЫЙ pénétrant, perçant. *Проница́тельный взгляд*, un regard perçant. *Проница́тельный ум*, un esprit pénétrant.

ПРОПАДА́ТЬ / ПРОПА́СТЬ* IV, пропаду́, пропадёшь...; пропа́л, пропала... **1.** disparaître, être perdu. *Пропа́ла кни́га*, le livre a disparu. **2.** disparaître, s'en aller. *Куда́ же он пропа́л?*, Où est-il donc passé? **3.** être fichu. *Весь день пропа́л*, une journée fichue. *Я пропа́л*, je suis fichu. • **Пиши́ пропа́ло,** Tu peux en faire ton deuil.

I. **ПРО́ПАСТЬ** *f.* **1.** précipice. *На краю́ про́пасти*, au bord du précipice (*propr. ou fig.*). **2.** (*fam.*) grande quantité. *Наро́ду бы́ло про́пасть*, il y avait un tas de monde.

II. / **ПРОПА́СТЬ** v. пропада́ть.

Remarque. Les deux mots ci-dessus diffèrent par leur accentuation.

ПРОПА́ЩИЙ foutu. *Пропа́щий челове́к*, c'est un type foutu. *Пропа́щее де́ло*, c'est foutu d'avance.

/ **ПРОПИСА́ТЬ** v. прописывать.

ПРОПИ́СКА inscription sur la carte d'identité donnant le droit de résider à tel ou tel endroit, certificat de résidence. *Жить в Москве́ без пропи́ски*, vivre à Moscou sans autorisation.

ПРОПИСНО́Й • **Прописна́я бу́ква,** majuscule. **Прописна́я и́стина,** une vérité de La Palice.

ПРОПИ́СЫВАТЬ / ПРОПИСА́ТЬ* II, пропишу́, пропи́шешь... **1.** prescrire. *Врач прописа́л ей но́вое лека́рство*, le médecin lui a prescrit un nouveau médicament. **2.** faire l'inscription donnant droit à résider à tel ou tel endroit. *Он прописа́лся в мили́ции*, il a obtenu au commissariat son certificat de résidence. *Прописа́ть па́спорт*, viser un passeport.

/ **ПРОПОЛОСКА́ТЬ** v. полоска́ть.

I. ПРО́ПУСК omission, lacune.

II. ПРО́ПУСК*, *nom. pl.* пропуска́ ___‾‾‾ laissez-passer. *Предъяви́ть про́пуск*, présenter son laissez-passer.

ПРОПУСКА́ТЬ / ПРОПУСТИ́ТЬ ___ **1.** laisser passer. *Пропуска́ть сы́рость*, laisser passer l'humidité. *Пропусти́ть удо́бный слу́чай*, manquer une bonne occasion. **2.** faire passer. *Пропусти́ть кого́-нибудь вперёд*, laisser passer qqn devant. *Пропусти́ть ток*, mettre le courant. **3.** sauter (*omettre*). *Я пропусти́л два сло́ва*, j'ai sauté deux mots. **4.** ne pas assister à. *Пропусти́ть не́сколько уро́ков*, être absent à plusieurs cours. ● **Пропуска́ть ми́мо уше́й 1.** ne pas faire attention (*à ce qui est dit*). **2.** faire la sourde oreille.

/ **ПРОПУСТИ́ТЬ** v. пропуска́ть.

/ **ПРОРВА́ТЬ** v. прорыва́ть I.

ПРОРО́К prophète. *Я не проро́к*, je ne suis pas prophète. *Нет проро́ка в оте́честве своём*, nul n'est prophète en son pays.

ПРОРО́ЧЕСКИЙ prophétique. *Проро́ческие слова́*, des paroles prophétiques.

ПРО́РУБЬ *f.* trou creusé dans la glace d'un fleuve, d'un lac... *Идти́ к про́руби за водо́й*, aller chercher de l'eau à la rivière.

ПРОРЫ́В brèche. *Заде́лать проры́в в плоти́не*, colmater la brèche d'un barrage.

I. ПРОРЫВА́ТЬ / ПРОРВА́ТЬ* IV, прорву́, прорвёшь...; прорва́л, прорвала́, прорва́ло, прорва́ли /___ trouer, percer. *Прорва́ть носки́*, trouer ses chaussettes. *Прорва́ть блока́ду*, forcer le blocus. ● **Его́ прорва́ло,** il a éclaté (*il s'est mis en colère*).

II. ПРОРЫВА́ТЬ / ПРОРЫ́ТЬ* II, проро́ю, проро́ешь...; проры́тый creuser (*qqch. de long*). *Проры́ть кана́ву*, creuser un fossé.

/ **ПРОРЫ́ТЬ** v. прорыва́ть II et рыть.

ПРОСВЕЩЕ́НИЕ instruction. *Министе́рство наро́дного просвеще́ния*, le ministère de l'Éducation nationale.

ПРОСЁЛОЧНЫЙ ● **Просёлочная доро́га,** chemin vicinal.

/ **ПРОСИГНА́ЛИТЬ** v. сигна́лить.

ПРОСИ́ТЬ ___ / **ПОПРОСИ́ТЬ** ___ **1.** demander. *Попроси́ть у кого́-нибудь разреше́ния*, demander à qqn la permission. *Проси́ть сове́та*, demander conseil. *Проси́ть ми́лостыню*, demander l'aumône. *Проси́ть пить*, demander à boire. **2.** prier. *Прошу́ вас не беспоко́иться*, Ne vous inquiétez pas, je vous en prie. ● **Ми́лости про́сим,** Soyez le bienvenu. **Проси́ть к столу́,** inviter à passer à table.

Remarque. Lorsque le verbe « проси́ть » est employé au sens de « demander », le complément désignant la chose demandée peut être soit un nom au génitif, soit un nom à l'accusatif (noms de la première déclinaison utilisés au singulier et n'ayant pas le sens partitif), soit un infinitif. Le complément désignant la personne à laquelle est adressée la demande se met au génitif précédé de « у ».

Lorsque le verbe « проси́ть » est employé au sens de « prier », le complément désignant la chose demandée est un infinitif, le complément désignant la personne à laquelle est adressée la prière se met à l'accusatif.

ПРОСИ́ТЬСЯ ___ / **ПОПРОСИ́ТЬСЯ** ___ demander à aller. *Попроси́ться гуля́ть*, demander à aller se promener. *Попроси́ться в о́тпуск*, demander un congé.

/ **ПРОСКЛОНЯ́ТЬ** v. склоня́ть.

/ **ПРОСЛЕДИ́ТЬ** v. следи́ть.

/ **ПРОСЛУ́ШАТЬ** v. прослу́шивать.

ПРОСЛУ́ШИВАТЬ / ПРОСЛУ́ШАТЬ 1. auditionner, écouter. *Прослу́шать пласти́нку*, écouter un disque. **2.** ausculter. *Прослу́шивать больно́го*, ausculter un malade.

/ ПРОСНУ́ТЬСЯ v. просыпа́ться II.

/ ПРОСПА́ТЬ v. просыпа́ть II.

ПРОСПЕ́КТ grande avenue, « perspective ». *Не́вский проспе́кт*, la perspective Nevski.

/ ПРОСПРЯГА́ТЬ v. спряга́ть.

ПРОСРО́ЧИВАТЬ / ПРОСРО́ЧИТЬ (+ *acc.*) laisser passer le terme de. *Ви́за просро́чена*, le visa est périmé. *Срок просро́чен*, le délai est passé.

/ ПРОСРО́ЧИТЬ v. просро́чивать.

ПРОСТА́ИВАТЬ / ПРОСТОЯ́ТЬ* I, простою́, простои́шь... **1.** rester debout un certain temps. *Простоя́ть полчаса́ у окна́*, rester une demi-heure près de la fenêtre. **2.** rester un certain temps. *По́езд простои́т ещё че́тверть часа́*, le train ne partira pas avant un quart d'heure. **3.** être en panne. *Тра́ктор простоя́л це́лую неде́лю*, le tracteur a été en panne pendant toute une semaine.

/ ПРОСТЕРЕ́ТЬСЯ v. простира́ться.

ПРОСТИРА́ТЬСЯ / ПРОСТЕРЕ́ТЬСЯ* IV, прострётся, простру́тся; простёрся, простёрлась... s'étendre. *Леса́ простира́ются на со́тни киломе́тров*, les forêts s'étendent sur des centaines de kilomètres.

ПРОСТИ́ТЕЛЬНЫЙ pardonnable, excusable. *Прости́тельная оши́бка*, une erreur pardonnable.

/ ПРОСТИ́ТЬ v. проща́ть.

/ ПРОСТИ́ТЬСЯ v. проща́ться.

ПРО́СТО, *comp*. про́ще*, *adv.* **1.** simplement. *Э́то устра́ивалось о́чень про́сто*, cela s'arrangeait d'une manière très simple. **2.** vraiment. *Э́то про́сто у́жас*, c'est vraiment affreux. *Он про́сто не зна́ет, что говори́т*, il ne sait vraiment pas ce qu'il dit.

ПРОСТО́Й, *comp*. про́ще* **1.** simple, pur. *Просто́е те́ло*, un corps simple. **2.** simple, facile. *Проста́я зада́ча*, un problème facile. **3.** simple, ordinaire, sans prétentions. *Просты́е лю́ди*, des gens simples. • **Просты́м гла́зом,** à l'œil nu.

REMARQUE. Pour l'emploi adverbial de la forme « про́сто », voir ce mot.

ПРОСТОКВА́ША caillé.

ПРОСТО́Р 1. vaste étendue. *Степны́е просто́ры*, les vastes étendues de la steppe. **2.** pleine liberté. *Дать просто́р свои́м мечта́м*, donner libre cours à ses rêves.

ПРОСТОРЕ́ЧИЕ expression populaire.

ПРОСТО́РНЫЙ vaste, spacieux. *Просто́рные ко́мнаты*, de vastes pièces.

ПРОСТОТА́ 1. simplicité. *Простота́ зада́чи*, la simplicité du problème. **2.** naïveté, candeur. *По простоте́ серде́чной*, par naïveté.

/ ПРОСТОЯ́ТЬ v. проста́ивать et стоя́ть.

ПРОСТРА́НСТВО espace. *Простра́нство и вре́мя*, l'espace et le temps. *Свобо́дное простра́нство*, un espace libre.

/ ПРОСТУДИ́ТЬСЯ v. простужа́ться.

ПРОСТУЖА́ТЬСЯ / ПРОСТУДИ́ТЬСЯ prendre froid. *Он простуди́лся и заболе́л*, il a pris froid et il est tombé malade.

ПРОСТУ́ПОК (*livresque*) action contraire aux usages, manquement.

ПРОСТЫНЯ́, *pl.* про́стыни, про́стынь, простыня́м... drap de lit.

I. ПРОСЫПА́ТЬ / ПРОСЫ́ПАТЬ* II, просы́плю, просы́плешь... verser, répandre. *Про-*

сыпать соль на стол, renverser du sel sur la table.

II. ПРОСЫПА́ТЬ / ПРОСПА́ТЬ* I, просплю́, проспи́шь...; проспа́л, проспала́, проспа́ло, проспа́ли **1.** dormir un certain temps. *Я проспа́л де́вять часо́в подря́д*, j'ai dormi neuf heures d'affilée. **2.** ne pas se réveiller à temps. *Проспа́ть ста́нцию*, rester endormi dans le train et manquer sa gare.

I. ПРОСЫПА́ТЬСЯ / ПРОСЫ́ПАТЬСЯ* II, просы́плется, просы́плются v. просыпа́ть I.

II. ПРОСЫПА́ТЬСЯ / ПРОСНУ́ТЬСЯ se réveiller. *Я просну́лся в шесть часо́в*, je me suis réveillé à six heures.

ПРО́СЬБА demande, prière. *У меня́ к вам больша́я про́сьба*, J'ai un service à vous demander.

ПРОТЕКА́ТЬ / ПРОТЕ́ЧЬ* IV, протечёт, протеку́т; протёк, протекла́... **1.** couler. *Че́рез го́род протека́ет небольша́я ре́чка*, une petite rivière traverse la ville. **2.** (*fig.*) s'écouler.

/ **ПРОТЕРЕ́ТЬ** v. протира́ть et тере́ть.

/ **ПРОТЕ́ЧЬ** v. протека́ть.

ПРО́ТИВ *prép.* (+ *gén.*) contre (*opposition, hostilité*). *Борьба́ про́тив тата́р*, la lutte contre les Tatars. *Лека́рство про́тив гри́ппа*, un médicament contre la grippe. *Плыть про́тив тече́ния*, remonter le courant. // (*Construction tronquée sans génitif exprimé*) *Я ничего́ не име́ю про́тив*, je n'ai rien contre. *Нет, я про́тив*, non, je ne suis pas d'accord.

ПРОТИ́ВНИК adversaire. *Разби́ть проти́вника*, vaincre l'adversaire.

ПРОТИ́ВНЫЙ **1.** opposé, contraire. *Проти́вный ве́тер*, vent contraire. *Проти́вное мне́ние*, l'opinion contraire. *В проти́вном слу́чае*, dans le cas contraire. // (*Subst.*) *Доказа́ть проти́вное*, démontrer le contraire. *Доказа́тельство от проти́вного*, démonstration par l'absurde. **2.** adverse. *Проти́вная сторона́*, la partie adverse. **3.** répugnant. *Проти́вный вкус*, un goût infect.

ПРОТИВОПОЛО́ЖНЫЙ **1.** opposé (*placé vis-à-vis*). *Противополо́жный бе́рег*, la rive opposée. **2.** opposé (*contraire*). *Противополо́жное мне́ние*, l'opinion contraire.

/ **ПРОТИВОПОСТА́ВИТЬ** v. противопоставля́ть.

ПРОТИВОПОСТАВЛЯ́ТЬ / ПРОТИВОПОСТА́ВИТЬ (*livresque*) opposer.

ПРОТИВОРЕЧИ́ВЫЙ contradictoire. *Противоречи́вые мне́ния*, des opinions contradictoires.

ПРОТИВОРЕ́ЧИЕ contradiction (*divers sens*). *Находи́ться в противоре́чии с тео́рией*, être en contradiction avec la théorie. *Не терпе́ть противоре́чий*, ne pas souffrir la contradiction. *Дух противоре́чия*, l'esprit de contradiction.

ПРОТИВОРЕ́ЧИТЬ (+ *dat.*) **1.** contredire. *Он не люби́л, когда́ ему́ противоре́чили*, il n'aimait pas la contradiction. **2.** être en contradiction avec. *Э́то противоре́чит ло́гике*, c'est contraire à la logique.

ПРОТИРА́ТЬ / ПРОТЕРЕ́ТЬ* IV **1.** user (*vêtement*...). **2.** essuyer. **3.** passer (*au tamis*...).

ПРОТЯ́ГИВАТЬ / ПРОТЯНУ́ТЬ **1.** tendre (*disposer*). *Протяну́ть верёвку*, tendre une corde. **2.** tendre (*porter en avant*). *Протяну́ть ру́ку*, tendre la main.

ПРОТЯЖЕ́НИЕ **1.** longueur, étendue. *На протяже́нии сорока́ киломе́тров*, sur une longueur de quarante kilomètres. **2.** durée. *На протяже́нии двух столе́тий*, pendant deux siècles.

ПРОТЯ́ЖНЫЙ prolongé (*voix, son*...). *Говори́ть протя́жным го́лосом*, parler d'une voix traînante.

/ **ПРОТЯНУ́ТЬ** v. протя́гивать.

ПРОУ́ЧИВАТЬ / ПРОУЧИ́ТЬ ___ donner une leçon (*punir*). *На́до его́ проучи́ть*, il faut lui donner une bonne leçon.

/ ПРОУЧИ́ТЬ v. проу́чивать.

ПРОФЕ́ССОР*, *nom. pl.* профессора́ ___ professeur (*dans l'enseignement supérieur*).

ПРОФСОЮ́З (*abréviation de* « профессиона́льный сою́з ») syndicat.

ПРОХА́ЖИВАТЬСЯ / ПРОЙТИ́СЬ* IV, пройду́сь, пройдёшься...; прошёлся, прошла́сь... faire les cent pas. *Проха́живаться по ко́мнате*, aller en long et en large dans la pièce.

ПРОХЛА́ДНЫЙ frais. *Ста́ло прохла́дно*, il s'est mis à faire frais.

ПРОХО́Д passage. *У́зкий прохо́д*, un passage étroit. *Нет ни прохо́да, ни прое́зда*, on ne peut y passer ni à pied ni en voiture. ● **Не дава́ть прохо́да,** ne pas laisser en paix.

> **ПРОХОДИ́ТЬ** ___ **/ ПРОЙТИ́*** IV, пройду́, пройдёшь...; прошёл, прошла́...; про́йденный; пройдя́
> **1.** passer (*aller d'un lieu à un autre*); aller.
> **2.** parcourir.
> **3.** s'écouler (*en parlant du temps*).
> **4.** cesser.
> **5.** être admis; passer.
> **6.** être représenté (*en parlant d'une pièce...*).
> **7.** suivre (*un cours, une cure...*).

1. *Пройти́ ми́мо до́ма*, passer à côté de la maison. *Пройти́ че́рез лес*, traverser la forêt. *Мы прошли́ в кабине́т*, nous sommes entrés dans le cabinet de travail. **2.** *Пройти́ не́сколько шаго́в*, faire quelques pas. **3.** *Вре́мя бы́стро прохо́дит*, le temps passe vite. **4.** *Дождь прошёл*, la pluie a cessé. *Гроза́ прошла́*, l'orage est passé. *Мо́да прошла́*, la mode est passée. *Голова́ прошла́* (*fam.*), mon mal de tête est passé. **5.** *Прое́кт ещё не прошёл*, le projet n'a pas encore été adopté. *Э́то ему́ да́ром не пройдёт*, ça va lui coûter cher. **6.** *Пье́са прошла́ с больши́м успе́хом*, la pièce a eu un grand succès. **7.** *Пройти́ пра́ктику*, faire un stage pratique. ● **Пройти́ молча́нием,** passer sous silence.

ПРОХО́ЖАЯ *adj. subst. f.* passante. *Спроси́ть у прохо́жей*, demander à une passante.

ПРОХО́ЖИЙ *adj. subst. m.* passant. *Спроси́ть у прохо́жего*, demander à un passant.

/ ПРОЦВЕСТИ́ v. процвета́ть.

ПРОЦВЕТА́ТЬ / ПРОЦВЕСТИ́* IV, процвету́, процветёшь...; процвёл, процвела́... /‾‾ prospérer, être dans un état florissant.

ПРОЦЕ́НТ **1.** pour cent. *Два проце́нта*, deux pour cent. *Пять проце́нтов*, cinq pour cent. *Вы́полнить план на 102 проце́нта*, exécuter le plan à 102 pour cent. *Како́й проце́нт?*, Quel pourcentage? **2.** intérêt. *Сберка́сса выпла́чивает проце́нты*, la caisse d'épargne paye des intérêts.

ПРОЦЕ́СС **1.** processus. *Проце́сс разви́тия произво́дства*, le processus de développement de la production. **2.** procédé. *Проце́сс добы́чи у́гля*, le procédé d'extraction de la houille. **3.** procès. *Проце́сс был решён в его́ по́льзу*, le procès s'est terminé en sa faveur.

/ ПРОЧЕ́СТЬ v. чита́ть.

ПРО́ЧИЙ *pronom-adjectif ou pronom* (*livresque*) autre. ● **И про́чее,** etc. **Ме́жду про́чим** **1.** à l'occasion. *Он э́тим занима́ется так, ме́жду про́чим*, il le fait quand l'occasion se présente. **2.** entre parenthèses (*fig.*). *А он, ме́жду про́чим, знако́м с дире́ктором*, et lui, entre parenthèses, il connaît le directeur.

/ ПРОЧИТА́ТЬ v. чита́ть.

ПРО́ЧНЫЙ /___ **1.** solide. *Про́чная ме́бель*, des meubles solides. **2.** (*fig.*) durable. *Про́чный мир*, une paix durable.

ПРОЧЬ *adv.*, *exprime une idée d'éloignement et ne se traduit généralement pas. Уйди́ прочь!*, Va-t'en! *Побежа́ть прочь*, s'enfuir. ● **Быть не прочь,** ne pas être ennemi. *Я не прочь*, je ne demande pas mieux.

ПРОШЕ́ДШИЙ (*livresque*) passé. ● **Проше́дшее вре́мя,** le passé (*gramm.*).

/ **ПРОШЕПТА́ТЬ** v. шепта́ть.

ПРО́ШЛЫЙ **1.** passé. *На про́шлой неде́ле*, la semaine dernière. *В про́шлом году́*, l'an passé. **2.** *subst. n.* passé. *Далёкое про́шлое*, un passé lointain.

ПРОЩА́Й! *et* **ПРОЩА́ЙТЕ!** *interj.* adieu.

> Remarque. Cette interjection est dérivée de l'impératif du verbe « проща́ть ». Ainsi s'explique l'existence de deux formes distinctes correspondant l'une au tutoiement, l'autre au vouvoiement.

ПРОЩА́ЛЬНЫЙ d'adieu. *Проща́льный обе́д*, banquet d'adieux. *Проща́льный визи́т*, visite d'adieux.

ПРОЩА́НИЕ adieux. *Мину́та проща́ния*, la minute des adieux. *На проща́ние*, en guise d'adieu.

ПРОЩА́ТЬ / **ПРОСТИ́ТЬ** pardonner, excuser. *Прости́те!*, Pardon! *Он всё ей прости́л*, il lui a tout pardonné. *Прости́те меня́*, Excusez-moi.

> Remarques.
> **1.** L'impératif imperfectif a pris un sens particulier (voir le mot « проща́й »).
> **2.** La personne à qui l'on pardonne est exprimée par un accusatif si l'on n'indique pas ce que l'on pardonne. Elle est exprimée par un datif dans le cas contraire (voir les exemples).

ПРОЩА́ТЬСЯ **1.** / **ПОПРОЩА́ТЬСЯ** *et* **ПРОСТИ́ТЬСЯ** (с + *instr.*) prendre congé de. *Он ни с кем не попроща́лся*, il n'a dit adieu à personne. **2.** / **ПРОСТИ́ТЬСЯ** v. проща́ть.

ПРО́ЩЕ comp. de « про́сто » et de « просто́й ».

ПРОЩЕ́НИЕ pardon. *Проси́ть проще́ния*, demander pardon.

/ **ПРОЯВИ́ТЬ** v. проявля́ть.

ПРОЯВЛЕ́НИЕ **1.** manifestation, expression. *Проявле́ние не́жности*, des manifestations de tendresse. **2.** développement (*photographie*). *Проявле́ние плёнки*, le développement d'une pellicule.

ПРОЯВЛЯ́ТЬ / **ПРОЯВИ́ТЬ.** **1.** faire preuve de *Прояви́ть му́жество*, faire preuve de courage. *Прояви́ть негодова́ние*, s'indigner. **2.** développer (*photographie*). *Прояви́ть негати́в*, développer le négatif.

/ **ПРОЯСНИ́ТЬСЯ** v. проясня́ться.

ПРОЯСНЯ́ТЬСЯ / **ПРОЯСНИ́ТЬСЯ** devenir plus clair (*propr. et fig.*). *Не́бо проясни́лось*, le ciel s'est éclairci. *Положе́ние проясня́ется*, la situation s'éclaircit.

ПРУД*, *loc.* пруду́ étang.

ПРУЖИ́НА ressort. *Часова́я пружи́на*, un ressort de montre.

ПРУТ*, *pl.* пру́тья, пру́тьев, пру́тьям... **1.** baguette, petit bâton. *И́вовый прут*, une baguette d'osier. **2.** tringle. *Ме́дный прут*, une tringle de cuivre.

ПРЫ́ГАТЬ / **ПРЫ́ГНУТЬ** sauter. *Пры́гнуть в во́ду*, sauter dans l'eau. *Пры́гнуть с парашю́том*, sauter en parachute. *Пры́гать на одно́й ноге́*, sauter à cloche-pied. *Пры́гать от ра́дости*, sauter de joie.

/ **ПРЫ́ГНУТЬ** v. пры́гать.

ПРЫЖО́К saut. *Прыжо́к в высоту́*, saut en hauteur. *Прыжо́к в длину́*, saut en longueur. *Прыжо́к с парашю́том*, saut en parachute.

ПРЯДЬ *f.* mèche (*de cheveux*).

Прядь ру́сых воло́с, une mèche de cheveux blonds.

ПРЯ́МО *adv*.
1. directement, droit.
2. franchement.
3. vraiment.
4. à même.

1. *Иди́те пря́мо*, Allez tout droit. *Идти́ пря́мо к це́ли*, aller droit au but. *Смотре́ть кому́-нибудь пря́мо в глаза́*, regarder qqn droit dans les yeux. **2.** *Отве́тить пря́мо*, répondre franchement. **3.** *Он пря́мо арти́ст*, c'est vraiment un artiste. **4.** *Лежа́ть пря́мо на полу́*, être couché à même le plancher.

ПРЯМО́Й
1. droit (*qui n'est pas courbe*). // **ПРЯМА́Я** *subst. f.* droite.
2. droit (*de quatre-vingt-dix degrés*).
3. direct (*divers sens*).
4. franc, sincère.
5. véritable, authentique.

1. *Пряма́я доро́га*, une route droite. *Пряма́я ли́ния*, une ligne droite. // *Провести́ пряму́ю*, tracer une droite. **2.** *Прямо́й у́гол*, un angle droit. **3.** *По́езд прямо́го сообще́ния*, un train direct. *Прямы́е нало́ги*, les impôts directs. *Прямо́й насле́дник*, un héritier direct. *Прямо́е дополне́ние*, un complément direct (*gramm.*). **4.** *Он челове́к прямо́й*, c'est un homme franc. **5.** *Пряма́я изме́на*, une véritable trahison.

Remarque. Pour l'emploi de la forme adverbiale « пря́мо », voir ce mot.

ПРЯ́НИК pain d'épice.

ПРЯСТЬ* IV, пряду́, прядёшь...; прял, пряла́, пря́ло, пря́ли / **СПРЯСТЬ*** IV (*id.*) filer (*mettre en fil*). *Прясть лён*, filer du lin.

ПРЯ́ТАТЬ* II, пря́чу, пря́чешь... / **СПРЯ́ТАТЬ*** II (*id.*) cacher. *Она́ спря́тала письмо́ за́ спину*, elle cacha la lettre derrière son dos. *Они́ пря́тались в куста́х*, ils se cachaient dans les buissons.

Remarque. Lorsque le verbe « пря́тать » est suivi d'une indication de lieu, on trouve soit les constructions avec l'accusatif marquant la direction, soit les constructions avec l'instrumental ou le locatif marquant l'emplacement. Le sens du verbe est alors, selon le cas, « faire disparaître » ou « tenir caché ».

ПРЯ́ТКИ, пря́ток, пря́ткам... *pl. t.* cache-cache. *Игра́ть в пря́тки*, jouer à cache-cache.

ПРЯ́ХА fileuse.

ПТИ́ЦА oiseau. *Перелётные пти́цы*, les oiseaux migrateurs. *Хи́щная пти́ца*, un oiseau de proie.

ПТИ́ЧИЙ *adj. d'appart.* d'oiseau. *Пти́чий клюв*, un bec d'oiseau. *С пти́чьего полёта*, à vol d'oiseau. • **Пти́чий двор,** la basse-cour.

ПТИ́ЧКА dim. de « пти́ца ».

ПУБЛИКОВА́ТЬ / ОПУБЛИКОВА́ТЬ publier. *Опубликова́ть статью́*, publier un article.

ПУГА́ТЬ / ИСПУГА́ТЬ effrayer. *Ой, как вы меня́ испуга́ли!*, Oh ! que vous m'avez fait peur !

ПУГА́ТЬСЯ (+ *gén.*) avoir peur / **ИСПУГА́ТЬСЯ** (+ *gén.*) prendre peur. *Он испуга́лся соба́ки*, il a eu peur du chien.

ПУГЛИ́ВЫЙ craintif. *Пугли́вый взгляд*, un regard craintif. *Пугли́вая ло́шадь*, un cheval ombrageux.

ПУ́ГОВИЦА, *dim.* **ПУ́ГОВКА** bouton. *Приши́ть пу́говицу*, coudre un bouton.

ПУД poud (*mesure de poids valant 16,38 kg et utilisée pour l'évaluation des récoltes*).

ПУДОВО́Й, ПУДО́ВЫЙ d'un poud (v. пуд).

ПУЗЫ́РЬ *m.*
1. bulle.
2. cloque.
3. vésicule.
4. vessie (*divers sens*).
5. bouillotte en caoutchouc.
6. (*fam.*) môme, marmot.

1. *Пуска́ть мы́льные пузыри́*, faire des bulles de savon. *Пузы́рь во́здуха*, une bulle d'air. **2.** *Пузы́рь от ожо́га*, une cloque due à une brûlure. **3.** *Жёлчный пузы́рь*, la vésicule biliaire. **4.** *Мочево́й пузы́рь*, la vessie (*anat.*). *Пла́вательный пузы́рь*, la vessie natatoire. *Пузы́рь со льдом*, une vessie avec de la glace. **5.** *Пузы́рь с горя́чей водо́й*, une bouillotte remplie d'eau chaude. **6.** *Пятиле́тний пузы́рь*, un marmot de cinq ans.

ПУЛЕМЁТ mitrailleuse.

ПУЛЬС pouls. *Пощу́пать пульс больно́го*, tâter le pouls du malade. *Норма́льный пульс*, un pouls normal.

ПУЛЬТ **1.** pupitre. *Дирижёрский пульт*, le pupitre de chef d'orchestre. **2.** tableau (*de commande*). *Пульт управле́ния*, le tableau de commande.

ПУ́ЛЯ balle (*projectile*). *Пистоле́тная пу́ля*, une balle de pistolet.

ПУНКТ **1.** poste, centre. *Кома́ндный пункт*, le poste de commande. *Наблюда́тельный пункт*, un poste d'observation. **2.** point (*endroit déterminé*). *Исхо́дный пункт*, le point de départ. **3.** point (*division d'un exposé...*). *Изложи́ть по пу́нктам*, exposer point par point.

ПУСКА́Й *particule* (*fam.*) que (*marquant la permission, le souhait ou le commandement*). *Пуска́й придёт!*, Qu'il vienne !

ПУСКА́ТЬ / ПУСТИ́ТЬ
1. laisser partir.
2. laisser entrer.
3. mettre en marche.
4. lancer (*propr. et fig.*).

1. *Я бою́сь, что она́ меня́ не пу́стит*, j'ai bien peur qu'elle ne me laisse pas partir. *Пусти́ть кого́-нибудь на во́лю*, rendre à qqn sa liberté. **2.** *В ко́мнату никого́ не пуска́ли*, on ne laissait personne entrer dans la chambre. **3.** *Пусти́ть мото́р*, mettre le moteur en marche. **4.** *Пусти́ть стрелу́*, lancer une flèche. *Пусти́ть себе́ пу́лю в лоб*, se tirer une balle dans la tête. *Пусти́ть ло́шадь вскачь*, lancer un cheval au galop. *Пусти́ть слух*, faire courir un bruit. *Пуска́ть пыль в глаза́*, jeter de la poudre aux yeux. *Пусти́ть в ход все сре́дства*, mettre tout en œuvre. ● **Пуска́ть ко́рни,** s'enraciner (*propr. et fig.*).

ПУСКА́ТЬСЯ / ПУСТИ́ТЬСЯ **1.** se lancer, se précipiter. *Ма́льчик пусти́лся к ней навстре́чу*, le petit garçon se précipita à sa rencontre. *Пусти́лись за ни́ми в пого́ню*, on se lança à leur poursuite. **2.** se mettre. *Он пусти́лся бежа́ть*, il se mit à courir. *Он пусти́лся в путь*, il se mit en route.

/ ПУСТИ́ТЬ v. пуска́ть.

/ ПУСТИ́ТЬСЯ v. пуска́ться.

ПУСТО́Й **1.** vide. *Пуста́я бути́лка*, une bouteille vide. *Пусто́й дом*, une maison déserte. *Верну́ться с пусты́ми рука́ми*, revenir les mains vides. **2.** vain, sans objet. *Пусты́е стра́хи*, des craintes non fondées. *Пусты́е разгово́ры*, des paroles inutiles. ● **Перелива́ть из пусто́го в поро́жнее** **1.** parler pour ne rien dire. **2.** perdre son temps à des bagatelles.

ПУСТЫ́ННЫЙ désert. *Пусты́нный о́стров*, une île déserte. *На у́лицах бы́ло пусты́нно*, les rues étaient désertes.

ПУСТЫ́НЯ désert. *Пусты́ня Саха́ра*, le désert du Sahara.

ПУСТЫ́РЬ *m.* terrain vague.

ПУСТЬ **1.** *particule* que (*marquant la permission, le souhait ou le com-*

mandement). *Пусть придёт!*, Qu'il vienne ! **2.** *particule ou conj.* admettons. *Он хо́чет уе́хать? Пусть*, Il veut s'en aller ? Soit. *Пусть я оши́бся, но э́то ещё не зна́чит, что положе́ние безвы́ходное*, admettons que je me sois trompé ; mais cela ne signifie tout de même pas que la situation est sans issue.

ПУСТЯ́К bagatelle. *Он рассерди́лся из-за пустяко́в*, il s'est mis en colère pour des bagatelles. *Нет, э́то пустяки́*, Non, ce n'est rien.

ПУ́ТАНИЦА **1.** fouillis, fatras. *У него́ пу́таница в голове́*, C'est un fouillis dans sa tête ! **2.** enchevêtrement. *Пу́таница у́лиц и переу́лков*, un enchevêtrement de rues et de ruelles.

ПУ́ТАТЬ **1.** / **ПЕРЕПУ́ТАТЬ** mettre en désordre, embrouiller. *Пу́тать ни́тки*, embrouiller les fils. **2.** / **ПЕРЕПУ́ТАТЬ** confondre. *Я всегда́ пу́таю их имена́*, je confonds toujours leurs prénoms. *Я её пу́таю с друго́й*, je la confonds avec une autre. **3.** / **ЗАПУ́ТАТЬ** faire perdre le fil des idées. *Она́ меня́ запу́тала свои́ми вопро́сами*, avec toutes ses questions, elle me ferait dire des bêtises.

ПУ́ТАТЬСЯ **1.** v. пу́тать. **2.** / **ВПУ́ТАТЬСЯ** (в + *acc.*) se mêler de. *Не в своё де́ло пу́тается*, il se mêle de ce qui ne le regarde pas.

ПУТЁВКА billet donnant droit à des conditions particulières de séjour dans une maison de repos, dans une station balnéaire, dans une station de sports d'hiver, etc., « poutiovka ». *Он получи́л путёвку в санато́рий*, on lui a donné une « poutiovka » pour une maison de repos.

ПУТЕВОДИ́ТЕЛЬ *m.* indicateur (*guide*). *Железнодоро́жный путеводи́тель*, l'indicateur des chemins de fer. *Путеводи́тель по вы́ставке*, le catalogue de l'exposition.

ПУТЕШЕ́СТВЕННИК voyageur (*personne qui fait un grand voyage*).

ПУТЕШЕ́СТВИЕ voyage. *Предприня́ть дли́нное путеше́ствие*, entreprendre un long voyage.

ПУТЕШЕ́СТВОВАТЬ voyager. *Путеше́ствовать по Евро́пе*, voyager à travers l'Europe.

ПУТЬ*, *gén.*, *dat.*, *loc.* пути́, *instr.* путём ; *pl.* пути́, путе́й, путя́м... chemin, voie (*propr. et fig.*). *Пути́ сообще́ния*, les voies de communication. *Дыха́тельные пути́*, les voies respiratoires. *Мле́чный путь*, la Voie lactée. *На обра́тном пути́*, sur le chemin du retour. *Сби́ться с пути́*, s'égarer. *Нам с ва́ми по пути́*, Nous allons dans la même direction. *Счастли́вого пути́!*, Bon voyage ! *Напра́вить на путь и́стинный*, remettre sur le droit chemin. *Око́льным путём*, par des voies détournées.

ПУХ*, *loc.* пуху́ duvet. *Гуси́ный пух*, duvet d'oie. ● **Ни пу́ха, ни пера́,** Bonne chance. **Разби́ть в пух и прах,** battre à plate couture.

ПУ́ХЛЫЙ potelé. *Пу́хлые ру́ки*, des mains potelées.

ПУ́ХНУТЬ* III / **ВСПУ́ХНУТЬ*** III *et* **ОПУ́ХНУТЬ*** III enfler. *У меня́ но́ги пу́хнут*, j'ai les jambes qui enflent. ● **У меня́ голова́ пу́хнет,** j'en ai la tête rompue.

ПУШИ́СТЫЙ **1.** duveteux. *Пуши́стая шерсть*, un pelage duveteux. **2.** vaporeux (*en parlant des cheveux...*). *Пуши́стые во́лосы*, des cheveux vaporeux.

ПУ́ШКА canon. *Стреля́ть из пу́шки*, tirer des coups de canon.

ПЧЕЛА́, *pl.* пчёлы... abeille.

ПШЕНИ́ЦА froment, blé. *Мешо́к пшени́цы*, un sac de blé. *Ози́мая пшени́ца*, blé d'hiver. *Яровая пшени́ца*, blé de printemps.

ПШЕНО́ semoule de millet.

ПЫЛ*, *loc.* пылу́ ardeur. *В пылу́ сраже́ния*, dans l'ardeur de la bataille.

ПЫЛА́ТЬ (*livresque*) **1.** flamber. *Дрова́ пыла́ют*, le bois flambe. **2.** être tout rouge. *Её щёки пыла́ли*, elle avait les joues toutes rouges. **3.** (*fig.*) être dévoré (*par une passion*). *Пыла́ть любо́вью*, brûler de passion.

ПЫЛЕСО́С aspirateur.

ПЫЛИ́НКА grain de poussière.

ПЫ́ЛКИЙ ardent, fougueux. *Пы́лкий хара́ктер*, un caractère fougueux. *Пы́лкая любо́вь*, un amour ardent.

ПЫЛЬ *f.* poussière (*au sens collectif*). *Весь в пыли́*, tout couvert de poussière. *О́блако пы́ли*, un nuage de poussière. ● **Пуска́ть пыль в глаза́,** jeter de la poudre aux yeux.

ПЫ́ЛЬНЫЙ poussiéreux. *Пы́льная доро́га*, une route poussiéreuse.

ПЫТА́ТЬСЯ / ПОПЫТА́ТЬСЯ tenter, essayer. *Он попыта́лся влезть на де́рево*, il a essayé de grimper sur l'arbre.

ПЫ́ШНЫЙ somptueux. *Пы́шный обе́д*, un festin somptueux.

ПЬЁШЬ, ПЬЮ... v. пить.

ПЬЯНЕ́ТЬ / ОПЬЯНЕ́ТЬ devenir ivre (*propr. et fig.*). *Я опьяне́л от одно́й рю́мки*, il a suffi d'un petit verre pour me saouler. *Пьяне́ть от ра́дости*, ne plus se sentir de joie.

ПЬЯ́НИЦА *m.* ou *f.* ivrogne *ou* ivrognesse. *Го́рький пья́ница*, un ivrogne invétéré.

ПЬЯ́НСТВО ivrognerie.

ПЬЯ́НСТВОВАТЬ s'adonner à la boisson.

ПЬЯ́НЫЙ **1.** ivre. *Он был пьян и не мог вста́ть*, il était ivre et ne pouvait pas se relever. **2.** d'homme ivre. *Пья́ный го́лос*, une voix d'ivrogne.

ПЯ́ЛИТЬ ● **Пя́лить глаза́ на что́-нибудь,** regarder qqch. en écarquillant les yeux.

ПЯТА́ ● **Ахилле́сова пята́,** le talon d'Achille. **С головы́ до пят,** de la tête aux pieds. **Ходи́ть за ке́м-нибудь по пята́м,** suivre qqn pas à pas.

ПЯТЁРКА **1.** un cinq (*aux cartes*). *Пятёрка черве́й*, un cinq de cœur. **2.** excellente note scolaire (*cinq sur cinq*).

ПЯ́ТЕРО *nom de nombre collectif* cinq. *Пя́теро дете́й*, cinq enfants. *Их бы́ло пя́теро*, ils étaient cinq.

ПЯТИДЕСЯ́ТЫЙ cinquantième.

ПЯТИЛЕ́ТКА plan quinquennal. *К концу́ пе́рвой пятиле́тки*, vers la fin du premier plan quinquennal.

ПЯТИЛЕ́ТНИЙ de cinq ans. *Пятиле́тний план*, un plan quinquennal. *Пятиле́тняя де́вочка*, une petite fille âgée de cinq ans.

ПЯТИСО́ТЫЙ cinq centième.

ПЯ́ТИТЬСЯ / ПОПЯ́ТИТЬСЯ aller à reculons. *Он попя́тился к две́ри*, il recula jusqu'à la porte.

ПЯ́ТКА talon (*partie du corps*). ● **У него́ душа́ ушла́ в пя́тки,** il a eu une peur bleue.

ПЯТНА́ДЦАТЫЙ quinzième. *Они́ прие́хали 15-го ма́я*, ils sont arrivés le 15 mai.

ПЯТНА́ДЦАТЬ quinze. *Пятна́дцать рубле́й*, quinze roubles. *В пятна́дцати шага́х*, à quinze pas.

ПЯ́ТНИЦА vendredi. *Я был у них в пя́тницу*, j'ai été chez eux vendredi. *По пя́тницам*, le vendredi.

ПЯТНО́, *gén. pl.* пя́тен tache. *Черни́льные пя́тна*, des taches d'encre. ● **И на со́лнце есть пя́тна,** rien n'est parfait dans ce monde.

ПЯ́ТЫЙ cinquième. *Пя́тая страни́ца*, la page cinq. *Они́ уе́дут 5-го ноября́*, ils s'en vont le 5 novembre. *На пя́том этаже́*, au quatrième étage. ● **Пя́тое колесо́ в теле́ге,** la cinquième roue du char. **Разгова́ривать из пя́того в деся́тое,** parler à bâtons rompus.

ПЯТЬ cinq. *Пять копе́ек*, cinq kopeks. *В пяти́ киломе́трах отсю́да*, à cinq kilomètres d'ici.

ПЯТЬДЕСЯ́Т cinquante. *Пятьдеся́т рубле́й*, cinquante roubles. *В пяти́десяти киломе́трах от го́рода*, à cinquante kilomètres de la ville.

ПЯТЬСО́Т cinq cents. *Пятьсо́т челове́к*, cinq cents personnes. *В пятиста́х киломе́трах от Москвы́*, à cinq cents kilomètres de Moscou.

Р

РАБ esclave (*propr. et fig.*). *Быть рабо́м свои́х привы́чек*, être l'esclave de ses habitudes.

РАБО́ТА travail. *Физи́ческая рабо́та*, le travail physique. *У́мственная рабо́та*, le travail intellectuel. *Полевы́е рабо́ты*, les travaux des champs. *Ка́торжная рабо́та*, un travail de forçat. *Взя́ться за рабо́ту*, se mettre au travail. ● **Дома́шняя рабо́та,** devoir (*travail scolaire*).

РАБО́ТАТЬ **1.** travailler. *Он ме́дленно рабо́тает*, il travaille lentement. *Рабо́тать на заво́де*, travailler dans une usine. *Рабо́тать инжене́ром*, être ingénieur. *Рабо́тать над до́кторской диссерта́цией*, faire sa thèse. **2.** fonctionner, marcher. *Мото́р хорошо́ рабо́тает*, le moteur marche bien. **3.** être ouvert, fonctionner. *Библиоте́ка рабо́тает с девяти́ часо́в утра́*, la bibliothèque ouvre à neuf heures du matin. *Рестора́н не рабо́тает*, le restaurant est fermé. ● **Рабо́тать локтя́ми,** jouer des coudes.

РАБО́ТНИК **1.** personne qui travaille, travailleur. *Он прекра́сный рабо́тник*, il travaille fort bien. **2.** salarié, employé. *Рабо́тники железнодоро́жного тра́нспорта*, les cheminots. *Рабо́тники просвеще́ния*, le personnel de l'Éducation nationale. *Рабо́тники промы́шленности*, les salariés de l'industrie. *Нау́чный рабо́тник*, un chercheur.

РАБО́ТНИЦА **1.** femme qui travaille. *Она́ отли́чная рабо́тница*, elle connaît fort bien son métier. **2.** ouvrière. *Рабо́тницы тексти́льной промы́шленности*, les ouvrières du textile. ● **Дома́шняя рабо́тница,** femme de ménage.

I. РАБО́ЧИЙ **1.** ouvrier. *Рабо́чий класс*, la classe ouvrière. *Рабо́чий райо́н*, un quartier ouvrier. **2.** de travail (*divers sens*). *Рабо́чий костю́м*, tenue de travail. *Рабо́чий день*, une journée de travail. *Рабо́чая гипо́теза*, une hypothèse de travail. **3.** de trait, de somme. *Рабо́чая ло́шадь*, un cheval de trait. ● **Рабо́чая си́ла,** la main-d'œuvre.

II. РАБО́ЧИЙ *adj. subst. m.* ouvrier. *Рабо́чие тяжёлой промы́шленности*, les ouvriers de l'industrie lourde.

РА́БСКИЙ d'esclave, servile. *Ра́бская душа́*, une âme d'esclave. *Ра́бское подража́ние*, une imitation servile.

РА́БСТВО esclavage. *Отме́на ра́бства*, l'abolition de l'esclavage.

РА́ВЕНСТВО égalité. *Свобо́да, ра́венство и бра́тство*, liberté, égalité, fraternité.

РАВНИ́НА plaine. *Обши́рная равни́на*, une vaste plaine.

РАВНО́ v. ра́вный.

РАВНОВЕ́СИЕ équilibre. *Неусто́йчивое равнове́сие*, un équilibre instable. *Потеря́ть равнове́сие*, perdre l'équilibre.

РАВНОДУ́ШИЕ indifférence. *Смотре́ть с равноду́шием*, regarder avec indifférence.

РАВНОДУ́ШНЫЙ indifférent. *Равноду́шным то́ном*, d'un ton indifférent.

РА́ВНЫЙ égal. *Ра́вные си́лы*, des forces égales. *Три плюс шесть равно́ девяти́*, trois plus six égale neuf. *Мне всё равно́*, ça m'est égal. // (*Subst.*) *Ты говори́л с ним как с ра́вным*, Tu parlais avec lui comme s'il était ton égal.

РАВНЯ́ТЬСЯ **1.** (*livresque*) être égal. *Пять плюс три равня́ется восьми́*, cinq plus trois égale huit. **2.** / **СРАВНЯ́ТЬСЯ** égaler, être comparable. *Где мне с ним равня́ться*, je n'ai pas la prétention de me comparer à lui.

РАД, ра́да, ра́ды, *adj.* content *et, bien souvent*, content de voir arriver, de voir commencer... *Они́ тебе́ ра́ды бу́дут*, ils seront contents de te voir. *О́чень рад с ва́ми познако́миться*, Enchanté de faire votre connaissance. *Я рад, что он верну́лся*, je suis content qu'il soit rentré.

> REMARQUE.
> **1.** L'adjectif « рад » n'a pas de forme longue. Il n'est jamais employé comme épithète.
> **2.** « Рад » se construit avec le datif, un infinitif ou la conjonction « что ».

РА́ДИ *prép.* (+ *gén.*) **1.** pour, dans l'intérêt de, au nom de. *Ра́ди о́бщего де́ла*, pour la cause commune. *Ра́ди на́шей дру́жбы*, au nom de notre amitié. **2.** pour, dans le but de. *Шу́тки ра́ди*, histoire de plaisanter. *Ра́ди сме́ха* ou *сме́ха ра́ди*, pour rire. **3.** (*fam.*) pour, à cause de. *Ра́ди её прекра́сных глаз*, pour ses beaux yeux.

● **Ра́ди бо́га,** de grâce.

> REMARQUE. La préposition « ра́ди » est parfois placée après le nom qui en dépend.

РАДИОПЕРЕДА́ЧА émission radiophonique. *Слу́шать радиопереда́чу*, écouter une émission.

РАДИОПРИЁМНИК poste de radio (*récepteur*). *Я купи́л себе́ радиоприёмник на транзи́сторах*, je me suis acheté un poste à transistors.

РАДИОСТА́НЦИЯ poste émetteur.

РА́ДОВАТЬ / ОБРА́ДОВАТЬ *et* **ПОРА́ДОВАТЬ** réjouir. *Э́то изве́стие её обра́довало*, elle a été enchantée d'apprendre cette nouvelle.

РА́ДОВАТЬСЯ / ОБРА́ДОВАТЬСЯ (+ *dat.*) se réjouir. *Ра́доваться чужо́й беде́*, se réjouir du malheur des autres.

РА́ДОСТНЫЙ **1.** joyeux. *Ра́достные кри́ки*, des cris joyeux. *Ра́достное лицо́*, un visage épanoui. **2.** heureux (*qui procure de la joie*). *Ра́достное изве́стие*, une heureuse nouvelle.

РА́ДОСТЬ *f.* joie. *Пры́гать от ра́дости*, sauter de joie.

РА́ДУГА arc-en-ciel. *Цвета́ ра́дуги*, les couleurs de l'arc-en-ciel.

РАДУ́ШНЫЙ cordial. *Раду́шный приём*, un accueil cordial.

> **РАЗ***
> **1.** *nom irrégulier, gén. pl.* раз fois.
> **2.** *nom de nombre* un.
> REMARQUE. Dans cet emploi, « раз » n'est jamais accompagné d'un nom. Il est en général suivi de « два ».
> **3.** *adv.* une fois, un jour.
> **4.** (*fam.*) *conj.* puisque.

1. *Пять раз в неде́лю*, cinq fois par semaine. *Вся́кий раз*, chaque fois. *В пе́рвый раз*, pour la première fois. *В после́дний раз*, pour la dernière fois. *В друго́й раз приди́ пора́ньше*, Une autre fois, viens un peu plus tôt. *Хва́тит на э́тот раз*, ça suffit pour cette fois-ci. *Не раз*, plus d'une fois. *Ни ра́зу**, pas une seule fois. *Раз навсегда́*, une fois pour toutes. **2.** *Раз, два, три*, un, deux, trois. **3.** *Раз по́сле обе́да я пошёл гуля́ть по́ лесу*, un jour, après le repas, je suis allé me promener à travers bois. **4.** *Раз он уже́ вы́писался из больни́цы, то не́чего о нём беспоко́иться*, puisqu'il est déjà sorti de l'hôpital, il n'y a pas de raison de s'inquiéter à son sujet. ● **Вот тебе́ раз!,** En voilà une histoire! **Как раз,** justement. *Э́то как раз то, о чём мы говори́ли*, c'est justement ce dont nous parlions.

РАЗБИВА́ТЬ / РАЗБИ́ТЬ* II, разобью́, разобьёшь...; разбе́й; разби́тый
1. casser; briser (*propr. et fig.*).
2. vaincre.
3. réfuter.
4. diviser.
5. tracer et créer (*un parc, un jardin*...).
6. dresser (*un camp*...).

1. *Разби́ть таре́лку*, casser une assiette. *Разби́ть вдре́безги*, mettre en miettes. *Разби́ть че́реп*, fendre le crâne. // (*Fig.*) *Разби́ть наде́жды*, briser les espérances. **2.** *Разби́ть врага́*, battre l'ennemi. *Разби́ть на́голову*, battre à plate couture. **3.** *Разби́ть до́воды проти́вника*, réfuter les arguments de son adversaire. **4.** *Разби́ть по́ле на уча́стки*, diviser un champ en parcelles. **5.** *Разби́ть парк*, créer un parc. **6.** *Разби́ть ла́герь*, dresser un camp. *Разби́ть пала́тку*, dresser une tente.

РАЗБИРА́ТЬ / РАЗОБРА́ТЬ* IV, разберу́, разберёшь...; разобра́л, разобрала́, разобра́ло, разобра́ли
1. s'arracher (*une marchandise recherchée*).
2. démonter.
3. démolir.
4. examiner; analyser.
5. démêler, distinguer.

1. *Весь това́р разобра́ли за каки́е-нибудь полчаса́*, tout le lot a été vendu en une demi-heure à peine. **2.** *Разобра́ть часы́*, démonter une horloge. **3.** *Разобра́ть сте́ну*, démolir un mur. **4.** *Разобра́ть де́ло*, examiner une affaire. *Разобра́ть предложе́ние*, analyser une phrase. **5.** *В темноте́ ничего́ нельзя́ бы́ло разобра́ть*, dans l'obscurité, on ne pouvait rien distinguer. *Я не разобра́л, что он говори́л*, je n'ai pas compris ce qu'il disait.

РАЗБИРА́ТЬСЯ / РАЗОБРА́ТЬСЯ* IV, разберу́сь, разберёшься...; разобра́лся, разобрала́сь... (*fam.*) **1.** défaire ses paquets et mettre tout en ordre. *Я ещё не успе́л разобра́ться, когда́ он вошёл*, je n'avais pas encore eu le temps de mettre les choses en ordre quand il est entré. **2.** (в + *loc.*) se faire une idée exacte. *Я пло́хо разбира́юсь в э́том вопро́се*, c'est un problème qui n'est pas très clair pour moi.

/ **РАЗБИ́ТЬ** v. бить et разбива́ть.

/ **РАЗБИ́ТЬСЯ** v. би́ться et разбива́ть.

/ **РАЗБОГАТЕ́ТЬ** v. богате́ть.

РАЗБО́ЙНИК brigand, bandit. *Разбо́йник с большо́й доро́ги*, un bandit de grand chemin.

РАЗБО́ЙНИЧАТЬ brigander.

РАЗБО́Р 1. analyse. *Граммати́ческий разбо́р*, analyse grammaticale. **2.** distinction (*discernement*). *Брать всё без разбо́ру**, tout prendre sans distinction.

РАЗБО́РЧИВЫЙ 1. déchiffrable, lisible. *Ма́ло разбо́рчивая по́дпись*, une signature à peine lisible. **2.** difficile (*exigeant*). *Она́ сли́шком разбо́рчива*, elle est trop difficile.

/ **РАЗБУДИ́ТЬ** v. буди́ть.

РАЗВА́ЛИВАТЬСЯ / РАЗВАЛИ́ТЬСЯ **1.** tomber en ruines, s'écrouler. *Дом разва́ливается*, la maison tombe en ruines. **2.** s'affaler, s'étaler (*sur un siège*...). *Развали́ться в кре́сле*, se prélasser dans un fauteuil.

РАЗВА́ЛИНА ruine (*décombres*). *Разва́лины стари́нного за́мка*, les ruines d'un vieux château.

/ **РАЗВАЛИ́ТЬСЯ** v. разва́ливаться.

РА́ЗВЕ *particule* **1.** est-il possible que ? *Ра́зве он уже́ уе́хал?*, Il est donc déjà parti ? « *Он уже́ уе́хал.* — *Ра́зве?*, « Il est déjà parti. — Pas possible ? » **2.** (*fam.*) peut-être, peut-être faudrait-il ?

РАЗВЕВА́ТЬСЯ flotter au gré du vent. *На ба́шне развева́ется кра́сный флаг*, un drapeau rouge flotte en haut de la tour.

РАЗВЕ́ДКА reconnaissance (*opération visant à obtenir des renseignements*). *Отпра́виться в разве́дку*, partir en reconnaissance.

РАЗВЕ́ДЧИК éclaireur (*soldat envoyé en reconnaissance*).

/ **РАЗВЕРНУ́ТЬ** v. развёртывать.

/ **РАЗВЕРНУ́ТЬСЯ** v. развёртываться.

РАЗВЁРТЫВАТЬ / **РАЗВЕРНУ́ТЬ,** *part.* развёрнутый **1.** déployer, déplier. *Раверну́ть кры́лья*, déployer ses ailes. *Развёрнутое зна́мя*, un drapeau déployé. *Разверну́ть салфе́тку*, déplier sa serviette. *Разверну́ть паке́т*, défaire un paquet. // (*Fig.*) *Разверну́ть свой тала́нт*, déployer son talent. **2.** faire tourner. *Разверну́ть маши́ну*, tourner sa voiture.

РАЗВЁРТЫВАТЬСЯ / **РАЗВЕРНУ́ТЬСЯ** **1.** v. развёртывать. **2.** virer; faire demi-tour. *Грузови́к разверну́лся*, le camion a fait demi-tour.

/ **РАЗВЕСЕЛИ́ТЬ** v. весели́ть.

/ **РАЗВЕСТИ́** v. разводи́ть.

/ **РАЗВЕСТИ́СЬ** v. разводи́ться.

РАЗВИВА́ТЬ / **РАЗВИ́ТЬ*** II, разовью́, разовьёшь...; разви́л, развила́, разви́ло, разви́ли ; разви́тый, разви́т, развита́, разви́то, разви́ты développer. *Развива́ть па́мять*, développer la mémoire. *Развива́ть иде́ю*, développer une idée. *Промы́шленность развива́ется*, l'industrie se développe. ● **Развива́ть ско́рость,** augmenter la vitesse. *Развива́ть ско́рость в сто киломе́тров в час*, faire cent kilomètres à l'heure.

РАЗВИ́ТИЕ développement. *Разви́тие промы́шленности*, le développement de l'industrie.

РАЗВИТО́Й, ра́звит, развита́, ра́звито, ра́звиты **1.** développé. *С развито́й мускулату́рой*, avec une musculature bien développée. **2.** ayant une bonne formation intellectuelle. *Развито́й ребёнок*, un enfant en avance sur son âge. *Эстети́чески развито́й челове́к*, un homme ayant une bonne formation esthétique.

/ **РАЗВИ́ТЬ** v. развива́ть.

РАЗВЛЕКА́ТЬ / **РАЗВЛЕ́ЧЬ*** IV, развлеку́, развлечёшь..., развлеку́т; развлёк, развлекла́... ; развлечённый distraire, divertir. *Они́ развлека́лись, как могли́*, ils se divertissaient comme ils pouvaient.

РАЗВЛЕЧЕ́НИЕ divertissement, distraction. *Иска́ть развлече́ний*, chercher des distractions.

/ **РАЗВЛЕ́ЧЬ** v. развлека́ть.

РАЗВО́Д **1.** divorce. *Получи́ть разво́д*, obtenir le divorce. *Они́ в разво́де*, ils sont divorcés. **2.** relève. *Разво́д часовы́х*, la relève de la garde.

РАЗВОДИ́ТЬ / **РАЗВЕСТИ́*** IV, разведу́, разведёшь...; развёл, развела́... ; разведённый; разведя́ **1.** allumer. *Разводи́ть костёр*, allumer un feu de bois. **2.** élever. *Разводи́ть кур*, élever des poules. **3.** planter. *Развести́ цветни́к*, planter un parterre de fleurs. ● **Развести́ рука́ми,** rester pantois.

РАЗВОДИ́ТЬСЯ / **РАЗВЕСТИ́СЬ*** IV, разведу́сь, разведёшься...; развёлся, развела́сь... ; разведя́сь **1.** v. разводи́ть. **2.** divorcer.

Он развёлся с женóй, il a divorcé. *Они́ развели́сь*, ils ont divorcé.

РАЗВОРА́ЧИВАТЬ synonyme familier de « развёртывать ».

РАЗВОРА́ЧИВАТЬСЯ synonyme familier de « развёртываться ».

РАЗВРА́Т débauche. *Предавáться разврáту*, se livrer à la débauche.

/ **РАЗВРАТИ́ТЬ** v. развращáть.

РАЗВРА́ТНИК débauché.

РАЗВРА́ТНИЧАТЬ se livrer à la débauche.

РАЗВРА́ТНЫЙ débauché, dépravé. *Разврáтный человéк*, un débauché. *Разврáтное поведéние*, une conduite dépravée.

РАЗВРАЩА́ТЬ / **РАЗВРАТИ́ТЬ** (т → щ) débaucher, corrompre.

/ **РАЗВЯЗА́ТЬ** v. развя́зывать.

/ **РАЗВЯЗА́ТЬСЯ** v. развя́зываться.

РАЗВЯ́ЗКА dénouement. *Трагúческая развя́зка*, un dénouement tragique. *Дéло идёт к развя́зке*, l'affaire touche à sa fin.

РАЗВЯ́ЗНЫЙ désinvolte. *Развя́зные манéры*, des manières désinvoltes. *Держáть себя́ развя́зно*, se conduire d'une manière désinvolte.

РАЗВЯ́ЗЫВАТЬ / **РАЗВЯЗА́ТЬ*** IV, развяжу́, развя́жешь... ⌣ dénouer, délier. *Верёвка развязáлась*, la ficelle s'est dénouée. *Развязáть пакéт*, défaire un paquet. // (*Fig.*) *Э́то развязáло емý язы́к*, cela lui a délié la langue. *Развязáть комý-нибудь рýки*, laisser les mains libres à qqn.

РАЗВЯ́ЗЫВАТЬСЯ / **РАЗВЯЗА́ТЬСЯ*** II, развяжу́сь, развя́жешься... ⌣ **1.** v. развя́зывать. **2.** se débarrasser. *Развязáться с каки́м-нибудь дéлом*, se débarrasser d'une affaire.

/ **РАЗГАДА́ТЬ** v. разгáдывать.

РАЗГА́ДЫВАТЬ / **РАЗГАДА́ТЬ** déchiffrer, deviner. *Разгадáть загáдку*, résoudre une devinette. *Я, кáжется, разгадáл егó намéрения*, je crois avoir compris ses intentions.

РАЗГА́Р • **В разгáре,** au plus fort (*au moment crucial*). *В разгáре би́твы*, au plus fort de la bataille. *Прáздник был в сáмом разгáре*, la fête battait son plein.

РАЗГИБА́ТЬ / **РАЗОГНУ́ТЬ** redresser (*décourber*). *Разогнýть трубý*, redresser un tuyau.

/ **РАЗГЛА́ДИТЬ** v. разглáживать.

РАЗГЛА́ЖИВАТЬ / **РАЗГЛА́ДИТЬ** déplisser, défroisser. *Разглáдить лист бумáги*, défroisser une feuille de papier.

РАЗГОВА́РИВАТЬ tenir une conversation. *Мы с ней разговáривали о мýзыке*, nous parlions de musique. *Разговáривать с сами́м собóй*, parler tout seul. *Разговáривать нéкогда*, ce n'est pas le moment de bavarder. *Мы с ним не разговáриваем*, je ne lui parle plus.

РАЗГОВО́Р conversation. *Вступи́ть в разговóр с кéм-нибудь*, engager la conversation avec qqn. • **Крýпный разговóр,** une sérieuse discussion. **Об э́том и разговóра не мóжет быть,** il ne peut pas en être question.

/ **РАЗГОВОРИ́ТЬСЯ** se lancer dans une conversation. *За чáем они́ разговори́лись*, tout en prenant le thé, ils se sont lancés dans une grande conversation.

РАЗГОВО́РНИК manuel de conversation.

РАЗГОВО́РНЫЙ de conversation. *Разговóрный язы́к*, la langue de la conversation. *Разговóрный стиль*, le style de la conversation.

РАЗГОВО́РЧИВЫЙ loquace. *Сначáла он был не óчень разговóрчив*, au début, il n'était pas très bavard.

РАЗГОНЯ́ТЬ / РАЗОГНА́ТЬ* I, разгоню́, разго́нишь... ╲___ ; разогна́л, разогнала́, разогна́ло, разогна́ли ╱╲___ **1.** chasser, disperser (*propr. et fig.*). *Разогна́ть демонстра́нтов*, disperser les manifestants. *Ве́тер разогна́л ту́чи*, le vent a chassé les nuages. *Разогна́ть ску́ку*, chasser l'ennui. **2.** donner de l'élan, lancer. *Разогна́ть ло́шадь*, lancer un cheval à grande allure.

РАЗГОРА́ТЬСЯ / РАЗГОРЕ́ТЬСЯ* I, разгорю́сь, разгори́шься... **1.** se mettre à flamber. *Костёр разгоре́лся*, le feu a bien pris. **2.** devenir tout rouge. *Щёки у неё разгоре́лись*, ses joues sont devenues toutes rouges. **3.** se déchaîner. *Стра́сти разгоре́лись*, les passions se sont déchaînées.

/ РАЗГОРЕ́ТЬСЯ v. разгора́ться.

РАЗГРО́М **1.** défaite, écrasement. *Разгро́м вра́жеской а́рмии*, l'écrasement de l'armée ennemie. **2.** dévastation, destruction. *Разгро́м го́рода*, la destruction d'une ville.

/ РАЗГРОМИ́ТЬ v. громи́ть.

РАЗГРУЖА́ТЬ / РАЗГРУЗИ́ТЬ ╲___ décharger. *Разгружа́ть ба́ржу*, décharger une péniche.

/ РАЗГРУЗИ́ТЬ v. разгружа́ть.

/ РАЗГРЫ́ЗТЬ v. грызть.

РАЗДАВА́ТЬ* II, раздаю́, раздаёшь...; раздава́й; раздава́я **/ РАЗДА́ТЬ*** *n. cl.*, разда́м, разда́шь, разда́ст, раздади́м, раздади́те, раздаду́т; ро́здал, раздала́, ро́здало, ро́здали ╱╲___; разда́й; ро́зданный, ро́здан, раздана́, ро́здано, ро́зданы ╱╲___ distribuer. *Разда́ть пода́рки*, distribuer des cadeaux.

РАЗДАВА́ТЬСЯ* II, раздаётся, раздаю́тся; раздава́йся; раздава́ясь **/ РАЗДА́ТЬСЯ*** *n. cl.*, разда́стся, раздаду́тся; разда́лся, раздала́сь... ╱‾‾‾ ; разда́йся **1.** v. раздава́ть. **2.** retentir, se faire entendre. *Разда́лся вы́стрел*, on entendit un coup de feu.

/ РАЗДАВИ́ТЬ v. дави́ть.

/ РАЗДА́ТЬ v. раздава́ть.

/ РАЗДА́ТЬСЯ v. раздава́ться.

РАЗДВИГА́ТЬ / РАЗДВИ́НУТЬ écarter. *Раздви́нуть ве́тки*, écarter les branches.

/ РАЗДВИ́НУТЬ v. раздвига́ть.

РАЗДЕВА́ТЬ / РАЗДЕ́ТЬ* *n. cl.*, разде́ну, разде́нешь...; разде́тый déshabiller. *Он разде́лся и лёг спать*, il se déshabilla et se coucha.

РАЗДЕЛЕ́НИЕ division, partage. *Разделе́ние труда́*, la division du travail.

/ РАЗДЕЛИ́ТЬ v. дели́ть et разделя́ть.

РАЗДЕЛЯ́ТЬ / РАЗДЕЛИ́ТЬ ╲___ , *part.* разделённый **1.** partager, diviser. *Раздели́ть на четы́ре ча́сти*, diviser en quatre parts. *Раздели́ть попола́м*, partager en deux. *Раздели́ть пятна́дцать на три*, diviser quinze par trois. **2.** partager (*avoir en commun*). *Я разделя́ю его́ мне́ние*, je partage son opinion.

/ РАЗДЕ́ТЬ v. раздева́ть.

РАЗДИРА́ТЬ 1./РАЗОДРА́ТЬ* II, раздеру́, раздерёшь...; разодра́л, разодрала́, разодра́ло, разодра́ли ╱╲___ (*fam.*) déchirer. *Разодра́ть письмо́*, déchirer une lettre. *Разодра́ть брю́ки*, déchirer son pantalon. **2.** (*livresque*) déchirer (*fig.*). *Воспомина́ния раздира́ли ей ду́шу*, ces souvenirs lui déchiraient le cœur.

РАЗДО́Р discorde. *Жить в раздо́ре*, vivre en désaccord. ● **Я́блоко раздо́ра,** la pomme de discorde.

РАЗДРАЖА́ТЬ / РАЗДРАЖИ́ТЬ irriter (*divers sens*). *Её шу́тки меня́ раздража́ли*, ses plaisanteries m'agaçaient. *Раздража́ть желу́док*, irriter l'estomac.

РАЗДРАЖЕ́НИЕ irritation (*divers sens*). *Раздраже́ние го́рла*, une irritation de la gorge. *Говори́ть с раздраже́нием*, parler d'un ton irrité.

/ **РАЗДРАЖИ́ТЬ** v. раздража́ть.

РАЗДУВА́ТЬ / РАЗДУ́ТЬ* II, разду́ю, разду́ешь...; разду́тый **1.** attiser. *Разду́ть ого́нь*, attiser le feu. **2.** gonfler. *У меня́ живо́т разду́ло*, j'ai le ventre gonflé. *У неё щёку разду́ло*, elle a la joue enflée. **3.** (*fig.*) gonfler, exagérer. *Разду́ть ци́фры*, gonfler les chiffres.

/ **РАЗДУ́МАТЬ** v. разду́мывать.

РАЗДУ́МЫВАТЬ / РАЗДУ́МАТЬ se raviser, changer d'avis. *Я собира́лся бы́ло пойти́ в теа́тр, да разду́мал*, je pensais aller au théâtre, mais j'ai changé d'idée.

/ **РАЗДУ́ТЬ** v. раздува́ть.

РАЗЕВА́ТЬ / РАЗИ́НУТЬ ● **Рази́нуть рот,** rester bouche bée.

/ **РАЗЖА́ТЬ** v. разжима́ть.

/ **РАЗЖЕ́ЧЬ** v. разжига́ть.

РАЗЖИГА́ТЬ / РАЗЖЕ́ЧЬ* IV, разожгу́, разожжёшь..., разожгу́т; разжёг, разожгла́... /‾‾ ; разожжённый **1.** allumer. *Разже́чь костёр*, allumer un feu de bois. **2.** (*fig.*) attiser. *Разжига́ть стра́сти*, attiser les passions.

РАЗЖИМА́ТЬ / РАЗЖА́ТЬ* IV, разожму́, разожмёшь...; разжа́тый desserrer. *Не разжима́ть зубо́в*, ne pas desserrer les dents.

/ **РАЗИ́НУТЬ** v. разева́ть.

РАЗЛАГА́ТЬ / РАЗЛОЖИ́ТЬ ___ **1.** décomposer. *При́зма разлага́ет свет*, le prisme décompose la lumière. **2.** (*fig.*) corrompre, démoraliser.

РАЗЛИВА́ТЬ / РАЗЛИ́ТЬ* II, разолью́, разольёшь...; разли́л, разлила́, разли́ло, разли́ли /_; разле́й; разли́тый, разли́т, разлита́, разли́то, разли́ты /_ **1.** verser, servir. *Разлива́ть чай*, servir le thé. **2.** verser, répandre. *Разли́ть чай на ска́терть*, répandre le thé sur la nappe. ● **Их водо́й не разольёшь,** ils sont inséparables.

/ **РАЗЛИ́ТЬ** v. разлива́ть.

РАЗЛИЧА́ТЬ / РАЗЛИЧИ́ТЬ distinguer, discerner. *В темноте́ тру́дно бы́ло различа́ть предме́ты*, dans l'obscurité, il était difficile de distinguer les objets.

РАЗЛИ́ЧИЕ différence. *Суще́ственное разли́чие*, une différence sensible.

/ **РАЗЛИЧИ́ТЬ** v. различа́ть.

РАЗЛИ́ЧНЫЙ divers, différent. *Разли́чные мне́ния*, des opinions différentes. *Стро́ить разли́чные пла́ны*, faire des plans de toute sorte.

/ **РАЗЛОЖИ́ТЬ** v. разлага́ть et раскла́дывать.

РАЗЛУ́КА séparation. *По́сле до́лгой разлу́ки*, après une longue séparation.

/ **РАЗЛЮБИ́ТЬ** v. разлюбля́ть.

РАЗЛЮБЛЯ́ТЬ / РАЗЛЮБИ́ТЬ ___ cesser d'aimer.

РАЗМА́Х élan (*mouvement*). *Уда́рить со всего́ разма́ху**, frapper de toutes ses forces. // (*Fig.*) *Революцио́нный разма́х*, l'élan révolutionnaire.

РАЗМА́ХИВАТЬ (+ *instr.*) faire de grands gestes; agiter. *Разма́хивать рука́ми*, faire de grands gestes avec les bras.

РАЗМА́ХИВАТЬСЯ / РАЗМАХНУ́ТЬСЯ lever le bras pour frapper. *Он размахну́лся и уда́рил её по лицу́*, il leva le bras et la frappa en plein visage.

/ **РАЗМАХНУ́ТЬСЯ** v. разма́хиваться.

РАЗМЕ́НИВАТЬ / РАЗМЕНЯ́ТЬ faire de la monnaie. *Разменя́ть сто рубле́й*, faire la monnaie de cent roubles.

/ **РАЗМЕНЯ́ТЬ** v. меня́ть et разме́нивать.

РАЗМЕ́Р 1. dimension, étendue. *Зда́ние огро́мных разме́ров*, un bâtiment immense. // (*Fig.*) *Разме́р бе́дствия*, l'étendue du désastre. **2.** pointure. *Како́й ваш разме́р?*, Quelle est votre pointure ?

РАЗМЕ́РЕННЫЙ mesuré, régulier. *Разме́ренными шага́ми*, à pas mesurés.

/ **РАЗМЕСТИ́ТЬ** v. размеща́ть.

РАЗМЕЩА́ТЬ / РАЗМЕСТИ́ТЬ installer, placer. *Проводни́ца размести́ла пассажи́ров*, l'hôtesse a indiqué leur place aux voyageurs.

РАЗМНОЖА́ТЬ / РАЗМНО́ЖИТЬ reproduire (*tirer à plusieurs exemplaires*). *Размно́жить на ты́сячу экземпля́ров*, polycopier à mille exemplaires.

РАЗМНОЖА́ТЬСЯ / РАЗМНО́ЖИТЬСЯ se reproduire (*biologie*). *Кро́лики бы́стро размножа́ются*, les lapins se reproduisent rapidement.

/ **РАЗМНО́ЖИТЬ** v. размножа́ть.

/ **РАЗМНО́ЖИТЬСЯ** v. размножа́ться.

РАЗМЫШЛЕ́НИЕ réflexion, méditation. *Он предава́лся размышле́ниям*, il était plongé dans ses réflexions.

РАЗМЫШЛЯ́ТЬ réfléchir. *Я до́лго размышля́л об э́том вопро́се*, j'ai longuement réfléchi à cette question.

/ **РАЗНЕСТИ́** v. разноси́ть.

РАЗНИМА́ТЬ / РАЗНЯ́ТЬ* IV, разниму́, разни́мешь... ╲___ ; разня́л, разняла́, разня́ло, разня́ли ╱╲___ ; разня́тый, разня́т, разнята́, разня́то, разня́ты ╱╲___ séparer. *Разнима́ть деру́щихся ма́льчиков*, séparer des gamins qui se battent.

РА́ЗНИЦА différence. *Больша́я ра́зница в цене́*, une grande différence de prix. *С той ра́зницей, что*, à cette différence près que. *Нет никако́й ра́зницы*, il n'y a aucune différence. *Кака́я ра́зница?*, Qu'est-ce que ça change?

РАЗНОГЛА́СИЕ divergence. *Разногла́сие во мне́ниях*, des divergences d'opinion.

РАЗНООБРА́ЗНЫЙ divers, varié. *Разнообра́зные впечатле́ния*, des impressions diverses.

РАЗНОСИ́ТЬ ╲___ / **РАЗНЕСТИ́*** IV, разнесу́, разнесёшь...; разнёс, разнесла́...╱‾‾; разнесённый; разнеся́ **1.** porter, assurer la distribution. *Разноси́ть пи́сьма*, porter les lettres à leur adresse. **2.** répandre (*une nouvelle...*). *Разнести́ слух*, répandre un bruit. **3.** détruire. *Разнести́ вдре́безги*, mettre en miettes.

РА́ЗНЫЙ divers, différent. *Ра́зные вку́сы*, des goûts différents. *Ра́зные спо́собы*, divers moyens.

/ **РАЗНЯ́ТЬ** v. разнима́ть.

РАЗОБЛАЧА́ТЬ / РАЗОБЛАЧИ́ТЬ **1.** (*livresque*) mettre à nu. **2.** (*fig.*) démasquer. *Разоблачи́ть преда́теля*, démasquer un traître.

/ **РАЗОБЛАЧИ́ТЬ** v. разоблача́ть.

/ **РАЗОБРА́ТЬ** v. разбира́ть.

/ **РАЗОБРА́ТЬСЯ** v. разбира́ться.

/ **РАЗОГНА́ТЬ** v. разгоня́ть.

/ **РАЗОГНУ́ТЬ** v. разгиба́ть.

РАЗОГРЕВА́ТЬ / РАЗОГРЕ́ТЬ, *part.* разогре́тый* **1.** chauffer. *Со́лнце разогре́ло зе́млю*, le soleil a réchauffé la terre. // (*Fig.*) *Разогре́ть се́рдце*, réchauffer le cœur. **2.** faire réchauffer. *Разогре́ть ка́шу, оста́вшуюся от обе́да*, faire réchauffer la kacha restée du repas de midi.

/ **РАЗОГРЕ́ТЬ** v. разогрева́ть.

/ **РАЗОДРА́ТЬ** v. драть et раздира́ть.

/ **РАЗОЗЛИ́ТЬСЯ** v. зли́ться.

/ **РАЗОЙТИ́СЬ** v. расходи́ться.

/ **РАЗОРВА́ТЬ** v. рвать et разрыва́ть.

/ **РАЗОРВА́ТЬСЯ** v. разрыва́ться et рва́ться.

РАЗОРЕ́НИЕ ruine. *Э́то про́сто разоре́ние*, c'est tout simplement ruineux.

/ **РАЗОРИ́ТЬ** v. разоря́ть.

РАЗОРУЖА́ТЬ / РАЗОРУЖИ́ТЬ désarmer. *Разоружи́ть проти́вника*, désarmer l'adversaire.

РАЗОРУЖЕ́НИЕ désarmement. *Конфере́нция по разоруже́нию*, une conférence sur le désarmement.

/ **РАЗОРУЖИ́ТЬ** v. разоружа́ть.

РАЗОРЯ́ТЬ / РАЗОРИ́ТЬ ruiner, dévaster. *Он совсе́м разори́лся*, il s'est complètement ruiné.

РАЗОЧАРОВА́НИЕ désenchantement, désillusion.

РАЗОЧАРО́ВАННЫЙ désenchanté. *Разочаро́ванный тон*, un ton désenchanté.

/ **РАЗОЧАРОВА́ТЬ** v. разочаро́вывать.

РАЗОЧАРО́ВЫВАТЬ / РАЗОЧАРОВА́ТЬ décevoir. *Он меня́ разочарова́л*, il m'a déçu.

РАЗРАБА́ТЫВАТЬ / РАЗРАБО́ТАТЬ élaborer, étudier. *Разрабо́тать прое́кт*, établir un projet.

/ **РАЗРАБО́ТАТЬ** v. разраба́тывать.

РАЗРАЖА́ТЬСЯ / РАЗРАЗИ́ТЬСЯ **1.** éclater (*se manifester, se produire brusquement*). *Разрази́лась гроза́*, un orage éclata. **2.** (+ *instr.*) éclater (*de rire...*). *Разрази́ться сме́хом*, éclater de rire.

/ **РАЗРАЗИ́ТЬСЯ** v. разража́ться.

РАЗРЕЗА́ТЬ / РАЗРЕ́ЗАТЬ* II, разре́жу, разре́жешь... couper, découper. *Разре́зать хлеб на куски́*, couper le pain en morceaux.

/ **РАЗРЕ́ЗАТЬ** v. ре́зать et разреза́ть.

РАЗРЕША́ТЬ / РАЗРЕШИ́ТЬ **1.** permettre. *Разреши́те закури́ть?*, Vous permettez que j'allume une cigarette? **2.** résoudre. *Разреши́ть тру́дный вопро́с*, résoudre un problème délicat.

РАЗРЕШЕ́НИЕ autorisation, permis. *Попроси́ть разреше́ния*, demander l'autorisation. *Получи́ть разреше́ние*, obtenir l'autorisation. *С ва́шего разреше́ния*, si vous permettez.

/ **РАЗРЕШИ́ТЬ** v. разреша́ть.

РАЗРО́ЗНЕННЫЙ dépareillé. *Разро́зненные тома́*, des volumes dépareillés.

РАЗРУ́ХА effondrement (*fig.*). *По́лная разру́ха наро́дного хозя́йства*, un effondrement général de l'activité économique.

РАЗРУША́ТЬ / РАЗРУ́ШИТЬ détruire, démolir. *Разру́шить ста́рый мост*, démolir un vieux pont. // (*Fig.*) *Э́то разру́шило все мои́ пла́ны*, cela a démoli tous mes plans.

/ **РАЗРУ́ШИТЬ** v. разруша́ть.

РАЗРЫВА́ТЬ / РАЗОРВА́ТЬ* IV, разорву́, разорвёшь...; разорва́л, разорвала́, разорва́ло, разорва́ли **1.** déchirer. *Разорва́ть письмо́ на ме́лкие клочки́*, déchirer une lettre en petits morceaux. **2.** faire éclater. *Разорва́ть динами́том*, faire sauter à la dynamite. **3.** (*fig.*) rompre. *Разорва́ть дипломати́ческие отноше́ния*, rompre les relations diplomatiques. *Разорва́ть с про́шлым*, rompre avec son passé.

РАЗРЫВА́ТЬСЯ / РАЗОРВА́ТЬСЯ* IV, разорвётся, разорву́тся; разорва́лся, разорвала́сь... **1.** v. разрыва́ть. **2.** éclater, faire explosion. *В сорока́ шага́х от транше́и разорва́лся снаря́д*, un obus éclata à quarante pas de la tranchée.

/ **РАЗУВЕ́РИТЬ** v. разуверя́ть.

РАЗУВЕРЯ́ТЬ / РАЗУВЕ́РИТЬ détromper, faire changer d'opinion. *Я до́лжен вас разуве́рить в э́том*, Je dois vous détromper à ce sujet.

РА́ЗУМ raison (*faculté de juger; bon sens*). *Го́лос ра́зума*, la voix de la raison. ● **У него́ ум за ра́зум захо́дит,** il déraille.

РАЗУМЕ́ТЬСЯ ● **Са́мо собо́й разуме́ется,** cela va de soi.

РАЗУ́МНЫЙ raisonnable, sensé. *Разу́мное существо́*, un être raisonnable. *Разу́мные слова́*, des paroles sensées.

РАЗУ́ЧИВАТЬ / РАЗУЧИ́ТЬ étudier, apprendre (*une œuvre que l'on veut exécuter*). *Разучи́ть рома́нс*, apprendre une romance. *Разучи́ть роль*, étudier un rôle.

/ **РАЗУЧИ́ТЬ** v. разу́чивать.

/ **РАЗЪЕДИНИ́ТЬ** v. разъединя́ть.

РАЗЪЕДИНЯ́ТЬ / РАЗЪЕДИНИ́ТЬ **1.** (*livresque*) séparer. *Судьба́ нас разъедини́ла*, le destin nous a séparés. **2.** couper la communication (*au téléphone*). *Нас разъедини́ли*, on nous a coupés.

/ **РАЗЪЕ́СТЬ** v. есть.

РАЗЪЯРЁННЫЙ furieux. *Разъярённый зверь*, un animal en fureur. *Разъярённый лай соба́к*, des aboiements furieux.

/ **РАЗЫСКА́ТЬ** v. разы́скивать.

РАЗЫ́СКИВАТЬ chercher / **РАЗЫСКА́ТЬ*** II, разыщу́, разы́щешь... trouver. *Де́ньги разыска́лись*, on a retrouvé l'argent.

РАЙ*, *loc.* раю́ *m.* paradis. *Ему́ здесь про́сто рай*, il est ici comme un coq en pâte.

РАЙКО́М (*abréviation de* « райо́нный комите́т ») comité de district *ou* comité d'arrondissement.

РАЙО́Н **1.** région, contrée. *Промы́шленный райо́н*, une région industrielle. **2.** quartier. *Рабо́чий райо́н*, un quartier ouvrier. **3.** district. *Серпуховско́й райо́н Моско́вской о́бласти*, le district de Serpoukhov (région de Moscou). **4.** arrondissement. *Дзержи́нский райо́н в Москве́*, l'arrondissement « Dzerjinski » à Moscou.

РАЙО́ННЫЙ de district *ou* d'arrondissement. *Райо́нный комите́т*, comité de district *ou* comité d'arrondissement.

РА́ЙСКИЙ de paradis, paradisiaque. *Ра́йский день*, un jour merveilleux. ● **Ра́йская пти́ца,** oiseau de paradis.

I. РАК écrevisse. *Кра́сный как рак*, rouge comme une écrevisse. ● **Когда́ рак сви́стнет,** quand les poules auront des dents. **Я ему́ покажу́, где ра́ки зиму́ют,** je vais lui montrer de quel bois je me chauffe.

II. РАК cancer. *Рак пе́чени*, le cancer du foie.

РАКЕ́ТА fusée. *Пусти́ть раке́ту*, lancer une fusée.

РА́КОВИНА **1.** coquille, coquillage. *Ра́ковина ули́тки*, la coquille d'un escargot. **2.** évier.

РАКУ́ШКА coquillage.

РА́МА **1.** châssis. *Око́нная ра́ма*, le châssis de la fenêtre. *Ра́ма автомоби́ля*, le châssis d'une automobile. **2.** fenêtre mobile. *Вста́вить двойны́е ра́мы*, mettre les doubles fenêtres. **3.** cadre (*de tableau...*). *В золото́й ра́ме*, dans un cadre doré.

РА́НА blessure. *Лёгкая ра́на*, une blessure légère. *Перевяза́ть ра́ну*, panser une blessure. *Ра́на бы́стро зажила́*, la blessure a guéri rapidement.

РА́НЕНЫЙ blessé. *Ра́неный боец*, un soldat blessé. // (*Subst.*) *Ра́неного отвезли́ в го́спиталь*, on transporta le blessé à l'hôpital.

РА́НИТЬ / РА́НИТЬ blesser. *Его́ ра́нило в но́гу*, il a été blessé à la jambe.

РА́ННИЙ (*livresque*) **1.** de bonne heure. *Ра́нним у́тром*, tôt dans la matinée. **2.** précoce, prématuré. *В э́том году́ весна́ ра́нняя*, cette année, le printemps est précoce. *Ра́нняя смерть царя́ Фёдора*, la mort prématurée du tsar Feodor.

РА́НО, *comp.* ра́ньше* **1.** tôt. *Бы́ло ещё ра́но*, il était encore tôt. *Я просну́лся ра́но у́тром*, je me suis réveillé tôt le matin. *Ра́но или* *поздно он узнает об этом*, tôt ou tard, il le saura. **2.** trop tôt, très tôt. *Ещё ра́но обе́дать*, il est trop tôt pour manger.

РА́НЬШЕ comp. de « ра́но ».

РАСКА́ИВАТЬСЯ / РАСКА́ЯТЬСЯ* II, раска́юсь, раска́ешься... se repentir. *Раска́яться в своём преступле́нии*, se repentir de son crime. *Я раска́иваюсь, что согласи́лся*, je regrette d'avoir accepté.

РАСКАЛЁННЫЙ, раскалён, раскалена́... ⌐ fortement chauffé. *На раскалённом песке́*, sur le sable brûlant. *Раскалённый добела́*, chauffé à blanc.

РАСКА́ЛЫВАТЬ / РАСКОЛО́ТЬ* II, расколю́, раско́лешь... ⌊ ; раско́лотый **1.** fendre, casser. *Расколо́ть поле́но*, fendre une bûche. *Расколо́ть оре́х*, casser une noisette. **2.** (*fig.*) diviser, scinder. *Па́ртия расколо́лась на две гру́ппы*, le parti s'est scindé en deux groupes.

РАСКА́ЯНИЕ repentir. *По́зднее раска́яние*, un repentir tardif.

/ **РАСКА́ЯТЬСЯ** v. раска́иваться.

> **РАСКЛА́ДЫВАТЬ / РАЗЛОЖИ́ТЬ** ⌊
> **1.** étaler, mettre çà et là.
> **2.** répartir.
> **3.** décomposer.
> **4.** allumer.

1. *Разложи́ть кни́ги по всему́ столу́*, étaler des livres sur la table. **2.** *Разложи́ть при́быль ме́жду уча́стниками*, répartir le bénéfice entre les participants. **3.** *Труп разложи́лся*, le cadavre s'est décomposé. *Разложи́ть сло́во на ко́рень, приста́вку и су́ффикс*, décomposer un mot en racine, préfixe et suffixe. **4.** *Разложи́ть костёр*, allumer un feu de bois. ● **Разложи́ть чемода́н,** défaire sa valise.

РАСКО́Л (*hist.*) raskol (*mouvement schismatique dirigé contre les réformes du patriarche Nikone*).

/ **РАСКОЛО́ТЬ** v. коло́ть et раска́лывать.

РАСКО́ЛЬНИК schismatique, raskolnik (v. раско́л).

REMARQUE. Les raskolniks se donnent le nom de « староверы », « vieux-croyants ».

/ **РАСКРА́СИТЬ** v. раскра́шивать.

РАСКРА́ШИВАТЬ / РАСКРА́СИТЬ peindre, colorier. *Раскра́сить карти́нку*, colorier une image.

/ **РАСКРОШИ́ТЬ** v. кроши́ть.

РАСКРЫВА́ТЬ / РАСКРЫ́ТЬ* II, раскро́ю, раскро́ешь...; раскры́тый **1.** ouvrir grand. *Раскры́ть две́ри*, ouvrir les portes toutes grandes. *Раскро́й рот поши́ре*, ouvre plus grand la bouche. *Раскры́ть зо́нтик*, ouvrir un parapluie. **2.** (*fig.*) découvrir, mettre à nu. *Раскры́ть кому́-нибудь своё се́рдце*, ouvrir son cœur à qqn. **3.** dévoiler, déceler. *Раскры́ть та́йну*, découvrir un secret.

/ **РАСКРЫ́ТЬ** v. раскрыва́ть.

РАСПАДА́ТЬСЯ / РАСПА́СТЬСЯ* IV, распадётся, распаду́тся; распа́лся, распа́лась... se désagréger (*propr. et fig.*). *Гру́ппа распа́лась*, le groupement s'est dispersé.

/ **РАСПА́СТЬСЯ** v. распада́ться.

РАСПА́ХИВАТЬ / РАСПАХНУ́ТЬ ouvrir tout grand. *Дверь распахну́лась*, la porte s'ouvrit toute grande.

/ **РАСПАХНУ́ТЬ** v. распа́хивать.

/ **РАСПЕЧА́ТАТЬ** v. распеча́тывать.

РАСПЕЧА́ТЫВАТЬ / РАСПЕЧА́ТАТЬ décacheter. *Распеча́тать письмо́*, ouvrir une lettre.

/ **РАСПИЛИ́ТЬ** v. пили́ть.

РАСПИСА́НИЕ horaire. *Расписа́ние поездо́в*, l'horaire des trains. *Расписа́ние уро́ков*, l'emploi du temps (*scolaire*). *Расписа́ние заня́тий*, l'horaire des cours.

/ **РАСПИСА́ТЬСЯ** v. распи́сываться.

РАСПИ́СКА quittance, récépissé. *Дать что́-нибудь под распи́ску*, remettre qqch. contre quittance.

РАСПИ́СЫВАТЬСЯ / РАСПИСА́ТЬСЯ* II, распишу́сь, распи́шешься... ⟍—— signer (*émarger*). *Расписа́ться в получе́нии зарпла́ты*, toucher sa paye et émarger.

/ **РАСПЛА́ВИТЬ** v. пла́вить.

/ **РАСПЛА́КАТЬСЯ** fondre en larmes.

РАСПЛА́ТА 1. paiement. 2. expiation. *Наступи́л час распла́ты*, l'heure du châtiment est arrivée.

/ **РАСПЛАТИ́ТЬСЯ** v. распла́чиваться.

РАСПЛА́ЧИВАТЬСЯ / РАСПЛАТИ́ТЬСЯ ⟍—— payer ce que l'on doit. *Расплати́ться с долга́ми*, s'acquitter de ses dettes. *Я расплати́лся за такси́*, j'ai payé le taxi. // (*Fig.*) *Расплати́ться за свои́ преступле́ния*, expier ses fautes. *Не бо́йся, я ещё с тобо́й расплачу́сь*, N'aie pas peur, je te retrouverai.

РАСПЛЫ́ВЧАТЫЙ imprécis, vague. *Расплы́вчатые очерта́ния*, des contours imprécis. *Расплы́вчатые опасе́ния*, des craintes vagues.

РАСПОЛАГА́ТЬ / РАСПОЛОЖИ́ТЬ ⟍—— 1. disposer, placer. *Расположи́ть слова́ по алфави́ту*, mettre les mots en ordre alphabétique. *Дом располо́жен на холме́*, la maison est située sur une hauteur. 2. disposer, engager à. *Расположи́ть кого́-нибудь в свою́ по́льзу*, disposer qqn en sa faveur. 3. (*pas de pf.*) disposer, avoir à sa disposition. *Располага́ть не́которыми деньга́ми*, disposer d'une certaine somme.

РАСПОЛАГА́ТЬСЯ / РАСПОЛОЖИ́ТЬСЯ ⟍—— 1. v. располага́ть. 2. s'installer. *Тури́сты расположи́лись на берегу́ реки́*, les campeurs s'étaient installés au bord du fleuve.

РАСПОЛОЖЕ́НИЕ disposition (*propr. et fig.*). *Расположе́ние ко́мнат в кварти́ре*, la disposition des pièces dans l'appartement. *Он был в хоро́шем расположе́нии*, il était dans une heureuse disposition d'esprit.

/ **РАСПОЛОЖИ́ТЬ** v. располага́ть.

/ **РАСПОЛОЖИ́ТЬСЯ** v. располага́ться.

/ **РАСПОРЯДИ́ТЬСЯ** v. распоряжа́ться.

РАСПОРЯЖА́ТЬСЯ / РАСПОРЯДИ́ТЬСЯ 1. prendre des mesures. *Мы распоряди́мся об упла́те вам э́той су́ммы*, Nous allons faire le nécessaire pour que cette somme vous soit payée. *Она́ распоряди́лась, что́бы мне пригото́вили обе́д*, elle est allée demander qu'on me prépare à manger. 2. disposer à sa guise. *Вы мо́жете распоряжа́ться э́тими деньга́ми*, Vous pouvez faire ce que vous voulez de cet argent.

РАСПОРЯЖЕ́НИЕ ordre (*commandement*). *Отда́ть распоряже́ние*, donner un ordre. ● **В распоряже́ние** *et* **в распоряже́нии,** à la disposition. *Предоста́вить в распоряже́ние*, mettre à la disposition. *Име́ть в своём распоряже́нии*, avoir à sa disposition.

/ **РАСПРА́ВИТЬ** v. расправля́ть.

/ **РАСПРА́ВИТЬСЯ** v. расправля́ться.

РАСПРАВЛЯ́ТЬ / РАСПРА́ВИТЬ défroisser, détordre. *Распра́вить лист бума́ги*, défroisser une feuille de papier. *Распра́вить про́волоку*, détordre un fil de fer. ● **Распра́вить кры́лья,** déployer ses ailes.

РАСПРАВЛЯ́ТЬСЯ / РАСПРА́ВИТЬСЯ 1. v. расправля́ть. 2. régler le compte (*fig.*). *Я с ним распра́влюсь*, je vais lui régler son compte.

РАСПРЕДЕЛЕ́НИЕ répartition. *Распределе́ние дохо́дов*, la répartition des revenus.

/ **РАСПРЕДЕЛИ́ТЬ** v. распределя́ть.

РАСПРЕДЕЛЯ́ТЬ / РАСПРЕДЕЛИ́ТЬ répartir. *Распредели́ть рабо́ту ме́жду чле́нами коми́ссии*, répartir le travail entre les membres de la commission.

РАСПРОДАВА́ТЬ* II, распродаю́, распродаёшь...; распродава́й; распродава́я / **РАСПРОДА́ТЬ*** *n. cl.*, распрода́м, распрода́шь, распрода́ст, распродади́м, распродади́те, распродаду́т; распро́дал, распродала́, распро́дало, распро́дали /___; распрода́й; распро́данный, распро́дан, распродана́, распро́дано, распро́даны /___ vendre entièrement. *Все биле́ты распро́даны*, tous les billets sont vendus. *Кни́га уже́ давно́ распродана́*, ce livre est épuisé depuis longtemps.

/ **РАСПРОДА́ТЬ** v. распродава́ть.

РАСПРОСТРАНЕ́НИЕ propagation, extension. *Име́ть большо́е распростране́ние*, être très répandu.

РАСПРОСТРАНЁННЫЙ répandu. *Распространённое мне́ние*, une opinion très répandue.

/ **РАСПРОСТРАНИ́ТЬ** v. распространя́ть.

РАСПРОСТРАНЯ́ТЬ / РАСПРОСТРАНИ́ТЬ répandre, diffuser. *Распространи́ть слух*, répandre un bruit. *Боле́знь бы́стро распространи́лась*, la maladie s'est propagée rapidement.

> **РАСПУСКА́ТЬ / РАСПУСТИ́ТЬ** ___
> **1.** déployer, étendre.
> **2.** répandre, propager.
> **3.** dissoudre (*une assemblée*); congédier (*un groupe de personnes*).
> **4.** libérer, relâcher.
> **5.** dissoudre (*faire fondre*).

1. *Распусти́ть кры́лья*, déployer ses ailes. *Распусти́ть зна́мя*, déployer un étendard. **2.** *Распусти́ть слу́хи*, faire courir des bruits. **3.** *Распусти́ть парла́мент*, dissoudre le parlement. *Распусти́ть рабо́тников*, congédier des employés. **4.** *Распусти́ть пле́нных*, libérer des prisonniers. **5.** *Распусти́ть соль в воде́*, dissoudre du sel dans l'eau.

РАСПУСКА́ТЬСЯ / РАСПУСТИ́ТЬСЯ ___ **1.** v. распуска́ть. **2.** s'ouvrir, s'épanouir. *По́чки на дере́вьях распусти́лись*, les bourgeons des arbres se sont ouverts.

/ **РАСПУСТИ́ТЬ** v. распуска́ть.

/ **РАСПУСТИ́ТЬСЯ** v. распуска́ться.

РАСПУ́ТИЦА saison des mauvaises routes (*au printemps ou à l'automne*), « raspoutitsa ».

РАСПУ́ТНЫЙ débauché, dissolu. *Распу́тная жизнь*, une vie dissolue.

РАССВЕ́Т aube. *На рассве́те*, à l'aube.

/ **РАССЕРДИ́ТЬ** v. серди́ть.

/ **РАССЕРДИ́ТЬСЯ** v. серди́ться.

РАССЕ́ЯННОСТЬ *f.* distraction (*manque d'attention*).

РАССЕ́ЯННЫЙ distrait. *Рассе́янный взгляд*, un regard distrait. *Он о́чень рассе́ян*, il est très étourdi.

РАССКА́З récit. *Расска́з Че́хова*, un récit de Tchekhov.

/ **РАССКАЗА́ТЬ** v. расска́зывать.

РАССКА́ЗЫВАТЬ / РАССКАЗА́ТЬ* II, расскажу́, расска́жешь... ___ raconter. *Я рассказа́л вам, что со мной случи́лось?*, Je vous ai raconté ce qui m'est arrivé?

/ **РАССЛЫ́ШАТЬ*** I, расслы́шу, расслы́шишь... bien entendre. *Извини́те, я не расслы́шал*, Excusez-moi, je n'ai pas bien entendu.

РАССМА́ТРИВАТЬ 1. / **РАССМОТРЕ́ТЬ*** I, рассмотрю́, рассмо́тришь... ⟍——— examiner. *Рассма́тривать предме́т*, examiner un objet. *Рассма́тривать вопро́с*, étudier une question. 2. (*employé avec* « как »; *pas de pf.*) considérer. *Он э́то рассма́тривает как настоя́щее преступле́ние*, il considère cela comme un véritable crime.

/ **РАССМЕШИ́ТЬ** v. смеши́ть.

/ **РАССМЕЯ́ТЬСЯ*** II, рассмею́сь, рассмеёшься... éclater de rire.

/ **РАССМОТРЕ́ТЬ** v. рассма́тривать.

РАССПРА́ШИВАТЬ / **РАССПРОСИ́ТЬ** ⟍——— poser une série de questions. *Он на́чал расспра́шивать о де́ле*, il se mit à nous questionner sur cette affaire.

/ **РАССПРОСИ́ТЬ** v. расспра́шивать.

РАССРО́ЧКА délai pour le paiement. *Купи́ть в рассро́чку*, acheter à crédit.

РАССТАВА́ТЬСЯ* II, расстаю́сь, расстаёшься...; расстава́йся; расстава́ясь / **РАССТА́ТЬСЯ*** *n. cl.*, расста́нусь, расста́нешься... 1. se séparer, se quitter. *Уже́ по́здно, пора́ нам расста́ться*, il est déjà tard, il est temps de nous séparer. 2. quitter, abandonner. *Он расста́лся со свои́м прое́ктом*, il a abandonné son projet.

/ **РАССТА́ВИТЬ** v. расставля́ть.

РАССТАВЛЯ́ТЬ / **РАССТА́ВИТЬ** 1. mettre à leur place. *Расста́вить ша́хматы*, disposer les pions sur l'échiquier. 2. écarter. *Расста́вить но́ги*, écarter les jambes.

/ **РАССТА́ТЬСЯ** v. расстава́ться.

РАССТЁГИВАТЬ / **РАССТЕГНУ́ТЬ,** *part.* расстёгнутый dégrafer, déboutonner. *Расстегну́ть пальто́*, déboutonner son pardessus.

/ **РАССТЕГНУ́ТЬ** v. расстёгивать.

РАССТОЯ́НИЕ 1. distance. *На большо́м расстоя́нии от го́рода*, à une grande distance de la ville. *На расстоя́нии трёх киломе́тров*, à une distance de trois kilomètres. 2. (*fam.*) espace de temps.

РАССТРА́ИВАТЬ / **РАССТРО́ИТЬ** 1. désaccorder. *Роя́ль был расстро́ен*, le piano était désaccordé. 2. désorganiser, déranger. *Э́то расстра́ивает его́ пла́ны*, cela dérange ses plans. 3. détraquer (*nuire à*). *Расстро́ить не́рвы*, détraquer les nerfs. 4. chagriner; provoquer le désarroi. *Ра́зве не ви́дишь, что она́ расстро́ена*, Tu ne vois donc pas qu'elle est toute désorientée.

РАССТРЕ́Л exécution capitale (*par les armes*). *Приговори́ть к расстре́лу*, condamner à être fusillé.

РАССТРЕ́ЛИВАТЬ / **РАССТРЕЛЯ́ТЬ** fusiller. *Расстреля́ть шпио́на*, fusiller un espion.

/ **РАССТРЕЛЯ́ТЬ** v. расстре́ливать.

/ **РАССТРО́ИТЬ** v. расстра́ивать.

РАССТРО́ЙСТВО 1. désorganisation. *Внести́ расстро́йство в ряды́ проти́вника*, provoquer le désordre dans les rangs ennemis. 2. dérangement (*trouble pathologique*). *Не́рвное расстро́йство*, des troubles nerveux. *Расстро́йство желу́дка*, un embarras gastrique.

РАССУДИ́ТЕЛЬНЫЙ raisonnable, sensé. *Рассуди́тельный челове́к*, un homme plein de bon sens. *Рассуди́тельное реше́ние*, une décision raisonnable.

РАССУ́ДОК 1. raison (*faculté de juger*). *Потеря́ть рассу́док*, perdre la raison. *Быть в по́лном рассу́дке*, avoir toute sa raison. 2. bon sens. *Вопреки́ рассу́дку*, en dépit du bon sens.

РАССУЖДА́ТЬ 1. raisonner (*émettre un jugement*). *Он непра́вильно рассужда́ет*, il raisonne de travers. 2. raisonner (*discuter un ordre...*). *Прошу́ не рассужда́ть*, Tu es prié de ne pas discuter.

РАССУЖДЕ́НИЕ 1. raisonnement. *Непра́вильное рассужде́ние*, un raisonnement erroné. 2. discussion (*contestation*). *Без вся́ких рассужде́ний*, sans chercher à discuter.

/ **РАССЧИТА́ТЬ** v. рассчи́тывать.

РАССЧИ́ТЫВАТЬ 1. / **РАССЧИТА́ТЬ** calculer. *Рассчита́ть сто́имость*, calculer le prix de revient. 2. (на + *acc.; pas de pf.*) compter sur. *Мы рассчи́тывали на тебя́*, Nous comptions sur toi.

РАССЫПА́ТЬ/РАССЫ́ПАТЬ* II, рассы́плю, рассы́плешь... laisser s'éparpiller. *Рассы́пать соль на ска́терть*, répandre du sel sur la nappe.

РАССЫПА́ТЬСЯ / **РАССЫ́ПАТЬСЯ*** II, рассы́плюсь, рассы́плешься... 1. se répandre, tomber en miettes. *Бу́сы рассы́пались по́ полу*, les perles ont roulé par terre. 2. s'en aller de divers côtés, se disperser. *Разве́дчики рассы́пались по́ лесу*, le détachement de reconnaissance se dispersa dans la forêt. 3. (в + *loc.*) se répandre (*en louanges...*). *Рассы́паться в извине́ниях*, se confondre en excuses. *Рассы́паться в комплиме́нтах*, ne pas ménager les compliments à qqn. ● **Рассы́паться ме́лким бе́сом перед ке́м-нибудь,** ne pas ménager les courbettes.

/ **РАСТА́ЯТЬ** v. та́ять.

/ **РАСТВОРИ́ТЬ** v. растворя́ть I ou II.

I. РАСТВОРЯ́ТЬ / **РАСТВОРИ́ТЬ** ouvrir grand (*une porte, une fenêtre...*). *Раствори́ть о́кна*, ouvrir les fenêtres toutes grandes.

II. РАСТВОРЯ́ТЬ / **РАСТВОРИ́ТЬ** dissoudre. *Са́хар раствори́лся в воде́*, le sucre s'est dissous dans l'eau.

REMARQUE. Les deux verbes ci-dessus diffèrent par leur accentuation au futur simple (et, en conséquence, au participe passé passif).

РАСТЕ́НИЕ plante. *Водяно́е расте́ние*, une plante aquatique.

/ **РАСТЕРЕ́ТЬ** v. растира́ть et тере́ть.

/ **РАСТЕРЗА́ТЬ** v. терза́ть.

РАСТЕ́РИВАТЬ / **РАСТЕРЯ́ТЬ** perdre peu à peu. *В доро́ге он растеря́л все свои́ ве́щи*, dans le voyage, il a perdu toutes ses affaires.

РАСТЕ́РИВАТЬСЯ / **РАСТЕРЯ́ТЬСЯ** 1. v. расте́ривать. 2. se décontenancer.

РАСТЕ́РЯННЫЙ décontenancé, désemparé. *Име́ть растéрянный вид*, avoir l'air désemparé.

/ **РАСТЕРЯ́ТЬ** v. расте́ривать.

/ **РАСТЕРЯ́ТЬСЯ** v. расте́риваться.

РАСТИ́* IV, расту́, растёшь...; рос, росла́... / **ВЫ́РАСТИ*** IV, вы́расту, вы́растешь...; вы́рос, вы́росла... 1. pousser (*en parlant de la végétation...*). *Там хорошо́ расту́т огурцы́*, les concombres y poussent bien. *Борода́ растёт*, la barbe pousse. 2. (*en parlant des hommes et des animaux*) grandir. *Де́ти на глаза́х расту́т*, les enfants grandissent à vue d'œil. 3. s'agrandir, augmenter. *Город растёт*, la ville s'agrandit. *Его́ влия́ние росло́*, son influence grandissait.

РАСТИРА́ТЬ / **РАСТЕРЕ́ТЬ*** IV, разотру́, разотрёшь...; растёр, растёрла...; растёртый 1. frotter, frictionner. *Растира́ться одеколо́ном*, se frictionner à l'eau de Cologne. 2. broyer. *Растере́ть в порошо́к*, mettre en poudre.

РАСТИ́ТЕЛЬНОСТЬ *f.* 1. végétation. *Расти́тельность Сиби́ри*, la végétation de la Sibérie. 2. poils, cheveux. *С густой растительностью на голове*, avec une épaisse chevelure.

РАСТИТЬ / ВЫРАСТИТЬ 1. faire pousser (*cultiver*). *Растить цветы*, faire pousser des fleurs. 2. élever, former. *Растить детей*, élever des enfants. *Растить кадры*, former des cadres.

/ **РАСТОПТАТЬ** v. топтать.

РАСТОРГАТЬ / РАСТОРГНУТЬ* III rompre (*fig.*). *Расторгнуть договор*, rompre un contrat.

/ **РАСТОРГНУТЬ** v. расторгать.

РАСТРАТА 1. détournement de fonds. *Отдать под суд за растрату*, poursuivre pour détournement de fonds. 2. dépense excessive.

/ **РАСТРАТИТЬ** v. растрачивать.

РАСТРАЧИВАТЬ / РАСТРАТИТЬ dilapider, gaspiller. *Растратить деньги на пустяки*, dépenser son argent pour des bagatelles.

РАСТРЁПАННЫЙ 1. ébouriffé. *Растрёпанные волосы*, des cheveux ébouriffés. 2. fripé (*en mauvais état*). *Растрёпанная книга*, un livre tout fripé.

/ **РАСТРОГАТЬ** émouvoir, attendrir. *Все были растроганы до слёз*, tous étaient émus jusqu'aux larmes.

РАСТЯГИВАТЬ/РАСТЯНУТЬ ⌐—— 1. étendre. *Растянуть ковёр по полу*, étendre un tapis par terre. 2. distendre. *Растянуть связки*, se faire une entorse. 3. faire durer. *Растянуть удовольствие*, faire durer le plaisir.

РАСТЯГИВАТЬСЯ / РАСТЯНУТЬСЯ ⌐—— 1. v. растягивать. 2. s'allonger, s'étendre (*en parlant d'une personne*). *Растянуться на диване*, s'allonger sur le divan. ● **Растянуться во весь рост**, tomber de tout son long.

/ **РАСТЯНУТЬ** v. растягивать.

/ **РАСТЯНУТЬСЯ** v. растягиваться.

РАСХАЖИВАТЬ aller et venir. *Расхаживать по комнате*, se promener en long et en large dans la pièce.

/ **РАСХИТИТЬ** v. расхищать.

РАСХИЩАТЬ / РАСХИТИТЬ (*livresque*) piller (*opérer des détournements frauduleux; faire main basse sur*). *Расхищать государственное имущество*, piller les biens de l'État.

РАСХОД 1. dépense, frais. *Непредвиденные расходы*, des dépenses imprévues. 2. consommation. *Расход масла*, la consommation d'huile.

РАСХОДИТЬСЯ ⌐——
/ **РАЗОЙТИСЬ*** IV, разойдусь, разойдёшься...; разошёлся, разошлась...; разойдясь
1. se disperser.
2. se quitter.
3. diverger.
4. se lancer, se déchaîner.
5. être dépensé, être épuisé.

1. *Тучи разошлись*, les nuages se sont dispersés. *Гости разошлись*, les invités sont partis. 2. *Разойтись со старым другом*, se séparer d'un vieil ami. *Он разошёлся с женой*, il a divorcé. 3. *Мы расходились во мнениях*, nous n'étions pas du même avis. 4. *Машина быстро разошлась*, la voiture a bien vite pris de la vitesse. *Дождь разошёлся*, la pluie s'est mise à tomber fort. *Она всегда сидит смирно, а вот сегодня разошлась вовсю*, d'habitude elle est bien tranquille, mais aujourd'hui elle est déchaînée. 5. *Весь выпуск разошёлся за неделю*, tous les exemplaires ont été vendus en une semaine.

РАСХОДОВАТЬ / ИЗРАСХОДОВАТЬ 1. dépenser. *Они израсходовали все деньги*, ils ont dépensé tout l'argent. 2. consommer. *Машина расходует много бензина*, la voiture consomme beaucoup d'essence.

РАСХОЖДЕ́НИЕ divergence. *Расхожде́ние во взгля́дах*, des divergences de vues.

/ **РАСХОТЕ́ТЬСЯ*** *n. cl.*, расхо́чется cesser de faire envie. *Мне расхоте́лось спать*, je n'ai plus envie de dormir.

/ **РАСХОХОТА́ТЬСЯ*** II, расхохочу́сь, расхохо́чешься...⟍⎯⎯ éclater de rire bruyamment.

/ **РАСЦВЕСТИ́** v. расцвета́ть.

РАСЦВЕ́Т épanouissement. *Эпо́ха расцве́та литерату́ры*, une époque où la littérature a connu un grand essor. *В расцве́те сил*, dans toute la plénitude de ses moyens.

РАСЦВЕТА́ТЬ / РАСЦВЕСТИ́* IV, расцвету́, расцветёшь...; расцвёл, расцвела́... ⟋⎯⎯ **1.** être en fleur. *В саду́ расцвета́ли я́блони*, dans le jardin, les pommiers étaient en fleur. **2.** (*fig.*) être épanoui. *Расцвести́ улы́бкой*, avoir un sourire épanoui. **3.** (*fig.*) être en plein développement, être florissant. *Нау́ки и иску́сства расцвета́ли*, les sciences et les arts étaient florissants.

РАСЦЕ́НИВАТЬ / РАСЦЕНИ́ТЬ⟍⎯⎯ , *part.* расценённый évaluer, estimer. *Расцени́ть това́р*, évaluer une marchandise.

/ **РАСЦЕНИ́ТЬ** v. расце́нивать.

/ **РАСЧЕСА́ТЬ** v. расчёсывать.

РАСЧЁСЫВАТЬ / РАСЧЕСА́ТЬ* II, расчешу́, расче́шешь... ⟍⎯⎯ **1.** démêler (*les cheveux*...). *Расчеса́ть бо́роду*, se peigner la barbe. **2.** carder. *Расчеса́ть шерсть*, carder la laine.

РАСЧЁТ **1.** calcul (*propr. et fig.*). *Приблизи́тельный расчёт*, un calcul approximatif. *Обману́ться в расчётах*, se tromper dans ses calculs (*fig.*). *Э́то не вхо́дит в его́ расчёты*, cela n'entre pas dans ses vues. *Брак по расчёту*, un mariage de raison. **2.** compte (*état de ce qui est dû*). *Потре́бовать расчёта*, exiger son compte.

РАСЧЁТЛИВЫЙ **1.** économe. *Расчётливая хозя́йка*, une ménagère économe. **2.** prudent. *Расчётливое реше́ние*, une décision prudente.

/ **РАСЧИ́СТИТЬ** v. расчища́ть.

РАСЧИЩА́ТЬ / РАСЧИ́СТИТЬ nettoyer (*enlever ce qui encombre*). *Расчи́стить доро́жку от сне́га*, déblayer la neige de l'allée.

/ **РАСШАТА́ТЬ** v. расша́тывать.

РАСША́ТЫВАТЬ / РАСШАТА́ТЬ ébranler (*propr. et fig.*). *Зуб расшата́лся*, j'ai une dent qui bouge. *Э́то расшата́ло её здоро́вье*, cela a ébranlé sa santé. *Дисципли́на расшата́лась*, la discipline s'est relâchée.

РАСШИРЕ́НИЕ **1.** élargissement, augmentation. *Расшире́ние торго́вых обме́нов*, l'accroissement des échanges commerciaux. **2.** dilatation. *Расшире́ние желу́дка*, une dilatation d'estomac. *Расшире́ние се́рдца*, une hypertrophie du cœur.

/ **РАСШИ́РИТЬ** v. расширя́ть.

РАСШИРЯ́ТЬ / РАСШИ́РИТЬ élargir, agrandir. *Расши́рить прохо́д*, élargir le passage. *Расши́рить заво́д*, agrandir une usine. // (*Fig.*) *На́ши зна́ния расши́рились*, nos connaissances se sont élargies.

РВАТЬ* IV, рву, рвёшь...; рвал, рвала́, рва́ло, рва́ли⟋⟍⎯
1. / **РАЗОРВА́ТЬ*** IV (*id.*) *et* **ПОРВА́ТЬ*** IV (*id.*) déchirer, lacérer.
2. / **СОРВА́ТЬ*** IV (*id.*) cueillir (*des fleurs*...).
3. / **ПОРВА́ТЬ*** IV (*id.*) rompre (*fig.*).
4. / **ВЫ́РВАТЬ*** IV, вы́рву, вы́рвешь... arracher, extraire.
5. provoquer des élancements.
6. / **ВЫ́РВАТЬ*** IV (*id.*) provoquer des vomissements.

1. *Разорва́ть письмо́ на ме́лкие клочки́*, déchirer une lettre en petits morceaux. *Порва́ть пла́тье*, déchirer sa robe. *Э́та ткань легко́ рвётся*, cette étoffe se déchire facilement. **2.** *Рвать цветы́*, cueillir des fleurs. *Я сорва́л ве́тку*, j'ai cassé une branche. **3.** *Порва́ть дипломати́ческие отноше́ния*, rompre les relations diplomatiques. *Я с ним давно́ порва́л*, il y a longtemps que je ne le fréquente plus. **4.** *Ве́тер рвёт дере́вья с корня́ми*, le vent arrache les arbres. *Вы́рвать страни́цу из кни́ги*, arracher une page d'un livre. *Вы́рвать больно́й зуб*, arracher une dent gâtée. **5.** *Ра́ну начина́ло рвать*, la blessure commençait à me faire mal. **6.** *Её вы́рвало*, elle a vomi. *Её рвёт же́лчью*, elle vomit de la bile. • **Рвать на себе́ во́лосы,** s'arracher les cheveux (*fig.*).

РВА́ТЬСЯ* IV, рвусь, рвёшься...; рва́лся, рвала́сь... ⁄‾‾ **1.** / **РАЗОРВА́ТЬСЯ*** IV (*id.*), **ПОРВА́ТЬСЯ*** IV (*id.*), **СОРВА́ТЬСЯ*** IV (*id.*) **1.** v. рвать (1, 2, 3 et 4). **2.** / **ВЗОРВА́ТЬСЯ*** IV (*id.*) *et* **РАЗОРВА́ТЬСЯ*** IV (*id.*) éclater. *Беспреры́вно рвали́сь снаря́ды*, les obus éclataient sans arrêt. **3.** (*pas de pf.*) brûler d'envie de. *Он рва́лся на во́лю*, il ne songeait qu'à retrouver la liberté.

РВО́ТА vomissement.

РЕБЁНОК*, *pl.* де́ти, дете́й, де́тям, детьми́, де́тях *ou* ребя́та, ребя́т, ребя́там... enfant. *У них оди́н ребёнок*, ils n'ont qu'un enfant. *У них дво́е дете́й*, ils ont deux enfants. *Э́то настоя́щий ребёнок*, c'est un vrai gosse.

Remarque. Voir aussi les mots « де́ти » et « ребя́та ».

РЕБРО́, *pl.* рёбра, рёбер, рёбрам... ‾‾ __ **1.** côte (*partie du squelette*). **2.** tranche (*côté d'un objet*). • **У него́ одни́ рёбра оста́лись,** il n'a que les os et la peau.

РЕБЯ́ТА*, ребя́т, ребя́там... *m. pl.* **1.** v. ребёнок. **2.** gars. *Хоро́шие ребя́та*, de braves garçons. *Эй, ребя́та!*, Eh, les gars ! *Де́вушки и ребя́та*, les filles et les garçons.

РЕБЯТИ́ШКИ, ребяти́шек, ребяти́шкам... *m. pl.* (*dim. de* « ребя́та ») mioches, mômes.

РЕБЯ́ЧЕСКИЙ de gamin, puéril. *Ребя́ческая вы́ходка*, une gaminerie.

РЁВ mugissement(s), rugissement(s)... *Медве́жий рёв*, les grondements d'un ours. *Рёв толпы́*, les cris de la foule. *Рёв бу́ри*, le mugissement de la tempête.

РЕВЕ́ТЬ* IV, реву́, ревёшь... / **ЗАРЕВЕ́ТЬ*** IV (*id.*) **1.** mugir, rugir... *Медве́дь реве́л*, l'ours poussait des grondements. *Толпа́ реве́ла*, la foule hurlait. *Реве́ла бу́ря*, la tempête mugissait. **2.** pleurer (*bruyamment*).

РЕВНИ́ВЫЙ jaloux. *Ревни́вый муж*, un mari jaloux.

РЕВНОВА́ТЬ être jaloux (*ressentir un dépit amoureux*). *Она́ ревну́ет му́жа к сосе́дке*, elle est jalouse de son mari qui lui semble en trop bons termes avec la voisine.

РЕ́ВНОСТЬ *f.* jalousie (*sentiment de dépit amoureux*). *Уби́ть из ре́вности*, tuer par jalousie.

РЕ́ДКИЙ ∧__ , *comp.* ре́же* **1.** rare. *Ре́дкая кни́га*, un livre rare. *Же́нщина ре́дкой красоты́*, une femme d'une rare beauté. *Ре́дкий дура́к*, un imbécile comme on en voit peu. *Она́ ре́дко пи́шет*, elle écrit rarement. **2.** clairsemé, peu épais. *Ре́дкий лес*, une forêt peu épaisse.

РЕ́ДКОСТЬ *f.* rareté (*divers sens*). *Ре́дкость зо́лота*, la rareté de l'or. *Ре́дкость во́здуха*, la rareté de l'air. *Э́то музе́йная ре́дкость*, c'est une pièce de collection. • **На ре́дкость,** exceptionnellement. *Э́то на ре́дкость до́брый челове́к*, c'est un homme d'une rare bonté.

РЕ́ЖЕ comp. de « ре́дкий ».

РÉЗАТЬ* II, ре́жу, ре́жешь...
1. / РАЗРÉЗАТЬ* II (*id.*) *et* **ПОРÉЗАТЬ** II (*id.*) couper, trancher.
2. / ЗАРÉЗАТЬ* II (*id.*) égorger.
3. causer une douleur aiguë.
4. faire de la gravure.

1. *Ре́зать мя́со*, couper la viande. *Ре́зать хлеб на куски́*, couper le pain en tranches. *Нож ре́жет как бри́тва*, ce couteau coupe comme un rasoir. **2.** *Ре́зать овцу́*, égorger une brebis. *Заре́зать цыплёнка*, tuer un poulet. *Ходи́л слух, что царе́вича заре́зали*, le bruit courait que le tsarévitch avait été égorgé. **3.** *Верёвка ре́жет ру́ки*, la ficelle me coupe les mains. *Ве́тер ре́зал лицо́*, le vent nous cinglait le visage. *Э́то ре́жет слух*, cela vous déchire les oreilles. *У меня́ в животе́ ре́жет*, j'ai des coliques. **4.** *Ре́зать по де́реву*, faire de la gravure sur bois. ● **Ре́зать пра́вду в глаза́,** dire à qqn ses quatre vérités.

РЕЗИ́НА caoutchouc. *Изде́лия из рези́ны*, des objets en caoutchouc.

РЕЗИ́НКА gomme (*à effacer*). *Рези́нка для карандаша́*, une gomme à crayon. *Черни́льная рези́нка*, une gomme à encre.

РЕЗИ́НОВЫЙ **1.** du caoutchouc. *Рези́новая промы́шленность*, l'industrie du caoutchouc. **2.** en caoutchouc. *Рези́новая подо́шва*, une semelle en caoutchouc.

РÉЗКИЙ , *comp.* ре́зче* **1.** âpre, âcre, violent. *Ре́зкий ве́тер*, un vent âpre. *Ре́зкий за́пах*, une odeur âcre. *Ре́зкий хо́лод*, un froid violent. *Ре́зкая боль*, une douleur violente. *Ре́зкий свет*, une lumière vive. **2.** brusque (*soudain*). *Ре́зкое повыше́ние цен*, une brusque flambée des prix. *Пого́да ре́зко измени́лась*, le temps a brusquement changé. **3.** brusque (*rude*). *Ре́зкие же́сты*, des gestes brusques. *Ре́зкий тон*, un ton cassant. *Ре́зкий отве́т*, une réponse abrupte. **4.** fortement prononcé. *Ре́зкие черты́ лица́*, des traits fortement prononcés.

РÉЗЧЕ comp. de « ре́зкий ».

РЕЗЬБА́ gravure, sculpture. *Резьба́ по де́реву*, gravure sur bois.

РЕКА́ fleuve, rivière. *На берегу́ реки́*, au bord du fleuve.
REMARQUE. L'accent passe sur la préposition dans les groupes « за́ реку » et « на́ реку ».

РЕЛЬС rail. *Трамва́йные ре́льсы*, des rails de tramway. ● **Сойти́ с ре́льсов,** dérailler. *По́езд сошёл с ре́льсов*, le train a déraillé.

РЕМÉНЬ *m.* courroie. *Переда́точный реме́нь*, une courroie de transmission.

РЕМÉСЛЕННИК artisan. *Ме́лкие реме́сленники*, les petits artisans.

РЕМЕСЛО́, *pl.* ремёсла, ремёсел, ремёслам... métier. *Столя́рное ремесло́*, le métier de menuisier.

РЕМО́НТ réparation. *Отда́ть часы́ в ремо́нт*, donner sa montre à réparer. *Рестора́н на ремо́нте*, le restaurant est fermé pour cause de réparations. *Ну́жен капита́льный ремо́нт*, il va falloir tout refaire de fond en comble. // (*Sur une enseigne*) *Ремо́нт о́буви*, cordonnier. *Ремо́нт часо́в*, horloger.

РЕМОНТИ́РОВАТЬ / ОТРЕМОНТИ́РОВАТЬ réparer, remettre en état. *Ремонти́ровать о́бувь*, réparer des chaussures. *Отремонти́ровать це́рковь*, restaurer une église.

РЕНТГÉН radioscopie.

РÉПА navet.

РЕПРОДУ́КТОР haut-parleur. *Включи́ть репроду́ктор*, brancher la radio (*dans un hôtel, un train...*).

РЕСНИ́ЦА cil. *Дли́нные чёрные ресни́цы*, de longs cils noirs.

РЕЦÉНЗИЯ article (*critique*), compte rendu. *Реце́нзия о но́вой пье́се* ou *реце́нзия на но́вую пье́су*, une critique d'une nouvelle pièce.

РЕЦЕ́ПТ ordonnance. *Написа́ть реце́пт*, faire une ordonnance.

РЕЧНО́Й fluvial, de fleuve. *Речна́я ры́ба*, les poissons de rivière. *Речно́й вокза́л*, une gare fluviale. ● **Речно́й трамва́й,** un bateau-mouche.

РЕЧЬ ___/___ *f.*
1. parole (*faculté de parler*).
2. langage, langue.
3. propos, paroles.
4. discours (*harangue*).
5. discours (*gramm.*).
6. question (*dans quelques expressions*).

1. *О́рганы ре́чи*, les organes de la parole. **2.** *У́стная речь*, la langue parlée. *Пи́сьменная речь*, la langue écrite. **3.** *Пусты́е ре́чи*, des propos oiseux. **4.** *Произнести́ речь*, prononcer un discours. *Речь адвока́та*, la plaidoirie de l'avocat. *Надгро́бная речь*, oraison funèbre. **5.** *Пряма́я речь*, le discours direct. *Ко́свенная речь*, le discours indirect. *Ча́сти ре́чи*, les parties du discours. **6.** *О чём речь?*, De quoi est-il question? *Вот моде́ль, о кото́рой идёт речь*, voilà le modèle dont il est question. *Не о том речь*, ce n'est pas de cela qu'il est question. *Об э́том не мо́жет быть и ре́чи*, il ne peut pas en être question.

РЕША́ТЬ / РЕШИ́ТЬ 1. décider. *Я реши́л отказа́ться*, j'ai décidé de refuser. *Э́то уже́ решено́*, c'est déjà décidé. **2.** résoudre. *Реши́ть зада́чу*, résoudre un problème. *Реша́ть кроссво́рд*, faire des mots croisés.

РЕША́ТЬСЯ / РЕШИ́ТЬСЯ 1. v. реша́ть. **2.** se décider, prendre son parti. *Я не зна́ю, на что реши́ться*, je ne sais pas quel parti prendre.

РЕШЕ́НИЕ 1. décision, résolution. *Приня́ть реше́ние*, prendre une décision. **2.** solution. *Реше́ние зада́чи*, la solution d'un problème.

РЕШЁТКА grille. *Садо́вая решётка*, la grille du parc.

РЕШИ́ТЕЛЬНО 1. d'une manière résolue. *Он реши́тельно отказа́лся*, il a refusé catégoriquement. *Де́йствовать реши́тельно*, agir avec résolution. **2.** absolument. *Мне реши́тельно всё равно́*, ça m'est absolument égal. *Я реши́тельно ничего́ не понима́ю*, je n'y comprends absolument rien.

РЕШИ́ТЕЛЬНЫЙ 1. décidé, résolu. *Реши́тельный тон*, un ton décidé. **2.** décisif, définitif. *Реши́тельные собы́тия*, des événements décisifs. *Приня́ть реши́тельные ме́ры*, prendre des mesures catégoriques.

Remarque. Pour l'emploi adverbial de la forme « реши́тельно », voir ce mot.

/ **РЕШИ́ТЬ** v. реша́ть.

/ **РЕШИ́ТЬСЯ** v. реша́ться.

РЕ́ШКА pile (*côté d'une pièce de monnaie*). *Орёл или ре́шка?*, Pile ou face?

РЖА́ВЕТЬ / ЗАРЖА́ВЕТЬ rouiller (*se couvrir de rouille*).

РЖА́ВЧИНА rouille.

РЖА́ВЫЙ 1. rouillé. *Ржа́вая кры́ша*, un toit rouillé. **2.** qui ressemble à la rouille. *Ржа́вые ли́стья*, des feuilles couleur de rouille.

РЖАТЬ* IV, ржу, ржёшь... / **ЗАРЖА́ТЬ*** IV (*id.*) hennir.

РИ́МСКИЙ 1. romain (*de Rome*). *Ри́мские па́мятники*, les monuments de Rome. **2.** latin. *Ри́мская литерату́ра*, la littérature latine. ● **Ри́мские ци́фры,** les chiffres romains. **Ри́мский па́па,** le pape. **Ри́мское пра́во,** le droit romain.

РИС riz.

РИСК risque. *С ри́ском для жи́зни*, au péril de sa vie. *Идти́ на риск*, accepter des risques. *На свой риск и страх*, à ses risques et périls.

/ **РИСКНУ́ТЬ** v. рискова́ть.

РИСКОВА́ТЬ / РИСКНУ́ТЬ risquer. *Рискова́ть свое́й жи́знью*, risquer sa vie.

РИСОВА́НИЕ dessin (*art de dessiner*). *Уро́к рисова́ния*, leçon de dessin.

РИСОВА́ТЬ / НАРИСОВА́ТЬ dessiner. *Рисова́ть с нату́ры*, dessiner d'après nature. *Рисова́ть перо́м*, faire un dessin à la plume. *Рисова́ть портре́т*, faire un portrait.

РИ́СОВЫЙ de riz, au riz. *Ри́совая ка́ша*, un plat de riz.

РИСУ́НОК dessin (*ce qui est dessiné*). *Рису́нок перо́м*, un dessin à la plume.

РО́БКИЙ timide. *Ро́бкий взгляд*, un regard timide. • **Не ро́бкого деся́тка,** qui n'a pas froid aux yeux. *Она́ не ро́бкого деся́тка*, elle n'a pas froid aux yeux.

РОВ*, *loc.* рву fossé. *Кре́пость была́ окружена́ глубо́ким рвом с водо́й*, la forteresse était entourée d'un fossé profond rempli d'eau.

РОВЕ́СНИК personne du même âge. *Он мой рове́сник*, il a le même âge que moi.

РОВЕ́СНИЦА personne du même âge. *Мы с ней рове́сницы*, nous sommes du même âge.

РО́ВНО 1. avec régularité. *Ве́тер дул ро́вно*, le vent soufflait avec régularité. 2. précisément, juste. *Мы провели́ в Москве́ ро́вно два ме́сяца*, nous avons passé deux mois tout juste à Moscou. *Ро́вно в три часа́*, à trois heures précises. *Ро́вно со́рок рубле́й*, quarante roubles tout juste. 3. (*fam.*) absolument. *Я ро́вно ничего́ не по́нял*, je n'ai absolument rien compris.

РО́ВНЫЙ 1. uni, plat. *Ро́вная ме́стность*, une région plate. *Ро́вная доро́га*, une route plate. 2. régulier, égal. *Ро́вный пульс*, un pouls régulier. *Ро́вный ве́тер*, un vent régulier. • **Ро́вный счёт,** un compte rond. *Для ро́вного счёта*, pour faire un compte rond. *Ро́вным счётом ничего́*, absolument rien.

REMARQUE. Pour l'emploi adverbial de la forme « ро́вно », voir ce mot.

РОГ*, *nom. pl.* рога́ 1. corne. *Оле́ньи рога́*, des cornes de cerf. 2. cor. *Охо́тничий рог*, un cor de chasse. *Труби́ть в рог*, sonner du cor. • **Взять быка́ за рога́,** prendre le taureau par les cornes. **Наста́вить кому́-нибудь рога́,** faire porter les cornes à qqn.

РОГА́ТЫЙ cornu, à cornes. *Крупный рога́тый скот*, les bovins. *Ме́лкий рога́тый скот*, les ovins.

I. РОД*, *loc.* роду́ 1. génération, lignée. *Из ро́да в род*, de génération en génération. 2. origine. *Она́ была́ ро́дом из Сиби́ри*, elle était née en Sibérie. *Он ро́дом францу́з*, il est d'origine française. 3. race, espèce. *Челове́ческий род*, le genre humain.

II. РОД 1. (*sg. seulement*) sorte, genre. *Вся́кого ро́да това́ры*, des marchandises de toutes sortes. *Род заня́тий*, le genre d'occupations. *Своего́ ро́да оригина́л*, un original en son genre. 2. (*gramm.*) genre. *Мужско́й род*, le masculin. *Же́нский род*, le féminin. *Сре́дний род*, le neutre.

REMARQUES.
1. Les deux mots ci-dessus diffèrent par leur accentuation.
2. Voir aussi « ро́ды ».

РОДИ́ЛЬНЫЙ • **Роди́льный дом,** maternité (*établissement hospitalier*).

РО́ДИНА pays natal, patrie. *Любо́вь к ро́дине*, l'amour de la patrie. *Тоска́ по ро́дине*, le mal du pays.

РО́ДИНКА grain de beauté.

РОДИ́ТЕЛИ, роди́телей, роди́телям... *pl.* parents (*père et mère*).

РОДИ́ТЕЛЬНЫЙ • **Роди́тельный паде́ж,** le génitif.

РОДИ́ТЬ / РОДИ́ТЬ, *passé* роди́л, родила́, роди́ло, роди́ли; *part.* рождённый* mettre au monde, engendrer (*propr. et fig.*). *Она́ родила́ до́чку*, c'est une fille qu'elle a eue. *Горá родилá мышь*, la montagne a accouché d'une souris. • **В чём мать родилá,** dans le costume d'Adam.

REMARQUE. Au passé, les deux aspects diffèrent par leur accentuation à la forme du féminin.

РОДИ́ТЬСЯ / РОДИ́ТЬСЯ, *passé* роди́лся, родилáсь... ⁄‾‾ naître. *Он роди́лся в 1922 годý*, il est né en 1922. *Я роди́лся 2-го мáя 1948 гóда*, je suis né le 2 mai 1948. *Роди́ться под счастли́вой звездóй*, naître sous une bonne étoile. *У меня́ родилáсь счастли́вая мысль*, il m'est venu une bonne idée.

REMARQUE. Au passé, les deux aspects diffèrent par leur accentuation au féminin, au neutre et au pluriel.

РОДНИ́К ⁄‾‾ ‾‾ source. *Напи́ться воды́ из родникá*, boire de l'eau à une source.

РОДНÓЙ 1. qui a des liens de parenté directe. *Э́то егó роднóй сын*, c'est son propre fils. **2.** *subst.* parent (*personne liée à une autre par les liens du sang*). *Э́то оди́н из мои́х родны́х*, c'est quelqu'un de ma famille. **3.** natal, paternel, maternel. *Мой роднóй гóрод*, ma ville natale. *Роднóй дом*, la maison paternelle. *Роднóй язы́к*, la langue maternelle. **4.** (*en aspostrophe; fam.*) mon cher.

РÓДСТВЕННИК parent. *Дáльний рóдственник*, un parent éloigné. *Он мне рóдственник со стороны́ отцá*, c'est un parent du côté de mon père.

РÓДСТВЕННИЦА parente. *Дáльняя рóдственница*, une parente éloignée. *Э́то рóдственница со стороны́ отцá*, c'est une parente du côté de mon père.

РÓДСТВЕННЫЙ 1. de parenté. *Рóдственные свя́зи*, des liens de parenté. **2.** apparenté. *Рóдственные языки́*, des langues de la même famille.

РОДСТВÓ parenté (*consanguinité*).

РÓДЫ, рóдов, рóдам... *pl. t.* accouchement. *Преждеврéменные рóды*, un accouchement prématuré.

РÓЖА (*fam.*) gueule. *Он рóжей не вы́шел*, il a une sale gueule.

РОЖÁТЬ synonyme familier de « роди́ть » (*impf.*).

РОЖДÁЕМОСТЬ *f.* natalité. *Рост рождáемости*, une augmentation de la natalité.

РОЖДÁТЬ synonyme familier de « роди́ть » (*impf.*).

РОЖДÁТЬСЯ synonyme de « роди́ться » (*impf.*).

РОЖДÉНИЕ 1. naissance. *Слепóй от рождéния*, aveugle de naissance. **2.** (*fam.*) anniversaire. *Когдá твоё рождéние?*, Quand est-ce ton anniversaire ? • **День рождéния,** anniversaire. *7-ое ноября́ — мой день рождéния*, mon anniversaire est le 7 novembre.

РОЖДЕСТВÓ Noël. *Незадóлго до рождествá*, peu avant Noël.

REMARQUE. Depuis la réforme orthographique de 1917, le mot « рождествó » ne prend une majuscule que dans les textes de caractère religieux.

РОЖЬ*, *instr.* рóжью *f.* seigle.

РÓЗА 1. rose. *Бéлая рóза*, une rose blanche. **2.** rosier. *Высóкие рóзы*, de grands rosiers.

РÓЗНИЦА détail (*commerce*). *Продавáть в рóзницу*, vendre au détail.

РÓЗНИЧНЫЙ au détail. *Рóзничная продáжа*, vente au détail. *Рóзничные цéны*, prix de détail.

РÓЗОВЫЙ rose. *Рóзовое плáтье*, une robe rose. // (*Fig.*) *Ви́деть всё в рóзовом цвéте*, voir tout en rose.

РОЙ *m.* essaim, nuée (*d'insectes*). *Пчели́ный рой*, un essaim d'abeilles. *Рой комарóв*, une nuée de moustiques.

РОКОВÓЙ 1. (*arch.*) fatidique. *В роковýю минýту*, à l'instant fatidique. **2.** fatal. *Роковáя оши́бка*, une erreur fatale.

РОЛЬ *f.* rôle (*propr. et fig.*). *Игрáть глáвную роль в пьéсе*, jouer le rôle principal dans la pièce. *Э́то игрáет бóльшую роль*, cela joue un grand rôle.

РОНЯ́ТЬ / УРОНИ́ТЬ **1.** laisser tomber, laisser échapper. *Урони́ть стакáн*, laisser tomber un verre. **2.** (*fig.*) porter tort. *Э́то немáло урони́ло егó репутáцию*, cela a fait bien du tort à sa réputation.

РÓПОТ bruit sourd et confus. *Рóпот волн*, le grondement des flots. *Рóпот пробежáл по толпé*, un murmure de protestation parcourut la foule.

РОПТÁТЬ* II, ропщý, рóпщешь... / **ВОЗРОПТÁТЬ** II (*id.*) exprimer son mécontentement. *Роптáть на судьбý*, maudire le sort.

РОС v. расти́.

РОСÁ rosée. *У́тренняя росá*, la rosée du matin.

РОСКÓШНЫЙ **1.** luxueux, de luxe. *Роскóшное издáние*, une édition de luxe. *Жить роскóшно*, vivre richement. **2.** (*fam.*) splendide, excellent. *Роскóшная погóда*, un temps merveilleux. *Роскóшная идéя*, une idée formidable.

РÓСКОШЬ *f.* luxe. *Предмéты рóскоши*, des objets de luxe. *Он мóжет позвóлить себé э́ту рóскошь*, il peut se permettre ce luxe.

РОСЛÁ, РОСЛИ́... v. расти́.

РОСТ **1.** croissance. *Рост растéний*, la croissance des plantes. *Рост промы́шленности*, le développement de l'industrie. **2.** taille. *Он был высóкого рóста*, il était de haute taille. *Он рóстом с меня́*, il est de ma taille. ● **Во весь рост** **1.** en pied. *Портрéт во весь рост*, un portrait en pied. **2.** de toute sa hauteur. *Он растянýлся во весь рост*, il est tombé de tout son long. **3.** dans toute son ampleur. *Во весь рост встáли нóвые проблéмы*, de nouveaux problèmes sont apparus dans toute leur ampleur.

РОТ*, *loc.* ртy bouche. *Дышáть ртом*, respirer par la bouche. *Рази́нув рот*, bouche bée.

РÓТА compagnie (*mil.*).

РÓЩА petit bois, bosquet. *Берёзовая рóща*, un petit bois de bouleaux.

РОЯ́ЛЬ *m.* piano à queue. *Игрáть на роя́ле*, jouer du piano.

РТА, РТУ... v. рот.

РТУТЬ *f.* mercure.

РУБÁХА synonyme familier de « рубáшка ». ● **Рубáха-пáрень,** un brave garçon facile à vivre.

РУБÁШКА chemise. *Цветнáя рубáшка*, une chemise de couleur. *Ночнáя рубáшка*, une chemise de nuit. *Рýсская рубáшка*, une chemise russe.

РУБÉЖ limite, frontière. *Естéственные рубежи́*, les frontières naturelles. *На рубежé двух эпóх*, à la limite de deux époques. ● **За рубежóм,** à l'étranger.

РУБИ́ТЬ **1.** / **НАРУБИ́ТЬ** *et* **ПОРУБИ́ТЬ** fendre (*du bois*), hacher (*de la viande, des légumes*). *Руби́ть дровá*, fendre du bois. *Руби́ть мя́со*, hacher la viande. *Руби́ть капýсту*, hacher du chou. **2.** / **СРУБИ́ТЬ** abattre (*des arbres*). *Сруби́ть сад*, abattre les arbres d'un verger. ● **Лес рýбят — щéпки летя́т,** on ne fait pas d'omelette sans casser les œufs.

РУ́БЛЕНЫЙ haché. *Рýбленое мя́со*, viande hachée.

РУБЛЬ *m.* rouble. *Рубль, сóрок копéек*, un rouble, quarante kopeks. *Пять рублéй*, cinq roubles.

РУГÁТЕЛЬСТВО juron. *Потóк ругáтельств*, un torrent d'injures.

РУГÁТЬ / ВЫ́РУГАТЬ *et* **ОТРУГÁТЬ** **1.** injurier. *Он всех ругáет*, il injurie tout le monde. **2.** critiquer violemment. *Э́тот проéкт óчень ругáли*, le projet a été éreinté de belle manière.

РУГА́ТЬСЯ **1.** / **ПОРУГА́ТЬСЯ** se disputer, s'invectiver. *Мы с ним всё руга́лись*, nous nous disputions tout le temps. **2.** / **ВЫ́РУГАТЬСЯ** jurer (*prononcer des jurons*). *Он руга́ется на чём свет стои́т*, il jure comme un charretier.

РУДА́ ‾‾‾ ___ minerai. *Желе́зная руда́*, le minerai de fer.

РУЖЬЁ*, *gén. pl.* ру́жей ‾‾‾ ___ fusil. *Охо́тничье ружьё*, un fusil de chasse. *Двуство́льное ружьё*, un fusil à deux coups. *Заряди́ть ружьё*, charger son fusil. *Стреля́ть из ружья́*, tirer des coups de fusil.

РУКА́ bras, main. *Пра́вая рука́*, le bras droit *ou* la main droite. *Держа́ть ребёнка на рука́х*, tenir un enfant dans ses bras. *Заложи́ть ру́ки за́ спину*, mettre les mains derrière son dos. *Учени́ца поднима́ет ру́ку*, une élève lève le doigt. *С газе́той в руке́*, avec un journal à la main. *Взять кого́-нибудь за́ руку*, prendre qqn par la main *ou* prendre qqn par le bras. *Идти́ с ке́м-нибудь по́д руку*, donner le bras à qqn. *Ру́ки вверх!*, Haut les mains! ● **Быть в чьи́х-нибудь рука́х,** être entre les mains de qqn (*fig.*). *Э́то в ва́ших рука́х*, Cela ne dépend que de vous. **Взять себя́ в ру́ки,** ne pas se laisser aller. **В хоро́ших рука́х,** en de bonnes mains. *Ва́ше де́ло в хоро́ших рука́х*, Votre affaire est en de bonnes mains. **Дава́ть во́лю рука́м,** avoir la main leste. **Держа́ть кого́-нибудь в рука́х,** serrer la vis à qqn. **Из рук вон,** abominablement. *Он рабо́тает из рук вон пло́хо*, il travaille en dépit du bon sens. **Из пе́рвых рук,** de première main. *Узна́ть из пе́рвых рук*, tenir de première main. **Как без рук,** totalement désemparé. *Он без неё как без рук*, sans elle, il est complètement perdu. **Как руко́й сня́ло,** c'est passé comme par miracle. **Ма́стер на все ру́ки,** personne qui sait tout faire. *Он ма́стер на все ру́ки*, il sait tout faire. **Махну́ть руко́й на что́-нибудь,** faire son deuil de qqch. **На́ руку** (*fig.*), qui fait bien l'affaire. *Э́то мне на́ руку*, ça fait bien mon affaire. **На́ руку нечи́ст** (*fam.*), d'une honnêteté douteuse. *Он на́ руку нечи́ст*, il est d'une honnêteté douteuse. **На ско́рую ру́ку,** à la va vite. **Не покладая́ рук,** sans relâche. **Отби́ться от рук,** n'en plus faire qu'à sa tête. **Под руко́й,** sous la main (*fig.*). *Име́ть что́-нибудь под руко́й*, avoir qqch. sous la main. **Пра́вая рука́,** le bras droit (*fig.*). *Э́то его́ пра́вая рука́*, c'est son bras droit. **Рука́ о́б руку,** bras dessus bras dessous. **Руко́й пода́ть,** tout près. *Отсю́да руко́й пода́ть*, c'est à deux pas d'ici. **С руки́,** qui fait bien l'affaire. *Э́то мне не с руки́*, ça ne fait pas mon affaire. **Сбыть что́-нибудь с рук,** se débarrasser de qqch.

> REMARQUE. L'accent passe sur la préposition dans les groupes « за́ руку », « за́ руки », « на́ руку », « на́ руки », « по́д руку », « по́д руки », « рука́ о́б руку ».

РУКА́В*, *nom. pl.* рукава́ **1.** manche. *Рукава́ дли́нны*, les manches sont trop longues. **2.** bras (*de rivière*). *Река́ де́лится на два рукава́*, la rivière se divise en deux bras. **3.** tuyau flexible. *Пожа́рный рука́в*, un tuyau d'incendie. ● **Спустя́ рукава́,** par-dessus la jambe.

РУКАВИ́ЦА moufle. *Мехово́е рукави́цы*, des moufles fourrées. ● **Держа́ть кого́-нибудь в ежо́вых рукави́цах,** serrer la vis à qqn.

РУКОВОДИ́ТЕЛЬ *m.* chef. *Руководи́тель делега́ции*, le chef de la délégation.

РУКОВОДИ́ТЬ (+ *instr.*) diriger. *Руководи́ть кружко́м*, diriger un cercle.

РУКОВОДИ́ТЬСЯ (+ *instr.*) se laisser guider par, se fonder sur. *Руководи́ться практи́ческими со-*

ображе́ниями, se laisser guider par des considérations pratiques.

РУКОВО́ДСТВО **1.** direction (*action de diriger*). *Под руково́дством о́пытного проводника́*, sous la direction d'un guide expérimenté. **2.** direction (*ensemble de ceux qui dirigent*). *Руково́дство теа́тра смени́лось*, la direction du théâtre a été changée.

РУКОВО́ДСТВОВАТЬСЯ synonyme de « руководи́ться ».

РУКОМО́ЙНИК lavabo.

РУКОПИ́СНЫЙ écrit à la main, manuscrit. *Рукопи́сный текст*, un texte manuscrit.

РУ́КОПИСЬ *f.* manuscrit. *Машинопи́сная ру́копись*, un manuscrit dactylographié. *Дре́вние ру́кописи*, des manuscrits anciens.

РУКОЯ́ТКА **1.** manche, poignée. *Рукоя́тка кинжа́ла*, le manche du poignard. **2.** manivelle. *Верте́ть рукоя́тку*, tourner la manivelle.

РУЛЬ ⁄— — *m.* **1.** gouvernail. *Пра́вить рулём*, tenir le gouvernail. *Сиде́ть на руле́*, être à la barre. **2.** guidon. *Руль велосипе́да*, le guidon d'une bicyclette. **3.** volant (*d'un véhicule*). *Води́тель сиде́л за рулём*, le chauffeur était au volant.

РУМЯ́НЫЙ rose, rouge (*en parlant des joues, du visage*...).

РУСА́ЛКА « roussalka » (*divinité des eaux, sorte de sirène*).

РУ́СЛО **1.** lit (*de rivière*...). **2.** cours (*de la vie*). *Жизнь вошла́ в норма́льное ру́сло*, la vie a repris son cours habituel.

РУ́ССКИЙ **1.** russe, de la Russie. *Ру́сский язы́к*, la langue russe. *Ру́сская литерату́ра*, la littérature russe. *Ру́сская исто́рия*, l'histoire de la Russie. **2.** *subst.* Russe.

РУ́ССКО- *élément de formation* russe. *Ру́сско-францу́зский слова́рь*, dictionnaire russe-français.

РУ́СЫЙ châtain clair, blond. *Ру́сые во́лосы*, des cheveux châtain clair.

/ **РУ́ХНУТЬ** v. ру́шиться.

РУЧА́ТЬСЯ / **ПОРУЧИ́ТЬСЯ** \— se porter garant. *Не могу́ руча́ться за успе́х*, je ne peux pas garantir le succès.

РУЧЕ́Й, ручья́... *m.* **1.** ruisseau. **2.** (*fig.*) torrent, flot. *Це́лые ручьи́ слёз*, de véritables torrents de larmes. *Кровь текла́ ручья́ми*, le sang coulait à flots.

РУ́ЧКА **1.** dim. de « рука́ ». **2.** anse, manche, poignée. *Ру́чка ча́йника*, l'anse de la théière. *Ру́чка у ча́шки отби́лась*, l'anse de la tasse s'est cassée. *Ру́чка кастрю́ли*, le manche de la casserole. *Ру́чка чемода́на*, la poignée de la valise. *Дверна́я ру́чка*, la poignée de la porte. **3.** porte-plume.

РУЧНО́Й **1.** du bras, de la main. *Ручны́е мы́шцы*, les muscles du bras. **2.** fait à la main; manipulé à la main. *Ручна́я рабо́та*, un travail fait à la main. *Ручно́й то́рмоз*, le frein à main. **3.** apprivoisé. *Ручно́й медве́дь*, un ours apprivoisé.

РУ́ШИТЬСЯ / **ОБРУ́ШИТЬСЯ** *et* **РУ́ХНУТЬ** s'effondrer (*propr. et fig.*). *Кры́ша обру́шилась*, le toit s'est effondré. *Мост ру́хнул*, le pont s'est écroulé. *Все мои́ наде́жды ру́хнули*, toutes mes espérances se sont effondrées.

РЫ́БА poisson(s). *Морска́я ры́ба*, poisson de mer. *Лови́ть ры́бу*, pêcher. ● **Би́ться, как ры́ба об лёд,** être dans une situation sans issue. **В му́тной воде́ ры́бу лови́ть,** pêcher en eau trouble. **Ни ры́ба, ни мя́со,** ni chair, ni poisson. **Чу́вствовать себя́ как ры́ба в воде́,** se sentir comme un poisson dans l'eau.

РЫБА́К ⁄— — pêcheur (*professionnel*).

РЫБА́ЦКИЙ de pêcheur. *Рыба́цкий посёлок*, un village de pêcheurs. *Рыба́цкая ло́дка*, un bateau de pêche.

РЫ́БИЙ *adj. d'appart.* de poisson. *Ры́бий клей*, colle de poisson. *Ры́бьи глаза́*, des yeux de poisson.

● **На ры́бьем меху́,** en très mauvais état (*en parlant d'un vêtement fourré*). *У меня́ пальто́ на ры́бьем меху́*, j'ai un pardessus fourré qui ne vaut pas tripette. **Ры́бий жир,** huile de foie de morue.

РЫ́БКА (*dim. de* « ры́ба ») poisson, petit poisson.

РЫ́БНЫЙ 1. de poisson. *Ры́бные консе́рвы*, des conserves de poisson. *Ры́бный за́пах*, une odeur de poisson. **2.** poissonneux. *Ры́бная река́*, une rivière poissonneuse.

РЫБОЛО́В 1. pêcheur (*amateur*) **2.** (*fam.*) pêcheur (*professionnel*).

РЫДА́ТЬ / ЗАРЫДА́ТЬ sangloter.

РЫ́ЖИЙ roux. *Ры́жие во́лосы*, des cheveux roux.

РЫ́ЛО 1. groin. **2.** (*en parlant d'une personne*) gueule. *Он ры́лом не вы́шел*, il a une sale gueule.

РЫ́НОК marché (*divers sens*). *На колхо́зном ры́нке*, au marché kolkhozien. *Вну́тренний ры́нок*, le marché intérieur. *О́бщий ры́нок*, le Marché commun.

РЫ́НОЧНЫЙ du marché, de marché. *Ры́ночный день*, jour de marché.

РЫ́СЬЮ *adv.* au trot. *Е́хать ры́сью*, aller au trot.

РЫТЬ* II, ро́ю, ро́ешь... / **ВЫ́РЫТЬ*** II, вы́рою, вы́роешь...; вы́рытый, *et* **ПРОРЫ́ТЬ*** II, проро́ю, проро́ешь...; проры́тый creuser. *Вы́рыть я́му*, creuser une fosse.

РЫ́ТЬСЯ* II, ро́юсь, ро́ешься... **1.** v. рыть. **2.** gratter. *В наво́зе ры́лись ку́ры*, les poules grattaient le tas de fumier. **3.** fouiller. *Ры́ться в архи́вах*, fouiller dans les archives.

РЫ́ХЛЫЙ friable. *Ры́хлая земля́*, une terre friable.

РЫ́ЦАРСКИЙ 1. de chevalier. *Ры́царские доспе́хи*, une armure de chevalier. **2.** chevaleresque. *Ры́царский посту́пок*, un acte chevaleresque.

РЫ́ЦАРЬ *m.* chevalier. *Ры́цари-меченосцы*, les chevaliers Porte-Glaive. *Ры́царь печа́льного о́браза*, le chevalier de la Triste-Figure.

РЫЧА́Г levier. *Рыча́г переме́ны скоросте́й*, le levier de changement de vitesse.

РЫЧА́ТЬ* I, рычу́, рычи́шь... / **ЗАРЫЧА́ТЬ*** I (*id.*) gronder, rugir. *Соба́ка рыча́ла на прохо́жих*, le chien grondait contre les passants.

РЮКЗА́К sac à dos.

РЮ́МКА *et* **РЮ́МОЧКА** petit verre. *Вы́пить рю́мку во́дки*, boire un verre de vodka.

РЯБИ́НА 1. sorbier **2.** sorbe(s).

РЯД(*) **1.** *loc.* ряду́ rang, rangée. *Во второ́м ряду́ парте́ра*, au second rang de l'orchestre. *Постро́иться в ряды́*, se mettre en rangs. *Два ряда́*, deux rangées. // (*Dans l'armée*) *В ряда́х Сове́тской а́рмии*, dans les rangs de l'armée soviétique. **2.** (*souvent accompagné de l'adjectif* « це́лый ») quantité. *В ря́де слу́чаев*, dans bien des cas. ● **Из ря́да вон,** extrêmement. *Из ря́да вон пло́хо*, extrêmement mal.

Remarque. Après les noms de nombre « два », « три », « четы́ре », le génitif de « ряд » est accentué sur la syllabe finale.

РЯДОВО́Й 1. simple, ordinaire. *Рядово́й бое́ц*, un simple soldat. **2.** *subst.* simple soldat.

РЯ́ДОМ *adv.* à côté. *Он живёт тут ря́дом*, il habite à deux pas d'ici. ● **Ря́дом с** (+ *instr.*) *prép.* à côté de. *Она́ сиде́ла ря́дом с ним*, elle était assise à côté de lui. **Сплошь да ря́дом,** à tout bout de champ.

C

> **C** *et* **CO** *prép.*
> **I. Régissant l'instrumental.**
> **1.** avec.
> **2.** (*dans certaines tournures, avec certains verbes*) et, à, de *ou sans traduction.*
> **II. Régissant le génitif.**
> **1.** (*origine*) de.
> Remarque. Dans cet emploi, « c » est l'antonyme de « на » (voir ce mot).
> **2.** (*temps*) de, depuis, dès.
> **3.** (*cause*) de, à cause de.
> **4.** (*justification d'un acte*) avec.
> **III. Régissant l'accusatif.**
> — à peu près, de l'ordre de.

I. 1. *С кем он игра́ет?*, Avec qui joue-t-il ? *Высо́кий челове́к с чёрной бородо́й*, un homme de haute taille avec une barbe noire. *Буты́лка с молоко́м*, une bouteille de lait. *Верну́ться с пусты́ми рука́ми*, revenir les mains vides. *Она́ смотре́ла на меня́ с удивле́нием*, elle me regardait avec étonnement. **2.** *Мы с ним познако́мились*, j'ai fait sa connaissance. *Э́то вы с Пе́тей?*, C'est Petia et toi ? *Два с полови́ной*, deux et demi. *Что с ва́ми случи́лось?*, Qu'est-ce qui vous est arrivé ? *Что с тобо́й?*, Qu'est-ce que tu as ? ● **С Но́вым го́дом !,** Bonne année !

II. 1. *Упа́сть с кры́ши*, tomber du toit. *Шум с у́лицы*, le bruit de la rue. *Верну́ться с фро́нта*, revenir du front. *Верну́ться с рабо́ты*, rentrer de son travail. *Мы то́лько что с вокза́ла*, nous arrivons à l'instant de la gare. *Верну́ться со стадио́на*, rentrer du stade. *Верну́ться с заво́да*, rentrer de l'usine. *Верну́ться с ю́га*, rentrer du Midi. *Верну́ться с Кавка́за*, revenir du Caucase. *Верну́ться с Ура́ла*, revenir de l'Oural. *Верну́ться с Украи́ны*, revenir d'Ukraine. *С головы́ до ног*, de la tête aux pieds. *Перево́д с ру́сского*, traduit du russe. *Встава́ть с ле́вой ноги́*, se lever du pied gauche. *С пти́чьего полёта*, à vol d'oiseau. *Со́рок це́нтнеров с гекта́ра*, quarante quintaux par hectare. *Что с него́ возьмёшь?*, Qu'est-ce qu'on peut exiger de lui ? **2.** *С утра́ до ве́чера*, du matin au soir. *С 20-го января́*, depuis le 20 janvier. *С тех пор*, depuis ce temps-là. *Я узна́л её с пе́рвого взгля́да*, je l'ai reconnue au premier coup d'œil. **3.** *Умере́ть с го́лоду*, mourir de faim. *Сгоре́ть со стыда́*, rougir de honte. *Пла́кать с го́ря*, pleurer de chagrin. **4.** *С одобре́ния прави́тельства*, avec l'approbation du gouvernement. *С разреше́ния дире́ктора*, avec l'autorisation du directeur. ● **Ско́лько с меня́?,** Combien vous dois-je ?

III. *Они́ с мину́ту постоя́ли мо́лча*, ils sont restés sans rien dire pendant une bonne minute. *Мы отдохну́ли с полчаса́*, nous nous sommes reposés une demi-heure. *Он ро́стом с меня́*, il est à peu près de ma taille. ● **Ма́льчик с па́льчик,** le Petit Poucet.

СА́БЛЯ sabre.

САД*, *loc.* саду́ _∠‾‾ **1.** jardin, parc. *Гуля́ть в саду́*, se promener dans le jardin. *Городско́й сад*, le jardin municipal. **2.** verger. *Колхо́зный фрукто́вый сад*, le verger du kolkhoze. « *Вишнёвый сад* » *Че́хова*, « la Cerisaie » de Tchekhov. ● **Де́тский сад,** école maternelle.

САДИ́ТЬСЯ / СЕСТЬ* IV, ся́ду, ся́дешь...; сел, се́ла...; сядь **1.** s'asseoir. *Сесть на скамью́*, s'asseoir sur un banc. *Сесть у окна́*, s'asseoir près de la fenêtre. *Сесть за стол*, se mettre à table. *Сесть за рабо́ту*, se mettre au travail.

2. monter (*à cheval, en voiture...*). *Сесть на ло́шадь*, monter à cheval. *Сесть в по́езд*, prendre le train. *Сесть в самолёт*, prendre l'avion. *Сесть на парохо́д*, prendre le bateau. **3.** se poser (*en parlant des oiseaux, des avions...*). *Пти́ца се́ла на ве́тку*, l'oiseau s'est posé sur une branche. **4.** se coucher (*en parlant des astres*). *Со́лнце уже́ се́ло*, le soleil était déjà couché. ● **Сесть в лу́жу,** faire une gaffe. **Сесть на мель,** échouer (*toucher le fond*). *Ло́дка се́ла на мель*, le bateau a échoué.

REMARQUE. Ne pas confondre « сади́ться », « s'asseoir », avec « сиде́ть », « être assis ».

САДО́ВНИК jardinier.

САДО́ВЫЙ de jardin, du jardin. *Садо́вые расте́ния*, les plantes de jardin. *Садо́вая доро́жка*, l'allée du jardin.

СА́ЖА suie.

САЖА́ТЬ / ПОСАДИ́ТЬ ⟍— **1.** planter. *Сажа́ть цветы́*, planter des fleurs. **2.** faire asseoir. *Он посади́л её во́зле себя́*, il la fit asseoir à côté de lui. **3.** enfermer, attacher. *Посади́ть в тюрьму́*, mettre en prison. *Посади́ть соба́ку на цепь*, mettre sa chaîne au chien.

САЛА́Т salade (*divers sens*). *Мыть сала́т*, laver la salade. *Сала́т из помидо́ров*, salade de tomates.

СА́ЛО graisse, lard. *Я́ичница с са́лом*, une omelette au lard.

САЛФЕ́ТКА serviette (*de table*).

САМ *pronom* même. *Он сам э́то сде́лал*, il a fait ça lui-même. *О само́м Ивано́ве*, au sujet d'Ivanov lui-même. « *Э́то ты разби́л стака́н? — Сам разби́лся* », « C'est toi qui a cassé ce verre ? — Il s'est cassé tout seul. » *Она́ сама́ доброта́*, elle est la bonté même. ● **Мы са́ми с уса́ми,** nous ne sommes pas des gamins. **Сам не свой,** comme une âme en peine. *Она́ сама́ не своя́*, elle est comme une âme en peine. **Само́ собо́й разуме́ется,** ça va de soi. **Сам по себе́,** à part, d'une manière indépendante.

САМЕ́Ц mâle.

СА́МКА femelle.

САМОВА́Р samovar. *Ста́вить самова́р*, allumer le samovar.

REMARQUE. Le samovar est une sorte de bouilloire à chauffage indépendant. Au-dessous de la cheminée centrale se trouve une grille sur laquelle on dépose des braises allumées.

САМОГО́Н alcool distillé en fraude, tord-boyau.

САМОДЕРЖА́ВИЕ (*hist.*) autocratie.

САМОДЕ́ЯТЕЛЬНОСТЬ *f.* activité d'amateurs. *Конце́рт самоде́ятельности*, un concert d'amateurs.

САМОДОВО́ЛЬНЫЙ suffisant, content de lui-même. *С самодово́льной улы́бкой*, avec un sourire suffisant.

САМОЗВА́НЕЦ (*hist.*) imposteur.

САМОКРИ́ТИКА autocritique.

САМОЛЁТ avion. *Самолёт ухо́дит ро́вно в два*, l'avion part à deux heures précises. *Реакти́вный самолёт*, un avion à réaction. *Сверхзвуково́й самолёт*, un avion supersonique. • **Ковёр-самолёт** tapis volant (*dans les contes*).

САМОЛЮ́БИЕ amour-propre. *Э́то замеча́ние оскорби́ло его́ самолю́бие*, cette remarque a blessé son amour-propre.

САМООБСЛУ́ЖИВАНИЕ libre service. *Магази́н самообслу́живания*, un magasin à libre service. *Столо́вая самообслу́живания*, un self-service (*restaurant*).

САМОСТОЯ́ТЕЛЬНЫЙ indépendant. *Самостоя́тельного хара́ктера*, de caractère indépendant. *Самостоя́тельный взгляд*, un point de vue personnel.

САМОУБИ́ЙСТВО suicide. *Покуше́ние на самоуби́йство*, une tentative de suicide. *Поко́нчить жизнь самоуби́йством* (*livresque*), se suicider.

САМОУВЕ́РЕННОСТЬ *f.* aplomb, assurance. *Говори́ть с самоуве́ренностью*, parler avec assurance.

САМОУ́ЧКА autodidacte.

САМОЧУ́ВСТВИЕ [ч'ус'т'в'] état général. *Самочу́вствие больно́го ухýдшилось*, l'état du malade a empiré. *Как самочу́вствие?*, Comment vous sentez-vous ? *Самочу́вствие отли́чное*, je me sens fort bien.

СА́МЫЙ *pronom-adjectif* **1.** même. *В са́мом до́ме*, dans la maison même. *На са́мом краю́ обры́ва*, tout au bord du ravin. // (*Renforce souvent* « тот же », « э́тот же ») *Э́то те же са́мые кни́ги*, ce sont bien les mêmes livres. **2.** (*formation du superlatif*) le plus. *Одна́ из са́мых краси́вых*, une des plus belles. • **В са́мом де́ле,** effectivement. **На са́мом де́ле,** en réalité.

САНАТО́РИЙ *m.* maison de convalescence. • **Туберкулёзный санато́рий,** sanatorium.

СА́НИ, сане́й, саня́м... *pl. t.* traîneau. *Е́хать на саня́х*, aller en traîneau. *Там одни́ са́ни*, il n'y a qu'un seul traîneau là-bas.

САНИТА́Р infirmier.

СА́НКИ, са́нок, са́нкам... *pl. t.* **1.** dim. de « са́ни ». **2.** luge. *Ката́ться на са́нках*, faire de la luge.

САПО́Г*, *gén. pl.* сапо́г botte. *Ко́жаные сапоги́*, des bottes de cuir. • **Два сапога́ па́ра,** les deux font la paire. **Кот в сапога́х,** le Chat botté. **Сапоги́-скорохо́ды,** les bottes de sept lieues.

САПО́ЖНИК cordonnier. • **Писа́ть как сапо́жник,** écrire comme un pied.

САПО́ЖНЫЙ **1.** de bottes; de chaussures. *Сапо́жная щётка*, une brosse à chaussures. **2.** de cordonnier. *Сапо́жная мастерска́я*, cordonnerie.

САРА́Й *m.* remise, hangar. *Сара́й для дров*, une remise à bois.

САРАНЧА́ criquets migrateurs.

СА́ХАР sucre. *Кило́ са́хару**, un kilo de sucre. *Кусково́й са́хар*, du sucre en morceaux. *Положи́ть в чай два куска́ са́хару**, mettre dans son thé deux morceaux de sucre. *Тростнико́вый са́хар*, sucre de canne. *Свеклови́чный са́хар*, sucre de betterave.

СА́ХАРНИЦА sucrier.

СА́ХАРНЫЙ de sucre, à sucre. *Са́харный песо́к*, sucre cristallisé. *Са́харная пу́дра*, sucre en poudre. *Са́харная свёкла*, betterave à sucre.

/ **СБА́ВИТЬ** v. сбавля́ть.

СБАВЛЯ́ТЬ / СБА́ВИТЬ diminuer (*le prix...*). *Сба́вить два рубля́ с цены́*, faire une réduction de deux roubles. • **Сба́вить в ве́се,** maigrir. *Сба́вить в ве́се на три кило́*, perdre trois kilos.

I. СБЕГА́ТЬ / СБЕЖА́ТЬ* *n. cl.*, сбегу́, сбежи́шь..., сбегу́т; сбеги́ **1.** descendre (*en courant*). *Сбежа́ть с ле́стницы*, descendre l'escalier quatre à quatre. **2.** s'évader. *Ареста́нт сбежа́л из тюрьмы́*, le détenu s'est évadé.

II. / **СБÉГАТЬ** faire une course, faire un saut. *Сбéгать в аптéку за лекáрствами*, courir à la pharmacie chercher des médicaments.

REMARQUE. Les deux verbes ci-dessus diffèrent par leur accentuation.

/**СБЕЖÁТЬ** v. сбегáть.

СБЕРЕГÁТЕЛЬНЫЙ d'épargne (v. сберкáсса).

СБЕРЕГÁТЬ / **СБЕРÉЧЬ*** IV, сберегý, сбережёшь..., сберегýт; сберёг, сберeглá... conserver, ménager, épargner. *Сберéчь ненýжные бумáги*, conserver des documents inutiles. *Сберегáть здорóвье*, ménager sa santé. *Сберегáть дéньги*, faire des économies.

/**СБЕРÉЧЬ** v. берéчь et сберегáть.

СБЕРКÁССА (*abréviation de* « сберегáтельная кáсса ») caisse d'épargne. *Хранúть дéньги в сберкáссе*, avoir de l'argent à la caisse d'épargne.

СБИВÁТЬ / **СБИТЬ*** II, собью́, собьёшь...; сбей; сби́тый **1.** battre (*le beurre*...). *Сбить мáсло*, battre le beurre. **2.** faire tomber. *Сбить я́блоки с дéрева*, faire tomber des pommes. *Сбить самолёт*, abattre un avion. *Сбить пешехóда с ног*, renverser un piéton. • **Сбить когó-нибудь с тóлку,** décontenancer qqn.

СБИВÁТЬСЯ / **СБИ́ТЬСЯ*** II, собью́сь, собьёшься...; сбéйся **1.** v. сбивáть. **2.** se perdre. *Сби́ться с дорóги*, s'égarer. *Сби́ться со счёта*, se perdre dans ses calculs. • **Сби́ться с ног,** avoir les jambes coupées.

/ **СБИТЬ** v. сбивáть.

/ **СБИ́ТЬСЯ** v. сбивáться.

СБЛИЖÁТЬ / **СБЛИ́ЗИТЬ** rapprocher. *Их взгля́ды сбли́зились*, leurs points de vue se sont rapprochés.

/ **СБЛИ́ЗИТЬ** v. сближáть.

СБÓКУ *adv.* de côté. *Посмотрéть на чтó-нибудь сбóку*, regarder qqch. de côté.

/ **СБОЛТÁТЬ** v. болтáть.

СБОР **1.** ramassage, récolte, collecte. *Сбор хлóпка*, la récolte du coton. *Сбор налóгов*, la perception des impôts. **2.** période militaire. **3.** (*pl. seulement*) préparatifs. *Начали́сь сбóры к путешéствию*, les préparatifs pour le voyage commencèrent. • **В сбóре,** au complet. *Все бы́ли в сбóре*, ils étaient tous présents.

СБÓРИЩЕ attroupement. *Что тут за сбóрище?*, Qu'est-ce que c'est que cet attroupement?

СБÓРНИК recueil. *Сбóрник пéсен*, un recueil de chansons.

СБÓРНЫЙ **1.** de ralliement. *Сбóрный пункт*, le lieu fixé pour le ralliement. **2.** composé d'éléments démontables. *Сбóрный дом*, une maison en préfabriqué.

СБРÁСЫВАТЬ / **СБРÓСИТЬ** **1.** jeter (*de haut en bas*). *Сбрóсить бóмбы*, lâcher des bombes. *Сбрóсить пéпел с папирóсы*, secouer la cendre de sa cigarette. **2.** enlever sans grand soin (*un vêtement*...). *Сбрóсить с себя́ пальтó*, quitter son pardessus. // (*Fig.*) *Сбрóсить мáску*, jeter le masque.

/ **СБРÓСИТЬ** v. сбрáсывать.

СБЫВÁТЬ / **СБЫТЬ*** *n. cl.*, сбýду, сбýдешь...; сбыл, сбылá, сбы́ло, сбы́ли ; сбудь **1.** écouler, vendre. *Сбыть товáр*, écouler une marchandise. **2.** (*fam.*) se débarrasser de. *Сбыть ненýжные вéщи*, se débarrasser de choses inutiles.

СБЫВÁТЬСЯ / **СБЫ́ТЬСЯ*** *n. cl.*, сбýдется, сбýдутся; сбы́лся, сбылáсь... ; сбýдься **1.** v. сбывáть. **2.** s'accomplir, se réaliser. *Предсказáния егó сбы́лись*, ses prédictions se sont réalisées.

/ **СБЫТЬ** v. сбывáть.

/ **СБЫ́ТЬСЯ** v. сбывáться.

СВА́ДЬБА, *gén. pl.* сва́деб noce, mariage. *Быть на сва́дьбе*, être de la noce.

СВА́ЛИВАТЬ / СВАЛИ́ТЬ↘ **1.** faire tomber, abattre. *Ве́тер свали́л дере́вья*, le vent a abattu des arbres. **2.** rejeter. *Свали́ть вину́ на кого́-нибудь*, rejeter la faute sur qqn. *На неё свали́ли все дела́*, c'est sur elle que retombent tous les soucis.

/ СВАЛИ́ТЬ v. вали́ть I et сва́ливать.

/ СВАРИ́ТЬ v. вари́ть.

СВЕ́ДЕНИЕ renseignement, information. *Отку́да у вас таки́е све́дения?*, D'où tenez-vous ces renseignements?

СВЕ́ЖЕСТЬ *f.* fraîcheur. *Све́жесть во́здуха*, la fraîcheur de l'air. *Ры́ба не пе́рвой све́жести*, le poisson n'est pas très frais.

СВЕ́ЖИЙ, свеж, свежа́, свежо́, све́жи **1.** frais (*divers sens*). *Све́жий хлеб*, du pain frais. *Све́жая ры́ба*, du poisson frais. *Све́жий ве́тер*, un vent frais. *На дворе́ бы́ло свежо́*, dehors, il faisait frais. *Све́жие но́вости*, des nouvelles fraîches. **2.** (*fam.*) propre (*en parlant du linge*). *Наде́ть све́жее бельё*, changer de linge.

СВЁКЛА betterave(s). *Са́харная свёкла*, betterave à sucre. *Столо́вая свёкла*, betterave rouge.

СВЕРГА́ТЬ / СВЕ́РГНУТЬ* III renverser, jeter bas (*fig.*). *Све́ргнуть самодержа́вие*, renverser l'autocratie.

/ СВЕ́РГНУТЬ v. сверга́ть.

СВЕРЖЕ́НИЕ renversement, abolition. *По́сле сверже́ния тата́рского и́га*, après la fin du joug tatar.

СВЕРКА́ТЬ / СВЕРКНУ́ТЬ 1. étinceler, scintiller. *Мо́лния сверкну́ла*, il y a eu un éclair. *На не́бе сверка́ли я́ркие звёзды*, des étoiles claires scintillaient dans le ciel. *Глаза́ его́ сверка́ли гне́вом*, ses yeux brillaient de colère. **2.** (*livresque*) venir brusquement (*en parlant d'une idée...*). *У меня́ сверкну́ла мысль*, il m'est venu brusquement une idée.

/ СВЕРКНУ́ТЬ v. сверка́ть.

/ СВЕРНУ́ТЬ v. сворА́чивать et свёртывать.

/ СВЕРНУ́ТЬСЯ v. сворА́чиваться.

СВЁРТОК 1. rouleau (*de papier, d'étoffe...*). *Свёрток холста́*, un rouleau de toile. **2.** paquet. *Она́ верну́лась домо́й с двумя́ свёртками*, elle est rentrée à la maison avec deux paquets.

СВЁРТЫВАТЬ / СВЕРНУ́ТЬ, *part.* свёрнутый rouler (*tr.*). *Сверну́ть ковёр*, rouler un tapis. *Сверну́ть папиро́су*, rouler une cigarette.

СВЕРХ *prép.* (+ *gén.*) **1.** par-dessus. *Посмотре́ть сверх очко́в*, regarder par-dessus ses lunettes. **2.** au-delà de. *Рабо́тать сверх сил*, faire un travail au-dessus de ses forces. **3.** contrairement à. *Сверх ожида́ния*, contre toute attente.

СВЕ́РХУ *adv.* d'en haut. *Пя́тая строка́ све́рху*, la cinquième ligne à partir du haut. *Директи́вы све́рху*, des directives d'en haut. *Он смотре́л на меня́ све́рху вниз*, il me regardait de toute sa hauteur.

СВЕРХУРО́ЧНЫЙ supplémentaire. *Сверхуро́чные часы́*, des heures supplémentaires.

СВЕРХЪЕСТЕ́СТВЕННЫЙ 1. surnaturel. *Сверхъесте́ственное явле́ние*, un phénomène surnaturel. **2.** extraordinaire. *Сверхъесте́ственная ско́рость*, une vitesse extraordinaire.

/ СВЕСТИ́ v. своди́ть.

I. СВЕТ lumière. *Погаси́ть свет*, éteindre la lumière. *При све́те луны́*, au clair de la lune. *Луч све́та*, un rayon de lumière. *Ско́рость све́та*, la vitesse de la lumière. || (*Fig.*) *Бро́сить свет на что́-нибудь*, faire la lumière sur qqch. ● **Чуть свет,** au point du jour.

II. СВЕТ monde. *Соверши́ть путеше́ствие вокру́г све́та*, faire le tour du monde. *Ни за что на све́те*, pour rien au monde. *На том све́те*, dans l'autre monde. *Большо́й свет*, le grand monde. ● **Руга́ться на чём свет сто́ит,** jurer comme un charretier.

СВЕТА́ТЬ poindre (*en parlant du jour*). *Начина́ло света́ть*, le jour commençait à poindre.

СВЕТИ́ТЬ 1. briller. *Со́лнце све́тит*, le soleil brille. 2. / **ПОСВЕТИ́ТЬ** éclairer (*donner de la lumière avec un appareil*). *Он свети́л нам карма́нным фонарём*, il nous éclairait avec sa lampe de poche.

СВЕТИ́ТЬСЯ 1. briller (*faiblement*). *На не́бе ту́скло свети́лись звёзды*, des étoiles pâles brillaient dans le ciel. 2. (*fig.*) briller. *Глаза́ её свети́лись ра́достью*, ses yeux brillaient de joie.

I. СВЕТЛО́ 1. *adv.* bien (*en parlant de ce qui éclaire*). *Ла́мпа светло́ гори́т*, la lampe éclaire bien. 2. *adj. invariable* clair. *Бы́ло уже́ светло́*, il faisait déjà clair.

II. СВЕТЛО- *élément de formation* clair. *Светло-жёлтый*, jaune clair.

СВЕ́ТЛЫЙ, све́тел, светла́, све́тло, све́тлы clair (*divers sens*). *Све́тлая кра́ска*, une couleur claire. *Све́тлое пла́тье*, une robe claire. *Све́тлая ночь*, une nuit claire. *Све́тлая ко́мната*, une pièce claire. *Све́тлая голова́*, un esprit clair.

Remarque. V. aussi « светло́ ».

СВЕТОФО́Р signal lumineux (*à un carrefour*). *Маши́на останови́лась пе́ред кра́сным огнём светофо́ра*, la voiture s'est arrêtée au feu rouge.

СВЕЧА́*, *gén. pl.* свече́й 1. chandelle, bougie, cierge. *Заже́чь свечу́*, allumer un cierge. 2. bougie (*unité d'intensité lumineuse*). *Ла́мпочка в 75 свече́й*, une ampoule de 75 bougies. ● **Игра́ не сто́ит свеч,** le jeu n'en vaut pas la chandelle.

Remarque. Le génitif pluriel est régulier dans l'expression proverbiale « Игра́ не сто́ит свеч ».

/ **СВЕ́ШАТЬ** v. ве́шать II.

СВИВА́ТЬ / СВИТЬ* II, совью́, совьёшь...; свил, свила́, сви́ло, сви́ли ; свей; сви́тый, свит, свита́, сви́то, сви́ты tresser. *Свить гнездо́*, faire son nid.

СВИДА́НИЕ rendez-vous. *Назна́чить кому́-нибудь свида́ние*, fixer un rendez-vous à qqn. *Делово́е свида́ние*, un rendez-vous d'affaires. *Опозда́ть на свида́ние*, être en retard à un rendez-vous. ● **До свида́ния,** au revoir.

СВИДЕ́ТЕЛЬ *m.* témoin. *Быть свиде́телем несча́стного слу́чая*, être témoin d'un accident. *Призва́ть кого́-нибудь в свиде́тели*, prendre qqn à témoin.

СВИДЕ́ТЕЛЬСТВО 1. témoignage. *По свиде́тельству летопи́сцев*, si l'on en croit les chroniqueurs. 2. certificat. *Метри́ческое свиде́тельство*, extrait de naissance.

СВИДЕ́ТЕЛЬСТВОВАТЬ / ЗАСВИДЕ́ТЕЛЬСТВОВАТЬ témoigner. *Э́то свиде́тельствует о его́ че́стности*, cela témoigne de son honnêteté.

СВИНЕ́Ц plomb (*métal*).

СВИНИ́НА viande de porc.

СВИНО́Й de porc. *Свино́е са́ло*, lard.

СВИНЬЯ́ 1. porc, cochon. 2. cochon (*en parlant d'une personne*). *Настоя́щая свинья́*, un vrai cochon. ● **Мета́ть би́сер пе́ред сви́ньями,** donner de la confiture aux cochons. **Напи́ться как свинья́,** se soûler comme un cochon. **Подложи́ть кому́-нибудь свинью́,** jouer un tour de cochon à qqn.

СВИРЕ́ПЫЙ féroce, violent. *Свире́пый взгляд*, un regard féroce. *Свире́пый моро́з*, un froid violent.

СВИСТ sifflement(s). *Свист парово́за*, le sifflement d'une locomotive. *Свист пуль*, le sifflement des balles.

СВИСТА́ТЬ* II, свищу́, сви́щешь... synonyme de « свисте́ть ». ● **Ищи́ свищи́,** Tu peux toujours courir pour le retrouver.

СВИСТЕ́ТЬ* I, свищу́, свисти́шь... / **СВИ́СТНУТЬ** siffler. *Свисте́ть пе́сенку*, siffler une chanson. *Милиционе́р сви́стнул*, l'agent de police a sifflé. ● **Когда́ рак сви́стнет,** quand les poules auront des dents.

/ **СВИ́СТНУТЬ** v. свисте́ть.

СВИСТО́К 1. sifflet. 2. coup de sifflet. *Разда́лся свисто́к*, on entendit un coup de sifflet.

/ **СВИТЬ** v. вить et свива́ть.

СВИЩУ́ v. свисте́ть et свиста́ть.

СВОБО́ДА liberté. *Да здра́вствует свобо́да*, Vive la liberté. *Свобо́да со́вести*, la liberté de conscience. *Свобо́да печа́ти*, la liberté de la presse. *Вы́пустить кого́-нибудь на свобо́ду*, rendre la liberté à qqn.

СВОБО́ДНО *adv.* 1. librement. *Свобо́дно дыша́ть*, respirer librement. 2. avec facilité, couramment. *Свобо́дно говори́ть по-ру́сски*, parler russe couramment.

СВОБО́ДНЫЙ libre (*divers sens*). *Свобо́дные наро́ды*, les peuples libres. *Э́то ме́сто свобо́дно?*, Cette place est libre ? *Свобо́дное вре́мя*, du temps libre. *Вы свобо́дны сего́дня ве́чером?*, Vous êtes libres ce soir ?

> REMARQUE. Pour l'emploi adverbial de la forme « свобо́дно », voir ce mot.

СВОД 1. recueil (*de lois, de chroniques...*). *Свод зако́нов*, un recueil de lois. 2. voûte. *Готи́ческий свод*, une voûte gothique.

> I. **СВОДИ́ТЬ** / **СВЕСТИ́*** IV, сведу́, сведёшь...; свёл, свела́... ; сведённый; сведя́
> 1. faire descendre, aider à descendre.
> 2. (*pf. seulement*) amener, emmener.
> 3. rapprocher, réunir.
> 4. établir (*des relations*).
> 5. réduire à.
> 6. enlever (*une tache*).

1. *Свести́ стару́ху с крыльца́*, aider une vieille personne à descendre les marches. 2. *Свести́ кого́-нибудь на охо́ту*, mener qqn à la chasse. 3. *Свести́ бро́ви*, froncer les sourcils. *Едва́ своди́ть концы́ с конца́ми*, avoir de la peine à joindre les deux bouts. 4. *Свести́ знако́мство с ке́м-нибудь*, lier connaissance avec qqn. 5. *Свести́ расхо́ды к ми́нимуму*, ramener les dépenses au minimum. *Всё де́ло свело́сь к пустяка́м*, tout cela s'est ramené à peu de chose. 6. *Свести́ пятно́ с костю́ма*, enlever une tache sur un costume. ● **Не своди́ть с кого́-нибудь глаз,** ne pas quitter qqn des yeux. **Свести́ кого́-нибудь с ума́,** faire perdre la tête à qqn. **Свести́ счёты с ке́м-нибудь,** régler son compte à qqn.

II. / **СВОДИ́ТЬ** mener et ramener. *Своди́ть дете́й в ку́кольный теа́тр*, mener les enfants à un spectacle de marionnettes.

СВО́ДКА communiqué, bulletin. *Сво́дка пого́ды*, le bulletin météorologique.

СВОЕВРЕ́МЕННЫЙ, своевре́менен, своевре́менна... opportun, qui vient en temps utile. *Предупреди́те меня́ своевре́менно*, Prévenez-moi en temps utile.

СВОЕОБРА́ЗНЫЙ original, personnel. *Своеобра́зная то́чка зре́ния*, un point de vue très personnel.

СВОЙ 1. *pronom-adjectif possessif* mon, ton, son, notre, votre *ou* leur.

Я надéл своё пальтó, j'ai mis mon pardessus. *Возьмú свою кнúгу*, Prends ton livre. *Не вéрить своúм глазáм*, ne pas en croire ses yeux. *Назвáть вéщи своúми именáми*, appeler les choses par leur nom. *Вся́кому óвощу своё врéмя*, chaque chose en son temps. *В э́том есть своя́ прéлесть*, cela a son charme. *На свой страх и риск*, à ses risques et périls. *У них есть свой дом*, ils ont une maison à eux. **2.** *pronom* les miens, les tiens, les siens, les nôtres, les vôtres *ou* les leurs. *В кругý своúх*, parmi les siens. **3.** *pronom neutre singulier* ce à quoi je tiens, ce à quoi tu tiens..., ce à quoi ils tiennent. *Добúться своегó*, parvenir à ses fins. *Стоя́ть на своём*, ne pas vouloir en démordre. • **В своё врéмя,** en temps utile. **На своúх на двоúх** *ou* **на своúх двоúх** (*iron.*), à pied. **Сам не свой,** comme une âme en peine. *Онá самá не своя́*, elle est comme une âme en peine. **Своя́ рубáха бли́же к тéлу,** charité bien ordonnée commence par soi-même.

REMARQUE. « Свой » est un pronom réfléchi dont le sens général est « à soi ».

СВÓЙСТВЕННЫЙ (+ *dat.*) propre (*particulier*). *Со свóйственной емý энéргией*, avec l'énergie qui lui est propre.

СВÓЙСТВО propriété (*particularité*). *Химúческие свóйства тéла*, les propriétés chimiques d'un corps.

СВÓЛОЧЬ *f.* canaille.

СВОРÁЧИВАТЬ / СВЕРНÝТЬ, *part.* свёрнутый **1.** rouler (*tr.*). *Свернýть салфéтку*, plier une serviette. *Свернýть папирóсу*, rouler une cigarette. **2.** tourner (*intr.*). *Свернýть налéво*, tourner à gauche. • **Свернýть комý-нибудь шéю,** tordre le cou à qqn.

СВОРÁЧИВАТЬСЯ / СВЕРНÝТЬСЯ **1.** v. сворáчивать. **2.** tourner (*se coaguler*).

/ **СВОРОВÁТЬ** v. воровáть.

СВЫСОКÁ *adv.* d'une manière hautaine. *Смотрéть на когó-нибудь свысокá*, regarder qqn du haut de sa grandeur.

СВЫ́ШЕ **1.** *adv.* d'en haut (*émanant d'autorités supérieures*). *Мы получúли указáния свы́ше*, nous avons reçu des ordres d'en haut. **2.** (+ *gén.*) *prép.* au-dessus de (*qui dépasse*). *Э́то свы́ше моúх сил*, c'est au-dessus de mes forces. *Свы́ше ты́сячи*, plus de mille.

/ **СВЯЗÁТЬ** v. вязáть et свя́зывать.

СВЯ́ЗКА **1.** liasse, paquet, trousseau. *Свя́зка бумáг*, liasse de documents. *Свя́зка книг*, un paquet de livres. *Свя́зка ключéй*, un trousseau de clefs. **2.** (*gramm.*) copule. • **Голосовы́е свя́зки,** les cordes vocales.

СВЯ́ЗЫВАТЬ / СВЯЗÁТЬ* II, свяжý, свя́жешь... lier (*propr. et fig.*). *Свя́занный по рукáм и по ногáм*, pieds et poings liés. *Э́то свя́зано с больши́ми расхóдами*, cela entraîne de grosses dépenses. *Связáться с кéм-нибудь по телефóну*, prendre contact avec qqn par téléphone.

СВЯЗЬ *f.* lien (*fig.*). *Связь теóрии и прáктики*, les liens qu'il y a entre la théorie et la pratique. *Рóдственные свя́зи*, les liens de parenté. *Дрýжеские свя́зи*, les liens d'amitié. *Развúтие культýрных связéй*, le développement des échanges culturels. • **В связú с** (+ *instr.*), en raison de. **В э́той связú,** de ce fait.

REMARQUE. Le locatif est accentué sur la finale dans les expressions « в связú с » et « в э́той связú ».

СВЯТÓЙ saint, sacré. *Святóй Дух*, le Saint-Esprit. *В день святóго Сéргия*, le jour de la Saint-Serge. *Святáя недéля*, la semaine sainte. *Святáя Русь*, la Sainte Russie. *Для негó нет ничегó святóго*, pour lui, il n'y a rien de sacré. // (*Subst.*) *Житиé святы́х*, la Vie des saints. • **Святáя водá,** l'eau bénite.

СВЯЩЕ́ННИК prêtre.

СВЯЩЕ́ННЫЙ sacré, saint. *Э́то свяще́нный долг ка́ждого граждани́на*, c'est le devoir sacré de tout citoyen. *Свяще́нное писа́ние*, l'Écriture sainte.

СГИБА́ТЬ / СОГНУ́ТЬ courber, plier. *Согну́ть желе́зный прут*, tordre une tringle de fer. *Сгиба́ть па́льцы*, plier les doigts.

/ СГНИТЬ v. гнить.

СГОВА́РИВАТЬСЯ / СГОВОРИ́ТЬСЯ se mettre d'accord. *С ним тру́дно сговори́ться*, il est difficile de s'entendre avec lui. *Сговори́ться о встре́че*, convenir d'un rendez-vous. *Мы сговори́лись пойти́ вме́сте на стадио́н*, nous avons convenu d'aller ensemble au stade.

/ СГОВОРИ́ТЬСЯ v. сгова́риваться.

СГОВО́РЧИВЫЙ accommodant, traitable. *Он челове́к сгово́рчивый*, c'est un homme avec qui on peut s'entendre.

СГОРА́ТЬ / СГОРЕ́ТЬ* I, сгорю́, сгори́шь... **1.** brûler (*être détruit par le feu*). *Дом сгоре́л дотла́*, la maison a été complètement détruite par le feu. **2.** brûler (*éprouver un sentiment très vif*). *Сгора́ть от любопы́тства*, brûler de curiosité. *Сгора́ть со стыда́*, mourir de honte.

/ СГО́РБИТЬСЯ v. го́рбиться.

/ СГОРЕ́ТЬ v. горе́ть et сгора́ть.

/ СГРЕСТИ́ v. грести́.

> **СДАВА́ТЬ*** II, сдаю́, сдаёшь...; сдава́й; сдава́я **/ СДАТЬ*** *n. cl.*, сдам, сдашь, сдаст, сдади́м, сдади́те, сдаду́т; сдал, сдала́, сда́ло, сда́ли, ; сдай; сда́нный, сдан, сдана́, сдано́, сданы́
> **1.** donner à garder.
> **2.** louer (*mettre en location*).
> **3.** livrer, céder.
> **4.** distribuer (*des cartes*).
> **5.** rendre (*la monnaie*).
> **6.** passer (*un examen*).

1. *Сдать ве́щи на хране́ние*, mettre ses bagages à la consigne. *Сдать ве́щи в бага́ж*, faire enregistrer ses bagages. *Сдать докуме́нты в архи́в*, mettre des documents aux archives. *Сдать бельё в сти́рку*, donner du linge à laver. **2.** *Сдава́ть да́чу*, louer une datcha. *Сдаётся ко́мната со всеми удо́бствами*, A louer chambre tout confort. **3.** *Кре́пость сдала́сь*, la forteresse s'est rendue. *Сда́ться в плен*, être fait prisonnier. **4.** *Сдава́ть ка́рты*, distribuer les cartes. **5.** *Сдать сда́чу*, rendre la monnaie. *Сдать с рубля́*, rendre la monnaie d'un rouble. **6.** *Сдава́ть экза́мен*, se présenter à un examen. *Сдать экза́мен*, être reçu à un examen.

СДАВА́ТЬСЯ* II, сдаю́сь, сдаёшься...; сдава́йся; сдава́ясь **/ СДА́ТЬСЯ*** *n. cl.*, сда́мся, сда́шься, сда́стся, сдади́мся, сдади́тесь, сдаду́тся; сда́лся, сдала́сь... ; сда́йся **1.** v. сдава́ть. **2.** (*unipersonnel, impf. seulement, fam.*) sembler. *Мне сдаётся, что они́ оши́блись*, j'ai bien l'impression qu'ils se sont trompés. **2.** (*unipersonnel, pf. seulement, fam.*) être nécessaire. *На что э́то вам сдало́сь?*, A quoi ça peut vous servir ?

/ СДАТЬ v. сдава́ть.

/ СДА́ТЬСЯ v. сдава́ться.

СДА́ЧА monnaie (*trop-perçu que l'on rend*). *Сдать сда́чу*, rendre la monnaie.

СДВИГА́ТЬ / СДВИ́НУТЬ **1.** mettre en mouvement, déplacer un peu. *Сдви́нуть тяжёлый я́щик*, déplacer un peu une lourde caisse. **2.** rapprocher. *На́до бы сдви́нуть столы́*, il faudrait rapprocher les tables. *Сдви́нуть бро́ви*, froncer les sourcils.

/ СДВИ́НУТЬ v. сдвига́ть.

/ СДЕ́ЛАТЬ v. де́лать.

СДЕ́ЛКА affaire, transaction. *Заключи́ть сде́лку*, conclure une affaire.

СДЕ́РЖАННЫЙ réservé (*discret*).

Сдéржанный харáктер, un caractère réservé.

/ **СДЕРЖА́ТЬ** v. сдéрживать.

СДЕ́РЖИВАТЬ / СДЕРЖА́ТЬ* I, сдержу́, сдéржишь... **1.** retenir (*arrêter*). *Сдержáть неприя́теля*, retenir l'ennemi. *Сдержáть слёзы*, retenir ses larmes. **2.** tenir (*ses promesses...*). *Сдержáть слóво*, tenir sa parole.

СДО́БНЫЙ ● **Сдóбная бу́лка,** brioche.

/ **СДО́ХНУТЬ** v. дóхнуть.

СЕБЕ́ **1.** v. себя́. **2.** *particule de renforcement*, ne se traduit généralement pas. *А он себé смеётся*, Et lui, il rit. ● **Так себé,** comme ci comme ça.

СЕБЕСТО́ИМОСТЬ *f.* prix de revient. *Отпусти́ть товáр по себестóимости*, vendre une marchandise au prix de revient.

СЕБЯ́ *pronom personnel réfléchi* soi *et, également*, moi, toi, lui, elle, nous, vous, eux. *Ду́мать тóлько о себé*, ne penser qu'à soi. *Я довóлен собóй*, je suis content de moi. *Вести́ себя́ как дурáк*, se conduire comme un imbécile. *Не мóжете себé представить*, Vous ne pouvez pas vous représenter. *Самó собóй разумéется*, cela va de soi. *Он у себя́ в кóмнате*, il est dans sa chambre. *Он был вне себя́ от гнéва*, il était hors de lui. *Читáть про себя́*, lire des yeux. ● **К себé** (*sur une porte*), Tirez. **Не по себé** (*fam.*), pas à l'aise. *Мне стáло не по себé*, je ne savais plus où me mettre. **От себя́** (*sur une porte*), Poussez. **Прийти́ в себя́,** reprendre ses esprits.

> REMARQUE. **1.** Le pronom « себя́ » n'a pas de nominatif. **2.** Voir aussi « себé » et « собóй ».

СЕВ semailles.

СЕ́ВЕР nord. *К сéверу от Москвы́*, au nord de Moscou. *Поéхать на сéвер*, aller dans le Nord.

СЕ́ВЕРНЫЙ du nord. *Сéверный вéтер*, le vent du nord. *Сéверный пóлюс*, le pôle Nord. ● **Сéверное сия́ние,** aurore boréale. **Сéверный олéнь,** renne.

СЕ́ВЕРО- *élément de formation* nord-. *Сéверо-востóк*, le nord-est.

СЕВРЮ́ГА esturgeon étoilé.

СЕГО́ДНЯ [с'иᵉвóд'н'ə] *adv.* aujourd'hui. *Он приéдет сегóдня в пять часóв*, il arrivera aujourd'hui à cinq heures. *Сегóдня вéчером*, ce soir. *Сегóдня нóчью*, cette nuit.

СЕДЕ́ТЬ / ПОСЕДЕ́ТЬ devenir grisonnant. *Егó вóлосы седéют*, il commence à avoir des cheveux blancs.

СЕДЛА́ТЬ / ОСЕДЛА́ТЬ, *part.* осёдланный seller. *Оседлáть коня́*, seller un cheval.

СЕДЛО́, *pl.* сёдла, сёдел, сёдлам... selle. *Сесть в седлó*, monter en selle.

СЕДО́Й **1.** gris, blanc (*en parlant des cheveux...*). *С седóй бородóй*, avec une barbe grise. **2.** aux cheveux gris, aux cheveux blancs. *Седóй стари́к*, un vieillard aux cheveux blancs.

СЕДЬМО́Й septième. *Седьмáя страни́ца*, la page sept. *Я приéхал 7-го февраля́*, je suis arrivé le 7 février.

СЕЙ *pronom* ● **До сих пор,** jusqu'à présent. **Ни с тогó ни с сегó,** sans raison. **Ни то ни сё,** ni chair ni poisson.

СЕЙЧА́С *adv.* **1.** dans un instant. *Он сейчáс придёт*, il va venir dans un instant. **2.** maintenant. *Он сейчáс зáнят*, il est actuellement occupé.

СЕКУ́НДА **1.** seconde. *Десятая дóля секу́нды*, un dixième de seconde. **2.** instant. *Подождúте секу́нду*, Attendez un instant.

СЕЛ, СЕ́ЛА v. сесть.

СЕЛЁДКА hareng. *Копчёная селёдка*, hareng fumé.

I. СЕЛО́, *pl.* сёла... village, bourg.

II. **СЕ́ЛО** v. сесть.

REMARQUE. Les deux mots ci-dessus diffèrent par leur accentuation.

СЕЛЬДЬ *f.* hareng. *Каспи́йская сельдь*, harengs de la Caspienne. ● **Как се́льди в бо́чке,** comme des harengs en boîte.

СЕ́ЛЬСКИЙ de village. *Се́льская шко́ла*, l'école du village. *Се́льская тишина́*, le calme de la campagne. ● **Се́льское хозя́йство,** l'agriculture.

СЕЛЬСКОХОЗЯ́ЙСТВЕННЫЙ agricole. *Сельскохозя́йственные рабо́ты*, les travaux agricoles. *Сельскохозя́йственные маши́ны*, les machines agricoles.

СЕЛЬСОВЕ́Т (*abréviation de* « се́льский сове́т ») soviet du village, mairie.

СЁМГА saumon.

СЕМЕ́ЙНЫЙ **1.** de famille, familial. *Семе́йная жизнь*, la vie en famille. **2.** qui a une famille. *Он челове́к семе́йный*, il a une femme et des enfants.

СЕМЕ́ЙСТВО **1.** (*livresque*) famille (*le père, la mère et les enfants*). *Оте́ц семе́йства*, un père de famille. **2.** (*biologie, géologie*) famille. *Из семе́йства коша́чьих*, de la famille des félidés.

СЕМИДЕСЯ́ТЫЙ soixante-dixième.

СЕМИЛЕ́ТКА plan septennal. *К концу́ второ́й семиле́тки*, vers la fin du second plan septennal.

СЕМИСО́ТЫЙ sept centième.

СЕМНА́ДЦАТЫЙ dix-septième. *Она́ прие́хала 17-го а́вгуста*, elle est arrivée le 17 août.

СЕМНА́ДЦАТЬ dix-sept. *Семна́дцать рубле́й*, dix-sept roubles. *В семна́дцати киломе́трах отсю́да*, à dix-sept kilomètres d'ici.

СЕМЬ sept. *Семь копе́ек*, sept kopeks. *В семи́ киломе́трах от го́рода*, à sept kilomètres de la ville.

СЕ́МЬДЕСЯТ soixante-dix. *Се́мьдесят рубле́й*, soixante-dix roubles. *В семи́десяти киломе́трах от Москвы́*, à soixante-dix kilomètres de Moscou.

СЕМЬСО́Т sept cents. *Семьсо́т солда́т*, sept cents soldats. *В семиста́х киломе́трах от Новосиби́рска*, à sept cents kilomètres de Novosibirsk.

СЕМЬЯ́ famille. *У него́ больша́я семья́*, il a une famille nombreuse.

СЕ́МЯ*, *gén.*, *dat.*, *loc.* се́мени, *instr.* се́менем; *pl.* семена́, семя́н, семена́м... graine, germe. *Отбо́рные семена́*, graines sélectionnées. // (*Fig.*) *Се́ять семена́ раздо́ра*, semer la discorde.

СЕ́НИ, сене́й, сеня́м... *pl. t.* entrée d'izba.

СЕ́НО foin. *Стог се́на*, une meule de foin.

СЕНОКО́С fenaison.

СЕНТЯ́БРЬ *m.* septembre. *Э́то бы́ло в сентябре́*, c'était au mois de septembre. *Мы прие́хали сюда́ 8-го сентября́*, nous sommes arrivés ici le 8 septembre.

СЕРДЕ́ЧНЫЙ **1.** du cœur, cardiaque. *Серде́чная боле́знь*, une maladie de cœur. **2.** de cœur (*sentimental*). *Серде́чные та́йны*, des secrets d'amour. **3.** cordial, affectueux. *Серде́чный приём*, un accueil chaleureux. *Серде́чный приве́т* (*formule de politesse*), Avec mes sentiments les plus cordiaux.

СЕРДИ́ТЫЙ **1.** en colère, fâché. *Она́ серди́та на меня́*, elle est fâchée contre moi. **2.** (*fam.*) diablement fort (*en parlant d'alcool, de tabac...*). *Серди́тый конья́к*, un cognac diablement fort.

СЕРДИ́ТЬ / **РАССЕРДИ́ТЬ** fâcher, mettre en colère. *Вы его́ рассерди́ли*, Vous l'avez fâché.

СЕРДИ́ТЬСЯ / **РАССЕРДИ́ТЬСЯ** se fâcher, se mettre en colère. *Он* *рассерди́лся на меня́*, il s'est mis en colère contre moi.

СЕ́РДЦЕ [рц] cœur (*propr. et fig.*). *У него́ больно́е се́рдце*, il a le cœur malade. *Се́рдце у него́ золото́е*, il a un cœur d'or. *У него́ нет се́рдца*, il n'a pas de cœur. *От всего́ се́рдца*, de tout cœur. *Приня́ть что́-нибудь к се́рдцу*, prendre qqch. à cœur. ● **В сердца́х,** dans un accès de mauvaise humeur. **Отлегло́ от се́рдца,** je me sens plus rassuré. **Скрепя́ се́рдце,** à contrecœur.

СЕРЕБРО́ argent (*métal*). ● **Сло́во — серебро́, а молча́ние — зо́лото,** la parole est d'argent mais le silence est d'or.

СЕРЕ́БРЯНЫЙ **1.** en argent. *Сере́бряный подстака́нник*, un porte-verre en argent. **2.** argentin. *Сере́бряный звон*, un son argentin.

СЕРЕДИ́НА milieu. *В середи́не ко́мнаты*, au milieu de la pièce. *В середи́не ию́ля*, à la mi-juillet. *Золота́я середи́на*, le juste milieu.

СЕРП faucille. *Серп и мо́лот*, la faucille et le marteau.

СЕ́РЫЙ gris. *Се́рый костю́м*, un costume gris. *Се́рые ту́чи*, des nuages noirs. *Се́рая пого́да*, un temps gris.

СЕРЬГА́, *gén. pl.* серёг boucle d'oreille.

СЕРЬЁЗНО *adv.* sérieusement. *Я говорю́ абсолю́тно серьёзно*, je parle tout à fait sérieusement. *Нет, серьёзно, на́до бы поскоре́й взя́ться за де́ло*, non mais, sérieusement, il faudrait s'y mettre au plus vite.

СЕРЬЁЗНЫЙ sérieux (*divers sens*). *Серьёзный челове́к*, un homme sérieux. *Положе́ние серьёзное*, la situation est sérieuse.

Remarque. Pour l'emploi adverbial de la forme « серьёзно », voir ce mot.

СЕСТРА́, *pl.* сёстры, сестёр, сёстрам... **1.** sœur. *У него́ бы́ло пять сестёр*, il avait cinq sœurs. **2.** cousine. **3.** (*quelquefois accompagné de l'adjectif* « медици́нская ») infirmière. *В го́спитале за ним присма́тривала молода́я сестра́*, à l'hôpital, il était soigné par une jeune infirmière.

Remarque. S'il est indispensable de distinguer les notions de « sœur » et de « cousine », on emploiera respectivement les expressions « родна́я сестра́ » et « двою́родная сестра́ ».

/ **СЕСТЬ** v. сади́ться.

СЕ́ТКА (*dim. de* « сеть ») **1.** petit filet de pêche. **2.** filet à provisions. **3.** (*sport*) filet, panier. ● **Се́тка для воло́с,** résille.

СЕТЬ *f.* **1.** filet (*de pêche*). *Заки́нуть сеть*, lancer son filet. **2.** réseau, chaîne. *Железнодоро́жная сеть*, le réseau ferroviaire. *Торго́вая сеть*, une chaîne commerciale.

СЕЧЬ* IV, секу́, сечёшь..., секу́т; сек, секла́... / **ВЫ́СЕЧЬ*** IV, вы́секу, вы́сечешь..., вы́секут; вы́сек, вы́секла...; вы́сеченный fustiger, fouetter.

СЕ́ЯТЬ* II, се́ю, се́ешь... / **ПОСЕ́ЯТЬ*** II (*id.*) semer. *Се́ять рожь*, semer du seigle. // (*Fig.*) *Се́ять раздо́ры*, semer la discorde. *Что посе́ешь, то и пожнёшь*, on récolte ce qu'on a semé. *Кто се́ет ве́тер — пожнёт бу́рю*, qui sème le vent récolte la tempête.

/ **СЖА́ЛИТЬСЯ** prendre en pitié. *Он сжа́лился надо мной*, il a eu pitié de moi.

/ **СЖАТЬ** v. сжима́ть et жать II.

/ **СЖА́ТЬСЯ** v. жа́ться et сжима́ться.

/ **СЖЕЧЬ** v. жечь et сжига́ть.

СЖИГА́ТЬ / **СЖЕЧЬ*** IV, сожгу́, сожжёшь..., сожгу́т; сжёг, сожгла́...; сожжённый brûler (*tr.*). *Сжечь бума́ги*, brûler des papiers.

СЖИМА́ТЬ / СЖАТЬ* IV, сожму́, сожмёшь...; сжа́тый serrer. *Сжать кого́-нибудь в свои́х объя́тиях*, serrer qqn dans ses bras. *Сжать зу́бы*, serrer les dents.

СЖИМА́ТЬСЯ / СЖА́ТЬСЯ* IV, сожму́сь, сожмёшься... **1.** se serrer. *Па́льцы его инстинкти́вно сжа́лись*, ses doigts se serrèrent instinctivement. // (*Fig.*) *Се́рдце его́ сжа́лось*, son cœur se serra. **2.** se faire petit, se pelotonner. *Сжима́ться от хо́лода*, se recroqueviller de froid.

/ **СЖУ́ЛЬНИЧАТЬ** v. жу́льничать.

СЗА́ДИ **1.** *adv.* de derrière, par-derrière. *Он шёл впереди́, а я сза́ди*, il marchait devant et moi derrière. **2.** (+ *gén.*) *prép.* derrière. *Я услы́шал сза́ди себя́ шаги́*, j'entendis des pas derrière moi.

СИБИ́РСКИЙ sibérien.

СИБИРЯ́К Sibérien.

СИБИРЯ́ЧКА Sibérienne.

СИГНА́Л signal. *Светово́й сигна́л*, un signal lumineux. *Сигна́л трево́ги*, signal d'alarme.

СИГНА́ЛИТЬ / ПРОСИГНА́ЛИТЬ **1.** faire des signaux. *Сигна́лить кра́сным фла́гом*, faire des signaux avec un drapeau rouge. **2.** klaxonner.

СИДЕ́НЬЕ siège (*pour s'asseoir*). *На за́днем сиде́нье*, sur le siège arrière.

> **СИДЕ́ТЬ*** I, сижу́, сиди́шь...; си́дя / **ПОСИДЕ́ТЬ*** I, посижу́, посиди́шь...
> **1.** être assis.
> **2.** être perché (*en parlant d'un oiseau...*).
> **3.** rester, séjourner.
> **4.** être emprisonné.
> **5.** aller (*en parlant de vêtement*).

1. *Сиде́ть на сту́ле*, être assis sur une chaise. *Сиде́ть за столо́м*, être à table. **2.** *На забо́ре сиде́ла пти́чка*, sur la palissade, il y avait un petit oiseau. **3.** *Сиде́ть до́ма*, rester à la maison. *Сиде́ть без де́ла*, rester sans rien faire. **4.** *Сиде́ть в тюрьме́*, être en prison. *А за что он три го́да сиде́л?*, Et pour quelle raison a-t-il fait trois ans de prison? **5.** *Э́то пла́тье на ней хорошо́ сиди́т*, cette robe lui va bien. ● **Сиде́ть у́ моря и ждать пого́ды,** attendre le dégel (*fig.*).

REMARQUE. Ne pas confondre « сиде́ть », « être assis », avec « сади́ться », « s'asseoir ».

СИЖУ́ v. сиде́ть.

СИ́ЛА force. *Уда́рить изо всех сил*, frapper de toutes ses forces. *Вы́биться из сил*, être à bout de forces. *Си́ла хара́ктера*, la force de caractère. *Си́ла привы́чки*, la force de l'habitude. *Си́ла ве́тра*, la force du vent. *Си́ла то́ка*, la force du courant. *Вооруже́нные си́лы*, les forces armées. ● **В си́лу обстоя́тельств,** en raison des événements. **Лошади́ная си́ла,** cheval-vapeur. *Мото́р в шестьдеся́т лошади́ных сил*, un moteur de soixante chevaux. **Рабо́чая си́ла,** main-d'œuvre.

СИ́ЛЬНЫЙ, си́лен, сильна́, си́льно, си́льны *et* (*fam.*) силён, сильна́, си́льно, сильны́ **1.** fort. *Он сильне́е тебя́*, il est plus fort que toi. *Си́льный дождь*, une forte pluie. *Он силён по матема́тике*, il est fort en math. **2.** puissant (*en parlant d'une machine...*). *Си́льный мото́р*, un moteur puissant. *Си́льный телеско́п*, un télescope puissant.

СИ́МВОЛ symbole. *Го́лубь — си́мвол ми́ра*, la colombe est le symbole de la paix.

СИ́НИЙ (*forme courte presque inusitée*) bleu. *Си́ние глаза́*, des yeux bleus. *Си́ний костю́м*, un costume bleu.

REMARQUE. « Си́ний » désigne une couleur plus foncée que « голубо́й » (voir ce mot).

СИНЯ́К bleu (*marque*

d'un coup). *Весь в синяка́х*, tout couvert de bleus.

СИРЕ́НЬ *f.* lilas.

СИРОТА́, *pl.* сиро́ты... —— *m.* ou *f.* orphelin *ou* orpheline. *Кру́глый сирота́*, un orphelin de père et de mère. *Кру́глая сирота́*, une orpheline de père et de mère.

СИХ v. сей.

СИЯ́НИЕ rayonnement. *Фосфори́ческое сия́ние*, une lumière phosphorescente. // (*Fig.*) *Сия́ние сла́вы*, l'auréole de la gloire. ● **Се́верное сия́ние,** aurore boréale.

СИЯ́ТЬ / ЗАСИЯ́ТЬ luire. *Со́лнце сия́ло*, le soleil luisait. // (*Fig.*) *Сия́ть от ра́дости*, rayonner de joie.

/ **СКАЗА́ТЬ** v. говори́ть.

/ **СКАЗА́ТЬСЯ** v. ска́зываться.

СКА́ЗКА conte.

СКА́ЗЫВАТЬСЯ / СКАЗА́ТЬСЯ* II, скажу́сь, ска́жешься... **1.** (*fam.*) prétendre être. *Сказа́ться больны́м*, se prétendre malade. **2.** (на + *loc.*) se faire sentir. *Э́то сказа́лось на результа́тах*, les résultats s'en sont ressentis.

СКАКА́ТЬ* II, скачу́, ска́чешь... / **ПОСКАКА́ТЬ*** II (*id.*) **1.** gambader. *Скака́ть на одно́й ноге́*, sauter sur une jambe. **2.** galoper. *Скака́ть во весь дух*, aller au grand galop.

СКАЛА́ —— rocher. ● **Подво́дная скала́,** récif.

СКАМЕ́ЙКА banc. *Мы сиде́ли в саду́ на скаме́йке*, nous étions dans le jardin, assis sur un banc.

СКАМЬЯ́ (*livresque*) banc. *На скамье́ подсуди́мых*, sur le banc des accusés.

СКА́ТЕРТЬ —— *f.* nappe. *Стол, покры́тый бе́лой ска́тертью*, une table couverte d'une nappe blanche.

СКА́ЧЕМ, СКА́ЧЕТ... v. скака́ть.

СКА́ЧКИ, ска́чек, ска́чкам... *pl. t.* courses (*de chevaux...*). *Ска́чки с препя́тствиями*, courses d'obstacles.

> REMARQUE. Ce mot diffère du pluriel de « скачо́к » par son accentuation.

СКАЧО́К 1. bond. *Скачо́к в сто́рону*, un bond de côté. **2.** (*fig.*) saute, changement brusque. *Скачо́к температу́ры*, un brusque changement de température. *Скачки́ в настрое́нии*, des sautes d'humeur.

> REMARQUE. Le pluriel de « скачо́к » diffère du mot « ска́чки » par son accentuation.

СКАЧУ́, СКА́ЧУТ v. скака́ть.

СКВЕР square.

СКВЕ́РНО *adv.* mal. *Он скве́рно игра́ет*, il joue fort mal.

СКВЕ́РНЫЙ —— sale (*fig.*). *Скве́рная исто́рия*, une sale histoire. *Скве́рный челове́к*, un sale individu. *Скве́рная пого́да*, un sale temps.

> REMARQUE. Pour l'emploi de la forme adverbiale « скве́рно », voir ce mot.

СКВОЗИ́ТЬ 1. faire du courant d'air. *Закро́й дверь, сквози́т*, Ferme la porte, ça fait du courant d'air. **2.** transparaître. *В слова́х его́ сквози́ла трево́га*, derrière ses paroles, on devinait une certaine inquiétude.

СКВОЗНЯ́К —— courant d'air. *Простуди́ться на сквозняке́*, prendre froid dans un courant d'air.

СКВОЗЬ *prép.* (+ *acc.*) à travers. *Пробира́ться сквозь толпу́*, se frayer un passage à travers la foule. *Смотре́ть сквозь дверну́ю щель*, regarder par une fente de la porte. *Говори́ть сквозь зу́бы*, parler entre ses dents. ● **Как сквозь зе́млю провали́лся,** il a disparu comme par miracle. **Он был гото́в сквозь зе́млю провали́ться,** il aurait voulu être à cent pieds sous terre. **Смотре́ть сквозь па́льцы,** fermer les yeux (*sur qqch.*).

СКВОРЕ́Ц sansonnet, étourneau.

СКВОРЕ́ЧНИК [шн'] nichoir pour étourneau.

СКИ́ДКА rabais, remise. *Он э́то про́дал со ски́дкой в 20 %*, il l'a vendu avec une réduction de 20 %.

СКИРД ⁄‾ ‾ *ou* **СКИРДА́** meule (*de foin...*). *Скирда́ соло́мы*, une meule de paille.

/ **СКИ́СНУТЬ** v. ки́снуть.

СКИФ Scythe.

I. СКЛАД dépôt, entrepôt. *Продово́льственный склад*, un dépôt de produits alimentaires. *Рабо́тать на скла́де*, travailler à l'entrepôt.

II. СКЛАД manière d'être. *Скла́д ума́*, une tournure d'esprit.

СКЛА́ДКА pli. *Ю́бка в скла́дку* ou *ю́бка со скла́дками*, une jupe plissée.

СКЛАДНО́Й pliant. *Складна́я крова́ть*, un lit pliant.

СКЛА́ДНЫЙ ^— bien proportionné. *Скла́дный ю́ноша*, un beau jeune homme. *Скла́дный хара́ктер*, un caractère équilibré. *Говори́ть скла́дно*, bien parler.

> **СКЛА́ДЫВАТЬ / СЛОЖИ́ТЬ** \\—
> **1.** ranger, mettre en place.
> **2.** plier (*un objet*); croiser (*les bras*).
> **3.** composer.
> **4.** additionner.
> **5.** se décharger de (*propr. et fig.*).

1. *Сложи́ть дрова́ в сара́й*, ranger le bois dans le hangar. *Сложи́ть бума́ги в я́щик*, ranger des papiers dans le tiroir. *Сложи́ть ве́щи в чемода́н* ou *сложи́ть чемода́н*, faire sa valise. **2.** *Сложи́ть салфе́тку*, plier sa serviette. *Сложи́ть газе́ту*, plier le journal. *Сложи́ть ру́ки на груди́*, croiser ses bras sur sa poitrine. *Сиде́ть сложа́ ру́ки*, rester les bras croisés. **3.** *Сложи́ть пе́сню*, composer une chanson. **4.** *Сложи́ть два с девятью́*, additionner deux et neuf. **5.** *Сложи́ть но́шу с плеч*, déposer son fardeau. // (*Fig.*) *Сложи́ть ору́жие*, déposer les armes.

СКЛА́ДЫВАТЬСЯ / СЛОЖИ́ТЬСЯ \\— **1.** v. скла́дывать. **2.** s'arranger. *Обстоя́тельства сложи́лись благоприя́тно*, les circonstances ont été favorables.

СКЛЕ́ИВАТЬ / СКЛЕ́ИТЬ coller ensemble (*tr.*). *Скле́ить листы́ бума́ги*, coller des feuilles de papier.

/ **СКЛЕ́ИТЬ** v. кле́ить et скле́ивать.

СКЛОН pente, versant. *На за́падном скло́не холма́*, sur la pente ouest de la colline.

СКЛОНЕ́НИЕ déclinaison. *Существи́тельное тре́тьего склоне́ния*, un substantif de la troisième déclinaison.

/ **СКЛОНИ́ТЬ** v. склоня́ть.

СКЛО́ННОСТЬ *f.* tendance, penchant. *Име́ть скло́нность к полноте́*, avoir tendance à grossir. *Име́ть скло́нность к му́зыке*, avoir du goût pour la musique.

СКЛО́ННЫЙ ^— enclin, prédisposé. *Он скло́нен к полноте́*, il a tendance à grossir. *Я скло́нен ду́мать, что они́ ошибли́сь*, je suis enclin à penser que c'est une erreur de leur part.

СКЛОНЯ́ТЬ 1. / СКЛОНИ́ТЬ \\—, *part.* склонённый pencher, baisser. *Печа́льно склони́ть го́лову*, pencher tristement la tête. *Со́лнце склони́лось к горизо́нту*, le soleil baisse. **2.** / **СКЛОНИ́ТЬ**, *part.* склонённый (*fig.*) faire pencher, inciter. *Склони́ть пле́нного к побе́гу*, inciter un prisonnier à s'enfuir. *Склони́ть на свою́ сто́рону*, gagner à sa cause.

3. / **ПРОСКЛОНЯ́ТЬ** décliner (*gramm.*). *Как склоня́ется э́то сло́во?*, Comment se décline ce mot ?

СКО́БКА parenthèse. *Откры́ть ско́бки*, ouvrir la parenthèse. *Заключи́ть в ско́бки*, mettre entre parenthèses. // (*Fig.*) *Заме́чу в ско́бках*, Entre parenthèses, je vous ferai remarquer... ● **Квадра́тная ско́бка,** crochet (*signe typographique*).

/ **СКОВА́ТЬ** v. ско́вывать.

СКОВОРОДА́, *pl.* ско́вороды, сковоро́д, сковорода́м..., *et* (*fam.*) **СКОВОРО́ДКА** poêle (*à frire*). *Сжа́рить на сковороде́*, faire frire à la poêle.

СКО́ВЫВАТЬ / СКОВА́ТЬ*
II, скую́, скуёшь...
1. forger (*fabriquer à la forge*).
2. assembler (*à la forge*).
3. mettre aux fers.
4. (*fig.*) lier, engager.
5. paralyser par les glaces.

---

1. *Скова́ть меч*, forger une épée. **2.** *Скова́ть зве́нья це́пи*, assembler les maillons d'une chaîne. **3.** *Скова́ть престу́пника*, mettre un criminel aux fers. **4.** *Обеща́ние меня́ скова́ло*, j'étais lié par ma promesse. **5.** *Моро́зы скова́ли реку́*, le fleuve est pris par les glaces.

СКОЛЬЗИ́ТЬ / СКОЛЬЗНУ́ТЬ glisser. *Скользи́ть по льду*, glisser sur la glace.

СКО́ЛЬЗКИЙ **1.** glissant. *Ско́льзкие ступе́ни*, des marches glissantes. *Сего́дня ско́льзко*, aujourd'hui, ça glisse. **2.** épineux, délicat. *Ско́льзкая те́ма*, un sujet délicat.

/ **СКОЛЬЗНУ́ТЬ** v. скользи́ть.

СКО́ЛЬКО, *cas obliques* ско́льких, ско́льким... **1.** *adv.* ou (*s'il est précédé d'une préposition exigeant un cas oblique*) *pronom-adjectif* combien. *Ско́лько раз?*, Combien de fois ? *Ско́лько э́то сто́ит?*, Combien ça coûte ? *Ско́лько вам лет?*, Quel âge avez-vous ? *Во ско́льких тома́х?*, En combien de volumes ? **2.** *conj.* autant que. *Пей, ско́лько хо́чешь*, Bois autant que tu veux. ● **Ско́лько... сто́лько...,** autant... autant... *Ско́лько голо́в, сто́лько умо́в*, autant de têtes, autant d'avis. **Сто́лько... ско́лько...,** autant... que. *У него́ не сто́лько книг, ско́лько у тебя́*, il n'a pas autant de livres que toi.

REMARQUE. La forme « ско́лько » régit le génitif.

/ **СКО́МКАТЬ** v. ко́мкать.

/ **СКОНФУ́ЗИТЬСЯ** v. конфу́зиться.

/ **СКОНЧА́ТЬСЯ** décéder.

СКОРЕ́Е *ou* **СКОРЕ́Й** **1.** comp. de « ско́ро » et de « ско́рый ». **2.** *adv.* plutôt. *Нет, э́то скоре́й грипп*, Non, c'est plutôt la grippe. *Он скоре́й похо́ж на мать, чем на отца́*, il ressemble plutôt à sa mère qu'à son père. ● **Скоре́е всего́,** il y a bien des chances. *Скоре́е всего́ они́ не приду́т сего́дня*, il y a bien des chances pour qu'ils ne viennent pas aujourd'hui.

СКОРЛУПА́, *pl.* скорлу́пы... coquille. *Скорлупа́ яйца́*, une coquille d'œuf.

СКО́РО, *comp.* скоре́й *ou* скоре́е *adv.* **1.** vite. *Как мо́жно скоре́е*, le plus vite possible. *Скоре́й, скоре́й!*, Dépêchez-vous. **2.** bientôt. *Ско́ро зима́*, ce sera bientôt l'hiver. *Он не ско́ро вернётся*, il n'est pas près de revenir.

СКО́РОСТЬ *f.* vitesse. *Со ско́ростью во́семь киломе́тров в секу́нду*, à une vitesse de huit kilomètres à la seconde. *Превы́сить ско́рость*, faire un excès de vitesse. *Коро́бка скоросте́й*, la boîte de vitesses.

/ **СКО́РЧИТЬ** v. ко́рчить.

СКО́РЫЙ **1.** rapide. *Ско́рая ходьба́*, une marche rapide. *Ско́рый по́езд*, un rapide (*train*). **2.** proche. *В ско́ром вре́мени*, dans un proche avenir. ● **До ско́рого** *ou* **До ско́рого свида́ния,** A bientôt. **На ско́рую ру́ку,** à la va vite. **Ско́рая по́мощь,** l'ambulance. *Вы́звать ско́рую по́мощь*, faire venir l'ambulance.

/ **СКОСИ́ТЬ** v. коси́ть I ou II.

СКОТ **1.** (*pas de pl.*) bétail. *Кру́пный рога́тый скот*, le gros bétail. **2.** brute, butor.

REMARQUE. Dans son deuxième sens, « скот » appartient au sous-genre animé.

СКОТИ́НА (*fam.*) **1.** (*pas de pl.*) bête (*d'un troupeau*). **2.** bétail. *Пасти́ скоти́ну*, garder les bêtes. **3.** *m.* ou *f.* brute.

СКОТОВО́ДСТВО élevage (*du bétail*).

/ **СКРЕПИ́ТЬ** v. скрепля́ть.

СКРЕПЛЯ́ТЬ / **СКРЕПИ́ТЬ** fixer, attacher. *Скрепи́ть листы́ була́вкой*, attacher des feuilles de papier avec une épingle.

СКРИПА́Ч violoniste.

СКРИПЕ́ТЬ* I, скриплю́, скрипи́шь... / **СКРИ́ПНУТЬ** grincer. *Дверь скрипи́т*, la porte grince. *Скрипе́ть зуба́ми*, grincer des dents.

СКРИ́ПКА violon. *Игра́ть на скри́пке*, jouer du violon.

/ **СКРИ́ПНУТЬ** v. скрипе́ть.

СКРИПУ́ЧИЙ grinçant. *Скрипу́чая дверь*, une porte qui grince.

/ **СКРОИ́ТЬ** v. кройть.

СКРО́МНИЧАТЬ faire le modeste.

СКРО́МНОСТЬ *f.* modestie. *Ло́жная скро́мность*, une fausse modestie.

СКРО́МНЫЙ modeste (*divers sens*). *Скро́мный челове́к*, un homme modeste. *Скро́мные тре́бования*, des exigences modestes.

/ **СКРУТИ́ТЬ** v. крути́ть.

СКРЫВА́ТЬ / **СКРЫТЬ*** II, скро́ю, скро́ешь...; скры́тый cacher, dissimuler. *В лесу́ скрыва́лись партиза́ны*, des partisans se cachaient dans la forêt. *Он скры́лся неизве́стно куда́*, il a disparu on ne sait où. *Скрыва́ть свои́ наме́рения*, dissimuler ses intentions.

REMARQUE. Lorsque le verbe « скрыва́ть » est accompagné d'une indication de lieu, on trouve soit les constructions avec l'accusatif marquant la direction, soit les constructions avec l'instrumental ou le locatif marquant l'emplacement. Le sens du verbe est alors, selon le cas, « faire disparaître » ou « tenir caché ».

СКРЫ́ТНЫЙ cachottier, renfermé. *Скры́тный хара́ктер*, un caractère renfermé.

/ **СКРЫТЬ** v. скрыва́ть.

СКУ́ДНЫЙ (*livresque*) inférieur aux besoins, pauvre. *Ску́дный урожа́й*, une pauvre récolte. *Ску́дные сре́дства*, de maigres moyens.

СКУ́КА ennui. *Умира́ть со ску́ки*, mourir d'ennui. *Что́бы разогна́ть ску́ку*, pour chasser l'ennui.

СКУПО́Й avare. *Ску́по тра́тить де́ньги*, dépenser son argent avec parcimonie. *Скуп на похвалы́*, avare en louanges.

СКУЧА́ТЬ s'ennuyer. *Мне не́когда скуча́ть*, je n'ai pas le temps de m'ennuyer. *Скуча́ть по друзья́м*, s'ennuyer de ses amis.

СКУ́ЧНЫЙ [шн] ennuyeux. *Ску́чная рабо́та*, un travail ennuyeux. *Мне ску́чно*, je m'ennuie.

СЛАБЕ́ТЬ / **ОСЛАБЕ́ТЬ** s'affaiblir. *Больно́й слабе́ет*, le malade s'affaiblit. *Ве́тер слабе́ет*, le vent se calme.

СЛА́БОСТЬ *f.* **1.** faiblesse. *Чу́вствовать о́бщую сла́бость,* se sentir dans un état de faiblesse générale. *Сла́бость хара́ктера,* faiblesse de caractère. **2.** faible (*penchant*). *Я́сно, что он пита́ет сла́бость к Та́не,* il a de toute évidence un faible pour Tania.

СЛА́БЫЙ ∧— faible (*divers sens*). *Он слаб здоро́вьем,* il est faible de santé. *Она́ сла́бо улыбну́лась,* elle eut un faible sourire. *Он слаб по фи́зике,* il est faible en physique. *Оста́лись то́лько сла́бые наде́жды,* il ne reste qu'un faible espoir. *Э́то его́ сла́бая сторона́,* c'est son point faible.

СЛА́ВА **1.** gloire. *Орео́л сла́вы,* l'auréole de la gloire. **2.** réputation. *По́льзоваться дурно́й сла́вой,* avoir mauvaise réputation. ● **На сла́ву,** à merveille. *Уда́ться на сла́ву,* réussir à merveille. **Сла́ва бо́гу,** Dieu merci.

СЛА́ВНЫЙ **1.** glorieux. *Сла́вные по́двиги,* de glorieux faits d'armes. **2.** (*fam.*) excellent; bon. *Э́то сла́вная де́вушка,* c'est une brave fille. *Сла́вно пообе́дали,* nous avons fait un excellent repas.

СЛАВЯНИ́Н*, *pl.* славя́не, славя́н, славя́нам… Slave.

СЛАВЯ́НКА Slave.

СЛАВЯНОФИ́Л slavophile (*représentant d'un mouvement du XIX*ᵉ *siècle hostile aux influences occidentales*).

СЛАВЯ́НСКИЙ slave.

СЛАГА́ТЬ / **СЛОЖИ́ТЬ** \— **1.** (*livresque*) se décharger de (*fig.*). *Сложи́ть ору́жие,* déposer les armes. *Сложи́ть с себя́ вся́кую отве́тственность,* se décharger de toute responsabilité. **2.** composer. *Сложи́ть пе́сню,* composer une chanson.

СЛА́ДКИЙ ∧— , *comp.* сла́ще* **1.** sucré. *Сла́дкое блю́до,* un plat sucré. **2.** (*fig.*) doux. *Сла́дко спать,* dormir d'un doux sommeil. *Ему́ там не сла́дко жить,* la vie lui est dure là-bas. **3.** mielleux. *Сла́дкие ре́чи,* des propos mielleux. **4.** **СЛА́ДКОЕ** *subst. n.* dessert. *А на сла́дкое я возьму́ моро́женое,* Et comme dessert, je vais prendre une glace.

СЛА́МЫВАТЬ / **СЛОМИ́ТЬ** \— briser (*propr. et fig.*). *Сломи́ть ве́тку,* casser une branche. *Сломи́ть сопротивле́ние,* vaincre la résistance. ● **Сломя́ го́лову,** comme un dératé. *Бежа́ть сломя́ го́лову,* courir comme un dératé.

СЛАТЬ* II, шлю, шлёшь… envoyer. *Шлю вам серде́чный приве́т,* Avec mes salutations cordiales.

СЛА́ЩЕ comp. de « сла́дкий ».

СЛЕ́ВА *adv.* à gauche, de gauche. *Сле́ва от доро́ги,* à gauche de la route. *Сле́ва напра́во,* de gauche à droite.

СЛЕГКА́ *adv.* légèrement. *Слегка́ нахму́риться,* froncer légèrement les sourcils.

СЛЕД*, *loc.* следу́ _∠— (*voir la remarque*) trace. *Идти́ по следа́м медве́дя,* suivre les traces d'un ours. *Исче́знуть без следа́,* disparaître sans laisser de traces.

REMARQUE. Au génitif, l'accent n'est initial qu'à la forme irrégulière « сле́ду* ». La forme « следа́ », par contre, est accentuée sur la finale.

СЛЕДИ́ТЬ / **ПРОСЛЕДИ́ТЬ** **1.** suivre (*observer*). *Следи́ть за поплавко́м,* suivre des yeux le bouchon (*pêche*). *Следи́ть за хо́дом де́ла,* suivre la marche d'une affaire. **2.** surveiller. *Следи́ть за детьми́,* surveiller les enfants. *Он знал, что за ним следя́т,* il se savait surveillé. **3.** veiller à. *Следи́ть за поря́дком,* veiller à ce qu'il n'y ait pas de désordre.

СЛЕ́ДОВАТЕЛЬ (*quelquefois accompagné de l'adjectif* « суде́бный ») *m.* juge d'instruction.

СЛЕ́ДОВАТЕЛЬНО *adv.* par conséquent.

СЛЕ́ДОВАТЬ / ПОСЛЕ́ДОВАТЬ
1. (за + *instr.*) suivre (*venir après*).
2. (+ *dat.*) suivre (*se conformer à*).
3. partir, venir (*en parlant d'un train*).
4. s'ensuivre, découler.
5. falloir // être exigible (*à propos d'une somme d'argent*).

1. *Он сле́довал за мной повсю́ду*, il me suivait partout. *Продолже́ние сле́дует*, A suivre. **2.** *Сле́довать сове́там врача́*, suivre les conseils du médecin. *Сле́довать мо́де*, suivre la mode. **3.** *По́езд сле́дует до Калу́ги без остано́вки*, train direct pour Kalouga. *По́езд, сле́дующий из Ленингра́да, опозда́л на два́дцать мину́т*, le train venant de Leningrad a un retard de vingt minutes. **4.** *Из э́того сле́дует, что*, il s'ensuit que. **5.** *Как и сле́довало ожида́ть*, comme il fallait s'y attendre. *Сообщу́, кому́ сле́дует*, je vais le signaler à qui de droit. *Не сле́дует говори́ть об э́том*, il ne faut pas en parler. // *Ско́лько с нас сле́дует?*, Combien devons-nous ?

СЛЕ́ДОМ *adv.* derrière, sur les traces de. *Он шёл сле́дом за мной*, il me suivait.

СЛЕ́ДСТВИЕ **1.** conséquence. *Нет сле́дствия без причи́ны*, il n'y a pas d'effet sans cause. **2.** enquête (*judiciaire*). *Вести́ сле́дствие*, mener l'enquête.

СЛЕ́ДУЮЩИЙ suivant. *На сле́дующий день*, le jour suivant. *Сле́дующим о́бразом*, de la manière suivante.

СЛЕЗА́, *pl.* слёзы, слёз, слеза́м... larme. *Пролива́ть слёзы*, verser des larmes. *Пла́кать го́рькими слеза́ми*, pleurer à chaudes larmes. *Крокоди́ловы слёзы*, des larmes de crocodile.

СЛЕЗА́ТЬ / СЛЕЗТЬ* IV, слéзу, слéзешь...; слез, слéзла... descendre (*en s'aidant des mains*). *Слезть с де́рева*, descendre de l'arbre. *Слезть с ло́шади*, descendre de cheval.

/ **СЛЕЗТЬ** v. слеза́ть.

СЛЕ́ПНУТЬ* III / **ОСЛЕ́ПНУТЬ*** III perdre la vue.

СЛЕПО́Й aveugle. *Ма́льчик, слепо́й от рожде́ния*, un garçon aveugle de naissance. // (*Fig.*) *Слепо́е дове́рие*, une confiance aveugle. // (*Subst.*) *Учи́лище для слепы́х*, école pour aveugles.

СЛЕ́САРЬ*, *nom. pl.* слесаря́ *m.* **1.** serrurier. **2.** ajusteur.

/ **СЛЕЧЬ*** IV, сля́гу, сля́жешь..., сля́гут; слёг, слегла́... (*fam.*) s'aliter. *Она́ простуди́лась и на друго́й день слегла́*, elle a pris froid et le lendemain elle était au lit.

СЛИ́ВА **1.** prunier. **2.** prune.

СЛИВА́ТЬСЯ / СЛИ́ТЬСЯ* II, солью́сь, сольёшься...; сли́лся, слила́сь... ; сле́йся se fondre, fusionner. *Э́ти колхо́зы ско́ро солью́тся*, ces kolkhozes vont prochainement fusionner.

СЛИ́ВКИ, сли́вок, сли́вкам... *pl. t.* crème fraîche. *Ко́фе со сли́вками*, café crème.

/ **СЛИ́ТЬСЯ** v. слива́ться.

СЛИ́ШКОМ *adv.* trop. *Э́то сли́шком до́рого*, c'est trop cher. *Сли́шком тру́дный вопро́с*, une question trop difficile. *Ну, э́то уж сли́шком!*, Ah, c'est trop fort ! ● **Сли́шком мно́го** (+ *gén.*), trop de. *Сли́шком мно́го забо́т*, trop de soucis.

СЛОВА́РЬ *m.* **1.** dictionnaire. *Ру́сско-францу́зский слова́рь*, dictionnaire russe-français. *Переводи́ть с по́мощью словаря́*, traduire à l'aide d'un dictionnaire. **2.** lexique, vocabulaire (*divers sens*). *Сбо́рник те́кстов со словарём*, un recueil de textes avec lexique. *Располага́ть бога́тым словарём*, disposer d'un riche vocabulaire.

СЛО́ВНО *conj.* **1.** comme. *Пла́чет, сло́вно ребёнок*, il pleure comme un gosse. **2.** (*fam.*) comme si. *А он всё идёт да́льше, сло́вно ничего́ не слы́шит*, et il continuait sa route comme s'il n'entendait rien.

СЛО́ВО **1.** mot, terme. *Поря́док слов во фра́зе*, l'ordre des mots dans la phrase. *Он не сказа́л ни сло́ва*, il n'a pas dit un seul mot. *Мне ну́жно сказа́ть вам два сло́ва*, J'ai deux mots à vous dire. *Одни́м сло́вом*, en un mot. *Перевести́ сло́во в сло́во*, traduire mot à mot. *Игра́ слов*, un jeu de mots. *Други́ми слова́ми*, en d'autres termes. **2.** parole (*divers sens*). *Рома́нс Бородина́ на слова́ Пу́шкина*, une romance de Borodine sur des paroles de Pouchkine. *Сло́во — серебро́, молча́ние — зо́лото*, la parole est d'argent mais le silence est d'or. *Без слов* (*accompagnant un dessin humoristique*), histoire sans paroles. *Проси́ть сло́ва*, demander la parole. *Сло́во име́ет това́рищ Петро́в*, La parole est à M. Petrov. *Пове́рить кому́-нибудь на́ слово*, croire qqn sur parole. *Че́стное сло́во*, Ma parole d'honneur. *Дать сло́во*, donner sa parole. ● **Но́вое сло́во в** (+ *loc.*), quelque chose de nouveau. *Но́вое сло́во в раке́тной те́хнике*, un procédé nouveau dans la technique des fusées. **Слов нет,** il n'y a pas à dire. « **Сло́во о полку́ И́гореве** », « le Dict du régiment d'Igor ».

Remarque. L'accent passe sur la préposition dans l'expression « ве́рить на́ слово ».

СЛОВОСОЧЕТА́НИЕ groupe de mots (*dans une phrase*).

СЛОГ syllabe. *Ударе́ние па́дает на пе́рвый слог*, l'accent frappe la première syllabe.

/ **СЛОЖИ́ТЬ** v. скла́дывать et слага́ть.

/ **СЛОЖИ́ТЬСЯ** v. скла́дываться.

СЛО́ЖНЫЙ complexe. *О́чень сло́жная зада́ча*, un problème fort complexe.

СЛОЙ *m.* couche (*ensemble d'éléments situés à un même niveau*). *Ве́рхние слои́ атмосфе́ры*, les couches supérieures de l'atmosphère. *Широ́кие слои́ населе́ния*, de larges couches de la population.

/ **СЛОМА́ТЬ** v. лома́ть.

/ **СЛОМИ́ТЬ** v. сла́мывать.

СЛОН éléphant. ● **Де́лать из му́хи слона́,** en faire tout un plat.

СЛОНО́ВЫЙ d'éléphant. *Слоно́вый клык*, une défense d'éléphant. ● **Слоно́вая кость,** l'ivoire. *Изде́лия из слоно́вой ко́сти*, des objets en ivoire.

СЛОНЯ́ТЬСЯ flâner (*aller sans but*). *Слоня́ться без де́ла*, se traîner sans savoir quoi faire.

СЛУГА́ serviteur, domestique.

СЛУ́ЖАЩАЯ *adj. subst. f.* employée.

СЛУ́ЖАЩИЙ *adj. subst. m.* employé. *Забасто́вка госуда́рственных слу́жащих во Фра́нции*, grève des fonctionnaires en France.

СЛУ́ЖБА service (*divers sens*). *Сослужи́ть слу́жбу*, rendre un service. *Быть на вое́нной слу́жбе*, être au service militaire. *Верну́ться со слу́жбы*, rentrer de son travail.

СЛУЖЕ́БНЫЙ de service. *Звони́те в служе́бные часы́*, Téléphonez aux heures de service.

СЛУЖИ́ТЬ / **ПОСЛУЖИ́ТЬ** **1.** servir. *Служи́ть наро́ду*, servir son pays. *Служи́ть во фло́те*, servir dans la marine. *Служи́ть приме́ром*, servir d'exemple. **2.** faire le beau. *Жу́чка, служи́ть!*, Joutchka, le beau ! ● **Чем могу́ служи́ть?,** En quoi puis-je vous être utile ?

СЛУХ **1.** ouïe. *У него́ нет слу́ха*, il n'a pas d'oreille. *Име́ть то́нкий слух*, avoir l'oreille fine. **2.** bruit (*nouvelle*). *Слух идёт, что его́ арестова́ли*, le bruit court qu'il a été arrêté. *Пусти́ть слух*, faire courir un bruit. ● **Ни слу́ху ни ду́ху,** aucune nouvelle. *О нём ни слу́ху ни ду́ху,* on n'a aucune nouvelle de lui.

СЛУ́ЧАЙ *m.* **1.** hasard (*événement imprévu*) ; cas. *На вся́кий слу́чай,* à tout hasard. *В тако́м слу́чае,* dans ce cas. *В проти́вном слу́чае,* dans le cas contraire. *Во вся́ком слу́чае,* en tout cas. *Ни в ко́ем слу́чае,* en aucun cas. *В слу́чае на́добности,* en cas de besoin. *Расскажу́ вам слу́чай, како́й был со мной в про́шлом году́,* Je vais vous raconter ce qui m'est arrivé l'an passé. **2.** occasion (*circonstance favorable*). *Е́сли предста́вится слу́чай,* si l'occasion se présente. *Воспо́льзоваться слу́чаем,* profiter de l'occasion. ● **Несча́стный слу́чай,** accident. **По слу́чаю,** d'occasion. *Купи́ть что́-нибудь по слу́чаю,* acheter qqch. d'occasion.

СЛУЧА́ЙНЫЙ fortuit. *Случа́йное схо́дство,* une ressemblance fortuite. *Случа́йная встре́ча,* une rencontre due au hasard. *Мы случа́йно встре́тились,* nous nous sommes rencontrés par hasard.

СЛУЧА́ТЬСЯ / СЛУЧИ́ТЬСЯ se passer, arriver. *Что с ним случи́лось?,* Qu'est-ce qui lui est arrivé ? *С ним случи́лось несча́стье,* il lui est arrivé un malheur.

/ **СЛУЧИ́ТЬСЯ** v. случа́ться.

СЛУ́ШАТЕЛЬ *m.* auditeur. *Слу́шатели ра́дио,* les auditeurs de la radio.

СЛУ́ШАТЕЛЬНИЦА auditrice.

СЛУ́ШАТЬ / ПОСЛУ́ШАТЬ écouter. *Слу́шать ра́дио,* écouter la radio. *Я вас слу́шаю,* Je vous écoute. *Слу́шать не хо́чет,* il ne veut pas écouter ce qu'on lui dit.

СЛУ́ШАТЬСЯ / ПОСЛУ́ШАТЬСЯ (+ *gén.*) obéir. *Слу́шаться роди́телей,* obéir à ses parents.

СЛЫХА́ТЬ (*fam.*) entendre.

Remarque. Le présent du verbe « слыха́ть » est inusité. Au passé, il exprime une action brève et occasionnelle.

СЛЫ́ШАТЬ* I, слы́шу, слы́шишь... / **УСЛЫ́ШАТЬ*** I (*id.*) **1.** entendre. *Я вас не слы́шу,* Je ne vous entends pas. **2.** entendre dire. *Я слы́шал, что он ско́ро вернётся в Москву́,* j'ai entendu dire qu'il reviendrait bientôt à Moscou. **3.** (*fam.*) sentir. *Стра́нно па́хнет, слы́шите?,* Il y a une drôle d'odeur, vous sentez ?

СЛЫ́ШАТЬСЯ* I, слы́шится, слы́шатся / **ПОСЛЫ́ШАТЬСЯ*** (*id.*) se faire entendre. *Слы́шался смех в сосе́дней ко́мнате,* on entendait rire dans la pièce voisine.

СЛЫ́ШНЫЙ **1.** audible. *Е́ле слы́шный шёпот,* un chuchotement à peine audible. **2.** (*forme courte seulement*) on entend. *Слы́шны шаги́ в коридо́ре,* on entend des pas dans le couloir. *Слы́шен шёпот,* on entend un chuchotement. *Отсю́да хорошо́ слы́шно,* d'ici, on entend bien. **3.** (*forme courte seulement*) on entend dire. *О нём давно́ ничего́ не слы́шно,* il y a longtemps qu'on n'entend plus parler de lui.

СЛЮНА́ salive, bave. *Бры́згать слюно́й,* lancer des postillons.

СЛЮ́НИ, слюне́й, слюня́м..., *et* **СЛЮ́НКИ,** слю́нок, слю́нкам... *pl. t.* salive. *Так вку́сно па́хнет, что слю́нки теку́т,* ça sent bon, à vous mettre l'eau à la bouche.

/ **СМА́ЗАТЬ** v. сма́зывать.

СМА́ЗЫВАТЬ / СМА́ЗАТЬ* II, сма́жу, сма́жешь... **1.** graisser. *Сма́зать колёса,* graisser les roues. **2.** badigeonner (*méd.*). *Сма́зать цара́пину йо́дом,* passer de la teinture d'iode sur une égratignure.

/ **СМАСТЕРИ́ТЬ** v. мастери́ть.

СМА́ХИВАТЬ / СМАХНУ́ТЬ faire tomber (*d'un geste brusque*). *Смахну́ть пыль,* secouer la poussière. *Ре́зким движе́нием он смахну́л стака́н со стола́,* d'un mouvement brusque, il fit tomber un verre.

/ **СМАХНУ́ТЬ** v. сма́хивать.

СМЕ́ЖНЫЙ voisin, adjacent. *Сме́жные ко́мнаты*, des pièces voisines. // (*Fig.*) *Сме́жные поня́тия*, des notions voisines.

СМЕКА́ЛКА (*fam.*) vivacité d'esprit. *Э́то тре́бует смека́лки*, il faut avoir de l'idée.

СМЕ́ЛОСТЬ *f.* audace. *Не хвати́ло сме́лости*, j'ai manqué d'audace. ● **Взять на себя́ сме́лость** (+ *inf.*), prendre la liberté de. **Сме́лость города́ берёт,** à cœur vaillant, rien d'impossible.

СМЕ́ЛЫЙ 1. audacieux, hardi. *Сме́лые моряки́*, de hardis navigateurs. *Сме́лый прое́кт*, un projet audacieux. *Мо́жно сме́ло сказа́ть*, on peut dire sans hésiter. 2. osé. *Сме́лая шу́тка*, une plaisanterie osée.

СМЕ́НА 1. remplacement, relève. *Сме́на часовы́х*, la relève de la garde. *Сме́на дня и но́чи*, la succession du jour et de la nuit. 2. linge de rechange. *Две сме́ны белья́*, de quoi se changer deux fois. 3. équipe (*de jour, de nuit*...). *Пришла́ ночна́я сме́на*, l'équipe de nuit est arrivée. 4. temps de travail d'une équipe. *Рабо́тать в ночну́ю сме́ну*, travailler de nuit. *Ходи́ть в шко́лу во втору́ю сме́ну*, être du groupe qui va à l'école l'après-midi.

/ **СМЕНИ́ТЬ** v. меня́ть et сменя́ть.

/ **СМЕНИ́ТЬСЯ** v. меня́ться.

СМЕНЯ́ТЬ / СМЕНИ́ТЬ, *part.* сменённый changer, remplacer. *Смени́ть кварти́ру*, changer d'appartement. *Смени́ть бельё*, changer de linge. *Смени́ть часово́го*, relever la sentinelle.

/ **СМЕ́РИТЬ** v. ме́рить.

СМЕРКА́ТЬСЯ / СМЕ́РКНУТЬСЯ* III, commencer à faire sombre. *Смерка́ется*, la nuit tombe.

/ **СМЕ́РКНУТЬСЯ** v. смерка́ться.

СМЕРТЕ́ЛЬНЫЙ mortel (*divers sens*). *Смерте́льная ра́на*, une blessure mortelle. *Смерте́льный враг*, un ennemi mortel. *Смерте́льная ску́ка*, un ennui mortel. *Смерте́льно скуча́ть*, s'ennuyer à en mourir.

СМЕ́РТНЫЙ 1. capitale (*qui entraîne la mort*). *Сме́ртный пригово́р*, une condamnation à mort. *Сме́ртная казнь*, la peine capitale. 2. mortel (*divers sens*). *Все лю́ди сме́ртны*, tous les hommes sont mortels. *Сме́ртный враг*, un ennemi mortel. *Сме́ртная ску́ка*, un ennui mortel. *Сме́ртный грех*, un péché mortel. 3. *subst.* mortel. *Просто́й сме́ртный*, un simple mortel.

СМЕРТЬ *f.* 1. mort. *Есте́ственная смерть*, une mort naturelle. *Наси́льственная смерть*, une mort violente. *Приговори́ть к сме́рти*, condamner à mort. *Двух смерте́й не быва́ть, а одно́й не минова́ть*, on ne meurt qu'une fois. 2. *adv.* (*fam.*) d'une manière exceptionnelle. *Смерть как пить хо́чется*, C'est terrible ce que j'ai soif. ● **Быть при́ смерти,** être à l'agonie. **До́ смерти** (*fam.*), au plus haut point. *Она́ их до́ смерти бои́тся*, elle en a terriblement peur.

REMARQUE. L'accent passe sur la préposition dans les expressions « до́ смерти » et « при́ смерти ».

СМЕСЬ *f.* mélange. *Взры́вчатая смесь*, un mélange explosif.

СМЕТА́НА crème fermentée.

СМЕТЬ / ПОСМЕ́ТЬ oser. *Он не смел войти́*, il n'osait pas entrer.

СМЕХ rire. *Не удержа́ться от сме́ха*, ne pas pouvoir s'empêcher de rire. *Покати́ться со́ смеху**, éclater de rire. *Сме́ха ра́ди* ou *сме́ху* ра́ди*, histoire de rire. *Мне не до сме́ха*, je n'ai pas envie de rire. ● **Подня́ть кого́-нибудь на́ смех,** tourner qqn en ridicule.

REMARQUE. L'accent passe sur la préposition dans les groupes « на́ смех » et « со́ смеху ».

СМЕ́ШАННЫЙ 1. mêlé. *Сме-*

ша́нные поро́ды, des races mêlées. **2.** mixte. *Сме́шанная коми́ссия*, une commission mixte.

/ **СМЕША́ТЬ** v. меша́ть et сме́шивать.

СМЕ́ШИВАТЬ / СМЕША́ТЬ 1. mêler, mélanger. *Смеша́ть кра́ски*, mélanger les couleurs. *Кто смеша́л все мои́ бума́ги?*, Qui m'a mélangé tous mes papiers? *Смеша́ться с толпо́й*, se mêler à la foule. **2.** confondre. *Их нельзя́ смеша́ть*, on ne peut pas les confondre.

СМЕШИ́ТЬ / РАССМЕШИ́ТЬ faire rire. *Он всех смеши́л свои́ми шу́тками*, il faisait rire tout le monde avec ses plaisanteries.

СМЕШНО́Й, смешо́н, смешна́, смешно́, смешны́ **1.** comique, drôle. *Смешно́й анекдо́т*, une histoire drôle. *Он э́то смешно́ расска́зывал*, il racontait cela d'une manière fort drôle. *Мне то́же ста́ло смешно́*, il me prit envie de rire à moi aussi. **2.** ridicule. *Попа́сть в смешно́е положе́ние*, se mettre dans une situation ridicule. *Э́то про́сто смешно́*, c'est simplement ridicule. *Тут нет ничего́ смешно́го*, il n'y a là rien de drôle.

СМЕЯ́ТЬСЯ* II, смею́сь, смеёшься... / **ЗАСМЕЯ́ТЬСЯ*** II (*id.*) **1.** rire (*divers sens*). *Смея́ться до слёз*, rire aux larmes. *Не́чего смея́ться*, il n'y a pas de quoi rire. *Вы смеётесь*, Vous voulez rire. **2.** (*le plus souvent avec* над + *instr.*) se moquer de. *Он смеётся над на́ми*, il se moque de nous.

СМИ́РНЫЙ tranquille, paisible. *Сми́рного хара́ктера*, de caractère paisible. *Вести́ себя́ сми́рно*, se tenir tranquille. ● **Сми́рно!** (*commandement militaire*), Fixe!

СМОЛА́ résine. *Кора́ покры́та ка́плями смолы́*, l'écorce est couverte de gouttes de résine. *Синтети́ческие смо́лы*, des résines synthétiques.

/ **СМОЛО́ТЬ** v. моло́ть.

СМОРКА́ТЬСЯ / ВЫ́СМОРКАТЬСЯ se moucher.

СМОРО́ДИНА 1. (*arbuste*) groseiller *ou* cassis. **2.** (*fruit; pas de pl.*) groseille(s), cassis. *Кра́сная сморо́дина*, groseilles rouges. *Бе́лая сморо́дина*, groseilles blanches. *Чёрная сморо́дина*, cassis.

/ **СМО́РЩИТЬ** v. мо́рщить.

/ **СМО́РЩИТЬСЯ** v. мо́рщиться.

СМОТР*, *loc.* смотру́ revue (*militaire...*). *Смотр войска́м*, une revue militaire.

СМОТРЕ́ТЬ* I, смотрю́, смо́тришь... / **ПОСМОТРЕ́ТЬ*** I (*id.*)
1. (*le plus souvent suivi de* на + *acc.*) regarder.
2. (+ *acc.*) voir, regarder (*un spectacle*).
3. (на + *acc.*) considérer (*avoir une opinion*).
4. (за + *instr.*) surveiller.
5. (*surtout à l'impératif*) faire attention.
6. (+ *instr.*) avoir un air.
7. (на + *acc.*) donner (*en parlant des fenêtres...*).

1. *Смотре́ть на часы́*, regarder sa montre. *Он смотре́л на меня́ с удивле́нием*, il me regardait avec étonnement. *Смотре́ть в окно́*, regarder par la fenêtre. *Смотре́ться в зе́ркало*, se regarder dans la glace. *Смотре́ть опа́сности в глаза́*, regarder le danger en face. **2.** *Вы смотре́ли фильм «Балла́да о солда́те»?*, Vous avez vu le film « la Ballade du soldat »? *Смотре́ть телеви́зор*, regarder la télévision. **3.** *Как вы на э́то смо́трите?*, Qu'est-ce que vous en pensez? *Мать смотре́ла на него́ как на ге́ния*, sa mère le considérait comme un génie. **4.** *Смотре́ть за детьми́*, surveiller les enfants. *Смотре́ть за поря́дком*, veiller à ce que tout soit en ordre. *Смотре́ть за больны́м*, garder un malade. **5.** *Смотри́, не упади́*, Fais attention à ne pas tomber. *Смотри́те, не опозда́йте,* Tâchez de ne pas être en retard. *Смотри́, чтóбы не́ было неприя́тностей,* Fais attention qu'il n'y ait pas d'histoires. **6.** *Смотре́ть молодцóм,* avoir un air décidé. **7.** *Óкна смóтрят на у́лицу,* les fenêtres donnent sur la rue. ● **Смотре́ть в óба,** ouvrir l'œil (*se tenir sur ses gardes*). **Смотре́ть на что́-нибудь сквозь па́льцы,** fermer les yeux sur qqch.

REMARQUE. Pour l'emploi de la forme « смотря́ », voir ce mot.

СМОТРИ́ТЕЛЬ *m.* (*arch.*) surveillant. « *Станциóнный смотри́тель* » *Пу́шкина,* « le Maître de poste » de Pouchkine.

СМОТРЯ́ *adv.* cela dépend. *Смотря́ где,* ça dépend où. *Смотря́ как,* c'est selon. *Смотря́ какóй,* ça dépend lequel. ● **Смотря́ по** (+ *dat.*) *prép.* selon. *Смотря́ по обстоя́тельствам,* selon les circonstances.

/ **СМОЧЬ** v. мочь.

СМУ́ГЛЫЙ basané. *Сму́глое лицó,* un visage basané.

/ **СМУТИ́ТЬ** v. смущáть.

СМУ́ТНЫЙ trouble, confus. *Я имéю об э́том сму́тное представлéние,* je n'en ai qu'une idée vague. *Сму́тно пóмню,* je ne m'en souviens pas très bien. ● **Сму́тное врéмя** (*hist.*), époque des troubles (1605-1613).

СМУЩА́ТЬ / СМУТИ́ТЬ (т → щ) rendre confus, troubler. *Её взгляд смущáл меня́,* son regard me troublait.

СМУЩЕ́НИЕ trouble, confusion (*dus à une émotion*). *Покраснéть от смущéния,* rougir de confusion.

СМЫСЛ sens, signification. *В прямóм смы́сле,* au sens propre. *В перенóсном смы́сле,* au sens figuré. *Э́то не имéет смы́сла,* cela n'a pas de sens. *Нет смы́сла тудá поéхать,* A quoi bon y aller? ● **В смы́сле,** au point de vue. *В нрáвственном смы́сле,* au point de vue moral. *В смы́сле техни́ческого обору́дования,* en ce qui concerne l'équipement technique. **Здрáвый смысл,** le bon sens. *Ни кáпельки здрáвого смы́сла,* pas un brin de bon sens.

СМЫЧÓК archet.

СМЯГЧА́ТЬ / СМЯГЧИ́ТЬ **1.** amollir, adoucir. *Смягчáть кóжу,* adoucir la peau. **2.** (*fig.*) adoucir. *Смягчи́ть нрáвы,* adoucir les mœurs. **3.** (*fig.*) atténuer. *Смягчи́ть боль,* atténuer la douleur.

СМЯГЧА́ЮЩИЙ atténuant. *Смягчáющие обстоя́тельства,* circonstances atténuantes.

/ **СМЯГЧИ́ТЬ** v. смягчáть.

/ **СМЯТЬ** v. мять.

/ **СНАБДИ́ТЬ** v. снабжáть.

СНАБЖА́ТЬ / СНАБДИ́ТЬ munir. *Снабди́ть когó-нибудь всем необходи́мым,* munir qqn de tout le nécessaire. *Снабжáть фáбрику сырьём,* fournir les matières premières à une usine.

СНАБЖЕ́НИЕ approvisionnement. *Снабжéние бензи́ном,* l'approvisionnement en essence.

СНАРУ́ЖИ **1.** *adv.* du dehors, au-dehors. *Внутри́ бы́ло холоднée, чем снару́жи,* à l'intérieur, il faisait plus froid qu'au-dehors. **2.** (+ *gén.*) *prép.* *Снару́жи здáния,* en dehors du bâtiment.

СНАРЯ́Д obus. *Ря́дом разорвáлся снаря́д,* un obus éclata tout près. *Оскóлок снаря́да,* un éclat d'obus.

СНАЧА́ЛА *adv.* au début. *Сначáла всё шлó хорошó,* au début, tout allait bien.

СНЕГ*, *loc.* снегу́; *nom. pl.* снегá neige. *Хлóпья снéга,* des flocons de neige. *Нóчью вы́пал снег,* il est tombé de la neige cette nuit. *Идёт снег,* il neige. ● **Как прошлогóдний снег,** comme une chose totalement inutile. *Он э́тим интересу́ется как прошлогóдним снéгом,* il s'en moque comme de sa première chemise. **Как снег нá голову,** sans crier gare. *Свали́ться как снег нá голову,* arriver sans crier gare.

СНЕЖИ́НКА flocon de neige. *В во́здухе кружи́лись снежи́нки*, des flocons de neige tournoyaient dans l'air.

СНЕ́ЖНЫЙ de neige, neigeux. *Сне́жная ба́ба*, un bonhomme de neige. *Сне́жная зима́*, un hiver neigeux.

СНЕЖО́К **1.** dim. de « снег ». **2.** boule de neige. *Игра́ть в снежки́*, jouer aux boules de neige.

/ **СНЕСТИ́** v. сноси́ть et нести́.

СНИЖА́ТЬ/СНИ́ЗИТЬ abaisser, baisser (*propr. et fig.*). *Сни́зить себесто́имость*, abaisser le prix de revient. *Сни́зить це́ны*, baisser les prix. *Сни́зить тон*, baisser le ton.

СНИЖА́ТЬСЯ / СНИ́ЗИТЬСЯ descendre, baisser. *Температу́ра сни́зилась*, la température a baissé. *Самолёт снижа́ется*, l'avion descend.

СНИЖЕ́НИЕ baisse. *Сниже́ние ка́чества*, une baisse de la qualité.

/ **СНИ́ЗИТЬ** v. снижа́ть.

/ **СНИ́ЗИТЬСЯ** v. снижа́ться.

СНИ́ЗУ *adv.* d'en bas, en bas. *Сни́зу вверх*, de bas en haut. *Пя́тая строка́ сни́зу*, la cinquième ligne en partant du bas.

> **СНИМА́ТЬ / СНЯТЬ*** IV, сниму́, сни́мешь... ; снял, сняла́, сня́ло, сня́ли ; сня́тый, снят, снята́, сня́то, сня́ты
> **1.** enlever, ôter.
> **2.** ramasser (*la récolte*).
> **3.** lever (*le siège*...).
> **4.** révoquer.
> **5.** louer (*prendre à loyer*).
> **6.** établir (*un plan*...).
> **7.** tourner (*un film*), faire (*une photographie*).

1. *Снять карти́ну со стены́*, enlever le tableau qui pend au mur. *Снять ска́терть*, enlever la nappe. *Снять га́лстук*, enlever sa cravate. *Снять очки́*, quitter ses lunettes. **2.** *Снять урожа́й*, faire la moisson. *Снять я́блоки в саду́*, ramasser les pommes du verger. **3.** *Снять оса́ду*, lever le siège. *Снять карау́л*, supprimer un poste de garde. **4.** *Его́ сня́ли с рабо́ты*, il a été révoqué. **5.** *Снять ко́мнату*, louer une chambre. *Снять да́чу*, louer une datcha. **6.** *Снять ко́пию с докуме́нта*, établir la copie d'un document. **7.** *Снять кинокарти́ну*, tourner un film. *Хоти́те, я вас сниму́?*, Vous voulez que je vous prenne ? ● **Как руко́й сня́ло,** c'est passé comme par miracle (*en parlant d'une douleur*).

СНИ́МОК photographie. *Сде́лать сни́мок*, faire une photo.

СНИСХОДИ́ТЕЛЬНОСТЬ *f.* indulgence. *Прояви́ть снисходи́тельность*, faire preuve d'indulgence. *Ва́ша снисходи́тельность ко мне*, votre indulgence à mon égard.

СНИСХОДИ́ТЕЛЬНЫЙ indulgent. *Вы сли́шком снисходи́тельны к его́ оши́бкам*, Vous êtes trop indulgent pour ses fautes.

СНИ́ТЬСЯ / ПРИСНИ́ТЬСЯ être vu en rêve. *Мне присни́лся стра́шный сон*, j'ai eu un rêve affreux. *Мне сни́лись огро́мные тарака́ны*, je voyais en rêve des cafards énormes.

СНО́ВА *adv.* de nouveau. *Он сно́ва заболе́л*, il est de nouveau malade. *Нача́ть сно́ва*, recommencer.

СНОВИДЕ́НИЕ (*livresque*) rêve.

СНОП gerbe. *Ржано́й сноп*, une gerbe de seigle. // (*Fig.*) *Сноп искр*, une gerbe d'étincelles.

СНОРО́ВКА habileté manuelle due à une longue pratique. *Тут нужна́ больша́я сноро́вка*, il faut vraiment savoir s'y prendre.

> **СНОСИ́ТЬ** / **СНЕСТИ́*** IV, снесу́, снесёшь... ; снёс, снесла́... ; снесённый ; снеся́
> **1.** porter.
> **2.** emporter.
> **3.** démolir.
> **4.** supporter.

1. *Снести́ пи́сьма на по́чту*, porter des lettres à la poste. *Снести́ мешки́ на склад*, porter des sacs à l'entrepôt. 2. *Водо́й снесло́ плоти́ну*, le barrage a été emporté par les eaux. *Ве́тер снёс кры́шу*, le toit a été emporté par le vent. 3. *Снести́ ста́рый дом*, démolir une vieille maison. 4. *Мо́лча снести́ оскорбле́ние*, supporter un affront sans rien dire.

СНО́СНЫЙ, *comp.* сноснée supportable. *Сно́сные усло́вия*, des conditions acceptables.

СНОТВО́РНЫЙ somnifère. // **СНОТВО́РНОЕ** *subst. n. Приня́ть снотво́рное*, prendre un somnifère.

/ **СНЯТЬ** v. снима́ть.

СО voir с.

СОБА́КА chien. *Охо́тничья соба́ка*, un chien de chasse. *Поро́дистая соба́ка*, un chien de race. • **Жить как ко́шка с соба́кой,** vivre comme chien et chat. **Он на э́том соба́ку съел,** il s'y entend. **Соба́ка ла́ет, ветер но́сит,** les chiens aboient, la caravane passe.

СОБА́ЧИЙ *adj. d'appart.* de chien. *Соба́чья жизнь*, une vie de chien. *Соба́чий хо́лод*, un froid de loup. *Соба́чий сын*, fils de chien.

СОБА́ЧКА (*dim. de* « собáка ») petit chien. « *Да́ма с соба́чкой* » *Че́хова*, « la Dame au petit chien » de Tchekhov.

СОБЕСЕ́ДНИК interlocuteur.

СОБИРА́ТЕЛЬ *m.* collectionneur. *Собира́тель карти́н*, un collectionneur de tableaux.

СОБИРА́ТЬ / СОБРА́ТЬ* IV, соберу́, соберёшь... ; собра́л, собрала́, собра́ло, собра́ли
1. réunir.
2. ramasser.
3. assembler, monter.
4. préparer.

1. *Собра́ть колхо́зников*, réunir les kolkhoziens. *Собра́ть колле́кцию ма́рок*, faire une collection de timbres. *Собра́ть 98% голосо́в*, obtenir 98% des voix. 2. *Собира́ть грибы́*, ramasser des champignons. *Собра́ть хоро́ший урожа́й*, faire une bonne récolte. 3. *Собра́ть телеви́зор*, monter un poste de télévision. 4. *Собра́ть ве́щи в доро́гу*, préparer ses affaires pour le voyage.

СОБИРА́ТЬСЯ / СОБРА́ТЬСЯ* IV, соберу́сь, соберёшься... ; собра́лся, собрала́сь... 1. v. собира́ть. 2. se préparer à aller. *Мы собира́лись в кино́*, nous nous préparions à aller au cinéma. • **Собра́ться с ду́хом,** rassembler tout son courage.

СОБЛАЗНИ́ТЕЛЬНЫЙ séduisant. *Соблазни́тельная же́нщина*, une femme séduisante. *Соблазни́тельные перспекти́вы*, des perspectives séduisantes.

/ **СОБЛАЗНИ́ТЬ** v. соблазня́ть.

СОБЛАЗНЯ́ТЬ / СОБЛАЗНИ́ТЬ séduire. *Его́ предложе́ние меня́ соблазни́ло*, sa proposition m'a séduit.

СОБЛЮДА́ТЬ / СОБЛЮСТИ́* IV, соблюду́, соблюдёшь... ; соблю́л, соблюла́... ; соблюдённый; соблюдя́ observer, respecter. *Соблюда́ть зако́н*, respecter la loi. *Соблюда́ть дисципли́ну*, se plier à la discipline. *Соблюда́ть дие́ту*, observer la diète.

/ **СОБЛЮСТИ́** v. соблюда́ть.

СОБО́Й 1. v. себя́. 2. *particule de renforcement*, ne se traduit généralement pas. *Она́ хороша́ собо́й*, elle est fort jolie.

СОБОЛЕ́ЗНОВАНИЕ condoléances. *Вы́разить своё соболе́знование*, présenter ses condoléances.

СО́БОЛЬ(*) 1. zibeline (*animal*). 2. *nom. pl.* соболя́ zibeline (*fourrure*).

СОБО́Р cathédrale, église. *Кремлёвские собо́ры*, les églises du Kremlin. *Собо́р Васи́лия Блаже́нного*, l'église Basile-le-Bienheureux.

СОБРА́НИЕ **1.** réunion. *Иду́ на собра́ние*, je vais à la réunion. **2.** assemblée (*corps constitué*). *Законода́тельное собра́ние*, une assemblée législative. **3.** collection, ensemble. *Собра́ние дре́вних моне́т*, une collection de pièces de monnaie anciennes. *По́лное собра́ние сочине́ний Ле́рмонтова*, œuvres complètes de Lermontov.

/ **СОБРА́ТЬ** v. собира́ть.

/ **СОБРА́ТЬСЯ** v. собира́ться.

СО́БСТВЕННО *adv.* • **Со́бственно говоря́** *ou* **со́бственно,** à proprement parler.

СО́БСТВЕННОСТЬ *f.* propriété (*droit*). *Госуда́рственная со́бственность*, propriété de l'État. *Ча́стная со́бственность*, propriété privée.

СО́БСТВЕННЫЙ propre (*particulier*). *Име́ть со́бственный автомоби́ль*, avoir sa voiture. *Ви́деть со́бственными глаза́ми*, voir de ses propres yeux. *Отда́ть в со́бственные ру́ки*, remettre en mains propres. *В со́бственном смы́сле сло́ва*, au sens véritable du mot. *И́мя со́бственное*, un nom propre.

СОБЫ́ТИЕ événement. *Истори́ческое собы́тие*, un événement historique.

СОВА́ —— hibou.

СОВА́ТЬ* II, сую́, суёшь... / **СУ́НУТЬ** fourrer, mettre. *Сова́ть ру́ки в карма́ны*, fourrer ses mains dans ses poches. *Сова́ть кни́ги в су́мку*, mettre ses livres dans sa serviette. // (*Fig.*) *Сова́ть нос, куда́ не сле́дует*, fourrer son nez où il ne faut pas.

СОВЕРША́ТЬ / СОВЕРШИ́ТЬ accomplir. *Соверши́ть по́двиг*, accomplir un exploit. *Соверши́ть оши́бку*, commettre une erreur.

СОВЕРШЕ́ННО *adv.* totalement, tout à fait. *Я соверше́нно бро́сил кури́ть*, j'ai totalement cessé de fumer. *Соверше́нно ве́рно*, Vous avez parfaitement raison.

СОВЕРШЕННОЛЕ́ТНИЙ majeur (*qui a atteint sa majorité*).

I. СОВЕРШЕ́ННЫЙ, соверше́нен, соверше́нна... parfait, absolu. *Соверше́нный образе́ц*, un modèle parfait. *С соверше́нным равноду́шием*, avec une indifférence totale.

REMARQUE. Pour l'emploi de la forme adverbiale « соверше́нно », voir ce mot.

II. СОВЕРШЕ́ННЫЙ • **Соверше́нный вид,** le perfectif (*gramm.*). *Глаго́л соверше́нного ви́да*, un verbe perfectif.

СОВЕРШЕ́НСТВО perfection. *Знать что́-нибудь в соверше́нстве*, savoir qqch. à la perfection.

СОВЕРШЕ́НСТВОВАТЬ / УСОВЕРШЕ́НСТВОВАТЬ perfectionner. *Соверше́нствовать изобрете́ние*, perfectionner une invention.

/ **СОВЕРШИ́ТЬ** v. соверша́ть.

СО́ВЕСТНО *adj. invariable* qui provoque un sentiment de gêne, de mauvaise conscience. *Мне ста́ло со́вестно*, je me suis senti un peu confus. *Мне со́вестно его́ беспоко́ить*, ça me gêne de le déranger. *Как вам не со́вестно!*, Vous n'avez pas honte !

СО́ВЕСТЬ *f.* conscience. *Угрызе́ния со́вести*, des remords de conscience.

СОВЕ́Т **1.** conseil, avis. *Дать хоро́ший сове́т*, donner un bon conseil. *Я после́довал ва́шему сове́ту*, J'ai suivi votre conseil. **2.** conseil, assemblée. *Сове́т мини́стров*, le Conseil des ministres. *Верхо́вный Сове́т*, le Soviet suprême.

СОВЕ́ТНИК conseiller. *Культу́рный сове́тник*, le conseiller culturel.

СОВЕ́ТОВАТЬ / ПОСОВЕ́ТОВАТЬ conseiller. *Врач сове́тует мне отдохну́ть*, le médecin me conseille le repos.

СОВЕ́ТОВАТЬСЯ / ПОСОВЕ́ТОВАТЬСЯ demander conseil. *Она́ посове́товалась с до́ктором*, elle a demandé l'avis du médecin.

СОВЕ́ТСКИЙ soviétique. *Сове́тский Сою́з*, l'Union soviétique. *Сове́тское прави́тельство*, le gouvernement soviétique. *Сове́тская литерату́ра*, la littérature soviétique.

СОВЕЩА́НИЕ réunion, conférence. *Междунаро́дное совеща́ние*, une conférence internationale.

СОВПАДА́ТЬ / СОВПА́СТЬ* IV, совпадёт, совпаду́т; совпа́л... **1.** coïncider. *Сва́дьба совпа́ла с мои́м приéздом*, le mariage a coïncidé avec mon arrivée. **2.** être concordant. *Показа́ния свиде́телей не совпада́ют*, les déclarations des témoins ne concordent pas.

СОВПАДЕ́НИЕ coïncidence. *Совпаде́ние обстоя́тельств*, un concours de circonstances.

/ **СОВПА́СТЬ** v. совпада́ть.

/ **СОВРА́ТЬ** v. врать.

СОВРЕМЕ́ННИК contemporain.

СОВРЕМЕ́ННЫЙ, совреме́нен, совреме́нна... **1.** contemporain. *Совреме́нные Маяко́вскому поэ́ты*, les poètes contemporains de Maïakovski. *Совреме́нная литерату́ра*, la littérature contemporaine. **2.** moderne. *Совреме́нная те́хника*, la technique moderne.

СОВСЕ́М *adv.* totalement. *Совсе́м но́вый костю́м*, un costume tout neuf. *Я совсе́м забы́л*, j'ai totalement oublié. ● **Совсе́м не** *et* **совсе́м нет,** pas du tout. *А я совсе́м не знал*, je n'en savais rien.

СОВХО́З (*abréviation de* « сове́тское хозя́йство ») sovkhoze. *Председа́тель совхо́за*, le président du sovkhoze.

Remarque. Les sovkhozes sont des entreprises agricoles appartenant à l'État (v. колхо́з).

СОГЛА́СИЕ 1. consentement. *Он дал своё согла́сие*, il a donné son accord. *Молча́ние — знак согла́сия*, Qui ne dit mot consent. **2.** bonne entente. *Жить в согла́сии*, bien s'entendre.

/ **СОГЛАСИ́ТЬСЯ** v. соглаша́ться.

СОГЛА́СНО *prép.* (+ *dat.*) conformément à. *Согла́сно ва́шим предписа́ниям*, conformément à vos ordres.

I. СОГЛА́СНЫЙ 1. qui consent. *Я согла́сен на ва́ши усло́вия*, J'accepte vos conditions. **2.** qui est du même avis. *Я с ва́ми не согла́сен*, Je ne suis pas de votre avis.

II. СОГЛА́СНЫЙ 1. consonantique. *Согла́сная фоне́ма*, un phonème consonantique. **2.** *subst. m.* consonne (*son*). *Твёрдые согла́сные*, les consonnes dures. *Мя́гкие согла́сные*, les consonnes mouillées. **3.** *subst. f.* consonne (*lettre de l'alphabet*).

СОГЛАША́ТЬСЯ / СОГЛАСИ́ТЬСЯ 1. accepter. *Он согласи́лся на э́то предложе́ние*, il a accepté cette proposition. **2.** être d'accord. *Как не согласи́ться с тем, что он говори́л*, Peut-on ne pas être d'accord avec ce qu'il a dit ?

СОГЛАШЕ́НИЕ accord. *Заключи́ть торго́вое соглаше́ние*, conclure un accord commercial. *Прийти́ к соглаше́нию*, parvenir à un accord.

/ **СОГНУ́ТЬ** v. гнуть et сгиба́ть.

СОГРЕВА́ТЬ / СОГРЕ́ТЬ, *part.* согре́тый* réchauffer. *Согре́ть чай*, faire réchauffer le thé. *Со́лнце согре́ло зе́млю*, le soleil a réchauffé la terre.

/ **СОГРЕ́ТЬ** v. греть et согрева́ть.

/ **СОГРЕШИ́ТЬ** v. греши́ть.

СОДЕРЖА́НИЕ contenu. *Содержа́ние докла́да*, le contenu d'un exposé.

/ **СОДРА́ТЬ** v. драть.

/ **СОЕДИНИ́ТЬ** v. соединя́ть.

СОЕДИНЯ́ТЬ / СОЕДИНИ́ТЬ unir. *Соедини́ть свои́ си́лы*, unir ses forces. *Соедини́ть прия́тное с поле́зным*, joindre l'utile à l'agréable. *Пролета́рии всех стран соединя́йтесь !*, Prolétaires de tous les pays, unissez-vous ! *Соединённые Шта́ты Аме́рики*, les États-Unis d'Amérique.

СОЖАЛЕ́НИЕ regret. *Вспомина́ть что́-нибудь с сожале́нием*, se rappeler qqch. avec regret. ● **К сожале́нию,** malheureusement. *К сожале́нию я не могу́ вам помо́чь*, Malheureusement, je ne peux pas vous aider.

/ **СОЗВА́ТЬ** v. созыва́ть.

СОЗДАВА́ТЬ* II, создаю, создаёшь...; создава́й; создава́я / **СОЗДА́ТЬ*** *n. cl.*, созда́м, созда́шь, созда́ст, создади́м, создади́те, создаду́т; со́здал, создала́, со́здало, со́здали ∧— ; созда́й; со́зданный, со́здан, создана́, со́здано, со́зданы ∧— fonder, créer. *Созда́ть а́рмию*, créer une armée. *Созда́ть благоприя́тные усло́вия*, créer des conditions favorables. *Созда́ть затрудне́ния*, créer des difficultés.

/ **СОЗДА́ТЬ** v. создава́ть.

СОЗЕРЦА́НИЕ contemplation. *Погрузи́ться в созерца́ние*, se plonger dans la contemplation.

СОЗНАВА́ТЬ* II, сознаю, сознаёшь...; сознава́й; сознава́я / **СОЗНА́ТЬ** prendre conscience de. *Созна́ть свою́ оши́бку*, comprendre son erreur.

СОЗНАВА́ТЬСЯ* II, сознаюсь, сознаёшься...; сознава́йся; сознава́ясь / **СОЗНА́ТЬСЯ** (в + *loc.*) reconnaître, avouer. *Престу́пник созна́лся во всём*, le coupable a tout avoué. *На́до созна́ться*, il faut bien le reconnaître.

СОЗНА́НИЕ 1. connaissance (*faculté de ressentir*). *Потеря́ть созна́ние*, perdre connaissance. *Прийти́ в созна́ние*, reprendre connaissance. 2. conscience (*connaissance intérieure*). *Созна́ние до́лга*, le sentiment du devoir.

СОЗНА́ТЕЛЬНЫЙ conscient. *Созна́тельно искажа́ть фа́кты*, déformer volontairement les faits.

/ **СОЗНА́ТЬ** v. сознава́ть.

/ **СОЗНА́ТЬСЯ** v. сознава́ться.

СОЗРЕВА́ТЬ / **СОЗРЕ́ТЬ** mûrir (*propr. et fig.*). *Я́блоки созрева́ют*, les pommes mûrissent. *Его́ тала́нт созре́л*, son talent a mûri.

/ **СОЗРЕ́ТЬ** v. зреть et созрева́ть.

СОЗЫВА́ТЬ / **СОЗВА́ТЬ*** IV, созову́, созовёшь...; созва́л, созвала́, созва́ло, созва́ли ∧— ; со́званный, со́зван, созвана́, со́звано, со́званы ∧— convoquer, réunir. *Созва́ть вое́нный сове́т*, réunir le conseil de guerre.

/ **СОЙТИ́** v. сходи́ть I.

/ **СОЙТИ́СЬ** v. сходи́ться.

СОК*, *loc.* соку́ ∠ — 1. suc (*sécrétion*). *Желу́дочный сок*, le suc gastrique. 2. jus. *Фрукто́вый сок*, un jus de fruit. ● **Вари́ться в со́бственном соку́,** cuire dans son jus.

СО́КОЛ faucon. ● **Гол как соко́л,** sans sou ni maille.

REMARQUE. Dans le dicton « гол как соко́л », le mot « сокол » est accentué sur la syllabe finale.

/ **СОКРАТИ́ТЬ** v. сокраща́ть.

/ **СОКРАТИ́ТЬСЯ** v. сокраща́ться.

СОКРАЩА́ТЬ / **СОКРАТИ́ТЬ** (т → щ) diminuer (*tr.*), réduire. *Сократи́ть свои́ расхо́ды*, réduire ses dépenses.

СОКРАЩА́ТЬСЯ / **СОКРАТИ́ТЬСЯ** (т → щ) diminuer (*intr.*), se réduire. *Дни сократи́лись*, les jours ont diminué.

СОКРАЩЕ́НИЕ 1. diminution, réduction. *Сокраще́ние расхо́дов*, une diminution des dépenses. *Сокраще́ние шта́тов*, une compression des effectifs. 2. abréviation. *Спи́сок усло́вных сокраще́ний*, liste des abréviations.

СОКРО́ВИЩЕ trésor. *Сокро́вища Эрмита́жа*, les trésors de l'Ermitage. ● **Ни за каки́е сокро́вища,** pour rien au monde.

/ **СОЛГА́ТЬ** v. лгать.

СОЛДА́Т*, *gén. pl.* солда́т soldat.

СОЛЁНЫЙ, со́лон, солона́, со́лоно, со́лоны ∧— 1. salé. *Солёная вода́*, de l'eau salée. *Суп* *слишком солёный*, la soupe est trop salée. *Солёная рыба*, du poisson salé. **2.** (*fig.*) salé, piquant. *Солёный анекдот*, une anecdote piquante.

СОЛИДНЫЙ **1.** solide. *Солидная постройка*, une construction solide. *Солидные знания*, des connaissances solides. **2.** posé, sérieux. *Солидный человек*, un homme sérieux. **3.** assez considérable. *Солидная сумма*, une grosse somme.

СОЛИТЬ ⸻ / **ПОСОЛИТЬ** ⸻ **1.** saler, assaisonner. *Посолить суп*, saler la soupe. **2.** saler (*mettre en conserve*). *Солить рыбу*, saler du poisson.

СОЛНЕЧНЫЙ **1.** du soleil, solaire. *Солнечные лучи*, les rayons du soleil. *Солнечная система*, le système solaire. **2.** de soleil. *Солнечная ванна*, un bain de soleil. *Солнечный удар*, un coup de soleil. **3.** ensoleillé. *Солнечный день*, une journée ensoleillée.

СОЛНЦЕ [сонцыᵉ] soleil. *Земля вращается вокруг Солнца*, la Terre tourne autour du Soleil. *До восхода солнца*, avant le lever du soleil. *Солнце заходило*, le soleil se couchait. *Греться на солнце*, se chauffer au soleil.

СОЛОВЕЙ, соловья... *m.* rossignol. *Петь как соловей*, chanter comme un rossignol.

СОЛОМА paille; chaume. *Изба, крытая соломой*, une izba couverte de chaume.

СОЛОМЕННЫЙ de paille. *Соломенная шляпа*, un chapeau de paille.

СОЛОН, СОЛОНА v. солёный.

СОЛОНКА salière.

СОЛОНО, СОЛОНЫ v. солёный.

СОЛЬ ⸻ *f.* sel. *Положить соли в суп*, mettre du sel dans la soupe.

СОМНЕВАТЬСЯ (в + *loc.*) douter de. *Я в этом не сомневаюсь*, je n'en doute pas.

СОМНЕНИЕ doute. *Это не подлежит сомнению*, cela ne fait aucun doute. *Он без сомнения прав*, il a certainement raison.

СОМНИТЕЛЬНЫЙ douteux (*divers sens*). *Сомнительный случай*, un cas douteux. *Сомнительная личность*, un individu dont il faut se méfier. *Бельё сомнительной свежести*, du linge d'une propreté douteuse.

СОН **1.** sommeil. *Спать крепким сном*, dormir d'un sommeil profond. *Спать сном праведника*, dormir du sommeil du juste. *На сон грядущий*, avant de dormir. **2.** rêve. *Видеть сны*, faire des rêves. *Видеть что-нибудь во сне*, voir qqch. en rêve.

СООБРАЖЕНИЕ considérations. *Принять в соображение*, prendre en considération. *По финансовым соображениям* ou *из финансовых соображений*, pour des raisons d'ordre financier.

СООБЩАТЬ / **СООБЩИТЬ** communiquer. *Сообщить последние известия*, communiquer les dernières nouvelles.

СООБЩЕНИЕ **1.** communiqué, avis. *Официальное сообщение*, le communiqué officiel. *Сделать сообщение*, faire une communication. **2.** communication, liaison. *Пути сообщения*, les voies de communication.

/ **СООБЩИТЬ** v. сообщать.

СООТВЕТСТВИЕ concordance, correspondance. *В соответствии с законом*, conformément à la loi.

СООТВЕТСТВОВАТЬ (+ *dat.*) correspondre à, concorder avec. *Это не соответствует действительности*, cela ne correspond pas à la réalité.

СООТЕЧЕСТВЕННИК compatriote.

СООТНОШЕНИЕ corrélation, rapport. *Соотношение спроса и предложения*, le rapport entre l'offre et la demande.

СОПЕ́РНИК rival, concurrent. *Не име́ть сопе́рников*, être sans rival.

СОПЕ́РНИЦА rivale.

СОПЛЯ́К /— — morveux.

/ **СОПОСТА́ВИТЬ** v. сопоставля́ть.

СОПОСТАВЛЯ́ТЬ / СОПОСТА́ВИТЬ confronter. *Сопоста́вить да́нные*, confronter les données. *Сопоста́вить фа́кты с показа́ниями свиде́телей*, confronter les faits avec les déclarations des témoins.

/ **СОПРОВОДИ́ТЬ** v. сопровожда́ть.

СОПРОВОЖДА́ТЬ / СОПРОВОДИ́ТЬ, *part.* сопровождённый* accompagner. *Его́ сопровожда́ли два офице́ра*, il était accompagné de deux officiers. *Э́та боле́знь почти́ всегда́ сопровожда́ется осложне́ниями*, cette maladie donne le plus souvent lieu à des complications.

СОПРОВОЖДЕ́НИЕ accompagnement. *В сопровожде́нии отца́*, accompagné de son père.

СОПРОТИВЛЕ́НИЕ résistance. *Сда́ться без сопротивле́ния*, se rendre sans résistance. *Пойти́ по ли́нии наиме́ньшего сопротивле́ния*, suivre la voie du moindre effort.

СОПРОТИВЛЯ́ТЬСЯ s'opposer. *Сопротивля́ться распоряже́ниям нача́льства*, s'opposer aux décisions des autorités.

СОР saletés. *Вы́мести сор из ко́мнаты*, balayer la chambre. • **Не выноси́ть со́ра из избы́,** laver son linge sale en famille.

/ **СОРВА́ТЬ** v. рвать et срыва́ть.

/ **СОРВА́ТЬСЯ** v. рва́ться et срыва́ться.

СОРЕВНОВА́НИЕ **1.** compétition. *Ми́рное соревнова́ние*, une compétition pacifique. **2.** épreuve (*sportive*). *Соревнова́ния по пла́ванию*, des épreuves de natation.

СОРЕВНОВА́ТЬСЯ rivaliser, être en compétition. *Кома́нды соревнова́лись ме́жду собо́й*, les équipes rivalisaient entre elles.

СОРИ́ТЬ **1.** / **НАСОРИ́ТЬ** accumuler les saletés. *Они́ насори́ли в ко́мнате*, ils ont tout sali la chambre. **2.** (+ *instr.*) gaspiller. *Сори́ть деньга́ми*, jeter son argent par la fenêtre.

СО́РНЫЙ • **Со́рная трава́,** des mauvaises herbes.

СО́РОК quarante. *Со́рок лет тому́ наза́д*, il y a quarante ans. *В сорока́ киломе́трах от го́рода*, à quarante kilomètres de la ville.

Remarque. L'accent passe sur la préposition dans les groupes « за́ сорок », « на́ сорок » et « по́д сорок ».

СОРО́КА pie. *Треща́ть как соро́ка*, jacasser comme une pie.

СОРОКОВО́Й quarantième.

СОРО́ЧКА chemise. *Ночна́я соро́чка*, une chemise de nuit.

СОРТ*, *nom. pl.* сорта́ — — sorte, espèce. *Чай вы́сшего со́рта*, du thé de toute première qualité.

СОСА́ТЬ* IV, сосу́, сосёшь... / **ПОСОСА́ТЬ*** IV (*id.*) **1.** sucer. *Соса́ть конфе́ту*, sucer un bonbon. *Соса́ть па́лец*, sucer son doigt. **2.** téter. *Соса́ть грудь*, téter sa mère. *Соса́ть со́ску*, prendre son biberon *ou* sucer une tétine.

СОСЕ́Д*, *pl.* сосе́ди, сосе́дей, сосе́дям... voisin. *Поссо́риться с сосе́дями*, se brouiller avec ses voisins. *Сосе́ди по кварти́ре*, les colocataires (*dans un appartement collectif*).

СОСЕ́ДНИЙ voisin. *В сосе́дней ко́мнате*, dans la chambre voisine.

/ **СОСКУ́ЧИТЬСЯ** (о + *loc. ou* по + *dat. et, quelquefois, loc.*) être pris de nostalgie. *Я соску́чился по Росси́и*, j'ai la nostalgie de la Russie. *Я соску́чился по рабо́те*, je rêve de reprendre mon travail. *Она́ соску́чилась по нём*, elle meurt d'envie de le revoir.

/ **СОСЛА́ТЬ** v. ссыла́ть.

/ **СОСЛА́ТЬСЯ** v. ссыла́ться.

СОСЛО́ВИЕ état (*classe sociale*). *Тре́тье сосло́вие*, le tiers état. *Купе́ческое сосло́вие*, les marchands.

СОСНА́ —— pin.

СОСНО́ВЫЙ de pin. *Сосно́вая ши́шка*, une pomme de pin.

СОСРЕДОТО́ЧИВАТЬ / СОСРЕДОТО́ЧИТЬ concentrer. *Сосредото́чить войска́*, concentrer des troupes. *Сосредото́чить своё внима́ние на са́мом гла́вном*, concentrer son attention sur l'essentiel.

/ **СОСРЕДОТО́ЧИТЬ** v. сосредото́чивать.

СОСТА́В composition (*ensemble d'éléments*). *Хими́ческий соста́в те́ла*, la composition chimique d'un corps. *Войти́ в соста́в делега́ции*, faire partie de la délégation. *Коми́ссия в соста́ве четырёх челове́к*, une commission composée de quatre membres.

/ **СОСТА́ВИТЬ** v. составля́ть.

СОСТАВЛЯ́ТЬ / СОСТА́ВИТЬ composer, former. *Соста́вить фра́зу*, faire une phrase. *Соста́вить слова́рь*, faire un dictionnaire. *Соста́вить прое́кт*, faire un projet. *Э́то не соста́вит большо́го труда́*, cela ne présentera pas une grande difficulté.

СОСТОЯ́НИЕ **1.** état (*manière d'être*). *Состоя́ние здоро́вья*, l'état de santé. *Она́ не в состоя́нии верну́ться домо́й пешко́м*, elle n'est pas en état de rentrer chez elle à pied. **2.** (*arch.*) fortune, richesse.

СОСТОЯ́ТЬ* I, состою́, состои́шь... **1.** (из + *gén.*) se composer de. *Кварти́ра состои́т из двух ко́мнат и ку́хни*, l'appartement comprend deux pièces et une cuisine. **2.** (в + *loc.*) consister. *В чём состоя́т его́ обя́занности?*, En quoi consistent ses obligations ? **3.** (*diverses constructions*) faire partie de. *Он состоя́л чле́ном музыка́льного о́бщества*, il était membre d'une société musicale.

/ **СОСТОЯ́ТЬСЯ*** I, состои́тся, состоя́тся avoir lieu. *Спекта́кль не состоя́лся*, le spectacle n'a pas eu lieu.

/ **СОСТРИ́ТЬ** v. остри́ть.

/ **СОСТРО́ИТЬ** v. стро́ить.

СОСУ́Д **1.** récipient. *Гли́няный сосу́д*, un pot de terre. **2.** (*biologie*) vaisseau. *Кровено́сные сосу́ды*, les vaisseaux sanguins.

СОСУЩЕСТВОВА́НИЕ coexistence. *Ми́рное сосуществова́ние*, la coexistence pacifique.

/ **СОСЧИТА́ТЬ** v. счита́ть.

СОТВОРЕ́НИЕ création. *Сотворе́ние ми́ра*, la création du monde.

/ **СОТКА́ТЬ** v. ткать.

СО́ТНЯ, *gén. pl.* со́тен centaine.

СОТРУ́ДНИК **1.** collaborateur. *Он рабо́тал с двумя́ сотру́дниками*, il avait deux collaborateurs. **2.** employé. *Сотру́дники изда́тельства*, le personnel d'une maison d'édition.

СОТРУ́ДНИЧАТЬ **1.** collaborer. *Вы согласи́лись бы сотру́дничать с ним?*, Vous accepteriez de travailler avec lui ? **2.** être employé. *Сотру́дничать в газе́те*, écrire des articles pour un journal.

СО́ТЫЙ centième.

СО́ХНУТЬ* III **1.** / **ВЫ́СОХНУТЬ*** III sécher, se dessécher. *Бельё со́хнет*, le linge sèche. *Кра́ска вы́сохла*, la peinture est sèche. **2.** / **ЗАСО́ХНУТЬ*** III sécher, se faner. *Цветы́ со́хнут*, les fleurs sèchent. **3.** (*fig.*, *fam.*) se consumer. *Со́хнуть от любви́*, languir d'amour.

/ **СОХРАНИ́ТЬ** v. сохраня́ть et храни́ть.

СОХРАНЯ́ТЬ / СОХРАНИ́ТЬ conserver. *О́вощи хорошо́ сохрани́лись*, les légumes se sont bien conservés. *Сохрани́ть споко́йствие*, conserver son calme.

СОЧЕТА́НИЕ union (*combinaison*). *Уда́чное сочета́ние кра́сок*, une heureuse combinaison de couleurs. *Стра́нное сочета́ние обстоя́тельств*, un étrange concours de circonstances.

СОЧЕТА́ТЬ / СОЧЕТА́ТЬ unir, combiner. *Уме́ло сочета́ть кра́ски*, marier habilement les couleurs.

СОЧИНЕ́НИЕ 1. rédaction, dissertation. *Филосо́фское сочине́ние*, une dissertation de philosophie. **2.** œuvre. *По́лное собра́ние сочине́ний Есе́нина*, les œuvres complètes d'Essénine.

СО́ЧНЫЙ ⌃— **1.** juteux, succulent. *Со́чные пе́рсики*, des pêches juteuses. **2.** (*fig.*) savoureux. *Со́чный язы́к*, une langue savoureuse.

СОЧУ́ВСТВИЕ 1. compassion. *Прояви́ть сочу́вствие*, manifester sa sympathie. **2.** approbation. *Мой прое́кт встре́тил о́бщее сочу́вствие*, mon projet a rencontré l'approbation générale.

СОЧУ́ВСТВОВАТЬ (+ *dat.*) **1.** compatir. *Она́ сочу́вствует ва́шему го́рю*, Elle compatit à votre chagrin. **2.** approuver. *Я не сочу́вствую ва́шему реше́нию*, Je n'approuve pas votre décision.

/ СОЩУ́РИТЬ v. щу́рить.

/ СОЩУ́РИТЬСЯ v. щу́риться.

СОЮ́З 1. accord, alliance. *Заключи́ть вое́нный сою́з*, conclure un accord militaire. **2.** union, association. *Сове́тский Сою́з*, l'Union soviétique. *Сою́з сове́тских писа́телей*, la Société des gens de lettres soviétiques. **3.** conjonction (*gramm.*).

СОЮ́ЗНИК allié.

СОЮ́ЗНЫЙ 1. allié. *Сою́зные стра́ны*, les pays alliés. **2.** de l'Union soviétique. *Сою́зные респу́блики*, les républiques de l'Union soviétique. *Сою́зный бюдже́т*, le budget fédéral.

I. СПА́ИВАТЬ / СПОИ́ТЬ ╲— soûler. *Това́рищи его́ спои́ли*, des camarades l'ont fait boire.

II. СПА́ИВАТЬ / СПАЯ́ТЬ souder. *Спая́ть тру́бы*, souder des tuyaux.

СПА́ЛЬНЫЙ • Спа́льный ваго́н, voiture-lit. **Спа́льный мешо́к,** sac de couchage.

СПА́ЛЬНЯ chambre à coucher.

СПАСА́ТЕЛЬНЫЙ de sauvetage. *Спаса́тельный круг*, une bouée de sauvetage. *Спаса́тельная шлю́пка*, un canot de sauvetage.

СПАСА́ТЬ / СПАСТИ́* IV, спасу́, спасёшь...; спас, спасла́... ╱‾ ; спасённый; спа́сши sauver. *Спасти́ кому́-нибудь жизнь*, sauver la vie à qqn.

СПАСА́ТЬСЯ / СПАСТИ́СЬ* IV, спасу́сь, спасёшься...; спа́сся, спасла́сь... ╱‾ se sauver, échapper. *Спасти́сь бе́гством*, se sauver en courant. *Спаса́йся, кто мо́жет!*, Sauve qui peut !

СПАСИ́БО *particule* merci. *Спаси́бо большо́е*, Merci bien. *Спаси́бо за сове́т*, Merci pour votre conseil. *Спаси́бо на до́бром сло́ве*, Merci pour vos bonnes paroles.

/ СПАСТИ́ v. спаса́ть.

/ СПАСТИ́СЬ v. спаса́ться.

/ СПАСТЬ v. па́дать.

СПАТЬ* I, сплю, спишь...; спал, спала́, спа́ло, спа́ли ⌃— dormir. *Спать кре́пким сном*, dormir profondément. *Мне хо́чется спать*, j'ai sommeil. *Я лёг спать в де́сять*, je me suis couché à dix heures. *Спать под откры́тым не́бом*, dormir à la belle étoile.

СПА́ТЬСЯ* I, спи́тся; спало́сь (*s'emploie en parlant du désir ou de la possibilité que l'on a de dormir*) arriver à dormir. *Мне не спи́тся*, je n'arrive pas à dormir.

/ СПАЯ́ТЬ v. пая́ть et спа́ивать II.

СПЕ́ЛЫЙ ⌃— mûr. *Спе́лые я́блоки*, des pommes mûres.

СПЕ́РЕДИ 1. *adv.* sur le devant. *Он стоя́л там спе́реди*, il était là-bas devant. **2.** (+ *gén.*) *prép.* devant. *Спе́реди нас сиде́л челове́к высо́кого ро́ста*, il y avait devant nous un homme de haute taille.

I. СПЕТЬ / ПОСПЕ́ТЬ mûrir. *Ско́ро поспе́ют гру́ши*, les poires seront bientôt mûres.

II. / СПЕТЬ v. петь.

СПЕХ • Э́то не к спе́ху, ça ne presse pas.

СПЕШИ́ТЬ / ПОСПЕШИ́ТЬ 1. se hâter. *Спешу́ домо́й*, je me dépêche de rentrer. *Де́лать что́-нибудь не спеша́*, faire qqch. sans se hâter. **2.** (*en parlant d'une horloge...*) avancer. *Мои́ часы́ спеша́т на де́сять мину́т*, ma montre avance de dix minutes.

СПЕ́ШНЫЙ urgent. *У меня́ была́ спе́шная рабо́та*, j'avais quelque chose d'urgent à faire.

СПИМ v. спать.

СПИНА́ dos. *Лежа́ть на спине́*, être couché sur le dos. *Упа́сть на́ спину*, tomber à la renverse. *Сиде́ть спино́й к кому́-нибудь* ou *стоя́ть спино́й к кому́-нибудь*, tourner le dos à qqn. *Нож в спи́ну*, un coup de poignard dans le dos.

Remarque. L'accent passe sur la préposition dans les groupes « за́ спину » et « на́ спину ».

СПИ́НКА 1. dim. de « спина́ ». **2.** dossier (*d'un meuble*). *Спи́нка кре́сла*, le dossier du fauteuil.

СПИРТ alcool. *Хле́бный спирт*, alcool de blé.

СПИРТНО́Й alcoolisé. *Спиртны́е напи́тки*, les boissons alcoolisées.

/ СПИСА́ТЬ v. спи́сывать.

СПИ́СОК liste. *Соста́вить спи́сок уча́стников*, dresser la liste des participants.

СПИ́СЫВАТЬ / СПИСА́ТЬ* II, спишу́, спи́шешь... copier. *Списа́ть запре́тные стихи́*, copier des poèmes interdits. *Списа́ть сочине́ние у това́рища*, copier le devoir d'un camarade.

СПИТ, СПИ́ТЕ v. спать.

СПИ́ЧКА allumette. *Коро́бка спи́чек*, une boîte d'allumettes. *Чи́ркнуть спи́чкой*, craquer une allumette.

СПИШЬ v. спать.

/ СПЛЕСТИ́ v. плести́.

/ СПЛЕСТИ́СЬ v. плести́сь.

СПЛЕ́ТНИЧАТЬ / НАСПЛЕ́ТНИЧАТЬ répandre des commérages.

СПЛЕ́ТНЯ potin, commérage. *Пусти́ть спле́тню*, répandre des commérages.

СПЛОШНО́Й total, sans solution de continuité. *Пе́ред на́ми стоя́ла сплошна́я стена́ е́лей*, devant nous, les sapins formaient un mur compact. *Сплошна́я электрифика́ция*, l'électrification totale. *Сплошно́й вздор*, des âneries et rien d'autre.

СПЛЮ v. спать.

/ СПЛЯСА́ТЬ v. пляса́ть.

/ СПОИ́ТЬ v. спа́ивать I.

СПОКО́ЙНЫЙ calme, tranquille. *Ве́чер был споко́йный*, le soir était calme. *Споко́йная жизнь*, une vie calme. *Бу́дьте споко́йны!*, Ne vous inquiétez pas. *Споко́йной но́чи!*, Bonne nuit !

СПОКО́ЙСТВИЕ calme. *В лесу́ цари́ло споко́йствие*, le calme régnait dans la forêt. *Сохрани́ть споко́йствие*, conserver son calme.

СПОР discussion. *Зате́ять спор*, entamer une discussion.

СПО́РИТЬ / ПОСПО́РИТЬ 1. discuter. *Спо́рить о поли́тике*, discuter de politique. *О вку́сах не спо́рят*, des goûts et des couleurs, on ne discute pas. **2.** (*fam.*) faire un pari. *Дава́й поспо́рим, кака́я кома́нда вы́играет*, On fait le pari de savoir quelle est l'équipe qui gagnera ?

СПО́РНЫЙ discutable, contestable. *Э́то вопро́с спо́рный*, c'est une question dont on peut discuter.

СПО́СОБ moyen, procédé. *Найти́ са́мый лу́чший спо́соб произво́дства*, trouver le meilleur procédé de fabrication.

СПОСО́БНОСТЬ *f.* **1.** capacité, aptitude. *У́мственные спосо́бности*, les facultés intellectuelles. *Челове́к с ре́дкими спосо́бностями*, un homme exceptionnellement doué. *Спосо́бности к матема́тике*, un don pour les mathématiques. **2.** possibilité. *Покупа́тельная спосо́бность на-*

селе́ния, le pouvoir d'achat de la population.

СПОСО́БНЫЙ 1. capable (*apte*). *О́чень спосо́бный ма́льчик*, un garçon très doué. *Он спосо́бен к матема́тике*, il est doué pour les mathématiques. **2.** (на + *acc.*) capable (*qui n'hésite pas*). *Он спосо́бен на всё*, il est capable de faire n'importe quoi.

СПОСО́БСТВОВАТЬ (+ *dat.*) favoriser, contribuer à. *Спосо́бствовать успе́ху*, contribuer au succès.

СПОТКНУ́ТЬСЯ v. спотыка́ться.

СПОТЫКА́ТЬСЯ / СПОТКНУ́ТЬСЯ trébucher. *Она́ споткну́лась о ка́мень и упа́ла*, elle a trébuché contre une pierre et elle est tombée.

СПОХВАТИ́ТЬСЯ v. спохва́тываться.

СПОХВА́ТЫВАТЬСЯ / СПОХВАТИ́ТЬСЯ ⟍___ (*fam.*) se ressaisir, se rendre compte de son erreur. *Он спохвати́лся, но бы́ло уже́ по́здно*, quand il s'en est rendu compte, il était trop tard.

СПРА́ВА *adv.* du côté droit. *Спра́ва от доро́ги*, à droite de la route. *Спра́ва нале́во*, de droite à gauche.

СПРАВЕДЛИ́ВОСТЬ *f.* justice. *Справедли́вость тре́бует, что́бы его́ наказа́ли*, la justice exige qu'il soit puni. ● **Отда́ть кому́-нибудь справедли́вость,** rendre justice à qqn.

СПРАВЕДЛИ́ВЫЙ 1. juste, équitable. *Справедли́вый суд*, un jugement équitable. **2.** juste, justifié. *Справедли́вый гнев*, une juste colère.

СПРА́ВИТЬСЯ v. справля́ться.

СПРА́ВКА renseignement. *Получи́ть спра́вку*, obtenir un renseignement. *Навести́ спра́вку о чём-нибудь*, se renseigner sur qqch.

СПРАВЛЯ́ТЬСЯ / СПРА́ВИТЬСЯ 1. (с + *instr.*) venir à bout de. *Он не справля́ется со свое́й зада́чей*, il n'arrive pas à s'acquitter de sa tâche. *Спра́виться с проти́вником*, venir à bout de son adversaire. **2.** (о + *loc.*) se renseigner. *Мы ка́ждый день справля́емся о её здоро́вье*, nous demandons tous les jours des nouvelles de sa santé.

СПРА́ВОЧНИК guide, annuaire. *Телефо́нный спра́вочник*, annuaire du téléphone. *Железнодоро́жный спра́вочник*, indicateur des chemins de fer.

СПРА́ВОЧНЫЙ de renseignements. *Спра́вочное бюро́*, bureau de renseignements.

СПРА́ШИВАТЬ / СПРОСИ́ТЬ ⟍___

Remarque. Ce verbe présente parfois une double rection.

1. (*acc. et* о + *loc.*) interroger, demander (*poser une question*).
2. (*acc. et* у + *gén.*) demander (*un objet*).
3. (*gén. et* у + *gén.*) demander (*un conseil, une autorisation...*).
4. (*acc.*) demander (*quelqu'un*).
5. (с + *gén. et* за + *acc.*) exiger des comptes.

1. *Спра́шивать ученико́в*, interroger les élèves. *О чём он тебя́ спроси́л?*, Qu'est-ce qu'il t'a demandé ? *Спроси́ милиционе́ра, как туда́ пойти́*, Demande à l'agent qu'il t'indique le chemin. « *Куда́ вы идёте?* » — *спроси́л он*, « Où allez-vous ? » demanda-t-il. **2.** *Спроси́ть авторучку у сосе́да*, demander un stylo à son voisin. **3.** *Спроси́ть сове́та*, demander conseil. *Спроси́ть разреше́ния*, demander l'autorisation. **4.** *Кто́-то тебя́ спра́шивает*, Quelqu'un te demande. **5.** *С тебя́ за э́то спро́сят*, On te demandera sûrement des comptes.

СПРОС demande (*économie politique*). *Спрос и предложе́ние*, l'offre et la demande.

/ СПРОСИ́ТЬ v. спра́шивать.

СПРОСО́НЬЯ *adv.* pas bien réveillé. *Не по́нял спросо́нья, в чём де́ло*, je n'étais pas bien réveillé; je n'ai pas compris ce qui se passait.

СПРЯГА́ТЬ / ПРОСПРЯГА́ТЬ conjuguer. *Как спряга́ется э́тот глаго́л?*, Comment se conjugue ce verbe ?

СПРЯЖЕ́НИЕ conjugaison. *Спряже́ние глаго́лов второ́го кла́сса*, la conjugaison des verbes de la classe II.

/ **СПРЯСТЬ** v. прясть.

/ **СПРЯ́ТАТЬ** v. пря́тать.

СПУСК **1.** descente, pente. *Круто́й спуск*, une forte pente. **2.** lancement (*mise à l'eau*). *Спуск корабля́*, le lancement d'un navire.

СПУСКА́ТЬ / СПУСТИ́ТЬ ⟍

1. faire descendre, abaisser.
2. lancer (*un navire*).
3. laisser s'échapper, lâcher.
4. se dégonfler.
5. pardonner, laisser passer.

1. *Спусти́ть за́навес*, abaisser le rideau. *Спусти́ть флаг*, amener les couleurs. **2.** *Спусти́ть но́вый авиано́сец*, lancer un nouveau porte-avions. **3.** *Спусти́ть соба́к*, lâcher les chiens. **4.** *Балло́н спусти́л*, le pneu est dégonflé. **5.** *Я э́того ему́ не спущу́*, je ne le lui pardonnerai pas. ● **Спустя́ рукава́,** à la six-quatre-deux. *Де́лать что́-нибудь спустя́ рукава́*, faire qqch. à la six-quatre-deux.

СПУСКА́ТЬСЯ / СПУСТИ́ТЬСЯ ⟍ descendre (*intr.*). *Спуска́ться по эскала́тору*, descendre par l'escalier mécanique.

/ **СПУСТИ́ТЬ** v. спуска́ть.

/ **СПУСТИ́ТЬСЯ** v. спуска́ться.

СПУСТЯ́ **1.** v. спуска́ть. **2.** (+ *acc.*) *prép.* plus tard. *Неде́лю спустя́*, une semaine plus tard. *Два ме́сяца спустя́*, deux mois plus tard.

Remarque. La préposition « спустя́ » suit toujours le mot ou le groupe de mots qu'elle régit.

СПУ́ТНИК **1.** (*sous-genre animé*) compagnon de voyage. **2.** (*sous-genre inanimé*) satellite, « spoutnik ». *Запусти́ть спу́тник*, lancer un satellite.

СПЯТ v. спать.

СРАВНЕ́НИЕ comparaison. *По сравне́нию с довое́нным у́ровнем*, en comparaison avec le niveau d'avant-guerre.

СРА́ВНИВАТЬ / СРАВНИ́ТЬ comparer. *Сравни́ть перево́д с по́длинником*, comparer la traduction avec l'original.

СРАВНИ́ТЕЛЬНО *adv.* **1.** (с + *instr.*) en comparaison avec. *Сравни́тельно с про́шлым го́дом*, en comparaison avec l'an passé. **2.** relativement. *За сравни́тельно коро́ткий срок*, dans un délai relativement court.

/ **СРАВНИ́ТЬ** v. сра́внивать.

/ **СРАВНЯ́ТЬСЯ** v. равня́ться.

СРАЖА́ТЬСЯ / СРАЗИ́ТЬСЯ se battre, lutter. *Сража́ться с ветряны́ми ме́льницами*, se battre contre des moulins à vent.

СРАЖЕ́НИЕ bataille. *На по́ле сраже́ния*, sur le champ de bataille. *Вы́играть сраже́ние*, gagner la bataille. *Бороди́нское сраже́ние*, la bataille de la Moskova. *Сраже́ние на Ма́рне*, la bataille de la Marne. *Сраже́ние под Полта́вой*, la bataille de Poltava.

Remarque. Les noms de batailles sont le plus souvent formés à l'aide d'adjectifs en -ский. On peut également avoir les prépositions на + *loc.* si la bataille porte le nom d'un fleuve, под + *instr.* (quelquefois при + *loc.*) si elle a eu lieu aux abords d'une ville, при + *loc.* lorsqu'il s'agit d'une bataille navale.

/ **СРАЗИ́ТЬСЯ** v. сража́ться.

СРА́ЗУ *adv.* **1.** immédiatement. *Он сра́зу по́нял, в чём де́ло*, il a tout de suite compris de quoi il s'agissait. **2.** en une seule fois. *Бери́те* *не всё сра́зу*, Ne prenez pas tout à la fois.

I. СРЕДА́ milieu (*environnement*). *Географи́ческая среда́*, le milieu géographique. *Из рабо́чей среды́*, d'un milieu ouvrier.

II. СРЕДА́ mercredi. *Я его́ ви́дел в сре́ду ве́чером*, je l'ai vu mercredi soir. *Он захо́дит к нам по среда́м*, il vient nous voir le mercredi.

REMARQUE. Les deux mots ci-dessus diffèrent par leur accentuation.

СРЕДИ́ *prép.* (+ *gén.*) au milieu de. *Среди́ разва́лин*, au milieu des ruines. *Просну́ться среди́ но́чи*, se réveiller au milieu de la nuit. ● **Среди́ бе́ла дня,** en plein jour.

СРЕДИЗЕ́МНЫЙ ● **Средизе́мное мо́ре,** la Méditerranée.

СРЕДНЕВЕКО́ВЫЙ du Moyen Age. *Средневеко́вая исто́рия*, l'histoire du Moyen Age.

СРЕ́ДНИЙ **1.** moyen (*ni grand, ni petit*). *Сре́днего ро́ста*, de taille moyenne. *Мужчи́на сре́дних лет*, un homme entre deux âges. **2.** moyen (*calculé en faisant la moyenne*). *Сре́дняя ско́рость*, la moyenne. // **СРЕ́ДНЕЕ** *subst. n.* *В сре́днем*, en moyenne. **3.** médiocre. *Сре́дние спосо́бности*, des dons médiocres. **4.** secondaire (*en parlant des écoles...*). *Сре́дняя шко́ла*, une école secondaire. ● **Сре́дние века́,** le Moyen Age. **Сре́дний род,** le neutre (*gramm.*).

СРЕ́ДСТВО **1.** moyen, procédé. *Цель опра́вдывает сре́дства*, la fin justifie les moyens. *Радика́льное сре́дство*, un moyen radical. **2.** (*pl. seulement*) moyens, ressources. *Жить не по сре́дствам*, vivre au-dessus de ses moyens. *Мои́ сре́дства мне не позволя́ют э́того*, mes moyens ne me le permettent pas. **3.** médicament. *Сре́дство от головно́й бо́ли*, un médicament contre les maux de tête.

СРЕЗА́ТЬ / СРЕ́ЗАТЬ* II, сре́жу, сре́жешь... **1.** couper, détacher. *Сре́зать но́жницами цветы́*, couper des fleurs avec des ciseaux. *Сре́зать ко́рку с сы́ра*, enlever la croûte du fromage. **2.** clouer le bec. *Сре́зать кого́-нибудь*, clouer le bec à qqn. **3.** (*argot scolaire*) recaler. *Я сре́зался на фи́зике*, j'ai été recalé en physique.

СРОК **1.** délai. *На коро́ткий срок*, pour un court délai. **2.** échéance. *Вы́полнить рабо́ту до сро́ка*, terminer un ouvrage avant l'échéance.

СРО́ЧНЫЙ urgent. *Сро́чное де́ло*, une affaire urgente.

/ **СРУБИ́ТЬ** v. руби́ть.

СРЫВА́ТЬ / СОРВА́ТЬ* IV, сорву́, сорвёшь...; сорва́л, сорвала́, сорва́ло, сорва́ли **1.** cueillir, arracher. *Сорва́ть цвето́к*, cueillir une fleur. *Сорва́ть ве́тку*, casser une branche. **2.** arracher (*propr. et fig.*). *Ве́тром сорва́ло кры́шу*, le toit a été arraché par le vent. *Сорва́ть ма́ску с кого́-нибудь*, démasquer qqn. **3.** faire passer (*sa colère, sa mauvaise humeur...*). *Сорва́ть на ко́м-нибудь своё дурно́е настрое́ние*, faire passer sur qqn sa mauvaise humeur.

СРЫВА́ТЬСЯ / СОРВА́ТЬСЯ* IV, сорву́сь, сорвёшься...; сорва́лся, сорвала́сь... **1.** v. срыва́ть. **2.** rater, échouer. *Де́ло сорвало́сь*, l'affaire a raté. ● **Сорва́ться с це́пи** **1.** se détacher de sa chaîne. *Соба́ка сорвала́сь с це́пи*, le chien a cassé sa chaîne. **2.** être déchaîné. *Ми́ша то́чно сорва́лся с це́пи*, Micha est vraiment déchaîné.

ССО́РА **1.** brouille. *Мы с ним в ссо́ре*, je suis brouillé avec lui. **2.** dispute. *Ссо́ра перешла́ в дра́ку*, la dispute s'est transformée en bagarre.

ССО́РИТЬСЯ / ПОССО́РИТЬСЯ se quereller, se disputer. *Поссо́риться с сосе́дями*, se disputer avec ses voisins.

ССЫЛА́ТЬ / СОСЛА́ТЬ* II, сошлю́, сошлёшь... exiler, déporter. *Ме́ньшиков был со́слан в Сиби́рь*, Menchikov fut déporté en Sibérie.

ССЫЛА́ТЬСЯ / СОСЛА́ТЬСЯ* II, сошлю́сь, сошлёшься... **1.** (на + *acc.*) invoquer. *Ссыла́ться на авторите́т изве́стного учёного*, invoquer l'autorité d'un illustre savant. **2.** prétexter. *Ссыла́ясь на боле́знь, он не пришёл*, il a prétexté qu'il était malade pour ne pas venir.

ССЫ́ЛКА exil, déportation. *Приговори́ть к ссы́лке*, condamner à la déportation. *Жить в ссы́лке*, être déporté.

СТА́ВЕНЬ *m.* volet, persienne. *Закры́ть ста́вни*, fermer les persiennes.

СТА́ВИТЬ / ПОСТА́ВИТЬ **1.** mettre, poser. *Поста́вить кни́гу на по́лку*, mettre un livre sur le rayon. *Ста́вить таре́лки в буфе́т*, mettre les assiettes dans le buffet. *Ему́ поста́вили гра́дусник*, on lui a pris sa température. *Поста́вить кого́-нибудь в тру́дное положе́ние*, mettre qqn dans une situation délicate. // (В + *loc.*) *Существи́тельные, взя́тые в ско́бки, поста́вьте в ну́жном падеже́*, Mettre au cas voulu les noms entre parenthèses. **2.** monter, présenter (*un spectacle...*). *Поста́вить но́вую пье́су*, monter une nouvelle pièce. ● **Поста́вить реко́рд,** établir un record. **Ста́вить кого́-нибудь в приме́р,** donner qqn en exemple.

Remarque. Lorsqu'il s'agit d'un objet pouvant être mis soit dans une position verticale, soit dans une position horizontale, « ста́вить », par opposition à « класть », indique que l'objet sera debout et non couché.

СТАДИО́Н stade. *Пойти́ на стадио́н*, aller au stade.

СТА́ДО ⎯⎯⎷⎺ troupeau. *Ста́до коро́в*, un troupeau de vaches.

СТАКА́Н verre (*récipient*). *Стака́н ча́ю*, un verre de thé. *Я вы́пил из твоего́ стака́на*, J'ai bu dans ton verre.

СТА́ЛКИВАТЬСЯ / СТОЛКНУ́ТЬСЯ **1.** se heurter (*propr. et fig.*). *Она́ бро́силась целова́ть Ма́шу, и они́ столкну́лись голова́ми*, elle s'est précipitée pour embrasser Macha et elles se sont cogné la tête. *Мы столкну́лись с больши́ми тру́дностями*, nous nous sommes heurtés à de grandes difficultés. **2.** tomber sur (*rencontrer brusquement*). *В коридо́ре я столкну́лся с дире́ктором*, dans le couloir, je suis tombé sur le directeur.

СТАЛЬ *f.* acier. *Из нержаве́ющей ста́ли*, en acier inoxydable.

СТАЛЬНО́Й en acier, d'acier (*propr. et fig.*). *Стально́й кана́т*, un câble d'acier. *Стальны́е му́скулы*, des muscles d'acier. *Стальна́я во́ля*, une volonté de fer.

СТА́НЕМ, СТА́НЕТ... v. стать.

СТАНОВИ́ТЬСЯ⎯⎯ **/ СТАТЬ*** *n. cl.*, ста́ну, ста́нешь... **1.** devenir. *Она́ ста́ла заду́мчивой*, elle est devenue pensive. *Он стал инжене́ром*, il est devenu ingénieur. *Всем ста́ло веселе́е*, tous se sont sentis plus gais. **2.** se mettre, se placer. *Стать на коле́ни*, se mettre à genoux. *Стать в о́чередь*, se mettre à faire la queue. *Кора́бль стал на я́корь*, le bateau a jeté l'ancre. *Во́лосы стано́вятся ды́бом*, cela fait dresser les cheveux sur la tête.

СТАНО́К machine-outil. *Тка́цкий стано́к*, métier à tisser. *Тока́рный стано́к*, tour. *Фре́зерный стано́к*, fraiseuse. *Сверли́льный стано́к*, perceuse.

СТА́НУ, СТА́НУТ v. стать.

СТАНЦИО́ННЫЙ de station; de gare. *Станцио́нный зал*, la salle d'attente. ● **Станцио́нный смотри́тель** (*arch.*), maître de poste. « *Станцио́нный смотри́тель* » *Пу́шкина*, « le Maître de poste » de Pouchkine.

СТА́НЦИЯ station (*de métro, de chemin de fer, d'essence, etc.*). *Я* *выхожу́ на ста́нции « Маяко́вский »*, je descends à la station « Maïakovski ». *Нача́льник ста́нции*, le chef de station *ou* le chef de gare. *Телефо́нная ста́нция*, le central téléphonique. *Запра́вочная ста́нция*, un poste à essence.

СТАРА́ТЬСЯ / ПОСТАРА́ТЬСЯ s'efforcer. *Мы постара́лись спасти́ её*, nous avons tenté de la sauver. *Стара́ться изо всех сил*, faire tous ses efforts.

СТАРЕ́ТЬ 1. / ПОСТАРЕ́ТЬ vieillir (*prendre de l'âge*). *Она́ заме́тно постаре́ла в после́дние го́ды*, elle a bien vieilli ces dernières années. **2. / УСТАРЕ́ТЬ** vieillir (*tomber en désuétude*). *Э́то выраже́ние устаре́ло*, cette expression est vieillie.

СТАРИ́К vieillard.

СТАРИНА́ ancien temps. *Па́мятники старины́*, les monuments anciens. *В старину́ э́то была́ столи́ца кня́жества*, c'était autrefois la capitale d'une principauté. ● **Тряхну́ть старино́й,** faire comme au bon vieux temps.

СТАРИ́ННЫЙ ancien. *Стари́нные кни́ги*, des livres anciens.

СТАРИЧО́К dim. de « стари́к ».

СТАРОМО́ДНЫЙ passé de mode. *Старомо́дное пла́тье*, une robe qui n'est plus à la mode. *Он челове́к старомо́дный*, il est vieux jeu.

СТА́РОСТА 1. (*hist.*) chef du mir (v. мир III). **2.** chef (*élu*). *Ста́роста кла́сса*, le chef de classe.

СТА́РОСТЬ *f.* vieillesse. *Он у́мер в глубо́кой ста́рости*, il est mort à un âge très avancé. *На ста́рости лет он стал увлека́ться дре́вней архитекту́рой*, sur ses vieux jours, il a commencé à se passionner pour l'architecture ancienne.

СТАРУ́ХА vieille femme.

СТАРУ́ШКА dim. de « стару́ха ».

СТА́РШЕ comp. de « ста́рый » et, quelquefois, de « ста́рший ».

СТА́РШИЙ 1. aîné. *Э́то мой ста́рший брат*, c'est mon frère aîné. **2.** haut placé, supérieur (*dans la hiérarchie*). *Ста́ршие офице́ры*, les officiers supérieurs. *В ста́рших кла́ссах*, dans les classes supérieures. **3.** *subst.* les grandes personnes. *Слу́шаться ста́рших*, écouter les grandes personnes.

REMARQUE. Au sens 2, l'adjectif « ста́рший » possède un comparatif « ста́рше », « plus haut placé ».

СТАРШИНА́ 1. sergent. **2.** (*arch.*) syndic, chef (*élu*).

СТА́РЫЙ **1.** *comp.* ста́рше* vieux, âgé. *Он ещё не стар, ему́ то́лько со́рок два го́да*, il n'est pas tellement vieux, il n'a que quarante-deux ans. *Он ста́рше меня́ на шесть лет*, il a six ans de plus que moi. **2.** *comp.* старе́е vieux, usé. *Ста́рое пла́тье*, une vieille robe. **3.** vieux (*ancien, de longue date*). *Ста́рый друг*, un vieil ami. *Ста́рый холостя́к*, un vieux garçon. *Ста́рая привы́чка*, une vieille habitude. **4.** ancien, révolu. *Ста́рый режи́м*, l'ancien régime. *Э́то его́ ста́рый а́дрес*, c'est son ancienne adresse. ● **Ста́рый стиль,** calendrier julien (*en vigueur en Russie jusqu'en 1918*).

СТА́СКИВАТЬ / СТАЩИ́ТЬ **1.** emporter, enlever (*pour mettre en un lieu situé plus bas*). *Стащи́ть мешки́ у́гля в подва́л*, porter les sacs de charbon à la cave. **2.** enlever (*un vêtement collant...*). *Стащи́ть перча́тки*, enlever ses gants.

I. / СТАТЬ 1. v. станови́ться. **2.** (+ *inf.*) se mettre à, commencer à. *Он стал чита́ть вслух*, il s'est mis à lire à haute voix. **3.** s'arrêter. *Часы́ ста́ли*, ma montre s'est arrêtée. *Река́ ста́ла*, le fleuve est gelé. *За э́тим де́ло не ста́нет*, qu'à cela ne tienne. **4.** (с + *instr.*) arriver. *Что со мно́й тогда́ ста́нет?*, Que vais-je donc devenir? ● **Во что бы то ни**

ста́ло, coûte que coûte. **Не стать** (+ *gén.*), mourir. *Когда́ отца́ не ста́ло*, quand mon père est mort. **Ста́ло быть** (*fam.*), il faut croire.

II. СТАТЬ *f.* • **С како́й ста́ти,** Pour quelle raison ?

СТАТЬЯ́ article. *Нау́чная статья́*, un article scientifique. *Статья́ уголо́вного ко́декса*, un article du code pénal.

СТАЩИ́ТЬ v. ста́скивать et тащи́ть.

СТА́Я volée (*d'oiseaux*); banc (*de poissons*); meute (*de chiens...*). *Ста́я воробьёв*, une volée de moineaux. *Ста́я ры́бок*, un banc de poissons. *Ста́я соба́к*, une meute de chiens.

СТВОЛ 1. tronc. *Бе́лые стволы́ берёз*, les troncs blancs des bouleaux. 2. canon (*d'un fusil...*); tube (*d'un canon*). *Ствол ружья́*, le canon d'un fusil.

СТЕ́БЕЛЬ *m.* tige (*bot.*). *Сте́бель листа́*, la tige d'une feuille.

СТЕКЛО́, *pl.* стёкла, стёкол, стёклам... 1. verre (*matériau*). *Из небью́щегося стекла́*, en verre incassable. 2. vitre. *Разби́ть стекло́*, casser une vitre. • **Осторо́жно, стекло́ !,** Fragile (*sur un emballage*).

СТЕКЛЯ́ННЫЙ 1. en verre, de verre. *Стекля́нная ва́за*, un vase en verre. 2. vitré. *Стекля́нная дверь*, une porte vitrée. 3. vitreux. *Стекля́нный взгляд*, un regard vitreux.

СТЕЛИ́ТЬ / ПОСТЕЛИ́ТЬ synonymes de « стлать / постла́ть ».

/ СТЕМНЕ́ТЬ v. темне́ть.

СТЕНА́ mur. *На стене́ висе́ла больша́я карти́на*, il y avait au mur un grand tableau.

СТЕНГАЗЕ́ТА (*abréviation de* « стенна́я газе́та ») journal mural (*journal manuscrit que l'on affiche dans une entreprise et qui relate des faits intéressant cette entreprise*).

СТЕННО́Й mural. • **Стенны́е часы́,** pendule. **Стенно́й шкаф,** placard.

СТЕ́ПЕНЬ, *pl.* сте́пени, степене́й... *f.* 1. degré (*intensité*). *До не́которой сте́пени*, jusqu'à un certain point. *В вы́сшей сте́пени*, au plus haut point. *До како́й сте́пени?*, Dans quelle mesure ? *До тако́й сте́пени, что*, à tel point que. 2. puissance (*math.*). *Возвести́ во́семь в восьму́ю сте́пень*, mettre huit à la puissance huit. 3. grade (*universitaire*). *Сте́пень до́ктора*, le titre de docteur. • **Превосхо́дная сте́пень,** le superlatif. **Сравни́тельная сте́пень,** le comparatif.

СТЕПНО́Й de la steppe. *Степна́я расти́тельность*, la végétation de la steppe.

СТЕПЬ steppe.

СТЕРЕГУ́, СТЕРЕЖЁШЬ... v. стере́чь.

/ СТЕРЕ́ТЬ v. стира́ть II.

СТЕРЕ́ЧЬ* IV, стерегу́, стережёшь..., стерегу́т; стерёг, стерегла́... **/ ПОСТЕРЕ́ЧЬ*** IV (*id.*) 1. garder (*surveiller*). *Стере́чь ста́до*, garder un troupeau. 2. épier. *Он стерёг ка́ждое на́ше движе́ние*, il épiait tous nos mouvements.

СТЕ́РЛЯДЬ, *pl.* сте́рляди, стерляде́й... *f.* sterlet (*sorte d'esturgeon*).

СТЕСНЯ́ТЬСЯ / ПОСТЕСНЯ́ТЬСЯ se sentir gêné. *Он постесня́лся спроси́ть*, il n'a pas osé demander. *Она́ стесня́лась незнако́мых*, elle était gênée d'avoir affaire à des inconnus.

СТЕЧЕ́НИЕ • **Стече́ние обстоя́тельств,** un concours de circonstances.

СТИЛЯ́ГА « stiliaga » (*jeune homme cherchant à se singulariser par sa tenue vestimentaire, sa coiffure...*).

СТИПЕ́НДИЯ bourse d'enseignement. *Получа́ть стипе́ндию*, avoir une bourse.

СТИРА́ЛЬНЫЙ à laver. *Стира́льная маши́на*, une machine à laver. *Стира́льный порошо́к*, détersif.

I. СТИРА́ТЬ / ВЫ́СТИРАТЬ laver (*du linge*), faire la lessive. *Стира́ть про́стыни*, laver des draps.

II. СТИРА́ТЬ / СТЕРЕ́ТЬ* IV, сотру́, сотрёшь...; стёр, стёрла...; стёртый **1.** essuyer. *Он стёр пот с лица́*, il essuya son visage en sueur. *Стира́ть пыль с ме́бели*, épousseter les meubles. **2.** effacer. *Стере́ть до́ску*, effacer le tableau. *Стере́ть рису́нок рези́нкой*, effacer un dessin. // (*Fig.*) *Вре́мя всё стира́ет*, le temps efface tout. **3.** faire une blessure, une meurtrissure, etc., par un frottement prolongé. *Стере́ть но́гу*, se faire une ampoule au pied. ● **Стере́ть в порошо́к,** réduire en poudre.

СТИ́РКА lavage, lessive. *Отда́ть бельё в сти́рку*, donner du linge à laver.

СТИХ ⁄—— —— vers. *Рома́н в стиха́х*, un roman en vers. *Чита́ть стихи́*, réciter des vers.

СТИХА́ТЬ / СТИ́ХНУТЬ* III, s'apaiser, se calmer. *Мете́ль сти́хла*, la tempête s'est calmée. *Ве́тер стих*, le vent s'est calmé.

СТИХИ́ЙНЫЙ provoqué par des forces déchaînées. *Стихи́йное бе́дствие*, un cataclysme. *Стихи́йное наро́дное восста́ние*, un déchaînement des forces populaires.

СТИХИ́Я élément (*milieu*). *Быть в свое́й стихи́и*, être dans son élément.

/ СТИ́ХНУТЬ v. стиха́ть.

СТИХОТВОРЕ́НИЕ poème. *Чита́ть стихотворе́ние Маяко́вского*, lire un poème de Maïakovski.

СТЛАТЬ* II, стелю́, сте́лешь.... ╲—— / **ПОСТЛА́ТЬ*** II (*id.*) **1.** étendre (*mettre à plat*). *Постла́ть ска́терть на стол*, mettre une nappe sur la table. **2.** faire (*un lit*). *Постла́ть посте́ль*, faire le lit.

Remarque. Outre les infinitifs « стлать / постла́ть », on trouve les formes « стели́ть / постели́ть ».

СТО cent. *В сто раз бо́льше* ou *во́ сто раз бо́льше*, cent fois plus. *Сто проце́нтов*, cent pour cent. *В ста киломе́трах отсю́да*, à cent kilomètres d'ici.

Remarque. L'accent passe sur la préposition dans les groupes « во́ сто », « до́ ста », « за́ сто », « на́ сто » et « по́ сто » lorsque « сто » n'est pas suivi d'un autre nom de nombre.

СТОГ*, *nom. pl.* стога́ —— —— meule (*de foin...*). *Стога́ се́на*, des meules de foin.

СТО́ИМОСТЬ *f.* valeur, coût. *Номина́льная сто́имость*, la valeur nominale. *Сто́имость жи́зни*, le coût de la vie.

СТО́ИТЬ **1.** coûter. *Ско́лько э́то сто́ит?*, Combien ça coûte? *Э́то до́рого сто́ит*, ça coûte cher. *Э́то сто́ит ты́сячу рубле́й*, ça coûte mille roubles. **2.** valoir, mériter. *Игра́ не сто́ит свеч*, le jeu n'en vaut pas la chandelle. *Э́тот фильм сто́ит посмотре́ть*, cela vaut la peine de voir ce film. **3.** suffire. *Сто́ило ему́ то́лько закры́ть глаза́, и он сра́зу засыпа́л*, il lui suffisait de fermer les yeux et il s'endormait aussitôt.

Remarque. Le complément indiquant la valeur est à l'accusatif au sens 1 et au génitif au sens 2.

СТОЛ ⁄—— —— **1.** table. *Накры́ть стол* ou *накры́ть на стол*, mettre la table. *Сесть за стол*, se mettre à table. *Сиде́ть за столо́м*, être à table. *Встать из-за стола́*, se lever de table. *Уда́рить по́ столу*, donner un coup de poing sur la table. *Пи́сьменный стол*, bureau (*table*). **2.** nourriture. *Расхо́ды на стол*, les dépenses de nourriture. **3.** bureau, section. *Стол нахо́док*, le bureau des objets trouvés.

Remarque. L'accent passe sur la préposition dans le groupe

« пó столу » après les verbes signifiant « frapper... ».

СТОЛБ **1.** poteau. *Телегрáфный столб*, un poteau télégraphique. *Наéхать на столб*, rentrer dans un platane. **2.** colonne (*de fumée*...). *Столб дыма*, une colonne de fumée.

СТОЛÉТИЕ **1.** siècle. *Вóсемь столéтий тому́ назáд*, il y a huit cents ans. **2.** centenaire (*anniversaire*). *Столéтие со дня смéрти Аксáкова*, le centenaire de la mort d'Aksakov.

СТОЛÉТНИЙ **1.** âgé de cent ans ou plus. *Столéтний старúк*, un vieillard centenaire. *Столéтний дуб*, un chêne séculaire. **2.** qui dure cent ans. *Столéтняя войнá*, la guerre de Cent Ans.

СТОЛИ́ЦА capitale. *В 1918 году́ Москвá стáла столи́цей Совéтского Сою́за*, en 1918, Moscou est devenue la capitale de l'Union soviétique.

СТОЛИ́ЧНЫЙ de la capitale. *Столи́чные жи́тели*, les habitants de la capitale.

СТОЛКНОВÉНИЕ **1.** collision. *Столкновéние автомоби́ля с пóездом*, la collision entre une automobile et un train. **2.** (*fig.*) conflit. *Столкновéние интерéсов*, un conflit d'intérêts.

/ **СТОЛКНУ́ТЬСЯ** v. стáлкиваться.

СТОЛÓВАЯ *adj. subst. f.* **1.** salle à manger. **2.** cantine, petit restaurant. *Заводскáя столóвая*, la cantine de l'usine. *Студéнческая столóвая*, le restaurant universitaire.

СТОЛÓВЫЙ de table. *Столóвый нож*, un couteau de table. ● **Столóвая лóжка,** une cuillère à soupe.

/ **СТОЛПИ́ТЬСЯ** v. толпи́ться.

СТÓЛЬКО, *cas obliques* стóльких, стóльким... *adv. ou (s'il est précédé d'une préposition exigeant un cas oblique) pronom-adjectif* tant, une si grande quantité. *У меня́ стóлько дел!*, J'ai tant à faire! *Где ты был стóлько врéмени?*, Où as-tu passé tout ce temps-là? ● **Скóлько..., стóлько...,** autant... autant... *Скóлько голóв, стóлько умóв*, autant de têtes, autant d'avis. **Стóлько..., скóлько...,** autant... que. *У негó не стóлько книг, скóлько у тебя́*, il n'a pas autant de livres que toi.

Remarque. La forme « стóлько » régit le génitif.

СТОЛЯ́Р menuisier.

СТОН gémissement. *Слы́шались стóны рáненых*, on entendait les gémissements des blessés.

СТОНÁТЬ(*) / **ЗАСТОНÁТЬ**(*) gémir. *Стонáть от бóли*, pousser des cris de douleur.

Remarque. Le verbe « стонáть / застонáть » suit une conjugaison régulière dans le style familier. Sa flexion traditionnelle est « стону́, стóнешь... / застону́, застóнешь... » (classe IV), mais les formes de la première personne « стону́ » et « застону́ » sont actuellement inusitées. Le gérondif présent est « стонáя ».

СТÓРОЖ*, *nom. pl.* сторожá gardien. *Ночнóй стóрож*, le veilleur de nuit.

СТОРОЖИ́ТЬ / **ПОСТОРОЖИ́ТЬ** (*fam.*) synonymes de « стерéчь / постерéчь ».

СТОРОНÁ, *acc.* стóрону, *pl.* стóроны, сторóн, сторонáм... **1.** côté. *Со всех сторóн слы́шались кри́ки*, de tous côtés on entendait des cris. *Стóроны треугóльника*, les côtés d'un triangle. *Техни́ческая сторонá проéкта*, l'aspect technique d'un projet. *Отложи́ть в стóрону*, mettre de côté. *Оставля́ть в сторонé*, laisser de côté. *Я, со своéй стороны́, сдéлаю всё возмóжное*, de mon côté, je ferai tout mon possible. **2.** région, pays. *Роднáя сторонá*, le pays natal. ● **Моё дéло сторонá,** tout ça, ça ne me regarde pas. **Обрáтная сторонá медáли,** l'envers de la médaille.

С чьей-нибудь стороны́, de la part de qqn. *Э́то глу́по с его́ стороны́,* c'est bête de sa part. **Стать на чью-нибудь сто́рону,** prendre le parti de qqn. **Шу́тки в сто́рону,** Parlons sérieusement.

СТОРО́ННИК partisan. *У него́ бо́льше проти́вников, чем сторо́нников,* il a plus d'adversaires que de partisans.

/ СТОШНИ́ТЬ v. тошни́ть.

СТО́Я *adv.* debout. *Чита́ть сто́я,* lire debout.

СТОЯ́НКА ● **Стоя́нка такси́,** station de taxis. *На стоя́нке такси́,* à la station de taxis.

> **СТОЯ́ТЬ*** I, стою, стои́шь... / **ПОСТОЯ́ТЬ*** I (*id.*) *et* (*au sens 2 et 3 seulement; généralement un temps assez long*) **ПРОСТОЯ́ТЬ*** I (*id.*)
>
> **1.** être debout.
> **2.** être.
> **3.** être arrêté.
> **4.** (за + *acc.*) défendre.
> **5.** (*à l'impératif*) s'arrêter, attendre.

1. *Сади́тесь, сади́тесь, что вы стои́те?,* Asseyez-vous, asseyez-vous, pourquoi restez-vous debout? **2.** *Стоя́ть на коле́нях,* être à genoux. *Стоя́ть на четвере́ньках,* être à quatre pattes. *Стоя́ть в о́череди,* faire la queue. *Стоя́ть у руля́,* être au gouvernail. *Стоя́ть у вла́сти,* être au pouvoir. *Дом стоя́л на горе́,* la maison était bâtie sur une colline. *В углу́ стоя́л шкаф,* dans le coin, il y avait une armoire. *Пого́да стоя́ла хоро́шая,* le temps était au beau. *Пе́ред на́ми стоя́т ва́жные зада́чи,* nous avons à régler des problèmes importants. **3.** *Часы́ стоя́ли,* l'horloge était arrêtée. **4.** *Стоя́ть за пра́вду,* défendre la vérité. **5.** *Постои́те, что я хоте́л вам сказа́ть?,* Attendez, qu'est-ce que je voulais vous dire? ● **Стоя́ть на своём,** ne pas en démordre. **Стоя́ть на часа́х,** monter la garde.

СТРАДА́НИЕ souffrance. *Физи́ческое страда́ние,* une douleur physique. *Нра́вственное страда́ние,* une souffrance morale.

СТРАДА́ТЬ / ПОСТРАДА́ТЬ **1.** (от + *gén.*) souffrir. *Страда́ть от зубно́й бо́ли,* souffrir de maux de dents. *Па́мятник си́льно пострада́л во вре́мя войны́,* le monument a beaucoup souffert pendant la guerre. **2.** (+ *instr.*) être sujet à. *Она́ страда́ет головны́ми боля́ми,* elle est sujette aux maux de tête.

СТРАНА́ pays. *В стра́нах наро́дной демокра́тии,* dans les démocraties populaires. ● **Четы́ре страны́ све́та,** les quatre points cardinaux.

СТРАНИ́ЦА page. *На пя́той страни́це,* à la page cinq. *Вы́рвать страни́цу из кни́ги,* arracher la page d'un livre.

СТРА́ННЫЙ, стра́нен, странна́, стра́нно, стра́нны étrange. *Стра́нный челове́к,* un homme étrange. *Стра́нно, что он не пришёл,* c'est bizarre qu'il ne soit pas venu. *Как ни стра́нно,* si étrange que cela puisse paraître.

СТРА́СТНЫЙ passionné, ardent. *Стра́стная речь,* un discours enflammé. *Стра́стный взгляд,* un regard plein de passion. *Стра́стно люби́ть му́зыку,* aimer passionnément la musique.

I. СТРАСТЬ *f.* passion. *Стра́сти разгоре́лись,* les passions se sont déchaînées. *Со стра́стью,* avec passion. *Страсть к жи́вописи,* la passion de la peinture.

II. СТРАСТЬ *adv.* (*fam.*) terriblement. *Страсть как хо́чется пить,* c'est fou ce que j'ai soif.

СТРА́УС autruche.

СТРАХ peur. *Дрожа́ть от стра́ха,* trembler de peur. ● **На свой страх и риск,** à ses risques et périls.

СТРАХОВА́НИЕ assurance.

Страховáние от огня́, l'assurance contre l'incendie. *Страховáние жи́зни*, l'assurance sur la vie. *Социáльное страховáние*, les assurances sociales.

СТРАХОВÁТЬ / ЗАСТРАХОВÁТЬ assurer (*prendre un contrat d'assurance*). *Застраховáть иму́щество от пожáра*, assurer ses biens contre l'incendie. *Застраховáться от пожáра*, s'assurer contre l'incendie.

СТРАХÓВКА (*fam.*) **1.** assurance. *Плати́ть страхóвку*, payer l'assurance. **2.** prime (*d'assurance*). *Получи́ть страхóвку*, toucher la prime.

СТРÁШНЫЙ /_ terrible, effrayant. *Стрáшный взгляд*, un regard terrible. *Стрáшный сон*, un rêve effrayant. *Стрáшный морóз*, un froid terrible. *Стрáшный шум*, un bruit épouvantable. *Он стрáшно похудéл*, il a terriblement maigri. *Ему́ стáло стрáшно*, il a pris peur.

СТРЕЛÁ ¯¯ __ flèche. *Пусти́ть стрелу́*, lancer une flèche.

СТРЕЛÉЦ (*hist.*) arquebusier, « streliets » (*XVIe et XVIIe siècle*).

СТРÉЛКА 1. aiguille (*de cadran*). *Часовы́е стрéлки*, les aiguilles de l'horloge. *Стрéлка кóмпаса*, l'aiguille de la boussole. **2.** flèche (*indicatrice*).

СТРЕЛÓК 1. tireur. *Отли́чный стрелóк*, un excellent tireur. **2.** tirailleur.

СТРÉЛОЧНИК aiguilleur. ● **Стрéлочник виновáт,** c'est la faute du lampiste.

СТРЕЛЬБÁ ¯¯ __ tir. *Откры́ть стрельбу́*, ouvrir le feu. *Артиллери́йская стрельбá*, un tir d'artillerie. *Учéбные стрéльбы*, des exercices de tir.

/ СТРЕЛЬНУ́ТЬ v. стреля́ть.

СТРЕЛЯ́ТЬ / СТРЕЛЬНУ́ТЬ *et* **ВЫ́СТРЕЛИТЬ 1.** tirer (*avec une arme*). *Стреля́ть из лу́ка*, tirer à l'arc. *Стреля́ть из винтóвки*, tirer à la carabine. *Стреля́ть в у́ток*, chasser le canard. *Стреля́ть по неприя́телю*, tirer sur l'ennemi. **2.** provoquer des élancements. *У меня́ стреля́ет в боку́*, j'ai un point de côté.

СТРЕМИ́ТЬСЯ faire tout son possible pour atteindre. *Стреми́ться к ми́ру*, aspirer à la paix.

СТРЕМЛÉНИЕ effort fait pour atteindre. *Стремлéние к ми́ру*, des efforts en faveur de la paix.

СТРИЧЬ* IV, стригу́, стрижёшь..., стригу́т; стриг, стри́гла...; стри́женный / **ОБСТРИ́ЧЬ*** IV (*id.*) *et* **ОСТРИ́ЧЬ*** IV (*id.*) **1.** couper (*les cheveux, les ongles...*), tailler (*les arbres...*). *Стричь вóлосы*, couper les cheveux. *Стричь бóроду*, tailler la barbe. *Остри́чь нóгти*, couper les ongles. *Остри́чь дерéвья*, tailler les arbres. **2.** coiffer. *Стри́чься два рáза в мéсяц*, aller chez le coiffeur deux fois par mois. **3.** tondre (*les moutons...*). *Стричь овéц*, tondre les brebis.

СТРÓГИЙ /_ , *comp.* стрóже*, *superl.* строжáйший* sévère. *Стрóгий учи́тель*, un professeur sévère. *Стрóго наказáть*, punir sévèrement. *Строжáйшим óбразом*, de la manière la plus sévère. *Стрóгая диéта*, une diète sévère.

СТРÓГОСТЬ *f.* sévérité. *С надлежáщей стрóгостью*, avec toute la sévérité qui s'impose. *Стрóгость ли́ний*, la sévérité des lignes.

СТРОЖÁЙШИЙ superl. de « стрóгий ».

СТРÓЖЕ comp. de « стрóгий ».

СТРОИ́ТЕЛЬНЫЙ de construction. *Строи́тельные материáлы*, les matériaux de construction.

СТРОИ́ТЕЛЬСТВО construction. *Строи́тельство жилы́х домóв*, construction de maisons d'habitation.

СТРÓИТЬ 1. / ПОСТРÓИТЬ construire. *Пострóить дом*, construire une maison. *Стрóить* *воздушные замки*, construire des châteaux en Espagne. **2.** / **ПОСТРО́ИТЬ** bâtir (*fig.*), faire. *Стро́ить ра́зные предположе́ния*, faire diverses suppositions. *Стро́ить себе́ иллю́зии*, se faire des illusions. *Пра́вильно постро́енная фра́за*, une phrase bien construite. **3.** / **СОСТРО́ИТЬ** faire (*des grimaces...*). *Стро́ить грима́сы*, faire des grimaces.

СТРОЙ (*) *m.* **1.** structure. *Феода́льный строй*, le système féodal. *Госуда́рственный строй*, l'organisation de l'État. *Граммати́ческий строй языка́*, la structure grammaticale d'une langue. **2.** *loc.* строю (*mil.*) ordre. *В боево́м строю́*, en ordre de bataille. **3.** état de marche. *Маши́на вы́шла из стро́я*, la machine ne marche plus.

СТРО́ЙНЫЙ bien proportionné. *Высо́кий и стро́йный молодо́й челове́к*, un jeune homme grand et élancé. *Стро́йная речь*, un discours bien construit.

СТРОКА́ ligne (*suite de mots alignés*). *Пя́тая строка́ сни́зу*, la cinquième ligne à partir du bas. *С но́вой строки́*, à la ligne. *Чита́ть ме́жду строк*, lire entre les lignes.

СТРО́ЧКА (*dim. de* « строка́ ») ligne (*suite de mots alignés*). *Он написа́л всего́ не́сколько стро́чек*, il a écrit quelques lignes seulement.

СТРОЧНО́Й • **Строчна́я бу́ква,** minuscule (*lettre minuscule*).

СТРУНА́ corde (*d'instrument de musique*). *Перебира́ть стру́ны гита́ры*, pincer les cordes d'une guitare.

СТРУ́ННЫЙ à cordes. *Стру́нный инструме́нт*, un instrument à cordes. *Стру́нный кварте́т*, un quatuor à cordes.

/ **СТРУ́СИТЬ** v. тру́сить.

СТРУЯ́ filet (*d'eau...*). *Струя́ кро́ви*, un filet de sang. *То́нкая струя́ ды́ма*, un mince filet de fumée.

СТРЯ́ХИВАТЬ / **СТРЯХНУ́ТЬ** **1.** faire tomber en secouant. *Стряхну́ть пе́пел с папиро́сы*, secouer la cendre d'une cigarette. *Он стряхну́л пыль с пальто́*, il secoua la poussière qu'il y avait sur son pardessus. **2.** secouer pour nettoyer. *Стряхну́ть ска́терть*, secouer la nappe.

/ **СТРЯХНУ́ТЬ** v. стря́хивать.

СТУДЕ́НТ étudiant, élève d'une école supérieure. *Студе́нт-ме́дик*, un étudiant en médecine. *Студе́нт консервато́рии*, un élève du conservatoire.

СТУДЕ́НТКА étudiante, élève d'une école supérieure.

СТУДЕ́НЧЕСКИЙ d'étudiant. *Студе́нческое общежи́тие*, cité universitaire.

I. СТУК *interj.* toc ! *Стук-стýк !*, toc-toc !

II. СТУК bruit, frappement. *Послы́шался стук в дверь*, on entendit frapper à la porte. *Стук пи́шущей маши́нки*, le bruit d'une machine à écrire.

/ **СТУ́КНУТЬ** v. стуча́ть.

/ **СТУ́КНУТЬСЯ** v. стуча́ться.

СТУЛ*, *pl.* сту́лья, сту́льев, сту́льям... chaise. *Складно́й стул*, une chaise pliante.

I. СТУПЕ́НЬ *f.* marche, gradin. *Ступе́ни ле́стницы*, les marches de l'escalier.

II. СТУПЕ́НЬ, *pl.* ступе́ни, ступене́й... *f.* degré, stade. *На вы́сшей ступе́ни*, au stade supérieur.

Remarque. Les deux mots ci-dessus diffèrent par leur accentuation.

СТУПЕ́НЬКА (*dim. de* « ступе́нь ») marche (*d'un escalier...*). *Спусти́ться по ступе́нькам*, descendre les marches.

/ **СТУ́ХНУТЬ** v. ту́хнуть.

СТУЧА́ТЬ* I, стучу́, стучи́шь... / **ПОСТУЧА́ТЬ*** I (*id.*) *et* **СТУ́КНУТЬ** frapper, cogner. *Сту́кнуть кулако́м по́ столу*, donner un coup de poing sur la table. *Постуча́ть в дверь*, frapper à la porte.

REMARQUE. Le perfectif « сту́кнуть » exprime une action unique.

СТУЧА́ТЬСЯ* I, стучу́сь, стучи́шься... **1.** / **ПОСТУЧА́ТЬСЯ*** I (*id.*) frapper (*à la porte...*). *Стуча́ться в дверь*, frapper à la porte. **2.** / **СТУ́КНУТЬСЯ** se cogner. *Сту́кнуться об дверь*, se cogner contre la porte.

СТЫД honte. *Сгоре́ть со стыда́*, mourir de honte.

СТЫДИ́ТЬСЯ / ПОСТЫДИ́ТЬСЯ **1.** avoir honte. *Не́чего стыди́ться*, il n'y a pas de quoi avoir honte. **2.** ne pas oser faire qqch. en présence de. *Стыди́ться сосе́дей*, être intimidé par la présence des voisins.

СТЫ́ДНО *adj. invariable* honteux. *Как вам не сты́дно !*, Vous n'avez pas honte ? *Мне за вас сты́дно*, J'en ai honte pour vous.

СУББО́ТА samedi. *Я приду́ в суббо́ту ве́чером*, je viendrai samedi soir. *По суббо́там она́ хо́дит на като́к*, le samedi, elle va à la patinoire.

СУГРО́Б tas de neige (*accumulée par le vent*).

СУД **1.** tribunal. *Уголо́вный суд*, la cour d'assises. *Отда́ть кого́-нибудь в суд*, poursuivre qqn en justice. *Пода́ть в суд на кого́-нибудь*, porter plainte contre qqn. **2.** jugement (*sentence*). *Суд исто́рии*, le jugement de l'histoire. *Стра́шный суд*, le jugement dernier. • **На нет и суда́ нет,** à l'impossible nul n'est tenu.

СУДА́К sandre.

СУДЕ́БНЫЙ judiciaire. *Суде́бные о́рганы*, les organes judiciaires.

СУДИ́ТЬ **1.** juger (*faire passer devant un tribunal*). *Его́ суди́ли за уби́йство*, il était jugé pour meurtre. **2.** juger (*porter un jugement*). *Суди́ть о лю́дях по нару́жности*, juger les gens sur l'apparence. *Об э́том я не могу́ суди́ть*, je ne peux pas en juger. • **Су́дя по** (+ *dat.*), en jugeant selon. *Су́дя по его́ ви́ду*, à en juger d'après sa mine. *Су́дя по обстоя́тельствам*, selon les circonstances.

REMARQUE. Le gérondif a un accent final (« судя́ »), sauf dans l'expression « су́дя по ».

СУДИ́ТЬСЯ (с + *instr.*) être en procès avec. *Суди́ться с сосе́дом*, être en procès avec son voisin.

СУ́ДНО*, *pl.* суда́, судо́в, суда́м... vaisseau, navire. *Торго́вое су́дно*, un navire marchand.

СУ́ДОРОГА **1.** crampe. *Су́дорога в ноге́*, une crampe à la jambe. **2.** convulsion. *Она́ би́лась в су́дорогах*, des convulsions l'agitaient.

СУ́ДОРОЖНЫЙ convulsif. *Су́дорожное вздра́гивание*, un tremblement convulsif.

СУДОХО́ДНЫЙ navigable. *Судохо́дная река́*, un fleuve navigable.

СУДЬБА́, *gén. pl.* су́деб destin, sort. *Жа́ловаться на свою́ судьбу́*, se plaindre de son sort. *Бро́сить кого́-нибудь на произво́л судьбы́*, abandonner qqn à son triste sort. • **Каки́ми судьба́ми?,** Quel bon vent vous amène ?

REMARQUE. L'accent de l'instrumental pluriel est « судьба́ми » dans l'expression « Каки́ми судьба́ми ? »

СУДЬЯ́ **1.** juge. *Судья́ постанови́л пригово́р*, le juge a rendu son arrêt. *Я в э́том де́ле плохо́й судья́*, je suis mauvais juge en la matière. **2.** (*sport*) arbitre.

СУЕВЕ́РИЕ superstition.

СУЕТИ́ТЬСЯ s'agiter, se démener (*plus ou moins sans raison*).

СУЖДЕ́НИЕ jugement, opinion. *Вы́сказать своё сужде́ние*, donner son opinion.

СУЖДЕНО́ *part. n. invariable* fixé par le destin. *Ему́ суждено́ бы́ло* *умерéть в изгнáнии*, le destin voulut qu'il meure en exil. *Нам не суждено́ бы́ло бо́льше встрéтиться*, nous ne devions plus nous rencontrer.

СУ́КА chienne.

СУ́КИН *adj. d'appart.* de chienne. ● **Су́кин сын!,** Fils de chienne !

СУКНО́, *gén. pl.* су́кон ⎯⎯ ⎯⎯ drap (*étoffe*). *Пи́сьменный стол с зелёным сукно́м*, un bureau couvert d'une étoffe verte.

СУМАСШÉДШИЙ **1.** fou (*divers sens*). *Сумасшéдшая жéнщина*, une folle. *Сумасшéдшая скóрость*, une vitesse folle. // (*Subst.*) *Хохотáть как сумасшéдший*, rire comme un fou. **2.** de fou. *Сумасшéдший дом*, une maison de fous.

СУМАСШÉСТВИЕ **1.** folie (*démence*). **2.** folie (*extravagance*). *С его́ стороны́ э́то бы́ло бы про́сто сумасшéствие*, ce serait vraiment une folie de sa part.

СУМАТÓХА remue-ménage, tohu-bohu. *Начала́сь сумато́ха во всём до́ме*, ce fut un beau remue-ménage dans toute la maison.

СУ́МЕРКИ, су́мерек, су́меркам... *pl. t.* crépuscule. *На зéмлю спуска́лись су́мерки*, le crépuscule tombait.

/ **СУМÉТЬ** v. умéть.

СУ́МКА sac, sacoche, cartable. *Да́мская су́мка*, un sac de dame. *Су́мка почтальóна*, la sacoche du facteur. *Уложи́ть в су́мку тетра́ди и кни́ги*, mettre ses livres et ses cahiers dans son cartable.

СУ́МОЧКА (*dim. de* « су́мка ») sac (*de dame*). *Доста́ть из су́мочки пу́дреницу*, tirer son poudrier de son sac.

СУ́МРАЧНЫЙ sombre (*propr. et fig.*). *Су́мрачный лес*, une forêt sombre. *С су́мрачным ви́дом*, avec un air sombre.

СУНДУ́К ╱⎯⎯ ⎯⎯ coffre, malle. *Желéзный сунду́к*, un coffre métallique.

/ **СУ́НУТЬ** v. сова́ть.

СУПРУ́Г **1.** époux. *А как пожива́ет ваш супру́г?*, Et comment va votre mari ? **2.** (*pl.*) le mari et la femme. *Счастли́вые супру́ги*, un ménage heureux.

СУПРУ́ГА épouse. *А как пожива́ет ва́ша супру́га?*, Et comment va votre femme ?

СУРГУ́Ч ╱⎯⎯ cire à cacheter.

СУРÓВЫЙ rude, sévère (*divers sens*). *Суро́вый человéк*, un homme rude. *Суро́вые нра́вы*, des mœurs sévères. *Суро́вый пригово́р*, une condamnation sévère. *Суро́вая красота́*, une beauté sévère. *Суро́вый кли́мат*, un climat rude.

СУСТÁВ articulation. *Колéнный суста́в*, l'articulation du genou.

СУ́ТКИ, су́ток, су́ткам... *pl. t.* jour (*espace de vingt-quatre heures*). *Двóе су́ток*, deux jours. *В течéние пяти́ су́ток*, pendant cinq jours.

СУТУ́ЛЫЙ voûté. *Суту́лая спина́*, un dos voûté.

СУТЬ *f.* essence (*nature d'une chose*). *В э́том вся суть дéла*, c'est là le fond de l'affaire.

СУХÁРЬ ╱⎯⎯ ⎯⎯ biscotte.

СУХÓЙ ╱╲⎯⎯ , *comp.* су́ше* sec (*divers sens*). *Сухо́е бельё*, du linge sec. *Сухо́й хлеб*, du pain rassis. *Сухи́е о́вощи*, des légumes secs. *Суха́я вéтка*, une branche sèche. *Суха́я ко́жа*, une peau sèche. *В гóрле бы́ло су́хо*, j'avais la gorge sèche. *Сухо́й ка́шель*, une toux sèche. *Сухо́й вéтер*, un vent sec. *Сухо́е лéто*, un été sec. *Он су́хо отвéтил на мой вопро́с*, il a répondu sèchement à ma question. ● **Вы́йти сухи́м из воды́,** en sortir blanc comme neige.

СУ́ША terre ferme. *На су́ше и на мо́ре*, sur terre et sur mer.

СУ́ШЕ v. сухо́й ou су́ша.

СУШЁНЫЙ séché. *Сушёные грибы́*, des champignons secs. *Сушёная ры́ба*, du poisson séché.

СУШИ́ТЬ ╲⎯⎯ / **ВЫ́СУШИТЬ** faire sécher. *Суши́ть*

бельё, faire sécher le linge. *Сушить грибы́*, faire sécher des champignons.

СУЩЕ́СТВЕННЫЙ essentiel. *Игра́ть суще́ственную роль*, jouer un rôle essentiel.

СУЩЕСТВИ́ТЕЛЬНЫЙ ● Имя существи́тельное *ou* **существи́тельное,** substantif.

СУЩЕСТВО́ 1. créature. *Живо́е существо́*, un être vivant. *Стра́нное существо́*, une étrange créature. **2.** essence (*nature d'une chose*). *По существу́ говоря́*, si l'on veut aller au fond des choses.

СУЩЕСТВОВА́НИЕ existence. *Борьба́ за существова́ние*, la lutte pour l'existence. *Она́ отравля́ет мне существова́ние*, elle m'empoisonne l'existence. *Э́та газе́та уже́ давно́ прекрати́ла своё существова́ние*, il y a longtemps que ce journal a cessé d'exister.

СУЩЕСТВОВА́ТЬ 1. exister. *Существу́ющие поря́дки*, l'ordre existant. **2.** assurer son existence. *Существова́ть свои́м трудо́м*, vivre de son travail.

СУ́ЩИЙ véritable. *Э́то су́щая пра́вда*, c'est la stricte vérité. *Э́то су́щие пустяки́*, ce sont vraiment des bagatelles.

СУ́ЩНОСТЬ *f.* essence (*nature d'une chose*). *Су́щность веще́й*, la nature des choses. ● **В су́щности говоря́,** à proprement parler.

/ **СХВАТИ́ТЬ** v. схва́тывать et хвата́ть II.

/ **СХВАТИ́ТЬСЯ** v. хвата́ться.

СХВА́ТЫВАТЬ / СХВАТИ́ТЬ ___ **1.** prendre, saisir. *Когда́ он слы́шал сире́ну, он схва́тывал портфе́ль и бежа́л в подва́л*, quand il entendait la sirène, il prenait son porte-documents et descendait rapidement à la cave. **2.** saisir (*comprendre*). *Схвати́ть основну́ю мысль*, comprendre l'idée essentielle. **3.** (*fam.*) attraper (*être victime de*). *Схвати́ть си́льный на́сморк*, attraper un bon rhume.

СХЕ́МА schéma, plan. *Схе́ма радиоприёмника*, le plan d'un poste de radio.

I. СХОДИ́ТЬ ___ / **СОЙТИ́*** IV, сойду́, сойдёшь...; сошёл, сошла́...; сойдя́ **1.** descendre. *На сле́дующей схо́дите?*, Vous descendez à la prochaine? *Сойти́ в сад*, descendre dans le jardin. **2.** disparaître. *Снег сошёл с поле́й*, il n'y a plus de neige dans les champs. **3.** passer (*être accepté*). *Сойдёт и так*, ça ira bien comme ça. ● **Сходи́ть с ре́льсов,** dérailler. *По́езд сошёл с ре́льсов*, le train a déraillé. **Сходи́ть с ума́,** devenir fou. *Ты с ума́ сошёл*, Est-ce que tu es fou?

II. / СХОДИ́ТЬ ___ aller et revenir. *Сходи́ть за поку́пками*, aller faire quelques achats.

СХОДИ́ТЬСЯ ___ / **СОЙТИ́СЬ*** IV, сойду́сь, сойдёшься...; сошёлся, сошла́сь...; сойдя́сь **1.** se réunir, se rencontrer. *Они́ сошли́сь на полпути́*, ils se sont rencontrés à mi-chemin. **2.** être d'accord. *Сходи́ться во вку́сах*, avoir les mêmes goûts.

СХО́ДНЫЙ /__ **1.** analogue. *У них схо́дные хара́ктеры*, ils ont à peu près le même caractère. **2.** (*fam.*) convenable (*en parlant du prix...*). *Купи́ть что́-нибудь по схо́дной цене́*, acheter qqch. à un prix convenable.

СХО́ДСТВО ressemblance. *Вне́шнее схо́дство*, une ressemblance apparente.

СЦЕ́НА scène (*divers sens*). *Враща́ющаяся сце́на*, une scène tournante. *Де́йствие пе́рвое, сце́на тре́тья*, acte Ier, scène 3. *Устро́ить сце́ны ре́вности*, faire des scènes de jalousie.

СЧАСТЛИ́ВО [с'л'ив] *adv.* avec bonheur. *Он счастли́во отде́лался*, il l'a échappé belle.

СЧАСТЛИ́ВЫЙ, сча́стлив, сча́стлива... (*ou* счастли́в, счастли́ва...) [с'л'ив] heureux (*divers sens*). *Счастли́вый челове́к*, un homme heureux. *Счастли́вая жизнь*, une vie heureuse. *Роди́ться под счастли́вой звездо́й*, être né sous une bonne étoile. *Счастли́вого пути́!*, Bon voyage ! *Счастли́вая мысль*, une heureuse idée.

REMARQUE. Voir aussi l'adverbe « счастли́во ».

СЧА́СТЬЕ **1.** bonheur. *Завидова́ть чужо́му сча́стью*, envier le bonheur des autres. **2.** chance. *Сча́стье в игре́*, la chance au jeu. *Попыта́ть сча́стья*, tenter sa chance. ● **К сча́стью,** heureusement. *К моему́ сча́стью*, heureusement pour moi.

/ **СЧЕСТЬ** v. счита́ть.

СЧЁТ*, *loc.* счету́ (*avec la préposition* « на » *seulement*)
sens général: compte
1. __∠__ ____ calcul, compte (*opération*).
2. __∠__ ____ compte, résultat (*d'un calcul*).
3. *nom. pl.* счета́ __∠__ ____ compte (*sommes d'argent placées*).
4. *nom. pl.* счета́ __∠__ ____ facture, addition (*note indiquant la somme dépensée; cette somme elle-même*).
5. *nom. pl.* счёты __∠__ ____ compte (*sujet de discussion*).

1. *Сби́ться со счёта*, se perdre dans son calcul. **2.** *Матч ко́нчился со счётом 3 : 0*, le match s'est terminé par trois à zéro. **3.** *Име́ть теку́щий счёт в ба́нке*, avoir un compte en banque. **4.** *Счёт за газ и электри́чество*, la facture du gaz et de l'électricité. *Официа́нт по́дал счёт*, le garçon a apporté l'addition. **5.** *У нас с ним счёты*, j'ai des comptes à régler avec lui. ● **В два счёта,** en cinq sec. *Сде́лать что́-нибудь в два счёта*, faire qqch. en cinq sec. **В коне́чном счёте,** en fin de compte. **На ... счёт 1.** aux dépens de. *Жить на чужо́й счёт*, vivre aux dépens des autres. **2.** à l'égard de. *Он э́то сказа́л на твой счёт?*, Il a dit ça à ton sujet ? **Э́то не в счёт,** cela n'entre pas en ligne de compte.

REMARQUE. Voir aussi « счёты ».

СЧЁТЧИК compteur. *Га́зовый счётчик*, compteur à gaz.

СЧЁТЫ, счётов, счётам... *pl. t.* boulier. *Счита́ть на счётах*, compter sur un boulier.

СЧИТА́ТЬ 1. / **СОСЧИТА́ТЬ** compter. *Счита́ть до ста*, compter jusqu'à cent. *Счита́ть в уме́*, compter de tête. *Счита́ть де́ньги*, compter son argent. *Не счита́я выходны́х дней*, sans compter les jours de repos. **2.** / **СЧЕСТЬ*** IV, сочту́, сочтёшь...; счёл, сочла́, сочло́, сочли́ ∠‾‾‾‾ ; сочтённый considérer, estimer. *Счита́ть свои́м до́лгом*, considérer comme son devoir. *Счита́ть необходи́мым*, considérer comme indispensable. *Я счита́ю, что он непра́в*, j'estime qu'il a tort. ● **Счита́ть мух,** regarder les mouches voler.

/ **СШИТЬ** v. шить.

СЪЕДО́БНЫЙ comestible. *Съедо́бные грибы́*, des champignons comestibles.

СЪЕЗД congrès. *На съе́зде хиру́ргов*, à un congrès de chirurgiens.

/ **СЪЕ́ЗДИТЬ 1.** aller et revenir (*autrement qu'à pied*). *Съе́здить за́ город*, faire un tour à la campagne. **2.** (*vulg.*) flanquer un coup. *Он съе́здил ему́ в зу́бы*, il lui a tapé sur la gueule.

СЪЕЗЖА́ТЬ / **СЪЕ́ХАТЬ*** IV, съе́ду, съе́дешь... **1.** descendre (*autrement qu'à pied*). *Съе́хать с горы́ на са́нках*, descendre la pente en luge. **2.** quitter un appartement, déménager. *Они́ уже́ давно́ съе́хали с кварти́ры*, il y a déjà longtemps qu'ils n'habitent plus ici. **3.** glisser, se mettre de travers (*en parlant d'un vêtement*). *Твоя́ шля́па съе́хала на́ бок*, Ton chapeau est de travers.

СЪЕЗЖА́ТЬСЯ / **СЪЕ́ХАТЬСЯ*** IV, съе́дутся se réunir (*en* *venant autrement qu'à pied*). *Съе́хались делега́ты изо всех колхо́зов райо́на*, des délégués sont venus de tous les kolkhozes du district.

СЪЕСТНО́Й alimentaire. *Съе́стные припа́сы*, des provisions de bouche.

/ **СЪЕСТЬ** v. есть I.

/ **СЪЕ́ХАТЬ** v. съезжа́ть.

/ **СЪЕ́ХАТЬСЯ** v. съезжа́ться.

/ **СЫГРА́ТЬ** v. игра́ть.

СЫН(*) **1.** *pl.* сыновья́, сынове́й, сыновья́м... fils. *У них дво́е сынове́й*, ils ont deux fils. *Ста́ршему сы́ну два́дцать лет*, l'aîné des fils a vingt ans. **2.** *pl.* сыны́, сыно́в... fils (*fig.*). *Сыны́ Револю́ции*, les fils de la Révolution. ● **Су́кин сын,** fils de chien.

СЫНО́К dim. de « сын ».

СЫ́ПАТЬ* II, сы́плю, сы́плешь... verser, répandre. *Сы́пать соль в суп*, mettre du sel dans la soupe. // (*Fig.*) *Сы́пать остро́тами*, pétiller d'esprit.

СЫ́ПАТЬСЯ* II, сы́плется, сы́плются / **ПОСЫ́ПАТЬСЯ*** II (*id.*) se répandre. *Мука́ сы́плется из мешка́*, la farine tombe du sac. *Посы́пались вопро́сы*, les questions se sont mises à pleuvoir.

СЫПНО́Й ● **Сыпно́й тиф,** le typhus.

СЫР fromage. *Швейца́рский сыр*, gruyère. ● **Ката́ться как сыр в ма́сле,** être comme un coq en pâte.

СЫ́РНИК « syrnik » (*sorte de pâté au fromage aigre*).

СЫРОЕ́ЖКА russule.

СЫРО́Й **1.** humide. *Сыро́е бельё*, du linge humide. *Сыра́я пого́да*, un temps humide. **2.** non cuit, non bouilli. *Сыры́е я́блоки*, des pommes crues. *Сыро́е мя́со*, de la viande crue. *Сыро́е молоко́*, du lait non bouilli.

СЫ́РОСТЬ *f.* humidité. *Пя́тна сы́рости*, des taches d'humidité.

СЫРЬЁ matières premières. *Сырьё для промы́шленности*, des matières premières pour l'industrie.

СЫ́ТНЫЙ copieux. *Сы́тный обе́д*, un repas copieux. *Сы́тно поза́втракать*, prendre un petit déjeuner copieux.

СЫ́ТЫЙ rassasié. *Я сыт*, je n'ai plus faim.

СЮДА́ *adv.* ici (*direction*). *Иди́ сюда́!*, Viens ici !

СЯ́ДЕШЬ, СЯ́ДУ, СЯДЬ v. сесть.

СЯМ *adv.* ● **Там и сям,** çà et là.

Т

ТАБЛЕ́ТКА comprimé. *Табле́тка аспири́на*, un comprimé d'aspirine.

ТАБЛИ́ЦА table (*liste méthodique*). *Табли́ца умноже́ния*, la table de multiplication.

ТАЁЖНЫЙ de la taïga. *Таёжный посёлок*, un village de la taïga.

ТАИ́НСТВЕННЫЙ mystérieux, énigmatique. *Таи́нственный незнако́мец*, un mystérieux inconnu. *С таи́нственным ви́дом*, avec un air énigmatique.

ТАЙГА́ taïga.

ТА́ЙНА secret. *Госуда́рственная та́йна*, un secret d'État. *Та́йна успе́ха*, le secret du succès. *Та́йны приро́ды*, les secrets de la nature. *Храни́ть та́йну*, garder un secret. *Раскры́ть та́йну*, dévoiler un secret.

ТА́ЙНЫЙ secret. *Та́йный смысл*

этих слов, le sens secret de ces paroles. *Тайное общество*, une société secrète.

ТАК *adv.* **1.** ainsi, comme ça. *Так прошло несколько минут*, quelques minutes passèrent ainsi. *Так сказать*, pour ainsi dire. *Не так ли?*, N'est-ce pas ? *Этого нельзя так оставить*, on ne peut pas laisser les choses ainsi. *Это я просто так*, Je disais ça comme ça. *Как так?*, Comment ça ? *Так и есть*, c'est justement cela. **2.** alors, dans ce cas. *Так ты нам не веришь?*, Alors, tu ne nous crois pas ? *Ну, так что ж?*, Et alors ? **3.** tellement, à tel point. *Она так изменилась, что я её не узнала*, elle a tellement changé que je ne l'ai pas reconnue. *Она так красива!*, Elle est si belle ! ● **Будьте так добры...**, Pourriez-vous avoir l'amabilité... ? *Будьте так добры, позовите Галю к телефону*, Pourriez-vous avoir l'amabilité d'appeler Galia au téléphone ? **И так далее** (*par abréviation* **и т. д.**), et ainsi de suite. **Так или иначе,** quoi qu'il en soit, d'une manière ou d'une autre. **Так же... как,** aussi... que. *Он так же плохо играет, как и я*, il joue aussi mal que moi. **Так как** (*conj.*), comme, puisque. *Так как не было свободных мест, мы пошли дальше*, comme il n'y avait pas de places libres, nous sommes allés plus loin. **Так, как,** de la manière que. *Он это сделал не так, как я хотел*, il n'a pas fait ça comme je voulais. **Так называемый 1.** ce qu'on appelle. *Так называемые « языковые лаборатории »*, ce qu'on appelle « laboratoires de langues ». **2.** prétendu, soi-disant. *Так называемые « короли нефти »*, les soi-disant « rois du pétrole ». **Так себе,** comme ci comme ça. « *Как поживаете? — Ничего, так себе* », « Comment allez-vous ? — Bah ! Comme ci comme ça. » **Тут что-то не так,** il y a là quelque chose qui cloche.

REMARQUE. Au sens 3, « так » ne peut pas être suivi d'un adjectif à la forme longue (v. такой).

ТАКЖЕ *adv.* également. *Он занимался также нумизматикой*, il s'occupait également de numismatique.

REMARQUE. «Также» porte généralement sur le mot qui suit.

-ТАКИ *particule postposée* quand même, tout de même (*voir les mots dans la composition desquels entre cette particule*).

ТАКОВ, такова... ⁄—— *pronom-adjectif sans forme longue* tel. *Таковы факты*, tels sont les faits. ● **И был таков,** et il a filé.

ТАКОВОЙ *pronom-adj.* ● **Как таковой** (*livresque*), en tant que tel.

> **ТАКОЙ** *pronom-adjectif*
> **1.** (*suivi d'un nom*) tel.
> **2.** (*suivi d'un adjectif*) tellement, si.
> **3.** (*suivi de* « же ») même.
> **4.** (*accompagnant* « что » *ou* « кто ») *sert à renforcer le pronom interrogatif.*

1. *До такой степени*, à un tel point. *Это такой дурак, что вы себе представить не можете*, C'est un imbécile comme vous ne pouvez pas vous imaginer. **2.** *Такая красивая девушка*, une si jolie fille. **3.** *Такого же роста, как и вы*, de la même taille que vous. **4.** *Что это такое?* Qu'est-ce que c'est ? *Да кто же он такой?*, Mais qui est-il donc, ce monsieur ? ● **В таком случае,** dans ce cas. *В таком случае я ухожу*, Puisqu'il en est ainsi, je m'en vais. **Таким образом,** ainsi.

REMARQUE. Au sens 2, « такой » ne peut pas être suivi d'un adjectif à la forme courte (v. так).

ТАМ *adv.* **1.** là-bas (*emplacement*). *Он там налево*, il est là-bas à gauche. *Там и сям*, çà et là. **2.** (*fam.*) alors, après. *Мы так сделаем, а там видно будет*, On va faire comme ça, et après, on verra.

ТАМО́ЖЕННИК douanier.

ТАМО́ЖЕННЫЙ de douane. *Тамо́женные по́шлины*, les droits de douane.

ТАМО́ЖНЯ douane. *Рабо́тники тамо́жни*, les employés des douanes.

ТА́НЕЦ danse. *Наро́дные та́нцы*, des danses populaires.

ТАНЦЕВА́ТЬ, танцу́ю, танцу́ешь... danser. *Она́ хорошо́ танцу́ет*, elle danse bien. *Танцева́ть но́вый та́нец*, danser une nouvelle danse.

Remarque. Le verbe « танцева́ть » appartient à la catégorie des verbes comportant le suffixe « ова́ть », modifié ici dans sa graphie par l'incompatibilité « ц » + « о » en position atone.

ТАРАКА́Н cafard (*insecte*).

ТАРА́ЩИТЬ / ВЫ́ТАРАЩИТЬ écarquiller. *Как он ни тара́щил глаза́, он ничего́ не ви́дел*, il avait beau écarquiller les yeux, il ne voyait rien.

ТАРЕ́ЛКА assiette. *Ме́лкая таре́лка*, une assiette plate. *Глубо́кая таре́лка*, une assiette creuse. *Десе́ртная таре́лка*, une assiette à dessert. ● **Не в свое́й таре́лке,** pas dans son assiette. *Я был не в свое́й таре́лке*, je n'étais pas dans mon assiette.

ТАСКА́ТЬ indét. de « тащи́ть ». ● **Таска́ть кашта́ны из огня́,** tirer les marrons du feu.

ТАСС (*abréviation de* « Телегра́фное Аге́нтство Сове́тского Сою́за ») l'agence Tass.

ТАТА́РИН*, *pl.* тата́ры, тата́р, тата́рам... Tatar.

ТАТА́РСКИЙ tatar. *Тата́рское и́го*, le joug tatar.

ТАЩИ́ТЬ **1.** / **ПОТАЩИ́ТЬ** ; *indét.* **ТАСКА́ТЬ** traîner (*tr.*, *divers sens*). *Они́ тащи́ли по земле́ что́-то тяжёлое*, ils traînaient par terre quelque chose de lourd. *Я с трудо́м тащи́л чемода́н*, j'avais de la peine à traîner ma valise. *Е́ле таска́ть но́ги*, traîner la jambe. *О́ля уста́ла, а ты её та́щишь в теа́тр*, Olia est fatiguée et toi, tu la traînes au théâtre. *Уже́ тре́тий год таска́ю э́то пла́тье*, ça fait bientôt trois ans que je traîne cette robe. **2.** / **ВЫ́ТАЩИТЬ** arracher, retirer. *Тащи́ть гво́зди из доски́*, arracher les clous d'une planche. *Вы́тащить зано́зу*, retirer une épine. **3.** / **СТАЩИ́ТЬ** chiper, voler. *У него́ стащи́ли часы́*, on lui a chipé sa montre.

ТА́ЯТЬ* II, та́ет, та́ют / **РАСТА́ЯТЬ*** II (*id.*) fondre (*devenir liquide*). *Снег та́ет*, la neige fond. *На у́лице та́ет*, c'est le dégel. // (*Fig.*) *На́ши запа́сы та́ют*, nos provisions fondent.

ТВЁРДЫЙ, твёрд, тверда́, твёрдо, твёрды ; *comp.* твёрже* **1.** dur (*au sens propre*). *Кусо́к мя́са, твёрдый как ка́мень*, un morceau de viande dur comme du bois. **2.** (*fig.*) ferme, solide. *Твёрдые зна́ния*, des connaissances solides. *Твёрдым ша́гом*, d'un pas ferme. *Твёрдая во́ля*, une volonté inébranlable. ● **Твёрдые согла́сные,** les consonnes dures. **Твёрдый знак,** le signe dur (*nom de la lettre* « ъ »).

ТВЁРЖЕ comp. de « твёрдый ».

ТВОЙ *pronom-adjectif possessif* ton. *Где твой брат?*, Où est ton frère ?

ТВОРИ́ТЕЛЬНЫЙ ● **Твори́тельный паде́ж,** l'instrumental.

ТВОРО́Г fromage blanc.

ТВО́РЧЕСКИЙ créateur. *Тво́рческий подъём*, un élan créateur.

ТВО́РЧЕСТВО œuvres. *Тво́рчество Пастерна́ка*, les œuvres de Pasternak. *Наро́дное тво́рчество*, l'art populaire.

ТЕ v. тот.

Т. Е. v. то́-есть.

ТЕБЕ́, ТЕБЯ́ v. ты.

ТЁЗКА *m.* ou *f.* personne portant le même prénom. *Он мой тёзка*, il a le même prénom que moi.

ТЕКУ́ v. течь.

ТЕКУ́ЩИЙ courant (*qui est en cours*). *Теку́щие дела́*, les affaires courantes. ● **Теку́щий счёт,** un compte courant.

ТЕЛЕВИ́ДЕНИЕ télévision. *Програ́мма телеви́дения*, le programme de la télévision.

ТЕЛЕ́ГА télègue (*voiture de charge à quatre roues*).

ТЕЛЕ́ЖКА 1. dim. de « теле́га ». 2. charrette. *Ручна́я теле́жка*, une charrette à bras.

ТЕЛЁНОК*, *pl.* теля́та, теля́т, теля́там... veau (*animal*).

ТЕ́ЛО corps (*divers sens*). *Твёрдое те́ло*, un corps solide. *Ча́сти те́ла*, les parties du corps. *Дрожа́ть всем те́лом*, trembler de tout son corps.

ТЕЛЯ́ТИНА veau (*viande*). *Жа́реная теля́тина*, un rôti de veau.

ТЕЛЯ́ЧИЙ *adj. d'appart.* de veau. *Теля́чья ко́жа*, du cuir de veau.

I. ТЕМ *conj. suivie d'un comparatif* tant. *Тем ху́же*, tant pis. *Тем лу́чше*, tant mieux. ● **Тем не ме́нее,** néanmoins. **Тем..., что,** d'autant... que. *Тем бо́лее, что он оши́бся*, d'autant plus qu'il s'est trompé. **Чем..., тем...,** plus... plus (v. чем).

II. ТЕМ v. тот.

ТЕ́МА sujet (*matière sur laquelle on parle, on écrit*). *Те́ма моего́ докла́да*, le sujet de mon exposé. *Перейти́ к друго́й те́ме*, passer à un autre sujet.

ТЕ́МИ v. тот.

ТЕМНЕ́ТЬ 1. / **ПОТЕМНЕ́ТЬ** devenir sombre. *Не́бо потемне́ло*, le ciel s'est assombri. 2. / **СТЕМНЕ́ТЬ** devenir sombre. *Уже́ темне́ло*, le jour déclinait. 3. (*pas de pf.*) avoir une teinte sombre. *Вдали́ темне́л лес*, au loin, on apercevait la ligne sombre de la forêt.

ТЁМНО- *élément de formation* foncé. *Тёмно-зелёный* vert foncé.

ТЕМНОТА́ obscurité. *Сиде́ть в темноте́*, rester dans l'obscurité.

ТЁМНЫЙ, тёмен, темна́, темно́, темны́ 1. sombre. *Тёмная ночь*, une nuit sombre. *На у́лице темно́*, dehors il fait sombre. 2. obscur (*fig.*), peu clair. *Остаётся ещё одно́ тёмное для меня́ ме́сто в стихотворе́нии*, il y a encore un passage obscur pour moi dans ce poème. 3. suspect, douteux. *Челове́к с тёмным про́шлым*, un homme au passé douteux. *Э́то весьма́ тёмные дела́*, ce sont des affaires fort louches.

ТЕНИ́СТЫЙ ombragé. *Тени́стая алле́я*, une allée ombragée.

ТЕНЬ *f.* ombre. *На со́лнце и в тени́*, au soleil et à l'ombre. *Три́дцать гра́дусов в тени́*, trente degrés à l'ombre. *Те́ни от дере́вьев*, les ombres des arbres. || (*Fig.*) *Не́ было ни те́ни сомне́ния*, il n'y avait pas l'ombre d'un doute.

ТЕПЕ́РЬ *adv.* maintenant. *Тепе́рь уже́ по́здно*, maintenant, il est trop tard.

I. ТЕПЛО́ chaleur. *Лу́чше сиде́ть в тепле́*, il vaut mieux rester au chaud. *На у́лице два гра́дуса тепла́*, dehors, il fait deux degrés au-dessus de zéro.

II. ТЕПЛО́ v. тёплый.

ТЕПЛОВО́З locomotive Diesel.

ТЕПЛОТА́ 1. (*physique*) chaleur. 2. cordialité.

ТЕПЛОХО́Д bateau à moteur Diesel.

ТЁПЛЫЙ, тёпел, тепла́, тепло́, тёплы 1. chaud (*d'une température moyenne*). *Тёплая пого́да*, un temps chaud. *На у́лице тепло́*, il fait bon dehors. *Тёплые стра́ны*, les pays chauds. 2. chaud (*en parlant des couleurs*). *Тёплые тона́*, des tons chauds. 3. chaleureux. *Нас тепло́ встре́тили*, nous avons reçu un accueil chaleureux. ● **Тёплое место́чко,** une planque.

ТЕ́РЕМ*, *nom. pl.* терема́ « terem » (*dans l'ancienne Russie, partie supérieure des maisons riches*).

ТЕРЕ́ТЬ* IV, тру, трёшь...; тёр, тёрла...; тёртый **1.** / **ПОТЕРЕ́ТЬ*** IV (*id.*) *et* / **ПРОТЕРЕ́ТЬ*** IV (*id.*) frotter. *Тере́ть себе́ глаза́*, se frotter les yeux. **2.** / **НАТЕРЕ́ТЬ*** IV (*id.*) *et* **РАСТЕРЕ́ТЬ*** IV (*id.*) râper, piler, broyer. *Натере́ть сыр*, râper du fromage. **3.** / **НАТЕРЕ́ТЬ*** IV (*id.*) blesser (*faire une blessure par un frottement prolongé*). *Э́ти боти́нки натёрли мне но́ги*, ces souliers m'ont fait des ampoules.

ТЕРЗА́ТЬ / РАСТЕРЗА́ТЬ déchirer (*propr. et fig.*), tourmenter. *Его́ терза́ли угрызе́ния со́вести*, le remords le torturait.

ТЕ́РМИН terme (*mot, expression*). *Техни́ческий те́рмин*, un terme technique.

ТЕРПЕЛИ́ВЫЙ patient. *Терпели́вый челове́к*, un homme patient. *Терпели́во ждать*, attendre patiemment.

ТЕРПЕ́НИЕ patience. *Запасти́сь терпе́нием*, s'armer de patience. *Потеря́ть терпе́ние*, perdre patience. *Он вы́вел меня́ из терпе́ния*, il m'a fait perdre patience.

> **ТЕРПЕ́ТЬ*** I, терплю́, те́рпишь...
>
> **1.** / **ПОТЕРПЕ́ТЬ*** I (*id.*) patienter.
>
> **2.** / **ПОТЕРПЕ́ТЬ*** I (*id.*) essuyer (*un échec...*).
>
> **3.** / **ВЫ́ТЕРПЕТЬ*** I, вы́терплю, вы́терпишь... supporter, endurer (*une douleur*).
>
> **4.** / **ПОТЕРПЕ́ТЬ*** I, потерплю́, поте́рпишь... supporter, tolérer (*une personne, une situation...*).

1. *Потерпи́ ещё немно́жко*, Patiente encore un peu. **2.** *Потерпе́ть неуда́чу*, subir un échec. *Потерпе́ть пораже́ние*, essuyer une défaite. **3.** *Терпе́ть боль*, supporter la douleur. *Она́ не вы́терпела, запла́кала*, elle n'a pas pu y tenir et s'est mise à pleurer. **4.** *Он не те́рпит возраже́ний*, il n'admet pas la contradiction. *Я его́ терпе́ть не могу́*, je ne peux pas le souffrir. *Терпе́ть нужду́*, être dans le besoin. • **Вре́мя не те́рпит,** le temps presse.

ТЕРПИ́МЫЙ **1.** tolérant. *Терпи́мое отноше́ние к чужи́м мне́ниям*, une attitude tolérante à l'égard des opinions d'autrui. **2.** supportable. *Терпи́мые усло́вия*, des conditions supportables.

ТЁРТЫЙ râpé. • **Тёртый кала́ч,** un vieux de la vieille.

ТЕРЯ́ТЬ / ПОТЕРЯ́ТЬ perdre (*divers sens*). *Я потеря́ла свои́ ключи́*, j'ai perdu mes clefs. *Он потеря́л отца́*, il a perdu son père. *Я его́ уже́ давно́ потеря́л из виду*, il y a longtemps que je l'ai perdu de vue. *Мы напра́сно теря́ем вре́мя*, nous perdons notre temps pour rien. *Теря́ть равнове́сие*, perdre l'équilibre. *Потеря́ть созна́ние*, perdre conscience. *Он потеря́л го́лову*, il a perdu la tête.

ТЁС volige(s). *И́збы покры́ты тёсом*, les izbas ont un toit de voliges.

ТЕСНИ́ТЬСЯ / ПОТЕСНИ́ТЬСЯ se serrer les uns contre les autres. *Лю́ди тесни́лись у вхо́да*, les gens se pressaient à l'entrée.

ТЕСНОТА́ manque de place. *Они́ живу́т в стра́шной тесноте́*, ils sont très à l'étroit.

ТЕ́СНЫЙ étroit, exigu. *Те́сный прохо́д*, un passage étroit. *Те́сные боти́нки*, des souliers trop étroits. *Они́ те́сно живу́т*, ils vivent à l'étroit. *Э́ти пробле́мы те́сно свя́заны*, ces problèmes sont étroitement liés. *В те́сном смы́сле сло́ва*, au sens étroit du mot.

ТЕ́СТО pâte. *Слоёное те́сто*, une pâte feuilletée.

ТЕСТЬ *m.* beau-père (*père de la femme*).

ТЕ́ТЕРЕВ*, *nom. pl.* тетерева́ tétras, coq des bouleaux.

ТЁТКА 1. tante. *Она́ мне тётка по ма́тери*, c'est ma tante du côté de ma mère. **2.** (*fam.*) une bonne femme. **3.** (*en apostrophe*) ma petite dame. ● **Го́лод не тётка,** on ne peut pas vivre sans manger.

ТЕТРА́ДКА dim. de « тетра́дь ».

ТЕТРА́ДЬ *f.* cahier. *Черновáя тетра́дь*, cahier de brouillon.

ТЁТЯ*, *gén. pl.* тётей (*fam.*) **1.** tante. *Моя́ тётя А́нна, сестра́ моéй ма́тери*, ma tante Anna, la sœur de ma mère. **2.** (*dans le langage des enfants*) une dame. *Э́то мне подари́ла кака́я-то тётя*, c'est une dame qui m'a donné ça. **3.** (*fam.*) s'emploie accompagné du prénom pour désigner une dame que l'on connaît (*doit être traduit en fonction du contexte*).

I. ТЕХ v. тот.

II. ТЕХ... *élément de formation* (*abréviation de* « техни́ческий ») technique. *Техпо́мощь*, l'aide technique.

ТЕЧЕ́НИЕ 1. courant (*mouvement de l'eau, mouvement des idées...*). *Подво́дное тече́ние*, un courant sous-marin. *Но́вое тече́ние в иску́сстве*, un nouveau courant artistique. *Плыть про́тив тече́ния*, remonter le courant (*propr. et fig.*). ● **В тече́ние** (+ *gén.*), pendant. *В тече́ние всего́ э́того дня*, pendant toute cette journée.

I. ТЕЧЬ* IV, теку́, течёшь..., теку́т; тёк, текла́... / **ПОТЕ́ЧЬ*** IV (*id.*) **1.** couler. *Вода́ текла́*, l'eau coulait. *Из её глаз текли́ слёзы*, des larmes coulaient de ses yeux. *У него́ кровь течёт и́з носу*, il saigne du nez. **2.** s'écouler, passer. *Вре́мя течёт бы́стро*, le temps passe vite. **3.** laisser passer l'eau. *Кры́ша течёт*, le toit laisse passer l'eau.

II. ТЕЧЬ *f.* voie d'eau. *Кора́бль дал течь*, le navire fait eau.

ТЁЩА belle-mère (*mère de la femme*).

ТИ́НА limon, vase.

ТИФ ● **Брюшно́й тиф,** la typhoïde. **Сыпно́й тиф,** le typhus.

ТИ́ХИЙ, *comp.* ти́ше* **1.** qui ne fait pas de bruit, qui est peu bruyant. *Ти́хий стон*, un faible gémissement. *В до́ме бы́ло ти́хо*, on n'entendait aucun bruit dans la maison. *Вы говори́те сли́шком ти́хо*, Vous parlez trop bas. **2.** calme, peu agité. *Ти́хая пого́да*, un temps calme. *Ти́хий ветеро́к*, un vent léger. *Ти́хая у́лица*, une rue calme. *Ти́хая жизнь*, une vie calme. *Вести́ себя́ ти́хо*, se tenir tranquille.

ТИХО́НЬКО *adv.* (*fam.*) **1.** tout doucement (*sans bruit*). *Она́ тихо́нько пла́кала*, elle pleurait tout doucement. **2.** sans se faire remarquer, en cachette.

ТИ́ШЕ comp. de « ти́хий ». ● **Ти́ше!,** Silence! **Он ти́ше воды́, ни́же травы,** il file doux.

ТИШИНА́ silence, calme. *Мёртвая тишина́*, un silence total. *В ночно́й тишине́*, dans le silence de la nuit.

ТКАНЬ *f.* tissu (*divers sens*). *Шёлковая ткань*, une étoffe de soie. *Мы́шечная ткань*, le tissu musculaire.

ТКАТЬ* IV, тку, ткёшь...; ткал, ткала́, тка́ло, тка́ли / **СОТКА́ТЬ*** IV (*id.*) tisser. *Ткать шёлковую мате́рию*, tisser la soie. *Пау́к ткёт паути́ну*, l'araignée tisse sa toile.

ТКА́ЦКИЙ de tissage. *Тка́цкий стано́к*, métier à tisser.

ТКАЧ tisserand.

ТКАЧИ́ХА tisseuse.

I. ТО *conj.* alors. *Е́сли так, то он не придёт*, Si c'est comme ça, alors il ne viendra pas. ● **А не то,** sinon (*voir ci-dessous* « не то »). **А то 1.** il y a une chose certaine. *На́до е́хать, а то уже́ по́здно*, il faut partir; il est déjà tard. **2.** ou bien, sinon. *Надо спешить, а то опоздаем*, il faut se dépêcher, sinon nous serons en retard. *Нет, не хочется больше..., а то налейте ещё стаканчик*, Non, merci... ou, alors, juste un petit verre. **Да и то** *ou* **и то,** et encore. *Их у нас мало, и то плохие*, nous en avons peu, et encore ils sont mauvais. **Не то,** sinon. *Надо спешить, не то опоздаем*, il faut nous dépêcher, sinon nous serons en retard. **То и дело,** à chaque instant. *То и дело раздавались выстрелы*, on entendait à chaque instant des coups de feu. **То..., то...,** tantôt... tantôt... *То тот, то другой*, tantôt l'un, tantôt l'autre.

II. ТО v. тот.

III. -ТО **1.** *particule postposée servant à renforcer le mot sur lequel elle porte. А мы-то не знали*, Mais nous, nous ne savions pas. **2.** *particule postposée* je ne sais (*voir les mots dans la composition desquels entre cette particule*).

ТОБОЙ v. ты.

ТОВАР marchandise. *Товары широкого потребления*, les articles de consommation courante.

ТОВАРИЩ **1.** camarade (*compagnon*). *Школьный товарищ*, un camarade d'école. *Товарищ детства*, un camarade d'enfance. *Товарищ по оружию*, compagnon d'armes. **2.** (*souvent accompagné du nom de famille*) le camarade *ou* la camarade; monsieur *ou* madame. *Под руководством товарища Иванова*, sous la direction du camarade Ivanov. *Речь товарища Петровой*, le discours de la camarade Petrova.

ТОВАРИЩЕСКИЙ de camarade. *Товарищеские отношения*, des relations amicales. ● **Товарищеский суд,** tribunal d'entreprise.

ТОВАРНЫЙ de marchandise. *Товарный поезд*, un train de marchandises. *Товарный вагон*, un wagon de marchandises.

ТОГДА *adv.* alors. *Мы жили тогда на улице Разина*, nous habitions alors rue Razine. *Он не хочет? Тогда не надо*, Il ne veut pas? Alors, ce n'est pas la peine.

ТОГО v. тот.

ТО ЕСТЬ, *par abréviation* **Т. Е.,** *conj.* **1.** c'est-à-dire. *Фонология, т. е. функциональная фонетика*, la phonologie, c'est-à-dire la phonétique fonctionnelle. **2.** ou plus exactement. *Мы спали, то есть он спал, а я перебирал в памяти события этого дня*, Nous dormions, ou plutôt c'est lui qui dormait, et moi, je me remémorais les événements de la journée.

ТОЖДЕСТВЕННЫЙ *et* **ТОЖЕСТВЕННЫЙ** identique. *Тождественные явления*, des phénomènes identiques.

ТОЖДЕСТВО *et* **ТОЖЕСТВО** identité (*caractère de ce qui est identique*). *Тождество взглядов*, l'identité des vues.

ТОЖЕ *adv.* aussi. *Он тоже заболел*, lui aussi est tombé malade. *Я тоже не видел его*, moi non plus, je ne l'ai pas vu.

Remarque. « Тоже » porte généralement sur le mot qui le précède.

ТОЙ v. тот.

ТОК courant électrique. *Ток высокого напряжения*, courant à haute tension.

ТОКАРНЫЙ de tourneur. *Токарный станок*, tour (*machine-outil*).

ТОКАРЬ*, *nom. pl.* токаря tourneur.

ТОЛК **1.** (*sg. seulement*) discernement. *Делать что-нибудь с толком*, faire qqch. en connaissance de cause. *Говорить без толку**, parler à tort et à travers. **2.** (*sg. seulement*) résultat positif. *Из этого не выйдет толку**, cela ne fera rien de bien. **3.** (*pl. seulement*) bruits (*rumeurs*). *Я не придаю значения толкам*, je n'accorde aucune importance aux bruits qui courent. ● **Знать толк в** (+

loc.), s'y connaître. *Он знáет толк в вúнах*, il s'y connaît en bons vins. **Сбúться с тóлку***, être dérouté.

REMARQUE. L'accent passe sur la préposition dans l'expression « бéз толку* ».

ТОЛКÁТЬ / ТОЛКНÝТЬ 1. heurter, pousser. *Толкáть когó-нибудь лóктем*, pousser qqn du coude. *Толкнýть дверь*, pousser la porte. *Онú толкáли друг дрýга*, ils se bousculaient. **2.** (*sport*) lancer. *Толкáть ядрó*, lancer le poids. **3.** (на + *acc.*) pousser à, inciter à. *Толкáть когó-нибудь на преступлéние*, pousser qqn au crime.

ТОЛКÁТЬСЯ / ПОТОЛКÁТЬСЯ (*intr.*) pousser, bousculer. *Не толкáйтесь!*, Ne poussez pas !

/ ТОЛКНÝТЬ v. толкáть.

ТОЛКОВÁТЬ 1. / ИСТОЛКОВÁТЬ faire l'exégèse. *Толковáть закóн*, interpréter une loi. **2. / РАСТОЛКОВÁТЬ** (*fam.*) essayer de faire comprendre. *Скóлько емý ни толкýй, он ничегó не понимáет*, on a beau lui expliquer, il n'y comprend rien. **3. / ПОТОЛКОВÁТЬ** (о + *loc.; fam.*) parler, discuter. *Давáй потолкýем*, Si on discutait un peu ?

ТÓЛКОМ *adv.* clairement, d'une manière intelligible. *Ты тóлком говорú*, Raconte-nous ça un peu plus clairement.

ТОЛКÝЧКА marché aux puces. *Я э́то купúл на толкýчке*, je l'ai acheté au marché aux puces.

ТОЛПÁ ‾‾‾ ___ foule. *На плóщади собралáсь толпá*, sur la place, il s'était formé un attroupement.

ТОЛПÚТЬСЯ / СТОЛПÚТЬСЯ s'attrouper. *У вхóда в теáтр толпúлся нарóд*, les gens se pressaient à l'entrée du théâtre.

ТОЛСТÉТЬ / ПОТОЛСТÉТЬ grossir, engraisser.

ТÓЛСТЫЙ /_ , *comp.* тóлще* gros. *Тóлстый мужчúна*, un homme gros. *Тóлстые гýбы*, des lèvres épaisses. *Тóлстая пáлка*, un gros bâton. *Тóлстая кнúга*, un gros livre. *Тóлстая бумáга*, du papier épais.

ТОЛЧÓК 1. choc, secousse. *Я проснýлся от сúльного толчкá*, j'ai été réveillé par une forte secousse. **2.** (*fig.*) impulsion.

ТÓЛЩЕ comp. de « тóлстый ».

ТОЛЩИНÁ 1. épaisseur. *Толщинá доскú*, l'épaisseur de la planche. **2.** corpulence. *Жéнщина необыкновéнной толщинЫ́*, une femme d'une corpulence peu ordinaire.

ТÓЛЬКО *adv.* seulement. *У меня́ тóлько три рубля́*, je n'ai que trois roubles. *Тóлько бы достáть билéт*, si seulement on pouvait avoir un billet. *Мы с тобóй пойдём, тóлько не тепéрь*, Nous irons avec toi, mais pas maintenant. ● **Тóлько что**, il y a un instant. *Он тóлько что пришёл*, il vient d'arriver.

I. ТОМ*, *nom. pl.* томá ___ ‾‾‾ tome, volume. *Кнúга в двух томáх*, un livre en deux volumes.

II. ТОМ v. тот.

ТОМÚТЬСЯ / ИСТОМÚТЬСЯ se morfondre. *Томúться ожидáнием*, se morfondre à attendre.

ТОМÝ v. тот.

ТОМÝ НАЗÁД *prép.* (+ *acc.*) il y a (*avec une indication de temps*). *Недéлю томý назáд*, il y a une semaine. *Два мéсяца томý назáд*, il y a deux mois.

REMARQUE. « Томý назáд » suit presque toujours le mot ou le groupe de mots qu'il régit.

ТÓНКИЙ /_ , *comp.* тóньше* fin (*divers sens*). *Тóнкое сукнó*, une étoffe fine. *Тóнкий слой*, une couche mince. *Тóнкие вóлосы*, des cheveux fins. *Тóнкая тáлия*, une taille fine. *Тóнкие чертЫ́ лицá*, des traits fins. *Тóнкий зáпах*, une odeur délicate.

То́нкая рабо́та, un travail d'une grande délicatesse. *У него́ то́нкий слух*, il a l'oreille fine. *То́нкий ум*, un esprit plein de finesse. *То́нкий намёк*, une allusion discrète. ● **То́нкие кишки́,** l'intestin grêle. **То́нкий го́лос,** une petite voix.

ТО́НКОСТЬ *f.* **1.** finesse. *То́нкость сукна́*, la finesse d'une étoffe. *То́нкость ума́*, la finesse de l'esprit. **2.** détail infime. *Входи́ть в то́нкости*, entrer dans les détails.

ТОНУ́ТЬ / **ПОТОНУ́ТЬ** *et* **УТОНУ́ТЬ** **1.** couler. *Кора́бль на́чал тону́ть*, le navire a commencé à sombrer. **2.** se noyer. *Он не уме́л пла́вать — утону́л*, il ne savait pas nager, il s'est noyé.

ТО́НЬШЕ comp. de « то́нкий ».

ТО́ПАТЬ / **ТО́ПНУТЬ** (*généralement accompagné de* « нога́ми ») taper des pieds. *Он серди́лся, то́пал нога́ми, но его́ не слу́шались*, il se mettait en colère, tapait du pied, mais personne ne l'écoutait.

I. ТОПИ́ТЬ / **ЗАТОПИ́ТЬ** *et* **ИСТОПИ́ТЬ** **1.** faire du feu. *Истопи́ть печь*, faire du feu (*dans le poêle*). **2.** chauffer. *Топи́ть ко́мнату*, chauffer une pièce. **3.** faire fondre. *Топи́ть сургу́ч*, faire fondre la cire.

II. ТОПИ́ТЬ / **ПОТОПИ́ТЬ** *et* **УТОПИ́ТЬ** **1.** couler. *Потопи́ть вра́жеский кора́бль*, couler un navire ennemi. **2.** noyer. *Щеня́т утопи́ли в пруду́*, on a noyé les chiots dans l'étang. // (*Fig.*) *Утопи́ть конкуре́нта*, faire boire un bouillon à son concurrent. *Топи́ть го́ре в вине́*, noyer son chagrin dans l'alcool.

ТО́ПКИЙ marécageux. *То́пкие места́*, des coins marécageux.

ТО́ПЛИВО combustible. *Жи́дкое то́пливо*, carburant.

/ **ТО́ПНУТЬ** v. то́пать.

ТО́ПОЛЬ*, *nom. pl.* тополя́ *m.* peuplier.

ТОПО́Р hache. ● **Пла́вать как топо́р,** nager comme un chien de plomb.

ТО́ПОТ bruit fait avec les pieds lorsqu'on marche ou lorsqu'on court. *Вдали́ слы́шался ко́нский то́пот*, on entendait au loin le galop d'un cheval.

ТОПТА́ТЬ* II, топчу́, то́пчешь... / **ПОТОПТА́ТЬ*** II (*id.*) *et* **РАСТОПТА́ТЬ*** II (*id.*) fouler (*divers sens*). *Топта́ть траву́*, fouler l'herbe.

ТОПТА́ТЬСЯ* II, топчу́сь, то́пчешься... / **ПОТОПТА́ТЬСЯ*** II (*id.*) piétiner (*propr. ou fig.*). *Мне каза́лось, что мы то́пчемся на ме́сте*, il me semblait que nous n'avancions pas.

ТОРГОВА́ТЬ commercer. *Торгова́ть ле́сом*, faire le commerce du bois. *Магази́ны торгу́ют до восьми́ часо́в ве́чера*, les magasins sont ouverts jusqu'à huit heures du soir.

ТОРГОВА́ТЬСЯ marchander. *Торгова́ться из-за копе́йки*, marchander pour un kopek.

ТОРГО́ВЕЦ marchand. *Ме́лкие торго́вцы*, les petits commerçants.

ТОРГО́ВЛЯ commerce. *Опто́вая торго́вля*, le commerce en gros. *Ро́зничная торго́вля*, le commerce au détail. *Вне́шняя торго́вля*, le commerce extérieur.

ТОРГО́ВЫЙ commercial. *Торго́вая сеть*, une chaîne commerciale. *Торго́вый догово́р*, un accord commercial. *Торго́вые рабо́тники*, les employés de commerce. *Торго́вое су́дно*, un navire marchand.

ТОРЖЕ́СТВЕННЫЙ solennel. *Торже́ственный тон*, un ton solennel.

ТОРЖЕСТВО́ **1.** solennité (*divers sens*). *Октя́брьские торжества́*, les fêtes de l'anniversaire de la révolution. *С торжество́м*, avec solennité. **2.** victoire, triomphe. *Торжество́ здра́вого смы́сла*, le triomphe du bon sens.

ТОРЖЕСТВОВА́ТЬ / ВОСТОРЖЕСТВОВА́ТЬ (над + *instr.*) triompher. *В конце́ концо́в и́стина всегда́ торжеству́ет*, la vérité finit toujours par triompher.

ТО́РМОЗ* **1.** *nom. pl.* тормоза́ —— frein (*propr.*). *Ручно́й то́рмоз*, le frein à main. *Ножно́й то́рмоз*, le frein à pied. **2.** frein (*fig.*).

ТОРМОЗИ́ТЬ / ЗАТОРМОЗИ́ТЬ freiner. *Шофёр затормози́л; маши́на пла́вно останови́лась*, le chauffeur freina, la voiture s'arrêta sans heurt. *Тормози́ть разви́тие промы́шленности*, freiner le développement de l'industrie.

ТОРОПИ́ТЬ ⟍—— **/ ПОТОРОПИ́ТЬ** ⟍—— presser (*pousser qqn à se hâter*). « *Скоре́й!* » — *торопи́ла его́ мать*, « Dépêche-toi », lui répétait sa mère.

ТОРОПИ́ТЬСЯ ⟍—— **/ ПОТОРОПИ́ТЬСЯ** ⟍—— se hâter. *Куда́ вы торо́питесь?*, Où allez-vous si vite? *Не торопи́ться с вы́водами*, ne pas faire de conclusions hâtives.

ТОРОПЛИ́ВЫЙ pressé, précipité. *Торопли́вые шаги́*, des pas précipités. *Торопли́вый отъе́зд*, un départ précipité.

ТОРТ gâteau. *Шокола́дный торт*, un gâteau au chocolat. *Вишнёвый торт*, une tarte aux cerises.

ТОРФ tourbe. *Добы́ча то́рфа*, l'extraction de la tourbe.

ТОРЧА́ТЬ* I, торчу́, торчи́шь... **1.** faire saillie. *Из-под сне́га торча́ли обгоре́лые брёвна*, des poutres calcinées sortaient de dessous la neige. *Гво́зди торча́т*, les clous dépassent. **2.** (*fam.*) être fourré (*se trouver où il ne faut pas*). *Он всё в ку́хне торчи́т, не даёт нам рабо́тать*, il est tout le temps fourré à la cuisine, il n'y a pas moyen de travailler.

ТОСКА́ tristesse, cafard. *Наводи́ть тоску́*, donner le cafard. *Тоска́ по ро́дине*, le mal du pays.

ТОСКЛИ́ВЫЙ mélancolique. *Тоскли́вая улы́бка*, un sourire mélancolique. *Тоскли́вая пого́да*, un temps à avoir le cafard.

ТОСКОВА́ТЬ être triste, avoir le cafard. *Тосковать по ро́дине*, avoir le mal du pays. *Я тоскова́ла по друзья́м*, j'avais le cafard, mes amis me manquaient.

ТОСТ toast (*proposition de boire à la santé de qqn, au succès d'une entreprise*). *Предложи́ть тост*, proposer un toast.

> **ТОТ** *pronom*
> **1.** celui-là; l'autre.
> **2.** (*faisant pendant à un pronom comme* « другой ») l'un.
> **3.** (*antécédent*) celui.
> **4.** (*généralement précédé de* « не ») celui qui convient.
> ● « Тот » entre en outre dans la composition d'une multitude de locutions qui jouent pour la plupart le rôle d'adverbes ou de conjonctions.

1. *Покажи́те мне ту кни́гу, кото́рая там на по́лке*, Montrez-moi ce livre-là, sur l'étagère. *В то вре́мя*, à cette époque-là. *С тех пор*, depuis ce temps-là. *На той стороне́ у́лицы*, de l'autre côté de la rue. *На том све́те*, dans l'autre monde. **2.** *И тот и друго́й*, l'un et l'autre. *Ни тот ни друго́й*, ni l'un ni l'autre. **3.** *Тот, о кото́ром я вам говори́л вчера́*, celui dont je vous ai parlé hier. *Э́то то, что я хоте́л сказа́ть*, c'est ce que je voulais dire. **4.** *Мы се́ли не в тот авто́бус*, nous nous sommes trompés d'autobus. *Всё не то*, ce n'est encore pas ça. ● **В том-то и де́ло,** c'est justement ce qu'il y a. **Де́ло в том, что,** ce qu'il y a, c'est que. *Де́ло в том, что он опозда́л на два часа́*, ce qui s'est passé, c'est qu'il est arrivé avec deux heures de retard. **Для того́,**

чтóбы, pour. *Для тогó, чтóбы собрáть нýжные дéньги,* pour réunir la somme nécessaire. **До тогó, как,** avant que. *Ещё до тогó, как он пришёл,* avant même qu'il ne soit arrivé. **До тогó, что,** à tel point que. *Мне бы́ло до тогó бóльно, что я не мог встать,* j'avais tellement mal que je ne pouvais pas me lever. **И томý подóбное,** *par abréviation* **и т. п.,** et ainsi de suite, etc., **Как бы то ни́ бы́ло,** quoi qu'il en soit. **Крóме тогó,** en outre. **К томý же,** en outre. **Не без тогó,** c'est bien un peu ça. **Не то, чтóбы,** ce n'est pas que. *Не то, чтóбы он óчень боя́лся,* ce n'est pas qu'il avait très peur. **Ни с тогó, ни с сегó,** sans rime ni raison. **Ни то, ни сё,** on ne sait pas trop quoi. **По мéре тогó, как,** à mesure que. *По мéре тогó, как мы приближáлись,* à mesure que nous nous approchions. **Пóсле тогó, как,** après que. *Пóсле тогó, как они́ разошли́сь,* après qu'ils se furent séparés. **Томý назáд,** v. томý назáд. **Тот же** *ou* **тот же сáмый,** le même. *Он приéхал в тот же день,* il est arrivé le même jour. *Э́то те же сáмые кни́ги,* ce sont les mêmes livres.

Remarque. Voir aussi тем, то I et тó-то.

ТÓ-ТО *particule* (*fam.*) **1.** voilà justement, c'est bien ça (*sert à souligner le point essentiel d'une réplique*). *Тó-то обрáдуется!,* Qu'est-ce qu'il sera content ! **2.** heureusement (*sorte de menace « a posteriori »*) « *Бóльше не бýду... — Тó-то!* », « Je ne le ferai plus... — C'est heureux ! »

ТÓТЧАС *adv.* tout de suite. *Тóтчас пóсле зáвтрака,* immédiatement après le petit déjeuner.

ТОЧИ́ТЬ / НАТОЧИ́ТЬ aiguiser. *Точи́ть нож,* aiguiser un couteau.

ТÓЧКА point (*divers sens*). *Тóчка опóры,* un point d'appui. *Тóчка с запятóй,* point-virgule. *С моéй тóчки зрéния,* à mon point de vue. *Постáвить тóчки над « и »,* mettre les points sur les « i ».

I. ТÓЧНО v. тóчный.

II. ТÓЧНО *adv.* comme. *Тóчно сумасшéдший,* comme un fou.

ТÓЧНЫЙ exact, précis. *Тóчный áдрес,* l'adresse exacte. *Тóчные наýки,* les sciences exactes. *Тóчно в пять,* à cinq heures précises. *Тóчно такóй же,* exactement pareil.

ТОЧЬ-В-ТÓЧЬ *adv.* (*fam.*) exactement.

ТОШНИ́ТЬ / СТОШНИ́ТЬ (*unipersonnel*) donner des nausées. *Меня́ тошни́т от э́того зáпаха,* cette odeur me donne mal au cœur.

ТÓШНО *adj. invariable* écœurant (*propr. et fig.*). *Мне тóшно,* ça m'écœure.

ТРАВÁ herbe. *Сóрная травá,* des mauvaises herbes.

ТРАП échelle (*sur un navire*); passerelle (*pour descendre d'un avion*).

ТРÁПЕЗНАЯ *adj. subst. f.* réfectoire (*dans un monastère*).

ТРÁТА dépense, perte. *Бóльшие трáты,* de grosses dépenses. *Напрáсная трáта врéмени,* une perte de temps inutile.

ТРÁТИТЬ / ИСТРÁТИТЬ 1. dépenser. *Я истрáтил бóльше ста рублéй,* j'ai dépensé plus de cent roubles. **2.** (*fig.*) gaspiller, perdre. *Зря трáтить врéмя,* perdre son temps pour rien.

ТРÁУР deuil. *Быть в трáуре,* être en deuil. *В знак трáура,* en signe de deuil.

ТРÁУРНЫЙ de deuil, funèbre. *Трáурный марш,* marche funèbre.

ТРÉБОВАНИЕ exigence. *Техни́ческие трéбования,* les exigences techniques. ● **Останóвка по трéбованию,** arrêt facultatif (*d'autobus...*).

ТРЕ́БОВАТЬ/ПОТРЕ́БОВАТЬ exiger. *У вхо́да милиционе́р тре́бует па́спорт*, à l'entrée, un agent de police exige les cartes d'identité. *Вас тре́буют к дире́ктору*, On vous demande chez le directeur. *Дире́ктор тре́бует, что́бы мы э́то ко́нчили сего́дня*, le directeur exige que nous terminions ce travail aujourd'hui. *Тре́бовать повыше́ния зарпла́ты*, demander une augmentation. *Тре́бовать объясне́ний*, exiger des explications. *Больно́й тре́бует абсолю́тного поко́я*, le malade a besoin d'un repos absolu. *Предло́г, тре́бующий роди́тельного падежа́*, une préposition exigeant le génitif.

Remarque. « Тре́бовать » est le plus souvent construit avec le génitif ou avec « что́бы ». On trouve également l'accusatif, en général lorsque le sens du verbe est « forcer à présenter » ou « forcer à se présenter ».

ТРЕ́БОВАТЬСЯ / ПОТРЕ́БОВАТЬСЯ être nécessaire. *На э́то тре́буется мно́го вре́мени*, cela demande beaucoup de temps. *Тре́буются то́кари*, on demande des tourneurs. *Что и тре́бовалось доказа́ть*, c.q.f.d.

ТРЕВО́ГА **1.** anxiété, alarme. *Её охвати́ла трево́га*, elle fut gagnée par l'inquiétude. **2.** alerte, alarme. *Сигна́л трево́ги*, signal d'alarme. *Подня́ть трево́гу*, donner l'alerte. *Возду́шная трево́га*, une alerte aérienne. *Ло́жная трево́га*, une fausse alerte.

ТРЕВО́ЖИТЬ **1.** / **ВСТРЕВО́ЖИТЬ** inquiéter, alarmer. *Мы трево́жились за его́ здоро́вье*, nous étions inquiets pour sa santé. **2.** / **ПОТРЕВО́ЖИТЬ** déranger. *Что́бы не трево́жить его́ сон*, pour ne pas troubler son sommeil.

ТРЕВО́ЖНЫЙ **1.** inquiet. *Трево́жный взгляд*, un regard inquiet. **2.** inquiétant. *Трево́жные слу́хи*, des bruits inquiétants. **3.** d'alarme. *Трево́жный сигна́л*, un signal d'alarme.

ТРЕ́ЗВЫЙ **1.** sobre, qui ne boit pas d'alcool. *Он челове́к тре́звый*, c'est un homme qui ne boit pas. **2.** qui n'a pas bu d'alcool, que l'alcool n'a pas troublé. *Тре́звых не́ было*, ils étaient tous ivres. *В тре́звом состоя́нии он молчали́в*, quand il n'a pas bu, il parle peu. **3.** (*fig.*) posé. *Тре́зво взгляну́ть на ве́щи*, regarder les choses posément.

ТРЁМ, ТРЕМЯ́ v. три.

ТРЕ́НИЕ frottement.

ТРЕНИРОВА́ТЬ / НАТРЕНИРОВА́ТЬ entraîner, exercer. *Тренирова́ть свою́ па́мять*, exercer sa mémoire. *Тренирова́ться перед состяза́нием*, s'entraîner avant une épreuve sportive.

ТРЕНИРО́ВКА entraînement, éducation. *Трениро́вка па́мяти*, l'éducation de la mémoire.

ТРЕПА́ТЬ* II, треплю́, тре́плешь... / **ПОТРЕПА́ТЬ*** II, потреплю́, потре́плешь... ; потрёпанный **1.** tirailler, secouer. *Трепа́ть кого́-нибудь за́ волосы*, tirer les cheveux à qqn. **2.** (*fam.*) user, abîmer. *Потрёпанная о́бувь*, des chaussures éculées. ● **Трепа́ть не́рвы,** porter sur les nerfs. **Трепа́ть языко́м,** parler pour ne rien dire.

ТРЕ́ПЕТ tremblement. *С лёгким тре́петом в го́лосе*, avec un léger tremblement dans la voix.

ТРЕПЕТА́ТЬ* II, трепещу́, трепе́щешь / **ЗАТРЕПЕТА́ТЬ*** II (*id.*) frémir, trembler, palpiter. *Трепета́ть от у́жаса*, frémir d'horreur. *Она́ трепета́ла за свои́х дете́й*, elle tremblait pour ses enfants. *Его́ се́рдце трепета́ло*, son cœur palpitait.

ТРЕСК craquement, crépitement. *Треск су́чьев*, un craquement de branches. *Треск огня́*, le crépitement du feu.

ТРЕСКА́ morue.

ТРЕ́СКАТЬСЯ / ПОТРЕ́СКАТЬСЯ se fendre, se lézarder,

se fendiller. *Потоло́к потре́скался,* le plafond s'est fendillé. *Она́ куса́ла потре́скавшиеся гу́бы,* elle mordait ses lèvres gercées.

ТРЕСКУ́ЧИЙ ● **Тре́ску́чие фра́зы,** des phrases ronflantes. **Треску́чий моро́з,** un froid de canard. *Был треску́чий моро́з,* il gelait à pierre fendre.

ТРЕ́ТИЙ **1.** troisième. *В тре́тий раз,* pour la troisième fois. *Они́ прие́хали 3-го ма́я,* ils sont arrivés le 3 mai. *Я живу́ на тре́тьем этаже́,* j'habite au second. **2. ТРЕ́ТЬЯ** *subst. f.* tiers. *Две тре́тьих,* deux tiers. ● **Тре́тьего дня,** avant-hier.

REMARQUE. « Тре́тий » se décline comme un adjectif d'appartenance.

ТРЕТЬ *f.* ___ /‾‾‾ tiers. *Бо́льше двух трете́й,* plus des deux tiers.

ТРЕУГО́ЛЬНИК triangle. *Прямоуго́льный треуго́льник,* un triangle rectangle.

ТРЕУГО́ЛЬНЫЙ triangulaire. *Треуго́льная шля́па,* un tricorne.

I. ТРЁХ v. три.

II. ТРЁХ... *élément de formation* de trois. *Трёхле́тний план,* un plan de trois ans.

ТРЁХСО́ТЫЙ trois centième.

ТРЕЩА́ТЬ* I, трещу́, трещи́шь... / **ЗАТРЕЩА́ТЬ*** I (*id.*) **1.** craquer, crépiter. *Лёд трещи́т,* la glace craque. *Дрова́ треща́ли в печи́,* le feu crépitait dans le poêle. **2.** jacasser. *Треща́ть без у́молку,* jacasser sans arrêt.

ТРЕ́ЩИНА fissure, fêlure. *Потоло́к дал тре́щину,* le plafond s'est fendu.

ТРИ trois. *Через два-три дня,* dans deux ou trois jours. *В трёх киломе́трах от го́рода,* à trois kilomètres de la ville.

REMARQUE. L'accent passe sur la préposition dans les groupes « за́ три », « на́ три » et « по́ три ».

ТРИ́ДЕВЯТЬ *nom de nombre* (*arch.*). ● **За три́девять земе́ль,** au bout du monde.

ТРИ́ДЦАТЬ trente. *Три́дцать копе́ек,* trente kopeks. *В тридцати́ киломе́трах от Москвы́,* à trente kilomètres de Moscou.

ТРИ́ЖДЫ *adv.* trois fois. *Три́жды три — де́вять,* trois fois trois font neuf.

ТРИНА́ДЦАТЫЙ treizième. *Она́ прие́хала в Ки́ев 13-го апре́ля,* elle est arrivée à Kiev le 13 avril.

ТРИНА́ДЦАТЬ treize. *Трина́дцать рубле́й,* treize roubles. *В трина́дцати киломе́трах отсю́да,* à treize kilomètres d'ici.

ТРИ́СТА trois cents. *Три́ста рубле́й,* trois cents roubles. *Бо́льше трёхсот страни́ц,* plus de trois cents pages.

ТРО́ГАТЕЛЬНЫЙ touchant, émouvant. *Тро́гательный расска́з,* un récit touchant.

ТРО́ГАТЬ / ТРО́НУТЬ **1.** toucher (*porter la main sur*). *Ей не позволя́ли ничего́ тро́гать,* elle n'avait pas le droit de toucher quoi que ce soit. *Кто-то тро́нул меня́ за плечо́,* quelqu'un m'a touché l'épaule. **2.** (*fig.*) toucher, émouvoir. *Э́то её тро́нуло до слёз,* cela l'a touchée jusqu'aux larmes. **3.** se mettre en marche. *Ло́шади тро́нули,* les chevaux se mirent en marche.

ТРО́ГАТЬСЯ / ТРО́НУТЬСЯ **1.** v. тро́гать. **2.** se mettre en marche. *Тро́нуться в путь,* se mettre en marche. *Лёд тро́нулся,* la débâcle a commencé.

ТРО́Е *nom de nombre collectif* trois. *Тро́е дете́й,* trois enfants. *Их бы́ло тро́е,* ils étaient trois.

REMARQUE. L'accent passe sur la préposition dans le groupe « по́ трое ».

ТРО́ИЦА Trinité.

ТРО́ЙКА **1.** troïka (*attelage de trois chevaux de front*). **2.** un trois (*aux cartes*). *Тро́йка черве́й,* un trois de cœur. **3.** note scolaire passable.

ТРОЙНО́Й triple.

/ **ТРО́НУТЬ** v. тро́гать.

/ **ТРО́НУТЬСЯ** v. тро́гаться.

ТРОПИ́НКА sentier.

ТРОСТНИ́К roseau. ● **Са́харный тростни́к,** canne à sucre.

ТРУБА́ **1.** tuyau. *Выхлопна́я труба́,* le tuyau d'échappement. *Водопрово́дная труба́,* une conduite d'eau. **2.** cheminée. *Фабри́чная труба́,* une cheminée d'usine. **3.** trompette. *Игра́ть на трубе́,* jouer de la trompette. ● **Подзо́рная труба́,** lunette d'approche. **Пройти́ ого́нь и во́ду и ме́дные тру́бы,** en avoir vu et fait de toutes sortes.

ТРУБА́Ч un trompette ; un trompettiste.

ТРУБИ́ТЬ **1.** tirer des sons (*d'un instrument à vent*). *Труби́ть в трубу́,* jouer de la trompette. *Труби́ть в рог,* sonner du cor. **2.** résonner (*en parlant d'un instrument à vent*). *Тру́бы трубя́т,* les trompettes sonnent. **3.** sonner (*annoncer par une sonnerie*). *Труби́ть сбор,* sonner le rassemblement. **4.** crier sur les toits. *Она́ везде́ труби́ла об э́том,* elle racontait cela partout.

ТРУ́БКА **1.** pipe. *Кури́ть тру́бку,* fumer la pipe. **2.** écouteur (*de téléphone*). *Снять тру́бку,* décrocher le téléphone. *Пове́сить тру́бку,* raccrocher.

ТРУД **1.** travail, labeur. *Физи́ческий труд,* le travail physique. *У́мственный труд,* le travail intellectuel. **2.** difficulté, peine. *С трудо́м,* avec peine. *Без труда́,* sans peine.

ТРУДИ́ТЬСЯ / **ПОТРУДИ́ТЬСЯ** travailler. *Труди́ться над прое́ктом,* travailler à un projet.

ТРУ́ДНОСТЬ *f.* difficulté, obstacle. *Э́то не представля́ет тру́дности,* cela ne présente aucune difficulté. *Преодоле́ть тру́дности,* surmonter les difficultés.

ТРУ́ДНЫЙ difficile, pénible. *Тру́дная рабо́та,* un travail difficile. *Тру́дное положе́ние,* une situation difficile. *Тру́дные де́ти,* des enfants difficiles.

ТРУДОВО́Й de travail. *Трудово́й догово́р,* un contrat de travail.

ТРУДОДЕ́НЬ *m.* salaire dû à un kolkhozien pour une journée de travail.

ТРУДОЛЮБИ́ВЫЙ travailleur. *Трудолюби́вый учени́к,* un élève travailleur.

ТРУДЯ́ЩИЙСЯ *adj.* travailleur. *Трудя́щиеся ма́ссы,* les masses laborieuses. // (*Subst.*) *Жи́зненный у́ровень трудя́щихся,* le niveau de vie des travailleurs.

ТРУП cadavre. *По́ле би́твы бы́ло усе́яно тру́пами,* le champ de bataille était jonché de cadavres.

ТРУС lâche, poltron. *Поступи́ть как трус,* agir comme un lâche.

ТРУ́СИКИ, тру́сиков, тру́сикам... *pl. t.* culotte de sport.

ТРУ́СИТЬ / **СТРУ́СИТЬ** avoir peur, avoir le trac. *На экза́мене я немно́го тру́сил,* à l'examen, j'avais un peu le trac.

ТРУСИ́ХА froussarde.

ТРУСЛИ́ВЫЙ poltron, froussard. *Трусли́во озира́ться,* jeter autour de soi des regards inquiets.

ТРУСЫ́, трусо́в, труса́м... *pl. t.* culotte de sport.

ТРЫН-ТРАВА́ ● **Ему́ всё трын-трава́,** il se fiche pas mal de tout.

ТРЮМ cale (*d'un navire*). *Напо́лнить трю́мы у́глем,* remplir les cales de charbon.

ТРЯПИ́ЧНИК chiffonnier.

ТРЯ́ПКА **1.** chiffon, torchon. *Мо́края тря́пка,* un torchon mouillé. **2.** (*pl. seulement*) chiffons (*tout ce qui concerne les vêtements féminins*). *Говори́ть о тря́пках,* parler chiffons. **3.** chiffe (*homme sans caractère*).

ТРЯСТИ́* IV, трясу́, трясёшь...; тряс, трясла́... **1.** / **ПО-**

ТРЯСТИ́* IV (*id.*), **ЗАТРЯСТИ́*** IV (*id.*) *et* **ТРЯХНУ́ТЬ** secouer. *Трясти́ де́рево*, secouer un arbre. *Трясти́ голово́й*, secouer la tête. *Его́ трясла́ лихора́дка*, la fièvre le faisait frissonner. *Его́ трясло́ от стра́ха*, il tremblait de peur. *Трясти́сь от сме́ха*, être secoué par le rire. **2.** / **ВЫ́ТРЯСТИ*** IV, вы́трясу, вы́трясешь...; вы́тряс, вы́трясла... faire sortir en secouant. *Вы́трясти пыль*, faire sortir la poussière.

Remarque. Le verbe « трясти́ » est construit avec l'instrumental lorsqu'il signifie « faire des gestes avec » (*voir le deuxième exemple*).

/ **ТРЯХНУ́ТЬ** v. трясти́.

ТУ v. тот.

ТУГО́Й, *comp.* ту́же* **1.** raide. *Туго́й кана́т*, une corde raide. **2.** serré. *Туго́й у́зел*, un nœud serré. *Ту́го наби́тый портфе́ль*, une serviette bourrée. **3.** dur, pénible. *Ей прихо́дится ту́го*, elle a de gros ennuis. ● **Туго́й на́ ухо,** dur d'oreille.

ТУДА́ *adv.* là-bas (*direction*). *Мы пое́дем туда́ на авто́бусе*, nous irons là-bas en autobus. ● **Туда́ и обра́тно,** aller et retour. *Биле́т туда́ и обра́тно*, un billet d'aller et retour.

ТУ́ЖЕ comp. de « туго́й ».

ТУЗ **1.** as (*aux cartes*). *Пи́ковый туз*, as de pique. **2.** (*arch.*) ponte (*personne importante*).

Remarque. Le mot « туз » appartient au sous-genre animé quel que soit le sens dans lequel il est employé.

ТУ́ЛОВИЩЕ tronc (*partie du corps*).

ТУЛУ́П longue pelisse en peau de mouton dont la laine est en dedans, « touloupe ».

ТУМА́Н brouillard. *Тума́н стал ещё гу́ще*, le brouillard est devenu encore plus épais. ● **Тума́н в голове́,** trouble de l'esprit dû à la fatigue, la maladie, etc. *У него́ тума́н в голове́*, il n'a pas les idées très claires aujourd'hui.

ТУМА́ННЫЙ **1.** brumeux, de brouillard. *Тума́нная пого́да*, un temps brumeux. **2.** terne, voilé. *Тума́нный взгляд*, un regard voilé. **3.** nébuleux, vague. *Тума́нные объясне́ния*, des explications nébuleuses.

ТУ́НДРА toundra (*zone avoisinant le cercle polaire et caractérisée par une très maigre végétation*).

ТУНЕ́Ц thon.

ТУНЕЯ́ДЕЦ parasite, fainéant.

ТУПИ́К **1.** impasse (*voie à une seule entrée*). *Они́ живу́т в тупике́, недалеко́ от вокза́ла*, ils habitent une impasse près de la gare. **2.** impasse, situation sans issue. *Стать в тупи́к*, tomber dans une impasse. *Поста́вить кого́-нибудь в тупи́к*, mettre qqn dans une situation délicate.

ТУПО́Й
1. émoussé.
2. sourd (*en parlant d'une douleur*).
3. obtus (*en parlant d'un angle*).
4. obtus, borné.
5. vide, inexpressif (*en parlant de l'expression d'un visage...*).
6. résigné, passif.

1. *Тупо́е ле́звие*, une lame émoussée. *Тупо́й нож*, un couteau mal aiguisé. **2.** *Тупа́я боль*, une douleur sourde. **3.** *Тупо́й у́гол*, un angle obtus. **4.** *Тупо́й ум*, un esprit borné. **5.** *Тупо́е выраже́ние лица́*, un visage vide d'expression. *Тупо́й взгляд*, un regard vide. **6.** *Тупа́я поко́рность*, une obéissance passive.

ТУРЕ́ЦКИЙ turc.

ТУ́РОК*, *gén. pl.* ту́рок Turc.

ТУРЧА́НКА Turque.

ТУ́СКЛЫЙ **1.** opaque. *Ту́склое стекло́*, du verre opaque. **2.** terne. *Ту́склые кра́ски*, des couleurs ternes. *Ту́склый стиль*, un style terne. *Ту́склый взгляд*, un regard éteint. **3.** blafard. *Тýсклый свет*, une lumière blafarde. *Тýскло горéть*, briller d'une lueur blafarde.

ТУТ *adv.* **1.** ici (*emplacement*). *Газéта тут на столé*, le journal est ici, sur la table. **2.** à ce moment-là. *Тут все захохотáли*, alors, tous ont éclaté de rire. ● **А он тут как тут,** et le voilà qui arrive juste à point. **Не тут-то бы́ло,** ça ne pouvait pas marcher comme ça.

ТÝФЛЯ **1.** chaussure basse et légère; soulier bas. *Дáмские тýфли*, souliers de dame. *Тéннисные тýфли*, chaussures de tennis. **2.** (*souvent accompagné du mot* « домáшняя ») pantoufle.

ТÝХЛЫЙ pourri. *Тýхлая ры́ба*, du poisson pourri.

I. ТÝХНУТЬ* III / **ПРОТÝХНУТЬ*** III *et* (*fam.*) **СТÝХНУТЬ*** III être avarié, se gâter. *Ры́ба протýхла*, le poisson commence à sentir.

II. ТÝХНУТЬ* III / **ПОТÝХНУТЬ*** III s'éteindre. *Огóнь потýх*, le feu s'est éteint.

ТÝЧА **1.** gros nuage. *Грозовáя тýча*, un nuage d'orage. **2.** (*fig.*) nuée. *Тýча мух*, des nuées de mouches.

ТУШЁНЫЙ cuit à l'étouffée. *Тушёная говя́дина*, bœuf en daube.

ТУШИ́ТЬ / **ПОТУШИ́ТЬ** éteindre. *Потуши́ть лáмпу*, éteindre la lampe. *Потуши́ть пожáр*, éteindre un incendie.

ТЩÁТЕЛЬНЫЙ méticuleux. *Тщáтельная рабóта*, un travail méticuleux.

ТЩЕДÝШНЫЙ débile. *Тщедýшный стари́к*, un vieillard débile.

ТЩЁТНЫЙ vain. *Тщётные уси́лия*, des efforts vains.

ТЫ *pronom personnel* tu. *Ты егó знáешь?*, Tu le connais? *Я пойдý с тобóй*, Je vais avec toi. ● **Быть с кéм-нибудь на ты,** tutoyer qqn. *Мы с ним на ты*, nous nous tutoyons.

ТЫ́КВА courge, citrouille.

ТЫЛ*, *loc.* тылý arrière (*partie du territoire située en arrière de la zone des combats*). *В глубóком тылý*, loin du front.

ТЫ́СЯЧА(*), *instr.* ты́сячей *ou* ты́сячью, *subst.* mille. *Ты́сяча рублéй*, mille roubles. *С двумя́ ты́сячами солдáт*, avec deux mille hommes. *В ты́сячу раз лýчше*, cent fois mieux.

ТЫ́СЯЧНЫЙ millième. *Ты́сячный раз*, la millième fois. *Ты́сячная дóля*, la millième partie.

I. ТЬМА ténèbres (*propr. et fig.*). *Ночнáя тьма*, l'obscurité de la nuit.

II. ТЬМА multitude. *Нарóду тьма*, il y a une foule innombrable.

ТЬФУ *interj.* pouah! « *Тьфу!* » — *сплю́нул он с негодовáнием*, « Pouah! » dit-il, et il cracha d'indignation.

ТЮБЕТÉЙКА « tubeteïka » (*sorte de calotte brodée, coiffure orientale connue en Russie depuis le XIII*e *siècle*).

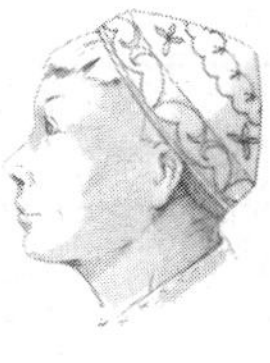

ТЮК balle, gros paquet. *Тюк хлóпка*, une balle de coton. *Тюк книг*, un gros paquet de livres.

ТЮЛЕ́НЬ *m.* **1.** phoque. **2.** (*fig.*) lourdaud.

ТЮЛЬПА́Н tulipe.

ТЮРЕ́МНЫЙ de prison. *Три го́да тюре́много заключе́ния*, trois ans de prison. *Тюре́мный надзира́тель*, un gardien de prison.

ТЮРЬМА́, *gén. pl.* тю́рем ―― prison. *Его́ посади́ли в тюрьму́*, on l'a mis en prison. *Он бежа́л из тюрьмы́*, il s'est enfui de prison.

ТЯ́ГА **1.** traction. *Электри́ческая тя́га*, traction électrique. **2.** tirage (*dans une cheminée*). *В печи́ хоро́шая тя́га*, le poêle tire bien. ● **Дать тя́гу** (*fam.*), filer (*s'enfuir*).

ТЯ́ГОСТНЫЙ pénible (*affligeant*). *Тя́гостное впечатле́ние*, une impression pénible.

ТЯ́ГОСТЬ *f.* lourdeur (*caractère de ce qui est pénible à supporter*). *Тя́гость нало́гов*, la lourdeur des impôts. *Быть кому́-нибудь в тя́гость*, être à charge à qqn.

> **ТЯЖЁЛЫЙ,** тяжёл, тяжела́, тяжело́, тяжелы́ ――
> **1.** lourd (*divers sens*).
> **2.** difficile (*divers sens*).
> **3.** pénible (*divers sens*).
> **4.** grave (*qui peut avoir des conséquences fâcheuses*).
> **5.** sévère (*en parlant d'une sanction*).

1. *Тяжёлый чемода́н*, une lourde valise. *Тяжёлые шаги́*, des pas lourds. *Тяжёлая пи́ща*, une nourriture lourde. *У меня́ тяжёлая голова́*, j'ai la tête lourde. *Тяжёлый ум*, un esprit lourd. *Тяжёлый стиль*, un style lourd. *Тяжёлая вина́*, une lourde faute. *Тяжёлая артилле́рия*, l'artillerie lourde. *Тяжёлая промы́шленность*, l'industrie lourde. **2.** *Тяжёлая зада́ча*, un problème difficile. *Тяжёлые времена́*, des temps difficiles. **3.** *Тяжёлая рабо́та*, un travail pénible. *Тяжело́ дыша́ть*, respirer avec peine. *Больно́му бы́ло тяжело́*, le malade se sentait mal. *У него́ тяжёлый хара́ктер*, il a un caractère pénible. *Тяжёлое чу́вство*, un sentiment pénible. **4.** *Тяжёлая боле́знь*, une grave maladie. *Тяжёлая ра́на*, une blessure grave. *Тяжёлая вина́*, une faute grave. **5.** *Тяжёлое наказа́ние*, une punition sévère. ● **Тяжёл на подъём,** long à se décider.

ТЯ́ЖЕСТЬ *f.* **1.** poids (*propr. et fig.*). *Подня́тие тя́жестей*, les poids et haltères. *Под тя́жестью большо́го мешка́*, sous le poids d'un gros sac. *Тя́жесть забо́т*, le poids des soucis. ● **Центр тя́жести,** le centre de gravité.

ТЯ́ЖКИЙ ―― **1.** pénible (*divers sens*). *Тя́жкая рабо́та*, un travail pénible. **2.** grave (*qui peut avoir des conséquences fâcheuses*). *Тя́жкая боле́знь*, une maladie grave. **3.** sévère (*en parlant d'une sanction*). *Тя́жкое наказа́ние*, une peine sévère.

Remarque. « Тя́жкий » est un synonyme livresque de « тяжёлый » (voir ce mot).

> **ТЯНУ́ТЬ** ―― / **ПОТЯНУ́ТЬ** ――
> **1.** tirer; traîner.
> **2.** (*pas de pf.*) faire traîner (*différer*).
> **3.** attirer.
> **4.** souffler.

1. *Потяну́ть кого́-нибудь за рука́в*, tirer qqn par la manche. *Парохо́д тя́нет ба́ржу*, le bateau tire une péniche. **2.** *Тяну́ть де́ло*, faire traîner une affaire. *Тяну́ть с отве́том*, ne pas se décider à répondre. **3.** *Её тяну́ло на юг*, elle avait envie d'aller dans le Midi. *Меня́ тя́нет ко сну*, j'ai sommeil. **4.** *Тя́нет хо́лодом от окна́*, il y a un courant d'air froid qui vient de la fenêtre. *Тя́нет сы́ростью*, on sent l'humidité.

ТЯНУ́ТЬСЯ ↘___ / ПО-ТЯНУ́ТЬСЯ ↘___
1. s'étirer.
2. s'étendre (*occuper un certain espace*).
3. avancer les uns derrière les autres.
4. traîner (*se prolonger*).
5. tendre vers.
6. chercher à combler un retard.

1. *Он зевну́л, потяну́лся и встал*, il a bâillé, s'est étiré, puis s'est levé. **2.** *За дере́вней тяну́лись луга́ и поля́*, derrière le village s'étendaient des prés et des champs. **3.** *Ба́ржи тяну́лись одна́ за друго́й*, les péniches passaient les unes derrière les autres. **4.** *Боле́знь уже́ три ме́сяца тя́нется*, il y a déjà trois mois que cette maladie traîne. *Дни тяну́лись однообра́зно*, les jours se suivaient, monotones. **5.** *Цветы́ тя́нутся к све́ту*, les fleurs se tournent vers le soleil. *Ребёнок тяну́лся к ма́тери*, l'enfant tendait les bras à sa mère. **6.** *Тяну́ться за това́рищами*, chercher à rattraper ses camarades.

У

У *prép.* (+ *gén.*)
I. La préposition régit un nom appartenant au sous-genre inanimé :
– près de.
II. La préposition régit un nom d'être animé ou un pronom personnel :
1. (*provenance*) à ;
2. (*lieu*) chez ;
3. (*possession*) *entre dans la formation d'une expression généralement traduite par le verbe « avoir »;*
4. *avec le verbe* « боле́ть », *forme une expression traduite par « avoir mal »;*
5. *avec le pronom* « меня́ », *peut souligner une menace.*

I. *Сиде́ть у окна́*, être assis près de la fenêtre. *У вхо́да в теа́тр*, à l'entrée du théâtre. *Сиде́ть у руля́*, être au volant.

II. 1. *Спроси́ть у милиционе́ра*, demander à un agent. *Взять кни́гу у това́рища*, emprunter un livre à un camarade. **2.** *Я был у него́ в суббо́ту*, j'ai été chez lui samedi. *У нас бы́ли го́сти*, nous avions des invités. **3.** *У нас бы́ли друзья́ в Я́лте*, nous avions des amis à Yalta. *У меня́ нет вре́мени*, je n'ai pas le temps. *Брат у него́ до́ктор*, son frère est docteur. *У меня́ к вам больша́я про́сьба*, J'ai un grand service à vous demander. **4.** *У меня́ боли́т голова́*, j'ai mal à la tête. **5.** *Смотри́ ты у меня́!*, Fais bien attention, sinon tu auras affaire à moi ! ● **Быть у вла́сти,** être au pouvoir. **Сиде́ть у́ моря и ждать пого́ды,** attendre le dégel.

/ **УБА́ВИТЬ** v. убавля́ть.

УБАВЛЯ́ТЬ / УБА́ВИТЬ 1. diminuer (*tr.*). *Уба́вить це́ну*, baisser le prix. **2.** diminuer (*intr.*). *Уба́вить в ве́се на три кило́*, perdre trois kilos.

/ **УБАЮ́КАТЬ** v. баю́кать.

УБЕГА́ТЬ / УБЕЖА́ТЬ* *n. cl.*, убегу́, убежи́шь..., убегу́т; убеги́ s'enfuir, se sauver. *Он убежа́л из тюрьмы́*, il s'est enfui de prison.

УБЕДИ́ТЕЛЬНЫЙ convaincant. *Убеди́тельные до́воды*, des arguments convaincants.

/ **УБЕДИ́ТЬ** v. убежда́ть.

/ **УБЕЖА́ТЬ** v. убега́ть.

УБЕЖДА́ТЬ / УБЕДИ́ТЬ, *part.* убеждённый* convaincre, persuader. *Мы убеди́ли его́ оста́ться*, nous l'avons persuadé de rester. *Он убеди́лся в бесполе́зности свои́х попы́ток*, il a compris l'inutilité de ses tentatives.

Remarque. La première personne du futur perfectif est inusitée.

УБЕЖДЕ́НИЕ 1. conviction. *Де́йствовать по убежде́нию*, agir par conviction. 2. (*pl. seulement*) principes, opinions. *Полити́ческие убежде́ния*, les opinions politiques.

УБЕ́ЖИЩЕ 1. refuge, asile. *Пра́во убе́жища*, le droit d'asile. 2. abri (*mil.*). *Возду́шная трево́га. На́до идти́ в убе́жище*, Alerte aérienne. Il faut aller aux abris.

УБИВА́ТЬ / УБИ́ТЬ* II, убью́, убьёшь...; убе́й; уби́тый tuer. *Уби́ть медве́дя*, tuer un ours. // (*Fig.*) *Уби́ть вре́мя*, tuer le temps. ● **Хоть убе́й,** je veux bien être pendu. *Хоть убе́й, не пойму́*, Je veux bien être pendu si j'y comprends quelque chose.

УБИ́ЙСТВЕННЫЙ terrible. *Уби́йственная жара́*, une chaleur terrible.

УБИ́ЙСТВО meurtre.

УБИ́ЙЦА *m.* ou *f.* assassin. *Наёмный уби́йца*, tueur à gages.

УБИРА́ТЬ / УБРА́ТЬ* IV, уберу́, уберёшь...; убра́л, убрала́, убра́ло, убра́ли ^—
1. rentrer la récolte.
2. emmener, ramener.
3. mettre en ordre; faire le ménage.
4. orner, décorer.

1. *Убира́ть хлеб с поле́й*, moissonner le blé. 2. *Убра́ть посу́ду со стола́* ou *убра́ть со стола́*, desservir la table. *Убра́ть паруса́*, ramener les voiles. 3. *Убира́ть ко́мнату* ou *убира́ть*, faire le ménage. *Убра́ть кни́ги в шкаф*, ranger les livres dans la bibliothèque. 4. *Де́ти са́ми убира́ли ёлку*, les enfants décoraient eux-mêmes le sapin.

/ **УБИ́ТЬ** v. убива́ть.

УБО́Р (*arch.*) parure. ● **Головно́й убо́р,** coiffure (*ce qui sert à couvrir la tête*). *Головны́е убо́ры* (*dans un magasin*), chapeaux.

УБО́РНАЯ *adj. subst. f.* 1. loge (*d'artiste*). 2. w.-c., cabinets.

/ **УБРА́ТЬ** v. убира́ть.

У́БЫЛЬ *f.* ● **Идти́ на у́быль,** diminuer, baisser. *Вода́ пошла́ на у́быль*, les eaux ont commencé à baisser. *Дни пошли́ на у́быль*, les jours commencent à diminuer.

УБЫ́ТОК perte (*dommage*). *Прода́ть с убы́тком*, vendre à perte.

УВАЖА́ЕМЫЙ honoré, respecté. ● **Уважа́емый това́рищ** (*en tête d'une lettre*), Monsieur; Madame.

УВАЖА́ТЬ respecter, estimer. *Заста́вить себя́ уважа́ть*, se faire respecter.

УВАЖЕ́НИЕ respect. *Внуша́ть уваже́ние*, inspirer le respect. *Из уваже́ния к ва́шему отцу́*, par respect pour votre père. ● **С уваже́нием** (*formule de politesse à la fin des lettres*), Je vous prie, Monsieur, d'accepter l'expression de mes sentiments respectueux.

/ **УВЕЗТИ́** v. увози́ть.

УВЕЛИЧЕ́НИЕ agrandissement, augmentation. *Увеличе́ние капиталовложе́ний*, l'augmentation des investissements.

УВЕЛИ́ЧИВАТЬ / УВЕЛИ́ЧИТЬ agrandir, augmenter (*tr.*). *Увели́чить производи́тельность труда́*, augmenter la productivité.

УВЕЛИ́ЧИВАТЬСЯ / УВЕЛИ́ЧИТЬСЯ augmenter (*intr.*). *Опа́сность увели́чилась*, le danger a augmenté.

УВЕЛИЧИ́ТЕЛЬНЫЙ grossissant. *Увеличи́тельное стекло́*, un verre grossissant.

/ **УВЕЛИ́ЧИТЬ** v. увели́чивать.

/ **УВЕЛИ́ЧИТЬСЯ** v. увели́чиваться.

/ **УВЕНЧА́ТЬСЯ** v. уве́нчиваться.

УВЕ́НЧИВАТЬСЯ / УВЕНЧА́ТЬСЯ être couronné (*fig.: se terminer par*). *Де́ло увенча́лось успе́хом*, l'entreprise a été couronnée de succès.

УВЕ́РЕННОСТЬ *f.* **1.** certitude. *Мои́ подозре́ния преврати́лись в уве́ренность*, mes soupçons se sont transformés en certitude. **2.** assurance, aplomb. *Говори́ть с уве́ренностью*, parler avec assurance. **3.** confiance. *Уве́ренность в себе́*, la confiance en soi. *Уве́ренность в свои́х друзья́х*, la confiance que l'on a en ses amis.

УВЕ́РЕННЫЙ assuré, ferme. *Уве́ренные жесты*, des gestes assurés. *Уве́ренный го́лос*, une voix ferme. *Уве́ренный отве́т*, une réponse ferme. *Они́ уве́рены в успе́хе*, ils sont sûrs du succès.

REMARQUE. La forme courte est « уве́рен, уве́рена, уве́рены » (avec un seul « н » à toutes les formes) lorsque l'adjectif a un complément.

/ **УВЕ́РИТЬ** v. уверя́ть.

УВЕРЯ́ТЬ / УВЕ́РИТЬ persuader, convaincre. *Он хоте́л уве́рить меня́ в свое́й правоте́*, il voulait me convaincre qu'il avait raison. *Мо́жете быть уве́рены*, Vous pouvez me croire.

/ **УВЕСТИ́** v. уводи́ть.

/ **УВИ́ДЕТЬ** v. ви́деть.

УВЛЕКА́ТЕЛЬНЫЙ captivant, passionnant. *Увлека́тельный разгово́р*, une conversation des plus intéressantes. *Увлека́тельная кни́га*, un livre passionnant.

УВЛЕКА́ТЬ / УВЛЕ́ЧЬ* IV, увлеку́, увлечёшь..., увлеку́т; увлёк, увлекла́... ╱‾‾‾ ; увлечённый entraîner (*fig.*), passionner. *Он был так увлечён свое́й рабо́той, что нас не замеча́л*, il était si absorbé par son travail qu'il ne nous remarquait pas. *Увлека́ться ша́хматами*, se passionner pour les échecs.

УВЛЕЧЕ́НИЕ passion, engouement. *Увлече́ние совреме́нной му́зыкой*, un engouement pour la musique contemporaine. *Говори́ть с увлече́нием*, parler avec passion.

/ **УВЛЕ́ЧЬ** v. увлека́ть.

УВОДИ́ТЬ ╲___ / **УВЕСТИ́*** IV, уведу́, уведёшь...; увёл, увела́... ╱‾‾‾ ; уведённый; уведя́ emmener (*accompagner à pied*). *Увести́ дете́й домо́й*, emmener les enfants à la maison.

УВОЗИ́ТЬ ╲___ / **УВЕЗТИ́*** IV, увезу́, увезёшь...; увёз, увезла́... ╱‾‾‾ ; увезённый emmener (*en voiture...*). *Увезти́ дете́й в дере́вню*, emmener les enfants à la campagne.

/ **УВО́ЛИТЬ** v. увольня́ть.

УВОЛЬНЕ́НИЕ **1.** mise en congé. *Получи́ть увольне́ние в о́тпуск*, obtenir un congé. **2.** licenciement.

УВОЛЬНЯ́ТЬ / УВО́ЛИТЬ **1.** mettre en congé, admettre à la retraite. *Уво́лить в отста́вку*, admettre à la retraite. **2.** congédier. *Его́ уво́лили от рабо́ты*, il a été congédié.

УВЫ́ ! *interj.* hélas ! *Но, увы́ ! нет наде́жды*, Mais, hélas, il n'y a pas d'espoir.

УВЯДА́ТЬ / УВЯ́НУТЬ* III se faner, se flétrir. *Цветы́ увяда́ют*, les fleurs se fanent. *Красота́ её увяда́ет*, sa beauté se flétrit.

/ **УВЯ́НУТЬ** v. вя́нуть et увяда́ть.

/ **УГАДА́ТЬ** v. уга́дывать.

УГА́ДЫВАТЬ / УГАДА́ТЬ deviner. *Я стара́лся угада́ть его́ мы́сли*, j'essayais de deviner ses pensées.

УГА́Р émanations toxiques venant d'un poêle. *Отравле́ние уга́ром*, une intoxication due à un poêle.

УГЛА́, УГЛА́М... v. у́гол.

УГЛЕ́ v. у́гол.

У́ГЛЕ, У́ГЛЕЙ... v. у́голь.

УГЛЕРО́Д carbone (*chimie*). *О́кись углеро́да*, l'oxyde de carbone.

У́ГЛИ v. у́голь.

УГЛОВО́Й d'angle. *Углова́я ба́шня*, tour d'angle.

УГЛО́М, УГЛУ́ v. у́гол.

/ **УГЛУБИ́ТЬ** v. углубля́ть.

УГЛУБЛЕ́НИЕ cavité, anfractuosité. *Углубле́ние в скале́*, une anfractuosité dans le rocher.

УГЛУБЛЯ́ТЬ / УГЛУБИ́ТЬ I. rendre plus profond, approfondir (*propr. et fig.*). *Углуби́ть ру́сло реки́*, creuser le lit d'une rivière. *Углуби́ть свои́ зна́ния*, approfondir ses connaissances. **2.** enfoncer (*propr. et fig.*). *Углубля́ться в лес*, s'enfoncer dans la forêt. *Углублённый в свои́ воспомина́ния*, plongé dans ses souvenirs.

УГЛЫ́ v. у́гол.

У́ГЛЯ, У́ГЛЯМ... v. у́голь.

/ **УГНЕСТИ́** v. угнета́ть.

УГНЕТА́ТЬ / УГНЕСТИ́* IV, угнету́, угнетёшь...; passé inusité; угнетённый **1.** opprimer. *Опри́чники угнета́ли наро́д*, les opritchniks opprimaient le peuple. **2.** oppresser, accabler. *Его́ угнета́ло мра́чное предчу́вствие*, un sombre pressentiment l'accablait.

УГНЕТЁННЫЙ, угнетён, угнетена́... **1.** opprimé. *Угнетённые наро́ды*, les peuples opprimés. **2.** accablé. *Находи́ться в угнетённом состоя́нии*, être dans un état d'accablement.

УГОВА́РИВАТЬ engager à / **УГОВОРИ́ТЬ** décider à. *Мы его́ уговори́ли оста́ться с на́ми*, nous l'avons décidé à rester avec nous.

/ **УГОВОРИ́ТЬ** v. угова́ривать.

/ **УГОДИ́ТЬ** v. угожда́ть.

УГО́ДНО **1.** *adj. invariable* agréable. *Что вам уго́дно?*, Qu'est-ce qu'il y a pour votre service ? *Е́сли вам уго́дно*, si cela vous fait plaisir. *Как вам уго́дно*, comme il vous plaira. **2.** *particule servant à former des pronoms ou des adverbes indéfinis* n'importe. *Кто уго́дно*, n'importe qui. *Како́й уго́дно*, n'importe lequel. *Где уго́дно*, n'importe où. *Ско́лько уго́дно*, autant qu'on veut.

УГОЖДА́ТЬ / УГОДИ́ТЬ **1.** (+ *dat. ou* на + *acc.*) contenter. *На всех не угоди́шь*, on ne peut pas contenter tout le monde. **2.** (*fam.*) frapper, heurter. *Пу́ля угоди́ла ему́ в но́гу*, la balle l'a atteint à la jambe. *Угоди́ть лбом в дверь*, se cogner la tête contre la porte. **3.** (*fam.*) se trouver brusquement et contre sa volonté. *Он в тюрьму́ угоди́л*, il s'est retrouvé en prison.

У́ГОЛ(*) **1.** (*math.*) angle. *Прямо́й у́гол*, un angle droit. *О́стрый у́гол*, un angle aigu. *Тупо́й у́гол*, un angle obtus. **2.** *loc.* углу́ coin (*angle*). *На углу́*, au coin. *В углу́*, dans le coin. *В тёмном углу́*, dans un coin noir. **3.** *loc.* углу́ coin, lieu retiré. *Жить в глухо́м углу́*, vivre dans un coin perdu. ● **Кра́сный у́гол,** coin de l'izba où sont placées les icônes.

REMARQUE. L'accent passe sur la préposition dans les groupes « за́ угол » et « на́ угол ».

УГОЛО́ВНЫЙ criminel (*relatif au crime*). *Уголо́вное де́ло*, une affaire criminelle. *Уголо́вный ро́зыск*, la police judiciaire.

УГОЛО́К (*dim. de* « у́гол ») petit coin (*lieu retiré*). *Преле́стный уголо́к*, un petit coin charmant. ● **Кра́сный уголо́к,** salle de lecture et de propagande.

У́ГОЛЬ *m.* charbon. *Древе́сный у́голь*, le charbon de bois. *Ка́менный у́голь*, la houille. *Бу́рый у́голь*, le lignite. ● **Бе́лый у́голь,** la houille blanche. **Как на у́гольях сиде́ть** *ou* **как на у́глях сиде́ть,** être sur des charbons ardents.

У́ГОЛЬНЫЙ **1.** à charbon. *У́гольный я́щик*, une caisse à charbon. **2.** houiller. *У́гольный бассе́йн*, un bassin houiller.

У́ГОЛЬЯХ v. у́голь.

УГОРЕ́ЛЫЙ ● **Мета́ться как угоре́лый,** se démener comme un possédé.

/ **УГОСТИ́ТЬ** v. угоща́ть.

УГОЩА́ТЬ / УГОСТИ́ТЬ offrir. *Угости́ли его ча́ем*, on lui a offert du thé. *Он всех угости́л папиро́сами*, il a offert des cigarettes à tout le monde. *Я угоща́ю*, C'est moi qui paye. // (*Iron.*) *Угоща́ть кого́-нибудь пинка́ми*, donner des coups de pied à qqn.

Remarque. La chose que l'on offre est exprimée à l'instrumental; la personne à qui on l'offre est exprimée à l'accusatif. Ainsi, la construction du verbe « угоща́ть » est voisine de celle du verbe « régaler » en français.

УГРОЖА́ТЬ (+ *dat.*) menacer. *Ей угрожа́ет больша́я опа́сность*, un grand danger la menace.

УГРОЖА́ЮЩИЙ menaçant. *Угрожа́ющее положе́ние*, une situation menaçante. *Он угрожа́юще посмотре́л на меня́*, il m'a regardé d'un air menaçant.

УГРО́ЗА menace (*divers sens*). *Пусты́е угро́зы*, des menaces vaines. *Угро́за войны́*, une menace de guerre.

УГРЫЗЕ́НИЕ ● **Угрызе́ние со́вести,** remords. *Испы́тывать угрызе́ния со́вести*, avoir des remords.

УГРЮ́МЫЙ 1. sombre (*morose*). *Угрю́мый взгляд*, un regard sombre. *Угрю́мый стари́к*, un vieillard taciturne. 2. sombre (*qui incline à la tristesse*). *Угрю́мый лес*, une forêt sombre.

УДАВА́ТЬСЯ* II, удаётся, удаю́тся / **УДА́ТЬСЯ*** *n. cl.*, уда́стся, удаду́тся; уда́лся, удала́сь... réussir. *Попы́тка не удала́сь*, la tentative n'a pas réussi. *Мне удало́сь доста́ть биле́ты*, j'ai réussi à obtenir des billets.

/ **УДАВИ́ТЬ** v. дави́ть.

/ **УДАЛИ́ТЬ** v. удаля́ть.

УДАЛО́Й *et* **УДА́ЛЫЙ,** *forme courte* уда́л, удала́, уда́ло, уда́лы hardi, audacieux. ● **Мал, да уда́л,** il est jeune, mais ne manque pas de courage.

УДАЛЯ́ТЬ / УДАЛИ́ТЬ 1. éloigner, écarter. *Ло́дка удали́лась от бе́рега*, la barque s'éloigna de la rive. 2. enlever, extraire. *Удали́ть пятно́*, enlever une tache. *Удали́ть зуб*, extraire une dent.

УДА́Р 1. coup (*choc*). *Нанести́ уда́р*, asséner un coup. *Отвести́ уда́р*, parer un coup. *Одни́м уда́ром уби́ть двух за́йцев*, faire un coup double. 2. attaque d'apoplexie. *Он у́мер от уда́ра*, il a eu une attaque et il en est mort. ● **В уда́ре,** en pleine forme. *Я не в уда́ре*, je ne suis pas en forme. **Со́лнечный уда́р,** un coup de soleil. **Уда́р гро́ма,** un coup de tonnerre. **Уда́р судьбы́,** un coup du sort.

УДАРЕ́НИЕ accent d'intensité (*gramm.*). *Поста́вить ударе́ние*, mettre l'accentuation. *Ударе́ние па́дает на после́дний слог*, l'accent frappe la dernière syllabe.

/ **УДА́РИТЬ** v. ударя́ть.

УДА́РНЫЙ 1. de choc. *Уда́рная брига́да*, une brigade de choc. 2. à percussion. *Уда́рные инструме́нты*, les instruments à percussion.

УДАРЯ́ТЬ / УДА́РИТЬ 1. frapper, cogner. *Уда́рить кулако́м по́ столу*, donner un coup de poing sur la table. *Уда́риться голово́й о́б стену*, se cogner la tête contre le mur. *Уда́рил гром*, un coup de tonnerre a retenti. 2. arriver brusquement (*en parlant des intempéries*). *Уда́рили моро́зы*, il s'est mis brusquement à geler. ● **Не уда́рить лицо́м в грязь,** s'en tirer à son honneur. **Уда́рить в го́лову,** monter à la tête. *Вино́ сра́зу уда́рило ему́ в го́лову*, le vin lui est monté tout de suite à la tête.

/ **УДА́ТЬСЯ** v. удава́ться.

УДА́ЧА succès, réussite. *Ему́ во всём уда́ча*, il réussit dans tous les domaines.

УДА́ЧНЫЙ réussi. *Уда́чный сни́мок*, une photo réussie.

УДВА́ИВАТЬ / УДВО́ИТЬ 1. doubler (*multiplier par deux*). *Удво́ить це́ну*, doubler le prix. 2. redoubler (*renforcer*). *Удво́ить внима́ние*, redoubler d'attention.

/ **УДВО́ИТЬ** v. удва́ивать.

УДЕ́ЛЬНЫЙ ● **Уде́льный вес,** le poids spécifique.

/ **УДЕРЖА́ТЬ** v. уде́рживать.

УДЕ́РЖИВАТЬ / УДЕРЖА́ТЬ* I, удержу́, уде́ржишь... ⟍___ retenir (*divers sens*). *Она́ не смогла́ удержа́ть стака́н; он упа́л и разби́лся*, elle n'a pas pu retenir le verre; il est tombé et s'est cassé. *Удержа́ть неприя́теля*, retenir l'ennemi. *Удержа́ть слёзы*, retenir ses larmes.

УДИВИ́ТЕЛЬНЫЙ étonnant. *В э́том нет ничего́ удиви́тельного*, cela n'a rien d'étonnant.

/ **УДИВИ́ТЬ** v. удивля́ть.

/ **УДИВИ́ТЬСЯ** v. удивля́ться.

УДИВЛЕ́НИЕ étonnement. *Она́ смотре́ла на меня́ с удивле́нием*, elle me regardait avec étonnement.

УДИВЛЯ́ТЬ / УДИВИ́ТЬ étonner. *Э́то меня́ не удивля́ет*, ça ne m'étonne pas.

УДИВЛЯ́ТЬСЯ / УДИВИ́ТЬСЯ s'étonner. *Он ничему́ не удивля́ется*, il ne s'étonne de rien. *Не́чему удивля́ться*, il n'y a pas de quoi s'étonner.

> Remarque. Le complément de « удивля́ться / удиви́ться » se met au datif.

УДИРА́ТЬ / УДРА́ТЬ* IV, удеру́, удерёшь...; удра́л, удрала́, удра́ло, удра́ли ⟋⟍___ (*fam.*) détaler, s'enfuir.

УДИ́ТЬ ⟍___ pêcher à la ligne / **ВЫ́УДИТЬ** attraper (*en pêchant à la ligne*). *Уди́ть щук*, pêcher le brochet.

/ **УДЛИНИ́ТЬ** v. удлиня́ть.

УДЛИНЯ́ТЬ / УДЛИНИ́ТЬ allonger. *Удлини́ть ю́бку*, allonger une jupe.

УДО́БНЫЙ 1. confortable, commode. *Удо́бное кре́сло*, un fauteuil confortable. *Мне здесь о́чень удо́бно*, je suis très bien ici. 2. opportun. *Удо́бный слу́чай*, une occasion favorable.

УДОБРЕ́НИЕ engrais. *Хими́ческие удобре́ния*, les engrais chimiques.

УДО́БСТВО commodité. *Кварти́ра со всёми удо́бствами*, un appartement tout confort.

УДОВЛЕТВОРЕ́НИЕ satisfaction. *С чу́вством удовлетворе́ния*, avec un sentiment de satisfaction. *Получи́ть по́лное удовлетворе́ние*, obtenir entière satisfaction.

УДОВЛЕТВОРИ́ТЕЛЬНЫЙ satisfaisant. *Удовлетвори́тельный отве́т*, une réponse satisfaisante.

/ **УДОВЛЕТВОРИ́ТЬ** v. удовлетворя́ть.

УДОВЛЕТВОРЯ́ТЬ / УДОВЛЕТВОРИ́ТЬ satisfaire. *Удовлетвори́ть потре́бности населе́ния*, satisfaire les besoins de la population. *Удовлетвори́ть любопы́тство*, satisfaire la curiosité.

УДОВО́ЛЬСТВИЕ satisfaction, plaisir. *С велича́йшим удово́льствием*, avec le plus grand plaisir.

/ **УДОВО́ЛЬСТВОВАТЬСЯ** v. дово́льствоваться.

УДОСТА́ИВАТЬ / УДОСТО́ИТЬ (+ *instr.*) juger digne de. *Он не удосто́ил меня́ отве́том*, il n'a pas jugé utile de me répondre.

УДОСТОВЕРЕ́НИЕ attestation. *Вы́дать удостовере́ние*, délivrer une attestation. *Удостовере́ние ли́чности*, une pièce d'identité.

/ **УДОСТО́ИТЬ** v. удоста́ивать.

У́ДОЧКА ligne (*pour pêcher*). *Лови́ть ры́бу на у́дочку*, pêcher à la ligne. *Попа́сться на у́дочку*, mordre à l'hameçon (*propr. et fig.*).

/ **УДРА́ТЬ** v. удира́ть.

УДРУЧА́ТЬ / УДРУЧИ́ТЬ accabler. *Она́ была́ удручена́ го́рем*, elle était accablée par le chagrin.

/ **УДРУЧИ́ТЬ** v. удруча́ть.

УЕДИНЁННЫЙ retiré, isolé. *Вести́ уединённую жизнь*, mener une vie solitaire.

УЕЗЖА́ТЬ / УЕ́ХАТЬ* IV, уе́ду, уе́дешь... s'en aller (*autrement qu'à pied*). *Они́ уе́хали на юг*, ils sont partis dans le Midi. ● **На э́том далеко́ не уе́дешь,** avec ça, on ne va pas loin.

/ **УЕ́ХАТЬ** v. уезжа́ть.

I. УЖ **1.** v. уже́. **2.** *particule de renforcement*, ne se traduit généralement pas. *Уж е́сли де́лать, то на́до де́лать хорошо́*, tant qu'à faire, il faut faire les choses correctement.

II. УЖ couleuvre.

/ **УЖА́ЛИТЬ** v. жа́лить.

У́ЖАС horreur. *Како́й у́жас!*, Quelle horreur ! *У́жас охвати́л её*, elle fut saisie d'horreur. *Содрога́ться от у́жаса*, frémir d'horreur. *У́жасы войны́*, les horreurs de la guerre. *Расска́зывать у́жасы*, raconter des horreurs. *У́жас како́й си́льный* (*fam.*), il est terriblement fort.

УЖА́СНО *adv.* **1.** d'une manière affreuse. *Она́ ужа́сно одева́ется*, elle s'habille affreusement mal. **2.** (*fam.*) horriblement. *Э́то ужа́сно до́рого*, c'est horriblement cher. *На дворе́ ужа́сно хо́лодно*, il fait horriblement froid dehors.

УЖА́СНЫЙ horrible, épouvantable (*divers sens*). *Ужа́сный сон*, un rêve affreux. *Э́то ужа́сно!*, C'est affreux ! *Ужа́сная жара́*, une chaleur épouvantable. *Ужа́сная пого́да*, un temps épouvantable. *Ужа́сный хара́ктер*, un caractère épouvantable.

Remarque. Pour l'emploi adverbial de la forme « ужа́сно », voir ce mot.

I. УЖЕ́ *adv.* déjà. *Они́ уже́ прие́хали*, ils sont déjà arrivés. ● **Уже́ не,** ne... plus. *Он уже́ не ма́ленький*, ce n'est plus un gosse.

II. УЖЕ́ loc. de « уж ».

III. У́ЖЕ comp. de « у́зкий ».

Remarque. Ce dernier mot se distingue des deux précédents par son accentuation.

УЖИВА́ТЬСЯ / УЖИ́ТЬСЯ* IV, уживу́сь, уживёшься...; ужи́лся, ужила́сь... vivre en bonne intelligence. *С ней тру́дно ужива́ться*, il est difficile de s'entendre avec elle.

У́ЖИН repas du soir. *Она́ приглаша́ет нас на у́жин*, elle nous invite à dîner. *За у́жином*, pendant le dîner.

У́ЖИНАТЬ / ПОУ́ЖИНАТЬ prendre le repas du soir. *Мы вме́сте поу́жинали*, nous avons soupé ensemble.

/ **УЖИ́ТЬСЯ** v. ужива́ться.

УЗБЕ́К Ouzbek.

УЗБЕ́КСКИЙ ouzbek.

УЗБЕ́ЧКА femme ouzbèke.

У́ЗЕЛ **1.** nœud (*divers sens*). *Развяза́ть у́зел*, défaire un nœud. *Железнодоро́жный у́зел*, un nœud ferroviaire. *Разруби́ть го́рдиев у́зел*, trancher le nœud gordien. **2.** nœud (*unité de vitesse utilisée en navigation*). *Парохо́д де́лал бо́лее десяти́ узло́в в час*, le bateau faisait plus de dix nœuds à l'heure. **3.** baluchon. *У́зел с бельём*, un baluchon avec du linge.

У́ЗКИЙ, *comp.* у́же* étroit. *У́зкая у́лица*, une rue étroite. // (*Fig.*) *У́зкий ум*, un esprit étroit.

УЗНАВА́ТЬ* II, узна́ю, узнаёшь...; узнава́й; узнава́я / **УЗНА́ТЬ** **1.** apprendre (*être informé*). *Я узна́л, что он заболе́л*, j'ai appris qu'il était tombé malade. *Я э́то узна́л по ра́дио*, j'ai appris ça par la radio. **2.** reconnaître. *Я её сра́зу узна́л по го́лосу*, je l'ai reconnue tout de suite à sa voix.

/ **УЗНА́ТЬ** v. узнава́ть.

/ **УЙТИ́** v. уходи́ть.

УКА́З décret, « oukase ». *Ука́з Прези́диума Верхо́вного Сове́та,* un décret du présidium du Soviet suprême. ● **Не ука́з,** ne fait pas la loi. *Ты мне не ука́з,* Ce n'est pas toi qui fais la loi.

УКАЗА́НИЕ indication.

УКАЗА́ТЕЛЬ *m.* **1.** poteau indicateur. *Останови́ться у доро́жного указа́теля,* s'arrêter près du poteau indicateur. **2.** index. *Библиографи́ческий указа́тель,* index bibliographique.

УКАЗА́ТЕЛЬНЫЙ ● **Указа́тельный па́лец,** l'index (*doigt de la main*).

/ **УКАЗА́ТЬ** v. ука́зывать.

УКА́ЗЫВАТЬ / УКАЗА́ТЬ* II, укажу́, ука́жешь... ⟍___ **1.** (на + *acc.*) montrer, faire voir. *Указа́ть на оши́бки,* montrer les fautes. **2.** (+ *acc.*) indiquer, faire connaître. *Он указа́л мне интере́сную кни́гу,* il m'a indiqué un livre intéressant. *Указа́ть доро́гу,* indiquer le chemin.

/ **УКАЧА́ТЬ** v. ука́чивать.

УКА́ЧИВАТЬ / УКАЧА́ТЬ donner le mal de mer. *Нас укача́ло,* nous avons eu le mal de mer.

УКЛА́ДЫВАТЬ / УЛОЖИ́ТЬ ⟍___ **1.** mettre, ranger (*en position couchée*). *Уложи́ть ве́щи в чемода́н,* ranger ses affaires dans la valise. **2.** faire coucher. *Она́ уложи́ла детей́,* elle a mis les enfants au lit. **3.** (*fam.*) abattre, descendre (*tuer*). *Его́ уложи́ли на ме́сте,* il a été abattu sur place.

УКЛА́ДЫВАТЬСЯ / УЛОЖИ́ТЬСЯ ⟍___ **1.** faire ses bagages. *Он поспе́шно уложи́лся и уе́хал,* il a fait ses bagages à la hâte et il est parti. **2.** tenir (*ne pas dépasser un certain espace, un certain temps*). *Все ве́щи не уло́жатся в чемода́н,* toutes les affaires ne tiendront pas dans la valise. *Уложи́ться в сро́ки,* ne pas dépasser les délais.

УКЛО́Н **1.** inclinaison, pente. *Круто́й укло́н,* une forte inclinaison. **2.** tendance, prédominance. *Шко́ла с техни́ческим укло́ном,* une école ayant essentiellement des sections techniques. **3.** (*politique*) déviation. *Борьба́ с укло́нами,* la lutte contre le déviationnisme.

УКЛОНИ́ЗМ déviationnisme.

УКЛОНИ́СТ déviationniste.

/ **УКЛОНИ́ТЬСЯ** v. уклоня́ться.

УКЛО́НЧИВЫЙ évasif. *Укло́нчивый отве́т,* une réponse évasive.

УКЛОНЯ́ТЬСЯ / УКЛОНИ́ТЬСЯ s'écarter, s'éloigner. *Уклони́ться от те́мы,* s'écarter du sujet.

УКО́Л piqûre (*faite avec un instrument aigu*). *Сде́лать больно́му уко́лы,* faire des piqûres à un malade.

/ **УКОЛО́ТЬ** v. коло́ть.

УКРА́ДКОЙ *adv.* furtivement, en cachette. *Они́ ви́делись укра́дкой,* ils se voyaient en cachette.

УКРАЙН*Е*Ц Ukrainien.

УКРАЙНКА Ukrainienne.

УКРАЙНСКИЙ ukrainien.

/ **УКРА́СИТЬ** v. украша́ть.

/ **УКРА́СТЬ** v. красть.

УКРАША́ТЬ / УКРА́СИТЬ orner, embellir. *Ёлка, укра́шенная гирля́ндами,* un sapin orné de guirlandes.

УКРАШЕ́НИЕ ornement.

/ **УКРЕПИ́ТЬ** v. укрепля́ть.

УКРЕПЛЕ́НИЕ fortification. *Ли́ния укрепле́ний,* une ligne de fortifications.

УКРЕПЛЯ́ТЬ / УКРЕПИ́ТЬ fortifier (*divers sens*). *Укрепля́ть не́рвы,* fortifier les nerfs. *Укреплённый го́род,* une ville fortifiée.

УКРО́П fenouil; aneth.

УКРОТИ́ТЕЛЬ *m.* dompteur. *Укроти́тель львов,* un dompteur de lions.

/ **УКРОТИ́ТЬ** v. укроща́ть.

УКРОЩА́ТЬ / УКРОТИ́ТЬ (т → щ) dompter. *Укроти́ть ти́гра*, dompter un tigre. // (*Fig.*) *Укроти́ть пожа́р*, maîtriser un incendie.

УКРЫВА́ТЬ / УКРЫ́ТЬ* II, укро́ю, укро́ешь... **1.** couvrir. *Укры́ться одея́лом*, se mettre une couverture. **2.** cacher, abriter. *Укры́ться от дождя́*, se mettre à l'abri de la pluie.

/ **УКРЫ́ТЬ** v. укрыва́ть.

У́КСУС vinaigre. *Ви́нный у́ксус*, du vinaigre de vin.

У́КСУСНЫЙ de vinaigre. *У́ксусная буты́лка*, une bouteille de vinaigre. ● **У́ксусная кислота́,** l'acide acétique.

УКУ́С morsure, piqûre. *Уку́с змеи́*, la morsure d'un serpent. *Уку́с комара́*, la piqûre d'un moustique.

/ **УКУСИ́ТЬ** v. куса́ть.

/ **УЛА́ДИТЬ** v. ула́живать.

УЛА́ЖИВАТЬ / УЛА́ДИТЬ arranger, régler. *Де́ло ула́дилось*, l'affaire s'est arrangée.

У́ЛЕЙ, у́лья... *m.* ruche.

УЛЕТА́ТЬ / УЛЕТЕ́ТЬ* I, улечу́, улети́шь... s'envoler. *Пти́цы улете́ли*, les oiseaux se sont envolés. *Самолёт улете́л*, l'avion est parti.

/ **УЛЕТЕ́ТЬ** v. улета́ть.

УЛИ́КА preuve matérielle.

УЛИ́ТКА escargot.

У́ЛИЦА rue. *Он живёт на у́лице Кали́нина*, il habite rue Kalinine. ● **На у́лице** (*suivi d'une indication concernant le temps qu'il fait*), dehors. *На у́лице хо́лодно*, dehors, il fait froid.

У́ЛИЧНЫЙ de la rue, des rues. *У́личный шум*, le bruit de la rue. *У́личный мальчи́шка*, un gamin des rues. *У́личное движе́ние*, la circulation urbaine.

/ **УЛОЖИ́ТЬ** v. укла́дывать.

/ **УЛОЖИ́ТЬСЯ** v. укла́дываться.

УЛУЧША́ТЬ / УЛУ́ЧШИТЬ améliorer. *Положе́ние улу́чшилось*, la situation s'est améliorée. *Здоро́вье его́ улу́чшилось*, sa santé s'est améliorée.

УЛУЧШЕ́НИЕ amélioration. *Улучше́ние ка́чества*, une amélioration de la qualité.

/ **УЛУ́ЧШИТЬ** v. улучша́ть.

УЛЫБА́ТЬСЯ / УЛЫБНУ́ТЬСЯ sourire. *Она́ мне улыбну́лась*, elle m'a souri.

УЛЫ́БКА sourire. *Гру́стная улы́бка*, un sourire triste.

/ **УЛЫБНУ́ТЬСЯ** v. улыба́ться.

УМ ⁄‾‾ ‾‾ esprit, intelligence. *Челове́к большо́го ума́*, un homme d'une grande intelligence. ● **Он за́дним умо́м кре́пок,** il comprend vite, mais il lui faut le temps. **Он себе́ на уме́,** il a ses petites idées. **Ско́лько голо́в, сто́лько умо́в,** autant de têtes, autant d'avis. **Сходи́ть с ума́,** devenir fou. *Ты с ума́ сошёл?*, Tu es fou ? **Счита́ть в уме́,** compter de tête. **У него́ ума́ пала́та,** il est remarquablement intelligent. **У него́ ум за ра́зум захо́дит,** il déraille.

УМЕ́ЛЫЙ habile, expert. *Уме́лой руко́й*, d'une main habile.

УМЕ́НИЕ savoir-faire, habileté.

УМЕНЬША́ТЬ / УМЕ́НЬШИТЬ diminuer (*tr.*). *Уме́ньшить до́зу*, diminuer la dose.

УМЕНЬША́ТЬСЯ / УМЕ́НЬШИТЬСЯ diminuer (*intr.*). *Опа́сность уме́ньшилась*, le danger a diminué.

УМЕНЬШИ́ТЕЛЬНЫЙ diminutif. *Уменьши́тельный су́ффикс*, un suffixe diminutif.

/ **УМЕ́НЬШИТЬ** v. уменьша́ть.

/ **УМЕ́НЬШИТЬСЯ** v. уменьша́ться.

УМЕ́РЕННЫЙ modéré. *Уме́ренная ско́рость*, une vitesse modérée.

/ **УМЕРЕ́ТЬ** v. умира́ть.

УМЕ́СТНЫЙ opportun. *Уме́стно ли сейча́с же взя́ться за э́то* *дéло?*, Est-il opportun de se lancer tout de suite dans cette entreprise?

УМÉТЬ / СУМÉТЬ (+ *inf.*) savoir (*être exercé à, posséder l'art de*). *Он не умéет плáвать*, il ne sait pas nager.

УМИЛÉНИЕ attendrissement. *Смотрéть с умилéнием*, regarder avec attendrissement.

/ УМИЛИ́ТЬ v. умиля́ть.

УМИЛЯ́ТЬ / УМИЛИ́ТЬ attendrir.

УМИРÁТЬ / УМЕРÉТЬ* IV, умрý, умрёшь...; ýмер, умерлá, ýмерло, ýмерли ⋀— mourir. *Он ýмер от рáка*, il est mort du cancer. // (*Fig.*) *Умирáть со скýки*, mourir d'ennui.

УМНÉТЬ / ПОУМНÉТЬ devenir plus intelligent, devenir plus raisonnable. *Он поумнéл за лéто*, il est devenu plus raisonnable depuis cet été.

У́МНИЦА *m.* ou *f.* un garçon intelligent *ou* une fille intelligente; un garçon raisonnable *ou* une fille raisonnable.

УМНОЖÁТЬ / УМНÓЖИТЬ **1.** augmenter (*tr.*). *Умнóжить свой дохóд*, augmenter son revenu. **2.** (*math.*) multiplier. *Дéвять, умнóженное на семь*, neuf multiplié par sept.

УМНОЖÉНИЕ **1.** augmentation. *Умножéние дохóдов*, une augmentation des revenus. **2.** (*math.*) multiplication. *Табли́ца умножéния*, la table de multiplication.

/ УМНÓЖИТЬ v. умножáть.

У́МНЫЙ, умён, умнá, ýмно, ýмны *ou* умён, умнá, умнó, умны́ intelligent (*divers sens*). *У́мный человéк*, un homme intelligent. *У́мный совéт*, un conseil intelligent.

/ УМОЛИ́ТЬ v. умоля́ть.

I. УМÓЛК v. умóлкнуть.

II. У́МОЛК • Без ýмолку, sans jamais se taire. *Болтáть без ýмолку*, bavarder sans arrêt.

REMARQUE. Les deux mots ci-dessus diffèrent par leur accentuation.

УМОЛКÁТЬ / УМÓЛКНУТЬ* III se taire (*cesser de se faire entendre*). *Колокóльчики умóлкли*, les clochettes se turent.

/ УМÓЛКНУТЬ v. умолкáть.

УМОЛЯ́ТЬ supplier / **УМОЛИ́ТЬ** réussir à convaincre à force de supplications. *Приходи́те скорéй, умоляю вас*, Venez vite, je vous en supplie.

/ УМОРИ́ТЬ v. мори́ть.

У́МСТВЕННЫЙ intellectuel. *У́мственный труд*, le travail intellectuel.

УМЫВÁЛЬНИК lavabo.

УМЫВÁТЬ / УМЫ́ТЬ* II, умóю, умóешь... débarbouiller, laver. *Умывáть лицó*, se débarbouiller.

У́МЫСЕЛ préméditation. *Сдéлать чтó-нибудь без вся́кого ýмысла*, faire qqch. sans aucune mauvaise intention.

/ УМЫ́ТЬ v. умывáть.

УМЫ́ШЛЕННЫЙ prémédité. *Сдéлать чтó-нибудь умы́шленно*, faire qqch. avec préméditation.

/ УНАСЛÉДОВАТЬ v. наслéдовать.

/ УНЕСТИ́ v. уноси́ть.

УНИВЕРМÁГ (*abréviation de* « универсáльный магази́н ») grand magasin.

УНИЖÁТЬ / УНИ́ЗИТЬ humilier. *Он старáется уни́зить свои́х проти́вников*, il cherche à humilier ses adversaires.

УНИЖÉНИЕ humiliation. *Заплáкать от унижéния*, pleurer d'humiliation.

УНИ́ЖЕННЫЙ **1.** humiliant. *Уни́женная прóсьба*, une demande humiliante. **2.** humilié (v. унижённый).

УНИЖЁННЫЙ humilié. *Унижённый человéк*, un homme humilié. // (*Subst.*) « *Унижённые и оскорблённые* » *Достоéвского*,

« Humiliés et offensés » de Dostoïevski.

УНИЗИ́ТЕЛЬНЫЙ humiliant. *Унизи́тельное положе́ние*, une situation humiliante.

/ **УНИ́ЗИТЬ** v. унижа́ть.

УНИМА́ТЬ / УНЯ́ТЬ* IV, уйму́, уймёшь...; уня́л, уняла́, уня́ло, уня́ли ╱╲___ ; уня́тый, уня́т, унята́, уня́то, уня́ты ╱╲___ **1.** calmer, apaiser. *Они́ дра́лись так, что никто́ не мог их уня́ть*, ils se battaient de si belle manière qu'il n'y avait pas moyen de les calmer. *Бу́ря уняла́сь*, la tempête s'est calmée. **2.** arrêter, faire cesser. *Уня́ть кровотече́ние*, arrêter une hémorragie.

УНИЧТОЖА́ТЬ / УНИЧТО́ЖИТЬ détruire, supprimer. *Уничто́жить неприя́тельскую а́рмию*, détruire l'armée ennemie.

/ **УНИЧТО́ЖИТЬ** v. уничтожа́ть.

УНОСИ́ТЬ ╲___ / **УНЕСТИ́*** IV, унесу́, унесёшь...; унёс, унесла́... ╱‾‾‾ ; унесённый emporter. *Она́ унесла́ с собо́й ключи́*, elle a emporté les clefs.

УНЫВА́ТЬ perdre courage. *Не унывáй!*, Il ne faut pas se laisser abattre !

УНЫ́ЛЫЙ 1. découragé, abattu. *Уны́лый вид*, un air découragé. **2.** qui inspire la tristesse, mélancolique. *Уны́лая пе́сня*, une chanson triste.

УНЫ́НИЕ abattement, découragement. *Впасть в уны́ние*, se laisser abattre.

/ **УНЯ́ТЬ** v. унима́ть.

УПА́ДОК décadence. *Прийти́ в упа́док*, tomber en décadence.

/ **УПАКОВА́ТЬ** v. упако́вывать.

УПАКО́ВЫВАТЬ / УПАКОВА́ТЬ empaqueter, envelopper. *Упакова́ть ва́зу*, empaqueter un vase.

/ **УПА́СТЬ** v. па́дать.

УПЛА́ТА paiement. *В упла́ту до́лга*, en paiement de ma dette.

УПОМИНА́ТЬ / УПОМЯНУ́ТЬ ╲___ mentionner. *Их имена́ бы́ли упомя́нуты в прика́зе*, leurs noms ont été mentionnés dans l'ordre du jour.

/ **УПОМЯНУ́ТЬ** v. упомина́ть.

УПО́Р support, appui. *То́чка упо́ра*, un point d'appui. • **В упо́р,** à bout portant. *Стреля́ть в упо́р*, tirer à bout portant. *Сказа́ть что́-нибудь в упо́р*, dire qqch. bien en face.

УПО́РНЫЙ opiniâtre, obstiné. *Упо́рная борьба́*, une lutte opiniâtre. *Оказа́ть упо́рное сопротивле́ние*, offrir une résistance acharnée. *Упо́рно молча́ть*, s'obstiner à ne rien dire.

УПО́РСТВО obstination. *Отста́ивать с упо́рством свою́ то́чку зре́ния*, défendre son point de vue avec obstination.

УПОТРЕБИ́ТЕЛЬНЫЙ usuel. *О́чень употреби́тельное сло́во*, un mot très courant.

/ **УПОТРЕБИ́ТЬ** v. употребля́ть.

УПОТРЕБЛЕ́НИЕ usage, emploi. *Спо́соб употребле́ния*, mode d'emploi. *Для нару́жного употребле́ния*, pour usage externe. *Вы́йти из употребле́ния*, tomber en désuétude.

УПОТРЕБЛЯ́ТЬ / УПОТРЕБИ́ТЬ utiliser, employer. *Э́то сло́во ре́дко употребля́ется*, ce mot est peu usité.

УПРАВЛЕ́НИЕ direction, gestion. *Управле́ние госуда́рственными дела́ми*, la gestion des affaires de l'État. *Орке́стр Большо́го теа́тра под управле́нием Мелик-Паша́ева*, l'orchestre du Bolchoï sous la direction de Melik-Pachaïev.

УПРАВЛЯ́ТЬ (+ *instr.*) diriger. *Управля́ть заво́дом*, diriger une usine. *Управля́ть орке́стром*, diriger un orchestre.

УПРАЖНЕ́НИЕ exercice. *Граммати́ческие упражне́ния*, des exercices de grammaire. *Физи́ческие упражне́ния*, des exercices physiques.

УПРАЖНЯ́ТЬСЯ s'exercer. *Упражня́ться в фехтова́нии*, s'exercer à faire de l'escrime. *Упражня́ться на гита́ре*, faire des exercices à la guitare.

/ **УПРАЗДНИ́ТЬ** v. упраздня́ть.

УПРАЗДНЯ́ТЬ / УПРАЗДНИ́ТЬ supprimer, abolir. *Упраздни́ть учрежде́ние*, supprimer un organisme.

УПРА́ШИВАТЬ exhorter / **УПРОСИ́ТЬ** ⟍—— obtenir à force de prières. *Мы его́ упра́шивали оста́ться*, nous lui demandions de rester. *Мы его́ упроси́ли оста́ться*, nous avons tant insisté qu'il a accepté de rester.

УПРЁК reproche. *Осыпа́ть кого́-нибудь упрёками*, couvrir qqn de reproches.

УПРЕКА́ТЬ / УПРЕКНУ́ТЬ reprocher. *Упрека́ть кого́-нибудь в жесто́кости*, reprocher à qqn sa cruauté.

Remarque. Le complément désignant la personne à laquelle s'adressent les reproches se met à l'accusatif. Le complément désignant les faits reprochés se met au locatif précédé de « в ».

/ **УПРЕКНУ́ТЬ** v. упрека́ть.

/ **УПРОСИ́ТЬ** v. упра́шивать.

/ **УПРОСТИ́ТЬ** v. упроща́ть.

УПРОЩА́ТЬ / УПРОСТИ́ТЬ simplifier. *Упрости́ть орфогра́фию*, simplifier l'orthographe.

УПРОЩЕ́НИЕ simplification. *Упроще́ние орфогра́фии*, une simplification de l'orthographe.

УПРУ́ГИЙ souple, élastique. *Упру́гая пружи́на*, un ressort souple. *Упру́гая похо́дка*, une démarche souple.

УПРЯ́МСТВО entêtement, obstination. *Он из упря́мства не ле́чится*, il a décidé par entêtement de ne pas se soigner.

УПРЯ́МЫЙ entêté, têtu. *Он упря́м как осёл*, il est têtu comme un âne.

УПУСКА́ТЬ / УПУСТИ́ТЬ ⟍—— laisser échapper. *Упусти́ть пти́цу*, laisser l'oiseau s'envoler. // (*Fig.*) *Не упуска́ть слу́чая*, ne pas manquer l'occasion. *Не упуска́йте и́з виду, что э́то са́мое гла́вное*, Il ne faut pas perdre de vue que c'est là l'essentiel.

/ **УПУСТИ́ТЬ** v. упуска́ть.

УРА́ ! *interj.* hourra !

У́РОВЕНЬ *m.* niveau. *На высоте́ 4 000 ме́тров над у́ровнем мо́ря*, à une altitude de 4 000 mètres au-dessus du niveau de la mer. *Жи́зненный у́ровень населе́ния*, le niveau de vie de la population.

УРО́Д 1. monstre (*divers sens*). **2.** personne très laide. *Он жени́лся на уро́де*, il a épousé une mocheté.

УРО́ДЛИВЫЙ monstrueux. *Уро́дливое существо́*, un être monstrueux.

УРО́ДОВАТЬ / ИЗУРО́ДОВАТЬ 1. mutiler, estropier. *В па́рке изуро́довали ста́тую*, dans le parc, il y a une statue qui a été mutilée. **2.** (*fig.*) défigurer. *Кри́тик изуро́довал мысль а́втора*, le critique a défiguré la pensée de l'auteur.

УРОЖА́Й *m.* récolte, moisson. *Собра́ть весь урожа́й*, rentrer toute la récolte.

УРОЖА́ЙНОСТЬ *f.* rendement (*agricole*). *Подня́ть урожа́йность*, augmenter le rendement.

УРОЖА́ЙНЫЙ qui donne une bonne récolte. *Урожа́йная земля́*, une terre fertile. *Урожа́йный год*, une bonne année.

УРО́К 1. leçon (*divers sens*). *Учи́ть уро́к*, apprendre une leçon. *Отвеча́ть уро́к*, réciter sa leçon. *Брать уро́ки му́зыки*, prendre des leçons de musique. *Э́то послу́жит ему́ хоро́шим уро́ком*, ce sera une bonne leçon pour lui. **2.** heure de cours. *Пе́ред нача́лом второ́го уро́ка*, avant la deuxième heure de cours. *На уро́ке ру́сского языка́*, pendant l'heure de russe.

/ **УРОНИ́ТЬ** v. роня́ть.

УС —— moustache. *С длинными уса́ми*, avec de longues moustaches. ● **В ус не дуть**, ne s'inquiéter de rien. **Мы са́ми с уса́ми**, nous ne sommes pas des gamins. **Намота́ть себе́ на ус**, se le tenir pour dit.

УСА́ДЬБА propriété (*maison avec ses dépendances*). *Поме́щичья уса́дьба*, une propriété de seigneur. *Крестья́нская уса́дьба*, une maison de paysan.

УСА́ЖИВАТЬСЯ / **УСЕ́СТЬСЯ*** IV, уся́дусь, уся́дешься...; усе́лся, усе́лась...; уся́дься **1.** s'installer, prendre place. *Усе́сться за стол*, s'installer à table. **2.** se mettre à. *Усе́сться игра́ть в ша́хматы*, se mettre à jouer aux échecs.

УСА́ТЫЙ moustachu, à longues moustaches. *Уса́тый кот*, un chat aux longues moustaches.

УСВА́ИВАТЬ / **УСВО́ИТЬ** **1.** assimiler (*les aliments*). *Пло́хо усва́ивать пи́щу*, mal assimiler la nourriture. **2.** (*fig.*) assimiler, acquérir. *Он бы́стро усво́ил основны́е пра́вила*, il a rapidement assimilé les règles essentielles.

/ **УСВО́ИТЬ** v. усва́ивать.

УСЕ́ИВАТЬ / **УСЕ́ЯТЬ*** II, усе́ю, усе́ешь... parsemé. *Не́бо бы́ло усе́яно звёздами*, le ciel était parsemé d'étoiles.

УСЕ́РДИЕ zèle, application. *Рабо́тать с усе́рдием*, travailler avec zèle.

УСЕ́РДНЫЙ **1.** zélé. *Рабо́тать усе́рдно*, travailler avec zèle. **2.** soigné (*fait avec soin*). *Усе́рдный труд*, un travail soigné.

/ **УСЕ́СТЬСЯ** v. уса́живаться.

/ **УСЕ́ЯТЬ** v. усе́ивать.

УСИ́ЛИВАТЬ / **УСИ́ЛИТЬ** intensifier, renforcer. *Уси́лить оборо́ну*, renforcer la défense. *Ве́тер уси́лился*, le vent souffle plus fort. *Уси́лить звук*, amplifier un son.

УСИ́ЛИЕ effort. *Сде́лать уси́лие над собо́й*, faire un effort sur soi-même. *Уси́лие во́ли*, un effort de volonté.

/ **УСИ́ЛИТЬ** v. уси́ливать.

УСКОЛЬЗА́ТЬ / **УСКОЛЬЗНУ́ТЬ** **1.** échapper (*en glissant*). *Ры́ба ускользну́ла из мои́х рук*, le poisson m'a échappé. *Неприя́тель ускользну́л от пресле́дований*, l'ennemi a échappé à nos poursuites. **2.** échapper (*ne pas être remarqué*). *Э́то ускользну́ло от меня́*, cela m'a échappé.

/ **УСКОЛЬЗНУ́ТЬ** v. ускольза́ть.

/ **УСКО́РИТЬ** v. ускоря́ть.

УСКОРЯ́ТЬ / **УСКО́РИТЬ** **1.** hâter, accélérer. *Уско́рить шаг*, hâter le pas. **2.** hâter, avancer. *Уско́рить свой отъе́зд*, avancer son départ.

УСЛО́ВИЕ **1.** condition (*exigence*). *Каки́е ва́ши усло́вия?*, Quelles sont vos conditions ? **2.** (*pl. seulement*) conditions (*circonstances*). *Усло́вия жи́зни*, les conditions de vie. *При благоприя́тных усло́виях*, lorsque les conditions sont favorables.

/ **УСЛО́ВИТЬСЯ** v. усло́вливаться.

УСЛО́ВЛИВАТЬСЯ / **УСЛО́ВИТЬСЯ** convenir (*faire un accord*). *Усло́виться о вре́мени и ме́сте встре́чи*, s'entendre sur l'heure et le lieu de la rencontre. *Мы усло́вились пое́хать туда́ вме́сте*, nous avons convenu d'y aller ensemble.

УСЛО́ВНЫЙ conventionnel; relatif. *Усло́вный знак*, un signe conventionnel. *Всё э́то о́чень усло́вно*, tout cela est bien relatif. ● **Усло́вные рефле́ксы**, les réflexes conditionnés. **Усло́вный пригово́р**, une condamnation avec sursis.

УСЛУ́ГА service (*aide*). *Оказа́ть кому́-нибудь услу́гу*, rendre service à qqn. *Предложи́ть кому́-нибудь свои́ услу́ги*, proposer ses services à qqn.

УСЛУ́ЖЛИВЫЙ serviable. *Услу́жливый челове́к*, un homme serviable.

/ **УСЛЫ́ШАТЬ** v. слы́шать.

УСМЕХА́ТЬСЯ / УСМЕХНУ́ТЬСЯ sourire d'un air moqueur.

/ **УСМЕХНУ́ТЬСЯ** v. усмеха́ться.

УСМЕ́ШКА sourire moqueur. *Она́ посмотре́ла на него́ с усме́шкой*, elle le regarda avec un sourire moqueur.

/ **УСНУ́ТЬ** s'endormir. *Ребёнок усну́л*, l'enfant s'est endormi. *Усну́ть ве́чным сном*, s'endormir du sommeil éternel.

/ **УСОВЕРШЕ́НСТВОВАТЬ** v. соверше́нствовать.

/ **УСОМНИ́ТЬСЯ** douter de. *Он усомни́лся в правди́вости расска́за*, il se mit à douter de la véracité du récit. *Усомни́ться в дру́ге*, perdre confiance en son ami.

УСПЕВА́ЕМОСТЬ *f.* rendement du travail scolaire ou universitaire. *В э́том кла́ссе успева́емость высо́кая*, dans cette classe, les résultats sont bons.

УСПЕВА́ТЬ / УСПЕ́ТЬ **1.** avoir le temps. *Я ещё не успе́л нача́ть э́ту рабо́ту*, je n'ai pas encore eu le temps de commencer ce travail. **2.** (к + *dat.* ou на + *acc.*) arriver à temps pour. *Успе́ть к у́жину*, arriver à temps pour le repas. *Успе́ть на по́езд*, arriver à temps pour le train.

/ **УСПЕ́ТЬ** v. успева́ть.

УСПЕ́Х succès. *Спекта́кль прошёл с больши́м успе́хом*, le spectacle a eu un grand succès. *Он не име́л успе́ха*, il n'a pas eu de succès. *Я уве́рен в успе́хе*, je suis sûr du succès. **2.** progrès (*scolaire*). *Он сде́лал больши́е успе́хи*, il a fait de grands progrès.

УСПЕ́ШНЫЙ qui réussit. *Рабо́тать успе́шно*, travailler avec succès.

УСПОКА́ИВАТЬ / УСПОКО́ИТЬ calmer. *Э́то успоко́ило больно́го*, cela a tranquillisé le malade. *Успоко́ить зубну́ю боль*, calmer le mal de dents. • **Успоко́иться на дости́гнутом,** se reposer sur ses lauriers.

/ **УСПОКО́ИТЬ** v. успока́ивать.

УСТА́В statut. *Уста́в па́ртии*, les statuts du parti communiste.

УСТАВА́ТЬ* II, устаю́, устаёшь... / **УСТА́ТЬ*** *n. cl.*, уста́ну, уста́нешь... se fatiguer. *Она́ о́чень уста́ла*, elle est très fatiguée. *Я уста́л от ходьбы́*, je suis fatigué de marcher.

УСТА́ИВАТЬ / УСТОЯ́ТЬ* I, устою́, устои́шь... **1.** rester debout, tenir bon. *От уда́ра я едва́ устоя́л на нога́х*, le coup était si fort que j'eus peine à ne pas tomber. **2.** (*fig.*) résister. *Устоя́ть перед собла́зном*, résister à la tentation.

УСТА́ЛОСТЬ *f.* fatigue. *Почу́вствовать большу́ю уста́лость*, ressentir une grande fatigue.

УСТА́ЛЫЙ fatigué. *Вид у неё уста́лый*, elle a l'air fatigué.

У́СТАЛЬ *f.* • **Без у́стали,** infatigablement. *Рабо́тать без у́стали*, travailler infatigablement. **Не знать у́стали,** être infatigable.

УСТАНА́ВЛИВАТЬ / УСТАНОВИ́ТЬ
1. installer, mettre en place.
2. établir, instaurer.
3. établir, prouver.
4. fixer, déterminer.

1. *Установи́ть телефо́н*, installer le téléphone. **2.** *Установи́ть но́вый реко́рд*, établir un nouveau record. *Тишина́ установи́лась*, le silence s'est rétabli. *Установи́ть при́нцип*, poser un principe. **3.** *Установи́ть факт*, établir un fait. **4.** *Установи́ть це́ну*, établir le prix. *Установи́ть вре́мя*, fixer l'heure. *В устано́вленный срок*, dans le délai fixé.

/ **УСТАНОВИ́ТЬ** v. устана́вливать.

/ **УСТАРЕ́ТЬ** v. старе́ть.

/ **УСТА́ТЬ** v. устава́ть.

У́СТНЫЙ oral. *У́стный экза́мен*, un examen oral.

УСТО́Й *m.* **1.** culée *et, par extension*, pile (*de pont*). **2.** (*généralement au pl.*) base (*principe fondamental*). *Усто́и о́бщества*, les bases de la société.

УСТО́ЙЧИВЫЙ stable (*divers sens*). *Усто́йчивое равнове́сие*, un équilibre stable. *Усто́йчивые це́ны*, des prix stables.

/ **УСТОЯ́ТЬ** v. уста́ивать.

УСТРА́ИВАТЬ / УСТРО́ИТЬ
1. organiser.
2. faire (*un esclandre...*).
3. trouver un emploi, une place à qqn.
4. arranger, convenir.

1. *Устро́ить спекта́кль*, organiser un spectacle. *Устро́ить вы́ставку*, organiser une exposition. **2.** *Устро́ить сканда́л*, faire un scandale. *Устро́ить сце́ну*, faire une scène. **3.** *Устро́ить кого́-нибудь на рабо́ту*, caser qqn. *Устро́ить больно́го в больни́цу*, hospitaliser un malade. **4.** *Э́то меня́ вполне́ устра́ивает*, cela me convient parfaitement. *Э́то его́ совсе́м не устра́ивает*, cela ne l'arrange pas du tout.

УСТРА́ИВАТЬСЯ / УСТРО́ИТЬСЯ **1.** v. устра́ивать. **2.** s'installer. *Устро́иться на новосе́лье*, s'installer dans son nouvel appartement. *Устро́иться спать на дива́не*, s'installer sur un divan pour dormir. **3.** se trouver un emploi. *Устро́иться на заво́д*, se trouver du travail dans une usine. **4.** s'arranger (*se terminer bien*). *Всё устро́илось*, tout s'est arrangé.

/ **УСТРАНИ́ТЬ** v. устраня́ть.

УСТРАНЯ́ТЬ / УСТРАНИ́ТЬ **1.** (*livresque*) éliminer. *Устрани́ть препя́тствие*, éliminer un obstacle. **2.** destituer. *Его́ устрани́ли от до́лжности*, il a été destitué de ses fonctions.

/ **УСТРЕМИ́ТЬСЯ** v. устремля́ться.

УСТРЕМЛЯ́ТЬСЯ / УСТРЕМИ́ТЬСЯ **1.** se précipiter. *Устреми́ться на врага́*, se précipiter sur l'ennemi. **2.** se tourner vers. *Все взгля́ды устреми́лись на неё*, tous les regards se tournèrent vers elle.

/ **УСТРО́ИТЬ** v. устра́ивать.

/ **УСТРО́ИТЬСЯ** v. устра́иваться.

УСТУПА́ТЬ / УСТУПИ́ТЬ ⌊___ céder (*divers sens*). *Уступи́ть си́ле*, céder à la force. *Уступи́ть кому́-нибудь доро́гу*, laisser passer qqn. *Уступи́ть кни́гу за два́дцать копе́ек*, céder un livre pour vingt kopeks.

/ **УСТУПИ́ТЬ** v. уступа́ть.

УСТУ́ПКА **1.** concession. *Идти́ на усту́пки*, faire des concessions. **2.** réduction, rabais. *Он мне сде́лал небольшу́ю усту́пку*, il m'a fait une petite réduction. *Продава́ть с усту́пкой*, vendre au rabais.

У́СТЬЕ embouchure (*de cours d'eau*). *У́стье Невы́*, l'embouchure de la Neva.

/ **УСЫНОВИ́ТЬ** v. усыновля́ть.

УСЫНОВЛЯ́ТЬ / УСЫНОВИ́ТЬ adopter (*un enfant*).

УСЫПА́ТЬ / УСЫ́ПАТЬ* II, усы́плю, усы́плешь... parsemer, couvrir. *Доро́жка, усы́панная песко́м*, une allée couverte de sable. *Лицо́, усы́панное весну́шками*, un visage semé de taches de rousseur.

/ **УСЫПИ́ТЬ** v. усыпля́ть.

УСЫПЛЯ́ТЬ / УСЫПИ́ТЬ endormir. *Усыпи́ть больно́го хлорофо́рмом*, endormir un malade au chloroforme.

УТВЕРДИ́ТЕЛЬНЫЙ affirmatif. *Получи́ть утверди́тельный отве́т*, obtenir une réponse affirmative.

/ **УТВЕРДИ́ТЬ** v. утвержда́ть.

УТВЕРЖДА́ТЬ **1.** affirmer. *Он утвержда́ет, что э́то пра́вда*, il affirme que c'est vrai. **2.** / **УТВЕРДИ́ТЬ,** *part.* утверждённый* adopter (*sanctionner*). *Утверди́ть пла́н*, adopter un plan.

УТВЕРЖДЕ́НИЕ **1.** affirmation. *Необосно́ванное утвержде́ние*, une affirmation gratuite. **2.** ratification. *Утвержде́ние догово́ра*, la ratification d'un traité.

УТЁНОК*, *pl.* утя́та, утя́т, утя́там... caneton.

/ **УТЕРЕ́ТЬ** v. утира́ть.

/ **УТЕРПЕ́ТЬ*** I, утерплю́, уте́рпишь... ⌣ se retenir. *Она́ не утерпе́ла, сообщи́ла ему́ но́вость*, elle n'a pas pu s'empêcher de lui annoncer la nouvelle.

УТЁС rocher, falaise. *Грани́тный утёс*, un rocher de granite.

УТЕША́ТЬ / **УТЕ́ШИТЬ** consoler. *Она́ пла́кала, и мы не зна́ли, чем её уте́шить*, elle pleurait et nous ne savions pas comment la consoler.

УТЕШЕ́НИЕ consolation. *Э́то бы́ло её еди́нственное утеше́ние*, c'était sa seule consolation.

/ **УТЕ́ШИТЬ** v. утеша́ть.

УТИ́ЛЬ *m.* déchets récupérables.

УТИРА́ТЬ / **УТЕРЕ́ТЬ*** IV, утру́, утрёшь...; утёр, утёрла...; утёртый essuyer. *Утира́ть слёзы*, essuyer ses larmes. *Утира́ться платко́м*, s'essuyer avec son mouchoir. ● **Утере́ть кому́-нибудь нос,** moucher qqn (*le remettre à sa place*).

УТИХА́ТЬ / **УТИ́ХНУТЬ*** III **1.** se taire. *Му́зыка ути́хла*, la musique s'est tue. **2.** se calmer. *Ве́тер ути́х*, le vent s'est calmé. *Боль ути́хла*, la douleur a passé.

/ **УТИ́ХНУТЬ** v. утиха́ть.

У́ТКА **1.** canard (*oiseau*). *Ди́кие у́тки*, des canards sauvages. **2.** canard (*fausse nouvelle*). *Пусти́ть у́тку*, lancer un bobard.

/ **УТОЛИ́ТЬ** v. утоля́ть.

УТОЛЯ́ТЬ / **УТОЛИ́ТЬ** assouvir, étancher. *Утоли́ть го́лод*, assouvir sa faim. *Утоли́ть жа́жду*, calmer sa soif.

УТОМИ́ТЕЛЬНЫЙ fatigant. *Утоми́тельное путеше́ствие*, un voyage fatigant.

/ **УТОМИ́ТЬ** v. утомля́ть.

УТОМЛЕ́НИЕ fatigue. *Физи́ческое утомле́ние*, la fatigue physique. *У́мственное утомле́ние*, la fatigue intellectuelle.

УТОМЛЯ́ТЬ / **УТОМИ́ТЬ** fatiguer. *Чте́ние утомля́ет глаза́*, la lecture fatigue les yeux.

/ **УТОНУ́ТЬ** v. тону́ть et утопа́ть.

УТОПА́ТЬ / **УТОНУ́ТЬ** ⌣ **1.** se noyer. *Спасти́ утопа́ющего*, sauver qqn qui se noie. **2.** (*fig.*) nager, baigner. *Утопа́ть в блаже́нстве*, nager dans la béatitude. *Дом утопа́ет в зе́лени*, la maison est noyée dans la verdure.

/ **УТОПИ́ТЬ** v. топи́ть.

УТО́ПЛЕННИК noyé.

УТО́ПЛЕННИЦА noyée.

/ **УТОЧНИ́ТЬ** v. уточня́ть.

УТОЧНЯ́ТЬ / **УТОЧНИ́ТЬ** rendre plus complet, plus précis. *Что́бы уточни́ть све́дения, кото́рыми мы располага́ем*, pour compléter les renseignements dont nous disposons.

УТРА́ТА (*livresque*) perte.

У́ТРЕННИЙ du matin. *У́тренняя све́жесть*, la fraîcheur du matin. *У́тренние газе́ты*, les journaux du matin.

У́ТРО matin. *Весе́ннее у́тро*, une matinée de printemps. *На сле́дующее у́тро*, le lendemain matin. *В семь часо́в утра́*, à sept heures du matin. *В восьмо́м часу́ утра́*, à plus de sept heures du matin. *С утра́ до ве́чера*, du matin au soir. *К утру́*, vers le matin. *По утра́м бы́ло уже́ прохла́дно*, le matin, il faisait déjà frais. *До́брое у́тро*, Bonjour. ● **У́тро ве́чера мудрене́е,** la nuit porte conseil.

Remarque. L'accent est initial, sauf dans les cas suivants :

a) après l'indication de l'heure; *b*) dans les groupes « с утрá », « до утрá », « от утрá », « к утрý », « по утрáм » et, également, « с сáмого утрá », « до сáмого утрá »...

ÝТРОМ **1.** v. ýтро. **2.** *adv.* dans la matinée, le matin. *Ýтром у нас чéтыре урóка*, le matin, nous avons quatre heures de cours. *Зáвтра ýтром*, demain matin. *Сегóдня ýтром*, ce matin.

УТРÝ v. ýтро et утерéть.

УТЮ́Г ⁄‾‾ ‾‾ fer à repasser. *Электри́ческий утю́г*, un fer électrique.

УХÁ soupe de poisson. *Вари́ть ухý*, faire une soupe de poisson.

УХÁБ ornière.

УХÁБИСТЫЙ plein d'ornières. *Ухáбистая дорóга*, une route défoncée.

УХÁЖИВАТЬ (за + *instr.*) **1.** prendre soin. *Ухáживать за больны́м*, s'occuper d'un malade. *Ухáживать за цветáми*, s'occuper des fleurs. **2.** faire la cour. *Он ужé давнó ухáживает за ней*, il y a déjà longtemps qu'il lui fait la cour.

/ УХВАТИ́ТЬСЯ v. хватáться.

ÝХО*, *pl.* ýши, ушéй, ушáм... ___⁄‾‾ oreille. *Дли́нные ýши*, de longues oreilles. *Заткнýть ýши*, se boucher les oreilles. *Драть когó-нибудь зá уши*, tirer les oreilles à qqn. *Покраснéть до ушéй*, rougir jusqu'aux oreilles. *Сказáть чтó-нибудь нá ухо*, dire qqch. à l'oreille. *У негó тóнкое ýхо*, il a l'oreille fine. *Он туг нá ухо*, il est dur d'oreille. *Я э́то слы́шал свои́ми ушáми*, je l'ai entendu de mes propres oreilles. *Не вéрить свои́м ушáм*, ne pas en croire ses oreilles. *Навостри́ть ýши*, dresser l'oreille (*devenir attentif*). ● **Медвéдь наступи́л емý нá ухо,** il n'a pas du tout d'oreille. **Пó уши влюби́ться,** tomber follement amoureux. **Пропускáть ми́мо ушéй** **1.** ne pas faire attention (*à ce qui est dit*). **2.** faire la sourde oreille.

Remarque. L'accent passe sur la préposition dans les groupes « зá ухо », « зá уши », « нá ухо » et « пó уши ».

УХÓД **1.** départ. *Мы узнáли об э́том как раз пéред ухóдом*, nous l'avons appris juste avant de partir. **2.** (за + *instr.*) soins. *Ухóд за больны́м*, les soins donnés à un malade.

УХОДИ́ТЬ ___ **/ УЙТИ́*** IV, уйдý, уйдёшь...; ушёл, ушлá...; уйдя́ **1.** s'en aller, partir. *Он ушёл на охóту*, il est parti à la chasse. *Пароxóд ушёл*, le bateau est parti. **2.** échapper. *Уйти́ от преслéдований*, échapper aux poursuites. *Уйти́ из тюрьмы́*, s'évader de prison.

УХУДШÁТЬ **/ УХÝДШИТЬ** aggraver. *Положéние ухýдшилось*, la situation s'est aggravée.

УХУДШÉНИЕ aggravation, dégradation. *В состоя́нии больнóго произошлó рéзкое ухудшéние*, l'état général du malade a sensiblement empiré.

/ УХÝДШИТЬ v. ухудшáть.

/ УЦЕЛÉТЬ demeurer intact; rester sain et sauf. *Дерéвня сгорéла. Лишь однá избá уцелéла*, le village a été détruit par le feu. Une seule izba a été épargnée. *Все поги́бли; он оди́н уцелéл*, tous ont été tués; lui seul s'en est tiré.

/ УЦЕПИ́ТЬСЯ v. цепля́ться.

УЧÁСТВОВАТЬ (в + *loc.*) prendre part. *Учáствовать в рабóте*, prendre part au travail. *Учáствовать в спектáкле*, participer à un spectacle.

УЧÁСТИЕ **1.** participation. *Концéрт с учáстием извéстной певи́цы Вишнéвской*, concert avec la participation de la célèbre cantatrice Vichnievskaïa. *Принимáть учáстие в разговóре*, prendre part à la conversation. **2.** sympathie, intérêt. *Отнести́сь к комý-нибудь с учáстием*, faire preuve de sympathie à l'égard de qqn.

/ **УЧАСТИ́ТЬ** v. учаща́ть.

УЧА́СТНИК participant. *Уча́стники кружка́*, les membres du cercle. *Уча́стники экспеди́ции*, les membres de l'expédition.

УЧА́СТОК 1. parcelle de terre. *Раздели́ть по́ле на уча́стки*, diviser un champ en parcelles. **2.** section, secteur. *Избира́тельный уча́сток*, circonscription électorale.

У́ЧАСТЬ *f.* sort, destinée. *Что́бы облегчи́ть его́ у́часть*, pour adoucir son sort. *Раздели́ть её у́часть*, partager son sort. *Го́рькая у́часть*, un triste sort.

УЧАЩА́ТЬ / **УЧАСТИ́ТЬ 1.** accélérer. *Участи́ть темп*, accélérer le rythme. *Уча́щенный пульс*, un pouls rapide. **2.** rendre plus fréquent. *Участи́ть посеще́ния*, multiplier ses visites.

УЧА́ЩАЯСЯ *part. subst. f.* élève *ou* étudiante.

УЧА́ЩИЙСЯ *part. subst. m.* élève *ou* étudiant. *Уча́щиеся ву́зов*, les élèves des écoles supérieures.

УЧЁБА études. *Он сно́ва взя́лся за учёбу*, il s'est remis à ses études.

УЧЕ́БНИК manuel (*livre*). *Уче́бник ру́сского языка́*, un manuel de russe.

УЧЕ́БНЫЙ 1. scolaire, d'enseignement. *Уче́бное заведе́ние*, un établissement scolaire. *Уче́бный год*, l'année scolaire. *Уче́бные ме́тоды*, les méthodes d'enseignement. *Уче́бный фильм*, un film d'enseignement. **2.** d'entraînement, d'exercice. *Уче́бная стрельба́*, un tir d'exercice. *Уче́бный полёт*, un vol d'entraînement.

УЧЕ́НИЕ 1. études. *Университе́тское уче́ние*, les études universitaires. **2.** doctrine. *Уче́ние Спино́зы*, la doctrine de Spinoza.

УЧЕНИ́К ⁄— — **1.** élève. *Ученики́ ста́рших кла́ссов*, les élèves des classes supérieures. **2.** disciple. *Ученики́ Па́влова*, les disciples de Pavlov.

УЧЕНИ́ЦА élève. *О́чень спосо́бная учени́ца*, une élève très douée.

УЧЁНЫЙ savant (*divers sens*). *Учёный матема́тик*, un savant mathématicien. *Учёный спор*, une discussion savante. *Учёная соба́ка*, un chien savant. // (*Subst.*) *Кру́пный учёный*, un grand savant.

/ **УЧЕ́СТЬ** v. учи́тывать.

УЧИ́ЛИЩЕ école (*ne s'applique qu'aux écoles spéciales*). *Реме́сленное учи́лище*, école professionnelle. *Вое́нное учи́лище*, école militaire.

УЧИ́ТЕЛЬ*, *nom. pl.* учителя́ — — **1.** instituteur. *Он до́лго был учи́телем в небольшо́й дере́вне*, il a été pendant longtemps instituteur dans un petit village. **2.** professeur (*ne s'applique pas aux membres de l'enseignement supérieur; voir* « профе́ссор »). *Учи́тель пе́ния*, le professeur de chant. *Учи́тель ру́сского языка́*, le professeur de russe.

УЧИ́ТЕЛЬНИЦА 1. institutrice. *Она́ до́лго была́ учи́тельницей в небольшо́й дере́вне*, elle a été pendant longtemps institutrice dans un petit village. **2.** professeur (*ne s'applique pas aux membres de l'enseignement supérieur; voir* « профе́ссор »). *Учи́тельница матема́тики*, le professeur de mathématiques.

УЧИ́ТЕЛЬСКАЯ *adj. subst. f.* salle des professeurs.

УЧИ́ТЫВАТЬ / **УЧЕ́СТЬ*** IV, учту́, учтёшь...; учёл, учла́...; учтённый; учтя́ prendre en considération. *Уче́сть обстано́вку*, tenir compte de la situation.

УЧИ́ТЬ ⁀— **1.** / **НАУЧИ́ТЬ** ⁀— *et* **ВЫ́УЧИТЬ** apprendre (*enseigner*). *Она́ учи́ла дете́й францу́зскому языку́*, elle apprenait le français aux enfants. *Он нас учи́л игра́ть в ша́хматы*, il nous apprenait à jouer aux échecs. **2.** / **ВЫ́УЧИТЬ** apprendre (*étudier*). *Учи́ть уро́к*, apprendre sa leçon. *Вы́учить стихотворе́ние наизу́сть*, apprendre un poème par cœur.

REMARQUE. Au sens 1, le complément désignant la chose apprise se met au datif, l'accusatif est employé pour désigner la personne à laquelle on enseigne quelque chose. Au sens 2, le complément désignant la chose apprise se met à l'accusatif.

УЧИ́ТЬСЯ ⎯⎯ **1.** / **НАУЧИ́ТЬСЯ** ⎯⎯ *et* **ВЫ́УЧИТЬСЯ** apprendre, étudier. *Учи́ться ру́сскому языку́*, apprendre le russe. *Он бы́стро научи́лся чита́ть*, il a très vite appris à lire. **2.** faire ses études. *Учи́ться в ву́зе*, faire ses études dans une école supérieure. *Учи́ться в МГУ*, faire ses études à l'université de Moscou.

Remarque. Au sens 1, le complément désignant la chose étudiée se met au datif.

УЧРЕЖДЕ́НИЕ institution (*divers sens*).

У́ШИ v. у́хо.

I. УШИ́Б 1. coup. **2.** meurtrissure, contusion.

II. УШИ́Б v. ушиби́ть.

УШИБА́ТЬ / УШИБИ́ТЬ* IV, ушибу́, ушибёшь...; уши́б, уши́бла...; уши́бленный contusionner, meurtrir. *Ушиби́ть но́гу*, se faire mal à la jambe.

/ **УШИБИ́ТЬ** v. ушиба́ть.

УЩЕ́ЛЬЕ défilé (*passage étroit*).

УЩЕ́РБ préjudice. *Нанести́ кому́-нибудь уще́рб*, causer un préjudice à qqn. *В уще́рб своему́ здоро́вью*, au préjudice de sa santé.

/ **УЩИПНУ́ТЬ** v. щипа́ть.

УЮ́ТНЫЙ dans lequel il est agréable de vivre. *Ую́тная ко́мната*, une pièce très agréable.

/ **УЯСНИ́ТЬ** v. уясня́ть.

УЯСНЯ́ТЬ / УЯСНИ́ТЬ élucider. *Уясни́ть вопро́с*, élucider un problème.

Ф

ФА́БРИКА usine, fabrique. *Рабо́тать на суко́нной фа́брике*, travailler dans une fabrique de draps.

ФАКТ fait. *Истори́ческие фа́кты*, des faits historiques. *Э́то факт*, c'est un fait.

ФАКТИ́ЧЕСКИЙ effectif. *Факти́ческое доказа́тельство*, une preuve effective.

ФАЛЬШИ́ВЫЙ faux (*divers sens*). *Фальши́вые докуме́нты*, des faux papiers. *Фальши́вые де́ньги*, de la fausse monnaie. *Фальши́вая но́та*, une fausse note. *Фальши́вый челове́к*, un homme faux. *Попа́сть в фальши́вое положе́ние*, se mettre dans une situation fausse.

ФАМИ́ЛИЯ nom de famille. *Сохрани́ть свою́ де́вичью фами́лию*, conserver son nom de jeune fille.

ФАМИ́ЛЬНЫЙ de famille. *У них фами́льное схо́дство*, ils ont un petit air de famille.

ФАНЕ́РА contre-plaqué.

ФАНТАЗЁР personne qui se laisse entraîner par son imagination.

ФАНТАЗЁРКА personne qui se laisse entraîner par son imagination.

ФАНТА́ЗИЯ 1. imagination. *Дать во́лю свое́й фанта́зии*, donner libre cours à son imagination. **2.** fantaisie (*caprice*). *Ему́ пришла́ фанта́зия вы́купаться но́чью*, il lui a pris idée d'aller se baigner la nuit.

ФА́РТУК tablier, blouse. *Хиру́рг наде́л бе́лый фа́ртук*, le chirurgien a mis sa blouse blanche.

ФАРФО́Р porcelaine. *Ва́за из фарфо́ра*, un vase de porcelaine.

ФАРШ farce (*hachis*).

ФАСО́ЛЬ *f.* haricots. *Бе́лая фасо́ль*, des haricots blancs.

ФЕВРА́ЛЬ *m.* février. *Э́то бы́ло в феврале́*, c'était au mois de février. *Он уе́хал 6-го февраля́*, il est parti le 6 février.

ФЕЙЕРВЕ́РК feu d'artifice. *Устро́ить фейерве́рк*, faire un feu d'artifice.

ФЕЛЬЕТО́Н petit article satirique ou humoristique.

ФЕХТОВА́НИЕ escrime. *Учи́тель фехтова́ния*, maître d'armes.

ФИА́ЛКА violette.

ФИЗКУЛЬТУ́РА (*abréviation de* « физи́ческая культу́ра ») culture physique. *Преподава́тель физкульту́ры*, le professeur de gymnastique.

ФИЗКУЛЬТУ́РНИК personne qui pratique la culture physique.

ФИЗКУЛЬТУ́РНИЦА personne qui pratique la culture physique.

ФИ́НИК datte. *Сушёные фи́ники*, des dattes sèches.

ФИОЛЕ́ТОВЫЙ violet. *Фиоле́товые черни́ла*, de l'encre violette.

ФИТИ́ЛЬ *m.* mèche (*de bougie, de lampe, etc., ou pour la mise à feu de charges explosives*). *Фити́ль ла́мпы*, la mèche de la lampe. *Заже́чь фити́ль*, allumer la mèche.

ФЛАГ drapeau. *Кра́сный флаг*, le drapeau rouge. *Подня́ть флаг*, hisser le drapeau. *Спусти́ть флаг*, amener le drapeau.

ФЛЕ́ЙТА flûte (*instrument de musique*). *Игра́ть на фле́йте*, jouer de la flûte.

ФЛИ́ГЕЛЬ*, *nom. pl.* флигеля́ aile (*de bâtiment*).

I. ФО́КУС 1. tour de passe-passe. *Пока́зывать ка́рточные фо́кусы*, faire des tours de cartes. **2.** (*pl. seulement*) lubies, fantaisies. *Что за фо́кусы!*, Qu'est-ce que c'est que ces fantaisies?

II. ФО́КУС foyer (*optique*...).

ФО́КУСНИК prestidigitateur.

ФОНА́РИК (*dim. de* « фона́рь ») petite lampe. *Карма́нный фона́рик*, une lampe de poche.

ФОНА́РЬ *m.* réverbère, lanterne, fanal, lampe. *При све́те у́личного фонаря́*, à la lueur d'un réverbère. *Волше́бный фона́рь*, une lanterne magique. *Карма́нный фона́рь*, une lampe de poche. ● **У него́ фона́рь под гла́зом,** il a l'œil poché.

ФОНТА́Н jet d'eau.

ФОРТЕПЬЯ́НО* *indécl., n.* piano à queue. *Конце́рт для фортепья́но с орке́стром*, concerto pour piano et orchestre.

ФО́РТОЧКА vasistas. *Откро́й фо́рточку*, Ouvre le vasistas.

ФРАНТ homme habillé avec une élégance recherchée. *Одева́ться фра́нтом*, s'habiller avec une élégance recherchée.

ФРАНЦУ́ЖЕНКА Française.

ФРАНЦУ́З Français.

ФРАНЦУ́ЗСКИЙ français. *Францу́зские ви́на*, les vins français. *Учи́ться францу́зскому языку́*, apprendre le français.

ФРОНТ front (*limite avant de la zone de combat; zone de combat*). *Солда́ты е́хали на фронт*, les soldats partaient pour le front. *Он верну́лся с фро́нта*, il est revenu du front.

ФРУКТ 1. fruit (*sens propre*). *Сушёные фру́кты*, des fruits secs. **2.** (*en parlant d'une personne*) joli coco, joli moineau. *Ну и фрукт!*, Ah, c'est un joli coco!

ФРУКТО́ВЫЙ fruitier, de fruit. *Фрукто́вые дере́вья*, les arbres fruitiers. *Фрукто́вый сад*, un verger. *Фруктóвый сок*, un jus de fruits.

ФУ! pouah ! *Фу, гáдость!*, Pouah, quelle horreur !

ФУНТ 1. livre (*ancienne mesure de poids en usage en Russie avant 1918 et équivalant à 409,5 gr*). **2.** livre (*mesure de poids en usage en Angleterre*). **3.** (*le plus souvent accompagné du mot* « стéрлингов ») livre sterling.

ФУРÁЖКА casquette (*d'uniforme*). *Фурáжка шкóльника*, la casquette de l'écolier.

ФУТЛЯ́Р étui. *Футля́р для очкóв*, un étui à lunettes. ● **Человéк в футля́ре,** un homme complètement encroûté.

ФУФÁЙКА chandail.

ФЫ́РКАТЬ / ФЫ́РКНУТЬ 1. (*en parlant d'un animal*) renâcler, s'ébrouer. *Лóшади фы́ркали*, les chevaux s'ébrouaient. **2.** (*en parlant d'une personne*) pouffer de rire. *Онá фы́ркнула емý в глазá*, elle lui a pouffé de rire au nez. **3.** (*en parlant d'une personne*) faire avec les lèvres un bruit marquant le mécontentement. *Он хмýрился и всё фы́ркал*, il fronçait le sourcil et ne cessait pas de bougonner.

/ ФЫ́РКНУТЬ v. фы́ркать.

Х

ХАЛÁТ 1. robe de chambre. *Онá встáла, надéла халáт и пошлá в кýхню*, elle se leva, mit sa robe de chambre et s'en alla dans la cuisine. **2.** blouse de travail. *В приёмной нас встрéтила медсестрá в бéлом халáте*, nous fûmes accueillis dans la salle d'attente par une infirmière en blouse blanche.

ХАЛÁТНОСТЬ *f.* négligence, incurie. *Проявúть халáтность в рабóте*, travailler sans aucun soin.

ХАЛÁТНЫЙ négligent. *Халáтное отношéние к рабóте*, le manque de conscience dans le travail.

ХАЛТУ́РНЫЙ (*fam.*) fait en dépit du bon sens. *Халтýрная рабóта*, un travail fait en dépit du bon sens.

ХАЛТУ́РЩИК (*fam.*) bousilleur. *Ты ведь знáешь, что он халтýрщик*, Tu sais bien qu'il travaille comme un cochon.

ХАМ goujat.

ХÁМСТВО muflerie. *Ну, э́то уж хáмство!*, Ça, c'est vraiment de la muflerie !

ХАН khan. *В 1382 годý Москвá былá огрáблена и сожженá войскáми хáна Тохтамы́ша*, en 1382, Moscou fut saccagée et incendiée par les armées du khan Tokhtamych.

ХАНДРÁ cafard (*idées noires*). *Впасть в хандрý*, devenir cafardeux.

ХАНДРИ́ТЬ avoir le cafard.

ХÁНСКИЙ du khan. *Хáнские войскá*, les armées du khan.

ХÁНСТВО khanat. *Кры́мское хáнство*, le khanat de Crimée.

ХАРÁКТЕР caractère. *У неё дурнóй харáктер*, elle a un mauvais caractère.

ХАРАКТÉРНЫЙ caractéristique. *Характéрный зáпах*, une odeur caractéristique.

ХА́ТА « khata » (*maison paysanne en Ukraine*). ● **Моя́ ха́та с кра́ю,** Ça ne me touche pas.

ХВАЛЕ́БНЫЙ élogieux. *Хвале́бный о́тзыв*, une attestation élogieuse.

ХВАЛИ́ТЬ ╲___ / **ПОХВАЛИ́ТЬ** ╲___ louer (*faire l'éloge*). *Он тебя́ о́чень хва́лит*, Il dit beaucoup de bien de toi.

ХВАЛИ́ТЬСЯ ╲___ / **ПОХВАЛИ́ТЬСЯ** ╲___ se vanter (*livresque*). *Хвали́ться свои́ми успе́хами*, se vanter de ses succès. *Хвали́ться не́чем*, il n'y a pas de quoi se vanter. *Он хвали́лся, что всё сде́лал*, il se vantait d'avoir tout fait.

ХВА́СТАТЬСЯ / **ПОХВА́СТАТЬСЯ** se vanter. *Хва́статься свои́ми успе́хами*, se vanter de ses succès. *Он хва́стался, что всё сде́лал*, il se vantait d'avoir tout fait.

ХВАСТОВСТВО́ vantardise. *Без хвастовства́ скажу́*, soit dit sans me vanter.

ХВАСТУ́Н ╱‾‾ ‾‾ vantard.

I. ХВАТА́ТЬ / **ХВАТИ́ТЬ** ╲___ (+ *gén.*) suffire. *Де́нег на э́то не хва́тит*, on n'aura pas assez d'argent pour ça. *С меня́ хва́тит!*, J'en ai assez ! *Э́того ещё не хвата́ло*, il ne manquait plus que ça.

II. ХВАТА́ТЬ 1. / **СХВАТИ́ТЬ** ╲___ *et* (*fam.*) **ХВАТИ́ТЬ** ╲___ saisir, prendre. *Она́ схвати́ла меня́ за́ руку*, elle m'a pris par le bras. **2.** / **ХВАТИ́ТЬ** ╲___ (*fam.*) avaler à la hâte. *Хва́тим по рю́мочке?*, On prend un petit verre ? **3.** / **ХВАТИ́ТЬ** ╲___ (+ *gén.; fam.*) subir. *Хвати́ть го́ря*, avoir bien du malheur.

ХВАТА́ТЬСЯ 1. / **СХВАТИ́ТЬСЯ** ╲___ *et* (*fam.*) **ХВАТИ́ТЬСЯ** ╲___ (за + *acc.*) mettre la main à. *Он схвати́лся за пистоле́т*, il mit la main à son pistolet. **2.** / **УХВАТИ́ТЬСЯ** ╲___ saisir, s'accrocher à. *Хвати́ться за соло́минку*, s'accrocher à un brin de paille. ● **Хвата́ться за́ волосы,** s'arracher les cheveux (*fig.*).

/ **ХВАТИ́ТЬ** v. хвата́ть I et II.

/ **ХВАТИ́ТЬСЯ** ╲___ **1.** (за + *acc.*) v. хвата́ться. **2.** (+ *gén.*) remarquer brusquement l'absence de. *Хвати́ться ключе́й*, s'apercevoir qu'on a perdu ses clefs.

ХВО́ЙНЫЙ à aiguilles (*bot.*). *Хво́йный лес*, bois de conifères.

ХВО́РОСТ bois mort. *Собира́ть хво́рост*, ramasser du bois mort.

ХВОСТ ╱‾‾ ‾‾ queue (*divers sens*). *Хвост ры́бы*, la queue du poisson. *Хвост коме́ты*, la queue de la comète. *Хвост по́езда*, la queue du train. *Хвост за биле́тами*, la queue pour les billets.

ХИ́ЖИНА chaumière, hutte.

ХИ́ЛЫЙ ╱╲___ chétif, malingre. *Хи́лый ребёнок*, un enfant chétif.

ХИ́МИК chimiste.

ХИМИ́ЧЕСКИЙ chimique. *Хими́ческая фо́рмула*, une formule chimique.

ХИ́МИЯ chimie. *Органи́ческая хи́мия*, la chimie organique.

ХИРУ́РГ chirurgien.

ХИ́ТРОСТЬ *f.* ruse. *Де́йствовать с хи́тростью*, agir avec ruse. *Диплома́тическая хи́трость*, une ruse diplomatique.

ХИ́ТРЫЙ, хитёр, хитра́, хи́тро, хи́тры *ou* хитёр, хитра́, хитро́, хитры́ **1.** rusé. *Хи́трый как лиса́*, rusé comme un renard. **2.** ingénieux (*bien inventé*). *Хи́трый механи́зм*, un mécanisme ingénieux.

ХИ́ЩНИК carnassier; rapace.

ХИ́ЩНЫЙ 1. carnassier; rapace. *Хи́щные зве́ри*, les carnassiers. *Хи́щные пти́цы*, les rapaces. **2.** de rapace, féroce. *Хи́щный взгляд*, un regard féroce.

ХЛАДНОКРО́ВИЕ sang-froid. *Не теря́ть хладнокро́вия*, ne pas perdre son sang-froid.

ХЛАДНОКРО́ВНЫЙ plein de sang-froid. *Хладнокро́вный челове́к*, un homme plein de sang-froid. *Хладнокро́вным то́ном*, d'un ton calme.

ХЛАМ bric-à-brac. *В углу́ валя́лся вся́кий хлам*, dans le coin, il y avait tout un bric-à-brac.

ХЛЕБ (*) **1.** pain. *Кусо́к хле́ба*, un morceau de pain. *Чёрный хлеб*, du pain noir. *Ржано́й хлеб*, du pain de seigle. *Чёрствый хлеб*, du pain rassis. *Вынима́ть хле́бы из пе́чи*, tirer les pains du four. **2.** *nom. pl.* хлеба́ ——‾‾ blé, seigle ou autre céréale panifiable. *Се́ять хлеб*, faire les semailles. ● **Хлеб да соль!,** Soyez le bienvenu. **Хлеб-соль,** l'hospitalité. *Благодарю́ за ва́шу хлеб-соль*, Je vous remercie de votre hospitalité.

ХЛЕВ*, *loc.* хлеву́; *nom. pl.* хлева́ —∠‾‾ étable *ou* bergerie. *Коро́вий хлев*, une étable. *Ове́чий хлев*, une bergerie.

ХЛЕСТА́ТЬ* II, хлещу́, хле́щешь... \\—— / **ХЛЕСТНУ́ТЬ 1.** fouetter. *Хлеста́ть ло́шадь кнуто́м*, frapper un cheval à coups de knout. // (В + *acc*). *Ве́тер хлеста́л нам в лицо́*, le vent nous cinglait le visage. **2.** couler à flots. *Кровь хлеста́ла из ра́ны*, le sang coulait à flots. *Дождь так и хле́щет*, il pleut à verse.

/ **ХЛЕСТНУ́ТЬ** v. хлеста́ть.

ХЛО́ПАТЬ / ХЛО́ПНУТЬ *et* **ПОХЛО́ПАТЬ 1.** (+ *instr.*) faire claquer. *Хло́пнуть две́рью*, claquer la porte. *Хло́пать кры́льями*, battre des ailes. **2.** (+ *acc.*) frapper légèrement. *Хло́пнуть кого́-нибудь по плечу́*, taper sur l'épaule de quelqu'un. **3.** (+ *dat.*; *fam.*) applaudir. *Хло́пать арти́стке*, applaudir une artiste. ● **Хло́пать в ладо́ши,** battre des mains. **Хло́пать глаза́ми** (*fam.*), regarder sans comprendre. **Хло́пать уша́ми** (*fam.*), ne pas comprendre.

/ **ХЛО́ПНУТЬ** v. хло́пать.

ХЛО́ПОК coton. *Урожа́й хло́пка*, la récolte du coton.

ХЛОПОТА́ТЬ* II, хлопочу́, хлопо́чешь... \\—— / **ПОХЛОПОТА́ТЬ*** II (*id.*) **1.** se donner de la peine. *Она́ весь день хлопо́чет*, elle est occupée toute la journée. **2.** faire des démarches. *Хлопота́ть за дру́га*, faire des démarches pour un ami. *Хлопота́ть о ме́сте*, faire des démarches pour obtenir une place.

ХЛОПОТЛИ́ВЫЙ 1. compliqué, qui oblige à de nombreuses démarches. *Хлопотли́вое де́ло*, une affaire bien compliquée. **2.** affairé. *Хлопотли́вый вид*, un air affairé.

ХЛО́ПОТЫ, хлопо́т, хло́потам... /\\—— *pl. t.* démarches; tracas. *Э́то наде́лало нам мно́го хлопо́т*, ça nous a donné bien du tracas.

ХЛОПЧАТОБУМА́ЖНЫЙ de coton; du coton. *Хлопчатобума́жные тка́ни*, les cotonnades. *Хлопчатобума́жная промы́шленность*, l'industrie cotonnière.

ХЛО́ПЬЯ*, хло́пьев, хло́пьям... *pl. t.* flocons (*divers sens*). *Хло́пья сне́га*, des flocons de neige. *Овся́ные хло́пья*, des flocons d'avoine.

/ **ХЛЫ́НУТЬ** jaillir, couler à flots. *Кровь хлы́нула из ра́ны*, le sang jaillit de la blessure. *Слёзы хлы́нули у неё из глаз*, des larmes jaillirent de ses yeux. *Дождь хлы́нул как из ведра́*, la pluie s'est mise à tomber à seaux.

ХЛЫСТ cravache. *Он уда́рил ло́шадь хлысто́м*, il donna un coup de cravache à son cheval.

I. ХМЕЛЬ *m.* houblon.

II. ХМЕЛЬ, *loc.* хмелю́ *m.* ivresse. *Во хмелю́*, en état d'ivresse.

ХМУ́РИТЬ / НАХМУ́РИТЬ froncer, plisser (*en parlant seulement des traits du visage*). *Нахму́рить бро́ви*, froncer les sourcils. *Нахму́рить лоб*, se renfrogner.

ХМУ́РИТЬСЯ / НАХМУ́РИТЬСЯ **1.** se renfrogner. *Он замолча́л и нахму́рился*, il se tut et prit un air sombre. **2.** s'assombrir (*en parlant du ciel, du temps...*). *Не́бо нахму́рилось*, le ciel s'est assombri.

ХМУ́РЫЙ **1.** renfrogné, maussade. *Хму́рое лицо́*, un visage renfrogné. **2.** sombre (*en parlant du ciel, du temps...*). *Хму́рое не́бо*, un ciel sombre.

ХО́БОТ trompe (*chez les animaux*).

ХОД(*)
1. *loc.* ходу́ marche (*mouvement*).
2. cours (*succession*).
3. (*ou loc.* ходу́) entrée.
4. (*ou loc.* ходу́) passage.
5. coup (*au jeu*).

1. *Дать за́дний ход*, faire marche arrière. *По́езд заме́длил ход*, le train a ralenti. *Спры́гнуть с по́езда на по́лном ходу́*, sauter du train en pleine marche. *Туда́ три часа́ хо́ду**, il y a trois heures de marche pour y aller. **2.** *Ход собы́тий*, le cours des événements. **3.** *Чёрный ход*, l'entrée de service. *Ко́мната с отде́льным хо́дом*, une chambre avec une entrée indépendante. **4.** *Подзе́мный ход*, un passage souterrain. **5.** *Риско́ванный ход*, un coup risqué. *Чей ход?*, A qui de jouer ? ● **Пусти́ть в ход все сре́дства,** mettre tout en œuvre.

ХОДИ́ТЬ indét. de « идти́ ».

ХОДЬБА́ marche (*marche à pied*). *Она́ уста́ла от ходьбы́*, la marche l'a fatiguée. *В десяти́ мину́тах ходьбы́*, à dix minutes de marche.

ХОЗА́Р*, *gén. pl.* хоза́р Khazar. REMARQUE. Les Khazars, peuple d'origine turque, occupèrent les steppes du Kouban et de la Volga jusqu'au XIIIe siècle.

ХОЗЯ́ИН*, *pl.* хозя́ева, хозя́ев, хозя́евам... **1.** propriétaire. *Хозя́ин да́чи*, le propriétaire de la datcha. **2.** maître de maison. **3.** maître (*fig.*). *Он хозя́ин положе́ния*, il est le maître de la situation. *Он хозя́ин свое́й судьбы́*, il est maître de son sort.

ХОЗЯ́ЙКА **1.** propriétaire. *Хозя́йка да́чи*, la propriétaire de la datcha. **2.** maîtresse de maison. *Хоро́шая хозя́йка*, une bonne ménagère.

ХОЗЯ́ЙСКИЙ de propriétaire. *Везде́ ну́жен хозя́йский глаз*, rien ne vaut l'œil du maître.

ХОЗЯ́ЙСТВО **1.** entreprise, exploitation. *Кру́пное хозя́йство*, la grande entreprise. *Ме́лкое хозя́йство*, la petite entreprise. **2.** (*quelquefois accompagné de* « дома́шнее ») ménage. *Хлопота́ть по хозя́йству*, s'occuper du ménage. **3.** système d'exploitation. *Социалисти́ческое хозя́йство*, le système socialiste. *Пла́новое хозя́йство*, l'économie planifiée. ● **Наро́дное хозя́йство,** l'économie nationale. **Се́льское хозя́йство,** l'agriculture.

ХОЛМ colline. *Леси́стые холмы́*, des collines boisées.

ХО́ЛОД froid. *Дрожа́ть от хо́лода*, trembler de froid. *Соба́чий хо́лод*, un froid de chien.

ХОЛОДА́, холодо́в, холода́м... *pl. t.* période de grand froid. *Наступи́ли холода́*, la période des grands froids arriva.

ХОЛОДИ́ЛЬНИК réfrigérateur. *Электри́ческий холоди́льник*, un réfrigérateur électrique.

ХОЛО́ДНЫЙ, хо́лоден, холодна́, хо́лодно, хо́лодны froid (*divers sens*). *Холо́дная вода́*, de l'eau froide. *Но́чи холо́дные*, les nuits sont froides. *Сего́дня о́чень хо́лодно*, il fait très froid aujourd'hui. *Мне бы́ло хо́лодно*, j'avais froid. *Холо́дный чай*, du thé froid. *Холо́дные кра́ски*, des couleurs froides. *Холо́дный челове́к*, un homme froid. *Холо́дная война́*, la guerre froide. ● **Холо́дное ору́жие,** les armes blanches.

ХОЛОСТО́Й, хо́лост, холоста́, хо́лосто, хо́лосты **1.** célibataire. *Он хо́лост*, il est célibataire. **2.** de célibataire. *Холоста́я жизнь*, la vie de garçon. **3.** à vide; à blanc. *Рабо́тать на холосто́м ходу́*, tourner à vide. *Холосто́й вы́стрел*, tir à blanc.

ХОЛОСТЯ́К célibataire. *Ста́рый холостя́к*, un vieux garçon.

ХОЛСТ **1.** toile (*étoffe*). *То́нкий холст*, une toile fine. **2.** toile (*tableau*). *Холсты́ Фа́лька*, des toiles de Falk.

ХОМЯ́К hamster.

ХОР chœur. *Петь хо́ром*, chanter en chœur.

ХОРЁК, хорька́... putois.

ХОРОВО́Й de chœur, choral. *Хорова́я му́зыка*, de la musique pour chœur.

ХОРОНИ́ТЬ / **ПОХОРОНИ́ТЬ** enterrer. *Его́ похорони́ли на Новоде́вичьем кла́дбище*, il fut enterré au cimetière Novodievitchi.

ХОРО́ШЕНЬКИЙ joli. *Хоро́шенькая де́вушка*, une fort jolie fille. // (*Péjoratif*) *Хоро́шенькое де́ло !*, Une belle affaire, on peut dire !

ХОРОШЕ́НЬКО *adv.* comme il faut. *Я не успе́л хороше́нько рассмотре́ть карти́ну*, je n'ai pas eu le temps d'examiner comme il faut ce tableau.

ХОРО́ШИЙ, хоро́ш, хороша́, хорошо́, хороши́ ; *comp.* лу́чше*, *comp.* et *superl.* лу́чший* **1.** bon. *Хоро́ший обе́д*, un bon repas. *Хоро́шая мысль*, une bonne idée. *Хоро́ший сове́т*, un bon conseil. *Съесть хоро́шую по́рцию то́рта*, manger une bonne portion de gâteau. **2.** beau. *У вас хоро́шая кварти́ра*, Vous avez un bel appartement. *Сего́дня пого́да хоро́шая*, il fait beau aujourd'hui. *Как она́ была́ хороша́!*, Qu'elle était belle ! // (*Péjoratif*) *Хоро́ш гусь!*, Un joli coco ! ● **Всего́ хоро́шего !** (*formule de politesse employée lorsqu'on prend congé de quelqu'un*), Au plaisir.

Remarque. Voir aussi les mots « лу́чше », « лу́чший » et « хорошо́ ».

ХОРОШО́, *comp.* лу́чше* bon, bien. **1.** *adv.* *Она́ хорошо́ поёт*, elle chante bien. *Хорошо́, я приду́*, Bon, j'irai. **2.** *adj. invariable* *Ему́ здесь хорошо́*, il est bien ici.

Remarque. Voir aussi « хоро́ший » et « лу́чше ».

ХОРЬ putois.

ХОТЕ́ТЬ* *n. cl.*, хочу́, хо́чешь, хо́чет, хоти́м, хоти́те, хотя́т / **ЗАХОТЕ́ТЬ*** *n. cl.* (*id.*) vouloir. *Что я хоте́л сказа́ть?*, Qu'est-ce que je voulais vous dire ? *Я хочу́, что́бы он пришёл неме́дленно*, Je veux qu'il vienne immédiatement. *Хоти́те ча́ю?*, Voulez-vous du thé ? *Е́сли хоти́те*, Si vous voulez. *Как хоти́те*, Comme vous voulez. *Чего́ он хо́чет от нас?*, Qu'est-ce qu'il veut ? *Я сде́лаю всё, что вы хоти́те*, Je ferai tout ce que vous voudrez.

Remarque. « Хоте́ть » est construit avec un infinitif, la conjonction « что́бы » ou un complément au génitif. Cependant le pronom « что », lorsqu'il est complément de « хоте́ть », peut être soit au génitif, soit à l'accusatif.

ХОТЕ́ТЬСЯ* *n. cl.*, хо́чется / **ЗАХОТЕ́ТЬСЯ*** *n. cl.* (*id.*) faire envie. *Ей хотéлось плáкать*, elle avait envie de pleurer. *Мне хóчется пить*, j'ai soif. *Мне хóчется спать*, j'ai sommeil.

ХОТЬ **1.** *conj.* synonyme de «хотя́». **2.** *particule* ne serait-ce que. *Хоть на врéмя*, ne serait-ce que provisoirement. *Хоть для своúх друзéй*, ne serait-ce que pour vos amis. • **Пáрень хоть кудá,** un gars formidable. **Хоть бы 1.** ne serait-ce que. *Хоть бы раз в жúзни*, ne serait-ce qu'une fois dans sa vie. **2.** si seulement on pouvait. *Хоть бы не опоздáть*, si seulement on n'arrivait pas en retard. **Хоть бы... и,** quand bien même. *Хоть бы он и пришёл на пóмощь*, quand bien même il viendrait à notre aide.

ХОТЯ́ *conj.* bien que. *Хотя́ он кáждый день бывáл у нас, мы почтú ничегó не знáли о нём*, bien qu'il nous rendît visite tous les jours, nous ne savions presque rien à son sujet. • **Хотя́ бы,** ne serait-ce que. *Э́то докáзывают хотя́ бы слéдующие фáкты*, c'est démontré, ne serait-ce que par les faits suivants. **Хотя́ бы... и,** quand bien même. *Хотя́ бы онú и согласúлись*, quand bien même ils accepteraient.

ХО́ХОТ rire bruyant. *Закатúться хóхотом*, éclater de rire.

ХОХОТА́ТЬ* II, хохочу́, хохóчешь... / **ЗАХОХОТА́ТЬ*** II (*id.*) rire aux éclats. *Хохотáть до упáду*, se tordre de rire. *Хохотáть до слёз*, rire aux larmes.

ХО́ЧЕТ, ХО́ЧЕШЬ, ХОЧУ́ v. хотéть.

ХРА́БРОСТЬ *f.* bravoure, courage. *Набрáться хрáбрости*, s'armer de courage.

ХРА́БРЫЙ courageux, intrépide. *Хрáбро защищáться*, se défendre avec courage.

ХРАМ **1.** temple. *Храм Диáны*, le temple de Diane. // (*Fig.*) *Храм наýки*, le temple de la science. **2.** (*livresque*) église.

ХРАНЕ́НИЕ • **Кáмера хранéния,** consigne (*bureau où l'on dépose les bagages*). **На хранéние,** en consigne (*direction*). *Сдать вéщи на хранéние*, mettre ses bagages en consigne.

ХРАНИ́ТЕЛЬ *m.* conservateur (*de musée...*). *Хранúтель музéя*, le conservateur du musée.

ХРАНИ́ТЬ / СОХРАНИ́ТЬ conserver, garder. *Э́ти пúсьма до сих пор хранятся у меня́*, j'ai conservé ces lettres. *Хранúть дéньги в сберкáссе*, avoir de l'argent à la caisse d'épargne.

ХРАПЕ́ТЬ* I, храплю́, храпúшь... / **ЗАХРАПЕ́ТЬ*** I (*id.*) **1.** ronfler. *Он храпéл так, что слы́шно бы́ло из сосéдней кóмнаты*, il ronflait si fort qu'on l'entendait dans la pièce voisine. // *Он ужé давнó храпúт*, il y a déjà longtemps qu'il ronfle. **2.** (*en parlant des chevaux*) s'ébrouer.

ХРЕБЕ́Т **1.** épine dorsale. **2.** chaîne de montagnes. *Урáльский хребéт*, la chaîne de l'Oural.

ХРЕН raifort. *Говя́дина под хрéном*, du bœuf au raifort. • **Стáрый хрен,** une vieille barbe.

ХРИПЕ́ТЬ* I, хриплю́, хрипúшь... / **ЗАХРИПЕ́ТЬ*** I (*id.*) râler (*rendre un son enroué*).

ХРИ́ПЛЫЙ enroué. *Хрúплым гóлосом*, d'une voix enrouée.

ХРИ́ПНУТЬ* III / **ОХРИ́ПНУТЬ*** III s'enrouer. *Петь совсéм не могу́, охрúп*, je ne peux absolument pas chanter, je suis enroué.

ХРИСТИАНИ́Н*, *pl.* христиáне, христиáн, христиáнам... chrétien.

ХРИСТИА́НСКИЙ chrétien. *Христиáнская релúгия*, la religion chrétienne.

ХРОМА́ТЬ / ЗАХРОМА́ТЬ **1.** boiter. *Хромáть на лéвую нóгу*, boiter du pied gauche. **2.** (*fig.*) clocher. *У негó орфогрáфия хромáет*, c'est l'orthographe qui cloche chez lui.

ХРОМО́Й **1.** boiteux. *Хромо́й ма́льчик*, le garçon qui boite. **2.** (*fam.; en parlant des objets*) bancal. *Хромо́й стул*, une chaise bancale.

ХРУ́ПКИЙ fragile (*divers sens*). *Хру́пкая игру́шка*, un jouet fragile. *Хру́пкое здоро́вье*, une santé fragile.

ХРУСТА́ЛЬ cristal (*verre*). ● **Го́рный хруста́ль,** cristal de roche.

ХРУСТЕ́ТЬ* I, хрущу́, хрусти́шь... / **ХРУ́СТНУТЬ** faire entendre un craquement, un crissement. *Хру́стнул сук*, on entendit craquer une branche. *Снег хрусте́л под нога́ми*, la neige crissait sous nos pieds. *Хрусте́ть па́льцами*, faire craquer ses doigts.

/ **ХРУ́СТНУТЬ** v. хрусте́ть.

ХРЫЧ ● **Ста́рый хрыч,** une vieille barbe.

ХРЮ́КАТЬ / **ХРЮ́КНУТЬ** grogner (*en parlant du cochon*).

/ **ХРЮ́КНУТЬ** v. хрю́кать.

ХУДЕ́ТЬ / **ПОХУДЕ́ТЬ** maigrir. *Я похуде́ла на три кило́*, j'ai maigri de trois kilos.

I. ХУ́ДО mal (*emploi limité à quelques expressions*). *Он никому́ ху́да не де́лает*, il ne fait de mal à personne. *Нет ху́да без добра́*, à quelque chose malheur est bon.

II. ХУ́ДО, *comp.* ху́же* (*arch. ou fam.*) mal **1.** *adv. Не ху́до бы отдохну́ть немно́жко*, ça ne serait pas mal de se reposer un peu. **2.** *adj. invariable. Ей сде́лалось ху́до*, elle s'est trouvée mal.

ХУДО́ЖЕСТВЕННЫЙ d'art. *Худо́жественное произведе́ние*, une œuvre d'art. ● **Худо́жественная самоде́ятельность,** l'activité des cercles d'amateurs. *Конце́рт худо́жественной самоде́ятельности*, un concert d'amateurs.

ХУДО́ЖНИК artiste peintre. *Ру́сский худо́жник XVIII ве́ка*, un peintre russe du XVIIIe siècle.

I. ХУДО́Й maigre. *Он был ещё худе́е, чем два го́да наза́д*, il était encore plus maigre que deux ans auparavant.

II. ХУДО́Й , comp. ху́же*, *superl.* ху́дший* mauvais. *Де́ло принима́ет худо́й оборо́т*, l'affaire prend une mauvaise tournure. ● **На худо́й коне́ц,** au pis aller.
Remarque. Voir aussi « ху́до », « ху́дший » et « ху́же ».

ХУДОЩА́ВЫЙ maigre. *Лицо́м худоща́вый*, au visage maigre.

ХУ́ДШИЙ (*superl. de* « плохо́й » *et de* « худо́й ») pire. *В ху́дшем слу́чае*, au pis aller.

ХУ́ЖЕ (*comp. de* « пло́хо », *de* « плохо́й », *de* « ху́до » *et de* « худо́й ») plus mal, pire. *Ей ста́ло ху́же*, elle va plus mal. *Тем ху́же*, tant pis.

ХУЛИГА́Н voyou. « *И́споведь хулига́на* » *Есе́нина*, « Confession d'un voyou » d'Essenine.

ХУ́ТОР*, *nom. pl.* хутора́ ferme isolée.

Ц

ЦАРА́ПАТЬ / **ОЦАРА́ПАТЬ** griffer, égratigner. *Ко́шка оцара́пала емý ру́ку*, le chat lui a griffé la main.

ЦАРА́ПИНА égratignure. *Цара́пина, а не ра́на*, ce n'est pas une blessure, c'est une simple égratignure.

ЦАРЕ́ВИЧ tsarévitch.

ЦАРИ́ТЬ régner (*fig.*). *Цари́ла глубо́кая тишина́*, il régnait un profond silence.

ЦАРИ́ЦА tsarine.

ЦА́РСКИЙ du tsar, des tsars. *Ца́рская Росси́я*, la Russie des tsars.

ЦА́РСТВО royaume.

ЦА́РСТВОВАНИЕ règne. *В ца́рствование Ива́на Гро́зного*, sous le règne d'Ivan le Terrible.

ЦА́РСТВОВАТЬ régner. *Па́вел I недо́лго ца́рствовал*, Paul Ier ne régna pas longtemps. // (*Fig.*) *Ца́рствовала глубо́кая тишина́*, il régnait un profond silence.

ЦАРЬ *m.* **1.** tsar. *При царе́ Фёдоре*, sous le règne du tsar Féodor. **2.** (*fig.*) roi. *Царь звере́й*, le roi des animaux. ● **При царе́ Горо́хе,** avant le déluge. **Царь-ко́локол,** la Grande Cloche (*grande cloche brisée, d'un poids de plus de 200 tonnes, exposée au Kremlin, au pied du clocher Ivan Vieliki*). **Царь-пу́шка,** le Grand Canon (*grand canon exposé au Kremlin, œuvre d'art du XVIe siècle*).

ЦВЕСТИ́* IV, цвету́, цветёшь...; цвёл, цвела́... **1.** être en fleur. *Я́блони цвету́т*, les pommiers sont en fleur. **2.** (*fig.*) être florissant. *Она́ цветёт здоро́вьем*, elle est resplendissante de santé.

I. ЦВЕТ*, *nom. pl.* цвета́ couleur. *Основны́е цвета́*, les couleurs fondamentales. *Тёмные цвета́*, des couleurs sombres. *Тёмного цве́та*, de couleur sombre. *Всё ви́деть в ро́зовом цве́те*, voir tout en rose. *Всё ви́деть в чёрном цве́те*, voir tout en noir. ● **Цвет лица́,** teint. *Боле́зненный цвет лица́*, un teint maladif.

II. ЦВЕТ fleur (*fig.*). *Цвет о́бщества*, l'élite de la société. *Во цве́те лет*, à la fleur de l'âge. ● **В цвету́,** en fleur (*sens propre*). *Я́блони во всём цвету́*, les pommiers sont tout en fleur.

Remarque. Voir aussi le mot « цвето́к ».

ЦВЕТНИ́К parterre de fleurs.

I. ЦВЕТНО́Й en couleurs. *Цветно́й фильм*, un film en couleurs.

II. ЦВЕТНО́Й ● **Цветна́я капу́ста,** chou-fleur.

ЦВЕТО́К*, *pl.* цветы́, цвето́в, цвета́м... fleur. *Собира́ть цветы́*, cueillir des fleurs. *Буке́т цвето́в*, un bouquet de fleurs. *Иску́сственные цветы́*, des fleurs artificielles.

ЦВЕТУ́ЩИЙ florissant. *Цвету́щее здоро́вье*, une santé florissante.

ЦЕЛЕ́БНЫЙ curatif. *Целе́бные тра́вы*, des plantes médicinales.

ЦЕЛЕСООБРА́ЗНЫЙ conforme au but recherché. *Целесообра́зные мероприя́тия*, des décisions parfaitement adaptées au but recherché.

ЦЕЛИКО́М *adv.* entièrement. *Целико́м отдава́ться рабо́те*, se consacrer entièrement à son travail.

ЦЕЛИНА́ terres vierges. « *По́днятая целина́* » *Шо́лохова*, « Terres défrichées » de Cholokhov.

ЦЕ́ЛИТЬСЯ / ПРИЦЕ́ЛИТЬСЯ viser. *Це́литься в го́лову*, viser à la tête.

ЦЕЛОВА́ТЬ / ПОЦЕЛОВА́ТЬ donner un baiser. *Поцелова́ть в о́бе щеки́*, embrasser sur les deux joues. *Поцелова́ть в гу́бы*, embrasser sur la bouche.

Remarque. Il ne faut pas confondre la première personne du singulier du présent de « целова́ть », « целу́ю », avec l'accusatif féminin singulier de l'adjectif « це́лый », « це́лую ». Ces deux formes diffèrent d'ailleurs par leur accentuation.

ЦЕ́ЛЫЙ **1.** intact. *Дом оста́лся цел*, la maison a été épargnée. *Он оста́лся цел и невреди́м*, il est sain et sauf. **2.** entier. *Набра́ть це́лую корзи́нку грибо́в*, ramasser un plein panier de champignons. *Це́лый ме́сяц*, un mois tout entier.

Remarque. Il ne faut pas confondre l'accusatif féminin singulier « це́лую » avec la première personne du singulier du présent de « целовáть », « целýю ». Ces deux formes diffèrent d'ailleurs par leur accentuation.

ЦЕЛЬ *f.* **1.** cible. *Бить в цель,* atteindre la cible. **2.** (*fig.*) but. *С какóй цéлью?,* Dans quel but? *Имéть цéлью,* avoir pour but. *Постáвить себé цéлью,* se proposer de. *Достúчь цéли,* atteindre son but.

ЦЕМÉНТ ciment.

ЦЕНÁ prix. *Ценá билéта,* le prix du billet. *Повышéние цен на продовóльственные товáры,* augmentation du prix des denrées alimentaires. *Ценá за прокáт роя́ля,* le prix de location d'un piano. // (*Fig.*) *Ценóй упóрного трудá,* au prix d'un travail opiniâtre. *Любóй ценóй,* à tout prix.

ЦЕНЙТЬ / **ОЦЕНЙТЬ**, *part.* оценённый **1.** évaluer. *Картúну оценúли в ты́сячу рублéй,* le tableau a été évalué à mille roubles. **2.** apprécier. *Егó начинáют ценúть по достóинству,* on commence à l'apprécier à sa juste valeur.

ЦÉННОСТЬ *f.* valeur. *Картúна высóкой цéнности,* un tableau d'une grande valeur. *Духóвные цéнности,* les valeurs spirituelles.

ЦÉННЫЙ de valeur. *Цéнный подáрок,* un cadeau d'une grande valeur. *Цéнное откры́тие,* une découverte du plus grand intérêt.

ЦÉНТНЕР quintal.

ЦЕНТР centre (*divers sens*). *Центр окрýжности,* le centre de la circonférence. *Центр тя́жести,* le centre de gravité. *Онú живýт в цéнтре гóрода,* ils habitent au centre de la ville. *Администратúвный центр,* un centre administratif. *Промы́шленный центр,* un centre industriel.

ЦЕНТРÁЛЬНЫЙ central. *Центрáльный комитéт,* le comité central. • **Центрáльное отоплéние,** le chauffage central.

ЦЕПЛЯ́ТЬСЯ / **УЦЕПЙТЬСЯ** s'accrocher, se cramponner. *Цепля́ться за вéтку,* s'accrocher à une branche. // (*Fig.*) *Онá всё ещё цепля́лась за э́ту надéжду,* elle s'accrochait à ce dernier espoir.

ЦЕПНÓЙ • **Цепнáя реáкция,** réaction en chaîne. **Цепнáя собáка,** un chien qu'on garde attaché à sa niche.

ЦЕПÓЧКА dim. de « цепь ».

ЦЕПЬ *f.* chaîne. *Посадúть собáку нá цепь,* attacher un chien. *Собáка сорвалáсь с цéпи,* le chien à brisé sa chaîne. // (*Fig.*) *Гóрная цепь,* une chaîne de montagnes. *Цéпи рáбства,* les chaînes de l'esclavage. *Сорвáться с цéпи,* être déchaîné.

REMARQUE. L'accent passe sur la préposition dans le groupe « нá цепь ».

ЦЕРЕМÓНИТЬСЯ • **Не церемóниться,** ne pas se gêner. *Не церемóньтесь, пожáлуйста,* Je vous en prie, faites comme chez vous.

ЦЕРЕМÓНИЯ **1.** cérémonie. *Свáдебная церемóния,* la cérémonie du mariage. **2.** (*pl. seulement*) façons, politesse affectée. *Без церемóний,* sans façons.

ЦЕРКÓВНЫЙ **1.** de l'église. *Церкóвные ворóта,* les portes de l'église. **2.** religieux. *Церкóвные прáздники,* les fêtes religieuses. *Церкóвная мýзыка,* la musique religieuse.

ЦÉРКОВЬ*, *instr. sg.* цéрковью; *pl.* цéркви, церквéй, церквáм... église (*divers sens*). *Пятиглáвая цéрковь,* une église à cinq coupoles. *Правослáвная цéрковь,* l'Église orthodoxe.

ЦЕХ atelier (*dans une usine*). *Сбóрочный цех,* l'atelier de montage.

ЦИНГÁ scorbut.

ЦИНК zinc.

ЦИРК cirque.

ЦИФЕРБЛÁТ cadran. *Цифербла́т часóв,* cadran de montre.

ЦИ́ФРА chiffre. *Ара́бские ци́фры*, les chiffres arabes. *Ри́мские ци́фры*, les chiffres romains.

ЦК (*abréviation de* « центра́льный комите́т ») comité central. *ЦК КПСС*, le Comité central du parti communiste de l'U.R.S.S.

ЦЫГА́Н*, *pl.* цыга́не, цыга́н, цыга́нам... bohémien, tzigane.

ЦЫГА́НКА bohémienne, tzigane.

ЦЫГА́НСКИЙ tzigane. *Цыга́нские пе́сни*, des chansons tziganes.

ЦЫПЛЁНОК*, *pl.* цыпля́та, цыпля́т, цыпля́там... **1.** poussin. *Ку́рица с цыпля́тами*, une poule et ses poussins. **2.** poulet. *Жа́реный цыплёнок*, un poulet rôti.

ЦЫ́ПОЧКИ, цы́почек, цы́почкам... *pl. t.* ● **На цы́почки** *et* **на цы́почках,** sur la pointe des pieds. *Встать на цы́почки*, se dresser sur la pointe des pieds. *Ходи́ть на цы́почках*, marcher sur la pointe des pieds.

Ч

ЧАЙ thé. *Кавка́зский чай*, du thé caucasien. *Кита́йский чай*, du thé de Chine. *Цейло́нский чай*, du thé de Ceylan. *Кре́пкий чай*, un thé fort. *Стака́н ча́ю**, un verre de thé. *Нас пригласи́ли на ча́шку ча́я*, nous sommes invités à prendre le thé. *Завари́ть чай*, faire le thé.

ЧА́ЙКА mouette, goéland.

ЧА́ЙНИК 1. théière. *Фарфо́ровый ча́йник*, une théière en porcelaine. **2.** bouilloire. *Электри́ческий ча́йник*, une bouilloire électrique.

ЧА́ЙНЫЙ 1. de thé. *Ча́йный лист*, une feuille de thé. **2.** à thé. *Ча́йная ча́шка*, une tasse à thé. *Ча́йная ло́жка*, une cuillère à café.

ЧАС*, *loc.* часу́ (*voir la 1re remarque*) heure. *Бо́льше ча́са*, plus d'une heure. *Не бо́льше двух часо́в*, pas plus de deux heures. *Опозда́ть на час*, être en retard d'une heure. *Рабо́тать до ча́са*, travailler jusqu'à une heure. « *Кото́рый час? — Пять часо́в* », « Quelle heure est-il ? — Cinq heures. » « *В кото́ром часу́? — В час* », « A quelle heure ? — A une heure. » *В час но́чи*, à une heure du matin. *В де́сять часо́в утра́*, à dix heures du matin. *В восьмо́м часу́*, entre sept et huit heures. *В часы́ пик*, aux heures de pointe. *Е́хать со ско́ростью со́рок киломе́тров в час*, aller à la vitesse de quarante kilomètres à l'heure. ● **Стоя́ть на часа́х,** monter la garde.

REMARQUES. **1.** Le génitif singulier est accentué sur la finale après « два », « три », « четы́ре » et « полтора́ ». Ex.: *В два часа́*, à deux heures. **2.** Le locatif est « ча́се » après la préposition « в », lorsque le groupe « в ча́се » signifie « dans l'espace de 60 minutes ». **3.** Voir aussi « часы́ ».

ЧАСО́ВНЯ chapelle.

I. ЧАСОВО́Й de montre, d'horloge. *Часова́я стре́лка*, l'aiguille de la montre. ● **Часово́й магази́н,** horlogerie (*magasin*).

II. ЧАСОВО́Й *adj. subst. m.* sentinelle. *Сме́на часовы́х*, la relève de la garde.

ЧАСОВЩИ́К horloger.

ЧАСТИ́ЦА 1. petite part. *В э́тих слова́х есть части́ца пра́вды*, il y a là une part de vérité. **2.** (*gramm.*, *phys.*, ...) particule.

ЧАСТИ́ЧНЫЙ partiel. *Части́чный успе́х*, un succès partiel.

ЧА́СТНОСТЬ *f.* ● **В ча́стности,** en particulier.

ЧА́СТНЫЙ **1.** particulier. *Э́то ча́стный слу́чай*, c'est un cas particulier. **2.** privé, personnel. *Ча́стная со́бственность*, la propriété privée. *Ча́стная жизнь*, la vie privée.

ЧА́СТО, *comp.* ча́ще* *adv.* souvent. *Мы его́ ча́сто встреча́ем*, nous le rencontrons souvent. *Ча́ще всего́*, le plus souvent.

ЧАСТОТА́, *pl.* часто́ты... fréquence. *Ток высо́кой частоты́*, un courant à haute fréquence.

ЧАСТУ́ШКА « tchastouchka » (*couplet populaire, lyrique ou satirique, sur un thème musical folklorique et comportant, le plus souvent, une grande part d'improvisation*).

ЧА́СТЫЙ, *comp.* ча́ще* **1.** fréquent. *Ча́стые посеще́ния*, des visites fréquentes. **2.** épais, touffu. *Ча́стый лес*, une forêt épaisse.

Remarque. Pour l'emploi adverbial de la forme « ча́сто », voir ce mot.

ЧАСТЬ *f.* partie. *Ча́сти те́ла*, les parties du corps. *Бо́льша́я часть пу́блики*, une grande partie du public. ● **Бо́льшей ча́стью,** le plus souvent. **Запасны́е ча́сти,** les pièces de rechange. **Это не по моёй ча́сти,** ce n'est pas mon rayon.

ЧАСЫ́, часо́в, часа́м... *pl. t.* montre; horloge. *Мои́ часы́ спеша́т на пять мину́т*, ma montre avance de cinq minutes. *Ва́ши часы́ отстаю́т*, Votre montre retarde. *Стенны́е часы́*, une pendule. *Со́лнечные часы́*, un cadran solaire.

ЧА́ШКА tasse. *Ча́шка ча́я*, une tasse de thé.

ЧА́ЩА fourré. *Непрола́зная ча́ща*, un fourré impénétrable.

ЧА́ЩЕ **1.** comp. de « ча́сто » ou de « ча́стый ». **2.** loc. de « ча́ща ».

ЧЕГО́ v. что.

ЧЕЙ *pronom possessif interrogatif* à qui? *Чья э́то кни́га?*, A qui est ce livre?

ЧЕК **1.** ticket de caisse. *Он по́дал продавщи́це чек и получи́л свои́ поку́пки*, il a donné à la vendeuse le ticket de caisse et elle lui a remis son paquet. **2.** chèque.

ЧЕ́КОВЫЙ de chèque. *Че́ковая кни́жка*, un carnet de chèques.

ЧЕЛОВЕ́К*, *gén. pl.* челове́к homme. *До́брый челове́к*, un brave homme. *Образо́ванный челове́к*, un homme cultivé. *Э́тот молодо́й челове́к*, ce jeune homme. *Нас бы́ло шесть челове́к дете́й*, nous étions une famille de six enfants. *Поги́бло шестьсо́т челове́к*, il y a eu six cents morts.

Remarque. Au pluriel, seul le génitif est utilisé et ceci uniquement après des noms de nombres ou après les adverbes de quantité « не́сколько », « ско́лько » et « сто́лько ». Dans tous les autres cas, « лю́ди » sert de pluriel à « челове́к » (v. лю́ди).

ЧЕЛОВЕ́ЧЕСКИЙ humain (*divers sens*). *Челове́ческий род*, le genre humain. *Челове́ческое отноше́ние*, une attitude humaine.

ЧЕЛОВЕ́ЧЕСТВО humanité. *Су́дьбы челове́чества*, le destin de l'humanité.

ЧЕЛОВЕ́ЧНЫЙ humain (*compatissant*). *Челове́чное отноше́ние*, une attitude humaine.

ЧЕ́ЛЮСТЬ *f.* mâchoire. *Ни́жняя че́люсть*, la mâchoire inférieure. ● **Вставна́я че́люсть,** dentier.

I. ЧЕМ *conj.* **1.** que (*après comparatif*). *Лу́чше по́здно, чем никогда́*, mieux vaut tard que jamais. **2.** (*fam.*) au lieu de. *Чем идти́ науда́чу, спроси́ у милиционе́ра*, Au lieu d'aller au hasard, tu ferais mieux de demander à un agent. ● **Чем свет,** au point du jour.

Чем..., тем..., plus..., plus... *Чем скорéй, тем лýчше*, le plus tôt sera le mieux.

II. ЧЕМ v. что.

ЧЁМ v. что.

ЧЕМОДÁН valise. *Уклáдывать чемодáны*, faire ses valises.

ЧЕМПИÓН champion. *Чемпиóн по плáванию*, champion de natation. *Чемпиóн мúра*, champion du monde.

ЧЕМÝ v. что.

ЧЕПУХÁ **1.** absurdités, âneries. *Нестú чепухý* ou *молóть чепухý*, dire des âneries. **2.** un rien, une bêtise. *Дéсять киломéтров? Э́то чепухá*, Dix kilomètres ? C'est trois fois rien.

ЧÉРВИ, червéй, червя́м... pl. t. cœur (*aux cartes*). *Корóль червéй*, le roi de cœur.

Remarque. Voir aussi « червь ».

ЧЕРВИ́ВЫЙ véreux. *Черви́вое я́блоко*, une pomme véreuse. *Черви́вые грибы́*, des champignons pleins de vers.

I. ЧЕРВÓННЫЙ (*arch., dial.*) rouge.

II. ЧЕРВÓННЫЙ de cœur (*aux cartes*). *Червóнная дáма*, la dame de cœur.

ЧЕРВЬ *m.* ver. *Шелковúчный червь*, le ver à soie. *Дождевóй червь*, un ver de terre.

Remarque. Voir aussi « чéрви ».

ЧЕРВЯ́К ver. *Дождевы́е червякú*, des vers de terre.

ЧЕРДÁК grenier. *На чердакé*, au grenier.

ЧЕРЕДОВÁТЬСЯ alterner. « *А* » *чередýется с нулевы́м окончáнием*, « A » alterne avec la désinence zéro.

ЧÉРЕЗ *prép.* (+ *acc.*) **1.** à travers. *Проéхать через лес*, traverser la forêt. **2.** par-dessus. *Пры́гнуть через канáву*, sauter le fossé. *Мост через Москвá-реку*, le pont sur la Moskova. **3.** en sautant (*un certain espace de temps*). *Онá рабóтает через день*, elle travaille tous les deux jours. **4.** au bout de, dans. *Через час все уéхали*, au bout d'une heure, tous étaient partis. *Я вернýсь через час*, je reviendrai dans une heure.

Remarque. « Через » peut être soit atone, soit accentué sur la première syllabe.

ЧЕРЁМУХА cerisier à grappes.

ЧÉРЕП *, *nom. pl.* черепá crâne. *Проломúть чéреп*, enfoncer le crâne.

ЧЕРЕПÁХА **1.** tortue. *Морскáя черепáха*, une tortue de mer. *Ползтú как черепáха*, avancer comme une tortue. **2.** écaille (*carapace de la tortue*). *Издéлия из черепáхи*, des objets en écaille.

ЧЕРЕПИ́ЦА tuile. *Кры́ши домóв покры́ты крáсной черепúцей*, les toits des maisons sont couverts de tuiles rouges.

ЧЕРЕСЧÝР *adv.* par trop. *Чересчýр смéлый*, par trop audacieux. *Э́то уж чересчýр!*, Ça dépasse les limites !

ЧЕРÉШНЯ **1.** merisier. **2.** merise(s). *Варéнье из черéшни*, de la confiture de merises.

ЧЕРНÉТЬ **1.** contraster par sa couleur noire. *Вдалú чернéл лес*, au loin, on voyait la ligne noire de la forêt. **2.** / **ПОЧЕРНÉТЬ** devenir noir.

ЧЕРНИ́КА myrtille(s). *Варéнье из черни́ки*, de la confiture de myrtilles.

ЧЕРНИ́ЛА, черни́л, черни́лам... *pl. t.* encre. *Крáсные черни́ла*, de l'encre rouge. *Буты́лка черни́л*, une bouteille d'encre.

ЧЕРНИ́ЛЬНИЦА encrier.

ЧЕРНИ́ЛЬНЫЙ d'encre, à encre. *Черни́льное пятнó*, une tache d'encre.

ЧЕРНОВИ́К brouillon. *Чернови́к письмá*, le brouillon d'une lettre.

ЧЕРНОВÓЙ **1.** de brouillon. *Черновáя тетрáдь*, un cahier de brouillon. **2.** fait au brouillon. *Черновóе письмó*, un brouillon de lettre.

ЧЕРНОЗЁМ terre noire très fertile, « tchernoziom ».

ЧЕРНОМÓРСКИЙ de la mer Noire. *Черномóрский флот*, la flotte de la mer Noire.

ЧЕРНОРАБÓЧИЙ *adj. subst. m.* manœuvre (*ouvrier sans qualification*).

ЧЕРНОСЛИ́В pruneaux. *Компóт из черносли́ва*, des pruneaux cuits.

ЧЁРНЫЙ noir (*divers sens*). *Чёрное плáтье*, une robe noire. *Чёрная бородá*, une barbe noire. *Чёрная рáса*, la race noire. *Чёрный хлеб*, du pain noir. *Чёрные мы́сли*, des idées noires. *Чёрный ры́нок*, le marché noir. ● **Чёрное дéрево,** l'ébène (*bois*). **Чёрная лéстница,** l'escalier de service. **Мéжду ни́ми пробежáла чёрная кóшка,** ils sont brouillés. **Чёрная металлу́ргия,** la sidérurgie. **Отложи́ть дéньги на чёрный день,** mettre de l'argent de côté pour les mauvais jours. **Чёрная рабóта,** un travail de manœuvre. **Чёрный ход,** l'entrée de service.

ЧÉРПАТЬ / ЧЕРПНУ́ТЬ puiser. *Чéрпать вóду из ручья́*, puiser de l'eau au ruisseau. // (*Fig.*) *Чéрпать свои́ свéдения из рáзных истóчников*, puiser ses renseignements à diverses sources.

/ **ЧЕРПНУ́ТЬ** v. чéрпать.

ЧЁРСТВЫЙ **1.** rassis (*propr.*). *Чёрствый хлеб*, du pain rassis. **2.** (*fig.*) dur, insensible. *Чёрствый человéк*, un homme dur.

ЧЁРТ*, *pl.* чéрти, чертéй... diable. ● **В ти́хом óмуте чéрти вóдятся,** il n'est pire eau que l'eau qui dort. **Жить у чёрта на кули́чках,** habiter au diable. **Иди́ к чёрту !,** Va-t'en au diable ! **Ни чертá,** rien de rien. *Ни чертá не понимáю*, je n'y pige rien. **Тут сам чёрт нóгу слóмит,** le diable lui-même s'y perdrait. **Убирáйся к чёрту !,** Va-t'en au diable ! **Чёрт бы егó побрáл !,** Que le diable l'emporte ! **Чёрт возьми́ !,** Bon sang ! **Чёрт егó знáет,** Va donc savoir. **Чёрт с ним !,** Qu'il aille au diable !

> REMARQUE. Le génitif singulier est accentué sur la syllabe finale dans le groupe « ни чертá ».

I. ЧЕРТÁ **1.** trait (*ligne*). *Провести́ черту́*, tracer un trait. **2.** (*accompagné ou non du mot* « лицá ») trait (*du visage*). *Прáвильные черты́ лицá*, des traits réguliers. **3.** trait (*de caractère*). *Чертá харáктера*, un trait de caractère.

II. ЧЕРТÁ (*après le mot* « ни ») v. чёрт.

ЧЕРТЁЖ dessin technique, plan.

ЧЕРТЁЖНИК dessinateur industriel.

ЧЕРТÓВСКИ *adv.* diablement. *Мне чертóвски хóчется пить*, j'ai une soif du diable. *Чертóвски устáл*, je suis affreusement fatigué.

ЧЕРТÓВСКИЙ diabolique, du diable. *Чертóвский хóлод*, un froid de canard. *Чертóвская погóда*, un temps affreux.

ЧЕСÁТЬ* II, чешу́, чéшешь... / **ПОЧЕСÁТЬ*** II (*id.*) **1.** gratter. *Чесáть нóги*, se gratter les pieds. **2.** (*fam.*) peigner (*les cheveux...; qqn*). *Чесáть вóлосы*, se peigner. *Чесáть ребёнка*, peigner un enfant. **3.** peigner, carder. *Чесáть лён*, peigner le lin. ● **Чесáть затылок** *ou* **чесáть в заты́лке,** se gratter la tête (*en signe d'embarras*).

ЧЕСÁТЬСЯ* II, чешу́сь, чéшешься... / **ПОЧЕСÁТЬСЯ*** II (*id.*) **1.** v. чесáть. **2.** provoquer des démangeaisons. *У меня́ в у́хе чéшется*, ça me gratte dans l'oreille.

ЧЕСНÓК (*pas de pl.*) ail. *Колбасá с чеснокóм*, du saucisson à l'ail.

ЧЕ́СТНОСТЬ *f.* honnêteté. *Прояви́ть че́стность*, faire preuve d'honnêteté.

ЧЕ́СТНЫЙ honnête. *Че́стный челове́к*, un homme honnête. *Че́стные лю́ди*, d'honnêtes gens. ● **Че́стное сло́во,** parole d'honneur. *Дать че́стное сло́во*, donner sa parole. *Че́стное сло́во!*, Je vous en donne ma parole.

ЧЕСТЬ *f.* honneur. *Э́то больша́я честь для нас*, c'est un grand honneur pour nous. *Э́то де́лает вам честь*, C'est tout à votre honneur. ● **Пора́ и честь знать,** il ne faut pas abuser ; il est temps de prendre congé.

ЧЕТВЕ́РГ jeudi. *Я её ви́дел в четве́рг у́тром*, je l'ai vue jeudi matin. *Он захо́дит к нам по четверга́м*, il vient nous voir le jeudi. ● **По́сле до́ждика в четве́рг,** la semaine des quatre jeudis.

ЧЕТВЕРЕ́НЬКИ, четвере́нек, четвере́нькам... *pl. t.* ● **На четвере́ньки** *et* **на четвере́ньках,** à quatre pattes. *Стать на четвере́ньки*, se mettre à quatre pattes. *Ходи́ть на четвере́ньках*, marcher à quatre pattes.

ЧЕТВЁРКА note scolaire satisfaisante (*quatre sur cinq*).

ЧЕ́ТВЕРО *nom de nombre collectif* quatre. *Че́тверо дете́й*, quatre enfants. *Их бы́ло че́тверо*, ils étaient quatre.

ЧЕТВЁРТЫЙ **1.** quatrième. *В четвёртый раз*, pour la quatrième fois. *Она́ прие́хала 4-го декабря́*, elle est arrivée le 4 décembre. *Мы живём на четвёртом этаже́*, nous habitons au troisième. *В полови́не четвёртого*, à trois heures et demie. *Ге́нрих IV*, Henri IV. **2. ЧЕТВЁРТАЯ** *subst. f.* quart.

ЧЕ́ТВЕРТЬ, *pl.* че́тверти, четверте́й... *f.* quart. *Че́тверть часа́*, un quart d'heure. « *Кото́рый час?* — *Че́тверть второ́го* », « Quelle heure est-il ? — Une heure et quart. » « *Во ско́лько он придёт?* — *Без че́тверти три* », « A quelle heure arrivera-t-il ? — A trois heures moins le quart. »

ЧЁТКИЙ net, clair. *Чёткие следы́*, des traces nettes. *Чёткий по́черк*, une écriture très lisible. *Чёткое изложе́ние*, un exposé parfaitement clair.

ЧЁТНЫЙ pair. *Чётное число́*, un nombre pair.

ЧЕТЫ́РЕ quatre. *Два́жды два — четы́ре*, deux fois deux font quatre. *В четы́ре часа́*, à quatre heures. *В четырёх киломе́трах отсю́да*, à quatre kilomètres d'ici.

ЧЕТЫ́РЕСТА quatre cents. *Четы́реста рубле́й*, quatre cents roubles. *Бо́льше четырёхсо́т киломе́тров*, plus de quatre cents kilomètres.

ЧЕТЫРЁХСО́ТЫЙ quatre centième.

ЧЕТЫ́РНАДЦАТЫЙ quatorzième. *Мы прие́хали в Москву́ 14-го ию́ня*, nous sommes arrivés à Moscou le 14 juin.

ЧЕТЫ́РНАДЦАТЬ quatorze. *Четы́рнадцать рубле́й*, quatorze roubles. *В четы́рнадцати киломе́трах от го́рода*, à quatorze kilomètres de la ville.

ЧЕХ Tchèque.

ЧЕХО́Л étui, housse. *Чехо́л для кре́сла*, une housse de fauteuil.

ЧЕЧЕВИ́ЦА lentille (*la plante et sa graine*).

ЧЕ́ШКА Tchèque.

ЧЕ́ШСКИЙ tchèque.

ЧЕШУЯ́ écaille(s). *Ры́бья чешуя́*, des écailles de poisson.

ЧИН grade, rang. *Он дошёл до чи́на капита́на*, il est parvenu au grade de capitaine. ● **Без чино́в,** sans façons. **Чин чи́ном,** comme il convient.

ЧИНИ́ТЬ **1.** / **ПОЧИНИ́ТЬ** réparer. *Почини́ть о́бувь*, réparer des chaussures. **2.** / **ПОЧИНИ́ТЬ** raccommoder. *Чини́ть бельё*, raccommoder du linge. **3.** / **ОЧИНИ́ТЬ** ⌞__ tailler (*un crayon...*). *Очини́ть каранда́ш*, tailler un crayon.

ЧИНО́ВНИК **1.** fonctionnaire (*dans la Russie d'avant la révolution ou dans un pays non socialiste*). *Ме́лкий чино́вник*, un petit fonctionnaire. **2.** (*péjoratif*) bureaucrate (*en Union soviétique*).

ЧИРИ́КАТЬ gazouiller.

ЧИ́СЛЕННОСТЬ *f.* effectif, nombre. *Чи́сленностью в со́рок ты́сяч*, au nombre de quarante mille.

ЧИ́СЛЕННЫЙ numérique. *Чи́сленное превосхо́дство*, la supériorité numérique.

ЧИСЛИ́ТЕЛЬНЫЙ ● **Имя числи́тельное** *ou* **числи́тельное,** nom de nombre. *Коли́чественные числи́тельные*, les cardinaux. *Поря́дковые числи́тельные*, les ordinaux.

ЧИ́СЛИТЬСЯ être compté. *Чи́слиться в спи́ске*, figurer sur la liste. *Чи́слиться больны́м*, être porté malade.

ЧИСЛО́ ‾‾__ **1.** nombre. *Це́лое число́*, un nombre entier. *Дро́бное число́*, un nombre fractionnaire. *В большо́м числе́*, en grand nombre. *В том числе́*, entre autres. **2.** date. *Како́е сего́дня число́?*, Le combien sommes-nous ? ● **Еди́нственное число́,** le singulier. **Мно́жественное число́,** le pluriel.

ЧИ́СТИТЬ **1.** / **ПОЧИ́СТИТЬ** *et* **ВЫ́ЧИСТИТЬ** nettoyer. *Чи́стить ковёр пылесо́сом*, passer le tapis à l'aspirateur. *Чи́стить щёткой костю́м*, brosser son costume. *Чи́стить о́бувь*, cirer ses chaussures. *Чи́стить зу́бы*, se laver les dents. *Чи́стить но́гти*, se faire les ongles. **2.** / **ОЧИ́СТИТЬ** éplucher, peler. *Чи́стить грибы́*, éplucher des champignons. *Чи́стить апельси́н*, peler une orange.

ЧИСТОКРО́ВНЫЙ pur sang. *Чистокро́вный жеребе́ц*, un pur-sang.

ЧИСТОПЛО́ТНЫЙ qui aime la propreté, propre. *Чистопло́тный зверь*, un animal qui aime la propreté.

ЧИСТОТА́ **1.** propreté. *Чистота́ ко́мнаты*, la propreté d'une pièce. **2.** pureté (*propr. et fig.*). *Чистота́ воды́*, la pureté de l'eau. *Чистота́ наме́рений*, la pureté des intentions.

> **ЧИ́СТЫЙ** /‾__, *comp.* чи́ще*
> **1.** propre (*non maculé*); pur (*divers sens*).
> **2.** exact, net (*en parlant du poids, du bénéfice, etc.*).
> **3.** tranquille (*en parlant de la conscience*).
> **4.** soigné (*en parlant du travail*).

1. *Чи́стое бельё*, du linge propre. *Чи́стые таре́лки*, des assiettes propres. *Чи́стая страни́ца*, une page blanche. *Чи́стое не́бо*, un ciel pur. *Дыша́ть чи́стым во́здухом*, respirer l'air pur. *Чи́стое зо́лото*, de l'or pur. *Чи́стая случа́йность*, un pur hasard. *Э́то чи́стая пра́вда*, c'est la pure vérité. *По-ру́сски он говори́т дово́льно чи́сто*, il parle un russe assez pur. **2.** *Чи́стый вес*, poids net. *Чи́стая при́быль*, le bénéfice net. **3.** *Моя́ со́весть чиста́*, j'ai la conscience tranquille. **4.** *Чи́стая рабо́та*, un travail soigné. *Э́то чи́сто сде́лано*, c'est fait proprement. ● **Приня́ть за чи́стую моне́ту,** prendre pour argent comptant.

ЧИТА́ЛЬНЯ salle de lecture.

ЧИТА́ТЕЛЬ *m.* lecteur (*personne qui lit*). *О́тзывы чита́телей*, les réactions des lecteurs.

ЧИТА́ТЕЛЬНИЦА lectrice (*personne qui lit*).

ЧИТА́ТЬ / **ПРОЧЕ́СТЬ*** IV, прочту́, прочтёшь...; прочёл, прочла́...; прочтённый (*fam.*), *et* **ПРОЧИТА́ТЬ** **1.** lire. *Чита́ть газе́ту*, lire le journal. *Чита́ть Че́хова*, lire Tchekhov. *Чита́ть вслух*, lire à haute voix. **2.** (*quelque-*

fois accompagné de « наизу́сть ») réciter. *Чита́ть стихи́*, réciter des vers. *Чита́ть моли́тву*, dire une prière. **3.** faire (*un cours, un exposé...*). *Чита́ть ле́кцию о совреме́нном рома́не*, faire un cours sur le roman contemporain. *Чита́ть докла́д*, faire un exposé. ● **Чита́ть нота́ции,** faire la leçon à qqn.

ЧИХА́ТЬ / ЧИХНУ́ТЬ éternuer.

/ ЧИХНУ́ТЬ v. чиха́ть.

ЧИ́ЩЕ comp. de « чи́стый ».

ЧЛЕН membre (*divers sens*). *Ги́бкие чле́ны*, des membres souples. *Член па́ртии*, un membre du parti. *Член прави́тельства*, un membre du gouvernement.

ЧЛЕ́НСКИЙ ● **Чле́нский взнос,** cotisation.

ЧО́КАТЬСЯ / ЧО́КНУТЬСЯ trinquer.

/ ЧО́КНУТЬСЯ v. чо́каться.

ЧРЕЗВЫЧА́ЙНЫЙ exceptionnel, extraordinaire. *Чрезвыча́йные ме́ры*, des mesures exceptionnelles. *Чрезвыча́йный съезд*, un congrès extraordinaire. *Чрезвыча́йный успе́х*, un succès extraordinaire.

ЧТЕ́НИЕ lecture. *Кни́га для чте́ния*, un livre de lecture. *Интере́сное чте́ние*, une lecture intéressante.

ЧТО [што]
I. *pronom interrogatif ou relatif:*
1. que, quoi;
2. ce que;
3. pourquoi.
II. *conjonction:* que.
III. *élément entrant dans la composition de certains mots (adverbes, conjonctions, pronoms).*

I. 1. *Что случи́лось?*, Qu'est-ce qui s'est passé? *Что поде́лаешь?*, Qu'est-ce qu'on peut y faire? *Чего́ вы ждёте?*, Qu'est-ce que vous attendez? *О чём они́ говори́ли?*, De quoi parlaient-ils? *В чём де́ло?*, De quoi s'agit-il? *То, что я узна́л*, ce que j'ai appris. **2.** *Вот что я узна́л*, Voilà ce que j'ai appris. *Я не зна́ю, что он де́лает*, je ne sais pas ce qu'il fait. **3.** *А что у вас тако́й гру́стный вид?*, Qu'est-ce qui vous rend si triste?

II. *Говоря́т, что они́ уе́хали*, on dit qu'ils sont partis.

III. V. потому́ что, то́лько что, ничто́, не́чего. ● **Вот что,** voilà ce qu'il y a. **В слу́чае чего́,** s'il arrive quelque chose. **К чему́?,** A quoi ça mène? **Пока́ что,** pour l'instant. *Он, пока́ что, ещё далеко́*, pour l'instant, il est encore loin. **Что вы!,** Que dites-vous là! **Что есть си́лы,** de toutes ses forces. **Что за** (+ *nom.*), quel. *Что за глу́пости!*, Quelles bêtises! **Что ли?,** quoi? *Пойдём, что ли?*, Alors, on y va? **Что ты!,** Qu'est-ce que tu dis là! **Что..., что...,** que ce soit... ou... *Что он, что ты — не всё ли равно́?*, Que ce soit lui ou toi, qu'est-ce que ça peut faire?

REMARQUE. Le pronom « что » est neutre.

ЧТОБ [штоп] *et* **ЧТО́БЫ** [што́бы] *conj.* **1.** (+ *passé*) que + *subjonctif*. *Я не хочу́, что́бы он узна́л об э́том*, je ne veux pas qu'il le sache. *Что́бы э́того бо́льше не́ было!*, Que cela ne se reproduise pas! **2.** (+ *passé*) pour que. *Что́бы она́ согласи́лась*, pour qu'elle accepte. **3.** (+ *inf.*) pour. *Он прие́хал, что́бы тебя́ поздра́вить*, il est venu pour te féliciter. ● **Вме́сто того́, что́бы** (+ *inf.*), au lieu de. *Вме́сто того́, что́бы останови́ться*, au lieu de s'arrêter.

REMARQUE. « Что́бы » est formé de la conjonction « что » et de la particule « бы » accolées (v. бы).

ЧТО́-ЛИБО [што] *pronom neutre* (*livresque*) quelque chose, n'importe quoi.

ЧТО́-НИБУДЬ [што] *pronom neutre* quelque chose, n'importe quoi. *Возьми́те что́-нибудь полу́чше*, Prenez quelque chose de mieux.

ЧТÓ-ТО [што] **1.** *pronom neutre* quelque chose. *Произошлó чтó-то ужáсное*, il s'est passé quelque chose d'épouvantable. *Тут чтó-то не так*, il y a là quelque chose qui ne va pas. *Онá чéм-то недовóльна*, il y a quelque chose qui la contrarie. **2.** *adv.* (*fam.*) on ne sait pas pourquoi. *Он чтó-то молчи́т*, il ne dit rien, Dieu sait pourquoi. *Сегóдня мне чтó-то нездорóвится*, je ne suis pas très en forme aujourd'hui.

ЧУ́ВСТВЕННОСТЬ [ч'ус'т'в'] *f.* sensualité.

ЧУ́ВСТВЕННЫЙ [ч'ус'т'в'] sensuel. *Чу́вственный взгляд*, un regard sensuel.

ЧУВСТВИ́ТЕЛЬНОСТЬ [ч'ус'т'в'] *f.* sensibilité (*propr. et fig.*).

ЧУВСТВИ́ТЕЛЬНЫЙ [ч'ус'т'в'] **1.** sensible (*propr. et fig.*). *Чувстви́тельный прибóр*, un appareil sensible. *Чувстви́тельный ребёнок*, un enfant sensible. **2.** sentimental. *Чувстви́тельный ромáнс*, une romance sentimentale.

> **ЧУ́ВСТВО** [ч'уствə]
> **1.** sens, sensation.
> **2.** connaissance (*conscience de sa propre existence*).
> **3.** sentiment, sens (*conscience, faculté d'apprécier*).
> **4.** sentiment, penchant.

1. *Óрганы чувств*, les organes des sens. *Чу́вство бóли*, une sensation de douleur. *Чу́вство хóлода*, une impression de froid. **2.** *Лиши́ться чувств*, perdre connaissance. *Прийти́ в чу́вство*, revenir à soi. **3.** *Чу́вство дóлга*, le sens du devoir. *Чу́вство отвéтственности*, le sentiment de sa responsabilité. *Чу́вство ю́мора*, le sens de l'humour. **4.** *Чу́вство жáлости*, un sentiment de pitié. *Питáть нéжные чу́вства*, nourrir de tendres sentiments.

ЧУ́ВСТВОВАТЬ [ч'уств] / **ПОЧУ́ВСТВОВАТЬ** [ч'уств] sentir, ressentir (*propr. et fig.*). *Почу́вствовать боль в плечé*, ressentir une douleur à l'épaule. *Как вы себя́ чу́вствуете?*, Comment vous sentez-vous ? *Э́то ужé даёт себя́ чу́вствовать*, cela se fait déjà sentir.

ЧУГУ́Н ⁄—— fonte (*métal*). *Котелóк из чугунá*, une marmite en fonte.

ЧУГУ́ННЫЙ de fonte, en fonte. *Чугу́нная плитá*, une plaque de fonte.

ЧУДÁК ⁄—— —— personne ayant une conduite étrange. *Какóй чудáк!*, Il n'y en a pas deux comme lui !

ЧУДÉСНЫЙ **1.** miraculeux. *Чудéсное исцелéние*, une guérison miraculeuse. **2.** merveilleux. *Чудéсная погóда*, un temps merveilleux.

ЧУ́ДНЫЙ merveilleux. *Чу́дная панорáма*, un merveilleux panorama.

ЧУ́ДО*, *pl.* чудесá, чудéс, чудесáм... **1.** miracle. *Произошлó чу́до*, il s'est produit un miracle. *Э́то прóсто чу́до*, c'est un pur miracle. **2.** merveille. *Чу́до из чудéс*, la merveille des merveilles. *Чу́до иску́сства*, une merveille de l'art.

ЧУДÓВИЩЕ monstre (*propr. et fig.*). *Морскóе чудóвище*, un monstre marin. *Какóе э́то чудóвище!*, Quel monstre !

ЧУДÓВИЩНЫЙ monstrueux. *Чудóвищное преступлéние*, un crime monstrueux.

ЧУ́ЖДЫЙ ∧— (*livresque*) étranger (*qui n'appartient pas au groupe*).

ЧУЖÓЙ **1.** d'un autre, des autres. *На чужóй счёт*, aux dépens des autres. *Знать с чужи́х слов*, savoir par ouï-dire. **2.** étranger (*appartenant à une autre nation, une autre famille...*). *Чужáя странá*, un pays étranger. *В рукáх чужи́х людéй*, entre les mains de personnes étrangères.

ЧУЛÓК*, *gén. pl.* чулóк bas. *Шёлковые чулки́*, des bas de soie.

ЧУМА́ peste.

ЧУ́ТКИЙ  **1.** d'une sensibilité aiguë (*propr. et fig.*). *Чу́ткое у́хо*, une oreille fine. *Чу́ткий нюх*, un flair remarquable. *Чу́ткий пёс*, un chien qui a du flair. *Чу́ткий человéк*, une personne pleine d'attentions. **2.** léger (*en parlant du sommeil*). *Чу́ткий сон*, un sommeil léger. *Чу́тко спать*, dormir d'un sommeil léger.

ЧУ́ТОЧКУ *adv.* (*fam.*) un tout petit peu. *Чу́точку быстрée*, un tout petit peu plus vite.

ЧУТЬ **1.** *adv.* un petit peu. *Чуть бóльше*, un petit peu plus. **2.** *adv.* à peine. *Чуть замéтная улы́бка*, un sourire presque imperceptible. **3.** (*quelquefois accompagné de* « тóлько ») *conj.* à peine. *Чуть стáло смеркáться, он вы́шел и́з дому*, à peine la nuit était-elle tombée qu'il sortit de la maison. ● **Чуть ли не,** il semble bien. *Э́то бы́ло чуть ли не в позапрóшлом году́*, c'était, je crois bien, il y a deux ans. **Чуть не,** être sur le point de. *Онá чуть не упáла*, elle a failli tomber. **Чуть свет,** au point du jour.

ЧУТЬЁ **1.** flair. *Собáка с тóнким чутьём*, un chien qui a du flair. **2.** sens (*connaissance intuitive*). *Языковóе чутьё*, le sens de la langue.

ЧУТЬ-ЧУ́ТЬ *adv.* à peine. *Чуть-чу́ть замётная улы́бка*, un sourire imperceptible. ● **Чуть-чу́ть не,** être sur le point de. *Онá чуть-чу́ть не упáла*, elle a bien failli tomber.

ЧУ́ЧЕЛО **1.** animal empaillé. *Чу́чело медвéдя*, un ours empaillé. **2.** épouvantail. ● **Чу́чело горóховое,** Espèce d'empaillé !

ЧУ́ЯТЬ* II, чу́ю, чу́ешь... / **ПОЧУ́ЯТЬ*** II (*id.*) **1.** flairer, sentir. *Собáка чу́ет дичь*, le chien sent qu'il y a du gibier. *В вóздухе чу́ялась веснá*, ça sentait le printemps. **2.** se rendre compte.

ЧЬЁ, ЧЬЕГÓ... v. чей.

Ш

ШАБЛÓН poncif, cliché (*fig.*).

ШАБЛÓННЫЙ banal. *Шаблóнный отвéт*, une réponse banale.

ШАГ*, *loc.* шагу́ 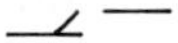 (*voir la remarque*) **1.** pas (*propr.*). *Сдéлать шаг назáд*, faire un pas en arrière. *Два шагá*, deux pas. *Идти́ больши́ми шагáми*, marcher à grands pas. *Замéдлить шаг*, ralentir. *Прибáвить шáгу**, hâter le pas. *В коридóре послы́шались торопли́вые шаги́*, on entendit des pas précipités dans le couloir. *В десяти́ шагáх от стены́*, à dix pas du mur. **2.** pas (*fig.*). *Дéло дви́гается вперёд бы́страми шагáми*, l'affaire avance à grands pas. *Сдéлать реши́тельный шаг*, faire un pas décisif. *Рискóванный шаг*, un coup risqué. *Шаг за шáгом*, pas à pas. *Сдéлать пéрвый шаг*, faire les premiers pas. *Сдéлать пéрвые шаги́*, faire ses premiers pas. *На кáждом шагу́*, à chaque instant.

> Remarque. Après les noms de nombre « два », « три », « четы́ре », le génitif de « шаг » est accentué sur la syllabe finale.

ШАГÁТЬ faire des pas; marcher / **ШАГНУ́ТЬ** faire un pas. *Он устáло шагáл по дорóге*, il avançait sur la route d'un pas fatigué. *Шагну́ть через порóг*, franchir le seuil.

/ **ШАГНУ́ТЬ** v. шага́ть.

ША́ГОМ *adv.* au pas. *Ло́шади шли ша́гом*, les chevaux marchaient au pas. ● **Ша́гом, марш!,** En avant, marche !

ША́ЙКА bande (*groupe*). *Ша́йка разбо́йников*, une bande de brigands.

ШАЛА́Ш /—— —— sorte de hutte, « chalach ».

ШАЛИ́ТЬ / ПОШАЛИ́ТЬ faire le polisson. *Де́ти шали́ли*, les gamins faisaient des sottises.

ШАЛУ́Н /—— —— polisson (*principalement en parlant d'enfants*).

ШАЛУ́НЬЯ, *gén. pl.* шалу́ний polissonne (*principalement en parlant d'enfants*).

ША́ПКА bonnet (*le plus souvent fourré*). *Мехова́я ша́пка*, un bonnet fourré.

ША́ПОЧКА dim. de « ша́пка ». ● **Кра́сная Ша́почка,** le Petit Chaperon rouge.

ШАР ___—— (*voir la remarque*) **1.** sphère. *Пове́рхность ша́ра*, la surface de la sphère. **2.** boule. *Билья́рдный шар*, une boule de billard. ● **Возду́шный шар,** un ballon, un aérostat. **Земно́й шар,** le globe terrestre.

Remarque. Après les noms de nombre « два », « три », « четы́ре », le génitif de « шар » est accentué sur la syllabe finale.

ША́РИК **1.** petit boule, bille. *Хле́бный ша́рик*, une boulette de pain. **2.** globule. *Кра́сные кровяны́е ша́рики*, les globules rouges. *Бе́лые кровяны́е ша́рики*, les globules blancs.

ША́РИКОВЫЙ à billes. *Ша́риковые подши́пники*, des roulements à billes. *Ша́риковая автору́чка*, un stylo à bille.

ША́РИТЬ / ПОША́РИТЬ fouiller. *Ша́рить в карма́нах*, fouiller dans ses poches.

ШАРМА́НКА orgue de Barbarie. ● **Завёл опя́ть шарма́нку!,** Le voilà qui remet ça !

ШАРФ écharpe. *Повяза́ть ше́ю ша́рфом*, se mettre une écharpe autour du cou.

ШАТА́ТЬСЯ **1.** / **ПОШАТНУ́ТЬСЯ** prendre du jeu. *У меня́ зуб шата́ется*, j'ai une dent qui bouge. **2.** / **ЗАШАТА́ТЬСЯ** vaciller ; marcher en titubant. *Он шата́лся как пья́ный*, il titubait comme un ivrogne. *Он зашата́лся от уда́ра*, le coup le fit vaciller. **3.** / **ПОШАТА́ТЬСЯ** traîner (*flâner*). *Где ты шата́лся?*, Où es-tu allé traîner ?

ША́ТКИЙ **1.** branlant, vacillant. *Ша́ткая ле́стница*, un escalier branlant. *Ша́ткий стол*, une table bancale. **2.** (*fig.*) précaire. *Ша́ткое положе́ние*, une situation instable. *Ша́ткое здоро́вье*, une santé fragile.

I. **ШАХ** schah.

II. **ШАХ** échec (*aux échecs*). *Шах королю́*, échec au roi. *Шах и мат*, échec et mat.

ШАХМАТИ́СТ joueur d'échecs.

ША́ХМАТНЫЙ de jeu d'échecs. *Ша́хматная доска́*, échiquier.

Шáхматная пáртия, une partie d'échecs.

ШÁХМАТЫ, шáхмат, шáхматам... *pl. t.* échecs (*jeu*). *Игрáть в шáхматы*, jouer aux échecs.

ШАХТА 1. puits (*de mine*). *Спустúться в шáхту*, descendre à la mine. **2.** mine. *Шáхты Донбáсса*, les mines du Donbass.

ШАХТЁР mineur (*ouvrier des mines*).

I. ШÁШКА sabre (*avec fourreau en cuir*).

II. ШÁШКА pion (*au jeu*).

ШÁШКИ, шáшек, шáшкам... *pl. t.* dames (*jeu*). *Игрáть в шáшки*, jouer aux dames.

ШАШЛЫ́К « chachlyk » (*petits morceaux de mouton rôtis à la broche*).

ШВЕД Suédois.

ШВÉДКА Suédoise.

ШВÉДСКИЙ suédois.

ШВÉЙНЫЙ 1. à coudre. *Швéйная машúна*, une machine à coudre. **2.** de couture. *Швéйная мастерскáя*, un atelier de confection.

ШВЕЙЦÁР concierge.

ШВЕЙЦÁРЕЦ Suisse.

ШВЕЙЦÁРКА Suissesse.

ШВЕЙЦÁРСКИЙ suisse. *Швейцáрский сыр*, gruyère.

ШВЕЙЦÁРША concierge.

ШВЕЯ́ couturière.

/ **ШВЫРНУ́ТЬ** v. швыря́ть.

ШВЫРЯ́ТЬ 1. / **ШВЫРНУ́ТЬ** (+ *acc. ou instr.*) lancer. *Швыря́ть кáмни* ou *швыря́ть камня́ми*, lancer des pierres. **2.** (+ *instr.*) gaspiller. *Швыря́ть деньгáми*, jeter son argent par les fenêtres.

ШЕВЕЛÚТЬ / **ПОШЕВЕЛÚТЬ** *et* **ШЕВЕЛЬНУ́ТЬ** (+ *acc. ou instr.*) remuer (*tr.*). *Вéтер слегкá шевелúл лúстья*, le vent agitait doucement les feuilles. *Шевельну́ть губáми*, remuer les lèvres. ● **Пошевелúть мозгáми,** se creuser les méninges.

ШЕВЕЛÚТЬСЯ / **ЗАШЕВЕЛÚТЬСЯ, ПОШЕВЕЛÚТЬСЯ** *et* **ШЕВЕЛЬНУ́ТЬСЯ** remuer (*intr.*). *Он не у́мер, ещё шевелúтся*, il n'est pas mort, il bouge encore.

/ **ШЕВЕЛЬНУ́ТЬ** v. шевелúть.

/ **ШЕВЕЛЬНУ́ТЬСЯ** v. шевелúться.

ШЁЛ v. идтú.

ШÉЛЕСТ léger bruit. *Шéлест дождя́*, le bruit léger de la pluie. *Шéлест лúстьев*, le bruissement des feuilles.

ШЕЛЕСТÉТЬ* I, *première personne inusitée*, шелестúшь... / **ЗАШЕЛЕСТÉТЬ*** I (*id.*) faire un léger bruit. *Шелестéли лúстья*, on entendait le bruissement des feuilles.

ШЁЛК*, *loc.* шелку́, *nom. pl.* шелкá soie. *Плáтье из шёлка*, une robe de soie.

ШЁЛКОВЫЙ 1. de soie. *Шёлковые чулкú*, des bas de soie. **2.** de la soie, des soieries. *Шёлковая промы́шленность*, l'industrie de la soie.

/ **ШЕПНУ́ТЬ** v. шептáть.

ШЁПОТ chuchotement. *Говорúть шёпотом*, parler tout doucement.

ШЕПТÁТЬ* II, шепчу́, шéпчешь... / **ПРОШЕПТÁТЬ*** II (*id.*) *et* **ШЕПНУ́ТЬ** chuchoter. *Он прошептáл мне чтó-то нá ухо*, il m'a dit qqch. à l'oreille.

ШЕРОХОВÁТЫЙ rugueux, raboteux. *Шероховáтая кóжа*, une peau rugueuse. // (*Fig.*) *Шероховáтый стиль*, un style raboteux.

ШЕРСТЬ *f.* **1.** (*pas de pl.*) poils (*chez les animaux*). *Собáка с длúнной шéрстью*, un chien aux longs poils. *Глáдить кóшку прóтив шéрсти*, caresser un chat à rebrousse-poil. *Стричь шерсть у овéц*, tondre les brebis. **2.** laine. *Клубóк жёлтой шéрсти*, une pelote de laine jaune. *Плáтье из шéрсти*, une robe de laine.

ШЕРСТЯНО́Й **1.** en laine. *Шерстяно́е пла́тье*, une robe de laine. **2.** de la laine. *Шерстяна́я промы́шленность*, l'industrie de la laine.

ШЕРША́ВЫЙ rugueux. *Шерша́вая ко́жа*, une peau rugueuse.

ШЕ́РШЕНЬ *m.* frelon.

ШЕСТ ⁄‾‾ ‾‾ perche, gaule. *Прыжо́к с шесто́м*, le saut à la perche.

ШЕ́СТВИЕ procession, défilé. *Первома́йское ше́ствие*, le défilé du Premier-Mai.

ШЕ́СТЕРО *nom de nombre collectif* six. *Ше́стеро дете́й*, six enfants. *Их бы́ло ше́стеро*, ils étaient six.

ШЕСТИДЕСЯ́ТЫЙ soixantième.

ШЕСТИСО́ТЫЙ six centième.

ШЕСТНА́ДЦАТЫЙ seizième. *Брат прие́хал 16-го ноября́*, mon frère est arrivé le 16 novembre.

ШЕСТНА́ДЦАТЬ seize. *Ей шестна́дцать лет*, elle a seize ans. *В шестна́дцати киломе́трах отсю́да*, à seize kilomètres d'ici.

ШЕСТО́Й sixième. *Шеста́я страни́ца*, la page six. *Мы придём 6-го ма́я*, nous viendrons le 6 mai. *На шесто́м этаже́*, au cinquième étage.

ШЕСТЬ six. *Шесть копе́ек*, six kopeks. *На́до бы верну́ться к шести́*, il faudrait rentrer vers six heures.

ШЕСТЬДЕСЯ́Т soixante. *Шестьдеся́т рубле́й*, soixante roubles. *В шести́десяти киломе́трах от Москвы́*, à soixante kilomètres de Moscou.

ШЕСТЬСО́Т six cents. *Шестьсо́т челове́к*, six cents personnes. *В шестиста́х киломе́трах от Владивосто́ка*, à six cents kilomètres de Vladivostok.

ШЕ́Я cou. *Дли́нная ше́я*, un long cou. • **Бро́ситься кому́-нибудь на ше́ю,** se jeter au cou de qqn. **Гнуть ше́ю пе́ред ке́м-нибудь,** courber l'échine devant qqn. **На ше́е сиде́ть у кого́-нибудь,** être à la charge de qqn. **Получи́ть по ше́е,** recevoir une raclée. **Прогна́ть кого́-нибудь в ше́ю,** flanquer qqn à la porte. **Слома́ть себе́ ше́ю,** se casser la figure.

ШИ́ВОРОТ • **Взять за ши́ворот,** prendre par le collet.

ШИ́ВОРОТ-НАВЫ́ВОРОТ *adv.* **1.** à l'envers. *Стоя́ть ши́ворот-навы́ворот*, être à l'envers. **2.** de travers (*fig.*). *Всё пошло́ ши́ворот-навы́ворот*, tout s'est mis à aller de travers.

ШИКА́РНЫЙ chic. *Она́ шика́рно одева́ется*, elle s'habille drôlement bien.

ШИ́ЛО alène. • **Ши́ла в мешке́ не утаи́шь,** la vérité finit toujours par percer.

ШИНЕ́ЛЬ *f.* capote (*d'uniforme*). *Офице́рская шине́ль*, une capote d'officier.

ШИП ⁄‾‾ ‾‾ épine. *Нет ро́зы без шипо́в*, il n'y a pas de rose sans épines.

ШИПЕ́ТЬ* I, шиплю́, шипи́шь... / **ЗАШИПЕ́ТЬ*** I (*id.*) siffler; pétiller; grésiller. *Змея́ шипе́ла*, le serpent sifflait. *Шампа́нское шипе́ло*, le champagne pétillait. *Ма́сло шипе́ло*, le beurre grésillait.

ШИПО́ВНИК **1.** églantier. *Цветы́ шипо́вника*, des fleurs d'églantier. **2.** églantine.

ШИПЯ́ЩИЙ sifflant. *Шипя́щим го́лосом*, d'une voix sifflante. • **Шипя́щие согла́сные** *ou* **шипя́щие,** les chuintantes.

ШИ́РЕ comp. de « широ́кий » et de « широко́ ».

ШИРИНА́ largeur. *Ширина́ моста́*, la largeur du pont. *Ширино́й в де́сять ме́тров*, large de dix mètres.

ШИ́РМА paravent. *Крова́ть за ши́рмой*, un lit dissimulé derrière un paravent. // (*Fig.*) *Служи́ть ши́рмой*, servir de paravent.

ШИРО́КИЙ, широ́к, широка́...

⁄‾‾ *ou* широ́к, широка́, широ́ко, широ́ки ∧__, *comp.* ши́ре* large (*propr. et fig.*). *Широ́кая у́лица*, une rue large. *Он широ́к в плеча́х*, il est large d'épaules. *Широ́кая улы́бка*, un large sourire. *Широ́кие возмо́жности*, de larges possibilités. *В широ́ком смы́сле сло́ва*, dans le sens le plus large. *В широ́ком масшта́бе*, sur une grande échelle. *Для широ́кой пу́блики*, pour le grand public. • **Жить на широ́кую но́гу,** mener un grand train de vie.

REMARQUE. Pour l'emploi adverbial de la forme « широко́ », voir ce mot.

ШИРОКО́, *comp.* ши́ре*, *adv.* largement. *С широко́ раскры́тыми глаза́ми*, avec des yeux grands ouverts.

ШИРОТА́, *pl.* широ́ты ‾‾ __ latitude (*géogr.*).

ШИРПОТРЕ́Б (*abréviation de* « широ́кое потребле́ние ») **1.** consommation courante. *Предме́ты ширпотре́ба*, des objets de consommation courante. **2.** articles de consommation courante. *Произво́дство ширпотре́ба*, la production d'articles courants.

ШИТЬ* II, шью, шьёшь...; шей / **СШИТЬ*** II, сошью́, сошьёшь...; сшей; сши́тый coudre. *Шить на маши́не*, coudre à la machine.

ШИ́ШКА 1. cône (*fruit des conifères*). *Сосно́вая ши́шка*, une pomme de pin. **2.** bosse (*endroit tuméfié*). *Наби́ть себе́ ши́шку*, se faire une bosse. **3.** (*fam.*) personne importante. *Кру́пная ши́шка*, une grosse légume.

ШКАТУ́ЛКА cassette. *Музыка́льная шкату́лка*, une boîte à musique.

ШКАФ*, *loc.* шкафу́ _∠ ‾‾ armoire. *Зерка́льный шкаф*, une armoire à glace. *Кни́жный шкаф*, une bibliothèque. *Стенно́й шкаф*, un placard. *Несгора́емый шкаф*, un coffre-fort.

ШКО́ЛА école (*divers sens*). *Ходи́ть в шко́лу*, aller à l'école. *Нача́льная шко́ла*, une école primaire. *Непо́лная сре́дняя шко́ла*, un cours complémentaire. *Сре́дняя шко́ла*, une école secondaire. *Реме́сленная шко́ла*, une école professionnelle. *Вы́сшая шко́ла*, une école supérieure. *Голла́ндская шко́ла жи́вописи*, l'école hollandaise.

ШКО́ЛЬНИК écolier.

ШКО́ЛЬНИЦА écolière.

ШКО́ЛЬНЫЙ d'école, scolaire. *Шко́льный това́рищ*, un camarade d'école. *Шко́льный костю́м*, l'uniforme des écoliers. *Шко́льные програ́ммы*, les programmes scolaires. *Шко́льные кани́кулы*, les vacances scolaires.

ШКУ́РА 1. peau (*cuir détaché du corps d'un animal*). *Медве́жья шку́ра*, une peau d'ours. **2.** peau (*vie*). *Дрожа́ть за свою́ шку́ру*, trembler pour sa peau. *Спаса́ть свою́ шку́ру*, essayer de sauver sa peau. • **Дели́ть шку́ру неуби́того медве́дя,** vendre la peau de l'ours.

ШЛА v. идти́.

ШЛАГБА́УМ barrière mobile (*de passage à niveau...*). *Шлагба́ум опу́щен*, la barrière est fermée.

I. ШЛЕМ 1. heaume. **2.** casque. *Шлем лётчиков*, le casque des aviateurs. *Водола́зный шлем*, un casque de scaphandrier.

II. ШЛЕМ chelem (*aux cartes*).

ШЛЁМ, ШЛЁШЬ... v. слать.

ШЛИ v. идти́.

ШЛИФОВА́ТЬ / ОТШЛИФОВА́ТЬ polir. *Отшлифова́ть ка́мень*, polir une pierre. // (*Fig.*) *Шлифова́ть свой стиль*, travailler son style.

ШЛО v. идти́.

ШЛЮ v. слать.

ШЛЮЗ écluse. *Откры́ть шлю́зы*, ouvrir les écluses.

ШЛЮ́ПКА chaloupe. *Спаса́тель-*

ная шлю́пка, un canot de sauvetage.

ШЛЮТ v. слать.

ШЛЯ́ПА 1. chapeau. *Фе́тровая шля́па*, un chapeau de feutre. **2.** nigaud. *Он шля́па*, il est un peu nouille. ● **Де́ло в шля́пе,** l'affaire est dans le sac.

ШМЕЛЬ ⁄—— —— *m.* bourdon (*insecte*). « *Полёт шмеля́* » *Ри́мского-Ко́рсакова*, « le Vol du bourdon » de Rimski-Korsakov.

ШНУР ⁄—— —— **1.** cordon. *Шнур для занаве́сок*, du cordon pour les rideaux. **2.** fil électrique sous enveloppe isolante.

ШНУРО́К lacet. *Шнурки́ для боти́нок*, des lacets de souliers.

ШОВ 1. couture (*ligne d'assemblage de deux morceaux de tissu*). *Распоро́ть по шву*, découdre. **2.** suture. *Наложи́ть швы*, faire des points de suture.

ШО́РОХ léger bruit. *Шо́рох сухи́х ли́стьев*, le bruissement des feuilles mortes. *Шо́рох пла́тья*, le froufrou d'une robe.

ШОССЕ́* *indécl.* route (*empierrée ou goudronnée*). *Асфальти́рованное шоссе́*, une route goudronnée.

ШПА́ГА épée; fleuret. *Скрести́ть шпа́ги*, croiser le fer.

ШПАРГА́ЛКА (*argot scolaire*) antisèche.

ШПИЛЬ *m.* aiguille (*architecture*). *Шпиль Адмиралте́йства*, l'aiguille de l'Amirauté.

ШПИ́ЛЬКА 1. épingle à cheveux. **2.** (*fig.*) coup d'épingle. *Подпуска́ть шпи́льки*, lancer des coups d'épingle.

ШПИНА́Т épinard(s). *Шпина́т с круты́ми я́йцами*, un plat d'épinards avec des œufs durs.

ШПИО́Н espion.

ШПИО́НКА espionne.

ШПО́РА éperon. *Он дал коню́ шпо́ры*, il donna un coup d'éperons à son cheval.

ШПРО́ТА sprat.

ШРАМ cicatrice. *У меня́ оста́лся шрам на лбу*, il m'est resté une cicatrice sur le front.

ШРИФТ —— —— type de caractère (*écriture*). *Кру́пным шри́фтом*, en gros caractères. *Жи́рный шрифт*, des caractères gras.

ШТАБ état-major. *Нача́льник шта́ба*, chef d'état-major.

ШТАБНО́Й d'état-major. *Штабно́й офице́р*, un officier d'état-major.

ШТАМП lieu commun, cliché. *Его́ ре́чи пестре́ли шта́мпами*, ses discours étaient parsemés de lieux communs.

ШТАНЫ́, штано́в, штана́м... *pl. t.* culotte. *Носи́ть коро́ткие штаны́*, porter des culottes courtes.

I. ШТАТ État (*unité administrative*) *Соединённые Шта́ты Аме́рики*, les États-Unis d'Amérique.

II. ШТАТ personnel (*ensemble des personnes employées*). *Сокраще́ние шта́тов*, une compression du personnel.

REMARQUE. Employé au pluriel, « штат II » a le même sens collectif qu'au singulier.

ШТА́ТСКИЙ civil (*par opposition à* « *militaire* »). *В шта́тском пла́тье*, en habits civils. // (*Subst.*) *Вое́нные и шта́тские*, les militaires et les civils.

ШТЕ́ПСЕЛЬ*, *nom. pl.* штепселя́ —— —— [tɛ] prise de courant. *Включи́ть приёмник в ште́псель*, brancher la radio.

ШТО́ПАТЬ / ЗАШТО́ПАТЬ repriser. *Што́пать чулки́*, repriser les bas.

ШТО́ПОР tire-bouchon.

ШТОРМ vent de tempête, tempête. *Подня́лся шторм*, une tempête se leva.

ШТРАФ amende. *Наложи́ть на кого́-нибудь штраф*, mettre une amende à qqn.

ШТРАФОВА́ТЬ / ОШТРАФОВА́ТЬ (+ *acc.*) mettre une

amende. *Оштрафова́ть води́теля за наруше́ние пра́вил у́личного движе́ния,* mettre une contravention à un conducteur.

ШТУ́КА **1.** pièce (*morceau*). *Шту́ка полотна́,* une pièce d'étoffe. **2.** pièce (*unité*). *Два́дцать копе́ек за шту́ку,* vingt-cinq kopeks la pièce. // (*Lorsque le mot* « шту́ка » *employé dans ce sens est accompagné de* « не́сколько », « ско́лько » *ou d'un nom de nombre, il ne se traduit généralement pas.*) *Во́семь штук яи́ц,* huit œufs. **3.** truc, machin. *Что э́то за шту́ка?,* Qu'est-ce que c'est que ce machin ? *Хоро́шая шту́ка,* un truc pas mal. ● **В то́м-то и шту́ка,** c'est là le hic. **Сыгра́ть шту́ку с ке́м-нибудь,** jouer un tour à qqn.

ШТУКАТУ́РКА **1.** crépi. *Штукату́рка фаса́да,* le crépi de la façade. **2.** plâtre (*sur un mur*). *Штукату́рка обва́ливается,* le plâtre s'effrite.

ШТУРМ assaut. *Идти́ на штурм,* partir à l'assaut. *Взять кре́пость шту́рмом,* prendre d'assaut une forteresse.

ШТУРМОВА́ТЬ donner l'assaut. *Штурмова́ть пози́ции врага́,* attaquer les positions de l'ennemi.

ШТЫК baïonnette. *Встре́тить кого́-нибудь в штыки́* 1. (*propr.*) recevoir qqn à coups de baïonnette. 2. (*fig.*) recevoir qqn comme un chien dans un jeu de quilles.

ШУ́БА pelisse. *Ли́сья шу́ба,* une pelisse de renard.

ШУМ bruit. *Шум ве́тра,* le bruit du vent. *Войти́ без шу́ма,* entrer sans bruit. *Подня́ть шум,* faire du vacarme. *Чу́вствовать шум в уша́х,* avoir un bourdonnement dans les oreilles. *Мно́го шу́ма из ничего́,* beaucoup de bruit pour rien.

ШУМЕ́ТЬ* I, шумлю́, шуми́шь... / **ЗАШУМЕ́ТЬ*** I (*id.*) *et* **ПОШУМЕ́ТЬ*** I (*id.*) faire du bruit. *Де́ти шуме́ли,* les enfants faisaient du bruit. *У меня́ шуми́т в уша́х,* j'ai les oreilles qui bourdonnent.

ШУ́МНЫЙ bruyant. *Шу́мная у́лица,* une rue bruyante. *Там о́чень шу́мно,* il y a beaucoup de bruit là-bas.

ШУРША́ТЬ* I, шуршу́, шурши́шь... / **ЗАШУРША́ТЬ*** I (*id.*) faire un bruissement. *Снег шурша́л под нога́ми,* la neige crissait sous nos pieds.

ШУТ **1.** bouffon. *Ца́рский шут,* le bouffon du roi. **2.** (*quelquefois accompagné du mot* « горо́ховый ») pitre. *Разыгра́ть шута́,* faire le pitre. ● **Шут с ним,** Laissons-le courir.

> REMARQUE. Dans l'expression « шут с ним », le mot « шут » remplace le mot « чёрт ».

ШУТИ́ТЬ / **ПОШУТИ́ТЬ** plaisanter. *Он люби́л шути́ть,* il aimait plaisanter. *Вы шу́тите,* Vous voulez rire. *Говори́ть не шутя́,* parler sérieusement. *Шути́ть с огнём,* jouer avec le feu.

ШУ́ТКА plaisanterie. *Он не понима́ет шу́ток,* il ne comprend pas la plaisanterie. *Я э́то сказа́л в шу́тку,* je l'ai dit pour plaisanter. *Мне не до шу́ток,* je n'ai pas envie de plaisanter. *С ним шу́тки пло́хи,* il ne fait pas bon plaisanter avec lui. *Шу́тки в сто́рону,* Parlons sérieusement. *Он рассерди́лся не на шу́тку,* il s'est fâché pour de bon.

ШУТЛИ́ВЫЙ qui est porté à la plaisanterie. *Шутли́вый тон,* un ton badin.

ШУТНИ́К plaisantin. *Он большо́й шутни́к,* c'est un petit plaisantin.

ШУ́ТОЧНЫЙ comique, facétieux. *Шу́точная пе́сенка,* une chanson humoristique.

Ш-Ш ! *interj.* chut !

ШЬЮ, ШЬЁШЬ v. шить.

Щ

ЩАВЕ́ЛЬ *m.* oseille.

ЩАДИ́ТЬ / **ПОЩАДИ́ТЬ** **1.** faire quartier, épargner. *Никого́ не щади́ть*, n'épargner personne. **2.** ménager, prendre soin. *Щади́ть своё здоро́вье*, ménager sa santé.

ЩЕБЕТА́ТЬ* II, щебечу́, щебе́чешь... / **ЗАЩЕБЕТА́ТЬ*** II (*id.*) gazouiller.

/ **ЩЕГОЛЬНУ́ТЬ** v. щеголя́ть.

ЩЕГОЛЯ́ТЬ / **ЩЕГОЛЬНУ́ТЬ** parader, faire parade. *Она́ щеголя́ла в но́вом пла́тье*, elle se pavanait dans sa robe neuve. // (+ *instr.*) *Щеголя́ть свои́ми зна́ниями*, faire étalage de ses connaissances.

ЩЕ́ДРОСТЬ *f.* générosité.

ЩЕ́ДРЫЙ généreux. *Раздава́ть ще́дрой руко́й*, distribuer d'une main généreuse.

ЩЕКА́, *acc.* щёку; *pl.* щёки, щёк, щека́м... joue. *Румя́ные щёки*, des joues roses. *Поцелова́ть в щёку*, embrasser sur la joue. *Упи́сывать за о́бе щеки́*, dévorer à belles dents.

ЩЕКОТА́ТЬ* II, щекочу́, щеко́чешь... / **ПОЩЕКОТА́ТЬ*** II (*id.*) **1.** chatouiller. *У меня́ щеко́чет в носу́*, ça me chatouille dans le nez. **2.** (*fig.*) flatter. *Э́то щекота́ло его́ самолю́бие*, cela flattait son amour-propre.

ЩЁЛКАТЬ / **ЩЁЛКНУТЬ** **1.** donner une chiquenaude. *Щёлкнуть по́ носу*, donner une chiquenaude sur le nez. **2.** (+ *instr.*) faire claquer. *Щёлкать кнуто́м*, faire claquer son fouet. *Щёлкать па́льцами*, claquer des doigts. *Щёлкать языко́м*, faire claquer la langue. **3.** casser (*des noisettes*...). *Щёлкать оре́хи*, casser des noisettes.

/ **ЩЁЛКНУТЬ** v. щёлкать.

ЩЕЛЧО́К **1.** chiquenaude. *Щелчо́к по́ носу*, une chiquenaude sur le nez. **2.** bruit sec. *Щелчо́к вы́стрела*, le bruit sec d'un coup de feu.

ЩЕЛЬ *f.* fente. *Смотре́ть в дверну́ю щель*, regarder par une fente de la porte.

ЩЕНО́К(*) **1.** chiot. *Щенки́ рожда́ются слепы́ми и без зубо́в*, les chiots naissent aveugles et sans dents. **2.** morveux.

> REMARQUE. Au sens 1, il existe également un pluriel irrégulier : « щеня́та, щеня́т, щеня́там... »

ЩЕПЕТИ́ЛЬНЫЙ scrupuleux. *Щепети́льная че́стность*, une honnêteté scrupuleuse.

ЩЕ́ПКА éclat de bois, copeau. ● **Лес ру́бят — ще́пки летя́т,** on ne fait pas d'omelette sans casser les œufs.

ЩЁТКА **1.** brosse. *Щётка для о́буви*, une brosse à chaussures. *Зубна́я щётка*, une brosse à dents. *Чи́стить щёткой*, brosser. **2.** (*souvent accompagné de l'adjectif* « половая ») balai.

ЩИ, щей, щам... *pl. t.* soupe aux choux. *Зелёные щи*, soupe aux choux et à l'oseille. *Ки́слые щи*, soupe à la choucroute.

ЩИПА́ТЬ* II, щиплю́, щи́плешь... **1.** / **УЩИПНУ́ТЬ** *et* **ЩИПНУ́ТЬ** pincer. **2.** pincer (*en parlant du froid, du vent*...); piquer (*en parlant des condiments*...). **3.** / **ПОЩИПА́ТЬ*** II, пощиплю́, пощи́плешь... **4.** / **ОЩИПА́ТЬ*** II (*id.*) plumer.

1. *Она́ щипа́ла меня́ за́ руку*, elle me pinçait le bras. **2.** *Моро́з щи́плет у́ши*, le froid vous pince les oreilles. *Пе́рец щи́плет язы́к*, le poivre vous emporte la bouche. **3.** *Коро́вы щипа́ли траву́*, les vaches broutaient. **4.** *Щипа́ть ку́рицу*, plumer une poule.

/ ЩИПНУ́ТЬ v. щипа́ть.

ЩИПЦЫ́, щипцо́в, щипца́м... *pl. t.* pince. *Са́харные щипцы́*, la pince à sucre. *Щипцы́ для раска́лывания оре́хов*, un casse-noisettes.

ЩИТ ⁄— — **1.** bouclier. **2.** panneau, tableau. *Щит с фотогра́фиями*, un panneau avec des photographies. *Щит управле́ния*, le tableau de commande.

ЩУ́КА brochet.

ЩУ́ПАТЬ / ПОЩУ́ПАТЬ tâter, palper. *Щу́пать мате́рию*, palper une étoffe. *Пощу́пать пульс у больно́го*, prendre le pouls d'un malade.

ЩУ́РИТЬ / СОЩУ́РИТЬ • **Щу́рить глаза́,** fermer les yeux à demi. *Щу́рить глаза́ от со́лнца*, fermer les yeux à cause du soleil.

ЩУ́РИТЬСЯ / СОЩУ́РИТЬСЯ **1.** fermer les yeux à demi. *Щу́риться от со́лнца*, fermer les yeux à cause du soleil. **2.** se fermer à demi. *Глаза́ щу́рятся от со́лнца*, le soleil vous fait fermer les yeux.

Э

ЭЙ! *interj.* eh ! *Эй, Алёша!*, Eh, Aliocha !

ЭЛЕКТРИ́ЧЕСТВО électricité. *Произво́дство электри́чества*, la production d'électricité. *Заже́чь электри́чество*, allumer l'électricité. *Погаси́ть электри́чество*, éteindre l'électricité.

ЭЛЕКТРИ́ЧКА train (*d'une ligne électrifiée; désigne le plus souvent des trains de banlieue*). *По́сле рабо́ты он возвраща́лся домо́й на электри́чке*, il rentrait de son travail par le train.

ЭЛЕКТРОВО́З locomotive électrique.

ЭЛЕКТРОСТА́НЦИЯ centrale électrique. *А́томная электроста́нция*, une centrale atomique.

Э́РА ère. *В IX ве́ке до н. э.*, au IXᵉ siècle avant J.-C. *В IX ве́ке н. э.*, au IXᵉ siècle après J.-C.

Remarque. L'abréviation « н. э. » correspond aux mots « на́шей э́ры ».

ЭСКАЛА́ТОР escalier mécanique, Escalator. *Спусти́ться на эскала́торе*, descendre par l'Escalator.

ЭСТРА́ДНЫЙ de variétés; de musique légère. *Эстра́дный конце́рт*, un concert de musique légère.

ЭТА́Ж ⁄— — étage. *Пе́рвый эта́ж*, le rez-de-chaussée. *Второ́й эта́ж*, le premier étage. *Они́ живу́т на тре́тьем этаже́*, ils habitent au second. *Дом в шестна́дцать этаже́й*, une maison de quinze étages.

Э́ТО **1.** *pronom* v. э́тот. **2.** *particule de présentation introduisant une proposition* c' (*ceci*). *Э́то но́вый журна́л*, c'est une nouvelle revue. *Э́то был неуда́чный вопро́с*, c'était une question déplacée. *Э́то была́ О́ля*, c'était Olia. **3.** *particule de renforcement. Кто э́то прие́хал?*, Qui est-ce qui est arrivé ? *Э́то она́ прие́хала*, c'est elle qui est arrivée. *Как э́то так?*, Comment ça ?

Remarque. Il faut bien distinguei « э́то » pronom sujet de « э́то » particule. Le verbe ne s'accorde jamais avec la particule.

Э́ТОТ *pronom-adjectif* ou *pronom* cela, ceci, cet, ce, ça. *В э́то вре́мя*, à ce moment-là. *На э́том берегу́*, sur cette rive. *На э́той неде́ле*, cette semaine. *Возьми́те вот э́ту*, Prenez celle-ci. *Я э́того не знал*, je ne le savais pas. *Э́то бы́ло в про́шлом году́*, c'était l'an passé.

ЭХ! ah ! (*marquant un regret, un reproche...*). *Эх ты!*, Ah toi, alors !

Ю

Ю́БКА jupe.

ЮВЕЛИ́РНЫЙ de bijouterie. *Ювели́рный магази́н*, bijouterie (*magasin*). *Ювели́рные изде́лия*, bijouterie (*articles*).

ЮГ sud, midi. *О́кна выхо́дят на юг*, les fenêtres donnent sur le midi. *Пое́хать на юг*, s'en aller dans le Midi.

Ю́ГО- *élément de formation* sud. *Ю́го-восто́к*, sud-est.

ЮЖА́НИН*, *pl.* южа́не, южа́н, южа́нам... méridional.

ЮЖА́НКА méridionale.

Ю́ЖНЫЙ **1.** du sud, méridional. *Ю́жный по́люс*, le pôle Sud. *Ю́жный ве́тер*, le vent du sud. **2.** de méridional. *Ю́жный темпера́мент*, un tempérament de méridional.

Ю́МОР humour. *Чу́вство ю́мора*, le sens de l'humour.

Ю́НГА mousse (*dans la marine*).

Ю́НОСТЬ *f.* adolescence, jeunesse. *В ра́нней ю́ности*, dans sa prime jeunesse.

Ю́НОША*, *gén pl.* ю́ношей adolescent, jeune homme. *Он ещё похо́ж на ю́ношу*, il a encore l'air d'un jeune homme.

Ю́НЫЙ ⋀— (*livresque*) jeune. *С са́мых ю́ных лет*, depuis sa plus tendre enfance.

ЮРО́ДИВЫЙ *adj. subst.* (*arch., hist.*) « innocent » (*sorte de mendiant prophète*).

Я

Я *pronom personnel* je. *Я уста́л*, je suis fatigué. *Та́ня мне позвони́ла у́тром*, Tania m'a téléphoné ce matin. *У меня́ нет ни копе́йки*, je n'ai pas un sou. *Мне хо́лодно*, j'ai froid.

Я́БЛОКО*, *nom. pl.* я́блоки pomme. *Гнило́е я́блоко*, une pomme pourrie.

Я́БЛОНЯ pommier. *Я́блоня в цвету́*, le pommier est en fleur.

Я́БЛОЧНЫЙ de pomme, aux pommes. *Я́блочный пиро́г*, une tarte aux pommes.

/ **ЯВИ́ТЬСЯ** v. явля́ться.

ЯВЛЕ́НИЕ **1.** phénomène. *Явле́ния приро́ды*, les phénomènes de la nature. **2.** scène (*dans une pièce de théâtre*). *Действие второе, явление пятое*, acte II, scène 5.

ЯВЛЯ́ТЬСЯ / ЯВИ́ТЬСЯ (*livresque*) **1.** (+ *instr.*) se trouver être. *Всё это является доказательством их враждебного отношения к нам*, tout cela est la preuve qu'ils ont une attitude hostile à notre égard. *Это явилось причиной его смерти*, et cela s'est trouvé être la cause de sa mort. **2.** se présenter, comparaître. *Явиться в суд*, comparaître devant un tribunal.

Я́ВНЫЙ évident. *Явная ложь*, un mensonge évident. *Явное противоречие*, une contradiction évidente.

ЯГНЁНОК*, *pl.* ягнята, ягнят, ягнятам... agneau. *Кроткий как ягнёнок*, doux comme un agneau.

Я́ГОДА 1. fruit (*s'applique uniquement à des fruits comme les fraises, les framboises, les airelles...*). *Дети пошли в лес за ягодами*, les enfants sont allés dans la forêt ramasser des fruits sauvages. **2.** grain (*de raisin*).

ЯД poison. *Смертельный яд*, un poison mortel.

Я́ДЕРНЫЙ nucléaire. *Ядерная энергия*, l'énergie nucléaire. *Ядерное оружие*, les armes nucléaires.

ЯДОВИ́ТЫЙ vénéneux; venimeux. *Ядовитый гриб*, un champignon vénéneux. *Ядовитая змея*, un serpent venimeux. // (*Fig.*) *Ядовитая улыбка*, un sourire venimeux. *Ядовитый язык*, une langue de vipère.

ЯДРО́, *gén. pl.* ядер **1.** amande (*graine contenue dans un noyau*). **2.** (*sciences*) noyau. *Атомное ядро*, le noyau atomique. **3.** boulet (*de canon*). **4.** (*sports*) poids. *Толкание ядра*, le lancement du poids.

Я́ЗВА 1. ulcère. *Язва желудка*, un ulcère de l'estomac. **2.** (*fig.; fam.*) plaie, peste. *Ах, язва!*, Ah, quelle peste !

ЯЗВИ́ТЕЛЬНЫЙ caustique. *Язвительный тон*, un ton caustique.

ЯЗЫ́К 1. langue (*organe*). *Показать язык*, montrer sa langue *ou* tirer la langue à qqn. *Копчёный язык*, de la langue fumée. // (*Par extension*) *У него длинный язык*, il est trop bavard. *У него язык хорошо подвешен*, il a la langue bien pendue. *Держи язык за зубами*, Tiens ta langue. *Это слово сорвалось у меня с языка*, ça m'a échappé. *Это слово вертится у меня на языке*, j'ai le mot au bout de la langue. *Злой язык*, une mauvaise langue. **2.** langue (*langage*). *Иностранные языки*, les langues étrangères. *Учиться русскому языку*, apprendre le russe. *Мёртвый язык*, une langue morte. **3.** prisonnier dont on veut tirer des renseignements. *Добыть языка*, faire un prisonnier pour obtenir des renseignements.

ЯЗЫ́ЧЕСКИЙ païen. *Языческие верования*, les croyances païennes. *Языческие обычаи*, les coutumes païennes.

ЯЗЫ́ЧЕСТВО paganisme.

ЯЗЫ́ЧНИК païen.

ЯЗЫ́ЧНИЦА païenne.

ЯЗЫЧО́К (*dim. de* « язык ») languette (*divers sens*). *Язычок ботинка*, la languette du soulier.

ЯИ́ЧНИЦА œufs (*sur le plat...*). *Яичница-глазунья*, des œufs sur le plat. *Взбитая яичница*, des œufs brouillés.

ЯЙЦО́, *pl.* яйца, яиц, яйцам... œuf. *Курица несёт яйца*, la poule pond des œufs. *Крутое яйцо*, un œuf cuit dur. *Яйцо всмятку*, un œuf à la coque. *Шоколадное яйцо*, un œuf en chocolat. ● **Это выеденного яйца не стоит,** ça ne vaut pas tripette.

Я́КОБЫ *particule* (*livresque*) soi-disant.

Я́КОРЬ*, *nom. pl.* якоря *m.* ancre. *Бросить*

якорь, jeter l'ancre. *Сня́ться с якоря*, lever l'ancre. *Наш кора́бль стоя́л на я́коре*, notre bateau était à l'ancre.

Я́МА fosse. *Вы́рыть я́му*, creuser une fosse. ● **Возду́шная я́ма,** un trou d'air.

ЯМЩИ́К (*arch.*) cocher de poste, postillon.

ЯНВА́РЬ *m.* janvier. *Э́то бы́ло в январе́*, c'était au mois de janvier. *Он роди́лся 2-го января́*, il est né le 2 janvier.

ЯНТА́РЬ *m.* ambre jaune.

ЯПО́НЕЦ Japonais.

ЯПО́НКА Japonaise.

ЯПО́НСКИЙ japonais.

Я́РКИЙ , *comp.* я́рче* vif, éclatant. *Я́ркие кра́ски*, des couleurs vives. *Я́ркий свет*, une lumière éclatante. **2.** (*fig.*) brillant. *Я́ркое доказа́тельство*, une brillante démonstration. *Я́ркий тала́нт*, un grand talent.

Я́РМАРКА foire. *Е́здить на я́рмарку*, aller à la foire.

Я́РОСТНЫЙ furieux. *Он броса́л на меня́ я́ростные взгля́ды*, il me jetait des regards furibonds. *Я́ростно защища́ться*, se défendre avec acharnement.

Я́РОСТЬ *f.* fureur. *Прийти́ в я́рость*, se mettre dans une colère terrible. *Э́то привело́ его́ в я́рость*, cela l'a mis en fureur. *Он был вне себя́ от я́рости*, il était hors de lui.

Я́РУС **1.** étage (*dans un théâtre*). *Ло́жа тре́тьего я́руса*, loge du deuxième balcon. **2.** couche (*géologie*).

Я́РЧЕ comp. de « я́ркий ».

Я́СЛИ, я́слей, я́слям... *pl. t.* (*souvent accompagné de l'adjectif* « де́тские ») crèche. *Отнести́ ребёнка в я́сли*, emmener un enfant à la crèche.

Я́СНОСТЬ *f.* clarté, netteté (*propr. et fig.*). *Я́сность не́ба*, la clarté du ciel. *Для бо́льшей я́сности*, pour plus de clarté.

Я́СНЫЙ clair (*propr. et fig.*). *Я́сная пого́да*, un temps clair. *Я́сное не́бо*, un ciel serein. *Я́сный ум*, un esprit lucide. *Я́сные мы́сли*, des idées claires. *Э́то я́сно*, c'est évident.

Я́СТРЕБ*, *nom. pl.* ястреба́ **1.** autour (*oiseau*). **2.** (*parfois accompagné du mot* « -перепеля́тник ») épervier.

Я́ХТА yacht. *Го́ночная я́хта*, un yacht de course.

ЯЧЕ́ЙКА cellule (*d'une organisation*). *Парти́йная яче́йка*, une cellule du parti.

ЯЧМЕ́НЬ *m.* orge.

Я́ЩЕРИЦА lézard. *Обыкнове́нная я́щерица*, un lézard gris. *Зелёная я́щерица*, un lézard vert.

Я́ЩИК **1.** caisse. *Я получи́л це́лый я́щик книг*, j'ai reçu toute une caisse de livres. *Му́сорный я́щик*, la caisse à ordures. **2.** boîte. *Я́щик конфе́т*, une boîte de bonbons. *Опусти́ть письмо́ в почто́вый я́щик*, mettre une lettre à la boîte. **3.** tiroir; casier. *Я́щики пи́сьменного стола́*, les tiroirs du bureau. ● **Откла́дывать что́-нибудь в до́лгий я́щик,** faire traîner qqch. en longueur. **Сыгра́ть в я́щик,** casser sa pipe.

COLLECTION RÉFÉRENCES LAROUSSE

Série LANGAGE

Dans cette série sont rassemblés les ouvrages qui permettent de maîtriser toutes les nuances de la langue française, éclairant ses différents aspects particuliers, pour en découvrir et en utiliser judicieusement toutes les ressources.

- ANALOGIQUE G. Niobey
- ANCIEN FRANÇAIS A.J. Greimas
- ANGLICISMES M. Höfler
- DIFFICULTÉS (couronné par l'Académie française) Adolphe V. Thomas
- CITATIONS FRANÇAISES
- ÉTYMOLOGIQUE A. Dauzat, J. Dubois et H. Mitterand
- PROVERBES (couronné par l'Académie française) M. Maloux
- SYNONYMES E. Genouvrier, Cl. Désirat et Tr. Horde
- PETIT DICTIONNAIRE DE LA LANGUE FRANÇAISE
- DICTIONNAIRE DES RIMES ORALES ET ÉCRITES
- GRAMMAIRE DU FRANÇAIS CONTEMPORAIN
- DICTIONNAIRE DU FRANÇAIS CLASSIQUE

IMPRIMERIE HÉRISSEY - 27000 ÉVREUX
Dépôt légal : Mars 1976.
N° 52567. - N° de série Éditeur : 15846.
IMPRIMÉ EN FRANCE *(Printed in France)*.
401 736. P-Novembre 1990.

А	**а**	*А*	*а*	*р*	*Р*	**р**	**Р**
Б	**б**	*Б*	*б*	*с*	*С*	**с**	**С**
В	**в**	*В*	*в*	*т*	*Т*	**т**	**Т**
Г	**г**	*Г*	*г*	*у*	*У*	**у**	**У**
Д	**д**	*Д*	*д*	*ф*	*Ф*	**ф**	**Ф**
Е	**е**	*Е*	*е*	*х*	*Х*	**х**	**Х**
Ж	**ж**	*Ж*	*ж*	*ц*	*Ц*	**ц**	**Ц**
З	**з**	*З*	*з*	*ч*	*Ч*	**ч**	**Ч**
И	**и**	*И*	*и*	*ш*	*Ш*	**ш**	**Ш**
Й	**й**	*Й*	*й*	*щ*	*Щ*	**щ**	**Щ**
К	**к**	*К*	*к*	*ъ*	*Ъ*	**ъ**	**Ъ**
Л	**л**	*Л*	*л*	*ы*	*Ы*	**ы**	**Ы**
М	**м**	*М*	*м*	*ь*	*Ь*	**ь**	**Ь**
Н	**н**	*Н*	*н*	*э*	*Э*	**э**	**Э**
О	**о**	*О*	*о*	*ю*	*Ю*	**ю**	**Ю**
П	**п**	*П*	*п*	*я*	*Я*	**я**	**Я**